Bon voyage.

ACCEPTÉE PARTOUT
OÙ VOUS EN AVEZ BESOIN

Avec votre adresse e-mail* @laposte.net,
consultez vos messages ici et là
et surtout partout où vous voulez.

Créez-la gratuitement dès maintenant** !

CE QUE L'AVENIR VOUS PROMET LA POSTE VOUS L'APPORTE   *LA POSTE* ➤

Appelez le :

▶ **N° Vert** 0 800 20 8000 ···

ou tapez :

www.laposte.net

pour créer immédiatement
votre adresse.

L'adresse électronique indépendante de
tout fournisseur d'accès, et consultable
partout, aussi bien en France qu'à
l'étranger.

* Courrier électronique.
**Hors coût de connexion à Internet.
***Appel gratuit depuis un téléphone fixe

le bon plan
pour des photos de qualité !

Présentez votre Guide dans les 230 magasins Photo Service pour bénéficier des privilèges réservés aux routards

Avant votre départ

Préparez vos vacances avec les **230 magasins** Photo Service…

▶ **Pour les adeptes de la photo numérique, Photo Service offre 12% de réduction sur l'achat d'une carte mémoire.**

▶ **Pour les fidèles de l'argentique, Photo Service offre 12 % de réduction sur l'achat de pellicules**.

À votre retour

▶ **Photo Service vous offre le transfert de vos photos sur CD Rom** pour toute commande de tirages numériques, **ou une pellicule gratuite de votre choix** pour tout développement et tirages.

▶ **De plus, vous bénéficiez de 12% de réduction sur les autres travaux photo.**

Grâce à la Carte Photo Service qui vous est offerte, ces avantages vous sont acquis pendant un an.

Fred Naoum

Offre valable jusqu'au 31/12/03

3 734560 054773

www.photoservice.com

PHOTO SERVICE

le Guide du **routard**

Directeur de collection et auteur
Philippe GLOAGUEN

Cofondateurs
Philippe GLOAGUEN et Michel DUVAL

Rédacteur en chef
Pierre JOSSE

Rédacteur en chef adjoint
Benoît LUCCHINI

Directrice de la coordination
Florence CHARMETANT

Directeur de routard.com
Yves COUPRIE

Rédaction
Olivier PAGE, Véronique de CHARDON,
Amanda KERAVEL, Isabelle AL SUBAIHI,
Anne-Caroline DUMAS, Carole BORDES,
Bénédicte BAZAILLE, André PONCELET,
Marie BURIN des ROZIERS, Thierry BROUARD,
Géraldine LEMAUF-BEAUVOIS, Anne POINSOT,
Mathilde de BOISGROLLIER, Gavin's CLEMENTE-RUÏZ,
Fabrice de LESTANG et Alain PALLIER

NOS MEILLEURS HÔTELS ET RESTOS EN FRANCE

2003

Sur présentation de ce guide,
nombreuses offres et réductions en 2003.

Hachette

www.routard.com

Notre portail www.routard.com a fait totalement peau neuve. Venez nous y rejoindre. Un concours étonnant offrant des billets long-courriers vous y attend.

SOMMAIRE DES RÉGIONS

LES GUIDES DU ROUTARD
2003-2004

(dates de parution sur **www.routard.com**)

France

- Alpes
- Alsace, Vosges
- Aquitaine
- **Ardèche, Drôme**
- Auvergne, Limousin
- Banlieues de Paris
- **Bourgogne (fév. 2003)**
- Bretagne Nord
- Bretagne Sud
- Châteaux de la Loire
- Corse
- Côte d'Azur
- **Franche-Comté (mars 2003)**
- Hôtels et restos de France
- Junior à Paris et ses environs
- **Junior en France (nouveauté)**
- Languedoc-Roussillon
- Lyon
- **Marseille (nouveauté)**
- Midi-Pyrénées
- Nord, Pas-de-Calais
- Normandie
- Paris
- Paris à vélo
- Paris balades
- Paris casse-croûte
- Paris exotique
- **Paris la nuit**
- Pays basque (France, Espagne)
- Pays de la Loire
- Poitou-Charentes
- Provence
- Restos et bistrots de Paris
- Le Routard des amoureux à Paris
- Tables et chambres à la campagne
- **Toulouse (nouveauté)**
- Week-ends autour de Paris

Amériques

- Argentine
- Brésil
- Californie
- Canada Ouest et Ontario
- Chili et île de Pâques
- Cuba
- Équateur
- États-Unis, côte Est
- Floride, Louisiane
- Guadeloupe, Saint-Martin, Saint-Barth
- Martinique, Dominique, Sainte-Lucie
- Mexique, Belize, Guatemala
- New York
- Parcs nationaux de l'Ouest américain et Las Vegas
- Pérou, Bolivie
- Québec et Provinces maritimes
- Rép. dominicaine (Saint-Domingue)

Asie

- Birmanie
- Cambodge, Laos
- **Chine (Sud, Pékin, Yunnan)**
- Inde du Nord
- Inde du Sud
- Indonésie
- Israël
- Istanbul
- Jordanie, Syrie
- Malaisie, Singapour
- Népal, Tibet
- Sri Lanka (Ceylan)
- Thaïlande
- Turquie
- Vietnam

Europe

- Allemagne
- Amsterdam
- Andalousie
- Andorre, Catalogne
- Angleterre, pays de Galles
- Athènes et les îles grecques
- Autriche
- Baléares
- **Barcelone (nouveauté)**
- Belgique
- **Crète (printemps 2003)**
- **Croatie (nouveauté)**
- Écosse
- Espagne du Centre
- **Espagne du Nord-Ouest (Galice, Asturies, Cantabrie - nouveauté)**
- Finlande, Islande
- Grèce continentale
- Hongrie, Roumanie, Bulgarie
- Irlande
- Italie du Nord
- Italie du Sud
- Londres
- **Moscou, Saint-Pétersbourg (printemps 2003)**
- Norvège, Suède, Danemark
- Pologne, République tchèque, Slovaquie
- Portugal
- Prague
- **Rome (nouveauté)**
- Sicile
- Suisse
- Toscane, Ombrie
- Venise

Afrique

- Afrique noire
- Égypte
- Île Maurice, Rodrigues
- Kenya, Tanzanie et Zanzibar
- Madagascar
- Maroc
- Marrakech et ses environs
- Réunion
- Sénégal, Gambie
- Tunisie

et bien sûr...

- **Chiner autour de Paris**
- Le Guide de l'expatrié
- **Le Guide du citoyen**
- Humanitaire
- Internet

MODE D'EMPLOI

CARTES DE LA FRANCE

C'est la clé du guide !
• **22 cartes régionales :** au début de chaque région, vous trouverez une carte sur laquelle sont signalées par un point noir • les communes où nous vous avons déniché de bonnes adresses.
• **1 carte générale :** au début du guide, vous pourrez consulter une carte de France indiquant le kilométrage entre les principales villes-repères.

GUIDE ALPHABÉTIQUE DES HÔTELS & RESTOS

À l'intérieur de chaque région, les villes sont classées par ordre alphabétique.
Leur nom figure dans un bandeau noir. Il est suivi du code postal et de coordonnées renvoyant à la carte régionale. Ex. : Quiberon 56170, carte régionale A2.

DANS LES ENVIRONS

Certaines localités sont traitées dans les environs d'une ville plus importante, dans un rayon de 30 km. Nous indiquons alors leur distance et leur orientation (N, S, E, O) par rapport à cette ville. Leur nom figure également sur la carte régionale.

CLASSEMENT DES HÔTELS & RESTOS

Les établissements sont classés par ordre croissant de prix. Les étoiles indiquées sont les étoiles officielles de l'hôtellerie française et non celles attribuées par le Père Routard.

INDEX

Placé en fin d'ouvrage, il donne la liste de toutes les localités traitées.

NOUVEAUTÉS

Chaque année le guide s'enrichit de nouvelles adresses dénichées par nos enquêteurs au cours de leurs pérégrinations. Celles-ci portent la mention *NOUVEAUTÉ* en fin de commentaire.

SYMBOLES UTILISÉS

🛏 Hôtel, ｜●｜ Restaurant, ⅙ Accessible aux personnes handicapées.

PRIX, OFFRES ET RÉDUCTIONS

Les tarifs que nous indiquons sont, sauf erreur, ceux obtenus 6 mois avant la sortie du guide, par relance. Ils sont désormais signalés en francs suivis de leur conversion en euros entre parenthèses.
Il se peut, bien sûr, que les prestataires aient, entre-temps, légèrement augmenté leurs tarifs de 1,50 ou 3 €. Mais il arrive que l'augmentation soit plus importante, voire excessive... Bon, les prix sont libres en France, mais nous on n'est pas là pour recommander des hôteliers et des restaurateurs qui nous racontent des histoires. Aussi, merci de nous signaler ces différences entre les prix annoncés et ceux pratiqués.
Les gratuités ou réductions, ne sont que consenties à nos lecteurs sur présentation du guide en cours, avec l'accord écrit des hôteliers et des restaurateurs. Elles sont mentionnées en fin de commentaire.

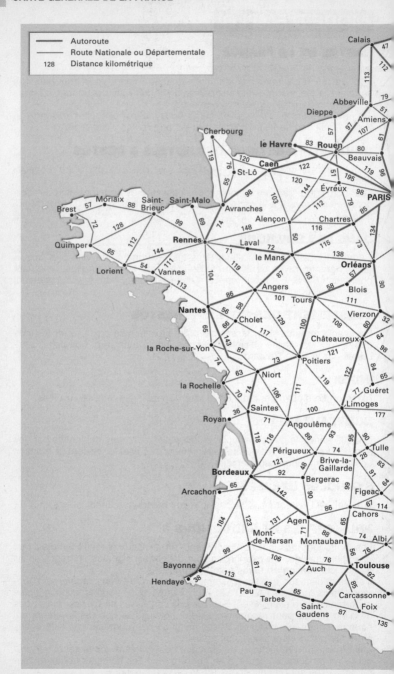

Autoroute
Route Nationale ou Départementale
128 Distance kilométrique

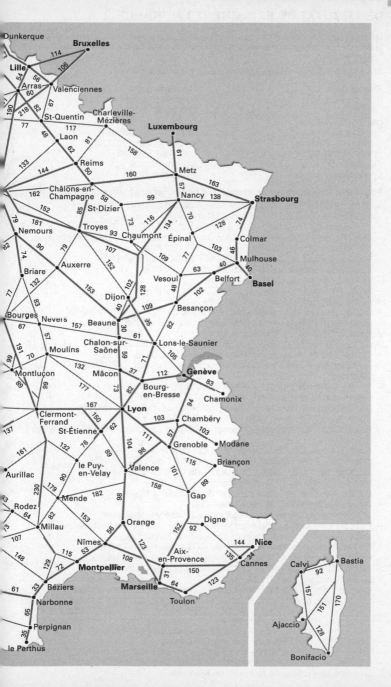

DES ROUTARDS EXPLORENT LA FRANCE

De coup de fourchette en coup d'accélérateur, nos agents fureteurs ont parcouru la France, par monts et par vaux, à la recherche de la bonne petite adresse, si difficile à trouver.

Sous la coordination de Pierre JOSSE et Amanda KERAVEL :

Thierry Bessou
Philippe Bordet
Gérard Bouchu
Raymond Chabaud
François Chauvin
Geneviève Clastres
Fiona Debrabander
Florent Denéchère
Émilie Droit

Carole Fouque
Michelle Georget
Catherine Hidé
Emmanuel Juste
Florent Lamontagne
Benjamin Pinet
Laurence Pinsard
Corinne Russo
Guillaume Soubrié

Pour cette édition nous remercions tout particulièrement de leur collaboration :

- Barbara Gris-Pichot et Delphine Naulin du CRT Franche-Comté
- Valérie Pellégrini du CRT Riviera Côte-d'Azur
- Véronique du Fréchou et Céline Dindinaud du CDT de l'Allier
- Jean-Pierre Martinetti et Éric Olive du CDT des Alpes de Hautes-Provence
- Michèle Duval et Séverine Brette du CDT de l'Aube
- Francis Castan et Catherine Sciberras du CDT de l'Aveyron
- Raphaëlle Nicaise du CDT des Bouches-du-Rhône
- Armelle Le Goff du CDT du Calvados
- Bruno Védrine et Sylvie Favat du CDT du Cantal
- André Margotin et Pascale Delgrange du CDT du Cher
- Daniel Debaye et Micheline Morissonneau du CDT de la Dordogne
- Jean-Marie Pobelle et Sylviane Dornier du CDT du Doubs
- Éric Cochard du CDT Essonne
- Guillaume Henry et Ghislaine Effray du CDT de l'Eure
- Claude Rezza et Lysiane Boissy d'Anglas du CDT du Gard
- Jean-Jacques Tastet, Nathalie Coupau et Christian Cailleau du CDT de la Gironde.
- Thierry Lacombe et Nicole Gasquet du CDT de l'Indre.
- Claude Muyard et Bertrand Picault du CDT du Jura.
- Marie-Christine Jacquot et Lygie Rothon du CDT du Loir-et-Cher
- Serge Morot-Sibilot et Yvan Bolea du CDT Haute-Loire
- Gilles Allard, Emmanuelle Chabourit et Cécile Devorsine du CDT de la Loire-Atlantique
- Maryse Chollet et Célia Berger du CDT du Loiret
- Christophe Bonin et Martine Boucher du CDT du Lot
- Jacques Spirito et Brigitte Donnadieu du CDT de la Lozère
- Isabelle Cholet du CDT de la Manche
- Brigitte Cavaille et Catherine Lutin du CDT de la Marne
- Carole Raubert du CDT de l'Orne
- Jean Pinard et Noëlle Schneider du CDT du Puy-de-Dôme
- Pascale Gimenez et Laurence Herlin du CDT des Pyrénées-Orientales
- Jean Klinkert et Pierre Jochem de l'ADT du Haut-Rhin
- Michel Gabillot et Romain Bonot du CDT de la Haute-Saône
- Rémy Charmetant et Virginie Robesson de l'ADT de la Savoie
- Hervé Marcadal et Annick Coster du CDT Haute-Savoie
- Michel Caraïsco du CDT du Var
- Martine Teston et Anne Valérie Bize-Coutant du CDT du Vaucluse
- Lucie Le Van Caï et Céline Viaux de la Maison du tourisme du Territoire de Belfort

Et aussi :

- Catherine Montandon de l'Office de tourisme de Honfleur
- Irène Dosne de l'Office de tourisme d'Étampes
- Olivier Bouton de la mairie de Dourdan
- Éric Ballarin et Sylvie Bonnafond de l'Office de tourisme de Lyon
- L'équipe de l'Office de tourisme de Marseille

SPÉCIAL DÉFENSE DU CONSOMMATEUR

Un routard informé en vaut dix ! Pour éviter les arnaques en tout genre, il est bon de les connaître. Voici un petit vade-mecum destiné à parer aux coûts et aux coups les plus redoutables.

Affichage des prix : les hôtels et les restos sont tenus d'informer les clients de leurs prix, à l'aide d'une affichette, d'un panneau extérieur ou de tout autre moyen. Vous ne pouvez donc contester des prix exorbitants que s'ils ne sont pas clairement affichés.

HÔTELS

1 - Arrhes ou acompte ? : au moment de réserver votre chambre par téléphone – par précaution, toujours confirmer par écrit – ou directement par écrit, il n'est pas rare que l'hôtelier vous demande de verser à l'avance une certaine somme, celle-ci faisant office de garantie. Il est d'usage de parler d'arrhes et non d'acompte (en fait, la loi dispose que « sauf stipulation contraire du contrat, les sommes versées d'avance sont des arrhes »). Légalement, aucune règle n'en précise le montant. Toutefois, ne versez que des arrhes raisonnables : 25 à 30 % du prix total, sachant qu'il s'agit d'un engagement définitif sur la réservation de la chambre. Cette somme ne pourra donc être remboursée en cas d'annulation de la réservation, sauf cas de force majeure (maladie ou accident) ou en accord avec l'hôtelier si l'annulation est faite dans des délais raisonnables. Si, au contraire, l'annulation est le fait de l'hôtelier, il doit vous rembourser le double des arrhes versées. À l'inverse, l'acompte engage définitivement client et hôtelier.

2 - Subordination de vente : comme les restaurateurs, les hôteliers ont interdiction de pratiquer la subordination de vente. C'est-à-dire qu'ils ne peuvent pas vous obliger à réserver plusieurs nuits d'hôtel si vous n'en souhaitez qu'une. Dans le même ordre d'idée, on ne peut vous obliger à prendre votre petit déjeuner ou vos repas dans l'hôtel ; ce principe, illégal, est néanmoins répandu dans la profession, toléré en pratique... Bien se renseigner avant de prendre la chambre dans les hôtels-restaurants. Si vous dormez en compagnie de votre enfant, il peut vous être demandé un supplément.

3 - Responsabilité en cas de vol : un hôtelier ne peut en aucun cas dégager sa responsabilité pour des objets qui auraient été volés dans la chambre d'un de ses clients, même si ces objets n'ont pas été mis au coffre. En d'autres termes, les éventuels panonceaux dégageant la responsabilité de l'hôtelier n'ont aucun fondement juridique.

RESTOS

1 - Menus : très souvent, les premiers menus (les moins chers) ne sont servis qu'en semaine et avant certaines heures (12 h 30 et 20 h 30 généralement). Cela doit être clairement indiqué sur le panneau extérieur : à vous de vérifier.

2 - Commande insuffisante : il arrive que certains restos refusent de servir une commande jugée insuffisante. Sachez, toutefois, qu'il est illégal de pousser le client à la consommation.

3 - Eau : une banale carafe d'eau du robinet est gratuite – à condition qu'elle accompagne un repas – sauf si son prix est affiché. La bouteille d'eau minérale quant à elle doit, comme le vin, être ouverte devant vous.

4 - Vins : les cartes des vins ne sont pas toujours très claires. Exemple : vous commandez un bourgogne à 8 € la bouteille. On vous la facture 16 €. En vérifiant sur la carte, vous découvrez que 8 € correspondent au prix d'une demi-bouteille. Mais c'était écrit en petits caractères illisibles.
Par ailleurs, la bouteille doit être obligatoirement débouchée devant le client.

5 - Couvert enfant : le restaurateur peut tout à fait compter un couvert par enfant, même s'il ne consomme pas, à condition que ce soit spécifié sur la carte.

6 - Repas pour une personne seule : le restaurateur ne peut vous refuser l'accès à son établissement, même si celui-ci est bondé ; vous devrez en revanche vous satisfaire de la table qui vous est proposée.

7 - Sous-marin : après le coup de bambou et le coup de fusil, celui du sous-marin. Le procédé consiste à rendre la monnaie en plaçant dans la soucoupe (de bas en haut) : les pièces, l'addition puis les billets. Si l'on est pressé, on récupère les billets en oubliant les pièces cachées sous l'addition.

LES HÔTELS DE CHAÎNE VOLONTAIRES

Il s'agit de chaînes qui regroupent des hôtels indépendants tenus par leur propriétaire. Ils doivent répondre à certains critères de qualité définis par l'enseigne tels que : convivialité, environnement, cadre et qualité de la restauration. Ce système permet ainsi à chaque établissement de conserver son caractère et ses particularités tout en garantissant à ses clients un niveau de prestations contrôlé régulièrement par la chaîne. De plus, ces chaînes ont mis en place un service de réservation centralisé.

Voici celles que nous avons sélectionné :

Best Western en France : au cœur des villes ou des régions touristiques, les 210 hôtels *Best Western en France* constituent l'un des premiers réseaux d'hôtellerie 3 et 4 étoiles. Leur infrastructure et leur emplacement permettent de répondre à toutes les occasions de déplacement, qu'elles soient professionnelles ou personnelles, et à tous les budgets. Animés par leurs propriétaires, les hôtels allient caractère, accueil et respect de la tradition aux exigences de qualité de cette chaîne mondiale. Que ce soit au niveau des loisirs ou de la restauration, les hôtels *Best Western en France* s'attachent à valoriser les particularités de leur région. N° Vert : 0800-904-490. ● www.bestwestern.fr ●

Choice Hotels : cette chaîne hôtelière en franchise compte plus de 180 établissements en France, inscrits sous 3 enseignes : *Comfort* (2-3 étoiles), *Quality* (3-4 étoiles) et *Clarion* (4 étoiles luxe). Ses hôtels membres sont des établissements de caractère dont les tarifs varient de 40 à 470 € la chambre. Un grand nombre d'entre eux propose des forfaits de découverte touristique autour des routes du vin, des parcs d'attractions, des musées, etc. La chaîne propose également le réseau d'hôtels *Comfort Inn* avec les restaurants *Primevère* où l'on peut déguster une cuisine traditionnelle et régionale. ● www.choice hotels.com ● www.choicehotels.fr

Logis de France : une chaîne « anti-chaîne » qui trouve son unité dans un mot d'ordre : tradition et qualité de l'accueil. Des adresses familiales à visage humain, souvent hors des grandes villes, proches du terroir. Pour dénicher ces hôtels-restaurants en cours de route, cherchez leur emblème : une cheminée, symbole de leur convivialité. Une à trois cheminées sont attribuées aux établissements suivant leur confort. Le prix des chambres varie en moyenne de 42 à 58 € pour les chambres et de 14 à 32 € pour les menus du terroir.

Relais du Silence : les 147 établissements de la chaîne *Relais du Silence* en France ont pour philosophie le plaisir de fuir les grands centres urbains pour se mettre au vert, trouver un acceuil chaleureux dans une ambiance familiale, se sentir chez soi dans des hôtels de petite capacité de 2 à 4 étoiles, et s'évader grâce à la beauté des sites et au calme de l'environnement. Les prix moyens des chambres vont de 47 € pour une simple à 125 € pour une double.

LES HÔTELS DE CHAÎNE INTÉGRÉS

Dans la plupart des cas, il s'agit de bâtiments standardisés, très fonctionnels, proposant des équipements et des prestations comparables. Le cadre et le site sont souvent sans surprise, mais ils sont choisis pour permettre aux voyageurs de dormir à proximité des lieux de travail – zones commerciales et industrielles –, ou des grands axes – rocades, échangeurs autoroutiers, boulevards périphériques. Ce type d'hôtellerie a ses adeptes. Car, question avantages (il y en a), les chambres peuvent accueillir jusqu'à trois personnes, sans supplément de prix. Elles sont toutes équipées d'une télévision et d'un plan de travail. De plus, il y a un parking attenant à l'hôtel. Enfin, les hôtels de chaîne intégrés proposent presque tous des formules spécialement étudiées pour les VRP. Pour les localiser, une forêt de panneaux les signale à l'entrée des villes ou dès la sortie des autoroutes.

On a sélectionné quelques chaînes, dans les bas prix et les prix modérés. Il en existe beaucoup d'autres, mais il fallait faire un choix.

Formule 1, sans étoile : elle le crie bien haut et c'est vrai, c'est la moins chère des chaînes hôtelières. À partir de 20,50 €, une chambre équipée d'un grand lit double et d'un lit d'une personne, d'un coin lavabo, de la TV couleur et d'un réveil. Douche et wc (équipés d'un système autonettoyant) sur le palier : pour ce prix, il ne faut pas trop en demander. On peut partager la chambre à trois, sans supplément de prix. Petit déjeuner en libre-service à 3,40 €. Pas de restaurant. Des parkings. L'accueil est personnalisé de 6 h 30 à 10 h et de 17 h à 22 h. En dehors de ces horaires, les chambres sont vendues par un distributeur automatique, grâce à une carte de paiement. Vous pouvez donc, obtenir une chambre 24 h/24. On n'arrête pas le progrès ! ● www.hotel formule1.com ● Réservation centrale : 0892-685-685 (0,34 €/mm).

Etap Hotel, sans étoile : chambres équipées d'un grand lit double et d'un lit superposé d'une personne, de sanitaires, de TV couleur recevant Canal + et 4 chaînes de Canal Satellite, et d'un réveil. Prix moyen d'une chambre *Etap hotel* : 34,40 € suivant les saisons et les villes. Petit déjeuner-buffet complet à volonté à 4 €. Accueil personnalisé de 6 h 30 à 11 h et de 17 h à 22 h. Possibilité d'obtenir une chambre 24 h/24 avec paiement automatique par carte bancaire. Parkings. ● www.etaphotel.com ● Réservation centrale : 0892-688-900 (0,34 €/mn).

Ibis, 2 étoiles : avec autant d'hôtels en périphérie qu'en centre-ville, *Ibis* facilite tous types de déplacements. Chambres confortables avec TV couleur recevant Canal + et 3 chaînes de Canal Satellite, téléphone et salle de bains. Lit gratuit pour un enfant de moins de 12 ans dormant dans la chambre de ses parents. Quelques chambres aménagées pour handicapés. La plupart des hôtels *Ibis* ont un restaurant ou, le cas échéant, une possibilité de restauration à proximité ; tous proposent des en-cas au bar 24 h/24 h. Parking ou garage selon les hôtels. Compter 55 € en moyenne la chambre selon la ville. Réservation *express :* 0892-686-686 (0,34 €/mn). ● www.ibishotel.com ●

les collections du routard by AGC

vêtements chaussures

randonnée, ville, sportwear, ...

Avis aux hôteliers et aux restaurateurs

Les enquêteurs du *Routard* travaillent dans le plus strict anonymat, afin de préserver leur indépendance et l'objectivité des guides. Aucune réduction, aucun avantage quelconque, aucune rétribution ne sont jamais demandés en contrepartie. La loi autorise les hôteliers et restaurateurs à porter plainte.

Hors-d'œuvre

Le *GDR*, ce n'est pas comme le bon vin, il vieillit mal. On ne veut pas pousser à la consommation, mais évitez de partir avec une édition ancienne. D'une année sur l'autre, les modifications atteignent et dépassent souvent les 40 %.

Spécial copinage

Le Bistrot d'André : 232, rue Saint-Charles, 75015 Paris. ☎ 01-45-57-89-14. M. : Balard. À l'angle de la rue Leblanc. Fermé le dimanche. L'un des seuls bistrots de l'époque Citroën encore debout, dans ce quartier en pleine évolution. Ici, les recettes d'autrefois sont remises à l'honneur. Une cuisine familiale, telle qu'on l'aime. Des prix d'avant-guerre pour un magret de canard poêlé sauce au miel, rognon de veau aux champignons, poisson du jour... Menu à 11 € servi le midi en semaine uniquement. Menu-enfants à 7 €. À la carte, compter autour de 22 €. Kir offert à tous les amis du *Guide du routard*.

NOUVEAU ! www.routard.com

Tout pour préparer votre voyage en ligne, de A comme argent à Z comme Zanzibar : des fiches pratiques sur 120 destinations (y compris les régions françaises), nos tuyaux perso pour voyager, des cartes et des photos sur chaque pays, des infos météo et santé, la possibilité de réserver en ligne son visa, son vol sec, son séjour, son hébergement ou sa voiture. En prime, *routard mag*, véritable magazine en ligne, propose interviews de voyageurs, reportages, carnets de routes, événements culturels, programmes télé, produits nomades, fêtes et infos du monde. Et bien sûr : des concours, des chats, des petites annonces, une boutique de produits voyages...

3 500 hôtels-restaurants
partout
en *France*

*Avec le guide des Logis de France, 3 500 hôtels-restaurants
vous attendent au cœur des terroirs pour des escales chaleureuses
dans une ambiance familiale et toujours différente. Chaque Logis
est le point de départ de mille escapades au cœur de la France.*

Réservations : 01 45 84 83 84
www.logis-de-france.fr

Logis
de France

Disponible gratuitement chez les hôteliers Logis de France,
dans les Offices du Tourisme ou à Logis de France : 83, avenue d'Italie - 75013 PARIS
Tél. : 01 45 84 70 00 - Fax : 01 45 83 59 66 - guide@logis-de-france.fr
Par correspondance : frais de port demandés (3,20€)

NSA Bastille – RCS PARIS B 393 193 131

NOS NOUVEAUTÉS

BARCELONE (paru)

Barcelone, entre mer et montagne : un pied dans la tradition et l'autre dans l'avant-garde. Cette énorme ville, éclatante de bruits et de vie, file allégrement son bonhomme de chemin, sans faux pas. Ici, les maisons espiègles de Gaudí cohabitent paisiblement avec l'architecture médiévale du « Barri Gòtic », les jeunes dansent la sardane le samedi devant la cathédrale, avant de s'éclater dans les boîtes techno.

La ville s'organise autour des *rambles*, véritable artère palpitante qui mène au port, avec ses fleuristes, ses marchands d'oiseaux et ses terrasses. Le soir, les Barcelonais s'y livrent à leur sport national, le *paseo* : on se balade sur la *rambla* en admirant au passage les exploits du marionnettiste et sa grenouille musicienne, la statue de Colomb qui vous salue pour quelques pièces ou le chanteur de vieux tubes américains en fauteuil roulant.

Ajoutez à cela un métro d'une simplicité enfantine ouvert jusqu'à 2 h du mat' le week-end, des merveilles architecturales, œuvres de Gaudí comme la Sagrada Familia, ou de ses comparses du modernisme, une pléthore de musées, des *tapas* épatantes, une pagaille de restos, cafés, boîtes, terrasses et salles de concert, des téléphériques, des funiculaires, un tramway, et... une plage à deux pas du centre !

TOULOUSE (paru)

Jeune, étudiante, tournée vers les technologies de pointe, Toulouse véhicule l'image d'une ville dynamique qui figure régulièrement en tête des palmarès des endroits où il fait bon vivre. À juste titre ! Toulouse distille une véritable douceur de vivre. Allez donc humer l'atmosphère reposante des berges de la Garonne, à l'heure où les rayons de soleil déclinent et enflamment le rose des briques. Suivez les ruelles étroites, le nez en l'air, pour dénicher les ravissantes demeures que cachent jalousement de nombreuses cours. Du clocher de la basilique Saint-Sernin qui illumine le soir à la tête de la fusée Ariane pointée vers les étoiles dans la Cité de l'espace, près de neuf siècles d'un riche patrimoine historique et culturel à découvrir sans modération.

Et puis, Toulouse est une ville profondément humaine, d'aventures humaines... à l'image du surprenant quartier Arnaud-Bernard ou de la musique festive et métissée de Zebda. Sans compter que, si ce n'est déjà fait, vous apprendrez à aimer le rugby car n'oubliez pas qu'ici « même les mamies aiment la castagne ! ». La nuit ? Toulouse vit, Toulouse bouge. Il y en a pour tous les goûts, toutes les sensibilités. Barcelone n'est finalement pas bien loin...

Signes extérieurs de sérénité

Chut... Vous entendez ?

Ce silence, à peine troublé par le souffle du vent ou le chant d'un oiseau... Loin de l'agitation quotidienne, en pleine verdure, les Relais du Silence vous invitent à retrouver le charme bienfaiteur de la "Douce France". Pour un séjour hors des sentiers battus de l'hôtellerie industrielle, dans des demeures de caractère où l'on cultive l'art du bien-vivre et du bien-recevoir. Chaque Relais du Silence reflète la personnalité de son propriétaire. Tous partagent une même philosophie prônant le calme, la convivialité, l'authenticité grandeur nature.

Relais du Silence
Silencehotel

Chut... Le bonheur y est caché

NOS NOUVEAUTÉS

BOURGOGNE (fév. 2003)

Mosaïque de « pays » ayant chacun ses couleurs, ses senteurs, sa saveur, la Bourgogne ne se limite pas seulement à Dijon, Beaune et au palais des Ducs... Des grandes plaines agricoles autour de Sens, aux noires forêts du Morvan, des opulentes collines vert velouté du Charolais et du Brionnais à la montagne romantique autour de Mâcon, en passant par les sublimes fermes de la Bresse, on en a le tournis. Autant de raisons de s'arrêter aux mille grandes et petites tables, fermes-auberges, délicieuses chambres d'hôtes jalonnant les chemins de traverse... Fascinant patrimoine architectural également, avec ses Vézelay, ses Cluny, ses châteaux ; éblouissant art de vivre, privilège de toute grande terre de vignes, mais aussi mémoire ouvrière grâce au Creusot... On comprend que la Bourgogne n'a ensuite plus aucun mal à retenir ou faire revenir ses visiteurs.

MOSCOU, SAINT-PÉTERSBOURG (printemps 2003)

Moscou, capitale d'un pays méconnu, saura vous dérouter. D'abord en liquidant tous les préjugés et idées toutes faites, emportés dans les bagages. Ville morne et grise ? Les Moscovites disposent de cinq fois plus d'espaces verts que les Parisiens (mais, dans le même temps, apprêtez-vous à affronter les embouteillages du siècle), il s'y ouvre dix restos et cafés chaque semaine et un stage de préparation physique s'avère presque nécessaire pour affronter la vie nocturne (en plus de la traversée des avenues). Une ville qui bouge donc incroyablement, à des années-lumière de la stagnation brejnevienne et, pour les boulimiques de culture, près de cent musées qui vous laisseront sur les rotules (et encore, on ne compte pas les iconostases sublimes et les bulbes beaux à pleurer !)... Quant à Saint-Pétersbourg, ce fut avant tout une fenêtre sur l'Europe, désir de Pierre le Grand, de créer de toutes pièces, sur des marais, cette folie de palais, musées, garnisons, théâtres et églises... Grandeur d'âme et intrigues mesquines, cette gigantesque ville ouvre, plus que toute autre, le grand livre d'histoire de la Russie. Et surtout celle des tsars, propres metteurs en scène de tous les délires... Entre autres, l'un des plus beaux musées du monde et des canaux pour donner un peu de rondeur et de romantisme à cet univers minéral. Telle s'offre cette « Peter » pour les intimes, où la lumière blanche des nuits d'été permet de toucher l'âme restée profondément russe de la population !

www.gites-de-france.fr

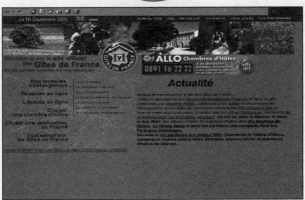

Préparez vos vacances
en vous connectant sur Internet !
Le site des Gîtes de France vous permettra de :

- **Vous informer** *sur nos différents produits et nos différents guides,*

- **Voyager** *dans tous les départements de France et d'outre-mer,*

- **Consulter** *la totalité des descriptifs des chambres et tables d'hôtes, des gîtes accessibles aux personnes handicapées, des chalets-loisirs et consulter les descriptifs des gîtes ruraux dans certains départements,*

- **Commander** *le guide de votre choix parmi de nombreuses références touristiques,*

- **Réserver** *votre séjour dans de nombreux départements,*

- **Recevoir** *régulièrement des informations sur l'actualité des Gîtes de France.*

NOS NOUVEAUTÉS

CRÈTE (mars 2003)

Aux confins de l'Europe et de l'Orient, dernier balcon rocailleux avant l'Afrique, la Crète est mythique, à plus d'un titre, car elle est depuis toujours l'île des Dieux. Et elle le reste encore : quand une île est d'essence divine, n'est-ce pas pour l'éternité ? Certes, ce n'est plus un paradis sauvage, mais on y ressent toujours une émotion particulière, celle que procurent les lieux chargés d'histoire.

D'une superficie voisine à celle de la Corse, la Crète offre encore des paysages quasi vierges, à condition d'aller jusqu'au bout des dernières pistes rocailleuses, aux extrémités de l'île. Là, des plages désertes se révèlent dans leur solitude de sable et de mer bleue. En Crète, la nature est généreuse : il faudrait aussi parler des gorges abruptes et des kyrielles de cavernes qui en font un lieu de découvertes magiques. Et, pour ceux qui font rimer nature avec culture, n'oublions pas une densité rare de sites antiques, la plupart datant de l'époque minoenne, période où la Crète domina sans doute une partie du monde méditerranéen.

Refaites-vous une santé en adoptant le régime crétois. Partez à la découverte des mille recoins de cette île dont les habitants, héritiers d'une tradition d'hospitalité millénaire, sauront vous accueillir comme un dieu.

FRANCHE-COMTÉ (mars 2003)

Même si c'est un Franc-Comtois qui a écrit *la Marseillaise*, on le verrait plutôt bleu-blanc-vert le drapeau de la Franche-Comté ! Bleu d'abord, comme les eaux de cette kyrielle de lacs qui, dans le Jura, ont mis la mer à la montagne, comme ces mille étangs qui constellent la Haute-Saône, comme ces facétieuses rivières du Doubs qui disparaissent ici pour réapparaître là, rebondissant en de multiples cascades, traçant leur chemin dans de profondes vallées. Blanc ensuite, comme l'hiver que l'on arpente, sur les hauteurs, à ski de fond ou sur un de ces traîneaux à chiens ramenés du Grand Nord dans les bagages de Paul-Émile Victor. Blanc comme le lait fourni par de braves vaches montbéliardes pour produire un superbe fromage (le comté) dans des fruitières dont le fonctionnement coopératif avait déjà épaté Victor Hugo ; blanc comme le sel dont l'exploitation a donné naissance à l'une des plus étonnantes réalisations architecturales du monde : la Saline royale d'Arc-et-Senans. Vert enfin comme l'omniprésente forêt, aux sapins si majestueux qu'on en fait des présidents ; vert comme les feuilles de ces discrets vignobles qui donnent un rare nectar, le vin... jaune.

BESTWEEKENDS
VOS PLUS BELLES ESCAPADES À DEUX

Découvrez le temps d'un week-end la gastronomie, le patrimoine et les activités des plus belles régions de France. Golf, balnéothérapie, dégustation, œnologie, spectacles, brocante ou soirée en amoureux : tout est prétexte pour profiter du confort et du caractère des hôtels Best Western.

Coup de Cœur ou planification de vos RTT, les BestWeekends vous laissent libres de vos envies en vous proposant des forfaits incluant un dîner pour deux, une ou deux nuits en chambre double et petit-déjeuner et un cadeau de bienvenue offert par votre hôte.

Réservation BestWeekends :
Tel : 01.49.02.00.33
Fax : 01.49.02.00.40
e-mail : bwe@bestwestern.fr

Recevez gratuitement notre guide :
appelez le 01 49 02 00 00

PREMIERE CHAINE HOTELIERE MONDIALE

Hôtels Best Western

NOS NOUVEAUTÉS

ROME (paru)

Depuis Romulus et Rémus, de l'eau a coulé sous les ponts du Tibre. Du Colisée au Vatican, en passant par la fontaine de Trévi (immortalisée par la *Dolce Vita* de Fellini), vous croiserez de beaux *latin lovers* accrochés au guidon de leur scooter, le téléphone portable vissé à l'oreille. Mais Rome reste toujours la ville idéale pour un week-end en amoureux ou des vacances en famille. Laissez-vous donc tenter par une balade à travers les siècles. Si l'on vous dit Leonardo, Raffaello, Donatello ou... Gian Paolo, vous ne rêvez pas, ils sont tous là !

Que vous soyez fan de musées, amateur hyperactif ou passionné de shopping, vous aurez matière à vous occuper ou à pratiquer le *far-niente* à une terrasse, devant un bon *cappuccino*.

Le dépaysement est total, le climat doux quelle que soit la saison, et les monuments innombrables. La Ville Éternelle ne vous laissera pas de marbre...

MARSEILLE (paru)

Petites terrasses sur le Vieux-Port, restos à prix sages servant l'aïoli et la bouillabaisse, cafés branchés du soir et de la nuit, ruelles animées où se mêlent tous les parfums et les senteurs des peuples du Grand Sud. Mistral ou pas, depuis 26 siècles la vocation de Marseille n'a pas changé : l'ouverture au monde. C'est que, comme disait Blaise Cendrars : « Marseille appartient à celui qui vient du large. » Sans aller très loin, on est vite dépaysé dans cette cité non-conformiste où le premier bus venu mène, en une demi-heure à un paradis naturel – les calanques –, et où les plages sont au bout de la ville.

Porte de l'Orient mystérieux hier, porte de la Provence dynamisée aujourd'hui, voici la plus ancienne ville d'Europe, une cousine lointaine de Rome et d'Athènes.

Pourtant, malgré son grand âge, Marseille, grande dame méridionale, dévore le présent et sourit au futur. L'heure est venue de découvrir, pour de bon, cette formidable ville cosmopolite. Du quartier du Panier aux docks de la Joliette, en passant par la Belle de Mai, et l'Estaque, les enquêteurs du *Routard* vous racontent avec passion leurs découvertes et leurs meilleures balades urbaines. Cette ville unique et captivante n'a pas dit son dernier mot. Elle renaît à présent comme un phœnix.

NOS NOUVEAUTÉS

ESPAGNE DU NORD-OUEST
(Galice, Asturies, Cantabrie - paru)

De vertes vallées et de vertes montagnes. Des côtes échancrées et des falaises dominant une mer hachée de courtes lames blanches. Une architecture où le granit le dispute à l'ardoise... et lorsqu'en plus l'odeur du cidre le dispute au miaulement des cornemuses, le voyageur se croit parfois en Irlande. Et puis, en quelques minutes, le retable d'une église baroque, l'odeur de l'ail qui va accompagner les fruits de mer sur une *plancha*, quelques femmes de noir vêtues se glissant par la porte d'une église, les bateaux colorés qui s'envolent vers le large... C'est bien l'Espagne profonde.

Il faut se faire à cette double identité. C'est que, abritées derrière leurs montagnes, ces trois régions (la Galice, les Asturies et la Cantabrie) traversées par le chemin de Saint-Jacques s'ouvrent naturellement sur l'Europe ; provinces maritimes, elles regardent de l'autre côté de l'Océan ; provinces rurales, elles cultivent, avec fierté, des particularismes étonnants.

Pour le voyageur, c'est parfois bluffant : passer des parages rocheux de la Côte de la Mort, où le cap Finisterre semble veiller sur l'Océan, aux murailles romaines de Lugo puis aux édifices médiévaux de Santiago, avant d'aller boire un verre d'*albariño* dans les tavernes de Vigo, offre des contrastes saisissants. Peu touchées par l'urbanisation, les côtes abritent des plages sauvages comme on n'en rêve plus et les stations balnéaires ont, pour la plupart, échappé à la folie du béton. Finalement, la chance de l'Espagne du Nord-Ouest, c'est d'avoir été oubliée.

JUNIOR EN FRANCE (paru)

Jamais contents ces enfants en vacances ? Non, il suffit tout simplement de leur proposer des visites ou des activités qui les intéressent. Des adresses pour petits et grands : parcs d'attractions, bases de loisirs et plans nature, musées, promenades, ateliers, le *Routard* a dégoté des idées amusantes et passionnantes à portée de main aux quatre coins de la France. Se balader dans une réserve naturelle, visiter un musée sous la forme d'un jeu de piste, se promener en barque dans les marais, grimper sur les manèges des parcs d'attractions, goûter les fruits d'un jardin des merveilles, jouer au fermier le temps d'un après-midi... Il y en a pour tous les goûts et pour tous les âges. Alors, terminés les congés où l'on s'ennuie. Maintenant, on s'amuse, on se cultive, et on se balade.

Après s'être enrichi l'esprit, les bambins ne pourront résister à l'appel du ventre. C'est pourquoi nous avons sélectionné des tables alléchantes, proposant, la plupart du temps, un menu-enfants. Voici aussi quelques restaurants pour découvrir les produits du terroir et les initier à la gastronomie.

Pour dormir, vous pourrez choisir entre les chaînes d'hôtels qui proposent des formules spécialement destinées aux familles ou bien des hôtels plus familiaux que nous aurons sélectionnés à proximité des sites pour leurs équipements particuliers.

Avec ce guide, on s'éclate en famille !

Doublez votre plaisir

Deux nuits d'hôtel pour le prix d'une !

Choisissez votre hôtel. Effectuez votre réservation au plus tard 24 heures à l'avance en mentionnant l'opération "Bon Week-End en Villes". N'oubliez pas de confirmer par écrit (courrier, télécopie ou e-mail) en faisant référence à l'opération.

Informations et brochure complète disponibles auprès de votre Office de Tourisme.

Vous ne paierez que la première nuit : votre hôtel vous offrira la deuxième !

www.bon-week-end-en-villes.com

FRANCE

NOS NOUVEAUTÉS

CHINER AUTOUR DE PARIS (paru)

Chiner n'est pas seulement « le filon » pour traquer l'objet rare, récupérer, détourner, s'équiper et s'habiller pour pas un rond. Chiner, c'est aussi partir à l'aventure chaque week-end, à la découverte de patelins oubliés en traînant dans les vide-greniers hors pistes et en s'attablant dans des épiceries-restos-buvettes et autres lieux pittoresques. La chine est une question de savoir-faire. S'il ne veut pas rentrer bredouille, le chineur doit être initié à toutes les tactiques de traque, surtout dans les vide-greniers citadins et les grandes brocantes. Il doit savoir s'infiltrer dans les réseaux des vide-apparts (un phénomène qui grimpe), identifier les meilleures ventes paroissiales, scolaires, caritatives ou associatives, en court-circuitant les intermédiaires. Il doit, enfin, savoir éviter les pièges des salles des ventes et sélectionner les dépôts-ventes.

LE GUIDE DU CITOYEN (paru)

Acheter un paquet de café issu du commerce équitable. Signer une pétition sur le Net pour l'interdiction des mines antipersonnel. Manifester contre la privatisation du monde. Se tenir au courant des projets municipaux ou encore se présenter aux prochaines élections. Vitrine de l'action citoyenne sous toutes ses formes – politique, économique et associative –, le *Guide du citoyen* fourmille d'actions concrètes à la portée de tous. Pour passer de la déclaration d'intention à la pratique en moins de deux, ce guide donne les coordonnées d'associations militantes, les adresses de magasins éthiques, les endroits où trouver l'information et même le fil rouge du labyrinthe institutionnel. Un outil indispensable pour le citoyen actif à la recherche d'un monde meilleur.

faire du ciel le plus bel endroit de la terre

AIR FRANCE

Tarifs Tempo. Envolez-vous à prix légers.
www.airfrance.com

TICKET POUR UN ALLER-RETOUR-ALLER-RETOUR-ALLER-RETOUR-ALLER-RETOUR...

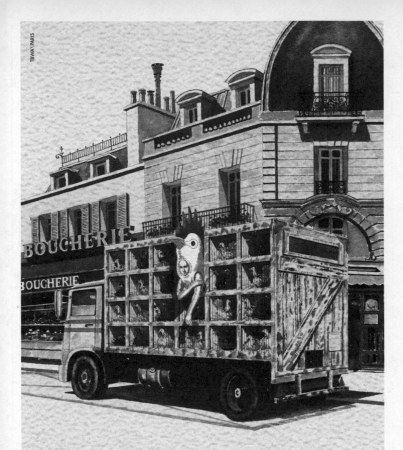

IL Y A D'AUTRES FAÇONS DE VOYAGER A PRIX REDUITS

AVEC DECOUVERTE, DES REDUCTIONS POUR TOUS

Envie de voyager ? Avec Découverte, les prix du train se font tout petits.
Découverte, c'est -25%* pour tous. Et pour en profiter pleinement, un conseil :
réservez à l'avance.

www.voyages-sncf.com

*Soumis à conditions.
Renseignez-vous dans les points de vente SNCF.

Nous tenons à remercier tout particulièrement François Chauvin, Gérard Bouchu, Grégory Dalex, Michelle Georget, Carole Fouque, Patrick de Panthou, Jean Omnes, Jean-Sébastien Petitdemange et Alexandra Sémon pour leur collaboration régulière.

Et pour cette chouette collection, plein d'amis nous ont aidés :

Caroline Achard
Didier Angelo
Barbara Batard
Astrid Bazaille
José-Marie Bel
Thierry Bessou
Cécile Bigeon
Fabrice Bloch
Cédric Bodet
Philippe Bordet
Nathalie Boyer
Florence Cavé
Raymond Chabaud
Alain Chaplais
Bénédicte Charmetant
Geneviève Clastres
Julie Colignon
Maud Combier
Sandrine Couprie
Joanne Daubet
Franck David
Agnès Debiage
Fiona Debrabander
Charlotte Degroote
Tovi et Ahmet Diler
Claire Diot
Émilie Droit
Sophie Duval
Christian Echarte
Flora Etter
Hervé Eveillard
Didier Farsy
Flamine Favret
Pierre Fayet
Alain Fisch
Cédric Fischer
Léticia Franiau
Cécile Gauneau
David Giason
Muriel Giraud
Adrien Gloaguen
Olivier Gomez et Sylvain Mazet
Angélique Gosselet
Isabelle Grégoire
Xavier Haudiquet
Claude Hervé-Bazin
Monique Heuguédé
Catherine Hidé
Bernard Hilaire

Bernard Houliat
Lionel Husson
Catherine Jarrige
Lucien Jedwab
François Jouffa
Emmanuel Juste
Florent Lamontagne
Lionel Lambert
Damien Landini
Jacques Lanzmann
Vincent Launstorfer
Grégoire Lechat
Benoît Legault
Raymond et Carine Lehideux
Jean-Claude et Florence Lemoine
Mickaela Lerch
Valérie Loth
Anne-Marie Minvielle
Thomas Mirante
Anne-Marie Montandon
Xavier de Moulins
Jacques Muller
Yves Negro
Alain Nierga et Cécile Fischer
Astrid Noubissi
Michel Ogrinz et Emmanuel Goulin
Franck Olivier
Martine Partrat
Jean-Valéry Patin
Odile Paugam et Didier Jehanno
Côme Perpère
Laurence Pinsard
Jean-Luc Rigolet
Thomas Rivallain
Ludovic Sabot
Julie Samit
Pauline Santini
Emmanuel Scheffer
Jean-Luc et Antigone Schilling
Patricia Scott-Dunwoodie
Abel Ségretin
Guillaume Soubrié
Régis Tettamanzi
Christophe Trognon
Christèle Valin-Colin
Isabelle Verfaillie
Charlotte Viart
Isabelle Vivarès
Solange Vivier

Direction : Cécile Boyer-Runge
Contrôle de gestion : Joséphine Veyres
Direction éditoriale : Catherine Marquet
Édition : Catherine Julhe, Peggy Dion, Matthieu Devaux, Stéphane Renard, Nathalie Foucard, Marine Barbier, Magali Vidal, Agnès Fontaine et Carine Girac
Secrétariat : Catherine Maîtrepierre
Préparation-lecture : Martine Lavergne, Frédérique Paingault, Nicole Chatelier
Cartographie : Cyrille Suss
Fabrication : Nathalie Lautout et Audrey Detournay
Maquette de couverture : Thibault Reumaux
Direction commerciale : Michel Goujon, Dominique Nouvel, Dana Lichiardopol et Lydie Firmin
Informatique éditoriale : Lionel Barth
Relations presse : Danielle Magne, Martine Levens et Maureen Browne
Régie publicitaire : Florence Brunel
Service publicitaire : Frédérique Larvor

INTRODUCTION

Le guide *Hôtels et Restos de France* tient vraiment une place à part dans la collection. C'est le produit d'une rigoureuse sélection des meilleures adresses puisées dans nos guides régionaux ou découvertes par nos fureteurs-enquêteurs dans les coins où des guides n'existent pas encore.

Si la vocation des guides régionaux est de révéler des adresses correctes et pas chères, ces critères cependant ne suffisent plus pour le « guide national ». Pour y figurer, il faut vraiment posséder le ou les « plus » qui arracheront à nos lecteurs les « aarh, lovely ». Nécessairement, d'abord, une grande qualité d'accueil, puis, ce qui fait l'apanage des adresses originales, charme et atmosphère pour les hôtels, plus grande qualité de la cuisine concernant les restaurants. En bref, des établissements qui se distinguent toujours par la petite originalité qui les sortiront du lot de tous les autres (même si, dans ces derniers, beaucoup font honnêtement leur travail).

Mais voilà, en conclusion, on a vocation de découvrir les meilleurs, ceux qui ont réussi la subtile alchimie de la convivialité et du charme. Beaucoup font des efforts pour rendre leurs clients heureux. Qu'ils trouvent là leur récompense dans nos coups de cœur. Qu'on nous pardonne ceux qui ont été oubliés. Vous pouvez toujours nous les signaler, nous nous ferons un plaisir de les tester et de les rajouter s'ils le méritent.

À propos de mérite, le *Routard* n'est pas la garantie d'un bail à vie. Pour y rester, nécessité de maintenir le haut niveau des prestations. Pas question de perdre le sourire ou de réduire les portions sous prétexte de succès. Grâce à nos rapports privilégiés avec nos lecteurs, très rapidement on sait tout. Un hôtelier ou un restaurateur qui a pris la grosse tête ne pourra pas tromper son monde plus d'un an. Tant pis pour lui, tant mieux pour les autres qui ont su garder le cap sur la qualité et la gentillesse.

Sur présentation de ce guide, nombreuses offres et réductions en 2003.

Les prix
En France, les prix des hôtels et des restos sont libres. Certains peuvent augmenter entre le passage de nos infatigables fureteurs et la parution du guide.
Avis aux hôteliers et aux restaurateurs
Chaque année pour y figurer, il faut le mériter !

Le Routard

Chers lecteurs, nous indiquons par le logo ♿ les établissements qui possèdent un accès ou des chambres pouvant accueillir des personnes handicapées. Certaines adresses sont parfaitement équipées selon les critères les plus modernes. D'autres, plus simples, plus anciennes aussi, sans répondre aux normes les plus récentes, favorisent leur accueil, facilitent l'accès aux chambres ou au resto. Évidemment, les handicaps étant très divers, des lieux accessibles à certaines personnes ne le seront pas pour d'autres. Appelez toujours auparavant pour savoir si l'équipement de l'hôtel ou du resto est compatible avec votre niveau de mobilité.

Malgré les combats menés par les nombreuses associations, l'intégration des handicapés à la vie de tous les jours est encore balbutiante en France. Il tient à chacun de nous de faire changer les choses. Nous sommes tous concernés par cette prise de conscience nécessaire.

Alsace

67 Bas-Rhin
68 Haut-Rhin

ALTKIRCH 68130

Carte régionale A2

🏠 I●I *Auberge Sundgovienne* ** – 1, route de Belfort (Ouest) ☎ 03-89-40-97-18. Fax : 03-89-40-67-73. ● www.auberge.sundgovienne.fr ● Parking payant. TV. 🕭 Resto fermé le lundi toute la journée, le mardi jusqu'à 17 h et le dimanche soir de septembre à fin juin. Congés annuels : du 23 décembre au 31 janvier. Accès : à 3 km d'Altkirch par la D419 direction Dannemarie. Chambres doubles avec douche et w.-c. ou bains de 50 à 54 €. Menus à 11 € en semaine, puis de 18 à 41 €. Entre le motel américain (la route n'est pas loin), le chalet suisse (pas loin non plus !) et l'hôtel alsacien de tradition. Chambres toutes jolies (balcon pour certaines), bien tenues et confortables. Préférez (malgré le double-vitrage) celles situées à l'arrière. Évitez la n° 16, juste au-dessus des cuisines. La bonne surprise vient de la table. Cuisine de marché et avec de l'idée : poêlée d'escargots à la crème d'ail en brioche au lait, filet de loup rôti aux amandes et pistaches, rognons de veau au porto avec crêpes à la farine de châtaignes et *spaetzle*, parfait glacé à la fleur de bière, etc. Terrasse où prendre un verre au calme et admirer la campagne paisible du Sundgau. *10 % sur le prix de la chambre offerts à nos lecteurs sur présentation de ce guide.*

DANS LES ENVIRONS

HIRTZBACH 68118 (4 km S)

🏠 I●I *Hôtel-restaurant Ottié* – 17, rue de Lattre-de-Tassigny ☎ 03-89-40-93-22. Fax : 03-89-08-85-19. ● ottierest @aol.com ● Parking. Congés annuels : du 20 juin au 10 juillet et du 20 décembre au 5 janvier. Accès : à l'entrée du village en direction de Ferrette. Chambres doubles avec cabinet de toilette à 23 € et avec bains à 31 €. Demi-pension de 34 à 37 €. Menus à 9 € le midi en semaine, puis de 13,50 à 35,50 €. Une maison bleue (qui n'est pas accrochée à la colline mais en bord de route). Chambres toutes simples mais bien tenues. Celles côté jardin sont bien calmes. Le chef – comme pas mal d'autres d'ailleurs en Alsace – est passé par les cuisines de quelques maisons d'exception. Quelques recettes personnelles donc en plus des grands classiques. Terrasse.

I●I *Restaurant de la Gare - Munzenberger* ☎ 03-89-40-93-27. Fermé le mardi soir et le mercredi, ainsi que le lundi soir hors saison. Faisant partie du réseau officiel de la Route de la Carpe Frite, voilà une bonne auberge de campagne où vous vous régalerez d'une carpe croustillante à souhait et servie à volonté pour 13,50 €. Mais la carte annonce d'autres spécialités tout aussi alléchantes comme un délicieux foie de veau. Les

---

spaetzle sont parmi les meilleurs que nous ayons goûtés. *NOUVEAUTÉ.*

GOMMERSDORF 68210 (12 km O)

🛏 |●| *L'Auberge du Tisserand* ** – 28, rue de Cernay ☎ 03-89-07-21-80. Fax : 03-89-25-11-34. Parking. TV. Fermé le lundi et le mardi. Congés annuels : du 22 décembre au 6 janvier et du 15 février au 6 mars. Accès : par la D419. L'hôtel se trouve sur la gauche de la D103, à la sortie du village. Chambres doubles avec T.V., douche et w.-c. à 44 €. Menu à 7,50 € le midi en semaine ; autres menus de 14 à 20 €. Une très ancienne maison à colombages, propriété d'un tisserand (évidemment !) au XVIIe siècle. Au 1er étage, le plancher de la salle est bizarrement incliné (sous le poids des années ?). Bonne cuisine à prix doux (l'unique menu du midi est un des moins chers du coin). Tartes flambées (le soir) et autres spécialités alsaciennes (choucroute, jarret grillé). Pain cuit dans le four de la maison. Chambres mignonnettes (côté cour, donc au calme, pour les nos 3, 4 et 7). On conseille la n° 8 aux fans de Hansi.

BARR 67140

Carte régionale A1

🛏 |●| *Hôtel Maison Rouge* ** – 1, av. de la Gare (Sud) ☎ 03-88-08-90-40. Fax : 03-88-08-90-85. ● maisonrouge@wanadoo. fr ● Parking payant. TV. Fermé le mardi soir et le mercredi. Accès : près de la poste. Chambres doubles avec douche et w.-c. ou bains de 46 à 60 €. Plat du jour à 7 € le midi en semaine ; menus à 15 et 18 €. Suffisamment excentré pour ne pas être trop touristique. Par contre, petite place et rue piétonne en face de l'établissement. Chambres agréables aux salles de bains refaites. Salle de restaurant entièrement rénovée. Spécialités alsaciennes : *baeckeoffe*, sandre au Riesling, rognons de veau flambés. Grand choix de bières. Terrasse. *Apéritif maison offert à nos lecteurs sur présentation de ce guide.*

DANS LES ENVIRONS

HEILIGENSTEIN 67140 (1,5 km N)

🛏 |●| *Relais du Klevener* ** – 51, rue Principale ☎ 03-88-08-05-98. Fax : 03-88-08-40-83. Parking. TV. Fermé le lundi, le mardi midi (pour le resto). Congés annuels : du 1er janvier au 15 février. Accès : par la D35, direction Ottrott. Selon confort, chambres doubles de 40 à 54 €. Au restaurant, menus de 15 à 30 €. Chambres simples,

sans grand charme mais bien tenues et pas très chères. L'hôtel domine les vignobles et l'on peut admirer le Rhin et nos voisins allemands. Bien sûr, demandez une chambre avec vue. Brasserie et restaurant : à la carte, foie gras maison, terrine, tarte à l'oignon, choucroute, *baeckeoffe*, sandre... Terrasse pour prendre un verre de... klevener, par exemple.

ANDLAU 67140 (4 km SO)

🛏 *Le Zinck Hôtel* – 13, rue de la Marne ☎ et fax : 03-88-08-27-30. ● www.strasbourg.com/zinckhotel ● Parking. TV. Accès : dans le bas du village. Chambres doubles à partir de 58 € avec douche et w.-c., jusqu'à 95 € avec bains. Hôtel de charme installé dans un ancien moulin à eau restauré. Dix-huit chambres à thème, toutes différentes donc, mais toujours confortables et de bon goût. Un designer s'est penché sur chacune d'elles, leur donnant un look parfait. La « Vigneron » à lit à baldaquin, la « Coloniale » et la « Baroque » nous ont bien plu. Même réussite décorative dans le hall d'accueil, où l'ancienne roue du moulin subsiste. Pas de restaurant, mais le propriétaire possède aussi, dans le village, *Le Relais de la Poste* (1, rue des Forgerons, *winstub* de bonne réputation, fermée le lundi et le mardi). *Café offert à nos lecteurs sur présentation de ce guide.*

HOHWALD (LE) 67140 (9 km O)

🛏 |●| *Hôtel Marchal* ** – 12, rue Wittertalhof ☎ 03-88-08-31-04. Fax : 03-88-08-34-05. Parking. TV. Resto fermé le dimanche soir et le lundi (sauf pour pensionnaires). Congés annuels : du 3 au 28 novembre. Accès : par la D425. Fléché depuis le village. Chambres doubles avec douche et w.-c. ou bains à 43 €. Menus de 12,20 à 26 €. Hôtel familial, posé dans la verdure au-dessus de cette petite station climatique et de sports d'hiver. Chambres à l'ancienne (mais récemment rafraîchies), pas immenses, mais d'un honorable confort et surtout d'une vraie tranquillité. Excellent accueil et ambiance paisible. Bonne cuisine, classique mais légère et pleine de saveurs. *NOUVEAUTÉ.*

BLIENSCHWILLER 67650

Carte régionale A1

🛏 *Hôtel Winzenberg* ** – 58, route des Vins ☎ 03-88-92-62-77. Fax : 03-88-92-45-22. ● winzenberg@visit-alsace.com ● Parking. TV. Satellite. Congés annuels : du 3 janvier au 22 février. Accès : par la N422. Chambres doubles avec douche et w.-c. ou bains de 41 à 47 €. Chez les Dresch, le sens de la famille va de pair avec

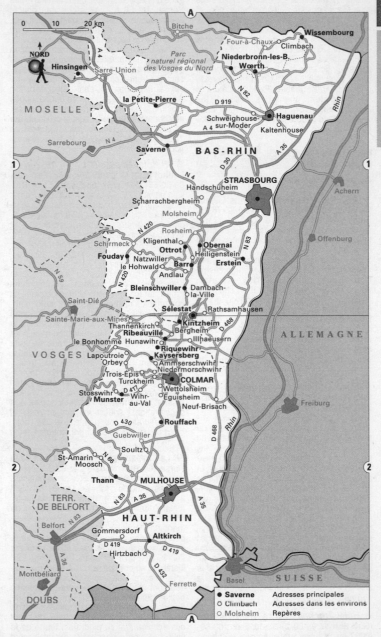

A

0 10 20 km

NORD

Bitche

Four-à-Chaux

Wissembourg

Climbach

Niederbronn-les-B.

Wœrth

Hinsingen

Sarre-Union

Parc naturel régional des Vosges du Nord

la Petite-Pierre

MOSELLE

D 919

Schweighouse-sur-Moder

Haguenau

Kaltenhouse

Sarrebourg

Saverne

BAS-RHIN

D 30

STRASBOURG

Achern

Handschuheim

Scharrachbergheim

Offenburg

Molsheim

Rosheim

Kligenthal

Obernai

Ottrot

Heiligenstein

Fouday

Natzwiller

Barr

Erstein

le Hohwald

Andlau

Bleinschwiller

Dambach-la-Ville

Saint-Dié

Sélestat

Rathsamhausen

Kintzheim

Sainte-Marie-aux-Mines

Thannenkirch

Bergheim

Ribeauvillé

Illhaeusern

le Bonhomme

Hunawihr

VOSGES

Riquewihr

Lapoutroie

Kaysersberg

Orbey

Ammserschwihr

Niedermorschwihr

ALLEMAGNE

Trois-Epis

COLMAR

Turckheim

Wettolsheim

Stosswihr

Munster

Wihr-au-Val

Eguisheim

Freiburg

Neuf-Brisach

Rouffach

D 430

Guebwiller

Soultz

St-Amarin

Moosch

Thann

MULHOUSE

TERR. DE BELFORT

HAUT-RHIN

Belfort

Gommersdorf

Altkirch

D 419

Hirtzbach

Montbéliard

Ferrette

Basel

SUISSE

DOUBS

A

● **Saverne** — Adresses principales
○ Climbach — Adresses dans les environs
○ Molsheim — Repères

une réelle répartition des tâches. À la mère et la fille, la gestion de l'hôtel, et au père et au fils celle du vignoble. Ça marche comme sur des roulettes ! Nous avons eu tout le loisir d'apprécier l'accueil de Mme Dresch et le confort des chambres. Le joli mobilier alsacien, les tissus choisis pour les dessus-de-lits et les rideaux aux couleurs chaudes et gaies comblent d'aise. Un confort dont le prix reste raisonnable. Parking clôturé à 150 m (gratuit). Vignerons obligent, les Dresch vous feront la visite de leur cave ancestrale (de 1508), suivie d'une dégustation. À la vôtre !

COLMAR   68000

Carte régionale A2

🛏 *Auberge de jeunesse* – 2, rue Pasteur ☎ 03-89-80-57-39. Fax : 03-89-80-76-16. Parking. Accueil de 7 h à 10 et de 17 h à minuit. Congés annuels : de mi-décembre à mi-janvier. Accès : de la gare, prenez le bus n° 4 ; arrêt « Lycée technique » ; ou bien à 15 mn de la gare à pied (derrière la gare, traversez le pont en direction d'Ingersheim, bien indiqué). Compter de 12 € en dortoir, petit déjeuner compris, à 29 € en chambre. Rajouter 3,50 €pour la location de draps. Grand bâtiment moderne, très propre, bien tenu, et calme (c'est important !). 11 chambres à 8 lits et 3 chambres à 4 lits. Pas de repas (sauf pour les groupes et sur demande). Pas d'activités sportives mais un petit parc agréable en été. Beaucoup de monde en mai. Mieux vaut réserver.

🛏 *Hôtel Colbert* ** – 2, rue des Trois-Épis (Ouest) ☎ 03-89-41-31-05. Fax : 03-89-23-66-75. Parking payant. TV. Canal+. Accès : à côté de la gare, face à la voie ferrée et à deux pas de la place de Lattre et du centre historique. Chambres doubles avec douche et w.-c. ou bains de 42 à 48 €. Pas de charme particulier mais une adresse intéressante pour son côté fonctionnel et sans mauvaises surprises. On sait au moins où l'on met les pieds. Chambres confortables, propres, climatisées, avec un double-vitrage pour échapper au bruit. Un petit détail amusant qui fera plaisir aux buveurs de bière : on découvre des décapsuleurs muraux dans chaque salle de bains ! 20 % de réduction pour les VRP. Un clubbar-disco, le *Toucan*, est situé au sous-sol de l'hôtel, mais rassurez-vous, il n'est pas synonyme de boucan ! *10 % sur le prix de la chambre offerts à nos lecteurs sur présentation de ce guide.*

🛏 *Hôtel Turenne* ** – 10, route de Bâle (Sud-Est) ☎ 03-89-21-58-58. Fax : 03-89-41-27-64. ● www.turenne.com ● Parking payant. TV. Satellite. Accès : à quelques minutes à pied du centre ville et à un saut de

puce du très romantique quartier de la Petite Venise. De 56 à 62 € la chambre double avec douche et w.-c. ou bains. Voilà une bonne maison, composée en fait d'un ensemble de bâtiments aux murs rose, vert, crème... et fleuris de géraniums (on est bien en Alsace !). Chambres rénovées, dans un genre contemporain-fonctionnel mais plaisantes. Un peu plus bruyantes sur rue que sur l'arrière. Copieux petit déjeuner-buffet. Accueil pro et chaleureux (ce qui ne va pas toujours ensemble !). Une bonne adresse, affichant un joli rapport qualité-prix. *5 % sur le prix de la chambre (du 1er janvier au 13 avril) offerts à nos lecteurs sur présentation de ce guide.*

🛏 I●I *Hôtel Beauséjour* ** – 25, rue du Ladhof (Est) ☎ 03-89-20-66-66. Fax : 03-89-20-66-00. ● www.beausejour.fr ● Parking payant. TV. Canal+. Satellite. 🍴 Fermé le samedi midi et le dimanche toute la journée hors saison. Accès : à 10 mn à pied du centre. Chambres doubles avec douche et w.-c. ou bains de 59 à 85 €. Menus de 18 à 45 €. Les Keller ont du métier : cet hôtel leur appartient depuis 1913 ! Mais les ancêtres, dont la photo trône à la réception, ne reconnaîtraient plus la maison. Des annexes s'y sont greffées, les chambres (une quarantaine) sont contemporaines et confortables et l'hôtel propose sauna, hammam et salle de gymnastique. Petit jardin pour se relaxer quand le soleil le permet ou chouette salon aux fauteuils bleu Klein pour les jours plus gris. Côté restaurant, élégante salle à manger et un chef qui revisite audacieusement (parfois même un peu trop...) les classiques du terroir (marbré de foie gras, matelote au riesling, chariot de tartes alsaciennes). Une bonne adresse confortable et chic (mais où l'ambiance reste à la décontraction). *Apéritif maison au resto et parking gratuit pour les clients de l'hôtel offerts à nos lecteurs sur présentation de ce guide.*

I●I *Le Caveau Saint-Pierre* – 24, rue de la Herse (Centre) ☎ 03-89-41-99-33. Fermé le lundi, le vendredi midi et le dimanche soir. Congés annuels : janvier. Menus de 13 à 21,70 €. Compter environ 24 € à la carte. Installé dans un des plus chouettes coins de la Petite Venise. On y accède à pied uniquement (tant mieux), par une passerelle de bois qui longe un adorable petit canal bordé de maisons à colombages et de jardinets fleuris. Dès qu'il fait beau, des tables sont installées au bord de l'eau. La salle aux multiples recoins joue à fond la carte du « typiquement alsacien » avec meubles peints, petites tables nappées de carreaux... Cuisine dans le même ton, scrupuleusement de terroir et pas mal amenée : queue de bœuf aux échalotes et au pinot noir, tourte de la vallée et même *baeckeoffe* quand le chef est d'humeur. Accueil et service pro mais décontractés.

Iol *Restaurant Garbo* – 15, rue Berthe-Molly ☎ 03-89-24-48-55. Fermé le dimanche, le lundi et les jours fériés. Congés annuels : 1re semaine de janvier et 1re semaine d'août. Accès : dans le centre. Le midi, menu à 15 €. Menu-carte à 30 €. Dans une rue ancienne jalonnée d'hôtels particuliers, une enseigne en référence à la divine Garbo (Greta de son prénom), une salle à la déco moitié bistrot, moitié gastro (et plantée de quelques arbres fruitiers...) et une belle cuisine de marché. Les plats changent évidemment souvent mais la terrine de foie de canard confit au gewurztraminer, le filet de sandre à la lavande ou le sabayon froid à la bière avec son sorbet à la fleur de bière sont des constantes de la maison. Et pour finir, le moelleux au chocolat grand cru. L'ambiance feutrée le classe plutôt dans les restos du soir. *Café offert à nos lecteurs sur présentation de ce guide.*

Iol *Chez Hansi* – 23, rue des Marchands (Centre) ☎ 03-89-41-37-84. Fermé le mercredi et le jeudi. Menu touristique à 18 €. Cadre alsacien, cuisine alsacienne, serveuse déguisée en Alsacienne, on a un peu l'impression de rentrer dans un repaire de touristes. Pourtant, *Chez Hansi* est l'une des adresses sûres de la ville et des Colmariens qui lui sont fidèles. *NOUVEAUTÉ.*

Iol *Winstub Brenner* – 1, rue de Turenne ☎ 03-89-41-42-33. Fermé le mardi et le mercredi. Congés annuels : du 11 au 26 février, du 17 au 25 juin, du 12 au 19 novembre et du 24 décembre au 1er janvier. Accès : juste à côté de la Petite Venise. Compter au moins 22 € à la carte. On ne regrette pas la visite de cet établissement. Petit, costaud, rubicond, hilare, Gilbert Brenner, le patron, est heureux d'être sur terre et en fait profiter la galerie. Il cuisine et sert, aidé de son épouse, qui rit de ses facéties. On ne se complique pas la vie, dans cette taverne : salade de choucroute crue ou munster pané, tourte de la vallée, foie gras d'oie, tripes au riesling. Et comme Gilbert est pâtissier de métier, on se garde une place pour le dessert. Du simple, du bon, du convivial. La bière coule fort tard et les étudiants, les habitués, les vignerons, les touristes refont le monde avec les Brenner. Le genre d'endroit que l'on adore. *Café offert à nos lecteurs sur présentation de ce guide.*

DANS LES ENVIRONS

WETTOLSHEIM 68920 (6 km SO)

Iol *Hôtel Au Soleil* ** – 20, rue Sainte-Gertrude ☎ 03-89-80-62-66. Fax : 03-89-79-84-45. Cartes de paiement refusées. Parking. TV. Fermé le jeudi. Congés annuels : du 19 juin au 10 juillet et du 18 décembre au 8 janvier. Accès : par la D417. Chambres doubles à 39 € avec douche et w.-c. Demi-pension demandée de juin à septembre à 40 € par personne. Menu du jour à 8,50 € le midi et sinon menu à 16 €. Dans un village situé sur la route des Vins d'Alsace mais peu touristique. Une bonne maison, simple et accueillante, tenue par un couple de jeunes pratiquant de petits prix. Chouette ! On y court. Il s'agit d'un vieux bâtiment à colombages rénové. On dort dans une annexe très calme, dans des chambres donnant sur un petit parc de stationnement (celui de l'hôtel) ou sur quelques arpents de vigne. Un très bon plan donc, pour tous ceux qui souhaitent dormir dans le vignoble, sans trop s'éloigner de Colmar. *Apéritif maison offert à nos lecteurs sur présentation de ce guide.*

AMMERSCHWIHR 68770 (7 km NO)

Iol *L'Arbre Vert* ** – 7, rue des Cigognes (Nord-Est) ☎ 03-89-47-12-23. Fax : 03-89-78-27-21. • www.alsanet.com/arbre-vert • TV. Fermé le lundi et le mardi (accueil pour l'hôtel en saison de 17 h 30 à 19 h). Congés annuels : du 9 février au 20 mars et du 9 au 21 novembre. Accès : par la N415, au centre du bourg. Chambres doubles avec lavabo à 35 €, avec douche et w.-c. ou bains de 48 à 57 €. Demi-pension demandée en saison : à partir de 45 € par personne. 1er menu à 13 €, en semaine, puis menus de 19,30 à 28,30 €. Une grande et agréable bâtisse qui date de l'après-guerre, où l'expérience est la règle, en salle comme aux fourneaux. Bonne étape gourmande à la salle à manger d'un rustique plutôt enlevé. Au hasard des menus et de la carte (traduits en japonais, s'il vous plaît) : escalope de foie d'oie chaud poêlé, sauce au pinot noir, carré d'agneau rôti en chapelure d'ail, soufflé tiède aux fruits de saison. Côté dodo, des chambres impeccables et charmantes, rénovées régulièrement. Ne vous étonnez pas de trouver un grand buffet breton dans les couloirs de cet hôtel, les patrons ont quelques origines celtes.

EGUISHEIM 68420 (7 km S)

Iol *Le Caveau d'Eguisheim* – 3, pl. du Château-Saint-Léon ☎ 03-89-41-08-89. Fermé le lundi et le mardi. Congés annuels : de fin janvier à fin février. Au resto grastronomique, menus à 34 et 52 € et carte autour de 45 € ; au *Pressoir*, pas de menu et carte autour de 20 €. Deux adresses en une. À l'étage, le resto gastro avec de délicieuses spécialités alsaciennes mais revues et corrigées par un jeune chef très inspiré : choucroute, quand même, mais aussi matelote d'anguille au gewurzt', boudin de cochon fermier avec chou rouge à la cannelle et pomme, kougelhopf façon pain perdu... En bas, dans la très belle salle du *Pressoir*, la carte est beaucoup plus abordable pour une cuisine plus simple mais non moins savoureuse : coq à la bière, tripes au riesling, tarte flambée. Et pour une fois, c'est le même chef en haut et en bas et tout le monde a le droit à la même gentillesse dans l'accueil (c'est la maman du chef qui aide en salle). Un coup de cœur. *NOUVEAUTÉ.*

NIEDERMORSCHWIHR   68230
(7 km O)

I●I *Restaurant Caveau Morakopf* – 7, rue des Trois-Épis (Sud) ☎ 03-89-27-05-10. ⚹ Fermé le dimanche et le lundi midi. Congés annuels : du 15 au 30 janvier, du 15 au 30 juin et la 3ᵉ semaine de novembre. Accès : par la N415 et la D11. Compter 22 € pour un repas (plat et dessert) à la carte. Dans un adorable village niché au creux des vignobles. Grande maison verte et rose. Des vitraux ornés d'une *morakopf* (la même tête de maure que sur tous les tee-shirts souvenirs de Corse, eh oui), du bois, de confortables banquettes : la déco va au plus simple. L'essentiel ici est bien la cuisine, ces plats de terroir dont l'apparente rusticité et la générosité cachent une vraie finesse. Excellent *presskopf* et *baeckeoffe* sur commande, pour 4 personnes minimum. Et encore, confit de canard aux raisins, *schieffala*, tripes au riesling, *fleishchneke*, gratin de munster... Chouettes petits vins. Service attentionné et sympa. Pour les beaux jours, jardin d'été adorable et terrasse à l'arrière. Une bonne adresse. Penser à réserver.

TURCKHEIM 68230 (7 km O)

🏠 I●I *Auberge du Brand* ** – 8, Grand-Rue (Centre) ☎ 03-89-27-06-10. Fax : 03-89-27-55-51. ● www.aubergedubrand. com ● TV. Resto fermé le mercredi. Ouvert uniquement le soir. Congés annuels : 1ʳᵉ semaine de juillet et la 2ᵉ quinzaine de novembre et janvier. Chambres doubles à 54,50 €. Demi-pension entre 43 et 75 € par personne. Menus de 20 à 45 €. La forêt, si généreuse à l'automne, a conquis le chef de cette superbe maison alsacienne à colombages qui concocte une savoureuse poêlée de champignons. Sinon, essayer le jambonneau à la bière ou la potée au munster fermier. Le décor de la salle à manger, façon Alsace heureuse, est chaleureux comme tout. Bonne adresse donc, pour manger, ainsi que pour dormir. 10 chambres coquettes et mignonnes. *Café offert à nos lecteurs sur présentation de ce guide.*

🏠 *Hôtel des Deux Clefs* *** – 3, rue du Conseil ☎ 03-89-27-06-01. Fax : 03-89-27-18-07. ● www.2clefs.com ● Cartes de paiement refusées. Parking payant. TV. Satellite. ⚹ Accès : sur la place de l'Hôtel-de-Ville. Chambres doubles avec douche et w.-c. ou bains à 84 €. La plus belle maison de Turckheim se devait d'avoir des chambres à la hauteur. Oubliés, l'histoire mouvementée et les procès en sorcellerie, aujourd'hui les 41 chambres, toutes plus ravissantes les unes que les autres annoncent un confort optimum. Avec un peu de chance, vous passerez la nuit dans la même chambre qu'Hortense de Mancini, le docteur Schweitzer ou le Général de Gaulle. Une adresse assez chic pour *Routards* aisés.

TROIS ÉPIS (LES) 68410 (10 km O)

🏠 I●I *Hôtel-restaurant Villa Rosa* ** – 4, rue Thierry-Schoeré ☎ 03-89-49-81-19. Fax : 03-89-78-90-45. ● www.villarosa.fr ● Cartes de paiement refusées. Resto fermé le midi et le jeudi. Congés annuels : du 8 janvier au 19 mars. Accès : à 400 m environ du village (station climatique d'altitude dominant le vignoble), juste avant un tournant, sur la droite de la route arrivant de Turckheim. Chambres doubles avec douche et w.-c. ou bains de 46 à 52 €. Demi-pension demandée en saison à 52 € par personne. Menu le soir uniquement à 24 €. Jolie maison aux volets verts tenue par un couple très sympathique et franchement écolo) qui reçoit ses hôtes avec humour et spontanéité. Chambres adorables, donnant (pour nos préférées) côté jardin (où il y a une piscine, sauna et jacuzzi). Celles sous les toits, rénovées, sont spacieuses. À table, produits on ne peut plus frais (les légumes viennent du potager, l'ail sauvage de la campagne alentour) et cuisine aussi personnelle qu'enthousiasmante. Journées à thème (différent suivant les saisons) et stages : cuisine, découverte des roses anciennes ou des légumes sauvages, cuisine de fleurs comestibles (voir leur site), etc. Coup de cœur, tiens ! *Apéritif offert sur présentation de ce guide, ainsi que l'accès au sauna et au jacuzzi.*

NEUF-BRISACH 68600 (16 km SE)

I●I *La Petite Palette* – 16, rue de Bâle (Centre) ☎ 03-89-72-73-50. Fermé le dimanche soir, le lundi et le mardi soir. Congés annuels : 1 semaine en février et 3 semaines en août. Dans la ville intra-muros. Menus de 11 € le midi en semaine, à 41 €. Dans un décor jaune assez sympathique, une fine cuisine à prix doux réalisée par un jeune chef passionné qui a gagné le prix « Talents 1993 Veuve Cliquot ». ça veut tout dire ! Menu à thème tous les mois. Plats de tradition (choucroute maison ou tête de veau) ou jolies petites idées de saison plus personnelles et qui changent tout le temps, mariant toujours terroir et modernité. Une excellente adresse, pensez à réserver. *Café offert à nos lecteurs sur présentation de ce guide. NOUVEAUTÉ.*

ERSTEIN 67150

Carte régionale A1

🏠 |●| *Hôtel et Estaminet des Bords de l'Ill* ** – 94, rue du Général-de-Gaulle (Centre) ☎ 03-88-98-03-70. Fax : 03-88-98-09-49. ● www.reperes.com/bords-ill ● Parking. TV. Satellite. ✗ Accès : direction centre nautique. Chambres doubles avec douche et w.-c. autour de 48 €. Tarifs dégressifs au-delà de 3 nuits consécutives. Menu le midi en semaine à 7,50 €, autres menus de 15 à 25 €. Petit hôtel genre années 1960 posé à deux pas de l'Ill. Chambres rénovées dans un style contemporain, mais assez primesautier. De l'autre côté de la rue, resto plus « alsacien typique » et adorable terrasse au bord de l'eau. Cuisine toute simple mettant en valeur les produits du terroir. Tartes flambées tous les soirs. Bons vins d'Alsace et d'ailleurs. *10 % sur le prix de la chambre offerts à nos lecteurs sur présentation de ce guide.*

FOUDAY 67130

Carte régionale A1

🏠 |●| *Hôtel Julien* ** – N 420 ☎ 03-88-97-30-09. Fax : 03-88-97-36-73. ● www.hotel julien.com ● Parking. TV. Satellite. ✗ Fermé le mardi. Congés annuels : 1re quinzaine de janvier et 1 semaine en octobre. Chambres doubles avec douche et w.-c. ou bains de 49 à 98 € selon la taille. Menus à 9,45 € le midi en semaine et de 15,25 à 21,35 €. L'un des établissements les plus populaires de la vallée de la Bruche. Vaste ensemble (presque un village à lui tout seul) posé au bord de la (très passante) nationale. Les chambres, heureusement, donnent de l'autre côté sur la Bruche et les pentes verdoyantes du Mont Saint-Jean. Toute une gamme de chambres, des plus petites, simples mais confortables aux « princières », 60 m^2 habillés de bois et grand balcon. Cadre intérieur d'un rustique cossu. Bois, fleurs et plantes vertes partout. Service en costume régional revisité. Vastes mais chaleureuses salles à manger aux plafonds lambrissés pour une excellente cuisine régionale (dès le premier menu, vraiment impeccable). Piscine à débordement un peu kitsch avec ses fresques campagnardes et ses colonnes façon antiquité, sauna, salle de remise en forme. Réservation sérieusement conseillée. *NOUVEAUTÉ.*

DANS LES ENVIRONS

NATZWILLER 67130 (13 km NE)

🏠 |●| *Auberge Metzger* – 55, rue Principale ☎ 03-88-97-02-42. Fax : 03-88-97-93-59. ● www.hotel-aubergemetzger. com ● TV. Satellite. ✗ Fermé le dimanche soir et le lundi, sauf en juillet et en août. Congés annuels : du 5 au 26 janvier, du 23 juin au 6 juillet et du 22 au 25 décembre. Accès : par la D214 en direction de Schirmeck. Chambres doubles avec douche et w.-c. ou bains de 47 à 68 €. Menu à 11,50 € le midi en semaine. À la carte, compter autour de 25 €. Une bonne étape dans une vallée qui ne manque pas d'intérêt. Mme Metzger veille avec sérieux au confort de ses hôtes. Les chambres sont vastes tout autant que confortables et décorées avec un certain goût (sinon un goût certain !). Les prix restent, de plus, assez raisonnables. Au restaurant, bonne cuisine entre tradition et terroir. Terrasse côté vallée aux beaux jours.

HAGUENAU 67500

Carte régionale A1

|●| *Au Tigre* – 4, pl. d'Armes (Centre) ☎ 03-88-93-93-79. Fermé le dimanche en hiver. Accès : au cœur de la zone piétonne. Plat du jour autour de 7,50. Menu à 16 €. Compter 21 € pour un repas à la carte. Brasserie classique. Belle salle : haut plafond, boiseries et fer forgé. Cuisine de brasserie jouant les recettes du jour. Fruits de mer en hiver, brochettes et salades en été. Grande terrasse très populaire aux beaux jours.

|●| *S'Buerehiesel – Chez Monique* – 13, rue Meyer ☎ 03-88-93-30-90. Fermé le dimanche, le lundi et les jours fériés. Congés annuels : la 1re semaine de mai, les deux 1res semaines de septembre et entre Noël et le Jour de l'An. Accès : à côté du théâtre de la ville. Plat du jour à 7,50 € le midi en semaine. Comptez 19 € à la carte. Cette *winstub*, taverne typiquement alsacienne qui ne sert que du rin régional (à la différence des *bierstübe* qui ne servent que de la bière) a le charme du « comme chez soi ». C'est sympathique et chaleureux. La cuisine régionale est au rendez-vous : choucroute bien sûr, *waedele* (jambonneau chaud), quenelles de foie, etc. Accueil agréable. *Café offert à nos lecteurs sur présentation de ce guide.*

DANS LES ENVIRONS

SCHWEIGHOUSE-SUR-MODER
67590 (3 km O)

|●| *Aux Berges de la Moder* – 8, rue de la Gare ☎ 03-88-72-01-09. ✗ Fermé le dimanche soir et le lundi toute la journée. Congés annuels : fin octobre/début novembre. Accès : de Haguenau, suivre

Schweighouse : le resto est fléché. Menu du jour, le midi en semaine à 10 € ; autres menus de 10 à 35 €. Quand on arrive, l'environnement n'est pas idyllique (vue sur ZI, route) mais l'intérieur fait oublier l'écrin peu flatteur. Deux belles salles à l'alsacienne (très beau buffet, carrelage moulé, murs vermillon, poutres décorées...). Accueil enjoué. Les spécialités de poissons et gibiers sont parfaites ; quant aux desserts, le *struedel* à la rhubarbe fait l'affaire. Vous passerez à coup sûr un bon moment dans cette auberge rose.

KALTENHOUSE 67240 (5 km SE)

📧 |●| *La Crémaillère (chez Kraemer)* ** – 32, rue Principale (Centre) ☎ 03-88-63-23-06. Fax : 03-88-63-67-48. Parking. TV. Fermé le vendredi soir et le samedi midi. Congés annuels : août. Accès : tout proche de Haguenau en direction de la frontière. Chambres doubles avec douche et w.-c. de 50 à 56 €. Menus à 12,50 € en semaine, et de 19,50 à 30,50 €. Dans la même famille depuis 4 générations. C'est à la fois l'auberge et le bistrot du village (voire le dancing certains jours !). Les gars du coin, les anciens à la belote et les voyageurs se mêlent devant une bière ou une assiette. Cuisine de ménage pour le plat du jour du midi et spécialités alsaciennes. Les chambres sont tout confort, un chouïa trop sombre cependant, et on évitera celles côté route. *Apéritif maison offert à nos lecteurs sur présentation de ce guide.*

HINSINGEN 67260

Carte régionale A1

|●| *La Grange du Paysan* – 8, rue Principale (Centre) ☎ 03-88-00-91-83. Parking. ♿ Fermé le lundi. Congés annuels : pas vraiment définis (téléphonez !). Menu à 10 € en semaine et toute une gamme de 17,45 à 36,55 €. Une petite institution locale. Cette grange n'en est plus une depuis bien longtemps : grande baie vitrée, plafond sculpté, décor évidemment rustique à souhait. Excellent accueil. Service particulièrement efficace, ça virevolte partout. Cuisine paysanne servie généreusement et qui tient au corps. Les mines réjouies, voire rubicondes, attestent de la qualité constante des mets : andouillettes gratinées au vin blanc, turbot grillé sur foin de fenouil, jambonneau au foin sauce poivrade, *baeckeoffe* le vendredi, porcelet au feu de bois (le week-end).

KAYSERSBERG 68240

Carte régionale A2

|●| *Auberge de la Cigogne* – 73, route de Lapoutroie ☎ 03-89-47-30-33. Parking. Fermé le vendredi et le dimanche soir.

Congés annuels : la 1ʳᵉ quinzaine de juillet et entre Noël et le Jour de l'An. Accès : quittez le bourg en direction de Lapoutroie. Menus de 8 €, en semaine, à 27 €. Le rendez-vous des routiers et des ouvriers de l'usine voisine (le papier Lotus). Du vrai routier de base, mais agrémenté d'une terrasse fleurie très agréable. Le genre d'adresse où l'on mange copieusement et savoureusement, sans pour autant faire subir une cure d'amaigrissement à son porte-monnaie. Du classique de brasserie avec quelques spécialités maison, comme le filet de sandre à la choucroute. Une adresse comme on les aime.

|●| *Restaurant Saint-Alexis* – lieu-dit Saint-Alexis ☎ 03-89-73-90-38. Fermé le vendredi ; service de 12 h à 20 h. Accès : depuis Riquewihr sortir de la ville par la place des Charpentiers et suivre la petite route qui monte vers la gauche. Les panneaux sont rares, toujours rester à gauche lorsqu'il y a des intersections. Compter 5 à 10 mn en voiture. Menus de 10,70 à 15,90 €. Ce petit joyau de routardise où seuls les autochtones se rendent est bien perdu dans la forêt. À l'intérieur, une bonne odeur de soupe et de choucroute : tout le monde savoure la cuisine avec le sourire. On peut y déguster, par exemple, un bon petit potage de nos grands-mères, une opulente omelette au jambon et crudités qui ouvre l'appétit pour un délicieux coq fermier qui a mijoté dans les marmites pendant de longues heures... Une bonne tarte alsacienne couronne le tout. Par beau temps, possibilité de manger dehors. *Café offert à nos lecteurs sur présentation de ce guide.*

DANS LES ENVIRONS

LAPOUTROIE 68650 (9 km O)

📧 |●| *Hôtel Les Alisiers* ** – 5, lieu-dit Faudé ☎ 03-89-47-52-82. Fax : 03-89-47-22-38. ● www.alisiers.com ● Parking. TV. Fermé le lundi et le mardi sauf pour la clientèle de l'hôtel. Congés annuels : en janvier. Accès : à 3 km du village (accès fléché). Chambres doubles de 48,78 à 67,08 €. Menus de 14 à 35,06 €. En pleine nature et à 700 m d'altitude, cette ancienne ferme (il reste quelques vestiges de ce passé rustique : évier en pierre, four à pain), est classée « Hôtel au naturel » (label des Parcs Nationaux). Très chouette vue sur la vallée et les crêtes des Vosges. Intérieur mignon comme tout – sinon franchement *cosy* – des chambres au salon où en hiver brûlent de solides bûches. Adresse cossue et assez bourgeoise. Jolie cuisine de bonne femme qui renouvelle avec entrain de vieilles recettes familiales : rognons de veau à la vapeur de poireaux, choucroute façon grand-mère. *Apéritif maison (toute l'année) et réduction de 10 % sur le prix de la chambre ou de la demi-pension (du 11 novembre au 31 mars) offerts à nos lecteurs sur présentation de ce guide.*

🏠 ❙●❙ *Hôtel-restaurant du Faudé* – 28, rue du Gal-Dufieux (Centre) ☎ 03-89-47-50-35. Fax : 03-89-47-24-82. ● www.faude.com ● Parking. TV. Congés annuels : du 3 au 30 novembre et du 22 février au 22 mars. Accès : au coeur du village. Chambres doubles avec douche et w.-c. ou bains de 55 à 84 €. Menus de 15 à 69,20 €. Un hôtel de tradition mais qui a su évoluer avec son époque. Propose, outre des chambres d'un confort optimum, piscine couverte et chauffée, jacuzzi, hammam, salle de remise en forme... Même parcours côté resto, avec une cuisine authentiquement de terroir mais dotée de personnalité. Par exemple, le menu welche : *djalaïe* (la version locale du *presskopf*), salade de truitelles à la crème de lardons du canton, cordon bleu de cochon de lait (élevé pas bien loin) et duo de munster... Accueil dans le même ton, distingué mais gentil. Ils organisent des séjours et des repas à thème : découverte du pays welche, alsacien... Et, il y a encore et toujours un petit menu du jour servi au bar pour ceux qui travaillent dans le coin. *Apéritif maison offert à nos lecteurs sur présentation de ce guide.*

ORBEY 68370 (9 km SO)

🏠 ❙●❙ *Hôtel Pairis* – 283, lieu-dit Pairis ☎ 03-89-71-20-15. Fax : 03-89-71-39-90. ● www.hotelpairis.com ● Parking. Fermé le mercredi. Congés annuels : novembre. Accès : à 2 km d'Orbey, sur la route du lac Blanc. Chambres doubles avec douche et w.-c. à 66 €, petit déjeuner compris. Demi-pension sur demande (possibilité de menu végétarien). Tarifs dégressifs à la semaine. Insolite (pour le coin) petit hôtel aménagé par une charmante Allemande dans une croquignolette maison 1900. Le hall d'entrée séduit d'emblée avec sa déco très mode, épurée, presque zen : des meubles design, du blanc à profusion. Même profil pour les chambres qui privilégient les matériaux naturels (bois, latex, sisal). Somptueux petit déjeuner-buffet avec jus de fruits frais, pains variés, charcuterie, fromage... Pour les hôtes : salon TV, grand choix de livres, jeux de société... Pas mal de compatriotes de la patronne parmi la clientèle, logique. Une excellente adresse.

BONHOMME (LE) 68650 (18 km SO)

🏠 ❙●❙ *Hôtel de La Poste – Restaurant La Béhine*** – (Nord-Est) ☎ 03-89-47-51-10. Fax : 03-89-47-23-85. ● www.hotel-la-poste.com ● Parking. TV. ⚡ Congés annuels : du 8 mars au 12 avril. Accès : par la N415, puis la route du col du Bonhomme, à côté de la poste et en face de l'école de jeunes filles. Chambres doubles avec douche et w.-c. de 45 à 61 € selon la saison ; prix dégressifs suivant la durée du séjour. Menus de 10 à 34 €. Une bonne auberge de village, en constante évolution. Chambres très sympathiques (certaines sont dotées d'un petit salon), bruyantes toutefois côté route. Une initiative à saluer : 6 sont aménagées (comme le sauna et la piscine couverte) pour recevoir des handicapés. Au resto, cuisine volontiers régionale, magret de canard aux airelles, *spaetzle* et foie gras maison. À l'accueil, une jeune femme aimable, enjouée et très pro : elle se propose par exemple d'annuler votre réservation s'il n'y a pas de neige en hiver. *10 % sur le prix de la chambre ou apéritif maison offerts à nos lecteurs sur présentation de ce guide.*

Carte régionale A2

🏠 *Hôtel Saint-Bernard* ** – 3, rue des Fleurs (Centre) ☎ 03-89-45-82-32. Fax : 03-89-45-26-32. ● www.hotel.saint-bernard.com ● Parking payant. TV. Câble. Accès : à 5 mn à pied de la place de l'Hôtel-de-Ville. Chambres doubles avec douche et w.-c. ou bains de 38 à 47 € suivant la taille et l'étage. C'est l'établissement le plus sympathique de Mulhouse. Tenu par un ancien voyageur qui met à la disposition de ses hôtes des bicyclettes, un espace Internet et une bibliothèque. Un saint-bernard a donné son nom à l'hôtel. Les chambres sont impeccables et hautes de plafond. Coup de cœur pour la n° 16 et son plafond justement dont la fresque centenaire représente les quatre saisons. Certaines (les n°s 14 et 15) ont aussi des *water-beds*. *10 % sur le prix de la chambre (à partir de la 3e nuit consécutive.) offerts à nos lecteurs sur présentation de ce guide.*

❙●❙ *Le Petit Zinc* – 15, rue des Bons-Enfants (Centre) ☎ 03-89-46-36-78. Fermé le dimanche et les jours fériés. Congés annuels : les 3 premières semaines d'août et entre Noël et le Jour de l'An. Le midi en semaine, une entrée et un plat pour 8 €. Compter 23 € à la carte. Un rendez-vous d'artistes, de copains, de musiciens, d'écrivains. Plein de photos sur les murs, un grand bar où trône une vieille machine à calculer, l'ambiance est celle d'un bistrot-resto marqué par le style nouille, un peu chic et choc. Cuisine de terroir avec de l'idée : salade de choucroute au cervelas grillé, potage aux lentilles (rare), choucroute aux poissons, et des plats régionaux succulents comme le *haxala* (jarret de porc) ou la joue de bœuf à l'alsacienne. Bref, autant vous dire que les célébrités qui y sont venue ont apprécié ce sympathique *Petit Zinc*, et ont laissé leurs photos (Jean-Claude Brialy, Henri Garcin, Jean Marais, François Perier et bien d'autres encore).

⦿I *Winstub Henriette* – 9, rue Henriette (Centre) ☎ 03-89-46-27-83. Fermé le dimanche sauf en juillet et août. Accès : dans une voie piétonne donnant sur la place de la Réunion. Formule entrée + plat du jour + dessert le midi à 9,15 €. Le soir, repas à la carte uniquement. Compter 19 €. Cette *winstub* porte le nom d'Henriette, la première fille de la ville à être devenue française en 1798. Intérieur alsacien typique qui a vu passer les années et les gourmands. Au menu : les classiques de la cuisine régionale dont la choucroute garnie. On y ajoutera les suggestions du chef, comme le filet de truite sur choucroute ou le filet de bœuf au munster. Le service patauge quelquefois un peu...

DANS LES ENVIRONS

SOULTZ 68360 (21 km NO)

⦿I *Restaurant Metzgerstuwa* – 69, rue du Maréchal-de-Lattre-de-Tassigny ☎ 03-89-74-89-77. Fermé le samedi et le dimanche. Congés annuels : 3 semaines en juin et 15 jours de fin décembre à début janvier. Accès : par la D430 direction Guebwiller. Dans la rue principale. Menu du jour à 7 €, autres menus à 19 et 21 €. Petit restaurant situé dans une maison verte. L'adresse qu'on ne conseillera guère aux végétariens puisque le patron (un personnage, dans son genre) tient la boucherie d'à côté. Au programme donc, de la viande, encore de la viande, toujours de la viande : pied de porc (sans os !) farci, onglet à l'échalote, boudin maison, rognons blancs à la crème. Clientèle locale, plats généreux (les petits appétits peuvent opter pour le demi-plat) et sourire également au menu. Possibilité d'acheter sur place les produits fabriqués par la maison. *Digestif offert (si l'on prend un café) à nos lecteurs sur présentation de ce guide.*

Carte régionale A2

🏠 ⦿I *Hôtel-restaurant du Chalet* ** – col de la Schlucht (Ouest) ☎ 03-89-77-04-06. Fax : 03-89-77-06-11. ● www.hotel-du-cha let.com ● Parking. TV. Fermé le mercredi et le jeudi (hors saison). Congés annuels : les 15 derniers jours de juin. Accès : du centre, prenez la D417 jusqu'au col de la Schlucht (1 139 m), frontière entre l'Alsace et les Vosges. Chambres doubles avec douche et

w.-c. de 45 à 48 € suivant le confort. Demi-pension demandée en période de vacances scolaires. Menu à 10 € le midi, en brasserie, autres menus à 18 et 22 €. Réservez ! Posé au passage d'un des cols les plus fréquentés des Vosges, cet hôtel n'abuse pourtant pas de sa situation. Accueil aimable. Chambres rénovées sans prétention. Grande salle à manger, agréable les jours un peu frais. Simple mais bonne cuisine régionale : choucroute (bien sûr !), pommes de terre coiffées au munster, coquelet aux lardons et spaetzle. *Apéritif maison offert à nos lecteurs sur présentation de ce guide.*

⦿I *Restaurant À l'Alsacienne* – 1, rue du Dôme (Sud-Est) ☎ 03-89-77-43-49. Fermé le mardi après-midi et le mercredi. Congés annuels : du 1er au 10 mars, du 1er au 10 juin et du 1er au 10 septembre. Menus de 7,20 € le midi et de 10,20 à 19,95 €. Pour un repas complet à la carte, compter 23 €. Clientèle composée à la fois de gens de passage et d'habitués, tous au coude à coude sur les tables du trottoir le long de l'église, à la bonne franquette ! Le cadre est alsacien, la cuisine aussi. Petits plats et des spécialités comme la choucroute garnie et des pieds de porc farcis à vous faire blémir de plaisir, l'escalope de veau au munster, et le fromage de Munster, spécialité du pays, servi avec un verre de gewurztraminer ! Une excellente adresse comme on les aime.

⦿I *À l'Agneau d'Or* – 2, rue Saint-Grégoire ☎ 03-89-77-34-08. Fermé le lundi et le mardi. Menus de 22 à 34 €. La bonne table de Munster est aussi un resto très accueillant tant on sent que Martin Fache et sa femme font tout pour que votre halte ici soit « gourmande et un moment de plaisir ». En plus, le prix des menus, comme celui des vins ont su rester très doux. Les spécialités changent avec les saisons mais utilisent toujours les produits du terroir avec une prédilection avouée pour les poissons (sandre sur choucroute...) mais il ne faut pas bouder pour autant les délicieuses joues de cochon au foie gras... Pour le dessert, soufflé glacé à la fleur de bière, sorbet au marc de gewurz' et autre *kougelhopf* glacé... Le chef a reçu maintes récompenses de la part de ses pairs et il les mérite bien ! On lui décerne celle qui lui manquait : le coup de cœur du *Routard* ! Réservation fortement recommandée, surtout le week-end. *NOUVEAUTÉ.*

DANS LES ENVIRONS

WIHR-AU-VAL 68230 (9 km NE)

⦿I *La Nouvelle Auberge* – 9, route Nationale ☎ 03-89-71-07-70. Fermé le lundi soir et le mardi. Congés annuels : vacances scolaires de la Toussaint et de février et aux environs de Noël. Accès : par la D417 direction Colmar. Menus à 8,50 € le midi en semaine puis de 15 à 45 €. D'avoir travaillé dans quelques grandes maisons n'a pas donné la grosse tête au talentueux chef de ce resto de bord de départementale. Chaque midi, il continue à rassasier tous ceux qui bossent dans le coin avec un menu ouvrier tout simplement épatant. Estimez-vous heureux si vous trouvez seulement une place sur le parking ! Les menus suivants offrent un rapport qualité-prix tout aussi stupéfiant, vus la fraîcheur et la qualité des produits et le joli tour de main de la cuisine. Petite salle toute simple mais mignonne. Accueil sans façon mais gentil tout plein. Voilà un genre de routier haut de gamme qui nous a franchement plu ! *Apéritif maison offert à nos lecteurs sur présentation de ce guide.*

STOSSWIHR 68140 (17 km O)

|●| *Auberge des Cascades* – 6, chemin de **Saegmatt** ☎ 03-89-77-44-74. Cartes de paiement refusées. Service jusqu'à 23 h. Fermé le lundi et le mardi. Congés annuels : de mi-janvier à mi-février. Accès : à la sortie du village, prendre à gauche avant le monument aux morts (il y a des panneaux). Menu à 7,40 € le midi en semaine ; compter 21 € à la carte. Une très bonne adresse locale et (encore) peu touristique. Jolie maison toute fleurie, bercée par la douce musique d'une minuscule cascade vosgienne. Il y fait bon vivre et bon manger. À l'intérieur, on peut savourer de drôles de spécialités comme la tarte flambée (cuite au feu de bois) aux grenouilles sous les regards attentifs de Mme Decker et des canards en porcelaine juchés sur les rebords des murs. Plus classiques, les tartes flambées traditionnelles le week-end, le filet de truite à l'oseille ou l'entrecôte aux cèpes (un régal). Pour le vin, épatez vos amis avec l'edelzwicker du patron, il n'est pas cher et c'est un des meilleurs que nous ayons goûtés dans la région. *Café offert à nos lecteurs sur présentation de ce guide.*

|●| *Auberge du Schupferen.* ☎ 03-89-77-31-23. Service de 9 h à 19 h. Fermé les lundi, mardi et vendredi. Accès : cette adresse vaut vraiment le détour mais il faut la mériter : à la sortie de Munster, prenez la D417, en direction du col de la Schlucht, tournez à droite vers la station de ski du Tanet. À 4 km, l'auberge est signalée par un panneau planté sur un arbre, de la route bitumée jusqu'à l'auberge, il y a 3 km de chemin de plus en plus mauvais mais praticable en voiture. Compter 15 € à la carte. Le placide et sympathique Christophe Kuhlmann cuisine ici des petits plats comme les *fleischschnacke* ou prépare des salades avec les produits du jardin. Pichet d'edelzwicker maison. Et quel panorama ! De ce pâturage d'altitude (1 100 m), on domine la forêt et les vallées !

NIEDERBRONN-LES-BAINS   67110

Carte régionale A1

🏠 |●| *Hôtel-restaurant Cully* ✶✶ – 33-37, **rue de la République (Ouest)** ☎ 03-88-09-01-42. **Fax : 03-88-09-05-80.** ● hotel-cully@wanadoo.fr ● Parking. TV. Satellite. ⚒ Fermé le dimanche et le lundi (resto uniquement). Congés annuels : du 22 décembre au 5 janvier. Accès : près de la gare. Chambres doubles à 56 € avec douche et w.-c. ou bains. Un menu intéressant à 9 €, le midi en semaine. Un autre à 19 €. Sinon, compter 24 € à la carte. Hôtel sobre et confortable. Chambres spacieuses dans l'ensemble, toutes différentes. Choisissez-en une avec balcon, elles ne sont pas plus chères. Cuisine soignée, comme on dit. Réservation fortement conseillée.

|●| *Restaurant Les Acacias* – 35, rue des **Acacias (Nord-Ouest)** ☎ 03-88-09-00-47. Parking. ⚒ Fermé le vendredi et le samedi midi. Congés annuels : la 2ᵉ quinzaine d'août et du 27 décembre au 15 janvier. Accès : quittez la rue principale, et après la gare prenez la rue des Acacias, attention elle est raide. Gentil menu à 11,50 € le midi en semaine, puis d'autres menus de 15 à 38 €. Compter 33 € à la carte. Mignonnette maison fleurie, à la lisière de la forêt. Terrasse ombragée l'été. Jolie vue sur la vallée (et son usine...). Service stylé. Cuisine traditionnelle avec une pincée de terroir. Du côté des spécialités du chef, papillotte de sandre au foie gras, civet de jeune sanglier... *Café offert à nos lecteurs sur présentation de ce guide.*

OBERNAI   67210

Carte régionale A1

🏠 *Hostellerie La Diligence* ✶✶ – 23, pl. de **la Mairie (Centre)** ☎ 03-88-95-55-69. Fax : 03-88-95-42-46. ● www.hotel-diligence. com ● Parking payant. TV. Câble. Chambres doubles avec douche et w.-c. ou bains de 45 à 72 €. Difficile de trouver plus central. Bon nombre de chambres (et ce sont les plus spacieuses) donnent sur la place de l'Hôtel-de-Ville, cœur de la ville (calme donc pas toujours garanti !). Réception très design. Chambres, dans l'ensemble, plus dans le genre rustique-cossu et d'un bon niveau de confort. Chaleureuse salle de petit déjeuner. Bon accueil. *10 % sur le prix de la chambre (hors petit déjeuner ou autres prestations), à partir de 3 nuits consécutives) offerts à nos lecteurs sur présentation de ce guide.*

♨ *Hôtel du Gouverneur* – **13, rue de Sélestat** ☎ **03-88-95-63-72. Fax : 03-88-49-91-04.** Cartes de paiement refusées. Parking payant. ♨ Congés annuels : du 1er janvier au 1er avril et du 20 octobre au 31 décembre. Chambres doubles avec douche et w.-c. de 54 à 68 €, petit déjeuner compris. C'est l'ancien hôtel du commandant de ville, édifié en 1566, grand bâtiment avec cour intérieure, dont un côté s'appuie sur les remparts de la ville. Galerie et escalier à balustre Louis XV. Chambres récentes et d'un style moderne et sobre, certaines vraiment spacieuses (pour 3 ou 4 personnes). Pas de TV, pour plus de tranquillité et parce que y'en a marre du JT. Accueil d'une vraie gentillesse. Cartes de paiement refusées. *Un petit déjeuner par chambre offert à nos lecteurs sur présentation de ce guide.*

|●| *L'Agneau d'Or* – **99, rue du Général-Gouraud** ☎ **03-88-95-28-22.** Fermé le samedi midi, le dimanche soir et le lundi. Accès : route principale. Menus à 9 € (le midi en semaine) et 18 €. Nouveaux propriétaires pour cette authentique *winstub*. Cadre chaleureux : plafond peint, coucou suisse, gravures, assiettes décorées. Inévitables plats de terroir.

DANS LES ENVIRONS

KLINGENTHAL 67530 (6 km O)

♨ |●| *Hôtel-restaurant Au Cygne* – **23, route du Mont-Sainte-Odile (Sud-Ouest)** ☎ **03-88-95-82-94.** Parking. Resto fermé le mardi soir et le mercredi. Congés annuels : de fin juin à mi-juillet. Accès : par la D426. Chambres doubles avec lavabo à partir de 21,35 €. 1er menu le midi en semaine à 8,40 €. Autres menus de 14,90 à 17,15 €. Petite étape très bien située sur la route du Mont-Sainte-Odile. Ambiance traditionnelle. Chambres simples et propres. À table, toute la saveur d'une cuisine familiale et généreuse. Succulentes tartes aux fruits élaborées dans la boulangerie familiale qui se trouve juste à côté du restaurant. *10 % sur le prix de la chambre (hors saison) offerts à nos lecteurs sur présentation de ce guide.*

SCHARRACHBERGHEIM 67310
(18 km N)

♨ |●| *Restaurant Lauth & Fils* – **82, rue Principale** ☎ **03-88-50-66-05. Fax : 03-88-50-60-76.** Parking. TV. ♨ Fermé le lundi, le mardi et tous les jours à midi. Congés annuels : de Noël au Jour de l'An. Accès : direction Molsheim, puis par la D422 direction Marlenheim. Chambres doubles avec douche, w.-c. sur le palier à 40 €. À la carte, compter 15 €. Jadis salle de bal, cet immense restaurant joue la carte du populaire et de l'ambiance décontractée. La tarte flambée impose sa loi et la mousse coule à flots. Daniel Lauth a installé une brasserie : quel bonheur que cette bière fraîchement brassée ! Ambiance taverne donc, et plats dans l'esprit : choucroute, pot-au-feu, *wadele* grillés à la fleur de bière, steak de poulain au porto... Les becs sucrés garderont un peu de place pour la tarte flambée aux pommes et le soufflé glacé au kirsch. Serveuses en tenue traditionnelle. Dans la partie du bâtiment située de l'autre côté de la cour, sept chambres d'hôte sont disponibles. L'une d'elles (n° 104) est meublée dans le style alsacien avec un lit à baldaquin et un miroir au-dessus pour les coquins qui aiment s'admirer dans leurs œuvres !

Carte régionale A1

♨ |●| *À l'Ami Fritz* *** – **8, rue des Châteaux** ☎ **03-88-95-80-81. Fax : 03-88-95-84-85.** ● **www.amifritz.com** ● Parking. TV. Satellite. ♨ Fermé le mercredi et le jeudi midi. Congés annuels : 3 semaines en janvier. Accès : en haut du village, à droite, après l'église. Chambres doubles de 62 à 85 € avec douche et w.-c. ou bains. Menus de 21 à 55 €. Dans un coin sympa. De tous les établissements du village, le moins touristique. La maison a fière allure (elle date du XVIIe siècle) et l'intérieur ne déçoit pas. Chambres joliment décorées, fraîches et colorées. Celles sur rue sont climatisées. Également une annexe à 600 m, *Le Chant des Oiseaux*, un peu moins chère mais un peu moins confortable. Salle à manger plaisante de style rustico-cossu, service efficace et attentionné. Patrick Fritz, heureux en sa maison, concocte une cuisine régionaliste maligne et fraîche : salade tiède de pigeonneau, duo de foie gras d'oie confit aux pommes et au rouge d'Ottrott, variations autour de l'escargot... Adorable terrasse sur un semblant de place de village. *Café offert à nos lecteurs sur présentation de ce guide.*

Carte régionale A1

♨ |●| *Hôtel des Vosges* ** – **30, rue Principale (Centre)** ☎ **03-88-70-45-05. Fax : 03-88-70-41-13.** ● **www.hotel-des-vosges.com** ● Parking. TV. Satellite. ♨ Fermé le mardi en hiver. Congés annuels : de mi-février à mi-mars et une semaine fin juillet-début août. Accès : près de la mairie. Chambres doubles avec douche et w.-c. ou bains de 45 à 75 € ; quelques suites luxueuses à 148 €. Menus à 18 € en semaine et de 26 à 47 €. Un vaste hôtel mais qui a su garder une ambiance familiale. Il y a forcément une chambre à votre goût (moderne en bois, alsacien traditionnel...). Parmi les moins chères (petites mais très confortables), certaines donnent sur le château et le village, superbe le soir au coucher du soleil. Centre de remise en forme complet, avec sauna, solarium... Au resto, cuisine d'une stricte orthodoxie régionale (le coq au riesling est la spécialité maison), bien amenée. Impressionnante carte des vins. Sous l'hôtel, une *winstub* traditionnelle. Carte de fidélité pour les routards qui aiment passer toujours au même endroit.

🏠 I●I *Hôtel-restaurant Au Lion d'Or* ✱✱✱ – **15, rue Principale** ☎ **03-88-01-47-57. Fax : 03-88-01-47-50.** ● **www.liondor.com** ● Parking. TV. Satellite. ♿ Accès : en face de la mairie. Chambres doubles de 66 à 76 € avec douche et w.-c. ou bains. Menus de 19 à 54 €. Situé au cœur du parc régional des Vosges, ce petit village BCBG est un lieu de villégiature très apprécié de nos voisins allemands. Chambres de belle taille et confortables, presque toutes avec un mini-balcon. La déco hésite entre rustique et style *Seventies*. Petit déjeuner-buffet (un peu cher...). Resto pas donné non plus : grande salle qui manque un peu d'intimité et terrasse aux beaux jours. Carte brasserie avec des grillades ou plats à prétention plus gastro. Piscine couverte (avec bain bouillonnant), sauna et jacuzzi. Les autres activités, comme le tennis, sont payantes. Accueil courtois, vue imprenable sur la forêt. *Café offert à nos lecteurs sur présentation de ce guide.*

RIBEAUVILLÉ 68150

Carte régionale A2

🏠 *Hôtel de la Tour* ✱✱ – **1, rue de la Mairie (Centre)** ☎ **03-89-73-72-73. Fax : 03-89-73-38-74.** ● **www.hotel-de-la-tour.com** ● Parking payant. TV. Satellite. Accès : sur la place de la Mairie. Chambres doubles de 62 à 75 € avec douche ou bains. En plein cœur de cette petite cité médiévale, une ancienne exploitation vinicole transformée en hôtel. Activités gratuites pour les résidents de l'hôtel : sauna, hammam, jacuzzi et tennis en dehors du village. Pas de resto mais *winstub* (petit bistrot typiquement alsacien où l'on peut goûter les vins locaux). Étape très agréable, assez et même plutôt chic.

I●I *L'Auberge au Zahnacker* – **8, rue du Général-de-Gaulle (Centre)** ☎ **03-89-73-60-77.** ♿ Service continu de 9 h à 22 h. Fermé le jeudi. Congés annuels : en janvier et février. Menu touristique à 18,60 €. À la carte, de nombreux plats sont proposés en demi-portion. Prix très abordables. À l'écart de la rue principale où les touristes défilent comme des moutons. Ok, cette maison un

peu grise, face à un rond-point, n'a rien de franchement engageant. Et pourtant ! Dès les beaux jours, on s'installe en terrasse où l'on est protégé des regards par une lourde et odorante glycine, et l'on déguste un pinot blanc en attendant sa part de *presskopf* ou sa tarte à l'oignon. Classiques de la région comme plats du marché valent l'étape. Bons petits vins de la cave coopérative, propriétaire de l'auberge.

DANS LES ENVIRONS

BERGHEIM 68750 (4 km NE)

I●I *L'Auberge des Lavandières* – **48, Grand'rue** ☎ **03-89-73-69-96.** Fermé le lundi et le mardi midi, ainsi que le mardi soir d'octobre à mai. Menu à 22,60 €. Compter 25 € à la carte. Tourte aux cèpes et grenouilles, filet de pintadeau farci au *bibeleskass* et *späetzle*, tête de veau braisée... Le jeune chef ne manque ni d'idées, ni de talent. La cuisine colle parfaitement au terroir alsacien, mais dans un esprit résolument moderne et personnel, c'est-à-dire dans le plus grand respect des produits et des saveurs. Déco chic et sobre qui met bien en valeur l'adorable maison. Comble du bonheur, une jolie terrasse s'installe devant le resto au bord du petit ruisseau où s'activaient autrefois les lavandières. Un excellent rapport qualité-prix, surtout qu'une bonne sélection de vins au pichet permet d'alléger l'addition. Un coup de cœur. *NOUVEAUTÉ.*

ILLHAEUSERN 68970 (11 km E)

I●I *À la Truite* – **17, rue du 25-Janvier** ☎ **03-89-71-83-51.** ♿ Fermé le mardi soir et le mercredi. Congés annuels : fin février à début mars et 1 semaine fin juin. Accès : juste à gauche avant le pont au centre du village, en venant de Ribeauvillé par la D106. Menus à 8 € le midi en semaine, puis de 14 à 35 €. Une gentille auberge de campagne prolongée en été par une petite terrasse donnant sur la rivière et ses saules pleureurs. À l'intérieur, employés, ouvriers, agriculteurs, routiers, routards, tous ceux qui sont sur la route, munis de leur modeste porte-monnaie, sont attablés dans une salle à manger simple où règne une atmosphère bon enfant. Ici on tente la meilleure matelote de poisson de toute l'Alsace (à commander à l'avance). Sinon, truite frétillante, coq au riesling et foie gras d'oie maison. Additions toujours douces.

THANNENKIRCH 68590 (11 km NO)

🏠 I●I *Auberge La Meunière* ✱✱ – **30, rue Sainte-Anne** ☎ **03-89-73-10-47. Fax : 03-89-73-12-31.** ● **www.aubergelameuniere. com** ● Parking. TV. Fermé le lundi et le mardi midi. Congés annuels : du 20 décembre au 20 mars. Accès : pour arriver à ce village haut perché (510 m), prendre la D1 puis la D42. Chambres doubles avec douche et w.-c. ou bains de 50 à 70 €. Menu à 17 € le midi en semaine. Autres menus de 25 et 28 €. Côté route, c'est une auberge alsacienne pur jus avec géraniums et tout, et tout. Côté vallée, la maison évoque plus quelque bâtiment poussé dans les Alpes dans les années 1970. Chambres rustiques ou franchement contemporaines (et superbes avec leur mélange de matériaux naturels) pour les plus récentes (plus chères). La plupart avec balcon ou terrasse et très belle vue sur la vallée (où au crépuscule vient s'abreuver les biches). Sauna, jacuzzi et billards. Salle à manger intime et chaleureuse pour une cuisine fine et inventive à prix raisonnables : *baeckeoffe* d'escargots au riesling, croustillant d'agneau au romarin, langue de bœuf à la crème de raifort. Accueil impeccable et service prévenant. Une très belle adresse pour routards un peu fortunés. *Café offert à nos lecteurs sur présentation de ce guide.*

RIQUEWIHR   68340

Carte régionale A2

🏠 *Hôtel de la Couronne* ** – 5, rue de la Couronne ☎ 03-89-49-03-03. Fax : 03-89-49-01-01. ● www.hoteldelacouronne. com ● Parking. TV. Ouvert toute l'année. Accès : juste à côté de la rue du Général-de-Gaulle. Chambres doubles avec bains de 58 à 65 €. Ce bel hôtel du XVIᵉ siècle est parfait. Son porche accueillant est à l'image du sourire des propriétaires. Les petits bancs de bois avec les tables ne donnent qu'une envie : siroter un bon gewurz' avant d'aller découvrir les forêts avoisinantes. Toutes les chambres ont été refaites à neuf, certaines ont des colombages et les murs décorés de façon sobre portent une touche ludique : une fleur par-ci, un arbre par-là, toujours avec bon goût. Prix raisonnables pour la ville (mais qui subissent parfois quelques fluctuations...). *Apéritif maison offert à nos lecteurs sur présentation de ce guide.*

|●| *Winstub Au Tire-Bouchon* – 29, rue du Général-de-Gaulle ☎ 03-89-47-91-61. Ouvert tous les jours. Menus de 11,50 à 23 €. Compter 15 € pour un repas à la carte. Dans le cadre sympathique d'une *winstub* traditionnelle, une adresse qui propose les classiques de la table alsacienne à des prix décents : *riquewihrienne* (choucroute au beurre d'herbes avec saucisse d'oie, montbéliard de canard, etc.), rognons de veau sauce moutarde, *baeckeoffe*, os à moëlle gros sel, joues de porc confites... Dans cette maison du XVIIᵉ siècle, deux

appartements peuvent être loués à la semaine. *Rendez-vous au caveau pour un verre de riesling sur présentation de ce guide. NOUVEAUTÉ.*

DANS LES ENVIRONS

HUNAWIHR 68150 (4 km N)

|●| *Wistub Suzel* – 32, Grande-Rue ☎ 03-89-73-30-85. Parking. TV. Câble. ♿ Fermé le lundi soir (sauf en juillet et août) et le mardi. Congés annuels : de janvier à fin mars. Accès : juste à côté d'une jolie fontaine avant l'église. Formule à 14 €. Menus de 16 à 22 €. Cette *winstub* est très chaleureuse. Sa façade porte le nom des propriétaires, les Mittnacht. L'accueil se fait en toute simplicité. En été, une terrasse fleurie et ombragée donne sur le joli clocher de l'église. Chouette cave où l'on peut déguster quelques bons vins d'Alsace. Mais c'est surtout pour une cuisine simple et délicate qu'on vient à la *Wistub Suzel*. Quoi qu'on mange, c'est bon : une tarte à l'oignon avec sa salade suffit amplement aux petits appétits alors qu'un menu « Katel » avec, entre autres, sa tarte à l'oignon et les typiques roulades farcies satisfera les goinfres. Tartes flambées le dimanche soir.

ROUFFACH   68250

Carte régionale A2

|●| *Caveau du l'Haxakessel* – 7, pl. de la République ☎ 03-89-49-76-76. Fermé le mardi soir et le mercredi ; ouvert tous les jours en juillet et août. Juste à côté de l'office du tourisme et de la tour des Sorcières. Compter 15 € le repas. *Haxakessel* veut dire « chaudron de la sorcière ». Normal, à Rouffach, il y a des sorcières partout. Routardes, pas de panique : si dans ce resto on vous demande si vous êtes une sorcière, sachez qu'il y a longtemps qu'on n'en brûle plus à Rouffach ! Pour une somme modique, on mange ici une bonne choucroute... de la Sorcière évidemment. Les tartes flambées sont fameuses. Ne vous étonnez pas d'y trouver quelque élixir de crapaud ou quelque soupe au goût étrange, vous êtes dans le restaurant le plus diaboliquement sympathique de la ville. Une petite restauration est assurée entre 15 h et 18 h. *Café offert à nos lecteurs sur présentation de ce guide. NOUVEAUTÉ.*

SAVERNE   67700

Carte régionale A1

🏠 *Auberge de jeunesse* – château des Rohan (Centre) ☎ 03-88-91-14-84. Fax : 03-88-71-15-97. ● aj.saverne@wanadoo.

fr • Cartes de paiement refusées. Accueil de 8 h à 10 h et de 17 h à 22 h. Congés annuels : du 23 décembre au 22 janvier. Accès : dans l'aile droite du superbe château des Rohan, au-dessus d'une école. Avec la carte FUAJ (obligatoire et vendue sur place) 11,20 € la nuitée en dortoir avec petit déjeuner et 8 € sans. L'intérieur n'est pas aussi charmant que l'extérieur, mais c'est plus que bien situé. Les couche-tard demanderont les clés pour rentrer après 22 h. *Un petit déjeuner par chambre offert à nos lecteurs sur présentation de ce guide.*

🏠 🍴 *Villa Katz* – 42, rue du Général-Leclerc ☎ 03-88-71-02-02. Fax : 03-88-71-80-30. • tavernekatz@wanadoo.fr • Parking. Resto fermé le mardi. Congés annuels : deux semaines en janvier. Accès : au sud-ouest du centre, vers le camping. Chambres doubles avec douche et w.-c. ou bains de 54 à 100 €. Menus à 12 € en semaine et de 25 à 48 €. Élégante maison bourgeoise *jugendstyl* (comprendre un peu ampoulé) qui contraste sérieusement avec les « sam'suffit » de ce tranquille quartier pavillonnaire. Un hôtel de charme à la déco respectueuse de l'âme des lieux, conçu comme une maison de famille : un méli-mélo de meubles anciens chinés ici ou là, de toiles et de bibelots, il y a même des bouquins dans les chambres ! 8 seulement, toutes différentes, toutes charmantes. Les plus chères sont plus grandes, avec balcons. Resto de poche avec tout autant de charme. Accueil décontracté. On a bien aimé. *NOUVEAUTÉ.*

🏠 *Hôtel Europe* *** – 7, rue de la Gare (Centre) ☎ 03-88-71-12-07. Fax : 03-88-71-11-43. • www.hotel-europe-fr.com 🦌 Parking payant. TV. Canal+. Satellite. 🦌 Accès : à 5 mn du château des Rohan... et de la gare. Chambres doubles avec douche et w.-c. ou bains de 57 à 81 €. Sans aucun doute le meilleur hôtel de la ville. Bon confort, certaines chambres disposent même de bain hydromassant. L'atmosphère de bon ton, l'accueil aux petits oignons et l'excellence du petit déjeuner-buffet, assurent à l'*Europe* une clientèle fidèle parmi laquelle on compte un fort pourcentage d'habitués du Parlement européen de Strasbourg. Pour les familles, l'hôtel dispose d'un appartement dans une maison attenante. *Un verre de vin d'Alsace offert à nos lecteurs sur présentation de ce guide.*

🍴 *Taverne Katz* – 80, Grand-Rue (Centre) ☎ 03-88-71-16-56. Fermé le mardi soir et le mercredi. Accès : non loin du château des Rohan, à côté de la mairie. 1er menu à 16 € servi en semaine le midi, sinon autres menus de 24 à 32 €. Cette demeure fut construite en 1605 pour le receveur général de l'évêché, Katz. L'une des plus belles d'Alsace. Agréable salle avec

placages en bois. Les spécialités : *baeckeoffe* de poissons, timbale de poularde, choucroute à l'oie, et *nudel struedel*. Plats traditionnels et excellents desserts. Comme dans un bon nombre de *winstube*, la cuisine ne varie guère, mais la qualité est également constante. Suzie, malgré un succès qui ne se dément pas, garde un sens de l'accueil certain. Terrasse donnant sur la rue piétonne.

SÉLESTAT 67600

Carte régionale A1-2

🏠 🍴 *Auberge des Alliés* ** – 39, rue des Chevaliers (Centre) ☎ 03-88-92-09-34. Fax : 03-88-92-12-88. • auberge.allies@libertysurf.fr • TV. Fermé le dimanche soir et lundi. Accès : entre la tour des Chevaliers et les églises Sainte-Foy et Saint-Georges. Chambres doubles avec bains de 51 à 58 €. Menus de 15 à 35 €. Le bâtiment existait déjà en 1372, boulangerie du temps de Louis-Philippe, c'est un restaurant depuis 1918. Au milieu de la salle trône un imposant poêle alsacien. Belle fresque de la place aux Choux datant de la première moitié du XIXe siècle. Vous remarquerez que les femmes ne portent pas la coiffe à la Hansi, coiffe que ce dernier a popularisé par la suite au point d'en faire l'image d'Épinal de l'Alsace. La carte *winstub* est typique du genre : jambonneau à la choucroute, sandre au riesling, foie gras maison, rognons de veau... Chambres plus modernes, d'un bon confort. Pour le calme, préférer celles donnant sur l'arrière.

DANS LES ENVIRONS

RATHSAMHAUSEN 67600 (3 km E)

🏠 🍴 *Hôtel-restaurant À l'Étoile* ** – Grande-Rue ☎ 03-88-92-35-79. Fax : 03-88-82-91-66. TV. Câble. Accès : par la D21, en direction de Muttersholtz. Chambres doubles avec douche et w.-c. à 40 € et à 65 € pour 4. Demi-pension à 35 € par personne. 1er menu le midi en semaine à 11 €, menus suivants à 14 et 16 €. Compter 17 € à la carte. Un jeune couple a astucieusement modernisé cette vieille maison en lui adjoignant une extension avec hall-escalier lumineux en bois. Chaleureuse salle à manger. Agréables chambres et petite carte, de laquelle on retiendra la bonne friture de filets de carpe et celle d'éperlans. En été, terrasse fleurie et piscine. Un petit hôtel-resto bien sympathique.

DAMBACH-LA-VILLE 67650 (10 km N)

🏠 *Hôtel Le Vignoble* ** – 1, rue de l'Église ☎ 03-88-92-43-75. Fax : 03-88-92-62-21. Parking. TV. 🦌 Congés annuels : de fin juin à début juillet et de Noël au 15 mars. Accès : à côté de l'église. Chambres doubles avec bains de 45 à 50 €. Ancienne grange à pignon du XVIIIe siècle, aménagée avec beaucoup de goût en hôtel de charme. Chambres coquettes et confortables.

ALSACE

STRASBOURG   67000

Carte régionale A1

🛏 I●I *Auberge de jeunesse du Parc du Rhin* – rue des Cavaliers (hors plan D4-2) ☎ 03-88-45-54-20. Fax : 03-88-45-54-21. ● strasbourg.parc-du-rhin@fuaj.org ● Parking. ♿ Accueil fermé entre 12 h 30 et 13 h 30 et entre 19 h 30 et 20 h 30. Congés annuels : de fin décembre au Jour de l'An. Accès : près de la frontière, en direction de Kehl. De la gare, bus n° 2 direction Pont-du-Rhin, arrêt « Parc du Rhin » à 1 km de l'auberge. Avec la carte FUAJ (obligatoire et vendue sur place) 13 € par personne en chambre de 3 ou 5, petit déjeuner compris. Repas à 8 €. Assez loin du centre mais aux portes de l'Allemagne. Gros bâtiment moderne à deux pas du Rhin. 246 places en chambres de 3 à 5 personnes avec, pour la plupart, douche et w.-c. Plusieurs sont adaptées aux handicapés. Resto et bar-discothèque. *Un guide de Strasbourg offert à nos lecteurs sur présentation de ce guide.*

🛏 I●I *Auberge de jeunesse René-Cassin* – 9, rue de l'Auberge-de-Jeunesse, La Montagne-Verte (hors plan A4-1) ☎ 03-88-30-26-46. Fax : 03-88-30-35-16. Cartes de paiement refusées. Parking. ♿ Congés annuels : janvier. Accès : de la gare, bus n°s 2, direction Lingolsheim ; arrêt « Auberge-de-Jeunesse ». Compter 13 € la nuit en dortoir de 3 à 6 lits, petit déjeuner compris, 15 € par personne en chambre double et 23 € la chambre individuelle. Location de draps. Déjeuner, dîner autour de 8 €. Ensemble de bâtiments modernes (comprendre un peu années 1970) entourés d'espaces verts (mais la voie ferrée est toute proche). 276 lits. Cuisine équipée à disposition. Bar-cafétéria ouvert le soir jusqu'à 1 h. Accueil sympa. Il est conseillé de réserver.

🛏 I●I *Hôtel Schutzenbock* – 81, av. Jean-Jaurès, Neudorf (hors plan D4-3) ☎ et fax : 03-88-34-04-19. Fermé le samedi midi et le dimanche. Congés annuels : les 3 premières semaines d'août et entre Noël et le Jour de l'An. Accès : Neudorf est une proche banlieue de Strasbourg (à 2 km au sud-est du centre-ville) ; pour vous y rendre, partez de la place de l'Étoile où se trouve le centre administratif de la ville. Chambres doubles avec lavabo à 25 €. Demi-pension à 27,44 €. Menu le midi à 7,80 €, autres

menus de 14,50 à 25 €. Une bonne adresse pas chère, conviviale et propre, et un accueil gentil de la patronne (qui envisage de passer la main en 2003). Quelques chambres (les n°s 5, 6 et 7) situées sur l'arrière donnent sur les jardins. Cuisine simple à tendance régionale.

🛏 *Hôtel Michelet* * – 48, rue du Vieux-Marché-aux-Poissons (C3-4) ☎ 03-88-32-47-38. Fax : 03-88-32-79-87. ● hotelmichelet@net-up.com ● Chambres doubles avec lavabo à 31,50 €, avec douche à 41 €, avec douche et w.-c. à 42 €. Bien situé, en plein centre, à deux pas de la cathédrale. Chambres, avec, pour la plupart, vue sur les (proches) murs des maisons voisines mais d'un honorable confort. Certaines, sobrement rénovées, sont plutôt plaisantes avec leurs murs jaune tournesol ; dans d'autres, on subit encore une déprimante moquette murale bordeaux. Bon accueil. Petit déj' (en chambre uniquement) sans réel intérêt. *NOUVEAUTÉ.*

🛏 *Hôtel de l'Ill* ** – 8, rue des Bateliers (D3-7) ☎ 03-88-36-20-01. Fax : 03-88-35-30-03. TV. Congés annuels : du 29 décembre au 6 janvier. Accès : à deux pas des quais de l'Ill, dans une rue tranquille du quartier de la Krutenau. Chambres doubles avec douche de 39 à 41 €, avec douche et w.-c. ou bains de 47 à 59 €. Sympathique hôtel tenu avec le sourire par la famille Ehrhardt. Chambres pas bien grandes, gentiment rénovées et finalement agréables. Réparties entre l'ancien bâtiment et, dans la cour, une nouvelle annexe bardée de bois. Chambres non-fumeurs (excellente initiative !). Et une terrasse à l'étage pour se prélasser au soleil (de 10 h à 19 h). Une de nos bonnes adresses strasbourgeoises à prix sages.

🛏 *Hôtel Kyriad-Saint-Christophe* ** – 2, pl. de la Gare (A3-9) ☎ 03-88-22-30-30. Fax : 03-88-32-17-11. ● hotel-kyriad-gare@wanadoo.fr ● TV. Canal+. Satellite. ♿ Chambres doubles avec douche et w.-c. ou bains de 54 à 75 € selon la saison. Installé dans une de ces opulentes bâtisses qui ferment la place de la Gare. Pratique si vous arrivez en train. Bien tenu et dirigé avec compétence. Chambres à la déco dans l'air du temps, fonctionnelles avant tout (c'est un hôtel de chaîne...). Préférez celles sur l'arrière, malgré l'efficace double-vitrage, côté place. *Un verre de crémant offert à nos lecteurs sur présentation de ce guide.*

🛏 *Hôtel Gutenberg* ** – 31, rue des Serruriers (C3-8) ☎ 03-88-32-17-15. Fax : 03-88-75-76-67. TV. Congés annuels : la 1re quinzaine de janvier. Accès : à deux pas de la cathédrale. Chambres doubles avec douche et w.-c. ou bains de 54,50 à 75 €. Le dada du patron, c'est les gravures militaires période napoléonienne (son arrièregrand-père était officier dans la Grande Armée) et il en a accroché à chaque étage. Une passion pour l'Empire que l'on retrouve dans la décoration des chambres, mais sans ostentation car dosée savamment avec le vieux mobilier de cette maison du XVIIIe siècle que le propriétaire avait eu l'intelligence de conserver. Dans les deux derniers étages, les chambres joliment mansardées offrent une vue de caractère sur les toits. Un charme certain (jusqu'aux salles de bains) et un bon niveau de confort (l'équivalent d'un 3 étoiles, bien qu'il n'en ait que 2). Bon accueil.

◉ **Hôtel Couvent du Franciscain** ** – 18, rue du Faubourg-de-Pierre (B1-5) ☎ 03-88-32-93-93. Fax : 03-88-75-68-46. ● www.hotel-franciscain.com ● Parking payant. TV. Satellite. ♿ Congés annuels : de Noël au Jour de l'An. Accès : dans le prolongement de la rue de la Nuée-Bleue, au nord du centre, dans le quartier de la place des Halles. Chambres doubles avec douche et w.-c. ou bains à 56,50 €. Tranquille au fond de son impasse, un 2 étoiles classique, aux chambres rénovées avec soin. Accueil très chaleureux. Caveau pour prendre son petit déj' (buffet) devant une fresque qui révèle des moines Franciscains un peu fêtards ! Pratique : un parking fermé (payant). *10 % sur le prix de la chambre (en janvier, février, juillet et août, hors sessions parlementaires) offerts à nos lecteurs sur présentation de ce guide.*

◉ **Le Grand Hôtel** *** – 12, pl. de la Gare (A2-10) ☎ 03-88-52-84-84. Fax : 03-88-52-84-00. ● www.le-grand-hotel.com ● TV. Canal+. Satellite. ♿ Chambres doubles à partir de 63 € avec douche et w.-c., jusqu'à 92 € avec bains, le week-end, 89 € petit déjeuner compris. Place de la gare, on remarque d'emblée ce grand bâtiment de béton des années 1950, d'un style rappelant l'architecture soviétique. Austérité des lignes, ampleur des volumes... Vaste hall, haut de plafond, d'où s'élance un superbe ascenseur de verre (un prototype, modèle unique, des années 1950 également). Tout a été refait dans le goût contemporain. Chambres de tout confort, trois étoiles vraiment, certaines avec air conditionné. Service dans le même ton. Ce *Grand Hôtel* est

bien digne de porter pareil nom. *Apéritif maison offert à nos lecteurs sur présentation de ce guide.*

◉ **Hôtel du Dragon** *** – 2, rue de l'Écarlate (B4-6) ☎ 03-88-35-79-80. Fax : 03-88-25-78-95. ● www.dragon.fr ● TV. Satellite. ♿ Chambres doubles avec douche et w.-c. ou bains (TV par satellite) de 78 à 107 €. Installé dans une maison du XVIIe siècle. Certains tiqueront donc à la vue de ces chambres (pas toujours immenses) résolument contemporaines (à la déco quasi-minimaliste et dans les tons gris). On a bien aimé, d'autant que le coin est franchement paisible et que l'accueil est aimable. Copieux petit déjeuner (servi par beau temps dans la cour pavée). Expo permanente de toiles d'artistes contemporains. *NOUVEAUTÉ.*

◉ **Hôtel Beaucour** *** – 5, rue des Bouchers (C4-11) ☎ 03-88-76-72-00. Fax : 03-88-76-72-60. ● www.hotel-beaucour.com ● TV. Câble. Accès : centre-ville. Chambres doubles de 86 à 121 €, ces dernières avec bains et balnéo. Egalement des petites suites et des duplex. Dans cinq maisons alsaciennes (à colombages donc !) du XVIIIe siècle (et classées). Le charme et le confort réunis. Peut-être un peu trop retapé pour faire authentique, mais l'endroit malgré tout garde de la personnalité. Aucune des chambres, toutes différentes (certaines sont sympathiquement mansardées), ne nous a déplu.

|◉| **La Coccinelle** – 22, rue Sainte-Madeleine (D4-27) ☎ 03-88-36-19-27. Fermé le samedi midi et le dimanche. Congés annuels : de mi-juillet à mi-août. Accès : place de l'Étoile. Plat du jour à 7,50 €. Compter 23 € à la carte. Une *winstub* traditionnelle où deux sœurs, l'une en salle, l'autre en cuisine, jouent les coccinelles pour une clientèle d'habitués. Le plat du jour remplit la salle chaque midi, le soir c'est un peu plus calme. Au programme, les spécialités régionales : jambonneau rôti, tourte vigneronne, bœuf gros sel, avec, uniquement le samedi soir en hiver et sur commande, le *baeckeoffe*, un grand classique alsacien. Accueil et service souriants. *Café offert à nos lecteurs sur présentation de ce guide.*

ALSACE

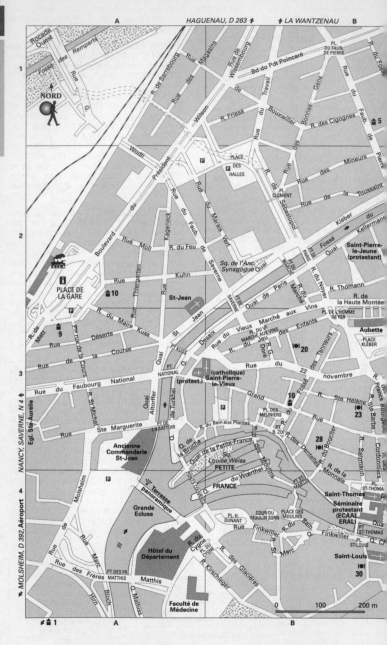

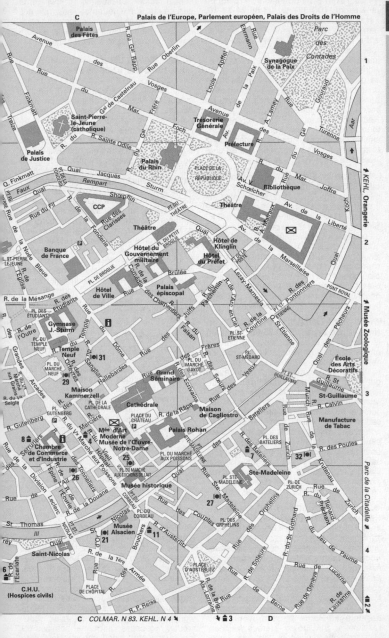

Palais de l'Europe, Parlement européen, Palais des Droits de l'Homme

Palais
des Fêtes

Parc
des
Contades

Synagogue
de la Paix

Saint-Pierre-
le-Jeune
(catholique)

Trésorerie
Générale

Préfecture

Palais
de Justice

Palais
du Rhin

PLACE DE LA
RÉPUBLIQUE

Bibliothèque

Q. Finkmatt

Théâtre

CCP

Théâtre

Banque
de France

Hôtel du
Gouvernement
militaire

Hôtel de
Klinglin

Hôtel
du Préfet

Palais
épiscopal

Hôtel
de Ville

Gymnase
J.-Sturm

Temple
Neuf

31

29

Maison
Kammerzell

Grand
Séminaire

Cathédrale

École
des Arts
Décoratifs

St-Guillaume

Maison
de Cagliostro

St. Calvin

Manufacture
de Tabac

8

Chambre
de Commerce
et d'Industrie

Mée d'Art
Moderne
Musée de l'Œuvre-
Notre-Dame

Palais Rohan

25

26

32

1

Ste-Madeleine

Musée historique

27

Musée
Alsacien

21

11

St-Nicolas

6

C.H.U.
(Hospices civils)

|●| *La Taverne du Sommelier* – **ruelle de la Bruche (D3-32)** ☎ 03-88-24-14-10. Fermé le samedi et le dimanche. Congés annuels : 3 semaines en août et 1 semaine entre Noël et le Jour de l'An. Accès : la ruelle donne sur la rue de Zurich. Plat du jour à 8 € le midi ; à la carte, compter 20 €. Adresse un peu planquée qui mérite qu'on se glisse dans l'extrêmement étroite ruelle de la Bruche. Cadre typique avec recoins et banquettes, bons petits vins (servis au verre), du Languedoc et des Côtes-du-Rhône pour changer. Et une cuisine bien tournée qui, elle aussi, s'écarte un peu des classiques régionaux tout en mettant assez finement le terroir à l'honneur. Accueil chaleureux. Service nature et souriant.

|●| *S'Thomas Stuebel* – **5, rue du Bouclier (B3-28)** ☎ 03-88-22-34-82. Fermé le dimanche et le lundi. Congés annuels : les 3 premières semaines d'août et la semaine de Noël. Menu le midi en semaine à 8 €. Sinon, compter 20 € à la carte. Une *winstub* de poche, plus chaleureuse ça n'existe pas, où sont servies copieusement les spécialités régionales. Belle choucroute pas trop cher payée, rognons de veau à la crème et *bibeleskass* (fromage blanc et pommes sautées). Accueil très souriant, ambiance décontractée, mais pas beaucoup de place, la réservation est donc conseillée.

|●| *Au Pont Corbeau* – **21, quai Saint-Nicolas (C4-21)** ☎ 03-88-35-60-68. Fermé le samedi et le dimanche midi. Congés annuels : en août. Menu à 11 € le midi en semaine. Sinon, compter 23 € pour un repas complet. Voilà une maison ayant quelques qualités qui méritent d'être signalées. Tout d'abord l'accueil du patron, généralement souriant ; ensuite, on y trouve une cuisine de *winstub* généreuse dans un cadre élégant ; enfin, c'est une des rares adresses ouvertes le dimanche soir en plein centre-ville. Puis le jambonneau grillé pommes sautées (le must de la maison), la salade de viande crudités, la tête de veau vinaigrette, la galette de pommes de terre, etc., chantent les louanges de l'Alsace éternelle. Et ça, voyez-vous, ça n'a pas de prix !

|●| *Le Festin de Lucullus* – **18, rue Sainte-Hélène (B3-23)** ☎ 03-88-22-40-78. Fermé le dimanche et le lundi, sauf les deux 1ers dimanches de décembre à midi. Congés annuels : de mi-août à début septembre. Accès : centre-ville. Au déjeuner, en semaine, menu complet à 12 € épatant. Autre menu le soir à 25,61 €. À la carte, compter 33 € environ. Quatre ans chez Michel Guérard, ça forme le caractère et... la cuisine. Les bonnes idées apprises à Eugénie-les-Bains se retrouvent dans l'assiette à Strasbourg. Herbes fraîches, assaisonnement, cuissons, tout est parfaitement maîtrisé, et l'on savoure une fine et inventive cuisine de saison. Les desserts

sont à tomber. L'accueil vif et souriant, le service sur le même tempo, ainsi que des prix raisonnables incitent également à revenir. Seul bémol, cette salle toute en longueur. Un bon gastro tout de même.

|●| *La Choucrouterie* – **20, rue Saint-Louis (B4-30)** ☎ 03-88-36-52-87. ♿ Ouvert tous les soirs (sauf le dimanche) de 19 h à 1 h du matin. Congés annuels : 1 semaine autour de Noël et 3 semaines en août. Accès : traverser l'Ill en face du séminaire protestant, le restaurant est à 15 m de l'église Saint-Louis. Menus à partir de 13 €. Roger Siffer, le chanteur folk alsacien est aujourd'hui un restaurateur heureux. Ce qui ne l'empêche pas de chanter de temps à autre dans son restaurant-théâtre, seul ou parfois accompagné de quelques bons amis de passage en ville (Maxime Le Forestier...). Son restaurant, un relais de poste du XVIIIe siècle, fut auparavant le siège de la dernière choucrouterie de Strasbourg. La gaieté, l'humour, la musique (belle collection d'instruments de musique) et l'érotisme (regardez bien les gravures accrochées ici et là) sont de la partie. La cuisine rythme le temps qui passe et coupe les discussions quand c'est nécessaire. Bien entendu, la choucroute est de la revue (7 sortes en tout) mais aussi quantité d'autres plats. *Café offert à nos lecteurs sur présentation de ce guide.*

|●| *Au Pigeon* – **23, rue des Tonneliers (C4-26)** ☎ 03-88-32-31-30. Fermé le dimanche soir, le lundi toute la journée et le mardi soir. Menus de 13,50 à 23 €. Une *winstub* historique, installée depuis des lustres dans une des plus anciennes demeures de la ville, bel immeuble à colombages et encorbellement du XVIe siècle. Pour comprendre l'enseigne, levez la tête face à la porte d'entrée pour découvrir une frise de bois sculpté représentant deux pigeons. La salle est plus classique, sage et bourgeoise, boisée aussi, pour une cuisine de *winstub* sans surprise et sans défaut : *baeckeoffe*, choucroute, jarret de porc braisé au pinot noir etc. *Apéritif maison offert à nos lecteurs sur présentation de ce guide.*

|●| *Restaurant À la Tête de Lard* – **3, rue Hannomg (B3-20)** ☎ 03-88-32-13-56. Fermé le samedi midi et le dimanche. Accès : en plein centre-ville, entre la cathédrale et le quartier de la Petite France. Menus de 19,50 à 25 €. Il y a toujours de la lumière et de l'animation dans ce sympathique bistroquet. On y sert sans façon un florilège de spécialités régionales : tourte vigneronne, magret d'oie au miel, choucroute, rognons à l'ancienne, pommes au four au munster, tarte flambée... Une petite table bien fiable. *Café offert à nos lecteurs sur présentation de ce guide.*

◗●❘ Le Saint-Sépulcre – 15, rue des Orfèvres (C3-29) ☎ 03-88-32-39-97. Fermé le dimanche et le lundi. Congés annuels : la 1re quinzaine d'août. Accès : centre-ville. Il vous en coûtera en moyenne 23 € par personne. *Winstub* plus vraie que nature : petits rideaux, plancher ciré, poêle à bois au milieu de la pièce, tables d'hôtes, nappes à carreaux, petits verres de bistrot... L'une des plus connues de Strasbourg. Sans doute grâce à l'accueil du patron, un peu, hum, particulier... du genre à vous figer sur le pas de la porte d'un hurlement : « C'est pourquoi ? ». Juste pour rire ! Et ça peut continuer sur ce ton en salle. Solide cuisine alsacienne : langue de porc confite, pommes de terre en salade, fabuleux jambon en croûte tranché devant le client, et choucroute bien sûr.

◗●❘ Winstub Muensterstuevel – 8, pl. du Marché-aux-Cochons-de-Lait (C3-25) ☎ 03-88-32-17-63. Fermé le dimanche et le lundi. Congés annuels : début mars et de fin août à début septembre. Compter 29 € pour un repas à la carte. Si le décor est dans la grande tradition, les prix sont un poil plus chers que dans une *winstub* traditionnelle. Mais la cuisine l'excuse, jamais oublieuse de la tradition, mais d'une vraie personnalité. Pied de porc entier désossé « maison » en *baeckeoffe*, farci aux trois viandes, joue de porc sur choucroute et pommes de terre en robe des champs, choucroute... sont quelques exemples des plats généreux mais subtils figurant à la carte de cette maison tenue par un patron, bon vivant mais professionnel sérieux. Belle sélection de vins et d'alcools. Terrasse sur la place, prise d'assaut dès que le soleil pointe le bout de son nez.

◗●❘ Chez Yvonne – 10, rue du Sanglier (C3-31) ☎ 03-88-32-84-15. Fermé le dimanche et le lundi midi. Congés annuels : de mi-juillet à mi-août et entre Noël et le Jour de l'An. Accès : lorsque l'on est face à la cathédrale, à gauche, prenez le passage et continuez tout droit, vous tomberez sur la rue du Sanglier. Compter environ 30 € pour un repas à la carte. « LA » *winstub* strasbourgeoise. Yvonne Haller était la star incontestée du petit monde des *winstübe*. Hommes politiques, artistes de passage en ville, s'attablaient chez elle en toute simplicité. Yvonne est partie et les habitués de longue date vous affirmeront évidemment que « c'est plus c'que c'était ». Pourtant, même si la maison s'est aggrandie, elle n'a vraiment bougé. L'imposante *stammtisch* (la table d'habitués) est toujours là. Le chef aussi. Et ses classiques de l'Alsace éternelle tiennent toujours la route, au côté de plus modernistes propositions du jour inscrites à l'ardoise. Dommage que les additions soient un peu lourdes et que l'accueil manque de chaleur...

DANS LES ENVIRONS

HANDSCHUHEIM 67117 (13 km O)

◗●❘ L'Auberge À l'Espérance – 5, rue Principale ☎ 03-88-69-00-52. Fermé le lundi et le mardi. Service seulement le soir. Congés annuels : 1 semaine en mars et la 2e quinzaine de septembre. Accès : par la N4. Compter 18 € à la carte. La maison à colombages est accueillante. On grimpe quelques marches, et l'on s'installe dans l'une des 5 petites salles. L'adresse est très prisée des amateurs de *flammenküche* : il est vrai qu'elle est faite à l'ancienne, avec un vrai feu de bois, ce qui lui donne son parfum et sa légèreté. Également un bon jambon à l'os cuit au foin. Familles entières, tablées de copains, l'ambiance est chaude. De jolis vins sont proposés sans chauvinisme alsacien.

THANN 68800

Carte régionale A2

🏠◗●❘ Hôtel-restaurant Kléber** – 39, rue Kléber (Centre) ☎ 03-89-37-13-66. Fax : 03-89-37-39-67. Parking. TV. Canal+. ♿ Resto fermé le samedi et le dimanche. Congés annuels : 3 semaines en février. Chambres doubles de 29,75 € avec lavabo, à 48,80 € avec bains. Menus à 10,70 €, le midi en semaine, puis à 16,80 à 22,90 €. Dans un quartier résidentiel, à l'écart de l'agitation du centre-ville, un hôtel récent, assez chic, mais où l'addition n'est jamais meurtrière. Demander la chambre n° 24 ou 26 dans l'annexe, qui possède un balcon fleuri ouvrant sur les vergers. Restaurant réputé. Gibier (marcassin, chevreuil...) en saison et *kougelhopf* frais au petit déjeuner. Bon rapport qualité-prix pour ce 2 étoiles où l'accueil est agréable. *10 % sur le prix de la chambre (sauf en août) offerts à nos lecteurs sur présentation de ce guide.*

DANS LES ENVIRONS

MOOSCH 68690 (7 km NO)

🏠◗●❘ Ferme-auberge du Gsang ☎ 03-89-38-96-85. Fermé le vendredi et le dimanche soir. Accès : de Moosch, prendre la direction du camping *Mine d'Argent* ; suivre le chemin forestier pendant 7 km ; se garer au parking du Gsang et marcher pendant environ 20 mn, 10 mn à peine pour les routards affirmés sans enfant ; il n'y a qu'un seul chemin. Demi-pension (exclusivement) à 23 € en dortoir d'une vingtaine de places. Repas complet autour de 12 €. Après une jolie balade, on s'attable dans cette charmante ferme où l'électricité est inconnue. On y mange terriblement bien : casse-croûte (à

ALSACE

tout heure), collet fumé, rôti, *fleischsch-necke*, potée de légumes, etc. Possibilité de dormir dans les dortoirs, simples et propres, mais il est préférable d'emporter son sac de couchage et sa lampe de poche. Ambiance bon enfant et accueil mémorable. Tout est à retenir de cet endroit d'où la vue est fabuleuse. Préférable de réserver à l'avance. *Café offert à nos lecteurs sur présentation de ce guide.*

SAINT-AMARIN 68550 (9 km NO)

🏠 I●I *Auberge du Mehrbächel* – route de Geishouse ☎ 03-89-82-60-68. Fax : 03-89-82-66-05. Parking. TV. Fermé le lundi soir, jeudi soir et le vendredi. Congés annuels : pendant les vacances scolaires de la Toussaint. Accès : pas facile de dénicher l'oiseau rare ! Quitter la N66 à Saint-Amarin. Prendre la direction de Geishouse, mais ne pas monter jusqu'à ce village. À 3 km environ, bifurquer sur la gauche du chemin principal, continuer sous les sapins ; on arrive à l'auberge (cul-de-sac de la route). Chambres doubles avec douche et w.-c. ou bains de 50 à 55 €. Menus de 16 € sauf le dimanche, à 34 €. Chalet accroché à flanc de montagne, entre les bois et les pâturages. Depuis les agréables chambres situées dans l'annexe moderne, la vue vaut toutes les chaînes câblées du monde. Le restaurant mérite vraiment le détour. Cuisine traditionnelle avec de la personnalité : farandole d'escargots, truite aux amandes, saumon aux herbes et au tokay, canard au genièvre, soufflé au whisky. La fête ! Petit déjeuner-buffet, très copieux (ça, on aime) avec du lard fumé, du jambon, des céréales, du yaourt...

WISSEMBOURG 67160

Carte régionale A1

🏠 I●I *Hôtel-restaurant Walk* ** – 2, rue de la Walk (Nord-Ouest) ☎ 03-88-94-06-44. Fax : 03-88-54-38-03. ● www.moulin-walk.com ● Parking. TV. Satellite. Resto fermé le vendredi midi, le dimanche soir et le lundi. Accès : prenez le boulevard Clemenceau qui longe les remparts jusqu'à la piscine municipale ; direction centre hospitalier. Chambres doubles avec douche et w.-c. ou bains de 49 à 53 €. Menus à 29 et 37 €. À l'extérieur des remparts de la ville, dans un agréable cadre de verdure autour des vestiges d'un ancien moulin. Reposant. Chambres à la déco contemporaine, d'un vrai confort. Les plus grandes sont installées dans une petite annexe moderne. Au restaurant, cadre rustico-cossu et cuisine

pas mal tournée mais chèrement facturée. Atmosphère un peu guindée... *Apéritif maison offert à nos lecteurs sur présentation de ce guide.*

DANS LES ENVIRONS

CLIMBACH 67510 (9 km SO)

I●I *Restaurant Au Col de Pfaffenschlick* – col du Pfaffenschlick ☎ 03-88-54-28-84. Parking. 🍴 Fermé le lundi et le mardi. Congés annuels : de mi-janvier à mi-février. Accès : par la D3 jusqu'à Climbach et tourner à gauche jusqu'au col (373 m). Menu à 7,80 €, le midi en semaine ; à la carte, compter 18,50 €. La famille Séraphin vous accueillera avec le sourire et une attention non feinte dans sa petite auberge, située en pleine forêt. Salle en bois, ambiance chaleureuse. Terrasse en été. Pour un casse-croûte, assiette de jambons ou de fromages, côtelette gratinée, salades, quiches, tourtes aux oignons... mais aussi le poulet fermier farci à l'ancienne, ragoût de sanglier ou *baeckeoffe*... sur commande. Mme Séraphin, la patronne, avec « chon acchent » inimitable se décarcassera pour vous. Une bonne adresse à quelques kilomètres du Four-à-Chaux, un important ouvrage de la ligne Maginot.

WOERTH 67630

Carte régionale A1

I●I *Restaurant sans Alcool et sans Fumée* – 11, rue de la Pépinière ☎ 03-88-09-30-79. 🍴 Fermé le lundi et le soir. Congés annuels : pendant les vacances scolaires de février (zone B). Accès : à la sortie de la ville. Plat du jour à 6,90 € le midi, et menus de 12 à 20 €. L'établissement a une histoire. En 1944 sous un violent bombardement le propriétaire de l'époque fit un vœu : « Si j'en sors, j'ouvre une auberge sans alcool. » Mme Bender, qui connaissait bien, en outre, les ravages de l'alcoolisme chez les hommes du village, tint parole. Elle vécut, bien sûr, pendant de nombreuses années, les pires difficultés. La clientèle habituelle déserta, la nouvelle mit longtemps à se construire, fidélisée par une cuisine de qualité. Aujourd'hui, même si l'auberge a déserté la bonne vieille maison du centre pour un bien trop moderne bâtiment en périphérie, on vient encore de loin (surtout le dimanche) pour cette généreuse cuisine de région. Même sans alcool et sans fumée... *Café offert à nos lecteurs sur présentation de ce guide.*

Aquitaine

24 Dordogne
33 Gironde
40 Landes
47 Lot-et-Garonne
64 Pyrénées-
    Atlantiques

AGEN   47000

Carte régionale B2

🏠 *Hôtel des Ambans* * – 59, rue des Ambans (Centre) ☎ 05-53-66-28-60. Fax : 05-53-87-94-01. TV. Attention, la réception ferme le dimanche après-midi jusqu'à 19 h. Congés annuels : fermé pendant le week-end de l'Ascension et pour les fêtes de fin d'année. Chambres doubles à 26 € avec douche et 30,50 € avec douche et w.-c. Un petit hôtel 1 étoile tout simple, bien tenu et propre. Déco un peu dépouillée dans les 9 chambres, mais les tarifs sont tellement attractifs qu'on ne vous privera pas de cette maison. Patronne vraiment gentille, qui vous accueillera comme un ami. *Un petit déjeuner par chambre offert à nos lecteurs sur présentation de ce guide.*

🏠 *Hôtel des Îles* – 25, rue Baudin (Centre) ☎ 05-53-47-11-33. Fax : 05-53-66-19-25. ● www.ot-agen.org ● TV. Chambres doubles de 29 € avec douche et w.-c. à 32 € avec bains. Il y a de grandes chances pour que ce soit le propriétaire de cette jolie maison, organisée autour d'un puits de lumière central, qui vous accueille, son éternel cigarillo vissé au coin des lèvres. Malgré une nonchalance ambiante, on s'aperçoit vite que tout est bien orchestré. Les 10 chambres sont propres et bien tenues, et vous serez au calme dans ce quartier résidentiel. Un hôtel sans étoile qui en mériterait une et qui possède en tout cas beaucoup de caractère.

🏠 *Atlantic Hôtel* ** – 133, av. Jean-Jaurès (Sud-Est) ☎ 05-53-96-16-56. Fax : 05-53-98-34-80. ● atlantic.hotel@wanadoo.fr ● Parking payant. TV. Satellite. ♿ Congés annuels : du 24 décembre au 4 janvier. Accès : un peu excentré, à 600 m du centre-ville. Situé sur l'avenue qui part en direction de Toulouse et Montauban (la N113). En retrait de la route, derrière une station-service. Chambres doubles de 45 à 48 € avec douche et w.-c. ou bains. Architecture typique des années 1970, mais chambres spacieuses et calmes. De plus, la climatisation permet d'ignorer la canicule. Et pour finir, la piscine ! On a un faible pour les 6 chambres donnant sur le jardin. Accueil vraiment cordial. *10 % sur le prix de la chambre offerts à nos lecteurs sur présentation de ce guide.*

🍴 *Les Mignardises* – 40, rue Camille-Desmoulins (Centre) ☎ 05-53-47-18-62. Fermé le dimanche et le lundi. Congés annuels : 2 semaines en août. 1er menu à 9,60 €, servi le midi et le soir des mardi et mercredi, et 3 menus jusqu'à 24,40 €. Copieux plateau de fruits de mer à 23 €. Avant de découvrir cette maison, on pensait qu'un menu à moins de 10 € avec de la soupe, une entrée, un plat et un dessert, cela n'existait plus. Force est de reconnaître que nous étions dans le faux. Bien sûr, ce n'est pas un grand gastro, mais il fait tout de même bon s'asseoir sur les banquettes en moleskine vert olive pour dévorer une blanquette de veau rappelant des souvenirs d'enfance, une belle truite meunière ou une moelleuse crème caramel. Attention, il y a

AQUITAINE

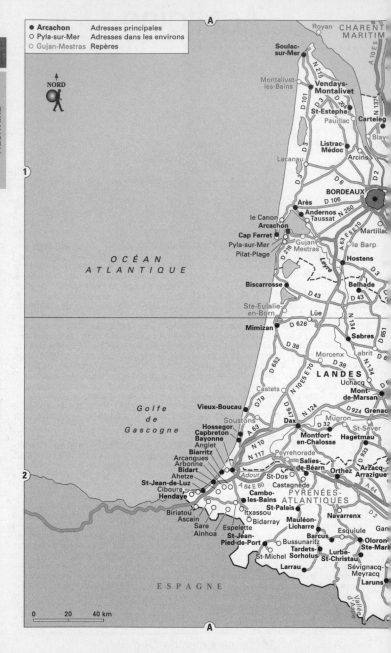

- ● Arcachon — Adresses principales
- ○ Pyla-sur-Mer — Adresses dans les environs
- ○ Gujan-Mestras — Repères

NORD

Royan

CHARENTE-
MARITIME

Soulac-
sur-Mer

Montalivet-
les-Bains

Vendays-
Montalivet

Cartelèg

St-Estèphe

Pauillac

Blay

Listrac-
Médoc

Arcins

Lacanau

BORDEAUX

Arès

Andernos
Taussat

Martillac

le Canon

Arcachon

le Barp

Cap Ferret

Gujan
Mestras

Pyla-sur-Mer

Pilat-Plage

Hostens

OCÉAN
ATLANTIQUE

Leyre

Biscarrosse

Belhade

Ste-Eulalie-
en-Born

Lüe

Mimizan

Sabres

Morcenx

Labrit

LANDES

Castets

Uchacq

Mont-
de-Marsan

Golfe
de
Gascogne

Vieux-Boucau

Soustons

Grenac

Hossegor

Dax

Mugron

Capbreton

St-Sever

Bayonne

Anglet

Montfort-
en-Chalosse

Hagetmau

Biarritz

Peyrehorade

Arcangues

Arbonne

Salies-
de-Béarn

Bidart

Ahetze

Orthez

Arzacq-
Arrazigue

St-Jean-de-Luz

Adour

St-Dos

Ciboure

Castagnède

Hendaye

Cambo-
les-Bains

PYRÉNÉES-
ATLANTIQUES

Biriatou

St-Palais

Ascain

Itxassou

Navarrenx

Sare

Bidarray

Ainhoa

Mauléon-
Licharre

Espelette

Esquiule

Gan

St-Jean-
Pied-de-Port

Barcus

Oloron-
Ste-Mar

Bussunaritz

Tardets-
Sorholus

Lurbe-
St-Christau

St-Michel

Larrau

Sévignacq-
Meyracq

Laruns

ESPAGNE

Vallée
d'Aspe

0   20   40 km

toujours beaucoup de monde à l'heure du déjeuner. Ça vous étonne ?

I●I *L'Atelier* – **14, rue du Jeu-de-Paume (Centre)** ☎ **05-53-87-89-22.** Fermé le lundi midi, le samedi et le dimanche. Congés annuels : la 1ère semaine de janvier et de fin juillet à début août. Le midi, menus de 14 à 20 €. Le soir, menus à 21 et 26 €. Dans une petite rue du centre, un grand rendez-vous des Agenais, gai et vivant. Belle salle aux poutres peintes en blanc, où officie un jeune couple de patrons virevoltants. Lui sait fort bien choisir et vendre ses vins ; elle prend toujours le temps de bien servir ses clients. Côté cuisine, pas mal de poisson mais, région oblige, une large place est laissée au canard, avec, notamment, une étonnante assiette carpaccio-tartare de coin-coin.

I●I *La Bohême* – **14, rue Émile-Sentini (Centre)** ☎ **05-53-68-31-00.** Fermé le mercredi soir, le samedi midi et le dimanche (sauf en juillet-août). Congés annuels : du 10 au 17 février et 2e semaine de septembre. Accès : en plein centre-ville. Menus à 14 €, le midi en semaine, puis de 21 et 27 €. Menu-enfants à 7 €. Dès la porte franchie, on se dit immanquablement que « ce temps que les moins de vingt ans ne peuvent pas connaître » a bien changé. Si on ne la retrouve pas dans le décor sobre aux couleurs chaudes, *La Bohême* reste tout de même dans l'esprit du patron. Il vous invite au gré de ses humeurs, de ses envies à des vagabondages gustatifs. Le magret aux épices côtoie la marinière d'écrevisses ou le colombo de porc. Et que vous finissiez par le fondant au chocolat ou la banane rôtie au lait de coco, vous serez conquis. Pour encore plus d'exotisme, goûtez à la « marmite créole ». De plus, des soirées à thèmes sont régulièrement organisées autour d'un pays, d'un terroir, d'un vin ou de la truffe. Accueil et service particulièrement soignés. Agréable petite terrasse sur la rue piétonne. *Apéritif maison offert à nos lecteurs sur présentation de ce guide.*

I●I *Las Aucos* – **33, rue Voltaire (Centre)** ☎ **05-53-48-13-71.** Fermé le lundi soir, le mardi et le samedi midi. Congés annuels : les 2 premières semaines de janvier et les 2 dernières semaines d'août. Menu déjeuner à 15 € ; au dîner, menus de 24, 32 et 39 €. Dans une rue du quartier médiéval qui, l'été, se transforme en immense terrasse, un restaurant dédié à une trop rare déesse de la gastronomie régionale : l'oie (*las aucos* en occitan). Si le midi on sert vite fait mais bien fait des formules classiques, le soir, la bestiole exprime la délicatesse de sa chair par des préparations gentiment originales (cou farci aux herbes, jambon d'oie, côtelettes, etc.) qui flirtent avec la gastronomie. Déco simple mais ambiance agréable : murs en brique, nappes basques, horloge comtoise, et fond de musique classique. Belle et raisonnable sélection de vins ; ça

tombe bien, celui en pichet (qui a le mérite d'exister) n'est pas terrible. Enfin, c'était peut-être un mauvais cubi. Très gentil accueil. *Café offert à nos lecteurs sur présentation de ce guide.*

I●I *Restaurant Mariottat* – **25, rue Louis-Vivent (Centre)** ☎ **05-53-77-99-77.** Parking. ♿ Fermé le lundi midi, le samedi midi et le dimanche soir. Congés annuels : vacances scolaires de février (zone C). Accès : au cœur de la ville. Menus à 18 €, sauf le dimanche et les jours fériés, puis de 28 à 49 €. Menu-enfants à 12 €. Éric et Christiane Mariottat ont abandonné il y a quelques années leur hôtel dans les faubourgs d'Agen. Heureusement, on ne perd pas au change en ce qui concerne le restaurant. Ils se sont installés à un coup d'aile des Jacobins dans une très belle maison de maître toute blanche, entourée d'un parc, où il fait bon manger. Du coup, ils en ont fait un peu la maison de leurs rêves : ambiance chaleureuse, soin du détail et un décor cossu, avec moulure, parquet et lustre impressionnant, propre à magnifier la cuisine du chef. Bien sûr, il continue à jouer avec toutes les ressources du canard, du foie au magret (ne pas rater son assiette « c'est tout un art d'être un canard »), avec plein de préparations, dont une rare mini-daube de langues). Son pâté de canard en croûte est un vrai régal ! Éric reste un passionné du terroir et des produits du marché. Tous les matins, il invente, il modifie ses recettes en fonction de ses emplettes. Du coup, c'est un festival permanent, sans cesse renouvelé. Des asperges vertes en feuilleté croustillant à la garbure de homard aux gésiers de canard pour finir par une tarte renversée à la poire à l'huile d'amandons de pruneaux, on frôle le nirvana. Très belle carte des vins. De plus, les prix des menus sont restés très raisonnables, et vous auriez bien tort de ne pas venir y dîner. À propos, leur amour du canard a généré aussi un livre-hymne au foie gras, écrit en collaboration avec le producteur. *Café offert à nos lecteurs sur présentation de ce guide.*

I●I *Restaurant Le Nostradamus* – **40, rue des Nitiobriges (route de Vérone)** ☎ **05-53-47-01-02.** Fermé le dimanche soir et le lundi. Accès : un peu à l'extérieur, vers Colayrac ; au feu à droite. Menu à 20,50 €. À la carte, compter de 38 à 40 €. D'abord l'origine du nom : la femme du voyant médiéval aurait vécu dans le coin. Pas sûr. Certain en revanche, cette maison tout en bois, qui remporte un franc succès auprès des Agenais. Il faut dire qu'on a vraiment l'impression de venir dîner à la campagne. L'été, la terrasse permet de manger à l'ombre des arbres et, si vous préférez l'intérieur, l'alliance rustico-moderne de la déco vous séduira forcément. Ici, pas de surprise. Menu à 20,50 € avec un buffet d'une vingtaine d'entrées et un autre avec 10 desserts.

Entre les deux, quelques spécialités plutôt goûteuses et originales : le traditionnel foie gras mi-cuit mais servi avec une gelée de coings, des cailles aux raisins, une canette à l'orange, des viandes grillées dans la cheminée ou des Saint-Jacques persillées au curry. Accueil jeune et cordial. *Apéritif maison offert à nos lecteurs sur présentation de ce guide.*

DANS LES ENVIRONS

SÉRIGNAC-SUR-GARONNE 47310
(8 km O)

🛏 |●| *Hôtel Le Prince Noir* *** – D119 ☎ 05-53-68-74-30. **Fax : 05-53-68-71-93.** Parking. TV. Canal+. ⚒ Fermé le dimanche soir. Accès : prendre la D199, direction Mont-de-Marsan, après le pont sur la Garonne. Chambres doubles de 52 à 86 € avec douche et w.-c. ou bains. Demi-pension par personne à 60 €. Menus de 17 à 40 €. Menu-enfants à 9 €. Sublime hôtel installé dans un ancien couvent du XVII⁺ siècle, qui doit son nom au fils d'Édouard III, lieutenant général d'Aquitaine qui dévasta le Sud-Ouest durant la guerre de Cent Ans. On pénètre dans la cour par une tour-porche. Autour et à l'étage, des chambres de très haut standing (grande hauteur sous plafond, vieux meubles, etc.) pour les plus chères. À la carte : suprême de poulet poivre au foie gras sauce armagnac, croquant de confit de canard et de foie gras, petits tournedos de saumon farcis sauce crustacés, lamproie à la bordelaise. Piscine et tennis. Un luxe vraiment abordable. Pensez à réserver : l'hôtel accueille souvent des séminaires.

AIGUILLON 47190

Carte régionale B1

🛏 |●| *Hôtel-restaurant La Terrasse de l'Étoile* ** – (Centre) ☎ 05-53-79-64-64. **Fax : 05-53-79-46-48.** TV. Canal+. Câble. ⚒ Ouvert toute l'année. Accès : centre-ville, face à la maison de retraite. Chambres doubles à 44 € avec bains. Menus à 12 € sauf le week-end et les jours fériés, puis de 15 à 24 €. Menu-enfants à 7 €. Superbe petit hôtel en pierre blanche et brique, proposant 17 chambres, toutes différentes et plutôt charmantes, dans le style années 1930 (lits en fer, meubles rustiques). Petite salle de restaurant un peu chic (à l'exception des chaises en plastique) et terrasse sur la mignonne piscine au cœur du village. Dans les menus variés, on a retenu un gratin de Saint-Jacques, une aumônière de saumon à la mousse de fenouil, une salade d'escargots en persillade, un magret de canard au miel ou un foie gras poêlé aux pommes. Ceux-ci changent au gré des saisons. Accueil charmant. *Apéritif maison*

offert à nos lecteurs sur présentation de ce guide.

DANS LES ENVIRONS

CLAIRAC 47320 (8 km NE)

|●| *L'Écuelle d'Or* – 22, rue Porte-Pinte (Centre) ☎ 05-53-88-19-78. Fermé le lundi, le samedi midi et le dimanche soir. Congés annuels : 1 semaine pendant les vacances scolaires de février (zone C) et à la Toussaint. Accès : près des musées. Menus à 14 €, le midi en semaine, puis à 16 €, excepté le week-end, et de 23 à 48 €. Compter 40 € pour un repas à la carte avec fromage. Maison typique de village, en brique rustique et poutres de chêne, avec une agréable salle où les bûches brûlent dans la cheminée. On y travaille avec une certaine imagination des produits frais. Juste pour prendre un exemple dans la carte qui tourne souvent, le millefeuille de fleurs de courgettes. Tout est fait maison, y compris le pain. Et pour les amoureux de la tradition, on trouve tout de même du confit à la carte. *Apéritif maison offert à nos lecteurs sur présentation de ce guide.*

ANDERNOS-LES-BAINS 33510

Carte régionale A1

🛏 *Hôtel de la Côte d'Argent* – 180, bd de la République ☎ 05-56-03-98-58. Fax : 05-56-03-98-68. TV. ⚒ Fermé le dimanche soir. Accès : à 300 m du centre-ville et de la plage. Chambres doubles de 37 à 46 € selon le confort (douche et w.-c. ou bains) et la saison. Ce petit hôtel posé en bord de route est à l'évidence l'un des meilleurs rapports qualité-prix du bassin. Tout récemment refait avec soin et bon goût, il dispose d'une dizaine de chambres agréables, personnalisées et de bon confort. La patronne s'y connaît en déco, ça se voit, et le petit patio fleuri où coule une fontaine est charmant aussi (deux chambres de plain-pied donnent dessus). Accueil souriant et discret, et bon petit déjeuner (fruits, vrai jus d'orange). Une très bonne adresse.

DANS LES ENVIRONS

TAUSSAT 33148 (3 km SE)

|●| *Restaurant Les Fontaines* – port de plaisance de Taussat (Nord-Ouest) ☎ 05-56-82-13-86. Parking. Fermé le dimanche soir et le lundi. Congés annuels : 1 semaine en février et 3 semaines en novembre. Accès : par la D3. Menus de 17,50 à 38 €. À la carte, compter 35 €. Jouxtant le port de

plaisance, une maison moderne qui, pour être franc, ne dégage pas un charme fou. Mais elle ne s'intègre pas trop mal dans ce paysage typique du bassin d'Arcachon. Et pendant les douces soirées de printemps ou d'été, la terrasse se révèle finalement bien agréable pour apprécier une belle cuisine aux envolées inspirées et à la fraîcheur évidente. Comme dans quelques autres restos du vignoble, on peut y apporter son vin qui sera servi « avec toute l'attention qu'il mérite » (le patron est aussi président des sommeliers de la région). Une bonne adresse.

ANTONNE-ET-TRIGONANT   24400

Carte régionale B1

🏠 |●| *La Charmille* – 118, route de Limoges, RN21 ☎ 05-53-06-00-45. Fax : 05-53-06-30-49. ● www.lacharmille.fr ● Congés annuels : en janvier et une semaine en novembre. Accès : sur la RN 21 direction Limoges, à la sortie d'Antonne, à 12 km de Périgueux. Chambres de 35 à 40 €. Menu du jour à 13 €. Charmant manoir recouvert de lierre. À l'intérieur, grande mezzanine en bois avec poutres apparentes, sur laquelle on prend son petit déjeuner. Les chambres, confortables, ont toutes été refaites. Préférer celles sur jardin (les autres donnent sur la route, et le matin, ça circule !). Fait aussi resto (menu du jour intéressant). Service en terrasse aux beaux jours. Un petit accent sarde, une pincée d'humour relevé d'un maximum de gentillesse : c'est l'accueil que vous réservent les deux proprios, jamais avares de conseils sur les activités de leur belle région. *NOUVEAUTÉ.*

ARCACHON   33120

Carte régionale A1

🏠 *Hôtel Les Mimosas* ** – 77 bis, av. de la République (Centre) ☎ 05-56-83-45-86. Fax : 05-56-22-53-40. Parking. TV. Satellite. Congés annuels : en janvier et février. Accès : près de la place de Verdun. Chambres doubles de 35 à 61 € selon la saison. Dans une bonne grosse maison arcachonnaise de la ville d'été. L'Océan n'est donc pas bien loin (en fait, à 500 m). Très bon accueil. Chambres propres et nettes, pas désagréables, et quelques-unes en annexe de plain-pied, façon motel. *Un petit déjeuner par chambre offert à nos lecteurs sur présentation de ce guide.*

🏠 *Villa Térésa - Hôtel-restaurant Sémiramis* *** – 4, allée Rebsomen (Centre) ☎ 05-56-83-25-87. Fax : 05-57-52-22-41. Parking. TV. Congés annuels : en janvier et

février. Accès : entre les avenues Victor-Hugo et Régnault. Chambres doubles de 78 à 112 € suivant le confort et la saison. Petit déjeuner à 11 €. Dans la ville d'hiver qui entasse joyeusement les styles architecturaux (néogothique, suisse, colonial...), cette bourgeoise villa XIXe siècle fait, dans le genre hispano-mauresque (était-ce pour plaire au sultan du Maroc qui y séjourna dans les années 1920 ?). Dans les années 1970, squattée, pillée, la *Villa Térésa* n'était plus que la ruine d'elle-même. On faillit la raser : colère dans le voisinage, création d'un comité de quartier. La maison fut sauvée et classée Monument historique. Les proprios retroussèrent leurs manches et la rénovèrent de fond en comble, en famille : c'est ainsi la maman qui a peint les plafonds. Quel talent ! Et aujourd'hui, on peut découvrir les panneaux de céramique du hall d'entrée, les superbes balustres sculptés de l'escalier. Jolies chambres, assez classiques, toutes personnalisées, certaines avec terrasse. D'autres ont été aménagées dans un petit pavillon rouge et blanc au bord de l'agréable piscine. Petit déjeuner cher sans doute, mais rien d'étonnant à cela, c'est une adresse de luxe pour routards aisés. Parfaite aussi pour un voyage de noces.

|●| *La Plancha* – 17, rue Jehenne ☎ 05-56-83-76-66. Fermé les mercredi, samedi et dimanche, ainsi que tous les midis sauf vacances scolaires. Congés annuels : du 15 janvier au 15 février et 2 semaines en novembre. Accès : la rue est perpendiculaire au boulevard de la Plage. 1er menu à 6,40 €. À la carte compter entre 18 et 20 €. Une des meilleures adresses arcachonnaises bon marché, où la *salade plancha* (salade, tomates, morue, anchois marinés, sépias, moules, crevettes) suffit pour déjeuner, et où le *plateau plancha* (4 viandes grillées) vous gave pour la soirée. Tapas également, et super merlu *koskera*, comme dans tout « espagnol » qui se respecte. Attention, tables serrées et il n'y en a pas cinquante. Clientèle serrée aussi, mais quelle ambiance ! *NOUVEAUTÉ.*

|●| *Les Genêts* – 25, bd du Général-Leclerc ☎ 05-56-83-40-28. Fermé le dimanche soir et le lundi hors saison. Congés annuels : du 2 au 22 janvier et la 1re quinzaine d'octobre. Menus à 13 €, le midi, puis à 16 et 23,50 €. Dans une salle très classique aux tons doux, vert et saumon décorée de fleurs séchées, une cuisine traditionnelle et régionale bien tournée, sans mauvaise surprise. Dans le menu à 16 €, les 9 huîtres et leur saucisse ou le confit de canard s'avalent avec plaisir. Service on ne peut plus classique également, pour plaire aux habitués de cette vieille adresse arcachonnaise.

❙●❙ Le Pavillon d'Arguin – **63, bd du Général-Leclerc** ☎ **05-56-83-46-96.** ⚓ Fermé le dimanche soir et le lundi hors saison. Menus à 15 et 23 € ; menu-dégustation à 59 €, avec 2 entrées, 2 plats, fromage, dessert, vin et digestif inclus (ouf !). Dans la grande salle bleue et blanche, une équipe toute jeune (le chef a 25 ans à peine) qui se met en quatre pour vous servir vite et bien une cuisine légère et inventive, où poisson et fruits de mer tiennent le haut du pavé. À propos de pavé, il y a aussi quelques bonnes viandes grillées. L'adresse qui monte à Arcachon. **NOUVEAUTÉ.**

DANS LES ENVIRONS

PYLA-SUR-MER 33115 (5 km S)

🏠 **Hôtel Maminotte** ** – allée des Acacias (Nord-Est) ☎ **05-57-72-05-05. Fax : 05-57-72-06-06.** TV. Accès : par la D217 ou la D218 ; à 200 m de la plage. Chambres doubles avec douche et w.-c. ou bains à 39 € hors saison, sinon à 79 €. Un petit hôtel (12 chambres seulement) que rien ne différencie des maisons d'habitation de ce quartier paisible, perdu dans les pins, à 100 m du bassin d'Arcachon. Accueil aimable. Chambres plutôt banales mais pas désagréables, rénovées et confortables. Préférer celles du 1er étage, toutes dotées de petits balcons. Dommage que ce soit si cher en haute saison, mais Pyla est chic et, ici, l'accueil est sympa et l'ambiance familiale.

🏠 **❙●❙ Hôtel-restaurant Côte du Sud** ** – 4, av. du Figuier (Centre) ☎ **05-56-83-25-00. Fax : 05-56-83-24-13.** ● **www.cote-du-sud.fr** ● TV. Congés annuels : en janvier. Chambres doubles de 54 à 100 € selon le confort et la saison. Menus de 18,30 à 25,30 €. Compter 38 € à la carte. La joyeuse façade jaune et bleue de ce discret hôtel posé au bord de la plage évoque déjà les vacances ! 8 chambres confortables à thème (marocaine, asiatique, etc.), avec mobilier et déco ad hoc. Toutes sauf une ont vue sur mer ; la chambre asiatique est de luxe, vaste de 30 m², et c'est aussi, évidemment, la plus chère. Très bon et agréable restaurant, avec une spécialité fameuse, les moules *Côte du Sud* (à la manière espagnole). Accueil et service aimables. Une bonne adresse dans sa catégorie.

PILAT-PLAGE 33115 (8 km S)

🏠 **❙●❙ Hôtel-restaurant La Corniche** ** – 46, bd Louis-Gaume (Sud-Ouest) ☎ **05-56-22-72-11. Fax : 05-56-22-70-21.** ● **www.corniche-pyla.com** ● TV. Fermé le mercredi sauf en juillet et août. Congés annuels : de novembre à mars. Chambres doubles à 53 € avec douche et w.-c. et à 76 € avec bains. Formule rapide à 11,50 €,

puis menus de 14,50 à 23 €. Demi-pension demandée en juillet-août, de 50 à 62 € par personne. Confirmez absolument votre réservation par fax, et notez que certaines chambres ont leurs fenêtres au-dessus des cuisines et sont un peu bruyantes. Mais la situation au bord de la dune et la vue sont exceptionnelles : on descend à la plage à pied. Grande terrasse équipée de chaises longues et balancelles. Au resto, poisson et fruits de mer à l'honneur. Le service est impeccable et si l'adresse est un peu chère, elle vaut le coup. *Apéritif maison offert à nos lecteurs sur présentation de ce guide.*

ARÈS 33740

Carte régionale A1

🏠 **❙●❙ Le Saint-Éloi** – **11, bd de l'Aérium** ☎ **05-56-60-20-46. Fax : 05-56-60-10-37.** ● **www.nlatour.free.fr** ● Fermé le lundi soir, le mercredi toute la journée et le dimanche soir hors saison. En été, fermé uniquement le lundi midi. Congés annuels : les vacances scolaires de février. Accès : à 10 mn à pied du centre-ville. Chambres doubles à 26 € avec lavabo et 29 € avec douche. 1er menu à 20 € ; à la carte, compter 40 €. Menu-enfants à 10 €. Entre pinède et plage (à 500 m). Si les chambres sont modestes, encore que propres, assez spacieuses et dotées d'une bonne literie, le restaurant est, lui, l'une des bonnes adresses du bassin d'Arcachon. Dans une salle d'une élégance sobre, lumineuse et agrémentée de plantes vertes, on goûte une bien fine cuisine. Bons vins aussi, et service aimable et compétent. *Apéritif maison offert à nos lecteurs sur présentation de ce guide.*

ARZACQ-ARRAZIGUET 64410

Carte régionale A2

❙●❙ La Vieille Auberge – **pl. du Marcadieu (Centre)** ☎ **05-59-04-51-31.** Ouvert toute l'année. Congés annuels : jours de Noël et du Nouvel An. Menu à 9,15 €, vin et café compris. Autres menus de 13 à 22 €. Remarquables poêlées de 10 à 23 €. Vieille maison sympa, grande salle à l'ancienne et bistrot de village formica-télé allumée, qui vient d'être reprise par un jeune cuistot dynamique qui n'arrête pas d'inventer : essayez donc son carpaccio de foie ou ses poêlées de crustacés. C'est bon, c'est copieux, c'est pas cher. Que demander de mieux ? Que ça dure. Une excellente adresse. *Digestif maison offert à nos lecteurs sur présentation de ce guide.*

ASTAFFORT   47220

Carte régionale B2

🏠 I●I *Michel Latrille* *** – 5-7, pl. de la Craste (Centre) ☎ 05-53-47-20-40. Fax : 05-53-47-10-38. ● www.latrille.com ● Parking payant. TV. Satellite. ⚡ Fermé le lundi, le mardi midi et le dimanche soir. Congés annuels : 2 semaines en janvier et 1 semaine en novembre. Accès : direction Auch. Chambres doubles de 58 à 102 €. Menus à 21 €, sauf le week-end et les jours fériés, puis à 33 et 50 €. Menu-enfants à 11 €. Ambiance très provençale, décor égayé de couleurs chaudes dans cette belle auberge. Chambres confortables, fraîches et gaies. Michel Latrille, qui régala longtemps les Agenais, vient de se réinstaller ici, dans un restaurant appartenant à la famille Cabrel. Vous y retrouverez son grand savoir-faire et son goût pour les produits. À ne pas rater : le pigeonneau désossé parfumé aux épices douces, ainsi que son célèbre moelleux au café. Excellent accueil. Jolie terrasse. *Café offert à nos lecteurs sur présentation de ce guide.*

BARCUS   64130

Carte régionale A2

🏠 I●I *Chilo* *** – (Centre) ☎ 05-59-28-90-79. Fax : 05-59-28-93-10. ● www.silence.hotel.com ● Parking. TV. Satellite. ⚡ Fermé le lundi, le mardi matin et le dimanche soir du 1er novembre au 15 mars, le dimanche soir et le lundi du 15 juin au 15 juillet. Chambres doubles très agréables et bien aménagées de 43 à 85 € avec douche et w.-c. ou bains. Menu du jour à 13 € le midi en semaine, autres menus à 23 et 58 €. Que faire quand on est un cuisinier brillant ayant fait son apprentissage chez les plus grands mais qu'on est souletin ? Tout simplement revenir chez soi tenir l'auberge que tenaient déjà les parents et grands-parents. Pierre Chilo connaît les fermes où il va chercher ses produits, les bois où poussent les champignons et les jolis ruisseaux à truites. Après, il invente des concertos de saveurs : salade paysanne aux oreilles de cochon panées avec gésiers de canard confits et frites de foie gras, carré d'agneau de lait *axuria* servi avec des raviolis de fromage de brebis ou tronçons de sole poêlés et gâteau de cèpes aux écrevisses. Gardez une place pour le dessert, un grand moment, avec le macaron à l'izarra et la charlotte au lait de brebis... Il règne chez Chilo une vraie sensation de bonheur, que l'on doit aussi à son épouse qui a su garder l'âme de la vieille auberge, où les meubles basques anciens trouvent naturellement leur place dans un décor rajeuni. Elle dirige la maison en douceur, avec sérieux et pré-

venance. Sans aucun doute, une des meilleures adresses du département. Jardin avec piscine privée.

I●I *Restaurant Chez Sylvain* – pl. du Fronton (Centre) ☎ 05-59-28-92-11. Fermé le jeudi. Congés annuels : du 26 mai au 2 juin. Accès : par la D24. Menus à 11, 14 et 19 €. Tenu par la famille Lechardoy. Accueil charmant. Cadre agréable d'auberge de campagne. Clientèle locale et quelques hardis égarés comme vous. Cuisine simple mais mitonnée avec attention : fressure d'agneau sauce au vin, ris d'agneau persillé, confit, omelette onctueuse, etc. Excellente garbure maison. Il est prudent de réserver à l'avance. Les photos sur les murs sont celles des pastorales dont le père de Sylvain était *erregent* (metteur en scène) : est-il besoin de préciser qu'il n'y a pas de meilleur lieu pour se faire expliquer cette institution souletine ?

BAYONNE   64100

Carte régionale A2

🏠 *Adour Hôtel* – 13, pl. Sainte-Ursule ☎ 05-59-55-11-31. Fax : 05-59-55-86-40. ● www.adourhotel.fr ● Chambres doubles de 50 à 65 € selon la taille, les plus grandes pouvant accueillir 4 personnes. Le seul hôtel de charme de Bayonne, petit hôtel d'à peine 12 chambres, repris récemment par un jeune patron, ancien styliste de mode. Il a rénové l'ensemble, refait toute la décoration en mélangeant thèmes locaux et couleurs lumineuses. Il entretient dans cette maison de poupée une ambiance joviale, mitonne des petits plats pour le dîner (réservé aux clients de l'hôtel : il n'aime pas cuisiner pour plus d'une douzaine de personnes), bref, se comporte comme un aubergiste à l'ancienne, soucieux du bien-être de ses clients. Réservation obligatoire. *NOUVEAUTÉ.*

🏠 I●I *Hôtel Loustau* *** – 1, pl. de la République (Centre) ☎ 05-59-55-08-08. Fax : 05-59-55-69-36. ● www.hotel-loustau.com ● TV. Satellite. ⚡ Accès : près du pont Saint-Esprit. Chambres doubles de 64 à 81 € avec douche et w.-c. ou bains. Menus à 15,50 €, en semaine, puis à 23,50 €. Situé au bord de l'Adour avec une vue imprenable sur le vieux Bayonne et les Pyrénées, cet hôtel bicentenaire propose des chambres propres, bien insonorisées, d'un excellent rapport qualité-prix. Plus de la moitié sont climatisées. Côté resto, des spécialités comme le pavé de cabillaud croquant à l'espagnole, la piperade fine aux deux jambons (magret de canard séché et jambon Serrano), le filet de rouget poêlé, la côte de veau poêlée à la crème de noix. Mais personne ne vous oblige à y manger, entre nous soit dit.

AQUITAINE

|●| *Le Bistrot Sainte-Cluque* – 9, rue Hugues ☎ 05-59-55-82-43. ⌨. Fermé le lundi d'octobre à juillet. Accès : face à la gare SNCF. Menu à 9 €, le midi en semaine. Autres menus à 13 € le midi, 15 € le soir et une carte qui permet de dîner pour 17 € environ. L'adresse la plus folle, la plus sympa de Bayonne et un restaurant comme on aimerait en trouver dans toutes les villes de la côte. David est anglais et cuisinier, et quel cuisinier ! Il invente, il mélange les saveurs, avec des produits simples et des prix tout doux, comme sa paella maison ou ses manchons de canard au miel et au citron. Éric et Jess vous accueillent, même tard, avec un grand sourire. Inutile de préciser que la réservation est vivement recommandée car salle et terrasse ne désemplissent pas. Évitez par contre d'y emmener belle-maman, ou la copine coincée qui cherche un jules, les beaux mecs, ici, ne sont pas vraiment pour elles !

|●| *Auberge du Petit Bayonne* – 23, rue des Cordeliers ☎ 05-59-59-83-44. Fermé le mardi soir et le mercredi midi. Menu le midi en semaine à 9,50 €, autres menus à 13 et 15,50 €. La table, ici, prime sur le cadre, comme disait un vieux confrère. Kattalin, la patronne, vient du pays de Mixe, région de bonne tradition où elle était cuisinière dans un couvent ! Les moines ont dû la regretter. Le menu est très copieux, mais on peut choisir une assiette « campagnarde » (boudin, jambon, piperade, frites servis sur une salade fraîche) ou assiette « basquaise » (jambon, œuf frit, piperade, frites et salade). La piperade maison est une des meilleures que nous ayons mangées, avec des tomates et des poivrons cuits presque confits. D'ailleurs, Kattalin avoue que ses légumes viennent du jardin de Lantabat. Une agréable découverte dans ce quartier qui glisse doucement vers les sandwicheries banales. *Apéritif maison offert à nos lecteurs sur présentation de ce guide.*

|●| *Le Chistera* – 42, rue Port-Neuf (Centre) ☎ 05-59-59-25-93. Fermé les lundi, mardi et mercredi soir hors saison. Congés annuels : 2 semaines en mai. Menu à 14 €. Compter 22 € à la carte. Le nom, la décoration, tout indique que l'on est chez des passionnés de pelote. Jean-Pierre Marmouyet a repris les rênes du restaurant fondé par son père, ancien champion et grand entraîneur de *cesta-punta*, en conciliant son métier de restaurateur et ses activités de professionnel de la pelote. La cuisine est typiquement bayonnaise (avec des grasdoubles fabuleux) et l'ardoise indique les plats (notamment le poisson) du jour. S'il y a des pieds de cochon ou de la louvine (bar sauvage), n'hésitez pas. Comme les prix sont modérés, le service sympa et la carte (dessinée par l'un des derniers enlumineurs français) superbe, c'est la « cantine » de très nombreux Bayonnais. *Une sangria*

offerte à nos lecteurs sur présentation de ce guide.

|●| *Le Bayonnais* – 38, quai des Corsaires ☎ 05-59-25-61-19. Fermé le dimanche soir (sauf en juillet-août) et le lundi. Congés annuels : la dernière quinzaine de juin, la dernière semaine de juillet, en novembre et la semaine de la fête de Bayonne (du mercredi au dimanche). Un menu complet à 15 € servi en semaine. Compter 30 € par personne à la carte pour un repas de grande qualité. Les produits sont parfaitement choisis, frais, goûteux, et les portions sont plus que généreuses car ici quantité rime avec qualité. L'agneau de lait est bien rôti, les *chipirons* avec ce qu'il faut d'ail. La carte des vins décline de bons vins régionaux (pas nécessairement basques) pour 15 € environ. L'accueil est très sympa, la salle joliment rustique. Ce *Bayonnais* est devenu un incontournable du Bayonne gastronomique. Terrasse au bord de l'eau.

|●| *Restaurant El Asador* – pl. Montaut (Centre) ☎ 05-59-59-08-57. Fermé le dimanche soir et le lundi. Accès : à côté de la cathédrale. 1er menu à 19,10 € sauf le samedi soir. Compter 20 à 30 € à la carte. Face à la nouvelle place Montaut, devenue plus que jamais le cœur du quartier des antiquaires et des brocanteurs, une petite merveille de restaurant. 10 tables seulement gérées de main de maître par Maria-Jésus. Plus chic ? Plus douillet surtout. Un *asador* en espagnol est un cuisinier spécialisé dans les grillades, notamment de poisson. Et celui de l'*Asador* à Bayonne est exceptionnel. Laissez-vous guider selon les arrivages vers une daurade à l'espagnole ou une morue à l'ail. Et demandez, en entrée, un assortiment de *para pica* (petites assiettes garnies dans lesquelles on pioche en chœur). *Apéritif maison offert à nos lecteurs sur présentation de ce guide.*

|●| *Auberge du Cheval Blanc* – 68, rue Bourg-Neuf ☎ 05-59-59-01-33. Fermé les dimanche soir et lundi sauf en août. Congés annuels : vacances scolaires de février, la 1re semaine de juillet et la 1re semaine d'août. Accès : à deux pas du Musée basque et du musée Bonnat. Menus à 23 €, en semaine, puis à 33 et 58 €. Plutôt que de choisir les menus, laissez-vous guider par l'inspiration du sympathique et jeune chef car il invente sans cesse (essayez donc, à l'automne, le velouté de châtaignes et cèpes à la *xingar*), tout en gardant de grands plats classiques, comme la louvine au sel. Il travaille aussi les produits populaires, comme le *xamango* (os de jambon), qu'il sert en parmentier mais avec du jus de truffes. Les desserts sont sublimissimes : goûter notamment la soupe de pamplemousses et raisins avec figues. Comme le cadre est douillet et l'ambiance familiale, ça vaut la peine d'écorner un peu le budget vacances.

BAZAS 33430

Carte régionale B1

|●| *Restaurant des Remparts* – espace Mauvezin (Centre) ☎ 05-56-25-95-24. Fermé le dimanche soir et le lundi hors saison. Congés annuels : 15 jours en novembre et 15 jours en juin. Accès : près de la cathédrale, un passage mène à ce resto, superbement situé sur la brèche de Bazas et dominant le jardin du Sultan. Menus à 14 €, le midi en semaine, et de 17 à 39 €. Compter 35 € à la carte. Un cadre assez exceptionnel (si vous avez suivi nos conseils pour l'accès, vous le savez déjà), dont on profite aux beaux jours sur la terrasse. La déco de la salle, très classique, joue la carte de la sobriété. Sûrement pour que rien ne vienne troubler votre tête-à-tête avec cette très inspirée cuisine de terroir. De bons produits (bœuf de Bazas bien évidemment ou chapon de Grignol mais sur commande) bien travaillés par les frères Decaux, Thierry au piano, Sébastien en salle. 1er menu exemplaire (servi le midi en semaine seulement). À la carte, il y a toujours du pied de cochon (panné, croustillant, etc.).

DANS LES ENVIRONS

GOUALADE 33840 (16,5 km SE)

|●| *Restaurant L'Auberge Gasconne* – (Centre) ☎ 05-56-65-81-77. Fermé le lundi et le dimanche soir. Congés annuels : du 16 août au 3 septembre. Accès : par la D12 ; dans la rue principale, face à l'église. Menu à 10 € le midi en semaine, vin et café compris. Compter 18 € à la carte. Dans cette toundra sylvestre, on s'attend à une auberge un peu rustique où l'on viendrait à peine d'installer l'électricité (bien sûr, en face de la vieille église du village). Si l'église est bien là (et fort belle avec sa tourelle), en revanche, l'auberge-bar-tabac se révèle pimpante, confortable et... climatisée. Heureuse clientèle d'habitués, routiers, équipes de l'EDF, etc., qui a fait sur cette adresse, pour sa bonne cuisine locale et ses prix d'avant-guerre. Bonnes vieilles recettes, robustes et copieuses, une cuisine de bonne femme sans fard, ni apprêt : grosses tranches de jambon fumé, salmis de palombe, confit de dindon, canard, porc, civet de marcassin servis sur des nappes en tissu égayées par des fleurs fraîches. Bon accueil en prime, sauf pour nos amis les bêtes ; toutous s'abstenir. *Café offert à nos lecteurs sur présentation de ce guide.*

CAPTIEUX 33840 (19,5 km S)

🏠 |●| *Hôtel-restaurant Cap des Landes* – rue Principale (Centre) ☎ 05-56-65-64-93. Fax : 05-56-65-64-75. Parking. TV. Fermé le lundi. Congés annuels : du 15 au 30 novembre. Accès : par la D932 ; en face de l'église. À 17 km au sud de Bazas, sur le D932. Chambres doubles à 36 € avec douche ou bains. Menus à 10 €, en semaine, et de 14 à 33 €. Au cœur d'un bourg mais sur une route où, la nuit, passent quelques camions. Essayez donc d'obtenir une des chambres (simples mais acceptables) qui donnent sur l'arrière. Ambiance gentiment familiale. Si l'hôtel est donc un rien bruyant, le resto est irréprochable. On est servi dans une petite salle pas loin du bar, ou dans la salle à la déco nettement tauromachique. La carte et les menus puisent leur inspiration dans les produits locaux : canard et salades gourmandes diverses, escalope de foie gras aux pommes et raisins frais.

BELHADE 40410

Carte régionale A1

|●| *Restaurant Euloge-Le Chêne Pascal* ☎ 05-58-07-72-01. Fermé le dimanche soir et le lundi hors saison. Menus à 20 €, en semaine uniquement, et à 25 €. Une petite auberge pleine de charme, avec un personnel à l'image du décor, souriant, une terrasse ombragée et une cuisine « entre terre et mer » qui justifie le détour, si vous ne venez pas de Bordeaux. De la belle, de la bonne cuisine, qui joue avec la tradition en respectant le goût du produit. Très bon petit menu du jour. Une des grandes adresses du Haut-Pays landais.

BERGERAC 24100

Carte régionale B1

🏠 |●| *Family Hôtel – Restaurant Le Jardin d'Epicure* ** – pl. du Marché-Couvert (Centre) ☎ 05-53-57-80-90. Fax : 05-53-57-08-00. TV. Accès : dans le centre ancien. Chambres doubles de 30,75 à 37,60 € selon la saison et le confort. Menus de 14,50 à 26,10 €. Hyper bien situé et très calme, c'est l'un des moins chers de la ville. Ambiance jeune et plutôt à la décontraction. Rien à redire sur les chambres. Ceux qui aiment avoir de la place choisiront les nos 1, 4, 7 et 10, ainsi que les nos 5 et 6 avec mezzanine. Bistrot animé les jours de marché. Côté resto, rien de mémorable.

🏠 ▮●▮ *Hôtel-restaurant La Flambée* ★★★ –
153, av. Pasteur (Nord) ☎ 05-53-57-52-33.
Fax : 05-53-61-07-57. ● www.laflam
bee.com ● Parking. TV. Canal+. Satellite.
Resto fermé le lundi, le samedi midi hors
saison, le dimanche soir. Accès : à 2 km du
centre de Bergerac, sur la N21, direction
Périgueux. Chambres doubles de 57 à 66 €
selon la saison. Menus de 16 à 31 €. Non
loin de la nationale mais au calme, dans un
grand parc avec piscine et tennis. Une vingtaine de chambres, classiques, réparties
entre une grande et jolie demeure périgourdine et un pavillon d'été. Préférez celles
côté parc, les autres sont trop bruyantes en
bruyantes en été. Certaines possèdent une
petite terrasse. Un des restos de prédilection de la bonne société bergeracoise pour
sa salle cossue et sa cuisine (bourgeoise et
de terroir) sans fausses notes. À la carte :
croustade de magret de canard au caramel
de Monbazillac... Agréable terrasse aux
beaux jours près de la piscine. Soirées à
thème en été. Bon accueil.

▮●▮ *Restaurant La Sauvagine* – **18-20, rue
Eugène-Leroy (Centre)** ☎ 05-53-57-06-97.
Fermé le dimanche soir et le lundi. Congés
annuels : 1 semaine en juin et 2 semaines
en septembre. Menus de 12,20 €, le midi en
semaine, à 32 €. Salle (climatisée) à la
déco contemporaine plutôt réussie. Cuisine
traditionnelle de bonne facture qui ne sacrifie pas systématiquement aux standards
périgourdins (et pour qui séjourne quelque
temps ici, ça ressemble à une bonne nouvelle !). Poisson (lamproie, par exemple, le
Bordelais n'est pas loin), fruits de mer, gibier
en saison, succulents desserts. Clientèle un
peu chic, mais l'accueil reste à la simplicité.

▮●▮ *Restaurant L'Enfance de Lard* – **rue
Pélissière (Centre)** ☎ 05-53-57-52-88.
Fermé à midi et le mardi soir (sauf en été).
Congés annuels : la 2e quinzaine d'avril et la
dernière semaine de septembre. Menu à
23 € ; compter 35 € à la carte. Sur l'une des
plus belles places de Bergerac. Au 1er étage
d'une maison du XIIe siècle, petite salle de
charme vite remplie (impératif de réserver !).
Atmosphère intime et chaleureuse. En fond
sonore, une sélection raffinée d'airs
d'opéra. Remarquable cuisine du Sud-
Ouest. Ici, de la tradition, rien que de la tradition, ce qui n'empêche pas une certaine
subtilité dans la préparation des plats. De
belles viandes qui grillent sur des ceps de
vignes dans la superbe cheminée, des
pommes sarladaises fondantes, une entrecôte grillée piquée à la périgourdine, du foie
gras chaud aux pêches, un carré d'agneau
à la menthe... généreusement servis. Carte
chère, mais c'est mérité ! Propose des
dîners concert classique une fois par mois,
ainsi qu'une expo de peinture qui change
tous les deux mois.

DANS LES ENVIRONS

SAINT-JULIEN-DE-CREMPSE
24140 (12 km N)

🏠 ▮●▮ *Le Manoir du Grand Vignoble* ★★★
☎ 05-53-24-23-18. Fax : 05-53-24-20-89.
● grand.vignoble@wanadoo.fr ● Parking.
TV. Satellite. Congés annuels : du
15 novembre au 15 mars. Accès : par la
N21, puis la D107. Chambres doubles de
58 à 105 € suivant la saison. Demi-pension
de 55 à 84 € par personne. Menus de 23 à
44 €. Dans une belle campagne où
s'ébattent quelques chevaux (c'est aussi un
centre équestre), un très distingué manoir
du XVIIe siècle. Adresse de luxe pour routards un tantinet fortunés. Malheureusement, les chambres sont situées dans des
bâtiments plus récents et sont parfois très
petites. Toutes sont cependant très bien
équipées. Les plus chères sont spacieuses
et pleines de charme. Parc immense, tennis, piscine chauffée, centre de remise en
forme. Au resto : foie gras poché aux raisins, sandre en demi-deuil, roulé de magret
aux morilles... *10 % sur le prix de la
chambre offerts à nos lecteurs sur présentation de ce guide.*

ISSIGEAC 24560 (19 km SE)

▮●▮ *Chez Alain* – **tour de ville** ☎ 05-53-58-
77-88. ♿ Fermé le dimanche soir et le lundi
hors saison. Accès : à l'extérieur du bourg,
face au château. Menus à 11 €, le midi en
semaine, puis de 17 à 59 €. Très élégante
demeure entièrement rénovée avec talent,
terrasse splendide autour d'une fontaine de
village, salles décorées avec goût et raffinement. Il fallait une cuisine à la hauteur de ce
lieu, c'est gagné ! D'inspiration classique,
les plats sont traités avec finesse et originalité. Produits frais au gré des saisons uniquement : chaussons d'escargots au coulis
de langoustines, trilogie de canard aux
champignons de saison, spécialités de foie
gras frais... Le patron, fort aimable, est en
salle, entouré d'un personnel féminin aussi
agréable qu'efficace. Une adresse promise
assurément à un grand succès.

RAZAC-D'EYMET 24500 (20 km SO)

🏠 ▮●▮ *La Petite Auberge* ★★ ☎ 05-53-24-
69-27. Fax : 05-53-61-02-63. Parking. ♿
Restaurant ouvert uniquement le soir en
semaine et le dimanche midi en juillet-août.
Ouvert aux pensionnaires le reste de
l'année. Congés annuels : en janvier.
Accès : à la lisière du village. Chambres
doubles à 46 €. Menu à 16 €. Dans ce village de poche, tranquillité assurée. Deux
tracteurs, un VRP égaré, la camionnette
jaune canari de La Poste (et puis vous,
peut-être ?) passent dans la journée et c'est
bien tout... À sa lisière, une ferme qu'un

AQUITAINE

couple d'Anglais a transformée en un charmant hôtel. Sept chambres seulement. À l'étage, chambres mansardées avec lavabo ou douche et w.-c.; beaucoup plus plaisantes au rez-de-chaussée, avec bains; également une suite. Salon haut de plafond. Exquise piscine. Possibilité de location de maisons équipées à côté (le « Poulailler » pour 4 personnes et la « Ferme » pour 6). Prix variant suivant la saison.

BIARRITZ   64200

Carte régionale A2

🛌 *Hôtel Palym* * – **7, rue du Port-Vieux (Centre)** ☎ 05-59-24-16-56. Fax : 05-59-24-96-12. ● **www.le-palmarium.com** ● TV. Câble. Accès : à 100 m de la mer. Chambres doubles de 41 à 48 € avec douche et w.-c. et triples jusqu'à 63 € avec bains, en pleine saison. Chambres quadruples également. Possibilité de demi-pension avec le resto *Palmarium* juste à côté, tenu par le frère de la patronne. Hôtel vieillot mais très bien tenu. Repris par la fille des anciens proprios, aussi dynamique qu'accueillante, l'hôtel *Palym* draine essentiellement une clientèle jeune et familiale. Les méandres du petit escalier vous mèneront jusqu'à des chambres style grand-mère, en plus moderne pour celles qui ont été rénovées. On a un gros faible pour la chambre n° 16 et son superbe lit. Petit conseil : en été, préférer les chambres côté cour, sans aucun doute plus calmes que celles qui donnent sur la sympathique mais très animée rue du Port-Vieux.

🛌 *Hôtel La Romance* ** – **6, allée des Acacias (Sud)** ☎ 05-59-41-25-65. Fax : 05-59-41-25-83. ● **hotel-la-romance@wanadoo.fr** ● TV. Congés annuels : du 15 janvier au 1ᵉʳ mars. Accès : du centre, par l'avenue du Maréchal-Foch et l'avenue Kennedy, à proximité de l'hippodrome. Chambres doubles avec douche et w.-c. ou bains de 43 à 74 € suivant la saison. Dans un quartier résidentiel pas évident à trouver. Cette vaste maison refaite à neuf cache un petit nid… romantique pour amoureux discrets ou non ! 10 chambres coquettement décorées (meubles en bois peint, couettes épaisses à souhait) et fleuries. Un plus pour celles (il y en a 4) qui donnent de plain-pied sur le petit jardin. *Café offert à nos lecteurs sur présentation de ce guide.*

🛌 *Hôtel Le Saint-Charles* ** – **47, av. Reine-Victoria (Nord)** ☎ 05-59-24-10-54. Fax : 05-59-24-56-74. ● **www.hotelstcharles.com** ● Parking payant. TV. Câble. Congés annuels : du 15 novembre au 15 décembre. Accès : à 350 m de la plage et à 500 m du centre-ville. Chambres doubles

de 48 à 58 € avec douche et w.-c., et de 65 à 75 € avec bains ; de 80 à 86 € pour les chambres quadruples. Légèrement à l'écart du centre, voilà un véritable havre de paix, tout rose et tout mignon, qui a la faveur des habitués et affiche souvent complet. Si vous aimez le calme, la verdure et les fleurs, tentez votre chance en réservant suffisamment tôt. Vous aurez alors autant de mal que nous à quitter ce cocon, surtout après un petit déjeuner dans le jardin. 13 chambres propres, meublées à l'ancienne, comme une maison de grand-mère. Un peu excentré, mais un grand plaisir vaut bien un petit détour !

🛌 *Hôtel Maïtagaria* ** – **34, av. Carnot** ☎ 05-59-24-26-65. Fax : 05-59-24-27-37. ● **www.hotel-maitagaria.com** ● TV. Satellite. Accès : à 500 m de la mer. Chambres doubles de 50 à 57 € avec douche et w.-c. ou bains. Face au jardin public, voilà un remarquable petit hôtel particulier proposant des chambres de bon confort et complètement rénovées (jolies salles de bains, vastes et lumineuses). La patronne s'investit totalement dans la décoration, choisissant des meubles anciens de qualité, veillant à la propreté des peintures et des carrelages. Toutes les chambres bénéficient d'une jolie vue, que ce soit sur le jardin public ou sur celui de l'hôtel. À notre goût, la meilleure adresse de Biarritz, surtout si vous pouvez obtenir la chambre n° 16 et sa terrasse. *Un petit déjeuner par chambre offert à nos lecteurs sur présentation de ce guide.*

🛌 *Le Château du Clair de Lune* *** – **48, av. Alan-Seeger (Sud-Est)** ☎ 05-59-41-53-20. Fax : 05-59-41-53-29. ● **www.chateauduclairdelune.com** ● Parking. TV. Câble. Ouvert toute l'année. Accès : près de la gare SNCF, sur la route d'Arbonne. Chambres doubles de 70 à 115 € ou de 84 à 140 € en juillet-août au château ; dans le pavillon de chasse, de 90 à 120 €, ce dernier prix étant pour 4 personnes. Prix majorés de 20 % en haute saison. Isolée dans une merveilleuse propriété fleurie avec jardins à la française et à l'anglaise, cette demeure du XIXᵉ siècle recrée un cadre de vie du grand XVIIIᵉ. Une adresse de rêve où l'on s'offre la vie de château. Grandes chambres aux teintes douces, beau mobilier ancien, service à la fois stylé et discret. On a particulièrement apprécié les chambres du pavillon de chasse, plus contemporaines, avec leur mezzanine et leur terrasse. Endroit de rêve pour se reposer à l'écart de la vie animée de la côte. Il manque presque une piscine, mais la mer est à deux pas ! Attention, réserver à l'avance !

🛌 *Maison Garnier* *** – **29, rue Gambetta (Centre)** ☎ 05-59-01-60-70. Fax : 05-59-01-60-80. ● **www.hotel-biarritz.com** ● TV. Canal+. Câble. Chambres doubles avec douche et w.-c. de 70 à 110 € en fonction de la taille. Le seul 3 étoiles de charme en centre-ville et à deux pas de tout. Petit hôtel de 7 chambres, décoré avec beaucoup de goût par le propriétaire qui a posé ses valises (et sa collection de phares-souvenirs) à Biarritz après avoir passé dix ans à parcourir le monde. On a un faible pour la n° 5, lovée sous les toits et dont le pilier central en fer supporte toute la maison (en plus, c'est la moins chère). Accueil professionnel et souriant. Réservation indispensable, la clientèle est déjà fidèle.

I●I *Le Crabe-Tambour* **– 49, rue d'Espagne** ☎ 05-59-23-24-53. Fermé le lundi. Congés annuels : en octobre. Menu à 11 € incluant un quart de vin. Autres menus à 13 et 20 €. Compter 22 € à la carte. Vous vous souvenez ? Le croiseur d'escadre *Jaureguiberry* fendant les vagues des bancs de Terre-Neuve, Dufilho et Jean Rochefort en officiers de marine... Eux aussi mangeaient la cuisine de Thierry, qui était alors le cuisinier (on dit le coq dans la marine) du bateau emblématique. De ses navigations, il a gardé le goût des mélanges subtils, et la mangue velouté du Laos vient séduire le poulet de grain des Landes. Quelques influences espagnoles pour le poisson, un usage mesuré des épices, le goût des choses simples, un équipage de souriantes donzelles, il est heureux Thierry, désormais seul maître à bord. Vous aussi. Ça tombe bien, c'était le but. Réservez. *NOUVEAUTÉ.*

I●I *Le Bistroye* **– rue Jean-Bart (Centre)** ☎ 05-59-22-01-02. Fermé le mercredi soir et le dimanche. Congés annuels : du 1er au 15 mai et du 22 décembre au 7 janvier. Accès : à 200 m des plages. Compter 22 € pour un repas. Si vous n'aimez pas la corrida, n'entrez pas au *Bistroye*. Les murs sont couverts d'affiches, de photos, des livres traînent sur les tables, et ce n'est pas pour rire. Le patron est vraiment passionné. Sa spécialité, ce sont les *cazuelas* à l'espagnole, mais la carte est riche de plats traditionnels locaux (daurade à l'espagnole) ou plus vieille France (rognons sauce madère). Clientèle essentiellement locale, et la table d'hôte permet de faire des rencontres intéressantes. Soirée sympa et typique assurée.

I●I *Le Saint Amour* **– 26, rue Gambetta (Centre)** ☎ 05-59-24-19-64. Fermé le dimanche et le lundi. En saison, uniquement le dimanche. Congés annuels : les 2e quinzaines de février, juin et novembre. Compter à 13 €. Compter 28 € à la carte. Un bistrot lyonnais à Biarritz, pourquoi pas ? Une bonne surprise en tout cas que ce *Saint Amour* avec ses petits vins du Lyonnais. L'andouillette et le saucisson chaud viennent de Lyon, mais en été, la carte redevient basquaise (*chipirons* sautés aux

piments et lardons, morue fraîche à la crème de lentille). Le chef invente des petits plats et des desserts (ah, le fondant au chocolat !). Ambiance à la fois cosy et détendue, entretenue par les jeunes patrons. Clientèle locale et fidèle. Bref, une de nos bonnes adresses. *Digestif maison offert à nos lecteurs sur présentation de ce guide.*

I●I *Campagne et Gourmandise* **– 52, av. Alan-Seeger** ☎ 05-59-41-10-11. Fermé le lundi midi et le mercredi soir en été, le mercredi soir et le dimanche soir hors saison. Congés annuels : 15 jours en février et 17 jours à la Toussaint. Menu-carte à 35 € sans les boissons. Compter 48 € avec le vin. Un cadre classique avec des salles qui permettent une relative intimité et un service en terrasse avec vue sur la chaîne des Pyrénées. Vous avez le choix entre 8 entrées, 8 plats et 8 desserts, et chaque catégorie est parfaitement équilibrée : moitié-moitié d'entrées froides et chaudes, de poisson et de viande. Tout ceci préparé par un cuisinier de talent, discret, classique mais sans excès, inventif mais sans folie, qui travaille les produits frais du terroir à sa façon : ni trop régionaliste, ni trop vieille France, ni trop cuisine nouvelle. Parfois, c'est bon l'équilibre !

DANS LES ENVIRONS

ANGLET 64600 (3 km E)

🏠 I●I *Auberge de jeunesse Gazte Etxea* **– 19, route des Vignes, quartier Chiberta (Nord-Est)** ☎ 05-59-58-70-00. Fax : 05-59-58-70-07. ● www.fuaj.org ● TV. Satellite. En haute saison, cafétéria ouverte de 19 h à 21 h 30. Accueil de 8 h 30 à 12 h 30 et de 18 h à 22 h toute l'année. Congés annuels : du 15 novembre au 15 février. Accès : de Biarritz-gare, prendre le bus, ligne bleue n° 9 ; arrêt devant l'AJ. Chambres de 4, 5 ou 7 lits à partir de 12,70 € par personne, petit déjeuner compris. Réservation uniquement pour les séjours à la semaine en pension complète. Près de l'Océan, à 10 mn à pied, dans un cadre agréable, voilà une grande AJ vraiment accueillante et confortable. Dortoirs impeccables. Pas de couvre-feu. Possibilité de faire la cuisine le soir, sauf de mai à octobre. L'auberge propose de nombreuses activités sportives et culturelles. C'est l'AJ spécialiste du surf et du bodyboard en France. Elle organise des séjours à la semaine : stages de surf, free-surf... À proximité de l'AJ : VTT, rafting, plongée, golf, tennis, patinoire, centre équestre, fronton pelote basque... Et un pub écossais pour vos soirées. Bref, si vous vous barbez à Anglet, c'est que vous le voulez bien...

I●I *Havana Café* **– plage de la Chambre-d'Amour** ☎ 05-59-03-77-40. Parking. En hiver, fermé le dimanche soir. À 14 €

l'assiette, *Havana Café* vaut un menu complet (entrecôte, frites, salade, fromage). Nos parents l'ont connu sous le nom de *La Rotonde* car c'est le plus vieux resto de la Chambre-d'Amour, qui surplombe la plage, avec une salle et une terrasse rondes. Repris par des jeunes, dépoussiéré (jusqu'au nom, très mode, justifié par des cocktails à base de rhum, *nobody is perfect*), il offre tous les jours (sauf le dimanche hors saison) des plats du jour à 7,50 €, des desserts à 5 € et quelques bons petits vins. Deux avantages : la vue sur mer en terrasse et l'éloignement de la route et des pots d'échappement. Un inconvénient : pratiquement toujours plein à midi, même en janvier. Accueil sympa.

|●| *La Fleur de Sel* – 5, av. de la Forêt ☎ 05-59-63-88-66. Hors saison, fermé le dimanche soir, le lundi toute la journée, le mardi midi et le mercredi midi. En été, fermé le midi des mardi, mercredi et jeudi. Menu-carte à 24,50 €. Au cœur de la forêt de Chiberta, un petit resto tenu par un jeune couple qui marche du feu de Dieu. À l'écart de l'effervescence des bords de mer, il remplit vite ses tables, d'où l'intérêt d'une réservation préalable. Déjà beaucoup d'habitués pour cette cuisine de l'instant, soignée, inventive, travaillée, selon l'humeur et en fonction du marché : *xanguro* de crabe et moules en gratin d'aïoli grecque de légumes, bar portion cuit dans une pâte de sel, éventail de canard caramélisé aux épices... On aime moins les nombreux suppléments ! Une bonne idée cependant : la formule grands vins à petits prix, qui permet de déguster un chambertin de grande année à moins de 50 €. Terrasse aux beaux jours, coin près de la cheminée pour les autres. *Digestif maison offert à nos lecteurs sur présentation de ce guide.*

ARCANGUES 64200 (4 km SE)

|●| *Auberge du Trinquet* – au bourg ☎ 05-59-43-09-64. Fermé le lundi et le mardi hors saison. Congés annuels : en février et mars. Menu-carte très copieux à 21,50 €. Plats entre 12,20 et 13,72 €. Dans un bâtiment tout neuf. Cuisine à base de produits locaux, saine et solide : croustillant de pied de porc désossé, moules ou tête de veau *a la plancha*, *xanguro* (crabe farci)... La salle à manger donne sur le trinquet où l'on voit les joueurs à l'œuvre : quel plaisir de prendre les calories que les autres perdent ! Le soir, au bar, clientèle de joueurs locaux. *Digestif maison offert à nos lecteurs sur présentation de ce guide.*

ARBONNE 64210 (5 km SE)

≜ |●| *Eskualduna* ** ☎ 05-59-41-95-41. Fax : 05-59-41-88-16. Parking. TV. Fermé le dimanche soir. Accès : par la D255.

Chambres doubles avec douche ou bains de 32 à 47 € selon la saison. Menus de 10 à 20 €. La famille entoure Jacky, le chef de la maison. C'est un animateur de sa région sans le savoir. Entre deux plats, il alimente la conversation au comptoir, commentant les matchs de rugby, car là-bas, on ne vit que pour le ballon ovale ; il accueille les ouvriers dans la grande salle à manger. Entre deux sauces, il tranche la ventrèche. À une époque, il cuisinait aussi pour les gosses de l'école. Jacky est aussi généreux que ses menus. *10 % sur le prix de la chambre offerts à nos lecteurs sur présentation de ce guide.*

≜ *Laminak* – route de Saint-Pée ☎ 05-59-41-95-40. Fax : 05-59-41-87-65. ● www.hotel-laminak.com ● Parking. TV. ♿ Chambres doubles de 53,35 à 91,50 €. Pour être au calme sans pour autant se sentir isolé, confortablement installé dans une maison basque entièrement rénovée, avec terrasse et jardin. Ancien réceptionniste de la thalasso *Hélianthal*, le propriétaire soigne la clientèle, toujours soucieux de son bien-être. Chambres nickel, à la déco fraîche et bien équipées. Les chambres à 53,35 € sont assez petites. Les nos 10, 11 et 12, avec terrasse privée sur jardin, remportent évidemment tous les suffrages. Petit déjeuner servi sous la véranda ou dans le jardin, face aux montagnes... divin ! Intéressant pour les golfeurs : l'hôtel propose des tarifs préférentiels sur les golfs alentour. Une adresse de charme à quelques minutes de la mer. *10 % sur le prix de la chambre (du 2 janvier au 15 février) offerts à nos lecteurs sur présentation de ce guide.*

AHETZE 64210 (8 km S)

|●| *Hiriartia* – pl. du Fronton (Centre) ☎ 05-59-41-95-22. Fermé le mercredi hors saison, le lundi en saison. Congés annuels : du 15 décembre au 15 janvier. Accès : par la D225 direction Arbonne, puis à droite par la D655. Menus à 15 et 21 €. Ah ! la belle auberge. On y pénètre par le bar qui n'a pas dû changer depuis Félix Faure : poutres sombres, bois patiné, et, au comptoir, presque tout le village. La salle à manger, derrière, donne en terrasse sur le jardin. Cuisine d'auberge, bien entendu, sans chichis, copieuse, très copieuse, avec même un succulent foie gras au 2e menu. Accueil très agréable et service de même.

BIDART 64210

Carte régionale A2

≜ *La Villa L'Arche* *** – chemin Camboenea ☎ 05-59-51-65-95. Fax : 05-59-51-65-99. ● www.villalarche.com ● Parking. TV. Satellite. Congés annuels : de mi-novembre à mi-février. Accès : à 200 m du centre-ville. De 80 à 200 €, selon la saison, pour une chambre double, sans le petit déjeuner. C'est une jolie maison particulière de style basque, transformée en hôtel 3 étoiles. Les 8 chambres, dont les grandes baies ouvrent, pour 6 d'entre elles, sur l'Océan, ont chacune un décor original raffiné et une grande salle de bains. Des jardins de l'hôtel, garni de mobilier en teck, on descend directement sur la plage du Centre de Bidart. Mais on peut aussi se contenter de regarder les surfeurs, allongé sur les transats de la terrasse qui la surplombe. Les jours gris, un feu de bois et de profonds canapés attendent les frileux dans la véranda. Réservation hautement recommandée.

◖●◗ La Tantina de la Playa – **plage du Centre** ☎ 05-59-26-53-56. Fermé le dimanche soir et le lundi. Congés annuels : du 12 novembre au 12 décembre. Aucun menu. Compter environ 23 € par personne à la carte. L'adresse branchée de Bidart jouit d'une situation privilégiée avec sa superbe terrasse en surplomb de la plage. À l'intérieur, vaste salle aménagée de grandes tables collectives et de bancs, et quelques petites tables plus intimes. Cuisine d'une grande fraîcheur, réputée essentiellement pour son poisson cuisiné à toutes les sauces et ses grillades : poivrons farcis à la morue, merlu de ligne grillé à l'espagnole, louvine grillée au gros sel, *chipirons a la plancha*. Service mené tambour battant par une équipe qui ne perd jamais le sourire. Attention, les places en terrasse sont très demandées, réservation indispensable donc.

BISCARROSSE 40600

Carte régionale A1

🏨 Hôtel Le Saint Hubert ** – **588, av. P.-G.-Latécoère** ☎ 05-58-78-09-99. Fax : 05-58-78-79-37. ● www.biscarrosse.com/le-saint-hubert ● Parking. TV. Satellite. Ouvert toute l'année. Accès : à 500 m du centre-ville et à proximité du lac. Chambres doubles de 40 à 61 € avec douche et w.-c. ou bains, selon la saison. Déjà à la campagne, un petit hôtel oublié par les hordes estivales, qui sent bon la cuisine familiale (« plateaux repas » autour de 8 € sur réservation) mais respire surtout le calme... et le parfum des fleurs du jardin, car il n'y a qu'un pas à faire pour se mettre au vert, avec un bouquin. Une quinzaine de tables pour prendre le thé ou le petit déjeuner... servi jusqu'à midi au milieu d'un écrin de verdure (lorsque le temps le permet).

🏨 ◖●◗ Hôtel La Caravelle ** – **5314, route des Lacs-ISPE, quartier ISPE, lac Nord** ☎ 05-58-09-82-67. Fax : 05-58-09-82-18.

● www.lacaravelle.fr ● Parking. TV. Resto fermé le lundi midi (sauf juillet et août). Congés annuels : du 1er novembre à mi-février. Accès : au bord du lac de Cazaux, en direction du golf. Ville de Biscarrosse. De 50 € la chambre double avec douche et w.-c. à 65 € avec bains. Menus à 15 €, sauf le dimanche, puis de 19 à 37 €. Demi-pension intéressante à 49,50 € par personne, demandée en été. Très bien situé, les pieds dans l'eau. Une bonne grosse bâtisse dans un coin agréable. Presque toutes les chambres ont un petit balcon et vue sur le lac. Elles sont toutes différentes, mais le mobilier en rotin domine. Clin d'œil aux Philippines et au voyage en... caravelle ! En face, villa avec quatre chambres à louer, face à la forêt. Établissement serein, même si, au printemps, la nuit, le chant des grenouilles peut indisposer certains clients. Bonne cuisine du pays au resto : jarret d'agneau à la crème d'ail, brochettes de lotte, fricassée d'anguilles et filet de sandre à la fondue de poireaux. *Apéritif maison offert à nos lecteurs sur présentation de ce guide.*

◖●◗ Restaurant Chez Camette – **532, av. P.-G.-Latécoère (Sud)** ☎ 05-58-78-12-78. Fermé le vendredi soir et le samedi hors saison. Congés annuels : de Noël au 1er janvier. Menus à 9 €, sauf le dimanche, puis à 14,50 et 21,50 €. La bonne petite auberge croquignolette et popu comme on les aime, avec sa façade blanche et ses volets rouges. C'est là que les ouvriers, les VRP et les gens de passage viennent le midi pour se rassasier autour du petit menu. Accueil hors pair et cuisine généreuse de la patronne qui aime son pays et qui le fait savoir. C'est simple, sans prétention, si ce n'est celle de vous faire plaisir. Le jour où l'on est passé, on a eu droit à un potage, des moules marinière, une escalope à la crème et un dessert. Pour les autres menus, c'est l'Amérique. Ne pas manquer le magret de canard grillé au feu de bois.

BORDEAUX 33000

Carte régionale B2-3

🏨 Hôtel Bristol – **4, rue Bouffard (B2-3)** ☎ 05-56-81-85-01. Fax : 05-56-51-24-06. Chambres doubles de 24 à 46 €. C'est la réception centrale d'un groupe de 4 hôtels : le *Bristol* lui-même, l'*Hôtel de Lyon*, l'*Hôtel d'Amboise* et l'*Hôtel La Boétie*, tous quatre situés à quelques encablures les uns des autres. Les prix varient de 24 à 46 € en fonction de l'hôtel et de la taille de la chambre. Les quatre établissements sont propres, bien entretenus et situés dans des rues calmes du quartier piéton. Réservation recommandée, car c'est l'un des meilleurs plans bon marché de Bordeaux et c'est plein d'habitués. *NOUVEAUTÉ.*

🛏 *Acanthe Hôtel* ** – 12-14, rue Saint-Rémi (C2-6) ☎ 05-56-81-66-58. Fax : 05-56-44-74-41. • www.acanthe-hotel-bordeaux.com • TV. Congés annuels : autour de Noël. Accès : à 20 m de la superbe place de la Bourse et des quais, dans le pittoresque quartier Saint-Pierre (parking difficile). Chambres doubles à 40,56 € avec douche et w.-c. ou bains. Un établissement nouvellement repris et bien aménagé, avec goût. Chambres personnalisées, de bon confort, plutôt coquettes. La petite rue est calme – double vitrage quand même. Bon accueil du patron qui connaît bien sa ville.

🛏 *Hôtel de la Tour Intendance* ** – 16, rue de la Vieille-Tour (B2-10) ☎ 05-56-81-46-27. Fax : 05-56-81-60-90. Parking payant. TV. Canal+. Satellite. Accès : proche de la place Gambetta. Chambres doubles à 41 € avec douche et w.-c., 46 € avec bains. Parking ouvert de 19 h 30 à 9 h seulement : 7 € pour les voitures, gratuit pour les motos. Deux sœurs se relaient à l'accueil de ce charmant établissement pour toujours offrir à leurs hôtes la même disponibilité et la même gentillesse. Ici, accueil signifie une foule de petites attentions comme ce vrai jus d'orange servi au petit déjeuner. Pour l'*Intendance* donc, ça vaut ! Quant à la tour (qui daterait du IIIᵉ siècle), quelques vestiges existent encore dans la cave. Dans l'ensemble, les chambres ne sont pas très grandes, voire assez petites, mais très bien tenues et pas désagréables. Légères nuisances possibles côté rue (piétonne cependant). En revanche, calme plat sur l'arrière où les chambres les moins chères (pour une personne) offrent une gentille vue sur les toits de la ville. Parking gratuit pour les vélos et les motos. *10 % sur le prix de la chambre (pendant les week-ends et les vacances scolaires) offerts à nos lecteurs sur présentation de ce guide.*

🛏 *Hôtel Notre-Dame* ** – 36, rue Notre-Dame (C1-9) ☎ 05-56-52-88-24. Fax : 05-56-79-12-67. TV. Canal+. Accès : près de l'église Saint-Louis. Chambres doubles à 42,40 € avec douche et w.-c., 46,40 € avec bains. Au cœur du quartier des Chartrons, ancien secteur de négoce du vin, aujourd'hui plutôt calme. Une maison du XIXᵉ siècle à la façade de pierre bien ravalée, dominée par la monumentale Cité mondiale du Vin. Pour vous consoler de la déco un poil trop contemporaine et passe-partout des chambres, la rue Notre-Dame regorge d'antiquaires et autres brocanteurs. Parking payant à proximité.

🛏 *Hôtel de l'Opéra* ** – 35, rue Esprit-des-Lois (C2-1) ☎ 05-56-81-41-27. Fax : 05-56-51-78-80. • hotel.opera.bx@wanadoo.fr • TV. Canal+. Satellite. Congés annuels : du 23 décembre au 3 janvier. Chambres doubles de 45 à 49 € avec douche et w.-c. ou bains. Installé dans une maison du XVIIIᵉ siècle, contemporaine du Grand Théâtre dont elle est voisine. Ce que rappelle plus la pierre apparente de l'escalier central que la déco des chambres, à la banale modernité. L'hôtel bénéficiera sûrement de l'arrivée du tramway qui supprimera toute circulation dans la rue (déjà, avec les travaux, c'est paradoxalement très calme). Accueil charmant et chaleureux. Superbe ascenseur vitré.

🛏 *Hôtel du Théâtre* ** – 10, rue Maison-Daurade (C2-2) ☎ 05-56-79-05-26. Fax : 05-56-81-15-64. • www.hotel-du-theatre.com • TV. Canal+. Satellite. Ouvert toute l'année. Accès : en plein centre-ville, dans une rue piétonne perpendiculaire à la rue Sainte-Catherine du côté du Grand Théâtre. Chambres doubles de 45 à 50 € avec douche et w.-c. ou bains. *Twins* ou triples de 48 à 51 €, et quadruples (2 adultes et 2 enfants) à 55 €. Accueil volubile et sympa. Chambres sans charme particulier, mais de bon confort et très propres, réparties au hasard des deux ailes de cette vieille maison. Accessible en automobile sur demande préalable (zone piétonne).

🛏 *Hôtel Gambetta* ** – 66, rue de la Porte-Dijeaux (B2-8) ☎ 05-56-51-21-83. Fax : 05-56-81-00-40. • www.gambettahotel.com • TV. Chambres doubles avec douche et w.-c. ou bains à 46 €. Dans un quartier central et animé, un établissement d'un bon rapport qualité-prix. Ascenseur, minibar dans les chambres, qui sentent le propre, et patron aimable. Un bon point de chute.

🛏 *Hôtel des Quatre Sœurs* *** – 6, cours du 30-Juillet (C2-12) ☎ 05-57-81-19-20. Fax : 05-56-01-04-28. • www.4soeurs.free.fr • TV. Câble. Congés annuels : du 20 décembre au 6 janvier. Accès : près du Grand Théâtre. Chambres doubles avec douche et w.-c. ou bains de 60 à 70 € selon la saison. Construit au XVIIIᵉ siècle, quand Bordeaux s'est voulue monumentale, entre allées de Tourny, Grand Théâtre et place des Quinconces. Un hôtel chargé d'histoire donc. Wagner, par exemple, y séjourna en 1850, alors qu'il vivait avec une Bordelaise une aventure amoureuse (et adultère !) plutôt mouvementée... Jolies chambres climatisées donnant soit sur le cours et les allées de Tourny, soit sur une cour intérieure. Déco gaie avec plein de meubles peints, accueil souriant, bref, une adresse cosy. Sur demande, balade dans les vignes en Jaguar avec chauffeur (et conduite à droite !). *Une bouteille de vin de Bordeaux offerte à nos lecteurs sur présentation de ce guide.*

🛏 *Hôtel de la Presse* *** – 6, rue de la Porte-Dijeaux (C2-11) ☎ 05-56-48-53-88. Fax : 05-56-01-05-82. TV. Canal+. Satellite.

Congés annuels : du 24 décembre au 2 janvier. Accès : presque à l'angle des deux artères piétonnes. Chambres doubles de 73 € avec douche et w.-c. à 82 € avec bains. Idéalement situé à deux pas (une petite dizaine pour être franc !) d'un des carrefours stratégiques de la ville, celui que forment les rues Sainte-Catherine et la Porte-Dijeaux. Piétonnes le jour, ces rues voient passer quelques voitures le soir. Mais les chambres, tout confort, sont insonorisées (et climatisées). Et si vraiment vous ne supportez pas du tout le bruit, côté cour, c'est tranquille. Un certain luxe (sinon un luxe certain), mais un rapport qualité-prix honorable.

🛏 *Hôtel Tulip Inn Bordeaux « Bayonne Etche-Ona »* *** – 15, cours de l'Intendance (C2-13) ☎ 05-56-48-00-88. Fax : 05-56-48-41-60. ● www.bordeaux-hotel.com ● TV. Canal+. Satellite. Accès : à deux pas du Grand Théâtre ; entrées : 4, rue Martignac ou 11, rue Mautrec. Chambres doubles de 77 € avec douche et w.-c., de 94 à 103 € avec bains. Aménagé dans un édifice du XVIIIe siècle, un grand hôtel de 63 chambres qui ne fait pas tache dans ce quartier très bourgeois. Accueil courtois. Dans les étages, les chambres ont été récemment rénovées et décorées ; pas toujours très spacieuses mais sans mauvaise surprise, elles disposent de nombreuses prestations. Si vous le pouvez, choisissez le bâtiment Etche-Ona, plus calme, plus confortable avec son joli mobilier basque sculpté. Parking public payant à 50 m. *10 % sur le prix de la chambre offerts à nos lecteurs sur présentation de ce guide.*

🛏 *Petit Hôtel Labottière* – 14, rue Francis-Martin (hors plan plan B1-4) ☎ 05-56-48-44-10. Fax : 05-56-48-44-14. Chambres doubles à 160 €, petit dej' compris. Le must de Bordeaux. Un hôtel particulier du XVIIIe siècle classé Monument historique, parfaitement restauré, avec meubles d'époque, petite cour intérieure, stucs et boiseries. Ce bijou est en plein centre, ne comporte que deux chambres, possède un parking privé et vous permet de débuter la journée avec un brunch plus que copieux. Accueil inimitable, bien entendu. Réserva-

tion obligatoire. Animaux non admis (les tapis et les soies des fauteuils ne supporteraient pas). *NOUVEAUTÉ.*

I●I *Restaurant Le Rital* – 3, rue des Faussets (C2-20) ☎ 05-56-48-16-69. Fermé le week-end. Accès : proche de la place Saint-Pierre. Menu à 8,40 € le midi ; autres menus de 10 à 16,50 €. Dans une rue piétonne où les restos apparaissent en nombre pour disparaître au bout de quelques mois, ce petit italien affiche 21 ans d'âge. C'est plutôt bon signe. Et vrai, dans le genre resto de copains, c'est une bonne table. Accueil sympa. Salle en enfilade avec vue sur la cuisine d'où sortent de remarquables spécialités : pâtes fraîches (*fettucine* aux fruits de mer ou *al pesto*, spaghetti *di baggio*, cannellonis...) mais aussi le traditionnel osso buco. Les desserts, faits maison, ne déméritent pas.

I●I *L'Imprévu* – 11, rue des Remparts (B2-22) ☎ 05-56-48-55-43. Fermé le dimanche et le lundi. Congés annuels : la 2e quinzaine de février et 3 semaines en août. Menus à 10,50 € (le midi en semaine), 12 € (le soir) et 17 €. Quelques tables bistrot en terrasse dans la rue piétonne, et deux salles plutôt agréables, dont une en cave voûtée au sous-sol, décorées de fleurs séchées et de paniers d'osier. Beaucoup d'habitués, causant avec le patron affable, et un service rapide. Ici, place aux petits plats de toujours, pot-au-feu en salade, onglet de bœuf, filet mignon de porc à la moutarde, clafoutis maison... Notables crêpes sucrées géantes en dessert. Une cuisine du marché saine et copieuse. D'où le succès. Prudent de réserver.

I●I *Le Café des Arts* – 138, cours Victor-Hugo (C4-23) ☎ 05-56-91-78-46. Menu le midi en semaine à 10,50 €. À la carte, compter 20 €. Brasserie populaire à l'ambiance toujours animée, située au croisement ô combien stratégique du cours Victor-Hugo, important axe automobile, et de la rue Sainte-Catherine, large rue piétonne et commerçante. Assez grande terrasse ou salle type vieux bistrot, simples chaises de bois et banquette moleskine. On apprécie l'endroit pour son honnête cuisine traditionnelle bien servie : harengs pommes à l'huile,

AQUITAINE

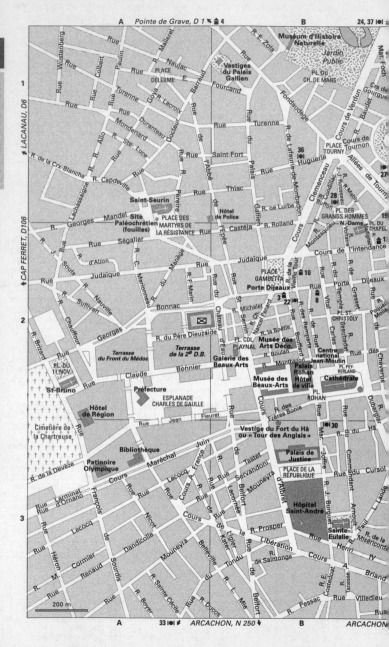

↑ LACANAU, D6

↑ CAP FERRET, D106

R. E. Zola

Museum d'Histoire
Naturelle

Jardin
Public

Vestiges
du Palais
Galien

PL. DU
CH. DE MARS

PLACE
DELERME

Fourcand

1

Turenne

Cours de Verdun

PLACE
TOURNY

Allées de Tourny

Saint-Fort

36

Huguarie

27

Thiac

Hôtel
de Police

28

PL. DES
GRANDS HOMMES

Saint-Seurin

Site
Paléochrétien
(fouilles)

PLACE DES
MARTYRS DE
LA RÉSISTANCE

Castéja

R. Rolland

N-Dame

PL. DU
CHAPEL

Ségalier

Judaïque

Cours de l'Intendance

d'Alzon

Judaïque

PLACE
GAMBETTA

10

Porte Dijeaux

Dijeaux

Bonnac

3

22

8

2

Georges

PL. COL.
PLAYNAL

Musée des
Arts Déco.

PL. ST-
CHRISTOLY

Terrasse
du Front du Médoc

Terrasse
de la 2ᵉ D.B.

Galerie des
Beaux-Arts

Montbazon

Palais
Rohan

Centre
national
Jean-Moulin

PL. PEY-
BERLAND

Bonnier

Musée des
Beaux-Arts

Hôtel
de ville

Cathédrale

PL. DU
11 NOV.

St-Bruno

Préfecture

ESPLANADE
CHARLES DE GAULLE

PL.
ROHAN

Hôtel
de Région

Jean

Fleuret

Vestige du Fort du Hâ
ou « Tour des Anglais »

30

Cimetière de
la Chartreuse

Bibliothèque

Juin

Palais de
Justice

Patinoire
Olympique

Maréchal

PLACE DE LA
RÉPUBLIQUE

3

Hôpital
Saint-André

Sainte-
Eulalie

Libération

Cours

200 m

26 Cité Mondiale du Vin et des Spiritueux

NORD

Rue Raignier

Rue R. Lavigne

Embarcadère
Bateaux-Restaurants

Rue Nuyens

Quai des Queyries

Q. Deschamps

PONT DE PIERRE

1

2

3

LIBOURNE, PÉRIGUEUX, N 10, BERGERAC, D 936

TOULOUSE, A62 39

Garonne

C Armozan
9 N. D. Lainé
Entrepôts PLACE
C.A.P.C. Ferrère LAINÉ
Rue de Chartres
Allées de Bristol
ESPLANADE
Monument
aux Girondins
DES QUINCONCES
Allées de Munich
Maison du vin 25
de Bordeaux d'Orléans
1 12
R. Esprit des Lois
PL. JEAN
JAURÈS
PLACE Grand
DE LA Théâtre
COMÉDIE
Cours du Chapeau-Rouge Palais de
la Bourse
2 PLACE
Rue de Saint DE LA
11 6 37 BOURSE
PL. DU Hôtel
PARLEMENT des Fermes
41 Saint-Pierre
Porte
PL. C. Cailhau
JULLIAN
PL. ST-
PROJET PL. DU
PALAIS
Lorraine
PLACE DE
d'Alsace et BIR-HAKEIM
Saint-Paul Porte des
PL. F. Salinières
LAFARGUE
Musée
Aquitaine Saint-Éloi
PL. DE
LA FERME Hugo
RICHEMONT PL.
Cours DUBURG
23 Tour Saint-Michel
PLACE
CANTELOUP
R. A.
Dumercq
Porte 40
d'Aquitaine
Faculté de
Médecine
PL. DE PL. DES
LA VICTOIRE CAPUCINS Sainte-Croix

andouillette, Saint-Jacques aux cèpes... Vraies frites (qu'on préfère aux fausses!). Clientèle assez jeune, mais ce *Café des Arts* est une vieille adresse bordelaise, indémodable.

l●l *Restaurant L'Absinthe* – **137, rue du Tondu (hors plan A4-33)** ☎ 05-56-96-72-73. Fermé le samedi midi, le dimanche et les jours fériés. Congés annuels : en août. Accès : au coin de la rue François-de-Sourdis (face à la polyclinique du Tondu). Formule le midi en semaine à 10 €. Menus suivants de 11 à 20 €. Ce resto-bistrot au décor garanti d'époque (celle de Toulouse-Lautrec et de l'absinthe, bien sûr) mérite le détour. Pour une simple et évidente raison : on y mange bien ! Carte tous azimuts : la fricassée de Saint-Jacques aux pleurotes côtoie le ris de veau au porto. Les pâtisseries (comme le gâteau au chocolat) sont vraiment maison. Agréable terrasse dès les beaux jours.

l●l *Restaurant Le Bistrot des Quinconces* – **4, pl. des Quinconces (C1-27)** ☎ **05-56-52-84-56.** ✗ Service jusqu'à 23 h 30. Accès : face à l'esplanade où se dresse le célèbre monument à la gloire des Girondins. Formule à 12 € le midi en semaine ; le soir, compter environ 30 € à la carte. Le dimanche, formule brunch de 15 à 22 €. Belle brasserie classique devenue aujourd'hui le « bistrot d'affaires » bordelais. Quand le temps s'y prête, on préfère manger en terrasse. Le service est efficace. Parmi les plats : le pavé de morue grillée, le foie de veau persillé au vinaigre de Madère... Les prix restent convenables pour une honnête cuisine de brasserie, tendance régionale.

l●l *Chez Dupont* – **45, rue Notre-Dame (hors plan C1-24)** ☎ 05-56-81-49-59. ✗ Fermé le dimanche. Menus à 12,50 et 22,10 €. À la carte, compter dans les 22 €. Un des meilleurs rapports qualité-prix du quartier des Chartrons. Cadre bistrot réussi, serveurs en tablier et plats de toujours (comme le pot-au-feu grand-mère, l'araignée de porc, la tête de veau) inscrits au tableau noir. Accueil sympathique : ici, la bonne humeur et l'humour règnent en maîtres et la patronne est un personnage. De temps en temps, le soir (généralement le jeudi), un pianiste vient jouer du jazz accompagné de son guitariste.

l●l *L'Estaquade* – **quai de Queyries (D2-21)** ☎ **05-57-54-02-50.** Accès : sur la rive droite. Formule à 13,50 € le midi en semaine. Sinon, menu-carte : plats à 16 €, desserts à 5 €. Juppé investit et *L'Estaquade* rafle la mise. Installé en face de la Bourse, de l'autre côté du fleuve, ce resto offre le plus beau panorama nocturne de Bordeaux illuminé. Décor et lumières doux, c'est plein de couples d'amoureux qui feraient mieux de se concentrer sur leur assiette. Produits de saison servis par des cuissons remarquables, du chipiron poêlé vite fait à l'agneau cuit pendant plus de sept heures. Accueil aimable. Réservation indispensable le soir. *NOUVEAUTÉ.*

l●l *Restaurant Café Gourmand* – **3, rue Buffon (B2-28)** ☎ 05-56-79-23-85. Fermé le dimanche et le lundi midi. Accès : près de la place des Grands-Hommes. Formule le midi à 14,50 €. Pour un repas à la carte, compter 35 €. Élégant bistrot. Quelques tables dehors avec vue sur le marché couvert et de moelleuses banquettes de velours à l'intérieur. Aux murs, des photos de famille. Ces visages vous rappellent quelque chose ? Eh oui, Bruno Oliver, à la tête du *Café Gourmand*, est le fils de Michel et le petit-fils de Raymond. Disons-le tout net, l'homme ne trahit pas sa vocation familiale, et même l'honore, mais avec une humilité bienvenue puisque les prix sont bien ceux d'un bistrot, et le service, efficace, sait rester simple – alors qu'on mange une vraie bonne cuisine, fine et sans défaut, une cuisine de gastro. Intelligente déclinaison de produits du Sud-Ouest et de l'Espagne proche.

l●l *La Tupina* – **6-8, rue Porte-de-la-Monnaie (D4-40)** ☎ 05-56-91-56-37. Parking payant. Accès : sur les quais, à 500 m du centre-ville. Formule à 15,50 € ; menu suivant à 30 €. Compter 50 € à la carte. Un incontournable du circuit gastronomique bordelais, et l'un des rares restos en ville à proposer une authentique cuisine du Sud-Ouest, toujours à base de produits exceptionnels. Décor génial, rustique-chic, autour de la cheminée où grillent sanquettes et poulets fermiers. Et devant la porte, le chasseur-voiturier... En fait, tout repose sur le patron, qui sait parfaitement faire prendre la mayonnaise populo-chic, au point qu'il a osé ouvrir en face une épicerie de quartier où les bourgeoises en *Kenzo* côtoient les immigrés du foyer Sonacotra tout proche. Du très grand art ! Certains s'en agacent et parlent de phénomène de mode. Sauf que ça fait vingt ans que ça dure. On vous l'a dit : incontournable.

l●l *Café Maritime* – **quai Armand-Lalande (hors plan C1-26)** ☎ 05-57-10-20-40. ✗ Fermé le lundi soir, le samedi midi et le dimanche. Accès : dans le quartier de Bacalan. Formule à 15,50 € le midi en semaine. Compter 30 € à la carte. L'endroit à la mode. Dans un hangar « requalifié », un grand restaurant (200 couverts) au décor teck et vert bouteille, avec de grands volumes et, curieusement, un éclairage assez intime. Mais le mieux reste la cuisine « à la manière de... » car le chef interprète à la bordelaise des recettes du Japon, d'Islande ou de Thaïlande. Difficile à expliquer : ce n'est pas « pareil », pas très différent non plus, mais toujours très frais, très subtil. Quelques classiques comme l'alose ou les *spare ribs* (ici, on dit *coustoun*). En plus, des tables de la mezzanine, on peut contempler le bassin. *NOUVEAUTÉ.*

|●| *La Belle Époque* – **quai Louis-XVIII (C1-25) ☎ 05-56-79-14-58.** ⅃ Fermé le lundi. Congés annuels : 3 semaines en août et certains ponts. Formule à 11 €. Plat du jour à 8,50 €. Menus de 16 à 28 €. Un souffle nouveau pour la plus belle brasserie de Bordeaux. Le jeune patron qui l'a reprise a conçu une carte simple et courte, axée sur la viande et les plats traditionnels comme le quasi de veau ou les volailles rôties. Jolies portions, service rapide, le succès revient et on peut à nouveau admirer les carreaux de Vieillard et Carranza. Qui c'est ? Albert Vieillard, patron de la faïencerie de Bordeaux, débauche vers 1870 Amedeo de Carranza, directeur de la faïencerie de Longwy. Et leur première collaboration, c'est la décoration de *La Belle Époque.* Les amateurs apprécieront. *NOUVEAUTÉ.*

|●| *Le Père Ouvrard* – **12, rue du Maréchal-Joffre (B3-30) ☎ 05-56-44-11-58.** Fermé le samedi midi et le dimanche. Accès : entre la mairie et le palais de justice. Formule à 15,50 € le midi en semaine, menu à 20 € le soir ; à la carte, compter 35 €. Quand le soleil fait de l'œil, quelques tables sont dressées dehors, face à l'École nationale de la magistrature. On croise donc logiquement juges et avocats pressés dans le frais et coloré décor de ce bistrot ou dans le jardin d'hiver avec son olivier centenaire. Au grand tableau noir, tout aussi logiquement, sont inscrits de bons p'tits plats (sardines grillées fleur de sel, moules marinière, coquelet grillé à la diable...) avec des adaptations sympathiques comme le petit salé de morue aux lentilles... Bons vins et pain maison.

|●| *Restaurant Baud et Millet* – **19, rue Huguerie (B1-36) ☎ 05-56-79-05-77.** Fermé le dimanche et les jours fériés. Formule à 17,53 € avec fromage à volonté ; autres menus à 24,39 et 26,68 €. Plus de 200 fromages en cave, sélectionnés avec rigueur et passion par M. Baud. On les mange à la coupe bien sûr, mais ces fromages entrent aussi dans la composition de nombreuses spécialités. Des plus classiques (raclette, tartiflette...) aux plus audacieuses. Impressionnante (pas loin d'un millier de références) et judicieuse sélection de vins du monde entier. On mange et on boit dans une des deux petites salles en longueur (dont une au sous-sol), climatisées. Accueil aimable.

|●| *Restaurant Le Port de la Lune* – **59, quai de la Paludate (hors plan D4-39) ☎ 05-56-49-15-55.** ⅃ Service tous les jours jusqu'à 1 h du matin. Accès : dans le quartier de la gare Saint-Jean, dans le prolongement du quai de la Monnaie. Menu « casse-croûte » à 18,20 €. Compter 25 € à la carte. Face aux abattoirs, dans les quartiers de la nuit bordelaise, voilà le quai où il faut venir échouer. Laissez-vous guider par la trompette de Wallace Davemport ou la batterie de Jo Jones. Parce que ici, on aime le jazz... doux euphémisme : il s'agit d'un amour proche de la névrose. D'ailleurs, le slogan maison, c'est : « L'abus de jazz est recommandé pour la santé. » Cadre chaleureux avec, aux murs, tous les grands du rythme et du toucher jazzy. Le lundi soir, portes ouvertes aux musiciens bordelais ; le mardi soir, soirée blues ; le jeudi, salsa et latino, etc. Et dans ce lieu vivant, « habité » et populaire, on se restaure fort bien de p'tits plats de bistrots, sérieux comme la sélection musicale, à des prix modérés. Vins abordables. En saison, pibales à l'espagnole, alose sauce verte, lamproie, etc. Michel, le patron, souriant et volubile, promène ses moustaches à la Dalí en s'assurant que tout le monde est bien amarré... Pas de risque, ici on est toujours à bon port...

|●| *Didier Gélineau* – **26, rue du Pas-Saint-Georges (C3-41) ☎ 05-56-52-84-25.** Fermé le lundi midi, le samedi midi et le dimanche. Congés annuels : 15 jours en août. Accès : dans le quartier Saint-Pierre. Menu du marché à 20 € le midi en semaine (25 € avec vin et café) ; autres menus de 34 à 50 €. Une valeur sûre de la capitale aquitaine. C'est toujours un régal, bien que les prix restent incroyablement doux. Témoin, cet exemplaire menu du jour qui donne immédiatement envie de bondir sur les suivants ou sur la carte, toujours de saison, évidemment. Et ne parlons pas des desserts dont Didier Gélineau fut, un jour, champion de France. Sinon, on retourne sur-le-champ s'attabler dans cette coquette petite salle. Très bon accueil.

|●| *Restaurant Gravelier* – **114, cours de Verdun (hors plan C1-37) ☎ 05-56-48-17-15.** ⅃ Fermé le lundi soir, le samedi midi et le dimanche. Congés annuels : les vacances scolaires de février et 3 semaines en août. Accès : dans le quartier des Chartrons. Menu à 20 € le midi ; menus suivants de 25 à 40 €. Dans la nouvelle vague des restos bordelais, ce *Gravelier* s'est rapidement affirmé. Normal, serait-on tenté d'écrire, puisque la patronne est la fille de Troisgros. Son mari, Yves Gravelier, est en cuisine un chef original et créatif. Cadre sobre et contemporain, avec l'inévitable terrasse couverte, prix raisonnables, et de bien bonnes spécialités largement axées sur le poisson, qui est de première qualité. Carte assez courte mais souvent renouvelée.

BRANTÔME 24310

Carte régionale B1

I●I *Restaurant Au Fil de l'Eau* – **21, quai Bertin (Centre)** ☎ **05-53-05-73-65.** Fermé le mardi soir et le mercredi. Congés annuels : de novembre à avril. Accès : au bord de la rivière, près du pont de Périgueux. Menus à 20 et 25 €. C'était autrefois un bistrot de pêcheurs. Plus de cartes de pêche en vente derrière le comptoir, plus d'interminables discussions sur la taille des dernières prises. Mais la déco très raffinée de cette adorable petite salle nage toujours dans cet univers. Il y a même une barque amarrée à côté de la sympathique petite terrasse sur les berges de la Dronne. Logiquement, on trouvera pas mal de poisson de rivière (truite, filets de perche...) et des plats de terroir. Cuisine pas bien compliquée mais bien troussée : foie gras maison, magret de canard aux cèpes... L'adresse est connue, il est prudent de réserver. Accueil gentil. Service diligent.

DANS LES ENVIRONS

MONSEC 24340 (12 km NO)

🏠 I●I *Hôtel-restaurant Beauséjour* ** – **rue Principale (Centre)** ☎ **05-53-60-92-45. Fax : 05-53-60-72-38.** Parking. TV. Fermé le vendredi soir et le samedi (en basse saison). Accès : par la D939. Chambres doubles à 32 € avec douche et w.-c. Demi-pension à 36 € par personne. Menus à 10 €, sauf le dimanche, et de 13 à 22 €. Bien qu'en bord de route, une excellente étape du Périgord vert. Accueil vraiment affable et cuisine de grande qualité, servie dans une plaisante salle à manger avec vue panoramique sur le jardin. Belle gamme de menus dans lesquels le terroir est souvent à la fête. Le 1er menu (quart de vin compris) est déjà plus qu'honorable. Les autres sont irréprochables. Chambres toutes simples mais impeccables.

VIEUX-MAREUIL 24340 (13 km NO)

🏠 I●I *Hostellerie de l'Auberge de l'Étang Bleu* *** ☎ **05-53-60-92-63. Fax : 05-53-56-33-20.** ● www.perigord-hotel.com ● Parking. TV. Resto fermé le dimanche du 15 novembre au 30 avril, sauf jours fériés. Accès : sur la D93, à 2 km du bourg (bien indiqué). Chambres doubles de 50 à 60 € avec douche et w.-c. ou bains. Menus à 21 €, en semaine, et de 26 à 52 €. Compter 42 € pour un repas à la carte. Hôtel-restaurant dans un grand parc en bordure d'un petit lac privé avec petite plage et possibilité de baignade. Chambres spacieuses, agréablement meublées, confortables et au calme le plus absolu. Celles donnant sur le lac possèdent une loggia. Œufs à la coques au petit déjeuner. Il est difficile de s'arracher à ce petit coin de paradis. Belle salle de restaurant et terrasse au bord de l'eau, où les canards vous tiendront compagnie. Bonne et généreuse cuisine : salade de queues d'écrevisses, magret de canard sauce aux morilles, dos de saumon sauce aux cèpes... *10 % sur le prix de la chambre offerts à nos lecteurs sur présentation de ce guide.*

SAINT-JEAN-DE-CÔLE 24800

(20 km NE)

🏠 I●I *Hôtel Saint-Jean* ** **route de Nontron (Centre)** ☎ **05-53-52-23-20. Fax : 05-53-52-56-10.** Parking. TV. Fermé le dimanche soir et le lundi soir hors saison. Accès : par la D78. Chambres doubles à 33,55 € avec douche et w.-c. Menus à 10,70 €, le midi en semaine, et de 14,50 à 23,60 €. Sympathique petit établissement. Du genre qui, grâce à des proprios pro et concernés, contribuent à sauvegarder la bonne image de marque de l'hôtellerie de campagne. Au bord de la départementale, mais elle n'est pas trop passante la nuit. Joli jardin. Chambres classiques, confortables et méticuleusement tenues. La patronne concocte une cuisine régionale de qualité : terrine de foie gras de canard maison, noix de Saint-Jacques avec sa fricassée de cèpes, magret de canard à l'orange en persillade truffée sauce Périgueux...

BUZET-SUR-BAÏZE 47160

Carte régionale B1-2

I●I *Auberge du Goujon Qui Frétille* – **rue Gambetta** ☎ **05-53-84-26-51.** Fermé le mardi soir et le mercredi. Congés annuels : du 6 au 20 novembre. Accès : face à l'église. Formule vin et café compris à 13 € le midi en semaine. Autres menus de 18 à 30,50 €. Menu-enfants à 7,50 €. Le village est joli et tranquille, cette auberge est à son image. Malgré un nom mutin, on se retrouve dans un cadre sage ou sur une terrasse tranquille pour déguster une bonne cuisine généreuse. Salade de choucroute crue au cervelas grillé, carpaccio de foie gras, magret de canard au jus de persil, civet de canard, filet de bar sauce matelote, filet de daurade aux lentilles à la crème. De quoi satisfaire les appétits les plus solides. *Café offert à nos lecteurs sur présentation de ce guide.*

CAMBO-LES-BAINS 64250

Carte régionale A2

🏠 I●I *L'Auberge de Tante Ursule* ** – **fronton du Bas-Cambo** ☎ **05-59-29-78-23. Fax : 05-59-29-28-57.** Parking. TV. ♿

Fermé le mardi. Congés annuels : du 15 février au 15 mars. Accès : en bordure du fronton local. Chambres propres et agréables à 27 € avec lavabo, et à partir de 42 € avec douche et w.-c. Menus à 14 €, en semaine sauf jours fériés, et de 18,50 à 30,50 €. Vieille ferme toute blanche et croquignolette. L'annexe, l'hôtel *Ursula*, est on ne peut plus typique. Atmosphère familiale qui fait penser à une pension de famille de luxe. Cuisine originale qui vous réservera quelques bonnes surprises, comme la salade de boudin noir frit à l'ail confit ou les rougets grillés et *chipirons* à l'encre, pour rester sur une note légère. Cuisine d'une grande fraîcheur. Bon rapport qualité-prix pour le seul hôtel de Cambo qui se distingue des hôtels de cure.

DANS LES ENVIRONS

ESPELETTE 64250 (5 km O)

🏠 I●I *Hôtel-restaurant Euzkadi* ** – 285, **Karrika-Nagusia (Centre)** ☎ 05-59-93-91-88. Fax : 05-59-93-90-19. ● www.hotel-restaurant-euzkadi.com ● Parking. TV. Fermé le lundi, plus le mardi hors saison. Accès : prenez la D918 en direction de Saint-Jean-de-Luz. Coquettes chambres doubles à 45 € avec bains. Demi-pension de 47 à 48 € par personne. Menus de 16 à 27 €. L'un des meilleurs hôtels-restaurants du Pays basque. Michèle et André Darraïdou, amoureux fous de cuisine basque, mettent un point d'honneur à dénicher les vieilles recettes campagnardes (souvent prêtes à disparaître) et à les remettre au goût du jour. C'est ainsi que vous découvrirez dans leur immense salle à manger des plats que vous aurez fort peu de chance de trouver ailleurs. Comme le *tripoxa*, boudin de veau servi avec une sauce tomate aux piments (fin, délicieux !), le *merluza salsa verde*, merlu poché aux petits pois, asperges, coques et œufs durs, sauce au jurançon et fumet de poisson (hmm !), l'*axoa* d'Espelette, le plat le plus typique du village, composé de viande de veau revenue avec oignons et piments frais, ou bien la morue biscayenne, morue pochée puis servie avec pommes de terre, ail et persil, sauce tomate basquaise, etc. Pour finir, si vous pouvez encore avaler quelque chose, goûtez le *koka*, crème renversée nappée de caramel et accompagnée d'une crème anglaise. Derrière, agréable jardin, tennis et piscine. Bon, est-il besoin de préciser qu'il faut réserver longtemps à l'avance ? *Apéritif maison offert à nos lecteurs sur présentation de ce guide.*

ITXASSOU 64250 (5 km S)

🏠 I●I *Hôtel-restaurant Ondoria* ** ☎ 05-59-29-75-39. Fax : 05-59-29-24-99. Parking. Fermé le lundi. Congés annuels : du 15 novembre au 1er avril. Accès : une bonne auberge de campagne située à 100 m du pas de Roland. Chambres doubles gentillettes avec douche à 33,50 €. Restaurant proposant des menus de 12,20 à 23 €. Accueil très familial, établissement calme, fleuri, en pleine nature. Salle vitrée avec vue sur la montagne, à admirer le temps de se remplir la panse avec un poulet basquaise, des anguilles persillées ou une omelette aux cèpes à un prix très raisonnable.

🏠 I●I *Hôtel-restaurant du Chêne* ** ☎ 05-59-29-75-01. Fax : 05-59-29-27-39. Parking. TV. Fermé le lundi, plus le mardi hors saison. Congés annuels : en janvier et février. Accès : prendre la D918 en direction de Saint-Jean-Pied-de-Port, puis la D249 ; à l'entrée de la vallée de la Nive. Chambres doubles de 38 à 44 € selon la saison. Menus de 15 à 26 €. Cet établissement est superbement situé. Cuisine du terroir sans prétention mais succulente. Spécialités de morue à la biscaïenne, gras-double aux cèpes, carpaccio de canard avec copeaux de fromage de brebis, poule au riz aux pimientos... *Sangria offerte à nos lecteurs sur présentation de ce guide.*

AINHOA 64250 (12 km SO)

🏠 I●I *Ithurria* *** – rue Principale **(Centre)** ☎ 05-59-29-92-11. Fax : 05-59-29-81-28. ● www.ithurria.com ● TV. Satellite. Fermé le mercredi et le jeudi midi hors saison. Congés annuels : du 3 novembre au 8 avril. Accès : par la D918 jusqu'à Espelette puis la D20. À l'entrée nord du village. Chambres doubles très joliment meublées de 107 à 122 € avec bains. Menus de 28 à 45 €. Une des plus belles auberges que l'on connaisse. Beaucoup de charme. Grande maison labourdine du XVIIe siècle, ancien relais sur la route de Saint-Jacques-de-Compostelle. Les chambres sont aménagées avec goût, mais la salle à manger reste la pièce à vivre (belles tomettes, cheminée à l'ancienne) et où tous les pèlerins du monde moderne se retrouvent pour goûter piperade aux piments d'Espelette, pigeon rôti à l'ail doux... Le tout arrosé de bons vins de la région. Derrière, beau jardin, piscine et sauna. Réservation indispensable.

CAPBRETON 40130

Carte régionale A2

I●I *Le Bistro* – pl. des Basques (Centre) ☎ 05-58-72-21-98. Parking. ♿ Fermé les soirs de lundi, mardi et mercredi, le samedi midi et le dimanche soir. Congés annuels : en octobre, à Noël et le Jour de l'An. Accès :

près de l'océan, au port. Menu du jour à 10 € le midi en semaine. À la carte, compter environ 25 €. Une jolie surprise que ce petit resto qui ne paie pas de mine vu de l'extérieur. Le patron, tablier autour du ventre, vous voit arriver de loin, s'il n'est pas en cuisine ou en train de prendre la commande. Ici, vous vous régalez de plats mitonnés avec une juste simplicité, comme le filet mignon de porc aux mirabelles ou le magret de canard. Pour patienter, on peut « dévorer » (des yeux) la feuille de choux maison, éditée par le patron lui-même ! *Apéritif maison offert à nos lecteurs sur présentation de ce guide.*

|●| Restaurant La Pêcherie Ducamp – rue du Port-d'Albret ☎ 05-58-72-11-33. Fermé le lundi, le mardi midi et le vendredi midi en saison ; ouvert seulement le midi, et le samedi soir hors saison. Congés annuels : 2 semaines en février et fin septembre-début octobre. Accès : à proximité de l'océan. 1er menu à 21 €. Autres menus de 26 à 44 €. Le menu à 26 € propose assiette de fruits de mer, plat et dessert. Petit plateau de la mer à 20,60 € et menu gastronomique avec plateau et poisson grillé à 44 €. Directement du poissonnier au consommateur : le rayon poissonnerie est au milieu des tables, les serveuses sont en bottes et tablier en plastique. Spécialité de *parillada* (sept variétés de poissons) et *mariscada*.

|●| Les Copains D'abord – port des Mille-Sabords ☎ 05-58-72-14-14. Ouvert tous les jours. Accès : port de plaisance. Menu à 25 €. Compter 28 € pour un repas à la carte. Forte connotation « vacances » dans ce décor aux tons de bleu océan, vert des landes et jaune soleil. Une cuisine tout aussi colorée, avec des plats mijotés et concoctés à base de produits venus directement de la ferme ou de la mer : tournedos de canard daube de cèpes, poêlée de moules *chipirons* à l'ail et au persil plat. Ambiance musicale. Terrasse couverte. *Une bouteille de vin remise à l'addition à nos lecteurs sur présentation de ce guide.*

CAP-FERRET (LE)   33970

Carte régionale A1

🏠 |●| Hôtel des Pins ** – 23, rue des Fauvettes (Centre) ☎ 05-56-60-60-11. Fax : 05-56-60-67-41. Congés annuels : du 11 novembre au 1er avril. Chambres doubles avec douche et w.-c. ou bains de 41 à 71 €. Menu à 19,80 € le midi. Compter 25 € à la carte. Dans un quartier paisible entre le bassin et l'Océan. Ravissante maison début du XXe siècle derrière un jardinet extrêmement fleuri. Le temps semble n'avoir pas changé ce qui a bien dû être une pension de famille. Fausse impression, la déco de l'hôtel a été

joliment refaite par un patron sympa, footballeur allemand, ancienne vedette des Girondins de Bordeaux et définitivement enraciné en Gironde. Pour un peu, si ce n'était un lieu vivant, on se croirait presque dans un décor. Bon accueil. Chambres à l'unisson, toutes avec douche ou bains, claires et propres. Au resto, produits de la mer essentiellement. *Digestif maison offert à nos lecteurs sur présentation de ce guide.*

🏠 |●| La Maison du Bassin *** – 5, rue des Pionniers ☎ 05-56-60-60-63. Fax : 05-56-03-71-47. • lmdb.wnj@wanadoo.fr • TV. Canal+. ♿ Fermé le mardi. Congés annuels : en janvier et en février. Accès : dans le quartier des pêcheurs. Chambres doubles de 100 à 135 € selon la taille et la saison. Menu à 35 €. Dans un quartier pittoresque, un hôtel de charme installé dans une superbe maison en bois, presque coloniale. Excellent accueil, déco léchée : chaque chambre a été pensée différemment, avec comme ligne conductrice un certain « esprit » du Cap-Ferret : détails marins, abondance de bois (le fameux *pitchpin*)... Ambiance délicieusement intemporelle. Sans nul doute, l'adresse la plus chic-choc du Cap. *Café offert à nos lecteurs sur présentation de ce guide.* **NOUVEAUTÉ.**

|●| Le Muscaret chez Yvan – 17, rue des Goélands ☎ 05-56-03-75-74. Fermé le mercredi. Congés annuels : 15 jours en février et 15 jours en octobre. Accès : près du phare. Menu à 20 €. Le resto des indigènes qui se fichent pas mal de voir la mer (ils l'ont toute l'année, eux !) mais qui sont attentifs à ce qui se passe dans leur assiette. Yvan est un sacré personnage, et comme il est secondé par sa femme, sa fille et son gendre qui sont pas mal non plus, l'ambiance certains soirs est à la grosse rigolade. Génial pour une soirée entre copains et si vous êtes prêts à rapprocher les tables. Quant aux assiettes, pas de souci, elles sont bien pleines de produits de saison cuisinés comme à la maison. **NOUVEAUTÉ.**

DANS LES ENVIRONS

CANON (LE) 33950 (6 km N)

🏠 |●| Hôtel-restaurant de la Plage – L'Herbe, 1, rue des Marins (Centre) ☎ 05-56-60-50-15. Fermé le lundi hors saison. Congés annuels : en janvier. Accès : longer le bassin d'Arcachon. Chambres doubles de 37 à 40 € avec lavabo ; douche sur le palier. Menus à 10 €, le midi, puis de 16 à 25 €. Un petit hôtel-resto rescapé du modernisme (chaque année, on se demande comment c'est encore possible...). Typique maison de bois juste au bord du bassin. Un téléphone qui fait « dring », de gros matelas à l'ancienne qui, la journée, prennent l'air sur les balcons. On a l'impression de se retrouver dans un film avec Gabin et Arletty. 8 chambres modestes mais sympathiques, dont quatre ouvrent leurs fenêtres sur le bassin. Bourgeois, touristes et ouvriers se retrouvent sur la petite terrasse le dimanche pour partager moules marinière ou daurade grillée. On mange ce qu'il y a, et comme la patronne n'en fait qu'à sa tête, on ne rouspète pas (d'ailleurs, les râleurs se font virer)... Un lieu inimitable, qui se mérite et ne s'achète pas.

CARTELÈGUE 33820

Carte régionale A1

🏠 ❘●❘ *Chez Olga* * – RN 137 ☎ 05-57-64-71-18. Chambres doubles de 28 à 37 €. Menus à 10 €, le midi, puis de 13 à 23 €. Oh, ce qu'on a aimé cet ancien routier planté au bord de la nationale et tenu par le petit-fils d'Olga, qui a presque tout refait en gardant l'ambiance ! Bon, les chambres sont simples et la route est proche. Mais le resto, avec son décor banal, nous a réservé quelques bonnes surprises. La cuisine d'abord, simple et savoureuse, qui décline les saisons, de l'asperge de printemps aux cèpes d'automne, avec des échappées sur le gibier ou la friture de Garonne. C'est le repaire d'un bon nombre de viticulteurs du coin et si vous savez y faire, vous repartirez avec un beau carnet d'adresses et un paquet d'invitations à déguster. *NOUVEAUTÉ.*

CASTELJALOUX 47700

Carte régionale B1

❘●❘ *La Vieille Auberge* – 11, rue Posterne (Centre) ☎ 05-53-93-01-36. Fermé le mercredi et le dimanche soir (hors saison). Congés annuels : du 17 au 23 février, du 23 juin au 6 juillet et du 11 novembre au 7 décembre. Menus de 18,30 à 38,10 €. Menu-enfants à 10,70 €. Dans une des plus vieilles rues de la ville, le chef a donné à son auberge une connotation résolument terroir. On jouit d'un festival de saveurs gasconnes au travers des produits savamment choisis en fonction de la saison (asperges au printemps). Histoire de vous mettre les papilles en alerte, on peut vous parler des escalopes de foie gras frais de canard poêlées aux pommes fruits et boudin noir, ou du dos de merlu rôti aux palourdes et, pour finir, de la craqueline à la mousse de caramel au lait d'amandes vanillées. Les prix des menus pourront paraître d'emblée élevés, mais d'un point de vue qualité-prix, c'est très raisonnable. Et

puis, il faut bien se faire plaisir de temps en temps. Autant que ce soit dans une belle adresse. *Café offert à nos lecteurs sur présentation de ce guide.*

CASTILLONNÈS 47330

Carte régionale B1

🏠 ❘●❘ *Hôtel-restaurant des Remparts* *** – 26-28 rue de la Paix (Centre) ☎ 05-53-49-55-85. Fax : 05-53-49-55-89. ● ludwig47@libertysurf.fr ● TV. Satellite. Resto fermé le dimanche soir et le lundi sauf en été. Congés annuels : du 10 au 31 janvier et du 15 au 30 novembre. Chambres doubles à 37 € avec douche, de 44,50 à 50,50 € avec douche et w.-c. ou bains. Formule à 11,50 €, autres menus de 14,50 à 30,50 €. Une belle grosse maison de pierre au cœur du village, où l'on a pris soin de conserver les beaux volumes lors de son aménagement en hôtel. Les chambres sont donc spacieuses, aux tons pastel assez reposants, avec de curieuses salles de bains biscornues. Celles qui donnent sur rue sont un peu bruyantes. À table, une cuisine traditionnelle et régionale sans grande surprise mais réussie. Très bon pain. Accueil prévenant et agréable. *Apéritif maison offert à nos lecteurs sur présentation de ce guide.*

DAX 40100

Carte régionale A2

🏠 ❘●❘ *Les Champs de l'Adour* ** – 5, rue Morancy (Centre) ☎ 05-58-56-92-81. Fax : 05-58-56-98-61. ● leschampsdeladour@club-internet.fr ● Restaurant ouvert à midi tous les jours ; été comme hiver, ouvert le soir à partir du jeudi. Congés annuels : du 24 décembre au 7 janvier pour le resto. Accès : à deux pas des halles et de la cathédrale. Chambres doubles avec douche et w.-c. de 31 à 47 €. Formule le midi en semaine à 8 € et menu-carte du dimanche à 20,20 €. Sept chambres créées dans une maison ancienne, toutes calmes (double vitrage). Restaurant au rez-de-chaussée pour goûter une cuisine de femme privilégiant les produits frais et naturels : algues à la marinière, saumon mariné à la scandinave, onglet aux échalotes confites, quiches de saison, huîtres gratinées sur commande. Formule autour d'un plat, avec légumes et crudités du jour. *Apéritif maison offert à nos lecteurs sur présentation de ce guide.*

🏠 ❘●❘ *Hôtel-restaurant Beausoleil* ** – 38, rue du Tuc-d'Eauze (Centre) ☎ 05-58-56-76-76. Fax : 05-58-56-03-81. ● www.hotel-beausoleil.fr ● Parking payant. TV. ♿ Resto fermé le lundi soir et le jeudi soir. Congés annuels : du 25 décembre au 16 février. Chambres doubles de 42 à 68 € avec douche et w.-c. ou bains. Demi-pension de 45,50 à 63 € par personne. Menus à 11 €, sauf le dimanche, puis de 17 à 35 €. Le plus charmant et le plus sympa, sans conteste. Proche du centre mais au calme, cette gentille maison blanche, avec sa terrasse, propose 32 chambres familiales et confortables. On y mange une cuisine convenue mais bonne, préparée avec de beaux produits. Voilà le genre d'endroit où votre bouteille vous attend sur la table avec votre rond de serviette. Excellent rapport qualité-prix. Toutes les trois semaines, le jeudi soir, soirée cabaret offerte aux pensionnaires. Inoubliable, dans le genre. *Un petit déjeuner par chambre ou apéritif maison offert à nos lecteurs sur présentation de ce guide.*

|●| La Guitoune – pl. Roger-Ducos ☎ 05-58-74-37-46. Canal+. ♿ Fermé le soir, le dimanche et le lundi. Congés annuels : en février. Accès : sous les halles. Plats du jour de 5 à 10 €. Idéal pour les petits budgets. Venir de préférence le samedi pour partager un grand moment de la vie dacquoise. C'est là que se retrouvent, entre les volailles de Chalosse réveillées de bonne heure et les commerçants habitués des halles, tous les Dacquois, jeunes et vieux, prenant le prétexte du marché pour « casse-croûter » entre amis ou en famille. On s'avale une petite omelette aux asperges ou aux champignons (selon la saison), des moules, des *chipirons* à l'encre ou une douzaine d'huîtres arrosées d'un blanc de pays, comme le tariquet, et on repart, laissant la table à ceux qui attendent leur tour. *Apéritif maison offert à nos lecteurs sur présentation de ce guide.*

|●| L'Amphitryon – 38, cours Gallieni (Centre) ☎ 05-58-74-58-05. Fermé le lundi, le samedi midi et le dimanche soir. Congés annuels : du 1er au 25 janvier et du 25 août au 5 septembre. Menus de 20 à 37 €. Un amphitryon est un hôte qui offre à dîner, peut-on lire dans le dictionnaire. Éric Pujos a donc choisi d'être un amphitryon. Il vous ravira de produits landais et basques dans une petite salle au décor clair, moderne et sobre. Son restaurant fait partie de tous les carnets d'adresses gourmandes de Dax. On y vient pour la salade de gambas au foie gras, le baron d'agneau saisi au four, les *chipirons a la plancha.* Menus à prix très raisonnables. Service prompt et souriant. *Apéritif maison offert à nos lecteurs sur présentation de ce guide.*

|●| El Mesón – 18, pl. Camille-Bouvet ☎ 05-58-74-64-26. Fermé le lundi midi, le samedi midi et le dimanche. Congés annuels : du 18 août au 2 septembre et du 23 au 31 décembre. Compter 22,87 € pour un repas complet, au minimum. L'Espagne,

la vraie, autant dans le décor que dans l'assiette : *parilladas* de poisson, *chipirons* poêlés, morues, turbot entier *a la plancha,* anguilles à la persillade, paella, gaspacho, pibales (en saison). La côte de bœuf juteuse est persillée à souhait, et si vous avez seulement envie de grignoter, mettez-vous au comptoir pour goûter des tapas en pagaille, avec un verre de vin espagnol ou une sangria *mesón.*

|●| La Table de Pascal – 4, rue de la Fontaine-Chaude (Centre) ☎ 05-58-74-89-00. Fermé le dimanche et le lundi. Congés annuels : en mars. Compter autour de 26 € le repas à la carte. Un vrai petit bistrot dans un joli décor bistrot servant une bonne cuisine de... bistrot. Des plats de copains qu'on vient grignoter à midi avec un client ou le soir avec une amie. Œuf cocotte au foie gras, cassolette de ris d'agneau, encornets frais farcis aux légumes.

DURAS 47120

Carte régionale B1

🏠 |●| L'Hostellerie des Ducs ** – bd Jean-Brisseau ☎ 05-53-83-74-58. Fax : 05-53-83-75-03. ● www.hostellerieducsduras.com ● Parking. TV. Satellite. Restaurant fermé le lundi, le samedi midi et le dimanche soir d'octobre à juin, le lundi midi et le samedi midi de juillet à septembre. Accès : à deux pas du château. Chambres doubles à 51 € avec douche et w.-c., de 61 à 93 € avec bains. Menus à 15 €, le midi en semaine, et de 25 à 54 €. Menu-enfants à 11 €. Dans un lieu calme, deux belles demeures mitoyennes – un ancien couvent – abritent l'une des plus prestigieuses adresses de la région. Terrasse agréable, belle piscine et grand jardin fleuri. Chaleureuse salle à manger où l'on sert une cuisine extrêmement renommée. Le chef utilise les beaux produits frais du département de Lot-et-Garonne pour préparer une délicieuse cuisine bourgeoise. Au menu à 15 €, verre de vin (du Duras, bien sûr !) et café compris. La carte, chère bien entendu, est une fête ! Quelques spécialités : grappe de blanc de poireaux au saumon fumé et parfum d'amandon de pruneaux, roulade de magret de canard aux poires et vin de duras, cassolette de pruneaux. Carte des vins où les côte-de-duras, à tout seigneur tout honneur, ont la part belle ! En hiver, ne pas manquer de réserver la table près de la cheminée. Chambres confortables mais à la déco un peu décevante par rapport au cadre. On a un faible pour les chambres nos 16, 17 et 18. La n° 7 bénéficie d'une terrasse avec vue. Climatisation sur demande. Possibilité de demi-pension. Personnel attentionné. On comprend que la réservation soit quasi obligatoire en saison. *10 %*

sur le prix de la chambre (sauf août et septembre) offerts à nos lecteurs sur présentation de ce guide.

EAUX-BONNES (LES)   64440

Carte régionale A-B2

≜ I●I *Hôtel Richelieu* ** – 35, rue Louis-Barthou ☎ 05-59-05-34-10. Fax : 05-59-05-43-46. Cartes de paiement refusées. TV. ♿ Pas de fermeture en saison. Jours de fermeture variables hors saison. Congés annuels : en avril, le 15 novembre et le 20 décembre. Accès : proche de l'établissement thermal. En haute saison, chambres doubles avec bains de 42 à 47 € en fonction de la vue. En basse saison, prévoir 10 % de moins. Au resto, menus à 12 €, puis de 16 à 24 €. Compter 25 € à la carte sans la boisson. À l'un des angles de la grande place et assez calme, l'adresse a été reprise et rénovée par un jeune couple venu des Alpes et qui cherche à implanter au resto tartiflettes et fondues. Chambres grandes et claires, certaines avec du mobilier ancien, accueil très prévenant, grands salons et hauts plafonds, c'est un bon compromis entre l'hôtel thermal du temps d'Eugénie et un établissement moderne. L'ensemble ne manque pas de charme. *10 % sur le prix de la chambre (sauf février, juillet et août) offerts à nos lecteurs sur présentation de ce guide.*

EUGÉNIE-LES-BAINS   40320

Carte régionale A-B2

I●I *La Ferme aux Grives* – le bourg ☎ 05-58-05-06-07. Parking. Fermé les mercredi et jeudi, sauf jours fériés et veilles de jours fériés ; ouvert tous les jours en août. Carte-menu à partir de 39 €. Les jambons sèchent au plafond, les petits canetons tournent doucement sur la broche de la cheminée, les barriques qui l'entourent ont le parfum d'antan. On est heureux dès que l'on s'assied. Et le pari est déjà gagné : retrouver le plaisir autour d'une table entre amis. La salade de bouilli de bœuf en rémoulade moutardée, la galette croustillante de tête et de pied de cochon à l'ancienne, la glace au lait caillé... Au fait, on ne vous l'avait pas encore dit, mais vous êtes chez Michel Guérard, l'inventeur de la cuisine minceur, qui cherche ici à se faire (et à nous faire) plaisir !

EYZIES-DE-TAYAC (LES)   24620

Carte régionale B1

≜ I●I *Le Moulin de la Beune – Restaurant Le Vieux Moulin* ** – le bourg (Centre) ☎ 05-53-06-94-33. Fax : 05-53-06-98-06.

● souliebeune@perigord.com ● Parking. ♿ Fermé le mardi midi, le mercredi midi et le samedi midi. Congés annuels : du 1er novembre au 1er avril. Accès : en venant de Sarlat, à droite, en contrebas du pont. Chambres doubles à 54,85 et 56,40 € avec douche et w.-c. ou bains. Menus de 21 à 45 €. Accueil courtois. Cuisine savoureuse et bien tournée, servie dans une salle où l'on découvre le mécanisme d'origine du moulin. L'été, on mange dans le jardin, sur une adorable terrasse, bercé par le doux murmure de la rivière. L'hôtel, à deux pas, est situé dans un bâtiment plus récent mais tout aussi calme. Chambres à la déco d'une sobriété exemplaire (d'aucuns pourront les trouver un rien austères) mais confortables et d'un bon rapport qualité-prix.

≜ I●I *Hôtel de France – Auberge du Musée* ** – rue du Moulin (Centre) ☎ 05-53-06-97-23. Fax : 05-53-06-90-97. ● hotel-de-france24@wanadoo.fr ● Parking. TV. Resto fermé le lundi et le samedi midi (sauf pour les groupes) et les jours fériés. Congés annuels : de novembre à Pâques. Accès : dans la rue menant au musée de la Préhistoire. Chambres à partir de 55,60 €. Demi-pension demandée du 1er au 20 août, de 53,30 à 68,30 €. Menus de 16 à 32 €. Deux établissements qui se font face, au pied de la falaise (et du musée de la Préhistoire, bien sûr). À l'auberge, dans l'une des deux salles ou sous la tonnelle de glycine, cuisine traditionnelle et régionale. Quelques chambres derrière les solides murs de pierre de l'*hôtel de France*. À quelques centaines de mètres, d'autres chambres dans une annexe, avec jardin et piscine (ouverte à tous les clients !).

≜ I●I *Hostellerie du Passeur* ** – le bourg (Centre) ☎ 05-53-06-97-13. Fax : 05-53-06-91-63. ● www.hostellerie-du-passeur.com ● Parking. TV. Fermé le lundi et le mardi midi (sauf en été). Congés annuels : du 1er novembre à début février. Accès : en face du musée. Chambres doubles de 60 à 85 € avec douche et w.-c. ou bains. Demi-pension demandée en août et septembre, à 58 € par personne. Menus de 22 à 43 €. Sur une petite place piétonne (donc au calme), en bordure de rivière. La note blanche des volets ajoute du charme aux vieux murs couverts de lierre. Une sérieuse affaire de famille, où parents et enfants se complètent pour vous apporter à la fois un accueil charmant et des prestations de qualité. La belle maison cossue inspire confiance. Chambres fort joliment décorées ; les plus récentes ont un charme fou... La salle à manger s'est refait une beauté dans le genre rustico-bourgeois. On y sert une cuisine traditionnelle d'inspiration régionale et de bonne facture. Bon rapport qualité-prix pour le 1er menu proposant, par exemple, le délice périgourdin au foie gras ou le lapin confit aux truffes sur lit de cèpes. À la carte : assiette gourmande aux 3 foies gras, mignon de porc ou encore confit de canard.

🛏 |●| *Hôtel-restaurant Le Cente-naire* *** – rocher de la Penne (Centre) ☎ 05-53-06-68-68. Fax : 05-53-06-92-41. • **www.hotelducentenaire.fr** • Parking. TV. Satellite. Resto fermé le midi les lundi, mardi, mercredi et vendredi. Congés annuels : de début novembre à début avril. Accès : dans la rue principale. Chambres doubles à partir de 138 € avec bains. Demi-pension à 129,58 € par personne. Menus de 58 à 110 €. Cette maison est une véri-table histoire de famille et ici, on a su garder les pieds sur terre ou plutôt dans le terroir. La tradition et l'inspiration régionales et le choix des produits, parmi les meilleurs de la région, voilà les ingrédients de base. Il faut maintenant le talent de Roland Mazère pour sublimer chaque saveur et extraire de chaque produit sa quintessence. Que dire d'une « toute simple » salade d'asperges blanches et copeaux de foie gras ? Com-ment réussir à créer une « terrine chaude de cèpes, pointe d'ail et beaucoup de persil » aussi exceptionnelle, si simple a priori, mais jamais cèpes n'ont eu autant de goût, ni ne sont restés aussi moelleux... et le steak d'oie rossini et gratin de macaronis au vieux cantal... on en salive encore. Les vins, en vente dans une boutique à côté du restau-rant, font la part belle aux crus de la région. L'accueil d'Alain Scholly et de Madame est sincère, authentique et chaleureux, le ser-vice est parfait, discret et efficace. C'est cela, la vrai classe. Le décor est du même niveau, beau, riche mais sans ostentation. Bien évidemment, il faudra dépenser une certaine somme, mais pour le prix de deux ou trois repas ordinaires, on a un vrai plaisir dont on gardera le souvenir toute sa vie, cela vaut peut-être la peine de faire un effort ? D'autant que le premier menu per-met d'approcher le talent du chef et le plaisir du lieu. Les Eyzies sont célèbres pour les restes de l'homme de Cro-Magnon, ils le deviennent aussi par le souvenir de l'homme du *Centenaire*. Les chambres offrent un confort total, mais il faudra vrai-ment casser sa tirelire pour s'offrir les plus belles.

DANS LES ENVIRONS

TURSAC 24620 (6 km N)

|●| *Restaurant La Source* – le bourg ☎ 05-53-06-98-00. Fermé le samedi en basse sai-son. Congés annuels : de la Toussaint à mi-mars. Accès : par la D706. Menus de 12 à 21,50 €. Honnête petite auberge de village, bien agréable. Salle rustique et, aux beaux jours, terrasse-jardin où coule une source

(la voilà !). Les propriétaires réalisent une cuisine sacrément créative. Moderne sans être nouvelle, et sans oublier les spécialités du terroir : menu périgourdin (gésiers et confit), omelette aux cèpes, gratin de cabil-laud, terrine de lapin aux noisettes et aussi un menu végétarien, cela vaut la peine d'être signalé. Ambiance agréable. Accueil charmant.

TAMNIÈS 24620 (14 km NE)

🛏 |●| *Hôtel-restaurant Laborderie* ** – le bourg (Centre) ☎ 05-53-29-68-59. Fax : 05-53-29-65-31. • **hotel.laborderie@worl donline.fr** • Parking. TV. Congés annuels : de novembre à mars. Accès : par la D47 et la D48 ; à égale distance (14 km) de Sarlat et de Montignac. Chambres doubles avec douche et w.-c. ou bains de 46 à 73 €. Menus de 19,50 à 40 €. Sur la paisible place centrale d'un bourg perché. Environ-nement assez exceptionnel donc. Ce qui fut une ferme puis un café-resto de campagne est aujourd'hui devenu une adresse plutôt chic. Quelques chambres sont installées dans la maison, pleine d'allure avec son clo-cheton ; les autres, toutes aussi agréables, se nichent dans une annexe, au milieu d'un parc ouvert sur la campagne environnante. Nos préférées, de plain-pied, donnent sur la piscine. Au resto, devenu un des points de passage obligés d'un Périgord pourtant riche en bonnes adresses, le chef décline avec talent et générosité les classiques péri-gourdins : assiette périgourdine, foie gras mi-cuit, canard aux pêches... Vaste et lumi-neuse salle à manger et terrasse.

GRENADE-SUR-L'ADOUR 40270

Carte régionale A2

🛏 |●| *Pain, Adour et Fantaisie* *** – 14-16, pl. des Tilleuls ☎ 05-58-45-18-80. Fax : 05-58-45-16-57. • **pain.adour.fantai sie@wanadoo.fr** • TV. Canal+. & Fermé le lundi, le mercredi midi et le dimanche soir. Congés annuels : vacances scolaires de février (zone C). Accès : RN124. Chambres doubles de 64 à 122 € avec bains. Menus à 30 €, sauf les jours fériés, et de 38 à 82 €. Cette vieille maison de village, plantée entre la place principale et l'Adour, a tout pour plaire. Si vous avez prévu une étape dans le coin, venez vous lover dans une des 11 chambres de la maison. Elles sont confortables, décorées avec un goût assuré, pleines de charme. La cuisine, elle, est incontournable et revient dans toutes les bouches, pauvres ou riches, gueules ou notables. Philippe Garret est un artiste. S'il était peintre, il serait impressionniste. Il opère par touches, il invente comme on compose des poésies lorsqu'on est amoureux. À l'arrivée, c'est une véritable symphonie buccale qui se joue dans votre assiette. Et que ce soit dans une salle au décor raffiné ou sur la terrasse au bord de l'Adour, le plaisir est là du début jusqu'à la fin. Il en faut encore pour vous convaincre ? Si l'on vous dit foie gras mariné au jurançon, crème froide de petits pois et ballottines d'huîtres à l'oseille, daurade grillée aux écrevisses, aile de canard challandais rôtie avec sucrine au jambon Serrano séché, agneau de lait des Pyrénées curry à la noix de cajou... On pourrait continuer sur toute la carte. Service discret, classieux sans être guindé. Différents menus pour un rapport qualité-charme-prix sans égal.

HAGETMAU   40700

Carte régionale A2

🏠 ▮●▮ *Jambon* ** – 245, av. Carnot ☎ 05-58-79-32-02. **Fax : 05-58-79-34-78.** Parking. TV. Canal+. Satellite. Câble. Fermé le dimanche soir et le lundi. Congés annuels : de fin octobre à début novembre. Accès : centre-ville, face au marché couvert. Chambres doubles de 45 à 60 € avec douche et w.-c. ou bains. Menus pour toutes les bourses et tous les appétits de 17 à 30 €. On vous le concède, le nom de cette maison peut surprendre ! Mais derrière la façade rose et blanche se cache la maison respectable du coin, réputée pour ses mets comme le foie aux épices qui côtoie sur la carte le ragoût de Saint-Jacques aux cèpes, le pigeonneau aux émincés de foie frais qui sympathise avec le soufflé chaud au Grand Marnier. La table mérite des éloges, les chambres aussi. Et puis un patron aussi sympa avec une casquette vissée sur la tête, ça inspire forcément confiance. *Digestif maison offert à nos lecteurs sur présentation de ce guide.*

HENDAYE   64700

Carte régionale A2

🏠 ▮●▮ *Hôtel-restaurant Bergeret-Sport* ** – 4, rue des Clématites ☎ 05-59-20-00-78. **Fax : 05-59-20-67-30.** • marie carmen.bergeret@wanadoo.fr • Cartes de paiement refusées. Parking. TV. Satellite. Congés annuels : à Noël. Accès : à 150 m de la mer et à 1 km du centre-ville. Chambres doubles avec douche et w.-c. de 45 à 60 €. En juillet-août, la demi-pension est demandée, à 52,59 € par personne. Menus à 14 et 21 €. Hôtel familial aux chambres modestes mais confortables et bien tenues par une patronne charmante et loquace. Les photos de famille au mur sont celles des vieux clients, c'est dire ! Le patron est prof de cuisine : donc restaurant recom-

mandable pour de la cuisine régionale classique et très copieuse, que l'on peut déguster sous les platanes du jardin.

▮●▮ *La Cabane du Pêcheur* – quai de la Floride ☎ 05-59-20-38-09. Parking. Fermé le dimanche soir et le lundi du 15 octobre au 31 mai (hors vacances scolaires zone C). Menus de 13,80 à 24,40 €. Compter de 15 à 20 € à la carte. Vu son nom et placé où il est, vous aurez deviné qu'ici le poisson est roi. Cuisiné simplement, toujours frais (on le débarque sur le quai en face), servi dans une grande salle simple d'où vous pourrez regarder les bateaux. Accueil charmant par un jeune patron qui a fait ses classes chez les meilleurs chefs de la région. *Digestif maison offert à nos lecteurs sur présentation de ce guide.*

▮●▮ *Le Parc à Huîtres* – 4, rue des Orangers ☎ 05-59-20-32-38. Fermé le mardi hors saison. Accès : face au port de pêche. Huîtres ultra-fraîches de 9 à 12,10 € la douzaine, assiettes de toasts de 3 à 6,40 €, assiettes composées de 3 à 6,40 € et salades de 4,60 à 5,40 €. Compter 15 € environ pour un repas. Repas froid uniquement pour cette épicerie qui sert en salle ou en terrasse. Desserts et vins locaux servis au verre, voilà une adresse qu'on vous recommande chaudement. *Café offert à nos lecteurs sur présentation de ce guide.*

DANS LES ENVIRONS

BIRIATOU 64700 (4 km SE)

🏠 ▮●▮ *Hôtel-restaurant Bakea* ** – rue Herri-Alde (Centre) ☎ 05-59-20-02-01. **Fax : 05-59-20-58-21.** • www.bakea.fr.st • Parking. TV. Satellite. Fermé le lundi midi et le mardi midi d'avril à fin septembre ; sinon, fermé le dimanche soir et le lundi. Restaurant : 05-59-20-76-36. Congés annuels : en février. Accès : par la D258, suivre le fléchage. Chambres doubles de 38 à 61 € en fonction de la taille et de la vue. Demi-pension en juillet-août à partir de 124 € pour 2 personnes. 1er menu à 39 € sauf le dimanche et les jours fériés, et menus dégustation à partir de 55 €. Voilà un vrai petit coin de paradis dans la vallée de la Bidassoa si chère à Pierre Loti. Loin de tout, vous goûterez au repos absolu. Pour cela, une dizaine de chambres propres et fleuries, les plus belles avec balcon et vue sur la Bidassoa (nos 7 à 10) ; et 23 chambres supplémentaires dans une annexe mitoyenne. Excellent restaurant avec une terrasse de rêve qui offre une cuisine copieuse et imaginative (duo de blanc de poireaux et foie gras au torchon, foie chaud des sœurs Tatin). Malheureusement assez cher. Accueil prévenant et service raffiné. *10 % sur le prix de la chambre (sauf en haute saison) offerts à nos lecteurs sur présentation de ce guide.*

HOSSEGOR 40150

Carte régionale A2

🏠 ❙●❙ *Hôtel-restaurant Les Huîtrières du Lac* ** – 1187, av. du Touring-Club ☎ 05-58-43-51-48. Fax : 05-58-41-73-11. ● pla lanne@aol.com ● Parking. TV. Resto fermé le lundi et le mardi, sauf en saison. Congés annuels : de mi-novembre à début décembre. Accès : au bord du lac (et de la route). Chambres doubles de 57 à 77 € en basse saison et de 76 à 97 € en haute saison. Menu à 18,30 €. Compter 38 € à la carte. Réserver suffisamment à l'avance pour être sûr d'avoir une chambre donnant sur le lac. Un rien bourgeois, très bien tenu, un poil cher pour le coin, mais une excellente table. Voici en résumé à quoi il faut s'attendre. L'atmosphère reste plutôt familiale. Que vous dormiez ici ou pas, la table mérite une halte pour les huîtres ou le bar en croûte de sel, le foie gras poêlé aux raisins... *Café offert à nos lecteurs sur présentation de ce guide.*

HOSTENS 33125

Carte régionale A1

🏠 ❙●❙ *Le Café des Sports* – 9, route de Bazas ☎ 05-56-88-55-13. Parking. Fermé tous les jours de 15 h à 17 h pour cause de sieste du patron. 34 € le bungalow pour 4 personnes. 1er menu le midi à 10 €, puis menus de 14 à 27 €. Derrière le bar, le patron rigolard. Dans la grande salle, une solide clientèle d'habitués qui sait pourquoi elle vient : gibier en saison (et parfois hors saison...), tricandrilles, jambon de la ferme d'à côté. La patronne gère tout ça (patron inclus) avec une belle humeur gasconne. Et on vous en parle à 50 km à la ronde. Également des bungalows à louer à l'arrière, dans le jardin, pour 34 € la nuit avec salle de bains. Tranquille... *NOUVEAUTÉ.*

LALINDE-
EN-PÉRIGORD 24150

Carte régionale B1

🏠 ❙●❙ *Hôtel-restaurant Le Château* *** – 1, rue de la Tour (Centre) ☎ 05-53-61-01-82. Fax : 05-53-24-74-60. TV. Fermé le lundi et le mardi et hôtel fermé le dimanche soir de novembre à mars. Congés annuels : la 3e semaine de septembre et de mi-novembre à mi-février. Accès : par la rue des Martyrs-du-21-Juillet-1944, puis tourner dans la rue de La Poste. Chambres doubles de 49 € avec douche et w.-c. à 153,50 € avec bains. Demi-pension demandée de mai à fin septembre, de 61 à 115 €. Menus de 22,50 à 38 €. C'est un vrai petit château, avec tourelle à encorbellement, tours poivrières et balcon sur la dolente Dordogne. Guy Gensou, qui en a refait tout le décor intérieur, règne en cuisine et accueille fort chaleureusement. Il personnalise, enrichit, revisite les plats du terroir avec un enthousiasme (qui connaît parfois quelques baisses de régime...) et de superbes produits frais. Salles paisibles et gentil service. Beau 1er menu avec apéro offert, pâté à l'ancienne au brin de truffes, truite farcie au blanc de Bergerac, milla périgourdin à la faisselle et son coulis de framboise... Chambres confortables et chères (château oblige !), mais évitez les moins chères, petites, aux fenêtres exiguës et sans vue sur la rivière. Par bonheur, la douceur des prix au restaurant n'exclut personne. D'ailleurs, on trouve parfois des casques de motos dans l'entrée. Incongru ? Non, Guy Gensou est lui-même motard et ses collègues de la route sont vraiment les bienvenus... Petite piscine surplombant la Dordogne.

LAROQUE-TIMBAUT 47340

Carte régionale B1-2

❙●❙ *Le Roquentin* – (Centre) ☎ 05-53-95-78-78. Fermé le lundi, le jeudi soir et le dimanche soir, et les soirs de fêtes. Accès : face à l'église. Menus à 10 €, le midi en semaine, puis de 15 à 34 €. Menu-enfants à 6,50 €. Maison récente construite dans le style des mas provençaux et agrémentée d'une déco printanière. La cuisine du chef a su conquérir une belle réputation dans la région. Il travaille de bons produits qu'il prépare dans la tradition du Sud-Ouest : croustadine de foie gras frais aux pommes, confit de canard, poulet sauté aux cèpes, magret au miel, cuisses de grenouilles persillées, œufs brouillés aux truffes, cèpes en saison. Jolie carte des vins où l'on trouve un beau cahors La Coutale 1999. Les amateurs apprécieront, les néophytes découvriront !

LARRAU 64560

Carte régionale A2

🏠 ❙●❙ *Hôtel-restaurant Etchemaïte* ** ☎ 05-59-28-61-45. Fax : 05-59-28-72-71. ● www.hotel-etchemaite.fr ● Parking. TV. Fermé le dimanche soir et le lundi hors saison. Congés annuels : du 5 janvier au 2 février et du 17 au 25 novembre. Chambres doubles de 41 € avec douche et w.-c. à 49 € avec bains. Menus de 15 à 36 €. Que c'est beau la Soule vue de la salle à manger de la ferme Barnetchia ! Quoiqu'on regarde plutôt l'assiette. C'est que Pierre Etchemaïte est un grand chef, malgré son jeune âge. Une belle auberge de famille, un apprentissage sérieux, le retour dans les montagnes, il n'en faut pas plus pour faire une grande adresse. En s'appuyant sur la trilogie souletine : agneau, cochon et cèpes (il y ajoute quand même quelques poissons), il invente en s'amusant une cuisine simple et sophistiquée à la fois. En salle, son frère, Martin, met à votre service toute sa gentillesse et ses compétences de sommelier. Et ce, en toute simplicité montagnarde, parce que les deux frères savent aussi vous raconter leur montagne, vous apprendre leurs itinéraires, vous donner leurs adresses. *Etchemaïte*, c'est une auberge au sens le plus noble du mot : un endroit où l'on vous accueille, on vous réconforte et on vous apprend le pays, bref, une adresse magique. Les chambres sont à la hauteur de la table.

LARUNS 64440

Carte régionale A2

|●| *L'Arrégalet* – **37, rue du Bourguet** ☎ 05-59-05-35-47. Ⅹ Fermé le dimanche soir et le lundi. Congés annuels : du 8 au 23 mai et du 4 au 25 décembre. Menus de 10,20 à 25 €. Vieille rue, salle et accueil chaleureux, petite terrasse. On est ici dans une des institutions de la vallée : la famille Coudouy concocte une cuisine typique avec les meilleurs produits de la montagne, à commencer par ceux du frère, charcutier renommé installé 100 m plus loin, et le pain fait maison. Deux plats à ne pas manquer : la garbure complète façon grand-maman et le foie frais de canard à la fondue de poireaux. Mais le resto est plus connu pour sa poule au pot servie entière, avec bouillon et légumes, que pour le plat qui a donné son nom à la maison. D'ailleurs, savez-vous que l'*arrégalet* est un croûton de pain à l'ail passé à la poêle dans la graisse de canard ? Fin, délicieux !

|●| *Auberge Bellevue* – **55, rue Bourguet (Centre)** ☎ 05-59-05-31-58. Parking. Ⅹ Fermé le mardi soir et le mercredi sauf du 10 juillet au 31 août. Congés annuels : 3 semaines en janvier, 2 semaines en juin. Accès : à 400 m du centre-ville. Formule à 11,50 et menus de 13,60 à 27,50 €. Une adresse fort alléchante et sympathique, installée dans un chalet fleuri avec une vue imprenable sur la montagne : salade gasconne, blanquette de veau à l'ancienne, confit de canard aux cèpes, crème catalane... Mais vous craquerez peut-être pour la garbure maison ou, en plat complet, *la Garburade !* *Café offert à nos lecteurs sur présentation de ce guide.*

SÉVIGNACQ-MEYRACQ 64260

(15 km N)

🏠|●| *Hôtel-restaurant Les Bains de Secours* ** ☎ 05-59-05-62-11. Fax : 05-59-05-76-56. ● **www.hotel-bains-secours.com** ● Parking. TV. Satellite. Fermé le dimanche soir et le lundi, plus le jeudi midi hors saison. Congés annuels : en janvier. Accès : à l'entrée de la vallée d'Ossau, sur la D934 qui mène à Laruns ; fléchage après Rébénacq. Chambres doubles à 48 € avec douche et w.-c., 58 € avec bains. Menus à 12,50 €, pour le déjeuner (et les résidents le soir), et à 24 € midi et soir sauf le dimanche. Menu à 25 € le dimanche midi. Une jolie route mène à cette auberge, ancienne ferme béarnaise restaurée, avec des balcons fleuris et une cour intérieure. Seulement 7 chambres, bien équipées, très calmes, en pleine campagne. Cuisine succulente au coin de la cheminée en hiver, en terrasse l'été. Goûtez le tournedos de thon au foie gras ou la fricassée de ris d'agneau. Une très belle adresse juste à côté d'un très ancien centre thermal.

LESTELLE-BÉTHARRAM 64800

Carte régionale B2

🏠|●| *Le Vieux Logis* *** – **route des Grottes (Sud-Est)** ☎ 05-59-71-94-87. Fax : 05-59-71-96-75. ● **www.perso.wanadoo.fr/ vieuxlogis/** ● Parking. TV. Satellite. Ⅹ Fermé le dimanche soir et le lundi hors saison. Congés annuels : du 25 janvier au 1er mars et du 25 octobre au 4 novembre. Accès : à la sortie du village en direction des grottes. Chambres doubles de 46 à 50 €. Demi-pension à 55 € par personne. Menus de 20 à 36 €. Au fond d'une grande propriété en bordure de la D937, entre Saint-Pé et Lestelle-Bétharram, à proximité des grottes du même nom. Maison de famille aménagée en hôtel de bon standing (bains/ douche, w.-c. et téléphone). Hébergement en chambres modernes (la plupart avec balcon) et chalets indépendants. Silence assuré. Piscine dès les beaux jours. Côté restaurant, décor rustique agréable en dépit de quelques maladresses. Cuisine régionale de qualité : mention spéciale pour les desserts, tout simplement exquis. Bonne carte des vins.

LISTRAC-MÉDOC 33480

Carte régionale A1

🏠|●| *L'Auberge Médocaine* – **13, pl. du Maréchal-Juin** ☎ 05-56-58-08-86. Fermé le vendredi et le dimanche soir hors saison.

AQUITAINE

Congés annuels : en janvier. Accès : au centre du village, sur la nationale (N215). Chambres doubles à 34 € avec douche et à 39 € avec bains. Menus de 10,50 €, le midi en semaine, à 35 €. Compter 30 € à la carte. C'est un peu par hasard qu'on s'est arrêté là, histoire de casser la croûte. Première surprise, l'agréable patio en retrait de la route ; la deuxième, c'est l'honnête petit menu à 10,50 €, avec buffet d'entrées, plat du jour bien mitonné, dessert et vin compris ; enfin, le service aimable. Soit une bonne halte dans un secteur qui n'en compte pas beaucoup. Quant aux chambres, simples et propres, certaines ont même un brin de charme avec leurs poutres apparentes. *Café offert à nos lecteurs sur présentation de ce guide.*

DANS LES ENVIRONS

ARCINS 33460 (8 km E)

|●| *Café-restaurant du Lion d'Or* – au village ☎ 05-56-58-96-79. ♿ Fermé le dimanche et le lundi. Congés annuels : en juillet. Accès : par la D5 jusqu'à Moulis, puis prendre la route sur la droite. Menu à 10,40 € sauf le samedi soir ; à la carte, compter 35 €. Le genre d'endroit où le patron n'hésite pas à dire son fait au touriste si celui-ci ne s'adapte pas à la maison. Car le *Lion d'Or* est une institution. Regardez les placards portant un nom de domaine : c'est là que les viticulteurs locaux mettent leurs meilleures bouteilles pour les boire en dégustant la cuisine de Jean-Paul Barbier, cuisine simple, cuisine de terroir (gibier en saison, poisson de l'estuaire) typiquement médocaine. On a un faible pour le petit menu ouvrier, qui ne craint pas de proposer entrée, plat, fromage, dessert et demi de vin de pays. Le plat du jour est à conseiller également : viande d'agneau rôti, tournedos, foie à l'anglaise ou simple omelette. Une halte sympa, et l'une des meilleures tables du Médoc.

LURBE-SAINT-CHRISTAU 64660

Carte régionale A2

🏠 |●| *Au Bon Coin* ★★★ – route d'Arudy ☎ 05-59-34-40-12. Fax : 05-59-34-46-40. ● www.valleeaspe.com/lassala ● Parking. TV. Canal+. ♿ Fermé le dimanche soir et le lundi du 1er novembre au 15 avril. Accès : à 1 km du village. Chambres doubles de 46 à 74 €. Demi-pension à 100 € par personne. Menus de 15 à 51 €. Bel hôtel moderne et confortable dans un cadre de basse montagne, verdoyant et calme, qui mérite largement ses étoiles. Bien placé pour refaire le plein d'énergie avec l'établissement thermal à 300 m. Piscine de l'autre côté de la route presque déserte. Restaurant de très bonne facture (mais avec des additions raisonnables !). Thierry Lassala n'usurpe pas sa réputation. Ravioles de langoustines au vieux parmesan, barigoule à l'artichaut poivrade, lasagnes de champignons... et ce n'est qu'un aperçu ! Thierry travaille en fonction des saisons et des marchés. *Café offert à nos lecteurs sur présentation de ce guide.*

MAULÉON-LICHARRE 64130

Carte régionale A2

🏠 |●| *Hôtel Bidegain* – (Centre) ☎ 05-59-28-16-05. Fax : 05-59-19-10-26. ● hotel-bidegain@wanadoo.fr ● Parking payant. TV. Fermé le dimanche soir et le lundi midi. Accès : face au château. Chambres doubles de 46 à 54 € avec douche et w.-c. ou bains. Menus de 10,67 €, en semaine, à 25 €. Retour à la vie d'un des plus vieux et des plus beaux hôtels du centre-ville, qui vit défiler dans ses salons au charme suranné, ses boudoirs et son jardin, toute la clientèle chic des décennies passées (d'ailleurs, certains ont oublié leurs chapeaux à la réception). Repris en mains par Pierre et Martine Chilo, le restaurant s'est rapidement imposé comme la meilleure adresse gastronomique de Mauléon : on trouve au 1er menu des délices comme les lasagnes de saumon aux pâtes fraîches ! Autres spécialités : terrine de morue et sa tartine de piments *piquillos*, pièce de bœuf *a la plancha* et soufflé au chocolat. Il faudra un peu plus de temps à l'hôtel (techniquement irréprochable car literie et plomberie ont été revues) pour devenir un vrai hôtel de charme en raison d'une déco à l'aspect désuet de l'après-guerre. Mais l'équipe Chilo fait bouger les choses. Demandez une chambre sur l'arrière pour profiter des terrasses donnant sur le jardin. Accueil parfait, gentil et réservé.

MIMIZAN-PLAGE 40200

Carte régionale A-2

🏠 |●| *Hôtel-restaurant Atlantique* – 38, av. de la Côte-d'Argent ☎ 05-58-09-09-42. Fax : 05-58-82-42-63. ● www.cortix.fr/atlantic ● Parking payant. TV. Satellite. ♿ Fermé le mercredi midi. Congés annuels : du 1er au 15 octobre (l'hôtel reste ouvert). Accès : plage nord, à proximité du centre-ville. Pour les prix, tenez-vous bien : chambres doubles à 22 € avec lavabo et bidet et de 37 à 51 € avec douche et w.-c. Demi-pension demandée en juillet-août, de 28 à 41,50 € par personne. Menus de 9 à 21 €.

Menu-enfants à 7 €. Sur le front de mer mais sans la vue. Incroyable petite adresse familiale, modeste et vraiment sympa. 40 chambres en tout, dans une vieille et grande bâtisse en bois derrière laquelle est venu se greffer un nouvel hôtel. Jardin agréable. Confort convenu d'une petite pension de famille où les habitués reviennent depuis des années. Uniquement 16 chambres avec douche et w.-c. Les autres ne possèdent qu'une douche ou un lavabo. À titre personnel, on préfère les chambres de la maison principale (dont 4 donnent sur la mer). Mais c'est affaire de goût. Sympathique endroit pour manger. Salade de Saint-Jacques aux mangues, poulet aux écrevisses, bar grillé au beurre d'ail, magret au foie gras, vol-au-vent de moules poulette, lamproie à la bordelaise. Simple et roboratif. *10 % sur le prix de la chambre (pour au moins 2 nuits consécutives) offerts à nos lecteurs sur présentation de ce guide.*

🛏️ ❙●❙ *Hôtel-restaurant L'Émeraude des Bois* ** – 66-68, av. du Courant ☎ 05-58-09-05-28. Fax : 05-58-09-35-73. ● emerau dedesbois@wanadoo.fr ● Parking. TV. Restaurant ouvert le soir seulement, et du 20 mai au 20 septembre. Ouvert tous les jours en saison. Congés annuels : du 1er octobre au 29 mars. Accès : par la D626 ; à 10 mn à pied du centre. Chambres doubles de 39 à 58 € avec douche et w.-c. ou bains. Demi-pension demandée en juillet-août, de 39 à 49 €. Menus de 15,10 à 24,50 €. Cet hôtel-restaurant est encore une bien bonne petite adresse familiale dans une charmante maison bordée de gros arbres et décorée à l'ancienne. Accueil très chaleureux. Si vous restez quelques jours, on conseille vivement la demi-pension, vu la qualité de la cuisine. Menus ravissants : velouté de courgettes, lotte à la provençale, soupe de poisson, foie gras maison, magret au miel, mousse au chocolat, nougat glacé au miel d'acacia, crème brûlée façon du chef... Pas vraiment inventif mais cuisine soignée et goûteuse. Véranda et terrasse ombragée très appréciées aux beaux jours. Excellent rapport qualité-prix. *Apéritif maison offert à nos lecteurs sur présentation de ce guide.*

🛏️ *Le Patio* – 6, av. de la Côte-d'Argent ☎ 05-58-09-09-10. Fax : 05-58-09-26-38. ● www.le-patio.fr ● Parking. TV. Fermé le lundi d'octobre à fin mars. Congés annuels : en janvier. Accès : face à l'Atlantique, sortie parking centre-ville. Chambres doubles avec douche et w.-c. de 54 à 87 € suivant la saison. Un lieu à retenir (et même longtemps à l'avance), face à l'Océan et à la plage, qui tient plus de la maison que de l'hôtel. Des chambres agréables et bien aménagées, dans un style étonnant et même provençal (on peut le dire !). Si vous ne voulez pas voir les vagues et préférez le calme, bungalows à l'arrière, près de la pis-

cine. Et petite crêperie appartenant à la même famille au rez-de-chaussée, côté rue (ouverte l'été). *10 % sur le prix de la chambre (sauf du 15 juin au 15 septembre) offerts à nos lecteurs sur présentation de ce guide.*

DANS LES ENVIRONS

LÜE 40210 (22 km NE)

❙●❙ *Restaurant L'Auberge Landaise* – au bourg ☎ 05-58-07-06-13. Parking. Fermé le dimanche soir et le lundi. Congés annuels : 3 semaines en janvier et le mois d'octobre. Accès : par la D626. Menus à partir de 9,50 €, tous les soirs et le dimanche, puis de 17 à 30 €. La bonne auberge landaise toute joufflue ! Une dizaine de menus à tous les prix. Impossible de ne pas trouver son bonheur entre le confit de palombe, la salade de gésiers, les *chipirons* à l'encre, le pavé de lotte à l'armoricaine... C'est sans doute grâce à cette gamme de prix que toutes les catégories sociales de la région se donnent rendez-vous chez M. Berthet : VRP, notables, ouvriers et touristes se rassemblent autour d'un salmis de palombe ou d'un magret.

Carte régionale A2

🛏️ ❙●❙ *Hôtel-restaurant des Pyrénées* – 4, rue du 34e-R.-I. ☎ 05-58-46-49-49. Fax : 05-58-06-43-57. TV. Canal+. Fermé le vendredi soir, plus le dimanche en juillet-août. Chambres doubles à partir de 21 € avec lavabo, 38 € avec douche et w.-c. et 40 € avec bains. Menus à 12 €, sauf le dimanche, puis de 20 à 31 €. On la voit bien cette vénérable maison rose que tous les gens du coin connaissent. Il faut reconnaître que c'est un peu la cantine pour le déjeuner. Au gré des 3 salles, on revit presque l'histoire de la maison en fonction des décorations qui sont restées en l'état. Et puis, quand il fait beau, de grandes baies vitrées s'ouvrent sur une terrasse au milieu des arbres et des fleurs. Et l'on se délecte de magret, de foie gras, de confit de poule, de porc ou de mouton... Dans chaque menu, on retrouve cette cuisine simple, roborative, rudement bonne quoi ! Quelques jolies chambres agréables, surtout si vous choisissez celles donnant sur la verdure. Sur le carrefour, c'est beaucoup plus bruyant. Il vaut mieux réserver pour être bien placé ! Service cordial et digne d'une école hôtelière avec tout ce que cela implique.

🛏️ ❙●❙ *Hôtel-restaurant Richelieu* ** – rue Wlérick (Centre) ☎ 05-58-06-10-20. Fax : 05-58-06-00-68. ● www.citotel.com/

hotels/richelieu.html• Parking payant. TV. Canal+. Satellite. Resto fermé le samedi (sauf repas commandés et groupes). Accès : juste derrière le théâtre, direction la préfecture. Chambres doubles de 44 à 45,50 € avec douche et w.-c. ou bains. Menus à 14,20 €, en semaine, servi à 21,50 € le dimanche, puis à 25,60 et 28,10 €. Menu-enfants à 8,50 €. Le seul hôtel bourgeois du centre. Familial, ambiance un peu « amidonnée » comme les cols de chemise des années 1930 mais irréprochable. Très province, quoi. Bon rapport qualité-prix. Le *Richelieu* est aussi l'une des meilleures tables de la ville. Cuisine impeccable, traditionnelle et sans surprise mais goûteuse et copieuse. Incontournable terrine de foie de canard mi-cuit, agneau de lait rôti ou pintade rôtie à l'armagnac et touron glacé. Rien à redire. L'adresse de tous les notables pour leurs déjeuners d'affaires. *Apéritif maison offert à nos lecteurs sur présentation de ce guide.*

|●| *Chez Despons* – 20, rue Plumaçon ☎ 05-58-06-17-56. & Fermé le soir et le dimanche. Congés annuels : du 27 juillet au 18 août. Accès : à droite des arènes. Au pied des marches de la gare SNCF. Tous les midi du lundi au vendredi, formule (plat du jour, salade et dessert) à 7 €, buffet à volonté servi à 7,17 € et menus à partir de 9 €, vin compris. Une bonne cuisine familiale, comme on rêve d'en trouver ici et là en traversant la France. On vient ici pour l'entrecôte grillée ou sauce au poivre servie avec frites ou haricots verts, une salade et un dessert dans le menu à... 9 € . Buffet de crudités. Charcuteries avec le 1er menu, très agréable, l'été. Boisson en plus. *Apéritif maison ou café offert à nos lecteurs sur présentation de ce guide.*

|●| *Le Bistrot de Marcel* – 1, rue du Pont-du-Commerce (Centre) ☎ 05-58-75-09-71. Fermé le dimanche et le lundi midi. Menus de 14 à 23 €. N'allez pas vous imaginer un vieux bistrot à la mode d'autrefois, avec des vieux qui jouent aux cartes. C'est une vraie belle table bénéficiant d'un cadre assez exceptionnel, de deux terrasses avec vue sur la Midouze et d'une cuisine du terroir à base de bons produits maison. Des spécialités landaises, cela va sans dire. Salle de jeux pour enfants. *Café offert à nos lecteurs sur présentation de ce guide.*

DANS LES ENVIRONS

UCHACQ 40090 (4 km NO)

|●| *Restaurant Didier Garbage* – RN 134 ☎ 05-58-75-33-66. Parking. & Fermé le dimanche soir et le lundi. Congés annuels : 1re quinzaine de janvier. Accès : direction Sabres-Bordeaux. Formule à 11,50 € au bistrot en semaine, et quatre autres menus de 23 à 50 € au resto. Ce sosie de Coluche s'est installé sur le bord de la route, entre Bordeaux et Mont-de-Marsan, ramenant chez lui toute la bonne clientèle de la ville. Didier le bienheureux a l'art de réussir les mélanges, en salle comme dans l'assiette, d'ailleurs. Tout le monde fraternise autour du foie gras poêlé sur un coulis de figues fondantes, du confit d'oie ou encore d'un tournedos de pied de cochon croustillant à l'huile de truffe. Le coin bistrot est pris d'assaut par les amis et les habitués. La formule rapide est un vrai bonheur. On a juste le temps de goûter au jambon, suspendu au plafond, ou bien aux anguilles ou *chipirons* sautés à l'ail et piment, avec un verre de vin... et quel vin !

MONTFERRAND-DU-PÉRIGORD 24440

Carte régionale B1

🏠 |●| *Hôtel-restaurant Lou Peyrol* – La Barrière ☎ et fax : 05-53-63-24-45. ● www.hotel-loupeyrol-dordogne.com ● Parking. Fermé le mercredi midi en avril, mai, juin et septembre. Congés annuels : du 1er octobre à Pâques. Accès : par la D703, puis la D660 direction Beaumont ; prendre enfin la D25 ; en bas de Montferrand, sur la D26. Chambres doubles à 34 € avec lavabo et à 41 € avec douche et w.-c. ou bains. Menus de 14 à 32 €. Joli petit hôtel-resto de campagne posé au bord d'une route très peu fréquentée la nuit. Tenu par Sarah et Thierry, un très accueillant couple franco-anglais (l'endroit a donc logiquement quelques sujets britanniques comme clients). Chambres simples mais agréables et très propres. Les nos 7 et 8 offrent une gentille vue sur l'adorable village de Montferrand. Les nos 5 et 6 restent fraîches, même en été. Une base idéale pour rayonner dans cette lumineuse région. D'autant que c'est une bonne table où l'on vous servira, par exemple, de champêtres omelettes aux cèpes, aux morilles ou bien encore aux girolles, un caneton de Barbarie rôti, et, au dessert, un gâteau au chocolat et aux noix. De l'autre côté de la route, un petit snack agréable tenu par la même maison.

DANS LES ENVIRONS

CADOUIN 24480 (7 km N)

🏠 |●| *Auberge de jeunesse* – au bourg ☎ 05-53-73-28-78. Fax : 05-53-73-28-79. ● www.fuaj.org● Parking. Congés annuels : de mi-décembre à début février. Accès : dans une partie de l'abbaye. Compter 14,35 € par personne en chambre simple, double ou triple ; 12 € en chambre collective de 4 à 7 lits ; petit déjeuner compris. Demi-pension à 20,84 € par personne, demandée pour les groupes. Repas à 8,10 €. Un must ! Installée dans une partie de l'abbaye magnifiquement restaurée. Parc attenant. Les chambres pour 1 ou 2 personnes sont les anciennes cellules, elles en ont gardé un côté monacal avec moucharabieh donnant sur le cloître. Les autres chambres sont également agréables. Elles possèdent toutes une salle de bains. Possibilité de pique-nique, repas en cuisine à disposition. Excellent accueil.

MONTFORT-EN-CHALOSSE   40380

Carte régionale A2

🏠 |●| *Aux Tauzins* ** – **D2, route de Baigts et Hagetmau** ☎ 05-58-98-60-22. **Fax :** 05-58-98-45-79. Parking. TV. Satellite. Fermé le dimanche soir et le lundi (hors 1re quinzaine d'août). Congés annuels : en janvier et la 1re quinzaine d'octobre. Accès : à 1 km à la sortie du village, direction Hagetmau. Chambres doubles à 50 € avec douche et w.-c., 53 € avec bains. Menus à 18 €, sauf le week-end, et de 23,50 à 34,50 €. Bel exemple d'hôtel-resto resté dans la tradition en ayant su évoluer avec son temps (piscine). Clientèle d'habitués depuis trois générations. Familial et confortable, avec des chambres à l'ancienne donnant sur le parc. Calme garanti. Cuisine du terroir servie, au resto, dans une salle claire dominant la vallée. Foie frais aux raisins, tournedos landais d'une rare tendresse, fricassée de lotte et Saint-Jacques aux cèpes, lièvre à la royale... Idéal pour goûter à la Chalosse.

MONTIGNAC   24290

Carte régionale B1

🏠 |●| *Hôtel-restaurant Bellevue* – **Regourdou (Sud-Est)** ☎ et fax : 05-53-51-81-29. Parking. ♨. Fermé le samedi et tous les soirs. Congés annuels : 1 semaine en juin, 1 semaine en octobre et 1 semaine en décembre. Accès : route de Lascaux-II ; passé la grotte, continuer jusqu'en haut de la colline. Chambres doubles de 34 à 40 €. Menus de 9,70 à 12,50 € puis à 22 €. Le dimanche, réservation conseillée. En pleine nature, tout à côté de la grotte de Lascaux (attention donc aux cars de touristes qui, cela arrive, prennent l'endroit d'assaut). Comme son enseigne l'indique, superbe panorama depuis les baies vitrées du resto et la terrasse. Honnête cuisine teintée de régionalisme bien compris à prix décents : confit de poule et enchaud garni, salade de gésiers, omelette aux cèpes... Accueil aimable.

🏠 |●| *Hostellerie La Roseraie* *** – **11, pl. d'Armes (Centre)** ☎ 05-53-50-53-92. **Fax :** 05-53-51-02-23. ● www.laroseraie.fr.st ● TV. Fermé le midi sauf le week-end en mi-saison. Congés annuels : du 15 novembre à Pâques. Chambres doubles de 84 à 120 €. Demi-pension demandée en juillet-août et jours fériés, de 78 à 100 € par personne. Menus de 21 à 36 €. Solide et élégante maison bourgeoise du XIXe siècle, dressée sur la place d'Armes. Les chambres exquises sont toutes différentes et toutes avec bains. Escalier de bois, petits salons confortables : cette maison a vraiment du charme. On s'y sent d'ailleurs beaucoup plus comme dans une maison d'hôte voire dans une bonne vieille pension de famille (où l'on vous conserve votre bouteille de vin si vous ne l'avez pas terminée), que dans un 3 étoiles chic et choc. Petit parc clos de hauts murs dans lequel on oublie instantanément que l'on est en ville. Et, cachée derrière la piscine, une petite roseraie (la voilà !). Mignonnette salle à manger et, pour les jours de soleil, délicieuse terrasse dans le jardin. Cuisine de terroir adroite et raffinée (pot-au-feu de canette à la crème de raifort, duo de foie gras de canard, pinces de tourteaux, moelleux tiède au chocolat...) et à des prix justifiés...

|●| *L'auberge de l'Oie Gourmande* – **La Grande Béchade, route de Lascaux** ☎ 05-53-51-59-40. Fermé le dimanche soir et le lundi hors saison. Congés annuels : de janvier à mi-février. Accès : prendre la route de Lascaux, puis à 500 m à gauche, au milieu des champs. Menus de 10,71 à 19,82 €. Cuisine du Périgord fine et inventive à des prix très doux (le menu à 12,70 € est d'un excellent rapport qualité-prix). Un peu à l'écart de l'agitation touristique. Grande salle en pierre et tables en terrasse l'été. Goûtez l'aumônière de cabécou (subtil mélange sucré-salé) et les desserts : à tomber par terre ! Une bonne petite adresse qui a su allier tradition et création. Service attentif. *NOUVEAUTÉ.*

DANS LES ENVIRONS

SAINT-AMAND-DE-COLY   24290
(8 km E)

🏠 |●| *Hôtel-restaurant Le Gardette* ** – **le bourg** ☎ 05-53-51-68-50. **Fax :** 05-53-51-04-25. ● www.hotelgardette.free.fr ● Parking. Ouvert de Pâques au 15 octobre. Chambres doubles de 29 à 38 € selon le confort et la saison. Menus de 15 à 23 €. Deux petites maisons de pierre blonde à l'ombre de l'une des plus belles églises du Périgord, fierté de ce village de poche (et de charme). Chambres tranquilles et à prix sages. Quatre chambres récentes, dont deux avec balcon et vue sur l'abbaye. On traverse la ruelle jusqu'au resto. Dans un coin de la salle, quelques toutes petites tables. Eh oui ! pendant l'année scolaire, la patronne fait cantine pour les enfants de l'école ! Salades diverses et plats du Sud-Ouest : omelette aux cèpes ou aux truffes, confit, magret. À l'occasion du festival de Musique classique (une période où la réservation est ici conseillée), le restaurant a créé une assiette spéciale pour marquer l'événement : une assiette de foie gras poêlé au naturel, salade de gésiers d'oie, rillette au foie gras et magret fumé. Ça a tellement bien marché qu'ils le servent maintenant toute l'année ! Avis aux amateurs.

SERGEAC 24290 (8,5 km SO)

|●| *Restaurant L'Auberge du Peyrol* ☎ 05-53-50-72-91. Cartes de paiement refusées. Parking. ♿ Fermé le lundi (sauf en juillet-août). En basse saison : ouvert le midi en semaine, midi et soir le week-end. Congés annuels : de décembre à février. Accès : sur la D65, à mi-chemin de Montignac et des Eyzies. Menus de 12 à 34 €. Auberge à l'ancienne, en belle pierre du pays, comme posée entre ciel et terre, à peine à l'écart d'un adorable village. Grande baie vitrée offrant un chouette panorama sur la séduisante vallée de la Vézère. Belle salle rustique avec une grande cheminée où sont fumés les magrets. Jeanine concocte des plats de campagne : foie gras poêlé aux pommes, enchaud de porc avec pommes sarladaises, omelette forestière... Au menu à 34 €, foie d'oie pur, omelette aux truffes, magret de canard sauce périgueux, salade, fromage et dessert. Réservation conseillée.

CHAPELLE-AUBAREIL (LA) 24290 (12 km S)

🏠 |●| *Hôtel-restaurant La Table du Terroir* ** – Fougeras (Nord) ☎ 05-53-50-72-14. Fax : 05-53-51-16-23. Parking. TV. ♿ Fermé le soir en hiver. Congés annuels : en janvier et février. Accès : route de Lascaux-II ; à ce niveau, c'est indiqué. Chambres doubles avec douche et w.-c. ou bains de 46 à 61 € selon la saison. Demi-pension, demandée en juillet-août, à 48 €. Menus de 12 à 33 €. Vous musarderez quelques kilomètres sur une route de plus en plus étroite dans une nature splendide. Autour d'une exploitation agricole, en pleine campagne, la famille Gibertie a érigé un véritable petit complexe touristique. Sur une colline, le restaurant est à 100 m de l'hôtel. Entre les deux, la piscine domine le paysage. Des constructions neuves mais de style périgourdin et qui s'intègrent bien dans le site. Chambres agréables à tous les prix. Le restaurant prend malheureusement un côté

usine en été : beaucoup (trop) de monde et des cars. Cuisine régionale : confit, aiguillettes de canard... Possibilité de panier-repas.

MONTPON-MÉNESTÉROL 24700

Carte régionale B1

|●| *Auberge de l'Éclade* – le bourg ☎ 05-53-80-28-64. Fermé le lundi soir, le mardi soir et le mercredi. Congés annuels : en mars et octobre. Accès : par la D708 de Ribérac, tourner avant le pont, avant d'entrer en ville, c'est fléché. Menus à 13 €, le midi en semaine, et de 21 à 40 €. Sans esbroufe, voici une auberge qui, bien qu'un peu excentrée (c'est pas sur le passage qu'elle peut beaucoup compter !), a su rapidement se faire connaître par un bouche à oreille enthousiaste. Salle au décor rustique et fleuri qui annonce la couleur sans détour. Cadre et accueil chaleureux, pour une cuisine créative n'enterrant cependant pas la tradition : foie chaud poêlé, compotée de poire, laqué au miel et raisins noirs, poêlée de gambas et de Saint-Jacques, compotée de poireaux au vinaigre de vanille... Beaux produits choisis parmi les meilleurs de la Double (notamment le foie gras). Excellent rapport qualité-prix.

NAVARRENX 64190

Carte régionale A2

🏠 |●| *Hôtel-restaurant du Commerce* ** – pl. des Casernes (Centre) ☎ 05-59-66-50-16. Fax : 05-59-66-52-67.● www.hotel-commerce.fr ● TV. Canal+. Satellite. Congés annuels : en janvier. Chambres doubles à 44 € avec douche et w.-c. ou bains. Menus à 11 €, le midi en semaine, et de 18 à 24 €. L'une des plus vieilles maisons béarnaises de Navarrenx, une ville où un autre âge où le temps semble s'être figé. À la réception, dès les premiers frimas, la grosse cheminée commence à crépiter. Chambres agréables – les plus belles sont mansardées. Cuisine pleine de bonnes saveurs béarnaises, servie dans un décor assez classique. Pourtant, les prix restent tout petits. Essayez le foie gras de canard et le pavé de saumon avec sa piperade de légumes ! Grande terrasse ombragée en été. *Café offert à nos lecteurs sur présentation de ce guide.*

NÉRAC 47600

Carte régionale B2

|●| *Aux Délices du Roy* – 7, rue du Château ☎ 05-53-65-81-12. Fermé le mercredi. Accès : place de la Mairie. Menus à 16 €, servi tous les jours, et à 27 €. Menu-enfants à 9,20 €. La cuisine nous a vraiment séduits. Tradition, alliances subtiles et produits de grande qualité. Un trio gagnant qui nous laisse encore dans la bouche des saveurs agréables. Voici quelques plats pour saliver : oreilles de cochon panées à la graine de moutarde, tête de veau et une large place laissée au poisson (rouget grillé à la pâte d'olives, crustacés en saison...). Clin d'œil exotique avec un pavé de requin en persillade et une crème brûlée remarquable en dessert. Accueil jeune et dévoué. *Apéritif maison offert à nos lecteurs sur présentation de ce guide.*

DANS LES ENVIRONS

FRANCESCAS 47600 (13 km SE)

iⁱ●ⁱ *Le Relais de la Hire* – **au bourg** ☎ 05-53-65-41-59. Fermé le dimanche soir et le lundi. Accès : prendre la D930 direction Condom sur 9 km, puis la D112 à gauche. Menu de l'Écuyer à 22 €, celui du Chevalier à 30 €. Menu-enfants à 13 €. Compter 34 € à la carte. Cette gentilhommière du XVIIIᵉ siècle séduit le passant dès la rue. Le jardin de plantes aromatiques dégage des fragrances délicates, et la quiétude des lieux augure bien de la fête gastronomique qui vous attend. Jean-Noël Prabonne, après avoir travaillé avec Robuchon, et hanté les cuisines du *Ritz* et dirigé celles du *Carlton*, s'est installé dans son pays de Gascogne. Il attache un soin particulier à choisir ses produits chez les agriculteurs et éleveurs de la région. Talent, grande maîtrise des préparations, saveurs subtiles et parfois superbes innovations signées avec des fleurs : vous serez totalement sous le charme. Les menus sont des moments de fête inoubliables. Au choix : artichauts de l'Albret soufflés au foie gras, dos de sandre vigneronne blanche, quasi de veau aux girolles, frisson aux deux chocolats, soufflé à la rose... Un véritable festival de goût dans un décor charmant et raffiné, prolongé par une belle terrasse. Jeux pour les enfants afin que les parents mangent tranquillement. *Café offert à nos lecteurs sur présentation de ce guide.*

SAINTE-MAURE-DE-PEYRIAC
47170 (17 km SO)

ⁱ●ⁱ *Restaurants Duffau-Les 2 Gourmands* – **rue Principale** ☎ 05-53-65-61-00. Ouvert le midi. Fermé le samedi. Congés annuels : début février. Accès : prendre la D656 en direction de Mézin ; à Mézin, poursuivre sur 4 km vers l'ouest. Menus tout compris à 10 et 21 €. Le dimanche, menu à 26 €. Pas de carte. Le midi en semaine,

c'est une adresse un peu comme les autres, sauf que, peut-être, la nourriture y est à peine meilleure. En tout cas, elle est très copieusement servie (soupe, terrine, omelette, et ça, ce sont les entrées). Dans la grande salle à manger se retrouvent VRP, ouvriers et employés des silos en face, ainsi que touristes égarés. Mais le dimanche midi, c'est une autre affaire, une affaire de gastronomes, et il est prudent de réserver longtemps à l'avance. Le chef, qui a travaillé au *Ritz* et *Chez Lasserre* (rien que ça !), et son associé se font plaisir. Grande, grande cuisine, à ne surtout pas rater. Pour les gens du coin (mais ils le savent), nos deux gourmands assurent un service traiteur. Excellent accueil. *Apéritif maison offert à nos lecteurs sur présentation de ce guide.*

NONTRON 24300

Carte régionale B1

🏠 ⁱ●ⁱ *Hôtel-restaurant Pelisson* ** – 3, pl. Alfred-Agard (Centre) ☎ 05-53-56-11-22. Fax : 05-53-56-59-94. ●www.hotels-restau-dordogneorg/pelisson ● Parking. TV. ♿ Fermé le dimanche soir d'octobre à avril. Chambres doubles de 44 à 52 € avec douche et w.-c. ou bains. Menus à 14,20 €, sauf le dimanche, de 19 à 45 €. En plein centre, un « grand hôtel » à la façade élégante mais un brin austère. Surprise : derrière se cachent un agréable jardin et une belle piscine. Et des chambres à l'ancienne, au calme sur l'arrière et à des prix raisonnables. Ambiance familiale (cela fait quelques générations que les Pélisson sont dans les murs). Vaste salle à manger rustique et cossue à la jolie vaisselle (il y a une fabrique pas très loin) et terrasse sur le jardin. Cuisine de bonne réputation, de tradition et de terroir : salade de langoustines cèpes et foies gras, feuilleté d'asperges, tête de veau ravigote, aiguillettes de bœuf au pécharmant, omelette aux truffes... à prix relativement serrés. Intéressante carte des vins.

OLORON-SAINTE-MARIE 64400

Carte régionale A2

🏠 ⁱ●ⁱ *Relais Aspois* ** – **route du Col-du-Somport (N134) , Gurmençon-Village (Sud)** ☎ 05-59-39-09-50. Fax : 05-59-39-02-33. ● www.relaisaspois.com ● Parking. TV. Fermé le lundi midi. Congés annuels : la 2ᵉ quinzaine de novembre. Accès : à 3 km au sud du centre d'Oloron-Sainte-Marie, prendre la direction de Saragosse. Chambres à partir de 28 € avec lavabo, à 32 € avec douche, à 43 € avec bains. Menus de

12 à 28 €, avec des spécialités régionales. Dans un ancien relais de transhumance, des chambres style chalet de montagne avec vue sur le village et les Pyrénées. Jardin et parc pour les enfants. Restaurant réputé auprès des Aspois, qui viennent là en famille. Salle à manger de caractère (dalles en ardoise, pierre nue, poutres). Dès l'automne, le feu crépite dans l'âtre. À la carte, cèpes à la persillade, garbure, foie gras, truites, palombe en salmis, magret aux cèpes... *Apéritif maison offert à nos lecteurs sur présentation de ce guide.*

🏠 *Hôtel de la Paix* ** – 24, av. Sadi-Carnot (Centre) ☎ 05-59-39-02-63. Fax : 05-59-39-98-20.● www.hotel-oloron.com● Parking. TV. Fermé du dimanche du 15 septembre au 30 juin. Congés annuels : du 15 octobre au 15 novembre. Accès : face à la gare. Chambres de 34 €, au 3e étage, avec douche, à 41 € avec bains. Un établissement qui change vite sous l'impulsion du nouveau patron. Une partie des chambres a été rénovée, les literies changées et les doubles vitrages posés. Les chambres sont vastes et claires et il y a un parking fermé. À suivre... *Apéritif maison ou digestif maison offert à nos lecteurs sur présentation de ce guide.*

DANS LES ENVIRONS

ESQUIULE 64400 (12 km O)

🏠 |●| *Chez Château* – pl. du Fronton (Centre) ☎ 05-59-39-23-03. Fax : 05-59-39-81-97. TV.💦 Fermé le dimanche soir et le lundi. Congés annuels : du 15 février au 15 mars. Chambres doubles avec douche et w.-c. à 30 €. Menus de 14 à 38 €. Quel endroit ! Quel village ! Quel chef ! Écoutez braves gens ce que Jean-Bernard Hourçourigaray sert dans son menu le moins cher : de la garbure, des truitelles à la persillade, du confit de canard, de la soupe de fraises. Pour le même prix, vous pouvez commander une garburade : dans la garbure nagent manchons de canard, morceaux de jambon, filets confits, et vous allez à la pêche dans le pot jusqu'à ce que vous soyez rassasié. Si vous êtes d'humeur gastro-dépensière, offrez-vous donc une salade aigre-douce de canardines au foie frais et aux pleurotes ou de simples ris d'agneau aux cèpes frais. Les vins, superbement choisis, restent à des prix plus que raisonnables. Décor de petite auberge de campagne (on peut même décider de manger dans le bar pour discuter avec les villageois) et clientèle essentiellement locale, ce qui explique la taille des portions. Bref, le plus fabuleux rapport qualité-prix de toute la région et un aubergiste jeune, bavard, attentif, secondé par une équipe hyper aimable. Vous croyez qu'on exagère ? Allez-y voir ! Et ne soyez pas surpris que tout le monde parle basque : Esquiule est un village béarnais uniquement peuplé de Basques. *Apéritif maison offert à nos lecteurs sur présentation de ce guide.*

ORTHEZ 64300

Carte régionale A2

🏠 |●| *Hôtel-restaurant Au Temps de la Reine Jeanne* ** – 44, rue du Bourg-Vieux (Centre) ☎ 05-59-67-00-76. Fax : 05-59-69-09-63. TV. Canal+. Satellite. 💦 Accès : en face de l'office du tourisme. Chambres doubles de 45 à 49 € avec douche ou bains. 1er menu à 9 € servi le midi en semaine. Autres menus de 15 à 33 €, et menu-carte à 25 €. Belles chambres agréables agencées avec beaucoup de goût, donnant sur un patio où il fait bon flâner avant d'aller au restaurant. C'est l'adresse sympa d'Orthez, avec des concerts de jazz mensuels autour de plats swingants. Le restaurant est l'une des plus jolies surprises que le Béarn nous ait offertes récemment. Le décor n'a rien de grandiose, la cuisine SI ! De la crème de céleri très douce servie en amuse-bouche en îles flottantes au cassoulet de caneton... Un vrai festival de saveurs à prix ô combien sympathiques. Mais pourquoi le superbe menu du midi figure-t-il sur une minuscule étiquette bien cachée dans la carte ? Service impeccable. *Apéritif maison offert à nos lecteurs sur présentation de ce guide.*

PAU 64000

Carte régionale A-B2

🏠 *Le Postillon* ** – 10, cours Camou (Centre) ☎ et fax : 05-59-72-83-00. ● www.hotel-le-postillon.fr ● TV. Canal+. Satellite. 💦 Ouvert toute l'année. Accès : à 5 mn du centre et à 2 mn du château, juste à côté de la place de Verdun. Chambres calmes de 40 à 43 € avec douche et w.-c. ou bains. Hôtel dans le style néo-romantique. Dans la cour, petit jardin fleuri où coule une fontaine. Une de nos bonnes adresses à Pau, avec un excellent rapport qualité-prix. *10 % sur le prix de la chambre offerts à nos lecteurs sur présentation de ce guide.*

🏠 |●| *Hôtel-restaurant Le Commerce* ** – 9, rue du Maréchal-Joffre (Centre) ☎ 05-59-27-24-40. Fax : 05-59-81-83-74. ● hotel.commerce.pau@wanadoo.fr ● Parking payant. TV. Canal+. Hôtel ouvert toute l'année. Resto fermé le dimanche et les jours fériés (sauf groupes). Accès : face à la préfecture. Chambres doubles de 46,50 à 51 €. Demi-pension de 61 à 70 € par personne. Menus de 13,80 à 24,50 €.

Un hôtel de tradition au cœur de la ville. Un charme certain et un accueil cordial. Chambres confortables, insonorisées, avec téléphone direct. Bar. Belle salle à manger dans un décor rustique avec un mur en galets roulés du gave. Spécialités de filet mignon aux morilles et jurançon safrané, sole aux cèpes. Terrasse à l'intérieur de la cour aussi agréable que le service. *10 % sur le prix de la chambre offerts à nos lecteurs sur présentation de ce guide.*

▮●▮ Don Quichotte – 30-38, rue Castetnau (Nord-Est) ☎ 05-59-27-63-08. Fermé le lundi midi, le samedi midi et le dimanche. Accès : dans le quartier du Triangle. En semaine, 3 plats du jour à 7,20 € vin compris. Plats à emporter : 5 €. Formules à 8 et 10,60 €. Un des restaurants de qualité les moins chers de Pau. Clientèle étudiante. Rien d'étonnant à cela ! On affiche ici 15 plats (dont les tapas) à petits prix. Une aubaine ! Et, en prime, accueil sympa ! À la saison du cochon menus « tout en cochon », soit le menu « extrémités » (oreilles, queue, pieds), soit un menu avec des morceaux nobles. *Sangria offerte à nos lecteurs sur présentation de ce guide.*

▮●▮ Restaurant La Brochetterie – 16, rue Henri-IV (Centre) ☎ 05-59-27-40-33. Service jusqu'à 23 h. Fermé le lundi et samedi midi. Accès : près du château d'Henri IV, face à l'église Saint-Martin. Menus de 14 à 18,50 €. Jolie salle en pierre avec, en vedette, le gril où rôtissent magrets et viande. À midi, plutôt employés du coin et cols blancs. Accueil et service prévenants. À la carte : daurade grillée flambée à l'anis, côte de sanglier (suivant saison), *mixed-grill*, salades fraîches diverses. Une adresse très connue à Pau. Le jeudi soir, ne ratez pas le cochon à la broche ou l'agneau de lait. Un régal ! Réservez avant. *Apéritif maison offert à nos lecteurs sur présentation de ce guide.*

▮●▮ Le Majestic – 9, pl. Royale (Centre) ☎ 05-59-27-56-83. ♿ Fermé le dimanche soir et le lundi. Menus de 14,50 €, en semaine, à 30,50 €. Dans la discrétion, œuvre un chef originaire de la ville, Jean-Marie Larrère. Peut-être desservi par un cadre un peu tristounet (que compense heureusement une terrasse ombragée posée sur la place Royale, dès les beaux jours), Larrère signe et persiste malgré tout. Son foie gras de canard chaud aux pommes caramélisées, ainsi que sa salade aux croustillants de pied de cochon et de morilles fraîches sont des entrées remarquables, et le râble de lotte au jus de chorizo et aux champignons ou le pigeon rôti en cocotte aux cèpes sont des plats dont on apprécie saveur et cuisson. Service et accueil de Mme Larrère parfaits.

▮●▮ Lou Capetout – 3, rue Viard ☎ 05-59-62-40-34. Fermé le samedi soir, le lundi et le dimanche. Formule à 15 € et menu à 22 €. Petit resto sympa, à la décoration assez banale mais à l'ambiance d'enfer. Tout Pau se précipite ici pour manger une cuisine béarnaise légère (mais oui, ça existe !) à base de produits de haute qualité, notamment la viande. Les bocaux de fruits au sirop des étagères regardent passer pot-au-feu et poitrines de veau farcies. Naturellement, réservation indispensable, la salle ne pouvant accueillir qu'une trentaine de convives. *NOUVEAUTÉ.*

▮●▮ Au Fin Gourmet – 24, av. Gaston-Lacoste (Centre) ☎ 05-59-27-47-71. Fermé le lundi et le dimanche soir. Congés annuels : une semaine fin février. Accès : en face de la gare, à 5 mn du centre-ville. Menus alléchants à partir de 16 € sauf le week-end. Autres menus de 24 à 55 €. De l'avis de nombreux Palois, l'un des meilleurs restaurants de la ville et l'on se rend compte dès la lecture de la carte qu'il porte bien son nom. Une carte renouvelable régulièrement, qui propose – cela dit pour vous mettre déjà le jurançon à la bouche – millefeuille de foie gras de canard chaud ou pigeonneau rôti servi avec un pain perdu tartiné de béatilles au foie gras... Le temps, on trouvera du charme même au cadre et un style quasi décontracté au service. Courez-y !

▮●▮ Restaurant La Table d'Hôte – 1, rue du Hedas (Centre) ☎ 05-59-27-56-06. Fermé le dimanche et le lundi. Congés annuels : à Noël. Menus à 18 et 24 €. Dans un des quartiers les plus anciens de Pau, Fabrice et Martine vous accueillent dans leur grande maison aux belles pierres et poutres apparentes, comme un habitué. Cuisine sans fausse note, riche en saveurs et en bons produits du marché : foie gras poêlé aux pruneaux, tourte de canard aux truffes. *Café offert à nos lecteurs sur présentation de ce guide.*

DANS LES ENVIRONS

GAN 64290 (8 km S)

▮▮ ▮●▮ Hostellerie L'Horizon ** – chemin de Mesplet ☎ 05-59-21-58-93. Fax : 05-59-21-71-80. ● www.hostellerie-horizon.com ● Parking. TV. ♿ Fermé le dimanche soir et le lundi sauf en haute saison. Congés annuels : du 1er au 28 février et du 19 au 31 décembre. Accès : sur les coteaux. Chambres doubles tout confort à 60 €. Menus de 15 à 46 €. Cette belle maison rose propose un bon bain de nature avec son jardin fleuri, son parc et sa terrasse où il fait bon se détendre, après avoir quitté le trafic routier à la sortie de Pau. À la carte : trilogie des délices de foie gras, sole braisée au foie gras... Une cuisine savoureuse et authentique, à l'image du chef, et un accueil souriant et tranquille de la patronne. *Café offert à nos lecteurs sur présentation de ce guide.*

PÉRIGUEUX 24000

Carte régionale B1

🏠 |●| *Hôtel-restaurant du Midi* ** – 18, rue Denis-Papin (Nord-Ouest) ☎ 05-53-53-41-06. Fax : 05-53-08-19-32. ● www.hotel-du-midi.fr ● Parking. TV. Canal+. Câble. Fermé le samedi du 20 octobre au 15 avril sauf sur réservation. Congés annuels : les vacances de Noël. Accès : en face de la gare. Chambres de 29 € avec lavabo à 44 € avec bains. 1er menu à 12 € ; menus suivants de 15 à 29 €. Le petit hôtel de gare tel qu'on se l'imagine mais entièrement rénové. Atmosphère gentiment familiale. Chambres modernes, très propres, et certaines avec double-vitrage. Préférez, tout de même, celles sur l'arrière, plus calmes et plus spacieuses. Salle à manger plutôt tranquille. Cuisine traditionnelle et plats de terroir : omelette aux truffes, magret aux mirabelles... Un bon rapport qualité-prix.

|●| *Les Berges de l'Isle* – 2, rue Pierre-Magne ☎ 05-53-09-51-50. Fermé le lundi, le samedi midi (sauf sur réservation 48 heures à l'avance) et le dimanche soir. Accès : au pied du pont donnant sur la cathédrale. Menu le midi en semaine à 12,50 €, le suivant à 14 € et menu-carte à 27,80 €. Au bord de l'Isle, face à la cathédrale Saint-Front, un endroit bien agréable avec la seule terrasse au bord de l'eau de la ville. La cuisine est recherchée. Formule menu-carte intéressante : soufflé au foie gras sauce vigneronne (un vrai régal), lamproie à la bordelaise... Un autre bon point : un certain nombre de vins servis au verre. Le patron, charmant, a une véritable passion pour son métier et saura vous la faire partager. Réservation souhaitable.

|●| *Restaurant Hercule Poireau* – 2, rue de la Nation (Centre) ☎ 05-53-08-90-76. Fermé le samedi et le dimanche. Congés annuels : à Noël et du 31 décembre au 3 janvier. Accès : dans une petite rue face à la porte principale de la cathédrale Saint-Front. Menus à partir de 16,60 €. Compter 35 € à la carte. Dans la belle salle voûtée de l'ancien octroi, une table élégante et un accueil remarquable. S'articulant autour de trois cartes (brasserie, poisson et périgourdine), plusieurs formules sont déclinées, ainsi qu'un menu diététique. On se perd un peu devant cette profusion de plats, mais chacun peut finalement y trouver son bonheur. La carte des vins a la particularité de s'orienter autour des trois prix principaux, le choix se faisant après en fonction de vos

goûts uniquement. La spécialité, le tournedos de canard Rossini, est une réussite. Bel effort sur les garnitures et la décoration des assiettes, une très bonne table en résumé. *Hercule Poireau* a vu juste !

|●| *Restaurant Le 8* – 8, rue de la Clarté (Centre) ☎ 05-53-35-15-15. Fermé le dimanche et le lundi. Congés annuels : 2 semaines en février et en septembre. Accès : à côté de la cathédrale Saint-Front. Menus de 26 à 61 €. Compter 35 € à la carte. Une table qui a su acquérir une belle réputation. La petite salle (réservation conseillée), habillée de rouge, respire le soleil. Comme la cuisine, qui brille dans le genre régional créatif. Les prix sont élevés tout de même. Une originalité, les plats de la carte peuvent être servis en demi-portion et... à moitié prix ! Parfait pour les petits appétits ou les curieux désireux de s'offrir ainsi une dégustation entre assiette des deux foies gras, croustillant de canard... Petit jardin à l'arrière. *Café offert à nos lecteurs sur présentation de ce guide.*

DANS LES ENVIRONS

CHANCELADE 24650 (3 km NO)

🏠 |●| *Le Pont de la Beauronne* ** – 4, route de Ribérac ☎ 05-53-08-42-91. Fax : 05-53-03-97-69. Parking. TV. Satellite. Service jusqu'à 21 h 30. Fermé le dimanche soir et le lundi midi. Congés annuels : 15 jours en février et 15 jours en octobre. Accès : au croisement des D710 et D139. Chambres de 22 € avec lavabo ou douche à 36 € avec bains. Demi-pension à 43 €. Menus de 11,45 à 32 €. Face à un grand rond-point très passager : on a connu mieux comme emplacement et la maison ne dégage pas un charme fou. Mais les chambres sont correctes, bien tenues et à des prix intéressants pour la région. En plus, l'accueil est charmant. Essayer d'obtenir une chambres sur l'arrière et le jardin. Ambiance familiale. Dans la salle à manger néo-rustique, cuisine toute simple, d'inspiration régionale.

MARSAC-SUR-L'ISLE 24430 (4 km O)

|●| *Restaurant le Moulin du Golf* – route de Chancelade ☎ 05-53-53-65-90. Ouvert tous les jours toute l'année, mais le soir uniquement sur réservation. Menu à 12 €. À la carte, compter entre 14 et 20 €. Une excellente côte de bœuf pour deux personnes et des produits frais du marché. Ici ce n'est pas le *club house* branché : le golf est public et surplombé par des HLM, le contraste est d'ailleurs étonnant. Deux salles, dont une petite charmante au coin du feu. De jolies nappes en tissu et une clientèle d'habitués

pour une ambiance familiale. Le foie gras poêlé aux pommes et l'omelette aux cèpes sont des grands moments de bonheur. Desserts délicieux. On en lècherait presque son assiette ! *NOUVEAUTÉ.*

ANNESSE-ET-BEAULIEU 24430
(12 km SO)

≜ |●| *Château de Lalande – Restaurant Le Tilleul Cendré* ✩✩✩ – La Lande - 24430 Razac-sur-l'Isle (Sud-Ouest) ☎ 05-53-54-52-30. Fax : 05-53-07-46-67. ● www.hotels-restau-dordogne.org/lalande ● Parking. TV. Satellite. Fermé le mercredi midi. Congés annuels : du 11 novembre au 15 mars. Accès : en direction de Gravelle puis Saint-Astier par la D3. Chambres doubles de 51 à 85 € avec douche et w.-c. ou bains. Menus de 24 à 48 €. Dans un parc de 3 ha au bord de l'Isle, un vrai luxe sans ostentation, au charme un peu vieillot, accueil charmant. Les chambres, agréablement meublées, donnent sur le parc, la piscine et la campagne. De taille inégale, selon le prix, elles sont toutes calmes et douillettes. La cuisine résolument régionale devrait convenir à tous les palais exigeants : salmis de pigeon à la truffe, suprême de pintade pomme verte, triologie de canard en pot-au-feu, pavé de sandre au pécharmant... Belle piscine près de la rivière. Une étape à retenir pour se faire plaisir à un prix raisonnable.

SORGES 24420 (23 km NE)

≜ |●| *Auberge de la Truffe* ✩✩✩ – N21 (Centre) ☎ et fax : 05-53-05-02-05. ● www.auberge-de-la-truffe.com ● Parking. TV. Canal+. Satellite. Fermé le dimanche soir en hiver et le lundi midi. Accès : par la N21. Chambres doubles de 45 à 49 €. Menus à 16 €, sauf le dimanche, et de 23 à 52 €. Voici une bonne table de tradition (dans l'autoproclamée capitale de la truffe, c'est plutôt recommandé) qui plaît, encore et toujours, aux gens du coin comme aux touristes. C'est aussi la table des repas d'affaires, ce qui est plutôt bon signe. Service très aimable et efficace. Les petits menus sont très intéressants : buffet de hors-d'œuvre et plats du marché. Au-dessus, ce sont gratiné de pétoncles aux pointes d'asperges vertes, rôti de lotte au fenouil, truite farcie à l'ancienne sauce verjus, soufflé glacé aux noix sauce chocolat. À noter, une carte « foie gras » et une carte « truffes » ! Quelques plats : escalope de foie frais chaud aux fruits, marbré de foie gras aux truffes, croustillant de ris d'agneau tiède avec ses copeaux de truffes... Même si l'auberge est en bord de route, les chambres sont agréables, surtout les nos 25 à 29 qui donnent de plain-pied sur le jardin. Beau petit déjeuner-buffet. Piscine et sauna. Annexe très calme au centre du village,

l'*hôtel de la Mairie.* Ouvert en saison d'été uniquement. Chambres plaisantes donnant sur la campagne. S'adresser à l'*Auberge de la Truffe.*

RÉOLE (LA) 33190

Carte régionale B1

|●| *Aux Fontaines* – 8, rue de Verdun ☎ 05-56-61-15-25. Fermé le dimanche soir et le lundi (sauf jours fériés). Congés annuels : dernière quinzaine de novembre. Menus de 14,50 à 39,70 €. Dans une rue pentue, un resto qui fait l'unanimité dans la région. Normal, c'est l'un des meilleurs ! Deux grandes salles claires, à la déco vaguement provençale, installées dans une jolie maison bourgeoise. Excellent rapport qualité-prix des menus. Le premier, servi tous les jours, n'est pas ruineux et se révèle tout à fait bien. L'escalope de foie gras aux fruits de saison et le canard travaillé de toutes les façons sont les spécialités maison, tout comme les volailles et les œufs (délicieuse brouillade). *NOUVEAUTÉ.*

RIBÉRAC 24600

Carte régionale B1

|●| *Restaurant Le Chevillard* – Gayet (Sud-Ouest) ☎ 05-53-91-20-88. Parking. Fermé le lundi et le mardi sauf en juillet-août. Accès : à 2 km de Ribérac, sur la route de Montpon-Bordeaux (D708). Menus à 11 €, le midi en semaine, et de 16 à 31 €. Resto installé dans une ancienne ferme, au milieu d'un vaste jardin. Salle à manger accueillante, d'un style rustique de bon goût. Le patron (un ancien VRP) y reçoit fort aimablement. Profusion de plats, viande grillée bien sûr (belle rôtisserie extérieure à côté de la terrasse), mais aussi un beau choix de poisson. Présent dans les menus, même celui du midi, un superbe buffet avec huîtres et fruits de mer variés et très frais. Volailles fermières et buffet de desserts. Le menu à 16 € comprend le vin à discrétion et le café. Une adresse généreuse à souhait.

SABRES 40630

Carte régionale A2

≜ |●| *L'Auberge des Pins* ✩✩✩ – rue de la Piscine ☎ 05-58-08-30-00. Fax : 05-58-07-56-74. ● www.auberge-des-pins.com ● Parking. TV. Canal+. Satellite. ⚹ Fermé le dimanche soir et le lundi hors saison, seulement le lundi midi en saison. Accès : prendre la route à droite dans le centre (venant de Bordeaux ou Bayonne). Chambres doubles de 51 € à 115 € avec douche et w.-c. ou bains. Menus à 19 €, sauf le dimanche, et de 26 à 61 €. Menu-enfants à 12,20 €. Grosse maison landaise à pans de bois, au balcon fleuri et au large toit. Ici, le mot tradition n'est pas vain. La famille Lesclauze met un point d'honneur à vous satisfaire. Elle mettra tout son savoir-faire pour vous laisser un bon souvenir et pour vous donner envie de revenir ici. Pour cela, elle a plusieurs atouts. Tout d'abord, les chambres avec quelques beaux meubles, de jolis bibelots et des lits confortables, que vous soyez dans la demeure principale ou dans l'annexe. Dans cette ambiance tout à la fois rustique et un peu chicos, la table ne dépare pas de l'ensemble. Croustillant de foie gras de canard, blanc de turbot et crémeux de carottes, pigeonneau farci et rôti avec risotto de jeunes légumes, ravioles de langoustines aux cèpes, soupe de fraises macérées aux écorces d'oranges et fromage blanc, le choix est presque cornélien car tout est attirant dans cette carte pleine de produits locaux traditionnels, agrémentés par le chef de petites trouvailles toujours subtiles et goûteuses. Une cuisine faite avec amour et sincérité, ça se sent.

SAINT-ÉMILION   33330

Carte régionale B1

🏠 *L'Auberge de la Commanderie* ** – **rue des Cordeliers (Centre)** ☎ 05-57-24-70-19. **Fax : 05-57-74-44-53.** ● **www.auber gedelacommanderie.com** ● Parking. TV. Câble. ♿ Congés annuels : du 1er janvier au 15 février. Accès : dans le haut de la vieille ville. Chambres doubles de 54 à 90 € avec douche et w.-c. ou bains, selon le confort et la saison. C'était autrefois une commanderie (évidemment !) templière. Pendant la Révolution, les Girondins, en disgrâce, s'y sont cachés. Mais peu de traces subsistent aujourd'hui du riche passé de ce classique hôtel familial de bon confort. Chambres plutôt romantiques dans l'établissement principal et modernes mais façon *Star Trek* dans l'annexe où elles sont un peu plus petites. Bonne adresse, mais les prix ont tendance à s'envoler. Propose également un appartement pouvant accueillir 4 personnes (90 €). Bon accueil.

🏠 *Hôtel Au Logis des Remparts* *** – **rue Guadet (Centre)** ☎ 05-57-24-70-43. **Fax : 05-57-74-47-44.** ● **www.saint-emi lion.org** ● Parking. TV. Câble. Congés annuels : de mi-décembre à fin janvier. Chambres doubles de 69 à 122 € selon la saison et le confort. Agréable 3 étoiles dans une demeure dont quelques indices trahissent l'ancienneté (un escalier de pierre, un jardin qui jouxte les remparts...). Les chambres ont de la personnalité. Aux beaux jours, on prend le petit déjeuner (copieux et

excellent : goûtez impérativement le cake !) sur une terrasse à l'élégant pavage dans le jardin. Jolie piscine. Parking privé dans une courette sur l'arrière.

|●| *Restaurant Francis Goullée* – **27, rue Guadet (Centre)** ☎ 05-57-24-70-49. Fermé le dimanche soir et le lundi. Congés annuels : une semaine fin juillet et en décembre. Le midi, sauf le dimanche, formule plat + dessert à 15 € ; menus de 21,10 à 38,65 €. C'est, caché à l'entrée d'une vieille ruelle, le moins touristique des restos de Saint-Émilion. Mais – et la coïncidence n'est pas fortuite – c'est le meilleur ! Secondé par sa volubile épouse, Francis Goullée se pose en digne et novateur héritier d'une grande tradition de cuisine du terroir. Salle chaleureuse et confortable. Recommandé de tester son merveilleux foie gras cuit au sel de Guérande ou son poêlon de brandade de morue aux cèpes. Soit de bons produits (il y a toujours un pied de cochon à la carte), des recettes traditionnelles du Sud-Ouest remarquablement revisitées, des senteurs nouvelles... Intéressante carte des vins. Réservation recommandée, c'est toujours plein, et pour cause ! Apéritif maison offert à nos lecteurs sur présentation de ce guide.

SAINT-ESTÈPHE   33250

Carte régionale A1

|●| *Le Peyrat* – **au Port** ☎ 05-56-59-71-43. ♿ Fermé le dimanche soir. Menus à 10 €, puis de 15 à 27,50 €. En fait, c'est le cœur du village, même si c'est au port. Patron jovial et cuisine simple (spécialité de soupe de légumes) avec tous les produits de la saison et du fleuve (anguilles, esturgeon, alose). Terrasse en été, géniale le soir quand le soleil se couche. Le genre d'auberge de village où on sait quand (et pourquoi) on entre mais jamais quand on sort, tant l'ambiance est conviviale. C'est le patron qui organise la Fête de l'Anguille, début juin, un des temps forts de Saint-Estèphe. *NOUVEAUTÉ.*

SAINT-JEAN-DE-LUZ   64500

Carte régionale A2

🏠 *Le Petit Trianon* ** – **56, bd Victor-Hugo** ☎ 05-59-26-11-90. **Fax : 05-59-26-14-10.** ● **www.perso.wanadoo.fr/lepetit trianon** ● Parking payant. TV. Congés annuels : en janvier. Chambres doubles de 38 à 66 € selon le confort et la saison. Si charme veut dire aussi simplicité, propreté, alors cet hôtel sans prétention devrait vous charmer, ne serait-ce que par ses prix. Hôtel à caractère familial de 26 chambres, toutes rénovées (literies notamment), et des aménagements juste ce qu'il faut pour rendre l'endroit agréable. Grimpez jusqu'au 3e étage, les chambres dégagent plus de charme car elles sont sous les toits. En louer 2 ou 3 peut être un plan idéal pour une grande famille. Jolie terrasse privée au calme, sur fond de décor typique. *10 % sur le prix de la chambre (d'octobre à mars) offerts à nos lecteurs sur présentation de ce guide.*

🛏 *Hôtel Ohartzia* ** – 28, rue Garat ☎ 05-59-26-00-06. Fax : 05-59-26-74-75. ● www.hotel-ohartzia.com ● TV. Ouvert toute l'année. Accès : dans une petite rue entre l'église et la mer, à 40 m de la plage. Chambres doubles de 54 à 74 € avec douche et w.-c., de 60 à 83 € avec bains suivant, la saison; petit déjeuner compris dans le prix de mi-juillet à mi-septembre. Avant même d'entrer, vous serez séduit par les pots de fleurs en faïence espagnole qui ornent la façade de cette vieille maison et d'où débordent pensées, géraniums et pétunias. Et vous serez encore plus ravi de découvrir, loin de la foule d'estivants, le charmant jardin plein de fleurs et d'oiseaux derrière, où l'on vous sert en été le petit déjeuner. Côté chambres, la plupart sont décorées avec goût. On aime bien celle du premier étage avec ses lits jumeaux en rotin laqué bleu marine. Au troisième, la vue sur la Rhune compense le manque de confort. *Jus de fruit frais pour le petit déjeuner offert à nos lecteurs (hors juillet et août) sur présentation de ce guide.*

🛏 *Hôtel La Devinière* *** – 5, rue Loquin ☎ 05-59-26-05-51. Fax : 05-59-51-26-38. Accès : à 100 m de la plage. Chambres doubles de 100 à 150 € avec bains. Au cœur de la vieille ville, cette ancienne pension de famille fait figure de havre de paix où l'on a envie de poser ses bagages un moment. Du salon de musique aux chambres, déco cosy sans fausse note. Chambres toutes différentes, meublées d'antiquités (meubles, tableaux, bibelots). Accueil parfait. *Apéritif maison ou café offert à nos lecteurs sur présentation de ce guide.*

🍴 *La Buvette des Halles* – bd Victor-Hugo ☎ 05-59-26-73-59. Ouvert tous les jours en été. Fermé le lundi en hiver. Le bar est ouvert le matin, toute l'année. Accès : devant et dans le marché (!). 6 € l'assiette de sardines grillées, la soupe de poissons ou bien les moules marinière. Imbattable ! Idéal les jours de marché, pour l'ambiance. Le plus ancien (plus de 70 ans !) et le plus petit (3 tables plus la terrasse quand il fait beau) des restos de la ville. Jean Laborde y prépare ses bonnes moules et ses sardines grillées à tour de bras. En spécialités également, thon grillé « de ligne » servi avec de la piperade et *axoa* de veau d'Espelette.

🍴 *Pil-Pil Enea* – 3, rue Sallagoïty ☎ 05-59-51-20-80. Fermé le mardi soir hors vacances scolaires et le dimanche. Accès : près des halles et de la Poste. Menu à 21,80 €. Compter 21 € environ à la carte. Petite salle d'une douzaine de tables à la déco minimaliste. Peu importe ! C'est notre adresse préférée à Saint-Jean-de-Luz. Le cuistot est le spécialiste absolu du merlu de ligne. Et pour cause : il l'achète à sa femme, qui est la seule femme patron-pêcheur du port ! Madame part en mer avec son bateau et son équipage (de femmes) et rapporte sa pêche à monsieur, qui choisit les meilleurs merlus pour ses clients. Certes, la carte est courte et dépend de la pêche. L'essentiel de la clientèle est composée des poissonniers des halles et des pêcheurs du port. Et savez-vous de quoi ils parlent ? De poisson !

DANS LES ENVIRONS

CIBOURE 64500 (1 km S)

🍴 *Chez Mattin* – pl. de la Croix-Rouge ☎ 05-59-47-19-52. Ouvert le soir jusqu'à 21 h 30 (22 h 15 en saison). Fermé le lundi et le dimanche soir hors saison. Congés annuels : du 8 janvier au 20 février environ. Accès : dans le bourg (par l'avenue du Docteur-Speraber). Compter au minimum 28 € pour un repas. L'un des restos de poisson les plus connus. Agréable salle toute blanche avec quelques beaux tableaux régionaux. Le point fort de la maison, c'est le *ttoro*, soupe de poisson, un peu chère mais suffisamment copieuse pour en faire un repas. Naturellement, tous les poissons du port défilent sur la carte, mais on peut aussi se laisser tenter par de goûteux gras-doubles ou des joues de porc terrine de pommes de terre et ventrèche, meilleur marché. Attention, en été, les gens s'y pressent. *Apéritif maison offert à nos lecteurs sur présentation de ce guide.*

ASCAIN 64310 (7 km SE)

🛏 *Hôtel Oberena* *** – route des Carrières ☎ 05-59-54-03-60. Fax : 05-59-54-41-39. ● www.oberena.com ● Parking. TV. Satellite. ♿ Congés annuels : du 3 janvier au 3 février et du 12 novembre au 20 décembre. Accès : à la sortie du village, vers le col de Saint-Ignace. Chambres doubles avec douche et w.-c. ou bains de 54 à 84 €, ces dernières avec balcon. Chalets pour 4 personnes de 77 à 107 €. Petit déjeuner-buffet de 6 à 9 €, suivant la saison. Dans un vaste parc donnant sur les montagnes, ce petit hôtel (25 chambres) a été repris par une jeune femme énergique qui privilégie l'accueil et a commencé à refaire la décoration des chambres. Piscine intérieure chauffée mais aussi piscine extérieure, jacuzzi, sauna, salle de remise en forme. Un bon plan : dans le jardin, des chalets pour 4 personnes à 107 € en haute saison (2 chambres mais pas de cuisine).

SARE 64310 (13,5 km SE)

🏠 |●| *Hôtel Pikassaria* ** ☎ 05-59-54-21-51. **Fax : 05-59-54-27-40.** ● www.logis-de-france.fr ● Parking. TV. ❄ Fermé le mercredi hors saison. Congés annuels : du 1er janvier au 1er avril et du 11 novembre au 31 décembre. Accès : un peu en dehors de Sare, dans le hameau de Lehenbiscay. Bien indiqué. Grandes chambres claires avec terrasse à partir de 42 €. Menus de 15 à 27 €. Campagne environnante séduisante. Maison réputée mais, avec le succès, elle a perdu un peu de cette intimité qui fait le charme des auberges de campagne. Cependant, les spécialités locales, de la palombe à l'agneau, en passant par l'omelette aux cèpes et la morue à l'espagnole, lui assurent toujours une clientèle fidèle. Réservation conseillée. Terrasse aux beaux jours. *Apéritif maison offert à nos lecteurs sur présentation de ce guide.*

🏠 |●| *Hôtel Arraya* ☎ et fax : 05-59-54-20-46. ● www.arraya.com ● Parking. TV. Satellite. Fermé le dimanche soir et le lundi midi du 6 au 23 avril et du 21 septembre au 27 octobre. Congés annuels : du 4 novembre au 27 mars. Accès : sur la place du village. Chambres doubles de 61 à 91 €. Au resto, menu d'été à 15 € servi en terrasse uniquement. Les menus gastronomiques à 21 et 30 €, eux, sont servis en salle. Ancien relais sur le chemin de Saint-Jacques, presbytère au XIXe siècle, puis maison privée de la famille Fagoaga, l'hôtel accueille désormais dans ses 20 chambres, toutes décorées plus joliment les unes que les autres, certaines spacieuses, d'autres en rez-de-jardin, d'autres encore avec balcon. Superbes meubles anciens, linge entièrement cousu main, au motif du fameux flammé basque. Table également réputée. Beaucoup d'habitués, inutile de préciser donc que les réservations sont à prévoir longtemps à l'avance ! *Apéritif maison offert à nos lecteurs sur présentation de ce guide.*

|●| *Restaurant Lastiry* ☎ 05-59-54-20-07. Fermé le lundi et le mardi hors saison, le mardi uniquement en juillet-août. Congés annuels : en janvier, la 1re semaine de juillet et la 2e de novembre. Accès : sur la place du village. Menus à 15 et 26 €. Le jeune Guillaume Fagoaga est un futur grand chef. Passionné par son métier, sa terre et ses produits, il a ouvert, avec son frère Jean, en salle, ce qui est devenu, bien rapidement, la coqueluche de la côte. Mais cette cuisine mérite mieux qu'un effet de mode avec ses plats simples (salade de pois chiches, *chipirons* entiers *a la plancha* ou queue de bœuf)

préparés avec beaucoup de soin. Le service est attentif et les prix tout doux. *Digestif maison offert à nos lecteurs sur présentation de ce guide.*

SAINT-JEAN-PIED-DE-PORT 64220

Carte régionale A2

🏠 |●| *Central Hôtel* ** – 1, pl. du Général-de-Gaulle (Centre) ☎ 05-59-37-00-22. **Fax : 05-59-37-27-79.** Parking. TV. Canal+. Congés annuels : du 10 décembre au 1er mars. Chambres doubles impeccables de 56 € avec douche et w.-c. à 64 € avec bains. Menus de 17 à 38 €. Superbe escalier intérieur (sculpté à la main). Belles chambres. Demandez celles qui donnent sur la Nive. Restaurant de grande qualité. Les repas sont servis dans une salle qui a un certain charme. Épaule d'agneau de lait rôtie, ris d'agneau aux *piquillos*, saumon et soufflé à l'Izarra. Service prévenant. *Apéritif maison offert à nos lecteurs sur présentation de ce guide.*

🏠 |●| *Les Pyrénées* *** – 19, pl. du Général-de-Gaulle (Centre) ☎ 05-59-37-01-01. **Fax : 05-59-37-18-97.** ● hotelpyrenees@wanadoo.fr ● Parking payant. TV. Canal+. Fermé le lundi soir de novembre à mars et le mardi (sauf en juillet-août). Congés annuels : du 6 au 28 janvier et du 20 novembre au 22 décembre. Chambres très chères, de 92 à 153 €, mais impeccables. Menus de 40 à 85 €. Piscine très agréable. C'est aussi et avant tout l'une des tables les plus réputées du Pays basque. Vous serez l'hôte de Firmin Arrambide, un des noms basques qui ont fait le plus rêver ces dernières années. Cuisine très fine, pleine de saveurs accrochées au terroir mais s'envolant souvent vers le large, concoctée selon l'humeur, la saison, les rêves et les goûts du moment. Goûter à la délicieuse piperade, aux non moins délicieux petits poivrons farcis à la morue, aux lasagnes au foie gras et aux truffes, et au pigeon rôti aux ravioles de cèpes. Belles et grandes assiettes de desserts. Attention, clientèle et atmosphère vraiment chicos.

|●| *Restaurant Arbillaga* – 8, rue de l'Église ☎ 05-59-37-06-44. Fermé le mardi soir et le mercredi hors saison. Congés annuels : en juin et octobre. Accès : dans l'enceinte fortifiée. Menus de 13 à 19,50 €. Menu à 25,92 € en hiver. Coincé entre les remparts et les maisons voisines, ce restaurant vous réserve de bonnes surprises. Petite salle à manger tout droit sortie d'un opéra italien. Cuisine de bonne qualité, servie généreusement. Brouillade d'œufs au foie gras, agneau de lait rôti à l'ail vert. Accueil et service zélés dans une atmosphère intime. **NOUVEAUTÉ.**

DANS LES ENVIRONS

SAINT-MICHEL 64220 (4 km S)

🛏 |●| *Hôtel-restaurant Xoko-Goxoa* ** ☎ 05-59-37-06-34. **Fax : 05-59-37-34-63.** Parking. Fermé le mardi hors saison. Congés annuels : de mi-janvier à début mars. Accès : par la D301. Chambres doubles de 32 à 37 € avec douche et w.-c. ou bains. Demi-pension à 37 € en juillet-août. Menus de 11 €, sauf le dimanche, à 25 €. Dans une grande maison traditionnelle, au milieu d'un écrin de verdure. La plupart des chambres, assez sommaires donnent directement sur la campagne. Certaines nécessiteraient un petit rafraîchissement. Salle à manger au style rustique chaleureux. Cuisine simple et bonne, toute faite maison avec, aux menus d'un superbe rapport qualité-prix, vraie soupe de poisson avec des écrevisses, truite *etxekoa*, cèpes persillade, salade gourmande, etc. À la carte, prix très raisonnables. Grande terrasse avec panorama exceptionnel.

BIDARRAY 64780 (15 km NO)

🛏 |●| *Hôtel-restaurant Barberaenea* ** – pl. de l'Église (Centre) ☎ 05-59-37-74-86. **Fax : 05-59-37-77-55.** ● www.hotel-barbe raenea.fr ● Parking, TV, ⚒ Congés annuels : du 15 novembre au 15 décembre. Accès : par la D918. Chambres à 30,50 € avec lavabo, de 44 à 54 € avec douche et w.-c. Menu du randonneur à 15 €, menu du terroir à 21,50 €. Une très ancienne auberge du pays, appartenant à la famille Elissetche, qui l'a joliment rénovée. Jolie surprise, donc, côté accueil comme côté chambres. Celles qui n'ont pas été refaites n'ont qu'un cabinet de toilette et une salle de bains commune. Mais quel charme : parquet ancien ciré, murs blancs, vieux meubles... Elles donnent sur la ravissante petite place de l'église du XIIe siècle. Idéales pour une clientèle de randonneurs faisant étape sur le GR10, qui passe à proximité. Les six chambres neuves sont très épurées, confortables, et donnent sur la campagne. Cuisine que les randonneurs dévorent : salade tiède de morue et sa crème à l'ail, pavé de bœuf navarrais, pain perdu à la mode du chef, côtes d'agneau poêlées... Vraiment un endroit de charme... *Apéritif maison offert à nos lecteurs sur présentation de ce guide.*

|●| *Auberge d'Iparla* – pl. du Fronton ☎ 05-59-37-77-21. Fermé le mercredi. Congés annuels : en janvier-février. Accès : par la D918. Menu à 18,30 €. Plats à 14 €. Séisme à Bidarray. L'auberge du village vient de tomber dans l'escarcelle d'Alain Ducasse, le chef le plus étoilé de France. Il a battu le rappel de quelques copains aussi étoilés que lui, fait venir son personnel de ses meilleurs établissements pour... vendre des sandwichs à 3 €. Bien sûr, qui peut le plus peut le moins, mais réussir conjointement à New York et Bidarray, c'est vraiment la classe ! Au premier abord, il n'a touché à rien : c'est toujours le bar du village, entre l'église et la mairie, face au fronton, avec ses joueurs de cartes et ses petits noirs. C'est toujours la grande salle qui ouvre sur la montagne, joliment et sobrement redécorée, c'est toujours un menu à moins de 20 € et des petits vins à moins de 15 €. Les plats ? Des plats d'auberge de village : omelettes aux piments, tripes à la basquaise, *chiporons a la plancha*, palombes flambées en saison. Mais tout ça retravaillé façon Ducasse ; par exemple, il ajoute aux tripes quelques pois chiches qui viennent casser l'acidité. Quant aux omelettes, ce sont des merveilles de moelleux. Et puis le boudin, c'est la recette de son copain Parra, le jambon vient d'un petit village d'Aragon et les truites sont achetées à Banka. Bien sûr, le succès est au rendez-vous et il faut réserver. *NOUVEAUTÉ.*

SAINT-JUSTIN 40240

Carte régionale B2

🛏 |●| *Hôtel de France* ** – pl. des Tilleuls ☎ et fax : 05-58-44-83-61. TV. Fermé le lundi, le jeudi soir et le dimanche soir. Accès : par la D932. Chambres agréables à 38 € avec douche et w.-c., et à 46 € avec bains. Menus à 11 €, sauf le dimanche, puis de 19 à 40 €. Un nom d'hôtel de sous-préfecture dans les années 1950, une adresse sortie d'un roman de Léo Malet, une maison posée au milieu d'une bastide du XIIIe siècle. Mélange étonnant qui a tout pour séduire. On y est au calme, dans une ambiance familiale traditionnelle. La salle de resto est au fond de la maison. Cuisine pleine de recherche et de saveurs agréables, préparée avec des produits frais. Salade des petites landes aux cœurs de canard et gésiers, brick croustillant de langoustines au hachis de cèpes et gingembre piment vert, carré de porcelet confit avec ratatouille basquaise et demi-magret de canard gras au farci de champignons et foie gras, pruneaux aux lards grillés. Service un peu long.

SAINT-MACAIRE 33490

Carte régionale B1

🛏 |●| *L'Abricotier* – (Nord-Est) ☎ 05-56-76-83-63. **Fax : 05-56-76-28-51.** Parking. TV. Fermé le lundi soir et le mardi soir. Congés annuels : du 12 novembre au 15 décembre. Accès : sortie Saint-Macaire, près de la N113 qui va de Langon à La

Réole. Chambres doubles à 46 € avec bains. Menus à 18 €, midi et soir, puis à 25 et 34 €. Un resto qui aurait mérité de trouver place dans une maison typique de ce village, un des plus beaux de la région. Raté, il est presque en bord de nationale. Mais on a bien aimé la douillette petite salle donnant sur l'arrière et la terrasse (sans abricotier... les gelées l'ont tué) agréable aux beaux jours. En cuisine, le chef fait preuve d'une solide pratique et d'une belle imagination : cassolette de petits-gris aux pieds de porc confits, noisette d'agneau à l'aïoli... Belle carte de vins de Bordeaux, évidemment. Une adresse pour se faire plaisir ! Dispose aussi de quelques chambres.

🛏 I●I *Les Feuilles d'Acanthe* ** – 5, rue de l'Église ☎ 05-56-62-33-75. ● www.feuilles-dacanthe.fr ● TV. Congés annuels : en janvier. Chambres doubles de 50 à 70 €. Tout nouveau, ravissant, petit hôtel au remarquable rapport qualité-prix. Installé dans une maison du XVIe siècle, parfaitement rénové (pierre de taille et poutres apparentes), il propose de grandes chambres à la déco intelligente et aux salles de bains nickel. Jacuzzi, petite piscine. L'accueil est adorable. Pensez à réserver car la maison a du succès et les 12 chambres sont vite pleines. Le resto-crêperie offre une cuisine locale simple et sans surprise, à des prix très corrects. *NOUVEAUTÉ.*

SAINT-PALAIS 64120

Carte régionale A2

🛏 I●I *Hôtel-restaurant de la Paix* ** – 33, rue du Jeu-de-Paume (Centre) ☎ 05-59-65-73-15. Fax : 05-59-65-63-83. TV. Canal+. Satellite. ♿ Fermé le vendredi soir et le samedi midi (sauf en juillet et août). Congés annuels : du 27 décembre au 27 janvier. Accès : sur la place principale de la ville. Chambres doubles de 45 à 47 € avec douche et w.-c. ou bains. Bonne cuisine régionale avec un 1er menu à 11 € servi en semaine, et d'autres de 20 à 23 €. Quand on voit sa façade, on ne dirait pas que cet hôtel existe depuis deux siècles. Le choc est encore plus grand une fois à l'intérieur. Il a été entièrement reconstruit de haut en bas. Tout cela pour donner un confort moderne, pratique et agréable. Au resto, ris d'agneau au jambon et aux cèpes, anguilles, et gibier pendant la période de la chasse. Accueil charmant. Terrasse très agréable l'été. *Apéritif maison offert à nos lecteurs sur présentation de ce guide.*

SALIES-DE-BÉARN 64270

Carte régionale A2

🛏 I●I *Au Petit Béarn* ** – rue Bellecave (Nord-Est) ☎ 05-59-38-17-42. Fax : 05-59-65-01-75. Parking. TV. Accès : à 700 m du centre-ville. Chambres doubles de 24,40 € avec lavabo à 42,70 € avec douche. Menus à 10 € puis de 12 à 17 €. L'hôtel vient d'être repris et les jeunes patrons ont préféré refaire les chambres plutôt que les couloirs. Ne vous laissez donc pas impressionner par le terrible papier peint qui les orne (d'ailleurs, des travaux sont en projet...). Surtout que la maison est un vrai labyrinthe et que les couloirs sont longs. Chambres claires, propres et sympas. Au resto, menus offrant une cuisine simple mais de bonne qualité. Excellent saumon mariné au sel de Salies. *10 % sur le prix de la chambre (du 1er octobre au 31 mai) offerts à nos lecteurs sur présentation de ce guide.*

DANS LES ENVIRONS

CASTAGNÈDE 64270 (6 km S)

🛏 I●I *La Belle Auberge* – (Centre) ☎ 05-59-38-15-28. Fax : 05-59-65-03-57. Parking. TV. ♿ Fermé le lundi soir et le dimanche soir. Congés annuels : de mi-décembre à fin janvier. Chambres doubles de 32 à 39,60 € avec douche et w.-c. ou bains. Menus de 10,50 à 21 €. Coup de cœur pour cette bonne vieille auberge de campagne située dans un charmant petit village. 12 chambres à prix doux, toute l'année, au calme. Fleurie et agrémentée d'une piscine, c'est une étape idéale pour se prélasser au soleil, après un bon repas pris en terrasse ou en salle. Sachez-le, vous ne serez pas seul à vous régaler, c'est bourré de VRP et de retraités. Même en semaine, les serveuses ne chôment pas, ce qui n'enlève rien à leur humour. On vous recommande la piperade basquaise, le pigeonneau rôti en cocotte et le fondant grillottine au chocolat.

SAINT-DOS 64270 (8 km O)

🛏 I●I *Auberge du Béarn* – pl. de l'Église (Centre) ☎ 05-59-38-40-38. Fax : 05-59-38-44-28. ● alain.darc@wanadoo.fr ● TV. Fermé le dimanche soir et le lundi. Chambres doubles de 24 à 27 €. Petit déjeuner à 4 €. Demi-pension à 26 € par personne. Menus à 10 €, en semaine, puis à 16,50 et 24 €. À la carte, compter autour de 25 €. Une vraie auberge de campagne, dans un charmant petit village d'une centaine d'habitants, sur le chemin de Saint-Jacques-de-Compostelle. Le bar est LE lieu de rencontre du village, mais aussi des gens venus d'ailleurs, de plus ou moins loin. Une bonne adresse pour qui veut dormir dans des draps d'autrefois, séchés à l'air frais, et se nourrir d'une cuisine « vraie », pas chère, faite avec les produits du terroir par un « père-aubergiste ». *Apéritif maison offert à nos lecteurs sur présentation de ce guide.*

SARLAT-LA-CANÉDA 24200

Carte régionale B1

▲ *Auberge de jeunesse et gîte d'étape* – 77, av. de Selves (Nord) ☎ 05-53-59-47-59. Fax : 05-53-30-21-27. Cartes de paiement refusées. Accueil des individuels de mars à novembre de 18 h à 20 h. Souvent complet. Pas de couvre-feu. Accès : à l'entrée de la ville. 10 € la 1ʳᵉ nuit par personne, 9 € les suivantes. Possibilité de planter une tente : 5,50 € la 1ʳᵉ nuit, 5 € les suivantes. Pas loin du centre à pied, une aubaine ! 32 lits répartis en 3 dortoirs. Cuisine équipée à disposition. Entretien à la charge des occupants. Réservez impérativement parce que des routards de 24 nationalités différentes y sont déjà passés ! Réservé aux majeurs.

▲ *Hôtel Les Récollets* ** – 4, rue Jean-Jacques-Rousseau (Centre) ☎ 05-53-31-36-00. Fax : 05-53-30-32-62. ● www.hotel-recollets-sarlat.com ● Parking. TV. Satellite. Accès : dans la vieille ville. Chambres doubles de 39,90 à 59,90 € avec douche et w.-c. ou bains. Dans une paisible et pittoresque ruelle piétonne. Loin du brouhaha touristique et de l'incessante circulation automobile que connaît désormais Sarlat dès les beaux jours. Et comme dans une ville historique il serait dommage de dormir dans un hôtel sans histoire, celui-là a été aménagé dans l'ancien cloître du couvent des Récollets (XVIIᵉ siècle). Accueil des plus charmants, atmosphère familiale (un père et son fils gèrent les lieux de concert). Certaines chambres donnent sur la calme petite cour intérieure où se prend le petit déjeuner aux beaux jours ; le reste du temps, il est servi dans une belle salle voûtée. On a bien aimé la nº 15, lumineuse, qui offre une gentille vue sur les toits de lauze de la vieille ville, ainsi que la nº 8 avec ses élégantes arcades de pierre, la nº 19 également. Mais toutes offrent le même calme, la rue piétonne étant peu fréquentée la nuit. On vous indiquera un endroit tout proche et gratuit pour garer votre véhicule. On se dit que c'est peut-être bien notre hôtel préféré à Sarlat.

▲ l●l *La Maison des Peyrat* ** – le lac de la Plane ☎ 05-53-59-00-32. Fax : 05-53-28-56-56. ● www.maisondespeyrat.com ● Parking. TV. Congés annuels : du 15 novembre au 1ᵉʳ avril. Accès : face à la

gendarmerie, continuer sur 1 km (bien fléché). Chambres doubles de 45 à 90 €. Menu unique à 17 € le soir uniquement. Depuis sa rénovation, cet ancien ermitage du XVIIᵉ siècle est devenu un vrai petit hôtel de charme dans un environnement très calme. Décoration soignée, respect des vieilles pierres, un original puits trône dans l'entrée. Chambres spacieuses et claires, très belles salles de bains. Piscine, accueil charmant. Un petit âne veille sur votre voiture. Une bonne étape à peine à l'écart de la ville.

▲ *Hôtel de Compostelle* ** – 64, av. de Selves (Centre) ☎ 05-53-59-08-53. Fax : 05-53-30-31-65. ● www.hotelcompostelle-sarlat.com ● TV. Satellite. Fermé le dimanche midi jusqu'à 16 h 30. Congés annuels : du 11 novembre au 30 mars. Accès : pas loin du centre, en direction de Montignac et Brives. Chambres doubles avec douche et w.-c. ou bains de 48 à 58 €. Accueil aimable, chambres irréprochables, spacieuses et plaisantes. Certaines ont un balcon avec véranda vitrée (mais sur la rue). D'autres, les plus calmes, donnent sur un jardin de poche, à l'arrière. Pour les familles, des petits appartements avec deux chambres et une salle de bains.

▲ *Hôtel Le Mas de Castel* ** – Sudalissant (Sud) ☎ 05-53-59-02-59. Fax : 05-53-28-25-62. Parking. TV. Congés annuels : du 11 novembre au Rameaux. Accès : à 3 km de la ville, prendre la D704, direction Souillac, puis La Canéda ; fléchage. Chambres doubles avec douche et w.-c. ou bains de 48 à 55 €. Charmant hôtel de plain-pied, dans le style local (belles pierres blanches du pays, petite borie...), entouré de verdure. Excellent accueil. Chambres confortables, très plaisantes voire reposantes (douce déco dans les tons pastel). Les nᵒˢ 2, 3, 4, 5 et 14 sont plus spacieuses et possèdent une terrasse ou un salon de jardin. Belle piscine pour oublier quelques instants la chaleur estivale du Sarladais. Pas de resto. L'endroit idéal pour un séjour à la campagne, à deux pas de Sarlat. Excellent accueil.

▲ l●l *Hôtel-restaurant Saint-Albert et hôtel Montaigne* ** – 10, pl. Pasteur et 11, rue Émile-Faure (Sud) ☎ 05-53-31-55-55. Fax : 05-53-59-19-99. Parking payant. TV. Fermé le dimanche soir et le lundi (hors saison). Accès : derrière la poste centrale. Chambres doubles de 48 à 56 €. Menu bistrot à 10 €, le midi en semaine, puis menus de 19 à 26 €. Deux hôtels et un resto, à peine à l'écart du centre ancien. À l'hôtel *Montaigne*, derrière une façade bourgeoise du meilleur goût, se cachent de jolies chambres (on a un faible pour celles du dernier étage, aux poutres apparentes), à la déco moderne qui ne fâchera personne et bien équipées. Et une terrasse sous véranda où l'on prend son petit déjeuner. De l'autre côté de la rue, c'est l'hôtel-restaurant *Saint-Albert*, avec ses chambres rénovées, celles sur la rue étant équipées de double vitrage. Dans la vaste salle à manger se retrouvent de (très) vieux habitués et les gens qui comptent à Sarlat, autour de plats immémoriaux ou d'une stricte orthodoxie périgourdine (civet de canard aux extraits de noix, salade périgourdine...). « Chez nous, la gastronomie, c'est d'abord de la cuisine ! » dit un slogan maison. On n'aurait pas trouvé mieux !

🏠 |●| *La Hoirie**** – La Giragne ☎ 05-53-59-05-62. Fax : 05-53-31-13-90. ● www.lahoirie.com ● Parking. TV. Satellite. Fermé tous les midis et le mardi hors saison. Congés annuels : du 15 novembre au 15 mars. Accès : sortie de Sarlat vers Souillac, bien fléché. Chambres doubles de 58 à 104 €. Menus de 20 à 40 €. Les patrons ont fait l'acquisition de cette superbe demeure dont les origines remontent au XIIIe siècle. Par respect pour l'unité régionale, le thème principal de la décoration est la blondeur des pierres. Les chambres sont spacieuses, toutes décorées avec goût et souci du moindre détail, salles de bains lumineuses et fonctionnelles. Les chambres les plus chères sont en fait des appartements très confortables. Grand parc agréable avec piscine, bronzage tranquille garanti ! La table n'est pas en reste et tout est fait maison : foie gras mi-cuit ou en cocotte, duo de foie gras (oie et canard) aux épices, moelleux au chocolat... Fait rare, le 1er menu est aussi servi le soir et le dimanche. L'accueil est excellent, une adresse à visiter... pour y rester davantage. *Apéritif maison offert à nos lecteurs sur présentation de ce guide.*

|●| *Le Présidial* – 6, rue Landry ☎ 05-53-28-92-47. Fermé le dimanche et le lundi midi. Congés annuels : du 15 novembre au 15 mars. Accès : à 50 m de la place de la Liberté, à droite derrière la mairie. Menus à partir de 19 € le midi, puis à 25 €. Pas de réservation en juillet et août. Déjà connus de longue date par nos services pour les hauts faits de gastronomie commis dans cette ville, il n'ont pas échappé à nos fins limiers. Classé Monument historique, le *Présidial* est une très belle maison, justice royale en 1552, nichée dans un grand jardin au calme, au cœur de la vieille ville. Salle très élégante, terrasse sans aucun doute la plus belle de la ville. Passons aux choses sérieuses, le plus petit menu est déjà un très bon choix, beau rapport qualité-prix. Aux autres, on trouve au hasard, un foie gras de canard maison (parfait), une cassolette d'escargots et pied de cochon, un suprême de pigeonneau juste cuit comme il faut on est sans nul doute face à LA table de Sarlat. Carte des vins très complète, à prix raisonnables.

DANS LES ENVIRONS

ROQUE-GAGEAC (LA)   24250
(9 km S)

🏠 |●| *Hôtel-restaurant La Belle Étoile*** – rue Principale (Centre) ☎ 05-53-29-51-44. Fax : 05-53-29-45-63. ● hotel.belle-etoile@wanadoo.fr ● TV. Resto fermé le lundi et le mercredi midi. Congés annuels : de début octobre à fin mars. Accès : par la D46. Chambres doubles de 46 à 70 € avec bains. Menus à partir de 20 €. Hôtel de charme, cadre et décor en harmonie avec le village, un des plus beaux de France. Atmosphère inévitablement un peu chic. Chambres personnalisées, meublées avec goût, quelques-unes refaites. Certaines offrent un beau point de vue sur le cours placide de la Dordogne. Toutes possèdent une salle de bains. Élégante salle à manger dans les tons rose-orangé et terrasse abritée sous une treille, en surplomb de la rivière. Cuisine qui excelle dans son registre très classique (même si elle s'autorise parfois quelques audaces « modernistes »).

DOMME 24250 (12 km S)

🏠 |●| *Nouvel Hôtel* * – rue Maleville et Grande-Rue (Centre) ☎ 05-53-28-38-67. Fax : 05-53-28-27-13. TV. Fermé le dimanche soir et le lundi, sauf de Pâques à la Toussaint. Congés annuels : de janvier à mars. Chambres doubles de 42 à 68 €. Menus de 17 à 31 €. Jolie maison de pierre, idéalement située au cœur de cette superbe bastide. Second atout : des prix intéressants pour l'endroit. Le soir, le village devient désert et le calme est assuré. Chambres dans l'ensemble plutôt agréables. Spécialités régionales : fricassée de Saint-Jacques aux cèpes, confit, magrets, cailles farcies...

MARQUAY 24620 (12 km NO)

🏠 |●| *Hôtel des Bories – Restaurant L'Estérel* ** ☎ 05-53-29-67-02. Fax : 05-53-29-64-15. ● hotel.des.bories@wanadoo.fr ● Parking. TV. ♿ Resto fermé le mercredi midi. Congés annuels : de la Toussaint à Pâques. Accès : par la D47 sur 2 km, puis la D6. Chambres doubles à 33 € avec douche et w.-c., 59 € avec bains. Menus de 13 à 38 €. Dans un gentil village en dehors des sentiers battus, un hôtel de charme, très bien situé. Grand jardin, ainsi qu'une piscine et vue superbe. Chambres fraîches et pimpantes. La n° 32 possède un coin-salon, avec cheminée et vue sur la campagne, ainsi qu'une chambre attenante pour enfants. Deux belles terrasses permettent de prendre le petit déjeuner au soleil si le temps le permet. Bon accueil. Resto à côté, à la cuisine réputée : croustade d'aiguillettes de canard aux cèpes et au foie gras.

PAULIN 24590 (24 km NE)

I●I *La Meynardie* – **(Sud-Ouest)** ☎ 05-53-28-85-98. Parking. Fermé le mardi et le mercredi. Congés annuels : de décembre à mi-février. Accès : direction Salignac-Eyvignes, puis Archignac. Bien fléché de la route de Saint-Geniès. Menus de 19,10 à 45 €. Recommandé de réserver (surtout le samedi soir et le dimanche midi). Ancienne propriété agricole, perdue en pleine campagne. Même restaurée, la salle à manger a gardé énormément de cachet : sol pavé, massive cheminée datant de 1603... Accueil courtois. Atmosphère un rien chic mais sans excès. Les deux 1ers menus offrent un sérieux rapport qualité-prix. Ensuite, ça grimpe, et la qualité reste au rendez-vous. Cuisine de terroir mais pleine de créativité : civet d'oie au bergerac, poêlée de foie de canard à l'arôme de truffes, bons desserts, comme le nougat glacé au coulis de fruits rouges. Terrasse sous sa treille, l'été. 17 ha de forêt de châtaigniers autour... pour digérer. Une bonne adresse.

LAVAL-DE-JAYAC 24590 (25 km NE)

🏠 I●I *Hôtel-restaurant Coulier* ✶✶ – **le bourg** ☎ 05-53-28-86-46. **Fax : 05-53-28-26-33.** ● www.hotelcoulier.com ● Parking. TV. Canal+. 👙 Fermé le vendredi soir et le samedi (hors saison). Congés annuels : de mi-novembre à mi-février. Accès : par la D60. Chambres doubles de 37 à 52 €. Demi-pension conseillée en juillet-août, à 51 € par personne. Menus de 15 à 39 €. Dans la partie la moins peuplée et la plus campagne du Périgord noir, un hameau plus qu'un village. Sur un tertre, à distance raisonnable de la route, une ancienne ferme en forme de U est joliment aménagée. Dispersées au hasard du bâtiment, 15 chambres pas trop grandes mais coquettes, restaurées avec caractère, dans le style périgourdin. Bon accueil. À votre table, vous trouverez, traités avec finesse, les produits qui font la réputation de la région : cassoulet maison (au 1er menu), foie gras mi-cuit, brouillade de truffes et son escalope de foie gras, suprême de caille, Saint-Jacques au basilic, soufflé glacé aux noix... Si vous ne voulez pas rester au bord de la piscine, pas mal de possibilités de randonnées de grande qualité dans les environs ; vous serez fort bien conseillé par les proprios.

SAUTERNES 33210

Carte régionale B1

I●I *Auberge Les Vignes* – **pl. de l'Église (Centre)** ☎ 05-56-76-60-06. 👙 Fermé le lundi soir et le dimanche. Congés annuels : de mi-janvier à mi-février. Menu à 11 € servi en semaine. Compter 30 € à la carte.

Nappes à carreaux et feu de bois garantis dans cette délicieuse petite auberge de campagne. Chaleureuse ambiance familiale. Vraie cuisine de terroir et de saison avec spécialités de grillades sur sarments de vignes (entrecôte, steak, magret...). La tarte feuilletée aux fruits passe du four à la table, les cèpes de l'omelette sont cueillis du matin. Cave superbement sélectionnée mais pas donnée (avec toutefois 5 ou 6 bouteilles abordables).

I●I *Restaurant Le Saprien* – **11, rue Principale (Centre)** ☎ 05-56-76-60-87. Fermé le lundi, le mercredi soir et le dimanche soir. Congés annuels : aux vacances de février et de Noël. Accès : face à l'office de tourisme. Menus de 20 à 33 €. Atmosphère un rien chic entre les épais murs de pierre de cette petite maison à l'entrée du village. La déco mêle avec bonheur moderne élégance et chaleureux éléments du passé. Ravissant petit salon de lecture et vaste terrasse, ouverte sur le vignoble. Au programme donc, logiquement : grillades aux sarments et dégustation de sauternes au verre. Mais *Le Saprien*, c'est aussi et surtout une habile cuisine de marché et de saison : alose, foie gras, filet mignon, toutes les douceurs de la Gironde...

DANS LES ENVIRONS

MARTILLAC 33650 (15 km N)

🏠 *Les Sources de Caudalie* ☎ 05-57-83-83-83. Chambres de 175 à 240 €. Fauchés s'abstenir. Mais comment ne pas tomber sous le charme ? Tout est neuf, parc, jardin, grange... et on s'y laisse prendre. Luxe et distinction, valets de chambre en gilet, bagagistes, bref, le super grand jeu. La déco ? Somptueuse. Le calme ? Total. Petite rivière, chambres aménagées dans de petits bâtiments isolés qui affectent le look rural (mais sont climatisés), on se laisse porter. Le must de Caudalie, c'est la vinothérapie. Pour faire bref, sorte de thalasso où le vin remplace l'eau de mer. Se baigner dans le gros rouge permet de « lutter contre les radicaux libres responsables du vieillissement ». Enfin une bonne nouvelle ! Sauf qu'ici, c'est pas Vichy, la Sécu rembourse pas (de 578 à 726 € le week-end). Autre bonne nouvelle : pour le prix, vous économiserez les 6 € de la visite du château. *NOUVEAUTÉ.*

SAUVETERRE-DE-GUYENNE 33540

Carte régionale B1

🏠 I●I *La Croix Blanche* ✶ – **pl. de la République** ☎ 05-56-71-50-21. Chambres doubles à 26 € avec douche et w.-c. Formule à 7,35 €. Menus à 9,45 €, avec buffet d'entrées, puis à 15,25 et 22,15 €. Une super adresse tant pour le gîte que le couvert. Des prix canons, des couleurs claires, l'odeur des terrines, un accueil souriant, que vous faut-il de plus ? En saison, le chef se lâche sur le gibier (lièvres, palombes) et les clients se répartissent par affinités dans les trois petites salles. *NOUVEAUTÉ.*

DANS LES ENVIRONS

SAINTE-RADEGONDE   33350

(12 km N)

🛌 |●| *Château de Sanse* *** ☎ 05-57-56-41-10. Fax : 05-57-56-41-29.● sanse@chateau-hotels.com ● Chambres doubles de 76 à 99,50 €. Menu à 26 €. Ne dites pas que c'est cher. Au contraire. Dormir dans un château du XVIIIe siècle superbement restauré, magnifiquement décoré (matériaux traditionnels et objets high-tech se marient avec bonheur), dans un parc de 5 ha, avec piscine, être accueilli et servi comme vous le serez, et se régaler, le soir sur la terrasse, de la cuisine subtile du jeune chef béarnais, que demander de plus ? Le tout vous fera oublier la note, d'autant qu'avec 12 chambres, vous aurez l'impression justifiée de faire partie des *happy few.* Un coup de cœur. *NOUVEAUTÉ.*

SOULAC-SUR-MER   33780

Carte régionale A1

🛌 *Hôtel Michelet* ** – 1, rue Baguenard (Centre) ☎ 05-56-09-84-18. Fax : 05-56-73-65-25. TV. ⏱ Fermé le lundi hors saison. Congés annuels : 4 semaines en janvier et 3 semaines en novembre. Chambres doubles de 40 à 70 € selon le confort et la saison. Dans une villa balnéaire typique. Accueil impeccable, plein d'attentions (les enfants ont même droit à de petits cadeaux). Chambres plaisantes et confortables mais assez sonores. Huit disposent d'un balcon, quatre sont de plain-pied sur un petit jardin de sable. Et (on a failli oublier le principal), l'Océan est tout près – plage principale à 50 m. Confirmer la réservation et les prix par écrit.

TARDETS-SORHOLUS   64470

Carte régionale A2

🛌 |●| *Hôtel-restaurant du Pont d'Abense* * – Abense-de-Haut ☎ 05-59-28-54-60. Fax : 05-59-28-75-91. ● uhaltia@wana

doo.fr ● Parking. Fermé le dimanche soir et le lundi. Accès : à 1,5 km de Tardets, sur l'autre rive du Saison. Chambres doubles de 40 à 51 € avec douche et w.-c. ou bains. Demi-pension conseillée en été, de 33 à 42 € par personne. Menus de 15 à 25 €. Au bord de la rivière, un petit hôtel où il fait bon séjourner. Chambres adorables et calmes. Bar sympathique pour goûter aux bières locales (blonde, blanche, ambrée, eh oui !). Table qui jouit d'une bonne réputation, tout le mérite en revenant à la maîtresse de maison, cuisinière amoureuse des beaux produits exécutés simplement. Suivant la saison, terrine chaude de cèpes, parmentier de pieds de porc, aiguillettes de canard à l'irouléguy et des crêpes Suzette aussi bonnes qu'en Bretagne ! Terrasse.

TONNEINS   47400

Carte régionale B1

🛌 |●| *Côté Garonne* – 36, cours de l'Yser (Centre) ☎ 05-53-84-34-34. Fax : 05-53-84-31-31. ● www.cotegaronne.com ● Parking. TV. Canal+. Satellite. ⏱ Fermé le lundi, le mardi midi, le samedi midi et le dimanche soir. Congés annuels : la 1re quinzaine de janvier, du 20 au 29 avril et 1re quinzaine de septembre. Chambres doubles de 92 à 115 €. Petit déjeuner à 11 €. Menus de 20 à 61 €. La rue est banale (la ville aussi d'ailleurs), mais quand on pénètre dans cette belle maison, on change de monde. Cet antre du bon goût et de la délicatesse, qui domine de manière presque magique la Garonne, fait cohabiter le design et la tradition. Chambres luxueuses et merveilleusement ouvertes d'une terrasse sur le fleuve, mais un peu chères. Côté resto, un nouveau chef vient de reprendre les commandes de la cuisine. Attendons de voir ! *Un petit déjeuner par chambre et apéritif maison offerts à nos lecteurs sur présentation de ce guide.*

TRÉMOLAT   24510

Carte régionale B1

|●| *Le Bistrot d'en Face* ☎ 05-53-22-80-69. Ouvert tous les jours de l'année. Accès : sur la place. Menu à 10,70 € le midi en semaine. Autres menus à 16 et 22,50 €. Compter 20 € à la carte. Réserver impérativement (au moins la veille) car le bistrot est très réputé dans la région. Et il y a de quoi... Le proprio est aussi celui du *Vieux Logis* « en face », d'où le nom du restaurant ! Cuisine traditionnelle soignée : grattons de canard, pâté de poule aux noisettes, cuisse de poulet sautée à l'ail et au verjus et des

desserts maison extra (essayez la mousse au chocolat : on vous amène un plat entier !). Une clientèle d'habitués, souvent des Anglo-Saxons installés dans la région. Ils ont quasiment pris pension... Service très pro. Un excellent rapport qualité-prix. *NOUVEAUTÉ.*

VENDAYS-MONTALIVET 33930

Carte régionale A1

🛏 |●| *Hôtel de France* ** – pl. de l'Église ☎ 05-56-41-70-34. TV. Chambres doubles avec douche à 39 €. Menu du jour à 11 €, puis menus de 15 à 35 €. C'est d'abord un resto avec un jeune chef talentueux. Dans la petite salle décorée de multiples représentations du soleil, vous vous régalerez d'une cuisine légère faisant une large place aux épices douces qui viennent rehausser les produits du terroir, comme cette pointe de cannelle dans le perdreau. Ambiance tranquille et additions provinciales, tout est doux ici, même les peintures des chambres. *NOUVEAUTÉ.*

VIEUX-BOUCAU-LES-BAINS 40480

Carte régionale A2

🛏 |●| *Hôtel-restaurant de la Côte d'Argent* ** – 4, Grand'Rue ☎ 05-58-48-13-17. Fax : 05-58-48-01-15. Parking. TV. Fermé le dimanche soir et le lundi de mi-novembre à mi-juin. Congés annuels : de début octobre à mi-novembre. Chambres doubles de 43 à 58 € avec douche et w.-c. ou bains, selon la saison. Menus de 16 à 25 €. Voilà une maison qui étend sa façade le long de la rue principale du vieux village. Elle paraît avoir toujours été posée là. Derrière les volets rouges, on trouve une quarantaine de chambres bien tenues et confortables, dont certaines possèdent une terrasse. Côté cuisine, changement de chef tout récent, donc une affaire à suivre...

VILLANDRAUT 33730

Carte régionale B1

🛏 |●| *Hôtel-restaurant de Got* ** – pl. Principale (Centre) ☎ 05-56-25-31-25. Fax : 05-56-25-30-59. Parking payant. Fermé le dimanche soir et le lundi sauf en juillet-août. Congés annuels : en janvier. Accès : en plein centre du bourg. Chambres doubles à 39 € avec douche et w.-c. ou bains. Menus de 10,50 €, le midi en semaine, à 25 €. Dans une jolie maison aux lumineux murs en pierre, l'hôtel de village comme on l'imagine. Chambres proprettes et bien tenues. Honnête cuisine de terroir : confit de poule aux herbes, magret de canard entier aux pêches... Terrasse couverte sur la place aux beaux jours. Motards bienvenus (le patron est fou de moto et connaît plein d'itinéraires sympas).

VILLEFRANCHE-DU-PÉRIGORD 24550

Carte régionale B1

🛏 |●| *Hôtel-restaurant La Petite Auberge* ** – ☎ 05-53-29-91-01. Fax : 05-53-28-88-10. Parking. TV. Fermé le vendredi soir, le samedi midi et le dimanche soir (hors saison). Congés annuels : 15 jours fin février-début mars et 15 jours en novembre. Accès : à 800 m du village, bien fléché. Chambres doubles de 35 à 58 € avec douche et w.-c. ou bains. Menus à 12 €, le midi en semaine, puis de 15 à 35 €. Grande demeure dans le style du pays, perdue dans la campagne, au milieu d'un vaste jardin avec ses chaises longues bien tentantes. Chambres à la déco d'un bon goût certain. Au resto, cuisine de saison et de terroir. Terrasse très agréable en été. Piscine. Un bain de quiétude et de sérénité.

VILLENEUVE-SUR-LOT 47300

Carte régionale B1

🛏 *Hôtel La Résidence* ** – 17, av. Lazare-Carnot (Centre) ☎ 05-53-40-17-03. Fax : 05-53-01-57-34. ● hotel-laresidence@wanadoo.fr ● Parking payant. TV. Satellite. Congés annuels : du 20 décembre au 5 janvier. Accès : près de l'ancienne gare. Chambres doubles avec lavabo à 23,50 €, avec douche et w.-c. à 36 € et avec bains à 42,50 €. Dans un quartier très tranquille, près de l'ancienne gare. Petit hôtel tout mignonnet, qui a beaucoup de caractère. La façade rose aux volets verts donne le ton. Et dès l'entrée, où trône un piano, on est attiré par le jardin au bout du couloir. Pas mal de chambres à tous les prix. Idéal pour ceux qui aiment la simplicité et le calme. *10 % sur le prix de la chambre (pour 2 nuits consécutives hors juillet et août) offerts à nos lecteurs sur présentation de ce guide.*

|●| *Chez Câline* – 2, rue Notre-Dame (Centre) ☎ 05-53-70-42-08. Ouvert toute l'année. Fermé le mercredi hors saison et le dimanche. Menus « gourmand » à 12 € et du « terroir » à 19 €, sourire compris.

D'entrée de jeu, on est dans le bain : la cueillette des champignons est interdite dans le restaurant. Il y a du Lewis Carroll dans l'esprit du patron. Il est plein d'humour et cela transparaît largement dans sa maison. Pour ce qui est du contenu de l'assiette, on calme le jeu, encore que ! Magret aux pleurotes et soupe de cerises à la menthe... Minuscule mais fort agréable balcon (deux tables seulement) dominant le Lot. Le resto étant petit, réservation conseillée.

DANS LES ENVIRONS

PUJOLS 47300 (3 km S)

🏠 *Hôtel des Chênes* *** – lieu-dit Bel-Air
☎ 05-53-49-04-55. Fax : 05-53-49-22-74.
● www.hoteldeschenes.com ● Parking. TV. Canal+. ♿ Congés annuels : du 27 décembre au 5 janvier. Accès : en face du village médiéval de Pujols. Chambres doubles à 54 € avec douche et w.-c., à 65 € avec bains. Supplément de 5 € pour les 4 chambres avec terrasses privatives et accès direct à la piscine. À 3 km au sud de Villeneuve, un hôtel moderne, juste à côté du restaurant *La Toque Blanche* (les deux maisons n'ont aucun autre lien). Belles chambres, très bien équipées et toutes décorées de façon différente, donnant sur le village médiéval. Tout seul sur le flanc de la vallée, calme assuré. Belle piscine pour tromper la canicule estivale. Apéritif maison ou café offert à nos lecteurs sur présentation de ce guide.

TEMPLE-SUR-LOT (LE) 47110 (17 km SO)

🏠 ●❙● *Les Rives du Plantié* *** – D13 - Route de Castelmoron ☎ 05-53-79-86-86. Fax : 05-53-79-86-85. ● www.rivesduplantie.fr.st ● Parking. TV. Satellite. ♿ Fermé le samedi midi, le dimanche soir (sauf de juin à octobre) et le lundi. Congés annuels : en janvier. Accès : sur la D13, entre Castelmoron et Le Temple-sur-Lot. Chambres doubles de 50,30 à 61 € selon la taille, hors saison. Formule à 13 € à midi en semaine hors jours fériés, puis menus de 19,90 à 46 €. Ce très bel établissement vieillissant a été repris par des jeunes gens pleins de courage et, sans doute, de talent. Ancienne propriété bourgeoise dont la maison et les dépendances ont été aménagées en hôtel-restaurant. Autour, un parc planté d'arbres centenaires, avec piscine, qui descend en pente douce vers la rivière. On peut donc y arriver en bateau ! Les chambres, spacieuses et bien équipées, ont malheureusement été refaites à neuf avant l'arrivée des nouveaux propriétaires. On regrette donc un peu la banalité du mobilier. Heureusement, la vue sur le parc fait oublier ce détail. À table, une cuisine d'inspiration méditerranéenne, où le poisson de roche côtoie le canard et la viande d'Aquitaine. *Apéritif maison offert à nos lecteurs sur présentation de ce guide.*

MONCLAR 47380 (18 km NO)

●❙● *Le Relais* – rue du 11-Novembre ☎ 05-53-49-44-74. Fermé le dimanche soir et le lundi. Congés annuels : 2e quinzaine de septembre. Accès : par la D911 jusqu'à Sainte-Livrade, puis la D667 sur 5 km et la D113. Menu à 10 € le midi en semaine. Autres menus de 13 à 23 €. Menu-enfants à 7 €. Les gens du pays s'y pressent le dimanche et les jours fériés pour se repaître d'une cuisine simple et copieuse. Dans un décor rustique avec deux belles terrasses sur la vallée, on s'installe confortablement pour un déjeuner qui peut s'éterniser, un peu comme ces repas de communion d'autrefois. Cuisine régionale, avec quelques envolées vers la mer (*picata de saumon et crevettes*). Service prévenant. *Café offert à nos lecteurs sur présentation de ce guide.*

Les prix
En France, les prix des hôtels et des restos sont libres. Certains peuvent augmenter entre le passage de nos infatigables fureteurs et la parution du guide.

Avis aux hôteliers et aux restaurateurs
Chaque année pour y figurer, il faut le mériter !

Le Routard

Auvergne

03 Allier
15 Cantal
43 Haute-Loire
63 Puy-de-Dôme

AMBERT 63600

Carte régionale B2

🏠 I●I *Hôtel-restaurant Les Copains* ** –
42, bd Henri-IV ☎ 04-73-82-01-02. Fax :
04-73-82-67-34. ● www.multimania.com/
restolescopains ● TV. Fermé le samedi
toute la journée et le dimanche soir. Congés
annuels : du 15 septembre au 15 octobre et
une semaine en février. Accès : face à la
mairie. Chambres doubles de 45 à 55 €
avec douche ou bains, et TV. Menu à 12 €
le midi, menus suivants de 20 à 42 €. La
façade n'est pas vraiment avenante et la
salle de restaurant est du même tonneau.
Chambres tristounettes. Malgré cela, cet
hôtel-resto doit son nom au film *Les
Copains*, d'Yves Robert, qui fut tourné ici.
Question cuisine, c'est surtout une affaire
de famille puisque Thierry Chelle est la
4e génération aux fourneaux. Évidemment, il
joue dans un registre simple et local où le
terroir tient une place primordiale (ici, on travaille la fourme), mais il a gardé de son passage dans les cuisines de Robuchon quelques petits trucs qui font le plus. Bayaldi à la
fourme d'Ambert, suprême de pintade à la
crème d'ortie, vol-au-vent de grenouilles
désossées, cêpe glacé au chocolat chaud...
Service rapide et décontracté. On en chan-
tonnerait presque la fameuse chanson de
Brassens...

🏠 I●I *Hôtel-restaurant La Chaumière* ** –
41, av. du Maréchal-Foch (Centre) ☎ 04-
73-82-14-94. Fax : 04-73-82-33-52. Parking. TV. Canal+. Satellite. ☼ Fermé le
samedi et le vendredi soir hors saison, et le
dimanche soir toute l'année. Congés
annuels : de fin décembre à fin janvier.
Accès : près de la gare. Chambres doubles
à 48 €. Menus de 14,50 à 34 €. La *Chaumière* est une survivance d'une époque où
l'on mangeait bien pour des prix raisonnables. Les menus sont abondants, sans
prétention, sans fioriture, la note sans surprise. Agrandi, le restaurant offre une
grande terrasse pour les grillades (à midi en
été) et une salle à la déco archi-classique,
un peu à l'image de la cuisine qui ne
s'appuie que sur des valeurs sûres : foie
gras frais, nage de langoustines et noix de
pétoncles safranées, grillades au feu de
bois et quelques plats à base de fourme
d'Ambert ! Les chambres sont modernes,
propres et confortables. *Apéritif maison
offert à nos lecteurs sur présentation de ce
guide.*

ARCONSAT 63250

Carte régionale B1

🏠 I●I *L'Auberge de Montoncel* ** – Les
Cros d'Arconsat ☎ 04-73-94-20-96. Fax :
04-73-94-28-33. ● www.montoncel.com ●
Cartes de paiement refusées. Parking. TV.
☼ Fermé le lundi toute l'année sauf en juil-
let-août. Congés annuels : du 1er au 15 octo-
bre et du 1er au 15 janvier. Accès : par la
N89 puis la D86. Hôtel très simple, avec des
chambres à 30,50 €. Menus de 10 à 23 €.
Une bâtisse ancienne au milieu des Bois
Noirs, au-dessus de Chabreloche, avec

Sur présentation de ce guide,
nombreuses offres et réductions en 2003.

AUVERGNE

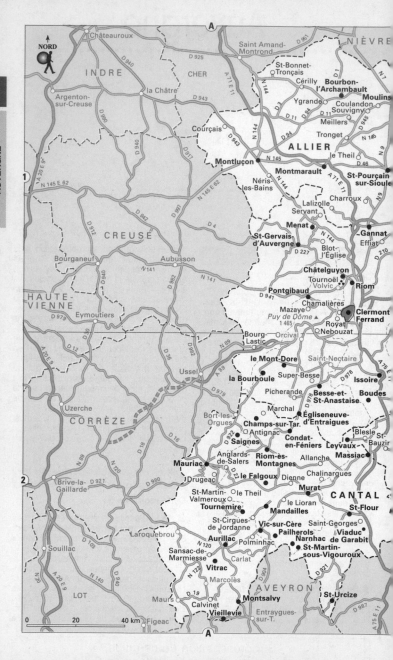

l'hôtel juste à côté dans une annexe récente. Petite salle de restaurant à l'ancienne, avec un menu du jour hyper copieux. Dans les autres menus et selon saison : cuisses de grenouilles grillées, filet de canard au cognac et aux cèpes... On a les papilles en alerte et la salive en bouche rien qu'en les évoquant. Agréable jardin et bon accueil.

AUBUSSON-D'AUVERGNE 63120

Carte régionale B1

🛏 🍽 *Hôtel-restaurant Au Bon Coin* – **le bourg** ☎ 04-73-53-55-78. Fax : 04-73-53-56-29. Parking. Fermé le dimanche soir et le lundi hors saison. Congés annuels : du 20 décembre au 20 janvier. Accès : attention, il s'agit d'Aubusson-d'Auvergne entre Thiers et Ambert et non pas Aubusson dans les environs de Limoges. Chambres doubles à 22,87 € avec lavabo, à 38,12 € avec douche et w.-c. Demi-pension à 45,76 €, obligatoire en juillet-août. Le midi, menu à 12,20 €. Autres menus de 25,92 à 53,36 €. À la carte, compter autour de 30 €. Le soir, service jusqu'à 21 h. Agréable décor rustique pour cette petite auberge (un peu bruyante lorsqu'on ouvre la grande salle pour recevoir la clientèle des cars). Le chef fait partie des Toques d'Auvergne, et il est vrai qu'il y a de quoi être toqué... de l'Auvergne ! Il prépare une cuisine généreuse faite de beaux produits comme les écrevisses fraîches au beurre et la spécialité du lieu : le sandre sur son lit de chou (ah oui !). Goûtez aussi les terrines maison et, en dessert, le superbe feuilleté aux poires à la crème anglaise. Ne manquez pas non plus la période des écrevisses. Pour l'info, mieux vaut avoir l'estomac léger pour filer aux toilettes : la pente de l'escalier est plutôt raide. Une maison dans laquelle on se sent bien et loin de tout.

AUREC 43110

Carte régionale B2

🛏 🍽 *Les Cèdres Bleus* – **route de la Rivière** ☎ 04-77-35-48-48. Fax : 04-71-77-35-04. Fermé le dimanche soir et le lundi midi. Congés annuels : en janvier. Accès : à 4 km d'Aurec, route de Bas-en-Basset. Chambres doubles de 53 à 55 € selon confort ; petit déjeuner à 6 €. En semaine, menus à 15 et 19 € et jusqu'à 40 €. Prise dans les cèdres, une maison toute rose, à la déco spacieuse et moderne, entourée d'un parc de quelques chalets confortables où viennent séjourner les visiteurs. Une adresse connue et de qualité dans la région,

à l'accueil irréprochable. Cuisine raffinée de pays où les plats sont annoncés. Une grande terrasse avec vue sur la ville. Bon appétit ! *NOUVEAUTÉ.*

AURILLAC 15000

Carte régionale A2

🛏 🍽 *Hôtel-restaurant La Thomasse**** – 28, rue du Docteur-Mallet ☎ 04-71-48-26-47. Fax : 04-71-48-83-66. • www.hotel-la-thomasse.com • Parking. TV. Canal+. Satellite. Câble. Congés annuels : du 22 décembre au 10 janvier. Chambres doubles à 65 € avec bains. Menus de 25 à 35 €. Non loin du centre, dans un quartier résidentiel. Hôtel de charme ouvrant sur un grand parc, avec piscine et parking privé. Jolies chambres dans un style rustique très prononcé ! Tout confort. À table, menus régionaux et gastronomiques, bons mais classiques, dans une jolie salle de resto. Bon accueil du patron qui, parfois, vous reçoit avec une coupe de champagne ! Il faut dire qu'il est assez volubile, et que le petit bar-club (très cosy) s'anime rapidement le soir... Une adresse confortable qui sent bon la province.

🛏 *Grand Hôtel de Bordeaux* *** – 2, av. de la République (Centre) ☎ 04-71-48-01-84. Fax : 04-71-48-49-93. • www.hotel-de-bordeaux.fr • Parking payant. TV. Canal+. Satellite. Chambres doubles avec douche et w.-c. ou bains de 67 à 84 €. Chambres très classiques mais tout confort, dont certaines climatisées (plus chères). Petit déjeuner-buffet. Pas de restaurant. Fort bien situé, dans un édifice de 1812, cet hôtel offre un accueil particulièrement professionnel et courtois. Élégants bar et salons. *Apéritif maison offert à nos lecteurs sur présentation de ce guide.*

🍽 *Café Jean* – 17, rue des Carmes ☎ 04-71-64-96-20. Ouvert uniquement le midi du lundi au mercredi, midi et soir du jeudi au samedi. Fermé le dimanche. Formule du jour avec plat et dessert à 8,50 €. Salades copieuses autour de 6,50 €. Compter au maximum 15 € à la carte. À notre avis le bistrot le plus agréable de la ville, très fréquenté le midi. Le soir, ambiance plus *cosy* mais atmosphère tout aussi conviviale. Cadre lumineux et belle décoration rétro, avec deux salles séparées par un superbe zinc en cuivre. La cuisine est savoureuse, avec de bons produits frais. Excellent rapport qualité-prix. D'ailleurs, les nombreux habitués ne s'y trompent pas et choisissent le plat du jour les yeux fermés avant de conclure par une des succulentes tartes maison... En prime, l'accueil est sympathique et le service efficace. *NOUVEAUTÉ.*

l❍l *Le Bouchon Fromager* **– rue du Buis, pl. des Docks (Centre)** ☎ 04-71-48-07-80. Fermé le dimanche. Menu du jour (le midi uniquement) à 8,99 €. Compter environ 15 € à la carte. Cette cave à vins et à fromages vous permettra de déguster de délicieux fromages accompagnés de gouleyants vins de propriété. Vins « au-verregnats » autour de 2,50 € ! Mais aussi quelques plats régionaux à prix démocratiques : tartiflette, raclette, aligot... Ici, la base c'est le fromage ! Marmite de la semaine avec des plats comme le confit... au fromage ! *Patranque* (purée) et saucisse, tartiflettes et, sur commande, potée auvergnate. Sympa aussi à l'heure de l'apéro. Terrasse agréable aux beaux jours.

l❍l *L'Arsène* **– 24, rue Arsène-Vermenouze (Centre)** ☎ 04-71-48-48-97. Fermé tous les midis, le dimanche soir et le lundi soir. Congés annuels : la 3e semaine de mars. Un menu copieux à 19 €. Autour de 20 € à la carte. Cette salle intime et chaleureuse, où pierre apparente et tableaux modernes font bon ménage, accueille de nombreux jeunes de la ville, attirés par la robuste cuisine du lieu. Excellente atmosphère. Spécialité de fondues savoyarde et bourguignonne. Goûter aussi aux grillades traditionnelles, la pierre chaude au filet mignon de porc au bleu ou au magret de canard au miel (attention, toutes ces bonnes choses sont pour deux personnes). Tartiflette, copieuses salades composées, etc. Pour finir, on peut essayer la grole de l'amitié (café, cognac et génépi !). *Café offert à nos lecteurs sur présentation de ce guide.*

DANS LES ENVIRONS

SANSAC-DE-MARMIESSE 15130

(8 km O)

l❍l *La Belle Époque* **– lieu-dit Lasfargues** ☎ 04-71-62-87-87. ⚓ Fermé le dimanche soir et le lundi sauf en juillet-août. Congés annuels : en janvier. Accès : sur la N122 (bien fléché). Formule rapide à 11,50 € et menus de 17,50 à 29 €. Compter 31 € à la carte. En pleine nature, dans une ancienne ferme restaurée. Dans la grande salle, décor Belle Époque comme son nom l'indique, ça nous change un peu du rustico-campagnard. Restaurant bénéficiant d'un superbe bouche à oreille. La preuve, c'est presque toujours plein, même un soir de semaine hors saison (d'où un service parfois long). Atmosphère pleine de gaieté pour une belle cuisine de terroir. Produits frais, légumes et fruits rouges du jardin suivant saison. À la carte, les classiques : foie micuit ou poêlé, pieds de porc aux morilles, magret sauce à l'orange, et puis des spécialités à base de champignons, car le chef est un grand mycologue amateur ! La traditionnelle omelette aux cèpes ou le ris de veau

aux morilles raviront les palais de septembre à octobre. Aux beaux jours, très agréable terrasse. Attention, service un peu long.

POLMINHAC 15800 (14 km E)

l❍l *Le Berganty* **– pl. de l'Église** ☎ 04-71-47-47-47. Fermé le samedi soir et le dimanche en été ; tous les soirs hors saison. Congés annuels : pendant les fêtes de fin d'année. Accès : par la N122. Plats à la demande. Menus de 12 à 19 €. La place est superbe, avec son église et ses maisons couvertes de lauzes. La salle est impeccable, meublée d'un vieux bahut ciré et d'une lourde table d'hôte devant la cheminée. Les gros bouquets de fleurs viennent du jardin. À toute heure, on s'attable devant le cantou : truite au lard, truffade au jambon. En revanche, sur commande, on peut avoir un chou farci, le *pounti* ou une potée auvergnate. Quelques bons plats maison : lapin pruneaux-carottes, paleron de bœuf, etc. La jeune patronne a un sens inné de l'accueil et les produits sont d'une rare qualité (la viande vient de la boucherie voisine : l'artisan choisit ses bêtes sur pied dans la campagne). *Café offert à nos lecteurs sur présentation de ce guide.*

BESSE-ET-SAINT-ANASTAISE 63610

Carte régionale A2

🏠 **l❍l** *Hôtel-restaurant Le Clos* ** – La Villetour** ☎ 04-73-79-52-77. Fax : 04-73-79-56-67. ● www.hotel-le-clos.fr ● Parking. TV. Resto fermé le midi hors week-end. Congés annuels : de mi-octobre à fin décembre et une semaine en janvier et mars. Accès : à 400 m du centre médiéval en direction de la route du Mont-Dore et suivre le fléchage. Chambres doubles de 45 à 54 € et quelques appartements familiaux. Petit déjeuner-buffet. Menus à partir de 14,50 € et jusqu'à 30 €. Légèrement à l'écart du centre de Besse, cet établissement moderne offre des prestations avec piscine intérieure, jacuzzi, salle de remise en forme bien équipée, hammam et salle de jeux. Les chambres sont agréables. Soucieux du bien-être de leur clientèle, les patrons proposent une foule d'idées de randonnées et de visites. Cuisine traditionnelle (truffade, saucisses aux choux). Accueil charmant et agréable. *Apéritif maison offert à nos lecteurs sur présentation de ce guide.*

🏠 **l❍l** *Hostellerie du Beffroy* ** – 26, rue de l'Abbé-Blot** ☎ 04-73-79-50-08. Fax : 04-73-79-57-87. Parking payant. TV. Fermé le lundi et le mardi (sauf en février, juillet et août). Congés annuels : 15 jours en avril et 15 jours en décembre. Chambres doubles à

45,75 € à 73,20 €. Pas de menu ; pour un repas complet, compter 40 €. Les chambres, avec douche ou bains, sont correctes mais au confort assez inégal. Cette maison, qui date du XVᵉ siècle, abrite une table plutôt réputée et très bien tenue par Thierry Legros. Les plats ont toujours un fond de terroir et le chef y ajoute une petite touche personnelle pas désagréable. Babyline aux épices et badiane, pressé de pintade, vacherin... Dommage que l'accueil ne soit pas plus agréable.

DANS LES ENVIRONS

SUPER-BESSE 63610 (8 km O)

|●| *Restaurant La Bergerie* – **route de Vassivières (Ouest)** ☎ **04-73-79-61-06.** Ouvert tous les jours durant les saisons d'été et d'hiver, toute l'année pour les groupes (sur réservation). Congés annuels : du 15 septembre au début de la saison d'hiver (mais ouvert à la Toussaint). Accès : par la D149. Menus de 15 à 27 €. Qui vient à *La Bergerie* et ne goûte pas à la truffade commet un crime de lèse-Auvergne : c'est la meilleure de la région ! Le jeune patron vous servira une copieuse portion directement dans la poêle, accompagnée de son jambon du coin. Assurément, les 30 mn d'attente sont largement compensées par le plaisir de savourer ce plat ultra-traditionnel et pour le moins reconstituant. De plus, on est sûr que la truffade est faite à la demande. Parmi les autres spécialités du chef : ballottine de lapin aux myrtilles, soufflé de truite fumée... De plus, on se sent vraiment bien dans cette auberge de campagne à l'ambiance et au décor charmants et charmeurs. Une maison de plus en plus à la mode tant en hiver qu'en été, où l'on peut manger sur la terrasse qui domine le lac.

BOUDES 63340

Carte régionale A2

🛏 |●| *Le Boudes La Vigne* ** – **pl. de la Mairie** ☎ et fax : 04-73-96-55-66. Parking. TV. ⚬ Fermé le dimanche soir et le lundi. Congés annuels : deux semaines en janvier et la dernière semaine d'août. Accès : A75. Chambres doubles à 32 € avec douche et w.-c. Un appartement de location pour 4 à 6 personnes. Menus de 12 à 40 €. Au cœur de ce petit village vigneron du sud du Puy-de-Dôme, dans une maison de village agréablement rénovée, cet hôtel-restaurant est notre coup de cœur dans le coin. Accueil sympa et cuisine de charme. Difficile de choisir entre les ravioles d'escargots à la crème d'ail, la blanquette de volaille au miel, le homard rôti du vivier... Mais en dessert, pas de doute, on a craqué pour le parfait

glacé à la verveine sur sa crème du Velay. On est au cœur d'un des meilleurs vignobles auvergnats et, comme il se doit, la carte des vins le célèbre. On peut d'ailleurs consommer le boudes au verre. Hôtel récent et très calme. *Apéritif maison offert à nos lecteurs sur présentation de ce guide.*

BOURBON-L'ARCHAMBAULT 03160

Carte régionale A1

🛏 |●| *Grand Hôtel Montespan-Talleyrand* *** – **2-4, pl. des Thermes (Centre)** ☎ 04-70-67-00-24. Fax : 04-70-67-12-00. ● www.hotel-montespan.com ● TV. Congés annuels : de fin octobre à fin mars. Accès : face aux thermes. Chambres doubles de 51 à 80 € selon la taille. Menus de 14,50 €, en semaine, à 37 €. On pourrait discuter longtemps sur la vie (pas toujours très claire) des deux parrains de cette maison. Le séjour qu'ils ont fait ici un jour lointain a laissé son nom à ce superbe hôtel qui apparaît comme une maison raffinée pleine d'un charme d'antan. Salons de lecture et de bridge décorés de velours et de tentures, salle à manger claire et fleurie, piscine au milieu de la verdure d'un jardin à la française font de l'endroit une véritable oasis de paix et de sérénité. Le plaisir se prolonge évidemment dans les chambres, dont certaines sont de véritables appartements. Toutes sont décorées avec goût et raffinement, certaines sont rénovées. Au restaurant, la cuisine, qui joue dans un registre ultra-connu, vaut néanmoins le détour. Gratin de ris de veau, filet de bœuf duc de Bourbon, lapin à la moutarde de Charroux, côtes d'agneau, soufflé glacé Grand Marnier... Ajoutons à ces propos plutôt flatteurs que l'accueil est attentionné, le service précis, et vous aurez compris pourquoi ce *Grand Hôtel* a provoqué chez nous quelques émois ! *Apéritif maison offert à nos lecteurs sur présentation de ce guide.*

DANS LES ENVIRONS

YGRANDE 03160 (10 km O)

🛏 |●| *Château d'Ygrande* *** – **Le Mont** ☎ 04-70-66-33-11. Fax : 04-70-66-33-63. ● www.chateauygrande.fr ● Parking. TV. Canal+. Congés annuels : en janvier et février. Accès : 3 km après le village d'Ygrande par la D953, puis la D94. Chambres doubles de 85 à 145 € selon la taille et l'orientation (le sud est plus cher). Menus de 20 € (le midi en semaine) à 35 €. Remarquable ! La situation face au bocage (ah ! le dîner aux chandelles sur la terrasse), l'architecture classique (superbes parquets), la décoration des chambres (même les standards au dernier étage), l'accueil, le service, la qualité du restaurant, tout nous a séduits. On n'est pas les seuls. Dès qu'une équipe de formule 1 vient tourner à *Magny-Cours* ou *Lurcy-Lévis*, le château est réquisitionné en entier. C'est pas bon marché, d'accord, et le routard n'est pas Schumacher. Mais le rapport qualité-prix peut justifier un accroc au budget vacances. Piscine, sauna, salle de billard. Un coup de cœur. *NOUVEAUTÉ*.

CÉRILLY 03350 (23 km O)

🏠 ⏸ *Hôtel-restaurant Chaumat* ** – pl. Péron ☎ 04-70-67-52-21. Fax : 04-70-67-35-28. TV. Canal+. Fermé le lundi (et le dimanche soir hors saison). Accès : par la D953. Chambres doubles de 32 à 36 € avec douche, w.-c. Menus de 10 €, le midi en semaine, à 29 €. Les huit chambres sont sympathiques et bien rénovées. Mais cette maison nous a surtout séduits pour la qualité de sa cuisine. D'ailleurs, à voir le nombre d'habitués qui viennent y déjeuner les jours de semaine, on y entre en confiance. Quelques alliances salé-sucré, notamment avec le gibier, et des produits de bonne qualité. Spécialité de terrine de langue de cochon. On mange copieusement dans une salle tendance rustique campagne. Accueil sympathique et amical. Pour les lecteurs et sur présentation de ce guide, le prix basse saison est appliqué toute l'année. *NOUVEAUTÉ*.

SAINT-BONNET-TRONÇAIS 03360 (23 km NO)

🏠 ⏸ *Le Tronçais* ** – Tronçais ☎ 04-70-06-11-95. Fax : 04-70-06-16-15. Parking. TV. Fermé le dimanche soir et le lundi, et le mardi hors saison. Congés annuels : de mi-novembre à mi-mars. Accès : par la N144, puis forêt de Tronçais par la D978 jusqu'au rond de Tronçais, à 3 km au sud du bourg de Saint-Bonnet-Tronçais. Par l'A71, sortie « Forêt de Tronçais ». Chambres doubles de 48 à 63 €. Certaines chambres sont peut-être un peu chères. Menus de 19 à 31 €. Paix, sérénité et tranquillité : telle pourrait être la devise de cet hôtel, assis au bord de l'étang. Pour être complet, il faudrait ajouter charme et confort, tant cette maison est agréable. Il faut dire que le coin y est pour beaucoup. La forêt de Tronçais, qui compte parmi les plus belles et les plus vieilles de France, dévoile des trésors de beauté déclinant toute la gamme des verts au printemps et se parant de camaïeu d'ocre et de rouge à l'automne. Les chambres sont spacieuses et coquettes. Éviter celles de l'annexe, qui donnent sur la route. La cuisine fleure bon le terroir : escargots aux noix, terrine d'anguille aux mûres, côte de veau aux cèpes... Les deux salles à manger sont arrangées avec beaucoup de goût et d'élégance. Service charmant. Vue agréable sur le parc et la campagne. *Café offert à nos lecteurs sur présentation de ce guide.*

TRONGET 03240 (23 km S)

🏠 ⏸ *Hôtel du Commerce* ** – D945 ☎ 04-70-47-12-95. Fax : 04-70-47-32-53. Parking. TV. ⚘ Ouvert tous les jours. Accès : prendre la D1 vers Le Montet. Chambres doubles à 40 € avec douche et w.-c. Menus de 12,50 €, sauf le dimanche, à 27,50 €. Voilà une maison de contrastes ! D'un côté, l'hôtel propose des chambres modernes et bien équipées. Reconnaissons qu'elles manquent un peu de cachet, mais cela est largement compensé par l'autre côté de la maison, le restaurant. M. Auberger y sert des petits plats bien traditionnels qui fleurent bon le terroir. Pour un peu, on entendrait presque les cocottes glouglouter. Au programme : pâté aux pommes de terre ou à la viande, Saint-Jacques au noilly, côtes d'agneau du Bourbonnais, pavé de charolais au saint-pourçain ou andouillette à la moutarde. *Apéritif maison offert à nos lecteurs sur présentation de ce guide.*

BOURBOULE (LA) 63150

Carte régionale A2

🏠 ⏸ *Hôtel-restaurant Le Pavillon* ** – av. d'Angleterre ☎ 04-73-65-50-18. Fax : 04-73-81-00-93. ● lepavillon@wanadoo.fr ● TV. Congés annuels : de novembre à mars. Chambres doubles de 42 € avec douche et w.-c., téléphone et TV, à 51 € avec bains ; compter entre 38 et 42 € hors juillet-août et Pâques. Menus de 11,50 à 17 €. Dans un quartier calme et résidentiel. Jolie façade de style Art déco. Ambiance familiale et chaleureuse. Les chambres sont un peu trop modernes à notre goût mais elles sont propres et fonctionnelles. Cuisine simple, familiale, à base de spécialités régionales. Une bonne petite adresse. *Apéritif maison offert à nos lecteurs sur présentation de ce guide.*

🏠 ⏸ *Hôtel Le Charlet* ** – 94, bd Louis-Choussy (Centre) ☎ 04-73-81-33-00. Fax : 04-73-65-50-82. ● www.lecharlet.com ● Cartes de paiement refusées. Parking payant. TV. Canal+. Satellite. Congés annuels : de mi-novembre à début décembre. En contrebas de la ville. Chambres doubles de 62 à 67 €. Menus de 16 à 29 €. *Le Charlet* se situe un peu en contrebas de la ville. L'hôtel vaut surtout pour sa quarantaine de chambres et son confort moderne, car le décor est un peu passe-partout. Piscine (il paraît qu'elle fait des vagues), hammam et salle de fitness. Ambiance peignoir dans les couloirs. Au resto, cuisine terroir (truffade, potée auvergnate, tourte au saint-nectaire...). Le petit déjeuner-buffet soulagera toutes les faims avec sa palette de produits (viennoiseries, céréales, saucisson... et vin rouge). *10 % sur le prix de la chambre (hors vacances scolaires et jours fériés) offerts à nos lecteurs sur présentation de ce guide.*

DANS LES ENVIRONS

BOURG-LASTIC 63760 (20 km NO)

🏠 ❚●❚ *La Pomme d'Or* – le bourg ☎ 04-73-21-80-18. Parking. Fermé le mercredi sauf en juillet-août. Congés annuels : de la fin des vacances de la Toussaint à Pâques. Accès : par la D31 en direction de Messeix, puis la D987. Chambres doubles de 32 à 50 € avec tout le confort. Également des chambres familiales. Menus de 15 à 22,50 €. Compter 25 € à la carte. Une belle maison traditionnelle entourée de verdure. À l'étage, 7 chambres impeccables avec salle de bains et w.-c., dont certaines récemment aménagées. La salle à manger, rustique et chaleureuse (avec grande cheminée et poutres), accueille une clientèle fidèle qui apprécie la bonne cuisine régionale. On retrouve les classiques auvergnats : tripoux, sandre, faux-filet sauce au bleu... cuisinés avec amour et préparés avec des produits frais. S'ils sont au menu, goûtez aussi au bœuf bourguignon ou au coq au vin, un régal parmi les spécialités de la maison ! Belle carte des vins. En prime, un jardin et une petite terrasse bien agréables aux beaux jours... *NOUVEAUTÉ.*

BRIOUDE   43100

Carte régionale B2

🏠 ❚●❚ *Hôtel de la Poste et Champanne* ** – 1, bd du Docteur-Devins (Ouest) ☎ 04-71-50-14-62. Fax : 04-71-50-10-55. Parking. TV. Fermé le dimanche soir et le lundi midi. Congés annuels : en février. Accès : route nationale 102 qui traverse Brioude, près de la maison du Saumon. Chambres doubles avec douche ou lavabo à 26 € ; avec douche et w.-c. ou bains de 40 à 44 €. Plusieurs menus de 13 €, en semaine, à 35 €. Vieil hôtel de province qui a été mis au goût du jour avec des chambres refaites et personnalisées. Au rez-de-chaussée, le bar est toujours là. Les chambres côté rue ne sont pas les plus calmes, alors que celles situées dans une annexe à l'arrière sont vraiment paisibles. C'est aussi une vieille table de la ville, réputée pour sa bonne cuisine traditionnelle sans prétention : tourte de saumon à la brivadoise, tripoux gratinés à la fourme d'Ambert, le plateau de fromages d'Auvergne dont vous nous direz des nouvelles, et la corbeille de fruits après les délicieux desserts (de plus en plus

rare !). Le patron se démène au service avec bonhomie et, grâce à lui et ce naturel, l'adresse a gardé son âme. Ambiance familiale le week-end et VRP en semaine. *Café offert à nos lecteurs sur présentation de ce guide.*

🏠 ❚●❚ *La Sapinière* *** – av. Paul-Chambriard (Sud) ☎ 04-71-50-87-30. Fax : 04-71-50-87-39. ● hotel.la.sapiniere@wanadoo.fr ● Parking. TV. Canal+. 🛇 Fermé le dimanche soir et le lundi. Restaurant ouvert de Pâques à la Toussaint le soir. Congés annuels : en février. Accès : par la RN102 qui traverse Brioude. Indiqué. Chambres doubles avec douche et w.-c. à 72 €, avec bains à 84 € et petit déjeuner à 8 €. Menus de 19 €, en semaine, à 34 €. Coup de cœur pour cet hôtel – tout beau, tout neuf – installé dans une séduisante structure lumineuse (bois, vieille pierre et verre), construite entre deux anciens bâtiments de ferme, bien mis en valeur. Avec vue directe sur le petit parc verdoyant, les 15 chambres spacieuses sont décorées avec un goût sûr et des thèmes différents. La chambre « Vulcania » et sa tête de lit en authentique lave de volcan est très réussie ; tout comme la « Baldaquin » et la « Art déco » donnant sur la basilique. Belle piscine intérieure, jacuzzi. Bon accueil. Côté resto, cuisine fine avec produits du terroir (lentilles, pièces de Salers...). *Café offert à nos lecteurs sur présentation de ce guide.*

DANS LES ENVIRONS

VERGONGHEON 43360 (8 km N)

❚●❚ *La Petite École* – Rilhac ☎ 04-71-76-00-44. 🛇 Fermé le dimanche soir et le lundi ainsi que le mardi soir d'octobre à Pâques. Congés annuels : la dernière semaine de juin et la première de septembre. Accès : de Brioude, RN102, puis D14. Plusieurs menus de 15 €, le midi en semaine, à 25 €, et menu-enfants à 11,50 €. Entre le tableau noir, les cartes de France, photos de classe et autres bureaux d'écoliers, vous voici revenu au temps des culottes courtes ! Installez-vous (sagement !) dans l'unique salle de classe (de resto, pardon !) de cette ancienne école communale (1903). Aujourd'hui, pas de bonnet d'âne, ni de punition, mais des plaisirs culinaires de tout premier rang (ouf !). Françoise et Éric, les « gentils instituteurs », proposent – sur un cahier-menu – des formules aux noms évocateurs : menu « Préau » du jour, « Porte-plume », « Certif », et « Maternelle » pour les pitchounes. Pour les plus sages, la salade de Rilhac, le rôti de porc sauce abricot et la fameuse « Récré », un opulent chariot de desserts. Très prisé, mieux vaut réserver en salle ou en terrasse sous le grand cerisier très fleuri au printemps. *Apé-*

ritif maison offert à nos lecteurs sur présentation de ce guide.

LAVAUDIEU 43100 (9 km SE)

|●| *Auberge de l'Abbaye* – le bourg (Centre) ☎ 04-71-76-44-44. 🍽 Fermé le dimanche soir et le lundi ; le lundi uniquement en été. Accès : par la D19 et la D20. Au centre du village. Menus de 13 €, l'été, à 28 €, avec le menu planchette de l'auberge à 16 €. Charmante auberge villageoise, située dans la petite rue qui fait face à l'église. Intérieur rustique bien décoré avec une cheminée où crépite le feu de bois en hiver. Accueil sympa. On y sert une cuisine traditionnelle, finement préparée, à base de produits locaux. De bons plats, comme par exemple la terrine de truite et de lentilles en gelée naturelle, l'agneau *Bizet* et ses pommes de terre au cantal, le roulé d'omble chevalier au lard sauce écrevisses ou les joues de cochon à la crème. Mieux vaut réserver.

SAINT-BEAUZIRE 43100 (10 km O)

🏠 |●| *Hôtel Le Baudière – Restaurant Le Vieux Four* ** – gare de Saint-Beauzire ☎ 04-71-76-81-70. Fax : 04-71-76-80-66. Parking. TV. Canal+. Satellite. 🍽 Resto fermé le lundi. Congés annuels : de fin décembre à fin janvier. Accès : depuis Saint-Beauzire, à 2 km sur la gauche sur la route de Brioude et à 4 km de l'échangeur A75. Chambres doubles de 48 à 55 € avec douche et w.-c. ou bains. Menus de 15,25 à 40 € ; menu-enfants à 7 €. Hôtel moderne, avec des chambres confortables, calmes et bien arrangées (TV avec satellite) dont les nos 17, 18 et 19 offrant une vue sur les champs. Piscines intérieure et extérieure, et sauna. À côté, *Le Vieux Four* où, dans la salle de resto principale, ornée d'un beau four en pierre, on vous servira de belles tranches de viande grillée, des spécialités régionales et une crème brûlée en dessert. Bonne carte des vins. *Apéritif maison offert à nos lecteurs sur présentation de ce guide.*

|●| *La Marmite* – au village ☎ 04-71-76-80-21. 🍽 Fermé le dimanche soir et le mercredi. Congés annuels : une semaine à Pâques. Accès : à l'entrée du village. Menus à 10,10 € le midi et de 13,50 à 25,80 € le soir sur réservation (sauf en été). La marmite en cuivre trône dans la cheminée de ce restaurant familial adorable et soigné. Françoise s'occupe de la cuisine tandis que Marc, enfant de *Blesle* qui connaît tous les coins aux alentours, vous servira en salle. Les assiettes sont copieuses, et notre fourchette a bien apprécié le feuilleté de flétan maison et l'agneau à la tomate. Ici, on ne pousse pas à la consommation, et aux beaux jours, vous savourez la façade garnie

de lierre et la grande pelouse extérieure. La sympathique adresse du coin. *NOUVEAUTÉ.*

BLESLE 43450 (24 km O)

🏠 |●| *Hôtel-restaurant La Bougnate* – pl. de Vallat (Centre) ☎ 04-71-76-29-30. Fax : 04-71-76-29-39. ● www.labougnate.com ● Parking. TV. Canal+. 🍽 Fermé le mardi et le mercredi d'octobre à fin mars. Congés annuels : de janvier à mi-février. Accès : par la D588, par l'A75, sortie 22. Chambres doubles avec douche et w.-c. ou bains entre 58 et 63 €, petit déjeuner à 6 €. Menu unique à 24 € ou plats à la carte de 7 à 14 €. On le savait déjà, Gérard Klein a la pêche et des rêves qu'il se donne les moyens de réaliser : acteur, producteur, éleveur et maintenant aubergiste... En effet, Gérard et son épouse Françoise, la « Bougnate », accueillent avec goût et raffinement dans cette bourgade de charme qu'est Blesle, où ils ont craqué pour ce petit hôtel qu'ils ont su retaper. Le chef en cuisine se démène pour servir de belles et tendres tranches de Salers « maison » (de la production de Gégé ! à déguster saignante). Côté hôtel, 8 chambres confortables sont calmes et mignonnettes. Ah oui, beaucoup y viennent pour croiser Gérard mais l'« instit » a aussi des « cours » à donner, il n'est donc pas souvent là ! Mais l'adresse vaut tout de même le détour. N'oubliez pas de réserver. *Apéritif maison offert à nos lecteurs sur présentation de ce guide.*

Carte régionale B2

🏠 |●| *Hôtel de la Casadeï* ** – pl. de l'Abbaye (Centre) ☎ 04-71-00-00-58. Fax : 04-71-00-01-67. ● www.hoteldelacasadei.fr. ● TV. Resto fermé le dimanche soir et le lundi, sauf l'été. Congés annuels : de fin novembre à mars. Accès : au pied de l'escalier de l'abbaye. Chambres doubles avec douche et w.-c. de 36 à 48 € ; petit déjeuner à 8 €. Menu à 13 € et compter 20 € à la carte. On entre dans cet hôtel en passant par une terrasse fleurie et une galerie d'art. Les plus belles chambres (qui, musique oblige, ont toutes pris des noms de compositeurs) font face à l'abbaye, mais elles sont plus chères que les autres. Et comme ici on est mélomane et incollable sur la programmation des concerts dans le cadre du festival de Musique baroque, vous pourrez (re)découvrir avec bonheur les enregistrements de tous les concerts qui se sont déroulés dans l'abbaye toute proche. Petite terrasse à l'arrière. Intérieur meublé avec soin. Fait aussi resto. On y sert les spécialités régionales et le coq au vin façon *Casadeï*. Accueil sympa et photos des artistes qui sont passés par l'hôtel lors du festival de Musique sacrée.

I●I *Hôtel de l'Écho et Restaurant de l'Abbaye* ** – pl. de l'Écho (Centre) ☎ 04-71-00-00-45. Fax : 04-71-00-00-22. Parking. TV. Fermé le mercredi hors saison, sauf de mi-juin à mi-septembre. Congés annuels : de janvier à fin mars. Accès : en centre-ville, derrière l'abbaye. Chambres doubles avec douche et w.-c. ou bains entre 45 et 60 € ; petit déjeuner à 8 €. Plusieurs menus de 16,50 à 58 € et menu-enfants à 11 €. Hôtel de goût qui affiche complet pendant le festival et qui a vu passer nombre de têtes célèbres à cette occasion (Giscard est un habitué). Dans les anciennes cuisines du monastère, sous un air de musique classique, une belle salle à manger Louis XIII. Meubles anciens bien mis en valeur. 11 chambres de qualité, dont certaines, refaites, offrent une superbe vue sur l'abbaye (comme la n° 7 ou la n° 15 à réserver absolument !). Le restaurant propose quelques spécialités savoureuses : glacis de sandre aux girolles, filet mignon à la fourme d'Ambert, tarte Tatin aux cèpes et aux artichauts, chariots de desserts maison à volonté (un régal !). Belle carte des vins, accueil parfait, vaisselle élégante, grande terrasse. *10 % sur le prix de la chambre offerts à nos lecteurs sur présentation de ce guide.*

CHAMBON-SUR-LIGNON (LE)   43290

Carte régionale B2

🏠 *Hôtel Beau-Rivage* * – 19, rue de la Grande-Fontaine (Centre) ☎ 04-71-65-82-77. Parking. Congés annuels : de fin septembre à mi-avril. Accès : à 200 m du centre (panneaux). Chambres doubles avec douche et w.-c. à 38 €. Le nom est balnéaire, l'ambiance plutôt montagnarde, l'accueil agréable. Ici, pas de plage mais le calme, et une clientèle de pensionnaires ou de gens de passage, pas dérangeante. Déco un peu démodée mais honnête et gentille. *10 % sur le prix de la chambre (hors juillet et août) offerts à nos lecteurs sur présentation de ce guide.*

DANS LES ENVIRONS

TENCE 43190 (8,5 km N)

🏠 I●I *Café-Restaurant Brolles* – Mas-de-Tence ☎ 04-71-65-42-91. Ouvert tous les week-ends et en semaine sur réservation préalable. Accès : à 5 km à l'est de Tence, par le hameau des Mazeaux, direction Annonay. Chambres doubles avec lavabo à 20 € ; petit déjeuner à 5 €. Menus de 12,20 à 27,50 €, menu-enfants à 6,10 €. Une authentique petite auberge campagnarde, sans fioritures, tenue par des gens

spontanés et naturellement accueillants. Une salle de restaurant arrangée avec goût, fraîche avec son sol en pierre. À la table ronde, près de la cheminée, on se régale d'un saucisson maison, d'une omelette faite avec les œufs de la basse-cour. Tout est bon, les petites pommes de terre sautées aux lentilles, en passant par le petit salé et la potée auvergnate, tout a du goût. On vient de loin pour le plat au four et le fromage du berger, qui se mange chaud. Possibilité d'y dormir. À l'étage, quelques chambres vraiment modestes mais très propres, avec douche et w.-c. sur le palier. Bonne étape pour les randonneurs. C'est tout petit, donc mieux vaut réserver sa place à table avant. *Apéritif maison offert à nos lecteurs sur présentation de ce guide.*

VASTRES (LES) 43430 (18 km SO)

🏠 I●I *Auberge du Laboureur* – le bourg ☎ 04-71-59-57-11. Fax : 04-71-59-55-23. ♿ Ouvert toute l'année. Accès : en direction de Fay-sur-Lignon ; de là, à 2 km à l'est. Situé face à l'église des Vastres. Chambres doubles à 30 €, petit déjeuner à 6 €. Menus de 10 à 18 €. Dans un village en retrait des routes principales, une ancienne boulangerie – et son four – transformée en auberge de pays, décorée avec goût, très soignée, récemment refaite. Chambres bien propres, au calme, à la décoration élégante et à l'entrée indépendante. Grande salle de restaurant pleine de cachet ou terrasse, pour déguster les plats de pays du patron et son pain de seigle fait maison. Délicieux desserts pour les gourmands. *NOUVEAUTÉ.*

SAINT-BONNET-LE-FROID 43290 (20 km NE)

🏠 I●I *Auberge des Cimes* *** – rue Principale (Centre) ☎ 04-71-59-93-72. Fax : 04-71-59-93-40. ● www.regismarcon.fr ● Parking. TV. ♿ Fermé le lundi soir, le mardi et le mercredi midi ; en juillet-août, le mardi uniquement. Congés annuels : de janvier à mi-mars. Accès : au centre, au bourg. Chambres tout confort de 130 à 206 €. 1er menu à 60 € le midi en semaine, puis menus de 78 à 120 €. Ne pas citer cette adresse équivaudrait à oublier le *Dyke* du mont Aiguilhe au Puy-en-Velay : c'est un monument. Régis Marcon, le maître des lieux, est un grand artiste – un as des cimes – qui trouve son inspiration dans son petit coin de paradis. Pour ce perfectionniste curieux et inventif, avant le travail des fourneaux, il y a la qualité des produits utilisés. Leur origine est essentielle. Sur le terrain, il court la campagne, suit de près ses éleveurs particuliers, ses producteurs de légumes, ses fournisseurs. Une garantie de fraîcheur. Il connaît en profondeur les traditions du Velay et du Vivarais. Voici donc une très grande table, et une cuisine généreuse de haute tenue. Bien sûr, les prix sont en conséquence. Mais quand on aime, on ne compte pas...

CHAMPS-SUR-TARENTAINE 15270

Carte régionale A2

🏠 |●| *L'Auberge du Vieux Chêne* ** – 34, route des Lacs ☎ 04-71-78-71-64. Fax : 04-71-78-70-88. ● danielle.moins@wanadoo.fr ● Parking. TV. Fermé le midi toute l'année, ainsi que le dimanche soir et le lundi en basse saison. Congés annuels : de novembre à mars. Selon la saison, chambres doubles de 55 à 60 € avec douche et w.-c. ou bains. Menus de 21 à 29 €. Dans une vieille ferme parfaitement restaurée du Cantal nord, c'est un havre de calme et de douceur. Les chambres parfaitement aménagées aux teintes claires et gaies, toutes avec sanitaire complet. La salle de resto est grande mais bien disposée pour préserver l'intimité. Superbe cheminée monumentale sur le mur du fond. Menus où les spécialités régionales tiennent leur place aux côtés d'une gastronomie plus classique. Excellent feuilleté d'escargots, suprême de truite aux lardons, entrecôte au roquefort... Terrasse pour dîner ou prendre son petit déjeuner, très agréable. *10 % sur le prix de la chambre (hors saison) offerts à nos lecteurs sur présentation de ce guide.*

DANS LES ENVIRONS

MARCHAL 15270 (5 km NE)

🏠 |●| *L'Auberge de l'Eau Verte* – le bourg ☎ 04-71-78-71-48. Accès : par la D679, puis la D22 ; sur une collinette à côté de l'église. Chambres doubles avec salle de bains sur le palier à 30,50 €. Demi-pension à 27,50 €. Menus de 10 à 20 €. Petite auberge traditionnelle à côté de l'église, dans ce village proche de Champs. Accueil super sympa. Menu du jour et menus auvergnats sur commande avec une belle assiette de charcuterie, truffade, salade, fromage et dessert. Copieux et bien préparé. La bonne adresse du coin pour goûter la cuisine auvergnate à satiété.

CHÂTELGUYON 63140

Carte régionale A1

🏠 |●| *Hôtel-restaurant Castel Régina* ** – 3, av. de Brocqueville ☎ 04-73-86-00-15.

Fax : 04-73-86-19-44. Cartes de paiement refusées. Parking. TV. Congés annuels : d'octobre à fin avril. Accès : dans le parc thermal. Chambres propres et bien tenues à 25 €, avec cabinet de toilette et w.-c. et TV ; à 28 ou 31 € avec douche ou bains et TV. Menu du jour à 12 € en semaine. Autres menus touristiques de 18 à 22 €. Bel hôtel de cure. Le décor d'esprit Belle Époque lui donne un charme suranné tout à fait agréable. Ambiance nonchalante des maisons où le temps s'est arrêté. Accueil charmant et personnalisé. Clientèle un peu à l'image du lieu. Il faut dire qu'on ne vient pas forcément à Châtelguyon pour ses boîtes de nuit ! Cuisine assez copieuse pour de la cure...

🏠 |●| *Le Cantalou* ** – 17, rue du Lac ☎ 04-73-86-04-67. Fax : 04-73-86-24-36. Parking. Resto fermé le lundi midi (sauf pour les pensionnaires). Congés annuels : de la Toussaint à Pâques. Accès : par la D985 ; à la sortie de Châtelguyon, en direction de Saint-Hippolyte. Chambres doubles de 29 à 37 €. Menus de 11,75 à 20 €. Un peu à l'écart, ce petit hôtel à l'ambiance familiale se distingue par son accueil et son bon rapport qualité-prix. Les chambres sont propres et bien tenues, mais la déco est un peu vieillotte. Les chambres situées au sud ont vue sur les monts d'Auvergne et le puy de Dôme. Annexe plus récente, un peu plus chère. Le resto est simple, mais Michel prépare des plats copieux. Excellent coq à l'auvergnate et terrine maison du même acabit.

🏠 |●| *Hôtel Bellevue – Restaurant Le Cèdre Bleu* ** – 4, rue Punett ☎ 04-73-86-07-62. Fax : 04-73-86-02-56. ● www.hotel-bellevue-chatelguyon.com ● TV. Satellite. Congés annuels : d'octobre à avril. Chambres doubles avec douche et w.-c. ou bains de 46 à 63 €. Menu du jour à 17 €, menu terroir classique à 19 € et menu gastronomique à 25 €. Entièrement rénové, cet hôtel offre un excellent confort et surtout une isolation phonique parfaite qui assure le plus grand calme. Accueil souriant et chaleureux. Fait aussi resto : nombreuses spécialités variant au gré des saisons, dont la truffade du Cantal, le croustillant de pied de porc aux lentilles, le filet de canette poêlé au miel et poivre, et le nougat glacé aux noix. *Apéritif maison offert à nos lecteurs sur présentation de ce guide.*

🏠 |●| *Les Chênes* ** – 15, rue Guy-de-Maupassant ☎ 04-73-86-02-88. Fax : 04-73-86-46-60. ● leschenes63@ad.com ● Parking. TV. Ouvert uniquement le week-end de mai à octobre et pendant les vacances scolaires (en semaine sur réservation). Chambres doubles avec douche et w.-c. à

AUVERGNE

42,70 € petit déjeuner inclus. Annexe à l'*Hôtel Apollo*. Vous ne pourrez pas manquer cette superbe bâtisse octogonale. Les chambres, agréables et calmes, portent le nom d'amis. Les n°s 2 et 7 sont très sympathiques avec leur balcon et la vue sur la verdure. Au rez-de-chaussée, on trouve une salle de détente et la salle à manger. On vous y sert des petits déjeuners gargantuesques avec jus d'orange, yaourt, jambon, gruyère et pancake ! Accueil tonique de la patronne et de sa fille, et parfois son fils. Belle initiative, ils mettent en place des séjours à thème autour de la cuisine.

|●| *Restaurant La Potée* – 34, av. Baraduc ☎ 04-73-86-06-60. Fermé le lundi. Congés annuels : en novembre. Uniquement à la carte ; compter 18 €. Un petit restaurant avec un cachet comme on n'en trouve plus qu'au tréfonds de la province. Derrière la façade en bois vitré, une jolie petite salle avec quelques tables et un vieux comptoir qui trône en face de la porte. Le patron écoute Brassens, une musique qui se marie bien au lieu, sympa et authentique. Cuisine typique bien servie : potée, tripoux, truffade, jambonneau, petit salé, succulent flan au caramel... Une des dernières adresses ouvertes le soir (service jusqu'à 21 h 30), qui requinquera le routard affamé !

CHOMELIX   43500

Carte régionale B2

🏠 |●| *Auberge de l'Arzon* ** – pl. de la Fontaine ☎ 04-71-03-62-35. Fax : 04-71-03-61-62. Parking. TV. ♿ Fermé le lundi en juillet et août, le lundi et le mardi le reste de l'année. Congés annuels : de la Toussaint à Pâques. Accès : au centre du village. Chambres doubles de 40 à 45 €. Menus de 15,20 €, sauf le dimanche, à 38 €. Une bonne auberge villageoise devenue l'une des tables les plus courues de la région. Mieux vaut réserver en été, surtout pendant le festival de La Chaise-Dieu. Les chambres impeccables sont situées dans une annexe moderne et calme, avec vue sur un joli jardinet. Côté restaurant, le patron adorable mitonne une bonne cuisine de terroir et de produits frais (foie gras maison), comme un délicieux saumon aux lentilles, et des desserts maison qui régalent les papilles. On

vous suggère une petite promenade digestive dans le village et jusqu'aux gorges de l'Arzon en contrebas du village. Demandez au patron, c'est un enfant du pays. *10 % sur le prix de la chambre (à partir de 2 nuits, sauf en juillet et août) offerts à nos lecteurs sur présentation de ce guide.*

DANS LES ENVIRONS

PONTEMPEYRAT 43500 (13 km N)

🏠 |●| *Hôtel-restaurant Mistou* ★★★ ☎ 04-77-50-62-46. Fax : 04-77-50-66-70. ● www.mistou.fr ● Parking. TV. Satellite. Resto fermé tous les midis, sauf les week-ends, jours fériés et en août. Congés annuels : de novembre à fin avril. Accès : à 13 km au nord de Chomelix et 5 km de Craponne-sur-Arzon. Chambres doubles avec douche et w.-c. ou bains entre 80 et 110 € ; petit déjeuner à 10 €. Plusieurs menus de 27 à 52 €. Au fond de la belle vallée de l'Ance, bucolique à souhait. La rivière coule au pied des sapins et arrose le jardin délicieux avec piscine. À l'origine, il y avait un ancien moulin à eau, construit vers 1730. Une vieille turbine récupérée produit encore aujourd'hui l'électricité nécessaire à l'éclairage de cet hôtel 3 étoiles. Toutes les chambres – confortables et très calmes – sont décorées avec goût ; et certaines, plus vastes, donnent sur le jardin (nos préférées). Côté fourneaux, Bernard Roux, l'un des grands gourous de la cuisine régionale, mitonne de succulents plats de saison, relevés aux épices de sa Provence natale. L'assiette aux 4 foies gras, le pintadeau mariné aux épices, et les fraises rôties au poivre de Séchouan nous ont totalement envoûtés ; sans compter la petite pointe de vanille dans le beurre, hmm ! Demi-pension obligatoire en haute saison. Sauna et jacuzzi (payant).

CLERMONT-FERRAND   63000

Carte régionale A1

🏠 *Auberge de jeunesse du Cheval Blanc* – 55, av. de l'Union-Soviétique (D2-1) ☎ 04-73-92-26-39. Fax : 04-73-92-99-96. Parking. Ouvert de 7 h à 9 h 30 et de 17 h à 23 h. Congés annuels : du 31 octobre

---

Les prix
En France, les prix des hôtels et des restos sont libres. Certains peuvent augmenter entre le passage de nos infatigables fureteurs et la parution du guide.

Avis aux hôteliers et aux restaurateurs
Chaque année pour y figurer, il faut le mériter !

au 1er avril. Accès : à 100 m de la gare. Nuit à 11,20 €, petit déjeuner compris. Chambres de 2, 4, 6 et 8 lits. Possibilité de location de sac de couchage. Le bâtiment n'est pas d'une gaieté absolue, mais le patron est très sympa et les soirées parfois animées dans la petite cour intérieure.

🛏 *Hôtel Cartier* – **19, rue de l'Industrie** (plan D1-9) ☎ **04-73-92-02-14.** TV. Accès : à 10 mn à pied de la gare, dans le quartier Desaix. Chambres doubles de 15,30 à 20,60 €. Ce petit hôtel sans prétention, niché dans une rue paisible au cœur du quartier des bureaux, propose des tarifs ultra-compétitifs. La patronne s'est installée au 1er et apporte la TV dans la chambre pour 2 €. On ne vient pas ici pour le luxe : lits moelleux, déco ascétique et douche au 2e font l'affaire. Évitez la n° 5, bruyante. Clientèle de cols blancs et de jeunes. *NOUVEAUTÉ.*

🛏 *Hôtel de Bordeaux* ** – **39, av. Franklin-Roosevelt (A3-3)** ☎ **04-73-37-32-32. Fax : 04-73-31-40-56.** ● **www.hoteldebordeaux.com** ● Cartes de paiement refusées. Parking payant. TV. Canal+. Accès : à 5 mn du centre ; de la place Jaude, direction Chamalières. Chambres doubles à 32 € avec lavabo, de 43 à 50 € avec douche et w.-c. ou bains. Hôtel confortable, un rien bourgeois, proche des boulevards périphériques. L'environnement n'est pas des plus attrayants, mais l'accueil et le service sont excellents.

🛏 *Hôtel Foch* * – **22, rue du Maréchal-Foch (B3-8)** ☎ **04-73-93-48-40. Fax : 04-73-35-47-41.** Parking payant. TV. Accès : près de la place de Jaude, donc très central. Chambres à tous les prix : doubles avec cabinet de toilette à 32 €, et pour les w.-c. en plus, ça vous coûtera 39 €. Attention, entrée discrète ! Charmante façade couleur bonbon anglais et moquette verte, façon faux gazon, à la réception du 1er étage. En prime, une chouette verrière pour le petit dej'. Évitez cependant la promiscuité des chambres à ce niveau. Préférez les étages supérieurs, même si, de façon générale, les chambres sont un peu petites. Accueil courtois. Vous croiserez le père ou le fils !

🛏 *Hôtel Ravel* ** – **8, rue de Maringues (D2-7)** ☎ **04-73-91-51-33. Fax : 04-73-92-28-48.** ● **www.hotelravel63@wanadoo.fr** ● TV. Congés annuels : du 23 décembre au

2 janvier. Chambres doubles d'un excellent rapport qualité-prix, soit à 35 € avec bains. On est tout de suite séduit par la façade en mosaïque de ce petit hôtel familial niché entre la gare et le centre-ville, dans un quartier tranquille. L'espiègle Gisèle s'occupe de tout dans cette maisonnam. Si elle veille à vous faire payer la chambre d'entrée, elle ne se couche pas avant que vous ayez réintégré le nid. Dans la journée, elle prend les réservations, fait les petits déjeuners, les chambres et, s'il lui reste du temps, les toiles d'araignée ! Gisèle nous rappelle une célèbre « tornade blanche qui nettoie tout du sol au plafond » ! Bien sûr, elle a son caractère, mais ce n'est pas pour nous déplaire. À deux pas, le marché Saint-Joseph (bons produits fermiers le vendredi matin) et un lavomatic, et à trois pas, le centre-ville qui vous tend les bras.

🛏 *Hôtel Albert-Élisabeth* ** – **37, av. Albert-Élisabeth (D2-4)** ☎ **04-73-92-47-41. Fax : 04-73-90-78-32.** ● **hotel-albertelisabeth.com** ● Parking payant. TV. Canal+. Satellite. Accès : à 100 m de la gare. Chambres doubles entre 42 et 47 €. Grand néon rouge immanquable le soir ! Hôtel qui a l'avantage de proposer une quarantaine de chambres, bien que celles-ci soient sans caractère. La 7 et la 15 possèdent un clic-clac pour les enfants. Accueil sans chichis, mais avec le sourire. Bonne isolation phonique, téléphone et TV dans toutes les chambres. Garage clos.

🍴 *Hôtel de Lyon* *** – **16, pl. de Jaude (B3-6)** ☎ **04-73-93-32-55. Fax : 04-73-93-54-33.** ● **hotel.de.lyon@wanadoo.fr** ● Parking. TV. Câble. Chambres doubles avec douche à 58,70 €, avec bains à 64,10 €. L'hôtel est sur la place de Jaude, donc en plein cœur de la ville. C'est d'ailleurs son principal intérêt car ses chambres sont confortables et bien équipées (double vitrage, téléphone) mais finalement assez conventionnelles. Petit déjeuner-buffet servi au pub en dessous ou bien en chambre. Garage inclus dans le prix. Fonctionnel et bien tenu.

🍴 *L'Oliven* – **7, rue de la Boucherie (B2-17)** ☎ **04-73-90-38-94.** ⚘ Fermé le samedi midi, le dimanche et le lundi. Menu à 10,50 € à midi et menus-carte de 17 à 23 € le soir. Le joli décor de ce petit restaurant se

---

AUVERGNE

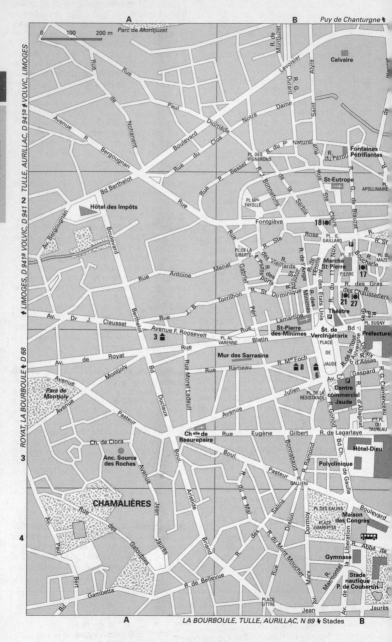

Puy de Chanturgne

Parc de Montjuzet

Calvaire

Fontaines Pétrifiantes

St-Eutrope

Fontgiève

Hôtel des Impôts

Marché St-Pierre

Théâtre

St-Pierre des-Minimes

St. de Vercingétorix

Préfecture

Mur des Sarrasins

Centre commercial Jaude

Ch.elle de Beaurepaire

Parc de Montjoly

Hôtel-Dieu

Anc. Source des Roches

Polyclinique

CHAMALIÈRES

Maison des Congrès

Gymnase

Stade nautique P. de Coubertin

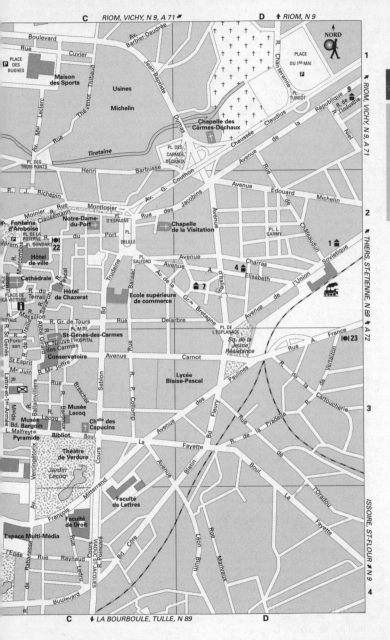

NORD

AUVERGNE

PLACE
DES
BUGHES

Maison
des Sports

Boulevard

Rue Cuvier

Av. Barbier-Daudrée

Av. Jean-Baptiste

Usines

Michelin

PLACE
DU 1ER MAI

Chanteranne

R. de l'Industrie

PL. TURGOT

République

9

Tiretaine

PL. DES
CARMES-
DÉCHAUX

Chapelle des
Carmes-Déchaux

Claudius

la

Chaussée

Avenue

Niel

de

Henri Barbusse

Tiretaine

PL. DES
TROIS PONTS

R.   J.   Richepin

Rue

Av. G. Couthon

Avenue Edouard Michelin

Moinier R.

Clausmann

R.

Montlosier

Notre-Dame-
du-Port

PL.
D'ESPAGNE

Rue des Jacobins

Chapelle
de la Visitation

Avenue

PL. L.
GARMY

Châteaudun

Fontaine
d'Amboise

PL. DE LA
POTERNE

PL. GONDART

du

Port

PL.
DELILLE

22

1

Hôtel
de ville

Marcombes

Pascal

PL.
SALFORD

Avenue

Charras

4

Sovietique

Cathédrale

Hôtel
de Chazerat

Trudaine

Bansac

Avenue

Av. de la

A

d'Italie

7

Elisabeth

de

l'Union

PLACE DE
LA VICTOIRE

R. du
Terrail

Massillon

R. de la Treille

Bd

Gr. de Bretagne

Avenue

France

R. Gr. de Tours

Rue

Delarbre

A

PL. ROYALE

St-Génes

St-Génès-des-Carmes

PL. M. DE
L'HOSPITAL

PL. DE
L'ESPLANADE

Sq. de la
Jeune
Résistance

Rue

A. 72

23

R. des Carmes

Conservatoire

Avenue

Carnot

Paulines

R. de Vertaizon

R. de la Cartoucherie

St Esprit

R. Mal Joffre

Sablon

Lycée
Blaise-Pascal

Fleury

R. de la Pradelle

Av. Maréchal Juin

Rue

Bd

Collomp

des

Bd

Rue

Lattre-et-1er Armée

Bellainvilliers

Braschet

Rue

Musée
Lecoq

Lecoq

Bardoux

Ch.lle des
Capucins

Avenue

Fayette

l'Oradou

Musée
Bargoin

Bd

Malfreyt

Bibliot.

Pyramide

Vercingétorix

La

Boul.

Fayette

de

La

Théâtre
de Verdure

Cours

Jardin
Lecoq

Mitterrand

Avenue

Blatin

Boul

Espace Multi-Média

Av.

François

Faculté
de Lettres

Léon

Rue

Blum

Marvaux

Rue

Faculté
de Droit

Bd   Côte

VIADUC ST-JACQUES

l'Épée

Rathonaud

Rue

Raynaud

Ledru

de

Boulevard

partage entre faïences et tons orangés, ses préparations entre Provence et Méditerranée. On est donc à deux doigts d'en faire des rimes, bien qu'il soit plus essentiel de parler de... sa cuisine ! L'équipe, jeune et sympathique, affiche un excellent état d'esprit. Didier, le chef de cuisine, prend du temps en salle pour présenter ses plats. Le resto propose au déjeuner un menu d'un très bon rapport qualité-prix, et le soir, les menus-carte sont inscrits à l'ardoise : aubergines rôties marinées, cassolette de lieu au jus de farouille et polenta, écrin d'amande à la lavande et son filet d'huile d'olive... pour n'en citer que quelques-uns. Cuisine fraîche et inspirée (ici, on fait son marché tous les matins), légère et savoureuse, ou mot, enlevée ! Vous l'avez deviné, l'*Oliven* nous met en veine ! *Apéritif maison offert à nos lecteurs sur présentation de ce guide.*

|●| Restaurant Le Bougnat – 29, rue des Chaussetiers (B2-21) ☎ 04-73-36-36-98. Fermé les dimanche, lundi midi, mercredi midi et vendredi midi. Congés annuels : de début juillet à début août. Accès : non loin de la cathédrale, dans le secteur piéton. Menu à 12 € très correct. Compter 15 à 30 € à la carte. Le nom sonne comme celui d'un piège à touristes, mais il n'en est rien. L'établissement, dans un style rustico-régional, se fournit à de bonnes adresses. On y trouve à la carte les classiques régionaux (tripoux, *pounti*) mais aussi la potée, ce qui devient de plus en plus rare à Clermont. Dans le four à bois qui trône dans l'entrée, le chef prépare également des galettes auvergnates (qui a dit pizza ?). Belle carte de vins. Si vous êtes seul, essayez de vous installer sur l'un des tabourets du comptoir d'entrée, avec les habitués. Ambiance sympa. *Café offert à nos lecteurs sur présentation de ce guide.*

|●| Les Jardins d'Hispahan – 11 ter, rue des Chaussetiers (B2-27) ☎ 04-73-90-23-07. Fermé le dimanche, les jours fériés et le lundi. Congés annuels : en août. Menus à partir de 14 €. Compter 16 € à la carte. Embarquement immédiat : départ pour l'Iran. Mais pas l'Iran des ayatollahs, celui des saveurs, c'est beaucoup mieux. Car la cuisine de la Perse est tout entière tournée vers les parfums subtils, les alliances fleuries plus que vers les épices. Amateurs de sensations fortes, passez votre chemin ! Certes, le décor n'est pas folichon mais peut-être est-ce pour mieux se concentrer sur les plats. Le *kebab bargue* (brochettes de bœuf macérées dans le citron et grillées) est parfait, comme les plats en sauce. Et sûr que si vous êtes fâché avec le riz, la cuisson parfaite du basmati vous réconciliera. Un réel bonheur de plonger dans les mille et une recettes de la cuisine d'Orient. *Apéritif maison offert à nos lecteurs sur présentation de ce guide.*

|●| Restaurant Le Café de la Passerelle – 24, rue Anatole-France (D3-23) ☎ 04-73-91-62-12. Fermé le dimanche. Accès : assez excentré, derrière la gare. Menu unique à 15 € avec entrée, plat, fromage et dessert. Le *Café de la Passerelle* est l'un des endroits pittoresques de Clermont. C'était le QG de Charasse, c'est toujours le rendez-vous des socialos et des anciens ministres. Ici, les chemises à gros carreaux côtoient la cravate. Alain Aumaly, patron haut en couleur, dirige cette affaire avec un talent qui force le respect. Si ses origines se situent beaucoup plus au sud, sa cuisine est souvent auvergnate, redoutablement copieuse et très prisée des Clermontois. Pieds de cochon, tête de veau et œufs au vin sont les must de la carte. Les viandes, copieusement servies et juteuses, sauront vous rassasier. Une bonne adresse, mais comme le lieu est petit, il est prudent de réserver.

|●| Restaurant Le Kalash – 8-10, rue du Port (C2-22) ☎ 04-73-90-19-22. Fermé le dimanche. Accès : proche de la cathédrale, dans le quartier piéton. Menus à 15,25 et 20,60 € et un menu entièrement végétarien à 12,20 €. Le midi, menu à 8,40 €. Ce restaurant indo-pakistanais offre une cuisine typée de qualité dans un cadre agréable. Difficile de ne pas vous mettre l'eau à la bouche face à un large choix de plats issus des différentes ethnies pakistanaises. Accueil souriant et agréable mais pas très bavard.

|●| Le 5 Claire – 5, rue Sainte-Claire (B2-18) ☎ 04-73-37-10-31. Fermé le dimanche et le lundi. Menu à 24 € le midi. Autres menus de 29 à 43 €, selon le nombre de plats choisis. Légèrement décalé, le *5 Claire* a atterri dans une rue simple et tranquille, comme un OVNI dans un quartier populaire. Une adresse typiquement clermontoise. Nous qui pensions que cet étroit restaurant au décor un peu contestable dans le style rétro-chic le serait peut-être aussi du point de vue de l'esprit... Pas du tout ! Nous fûmes accueillis comme de bons bourgeois de Clermont qui se seraient mis sur leur 31 ! Accueil charmant et service discret comme il faut mais ni muet, ni avare de conseils (surtout pour les vins). Au programme des réjouissances : béarnaise d'asperges et saumon fumé, crépinette de pied de porc désossé au foie gras. Les produits sont travaillés avec une authentique créativité mais avec justesse. Pour finir, un superbe plateau de fromages aussi beau que la chaîne des volcans et un bon choix de desserts parfois originaux comme ce *crumble* de pommes à la moutarde. Comble du bonheur, nous sommes ressortis légers et gaillards de cette belle aventure culinaire !

DANS LES ENVIRONS

ROYAT 63130 (2 km O)

🏠 |●| *La Pépinière Chalut* – 11, av. Pasteur ☎ 04-73-35-81-19. **Fax : 04-73-35-94-23.** Parking. TV. Fermé le dimanche soir et le lundi sauf de juin à septembre. Chambres doubles à 37 € avec douche et w.-c. Bon menu du jour en semaine à 11,50 €, puis menus de 21 à 32,50 € ; à la carte, compter 32,01 €. Dans une charmante auberge, chaleureusement accueillis par Mme Chalut, nous avons été enchantés par l'imagination et la cuisine de son époux, François. Cuisine qui puise ses sources dans le travail des produits régionaux et de vieilles recettes familiales, comme ces superbes saucisses de pommes de terre ou ce pied de porc désossé. Mais sa palette ne se limite pas à la cuisine auvergnate revisitée. Il propose un beau travail du poisson, entre autres. On a beaucoup aimé son escalope de sandre à la pissaladière, tout comme ses langoustines en raviolis au jus d'herbes.

CHAMALIÈRES 63400 (3 km O)

🏠 |●| *Hôtel Radio* ✶✶✶ – 43, av. Pierre-et-Marie-Curie ☎ 04-73-30-87-83. **Fax : 04-73-36-42-44.** ● www.hotel-radio.fr ● Parking. TV. Satellite. Fermé le samedi midi, le dimanche soir et le lundi midi. Congés annuels : en janvier et 1 semaine en novembre. Chambres doubles à 80 € avec douche et w.-c., 120 € avec bains. Quatre menus de 30 à 80 €. Pendant de longues années, Michel Mioche dirigea avec bonheur ce vaisseau blanc construit dans les années 1930 et destiné à accueillir une station de radio. Aujourd'hui, sa fille a pris la suite après avoir commencé... une carrière de journaliste dans la capitale. En conservant l'expérience de son père, mais en s'entourant d'une équipe jeune, elle sait faire perdurer avec talent la réputation de l'établissement. Les produits sont de première qualité, les préparations sont savantes, originales, voire un peu folles, et le résultat est très intéressant. Le homard breton mijoté au jus de truffe, le chausson de pigeon rôti à la broche et la coupe pur Caraïbes vous laisseront des souvenirs impérissables. Pour dormir, de belles chambres avec beaucoup de cachet, certaines avec bains et mobilier de style Art déco. *Apéritif maison offert à nos lecteurs sur présentation de ce guide.*

MORÉNO (COL DE LA) 63122
(9 km O)

|●| *Auberge de la Moréno* ☎ 04-73-87-16-46. Fermé le lundi en été, les lundi soir et mardi en hiver. Accès : entre le puy de Dôme et le puy de Laschamps, sur la D941 A. Menus de 12 à 24,50 €. À la carte, compter 23 €. Raphaël a récemment repris cette auberge mythique, car située sur les terres du terrifiant Morlac. Le légendaire (et bien réel) bandit de grands chemins de l'Auvergne, dont on sait si peu puisqu'on dit que qui le rencontre trépasse... Peut-être votre hôte vous en dira plus, si la nuit tombe... Pas d'inquiétude cependant, l'accueil semble être ici une vertu naturelle. Pas de clinquant dans ce lieu. Des anciens des environs viennent parfois la larme à l'œil se souvenir de l'auberge tenue autrefois par Maria... Il y a de quoi, car le lieu a conservé son charme d'antan : grande cheminée, table d'hôte et pierre apparente patinée par les années... Côté cuisine, que des bonnes surprises : de fameuses truffades, pied de cochon farci, omble de montagne aux lentilles vertes du Puy... à accompagner par exemple d'un gamay rosé bien pensé. Pour finir, ne manquez surtout pas « la tarte à Tine », une délicieuse tatin... Tatin, servie tiède, comme il se doit ! Une adresse chaleureuse, loin des flonflons touristiques. Penser à réserver, car l'auberge connaît déjà un succès mérité.

NEBOUZAT 63210 (28 km O)

|●| *Auberge de la Fourniale* – **Récoléine** ☎ 04-73-87-18-41. Ouvert le midi, du mercredi au dimanche, samedi soir hors saison, ainsi que tous les soirs et le mardi en saison. Congés annuels : de septembre à début janvier. Accès : dans le parc régional des Volcans ; au col de la Ventouse, prendre la N89 vers Nebouzat-Tulle ; passer Randanne puis prendre à droite vers Récoléine, c'est à 4 km. Le midi, sauf dimanche, menu à 10 € (charcuterie, truffade, dessert) et un autre à 12,50 €. Le dimanche, menus à partir de 17 €. Décidément, ce charmant village réserve de bonnes surprises. La famille Gauthier a délaissé sa charcuterie pour rénover cette ancienne bergerie en conservant heureusement ses colonnes... et en ajoutant des saucissons au plafond. Le cuisinier adore chiner, d'où une déco étonnante faite de cloches, de paniers... et un service à fromage ingénument bricolé avec un fer à cheval. En cuisine, on travaille des produits frais pour des plats traditionnels copieux réussis : pied de cochon désossé farci, truffade... Formule casse-croûte avec une assiette de jambon d'Auvergne et de saucisson. Ne manquez pas la crème fouettée, un régal. Accueil de bonne humeur et d'une connaissance des produits appréciable. Une adresse qu'on aurait envie de garder rien que pour nous ! **NOUVEAUTÉ.**

CONDAT-EN-FÉNIERS　　15190

Carte régionale A2

🏠 |●| *Hôtel-restaurant Ché Marissou* – **Le Veysset** ☎ 04-71-78-55-45. ● maris sou@aol.com ● Ouvert pendant les vacances scolaires et le week-end uniquement d'avril à fin septembre. Congés annuels : d'octobre à mi-mars. Accès : à 3 km de Condat par la D62. 1 chambre avec formule 24 h tout compris à 230 €. Une formule originale : le repas coûtera environ 21 € pour les clients âgés de 10 à 65 ans, 19 € de 65 à 100 ans, 10 € de 7 à 10 ans. Gratuit pour les moins de 7 ans et les plus de 100 ans ! Difficile d'ignorer cette adresse, le plus petit hôtel du monde, fruit d'une passion a priori sincère d'un industriel lavallois originaire du coin et d'un marketing parfois pesant. Cette ancienne résidence secondaire du propriétaire des lieux, transformée en auberge, ne manque pas de charme. Une salle de plain-pied, entre écomusée et resto, où vous accueille le maître de céans. Marissou s'engage à satisfaire votre faim, si énorme soit-elle ! Repas avec table de charcuteries traditionnelles et crudités à volonté, plat du jour auvergnat (potée ou tripoux...), fromages régionaux bien affinés et desserts maison. Avec le fromage, vous goûterez, offert par Marissou, un verre de vin rare de vendanges tardives d'Auvergne. La chambre, traditionnelle à souhait, est une alternative sympa pour une nuit d'exception... *Café, thé ou sirop vous sera offert, ainsi qu'à tous ceux qui ne s'installeront que le temps d'un petit verre.*

ÉGLISENEUVE-D'ENTRAIGUES　　63850

Carte régionale A2

🏠 |●| *Hôtel du Nord* * – **rue Principale (Centre)** ☎ 04-73-71-90-28. Cartes de paiement refusées. Congés annuels : deux semaines en septembre. Chambres doubles à 25 € avec salle de bains extérieure. Menus de 10 à 20 €. Sur réservation, vous pouvez obtenir de Maryvonne les menus à 19,82 ou 30,49 €. Petite auberge de campagne toute mignonne et pleine de charme, où l'on peut s'arrêter pour prendre un petit casse-croûte auvergnat en plein après-midi ou faire un repas plus consistant après une randonnée dans le Cézallier. Cuisses de grenouilles crème d'ail, soupe d'écrevisses, andouillette au bleu d'Auvergne, chou farci, truffade (servie dans la poêle de cuisson par le chef), pieds de porc, terrine de foie maison, mousse à la poire, tarte au chocolat... Du classique et du sûr !

FALGOUX (LE)　　15380

Carte régionale A2

🏠 |●| *Hôtel-restaurant L'Éterlou* ** – **le bourg** ☎ 04-71-69-51-14. TV. ☒ Congés annuels : du 13 novembre au 30 mars. Accès : à l'est de Salers par la D680 puis la D37. Chambres doubles autour de 40 €. Demi-pension à partir de 36 € par personne. Menus de 11,50 à 25 €. Compter environ 18 € à la carte. Dans un joli village, judicieusement placé, à mi-chemin entre Salers et le puy Mary. Nombreuses chambres familiales, sans charme mais propres et modernes, toutes équipées de kitchenette. Au resto, cuisine copieuse et goûteuse où les spécialités auvergnates tiennent la vedette. Belle maison traditionnelle, chaleureuse. Une petite base sympa pour les balades dans le coin.

GANNAT　　03800

Carte régionale A1

🏠 |●| *Hôtel du Château* ** – **9, pl. Rantian** ☎ 04-70-90-00-88. Fax : 04-70-90-30-79. Parking. TV. Canal+. Fermé le samedi hors saison. Congés annuels : de mi-décembre à début janvier. Accès : en face du château (étonnant !). Chambres doubles à 38 € avec douche et w.-c., 49 € avec bains. Menus de 10,80 €, en semaine, à 20 €. La maison, presque carrée, a le charme des bâtisses bourgeoises construites au XIXe siècle dans les sous-préfectures des provinces françaises. Quand on entre, les vieux qui tapent le carton en plein après-midi donnent l'impression de ne pas avoir bougé depuis des lustres, et l'état du jeu de tarot l'attesterait presque. On mange une cuisine du terroir, faisant une belle place aux plats canailles de nos grands-mères : andouillette bonne femme, sauté de veau, poulet à la crème d'ail. N'hésitez pas à goûter le fameux pâté bourbonnais et le très bon gâteau aux noix. Chambres simples et propres.

DANS LES ENVIRONS

CHARROUX 03140 (10 km NO)

|●| *La Ferme Saint-Sébastien* – **chemin de Bourion** ☎ 04-70-56-88-83. Parking. ☒ Fermé le lundi et le mardi (sauf en juillet-août). Accès : par la N9, puis à droite de la D42. Menus de 15 à 52 €. Ouvert en 1994,

ce resto de charme situé dans l'un des plus beaux villages de France est vite devenu l'un des lieux les plus prisés des gens de la région. Dans cet ancien bâtiment de ferme bien rénové, des petites salles communicantes préservent bien l'intimité pour goûter tranquillement la cuisine fraîche et imaginative de Valérie Saignie. Belle déclinaison de la cuisine bourbonnaise, avec les beignets de courgettes à la crème de ciboulette, l'assiette de trois foies gras, le poulet à la moutarde de Charroux et topinambours au lard, les fromages régionaux (le lavor et le lavor fumé) et une belle assiette de gourmandises pour conclure. Également une cave remarquée. Accueil chaleureux et prévenant. Impératif de réserver car l'adresse est très prisée.

LALIZOLLE 03450 (15 km O)

🛏 |●| *Hôtel La Croix des Bois* ** ☎ et fax : 04-70-90-41-55. Parking. TV. Congés annuels : en décembre, janvier et 15 jours en février. Accès : prendre la direction d'Ébreuil ; à l'intersection de la D 987 et de la D 284 dans la forêt des Colettes. Chambres doubles avec douche et w.-c. de 33,55 à 38,11 €. 1er menu à 10,50 € le midi en semaine, puis menus à 18 et 23,63 €. Au cœur de la forêt, ce serait dommage de rater un déjeuner ici avec cette bonne cuisine régionale et ce pain maison (le patron est un ancien pâtissier-confiseur, avis aux gourmands). Un vrai repas de grand-mère, quand il faisait bon rester trois heures à table en jouissant de la vue sur la vallée. Pour dormir, chambres toutes simples et propres. *10 % sur le prix de la chambre (en mars, avril, octobre et novembre) offerts à nos lecteurs sur présentation de ce guide. NOUVEAUTÉ.*

ISSOIRE 63500

Carte régionale A2

🛏 *Hôtel du Tourisme* ** – 13, av. de la Gare ☎ 04-73-89-23-68. Fax : 04-73-89-

65-28. ● www.hoteldutourisme.com ● TV. Canal+. Satellite. Fermé le dimanche de 11 h à 18 h. Congés annuels : fin avril-début mai et du 22 décembre au 19 janvier. Accès : un peu en retrait de l'avenue, juste à côté de la gare, face au parc et près de l'abbatiale du XIIe siècle. Chambres doubles à 38,20 € avec douche et w.-c. ou bains. Une jolie maison particulière reconvertie en hôtel et tenue par un passionné d'avions, constructeur amateur à ses heures. C'est, d'ailleurs, le rendez-vous des pilotes d'avions et des planeurs. Accueil sympa.

DANS LES ENVIRONS

SARPOIL 63500 (9 km SE)

|●| *La Bergerie de Sarpoil* ☎ 04-73-71-02-54. Fermé du lundi soir au mercredi soir (sauf en juillet-août). Congés annuels : en janvier et à la Toussaint. Accès : d'Issoire, par la D996, puis la D999 vers Saint-Germain-en-l'Herm. Menus de 22 à 60 €. Malgré son cadre assez classique, et pour tout dire assez vieille France, on y est bien accueilli, même en routard un peu... dépareillé ! Après tout qu'importe, puisque, de l'avis de tous, *La Bergerie* est la meilleure table gastronomique de la région. Laurent Jury réussit des merveilles avec d'autres merveilles, celles de la nature et du savoir-faire de toute l'Auvergne. Du cochon fermier à la vache salers, de l'agneau de lait aux ombles délicats, du parfum subtil des cèpes et des morilles aux arômes de la châtaigne et de la myrtille, tout ici n'est qu'alchimie virevoltante ! Au programme des réjouissances, dès le premier menu dit « campagnard » : une galette d'andouille fermière aux oignons confits ou des tripoux maison au thym. Pour les plus gourmands, le menu « gastronome » ou le menu « dégustation ». Dans ce dernier, cuisses de grenouilles à la purée d'ail et au jus d'herbes, langoustes rôties... On ne savait pas exactement ce que signifiait cette phrase sur la carte : « Le

rôle du cuisinier commence là où s'arrête l'œuvre de la nature. » Maintenant, on sait. *Apéritif maison offert à nos lecteurs sur présentation de ce guide.*

LAPALISSE   03120

Carte régionale B1

🏠 ⏹️ *Hôtel-restaurant Galland* ** – 20, pl. de la République (Centre) ☎ 04-70-99-07-21. **Fax : 04-70-99-34-64.** Parking. TV. Fermé le dimanche soir et le lundi hors saison. Congés annuels : 2 semaines fin janvier-début février, dernière semaine de novembre et première semaine de décembre. Chambres doubles avec douche et w.-c. ou bains de 43 à 48 €. Menus de 22 à 45 €. Un autre coup de cœur dans ce département où, décidément, on mange plutôt bien. Euphémisme ! Quel plaisir de se retrouver ici pour déguster une salade de mesclun aux foies de volailles avec un œuf poché, des langoustines rôties, une escalope de foie gras poêlée aux figues chapelure de pain d'épice, ou une pièce de charolais tranchée au saint-pourçain. La cuisine est fraîche, pleine de saveurs subtiles exhalées dans des préparations originales, le tout fait avec talent. Que dire de plus maintenant pour convaincre le routard sceptique de se rendre ici ? Que la patronne est absolument adorable, joviale, et que sa bonne humeur s'allie bien à son style très classe. Le service ne dépare pas l'ensemble, précis et appliqué. En somme, on se sent bien dans ce décor plutôt moderne et chic. Quelques chambres agréables et rénovées (préférez celles sur la cour intérieure). Une bonne adresse.

MANDAILLES-SAINT-JULIEN   15590

Carte régionale A2

🏠 ⏹️ *Hôtel-restaurant Aux Genêts d'Or* * – le bourg ☎ 04-71-47-94-65. **Fax : 04-71-47-93-45.** TV. Accès : dans le centre du village, un petit hôtel-resto-boulangerie en retrait de la rue, à 50 m au fond d'une impasse. Chambres doubles à 31 € avec douche et w.-c. Quelques studios en duplex avec kitchenette. Possibilité de demi-pension à 32 €. Menu du jour, le midi en semaine, à 10 €. Autres menus à 14 et 24 €. Calme assuré. Atmosphère familiale. Chambres confortables et pimpantes. Bonne cuisine. Quelques spécialités : tournedos à la gentiane, noix de Saint-Jacques sur lit de poireaux, tourte au confit de canard, escalope de foie gras poêlée et un millefeuille connu « mondialement à Mandailles » ! Dommage toutefois que la qualité du service soit irrégulière.

🏠 ⏹️ *Auberge Au Bout du Monde* – le bourg ☎ 04-71-47-92-47. **Fax : 04-71-47-95-95.** Congés annuels : du 15 novembre au 26 décembre. Chambres doubles à 32 € avec douche et w.-c. Menu du jour à 13,50 €. Menu régional à 16,50 €. Chaleureuse étape dans la vallée de la Jordanne, au départ des randonnées sur le puy Mary. L'hôtel est tranquille, simple et bien tenu. Terrasse au bord de l'eau. Le resto, avec son *cantou* traditionnel et ses cuivres rutilants, est chaleureux à souhait. Une cuisine propre à rassasier la faim de tous les grands randonneurs ! Menu du jour copieux : charcuteries, soupe de légumes extra et spécialités régionales (potée, truffade, *pounti*, tripoux…) parfaites. Chou farci sur commande. Accueil sympa et convivial.

DANS LES ENVIRONS

SAINT-CIRGUES-DE-JORDANNE
15590 (8 km SE)

🏠 ⏹️ *Hôtel-restaurant Les Tilleuls* ** – le bourg ☎ 04-71-47-92-19. **Fax : 04-71-47-91-06.** ● **hoteltilleuls15@aol.com** ● Parking. TV. Restaurant fermé le dimanche soir et le lundi de novembre à avril. Accès : par la D17. Chambres doubles de 39 à 42 €. Demi-pension au même prix par personne. Menus nombreux de 10,70 à 29,75 €. Menu enfant à 6 €. C'est une belle maison qui surplombe la route et la vallée. Chambres agréables et calmes. Jardin, piscine et bain bouillonnant offrent un repos confortable au retour des randonnées sur le puy Mary tout proche. La salle de resto est agréable et, en hiver, la cheminée est bienvenue. Cuisine copieuse qui sait être raffinée. Laurent Fritsch a mis au point des recettes personnelles tout à fait réjouissantes. Dans les menus : côtes de porc cantal et morilles, canard au miel de pissenlit, *pounti* aux raisins secs, profiteroles à la noix de coco.

MASSIAC   15500

Carte régionale A2

🏠 ⏹️ *Grand Hôtel de la Poste* ** – 26, av. du Général-de-Gaulle ☎ 04-71-23-02-01. **Fax : 04-71-23-09-23.** ● **www.hotel-massiac.com** ● Parking. TV. 🦽 Accès : par la N9 ; sur l'autoroute A75, sorties n° 23 depuis Paris et n° 24 depuis Montpellier. Chambres doubles de 40 à 51 € avec douche et w.-c. ou bains. Menu à 12,20 € sauf le dimanche et les jours fériés. Autres menus de 18,20 à 29,50 €. « Tout le confort moderne » : deux piscines (intérieure, extérieure), jacuzzi, hammam, salle de squash, salle de musculation. Rien d'autre à signaler, si ce n'est que la collection de porte-clefs et de poupées de la réception sont un bon passe-temps si vous êtes fatigué de la piscine ou si vous sortez de la salle de remise en forme. Restaurant agréable sur l'arrière. Quelques spécialités : jambon d'Auvergne, tripoux du Cantal, pâté de pommes de terre, pied de porc grillé aux lentilles, tarte chaude aux pommes.

MAURIAC 15200

Carte régionale A2

≜ |●| *Hôtel des Voyageurs – La Bonne Auberge* ** – pl. de la Poste (Centre) ☎ 04-71-68-01-01. Fax : 04-71-68-01-56. ● www.auberge-des-voyageurs.com ● TV. Canal+. Fermé le samedi et le dimanche soir de novembre à avril. Congés annuels : deux semaines à Noël. Chambres doubles à 27,50 € avec douche, 40 € avec douche et w.-c. ou bains. Menus de 10,50 à 29 €. L'hôtel le plus sympathique de Mauriac. Dans cette petite ville qui en compte peu d'accueillants, celui-ci propose une vingtaine de chambres joliment refaites dans des tons modernes mais pimpants. Belles salles de bains également. Le resto affiche des menus sans surprises avec des spécialités régionales et des plats traditionnels. Bon accueil. *Café offert à nos lecteurs sur présentation de ce guide.*

DANS LES ENVIRONS

ANGLARDS-DE-SALERS 15380

(9 km E)

≜ |●| *Ferme-auberge Les Sorbiers* – le bourg ☎ 04-71-40-02-87. Parking. Congés annuels : de fin septembre à Pâques. Accès : sur la D22. Chambres doubles à 36,59 €, petit déjeuner compris. Demi-pension (à partir de 3 nuits) à 54,88 € pour deux. Table d'hôte à 12,96 €. Sur réservation, menus à 12,20 et 14,60 €. Une belle bâtisse en vieille pierre, bien aménagée. Atmosphère chaleureuse, agréable salle à manger avec grandes tablées en bois et vaste *cantou*. Cuisine soignée et goûteuse avec les spécialités du pays (truffade, *pounti*...) et les produits de la ferme. Chambres impeccables, confortables, avec salle de bains ; deux familiales et certaines avec vue sur le jardin. Au calme. Accueil très sympa de la famille Ribes. Une adresse idéale pour apprécier le terroir cantalien ! *NOUVEAUTÉ.*

DRUGEAC 15140 (12 km SE)

|●| *L'Auberge des Saveurs* ☎ 04-71-69-15-50. ⚒ Fermé le mercredi toute l'année. Congés annuels : à la fin de l'été. Menus à 9,20 € le midi en semaine et de 15 à 24 €. Une petite auberge de village, pour ne pas

dire de campagne, dont les saveurs sont bien vite parvenues jusqu'à nous... La salle est simple comme bonjour et David nous y accueille avec un physique, une malice qui ne sont pas sans nous rappeler un certain Fred Chichin des Rita Mitsouko... Mais ce resto ferait plutôt dans la grande musique, avec un air de ne pas y toucher. Nicole Bataille a fait quelques détours par des restaurants cotés de la Côte, et n'en fait pourtant pas tout un plat. Ou plutôt si ! Tandis que son mari déploie ses charmes en salle, madame bataille en cuisine pour nous livrer quelques-unes de ses spécialités. Terrine de foie gras maison forestière ou de poisson, ravioles aux petits légumes, gratinée d'escargots, etc. Côté viande et volailles, pièce de bœuf ou sauté de canard. Pour finir, plateau de fromages avec du pain maison. Les plats changent bien sûr au gré du marché et des saisons, le poisson restant la prédilection de Nicole. La « surprise du chef », en dessert, résume assez bien cette impeccable petite adresse. Le bonheur est dans l'assiette, et, chose rare, il est également dans la salle. Accueil chaleureux et agréable terrasse ensoleillée. *Apéritif maison offert à nos lecteurs sur présentation de ce guide.*

MONT-DORE (LE) 63240

Carte régionale A2

≜ |●| *Auberge de jeunesse Le Grand Volcan* – route du Sancy ☎ 04-73-65-03-53. Fax : 04-73-65-26-39. ● le-mont-dore@fuaj.org ● Accès : à 3 km au sud de la ville. Nuitée à 11,30 € par personne, petit dej' inclus. Repas à 8 €, panier repas sur demande à 5,50 €. Dans un grand chalet tout en bois au bord de la forêt et de la Dordogne, chambres pour 2 à 6 personnes (certaines avec mezzanine). Bar, billard, baby-foot et grand réfectoire.

≜ |●| *Hôtel de la Paix* ** – 8, rue Rigny (Centre) ☎ 04-73-65-00-17. Fax : 04-73-65-00-31. TV. Congés annuels : de mi-octobre au 20 décembre. Chambres doubles à 40 € avec douche ou bains, w.-c. Menus de 14 à 25 €. Dans le quartier semi-piéton, à deux pas des artisans et commerçants. Notre petit coup de cœur va à cet hôtel de 1880 au décor délicieusement suranné et à la patronne qui vous accueille avec un accent et une gentillesse absolument inimitables ! Ambiance délicieusement nostalgique, avec à la réception, un croquis de Joseph Foret dessiné par Audiberti qui rappelle le passage dans ces lieux de figures contemporaines désormais oubliées. Tout un poème... Superbe et grandiloquente salle à manger au décor Belle Époque et adorable petit salon. Les chambres sont simples et fonctionnelles, pas chères pour

Le Mont-Dore. Cuisine tout ce qu'il y a de plus classique (foie gras maison, feuilleté de pétoncles) mais travaillée avec de bons produits. Pas de supplément dans les menus, mais du supplément d'âme, ça oui !

🏠 ❘●❘ *Hôtel Le Castelet* ** – av. Michel-Bertrand ☎ 04-73-65-05-29. Fax : 04-73-65-27-95. ● castelet@compuserve.com ● Parking. TV. Canal+. Satellite. Congés annuels : de fin mars à mi-mai et du 1er octobre au 20 décembre. Accès : proche du centre. Chambres doubles à partir de 54 € avec bains. Menus de 15 à 23 €. Un des hôtels les moins curistes de la ville et l'un des plus élégants, autant par l'accueil de sa charmante maîtresse de maison que par son cadre. Piscine, jardin, terrasse. Une trentaine de chambres avec quelques cloisons un peu minces, mais avec du double vitrage partout. Cuisine de terroir sympathique : filets de truite au lard, petit salé aux lentilles du Puy, gratin de framboises... *Apéritif maison offert à nos lecteurs sur présentation de ce guide.*

❘●❘ *Restaurant Le Bougnat* – 23, av. Georges-Clemenceau ☎ 04-73-65-28-19. Fermé le lundi et le mardi (sauf pendant les vacances scolaires). Congés annuels : la dernière semaine de mars et du 5 novembre à mi-décembre. Menus de 14 à 21,50 €. Compter autour de 21,50 € à la carte. Sans doute la meilleure cuisine traditionnelle remise au goût du jour au Mont-Dore. Une belle salle, avec de petites tables et de minuscules buffets, bien aménagée dans une ancienne écurie. Le *pounti* est l'un des meilleurs que l'on ait mangés ; soupe à l'ail, lapereau sauté à la gentiane... Aligot de l'Aubrac sur commande. Une de ces adresses ultra-typiques dans lesquelles il fait bon se réfugier les soirs d'hiver après une journée de ski bien remplie. On en ressort requinqué... Attention, il est prudent de réserver car l'adresse est de plus en plus connue (longue attente possible).

MONTLUÇON   03100

Carte régionale A1

🏠 ❘●❘ *Hôtel des Bourbons – Restaurant Aux Ducs de Bourbon* ** – 47, av. Marx-Dormoy (Sud-Ouest) ☎ 04-70-05-28-93. Fax : 04-70-05-16-92. TV. Canal+. Satellite. Resto fermé le dimanche soir et le lundi, sauf les jours fériés. Accès : près de la gare. Chambres doubles à 45 € avec douche et w.-c. ou bains. Menus de 12 à 33 €. Ce bel hôtel du XVIIIe siècle a beaucoup d'allure. Chambres rénovées au confort très moderne et, pour la plupart, lumineuses. Pour se restaurer, le routard s'attardera plus volontiers dans le coin brasserie, plus chaleureux que le restaurant (☎ 04-70-05-22-

79). Foie de veau grenobloise, sole braisée aux langoustines, belle viande grillée et une excellente tarte minute aux fruits de saison. Une étape plutôt professionnelle.

❘●❘ *La Vie en Rose* – 7, rue de la Fontaine (Centre) ☎ 04-70-03-88-79. Fermé le dimanche midi. Congés annuels : 3e semaine de novembre. Accès : à côté de l'église Notre-Dame. Menus à 8 € le midi en semaine et 14 €. Compter 17 € à la carte. Niché dans le vieux Montluçon, ce restaurant permet de passer un moment agréable de détente, car l'ambiance y est vraiment décontractée. Tout y concourt. D'abord l'accueil amical d'un patron plutôt cool, ensuite le décor fait de vieilles photos de la ville, d'affiches de réclame des années 1950 et 1960 qui ornent les murs. L'ambiance musicale ne laisse pas non plus indifférent. Point de mélodie d'ascenseur, mais un florilège de la meilleure variété française. Question cuisine, rien à redire. Les viandes (onglet, côte de porc, entrecôte à l'infusion de vin de pays...) sont épaisses et goûteuses, les salades copieuses et fraîches. Le pâté aux pommes de terre est excellent.

❘●❘ *Le Safran d'Or* – 12, pl. des Toiles (Centre) ☎ 04-70-05-09-18. Fermé le dimanche soir et le lundi (et le mardi soir en hiver). Congés annuels : du 15 août au 15 septembre. Accès : zone piétonne, cité médiévale. Menus de 18 € en semaine à 22,50 € les jours de fêtes. Derrière sa façade jaune en faux marbre peint, le *Safran d'Or* a des allures de brasserie parisienne, et on y mange une cuisine qui pourrait être celle d'un bistrot de grand chef. De suite, l'accueil de la patronne marque par sa prestance. Elle fera tout pour vous être agréable. Le service est précis et rapide, mais qu'on se rassure, on a tout le temps d'apprécier l'excellente cuisine du chef. Des plats simples et traditionnels toujours confectionnés avec des produits frais de saison. Une de nos adresses préférées dans le coin.

DANS LES ENVIRONS

NÉRIS-LES-BAINS 03310 (8 km SE)

🏠 ❘●❘ *Hotel-restaurant Le Garden* ** – 12, av. Max-Dormoy (Centre) ☎ 04-70-03-21-16. Fax : 04-70-03-10-67. Parking payant. TV. Congés annuels : du 27 janvier au 7 mars. Chambres doubles de 38 à 51 € selon la saison. Menus de 12,50 €, sauf le week-end, à 33,60 € (avec 4 plats). La façade de cette maison fleurie de géraniums est plutôt avenante et, dès que l'on a franchi la porte, l'impression est confirmée. Très bel escalier en bois qui craque juste ce qu'il faut pour donner du charme. Chambres très correctes et largement ouvertes sur la verdure du parc. Cuisine classique mais innovante avec des fruits de mer, des abats et des jus bien déglacés. Il faut une cure pour faire passer tout ça. *10 % sur le prix de la chambre (du 1ᵉʳ novembre au 31 mars) offerts à nos lecteurs sur présentation de ce guide.* **NOUVEAUTÉ.**

MONTMARAULT   03390

Carte régionale A1

🛏 ❘●❘ *Hôtel de France* ** – 1, rue Max-Dormoy (Centre) ☎ 04-70-07-60-26. Fax : 04-70-07-68-45. TV. Fermé les dimanche soir et lundi. Congés annuels : 1 semaine au printemps et 3 semaines à partir de novembre. Chambres doubles à 37 €. Menus de 14 à 40 €. Exactement le genre d'hôtel où l'on n'aurait pas glissé un orteil si la rumeur publique ne nous avait pas informés que la cuisine de Patrick Omont valait le détour. Et la vox populi avait raison ! Allez donc goûter ses escargots aux noix, son aile de raie à la moutarde de Charroux ou son omelette à la *brayaude* avec des lardons et des pommes de terre. Un pur moment de bonheur ! **NOUVEAUTÉ.**

MONTSALVY   15120

Carte régionale A2

🛏 ❘●❘ *L'Auberge Fleurie* ** – pl. du Barry (Centre) ☎ 04-71-49-20-02. Fax : 04-71-49-29-65. • www.auberge-fleurie.com • TV. Canal+. Congés annuels : en janvier. Chambres doubles de 37 à 49 € avec douche et w.-c. ou bains. Demi-pension de 36 à 46 € par personne. Menus à 10 €, le midi uniquement, puis de 16 à 29 € (en juillet et août seulement). Lierre, cheminée, poutres apparentes et portes centenaires : cette adresse est l'un de nos coups de cœur dans la Châtaigneraie. L'hôtel a d'ailleurs été complètement rénové et les chambres personnalisées, toutes spacieuses et très confortables, admirablement déco-rées. Dans la chaleureuse salle à manger, des menus délicieux qui changent au gré des saisons et des vins à prix modérés. Bon accueil. Une adresse de charme par excellence ! *Apéritif maison offert à nos lecteurs sur présentation de ce guide.*

🛏 ❘●❘ *Inter-Hôtel du Nord* ** – le bourg ☎ 04-71-49-20-03. Fax : 04-71-49-29-00. • www.hotel-du-nord.com • Parking. TV. Canal+. Congés annuels : du 1ᵉʳ janvier à Pâques. Chambres doubles confortables avec douche et w.-c. ou bains de 47 à 54 € en demi-pension. Menus de 15 à 40 €. Au cœur de la Châtaigneraie, n'y cherchez pas Arletty, c'est pas vraiment le genre populo. Nous dirons « chicos provincial ». Dans la salle à manger cossue, à l'atmosphère

calme, vous dégusterez une cuisine de ter-roir d'excellente réputation. À la carte, au hasard : foie gras de canard préparé au sauternes, bœuf salers, veau du Cantal, mousse glacée à la gentiane et coulis de mûres. Et les « classiques » : aligot, magret, confit, etc. Salon, bar et jardin. *Un petit déjeuner par chambre offert à nos lecteurs sur présentation de ce guide.*

DANS LES ENVIRONS

CALVINET 15340 (17,5 km O)

🛏 ❘●❘ *Hôtel de la Terrasse* * – pl. Jean-de-Bonnefon ☎ 04-71-49-91-59. Parking. Congés annuels : de début novembre à fin décembre. Accès : par la D19. Chambres doubles à 26,70 € avec lavabo et à 38,11 € avec bains. Demi-pension à 36,60 € par personne. Menus à 9,91 € et de 12,96 à 25,92 €. Tenu depuis 1936 par une mamie gâteau dont les spécialités sont les crêpes au cantal, la tarte aux poires et les pieds de cochon farcis. Toute la mythologie du décor rural : cuivres, vieille horloge, buffet. Les chambres sont garnies de meubles anciens. Patronne très bavarde qui sait créer une super ambiance familiale. *Apéritif maison offert à nos lecteurs sur présentation de ce guide.*

🛏 ❘●❘ *Hôtel Beauséjour* ** – route de Maurs ☎ 04-71-49-91-68. Fax : 04-71-49-98-63. • www.cantal-restaurant-puech.com • Parking. TV. Canal+. Fermé les lundi et mardi midi en saison, les dimanche soir et lundi en basse saison. Chambres doubles confortables à 46 €. Plusieurs menus de 20 à 55 €. On vient de loin pour la cuisine de terroir goûteuse de Louis-Bernard Puech. C'est un étoilé Miche-lin (le seul du Cantal) et la coqueluche de la région. La maison a su garder sa bonhomie avec sa clientèle d'habitués : notaires, VRP, et les familles paysannes pour qui c'est l'occasion d'une agréable sortie. Service efficace. Beaux menus, évoluant au gré des saisons, à prix fort raisonnables. Dans ceux-ci, tout à trac : petit pot gourmand de homard, tarte friande de lapin, gaufre d'asperges et foie de canard, dos de morue fraîche, saucisse fraîche auvergnate ou noi-sette d'agneau fermier. À la carte : tartines de boudin au foie de canard, pied de porc farci à l'ancienne ou un délicieux sablé à la châtaigne. Bon choix de vins à prix raison-nables.

MOULINS   03000

Carte régionale B1

🛏 ❘●❘ *Le Parc* ** – 31, av. du Général-Leclerc (Est) ☎ 04-70-44-12-25. Fax : 04-70-46-79-35. • www.hotel-moulins.com •

Parking. TV. Canal+. Resto fermé le samedi. Congés annuels : 15 jours en juillet, une semaine fin septembre et pour les fêtes de fin d'année. Accès : près de la gare. Chambres doubles insonorisées de 34 à 58 € avec douche et w.-c. ou bains. Menus de 15 à 36 €. Depuis 1956, cet hôtel tenu par la famille Barret perpétue la tradition d'un accueil fait de douceur et de gentillesse. Beaucoup de confort dans ce bel immeuble de style classique. Salle claire et reposante. Simplicité et harmonie du mobilier, des tissus et des couleurs. Possibilité de loger dans une annexe. Au restaurant, on savoure une cuisine du terroir dans laquelle tradition rime avec créativité. Foie gras de canard maison, filet de sandre rôti à la moutarde de Charroux, râble de lapin rôti aux morilles à la crème, délice au chocolat et au pralin... *Apéritif maison offert à nos lecteurs sur présentation de ce guide.*

🏠 I●I *Hôtel de Paris-Jacquemart* *** – **21, rue de Paris (Centre)** ☎ 04-70-44-00-58. Fax : 04-70-34-05-39. ● hotel-de-paris-moulins@wanadoo.fr ● Parking. TV. Canal+. Resto fermé le samedi midi (sauf jours fériés), le dimanche soir et le lundi. Congés annuels : 3 semaines en janvier et 3 semaines en août. Chambres doubles à 54 € avec douche, w.-c. et TV, et de 69 à 100 € avec bains. Menus de 25 € (en semaine) à 54 €. L'hôtel résolument chic de Moulins. Élégance du décor, raffinement de l'ameublement et courtoisie de l'accueil : cette maison a tout pour plaire. Même les prix sont plutôt raisonnables pour la qualité proposée. Le chef joue dans un registre classique mais aussi créatif de haut niveau, et le service est impeccable. Parking. *Apéritif maison offert à nos lecteurs sur présentation de ce guide.* **NOUVEAUTÉ.**

I●I *Restaurant La Petite Auberge* – **7, des Bouchers (Centre)** ☎ 04-70-44-11-68. Fermé le dimanche (sauf s'il est férié) et le lundi soir. Congés annuels : du 4 au 25 août. Accès : place de la poste principale. Formule à 9,45 €, vin compris. Menus à 14,50 € en semaine et 28 € le samedi. On se sent plutôt à l'aise dans cette salle tout en longueur à la décoration très terroir, qui sert de faire-valoir à une gentille cuisine traditionnelle pleine de bonnes saveurs, de bons produits et de savoir-faire. Préparations classiques et sûres, à l'image de la fricassée de noix de Saint-Jacques sur salade, du pavé de charolais au bleu d'Auvergne, de l'andouillette de Saint-Pourçain. Accueil charmant qui augure bien de la valeur de la maison. *Apéritif maison ou café offert à nos lecteurs sur présentation de ce guide.*

I●I *Le Grand Café* – **49, pl. d'Allier (Centre)** ☎ 04-70-44-00-05. & Fermé les jours fériés, le dimanche en hiver et le mardi

soir toute l'année. Service jusqu'à 23 h. Menus à 16 et 22 €. « Le Grand Jus », comme l'appellent les gens du cru, superbe brasserie 1900, est un monument classé. Pour y déjeuner, mieux vaut se supporter, tant les miroirs sont nombreux et importants. Toujours est-il que c'est le rendez-vous de toutes les générations, le lieu qui compte dans le coin. On n'y vient pas seulement pour sa gastronomie mais aussi pour son ambiance, et c'est le plat du jour, les pieds de cochon grillés, la salade à la queue de bœuf, la tête de veau ou l'andouillette qui sont le meilleur compromis pour casser une petite croûte. *Café offert à nos lecteurs sur présentation de ce guide.*

DANS LES ENVIRONS

COULANDON 03000 (6 km O)

🏠 I●I *Hôtel Le Chalet – Restaurant Le Montégut* *** ☎ 04-70-46-00-66. Fax : 04-70-44-07-09. ● www.hotel-lechalet.com ● Parking. TV. Satellite. & Congés annuels : du 10 décembre au 31 janvier. Accès : à la sortie de Coulandon, sur la droite en venant de Moulins. Chambres doubles de 63 à 74 € avec douche et w.-c. ou bains. Premier menu à 18 € en semaine et à 20 € le week-end ; autres menus de 29 à 39 €. Ce chalet fin XVIIIᵉ siècle, cossu et bourgeois, planqué en pleine nature, est l'étape idéale pour ceux qui recherchent le calme et la détente alliés à un sourire hôtelier sans faille. Chambres personnalisées et décorées avec goût. Selon l'orientation, elles ouvrent sur la campagne bourbonnaise ou sur un parc centenaire dans lequel trône un bel étang. Le restaurant *Le Montégut* loge dans un bâtiment à part, et dès les beaux jours on peut y déjeuner ou y dîner face à la piscine. En semaine, menu composé selon le marché, qui n'est pas là pour faire de la figuration. Nous avons apprécié : filet d'agneau en croûte, poêlée de langoustines, mousse glacée au chivas. Le tout bien pensé et bien servi. *Apéritif maison offert à nos lecteurs sur présentation de ce guide.*

SOUVIGNY 03210 (11 km O)

I●I *Auberge Les Tilleuls* – **pl. Saint-Éloi** ☎ 04-70-43-60-70. Fermé le dimanche soir et le lundi toute l'année et le mardi soir de mi-novembre à fin juin. Congés annuels : aux vacances de février, en octobre et la semaine de Noël. Accès : dans la ville haute. Menus à 11 €, le midi en semaine, puis de 15 à 37 €. Dans un charmant village du Bourbonnais, où l'on peut admirer une magnifique église-basilique des Xᵉ-XVᵉ siècles, une auberge accueillante au décor frais et pimpant, avec sur les murs des peintures naïves représentant des scènes de vie au village datant des années 1940-1950. Spécialités : le saumon fumé maison, la charlotte d'endives aux noix de pétoncles, l'escalope de foie gras de canard poêlé sur marmelade de fruits ou l'andouillette de bar et les queues d'écrevisses sauce fumée. Les fromages de la région sont parfaits. *Apéritif maison offert à nos lecteurs sur présentation de ce guide.*

MEILLERS 03210 (20 km SO)

|●| *Au Bon Vieux Temps* – le bourg ☎ 04-70-47-33-36. Fermé le mardi et le mercredi. Menu-carte avec entrées à 8 €, plats à 13 €, desserts à 5 €. Un vrai coup de cœur. Raymond Tixier, grand cuisinier (il a même été champion de France des desserts !) a décidé un beau jour que la course aux étoiles ne lui convenait plus. Il a donc laissé les grands restaurants et est venu ici rouvrir une auberge de campagne pour y faire des plats mijotés de grands-mères. Dans un décor farouchement rustique, avec le four où il cuit le pain et mitonne ses ragoûts, il vous proposera des sauces incroyables (y compris des colombos, vu qu'il y a aussi des grands-mères aux Antilles) et des desserts (évidemment) parfaits. Réservation indispensable, l'auberge est petite. *NOUVEAUTÉ.*

CHAPELLE-AUX-CHASSES (LA) 03230 (22 km NE)

|●| *L'Auberge de La Chapelle-aux-Chasses* – le bourg ☎ 04-73-44-44-71. Fermé le dimanche soir au jeudi soir et les jours fériés. Congés annuels : la 1re quinzaine de janvier et 2 semaines en août-septembre. Accès : prendre la N79 vers Bourbon-Lancy, puis la D30 jusqu'au village ; le resto est à côté de l'église. Formule à 10,50 € le midi en semaine. Menus de 16 à 27,50 €. Dans le village, rien ne distingue cette maison des autres, sauf peut-être qu'il s'en dégage un charme ineffable. Elle ressemble à une maison dessinée par un enfant, une maison de carte postale, quoi ! Après avoir traversé le jardin, on pénètre dans une petite salle toute mignonnette. À partir de ce moment, seuls le chant des oiseaux et les fragrances des plats pourront vous tirer de la quiétude qui règne dans ce lieu. Car la cuisine est à l'image du lieu : sage, originale et pleine de fraîcheur. Jambon braisé cuit au foin, terrine de foie gras de canard mi-cuit au porto, soufflé glacé à la gentiane et au miel. Un endroit très prisé dans la région, à juste raison.

DOMPIERRE-SUR-BESBRE 03290
(30 km E)

🏠 |●| *Auberge de l'Olive* ** – 129, av. de la Gare ☎ 04-70-34-51-87. Fax : 04-70-34-61-68. ● www.auberge-olive.fr ● Parking.

TV. 🍴 Fermé le vendredi (sauf en juillet-août). Congés annuels : 1 semaine fin septembre, 3 semaines fin janvier-début février. Accès : par la D12. Chambres doubles confortables avec douche et w.-c. ou bains à 40,50 €. Demi-pension demandée en juillet-août, autour de 59 € par personne. Menu à 11 €, sauf les week-end et jours fériés. Autre menu à 46 €. Une belle maison bien entretenue, aux chambres rénovées, recouverte de vigne vierge. Une étape agréable : cuisine soignée et service parfait. 6 chambres vraiment calmes sur l'arrière, à réserver à l'avance. Depuis le contournement de Dompierre, les camions ne circulent plus par là et la tranquillité est revenue...

MURAT 15300

Carte régionale A2

🏠 *Aux Globe-Trotters* ** – 22, av. du Docteur-Mallet ☎ 04-71-20-07-22. Fax : 04-71-20-16-88. TV. Canal+. Fermé le dimanche hors saison. Congés annuels : la 1re semaine de juillet. Accès : face à la gare. Chambres doubles de 29 à 38 €. *Aux Globe-Trotters* aurait pu s'appeler *Aux Routards*. 20 chambres, modernes et bien propres. Préférer celles côté jardin, plus calmes. Au 2e étage, des mansardes très sympas (sauf pour les très grands) et pas chères. Ambiance AJ au bar en dessous. Tenu par de jeunes patrons un peu désinvoltes.

🏠 *Hôtel Les Breuils* ** – av. du Docteur-Mallet (Centre) ☎ 04-71-20-01-25. Fax : 04-71-20-33-20. ● www.cantal-hotel.com/murat/hotellesbreuils ● Parking payant. TV. Téléphoner pour les périodes hors vacances scolaires. Congés annuels : de mi-novembre à avril. Accès : par la D39. Chambres doubles avec douche et w.-c. ou bains de 63 à 76 €. C'est une grosse demeure bourgeoise du XIXe siècle, reconvertie en hôtel. L'intérieur possède un petit charme aristocratique et vieillot qui plaira aux allergiques des établissements clonés et aseptisés. Beaux meubles anciens voisinant avec quelques objets d'art. Calme assuré et jardin tout autour. Patronne sachant accueillir de façon charmante. Une dizaine de chambres confortables, de style cossu (entièrement rénovées en 2000). Dans le jardin, agréable piscine couverte avec toit de lauzes et chauffée ! Excusez du peu. *10 % sur le prix de la chambre (hors vacances scolaires) offerts à nos lecteurs sur présentation de ce guide.*

DANS LES ENVIRONS

CHALINARGUES 15170 (9 km NE)

☖ |●| *Auberge de la Pinatelle* ☎ 04-71-20-15-92. Fax : 04-71-20-17-90. Fermé le mercredi soir. Congés annuels : deux semaines de fin septembre à début octobre. Chambres doubles à 34 € avec douche et w.-c. ou bains. Demi-pension à 30,50 € par personne. Menus de 11 à 28 €. Une belle auberge rénovée, qui connaît un joli succès auprès des habitants du coin. Les jeunes patrons proposent 5 chambres tout confort, décorées au goût du jour, et une salle de restaurant conviviale. Menu du jour servi midi et soir. Spécialités auvergnates mais également méridionales (celles-ci sur commande), ce qui change un peu ! Outre les inévitables truite au lard, tripoux maison et autres coqs au vin (très bien faits), on y mange d'excellents magrets de canard et autres délices du Périgord. Service souriant et bonne atmosphère. *Apéritif maison offert à nos lecteurs sur présentation de ce guide.*

DIENNE 15300 (11 km NO)

|●| *Restaurant du Lac Sauvage* ☎ 04-71-20-82-65. Ouvert midi et soir de juin à septembre. Congés annuels : fermé le reste de l'année. Accès : depuis Murat, D3 puis D23. Menu à 12 €. Compter autour de 15 € pour un repas complet à la carte. Situé au bord d'un lac privé, à 1 230 m d'altitude, paradis des pêcheurs et des randonneurs, ce petit resto est la bonne adresse du coin durant la saison d'été. L'accueil est sympa, le cadre magnifique et la nourriture axée sur les produits et spécialités régionaux, copieux et goûteux à souhait. Truite au lard, truffade, *pounti* excellents. En été, on peut pêcher sa truite soi-même ; pas de licence à acheter et prêt de matériel sur place. *Café offert à nos lecteurs sur présentation de ce guide.*

LIORAN (LE) 15300 (12 km SO)

☖ |●| *Hôtel-restaurant Le Rocher du Cerf* ** ☎ 04-71-49-50-14. Fax : 04-71-49-54-07. ● www.rocherducerf.com ● Parking. TV. Congés annuels : du 1er avril au 1er juillet et du 10 septembre au 22 décembre. Accès : depuis Murat, N122 puis D67. Chambres doubles avec douche ou bains de 30 à 38 €. Menus de 12 à 20 €. Au pied des pistes du Lioran, *Le Rocher du Cerf* est l'archétype de l'hôtel familial de station. C'est le plus sympa des hôtels du coin. Le sourire est de mise et la disponibilité de rigueur. Les chambres sont simples et bien tenues. Préférez celles avec vue sur la chaîne des montagnes. La cuisine est dans le même esprit familial et les menus des pensionnaires sont prévus pour être différents sur 15 jours. Spécialités de chou farci,

pounti, truffade, truite aux lardons, entrecôte ou sandre au bleu d'Auvergne, tarte aux myrtilles. Adresse chaleureuse, idéale pour le ski en hiver et la randonnée en été. *10 % sur le prix de la chambre offerts à nos lecteurs sur présentation de ce guide.*

ALLANCHE 15160 (23 km NE)

|●| *Restaurant Le Foirail* – **Maillargues** ☎ 04-71-20-41-15. Parking. ☙ Ouvert uniquement à midi du lundi au samedi, et le dimanche de mars à début novembre. Congés annuels : la 1re semaine de janvier. Accès : à 1 km du centre d'Allanche sur la D679. Copieux menu du jour à 11,50 € en semaine, deux autres menus servis le dimanche à 13 et 16 €. *Le Foirail* porte bien son nom, sur une petite colline, en pleine terre d'estive, à proximité de l'un des plus importants marchés aux bestiaux d'Auvergne. Ici, on mange de la salers, bien que petit à petit d'autres races commencent à proliférer dans le coin, aux dépens de cette vache rustique à la viande si goûteuse. C'est une maison simple, accueillante et, bien sûr, la viande y est excellente ! Spécialités régionales (potée auvergnate, truffade, *pounti*) sur commande. *Café offert à nos lecteurs sur présentation de ce guide.*

NARNHAC 15230

Carte régionale A2

☖ |●| *L'Auberge de Pont-la-Vieille* ** – **Pont-la-Vieille** ☎ et fax : 04-71-73-42-60. Cartes de paiement refusées. Parking. TV. Congés annuels : en novembre. Accès : par la D990. Chambres doubles de 35 à 38 € avec douche et w.-c. ou bains. Demi-pension à 32 € par personne, demandée en juillet-août. Menu à 9,60 € en semaine. Autres menus de 10 à 23 €. Une maison bien restaurée, en bordure de rivière, abrite ce petit hôtel accueillant. Les chambres sont agréables et calmes. Menus dédiés à la gastronomie régionale avec truite au lard à l'ancienne, pintade aux cèpes, rissole de Saint-Flour, chou farci, tripoux, etc. Accueil d'une grande gentillesse. Bonne adresse pour se reposer ou pêcher. *10 % sur le prix de la chambre (en mai, juin et septembre) offerts à nos lecteurs sur présentation de ce guide.*

PAILHEROLS 15800

Carte régionale A2

☖ |●| *L'Auberge des Montagnes* ** – le bourg ☎ 04-71-47-57-01. Fax : 04-71-49-63-83. ● www.auberge-des-montagnes. com ● Parking. TV. ☙ Resto fermé le mardi hors saison. Congés annuels : du 8 octobre au 20 décembre. Accès : au sud-est de Vic-sur-Cère, sur la D54. Selon la saison, chambres doubles de 34 à 47 € avec douche et w.-c. ou bains. Menu du jour en semaine à 13 €. Autres menus de 16 à 28 €. Possibilité de demi-pension. L'archétype du bon hôtel familial tel qu'on en rêve. On y accède par une jolie petite route en lacet. Une ancienne ferme bien rénovée, accueillante, avec terrasse et, de l'autre côté de la route, dans l'ancienne grange, la piscine couverte avec salle de jeux et la piscine découverte. Promenades à cheval attelé. Les chambres sont chaleureuses et bien décorées. Le resto se compose de deux salles très claires. Salon avec le *cantou* traditionnel. Le rapport qualité-prix des menus est exceptionnel. Quelques spécialités : le *pounti* aux pruneaux, la terrine maison aux noisettes, la truite saumonée feuilletée, la croustine aux pralines, l'assiette de l'auberge assortie de 3 pâtisseries, etc. Un bâtiment récent, mais construit dans la pure tradition, avec une belle tourelle et un petit étang. Une vue superbe complète l'ensemble, à la sortie du village. Attention, l'adresse est connue, il est donc prudent de réserver.

PICHERANDE 63113

Carte régionale A2

🛏 I●I *Auberge du Tarafet* – **lieu-dit Chareire ☎ et fax : 04-73-22-31-17.** Parking. Accès : à 3 km de Picherande, sur la route de Superbesse par la D149. Chambres doubles de 25 à 40 € selon le confort. Menu à partir de 14 € avec petit déjeuner. Christian, un grand gaillard sympathique, tient ce gîte-bar-resto depuis plus de 20 ans, et ça se sent. Il peut tout vous dire sur le GR 30 qui passe dans le coin, mais aussi sur le GR 3 et les pistes de ski de fond des environs. Son gîte est judicieusement placé et très bien tenu. 30 matelas posés au sol, avec cuisine et salle à manger indépendantes au 1er étage. Bien sûr, penser à apporter son sac de couchage ou son sac à viande. Également 3 chambres équipées d'un grand lit et de 2 lits superposés, quasiment au même tarif que le gîte. D'autre part, Christian possède une grande auberge, hyper rustique comme il se doit, où il sert des repas à 12,20 € avec spécialités régionales, et des casse-croûte à 7 €. Les gens du coin se retrouvent parfois ici autour du comptoir ou d'une table. Que demander de plus ? *NOUVEAUTÉ.*

PONTGIBAUD 63230

Carte régionale A1

🛏 I●I *Hôtel-restaurant de l'Univers* ☎ 04-73-88-70-09. Accès : face à la gare. Chambres doubles très simples avec lavabo à 26 €, douche et w.-c. à l'étage ; et chambres pour quatre à 37 €. Premier menu à 10 €. Une vraie carte postale, cette petite pension de famille, avec Charlot qui cultive ses légumes et trait ses vaches et Marie-Antoinette qui mitonne les tripes pour les sapeurs-pompiers ou qui bat trois œufs pour le client de passage. On connaît quelques critiques gastronomiques et autres personnalités de la télé qui ne passent jamais devant sans s'y arrêter. Il faut dire qu'on mange ici à toute heure (sur commande) une tête de veau inoubliable, une andouillette grillée épatante ou de bons pieds de porc. À la seule condition de ne pas être pressé ! Encore une adresse assez unique en son genre !

🛏 I●I *Hôtel de la Poste* ** – **pl. de la République ☎ 04-73-88-70-02. Fax : 04-73-88-79-74.** Parking. Fermé le dimanche soir, le lundi (sauf en juillet-août) et le mardi. Congés annuels : en janvier et la 1re quinzaine d'octobre. Chambres doubles de 33,50 à 34,50 € avec douche et w.-c. ou bains ; TV dans certaines. Menus de 13,50 à 45 €. Hôtel-resto traditionnel, avec des chambres à l'ancienne plutôt sympathiques. Les habitants viennent faire leur marché sur la place en face. La salle à manger porte son lot d'effluves alléchantes. Le chef travaille des produits classiques pour préparer des plats dans un registre résolument bourgeois en y ajoutant toujours sa petite marque. Repu et ravi, voilà les deux mots qui viennent à l'esprit une fois le repas fini. Saumon au chou sauce aux lentilles, crépinette de pied de porc sur salade ou omble chevalier aux mousserons. Accueil sympa. *Apéritif maison offert à nos lecteurs sur présentation de ce guide.*

DANS LES ENVIRONS

SAINT-PIERRE-LE-CHASTEL
63230 (6 km S)

🛏 I●I *Les Genêts Fleuris* – **hameau de Bonnabaud ☎ 04-73-88-75-81.** ● www.perso.wanadoo.fr/genets-fleuris ● Parking. Suivre les panneaux depuis Pontgibaud. Chambres doubles à partir de 40 €. Menus à partir de 14 €. Située en pleine campagne, en lisière du parc des Volcans et des Combrailles, cette ancienne ferme aménagée offre un point de vue fort sympathique sur la chaîne des Puys, à l'écart des gros circuits touristiques. Le jeune couple qui tient ces chambres d'hôte est une mine d'informations sur les randonnées. Un endroit idéal pour son calme, sa situation et son accueil. Chambres tout confort, bien tenues. Joël, cuisinier de métier, propose des repas traditionnels : potée, truffade... Accueil chaleureux. *NOUVEAUTÉ.*

MAZAYES 63230 (7 km S)

🏠 ❚●❚ *Auberge de Mazayes* ** ☎ 04-73-88-93-30. Fax : 04-73-88-93-80. ● www.res tolit-auvergne.com ● Parking. TV. 🍴 Fermé les lundi et mardi midi d'octobre à mars. Accès : par la D578, la D62 puis la D52. Chambres doubles à 50 ou 59 € avec salle de bains, petit déjeuner inclus. Menus de 14 à 26 €. Au bout d'une petite route en colimaçon, une ancienne étable magnifiquement métamorphosée en auberge bourgeoise, dans un cadre au calme vraiment olympien. Avec sa petite terrasse pour l'apéritif au coucher du soleil, et son âne « authentique » dans l'étable en face, l'établissement a ce côté rustico-chic du style « Chéri, est-ce qu'on le prend enfin ce week-end à la campagne ? » En outre, le propriétaire a eu le raffinement et l'intelligence de conserver la rigole en pierre de l'ancienne étable (mais attention à la marche !). La décoration est à l'avenant. Gros murs de pierre, énormes bouquets de fleurs fraîches, belle cheminée, et cuisine ouverte sur la cour aux beaux jours... Cuisine bourgeoise, axée sur le terroir, avec par exemple, l'incontournable potée auvergnate ou l'indémodable coq au vin. Accueil chaleureux. Une adresse charmante, en somme. *Apéritif maison offert à nos lecteurs sur présentation de ce guide.*

PUY-EN-VELAY (LE) 43000

Carte régionale B2

🏠 *Dyke Hôtel* ** – 37, bd Maréchal-Fayolle (Centre) ☎ 04-71-09-05-30. Fax : 04-71-02-58-66. Parking payant. TV. Canal+. Satellite. Congés annuels : entre Noël et le Jour de l'An. Accès : en plein centre, au pied de la vieille ville. Chambres doubles avec douche et w.-c. ou bains de 36 à 42 € ; petit déjeuner à 6,40 €. Bien placé, le *Dyke* offre tous les avantages d'un hôtel de chaîne sans les inconvénients. Les chambres refaites se ressemblent, même si les tailles varient, et toutes sont décorées avec goût dans un style légèrement japonisant et équipées d'une salle de bains lumineuse. On aime la n° 20 et son grand miroir, et la n° 31 en angle de rue dotée, du double vitrage. Accueil agréable. Au rez-de-chaussée, il y a un bar, le *Birdie*, où l'on prend aussi le petit dej'. Pourquoi ce nom de *Dyke* ? C'est le nom des « pains de sucre », minéraux qui donnent tout son charme et son caractère au Puy-en-Velay, et vous noterez dans le couloir que le patron a reçu son diplôme – en latin – validant son pèlerinage jusqu'à Saint-Jacques-de-Compostelle.

🏠 ❚●❚ *Hôtel-restaurant Le Val Vert* ** – 6, av. Baptiste-Marcet ☎ 04-71-09-09-30. Fax : 04-71-09-36-49. ● www.hotelval vert.com ● Parking. TV. Canal+. Satellite. 🍴 Restaurant fermé à midi les vendredi et samedi. Congés annuels : la dernière semaine de décembre. Accès : en bord de route, à la sortie sud du Puy en direction d'Aubenas-Mende, à 1,5 km environ du centre. Chambres doubles avec douche et w.-c. ou bains de 49 à 52 €. Menus de 10 €, le midi en semaine, à 32 €. Un hôtel qui d'extérieur n'inspire pas forcément, et pourtant à l'intérieur on découvre une bonne table familiale et conviviale à la cuisine régionale soignée, et des chambres de grand confort, équipées, bien tenues, décorées avec soin de gros coussins, bien calmes grâce à un double vitrage efficace. Accueil diligent et souriant. Parking privé gratuit. *Apéritif maison offert à nos lecteurs sur présentation de ce guide.*

🏠 ❚●❚ *Hôtel Le Régina* *** – 34, bd Maréchal-Fayolle (Centre) ☎ 04-71-09-14-71. Fax : 04-71-09-18-57. ● www.hotelrestre gina.com ● Parking payant. TV. Canal+. Satellite. 🍴 Ouvert toute l'année, sauf le dimanche soir hors saison. Accès : en plein centre, au pied de la vieille ville. Chambres doubles avec douche et w.-c. ou bains de 55 à 61 €. Plat du jour à 8,50 €. Menus de 13,50 à 32 €. Cette belle bâtisse ancienne et chaleureuse est l'une des institutions du Puy. Un 3 étoiles aux prix très raisonnables pour un niveau de confort et une qualité de service impeccables. Accueil souriant et à l'accent polonais de la gentille hôtesse. Les chambres – rénovées avec goût –, donnent sur la rue ou sur l'arrière (plus calme). Au rez-de-chaussée, le restaurant, qui n'a plus à justifier de sa bonne réputation, régale ses clients de recettes régionales élégantes, relevées d'une pointe d'originalité, dans un cadre raffiné et spacieux. Spécialités fameuses de poisson (filet de turbot et son beurre à la menthe poivrée, homard poêlé) et carte de saison régulièrement renouvelée. *Garage privé clos gratuit pour nos lecteurs sur présentation de ce guide.*

🏠 ❚●❚ *Hôtel du Parc - Restaurant François Gagnaire* – 4, av. Clément-Charbonnier ☎ 04-71-02-40-40. Fax : 04-71-02-18-72. TV. 🍴 Restaurant (04-71-02-75-55) fermé le dimanche et le lundi. Accès : derrière la place du Breuil, le long du jardin Henri-Vinay. Chambres doubles de 55 à 62 €, petit déjeuner à 6,10 €. Menus de 23 à 60 €. Proche du quartier historique, cet hôtel discret est en pleine métamorphose : le hall et ses salons, où est affichée une belle collection d'étiquettes de boîtes à cigares, ont été refaits avec goût. Les chambres n'ont, elles, pas encore tout le charme que l'on découvre en entrant dans l'hôtel, mais elles restent confortables, spacieuses et à des prix raisonnables. Côté restaurant, cette nouvelle adresse a misé sur les saveurs, le raffinement en salle, l'accueil serviable (un peu trop parfois ?) et l'originalité des plats n'utilisant que les produits régionaux, avec l'élégance de la présentation qui fait mouche : filet de truite de Vourzac à la lentille vert du Puy, dodine de foie gras de canard, millefeuille de nougatine à la crème de pistache... Faut savoir que la patronne est lyonnaise, et le chef ponot à l'homonyme célèbre, donc le résultat ne pouvait être qu'à la hauteur dans l'assiette... et dans la salle, qui surplombe par une baie vitrée le parc avoisinant. On note aussi de belles suggestions de vins, un plateau de fromages impressionnant, des petits pains maison dont un aux lentilles. Mieux vaut réserver et être un peu habillé. Une adresse « cuisine nouvelle » pour se faire plaisir, où l'on vient plus pour la créativité que la quantité. *NOUVEAUTE.*

|●| *La Parenthèse* – 8, av. de la Cathédrale (Centre) ☎ 04-71-02-83-00. Fermé le week-end. Congés annuels : entre Noël et le Jour de l'An, 1 semaine en juin et 1 semaine en septembre. Accès : au cœur de la vieille ville, au pied de l'escalier menant à la cathédrale. Menus de 15 à 20 €. Dans une rue calme et pavée, une chaleureuse adresse au cadre « rustique » (visez la collection de cafetières !) portée à bout de bras par Michèle et Jacques. Cuisine régionale, simple et relevée, passant par une salade de truite fumée et ses lentilles, un tournedos de canard de Mézenc au vin rouge et son aligot ou sa truffade, le tout accompagné d'un verre de boudes (vin d'Auvergne). Au dessert, succombez à la crème caramel au miel de châtaignier ! Une adresse comme on les aime. Prudent de réserver. *Café offert à nos lecteurs sur présentation de ce guide.*

|●| *Restaurant L'Olympe* – 8, rue du Collège (Centre) ☎ 04-71-05-90-59. Fermé le samedi midi, le dimanche soir et le lundi. Congés annuels : 2 semaines autour de Pâques et en novembre. Accès : à 2 mn de la mairie. Différents menus de 16 à 55 € et menu-enfants à 11 €. Charmant petit restaurant situé dans une ruelle pavée du secteur sauvegardé. À l'intérieur, des couleurs pastel et un accueil souriant et jovial. Devenu en quelques années l'une des meilleures tables du Puy, grâce à son jeune chef qui tient à « coller le plus possible à sa région » tout en y mettant sa touche personnelle et parfois exotique. Cela donne une cuisine enracinée mais allégée et ouverte sur d'autres horizons. Grandes assiettes présentées artistiquement, et priorité accordée aux lentilles, à la truite, aux myrtilles, à la verveine. Menus « Terroir », « Plaisir », et « Découvertes », tous aussi remarquables.

|●| *Restaurant Tournayre* – 12, rue Chênebouterie (Centre) ☎ 04-71-09-58-94. ⚓ Fermé le dimanche soir, le lundi et le mercredi soir. Congés annuels : en janvier.

Accès : derrière la mairie. 6 menus de 19 à 55 €. Une adresse de charme dans la vieille ville dans un cadre qui échappe à la banalité avec sa tourelle, sa cour, sa salle voûtée du XVIe siècle, décorée de peintures murales. Éric Tournayre – toque réputée de la région – concocte avec passion une cuisine de haute volée, enracinée et créative, à des prix qui sonnent juste. Ces plats convergent vers l'Auvergne comme son filet de rouget et foie gras poêlé sur lit de lentilles vertes... du Puy ! ou le filet de bœuf « Haute-Loire » Rossini, jusqu'aux desserts maison délicieusement préparés. Réserver en été.

DANS LES ENVIRONS

SAINT-CHRISTOPHE-SUR-DOLAISON 43370 (10 km SO)

|●| *Auberge du Grand Chemin* – le bourg ☎ 04-71-03-18-99. Fermé du dimanche soir au mercredi hors saison. Accès : par la D589 ; face à l'église. Menus de 13 à 28 €. Première ville-étape sur la route de Saint-Jacques-de-Compostelle au départ du Puy, cette auberge est l'adresse idéale pour se ressourcer, et fait face, avec sa terrasse, à la jolie et intime église du bourg. Accueil charmant et jeune dans un cadre rustique fait de poutres en bois et d'une cheminée à l'entrée. Côté cuisine, on fait travailler les fermiers du coin : lentilles au foie gras, bœuf au chèvre chaud, faisselle. À 5 mn à pied de là, jetez un coup d'œil si c'est ouvert au beau château – privé – du village et à son porche impressionnant. *NOUVEAUTE.*

SAINT-JULIEN-CHAPTEUIL 43260 (18 km E)

⚓ |●| *Le Cantamerlou* – pl. Saint-Robert ☎ 04-71-08-46-83. Fermé le mardi soir, le mercredi et le samedi midi. Accès : en centre-ville, face à l'office du tourisme. Menus à 10 € en semaine, puis à 16,19 et 23 €. Ouvert en 2001, ce resto aux allures de musée d'art et traditions populaires reste une belle découverte. Accueil charmant, grande salle décorée d'objets divers récupérés dans les brocantes du coin, avec tables en bois et cheminée qui nous rappellent la vie au siècle dernier. Faut dire que la patronne est une vraie collectionneuse, qui vous racontera une anecdote sur chacun des objets. La cuisine est copieuse, allant de grosses salades à un feuilleté au bleu d'Auvergne bien sympathique. Terrasse au calme. Une adresse de village avec le cachet en plus. *NOUVEAUTE.*

|●| *Restaurant Vidal* – pl. du Marché (Centre) ☎ 04-71-08-70-50. Parking. ⚓ Fermé le lundi soir et le mardi hors saison, ainsi que le dimanche soir (sauf en juillet-août). Congés annuels : de mi-janvier à fin

février. Accès : par la D15. Menu le midi en semaine à 13 €, sinon menus de 19 à 60 €. Jean-Pierre Vidal, ancien de chez « Troisgros », est l'un des chefs qui comptent le plus en Haute-Loire, l'un des plus brillants et des plus imaginatifs. Il se définit comme « un cuisinier à la campagne » au talent modeste, qui réinvente les plats du cru. Chaque menu porte un nom différent, comme « Jules Romains ». Les lentilles vertes du Puy sont bien mises en avant avec même, en dessert, une tarte aux lentilles avec nougat glacé. Une vraie symphonie de la lentille ! Autres spécialités, comme l'agneau noir du Velay en croûte. Service attentif et courtois, dans une salle agréable et feutrée.

SAINT-VINCENT 43800 (18 km N)

|●| *Restaurant La Renouée* – Cheyrac ☎ **04-71-08-55-94**. ⚹. Fermé le dimanche soir toute l'année et les lundi, mardi, mercredi et jeudi soir de mi-novembre à fin décembre. Congés annuels : en janvier-février et 1 semaine à la Toussaint. Accès : par la D103 qui suit les gorges de la Loire. Indiqué sur la gauche en venant du Puy. Différents menus entre 16 à 35 € ; formule enfants à 9 €. Son nom vient de la « renoué bistorte », nom d'une plante locale dont on mange les feuilles comme des épinards... mais aussi pour savoir renouer avec la table. L'auberge a du charme avec ses fleurs fraîches sur les tables. On passe par un petit jardin, mignon comme tout, avant de pousser la porte de la vieille maison et de s'asseoir près de la grande cheminée. Une dame chaleureuse s'occupe de ses hôtes. De la cuisine sortent des plats aux noms fort engageants, accompagnés d'un bon pain de seigle : sandre en habit vert (comme un académicien) à l'oignon croquant, une subtile marinade de moules, morilles « pantoufles » garnies d'une farce fine au foie gras de canard, chèvre à la poudre de feuilles de verveine, et « l'Élodie » aux trois chocolats en dessert... Ouf ! on a cru ne pas y arriver... Le dimanche après-midi, une agréable formule « goûter ». *Apéritif maison offert à nos lecteurs sur présentation de ce guide.*

MOUDEYRES 43150 (20 km SE)

⌂ |●| *Le Pré Bossu* *** – au village** ☎ **04-71-05-10-70. Fax : 04-71-05-10-21.** ● www.leprebossu.fr.fm ● Parking. Fermé le midi en semaine. Congés annuels : de novembre à Pâques. Accès : à l'entrée du village en arrivant par la D361. Chambres doubles avec douche et w.-c. ou bains de 66 à 83 € ; petit déjeuner copieux à 11,50 €. Plusieurs menus entre 30 et 40 €. Un menu à 30 € exclusivement légumes. Air pur et calme absolu dans cette chaumière de caractère – rustique et feutrée – nichée au

beau milieu des prés. Marlène – la gentille patronne – propose 10 chambres confortables et coquettes, qu'elle enjolive avec un goût assuré. Certaines ont vue sur le fameux « pré bossu », où d'adorables agneaux batifolent dès le soleil levant (nos préférées !). Les autres donnent sur le jardin potager où Carlos Grootaert – chef réputé en Haute-Loire – puise les saveurs subtiles d'une cuisine aux accents du terroir. De la malice entre les moustaches, il découvre de nouveaux goûts, en ravive d'anciens et mitonne des plats d'un raffinement exquis. Cuisse de lapin farcie, tagliatelles d'asperges, morilles, topinambours, jus au macis, dodine de lapin au foie gras, chabrot de saumon de fontaine à l'infusion de verveine, soupe de fruits rouges, glace coco ; voici quelques symphonies de saveurs, dont on retrouve aussi la finesse dans l'étonnant menu légumes : « un petit tour au jardin du curé ». Service rapide et stylé. Verveine maison à déguster sur la terrasse, agréable en été. « Monseigneur-routard, touchez ce *Pré Bossu*, il vous portera bonheur ! »

MONASTIER-SUR-GAZEILLE (LE) 43150 (21 km SE)

⌂ |●| *Auberge des Acacias* – **1, rond-point des Acacias** ☎ **04-71-08-38-11.** Accès : par la D535 ; à l'entrée de la ville, au rond-point. Chambres doubles à 42,70 €, petit déjeuner à 4,60 €. Menus de 10,20 €, en semaine, à 22,90 €. Quelques chambres simples et décorées de meubles en bois. Sinon, une auberge de pays, donc de qualité, qui aurait certainement bien plu à Stevenson. C'est que Patricia et Daniel Arcis, ancien charcutier-traiteur a une spécialité : la « maoûche » !... une saucisse difforme au goût exquis inspiré d'une vieille recette à base de choux, de carottes et de pruneaux. Autrement, on vous servira en salle ou en terrasse de belles assiettes de charcuterie, de subtiles tranches de viande avec champignons, des fromages du coin et de la faisselle maison. « Maoûche » costo... comme dirait la pub ! *NOUVEAUTÉ.*

PONT-D'ALLEYRAS 43580 (29 km S)

⌂ |●| *Hôtel-restaurant du Haut-Allier* *** – (Centre)** ☎ **04-71-57-57-63. Fax : 04-71-57-57-99.** TV. ⚹. Fermé le dimanche soir, le lundi et le mardi midi, sauf en saison et les jours fériés. Congés annuels : de mi-novembre à mi-mars. Accès : par la D33. Doubles tout confort à 48 €, puis avec jacuzzi, balcon, salon de 85 à 100 €. Plusieurs menus entre 23 et 78 €. Récemment rénové, cet hôtel de grande qualité est tenu par la même famille depuis trois générations. Chambres confortables, au calme garanti et impeccablement tenues, avec vue imprenable sur la vallée. Côté fourneaux, Philippe Brun, une pointure dans la région, concocte de succulents plats hauts en couleur, qui mettront vos yeux et papilles en émoi. Le gaspacho d'écrevisses et ailerons de volaille, le suprême de pigeonneau déglacé au vinaigre de miel et, pour finir, la palette de sorbets aux 3 fleurs de la vallée (reine-des-prés, aubépine et sureau) nous ont vraiment ravis. Cave bien pourvue. Grande salle de resto à la déco classique et service prévenant. Demi-pension conseillée. *10 % sur le prix de la chambre (hors juillet-août) offerts à nos lecteurs sur présentation de ce guide.*

SAINT-HAON 43340 (29 km SO)

🏠 |●| *Auberge de la Vallée* ** – le bourg ☎ 04-71-08-20-73. Fax : 04-71-08-29-21. ● www.auberge-de-la-vallee.fr ● Parking. TV. Fermé le lundi d'octobre à avril. Congés annuels : de janvier à mi-mars. Accès : par la N88 direction Pradelles-Langogne ; prendre ensuite la D33 jusqu'à Cayres (7 km), puis la D31. Chambres doubles avec douche et w.-c. ou bains entre 34 et 37 € ; petit déjeuner à 6,50 €. Menus de 13 à 32 €. Situé sur la place du village (970 m) que domine la silhouette originale d'un clocher à peigne. À 3 km de là, dans le fond d'une vallée encaissée, l'Allier caracole entre de hautes parois rocheuses. L'hôtel compte une dizaine de chambres, bien arrangées, dont certaines meublées comme chez tante Eugénie, avec le confort en plus. Nuits très calmes dans ce bout du monde dépeuplé. Cette bonne auberge rustique fait également restaurant. Menus régionaux avec des spécialités du chef comme le duo de truite fumée, les filets d'oie aux lentilles du Puy, l'escalope de veau aux mousserons à la crème, l'aumônière à la poire… Très bon accueil. Une étape intéressante entre Le Puy et Langogne (en Lozère). *10 % sur le prix de la chambre (hors été) offerts à nos lecteurs sur présentation de ce guide.*

RIOM 63200

Carte régionale A1

|●| *Restaurant L'Âne Gris* – 13, rue Gomot ☎ 04-73-38-25-10. Cartes de paiement refusées. Fermé le dimanche et le lundi. Congés annuels : 2ᵉ quinzaine d'août. Pas de menu, compter environ 11 € pour une spécialité auvergnate. Une folie, une horreur, une adresse de rêve ! On ne sait comment vous allez apprécier l'*Âne Gris* et son patron, surnommé Casimir, gentil allumé ô combien sympa, même s'il passe son temps à engueuler les clients. Voilà un Auvergnat, un vrai, chauvin, adorable, moustachu, râleur, taquin mais qui sait avoir le cœur sur la main. Son sobriquet préféré : « babouin », qu'il appliqua au départ à son chef puis à ses clients préférés. En entrant,

vous entendrez une voix de stentor demander : « C'est pour quoi ? » sur un ton rafraîchissant. Jouez le jeu ! Essayez de trouver une réplique subtile, sinon… Casimir a un mot d'ordre : les gens s'ennuient tellement que venir se faire tancer ici, c'est mieux que le ciné. Certains jours, vous ferez le service parce qu'il n'en a pas envie ! Surtout ne le félicitez pas pour la collection (de vieilles pubs) qu'il affiche dans sa jolie salle plutôt rustique. Une collection c'est mort, ici on vit ! À l'écouter, il paraît qu'on mange mal chez lui. Ne le croyez pas. La cuisine est recentrée sur le terroir. Truffade avec jambon, aligot et saucisse, petit salé aux lentilles, *patranque* (vieille recette cantalienne)… Il y a toujours de belles grillades de charolais et une fabuleuse carte de vins d'Auvergne. Il faut dire que Casimir les sélectionne avec un réel amour, et il se fera un plaisir de vous les faire découvrir. Nous, on aime, on adore et on y retourne. Essayez !

DANS LES ENVIRONS

TOURNOËL 63530 (1,5 km O)

🏠 *Hôtel La Chatellenie* ☎ 04-73-33-63-23. Fermé le mercredi (sauf juillet-août). Congés annuels : de décembre à fin mars. Accès : par la D986. Chambres doubles de 32 à 38 € avec douche et w.-c. ou bains. Sur la route qui monte au château de Tournoël dominant Volvic, cette maison présente bien des attraits, notamment celui de surplomber la vallée. La maison bénéficie d'un calme olympien (grâce au labrador ?) et de chambres simples et spacieuses. Accueil sympathique et tonique.

EFFIAT 63260 (27 km NE)

|●| *Le Cinq Mars* – 16, rue Cinq-Mars ☎ 04-73-63-64-16. Ouvert le midi, les vendredi et samedi soir. Accès : prendre la N9 jusqu'à Aigueperse ; Effiat se trouve à 6 km de là, sur la D984. 5 menus de 10 €, le midi en semaine, à 25 € le week-end. Un village et un resto on ne peut plus banals. Pourtant, ce qui paraît n'être qu'une petite cantine de village se révèle une très bonne table. Le chef, qui officiait autrefois chez les plus grands, a quitté son chef étoilé pour venir s'installer dans le pays de sa femme et reprendre le resto de belle-maman. Excellente cuisine, copieuse et mijotée ou plus fine selon les plats et les saisons : coq au vin, tartare de saumon, truite soufflée, cuisses de grenouilles, potée auvergnate, pavé de cabillaud croustillant à la crème de lentille. Bonnes petites charcuteries servies sur des ardoises et vins d'Auvergne à petits prix. Accueil adorable. Réservez.

RIOM-ÈS-MONTAGNES 15400

Carte régionale A2

🏠 |●| *Hôtel-restaurant Le Saint-Georges* ** – 5, rue du Capitaine-Chevalier (Centre) ☎ 04-71-78-00-15. Fax : 04-71-78-24-37. ● **www.hotel-saint-georges.com** ● TV. Canal+. ♿ Accès : face à l'église Saint-Georges. Chambres doubles à partir de 45 €. Formule à 8,40 € (le midi uniquement) et menu du jour à 11,50 €. Autres menus de 19 à 27 €. Une grande maison restaurée, avec pierre apparente, située en plein cœur de la ville. Des chambres modernes et tout confort, avec salle de bains. Au restaurant, de bons produits régionaux et des plats rustiques de qualité : panaché de porc aux lentilles vertes, lapin confit aux pruneaux et vin d'Auvergne, tarte fine aux pommes caramélisées au miel. En prime, l'accueil est cordial et le service efficace. *NOUVEAUTÉ.*

SAIGNES 15240

Carte régionale A2

🏠 |●| *Hôtel Relais Arverne* * – le bourg ☎ 04-71-40-62-64. Fax : 04-71-40-61-14. ● **www.hotel-relais-arverne.com** ● Parking. TV. Resto fermé le vendredi soir et le dimanche soir hors saison. Congés annuels : deux semaines en octobre et pendant les vacances scolaires d'hiver de la région. Accès par la D22. Chambres doubles de 39,65 à 41,50 € avec douche et w.-c. ou bains. Menu à 11,45 € en semaine. Autres menus de 14,50 à 33,55 €. Maison en pierre rénovée, avec une grosse échauguette d'angle, où tout semble bricolé mais bien réfléchi : les tables de la terrasse faites d'anciennes roues en pierre, datant d'on ne sait plus quand ; les w.-c. dissimulés dans certaines chambres derrière une vieille porte d'armoire dépareillée... Chambres confortables, toutes accessibles par une terrasse extérieure. La liberté pour tous ! Hôtel plein de recoins, rien n'est monotone. Salle de resto avec sa grande cheminée et sa grosse horloge. Cuisine influencée par la proximité de la Dordogne. Quelques plats : fricassée de grenouilles à la provençale, filets de rouget à l'estragon, tripoux d'Auvergne bonne femme, truite aux lardons, etc. *Apéritif maison offert à nos lecteurs sur présentation de ce guide.*

DANS LES ENVIRONS

ANTIGNAC 15240 (6 km O)

🏠 |●| *Auberge de la Sumène* – le bourg ☎ 04-71-40-25-87. Accès : par la D236. Chambres doubles avec lavabo à 22,90 €,

avec bains à 27,45 €. Menu ouvrier avec entrée, plat, fromage et dessert à 9,50 €. Menu régional à 18 €. Authentique auberge traditionnelle, fréquentée par les pêcheurs du coin et les gens de la région, qui apprécient l'atmosphère populaire et la cuisine régionale rustique et très copieuse. Deux façons d'apprécier les charmes des lieux : côté bistrot, on se rassasie à la bonne franquette avec un bon menu ouvrier ; et côté restaurant, on déguste un menu régional digne des plus longs repas du dimanche... À l'étage, quelques chambres au confort simple mais bien tenues. On vient aussi pour l'accueil enthousiaste et chaleureux de Nicolas, le jeune patron originaire de Dordogne. *NOUVEAUTÉ.*

SAINT-ANTHÈME 63660

Carte régionale B2

🏠 |●| *Hôtel-restaurant Au Pont de Raffiny* ** – Saint-Romain ☎ 04-73-95-49-10. Fax : 04-73-95-80-21. ● **www.hotel-pont-raffiny.com** ● Parking. TV. Fermé le dimanche soir et le lundi hors saison. Congés annuels : de janvier à mi-février ; en mars, ouvert le week-end seulement. Accès : à 4 km du centre en direction de Saint-Romain. Chambres doubles de 34 à 36 € avec douche ou bains, certaines avec terrasse. Menus de 15 €, en semaine, à 28 €. Quelques chalets pour 4 à 6 personnes à louer à la semaine ou au week-end (270 à 410 €). Excellente étape gastronomique à côté de Saint-Anthème, au bord d'une petite rivière, dans un cadre rénové. Jolie salle de restaurant avec un superbe comptoir à vitraux. Le gibier y a bonne réputation. Cuisine légère en été, en sauce à l'automne et cuisinée au printemps... Alain Bedoux aux fourneaux prodigue une cuisine légère et inventive, comme cette superbe andouillette de poisson ou l'excellent baron de lapereau en crépine. Étonnant parfait à la verveine du Velay. Belle carte de vins à prix raisonnables. Hôtel confortable et calme. *Café et 10 % de réduction sur la chambre (sauf juillet-août) offerts à nos lecteurs sur présentation de ce guide.*

DANS LES ENVIRONS

CHAULME (LA) 63660 (10 km S)

🏠 |●| *Auberge du Creux de l'Oulette* ** – La Chaulme ☎ 04-73-95-41-16. Fax : 04-73-95-80-83. ● **www.auberge-creux-oulette.com** ● Parking. ♿ Fermé le mercredi (excepté de juin à septembre). Congés annuels : de mi-novembre à fin février. Accès : par la D67, puis la D258. Chambres doubles avec douche, w.-c. et téléphone à

35 €. Demi-pension à 35,50 €. Menu à 10 €. Hôtel de construction récente dans un petit village idéal pour quelques randonnées dans le coin. Les patrons, très actifs, ont eux-mêmes mis au point des circuits de découverte. Demandez-leur conseil. Le chef, quant à lui, est un passionné de cuisine, et sa table lui vaut une bonne réputation dans la région. Bonne cuisine familiale avec la cassolette d'escargots à la forestière, le filet de poisson à la crème de fourme et le coq au vin maison. De copieuses salades auvergnates. Il y a une piscine et une terrasse pour l'été, ainsi qu'une très jolie cascade à la sortie du village. Bon rapport qualité-prix-accueil.

SAINT-FLOUR 15100

Carte régionale A2

🏠 🍽️ *Hôtel-restaurant des Roches* ★★ – pl. d'Armes ☎ 04-71-60-09-70. Fax : 04-71-60-45-21. • gillesgauthier@wanadoo.fr • Cartes de paiement refusées. Fermé le samedi et le dimanche hors saison. Accès : à deux pas de la cathédrale, en face du musée. Chambres doubles de 35 à 40 € avec douche et w.-c. ou bains. Plat du jour et dessert à 7,35 € le midi en semaine, et menus de 9,15 à 19,10 €. Remarquablement situé, cet hôtel dispose de chambres claires et agréables, et l'accueil du jeune couple de propriétaires est très sympa. Restaurant au 1er étage. Choix de plats classiques et de plats régionaux : filet de bœuf au bleu d'Auvergne, filet de saint-pierre à la fondue de tomates fraîches, potée auvergnate, truffade, aligot... À noter que les horaires des repas sont ici moins stricts qu'ailleurs dans le coin. Chouette terrasse pour prendre l'apéro. *Café offert à nos lecteurs sur présentation de ce guide.*

🏠 🍽️ *Auberge de la Providence* ★★ – 1, rue du Château-d'Alleuze ☎ 04-71-60-12-05. Fax : 04-71-60-33-94. • www.auberge-de-la-providence.fr • Parking. TV. Canal+. Fermé le lundi midi toute l'année, le dimanche soir et le vendredi soir hors saison. Congés annuels : du 15 octobre au 15 décembre. Accès : dans le bas de la ville. Chambres doubles de 42 à 50 €. Menus de 16 à 25 €. Tout a été récemment refait dans cette ancienne auberge. Chambres aux couleurs pastel rose, bleu, vert ou jaune. Assez sobre dans l'ensemble. Salles de bains bien conçues. Le rapport qualité-prix des menus est l'un des meilleurs de la ville. Feuilleté aux mousserons, pièce de bœuf vigneronne, cuisse de canard au vin d'Auvergne, morilles en saison. Local aménagé pour abriter les motos. *Apéritif maison offert à nos lecteurs sur présentation de ce guide.*

DANS LES ENVIRONS

SAINT-GEORGES 15100 (4 km SE)

🏠 🍽️ *Hôtel-restaurant Le Bout du Monde* ★★ – Le Bout du Monde ☎ 04-71-60-15-84. Fax : 04-71-60-72-90. • www.hotelleboutdumonde.com • TV. Fermé le dimanche soir hors saison. Accès : par la D250. Chambres doubles de 37,35 à 38,88 € avec douche et w.-c. ou bains. Menus de 9,50 €, en semaine, à 25 €. Ici, comme le nom de ce petit hôtel-restaurant l'indique, la route s'arrête. Au fond de cette vallée toute proche de Saint-Flour, paradis des pêcheurs et des promeneurs, c'est un petit resto traditionnel qui vous propose les meilleures spécialités du coin : *pounti*, coq au vin, truffade, aligot. Un menu du jour de type familial. Au menu le plus cher, poêlée de Saint-Jacques et gambas et sa tuile aux noisettes, feuilleté de caille à l'armagnac, magret aux mûres, millefeuille au pain d'épice et glace au birlou. Accueil sympa et familial. Chambres simples et bien tenues. Et, depuis peu, piscine chauffée en pleine nature ! *Location du peignoir de bain gratuite pour nos lecteurs sur présentation de ce guide.*

GARABIT 15320 (12 km SE)

🏠 🍽️ *Hôtel-restaurant Beau Site* ★★ ☎ 04-71-23-41-46. Fax : 04-71-23-46-34. • www.beau-site-hotel.com • Parking payant. TV. Satellite. Congés annuels : du 4 novembre à début avril. Chambres doubles de 35 à 55 € avec douche ou bains. Demi-pension, demandée en juillet-août, de 40 à 54 € par personne. Menus de 11 à 35 €. Situé au-dessus du viaduc construit par Eiffel, l'hôtel-restaurant *Beau Site* est celui qui offre le meilleur point de vue sur le viaduc et le lac. Vaste bâtisse aux chambres spacieuses et claires. Prestations hôtelières de standing avec piscine chauffée et tennis dans un remarquable environnement ! Point de départ idéal pour la pêche, la planche à voile, les promenades. Resto classique avec, en spécialités, escalope de foie poêlée jus de cidre, pigeon sauce périgourdine et chiffonnade au cantal. *Apéritif maison ou café ou garage offert à nos lecteurs sur présentation de ce guide.*

VENTUEJOLS 15110 (20 km S)

🏠 🍽️ *Au Rendez-Vous des Pêcheurs* – Pont-de-Lanau ☎ 04-71-23-51-68. Cartes de paiement refusées. Fermé le samedi. Accès : sur la D921. Chambres doubles avec lavabo à 27,45 €. Menu à 11,60 €, en semaine, passant à 15,10 € le dimanche. Petite auberge de bord de route. Le cadre a été refait (on préférait l'ancien), mais le fils de la maison perpétue une sympathique tradition d'accueil, souriante et sans chichis.

Au menu : une entrée, un solide plat de ménage (civet de lapin, potée, tripoux...), fromage et dessert. Kil de rouge sur la table. Glaces et sorbets maison, c'est la spécialité. On peut d'ailleurs les déguster en terrasse, l'après-midi. Quelques chambres simples et propres à petits prix. *Café offert à nos lecteurs sur présentation de ce guide.*

SAINT-GERVAIS-D'AUVERGNE 63390

Carte régionale A1

🛏 |●| *Le Relais d'Auvergne* ** – route de Châteauneuf-les-Bains ☎ 04-73-85-70-10. Fax : 04-73-85-85-66. ● www.relais-auvergne.com ● Parking. TV. Chambres doubles à 39 € avec tout le confort. Même tarif en demi-pension par personne. Menus de 12,50 à 28 €. En bordure de la route mais au cœur du village, voilà une autre petite adresse chaleureuse et bien tenue par deux jeunes passionnés de leur métier et de leur région. Les chambres ont été refaites dans des couleurs un peu flashy mais la lumière du jour atténué joliment cette teinte de modernité. Et quel plaisir de se glisser sous un édredon en plume ! On mange dans une salle à manger plutôt cossue, avec une immense cheminée qui dispense une douce chaleur les soirs de frimas. Cuisine traditionnelle sans chichis : tripoux, chou farci, jarret de porc aux lentilles, truffade de rigueur, panier des Combrailles, aiguillettes de volaille à la fourme. Un bon rapport qualité-prix et un service sympa. Bref, une excellente adresse. *Un petit déjeuner par chambre (sauf de juin à septembre) offert à nos lecteurs sur présentation de ce guide.*

🛏 |●| *Hôtel-restaurant Castel Hôtel 1904* ** – rue du Castel ☎ 04-73-85-70-42. Fax : 04-73-85-84-39. ● castel-hotel-1904@wanadoo.fr ● Parking. TV. Congés annuels : du 12 novembre au 15 mars. Chambres doubles à 59 € avec douche et w.-c. ou bains. Au *Comptoir à moustache*, menu à 13 €. Au restaurant gastronomique, menus de 34 à 51 €. Demi-pension à 96 € pour 2 personnes. « De mère en fils depuis 1904 », annonce joliment la carte de visite. Cette ancienne demeure de M. de Maintenon, puis des religieux de Cluny, est une adresse des plaisirs d'antan, faits d'authenticité et de simplicité. Côté resto, deux formules : l'une traditionnelle, au célèbre *Comptoir à moustaches*, où l'on célèbre les produits du terroir, l'autre gastronomique, où Jean-Luc Mouty, qui a fait ses classes chez Robuchon, donne toute sa mesure. Pas étonnant, donc, qu'on retrouve des saveurs un peu oubliées dans des préparations fines et délicieuses. Goûtez le pavé de bar au xérès, le *cromesquis*

de ris de veau ou la tarte crèmeuse de chair d'araignée de mer. L'hôtel est spacieux et très calme. Les chambres, bien équipées, sont très abordables et ont toutes un côté rustique, un peu comme si l'on allait chez mamie. D'ailleurs, elles portent toutes le prénom d'un membre de cette belle famille !

|●| *Café Talleyrand, Chez Marie* – lieu-dit Talleyrand-Saint-Gervais ☎ 04-73-85-78-47. Fermé le mardi soir et le jeudi soir. Accès : à 3 km en direction du barrage, route de Queuille (D531). Menus à 10,67 € en semaine, 12,20 € le dimanche. Une ferme isolée au bord de la route du barrage. C'est l'un de nos coups de cœur de la région grâce à son extrême authenticité. Midi et soir, on pourra y manger un menu du jour sympa, attablés dans la petite salle aux nappes à carreaux sous l'affiche de Ricet Barrier, un habitué du lieu. Il y a toujours des charcuteries maison excellentes, et également des omelettes faites avec les œufs du poulailler. Mais si vous voulez goûter aux délices de Marie, pensez à téléphoner la veille pour faire votre menu. Le pâté aux pommes de terre est une merveille, le lapin farci fabuleux et le gibier (en saison) exceptionnel. De plus, Marie est si gentille qu'on l'appellerait volontiers... mamie.

DANS LES ENVIRONS

BLOT-L'ÉGLISE 63440 (11 km NE)

|●| *Auberge Les Peytoux* – lieu-dit Les Peytoux ☎ 04-73-97-44-17. Parking. Fermé du dimanche soir au vendredi midi. Congés annuels : à Noël et au Nouvel An. Accès : entre Charbonnières-les-Vieilles et Blot-l'Église. Menus de 10 à 18 € tout compris, avec café et même le pousse-café. Attention, manger aux *Peytoux*, ça se mérite ! Aucune publicité, mais le seul bouche à oreille oblige à réserver pratiquement un mois à l'avance. Située dans une vallée perdue au bord de la Morge, cette auberge est avant tout une ambiance. Ingrid est en cuisine, et ici tout est produit à la ferme : fromages de chèvre exceptionnels, pour les salades itou, superbes volailles, saucisse paysanne, jambonneau, chevreau, potées auvergnate et boulangère, et confit de canard à la choucroute. Un régal pour les papilles.

SERVANT 63560 (27 km NE)

🛏 |●| *Hôtel-restaurant Le Beau Site* * – gorges de la Sioule ☎ 04-73-85-50-65. Fax : 04-73-85-52-43. ● le.beau.site@wanadoo.fr ● Resto fermé hors saison ainsi que les mercredi et jeudi (sauf juillet-août). Congés annuels : en février. Accès : prendre la D227 puis la D109 ; de là, prendre à gauche vers Menat ; continuer par la D18 sur 5,5 km vers les gorges de Chouvigny, par la N144, direction « Gorges de Chouvigny ». Chambres doubles de 30,50 à 39,70 €. 1er menu à 13,80 €, servi uniquement en semaine. Autres menus de 16,80 à 40,50 €. Voici un hôtel-resto qui mérite bien son nom ! La route des gorges de Chouvigny est absolument superbe aux beaux jours. En s'y baladant, on se dit que ce serait chouette de trouver une bonne adresse dans les parages... et puis, hop ! on la trouve. L'hôtel propose 6 chambres plutôt agréables pour s'établir quelque temps... Bon accueil du jeune couple des lieux. Possibilité de prendre ses repas en terrasse et de boire un verre au bord de la Sioule en été. Ça, c'est chouette ! Côté cuisine, l'un des menus se compose uniquement de spécialités maison : terrine de roquefort aux châtaignes, salade à l'huile de noisettes, nougat glacé aux griottes confites, entre autres... Bref, de quoi contenter les appétits les plus solides, dans un cadre vraiment enchanteur. *Apéritif maison offert à nos lecteurs sur présentation de ce guide.*

SAINT-MARTIN-SOUS-VIGOUROUX 15230

Carte régionale A2

🛏 🍴 *Le Relais de la Forge* * – le bourg ☎ 04-71-23-36-90. Fax : 04-71-23-92-48. Parking. Fermé le mercredi après-midi hors saison. Accès : à l'ouest de Pierrefort, par la D990. Chambres doubles de 30,50 à 32 € avec douche et w.-c. ou bains. Demi-pension à 30,50 € par personne. Menu « ouvrier » servi tous les jours à 10 €. Sinon, menu à 12,20 €. Petit hôtel de vallée, simple et accueillant, proposant une dizaine de chambres rénovées. Possibilité de manger dans une salle très « populo », côté bar (avec télé à fond), un copieux menu régional à 10 €. Côté resto, très « province », menu très copieux également, avec assiette de charcuterie, truite au lard ou pavé de bœuf aux morilles, truffade, salade, fromage et dessert. Accueil familial. *Apéritif maison offert à nos lecteurs sur présentation de ce guide.*

SAINT-POURÇAIN-SUR-SIOULE 03500

Carte régionale B1

🛏 🍴 *Hôtel-restaurant Le Chêne Vert* ** – 35, bd Ledru-Rollin (Centre) ☎ 04-70-47-77-00. Fax : 04-70-47-77-39. ● www.hotel-chenevert.com ● Parking payant. TV. Canal+. Satellite. Fermé le lundi et le vendredi midi toute l'année, ainsi que le dimanche soir hors saison. Congés

annuels : en janvier (1re quinzaine pour l'hôtel, tout le mois pour le resto). Chambres doubles à 43 € avec douche et w.-c. et 46,50 € avec bains. Menus de 15 €, en semaine, à 36 € (avec trois plats). Difficile de rater *Le Chêne Vert* lorsqu'on est à Saint-Pourçain. Cette bonne adresse classique propose de belles prestations pour des prix plutôt raisonnables. Chambres au décor frais et agréable. Pour se restaurer, cuisine tout ce qu'il y a de plus traditionnelle. Beaucoup de gibier en saison. *Café offert à nos lecteurs sur présentation de ce guide.*

SAINT-URCIZE 15110

Carte régionale A2

🛏 🍴 *Hôtel-restaurant Remise* – le bourg (Centre) ☎ et fax : 04-71-23-20-02. Parking. ☃ Fermé le lundi. Congés annuels : en janvier. Accès : en haut du village. Chambres doubles à 38 € avec douche et w.-c. ou bains. Demi-pension demandée à 35 € par personne en juillet-août. Également un très beau *lodge* tout en bois à 27 € par personne avec la demi-pension. Menus de 9 à 16 €. Non, ce n'est pas une ancienne remise, mais le nom d'une famille, et plus particulièrement celle du patron. Fred est un homme fort sympathique, comme sa charmante épouse. Le type même de la bonne auberge de campagne où se côtoient pêcheurs et chasseurs, cyclistes et randonneurs, jeunes et anciens dans un joyeux brouhaha. Le médecin vient même parfois y donner des consultations ! Excellente cuisine familiale en fonction du marché : aligot, soupe aux orties, truite de rivière, etc. Mme Jeannette prépare la confiture de fleurs de pissenlit selon une vieille recette. Dans cet hôtel de pêche, on fait des paniers pique-nique pour la journée, une bonne idée. Fred vous parlera de son pays dans les moindres détails : randonnées, coins sympathiques à découvrir, histoire locale, etc. Si vous le voulez, il pourra même vous recommander auprès des anciens du pays, « la mémoire » de Saint-Urcize. *Café offert à nos lecteurs sur présentation de ce guide.*

SALERS 15140

Carte régionale A2

🛏 🍴 *Hôtel des Remparts* ** – esplanade de Barrouze (Centre) ☎ 04-71-40-70-33. Fax : 04-71-40-75-32. ● www.salers-hotel-remparts.com ● TV. ☃ Congés annuels : de mi-octobre au 20 décembre. Chambres doubles de 43,50 à 49,50 €, selon la saison. Menus de 11,45 à 29 €. Bien situé, un peu en marge de l'animation touristique, avec une superbe vue sur les monts du Cantal depuis certaines chambres et une charmante terrasse panoramique. Bien tenu.

AUVERGNE

Certaines chambres ont poutres apparentes et colombages. Fait également restaurant. *Café offert à nos lecteurs sur présentation de ce guide.* **NOUVEAUTÉ.**

I●I *Restaurant La Poterne* – **rue Notre-Dame (Centre)** ☎ **04-71-40-75-11.** Fermé le lundi hors saison. Congés annuels : pendant les vacances de Noël. Menu du jour à 10,50 € et menus régionaux à 14 et 20 €. Compter environ 18 € à la carte. Un restaurant de spécialités régionales au cadre chaleureux, pierre et poutres apparentes, vieux *cantou*… Une cuisine soignée, avec de bons produits frais. On retrouve les traditionnelles spécialités, de truffade, *pounti* et chou farci, préparées avec soin. Également les fameux *bourriols*, sortes de crêpes fourrées au bleu d'Auvergne, et une délicieuse tarte aux myrtilles. Service souriant. Un bon rapport qualité-prix. **NOUVEAUTÉ.**

SAUGUES 43170

Carte régionale B2

⌂ I●I *La Terrasse* ** – **cours Gervais (Centre)** ☎ **04-71-77-83-10. Fax : 04-71-77-63-79.** ● **laterrasse.saugues@wanadoo.fr** ● TV. Fermé le dimanche soir, lundi et le mardi midi (hors saison). Congés annuels : du 20 novembre à fin janvier. Accès : en centre-ville. Chambres doubles avec douche et w.-c. ou bains de 43 à 53 €, quelques appartements à 69 € ; petit déjeuner à 7 €. Plusieurs menus de 15 à 54 €. Une belle région à découvrir pour ses nombreuses chapelles éparpillées dans la campagne. Et une très bonne adresse chaleureuse, où le patron et sa femme - lecteurs assidus du *Guide du routard* à l'étranger – reçoivent leurs hôtes avec gentillesse. L'hôtel compte 12 chambres rénovées, confortables et bien tenues. Parmi celles de derrière (nos préférées), très calmes, certaines – *so British* – ont vue directe sur la fameuse tour des Anglais. Également un restaurant de terroir – réputé dans la région – et d'un étonnant rapport qualité-prix. Recettes de famille (tombées dans le chaudron en 1795 !) très soignées, comme le croustillant de ris de veau aux cèpes, la tarte Tatin foie gras aux pommes, les noisettes d'agneau crème d'ail ou le feuillantine au chocolat. Service remarquable. *Apéritif maison offert à nos lecteurs sur présentation de ce guide.*

DANS LES ENVIRONS

SAINT-ARCONS-D'ALLIER 43300
(15 km N)

⌂ I●I *Les Deux Abbesses* – **le bourg** ☎ **04-71-74-03-08. Fax : 04-71-74-05-30.** ● **www.les-deux-abbesses.fr** ● TV.

Congés annuels : de la Toussaint à Pâques. Accès : par la D585. Chambres doubles de 103 à 240 €. Petit déjeuner à 15 €. Menu unique à 35 €, le soir uniquement et sur réservation la veille. Un « coup de cœur » un peu chic mais qui vaut le détour ! Pour sauver son délicieux village de l'abandon, Madame Fustier a eu l'idée de rénover 8 maisons et d'y aménager 14 chambres de charme, confortables, spacieuses, avec des meubles anciens. Ainsi est né ce « village-hôtel » autour d'un château du XIIᵉ siècle abritant salons, cuisines et salle de resto. Très agréable en été pour le petit dej', le jardin en terrasse est bordé d'une très belle église romane construite en pierre volcanique. Côté cuisine, Laurence mitonne une cuisine simple et savoureuse, qui mènera vos papilles sur les chemins de la plénitude. Son gigot gratin de pommes de terre à la cannelle est une petite merveille ! Piscine et vue panoramique d'exception. Pas très économique mais tellement plein de charme !

THIERS 63300

Carte régionale B1

⌂ *Hôtel de la Gare* – **30, av. de la Gare** ☎ **et fax : 04-73-80-01-41.** Congés annuels : du 25 août au 3 septembre. Accès : en hauteur, face à la gare SNCF. Chambres doubles à 15 € pour deux lavabos, à 20 € avec douche, w.-c. sur le palier. Sans conteste, l'hôtel le moins cher et le plus sympa de la ville. Propose une des petits dej' les moins chers qu'on ait trouvés dans le département. L'hôtel est tout en haut, pas loin de la gare (normal !), caché derrière une tonnelle de glycines. Chambres simplissimes mais propres, surplombant une partie de la ville. Le n° 7 est la plus tranquille. Accueil très sympa, décontracté et attentionné du matin au soir ! Le patron connaît tout le monde ou presque, et vice-versa. Normal, c'est un ancien restaurateur. Petit bar assez cool mais un peu bruyant.

⌂ I●I *Hôtel-restaurant Chez La Mère Dépalle* ** – **Pont-de-Dore** ☎ **04-73-80-10-05. Fax : 04-73-80-52-22.** ● **www.chezlameredepalle.com** ● Parking. TV. Satellite. Fermé le samedi et le dimanche soir, uniquement le dimanche en haute saison. Congés annuels : pendant les vacances scolaires de février, de la Toussaint, et de Noël. Accès : par la N89, à 2 km du centre-ville. Chambres doubles de 49 à 55 € (42 à 49 € hors saison) avec douche et w.-c. ou bains. Demi-pension à 49 € (42 € hors saison) par personne. Menus de 14 €, le midi, à 34 €. Bien qu'elle soit un peu en bordure de route, cette adresse est un modèle d'hôtellerie et de restauration. Même pendant les coups de feu (et il y en a), on est toujours très bien reçu, dans la plus pure tradition de l'hospitalité telle qu'on devrait la concevoir toujours... Sourire aux lèvres et attention portée à chaque détail en font une étape parfaite. La grande salle est vite remplie à midi, de ces voyageurs ou habitués venus en voisins pour la seule chose importante : se mettre à table. On n'est vraiment pas déçu. En piochant au hasard dans les différents menus, on a aimé le délicieux saumon fumé au whisky, le tendre filet de bœuf de tradition bouchère, la gigue de chevreuil au pain d'épice, ou le très aristocratique médaillon de daim de France. Superbe plateau de fromages roulant qui vous fait rouler les yeux d'un chèvre moelleux à un petit volcan que l'on croyait éteint. Pour finir, une fine crème brûlée aux kumquats a ravi notre palais. Bref, nous sommes repartis le cœur content !

|●| Restaurant Le Coutelier – 4, pl. du Palais (Centre) ☎ 04-73-80-79-59. Fermé le soir des dimanche et lundi (sauf en juillet et août) et le mardi. Congés annuels : les 3 premières semaines de juin et 15 jours en octobre. Menus de 12 à 23 €. Ce restaurant, installé dans un ancien atelier, est une véritable exposition d'objets anciens où trône une belle collection de couteaux. On ne sait plus si l'on vient manger ou visiter. Mais ce serait dommage de rater des nourritures plus terrestres. Lentilles du Puy au lard, aligot, pompe aux pommes... En somme, des valeurs sûres ! Prudence quand même pour le poisson, décevant. Resto touristique. Les autochtones, eux, cassent la croûte au *Coq au 20* (en face de la mairie), moins typique mais moins cher.

DANS LES ENVIRONS

PESCHADOIRES 63920 (4 km SO)

|●| La Ferme des Trois Canards – lieu-dit Biton ☎ 04-73-51-06-70. Fermé le mardi soir, le mercredi toute la journée et le dimanche soir. Congés annuels : en janvier. Accès : par la N89 puis la D212, suivre la route de Maringues. Tourner à gauche à la pancarte, le restaurant est à 300 m. Menus de 20,90 à 64 €. Située en pleine campagne, cette monumentale ferme de plain-pied, superbement rénovée et à deux pas de la sortie de l'autoroute, est l'adresse de charme du coin. Menus souvent réactualisés. Foie gras frais et sa compotée d'oignons, fondant chaud au chocolat, pistache et crème brûlée à l'orgeat, demi-pigeon rôti avec jus aux épices. Plateau de fromages roulant impressionnant. On vient ici pour mettre ses papilles en éveil. Service

élégant et gentil. Terrasse pour les beaux jours.

TOURNEMIRE   15310

Carte régionale A2

🏠 |●| Auberge de Tournemire – rue Principale ☎ 04-71-47-61-28. Fax : 04-71-47-68-76. ● louisfert@wanadoo.fr ● TV. En basse saison, resto sur réservation uniquement. Congés annuels : du 10 janvier au 4 février. Accès : par la D60, la D160 et la D260, à une vingtaine de kilomètres au nord d'Aurillac. Chambres doubles de 37 à 42 €. Demi-pension à partir de 40 € par personne. Menus de 15 à 26 €. Dans l'un des plus charmants villages du Cantal, une sympathique petite auberge à flanc de colline. Au soleil couchant, romantique panorama sur la vallée. 6 chambres simples, fort bien tenues et parfois joliment mansardées, comme la chambre « Verte ». Bonne cuisine. Menu auvergnat avec *pounti* au boudin à la fondue d'oignons. Au menu gastronomique, foie gras, médaillon de sole aux morilles, brochette d'agneau au coulis de poivrons, homard à la vanille, etc. *10 % sur le prix de la chambre (hors juillet et août) offerts à nos lecteurs sur présentation de ce guide.*

DANS LES ENVIRONS

SAINT-MARTIN-VALMEROUX 15140 (17 km NO)

🏠 |●| Hostellerie de la Maronne *** – lieu-dit Le Theil ☎ 04-71-69-20-33. Fax : 04-71-69-28-22. ● www.cfi15.fr/hotelmaronne ● Parking. TV. Satellite. Restaurant fermé le midi. Congés annuels : du 5 novembre au 31 mars. Accès : par la D260 (direction Saint-Cernin), puis la D922 (direction Mauriac). Chambres doubles avec bains de 115 à 125 € selon la saison. Demi-pension de 97 à 103 € par personne. Menus de 26 à 40 €. À la carte, compter 44 €. C'est une grande bâtisse auvergnate du XIXe siècle entièrement rénovée avec un talent et un goût très sûrs, un superbe cadre de verdure avec parc, jardin, piscine, tennis et vue sur la vallée. M. Decock ne cesse de concevoir de nouveaux arrangements, bref, de réinvestir dans ce que l'on peut presque appeler un rêve d'hôtellerie, bien qu'il s'en défende. Harmonie des lieux, harmonie du couple : madame, chef des cuisines, se met en quatre pour vous élaborer des menus en rapport avec la qualité du site et des prestations. La grande classe. *Apéritif maison offert à nos lecteurs sur présentation de ce guide.*

VICHY   03200

Carte régionale B1

🛏 **À l'Hôtel de Naples** ** – 22, rue de Paris (Centre) ☎ 04-70-97-91-33. Fax : 04-70-97-91-28. TV. Satellite. Ouvert toute l'année. Accès : rue principale, face à la gare. Chambres doubles à 23,80 € avec lavabo, de 26,10 à 30,80 € avec douche et w.-c., et à 32,50 € avec bains. Possibilité de pension (de 49,30 à 56 € par personne) et de demi-pension (de 40 à 46,50 € par personne) avec 3 restaurants proches de l'hôtel. Situé en plein cœur de la rue la plus célèbre de la ville, il n'est pas question de luxe. Chambres coquettes, bien équipées (avec mini-bar). Joli jardin plein de fleurs en été. Accueil cordial. Préférez les chambres sur le jardin, la rue est plutôt passante.

🛏 ⏺ **Hôtel du Rhône** ** – 8, rue de Paris (Centre) ☎ 04-70-97-73-00. Fax : 04-70-97-48-25. ● www.auvergne-alc.com/hotel/rhone.htm ● Parking payant. TV. Canal+. Satellite. ⅍ Congés annuels : de la Toussaint à Pâques. Près du centre. Chambres doubles de 30 € avec douche à 45 € avec douche et w.-c. ou bains. Menus de 12 à 39 €. Hôtel-resto qui fonctionne autour d'un « patron » haut en couleur, qui n'hésite pas à déclarer qu'il ne fait pas installer d'ascenseur pour faire faire de l'exercice à ses clients curistes ! Décoration gentiment désuète et cosy. Chambres propres et simples. Préférez celles qui donnent sur l'agréable jardin intérieur avec ses hortensias fleuris. Menus organisés autour de plats mitonnés par la patronne. Loup à l'oseille, jambon à l'os au saint-pourçain, escalope de veau à la crème et aux champignons des bois flambée au calvados... Pas très régime !

🛏 ⏺ **Le Pavillon d'Enghien** *** – 32, rue Callou ☎ 04-70-98-33-30. Fax : 04-70-31-67-82. TV. Resto fermé le dimanche soir et le lundi. Congés annuels : en janvier. Accès : quartier thermal. Chambres doubles de 40 à 75 € selon confort. Menus à 12 €, le midi en semaine, puis à 23 €. Cet hôtel-resto est, dans une gamme un peu plus chic, l'un des meilleurs rapports qualité-prix de la ville. Les chambres sont spacieuses, personnalisées et insonorisées, notamment les nᵒˢ 17, 18, 29 et 33. L'accueil est courtois et prévenant. Cuisine fraîche et agréable, axée autour des produits de saison. Nous avons eu droit à un marbré de lapereau aux herbes et un dessert goûteux. Jolie piscine dès que les beaux jours arrivent.

⏺ **L'Autre Source** – 10, rue du Casino (Centre) ☎ 04-70-59-85-68. Fermé le dimanche et le lundi. Compter 12 € pour un repas. En plein cœur de Vichy, derrière le casino, c'est sans doute le petit resto le plus frais et le plus sympa du coin, contraste réjouissant avec l'image un peu terne de la ville. Ambiance jazzy et décontractée sur fond de tartines et de salades variées qui font la part belle aux produits régionaux, à prix doux. Le plateau de fromages propose des raretés, comme le lavor de Puy-Guillaume. L'endroit est aussi un bar à vin, et Patrice vous présentera avec plaisir les vins régionaux mais aussi nombre de crus de sa sélection perso. Autre agrément pour la découverte : les vins sont tous proposés au verre à prix raisonnables. Horaires volontiers élastiques pour satisfaire au mieux la clientèle.

⏺ **La Brasserie du Casino** – 4, rue du Casino (Centre) ☎ 04-70-98-23-06. ⅍ Fermé le mardi et le mercredi. Congés annuels : du 15 au 28 février et en novembre. Menus équilibrés à 14 €, le midi en semaine, et 23 €. C'est sans aucun doute le resto qui, à Vichy, est le plus doté d'une âme. Cette brasserie 1920, aujourd'hui classée, a su garder intact ce charme des grandes brasseries d'avant-guerre, et l'on dîne à l'ombre des photos de toutes les stars qui ont terminé ici leurs soirées au sortir de la scène de l'opéra tout proche. Cuisine bourgeoise de brasserie, avec une carte riche et classique.

⏺ **La Table d'Antoine** – 8, rue Burnol (Centre) ☎ 04-70-98-99-71. ⅍ Fermé le dimanche soir et le lundi sauf fêtes et veilles de fêtes. Congés annuels : 2 semaines en février, une semaine en septembre, 2 semaines fin novembre. Menu du marché à 17,50 €. Autres menus à 26 et 31 €. Dans un décor évoquant un jardin d'hiver Second Empire, l'une des plus agréables tables de Vichy. Petite salle, accueil parfait (on n'exagère pas, calme, souriant et réellement désolé quand il n'y a plus de place). Surtout, cuisson parfaite de produits choisis avec un très grand soin. Le poisson est vraiment du poisson de ligne, le charolais est fondant, les desserts sucrés à point et les portions généreuses. En plus, Antoine est sympa... Un coup de cœur. *NOUVEAUTÉ.*

DANS LES ENVIRONS

CUSSET 03300 (1 km E)

⏺ **Le Brayaud** – 64, av. de Vichy ☎ 04-70-98-52-43. Ouvert le soir seulement, de 20 h à 2 h (dernier service). Fermé le mardi et le mercredi. Congés annuels : de fin août à début septembre et 10 jours en avril. Accès : situé à l'entrée de Cusset, en venant de Vichy. Menu à 15 € entre 20 h et 22 h 30. Le *Brayaud* est le resto de nuit de Vichy, mais c'est avant tout l'endroit où l'on mange la meilleure viande du coin. Ici, l'entrecôte pèse ses 400 g garantis, l'onglet et la hampe 300 g, et l'on comprend très vite que le charolais soit l'emblème de l'élevage régional. Pas question d'entendre parler de vache folle. Menu du soir très copieux, avec un beau choix de salades, viande garnie, fromage et dessert, propre à satisfaire les appétits les plus féroces. Accueil sympa.

BELLERIVE-SUR-ALLIER 03700

(2 km SO)

≜ *La Rigon* ** – route de Serbannes ☎ 04-70-59-86-86. Fax : 04-70-59-94-77. • www.hotel-chateau-la-rigon.com • Parking. TV. ≼ Fermé le dimanche soir en basse saison. Congés annuels : du 15 novembre au 15 février. Chambres doubles avec douche et w.-c. ou bains à partir de 48 € en basse saison et 58 € l'été. Avec la rigueur et les avantages d'un établissement hôtelier, c'est tout le charme d'une maison d'hôte que propose *La Rigon*. Dans une belle demeure au milieu d'un grand parc, chambres rustiques personnalisées. Superbe piscine dans une grande serre 1900. Grande gentillesse de l'accueil. *10 % sur le prix de la chambre offerts à nos lecteurs sur présentation de ce guide.*

ABREST 03200 (3 km S)

≜ |●| *La Colombière* – route de Thiers ☎ 04-70-98-69-15. Fax : 04-70-31-50-89. • lacolombiere@wanadoo.fr • Parking. TV. ≼ Fermé le dimanche soir et le lundi. Congés annuels : de mi-janvier à mi-février, ainsi qu'une semaine en octobre. Accès : par la D906, faire 2 km encore après le village d'Abrest. Chambres doubles à 43,45 € avec douche et w.-c. et 51 € avec bains. Menus de 15 €, en semaine midi et soir, à 50 €. Dans cet ancien pigeonnier surplombant l'Allier, avec une vue superbe sur le fleuve, un resto de charme pour une cuisine imaginative et variant suivant les saisons. Beau travail sur la cuisine régionale pour le menu du terroir. Agréables desserts maison. Le pain, excellent lui aussi, est produit sur place et accompagne un magnifique plateau de fromages. Côté hôtel, 4 chambres de charme, vastes et lumineuses. La « jaune » et la « verte » bénéficient d'une jolie vue sur l'Allier. *Café offert à nos lecteurs sur présentation de ce guide.*

MAYET-DE-MONTAGNE (LE)
03250 (23 km SE)

|●| *La Vieille Auberge* – 6, rue de l'Église ☎ 04-70-59-34-01. Fermé le lundi en saison et le mercredi hors saison. Congés annuels : 3 semaines en janvier et la 2e quinzaine de septembre. Accès : par la D62. Derrière l'église. Menu à 8,70 €, sauf le dimanche midi. Autres menus de 10,40 à 21,40 €. En pleine montagne bourbonnaise, au cœur d'un charmant petit village, une

vieille auberge qui a décidé de ne plus vieillir. D'après le patron, elle était autrefois habitée par une mère et ses deux filles, et portait le doux nom d'auberge des six fesses! Décor fait de pierre, de bois et de publicités d'autrefois. La cuisine est traditionnelle (salade de chèvre chaud aux amandes, confit de canard, émincé de volaille...), les desserts maison sont exquis. Nous avons trouvé une illustration du mot rustique et vraiment, on aime beaucoup!

VIC-SUR-CÈRE 15800

Carte régionale A2

≜ |●| *Hôtel-restaurant Bel Horizon* ** – rue Paul-Doumer ☎ 04-71-47-50-06. Fax : 04-71-49-63-81. • www.hotel-bel-horizon.com • Parking payant. TV. Congés annuels : de fin novembre à fin décembre. Chambres doubles confortables et bien tenues à 35 et 43 € avec douche et w.-c. ou bains. Menus de 14 à 40 €. Hôtel-resto en retrait du bourg, ce qui est bien agréable. Bon accueil. Beaucoup de monde le weekend pour goûter à cette cuisine traditionnelle et régionale très sûre. Le petit menu du jour est même servi le samedi et le dimanche, bon signe! Mais, bien sûr, on a craqué pour le menu du terroir : énorme chou farci, *pounti*, truite au lard, coq au vin... Spécialités du chef à l'année : sandre au beurre rouge ou dos de saumon au cantal doux. Bonne cuisine familiale très copieuse! Pour finir, beaux desserts et glaces maison. Le tout servi dans une salle avec une grande baie vitrée et une collection de papillons au mur. Une adresse de bonne facture. *Apéritif maison offert à nos lecteurs sur présentation de ce guide.*

VIEILLEVIE 15120

Carte régionale A2

≜ |●| *Hôtel La Terrasse* ** – rue Principale ☎ 04-71-49-94-00. Fax : 04-71-49-92-23. • www.hotel-terrasse.com • Parking. ≼ Congés annuels : du 11 novembre au 31 décembre. Chambres doubles avec douche ou bains de 44,50 à 46 € selon la saison. Menus de 12 €, en semaine, à 25 €. L'hôtel le plus bas du Cantal (200 m d'altitude) offre des chambres de bon confort. Terrasse ombragée sous une tonnelle, belle piscine, jardin, tennis. Bonne cuisine. Quelques spécialités : pied de porc et ris de veau en crépine, filet d'omble chevalier rôti sur peau au vin de Fel, magret au poivre vert, feuillantine à la poire caramélisée. Une très bonne adresse. Pour les curieux, on y trouve aussi la clé du château! *Apéritif maison offert à nos lecteurs sur présentation de ce guide.*

VITRAC 15220

Carte régionale A2

🏠 |●| *L'Auberge de la Tomette* ** – le bourg ☎ 04-71-64-70-94. Fax : 04-71-64-77-11. • www.auberge-la-tomette.com • Parking. TV. Satellite. 🛁 Séjour de préférence en demi-pension. Congés annuels : du 15 décembre à Pâques. Accès : par la D66, à une dizaine de kilomètres au nord-ouest de Marcolès. Chambres doubles avec douche et w.-c. ou bains à 50,30 € par personne en demi-pension. Menus de 22,80 à 35 €. Au cœur de la Châtaigneraie, c'est une auberge de charme. Tout récent, création d'un espace de relaxation (sauna, spa, hammam, douche à jets), et grande piscine. La partie hôtel est très agréable, au milieu d'un parc magnifique donnant sur la campagne. Chambres un poil trop modernes mais très confortables. Quelques duplex pour les familles. Salle à manger rustique et conviviale pour une cuisine chaleureuse. Spécialités du chef : pot-au-feu de poissons et marmite de petits légumes, éminé de canard à la confiture d'échalotes... Accueil gentil et prévenant de Mme Chausi.

YSSINGEAUX 43200

Carte régionale B2

🏠 |●| *Auberge Au Creux des Pierres* – Fougères ☎ 04-71-59-06-81. Resto fermé le mardi en juillet et août. Hors saison, ouvert le vendredi soir, le week-end, et en semaine sur réservation. Congés annuels : en février et à Noël. Accès : à 5 km au sud du centre-ville par la D152, direction Quey-rière. Doubles avec douche et w.-c. à 32 €. Menus à 11 et 14 €. Forfait week-end du samedi soir au dimanche midi à 42 € par personne. Charmante auberge dans une maison superbement rénovée, entourée d'un beau jardin. On a bien aimé la cuisine simple et familiale, avec entrées fraîches, gigot et légumes de saison, fromage de pays et une succulente tarte maison, mais par dessus tout, le sourire des deux charmantes aubergistes qui aiment accueillir les cyclistes, les marcheurs, les cavaliers : pour eux, la demi-pension est possible dès le premier jour. Il y a aussi un dortoir avec 10 lits. Plus confortables, les chambres bien arrangées ouvrent sur la campagne.

🏠 |●| *Le Bourbon* ** – 5, pl. de la Victoire (Centre) ☎ 04-71-59-06-54. Fax : 04-71-59-00-70. • www.le-bourbon.com • Parking. TV. Canal+. Satellite. Fermé le lundi, levendredi soir (sauf en juillet-août) et le dimanche soir. Congés annuels : en janvier. Accès : en centre-ville. Chambres doubles avec douche et w.-c. ou bains entre 49 et 61 € ; petit déjeuner à 8,50 €. Menus de 15 €, sauf le dimanche, à 39 €. Beau et récent, un peu standard sans doute mais tellement agréable ! Les chambres sont confortables, colorées, et portent toutes des noms de fleurs. Une belle salle de resto, style jardin anglais au pays du Velay. Cuisine inspirée de la région mais repensée, allégée. Un très bon signe : la carte et les plats changent tous les 3 mois. Sur la carte, les noms des fournisseurs locaux sont même signalés à côté des plats proposés. Une bonne idée. C'est toute la région qui est ainsi associée à l'art culinaire du chef. Très bon accueil. Une adresse pleine de créativité.

Les prix

En France, les prix des hôtels et des restos sont libres. Certains peuvent augmenter entre le passage de nos infatigables fureteurs et la parution du guide.

Avis aux hôteliers et aux restaurateurs

Chaque année pour y figurer, il faut le mériter !

Le Routard

AUVERGNE

Bourgogne

21 *Côte-d'Or*
58 *Nièvre*
71 *Saône-et-Loire*
89 *Yonne*

ANCY-LE-FRANC   89160

Carte régionale A1

🏠 🍴 *Hostellerie du Centre* ** – pl. du Château (Centre) ☎ 03-86-75-15-11. Fax : 03-86-75-14-13. • www.diaphora.com/hostellerieducentre• Parking. TV. Canal+. Satellite. ♿ Congés annuels : du 18 novembre au 18 février. Accès : à 100 m du château. Chambres doubles avec douche et w.-c. ou bains de 46 à 54 €. 1er petit menu à 14 €, menus suivants de 19 à 36 €. Dans la rue principale, une maison ancienne mais régulièrement rénovée. Un brin chic au premier abord, mais l'ambiance reste bon enfant. Chambres douillettes, dans les tons pastel, donc propices au repos. Avec d'immuables recettes de terroir, la Bourgogne se sent ici bien dans son assiette. Belle gamme de menus aussi variés que copieux. 2 salles (la plus grande est la plus coquette) et une terrasse pour les beaux jours. Piscine couverte chauffée.

DANS LES ENVIRONS

CHASSIGNELLES 89160 (4 km SE)

🏠 🍴 *Hôtel de l'Écluse nº 79* – chemin de Ronde ☎ 03-86-75-18-51. Fax : 03-86-75-02-04. TV. Congés annuels : les 15 premiers jours de janvier et les 15 derniers jours de décembre. Accès : à 4 km au sud-est d'Ancy le Franc par la D905, puis petite route à gauche. Chambres doubles de 40 € avec douche et w.-c. à 50 € avec bains. Quatre menus de 17 à 30 €. Adorable petit hôtel de campagne posé au bord du canal de Bourgogne. Une affaire de famille. La grand-mère tient encore le bar-tabac (et sa terrasse au bord de l'eau, terriblement séduisante). L'accueil de sa fille est tout aussi charmant que les chambres, au goût certain. Et à des prix qui tiennent du miracle dans le coin. C'est la petite-fille qui, en cuisine, mitonne des plats de terroir (dont les œufs en meurette, le bourguignon de canard). Vélos à disposition pour se balader le long des petites routes tranquilles des environs ou sur les chemins de halage. Un de nos coups de cœur dans la région.

ARNAY-LE-DUC   21230

Carte régionale B2

🏠 🍴 *Hôtel Clair de Lune* ** – 4, rue du Four (Centre) ☎ 03-80-90-15-50. Fax : 03-80-90-04-64.• www.chez-camille.fr• Parking. TV. Accès : sur la N81, entre Autun et Pouilly. Chambres doubles avec douche et w.-c. à 31 €. Pour les gourmands, possibilité de demi-pension gastronomique à un prix qui n'a rien d'astronomique : 95 € pour deux. Soirée étape à 76 € pour deux avec menu spécial. 1er menu à 18,50 €. Autres menus de 33 à 77 €. Gratuité pour les enfants de moins de 11 ans en chambre et au restaurant ! La famille Poinsot, qui a plus d'un tour dans son sac (comme son nom l'indique !), avait déjà quelques chambres cossues au-dessus de son restaurant à

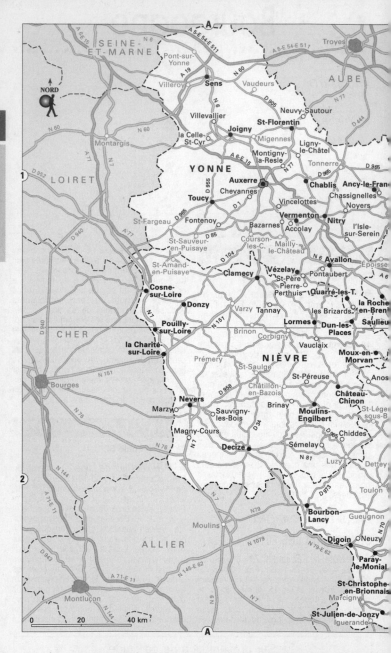

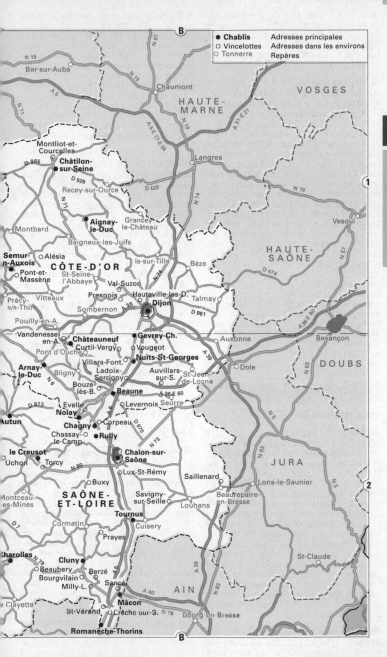

BOURGOGNE

	Chablis	Adresses principales
●	Vincelottes	Adresses dans les environs
○	Tonnerre	Repères

l'enseigne de *Chez Camille*! Elle a eu l'idée de construire dans la petite rue voisine ce joli petit hôtel, tout simple, chambres claires. Mieux encore, elle propose une soirée-étape avec dîner dans le jardin d'hiver de son restaurant.

🏠 |●| *Chez Camille* *** – 1, pl. Édouard-Herriot (Centre) ☎ 03-80-90-01-38. Fax : 03-80-90-04-64. ● www.chez-camille.fr ● Parking. TV. Satellite. Accès : sur la N81, entre Autun et Pouilly. Chambres doubles avec bains à 70 €. 1er menu à 18,50 €, servi tous les jours midi et soir. Autres menus de 33 à 77 €. Gratuité pour les enfants de moins de 11 ans en chambre et au restaurant! Au pied de la vieille ville, cette véritable auberge à la mode d'autrefois cache, derrière ses volets bleus, une scène d'opérette. Des serveuses à la robe fleurie vous apportent gougères et jambon persillé maison avec l'apéritif servi au salon, avant de vous accompagner à votre place dans le jardin d'hiver, transformé en salle de restaurant. De chaque côté de la scène, surélevée et séparée par une vitre, où se joue en silence un étonnant ballet de marmitons, vous avez les loges : à gauche, la pâtisserie, à droite une tonnelle. Le tout sous une grande verrière, avec plantes et fauteuils en osier. Si vous prenez le 1er menu, du style terrine, bœuf bourguignon, vous regarderez d'un drôle d'œil les familles du cru qui font la fête avec les menus suivants. Mais vous aurez au moins profité du lieu. Vins superbes, comme la cave, à visiter pour le plaisir.

AUTUN   71400

Carte régionale B2

🏠 |●| *Hôtel-restaurant de la Tête Noire* ** – 3, rue de l'Arquebuse (Centre) ☎ 03-85-86-59-99. Fax : 03-85-86-33-90. ● www.hoteltetenoire.fr ● TV. Canal+. Satellite. ♿ Congés annuels : du 15 décembre au 31 janvier. Chambres doubles avec douche et w.-c. ou bains à 52 et 53 €. Nombreux menus de 12 à 42 €. L'hôtel est confortable, les chambres sont pleines de charme et ont subi une cure de rajeunissement à faire oublier les affres du temps. Honnête cuisine. Carte changeant trois fois par an. Spécialités : petit pâté chaud de canard sauce à l'orange, filet de bœuf du Charolais, gigot de lotte au poivre vert, noix de Saint-Jacques, pain perdu aux pommes. Vin au verre et au pichet. Accueil chaleureux. *Café offert à nos lecteurs sur présentation de ce guide.*

|●| *Restaurant Chateaubriant* – 14, rue Jeannin (Centre) ☎ 03-85-52-21-58. Fermé le dimanche soir et le lundi. Fermé aussi le mercredi soir du 15 septembre au 15 mai. Congés annuels : 15 jours en février

et 3 semaines en juillet. Derrière le théâtre municipal. 1er menu à 12 € en semaine. Autres menus de 19 à 35 €. Derrière la mairie, très centrale donc, voici une solide adresse qui, année après année, assure une cuisine d'une régularité réjouissante dans la qualité. Salle classique, entièrement rénovée. Dommage que l'accueil soit inégal. La jeune fille de la maison y rajoute de sa fraîcheur et de ses rires. Spécialités de viande particulièrement tendre (filet de bœuf sauce à l'époisses, carré d'agneau), andouillette, cuisses de grenouilles provençale, etc.

|●| *Restaurant Le Chalet Bleu* – 3, rue Jeannin (Centre) ☎ 03-85-86-27-30. Fermé le lundi soir et le mardi. Congés annuels : 15 jours pendant les vacances de février. Accès : à côté de l'hôtel de ville. 1er menu à 14 €, sauf les samedi soir, dimanche et jours fériés, puis menus de 22,50 à 43 €. Même si la façade ne paie pas de mine (elle n'a rien d'un chalet!), franchissez la porte sans appréhension : Philippe Bouché, qui a fait ses classes aux cuisines de l'Élysée, vous attend avec cinq menus. Une cuisine imaginative et copieuse, où la sandre et les cuisses de grenouilles aux petits oignons côtoient la poitrine de pigeon, tandis que la soupière d'escargots de Bourgogne et champignons des bois en coiffe de feuilletage flirte avec la rosace de volaille de Bresse au jus caramélisé de ratafia griottes à l'eau-de-vie et fèves vertes. Très belle carte de desserts. *Apéritif maison offert à nos lecteurs sur présentation de ce guide.*

DANS LES ENVIRONS

ANOST 71550 (22 km NO)

🏠 *Hôtel Fortin* ** – le bourg ☎ 03-85-82-71-11. Fax : 03-85-82-79-62. Parking. TV. ♿ Fermé le lundi sauf en juillet-août. Congés annuels : en février et à Noël. Accès : prendre la D978, puis la D2. Chambres doubles avec douche et w.-c. à 35 €, avec bains à 50 €. Situé dans le parc naturel du Morvan, cet hôtel possède une belle petite histoire : d'abord, le patron est un bien sympathique baroudeur qui a pas mal bourlingué dans tous les déserts et jungles, sur tous les océans, avant de revenir plonger dans son terroir natal. En montant cet établissement et ses structures annexes (pub, resto, gîte d'étape), il a fortement contribué à revitaliser un village menacé de déclin et de désertification, comme tant d'autres. Résultat, ce petit hôtel dont aucune chambre ne se ressemble, simple, propre et pas cher. Au rez-de-chaussée, touristes et randonneurs aiment bien se retrouver au pub, vrai havre de convivialité en pleine toundra morvandelle. Tout cela crée à l'évidence des liens, voire une complicité entre voyageurs et villageois. *10 % sur le prix de la chambre (hors week-ends fériés et juillet-août) offerts à nos lecteurs sur présentation de ce guide.*

📶 *La Galvache* – **Grand-Rue** ☎ **03-85-82-70-88.** Fermé le lundi hors saison. Congés annuels : du 11 novembre à Pâques. Accès : prendre la D978, puis la D2. Menu du jour à 15 €, sauf le dimanche midi, et autres menus de 18 à 35 €. Petit resto de village agréable. Même patron que l'hôtel *Fortin*. Il y prodigue une excellente cuisine régionale, servie copieusement. Son menu du jour étonne par son beau rapport qualité-prix. Généreuse terrine, filet de sandre à la bourguignonne, escalope de saumon à la fondue de poireaux cuite à cœur, délicieuses écrevisses à l'américaine, etc. Finir, bien entendu, par un onctueux fromage blanc. *Apéritif maison offert à nos lecteurs sur présentation de ce guide.*

AUXERRE 89000

Carte régionale A1

🏠 *Hôtel Normandie* ** – **41, bd Vauban (Ouest)** ☎ **03-86-52-57-80. Fax : 03-86-51-54-33.** ● www.acom.fr/normandie ● Parking payant. TV. Canal+. Satellite. ✆ Accès : sur la promenade autour du centre-ville. Chambres doubles avec douche et w.-c. ou bains de 53 à 73 € pour les plus grandes avec bains. Grande et belle bâtisse bourgeoise de la fin du XIXᵉ siècle, derrière un petit jardin. L'enseigne rend hommage au fameux paquebot. Et il y a quelque chose de l'ambiance des grandes croisières transatlantiques dans l'atmosphère de cet hôtel, d'un chic un peu suranné : le veilleur de nuit en tenue de groom, les Anglais distingués qui lisent l'*Herald Tribune* sur la terrasse le matin au petit déjeuner... Mobilier de style dans des chambres d'un grand confort et remarquablement tenues. Salle de gym, sauna, billard. Garage clos pour voitures et vélos, car l'hôtel privilégie l'accueil des cyclotouristes. *10 % sur le prix de la chambre (pour les personnes restant 2 jours le week-end) offerts à nos lecteurs sur présentation de ce guide.*

📶 *Le Jardin Gourmand* – **56, bd Vauban (Ouest)** ☎ **03-86-51-53-52.** ✆ Fermé le mardi et le mercredi. Congés annuels : du 25 février au 12 mars et du 12 novembre au 4 décembre. Accès : près du centre-ville, sur les promenades, à 50 m du carrefour de Paris. Un menu le midi en semaine à 30 €. Puis menus de 40 à 72 €, plus la carte. Ici, le chef est un artiste : il empoigne souvent crayons ou pastels pour dessiner ses plats ou raconter avec faconde ses balades sur les marchés. Sa cuisine est donc particuliè-

rement inventive, parfois même quelque peu aventureuse. Le service hors pair vous guidera volontiers dans une carte qui varie suivant l'humeur du chef, ses voyages et chaque saison. Mais les menus peuvent aussi constituer une idéale introduction à cette cuisine jamais en panne d'imagination. Le premier menu découverte vous propose, par exemple, une terrine de foie gras de canard au pain d'épice, un filet colinot sur un beurre d'orange sanguine risotto de calamar ou une longe de porc confite et galette de pommes paillasson aux pruneaux, fromage et dessert. Salle chaleureuse et aimable terrasse dans le jardin pour les beaux jours. Réservation sérieusement recommandée.

DANS LES ENVIRONS

CHEVANNES 89240 (8 km SO)

🏠 📶 *La Chamaille* *** – **4, route de Boiloup, La Barbotière (Sud)** ☎ **03-86-41-24-80. Fax : 03-86-41-34-80.** ● www.la-chamaille.com ● Parking. Fermé le lundi et le mardi du 16 février au 13 novembre ; le lundi, le mardi et le dimanche soir du 14 novembre au 15 février, sauf les jours fériés. Congés annuels : les 2 premières semaines de janvier. Accès : à Auxerre, prendre la direction Nevers-Bourges, puis à droite la D1 ; dans le village, 2ᵉ rue à gauche. Chambres doubles avec douche à 38,50 € avec douche et w.-c. à 45,75 €. 1ᵉʳ menu à 20 € en semaine. Autres menus de 27 à 47,50 €. Une bonne adresse à deux tours de roue d'Auxerre, installée dans une ancienne ferme qui sent bon l'encaustique. Le cadre est bucolique et calme à souhait : rivière, canards et bon feu dans l'âtre aux premiers frimas. La cuisine inventive allie raffinement et apports traditionnels, comme la raie en croustille de pommes de terre et jus au sésame ou le navarin de joues de porc au lait de coco. La carte suit les saisons et nous, nous suivons la carte... Vins au verre à prix humains. *Café offert à nos lecteurs sur présentation de ce guide.*

MONTIGNY-LA-RESLE 89230 (12 km NE)

🏠 📶 *Hôtel-restaurant Le Soleil d'Or* ** ☎ **03-86-41-81-21. Fax : 03-86-41-86-88.** ● le-soleil-dor@wanadoo.fr ● Parking. TV. ✆ Accès : sur la N77. Chambres doubles avec douche et w.-c. ou bains toutes au même prix, soit 52 €. Menus de 12 € le midi en semaine, quart de vin compris, à 16 € sauf le dimanche midi, puis menus de 22 à 59 €. Installé dans d'anciennes maisons paysannes entièrement rénovées. Chambres doubles plutôt coquettes. Table classique (avec parfois une dose d'imagination en plus) et régulière. Au programme : foie gras poêlé aux bananes et son caramel liquide, pigeon en aigre-doux, queue de langouste à la mandarine impériale... Vins servis au verre un peu chers. Réservation pour l'hôtel indispensable. *Apéritif maison offert à nos lecteurs sur présentation de ce guide.*

VINCELOTTES 89290 (14 km SE)

🛏 |●| *Auberge Les Tilleuls* – 12, quai de l'Yonne (Centre) ☎ 03-86-42-22-13. Fax : 03-86-42-23-51. TV. Fermé le mercredi soir et le jeudi d'octobre à Pâques, uniquement le mercredi le reste de l'année. Accès : par la N6. Chambres doubles à 49 € avec douche et w.-c., de 56 à 69 € avec bains. 1er menu à 21 € servi en semaine en début de service (avant 13 h 30 et avant 20 h 30). Autres menus de 30,50 à 48 €. Près d'Irancy et de Saint-Bris-le-Vineux, une petite halte au bord de l'eau et sous les... tilleuls ! Si vous êtes tenaillé par la faim, vous serez sans nul doute attiré par la terrasse ombragée. Il est un peu vain de citer les plats raffinés, car ils suivent doucettement les saisons. Le chef s'attache à retrouver des légumes presque perdus que l'on peut encore dénicher sur le marché d'Auxerre : crosnes, topinambours, rutabagas, etc. Il privilégie les meilleurs produits comme, par exemple, le poisson sauvage. Salle de resto fleurie et emplie de tableaux. Et pour dormir, l'auberge offre cinq chambres à la déco toute simple mais pas désagréables, qui donnent sur une route longeant l'Yonne. Endroit choisi, accueil charmant.

AVALLON 89200

Carte régionale A1

🛏 *Dak'Hôtel* ** – 119, rue de Lyon, étang des Minimes (Sud-Est) ☎ 03-86-31-63-20. Fax : 03-86-34-25-28. ● www.dak-hotel.com ● Cartes de paiement refusées. Parking. TV. Canal+. ♿ Accès : à la sortie de la ville, en direction de Dijon. Chambres doubles avec bains à 50 €. Petit déjeuner-buffet de 6,50 à 7 €. Un hôtel avec tout le confort souhaité. Le manque de chaleur du bâtiment est compensé par celui de l'accueil. Beaucoup de petits services complémentaires font la différence, comme un café ou un thé, une revue, un petit chocolat dans les chambres... le tout offert gracieusement. Pas de resto, mais si vous arrivez tard le soir ou si vous n'avez pas envie de sortir, un plateau-repas vous sera préparé. *Café offert à nos lecteurs sur présentation de ce guide.*

🛏 |●| *Hôtel-restaurant des Capucins* ** – 6, av. Paul-Doumer ☎ 03-86-34-06-52. Fax : 03-86-34-58-47. ● hotellescapu cins@aol.com ● Parking. TV. Fermé le mardi et le mercredi. Congés annuels : du 22 février au 5 mars et du 21 décembre au

9 janvier. Accès : dans la rue qui va à la gare. Chambres doubles avec bains à 50 €. 1er menu à 27 €, servi tous les jours sauf à midi les dimanche et jours fériés. Autres menus de 37 à 50 €. Une salle à manger lumineuse. La cuisine est remarquable car le chef est un vrai pro. Il fait tout lui-même, notamment le foie gras. On lui fait confiance et il nous cuisine des produits qui viennent de producteurs locaux qui méritent d'être débusqués. Les vins peuvent être servis au verre. Les chambres sont toutes personnalisées et calmes, même celles donnant sur la rue.

|●| *Relais des Gourmets* – 47, rue de Paris (Centre) ☎ 03-86-34-18-90. Parking. ♿ Fermé le dimanche soir et le lundi (du 1er novembre au 1er mai). Accès : à 200 m de la place principale. 1er menu (sauf le dimanche de Pâques !) à 15 €, autres menus de 23 à 43 €. L'ancien *hôtel de Paris* – du temps où Avallon était encore une ville-étape – est devenu, à la différence de ses confrères tombés en décrépitude, un relais de la joie de vivre. On n'y dort plus, certes, mais on y mange (bien !) dans la bonne humeur et dans une atmosphère colorée et chaleureuse. Le chef travaille aussi bien le poisson que la viande des voisins du Charolais. *Café offert à nos lecteurs sur présentation de ce guide.*

DANS LES ENVIRONS

ISLE-SUR-SEREIN (L') 89440
(15 km NE)

🛏 |●| *Auberge du Pot d'Étain* – 24, rue Bouchardat (Centre) ☎ 03-86-33-88-10. Fax : 03-86-33-90-93. ● www.potdetain.fr ● Parking payant. TV. Fermé le dimanche soir (sauf en juillet et août) et le lundi. Congés annuels : en février et la 3e semaine d'octobre. Accès : par la D557 puis la D86 ; à la sortie du village. Chambres doubles à 43 € avec douche et w.-c., petite suite à 69 €. Menu du jour à 16,50 €, sauf le dimanche, puis menus de 23 à 49 €. Cette minuscule et charmante auberge rurale cache une des meilleures tables de la région. Belle cuisine (le chef a fait ses classes chez les plus grands) entre terroir et modernisme : petit flan au foie gras et bouillon d'asperges vertes ou andouillette d'escargots, langoustines poêlées aux agrumes et artichauts, poitrine de volaille au lait de cresson... tout ça dans un cadre récemment rénové. Cave spectaculaire (la carte des vins aligne quelque 11 000 références !). 9 chambres plaisantes. On a un faible pour celles, au calme, au fond de leur petite cour fleurie. *Café offert à nos lecteurs sur présentation de ce guide.*

BOURGOGNE

BEAUNE 21200

Carte régionale B2

🏠 *Hôtel Grillon* *** – 21, route de Seurre (Est) ☎ 03-80-22-44-25. Fax : 03-80-24-94-89. ● www.hotel-grillon.fr ● Parking. TV. Ouvert tous les jours. Congés annuels : en février. Accès : prendre la direction Seurre-Dôle, sur le boulevard périphérique. Chambres doubles avec douche et w.-c. à 50 €, avec bains de 52 à 60 €. Pour vivre heureux comme un étranger à Beaune ! Comment peut-on accepter de s'enfermer dans ces hôtels de chaîne, véritables cages à béton, qui ont poussé à grande vitesse à la sortie de l'autoroute, alors qu'il y a encore des lieux si charmants, à 1 km seulement des Hospices ? Dommage que le bruit de la circulation vienne mettre un petit bémol, mais on vous rassure, toutes les chambres ne donnent pas sur la route. Chambres confortables et chaleureusement décorées, dans une vieille maison de famille avec jardin et terrasse, l'été, pour le petit déjeuner. Restaurant en face, dans le parc : *Le Verger* (voir plus loin). *10 % sur le prix de la chambre (du 1er décembre au 31 mars) offerts à nos lecteurs sur présentation de ce guide.*

🏠 *Le Home* ** – 138, route de Dijon (Nord) ☎ 03-80-22-16-43. Fax : 03-80-24-90-74. Parking. TV. ♿ Ouvert tous les jours, toute l'année. Accès : A31 à la sortie sud de Dijon en allant vers Dijon, sortie n° 24. De 52 à 64 € pour une double avec douche et w.-c. ou bains. En venant de Dijon, on la voit à peine, mais ce serait dommage de la manquer. Cachée au fond d'un jardin, cette vieille maison bourguignonne couverte de vigne vierge constitue une halte agréable. La décoration étonne et détonne parfois, mais l'accueil est aussi charmant que l'endroit. Deux annexes proposent des chambres (moins bien mais moins chères) de plain-pied sur le jardin. Celles qui donnent côté route sont très bruyantes, mais la plupart disposent de double vitrage. *10 % sur le prix de la chambre (de fin novembre à début avril) offerts à nos lecteurs sur présentation de ce guide.*

🏠 ▮●▮ *Hôtel Central* *** – 2, rue Victor-Millot (Centre) ☎ 03-80-24-77-24. Fax : 03-80-22-30-40.● www.ot-beaune.fr/sites/loger/hotel-central● Parking. TV. Canal+. Satellite. Accès : sur le boulevard dit « périphérique », tourner à gauche dans la rue de l'Hôtel-Dieu, puis à droite. Chambres doubles avec douche et w.-c. ou bains de 64 à 76 €. Menus de 24 à 39 €. Un hôtel qui mérite bien son nom. Il suffit de traverser la rue et on est à la porte des Hospices. Ce qui ne signifie pas que cet hôtel s'adresse à des gens d'un certain âge. Du motard chic au couple en goguette, tout le monde apprécie le confort familial des chambres peu bruyantes (à Beaune, on ne fait pas la fête tous les soirs) et la cuisine faussement sage du maître des lieux, qui adore plonger dans les anciens grimoires pour ressortir à sa façon des recettes des XVIIe et XVIIIe siècles. Assiette du club (abats de viande et de volaille), queue de cochon farcie au jus de truffes, jambon persillé fait maison : un délice ! Entre autres... *Un coffret de vins de Bourgogne offert à nos lecteurs sur présentation de ce guide.*

▮●▮ *Restaurant Le P'tit Paradis* – 25, rue Paradis (Centre) ☎ 03-80-24-91-00. ♿ Fermé le lundi et le mardi. Congés annuels : du 9 au 23 mars, du 10 au 19 août et du 16 novembre au 3 décembre. Accès : en face de l'entrée du musée du Vin. Menus à 11,89 € servi le midi en semaine. Autres menus à 14,94 et 27,44 €. Jusque-là à Beaune, c'était pas vraiment la joie, le chemin du *P'tit Paradis*. Plutôt un enfer « pavé » de bonnes intentions, emprunté par des touristes égarés entre l'hôtel-Dieu et le musée du Vin. Juste en face de ce dernier, cet amour de petit restaurant, aux couleurs aussi fraîches que la cuisine maison, proposée à prix doux par Jean-Marie Daloz : soupe d'escargots à l'aligoté, salade de langoustines au beurre d'oranges, blanc de volaille farci au pain d'épice, faux-filet de charolais au beurre d'époisses... Sélection de vins à prix également fort sympathiques. Terrasse l'été.

▮●▮ *Au Bon Accueil* – La Montagne ☎ 03-80-22-08-80. Fermé le lundi soir, le mardi soir et le mercredi. Accès : par la D970, prendre à droite, à la sortie de Beaune, direction La Montagne. Menu le midi en semaine à 12 €, autres menus de 15 à 22 €. Ce n'est pas un restaurant, c'est une réserve ! Alors qu'il y a souvent plus de touristes que de Beaunois pure souche au centre-ville, ici, à 1 km des Hospices, à La Montagne, il n'y a que des gens du cru. Le dimanche, surtout, on vient en pèlerinage, avec la cousine bonne sœur, le frère viticulteur un peu plus loin (au moins dans les Hautes-Côtes), le neveu à l'armée et le cousin de Paris, se régaler avec l'entrée de crudités et le pâté servi en terrine, à volonté. La vedette depuis quelques décennies reste le rosbif. Suivi du plateau de fromages et de la tarte maison, tout ça pour un bon rapport qualité-prix. Parmi les spécialités : escargots, pavé de bœuf aux morilles, coq au vin, vacherin glacé, avis aux amateurs ! Accueil typiquement beaunois et superbe terrasse.

▮●▮ *Restaurant La Ciboulette* – 69, rue de Lorraine (Centre) ☎ 03-80-24-70-72. ♿ Fermé le lundi et le mardi. Congés annuels : les 3 dernières semaines de février et la 2e et 3e semaine d'août. Accès : dans la vieille ville, face au théâtre. 1er menu à 17 € servi également le soir et le dimanche. Autre menu à 22,20 €. Dans une petite maison retapée, on sert, dans un décor sobre, 2 menus à prix intéressants, qui font le bonheur des touristes comme des Beaunois, ce qui est plutôt rassurant. Au menu : mosaïque de thon frais aux petits légumes, suprême de poulet fermier à l'époisse, côtes de veau aux girolles... En spécialités : émincé de pied de veau en vinaigrette, pavé de bœuf à l'époisses. L'endroit idéal pour prendre des forces avant de s'attaquer à la visite des Hospices ou des nombreuses caves de la ville ! Ambiance sympathique, ce qui ne gâche rien !

|●| *Le Benaton* – **25, faubourg Bretonnière** ☎ **03-80-22-00-26.** En saison fermé le mercredi toute la journée et le jeudi midi. Hors saison, fermé mercredi et jeudi toute la journée. Accès : à 5 mn du centre, direction Autun. 1er menu à 20 € en semaine, puis menus à 32 et 45 €. Du terroir qui ne s'endort pas dans son assiette ! Une belle table, pas très bien située mais qui mérite le détour : la poêlée d'escargots du Colombier au caviar de courgettes, servie avec une fondue de tomates et un bouillon crémeux et au saucisson de tête de veau a fait plus d'un heureux. Le menu du marché est un modèle du genre. Le suivant est une affaire, et c'est libellé ainsi. Le dernier, enfin, est le menu gourmand. Une belle carte des vins avec de nouveaux propriétaires à des prix raisonnables. La halte idéale avant de filer vers Pommard ou Santenay. *Un kir offert à nos lecteurs sur présentation de ce guide.*

|●| *Restaurant Le Verger* – **21, route de Seurre (Est)** ☎ **03-80-24-28-05.** Parking. ⚒ Fermé le mardi et le mercredi midi. Congés annuels : du 15 décembre au 1er mars. Accès : même entrée que l'hôtel *Grillon*. Menus de 20 à 29 €. Ce superbe restaurant, d'une architecture quelque peu audacieuse aux yeux d'un Beaunois, abrite une restauratrice au joli sourire et aux pommettes roses qui, avec son mari en salle, est en train de créer tout doucement l'événement au pays des œufs meurette et du bœuf bourguignon. *Darraj* d'aubergines tomates poivrons et chèvre tiède, aile de raie à l'infusion de verveine... Une cuisine légère, parfumée, à accompagner d'un vin que cette fille de vignerons de Gevrey-Chambertin, ou son mari, devrait pouvoir choisir à votre goût. Terrasse en été.

DANS LES ENVIRONS

LEVERNOIS 21200 (4 km SE)

⌂ *Le Parc* ** – **rue du Golf** ☎ **03-80-22-22-51. Fax : 03-80-24-21-19. ● www.perso.wanadoo.fr/hotel.le.parc ●** Parking. TV. ⚒ Congés annuels : du 1er au 20 janvier et du 25 novembre au 31 décembre. Accès : par la D970, direction

Verdun-sur-le-Doubs, puis à gauche. Chambres doubles à 35 € avec lavabo, 45 € avec douche et w.-c. et de 53 à 56 € avec bains. Réservez, c'est plus prudent ! Une vieille maison dans un parc aux arbres centenaires envahis par les oiseaux. Un lieu idéal aussi bien pour les adeptes du farniente que pour les sportifs : tout près de là, tennis, golf et piscine permettent à ces derniers de se dépenser sans compter (façon de parler !). Les amateurs de sensations fortes, de leur côté, auront toujours le loisir de s'essayer au voyage en ballon, des balades en montgolfière étant organisées dans les environs. Le soir, tout ce petit monde se retrouvera autour d'un verre au bar de ce charmant hôtel pour échanger les impressions de la journée. Chambres ayant chacune leur atmosphère, leur décor. Adorable.

BOUZE-LÈS-BEAUNE 21200
(7 km NO)

|●| *La Bouzerotte* ☎ **03-80-26-01-37.** Parking. Fermé le lundi et le mardi. Du 1er décembre au 30 mars, fermé aussi le dimanche soir. Congés annuels : 3 semaines en février, 1 semaine début septembre et 1 semaine fin décembre. Accès : au bord de la D970. 1er menu à 15 €. Autres menus jusqu'à 19 €. Compter 23 € à la carte. Une vraie auberge de campagne, à 10 mn du centre de Beaune, avec de vraies trognes, des accents et une cuisine qui trahissent le terroir bourguignon. Des fleurs naturelles (on en est réduit à préciser !) sur les vieilles tables en bois, un buffet grand-mère, une cheminée avec un feu de saison, et surtout de bons vins de propriétaire que Christine, ancienne sommelière, vous conseille. Beau menu du jour. La surprise est à l'arrivée des assiettes : fraîcheur et qualité des produits, belle présentation, vous serez conquis. *Café offert à nos lecteurs sur présentation de ce guide.*

LADOIX-SERRIGNY 21550 (7 km NE)

|●| *Les Coquines* – **N74** – **Buisson** ☎ **03-80-26-43-58.** Parking. Fermé le mercredi et le jeudi. Congés annuels : du 2 au 21 février. Accès : à 10 mn de Beaune, par la N74, direction Dijon. Menus à 26 et 38 €. Avec un nom pareil, on pense moins à la vigne qu'à la bagatelle, mais on a tort. Aux *Coquines*, on sait se tenir, non mais ! Même si l'humour (à la bourguignonne) n'est jamais loin. Dans cette vieille maison bicéphale, avec un côté vieux cellier et un autre vitré ouvrant sur la nature, on sait ce que recevoir et cuisiner veulent dire. Pour ne pas se laisser aller à des folies, côté carte des vins comme sur le choix des plats, optez pour un menu. Le 1er est fait exprès, semble-t-il, pour des routards gastronomes, qui goûteront la tête de veau sauce gribiche et le coq au vin maison.

Autres spécialités : mignon de veau aux morilles, pigeon rôti farci au foie gras, gratin de homard breton. *Digestif maison offert à nos lecteurs sur présentation de ce guide.*

BOURBON-LANCY 71140

Carte régionale A2

🏠 |●| *Le Grand Hôtel* *** – parc thermal ☎ 03-85-89-08-87. Fax : 03-85-89-32-23. ● www.thermes-bourbon-lancy.com ● Parking. TV. Satellite. Congés annuels : de fin octobre à fin mars. Accès : direction Digoin. Chambres doubles à 28,40 € avec lavabo, de 56,60 à 73,50 € avec douche et w.-c. ou bains. 1er menu à 12 € servi tous les jours midi et soir. Puis menu à 18 €. Si vous souffrez de rhumatismes ou d'affections cardio-vasculaires, c'est la halte idéale pour se refaire une santé. Si vous désirez simplement passer quelques jours de détente dans la région, nous vous recommandons également cette adresse. Situé dans le parc thermal, où de nombreux adeptes de la pétanque se retrouvent, et à proximité des thermes, pour un séjour de détente et de tranquillité. Chambres de grand confort, vaste salle de bains, à des prix raisonnables. Au restaurant, cuisine traditionnelle. Petit choix de vins. *Café offert à nos lecteurs sur présentation de ce guide.*

CHABLIS 89800

Carte régionale A1

🏠 |●| *Hostellerie des Clos* *** – rue Jules-Rathier ☎ 03-86-42-10-63. Fax : 03-86-42-17-11. ● www.hostellerie-des-clos.fr ● Parking. TV. Canal+. Satellite. ♿ Ouvert tous les jours. Congés annuels : du 20 décembre au 17 janvier. Accès : par l'A6, sortie Auxerre-Sud ou Nitry, puis direction Tonnerre. Chambres doubles avec bains de 81 à 103 €. 1er menu à 33 €, servi tous les jours. Autres menus à 49 et 68 €. Il y a de grandes maisons où l'on n'ose pas mettre un orteil à cause des « pinguoins » disséminés dans la salle, des lustres rutilants et des bijoux qui transforment la patronne en sapin de Noël. Dans cette hostellerie (un ancien hôtel-Dieu et sa chapelle), même les jardins illuminés restent adorables, les serveurs ne se prennent pas (trop) au sérieux et la patronne a un rire qui décontracte. Comme son mari ne cuisine que de beaux produits et qu'il glisse du chablis subtilement dans ses plats les plus connus, vous avez tout intérêt à prendre une carte de paiement pour régler. À la carte, ne prenez qu'un plat – on ne vous en voudra pas – avec un demi-chablis. Chambres mignonnes.

|●| *Le Vieux Moulin de Chablis* – 18, rue des Moulins (Centre) ☎ 03-86-42-47-30. Parking. Congés annuels : pendant les vacances de Noël. Accès : en plein centre. 1er menu à 16,50 € servi tous les jours. Puis menus de 21 à 39 €. Une adresse qui a vu passer beaucoup d'eau (celle du Serein !) sous son pont. Imperturbables, les propriétaires continuent de vous accueillir dans la grande salle à manger en pierre de la région de cette vieille maison du pays. La cuisine du terroir tient toujours bien la route au prix restent corrects. Deux réussites ? Le jambon au chablis et le filet de bœuf au velouté de pinot noir. Le reste n'est pas mal non plus.

DANS LES ENVIRONS

LIGNY-LE-CHÂTEL 89144
(15 km NO)

🏠 |●| *Relais Saint-Vincent* ** – 14, Grande-Rue (Centre) ☎ 03-86-47-53-38. Fax : 03-86-47-54-16. ● relais.saint-vincent@libertysurf.com ● Parking. TV. ♿ Congés annuels : du 21 décembre au 6 janvier. Accès : par la D91. Chambres doubles de 40,50 à 66 € avec douche et w.-c. ou bains. 1er menu à 13 €, servi tous les jours midi et soir. Autres menus de 16 à 26 €. Un relais à ne pas passer ! Dans cette rue et ce village d'un autre âge, les accueillants propriétaires ont su donner tout le confort « moderne » à cette ancienne maison à colombages (du XVIIe siècle quand même !), aménagée avec goût. Au restaurant, une excellente cuisine de terroir qui rassure par son authenticité. Beau plateau de fromages avec un époisses mémorable et un soumaintrain fermier. Terrasse fleurie, au calme, dans la cour. *Apéritif maison offert à nos lecteurs sur présentation de ce guide.*

|●| *Auberge du Bief* – 2, av. de Chablis ☎ 03-86-47-43-42. Parking. Fermé le lundi, le mardi soir et le dimanche soir. Hors saison, ouvert au déjeuner seulement, sauf le samedi ouvert midi et soir. Congés annuels : la dernière semaine d'août et pendant les vacances scolaires de Noël. Accès : par la D91, à côté de l'église. 1er menu à 14 € en semaine. Autres menus de 17 à 35 €. L'une des adresses que les autochtones aiment fréquenter, surtout le dimanche midi. Il n'y a pas trop de tables, alors il faut arriver de bonne heure ou réserver. À moins que l'on ne vous trouve encore une petite place en terrasse sous un parasol. La cuisine maison (gâteau d'artichaut au beurre citronné aux herbes, jambon à l'os sauce chablisienne, escargots de bourgogne, bavarois au chablis sur trois coulis, etc.), bien présentée, est raffinée et d'un rapport qualité-prix intéressant. Accueil simple, charmant et souriant. Grand parking à proximité.

CHAGNY 71150

Carte régionale B2

🏠 *Hôtel de la Ferté* ** – 11, bd de la Liberté (Centre) ☎ 03-85-87-07-47. Fax : 03-85-87-37-64. • • www.hotelferte.com • Parking. TV. Congés annuels : du 21 au 25 décembre. Chambres doubles de 40 à 53,50 € avec douche et w.-c. ou bains. Située presque en face de chez *Lameloise*, cette grosse maison bourgeoise a été agréablement retapée et transformée en hôtel par de très accueillants propriétaires. 13 chambres charmantes (c'est rare), avec cheminée, tapisseries fleuries, meubles anciens, stuc, etc. Et pour ne rien céder au confort, elles bénéficient également d'un équipement sanitaire plus que satisfaisant et d'une indispensable et efficace insonorisation. Le petit déjeuner très « campagne » se prend sur l'arrière, dans le jardin où crissent les graviers. Une de nos meilleures adresses dans le coin et dans cette gamme de prix. *10 % sur le prix de la chambre (d'octobre à avril sauf week-ends et jours fériés) offerts à nos lecteurs sur présentation de ce guide.*

🏠 |●| *Lameloise* **** – 36, pl. d'Armes (Centre) ☎ 03-85-87-65-65. Fax : 03-85-87-03-57. • • www.lameloise.fr • Parking. TV. Canal+. ☒ Resto fermé le mardi midi, le mercredi toute la journée et le jeudi midi. Congés annuels : du 17 au 31 décembre. Chambres de 115 à 260 €. Menus à 78 € et « dégustation » à 110 €. La 3e génération de Lameloise, Jacques en l'occurence, est au piano et aux rênes de cette grosse maison, presque banale extérieurement. À l'intérieur, cinq salles de tailles raisonnables où se répartissent 80 convives environ, qui tous ont pris soin de réserver de longue date. La déco respire le bon goût : murs de pierres jointées, poutres, chaises confortables, fleurs fraîches, nature morte de fruits : le charme discret de la bourgeoisie. La clientèle est variée : notables des environs, étrangers fortunés, gastronomes plus ou moins expérimentés. Qu'importe l'interlocuteur, et voilà la première force de l'endroit : le service, léger, précis, impeccable, sait s'adapter : garder ses distances quand c'est nécessaire, et se permettre des traits d'humour quand on les attend. Ensuite, quelques plats, juste pour rire, d'une carte qui puise ses racines dans la tradition et le terroir : raviolis d'escargots de Bourgogne, gâteau de foies blonds aux écrevisses, pigeonneau et pâtes au foie gras, etc. Et on vous passe les amuse-bouche, avant-desserts et autres farandoles de mignardises. Une merveille. La surprise réside dans les quantités pharaoniques (notamment des desserts) qu'on trouve dans l'assiette. Point ici de chichiterie : on quitte la table lesté et radieux, en versant une larme sur ce qu'on n'a pas pu avaler. Restez, *Lameloise*, juste comme vous êtes, immuable comme la Bourgogne, sublime comme ses vins et discret comme Chagny.

DANS LES ENVIRONS

CHASSEY-LE-CAMP 71150
(5 km SO)

🏠 |●| *Auberge du Camp Romain* *** ☎ 03-85-87-09-91. Fax : 03-85-87-11-51. • • www.perso.wanadoo.fr/camp.romain • Parking. TV. Satellite. ☒ Congés annuels : du 1er janvier au 7 février. Accès : par la D974, direction Santenay, puis à gauche ; située juste en dessous des vestiges d'un camp romain, *of course* ! Chambres spacieuses et équipées, certaines familiales, de 56 à 72 €. Menus de 17 à 41 €. De Chagny ou Rully, la jolie route étroite musarde entre bosquets et vignes. On se croirait presque en montagne. L'auberge domine une vallée verdoyante. Pour les habitués du *Club Med*, mais en miniature. Vaste complexe de 44 chambres, piscine chauffée, mini-golf, tennis, salle de remise en forme. Également piscine intérieure, sauna, jacuzzi, hammam, UVA, etc. Adresse sympa pour un week-end farniente et sport, mais pas tout à fait pour romantiques amoureux. Beaucoup de longs séjours l'été. Côté cuisine, de l'ambition dans les plats et un certain talent pour les réussir : foie gras de canard et son filet de lapin confit, petits rougets de Bresse au vinaigre, fricassée de poulet de Bresse au vinaigre, petit framboisier et son coulis, etc. *Apéritif maison offert à nos lecteurs sur présentation de ce guide.*

CHÂLON-SUR-SAÔNE 71100

Carte régionale B2

🏠 *Hôtel Saint-Jean* ** – 24, quai Gambetta (Centre) ☎ 03-85-48-45-65. Fax : 03-85-93-62-69. TV. ☒ Ouvert tous les jours, toute l'année. Grandes chambres aux fraîches couleurs à 46 € pour deux. Il est conseillé de réserver. Si vous devez passer une nuit à Châlon, ne loupez surtout pas le *Saint-Jean*, l'unique hôtel situé le long de la Saône (et en retrait de la circulation) ! Un ancien hôtel particulier décoré avec goût par un ex-restaurateur qui a délaissé ses fourneaux pour flirter avec l'art (trop souvent ignoré) de l'hôtellerie. Accueil pro et chaleureux donc. Tranquille, propre, vue magnifique, tout pour plaire à des prix séduisants. Cage d'escalier qui mériterait presque d'être classée avec ses belles marches et son faux marbre patiné du début du XXe siècle (revers de la médaille : pas d'ascenseur).

🛏 *Hôtel Kyriad* ** – 35, pl. de Beaune (Centre) ☎ 03-85-90-08-00. Fax : 03-85-90-08-01. • kyriad.chalon@wanadoo.fr • TV. Canal+. Satellite. Accès : en centre-ville. Chambres doubles avec bains à 56 €. Petit hôtel dans une vieille maison retapée et deux annexes dont une plus moderne au calme, donnant sur une cour intérieure. Nous avons bien aimé les quelques chambres avec parquet, cheminée et vieux mobilier… Beaucoup de chambres ont été entièrement rénovées. À noter pour les fans de la remise en forme : sauna et salle de gymnastique. Signalons aussi que cet hôtel participe à l'opération « Bon week-end en ville », qui permet de ne payer qu'une des deux nuits du week-end. *10 % sur le prix de la chambre offerts à nos lecteurs sur présentation de ce guide.*

🛏 |●| *Le Saint-Georges* *** – 32, av. Jean-Jaurès (Centre) ☎ 03-85-90-80-50. Fax : 03-85-90-80-55. • www.lesaint georges71.fr• Parking payant. TV. Canal+. Câble. Resto fermé le samedi midi et le dimanche soir. Congés annuels : restaurant fermé du 1er au 17 août. Accès : face à la gare SNCF. Chambres doubles de 63 à 115 €. Menus à 19 €, en semaine, et de 27 à 45 €. Hôtel de bon standing classique. Chambres totalement équipées et refaites à neuf. On aurait souhaité qu'à cette occasion on leur eût donné davantage de personnalité. Qu'importe, elles ont gardé des fauteuils que les amateurs de design apprécieront. Au final, un bon rapport qualité-prix. Plutôt que d'aller vous embourgeoiser au resto gastro, offrez-vous *Le Comptoir d'à Côté*, un bistrot sympa où vous pourrez grignoter bourguignon. Belle qualité dans les deux cas.

|●| *Restaurant Ripert* – 31, rue Saint-Georges (Centre) ☎ 03-85-48-89-20. Fermé le dimanche et le lundi. Accès : entre la sous-préfecture et la Grande-Rue. Menus de 12,20 à 26,68 €. Une véritable institution. On va chez *Ripert*, un point, c'est tout. Une cuisine simple et sans cesse renouvelée selon les arrivages du marché. La petite salle avec quelques rappels de bistrot des années 1950, réclames, plaques émaillées… est rapidement envahie par les Chalonnais (un signe ?). Quelques plats : croustillant de queue de bœuf, timbale de queues d'écrevisses, etc. Nous vous conseillons les desserts, comme le gratin chaud de framboises, le nougat au coulis de cassis et la tarte fine chaude aux pommes. Fait rare dans la région, quelques bons petits vins au pichet. *Café offert à nos lecteurs sur présentation de ce guide.*

|●| *Restaurant Chez Jules* – 11, rue de Strasbourg (Sud-Est) ☎ 03-85-48-08-34. Fermé le samedi midi et le dimanche. Congés annuels : 2 semaines en février et du 27 juillet au 19 août. Accès : dans l'île Saint-Laurent. Menu du jour à 15 €, autres menus de 16 à 29,75 €. Dans ce quartier tranquille, un petit restaurant où les autochtones aiment à se retrouver. Murs saumon, poutres, cuivres rouges, vieux bahut, quelques tableaux. Atmosphère chaleureuse et cuisine inventive. Vous en trouverez souvent, vous, par ici, des premiers menus capables de vous mettre l'eau à la bouche avec une charlotte de maquereaux aux pommes de terre nouvelles, crème de ciboulette et baies roses, un filet de bœuf aux truffes, champignons farcis aux escargots, pour ne citer que deux des dix plats proposés, et avant le dessert un fromage blanc au choix ? Belle carte des vins, vin au verre et au pichet. Une promenade le long des quais s'impose ensuite.

|●| *Le Gourmand* – 13, rue de Strasbourg (Sud-Est) ☎ 03-85-93-64-61. Fermé le lundi soir et le mardi. Congés annuels : 15 jours fin janvier et 3 semaines en août. Accès : dans l'île Saint-Laurent. Menus de 15,50 à 30 €. Agréable accueil de la patronne, toujours prévenante, toujours souriante. Décor et atmosphère chic de bon ton, cossu mais sans excès. Pas guindé du tout. Beaucoup d'habitués, ça se sent à cette discrète familiarité qui y règne. Ici, vous dégusterez une très fine cuisine, avec toujours une exquise présentation. Sauces particulièrement réussies, avec des associations d'herbes extra. Parmi les classiques maison, goûtez au turbot rôti sur lit de ratatouille, au pigeon rôti ou au tournedos de pied de porc au foie gras, etc.

DANS LES ENVIRONS

LUX-SAINT-RÉMY 71100 (4 km S)

🛏 |●| *Ma Campagne* – quai Bellevue (Centre) ☎ 03-85-48-33-80. Fax : 03-85-93-33-72. Parking. TV. Fermé le dimanche soir et le lundi. Accès : par la N6, direction Tournus. Chambres à 39 €. Menus de 16 à 28 €. Isolée en bord de Saône et au milieu des arbres, cette grosse maison de campagne est diablement sympathique. Toutes les chambres portent le nom d'une pierre précieuse et sont décorées selon sa couleur. C'est simple, gai, fait pour pas cher, mais il y a de l'idée et le résultat paye. La différence de prix réside dans la taille : les chambres les plus chères sont carrément de petites suites. Leur seul défaut : ne pas donner directement sur la rivière. Aux beaux jours, on mange sur une grande terrasse ombragée par un auvent. Cuisine classique très correcte, avec une prédilection pour le poisson. Service d'un bon niveau et excellent accueil de la patronne. Une adresse bucolique, avec chants des oiseaux, jeux pour les gosses et promenades le long de la rivière, tenue par des gens qui ont tout compris. C'est la belle équipe ! *Coupe de crémant de bourgogne offerte en fin de repas aux lecteurs sur présentation de ce guide.*

BUXY 71390 (15 km SO)

🏠 *Hôtel Fontaine de Baranges* ******* – rue de la Fontaine-de-Baranges (Centre) ☎ 03-85-94-10-70. Fax : 03-85-94-10-79. ● www.hotelfb.com ● Parking. TV. ♿ Accès : par la D977. Chambres doubles avec douche et w.-c. ou bains de 55 à 115 €. Véritables suites avec terrasse pour les plus chères. Une grande demeure du début du XIXᵉ siècle, entièrement rénovée avec beaucoup de goût et de respect des choses, dans un grand jardin ombragé d'arbres. Des chambres joliment décorées, calmes et spacieuses. Trois d'entre elles et trois suites ont une terrasse privative qui donne sur le parc. Petit déjeuner servi dans la cave typique ou en terrasse. Une superbe adresse de charme, à côté d'un fort joli lavoir.

CHARITÉ-SUR-LOIRE (LA) 58400

Carte régionale A2

🏠 *Hôtel Le Bon Laboureur* ****** – quai Romain-Mollot ☎ 03-86-70-22-85. Fax : 03-86-70-23-64. TV. Canal+. Satellite. Accès : dans l'île de Loire. À 500 m du centre-ville. Chambres doubles avec douche et w.-c. ou bains de 35 à 48 €. Quelques-unes pour 3 ou 4 personnes à 8 € par personne supplémentaire. Grande bâtisse ancienne où les chambres, aux surfaces et conforts variés, ont été récemment rénovées. Bon rapport qualité-prix. Grand jardin intérieur avec terrasse et bar. Accueil souriant.

🍴 *L'Auberge de Seyr* – 4, Grande-Rue (Centre) ☎ 03-86-70-03-51. Fermé le dimanche soir et le lundi. Congés annuels : 1 semaine en février et 3 semaines après le 15 août. Menu du jour à 10,50 €, autres menus de 16 à 26 €. Un restaurant tout simple et sans prétention, où l'on vous sert une cuisine généreuse très correcte. Au menu du jour, vous trouverez par exemple, rillettes de saumon maison (qui ont du goût, et du bon, alors que bien souvent les rillettes de poisson n'en ont pas beaucoup), un impeccable filet de perche à l'oseille, des fromages choisis et un respectable dessert, toujours maison. Belle carte des vins. *Café offert à nos lecteurs sur présentation de ce guide.*

CHAROLLES 71120

Carte régionale B2

🏠🍴 *Hôtel-restaurant Le Lion d'Or* ****** – 6, rue de Champagny (Centre) ☎ 03-85-24-08-28. Fax : 03-85-88-30-96. Parking. TV. Fermé le dimanche soir et le lundi (sauf de mi-juillet à mi-août). Chambres doubles de 43 à 54 €. 1ᵉʳ menu à 15 €, sauf le dimanche. Autres menus à 25 et 33 €. Au bord d'une petite rivière, le *Lion* ne dort pas mais vous accueille dans cet ancien relais de diligence du XVIIᵉ siècle. Chambres spacieuses. Nos préférées : les nᵒˢ 23 et 25 avec vue sur la Petite Venise. Au resto, une bonne cuisine régionale et, bien sûr, une viande hors pair. On est à Charolles quand même ! *Apéritif maison offert à nos lecteurs sur présentation de ce guide.*

🏠🍴 *Hôtel-restaurant de la Poste* ******* – 2, av. de la Libération (Centre) ☎ 03-85-24-11-32. Fax : 03-85-24-05-74. ● hotel-de-la-liberation-doucet@wanadoo.fr ● Cartes de paiement refusées. Parking. TV. Fermé le dimanche soir et le lundi. Accès : centre-ville. Chambres doubles confortables à 56 €. 1ᵉʳ menu à 21 € en semaine. Autres menus de 29 à 57 €. La très grande maison en Charolais. Prestigieux ambassadeur de la gastronomie bourguignonne, Daniel Doucet ravit les papilles depuis de nombreuses années déjà. Salle à manger cossue, service impeccable et particulièrement attentionné, sans pour autant être guindé. Vins judicieusement conseillés suivant les plats et vos goûts. Dans l'assiette, télescopage réjouissant des parfums et des saveurs. Ne pas manquer le faux-filet d'entrecôte au sel de Guérande servi sur une plaque chaude. Absolument savoureux. Remarquable plateau de fromages et très beaux desserts, dont le soufflé chaud aux fruits de la Passion. Aux beaux jours, agréable jardin intérieur pour manger sous les érables et la vigne vierge. *Café offert à nos lecteurs sur présentation de ce guide.*

DANS LES ENVIRONS

BEAUBERY 71220 (12 km SE)

🍴 *Auberge de Beaubery* – La Gare ☎ 03-85-24-84-74. ♿ Fermé le mercredi soir et le samedi. Congés annuels : pendant les vacances scolaires de Noël. Accès : de Charolles, suivre la N79, puis la D79. 1ᵉʳ menu à 11 € en semaine, seulement. Autres menus de 13,50 à 19 €. Compter 16 € à la carte. Une petite auberge comme il n'en existe presque plus. Une simple cuisine de bonne femme, mais faite avec cœur et servie copieusement. Salle à manger comme on l'attendait, avec les chromos, la vieille pendule kitsch, les habitués, ouvriers

BOURGOGNE

et VRP du coin. Casse-croûte, jambon de pays, omelette et fromage blanc au 1er menu, autres menus avec cuisses de grenouilles, salmis de pintade forestière, excellent coq au vin et faux-filet charolais. Fritures en été. *Café offert à nos lecteurs sur présentation de ce guide.*

CHÂTEAU-CHINON   58120

Carte régionale A2

🏠🍽️ *Hôtel du Parc – Le Relais Gourmand* ** – **route de Nevers** ☎ 03-86-79-44-94. **Fax : 03-86-79-41-10.** Parking. TV. ♿ Restaurant fermé le dimanche soir du 15 novembre au 15 mars. Congés annuels : en février. Accès : sur la gauche de la route de Nevers, juste avant de quitter la ville. Chambres doubles climatisées avec bains à 41 €. Le 1er menu à 12 €, sauf le dimanche, est d'un très bon rapport qualité-prix. Autres menus de 15 à 38 €. Malgré son nom, cet hôtel de conception moderne et fonctionnel n'est planté dans aucun parc, sauf le parc naturel régional du Morvan, évidemment. On pourra donc y dormir dans des chambres confortables et climatisées, mais surtout y manger car on y sert une cuisine correcte et bon marché. Accueil sympa. *Café offert à nos lecteurs sur présentation de ce guide.*

CHÂTEAUNEUF   21320

Carte régionale B2

🏠🍽️ *Hostellerie du Château* ** – **rue du Centre** ☎ 03-80-49-22-00. **Fax : 03-80-49-21-27.** ● **www.hostellerie-chateauneuf.com** ● ♿ Fermé le lundi et le mardi (sauf en juillet et août). Congés annuels : en janvier et décembre. Accès : par l'A6, sortie Pouilly-en-Auxois. Chambres doubles très agréables de 45 à 70 €. 1er menu à 23 € servi tous les jours midi et soir. Autres menus de 28 à 40 €. À l'ombre d'un château féodal du XIIe siècle, dans un village pittoresque aux vieilles maisons des XIIe et XIVe siècles, aujourd'hui presque toutes rachetées par des vacanciers n'ayant pas vraiment l'accent du cru. Cet hôtel au charme médiéval mais néanmoins confortable reste une étape tranquille et agréable. Il manque juste un grain de folie dans l'air. Tant pis, contentez-vous du 1er menu et profitez de votre chambre et de la vue sur la vallée.

🍽️ *Le Grill du Castel* ☎ 03-80-49-26-82. Fermé le lundi midi de juin à septembre inclus. Fermé le mercredi hors saison, et le mardi en plein hiver. Congés annuels : du 15 décembre au 15 janvier. Accès : devant le château. Beaux menus de 15 à 29 €.

Face à l'*Hostellerie du Château* et au château, voilà une bonne étape pour les amoureux des vieilles pierres, de la viande simplement mais tendrement grillée au feu de bois, des salades multiples et des vins de pays ! Ne vous fiez pas, l'été, aux deux parasols plantés sur le perron, la vraie terrasse est dans la cour, abritée – on est en Bourgogne ! – des regards des curieux. Au 1er menu, jambon persillé, bœuf bourguignon, fromage blanc, tarte maison. Accueil convivial.

DANS LES ENVIRONS

VANDENESSE-EN-AUXOIS 21320
(5 km NO)

🍽️ *Restaurant de l'Auxois* ☎ 03-80-49-22-36. Parking. Fermé le lundi et le dimanche soir d'octobre à juin. Congés annuels : du 1er au 31 janvier et la 1re semaine d'octobre. Accès : au pied de Châteauneuf-en-Auxois, à deux pas du canal de Bourgogne. 1er menu en semaine à 12,50 €, et autres menus de 16,50 à 30 €. C'est tout un village qui a repris goût à la vie, avec la réouverture de l'épicerie et de ce restaurant tenu par des Wallons… qui donnent du piquant à la cuisine du terroir bourguignon : millefeuille d'escargots et pleurotes, foie gras de canard maison, filet de bœuf à l'époisses, petite pochouse… Superbe jardin en été, et salle à la mode d'autrefois pour les jours gris.

CHÂTILLON-SUR-SEINE   21400

Carte régionale B1

🏠 *Sylvia Hôtel* ** – **9, av. de la Gare** ☎ 03-80-91-02-44. **Fax : 03-80-91-47-77.** ● **www.sylvia-hotel.fr** ● Parking. TV. ♿ Accès : à la sortie de Châtillon, direction Troyes. Chambres doubles de la plus simple à la plus confortable de 22 à 44 €. D'une ancienne et immense maison bourgeoise, au milieu d'un parc, les anciens propriétaires avaient fait un hôtel ravissant, baptisé du nom de leur fille. Sylvia a grandi, est partie. Les nouveaux maîtres de maison font tout pour vous faire partager leur amour des lieux. Chambres douillettes, gourmands petits déjeuners. *10 % sur le prix de la chambre (d'octobre à avril) offerts à nos lecteurs sur présentation de ce guide.*

🍽️ *Le Bourg-à-Mont « Chez Julie »* – **27, rue du Bourg-à-Mont** ☎ 03-80-91-04-33. ♿ Fermé le lundi et le dimanche soir hors saison. Congés annuels : 15 jours en octobre. Accès : dans le vieux bourg, face à l'ancien tribunal, près du Musée archéologique. 1er menu à 10 € le midi en semaine.

Autres menus de 14,50 à 24,50 €, dont un menu végétarien à 17 €. Une jolie surprise, dans cette bourgade à l'écart de la vie, célèbre pour son vase de Vix. La maison d'une grand-mère qui aurait du répondant : vieilles pubs, tableaux originaux, couleurs vives. L'hiver, un feu brûle dans la cheminée. L'été, les fenêtres grandes ouvertes donnent sur un petit jardin fleuri, où l'on peut même déjeuner ou dîner (réservation obligatoire, les places étant comptées). On s'y sent fichtrement bien, *Chez Julie*, car ce sont des jeunes, en plus, qui ont rendu une âme à cette maison. Quelques plats : la terrine de truite du Châtillonnais, le saumon à l'unilatérale, le bœuf *Bourg-à-Mont*, variante épicée et plutôt digeste du fameux bœuf bourguignon, parfumé à la crème de cassis, et l'amandin au chocolat nappé de crème anglaise. *Café offert à nos lecteurs sur présentation de ce guide.*

DANS LES ENVIRONS

MONTLIOT-ET-COURCELLES
21400 (3,5 km N)

|●| Chez Florentin ☎ 03-80-91-09-70. 🦽 Fermé le dimanche soir et le lundi (mais ouvert le midi du lundi férié et fermé le mardi). Accès : sur la N71, à l'entrée du village. Menu routier à 10,50 €, servi du mardi midi au vendredi soir, autres menus de 11 à 29 €. On peut passer par le bar, où mangent les routiers, sans déranger le service, déjà dans le jus : dans la grande salle pour banquets et baptêmes, c'est l'affluence des grands jours… tous les jours, rires et accent du terroir en plus le soir, par rapport aux repas d'affaires du midi. Accueil néanmoins toujours chaleureux et prix imbattables ! Premier menu style timbale de champignons frais à la crème, blanquette de veau, tarte.

CLAMECY   58500

Carte régionale A1

🏠 |●| Hostellerie de la Poste ** – 9, pl. Émile-Zola (Centre) ☎ 03-86-27-01-55. Fax : 03-86-27-05-99. • www.hostellerie-de-la-poste.com • TV. Canal+. Satellite. Chambres doubles tout confort de 42 à 46 €. 1er menu à 17 €, sauf le dimanche, puis menu à 28 €. Grande bâtisse centrale, genre relais de poste en place depuis toujours. Les chambres sont propres et confortables, et visiblement cet établissement est tenu avec sérieux. Au restaurant, menu du jour un peu cher mais correct. Viande de charolais et poisson de rivière. *Café offert à nos lecteurs sur présentation de ce guide.*

|●| La Crêperie du Vieux Canal – 18, av. de la République (Centre) ☎ 03-86-24-47-93. Fermé le lundi. Accès : face au musée. Galettes autour de 8 €. Compter environ 15 € pour un repas complet. Peut-être bien l'endroit le plus sympa à Clamecy pour déjeuner vite et bien. Déco bretonne pur beurre dans lequel on vous servira des galettes et des crêpes maison (à emporter si l'on veut). Également pâtes et *bruschetta*. *Café offert à nos lecteurs sur présentation de ce guide.*

|●| Restaurant Au Bon Accueil – 3, route d'Auxerre ☎ 03-86-27-91-67. 🦽 Fermé le samedi et tous les soirs d'octobre à mai, le dimanche soir en saison. Menus de 18 à 31 €. Un restaurant qui porte bien son nom, car Mme Langlois sait recevoir et son cuistot de mari, François, travaille sérieusement. Cuisine régionale classique réalisée à la minute : flan d'époisses aux escargots de Bourgogne, foie gras frais maison aux cassis, pavé de charolais, fricassée de lapereau du Morvan aux girolles ou aux cerises (suivant la saison)… Salle de restaurant chaleureuse, au calme près des rives de l'Yonne et avec vue sur la collégiale. Prudent de réserver. *Café offert à nos lecteurs sur présentation de ce guide.*

DANS LES ENVIRONS

TANNAY 58190 (13 km SE)

🏠 |●| Hôtel du Relais Fleuri ** – rue de Bèze ☎ 03-86-29-84-57. Fax : 03-86-29-33-88. • relaisfleuritannay@libertysurf.fr • Parking. 🦽 Fermé le dimanche soir et le lundi. Congés annuels : en mars et octobre. Accès : de Clamecy, D34 direction Tannay. Au centre du bourg. Chambres doubles avec douche et w.-c. de 37 à 45 €. Menu le midi en semaine à 10 €, menus suivants de 17,20 à 28,30 €. Hôtel de bon confort, avec piscine, aménagé dans une demeure d'antan, très fleurie. Pas tout neuf mais propre et patronne souriante. Table réputée bonne, avec un second menu où nous avons relevé des œufs meurette puis un parmentier de bœuf qui fait envie. *Café offert à nos lecteurs sur présentation de ce guide.*

CLUNY   71250

Carte régionale B2

🏠 Hôtel du Commerce * – 8, pl. du Commerce (Centre) ☎ 03-85-59-03-09. Fax : 03-85-59-00-87. TV. Congés annuels : 1re semaine de décembre. Chambres doubles avec lavabo à 23 €, avec douche à 32 €, avec douche et w.-c. ou bains à 37,40 €. Petit déjeuner à 4,60 €. Dans cette ville chère, il nous est apparu méritoire qu'il existe un petit hôtel de centre-ville fort bien tenu et capable d'offrir des chambres simples et propres à prix modérés. Récompensons l'effort, ainsi que l'accueil tout à fait affable de la patronne. *Remise sur le prix du petit déjeuner pour les lecteurs sur présentation de ce guide.*

DANS LES ENVIRONS

BOURGVILAIN 71520 (9 km S)

I●I *Auberge Larochette* – **le bourg** ☎ 03-85-50-81-73. Fermé le dimanche soir et le lundi. Congés annuels : vacances de février de la zone B et les quinze jours suivants. Accès : par la D980, puis la D22. Menu servi le midi en semaine à 14 €. Autres menus de 20 à 30 €. Voilà une bonne grosse auberge de village dans la tradition. Intérieur chaleureux de salle à manger de province. Aux murs, tableaux à la Millet. Dans un coin, la vieille « demoiselle » fait tic, fait tac et semble donner l'heure juste, comme l'est la dose de crème dans les délicieux champignons et gratin de légumes. Parce que vous trouverez une cuisine qui sonne vraiment juste ici, faite avec application, avec une touche personnelle par M. Bonin. En outre, les portions sont généreuses et le service de madame attentif. À la carte : foie gras chaud aux pommes sauce cannelle, feuilleté de grenouilles aux trompettes, millefeuille de sandre, etc. France profonde gastronomique ayant encore de beaux jours devant lui... *Apéritif maison offert à nos lecteurs sur présentation de ce guide.*

I●I *La Pierre Sauvage* – **col des Enceints** ☎ 03-85-35-70-03. Parking. ♿ Service le soir jusqu'à 21 h 30 (22 h les soirs d'été). Fermé le mardi soir et le mercredi (sauf en juillet-août) et du 1er octobre à Pâques toute la semaine sauf les vendredi, samedi et dimanche. Congés annuels : du 8 janvier au 10 février. Accès : par la D980, puis la D22. Menus de 16,50 €, avec un verre de mâcon, à 27 €. Au sommet du col (à 529 m !), un restaurant séduisant à plus d'un titre. Il y a une quinzaine d'années, c'était une ruine ; aujourd'hui, c'est un lieu plein de charme, où il fait bon s'arrêter. On ne pratique plus, comme autrefois, le troc (2 pièces de vin pour un cochon de 110 kg) mais on vous rassasie avec une tartine de fromage fort ou de la terrine maison, avant de passer aux choses sérieuses. Ne pas manquer les spécialités : grande assiette végétarienne, cassolette d'escargots forestière, volailles aux fruits de saison (pigeon aux pêches de vigne, pintade vanillée aux figues fraîches), etc. À toute heure, casse-croûte, jambon cru, terrines. Accueil charmant et service amical. On est reçu comme un habitué et ça, on aime bien. En été, superbe terrasse. *Digestif maison offert à nos lecteurs sur présentation de ce guide.*

BERZÉ-LA-VILLE 71960 (10 km SE)

🏠 I●I *Relais du Mâconnais* ** – **La Croix-Blanche (Nord-Ouest)** ☎ 03-85-36-60-72. **Fax : 03-85-36-65-47.** ● www.lannuel.com ● Parking. TV. Fermé le dimanche soir et le lundi en basse saison. Congés annuels : du 6 janvier au 6 février. Accès : de Cluny, D980 puis N79, et route touristique D17. Chambres doubles avec bains à 59 €. Demi-pension de 129 à 146 € pour 2 personnes, demandée en saison. 1er menu à 24 € servi tous les jours. Autres menus à 39 et 46 €. Un cadre quelque peu conformiste, mais l'atmosphère feutrée peut convenir à beaucoup et les tables, bien séparées, évitent de trop entendre en ces lieux les rituelles histoires de famille et d'héritage ou de commerce qui n'est plus ce qu'il était ! Cuisine exécutée par Christian Lannuel avec une patte très personnelle. L'amuse-bouche, un p'tit tartare de betteraves, mérite d'être un hors-d'œuvre à lui tout seul, tant son goût se révèle original. Plats s'inspirant de la région et aux fines saveurs : croustillant de langoustines, brochettes de Saint-Jacques et maquereaux au laurier, escalope de foie de canard, pigeon rôti servi avec une purée d'ail et un sauté de champignons... Beau chariot de desserts. Une dizaine de chambres confortables, dont certaines donnent sur jardin. *Café offert à nos lecteurs sur présentation de ce guide.*

COSNE-SUR-LOIRE 58200

Carte régionale A1

🏠 I●I *Hôtel-restaurant Le Saint-Christophe* ** – **pl. de la Gare** ☎ 03-86-28-02-01. **Fax : 03-86-26-94-28.** TV. Satellite. Fermé le vendredi et le dimanche soir. Congés annuels : du 24 juillet au 22 août et du 26 décembre au 3 janvier. Accès : face à la gare (500 m). Chambres doubles avec douche et w.-c. ou bains à 37 et 40 €. 1er menu à 13 € sauf le dimanche. Autres menus de 18 à 34 €. Coquettement ripoliné, *Le Saint-Christophe* dispose de chambres propres et tout confort. Accueil souriant de la patronne et petit restaurant fraîchement rénové que semblent apprécier les locaux, avec sa formule (entrée + plat ou plat + dessert), ses deux menus et sa carte. En spécialités : foie gras à la queue de bœuf et rognons de veau au confit. Le genre d'adresse qui ne devrait pas poser de problème, et que les VRP se repassent. *10 % sur le prix de la chambre (de novembre à avril) offerts à nos lecteurs sur présentation de ce guide.*

🏠 I●I *Le Vieux Relais* *** – **11, rue Saint-Agnan (Centre)** ☎ 03-86-28-20-21. Fax : 03-86-26-71-12. ● www.le-vieux-relais.fr ● Parking payant. TV. Canal+. Satellite.

Fermé le vendredi soir, le samedi midi et le dimanche soir de septembre à mai. Congés annuels : du 25 décembre au 10 janvier. Chambres doubles de 76 à 78 €, tout confort. Menus de 16,75 €, en semaine, à 30 €. Un ancien relais de poste dans la plus pure tradition du XIXᵉ siècle. Les chambres sont douillettes et spacieuses (c'est un peu normal dans cette fourchette de prix) et la cuisine est un des points forts de la maison. Le papa et le fiston au piano, la maman et la belle-fille en salle, tout le monde y met son cœur et beaucoup de savoir-faire. Alors ça tourne bien et le sourire est présent même au 1ᵉʳ menu. Un petit coup de cœur pour le cour intérieure, avec son balcon envahi de vigne vierge et les toits tarabiscotés qui coiffent l'ensemble.

CREUSOT (LE) 71200

Carte régionale B2

|●| *Le Restaurant* – **rue des Abattoirs (Sud)** ☎ 03-85-56-32-33. Cartes de paiement refusées. Fermé le dimanche et le lundi soir. Congés annuels : du 1ᵉʳ au 20 août. Accès : venant du sud du Marteau-Pilon, prendre à droite, la rue des Abattoirs ; au bout de 500 m, c'est indiqué sur la gauche ; au fond d'une rue en impasse. Menus à 13 €, sur demande le soir, et de 17 à 29 €. Un resto atypique dans la région. D'abord, quelle idée de s'être fixé dans ce quartier des abattoirs, noir et désert la nuit ? Pour en être la seule luciole, le seul phare culinaire, la seule bouée gastro pour automobilistes en perdition, élémentaire, mon cher Watson ! Sortir de l'anonymat d'un centre-ville qui n'existe pas, pas bête ça... On ne regrette pas le voyage, d'ailleurs ! L'accueil est chaleureux. Beaucoup d'amis, une familiarité de bon ton imprègne les lieux. La salle aux fraîches couleurs se révèle haute (mezzanine), claire, plaisante. Quelques intéressants tableaux. Le reste est d'une élégante nudité et le vieux comptoir de zinc assure en douceur la transition avec la tradition. Cuisine de haute inspiration, vraiment recherchée, veillant à préserver le goût des bons produits tout en les alliant savamment avec herbes et autres senteurs : persillé d'anguille aux oignons confits, rouget-barbet étuvé au fenouil, rognons de veau, jus à la réglisse. Très belle sélection de vins à tous les prix. Pour nos riches lecteurs, quelques « grands bourgognes à petits prix » ... Le soir, conseillé de réserver.

|●| *Le Bistrot de la Grimpette* – **16, rue de la Chaise (Centre)** ☎ 03-85-80-42-00. Fermé le dimanche. Congés annuels : pendant la semaine du 15 août. 1ᵉʳ menu à 13,20 €, servi midi et soir. Autres menus à 16,25, 19,10 et 21,30 €. Au beau milieu de la montée d'escalier qui partage le centre-ville, un « bouchon lyonnais », un vrai de vrai, entièrement décoré de la couleur des vins... de Beaujolais, bien sûr ! Rien ne manque à l'atmosphère, pas même les fumets de saucisson chaud, le tout avec un accueil et une attention presque amicaux. 1ᵉʳ menu copieux... de quoi mériter l'effort de la grimpette ! À la carte, de bien bonnes choses comme les œufs cocotte aux morilles, l'entrecôte à la lyonnaise, le râble de lapin à la moutarde ancienne, l'andouillette tirée à la ficelle, etc. *Apéritif maison offert à nos lecteurs sur présentation de ce guide.*

DANS LES ENVIRONS

TORCY 71210 (3 km SE)

|●| *Le Vieux Saule* – **route du Creusot (Sud)** ☎ 03-85-55-09-53. Fermé le dimanche soir et le lundi. Accès : par la route de Châlon-sur-Saône. Beau menu à 16 € en semaine, menu du terroir à 23 €, et autres menus jusqu'au menu dégustation à 61 €. Une des meilleures tables de la région. Installée dans une ancienne auberge de campagne aux portes du Creusot. Excellent accueil et cadre agréable. Cuisine particulièrement goûteuse : filets de sardines marinées à l'huile d'olive et à la fleur de sel de Guérande, feuilleté de grenouilles aux herbes potagères, tourte de faisan aux poireaux et foie gras, millefeuille d'agneau et pommes gourmandes, filet de bar à la crème de chanterelles grises, suprême de pintade aux fruits de saison et endive braisée, filet d'agneau en croûte à l'émulsion de foie gras. Desserts dans le ton (soufflé chaud aux marrons, tarte fine aux pommes flambée au calvados). Bon choix de vins de propriétaires. *Digestif maison offert à nos lecteurs sur présentation de ce guide.*

UCHON 71190 (16 km O)

🏠 |●| *Auberge La Croix Messire Jean* – **La Croix Messire Jean** ☎ 03-85-54-42-06. **Fax : 03-85-54-32-23.** Parking. Fermé le mardi soir et le mercredi toute la journée. Congés annuels : pendant les fêtes de fin d'année. Accès : direction Montcenis puis D228 ; à 1 km du village d'Uchon, à proximité du panorama. Chambres doubles avec lavabo à 21 €. Demi-pension à 39 € par personne. 1ᵉʳ menu à 9,50 € ou petits menus à prix fort modérés, de 14 à 21 €. Pour les vététistes, randonneurs et « montagnards », point de départ idéal de belles balades sur l'un des points culminants du département (684 m). Gentille auberge offrant des chambres simples et correctes. À l'intérieur, cadre rustique de bon goût et l'occasion de bien manger à tous les prix une cuisine de qualité des produits du terroir. En juillet-août surtout, beaucoup de monde, il vaut mieux le savoir. Le signal d'Uchon a beaucoup de succès. Amoureux de solitude, ce ne sera pas vraiment votre truc ! Grande terrasse ombragée pour apprécier. Location de VTT. *10 % sur le prix de la chambre (à partir de la 3ᵉ nuit sur la pension et la demi-pension) ou café offerts à nos lecteurs sur présentation de ce guide.*

DECIZE — 58300

Carte régionale A2

|●| Snack du Stade nautique – promenade des Halles ☎ 03-86-25-00-99. Congés annuels : de mi-septembre à fin avril. Accès : suivre le chemin qui passe devant l'office du tourisme, tout au bout, à côté du camping. Deux menus au choix à 9,15 €. C'est une guinguette... au bord... de l'eau, comme dit la chanson, et c'est l'endroit le plus charmant de Decize, quand il fait beau. Installé sous les platanes, on mange le jambon de pays, l'omelette-salade et le fromage blanc, et on est très content. Frites à emporter. Après, on peut se lancer dans une partie de volley ou faire une promenade en poney (très peu pour nous, mais chacun son dada...). Le soir en été, il y a parfois des animations musicales. Accueil sympa et souriant.

|●| Auberge des Feuillats – hameau Les Feuillats ☎ 03-86-25-05-19. Fermé le mercredi soir. Accès : de l'office du tourisme, prendre le boulevard Voltaire. Passer le pont du 152ᵉ -R.-I. puis enfiler la route de Moulins. À 1 km à gauche, route des Feuillats. Auberge à 1 km sur la gauche. Formule le midi en semaine à 10 €. Menus de 15 à 24 €. L'adresse pour déguster le pavé de charolais en toute confiance, car son « label rouge » permet de vérifier sa traçabilité. On en est là ! C'est aussi – et surtout – l'endroit qui nous a plu, sa terrasse sur l'arrière, au bord du canal latéral à la Loire, où viennent accoster les plaisanciers de tout poil et de tout horizon. Accueil décevant.

|●| Restaurant La Grignotte – 57, av. du 14-Juillet (Nord) ☎ 03-86-25-26-20. Fermé le dimanche et le lundi soir. 1ᵉʳ menu à 10 € servi à midi sauf le dimanche, puis menus de 11 à 24,40 €. Un restaurant sans prétention, au bord d'une route hélas passante mais à la salle claire et fleurie. On y vient pour manger pas cher et correctement, et on n'est pas déçu. Entre autres spécialités : fondues et tartiflette. *Apéritif offert (à partir du menu à 17,90 €) à nos lecteurs sur présentation de ce guide.*

|●| Le Charolais – 33 bis, route de Moulins ☎ 03-86-25-22-27. Fermé le dimanche soir et le lundi. Congés annuels : 1ʳᵉ se-

DIGOIN — 71160

Carte régionale A2

▲ |●| Les Diligences ** – 14, rue Nationale (Centre) ☎ 03-85-53-06-31. Fax : 03-85-88-92-43. ● www.les-diligences.com ● Parking. TV. Fermé le lundi soir et le mardi sauf en juillet-août. Congés annuels : du 15 novembre au 15 décembre. Accès : centre-ville, rue piétonne. Chambres doubles avec douche et w.-c. ou bains de 42 à 49 €. 1ᵉʳ menu à 16 € servi tous les jours midi et soir. Autres menus à 23 et 36 €. Il y a longtemps, au XVIIᵉ siècle, c'était le passage obligé de la ville pour les voyageurs arrivant par diligence ou par bateau. Les splendeurs du passé retrouvées (pierre apparente, poutres, meubles cirés, cuivres) font de cette halte « rustico-chic » un détour conseillé. Les prix ne s'envolent pas pour autant, côté resto, avec les premiers menus. La carte reste cependant assez chère : lasagnes de langoustines au confit d'oignons, foie gras cuit au torchon et sa petite brioche aux noisettes, etc. Côté hôtel, 6 belles chambres sur le calme des bords de Loire, meublées et décorées avec goût, dont un duplex, un véritable appartement avec une immense salle de bains équipée en balnéothérapie. Nous recommandons les nᵒˢ 6, 8 et 11, spacieuses et avec une belle vue. *Café offert à nos lecteurs sur présentation de ce guide.*

DANS LES ENVIRONS

NEUZY 71160 (3 km NE)

▲ |●| Le Merle Blanc *** – 36, route de Gueugnon-Autun ☎ 03-85-53-17-13. Fax : 03-85-88-91-71. ● perso.wanadoo.fr/lemerleblanc ● Parking. TV. Satellite. Fermé le dimanche soir et le lundi midi. Accès : par la D994 en direction d'Autun. Chambres doubles avec douche et w.-c. ou bains de 31,50 à 44 €. Menus copieux à 13 €, servi en semaine seulement, et de 17,90 à 36,50 €. Largement en retrait de la route, vous y serez au calme pour dormir. Au resto, plusieurs menus. Parmi les spécialités : foie gras de canard poêlé aux épices, langoustines poêlées à l'huile d'olive en crème d'avocat, île flottante de saumon fumé, faux-filet de charolais, croustillant de noix de Saint-Jacques au noilly, *crumble aux pommes et aux noix*. Bon accueil. *Apéritif maison offert à nos lecteurs sur présentation de ce guide.*

DIJON   21000

Carte régionale B1

≜ *Hôtel Le Chambellan* ** – 92, rue Vannerie (C2-1) ☎ 03-80-67-12-67. **Fax :** 03-80-38-00-39. TV. Accès : à deux pas du palais des Ducs de Bourgogne et de l'église Saint-Michel. Chambres doubles de 21 € avec lavabo à 48 € avec bains. Amoureux des fastes d'antan et du confort d'aujourd'hui, vous trouverez votre bonheur au *Chambellan*. C'est une vieille bâtisse au charme un peu désuet et aux prix très doux. Chambres ayant toutes de la personnalité, à choisir de préférence sur la cour. Une cour du XVII° siècle, s'il vous plaît ! *10 % sur le prix d'une nuitée offerts à nos lecteurs sur présentation de ce guide.*

≜ *Hôtel Le Jacquemart* ** – 32, rue Verrerie (B1-3) ☎ 03-80-60-09-60. **Fax :** 03-80-60-09-69. • **www.hotel-lejacquemart.fr** • TV. Satellite. Accès : au cœur de la vieille ville, dans le quartier des antiquaires, entre le palais des Ducs de Bourgogne et la préfecture. Chambres doubles avec lavabo à 27 €, avec douche à 28,50 €, avec douche et w.-c. ou bains de 44 à 46 €. Réservez pour éviter les surprises. Un hôtel charmant, peuplé d'habitués, d'artistes lyriques en saison, de représentants de commerce... Les chambres sont aussi calmes que confortables. L'adresse idéale pour un repos mérité après la visite du vieux Dijon. *10 % sur le prix de la chambre (du 1er décembre au 31 mars) offerts à nos lecteurs sur présentation de ce guide.*

≜ *Hôtel du Palais* ** – 23, rue du Palais (B2-2) ☎ 03-80-67-16-26. **Fax :** 03-80-65-12-16. TV. Canal+. ♿ Accès : suivre l'itinéraire « Palais des Ducs de Bourgogne » jusqu'à votre arrivée devant l'autre palais, celui de la justice. Chambres doubles avec douche et w.-c. ou bains de 33 à 44,50 €. Une situation idéale, en face de la bibliothèque municipale (à visiter, même si vous n'êtes pas venu à Dijon pour lire le genre d'ouvrages qu'elle contient !) et du palais de justice (en souhaitant que vous ne soyez pas venu à Dijon pour lui !), dans le centre ancien, mais d'un calme absolu. Chambres propres, accueillantes, insonorisées. Belle salle pour le petit déjeuner. *10 % sur le prix de la chambre (de novembre à fin février) offerts à nos lecteurs sur présentation de ce guide.*

≜ *Hôtel Victor Hugo* ** – 23, rue des Fleurs (A1-5) ☎ 03-80-43-63-45. **Fax :** 03-80-42-13-01. Parking payant. TV. Ouvert toute l'année. Accès : à 5 mn à pied de la place Darcy. Chambres doubles de 37 € avec douche et w.-c. à 45 € avec bains. On ne vient pas au *Victor Hugo* – au cœur du quartier bourgeois – pour s'éclater, l'ambiance étant plutôt sélecte. Mais les Anglais adorent ça, tout est nickel et on n'entend pas une mouche voler, dans les couloirs comme dans la vingtaine de chambres, confortables et accueillantes, de cette grande maison. *Garage gratuit pour les lecteurs sur présentation de ce guide.*

≜ *Hôtel des Allées* ** – 27, cours du Général-de-Gaulle (hors plan C3-6) ☎ 03-80-66-57-50. **Fax :** 03-80-36-24-81. • **www.hotelallees.com** • Parking. TV. Satellite. Attention, l'hôtel ferme à 23 h ; demandez le code. Chambres doubles à 45 € avec douche et w.-c., à 56 € avec bains. Petit hôtel moderne situé sur une grande avenue luxueuse bordée d'arbres, qui mène au parc de la Colombière. Jardin envahi par les oiseaux, calme garanti. Les chiens sont acceptés sans supplément. Les enfants aussi (on plaisante), ce qui est logique en ce lieu qui fut naguère une maternité, célèbre pour ses naissances de quelques futures personnalités dijonnaises...

|●| *Le Bistrot des Godrans* – 28, rue des Godrans (B1-11) ☎ 03-80-30-46-07. Fermé le dimanche. Boudin aux pommes à 10 €, tartare de bœuf (la grande spécialité du chef) à 12 €, œufs brouillés aux truffes de Bourgogne à 6 €, assiette de cochonnailles... Coup de jeune pour un vieux de la vieille, qui a réussi une des plus belles opérations médiatiques de ces dix dernières années : tout le monde croit découvrir un néo-bistrot de marché jusqu'alors tout compris au marketing (trognes impossibles près du bar, serveuse dans le jus, plats du jour présentés sans fioritures), alors que même les chaises à l'ancienne datent du bistrot d'avant, non pas la Révolution mais la rénovation. *NOUVEAUTÉ.*

|●| *La Ferme en Ville* – 9, rue Marceau (B1-13) ☎ 03-80-73-39-41. Fermé le samedi midi et le dimanche. Ouvert jusqu'à 22 h (23 h le samedi). Formule complète à midi à 10 €. Sinon, déjeuner-express autour d'un plat de la carte à partir de 9,50 €, l'entrée ou le dessert étant offert(e). Accueil cordial, petites tables chaleureuses près du bar et de l'ancien four à bois, et autre salle bourrée à midi de costumes-cravates (faites des photos, on n'en voit plus beaucoup des comme ça !) et le soir d'une clientèle plus mélangée. Bonne petite nourriture, à prix doux, surtout si vous prenez la formule-déjeuner, imbattable. Le soir, menu « prairie » à 19 € pour qui espère toujours trouver le bonheur dans le pré. Une ferme qu'on aime bien, dans ce quartier de noctambules

qui auraient bien besoin de se refaire une santé... *NOUVEAUTÉ.*

|●| *Le Goût du Jour* – 24, rue Chaudronnerie (B2-14) ☎ 03-80-67-47-99. Fermé le soir du lundi au jeudi, le samedi midi et le dimanche. Menu du marché à midi à 10 €. Le soir, menus à 14,50 et 20,50 €. À la carte, compter autour de 27 €. La reprise était difficile, dans ce coin de rue où les tentatives diverses de restauration semblaient vouées aux ratages successifs. Et puis un nouveau chef est arrivé. Sans se presser, il a commencé par aller se ravitailler au marché (un exploit, de nos jours !) et jouer les petits prix, à midi, pour rassurer le quartier. Et les clients du déjeuner sont revenus, le soir, profiter de la terrasse et goûter aux tartines comtoise ou montagnarde, aux quenelles de brochet à la bisque d'écrevisse, au suprême de pintade... Les mois ont passé, le chef a le sourire et ses serveuses sont des modèles d'efficacité et de bonne humeur. *NOUVEAUTÉ.*

|●| *Au Bon Pantagruel* – 20, rue Quentin (B1-15) ☎ 03-80-30-68-69. Fermé le dimanche soir et le lundi. Menu à 11 € en semaine. Menu-carte à 18,50 €. Ici, c'est le régime œufs en meurette, quenelles de brochet gratinées, tête de veau gribiche, servis sans chichis mais avec une belle efficacité. Toutes les générations se retrouvent, surtout le dimanche midi, jour de fermeture des autres restos, pour se régaler autant de l'ambiance que des plats. Et si le maître des lieux ne perd pas l'inspiration, l'autre local qu'il a racheté à proximité devrait vite devenir le premier vrai bar de marché où l'on pourrait enfin casse-croûter à l'ancienne, sans façons. *NOUVEAUTÉ.*

|●| *Les Deux Fontaines* – 16, pl. de la République (B-C1-17) ☎ 03-80-60-86-45. Fermé le dimanche et le lundi midi. Formules à midi à 11 et 12 €. Le soir, compter autour de 23 €. Deux fontaines surgies du néant, pour animer une place de la République appelée toujours (mais elle doit être sourde, car ça traîne un peu) à devenir le centre de la vie dijonnaise. Une idée plutôt heureuse que ce resto dans l'air du temps, avec un coin plus calme près de l'entrée et un bar en haut des escaliers, pour se donner le temps de découvrir le décor, rafraîchissant, avec ses arrosoirs et ses pots en terre. Banquettes, tables de bistrot. La cuisine joue la carte de la nostalgie campagnarde, les prix sont doux et le service gentil

comme tout. Bons petits vins au compteur. *NOUVEAUTÉ.*

|●| *Le Chabrot* – 36, rue Monge (A2-16) ☎ 03-80-30-69-61. Service jusqu'à 22 h 30. Fermé le dimanche. Congés annuels : la 1re semaine d'août. Menus à 11,50 €, en semaine à midi, et de 20 à 29 €. Dégustation d'assiettes bourguignonnes à toute heure. On entre par la cave à vins, joliment aménagée côté rue. On choisit (ou non) sa bouteille avant d'aller « goûter » côté bistrot, pour prendre l'ambiance de la rue, ou dîner peinard dans la salle au-dessus. Cuisine de terroir, évidemment, mais aussi séduisantes trouvailles du style pressé de chèvre et saumon fumé, ou saumon à l'unilatérale (un grand classique maison)... Verres de vin au verre, coteaux-de-l'auxois ou épineuil rouge, par exemple. Petit bout de terrasse. *Apéritif maison offert à nos lecteurs sur présentation de ce guide.*

|●| *Le Bouchon du Palais* – 4, rue Bouhier (B2-12) ☎ 03-80-30-19-98. Fermé le samedi midi et le dimanche midi. Accès : en plein centre-ville. Formules autour d'un plat à 11,43 €, entrée et plat ou plat et dessert à 12 € et entrée, plat et dessert à 16 €. Retour en force d'une petite adresse qui fut naguère notre préférée à Dijon. Nappes en papier sur les tables... et sur les murs, une fois dédicacées. Ambiance bonne franquette et nourriture généreuse. Ici, pas de plats alambiqués, on se régale d'un os à moelle gratiné ou d'une terrine d'andouillette, d'une escalope à la crème de saint-marcellin et de « joyeuses » d'agneau, d'un clafoutis ou d'une crème brûlée. On boit un coup au bar avec le chef, s'il n'a pas commencé son travail. Le service est rapide et attentif, d'une grande gentillesse. *Digestif maison offert à nos lecteurs sur présentation de ce guide.*

|●| *Le Bistrot des Halles* – 10, rue Bannelier (B1-19) ☎ 03-80-49-94-15. Fermé le dimanche et le lundi. Accès : en face des halles rénovées. Menu à 16 € le midi. À la carte, compter environ 17 €. Le rendez-vous du Tout-Dijon. Un bistrot à la mode d'autrefois (grandes glaces, nappes à petits carreaux...) qui porte la marque d'un grand chef d'aujourd'hui – Jean-Pierre Billoux, un des six grands de Bourgogne – dans l'assiette : pâté en croûte à l'ancienne, terrine de jambon persillé et pieds de veau mousse de moutarde, ragoût d'escargots et pieds de porc au vin rouge, crème brûlée au

BOURGOGNE

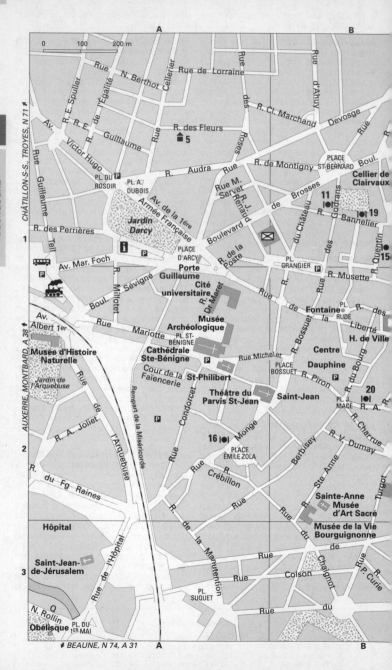

BOURGOGNE

CHÂTILLON-S.-S., TROYES, N 71

AUXERRE, MONTBARD, A 38

0 100 200 m

A   B

Rue N. Berthot
Rue de Lorraine
Rue d'Ahuy
Cellier
Devosge
R. E. Spuller
Rue de l'Égalité
R. E.
R. Cl. Marchand
R. des Fleurs
▲ 5
des
Roses
Rue
Victor Hugo
R. Guillaume
Av. Guillaume
R. de Montigny
PLACE ST-BERNARD
Boul.
Cellier de Clairvaux
PL. DU ROSOIR
PL. A. DUBOIS
R. Audra
Rue
Rue M. Servet
R. J. Renaud
de Brosses
Godrans
11 ●
● 19
R. Guillaume
R. des Perrières
Teil
Jardin Darcy
Av. de la 1ère Armée Française
Boulevard
R. du Château
Bannelier
Quentin
● 15
1
ℹ
Av. Mar. Foch
PLACE D'ARCY
R. de la Poste
PL GRANGIER
R. Musette
R. Sévigné
Porte Guillaume
Rue
des
Fontaine
PL. RUDE
R. des
Liberté
🅿
Boul. Millotet
Cité universitaire
R. Dr Maret
Rue de la
R. Bossuet
H. de Ville
Av. Albert 1er
Rue Mariotte
Musée Archéologique
PL ST-BÉNIGNE
Rue Michelet
PLACE BOSSUET
Centre
Dauphine
Musée d'Histoire Naturelle
Rue de l'Arquebuse
Cathédrale Ste-Bénigne
Cour de la Faïencerie
St-Philibert
R. Piron
R. A.
20 ●
PL. J. MACÉ
Jardin de l'Arquebuse
Condorcet
Théâtre du Parvis St-Jean
Saint-Jean
R. Charrue
Rempart de la Miséricorde
Monge
R. V. Dumay
2
R. A. Joliet
16 ●
PLACE ÉMILE ZOLA
Berbisey
Ste-Anne
R. du Fg Raines
R. Crébillon
Sainte-Anne Musée d'Art Sacré
Turgot
Rue de l'Hôpital
Musée de la Vie Bourguignonne
Hôpital
de
3
Saint-Jean-de-Jérusalem
Rue
Colson
Chaignot
R. P. Curie
N. Rollin
Obélisque
PL. DU 1ER MAI
PL. SUQUET
Rue
du

A   B

BEAUNE, N 74, A 31

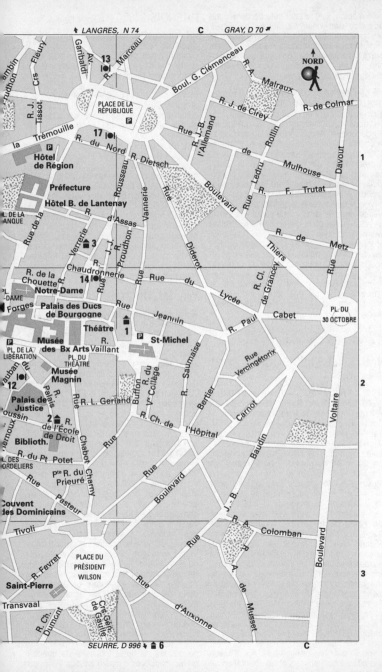

pain d'épice… Ajoutez à cela de bons plats du terroir, des grillades superbes, des vins à prix raisonnables et un très beau menu le midi, et vous comprendrez le succès du lieu. Terrasse très sympa, donnant sur le marché. *Apéritif maison offert à nos lecteurs sur présentation de ce guide.*

|●| *Le Cézanne* – **38, rue Amiral-Roussin (B2-20)** ☎ **03-80-58-91-92.** Fermé le lundi midi et le dimanche. Congés annuels : du 18 août au 1er septembre et du 22 au 30 décembre. Accès : voie piétonne ; garer la voiture au parking Sainte-Anne. 1er menu à l'ardoise (sauf le samedi soir) à 16,90 €. Autres menus de 26 à 45 €. À la carte, compter 38 €. Vieille rue, vieille pierre, vieilles poutres, atmosphère intimiste, voire impressionniste, comme la cuisine du chef, devenue une référence gastro pour la ville. Même avec le petit menu, vous ne serez pas déçu. Des plats qui donnent faim (c'est leur but), du style : émincé de Saint-Jacques et langoustines, granité de tomates basilic, bar flambé au pastis, pigeon noisettes et figues sèches, soupe soufflée au chocolat glace pistache. Un fond sonore jazzy, des fleurs, des gens heureux… Petite terrasse agréable. Service très attentionné. *Café offert à nos lecteurs sur présentation de ce guide.*

DANS LES ENVIRONS

HAUTEVILLE-LES-DIJON   21121
(8 km NO)

🏠 |●| *La Musarde* ** – **7, rue des Riottes** ☎ **03-80-56-22-82. Fax : 03-80-56-64-40.** ● **hotel.rest.lamusarde@wanadoo.fr** ● Cartes de paiement refusées. Parking. TV. Satellite. Fermé le lundi. Accès : à 5 mn de Dijon par la RN71, la « route de Troyes ». Jolies chambres de 48 à 53 €. Menus allant de 20 à 64 €, plus un petit menu en semaine à 16 €, vin et café compris. *La Musarde* fut longtemps plus célèbre pour ses « 5 à 7 » que pour ce qui se passait à l'heure des repas. Aujourd'hui, il faut réserver, notamment le week-end, pour avoir une table dans ce lieu paisible, à l'atmosphère à la fois familiale et raffinée, professionnelle et décontractée. Marc Ogé, en bon Breton, sert avant tout une cuisine de la mer… qui a les pieds sur terre, si l'on peut dire : tarte fine d'avocat sur lit d'écrevisses saveur de chèvre chaud crème de pavot à l'émulsion d'endive et feuille de foie gras, grillé de filet d'omble purée de basilic, écume de homard à l'embeurrée de céréales crème de truffe… Avec les menus, on comprend l'affluence, surtout quand la terrasse vous tend ses bras, aux beaux jours. En semaine, petit menu qui est une bonne affaire. *Apéritif maison offert à nos lecteurs sur présentation de ce guide.*

PRENOIS 21370 (12 km NO)

|●| *Auberge de la Charme* ☎ **03-80-35-32-84.** ⚓ Fermé le lundi, le mardi midi et le dimanche soir. Accès : de l'autre côté de la route nationale, avant l'aérodrome de Darois, une petite route mène à Prenois. Menu le midi en semaine à 16 €. menus de 20,58 à 64,03 €. Compter 54 € à la carte. Ce village est célèbre à cause du circuit automobile qui fit beaucoup de bruit en son temps. Aujourd'hui, on vient de loin découvrir le petit prodige local, David Zuddas. Plus que dans le décor et le service (mieux vaut prévenir), la surprise est dans l'assiette et dans les prix, qui n'ont pas augmenté alors que la réputation du chef allait grandissante. Vous n'aurez aucune excuse si vous manquez ce rendez-vous où la cuisine utilise avec malice les produits du grand terroir, style pressé de canette et foie gras à la sauge, galettes de pois chiches et oignons doux, le tout aromatisé et présenté avec une précision et un sens des nuances assez rares. La grande table du département ! *Café offert à nos lecteurs sur présentation de ce guide.*

VAL SUZON 21121 (15 km NO)

🏠 |●| *Hostellerie du Val Suzon* *** – **N71** ☎ **03-80-35-60-15. Fax : 03-80-35-61-36.** ● **www.logis-de-bourgogne.com/hostellerie-du-val-suzon** ● Parking. TV. Satellite. Fermé le lundi, le mardi midi et le dimanche soir d'octobre à mai ; fermé le lundi, le mardi midi et le mercredi midi de juin à septembre. Congés annuels : de 12 novembre au 20 décembre. Accès : par la RN71, direction Montbard, Troyes, Châtillon. Chambres doubles avec douche et w.-c. ou bains à partir de 69 €. Demi-pension à partir de 80 € par personne, demandée en haute saison. Menus à 20 €, le midi en semaine, puis de 33 à 55 €. Calme, confort et bonne table. Nichée au creux d'un vallon, à 15 mn de Dijon, au milieu d'un parc et d'un jardin magnifiques, l'*Hostellerie du Val Suzon* sait jouer de ses charmes pour vous retenir. Bonne fille, elle a su conserver son côté campagnard, dans l'accueil comme dans certains plats, tout en se mettant au goût des Parisiens et autres « étrangers » de passage. Chambres calmes et confortables, toutes rénovées, au-dessus du restaurant ou dans le chalet. Yves Perreau a ramené de ses voyages lointains le goût des épices et des parfums nouveaux glissés, de-ci de-là, dans une cuisine de terroir et parfumée, restée, quant au fond, fidèle à la grande tradition : œufs à la coque au salpicon de homard, craquant *filo* de queues de langoustines bretonnes « retour des Indes », tournedos de bœuf charolais et parmentier de queues de bœuf fricassée de champignons, cappuccino sauce arabica et nougatine aux noix. Idéal pour un week-end en amoureux... Superbe terrasse. *Café offert à nos lecteurs sur présentation de ce guide.*

DONZY 58220

Carte régionale A1

🏠 |●| *Le Grand Monarque* ** – 10, rue de l'Étape (Centre) ☎ 03-86-39-35-44. Fax : 03-86-39-37-09. ● www.multimania.com/grandmonarque/ ● Parking. TV. Fermé le lundi soir et le mardi du 15 octobre au 15 avril ; ouvert tous les jours le reste de l'année. Congés annuels : de mi-janvier à mi-février. Accès : près de l'église, à moins de 20 km de Cosne-sur-Loire. Chambres doubles avec douche et w.-c. ou bains à 50 €. 1er menu à 14 €, sauf le dimanche. Autres menus de 20 à 26 €. Une adresse de tradition, aux chambres spacieuses et bien tenues, dans une respectable bâtisse du vieux bourg, à deux pas de l'église (sonnez les cloches ! mais rassurez-vous, couvre-feu de 21 h à 8 h). À table, cuisine régionale sans défaut avec spécialités de poisson. Service qui manque un peu de liant. *Apéritif maison offert à nos lecteurs sur présentation de ce guide.*

DUN-LES-PLACES 58230

Carte régionale A1-2

🏠 |●| *L'Auberge Ensoleillée* – au village ☎ 03-86-84-62-76. Fax : 03-86-84-64-57. Parking. Fermé le soir hors saison (réserver de préférence). Congés annuels : à Noël. Accès : de Lormes, D6 vers Saulieu. Chambres doubles de la plus simple à la plus confortable de 22 à 43 €. 1er menu à 14 € en semaine, midi et soir. Autres menus de 21 à 35 €. Une auberge qui fleure bon le Morvan et semble là depuis toujours, avec ses femmes aux commandes, qui au bar, qui en salle. Accueil franc et souriant, et recettes du pays : pavé aux morilles, tête de veau sauce gribiche, saumon à la fondue de poireaux... *Café offert à nos lecteurs sur présentation de ce guide.*

🏠 |●| *Le Chalet du Montal* – Le Port du Montal ☎ 03-86-84-62-77. Fax : 03-86-84-61-03. ● chaletdumontal@wanadoo.fr ● Parking. Fermé le lundi soir et le mardi hors saison. Congés annuels : en janvier. Accès : à 1,5 km du village au nord-est. Chambres doubles avec douche de 45 à 50 €. Demi-pension à 50 €. 1er menu à 15 €, servi tous les jours midi et soir. Autres menus de 20 à 25 €. Un décor sauvage digne de *Twin Peaks*, un vrai chalet et au-dessous coule une rivière... c'est aussi le refuge de campeurs. À côté d'un bar, derrière une énorme cheminée centrale, vous découvrirez une cuisine simple mais inventive. Si l'envie de rester vous gagne, demandez l'une des 8 chambres qui ont été refaites. 2 chambres familiales. *Café offert à nos lecteurs sur présentation de ce guide.*

GEVREY-CHAMBERTIN 21220

Carte régionale B1-2

🏠 |●| *Aux Vendanges de Bourgogne* – 47, route de Beaune ☎ 03-80-34-30-24. Fax : 03-80-58-55-44. ● aux-vendanges-de-bourgogne@wanadoo.fr ● TV. Fermé le dimanche et le lundi. Chambres doubles de 44 à 52 €. Menus de 21 à 24,50 €. Petit menu le midi à 15 €. Plus que pour l'hôtel, gentiment rénové, c'est pour la table qu'on vient de loin « faire les vendanges » à la sortie de Gevrey. Un bistrot d'aujourd'hui, avec un décor style art-déco chaleureux, un service agréable et des prix très raisonnables... L'arrivée en cuisine d'Yves Rebsamen, venu remplacer un père à qui son (bon) cœur a joué un vilain tour, a fait évoluer la carte vers de nouveaux horizons. Dégustations de vins au verre. Et des « vins de pays » à des prix comme on les aime, que seules des relations de bon voisinage lui permettent d'acquérir. *10 % sur le prix de la chambre (à partir de 2 nuits) offerts à nos lecteurs sur présentation de ce guide.*

|●| *Chez Guy* – 3, pl. de l'Hôtel-de-Ville (Centre) ☎ 03-80-58-51-51. Fermé le mardi et le mercredi. Menus de 22 à 26 €. Si vous ne trouvez pas de place aux « vendanges de Bourgogne », réfugiez-vous dans cette rôtisserie « chic » imaginée par Guy Rebsamen (oui, c'est le frère du maire de Dijon, mais arrêtez de lui en parler tout le temps, ça le gonfle !). Ici, vous allez pouvoir goûter la cuisine de son gendre, inventive, parfumée, qui revisite la Bourgogne d'un autre œil et surtout d'un autre palais. Un poil plus gastro que l'autre, mais une carte simple, évolutive, à découvrir l'été, en terrasse, plus encore que dans la salle, au décor moins enthousiasmant. Beau choix de vins de Gevrey, là aussi, à prix quasiment doux. *Café offert à nos lecteurs sur présentation de ce guide.*

JOIGNY 89300

Carte régionale A1

🏠 |●| *Le Paris-Nice* ** – rond-point de la Résistance (Centre) ☎ 03-86-62-06-72. Fax : 03-86-62-56-99. Parking. TV. Fermé

BOURGOGNE

le dimanche soir et le lundi. Chambres doubles avec douche et w.-c. ou bains à 39 €. Menus à 9,50 € et 12 €, servis uniquement en semaine, puis à 15,50 et 20 €. A eu son heure de gloire quand la N6 était le chemin obligé pour la Côte d'Azur. C'est aujourd'hui un établissement repris par des jeunes et refait à neuf. Les chambres, au nombre de 10, sont simples mais ont toutes un double vitrage. Cet établissement possède un resto honorable, aux menus d'un bon rapport qualité-prix. Cuisine traditionnelle et de terroir. Belle terrasse ombragée.

🏠 I●I *Le Rive Gauche* *** – **chemin du Port-au-Bois (Sud-Ouest)** ☎ 03-86-91-46-66. Fax : 03-86-91-46-93. ● www.hotel-le-rive-gauche.fr ● Parking. TV. Canal+. Satellite. 🛁 Fermé le dimanche soir de début novembre à fin février. Accès : sur les bords de l'Yonne, au pied de la vieille ville. Chambres doubles avec bains à 60 €. 1er menu à 16 €, sauf le week-end et les jours fériés. Autres menus de 26 à 29 €. Comme tous les grands de la restauration, les Lorain, à Joigny, ont senti le vent tourner et construit, en face de leur célèbre *Côte Saint-Jacques* (non, ne cherchez pas, elle n'est pas dans ce guide !), un faux hôtel de chaîne, moderne et accueillant, avec de très jolies chambres, confortables et fonctionnelles, une piscine, un tennis, des terrasses et jardin fleuris, une salle de restaurant aux couleurs du temps, sur les murs comme dans l'assiette, où l'on sert une cuisine de bistrot. *10 % sur le prix de la chambre (sauf en juillet-août) offerts à nos lecteurs sur présentation de ce guide.*

DANS LES ENVIRONS

CELLE-SAINT-CYR (LA) 89116
(8 km O)

🏠 I●I *Auberge de la Fontaine aux Muses* ** – **(Ouest)** ☎ 03-86-73-40-22. Fax : 03-86-73-48-66. ● www.fontaine-aux-muses.fr ● Parking. TV. 🛁 Fermé le lundi toute la journée et le mardi midi, sauf en juillet-août : hôtel ouvert le lundi sur réservation. Congés annuels : du 1er janvier après-midi au 12 janvier après-midi. Accès : en sortant de l'autoroute, prendre la D943 en direction de Joigny ; à 3 km, au village de La Motte, tourner à gauche, puis faire encore 3 km. Chambres doubles avec douche et w.-c. ou bains de 55 à 96 €. Menu à 28 € en semaine. Compter 26 € pour un repas à la carte. Isolée dans les coteaux bourguignons, cette maison de campagne possède une façade recouverte de vigne vierge, et ses chambres sont rustiques à souhait. La restauration vous rappelle que vous êtes bien en Bourgogne : foie gras, magret de canard au miel, huîtres chaudes à l'endive caramélisée... Sans oublier le bœuf... bour-

guignon lui aussi. Comme c'est une famille de musiciens qui vous reçoit (le père, Claude Langevin, a composé l'hymne européen !), c'est un autre « bœuf » qui vous accueille le week-end, quand d'autres musiciens passent par là ! Tennis, golf et piscine chauffée. *10 % sur le prix de la chambre (du 1er octobre au 31 mars) et menu du routard à 17,53 €, sur présentation de ce guide, servi en semaine le midi.*

VILLEVALLIER 89330 (9 km NO)

🏠 I●I *Le Pavillon Bleu* ** – **31, rue de la République (Centre)** ☎ 03-86-91-12-17. Fax : 03-86-91-17-74. Parking. TV. Fermé le vendredi soir et le dimanche soir. Accès : par la N6, au sud de Villeneuve. Chambres doubles avec douche et w.-c. ou bains de 34 à 38 €. 1er menu à 15 €, sauf le dimanche, puis menus de 23 à 35 €. Ne serait-ce que pour l'accueil, vraiment très chaleureux, *Le Pavillon Bleu* mérite que l'on fasse un petit détour pour y séjourner. De plus, les prix y sont parmi les plus doux de la région. Certes, les chambres sont petites mais elles sont confortables et charmantes. La cuisine, très familiale, est copieuse : salade d'escargots, œufs meurette, filet de bœuf gratiné à l'époisses, sandre, truite, ananas braisé au ratafia. *Apéritif maison offert à nos lecteurs sur présentation de ce guide.*

LORMES 58140

Carte régionale A1

🏠 I●I *Hôtel Perreau* ** – **8, route d'Avallon (Centre)** ☎ 03-86-22-53-21. Fax : 03-86-22-82-15. Parking. TV. Fermé le dimanche soir et le lundi de début octobre à fin avril. Congés annuels : du 6 janvier au 15 février. Accès : en traversant la ville par la route principale D944 d'Avallon à Château-Chinon. Chambres doubles de 43 à 55 € avec douche et w.-c. ou bains. Plusieurs menus de 14 €, en semaine, à 26 €. C'est l'hôtel du village, imposante maison bien « liftée » et capable d'engloutir un régiment de routards. Très joli cadre rustique pour le restaurant avec grande cheminée et superbe plafond à la française. La cuisine est tout aussi raffinée, avec un formidable menu bourguignon. Les chambres sont spacieuses.

DANS LES ENVIRONS

VAUCLAIX 58140 (8 km S)

🏠 I●I *Hôtel de la Poste* ** – **Vauclaix (Centre)** ☎ 03-86-22-71-38. Fax : 03-86-22-76-00. ● www.hotel-vauclaix.com ● Parking. TV. 🛁 Accès : par la D944. Chambres doubles avec lavabo à 32 €, avec douche et w.-c. ou bains à 52 €. Menus à 10 €, sauf le week-end, puis de 15 à 40 €. Vieille adresse morvandelle, tenue depuis 5 générations par la famille Desbruères, des pros. Grandes chambres sobres au confort douillet. Piscine et jardin d'agrément avec jeu d'échecs géant et ping-pong. À table, des plats traditionnels (filet de bœuf aux morilles) ou créatifs (méli-mélo de Saint-Jacques et langoustines sur moelleux de poireaux), qui changent selon les saisons. Également des plats morvandiaux : tourte de truffes, saupiquet du Morvan... Service en terrasse.

LOUHANS 71500

Carte régionale B2

|●| *Restaurant La Cotriade* – 4, rue d'Alsace ☎ 03-85-75-19-91. Parking. ♣ Fermé le mardi soir. Accès : aux portes des Arcades, prendre la direction Lons-le-Saulnier. Formule à 10,50 €, servi tous les jours (sauf fériés) midi et soir. Autres menus de 14 à 32 €. Si vous êtes du genre indécis, à *La Cotriade* ce sera très dur ! Fraîcheur au rendez-vous, les produits de la mer arrivent directement de Bretagne : soupe de poisson, pianta de lotte rôtie à la chapelure de noisettes. Mais aussi, pour ceux qui sont venus à Louhans pour « tâter du poulet », n'hésitez pas à commander un spécimen local, à la crème et aux morilles. *Apéritif maison offert à nos lecteurs sur présentation de ce guide.*

DANS LES ENVIRONS

SAVIGNY-SUR-SEILLE 71440
(11 km O)

|●| *Auberge La Rivière* – Tiellay ☎ 03-85-74-99-03. Fermé le mardi soir et le mercredi du 16 septembre au 14 juin, uniquement le mercredi du 15 juin au 15 septembre. Accès : de Louhans, suivre la D160 par Branges, puis la D175. 1er menu à 15,10 € servi tous les jours midi et soir. Autres menus de 24,30 à 28,20 €. Adorable auberge en pleine nature, au bord de la Seille. Ancienne demeure de passeur. Intérieur avec jolie charpente possédant du charme. Bon accueil. Cuisine d'excellente réputation. Le patron, un fou de pêche, va chercher lui-même son poisson. Fraîcheur garantie ! 4 menus et belle petite carte : poulet de Bresse aux morilles ou aux écrevisses, gâteau de foies de volaille, suprême d'écrevisses, escargots, salades et friture, bien entendu. Ne pas manquer, quand il y en a, le « silure à notre façon », ce monstre des eaux douces. Pochouse sur commande. Beaux desserts. Aux beaux

jours, terrasse de rêve avec le gazon descendant jusqu'à l'eau. Les soirs d'automne et de printemps, une légère brume romantique nappe l'horizon. Ça devient magique ! Amoureux, c'est le moment d'échanger un tendre baiser sur le ponton. Et au milieu coulait une rivière... *Café offert à nos lecteurs sur présentation de ce guide.*

SAILLENARD 71580 (20 km NE)

▲ |●| *Auberge Le Moulin de Sauvagette* – Saillenard ☎ et fax : 03-85-74-17-58. Cartes de paiement refusées. Parking. Sur réservation uniquement. Fermé le dimanche soir et le lundi (sauf pension). Congés annuels : du 15 octobre au 15 décembre. Accès : N78 jusqu'à Beaurepaire-en-Bresse, D87 jusqu'à Saillenard, de là, prendre direction Bletterans, à 3 km de Saillenard ; bien fléché. Chambres doubles de 39 à 69 €. Petit déjeuner à 6,86 €. Assiette du pays à 11,43 €. Menu à 19,82 €. Menu-enfants à 11,43 €. Pour amoureux du hors-piste bucolique et pour amoureux tout court, voici, aux marches de la Bourgogne, l'ultime étape pour cacher ses émois et goûter aux charmes de la Bresse profonde ! Un vieux moulin en pleine campagne, joliment aménagé et décoré. Chambres très agréables, meublées comme d'antan. On aime beaucoup celle du « meunier », mais les autres possèdent leurs atouts aussi. Accueil fort sympathique et excellente cuisine régionale en prime, servie dans une belle salle à manger rustique. Quelques plats au hasard du marché et des saisons : terrine bressane, poulet fermier, canard aux morilles, filet de sandre noisettes, grenouilles sauce poulette, etc. C'est pas le tout, mais on y retourne ! *Apéritif maison ou digestif maison offert à nos lecteurs sur présentation de ce guide.*

MÂCON 71000

Carte régionale B2

▲ *Hôtel d'Europe et d'Angleterre* ** – 92, quai Jean-Jaurès (Centre) ☎ 03-85-38-27-94. Fax : 03-85-39-22-54. Parking payant. TV. Chambres doubles avec douche et w.-c. ou bains de 49 à 59 €. Bien situé. L'hôtel, bâtisse du XVIIIe siècle, plaira sûrement aux routards recherchant les établissements de caractère et possédant un petit charme suranné. De son prestige d'antan, il a conservé un escalier original et d'amples salles. Accueil sympa du patron. La N6 passe au pied de cet hôtel sur le bord de la Saône, mais rassurez-vous, les chambres sont insonorisées, et certaines ont une vue sur la Saône. Les nos 1, 6 et 9 possèdent un certain style. *Garage gratuit pour les lecteurs sur présentation de ce guide (sauf en juillet et août).*

🛏 ▮●▮ *Inter Hôtel de Bourgogne* ** – 6, rue Victor-Hugo (Centre) ☎ 03-85-38-36-57. Fax : 03-85-38-65-92. • hotel-debourgogne@fr • Parking. TV. Canal+. Satellite. Câble. Resto fermé le lundi soir, le samedi midi et le dimanche. Congés annuels : les 3 premières semaines de janvier. Accès : suivre le fléchage « La Poste » ; à deux pas du centre piéton. Chambres doubles avec douche et w.-c. ou bains de 62 à 73 €. 1er menu à 13 € le midi en semaine. Autres menus de 17 à 30 €. Bien situé sur une place fleurie et ombragée. Un certain charme dès qu'on est à l'intérieur. Le hall d'entrée est tout droit sorti d'un film de Chabrol. Les chambres sont toutes en couleurs pastel. Tours, détours, demi-étage, petits escaliers et recoins. Parmi les spécialités, escargots de Bourgogne, poulet de Bresse à la crème et gambas aux saveurs lointaines. *10 % sur le prix de la chambre offerts à nos lecteurs sur présentation de ce guide.*

▮●▮ *Maison Mâconnaise des Vins* – 484, av. de-Lattre-de-Tassigny (Nord) ☎ 03-85-22-91-11. Parking. ♿ Du 1er septembre au 30 juin, ouvert du lundi au jeudi de 8 h à 18 h 30, le vendredi et samedi de 8 h à 23 h et le dimanche de 8 h à 22 h. Accès : le long de la Saône, à l'entrée de la ville en venant de Chalon-sur-Saône. Compter 13 € environ à la carte (pas de menu). Vins au verre à 1,83 € et en bouteille à partir de 9,91 €. La *Maison Mâconnaise des Vins* regroupe de très nombreux propriétaires de la côte. Pour ne pas succomber aux vapeurs éthyliques, elle propose de nombreuses spécialités régionales : bœuf bourguignon, andouillette mâconnaise, petit salé, « fort » maison, tartes, gaufrette mâconnaise. Terrasse donnant sur la Saône. Le repas idéal pour déguster saint-véran, beaujolais, pouilly-fuissé, rully, givry... Le choix ne manque pas ! Attention sur la route ! *Apéritif maison offert à nos lecteurs sur présentation de ce guide.*

▮●▮ *Restaurant Le Rocher de Cancale* – 393, quai Jean-Jaurès (Centre) ☎ 03-85-38-07-50. Fermé le dimanche soir et le lundi (sauf jours fériés). Accès : en centre-ville, vers le pont Saint-Laurent. Menus de 16 à 40 €. Face à la Saône, dans une ancienne demeure du XVIIIe siècle, vous découvrirez un cadre raffiné et élégant. Le 1er menu n'est pas un simple menu d'appel comme il y en a tant dans les restaurants un peu chic (par exemple, six escargots de Bourgogne, ensuite quenelle de brochet sauce homardine, et dessert). Il est bon, copieux et vous ressortirez pleinement repu. Pour ceux qui veulent faire un festin, 4 autres menus. Spécialités : flan chaud de foie gras, poulet de Bresse crème et morilles, filet de bœuf poêlé au mâcon rouge, crêpes soufflées au citron coulis d'abricots... Un peu cher à la carte. Le service a le souci du détail : les petits pains sortent du four de la maison.

▮●▮ *Le Poisson d'Or* – port de plaisance (Nord) ☎ 03-85-38-00-88. Parking. ♿ Fermé le mardi soir et le mercredi. Congés annuels : du 15 février au 1er mars et du 20 octobre au 11 novembre. Accès : par la N6 en direction de Tournus, à 1 km du centre-ville, en bord de Saône. Menus de 18 à 45 € pour les plus fortunés. Les reflets de l'eau, les rivages ombragés sont à vous depuis les grandes baies vitrées de cet établissement entièrement rénové, un peu cossu mais pas guindé. Création d'une salle panoramique avec un jardin d'hiver et un coin salon. Spécialités régionales : fricassée de grenouilles en persillade, soufflé glacé au marc de Bourgogne. Raffinement oblige, d'épaisses nappes blanches, de gros bouquets de fleurs coupées, un accueil et un service particulièrement attentionnés. Grande terrasse ombragée.

▮●▮ *L'Amandier* – 74, rue Dufour (Centre) ☎ 03-85-39-82-00. ♿ Fermé le dimanche soir et le lundi. Accès : centre-ville, rue piétonne ; près de l'office de tourisme. Menus de 19,50 à 46 € servis tous les jours. L'assiette du jour à 9 € servie midi et soir, sauf samedi soir et dimanche midi. La spécialité connue des habitués, c'est le foie gras de canard des Landes mi-cuit maison, mais l'influence du marché incite Florent Segain à mitonner et varier souvent son 1er menu. Il est facile de repérer l'adresse, c'est bleu, bleu comme la devanture, bleu comme les fleurs et les assiettes, tandis que les tissus de la salle sont jaunes. Cossu et confortable. Quelques fleurons de la carte : escargots de bourgogne, filets de rouget dorés émulsion au basilic, farci de courgettes en tapenade... Terrasse fleurie.

DANS LES ENVIRONS

SANCÉ 71000 (3 km N)

🛏 ▮●▮ *La Vieille Ferme* ** – (Nord) ☎ 03-85-21-95-15. Fax : 03-85-21-95-16. • www.hotel-restaurant-lavieilleferme. com • Parking. TV. ♿ Congés annuels : du 20 novembre au 10 décembre. Accès : suivre la N6 vers Mâcon, c'est à droite (bien fléché), ou l'autoroute A6 sortie Mâcon nord. À 3 km du centre de Mâcon. Chambres doubles avec bains à 45 €. Menu à 11 € servi tous les jours midi et soir. Autres menus de 14 à 26 €. Une ancienne ferme restaurée avec goût et transformée en petit complexe hôtelier. Situation particulièrement privilégiée : en bord de Saône, avec de vrais champs de maïs et de vraies vaches autour, des pêcheurs à la ligne et des cyclistes roulant benoîtement sur le chemin de halage. La partie moderne construite façon motel présente des chambres spacieuses, plaisantes et, surtout, largement ouvertes côté Saône et verdure. TGV à peine perceptible. Salle de restaurant agréable (décor rustique, meubles anciens), mais aux beaux jours, la terrasse remporte tous les suffrages. Cuisine au diapason et parfaitement abordable. Carte assez classique mais mets exécutés avec sérieux : foie gras, grenouilles persillées, filet de sandre au xérès, cuisse de pintade farcie aux cèpes, etc. Belle piscine l'été avec copieux buffet le midi.

CRÈCHES-SUR-SAÔNE   71680

(8 km S)

🏠 I●I *Château de la Barge* ** – le bourg (Centre) ☎ 03-85-23-93-23. Fax : 03-85-23-93-39. ● www.hoteldelabarge.fr.st ⚫ Parking. TV. Fermé le samedi et le dimanche de novembre à Pâques et le mardi d'avril à octobre. Congés annuels : du 25 octobre au 3 novembre et du 19 décembre au 5 janvier. Accès : par la N6, ou autoroute A6 sortie Mâcon sud, suivre direction Vinzelles et au rond-point suivre Crèches-sur-Saône. 43 € la chambre double avec douche et w.-c., 54 € avec bains. Demi-pension à 53 € par personne, souhaitée de mai à septembre. 1er menu à 15 €, servi tous les jours midi et soir. Autres menus de 25 à 34 €. La vie de château enfin accessible dans cette grosse demeure de 1679, recouverte de vigne vierge, dans la quiétude d'un parc aux arbres centenaires. L'accueil est plutôt sympathique. Mobilier et papiers peints défraîchis dans de grandes chambres bercées par le chant des oiseaux. Les nos 18 à 29 sont particulièrement spacieuses. Au restaurant, même style, même ambiance ; la cuisine, savoureuse, reste simple. Pas de complications inutiles avec une terrine de brochet à l'estragon ou de foie gras maison, une daube de canard bourguignonne au cassis, des escargots au beurre d'amande, une daube de canard à la bourguignonne. Terrasse vraiment agréable. *Apéritif maison offert à nos lecteurs sur présentation de ce guide.*

MILLY-LAMARTINE   71960

(10 km NO)

I●I *Chez Jack* – pl. de l'Église (Centre) ☎ 03-85-36-63-72. ⚒ Fermé le lundi, le mardi soir et le dimanche soir. Congés annuels : 1 semaine pendant les vacances scolaires de février et de fin août à début septembre. Accès : depuis Mâcon, suivre N79, sortie Milly-La Roche Vineuse. 1er menu à 8,40 € servi uniquement le midi en semaine, menu suivant à 14,10 €. Sympathique petit resto de village à l'ombre d'une belle église et de la maison de Lamartine. L'occasion de déguster une bonne cuisine beaujolaise. Salle traditionnelle où l'on trouve au coude à coude travailleurs du coin

et touristes. Aux beaux jours, quelques tables dehors devant l'église. À la carte : pied de veau rémoulade, andouillette au four, entrecôte, saucisson chaud, rognon de veau à la crème, tablier de sapeur, etc. Bonne petite sélection de vins, en pot ou en bouteille : mâcon rouge, régnié, pouilly-fuissé... *Café offert à nos lecteurs sur présentation de ce guide.*

SAINT-VÉRAND 71570   (13 km SO)

🏠 I●I *L'Auberge du Saint-Vérand* ** – lieu-dit La Roche ☎ 03-85-23-90-90. Fax : 03-85-23-90-91. Parking. TV. Satellite. ⚒ Fermé le mardi hors saison. Accès : autoroute A6, sortie 29 (direction Vinzelles, Juliénas, Saint-Vérand). Chambres doubles de 57 à 65 € avec douche et w.-c. Menu à 20 €, servi midi et soir. Autres menus de 26 à 49 €. Intéressant système de demi-pension demandée. Dans un village traditionnel, au milieu des coteaux et des vignes, près d'un ruisseau, une belle maison en pierre avec terrasse et jardin. Cuisine régionale, hôtel simple, propre et de bon confort. Menus avec des vins de pays bon marché (ce n'est pas courant, donc il faut le dire !). Quelques plats à la carte : poêlée de Saint-Jacques au beurre blanc, grenouilles poêlées à la provençale, foie gras frais de canard, etc. Un petit déjeuner par chambre offert à nos lecteurs sur présentation de ce guide.

MOULINS-ENGILBERT   58290

Carte régionale A2

🏠 I●I *Au Bon Laboureur* ** – pl. Boucaumont (Centre) ☎ 03-86-84-20-55. Fax : 03-86-84-35-52. Parking. TV. Congés annuels : la 1re quinzaine de janvier. Accès : sur la route principale, la D37, qui traverse le village. Chambres doubles de la plus simple à la plus confortable de 25 à 55 €. 1er menu à 11,55 € servi en semaine. Autres menus de 17,90 à 39,50 €. Une des valeurs sûres du Sud-Morvan, où l'on se régale à bon prix et cela dès le 1er menu. Cuisine copieuse et soignée et clientèle d'habitués, couleur locale. Quelques spécialités : meurette d'escargots de Bourgogne aux lardons et cèpes et son œuf poché, salade de homard au croustillant de crevettes roses et ses petits légumes à la badiane... Des chambres correctes pour profiter de ce beau village.

DANS LES ENVIRONS

BRINAY 58110 (11 km O)

I●I *L'Ancien Café* – au village ☎ 03-86-84-90-79. Fermé le dimanche soir. Accès : par la D132 jusqu'à Limanton, puis continuer sur 5 km en direction de Châtillon-en-Bazois. Formule (plat, dessert) à 8,40 € en semaine. Menus de 10 €, en semaine, à 23 €. Modeste bar-restaurant-épicerie-dépôt de pain et de gaz de campagne, avec poêle à charbon entre les tables, où l'on vous sert aimablement une solide cuisine bon marché. Jambon du Morvan, tête de veau (« elle est belle, faut en profiter ! »), charolais, fromage du pays, on se régale et on prend le temps de causer avec les patrons et leur fille, nivernais d'adoption. Terrasse ombragée.

SAINT-PÉREUSE 58110 (14 km NO)

I●I *Auberge de la Madonette* – **le bourg (Centre)** ☎ 03-86-84-45-37. Fermé le mardi soir et le mercredi soir sauf en juillet-août. Congés annuels : du 15 décembre au 5 février. Accès : par la D985 puis la D978 en direction de Château-Chinon sur 2 km puis à gauche. Menus de 11 €, en semaine, à 43 €. Marie-Madeleine Grobost s'est découverte une vocation nouvelle sur le tard. Après s'être occupée d'enfants handicapés, elle décide de se lancer dans le métier. CAP en poche, elle transforme cette grande maison avec un beau décor tout en carreaux vichy, prolongée d'un magnifique jardin en terrasses, qui offre une vue unique sur les contreforts du Morvan. Cuisine rustique avec beaucoup de goût. Tête de veau à l'ancienne, agneau poêlé à la persillade, tourte d'escargots.

SEMELAY 58360 (19 km S)

I●I *Restaurant Gilles Perrin* – **au village** ☎ 03-86-30-91-66. Fermé le lundi. Accès : par la D985 direction Saint-Honoré-les-Bains, puis la D158. 1er menu à 12,50 € le midi en semaine, puis menus de 16,50 à 27 €. Table traditionnelle connue dans tout le pays. C'est bien simple, quand on veut inviter au restaurant des amis, des cousins de passage, on réserve chez *Perrin* : c'est sans souci ! Menus avec un incroyable duo de saumon et daurade au chablis ou une noisette de charolais poêlée si vous préférez. Salle au cadre « province » et « campagne » : ça tombe bien, on y est.

CHIDDES 58710 (27 km SE)

I●I *La Bouille à Malys* – **au centre du village** ☎ 03-86-30-48-90. Satellite. ♿ Fermé le mercredi. Congés annuels : en janvier et février. Accès : par la D985 direction Saint-Honoré-les-Bains et Luzy ; Chiddes est indiqué sur la gauche. Menus le midi en semaine à 8 et 10 €, puis de 15 à 20 €. Sympa comme tout, ce café-restaurant rural joliment décoré – tons doux et chauds – et tenu par un jeune couple de Morvandiaux qui veulent rester au pays et qu'on s'y

amuse, cré-vingt-dieux ! À table, cuisine du terroir avec des plats du jour genre chèvre chaud en salade, gésiers en salade au vinaigre de framboise, andouillette ou marmite de la patronne, pavé de saumon, entrecôte roquefort. Le samedi soir, dîner à thème (couscous, paella, cuisine asiatique, africaine etc.). Expos et concerts, également. *Café offert à nos lecteurs sur présentation de ce guide.*

MOUX-EN-MORVAN 58230

Carte régionale A2

🛏 **I●I** *Hôtel-restaurant Beau Site* * – **Bellevue-Moux-en-Morvan** ☎ 03-86-76-11-75. **Fax : 03-86-76-15-84.** Parking. Fermé le dimanche soir et le lundi en mars, novembre et décembre. Congés annuels : en janvier et février. Accès : D121, à 7 km du lac des Settons. Chambres doubles de la plus simple (avec lavabo) à la plus confortable de 24,50 à 46 €. 1er menu à 11,50 €, sauf le dimanche midi. Autres menus de 15 à 29 €. Un établissement qui ne paie pas de mine mais qui porte bien son nom (site magnifique) et est bien connu dans le pays pour sa table fiable et généreuse. Franche cuisine familiale traditionnelle, genre plats en sauce et recettes de toujours, et bons prix (1er menu très correct). Quant à l'hôtel, séparé du resto, il dispose de chambres simples mais spacieuses et bon marché. *Apéritif maison offert à nos lecteurs sur présentation de ce guide.*

NEVERS 58000

Carte régionale A2

🛏 *Hôtel Beauséjour* ** – **5 bis, rue Saint-Gildard** ☎ 03-86-61-20-84. Fax : 03-86-59-15-37. Parking payant. TV. Satellite. Câble. Fermé le vendredi hors saison. Congés annuels : 1 semaine en août et pendant les vacances scolaires de Noël. Accès : entre la gare et le centre-ville ; face à la châsse Sainte-Bernadette. Chambres doubles de 23,50 € avec lavabo à 38 € avec douche et w.-c. côté jardin. Des chambres simples, fonctionnelles et d'une propreté irréprochable. Légèrement excentré et dans une rue un peu passante, mais bien insonorisé et calme côté jardin. Accueil charmant et bon rapport qualité-prix. Petit déjeuner-buffet servi dans la véranda côté jardin.

🛏 *Hôtel de Clèves* ** – **8, rue Saint-Didier (Centre)** ☎ 03-86-61-15-87. Fax : 03-86-57-13-80. TV. Accès : dans une rue calme du centre-ville, non loin de la gare. Chambres doubles avec douche à 38 €, avec bains à 46 €. Bien situé, un petit établissement bien tenu par une dame affable, volontiers causante au petit déjeuner. Les chambres, rénovées, bénéficient d'une bonne literie. À signaler, un coin jardin sympathique. *10 % sur le prix de la chambre (le week-end) offerts à nos lecteurs sur présentation de ce guide.*

🛏 *Hôtel Molière* ** – **25, rue Molière**
☎ 03-86-57-29-96. **Fax : 03-86-36-00-13.** Parking. TV. Canal+. Congés annuels : du 31 juillet au 18 août et du 21 décembre au 6 janvier. Accès : emprunter le boulevard du Maréchal-Juin (ex-RN7) ; à la station BP, rue de Vauzelles à droite ; suivre les panneaux. Chambres doubles à 43 € avec douche et w.-c., 47 € avec bains. Au calme, près du centre-ville. Un petit hôtel de préfecture bien tenu par une charmante et gentille dame. Les chambres sont lumineuses, assez gaies, et la moitié d'entre elles a une vue sur jardin.

🛏 |●| *Hôtel-restaurant La Folie* ** – **route des Saulaies** ☎ **03-86-57-05-31. Fax : 03-86-57-66-99.** ● **www.hotel-lafolie.com** ● Cartes de paiement refusées. Parking. TV. Canal+. Satellite. Resto fermé le vendredi et le dimanche soir de septembre à mai, le vendredi midi de juin à août. Accès : par le quai des Mariniers. Chambres doubles de 46,80 à 49,20 €, tout confort. 1ᵉʳ menu à 15,60 €. Autres menus à 20,50 et 25 €. Hébergement gratuit pour les enfants de moins de deux ans – lit de bébé à disposition. Chambres doubles au décor contemporain. Pas si fou que ça de choisir ce point de chute plutôt qu'un autre, car on est littéralement plongé dans une ambiance de club de vacances avec le parc arboré, le tennis et la piscine. Les repas se prennent dans une grande salle de restaurant ouverte sur une belle terrasse. Et la Loire coule au bout du chemin. Réservation souhaitable. *Café offert à nos lecteurs sur présentation de ce guide.*

|●| *Le Goémon* – **Crêperie Bretonne** – **9, rue du 14-Juillet** ☎ 03-86-59-54-99. Fermé le dimanche et le lundi. Le midi en semaine, menu à 8,90 € avec hors-d'œuvre, galette complète et dessert. À la carte, compter 13 à 14 € environ. Rien de très banal pour le cadre, mais de bonnes crêpes salées (à l'andouillette de Guéméné, par exemple, impeccable) et sucrées. Service plutôt sympa. *Apéritif maison offert à nos lecteurs sur présentation de ce guide.*

|●| *Restaurant Aux Chœurs de Bacchus* – **25, av. du Général-de-Gaulle (Centre)** ☎ **03-86-36-72-70.** Fermé le lundi midi, le samedi midi et le dimanche. Congés annuels : 1 semaine en avril, les 3 premières semaines d'août et du 23 décembre au 3 janvier. Accès : près de la gare. 1ᵉʳ menu à 13,60 € servi midi et soir. Autres menus à 18,90 et 29 €. Très bien, ce petit restaurant (pas si petit que ça, d'ailleurs) où l'on vous sert avec diligence et amabilité une cuisine généreuse, éprouvée, plaisante, qui suit de près le marché. On pourra sans hésiter l'accompagner de trois verres de vins assortis aux plats : toujours bien choisis, ils feront de ce repas un dîner de roi – à prix populaire.

|●| *La Cour Saint-Étienne* – **33, rue Saint-Étienne (Centre)** ☎ **03-86-36-74-57.** Fermé le dimanche et le lundi. Congés annuels : du 1ᵉʳ au 6 janvier, du 24 février au 4 mars et du 1ᵉʳ au 23 août. Accès : derrière l'église Saint-Étienne. 1ᵉʳ menu à 14,50 €, sauf le samedi soir, puis menu à 19 €. Deux salles aux tons doux, à la déco sage et classique, un service compétent, jusque-là tout va bien. Et tout va mieux encore avec le second menu, d'un excellent rapport qualité-prix : très fin saumon farci aux artichauts et aux aubergines, puis suprême de poulet farci aux cèpes, tout aussi réussi. Quant au dessert, le croquant de poire à la chicorée ne fait pas un pli. Aux beaux jours, quelques tables en terrasse sur l'arrière.

|●| *Restaurant Jean-Michel Couron* – **21, rue Saint-Étienne (Centre)** ☎ **03-86-61-19-28.** Fermé le lundi, le mardi et le dimanche soir. Congés annuels : du 2 au 18 janvier et du 13 juillet au 6 août. Accès : prendre la direction « centre-ville et parking Saint-Pierre », situé à 2 mn du restaurant. Menu en semaine à 19 €, puis menus suivants de 26 à 41,15 €. L'étoilé neversois (comprendre étoilé Michelin) ne l'a pas volé et propose, dans le cadre de 3 petites salles élégantes (dont une, de style gothique, absolument charmante), une cuisine harmonieuse et fine. Et, qui plus est, à prix abordables : irréprochable 1ᵉʳ menu avec fromage ou dessert. À noter, la tarte de tomates et pommes, la pièce de bœuf charolais, le filet de carrelet étuvé et une compote de poivrons rouges à la sauge, ou encore la soupe tiède de chocolat aux épices, un régal. Réservation recommandée.

DANS LES ENVIRONS

MARZY 58000 (5 km SO)

🛏 |●| *Le Val de Loire* – **Corcelles** ☎ 03-86-38-85-21. Cartes de paiement refusées. Parking. TV. Accès : par la D131 en direction de Marzy, à la sortie du village vers Corcelles ; à 5 km de la gare. Chambres doubles à 20 € avec lavabo, 28 € avec douche et w.-c., 31 € avec bains. Menus de 10 à 18,29 €. Vraiment tranquille et bon marché, très bien tenu (les chambres se trouvent dans une annexe récente) et animé d'une bonne ambiance familiale. Seul inconvénient, le bus qui vient de Nevers n'y passe que deux fois par jour. Également un resto, à la cuisine tout à fait quelconque. *Café offert à nos lecteurs sur présentation de ce guide.*

SAUVIGNY-LES-BOIS   58160

(10 km SE)

|●| *Restaurant Le Moulin de l'Étang* – 64, **route de l'Étang** ☎ 03-86-37-10-17. Parking. Fermé le lundi et le mercredi soir. Accès : de Nevers, D978 direction Château-Chinon, puis D18 à droite ; auberge un peu à l'écart du village, le long de la D209. 1er menu à 17,50 €, servi tous les jours midi et soir. Autres menus de 22,50 à 38 €. Une des bonnes tables du Nivernais, où nous avons dévoré dans le 1er menu une formidable tête de veau (avec tout son gras et sa sauce gribiche spécial régime), puis un aimable mignon de porc mariné façon chevreuil. Le dessert, en revanche (une crème brûlée un peu trop sucrée), nous a légèrement déçus mais, dans l'ensemble, bravo ! Service aimable et diligent, grande salle à manger à l'atmosphère toute provinciale. *Café offert à nos lecteurs sur présentation de ce guide.*

MAGNY-COURS 58470 (12 km S)

🏠 |●| *Hôtel-restaurant La Renaissance* **★★★★** – 2, rue de Paris ☎ 03-86-58-10-40. Fax : 03-86-21-22-60. ● hotel-larenaissance@wanadoo.fr ● Parking. TV. Canal+. Fermé le dimanche soir et le lundi. Congés annuels : 3 semaines en février-mars et 2 semaines en août. Accès : par la RN7. À l'étage, chambres de tout confort de 84 à 92 € la double ; également 3 suites de 107 à 153 €. 1er menu à 39 € avec vin servi le soir et le dimanche, puis menus de 54 à 71 €. L'hôtel-restaurant chic des environs de Nevers, et l'une des grandes tables du département. On est à deux ou trois kilomètres du circuit automobile de Magny-Cours, et les pilotes et les techniciens apprécient la cuisine goûteuse du chef, toujours à base de produits de choix : poêlée de grenouilles au beurre vert, sole au beurre mousseux, poitrine de canard rôtie. Bons vins de Loire abordables. Grande salle agréable et service soigné. Une adresse solide dans sa catégorie. *Apéritif maison offert à nos lecteurs sur présentation de ce guide.*

NITRY   89310

Carte régionale A1

🏠 |●| *Auberge La Beursaudière* – **chemin de ronde (Nord-Ouest)** ☎ 03-86-33-69-69. Fax : 03-86-33-69-60. ● www.beursaudiere.com ● Parking. TV. Satellite. Fermé le lundi soir de novembre à mars. Congés annuels : les 2e et 3e semaines de janvier.

Accès : chemin de ronde, route de Sacy. Chambres avec douche et w.-c. ou bains de 60 à 99 €. Formule à 11,50 € en semaine, avec un plat et un dessert, et 1er menu à 16 €, servi tous les jours. Autres menus à 30 et 39 €. Cette superbe bâtisse morvandelle, avec son pigeonnier de style médiéval, est surtout une halte pour les vacanciers qui se rendent dans le Sud de la France. Ici, on fait dans le genre couleur locale : serveuses en costume régional, menus dits des « roulants » ou des « batteuses »... Une grande terrasse, très bien aménagée, permet de déjeuner dehors. Mais attention, l'été, ça tape ! À l'affiche, une cuisine de région pour gros appétits : aumônière d'escargots à la crème de chaource, andouillette de Clamecy cuite au four à bois, mosaïque de langoustes et Saint-Jacques. Et un tout nouvel hôtel qu'on n'a pas encore eu l'occasion de découvrir.

DANS LES ENVIRONS

NOYERS-SUR-SEREIN   89310

(10 km NE)

🏠 |●| *Hôtel de la Vieille Tour* – **pl. du Grenier-à-Sel (Centre)** ☎ 03-86-82-87-69. Fax : 03-86-82-66-04. Parking. Ouvert de début avril à fin septembre et tous les jours sur réservation. Congés annuels : du 1er octobre au 1er avril. Chambres doubles avec lavabo à 30 €, avec douche et w.-c. ou bains de 40 à 55 €. Table d'hôte à 13 et 16 €, sur réservation. Cette belle bâtisse du XVIIe siècle, où vécut Charles-Louis Pothier (l'auteur de la chanson *Les Roses Blanches*), abrite des chambres meublées à l'ancienne. La patronne, historienne d'art, vous accueille avec charme et un délicieux accent hollandais. S'il y a assez de monde, vous partagerez à sa table d'hôte une cuisine à base de légumes et d'herbes du jardin. Un endroit étonnant et – comme le bourg – hors du temps.

NOLAY   21340

Carte régionale B2

|●| *Restaurant Le Burgonde* – **35, rue de la République** ☎ 03-80-21-71-25. Fermé le mardi et le mercredi. Congés annuels : pendant les vacances de février (zone B). Accès : sur l'axe Beaune-Autun, dans le centre-ville, à 200 m de la mairie. Menu à 27,10 €. Pour un repas complet à la carte, compter 30,50 €. Derrière les vitres d'un ancien grand magasin, une salle à manger très bourgeoise de province, des plantes vertes, un plancher d'époque, un charme fou... Surpris, on se laisse guider dans l'autre salle, une véranda-jardin d'hiver, sous la verrière. Sympa, feutré. Dans

l'assiette, produits venus des fermes voisines ou de petits producteurs des environs. Service gentil. Vins à prix (encore) raisonnables. *Café offert à nos lecteurs sur présentation de ce guide.*

DANS LES ENVIRONS

CORPEAU 21190 (8 km E)

l●l *L'Auberge du Vieux Vigneron* – **route de Beaune (Centre)** ☎ **03-80-21-39-00.** Parking. Fermé le lundi et le mardi toute la journée. Congés annuels : les trois 1res semaines de janvier, pendant les vacances scolaires de février et du 18 au 26 août. Accès : à la limite sud du département, tout près de Chagny, en face de la mairie. Menus de 15 à 25 €. Un village où l'on n'aurait guère l'idée de faire un détour s'il n'y avait cette auberge, avec sa salle à manger qui reconstitue l'ambiance des repas de vendanges : vieilles tables, vieux meubles, vieille cheminée où cuisent côtelettes et andouillettes. On vient ici manger des salades Saint-Jacques, des gratins de queues d'écrevisses flambées au marc de Bourgogne, une crème brûlée au pain d'épice, des crêpes... Vins de la maison, évidemment, avec un chassagne-montrachet ou un puligny abordable. Tout simple, tout bon. Récent, un caveau de dégustation avec les vins du propriétaire et une vingtaine d'autres de Saône-et-Loire. *Apéritif maison offert à nos lecteurs sur présentation de ce guide.*

Carte régionale B2

🛏 l●l *Iris Hôtel* – **1, av. Chamboland (Sud)** ☎ **03-80-61-17-17. Fax : 03-80-61-26-33. ● www.hotel-iris.fr ●** Parking. TV. Canal+. ♿ Accès : à la sortie de la ville, direction Beaune. Chambres doubles à 46 €. Menu à 12,50 € le midi en semaine, vin et café compris. Autres menus de 15 à 24 €. Menu dégustation en hiver à 30 €. L'heureuse transformation d'un hôtel de chaîne, tombé en décrépitude, en un petit hôtel pratique, idéal pour une nuit. Une initiative à encourager, même si tout n'est pas parfait, en particulier l'accueil... Au restaurant, bonne petite cuisine du pays : terrine de canard aux olives, suprême de volaille farci aux crevettes ou magret de colvert au foie gras. Coin bar pour goûter au vin de pays. Terrasse avec barbecue géant en été, aux ceps et aux sarments de vigne.

l●l *Le Restaurant de la Tour* – **14, rue du Général-de-Gaulle (Sud-Ouest)** ☎ **03-80-61-17-20.** Fermé le lundi toute la journée, le mardi midi et le dimanche soir. Congés annuels : 1 semaine en janvier, 1 semaine en juin et 3 semaines en décembre. Accès : avant la sortie de Nuits, sur la route de Beaune. Menu à 10 € à midi en semaine. Autres menus de 12 à 26 €. Très bonne affaire familiale, des prix intéressants, un bon choix de vins et surtout des produits frais de qualité : la belle adresse par excellence. Plats régionaux, dont le fameux poulet Gaston-Gérard. Une recette que l'on doit à la première épouse d'un ancien maire dijonnais du même nom qui, recevant un jour le grand Curnonsky, laissa tomber la boîte à paprika dans la casserole où mijotait un poulet au vin blanc et au gruyère. Le célèbre critique gastronomique ayant manifestement apprécié, il ne vous reste plus qu'à en faire autant !

DANS LES ENVIRONS

VILLARS-FONTAINE 21700 (5 km O)

l●l *Auberge du Coteau* – **(Centre)** ☎ **03-80-61-10-50.** Parking. Fermé le mardi soir et le mercredi. Congés annuels : quinze jours fin février et du 15 août au 8 septembre. Accès : par la D25 puis la D35. Menus à 9,80 €, le midi en semaine, puis à 13, 18,30 et 20 €. Un vrai relais campagnard, où l'on vous sert en famille terrine maison, grillades au feu de bois tendres à souhait (dont la côte de bœuf), coq au vin, escargots et autres plats qui tiennent au corps et réjouissent les cœurs, surtout avec un vin des Hautes-Côtes, au retour d'une balade dans le vignoble. Cheminées, petites tables nappées en vichy et prix à l'ancienne. L'étape idéale après avoir passé un après-midi à découvrir l'arrière-pays nuiton, royaume des chèvres, des petits fruits rouges et des artisans, de collines en chapelles, de châteaux en ruine en musées insolites.

VOUGEOT 21640 (10 km N)

🛏 *Hôtel de Vougeot* – **18, rue du Vieux-Château** ☎ **03-80-62-01-15. Fax : 03-80-62-49-09. ● www.castel-tres-girard.com ●** Parking. TV. Fermé le lundi et le mardi. Accès : par la N74, en direction de Beaune. Chambres doubles de 59 à 65 € avec douche et w.-c. Dans ce village célèbre dans le monde entier pour les fêtes vineuses organisées par la confrérie du clos Vougeot, on ne s'attend pas à trouver un petit hôtel comme celui-là, aussi insignifiant en façade que plaisant côté cour, avec ses chambres (demandez la n° 9A ou 9B) avec vue sur le château ! Calme, confortable, il mériterait presque qu'on lui fasse un ban bourguignon, ne serait-ce que pour ne pas « prendre pour des touristes » ceux qui passent par là, guide en main ! *10 % sur le* *prix de la chambre (du 1ᵉʳ novembre au 30 avril) offerts à nos lecteurs sur présentation de ce guide.*

AUVILLARS-SUR-SAÔNE 21250

(15 km SE)

|●| *Auberge de l'Abbaye* – **route de Seurre** ☎ **03-80-26-97-37.** Parking. Fermé le mardi soir et le mercredi, ainsi que le dimanche soir. Accès : par la D35 puis la D996. Le midi, en semaine, formule bistrot à 13 €. Menus de 19,70 à 38,50 €. L'étape à ne pas manquer après la visite de l'abbaye de Cîteaux qui, à plus de 900 ans, s'ouvre (avec modération, comme on boit le vin des bons moines d'autrefois) sur le monde et les hommes. À un kilomètre du village, un lieu de recueillement, devant des assiettes riches en saveurs, en trouvailles de grand chef à prix (presque) menus. Vous pouvez aussi, dans le coin bistrot, joli comme tout, prendre le menu du jour, style terrine de foie de volaille à l'ancienne, émincé de mignon de porc aux pommes, terrine de pain perdu. En spécialités : salade de langoustines aux noisettes et pain d'épice, joue de veau en feuille de chou et ragoût de légumes ou dos de cabillaud rôti et en brandade. Pour l'été, terrasse mignonne elle aussi. *Café offert à nos lecteurs sur présentation de ce guide.*

CURTIL-VERGY 21220 (18 km N)

⌂ *Hôtel Le Manasses* – **rue Guillaume-de-Tavanes (Centre)** ☎ **03-80-61-43-81. Fax : 03-80-61-42-79.** ● **www.ifrance.com/hotelmanasses** ● Parking. TV. Ouvert tous les jours. Congés annuels : de décembre à février. Accès : à la sortie de la ville, prendre la petite route qui mène dans les Hautes-Côtes-de-Nuits. Chambres doubles, confortables en diable, de 70 à 95 €. Vue splendide, calme étonnant, sauf quand une voix du coin qui porte et qui roule les « R » vous accueille ! Les Chaley font partie des vignerons qui ont bâti la réputation des Hautes-Côtes. Le grand-père, dans les années 1960, allait lui-même livrer son vin en « deux-pattes ». Le fils a continué, tout en changeant de moyen de locomotion et en construisant petit à petit cet hôtel plein de charme. Une grange a été transformée en musée du Vin, pour les dégustations du soir, épiques ! Et un « petit » déjeuner à la bourguignonne. *Apéritif maison offert à nos lecteurs sur présentation de ce guide.*

PARAY-LE-MONIAL 71600

Carte régionale A2

⌂ |●| *Grand Hôtel de la Basilique* ** – **18, rue de la Visitation (Centre)** ☎ **03-85-81-11-13. Fax : 03-85-88-83-70.** ● **www.hotel basilique.com** ● Parking payant. TV. Satellite. Congés annuels : du 1ᵉʳ novembre au 20 mars. Accès : à 100 m de la basilique et en face de la chapelle de la Visitation où le Sacré-Cœur apparut à sainte Marguerite. Chambres doubles avec douche et w.-c. ou bains de 40 à 57 €. Demi-pension de 36 à 50 € par personne. Menus de 11,50 à 28 €. L'hôtel offre un grand choix de chambres et un restaurant de cuisine régionale : brunoise de charolais label rouge, œufs en meurette, assiette Saint-Vincent... Au 3ᵉ étage côté sud, admirez l'embrasure de la basilique. Au rez-de-chaussée, en sortant du bar, vous risquez de vous retrouver en face de sainte Marguerite : ce n'est pas une apparition, mais tout simplement le magasin de bondieuseries qui jouxte l'estaminet. Un hôtel plein de charme, mais n'y soyez pas trop excentrique, c'est l'un des rendez-vous préférés des pèlerins ! *Apéritif maison offert à nos lecteurs sur présentation de ce guide.*

⌂ |●| *Hôtel Terminus* *** – **27, av. de la Gare (Nord)** ☎ **03-85-81-59-31. Fax : 03-85-81-38-31.** ● **www.terminus-paray.fr** ● Parking. TV. Canal+. Resto ouvert seulement le soir et fermé le vendredi, le samedi et le dimanche. Congés annuels : du 1ᵉʳ au 15 novembre. Accès : face à la gare SNCF. Chambres doubles avec douche et w.-c. à 53 €, avec bains à 61 €. Menus à 14 et 20 €. Gros hôtel fort bien rénové. La façade reste austère mais sitôt la porte franchie, tout est oublié ! L'accueil est chaleureux et le souci du détail. Les chambres, spacieuses, sont décorées de tissus fleuris et coordonnés avec d'exceptionnelles salles d'eau, un peu futuristes, alliant le bois, le plexiglas et les jets à pression. Possibilité de se restaurer de petits plats de brasserie. *Café offert à nos lecteurs sur présentation de ce guide.*

POUILLY-SUR-LOIRE 58150

Carte régionale A1-2

⌂ |●| *Le Relais Fleuri - Coq Hardi* *** – **42, av. de la Tuilerie** ☎ **03-86-39-12-99. Fax : 03-86-39-14-15.** ● **www.lerelais fleuri.fr** ● Parking. TV. ♿ Fermé le mardi et le mercredi d'octobre à avril. Congés annuels : de mi-décembre à mi-janvier. Accès : au sud-est, à 1 km du centre-ville, face aux caves coopératives. Chambres doubles avec douche et w.-c. ou bains de 52 à 72 €. 1ᵉʳ menu à 20 €, puis autres menus de 27 à 55 €. Très classique *Logis de France*, avec meubles rustiques et force fleurs et plantes (comme son nom l'indique), mais aussi un bien bon accueil et de belles chambres, surtout celles donnant sur la Loire. À table, cuisine régionale de bonne tenue : pannequet de saumon fumé aux sarments de vigne, filet de turbotin poêlé dans son jus de viande et crème au curcuma. Carte des vins très fournie mais un peu chère. Un établissement plutôt agréable et sans mauvaise surprise.

QUARRÉ-LES-TOMBES 89630

Carte régionale A1

🏠 |◉| *Hôtel-restaurant Le Morvan* – 6, rue des Écoles (Centre) ☎ 03-86-32-29-29. **Fax : 03-86-32-29-28.** Fermé le lundi et le mardi sauf en juillet-août. Congés annuels : en janvier, février et la 2ᵉ semaine d'octobre. Chambres doubles de 44 à 66 €. Menus de 17 à 40 €. Il est des maisons où l'on se sent tout de suite bien. Ça tient souvent à un détail qui ne coûte pas bien cher et pourtant rare : le sourire. Ici, il y a même de la bonne humeur. Les chambres sont toutes personnalisées et la cuisine bourguignonne suit les saisons et le marché. Les clefs du succès, dans la simplicité.

🏠 |◉| *Auberge de l'Âtre* *** – Les Lavaults (Nord-Est) ☎ 03-86-32-20-79. **Fax : 03-86-32-28-25.** Parking. TV. 🐾 Fermé le mardi soir et le mercredi hors saison. Congés annuels : du 1ᵉʳ au 28 février. Accès : N6, puis D10 ; prendre la direction « Lac des Settons ». Chambres doubles avec bains à 84 €. Menus à 23,50 €, sauf le dimanche, puis à 39,50 et 47,50 €. Isolée au cœur du Morvan, cette auberge-là a de quoi rassurer le voyageur égaré, surtout les nuits plutôt fraîches où elle surgit du brouillard. Une première salle qui a gardé la mémoire des bistrots d'autrefois, un décor rustique mais chaleureux pour le restaurant où le chef adore jouer, dans les plats qu'il crée avec les plantes et les champignons du Morvan. C'est peut-être l'une des plus belles tables de la région, à des prix encore abordables. Et pour ceux qui céderaient définitivement au charme des lieux et qui accessoirement auraient quelques moyens, 7 chambres, plaisantes, ont été aménagées. *Apéritif maison ou café offert à nos lecteurs sur présentation de ce guide.*

DANS LES ENVIRONS

BRIZARDS (LES) 89630 (6 km SE)

🏠 |◉| *Auberge des Brizards* ** ☎ 03-86-32-20-12. **Fax : 03-86-32-27-40.** ● **www.aubergedesbrizards.com** ● Parking. TV. Accès : par la D55 ; fléchage. Chambres doubles de 38,11 à 83,85 € avec douche ou bains. 1ᵉʳ menu servi en semaine à 22,11 €, vin compris. Que peut-il y avoir de plus romantique au monde que cette charmante auberge ? Enfouie dans la forêt

profonde du Morvan, complètement isolée, elle semble surgir d'un conte de fées tant les environs sont magnifiques et les parfums champêtres enivrants. Au restaurant, menus servis avec le sourire, dans une salle claire, spacieuse, qui n'a plus rien à voir avec celle où grand-mère Odette recevait ses clients, au milieu des terrines et des bocaux. Ici, il faut goûter la matelote de sandre au vin rouge, la tourte de cochon, le vrai boudin aux pommes maison, le pigeonneau aux choux et le pain d'épice grand-mère poêlé glace au réglisse. Tennis et étang pour la pêche. *Kir offert à nos lecteurs sur présentation de ce guide.*

ROCHE-EN-BRENIL (LA) 21530

Carte régionale A1

|◉| *Aux Portes du Morvan* – RN6 ☎ 03-80-64-75-28. 🐾 Fermé le mardi soir et le mercredi. Accès : à la sortie du village en venant de Saulieu. 1ᵉʳ menu à 10,80 € servi tous les jours midi et soir. Autres menus à 16 et 21 €. Une bonne adresse pour qui aime manger bien et sain, à des prix qui ne rendent pas malades. Spécialités du chef : jambon à la crème, œufs au vin, mignon de porc au porto, tourtes morvandelles (le week-end)... Arrêtez-vous au bar, pour vous mettre dans l'ambiance. Les trognes, comme l'accent, sont bien du coin. Et pas forcément du 3ᵉ âge, loin de là ! *Café offert à nos lecteurs sur présentation de ce guide.*

ROMANÈCHE-THORINS 71570

Carte régionale B2

🏠 |◉| *Hôtel-restaurant La Maison Blanche* ** – RN6 (Centre) ☎ 03-85-35-50-53. **Fax : 03-85-35-21-22.** Parking. TV. Fermé le dimanche soir et le lundi. Accès : au sud de Mâcon, à la frontière du Rhône. Chambres doubles avec douche à 29 €, avec bains à 38,60 €. 1ᵉʳ menu à 14 €, servi tous les jours midi et soir. Autres menus de 19,20 à 38 €. Situé au bord d'une route très fréquentée, ça n'invite pas tellement à s'arrêter. Vous auriez tort, car ici, c'est une belle cuisine régionale, confectionnée avec un professionnalisme réjouissant. Bon, on vous l'accorde, style et atmosphère peu routards, mais service attentif et ce qui compte, c'est ce qu'il y a dans l'assiette. Quelques fleurons de la carte : saumon fumé au bois de hêtre, gelée de lapin, coq au vin maison (un des meilleurs jamais mangés !), tournedos poêlé aux morilles, etc. Pour dormir, quelques chambres confortables (dont certaines donnent sur rue mais sont insonorisées). *Apéritif maison offert à nos lecteurs sur présentation de ce guide.*

RULLY   71150

Carte régionale B2

🏠 I●I *Le Vendangerot* ** – pl. Sainte-Marie (Centre) ☎ 03-85-87-20-09. Fax : 03-85-91-27-18. Parking. TV. Fermé le mardi et le mercredi. Congés annuels : du 1er au 15 janvier et du 15 février au 10 mars. Accès : quitter la N6 après Arnay-le-Duc en direction de Châlon-sur-Saône, D981 puis D978 en direction de Rully. Chambres doubles à 45 € avec douche et w.-c. ou bains. Menus à 15 €, sauf le dimanche, puis de 20 à 39 €. Sur la place de ce pittoresque village vigneron, grande maison fleurie entourée de verdure. Côté hôtellerie, un *Logis de France* 2 étoiles très correct et très bien tenu. Chambres bien pimpantes et spacieuses. Côté cuisine, les fiertés de la cuisine d'Armand vous y attendent : foie gras, pavé de pied de porc et queue de bœuf, filet de sandre à l'aligoté, feuilleté d'escargots, etc. Une adresse sûre de la région.

SAINT-CHRISTOPHE-EN-BRIONNAIS   71800

Carte régionale A2

I●I *Bar-restaurant du Midi* – Grand-Rue (Centre) ☎ 03-85-25-87-06. Fermé le lundi. Accès : de Paray-le-Monial, par la D34. De La Clayette, par la D989. Menus à 10 €, le midi en semaine, et de 12 à 21 €. Quelques années déjà que Marielle et Dominique Lauvernier remplissent le jeudi, jour de foire, dès 6 h du matin, les estomacs de leur clientèle de maquignons et visiteurs ravis. Au-delà du bar et de la cuisine, ils s'entassent dans cette « grande salle à manger-cantine » pour de copieuses portions de tête de veau, petit salé ou pot-au-feu goûteux. Que de la bonne viande ici ! Sinon, en semaine, plus calme. Le tout arrosé d'un côtes-du-rhône correct, d'un mâcon-villages ou d'un saint-véran. *Un kir offert à nos lecteurs sur présentation de ce guide.*

SAINT-FLORENTIN   89600

Carte régionale A1

🏠 I●I *Les Tilleuls* ** – 3, rue Decourtive (Centre) ☎ 03-86-35-09-09. Fax : 03-86-35-36-90. ● alliances.tilleuls@wanadoo.fr ● Parking. TV. Canal+. Resto fermé le dimanche soir et le lundi. Chambres

doubles avec douche et w.-c. ou bains à 45 et 49 €. 1er menu à 14,50 €, servi en semaine à midi, puis menus de 17 à 40 €. Compter 42 € à la carte. À deux pas du centre mais dans une rue paisible, cet établissement fut un dortoir du couvent des capucins établi en 1635. Une jolie terrasse bordée d'un jardin non moins délicieux permet de déjeuner (à l'ombre des tilleuls !) loin du brouhaha, en oubliant le stress quotidien. Les chambres sont confortables et bien équipées.

SAINT-JULIEN-DE-JONZY   71110

Carte régionale A2

🏠 I●I *Hôtel-restaurant-boucherie Pont Bernard* ** – au bourg ☎ 03-85-84-01-95. Fax : 03-85-84-14-61. Parking. TV. Fermé le dimanche soir et le lundi soir. Congés annuels : 15 jours en février et 8 jours début juillet. Accès : à 8 km au sud de Saint-Christophe-en-Brionnais ; depuis Paray-le-Monial, suivre les D34 et D20. Chambres doubles avec douche et w.-c. ou bains de 34 à 47 €. Menu du jour avec entrée, plat, fromage ou dessert à 12 € le midi en semaine. Autres menus de 17,50 à 28 €. En plein cœur du Charolais, à 30 km au nord de Roanne, ce charmant petit hôtel-restaurant ne donne pas dans la demi-mesure. Ici, pas question de se prendre pour Troisgros, on se contente de faire ce que l'on connaît bien, et M. Pont est boucher autant que cuisinier. La viande est superbe et généreuse, et la cuisine familiale qui l'accompagne est simple mais goûteuse et copieuse. Beaux desserts, dont le vacherin glacé. Hôtel simple et confortable. Accueil gentil et convivial.

SAULIEU   21210

Carte régionale A-B1

🏠 I●I *La Vieille Auberge* – 15, rue Grillot (Sud) ☎ et fax : 03-80-64-13-74. Parking. Fermé le mardi toute la journée (sauf en juillet et août). Congés annuels : du 5 au 29 janvier et la première semaine de juillet. Accès : à la sortie de la ville. Chambres doubles avec douche et w.-c. ou bains à 33 €. Menus de 12 à 29 €. On peut passer dix fois sans la voir, enfoncée dans un tournant qui a vu, du temps de la gloire de Saulieu – quand tout le monde passait par la N6 pour descendre dans le Midi ! – défiler du beau et du moins beau monde. Comme la vieille cité, *La Vieille Auberge* s'est endormie. L'arrivée d'une nouvelle génération de gastronomes, la « génération Loiseau », a refait de Saulieu une ville-étape. Et deux jeunes ont repris, courageusement, la direction de cette maison. On se régale de terrine de charolais, de salade de blanc de volaille fumé, de pavé de bœuf sauce morille... Salle croquignolette, jolie terrasse cachée et excellent accueil. *10 % sur le prix de la chambre (pour 2 nuits) offerts à nos lecteurs sur présentation de ce guide.*

🛏 |●| *La Borne Impériale* ** – 14-16, rue d'Argentine (Centre) ☎ 03-80-64-19-76. Fax : 03-80-64-30-63. ● www.borne-impe riale.com ● Parking. TV. Fermé le mardi soir et le mercredi. Congés annuels : du 15 novembre au 15 décembre. Accès : le long de la RN6. Doubles avec douche à 37 €, avec douche et w.-c. ou bains à 50 €. Menus de 18 €, servi midi et soir en semaine, à 27 €. Sur la N6, entre le fameux taureau sculpté par Pompon et le bouillant Bernard Loiseau, autre bête de scène faisant accourir à Saulieu les gourmets du monde entier, il reste quelques bonnes auberges à l'ancienne mode, comme celle-ci. Elle propose 7 chambres, dont les meilleures ont une jolie vue sur le jardin. Belle salle de restaurant avec terrasse aux beaux jours, pour goûter une bonne cuisine régionale : œuf cocotte aux escargots, jambon braisé aux morilles, coupe de framboises glace vanille. *Café offert à nos lecteurs sur présentation de ce guide.*

Carte régionale B1

🛏 *Hôtel des Cymaises* ** – 7, rue du Renaudot (Centre) ☎ 03-80-97-21-44. Fax : 03-80-97-18-23. ● www.pro veis.com/lescymaises ● Parking. TV. Satellite. ♿ Fermé le lundi soir d'octobre à Pâques. Congés annuels : du 20 janvier au 2 mars et du 3 novembre au 7 décembre. Accès : dans le centre-ville, derrière la rue piétonne. Chambres doubles avec douche et w.-c ou bains de 51,50 à 56 €. En plein cœur de la cité médiévale, juste derrière la porte Sauvigny, une belle demeure XVIIIe, qui a très bien su s'adapter aux besoins hôteliers du XXIe siècle (une fois n'est pas coutume !). On rentre quand on veut, on sort quand on veut, le petit déjeuner est servi sous la véranda, c'est frais, propre et confortable. Chambres gentiment meublées. Petit jardin fleuri. *10 % sur le prix de la chambre (d'octobre à Pâques) offerts à nos lecteurs sur présentation de ce guide.*

|●| *Le Calibressan* – 16, rue Feveret ☎ 03-80-97-32-40. Fermé le samedi midi, le dimanche soir et le lundi. Congés annuels : les 4 premières semaines de janvier et la 1re semaine de juillet. Menus à 14 €, en semaine à midi, et de 16 à 28,50 €. « Un zeste de Californie dans une cuisine bressane », c'est un peu son slogan, au *Calibressan*. Ce joli petit restaurant allie le rustique (poutres, briques, fleurs et petits rideaux) au dynamisme et à l'exotisme du Nouveau Monde, représenté par madame à l'accueil, pur produit californien, et par certaines sauces et accompagnements. Goûtez, entre autres, au filet de kangourou rôti sauce grand veneur, au filet de Mahi-Mahi ou au filet de brosme sauce aux cactus, au *chili con carne* maison. Ambiance décontractée, musique de circonstance.

|●| *Restaurant des Minimes* – 39, rue Vaux ☎ 03-80-97-26-86. Parking. ♿ Fermé le dimanche soir et le lundi. Congés annuels : 1 semaine entre Noël et le Jour de l'An. Accès : à 500 m du centre-ville. 1er menu à 15 €. Menu-carte à 25 €. Au pied des remparts, dans un décor bucolique à souhait, un ancien bistrot de quartier est devenu « LE » rendez-vous de tous ceux qui, passant à Semur, recherchent tout à la fois un supplément d'âme, un accent et des plats du terroir. Ambiance à la bonne franquette. La patronne, dotée d'un sens de la répartie et d'un amour des bons vins, ne s'en laisse compter ni par les politiciens locaux, ni par les mauvais payeurs. Vous pourrez goûter deux vins différents, avec les œufs en meurette, le saumon à l'unilatérale, le pavé de charolais à l'époisses, le pied de porc désossé caramélisé, la tête de veau ravigote (sauf l'été), le clafoutis griottes et le nougat glacé.

DANS LES ENVIRONS

PONT-ET-MASSÈNE 21140
(3 km SE)

🛏 |●| *Hôtel du Lac* ** – 10, rue du Lac ☎ 03-80-97-11-11. Fax : 03-80-97-29-25. ● www.hoteldulacdepont.com ● Parking. TV. Fermé le dimanche soir et le lundi hors saison. Congés annuels : du 8 décembre au 7 janvier. Accès : prendre la direction « Lac de Pont ». Chambres doubles de 46 à 69 € avec douche et w.-c. ou bains. 1er menu à 12,50 €, servi midi (sauf le dimanche) et soir. Autres menus de 14,64 à 26 €. Une grande construction qui sent bon les années 1950, en contrebas du lac. Quelques chambres très agréables et d'autres plus désuètes. Au restaurant, ambiance familiale et nourriture régionale qui faisait le bonheur des dimanches d'antan : jambon persillé de l'Auxois, fricassée de volaille à l'aligoté et aux champignons, coq au vin, tête de veau sauce ravigote, filet de charolais... En accompagnement, choisissez un vin de pays, le blanc de l'Auxois, encore peu connu mais très agréable. Et profitez de la terrasse sous la tonnelle, en été. *Apéritif* maison offert à nos lecteurs sur présentation de ce guide.

ALÉSIA 21150 (20 km NE)

|●| L'Auberge du Cheval Blanc – **rue du Miroir (Centre)** ☎ **03-80-96-01-55.** Parking. ⅍ Fermé le dimanche soir et le lundi. Congés annuels : du 2 janvier au 3 février. 1er menu à 15 € le midi en semaine. Autres menus à 25 et 32 €. Le lieu de repli idéal après avoir passé une matinée à fouiller Alésia, dans l'espoir de trouver (enfin) la preuve que Vercingétorix est bien passé par là... L'été, on peut jouer la carte brasserie autour d'un jambon persillé ou d'un plat tout simple partagé avec les habitués, dans la première pièce. Bonne cuisine régionale, servie dans la grande salle, au décor d'opérette (normal, vu le nom !). Le chef utilise les produits du potager et du marché. Équipe jeune en salle comme en cuisine, où l'on s'active pour sortir les escargots de Bourgogne ou la cassolette de queues d'écrevisses en bisque aux asperges vertes, la fricassée de volaille à la crème et aux morilles ou le ragoût de poisson. Profitez de l'occasion pour goûter le petit vin de pays, un chardonnay revigorant.

SENS 89100

Carte régionale A1

🏠 **Hôtel L'Esplanade** * – **2, bd du Mail (Centre)** ☎ **03-86-83-14-70. Fax : 03-86-83-14-71.** TV. Canal+. Fermé le dimanche. Congés annuels : 1 semaine à l'Ascension, en août et la semaine entre Noël et le Jour de l'An. Chambres doubles à 24 € avec lavabo, 38 € avec douche et w.-c. Un hôtel installé dans une croquignolette maison du centre-ville suffisamment ancienne pour que le patron ait oublié sa date de construction. Chambres pas bien grandes mais sérieusement rénovées et bien équipées : double vitrage côté rue, literie récente... Pas de resto mais un bar sympa où se prend le petit déjeuner. *Un petit déjeuner par chambre offert à nos lecteurs sur présentation de ce guide.*

|●| Restaurant Le Soleil Levant – **51, rue Émile-Zola (Sud-Ouest)** ☎ **03-86-65-71-82.** Fermé le mercredi et le dimanche soir. Congés annuels : en août. Accès : à deux pas de la gare. Impeccable 1er menu à 14 €, servi le midi en semaine, puis autres menus à 19 et 29 €. Un restaurant très classique, tant par la décoration que par la carte, réputé pour ses spécialités de poisson et notamment son saumon à l'oseille. Les réfractaires aux produits de la mer pourront également se sustenter ici, avec notamment le foie gras de canard maison et la tête de veau sauce gribiche. Et tous se régale-

ront avec les desserts maison, qui sont divins. *Café offert à nos lecteurs sur présentation de ce guide.*

TOUCY 89130

Carte régionale A1

🏠 **|●| Le Lion d'Or** – **37, rue Lucile-Cormier (Centre)** ☎ **03-86-44-00-76.** Cartes de paiement refusées. Parking. TV. Fermé le dimanche soir et le lundi. Chambres doubles à 40 € avec lavabo, 55 € avec douche et w.-c. ou bains. 1er menu à 15 € servi tous les jours ; autres menus de 16 à 28 €. Hôtel ancien avec un magnifique escalier en bois. Chambres modestes mais douillettes et d'une propreté méticuleuse. Un parfum de cire d'antiquaire ! La salle du restaurant est aussi charmante que son hôtesse. Spécialités régionales : le poisson en croûte, les escargots aux croûtons, le pavé au poivre, les rognons de veau dijonnaise... *Café offert à nos lecteurs sur présentation de ce guide.*

DANS LES ENVIRONS

FONTENOY 89520 (10 km SE)

🏠 **|●| Le Fontenoy** – **34, rue Principale** ☎ **03-86-44-00-84. Fax : 03-86-44-16-36.** Congés annuels : pendant les vacances de Noël. Accès : par la D3. Chambres doubles à 29 € avec douche. 1er menu à 10 €, quart de vin compris. Autres menus à 13 et 17 €. Chambres standard et bon marché. L'accent marseillais du patron, la patronne en tablier de cuisine qui vient faire la bise aux habitués, c'est toute l'ambiance de ce café-resto-hôtel qui voit défiler, à certaines heures, le Tout-Fontenoy. La cuisine est à cette image : franche, simple et généreuse, du genre bavette, confit de canard, magret d'oie sauce aigre-douce, bourguignon de bœuf et andouillette. On vous demandera même si vous avez assez mangé, ce qui est plutôt rare. Belle terrasse et jardin avec aire de jeux pour les enfants. Réservation recommandée le week-end. *Apéritif maison offert à nos lecteurs sur présentation de ce guide.*

TOURNUS 71700

Carte régionale B2

🏠 **|●| Hôtel-restaurant de Saône** ** – **Rive Gauche (Centre)** ☎ **03-85-51-20-65. Fax : 03-85-51-05-45.** Parking. ⅍ Fermé le lundi toute la journée. Congés annuels : du 15 octobre au 15 mars. Accès : du centre, traversez le pont en direction de Cuisery ; à droite juste après le pont. Chambres doubles de 33 à 43 €. Menus de 14 à 25 €. Hôtel fort bien situé en bord de Saône, sur laquelle donnent la plupart des chambres refaites à neuf. Elles sont situées à l'annexe. Pas de passage, calme assuré et bon accueil. Bonne cuisine régionale. Au second menu, cuisses de grenouilles, pavé de bœuf ou poulet de Bresse aux girolles. Sélection de poisson : filet de sandre au mâcon blanc, petite friture de Saône, filet de saumon et tombée de poireaux. Terrasse fort agréable aux beaux jours, où le regard peut se perdre sur les maisons du quai et l'abbaye. Et pour digérer, les berges vert velouté de la Saône pour une balade.

🏠 I●I *Hôtel-restaurant Aux Terrasses**** – 18, av. du 23-Janvier (Sud) ☎ 03-85-51-01-74. **Fax : 03-85-51-09-99.** Parking payant. TV. Fermé le lundi, le mardi midi et le dimanche soir (sauf en juillet et août). Chambres doubles confortables de 53 € avec douche et w.-c. à 58 € avec bains. Menus à 20 €, le midi en semaine, puis à 24 €, ce dernier présentant un bon rapport qualité-prix ; ça grimpe ensuite jusqu'à 29,50 €. Une des meilleures tables de la ville, on vous le dira partout. Grosse auberge en bord de route, probablement jadis relais de poste. Deux grandes salles assez cossues, séparées par le salon-réception. Clientèle assez chic, mais atmosphère trop guindée et service diligent. À la carte, au hasard : pâté chaud de colvert sauce pistachée, sandre rôti aux pleurotes, millefeuille aux poires et glace pain d'épice. *Café offert à nos lecteurs sur présentation de ce guide.*

🏠 I●I *Hôtel Le Sauvage* *** – pl. du Champ-de-Mars (Centre) ☎ 03-85-51-14-45. **Fax : 03-85-32-10-27.** ● www.le-sauvage-tournus.com ● Parking payant. TV. Satellite. Accès : A6 puis RN6. Chambres doubles de 62 à 65 € avec douche et w.-c. ou bains. Menus de 14 à 39 €. Pas difficile de repérer sa façade couverte de vigne vierge, un peu décalée par rapport à la route principale. Ici, bonne vieille maison qui ronronne tranquillement depuis de nombreuses années. Chambres plaisantes. Bon choix de menus, avec un menu du terroir (persillé de lapin et oignons confits ou gâteau de foie blond de volaille aux écrevisses, coq au vin ou filet de canard aux poires et marc de bourgogne). À la carte : escargots de Bourgogne, cuisses de grenouilles fraîches persillées, fricassée de poulet de Bresse crème et morilles, pavé de bœuf charolais grillé ou poêlé, soufflé chaud au marc de bourgogne, etc. *10 % sur le prix de la chambre (du 1er janvier au 31 mars et du 1er octobre au 31 décembre) offerts à nos lecteurs sur présentation de ce guide.*

DANS LES ENVIRONS

PRAYES 71460 (20 km SO)

🏠 I●I *Auberge du Grison* – **hameau de Prayes** ☎ **et fax : 03-85-50-18-31.** ● lar gip@aol.com ● Fermé le lundi soir et le mardi (hors saison). Ouvert tous les jours en juillet-août. Congés annuels : la 2e quinzaine de novembre et la 1re quinzaine de décembre. Accès : près de Chissey-les-Mâcon ; de Tournus, prendre la D14 vers Chapaize ; peu avant, tourner à gauche. Chambres doubles avec douche et w.-c. ou bains à 33,55 €. 1er menu à 10,65 €, servi midi et soir. Autres menus de 13,85 à 17,55 €. Un village minuscule dans une de nos régions préférées de Saône-et-Loire. Environnement tendre et bucolique à souhait. Et puis cette charmante auberge de village, avec huit chambres colorées, pimpantes, douillettes, toutes différentes (certaines avec poutres apparentes) et une plaisante salle à manger (décor bois). Petite terrasse ombragée. On regrette l'accueil un peu distant. *Apéritif maison offert à nos lecteurs sur présentation de ce guide.*

VERMENTON 89270

Carte régionale A1

I●I *Auberge L'Espérance* – **3, rue du Général-de-Gaulle (Centre)** ☎ 03-86-81-50-42. Cartes de paiement refusées. Fermé le lundi, le jeudi soir et le dimanche soir. Congés annuels : les 3 dernières semaines de janvier et les 2 dernières d'octobre. Accès : par la RN 6. Menus de 14 à 34,30 €. Menu-enfants à 8 €. Un nom qui, à lui tout seul, devrait remonter le moral des plus tristes ! Et ce, d'autant que l'accueil est charmant et les petits plats mitonnés délicieux, ceux-ci changeant au fil des saisons. En spécialités : foie gras maison, délice au chocolat maison, terrine pain d'épice à la mousse chicorée. L'espoir de jours meilleurs revenant également, on a même pensé à bébé (jardin d'enfant) et à pépé (climatisation bienvenue...). *Café offert à nos lecteurs sur présentation de ce guide.*

DANS LES ENVIRONS

ACCOLAY 89460 (3 km O)

🏠 I●I *Hostellerie de la Fontaine** – **16, rue de Reigny (Centre)** ☎ 03-86-81-54-02. **Fax : 03-86-81-52-78.** ● hostellerie.fon taine@wanadoo.fr ● Parking. Fermé le dimanche soir et le lundi de mi-novembre au 31 mars. Le reste de l'année, fermé tous les midis sauf les samedi et dimanche. Congés annuels : de mi-novembre à fin février. Chambres doubles avec douche et w.-c. ou bains de 43 à 47 €. Un menu à 20,15 €, puis menus suivants à 27,75, 33,55 et 42,70 €. Cette belle maison typiquement bourguignonne, dans un gentil village de la vallée de la Cure, fait le bonheur de ceux qui, aux beaux jours, se prélassent le soir dans le jardin, pour déguster la cuisine bien campée du chef avant d'aller dormir, au calme, dans une chambre qu'ici on trouve « coquette » mais qui est bien sympa quand même. *10 % sur le prix de la chambre offerts à nos lecteurs sur présentation de ce guide.*

BAZARNES 89460 (6 km O)

|●| *Restaurant La Griotte* – **3, av. de la Gare** ☎ **03-86-42-39-38.** Ouvert du jeudi midi au dimanche soir. Fermé du lundi au mercredi. Congés annuels : du 24 décembre au 15 février. Accès : en face de la gare Cravant-Bazarnes. À l'ouest de Vermenton par la N6 ; à Cravant, à gauche par la D139. 1er menu à 11,50 €, « le petit débrouillard ». Un menu de marché à 18 €. On aime beaucoup ce petit resto avec un grand chef aux manettes, qui veut rester incognito mais qui sait dénicher comme personne les petits producteurs locaux qui connaissent leur métier. Alors on s'en remet à son inspiration du jour, et elle est toujours heureuse. Les plats fleurent bon la campagne profonde comme ce gras-double d'andouille de cochon qui reste dans notre mémoire. Service charmant. *Apéritif maison offert à nos lecteurs sur présentation de ce guide.*

VÉZELAY 89450

Carte régionale A1

▲ *Auberge de jeunesse* – **route de l'Étang (Sud-Ouest)** ☎ **et fax : 03-86-33-24-18.** Parking. ♿ Accueil sur réservation en mi-saison. Nuitée de 7 à 9 €. À peine à l'écart du village. D'accord, il n'y a pas la vue sur la basilique mais la nature alentour est superbe. Chambres de 4 à 6 lits et un dortoir de 10 lits dans un ensemble de bâtiments classiques. Cuisine à disposition et grande salle commune. Bien tenu. Le directeur, qui connaît bien la région, se met en quatre pour vous indiquer les bonnes adresses.

▲ *Le Compostelle* ** – **pl. du Champ-de-Foire (Centre)** ☎ **03-86-33-28-63. Fax : 03-86-33-34-34.** ● **le.compostelle@wanadoo.fr** ● TV. Satellite. ♿ Congés annuels : de début janvier à mi-février. Accès : au village. Chambres doubles avec douche et w.-c. de 45 à 54 €. Pour ceux qui ignoreraient que Vézelay fut un des points de rassemblement des pèlerins en route pour

Saint-Jacques-de-Compostelle, voilà une jolie maison bourgeoise qui, pour renaître à la vie d'auberge qui était la sienne encore au début du XXe siècle, a choisi comme emblème ce nom magique. Comme le service est de qualité, que les chambres, modernes, bien équipées, ouvrent sur la campagne ou le jardin, on se dit – pour une fois – que le nom n'est pas usurpé et que les voyageurs d'aujourd'hui ont bien de la chance. Demander de préférence les chambres nos 20, 22 et 24, refaites à neuf. *Un petit déjeuner par chambre offert à nos lecteurs sur présentation de ce guide.*

▲ |●| *Hôtel de la Poste et du Lion d'Or* *** – **pl. du Champ-de-Foire (Centre)** ☎ **03-86-33-21-23. Fax : 03-86-32-30-92.** Parking. TV. ♿ Resto fermé le lundi et le mardi midi. Accès : au pied de la butte de Vézelay. Chambres doubles de 54 à 150 € avec douche et w.-c. ou bains. 1er menu à 19 € servi tous les jours, et deux autres menus à 32 et 40 €. Cet ancien relais de poste, superbe bâtisse recouverte de lierre, est une très agréable étape. D'un côté, les chambres donnent sur la basilique, de l'autre sur le vallon. Elles sont bien tenues et décorées avec goût. Un restaurant avec une très belle terrasse vous propose un 1er prix raisonnable, tandis qu'une carte, assez chère, marie plats classiques et régionaux. En saison : fricassée de girolles et de cèpes.

|●| *Restaurant Le Bougainville* – **26, rue Saint-Étienne (Centre)** ☎ **03-86-33-27-57.** Fermé le mardi et le mercredi. Congés annuels : de mi-novembre à fin janvier. Accès : rue principale. 1er menu à 13 €, servi tous les jours. Autres menus de 17 à 35 €. Une agréable surprise dans une ville où les petits prix sont pratiquement aussi rares que les ours en liberté. Dans une belle et ancienne maison très fleurie, voici un restaurant qui reste très abordable. Un délicieux 1er menu, fidèle aux recettes locales et servi dans le cadre agréable d'une salle à manger dotée d'une magnifique cheminée ancienne.

DANS LES ENVIRONS

SAINT-PÈRE-SOUS-VÉZELAY
89450 (2 km SE)

▲ *À la Renommée* ** – **19-20, Grande-Rue (Centre)** ☎ **03-86-33-21-34. Fax : 03-86-33-34-17.** ● **www.avallonnais-tourisme.com/renommee** ● Parking. TV. ♿ Fermé le lundi soir et le mardi du 1er novembre au 1er mars. Congés annuels : du 1er janvier au 28 février. Accès : sur la D957 ; l'hôtel est juste au pied de la colline de Vézelay. Chambres doubles de 31 € avec lavabo à 52 € avec bains. Cet hôtel fait bureau de tabac et Maison de la Presse, d'où une ambiance bon enfant. Les chambres les plus chères sont agrémentées d'une petite terrasse et offrent une vue sur la campagne et l'église Saint-Pierre.

PIERRE-PERTHUIS 89450 (6 km SE)

🛏 |●| *Hôtel-restaurant* **Les Deux Ponts** ☎ **03-86-32-31-31. Fax : 03-86-32-35-80.** ☘ Fermé le lundi en juillet-août, le lundi et le mardi le reste de l'année. Accès : indiqué à partir de Saint-Père-sous-Vézelay ; dans le bas du village. Chambres doubles avec douche et w.-c. ou bains de 45 à 50 €. 3 menus de 22 à 47 €. La vieille auberge du père Lemeux a été retapée par deux tourtereaux qui ne manquent pas d'idées. Philippe a mis au point ses recettes bien à lui, ancrées tout de même dans la tradition et les produits frais de qualité ! Marianne vous accueille et c'est son truc, car elle nous met vite à l'aise, l'été à l'abri du grand marronnier ou en hiver à rôtir près de la cheminée. Ils ont quelques autres cordes à leur arc : le panier pique-nique sur commande, la location de chevaux, de vélos, de canoës et même d'ânes bâtés pour se balader sous les deux ponts, le long de la rivière. *Café offert à nos lecteurs sur présentation de ce guide.*

PONTAUBERT 89200 (10 km NE)

🛏 *Le Moulin des Templiers* ** – vallée du Cousin ☎ 03-86-34-10-80. Fax : 03-86-34-03-05. ● www.hotel-moulin-des-tem pliers.com ● Accès : en venant de Vézelay, tourner à droite sitôt passé le pont ; fléchage. Chambres doubles agréables de 40 €, avec douche, à 58 €, avec douche et w.-c. ou bains. Situé dans la vallée du Cousin, tout près d'Avallon, un moulin du XIIe siècle en parfait état. Belle terrasse fleurie aux beaux jours, idéale pour déguster le petit dej' au bord de l'eau. Un dédale de recoins romantiques, de balades charmantes dans les bois alentour (et diverses activités sportives, telles le canoë, l'équitation et l'escalade) et, à l'hôtel, une succession de salons intimes propices aux conversations à deux. Chambres douillettes, rénovées mais pas très grandes. Adresse de charme. *Café offert à nos lecteurs sur présentation de ce guide.*

🛏 |●| *Les Fleurs* ** – **69, route de Vézelay** ☎ **03-86-34-13-81. Fax : 03-86-34-23-32.** Parking. TV. Fermé le mercredi et le jeudi midi. Congés annuels : du 15 décembre au 15 février. Accès : par la D957. Chambres doubles avec douche et w.-c. à 45 €, avec bains à 54 €. Menu en semaine à 14 €, menus suivants de 20 à 34,50 €. Cette grande bâtisse blanche, au milieu d'un jardin débordant de fleurs, a été décorée avec soin par ses propriétaires. Une salle à manger réchauffée par des boiseries murales, des chambres coquettes et confortables. Le restaurant ne commet aucune fausse note, les prix sont raisonnables et la table est riche de spécialités, comme la terrine de truite sauce basilic ou le filet de bœuf morvandiau.

Les prix
En France, les prix des hôtels et des restos sont libres. Certains peuvent augmenter entre le passage de nos infatigables fureteurs et la parution du guide.

Avis aux hôteliers et aux restaurateurs
Chaque année pour y figurer, il faut le mériter !

Le Routard

Bretagne

22 Côtes-d'Armor
29 Finistère
35 Ille-et-Vilaine
56 Morbihan

ARZON   56640

Carte régionale B2

I●I *Crêperie La Sorcière* – **59, rue des Fontaines** ☎ **02-97-53-87-25.** Fermé le lundi midi en saison et toute la journée hors saison. Il est préférable de réserver en basse saison. Congés annuels : en janvier et du 1er novembre au 15 décembre. Accès : du rond-point du Crouesty, prendre direction Arzon centre et tout droit jusqu'à la mer. C'est à droite, devant un petit parking. Pas de menu ; à la carte seulement. En moyenne, compter 10 € pour un repas sans les boissons. Dans une jolie maison en pierre, bien décorée, repaire d'inquiétantes petites sorcières qui s'amusent à faire de la lévitation dans la salle. Le sorcier, lui, est en cuisine, et ses recettes sont diaboliques. Entendez par là originales : la « Pensardine », la « Bigoudène », la « Périgourdine » ou l'« Irlandaise » vous combleront, copieuses et élégamment présentées. Tous les produits sont de qualité, les garnitures comme le blé noir, choisi au *Moulin de la Fatigue* à Vitré. Bonne cuisine et accueil souriant, une chouette adresse en somme. Possibilité de manger en terrasse avec vue sur le vieux port et l'entrée du golfe.

AUDIERNE   29770

Carte régionale A2

🛏 I●I *Hôtel de la Plage* ** – **21, bd Emmanuel-Brusq (Sud-Ouest)** ☎ **02-98-70-01-07. Fax : 02-98-75-04-69.** Parking. TV. Congés annuels : d'octobre à avril. Accès : à 2 km vers l'embarcadère pour l'île de Sein. Chambres doubles de 39 à 65 €. Demi-pension de 50 à 63 €. Sur le front de mer, dominant la... plage (naturellement !). Un hôtel qui sent les vacances. Déco rafraîchissante qui, du salon aux chambres, accumule les références marines : coffres de chasseurs de trésor, murs blancs et rideaux bleus, maquettes de vieux gréements... Chambres agréables, lumineuses et qui, toutes ou presque, regardent vers l'Océan. Literie de bonne qualité. Soit un charme certain et un bon rapport qualité-prix.

AURAY   56400

Carte régionale A2

I●I *Restaurant L'Églantine* – **pl. Saint-Sauveur, Saint-Goustan, port d'Auray** ☎ **02-97-56-46-55.** Fermé le mercredi midi en saison et toute la journée hors saison. Menus de 14 à 32 €. Cuisine traditionnelle soignée et, en tout cas, la seule adresse vraiment recommandable sur le port. Goûtez à la choucroute de poisson ou au délice de sole au saumon fumé, au bar rôti sur sa peau, à la cotriade au cinq poissons, aux poissons fumés maison, à la blanquette de lotte aux poireaux... de la vraie cuisine bretonne. L'adresse de Saint-Goustan un peu chic et classique mais sans excès. Aux murs, des portraits des principaux chefs de l'armée chouanne. Accueil agréable, un coup de cœur.

DANS LES ENVIRONS

SAINTE-ANNE-D'AURAY   56400
(6 km N)

🛏 I●I *L'Auberge* – **56, route de Vannes** ☎ **02-97-57-61-55. Fax : 02-97-57-69-10.** ● **www.auberge-larvoir.com** ● Parking.

TV. Canal+. Fermé le mardi (sauf en juillet-août) et le mercredi. Congés annuels : pendant les vacances scolaires d'hiver et du 12 novembre au 9 décembre. Chambres de 34 à 46 €. Demi-pension de 42 à 53 € par personne. 1ers menus à 19 et 24 €, sauf le samedi soir, le dimanche midi et les jours fériés, menus de 35 à 63 €. On goûte alors les fines nuances de la cuisine de Jean-Luc Larvoir : tartare de chair de crabe et saumon fumé maison, vinaigrette d'étrilles, huîtres hachées, levée de bar à l'andouille de Guémené, coulis de truffes, etc. La carte des vins est du même tonneau, riche, bien choisie et d'un excellent rapport qualité-prix. Les pèlerins ont bien de la chance de trouver sur leur chemin l'une des meilleures tables de la région. Jean-Paul II lui-même l'a appréciée lors de sa venue, le 19 septembre 1996. Bref, ne boudez pas votre plaisir.

BADEN 56870 (10 km SE)

📧 🍴 *Hôtel-restaurant Le Gavrinis* ★★★ – Toulbroch-en-Baden ☎ 02-97-57-00-82. Fax : 02-97-57-09-47. ● www.gravinis.com ● Parking. TV. Satellite. Resto fermé le lundi toute l'année et le dimanche soir d'octobre à mars. Congés annuels : de mi-novembre à fin janvier. Accès : par la D101. Chambres doubles avec bains et balcon entre 66 et 80 € en haute saison. Formule déjeuner à 15 €, sauf les dimanche et jours fériés, et menus de 18,50 à 60 €. Cette vénérable maison est autant connue pour la qualité de son gîte que pour la finesse de son assiette. Le chef, entouré de ses fils, dont l'un chef pâtissier (d'où les viennoiseries maison au petit dej'), allie à la perfection les saveurs maritimes aux produits du terroir. Le poisson aux sauces toujours maîtrisées, côtoie le râble de lapin farci aux cèpes sans fausse note. Une bien bonne adresse. *Café offert à nos lecteurs sur présentation de ce guide.*

ERDEVEN 56410 (10 km O)

🍴 *La Crêperie du Manoir de Kercadio* – lieu-dit Kercadio ☎ 02-97-55-64-67. Ouvert tous les jours en juillet-août et début septembre. De Pâques à fin juin, ouvert les week-ends, jours fériés et pendant les vacances scolaires. Accès : à Auray, suivre la direction Ploërmel puis Erdeven. Menu de crêpes à 7,50 € à midi, puis menu à 9 €, quart de cidre compris, mais c'est mieux à la carte, d'autant que ça ne coûte guère plus. Crêpes entre 1,70 et 6,35 €. Le seigneur de Kercadio avait, au début du XVIIe siècle, la

garde de toute la côte de Quiberon à Étel ! On s'attend, vu le cadre, à un restaurant très chic (ce manoir dévoré par le lierre date du XVIIe siècle, la tour du XVe), erreur ! Prix raisonnables, de la crêpe au beurre à la super forestière ou à la Saint-Jacques à l'armoricaine. Crêpes flambées bon marché. Servent également des salades, omelettes, etc. Le cadre est exceptionnel, avec sa salle aux murs tapissés de boiseries et sa cheminée d'époque. À moins que vous ne préfériez vous restaurer aux cuisines... près de l'âtre et de l'ancien four à pain. Aux beaux jours, des tables sont dressées dans le jardin clos, à l'ombre du grand magnolia. Idéal pour les enfants, qui ont d'ailleurs leur menu. Location de vélos. Départ de chemins de randonnée à proximité. *Apéritif maison offert à nos lecteurs sur présentation de ce guide.*

LOCOAL-MENDON 56550 (10 km NO)

🍴 *Manoir de Porh Kerio* – Porh Kerio ☎ 02-97-24-67-57. Fermé le mardi et le mercredi. Service de 12 h à 13 h 30 et de 19 h à 21 h. Congés annuels : 3 semaines en janvier et les 2 dernières semaines de novembre. Accès : prendre la direction de Lorient puis la D16 ; c'est fléché. 1er menu à 15 €, 3 autres menus de 21 à 32 €. De la grande cuisine à prix très sages. Quelques bonnes expériences à tenter pour les friands de contrastes sucré-salé ou aigre-doux : aiguillettes de canard au miel et aux épices, buissonnière de pétoncles à la vinaigrette de pamplemousse... En restant dans des sentiers plus classiques, une terrine chaude de moules aux poireaux suivie d'une darne d'espadon à la nage d'herbes fraîches devraient faire l'affaire. Pour finir de vous mettre l'écume aux lèvres, décrivons le cadre : un manoir du XVe siècle en pleine campagne, quelques tables élégamment dressées devant l'immense cheminée de la belle pièce commune. Aux beaux jours, on se régale dans le jardin. Et comme l'accueil est fort agréable, on traîne volontiers en fin de repas. *Café offert à nos lecteurs sur présentation de ce guide.*

BELZ 56550 (12 km O)

📧 🍴 *Le Relais de Kergou* – route d'Auray ☎ 02-97-55-35-61. Fax : 02-97-55-27-69. ● jean.francois.lorvellec@wanadoo.fr ● Parking. TV. Fermé le dimanche soir et le lundi (hors saison). Congés annuels : février. Accès : un peu avant Belz en venant d'Auray. Chambres doubles avec douche ou bains de 33,50 à 47 €. Quel-

---

Sur présentation de ce guide,
nombreuses offres et réductions en 2003.

BRETAGNE

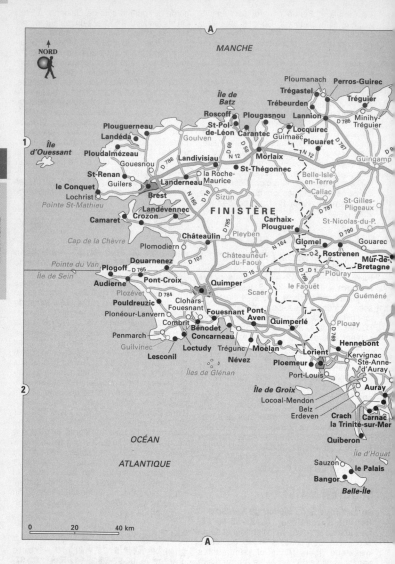

ques-unes moins chères avec lavabo à 25 €. Menus de 11 à 23 €. Dans une ancienne forge datant du XIXe siècle, tout à fait charmante et à l'ameublement remarquable (armoires airéennes...). 32 chambres dont certaines sont un peu bruyantes car elles donnent directement sur la route. Demandez les chambres sur l'arrière (nos 1, 2, 3, 10 et 12), plus calmes. Les salles d'eau sont de taille variable ; on veut dire par là que certaines sont bien exiguës. Jardin très agréable. Parking. Grandes plages à 4 km. Au resto, bonne cuisine et tarifs très raisonnables, dans une salle princière et même imposante, ou bien derrière la baie vitrée, qui inspire plus de légèreté. Intéressant menu « terroir » avec un éventail de poissons succédant à des moules marinière. *10 % sur le prix de la chambre offerts à nos lecteurs sur présentation de ce guide.*

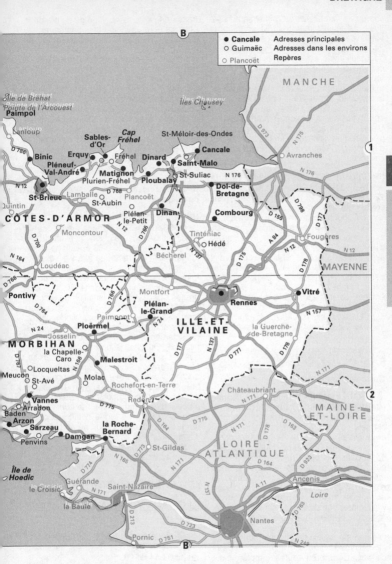

● **Cancale**	Adresses principales
○ Guimaëc	Adresses dans les environs
○ Plancoët	Repères

BANGOR 56360

Carte régionale A2

🏠 |●| *Hôtel-Village La Désirade* ★★★ – Le Petit-Cosquet ☎ 02-97-31-70-70. Fax : 02-97-31-89-63. ● www.hotel-la-desirade. com ● Parking. TV. Canal+. Satellite. 🏊 Fermé le dimanche soir et le lundi à partir d'octobre. Congés annuels : après les vacances scolaires de la Toussaint jusqu'aux vacances de Pâques. Accès : après Bangor, sur la route de Port-Coton. Chambres doubles de 89 à 111,30 €. Demi-pension de 74,73 à 99,10 €, suivant la saison, par personne (recommandée en juillet et août), *brunch* servi au bord de la piscine et dîner. Suites familiales de 320,15 à 381,15 € pour 4 en demi-pension. Compter de 30,50 à 48,47 € le repas. Un hôtel de charme à l'architecture typiquement belle-îloise : plusieurs maisons basses, murs et volets peints, dans lesquelles se trouvent 24 chambres et 2 suites spacieuses et décorées avec soin. Piscine chauffée. La cuisine du patron, proposée en menu unique, est, elle aussi, raffinée. Après agrandissement, salle à manger désormais ouverte aux non-résidents de l'hôtel. Cadre fort plaisant. Vélos à louer sur place. On y aurait volontiers prolongé notre séjour... D'ailleurs, les autres ne s'y sont pas trompés. Clientèle constituée en grande majorité d'habitués. Réserver donc longtemps à l'avance.

|●| *Crêperie des Quatre Chemins* – **Marta** ☎ 02-97-31-42-13. Parking. ♿ Ouvert de 12 h à 14 h et de 19 h à 23 h. Fermé le mercredi toute la journée hors vacances scolaires. Congés annuels : du 15 novembre au 1er février. Accès : au croisement des deux axes principaux de Belle-Île. Prix moyen d'un repas : 13 €. Humour au rendez-vous avec à la carte de très subtils jeux de mots : « coquilles seins-Jacques, Jean-bon, sotcisse, rock-fort », tout le monde rigole ! Déco toute fraîche et petit coin jeux pour les enfants (comme au *McDo*), discret jazz ou blues d'ambiance et service doux et souriant. Garnitures originales. *Café offert à nos lecteurs sur présentation de ce guide.*

BÉNODET   29950

Carte régionale A2

🏠 *Hôtel L'Hermitage* – **11, rue Laennec (Centre)** ☎ 02-98-57-00-37. Cartes de paiement refusées. Parking. Congés annuels : d'octobre à juin. Accès : à 300 m de la plage, un peu sur les hauteurs dominant le centre. Chambres doubles de 38 à 45 €. Dans une petite rue tranquille à quelques minutes à pied de la plage. Grande maison blanche aux volets bleus, entourée d'un jardin d'hortensias, tenue avec soin par une gentille mamie. L'accueil fait qu'on y a vite l'impression de faire partie de la famille. Atmosphère très balnéaire années 1950. On s'attend à voir sortir d'une chambre le dégingandé M. Hulot ou une cohorte de mômes avec seaux, pelles et bouées canard. Chambres toutes simples mais lumineuses et agréables. Certaines offrent une petite vue sur la mer. Une bonne adresse vraiment, à prix sages.

🏠 |●| *Hôtel Les Bains de Mer* ** – **11, rue de Kerguelen (Centre)** ☎ 02-98-57-03-41. Fax : 02-98-57-11-07. ● **bainsdemer@port debenodet.com** ● Parking payant. TV. Canal+. À la pizzeria-grill, service le soir jusqu'à 23 h, minuit en été. Congés annuels : du 15 novembre au 1er mars ; et pour la pizzeria du 20 décembre au 1er février. Accès :

dans une petite rue pentue du centre de la plus célèbre des stations balnéaires du Finistère. Chambres doubles avec douche et w.-c. de 52 à 70 €. Demi-pension, fortement conseillée en juillet-août, de 50 à 66 € par personne. Formule express le midi à 15 €. Menus de 21 à 27 €. Hôtel tout confort, voire un peu cossu, mais l'ambiance reste familiale. Si le temps se couvre, on peut aller faire un plongeon dans la piscine ou profiter du sauna. Chambres plaisantes et une cuisine pour tous les goûts et tous les budgets : un resto classique et une pizzeria-grill, le *Domino*, qui propose une formule express le midi (avec viande grillée ou pizza, dessert et café) et une carte de salades, grillades, pâtes et autres pizzas. *Kir offert à nos lecteurs sur présentation de ce guide.*

|●| *Ferme du Letty* – **quartier du Letty** ☎ 02-98-57-01-27. Fermé le mercredi et le jeudi midi. Accès : à 1 km du centre ; bien indiqué. Menus de 30 à 63 €. Une ancienne longère joliment ramenée à la vie : poutres apparentes, murs de pierre et grande cheminée. Voilà pour le côté « ferme ». Pour le reste, la maison joue dans la cour des grands : déco cossue, bataillon de garçons en nœud pap' et tout. La clientèle, col ouvert (surtout en été), est un poil moins chicos que le staff. Et on oublie vite ces petites considérations quand débarque la première assiette. On tient là une des plus remarquables tables du Finistère. Belle cuisine, pleine d'enthousiasme et d'inspiration. Produits locaux travaillés avec beaucoup d'à propos : agneau de Sizun, flan d'asperges aux langoustines de Loctudy... Surprenante pincée d'exotisme (lotte au curry façon zoreilles, poulet de ferme confit aux cacahuètes) et desserts qui ne jettent pas d'ombre sur le reste du repas. Evidemment, tout cela se paye, mais les premiers menus restent abordables.

DANS LES ENVIRONS

CLOHARS-FOUESNANT   29950
(3 km NO)

|●| *Restaurant La Forge d'Antan* – **31, route de Nors-Vraz, Pen Ar Valannec** ☎ 02-98-54-84-00. Parking. ♿ Fermé le lundi et le mardi midi (et le dimanche soir en hors saison). Accès : par la D34, puis fléchage. Menus de 20 €, le midi en semaine, à 28 €. Compter 44 € à la carte. Menuenfants à 12 €. Une adresse un peu perdue dans la campagne mais à la clientèle et à l'ambiance « forgées » avec classe. L'accueil reste, malgré tout, à la sincérité, la déco joliment rustique et la cuisine, de saison, n'est jamais en panne d'imagination : poêlée de langoustines au champagne, turbot à la fouesnantaise, etc.

COMBRIT 29121 (5,5 km O)

⌂ |●| *Hôtel-restaurant Sainte-Marine* * – 19, rue Bac ☎ 02-98-56-34-79. Fax : 02-98-51-94-09. ● w w w . h o t e l s a i n t m a rine.com ● TV. Canal+. Fermé le mercredi d'octobre à Pâques. Accès : dans le charmant petit port de Sainte-Marine, en face de Bénodet. Chambres doubles de 63 à 67 €, selon le confort et la saison. Demi-pension, obligatoire en juillet et août, de 50 à 55 € par personne selon confort. Menus de 15,50 à 42 €. Assiette de coquillages à 22 €. Plateau de fruits de mer à 58 € pour 2. Une adresse aimée de tous les coureurs d'océan, du marin Philippe Poupon au romancier-cinéaste Pierre Schoendoerffer. De la superbe salle à manger au décor marin, magnifique vue sur l'Odet et le pont de Cornouaille. Terrasse très agréable, pour profiter de la vie autant que de la vue. Cuisine inventive, respectant aussi bien le goût des produits que les habitudes de la clientèle. On se régale avec un carpaccio de bar aux aromates et coriandre ou un cari de cabillaud au gingembre. On voyage dans sa tête, on est bien... Pour prolonger le plaisir, quelques chambres au charme fou, décorées avec humour et intelligence, dans le style marin, évidemment. *Apéritif maison offert à nos lecteurs sur présentation de ce guide.*

PLONÉOUR-LANVERN 29720

(18 km NO)

⌂ |●| *Hôtel-restaurant des Voyageurs* ** – 1, rue Jean-Jaurès (Centre) ☎ 02-98-87-61-35. Fax : 02-98-82-62-82. Parking. TV. Fermé le vendredi soir, le samedi et le dimanche soir hors saison ; en saison, ouvert tous les jours. Congés annuels : du 1er au 15 novembre. Accès : jusqu'à Pont-l'Abbé, puis D2. Derrière l'église. Chambres doubles de 36 à 55 € avec douche et w.-c. ou bains. Demi-pension, obligatoire en juillet et août, de 42,50 à 49 €. Menus de 11,20 €, le midi, à 29 €. Sympathique et classique hôtel de village. Accueil affable, très bonne cuisine et prix modérés. Chambres plaisantes. Préférer les nos 4, 5, 9 (plus grandes). Mais évitez les chambres sur rue, si possible. Bonne cuisine et prix modérés : soupe de poisson maison, homard breton à la façon du chef, terrine du chef au porto... *Apéritif maison offert à nos lecteurs sur présentation de ce guide.*

PENMARCH 29760 (25 km O)

⌂ |●| *Le Doris* – port de Kerity, pointe de Penmarch ☎ 02-98-58-60-92. Fax : 02-98-58-58-16. Bar ouvert tous les jours. Congés annuels : restaurant fermé de la Toussaint aux vacances de Pâques. Accès : par la D785 direction Pont-l'Abbé puis pointe de Penmarch. Sur le port. Chambres d'hôte pour deux à 31 €, petit déjeuner inclus. 1er menu à 11 € en semaine, puis menus de 15,20 à 60 €. Sur le quai de ce sympathique petit port, une vénérable institution bigoudène depuis longtemps au service des bons fruits de mer et du poisson frais. C'est qu'on a affaire ici à une vraie famille de pêcheurs, et on sait de quoi on cause ! Ici, donc, la tradition et rien d'autre. On se régale aussi bien avec une lotte au lard, un turbot poché au beurre blanc qu'avec un plateau de fruits de mer. Au bar, bonne animation et occasion de vraies rencontres. Quant à l'accueil, il est comme la météo... Si vous tombez un jour de grand soleil, réservez une des 3 chambres d'hôte, toutes simples.

BINIC 22520

Carte régionale B1

⌂ |●| *Hôtel Benhuyc* *** – 1, quai Jean-Bart (Centre) ☎ 02-96-73-39-00. Fax : 02-96-73-77-04. ● www.benhuyc.com ● TV. Canal+. Satellite. ⚒ Resto fermé le dimanche soir et le lundi midi. Congés annuels : du 15 décembre au 1er février. Accès : sur le port. Chambres doubles avec douche et w.-c. ou bains de 49 à 69 €. Menus à 17 €, puis de 23 et 29 €. Face aux bateaux du port de plaisance, en plein centre de Binic, un hôtel récent tout à fait recommandable. Chambres à la décoration fraîche, confortables et très bien tenues. Leur aménagement est très récent et fonctionnel. Pour la plupart, elles donnent sur le port et sur la plage de la Banche. Les moins chères sont assez petites mais quand même bien agréables. Accueil diligent. Au restaurant : fruits de mer et quelques spécialités belges, les proprios étant originaires du plat pays. *Un kir offert à nos lecteurs sur présentation de ce guide.*

BREST 29200

Carte régionale A1

⌂ *Hôtel Astoria* ** – 9, rue Traverse (Centre) ☎ 02-98-80-19-10. Fax : 02-98-80-52-41. ● www.hotel-astoria-brest.com ● Parking payant. TV. Canal+. Satellite. Congés annuels : du 20 décembre au 4 janvier. Accès : tout près de la rue de Siam, de l'embarcadère pour les îles et de la gare. Chambres doubles à 23,65 € avec lavabo, de 39,65 à 47,25 € avec douche et w.-c. ou bains. Petit déjeuner à 5,95 €. Parking : 5,95 € par jour, 31,50 € la semaine. Bien situé : entre la gare et la rue de Siam, à 10 mn à pied du port de commerce. Si l'immeuble ressemble à beaucoup d'autres à Brest, cet hôtel présente un rapport qualité-prix assez rare en ville. Les chambres sont lumineuses et agréables, 6 disposent de balcons qui donnent sur cette rue tranquille. Mais, malgré le double vitrage, ceux qui recherchent le calme absolu dormiront sur l'arrière. L'accueil est impeccable : c'est une bonne adresse ! *10 % sur le prix de la chambre (sauf juillet-août) offerts à nos lecteurs sur présentation de ce guide.*

🛏 **Hôtel Abalis** ** – 7, av. Georges-Clemenceau ☎ 02-98-44-21-86. Fax : 02-98-43-68-32. • reservation@abalys.com • Cartes de paiement refusées. TV. Canal+. ♿ Ouvert toute l'année. Accueil 24 h/24. Accès : à 100 m de l'office du tourisme. Chambres doubles à 27 € avec lavabo, à 49 € avec douche et w.-c. ou bains. Un hôtel pratique et central à 100 m de la gare. Toutes les chambres sont avec double vitrage, mais elles sont un peu petites. 5 d'entre elles ont vue sur la rade. *10 % sur le prix de la chambre (du 15 décembre au 15 mars) ou digestif maison offerts à nos lecteurs sur présentation de ce guide.*

🛏 **Hôtel Le Pasteur** * – 29, rue Louis-Pasteur ☎ 02-98-46-08-73. Fax : 02-98-43-46-80. TV. Canal+. Accès : dans une petite rue entre la rue de Siam et les halles. Chambres doubles avec douche et w.-c. à 30 €. Dans sa catégorie (un brin sinistrée à Brest), un de ceux qui se défendent le mieux. Bien sûr, l'isolation phonique entre les chambres n'est pas au top, mais la literie est OK, les fenêtres dotées de double vitrage, le ménage fait. Reste l'accueil pas toujours au poil ! *Café offert à nos lecteurs sur présentation de ce guide.*

🛏 **Hôtel de la Gare** ** – 4, av. Gambetta (Centre) ☎ 02-98-44-47-01. Fax : 02-98-43-34-07. • info@hotelgare.com • Parking. TV. Canal+. Satellite. Accueil 24 h/24. Chambres doubles avec douche et w.-c. à 38 €, avec bains à 56 €. Pratique parce qu'en face de la gare (vous l'auriez deviné...) et plus sympathique que bon nombre de ses congénères situés en face d'autres gares de France. Bon accueil et jolie vue sur la rade de Brest pour peu qu'on grimpe jusqu'aux chambres sises au 3e étage. Demandez la chambre panoramique au 5e étage.

🛏 **Mercure – Les Voyageurs** *** – 2, rue Yves-Collet (Centre) ☎ et fax : 02-98-80-31-80. • www.mercure.com • TV. Canal+. Satellite. Ouvert 24 h/24, toute l'année. Accès : à l'intersection de l'avenue Georges-Clemenceau et de la rue Yves-Collet. Chambres doubles avec douche et w.-c. ou bains de 77 à 87 € suivant le confort et la saison. Les hôtels de chaîne se font rares dans les pages du *Guide du routard*. On fait une exception ici parce que cet hôtel est tout simplement le meilleur de Brest dans sa catégorie. Très central. Le bâtiment a su conserver son superbe hall

années 1940, les chambres sont bien évidemment tout confort et, pour une fois, les salles de bains ont de la personnalité. Personnel aimable, pro et compétent. *Un petit déjeuner par chambre offert à nos lecteurs sur présentation de ce guide.*

🍴 **Restaurant Le Marrakech** – 44, rue de la Traverse ☎ 02-98-46-45-14. Fermé le mercredi midi et le dimanche. Congés annuels : de mi-juillet à mi-août. Menus à 7,77 €, le midi uniquement, et à 8,54 €. Compter environ 20 € pour un repas à la carte. Appréciable autant pour sa déco sobre que pour la finesse des plats. Vraiment une cuisine délicate et aromatique, où les épices sont savamment dosées. Rien d'étonnant à cela puisqu'ici les recettes se transmettent depuis des générations de mère en fille. Thé à la menthe divin. Côté vin, petit querrouane gris pas ruineux. Une excellente adresse. *Apéritif maison offert à nos lecteurs sur présentation de ce guide.*

🍴 **Restaurant La Pensée Sauvage** – 13, rue d'Aboville et rue de Gasté ☎ 02-98-46-36-65. Fermé le samedi midi, le dimanche et le lundi. Congés annuels : de mi-juillet à fin août. Accès : derrière l'église Saint-Michel. Plat du jour le midi à 8 €. Compter 15 € à la carte. Vraiment une adresse qui sort des sentiers battus. Avec ses deux petites salles toutes simples où règne une ambiance conviviale, *La Pensée Sauvage* mérite le détour. Cuisine à la fois copieuse et goûteuse. Au choix : cassoulet et confit de canard maison, gratiné au chèvre ou aux figues. Excellent rapport qualité-prix, avec en plus la possibilité d'emporter ce qui n'a pas été mangé pour le cassoulet ! Une adresse un peu difficile à trouver mais qui tient le haut du pavé ! *Apéritif maison offert à nos lecteurs sur présentation de ce guide.*

🍴 **Crêperie Moderne** – 34, rue d'Algésiras (Centre) ☎ 02-98-44-44-36. ♿ Service continu de 11 h 30 à 22 h. Ouvert toute l'année, sauf le dimanche midi. Compter, en restant raisonnable, 9 € à la carte. Derrière son éclatante devanture couleur framboise, une salle très classique dont la déco n'a rien d'enthousiasmant. Mais les crêpes – et c'est finalement l'essentiel – y sont délicieuses. Et pour cause : la maison a été fondée en 1922 ! Spécialité maison : la crêpe aux noix de Saint-Jacques au noilly. *Kir breton offert à nos lecteurs sur présentation de ce guide.*

🍴 **Le Voyage du Brendan** – 27, rue Danton ☎ 02-98-80-52-85. Fermé le samedi midi et le dimanche. Accès : à 300 m de l'église Saint-Martin. Menus de 9 €, le midi en semaine, à 19 €. Compter 18 € à la carte. Un tout petit resto (22 couverts) qu'il faut aller dénicher. La patronne est hyper sympathique et le chef travaille avec sérieux des plats de tradition à base de produits frais : copieuses salades (au chèvre chaud de Plougastel, aux cuisses de grenouilles...), magret de canard au cidre et, grande spécialité de la maison, choucroute de la mer (sur réservation). Aux murs s'accrochent régulièrement (en moyenne tous les deux mois) des petites expos d'artistes locaux. Étonnant endroit ! Difficile, voire impossible de mieux valoriser un endroit si petit. *Apéritif maison offert à nos lecteurs sur présentation de ce guide.*

|●| Amour de Pomme de Terre – 23, rue des Halles-Saint-Louis (Centre) ☎ 02-98-43-48-51. Parking payant. Ouvert tous les jours. Service midi et soir jusqu'à 23 h, 22 h 30 les dimanche et lundi. Accès : situé derrière les halles Saint-Louis. Menus de 9,15 à 12,20 €. Resto atypique entièrement dédié à la pomme de terre. Et pas n'importe laquelle : l'« amandine », de création récente mais qui s'est vite fait une petite réputation pour ses qualités au four. Ce noble tubercule (que le patron aime d'amour, c'est sûr) est donc ici souvent cuit en robe des champs. Persillées ou fourrées de roquefort, de chèvre, de beaufort, transformées en gratin, en purée, ces pommes de terre accompagnent charcuteries, salades, viande, poisson ou crustacés grillés. Excellents desserts (pas à la pomme de terre, encore que...). Les murs et la carte (prenez le temps de tout lire) donnent une idée de l'humour plutôt délirant du patron. Le cadre est assez chouette dans le genre campagne revue et corrigée. Et vu le peu d'espace qui sépare son coude de l'assiette du voisin, voilà un resto où l'on peut aussi se faire des copains... Comme c'est souvent (sinon toujours) complet, la maison vous offre, chers lecteurs, l'apéro dans un bar ou un pub voisin le temps qu'une table se libère.

|●| Tonnerre de Bio – 1, rue Kerfautras (Centre) ☎ 02-98-43-35-80. Fermé le dimanche. Congés annuels : du 28 juillet au 24 août. Menus à partir de 9,45 €. Une bonne adresse brestoise, où tous les plats sont composés à partir de produits frais et naturels d'origine biologique. Avec la crise de la vache folle et la fièvre aphteuse, voilà une excellente idée de restaurant à thème. Ici pas de déguisements, ni de décor de théâtre, tout est dans la qualité de ce que l'on mange. *Apéritif maison offert à nos lecteurs sur présentation de ce guide.*

|●| Restaurant L'Abri des Flots – port de commerce ☎ 02-98-44-07-31. Fermé le dimanche et le lundi soir. Accès : sur les quais. Menus à 10,60 €, à midi en semaine, puis de 14,50 à 18 €. Patronne dynamique et sympathique qui a su créer un endroit convivial. Comme le nom du resto l'indique, ici, ce n'est pas l'usine. Situé sur les quais du port de commerce, la salle du resto est assez intime avec une belle véranda et une

agréable terrasse en été. Les menus sont d'humeur marine (grosse spécialité de la maison : le couscous de la mer) et on reste en Bretagne avec la carte de crêpes. *Kir celtique offert à nos lecteurs sur présentation de ce guide.*

DANS LES ENVIRONS

GUILERS 29820 (5 km NO)

|●| Crêperie Blé Noir – bois de Keroual ☎ 02-98-07-57-40. Ouvert tous les jours de 11 h 30 à 21 h 30. Accès : de Brest, direction parc de Penfeld, la crêperie est près du parc des expositions. Autour de 11 € le repas. Tapie dans la verdure au bord d'un étang, cette crêperie est installée dans un moulin. On y déguste de délicieuses crêpes dans un intérieur moderne. Service aimable et promenade après le repas dans une nature superbe. Parmi les spécialités, la galette armoricaine aux médaillons de lotte, celle aux noix de Saint-Jacques ou celle au saumon fumé. *Kir breton offert à nos lecteurs sur présentation de ce guide.*

GOUESNOU 29850 (10 km N)

|●| Crêperie La Finette – rue du Bois-Kerallenoc ☎ 02-98-07-86-68. Fermé le lundi et le mardi midi hors saison. En juillet-août, fermé le lundi midi et le mardi midi. Congés annuels : 1 semaine mi-septembre et 1 semaine mi-novembre. Accès : du bourg, prendre la route de Kerallenoc pendant 1 km (fléchage). Compter autour de 11 € pour un repas complet. Longtemps aux fourneaux de l'une des meilleures crêperies de Brest, Lydie et Jean-Yves Pirou officient désormais dans cette belle maison à l'ancienne, bordée d'un jardinet. L'intérieur tout en pierre est agrémenté d'une cheminée. La déco rappelle la Bretagne et la mer. Excellent accueil. Crêpes traditionnelles vraiment goûteuses. Réservation conseillée.

CAMARET 29570

Carte régionale A1

|▲|●| Hôtel-restaurant du Styvel ** – quai du Styvel ☎ 02-98-27-92-74. Fax : 02-98-27-88-37. ● hotelstyvel@wanadoo.fr ● TV. Congés annuels : janvier. Accès : un des derniers restaurants tout au bout des quais. Chambres doubles de 32 à 40 € avec douche et w.-c. Menus de 13 à 32 € Menu-enfants à 7 €. Petit hôtel face au port et à la chapelle de Rocamadour. Chambres pas toujours très grandes mais globalement confortables. Toutes celles qui donnent sur le port ont été rénovées. Certaines (couleurs pastel, parquet) ont leur petit charme. Cuisine honnête, sans plus, évidemment d'inspiration marine : duo de lieu jaune et fario aux algues, brochette de coquilles Saint-Jacques, fricassée de homard breton, etc. *Apéritif maison offert à nos lecteurs sur présentation de ce guide.*

I●I *La Voilerie* – 7, quai Toudouze ☎ 02-98-27-99-55. Parking. ♿ Mieux vaut téléphoner pour savoir si c'est ouvert. Sur le quai. Menus de 9 à 24 €. L'un des restos les plus sérieux de Camaret. La qualité se tient, l'accueil est cordial et le service est tardif. Grande salle plaisante. Cuisine sous influence marine en été et plus terroir en hiver. Faites-vous plaisir avec le menu-surprise, formule carte la plus chère mais la plus intéressante pour les amateurs de produits frais cuisinés selon l'humeur du moment. Service un peu long. *Apéritif maison offert à nos lecteurs sur présentation de ce guide.*

CANCALE   35260

Carte régionale B1

🏠 I●I *Le Querrien* ✶✶✶ – 7, quai Duguay-Trouin ☎ 02-99-89-64-56. Fax : 02-99-82-79-35. ● www.le-querrien.com ● TV. Canal+. Satellite. Accès : sur le port. Chambres doubles tout confort de 54 à 147 € selon la vue et le confort. Menus de 15 à 37,50 €. Parmi les plus belles chambres de Cancale. Neuves, propres, vastes, lumineuses et équipées de beaux sanitaires. Tendance marine bien sûr. Accueil pro et souriant. Le restaurant est décoré dans un style grande brasserie chic, avec du bois, des cuivres et un vivier. Bonne cuisine et service diligent. Une maison qui sent bon le sérieux.

🏠 I●I *Hôtel de la Pointe ou Grouin* ✶✶ – (Nord) ☎ 02-99-89-60-55. Fax : 02-99-89-92-22. ● www.hotelpointedugroin.com ● Parking. TV. Restaurant fermé le mardi et le jeudi midi hors saison. Congés annuels : du 1er octobre au 1er avril. Accès : à 3 km du centre, suivre « Pointe du Grouin ». Chambres doubles de 70 à 87 € avec douche ou bains et w.-c. Demi-pension à 70 € par personne. Menus de 19 à 56 €. Une solide bâtisse, tout au bout, à la pointe du Grouin, face au grand large. Hôtel assez chic, en pierre du pays, dans un site évidemment exceptionnel. Décoration intérieure cossue. Chambres rénovées, assez simples et plutôt petites. Toutes ont vue sur la mer et quatre d'entre elles possèdent une terrasse. Calme assuré. Point de départ de longues promenades dans un coin complètement sauvage. Salle à manger panoramique avec vue sur la baie du Mont-Saint-Michel, pour une cuisine traditionnelle.

I●I *La Cancalaise* – 3, rue de la Vallée-Porcon (Centre) ☎ 02-99-89-71-22. Parking. ♿ Fermé du lundi au jeudi sauf pendant les vacances scolaires ; en juillet-août fermé le lundi uniquement. Accès : à 2 mn du musée des Arts et Traditions populaires, dans le bourg. Compter à peu près 15 € pour un repas complet. Une mignonne salle aux murs de pierre, des photos du bon vieux temps, des tables bien dressées qui attendent habitués et gourmands de passage. Au fond, sous la longue hotte, une double rangée de crêpières (les plaques chauffantes faisant face aux Cancalaises, prêtes à officier. Ici, en effet, on travaille sans filet (c'est pas comme les maris marins), c'est-à-dire à la commande et devant les clients. Alors voilà que nos Cancalaises, adorables et concentrées (avec leur petit air un rien sévère qu'on adore), nous envoient des galettes fines et croustillantes. À l'andouille, au lait ribot (lait caillé avec morceaux : les « cailles »), avec de superbes confitures maison ou à la compote maison légèrement aromatisée à la cannelle (la célèbre bisquine), rien de révolutionnaire, mais avec de bons produits, et bien sûr le tour de main hérité des grands-mères. On se régale à coup sûr. Le meilleur du terroir à prix tout à fait sages. Choix de cidres bretons, dont notre préféré, le Ker Avel (ça veut dire la « Maison du Vent »). Également vente à emporter sur commande. *Apéritif maison offert à nos lecteurs sur présentation de ce guide.*

I●I *Le Surcouf* – 7, quai Gambetta (Centre) ☎ 02-99-89-61-75. Fermé le mercredi et le jeudi ; en juillet-août, fermé le jeudi uniquement. Congés annuels : du 5 janvier au 1er février et du 18 novembre au 20 décembre. Accès : port de Cancale. Menus à 18 €, sauf le week-end, puis de 30 à 40 €. Ce restaurant gastronomique se démarque nettement des ses confrères du port. Les produits, ici, ne sont pas seulement ultra-frais, ils sont aussi admirablement travaillés. On a testé le 1er menu, malheureusement pas proposé le week-end. Il est tout simplement prodigieux, surtout à ce prix-là : amuse-bouche, 9 huîtres creuses, effilochée de morue et *kouign aman* tiède. La carte change selon le marché et la saison. Cela réserve de bien délicieuses surprises comme, par exemple, un pain maison au sarrasin ou une salade de mouron des oiseaux. Le cadre est très soigné, sobre et de bon goût, l'accueil très professionnel. Un coup de cœur.

I●I *Au Pied d'Cheval* – 10, quai Gambetta (Centre) ☎ 02-99-89-76-95. ♿ du 2 avril au 14 novembre, ouvert tous les jours de 9 h à 22 h. Du 15 novembre au 1er avril, ouvert uniquement le week-end de 9 h à 19 h (dégustation d'huîtres seulement). Compter environ 18,50 € à la carte. « *Au Pied d'Cheval*, on mange des huîtres sans égal. » Avec un slogan pareil, il faut être sûr de ses produits. C'est le cas de cette famille d'ostréiculteurs-myticulteurs installée sur le port de La Houle. Mais le slogan s'applique aussi aux autres produits, fruits de mer ou plats chauds, d'une grande fraîcheur. Goûtez à la délicieuse « écuelle du père Dédé » (méli-mélo de coquillages, sauce citron crémée) que l'on sauce jusqu'à la dernière goutte, ou au *patouillou* (bulots à la sauce armoricaine). Tables et tabourets ultra-rustiques au rez-de-chaussée. À l'étage, c'est un peu plus cossu. Chants de marin pour l'ambiance. Service dynamique par de vraies Cancalaises.

|●| *Restaurant Le Saint-Cast* – **route de la Corniche** ☎ **02-99-89-66-08.** Fermé le mercredi en saison, le mardi soir, le mercredi et le dimanche soir hors saison. Accès : à 5 mn du centre-ville à pied. Menus de 19,50 à 36 €. Voilà une délicieuse adresse à Cancale, délicieuse dans tous les sens du terme. À l'écart du centre, dans une élégante demeure surplombant l'Océan, voici un lieu idéal pour déjeuner en terrasse, avec Le Mont-Saint-Michel en guise de décor (tout petit, faut pas abuser !), ou pour passer une charmante soirée et déguster les produits de la mer très frais, travaillés avec savoir-faire. Effeuillade de morue fraîche aux coques, tajine de homard, la qualité est présente dès le 1er menu. Un vieux coup de cœur.

DANS LES ENVIRONS

SAINT-MÉLOIR-DES-ONDES
35350 (5 km S)

▲ |●| *Restaurant Le Coquillage, Bistrot Marin* – **maison Richeux** ☎ **02-99-89-25-25. Fax : 02-99-89-88-47.** ● **www.maisons-de-bricourt.com.** Parking. Fermé le lundi et les mardi et jeudi midi ; en hiver, fermé également le vendredi midi. Chambres de 160 à 380 €. Formule « grignotage » avec 3 entrées froides et 3 cassolettes chaudes à environ 57 € pour deux. Menus de 22,20 à 45 €. Menu-enfants à 16 €. Pas de carte. Ce ravissant manoir des années 1920, perché au-dessus de la baie du Mont-Saint-Michel, abrite l'annexe du *Bricourt*. Si le resto pratique des prix somme toute raisonnables (même les vins sont abordables), les chambres, sublimes (mais a-t-on besoin de le préciser ?), sont beaucoup, beaucoup plus chères... C'est, encore une fois, le comble du raffinement et du bon goût. Ambiance maison de campagne à tous les étages, tissus à carreaux et plaids en tweed, fauteuils en cuir, coincés entre le bar et la cheminée, meubles sentant bon la cire et surtout une vue époustouflante sur la mer, on prendrait bien pension à vie... Olivier Roellinger, l'enfant chéri de la cuisine bretonne, y propose toujours le meilleur de la

mer : huîtres de Cancale, tartare de daurade et solettes au beurre, coquillages et crustacés... et le fameux pain maison. Petit déjeuner exceptionnel, à base de produits traditionnels bretons. Une bonne nouvelle pour les hôtes : de mai à fin septembre, ils sont invités gracieusement à bord de *l'Étoile de Bricourt*, un vieux gréement que vient de s'offrir le maître des lieux.

CARANTEC 29660

Carte régionale A1

|●| *La Cambuse-Le Cabestan* – **7, rue du Port** ☎ **02-98-67-08-92.** Fermé les lundi et mardi ; le mardi uniquement en juillet-août. Congés annuels : du 5 novembre au 15 décembre. Accès : au port. Menus de 21 à 42 €. *La Cambuse* et *Le Cabestan* sont sous le même toit, ont le même chef, mais ce sont deux endroits distincts avec deux équipes et deux atmosphères très différentes. *La Cambuse* se situe à mi-chemin de la brasserie, du bar et de la taverne. En été, atmosphère animée. Un des points d'ancrage des jeunes. Roboratifs et généreux mais plutôt imaginatifs, ces plats dits « de brasserie ». À côté, *Le Cabestan*. Ambiance plus calme, voire feutrée. Nappes en tissu, clients paisibles, amoureux qui peuvent échanger leurs mots doux.

CARHAIX-PLOUGUER 29270

Carte régionale A1

|●| *Crêperie Les Salines* – **23, rue Brizeux** ☎ **02-98-99-11-32.** Ouvert le midi du lundi au samedi. Congés annuels : fin août. Accès : près de l'office du tourisme. Plusieurs formules à 7,50 €, sauf les dimanche et jours fériés, puis de 9,50 à 14,50 €. Une agréable petite salle à l'ambiance marine. D'autant qu'on y sert encore et toujours de goûteuses et originales crêpes à base de farine bio (et bretonne !). La formule propose, par exemple, une « fleur océane » (saumon et confiture d'algues) suivie d'une crêpe « bretonne » aux pommes émincées flambées au calva sur lit de crème à la cannelle. À la carte, la « fleur grand cru » (avec de l'andouille de Guéméné et de la confiture de cidre) et la « krampouz ». Vraiment une adresse de qualité pour tous les budgets. *Café offert à nos lecteurs sur présentation de ce guide.*

CARNAC 56340

Carte régionale A2

▲ |●| *Hôtel Le Râtelier* ** – **4, chemin Douët** ☎ **02-97-52-05-04. Fax : 02-97-52-76-11.** ● **bouvard@infonie.fr** ● Parking.

TV. & Ouvert tous les jours entre le 1er avril et le 30 septembre ; fermé le mardi et le mercredi hors saison. Congés annuels : en janvier. Accès : niché dans une ruelle du centre-ville, à 200 m à droite de l'église. Chambres doubles bien tenues de 38 à 49 €. Quelques-unes avec lavabo, mais la différence de prix est infime. Aussi des chambres pour 4. Demi-pension, imposée en été, à partir de 55 € par personne. Au resto, un 1er menu à 15 €, non servi les samedi soir et jours fériés, puis autres menus de 24 à 40 €. Charmant hôtel-restaurant dans une belle maison mangée par le lierre. Menus très équilibrés. Spécialités de fruits de mer et de poisson, apprêtés avec des sauces compliquées (type coquillages au safran). Le menu le plus cher a pour thématique obsessionnelle le homard sous toutes ses formes. Adresse qui a l'air de bien marcher, très vite complète aux beaux jours. L'accueil qui nous a été réservé était un brin sec.

|●| *Les Kerguelen* – **(Nord)** ☎ 02-97-52-28-21. & Fermé les lundi et mardi hors saison. Accès : sur la D781 (route de La Trinité-sur-Mer). On peut aussi y accéder par la route de Beaumer, de la plage, remonter jusqu'au carrefour avec la grande route, c'est là. Menus de 8,40 à 11 €. Le 1er donne l'occasion de goûter à la *quinzza*, hybride entre une pizza et une quiche : « ni pâte à pain, ni de la pâte brisée », a coutume de dire le patron. Bref, de la pâte *quinzza*, on l'aura compris. Moelleuse, ferme, avec plein de choses dessus. En avant ! Côté crêpes, ça va de 1,70 à 6,40 € et vous pouvez même tester les pâtes maison, entre 6,70 et 8,60 €, qui vous dégoûteront à jamais des nouilles industrielles. Petite salle banale mais peinarde, patron drôle et super accueillant. Comme la cuisine mérite toute notre attention, que les portions sont copieuses et que les prix volent bas, on applaudit. Le « fait maison » original et sérieux servi à l'année l'emporte encore une fois sur les pièges à touristes de la plage.

|●| *Restaurant La Côte* – **Kermario** ☎ 02-97-52-02-80. Parking. Fermé le samedi midi, le dimanche soir et le lundi hors saison. En juillet-août fermé le lundi uniquement. Accès : près des alignements de Kermario ; direction Auray, 1er feu à droite, 800 m plus loin. Dès le menu à 20 €, c'est le décollage assuré. Autres menus de 29 à 42 €. Autour de 40 € à la carte. Notre coup de cœur à Carnac. Le fils de la maison, Pierre, jeune virtuose de l'école hôtelière, a décidé de transformer le restaurant familial en un haut lieu de la fourchette. Ambition démesurée ? Goûtez donc la rare subtilité de ce que vous avez dans l'assiette ! Pour vous donner une idée : galette de daurade à la tomate confite, parmentier de crabe, araignée au foie gras mi-cuit au poivre de

Séchouan, œuf cocotte aux Saint-Jacques (en hiver)... Alors, ça vous laisse froid ?

CHÂTEAULIN 29150

Carte régionale A1

🛏 |●| *Hôtel-restaurant Au Bon Accueil*** – **av. Louison-Bobet** ☎ 02-98-86-15-77. **Fax :** 02-98-86-36-25. ● www.bon-accueil.com ● Parking. TV. & Fermé le dimanche soir et le lundi hors saison. Congés annuels : du 1er janvier au 1er février. Accès : à 2 km au nord-est de Châteaulin par la D770. Chambres doubles de 40,40 à 50,31 € avec douche et w.-c. ou bains, selon saison. Demi-pension de 42 à 48,72 €. Menus à 13 €, sauf le dimanche, puis de 16,50 et 20 €. Menu-enfants à 8 €. Un ensemble de bâtiments posés au bord du canal de Nantes à Brest. Au bord de la départementale aussi, mais elle est peu passante la nuit... Les patrons et le personnel font tout pour ne pas trahir le nom, ô combien difficile à porter, de l'hôtel. Au hasard des couloirs, chambres classiques, pas toujours très grandes mais de bon confort. Cuisine bien classique aussi mais pas mal amenée et d'un joli rapport qualité-prix. Jardin, piscine chauffée et sauna. *10 % sur le prix de la chambre (d'octobre au 15 avril) offerts à nos lecteurs sur présentation de ce guide.*

|●| *Crêperie Marc Philippe* – **29, quai Cosmao** ☎ 02-98-86-38-00. Fermé le lundi en hiver. Ouvert tous les jours de mai à fin août. Congés annuels : fermé de septembre à avril. Accès : à deux pas de l'office du tourisme. Compter 10,50 € à la carte avec boisson. Une petite crêperie bien pratique car centrale ; en plus, les crêpes sont peu chères et goûteuses : crêpe sarrasin à l'oignon, crêpe au chèvre chaud ou crêpe froment à la crème de pruneau. Accueil sympathique et produits locaux de qualité (cidre de Pouldreuzic, différentes bières du pays et farine de froment et blé noir 100 % breton). *Café offert à nos lecteurs sur présentation de ce guide.*

DANS LES ENVIRONS

PLOMODIERN 29550 (15 km O)

|●| *Auberge des Glazics* – **rue de la Plage** ☎ 02-98-81-52-32. Fermé les lundi et mardi. Congés annuels : octobre. Accès : par la D887 puis la D47. Menus de 23 €, le midi en semaine, à 60 €. Menu-enfants à 10,70 €. À la carte, compter 38 €. Au début du XIXe siècle, cet endroit était l'atelier d'un maréchal-ferrant. Devant l'affluence, la grand-mère décida de leur offrir la soupe. La 2e génération continua dans cette lignée de resto populaire. Que croyez-vous que fit la 3ᵉ génération ? « Nourri » (c'est le cas de le dire) de cette culture culinaire, Olivier Bellin quitte « l'école classique » à 15 ans pour se lancer dans l'apprentissage de la grande cuisine. En 10 ans, il accumule les diplômes et distinctions. Il obtient le prix du meilleur jeune cuisinier de Bretagne, finit son Tour de France et retourne... devinez-où ? Dans la maison familiale ! Modification de la salle, changement de déco, couverts et assiettes raffinés ! Ce jeune chef passionné, à l'imagination débordante, est décidé à prouver que la cuisine bretonne ne se limite pas aux produits bruts que lui fournit la nature. Difficile de vous citer les plats qui nous ont emballés, ils ont sûrement déjà disparu de la carte parce que l'imagination de ce jeune homme n'est jamais en berne et qu'il suit, bien sûr, les saisons. Les desserts sont une véritable symphonie de goûts et de couleurs. Excellents vins à des prix abordables. Réservation indispensable !

COMBOURG 35270

Carte régionale B1

🏠 |●| *Hôtel du Lac* ** – 2, pl. Chateaubriand ☎ 02-99-73-05-65. Fax : 02-99-73-23-34. ● www.hotel-restaurant-du-lac.com ● Parking. TV. Canal+. Fermé le vendredi et le dimanche soir hors saison. Accès : sortie de Combourg direction Rennes. Chambres doubles avec douche et w.-c. ou bains de 48 à 60 €. Demi-pension de 48 à 49 € par personne. Menus de 15 à 39 €. D'un côté le château, de l'autre l'étang cher à Chateaubriand. Chambres très correctes mais à la déco passe-partout. Réserver de préférence une chambre avec vue, la différence de prix est justifiée. Fait également restaurant ; bonne cuisine traditionnelle.

|●| *Restaurant L'Écrivain* – pl. Saint-Gilduin (Centre) ☎ 02-99-73-01-61. Parking. ⚓ Fermé le mercredi soir, le jeudi et le dimanche soir. Du 14 juillet au 16 août, fermé le jeudi uniquement. Congés annuels : vacances scolaires de février et de la Toussaint. Accès : face à l'église. Menus à 14 €, sauf le week-end, puis de 20 à 35 €. Une table qui compte dans la région, et qui s'est forgé, avec les années, une solide réputation, sans prendre la grosse tête ni augmenter ses prix. Par rapport à l'inventivité et à la saveur de ce que l'on trouve dans l'assiette, les prix sont étonnamment légers. Peu de choix à la carte car le chef ne travaille que des produits frais. Quelques spécialités : les poissons fumés maison, ou, par exemple, un excellent millefeuille de foie gras aux artichauts. Rapport qualité-prix excellent. Une nouveauté : le plat du jour et son verre de vin. Un *Écrivain* à lire et à

relire. C'est également un dépôt-vente de livres illustrés.

DANS LES ENVIRONS

HÉDÉ 35630 (15 km SO)

|●| *Restaurant Le Genty Home* – vallée de Hédé ☎ 02-99-45-46-07. Parking. ⚓ Fermé le mardi soir, le mercredi et le dimanche soir. Congés annuels : 3 semaines fin février-début mars et deux semaines et demi de la mi-novembre à début décembre. Accès : par la N137 ; à 500 m à la sortie de Hédé, en direction de Tinténiac. Menus à 10,60 €, le midi en semaine, puis de 18 à 32 €. Comment ne pas tomber sous le charme de cette coquette auberge toute fleurie ? Elle est exploitée par un jeune chef plein de talent, qui attire déjà une belle clientèle de gastronomes. Il ne cesse d'embellir ou de moderniser son outil de travail. Excellent cuisinier, son choix de menus contentera les plus exigeants, surtout avec sa gigolette de poule coucou farcie au foie gras (recette pour laquelle il a gagné le concours régional)... Portions parfois justes. Délicieux 1ᵉʳ menu le midi en semaine. Accueil adorable. *Café offert à nos lecteurs sur présentation de ce guide.*

CONCARNEAU 29900

Carte régionale A2

🏠 |●| *Hôtel-restaurant Les Océanides* – 3 et 10, rue du Lin (Centre) ☎ 02-98-97-08-61. Fax : 02-98-97-09-13. TV. Fermé le dimanche soir. Accès : au cœur de la cité, à proximité du port. Chambres de 29 à 45 €. Menus de 8,50 à 25 €. Intéressante demi-pension de 35,50 à 39,50 € par personne, obligatoire l'été. Menu-enfants à 8,40 €. Table maison, connue des Concarnois depuis des générations sous le nom de *La Crêpe d'Or*, a gardé son ambiance familiale et populaire. Yvonne et les siens vous mettront à l'aise autour du bar, vous conteront cette région, ses traditions et parfois même vous les chanteront. Établissement incontournable lors de la fameuse fête des Filets bleus. Cuisine de tradition : lotte au coulis de poivrons, brochette de Saint-Jacques à la crème, etc. Chambres avec un peu plus de confort juste en face sous l'enseigne *Aux Petites Océanides*.

🏠 *Hôtel de France et d'Europe* ** – 9, av. de la Gare (Centre) ☎ 02-98-97-00-64. Fax : 02-98-50-76-66. ● www.groupecito tel.com/hotels/fraeur.html ● Parking payant. TV. Satellite. ⚓ Fermé le samedi soir du 15 novembre au 15 mars. Congés annuels : du 24 décembre au 3 février. Accès : rue arrivant directement au port.

Chambres doubles de 47 € avec douche et w.-c. à 55 € avec bains. Petit déjeuner-buffet à 6,50 €. Un petit établissement doté de tout ou presque ce qu'on est à même d'attendre dans un hôtel moderne : chambres plaisantes avec leur déco contemporaine, lumineuses et confortables (la literie est vraiment au poil, le double vitrage joue son rôle), patronne accueillante, très pro et jamais avare d'infos sur la ville. Pour boire un verre, bar-salon et adorable terrasse-patio presque exotique et isolée du brouhaha de la ville. *10 % sur le prix de la chambre (du 1er novembre au 31 mars) offerts à nos lecteurs sur présentation de ce guide.*

🏠 *Hôtel Kermor* ** – Les Sables-Blancs ☎ 02-98-97-02-96. Fax : 02-98-97-84-04. ● www.kermorlespiedsdansleau.com ● TV. Accès : à proximité de la plage des Sables-Blancs. Chambres doubles de 65 € avec douche et w.-c., à 85 € avec bains. Petit déjeuner à 9 €. Pittoresque villa balnéaire, début du XIXe siècle, posée sur la plage, face à l'Océan. L'intérieur, entre photo noir et blanc, bibelots et objets de marine, évoque irrésistiblement celui d'un bateau. Et c'est tout à fait délicieux. Les chambres sont sagement tarifées, vu la situation et le charme des lieux. Lambrissées, claires et fraîches, elles ouvrent toutes sur l'Océan. Certaines, pour parfaire l'impression de dormir dans une cabine, ont pour fenêtres des hublots. Les plus chères disposent de grandes baies vitrées qui donnent sur de sympathiques terrasses de bois dominant la plage. On ne quittera pas les flots des yeux (vue franchement somptueuse !) dans la salle du petit déjeuner (servi jusqu'à 11 h 30) où une radio diffuse les messages des bateaux qui croisent au large. Embarquement immédiat sur le *Kermor*!

🍴 *Crêperie Le Grand Chemin* – 17, av. de la Gare ☎ 02-98-97-36-57. Fermé le lundi sauf en juillet-août. Accès : à 300 m de l'office du tourisme. Menus-crêpes de 7,32 à 11,43 €. On en avait un peu soupé de l'ambiance touristique à outrance de la ville close. Alors on a été bien content de dénicher cet endroit sympa qui n'attend pas les touristes pour exister. Elle a déjà une longue vie derrière elle, cette crêperie, puisqu'elle comptabilise un demi-siècle de bons et loyaux services. Clientèle d'habitués donc. Il faut dire que l'on se sent ici un peu comme chez soi. Pas de chichis, rien de surfait, la patronne a à cœur de vous remplir la panse avec des crêpes copieuses à des prix modérés. 2 galettes de sarrasin et une crêpe au chocolat pour le 1er menu, et une galette coquilles Saint-Jacques et fondue de poireaux, une complète et une flambée pour les menus suivants.

🍴 *Restaurant Chez Armande* – 15 bis, av. du Docteur-Nicolas ☎ 02-98-97-00-76. Fermé le mardi et le mercredi (en saison, le mercredi uniquement). Accès : face au port de plaisance. Menus à 17,60 €, sauf le dimanche, 23,60 et 32,60 €. Compter 42 € à la carte. Un des bons restos marins de Concarneau, à des prix qui savent rester en eaux calmes. La salle est plaisante avec ses boiseries. Même le meuble abritant le vivier à crustacés est joli. Et poisson et fruits de mer sont d'une belle fraîcheur, en provenance directe du port tout proche et bien travaillés : fricassée de langoustines, ragoût de homard, etc. N'oublions pas la cotriade, mélange de 5 poissons, plat vedette de la maison, qui est réputée à Concarneau. On y reviendra rien que pour ça ! Beau chariot de desserts.

CONQUET (LE)   29217

Carte régionale A1

🏠 🍴 *Le Relais du Vieux Port* ** – 1, quai du Drellac'h ☎ 02-98-89-15-91. Service continu toute la journée, hiver comme été. Accès : au port. Chambres doubles avec douche et w.-c. de 37 à 65 €. Au resto, menu unique à 23 €. Compter de 10 à 20 € à la carte. Le charme des chambres d'hôte, le côté pratique de l'hôtel : *Le Relais du Vieux Port!* Un endroit tenu par une famille qui sait accueillir et où l'on se sent vite comme chez soi. Dans les chambres qui portent chacune le nom d'une île bretonne : plancher brut, murs blancs gentiment égayés par des pochoirs bleus, literie de bonne qualité et, pour certaines, lits à baldaquins contemporains. 5 d'entre elles offrent une chouette vue sur l'estuaire (la « Beniguet », notamment, dotée de trois fenêtres). Attention, la « Bannalec » (la moins chère) a une cabine de douche et est plus petite que les autres. Le petit déjeuner (copieux et bon marché) se prend sur une noble table de bois : pain noir et blanc et confitures maison. Côté resto, grande salle où trône une cheminée. Service continu toute la journée hiver comme été. Expos permanentes de peintres locaux et soirées musicales tous les mercredis en été. Une de nos meilleures adresses, surtout pour l'hôtel. *Un petit déjeuner par chambre ou apéritif maison offert à nos lecteurs sur présentation de ce guide.*

DANS LES ENVIRONS

LOCHRIST 29217 (2 km S)

🏠 🍴 *La Ferme de Keringar* – Lochrist - Le Conquet ☎ 02-98-89-09-59. Fax : 02-98-89-04-39. ● www.keringar.com ● Fermé le midi en été et du lundi au vendredi le reste de l'année. Chambres (pour 1, 2 ou

3 personnes) en demi-pension (nuit + dîner+ petit déjeuner), à 37 € par personne. Menus de 15 à 40 €. Abritée des vents du large entre Le Conquet et la pointe de Saint-Mathieu, la ferme appartient à la même famille depuis plus de deux siècles. Le propriétaire actuel, Alain Larsonneur, ancien instituteur « écolo » débordant d'idées, l'a transformée en une belle ferme pédagogique, halte très appréciée des randonneurs et des routards. Les 8 chambres (avec douche et w.-c.) sont arrangées avec goût, d'une manière chaleureuse et dans le style ouessantin. Il y a même un vrai lit clos et une couchette de bateau ! Dans la salle des repas, cheminée de granit, tables et bancs en bois, outils anciens, photos des ancêtres Larsonneur, musique celtique. On y élabore une cuisine « de pêcheurs et de paysans » d'un bon rapport qualité-prix, avec des spécialités succulentes comme la cotriade, le *kig ha farz*, la saucisse de Molène fumée aux algues, sans oublier la bouillie d'avoine ou l'andouille au lard. Le pain maison est cuit au four. Boutique de vente de produits. Programme d'animation : *fest-noz*, veillées, contes. Bref : une sorte de petit centre culturel à la campagne, un endroit exceptionnel par son caractère et son authenticité finistérienne. *Apéritif maison offert à nos lecteurs sur présentation de ce guide.*

CRACH 56400

Carte régionale A2

|●| *Restaurant Crêperie L'Hermine* – 12, rue d'Aboville ☎ 02-97-30-01-17. Fermé du lundi au mercredi du 1er octobre au 31 mars sinon, fermé le mercredi seulement. En juillet-août, ouvert tous les jours. Congés annuels : de fin novembre à début décembre. Accès : d'Auray, direction La Trinité-sur-Mer, c'est sur la route. À la carte, compter 11 €. Les crêpes traditionnelles varient entre 1,60 et 5,40 € et les spécialités de 3,80 à 7,50 €. Ouf ! Après tous ces détours, parlons de ce qu'il y a dans l'assiette : pas de menu mais une carte riche affichant des prix doux. Des crêpes traditionnelles et des spécialités (elles sont une vingtaine, toutes plus alléchantes les unes que les autres). En dessert, une dizaine de crêpes flambées ou des fruits rissolés. À cela s'ajoute un bon choix de fruits de l'Océan. Impossible de manquer cette belle maison fleurie. Salle claire et agréable, et belle véranda ouvrant sur le jardin de rocaille. La carte des desserts décline quantité de crêpes flambées et fruits rissolés. Bon accueil et service efficace. Aire de jeux pour les enfants. Une adresse à ne pas manquer. Il est préférable de réserver. *Apé-*

ritif maison ou café offert à nos lecteurs sur présentation de ce guide.

CROZON 29160

Carte régionale A1

🏠|●| *Hôtel de la Presqu'île - Restaurant Le Mutin Gourmand* – 1, rue Graveran ☎ 02-98-27-29-29. Fax : 02-98-26-11-97. ● www.chez.com/mutingourmand ● TV. 🍴 Restaurant fermé le lundi midi en saison, le lundi et le dimanche soir hors saison, Congés annuels : en janvier et 1re semaine de février. Accès : sur la place de l'église. Chambres doubles de 44 à 66 €. Demi-pension de 100 à 124 € pour deux. Menus à 16 €, sauf les jours fériés, puis de 23 à 49 €. Un vrai hôtel de charme, qui reflète dans son style l'identité bretonne. Trois inspirations pour la déco : les costumes bretons et leurs jaunes et ocres, la faïencerie bretonne et la mer. Communique par la coursive avec le restaurant *Le Mutin Gourmand*. Plusieurs salles en enfilade décorées dans le même style que l'hôtel, souvent prises d'assaut par les familles et les entreprises du voisinage. Très bonne cuisine de saveur et de marché : succulent chaud-froid d'œuf aux coraux d'oursin, filet de lieu jaune en pannequet de blé noir... Très beaux desserts. En outre, tout est fait maison, du pain jusqu'au foie gras. *10 % sur le prix de la chambre (hors saison et hors vacances scolaires et ponts) offerts à nos lecteurs sur présentation de ce guide.*

DAMGAN 56750

Carte régionale B2

|●| *Crêperie L'Écurie* – 31, Grande-Rue, à Kervoyal (Est) ☎ 02-97-41-03-29. 🍴 Ouvert tous les jours pendant les vacances scolaires et le week-end hors saison. Congés annuels : de début janvier aux vacances de février. Galettes entre 5,40 et 8,40 €. Compter environ 15 € pour le repas complet. Une série de galettes originales et délicieuses, croustillantes dessus et moelleuses dedans, bien présentées qui plus est. Citons la « Kerjeannette » avec sa crème moutardée, l'« Esméralda », la « Lorientaise ». Ou, en dessert, l'« Arthurette » à la glace à la vanille, caramel, amandes et chantilly. Sert aussi d'énôôôrmes salades qui devraient laisser votre estomac sans voix. *L'Écurie* est une institution locale née en 1967 et reprise récemment par Fred. Ça marche du tonnerre sous la pergola envahie de vignes et de lierre, ainsi que dans la chaleureuse salle boisée. Un vrai bon coin pour se régaler.

DINAN 22100

Carte régionale B1

🏠 |●| *Hôtel d'Avaugour* *** – 1, pl. du Champ ☎ 02-96-39-07-49. Fax : 02-96-85-43-04. ● www.avaugourhotel.com ● TV. Canal+. Satellite. ⚒ Congés annuels : de mi-novembre à fin décembre. Chambres doubles de 65 à 140 € selon la saison et l'exposition. Quelques suites de 121 € à beaucoup plus... Hôtel cossu du centre de Dinan. Chambres très confortables, fraîchement rénovées, dont certaines (les nᵒˢ 19, 28 et 30 notamment, rénovées en 1999) donnent sur un jardin et les remparts de la ville. *Apéritif maison offert à nos lecteurs sur présentation de ce guide. NOUVEAUTÉ.*

🏠 *Auberge de jeunesse Moulin du Méen* – vallée de la Fontaine-des-Eaux (Nord-Est) ☎ 02-96-39-10-83. Fax : 02-96-39-10-62. ● dinan@fuaj.org ● Accès : à 600 m du port ; arrivé au bout, prendre la route pour Plouer et une autre petite route à gauche ; c'est fléché ; pour ceux arrivant en train : traverser la voie ferrée, puis tourner à droite ; c'est indiqué ; hardi, petit, c'est à 2 km. Avec la carte FUAJ (obligatoire et vendue sur place), nuit à 8,50 €, repas à 8 € et petit déjeuner à 3,20 €. 4,80 € la nuit sous la tente. Ancien moulin dans un petit vallon boisé très agréable. 75 places en dortoirs, chambres de 1 à 8 lits et quelques chambres doubles avec douche et w.-c. louées au même prix. 8 lits sous une grande tente, genre marabout, et possibilité de camper. Cuisine équipée, salle de réunion avec cheminée, piano et guitare à disposition. Randonnées dans les environs et stages de photographie.

🏠 *Interhôtel Les Grandes Tours* ** – 6, rue du Château (Centre) ☎ 02-96-85-16-20. Fax : 02-96-85-16-04. ● car regi@wanadoo.fr ● Parking payant. TV. Satellite. Accès : face au château. Chambres doubles avec lavabo à 31 €, avec douche et w.-c. ou bains de 45 à 48 €. Demi-pension à 57 € par personne. Un lieu chargé d'histoire ! Victor Hugo et Juliette Drouet ont séjourné dans ce qui était alors l'*hôtel des Messageries* le 25 juin 1836, lors d'un voyage de 5 semaines dans l'Ouest de la France. « Ils y prirent leur dîner, passèrent la nuit et trouvèrent les lieux à leur goût, y déjeunèrent le lendemain. » Depuis, les chambres ont (heureusement !) été dotées de tout le confort moderne (bains, téléphone). Adresse tranquille (une infime minorité des chambres donne sur la rue). Pour la demi-pension, l'hôtel a passé un accord avec le restaurant voisin. Parking dans la cour, payant de juin à septembre seulement. *Un petit déjeuner par chambre offert à nos lecteurs sur présentation de ce guide.*

🏠 |●| *Hôtel Les Alleux* ** – route de Ploubalay, Tanen (Nord) ☎ 02-96-85-16-10. Fax : 02-96-85-11-40. ● hotel. alleux@wanadoo.fr ● Parking. TV. Canal+. Resto fermé le dimanche soir hors saison. Accès : sur la D2, direction Ploubalay, dans une ZAC. Chambres doubles avec bains et w.-c. de 44 à 48 €. Duplex pour les familles. Menus de 13 à 23 €. Un hôtel moderne sans grand charme mais au calme et dans la verdure. Voilà une bonne étape sur la route de Saint-Malo–Dinard, avec des chambres confortables. Accueille pas mal de groupes. *Un petit déjeuner par chambre ou café offert à nos lecteurs sur présentation de ce guide.*

🏠 |●| *Hôtel Le Challonge* ** – 29, pl. Du-Guesclin (Centre) ☎ 02-96-87-16-30. Fax : 02-96-87-16-31. ● www.lechallonge.fr.st ● TV. Canal+. Satellite. ⚒ Ouvert toute l'année. Chambres doubles avec douche et w.-c. ou bains de 54 à 67 €. Petit déjeuner à 7 € avec une corbeille de viennoiseries. Menus à 12 €, le midi en semaine, et de 14,50 à 29 €. Sur la vingtaine de chambres, refaites il y a quelques années, 11 donnent sur la place, mais le double vitrage est efficace. Les familiales sont conçues pour 4 personnes (les parents dans un grand lit et les enfants dans deux lits dans une chambre contiguë), avec bureau et vastes placards. Il y a même une chambre pour handicapés. Toutes les salles de bains sont équipées de porte-serviettes chauffants. Bonne literie. Au final, un rapport qualité-prix plus qu'honnête. Brasserie-restaurant (*Le Longueville*) au rez-de-chaussée. *Un petit déjeuner par personne offert à nos lecteurs sur présentation de ce guide.*

|●| *Crêperie des Artisans* – 6, rue du Petit-Fort (Centre) ☎ 02-96-39-44-10. Fermé le lundi sauf en juillet-août. Congés annuels : d'avril à septembre. Accès : au pied de la porte du Jerzual. 4 menus de crêpes et galettes : à 7,50 €, le midi, 9, 12 et 13 €. Dans l'une des rues les plus charmantes du vieux Dinan (riche en touristes et donc en restos). Belle demeure ancienne au cadre rustique, pierre apparente et tables en bois. Atmosphère décontractée insufflée par des proprios bien sympathiques. Crêpes traditionnelles excellentes, mais aussi cidre au tonneau et lait ribot copieusement servi. Avec ça, musique agréable et, en été, chouette terrasse sur la rue.

|●| *Restaurant La Courtine* – 6, rue de la Croix ☎ 02-96-39-74-41. Fermé le mercredi en été, le mercredi et le dimanche soir le reste de l'année. Congés annuels : du 23 juin au 7 juillet et du 16 au 30 novembre. Le midi, formule à 11,50 € avec entrée+plat ou plat+dessert, vin et café compris. Menus de 16 à 33,50 €. Petite salle cosy et chaleureuse dans une rue discrète. La déco fraîche et sympathique va bien avec la

bonne petite cuisine de marché qu'on y sert. Poisson et fruits de mer joliment travaillés, viande dans le même goût. Assez rare et bienvenue : une carte de 6 cafés différents. Réservation conseillée le soir. *Café offert à nos lecteurs sur présentation de ce guide.*

|●| Le Léonie – 19, rue Rolland (Centre) ☎ 02-96-85-47-17. Fermé le lundi, le jeudi soir et le dimanche soir. Juillet et août : ouvert midi et soir du mardi au samedi. Congés annuels : 1 semaine en février, 1 semaine en mai et 3 semaines fin août-début septembre. Du mardi au samedi, uniquement le midi, plat du jour et café à 7,60 €, 8,80 € avec un dessert. Sinon, menus à 12 € avec entrée+plat ou plat+dessert, ou 15 € avec entrée+plat+dessert. Dans le centre mais à l'écart du flot touristique. C'est la première affaire d'un jeune couple qui a su fidéliser une bonne clientèle locale. Et nous aussi, on y aurait volontiers pris nos habitudes ! La salle n'est certes pas immense, on oublie vite ses voisins, au profit de ce qu'il y a dans son assiette. Ce jeune chef propose une cuisine vraiment inspirée mais pas frimeuse, au gré des (bons) produits de saison. Ambiance familiale (son épouse discrète et souriante assure le service), prix serrés. La vraie bonne adresse !

|●| Le Bistrot du Viaduc – 22, rue du Lion-d'Or, Lanvallay ☎ 02-96-85-95-00. Fermé le lundi, le samedi et le dimanche soir. Congés annuels : la 2ᵉ quinzaine de juin et de mi-décembre à mi-janvier. Accès : prendre la route de Rennes, le restaurant se trouve à gauche dans le virage, juste après le viaduc. 1ᵉʳ menu à 15,50 €, servi le midi en semaine, puis autres menus à 28 et 38,50 €. À la carte, compter dans les 54 € sans le vin. Formidablement situé avec l'un des plus beaux points de vue sur la vallée de la Rance, *Le Bistrot du Viaduc* offre en outre un cadre plaisant (fleurs et tons pastel, fourneau dans la salle) et une savoureuse cuisine du terroir. Le croustillant de pied de cochon ou la morue à la bretonne, voilà deux exemples du programme ! Bonne sélection de vins abordables. Réservation indispensable.

DANS LES ENVIRONS

PLÉLAN-LE-PETIT 22980 (13 km O)

|●| Le Relais de la Blanche-Hermine – lieu-dit Lourmel ☎ 02-96-27-62-19. Fermé le mardi d'avril à septembre, le lundi soir, le mardi et le mercredi soir d'octobre à mars. Accès : par la N176 en direction de Jugon-les-Lacs. Sortir au rond-point de Plélan-le-Petit et prendre l'ancienne route en direction de la zone artisanale. Le restaurant se situe à 800 m sur la gauche. Menus à 16 €, puis à 25,60, 35,10 et 61 € avec homard breton

pour ce dernier. Longue maison en pierre du pays, en bord de route. Grande salle agréable et animée. Resto possédant une bonne réputation dans la région pour sa cuisine classique et de qualité. Fruits de mer sur commande uniquement. Les 1ᵉʳ et 3ᵉ jeudis du mois, cochon de lait à la broche. Couscous royal tous les vendredis. Gigot d'agneau de crésale à la broche le dimanche.

Carte régionale B1

≜ Hôtel Les Mouettes – 64, av. George-V ☎ 02-99-46-10-64. Fax : 02-99-16-02-49. ● www.hotel-les-mouettes.com ● TV. Accès : à deux pas du yacht-club et du port. Chambres doubles avec douche de 26 à 37 €, selon le confort et la saison. Un sympathique hôtel familial de 10 chambres. Accueil d'une grande gentillesse, petites chambres coquettes et bien tenues. Déco fraîche et marine. Sympa, simple et pas cher, ce qui n'est pas si courant à Dinard. Pour le stationnement, s'adresser à la réception. *10 % sur le prix de la chambre (d'octobre à avril hors vacances scolaires et ponts) offerts à nos lecteurs sur présentation de ce guide.*

|●| Didier Méril – 6, rue Yves-Verney ☎ 02-99-46-95-74. Menus à 15 €, le midi en semaine, et de 23 à 99 €. En quelques mois, Didier Méril a fait de son resto une des meilleures tables de Dinard. Pourtant, ce chef est tout jeune. Mais il a une passion et des idées. Il s'est entouré d'une très jeune équipe qui vous accueille avec sourire et bonne humeur. Le cadre est un peu trop clean, peut-être, mais pas désagréable. De toute façon, vous n'aurez d'yeux que pour votre assiette, tant la présentation est originale et soignée, et la cuisine inventive et délicieuse, y compris au petit menu. La carte, essentiellement à base de produits de la mer, change régulièrement, mais quelques spécialités s'imposent déjà : craquant de saumon à l'andouille de Guémené ou saint-pierre au caramel d'épices. Un conseil, n'abusez pas du délicieux pain maison. Si vous vous laissez aller à goûter aux 8 sortes de petits pains, vous risqueriez de caler pour la suite. Ce serait dommage, les desserts sont délicieux...

|●| Restaurant L'Escale à Corto – 12, av. George-V (Est) ☎ 02-99-46-78-57. Ouvert seulement le soir, service jusqu'à minuit. Fermé le lundi soir hors vacances scolaires. Repas à partir de 20 € environ. La mer toute proche et la silhouette de Corto Maltese donnent une indéniable personnalité à ce petit resto branché. On l'appelle aussi le *Restaurant des Marins*. Dod est au bar,

Marie est aux fourneaux. Bons repas tonifiants : salade des marins, huîtres, tartare de saumon, poisson. Pas de menu, tout est à la carte. Le resto n'est ouvert que le soir car Corto fait la sieste sur le sable aux heures chaudes... *Apéritif maison offert à nos lecteurs sur présentation de ce guide.*

DOL-DE-BRETAGNE 35120

Carte régionale B1

🛏 *Grand Hôtel de la Gare* ** – 21, av. Aristide-Briand (Sud-Ouest) ☎ 02-99-48-00-44. Fax : 02-99-48-13-10. Congés annuels : 2e quinzaine d'octobre. Accès : à 500 m du centre. Chambres doubles de 25 à 39 €, selon le confort et la saison. Petit hôtel-bar-PMU tout simple, aux prix très doux. Les nouveaux patrons, très sympas, ont complètement rénové l'hôtel. Les chambres sont désormais fraîches et colorées. Un bon plan à quelques encablures de la côte. *Huitième nuit gratuite lors d'un séjour consécutif pour les lecteurs sur présentation de ce guide.*

🛏 🍴 *Restaurant de la Bresche-Arthur* ** – 36, bd Deminiac ☎ 02-99-48-01-44. Fax : 02-99-48-16-32. ● www.lbaho tel.com ● Parking. TV. Satellite. 🍴 Sur réservation le dimanche soir et le lundi, sinon ouvert tous les jours. Accès : à deux pas du centre. Chambres doubles avec douche ou bains à 44 € en saison. Menus de 13,50 à 29,50 €. Menu-enfants à 10 €. Excellente table, pourtant d'une grande sobriété, et parmi les meilleures de la région. Très belle salle et véranda climatisées. Rapport qualité-prix étonnant dès le 1er menu. Il faut dire que le chef, fin saucier, est un as, respectueux des produits. Quelques spécialités : soupe de moules au jus d'agrumes, sot-l'y-laisse de volaille aux coques et cidre, blancs de seiche confits et grillés... Vaut le détour. Fait aussi hôtel, avec des chambres agréables mais qui suscitent moins d'éloges que la table. *Kir breton et 10 % de réduction sur le prix des chambres (hors saison et week-ends fériés) offerts à nos lecteurs sur présentation de ce guide.*

DOUARNENEZ 29100

Carte régionale A1

🛏 🍴 *Hôtel de France-Le Doyen* ** – 4, rue Jean-Jaurès (Centre) ☎ 02-98-92-00-02. Fax : 02-98-92-27-05. ● hotel. de.france.DZ@wanadoo.fr ● Parking. TV. Canal+. Resto fermé le samedi midi, le dimanche soir et le lundi sauf en juillet-août. Congés annuels : 2e semaine de janvier. Chambres avec douche et w.-c. ou bains de 38 à 52 €. Demi-pension de 43 à 47 € par personne. Formule à 12 €, le midi en semaine, et menus de 19 à 35 €. Une institution locale, à la fois familiale et un brin chic. En plein centre, on préférera donc les chambres de l'annexe, plus calmes, même si celles du bâtiment principal ont été rénovées dans le genre breton, à l'image de la salle à manger. Au resto *Le Doyen*, justement, est servie une cuisine ancrée dans son terroir (donc souvent d'humeur marine) mais dotée d'une vraie personnalité. Le 1er menu change chaque semaine en fonction des arrivages, fraîcheur garantie. *10 % sur le prix de la chambre (de début janvier au 30 avril) offerts à nos lecteurs sur présentation de ce guide.*

🛏 🍴 *Hostellerie Le Clos de Vallombreuse* *** – 7, rue Estienne-d'Orves (Centre) ☎ 02-98-92-63-64. Fax : 02-98-92-84-98. ● www.closvallombreuse.com ● Parking. TV. Canal+. Satellite. 🍴 Ouvert toute l'année, tous les jours. Accès : dans le centre, à deux pas de l'église du Sacré-Cœur. Chambres doubles toutes avec bains, de 49 à 115 €. Demi-pension de 50,50 à 83,50 €. Menus de 15,50 à 52 €. Menu-enfants à 10 €. L'enseigne évoque quelque roman-feuilleton du XIXe (sinon une très contemporaine saga télévisée de l'été !). Mais ce nom va finalement bien à cette élégante maison du début du XXe siècle surplombant l'Océan, tranquille au milieu de son petit parc. L'intérieur est celui d'une maison bourgeoise avec cheminées et boiseries, tapisseries et fauteuils de cuir, d'un cossu parfois un brin chargé. Mais les chambres sont mignonnes et gaies. Certaines offrent une gentille vue sur l'Océan. La cuisine de bonne facture a des accents marins (homard grillé glacé au corail, cotriade de la mer, etc.). L'accueil est charmant. *10 % sur le prix de la chambre (sauf en juillet et en août) offerts à nos lecteurs sur présentation de ce guide.*

I●I *Crêperie Au Goûter Breton* – 36, rue Jean-Jaurès (Centre) ☎ 02-98-92-02-74. Fermé le dimanche et le lundi en hiver, sauf pendant les vacances scolaires. Congés annuels : 15 jours début juin et 15 jours mi-novembre. Menus de 4 crêpes à partir de 8 €. Menu-enfants à 7,30 €. Une façade de caractère. Une enseigne enfantine, un décor breton pour un patron très rock, qui ne roule qu'en Harley ou en Cadillac. En fond sonore, la musique bretonne se marie donc au rock et au jazz. Et on ne s'étonnera pas de dégoter dans la carte un hamburger armoricain (steak et crêpe !). Parmi les autres spécialités de la maison, essayez la « moscovite » (saumon, crème fraîche et citron), la « nordique » (harengs, oignons, pommes de terre) ou une des crêpes du jour inscrites au tableau noir. Terrasse fleurie sur l'arrière. *Apéritif maison ou café offert à nos lecteurs sur présentation de ce guide.*

ERQUY   22430

Carte régionale B1

🏠 I●I *Hôtel Beauséjour* ** – 21, rue de la Corniche ☎ 02-96-72-30-39. Fax : 02-96-72-16-30. ● hotel.beausejour@wanadoo.fr ● Parking. TV. ♿ Resto fermé le dimanche soir et le lundi d'octobre à juin. Chambres doubles avec douche et w.-c. ou bains de 47 à 54 €. Demi-pension, obligatoire du 14 juillet au 30 août, de 47 à 53 € par personne. Menus de 15 à 28 €. Petit hôtel de vacances traditionnel, en surplomb, à 100 m du port. Chambres bien tenues. Les n°s 14 et 15 ont vue sur le port. Resto aux prix modérés. Menus copieux. Parmi les spécialités : brochettes de Saint-Jacques au coulis d'étrilles, choucroute du pêcheur, etc.

I●I *La Cassolette* – 6, rue de La Saline (Centre) ☎ 02-96-72-13-08. Fermé le mercredi soir, le jeudi et le vendredi midi hors saison. Congés annuels : du 15 novembre au 15 février. Accès : à 50 m de la plage. Formule plat+dessert à 10,37 € servie le midi. Menus à 20 €, midi et soir en semaine, puis de 22 à 39 €. À la carte, compter autour de 39 € sans le vin. Les Réginéens (Régina était le nom d'Erquy à l'époque romaine) ont bien de la chance de compter quelques excellentes tables dont *La Cas-*

solette. Propriété d'une gentille dame, cette adresse permet à un jeune chef qui a travaillé dans de grandes maisons d'y exprimer tout son talent. La mer n'étant qu'à deux pas, il en accommode les meilleurs fruits de façon raffinée. Salivez plutôt : ravioles de Saint-Jacques, cassolette de langoustines à l'orange, etc. Les desserts sont du même tonneau ; on s'est régalé avec le byzantin aux deux chocolats, et la feuillantine aux fruits de saison jouit aussi d'un succès mérité. Pour ne rien gâcher, l'endroit est plaisant, la petite salle rustique, avec cheminée, est coquette, ainsi que la terrasse-jardin pour les beaux jours. Service efficace. *Digestif maison offert à nos lecteurs sur présentation de ce guide.*

DANS LES ENVIRONS

SAINT-AUBIN 22430 (14 km SE)

I●I *Restaurant Le Relais Saint-Aubin* ☎ 02-96-72-13-22. Parking. ♿ Fermé le lundi en juillet-août, le mardi et le mercredi hors saison. Accès : par la D89 en direction d'Hénanbihen, puis par la D68. Menus à 13 €, le midi en semaine, et de 19 à 30,50 €. Dans un hameau, une maison ancienne de caractère avec un grand jardin. Calme total. Coin bucolique et romantique à souhait. Salle à manger ravissante avec poutres, meubles anciens et cheminée monumentale de granit. L'été, on peut manger en terrasse. Outre les beaux menus, un plat du jour intéressant est annoncé à l'ardoise. Bref, il y en a pour toutes les bourses et toutes les faims dans un cadre exceptionnel et avec un accueil qui ne l'est pas moins. Service attentionné. Ils proposent un excellent vin sélectionné par leurs soins : le menetou-salon (blanc ou rouge). Réservation indispensable en saison et le week-end toute l'année.

FOUESNANT   29170

Carte régionale A2

🏠 *Hôtel À l'Orée du Bois* ** – 4, rue de Kergoadig ☎ 02-98-56-00-06. Fax : 02-98-56-14-17. ● www.perso.wanadoo.fr/hotel-oree-du-bois ● Parking payant. TV. Ouvert toute l'année. Chambres doubles à 31 € avec lavabo et w.-c., de 41 à 48 € avec douche et w.-c. ou bains. Parking : 3 €. Petit hôtel familial classique. Patrons vraiment accueillants. Propose des chambres très coquettes à prix raisonnables dont certaines (les n°s 14, 15 et 16) offrent même une belle vue sur le Cap-Coz et La Forêt-Fouesnant. À deux pas démarrent les sentiers pédestres. Plage à 3 mn en voiture. *10 % sur le prix de la chambre (pour 2 nuits consécutives sauf en juillet et en août)* *offerts à nos lecteurs sur présentation de ce guide.*

GLOMEL 22110

Carte régionale A1

🏠 |●| *La Cascade* – **5, Grande-Rue (Centre)** ☎ **02-96-29-60-44.** TV. Accès : dans la rue principale. Chambres doubles avec lavabo à 28 €, avec douche et w.-c. ou bains à 30 €. Demi-pension à 28 € par personne. Menu pour les résidents à 9 € le midi. Un petit hôtel de pays bien sympathique. 4 chambres mignonnes et personnalisées dans la déco : vous avez le choix entre la « marine » ou la « Bretagne » (ces deux-là ont chacune un lavabo, mais salle de bains commune), la « jardin » ou la « chalet ». Propreté irréprochable, accueil très gentil et prix plus que raisonnables. Les animaux ne sont pas admis.

GROIX (ÎLE DE) 56590

Carte régionale A2

🏠 *Auberge de jeunesse du Fort du Méné* – **fort du Méné (Est)** ☎ **02-97-86-81-38. Fax : 02-97-86-52-43.** Parking. Accueil de 8 h 30 à 12 h et de 18 h à 21 h ; en juillet-août, de 18 h à 22 h. Congés annuels : du 15 octobre au 31 mars. Accès : prendre le sentier côtier qui mène à la pointe de la Croix. Par la route, monter à gauche du *Ty-Mad* et suivre le fléchage au sol. À 1,3 km du port et du bourg. Tarif par personne : 7,20 € la nuit « en dur », 6,50 € en marabout, 5 € en camping. Petit déjeuner à 3,20 €. Capacité d'accueil de près de 80 personnes. Location de draps. Les chambres de 3 à 10 lits se terrent dans une batterie de blockhaus couverts de fresques, peintes par un prof d'université allemand. Astérix et le Petit Prince sur des bunkers... Quelle bonne idée de réutiliser tout ce béton mal intentionné pour bricoler une AJ au bord de l'Océan ! En effet, la plage est juste au bas de la falaise. Autres options pour ronfloter tranquillement : 2 dortoirs de 19 lits, un marabout de 12 lits, un petit studio et la possibilité de planter sa tente sous les arbres. Plusieurs cuisines à disposition, salle à manger couverte et sanitaires propres. Les chambres des blockhaus sont très rudimentaires. Une AJ *roots* qui conserve l'esprit originel et un esprit original.

🏠 *Hôtel de la Jetée* ** – **sur le port** ☎ **02-97-86-80-82. Fax : 02-97-86-56-11.** ● laurencetonnerre@fresbee.fr ● Cartes de paiement refusées. Accès : sur le port, dernière maison à droite en arrivant par la mer. 8 chambres doubles de 44 € pour les plus petites avec douche et w.-c., à 69 € avec bains et une vue géniale sur un petit bout de côte totalement dépeuplé. Prix intermédiaires selon la taille. Salon avec TV au 1er étage. Une vraie carte postale : sur l'avant, la jetée du port et son phare au bout, les bateaux au mouillage ; et sur l'arrière, la mer qui vient presque lécher les murs de l'hôtel par un petit passage dans la falaise. Un hôtel de bonne qualité, c'est indéniable, mais dont le style a résolument vieilli. *Café offert à nos lecteurs sur présentation de ce guide.*

HENNEBONT 56700

Carte régionale A2

🏠 |●| *Hôtel-restaurant du Centre* – **44, rue du Maréchal-Joffre (Centre)** ☎ **02-97-36-21-44. Fax : 02-97-36-44-77.** TV. Fermé le dimanche soir et le lundi sauf en juillet et août. Une dizaine de chambres doubles de 26 € avec lavabo, à 36 € avec douche et w.-c. Demi-pension, obligatoire en juillet et août, à 35 € par personne. 1er menu à 12,20 €, non servi le week-end et les jours fériés. 4 autres menus de 20 à 37,50 €. Un jeune couple adorable a repris ce bon vieil hôtel situé en plein centre et l'a rafraîchi (façade refaite avec des panneaux de bois, fenêtres à double vitrage...) tout en conservant son atmosphère familiale et simple. Mais l'établissement est d'abord un restaurant, et secondairement un hôtel aux chambres fonctionnelles et propres. Au resto, donc, très bons poisson et fruits de mer comme les langoustines grillées à la crème ou le saumon aux deux sauces. Une des meilleures tables de la ville. Pour chaque produit annoncé « du terroir », le nom du producteur local est dûment inscrit sur le menu. En plus, le charme de la patronne et l'excellent rapport qualité-prix contribueront à votre paix intérieure. *Café offert à nos lecteurs sur présentation de ce guide.*

HOËDIC (ÎLE DE) 56170

Carte régionale B2

🏠 |●| *Les Cardinaux* ☎ **02-97-52-37-27. Fax : 02-97-52-41-26.** ☆ Fermé le dimanche soir et le lundi hors saison. Congés annuels : 3 semaines en octobre. Chambres doubles de 50 à 80 €. Demi-pension, recommandée, à 45 € par personne. Menus de 21 à 31 €. Les 3 plus belles chambres donnent de plain-pied sur le jardin (dont une accessible aux personnes handicapées) ; 6 autres à l'étage ont été entièrement refaites. Toutes avec douche et w.-c. Salon pourpre intimiste et vieux style. Jolie salle pour le petit déjeuner. Également un bar en devanture, derrière de petits carreaux, tandis qu'un restaurant se cache dans l'arrière-salle. Spécialité de choucroute de la mer. En saison, réservation impérative : c'est le seul hôtel de l'île, et il est charmant. Mais même en cas de débordement pendant le grand rush estival, on aimerait que l'accueil reste souriant.

LANDÉDA   29870

Carte régionale A1

🛏 *Hôtel de la Baie des Anges* *** – 350, route des Anges, port de l'Aber-Wrac'h ☎ 02-98-04-90-04. Fax : 02-98-04-92-27. ● www.baie-des-anges.com ● Parking. TV. Satellite. ♿ Congés annuels : janvier et février. Accès : sur le port de l'Aber-Wrac'h. Chambres doubles, toutes avec douche et w.-c. ou bains, de 78 à 124 €. Petit déjeuner à 12 €. Cette belle maison début de XXᵉ siècle à la façade jaune se dresse face à la mer, juste au-dessus de la plage. Vue somptueuse, donc, sur le coucher de soleil. Des chambres à l'adorable bar avec salon, la déco fait dans le charme discret. Le petit déjeuner (d'anthologie !) est servi jusqu'à point d'heure : beau choix de cafés, confitures maison, viennoiseries et pain d'un boulanger voisin franchement talentueux. Belle terrasse. Un endroit où l'on aurait bien posé nos bagages plus longtemps...

LANDERNEAU   29800

Carte régionale A1

🛏 ◗◙ *L'Amandier* ** – 55, rue de Brest ☎ 02-98-85-10-89. Fax : 02-98-85-34-14. TV. Resto fermé le dimanche soir et le lundi. Accès : premier feu à droite en descendant de la gare, à 500 m du centre-ville, sur la route de Brest. Chambres doubles de 41 à 48 €. Menus à partir de 17 €. Un hôtel présentant un remarquable rapport qualité-prix. Cadre d'une grande élégance sans tape-à-l'œil. Chambres particulièrement plaisantes et d'un très bon confort. La cuisine s'affiche comme de tradition et de terroir mais s'offre quelques audaces modernistes.

◗◙ *Resto de la Mairie* – 9, rue de la Tour-d'Auvergne (Centre) ☎ 02-98-85-01-83. Parking. ♿ Fermé le mardi soir. Accès : sur les quais face à la mairie. Menus de 9 €, le midi en semaine, à 29 €. Compter 18,50 € à la carte. Sympathique bar-restaurant tout en longueur. Déco chaleureuse avec sa verrière, sa moquette rouge et ses plantes luxuriantes. La patronne tient cette maison depuis environ 30 ans avec un engouement communicatif. Pour les enfants, une tortue nommée Nono se cache dans le patio. Parmi les spécialités, la « marmite Nep-

tune » vaut son pesant d'or. Pour ce plat, compter 30 mn d'attente car, bien sûr, il n'est pas préparé à l'avance... Très bon rapport qualité-prix. Excellent accueil. *Apéritif maison offert à nos lecteurs sur présentation de ce guide.*

DANS LES ENVIRONS

ROCHE-MAURICE (LA) 29220
(4 km NE)

◗◙ *Auberge du Vieux Château* – 4, **Grand-Place** ☎ 02-98-20-40-52. Parking. ♿ Fermé le soir en semaine. Accès : par la D764 juqu'à Kernévez, à quelques mètres sur la gauche. Menu à 9,50 €, le midi en semaine, menus suivants de 12 à 30,49 €. Sur la place d'un paisible village, près d'une belle église bretonne et à l'ombre d'un vieux château en ruine du XIᵉ siècle, voici une bonne auberge qui présente sans doute le meilleur rapport qualité-prix de la région de Landerneau. Le surprenant 1ᵉʳ menu réunit chaque jour au coude à coude paysans et VRP, cadres et employés.

LANDÉVENNEC   29560

Carte régionale A1

🛏◗◙ *Saint-Patrick* – rue **Saint-Guénolé** ☎ 02-98-27-70-83. Resto fermé le mardi soir et le mercredi toute la journée (hors saison). Congés annuels : de mi-octobre à mi-mars. Accès : à côté de l'église. Chambres avec lavabo (douche et w.-c. communs) de 31 à 34 €. Menus à 15 €, en semaine, puis à partir de 17 €. Tout petit hôtel de charme dans un paisible village de la presqu'île de Crozon. Un vieux bistrot intact, avec ses chaises de bois qui raclent le carrelage et son comptoir de poche, derrière lequel se serre un cortège de vieux whiskies irlandais (et on peut y goûter sans attendre la Saint-Patrick...). Les chambres sont celles d'une maison de famille : mignonnes comme tout avec leurs cheminées de marbre et leurs bibelots posés ici ou là. Les fenêtres des nᵒˢ 1, 4 et 7 s'ouvrent sur la rade de Brest. Cuisine (souvent de poisson) comme à la maison aussi. Accueil jeune, sympa et décontracté (très chambres d'hôte en fait). *10 % sur le prix de la chambre (à partir de 3 nuits consécutives sauf en juillet-août) offerts à nos lecteurs sur présentation de ce guide.*

LANDIVISIAU   29400

Carte régionale A1

🛏◗◙ *Restaurant Le Terminus* – 94, av. **Foch (Nord-Est)** ☎ 02-98-68-02-00. Parking. TV. Fermé le vendredi soir, le samedi

BRETAGNE

midi et le dimanche soir. Accès : sortie est de Landivisiau, direction centre-ville. Chambres doubles à partir de 25 €. Menu ouvrier à 9,60 € en semaine et menus de 12,50 à 18 €. L'un des meilleurs routiers du Finistère. Du nord au sud, on vous vantera son très copieux 1er menu, le menu ouvrier, comprenant deux entrées (dont fruits de mer), plat et légumes à volonté, salade, fromage, dessert, café et… le kil de rouge sur la table ! Imbattable. D'ailleurs, le nombre de camions sur le parking témoigne du succès de la formule. Sinon, salle de restaurant à côté avec menus plus traditionnels et le plateau de fruits de mer.

LANNION 22300

Carte régionale A1

🏠 |●| *Auberge de jeunesse Les Korrigans* – 6, rue du 73e-Territorial ☎ 02-96-37-91-28. Fax : 02-96-37-02-06. ● www.fuaj.org. Cartes de paiement refusées. 🍴 Accès : à 200 m de la gare et à 300 m du centre-ville. Avec la carte FUAJ (obligatoire et vendue sur place) : 12,20 € la nuit en chambre de 4 lits avec douche et w.-c. Possibilité de demi-pension. Pas de couvre-feu. Rénovée, cette AJ a pris de belles couleurs. Accueil très sympa. Chambres de 2 et 4 lits. Cuisine équipée. L'AJ organise un tas d'activités artistiques ou sportives – randonnées de découverte ornithologique, club de boomerang, danses bretonnes, tir à l'arc, cerf-volant acrobatique (!), etc. – et fournit tous renseignements sur les possibilités du coin. Bar-resto *Le Pixie* avec concerts, expos, contes, théâtre. Vraiment l'une des AJ les plus dynamiques qu'il nous ait été donné de rencontrer.

|●| *La Ville Blanche* – lieu-dit La Ville-Blanche ☎ 02-96-37-04-28. 🍴 Fermé le lundi, le mercredi soir et le dimanche soir. Congés annuels : du 13 au 20 octobre et du 15 décembre au 6 février. Accès : à 5 km, sur la route de Tréguier, à hauteur de Rospez. Menus à 26 €, du mardi au vendredi, puis de 40 à 66 €. Une cuisine de prince réalisée par deux frères cuisiniers de retour au pays, qui proposent de faire visiter leur jardin d'herbes aromatiques ! Parmi les plats délicieux : terrine de jarret de porc au foie gras, purée de patates douces et huile de noix, brie rôti à la rhubarbe, millefeuille aux pommes caramélisées… Une grande table où il est possible de se faire servir au verre d'excellents vins, ce qui est peu courant dans un établissement de cette classe.

LESCONIL 29730

Carte régionale A2

🏠 |●| *Grand Hôtel des Dunes* ** – 17, rue Laennec ☎ 02-98-87-83-03. Fax : 02-98-82-23-44. ● grand.hoteldesdunes@wana doo.fr ● Parking. TV. Canal+. Congés annuels : du 15 octobre à Pâques. Compter de 55 à 66 € pour une chambre double avec douche et w.-c. ou bains, selon la saison. Menus à partir de 18,50 €, sauf le dimanche midi, puis de 24,40 à 55,40 €. Ce grand établissement jouit d'une belle situation géographique : l'une des façades s'ouvre sur une immense dune qui va rencontrer la mer 100 m plus loin. De l'hôtel, d'ailleurs, belle balade à faire le long de la côte. Les chambres ont été refaites. Elles sont spacieuses, claires et confortables. Préférer bien sûr celles côté mer. La nourriture est d'un bon rapport qualité-prix. Même au petit menu de la demi-pension, les plats n'en finissent pas de se succéder… Accueil sympathique d'un patron qui allie convivialité et professionnalisme. *Apéritif maison offert à nos lecteurs sur présentation de ce guide.*

LOCQUIREC 29241

Carte régionale A1

🏠 |●| *Hôtel Les Sables Blancs* – 15, rue des Sables-Blancs ☎ 02-98-67-42-07. Fax : 02-98-79-33-25. Parking. Fermé le mardi et le mercredi (en mi-saison). Congés annuels : en janvier et février. Accès : prendre la direction Morlaix. Chambres doubles à 48 € avec douche et w.-c. Une bonne petite adresse nichée dans les dunes, face à la baie de Lannion. Les chambres nos 1, 2, 3, 4 et 6 offrent une superbe vue sur la mer. Petite crêperie-saladerie dans une véranda face aux flots. *10 % sur le prix de la chambre (hors juillet-août) offerts à nos lecteurs sur présentation de ce guide.*

DANS LES ENVIRONS

GUIMAËC 29620 (3 km O)

|●| *Le Caplan and Co* – lieu-dit Poul-Rodou ☎ 02-98-67-58-98. Ouvert tous les jours de midi à minuit en été ; hors saison, le samedi de 15 h à 21 h, le dimanche et les jours fériés de 12 h à 21 h. Accès : en sortant de Guimaëc, en direction de Plouganou au 3e carrefour à droite. Assiette à 9 €. Au bout de la route, fouetté par le vent, lavé par les embruns, *Le Caplan* est posé là comme un défi lancé contre les éléments. Ce café-librairie est quasiment unique en France. Alliance ô combien réussie entre la lecture et la chaleur du troquet, ce lieu a vraiment une âme. Des rangées de livres côtoient des tables disposées çà et là… Le choix des ouvrages est effectué par les soins de Lan et de Caprini. De plus, *Le Caplan* propose chaque jour une grande assiette grecque (et du vin… grec). Un coin jeux est destiné aux enfants.

LOCTUDY 29750

Carte régionale A2

Hôtel de Bretagne ** – 19, rue du Port (Centre) ☎ 02-98-87-40-21. Fax : 02-98-66-52-71. • hoteldebretagne@msn.com • Parking. TV. Ouvert tous les jours. Accès : à deux pas du port. Chambres doubles de 45 à 54 €. Petit déjeuner à 6 €. Charmant hôtel rénové avec un goût absolument exquis. M. et Mme Rolland ont réussi à assurer un excellent confort, tout en lui gardant son caractère ancien et un charme plein de fraîcheur. Chambres pimpantes, toutes avec douche, w.-c. et téléphone. Accueil des randonneurs et cyclistes. Création d'un espace aquatique réservé aux clients et gratuit, avec sauna et jacuzzi. *Apéritif maison offert à nos lecteurs sur présentation de ce guide.*

|●| Relais de Lodonnec – 3, rue des Tulipes, plage de Lodonnec ☎ 02-98-87-55-34. Fermé le lundi en juillet-août, le mardi soir et le mercredi hors saison. Congés annuels : du 15 janvier au 15 février. Accès : à 2 km au sud de Loctudy. Menus à 12 €, le midi en semaine, et de 19 à 39 €. Dans cette ancienne maison de pêcheur en granit, à 20 m de la plage, se niche l'un des bons restos du pays bigouden. Plaisant cadre, bois blanc et poutres apparentes. Service diligent. Cuisine traditionnelle avec une pointe de recherche : rosace de Saint-Jacques aux deux sauces, feuilleté de foie gras chaud, bar grillé au basilic... Dans la carte des vins, quelques bouteilles qui devraient suffire à votre bonheur ! Le week-end, réservation conseillée. *Apéritif maison offert à nos lecteurs sur présentation de ce guide.*

LORIENT 56100

Carte régionale A2

|●| Auberge de jeunesse – 41, rue Victor-Schœlcher (Sud-Ouest) ☎ 02-97-37-11-65. Fax : 02-97-87-95-49. • lorient@fuaj.org • Parking. ♿ Bureau d'accueil ouvert de 9 h à 12 h et de 17 h 30 à 22 h 30. Réserver son lit en été. Menu servi midi ou soir sur réservation. Congés annuels : une semaine entre Noël et le Jour de l'An. Accès : du centre-ville, bus n° 2, arrêt « Auberge-de-jeunesse ». En voiture, prendre la direction Larmor-Plage et suivre le fléchage. La nuit coûte 8,85 € ; petit déjeuner (obligatoire de mi-juillet à mi-août) à 3,25 €. Chambres de 4 ou 5 lits avec lavabos. Propreté des sanitaires communs acceptable. Établissement relativement récent et de bon confort (cuisine, petit bar, salon TV, baby-foot, ping-pong, etc.). Accès Internet payant. Cadre superbe, assez loin du centre, il est vrai.

|●| Hôtel Les Pêcheurs * – 7, rue Jean-Lagarde (Sud-Est) ☎ 02-97-21-19-24. Fax : 02-97-21-13-19. Parking. TV. Câble. Fermé le dimanche et les jours fériés (brasserie uniquement). Chambres doubles à 17 € avec lavabo et de 23 à 34 € avec douche ou bains et w.-c. Chambres simples et impeccables. Excellent rapport qualité-prix pour ces chambres super mignonnes, presque au centre-ville. Au-dessus d'un bar d'habitués, dont le patron est vraiment très accueillant. *Apéritif maison offert à nos lecteurs sur présentation de ce guide.*

|●| Hôtel-restaurant Gabriel ** – 45, av. de la Perrière (Sud) ☎ 02-97-37-60-76. Fax : 02-97-37-50-45. • www.hotel-le-gabriel.com • TV. Resto fermé le samedi midi et le dimanche d'octobre à fin juin. Accès : dans l'artère principale du port de pêche de Keroman. Chambres doubles de 24,50 à 41 €. Compter un supplément de 13 € pendant la période du Festival interceltique. Menu ouvrier à 9,50 €, vin compris, sauf le samedi soir et le dimanche. Compter environ 15 € pour un repas à la carte. Hôtel-restaurant sympathique et pas cher avec de belles chambres (douche, w.-c. et téléphone). La n° 304, qui fait l'angle au dernier étage, donne sur le port. On a aimé le bon accueil du patron des lieux. *10 % sur le prix de la chambre offerts à nos lecteurs sur présentation de ce guide.*

Hôtel Victor Hugo ** – 36, rue Lazare-Carnot (Sud-Est) ☎ 02-97-21-16-24. Fax : 02-97-84-95-13. • hotelvictor hugo.lorient@wanadoo.fr • Parking payant. TV. Canal+. Ouvert tous les jours. Accès : tout près de la maison de la Mer et du point d'embarquement pour l'île de Groix et pas loin du centre. Chambres de 27 € avec cabinet de toilette, à 62 € avec bains et TV selon la saison. Petit déjeuner-buffet à 6,10 €. Menus de 13,60 à 45 € . Accueil sympathique et souriant de la patronne. Les chambres sont propres et dotées de tout le confort. Celles sur la route sont parfaitement insonorisées. Belles salles de bains. Garage privé. Fait également resto, avec des menus et une carte très fournie. Foie gras maison, poisson « de retour de la criée »... *Un petit déjeuner par chambre offert à nos lecteurs sur présentation de ce guide.*

|●| Tavarn Ar Roue Morvan – 17, rue Poissonnière (Centre) ☎ 02-97-21-61-47. Ouvert de 11 h à 1 h. Fermé le dimanche. Accès : proche du port de plaisance, porte Gabriel, quai des Indes et du Péristyl. Plats du jour à 8 et 9 €. Vous vouliez du celtique ? En voilà, par Teutatès ! Ce pub-resto décoré dans les règles du genre sert deux plats du jour (viande ou poisson) le midi comme le soir. Des recettes goûteuses et marquées d'une hermine : potée bretonne aux choux et aux saucisses, excellentissime ragoût d'agneau à l'irlandaise... avec une bonne sélection de *gwinoù* (vins) rouges, blancs ou rosés, ou encore un pétulant cidre artisanal. Ajoutons la musique qui va avec, une ambiance jeune et beaucoup d'animations : concerts folk fréquents, et même des cours de breton (le lundi soir). Ne changez rien ! *Kir breton offert à nos lecteurs sur présentation de ce guide.*

|●| *Restaurant Le Jardin Gourmand* – 46, rue Jules-Simon (Nord-Ouest) ☎ 02-97-64-17-24. Fermé le dimanche et le lundi. Réservation très recommandée. Congés annuels : pendant les vacances scolaires de février. Accès : dans le quartier de la gare SNCF. Premier menu à 17 € et menus suivants à 21 et 29 €, servi le midi en semaine, et de 14 à 46 € le soir. Sous la pergola ou en salle, dans un cadre aéré et élégant, on déguste de savoureuses recettes à base de produits locaux de saison, avec une touche de créativité et toujours bien réalisées. On pourrait appeler ça une « cuisine de marché recherchée ». Service courtois de monsieur (pendant que madame s'échine en cuisine, c'est du propre !) et tarifs maîtrisés. Sans doute notre table préférée à Lorient. Très belle carte des cafés et des thés. Cadeau à nos lecteurs : la chef dévoile volontiers les secrets d'une de ses recettes.

|●| *Restaurant Le Pic* – 2, bd du Maréchal-Franchet-d'Esperey (Nord) ☎ 02-97-21-18-29. ☙ Fermé le samedi midi, le dimanche toute la journée et le lundi midi. Accès : à proximité de la poste et de la médiathèque. Menus de 18,50 à 38 €. Avec son décor de bistrot parisien et sa petite terrasse aux beaux jours, l'endroit plaît assez. Une cuisine peu sophistiquée mais goûteuse, qui propose, notamment, la joue de bœuf braisée aux carottes, la noisette d'agneau rôti au romarin, la morue fraîche en aïoli... L'établissement a d'ailleurs obtenu le label « qualité France » et Pierre Le Bourhis, le patron, est un expert en vins ; il fut couronné meilleur sommelier de Bretagne en 1986. Jetez donc un coup d'œil sur sa cave !

DANS LES ENVIRONS

KERVIGNAC 56700 (10 km E)

|●| *Crêperie Hent Er Mor* – 30, av. des Plages ☎ 02-97-65-77-17. ☙ Fermé le mardi. Congés annuels : en octobre. Accès : de la RN165, prendre la sortie Kervignac. À la carte, crêpes de blé noir entre 1,60 et 5,50 €, et crêpes sucrées aux environs de 4,50 € seulement pour les meilleures flambées. Intéressant choix de crêpes au blé noir, tellement qu'on a du mal à choisir : sardines pimentées, poitrine crème de pruneaux, moules beurre d'escargot ? Quant aux crêpes dessert, elles vous laisseront sur

le carreau. Cette crêperie est l'une des rares dans le Morbihan dont nous gardons un souvenir impérissable. Le mérite en revient au patron, Gérard Le Gahinet, qui officie depuis 1967 avec une immense gentillesse et un authentique amour de la bonne crêpe. Peintre à ses heures, son resto est une vraie petite galerie d'art ; les murs sont chargés de toiles, mises en valeur par des éclairages doux et réguliers. Vous pouvez aussi vous mettre à la peinture sur crêpes, en composant la vôtre à la carte : un œuf-soleil, des arbres-poireaux, un visage taillé dans le bacon... possibilités infinies.

PORT-LOUIS 56290 (20 km S)

🏠 |●| *Hôtel-restaurant du Commerce* ** – 1, pl. du Marché (Centre) ☎ 02-97-82-46-05. Fax : 02-97-82-11-02. TV. Fermé le dimanche soir et le lundi hors saison. Accès : par la RN165 prendre la direction Port-Louis par la D781. Chambres doubles de 32,50 € pour la plus simple avec lavabo, à 65 € pour les plus grandes avec bains, w.-c. et TV, en passant par des « douche-TV » à 43 € d'un bon rapport qualité-prix. En juillet et août, la demi-pension est obligatoire à raison de 57,50 à 63,50 € par personne. Un beau menu dès 12 €, en semaine, et d'autres menus entre 16 et 37 €. À la carte, compter dans les 35 €. Un hôtel confortable en plein centre ; un resto assez réputé. Longue et belle carte des vins. Une grosse trentaine de chambres pas toutes jeunes mais, dans l'ensemble, spacieuses et bien tenues. Accueil avenant. On a aimé la placette plantée de jolis arbres devant et le petit verger derrière. *10 % sur le prix de la chambre (de novembre à mars) ou apéritif maison offerts à nos lecteurs sur présentation de ce guide.*

|●| *La Grève de Locmalo* – 18 bis, rue de Locmalo (Sud) ☎ 02-97-82-48-41. ☙ Fermé du mercredi 15 h au vendredi 19 h. Congés annuels : des vacances scolaires de novembre à celles de février. À la carte, crêpes de blé noir de 1,40 à 5,40 € et une formule plat et dessert pour environ 13 €. Pas de menu. Il faudra qu'ils nous donnent – en privé bien sûr – la recette de leur pâte à crêpes : légères et fermes, ça passe tout seul ! Et quelques-unes ne sont pas si habituelles : la « Grève », par exemple, renferme du lard, du beurre aillé et des oignons au cidre. La crêpe flambée aux langoustines n'attend que vous. Également des plats de poisson selon arrivage et des spécialités de moules. En plus, ce resto-crêperie se trouve sur un petit port craquant, dans une jolie bâtisse de pierre dont la salle aux tons jaune vif et bleu avance sur la « petite mer » de Gâvres, ses barques et ses vedettes éparses... *Apéritif maison offert à nos lecteurs sur présentation de ce guide.*

MALESTROIT   56140

Carte régionale B2

I●I *Restaurant Le Canotier* – pl. du Docteur-Queinnec (Centre) ☎ 02-97-75-08-69. Fermé le dimanche soir et le lundi. Formule à 9 €, le midi en semaine, et 4 menus de 12,50 à 26 €. Carte de fruits de mer. Menus copieux et assez élaborés qui permettent de goûter plein de bonnes choses : filets de sandre, de saint-pierre, des fruits de mer toute l'année et des spécialités de Lanvaux. Côté déco, vous avez le choix entre une salle romantique entrecoupée de treilles légères et une terrasse moquettée de vert. Stationnement facile sur la place du Marché.

DANS LES ENVIRONS

CHAPELLE-CARO (LA)   56460

(8 km N)

🏠 I●I *Le Petit Keriquel* ** – 1, pl. de l'Église (Centre) ☎ et fax : 02-97-74-82-44. • www.lekeriquel.com ● Parking. TV. Fermé le dimanche soir et le lundi hors saison. Congés annuels : pendant les vacances scolaires de février et du 1er au 15 octobre. Accès : sur la place de l'église. Chambres doubles de 27 à 37 €. Demi-pension, demandée en août, à 32 € par personne. Menu à 10 €, servi le soir en semaine, et 5 menus de 14,50 à 19,50 €. Cette jolie maison reconstruite dispose de 8 chambres très convenables, certaines donnant sur l'église. C'est un *Logis de France* agréable, à l'atmosphère pas vieille France du tout mais au contraire jeune et relax grâce aux patron-patronne souriants et pas bien vieux, il faut le dire. Bon accueil donc, et la table nous a comblés avec une cuisine classique fraîche et généreuse. Spécialités de feuilleté de pétoncles aux petits légumes, de salade campagnarde au jarret de porc confit et de confit de canard. *Le Petit Keriquel*, on l'aime tel quel ! *Apéritif maison offert à nos lecteurs sur présentation de ce guide.*

MOLAC 56230 (13 km SO)

🏠 I●I *Hôtel-restaurant À la Bonne Table* – pl. de l'Église ☎ 02-97-45-71-88. Fax : 02-97-45-75-26. TV. Fermé le vendredi soir et le dimanche soir hors saison. Congés annuels : du 21 décembre au 5 janvier. Accès : par la D166, puis la D149. Des chambres doubles à 18,30 € avec cabinet de toilette et à 24,30 €, dans l'annexe, avec douche et w.-c. En semaine, menu du jour à 8 €. Autres menus de 16,80 à 32 €. Une maison ancienne (relais de poste en 1683) sur la place de l'Église. Chambres dans une annexe à 100 m du resto, toutes avec cabine de douche en plastique ; hall commun, entrée indépendante, petit salon. Les chambres les moins chères sont celles du 1er étage, au-dessus du resto : bien proprettes, avec lavabo, douches et w.-c. nickel dans le couloir. Programme gastronomique : couscous le jeudi et potée bretonne le mardi. Atmosphère souriante et populaire, tables bien dressées et copieuse cuisine traditionnelle : dans le pays, chacun sait qu'on se régale ici. Vraiment sympa pour une halte, surtout avec un accueil aussi agréable et dynamique. *Café offert à nos lecteurs sur présentation de ce guide.*

MATIGNON   22550

Carte régionale B1

🏠 I●I *Hôtel de La Poste* ** – 11, pl. Gouyon ☎ et fax : 02-96-41-02-20. TV. ♿ Fermé le dimanche soir et le lundi (hors juillet et août). Congés annuels : 3 semaines en janvier et 2 semaines en octobre. Chambres doubles avec lavabo à 28 €, avec douche ou bains, w.-c. et TV à 40 €. Menus à 12,20 €, en semaine, et de 15 à 28 €. La situation de cet établissement permet de rayonner dans toute la région et de retrouver le soir un peu de calme, de confort et une bonne table. Soirée étape et demi-pension intéressante. Ambiance familiale et accueil tout de gentillesse. Les chambres sont classiques mais agréables et tranquilles, et au resto, la cuisine est, dans un registre très traditionnel, une bonne surprise. Excellent saumon fumé et foie gras (eh oui !) préparés par leurs soins. Une bonne petite étape au calme. *Apéritif maison offert à nos lecteurs sur présentation de ce guide.*

I●I *Crêperie de Saint-Germain* – Saint-Germain-de-la-Mer, sur la place du village ☎ 02-96-41-08-33. Ouvert de Pâques à septembre et pendant les vacances scolaires de la Toussaint. Service continu en juillet et août à partir de 12 h. Accès : du bourg de Matignon, prendre la D786 vers Fréhel sur 1 km, puis à droite direction Saint-Germain et faire encore 2 km. Compter 10 € pour un repas à la carte. Il faut venir jusqu'à Saint-Germain-de-la-Mer, village paisible qui domine la baie de la Fresnaye, pour déguster les meilleures galettes et crêpes des alentours. C'est en tout cas l'avis de nombreux lecteurs, de nombreux lecteurs et le nôtre !. Farine de blé noir ou froment, la gentille Mme Eudes a en effet un tour de main bien efficace pour manier la pâte. Pas trop d'extravagances dans les garnitures, elle reste fidèle aux spécialités traditionnelles avec des produits de qualité : elle met du vrai jambon dans vos galettes et non du « sous-vide qui brille » (c'est assez rare pour être souligné). C'est donc très bon, pas bien cher, et en plus, sa maison ancienne est bien plaisante, ainsi que la terrasse-jardin en été. *Café offert à nos lecteurs sur présentation de ce guide.*

MOËLAN-SUR-MER   29350

Carte régionale A2

🏠 *Manoir de Kertalg* ******** – route de Riec ☎ 02-98-39-77-77. Fax : 02-98-39-72-07. ● www.manoirdekertalg.com ● Parking. TV. Accès : de Moëlan, prendre la D24 direction Riec, à 2 km bifurquer à droite. Chambres doubles toutes avec bains de 85 à 170 €. Petit déjeuner à 10 €. Un vieux manoir aux pierres de taille mangées par le lierre, un vaste parc entouré de forêts (où s'offrir quelques belles balades). Le site, déjà, vaut le coup d'œil. Les chambres aménagées dans d'anciennes dépendances ne sont pas mal non plus dans leur genre. Vastes traversées de poutres, et pour une fois, les lits à baldaquins sont en accord avec le cadre. Séduisante galerie qui accueille des expos de peinture et agréable terrasse avec vue sur le parc où prendre (jusqu'à 10 h 30) son petit déjeuner. Une adresse pour ceux qui disposent de quelques moyens financiers. *10 % sur le prix de la chambre (en avril et octobre) offerts à nos lecteurs sur présentation de ce guide.*

MORLAIX   29600

Carte régionale A1

🏠 I●I *Hôtel-restaurant Saint-Mélaine* – 75, rue Ange-de-Guernisac (Centre) ☎ 02-98-88-08-79. Fermé le dimanche. Accès : au pied du viaduc, côté port ; emprunter la rampe Saint-Mélaine. Chambres doubles de 26 à 27,45 €. Menus à partir de 9,30 €. Un petit hôtel familial dans une rue paisible de la vieille ville. Chambres comme on se les imagine : toutes simples, parfois meublées de bric et de broc, aux papiers peints désuets mais globalement bien tenues et à des prix qui en font une des adresses les moins chères de la ville. Bien se faire confirmer la réservation par écrit. Au resto, cuisine traditionnelle et beau buffet de hors-d'œuvre pour le premier menu.

🏠 *Hôtel du Port* ****** – 3, quai de Léon (Nord) ☎ 02-98-88-07-54. Fax : 02-98-88-43-80. ● www.lhotelduport.com ● TV. Canal+. Satellite. Accès : à 400 m du viaduc sur les quais. Chambres doubles avec douche et w.-c. ou bains de 38 à 65 €. Petit déjeuner à 7 €. Un bon rapport qualité-prix pour ce petit hôtel face au port de plaisance. Chambres pimpantes et agréables (même si pas toujours très grandes) et toutes rénovées. Accueil aimable. *Apéritif maison offert à nos lecteurs sur présentation de ce guide.*

I●I *Le Bains-Douches* – 45, allée du Paon-Ben ☎ 02-98-63-83-83. Fermé le samedi midi, le dimanche et le lundi soir. Accès : en face du palais de justice. Premier menu à 10,70 €, le midi en semaine, puis autres menus de 13,80 à 15 €, et à 22,50 € le soir. Un des restos les plus originaux de la ville. À ne pas manquer pour sa passerelle, les carrelages et la verrière de ses anciens bains-douches. On a su ici, opportunément, conserver le cadre d'origine du début du XXe siècle. Atmosphère celtico-parisienne sympa pour une cuisine de bistrot correcte et à prix très raisonnables. On peut commencer par 12 huîtres « carantecoises » ou des anchois frais marinés à l'orientale, faire suivre de noisettes d'agneau farcies ou d'un steak de canard au poivre ou d'une fricassée de lapin au cidre et pain d'épice. Bons desserts. *Un kir offert à nos lecteurs sur présentation de ce guide.*

I●I *La Marée Bleue* – 3, rampe Saint-Mélaine (Centre) ☎ 02-98-63-24-21. Fermé le dimanche soir et le lundi hors saison. Congés annuels : 3 semaines en octobre. Menus à partir de 13,50 €. À la carte, compter 20 €. Le bon resto de poisson et de fruits de mer de Morlaix. Cadre élégant et intime, bois et pierre, sur deux niveaux. L'adresse draîne une clientèle « installée », mais l'accueil reste souriant et sincère. Cuisine de saison (la carte tourne tous les trois mois), beaux produits toujours d'une réjouissante fraîcheur et bien travaillés.

MUR-DE-BRETAGNE   22530

Carte régionale A1

🏠 I●I *Auberge Grand-Maison* ******* – 1, rue Léon-le-Cerf (Centre) ☎ 02-96-28-51-10. Fax : 02-96-28-52-30. ● grandmaison@armornet.tm.fr ● TV. Fermé le lundi, le mardi midi et le dimanche soir, hors saison, le dimanche soir et le lundi en juillet et août. Accès : près de l'église. Chambres doubles avec douche et w.-c. ou bains de 58 à 106 €. Petit déjeuner à 14 €. Demi-pension de 107 à 150 € par personne. Menus à 28 €, le midi en semaine, et de 42 à 60 €. Une étape chic pour routards fortunés... L'auberge, c'est celle de Jacques Guillo, maître cuisinier de France et l'une des meilleures toques du département. Il faut au moins ça quand on est installé dans cette campagne ! La seule lecture de la carte fait rêver : profiteroles de foie gras au coulis de truffes, fricassée de homard aux légumes croquants, tournedos de pieds de porc, galettes de pommes de terre à l'andouille, glace au miel de blé noir... Étape très gastronomique donc, avec 9 chambres magnifiques refaites selon un goût très sûr, qui valent bien leur prix. Le petit déjeuner est un repas à lui tout seul ! Tarif demi-pension intéressant pour cette grande adresse exceptionnelle. *Café offert à nos lecteurs sur présentation de ce guide.*

DANS LES ENVIRONS

GOUAREC 22570 (17 km O)

🏠 |●| *Hôtel du Blavet* ** – RN 164 ☎ 02-96-24-90-03. Fax : 02-96-24-84-85. ● perso.wanadoo.fr/louis-leloir/ ● Parking. TV. Restaurant fermé le dimanche soir et le lundi hors saison. Congés annuels : 2 semaines aux vacances de février et 1 semaine à Noël. Chambres doubles avec lavabo à 29 €, de 35 à 44 € avec douche et w.-c., à partir de 41 € avec bains et w.-c. La chambre n° 6, avec baldaquin Louis XIV et vue sur la rivière, est à 60 €. Menus à 13 €, en semaine, et de 25 à 48 €. Grande maison de pierre au bord du Blavet, à l'atmosphère relax et Bretagne profonde. Chambres sympathiques et confortables. Avec un supplément, on peut bénéficier du sauna. Côté resto, belle palette de menus. Grandes armoires d'acajou, vue sur le beau Blavet, la salle à manger est agréable. Cuisine traditionnelle joliment travaillée par le chef et patron. *10 % sur le prix de la chambre (du 1er septembre au 30 avril) offerts à nos lecteurs sur présentation de ce guide.*

NEVEZ 29920

Carte régionale A2

🏠 |●| *Hôtel ar Men Du* *** – Roguenez-Plage ☎ 02-98-06-84-22. Fax : 02-98-06-76-09. Parking. TV. Satellite. Chambres doubles de 65 à 75 €. Compter 120 € pour la n° 7, notre préférée, avec la vue panoramique. Menus à 20 et 30 €. Ceux qui ont connu l'ancien hôtel auront du mal à le reconnaître en parcourant ce paquebot à l'atmosphère paisible, dont toutes les chambres ont été décorées aux couleurs d'un tableau des peintres de Pont-Aven. Luxe, calme et volupté à la mode de Bretagne. Planchers en teck, meubles de bateau, chambres avec vue garantie sur la campagne, le chemin des douaniers, l'île, en face. Les deux chambres les plus chères sont idéales pour un séjour de rêve, surtout celle avec l'immense baie vitrée face au grand large. Jolie surprise au restaurant, lui aussi dans les mêmes tons, avec une cuisine mariant (il va falloir vous habituer) les produits du terroir breton aux saveurs venues de la Méditerranée. Accueil très agréable.

OUESSANT (ÎLE D') 29242

Carte régionale A1

|●| *Crêperie Ti A Dreuz* – le bourg ☎ 02-98-48-83-01. Ouvert d'avril à fin septembre, tous les jours en juillet-août (fermé l'après-midi). Congés annuels : d'octobre à avril (sauf pendant les vacances scolaires). Compter de 12 à 16 € à la carte. On s'est renseigné : *Ti A Dreuz* signifie la « Maison Penchée ». Effectivement, la façade en pierre de taille a dû être construite un jour de tempête. L'intérieur bleu et blanc est agréable. Grand choix de crêpes : goûtez celle au fario de Camaret (truites de mer) ou la Saint-Jacques sauce Aurore. En dessert, la spécialité est la « Joséphine » (aucun rapport avec Napoléon), délicieux mélange de confiture de citron artisanale, d'ananas et de glace à la vanille.

PAIMPOL 22500

Carte régionale B1

🏠 |●| *Le Repaire de Kerroc'h* *** – 29, quai Morand (Centre) ☎ 02-96-20-50-13. Fax : 02-96-22-07-46. ● www.chatotel.com ● Cartes de paiement refusées. TV. Canal+. Satellite. ☙ Restaurant fermé le lundi midi, le mardi et le mercredi midi. Congés annuels : 3 semaines en janvier pour le restaurant. Accès : sur le port de plaisance. Chambres doubles avec douche et w.-c. ou bains de 44 à 114 €, la plus chère est une suite en duplex. Demi-pension de 81 à 151 € par personne. Menus de 14 à 45 €. Dans une malouinière datant de 1793, construite par un corsaire au service de Napoléon. 13 chambres de style, spacieuses et nickel. Préférer bien sûr celles côté port. Salle à manger élégante dans les tons verts. On attend que le nouveau chef ait trouvé ses marques... *Apéritif maison offert à nos lecteurs sur présentation de ce guide.*

🏠 *Hôtel K'Loys* *** – 21, quai Morand (Centre) ☎ 02-96-20-93-80. Fax : 02-96-20-72-68. TV. Satellite. ☙ Accès : sur le port. Chambres doubles avec douche et w.-c. ou bains de 65 à 110 €. Dans une ancienne maison d'armateur, les 11 chambres sont toutes meublées et décorées avec goût. L'aspect XIXe siècle n'a pas été trahi. Quelques-unes ont vue sur le port, dont une avec salon et bow-window. C'est un vrai hôtel de charme, bercé d'élégance et d'atmosphère intime. Concession à la modernité : un ascenseur, indispensable pour les personnes handicapées, notamment.

|●| *Crêperie-restaurant Morel* – 11, pl. du Martray (Centre) ☎ 02-96-20-86-34. Fermé le dimanche hors saison. Congés

annuels : 2 semaines en février et 3 semaines en novembre. Compter autour de 12 € pour un repas à la carte. Une grande salle à manger chaleureuse qui attire tous les jours beaucoup de monde grâce à ses bonnes crêpes (comme celle à l'andouille de Guémené). Excellent cidre. À l'apéro, goûter cet étonnant « pommeau des Menhirs » !

|●| *Restaurant de l'hôtel de la Marne* ** – **30, rue de la Marne (Centre)** ☎ 02-96-20-82-16. Parking. TV. ⚓ Fermé le dimanche soir et le lundi. Congés annuels : pendant les vacances scolaires de février (zone A). Accès : près de la gare. Menus à 22 €, sauf le dimanche, et de 26 à 80 € ; boissons comprises pour le plus cher. Ne vous fiez pas à la façade qui évoque quelque hôtellerie de province à la cuisine passéiste. Le jeune chef installé ici fait plutôt dans le genre « moderne créatif ». Parmi les spécialités de cette belle maison : le homard breton sorti de sa coque poché au jus de poule (un must !), le dos de bar rôti, jus fumé au parfum de langoustine, l'escalope de foie gras cru mariné au verjus et herbes fraîches, ainsi qu'une belle carte de desserts. Quel que soit votre choix, vous comprendrez pourquoi la devise de Curnonsky est imprimée sur la carte : « Le vrai bonheur, c'est lorsque les choses ont le goût de ce qu'elles sont. » Grand choix de vins à la carte qui ne comporte pas moins de 300 références. Ils proposent aussi leurs produits gourmands à emporter, pour ceux qui veulent prolonger le plaisir (foie gras maison, saumon, terrines, etc.). À commander, car ici tout est fait à la demande. Une valeur sûre, principalement fréquentée par les Paimpolais.

PALAIS (LE)   56360

Carte régionale A2

⚓ |●| *Auberge de jeunesse* – **Haute-Boulogne** ☎ 02-97-31-81-33. Fax : 02-97-31-58-38. ● **belle-ile@fuaj.org** ● Parking. ⚓ Accès : derrière la citadelle du Palais, à 15 mn de l'embarcadère. 8,85 € la nuit. Possibilité de demi-pension à 20,40 € par personne. Une centaine de lits en chambres de deux (lits superposés). Salon de lecture et salon TV, cafétéria, table commune ou cuisine libre. Loïc, le patron, met toute son énergie et ses compétences dans son auberge, et ça se sent ! L'endroit est désormais très réputé pour ses stages de randonnée. Super intéressant : le tour de l'île par le sentier côtier en 5 à 6 jours. Pique-nique le midi, et le soir on vous ramène en minibus à l'AJ (retour le lendemain matin au même endroit). Attention, l'AJ est une telle aubaine à Belle-Île qu'il est préférable de réserver : en saison, il y a souvent foule.

⚓ *Hôtel La Frégate* – **quai de l'Acadie** ☎ 02-97-31-54-16. Congés annuels : de mi-novembre à fin mars. Accès : face à l'arrivée du bateau. Chambres avec lavabo de 22 à 29 €, avec douche et w.-c. à 39 €. Petit hôtel très sympathique et fort bien tenu. Très agréable salon commun meublé d'antiquités familiales, avec vue sur le port (comme la plupart des chambres). Grande terrasse pour surveiller l'arrivée de l'*Arcadie* ou du *Vindilis*. Excellent rapport qualité-prix et accueil charmant.

|●| *Crêperie La Chaloupe* – **10, av. Carnot** ☎ 02-97-31-88-27. Ouvert tous les jours. Congés annuels : du 6 au 30 janvier. Accès : près de la place du marché. Compter autour de 15 à 18 € pour un repas. Excellentes crêpes servies dans un cadre agréable et accueil souriant en prime. Pas mal de choix. Pâte légère (issue de l'agriculture bio), tendre et coustillante tout à la fois. Les ingrédients y fusionnent bien. Si vous ne voulez pas de la petite salade dessus, précisez-le. Quelques spécialités : la « Belle-îlloise » aux crevettes et fruits de mer, la « Baltique », la « Ti Breiz », etc. Également soupe de poisson, copieuses salades et bonnes glaces. Menu-enfants. *Apéritif maison offert à nos lecteurs sur présentation de ce guide.*

DANS LES ENVIRONS

SAUZON 56360 (8 km NO)

|●| *Le Petit Baigneur* – **rampe des Glycines** ☎ 02-97-31-67-74. Fermé le lundi (hors vacances scolaires). Congés annuels : janvier et février. Menu à 14,94 € le midi. Cadre plaisant, vieilles photos aux murs. Au tableau noir, les spécialités du jour. Accueil particulièrement souriant et aimable. Ici, vous goûterez une petite cuisine aux bonnes saveurs, bien exécutée, toujours à base de produits frais. Testez donc la délicieuse mousse de thon citron et origan, les goûteux anchois ou sardines marinés maison, la fricassée de coquillages aux râtes de Noirmoutier beurre blanc à l'estragon, les tendres côtes d'agneau grillées, daurade royale aux herbes et courgettes... Quelques plats plus consistants bien sûr, comme l'escalope de veau de l'île ou le bar à la bisque de langoustine. Gardez une petite place pour le dessert. Dès que le soleil fait de l'œil, les quelques tables dehors sont vite occupées. *Apéritif maison offert à nos lecteurs sur présentation de ce guide.*

|●| *Le Roz-Avel* – **rue du Lieutenant-Riou** ☎ 02-97-31-61-48. Fermé le mercredi toute la journée. Congés annuels : du 31 décembre au 1er mars. Menu unique à 22,50 € servi tous les jours. Compter 41,05 € à la carte. Le premier menu présente un remarquable rapport qualité-prix

(avec poissons marinés en fines lamelles, panaché de poissons ou agneau de l'île). Cuisine assez chère à la carte mais raffinée, avec une belle effeuillade de raie infusée à la verveine-citron, poêlée de langoustines, osso buco de lotte aux épices... Homard et langouste sur commande. Cadre et service à la hauteur. L'adresse élégante de Sauzon, et sans doute le meilleur rapport qualité-prix de l'île.

l●l *La Maison* **– dans le bourg** ☎ 02-97-31-69-07. Service tous les jours jusqu'à 23 h. Réservation hautement conseillée. Accès : tout de suite à gauche à l'entrée de Sauzon. Compter un minimum de 40 €. Ouvert seulement depuis fin 2000 et déjà dans le tiercé des meilleurs restos de l'île ! Ancien bistrot de locaux reconverti, mais qui a eu la bonne idée de ne pas perdre son âme. Ainsi se décline-t-il en 3 parties distinctes : la salle de bistrot où se retrouvent les derniers pêcheurs de Sauzon, la salle intérieure du resto et la terrasse chauffée, entité bien à part. Le décor évolue. Vous découvrirez ici une des plus belles cuisines qui soient, délivrée par un chef d'une vingtaine d'années, particulièrement inspiré et créatif. Goûts et saveurs s'y télescopent harmonieusement. Agneau en croûte d'une tendresse inoubliable, poivrons grillés, tortellinis à la chair de crabe, côte de bœuf, hors-d'œuvre plein d'arômes subtils (ah ! les sardines fraîches marinées) et surtout de merveilleux desserts (ne pas rater la tarte au fenouil confit !). On va choisir son vin soi-même. Au fait, la terrasse aura plutôt les faveurs de ceux qui recherchent une chaude ambiance musicale (souvent, chanteur à voix ou petits groupes). En revanche, les amoureux choisiront la salle traditionnelle. Une solide maison belle-îloise qui devrait bien durer quelques siècles...

PERROS-GUIREC 22700

Carte régionale A1

≜ l●l *Hôtel-restaurant La Bonne Auberge* **– pl. de la Chapelle** ☎ 02-96-91-46-05. **Fax : 02-96-91-62-88.** ● gou riou.m@wanadoo.fr ● TV. Resto fermé le samedi midi toute l'année. Accès : au hameau de La Clarté. À 3 km du centre-ville, direction Ploumanac'h, sur les hauteurs. Chambres doubles avec douche et w.-c. de 25 à 34 €. Demi-pension, obligatoire de mi-juillet à mi-septembre, pendant les week-ends prolongés et les vacances scolaires, de 33 à 38 € par personne. Menus à 12 €, le midi en semaine, et de 18 à 30 €. Une auberge à l'ancienne, au décor d'un rustique cossu depuis longtemps amorti mais qui distille un certain charme : feu de bois, piano, canapés dont on ne peut plus décoller ! La surprise vient de la cuisine, intéressante et d'une vraie modernité dès le

1er menu (d'un formidable rapport qualité-prix pour le coin). Service discret. Fruits de mer et poisson d'une belle fraîcheur : normal, le propriétaire est aussi poissonnier. Bien sûr, à ce prix-là, les chambres sont petites et très simples, mais elles ont connu un salutaire coup de jeune. Les nos 1, 2 et 3 ont vue sur la mer au loin. *10 % sur le prix de la chambre (pour 2 nuits consécutives du 16 septembre au 14 juin, hors vacances scolaires et week-ends prolongés, et 10 % sur le prix de la demi-pension, avec des mêmes restrictions) offerts à nos lecteurs sur présentation de ce guide.*

≜ l●l *Le Gulf Stream* **– 26, rue des Sept-Îles (Centre)** ☎ 02-96-23-21-86. **Fax : 02-96-49-06-61.** ● www.gulf-stream-hotel-bretagne.com ● TV. Fermé le lundi midi et le jeudi midi en juillet et août, le mercredi et le jeudi le reste de l'année. Accès : à 300 m du centre, au début de la route qui mène à la plage de Trestraou. Chambres doubles avec lavabo de 35 à 42 €, avec douche et w.-c. ou bains de 48 à 62 €. Menus à 16 €, sauf les dimanche et jours fériés, et de 25 à 40 €. Charmant hôtel-restaurant à l'atmosphère début de siècle (le précédent !) très agréable. Vue magnifique sur le large, dont ne profitent malheureusement pas toutes les chambres. Elles sont simples, mignonnes et bien tenues. Les proprios se font plaisir en dirigeant cet hôtel et ça se sent dans leur accueil très avenant. Les motards et randonneurs sont les bienvenus, l'hôtel disposant d'ailleurs d'un garage à motos. Ambiance très plaisante au resto : tables élégamment dressées et bien espacées, plantes vertes, musique de fond bien choisie et, on se répète, point de vue inégalé sur la mer. La carte et les menus évoluent au gré des saisons, le poisson et les fruits de mer tenant évidemment le haut du pavé. Avec ça, des petits vins qui se marient bien, et le tour est joué.

l●l *Crêperie Hamon* **– 36, rue de la Salle** ☎ 02-96-23-28-82. ♿ Service uniquement le soir à 19 h 15 sur réservation (indispensable) et 21 h 15 en saison. Fermé le lundi. Accès : une petite rue en pente, face au parking du port de plaisance - Gare routière. Compter 12 € pour un repas à la carte. C'est une institution locale existant depuis 1960. Une « cave » confidentielle (enfin presque : l'adresse est connue à 100 lieues à la ronde !), qui vaut tant pour son cadre rustique et sa bonne humeur (le sourire est de rigueur pour tous) que pour le spectacle du patron faisant voltiger les crêpes que la serveuse rattrape au vol avant de les servir.

DANS LES ENVIRONS

PLOUMANAC'H 22700 (7 km NO)

≜ l●l *Hôtel Le Parc - Resto La Cotriade* ** **– pl. Saint-Guirec (Centre)** ☎ 02-96-91-40-80. **Fax : 02-96-91-60-48.**

● **hotel.duparc@libertysurf.fr** ● TV. Fermé le dimanche soir et le lundi (en octobre et novembre). Congés annuels : du 11 novembre au 30 mars. Accès : sur le parking de Ploumanac'h, à 100 m de la plage et du sentier des douaniers. Chambres doubles avec douche et w.-c. ou bains de 39,64 à 43,45 €. Menus à 12,50 €, sauf le dimanche midi, et de 14,50 à 24,85 €. OK, l'adresse donne sur un parking. Mais les chambres, à la déco contemporaine agréable, sont irréprochables et bien calmes sur l'arrière. Le resto, dans un style classique et inévitablement d'humeur marine, s'avère une bien bonne table : tagliatelles aux fruits de mer, cotriade et foie gras frais aux langoustines. Bon accueil. *Un kir offert aux lecteurs de ce guide qui séjourneront à l'hôtel.*

PLÉLAN-LE-GRAND   35380

Carte régionale B2

|●| *Auberge des Forges* – **Les Forges** ☎ 02-99-06-81-07. Fermé le lundi soir. Congés annuels : du 1er au 15 février. Accès : sur la D724, facile à trouver, le resto surplombe l'étang du hameau des Forges, en pleine forêt de Brocéliande. Plusieurs menus d'un rapport qualité-prix assez exceptionnel à 11 €, sauf le week-end, puis de 12 à 27 €. Cuisine traditionnelle et bonne mise en valeur du terroir. Solide terrine posée sur la table ou entrée plus délicate comme l'andouille poêlée et son *kouign aman* de pommes de terre. Mais aussi : poisson, gibier, viande et volaille, il y en a pour tous les goûts et tous les budgets. Il y a même des cuisses de grenouilles ! Cadre soigné et chaleureux. Une auberge de campagne comme on les aime, tenue par la même famille depuis 1850. *Kir breton offert aux lecteurs sur présentation de ce guide.*

PLÉNEUF-VAL-ANDRÉ   22370

Carte régionale B1

|●| *Auberge du Poirier* – **rond-point du Poirier, à Saint-Alban** ☎ 02-96-32-96-21. ☜ Fermé le dimanche soir et le lundi hors saison. Congés annuels : fin février-début mars, juin et octobre. Accès : à côté de la station-service. Menus à 13 €, servi en semaine, avec un plat, un dessert, vin et café, puis de 15,50 à 32,50 €. Le chef, qui a tout appris dans les plus grandes maisons, apporte ici, chez lui, la preuve de son jeune talent. La composition des menus change 4 fois par an avec les saisons. Nous vous laissons donc la surprise de la découverte.

Chaque plat est irréprochable et notre dernier repas fut une réussite totale. Sa jeune femme dirige la salle. À notre avis, une adresse incontournable dans la région. D'ailleurs, le couple a fait construire une nouvelle salle élégante, la précédente devenant trop petite pour faire face au succès de leur restaurant. Bien entendu, réservation conseillée. *Café offert à nos lecteurs sur présentation de ce guide.*

|●| *Au Biniou* – **121, rue Clemenceau** ☎ 02-96-72-24-35. Fermé le mardi soir et le mercredi hors saison. Congés annuels : février. Accès : pas loin de la plage du Val-André. Menus à 15 €, le midi en semaine, puis à 21,50 et 26,50 €. À la carte, compter 41 €. Une adresse appréciée depuis longtemps par les locaux. Un resto traditionnel au cadre élégant et où le chef et patron se révèle excellent. Cuisine entre terre et mer : fricassée de langoustines et Saint-Jacques au noilly et choux-fleurs à la coriandre, filet de bar braisé au lait de fenouil, pigeonneau en croustade au pain de campagne ou escalope de foie gras chaud et légumes du jardinet. Après manger, la balade digestive aura pour cadre l'immense plage du Val-André ou les sentiers de douanier alentour. Restaurant entièrement restauré en février 2002.

PLOEMEUR   56270

Carte régionale A2

🛏 |●| *Le Vivier* ** – **port de Lomener** ☎ 02-97-82-99-60. Fax : 02-97-82-88-89. ● **levivier.lomener@wanadoo.fr** ● Parking. TV. Canal+. Satellite. Resto fermé le dimanche soir (sauf en juillet-août). Congés annuels : de Noël au 10 janvier. Accès : à Lomener, à 4 km du centre sur la route côtière. Chambres doubles de 68 à 76 €, excusez du peu. Elles ont toutes une baie vitrée, vue sur Groix assurée. Menus à 20 €, sauf le week-end et les jours fériés, puis de 27 à 42 €. Une des très bonnes tables de la région, avec en plus vue sur la mer et l'île de Groix au large. Fruits de mer évidemment (langoustines, huîtres...), charlotte de saumon au crabe, fricassée d'encornets au cidre, filet de bar grillé au fenouil, etc. Bon rapport qualité-prix. On a aussi apprécié l'accueil souriant et le service attentionné sans être pesant ni « coincé ». Souhaitable de réserver. *10 % sur le prix de la chambre (d'octobre à mars) offerts à nos lecteurs sur présentation de ce guide.*

|●| *Crêperie Le Grazu* – **port de Lomener** ☎ 02-97-82-83-47. ☜ Fermé le mardi et le mercredi en hiver, hors vacances scolaires. Congés annuels : en novembre. 1er menu à 7,40 €, le midi en semaine, menu suivant à

9,20 €. On s'est régalé dans cette crêperie. Les jeunes patrons s'approvisionnent chez des petits producteurs du coin, et c'est plutôt réussi. Blé noir, froment et garnitures sont d'excellente qualité. Également des salades géantes. Le resto s'est agrandi d'une nouvelle salle à l'étage. Et comme l'accueil est sympathique... Rien que des bonnes raisons de s'y arrêter ! *Café offert à nos lecteurs sur présentation de ce guide.*

PLOËRMEL 56800

Carte régionale B2

🏠 I●I *Hôtel-restaurant Saint-Marc* ** – 1, pl. Saint-Marc (Ouest) ☎ 02-97-74-00-01. Fax : 02-97-73-36-81. TV. Canal+. Fermé le dimanche soir. Accès : près de l'ancienne gare. Chambres à 32 €, à 40 € avec bains. 1er menu à 12 € en semaine. Les menus suivants sont à 15, 18, 22 et 27 €. La cassolette de Saint-Jacques au curry compte parmi les spécialités de ce resto reconnu, le meilleur de Ploërmel de l'avis général. Cuisine du terroir fameuse, dont on ne détaillera pas les nombreux plats : on ne voudrait pas vous faire baver sur votre précieux *GDR* ! Partie hôtel bien tenue, avec TV, téléphone et w.-c. dans toutes les chambres : très bonne réputation, compte tenu du prix raisonnable. Le bar est un rendez-vous des gars du pays. Accueil remarquable de gentillesse et d'attention. Cet établissement se trouve un peu à l'écart du centre, près de l'ancienne gare, mais rien à craindre pour le bruit : elle ne voit plus passer aucun train. *10 % sur le prix de la chambre (du 1er septembre au 30 juin) offerts à nos lecteurs sur présentation de ce guide.*

🏠 I●I *Hôtel Le Cobh* ** – 10, rue des Forges (Centre) ☎ 02-97-74-00-49. Fax : 02-97-74-07-36. ● www.au-cobh.com ● Parking. TV. Satellite. ♿ Accès : en centre-ville. Compter de 42 à 50 € pour une chambre double. À 50 €, une suite vraiment royale. Demi-pension, souhaitée en été, entre 35 à 40 € par personne. Dans le parc, pavillon pour 6 personnes de 50 à 80 €. Au resto de François Cruaud, on sert un 1er menu à 13,60 €, un menu du terroir à 21,20 €, puis d'autres menus jusqu'à 30,30 €. Au bar, le midi en semaine, la formule à 8,50 € attire pas mal de monde. Une bonne vieille réputation ne peut plus justifiée pour ce *Logis de France* à la façade jaune vif, où l'on baigne dans une atmosphère irlandaise confortable et feutrée de bon goût. La suite : vaste chambre-salon, salle de bains, chambre encore. Les doubles spacieuses et pourvues d'un mobilier *British* raffiné sont de vrais nids douillets. N'oubliez pas vos charentaises et votre robe de chambre ! Pour ne rient gâcher, la table est bonne, avec ses spécialités de chaudrée

du pêcheur, de poulet fermier au haddock... Et pour nos lecteurs, c'est Byzance ! *Apéritif maison offert à nos lecteurs sur présentation de ce guide.*

🏠 *Le Thy* ** – 19, rue de la Gare (Centre) ☎ 02-97-74-05-21. Fax : 02-97-74-02-97. ● www.le-thy.com ● Parking. TV. Câble. Ouvert tous les jours. Chambres doubles de 45 à 55 €. Quand on trouve des hôtels comme celui-là, on est content. Parce que c'est original. Parce que c'est du beau travail. 7 chambres avec une âme, un visuel bien à elles. Chacune est dédiée à un peintre et décorée dans l'esprit de l'artiste : la « Klimt », spacieuse et sensuelle ; la « Pratt », que l'on adore pour son côté voyage (un sacré routard, le Corto...) avec son globe, sa malle prête à partir ; l' « atelier », lui, laisse entrer la lumière au travers de vitraux, le chevalet abandonné et les esquisses épinglées au mur donnant l'impression qu'un peintre vient de quitter la chambre et qu'il va très vite revenir. Viennent encore « Tapiès », « Van Gogh »... chaque chambre respire, les salles de bains sont superbes et l'esprit nous plaît. Au rez-de-chaussée, un bar et surtout une salle de concert inénarrable, qui ressemble à une chapelle prise d'assaut par un artiste maboul, des tiroirs qui sortent des murs, une abside flanquée de livres et une petite scène entre des rideaux pourpres. Là sont organisés des concerts, chaque vendredi si possible. Franchement, à ne pas manquer : le décorateur est un as. La puissance du pinceau au service de l'hôtellerie. *Apéritif maison offert à nos lecteurs sur présentation de ce guide.*

PLOGOFF 29770

Carte régionale A2

🏠 I●I *Hôtel de la Baie des Trépassés* ** – bord de mer ☎ 02-98-70-61-34. Fax : 02-98-70-35-20. ● www.baiedestre passes.com ● Parking. TV. Canal+. Satellite. Ouvert tous les jours. Congés annuels : du 15 novembre au 10 février. Accès : à 3 km de la pointe du Raz et de la pointe du Van. Chambres doubles de 46 à 55 € selon le confort. Petit déjeuner à 7 €. Demi-pension, obligatoire en août, de 46 à 61 € par personne. Menus de 14 à 49 €. Grosse maison, posée presque solitaire au milieu de cette encore sauvage baie entre la pointe du Raz et celle du Van. Devant, s'étend une vaste plage. Situation exceptionnelle donc. L'hôtel en lui-même est sans charme particulier, mais les chambres sont tout confort, bien tenues et pas désagréables. Cuisine évidemment sous influence marine : poisson et fruits de mer, brochette de coquilles Saint-Jacques, homard grillé à la crème, etc. *Café offert à nos lecteurs sur présentation de ce guide.*

PLOUARET 22420

Carte régionale A1

|●| *Crêperie Ty Yann* – 24, **impasse des Vergers (Centre)** ☎ 02-96-38-93-22. Ouvert les vendredi, samedi et dimanche de Pâques à la Toussaint et d'avril à juin ; et tous les soirs pendant les vacances de Pâques. Ouvert tous les jours de 12 h à 14 h et de 19 h à 22 h en juillet, août et septembre. Accès : la crêperie est blottie dans une impasse à 50 m de l'église, dans une basse maison de pierre. Compter 10 € à la carte. Assurément la ou l'une des toutes meilleures crêperies de ce beau département des Côtes-d'Armor qui en compte pourtant un wagon. C'est presque la seule raison d'aller à Plouaret, bourg de l'intérieur plutôt banal. Quelques tables seulement. Une jolie déco et un accueil franc et souriant mettent d'emblée en confiance. Celle-ci n'est pas trahie par les assiettes, bien au contraire. Le top du blé noir du *Moulin de la Fatigue* à Vitré (Ille-et-Vilaine), les garnitures de qualité et l'habileté de Yann, sympathique crêpier-patron, combleraient le plus difficile des gourmets bretons. Parmi les galettes favorites, goûtez à la « Bigoudène » (bon sucré-salé), à la « Pizza bretonne »... sans oublier de garder une petite place pour les crêpes de froment, également remarquables. L' « Antillaise », par exemple, est un régal pour les yeux et les papilles. Bon appétit ! Vous l'aurez compris, c'est un bel esprit de convivialité qui souffle sur cette maisonnée et même l'addition, très raisonnable, n'entamera pas votre enthousiasme. Réservation indispensable en saison (26 places assises). *Apéritif maison offert à nos lecteurs sur présentation de ce guide.*

PLOUBALAY 22650

Carte régionale B1

|●| *Restaurant de la Gare* – 4, **rue des Ormelets** ☎ 02-96-27-25-16. ⚒ Fermé le lundi soir, le mardi soir ainsi que le mercredi toute la journée du 30 septembre au 30 juin. En saison, fermé le lundi midi, le mardi midi et le mercredi. Congés annuels : du 15 au 30 janvier, du 15 au 30 juin et du 10 au 25 octobre. Accès : route de Lancieux. Menus à 20 €, sauf le dimanche, puis à 30 et 40 €. Compter de 40 à 45 € à la carte. Ne cherchez pas la gare, il y a longtemps que les trains ne passent plus ici. Ne cherchez pas non plus de vestiges de l'ancien bar, café-PMU, il a été complètement transformé il y a 15 ans par ce couple de restaurateurs talentueux. L'agencement des 3 salles est très réussi, tout comme les décorations florales que réalise madame. La lecture de la carte, entre poème courtois et argumen-

taires de bonimenteur de foire (« elles sont marinées à la minute mes coquilles Saint-Jacques pêchées au pays ! »), tient déjà du bonheur. Les premières bouchées confirment : quelle cuisine ! De bons produits bretons, des plats de toujours préparés avec cette touche perso qui fait tout : boudin de Modeste, tête de veau en tortue... Excellentes recettes de la mer également. Les desserts feront rêver les plus gourmands. Belle carte des vins, évidemment. Service souriant. Inutile de vous dire qu'il est indispensable de réserver le soir, surtout en saison. *Kir maison offert à nos lecteurs sur présentation de ce guide.*

PLOUDALMÉZEAU 29830

Carte régionale A1

|●| *La Salamandre* – **pl. du Général-de-Gaulle** ☎ 02-98-48-14-00. Fermé le mardi soir et le mercredi hors saison et en semaine d'octobre à Pâques (sauf pendant les vacances scolaires). Congés annuels : du 15 novembre au 15 décembre. Accès : à la sortie du bourg direction Portsall. Compter environ 12 à 13 € à la carte. Ici, on est crêpier depuis 3 générations. C'est la grand-mère (affectueusement et logiquement appelée mémé) qui a lancé l'affaire. Le patron – son petit-fils – a donc toujours baigné dans la pâte à crêpes. Il a même plongé malencontreusement dedans un jour... Devenu grand, il a repris le flambeau avec son épouse. La crêperie est agréable et fraîche. Les enfants sont à l'aise et les crêpes goûteuses. Goûter à la « Saint-Jacques aux petits légumes », à la « bigoudène » (andouille, pommes rissolées, crème), la « paysanne » (lard, pommes de terre, fromage, crème). *Apéritif maison offert à nos lecteurs sur présentation de ce guide.*

PLOUGASNOU 29630

Carte régionale A1

🛏|●| *Hôtel Roc'h Velen* ** – **Saint-Samson** ☎ 02-98-72-30-58. Fax : 02-98-72-44-57. ● roch.velen@wanadoo.fr ● TV. Fermé le dimanche soir hors saison. Congés annuels : du 2 au 27 janvier. Accès : dans une rue qui descend vers la mer (accès bien indiqué). Chambres doubles avec douche et w.-c. ou bains de 35 à 48,50 € suivant la saison. Menus de 11,50 €, le midi seulement, à 21,50 €. Un petit hôtel accueillant, avec 10 chambres mignonnes, à la décoration « marine ». Chacune porte le nom d'une île du Ponant. Les chambres « Molène », « Les Glénans », « Hoedic » et « Sein » ont vue sur la mer. Au restaurant, cuisine à base de produits de la mer concoctée par la patronne. Sympathique initiative l'été : *Roc'h Velen* accueille une fois par semaine un chanteur local. *10 % sur le prix de la chambre (hors juillet et août) ou apéritif maison offerts à nos lecteurs sur présentation de ce guide.*

PLOUGUERNEAU   29880

Carte régionale A1

|●| *Restaurant Trouz Ar Mor* – **plage du Corréjou-Saint-Michel** ☎ 02-98-04-71-61. Parking. Fermé le lundi soir et le mercredi soir sauf les jours fériés et en juillet-août. Accès : au nord de Plouguerneau, près de la plage du Corréjou, à 2 km du centre, direction Saint-Michel. Belle gamme de menus de 9,50 €, le midi en semaine, à 35,50 €. À l'extérieur, le Finistère à l'état pur et une terrasse aux beaux jours. À l'intérieur, salle très classique, genre rustique-cossu. La cuisine est aussi soignée (comme on dit) que le décor. Traditionnelle donc, généreuse, et on sent le métier ! Tous les menus font une place au poisson et aux fruits de mer : bar de ligne au fumet de vin de Loire, fricassée de lotte à l'estragon, pot-au-feu de la mer (sur commande). Gratin de pommes à la crème d'amande au dessert. *Kir offert à nos lecteurs sur présentation de ce guide.*

PONT-AVEN   29930

Carte régionale A2

|●| *Crêperie Le Talisman* – **4, rue Paul-Sérusier** ☎ 02-98-06-02-58. Fermé le dimanche midi hors saison, le lundi toute l'année. Congés annuels : la 2e quinzaine de novembre. Accès : à l'entrée de la ville, route de Riec. Compter environ 10 € pour un repas (3 crêpes). Dans cette jolie bourgade hyper touristique, vous apprécierez les crêpes de Marie-Françoise et les petits plats qu'elle mijote à côté car, ici, on se transmet les recettes de belle-mère en belle-fille ! Elles fleurissent la vieille maison chaleureusement rénovée qui dispose d'une belle terrasse au calme face au jardin. Quelques spécialités : les « Talisman » (jambon, chipo, merguez, saucisse fumée, ail, anchois, etc.), « fruits de mer », « roquefort et noix », galette aux pommes flambées.

|●| *Restaurant Le Tahiti* – **21, rue Belle-Angèle** ☎ 02-98-06-15-93. ⅃ Fermé le lundi et le mardi midi. Accès : route de Bannalec. Menu à 11,28 € le midi en semaine. Compter 19 € pour un repas complet à la carte. L'établissement est loin des sentiers battus. Un couple d'une extrême gentillesse ouvre grand les portes de son resto si joliment décoré. Il est breton, elle tahitienne... Revenus en Bretagne, madame

mitonne des plats exotiques : *chao-men* de Tahiti (poulet, pâtes jaunes, champignons noirs, légumes) ou encore poisson à la tahitienne (macéré dans du citron et blanchi à l'oignon). En dessert, goûter au *po'e maï'a* (compote de bananes, gousses de vanille, crème), divin ! Possibilité de plats à emporter. Service très sympathique mais un peu lent, normal, ici, on prend le temps de vivre un peu comme là-bas... *Digestif maison offert à nos lecteurs sur présentation de ce guide.*

DANS LES ENVIRONS

TRÉGUNC 29910 (6 km O)

🏠 |●| *Hôtel-restaurant Le Menhir* – **17, rue de Concarneau** ☎ 02-98-97-62-35. **Fax : 02-98-50-26-68.** Parking. Fermé le mercredi soir d'octobre à mai. Congés annuels : pendant les vacances scolaires de février et de la Toussaint (zone A). Accès : par la D783, dans la rue principale. Chambres doubles de 26 à 44 € selon la saison. Menus à 9,20 €, le midi en semaine, puis de 17 à 29 €. Menu-enfants à 8 €. Une affaire qui jouit d'une bonne renommée. Qualité d'accueil d'abord : souriant et sincère. Finesse de la cuisine ensuite. C'est goûteux, parfumé, traditionnel et imaginatif tout à la fois. Salle à manger plaisante et clientèle d'habitués ravis (jetez un œil sur le livre d'or !). Goûtez au filet de porc braisé au chouchen, au bar rôti au fenouil, aux médaillons de lotte et andouille de Guémené, etc. Pour dormir, chambres classiques mais confortables dont la majorité donne sur le jardin. *10 % sur le prix de la chambre (sauf en juillet-août) offerts à nos lecteurs sur présentation de ce guide.*

PONT-CROIX   29790

Carte régionale A2

🏠 |●| *Hôtel-restaurant Ty-Evan* ★★ – **18, rue du Docteur-Neis (Centre)** ☎ 02-98-70-58-58. **Fax : 02-98-70-53-38.** ● **tyeva@ club-internet.fr** ● Parking. ⅃ Fermé le samedi midi hors saison. Congés annuels : du 1er janvier au 15 mars. Accès : à côté de la mairie. Chambres doubles avec douche et w.-c. ou bains de 36,50 à 48 €. Demi-pension, obligatoire la 1re quinzaine d'août, de 42 à 46 € par jour et par personne. Menus de 10 à 29,50 €. Menu-enfants à 7,10 €. Pont-Croix, on aime cette petite cité de caractère, son charme tout doux, son calme, le porche magnifique de sa cathédrale. Bonne étape, donc, pour ceux qu'énerve le clapotis des vagues. Ici, vous trouverez un petit hôtel sur la tranquille grand-place, offrant des chambres correctes et une sympathique cuisine :

BRETAGNE

coquilles Saint-Jacques, couscous de calmars, ragoût de homard à la crème... *10 % sur le prix de la chambre (pour 2 nuits minimum hors juillet-août) offerts à nos lecteurs sur présentation de ce guide.*

Jacques grillées à la crème de citron ou le rougail de morue en sel... Une bonne adresse depuis trois décennies déjà. *Kir breton offert aux lecteurs sur présentation de ce guide.*

PONTIVY   56300

Carte régionale B2

|●| Crêperie La Campagnarde – 14, rue de-Lattre-de-Tassigny (Sud) ☎ 02-97-25-23-07. ✗ Fermé le mardi. Congés annuels : 2e quinzaine de septembre. Accès : à la sortie de la ville, route de Vannes. Compter en moyenne 12 à 13 € pour un bon repas. On mange dans une fermette des rouets, des fourches et des battoirs d'autrefois, objets que le patron a glanés pour donner sa personnalité à ce beau petit resto. Vaste choix de crêpes de blé noir 100 % breton. On y déguste la « galette du recteur », la « campagnarde » ou encore la galette de froment aux pommes, éminente spécialité maison. C'est d'la bonne, surtout acompagnée du *chistr per* (« cidre de poire » en breton), poiré du département de l'Orne et de Janzé en Ille-et-Vilaine, aujourd'hui difficile à trouver. Les patrons sont tombés dans la pâte à crêpe quand ils étaient petits, et cultivent l'art de l'authentique galette à l'ancienne. Un cadre qui nous parle, des méthodes qui ont fait et font encore leurs preuves, un vrai savoir-faire devenu rare en Morbihan.

POULDREUZIC   29710

Carte régionale A2

🏠 |●| Hôtel-restaurant Breiz-Armor ** – sur la plage de Penhors ☎ 02-98-51-52-53. Fax : 02-98-51-52-30. ● www.perso.wanadoo.fr/breiz-armor ● Parking. TV. Satellite. ✗ Resto fermé le lundi toute la journée ; en juillet-août uniquement le lundi midi. Congés annuels : janvier, février et vacances scolaires de la Toussaint. Chambres doubles de 55 à 70 €. Demi-pension de 62 à 68,50 €, obligatoire en juillet et août. Menu « de l'écoutille » à 12,90 € le midi en semaine. Autres menus de 17,50 à 44 €. Hôtel très bien situé en bord de mer, qui n'a cessé de grandir au fil des années. Belles chambres avec vue sur le grand large. Du béton, mais dans le style breton. On pardonne d'autant plus que l'atmosphère et la cuisine sont là pour nous faire passer un bon moment. Bonne cuisine dans la tradition teintée d'exotisme : normal, ici, non seulement on travaille en famille, mais on part aussi en vacances en famille, et quand on revient de Thaïlande, de Madagascar ou de Tahiti, ce qui se crée ensuite en cuisine n'est jamais triste. D'où les Saint-

QUIBERON   56170

Carte régionale A2

🏠 Parc Tehuen * – 1, rue des Tamaris ☎ 02-97-50-10-26. ● www.a-parc-tehuen.com ● Pour réserver hors des périodes d'ouverture, appeler le 02-97-64-53-70. Congés annuels : d'octobre à avril. Accès : à 500 m du centre-ville. Demi-pension ou pension complète demandée dans le beau resto familial. Les prix varient avec la saison : pension complète à partir de 45,05 € par personne en juillet-août, dans une chambre avec w.-c. et douche. Moins cher si la douche se trouve sur le palier. Pension de famille agréable avec un jardin bordé de cyprès filiformes et généreux en ombre. À seulement 400 m de la plage. Également des meublés à louer à la semaine, ailleurs dans la ville.

🏠 |●| Hôtel-restaurant Bellevue *** – rue de Tiviec ☎ 02-97-50-16-28. Fax : 02-97-30-44-34. Parking. TV. ✗ Congés annuels : début octobre à fin mars. Accès : un peu en retrait de la plage, à hauteur du casino. Chambres 3 étoiles divisées en 4 catégories. Interpréter la liste de tarifs tient du prodige. Pour le 1er prix, avec douche et vue sur la piscine, compter 56 € en basse saison ; pour une grande double avec bains, côté mer, à partir de 92 €. Au plus chaud de l'été, demi-pension obligatoire : dans ce cas, le prix de la double devient grosso modo le tarif de la chambre par personne. Menu du terroir à 16 € et 2 autres menus à 19,50 et 22,50 €. Une grande bâtisse anguleuse des années 1970, aux couleurs immondes, dont l'architecte devait sûrement être daltonien ou souffrir d'un profond mal psychique. Mais l'intérieur est très confortable, paisible et doté d'une très jolie piscine chauffée, d'un solarium et de jardins au cordeau. Accueil chaleureux. *10 % sur le prix de la chambre (en avril, mai et juin) offerts à nos lecteurs sur présentation de ce guide.*

|●| Crêperie-restaurant du Vieux Port – 42-44, rue Surcouf, à port-Haliguen ☎ 02-97-50-01-56. ✗ Service continu de 12 h à 22 h pour les crêpes et les galettes ; pour le reste, service de 12 h à 15 h puis à partir de 19 h. Accès : dans une ruelle dominant le vieux port de Port-Haliguen. Un menu de crêpes à 11 €, cidre compris, vous permettra de limiter la casse. À la carte, prévoir environ 15 € pour un repas de crêpes. Un brin plus cher que d'autres crêperies, mais le cadre fleuri et la qualité de l'accueil valent vraiment le déplacement. Spécialité de crêpes « CBS » (caramel au beurre salé Le Roux). On s'en gaverait jusqu'à ce que mort s'ensuive. Service très attentif, efficace et sympa. Jardin presque intime, mignon tout plein. Fait aussi restaurant de fruits de mer et de poisson, choix assez large et très correct. Notre adresse préférée à Quiberon, tant pour le cadre et le service que pour la qualité des crêpes. *Café offert à nos lecteurs sur présentation de ce guide.*

|●| *La Chaumine* – 36, pl. du Manémeur ☎ 02-97-50-17-67. Parking. ❄ Fermé le dimanche soir et le lundi, uniquement le lundi en juillet-août. Congés annuels : en mars et du 11 novembre au 16 décembre. Accès : village du Manémeur. 1er menu à 13 €, le midi en semaine, puis menus de 22,50 à 45 €. Un endroit adorable, au cœur des maisons de pêcheurs. Il faut arriver pour l'apéritif : au comptoir, les pêcheurs et autres habitants du quartier sirotent le muscadet, loin du centre de thalassothérapie et des embouteillages. Pas de chichis à la carte ou de froufrous aux jolis menus, mais de bons produits : moules, langoustines, poisson. Spécialités : sole au jus de girolles, gratin de fruits rouges...

|●| *Restaurant La Criée* – 11, quai de l'Océan ☎ 02-97-30-53-09. Fermé le dimanche soir et le lundi (uniquement le lundi midi en juillet et août). Congés annuels : en janvier et la 1ère quinzaine de décembre. Sur le port Maria. Menu à 14 € avec les suggestions du jour. À la carte, compter 30 € pour un repas complet. L'un des meilleurs spécialistes de fruits de mer et de poisson de la presqu'île (sole meunière, choucroute de la mer, bar grillé...). C'est le resto de la *Poissonnerie-fumerie Lucas*. Le boss des crustacés attend à l'entrée avec ses chers petits, au premier regard que vous leur porterez, ce sera la peine capitale : direction l'eau bouillante ! Mais pas de sentimentalisme car le rapport qualité-prix est performant, le décor maritime rafraîchissant et le service au pas de course mais toujours souriant, faut l'faire !

QUIMPER   29000

Carte régionale A2

🏠 *Hôtel Gradlon* *** – 30, rue de Brest ☎ 02-98-95-04-39. Fax : 02-98-95-61-25. ● www.hotel-gradlon.com ● Parking payant. TV. Satellite. Congés annuels : de mi-décembre à mi-janvier. Chambres doubles de 68 à 98 €. Petit déjeuner à 10,50 €. Petit déjeuner copieux avec orange pressée, boisson chaude, pain grillé, viennoiseries, œuf sur demande, yaourt et fruit. Bien situé, à deux encablures du centre-ville. Chambres joliment décorées et

de taille correcte, dont quelques-unes donnent sur un gracieux et paisible jardin intérieur. Calme garanti. La patronne est charmante. *NOUVEAUTÉ.*

|●| *La Cambuse* – 11, rue Le Déan (Centre) ☎ 02-98-53-06-06. Fermé le dimanche. Accès : direction la gare, à droite après le théâtre. Compter autour de 8 € pour un repas complet à la carte. Dans le quartier de la gare mais pas loin du centre, un cadre coloré, façon cabine de bateau. Décor bois verni, hublots, objets et souvenirs de la mer, tous éléments favorables pour un voyage en grande tarterie... Ici, en effet, vous dégusterez de délicieuses tartes maison sortant de l'ordinaire (« légumes, fromage et viande »). Grand choix de crêpes au froment et blé noir également, et belles salades composées. Prix, en outre, fort raisonnables. *Apéritif maison offert à nos lecteurs sur présentation de ce guide.*

|●| *Crêperie Au Vieux Quimper* – 20, rue Verdelet (Centre) ☎ 02-98-95-31-34. Fermé le mardi et le dimanche midi. Congés annuels : la 1re quinzaine de juin et 3 semaines à partir du 15 novembre. Compter de 9,15 € pour un repas (sans la boisson). Voilà une crêperie qui n'a pas usurpé sa bonne réputation. La petite salle avec ses meubles bretons et ses pierres apparentes est très vite pleine. Il y règne une atmosphère familiale et bon enfant : tout le monde se régale devant de bonnes crêpes accompagnées de cidre et de lait ribot. Les crêpes sont fines et croustillantes. Goûter celles aux champignons à la crème ou aux Saint-Jacques. Excellente adresse, réservation très conseillée.

|●| *Crêperie du Sallé* – 6, rue du Sallé (Centre) ☎ 02-98-95-95-80. Fermé le dimanche et le lundi. Congés annuels : fin novembre-début décembre et 3 semaines en janvier. Compter environ 11 € pour un repas. Situé dans une ancienne demeure à colombages, au cœur de la vieille ville, dans ce qui est le quartier le plus touristique, un établissement qui a su garder qualité d'accueil et de cuisine comme s'il demeurait au fin fond des monts d'Arrée. Ferme en principe vers 22 h, mais reçoit toujours avec le sourire et, comme dit la patronne : « Tant qu'il y a de la lumière ! » Cadre agréable, rustique chaleureux pour de délicieuses crêpes. Pâte confectionnée avec sérieux et expérience, uniquement des produits frais. Service attentionné. Quelques spécialités : crêpe paysanne, crêpe au chèvre chaud, Saint-Jacques provençale, forestière, écorces d'oranges confites, etc.

|●| *Le Steinway* – 20, rue des Gentils-hommes (Centre) ☎ 02-98-95-53-70. Fermé le dimanche midi et le lundi (sauf juillet-août). Congés annuels : du 1er au 8 mai et 1 semaine à la Toussaint. Accès : dans le vieux Quimper. Menus à 17,50 et 24,50 €. À la carte, compter 20 €. Ce resto restitue l'ambiance des *Fifties*. Objets hétéroclites à souhait, qu'auraient aimés Boris Vian ou Prévert : une pompe à essence, un trombone, des vieilles radios et des téléphones de l'après-guerre. Plancher grossier au sol, nappes à carreaux rouge et blanc. L'ensemble est agréable et chaleureux. Côté nourriture, excellent pavé de bœuf. Les plats sont copieux. La cuisine rustique est de temps à autre relevée par des mets mexicains ou américains. Coin concert en été. *Un deuxième café offert à nos lecteurs sur présentation de ce guide.*

|●| *Kerfaty* – 15, rue Le Déan ☎ 02-98-90-38-78. Ouvert du mardi au samedi soir. Accès : près de la gare. Compter autour de 16 € à la carte. Plats à partir de 11 €. Venue de Grenoble, Fatima décide il y a quelques années de créer un resto, mais les banques frileuses refusent de l'aider à concrétiser son projet. Alors, Faty lance une tontine en pleine Bretagne et réussit à ouvrir son bar-restaurant. Tout, dans la déco de cet endroit, reflète l'esprit qui a présidé à sa naissance : des dizaines et des dizaines de photos d'amis tapissent intégralement murs et plafonds ! *Kerfaty* signifie « le lieu de Faty », et cet endroit est avant tout habité par un esprit de fête où convivialité rime avec hospitalité. De plus, le couscous est excellent. Goûter aussi les bricks algériens (feuilles de bricks, poivrons grillés, viande), aux bricks tunisiens (thon, oignons, épices) ou encore au tajine à l'agneau... Enfin, Faty mitonne un *kig ha farz*, délicieuse spécialité du Nord-Finistère. Pour ce plat, il faut impérativement réserver (12 personnes minimum). Un bémol cependant : les desserts ne sont pas le point fort du resto. Par ailleurs, très active dans le milieu associatif, Faty est avec d'autres à l'initiative du « Coup de Torchon ». *Fest-noz* et concert en fin d'année.

|●| *Au P'tit Rafiot* – 7, rue de Pont-l'Abbé ☎ 02-98-53-77-27. Fermé le lundi et mardi (uniquement le midi en saison). Accès : par les quais. À la carte, compter 30 €, et 20 € pour une bouillabaisse bretonne. Oubliez l'environnement extérieur : tout se passe à l'intérieur du *P'tit Rafiot*. Des hublots côtoient des boussoles et, au milieu, trône un bel aquarium où de grosses bébêtes avec des pinces déambulent et rappellent qu'ici on ne travaille que du frais. Le poisson et les crustacés proviennent des viviers appartenant au patron. Les plats sont copieux et goûteux pour un rapport qualité-prix raisonnable. Le *P'tit Rafiot* propose bouillabaisse bretonne, bourride de l'Atlantique, couscous de la mer ou encore poêlée de homard... Pour l'instant, le *P'tit Rafiot* est très loin de prendre l'eau. Pourvu que ça dure !... Service très professionnel.

Carte régionale A2

📷|●| *Le Bistro de la Tour* ★★★ – 2, rue Dom-Morice (Centre) ☎ 02-98-39-29-58. Fax : 02-98-39-21-77. ● www.perso.wanadoo.fr/bistro-de-la-tour ● TV. Canal+. Satellite. Câble. ♿ Fermé le samedi midi, le dimanche soir et le lundi hors saison. Accès : dans la ville basse, par la place des Halles, face à l'église Sainte-Croix. Chambres doubles de 55 à 107 € selon confort et saison. Menus de 17 €, en semaine, à 51 €. Menu-enfants à 13 €. Décoration raffinée, mais c'est normal car ils font également brocante. Spécialités de poisson frais du jour (saumon breton, bar, sole, etc.), « chaud et froid de Saint-Jacques », « poêlée de langoustines à la façon de ma grand-mère », poivrons doux farcis de morue, tournedos de thon, compotée de queue de bœuf, pour ne citer que quelques plats destinés à vous mettre non pas l'eau, mais le vin à la bouche, car ici, on ne vient pas pour boire à la source municipale. Soignez votre tenue, c'est un conseil d'amis. Une bien belle adresse. Ouverture de la cave à la clientèle à prix compétitifs.

|●| *La Cigale Égarée* – 5, rue Jacques-Cartier (Centre) ☎ 02-98-39-15-53. Fermé le dimanche et le lundi soir hors saison, uniquement le dimanche en saison. Accès : dans une petite rue qui débouche sur le quai Brizeux. Menus de 14 à 25,90 €. Avec cette enseigne, deux adorables petites salles aux murs peints de couleurs chaudes et une terrasse sous sa treille, on n'est plus vraiment en Bretagne. Mais la mode provençale, qui fait des ravages par ici aussi depuis quelque temps, a parfois du bon. Vous allez pouvoir savourer une belle cuisine du marché, inventive sans être frimeuse, franchement personnelle. Sous influence méditerranéenne certes, mais tout autant ancrée dans le terroir breton. En témoignent, suivant les saisons, son carpaccio de saumon au miel de Bretagne ou un croustillant de sardines fraîches au gingembre et citron vert, ou bien encore une fricassée de Saint-Jacques à l'hydromel et lard grillé au pistou. Les desserts sont tout aussi emballants. Service décontracté et charmant.

Carte régionale B2

📷 *Hôtel Le Riaval* ★ – 9, rue Riaval (hors plan B3-10) ☎ 02-99-50-65-58. Fax : 02-99-41-85-30. Parking. TV. Fermé le dimanche de 12 h à 20 h. Accès : derrière la gare SNCF. Chambres doubles de 23 à 33,50 € selon le confort. Petite adresse sans prétention, qui allie l'avantage de ses

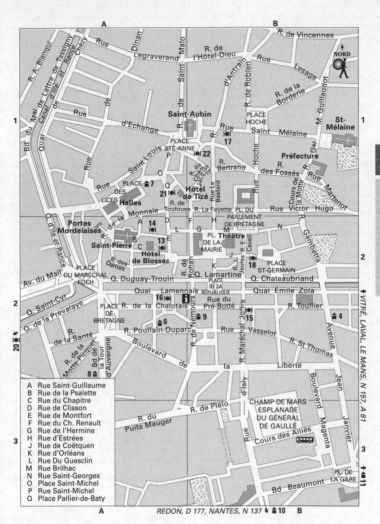

prix modestes et de sa situation à 5 mn derrière la gare. Cela dit, le quartier a du charme et l'accueil est adorable. De gros efforts de rénovation sont faits et l'entretien est parfait. Chambres modernes, colorées et lumineuses, et encore certaines « dans leur jus » avec tapisserie marron à médaillons. Pour les fauchés (ou les nostalgiques), il y a encore des chambres avec lavabo et bidet. Sur rue ou à l'arrière, toutes sont très calmes. Côté jardin, c'est mieux, on a le nez dans le tilleul et on écoute pousser les légumes du voisin. C'est plutôt sympa.

🛏 *Hôtel de la Tour d'Auvergne* – 20, bd de la Tour-d'Auvergne (A2-8) ☎ 02-99-30-84-16. Fax : 02-23-42-10-01. TV. Accès : près de la cité judiciaire. Chambres doubles avec lavabo à 23,60 €, puis de 31,20 à 35 €, selon le confort. Au 1er étage de la belle brasserie *Le Serment de Vin*. Chambres simples et absolument nickel, avec ou sans douche. L'aubaine ! Le genre de pension de famille rêvée pour les petits budgets. Téléphone dans toutes les chambres et grande gentillesse de la patronne. Elle vous servira votre petit déjeuner en chambre car elle n'a pas de salle pour cela. Une très bonne adresse.

🛏 *Le Garden* ** – 3, rue Duhamel (B2-4) ☎ 02-99-65-45-06. Fax : 02-99-65-02-62. ● **www.garden-rennes.com** ● Parking payant. TV. Canal+. Accès : entre la gare et le vieux Rennes. Chambres doubles de 42 à 56 € avec douche ou bains et w.-c. Hôtel agréable et de bon ton, à proximité de la gare et du vieux Rennes. Petit jardin intérieur très calme. Accueil agréable (la patronne est une lectrice du *GDR*). Belles chambres, plutôt spacieuses et aux couleurs fraîches. On a bien aimé celles du rez-de-jardin (les deux nouvelles, situées côté rue, sont plus bruyantes). À signaler, quelques chambres quadruples. Dans les rues voisines, plusieurs immeubles d'Odorico, le célèbre modiste Art déco : le plus célèbre est accolé à l'hôtel. *10 % sur le prix de la chambre (en juillet et août) offerts à nos lecteurs sur présentation de ce guide.*

🛏 *Hôtel Astrid* ** – 32, av. Louis-Barthou, (hors plan B3-11) ☎ 02-99-30-82-38. Fax : 02-99-31-88-55. ● **www.hotelastrid.fr** ● TV. Canal+. Satellite. 🐾 Ouvert tous les jours. Congés annuels : du 29 décembre au 4 janvier. Accès : en face de la gare. Chambres doubles tout confort de 42 à 58 €. Réduction de 20 % le week-end. Idéalement situé dans le quartier de la gare, à 10 mn seulement à pied du centre-ville. Un joli petit hôtel chic, un rien sérieux, qui invite plus le VRP que le routard égaré à pousser sa porte. Cela dit, l'accueil fort sympathique, les chambres modernes, suffisamment vastes et bien équipées (certaines avec meubles en rotin), et la tranquillité qui règne ici font de cet hôtel une halte plaisante.

Salon pour le petit déjeuner donnant sur un mini-jardin. Entretien nickel-chrome. Une adresse sûre, tenue par une charmante jeune femme très professionnelle. *10 % sur le prix de la chambre (hors saison et hors week-ends) offerts à nos lecteurs sur présentation de ce guide.*

🛏 *Hôtel Lanjuinais* ** – 11, rue Lanjuinais (A2-6) ☎ 02-99-79-02-03. Fax : 02-99-79-03-97. TV. Canal+. Satellite. Accès : central lui aussi, dans une petite rue donnant sur le quai Lamennais, entre la place de Bretagne et la poste. Chambres doubles avec douche et w.-c. à 47 €, avec bains à 50 €. Hôtel calme et bien entretenu. Bon accueil. Chambres au confort standard et suffisamment grandes. Toutes donnent sur la rue, les quelques rares donnant sur cour sont presque borgnes. *10 % sur le prix de la chambre (les vendredi, samedi et dimanche hors juillet-août) offerts à nos lecteurs sur présentation de ce guide.*

🛏 *Hôtel de Nemours* ** – 5, rue de Nemours (B2-9) ☎ et fax : 02-99-78-26-26. ● **www.hotelnemours.com** ● Accès : à proximité de la place de la République. Métro République. Chambres doubles avec douche et w.-c. de 49 à 58 € selon le confort. Cet hôtel est équipé du plus petit ascenseur que nous ayons jamais vu, somme toute bien pratique pour les jambes fatiguées. Un mur entier de la réception est recouvert de feuilles mortes, c'est superbe. Sur les autres murs, le patron affiche l'objet de sa passion, les vieux gréements. Photos, gravures, ou maquettes exposées sous verre comme de précieux papillons de collection. Côté chambres, c'est mignon et tout propre, récemment rénové. Sur cour, c'est bien sûr un peu plus calme (un peu plus sombre aussi). Accueil dévoué et vraiment sympa à tous les routards, aux voileux comme aux marins d'eau douce. *10 % sur le prix de la chambre offerts à nos lecteurs sur présentation de ce guide.*

🛏 *Hôtel des Lices* ** – 7, pl. des Lices (A1-7) ☎ 02-99-79-14-81. Fax : 02-99-79-35-44. ● **www.hotel-des-lices.com** ● Parking payant. TV. Canal+. Satellite. 🐾 Accès : en centre-ville. Chambres doubles avec douche et w.-c. à 53 €, avec bains à 56 €. Sur l'une des plus belles places de la vieille ville. Un hôtel qui sent bon le neuf, le propre, et où souffle un petit vent de jeunesse et de modernité, ce n'est pas si courant à Rennes. Établissement baigné de lumière, chambres agréables (avec balcon). Des derniers étages, belle vue sur les toits du vieux Rennes. Accueil jeune et efficace. Une adresse sûre.

🍴 *Crêperie Sainte-Anne* – 5, pl. Sainte-Anne (B1-22) ☎ 02-99-79-22-72. Service continu de 11 h à 23 h. Fermé le dimanche. Compter 8 € pour un repas à la carte. Cette crêperie est, à juste titre, une des plus réputées de Rennes. Les galettes sont croustillantes à l'extérieur et moelleuses à l'intérieur. Elles sont faites en direct, devant vos yeux. Installé aux premières loges, on est un peu comme au spectacle ! Vous verrez qu'ils ne lésinent pas sur le beurre, ni sur le reste d'ailleurs, car les crêpes commes les galettes sont du genre copieuses. En plus, elles sont bonnes ! Glaces et sorbets maison servis au 1er étage et sur la terrasse aux beaux jours.

I●I *Le Tire Bouchon* – **2, rue du Châpitre (A2-13)** ☎ **02-99-79-43-43.** Fermé le samedi et le dimanche. Compter autour de 8,50 € le plat, 5,80 € les tartines et 3,80 € le dessert. Un bistrot à vins qui doit son succès à sa formule originale. Assis, coude à coude, au grand comptoir ou plus classiquement à l'une des petites tables en bois, vous aurez le choix entre 3 ou 4 plats du jour, pas plus, genre mijotées savoureuses. À moins que vous ne craquiez pour une assiette de charcuteries artisanales ou de fromages fermiers, ou alors pour une de ces extraordinaires tartines chaudes (avec fromages, fruits et charcuterie). Les prix sont tout doux, les produits de grande qualité, les vins (servis au verre) judicieusement choisis, avec des échappées dans les vignobles étrangers ou quelques surprises bien françaises. Super déco, super accueil, beaucoup de Rennais en ont fait leur cantine. Une excellente adresse, très « routard ». Réservation conseillée.

I●I *Le Bocal-P'ty Resto* – **6, rue d'Argentré (A2-16)** ☎ **02-99-78-34-10.** Fermé le samedi midi, le dimanche et le lundi. Accès : à deux pas du quai Lamennais. Formules à partir de 9 €, menus à 10 et 13 €. Un p'tit resto plein d'idées. Déco sympa, claire et colorée, avec des bocaux remplis de plein de choses et des petits joints (pas des cigarettes qui font rire, des joints de bocaux) collés jusqu'en sur la porte des toilettes. Sur l'ardoise, on choisit un plat sympa, par exemple, un copieux *muffin* au poulet, bacon et poivre vert, une fricassée de volaille aux épices ou la seiche marinée grillée au beurre de citron. En dessert s'impose le délicieux moelleux au chocolat de Claire, la menue patronne. Pour accompagner ces bonnes petites recettes, une judicieuse sélection de vins à prix serrés, tous servis au verre. Clientèle cool, un brin branchée. Décidément, les jeunes propriétaires en ont dans le bocal !

I●I *Un Amour de Pomme de Terre* – **14, pl. Rallier-de-Baty (A1-21)** ☎ **02-99-79-04-91.** Parking. ⅃ Ouvert tous les jours. Service le midi et le soir jusqu'à environ 22 h 30 les dimanche et lundi. Accès : situé tout à côté de la place des Lices et place Saint-Michel. Compter entre 9,15 et 22 € selon votre plat et votre appétit. Comme vous pou-

viez le deviner, voici un resto où l'on mange des pommes de terre. Le noble tubercule (il s'agit plus spécialement de la savoureuse Amandine) se retrouve star de tous les plats, agrémenté de salade, de fromage fondu, de saucisse de Molène fumée aux algues, de truite fumée de Camaret, de foie gras... et on en passe tant le choix est large. Les assiettes sont hyper copieuses, mais un petit verre de vodka ou de lambig vous aide à tout faire passer, histoire d'attaquer fièrement le dessert ! La déco est très sympa à tous les étages, mais on a un petit faible pour la salle du rez-de-chaussée, celle où l'on peut manger au coin du feu. C'est particulièrement appréciable le jeudi, jour du *kig ha farz*.

I●I *La Biscorne* – **8, rue Saint-Mélaine (B1-17)** ☎ **02-99-38-79-77.** ⅃ Fermé le dimanche et le soir des lundi et mercredi. Congés annuels : les 15 premiers jours d'août et 1 semaine à Noël. Menus à 9,95 €, le midi en semaine, puis de 14 à 25 €. Tiercé gagnant pour ce restaurant rennais : accueil adorable, cuisine soignée et prix serrés. Cadre rustique et chaleureux, en jaune et rose. Bois partout et grosse cheminée sur laquelle sont exposés les « trophées » du chef. Des récompenses bien méritées, car les plats proposés sont aussi bien pensés que réalisés. La formule du midi est déjà une vraie performance. La carte tourne au gré des saisons, car ici, on travaille du frais. Les vins sont aussi à prix très raisonnables. *Kir offert à nos lecteurs sur présentation de ce guide.*

I●I *Léon le Cochon* – **1, rue du Maréchal-Joffre (B2-15)** ☎ **02-99-79-37-54.** Fermé le dimanche en juillet-août. Accès : à côté de la poste centrale. Formule du midi à 11 €. À la carte, compter 22,50 €. Voici une manière moderne et généreuse à la fois de penser un restaurant. Raffiné et authentique, ce qui n'est pas facile. Arbres desséchés, murs de piments, vitrines de feuilles... servent de décor à la dégustation d'un bon plat du terroir, solide, préparé sans chichis ni faux-semblants. Queue de bœuf du chef fondante et goûteuse, pied de Léon croustillant, filet de bœuf poché et délicieux foie gras maison. À la carte, les prix grimpent raisonnablement. Si vous ne voulez pas faire la queue (en tire-bouchon), il est prudent de réserver. *Apéritif maison offert à nos lecteurs sur présentation de ce guide.*

I●I *Auberge Saint-Sauveur* – **6, rue Saint-Sauveur (A2-14)** ☎ **02-99-79-32-56.** Fermé le samedi midi, le dimanche et le lundi midi. Congés annuels : 3 semaines à partir du 16 août. Accès : derrière la cathédrale Saint-Pierre. Formule du déjeuner en semaine à 12 €, puis menus de 17,84 à 25,46 €. Dans une belle demeure de chanoines du XVIe siècle, au cadre chaleureux, intime et raffiné. Parmi les plats : rôti de lotte au chou, homard breton grillé, très bon foie gras de canard... Le midi, excellente formule pour profiter du cadre sans se ruiner. Bonne adresse pour inviter à dîner sa petite amie ou un vieux copain. *Café offert à nos lecteurs sur présentation de ce guide.*

❙●❙ Le Saint-Germain-des-Champs – 12, **rue Vau-Saint-Germain** (B2-18) ☎ 02-99-79-25-52. ♿ Fermé les dimanche, lundi et tous les soirs sauf le vendredi et le samedi. Congés annuels : en août. Accès : face à l'église Saint-Germain. Menu à 12 € le midi en semaine. Compter entre 15 à 17 € pour un repas à la carte. Pour sauver ta peau, mange bio ! À l'époque de la vache folle, du poulet à la dioxine, du bœuf à la mort au rat et des légumes génétiquement modifiés, voici l'adresse tout indiquée. Pour certains, c'est aussi l'occasion de découvrir que l'on peut faire un bon repas sans viande et en mangeant bio. Pas besoin d'antidépresseur car ici on ne mange pas triste, bien au contraire. On fait même des découvertes intéressantes : graines germées, algues, saveurs et consistances nouvelles. Une cuisine colorée, goûteuse, copieuse et qui fait du bien, ça nous a plu. Vins et jus de fruits bio aussi. Salle vitrée sur rue et agréable deuxième salle sur cour avec deux terrasses. Accueil adorable (ces jeunes gens ne feraient pas de mal à un bœuf, c'est pour dire !). Coin librairie et documentation. *Apéritif maison offert à nos lecteurs sur présentation de ce guide.*

❙●❙ Le Petit Sabayon – 16, rue des Trente **(hors plan A3-20)** ☎ 02-99-35-02-04. Fermé le samedi midi, le dimanche et le lundi (ouvert sur réservation à partir de 10 personnes sauf jours fériés). Congés annuels : 1 semaine à Pâques et les 2e et 3e semaines d'août. Accès : à proximité de la cité judiciaire. Donne sur le quai de la Prévalaye. Menu du midi à 14 €, puis autres menus de 18 à 25,50 €. Service diligent et souriant. Salade aux deux foies gras, tournedos de sardines au jus de porto, marquise au chocolat sauce arabica, croquants de sésame. Tout ça à des prix des plus décents. Bonne sélection de vins à prix doux également. Restaurant non-fumeurs.

ROCHE-BERNARD (LA)   56130

Carte régionale B2

🏠 ❙●❙ Les Deux Magots ** – 3, pl. du **Bouffay** (Ouest) ☎ 02-99-90-60-75. Fax : 02-99-90-87-87. ● aubergedeuxmagots.roche-bernard@wanadoo.fr ● Cartes de paiement refusées. TV. Satellite. Resto fermé le dimanche soir et le lundi ; en saison, le lundi et le mardi midi. Chambres

doubles de 43 à 46 € avec douche et w.-c. ou bains. 1er menu à 13 € avec quelques restrictions : servi ni le week-end, ni après 20 h 30. Ensuite, menus de 23 à 52 €. Belle façade avec des fenêtres en anse de panier pour cette auberge de 15 chambres joliment meublées. Produits de la mer à l'honneur avec salade tiède de langoustines, bar braisé aux petits légumes et turbot rôti au cidre et aux oignons... Belle carte des vins. Au bar, impressionnante collection d'échantillons de bouteilles d'apéritifs, cognac, whisky, etc. Accueil sympathique.

ROSCOFF   29680

Carte régionale A1

🏠 Hôtel Les Alizés ** – quai d'Auxerre ☎ 02-98-69-72-22. Fax : 02-98-61-11-40. Ouvert toute l'année. Chambres doubles de 31 à 37 € selon la saison. Situé un peu à l'écart du centre animé, il dispose de chambres de bon confort (douche, w.-c.) qui donnent sur le port (très belle vue !) ou sur la rue Courbet. Grand parking gratuit juste devant. Bon accueil.

🏠 ❙●❙ Les Chardons Bleus ** – 4, rue **Amiral-Réveillère** ☎ 02-98-69-72-03. Fax : 02-98-61-27-86. TV. Fermé le jeudi sauf en juillet-août, et le dimanche soir entre octobre et Pâques. Accès : du port, vers l'église. Chambres doubles avec douche et w.-c. ou bains de 48 à 65 €. Menus de 10 €, le midi en semaine, à 27 €. Menu-enfants à 8 €. Dans la rue la plus animée du centre, un des meilleurs rapports qualité-prix de Roscoff. Chambres d'une déco contemporaine un peu passe-partout mais confortables (literie de qualité, double vitrage efficace côté rue). Cuisine bien traditionnelle aussi mais goûteuse. *Café offert à nos lecteurs sur présentation de ce guide.*

🏠 Hôtel Aux Tamaris ** – 49, rue **Édouard-Corbière** ☎ 02-98-61-22-99. Fax : 02-98-69-74-36. ● www.auxtamaris.com ● TV. Congés annuels : avant Pâques et après la Toussaint. Accès : à 200 m du centre-ville, à côté de la clinique Kerléna et du centre de thalasso. Chambres doubles avec douche et w.-c. ou bains de 50 à 60 €, suivant le confort et la saison. Petit déjeuner à 6 €. Séparé de la mer par la corniche, cet hôtel guettant l'île de Batz réserve un excellent accueil. Des chambres claires et confortables et le spectacle continu des marées pour celles situées côté mer. Coucher de soleil tout l'été sur l'île de Batz. Pas de resto, mais une des hospitalités les plus chaleureuses du Finistère. *10 % sur le prix de la chambre (hors jours fériés, ponts et vacances scolaires) offerts à nos lecteurs sur présentation de ce guide.*

I●I *L'Écume des Jours* – quai d'Auxerre ☎ 02-98-61-22-83. ♨ Fermé le mardi et le mercredi hors saison. Menus de 16 à 38 €. Menu-enfants à 8 €. Dans une noble demeure de granit (sûrement ancienne maison d'armateur). Intérieur confortable, chaleureux et intime. Grande cheminée. Le chef associe remarquablement produits locaux de la mer et de la terre. *Café offert à nos lecteurs sur présentation de ce guide.*

DANS LES ENVIRONS

BATZ (ÎLE DE) 29253 (5 km NO)

I●I *Auberge de jeunesse* – Creach-ar-Bolloch ☎ 02-98-61-77-69. Fax : 02-98-61-78-85. ● www.auberges-de-jeunesse.com ● Cartes de paiement refusées. Congés annuels : du 30 septembre à Pâques. Accès : à Creach-ar-Bolloch ; une vedette toutes les demi-heures en été au départ de Roscoff ; dernier départ à 20 h. 7,80 € la nuitée, 3,20 € le petit déjeuner et 7,70 € le repas. Carte FUAJ obligatoire. Une auberge qui a le pied marin. Superbement située, d'abord, dominant la mer. Ensuite, les dortoirs installés dans 5 petites maisons ressemblent fortement à des cabines de bateau. La vie au rythme des marées !

ROSTRENEN 22110

Carte régionale A1

I●I *Cœur de Breizh* – 14, rue Abbé-Gibert (Centre) ☎ 02-96-29-18-33. Fermé le mercredi. Dernière commande à 21 h 45 en semaine et 22 h 30 le week-end. Accès : dans le bourg, dans une vaste maison jaune. 1er menu à 10,50 € le midi en semaine. Sinon, menus à 17 et 25 € et carte à des prix très raisonnables. Voilà une adresse bien réjouissante et généreuse. La preuve : pour transformer leur petit bar en un joli restaurant, Anne-Laure et Roger ont lancé une souscription auprès d'amis et de clients fidèles qui les y poussaient depuis longtemps. L'idée est belle et le résultat plus que concluant. D'abord, on est séduit par le cadre, la pierre apparente et la déco bretonne et campagnarde. Ensuite, monsieur prodigue un accueil courtois et décontracté pendant que madame, cuisinière autodidacte, s'active avec brio devant ses fourneaux. Cuisine du terroir à base de produits de qualité, bio la plupart du temps, choisis avec le plus grand soin chez les petits producteurs locaux. Que du frais ! Et croyez-nous, c'est un bonheur dans les assiettes copieusement garnies ! Bons desserts maison également.

SABLES-D'OR-LES-PINS 22240

Carte régionale B1

I●I *Hôtel des Pins* ** – allée des Acacias (Centre) ☎ 02-96-41-42-20. Fax : 02-96-41-59-02. Accès : à 400 m de la plage. Chambres doubles avec douche de 34 à 38 €, avec douche et w.-c. de 44 à 49 €. Demi-pension, obligatoire en juillet et août, de 42 à 48 € par personne. Menus de 12,90 à 28,50 €. L'hôtel des vacances par excellence, avec l'ambiance générale de la station. Raccord avec l'ambiance générale de la station avec son petit charme désuet sympathique. Mini-golf et jardin. Chambres bien tenues.

DANS LES ENVIRONS

PLURIEN-FRÉHEL 22240 (2 km S)

I●I *Manoir de la Salle* ** – rue du Lac ☎ 02-96-72-38-29. Fax : 02-96-72-00-57. ● www.manoir-de-la-salle.com ● Parking. TV. ♨ Congés annuels : du 30 septembre au 24 mars. Accès : en venant de Sables-d'Or-les-Pins, un peu avant Fréhel. Chambres doubles avec douche et w.-c. ou bains de 42 à 113 € suivant la saison. Également 2 gîtes pour 4 à 6 personnes de 88 à 109 € selon la saison. Aménagé dans une noble bâtisse en pierre, du XVIe siècle. C'est l'adresse à la mode par ici ! On entre par un beau portail gothique du XVe siècle. Chambres claires et confortables à mobilier contemporain. Sur place : billard, ping-pong et solarium. Golf à proximité. Un local pour les planches à voile et un garage pour les motos. Une bien bonne adresse, tenue par un jeune couple sympa et détendu. Boxes disponibles pour l'accueil de chevaux et poneys. À 2 mn de la plage. Dans un jardin de 2 ha. Possibilité de sortie en mer (pour les résidents uniquement). *10 % sur le prix de la chambre (sauf Ascension, Pentecôte et juillet-août) offerts à nos lecteurs sur présentation de ce guide.*

FRÉHEL 22240 (5 km E)

I●I *Hôtel Le Fanal* ** – lieu-dit Besnard ☎ 02-96-41-43-19. Parking. Congés annuels : du 1er octobre au 31 mars. Accès : prendre la route du Cap-Fréhel, arrivé au cap prendre à droite direction Plévenon : l'hôtel est sur la gauche à 1,5 km. Chambres doubles avec douche et w.-c. ou bains de 37 à 52 €. Haut chalet à l'architecture moderne surprenante, plutôt réussie et rappelant la Scandinavie, ce qui colle parfaitement avec le paysage de lande dépouillée qu'on a devant soi jusqu'à l'Océan. Propreté irréprochable et atmosphère à la Bergman. Chambres confortables. Les nos 6 à 9 sont plus spacieuses que les autres. TV bannie ! Au salon, quelques notes de Chopin. Des habitués viennent régulièrement se ressourcer ici. On les comprend : accueil excellent et immense jardin des plus reposants.

SAINT-BRIEUC   22000

Carte régionale B1

🏠 **Auberge de jeunesse - Manoir de la Ville-Guyomard** – Les Villages (Ouest) ☎ et fax : 02-96-78-70-70.● www.fuaj.org.● Parking. ❄ Ouvert toute l'année. Accès : à 3 km du centre-ville, près du centre commercial *Géant* (bien indiqué à partir de la gare). À partir de 12,20 € la nuit avec le petit déjeuner. Repas à 8,38 € uniquement pour les groupes. Réservation très recommandée. AJ située dans un superbe manoir breton du XVe siècle. Chambres de 1 à 4 lits. Location de VTT.

🏠 |●| **Hôtel-restaurant Du Guesclin** ** – 2, pl. Du-Guesclin ☎ 02-96-33-11-58. Fax : 02-96-52-01-18. ● **www.hotel-duges clin.com**. ● TV. Canal+. Accès : dans le quartier piéton. Chambres doubles avec douche ou bains et w.-c. de 42 à 44 €. Demi-pension à 30 € par personne. Menus à 14,25 €, puis de 22,60 à 26,80 €. Central et entièrement refait, le *Du Guesclin* propose des chambres confortables, sans charme réel mais sans mauvaise surprise. Bar-brasserie au rez-de-chaussée et à l'étage élégante salle de resto. Quelques spécialités comme la mousseline de coquilles Saint-Jacques, le bar grillé au fenouil et les poissons fumés maison. *10 % sur le prix de la chambre (vendredi, samedi et dimanche sauf juillet-août) ou apéritif maison offerts à nos lecteurs sur présentation de ce guide.*

🏠 **Hôtel du Champ de Mars** ** – 13, rue du Général-Leclerc ☎ 02-96-33-60-99. Fax : 02-96-33-60-05. ● **hotelde mars@wanadoo.fr**● TV. Canal+.❄ Accès : à côté de la place du Champ-de-Mars. Chambres doubles avec douche et w.-c. ou bains de 45 à 48 €. Bien situé, à l'orée du centre et tout à côté du grand parking (payant) du Champ-de-Mars. Fort bien tenu et agréable, cet hôtel est dirigé par un couple très aimable. Tout le confort « 2 étoiles » dans des chambres confortables et fonctionnelles. Ascenseur. *10 % sur le prix de la chambre (le week-end (sauf juillet-août)) offerts à nos lecteurs sur présentation de ce guide.*

|●| **Restaurant Le Sympatic** – 9, bd Carnot ☎ 02-96-94-04-76. ❄ Service jusqu'à 22 h. Fermé le dimanche, le lundi et les jours fériés. Congés annuels : deux semaines en août. Accès : derrière la gare SNCF. Prendre le boulevard Clemenceau et

tourner à droite après avoir passé la voie ferrée. Menus de 10 à 35 €, ou carte. Bonne humeur et bonnes grillades (sur sarments de vignes !) font bon ménage au *Sympatic*, une adresse près des Briochins. Cadre entre bois et pierre apparente. Ambiance chaleureuse, service aimable et efficace, assiettes larges et garnies, qualité des produits, addition légère : que demander de plus ? *Apéritif maison offert à nos lecteurs sur présentation de ce guide.*

|●| **Le Petit Pesked Tradition** – 10, rue Jules-Ferry ☎ 02-96-94-05-34. Satellite. Fermé les samedi midi et dimanche. Accès : derrière la gare SNCF. À midi, plat du jour ou assiette de cochonnaille bio, dessert, verre de vin ou café pour 10,55 €. Menu à 23 €, boisson comprise. Menus-carte avec entrée, plat et dessert tous au même prix. Sympathique annexe des *Pesked*, une des grandes tables de la ville. Bonne idée que cette cuisine scrupuleusement de terroir, que ces plats « empruntés » aux anciens du coin, à peine modernisés. Bonne idée que ces vins au verre proposés avec chaque plat. Mauvaise idée (à notre avis, qui n'engage que nous !) que cette salle où vieilles photos sépia et antiques outils des champs ne s'accordent pas franchement avec la déco en gris et noir, très années 1980. En revanche, accueil et service impeccables, très « grande maison ». *Café offert à nos lecteurs sur présentation de ce guide.*

|●| **Aux Pesked** – 59, rue du Légué ☎ 02-96-33-34-65. Parking. Fermé le dimanche soir et le lundi. Congés annuels : du 1er au 15 janvier, du 1er au 8 mai et du 1er au 8 septembre. Accès : à 1 km au nord du centre-ville. Menus à 18 € en semaine, à 30 € le week-end, et de 30 à 65 €. C'est la grande table gastronomique qui fait l'unanimité à Saint-Brieuc. Normal ! Tout y est de bon goût : le cadre sobre et d'une grande élégance, la vue superbe en terrasse sur la vallée du Légué (merci, Dame Nature !), et surtout des mets fins, plaisants et légers, qui raviront vos papilles. Pour les jours fastes, superbe menu dégustation de 7 plats. Sans oublier la grande fierté du maître des lieux, une superbe cave de plus de 900 références, certainement l'une des plus riches de la région, notamment en vins de Loire (ça fait rêver !). Des bouteilles rares et chères évidemment, mais aussi de nombreux crus moins prestigieux, superbes et beaucoup plus abordables. *Digestif maison offert à nos lecteurs sur présentation de ce guide.*

SAINT-MALO   35400

Carte régionale B1

🏠 **Hôtel Le Nautilus** ** – 9, rue de la Corne-de-Cerf (Centre) ☎ 02-99-40-42-27. Fax : 02-99-56-75-43. ● **www.lenauti**

lus.com ● TV. Satellite. Accès : intra-muros. Chambres doubles avec douche et w.-c. de 39 à 55 €. Intra-muros mais à 5 mn de la plage pour le meilleur de Saint-Malo. Un petit hôtel vachement sympa, qui sent bon le neuf et le propre, décoré dans des tonalités pétillantes et jeunes, comme le service et l'accueil. Chambres pas très grandes mais bien équipées et coquettes (certaines mansardées). Au rez-de-chaussée, un pub qui bouge, avec aux murs un décor aux couleurs psyché qui font plus penser au *Yellow Submarine* qu'au *Nautilus*.

📧 *Hôtel du Louvre* ** – 2, rue des Marins (Centre) ☎ 02-99-40-86-62. Fax : 02-99-40-86-93. ● www.hoteldulouvre.free.fr ● Parking payant. TV. Accès : près de la place de la Poissonnerie (intra-muros). Chambres doubles de 39 à 61 €. Notre meilleure adresse dans cette gamme de prix. Hôtel familial malgré ses 50 chambres, possédant une certaine allure. Accueil agréable et chambres confortables. Une bonne partie a été complètement rénovée. Le résultat est des plus réussis ; elles sont superbes. Vivement la suite ! Chambres doubles ou triples, et même une pour 7 personnes. *Pour les lecteurs, 50 % sur la chambre (du 15 novembre au 15 mars), 10 % sur la chambre (toute l'année) et petit déjeuner gratuit pour les enfants de moins de 12 ans sur présentation de ce guide.*

📧 |●| *Hôtel de l'Univers* ** – pl. Châteaubriand (Centre) ☎ 02-99-40-89-52. Fax : 02-99-40-07-27. ● www.hotel-univers-saintmalo.com ● TV. Canal+. Accès : intra-muros. Chambres doubles de 57 à 102 €, selon la vue et la saison. Quelques suites de 76 à 102 €. Au resto, plusieurs menus de 12,60 à 30 €. Accolé au célébrissime et légendaire *Bar de l'Univers*, cet hôtel, témoin d'une splendeur passée, fait partie de ces quelques établissements malouins de cachet, plein de ce charme un peu *British* et carrément rétro. Grande réception, immenses couloirs et salons où l'on croit parfois se perdre. Belle atmosphère et des chambres vastes, confortables (certaines peuvent accueillir 3 ou 4 personnes). La nouvelle direction est décidée à reprendre en main le destin glorieux de l'hôtel et a déjà

entrepris des travaux de titan pour redonner tout son éclat aux chambres et aux stucs colorés des salles à manger, tout en respectant l'esprit maison. La rénovation devrait être achevée pour 2002. Une adresse charmante et différente avec on ne-sait-quoi qui flotte dans l'air. On adore ! *10 % sur le prix de la chambre (excepté du 10 juillet au 25 août) offerts à nos lecteurs sur présentation de ce guide.*

|●| *Le P'tit Crêpier* – 6, rue Sainte-Barbe (Centre) ☎ 02-99-40-93-19. Fermé le mardi et le mercredi hors saison. Compter 13 € pour un repas complet. Attention, tempête de plaisir ! Cette crêperie n'est pas ordinaire. Les crêpes et galettes sont aussi bonnes que surprenantes. Saveurs subtiles, beaux produits, mariages étonnants mais jamais hasardeux qui font toujours mouche. Flan de moules en balluchon de sarrasin, galette à la brandade de poisson du marché (bien aillée, hmm !), à l'andouille de Bretagne et confiture d'oignons, ou, pourquoi pas, au foie gras de la mer (foie de lotte) et langoustines sur lit de salade. Enfin, côté crêpes sucrées, aumônière de poire pochée au caramel à l'orange ou crêpe caramel au beurre salé en chaud-froid (caramel chaud, crème glacée au caramel et crêpettes croustillantes aux cacahuètes), et encore une autre, étonnante, fourrée à la marmelade d'algues wakame qui vous fouettera les papilles comme une déferlante. C'est si bon qu'on est tenté d'en manger plus, pour en goûter plus. Carte de bières et cidres bretons. Deux petites salles, au décor marin, que l'on n'est pas près d'oublier.

|●| *Restaurant Borgnefesse* – 10, rue du Puits-aux-Braies (Centre) ☎ 02-99-40-05-05. Fermé le samedi midi, le dimanche soir et le lundi midi. Congés annuels : 2 semaines fin juin, 1 semaine fin septembre et 2 semaines à Noël. Accès : intra-muros. Menus de 13,26 à 18,75 €. Resto corsaire et cuisine dans le ton : moules, huîtres, viandes, *kig ha farz*. Le patron, une des légendes de Saint-Malo, grande gueule, poète et baroudeur, vous racontera à coup sûr l'histoire d'un flibustier qui s'est malencontreusement pris un boulet de canon dans le postérieur, surnommé en conséquence « borgnefesse ». Des produits

garantis du terroir breton et un accueil chaleureux assuré.

|●| Le Bénétin – **Les Rochers-Sculptés-de-Rothéneuf, Paramé** ☎ 02-99-56-97-64. Fermé le mercredi. Formule du jour, avec plat et dessert, à 14 €, sinon, à la carte compter 23 €. Un coup de cœur, et ça n'a rien d'étonnant si on vous dit que les patrons tiennent aussi un resto étoilé en ville. Ici, la formule est plus simple, l'ambiance plus décontractée, mais la qualité de la cuisine reste la même. Des petites cocottes remplies de bonnes choses arrivent sur la table. Séquence « émotion » : des petits légumes de printemps sautés et cuits *al dente* qui accompagnent un délicieux filet de lieu demi-sel. C'est copieux, parfumé, savoureux. Les desserts ne sont pas en reste. Quant au cadre, la maison s'inspire des plus belles photos de *Côté Ouest* (sols en corde, meubles en teck, bibelots marins...) et la vue sur mer est tout bonnement magnifique. Grande terrasse pour les beaux jours. Service jeune et souriant. Réservation recommandée.

|●| La Corderie – **Saint-Servan, chemin de la Corderie** ☎ 02-99-81-62-38. Congés annuels : de mi-novembre à mi-mars. Accès : pas loin du camping de la cité d'Alet, juste derrière le camping. Menu unique à 15 €. À la carte, compter 24 €. Un bien bel endroit que cette *Corderie*, en bordure de la cité d'Alet. Retirée des circuits touristiques, aucun bruit de circulation ne vient troubler le calme de cette belle bâtisse. On se sent bien ici. Peut-être parce que c'est une maison de famille, avec ses vieux meubles, ses livres et tableaux. De la salle ou de la terrasse, merveilleuse vue sur la mer, la tour Solidor, la Rance puis Dinard : un panorama qui vous nourrit avant même l'excellente cuisine proposée. Une carte allégée par rapport à d'autres restos, mais qui change presque tous les jours pour autant de plaisirs. Pour une salade grecque ou un poisson cuisiné, la présentation est toujours appliquée, les prix raisonnables, le service et l'accueil charmants. Un endroit où l'on prend facilement ses habitudes. Un coup de cœur.

|●| Restaurant Chez Gilles – **2, rue de la Pie-qui-Boit (Centre)** ☎ 02-99-40-97-25. Fermé le mercredi et le jeudi hors saison ; en août, fermé uniquement le mercredi. Congés annuels : du 1er novembre au 1er mai sauf fêtes. Formule du déjeuner en semaine à 13 €, puis 3 menus de 16 à 30 €. Menu-enfants à 9,50 €. Des produits frais à peine sortis de l'Océan, travaillés avec amour et passion, et servis dans le cadre douillet et gentiment bourgeois d'une salle qui sait conserver une certaine intimité. Poisson cuit juste comme il faut (aiguillettes de saint-pierre aux huîtres chaudes et lardons frits, par exemple), sauces fines et parfumées...

On profite des qualités du chef dès les premiers menus. *Amuse-bouches offerts à nos lecteurs sur présentation de ce guide.*

DANS LES ENVIRONS

SAINT-SULIAC 35430 (10 km S)

|●| Le Galichon – **5, La Grande-Cohue** ☎ 02-99-58-49-49. Ouvert en juin et septembre, tous les jours de 11 h à 21 h ; hors saison, ouvert uniquement les vendredi, samedi et dimanche, midi et soir. Accès : par la N137. Pas de menu, mais plats autour de 8 € et desserts autour de 3 €. Une bien jolie adresse que voilà. Une bonne dose de rusticité, un brin de raffinement, un zeste de nostalgie... Des recettes d'autrefois, cuites à la cheminée ou de bonnes galettes. Si on réfléchit bien, on ne fait pas plus tendance ! D'ailleurs, il suffit de voir la jolie patronne, résolument moderne, s'activer en salle et en cuisine, aidée de ses bonnes copines. Dans les cocottes en fonte, selon les jours, ragoûts de viande, cailles aux raisins, rôti de porc, accompagnés de purée maison ou de haricots fondants... Et pour le dessert, un délicieux riz au lait cru de ferme. Un joli concept, un coup de cœur.

SAINT-POL-DE-LÉON 29250

Carte régionale A1

🏠 |●| Le Passiflore – **28, rue Penn-Ar-Pont** ☎ et fax : 02-98-69-00-52. TV. Fermé le dimanche soir. Accès : non loin de la gare. Chambres doubles à partir de 36 €. Menu à 9,50 € le midi en semaine. Autres menus de 19 à 32 €. Voilà un bien sympathique petit hôtel. Classique, sans prétention, mais sachant offrir des chambres plaisantes à prix serrés. Il faut, en outre, souligner la qualité de l'accueil et surtout le bon resto, *Les Routiers*, au rez-de-chaussée. Le midi, c'est plein comme un œuf pour le menu genre « ouvrier », et personne n'en sera étonné. Fruits de mer et poisson dans les autres menus et à la carte.

SAINT-RENAN 29290

Carte régionale A1

|●| La Maison d'Autrefois – **7, rue de l'Église (Centre)** ☎ 02-98-84-22-67. Fermé le dimanche midi et le lundi toute la journée hors saison. Congés annuels : de fin décembre à mi-janvier. Menu à 7,20 € le midi en semaine. Menu-enfants à 5,50 €. Superbe maison à colombages qui attire le regard : des murs en pierre de taille, des outils d'époque et des beaux meubles. Bonnes crêpes traditionnelles comme la « bretonne » (noix de Saint-Jacques, émincé de poireaux, crème, flambée au calvados) ou la « sauvage » (crêpe sucrée au caramel de vin, glace au miel). *Apéritif maison offert à nos lecteurs sur présentation de ce guide.*

SAINT-THÉGONNEC 29410

Carte régionale A1

🏠 I●I *Auberge de Saint-Thégonnec* *** – 6, pl. de la Mairie (Centre) ☎ 02-98-79-61-18. Fax : 02-98-62-71-10. ● www.auberge.saint.thegonnec.com ● Parking. TV. ♿ Fermé le samedi midi, le dimanche soir et le lundi. Congés annuels : du 20 décembre au 10 janvier. Chambres doubles avec douche et w.-c. ou bains à partir de 65 €. Menus à partir de 25 €. Compter 30 € à la carte. Une des meilleures étapes du « circuit des Enclos », sinon du Finistère ! Juste en face, d'ailleurs, d'un des plus beaux enclos du coin (même si l'église a été partiellement détruite par un incendie). Bonne table d'abord. Cadre élégant et raffiné mais pas pesant. Service impeccable. Et une cuisine de marché et de saison, de tradition aussi mais joliment tournée. L'addition grimpe vite à la carte, mais le chef a la sagacité de proposer un premier menu abordable. Pour dormir, de très belles chambres tout confort et, le matin, petit déjeuner dans un salon confortable.

I●I *Crêperie Steredenn* – 6, rue de la Gare (Centre) ☎ 02-98-79-43-34. ♿ Fermé le lundi et le mardi sauf en juillet et août. Congés annuels : du 15 novembre au 30 janvier. Compter entre 9 et 15 € à la carte. Accueil agréable des patrons, Christine et Alain. Feu de bois dans la cheminée. 150 crêpes différentes, délicieuses et bon marché. Nos préférées : la crêpe « Picarde » (crème de poireaux) et la « Druidique » (confiture d'oranges, amandes, Grand Marnier), etc. Cidre fabrication maison.

I●I *Restaurant du Commerce* – 1, rue de Paris (Centre) ☎ 02-98-79-61-07. ♿ Fermé le soir, ainsi que le samedi et le dimanche. Congés annuels : 3 premières semaines d'août. Menu à 10 € le midi. Menu-enfants à 7 €. Petit déjeuner à 3,50 €. Resto routier ouvert le midi uniquement. Accueil sympa. Bonne et copieuse nourriture bon marché. Le menu propose potage, hors-d'œuvre, plat du jour, fromage et dessert (boisson comprise : « ouvriers » ; non comprise : « passage », est-il précisé sur le menu !). Quelques spécialités : pot-au-feu, choucroute, *kig ha farz*, couscous.

Salle à manger agréable avec murs en pierre sèche. Ambiance animée.

SARZEAU 56370

Carte régionale B2

I●I *Auberge de Kerstéphanie* – **route du Roaliguen** ☎ 02-97-41-72-41. Parking. ♿ Fermé le lundi en saison, le mardi soir, le mercredi et le dimanche soir hors saison. Congés annuels : pendant les vacances scolaires de Noël et de février (zone A). Accès : au rond-point de Sarzeau, sortir en direction du Roaliguen, puis c'est sur la droite au bout d'une impasse (fléché). 1ᵉʳ menu à 15 €, le midi en semaine, puis menus de 23 à 37 € et carte bien sage. Au menu à 23 €, par exemple, on lance les hostilités avec un tartare aux deux poissons marinés au citron vert et à la noix de coco, puis viennent la daurade grillée à la peau, des fromages affinés et un vacherin aux fraises. L'une de nos bonnes adresses morbihannaises. Cadre somptueux et service élégant, sans excès ; cuisine de virtuose du chef-patron, Jean-Paul Jego (secondé par madame). Grâce à son tournebroche, le chef propose aussi chaque jour un plat de rôtisserie, dans tous les menus et à la carte (lapin fermier à la moutarde, épaule d'agneau rôtie...). Les homards que vous aurez choisi d'envoyer au grill sortent tout frétillants du vivier maison. Vous l'aurez compris, la table est bonne, et, pour ne rien gâcher, les prix sont très raisonnables. *Café offert à nos lecteurs sur présentation de ce guide.*

I●I *Restaurant L'Hortensia* – **La Grée-Penvins** ☎ 02-97-67-42-15. Fermé le lundi soir et le mardi sauf du 15 juillet au 31 août. Congés annuels : 15 premiers jours de mars et 15 derniers jours de novembre. Accès : à environ 7 km de Sarzeau. 1ᵉʳ menu, déjà alléchant, à 16 €, au déjeuner uniquement, sauf les dimanche et jours fériés. Sinon, de 26 à 62 € avec les menus « La Chapelle », « Hortensia » et « Découverte », et enfin le menu homard à 55 €. Plusieurs salles qui ont toutes un point commun : la couleur bleue de l'hortensia que l'on retrouve partout dans la décoration et qui contraste avec le côté brut des murs de granit. Parmi les « fleurs » (traduire : plats de poisson), citons les goujonnettes de sole au sésame, pointes d'asperges et parmesan ; pour les « épanouissements » (plats de viande), prenons les pieds de porc farcis au foie gras, pommes Pont-Neuf et faisselle. ça vous dit ? Tenu par un jeune couple qui a été à bonne école à l'*Auberge Grand-Maison* de Mur-de-Bretagne. Nathalie est en salle et Philippe aux fourneaux.

DANS LES ENVIRONS

PENVINS 56370 (7 km E)

🏠 ❙●❙ **Le Mur du Roy** ** – **au lieu-dit Le Mur-du-Roy** ☎ 02-97-67-34-08. **Fax : 02-97-67-36-23.** ● **www.lemurduroy.com** ● Parking. TV. 🗵. Chambres doubles de 56 à 75 €. Demi-pension, obligatoire en juillet-août, de 57 à 66,50 € par personne. Menus de 20 à 60 €. Confortable et bien situé, avec accès direct à la plage, cet hôtel propose des chambres impeccables. Les n°s 7 et 8 sont face à la mer et équipées de lits électriques réglables. Un peu plus coûteuses que les autres. Excellent restaurant tendance poisson et fruits de mer. Remarquable rapport qualité-prix du 1er menu avec une entrée, un plat, une assiette de fromages et un dessert. Pelouse. Agréable terrasse. Service irréprochable.

TRÉBEURDEN 22560

Carte régionale A1

🏠 **Auberge de jeunesse** – **60, la Corniche Goas-Trez, lieu-dit Toëno (Nord)** ☎ **02-96-23-52-22. Fax : 02-96-14-44-34.** ● **www.fuaj.org** ● Parking. Accès : à 2 km au nord ; sur les hauteurs et à deux pas de la mer. Avec la carte FUAJ (obligatoire et vendue sur place) : 8 € la nuit en chambre collective. Petit déjeuner à 3,20 €. Possibilité de camping. Une des AJ les mieux situées de Bretagne, à deux pas de la mer, dans un bel environnement. Pas de couvre-feu. Dortoirs de 4 à 12 personnes. Construction moderne qui détonne quelque peu dans le paysage. Cela dit, au risque de se répéter, l'emplacement est exceptionnel. Sentier botanique alentour et club de plongée à côté.

🏠 ❙●❙ **Hôtel-restaurant Ker An Nod** ** – **rue de Porz-Termen (Centre)** ☎ **02-96-23-50-21. Fax : 02-96-23-63-30.** ● **www.keran nod.com** ● TV. Fermé le jeudi midi sauf pendant les vacances scolaires. Accès : face à l'île Millau. Chambres doubles avec douche et w.-c. de 44 à 60 €, selon la saison et l'orientation. Demi-pension de 47,50 à 55,50 € par personne. Menus de 15 à 29 €. Hôtel tranquille, face à l'île Millau. 20 chambres dont 14 face aux flots. La vaste plage de sable est à deux pas. Tenu par un jeune couple très gentil. Chambres confortables et lumineuses (baies-fenêtres extra côté mer). Salle de resto également agréable, où l'on dîne de poisson et fruits de mer. Parmi les bonnes spécialités : huîtres chaudes au beurre de muscadet, potée du pêcheur ou poulet du Trégor aux langoustines. *Le digestif régional est offert à nos lecteurs sur présentation de ce guide.*

❙●❙ **La Tourelle** – **45, rue du Trozoul** ☎ **02-96-23-62-73.** Fermé le mardi soir et le mercredi (sauf mi-juillet et août). Congés annuels : du 1er janvier à mi-février. Accès : face au port, au 1er étage d'un bâtiment moderne. Menus de 16 à 45 €. Salle vaste mais agréable. Grandes baies vitrées pour la vue sur le port. Bonne cuisine, moderne et inventive juste ce qu'il faut, avec une prédilection pour le poisson et les fruits de mer. Un menu homard. Et quelques petits trucs sympas (une fois n'est pas coutume...) en fond sonore. Accueil et service charmants. *Café offert à nos lecteurs sur présentation de ce guide.*

TRÉGASTEL 22730

Carte régionale A1

🏠 ❙●❙ **Hôtel-restaurant de la Corniche** ** – **38, rue Charles-Le-Goffic (Centre)** ☎ **02-96-23-88-15. Fax : 02-96-23-47-89.** ● **www.hoteldelacorniche.fr** ● Parking. TV. Restaurant fermé le midi toute l'année, ainsi que le dimanche soir et le lundi hors saison. Service jusqu'à 23 h. Congés annuels : du 5 au 28 janvier. Accès : dans le centre, pas loin des plages. Chambres doubles avec douche et w.-c. ou bains de 38,50 à 54,50 € selon la saison. Menus à 16 €, en semaine, puis à 25 et 38 €. Pas franchement en bord de mer (face à un rond-point plutôt...) mais la déco assez enlevée fait qu'on s'y sent tout simplement bien. Resto et salon entièrement rénovés. *Un petit déjeuner par chambre ou apéritif maison offert à nos lecteurs sur présentation de ce guide.*

❙●❙ **Auberge de la Vieille Église** – **pl. de l'Église, au vieux bourg** ☎ **02-96-23-88-31.** Fermé le dimanche soir, le lundi et le mardi soir hors saison. Congés annuels : en mars. Menus à 21 €, le midi, puis de 29,50 et 35,50 €. À la carte, compter environ 30 €, sans le vin. Dans un ancien resto ouvrier, boucherie, épicerie, supérette locale, admirablement aménagé. La façade croule sous les fleurs. Une adresse incontournable dans la région, tenue par la même famille depuis 1962. Belle gamme de menus qui nous a laissé un inoubliable souvenir. Spécialités de tagliatelles de Saint-Jacques, blanc de barbue en écailles de pommes de terre ou saint-pierre rôti au lard. La cuisine est d'une qualité exceptionnelle, le service attentionné, le décor et le couvert très réussis. Bien sûr, il est indispensable de réserver le soir en saison et le week-end.

TRÉGUIER 22220

Carte régionale A1

🏠 ❙●❙ **Hôtel Aigue Marine et restaurant des 3 Rivières** *** – **au port de plaisance** ☎ **02-96-92-97-00. Fax : 02-96-92-44-48.**

● **www.aiguemarine.fr** ● Parking. TV. Satellite. ⚭ Hors saison, fermé les lundi, samedi midi et dimanche soir. En juillet-août, fermé le midi sauf le dimanche. Congés annuels : du 6 janvier au 16 février. Chambres doubles avec douche et w.-c. ou bains de 65 à 88 €, suivant la saison. Demi-pension de 64 à 74 € par personne. Menus à 18 €, en semaine, puis de 26 à 37 €. Un bel établissement récent, situé face aux bateaux comme une invitation au voyage. 48 chambres très confortables. Belle piscine chauffée, jardin, salle de remise en forme avec sauna, jacuzzi. La direction de l'hôtel a confié la responsabilité du restaurant à un jeune chef talentueux qui travaille habilement les produits du terroir. Les prix sont très raisonnables, compte tenu de la qualité de la cuisine. *10 % sur le prix de la chambre (sauf en juillet et août) offerts à nos lecteurs sur présentation de ce guide.*

|●| *La Poissonnerie du Trégor* – 2, rue Renan (Centre) ☎ 02-96-92-30-27. Poissonnerie ouverte toute l'année et salles de dégustation ouvertes de début juillet à fin septembre. Araignée mayonnaise à 8,50 €, moules à 5,50 € ou beau plateau à 18 €, et à 27,50 € pour deux. Une adresse originale et chaleureuse, tenue par Mme Moulinet depuis plus de 30 ans. Son fils Jean-Pierre vous attend avec son poisson et ses fruits de mer que vous pouvez déguster au-dessus de sa boutique. Salles de dégustation aux premier et second étages. Il faut pénétrer par la poissonnerie. À dépecer, grignoter, sucer entre deux grandes fresques marines, on pourrait se croire à bord d'un bateau (mal de mer en moins). Pas de desserts. Possibilité bien sûr d'emporter la marchandise, nous sommes avant tout dans une poissonnerie.

DANS LES ENVIRONS

MINIHY-TRÉGUIER 22220 (1,5 km)

🏠 |●| *Kastell Dinec'h* ★★★ – Le Castel ☎ 02-96-92-49-39. Fax : 02-96-92-34-03. Parking. TV. ⚭ Fermé le mardi soir et le mercredi hors saison. Restaurant fermé le midi. Congés annuels : du 7 au 26 octobre et du 31 décembre au 27 mars. Accès : par la N786 (route de Lannion). Chambres doubles avec douche et w.-c. ou bains de 71 à 91 €. Certaines peuvent accueillir 3 ou 4 personnes. Demi-pension, souhaitée du 14 juillet au 20 août, à 83 € par jour. Menus (le soir uniquement) de 22,10 à 38,10 €. Élégant manoir breton transformé en hôtel-restaurant, qui a gardé son mobilier d'époque et une atmosphère intime. Dispose d'une piscine dans le jardin. Les 15 chambres sont des plus agréables (évitez toutefois la n° 15, un peu défraîchie). Excellente table et service attentionné.

Carte régionale A2

🏠 |●| *L'Azimut* ★★★ – **rue du Men-Dû** ☎ **02-97-55-71-88.** ● **www.charme-gastronomie.com** ● Parking. TV. Satellite. Fermé le mardi soir et le mercredi (sauf pendant les vacances scolaires). Accès : à 100 m du yacht-club, sur la route menant à Carnac-Plage. Chambres doubles de 60 à 120 €, selon le confort et la saison. Menus à 15 €, servi le midi sauf les week-end et jours fériés, puis de 20 à 45 €. Sur présentation du *GDR* et sur réservation, un exceptionnel menu à 38 € sera servi, le soir, à l'ensemble de la tablée : apéritif, mise en bouche, entrée, plat, fromage ou dessert ; le tout accompagné de vins au verre choisis pour chaque plat. Cuisine très soignée, produits frais, sur le thème de la mer essentiellement, et belle carte des vins. Cadre classieux fait de boiseries, bibelots marins... L'adresse gourmande et conviviale de La Trinité. Quant à l'accueil, « Ici, tous les clients sont des VIP », dixit Hervé Le Calvez, patron et cuisinier. Une *very important* adresse, donc. Côté hostellerie, des chambres pleines de charme et décorées avec goût. La plus luxueuse possède même une baignoire balnéo... *10 % sur le prix de la chambre (en hiver) offerts à nos lecteurs sur présentation de ce guide.* **NOUVEAUTÉ.**

Carte régionale B2

🏠 |●| *Hôtel-restaurant Le Relais de Luscanen* ★★ – **zone commerciale de Luscanen – N165, route d'Auray (Ouest)** ☎ **02-97-63-15-77. Fax : 02-97-63-30-45.** Parking. TV. Canal+. Satellite. Fermé le dimanche. Congés annuels : 2 semaines en août. Accès : sortir de la ville à l'ouest vers Auray ; pour ne pas manquer l'échangeur de la zone commerciale de Luscanen sur la N165, ne pas rouler trop vite. Chambres doubles à 26 € avec douche et w.-c. ou bains. 1er menu à 9 € le midi en semaine. Il propose deux hors-d'œuvre (une entrée froide et une entrée chaude), un plat au choix, fromage et dessert, vin, pain et beurre à volonté. 24 chambres propres et simples. Un vrai hôtel-restaurant routier. Accueil souriant.

🏠 *Hôtel Le Bretagne* ★★ – **36, rue du Mené (Centre)** ☎ **02-97-47-20-21.** Fax : **02-97-47-90-78.** ● **hotel.le.bretagne@wanadoo.fr** ● TV. Accès : à 50 m de la porte Prison. Chambres doubles de 31 à 38 €. Certaines chambres (un peu plus petites) donnent sur les remparts. Petit charme rétro, pour ne pas dire vieillot, mais très bien tenu. Un bon rapport qualité-prix. Souvent complet.

🏠 *Hôtel Le Marina* ** – **pl. Gambetta (Centre)** ☎ **02-97-47-22-81. Fax : 02-97-47-00-34.** lemarinahotel@aol.com TV. Câble. Ouvert de 7 h à 1 h. Accès : dans le sud du centre-ville. Chambres de 32 à 52 € pour deux. Au-dessus du bar *L'Océan*, quartier général des assoiffés de la place Gambetta. Les chambres, avec vue sur le port (double vitrage) ou sur les remparts, ont toutes été refaites récemment. Un très bon rapport qualité-prix au cœur de la vieille ville. Accueil fort sympathique de la patronne. *Café offert à nos lecteurs sur présentation de ce guide.*

🏠 *Hôtel La Marébaudière* – **4, rue Aristide-Briand** ☎ **02-97-47-34-29. Fax : 02-97-54-14-11.** www.marebaudiere.com Parking. TV. Canal+. Satellite. Chambres doubles de 64 à 75 €. Petit déjeuner-buffet. À deux pas du centre historique, vastes chambres dotées de tout le confort, ainsi que, pour celles en rez-de-jardin, d'une petite terrasse. Appréciable aussi, le parking privé clos. *Apéritif maison offert à nos lecteurs sur présentation de ce guide.* **NOUVEAUTÉ.**

🍴 *La Morgate* – **21, rue de la Fontaine (Centre)** ☎ **02-97-42-42-39.** Fermé le dimanche, le lundi (sauf jours fériés et fête des Mères). Congés annuels : 1re quinzaine de mai. 1er menu à 13 € le midi en semaine, menus suivants à 19,70, 21,65 € (avec fromage), 25,40 et 27,70 €. La table gastro dans une rue qui monte, qui monte. La cuisine, très fine et parfumée, est résolument terroir, la clientèle principalement d'affaires, et le service courtois et dynamique. Excellent rapport qualité-prix, notamment pour le 1er menu.

🍴 *Restaurant de Roscanvec* – **17, rue des Halles (Centre)** ☎ **02-97-47-15-96.** Fermé le lundi (sauf de juillet à septembre) et le dimanche soir. Congés annuels : du 23 décembre au 1er janvier. Menus de 17 €, le midi et avant 20 h 15, à 74 € (menu homard). À la carte, compter 38 €. Baigné dans une atmosphère classique et cossue, ce tout petit restaurant occupe deux niveaux d'une maison de caractère du XIVe siècle, en plein centre-ville. Un jeune chef-patron – Arnaud Lorgeoux – plein de talent et d'ambition attire désormais une clientèle de gastronomes avisés. Les menus recèlent des trésors comme le hochepot de bœuf (queue de bœuf désossée). Les plats changent régulièrement en fonction du marché. Très belle carte des vins.

DANS LES ENVIRONS

SAINT-AVÉ 56890 (5 km N)

🍴 *Le Pressoir* – **7, rue de l'Hôpital** ☎ **02-97-60-87-63.** Parking. 🦮 Fermé le lundi, le mardi et le dimanche soir. Congés annuels : du 1er au 8 janvier, du 1er au 15 mars, du 1er au 10 juillet et du 1er au 20 octobre. Accès : à 1 km du centre-ville. 1er menu à 30 €, le midi seulement en semaine. Autres menus de 38 à 77 €. Cadre, confort, gastronomie (notamment le 1er menu) et accueil de haut niveau dans une jolie maison à l'écart de la ville ; c'est tout simplement la meilleure table du pays. Galette de rougets aux pommes de terre et au romarin, foie gras en ravioli au fumet de champignons sauvages, granny smith rôtie sur un fin *kouign aman*... Tout est enchantement ! *10 % sur le menu « tradition » à 38 € (sauf juillet, août et week-ends) pour les lecteurs sur présentation de ce guide.*

LOCQUELTAS 56390 (6 km N)

🏠 🍴 *Hôtel La Voltige* ** – **8, route de Vannes (Nord)** ☎ **02-97-60-72-06. Fax : 02-97-44-63-01.** www.hotelrestaurantla voltige.fr Parking. TV. Resto fermé le dimanche soir et le lundi hors saison, le lundi midi en saison. Congés annuels : 2 semaines en mars et 2 semaines mi-octobre. Accès : à partir de Vannes, prendre la D767 direction Pontivy et Locminé ; sortie par la D778, direction Saint-Jean-Brevelay sur 2 km. Chambres doubles de 36,50 à 52 €. Demi-pension demandée du 5 au 20 août : de 35,50 à 48 €. 1er menu à 13,70 €, sauf les week-end et jours fériés, puis menus de 18,50 à 41 €. Une douzaine de chambres bien aménagées et impeccablement tenues. Certaines donnent sur le bord de la route et sont un peu bruyantes, malgré le double vitrage. À noter, celles pour 3 ou 4 personnes, avec mezzanine. Super ! Demi-pension intéressante car bien bonne table de tradition dès le 1er menu. Bon accueil. Service efficace et discret. Jardin ombragé avec aire de jeux. *10 % sur le prix de la chambre (du 25 septembre au 30 mars) ou café offerts à nos lecteurs sur présentation de ce guide.*

MEUCON 56890 (7 km N)

🍴 *Restaurant Le Tournesol* – **20, route de Vannes** ☎ **02-97-44-50-50.** Parking. Fermé le lundi et le mercredi soir. Congés annuels : en octobre. Accès : par la route de Pontivy, sortie Meucon ; le restaurant est juste à l'entrée du bourg. Menus à 13,70 € en semaine, puis de 20 à 32 €. Dans une maisonnette qui ressemble à une maison de poupée, et où toute la décoration s'inspire de la couleur des tournesols. Ceux de Van Gogh figurent d'ailleurs en bonne

Français

place. Pas plus de 7 tables pour les heureux élus qui pourront découvrir une excellente cuisine à des prix dont on avait perdu l'habitude. Brochette de pétoncles et queues de langoustines, médaillons de filet mignon aux pleurotes, fromages et vaste choix de desserts dès le 2e menu. Sur commande, plateau de fruits de mer. Bonne carte des vins à prix très doux et sélection du moment. Service très gentil de la maîtresse des lieux. Il est préférable de réserver, l'adresse commence à être connue. *Digestif maison offert à nos lecteurs sur présentation de ce guide.*

ARRADON 56610 (8 km SO)

🏠 |●| *Hôtel-restaurant Le Stivell* *** – 15, rue Plessis-d'Arradon* ☎ 02-97-44-03-15. Fax : 02-97-44-78-90. Parking. TV. Resto fermé le dimanche soir et le lundi hors saison. Congés annuels : du 15 novembre au 15 décembre. Accès : par la D101. Chambres doubles confortables de 48 à 62 €. Séduisante demi-pension de 45 à 54 € par personne, suivant la saison, sur la base du menu à 16 €. Menu-enfants à 6,50 €. À proximité d'une des plus belles parties de la côte du golfe du Morbihan. Un *Logis de France* très bien tenu. Le chef, inspiré par la mer comme il se doit en Bretagne, travaille avec des produits frais. Choucroute de la mer, huîtres chaudes au champagne, etc. Magnifiques plateaux de fruits de mer à commander 48 h à l'avance. Étonnant menu gastronomique extra, qui propose ni plus ni moins que les plats de la carte en demi-portion. Idéal pour ceux qui veulent le calme et la mer sans trop s'éloigner de Vannes. Accueil sympathique et très professionnel de la patronne. Le patron est pêcheur et vous indiquera tous les bons coins pour la pêche en mer et en rivière.

🏠 |●| *Hôtel-restaurant Les Vénètes* – pointe d'Arradon* ☎ 02-97-44-85-85. Fax : 02-97-44-78-60. ● www.lesvenetes.com ● TV. Resto fermé le dimanche soir et le lundi de septembre à juin. En haute saison, chambres doubles de 70 à 170 € selon le confort. 1er menu à 35 €, le midi en semaine, puis menus de 45 à 70 €. Une dizaine de chambres, certaines mansardées, d'autres dotées d'une terrasse en teck, mais toutes entièrement refaites de façon ultra-moderne, tendance maritime, avec vue imprenable sur le golfe. Salles de bains luxueuses avec baignoires d'angle, c'est le bonheur. Les larges baies vitrées des chambres et l'emplacement des lits donnent, pour certaines, presque l'impression de dormir dans une cabine de bateau (pardon... de yacht !). La salle à manger jouit de la même vue exceptionnelle. Excellente table, un peu chère, mais le décor et la qualité de la cuisine justifient les prix demandés. Poisson et fruits de mer sont à l'honneur,

évidemment, et assortis d'une excellente carte des vins. Seule ombre à ce tableau presque parfait : un accueil qui aurait tendance à suivre les mouvements de la marée.

VITRÉ 35500

Carte régionale B2

🏠 *Hôtel Le Minotel* ** – 47, rue Poterie (Centre)* ☎ 02-99-75-11-11. Fax : 02-99-75-81-26. ● www.ot-vitre.fr ● Cartes de paiement refusées. TV. Canal+. Câble. Ouvert tous les jours, toute l'année. Accès : à 200 m de la gare, en plein centre-ville. Chambres doubles avec bains à 46 €. Pas vilaine du tout, cette maison reconstruite dans le quartier historique dont elle respecte le style tout en offrant un confort moderne (un peu trop standard peut-être). Ambiance vert et écossais, style club-house de golf, et nombreuses photos aux murs. Chambre « familiale » (4 personnes). Bon accueil. Possibilité de manger à la crêperie-pizzeria attenante à l'hôtel *(10 % de remise à nos lecteurs). Un petit déjeuner offert par nuit et par personne (les vendredi, samedi et dimanche) à nos lecteurs sur présentation de ce guide.*

|●| *La Gavotte* – 7, rue des Augustins* ☎ 02-99-74-47-74. Fermé le lundi et le mardi ; en juillet et août, fermé le lundi uniquement. Le midi, formules à 9 et 11,50 €. À la carte, compter 13 € pour un repas complet. Vitré est une petite bourgade bourrée de charme, et voilà une adresse qui colle parfaitement dans le paysage. Une crêperie qui prend ses aises dans le terroir breton, en s'appuyant sur des produits oubliés ou méconnus, pour faire danser les galettes. Alors ici, la gavotte, ça se danse avec du darley (un fromage breton ressemblant au reblochon, en plus corsé), avec de la bonne andouille et des charcuteries qui ne sortent pas d'usine. Du pommé (une crème de pomme, à mi-chemin entre une confiture et un chutney) et de délicieux produits locaux. Ce véritable festin campagnard est arrosé au choix de cervoise, cidre ou chouchen, bien sûr triés sur le volet. Ajoutons à cela l'accueil « tout sourire » du patron aux Bretons et touristes qui viennent passer un moment dans la grande salle rénovée. *Apéritif maison offert à nos lecteurs sur présentation de ce guide.*

|●| *Auberge Saint-Louis* – 31, rue Notre-Dame (Centre)* ☎ 02-99-75-28-28. Fermé le lundi, le mardi midi et le dimanche soir. Congés annuels : 1 semaine en février et 2 semaines en septembre. Accès : à côté de l'église Notre-Dame. Menus de 12 €, en semaine midi et soir, à 25 €. À la carte,

compter 29 €. Dans une maison élégante du XVIIIe siècle, cette auberge jouit d'une solide réputation. Les boiseries de la salle à manger créent une chaude atmosphère familiale et raffinée. La patronne offre à tous les menus une petite assiette d'amuse-gueule ! Et puis la fête gastronomique commence dans cette ambiance douillette. Bon choix de viande grillée et de superbe poisson accompagné de sauces bien travaillées. Nappes et serviettes en tissu, lumières tamisées le soir.

Les prix
En France, les prix des hôtels et des restos sont libres. Certains peuvent augmenter entre le passage de nos infatigables fureteurs et la parution du guide.

Avis aux hôteliers et aux restaurateurs
Chaque année pour y figurer, il faut le mériter !

Le Routard

Centre

● ●

18 Cher
28 Eure-et-Loir
36 Indre
37 Indre-et-Loire
41 Loir-et-Cher
45 Loiret

AMBOISE   37400

Carte régionale A2

🏠 *Hôtel Le Chanteloup* ** – 12, av. Émile-Gounin ☎ 02-47-57-10-90. Fax : 02-47-57-17-52. Parking. Congés annuels : du 1er octobre au 31 mars. Accès : route de Bléré - av. Émile-Gounin. Chambres doubles avec douche et w.-c. de 39 à 45 €, avec bains de 45 à 52 €. À Amboise, où l'hôtellerie est assez coûteuse, voilà un saisonnier au bon rapport qualité-prix. Grosse maison sans charme un peu à l'écart du centre-ville, avec parking privé. Fauteuils en skaï, comptoir en formica, aucun décorum. Sur trois étages (avec ascenseur), chambres toutes simples, avec dessus-de-lit en *tuff* dans différentes couleurs. Certaines sous les toits avec velux. Très bon entretien, accueil neutre. Jardinet et terrasse à l'arrière.

🍴 *Restaurant L'Épicerie* – 46, pl. Michel-Debré (Centre) ☎ 02-47-57-08-94. Fermé le lundi et le mardi hors saison. Congés annuels : du 2 novembre au 18 décembre. Accès : en face du parking du château. Menu à 10,50 €, le midi sauf le dimanche, puis plusieurs autres menus de 18 à 35 €. Une superbe façade ancienne à colombages d'une belle couleur vert olive. Derrière les rideaux, à l'écart du flot de touristes, on déguste de bons petits plats : rillettes d'anguille de Loire fumée, ris de veau aux morilles, tournedos de canard confit de vin de Chinon, pigeonneau rôti et l'émietté de truffes. Service efficace et

décontracté, parfois même un rien potache, ce qui crée un amusant décalage avec l'ambiance du restaurant plutôt classique. Une sympathique adresse.

DANS LES ENVIRONS

LIMERAY 37530 (8 km NE)

🏠🍴 *Les Grillons* ☎ 02-47-30-11-76. Fax : 02-47-30-08-62. 🚭 Réservation obligatoire, au moins quelques heures à l'avance. Resto ouvert le samedi midi et soir, le dimanche midi et les jours fériés. Table d'hôte tous les soirs pour les résidents. Congés annuels : de mi-décembre à début janvier. Accès : situé entre la route de Blois et le bourg de Limeray. Chambres d'hôte de 43 à 49 € pour deux avec le petit déjeuner. Menu unique à 18 €. Voici une vraie ferme, pas un décor d'opérette. La grand-mère aux fourneaux, un fils à la vigne, un autre qui élève les poulets, pintades et canards, puis une belle-fille au service. Le grand-père un peu partout, et le reste de la famille donne un coup de main si nécessaire. Trois générations de Guichard aux petits soins pour leurs clients. Charcuteries et pâtés maison (dont une étonnante terrine 100 % lapin au genièvre), accompagnés de crudités ; bonnes volailles qui picoraient la veille dans la cour, ou bien un rôti et son jus que l'on sauce jusqu'à la dernière goutte ; puis fromages et desserts, dont un baba au rhum à faire pâlir bien des pâtissiers. Cuisine goûteuse et servie en double portions. Dans les verres, le vin du domaine,

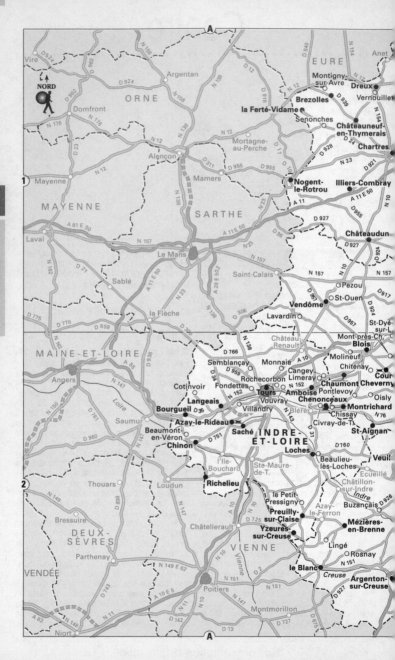

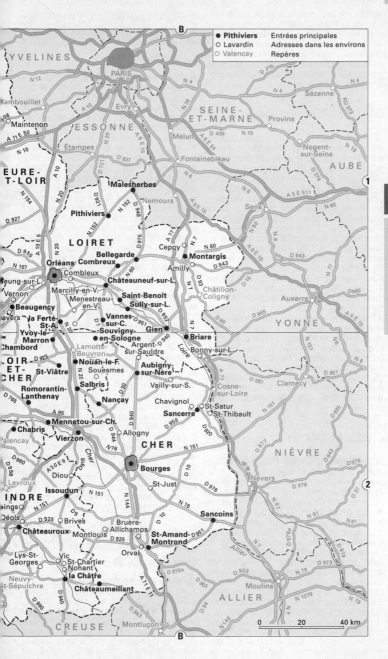

B

- ● **Pithiviers**   Entrées principales
- ○ Lavardin   Adresses dans les environs
- ○ Valencay   Repères

en trois couleurs et en pétillant. À l'étage, sous les combles, trois chambres simples mais vastes, toutes avec salle de bains et éclairées par des velux. Une adresse attachante et authentique que vous adorerez. *10 % sur le prix de la chambre (pour 3 nuits consécutives) offerts à nos lecteurs sur présentation de ce guide.*

CANGEY 37530 (12 km NE)

🏠 |●| *Le Fleuray* *** – route Dame-Marie-les-Bois ☎ 02-47-56-09-25. Fax : 02-47-56-93-97. ● www.lefleurayho tel.com ● Parking. ⅃. Resto fermé le midi ; réservation obligatoire. Congés annuels : 1 semaine en février, début novembre et pour les fêtes de fin d'année. Accès : prendre la N152 direction Blois, puis sur la gauche la D74, direction Cangey, Fleuray et Dame-Marie. Chambres doubles avec douche et w.-c. ou bains à partir de 84 €. Menus de 27 à 37 €. Une enclave britannique en campagne tourangelle. Hazel et Peter Newington et leur famille vous accueillent dans un manoir du XIXᵉ siècle, au beau milieu d'un véritable écrin de verdure. Une quinzaine de chambres à la décoration réussie et aux noms évocateurs de « Bouton d'or », « Cerisier » ou encore « Clochettes » ; « Capucine » et « Perce-neige » pour les plus spacieuses. Dès la porte franchie, ça respire l'Angleterre, tout n'est que fleurettes, moquettes, ciel de lit, pot-pourri, etc., le tout coordonné bien sûr. Cuisine gastronomique servie dans une agréable salle à manger ou sur une terrasse ombragée. Clientèle très internationale. Bon accueil.

CHISSEAUX 37150 (17 km SE)

|●| *Auberge du Cheval Rouge* – 30, rue Nationale ☎ 02-47-23-86-67. Fermé le mardi en saison ; le lundi et le mardi en hiver. Congés annuels : en janvier. Accès : en direction de Montrichard. Plusieurs menus de 17 à 29 € et brasserie l'été. Un bistrot de campagne, et quelques marches pour accéder à une coquette salle de restaurant aménagée et décorée avec goût. Madame Feron sert la cuisine de son mari avec grande gentillesse. Feuillantine de sainte-maure aux pommes acidulées, bavarois (maison, c'est écrit et ça se sent) de saumon à la crème de ciboulette, etc. Excellent saucier, le mari, car on s'est autant régalé de la sauce au vin (pourtant les réductions ne sont pas évidentes à faire) que des sauces crémées accompagnant certains poissons. Des gens qui font discrètement leur travail, avec beaucoup de sérieux et sans esbroufe. Agréables jardin et terrasse. Service parfois un rien dépassé.

ARGENTON-SUR-CREUSE 36200

Carte régionale A2

🏠 |●| *Hôtel-restaurant Le Cheval Noir** –* 27, rue Auclert-Descottes (Centre) ☎ 02-54-24-00-06. Fax : 02-54-24-11-22. Parking. TV. Canal+. Fermé le dimanche soir et le lundi hors saison. Accès : route de Gargilesse-Dampierre. Chambres doubles de 47 à 51 € avec douche et w.-c. ou bains. 1ᵉʳ menu à 9,50 € le midi en semaine, menus suivants de 15 à 23 €. Ancien relais de poste du XIXᵉ siècle, bien restauré. Chambres spacieuses, agréables et impeccables. Préférer celles à l'arrière (côté ruelle), plus calmes. Quant au resto, on s'y délecte d'une cuisine raffinée élaborée par Christophe Jeanrot (il a de qui tenir puisque son père n'est autre que le chef étoilé du *Relais Saint-Jacques* de Déols). Parmi ses spécialités : le foie gras de canard à la fleur de sel de Guérande et le filet de sandre aux blancs de poireaux. *Apéritif maison offert à nos lecteurs sur présentation de ce guide.*

🏠 *Manoir de Boisvillers* *** – 11, rue du Moulin-de-Bord (Centre) ☎ 02-54-24-13-88. Fax : 02-54-24-27-83. ● www.manoir-de-boisvillers.com ● Parking. TV. Fermé le dimanche en basse saison. Congés annuels : du 20 décembre au 15 janvier. Accès : par la N20, direction Limoges. Chambres doubles avec douche à 49 €, avec douche et w.-c. ou bains de 55 à 89 €. La première pierre de la demeure du chevalier de Boisvillers a été posée en 1759. Situé au bord de la Creuse, ce manoir qui sort de l'ordinaire mérite bien plus que ses 3 étoiles. La déco est raffinée, la moquette épaisse, le petit salon du bar est chaleureux. Un excellent accueil. D'ailleurs, de nombreux Britanniques aiment s'y arrêter. Plusieurs styles de chambres (toutes coquettes et très calmes) : les mansardées intimes, la nº 5, plus chic et spacieuse, donnant sur la rivière, la « suite » pour 4 personnes, etc.

AUBIGNY-SUR-NÈRE 18700

Carte régionale B2

🏠 |●| *Hôtel-restaurant La Chaumière** –* 1, av. du Parc-des-Sports (Nord) ☎ 02-48-58-04-01. Fax : 02-48-58-10-31. ● www.hotel-restaurant-la-chau miere.com ● Parking. TV. Hôtel fermé le dimanche soir, sauf en juillet-août ; resto fermé le dimanche soir et le lundi toute la journée, sauf en juillet et août, uniquement le lundi midi. Congés annuels : pendant les vacances scolaires de février. Chambres

Découvrez le Centre-Val-de-Loire en week-ends détente avec les Gîtes de France

DÉTENTE

Pour vous, pas de contraintes matérielles ; vous profitez au maximum de votre week-end. À l'arrivée, le gîte est chauffé, les draps, les produits d'entretien et l'épicerie de base sont fournis. Et à la fin du wek-end, pas de ménage à faire !

ARCHITECTURE ET PATRIMOINE   RIVIÈRE ET PÊCHE

NATURE ET PROMENADE   ART ET LITTÉRATURE

PRODUIT DU TERROIR ET GASTRONOMIE

doubles avec douche et w.-c. ou bains de 37 à 61 € ; 2 chambres « haut de gamme » à 105 €. 1er menu à 17 € (sauf le dimanche midi et les jours fériés). Autres menus de 25 à 48 €. Une chaumière bien confortable sur la route Jacques-Cœur. La décoration des chambres, assez petites, et l'accueil sont à la hauteur. Au resto, on vous sert la tradition dans le 1er menu. Le Berry est la région des sorcières. Si vous voulez tout savoir sur leur histoire, il y a un musée de la Sorcellerie avec des animations, des personnages et tout et tout... C'est à Blancafort, à quelques kilomètres d'Aubigny-sur-Nère.

DANS LES ENVIRONS

ARGENT-SUR-SAULDRE   18410
(10 km N)

🏠 I●I *Le Relais du Cor d'Argent* ** – 39, **rue Nationale** ☎ 02-48-73-63-49. **Fax :** 02-48-73-37-55. Parking. TV. Fermé le mardi et le mercredi (sauf en juillet et août pour l'hôtel). Congés annuels : du 15 février au 15 mars et 1 semaine en octobre (ou novembre). Accès : en retrait de la D940. Chambres doubles de 32 à 42 € avec douche et w.-c. ou bains. Menus de 13,50 €, sauf dimanche midi et jours fériés, à 50 €. Souvenirs de chasse accrochés sur les murs de cet intérieur rustico-chic, quelques marmites en cuivre, faisans et perdreaux, fleurs champêtres sur les tables, et la Sologne dévoile ses charmes. Les fumets des cuisines de Laurent Lafon préludent à la dégustation du Berry tout entier : gibier en saison, fricassée de homard au noilly et aux poireaux confits, poêlée de Saint-Jacques et langoustines à l'effilochée d'endives, noisettes de lapin en rognonnade, etc. Le lieu mérite une halte dans l'une des 7 chambres bien rénovées, avec les meubles cirés de grand-mère et le confort des literies d'aujourd'hui.

VAILLY-SUR-SAULDRE   18260
(17 km E)

I●I *Le Lièvre Gourmand* – 14, **Grand-Rue** ☎ 02-48-73-80-23. 🍴 Fermé le dimanche soir et le lundi. Congés annuels : fin janvier. Accès : par la D923 en direction de Sancerre. 1er menu à 17 € le midi en semaine. Plusieurs menus allant jusqu'à 60 €. Dans ces deux vieilles maisons de village berrichonnes œuvre le très talentueux William Page. Sa cuisine relevée d'épices rares surprend délicatement. Pour ne citer que quelques-uns des mets : roulade de foie gras mi-cuit et compote aux figues, filet de bar piqué à la citronnelle… Les plats changent selon les saisons, mais la poésie des saveurs reste. Dans la cave, pour accompagner le filet de kangourou, quelques crus australiens qui rappellent les origines du patron. Adresse unique en son genre.

AZAY-LE-RIDEAU   37190
Carte régionale A2

🏠 *Hôtel de Biencourt* ** – 7, **rue Balzac** (Centre) ☎ 02-47-45-20-75. **Fax :** 02-47-45-91-73. ● biencourt@infonie.fr ● TV. 🍴 Congés annuels : du 15 novembre au 1er mars. Accès : dans la rue semi-piétonne, entre la poste et l'entrée du château. Chambres doubles de 35 à 52 € suivant le confort. Maison tourangelle du XVIIIe siècle, avec petit patio fleuri, sur lequel donnent quelques-unes des 16 confortables chambres. Établissement calme, accueil discret. Un bon rapport qualité-prix à deux pas du château. *Un petit déjeuner par chambre offert à nos lecteurs sur présentation de ce guide.*

I●I *Restaurant L'Aigle d'Or* – 10, av. Adélaïde-Richer ☎ 02-47-45-24-58. 🍴 Fermé le lundi soir de décembre à mars, le mardi soir sauf en juillet-août, le mercredi et le dimanche soir. Congés annuels : en février, la 1re semaine de septembre et la 2e quinzaine de novembre Accès : direction Langeais. Menus à 17 €, le midi sauf le week-end et les jours fériés, puis à 25, 40 et 56 € vin compris. Un de nos meilleurs souvenirs gastronomiques en Touraine. Cadre accueillant et raffiné à la fois, sous de belles poutres repeintes en vert tendre. Service vigilant. Repas dans le jardin l'été. La carte est souvent renouvelée mais conserve quelques beaux classiques, comme la salade de langoustines au foie gras, la blanquette de sandre au vin d'Azay, la griottine au chocolat et son coulis de griottes. Carte des vins particulièrement riche et instructive, agrémentée d'une cartographie détaillant la provenance de chacun, et à des prix très raisonnables pour ce type d'établissement. *Un verre de vin offert du 1er novembre au 31 mars aux lecteurs sur présentation de ce guide.*

DANS LES ENVIRONS

VILLANDRY   37510 (10 km NE)

I●I *L'Étape Gourmande* – **domaine de la Giraudière** ☎ 02-47-50-08-60. Parking. 🍴 Ouvert tous les jours. Congés annuels : du 15 novembre au 15 mars. Accès : prendre la D751 en direction de Tours puis, à environ 5 km, tourner à gauche vers Druye, puis Villandry par la D121. Menus de 13,50 à 21 €. Belle ferme du XVIIe siècle, facile à trouver. On peut déguster, dans une superbe salle avec cheminée ou en terrasse, une cuisine en partie à base de fromages de chèvre. Bon accueil et service agréable. Plats du terroir, salades composées, fromages de chèvre et vins de Loire. En été, tous les premiers samedis du mois (sur réservation) animations avec musique de chambre, chants, conteurs... Vente de fromages de chèvre bien sûr, mais aussi de confits de vin. Visite de la chèvrerie et de la fromagerie. Une adresse originale aux délices associant fraîcheur et saveurs... *Café offert à nos lecteurs sur présentation de ce guide.*

BEAUGENCY   45190

Carte régionale B1

🏠 |●| *Hostellerie de l'Écu de Bretagne* ** – 5, rue de la Maille-d'Or (Centre) ☎ 02-38-44-67-60. Fax : 02-38-44-68-07. ● www.ecu-de-bretagne.fr ● Parking. TV. Restaurant fermé le dimanche soir et le lundi de novembre à mars. Accès : sur la place principale. Chambres doubles de 31 à 63 € selon le confort. Menus de 18 à 27,50 € (quelques suppléments dans ce dernier). Rien à voir avec la Bretagne, malgré les écussons qui ornent les murs de cet ancien relais de poste digne des films de Chabrol. Il tire son nom des propriétaires de l'immeuble, les Bretons, installés ici au XVe siècle. Un bail ! Les chambres, refaites pour la plupart, sont plus ou moins grandes mais assez confortables. Demandez à être dans l'hôtel plutôt que dans l'annexe en face. Très belle salle de resto rénovée. Adresse chic, cuisine bourgeoise qui hésite encore entre le trop classique et le trop original. Un endroit très fréquenté par de nombreux chasseurs durant la saison.

🏠 *Hôtel de la Sologne* ** – 6, pl. Saint-Firmin (Centre) ☎ 02-38-44-50-27. Fax : 02-38-44-90-19. ● www.hoteldelasologne.com ● TV. Canal+. Satellite. Fermé le week-end de mi-novembre à mi-décembre. Congés annuels : de mi-décembre à mi-janvier. Accès : N152 ou A10, dans le vieux centre historique. Chambres doubles au calme et bien équipées de 43 à 60 € avec douche et w.-c. ou bains. La très « médiévale » rue de l'Évêché débouche sur cette adorable placette fleurie où trône une élégante statue de Jeanne d'Arc. Seul le tintement des cloches et du carillon vient réveiller cette petite carte postale de village... Et l'hôtel s'y intègre très bien. Chambres à l'ancienne refaites avec beaucoup de goût, dont certaines avec tomettes. Patio pour le petit déjeuner aux beaux jours. Une de nos meilleures adresses, il faut donc réserver.

DANS LES ENVIRONS

VERNON 45190 (2 km N)

🏠 |●| *Auberge de Jeunesse* – 152, route de Châteaudun ☎ 02-38-44-61-31. Fax : 02-38-44-14-73. Cartes de paiement refusées. Parking. ♿ Congés annuels : en janvier et février. Accès : sur la D925 (direction Cravant-Châteaudun). Pas de bus depuis la gare SNCF, des taxis seulement. Dortoirs de 5, 6 et 8 lits pour une capacité totale de 120 places ; également 5 chambres pour couple avec sanitaires privés et une dizaine de studios avec lits superposés pour accueillir les familles. 8,50 € par personne (carte FUAJ obligatoire), 8 € le repas et cuisine à disposition. Dans un petit et tranquille village, cette AJ s'est installée dans une ancienne école communale qui dégage un charme incontestable. Une cour plantée de tilleuls, du gravier qui crisse sous les semelles, des toilettes à claire-voie où l'on se cacherait encore bien pour griller une cigarette en cachette : une vraie photo de Doisneau ! Chambres aménagées dans les anciennes salles de classe ou dans des annexes plus récentes mais qui s'intègrent bien aux bâtiments existants. Possibilité de planter la tente. *NOUVEAUTÉ.*

TAVERS 45190 (3 km SO)

🏠 |●| *La Tonnellerie* **** – 12, rue des Eaux-Bleues (Centre) ☎ 02-38-44-68-15. Fax : 02-38-44-10-01. ● www.chateaux-france.com/-latonnellerie ● Parking. TV. Satellite. Resto fermé le lundi midi et le samedi midi. Congés annuels : en janvier et février. Accès : sur la route de Blois. Chambres doubles et suites de 100 à 200 € selon le confort et la saison. Menus de 25 à 45 €. En plein village, une façade plutôt austère qui ne laisse en rien présager le paradis qui se cache derrière. Certes il faudra y mettre le prix (en hausse notable), mais il s'agit de la plus belle adresse de Beaugency. Très chic évidemment, le cadre se prête pourtant à la décontraction. Chants des oiseaux et carillons de l'église voisine, voilà pour l'environnement et la musique d'ambiance. Installée dans une ancienne fabrique de tonneaux, cette belle auberge est particulièrement agréable aux beaux jours. À l'ombre des marronniers, dans un très beau jardin intérieur (avec piscine chauffée !) ; c'est champêtre et romantique à souhait... Cuisine étudiée comme le couscous de homard, mais connaissant parfois quelques écarts. Chambres hyper confortables bien sûr. *Apéritif maison offert à nos lecteurs sur présentation de ce guide.*

BLANC (LE)   36300

Carte régionale A2

🏠 |●| *Domaine de l'Étape* *** – route de Bélâbre ☎ 02-54-37-18-02. Fax : 02-54-37-75-59. ● www.domainetape.com ● Parking. TV. ♿ Accès : par la D10 sur 5 km, direction Bélâbre. Chambres doubles de 38 à 92 € avec douche et w.-c. ou bains.

Menus à partir d'environ 20 €. Charmante demeure du XIXᵉ siècle sise au cœur d'un parc de 200 ha où prairies, étang et bois jouent à cache-cache. 35 chambres réparties entre le château même, un pavillon moderne et la ferme près des écuries, équipées de douche ou bains. Les plus belles (mais aussi les plus chères) sont au 1ᵉʳ étage du château : vastes, joliment meublées sur une toile de fond aux camaïeux de jaune chaleureux, elles feront le bonheur des jeunes mariés en lune de miel. Enfin... pas seulement ! Mais les chambres de la ferme, rustiques, ont aussi beaucoup de charme. La cuisine est à la hauteur du lieu : réussie. *Apéritif maison offert à nos lecteurs sur présentation de ce guide.*

I●I Le Cygne – 8, av. Gambetta (Centre) ☎ 02-54-28-71-63. 🖐 Fermé le lundi et le mardi toute la journée, sauf en juillet-août. Congés annuels : une quinzaine en juin et quelques jours fin août. Accès : au nord de la grande place, à 20 m de l'*hôtel du Théâtre*. Menus de 15 à 45 €. Au rez-de-chaussée, une harmonie rafraîchissante de murs rosés ; au 1ᵉʳ étage, une salle à la chaleur du rustique avec poutres et murs jaune paille. Un petit salon intime accueille les mini-groupes de 4 à 9 personnes. Accueil courtois. Le patron n'hésite pas à sortir de sa cuisine pour passer de table en table, voir si tout se passe bien. Ses spécialités : cassolette d'escargots à la berrichonne, rognons cuits entiers et flambés au marc, coupe du *Cygne*... Bon rapport qualité-accueil-prix.

DANS LES ENVIRONS

ROSNAY 36300 (15 km NE)

I●I Le Cendrille – 1, pl. de la Mairie (Centre) ☎ 02-54-28-64-94. 🖐 Fermé le mardi et le mercredi. Congés annuels : de mi-décembre à mi-janvier. Accès : par la D15. Menu le midi en semaine à 10 €. Autres menus de 15 à 24 €. Une ravissante petite adresse au cœur du village et de la Brenne, que Florence et Luc Jeanneau, avec l'aide de la mairie, ont réhabilitée avec goût et efficacité. L'accueil y est aussi chaleureux que les couleurs choisies : jaune et bleu, qui sont également les couleurs de l'oiseau dont le resto porte le nom, le cendrille. Une cuisine simple, traditionnelle et savoureuse concoctée par monsieur, tandis que madame veille sur les clients. *Apéritif maison offert à nos lecteurs sur présentation de ce guide.*

LINGÉ 36220 (16 km NE)

🏠 I●I Auberge de la Gabrière ** – lieu-dit La Gabrière ☎ 02-54-37-80-97. Fax : 02-54-37-70-66. TV. 🖐 Resto fermé le mardi

soir et le mercredi sauf en juillet et août. Accès : par la D975, direction Azay-le-Ferron, puis la D6 ; puis la D6, suivre l'indication « La Gabrière ». Chambres doubles avec douche et w.-c. ou bains à 32 €. Menus autour de 10 à 23 €. Idéalement située face à l'étang de la Gabrière, cette auberge est une table réputée. Été comme hiver, la maison ne désemplit pas. Bien sûr, les spécialités sont à base de produits de Brenne : assiette de la *Gabrière*, filet de carpe paysanne, brochet crème ciboulette... Quelle merveille, au moindre rayon de soleil, que de pouvoir déjeuner en terrasse face à l'étang ! L'auberge possède plusieurs chambres ordinaires mais propres, dont certaines ont vue sur l'étang.

BLOIS   41000

Carte régionale A2

🏠 Auberge de jeunesse – 18, rue de l'Hôtel-Pasquier ☎ et fax : 02-54-78-27-21.● www.fuaj.org● Parking. Fermé de 10 h à 18 h. Congés annuels : de mi-novembre au 1ᵉʳ mars. Accès : bus n° 4, direction Les Grouëts ; arrêt « Église » ou « Auberge-de-jeunesse ». Compter 8 € la nuit en dortoir. 3,50 € le petit déjeuner. Capacité d'accueil : 48 lits (un dortoir pour les filles et un dortoir pour les garçons). Cuisine équipée à disposition pour les repas.

🏠 Hôtel Saint-Jacques * – 7, rue Ducoux (Ouest) ☎ 02-54-78-04-15. Fax : 02-54-78-33-05. TV. Canal+. Satellite. Accès : face à la gare. Chambres doubles de 25 à 36 €. Une petite adresse toute simple. Les chambres sont assez grandes et lumineuses (les moins chères sont un peu plus petites), elles sont surtout très bien tenues. Accueil charmant.

🏠 Hôtel Le Savoie ** – 6, rue Ducoux (Ouest) ☎ 02-54-74-32-21. Fax : 02-54-74-29-58. ● hotel-le-savoie@wanadoo.fr ● TV. Canal+. Satellite. Accès : dans la rue en face de la gare. Chambres doubles propres et gaies de 39 à 46 €. Petit déjeuner-buffet à 5 €. Gentil petit hôtel à l'écart de l'agitation touristique. Plusieurs chambres rénovées. Atmosphère de pension de famille. Réservation recommandée. Très bon accueil. *10 % sur le prix de la chambre (pour 2 nuits consécutives, de novembre à mai) offerts à nos lecteurs sur présentation de ce guide.*

🏠 Hôtel de France et de Guise ** – 3, rue Gallois (Centre) ☎ 02-54-78-00-53. Fax : 02-54-78-29-45. TV. Satellite. Congés annuels : de début novembre à fin mars. Accès : derrière le château. Chambres doubles de 46 à 70 €. Très, très « vieille France ». Dans l'accueil, dans l'ambiance, mais surtout dans les tapisseries à fleurs et les canapés du hall et de la salle à manger. Les chambres sont dans le même genre mais plus gaies et plus fraîchement décorées. Certaines sont même particulièrement jolies, comme la n° 11 avec ses moulures et sa cheminée. D'autres ont vue (en gros plan s'il vous plaît) sur le château. Toutes sont impeccablement tenues.

⌂ Hôtel Anne de Bretagne ✶✶ – 31, av. Jean-Laigret ☎ 02-54-78-05-38. Fax : 02-54-74-37-79. ● annedebretage@free.fr ● TV. Congés annuels : en janvier. Accès : à 300 m du château et du centre-ville, proche de l'office du tourisme. Chambres doubles de 52 à 58 € selon le confort. Hôtel familial accueillant, avec un cachet provincial. La façade arrière dispose de chambres avec double vitrage et la façade avant offre des chambres avec vue sur le square et la terrasse du bar, en retrait de la route. *Café offert à nos lecteurs sur présentation de ce guide.*

|●| L'Embarcadère – 16, quai Ulysse-Besnard (Sud-Ouest) ☎ 02-54-78-31-41. ⚒ Fermé le lundi soir du 15 novembre au 15 avril. Accès : au bord de la RN152, en direction de Tours. Formule à 13 € du lundi au vendredi midi. Compter 20 € pour un repas à la carte. Une guinguette à la déco et à l'ambiance caboulot marin, sur les berges de la Loire, avec vue sur les gabares, les bancs de sable et les canards. Qu'il vente, qu'il pleuve ou qu'il neige, et pourquoi pas en terrasse s'il fait beau, voici l'adresse idéale pour déguster moules, frites, poisson, fritures et alose de Loire en saison (mars et avril) à prix doux. Bons petits vins de pays au pichet. Soirée accordéon le vendredi.

|●| Le Bistrot du Cuisinier – 20, quai Ville-bois-Mareuil ☎ 02-54-78-06-70. ⚒ Congés annuels : 15 jours en fin d'année. Accès : de l'autre côté de la Loire, à 50 m du pont Gabriel (ou Vieux-Pont). Formule à 18 € et menu-carte à 24 €. Un resto à vins avec une vue imprenable sur la ville de Blois. Grande salle sans prétention pour un bon rapport qualité-prix. Cuisine du pays parfumée et copieuse, et carte qui change à chaque saison. Très belle carte des vins de Loire.

|●| Au Bouchon Lyonnais – 25, rue des Violettes (Centre) ☎ 02-54-74-12-87. Fermé le dimanche et le lundi, sauf en juillet-août et les jours fériés. Congés annuels : en janvier. Accès : place Louis-XII. Menus de 18,50 à 26 €. Un véritable bistrot lyonnais avec ses spécialités : foie de veau à la lyonnaise, tête de veau ravigote (excellente), paillarde de saumon... à des prix vraiment très raisonnables. Terrasse aux beaux jours.

|●| Au Rendez-vous des Pêcheurs – 27, rue Foix ☎ 02-54-74-67-48. Fermé le dimanche et le lundi midi. Congés annuels :

3 semaines en août. Très joli m███ ché à 23 €, servi tous les jours ███ Carte autour de 38 €. Superbe█ Loire. Christophe Cosme, jeune c███ bien réputé, est très présent en sal██ nant toujours le temps d'expliquer█ prendre la commande, il veille au plais█ chacun. La clientèle est d'ailleurs étonn█ ment jeune. Il faut dire que le cadre bistr█ les prix plus qu'abordables, l'ambianc█ décontractée, le service alerte, discret et plein d'humour, en font, sans hésiter, l'endroit le plus sympa de la ville et même de la région, et aussi l'un des meilleurs rapports qualité-prix. Cuisine inspirée et personnelle. Réservez ! *NOUVEAUTÉ.*

DANS LES ENVIRONS

MOLINEUF 41190 (9 km O)

|●| Restaurant de la Poste – 11, av. de Blois ☎ 02-54-70-03-25. Fermé le mardi soir d'octobre à avril, le mercredi et le dimanche soir (sauf en juillet-août). Congés annuels : en février et du 18 novembre au 6 décembre. Accès : par la D766 direction Angers. Menus de 16 €, sauf le week-end, à 26 €. Compter 25 € à la carte. À l'entrée de Molineuf, un bon resto de campagne un peu chic, où l'on se doit de faire une halte afin de déguster les délicieuses recettes de Thierry Poidras, chef inventif qui vous fera voyager au-delà de la Loire, vers d'autres rivages, parfois lointains. Cadre reposant et accueil agréable.

CHITENAY 41120 (15 km S)

⌂ |●| L'Auberge du Centre ✶✶ – pl. de l'Église (Centre) ☎ 02-54-70-42-11. Fax : 02-54-70-35-03. ● www.auberge-du-centre.com ● Parking. TV. Satellite. ⚒ Fermé le dimanche soir et le lundi hors saison ; le lundi midi en saison. Congés annuels : en février. Accès : par la D956 jusqu'à Cellettes, puis la D38. Chambres doubles de 46 à 72 €. Demi-pension, souhaitée l'été, de 52 à 55 €. Beau menu du marché à 18,50 €, sauf le week-ends et jours fériés ; autres menus de 23 à 37 €. La façade classique ne laisse pas deviner, a priori, le bien bel hôtel qui s'y cache et le havre de paix qu'est son agréable jardin. Chambres qui font le bonheur des visiteurs des châteaux de la Loire, qui arrêtent ici vélo ou voiture pour se refaire une santé. Excellente cuisine, qui respecte le goût des produits, servie dans une atmosphère très agréable d'auberge internationale, où tous les âges, tous les styles se retrouvent, pour le plaisir d'un bon moment partagé. Belle carte des vins, Gilles Martinet étant incollable sur sa région. *Apéritif maison offert à nos lecteurs sur présentation de ce guide.*

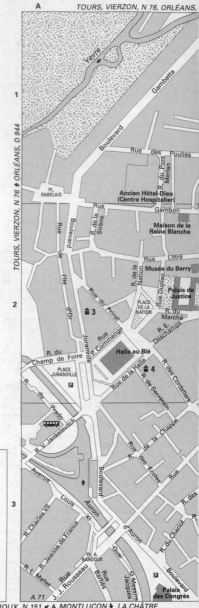

CENTRE

TOURS, VIERZON, N 76, ORLÉANS,

TOURS, VIERZON, N 76 ↑ ORLÉANS, D 944

Yèvre

Gambetta

Boulevard

Rue des Poulies

R. du Pont Merlan

PL. RABELAIS

Ancien Hôtel-Dieu
(Centre Hospitalier)

Rue

Gambon

R. de la Sirène

Boulevard

Maison de la
Reine Blanche

Rue de l'Ile

Rue Littré

R. de la Nation

Musée du Berry

Rue Duplan

Palais de
Justice

Boulevard

d'Or

Rue du Primat

PLACE DE LA NATION

R. du Marché

⌂ 3

Juranville

Rue P. Commenge

R. E. Deschamps

R. du Champ de Foire

Halle au Blé

R. des Cordeliers

PLACE JURANVILLE

Rue de la Halle

⌂ 4

P

R. de Secrestin

R. du Prado

R. V. Jankelevitch

Rue de la Chappe

Avenue

R. des Ecoles

Rue

Boulevard

Louis

Auron

d'Auron

R. Charles VII

R. Jeanne de France

PL. A. BARDOUX

Quai

Jacques

C. Messire

Rue Barbès

P

Boulevard

Palais
des Congrès

R. L. Mallet

Rue J. J. Rousseau

A 71

CENTRE

CARREFOUR
DE VERDUN

★ 69

Prés
Fichaux

Temple

PL. STE-
CATHERINE

Rue Volta

Boulevard

Allée des

Cours Beauvoir

Av. Marx Dormoy

Moulin
de Voiselle

NORD

1

16

Av. Jean Jaurès

Av. de
Peterborough

R. G. de Varye

Boulevard

Rue Parmentier

de la République

R. du
Chevreau

Rue

Edouard

Vaillant

Voiselle

Boul.

Général

Chancy

R. Parerie

R. Notre-Dame

Musée de
la Résistance

Marché

Galilée

Notre-Dame

Cours Avaricum

Rue Viala

Calvin

PL.
MIREPIED

R. Cambournac

Rue

Rue Pelvoysin

Anc. Couvent
des Augustins

PLACE
ST-BONNET

Rue

Saint-Bonnet

Voltaire

Maison
Pelvoysin

École des
Beaux-Arts

Rue Mirebeau

Passage Casse-cou

17

Rue de la Poissonnerie

Rue
Neuve-des-Bouchers

PL.
PLANCHAT

Rue du Commerce

Edouard

PLACE
CUJAS

Branly

15

PL.
GORDAINE

Boulevard

Clemenceau

Palais
Jacques-Cœur

R. des Bx-Arts

M. Servet

Coursarlon

Maison des
Trois Flûtes

Foyer
Saint-François

Rue G. Tory

Hôtel
Lallement

R. Joyeuse

2

R. Lallement

Théâtre

PL. DES
4 PILIERS

R. du Temoin

Rue Moyenne

Porte Jaune

Rue de la Monnaie

R. L. Lacombe

R. de la Thaumassière

R. Montcenoux

Samson

Rue Charlet

PL. P.
DEVOUCOUX

Rue Nicolas Leblanc

Hôtel Témoin,
Biblio.

R. E. Zola

R. M. de Bourges

Rempart
gallo-romain

Promenade
des Remparts

G. SAND

Paullat

Rue des Linières

R. des Armuriers

Rue Louis

Rue des 3 Maillets

R. Michelet

Cours Anatole France

PL.
CLAMECY

Saint-Pierre-
le-Guillard

R. du Four au Roi

R. Mayet-Genetry

Moyenne

Cathédrale
Saint-Étienne

PL.
MONTAIGNE

d'Auron

Chambre
des Métiers

PLACE
E. DOLET

Boulevard

de

Strasbourg

PL. DE LA
PRÉFECTURE

Av. H. Ducrot

V. Hugo

R. B. Charost

Préfecture

PL. M.
PLAISANT

Rue

Ancien
Archevêché

Hôtel
de ville

Jardin
de
l'Archevêché

E. Brisson

Rue Fernault

R. de la Bienfaisance

Cité
Adminis.
Condé

R. J. Rimbault

R. du Général Ligne

PL. DU
8 MAI 1945

Rue des
Hémerettes

Rue de Sarrebourg

Rue Minimes

Rue des Vertus

Parc des
Expositions

Rampe Marceau

Portail St-Ursin

PL.
A. MALRAUX

Maison de
la Culture

Rue Jean

R. Bourdaloue

R. Martin

3

R. Lamarck

Muséum

R. du Vieux Castel

PLACE
SÉRAUCOURT

Barbier

100 m

BOURGES 18000

Carte régionale B2

⌂ *Hôtel Le Christina* – 5, rue de la Halle (A2-4) ☎ 02-48-70-56-50. Fax : 02-48-70-58-13. ● hotchr@wanadoo.fr ● Parking payant. TV. Canal+. Satellite. Accès : bien situé en bordure de la ville historique et à quelques pas des rues piétonnes. Chambres doubles dont certaines climatisées, de 40,50 à 74 € selon le confort. Un niveau de confort où l'on appréciera, dans certaines chambres, un joli mobilier rustique et des toilettes séparées de la salle de bains. Climatisation et bonne isolation phonique. Accueil agréable.

⌂ *Hôtel de L'Agriculture* ** – 18, bd de Juranville, et 15, rue du Prinal (A2-3) ☎ 02-48-70-40-84. Fax : 02-48-65-50-58. Parking. TV. Accès : par le boulevard de Juranville (parking) ou par la rue du Prinal côté centre-ville ; face au stade de l'île d'Or. Chambres doubles à 46 € avec douche et w.-c. Oh, le chaleureux accueil de Mme Maigret ! En plus, si vous lui parlez (non, pas du commissaire, elle connaît…) d'animaux, elle vous emmènera dans son rêve, enfin réalisé, de ferme solognote. En effet, elle a trouvé son lieu de villégiature idéal mais n'en réserve pas moins un égal bonheur au séjour de ses hôtes. Si vous arrivez en voiture dans cette grosse maison de ville, préférez l'entrée sur le parking, boulevard de Juranville. Les chambres sont calmes et coquettes, récemment refaites. L'une de nos meilleures adresses. Possibilité également de location de studio et appartement à la semaine ou au mois.

⌂ I●I *Inter Hôtel Les Tilleuls* ** – 7, pl. de la Pyrotechnie (hors plan C3-2) ☎ 02-48-20-49-04. Fax : 02-48-50-61-73. ● www.les-tilleuls.com ● Parking. TV. Canal+. Satellite. ♿ Ouvert toute l'année. Accès : direction Moulin par la rue Jean-Baffier ; après l'avenue Carnot, à gauche. Chambres doubles avec douche et w.-c. ou bains de 53 à 58 €, selon la saison. Compte tenu de sa situation assez excentrée, une voiture semble nécessaire. Jardin fleuri au pied des chambres de l'annexe, climatisées avec de jolies salles de bains. Dans l'ancien bâtiment, les chambres sont banales mais confortables. Vous trouverez également une salle de musculation, une piscine chauffée ou encore la location de VTT. Service possible de plateaux-repas en chambre. *5 % de réduction sur le prix de la chambre offerts aux lecteurs sur présentation de ce guide.*

I●I *Les 3 p'tits Cochons* – 27 bis, av. Jean-Jaurès (B1-16) ☎ 02-48-65-64-96. Bar ouvert tous les jours jusqu'à 2 h du matin. Resto fermé le samedi midi et le dimanche. Menu à 9,70 € servi uniquement le midi. À la carte, compter autour de 20 €. Un des lieux de rendez-vous branchés des jeunes Berruyers qui viennent y boire un verre accoudés à un interminable et joli bar, ou qui s'installent sur les banquettes en moleskine pour un dîner aux saveurs d'ici et d'ailleurs. Vous pouvez goûter la rosace d'andouillette, le filet mignon aux morilles ou encore la terrine de chèvre aux betteraves. La déco est réussie, lumière douce, murs ocre décorés de vieilles cartes géographiques, anciennes tables de couturier et un bel escalier en colimaçon. Régulièrement, des concerts ou des DJ's transforment le lieu en café-concert animé... et enfumé ! *NOUVEAUTÉ.*

I●I *Le Guillotin* – 15, rue Jean-Girard (B2-17) ☎ 02-48-65-43-66. Fermé le dimanche et le lundi de septembre à juin. Congés annuels : les 15 jours suivant le Printemps de Bourges. Le midi, formule à 11 €. Le soir, compter autour de 18 € à la carte. Dans ce grand resto tapissé des affiches du « Printemps » et de celles des artistes venus se produire dans le petit café-théâtre du premier étage (*La Soupe aux Choux*), Gilles Brico s'applique à nourrir le cœur, l'estomac et l'esprit. On refait le monde en se régalant des grillades cuites dans la cheminée (la meilleure viande de Bourges, affirment certains !), dans l'un des lieux de rencontre les plus chaleureux de la ville. *NOUVEAUTÉ.*

I●I *Le Comptoir de Paris* – pl. Cordaine (B2-15) ☎ 02-48-24-17-16. Parking. Ouvert jusqu'à 22 h 30. Fermé le dimanche. Repas correct et simple à partir de 15 €. Un bar-restaurant tout rouge à l'extérieur, tout en bois à l'intérieur. Vous ne pouvez pas le manquer, il est situé sur la plus jolie place de Bourges, entourée de ravissantes maisons médiévales. Atmosphère chaleureuse, conversations animées. Tout ce que Bourges compte de vivant et de créatif se retrouve ici avec entrain autour d'une andouillette à l'ancienne. On préfère la salle à manger du bas, plus chaleureuse.

I●I *Restaurant La Courcillière* – rue de Babylone (hors plan C1-19) ☎ 02-48-24-41-91. Parking. ♿ Fermé le mardi soir et le mercredi, ainsi que le dimanche soir hors saison. Accès : à moins de 5 mn du centre, c'est une petite rue à droite dans l'avenue Marx-Dormoy. Juste après l'*Hôtel Saint-Jean*. Menus à 15 €, en semaine, puis à 20 et 25 €. Au cœur des « marais potagers », sur les bords de l'Yèvre, un endroit magique. Quand il fait un peu frisquet, on s'installe dans la salle, joyeuse et chaleureuse, avec de grandes baies vitrées donnant sur le marais. Aux beaux jours, les tables sont sous les glycines, au bord de l'eau. Denis Julien vous servira ses spécialités régionales préparées avec amour. Les terrines sont faites maison et parmi les spécialités, signalons les fameuses « couilles d'âne » (rassurez-vous, ce sont en fait des œufs au vin) ou la tête de veau. Tout est authentique ici, du sourire d'Annie à l'accent berrichon des jardiniers du coin. *Apéritif maison offert à nos lecteurs sur présentation de ce guide.*

|●| *Restaurant Le Jardin Gourmand* – 15 bis, av. Ernest-Renan (hors plan C3-20) ☎ 02-48-21-35-91. Parking. ☒ Fermé le lundi, le mardi midi et le dimanche soir. Congés annuels : du 20 décembre au 20 janvier. Accès : suivre la direction Nevers jusqu'au carrefour Malus. Premier menu à 15 € ; autres menus de 23 à 26 €. Restaurant très agréable et bien connu des gourmets de la région, qui viennent prendre un bon repas dans cette maison bourgeoise ayant appartenu aux Forest, créateurs de la fameuse *Forestine* (confiserie berruyère). La décoration est raffinée avec ses fleurs un peu partout, ses aquarelles aux murs, ses jolies boiseries. Petits salons avec tables rondes. Côté cuisine, c'est aussi réussi avec un 1er menu en harmonie avec le décor, servi avec gentillesse et discrétion. Spécialités : pot-au-feu de la mer, fondant guanaga aux extraits d'arabica. Service dans le jardin si le temps le permet. Encore une bonne adresse à Bourges, avec un excellent rapport qualité-prix. *Café offert à nos lecteurs sur présentation de ce guide.*

DANS LES ENVIRONS

ALLOGNY 18110 (18 km NO)

|●| *Restaurant Le Chabur* – route de Mehun-sur-Yèvre ☎ 02-48-64-00-41. Parking. ☒ Fermé le lundi. Accès : par la D944, direction Neuvy-sur-Barangeon. Menus à 10 € le midi, en semaine, puis de 14,50 à 19 € ; le soir, uniquement à la carte. Dans cette auberge aux allures de guinguette enfouie dans la forêt, Maryse et Bruno servent à leur clientèle d'habitués les classiques du coin, comme la tête de veau et le coq au vin. Pour la petite histoire, le chabur était jadis un moine marieur qui unissait les cœurs en détresse...

Carte régionale A2

🏠 *Le Thouarsais* – 10, pl. Hublin ☎ 02-47-97-72-05. TV. Fermé le dimanche soir d'octobre à Pâques. Congés annuels : du 4 au 19 octobre. Chambres doubles à 23 € avec lavabo, et de 36 à 39 € avec douche et w.-c. ou bains. Tarifs dégressifs à partir de 3 nuits. Très central, sur une place calme. Simple mais bien tenu. Les chambres de l'annexe sont plus confortables et donnent

sur le jardin. Aux beaux jours, le petit déjeuner est servi dehors, au milieu des fleurs du jardin, et avec l'agréable chant des oiseaux qu'affectionne et chérit le patron. Mais les animaux ne sont pas admis.

|●| *Restaurant L'Auberge La Lande* ☎ 02-47-97-92-41. Parking. Fermé le dimanche soir et le lundi. Accès : prendre la direction de la Cave touristique, D35. Menus de 13,50 €, en semaine, à 24 €. Dans une ancienne demeure reprise depuis peu. On y sert une cuisine soignée, sincère et inspirée du terroir. Produits régionaux sélectionnés selon la saison. Repas en terrasse.

Carte régionale A1

🏠 |●| *Le Relais de Brezolles* ★★ – 4, rue Berg-op-Zoom ☎ 02-37-48-20-84. Fax : 02-37-48-28-46. ● www.lerelais-bre zolles.fr ● Parking. TV. Fermé le lundi midi, le vendredi soir et le dimanche soir. Congés annuels : du 1er au 20 janvier et du 1er au 20 août. Accès : à la sortie de la ville, direction Chartres. Chambres doubles de 32 € avec douche et w.-c. à 44 € avec bains. 6 menus de 12,20 €, formule rapide en semaine, à 32 €. On se croirait presque à l'entrée d'un village de Bavière, avec cette grosse auberge rose et brune, fleurie et appétissante comme en Forêt-Noire. L'environnement fait déchanter, mais l'accueil des patrons, le confort des chambres, dont certaines ont été refaites, les couleurs du restaurant autant que la variété des menus vous donnent envie de faire halte dans cet ancien paradis des routiers. Menus sympathiques et carte pleine de coins et de recoins gourmands. Spécialités très abordables qui suivent les saisons : feuilleté gourmandise, caille farcie au veau et foie gras, brick de fromage aux pommes, couronne de pommes poires caramélisées. Et depuis peu, terrasse et jardin. *10 % sur le prix de la chambre ou café offerts à nos lecteurs sur présentation de ce guide.*

DANS LES ENVIRONS

MONTIGNY-SUR-AVRE 28270 (8 km NO)

🏠 |●| *Hôtel-restaurant Moulin des Planches* ☎ 02-37-48-25-97. Fax : 02-37-48-35-63. ● www.moulin-des-planches.fr ● TV. ☒ Fermé le dimanche soir et le lundi. Congés annuels : en janvier. Accès : par la D102. Chambres doubles tout confort de 47 € avec douche à 61 € avec bains. Menus de 19 à 49 €. Le moulin de nos cœurs ! Tout simple, tout beau, entouré de bois, de champs, cet ancien moulin à farine sur l'Avre a été entièrement rénové par un couple d'anciens agriculteurs qui perpétuent, dans ces lieux calmes et étrangement lumineux, la tradition d'accueil des chambres d'hôte, ce qui est un compliment… pour un hôtel ! Chambres adorables et confortables. Également une terrasse. *Apéritif maison offert à nos lecteurs sur présentation de ce guide.*

BRIARE   45250

Carte régionale B2

🏠 ❙●❙ *Hôtel-restaurant Le Cerf* – **22, bd Buyser (Centre)** ☎ **02-38-37-00-80. Fax : 02-38-37-05-15.** Parking payant. TV. Congés annuels : du 21 décembre au 5 janvier. De 45 à 50 € la chambre double avec douche ou bains. Menus de 16 à 22 €. Dans un hôtel refait à neuf, chambres tranquilles, surtout dans l'annexe (2 chambres côté jardin). Déco contemporaine passe-partout mais bon confort, avec de gros postes TV dernier cri. Côté restaurant, le chef a exercé ses talents chez un étoilé Michelin de Nancy avant de venir s'installer ici. Comme dirait la patronne, charmante et originaire de Lorraine, la salle de resto est très « clarteuse » ! On y déguste une cuisine traditionnelle tout aussi lumineuse, dont la carte change régulièrement. *10 % sur le prix de la chambre offerts à nos lecteurs sur présentation de ce guide.* **NOUVEAUTÉ.**

❙●❙ *Restaurant Le Bord'Eau* – **19, rue de la Liberté** ☎ **02-38-31-22-29.** Fermé le mercredi et le dimanche soir. Congés annuels : du 2 au 23 janvier et du 15 au 30 novembre. Accès : dans la rue principale. Menus de 14,48 à 33,54 €. Avec un nom comme celui-là, on aurait pu légitimement s'attendre à une belle terrasse fraîche parce qu'au bord de l'eau. Que nenni ! Rien de tout cela ! Mais la cuisine de la maison vous fera vite oublier cet espoir déçu et ce décor sans originalité. Le nom du resto évoque en fait le poissons de ce pays de rivières et de canaux, que l'on travaille ici. Et on s'en régale, même si un petit peu plus de décontraction dans le service ne serait pas pour nous déplaire. *Café offert à nos lecteurs sur présentation de ce guide.*

DANS LES ENVIRONS

BONNY-SUR-LOIRE   45420
(10 km SE)

🏠 ❙●❙ *Les Voyageurs* – **10, Grande-Rue (Centre)** ☎ **02-38-27-01-45. Fax : 02-38-27-01-46.** Parking. TV. Canal+. Hôtel fermé le dimanche soir ; resto fermé le lundi, le mardi midi et le dimanche soir. Congés annuels : 3 semaines pendant les vacances

scolaires de février et du 25 août au 7 septembre. Accès : par la N7 et par la A77. Chambres doubles de 32 à 34 €. Menus à 14,50 €, sauf week-ends et jours fériés, et de 23 à 35 €. Vu les prix affichés, difficile d'imaginer que l'on pénètre dans l'un des meilleurs restaurants gastronomiques de la région. Philippe Lechauve, un enfant du pays, s'est installé à Bonny avec son épouse, après avoir longtemps été chef saucier chez *Troisgros*. Résultat, on se régale, et les prix restent incroyables. Le secret ? Des produits simples et pas chers mais sublimés par le talent du chef ; une leçon que feraient bien de retenir beaucoup de confrères !... La carte change tous les trimestres. Il faut absolument terminer par la divine dariole au chocolat fondant dès le 2e menu. Entre nous, c'est un peu pour elle qu'on vient, le chocolat chaud coule quand on crève le gâteau et vient se répandre dans la sauce aux pistaches à la crème anglaise... Pas de commentaire ! Un coup de cœur, mais est-il encore bien besoin d'insister ?

CHABRIS   36210

Carte régionale A2

🏠 ❙●❙ *Hôtel de la Plage* ** – **42, rue du Pont (Centre)** ☎ **02-54-40-02-24. Fax : 02-54-40-08-59.** ● **hoteldelaplage@wanadoo.fr** ● Parking. TV. Fermé le dimanche soir et le lundi (ouvert le lundi soir de mi-juillet à fin août). Congés annuels : en janvier. Accès : à 25 km à l'est de Saint-Aignan, par la D17 puis la D35. Chambres doubles à 39 € avec douche et w.-c. ou bains. Menus de 15 à 30 €. Sur la route de Valençay à Romorantin, en direction de la Sologne, voilà une bonne petite halte pour se restaurer et se reposer. La formule est composée d'un plat et un dessert ou d'une entrée et un plat. Cuisine traditionnelle élaborée par Mme d'Agostino, tandis que son mari bichonne les clients. La carte change tous les trimestres et le poisson varie selon les arrivages. Spécialités de foie gras de canard et rognons de veau sautés au porto. Aux beaux jours, service dans un jardin d'été où trône une fontaine. Chambres confortables, mais préférez celles côté jardin ; celles du 1er étage sont plus spacieuses mais plus anciennes ; celles du second ont été modernisées. *Apéritif maison ou café offert à nos lecteurs sur présentation de ce guide.*

CHAMBORD   41250

Carte régionale B2

🏠 ❙●❙ *Hôtel du Grand Saint-Michel* ** – **château de Chambord** ☎ **02-54-20-31-31. Fax : 02-54-20-36-40.** Parking. TV. Fermé le mercredi en hiver. Congés annuels : du 15 novembre au 20 décembre. Chambres doubles de 52 à 76 €. Menus à 19 et 23 €. Un emplacement absolument exceptionnel puisque c'est le seul hôtel face au château. Chambres très confortables et assez spacieuses, agréables, même sans la vue. Salle et cuisine bourgeoise, avec saumon et sandre, et évidement gibier en saison. Service conciliant et attentionné, pas du tout guindé. Accueil adorable. On est loin du coup de bâton auquel on pourrait s'attendre dans un tel endroit. Romantique avec la terrasse panoramique et sa vue imprenable sur le château. Le soir, balade digestive dans le parc, superbe quand le château est illuminé (jusqu'à 22 h). Réserver longtemps à l'avance, bien sûr. *10 % sur le prix de la chambre (du 1er octobre au 31 mars) offerts à nos lecteurs sur présentation de ce guide.*

DANS LES ENVIRONS

SAINT-DYÉ-SUR-LOIRE   41500
(5 km NO)

🏠 I●I *Le Manoir de Bel-Air* ** – 1, route d'Orléans ☎ 02-54-81-60-10. Fax : 02-54-81-65-34. ● www.manoirdubelair.com ● Parking. TV. Congés annuels : de mi-janvier à mi-février. Chambres doubles de 54 à 89 €. Menus de 22 à 41 €. Vieille bâtisse couverte de lierre, au bord de la Loire. De cette ancienne maison de maître se dégage une atmosphère provinciale, et les meubles sentent bon l'encaustique. Préférez sans hésiter celles qui donnent sur la Loire. Superbe salle à manger claire et spacieuse surplombant, elle aussi, le fleuve, pour goûter le meilleur de la Loire, mais aussi de la proche Sologne. *10 % sur le prix de la chambre (d'octobre à mars) offerts à nos lecteurs sur présentation de ce guide.*

I●I *Restaurant La Bourriche aux Appétits* – 65, rue Nationale ☎ 02-54-81-65-25. Ouvert les vendredi, samedi, dimanche et jours fériés, midi et soir. En semaine sur réservation (boutique toujours ouverte, sauf le lundi). Menus de 22 et 30 €. Faites une promenade sur les berges de la Loire, à Saint-Dyé, où arrivaient les gabarres amenant les pierres taillées pour Chambord, avant d'aller vous asseoir à la table de Gilles Quesneau, spécialisée dans les plats à base de poissons de Loire. Cet érudit gastronome a ouvert une boutique de produits maison et un restaurant-dégustation aussi savoureux côté déco que cuisine. Chez lui, tout un passé proche revit, sur les murs, mais aussi dans l'assiette : terrine d'esturgeon de Sologne et cake à l'anguille de Loire fumée, médaillon de sandre à la mousseline d'alose de Loire sauce oseille... Sans oublier la géline de Touraine aux

girolles et la tête de veau sauce gribiche façon bateliers... Des plats qui parlent à la mémoire autant qu'au palais. Avant de repartir, faites des provisions de bouche (terrines et plats en bocaux) pour la route en traversant la boutique. Parking face à l'église. *NOUVEAUTÉ.*

Carte régionale A1

🏠 I●I *Hôtel-restaurant de la Poste* ** – 3, rue du Général-Kœnig (Centre) ☎ 02-37-21-04-27. Fax : 02-37-36-42-17. ● www.hotelposte-chartres.com ● Parking payant. TV. Satellite. ⚒ Resto fermé le vendredi soir et le dimanche soir. Accès : entre la Poste (à l'architecture assez particulière) et l'hôtel *Le Grand Monarque*. Chambres doubles de 56,50 à 61,50 € avec douche et w.-c. ou bains. Menus de 14,45 à 26 €. Très bien situé, c'est l'hôtel pratique par excellence. On n'y éclate pas de rire mais, on dort bien et la voiture – pour les routards anxieux – est à l'abri au garage. Chambres propres et confortables. Certaines bénéficient d'une jolie vue sur la cathédrale. Spécialités : canard au miel et au citron, filet de sandre sabayon au poivre, pavé de bœuf à la Chartres. Petit déjeuner buffet extra copieux.

I●I *Brasserie Bruneau* – 4, rue du Maréchal-de-Lattre-de-Tassigny ☎ 02-37-21-80-99. Fermé le samedi midi et le dimanche. Congés annuels : 2e et 3e semaines d'août. Accès : à 30 m de la mairie. Formule à 11,80 €. Compter 20 € à la carte. Une brasserie à l'ambiance et à la déco années 1930 avec le comptoir en zinc, les tables bistrot, les banquettes de velours rouge et les reproductions de toiles années 1930. On prend ici des repas traditionnels à base de produits frais exclusivement, dans un style brasserie chic qui allie rapidité et décontraction. Accueil jeune et avenant.

I●I *Au P'tit Morard* – 25, rue de la Porte-Morard ☎ 02-37-34-15-89. Fermé le mercredi et le dimanche soir. Menus à 14 €, servi le midi sauf le week-end, puis de 15,50 à 29 €. La Basse-Ville, où la bourgeoisie chartraine n'aurait jamais mis les pieds il y a un quart de siècle, est devenue le quartier le plus vivant, le plus chaleureux, le plus verdoyant aussi et le plus beau – avec ses portes, ses moulins, ses guinguettes à la mode d'aujourd'hui. *Au P'tit Morard*, on s'y sent bien, dedans comme dehors, les nuits où la fête rend la rue piétonne gaie et joyeuse. Accueil souriant. Réservation conseillée. *Apéritif maison offert à nos lecteurs sur présentation de ce guide.*

I●I *Restaurant Le Saint-Hilaire* – 11, rue du Pont-Saint-Hilaire ☎ 02-37-30-97-57. ⚒ Fermé le lundi midi, le samedi midi et le dimanche. Congés annuels : du 27 juillet au 18 août et du 24 décembre au 5 janvier. Accès : entre la place Saint-Pierre et le pont Saint-Hilaire. 1er menu à 15 €, sauf le dimanche, puis menus de 23 à 38 €. Impossible de passer à Chartres sans aller faire un tour (de table !) dans ce petit restaurant (à peine une dizaine de tables) plein de charme de la Basse-Ville, où l'accueil, le service, la cuisine et le décor forment un tout harmonieux. Beauceron depuis 5 générations (c'est sa formule !), Benoît Pasquier se bat pour mettre en valeur les produits du terroir. La carte change au rythme des saisons. À la carte, poêlée de foie gras de Tillay aux lentilles de Beauce, pièce de chevreau de lait des bois au fenouil et badiane, dos de sandre aux asperges vertes, crème brûlée au blé. Beau choix de vins à prix doux.

|●| *Le Dix de Pythagore* – 2, rue de la Porte-Cendreuse ☎ 02-37-36-02-38. Fermé le dimanche soir et le lundi. Accès : derrière la cathédrale, à 200 m. Menus de 17 à 23 €. Une bonne vieille cuisine classique (gésiers du *Pythagore*, chèvre ardéchois, filet de sole princesse, puit d'escargots...) que l'on déguste, en sous-sol, sous le regard de la patronne. Les prix, comme le service, expliquent le succès de la maison. *Café offert à nos lecteurs sur présentation de ce guide.*

|●| *Le Moulin de Ponceau* – 21-33, rue de la Tannerie ☎ 02-37-35-30-05. ☒ Fermé le samedi midi et le dimanche soir. Congés annuels : pendant les congés scolaires de février. Accès : en contrebas de la collégiale Saint-André. 1er menu à 20 €, servi midi en semaine. Autres menus de 23 à 39 €. L'une des plus jolies tables de Chartres – sinon la meilleure – avec une position romantique et charmante sur un bras de la rivière, juste derrière la cathédrale. Une terrasse au-dessus de l'eau et une autre dans l'un de ces anciens lavoirs qui étaient fort nombreux à cet endroit. La cuisine est soignée, précieuse et onéreuse mais le cadre y est pour quelque chose... Et puis, c'est bien connu, quand on aime, on ne compte pas ! Et nous avons aimé. *Café offert à nos lecteurs sur présentation de ce guide.*

DANS LES ENVIRONS

MAINTENON 28130 (18 km NE)

|●| *Le Bistrot d'Adeline* – 3, rue Collin-d'Harleville ☎ 02-37-23-06-67. Fermé le dimanche et le lundi. Accès : dans la rue principale, à 100 m du château. Menus de 10,50 à 24 €. Un petit resto de style rustique avec son poêle en fonte dans l'entrée. L'un des meilleurs de Maintenon, par l'accueil mais surtout par la cuisine familiale du patron qui est connu pour sa tête de veau excellente mais aussi pour tous ces petits plats mijotés en sauce indémodables. Réservation indispensable. *Apéritif maison offert à nos lecteurs sur présentation de ce guide.*

CHÂTEAUDUN   28200

Carte régionale A1

🏠 |●| *Le Saint-Louis* ** – 41, rue de la République (Est) ☎ 02-37-45-00-01. Fax : 02-37-45-16-09. ● www.le-saint-louis-hotel.fr ● Parking. TV. Satellite. Chambres doubles à 42 € avec douche et w.-c. ou bains. Menus de 14 à 23 €. Grillades de 10 à 12 € et pizzas de 5,50 à 9,90 €. En l'espace de quelques années, Ben Maamar a réussi le double exploit de transformer une ruine en un hôtel correct et confortable, où l'on vous accueille gentiment, et à créer, à côté du restaurant traditionnel, une brasserie où le Tout-Châteaudun se retrouve, surtout en été, quand le piano-bar s'anime sous les étoiles. C'est la plus belle terrasse intérieure de la ville. Moules, salades, grillades, pour tous les âges, tous les goûts. Qui dit mieux ? *Apéritif maison offert à nos lecteurs sur présentation de ce guide.*

|●| *La Licorne* ** – 6, pl. du 18-Octobre (Centre) ☎ 02-37-45-32-32. Fermé le mardi soir et le mercredi. Congés annuels : du 20 décembre au 15 janvier. Accès : sur la place principale. Menus à 11 €, en semaine, puis de 14 à 27,50 €. Une salle tout en longueur, aux couleurs rose saumon. Point de licorne au menu, mais une bonne et copieuse cuisine bourgeoise : bavette poêlée à l'échalote, huîtres gratinées à l'effilochée de poireaux (en hiver), magret de canard à l'orange et au miel. L'accueil, d'ordinaire attentionné, devient parfois un peu bourru. Terrasse aux beaux jours.

|●| *Aux Trois Pastoureaux* – 31, rue André-Gillet (Sud) ☎ 02-37-45-74-40. ☒ Fermé le lundi, le jeudi soir et le dimanche soir. Congés annuels : 2 semaines en janvier et 2 semaines à cheval entre juillet et août. Accès : entre la place du 18-Octobre et l'espace Malraux. Menus de 19,50 €, en semaine, à 39,80 €. Dans la plus ancienne auberge dunoise, une salle verte aux tables aussi sobres que le service, qui n'est d'ailleurs pas assuré par 3 pastoureaux en habit traditionnel de berger, comme aurait pu le laisser supposer le nom de l'établissement ! La carte et les menus sont très variés et la cuisine plutôt recherchée. Quelques plats, piochés au gré des menus : brochette de volaille au jus de réglisse, effiloché de raie et ananas en salade au vinaigre de framboise... Également un menu médiéval.

Accueil sympa ; toutefois, service légèrement compassé. *Digestif maison offert à nos lecteurs sur présentation de ce guide.*

CHÂTEAUMEILLANT 18370

Carte régionale B2

🏠 |●| *Hôtel-restaurant Le Piet à Terre*** – 21, rue du Château (Centre) ☎ 02-48-61-41-74. Fax : 02-48-61-41-88. TV. Fermé le lundi, le mardi midi et le dimanche soir. Congés annuels : en janvier, février et la 1re semaine de septembre. Chambres doubles de 43 à 60 € avec douche et w.-c. ou bains. 1er menu à 22 €, servi du mardi au vendredi midi ; autres menus de 27 à 74 €. La salle de restaurant est résolument moderne et très déco, peinte de couleurs vives. Thierry Finet, passionné de cuisine, ne supporte pas d'être éloigné de ses fourneaux. Parmi ses spécialités, le pigeon cuit sur le foin et le moelleux au chocolat. Pains et viennoiseries sont faits maison et les légumes proviennent du potager du « grand-père Piet ». Chambres cosy particulièrement agréables et soignées.

CHÂTEAUNEUF-EN-THYMERAIS 28170

Carte régionale A1

🏠 |●| *L'Écritoire*** – 43, rue Émile-Vivier ☎ 02-37-51-85-80. Fax : 02-37-51-86-87. Parking. Fermé le lundi, le mercredi et le dimanche soir. Congés annuels : pendant les vacances scolaires de février et de la Toussaint. Accès : route de Dreux. Chambres doubles avec douche et w.-c. ou bains à 45 €. Menus de 23 €, le midi en semaine, à 56 €. Cet ancien relais de poste est l'une des meilleures tables d'Eure-et-Loir. Son chef, Luc Pasquier, après bien des tribulations culinaires en Asie, en Afrique et ailleurs, est revenu à ses origines et exécute une excellente cuisine, classique, à base de produits de la région : petits-gris de Conie, lapin du Thymerais, miel de Beauce. Beaux menus à prix encore raisonnables, étant donné la qualité. Quelques jolies spécialités qui changent au fil des saisons : saladine à la poêlée de foie gras et de Saint-Jacques (au printemps), fricassée de caille et de gambas aux cinq épices et aux cinq poivres (en automne), sauté de lapin et homard au piment doux et aux noix (en hiver)... Pour ceux qui n'auraient pas le courage de rentrer, quelques chambres simples et propres, tout confort, dans une petite cour aux balcons fleuris. Accueil attentionné, service impeccable.

DANS LES ENVIRONS

SENONCHES 28250 (13 km O)

🏠 |●| *Auberge La Pomme de Pin*** – 15, rue Michel-Cauty (Centre) ☎ 02-37-37-76-62. Fax : 02-37-37-86-61. ● lapommedepin@club-internet.fr ● Parking payant. TV. Satellite. Fermé le dimanche soir et le lundi. Congés annuels : du 2 au 31 janvier. Accès : par la D928 jusqu'à Digny puis la D24. Chambres doubles à partir de 46 €. 1er menu à 15 € en semaine, puis menus de 22 à 40 €. Aux portes du Perche, ancien relais de poste transformé en une belle auberge à colombages. 10 chambres confortables. À table, la cuisine est sans chichis mais de qualité, avec quelques spécialités du terroir qui changent selon les saisons. En hiver, gibier et champignons.

CHÂTEAUROUX 36000

Carte régionale B2

🏠 *Hôtel Le Boischaut*** – 135, av. de La Châtre (Sud-Est) ☎ 02-54-22-22-34. Fax : 02-54-22-64-89. ● www.citotel.com ● Parking. TV. Satellite. ♿ Congés annuels : du 26 décembre au 6 janvier. Accès : à 900 m de la gare en allant vers le stade. Chambres doubles de 34 €, avec douche et w.-c. à 40 € avec bains. Plateau-TV à 11 €. Au *Boischaut*, les chambres sont spacieuses et confortables. En demander une donnant sur l'arrière (parking et jardin). Pas de resto, mais un bar et un plateau-télé (plat chaud, fromage, dessert). Garage clos gratuit pour les deux-roues.

🏠 *Élysée Hôtel*** – 2, rue de la République (Centre) ☎ 02-54-22-33-66. Fax : 02-54-07-34-34. ● www.perso.wanadoo.fr/elysee36/ ● TV. Canal+. Satellite. ♿ Accès : presque en face du centre culturel Équinoxe (médiathèque). Chambres doubles de 43 à 58 € avec bains. Petit déjeuner à 7 €. Excellent petit hôtel situé en plein centre-ville. Les chambres sont agréables et d'une propreté exemplaire. Les propriétaires, ex-libraires en Normandie et grands routards devant l'Éternel, ont posé leurs sacs à Châteauroux. Pas de restaurant, mais un plateau-repas peut être fourni par un resto partenaire et pris en chambre jusqu'à 23 h. Dégustation de vins possible au bar ou en chambre également. *10 % sur le prix de la chambre (le week-end et du 1er juillet au 15 août) offerts à nos lecteurs sur présentation de ce guide.*

|●| *Le P'tit Bouchon* – 64, rue Grande ☎ 02-54-61-50-40. Fermé le dimanche et les jours fériés. Menus de 11 à 14 €. La façade verte à l'ancienne, l'intérieur et ses petites tables, l'ardoise écrite, le vieux bar

entouré de bouteilles, les serveurs en tablier, tout ici rappelle un bouchon lyonnais. Ex-assureur, le patron est d'humeur joviale, comme la maison, et la cuisine savoureuse. Celle-ci est plus berrichonne que lyonnaise et d'un très bon rapport qualité-prix. Fait aussi bar à vins : vin au verre (plus de 100 appellations). *NOUVEAUTÉ.*

I●I *Restaurant La Ciboulette* – **42, rue Grande (Centre)** ☎ **02-54-27-66-28.** Fermé le dimanche et le lundi. Accès : près du musée. Menus de 15 à 36 €. L'adresse gastronomique de Châteauroux, intra-muros. Le cadre est agréable, le service aimable, les menus bien vus. Maurice, le maître des lieux, est doté d'un sens de l'humour tout britannique. Livre de cave proposant une quinzaine de vins au verre et une petite sélection de vins biologiques. Hommage à l'enfant du pays : quelques cuvées du château de Tigné, propriété de Depardieu, figurent également en bonne place. *Réduction de 20 % pour nos lecteurs sur présentation de ce guide.*

I●I *Le Bistrot Gourmand* – **10, rue du Marché (Centre)** ☎ **02-54-07-86-98.** Fermé le dimanche et le lundi midi. Congés annuels : 2 semaines de fin février à début mars et 3 semaines en septembre. Accès : à 20 m de la rue Grande, dans le centre. Compter autour de 20 € à la carte. Une jolie salle jaune soulignée d'un vert tendre, pleine de gaieté. Une grande ardoise annonce le programme du jour, puisqu'ici on ne traite que de produits frais comme la côte de bœuf limousin. *Apéritif maison offert à nos lecteurs sur présentation de ce guide.*

DANS LES ENVIRONS

DÉOLS 36130 (2 km N)

I●I *L'Escale Village* – **RN20** ☎ **02-54-22-03-77.** ☘ Ouvert tous les jours 24 h/24. Accès : sur la N20, non loin de l'entrée de la zone aéroportuaire sortie n° 12 de l'A20 ; direction aéroport. Menus de 10 à 25 € environ. Que l'on soit de Châteauroux ou d'Issoudun, jeune ou vieux, c'est le lieu de rendez-vous du département : fruits de mer, poisson, moules marinière. Les routiers, dont c'est l'une des haltes favorites, préfèrent s'attabler à la brasserie pour regarder la TV tout en mangeant. Comme *L'Escale* est ouvert jour et nuit, tous les jours, on y rencontre après minuit les artistes de passage à Châteauroux et bon nombre de sportifs (le patron est un mordu du vélo) adeptes de la troisième mi-temps.

COINGS 36130 (8 km N)

🏠 **I●I** *Le Relais Saint-Jacques* ✱✱✱ – ☎ 02-54-60-44-44. Fax : 02-54-60-44-00. ● www.relais-st-jacques.com ● Parking.

TV. Canal+. Satellite. ☘ Resto fermé le dimanche soir. Accès : sortie n° 12 de l'A20, direction aéroport, puis Coings. Sur la gauche avant Céré. Chambres doubles à partir de 53 €. Menus de 17,30 €, en semaine, à 35 €. Il ne faut pas se laisser décourager par l'environnement (aéroport), car cet hôtel moderne est plaisant, confortable et calme. Chacune des 46 chambres est décorée différemment et donne sur le jardin ou la campagne à l'arrière. Mais l'adresse est surtout réputée pour son chef et patron, Pierre Jeanrot. Cuisine gastronomique donc. En spécialité : terrine de raie à la tapenade. Bien sûr, les menus changent souvent. Aux beaux jours, un service brasserie, en terrasse, est plus abordable. *Apéritif maison offert à nos lecteurs sur présentation de ce guide.*

LEVROUX 36110 (21 km N)

I●I *Restaurant Relais Saint-Jean* – **34, rue Nationale** ☎ **02-54-35-81-56.** Fermé le mercredi toute la journée et le dimanche soir (sauf les jours fériés). Congés annuels : la dernière semaine de février. Accès : à côté de la place de la Collégiale-de-Saint-Sylvain. Menus à 14,50 €, sauf les samedi soir et jours fériés, puis de 20 à 36 €. Remarquable menu-enfants à 11 € avec jus de fruit. Cet ancien relais de poste, tenu par un ex-élève de Vergé, est l'une des bonnes adresses gastronomiques du département. La belle maîtrise du chef, l'excellence des produits et l'accueil charmant de sa femme, une salle agréable : de quoi passer un bon moment. En été, une terrasse permet de profiter des couchers de soleil sur la collégiale Saint-Sylvain. Parmi les spécialités : queue de homard aux herbes tendres. Justes cuissons, saveurs présentes, on est conquis ! *Café offert à nos lecteurs sur présentation de ce guide.*

BUZANÇAIS 36500 (25 km NO)

🏠 **I●I** *Hôtel-restaurant L'Hermitage* ✱✱ – **route d'Argy-Écueillé** ☎ **02-54-84-03-90. Fax : 02-54-02-13-19.** Parking. TV. Canal+. ☘ Fermé le dimanche soir et le lundi (sauf en juillet-août pour l'hôtel). Congés annuels : du 2 au 17 mars et du 9 au 17 septembre. Accès : par la N143, puis prendre la route d'Argy. Chambres doubles de 47,30 à 58 €, selon le confort et la saison. Demi-pension, demandée en saison, de 43 à 48,80 €. Menus à 15,25 €, sauf le dimanche, puis de 20,60 à 47 €. Une adresse qui porte bien son nom. Véritable havre de paix et de calme. La maison, recouverte de vigne vierge, donne sur une belle étendue de verdure qui borde l'Indre. Près de l'hôtel, un grand potager. La terrasse est vraiment agréable. Les chambres de la maison principale sont confortables, décorées avec soin et ont vue sur le parc. Celles de l'annexe ont été refaites mais elles possèdent moins de charme et donnent sur la cour. Au resto, spécialités berrichonnes et landaises, ainsi que de nombreuses préparations de poisson selon les arrivages. *Café offert à nos lecteurs sur présentation de ce guide.*

CHÂTRE (LA) 36400

Carte régionale B2

🏠 I●I *Auberge de jeunesse* – rue du Moulin-Borgnon (Nord-Ouest) ☎ 02-54-48-12-57. Fax : 02-54-48-48-10. ● www.fuaj.org ● Accès : prendre le bus depuis Châteauroux, arrêt « Champ-de-Foire ». Entre le centre-ville et les bords de l'Indre. Nuit à 9 €. Menu à 6 €. Cette infrastructure récente comprend 62 lits (chambres de 2 à 5 lits avec sanitaires), une salle à manger et une salle TV. À proximité, salles de jeux et aires de loisirs. La carte d'adhérent de la FUAJ est obligatoire.

🏠 *Hôtel Notre-Dame* ** – 4, pl. Notre-Dame (Centre) ☎ 02-54-48-01-14. Fax : 02-54-48-31-14. Parking. TV. ♿ Chambres doubles à 36,10 € avec douche et w.-c. et 42 € avec bains. Dans cette demeure du XVᵉ siècle avec des fleurs au balcon, les chambres, spacieuses et bien aménagées, cadrent parfaitement avec le style de la ville. Les nᵒˢ 32 et 34 donnant sur la place sont plus vastes ; la nᵒ 40, avec sa cheminée, est lumineuse et partage une petite terrasse avec la nᵒ 41, côté cour-jardin. Les propriétaires, à la fois discrets et attentifs, veulent préserver l'esprit hospitalier de leur établissement. L'hôtel donne sur une petite place seulement troublée de temps à autre par le gazouillis des oiseaux. Terrasse intérieure dans un jardin privatif. Des hôtels comme ça, on adore !

DANS LES ENVIRONS

NOHANT-VIC 36400 (6 km N)

🏠 I●I *L'Auberge de la Petite Fadette* *** – pl. du Château (Centre) ☎ 02-54-31-01-48. Fax : 02-54-31-10-19. ● www.auberge-petite-fadette.com ● Parking. TV. Satellite. ♿ Accès : par la D943. Chambres doubles à 55 € avec douche et w.-c., 95 € avec bains. Menus de 15 à 40 €. Cette belle auberge de campagne, recouverte de vigne vierge, est à l'image du monde romanesque de George Sand. Chambres très joliment décorées dans les tons bleus. Salle à manger en boiseries XIXᵉ siècle. Il ne manque plus qu'une valse... de Chopin, bien sûr. Cuisine classique savoureuse.

SAINT-CHARTIER 36400 (8,5 km N)

🏠 I●I *Hôtel-restaurant La Vallée Bleue* *** – route de Verneuil ☎ 02-54-31-01-91. Fax : 02-54-31-04-48. ● www.chateauvalleebleue.com ● Parking. TV. Resto et hôtel fermés le dimanche soir et le lundi en mars, octobre et novembre ; resto fermé le midi en semaine de début mai à fin septembre. Accès : par la D943 puis la D918 ; à la sortie du bourg, en direction de Verneuil. Chambres doubles avec douche et w.-c ou bains de 97 à 130 €. Demi-pension souhaitée, pour plus de 2 nuits consécutives. Menus à 25 €, sauf les jours fériés, et 40 €. Ce fut la demeure du médecin de George Sand, aujourd'hui c'est un hôtel magnifiquement aménagé tout en conservant son authenticité. Que ce soient les salles de restaurant, le salon ou les chambres, l'harmonie règne. On y séjourne avec plaisir, cela d'autant plus que la table ne déçoit pas. À la carte, on note la langouste « George Sand », le croustillant à la poire berrichonne... Deux terrasses et une piscine de deux bassins dans le parc (4 ha), vélos à disposition, golf... Chambres très confortables. *Apéritif maison offert à nos lecteurs sur présentation de ce guide.*

LYS-SAINT-GEORGES 36230 (23 km NO)

I●I *La Forge* ☎ 02-54-30-81-68. ♿ Fermé le lundi en juillet-août, le dimanche soir, le lundi et le mardi le reste de l'année. Congés annuels : 3 semaines en janvier et 2 semaines en octobre. Accès : par la D927 jusqu'à Neuvy-Saint-Sépulchre, puis la D74 ; en face du château. Menus de 15 à 37 €. Vigne vierge sur la façade, poutres élégantes, cheminée en hiver, terrasse sous la tonnelle en été. Voici une bonne auberge villageoise, unique commerce de Lys-Saint-Georges. La patronne, pleine d'esprit, reçoit avec cordialité. Son chef de mari confectionne une cuisine classique et goûteuse avec des saveurs bien tranchées. La carte change au gré des saisons. Quelques spécialités : l'aumônière de crottin fermier, les ravioles aux escargots du Berry. Réservation conseillée. *Apéritif maison offert à nos lecteurs sur présentation de ce guide.*

CHAUMONT-SUR-LOIRE 41150

Carte régionale A2

I●I *Restaurant La Chancelière* ** – 1, rue de Bellevue ☎ 02-54-20-96-95. ♿ Fermé le mercredi et le jeudi. Congés annuels : du 11 novembre au 6 décembre et de mi-janvier à mi-février. Accès : tout près du château et face à la Loire. 1ᵉʳ menu à 15 €, sauf les dimanche et jours fériés, puis menus de 20 à 34 €. À la carte, compter autour de 30 €. Une étape savoureuse avant ou après la visite du château et du Festival des Jardins. Deux salles de resto, l'une sobrement rustique, l'autre plus coquette, pour une cuisine fraîche et délicatement parfumée. Régalez-vous avec la terrine de foie gras de canard et le sandre au beurre blanc. Viande tendre et desserts réussis. Quelques tables avec vue sur la Loire. Excellent rapport qualité-prix. Accueil souriant.

|●| *Restaurant Le Grand Velum* – ferme du Château ☎ 02-54-20-99-22. Ouvert du 1er juin au 20 octobre, tous les jours, entre 12 h et 15 h. Menus à 24, 28 et 31 €. C'est l'un des principaux points d'attraction du Festival international des Parcs et Jardins. La cuisine de François-Xavier Bogard est un grand moment à vivre autant pour les amoureux des jardins, qui sont dans leur élément, que pour les amateurs d'expériences culinaires en tous genres : mousseline de poisson de Loire avec dés de *shiitaké* moulés dans un cannelloni, géline de Racan cuisinée à l'oseille, rouget rôti entier servi sur l'os, à manger avec les doigts, très bon dessert avec des fraises *mara des bois* du producteur solognot Martinet. Mieux vaut choisir un temps estival pour apprécier le repas, car le service du *Grand Velum* est lent et personne n'a pensé à installer un chauffage d'appoint pour les jours gris ! Mais c'est une expérience extraordinaire. Entrée par le parking, sur le plateau, près de la ferme. *NOUVEAUTÉ.*

CHENONCEAUX   37150

Carte régionale A2

|●| *Restaurant Au Gâteau Breton* – 16, rue du Docteur-Bretonneau (Centre) ☎ 02-47-23-90-14. Fermé le mardi soir et le mercredi soir en saison, le mercredi toute la journée hors saison. Accès : dans la rue principale. 4 menus de 10,50 à 18,50 €. Grande terrasse en été, petite salle en hiver. Avec un nom et une devanture pareils, on croirait passer devant une boulangerie. Dans le menu le plus cher, une entrée froide, une entrée chaude et un plat. Spécialités : coq au vin, poulet à la tourangelle, andouillette au vouvray. Délicieux et copieux lapin chasseur. *Apéritif maison offert à nos lecteurs sur présentation de ce guide.*

DANS LES ENVIRONS

CIVRAY-DE-TOURAINE   37150
(1 km O)

⌂ |●| *L'Hostellerie du Château de l'Isle* ⋆⋆ ☎ 02-47-23-63-60. Fax : 02-47-23-63-62. ● chateaudelisle@wanadoo.fr ● Parking.

TV. Restaurant fermé le midi (sauf pour les groupes). Congés annuels : de mi-novembre à mi-décembre. Accès : à 5 mn de Chenonceaux, au bord du Cher. Chambres doubles de 53 à 92 € avec douche et w.-c. ou bains. Également une suite à 150 €. Menus-carte à 27 et 32 €. Compter environ 30 € à la carte. Un établissement aux airs de maison de famille (c'en est une, d'ailleurs). Une belle demeure tourangelle du XVIIIe siècle, située au milieu d'un immense parc bordant le Cher. 10 chambres confortables, toutes refaites. Si possible, demander à en voir quelques-unes car elles sont toutes différentes. Le chef élabore une cuisine de qualité selon l'inspiration du marché. Cadre très agréable dans les deux salles à manger avec cheminée. Aux beaux jours, les repas peuvent se prendre sur la terrasse avant d'aller flâner dans le parc au milieu d'arbres centenaires. Possibilité de promenade en bateau sur le Cher.

CHINON   37500

Carte régionale A2

⌂ *Hôtel Diderot* ⋆⋆ – 4, rue Buffon ☎ 02-47-93-18-87. Fax : 02-47-93-37-10. ● www.hoteldiderot.com ● Parking. TV. ⚹ Accès : à l'écart du centre, à 100 m de la place Jeanne-d'Arc. Chambres doubles de 48 à 69 € avec douche et w.-c. ou bains. Un hôtel de charme, cossu mais pourtant pas luxueux. Derrière un haut portail et au fond d'une cour, une belle maison du XVIIIe siècle, couverte de vigne vierge. À l'intérieur, cheminée du XVe siècle, escalier du XVIIIe et colombages : tout pour le plaisir de l'œil. 28 chambres toutes différentes. Petit déjeuner accompagné de délicieuses confitures, servi en terrasse aux beaux jours. Accueil d'une qualité rare. Pas de restaurant. *20 % sur le prix de la chambre de début novembre à fin mars offerts à nos lecteurs sur présentation de ce guide.*

⌂ |●| *Hôtel de France – Restaurant Au Chapeau Rouge* ⋆⋆⋆ – 47-49, pl. du Général-de-Gaulle (Centre) ☎ 02-47-93-33-91. Fax : 02-47-98-37-03. ● www.bestwestern.fr ● Parking payant. TV. Satellite. Restaurant fermé le dimanche soir et le lundi d'octobre à mars. Accès : au cœur du centre-ville. Chambres doubles avec douche et w.-c. ou bains de 52 à 88 €. Menus de 24 à 56 €. Prix moins élevés en basse saison (de début octobre à fin mars). Dans un bel immeuble du XVIe siècle rénové, un hôtel *Best Western* offrant des chambres confortables, certaines avec balcon et vue sur le château et la rue Voltaire (la rue médiévale piétonne). Parties communes très agréables, agrémentées de petits espaces salons. Jardin méditerranéen avec bananier, oranger et citronnier dans la cour intérieure. Un 3 étoiles qui tient son rang. Mais c'est aussi une très bonne table. *Apéritif maison offert à nos lecteurs, ainsi qu'une remise de 10 % sur le prix de la chambre (d'octobre à mars) sur présentation de ce guide.*

DANS LES ENVIRONS

BEAUMONT-EN-VÉRON   37420
(5 km NO)

🛏 |●| *Manoir de La Giraudière – Restaurant Le Petit Pigeonnier* ** – ☎ 02-47-58-40-36. Fax : 02-47-58-46-06. ● www.hotels-france.com/giraudiere ● Parking. TV. Canal+. Satellite. ♿ Accès : prendre la D749 en direction de Beaumont, sur 4 km environ ; à la hauteur du château de Coulaine prendre la petite route en direction de Savigny-en-Vecon ; puis tourner à gauche au domaine de la Giraudière et continuer sur 800 m. Chambres doubles de 39 à 54 € avec douche et w.-c., de 60 à 92 € avec bains. Demi-pension à partir de 39 € par personne. Menus de 19 à 35 €. Séduisante gentilhommière du XVII siècle, transformée en accueillant hôtel en pleine campagne. Calme garanti. Curiosité : un pigeonnier du XVIIe siècle transformé en salon-bibliothèque avec piano. Au resto, bonne cuisine gastronomique. Une adresse hors des sentiers battus. Accueil sympathique et service efficace. *Café offert à nos lecteurs sur présentation de ce guide.*

COMBREUX   45530
Carte régionale B1

🛏 |●| *L'Auberge de Combreux* ** – 35, route du Gâtinais ☎ 02-38-46-89-89. Fax : 02-38-59-36-19. ● www.auberge-de-combreux.fr ● Parking. TV. Canal+. Congés annuels : du 20 décembre au 25 janvier. Accès : par la D10, puis la D9 ; à l'entrée du village. Chambres doubles à 60 € avec douche et w.-c., 63 € avec bains et 79 € avec jacuzzi. Demi-pension, demandée le week-end et en été, à 64 € par nuit et par personne. Menus à 18 €, en semaine, et à 35 €. Malgré des prix en hausse, voici une magnifique auberge, aménagée dans un ancien relais de poste du XIXe siècle tout habillé de vigne vierge. Un petit salon cosy avec cheminée. Une salle à manger rustique, juste ce qu'il faut, avec une véranda qui ouvre sur un jardin fleuri. Avec le soleil, on s'y installera sous les arbres. Au resto, le chef nous régale : escalope de foie gras chaud, gibier en saison, bref, une cuisine traditionnelle élaborée. Dans la maison comme dans les petites annexes enfouies

dans la verdure, les chambres sont charmantes : papiers peints discrètement fleuris (à l'anglaise !), poutres et colombages, armoires cirées... et même un jacuzzi dans les chambres n° 11 et 12 ! Location de vélos pour se balader dans la forêt d'Orléans toute proche. Tennis et piscine chauffée. Une de nos meilleures adresses chic. *10 % sur le prix de la chambre (sauf le samedi et en juillet-août) offerts à nos lecteurs sur présentation de ce guide.*

COUR-CHEVERNY   41700
Carte régionale A2

🛏 |●| *Hôtel-restaurant des Trois Marchands* ** – pl. de l'Église (Centre) ☎ 02-54-79-96-44. Fax : 02-54-79-25-60. ● www.hoteldes3marchands.com ● Parking. TV. Câble. Fermé le lundi. Congés annuels : de début février à mi-mars. Accès : à côté de l'église, dans la rue principale. Chambres doubles de 42 à 55 €. Demi-pension de 45 à 51 €. Menus à 14 € (brasserie) et 20,50 €, en semaine, puis de 30 à 46 €. Quelques poutres apparentes sur la façade donnent à cette auberge un certain charme solognot. Certaines chambres ont vue sur le jardin ; évitez en tout cas celles de l'annexe en face. Table réputée pour ses cuisses de grenouilles sautées à l'ail et aux fines herbes. Deux salles, l'une bourgeoise et gastronomique, l'autre petite et rustique. Faites votre choix, la brasserie est tout à fait correcte. *10 % sur le prix de la chambre offerts à nos lecteurs sur présentation de ce guide.*

DREUX   28100
Carte régionale A1

🛏 *Hôtel Le Beffroi* ** – 12, pl. Métézeau (Centre) ☎ 02-37-50-02-03. Fax : 02-37-42-07-69. TV. Canal+. Satellite. Fermé le dimanche de 12 h à 17 h 30. Congés annuels : les 2 premières semaines d'août. Accès : au pied du beffroi, face à la cathédrale. Chambres doubles à 55 € avec douche et w.-c. Allez savoir pourquoi, à Dreux, on n'a pas vraiment envie d'y passer ses vacances ! Mais pour une nuit, voilà une bonne étape, avec le garage sous la place aménagée juste à côté, et des chambres claires, tranquilles, confortables, donnant sur la rivière ou sur la place.

|●| *Aux Quatre Vents* – 18, pl. Métézeau (Centre) ☎ 02-37-50-03-24. Fermé tous les soirs. Accès : en plein centre-ville. Menus de 15 à 23 €. On aime bien ce resto pour son côté rétro et sa formule buffet vraiment intéressante. Prenez le menu avec buffet de hors-d'œuvre à volonté – incluant saumon et coquillages de mer, excellentes charcuteries, crudités, etc. –, suivi d'un plat tel que le carré de veau à l'ancienne ou le poulet rôti au jus, et d'un dessert. Pour ceux qui n'ont qu'une petite faim, formule avec buffet et plat ou plat et dessert. Quand il fait beau, on déjeune sur la terrasse.

DANS LES ENVIRONS

VERNOUILLET 28500 (3 km S)

🏠 I●I *Auberge de la Vallée Verte* ** – 6, rue Lucien-Dupuis (Centre) ☎ 02-37-46-04-04. Fax : 02-37-42-91-17. Parking. TV. Satellite. Fermé le dimanche et le lundi. Congés annuels : du 22 décembre au 6 janvier et du 3 au 25 août. Accès : près de l'église. Chambres doubles à 60 € avec douche et w.-c. 1er menu à 23 €. Puis menu poisson à 40 €, vin compris. La partie hôtellerie a été reprise il y a peu et est vraiment pimpante et pourvue de tout le confort, mais la grosse affaire ici, c'est la cuisine. Une vraie brigade de pros concocte une cuisine classique à base de produits locaux fermiers. La qualité est là, on s'en rend tout de suite compte. Les tables sont disposées dans une jolie salle à manger rustique, avec une mezzanine sous les combles apparents du plus bel effet. Ambiance intime mais pas coincée, accueil convivial et souriant. Une bonne expérience. Réservation souhaitable en fin de semaine. *Apéritif maison offert à nos lecteurs sur présentation de ce guide.*

FERTÉ-SAINT-AUBIN (LA)   45240

Carte régionale B1

I●I *L'Auberge des Chasseurs* – 34, rue des Poulies ☎ 02-38-76-66-95. Fermé le lundi soir et le mardi. Congés annuels : en mars. Accès : dans une rue derrière l'office du tourisme. Formule à 7,60 € ; menu à 10,90 € en semaine (hors jours fériés) et autre menu à 16,80 €. C'est un ancien relais de chasse. Le nom est resté, certaines habitudes culinaires aussi. C'est-à-dire que l'on y est bien reçu et que l'on y mange toujours du gibier en saison (de septembre à février) devant l'imposante cheminée où un feu crépite dès les premiers frimas. Jolie carte de moules à toutes les sauces, sauf de janvier à mars. Sinon, bonne cuisine traditionnelle. Une bonne table, simple et généreuse donc. Accueil très sympa.

DANS LES ENVIRONS

MÉNESTREAU-EN-VILLETTE 45240 (7 km E)

I●I *Le Relais de Sologne* – 63, pl. du 8-Mai ☎ 02-38-76-97-40. Fermé le mardi soir, le mercredi et le dimanche soir. Congés annuels : 3 semaines en février. Accès : par la D17. 1er menu en semaine à 15 € ; autres menus de 28,50 à 45 €. Tenu par Thierry Roger, chef de cuisine de ce restaurant-traiteur et virtuose de la gastronomie française. Chaleureuse salle à manger décorée dans le plus pur style solognot : colombages et briquettes rouges, lumières chaudes et tamisées, fleurs fraîches et plantes vertes en abondance, harmonie des couleurs... Un décor des plus agréables pour savourer des mets raffinés, du terroir évidemment. La carte change régulièrement et favorise chaque fois les produits de saison. Quant aux desserts... hmm ! Le tout arrosé de vins exquis. Vous l'aurez compris, *Le Relais* est une halte obligatoire en ce beau pays de Sologne. *Café offert à nos lecteurs sur présentation de ce guide.*

FERTÉ-VIDAME (LA)   28340

Carte régionale A1

I●I *La Trigalle* * ☎ 06-12-97-82-00. Parking. ♿ Fermé le lundi et le mardi, sauf les jours fériés. Congés annuels : du 1er janvier au 20 février. Accès : à l'entrée du village, à droite dans un carrefour, en venant de Verneuil. 1er menu à 9,91 €, le midi en semaine ; autres menus de 15 à 22 €, bons et copieux. Quel plaisir de pousser la porte de ce bon et coquet restaurant ! Emmanuel vous y régale en musique (classique s'il vous plaît) de quelques plats inventifs et délicieux, comme les filets de rougets, le paletot de cailles, le pavé de turbot vapeur à l'andouille, la tapenade de magret de canard, la fromagée, spécialité régionale, et, pour finir, la glace au miel et à la gentiane, craquant aux amandes ou le bavarois au vin avec son coulis à la framboise et au basilic. La carte des vins est assez exceptionnelle, avec nombre de bouteilles dont le prix est à 3 chiffres ! Occasionnellement, soirées à thème (musique et repas). Avant de venir ici, il ne faut pas manquer les ruines du château de Saint-Simon, entourées d'un immense parc, endroit méconnu du grand public. *Café offert à nos lecteurs sur présentation de ce guide.*

GIEN   45500

Carte régionale B1

🏠 I●I *La Bodega* – 17, rue Bernard-Palissy ☎ 02-38-67-29-01. Fax : 02-38-67-98-47. Parking. Fermé le dimanche (sauf réservation). Congés annuels : en août. Chambres doubles à 26 €. Le midi, formules autour de 7 € et plat du jour à 10,50 € ; le soir, compter environ 20 € à la carte. Un drôle de nom pour une ville aussi tournée vers la tradition ? Certes, mais cette adresse est le refuge idéal des routards à petit budget dans une région où il faut souvent mettre le tarif. Ce petit hôtel propose une dizaine de chambres mignonnettes, à l'ancienne mais refaites, avec cabine-douche (w.-c. sur le palier). Une familiale pour 5 personnes ne coûte que 36 €, record battu ! Un super rapport qualité-prix, donc. Seules les deux chambres dans la cour sont un peu isolées côté rue. Au resto, cuisine sans prétention mais qui nourrit son homme. Agréable petite salle avec des formules du midi imbattables (hors-d'œuvre et pizzas à volonté) ou grillades et salades toutes simples. Accueil ouvert, presque familial. Bref, bon plan ! *NOUVEAUTÉ.*

|●| *Restaurant Le Régency* – 6, quai Lenoir ☎ 02-38-67-04-96. Fermé le mardi soir, le mercredi et le dimanche soir. Congés annuels : pendant les vacances scolaires de février, la 1re quinzaine de juillet, à Noël et le Jour de l'An. Accès : face à la Loire, près du pont. Menus de 15 €, sauf week-end et jours fériés, à 34 €. Du poisson de Loire et une cuisine de terroir simple mais soignée, à des prix qui restent raisonnables. Toute petite salle, alors pensez à réserver.

ILLIERS-COMBRAY 28120

Carte régionale A1

|●| *Le Florent* – 13, pl. du Marché ☎ 02-37-24-10-43. ⛄ Fermé le lundi, le mercredi soir (sauf les jours fériés) et le dimanche soir, toute l'année, ainsi que le mardi soir du 1er octobre au 30 avril. Accès : face à l'église. En centre-ville. Menus à partir de 18 € en semaine, sauf les jours fériés, puis de 25,50 à 38 €. Grand choix de plats à la carte, de 12,30 à 21 €. Chic mais pas « Proust ma chère », comme on pourrait le craindre dans ce village qui n'a pas encore compris qu'il était au cœur des rêves de milliers d'amoureux de la littérature ! Si vous recherchez l'intérieur de tante Léonie, c'est raté ; encore que les petites salles, restées dans leur jus tout en étant aux couleurs d'aujourd'hui, ont un charme fou. Comme la cuisine, belle et imaginative (spécialité de poisson), d'Hervé Priolet, qui propose de jolis menus – un menu « Marcel Proust » mémorable en saison. Petits vins servis au verre à 3 €. Clientèle du cru, qui ne perd pas son temps et se régale en devisant de tout, sauf de Proust... Attention, service long. Réservation conseillée.

ISSOUDUN 36100

Carte régionale B2

⌃|●| *Hôtel de France – Restaurant Les Trois Rois* ** – 3, rue Pierre-Brossolette (Centre) ☎ 02-54-21-00-65. Fax : 02-54-21-50-61. Parking. TV. Fermé le dimanche soir et le lundi (en juillet-août, ouvert le lundi). Congés annuels : 2 semaines en février et 3 semaines en septembre. Accès : à deux pas de la place du 10-Juin. Chambres doubles avec douche et w.-c. ou bains à 44,25 €. Menus à partir de 13,75 €, sauf le dimanche. Les chambres, telles que les nos 1, 2, 3, 6 et de 20 à 23 sont impeccables et spacieuses, d'autres sont plus petites et un peu vieillottes. Toutes sont équipées de salle de bains. Côté restaurant, une salle chaleureuse non dénuée d'un certain cachet. Accueil courtois de la patronne, une dame efficace qui veille sur tout. Cuisine classique qui ne déçoit pas. Spécialités : andouillette à la ficelle et lentilles vertes du Berry ou tête de veau à l'ancienne.

⌃|●| *Hôtel-restaurant La Cognette* * – 2, bd Stalingrad** ☎ 02-54-03-59-59. Fax : 02-54-03-13-03. ● www.la-cognette.com ● Parking payant. TV. ♿ Fermé le dimanche soir et le lundi (sauf en juillet-août). Congés annuels : en janvier. Accès : par la N151, rejoindre le centre-ville ; à proximité de la grande place du Marché. Chambres doubles à 66 € avec lavabo, 90 € avec bains et w.-c. Plusieurs menus de 21 à 65 €. L'origine de cette auberge remonte au XIXe siècle. Balzac, dans *La Rabouilleuse*, nous la décrit avec beaucoup de précision. Elle était tenue par les époux Cognet : la femme, veuve de Houssaye, était une très bonne cuisinière. Aussi les clients venaient-ils chez la mère Cognet ou Cognette, d'où le nom de l'auberge. Aux fourneaux, Alain Nonnet et son sendre, Jean-Jacques Daumy, font une cuisine délicieuse, réputée comme une des meilleures du département. L'hôtel est en tout point parfait. Les chambres sont confortables et la salle de bains, où il ne manque rien (peignoir, sèche-cheveux...), appréciée. Devant les chambres aux noms célèbres tels que « Lamartine », « Napoléon », des petites terrasses individuelles permettent, quand le soleil est au rendez-vous, de prendre le petit déjeuner presque le nez dans les rosiers. *Apéritif maison offert à nos lecteurs sur présentation de ce guide.*

|●| *Le Pile ou Face* – 11, rue Danielle-Casanova (Centre) ☎ 02-54-03-14-91. Fermé le dimanche soir et le lundi. Congés annuels : pendant les vacances scolaires de février et 3 semaines après le 15 août. Accès : au nord de la place du 10-Juin (beffroi). Menus à partir de 13 €, servi midi et soir (jusqu'à 20 h 30) en semaine, puis de

20 à 39 €. Côté face en salle (classique) ou côté pile en terrasse protégée (plus agréable), la carte est la même pour tout le monde. Parmi les spécialités : cassolette berrichonne, croquant de homard, rognons de veau au pinot gris de reuilly, galet au chocolat... *Café offert à nos lecteurs sur présentation de ce guide.*

DANS LES ENVIRONS

DIOU 36260 (12 km N)

I●I *L'Aubergeade* – **route d'Issoudun** ☎ 02-54-49-22-28. Parking. ♿ Fermé le mercredi soir et le dimanche soir. Accès : par la D918, en direction de Vierzon. Menus de 15,50 à 33 €. L'accueil est chaleureux, la terrasse bienvenue, la salle agréable et confortable et la cuisine soignée, variée et inventive. Spécialités : dos de sandre au choux rouge, pigeonneau du Berry.

BRIVES 36100 (13 km S)

I●I *Restaurant Le César, chez Nicole* – **au bourg (Centre)** ☎ 02-54-49-04-43. Fermé le lundi. Accès : par la D918; à côté de l'église. Menus à partir de 9,15 € en semaine. Compter entre 15 et 28 € pour un repas à la carte. À proximité de l'ancienne levée de César et des frondaisons qui masquent l'église, cette auberge demeure le centre vital du village. Les légionnaires qui font une halte sous les poutres de la salle commune saluent volontiers la cuisine simple et savoureuse de la patronne. En semaine, le premier menu vaut bien un *Ave*. Spécialité : la lentille du Berry avec sa tête de veau vinaigrette. Mieux vaut réserver. *Café offert à nos lecteurs sur présentation de ce guide.*

Carte régionale A2

🏠 I●I *Hôtel-restaurant Errard-Hosten* – 2, **rue Gambetta (Centre)** ☎ 02-47-96-82-12. **Fax : 02-47-96-56-72.** ● www.errard.com ● Parking payant. TV. Ouvert tous les jours de mai à septembre, sinon restaurant fermé le lundi toute la journée, le mardi midi (sauf les jours fériés) et le dimanche soir d'octobre à février. Congés annuels : du 15 février au 31 mars. Chambres doubles à 46 € avec douche et w.-c., de 58 à 69 € avec bains. Menus de 24 à 39 €. Vieille auberge en plein centre. 10 chambres cossues, très confortables. Les chambres côté cour sont plus calmes. Chaleureuse salle de restaurant au rez-de-chaussée et petit bar à côté. Cuisine gastronomique d'une qualité élevée, d'une grande précision dans les cuissons et les assaisonnements, comme les ril-

lettes d'anguille ou le pigeon de Touraine au miel et gingembre, le sandre au beurre blanc et le soufflé Grand Marnier. Délicieux !

Carte régionale A2

🏠 I●I *Hôtel-restaurant de France* ** – 6, **rue Picois (Centre)** ☎ 02-47-59-00-32. **Fax : 02-47-59-28-66.** Parking payant. TV. Restaurant fermé le lundi, le mardi midi et le dimanche soir (sauf en juillet-août). Congés annuels : du 7 janvier au 12 février. Chambres doubles à 46 € avec douche et w.-c., 53 € avec bains. Demi-pension entre 42 et 49 €. Menus à 13,50 €, en semaine, puis de 19 à 32 €. Dans un ancien relais de poste avec cour intérieure fleurie, où l'on peut déjeuner aux beaux jours. 19 chambres agréables. Certaines ont une mezzanine. Partout dans l'établissement, des canevas façon tapisserie qui semblent être fabriqués maison. Mignonne salle pour le petit déjeuner. Au restaurant, cadre ultra-classique, un rien rococo, pour se régaler d'une cuisine appliquée et pensée. Bons desserts vraiment maison. Amuse-bouches avant tout cela, service cloché, assiettes chaudes, nappes et serviettes en tissu, fleurs fraîches sur les tables. Service attentif et discret. Dans les spécialités des menus supérieurs : feuilleté de langoustines, matelote d'anguille, géline (race de poule locale, très rustique) de Touraine, glace aux pruneaux au marc de Touraine, soufflé Grand Marnier... Pour les férus d'histoire, on raconte que Ludovic Sforza, duc de Milan emprisonné par Louis XI dans le donjon de Loches, se faisait apporter des plats par les mitrons de l'hôtel... Simple légende ?

DANS LES ENVIRONS

BEAULIEU-LÈS-LOCHES 37600 (1 km E)

🏠 *Hôtel de Beaulieu* ** – 3, rue Foulques-Nerra ☎ 02-47-91-60-80. Cartes de paiement refusées. Réception souvent fermée en début d'après-midi, mieux vaut donc s'annoncer en téléphonant. Congés annuels : du 1er octobre au 1er avril. Accès : par la D760 direction Valençay; face à l'église. Chambres doubles à 32 € avec douche et w.-c. Petit déjeuner à 5 €. Dans une dépendance du XVIe siècle de l'ancienne abbaye et face à celle-ci. 9 chambres rustiques autour d'une fraîche cour intérieure ou sur jardin. *10 % sur le prix de la chambre (à partir de la 3e nuit en avril et mai) offerts à nos lecteurs sur présentation de ce guide.*

MALESHERBES   45330

Carte régionale B1

🏠 I●I *L'Écu de France* ** – 10, pl. du Mar-
troy ☎ 02-38-34-87-25. Fax : 02-38-34-
68-99. Parking. TV. Canal+. Resto fermé le
jeudi soir et le dimanche soir. Congés
annuels : 2 semaines en août. Chambres
doubles de 44 à 55 € avec douche et w.-c.
ou bains. Menus à 16 et 26 €. Côté brasserie, plat du jour autour de 8 €. Dans le hall
de réception de cet ancien relais de poste
du XVIIᵉ siècle passaient autrefois les diligences. L'autoroute n'est qu'à 13 km et
Fontainebleau à deux pas. Chambres
confortables et fort bien tenues (et nouvelles
chambres en projet). Restaurant pas vraiment transcendant. Par contre, une formule
brasserie des plus sympathiques est proposée dans une petite salle de style bistrot.
Spécialité de tête de veau. À propos, au
dessert, gardez un peu de place pour cette
spécialité laitière, aussi rare que sublime, le
Fontainebleau justement : crème et fromage
blanc fouettés, encore meilleur avec des
fraises !

MENNETOU-SUR-CHER   41320

Carte régionale B2

🏠 I●I *Le Lion d'Or* – 2, rue Marcel-Bailly
☎ 02-54-98-06-10. Fax : 02-54-98-06-13.
● liondor.41@free.fr ● Fermé le dimanche
et le lundi (sauf en saison). Congés annuels :
15 jours en automne et 15 jours en hiver.
Accès : dans le village, au bord de la RN76.
Chambres doubles à 32 €. Petit menu à
9 €, autres menus à 13 et 16 €. Délicieux
menus régionaux servis dans une jolie
petite salle rustique. Il existe aussi un coin
brasserie pour un petit menu, plus ordinaire
mais bien pratique. Propose également une
quinzaine de chambres, pour dépanner.
Préférez celles sur cour, elles donnent sur
les murs médiévaux de la vieille ville et pas
sur la nationale ! Accueil rustique. *Café
offert à nos lecteurs sur présentation de ce
guide.*

MÉZIÈRES-EN-BRENNE   36290

Carte régionale A2

🏠 I●I *Hôtel-restaurant Au Bœuf Couronné* ** – 9, pl. Charles-de-Gaulle
(Centre) ☎ 02-54-38-04-39. Fax : 02-54-
38-02-84. TV. Fermé le dimanche soir et le
lundi, sauf les jours fériés. Congés annuels :
du 20 novembre au 31 janvier. Accès : à
20 km au sud de Châtillon-sur-Indre par la

D43 et à l'ouest de Châteauroux (environ
40 km). Chambres doubles avec douche et
w.-c. à 37 €. Menus à partir de 18 €. Cet
ancien relais de poste, pourvu d'un porche
d'entrée datant du milieu du XVIᵉ siècle,
situé en plein pays des étangs secrets de la
Brenne, est réputé bien au-delà de la
région. Conseillé de réserver le week-end et
les jours fériés. Ses salles sont accueillantes, mélange de chaleur campagnarde et
d'élégance rustique. Accueil très aimable et
attentionné. Chambres petites mais convenables. Les plus calmes donnent sur la cour
intérieure. Cuisine fine et inventive, préparée et servie avec soin.

MONTARGIS   45200

Carte régionale B1

🏠 *Hôtel Le Bon Gîte* * – 21, bd du
Chinchon (Centre) ☎ 02-38-85-31-01.
Fax : 02-38-93-28-06. Parking. TV. Satellite. ♿ Ouvert 24 h/24. Chambres doubles
de 23 € avec douche et w.-c. jusqu'à 37 €
avec bains. Bon plan pour dormir bien et
pas cher. Maison qui ne paie pas de mine
depuis la rue, mais beaucoup de chambres
dont certaines dans les étages, agencées
autour d'une cour intérieure qui prend, sous
le soleil, des airs de Méditerranée.
Ensemble propre, simple et calme. Les
patrons tiennent leur affaire avec beaucoup
de gentillesse depuis plus de 30 ans.

I●I *Restaurant Les Petits Oignons* – 81
bis, av. du Général-de-Gaulle ☎ 02-38-93-
97-49. ♿ Fermé le dimanche soir et le lundi.
Congés annuels : vacances scolaires de
février et les 3 premières semaines d'août.
Accès : dans le quartier de la gare SNCF.
Menus de 12 à 28 €. Une formule originale,
2 en 1 comme le shampoing ! D'un côté, le
« bistrot » avec son menu à l'ardoise et sa
cuisine typique (hareng pommes à l'huile,
aile de raie...). De l'autre, le « gastro » au
décor dépouillé et un poil moderne, avec
des plats plus élaborés comme le sandre au
safran du Gâtinais et le cendré aux
pommes. De plus, en saison, on peut s'installer dans le jardin ou sur la terrasse. Cuisine fine à base d'excellents produits.
Accueil cordial et service impeccable. Ce
pourrait être cher, même pas ! Et puis la formule est amusante puisque l'on peut revenir
à la même adresse tout en ayant l'impression de changer de restaurant !

DANS LES ENVIRONS

AMILLY 45200 (2 km SE)

I●I *L'Auberge de l'Écluse* – 741, rue des
Ponts ☎ 02-38-85-44-24. Fermé le lundi, le
jeudi soir et le dimanche soir. Congés

annuels : quelques jours début janvier. Accès : depuis la rue principale, en direction de Mormant. Menus de 22 à 29 €, en semaine, et de 29 à 32 € le dimanche. La salle à manger est, il faut dire, on ne peut plus classique, mais elle s'ouvre sur le canal et l'écluse. On peut donc admirer l'éclusier, tout en mangeant, activer manuellement le mécanisme entre deux bateaux. Pourtant, le vrai spectacle est bien dans l'assiette : spécialités de poisson, sandre, rouget ou barbet selon l'arrivage... Belle cuisine traditionnelle. C'est vrai que c'est un peu cher, mais on ne repart pas déçu, surtout si l'on a la chance de manger sur la terrasse, au bord de l'eau. Penser à réserver aux beaux jours car il y a souvent du monde.

CEPOY 45120 (6 km NE)

🏠 🍴 *Auberge de Jeunesse* – **25, quai du Port** ☎ **02-38-93-25-45. Fax : 02-38-93-19-25.** ● **ajcepoy@aol.com** ● Accueil de 8 h à 12 h et de 18 h à 22 h. Congés annuels : du 20 décembre au 1ᵉʳ février. Accès : par la N7, bus n° 2, arrêt « Église Saint-Loup » ; l'auberge est à 200 m à pied. 14,40 € la nuit. Repas à 8 €. Possibilité de planter la tente pour les individuels. Carte FUAJ obligatoire, vendue sur place. À peine à l'écart du bourg, dans un château du XVIIᵉ siècle qui ne manque pas d'allure, idéalement situé au bord du canal du Loing. Grand jardin de 4 000 m² avec terrain de volley et ping-pong. 27 chambres de 2 à 8 lits. Cuisine à disposition. Garage à vélos. Pas mal de groupes mais toujours des places pour les routards de passage. Location de VTT. *Café offert à nos lecteurs sur présentation de ce guide.* **NOUVEAUTÉ.**

MONTRICHARD 41400

Carte régionale A2

🏠 *Hôtel de la Croix-Blanche* ** – **64, rue Nationale (Centre)** ☎ **02-54-32-30-87. Fax : 02-54-32-91-00.** Parking payant. TV. Canal+. Satellite. Congés annuels : du 2 novembre à mi-mars. Accès : au pied du donjon. Chambres doubles propres et confortables de 50 à 59 €. Demi-pension de 46 à 49 € par jour et par personne. Dans un ancien relais de poste du XVIᵉ siècle entièrement rénové, une adresse simple mais très correcte. Quelques chambres avec vue sur le Cher un un patio très agréable pour prendre le petit déjeuner. *Premier petit déjeuner offert à nos lecteurs sur présentation de ce guide.*

🍴 *Le Bistrot de la Tour* – **34, rue de Sully (Centre)** ☎ **02-54-32-07-34.** Fermé le dimanche (et le lundi hors saison). Accès : tout près de l'office du tourisme. Formule à

10,50 € le midi en semaine, sinon, menus à 15 et 20 €. Belle maison de tuffeau avec jolie terrasse sur une place. Intérieur de pierre et de bois, agréable et chaleureux. Carte classique avec des petits plats bien préparés, œufs pochés au gamay, poêlée d'escargots aux pleurotes. Salades copieuses et variées. Une bonne petite étape très accueillante. *Café offert à nos lecteurs sur présentation de ce guide.*

DANS LES ENVIRONS

CHISSAY 41400 (4 km O)

🏠 🍴 *Château de Chissay* ☎ 02-54-32-32-01. Fax : 02-54-32-43-80. ● www.chateaudechissay.com/chissay ● Parking. TV. Congés annuels : de mi-novembre à mi-mars. Accès : sur la rive droite du Cher, par la D176 en direction de Tours. Chambres doubles de 106 à 175 € (ces dernières étant de petits appartements). Formule à 18 €, à midi en semaine. Menus de 32 à 49 €. Demeure historique construite sous Charles VIII, l'histoire transpire ici par tous les murs. Dominant la vallée du Cher, ce sublimissime château a été entièrement restauré ! Superbe piscine et jolie terrasse sous les arcades. Magnifique salle à manger, le mobilier est d'époque et de bon goût. Chambres d'un luxe pas ostentatoire, avec des salles de bains époustouflantes. Sans être donné, ce rêve n'est pas inaccessible.

PONTLEVOY 41400 (7 km N)

🏠 🍴 *Hôtel-restaurant de l'École* ** – **12, route de Montrichard (Centre)** ☎ **02-54-32-50-30. Fax : 02-54-32-33-58.** Parking. TV. Fermé le dimanche soir et le lundi (sauf en juillet-août et les jours fériés). Congés annuels : du 16 février au 14 mars et du 15 novembre au 15 décembre. Accès : sur la route principale en venant de Montrichard. Chambres doubles à 42 € avec douche, de 44 à 46 € avec douche et w.-c. Plusieurs menus de 18 à 43 €. Un petit hôtel classique et plein de charme, qui propose 11 chambres proprettes et un peu kitsch. Au resto, la cuisine demeure très traditionnelle mais elle est fine et présentée avec goût : quenelles de brochet aux queues d'écrevisses, tête de veau sauce gribiche, fromages de chèvre, croquant à la vanille sauce chocolat... et gibier en saison. Aux beaux jours, repas dans le jardin sous la pergola. Le service est impeccable.

OISLY 41700 (16 km NE)

🍴 *Restaurant Le Saint-Vincent* – **le bourg (Centre)** ☎ **02-54-79-50-04.** Fermé le mardi et le mercredi. Congés annuels : de mi-décembre à fin janvier. Accès : par la D764 jusqu'à Pontlevoy, puis à droite, prendre la D30. Menus de 21 € (sauf les jours fériés) à 45 €. Sans être pompeux (l'endroit ne l'est pas du tout), voilà une adresse exceptionnelle. A priori, cela ne paie pas de mine : une enseigne banale, un restaurant sur une place de village… Dès qu'on franchit le seuil, l'impression change. Le décor est frais, soigné, les tables espacées, dressées avec goût et raffinement. Grand bourlingueur, le chef puise sa fertile inspiration dans ses voyages : il a travaillé à Saint-Barth, Huahiné, etc. Du coup, la cuisine révèle un mélange détonant de saveurs, grâce à des associations d'épices parfois surprenantes. Comme par exemple le boudin de homard au curry vert thaïlandais, la souris d'agneau braisée à l'orientale pois chiches et citron confit, le rôti d'ananas caramélisé au rhum blanc. Des plats qu'on vous cite pour mémoire et vous inciter à ne pas manquer la maison, si vous passez par là ! *Café offert à nos lecteurs sur présentation de ce guide.*

NANÇAY   18330

Carte régionale B2

|●| **Le Relais de Sologne** – 2, rue Salbris (Centre) ☎ 02-48-51-82-26. ♿ Fermé le mardi soir et le mercredi. Congés annuels : 3 semaines en février et les 2 premières semaines de septembre. Menus à 13 €, servi du lundi au vendredi midi, puis à 16 et 25 €. Au cœur d'un petit village où Alain-Fournier, auteur du *Grand Meaulnes*, passa son enfance, cette maison à la façade fleurie vous invite à pousser la porte. Alain Bonnot, le patron, saucier réputé, accommode comme personne gibier et autres produits régionaux. Parmi les spécialités : poulet en barbouille (coq au vin), saumon sauce oseille. Repas servi dans un cadre raffiné aux dominantes bleu roi ou en terrasse.

NOGENT-LE-ROTROU   28400

Carte régionale A1

🛏 **Le Lion d'Or** ** – 28, pl. Saint-Pol (Centre) ☎ 02-37-52-01-60. Fax : 02-37-52-23-82. ● hotelauliondor@wanadoo.fr ● Parking. TV. Canal+. Accès : en centre-ville. Chambres doubles avec douche et w.-c. ou bains de 40 à 69 €. Une fois passé le choc du papier peint des couloirs, vous pourrez apprécier les chambres spacieuses (pour la plupart) et confortables. Très bien situé, sur la place principale de Nogent. Le vendredi soir, évitez les chambres donnant directement dessus, pour cause de marché le samedi. Véritable accueil. Restaurant indépendant attenant à l'hôtel.

🛏 **Inter Hôtel Sully** *** – 12, rue des Viennes (Nord) ☎ 02-37-52-15-14. Fax : 02-37-52-15-20. ● hotel.sully@wanadoo.fr ● Parking payant. TV. Canal+. Satellite. ♿ Ouvert tous les jours. Congés annuels : du 23 décembre au 4 janvier. Accès : à 200 m du centre-ville. Chambres doubles avec bains à 55 €. Un hôtel de chaîne, certes, mais avec un accueil souriant et qui inspire confiance. La gamme de prix est abordable au regard de la qualité proposée (3 étoiles). Chambres doubles tout confort. L'emplacement est au calme, légèrement décentré par rapport à la ville et dans un quartier urbanisé récemment. Un établissement sans problème. *Apéritif maison offert à nos lecteurs sur présentation de ce guide.*

|●| **La Papotière** – 3, rue Bourg-le-Comte ☎ 02-37-52-18-41. Fermé le dimanche soir et le lundi. Formule à 12,50 € servie tous les jours midi et soir, menus à 26 et 35 €. Quel curieux nom pour cette superbe maison en pierre du début du XVIe siècle ! Sur la façade, l'une des fenêtres est joliment sculptée. L'intérieur est chaleureux et le service agréable, bref, on s'y sent vite bien. Cuisine bourgeoise traditionnelle. Pintade aux figues, noisette d'agneau. Ne pas rater le dessert de la maison : le kanougat (au chocolat !). Formule bistrot très appréciée.

NOUAN-LE-FUZELIER   41600

Carte régionale B2

🛏 **Hôtel Les Charmilles** – 19, route de Pierrefitte-sur-Sauldre ☎ 02-54-88-73-55. Fax : 02-54-88-74-55. ♿ Congés annuels : en février. Accès : à la sortie est de la ville, sur la D122. Chambres doubles de 45 à 62 €. Petit déjeuner à 7 €. En bordure d'une route assez calme et entouré d'un parc boisé et d'un petit étang, petit hôtel modeste et sympa, tenu par un jeune homme avec l'aide de son père. Une quinzaine de chambres avec douche ou salle de bains, à la déco typique des années 1970 mais très bien tenues ; certaines viennent même d'être rafraîchies. Les n°s 12 et 14 sont, quant à elles, en rez-de-jardin. Pas de restaurant, mais au petit déj' l'excellente brioche du papa, un ancien boulanger, mérite d'être signalée, et le papa remercié ! *NOUVEAUTÉ.*

|●| **Le Raboliot** – 1, av. de la Mairie (Centre) ☎ 02-54-94-40-00. Parking. ♿ Fermé le mercredi ; réservation souhaitée. Congés annuels : de mi-janvier à mi-février. Accès : sur la place du bourg. Menus à partir de 15,24 €, sauf le week-end. Entre Salbris et Lamotte-Beuvron, un restaurant à découvrir absolument, un peu en retrait de la

RN20 et à 5 mn de l'autoroute. Dieu sait s'il en existe des *Raboliot*, ce nom solognot emprunté à Maurice Genevoix. Mais ici, chez Philippe Henry, le nom et la cuisine sont légitimes, proches des bois et des étangs de Malvaux. Le patron est un personnage local, avenant et passionné, et sa réputation n'est plus à faire. On aime ce restaurant, excellent, chaleureux et à prix sages. Parmi les spécialités gastronomiques : foie gras frais (remarquable), raviolis d'escargots, sandre en écailles de Belles de Fontenay (un régal), cuisse de lapin farcie et braisée aux girolles, poêlée d'anguille... À la saison de la chasse, gibier abondant bien sûr ! Les desserts sont aussi alléchants, comme la tarte fine aux abricots et granité de thym ou la mousseline de rhubarbe. Superbe carte des vins. Service impeccable. Les habitués savent que le patron sert le midi au bar une cuisine plus simple mais tout aussi exceptionnelle, avec poulet fermier de l'Orléanais à la sauge, gratin de pommes de terre au sauvignon... Inutile de dire que c'est un coup de cœur...

I●I Le Dahu – 14, rue Henri-Chapron (Centre) ☎ 02-54-88-72-88. Parking. 👤 Fermé le mardi et le mercredi. Congés annuels : du 2 janvier au 13 février. Accès : par la N20 en direction de La Ferté-Saint-Aubin. Menus à partir de 20 €, en semaine, puis de 27 à 44 €. À la carte, compter un peu moins de 50 €. Marie-Thérèse et Jean-Luc Germain ont créé un jardin extraordinaire pour *Le Dahu*, du jamais vu ! Cachée dans une zone pavillonnaire sans charme, cette ferme solognote se fond dans la verdure. Poutres et poteaux centenaires jouent avec le paysage. Chaleureux intérieur à la fois rustique et chic. Au sommaire des réjouissances, filet de bar au pamplemousse, filet de rouget au piment d'Espelette, pintade fermière marinée aux épices douces, gibier en saison... Une très bonne table dans la région.

DANS LES ENVIRONS

SOUESMES 41300 (16 km SE)

🏠 I●I Hôtel-restaurant La Croix Verte – pl. de l'Église ☎ 02-54-98-93-70. Fax : 02-54-98-88-71. Fermé le mardi soir, le mercredi et le dimanche soir. Accès : par la D122, direction Pierrefitte-sur-Sauldre, puis la D126. Chambres doubles de 31 à 40 €. Menus à 21 et 26 €. Une adresse qui commence à faire sérieusement parler d'elle, ne serait-ce que pour le sacré tour de main du chef : croustillant de chèvre au bacon, fricassée de rognons de veau au lard et à la moutarde, tarte fine aux pommes confites à la fleur de sel... Rien que du simple, du traditionnel et du terroir. Une réussite. Quelques chambres modestes

mais bien tenues pour prolonger la découverte de la région. Enfin, pour les amateurs, les quelques gravures accrochées aux murs sont à vendre ! *NOUVEAUTÉ.*

ORLÉANS 45000

Carte régionale B1

🏠 Auberge de Jeunesse – 1, bd de la Motte-Sanguin (D3-4) ☎ 02-38-53-60-06. Fax : 02-38-52-96-39. ● asse.crjs@liberty surf.fr ● Parking. 👤 Ouvert toute l'année de 8 h à 19 h (20 h en été). Accès : à l'est du centre-ville (compter à peine 10 mn à pied). De la gare, prendre le bus des lignes 4 ou 8, arrêt « Pont-Bourgogne ». 7,80 € par personne. Draps : 3,20 €. Petit déjeuner à 3,35 €. Repas pour les groupes uniquement. Carte de membre (FUAJ) exigée (en vente sur place). Dans un bâtiment classé, situé au cœur d'un petit parc boisé le long des quais de Loire. Cuisine à disposition, salon TV, ping-pong et buanderie. Accueil groupe possible (60 lits). *Apéritif maison ou café offert à nos lecteurs sur présentation de ce guide. NOUVEAUTÉ.*

🏠 Hôtel de Paris – 29, rue du Faubourg-Bannier (B1-1) ☎ 02-38-53-39-58. TV. Congés annuels : en août. Accès : non loin de la place Gambetta et de la gare. Chambres doubles de 23 à 31 € avec lavabo. Un petit hôtel de quartier sans charme mais où l'accueil est sympa. Un petit coup de jeune lui a redonné un semblant d'âme. Chambres très modestes, toutes avec w.-c. sur le palier. Bonne literie. Dans l'escalier, on croise aussi bien des étudiants américains que des ouvriers en déplacement, donc pensez à réserver. Au rez-de-chaussée, bistrot de quartier avec plat du jour ou menu le midi en semaine. Possibilité de garer son vélo. Chiens acceptés.

🏠 Hôtel de l'Abeille – 64, rue Alsace-Lorraine (C1-3) ☎ 02-38-53-54-87. Fax : 02-38-62-65-84. ● hotel-de-labeille@wana doo.fr ● TV. Canal+. Accès : presque à l'angle de la rue de la République (piétonne). Chambres doubles de 38 € avec douche à 49 € avec bains. Il y a quelque chose dans l'atmosphère de cet hôtel, ouvert depuis 1903 et dans la même famille depuis 1919 (ce qui en fait l'un des plus anciens de la ville), qui nous a séduits : peut-être les arbustes et les plantes vertes qui rendent le trottoir presque bucolique, peut-être le charmant salon-réception plein de nostalgie, où trônent une statue et des affiches de la Pucelle. Peut-être aussi l'accueil aimable, l'escalier de bois patiné, le charme désuet des chambres, toutes différentes. Beaucoup de charme, et l'une de nos adresses préférées. *10 % sur le prix de la chambre offerts à nos lecteurs sur présentation de ce guide.*

🏠 *Hôtel Marguerite* ** – 14, pl. du Vieux-Marché (B2-2) ☎ 02-38-53-74-32. Fax : 02-38-53-31-56. ● hotel.marguerite@wanadoo.fr ● TV. Fermé le samedi en hiver et le dimanche toute l'année entre 12 h et 16 h 30. Accès : à 50 m de la rue Royale, près de la poste centrale. Chambres doubles de 40 € avec lavabo et w.-c. à 47 € avec bains. Petit déjeuner à 5,40 € avec boisson chaude à volonté, jus de fruits et miel, servi dans la chambre sans supplément. Voilà le genre d'adresse qui fait vraiment notre bonheur... et le vôtre. Cette jolie façade de brique cache un bel hôtel au charme suranné alliant confort, prix doux et accueil trois étoiles. Dès que vous rencontrerez le patron à la réception (au 1er étage), vous aurez compris que jovialité, gentillesse et disponibilité sont de mise. Deux types de décoration : chambres rénovées dans les tons pastel, fraîches et pimpantes, et les anciennes, absolument nickel et presque aussi charmantes. *20 % de remise sur le prix de la chambre (le week-end et tous les jours en juillet-août) offerts à nos lecteurs sur présentation de ce guide.*

🏠 *Jackotel* ** – 18, cloître Saint-Aignan (D2-5) ☎ 02-38-54-48-48. Fax : 02-38-77-17-59. Parking. TV. ♿ Fermé de 13 h à 18 h le dimanche et les jours fériés. Accès : longer le quai du Châtelet (direction Montargis) et prendre à gauche la rue Neuve-Saint-Aignan avant le pont. Chambres doubles de 46 à 49 € avec bains et téléphone. Charmante situation pour cet hôtel récent, au fond d'une cour fleurie, qui baigne du calme de l'adorable placette au pied de l'église Saint-Aignan. On y vient pour cette excellente raison car si les chambres sont confortables, à vrai dire, la décoration manque de charme. Pour l'anecdote, sachez que le curieux nom de l'hôtel (non, ce n'est pas une nouvelle chaîne !) est dû à la passion de la gérante pour... les perroquets ! Quelques spécimens (en bois) vous accueilleront à la réception. Pour résumer, vivement un bon coup de jeune pour que cet hôtel soit définitivement le plus charmant de la ville !

🍽 *Restaurant Les Fagots* – 32, rue du Poirier (C2-6) ☎ 02-38-62-22-79. ♿ Fermé le dimanche et le lundi. Congés annuels : 1 semaine début janvier et 3 semaines en août. Accès : à proximité des halles. Menus à 10,30 €, le midi, et 13,75 €. À la carte, compter autour de 22 €. Celui-là, on vous le

sort de derrière... les fagots. Facile ! Dès la porte franchie, on sent une ambiance particulière. Ici, des amoureux dînent en tête-à-tête ; là, des comédiens discutent avec leur metteur en scène ; plus loin, des habitués plaisantent avec le patron en train de cuisiner. Tout se passe autour de la grande cheminée qui trône au milieu de la salle décorée de vieilles affiches, de cafetières en émail et en porcelaine. Spécialités de la maison : les grillades au feu de bois et, surtout, le pavé d'âne (à commander la veille). Accueil et service amicaux. L'atmosphère nous inciterait à le classer dans les restos du soir mais on peut, à midi et au soleil, se laisser séduire par la petite terrasse. Réservation fortement conseillée le soir. *Apéritif maison offert à nos lecteurs sur présentation de ce guide.*

🍽 *La Dariole* – 25, rue Étienne-Dolet (C2-9) ☎ 02-38-77-26-67. Fermé le mercredi midi, le samedi et le dimanche. Congés annuels : 3 semaines en août. Joli menu à 18 € puis deux autres à 24 et 30,50 €. Cadre bois et vieux rose, cuisine exquise et raffinée, voici un de nos coups de cœur à Orléans. Délicieuses spécialités qui changent régulièrement : marbré de lapereau au basilic, mijotée de joues de cochon et terrine de pruneaux, pommes sauce caramel et glace au pain d'épice... Aux beaux jours, on peut manger dehors. Une terrasse agréable est sortie sur une jolie petite place piétonne. Accueil adorable, mais service timide et compassé ; dommage, car l'endroit gagnerait à plus de décontraction.

🍽 *Eugène* – 24, rue Sainte-Anne (C2-7) ☎ 02-38-53-82-64. Service jusqu'à 21 h 30. Fermé le lundi midi, le samedi midi et le dimanche. Accès : entre la place du Martroi et l'hôtel de ville. Menu à 21,50 € sans le vin ou 30,50 € avec sélection-cave ; également un menu découverte à 43 €. Déguster de la cuisine provençale dans le Loiret, quelle drôle d'idée ? Absolument pas, car dans cette bonne ville d'Orléans, le nom d'*Eugène* fait saliver plus d'une papille. Certes, il faut aimer l'atmosphère particulière de ces petits salons feutrés où se retrouve la bourgeoisie locale, et le côté stylé du service, jusqu'à l'excès. Mais tous les gourmets viennent ici se régaler d'une carte qui change chaque trimestre, pour notre plus grand bonheur. Aux beaux jours, délicieux menu intitulé « Clin d'œil provençal » avec par exemple, pour vous mettre en appétit,

CENTRE

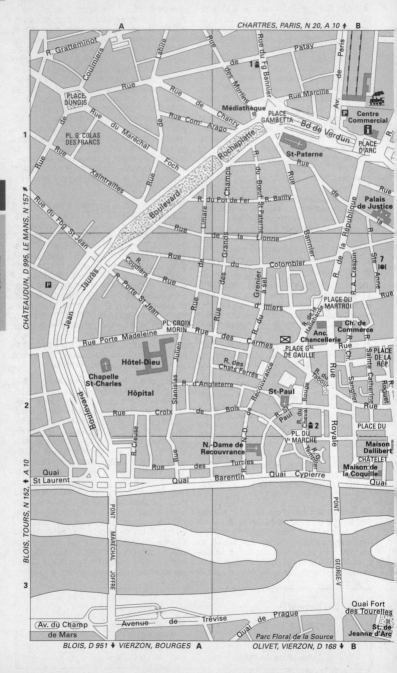

CHARTRES, PARIS, N 20, A 10 ↑ B

CENTRE

CHÂTEAUDUN, D 995, LE MANS, N 157 ↖

BLOIS, TOURS, N 152, A 10 ↓

R. Gratteminot
Coulmiers
Rue
des Murlins
Rue du Fg Bannier
Patay
Tahire
Rue de Paris
Av. de Paris

PLACE
DUNOIS
Rue
Rue de Chanzy
Rue Marcille
Médiathèque
PLACE
GAMBETTA
Centre
Commercial

PL. G. COLAS
DES FRANCS
Rue du Maréchal
Rue Com' Arago
Rocheplatte
Bd de Verdun
PLACE
D'ARC

1

Xaintrailles
Foch
Boulevard
Champs
R. du Breuil
St-Paterne
Rue
Rue
St-Paterne
Palais
de Justice

Rue du Fbg St Jean
R. du Pot de Fer
R. Bailly
de la
Lionne
Bannier
de la République

Rue
Limare
des
Grands
Colombier
R. A. Crespin
Ste Anne
Rue
7

Jean Jaurès
Coudière
R. Porte St-Jean
Rue
des
Grenier
à sel
d' Illiers
PLACE DU
MARTROI
Ch. de
Commerce
PLACE DE
LA RÉP.

Rue Porte Madeleine
PL. CROIX
MORIN
Rue
des
Carmes
Anc.
Chancellerie
Rue

Hôtel-Dieu
R. des
Chats Ferrés
PL. G'
DE GAULLE
Ch. Sanglier
Sainte Catherine

Chapelle
St-Charles
Hôpital
Stanislas
R. d'Angleterre
Recouvrance
St-Paul
R. St
Paul
Rue
Royale
PLACE DU

2

Boulevard
Rue
Croix
de
Bois
N.-D.
Chapelle
2
Maison
Dallibert
CHÂTELET

R. Creuse
Rue
des
Turcies
N.-Dame de
Recouvrance
PL. DU
V* MARCHÉ
R. G. Tonnelier
Maison de
la Coquille

Quai
St Laurent
Quai
Barentin
Quai Cypierre
Quai

PONT
MARÉCHAL
JOFFRE
PONT
GEORGE V

3

Quai Fort
des Tourelles
St. de
Jeanne d'Arc

Av. du Champ
de Mars
Avenue
de
Trévise
Quai
de
Prague
Parc Floral de la Source

BLOIS, D 951 ↓ VIERZON, BOURGES A   OLIVET, VIERZON, D 168 ↓ B

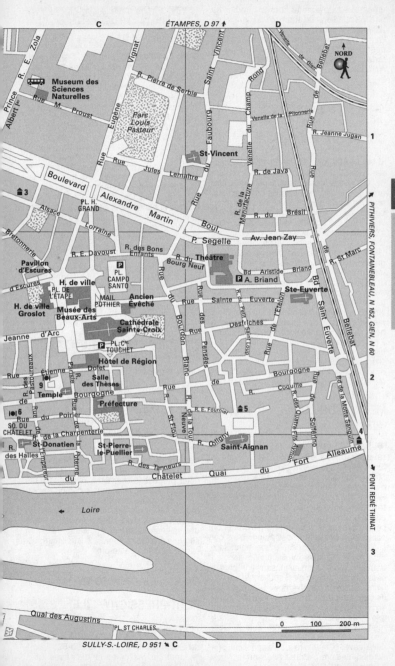

ÉTAMPES, D 97

NORD

Museum des
Sciences
Naturelles

Parc
Louis
Pasteur

St-Vincent

Boulevard   Alexandre   Martin

PL. H.
GRAND

Boul.

P. Segelle

Av. Jean Zay

PITHIVIERS, FONTAINEBLEAU, N 152, GIEN, N 60

CENTRE

Pavillon
d'Escures

Théâtre

R. du
Bourg Neuf

Bd.   Aristide   Briand

A. Briand

Ste-Euverte

H. de ville

PL.
CAMPO
SANTO

PL. DE
L'ÉTAPE

MAIL
POTHIER

Ancien
Évêché

Sainte   Euverte

H. de ville
Groslot

Musée des
Beaux-Arts

Cathédrale
Sainte-Croix

Jeanne   d'Arc

PL. C.
TOUCHET

Hôtel de Région

Dolet

Salle
des Thèses

Temple

Bourgogne

Préfecture

R. E. Fournier

5

SQ. DU
CHÂTELET

St-Donatien

St-Pierre-
le-Puellier

Saint-Aignan

des Halles

Quai   Châtelet

PONT RENÉ THINAT

Loire

Quai des Augustins

PL. ST CHARLES

0   100   200 m

SULLY-S.-LOIRE, D 951   C

D

un cannelloni d'agneau farci aux herbes ou une pissaladière de thon rôti au gratin de polenta. En hiver, c'est le gibier qui est à l'honneur. Pour finir, on craque ou l'on fond pour les p'tits calissons d'*Eugène* ou sa tarte fine renversées aux fraises ! *NOUVEAUTÉ.*

DANS LES ENVIRONS

COMBLEUX 45800 (5 km E)

🏠 |●| *La Marine* ☎ 02-38-55-12-69. Accès : par la N460. Menus à 20 et 26 €. À l'image de ce village où le temps semble s'être arrêté, voici une merveille de petite maison mangée par la glycine, avec sa terrasse au bord du canal. L'endroit a un charme fou. Un vrai cliché... D'un côté, la Loire passe, non-chalante, laissant apparaître çà et là ses fameux bancs de sable. Juste devant, une vieille écluse laisse s'écouler l'eau dans un grand bruit de cascade. À table, enfin, c'est une grande fête au poisson de Loire : anguille, lamproie et sandre sont admirablement cuisinés et les desserts sont somptueux. La salle, de pierre et de bois clair, est superbe et l'accueil charmant. De plus, il y a même un gîte et des studios qui se louent à partir de 185 € le week-end de 3 jours pour 2 personnes. Tous les ingrédients sont réunis pour que l'on se sente vraiment bien. C'est sans doute un de nos meilleurs souvenirs. Un vrai coup de cœur. *Kir offert à nos lecteurs sur présentation de ce guide.*

MEUNG-SUR-LOIRE   45130
(20 km SO)

|●| *Dix Sept sur Vins* – 17, rue du Géné-ral-de-Gaulle ☎ 02-38-45-13-41. Fermé le lundi. Accès : face à la mairie, sur la N152. Menu du jour le midi à 14 € (sauf le dimanche) ; autres menus de 19 à 25 €. Bien que donnant sur la route principale, ce resto est une vraie découverte et un de nos coups de cœur dans le coin. Dans cette jolie petite salle, toute simple mais pimpante, on oublie bien vite le bruit des automobiles car la cuisine pratiquée est d'une honnêteté sans faille. Cuisine traditionnelle sachant trouver pile poil le ton juste, sans fioritures ni démagogie, comme c'est souvent le cas ailleurs. Essayer par exemple ce croustillant de saumon ou cet excellent magret de cas-sis. Autres choix selon la carte du moment : foie gras, daurade en croûte de sel ou rognons au vin rouge, entre autres. Côté vins, le chef justifie le nom du resto par une belle cave. Il faut dire que papa tient une adresse célèbre à Paris ! Allez, on leur met 17 sur 20 ! *NOUVEAUTÉ.*

PITHIVIERS   45300

Carte régionale B1

🏠 |●| *Le Relais de la Poste* ⋆⋆ – 10, mail Ouest (Centre) ☎ 02-38-30-40-30. Fax : 02-38-30-47-79. Parking payant. TV. Satel-lite. Resto fermé le dimanche soir. Accès : en face de l'office du tourisme. Chambres doubles à 49 € avec douche et w.-c. ou bains. Menus de 14,50 à 25,50 €, tous impeccables. Malgré sa façade un peu décrépie, voici une bonne adresse provin-ciale, trônant sur sa place. N'hésitez surtout pas à entrer, le patron, d'origine polonaise, est très accueillant. Certaines chambres ont été entièrement rénovées, d'autres partielle-ment. Elles sont lambrissées pour la plupart et celles dans les étages ont même des poutres apparentes. À signaler, 5 chambres familiales avec lit pour bébé à disposition. La salle à manger est très banale mais très bien insonorisée, contrairement à ce que l'on pourrait craindre à première vue. Dès le 1er menu, c'est du solide ! Bien sûr, on a cra-qué pour le panachage de pâtisseries (feuil-leté et glacé) en dessert... La bonne petite adresse pour une étape dans le coin. *Kir maison et un petit déjeuner par chambre offerts aux lecteurs sur présentation de ce guide.*

PREUILLY-SUR-CLAISE   37290

Carte régionale A2

🏠 |●| *Auberge Saint-Nicolas* ⋆⋆ – 4-6, Grande-Rue (Centre) ☎ 02-47-94-50-80. Fax : 02-47-94-41-77. Parking. TV. Fermé le dimanche soir et le lundi. Congés annuels : de mi-septembre à mi-octobre. Accès : à deux pas de l'abbaye Saint-Pierre. Chambres doubles de 37 à 43 € avec douche et w.-c. ou bains. Menus de 10,50 €, le midi en semaine, à 33 €. Cet hôtel propose 9 chambres rénovées dans des tons jaunes, avec tout le confort néces-saire. L'enchevêtrement des escaliers, propre à ces vieilles maisons, fait penser aux coursives d'un navire. Au resto, dans une salle climatisée aux couleurs gaies, on sert une cuisine régionale. Accueil agréable et bon rapport qualité-prix.

DANS LES ENVIRONS

PETIT-PRESSIGNY (LE) 37350
(9 km N)

|●| *Restaurant La Promenade* – 11, rue du Savoureulx ☎ 02-47-94-93-52. Fermé le lundi, le mardi et le dimanche soir. Congés annuels : 3 semaines en janvier et

du 22 septembre au 8 octobre. Accès : par la D41 vers Loches, puis la D50. 4 menus de 34 à 69 €. Il arrive parfois que les villages les plus anodins sachent jouer de bons tours. Et c'est le cas du Petit-Pressigny ! En général, quand on va jusqu'à *La Promenade* du Petit-Pressigny, c'est comme lorsque l'on va à une fête. En l'occurrence, une fête gastronomique ! Quand il eut fini de bourlinguer chez les « grands » (chefs), Jacky Dallais, l'enfant du pays, devenu grand à son tour, transforma l'ancienne maréchalerie de papa en un merveilleux restaurant. Deux jolies salles aux lignes douces, contemporaines, précédées d'une entrée-salon. Madame vous reçoit, aimable et discrète, tandis que le maître d'hôtel orchestre un service dynamique. Pendant ce temps, Jacky, devant ses fourneaux, s'en donne à cœur joie pour confectionner les mets qui feront frémir vos papilles de bonheur. Tout en lui exprime la probité, l'effort, le grand soin et l'invention maîtrisée. Le dernier menu est rabelaisement étonnant avec ses 4 plats, fromage et dessert. Pain maison. Somptueuse carte des vins.

RICHELIEU 37120

Carte régionale A2

🏠 I●I *Les Mousquetaires* – 4, av. du Québec (Centre) ☎ 02-47-58-15-17. Parking. TV. Fermé le mardi. Congés annuels : du 1ᵉʳ au 15 octobre. Accès : à 2 mn du centre. Chambres doubles à partir de 25 € avec douche et w.-c. ; deux quadruples à 35,50 €. Menu à 9,50 €. Un petit hôtel sans prétention mais confortable. 5 chambres doubles de plain-pied sur un jardin. Accueil sympa, un peu rustique. Petit bar dans l'hôtel et possibilité de repas.

ROMORANTIN-LANTHENAY 41200

Carte régionale B2

🏠 I●I *Hôtel-restaurant Le Colombier* ** – 18, pl. du Vieux-Marché ☎ 02-54-76-12-76. Fax : 02-54-76-39-40. Parking. TV. Fermé le dimanche soir. Accès : à 150 m de l'hôtel de ville. Chambres doubles de 37 à 41 €. Un petit menu à 17 €, autres menus de 21 à 32 €. Chambres sans charme particulier mais confortables. Jardin agréable. Cuisine solognote traditionnelle, servie dans une grande salle à l'ambiance feutrée. Jolis menus travaillant les produits du terroir, suivant le marché et les saisons.

SACHÉ 37190

Carte régionale A2

I●I *Auberge du XIIᵉ siècle* – 1, rue du Château (Centre) ☎ 02-47-26-88-77. Fermé le lundi, le mardi midi et le dimanche soir. Menus de 27 à 56 €. L'endroit a de quoi rendre jaloux pas mal de restaurateurs. Non seulement c'est un lieu de pèlerinage pour les balzacomaniaques, mais c'est aussi une des meilleures tables de la région, et de surcroît dans un décor splendide. Vieilles poutres et cheminée, le lieu n'a sûrement que peu changé depuis le temps où Honoré venait descendre là une fillette de vin frais. Xavier Aubrun et Thierry Jimenez, les deux excellents « toqués », ont d'ailleurs eu la bonne idée de mettre au point un menu « Balzac », où le dessert est évidemment caféiné ! Délices dans la vallée, salade de pigeon du pays, géline aux câpres et foie gras chaud, marbré au chocolat... de la belle cuisine contemporaine, à prix au plus juste, dans une salle à manger classée lieu de patrimoine. Un grand moment de gastronomie.

SAINT-AIGNAN 41110

Carte régionale A2

🏠 I●I *Grand Hôtel Saint-Aignan* ** – 7-9, quai J.-J.-Delorme (Centre) ☎ 02-54-75-18-04. Fax : 02-54-75-12-59. Parking. TV. 🐾 Fermé le lundi, le mardi midi et de le dimanche soir de début novembre à fin mars. Congés annuels : la 2ᵉ quinzaine de février, la 1ʳᵉ semaine de mars et la 2ᵉ quinzaine de novembre. Chambres doubles de 43 à 52 €. Menus à 15 €, sauf le week-end, puis 23 à 33 €. Anciennes tanneries recouvertes de lierre et installées face au Cher. Cadre chaleureux, chic et agréable avec ses tapisseries médiévales. Jolies chambres à tous les prix. Plusieurs familiales et certaines avec vue sur le Cher. Cuisine à l'image de la maison. Quelques spécialités : le saumon fumé maison aux rouelles d'oignons, les rognons de veau braisés aux girolles et le craquant praliné sauce caramel. Délicieux. Super accueil. Un hôtel où l'on se sent bien, tout simplement. *10 % sur le prix de la chambre offerts à nos lecteurs sur présentation de ce guide.*

I●I *Restaurant Chez Constant* – 17, pl. de la Paix ☎ 02-54-75-10-75. Fermé le lundi et le mardi hors saison, sauf jours fériés. Menu à 11 € le midi, en semaine. Autre menu à 16 €. Compter 23 € à la carte. Un restaurant assez étonnant, dans le centre de Saint-Aignan, où se retrouve une clientèle des plus cosmopolites, autour des plats d'un jeune chef, Sylvain Libourerau, qui réussit à faire passer, même en été, un chausson d'andouillette et chèvre du pays, ou un filet de sandre rôti sur un parmentier d'andouillette d'une surprenante douceur. Sa patronne, Chantal Ragot, qui a une personnalité bien sympathique, l'aide en vous proposant des vins de pays à prix sagement tarifés. Un lieu où l'on se sent bien avant, pendant et après le repas, c'est plus rare qu'on ne le croit... *NOUVEAUTÉ.*

SAINT-AMAND-MONTROND 18200

Carte régionale B2

🏠 |●| *Hôtel-restaurant de la Croix d'Or* – **28, rue du 14-Juillet (Centre)** ☎ **02-48-96-09-41. Fax : 02-48-96-72-89.** Fermé le vendredi soir de novembre à mars. Accès : dans le centre. Chambres doubles à 46 €. Menu à 18 €, sauf le week-end et les jours fériés ; autres menus de 24 à 39,70 €. Les chambres, pas bien gaies et assez pauvrettes, ne donnent pas vraiment envie de s'installer. Cette adresse est surtout connue pour son resto, tenu par les deux frères jumeaux Moranges, aux fourneaux depuis 40 ans. Leur cuisine est à l'image de la salle du restaurant, classique et bourgeoise. Parmi les plats traditionnels, vous pouvez goûter la terrine de pieds de veau au foie gras et aux truffes (en été), ou encore le foie gras au caramel d'épices. *NOUVEAUTÉ.*

🏠 |●| *Hôtel-restaurant Le Noirlac* ** – **215, route de Bourges (Nord-Ouest)** ☎ **02-48-82-22-00. Fax : 02-48-82-22-01.** ● **www.lenoirlac.fr** ● Parking. TV. Canal+. ✗ Resto fermé le vendredi soir, le samedi midi et le dimanche soir de novembre à Pâques. Accès : à 5 km du péage de l'autoroute A71, sur la N144 en direction de Bourges. Chambres doubles à 55 €. Menus de 12 à 25 €. Situé près des hypermarchés en périphérie de la ville, dans un cadre qui manque cruellement de poésie, cette étape intéressera surtout les automobilistes. Contrastant avec les monuments de la route Jacques-Cœur, *Le Noirlac* est ultramoderne, avec piscine, tennis, practice de golf, piste de quads... Les chambres sont confortables et fonctionnelles. L'accueil est soigné et le service du resto efficace. Le 1er menu est copieux et servi tous les jours. À la carte : fricassée d'escargots ou cassolette de rognons de veau et petit Noirlac aux trois parfums. En été, pas mal d'animations. *10 % sur le prix de la chambre offerts à nos lecteurs sur présentation de ce guide.*

|●| *Restaurant Le Saint-Jean* – **1, rue de l'Hôtel-Dieu** ☎ **02-48-96-39-82.** Fermé le lundi, le mardi soir, le mercredi soir et le dimanche soir. Accès : dans la vieille ville, près de l'église. 1er menu en semaine à 15,50 €, puis menus de 18,50 et 23 €. À

proximité du charmant musée Saint-Vic, *Le Saint-Jean* vaut bien un pèlerinage, avec sa salle rustique aux tons ocre et ses poutres chaleureuses. Il fait bon fouler ce parquet d'un autre âge avant de s'attabler autour de la cuisine vaillante de Philippe Perrichon qui propose, en semaine, un 1er menu époustouflant. En spécialités, sandre fumé maison et son blinis aux algues ou saumon farci aux lentilles vertes du Berry, nougatine glacée. C'est le meilleur rapport qualité-prix de la ville, alors, le week-end, inutile de pointer son nez à l'improviste, il faut réserver.

DANS LES ENVIRONS

BRUÈRE-ALLICHAMPS 18200
(9 km NO)

|●| *Auberge de l'Abbaye de Noirlac* ☎ **02-48-96-22-58.** ✗ Fermé le mardi soir et le mercredi d'octobre à mars. Congés annuels : du 15 novembre au 25 février. Accès : à 2 km sur la N144 en direction de Bourges et à 5 km du péage de la A71. 1er menu à 16 € ; autres menus de 22 à 27 €. Cette auberge, l'ancienne chapelle de l'abbaye, comporte une salle de bistrot où, chaque été, vous pourrez apprécier la formule « sur le pouce » (omelette, assiette de charcuterie, etc.). Salle pour l'office gastronomique, avec carrelage cardinal, poutres monacales et pierre apparente. Le chef Pascal Verdier travaille la viande et le poisson en même bonheur. Le tout sans abuser de la bourse du pèlerin venu visiter l'abbaye. Belle terrasse ombragée.

MONTLOUIS 18160 (30 km NO)

🏠 *Chambres d'hôte du Domaine de Bourdoiseau* ☎ **et fax : 02-48-60-06-44.** Accès : prendre la N144 et la D35 jusqu'à Châteauneuf-sur-Cher, puis la N940 ; tourner à droite sur la D115 ; de là, suivre les panneaux. Chambres doubles à 37 €. Table d'hôte entre 11 et 14 €. Voilà une adresse formidable. D'abord, cette ferme du XVIIe siècle est très belle, isolée en pleine campagne. Ensuite, les propriétaires sont vraiment sympas, investis dans la vie culturelle locale, faisant de leur maison un véritable lieu de rencontre et d'échange. Isabelle propose une « lecture de paysage » passionnante et Eddie a l'art de parler avec générosité de son exploitation biologique. Calme, nature, repos, accueil, simplicité... parfait ! *NOUVEAUTÉ.*

SAINT-BENOÎT-SUR-LOIRE 45730

Carte régionale B1

🏠 *Hôtel du Labrador* ** – **7, pl. de l'Abbaye** ☎ **02-38-35-74-38. Fax : 02-38-35-72-99.** ● **www.hoteldulabrador.fr** ● Parking. TV. ⚒ Resto fermé le lundi, le samedi midi et le dimanche soir. Congés annuels : du 26 décembre au 10 janvier. Accès : face à la superbe basilique. Chambres doubles de 56 à 58 € avec douche et w.-c. ou bains. Demi-pension à 55 € par personne, en collaboration avec le resto *Le Grand Saint-Benoît* situé à 200 m. Sur une petite place où l'ambiance est au calme, au silence, voire au recueillement (la proximité de l'abbaye y est sûrement pour quelque chose !). La maison ne manque pas de charme. On y trouve encore quelques chambres à l'ancienne, moins chères mais pas nombreuses (les n⁰ˢ 4 ou 7, par exemple), avec poutres apparentes ou une jolie vue (partielle) sur l'abbaye ou la campagne environnante. Dans le lotissement derrière, les chambres sont plus confortables, même si elles n'ont pas le charme d'antan.

I●I Le Grand Saint-Benoît – 7, pl. Saint-André (Centre) ☎ 02-38-35-11-92. ⚒ Fermé le lundi, le samedi midi et le dimanche soir. Congés annuels : du 23 août au 10 septembre et du 20 décembre au 15 janvier. Menus à 16 €, en semaine, et de 22,20 à 42 €. Ce joli restaurant s'impose depuis belle lurette comme l'une des meilleures tables de la région. Et pour aller contre les idées reçues, on se permet de signaler que ce n'est pas le plus cher. La cuisine est absolument divine, à la fois simple et recherchée, toujours très personnelle. Le petit menu de la semaine, sauf heureux hasard, s'avère plutôt décevant comparé à la carte ou au menu à 22,20 €, par exemple – une merveille. Pour vous mettre l'eau à la bouche, on a repéré la galette d'escargots, le sandre rôti au chinon ou encore le savarin tiède au chocolat et sa glace vanille. Très belle terrasse dans la rue piétonne. *Café offert à nos lecteurs sur présentation de ce guide.*

SAINT-VIÂTRE 41210

Carte régionale B2

🏠 I●I Auberge de la Chichone ** – 6, pl. de l'Église ☎ 02-54-88-91-33. Fax : 02-54-96-18-06. TV. Fermé le mardi soir et le mercredi. Congés annuels : 2 ou 3 semaines en mars. Accès : par la N20, puis, au niveau de Nouan-le-Fuzelier, prendre la D93. 7 chambres doubles de 45 à 50 € avec douche et w.-c. ou bains. Menus à 11 €, en semaine, et de 14 à 34 €. Pour les beaux jours, réservez dans le jardin, qui compte déjà ses habitués !... À l'intérieur, c'est le cliché même de la ferme solognote. Décor rustique bourgeois où la lumière joue avec les poutres patinées. Au restaurant, un chef inspiré avec des plats très terroir et subtilement

réussis, comme la tarte solognote, la salade de canard avec son toast au foie gras, les papillotes de Saint-Jacques... Devant l'auberge, l'église du XIVᵉ siècle rappelle les pèlerinages effectués ici pour guérir toutes sortes de maladies. C'est ici que débute la très belle route des Étangs, chargez vos appareils photo ! *Café offert à nos lecteurs sur présentation de ce guide.*

SANCERRE 18300

Carte régionale B2

I●I Auberge La Pomme d'Or – 1, rue Panneterie (Centre) ☎ 02-48-54-13-30. ⚒ Fermé le mardi et le mercredi hors saison, le mardi soir et le mercredi en été. Congés annuels : 2 semaines à Noël. Accès : dans la vieille ville, en direction de la mairie. Premier menu à 14,50 € (sauf le samedi soir et le dimanche midi) ; autres menus à 21,50 et 34 €. Une petite maison bon chic bon genre à la déco coquette, avec des tables agréablement espacées et joliment dressées. Cuisine de tradition allégée, que parfume avec bonheur un brin de rusticité (saumon sauvage, poisson de petite pêche), au gré des saisons. Excellent rapport qualité-prix du 1ᵉʳ menu. Le patron, Didier Turpin, sommelier fou de vins, propose une carte époustouflante, avec les meilleurs terroirs français à prix d'amis. Réservation indispensable.

DANS LES ENVIRONS

SAINT-SATUR 18300 (3 km NE)

🏠 I●I Hôtel-restaurant Le Laurier ** – 29, rue du Commerce ☎ 02-48-54-17-20. Fax : 02-48-54-04-54. ● www.ldf-berry.com/18/laurier ● Parking. TV. Fermé le lundi (sauf en juillet-août), le jeudi soir et le dimanche soir. Accès : par la D955 et la D4. Chambres doubles à 19 € avec lavabo et à 39 €, plus spacieuses, avec douche et w.-c. ou bains. Menus de 15 à 40 €. À 100 m d'une belle abbaye, cette maison recouverte de vigne vierge abrite une salle décorée avec un goût de l'authentique (objets en cuivre, poutres apparentes, vieux meubles en bois...). Le prix des chambres est tout à fait raisonnable pour la région de Sancerre, très touristique. Au restaurant, ne pas manquer les spécialités : œufs au vin à l'ancienne, tête et langue de veau aux deux sauces. *Café offert à nos lecteurs sur présentation de ce guide.*

SAINT-THIBAULT 18300 (3 km E)

🏠 Hôtel de la Loire *** – 2, quai de la Loire ☎ 02-48-78-22-22. Fax : 02-48-78-22-29. ● www.hotel-de-la-loire.com ● Accès : par la D4. Chambres doubles de

55 à 70 €. Un hôtel en bord de route mais aussi face à la Loire, tenu par Carla Harrison, une Portugaise du Mozambique, tombée amoureuse de la région. Chambres à thème différentes et très confortables, dignes d'un magazine de déco : la « Georges Simenon » (qui a écrit deux de ses romans ici), l'« Africaine », la « Louis XIV », la « Provençale », la « Coloniale », l'« Indienne », etc. Le charme du lieu, la proximité de la Loire et la qualité de l'accueil justifient sans problème les prix pratiqués. *NOUVEAUTÉ.*

CHAVIGNOL 18300 (5 km O)

I●I *Restaurant des Monts-Damnés* – **le bourg (Centre)** ☎ 02-48-54-01-72. 🐾 Fermé le mardi soir, le mercredi et le dimanche soir. Accès : dans le centre. Menus de 22,50 à 39 €. L'enseigne des *Monts-Damnés* sanctifie un cru réputé de sancerre. De cette auberge rustique, où cohabitent poutres et tissus imprimés, se dégage une atmosphère douillette, presque romantique. Les plats, confectionnés à partir des produits du terroir, sont francs, avec des saveurs bien tranchées. La carte des vins est riche en bonnes occasions, tous terroirs confondus. L'accueil et le service sont sympas. Pergola aux beaux jours. Café offert à nos lecteurs sur présentation de ce guide.

SANCOINS 18600

Carte régionale B2

🏠 *Hôtel du Parc* ✶✶ – **8, rue Marguerite-Audoux (Centre)** ☎ 02-48-74-56-60. Fax : 02-48-74-61-30. Parking. TV. Congés annuels : la 1re quinzaine de janvier. Chambres doubles à 36 € et pour 2 à 4 personnes à 45 €, avec douche et w.-c. ou bains. Des allures de château, beaucoup de classe, un grand parc fleuri en saison, où l'on peut prendre son petit déjeuner, et des chambres calmes pleines de charme. Des miroirs de style baroque, des dessus-de-lit en velours bleu ou rouge. Un rapport qualité-prix imbattable. Que d'atouts ! De plus, l'accueil est charmant. Pas de resto.

SOUVIGNY-EN-SOLOGNE 41600

Carte régionale B2

I●I *La Perdrix Rouge* – **22, rue du Gâtinais (Centre)** ☎ 02-54-88-41-05. 🐾 Fermé le lundi et le mardi. Congés annuels : du 1er au 9 juillet et du 27 août au 4 septembre. Menus à partir de 13 €, en semaine, puis de 23 à 48 €. Très jolie salle à manger, à la fois rustique et raffinée, au mobilier choisi et aux tables joliment dressées. Belle cheminée. Une excellente maison pour laquelle on ne cache pas notre faible. L'accueil est charmant, le service stylé mais discret et la cuisine un véritable bonheur. On commence par de délicieux amuse-bouches, puis une mise en bouche, enfin arrivent les plats, légers, savoureux et parfumés : fricassée de homard bleu aux herbes, pigeonneau fermier aux choux, ou sandre au beurre blanc... Du terroir parfaitement revisité, des produits de première fraîcheur et de première qualité. Un très bon rapport qualité-prix. *Digestif maison offert à nos lecteurs sur présentation de ce guide.*

SULLY-SUR-LOIRE 45600

Carte régionale B1

🏠 I●I *Hôtel-restaurant de la Poste* ✶✶ – **11, rue du Faubourg-Saint-Germain (Centre)** ☎ 02-38-36-26-22. Fax : 02-38-36-39-35. Parking. TV. Canal+. Chambres doubles de 32 € avec cabinet de toilette à 49 € avec douche et w.-c. ou bains. Menus de 15 à 33 €. Ancien relais de poste à la façade un peu tristoune, mais c'est une petite institution à Sully. D'ailleurs, la volière à perruches dans la cour de l'hôtel est presque aussi célèbre que la maison elle-même. Une partie des chambres se trouve dans l'annexe côté Loire, mais la vue y est limitée ; dans l'hôtel lui-même, pour la vue, on se contentera de la télé ! En cuisine, produits locaux bien travaillés, essentiellement du poisson. Chambres non-fumeurs disponibles sur demande. *10 % sur le prix de la chambre offerts à nos lecteurs sur présentation de ce guide.*

TOURS 37000

Carte régionale A2

🏠 *Hôtel Saint-Éloi* ✶ – **79, bd Béranger (A2-2)** ☎ 02-47-37-67-34. Fax : 02-47-39-34-67. ● hotel@saint-eloi.com ● TV. Satellite. Fermé le dimanche après-midi. Accès : à moins de 10 mn à pied du vieux Tours. Chambres doubles de 22 € avec lavabo à 30 € avec douche et w.-c. En retrait du boulevard, au fond d'une courette. Petit hôtel calme, bien tenu, simple et chaleureux. Chambres avec lavabo ou douche, certaines avec w.-c. sur le palier. Facilités pour se garer sur le boulevard ou dans la rue Jules-Charpentier, derrière l'hôtel.

🏠 *Hôtel Régina* ✶ – **2, rue Pimbert (C1-4)** ☎ 02-47-05-25-36. Fax : 02-47-66-08-72. Ouvert 24 h/24. Congés annuels : la 2e quinzaine de décembre. Accès : derrière le Grand Théâtre. Chambres doubles de 23 €

avec lavabo à 31 € avec douche et w.-c. Petit hôtel coquet à souhait (déco pourtant toute simple), comme on les adore. Cela fait plaisir à voir tant c'est mignon, et on descendrait presque en pantoufles pour le petit déjeuner. Bonne isolation phonique. Côté entretien, rien à redire, c'est nickel ! Une petite maison où l'on revient.

🏠 ❙●❙ *Hôtel-restaurant Moderne* ** – 1-3, rue Victor-Laloux (C2-3) ☎ 02-47-05-32-81. Fax : 02-47-05-71-50. ● hotel.moderne37@wanadoo.fr ● Canal+. Câble. Resto fermé le midi et le dimanche. Accès : rue parallèle à la rue Buffon, à deux pas de la gare en centre et de l'hôtel de ville. Chambres doubles à 29 à 36 € avec lavabo, puis de 43 à 53 € avec douche w.-c. ou bains. Menus à 12,50 et 15,50 €. L'hôtel est à l'angle de la rue des Minimes, dans une discrète maison tourangelle. Quartier très calme. 23 chambres dont 12 avec bains, téléphone, TV et minibar. Quelques-unes mansardées douillettes, d'autres avec mezzanine. Bien tenu. On adore l'atmosphère qui émane de cet endroit feutré. Cuisine rustique : salade aux rillons chauds, pommes en l'air flambées au rhum... *Apéritif maison offert à nos lecteurs sur présentation de ce guide.*

🏠 *Hôtel du Musée* – 2, pl. François-Sicard (C1-19) ☎ 02-47-66-63-81. Fax : 02-47-20-10-42. TV. Câble. Accès : à côté du musée des Beaux-Arts. Chambres doubles de 37 à 45,60 € selon le confort. « Un établissement qui a besoin d'être refait », diront certains ; mais il perdrait sûrement un peu de son charme à chaque coup de pinceau. Derrière la façade usée, toutes les chambres sont différentes. Certaines ont de belles boiseries, une terrasse ou une cheminée. Si le mobilier est vieux, il n'est jamais ringard. Vraiment, l'affaire devait avoir du panache. Peut-être a-t-elle perdu de son lustre, mais elle y a gagné en atmosphère. Un hôtel pour amateurs seulement. *3 € de remise par chambre et par jour à nos lecteurs sur présentation de ce guide.*

🏠 *Hôtel Balzac* ** – 47, rue de la Scellerie (C1-5) ☎ 02-47-05-40-87. Fax : 02-47-05-67-93. ● hotel.balzac@online.fr ● TV. Accès : en plein centre-ville. Chambres doubles de 47 € avec douche et w.-c. à 50 € avec bains. Une adresse cossue et accueillante. Dans le quartier des antiquaires, une vingtaine de chambres régulièrement rénovées, dont 15 avec bains et 3 avec lavabo. Aux beaux jours, on peut prendre un verre ou le petit déjeuner sur la petite terrasse intérieure. *10 % sur le prix de la chambre (à partir de 2 nuits consécutives) offerts à nos lecteurs sur présentation de ce guide.*

❙●❙ *Le Petit Patrimoine* – 58, rue Colbert (C1-24) ☎ 02-47-66-05-81. Cartes de paiement refusées. Fermé le dimanche midi.

Accès : dans le vieux quartier, à proximité de la Loire et du château. Menus de 11,45 €, le midi en semaine, à 24,40 €. Habillé de couleurs saumon-orangé, c'est le « régional de l'étape » mais pas seulement. Le patron a une vraie conscience du patrimoine gastronomique tourangeau, et n'hésite pourtant pas à le bousculer, toujours avec délicatesse. Délicieuses spécialités donc : tourte tourangelle aux rillons et au chèvre, brochet à la bourgueilloise, matelote de veau, coq au chinon, entrecôte à la sauce sainte-maure, paupiette de saumon farcie au sainte-maure encore, andouillette à la vouvrillonne et superbe plateau de fromages. Un peu de place pour le dessert ? Alors goûtez aux poires tapées ou à la faisselle de chèvre et gelée de mûres. Bonne ambiance. Il est prudent de réserver.

❙●❙ *Le Bistrot des Halles* – 31, pl. Gaston-Paillhou (A2-22) ☎ 02-47-61-54-93. Ferme à 23 h 30. Ouvert tous les jours de l'année. Accès : en face des Halles. Menus à 12 € avec entrée et plat ou plat et dessert, 15 € avec entrée et plat et dessert. Coquette façade rouge et verte. Intérieur de bistrot à l'ancienne avec d'innombrables petits tableaux. Atmosphère décontractée. Service impeccable. Cuisine de qualité, souvent régionale : beuchelle tourangelle, bouillabaisse aux 5 poissons... Quant à leur tarte Tatin, hmm ! Grand choix de vins à la bouteille, au pichet ou au verre.

❙●❙ *Zafferano* – 7-9, rue de la Grosse-Tour (A1-32) ☎ 02-47-38-90-77. Cartes de paiement acceptées à partir de 15 €. Fermé le dimanche et le lundi. Congés annuels : pendant les vacances scolaires de février zone B, les 3 dernières semaines d'août et pour les fêtes de fin d'année. Accès : dans la vieille ville, à deux pas de la place Plumereau. Menus à 15 et 25 €. Ce dernier change tous les deux ou trois mois. Tout d'abord, mettons les choses au clair : ce resto n'a rien d'une pizzeria. Vous y découvrirez de typiques spécialités italiennes, de diverses régions. Pâtes fraîches maison, toujours apprêtées avec brio en plat ou en entrée. Des viandes exquises, vivement saisies ou longuement mijotées (*saltimbocca*, *piccata*, osso buco...). Puis de splendides fromages et, en dessert, un académique *tiramisù*, à accompagner d'un café *ristretto* bien sûr. On se sent vraiment en Italie, avec ce qu'elle a de meilleur ! Service fort sympathique. Belle carte de vins transalpins, un peu chers mais de qualité supérieure. Réservation conseillée. Petit rayon épicerie fine. Également une petite bibliothèque avec des livres sur la cuisine, les vins, les régions et la musique d'Italie. *Apéritif maison offert à nos lecteurs sur présentation de ce guide.*

La FLÈCHE, LE MANS, N 138 ↖   CHARTRES

CENTRE

↖ Cité A. Mame

↖ SAUMUR, ANGERS, N152

↙ SAUMUR, ANGERS, D 7

Île Simon

LOIRE

NORD

PONT WILSON

PONT NAPOLÉON

PLACE   A. FRANCE
Musée du
Compagnonnage

Q. du Pont Neuf

Fac. de Lettres

Musée
des Vins

Tanneurs   St-Saturnin
des   Mais. du Croissant
PL. DES
JOULINS   Hôt.
Hôt. XIXe   Hôt. CARMES   Hôtel
Mée du Gemmail   Pierre du Puy   Gouin
(Hél Raimbault)   PL. DES   (Musée)
PL. DES   PLA   PICOU   Hôt.
Hôtel
FILS AYMONT   CL. de   Binet   de Beaune-
St-Pierre   Semblançay
Murie   le-Puellier   R. H. R. Quantin   Fontaine
de Beaune
N.-Dame   32   du Grd   Marché   Rue de   Hôt. des   PL. DE
la Riche   PLUMEREAU   la Monnaie   Monnaies   LA   P Foch
Mais.   Mais.   RÉSISTANCE
R. G.   PL. DE LA   en pan   XVIIIe   Mais. en   Mée d'Hist.
Courteline   VICTOIRE   de bois   pan de bois   Naturelle   Halles
St-Denis   des
R. de
Châteauneuf   CHÂTEAUNEUF
Tour Charlemagne   Richelieu
Basilique   des Déportés
R. des   St-Martin
Écritoires   Tour de
PLACE   Mée   l'Horloge   Destouches
DES   St-Martin   Cloître St-Martin
HALLES   Rue Rapin   R. Gambetta
Néricault
22   PL. DU
Halles   14 JUILLET   Pattu
PL. DU   Palais
CHARDONNET   de Justice
P
Charpentier
PL. J.   Béranger
MEUNIER
Immeuble   Anc. Hôtel
Art Nouveau   (Faculté
de Droit)
2   Boulevard   Victor
PL.
ST-ÉLOI   0   100   200 m

↓ Musée des Équipages militaires et du Train   A   B

Les prix

En France, les prix des hôtels et des restos sont libres. Certains peuvent augmenter entre le passage de nos infatigables fureteurs et la parution du guide.

Avis aux hôteliers et aux restaurateurs

Chaque année pour y figurer, il faut le mériter !

Le Routard

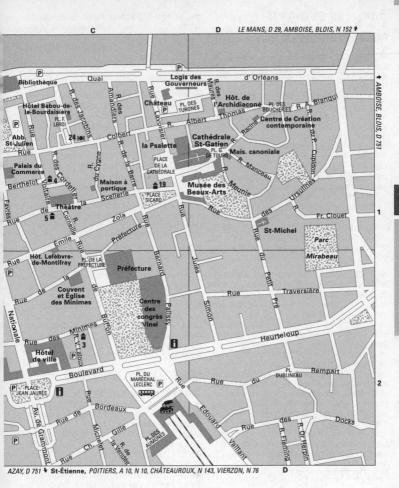

DANS LES ENVIRONS

ROCHECORBON 37210 (3 km NE)

🛏 *Hôtel Les Fontaines* ** – 6, quai de la Loire, RN52 ☎ 02-47-52-52-86. Fax : 02-47-52-85-05. ● www.tours-online.com/les fontaines. ● Parking. TV. Accès : route de Blois. Dans le manoir, chambres doubles de 37 à 55 € avec douche et w.-c. ou bains. Un établissement de charme, tenu par des professionnels. Certes en bord de nationale, mais les grands arbres du parc forment un écran anti-bruit efficace. Des chambres sur 3 étages, toutes différentes, joliment meublées et toutes suffisamment vastes et confortables. Dans l'ancienne maison du jardinier, des chambres plus simples, bien isolées, idéales pour les petits budgets. L'ensemble est rigoureusement entretenu. Accueil et service sans faute. Agréable salon du petit déjeuner. Parc ombragé. *10 % sur le prix de la chambre (d'octobre à mars) offerts à nos lecteurs sur présentation de ce guide.*

|●| *L'Oubliette* – 34, rue des Clouets ☎ 02-47-52-50-49. Fermé le dimanche soir et le lundi. Congés annuels : pendant les vacances scolaires de février et la dernière semaine d'août. Menu à 22 €, sauf le dimanche ; autres menus de 32 à 51 €. Le plus « gastro » des troglos tourangeaux. Les gens du coin disent qu'on y sert de la cuisine moderne. Nous l'avons trouvée tout simplement imaginative, inventive. Effectivement, le chef pratique l'usage des épices et aromates avec subtilité et finesse, donc nous n'avons pas trouvé la cuisine aussi moderne que cela. Dans l'intimité du coteau, on a passé un bien beau moment de gastronomie. La crépinette de homard et tourteau en rémoulade de fenouil est l'un de nos meilleurs souvenirs. Service dans le jardin quand le temps le permet.

FONDETTES 37230 (5 km O)

|●| *Auberge de Porc-Vallières* – Vallières (Sud) ☎ 02-47-42-24-04. Fermé le lundi soir, le mardi soir et le mercredi. Congés annuels : 3 semaines mi-août et 15 jours en hiver. Accès : sur la N152, direction Langeais-Saumur. Menus à 15,50 € en semaine, et à 19 €, le week-end. Compter 30 € à la carte. Ah, voilà une adresse que vous ne trouveriez pas sans nous ! Une auberge au bord de la nationale, qui, comme cela, n'a l'air de rien d'extraordinaire. Mais voilà, on entre, et on est heureux : la décoration décline ses fruits et ses bouquets de fleurs des champs, tout cela en harmonie avec une ambiance sympa, un accueil simple, sans fioritures ni chichis, et une cuisine raffinée mais point surfaite. Menu unique qui change tout le temps mais fait venir du monde. Le plat star c'est le pied

de cochon Marie-Madeleine (une recette biblique, à manger religieusement, bien sûr !) mais aussi la friture de la Loire (gougeons, gardons, ablettes...) selon la pêche. Vaut le déplacement.

VOUVRAY 37210 (8 km E)

🛏 |●| *Le Grand Vatel* – 8, av. Léon-Brûlé ☎ 02-47-52-70-32. Fax : 02-47-52-74-52. Parking. Restaurant fermé le dimanche soir et le lundi. Chambres doubles avec douche et w.-c. ou bains de 34 à 41 €. Menus de 18 à 61 €. Une affaire bien sérieuse que ce *Grand Vatel*. Au beau milieu de l'après-midi, le chef était en train de farcir de mignons petits chaussons de pâte feuilletée. Il s'acquittait de cette tâche avec tant de soin qu'il nous a donné faim. Tout ce que nous avons mangé le soir même était tout simplement délicieux. Produits faits maison, c'est déjà bien, mais ça ne suffit pas toujours pour être bon. Quand le marché est fait par un pro, qui gère aussi très bien sa brigade, le résultat ne se fait pas attendre : académique terrine de foie gras, subtiles ravioles d'huîtres tièdes sauce aux herbes... Service au diapason, et conseils avisés de l'exquise épouse du chef, qui s'avère être une fine papille. Carte de vouvray impressionnante, avec vin servi au verre. À l'étage, quelques chambres simples mais bien entretenues, si l'on ne souhaite pas prendre la route après de telles agapes. *Apéritif maison offert à nos lecteurs sur présentation de ce guide.*

SEMBLANÇAY 37360 (12 km NO)

🛏 |●| *Hostellerie de la Mère Hamard* ** – 2, rue du Petit-Bercy (Centre) ☎ 02-47-56-62-04. Fax : 02-47-56-61-67. ● mereha mard@wanadoo.fr ● Parking. TV. Fermé le lundi, le mardi midi et le dimanche soir. Congés annuels : du 15 février au 15 mars. Accès : par la N138, direction Le Mans. Chambres doubles de 45 à 80 € avec douche et w.-c. ou bains. Demi-pension demandée de mi-juin à mi-septembre, à 60 €. Menu à 16 €, sauf le samedi soir et le dimanche ; 3 autres menus jusqu'à 45 €. Dans une belle salle chaleureuse, vous dégusterez une cuisine régionale et gastronomique réputée. Accueil soigné. Également 9 chambres très agréables, situées dans une ravissante annexe. *Café offert à nos lecteurs sur présentation de ce guide.*

MONNAIE 37380 (14 km NE)

|●| *Restaurant Au Soleil Levant* – 53, rue Nationale (Centre) ☎ 02-47-56-10-34. Fermé le lundi, le jeudi soir et le dimanche soir. Congés annuels : la 1re quinzaine de janvier et la 3e semaine d'août. Accès : sur la N10. Formule à 12,20 €. Menus à 16 €, sauf le dimanche, puis à 24,50 et 33 €. Malgré le nom, on n'y mange pas avec des

baguettes ! C'est assurément l'une des meilleures étapes gastronomiques de la région. On y déguste, dans un cadre raffiné, une cuisine de saison pleine d'invention, qui sort des sentiers battus que jalonnent les spécialités régionales. Selon votre faim et vos capacités financières, vous trouverez un choix de menus qui vous feront découvrir les rognons de veau à la moutarde, le pavé de sandre rôti brisures de truffe jus moelleux au vouvray, et bien d'autres merveilles. *Café offert à nos lecteurs sur présentation de ce guide.*

VANNES-SUR-COSSON 45510

Carte régionale B1

I●I *Restaurant Le Vieux Relais* – **2, route d'Isdes** ☎ **02-38-58-04-14.** Cartes de paiement refusées. Parking. Fermé le lundi, le mardi et le dimanche soir. Congés annuels : la 1re quinzaine d'août et de mi-décembre à mi-janvier. Accès : à 25 km à l'est de La Ferté-Saint-Aubin. Menus à 16 €, sauf jours fériés, 23,50 et 31 €. En arrivant, on se doutait que cette superbe maison solognote n'était pas toute jeune, mais de là à imaginer qu'elle date de 1462, qu'on y mange depuis Marignan (1515 !) sous des poutres posées en l'an 800 ! Si les murs parlaient, ils auraient ici des milliers d'anecdotes à raconter : qui, par exemple, a marqué d'un coup d'épée l'escalier de cette auberge, désormais l'une des six plus anciennes de France ? L'endroit est véritablement somptueux et la cuisine ne gâche rien. Si vous tombez au bon moment, vous aurez peut-être la chance de goûter au foie gras du chef. Pour le reste, il ne travaille que des produits de saison. Difficile de vous allécher si ce n'est en vous parlant des queues de langoustine, du gibier (nous sommes en Sologne, que diable !) et de la crème brûlée. Un rêve ! Le bonheur, ça se mérite : réservation impérative.

VENDÔME 41100

Carte régionale A1

🏠 I●I *Hôtel-restaurant L'Auberge de la Madeleine* ** – **pl. de la Madeleine (Centre)** ☎ **02-54-77-20-79.** Fax : **02-54-80-00-02.** TV. Resto fermé le mercredi. Congés annuels : en février. Accès : direction route de Blois. Chambres doubles à 33 € avec douche et w.-c., de 37 à 45,50 € avec bains. Menus de 13,60 à 34,30 €. Adresse vraiment sans prétention. Les chambres sont assez agréables. Les nos 7 et 8 sont les plus spacieuses. Bonne cuisine bourgeoise avec, par exemple, tête de

veau, suprême de sandre à la vanille ou lapin forestier. Bon accueil. Possibilité de manger au jardin.

I●I *Restaurant Le Paris* – **1, rue Darreau (Nord)** ☎ **02-54-77-02-71.** Fermé le lundi, le mardi soir et le dimanche soir. Accès : du centre, remonter le faubourg Chartrain en direction de la gare SNCF, puis tourner à gauche après la voie ferrée. Menus de 14 à 29 €. Une excellente étape gastronomique. Patronne charmante, service impeccable et cuisinier inspiré, qui réussit particulièrement bien ses sauces. Ne pas oublier de commander un des bons vins de la région, comme le bourgueil Domaine Lalande... *Café offert à nos lecteurs sur présentation de ce guide.*

DANS LES ENVIRONS

SAINT-OUEN 41100 (2 km N)

I●I *La Vallée* – **34, rue Barré-de-Saint-Venant** ☎ **02-54-77-29-93.** 🔧 Fermé le lundi et le mardi. Congés annuels : en janvier et les 15 derniers jours de septembre. Accès : à Vendôme, prendre la direction de Paris et Saint-Ouen centre. Menus à partir de 16 €, sauf le dimanche, puis de 22 à 36 €. Ne vous arrêtez pas à l'aspect extérieur du bâtiment, sans charme particulier, vos papilles vous en seront reconnaissantes. Le 1er menu (sauf le dimanche) change chaque semaine et est déjà un enchantement. Cuisine raffinée et présentée avec art. Accueil courtois.

PEZOU 41100 (15 km NE)

I●I *Auberge de la Sellerie* – **Fontaine - RN10** ☎ **02-54-23-41-43.** Fermé le lundi, le mercredi soir et le dimanche soir. Congés annuels : en janvier. Accès : en retrait de la RN10 reliant Chartres à Vendôme. Menus de 14 à 43 €. Bonne auberge au cadre rustique et chic mais pas trop, et d'un bon rapport qualité-prix. On vous y propose, entre autres, cet incroyable 1er menu qui change pratiquement tous les jours. La cuisine est, certes, un peu riche, mais elle se montre inventive et de bonne qualité. Idéal pour les routards de passage, surtout que même tard, on est accueilli avec le sourire.

LAVARDIN 41800 (18 km SO)

I●I *Le Relais d'Antan* – **6, pl. du Capitaine-du-Vignau (Centre)** ☎ **02-54-86-61-33.** Fermé le lundi et le mardi. Congés annuels : 2 semaines en février et 3 semaines en octobre. Accès : par la D917, au niveau de Saint-Rimay, prendre sur la gauche, direction Montoire. Menus de 24 à 33 €. La carte change tous les mois. Le dernier comprend poisson et viande. Une vraie fête et, à ce prix-là, ce serait dommage de se priver. Peu de choix, pour assurer une qualité et une fraîcheur irréprochables, mais il y en a pour tous les goûts. Cuisine raffinée et inventive, jolie salle et service attentif, on leur souhaite longue vie... Le seul hic, c'est qu'il y a peu de tables et que c'est pratiquement toujours complet : réservez impérativement. Un coup de cœur. *Café offert à nos lecteurs sur présentation de ce guide.*

VEUIL 36600

Carte régionale A-B2

|●| *Auberge Saint-Fiacre* ** – le bourg (Centre) ☎ 02-54-40-32-78. ⚓ Fermé les dimanche et lundi, sauf jours fériés. Accès : à 6 km de Valençay par la D15. Menus à partir de 20 €. Cette auberge du XVIIᵉ siècle, nichée au creux d'un village fleuri charmant, au bord d'un ruisseau, suit le rythme des saisons. En hiver, on profite de la grande cheminée de la salle rustique ; été, on déjeune sous les frondaisons de marronniers centenaires en compagnie du glouglou de la cascatelle. Le chef joue sa partition avec habileté, selon le marché et la saison. *Café offert à nos lecteurs sur présentation de ce guide.*

VIERZON 18100

Carte régionale B2

|●| *La Maison de Célestin* – 20, av. Pierre-Sémard ☎ 02-48-83-01-63. Fermé le lundi, le samedi midi et le dimanche soir. Accès : face à la gare. Menus de 20 à 55 €. Un resto moderne et chic, dans une grande véranda en demi-cercle donnant sur un jardin et d'anciens bâtiments industriels assez beaux. Le jeune chef Pascal Chaupitre n'a pas attendu bien longtemps pour être connu et reconnu dans la région. Normal, il manipule avec un talent fou la fraîcheur des produits, l'inventivité, l'esthétisme, les saveurs surprenantes et les valeurs berrichonnes traditionnelles. Un voyage gustatif jubilatoire dès le premier menu, ce qui est suffisamment rare pour être signalé... Chapeau ! *NOUVEAUTÉ.*

YVOY-LE-MARRON 41600

Carte régionale B2

⌂ *Auberge du Cheval Blanc* – 1, pl. du Cheval-Blanc ☎ 02-54-94-00-00. Fax : 02-54-94-00-01. ● www.aubergeducheval blanc.com ● Resto fermé du 24 décembre au 3 janvier. Congés annuels : en mars. Accès : à 4,5 km au nord-ouest de Chaumont-sur-Tharonne par la D35. Chambres doubles de 71 à 83 €. Menus à 16 €, le midi, et de 24 à 30 €. Voilà une adresse très « parisienne » au cœur de la Sologne. Toutes les chambres ont été superbement refaites et décorées par un décorateur... parisien ! Cadre chic et de bon goût, teintes chaleureuses et moquettes épaisses, literie impeccable. De quoi faire le bonheur des touristes soucieux de leur confort. Accueil discret mais aimable. *NOUVEAUTÉ.*

YZEURES-SUR-CREUSE 37290

Carte régionale B2

⌂|●| *Hôtel-restaurant La Promenade* *** – 1, pl. du 11-Novembre (Centre) ☎ 02-47-91-49-00. Fax : 02-47-94-46-12. Parking. TV. Fermé le mardi. Congés annuels : du 10 janvier au 10 février. Accès : par la D104 ; juste en face de l'église. 1ᵉʳ menu à 20 €, servi en semaine uniquement, et pas après 20 h 30, puis menus à 26 et 37 €. Chambres doubles à 48 € avec bains et w.-c. Demi-pension à 47 € par personne. Aucun lien avec le restaurant *La Promenade* du Petit-Pressigny. Dans une belle maison du XVIIIᵉ siècle, ancien relais de poste, 15 chambres décorées dans un style rustique raffiné. Certaines avec cheminée, d'autres mansardées. Petit salon en mezzanine, avec piano. Mme Bussereau, la propriétaire, s'active en cuisine pour nous confectionner des recettes bien à elle, selon les produits du jour : gibier, volailles fermières et poisson, mais aussi de bonnes terrines maison, un fondant et savoureux saumon mariné, etc. Pain fait maison. Une bonne adresse où l'on aime revenir.

Les prix

En France, les prix des hôtels et des restos sont libres. Certains peuvent augmenter entre le passage de nos infatigables fureteurs et la parution du guide.

Avis aux hôteliers et aux restaurateurs

Chaque année pour y figurer, il faut le mériter !

Le Routard

Champagne-Ardenne

08 Ardennes
10 Aube
51 Marne
52 Haute-Marne

ARCIS-SUR-AUBE   10700

Carte régionale A2

|●| *Le Saint-Hubert* – 2, rue de la Marche
☎ 03-25-37-86-93. Ouvert tous les midis et du jeudi au samedi soir. Congés annuels : la dernière semaine de décembre, la 1re semaine de janvier, les 2 dernières de juillet et la 1re semaine d'août. Accès : fléché depuis le centre-ville. Menus à 13,50 € le midi en semaine, puis de 14 à 25 €. On se souviendra longtemps de l'accueil d'un patron qui sait mettre le convive d'un jour instantanément à l'aise, qui, même en plein coup de bourre, prend le temps de discuter de la vie comme elle va avec les clients. La salle est d'une certaine élégance, la cuisine traditionnelle, joliment tournée (et d'un époustouflant rapport qualité-prix), et la terrasse, surplombant la rivière, bien sympathique. Tout simplement une bonne adresse... *NOUVEAUTÉ.*

BAR-SUR-AUBE   10200

Carte régionale A2

▲ *Hôtel Saint-Pierre* – 5, rue Saint-Pierre (Centre) ☎ 03-25-27-13-58. Fax : 03-25-27-24-35. Parking. Chambres doubles à 20 € avec lavabo et w.-c. sur le palier, à 30 € avec douche et w.-c. Petit déjeuner à 3,05 € sauf les dimanche et jours fériés. Petit hôtel simple, bien tenu. Juste en face de l'église Saint-Pierre (classée, du XIIe siècle) que l'on voit des chambres nos 1, 8, 9 et 10. Au fait, les cloches sonnent à 7 h du matin ! Pas de resto, mais un bar à l'ambiance conviviale, fermé le matin des dimanche et jours fériés. Une bonne adresse à prix très doux.

▲ *Hôtel Le Saint-Nicolas* *** – 2, rue du Général-de-Gaulle (Centre) ☎ 03-25-27-08-65. Fax : 03-25-27-60-31. TV. Chambres doubles avec douche et w.-c. ou bains de 47 à 78 € suivant l'exposition. À deux pas du centre, cette ancienne maison bourgeoise posée à l'angle de deux rues cache un jardin (et une piscine). Les plus agréables des chambres donnent bien sûr de ce côté-là. Chambres garanties tout confort (insonorisées, climatisées...). Déco contemporaine mais (vieille bâtisse oblige) un certain charme. Sauna... *NOUVEAUTÉ.*

|●| *Un P'tit Creux* – pl. du Corps-de-Garde (Centre) ☎ 03-25-27-37-75. Fermé le dimanche et le lundi sauf en août. Congés annuels : en mars et octobre. Accès : entrée par le 24, rue Nationale. Menus de 9,25 à 21,34 €. Dans le centre ancien de Bar, une galerie marchande moderne abrite ce petit resto à la déco claire et gaie. Cuisine traditionnelle sans prétention, crêpes et pizzas. En été, une petite terrasse ensoleillée bien agréable.

|●| *Le Cellier aux Moines* – rue du Général-Vouillemont (Centre) ☎ 03-25-27-08-01. Ouvert tous les jours sauf le mardi au déjeuner, et les soirs des vendredi et samedi. Accès : derrière l'église Saint-Pierre. Menus à 12 €, en semaine, et de 19 à 28 €. Ce magnifique cellier du XIIe siècle

---

Sur présentation de ce guide,
nombreuses offres et réductions en 2003.

fut le théâtre de la révolte des vignerons en 1912, alors que l'appellation champagne devait leur être supprimée. On peut encore lire sur les murs des témoignages d'infortune, parfois en vers, ainsi que les noms des villages touchés par cette inacceptable décision. Les viticulteurs sont finalement sortis victorieux de la lutte. On ne leur rendra pas hommage en buvant un cru local, décidément trop cher. En revanche, la cuisine, dans un registre traditionnel sans fioritures, est plutôt réussie. On regrette pourtant la déco un peu froide, malgré les chandeliers sur chaque table et un service presque trop efficace. L'endroit mériterait plus d'intimité, de rondeur et de finesse.

I●I La Toque Baralbine – **18, rue Nationale (Centre)** ☎ **03-25-27-20-34.** Fermé le dimanche soir et le lundi sauf les jours fériés. Congés annuels : 3 semaines en janvier et 1 semaine fin juillet. Accès : RN19. Menus de 17 à 49 €. Après avoir travaillé plusieurs années dans différents restos de la Côte d'Azur, le propriétaire de cet établissement a décidé de revenir dans sa région natale pour y ouvrir son propre restaurant gastronomique. L'adresse s'est vite imposée parmi les gourmets du coin. Agréable salle rustique, cossue. Salon aux murs à pans de bois et petite terrasse en été dans une cour intérieure. Cuisine raffinée. Accueil souriant et sans chichis. *Café offert à nos lecteurs sur présentation de ce guide.*

DANS LES ENVIRONS

ARSONVAL 10200 (6 km NO)

â I●I Hostellerie La Chaumière ** – **N19** ☎ **03-25-27-91-02. Fax : 03-25-27-90-26.** ● **www.lachaumiere.fr** ● Parking. TV. ⚒ Fermé le dimanche soir et le lundi (hors saison et jours fériés). Congés annuels : du 10 décembre au 20 janvier. Accès : par la N19, direction Vendeuvre ou Troyes sur la gauche, à la sortie du village. Chambres doubles avec douche et w.-c. ou bains de 53 à 55 €. Menus de 18 à 50 €. Vieille auberge villageoise tenue par un gentil couple franco-britannique, comme le rappelle la cabine téléphonique rouge *so British* (mais dépourvue de téléphone !). Deux chambres, fraîchement rénovées dans le bâtiment principal, antique maison à pans de bois. Dans une structure moderne qui jure un peu dans le paysage, neuf autres, spacieuses, équipées de tout le confort moderne et qui donnent sur le grand jardin et la rivière. Cuisine soignée et copieuse servie dans une belle salle aux poutres apparentes largement ouverte sur l'extérieur. Aux beaux jours, possibilité de déjeuner ou dîner sur la très agréable terrasse ombragée. Très bon accueil.

DOLANCOURT 10200 (9 km NO)

â I●I Le Moulin du Landion *** – **5, rue Saint-Léger (Centre)** ☎ **03-25-27-92-17. Fax : 03-25-27-94-44.** ● **www.chateauxhotel.com** ● Parking. TV. Accès : par la N19, direction Troyes, bifurquer sur la gauche 2 km après Arsonval, puis fléché dans le village. Chambres doubles avec bains de 68 à 77 €. 1er menu à 18,20 €, non servi le week-end, puis menus de 27 à 54 €. Une adresse assez chic au jardin arboré avec piscine, un décor raffiné. Les chambres disposent d'une petite terrasse. Leur style, de facture assez moderne, contraste avec la salle à manger rustique aménagée autour du moulin. Le restaurant surplombe la rivière, tandis que les grandes baies vitrées s'ouvrent sur la roue à aubes, toujours en état de marche. On peut aussi préférer une table au bord de l'eau. Une adresse paisible (sauf pour le porte-monnaie) avant de se lancer dans les folles attractions de Nigloland, non loin de là.

CLAIRVAUX-SUR-AUBE   10310
(14 km SE)

â I●I Hôtel-restaurant de l'Abbaye * – **18-19, route de Dijon (Centre)** ☎ **03-25-27-80-12. Fax : 03-25-27-75-79.** Parking. TV. Congés annuels : du 24 décembre au 10 janvier. Accès : au carrefour de la D12 et de la D396. Chambres doubles avec lavabo de 26 à 32 €, avec douche et w.-c. à 38 €. Petit menu du jour en semaine à 10 €, puis menus de 12 à 20 €. Dans les bois de Clairvaux, saint Bernard établit au XIIe siècle la première abbaye cistercienne, devenue aujourd'hui une prison avec de hauts murs et des miradors. Juste en face, une petite adresse de campagne (qui fait bien sûr bartabac, dans un bâtiment très années 1970). Chambres qui mériteraient un petit coup de jeune mais qui restent confortables et tranquilles la nuit, malgré la position de l'hôtel, posé à un carrefour. Cuisine honnête, sans plus. Pour nos lecteurs qui veulent vraiment goûter le prix de la liberté, la chambre n° 17 donne en plein sur la prison. *Un petit déjeuner par chambre ou apéritif maison offert à nos lecteurs sur présentation de ce guide.*

BOURBONNE-LES-BAINS   52400

Carte régionale A2

â I●I Hôtel d'Orfeuil ** – **29, rue d'Orfeuil (Centre)** ☎ **03-25-90-05-71. Fax : 03-25-84-46-25.** ● **hotel-des-sources@wanadoo.fr** ● Parking payant. TV. Satellite. ⚒ Congés annuels : de 25 octobre au 1er avril. Accès : à 80 m de l'établissement thermal. Chambres doubles

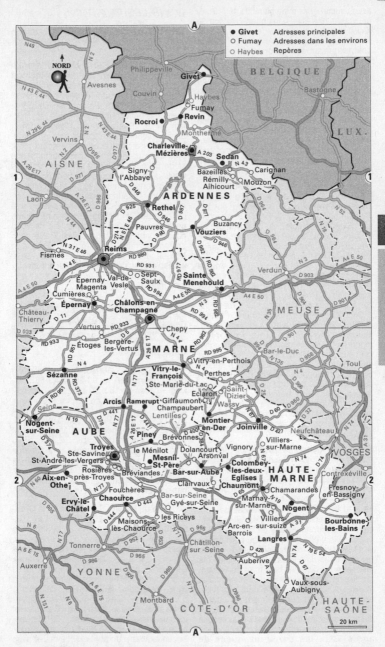

avec douche et w.-c. ou bains de 45 à 51 €. Menus de 10 à 20 €. Une bonne maison du XVIIIe siècle, patinée par le temps. Jardin ombragé prolongé par un parc à flanc de colline, agrémenté d'une piscine très agréable. Intérieur aménagé avec goût : vieux meubles de famille, tapis, cheminées. C'est un des rares hôtels chaleureux de Bourbonne avec un bon rapport qualité-prix. Chambres – studios récents – dans la nouvelle annexe, la partie ancienne étant réservée aux curistes. Demander de préférence les chambres avec balcon et vue sur le parc. Restaurant sans prétention et petit déjeuner (buffet) très curistes ! *Apéritif maison offert à nos lecteurs sur présentation de ce guide.*

🏠 ●❘ *Hôtel des Sources* ** – pl. des Bains (Centre) ☎ 03-25-87-86-00. Fax : 03-25-87-86-33. ● hotel-des-sources@wanadoo.fr ● Parking payant. TV. Canal+. Satellite. Fermé le mercredi soir. Congés annuels : du 30 novembre au 1er avril. Accès : à côté des thermes. Chambres doubles avec douche, w.-c. et cuisinette de 45 à 51 €. Menus de 12 à 25 €. Cet établissement, tenu par un jeune couple dynamique, propose des chambres modernes et fonctionnelles plutôt agréables. Demandez à en voir plusieurs car leur situation et leur taille varient. La n° 34, côté jardin, est notre préférée : c'est la plus grande et elle a un petit coin salon. Toutes possèdent « tout le confort moderne » (téléphone, TV câblée, sèche-cheveux...), l'indépendance en plus puisque vous pourrez même y faire votre frichti ! Sinon, au resto, possibilité de goûter à quelques spécialités pas trop curistes comme le tartare de saumon, le filet de sole provençale ou même cet excellent truffon au chocolat ! Accueil charmant et professionnel. *Apéritif maison offert à nos lecteurs sur présentation de ce guide.*

🏠 ●❘ *Les Armoises (hôtel Le Jeanne d'Arc)* *** – 12, rue de l'Amiral-Pierre (Centre) ☎ 03-25-90-46-00. Fax : 03-25-88-78-71. ● www.hotel-jda.fr ● Parking payant. TV. Satellite. Fermé le dimanche soir. Accès : dans la rue principale. Chambres doubles de 45 à 51 €. Lit sup. à 15 €. Menus de 12 à 25 €. Menu enfant à 7 €. C'est le seul restaurant « gastronomique » de la station. Normal, on vient plus à Bourbonne pour perdre des kilos et lutter contre l'arthrose. Privilégier les chambres côté jardin, qui ont toutes été rénovées. La table est bien mise : on retiendra le suprême de volaille aux vin jaune et morilles, le filet mignon de porc aux mirabelles. En dessert, superbe marquise au chocolat... rien que ça ! Repas servis dans le jardin aux beaux jours. Attention ! Vu la clientèle curiste et le manque d'animation dans la ville après 20 h, les dernières prises de commande sont prévues pour 21 h ! *Apéritif maison offert à nos lecteurs sur présentation de ce guide.*

DANS LES ENVIRONS

FRESNOY-EN-BASSIGNY 52400
(12,5 km NO)

●❘ *Restaurant du Lac de Morimond* ☎ 03-25-90-80-86. Parking. ♿ Fermé le soir sauf d'avril à septembre. Congés annuels : du 15 octobre au 15 mars. Accès : par la D139 puis 2,5 km après Fresnoy-en-Bassigny, prendre la petite route sur la droite (en direction du lac de Morimond). Menus à 20 et 22 €, uniquement le dimanche, ou carte. Une adresse perdue en pleine nature, tout près des ruines d'une abbaye cistercienne et de ce petit lac niché dans un écrin de forêts où des pêcheurs viennent du monde entier pour notamment taquiner la carpe en pleine nuit ! L'endroit idéal pour s'installer, en terrasse, au bord de l'eau, devant une petite friture, un filet de sandre, une salade de queues d'écrevisses, une tête de veau ou un tournedos aux morilles. Carte sans prétention mais bien fournie. Très bon accueil. Pour les jours de frimas, salle agréable avec une cheminée réconfortante. *Apéritif maison offert à nos lecteurs sur présentation de ce guide.*

CHÂLONS-EN-CHAMPAGNE 51000

Carte régionale A1

🏠 *Auberge de jeunesse* – rue Kellermann (Nord-Est) ☎ 03-26-68-13-56. Parking. Accueil de 18 h 30 à 22 h 30. Accès : centre-ville, à 1,8 km de la gare SNCF. Bus nos 1, 4, 5, ou 7 jusqu'à la place Tissier, puis n° 3 (Vallée Saint-Pierre) ou 10 mn à pied. 7,35 € la nuit par personne. Petit déjeuner à 3,25 €. Location de draps : 2,75 €. Près d'un grand square ombragé. Une auberge de jeunesse à l'ancienne proposant 40 lits répartis dans 2 dortoirs. Sanitaires assez rustiques. Ressemble un peu à un vieux pensionnat, mais bon accueil.

🏠 *Hôtel de la Cité* ** – 12, rue de la Charrière (Centre) ☎ 03-26-64-31-20. Fax : 03-26-70-96-22. TV. ♿ Accès : à 800 m de la place de la République. Du centre-ville, suivre le panneau indiquant : « Cité administrative », il mène directement à l'hôtel. Chambres doubles avec lavabo à 22 €, avec douche à 29 €, avec douche et w.-c. à 32 €, avec bains à 35 €. Petit déjeuner à 5 €. C'est une maison tranquille qui fait penser à une pension de famille. S'y côtoient techniciens en déplacement, VRP de passage en ville et même étudiants venus passer un examen. Un petit monde couvé avec bienveillance par les propriétaires qui entretiennent leur hôtel au mieux de leurs moyens. Ce n'est pas le grand luxe, mais

Pour une première rencontre avec

www.ardennes.com

Comité Départemental du Tourisme des Ardennes

22, place Ducale   BP 419

08107 CHARLEVILLE MEZIERES

Tél. : 03 24 56 06 08

Fax : 03 24 59 20 10

info@ardennes.com

 Comité Départemental du Tourisme des Ardennes

c'est très bien tenu. Certaines chambres donnent sur le jardinet de la maison. Dans celui-ci, les proprios ont installé tables et chaises pour que, quand le temps le permet, les clients puissent venir y prendre leur petit déjeuner, ou éventuellement se relaxer avec un bon bouquin. C'est provincial et paisible. La chambre n° 1 (la seule avec baignoire) est claire, spacieuse, et en plus sa salle de bains est gigantesque. Très bon accueil. *10 % sur le prix de la chambre offerts à nos lecteurs sur présentation de ce guide.*

⌂ *Hôtel Pasteur* ** – 46, rue Pasteur (Centre) ☎ 03-26-68-10-00. Fax : 03-26-21-51-09.** Parking. TV. Satellite. ♿ Accès : à 500 m environ de la place de la République. Chambres doubles à 28 € avec douche, 40 € avec douche et w.-c., 47 € avec bains. Petit déjeuner à 5 €. Une partie de l'hôtel était autrefois un couvent, d'où ce grand escalier. Les chambres sont agréables et bien tenues. Demandez-en une sur cour : c'est calme et ensoleillé. Accueil aimable. *Un petit déjeuner par chambre offert à nos lecteurs sur présentation de ce guide.*

⌂ |●| *Restaurant Jean-Paul Souply* – 8, fbg Saint-Antoine (Nord-Ouest) ☎ 03-26-68-18-91. Fax : 03-26-68-97-69. Parking. TV. Fermé le vendredi soir ainsi que le dimanche sauf à Pâques, pour la fête des Mères, la Pentecôte ou les communions. Congés annuels : la dernière semaine de juillet et les 3 premières d'août. Accès : direction Saint-Martin-sur-le-Pré. À 800 m du centre-ville, en face du foyer pour jeunes travailleurs. Chambres doubles à partir de 31 €. Demi-pension à 34 €. Formule à 9,30 € en semaine. Menus de 10,90 à 23,50 €. Une affaire de famille où chacun met la main à la pâte. Malgré la cessation d'activité de la grand-mère après plus de 65 ans d'exercice, l'esprit de famille se poursuit dans un cadre rénové et chaleureux. La belle-fille en salle et le fils chef et maître des lieux au piano. Il mijote une cuisine traditionnelle, avec des produits du marché, qui suffit à nourrir son homme, ce qui n'est déjà pas si mal. Propose aussi quelques chambres en demi-pension. *Café offert à nos lecteurs sur présentation de ce guide.*

⌂ *Hôtel du Pot d'Étain* ** – 18, pl. de la République (Centre) ☎ 03-26-68-09-09. Fax : 03-26-68-58-18. ● www.hotel-lepotdetain.com** ● Parking payant. TV. Canal+. Satellite. Accès : en plein centre-ville. Entre 60 et 63 € la chambre double avec douche ou bains, w.-c. et téléphone direct. Cette vénérable maison, bien rénovée par une famille de boulangers, existait déjà au XVe siècle. 27 chambres dont plusieurs pouvant accueillir 3 ou 4 personnes, idéales

pour les familles. Les chambres récemment refaites sont agréables et lumineuses. On a un faible pour celles du 3e étage (sans ascenseur), leurs couettes très douillettes et leur belle vue sur la place ou les toits de Châlons. M. Georges, ancien boulanger-pâtissier, fait lui-même ses croissants pour le petit déjeuner, ainsi que des tartes et du pudding. Cela varie en fonction de l'humeur du jour. Accueil très sympa. Garez votre voiture sur la place devant l'hôtel et visitez Châlons à pied !

⌂ |●| *Hôtel Le Renard* ** – 24, pl. de la République (Centre) ☎ 03-26-68-03-78. Fax : 03-26-64-50-07. ● www.le-renard.com** ● Cartes de paiement refusées. Parking payant. TV. Canal+. Resto fermé le samedi midi et le dimanche soir. Congés annuels : pendant les vacances de Noël. Chambres doubles avec bains de 69 à 75 €. Menus de 17 €, en semaine, à 46 €. Petit déjeuner à 8,50 €. En ville, on aime beaucoup le décor très moderne des chambres de l'établissement. En tout, 35, dont l'originalité tient, pour la plupart, à la situation du lit, posé au centre de la pièce. Un concept particulier qui ne plaira pas à tout le monde. La terrasse de la brasserie qui donne sur la place est bien sûr très prisée, de même que le restaurant de l'établissement. Ce qui ne gâche rien, on y mange correctement.

|●| *Le Pré Saint-Alpin* – 2 bis, rue de l'Abbé-Lambert (Centre) ☎ 03-26-70-20-26. Fermé le dimanche soir. Accès : à côté de la place de la République 1er menu à 16,50 €. Autres menus de 20 à 36 €. Le cadre, une maison bourgeoise datant de 1850 avec splendide verrière, plafond mouluré, etc., a du caractère et l'élégance paisible. Un tel lieu attire forcément une clientèle qui lui ressemble. Étrangers séduits par sa ligne architecturale presque aristocratique, Français en vadrouille amateurs de vieilles demeures, bourgeois et notables de la cité aiment recevoir leurs amis dans un cadre à la mesure de leurs ambitions, séducteurs en première phase de conquête, etc. À chacun ses raisons. Les nôtres forment un puzzle : d'abord, bien sûr, cette architecture typique du milieu du XIXe siècle, mais surtout la sérénité régnant dans la cour-terrasse en début de soirée. Le chef, formé à bonne école, propose une cuisine soignée, cherchant à satisfaire tout à la fois une clientèle avide de nouveautés et une autre qui ne veut pas trop être bousculée. Le cadre aidant, les choses se passent parfaitement bien. Une annexe bistrotière située dans la rue parallèle (*La Cuisine d'à Côté*, 1, ruelle Saint-Alpin) offre une formule plus économique composée de produits régionaux. *Café offert à nos lecteurs sur présentation de ce guide.*

Vous aimez les bulles ?
Vous aimerez l'Aube !

Lombard et Associés-Metz - Tél 03 87 36 12 21

Offrez-vous un week-end pétillant à 1h30 de Paris !

Vous aimez l'authenticité tout autant que le raffinement, vous êtes un bon vivant plutôt gourmand, vous recherchez des idées de week-end plutôt originales. Alors venez dans l'Aube pour y découvrir le secret du champagne.

Prêt à vous changer les idées ? Alors suivez le guide des "Week-ends buissonniers" une sélection d'adresses sympas, de lieux surprenants, et d'activités originales ainsi qu'une présentation des mille et une curiosités de l'Aube en Champagne. Pour cela, remplissez ce coupon et retournez-le au :

Comité Départemental du Tourisme de l'Aube en Champagne 34, quai Dampierre 10000 Troyes e-mail : aube.champagne@cg10.fr

Nom ....

Prénom ....

Adresse ....

....

désire recevoir le guide "Week-ends buissonniers"

DANS LES ENVIRONS

CHEPY 51240 (7 km SE)

|●| *Comme Chez Soi* – **49, route Nationale** ☎ 03-26-67-50-21. Fermé le dimanche soir, le lundi soir et le mardi. Congés annuels : 2 semaines en janvier et 1 semaine en août. Accès : de Châlons, prendre la N44 en direction de Vitry-le-François. Menus à 10,70 €, en semaine, et de 17,55 à 31 €. Cadre provincial et classique, atmosphère France heureuse et cuisine dans le même esprit. Le menu régional offre un excellent avant-goût du terroir. À la carte, les propositions vont du plus simple (steak-frites) au plus élaboré (pommes Maxime aux coquilles Saint-Jacques persillées), en passant par le terroir (escargots au chaource, foie gras poêlé au ratafia châlonnais). Bon accueil. *Apéritif maison offert à nos lecteurs sur présentation de ce guide.*

CHAOURCE 10210

Carte régionale A2

🏠 |●| *Hôtel-restaurant Les Fontaines* – **1, rue des Fontaines** ☎ 03-25-40-00-85. Fax : 03-25-40-01-80. ● **www.perso.wanadoo.fr/ champagne-chaource** ● TV. Fermé le dimanche soir, le lundi soir et le mardi. Congés annuels : du 2 au 23 janvier et de fin juillet à la 1re semaine d'août. Accès : par la D443. Chambres doubles avec douche et w.-c. à 28 €. Menus de 12 € (sauf le samedi soir, le dimanche et les jours fériés) à 35 €. Une cuisine qui sent bon le terroir, entre Champagne et Bourgogne. Le premier menu est exemplaire. Dommage toutefois que les suppléments abondent dans les autres menus. Plats à la carte servis sous cloche. Un savoureux petit luxe d'antan ! Quelques chambres au rapport qualité-prix imbattable.

DANS LES ENVIRONS

MAISONS-LÈS-CHAOURCE 10210 (6 km S)

🏠 |●| *Hôtel-restaurant Aux Maisons* *** – **le bourg** ☎ 03-25-70-07-19. Fax : 03-25-70-07-75. ● **www.logis-aux-maisons.com** ● Parking. TV. Satellite. 🍴 Resto fermé le dimanche soir. Congés annuels : du 15 octobre au 15 avril. Accès : par la D34. Chambres doublées à 53 € avec douche et w.-c. ou bains. Menus de 18 à 38 €. Au cœur d'un charmant petit village, une ancienne ferme, sur laquelle se sont greffées des annexes plus modernes. L'affaire familiale qui sait évoluer avec son époque. Chambres impeccables, contemporaines et fonctionnelles pour certaines, plus rustiques pour d'autres,

toutes tranquilles. Certaines (comme les nos 4, 5, 6 et 7) vraiment tout confort : climatisation, mini-bar... Piscine. Très élégante salle à manger aux grandes tables rondes et aux confortables fauteuils. Bonne cuisine, de région et de tradition mais avec de la personnalité. Tout près, un surprenant musée de poupées anciennes dans une fromagerie. *Apéritif maison offert à nos lecteurs sur présentation de ce guide.*

RICEYS (LES) 10340 (22 km SE)

🏠 |●| *Hôtel-restaurant Le Magny* ** – **route de Tonnerre** ☎ 03-25-29-38-39. Fax : 03-25-29-11-72. ● **lemagny@wanadoo.fr** ● Parking. TV. 🍴 Fermé le mardi soir et le mercredi. Congés annuels : en janvier et février. Accès : par la D17, à la sortie de Ricey-Haut sur la D453 (route de Tonnerre). Chambres doubles de 43 à 55 € (selon la saison) avec douche et w.-c. ou bains. Menus de 11 à 36 €. Non content de posséder 3 églises, Les Riceys est aussi le seul village de France à bénéficier de 3 appellations d'origine contrôlée, dont un rosé renommé que Louis XIV ne dédaignait pas siroter. Son bouquet se retrouve dans certains plats de la maison, la viennoise de chaource ou l'andouillette de Troyes à la graine de moutarde, par exemple. Dans cette grande bâtisse cossue, des chambres tranquilles, d'un très bon rapport qualité-prix. Les plus agréables (les plus chères aussi, logique...) donnent sur le jardin. Belle piscine chauffée en été.

GYÉ-SUR-SEINE 10250 (28 km E)

🏠 |●| *Hôtel Les Voyageurs* – *Le Relais* ** – **ancienne route nationale, au bourg** ☎ 03-25-38-20-09. Fax : 03-25-38-25-37. Parking. TV. Fermé le mercredi et le dimanche soir. Congés annuels : pendant les vacances scolaires de février. Accès : par la D70, à la sortie du village sur la gauche. Chambres doubles avec douche et w.-c. de 43 à 46 € selon la saison. Menus de 12,20 à 29,50 €. À l'orée d'un village avec pas mal de charme, gentille petite auberge réveillée par un jeune couple. Chambres récemment rénovées de fond en comble, fonctionnelles mais mignonnes. Bonne cuisine, simple et généreuse. Accueil et service (très) discrets. Douce ambiance familiale.

CHARLEVILLE-MÉZIÈRES 08000

Carte régionale A1

🏠 *Hôtel de Paris* ** – **24, av. G.-Corneau (Sud-Est)** ☎ 03-24-33-34-38. Fax : 03-24-59-11-21. ● **www.hoteldeparis08.fr** ● TV.

Canal+. Satellite. Congés annuels : du 20 décembre au 10 janvier. Accès : face à la gare. Chambres doubles avec douche et w.-c. à 44,50 €, avec bains à 46,50 €. Face au square de la gare que Rimbaud maudissait (mais son buste y trône désormais...). Tenu par l'une des hôtelières les plus accueillantes qu'on connaisse. Et son chat n'est pas en reste ! Chambres au style très classique, insonorisées côté rue, d'un calme absolu pour celles qui donnent sur la cour intérieure. Encore et toujours notre hôtel préféré à Charlestown ! *10 % sur le prix de la chambre (hors période estivale et à partir de 2 nuits consécutives) offerts à nos lecteurs sur présentation de ce guide.*

I●I *Restaurant Le Damier* – 7, rue Bayard (Sud) ☎ 03-24-37-76-89. Ouvert le midi en semaine, et le samedi soir. Accès : entrer dans Mézières (la sœur siamoise de Charleville) par l'avenue d'Arches, prendre la 2e rue à droite après le pont sur la Meuse. Menus à 8,85 € le midi en semaine, et de 9 à 16,60 €. Annoncé par une enseigne à l'ancienne, un resto pas comme les autres, géré par une association qui travaille à l'insertion de jeunes en marge (on excusera donc d'emblée les occasionnelles approximations du service). Avec son plat du jour et son premier menu, c'est l'endroit idéal où déjeuner. Lumineuse salle au sol en damier (facile !). Cuisine toute simple mais méritante. Le samedi soir, les prix avancent d'une case et la cuisine se fait un poil plus sophistiquée. *Café offert à nos lecteurs sur présentation de ce guide.*

CHAUMONT 52000

Carte régionale A2

⌂ *Grand Hôtel Terminus Reine* *** – pl. Charles-de-Gaulle (Centre) ☎ 03-25-03-66-66. Fax : 03-25-03-28-95. ● relais.sud.terminus@wanadoo.fr ● Parking payant. TV. Canal+. Satellite. ⚒ Accès : face à la gare SNCF. Chambres doubles avec lavabo et w.-c à 34 €, avec douche et w.-c. à 50 €, et de 68 à 89 € avec bains. La façade en rotonde repeinte en jaune et des volets bleus donnent une touche de modernité à cette ancienne résidence des comtes de Champagne, reconstruite au milieu du XXe siècle. Ce grand bâtiment offre toutes les prestations attendues d'un 3 étoiles... Les 63 chambres, pour la plupart rénovées, sont pimpantes, spacieuses et tout confort. Par contre, au resto, cuisine classique et assez chère, mais copieuse. Sinon, grill-pizzeria à prix plus démocratiques, service jusqu'à minuit. Accueil et service professionnels. L'adresse chic de Chaumont. *Apéritif maison offert à nos lecteurs sur présentation de ce guide.*

⌂ I●I *Hôtel-restaurant Le Relais* – 20, fbg de la Maladière (Nord-Est) ☎ 03-25-03-02-84. Cartes de paiement refusées. TV. ⚒ Fermé le dimanche soir et le lundi. Congés annuels : 15 jours en janvier et 15 jours fin juillet-début août. Accès : à 1 km du centre de Chaumont, sur la route de Nancy (N74), juste après le canal de la Marne à la Saône, connu ici sous le nom de « port de Chaumont ». 7 chambres doubles à 40 € avec bains et w.-c. Formule à 10,50 € et menu à 13 €. Ancien relais de poste sans prétention situé en bordure de route, près du canal, à la sortie de Chaumont. Chambres rénovées, assez calmes (demander la n° 6 ou la n° 7). Cuisine soignée, qui fait la part belle aux poissons (selon arrivage du marché) et aux produits de saison. Mais aussi salade tiède à l'émincé de volaille, tête de veau sauce ravigote. Accueil familial. *Café offert à nos lecteurs sur présentation de ce guide.*

⌂ I●I *Hôtel-restaurant des Remparts* *** – 72, rue de Verdun (Centre) ☎ 03-25-32-64-40. Fax : 03-25-32-51-70. ● www.hotel-les-remparts.fr ● TV. Satellite. ⚒ Hôtel et resto fermé le dimanche soir du 1er novembre à Pâques, plus le lundi toute l'année (sauf férié) pour le resto. Accès : à côté des remparts et à 1 mn à pied de la gare SNCF. Chambres doubles de 53 à 66 € selon la taille, avec douche et w.-c. ou bains. Menus de 12 € (sauf le dimanche) à 39 €. Cet ancien relais de poste situé en plein centre offre le meilleur rapport qualité-prix-accueil de Chaumont. Les chambres, récemment rénovées, sont pimpantes, propres, bien insonorisées, climatisées et décorées avec les affiches du festival des Arts graphiques de Chaumont. Pour des chambres plus spacieuses, préférer l'annexe (en particulier les chambres nos 16 à 22). Resto au cadre classique, un rien chic, où vous dégusterez une cuisine raffinée, comme le foie gras poêlé aux pommes acidulées, les Saint-Jacques sur tagliatelles, le tournedos façon Rossini aux truffes ou le saumon au pinot noir. Ambiance plus décontractée au grill *Le Lucifer* avec ses plats brasserie et sa carte à prix modérés. *10 % sur le prix de la chambre (du 1er novembre à Pâques) ou apéritif maison offerts à nos lecteurs sur présentation de ce guide.*

DANS LES ENVIRONS

CHAMARANDES 52000 (2 km SE)

⌂ I●I *Au Rendez-Vous des Amis* ** – 4, pl. du Tilleul ☎ 03-25-32-20-20. Fax : 03-25-02-60-90. ● www.au-rendezvous-des-amis.com ● Parking. TV. Canal+. Satellite. Resto fermé le vendredi soir, le samedi et le dimanche soir. Congés annuels : du 1er au 20 août et du 22 décembre au 2 janvier. Accès : de Chaumont, direction Langres

en champagne,
vos yeux aussi
vont pétiller !

Et si vous savouriez la Champagne le temps d'un week-end ...
Ouvrez grands les yeux : découvrez son patrimoine unique, admirez ses richesses
culturelles, explorez ses paysages taillés dans une nature préservée...
Vous apprécierez les couleurs, les parfums,
les saveurs d'un territoire généreux.

Pour vivre des séjours à sensations,
la Marne vous accueille.

Et vous, vous faites quoi
le week-end prochain ?

Bienvenue
pour un
week-end en
champagne

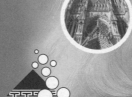

COMITÉ DÉPARTEMENTAL
L'effet Champagne !
DU TOURISME DE LA MARNE

13 bis, rue Carnot - BP 74 - 51006 Châlons-en-Champagne
Tél. 03 26 68 37 52
cdt51@tourisme-en-champagne.com
www.tourisme-en-champagne.com

Horizon Bleu - Reims 11/02

Coupon à retourner à l'adresse
ci-contre pour recevoir votre
Brochure "Et si vous passiez un
week-end en Champagne".

Nom ....

Prénom ....

Adresse ....

....

puis Chamarandes par la D162 sur la gauche. Chambres doubles de 42 à 61 € selon le confort. Menus à 16,50 €, en semaine, et de 24 à 44 €. Une véritable auberge de campagne dans un petit village traversé par la Marne. Des lieux intacts : l'église, l'école, la rivière ombragée et la silhouette d'un manoir au fond d'un parc. La tranquillité, le charme et l'accueil convivial en font une très bonne étape. Chambres décorées avec goût. Au restaurant, on croise chasseurs et pêcheurs, commerciaux et voyageurs. Menus servis l'été sur une agréable terrasse ombragée. Cuisine gastronomique et inventive comme en témoigne ce foie gras de canard maison aux pruneaux et au pain d'épices. Mais il y a bien d'autres trésors à découvrir ici, comme ce feuille à feuille de saumon en habit vert, ce dos de canard rôti et son fondant de foie gras... ou cette carte de vin aux 320 appellations différentes ! On ne peut qu'approuver ce slogan sur la carte de visite : « On y vient, on y est bien, on s'en souvient, on y revient. » *10 % sur le prix de la chambre (les vendredi, samedi et dimanche soir) offerts à nos lecteurs sur présentation de ce guide.*

MARNAY-SUR-MARNE   52800
(18 km SE)

🏠 I●I *Hôtel-restaurant La Vallée* – N19 ☎ 03-25-31-10-11. Fax : 03-25-03-83-86. ● www.hotel-de-la-vallee.fr ● Parking. TV. Fermé le dimanche soir (sauf en juillet-août) et le lundi. Congés annuels : 15 jours en mars et 15 jours en octobre. Accès : sur la N19 direction Langres. Chambres doubles avec douche et w.-c. de 40 à 45 €. Menu du jour à 12 € en semaine, puis menus de 15 à 37 €. Une adresse où l'on oublie bien vite la proximité de la route lorsqu'on goûte à la cuisine de cette maison qui jouit d'une bonne réputation dans le coin. Monsieur Farina exécute le terroir habilement et sans esbroufe. Goûter, par exemple, à la cassolette d'escargots au marc de Bourgogne ou au feuilleté de langre chaud. Terminer par un simple mais savoureux gratin de fruits rouges. Beaucoup de monde dans ces deux petites salles rustiques, aux nappes à carreaux rouges et blancs, et encore plus sur la terrasse ombragée lorsque viennent les beaux jours. Les six chambres au charme provincial sont proprettes et assez agréables mais un peu bruyantes (nationale oblige). Accueil chaleureux et ambiance familiale. *Apéritif maison offert à nos lecteurs sur présentation de ce guide.*

VIGNORY 52320 (20 km N)

🏠 I●I *Le Relais Verdoyant* ** – rue de la Gare ☎ 03-25-02-44-49. Fax : 03-25-01-96-89. ● le-relais-verdoyant@wanadoo.fr ● Parking. TV. 🌡 Fermé le dimanche soir et le lundi midi (ainsi que le lundi soir d'octobre à avril). Congés annuels : du 20 décembre au 15 mars et pendant les vacances scolaires de la Toussaint. Accès : par la N67 direction Saint-Dizier, puis direction Vignory gare ou Vouécourt. De 39 à 46 € la chambre double avec douche et w.-c. Menus de 13 à 24 €. Menu-enfants à 9 €. Au début du XXe siècle, la maison a été construite pour les voyageurs de cette gare que les trains ont aujourd'hui quelque peu oubliée au milieu de la campagne. L'hôtel est resté pimpant derrière son jardin. Petites chambres coquettes qui ont le charme des photos sépia affichées dans l'entrée. Cuisine traditionnelle. Spécialités : magret de canard à l'armagnac, terrine de foies de volailles au porto, nougat glacé au coulis de fruits.

VILLIERS-SUR-SUIZE   52210
(20 km S)

🏠 I●I *Auberge de la Fontaine* ** – 2, pl. de la Fontaine ☎ 03-25-31-22-22. Fax : 03-25-03-15-76. TV. Canal+. Satellite. 🌡 Congés annuels : 15 jours en mars et 15 jours en septembre. Accès : N19 direction Langres puis D143 jusqu'à Villiers-sur-Suize. Chambres doubles à 40 € avec douche et w.-c., ou à 45 € avec bains. Menus à 9,50 €, le midi en semaine, et de 15 à 28 €. À 30 mn de Chaumont, un bourg paisible entouré de bois et de champs, une petite place et sa fontaine, et cette bâtisse aux volets rouges couverte de vigne vierge, qui n'est pas sans nous rappeler la chanson de Nino Ferrer. Pour notre bonheur, voilà une sympathique auberge de village, où l'on peut tout aussi bien s'arrêter boire un pot, acheter ses journaux au manger un morceau. Comme les habitués, s'attabler côté bar, avec son plancher ciré, son petit coin salon devant la cheminée, ou au resto aux pierres centenaires. Terrasse ombragée aux beaux jours. Cuisine de ménage du style bavette aux échalotes, bœuf bourguignon, civet de sanglier en saison ou côte gras de canard, côte de veau aux morilles... tout simple mais bon et généreux. Pour ceux qui souhaitent s'attarder, sept chambres récentes et confortables, situées dans une annexe indépendante un peu plus haut. Vous avez oublié votre dentifrice ? Pas de souci, on en trouve à l'épicerie du village qui se situe... dans l'hôtel ! L'accueil sincère et chaleureux que prodigue le jeune patron fait que l'on se sent ici comme chez soi. Une adresse qui, de plus, redonne vie à nos villages... ça fait plaisir ! *Apéritif maison offert à nos lecteurs sur présentation de ce guide.*

ARC-EN-BARROIS 52210 (25 km SO)

🏠 I●I *Hôtel du Parc* ** – 1, pl. Moreau ☎ 03-25-02-53-07. Fax : 03-25-02-42-84. Parking. TV. Satellite. Fermé les mardi et mercredi du 15 septembre au 28 février, le lundi et le dimanche soir du 12 avril au

15 juin. Congés annuels : du 23 février au 10 avril. Accès : par la D10. Chambres de 47 à 60 € avec douche et w.-c. ou bains. Menus de 16 à 39 €. Dans un tout petit village à l'air bourguignon et entouré de forêts giboyeuses : une petite auberge discrète mais réputée, installée dans un ancien relais de chasse face à un château. Accueil convivial. Copieuse cuisine du terroir servie en terrasse aux beaux jours. Chevreuil et sanglier en saison. Chambres confortables et calmes, rénovées en 1998 afin d'accueillir l'équipe de football de la Jamaïque à l'occasion de la Coupe du Monde ! Possibilité de pratiquer la pêche, la chasse, le golf et de louer des VTT. Tout cela donne envie d'y revenir à l'automne. *Apéritif maison offert à nos lecteurs sur présentation de ce guide.*

COLOMBEY-LES-DEUX-ÉGLISES 52330

Carte régionale A2

🏠 |●| *L'Auberge de la Montagne* ** – 17, rue de la Montagne ☎ 03-25-01-51-69. Fax : 03-25-01-53-20. Parking. TV. Fermé les lundi et mardi. Chambres, très calmes, de 46 à 51 € avec douche et w.-c. ou bains. Menus à 22 €, en semaine, puis de 32 à 75 €. Petit déjeuner à 8 €. Un petit village, un grand homme, une très bonne auberge adossée à un pré ombragé, à 200 m du cimetière où repose le général de Gaulle. Le maître des lieux, Gérard Natali, fils du pays, fit partie des 12 jeunes qui portèrent le cercueil du libérateur de la France en 1970. Aujourd'hui, son auberge reçoit le monde entier : de l'ex-roi du Yémen à l'ambassadeur du Japon, des granitiers bretons aux Français de Pondichéry, venus goûter, dans un cadre rustico-chic, à une cuisine gastronomique qui fait la part belle aux produits régionaux et saisonniers (dos de sandre en peau en portefeuille d'écrevisses à pattes rouges, gibiers en saison). Dans ce village hautement historique, une adresse incontournable.

ÉPERNAY 51200

Carte régionale A1

🏠 *Hôtel Saint-Pierre* * – 14, av. Paul-Chandon (Sud) ☎ 03-26-54-40-80. Fax : 03-26-57-88-68. Accès : au sud de la place de la République. Suivre la direction « Palais des Fêtes-Piscines » Chambres doubles à 21 € avec lavabo, à 25 € avec douche et à 30 € avec douche et w.-c. Légèrement en dehors du centre-ville, dans une petite rue tranquille, le *Saint-Pierre* se présente comme une modeste mais sympathique pension de famille. Les chambres sont simples mais spacieuses et proprettes, et la famille Jeannel très accueillante. À ces prix-là, une véritable aubaine. *NOUVEAUTÉ.*

🏠 |●| *Hôtel-restaurant de La Cloche* ** – 5, pl. Mendès-France (Centre) ☎ 03-26-55-15-15. Fax : 03-26-55-64-88. TV. Accès : à côté de la cathédrale Notre-Dame. Chambres doubles de 36,50 à 39,50 € avec douche et w.-c. ou bains. Petit déjeuner-buffet à 5,80 €. Côté resto, une formule à 12 € et 4 menus de 16 à 44 €. En plein centre, un ancien relais de poste du XIXe siècle récemment remis au goût du jour. Les chambres, pas très grandes, sont néanmoins confortables, sympathiques et bien tenues. Salle à manger, dans le style Belle Époque, pas désagréable et cuisine à l'avenant, fraîche et soignée. Bon accueil, ce qui ne gâche rien. *NOUVEAUTÉ.*

🏠 |●| *Hôtel-restaurant Les Berceaux* *** – 13, rue des Berceaux (Centre) ☎ 03-26-55-28-84. Fax : 03-26-55-10-36. ● les.berceaux@wanadoo.fr ● Restaurant *Les Berceaux* fermé les lundi et mardi, et le *Wine Bar* fermé les samedi et dimanche. Congés annuels : 3 semaines en février et 2 semaines en août. Accès : près de la place de la République. Chambres doubles avec douche ou bains de 66 à 75 €. Petit déjeuner-buffet à 11 €. Côté restaurant, menus à 27 €, uniquement en semaine, puis de 45 à 59 €. Côté *Wine Bar*, menu-carte à 26 €. Un vieil hôtel, édifié en 1889 sur l'emplacement des anciens remparts. Chambres confortables et très agréables, toutes de style différent. Côté nourriture, restaurant (étoilé) ou bar à vins ? Chacun choisira l'un ou l'autre, selon son humeur ou l'amplitude de son porte-monnaie. *NOUVEAUTÉ.*

🏠 *Hôtel de Champagne* *** – 30, rue Eugène-Mercier (Centre) ☎ 03-26-53-10-60. Fax : 03-26-51-94-63. ● www.bw-hotel-champagne.com ● Parking. TV. Satellite. Accès : près de la place de la République. Chambres de 75 € avec douche et w.-c. et jusqu'à 115 € avec bains. Petit déjeuner-buffet à volonté à 9,50 €. Moderne et confortable, avec double-vitrage. Sans aucun doute le meilleur hôtel du centre-ville. Une dizaine de chambres possèdent la climatisation.

|●| *La Grillade* – 16, rue de Reims (Centre) ☎ 03-26-55-44-22. Fermé le samedi midi, le dimanche (sauf jours fériés) et le lundi soir. Accès : à proximité de la gare et derrière le théâtre. Menus à 14 €, en semaine uniquement, 17,20 et 28 €. Appelé familièrement « chez Blanche », du nom de sa propriétaire, ce resto est le royaume de la cuisson au feu de bois. Carré d'agneau au miel et romarin, daurade au basilic, bar au fenouil, etc., sont chatouillés par des

flammes jusqu'à ce qu'ils soient fin prêts à être servis aux convives toujours nombreux. Le jardin fleuri avec sa terrasse ombragée est apprécié à sa juste valeur dès que l'été revient. En dessert, la banane flambée, grillée, elle aussi au feu de bois, obtient un succès mérité...

DANS LES ENVIRONS

ÉPERNAY-MAGENTA 51530
(1 km N)

I●I *Chez Max* – **13, av. A.-Thévenet** ☎ **03-26-55-23-59.** Fermé le dimanche soir, le lundi et le mercredi soir. Congés annuels : la 1re quinzaine de janvier et les 3 premières semaines d'août. Accès : à 1 km du centre-ville en direction de Magenta. Menus en semaine à 12 et 15 €. Autres menus de 20 à 32,80 €. C'est une institution populaire. En activité depuis 1946, et toujours considérée comme l'une des bonnes tables de la ville. Faut le faire. Premier menu avec choix de 4 entrées, 3 plats, salade ou fromage, et dessert. Des menus qui changent régulièrement, cela va de soi. En sus, un menu-carte que beaucoup se réservent pour le week-end. *Digestif maison offert à nos lecteurs sur présentation de ce guide.*

CUMIÈRES 51480 (6 km NO)

I●I *Le Caveau* – **44, rue de la Coopérative** ☎ **03-26-54-83-23.** Fermé le dimanche soir, le mardi soir et le mercredi. Accès : par la N51 direction Reims, puis la D301 ou la D1. En face de la coopérative viticole. Menu à 14 € le midi en semaine, puis d'autres de 20 à 35 €. Le nom de ce resto n'a rien d'usurpé puisqu'il est aménagé sous les voûtes d'un authentique caveau taillé dans la craie. Un cadre typiquement champenois, décoré des outils de la vigne et de la cave et souligné par un jeune personnel en costume régional. Dans les assiettes, même hymne aux saveurs régionales et plats concoctés avec talent. Belle carte des vins, où les nectars de Cumières, réputés depuis le XIVe siècle, occupent une bonne place. *NOUVEAUTÉ.*

BERGÈRES-LES-VERTUS 51130
(24 km SE)

🏠 I●I *Hostellerie du Mont-Aimé* ★★★ – **4-6, rue de Vertus** ☎ **03-26-52-21-31. Fax : 03-26-52-21-39.** ● **www.hostellerie-mont-aime.com** ● Parking. TV. ✗ Fermé le dimanche soir. Congés annuels : pendant les vacances scolaires de février (zone B). Accès : par la D3 direction Châlons-en-Champagne, puis la D9 direction Vertus. Chambres doubles de 68,50 à 88,50 €. Petit déjeunet-buffet à 10 €. Menus à 20 €, en semaine, et de 30 à 64 €. Chambres agréables, avec air conditionné, donnant toutes sur un jardin ou sur la piscine pour se rafraîchir en famille. Le restaurant sert une belle cuisine bourgeoise, où les produits de saison sont travaillés avec rigueur et efficacité. Non loin de l'hôtel se trouve le fameux mont Aimé, butte témoin de 240 m, qui domine la plaine champenoise et la Côte des Blancs. Il y a une table d'orientation, ce qui est bien pratique. *Apéritif maison offert à nos lecteurs sur présentation de ce guide. NOUVEAUTÉ.*

ÉTOGES 51270 (24 km S)

🏠 I●I *Le Château d'Étoges* ★★★ – **4, rue de Richebourg** ☎ **03-26-59-30-08. Fax : 03-26-59-35-57.** ● **www.etoges.com** ● Parking. TV. Réservation obligatoire de novembre à avril et ultra-conseillée le reste du temps. Congés annuels : de fin janvier à fin février. Accès : par la D51 jusqu'à Montmort-Lucy, puis la D18. Compter 110 € la chambre double, plus cher pour une suite. Petit déjeuner à 12 €. 4 menus à 30, 40, 50 et 60 €. Relais des rois de France sur la route de l'Est, le château d'Étoges, construit au XVIIe siècle, et aujourd'hui classé Monument historique, reçoit les éloges mérités de tous ceux qui y séjournent. Le château offre 20 chambres raffinées et meublées d'époque. Chacune est de style différent mais indéniablement aristocratique. Le parc de 18 ha permet des balades romantiques et le salon de billard permet de se mesurer entre gentlemen avant de passer à table. Dans l'élégante salle à manger on vous servira une cuisine dans le ton : de quoi entretenir une certaine idée de la vie de château... Nos amis anglo-saxons raffolent de l'endroit. *10 % sur le prix de la chambre (hors samedi soir) offerts à nos lecteurs sur présentation de ce guide. NOUVEAUTÉ.*

ERVY-LE-CHÂTEL 10130

Carte régionale A2

I●I *Auberge de la Vallée de l'Armance* ☎ **03-25-70-66-36.** Fermé le dimanche soir et le lundi. Accès : du centre d'Ervy, prendre la D374 en direction d'Aix-en-Othe ; le resto se situe à la sortie du village, sur la gauche. Menus à 10 €, en semaine, puis de 20 à 38 €. Un bistrot à l'ancienne pour le menu du jour. L'auberge est, elle, derrière le petit jardin. Une partie de la salle à manger a été aménagée dans une ancienne étable (on voit encore la vieille mangeoire en bois). Cadre et déco évidemment rustiques, avec fourches et pelles à pain accrochées aux murs. Beaux meubles Henri II à l'entrée. Cuisine régionale de qualité (goûter notamment le gratin d'andouillette au fromage ou le délice champenois au ratafia).

GIVET   08600

Carte régionale A1

🏠 ❙●❙ *Hôtel-restaurant du Nord* * – 27, rue Thiers (Centre) ☎ 03-24-42-01-78. **Fax : 03-24-40-46-79**. Parking. TV. ✗ Fermé le vendredi et le dimanche soir. Congés annuels : 3 semaines en fin d'année. Chambres doubles de 22,90 € avec cabinet de toilette à 33,60 € avec douche et w.-c. ou bains. Menus de 11,40 à 25 €. Petite adresse pas ruineuse, au centre mais dans une rue assez tranquille. Chambres au-dessus du resto ou dans une annexe en face. Modestes (et il faut aimer les papiers peints psychédéliques !). Bar-restaurant sans prétention lui aussi, à l'ambiance d'une autre époque et à la très classique cuisine (jambon gratiné à la Crécy, truite à l'ardennaise). *Apéritif maison offert à nos lecteurs sur présentation de ce guide.*

🏠 ❙●❙ *Hôtel Le Val Saint-Hilaire* ** – 7, quai des Fours (Centre) ☎ 03-24-42-38-50. Fax : 03-24-42-07-36. ● www.chez.com/valsthilaire ● Parking. TV. Satellite. ✗ Congés annuels : du 20 décembre au 5 janvier. Accès : à gauche, en entrant dans Givet, quand on vient de Charleville. Chambres doubles avec douche et w.-c. ou bains à 53,50 €. Menus de 14,95 à 28,20 €. Une grande maison du XVIIIᵉ siècle en pierre bleue de Givet, naguère siège d'une imprimerie locale. Agréables chambres à la déco contemporaine d'une sobriété exemplaire. Celles côté rue (et avec vue sur la Meuse) sont équipées de double-vitrage (voire de triple-vitrage au rez-de-chaussée). Ceux qui craignent vraiment le bruit s'installeront côté cour. Un resto spécialisé dans la cuisine du terroir (dinde rouge et truite ardennaises) ; un bar avec une terrasse sur un quai où accostent les plaisanciers. Et toujours le meilleur accueil de la ville ! En outre, les patrons seront de bon conseil pour vos balades dans le coin : commencez par la vallée de la Meuse, simplement superbe ! *Apéritif maison offert à nos lecteurs sur présentation de ce guide.*

DANS LES ENVIRONS

FUMAY 08170 (20 km S)

❙●❙ *Hostellerie de la Vallée* – 146, pl. Aristide-Briand (Centre) ☎ 03-24-41-15-61. ✗ Fermé le dimanche soir, le lundi et le mercredi soir. Congés annuels : pendant les vacances scolaires de février. Accès : par la N51. Menus à 10 €, le midi en semaine, et de 17 à 35 €. La bonne petite auberge de campagne que voilà ! Salles et salons pour réceptions se remplissent très vite le midi,

on vient de loin pour y manger. Le patron veille sur ses clients et vous servira une cuisine régionale copieuse et variée. Citons entre autres les charcuteries des Ardennes, les cuisses de grenouilles fleurette ou le feuilleté de boudin blanc au porto... *Café offert à nos lecteurs sur présentation de ce guide.*

JOINVILLE   52300

Carte régionale A2

🏠 ❙●❙ *Le Soleil d'Or* *** – 9, rue des Capucins (Centre) ☎ 03-25-94-15-66. **Fax : 03-25-94-39-02**. Parking payant. TV. Satellite. Fermé le dimanche soir et le lundi. Congés annuels : du 1ᵉʳ au 15 février. Accès : à côté de l'église Notre-Dame. Chambres de 36 à 70 € selon la taille et le confort. 1ᵉʳ menu, simple, à 20 €, servi tous les midis sauf le samedi et le dimanche, puis menus gastronomiques à 35 €. Les amateurs de chambres douillettes avec pierre de taille apparente seront ravis. Cet hôtel spacieux et lumineux est le meilleur rapport qualité-prix de la ville. La salle de restaurant, très « néo-gothique » avec son décor de verre, de pierre et de bois, est chaleureuse et raffinée, tout comme les spécialités du chef : marinière de filet de grosse sole, rouget-barbet et Saint-Jacques à la coriandre, poitrine de pigeon rôtie... Évidemment, ce n'est pas donné, mais l'excellence a un prix ! Adresse chic, élégante et accueil attentionné. *Garage gratuit offert à nos lecteurs sur présentation de ce guide.*

🏠 ❙●❙ *Hôtel-restaurant de la Poste* ** – pl. de la Grève (Centre) ☎ 03-25-94-12-63. **Fax : 03-25-94-36-23**. TV. Fermé le dimanche soir en hiver. Accès : à la sortie de la ville, route de Saint-Dizier, face à un parking ombragé. Chambres confortables de 39 à 43 € avec double-vitrage, douche et w.-c. ou bains. Menus à 12,20 €, en semaine, et de 21 à 55 €. Il fait hôtel, oui, mais c'est pour déguster les délicieuses spécialités du chef que l'on s'y arrête : magret de canard vinaigre framboisé, rognon de veau et la truite Sire de Joinville (Joinville était le compagnon d'armes de Saint Louis). En semaine, un beau menu d'un rapport qualité-prix remarquable avec entrée, viande ou poisson, fromage et dessert. C'est rare ! Service impeccable. *Café offert à nos lecteurs sur présentation de ce guide.*

DANS LES ENVIRONS

VILLIERS-SUR-MARNE 52320 (17 km S)

❙●❙ *La Source Bleue* – lieu-dit La Source-Bleue ☎ 03-25-94-70-35. Parking. Fermé le dimanche soir et le lundi. Accès : N67 direc-

CHAMPAGNE-ARDENNE

tion Chaumont, puis, à Villiers-sur-Marne, prendre la direction de Doulaincourt (et suivre les panneaux). Petit menu à 11,45 € le midi en semaine, puis d'autres de 14,50 à 35,10 €. À la carte, compter 30 €. L'adresse idéale pour routards bucoliques. Un ancien moulin tenu par un jeune couple au bord d'une rivière en pleine campagne. Ambiance chaleureuse, décoration simple mais soignée, service zélé avec une carte à prix doux. On recommande le tartare de truite aux baies roses, le filet de canard aux mûres, le filet de sandre à la crème de chèvre et les desserts très fins. En été, repas sur la pelouse devant la maison. Également une terrasse les pieds dans l'eau. Une adresse de charme et, qui plus est, d'un excellent rapport qualité-prix. Au fait, avant de repartir, ne manquez pas d'aller jeter un œil à la source immergée dans l'étang rempli de truites qui borde la maison. Comme son nom l'indique, elle est d'une couleur vraiment... surprenante. *Apéritif maison offert à nos lecteurs sur présentation de ce guide.*

LANGRES   52200

Carte régionale A2

🏠 ⦿I *Grand Hôtel de l'Europe* ** – 23-25, rue Diderot (Centre) ☎ 03-25-87-10-88. Fax : 03-25-87-60-67. ● **h o t e l e u rope.langre@wanadoo.fr** ● Parking payant. TV. Canal+. Fermé le dimanche soir en hiver. Chambres doubles à 52 € avec douche et w.-c., et à 62 € avec bains. Menus de 16 €, en semaine, à 46 €. Un hôtel en plein centre de Langres, à l'âme et au charme provinciaux, entièrement rénové. Profitez du charme de l'antique escalier qui mène aux chambres du 1er étage, avec leurs hauts plafonds, leur toile de Jouy et leur plancher craquant. Les chambres du 2e étage, à dominante jaune et bleue, sont certes fonctionnelles mais un peu plus impersonnelles. Chambres à l'ancienne en annexe, côté cour, plus calmes que celles qui donnent sur la rue, bien entendu. Belle salle à manger en boiseries du XVIIe siècle pour déguster une cuisine de terroir à prix corrects. *Apéritif maison offert à nos lecteurs sur présentation de ce guide.*

🏠 ⦿I *L'Auberge des Voiliers* ** – lac de la Liez (Est) ☎ 03-25-87-05-74. Fax : 03-25-87-24-22. ● **www.perso.wanadoo.fr/ auberge.voiliers** ● TV. Satellite. Fermé le dimanche soir et le lundi (sauf du 1er mai au 1er octobre). Congés annuels : du 1er janvier au 15 février et du 1er au 31 décembre. Accès : à 4 km de Langres, par la route de Vesoul. Chambres doubles à 54 € avec douche, w.-c. et téléphone, 60 € avec bains. 1er menu à 16 € le midi en semaine,

puis menus de 22 à 32 €. Menu-enfants à 9 €. Ne dévoilez pas les *Voiliers* à n'importe qui, c'est notre meilleure adresse dans le pays de Langres. Très bien située, près d'un lac paisible. Les prix sont justes, l'accueil affable, la cuisine savoureuse. Certaines chambres offrent un balcon donnant sur le lac et d'autres ouvrent sur la campagne et sur Langres, perchée au loin sur son plateau et cernée de ses remparts. Le restaurant a été relooké et climatisé. Comment oublier ce filet de brochet à l'ortie sauvage, ce nougat glacé au miel haut-marnais et cette petite terrasse ombragée... *Digestif maison offert à nos lecteurs sur présentation de ce guide.*

🏠 ⦿I *Le Cheval Blanc* *** – 4, rue de l'Estres (Centre) ☎ 03-25-87-07-00. Fax : 0 3 - 2 5 - 8 7 - 2 3 - 1 3. ● **w w w . h o t e l - langres.com** ● Parking payant. TV. Canal+. Satellite. ⚹ Resto fermé le mercredi midi (sauf en juillet-août). Congés annuels : du 15 au 30 novembre. Accès : rue perpendiculaire à la rue Diderot. Chambres doubles avec douche et w.-c. ou bains de 56 à 78 €. Menus de 25 à 68 €. Installé dans une ancienne abbaye du Moyen Âge, ce *Cheval Blanc* est un charmeur : voûtes gothiques dans certaines chambres (notamment les nos 5, 7, 8, 21 et 22), terrasse donnant sur une petite église médiévale, pierres de taille et poutres apparentes à tous les étages. Les chambres, à la décoration simple mais raffinée, sont belles et calmes comme des cellules monastiques. Les 11 plus récentes chambres, du *Pavillon Diderot*, situé en face de l'hôtel, sont très bien équipées mais possèdent moins de charme. Le restaurant propose quant à lui une belle batterie de plats gastronomiques, qui changent au gré des saisons. Essayer, par exemple, les noix de Saint-Jacques à la vinaigrette de pommes vertes, l'œuf cassé aux champignons des bois et gingembre, le foie gras de canard chaud au miel d'épices et sa Tatin d'échalotes ou, en dessert, les bananes caramélisées au thé jasmin. Certes, ce n'est pas donné, mais c'est l'une des meilleures tables du département, alors... pourquoi s'en priver ?

⦿I *Bananas* – 52, rue Diderot (Centre) ☎ 03-25-87-42-96. Fermé le dimanche (mais ouvert le dimanche soir en juillet-août). Accès : dans la rue principale. Repas moyen autour de 15 € à la carte. Ici, on est aux petits soins avec les clients. Musique texane, décoration chatoyante, le tout dominé par une tête de bison. L'ambiance est réussie, comme le service et la vingtaine de plats : tacos, enchiladas, chili con carne, burgers, fajitas et grillades. Il ne manque plus que les musiciens pour se croire sur le Rio Grande. Le soir, on s'entasse au *Bananas* ! *Café offert à nos lecteurs sur présentation de ce guide.*

DANS LES ENVIRONS

VAUX-SOUS-AUBIGNY 52190

(25 km S)

|●| *Auberge des Trois Provinces* – rue de Verdun (Centre) ☎ 03-25-88-31-98. Parking. Fermé le dimanche soir et le lundi. Congés annuels : du 12 janvier au 3 février. Accès : au sud du département, par la N74 en direction de Dijon. Menus de 16 à 22 €. Le temps semble s'être arrêté sur le sol dallé de grandes pierres, au pied de l'imposante cheminée de cette auberge villageoise. Un décor qui sied bien à cette cuisine de terroir, revisitée avec brio. Bon 1er menu : terrine de poisson, pochouse de saumonette au vin rouge, assiette de fromages. En dessert à la carte, goûtez à l'excellent moelleux de chocolat noir au sésame torréfié... Le chef se souvient qu'il officiait naguère derrière les fourneaux d'une grande maison de Sainte-Maxime. La petite carte des vins recèle une curiosité : des crus du méconnu vignoble voisin du Montseaugeonnais.

AUBERIVE 52160 (27 km SO)

🏠 |●| *Hôtel-restaurant du Lion d'Or* ☎ 03-25-84-02-49. Fax : 03-42-79-80-92. ● liondor.msca@wanadoo.fr ● Parking. 🐾 Fermé le mardi. Congés annuels : du 1er novembre au 30 avril. Accès : de Langres, direction Dijon puis Auberive par la D428 ; sur l'A5 sortie Langres sud. Chambres doubles à 53 €. Menu à 16 €. Compter 20 € pour un repas complet à la carte (sans boisson). Un paisible village enveloppé de forêts, une abbaye cistercienne du XIIe siècle et une auberge de campagne devenue un joli petit hôtel saisonnier. L'Aube, qui n'est encore qu'un gros ruisseau, coule au pied de la maison. Les 8 chambres, toutes différentes, ne dépareraient pas dans un magazine de décoration. Fait aussi resto, avec une poignée de tables serrées autour d'une antique cheminée. Carte changeante au gré des saisons. Une agréable occasion de faire étape dans cet adorable petit village.

MESNIL-SAINT-PÈRE 10140

Carte régionale A2

🏠 |●| *Auberge du Lac - Le Vieux Pressoir* *** – 5, rue du 28-Août ☎ 03-25-41-27-16. Fax : 03-25-41-57-59. ● www.auberge-du-lac.fr ● Parking. TV. Canal+. Satellite. 🐾 Fermé le dimanche soir hors saison et le lundi midi (du 1er octobre au 15 mars). Congés annuels : un semaine en janvier et du 12 au 30 novembre. Accès :

à l'entrée du village en venant de Troyes par la N19. Chambres doubles avec douche et w.-c. ou bains de 67 à 106 €. Menus à 20 € le midi en semaine, puis à 31 et 39 €. Une adresse chic, proche du lac de la forêt d'Orient. Jolie maison à pans de bois, idéale pour un week-end en amoureux. Chambres bien équipées, climatisées, très calmes la nuit. Celles de la toute nouvelle annexe sont encore un cran au-dessus (avec balnéo). Au restaurant, salle rustique-chic et cuisine raffinée entre classiques du terroir et propositions modernistes.

DANS LES ENVIRONS

MENILOT (LE) 10270 (3 km O)

🏠 |●| *La Mangeoire* *** – N19 ☎ 03-25-41-20-72. Fax : 03-25-41-54-67. ● www.la-mangeoire.fr ● Parking. TV. Câble. 🐾 Fermé le dimanche soir hors saison. Accès : en bordure de nationale, sur la gauche en venant du Mesnil-Saint-Père. 45 € la chambre double avec bains. Menu ouvrier en semaine à 10,50 €, autres menus de 19,50 à 38,50 € au restaurant. À 3 km du Mesnil-Saint-Père, principale base de loisirs sur les lacs de la forêt d'Orient. Un hôtel qui a, a priori, peu pour lui : sa situation en bordure de nationale, son côté très touristique (les proprios organisent des croisières en bateau-restaurant et des promenades en « p'tit train »). Mais l'accueil est très cordial, les chambres confortables et au calme (eh bien oui !). On trouve au resto un impeccable menu routier servi en semaine au bar, midi et soir... Et il y a la piscine, le tennis et le mini-golf. De plus, prix tout à fait raisonnables compte tenu des prestations. *10 % sur le prix de la chambre offerts à nos lecteurs sur présentation de ce guide.*

MONTIER-EN-DER 52220

Carte régionale A2

🏠 |●| *Auberge de Puisie* – 22, pl. de l'Hôtel-de-Ville (Centre) ☎ 03-25-94-22-94. Parking payant. TV. Resto fermé le mardi. Accès : par la D384. Chambres doubles à 30 € avec douche et w.-c. Menus de 10 à 20 €. Une abbatiale du XIIe siècle, une fonte d'art, un haras national pour ce gros bourg situé à 5 mn du lac de Der-Chantecoq et un petit hôtel tout simple pour vous accueillir. Six chambres entièrement rénovées, pas très grandes mais assez coquettes et de bon confort. Préférer les chambres nos 1 et 2 qui donnent sur une cour assez calme. Cuisine traditionnelle et familiale servie dans une mignonne salle jaune et bleue ou en terrasse ombragée. Pensez à réserver en saison car l'adresse est connue des ornithologues qui affluent dans la région à l'occasion des grandes migrations d'automne au lac de Der. Accueil très gentil. L'occasion d'une halte sympa et pas ruineuse du tout, dans ce coin riche d'activités. *Café offert à nos lecteurs sur présentation de ce guide.*

I●I *Au Joli Bois* – **route de Saint-Dizier (Nord)** ☎ 03-25-04-63-15. Parking. Fermé le soir entre octobre et avril, sauf le samedi. Congés annuels : du 1er au 15 janvier et du 1er au 15 septembre. Accès : à 1 km avant l'entrée du village sur la droite (en venant de Saint-Dizier). Menus à 9,50 €, le midi en semaine, puis à 16,30 et 22,90 €. À la carte, compter 22 €. Attention, malgré sa situation en bord de route, vous risquez de rater cette grosse bâtisse légèrement en retrait et cachée par une haie de végétation. Ce serait dommage car on y mange bien ! Salle de restaurant au cadre rustico-moderne ou très jolie terrasse à l'orée d'un bois. Cuisine familiale de terroir, bien exécutée, joliment présentée, et plats garnis de légumes frais. Goûter, par exemple, à la tête de veau vinaigrette, au sandre à la crème de pleurote, à la fricassée de veau au ratafia de champagne ou à l'entrecôte poêlée au chaource. 1er menu (en semaine) d'un excellent rapport qualité-prix avec un choix de 5 entrées, 6 plats, fromage ou dessert. La particularité du lieu : le choix entre plus d'une trentaine de bières à la carte !

DANS LES ENVIRONS

ÉCLARON 52290 (15 km NE)

≙ I●I *L'Hôtellerie du Moulin* ** – **3, rue du Moulin** ☎ 03-25-04-17-76. Fax : 03-25-55-67-01. ● **www.hotellerie.moulin.free.fr** ● TV. Fermé le samedi midi, le dimanche soir et le lundi. Accès : par la D384, après le lac du Der-Chantecoq. Chambres doubles à 56 € avec douche, w.-c. et téléphone. Demi-pension « fortement conseillée » à partir de 45,90 € par personne. Formule du jour à 15 € le midi en semaine et autres menus de 26 à 42 €. L'un des rares endroits romantiques à proximité du lac de Der. Dans cet ancien moulin à pans de bois, typique de la région, cinq chambres calmes, sans charme particulier, sauf la n° 3 qui donne à la fois sur le bief du moulin et les arbres. Le chef propose une cuisine simple mais goûteuse, tels un saumon fumé maison, une noisette de veau aux morilles et lard grillé, un filet de rouget à la vanille ou une poire pochée au miel glace cannelle très bien exécutée. Accueil parfois un peu tristounet. Un zeste de gaieté en plus et nous déclarerons définitivement qu'Éclaron

est une bonne étape. *Apéritif maison offert à nos lecteurs sur présentation de ce guide.*

PERTHES 52100 (25 km N)

I●I *Auberge Paris-Strasbourg* – **6, rue de l'Europe, (ancienne RN4) (Centre)** ☎ 03-25-56-40-64. Fermé le dimanche soir et le lundi. Congés annuels : dernière semaine d'août. Accès : par la D384 jusqu'à Éclaron, puis direction Ambrières, de là, Perthes est à 2,5 km ; ou D384 jusqu'à Saint-Dizier, c'est alors le 1er resto en sortant de la RN4 sur la droite. Menus de 15 à 40 €. Une bonne adresse pour les fins gourmets, à la portée de toutes les bourses ! Décoration très *cosy*, accueil et service impeccables, présentation des plats recherchée, cet établissement à l'excellent rapport qualité-prix est un repaire d'hommes d'affaires en semaine et de touristes et autochtones en fête le week-end. On pourra déguster la salade escargots et saumon au riesling, le foie gras de canard au ratafia de champagne… Perthes est, à perte de vue, l'adresse gastro de l'est de la Haute-Marne. *Apéritif maison offert à nos lecteurs sur présentation de ce guide.*

NOGENT 52800

Carte régionale A2

≙ I●I *Hôtel du Commerce* ** – **pl. Charles-de-Gaulle (Centre)** ☎ 03-25-31-81-14. Fax : 03-25-31-74-00. ● **www.relais-sud-champagne.com** ● Parking payant. TV. Canal+. Resto fermé le dimanche d'octobre à juin. Congés annuels : entre Noël et le Jour de l'An. Accès : face à la mairie. Chambres doubles de 45 € avec douche et w.-c., à 60 € avec bains. Formule rapide à 9,15 € le midi en semaine, hors jours fériés, et menus de 16 à 24,70 €. La ville de la coutellerie se devait d'avoir une fine lame. C'est chose faite avec cet établissement aux prix modérés. Chambres sans charme particulier mais propres et assez agréables (les n°s 25, 26 et 27 possèdent un petit balcon). Vaste hall d'entrée un peu kitsch, comme le restaurant, avec ses poutres apparentes et sa décoration néo-XVIIIe siècle. Les menus sont copieux et bien étudiés. Voilà donc une étape idéale pour visiter le musée de la Coutellerie, après avoir dégusté le saumon cru parmentier, le filet d'agneau rôti aux herbes ou le pavé de saumon au muid montsaugeonnais et, pour finir, la crème brûlée aux pommes et à la cannelle. Un régal comme on les aime. *Apéritif maison offert à nos lecteurs sur présentation de ce guide.*

NOGENT-SUR-SEINE 10400

Carte régionale A2

🏠 I●I *Hôtel-restaurant Beau Rivage* ** – 20, rue Villiers-aux-Choux (Nord) ☎ 03-25-39-84-22. Fax : 03-25-39-18-32. ● aubeaurivage@wanadoo.fr ● TV. Fermé le dimanche soir et le lundi. Congés annuels : de mi-août à début septembre. Accès : du centre, prendre la direction de la piscine ou du camping ; à 1 km environ de la place de l'Église. Chambres doubles avec douche et w.-c. ou bains à 48 €. Menus à 15,50 € (sauf vendredi soir, samedi et dimanche), puis à 22 et 34,50 €. Maison récente dans un quartier des berges de Seine. Environnement paisible et quasi bucolique. Un grand jardin fleuri et ombragé (où l'été s'installe une bien agréable terrasse) descend doucement vers la rivière. Demandez une des chambres, modernes et pimpantes, qui donnent de ce côté-là (les n°s 1, 2, 4, 5, 9 ou 10). Excellente cuisine au gré des saisons, largement parfumée aux herbes, péché mignon du patron. Encore et toujours notre coup de cœur à Nogent.

PINEY 10220

Carte régionale A2

🏠 I●I *Le Tadorne* ** – 1, pl. de la Halle ☎ 03-25-46-30-35. Fax : 03-25-46-36-49. ● www.le-tadorne.com ● Parking. TV. Satellite. 🛁 Fermé le dimanche soir du 1er octobre au 1er avril. Congés annuels : 5 jours autour de Noël et les vacances scolaires de février. Accès : de Troyes, prendre direction Nancy et Brienne-le-Château par la D960. Chambres doubles avec douche et w.-c. ou bains de 43 à 63 €, selon le confort. Menus de 16 à 33 €. Belle maison ancienne, à pans de bois, face à d'anciennes halles. Un certain cachet donc pour des chambres classiquement confortables. L'établissement a été agrandi et en compte désormais 27 dont 9 sont climatisées, avec salon et mezzanine. Cuisine de région au resto. Agréable (parce qu'isolée) piscine. Sauna. Accueil inégal. *Café offert à nos lecteurs sur présentation de ce guide.*

DANS LES ENVIRONS

BREVONNES 10220 (5 km E)

🏠 I●I *Au Vieux Logis* ** – 1, rue de Piney ☎ 03-25-46-30-17. Fax : 03-25-46-37-20. ● annick.baudesson@worldonline.fr ● Cartes de paiement refusées. Parking. TV. Fermé le dimanche soir et le lundi hors juillet-août, le lundi toute l'année. Congés annuels : en mars. Accès : en bordure de la D11. Chambres doubles de 31 à 41 € avec douche et w.-c. ou bains. Menu à 13 € sauf le samedi soir et le dimanche, puis autres menus à 23 et 35 €. Dans une vieille demeure champenoise, un peu jaunie par le temps (certaines adresses portent décidément bien leur nom, mais des travaux de ravalement sont en cours), on pousse la porte comme on vient visiter sa grand-tante de province. Poutres apparentes, meubles anciens, papier velours, grand poêlon en faïence à l'intérieur de la cheminée, tout paraît immuable. La cuisine traditionnelle (elle aussi) est soignée (le chef organise d'ailleurs des stages de cuisine) : escargots à la crème d'ail et chaource, rillettes de lapin maison, aumônière d'andouillette au chaource, etc. Service discret. Également des chambres cossues et douillettes. Agréable jardin fleuri et arboré.

REIMS 51100

Carte régionale A1

🏠 I●I *Centre International de Reims* – parc Léo-Lagrange, chaussée Bocquaine (A2-2) ☎ 03-26-40-52-60. Fax : 03-26-47-35-70. ● www.cis-reims.com ● Parking. 🛁 Ouvert 24 h/24, mais arriver avant 18 h pour s'installer. Accès : bus B ou N (arrêt « Colin »), ou H (arrêt « Charles-de-Gaulle »). Chambre avec lavabo à 12 € par personne, avec douche et w.-c. à 16 €. Petit déjeuner : 4 €. Non loin du centre-ville mais au calme au milieu d'un parc. Une belle auberge de jeunesse proposant 140 lits répartis en chambres de 1 à 5 lits. Récemment rénovées, les chambres sont modernes, chaleureuses et de bon confort. Cuisine équipée à disposition. Restaurant self-service et espaces de détente (Internet, billard, baby-foot, TV...).

🏠 *Au Saint-Maurice Hôtel* * – 90, rue Gambetta (C3-3) ☎ 03-26-85-09-10. Fax : 03-26-85-83-20. TV. Accès : entre la cathédrale et la basilique Saint-Rémi. Chambres doubles avec douche, w.-c. sur le palier, à 24 €, avec douche et w.-c. ou bains à 34 €. Derrière une vitrine qui fait très boutique, des chambres, pour la plupart au calme sur une petite cour, où les clients aiment à prendre le frais. De nombreux habitués ont « leur chambre », un peu comme dans une pension de famille d'antan. Pour les routards au budget serré, quelques chambres avec w.-c. sur le palier au charme moindre mais très économiques sont disponibles. *10 % sur le prix de la chambre (à partir de 2 nuits) offerts à nos lecteurs sur présentation de ce guide.*

🏠 *Ardenn Hôtel* ** – 6, rue Caqué (A2-4) ☎ 03-26-47-42-38. Fax : 03-26-09-48-56. ● www.ardennhotel.fr ● Parking payant.

B   ↗ Chap. Foujita   C

CHARLEVILLE ↖ MÉZIÈRES, N 51   Aéroport Reims-Champagne   ↑ VOUZIERS, LUXEMBOURG

CHAMPAGNE-ARDENNE

PLACE DE LA RÉPUBLIQUE

Porte de Mars

HAUTES PROMENADES

PL. DU BOULINGRIN

Halles

20 21

6

Hôtel de ville

PL. DE L'HÔTEL DE VILLE

Musée le Vergeur

J.J. PL. L. ROUSSEAU BOURGEOIS

PL. A. BRIAND

PL. DR-CHEVRIER

St-André

PL. DU 30 AOÛT 1944

Ch. de Commerce

PLACE ROYALE

Sous-Préfecture

PLACE DES MARTYRS-DE-LA-RÉSISTANCE

17

Saint-Jacques

PL. M.-T. HERRICK

Théâtre

Palais de Justice

PL. DU CARDINAL LUÇON

Cathédrale N.-Dame

PL. CARNEGIE

Palais du Tau

PL. P. JAMOT

22

7

Musée des Beaux-Arts

1

Libergier

16

PL. DES LOGES COQUAULT PLACE STALINGRAD

R. de Contrai

Brûlée

15

19

PL. G. POITEVIN

3

St-Maurice

Ancien Collège des Jésuites

PL. SUZANNE

Parc St-Rémi

Musée archéol. St-Remi

Basilique St-Rémi

PL. C. JADAME

PL. ST-RÉMI

PL. ST-NICAISE

PL. DES DROITS DE L'HOMME

NORD

↑ Musée Automobile

CHÂLONS-EN-CHAMPAGNE, TROYES, N 44 ↓

St-Pol

0   200   400 m

B   ↙ METZ, A 4   C   ↓ ÉPERNAY, N 51

TV. Canal+. Fermé le dimanche sauf réservation. Congés annuels : du 20 décembre au 7 janvier. Accès : non loin de la gare SNCF ; prendre le boulevard du Général-Leclerc ; à la hauteur du Cirque, on trouve la rue Caqué. Chambres doubles avec douche à 28 €, avec douche et w.-c. de 47 à 49 €. Petit hôtel bien sympathique situé dans une rue calme du centre-ville. Les chambres ne sont pas bien grandes mais aménagées avec goût et parfaitement tenues. Accueil souriant et ambiance amicale.

≜ *Hôtel Azur* ** – 9, rue des Écrevées (B1-6) ☎ 03-26-47-43-39. Fax : 03-26-88-57-19. TV. Canal+. Congés annuels : la 1re quinzaine de janvier. Accès : à 200 m de l'hôtel de ville. Chambres doubles à 38 € avec lavabo et w.-c., à 44 € avec douche et w.-c., et à 50 € avec bains. Compter 10 mn à pied pour rejoindre la place d'Erlon et son animation, et 5 mn pour aller à la gare. Dans une rue très calme, un petit hôtel plein de charme. L'accueil est excellent, les chambres spacieuses et agréables. Une grande partie de l'établissement a été récemment rénovée et décorée avec goût par les jeunes propriétaires. Atmosphère plus proche d'une chambre d'hôte que d'un banal deux étoiles. En bref, une adresse que nous vous recommandons chaudement. *Un petit déjeuner offert à nos lecteurs (pour trois payés) sur présentation de ce guide.*

≜ *Hôtel de la Cathédrale* ** – 20, rue Libergier (B2-1) ☎ 03-26-47-28-46. Fax : 03-26-88-65-81. TV. Satellite. Accès : à 200 m de la cathédrale. Chambres doubles avec douche et w.-c. de 45 à 52 € et à 60 € avec bains. Établissement familial, très coquet et entretenu avec soin. Chambres mignonnes et confortables, à la décoration raffinée. Les moins chères sont cependant assez petites. Malgré sa situation, sur la grande rue qui mène à la cathédrale, tout a été fait pour préserver le calme des hôtes : double-vitrage et portes capitonnées vous garantissent des nuits tranquilles. Accueil aimable (même si parfois un peu trop empressé). *NOUVEAUTÉ.*

≜ *Hôtel Crystal* ** – 86, pl. Drouet-d'Erlon (A1-5) ☎ 03-26-88-44-44. Fax : 03-26-47-49-28. ● www.hotelcrystal.fr ● TV. Canal+. Câble. Accès : à 150 m de la gare, au tout début de la place Drouet-d'Erlon. De 50 à 65 € la chambre double avec douche et w.-c. ou bains, TV, mini-bar, sèche-cheveux. 2 bons points : la situation d'abord, au fond d'une gentille petite cour ; le calme ensuite, si près de la place la plus animée de Reims. Intérieur d'hôtel à la gloire passée dont il reste quelques beaux vestiges (l'ascenseur, la salle à manger...) patinés par le temps. Atmosphère un rien vieille France que les touristes étrangers apprécient bien. Les chambres, rénovées, sont confortables et les salles de bains *up-to-date*, comme disent les Anglo-Saxons. Agréable courette fleurie où, quand le soleil daigne darder ses rayons, il fait bon prendre son petit déjeuner.

≜ *Hôtel de la Paix* *** – 9, rue Buirette (B2-7) ☎ 03-26-40-04-08. Fax : 03-26-47-75-04. ● www.bw.hotel-lapaix.com ● Parking payant. TV. Canal+. Satellite. Accès : à 500 m de la gare, à l'angle de la place Drouet-d'Erlon. Chambres doubles avec bains à 90 €. Petit déjeuner-buffet à 10 €. Quiétude et confort, et cela à une enjambée de la rue la plus animée de Reims : on ne peut pas rêver mieux. D'autant plus qu'aux chambres agréables et très confortables (bien qu'assez standard) s'ajoute une piscine dans un cadre presque idyllique (un vaste jardin privé entouré de quelques bâtiments historiques). *NOUVEAUTÉ.*

|●| *Le Chamois* – 45, rue des Capucins (B2-16) ☎ 03-26-88-69-75. Fermé le mercredi et le dimanche midi. Congés annuels : 1 semaine en mai et 2 semaines début août. Accès : à 40 m de la rue Libergier, près de la cathédrale. Petits menus à 8 et 12,10 € en semaine. Le soir, carte uniquement, autour de 17 €. Lassitude de la plaine ? La cuisine de ce resto plutôt intime, à l'écart de l'agitation, s'inspire des alpages et des sommets. À la carte : fondues savoyardes, raclette valaisanne ou vaudoise... Si vous n'aimez pas le fromage, laissez-vous tenter par les belles salades, la fondue bourguignonne ou la braserade.

|●| *Les Santons* – 46, rue du Jard (B2-15) ☎ 03-26-47-96-06. Fermé le dimanche, le lundi soir et le mercredi soir. Congés annuels : 3 semaines en août et 1 semaine en janvier. Menu à 10 €, le midi en semaine ; autres menus à 15 et 25 €. Petit resto au cadre coloré proposant de délicieuses spécialités provençales, avec un menu du jour remarquable de fraîcheur et de qualité. L'accueil de Sophie et de Thierry est tout aussi ensoleillé. Une excellente adresse, qui vaut la précaution de réserver. *NOUVEAUTÉ.*

|●| *Chez Anita* – 37, rue Ernest-Renan, (hors plan A1-18) ☎ 03-26-40-16-20. ⚹ Fermé le samedi midi et le dimanche. Congés annuels : en août. Accès : dans une rue assez excentrée, derrière la gare. Formule à 10,60 € et menu à 14,80 €, le midi uniquement. Le soir, compter dans les 20 € à la carte. De la pizza en veux-tu en voilà, ainsi que des pâtes à gogo, attirent *Chez Anita* tous les amoureux de l'authentique cuisine italienne. Les portions sont généreuses mais, comme avec certains médicaments, une consommation trop importante peut provoquer des risques d'endormissement. Donc à consommer avec modération au déjeuner si vous voulez rester actif l'après-midi. Une adresse hyper populaire et appréciée de nombreux Rémois. *Apéritif maison offert à nos lecteurs sur présentation de ce guide.*

I●I *Brasserie du Boulingrin* – **48, rue de Mars (B1-21)** ☎ 03-26-40-96-22. Fermé le dimanche. Accès : près de l'hôtel de ville et du marché du Boulingrin. Formule à 16 € en semaine et menu à 23 €. Vaste salle style Art déco, bruyante à midi, chaleureuse le soir, murs tapissés de fresques, ballet des serveurs, pas de doute, c'est la vraie brasserie. En activité depuis 1925, celle-ci fait honneur au genre. La formule à 16 €, avec le choix entre trois entrées, trois plats, fromage ou dessert, le demi de vin et le café compris, est irréprochable.

I●I *Restaurant Chèvre et Menthe* – **63, rue du Barbâtre (C2-19)** ☎ 03-26-05-17-03. Fermé le dimanche et le lundi. Congés annuels : 1 semaine à Pâques, 4 en août et 1 autre entre Noël et le Nouvel An. Accès : entre la basilique Saint-Rémi et la cathédrale. Environ 16 € à la carte, boisson non comprise. L'excellente réputation, qui ne se dément pas au fil des ans, donne une sorte d'assurance tout risque à cet établissement que nous aimons bien. Derrière les peintures naïves de la vitrine se cachent deux petites salles. La plus chaleureuse est réservée aux fumeurs. L'apparente modestie des intitulés des plats cache un réel savoir-faire. Tarte chèvre et menthe, aiguillette de canard au miel... passent comme une lettre à la poste. Accueil doux et excellent rapport qualité-prix. Une adresse qui vaut le détour.

I●I *Le Café du Palais* – **14, pl. Myron-Herrick (B2-17)** ☎ 03-26-47-52-54. Fermé les dimanche et jours fériés. Restauration entre 11 h et 15 h uniquement. Compter entre 20 et 25 € pour un repas. Ce remarquable bistrot, dont la fondation remonte à 1930, est fréquenté par le meilleur monde de la ville (dont les magistrats et avocats venus en voisin). La superbe du décor rococo, la verrière Art déco, les photos qui se partagent les murs avec une foule de choses, la musique en fond sonore, tout concourt à créer une atmosphère élégante et détendue. S'ajoutent à cela un accueil fort courtois et une cuisine de brasserie enjouée, concoctée avec amour : la carte est courte mais bien pensée. Les desserts sont, de l'avis général, délicieux. *NOUVEAUTÉ.*

I●I *Restaurant Au Petit Comptoir* – **17, rue de Mars (B1-20)** ☎ 03-26-40-58-58. Fermé le samedi midi, le dimanche et le lundi midi. Congés annuels : entre Noël et l'Épiphanie, la dernière semaine de février et les 2 premières semaines d'août. Accès : près de l'hôtel de ville et du marché du Bou-

lingrin. Menus à 20 €, le midi seulement, puis à 26 et 39 €. Fabrice Maillot, ancien de chez Robuchon et Boyer *(Les Crayères)*, fait un malheur dans son bistrot dont l'allure très design ne nuit pas à l'atmosphère chaleureuse. Créatif et malin, il concocte une cuisine de comptoir cousue main qui, derrière son apparente simplicité, est le fruit d'un travail de précision. Grands bourgeois, commerçants, nomades de passage, gourmets... ont tous la mine gourmande quand arrivent sur leur table ces plats de saison préparés avec talent. Desserts tout aussi intéressants et carte des vins bien conçue (la sélection de la vallée du Rhône est épatante). Terrasse. *Café offert à nos lecteurs sur présentation de ce guide.*

I●I *Le Vigneron* – **pl. Paul-Jamot (C2-22)** ☎ 03-26-79-86-86. Fermé le samedi midi et le dimanche. Congés annuels : les 2 premières semaines d'août et 1 semaine fin décembre. Menus de 25 à 45 €. La personnalité d'Hervé Liégent suffit à elle seule à expliquer la popularité du lieu. Personnage haut en couleur, passionné par son pays, il a installé un petit écomusée au cœur de son restaurant qui reconstitue un intérieur de vigneron champenois. Intéressante aussi, sa belle collection d'affiches de champagnes, dont certaines datent du XIXe siècle. Un hymne d'amour aux vignerons complété par une exceptionnelle carte de champagnes avec des millésimes anciens exceptionnels et inestimables (le plus vieux a plus d'un siècle). La cuisine, champenoise bien sûr, bien qu'assez sage est, tout comme le cadre, bien séduisante. *NOUVEAUTÉ.*

DANS LES ENVIRONS

VAL-DE-VESLE 51360 (18 km SE)

I●I *L'Étrier* ☎ 03-26-03-92-12. Fermé tous les soirs sauf le samedi. Accès : par la N44 direction Châlons et ensuite la D8. Menus à 10 et 18,30 €, en semaine, et à 22 € le week-end. Une affaire de famille où chacun, père, fils, mère, fille, met la main à la pâte avec passion et gentillesse. En semaine, 2 menus, l'un avec entrée plus charcuteries, plat du jour, fromage, dessert et vin compris, que favorisent les travailleurs, et un autre avec terrine maison au choix, 6 escargots de Bourgogne, assiette de saumon fumé ou tête de veau, pièce de bœuf ou rognons au ratafia, fromage et dessert, qui plaît beaucoup aux petits patrons. La grosse affaire cependant, c'est le menu du week-end qui attire tous les joyeux mangeurs des alentours. Il faut dire que pour ce prix-là, c'est la fête. Jugez donc : petits fours salés, foie gras de canard et ses toasts ou terrine du terroir au foie gras par exemple ; un poisson ; une viande ; salade et fromage, et au final un dessert ! Manque que le coup de gnôle pour faire digérer (ce qu'on appelle communément le coup de l'étrier), mais de nos jours, avec la maréchaussée aux aguets, vaut mieux éviter.

SEPT-SAULX 51400 (20 km SE)

🏠 I●I *Le Cheval-Blanc* *** – **rue du Moulin** ☎ **03-26-03-90-27. Fax : 03-26-03-97-09.** ● ● **www.chevalblanc-sept-saulx.com** ● Parking. TV. 🐾 Fermé le mardi et le mercredi midi. Congés annuels : du 1er octobre au 1er avril. Accès : par la N44 direction Châlons-en-Champagne, puis à gauche par la D37. Compter 62 € la chambre double avec douche, 75 € avec bains et jusqu'à 155 € pour la suite. Petit déjeuner à 8,50 €. Le restaurant est assez cher : premier menu à 24 €, le midi en semaine, puis 7 menus de 28,50 à 86 €. Ancien relais de diligence avec une cour fleurie et un grand parc traversé par la Vesle, ce *Cheval-Blanc* a tout du havre de repos. Le calme est d'ailleurs au rendez-vous, et les chambres confortables qui donnent sur la cour fleurie incitent à la relaxation. Ceux pour lesquels une pratique quotidienne du sport est un élément d'équilibre apprécieront le court de tennis et de volley-ball. Les amoureux de la pêche pourront taquiner le goujon dans la Vesle. Reste pour les autres le farniente dans le parc et, pour tous, le restaurant. *NOUVEAUTÉ.*

FISMES 51170 (23 km O)

🏠 I●I *Hôtel-restaurant La Boule d'Or* ** – **11, rue Lefèvre (Centre)** ☎ **03-26-48-11-24. Fax : 03-26-48-17-08.** ● **www.boule-or.com** ● Parking. TV. Fermé le dimanche soir et le lundi. Congés annuels : la dernière semaine de janvier et la première de février. Accès : direction Laon. Chambres doubles à 45 €. I●I Menus à 15 €, le midi en semaine, puis de 20,50 à 36,50 €. Petit établissement familial proposant des chambres fraîches, coquettes et impeccablement tenues. Préférez cependant les nos 4, 5 ou 8 situées sur l'arrière, car la route est passante. Quant au resto, c'est une halte gastronomique renommée dans la région pour son exceptionnel rapport qualité-prix. Cuisine soignée, savoureuse, et très bon accueil. *Digestif maison offert à nos lecteurs sur présentation de ce guide.*

RETHEL 08300

Carte régionale A1

🏠 I●I *Hôtel-restaurant La Champagne* ** – **bd de la 2e-D.-I. (Ouest)** ☎ **03-24-38-03-28. Fax : 03-24-38-37-70.** ● **yves.giustiniani@wanadoo.fr** ● Parking. TV. Canal+. 🐾 Resto fermé le dimanche

soir. Accès : face à l'Aisne. À partir de 30 € la chambre double avec douche et w.-c., jusqu'à 36 € avec bains. Demi-pension à 44 €. Menus à 13 €, le midi en semaine, et de 17 à 25 €. À l'origine, ce devait être un immeuble résidentiel, puis c'est devenu un hôtel au-dessus des boutiques d'une galerie marchande. Pas l'adresse de charme donc, mais des petites chambres, propres et nettes, offrant un bon rapport qualité-prix. La no 126 a une gentille vue sur la rivière. Deux restos : une cafétéria (faut aimer le cadre mais on y mange plutôt bien pour pas cher) et une salle plus cossue qui propose une honnête cuisine traditionnelle (boudin blanc de Rethel, évidemment, foie gras, magret de canard, sandre au gingembre...).

🏠 I●I *Hôtel-restaurant Le Moderne* ** – **pl. de la Gare (Sud)** ☎ **03-24-38-44-54. Fax : 03-24-38-37-84.** ● **www.hotel-le-moderne.com** ● Parking payant. TV. Canal+. Chambres doubles, bien équipées, à 37 € avec douche et w.-c. et à 41,50 € avec bains. Menus de 17 à 26 €. Cela fait 40 ans que cette bonne adresse est connue des voyageurs qui passent par Rethel, grosse bourgade, patrie de notre cher Louis Hachette. Chambres au calme face à la gare tranquille, rénovées mais avec un petit côté rétro qui va bien au teint de cette solide maison de brique et de pierre. Décent 1er menu et, à la carte, les « classiques » du *Moderne* : cassolette de boudin blanc à la crème d'ortie, émincé de pigeonneau au foie gras...

DANS LES ENVIRONS

PAUVRES 08310 (15 km SE)

I●I *Restaurant Au Cheval Blanc* – **route de Juniville (Centre)** ☎ **03-24-30-38-95.** 🐾 Fermé le lundi soir. Accès : par la D946 ; à l'entrée du village. Menu du jour à 10 €, autre menu à 17 €, compter 23 € à la carte. On trouve dans les Ardennes quelques localités aux noms abracadabrants : Autruche, par exemple, ou Mon Idée ou bien encore Pauvres, un village... riche de ce brave petit café-restaurant. « Ici on loge à pied et à cheval » : c'est encore écrit en grand sur la façade. Aujourd'hui, devant le resto, sont plutôt garés camions et véhicules utilitaires. Le midi, travailleurs de tout poil se retrouvent autour du menu du jour (kil de rouge – dans le grande tradition – compris). Cuisine familiale. Le week-end, clientèle plus familiale pour des menus plus régionaux : tourte au boudin blanc, feuilleté au jambon à la crème de vinaigre de framboise, cuisse de poulet farcie... *Café offert à nos lecteurs sur présentation de ce guide.*

SIGNY-L'ABBAYE 08460 (23 km N)

🏠 I●I *Auberge de l'Abbaye* ** – **pl. Aristide-Briand (Centre)** ☎ **03-24-52-81-27. Fax : 03-24-53-71-72.** Parking. TV. Restaurant fermé le mardi soir et le mercredi. Congés annuels : du 10 janvier au 28 février. Accès : par la D985. Chambres doubles de 32 à 55 € selon le confort. 1er menu à 12 € en semaine et autres menus de 17 à 34 €. Au cœur d'un bourg pittoresque posé à l'orée d'une vaste forêt. Aimable auberge de campagne tenue par la même famille depuis (au moins !) la Révolution. Ambiance doucement familiale. Chambres coquettes, régulièrement rafraîchies et toutes différentes. On a un petit faible pour le n° 9, avec son coin salon. Le feu crépite dans la cheminée et les salles à manger, évidemment rustiques, offrent un cadre idéal pour goûter à cette cuisine de ménage et de terroir. La tendre et excellente viande de bœuf provient de l'élevage de « blondes » de l'auberge (les Lefebvre sont toujours agriculteurs !), le mouton de la ferme, la rhubarbe de la tarte a poussé dans le jardin. Eh oui, ce genre d'endroit existe encore. Il y a toujours, en France, des petits endroits superbes et méconnus comme cette Thiérache ardennaise riche de bocages vallonnés et de surprenantes églises fortifiées. *Apéritif maison offert à nos lecteurs sur présentation de ce guide.*

REVIN 08500

Carte régionale A1

⌂ I●I *Auberge du Malgré-Tout* – chemin des Balivaux ☎ 03-24-40-11-20. Fax : 03-24-40-18-90. Parking. Fermé le dimanche soir. Congés annuels : 3 semaines en août. Accès : de Révin, suivre la direction « Hautes-Buttées » sur quelques kilomètres puis prendre à gauche (indiqué). Chambres doubles à 35,06 €. Menu à 17,06 €. La ferme-auberge comme on la rêve, perdue dans la forêt, grosses tables en bois et cheminée dans la salle en pierre. Terrines et foie gras maison, charcuteries, gibiers vous seront servis à profusion. Les chambres, on s'en doute, offrent le plus grand calme. Réservation indispensable. *Café offert à nos lecteurs sur présentation de ce guide.*

ROCROI 08230

Carte régionale A1

⌂ I●I *Le Commerce* – 4, pl. d'Armes ☎ 03-24-54-11-15. Fax : 03-24-54-95-31. TV. Resto fermé le dimanche soir de septembre à fin avril. Chambres doubles à 36 et 39 €. Menus à 9,50 €, le midi en semaine, et de 13 à 30,50 €. Au centre de ce bourg qu'il ne faut pas manquer de visiter pour ses fortifications en étoile, parfaitement conservées, l'hôtel de village typique, un peu vieil-

lot mais bien tenu. Chambres petites sans grande originalité mais impeccables. La cuisine est très régionale, beaucoup de choix, dont la fameuse « cacasse à cul-nu », les charcuteries ardennaises, le boudin blanc à l'oignon...

SAINTE-MENEHOULD 51800

Carte régionale A1

⌂ I●I *Hôtel-restaurant de la Poste* ** – 54, av. Victor-Hugo (Est) ☎ 03-26-60-80-16. Fax : 03-26-60-97-37. TV. Fermé les vendredi soir et dimanche soir. Congés annuels : en janvier. Accès : vers la sortie de la ville, direction Verdun. Chambres doubles avec douche, w.-c. et téléphone à partir de 36,60 €. Menus de 11 à 20 €. Une étape sans prétention non loin de la gare. Chambres pas très grandes, mais récemment remises à neuf et confortables. Les nos 7, 8 et 9, sur cour, sont plus calmes et la n° 9 peut accueillir jusqu'à 4 personnes. Au resto, bien sûr, pieds de cochon à la Sainte-Menehould. Patrons très accueillants.

⌂ I●I *Hôtel-restaurant Le Cheval Rouge* ** – 1, rue Chanzy (Centre) ☎ 03-26-60-81-04. Fax : 03-26-60-93-11. ● www.lechevalrouge.com ● TV. Satellite. Congés annuels : de mi-novembre à mi-décembre. Chambres confortables de 40 à 43 € la double avec douche et w.-c. ou bains. Une formule brasserie à 10,25 € en semaine. Menus de 14,50 à 45 €. L'excellence du premier menu en semaine justifie à lui seul que l'on fasse étape ici. Pour ce prix, beaucoup se contentent d'offrir une crudité suivie d'un steak-frites et d'une crème caramel, même pas maison. Il n'en n'est rien ici. Le second n'est pas en reste et fait preuve lui aussi d'une belle créativité. Trois autres menus copieux suivent. À la carte figure, bien sûr en bonne place, la spécialité locale, le pied de cochon. Au dire des connaisseurs, le chef le réussit très bien.

I●I *Auberge du Soleil d'Or* – pl. de l'Hôtel-de-Ville (Centre) ☎ 03-26-60-82-49. Fermé le soir sauf réservation. Compter 38 € le repas environ. Après une absence de quelques mois, suite à un incendie, voici enfin rouverte la belle auberge d'Yvan de Singly. Celle-ci se présente comme un musée du XVIIe siècle : imposante cheminée, faïences, cuivres et meubles aragonais superbes. Louis XVI y aurait passé sa dernière soirée avant la fuite à Varennes en 1792. Quant au maître des lieux, il a deux passions : le pédalo et le pied de cochon. À bord du premier, il a notamment établi un record en traversant la Manche. Avec le second, spécialité historique de la ville, il réalise des merveilles. Savourez – os

CHAMPAGNE-ARDENNE

compris ! – son « pied d'or » cuit 40 h, entouré d'un torchon, dans un aromatique court-bouillon, conservé ensuite 6 h en chambre froide avant d'être enrobé d'une pâte à frire et accompagné d'une petite compote de pommes. Un délice ! Attention, établissement totalement non fumeur. *NOUVEAUTÉ.*

SEDAN   08200

Carte régionale A1

🛏️ I●I *Le Saint-Michel* * – **3, rue Saint-Michel (Centre)** ☎ **03-24-29-04-61. Fax : 03-24-29-32-67.** TV. Canal+. Satellite. Resto fermé le dimanche soir. Chambres correctes avec douche et w.-c. ou bains de 45 à 55 €. Menus à 12,50 €, en semaine, et de 17,50 à 32,50 €. Idéalement situé dans une petite rue calme de la vieille ville (1 000 ans d'âge quand même !), tout à côté des hautes murailles du château (le plus grand d'Europe...). Resto dans le genre traditionnel. Quelques spécialités régionales, comme le sauté de marcassin, les fruits de mer et les poissons. *5 % sur le prix de la chambre offerts à nos lecteurs sur présentation de ce guide.*

I●I *Le Médiéval* – **51, rue de l'Horloge (Centre)** ☎ **03-24-29-16-95.** 🍴 Fermé le dimanche soir et le lundi. Menus de 10 €, le midi en semaine, à 20 €. Au cœur de la vieille ville, près du château se niche ce charmant petit restaurant, salle rustique style bistrot avec cheminée, poutres et murs de pierre. La cuisine présente un remarquable rapport qualité-prix. De nombreuses spécialités ardennaises (pintade à la bière brune, terrine de jarret de porc) concoctées par un chef déjà répertorié par le *GDR* lorsqu'il officiait en Normandie ! Une excellente adresse, sourire compris.

I●I *Restaurant La Déesse* – **35, av. du Général-Marguerite (Nord-Ouest)** ☎ **03-24-29-11-52.** Fermé le samedi. Congés annuels : en août. Accès : prendre la direction de Saint-Menges-Floing ; à 200 m environ après le Dijonval (musée des anciennes industries), sur le trottoir de droite. Bon menu du jour, le midi en semaine, à 11,50 €, et menu à 16,50 € les dimanche et jours fériés. Le petit bar-resto d'habitués où on vous place où il y en a (et quand il y en a : c'est toujours plein !). Ambiance conviviale et chaleureuse, définitivement à la bonne franquette. Pas de micro-ondes, des produits frais, des plats (jusqu'aux desserts) maison. Gibier en saison. Authenticité et simplicité : voilà la vraie classe ! Service sans chichis mais efficace et une patronne qui fait toujours le tour des tables pour voir si tout va bien. Le week-end, c'est plus repas de famille avec son spécial menu du jour.

Café offert à nos lecteurs sur présentation de ce guide.

DANS LES ENVIRONS

BAZEILLES 08140 (4 km SE)

🛏️ I●I *Auberge du Port* ** – **route de Rémilly (Sud-Est)** ☎ **03-24-27-13-89. Fax : 03-24-29-35-58.** ● www.auberge-du-port.fr ● Parking. TV. Canal+. Satellite. Fermé les vendredi et samedi midi et le dimanche soir. Congés annuels : du 16 août au 5 septembre et du 20 décembre au 5 janvier. Accès : de Bazeilles, prendre la D129 en direction de Rémilly, sur 1 km environ. 52 € la chambre double avec douche ou bains. Excellent menu à 15 €, midi et soir sauf le dimanche, puis menus de 22,50 à 34 €. Un petit port effectivement (oh, juste un ponton d'amarrage) sur la Meuse qui musarde au pied de cette jolie maison blanche. Un petit air néo-colonial, un jardin et des prairies alentour, bref, un charme certain. Chambres au calme (enfin, la campagne !) dans un petit bâtiment à l'écart de la maison ; plus lumineuses côté rivière. On avoue toujours un petit faible pour la n° 18, toute bleue, très romantique (mais à deux lits...). Les autres chambres possèdent aussi pas mal de personnalité. Cuisine joliment exécutée. De nombreux poissons : minute de rouget-barbet aux ficelles de légumes, fondue d'endives et sabayon citronné à la ciboulette, mijotée de lotte et petits crustacés dans leur bisque légèrement épicée... Gibier en saison. Terrasse ombragée pour l'été. *10 % sur le prix de la chambre offerts à nos lecteurs sur présentation de ce guide.*

🛏️ I●I *Château de Bazeilles et restaurant l'Orangerie* – **route de Rémilly** ☎ **03-24-27-09-68. Fax : 03-24-27-64-20.** ● www.chateaubazeilles.com ● Parking. TV. Satellite. 🍴 Resto fermé tous les midis sauf le dimanche. Accès : à la sortie du village sur la D764, sortie n° 3 de la contournante N43 de Sedan. Chambres doubles à 80 €. Menus de 16 € (sauf le dimanche) à 40 €. Dans les communs du château, bel établissement aux chambres calmes et spacieuses, à la décoration moderne, donnant sur le parc et le château (possibilité d'une visite guidée). Nous avons une préférence pour la n° 201, dans un petit pavillon à part, vraiment très grande et possédant une cheminée. Rapport qualité-prix excellent. Le restaurant, de haut niveau, se trouve dans l'ancienne orangerie au milieu du parc. Cuisine inventive avec un premier menu qui change tous les jours. Visite guidée commentée du parc et des extérieurs des bâtiments classés Monuments historiques offerte à nos lecteurs sur présentation de ce guide.

RÉMILLY-AILLICOURT 08450

(6 km SE)

⌂ |●| *Hôtel-restaurant La Sapinière* ** – 1, rue de Sedan (Centre) ☎ 03-24-26-75-22. Fax : 03-24-26-75-19. ● www.lasapiniere08.com ● Parking. TV. Satellite. Câble. ⚒ Resto fermé le dimanche soir et le lundi midi. Congés annuels : en janvier et la 3ᵉ semaine d'août. Accès : par la D6, direction Raucourt-Mouzon. 45 € la chambre double avec douche et w.-c., 48 € avec bains. Menus à 15 €, sauf les dimanche et jours fériés, et de 21,05 à 35 €. Le classique hôtel-restaurant de campagne (évidemment ancien relais de diligence). Chambres au calme, côté jardin. Fraîches et pimpantes dans l'ensemble, récemment rénovées, toutes de bon confort. Resto qui, avec plusieurs grandes salles, fait le bonheur des noces et banquets du coin. Cuisine de tradition et de terroir : terrine de foie gras de canard maison, tournedos gourmand, fricassée de Saint-Jacques aux girolles. Gibier en saison et salades-repas pour l'été. Agréable terrasse. *10 % sur le prix de la chambre ou apéritif maison offerts à nos lecteurs sur présentation de ce guide.*

MOUZON 08210 (18 km SE)

|●| *Les Échevins* – 33, rue Charles-de-Gaulle ☎ 03-24-26-10-90. Fermé le lundi, le samedi midi et le dimanche soir. Congés annuels : du 6 au 30 janvier et du 4 au 28 août. Accès : suivre la D6, la D4 puis la D27. Menus de 23 €, en semaine, à 50 €. Salle rustique au premier étage d'une très belle maison espagnole du XVIIᵉ siècle. Une excellente table qui mêle tradition et modernité, assiettes très soignées. Une profusion d'amuse-bouches et autres petits fours servis avec sourire et professionnalisme. Cuisine de terroir inventive et qui se renouvelle tous les 2 ou 3 mois. Sans doute une de nos meilleures adresses dans la région.

CARIGNAN 08110 (20 km SE)

|●| *Restaurant La Gourmandière* ** – 19, av. de Blagny (Nord-Est) ☎ 03-24-22-20-99. Parking. ⚒ Fermé le lundi. Accès : par la N43, à 300 m du centre. 1ᵉʳ menu « au gré du jour » en semaine à 12,50 €, puis menus de 20 à 43 €. Salle à manger cossue qui cadre bien avec cette élégante demeure bourgeoise. Mais l'ambiance reste celle d'une maison de famille. D'ailleurs, une fois n'est pas coutume, c'est ici une femme qui est en cuisine. Et elle ne manque ni de talent, ni d'audace, mélangeant produits régionaux et épices venues d'ailleurs (glace aux parfums originaux maison, cumin, coriandre, curry). Carte et menus se promènent dans tous les terroirs mais n'hésitent pas à sortir des sentiers battus. Grand choix de vins. Plaisante terrasse dans le jardin pour l'été.

SÉZANNE 51120

Carte régionale A2

⌂ |●| *Hôtel-restaurant Le Relais Champenois* ** – 157, rue Notre-Dame ☎ 03-26-80-58-03. Fax : 03-26-81-35-32. ● www.relaischampenois.com ● Parking. TV. Canal+. Satellite. ⚒ Fermé le dimanche soir. Congés annuels : entre Noël et le Jour de l'An. Accès : à la sortie de Sézanne, direction Troyes ; à 500 m de l'église. Chambres rénovées et plaisantes de 43 € avec douche et w.-c. à 62 € avec bains. Menus de 18,50 à 40 €. Finie la Brie, voici la Champagne qui commence au bout du village. Accueillante auberge aux vieux murs. Aux fourneaux, M. Fourmi, qui, avec l'art de la cigale de la fable, concocte une cuisine précise, puisant son inspiration dans le terroir. La salade de noix de Saint-Jacques au vinaigre de Reims ou les côtes de veau à la Fine de la Marne en sont l'illustration parfaite. Ce *Relais Champenois* est tout autant apprécié pour la qualité de l'accueil que du service. M. et Mme Fourmi, depuis plus de 20 ans à Sézanne, jouissent d'une excellente réputation auprès de leurs concitoyens qui fréquentent en nombre leur établissement. Demandez-leur de vous faire découvrir le ratafia de champagne.

TROYES 10000

Carte régionale A2

⌂ *Hôtel des Comtes de Champagne* ** – 54-56, rue de la Monnaie (Centre) ☎ 03-25-73-11-70. Fax : 03-25-73-06-02. ● www.comtesdechampagnes.com ● Parking payant. TV. ⚒ Accès : dans une vieille rue entre la mairie et la gare SNCF, à 300 m de l'église Saint-Jean. Chambres doubles avec lavabo à 23 €, douche et w.-c. ou bains à partir de 34 €. Cette belle maison du XIIᵉ siècle abritait la banque des comtes de Champagne du temps de leur splendeur. Aujourd'hui, en dépit de ce riche héritage, la facture sait rester douce. Des murs épais, des boiseries du Grand Siècle, un charme troublant d'autrefois, un petit jardin d'hiver bien calme. Les chambres nᵒˢ 1, 8, 9, 14, 15, 16, 19 et 24 sont spacieuses et calmes. Excellent accueil. Une très bonne adresse. *10 % sur le prix de la chambre (à partir de 2 nuits consécutives) offerts à nos lecteurs sur présentation de ce guide.*

⌂ *Hôtel Arlequin* ** – 50, rue de Turenne (Centre) ☎ 03-25-83-12-70. Fax : 03-25-83-12-99. ● hotel-arlequin@hotmail.com ● TV. Fermé le dimanche et les jours fériés de 12 h 30 à 18 h. Congés annuels : du 25 décembre au 2 janvier. Accès : proche de l'église Saint-Pantaléon. Chambres doubles avec douche à 35 €, avec douche et w.-c. ou bains de 43 à 56 €. À deux pas du secteur piéton, l'*Arlequin* a été rénové entièrement, dans un style convivial et chaleureux, à l'image de ses propriétaires. Chaque chambre, assez spacieuse, possède une déco et un charme uniques, un refus de la standardisation qui rend l'ensemble très vivant, un peu comme à la maison. 7 chambres familiales pour 3, 4 ou 5 personnes. Très bon accueil.

🏠 *Hôtel de Troyes* ** – 168, av. du Général-Leclerc, ancienne route de Paris (Nord-Ouest) ☎ 03-25-71-23-45. Fax : 03-25-79-12-14. ● www.hoteldetroyes.fr ● Parking. TV. Canal+. Satellite. ♿ Accès : de la gare SNCF, suivre la direction « Paris, Provins, Soissons » ; hôtel à 1,5 km de la gare. Chambres irréprochables à 46 € avec douche et w.-c. Petit déjeuner-buffet à 6,50 €. Pour ceux qui préfèrent dormir un peu à l'écart du centre. Hôtel très calme. Déco résolument contemporaine. Accueil charmant. Pas de resto mais les patrons sauront vous conseiller de bonnes adresses pour manger près de leur hôtel. *10 % sur le prix de la chambre offerts à nos lecteurs sur présentation de ce guide.*

🏠 *Hôtel Le Champ des Oiseaux* **** – 20, rue Linard-Gonthier (Centre) ☎ 03-25-80-58-50. Fax : 03-25-80-98-34. ● www.champdesoiseaux.com ● Parking payant. TV. Canal+. ♿ Accès : proche de la cathédrale Saint-Pierre et du musée d'Art moderne. Chambres doubles avec douche et w.-c. ou bains de 87 à 160 €. Dans une ruelle pavée de la vieille ville, deux splendides demeures à pans de bois des XVe et XVIe siècles, merveilleusement transformées en hôtel de luxe par les propriétaires. Un charme fou : cour intérieure et jardin où l'on peut prendre son petit déjeuner, vastes chambres décorées avec un goût exquis (meubles anciens, tissus chaleureux) et deux suites inoubliables, avec poutres apparentes, fauteuils bergères... Le prix est bien évidemment proportionnel au raffinement. Idéal pour ceux qui viennent fêter à Troyes un événement heureux ou pour les amoureux en quête d'un endroit romantique. Succès oblige, réserver longtemps à l'avance (des travaux d'agrandissement avec de nouvelles chambres sont prévus). Au fait, on allait oublier de préciser que l'accueil y est adorable. Un véritable coup de cœur en somme.

🍴 *Aux Crieurs de Vin* – 4-6, pl. Jean-Jaurès (Centre) ☎ 03-25-40-01-01. Fermé le dimanche, le lundi et les jours fériés. Formules de 10,50 à 20 €. Bar à vins installé entre les vieux murs d'une ancienne boulangerie. Déco plutôt mode, ambiance bande de potes, et deux poignées de tables de bois où faire un sort à des charcuteries d'exception, des p'tits plats de bistrot sans

façon et des vins au verre qui sont souvent de belles trouvailles. *NOUVEAUTÉ.*

🍴 *Le Laganum* – 34, rue Viaroin (Centre) ☎ 03-25-73-91-34. Fermé le dimanche et le lundi. Compter entre 15 et 20 € à la carte. Bernardo, le patron (une figure locale !), vient d'installer sa bonne humeur et ses sympathiques plats italiens dans une maison à colombages du XVIe siècle. Salle d'époque (vieux murs de pierre, poutres et ample cheminée), pâtes assez exceptionnelles dans leur genre (et on ne vous parle pas des sauces...) et ambiance à la décontraction. *NOUVEAUTÉ.*

🍴 *Au Jardin Gourmand* – 31, rue Paillot-de-Montabert (Centre) ☎ 03-25-73-36-13. Fermé le dimanche et le lundi midi. Congés annuels : 15 jours en février et en août. Accès : à proximité de l'hôtel de ville. Menu à 15,25 €. Compter 28 € à la carte. Petit restaurant en plein cœur du vieux Troyes, au décor coquet et intime. On y trouve une cour intérieure joliment fleurie et donnant sur un mur à pans de bois du XVIe siècle, restauré par le patron. Accueil excellent. Un passage obligé pour les amateurs d'andouillettes (artisanales et cuisinées ici de 10 façons différentes) et un de nos coups de cœur à Troyes. Vin au verre.

🍴 *Restaurant Le Café de Paris* – 63, rue du Général-de-Gaulle (Centre) ☎ 03-25-73-08-30. Fermé le dimanche soir et le mardi. Congés annuels : du 15 au 22 février et du 26 juillet au 13 août. Accès : attenant à l'église de la Madeleine. Menus de 20 à 37 €. Une des bonnes tables de la ville. Une cuisine de chef plutôt généreuse (foie gras chaud aux pommes, cassolette d'escargots de Bourgogne, andouillette de Troyes au chasource...), servie dans un cadre chaleureux. Connu des Troyens, ce resto du midi est aussi un bon endroit pour un dîner aux chandelles. Autrement dit, une adresse à géométrie variable.

DANS LES ENVIRONS

SAINTE-SAVINE 10300 (2,5 km O)

🏠 🍴 *Motel Savinien* ** – 87, rue La Fontaine ☎ 03-25-79-24-90. Fax : 03-25-78-04-61. ● www.motelsavinien.com ● Parking. TV. Satellite. ♿ Resto fermé le dimanche soir et le lundi midi. Accès : de Troyes-centre, N60 (direction « Paris par Sens ») ; à moins de 2 km, tourner à droite. 43 € la chambre double avec lavabo ou douche, 48 € avec douche et w.-c. ou bains. Menus de 14,48 €, en semaine, à 25,50 €. Assez facile à trouver, c'est fléché partout. Il ressemble à un hôtel de chaîne, mais ce n'en est pas un ; il est connu et fréquenté par de nombreux VRP. Une piscine couverte, un sauna, un tennis et une salle de musculation sont à la disposition des clients. Les chambres, très standardisées et sans charme particulier mais neuves, donnent toutes sur l'extérieur. On accède à celles du 1er par une passerelle (style motel américain). Prix intéressants par rapport à la quantité de services proposés.

BRÉVIANDES 10450 (5 km SE)

≜ |●| *Hôtel-restaurant Le Pan de Bois* ** – 35, av. du Général-Leclerc ☎ 03-25-75-02-31. Fax : 03-25-49-67-84. Parking. TV. Satellite. ♿ Hôtel fermé le dimanche soir hors saison ; resto fermé le lundi et le dimanche soir hors saison, le dimanche et le lundi midi en été. Congés annuels : du 22 décembre au 3 janvier (pour le resto). Accès : en venant de Troyes-centre, en direction de Dijon, juste à l'ouest de la N71, avant l'échangeur de la rocade sud. Chambres doubles avec bains à 47 €. 1er menu à 15 € (sauf jours fériés), autres menus à 16 et 27 €. Un établissement récent, très bien conçu, avec tous les atouts d'un hôtel de chaîne mais dans une maison moderne qui cherche à adopter le style local. À l'arrière, les chambres les plus calmes donnent sur un rideau d'arbres. Restaurant juste à côté, dans une autre maison du même genre. Spécialités : les terrines maison et les grillades au feu de bois. De bons vins de la région. Une terrasse très agréable en été.

SAINT-ANDRÉ-LES-VERGERS 10120 (5 km SO)

≜ *Citotel Les Épingliers* ** – 180, route d'Auxerre ☎ 03-25-75-05-99. Fax : 03-25-75-32-22. Parking. TV. Canal+. Satellite. ♿ Accès : prendre la N77 en direction d'Auxerre, à moins d'1 km après le rond-point de Saint-André. Chambres doubles avec bains à 46 €. Petit déjeuner-buffet à 8 €. À 5 grosses minutes du centre. Certes, les abords (une zone commerciale traversée par la nationale) ne sont pas ce qu'on peut espérer de mieux. Mais cette petite maison moderne est abondamment fleurie, les chambres, joliment rénovées et bien équipées, donnent toutes sur un petit bout de jardin, l'accueil est impeccable et, au final, on tient une bonne adresse (plutôt chic) juste à côté de Troyes.

|●| *La Gentilhommière* – 180, route d'Auxerre ☎ 03-25-49-35-64. Parking. Fermé le dimanche soir, le mardi soir et le mercredi. Accès : juste à côté de l'établissement cité précédemment. Menus à 18 € (sauf le dimanche) et de 25 à 53 €. On pourrait en douter au vu de l'environnement et la maison banalement moderne, mais voilà une adresse plutôt chic. Salle lumineuse et élégante, service stylé et cuisine pleine de saveurs : salade de grenouilles à la menthe fraîche, croustillant de canard aux truffes, pain perdu aux fruits du moment... *Apéritif maison offert à nos lecteurs sur présentation de ce guide.*

ROSIÈRES-PRÈS-TROYES 10430 (7 km S)

≜ |●| *Auberge de jeunesse* – chemin de Sainte-Scholastique (Sud-Ouest) ☎ 03-25-82-00-65. Fax : 03-25-72-93-78. ● troyes-rosieres@fuaj.org ● Parking. Accès : bus n° 6 ou 8 depuis la place des Halles (derrière la mairie) jusqu'au terminus. Avec la carte FUAJ (obligatoire et vendue sur place), 10 € la nuit par personne. Repas (sur réservation) à 8 €. À l'emplacement d'un prieuré du XIIe siècle, dont subsistent une chapelle et un parloir entourés de douves. Les bâtiments de l'auberge sont modernes mais ils n'enlèvent rien au charme du lieu : parc boisé de 2 ha, grand jardin, rideaux d'arbres... et tout ça loin du bruit de la ville. 104 lits répartis en chambres de 6 places avec une salle de bains à partager avec la chambre voisine. Cuisine à disposition.

FOUCHÈRES 10260 (23 km SE)

|●| *L'Auberge de la Seine* – 1, fbg de Bourgogne ☎ 03-25-40-71-11. Parking. Fermé le mercredi. Accès : sur la N71 entre Troyes et Bar-sur-Seine. Menus à 17 et 25 €. Compter 30 € à la carte. Un ravissant restaurant en bord de Seine, digne des contes de Maupassant. Pourtant, vous n'êtes pas en Normandie mais bien en Champagne ! Dans cette salle bien arrangée, vous mangerez au rythme des canards qui passent. Les grandes baies vitrées qui s'ouvrent sur le fleuve permettent d'apprécier les lieux en été. Un cadre relaxant et verdoyant pour une cuisine fine et inventive. Les plats de la carte changent au gré des saisons. Bref, une adresse un peu chic qui réunit un accueil très aimable et un cadre inimitable.

VITRY-LE-FRANÇOIS 51300

Carte régionale A2

≜ |●| *Hôtel-restaurant de la Poste* *** – pl. Royer-Collard (Centre) ☎ 03-26-74-02-65. Fax : 03-26-74-54-71. ● www.hotel laposte.com ● Parking payant. TV. Canal+. Satellite. ♿ Fermé le dimanche. Congés annuels : du 22 décembre au 5 janvier. Accès : derrière la cathédrale Notre-Dame. Chambres doubles avec douche et w.-c. à 49 € et avec bains à partir de 53 €. Petit déjeuner à 7,50 €. 1er menu à 22 €. Autres menus à 30 et 44 €. On recommande cet établissement plutôt pour l'hôtel, de bon confort quoique assez standard côté déco, car le restaurant, aux spécialités à base de poisson, est assez cher. Bon pour se détendre, 9 des chambres ont un jacuzzi. L'hôtel donne sur une rue calme. L'accueil est courtois et plutôt agréable, et on se gare facilement.

🏠 I●I *Hôtel-restaurant de la Cloche* ** – **34, rue Aristide-Briand** (Centre) ☎ 03-26-74-03-84. **Fax : 03-26-74-15-52.** Parking payant. TV. Canal+. Fermé le samedi midi, ainsi que le dimanche soir hors saison. Congés annuels : la dernière quinzaine de décembre. Chambres doubles rénovées avec douche et w.-c. ou bains de 55 à 58 €. Menus de 20 à 43 €. Si la ville en elle-même peut sembler terne à certains (elle fut détruite à 95 % durant la Seconde Guerre mondiale), elle vaut cependant mieux que la première impression qui s'en dégage. C'est simplement une ville de province tranquille où l'accueil est généralement bon. Celui, affable, de Mme Sautet à *La Cloche* en est l'illustration parfaite. Une bonne maison où tout est impeccable, qu'il s'agisse du nappage des tables du restaurant, des dessus-de-lit, des chambres, ou encore du linge des salles de bains. De plus, aucun bruit importun ne viendra déranger votre sommeil. En cuisine, Jacques Sautet, vieux briscard des fourneaux, formé à bonne école, fait ce qu'il sait faire, c'est-à-dire du traditionnel sans esbroufe. Il a remis au goût du jour la fameuse recette de la matelote et, entre autres plats : joue de bœuf braisée à la bière, quenelles de brochet maison sauce homardine.... Ses pâtisseries sont unanimement appréciées. À noter, une brasserie, *Au Vieux Briscard*, qui propose un plat unique à 7,50 € et une formule à 9,50 €. À côté de l'hôtel, la charcuterie *Brelest* est conseillée pour l'excellence de ses boudins et andouillettes (un pur délice au barbecue), saucisson à l'ail et fromage de tête (pour se faire d'épatants sandwichs). *Apéritif maison offert à nos lecteurs sur présentation de ce guide.*

I●I *La Pizza* – **17, Grande-rue-de-Vaux** (Centre) ☎ 03-26-74-17-63. Fermé le lundi midi et les samedi et dimanche. Congés annuels : début août. Menu à 9,50 €. Des pizzas, bien sûr, fines et originales, mais aussi une vraie carte de plats savoureux (pâtes fraîches aux pétoncles sauce champagne *boconccini a la romana*). De quoi satisfaire tous les appétits. Excellent accueil. À noter, la décoration qui, comme les menus, change souvent. *10 % de réduction sur présentation de ce guide offert à nos lecteurs.*

I●I *Le Restaurant du Marché* – **5, rue des Sœurs** (Centre) ☎ 03-26-73-21-98. Fermé le lundi. Menus à 10, 13 et 19,50 €. Incontestablement le bon rapport qualité-

prix de Vitry. La cuisine, tout comme le cadre de ce petit resto, est sans chichis et n'a d'autre prétention que de vous rassasier correctement sans vous ruiner. Et c'est déjà pas mal. Dans l'assiette, des plats simples et très traditionnels, préparés avec des produits frais et servis généreusement. Le 1er menu est déjà impeccable et attire les Vitryats en nombre. Et ça en fait du monde ! *NOUVEAUTÉ.*

DANS LES ENVIRONS

VITRY-EN-PERTHOIS   51300
(4 km NE)

I●I *Auberge La Pavoise* – **26, rue de la Trinité** (Centre) ☎ 03-26-74-59-00. Cartes de paiement refusées. Ouvert tous les jours sur réservation sauf le dimanche soir. Congés annuels : du 31 décembre au 15 janvier et du 15 au 31 août. Accès : par la D982 direction Sainte-Menehould et la D995 direction Bar-le-Duc. Menus de 20,50 à 35 €. Auberge installée dans l'ancienne étable de l'exploitation agricole de la famille. Cadre rustique et chaleureux. Des menus qui varient avec les saisons, préparés avec les produits des agriculteurs environnants. Poulet au champagne, filet de canard au ratafia... et, en bouquet final, de bons desserts maison qui plaisent tout autant aux petits comme aux grands. Vins à prix doux. *Digestif maison offert à nos lecteurs sur présentation de ce guide.*

SAINTE-MARIE-DU-LAC   51290
(20 km SE)

🏠 I●I *La Bocagère* – **Les Grandes-Côtes** ☎ 03-26-72-37-40. ● **www.bocagere.com** ● Congés annuels : en décembre et janvier. Accès : par la D13 jusqu'à Larzicourt, puis la D57 jusqu'à Blaize, ensuite la D60. Chambres doubles à 39 €. Menu à 19 €. Dans un hameau tranquille au bord du lac de Der-Chantecoq, belle ferme typique du bocage reconvertie en une gentille auberge de campagne. Les chambres ont pris place dans les anciennes écuries. C'est simple et rustique mais suffisamment confortable et surtout très paisible. Au milieu, un jardin bien agréable pour prendre son petit déjeuner ou paresser avec un bon bouquin. Dîner possible en réservant la veille. Accueil chaleureux du jeune patron, un Parisien reconverti. Tout à côté se trouve le village-musée champenois, constitué d'un ensemble de bâtiments à pans de bois et de torchis, typique du bocage local. *NOUVEAUTÉ.*

I●I *Le Cycloder* – **Les Grandes-Côtes** ☎ 03-26-72-37-05. Cartes de paiement refusées. Congés annuels : du 1er décembre au 28 février. Accès : par la D13 jusqu'à Larzicourt, puis la D57 jusqu'à Blaize, ensuite la D60. Galettes de 2 à 5 € ; crêpes de 1,50 à 4 €. Une gentille crêperie où galettes et crêpes sont de bon aloi et l'accueil plein de gentillesse. Le patron loue aussi des vélos, parfait pour aller explorer les rives du lac de Der tout proche.

GIFFAUMONT-CHAMPAUBERT
51290 (26 km SE)

🏠 I●I *Hôtel-restaurant Le Cheval Blanc* ** – 21, rue du Lac ☎ 03-26-72-62-65. Fax : 03-26-73-96-97. ● lecheval blanc6@aol.com ● Parking. TV. Resto fermé le dimanche soir, le lundi et le mardi midi. Congés annuels : 3 semaines en janvier et 3 semaines en septembre. Accès : par la D13. Chambres doubles de 60 à 75 €. Au restaurant, menus de 20,50 à 46 €. Un adorable village d'authentiques maisons à pans de bois. Thierry Gérardin, le jeune patron, a lancé *Le Cheval Blanc* au triple galop. Chambres modernes dont les prix varient selon la taille, mais les moins chères sont quand même bien petites. Les récents travaux donnent une image encore plus souriante de la maison. Au restaurant, premier menu sympa et copieux. Au printemps et en été, repas servis en plein air, sur une terrasse fleurie. Tout à côté, le lac du Der, le plus grand lac artificiel d'Europe (4 800 ha), qui est également une grande réserve nationale d'ornithologie, et plein de superbes églises champenoises à pans de bois. Celle de Châtillon-sur-Broué est à quelques kilomètres du *Cheval Blanc*.

VOUZIERS 08400

Carte régionale A1

🏠 I●I *Argonne Hôtel* ** – route de Reims (Ouest) ☎ 03-24-71-42-14. Fax : 03-24-71-83-69. ● argonnehotel@wanadoo.fr ● Par-

king. TV. Resto fermé le dimanche soir. Accès : à la sortie de la ville direction Châlons-Rethel, l'hôtel est face au 1er rond-point. Chambres doubles avec douche et w.c. ou bains à 42 €. Menus à 10,50 €, sauf le dimanche, et de 14,50 à 23 €. Bâtiment moderne cerné par une zone artisanale et commerciale. Pas un charme fou donc, mais un accueil impeccable et des chambres gentiment décorées, d'un rapport qualité-prix assez exceptionnel. Au resto, cuisine très classique avec parfois une touche d'exotisme : foie gras maison à l'armagnac, cassolette d'écrevisses aux morilles, magret aux poires à l'écarlate... Parfait pour une étape. *Café offert à nos lecteurs sur présentation de ce guide.*

DANS LES ENVIRONS

BUZANCY 08240 (22 km NE)

🏠 I●I *Hôtel du Saumon* ** – pl. Chanzy ☎ 03-24-30-00-42. Fax : 03-24-30-27-47. ● www.hoteldusaumon.com ● TV. Resto fermé les samedi et dimanche midi. Accès : par la D947. Chambres doubles, toutes avec douche et w.-c. ou bains, de 38 à 53 €. Menus à 11 €, sauf le dimanche, et à 16 €. Un hôtel de charme et pour tout dire un coup de cœur. Au centre de ce petit bourg, 9 chambres toutes décorées différemment mais avec le même goût dans une vieille maison entièrement remise à neuf. Selon le prix, tailles très différentes, mais confort et déco de la même veine. On a un faible pour la n° 4, très calme, donnant sur les jardins. Deux salles de restaurant, dont une de style bistrot très agréable, où l'on sert un menu-carte composé au gré du marché. Accueil particulièrement sympathique.

Les prix
En France, les prix des hôtels et des restos sont libres. Certains peuvent augmenter entre le passage de nos infatigables fureteurs et la parution du guide.

Avis aux hôteliers et aux restaurateurs
Chaque année pour y figurer, il faut le mériter !

Le Routard

Corse

AJACCIO   20000

Carte régionale A2

🏠 *Hôtel Marengo* ** – **2, rue Marengo, BP 244 (Ouest)** ☎ 04-95-21-43-66. Fax : 04-95-21-51-26.** Parking. TV. Congés annuels : du 10 novembre à fin mars. Accès : à proximité des plages et du casino, sur la route des îles Sanguinaires. Selon saison, chambres doubles avec douche et w.-c. ou bains de 44 à 59 €. Une de nos adresses ajacciennes les plus anciennes et les plus fiables. Jamais l'ombre d'un couac avec le *Marengo*. Petit hôtel caché au fond d'une impasse, donc au calme, à proximité de la plage et du casino, sur la route des Sanguinaires. Certaines chambres donnent sur une courette fleurie... Chambres simples mais bien tenues et dotées de tout le confort (téléphone, TV, clim', double-vitrage...). Seulement 6 places de parking. Accueil prévenant. *10 % sur le prix de la chambre (sauf de juillet à septembre) offerts à nos lecteurs sur présentation de ce guide.*

🏠 *Hôtel Fesch* *** – **7, rue Fesch (Centre)** ☎ 04-95-51-62-62. Fax : 04-95-21-83-36. ● www.hotel-fesch.com ● TV. Canal+. Satellite. Congés annuels : du 20 décembre au 20 janvier. Selon confort et saison, chambres doubles de 55 à 79 € avec douche et w.-c. ou bains. Petit déjeuner à 6,80 €. Le *Fesch* est au cœur de la ville, dans une rue piétonne, et est bien tenu. Chambres de bon confort dans l'ensemble, récemment rénovées, avec meubles en châtaignier, douche et w.-c. ou bains, mini-bar, clim' et TV satellite, le luxe ! Et si vous voulez le balcon, au dernier étage, c'est un peu plus cher. *Un petit déjeuner par personne offert à nos lecteurs sur présentation de ce guide.*

🏠 |●| *Hôtel Impérial* *** – **6, bd Albert-Ier (Sud-Ouest)** ☎ 04-95-21-50-62. Fax : 04-95-21-15-20.** TV. Canal+. Satellite. Congés annuels : de novembre à mars. Accès : à environ 1 km du centre-ville. Selon confort et saison, de 55 à 75 € la chambre double ; demi-pension demandée en juillet et août, de 49 à 60 € par personne. Un 3 étoiles à la belle entrée de style disons... napoléonien. Jetez un œil, à l'accueil, sur l'affiche du *Napoléon* d'Abel Gance. Grandes chambres d'un cossu vieillissant mais confortables et bien tenues, avec douche et w.-c. ou bains et climatisation. Pas pour toutes les bourses, mais le prix inclut parasol et matelas sur la plage privée, située juste en face à 20 m... D'autres chambres à l'annexe, juste derrière, plus modernes, plus petites aussi et non climatisées. Dispose aussi d'un restaurant, le *Baroko*, pas transcendant mais honnête (bon à savoir car la demi-pension est demandée en juillet et août).

|●| *A Casa* – **21, av. Noël-Franchini (Nord)** ☎ 04-95-22-34-78.** Cartes de paiement refusées. Fermé le dimanche. Congés annuels : du 10 décembre au 10 février. Accès : à 2 km au nord. Du centre, longer la côte vers l'aéroport ; tourner à gauche au feu au bout du boulevard Charles-Bonaparte. Menu à 11,89 € en semaine, autres menus à 19,06 et 27,44 €. Les soirs de spectacle, menu-enfants à 15,24 ou 18,29 € selon l'âge. Dans un quartier un peu excentré, une adresse bien connue des Ajacciens pour son originalité. Perchées sur le patio-balcon, une dizaine de tables encadrées de plantes vertes, fleurs et parasols. Cuisine sans prétention mais correcte (optez pour le menu corse, qui ne déçoit pas). Bon sartène et muscat du tonnerre. Mais disons qu'on ne vient pas ici que pour

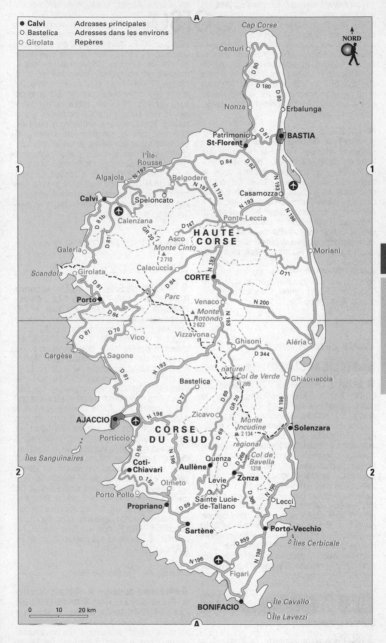

Calvi — Adresses principales
Bastelica — Adresses dans les environs
Girolata — Repères

NORD

Cap Corse

Centuri

D 80
D 180
D 80

Nonza
Erbalunga

Patrimonio
St-Florent
BASTIA

l'Île-Rousse
D 84
D 82
N 193

Algajola
Belgodere
Casamozza

Calvi
N 197
N 197
N 193

Speloncato
Ponte-Leccia
N 198

Calenzana
D 147
HAUTE-CORSE

D 81b
GR 20
Asco

Galeria
Monte Cinto
▲ 2 710
Moriani

Scandola
Girolata
Calacuccia
CORTE
D 71

Porto
D 81
D 84
Parc
N 193

D 84
Venaco
N 200

D 81
D 70
▲ Monte Rotondo
2 622

Vico
Vizzavona
N 193

Cargèse
Sagone
Ghisoni
Aléria

D 344

naturel
Col de Verde
1 289
Ghisonaccia

N 193
Bastelica

D 27
GR 20

AJACCIO
N 196
Zicavo
▲ Monte Incudine
2 134
Solenzara

Porticcio
CORSE DU SUD
régional
Col de Bavella
1218
N 198

D 55
D 69
Coti-Chiavari
Quenza
D 268

Aullène
Levie
Zonza
N 196

Olmeto
Lecci
D 368

Porto Pollo
Sainte Lucie-de-Tallano

Îles Sanguinaires
Propriano
D 69
N 198

Sartène
Porto-Vecchio

D 859
Îles Cerbicale

N 196
Figari
N 198

0   10   20 km
BONIFACIO
Île Cavallo
Île Lavezzi

CORSE

ça ; on mange bien, certes, mais surtout, les vendredi et samedi soir, on dîne en magie : Frank, le patron, est aussi magicien professionnel, top niveau vraiment, et illusions, prestidigitation et tours ahurissants se succèdent. En saison, show plus fort encore, avec lévitation et tronçonnage de partenaire. Bluffant ! Menu unique à 27,44 € pour ces soirées. Un bon conseil, réservez pour le dîner-spectacle, vous ne le regretterez pas. *Café offert à nos lecteurs sur présentation de ce guide.*

|●| Le 20123 – 2, rue du Roi-de-Rome (Centre) ☎ 04-95-21-50-05. Cartes de paiement refusées. Fermé le midi, ainsi que le lundi. Congés annuels : de mi-janvier à mi-février. Accès : rue piétonne dans la vieille ville. Menu unique à 26 €. Ce restaurant fondé en 1987, auparavant situé à Pila Canale, dans l'arrière-pays d'Ajaccio, a déménagé, emportant avec lui le décor : à l'intérieur, reconstitution plutôt réussie de village corse, avec fontaine, maisonnettes et lanternons, et Vespa garée là. Petite terrasse également. Au menu, sérieuses charcuteries corses, tarte au *brocciu*, puis viande au choix, grillée ou en ragoût, cochon, veau ou sanglier, fromages authentiques et dessert simple mais typique (flan chaud à la farine de châtaignes). *Digestif maison offert à nos lecteurs sur présentation de ce guide.*

DANS LES ENVIRONS

BASTELICACCIA 20129 (13 km NE)

🏠 Motel L'Orangeraie ★★ ☎ 04-95-20-00-09. Fax : 04-95-20-09-24. Cartes de paiement refusées. Parking. TV. Accès : à la sortie du village, direction Porticcio, à gauche. Selon saison, studios de 35 à 61 € ; F2 de 55 à 80 €. Des pavillons noyés dans une invraisemblable végétation méditerranéenne : palmiers, arbousiers, orangers... De loin le plus beau, le plus étonnant jardin que nous ayons vu en Corse, entretenu avec art et passion par M. Grisoni. Un cadre superbe donc, et bon accueil, même si parfois un peu débordé. Location de studios pour 1 à 3 personnes ou de deux-pièces pour 2 à 5 personnes, à la nuit ou à la semaine. Pas tout neufs mais bien équipés : bonne literie, isolation thermique, TV, sèche-cheveux, barbecue, terrasse, cuisine... Petite piscine. S'y prendre à l'avance car souvent complet.

AULLÈNE 20116

Carte régionale A2

🏠 |●| Hôtel-restaurant de la Poste ★ – Rue Principale (Centre) ☎ et fax : 04-95-78-61-21. Congés annuels : du 1er octobre

au 30 avril. Accès : sur la route de Quenza. Chambres doubles avec lavabo à 31 €, avec douche à 40 € ; demi-pension à 45 € à partir de 3 jours par personne. Menus à 16,50 et 23 €. Ancien relais de diligence, construit en 1880, c'est l'un des plus vieux hôtels de Corse. Chambres simples, propres et correctes, avec les w.-c. à l'étage. L'été, ceux qui veulent être au calme prendront celles sur l'arrière (pas de vue). Au resto, terrasse ombragée par un tilleul et des cerisiers, vous profiterez d'une cuisine familiale sans prétention, mais ne manquez pas le sanglier (en saison), le sauté de veau aux olives et les excellentes charcuteries maison. Le patron, Jeannot Benedetti, personnage chaleureux et grand amoureux de la région, a réalisé un petit guide de la Corse du Sud, qu'il prête à ses clients. Accueil cordial et service efficace. *Digestif maison offert à nos lecteurs sur présentation de ce guide.*

DANS LES ENVIRONS

QUENZA 20122 (6 km E)

🏠 |●| Auberge Sole e Monti ★★ – le bourg (Centre) ☎ 04-95-78-62-53. Fax : 04-95-78-63-88. ● www.solemonti.com ● TV. Restaurant fermé le lundi et mardi. Congés annuels : du 1er novembre au 30 avril. Accès : sur la D420. De 61 à 77 € en chambre double avec douche et w.-c. ou bains, en demi-pension demandée. Menus à 23 €, sauf le dimanche, et à 32 et 39 €. Priorité à la demi-pension. Bâtisse moderne avec loggia que l'on verrait bien en bord de mer. Certaines chambres donnent sur le jardin, d'autres pas. Cette maison est tenue depuis 25 ans par Félicien Balesi, un bon vivant qui a l'art de recevoir ses hôtes en amis. En été, son grand jardin, de l'autre côté de la rue, fait le bonheur de la clientèle. Quand le climat se fait moins clément, c'est dans le salon cossu, aménagé en demicercle, intime autour de la cheminée, que les habitués se retrouvent. Chaque jour, un menu différent à base de produits frais, inspiré par les bonnes vieilles recettes du terroir corse. Endroit agréable pour apprécier au mieux l'Alta Rocca, un peu cher. *Café offert à nos lecteurs sur présentation de ce guide.*

LEVIE 20170 (15 km SE)

🏠 |●| Ferme-auberge A Pignata – route du Pianu (Nord-Ouest) ☎ 04-95-78-41-90. Fax : 04-95-78-46-03. Cartes de paiement refusées. Ouvert sur réservation uniquement. Congés annuels : en novembre. Accès : pas évident à trouver. De Levie, suivre la route de Sainte-Lucie sur 3 km, tourner à droite vers le site de Cucuruzzu, puis, 1,5 km plus loin, dans un chemin en épingle sur la gauche. Après une petite montée, prendre le portail à gauche. Demi-pension uniquement, de 52 à 58 € par personne en chambre double. Menu unique à 28 €. Une ferme-auberge ; plus grande maison que ferme, au cadre assez banal, terriblement discrète : aucune enseigne, aucun panneau, rien ! Bref, c'est réservé aux connaisseurs... En étage, quelques chambres, avec douche et w.-c., spacieuses, propres et à bonne literie. Dans la grande salle à manger avec cheminée et sous la terrasse ombragée, on sert d'authentiques spécialités corses, considérées par les habitués comme les meilleures de toute la région : cannellonis au *brocciu*, aubergine farcie, daube farcie, etc. Vin en plus, dont une bonne cuvée maison. Propose aussi des balades à cheval sur réservation. Attention, cartes de paiement refusées. *Digestif maison offert à nos lecteurs sur présentation de ce guide.*

| BASTIA | 20200 |

Carte régionale A1

🛏 *Hôtel Cyrnéa* ** – route du Cap (Nord) ☎ 04-95-31-41-71. Fax : 04-95-31-72-65. Parking payant. TV. Satellite. Congés annuels : du 15 décembre au 15 janvier. Accès : route du Cap-Corse, à 2 km du centre de Bastia, à droite en entrant dans Pietranera. Selon saison et orientation (rue ou mer), de 49 à 65 € la chambre double. Longue bâtisse genre années 1950, bien tenue, avec des chambres climatisées et dotées de ventilateurs, avec douche et w.-c. Grand jardin par derrière descendant jusqu'à une petite plage de galets à 30 m de l'hôtel. Les chambres côté mer, plus chères, bénéficient d'un balcon, idéal pour prendre le petit déjeuner face au soleil levant. *Café offert à nos lecteurs sur présentation de ce guide.*

🛏 *L'Alivi* *** – route du Cap (Nord) ☎ 04-95-55-00-00. Fax : 04-95-31-03-95. Parking. TV. Satellite. 🍴 Congés annuels : décembre. Accès : route du Cap, à 1 km du port de plaisance, sur la droite de la chaussée. Selon saison, chambres doubles avec bains de 110 à 155 € ; quelques chambres avec douche et w.-c. un peu moins chères. Vu de la mer, c'est le genre de construction qui n'arrange pas le littoral, long bâtiment rectiligne de 3 étages. Mais quand on est à l'intérieur, on apprécie le bon confort des chambres et l'accès direct à la plage (galets). Toutes les chambres ont vue sur

mer et balcon, et sont dotées de tout l'équipement d'un 3 étoiles. Piscine. Accueil très pro.

🍴 *Restaurant A Casarella* – 6, rue Sainte-Croix, la Citadelle (Sud) ☎ 04-95-32-02-32. 🍴 Fermé le samedi midi et le dimanche. Congés annuels : en novembre. Menu à 25 € le soir seulement. Compter dans les 28 € à la carte. Terrasse en profondeur, certaines tables avec vue sur le port. Un chef inventif qui concocte une vraie bonne cuisine corse aux senteurs du maquis. Fichtre ! On y court. On y grimpe plutôt, car le resto est situé dans la citadelle, près de l'ancien palais des gouverneurs génois. Essayez d'avoir une table en terrasse, avec le vieux port en contrebas. Goûtez la *casgiate* (beignet de fromage frais cuit au four), les crevettes en feuilleté, le roulé de noix de veau aux herbes (divin !), le curieux *storzapretti* (étouffe-chrétien que les bonnes familles bastiaises servaient autrefois au curé le dimanche), puis, en dessert, l'excellent *fiadone*. Une bonne adresse.

DANS LES ENVIRONS

ERBALUNGA 20222 (8 km N)

🛏 *Hôtel Castel Brando* *** – au village ☎ 04-95-30-10-30. Fax : 04-95-33-98-18. ● www.castelbrando.com ● Parking. TV. Satellite. 🍴 Accès : le long de la côte par la D80. Selon saison, de 69 à 134 € la chambre double. Un hôtel de charme et de caractère, dans une authentique maison corse du XIXe siècle (un *palazzu*), entièrement restaurée dans le meilleur goût et décorée de meubles anciens. Les palmiers autour, les coloris, l'immense cage d'escalier et l'architecture lui confèrent un on-ne-sait-quoi de latino-américain. Près de la piscine, une villa abrite des chambres très sympathiques (et un peu plus calmes que dans la grande maison, où l'on évitera les chambres côté route). Toutes les chambres sont climatisées, avec douche ou bains, équipées de téléphone direct. Accueil excellent.

CASAMOZZA 20200 (20 km S)

🛏🍴 *Chez Walter* *** – N193 ☎ 04-95-36-00-09. Fax : 04-95-36-18-92. Parking. TV. Canal+. Satellite. 🍴 Resto fermé le dimanche sauf hors saison et en fin d'année. Accès : route du sud de la N193 (à 4 km après le carrefour pour l'aéroport). Selon la saison, chambres doubles avec douche et w.-c. ou bains de 70 à 90 €. Petit

CORSE

---

déjeuner un peu cher, avec un jus d'oranges pressées à 7 €. Menu à 19 €. Une adresse fiable et confortable sur la route de Bastia (ou du sud venant de Bastia), menée avec professionnalisme. Chambres de fort bon standing (salle de bains, clim'), piscine, tennis et beau grand jardin dans cet hôtel apprécié du personnel navigant en escale, et des équipes de foot venues défier Bastia. Table de bonne réputation, orientée mer (loup, langoustine, fruits de mer). *Café offert à nos lecteurs sur présentation de ce guide.*

BONIFACIO 20169

Carte régionale A2

🏠 ▮●▮ *Domaine de Licetto* – **route du Phare-de-Pertusato** ☎ **04-95-73-03-59.** Cartes de paiement refusées. Parking. Restaurant (Tél. : 04-95-73-19-48) ouvert uniquement le soir et en saison, sur réservation. Accès : à 2 km du port. Selon saison, de 34 à 65 € la chambre avec douche et w.-c., de 43 à 77 € avec bains. Menu à 29 €. On a d'ici une vue assez originale sur Bonifacio qu'on surplombe par l'arrière, ville haute et ville basse. Le domaine est en plein maquis, et la partie hôtelière, annexe moderne à 50 m du resto, dispose d'une quinzaine de chambres nickel, avec douche et w.-c. ou bains, d'un excellent rapport qualité-prix pour Boni. Le restaurant, cuisine traditionnelle corse, est l'une des très bonnes tables bonifaciennes. Attention, réservation obligatoire pour cette adresse. Remise de 10 % sur le prix de la chambre (en haute saison à partir d'une semaine). *Café, apéritif ou digestif offert à nos lecteurs dans le menu à 29 € sur présentation de ce guide.*

🏠 *Hôtel des Étrangers* * – **av. Sylvère-Bohn** ☎ **04-95-73-01-09. Fax : 04-95-73-16-97.** Parking. Congés annuels : du 1er novembre au 15 mars. Accès : à 300 m du port, mais il est caché sous une falaise, sur la droite de la route en venant d'Ajaccio. Selon saison, de 43 à 72 € la chambre double, petit déjeuner compris. On est un peu près de la route, mais bonne isolation phonique, les plus chères ont la TV et la clim', et sont propres. Box clos pour les motos, parking. Bon accueil. Un bon rapport qualité-prix pour Bonifacio.

🏠 ▮●▮ *A Trama* *** – **Cartarana, route de Santa-Manza** ☎ **04-95-73-17-17. Fax : 04-95-73-17-79.** ● **www.a-trama.com** ● Parking. TV. Canal+. 🐾 Restaurant fermé du 16 novembre au 1er mars. Accès : route de Santa-Manza, à 1,5 km du centre-ville. Chambres doubles de 73 à 144 €, selon la saison. Menus à 24,40 et 29,30 €. Dans un très beau cadre de verdure. Grand calme et bon standing dans ce petit complexe de construction récente et très bien entretenu.

25 chambres en rez-de-jardin, tournées vers la piscine et avec terrasse privative, impec' pour le petit déj'. Literie « dorsopédique » (retenez ce mot, il va faire son chemin). Tout confort : mini-bar, clim', etc. Une très agréable villégiature, où l'accueil se révèle courtois et professionnel. Un peu cher quand même. Le restaurant, *Le Clos Vatel*, jouit d'une bonne réputation. *Apéritif maison au café ou digestif maison offert à nos lecteurs sur présentation de ce guide.*

🏠 ▮●▮ *Hôtel-restaurant du Centre Nautique* *** – **port de plaisance** ☎ **04-95-73-02-11. Fax : 04-95-73-17-47.** ● **www.centre-nautique.com** ● Parking. TV. Canal+. Satellite. Accès : sur le port de plaisance, rive nord (face au quai Jérôme-Comparetti), à côté de la capitainerie. D'octobre à mars, duplex avec vue sur le port à 85 € ; à 125 € en avril, mai, juin et septembre ; à 190 € en juillet-août. Moins cher avec vue sur jardin. Ajouter 34 € par personne pour la demi-pension. Au restaurant, carte uniquement, compter 40 €. Isolée sur son quai bien calme par rapport à celui d'en face, cette grande et belle bâtisse dispose de 10 chambres en duplex, de vrai bon standing. Espace, confort, déco moderne et claire, salon en bas (canapé-lit), chambre en mezzanine... Douche, mini-bar, climatisation. Assez cher, mais c'est mérité. Fait aussi restaurant, avec une excellente spécialité de pâtes fraîches copieusement servies. *Apéritif maison offert à nos lecteurs sur présentation de ce guide.*

CALVI 20260

Carte régionale A1

🏠 ▮●▮ *Hôtel-restaurant Casa-Vecchia* ** – **route de Santore** ☎ **04-95-65-09-33. Fax : 04-95-65-37-93.** ● **www.hotel-casa-vecchia.com** ● Parking. Restaurant fermé le midi. Congés annuels : du 1er novembre au 31 mai. Accès : à 500 m du centre-ville et à 200 m de la plage (et de la grande pinède). Compter de 35 à 45 € la chambre double avec douche, w.-c. Demi-pension demandée en juillet-août, de 84 à 100 € pour deux. Menus à 14 et 17 €. Dans un jardin fleuri, dix chambres calmes et propres. L'hôtel a été rénové et les bungalows ont laissé place à des chambres toutes neuves. Également 2 chambres aménagées pour handicapés, des studios et T2, ainsi que des chambres d'hôte en villa. Bonne et copieuse cuisine familiale et charmante tonnelle ombragée pour prendre le petit déjeuner. Bon accueil de la patronne et de ses filles. *10 % sur le prix de la chambre (en basse saison, à partir de la 2e nuit en chambre standard) ou café offerts aux lecteurs sur présentation de ce guide.*

CORSE

🛏 *Hôtel Les Arbousiers* ** – route de Pietra-Maggiore (Sud) ☎ 04-95-65-04-47. Fax : 04-95-65-26-14. Parking. TV. Satellite. Fermé de fin septembre à début mai. Accès : du centre-ville, direction Bastia et L'Île-Rousse ; à 800 m, à la hauteur du début de la pinède longeant la plage de Calvi, tourner à droite, c'est indiqué. Selon saison, chambres doubles de 38 à 52 €. Toutes les chambres sont avec bains. Dans cette grande et assez jolie maison aux murs roses et au vieil escalier en bois menant à l'étage, pas de déco particulière mais des chambres correctes, propres, tranquilles et ensoleillées (côté sud surtout). Agréables petits balcons donnant sur la cour. À pied, la plage n'est qu'à 5 minutes. Bon accueil.

🛏 *Résidence Les Aloès* ** – quartier Donatéo (Est) ☎ 04-95-65-01-46. Fax : 04-95-65-01-67. ● www.hotel-les-aloes.com ● Parking. TV. Congés annuels : du 1er novembre à fin mars. Accès : du centre, prendre l'avenue Santa-Maria et continuer tout droit, c'est fléché. En basse saison, et selon l'orientation (mer ou jardin), chambres doubles avec douche et w.-c. ou bains de 39 à 46 €. En haute saison, selon la vue de 48 à 55 €. Un hôtel des années 1960 formidablement situé sur les hauteurs de Calvi : panorama sur la baie, la citadelle et l'arrière-pays jusqu'au Monte Cinto ! Environnement calme et fleuri, déco du hall un peu kitsch mais élégante. Chambres rénovées (TV, téléphone), avec balcon et bien tenues. Également des F1 pour 2 ou 3 personnes, à louer à la semaine. Accueil attentionné. *10 % sur le prix de la chambre (sauf en juillet-août et la première quinzaine de septembre, pour un séjour d'au minimum 2 nuits) offerts aux lecteurs sur présentation de ce guide.*

🛏 *Le Grand Hôtel* ** – 3, bd Wilson (Centre) ☎ 04-95-65-09-74. Fax : 04-95-65-25-40. ● www.grand-hotel-calvi.com ● TV. Congés annuels : du 1er novembre au 20 mars. Selon confort et saison, chambres doubles de 73 à 107 €, petit déjeuner inclus. Un *Grand Hôtel* début XXe siècle comme on n'en fait plus, avec des couloirs larges comme des chambres, un fumoir vaste comme un dancing et des chambres grandes comme... des chambres, assez spacieuses tout de même. Ne pas se fier à l'aspect vieillot du salon TV (Canal +) et de ses gros fauteuils avachis (mais confortables), les chambres ont été pour la plupart refaites et la literie est bonne. Toutes ont la climatisation. Bon accueil et bonne ambiance. Formidable salle de petit déjeuner panoramique, façon paquebot 1930 qui voguerait sur les toits de Calvi, cap au grand large. Extra ! *10 % sur le prix de la chambre (en avril, mai et octobre) offerts à nos lecteurs sur présentation de ce guide.*

🍴 *L'Abri Côtier* – quai Landry ☎ 04-95-65-12-76. Congés annuels : de mi-novembre à début mars. Accès : sur le port. Menus de 12,50 € le midi à 27,50 €. Située à l'étage au-dessus du bar-salon de thé, la grande salle de restaurant domine la terrasse et le port de plaisance. Belle situation donc, et cuisine tout en fraîcheur, notamment pour le poisson, juste grillé à l'huile d'olive, ou les entrées mêlant agrumes et crudités ou préparations au *brocciu*. Un dosage agréable, inhabituel et frais. Fins desserts également. Service attentif et diligent. Une des tables les plus régulières de Calvi, assurément. *Café offert à nos lecteurs sur présentation de ce guide.*

DANS LES ENVIRONS

SPELONCATO 20226 (34 km N)

🛏 *A Spelunca* ** – pl. de l'Église ☎ 04-95-61-50-38. Fax : 04-95-61-53-14. Congés annuels : du 1er novembre au 31 mars. Accès : par la N197 en direction de l'Île Rousse, puis par la D71. Chambres doubles de 45 à 61 € selon la saison, avec douche et w.-c. ou bains, certaines avec vue sur la vallée. Un délicieux hôtel de charme au cœur du pittoresque village, à l'ombre de l'église (attention, les cloches sonnent, c'est évidemment pittoresque et plaisant mais certains préfèrent le silence et voudraient avoir le charme d'un village corse sans celui du clocher, faudrait savoir !). Cette haute maison aux murs roses, coiffée d'une petite tourelle en terrasse, abrite des chambres spacieuses ordonnées autour d'un superbe escalier. Dans le grand salon, le portrait du cardinal Savelli, secrétaire d'État du pape Pie IX au XIXe siècle, rappelle que cette demeure aristocratique fut sa résidence d'été. Voici l'un des meilleurs rapports qualité-prix-classe et supplément d'âme de Corse. Très bon accueil, courtois et jovial. *Un petit déjeuner offert par chambre à nos lecteurs (sauf en juillet-août) sur présentation de ce guide.*

CORTE 20250

Carte régionale A1

🛏 *Hôtel de la Poste* – 2, pl. du Duc-de-Padoue (Centre) ☎ 04-95-46-01-37. Cartes de paiement refusées. 🍴. Ouvert toute l'année. Accès : dans la ville basse. Chambres doubles avec douche à 30 €, avec douche et w.-c. à 43 €. Une douzaine de chambres installées dans une vieille bâtisse donnant sur une grande place ombragée. Chambres simples mais correctes, ouvrant sur la place ou sur l'arrière, donc calmes. Petit déjeuner servi jusqu'à 9 h 30. Bonne adresse centrale pour petits budgets pas trop exigeants.

CORSE

●I L'Oliveraie – lieu-dit Perru ☎ 04-95-46-06-32. Cartes de paiement refusées. Fermé le lundi soir hors saison. Congés annuels : du 1er novembre au 15 décembre. Accès : du centre-ville, prendre la direction de l'université ; au grand carrefour direction Bastia, prendre la route d'Erbagolo. *L'Oliveraie* se trouve 150 m plus loin, sur la gauche. Menus de 10 à 24 €. Grande maison de pierre avec une immense terrasse couverte où trône un olivier imposant, à l'écart de la ville et devant un jardin d'arbres fruitiers ; c'est là que Mme Mattei compose une savoureuse cuisine corse : *buglidicce* (beignets au fromage frais), tarte aux herbes, calmars farcis au *brocciu* et, en dessert, la fameuse tarte aux noisettes et à la farine de châtaignes. Copieux et délicieux, c'est d'ailleurs la cantine des étudiants et professeurs du campus voisin. Beaucoup de groupes le midi. Hélas, accueil indifférent. *Digestif maison offert à nos lecteurs sur présentation de ce guide.*

●I U Museu – rampe Ribanelle ☎ 04-95-61-08-36. Cartes de paiement refusées. Fermé le dimanche hors saison. Congés annuels : du 23 décembre au 2 avril. Accès : au pied de la citadelle, place d'Armes. Formule plat + dessert à 12,20 €, menu à 14,40 €. Agréable terrasse abritée par deux chapiteaux ronds, genre tonnelles. Carte très vaste. Bonne, voire très bonne cuisine copieuse dans un resto qui ne manque pas de charme. Tarte aux herbes, excellent civet de sanglier à la myrte et délice aux châtaignes... délicieux. Pichet d'AOC qui se vide facilement. Pour les petits budgets, une salade aux chèvres chauds panés (deux chèvres différents) et aux amandes, lardons et pommes de terre pantagruélique. Une halte recommandable.

COTI-CHIAVARI   20138

Carte régionale A2

🏠●I Hôtel-restaurant Le Belvédère – ☎ 04-95-27-10-32. Fax : 04-95-27-12-99. Cartes de paiement refusées. Parking. ♿ Restaurant fermé le soir en hiver et fermé le midi de juin à octobre. Mieux vaut toujours téléphoner avant de venir, pour l'hôtel comme pour le restaurant. Congés annuels : du 11 novembre au 15 février. Accès : à gauche de la route d'Acqua-Doria, avant d'arriver au village. Chambres doubles avec douche et w.-c. ou bains de 46 à 61 €. Petit déjeuner à 5 €. Demi-pension demandée en saison, de 84 à 100 € pour deux. Menus à 16 € (en semaine uniquement) et 23,25 €. Longue bâtisse de construction récente, isolée et donnant sur la baie d'Ajaccio par une large terrasse en arc de cercle. La vue est sublime, tout simplement l'un des plus beaux panoramas de l'île. Certains soirs, la mer est recouverte d'une couche de nuages. On est alors comme dans un nid d'aigle : au-dessus de tout. Caroline, une très gentille dame, est aux petits soins pour ses hôtes. Cuisine corse copieuse et familiale... Chambres simples avec douche et très propres, avec balcon. Loin du tapage onéreux du littoral, une adresse solide et qui a du cœur.

PORTO   20150

Carte régionale A1

🏠●I Hôtel-restaurant Le Porto ✶✶ – route de Calvi ☎ 04-95-26-11-20. Fax : 04-95-26-13-92. Parking. Congés annuels : du 15 septembre au 15 avril. Chambres doubles de 38 à 56 €. Demi-pension (demandée en juillet-août) de 85,37 à 106,71 € selon la période. Menus de 16 à 21 €. Un des bons restaurants de Porto. En effet, nous y avons trouvé, par exemple, un filet mignon de veau à la graine de moutarde tout à fait savoureux. Bons poissons également... Avec ça, vin corse à prix correct. Chambres simples mais assez spacieuses (vraies salles de bains) et bien tenues. Garage pour les deux-roues.

🏠 Hôtel Le Colombo ✶✶ – Porto-village ☎ 04-95-26-10-14. Fax : 04-95-26-19-90. ● www.porto-tourisme.com/colombo/ ● Congés annuels : du 11 novembre à Pâques. Accès : aussitôt à gauche à la sortie du village, sur la route de Calvi. Chambres doubles de 52 à 100 € selon la saison et la situation, petit déjeuner compris. Chambres pour 3 et 4 personnes également. Qu'ils continuent sur leur lancée et, les proprios de ce petit hôtel – hier bien classique – pourront mériter le label « hôtel de charme » ! Cadres en bois flotté, murs bleus peints à l'éponge : la réception est ravissante. Le petit jardin est tout aussi adorable. Les chambres suivent doucement le même chemin. La plupart offrent une chouette vue (certaines depuis leur balcon) sur le golfe de Porto et la montagne. Beau petit déjeuner. Accueil très cool. *NOUVEAUTÉ.*

PORTO-VECCHIO   20137

Carte régionale A2

🏠 Hôtel Le Mistral ✶✶ – 5, rue Jean-Nicoli ☎ 04-95-70-08-53. Fax : 04-95-70-51-60. Parking. TV. Canal+. Congés annuels : du 15 novembre au 1er mars. Accès : dans le haut de la ville. Selon saison, chambres doubles avec douche et w.-c. ou bains de 46 à 104 €. En 2 étoiles mignon et confortable, aux chambres avec douche et w.-c. ou bains, TV, très bien tenu. Bon accueil. Un peu trop cher en juillet-août, mais à Porto-Vecchio, c'est comme ça. Loue aussi des studios. Petit parking couvert en face.

I●I *Le Tourisme* – 12, cours Napoléon ☎ 04-95-70-06-45. Ouvert toute l'année. Fermé le dimanche midi. Accès : dans la ville haute, à côté de l'église. Menus de 12 € (le midi en semaine) à 22 €. Belle salle et terrasse aux harmonies de bleu avec sièges en rotin. Nous nous sommes régalés au *Tourisme*, qui propose une cuisine assez légère et recherchée. Au menu-carte, des moules à la porto-vecchiaise bien relevées, de mémorables pâtes du jour (des tagliatelles aux asperges), puis une soupe de fraises à la myrte tout en fraîcheur. Également une formule « expresso » (salade, pâtes au choix ou moules marinière, carpaccio de melon) et un petit « menu du routard pressé » (en fait, une formule plat + dessert). Peut-être un peu cher dans l'ensemble mais à peine, et la qualité est au rendez-vous, même en plein mois d'août. *Apéritif maison offert à nos lecteurs sur présentation de ce guide.*

DANS LES ENVIRONS

LECCI-DE-PORTO-VECCHIO
20137 (7 km N)

🏠 *Hôtel et résidence Caranella Village* – route de Cala-Rossa (Nord) ☎ 04-95-71-60-94. Fax : 04-95-71-60-80. ● www.caranella-village.com● Parking. TV. ☙ Congés annuels : de la 2e semaine de janvier à la 1re semaine de février. Accès : route de Bastia sur 3 km, puis à droite à l'entrée de La Trinité (Cala-Rossa fléché) ; à gauche au rond-point suivant et tout droit jusqu'au bout (4 km). Studios avec douche et coin cuisine à 37 € par jour d'octobre à mai (minimum 2 nuits) ; 52 € en juin et septembre (minimum 2 nuits) ; 69 € en juillet ; 78 € en août (en juillet et août : minimum 1 semaine) ; plus cher avec bains ; 2 pièces pour 2 personnes avec douche de 61 à 125 € selon la saison ; également des appartements de confort varié pour 4 à 6 personnes, de 77 à 169 € par jour selon type et saison. Location du linge en sus, service ménage et laverie possible. Ensemble d'une quarantaine de studios et appartements bien équipés (four à micro-ondes, téléphone, lave-vaisselle en option), de plain-pied ou en étage, avec terrasse pour la plupart, autour d'une piscine chauffée. Environnement fleuri, salle de fitness, location de vélos, bar. Gros plus : la plage de Cala-Rossa est à 300 m. Compte tenu donc du confort, de la situation et des prix pratiqués ailleurs à Porto-Vecchio, *Caranella Village* est un vrai bon plan, y'a pas photo ! De plus, accueil aimable et ambiance relax. Réservation conseillée.

Carte régionale A2

🏠 *Loft Hôtel* ** – 3, rue Jean-Paul-Pandolfi (Centre) ☎ 04-95-76-17-48. Fax : 04-95-76-22-04. Parking. TV. ☙ Congés annuels : du 1er octobre au 14 avril. Accès : à un pâté de maisons du port. Chambres doubles de 44 à 60 € selon la saison. Les moins chères sont situées au rez-de-chaussée. Dans cet ancien entrepôt à vin transformé en hôtel, des chambres propres, avec douche et w.-c. Déco moderne dépouillée, céramique claire et bois blanc. Accueil aimable. L'hôtel porte bien son nom. *Petit déjeuner offert à nos lecteurs (en fonction du nombre de nuitées) sur présentation de ce guide.*

🏠 *Motel Aria Marina* ** – lieu-dit La Cuparchiata ☎ 04-95-76-04-32. Fax : 04-95-76-25-01. Parking. TV. Congés annuels : du 11 octobre au 1er avril. Accès : sur les hauteurs de Propriano. Du centre, route de Sartène, puis à gauche vers Viggianello ; à gauche encore en suivant les panneaux indiquant le motel. Studios de 57 à 78 € selon la saison ; en juillet-août, uniquement à la semaine, de 559 à 614 €. Très bon motel, à l'écart du tumulte proprianesque et dominant le golfe de Valinco. Studios et deux-pièces bien équipés et spacieux, nickel. Plus cher pour les deux et trois-pièces, se renseigner. Accueil souriant et belle piscine.

I●I *Restaurant L'Hippocampe* – rue Jean-Paul-Pandolfi (Centre) ☎ 04-95-76-11-01. Fermé le dimanche et le lundi hors saison. En juillet-août, ouvert tous les soirs et fermé le midi. Congés annuels : en janvier et février. Menu à 19 € ; à la carte, compter dans les 30 €. Petite salle conviviale et, en face, de l'autre côté de la rue, chouette terrasse fleurie, tout entourée de lauriers. Vivier à langoustes. Également d'autres bons fruits de mer. Menu d'un étonnant rapport qualité-prix. Assez bon marché à la carte. En prime, un service efficace et une patronne souriante. Une adresse très fiable. *Café offert à nos lecteurs sur présentation de ce guide.*

Carte régionale A1

🏠 *Hôtel Maxime* ** – route de la Cathédrale (Centre) ☎ 04-95-37-05-30. Fax : 04-95-37-13-07. Parking. TV. ☙ Ouvert toute l'année. Accès : petite rue calme donnant sur la place des Portes. Selon confort et saison, de 47 à 70 € la chambre double. Établissement assez récent, très propre et d'un bon rapport qualité-prix. Mini-bar, balcon

CORSE

(certaines chambres donnent sur la rivière de Poggio). Possibilité d'amarrer son petit bateau face à l'hôtel. Parking privé et garage moto. Animaux refusés.

🏠 *Motel Treperi* ** – **route de Bastia (Est)** ☎ 04-95-37-40-20. Fax : 04-95-37-04-61. ● www.hotel-treperi.com ● Parking. TV. Congés annuels : de mi-novembre à mi-mars. Accès : à un bon kilomètre du centre-ville ; prendre la route de Bastia qui longe la plage, puis la petite route indiquée sur la droite : le motel est à quelques centaines de mètres plus loin, sur une hauteur. Selon la saison, entre 47 et 110 € la chambre double. Demi-pension (souhaitée en été) à 55 € par personne en juillet et 68 € en août. Hors saison (jusqu'au 10 juin), formule « j'y suis, j'y reste » : 374 € les 7 nuits pour deux, petit déjeuner compris. Des chambres en rez-de-jardin claires et spacieuses, bien tenues, avec terrasse, douche et w.-c. Environnement calme et fleuri, vue sur le golfe. Piscine et tennis. Une adresse agréable.

DANS LES ENVIRONS

PATRIMONIO 20253 (5 km NE)

🏠 *Hôtel U Casone* – **au village** ☎ 04-95-37-14-46. Fax : 04-95-37-17-15. Cartes de paiement refusées. Parking. Congés annuels : du 1er novembre au 1er avril. Accès : en venant de Saint-Florent, monter jusqu'au centre de Patrimonio mais ne pas tourner à gauche vers l'église ; continuer 250 m sur la D81, puis tourner à droite en épingle ; c'est indiqué. Selon confort et saison, chambres doubles de 31 à 80 €. Une grande maison de crépi gris dans la partie haute du village. Grande terrasse avec pelouses et cerisiers pour se dorer au soleil et prendre le petit déjeuner. Chambres simples avec vue sur les montagnes ou sur un bout de mer au loin, bien tenues, plus ou moins grandes (tarifs en rapport). Ambiance familiale. Accueil volubile de Mme Montemagni. Bonne adresse sans prétention à 3 km seulement des plages. Bien aussi pour les motards car il y a de la place et les motos sont en sécurité (garage). Profitez-en pour prendre quelques bouteilles de Clos Montemagni, les caves ne sont pas loin.

SARTÈNE 20100

Carte régionale A2

🏠 *Hôtel Villa Piana* *** – **route de Propriano** ☎ 04-95-77-07-04. Fax : 04-95-73-45-65. ● www.lavillapiana.com ● Parking. TV. Congés annuels : de début novembre à début avril. Accès : route de Propriano, 1 km avant Sartène. Selon saison, chambres doubles de 54 à 90 €. Petit déjeuner à 8 €.

Maison ocre au milieu des arbres et des fleurs. Chambres à la déco soignée, plutôt mignonnes, la plupart offrant une vue sur Sartène. Mais attention, quelques-unes ont vue sur l'arrière, pas forcément extra, surtout en bas. Tennis, bar et super piscine panoramique. Abri motos privé. Une bonne adresse.

DANS LES ENVIRONS

SAINTE-LUCIE-DE-TALLANO
20112 (14 km NE)

🍴 *Le Santa Lucia* – **(Centre)** ☎ 04-95-78-81-28. Fermé le dimanche hors saison. Accès : sur la place du monument aux morts. Menus à 14,50 et 20,60 €. Belle terrasse ombragée face à la fontaine. Une bien bonne table corse. Honnête mais assez ordinaire premier menu : aussi, si l'on peut, n'hésitera-t-on pas à prendre le second, où les cuistots s'expriment avec talent. Des assiettes joliment présentées, des mets goûteux, préparés comme il faut, bien cuits et bien assaisonnés, bref, un vrai travail de vrais cuisiniers. Le cochon sauvage au miel, par exemple, ou encore le lapin à la myrte sont fameux. Accueil naturel et souriant du patron. Parking sur la place. *Café offert à nos lecteurs sur présentation de ce guide.*

SOLENZARA 20145

Carte régionale A2

🏠 *Hôtel La Solenzara* ** – **(Centre)** ☎ 04-95-57-42-18. Fax : 04-95-57-46-84. ● www.lasolenzara.com ● Parking. TV. ♿ Ouvert toute l'année (hors saison, sur réservation seulement). Accès : à la sortie du village en direction de Bastia. Selon saison, chambres doubles à l'annexe avec douche et w.-c. de 54 à 89 €, petit déjeuner inclus ; un peu plus cher avec bains et dans la demeure principale, plus belle mais au confort égal. Voici un véritable hôtel de charme. Il s'agit tout simplement de l'ancienne demeure du maître de Solenzara, avec ses dépendances, construite il y a 200 ans. Pièces immenses et hautes de plafond, décorées simplement mais avec goût. Chambres fraîches en été, toutes avec sanitaires récents et téléphone. Chambres plus classiques dans la nouvelle maison. Très propre. Grand jardin orné de palmiers, où trône une magnifique piscine. Accès direct au port et à la plage. *Pour un séjour d'une semaine, le 7e jour est offert à nos lecteurs (sauf de mai à septembre) sur présentation de ce guide.*

ZONZA 20124

Carte régionale A2

🏠 ❙●❙ *Hôtel-restaurant La Terrasse* *
☎ 04-95-78-67-69. **Fax : 04-95-78-73-50.**
Parking. Congés annuels : du 31 octobre au
1er avril. Accès : dans le centre du village,
mais un peu en retrait de la route principale,
sur la droite quand on vient de L'Ospédale.
Chambres doubles de 45,73 à 57,93 €
selon le confort (lavabo, douche et w.-c. ou
bains) et la saison. Demi-pension souhaitée, de 45,73 à 51,83 € par personne.
Menus de 14,94 à 28,20 €. Un établissement bien nommé, puisqu'on peut y manger
en terrasse, mais pas n'importe laquelle : la
mieux située du village, vue sur les toits de
Zonza et la montagne grandiose. Très
agréable au couchant. Une bonne table
corse. Les charcuteries maison, notamment, sont délectables, et les plats régionaux (sanglier aux pâtes, cannellonis, desserts à la châtaigne) copieux et authentiques. Les Mondoloni-Pietri reçoivent
chaleureusement et dans la bonne humeur
(à condition, et c'est bien normal, de ne pas
les fâcher). Chambres correctes, récemment rénovées, bourgeoisement simples et
bien tenues, certaines avec terrasse côté
vallée. Demi-pension conseillée, du moins
est-on prié de dîner (ou déjeuner) sur place.
Mais comme la table est bonne et finalement pas si chère, ça va. *Remise de 10 %
sur le prix de la chambre (d'avril à juin et en
octobre) pour nos lecteurs sur présentation
de ce guide.*

Les prix
En France, les prix des hôtels et des restos sont libres. Certains peuvent
augmenter entre le passage de nos infatigables fureteurs et la parution du
guide.

Avis aux hôteliers et aux restaurateurs
Chaque année pour y figurer, il faut le mériter !

Le Routard

CORSE

Franche-Comté

25 Doubs
39 Jura
70 Haute-Saône
90 Territoire de Belfort

ARBOIS   39600

Carte régionale A2

🏠 *Hôtel des Messageries* ** – 2, rue de Courcelles (Centre) ☎ 03-84-66-15-45. Fax : 03-84-37-41-09. ● hotel.lesmessageries@wanadoo.fr ● TV. Fermé le mercredi de 11 h à 17 h hors saison. Congés annuels : en janvier et décembre. Chambres doubles de 32 à 38 € avec lavabo ou douche, de 52 à 58 € avec douche et w.-c. ou bains. L'ancien relais de poste comme on se l'imagine, avec sa façade de pierre qu'on devine derrière la vigne vierge. Une adresse qui a réussi à concilier le charme d'autrefois et les facilités de la vie moderne. Accueil toujours au beau fixe. Chambres confortables, particulièrement belles pour celles qui viennent d'être rénovées. Beaucoup de visiteurs étrangers de passage à Arbois privilégient les *Messageries*, d'où un côté hôtel international pas déplaisant. Pas de resto mais un bar tranquille avec une jolie terrasse sous une allée de tilleuls. *10 % sur le prix de la chambre (en février, mars, octobre et novembre) offerts à nos lecteurs sur présentation de ce guide.*

🍽 *La Balance – Mets et Vins* – 47, rue de Courcelles (Centre) ☎ 03-84-37-45-00. 🚬 Fermé le dimanche soir et le lundi (hors jours fériés). Congés annuels : du 15 décembre au 1er février. Formule à 14,50 € le midi, sauf le dimanche, avec plat, dessert, verre de vin et café. Sinon, menus de 17,50 à 35 €. Le jeune chef surdoué qui a repris cette adresse presque mythique d'Arbois a trouvé la bonne formule : un cadre jeune, sympa mais authentique, une jolie terrasse, des prix doux, une carte variée, des recettes « pur terroir » avec une manière de les traiter résolument moderne,

un personnel compétent et efficace... Vu l'enseigne, l'association « mets et vins » est le leitmotiv de la maison. La cuisine se met au service des vins du Jura (servis au verre pour la plupart) ; il faut savoir que les copains vignerons sont associés à l'affaire et que les vins servis à table peuvent être achetés par carton à prix coûtant. Notre coup de cœur à Arbois ; réservez car on n'est pas les seuls... *Digestif maison offert à nos lecteurs sur présentation de ce guide.*

DANS LES ENVIRONS

POLIGNY 39800 (9 km SO)

🏠🍽 *Domaine du Moulin de la Vallée heureuse* *** – route de Genève, N5 ☎ 03-84-37-12-13. Fax : 03-84-37-08-75. ● www.hotelvalleeheureuse.com ● Parking. TV. Satellite. 🚬 Hôtel fermé le mercredi (hors juillet-août) ; resto fermé le mercredi et le jeudi midi (hors juillet-août). Accès : par la N3. Chambres doubles avec douche et w.-c. ou bains de 77 à 213 € (les plus chères sont les suites). Demi-pension demandée les week-ends fériés et en été : de 76 à 140 €. Menus de 21 à 60 €. Cet ancien moulin du XVIIIe siècle, au pied duquel coule un cours d'eau, fait le petit coup du charme à tous les passants. Nous avons été séduits par la cuisine inventive, toute de saveurs et de légèreté, à base de fleurs et d'herbes du jardin et à un prix plus que correct. Côté hôtel, évidemment, c'est un luxe qui, lui, se paye. Mais les chambres, tout juste refaites, sont absolument sublimes et comptent parmi les plus belles du Jura (même les moins chères !). D'un goût sûr, mêlant bois clair, corde et lin, elles invitent à la détente et à la paresse. On a aimé sans réserve ! En plus, il y a piscines (dont une intérieure avec vue sur la rivière), sauna, jacuzzi, espace de gym... *Apéritif maison offert à nos lecteurs sur présentation de ce guide.*

SALINS-LES-BAINS 39110
(17 km NE)

⌂ I●I *Le Relais de Pont-d'Héry* – route de Champagnole, Chaux-Champagny ☎ 03-84-73-06-54. Fax : 03-84-73-19-00. Parking. Fermé le lundi soir et le mardi de septembre à mai ; uniquement le lundi en juin, juillet et août. Congés annuels : les vacances scolaires de février (zone B) et les 2 premières semaines de novembre. Accès : à 3 km au sud-est de Salins par la D266. Chambres doubles avec bains à 40 €. Menus à 10,50 €, le midi en semaine, puis de 15 à 25 €. Une jolie adresse derrière l'anodine façade d'une maison de bord de route. Salle mignonnette et charmante terrasse pour l'été au cœur du jardin (et au bord de la piscine). Cuisine au goût du jour, pleine d'idées rigolotes et de saveurs. Menus parfaits (de la mise en bouche aux desserts en passant par l'impeccable plateau de fromages). Service très pro mais décontracté (si, si, ça existe). Deux chambres seulement, spacieuses (c'est rien de le dire !) et confortables. Tout cela ressemble fort à un coup de cœur ! *NOUVEAUTÉ.*

BAUME-LES-DAMES 25110

Carte régionale B1

⌂ I●I *Hostellerie du Château d'As* ✱✱✱ – 24, rue du Château-Gaillard ☎ 03-81-84-00-66. Fax : 03-81-84-39-67. ● www.chateau-das.fr ● Parking. TV. Fermé le dimanche soir et le lundi. Congés annuels : la dernière semaine de janvier et la 1ʳᵉ de février, les 2 dernières semaines de novembre et la 1ʳᵉ de décembre. Chambres doubles à 57 € avec douche et w.-c. ou bains. 1ᵉʳ menu à 25 € le midi en semaine. Autres menus de 29 à 58 €. Drôle de look pour cet établissement perché sur les hauteurs de la ville, entre maison hantée de film d'épouvante et villa balnéaire de la côte normande. Deux frères, jeunes chefs bourrés de talent, s'y sont installés. Deux as dans leur partie, qui font courir toute la région. La grande salle en rotonde est encore un peu solennelle, mais le 1ᵉʳ menu est une affaire ! Cuisine adroite et à quatre mains, qui revisite le terroir avec panache. Belle carte des vins. Généreux petit déjeuner. Sauna. 10 %

sur le prix de la chambre (du 1ᵉʳ octobre au 31 mars) offerts à nos lecteurs sur présentation de ce guide.

DANS LES ENVIRONS

PONT-LES-MOULINS 25110
(8 km S)

⌂ I●I *L'Auberge des Moulins* ✱✱ – route de Pontarlier ☎ 03-81-84-09-99. Fax : 03-81-84-04-44. ● auberge.desmoulins@wanadoo.fr ● Restaurant fermé le vendredi et le samedi midi de juin à août ainsi que le dimanche hors saison. Congés annuels : du 22 décembre au 28 janvier. Accès : par la D50. Chambres doubles à 47 €. Également un appartement pour 4 personnes à 80 €. Au restaurant, menus de 18,50 à 29 €. L'adresse gentiment cossue de la vallée du Cusancin. Chambres de style et de taille différents, plutôt agréables et bien confortables. Bon rapport qualité-prix du premier menu. Le chef a une prédilection pour le poisson, notamment les truites du vivier. *NOUVEAUTÉ.*

LOMONT-SUR-CRÊTE 25110
(9 km E)

I●I *Chez La Marthe* – 23, Grande-Rue ☎ 03-81-84-01-50. Fermé le dimanche soir. Congés annuels : à la mi-août. Accès : par la D50, puis la D19E, dans le bois du Saussoi à 568 m. 1ᵉʳ menu autour de 11,50 €. Autres menus de 20 à 23 €. Café-restaurant de village simple et sympathique. Gentille cuisine familiale avec de bons produits. Pour le poisson, friture ou truite, commander auparavant car la cuisinière n'utilise que du poisson frais ; spécialités en saison : grenouilles, gibier. Accueil agréable. Bref, une heureuse surprise ! *Café offert à nos lecteurs sur présentation de ce guide.*

BELFORT 90000

Carte régionale B1

⌂ *Au Relais d'Alsace* ✱✱ – 5, av. de la Laurencie (Nord-Est) ☎ 03-84-22-15-55. Fax : 03-84-28-70-48. ● www.arahotel.com ● Parking. TV. Fermé le dimanche après 21 h. Accès : à 500 m du centre ; au nord des remparts (porte de Brisach). Chambres doubles avec douche et w.-c. de 35 à 44 €. C'est presque un conte de fées social : il était une fois un dynamique et adorable couple franco-algérien en quête de boulot, qui décide de reprendre un hôtel en déshérence en dehors de la ville close (mais

---

Sur présentation de ce guide,
nombreuses offres et réductions en 2003.

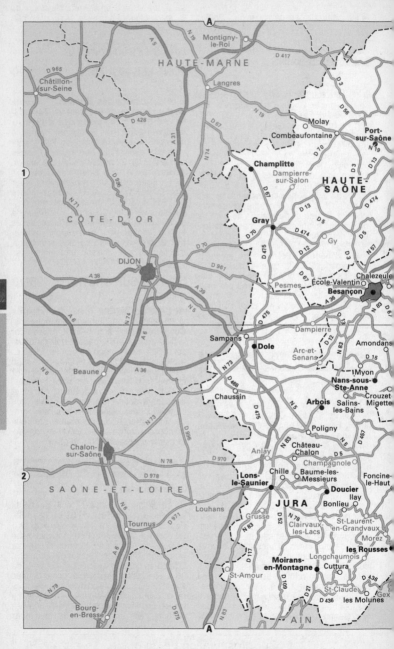

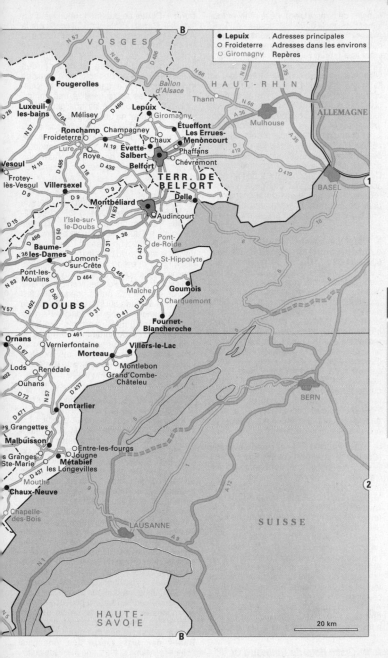

- Lepuix — Adresses principales
- Froideterre — Adresses dans les environs
- Giromagny — Repères

20 km

à moins de 5 mn à pied), de le rénover totalement et de le faire refonctionner. Après plusieurs années de sueur, de rires et quelques larmes, Kim et Georges ont réussi à créer leur propre lieu, à leur image, c'est-à-dire très chaleureux et coloré à souhait. Chambres avec un charme certain, tout est là : la télé, le bon lit. C'est le genre d'adresse où l'on vient pour une nuit, l'on reste deux, puis trois nuits car, ce qui compte ici avant tout, c'est la qualité d'accueil. Tous les bons tuyaux sur la ville et la région affichés aux murs et en prime, le délicieux petit déjeuner de Kim (5,50 € pour un vrai jus d'orange et de bons croissants chauds, c'est presque donné !) et son allégresse communicative. Ce petit hôtel indépendant est de loin notre adresse préférée, pour des gens à l'esprit routard. *10 % sur le prix de la chambre (à partir de 2 nuits du 1ᵉʳ septembre au 31 mai) offerts à nos lecteurs sur présentation de ce guide.*

🏠 *Hôtel Le Saint-Christophe* ** – pl. d'Armes (Centre) ☎ 03-84-55-88-88. Fax : 03-84-54-08-77. Cartes de paiement refusées. TV. Satellite. Congés annuels : la dernière semaine de décembre. Accès : au pied du château et du fameux *Lion*. Chambres doubles avec douche et w.-c. ou bains à 52 € (à l'annexe) à 58 €. Au cœur de la vieille ville, face à la cathédrale, un établissement dynamique sans cesse en recherche d'amélioration. Dans le bâtiment principal, chambres confortables et spacieuses avec, pour certaines, vue sur le célèbre *Lion*. La décoration dans l'esprit alsacien est plutôt réussie. Dans l'annexe, qui se trouve à deux pas, tranquillité assurée et chambres impeccables, quoique légèrement moins confortables. *10 % sur le prix de la chambre offerts à nos lecteurs sur présentation de ce guide.*

🏠 *Hôtel Vauban* ** – 4, rue du Magasin (Centre) ☎ 03-84-21-59-37. Fax : 03-84-21-41-67. ● www.hotel.vauban.com ● TV. Satellite. Fermé le dimanche. Congés annuels : pendant les vacances scolaires de février et de Noël. Accès : par la A36, un peu à l'écart du centre-ville, le long de la Savoureuse. Chambres doubles à partir de 60 €, avec douche et w.-c. ou bains. Petit déjeuner à 7 €. À deux pas de la vieille ville, dans un coin tranquille, petit hôtel fort bien tenu où les artistes se sentiront bien. En effet, le patron a couvert les murs de ses toiles, ce qui donne beaucoup de fraîcheur, un air de fête à l'établissement. Chambres agréables, certaines s'ouvrant sur le charmant jardin. Aux beaux jours, on peut y prendre le petit déjeuner au son des oiseaux, près du petit bassin aux nénuphars. Nos amies les bêtes ne sont pas acceptées. Bon accueil.

🏠 ⦿ *Grand Hôtel du Tonneau d'Or* *** – 1, rue Reiset (Centre) ☎ 03-84-58-57-56. Fax : 03-84-58-57-50. ● www.tonneau dor.fr ● Cartes de paiement refusées. Parking. TV. Canal+. Satellite. Accès : par la A36. Chambres doubles avec bains à 95,48 €. Menu à 22 €. Hall de palace avec plafond ouvragé et escalier monumental. Toute l'atmosphère et le charme des années 1900. Superbes rotonde à vitrail de style Art nouveau et salon à coupole, classés. Chambres spacieuses et très confortables. Décor moderne de bon goût. Voilà un établissement de petit luxe possédant du caractère et fort plaisant. Il dispose aussi d'un resto de bonne tenue servant une cuisine traditionnelle peu originale (andouillette, confit…). *Un petit déjeuner par personne offert à nos lecteurs sur présentation de ce guide.*

⦿ *L'Auberge des Trois Chênes* – 29, rue de Soissons (Nord-Ouest) ☎ 03-84-22-19-45. Parking. Fermé le lundi. Congés annuels : en août. Accès : du centre-ville, prendre la direction Vesoul-Paris, passer devant la maison du peuple (boulevard Kennedy), puis direction usine Alstom et Cravanche ; le restaurant se situe aux portes de Cravanche, face à l'usine. Menu à 11 € le midi en semaine ; 3 autres menus de 23 à 30 €. Une auberge qui sert une belle cuisine moderne ancrée dans la tradition. Produits frais exclusivement, certains légumes viennent même du jardin. Gentil menu le midi en semaine. Le reste du temps, excellents plats : escalope de veau aux morilles, lotte aux pâtes fraîches ou salade de désossées de caille et foie de volaille.

⦿ *Le Molière* – 6, rue de l'Étuve (Centre) ☎ 03-84-21-86-38. Fermé le mardi soir et le mercredi. Congés annuels : pendant les vacances scolaires de février, la dernière semaine d'août et les 2 premières de septembre. Menus à 19 €, en semaine, et de 22 à 45 €. Installé sur une jolie place arborée, environnée de façades en grès des Vosges ou pimpantes. Oubliez un instant les chaises Grosfilex pour vous concentrer sur le charme du lieu et la finesse de la cuisine. Ici, on ne sert que des produits frais (le patron va chercher lui-même son poisson à Mulhouse tous les matins). Dans l'assiette se joue une belle comédie de saveurs au gré des saisons et intersaisons. Carte possédant presque trop de choix (vieux principe freudien : « choisir, c'est éliminer » !). Menus pour toutes les bourses. Quelques fleurons : les Saint-Jacques poêlées au miel, la daurade fourrée au tourteau, la poularde sautée aux poires et le magret en croûte de pain d'épice, etc. (oui, nous aussi, ça nous met l'eau à la bouche dès qu'on relit ce texte). Beaux desserts. Carte des vins très complète. Même si c'est une habitude culturelle qui se perd à la fin des repas, collection exceptionnelle d'alcools blancs.

|●| *L'Ambroisie* – 2, pl. de la Grande-Fontaine (Centre) ☎ 03-84-28-67-00. 🍴 Fermé le mardi soir et le mercredi toute la journée. Accès : au cœur de la vieille ville. Plusieurs menus de 26 à 30 €. Ce petit resto au décor feutré propose une cuisine traditionnelle revisitée et le moins que l'on puisse dire, c'est que c'est plutôt réussi. Ici, rien n'est laissé au hasard et la présentation, particulièrement soignée, ne fait que rehausser la saveur des spécialités de la maison. On vous conseille tout particulièrement la savoureuse croûte aux morilles, le succulent soufflé de brochet et l'inoubliable sabayon aux myrtilles. En bref, une de nos meilleures adresses, tenue par un duo fort sympathique qui prête l'oreille aux jugements et suggestions de leurs hôtes. Vins de qualité assez chers. *NOUVEAUTÉ.*

DANS LES ENVIRONS

CHÈVREMONT 90340 (4 km SE)

|●| *Les Amis de Georges* – 14 bis, rue du Texas ☎ 03-84-27-50-55. 🍴 Fermé le lundi, le samedi midi et le dimanche soir. Réservation impérative. Congés annuels : la 1re quinzaine de septembre et la dernière quinzaine de décembre. Accès : par la D28. Menu à 16,50 €. Dans une sympathique demeure aux allures de chalet, on sert une cuisine roborative à base de fondue ou de raclette. Mais oubliez un peu votre assiette, car ici, ce ne sont pas les papilles qui sont à l'honneur. En effet, Jean-Luc pousse tous les soirs la chansonnette, accompagné par ses convives, enthousiastes. Dans cette auberge musicale, les grands Georges sont à l'honneur : Moustaki, Brassens… et c'est peu dire qu'on a été conquis. *NOUVEAUTÉ.*

PHAFFANS 90150 (7 km NE)

|●| *L'Auberge de Phaffans* – 10, rue de la Mairie ☎ 03-84-29-80-97. Parking. Fermé le samedi midi et le dimanche. Congés annuels : du 22 juin au 15 juillet et du 20 au 31 décembre. Accès : par la N83, puis à droite, prendre la D46, direction Denney puis Phaffans. En semaine, un plat du jour à 11 € ; sinon, des menus à 17,50 et 22,50 €. Tout ce que vous avez mangé depuis des années est ici. L'influence de l'Alsace voisine se fait sentir dans cette coquette auberge de village. Spécialité de la maison : les grenouilles, garanties fraîches toute l'année grâce à des arrivages réguliers de Vendée. Comme les anguilles maraîchines servies d'avril à décembre. On y sert aussi l'incontournable croûte aux morilles, le pigeon façon paysanne aux pruneaux, la caille aux deux raisins et vin d'Arbois, la marinade de gigue de chevreuil aux airelles (en saison), ainsi que du jambon de marcassin cru. *Apéritif maison offert à nos lecteurs sur présentation de ce guide.*

CHAUX 90330 (10 km N)

|●| *Restaurant L'Auberge de la Vaivre* – 36, Grande-Rue ☎ 03-84-27-10-61. Parking. Fermé le soir et le samedi midi. Congés annuels : de mi-juillet à mi-août. Accès : sur la route allant de Belfort à Giromagny (D465). Un menu au déjeuner à 14,50 €, deux autres à 21,50 et 30 €. C'est une affaire de femmes. La mère et la fille ont joliment décoré cette auberge au bord de la route montant vers les Vosges. Ancienne grange avec mezzanine et poutres apparentes. Accueil délicieux. Cuisine mitonnée à l'ancienne : les terrines, les truites du vivier, le saucisson en brioche, le confit de canard au cidre, l'émincé de foie vigneronne accompagné de *knoepfle*. Beaux desserts maison : tartes aux fruits frais, biscuit au chocolat, entremets praliné, etc. Belle carte des vins bien présentée. Vin au verre et au pichet. *Café offert à nos lecteurs sur présentation de ce guide.*

BESANÇON 25000

Carte régionale A1

🛏|●| *Auberge de la Malate* ** – chemin de la Malate (hors plan B2-1) ☎ 03-81-82-15-16. Parking. TV. Fermé le lundi midi. Congés annuels : en janvier et février. Accès : à 4 km du centre, direction Lausanne ; après la porte Taillée, prendre à gauche direction Chalèze-Arcier. Chambres doubles à 31 et 35 €. Menu à 12 € le midi en semaine. Autres menus de 16,77 à 24,39 €. Pittoresque auberge de campagne à quelques minutes de la ville. Adossée à la forêt et face au Doubs. Calme garanti (la petite route est peu passante). Chambres assez confortables. Resto à fréquenter aux beaux jours pour sa charmante terrasse ombragée tout au bord de l'eau, ses « petits » menus, sa cuisine régionale dont ses spécialités de poisson : friture ou filets de perche et de sandre aux morilles.

🛏 *Hôtel du Nord* ** – 8-10, rue Moncey (B1-2) ☎ 03-81-81-34-56. Fax : 03-81-81-85-96. ● www.hotel-du-nord-besancon.com ● Parking. TV. Canal+. Satellite. 🍴 Ouvert 24 h/24. Chambres doubles de 37 à 52 €. Garage clos à 5,80 € la journée. Le classique hôtel de (plein) centre-ville, tenu par de vrais professionnels toujours prêts à rendre service à leur clientèle. 44 chambres à la déco sobrement fonctionnelle mais dotées de tout le confort, impeccablement tenues et surtout d'un bon rapport qualité-prix pour la ville. Plusieurs chambres à deux grands lits. Bonne literie, double vitrage et service de chambre. *10 % sur le prix de la chambre (en juillet-août) offerts à nos lecteurs sur présentation de ce guide.*

FRANCHE-COMTÉ

≙ Hôtel Regina ** – 91, Grande-Rue (B2-4) ☎ 03-81-81-50-22. Fax : 03-81-81-60-20. • regina.hotel@wanadoo.fr • Cartes de paiement refusées. Parking. TV. Accès : direction centre-ville. Compter de 39 à 41 € pour une chambre double. Au beau milieu de la principale rue de la ville. Difficile de faire plus central. Et pourtant, caché au fond d'une de ces cours intérieures dont Besançon a le secret, ce petit hôtel est un havre de paix. Chambres bien tenues, dont certaines ont un petit balcon ou une terrasse sous la glycine. Loue également un joli petit studio indépendant. Bon accueil. *10 % sur le prix de la chambre (à partir de la 2e nuit consécutive) offerts à nos lecteurs sur présentation de ce guide.*

≙ Le Granvelle ** – 13, rue du Général-Lecourbe (B2-3) ☎ 03-81-81-33-92. Fax : 03-81-81-31-77.• www.hotel-granvelle.fr• Cartes de paiement refusées. Parking payant. TV. Canal+. Accès : à côté de la gendarmerie, au pied de la citadelle. Chambres doubles de 42 à 55 €. Une élégante bâtisse de pierre qui ne dépare pas dans ce quartier riche en anciens hôtels particuliers. À deux pas du centre, le coin reste calme. Chambres simples dans la déco mais de bon confort. Quelques-unes peuvent accueillir des familles. *10 % sur le prix de la chambre offerts à nos lecteurs sur présentation de ce guide.*

≙ Hôtel Castan *** – 6, square Castan (B2-7) ☎ 03-81-65-02-00. Fax : 03-81-83-01-02. • www.hotelcastan.fr • Parking. TV. Satellite. ♿ Congés annuels : les 3 premières semaines d'août et du 24 décembre au 4 janvier. Accès : au centre, quartier Rivotte. Chambres doubles de 110 à 170 €. Petit déjeuner à 11 €. L'adresse très chic et charme de Besançon, dans un hôtel particulier des XVIIe et XVIIIe siècles. Grandes cheminées, boiseries, mobilier d'époque, bref, une atmosphère luxueuse. Faites votre choix entre les chambres « Versailles », « Pompadour », « Pompéi » (avec sa salle de bains à la romaine), « Trianon », « Régence », etc. Les prix sont évidemment en conséquence. Une boisson d'accueil offerte aux lecteurs sur présentation de ce guide.

|●| L'Annexe des Aviateurs – 11, rue du Palais-de-Justice (A1-16) ☎ 03-81-82-07-25. Fermé le samedi midi et le dimanche. Plats du jour à partir de 8 €. L'adresse préférée de Tanguy et Laverdure quand ils reviennent en permission à la BA 102. Deux salles, dont une fait brasserie. La patronne est sympathique, la cuisine aussi, qui joue la carte traditionnelle-bistrot. Bons produits, et les prix ne s'envolent pas trop. Bons vins pour un décollage en douceur. L'ambiance est agréable, on peut desserrer discrètement sa ceinture et se laisser aller. Petite terrasse. *NOUVEAUTÉ.*

|●| Restaurant Au Gourmand – 5, rue Mégevand (A2-10) ☎ 03-81-81-40-56. Fermé le lundi, le samedi et le dimanche. Congés annuels : en août. Petit menu à 10 € le midi en semaine ; compter 18 € à la carte. D'abord, prenez la peine de réserver (l'endroit est tout petit), puis jetez un coup d'œil à la décoration de la vitrine (toujours réussie) et entrez, comme les fidèles habitués, par le couloir, à gauche. Ensuite, cerné par une collection de cruches, parcourez la carte qui suffirait presque, à elle seule, à remplir ce guide : p'tits plats, salades en pagaille aux noms qui laissent rêveur (la « Javanaise », la « Metro Goldwin », etc.) et gourmands (évidemment...) desserts. Cuisine sans prétention « faite maison » à base de produits frais. Une des bonnes adresses du midi de la ville (même si l'on peut aussi y manger le soir). *Café offert à nos lecteurs sur présentation de ce guide.*

|●| Restaurant Le Champagney – 37, rue Battant (A1-13) ☎ 03-81-81-05-71. Fermé le dimanche. Menu à 11,50 € en semaine. Autres menus de 14,50 à 26,50 €. Installé dans un hôtel particulier du XVIe siècle. Quelques jolis vestiges : petite cour pavée (où se pose la terrasse aux beaux jours), poutres anciennes au plafond, imposante cheminée. Agréable salle à la déco moderno-baroque. Plutôt classe mais pas snob. L'accueil et le service restent à la simplicité. Cuisine bien travaillée qui alterne tradition régionale, propositions classiques et plats plus inventifs. Vins du Jura servis au verre. *Apéritif maison offert à nos lecteurs sur présentation de ce guide.*

|●| Chez Barthod – 22, rue Bersot (B1-15) ☎ 03-81-82-27-14. Fermé le dimanche et le lundi. Compter entre 14 et 23 € à la carte. C'est d'abord et avant tout un bar à vins, où l'on se retrouve toujours les soirs de doute existentiel. La boutique vous donnera un bon aperçu de la région, avant que vous n'alliez vous réfugier au fond de la cour, autour d'une table que vous aurez eu tout intérêt à réserver. Assiettes gourmandes du Sud-Ouest ou du Grand-Est qui ne demandent qu'à être, comme vous, bien accompagnées. Car ici, tout repose sur le choix des vins. Bon accueil. Très agréable terrasse. *NOUVEAUTÉ.*

|●| Brasserie du Commerce – 31, rue des Granges (A-B1-14) ☎ 03-81-81-33-11. Ouvert tous les jours de 8 h (9 h le dimanche) à 1 h (2 h le week-end). Congés annuels : à Noël et au Jour de l'An. À la carte, compter 15 €. Plat du jour à 9 €. Fondée en 1873, c'est l'une des plus anciennes brasseries de la ville. C'est aussi la plus belle : vastes miroirs, « pâtisseries » en stuc, du pur Art déco ! Salle à l'étage en mezzanine, plus moderne. Clientèle aussi élégante que le cadre. Un établissement

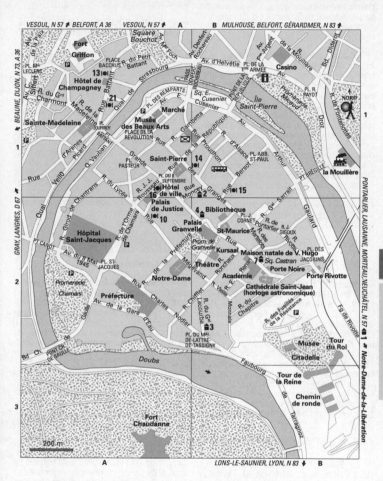

🛏 **Où dormir?**

1 Auberge de la Malate
2 Hôtel du Nord
3 Le Granvelle
4 Hôtel Regina
7 Hôtel Castan

🍴 **Où manger?**

10 Au Gourmand
13 Le Champagney
14 Brasserie du Commerce
15 Chez Barthod
16 L'Annexe des Aviateurs
21 Le Saint-Pierre

chargé d'histoire : Colette était une habituée du lieu quand elle séjournait dans la région. Comme on peut aussi y manger et plutôt bien, on ne voit pas pourquoi on se priverait de ce moment de plaisir. Et c'est ouvert le dimanche, ce qui, à Besançon, tient du miracle. *NOUVEAUTÉ.*

|●| *Le Saint-Pierre* – **104, rue Battant (A1-21)** ☎ **03-81-81-20-99.** Fermé le samedi midi et le dimanche. Accès : au centre-ville, quartier Battant. 1er menu à 20 €. Autres menus de 35 à 45 €. Cadre élégant : poutres, murs aux pierres apparentes où sont accrochés des tableaux contemporains. Très bonne cuisine, finement travaillée, qui donne sa préférence au poisson. On se régale dès le premier menu qui ne se contente pas d'être un menu d'appel. Pain maison excellent. Et pour ne rien gâcher, l'ambiance est à la décontraction, même si on est dans un des restos chic de la ville. Gentille terrasse pour les beaux jours. Accueil très avenant. *Café offert à nos lecteurs sur présentation de ce guide.*

DANS LES ENVIRONS

CHALEZEULE 25220 (2,5 km E)

🏠 *Hôtel des Trois Îles* ** – **rue des Vergers** ☎ **03-81-61-00-66. Fax : 03-81-61-73-09.** ● **www.hoteldes3iles.com** ● Parking. TV. Canal+. Satellite. Congés annuels : du 20 décembre au 6 janvier. Accès : suivre la direction Belfort puis Chalezeule. Chambres doubles de 46 à 70 € (selon la saison et le confort). Possibilité de repas, le soir, à 16 €. Au cœur d'un village qu'on s'étonne de trouver si paisible à quelques minutes de la ville. Maison récente bordée d'un grand jardin clos de hauts murs. Salon et terrasse à disposition des clients. Excellent accueil et tranquillité assurée (c'est un *Relais du Silence*).

ÉCOLE-VALENTIN 25480 (6 km NO)

|●| *Le Valentin* – **Espace Valentin, Vert Bois Vallon** ☎ **03-81-80-03-90.** Fermé le dimanche soir et le lundi. Accès : prendre la RN57. Menus de 23 à 58 €. Une bien bonne adresse pour tous les amoureux de la table, tout à côté de Besançon. Rien à voir avec un décor de Peynet, quoique. Ici, on vient à deux (ou plus, si affinités) se régaler de beaux produits préparés avec un sens du goût et de l'équilibre des saveurs certain, et présentés de jolie et bien classique façon. S'il y a toujours à la carte du ragoût d'escargots au vieux pontarlier ou du magret de canard aux griottes, laissez-vous aller... *En plus, sur présentation de ce guide une bouteille de vin en accord avec les mets servis vous sera offerte pour deux personnes. NOUVEAUTÉ.*

CHAMPLITTE 70600

Carte régionale A1

🏠|●| *Hôtel-restaurant du Donjon* ** – **46, rue de la République (Centre)** ☎ **03-84-67-66-95. Fax : 03-84-67-81-06.** ● **hotel.du.donjon@wanadoo.fr** ● TV. Resto fermé le vendredi soir, le samedi midi et le dimanche soir de fin septembre à mi-juin, le lundi le reste de l'année. Congés annuels : la 1re semaine de janvier. Chambres doubles avec douche à 30,50 €, avec douche et w.-c ou bains à 36,60 €. Menu à 10,70 € en semaine, puis autres menus de 17 à 32,50 €. Une bonne maison avec des chambres claires et saines. Le seul élément médiéval est la cave voûtée qui sert de salle à manger. Cuisine traditionnelle avec un soupçon d'idée. Chambres propres, sans charme particulier mais confortables et toutes rénovées. Garage pour motos et vélos. *Café offert à nos lecteurs sur présentation de ce guide.*

CHAUX-NEUVE 25240

Carte régionale B2

🏠|●| *Auberge du Grand-Gît* ** – **8, rue des Chaumelles** ☎ **03-81-69-25-75. Fax : 03-81-69-15-44.** Cartes de paiement refusées. Parking. ❄ Fermé le dimanche soir et le lundi sauf les jours fériés. Congés annuels : en avril et du 15 octobre au 15 décembre. Chambres doubles de 39 à 44 € selon la saison. Menus à 12 €, du lundi au samedi, puis de 15 à 19,60 €. À l'écart du village (tranquillité garantie), hôtel récent mais dans le style du pays : toit pentu, façade bardée de bois... Excellent accueil. 8 chambres seulement, lambrissées et chaleureuses. Les nos 5 et 6, avec mezzanine, peuvent accueillir 5 personnes. Également un gîte d'étape (2 chambres de 6 lits) pour les randonneurs. Au resto, cuisine qui décline quelques classiques régionaux. L'adresse idéale pour les amateurs de sport et de nature : sentiers de randonnée et pistes de ski de fond fourmillent dans ce secteur que le patron (moniteur de ski de fond et accompagnateur en moyenne montagne) connaît comme sa poche. Animation le soir en hiver. *Apéritif maison offert à nos lecteurs sur présentation de ce guide.*

DELLE 90100

Carte régionale B1

|●| *Restaurant Le Galopin* – **29, Grand-Rue (Centre)** ☎ **03-84-36-17-52.** Fermé le lundi, le samedi midi et le dimanche. Accès : face à l'ancienne mairie. Compter moins de

18 € pour un repas à la carte. C'est le rendez-vous des bons vivants du coin et, parfois, des voisins helvètes. On se réunit dans ce lieu plus que centenaire pour célébrer le culte de Parmentier. C'est la pomme de terre qui sert de plat principal. Il y a la patate chic, au saumon fumé sauce aux échalotes, et d'autres versions, meilleur marché, plus populaires et régionales : le rösti à la saucisse de Morteau et à la cancoillotte, par exemple. D'octobre à mars, goûtez le mont-d'or chaud sur pommes de terre (hmm !). Une adresse qui séduira les routards affamés. Bon, pas cher, et patronne très sympa. *Kir offert à nos lecteurs sur présentation de ce guide.*

DOLE   39100

Carte régionale A2

≜ *Hôtel de la Cloche* ✭✭✭ – 1, pl. Grévy ☎ 03-84-82-06-06. Fax : 03-84-72-73-82. ● www.lacloche.fr ● Parking payant. TV. Satellite. Congés annuels : du 23 décembre au 3 janvier. Chambres doubles avec douche et w.-c. ou bains de 48 à 56 €. Jadis relais de poste, *La Cloche* fait bonne figure dans une cité où les hôtels en centre-ville restent une denrée rare. L'esprit est conventionnel, le décor d'un classicisme prudent pour ne pas dire banal, et l'accueil gentiment familial. Cela dit, la façade est jolie, l'hôtel est central, les chambres sont bien tenues et il y a un sauna à l'étage. Résultat, c'est souvent complet, alors pensez à réserver. *Pour nos lecteurs le petit déjeuner est offert (la 2e nuit consécutive le week-end) sur présentation de ce guide.*

≜ I●I *La Chaumière* – 346, av. du Maréchal-Juin ☎ 03-84-70-72-40. Fax : 03-84-79-25-60. ● hotelrestaurantlachaumiere@wanadoo.fr ● Parking. TV. Canal+. Satellite. ✘ Fermé le lundi midi, le samedi midi et le dimanche. Chambres doubles avec douche et w.-c. ou bains de 60 à 66 €. Menus de 25 à 69 €. En bord de route mais entourée d'un gentil jardin, grande et fausse chaumière bien cachée sous la vigne. Une adresse bourgeoise et cossue, aux chambres particulièrement confortables mais un peu vieillottes et trop chères à notre avis. Cette adresse est, de toute façon, connue des Dolois et des touristes de passage pour les délices de sa table. Héritier d'une longue tradition familiale et culinaire, le tout jeune chef nous régale à un prix somme toute modéré au vu de la qualité, mais gros appétits s'abstenir ! Les autres trouveront forcément leur bonheur dans le menu-carte qui change régulièrement. Et, pour une fois, le 1er menu est particulièrement intéressant (il est aussi plus copieux). Jolie piscine.

I●I *Le Bec Fin* – 67, rue Pasteur (Centre) ☎ 03-84-82-43-43. Fermé le mardi et le mercredi (hors juillet-août). Congés annuels : les 2 premières semaines de janvier et la 1re semaine de septembre. Accès : port de plaisance. Le resto surplombe le très romantique canal des Tanneurs. Menus à 14 €, le midi en semaine, et de 23 à 50 €. Salle claire et bien mise, ou quelques tables dans d'anciennes caves médiévales. Par beau temps, adorable terrasse au bord du canal. Belle cuisine de saison (le nouveau chef a été à l'école d'une des très grandes tables du département).

DANS LES ENVIRONS

SAMPANS 39100 (4 km NO)

≜ I●I *Le Chalet du Mont-Roland* ✭✭ – (Nord) ☎ 03-84-72-04-55. Fax : 03-84-82-14-97. ● www.chalet-montroland.com ● Parking. TV. Satellite. ✘ Accès : par la N5 ; avant Monnières, à droite, direction mont Roland. Chambres doubles avec douche et w.-c. ou bains à 44 €. En semaine le midi, menu à 14 €. D'autres menus de 20 à 42 €. Planté au sommet du mont Roland (haut lieu de pèlerinage), un grand chalet dont certaines chambres (les nos 5, 6, 9, 14 et 16) offrent une vue dégagée sur la forêt de Chaux. C'est l'adresse chérie des Dolois, qui viennent ici passer un dimanche « à la campagne » (il y a même une piste de danse). D'où une ambiance à la fois chic et populaire. Cuisine classique, comme tout le monde l'aime.

CHAUSSIN 39120 (20 km SO)

≜ I●I *Hôtel-restaurant Chez Bach* ✭✭ – 4, pl. de l'Ancienne-Gare ☎ 03-84-81-80-38. Fax : 03-84-81-83-80. ● www.hotel-bach.com ● Parking. TV. Canal+. Satellite. ✘ Fermé le lundi midi, le vendredi soir sauf en juillet-août, le dimanche soir. Congés annuels : du 26 décembre au 6 janvier. Accès : par la N73 puis, à La Borde, la D468. Chambres doubles avec douche et w.-c. ou bains de 31 à 52 €. Demi-pension demandée de mi-juillet à fin août à 52 € par personne. 1er menu à 14 €, en semaine. Autres menus de 21 à 52 €. Grande bâtisse moderne et sans beaucoup de charme. C'est toutefois une étape gastronomique réputée dans le département, depuis ses débuts dans les années 1930. D'ailleurs, si le petit-fils est aujourd'hui en cuisine, la grand-mère est toujours à l'accueil. Le gourmand de passage trouvera à sa table la plupart des spécialités régionales. Les chambres sont confortables mais impersonnelles, comme l'accueil. À noter cependant, pour les accros du web, que chaque chambre dispose d'une connexion Internet directe. *Café offert à nos lecteurs sur présentation de ce guide.*

DOUCIER   39130

Carte régionale A2

🏠 🍽️ *Restaurant Le Comtois - Hôtel Roux* – le bourg ☎ 03-84-25-71-21. Fax : 03-84-24-71-21. • restaurant.comtois@wanadoo.fr • Parking. TV. Fermé les mardi, mercredi et dimanche soir, sauf du 15 juin au 15 septembre (ouvert tous les jours). Congés annuels : de début décembre à fin février. Accès : face à la Poste. Chambres doubles avec lavabo à 40 €, avec douche et w.-c. à 50 €, petit déjeuner compris. Demi-pension demandée en juillet-août, de 36 à 41 € par personne. Menus à 13 €, en semaine le midi, et de 19 à 26 €. La salle du restaurant est fraîche et agréable, grâce à un judicieux mélange de pierre et de poutres. Solide cheminée en brique et vieux buffet franc-comtois pour l'indispensable petite touche campagnarde. Cuisine de terroir modernisée. Un grand bravo pour l'épatante carte des vins où figurent les meilleurs vignerons de la région, avec, pour chacun d'entre eux, une notice explicative bien conçue. Les chambres du premier étage ont été rénovées et sont un peu plus confortables. Parking privé et clos pour motos et vélos.

DANS LES ENVIRONS

ILAY 39150 (12 km SE)

🏠 🍽️ *L'Auberge du Hérisson* – 5, route des Lacs ☎ 03-84-25-58-18. Fax : 03-84-25-51-11. • www.herisson.com • TV. Fermé le lundi et le mardi (en octobre uniquement). Congés annuels : de début novembre à fin janvier. Accès : par la D39. Chambres doubles avec douche et w.-c. ou bains de 42 à 48 €. Menu à 14 €, sauf le dimanche, puis de 17 à 38 €. Voilà un bon camp de base pour excursionner autour des cascades toutes proches. Chambres rénovées, coquettes et confortables. Au resto, rien de bien compliqué, mais tout est frais et tout est bon. Plateau de fromages d'une qualité rare (proposé à volonté avec salade et dessert dans l'un des menus). Sinon, on trouve fondues et autres spécialités jurassiennes. Intéressant menu-enfants. *Apéritif maison offert à nos lecteurs sur présentation de ce guide.*

BONLIEU 39130 (15 km SE)

🏠 🍽️ *La Poutre* ** – 25, Grande-Rue ☎ 03-84-25-57-77. Fax : 03-84-25-51-61. Parking. TV. Fermé le lundi et le mardi. Accès : par la D39 jusqu'à Ilay, puis par la N78. Chambres doubles de 20 à 53 € selon le confort et la saison. Menus de 15 à 62 €. Grosse maison au cœur d'un village de la région des lacs (où l'on n'a pas trop de mal à deviner d'où vient l'enseigne). C'est la nouvelle génération qui préside désormais aux destinées de cette institution locale. La salle y a gagné en personnalité, l'accueil en chaleur. Belle cuisine, dans le registre créatif de terroir. Service attentionné. *Apéritif maison offert à nos lecteurs sur présentation de ce guide.*

ERRUES-MENONCOURT (LES)   90150

Carte régionale B1

🍽️ *La Pomme d'Argent* – 13, rue de la Noye ☎ 03-84-27-63-69. Parking. ♿ Fermé le lundi, le mardi midi et le dimanche soir. Accès : par la N83, lieu-dit à 3 km de Menoncourt. Bon choix de menus, à 15 €, en semaine, puis de 18,50 à 45 €. En dehors des sentiers battus (mais pourtant à seulement 12 km de Belfort), dans une grosse demeure particulière, voici encore une belle adresse à découvrir. Vous serez très bien accueilli. Le service est très... serviable, beaucoup de petites attentions (toasts apéritifs, bonbons...). L'envie de bien faire est touchante de la part de ces deux tourtereaux d'une vingtaine d'années, frais émoulus de l'école hôtelière. Côté cuisine, Stéphane est un vrai virtuose qui nous convie à une symphonie de saveurs dédiée aux fines gueules. Le saumon fumé maison est succulent, le foie gras aux figues un régal, la cassolette de grenouilles et escargots, spécialité du chef, parfaite, et enfin, la crème à la vanille bourbon est à tomber !

ÉTUEFFONT   90170

Carte régionale B1

🍽️ *Auberge Aux Trois Bonheurs* – 34, Grand-Rue ☎ 03-84-54-71-31. Parking. ♿ Fermé le lundi, le mardi soir et le dimanche soir. Accès : au nord de Belfort ; de Valdoie, prendre la D23. Menus à 8,50 €, le midi en semaine, et à 15 €. Compter 17 € à la carte. On pourrait rajouter un quatrième bonheur, celui de traverser tous ces villages fleuris pour y parvenir. Resto très populaire dans le coin pour sa cuisine costaude, goûteuse et servie copieusement. Maison particulière. Cadre rustique. Entre murs de brique et de pierre sèche, grosses familles aux trognes réjouies, bandes de retraités en goguette savourent le fromage de tête maison absolument extra, la friture de carpe ou de sandre (maintenue au chaud, siouplaît !), les cuisses de grenouilles persillées, les girolles, la planchette des *Trois Bonheurs*, la tartiflette, etc. À la carte, pot-au-feu de la mer. Accueil un peu bourru, mais service efficace.

ÉVETTE-SALBERT   90350

Carte régionale B1

🛏 |●| *Gîte de séjour Le Malsaucy* – **Le Malsaucy** ☎ 03-84-29-21-84. Fax : 03-84-29-14-71. Cartes de paiement refusées. Parking. Congés annuels : de mi-décembre à mi-janvier. Accès : sortie de Belfort par Valdoie, puis D24 (suivre la direction lac de Malsaucy). Nuit à 12,40 € par personne, 16,30 € avec petit dej' (10 % de réduction pour nos lecteurs). Menu à 8,40 € sur réservation. Ouvert à tous. C'est comme qui dirait une vaste et belle auberge de jeunesse aux chambres sobres mais vraiment agréables. Sanitaires impeccables sur le palier. Souvent des camps de jeunes et des scolaires, téléphoner avant. Chambres de 2 ou 4 lits. *Activités de plein air et nautiques (tarifs spéciaux pour nos lecteurs sur présentation du guide).*

|●| *Auberge du Lac* – **lac de Malsaucy** ☎ 03-84-29-14-10. Fermé le lundi et le mardi midi en saison. Congés annuels : la 1re quinzaine de janvier et la 2e quinzaine d'octobre. En semaine et le dimanche soir, un 1er menu à 13 € ; autres menus à 21 et 24,50 €. À la carte, compter 25 €. Grande maison rose qui abrite une adresse bien dans la tradition d'accueil franc-comtoise. L'occasion aussi de se restaurer en terrasse, avec le lac de Malsaucy en fond. Grande salle à manger agréable. Tables bien séparées. Solide cuisine régionale : parmentier de saucisse de Morteau, terrine de brochet, magret de canard aux myrtilles, poêlée de langoustines au whisky, etc. Bons vins à prix abordables. S'il pleuviote, vous bénéficierez quand même de la vue depuis la salle à manger... *Café offert à nos lecteurs sur présentation de ce guide.*

FOUGEROLLES   70220

Carte régionale B1

|●| *Restaurant Le Père Rota* – **8, Grande-Rue (Centre)** ☎ 03-84-49-12-11. Parking. 🌿 Fermé le lundi, le mardi soir et le dimanche soir. Congés annuels : en janvier. Menus à 16 €, le midi en semaine, et de 28 à 55 €. À Fougerolles, la cerise partage la vedette avec Jean-Pierre Kuentz, qui peut être fier d'être le fer de lance de la cuisine haute-saônoise. Il n'utilise que des produits régionaux de qualité pour préparer une cuisine du terroir magnifiée par une touche de modernité : terrine de canard aux griottines, escalope de sandre au jambon cru de Luseuil, filet de bœuf au vin rouge du Jura, etc. Les présentations et le service sont soignés, tout comme le décor clair et moderne de la maison. Ambiance un tantinet compassée, immanquablement !

FOURNET-BLANCHEROCHE   25140

Carte régionale B1

🛏 |●| *Hôtel-restaurant La Maraude* ✶✶ – **(Ouest)** ☎ 03-81-44-09-60. Fax : 03-81-44-09-13. ● la-maraude@wanadoo.fr ● Parking. TV. Satellite. 🌿 Fermé le mercredi. Congés annuels : en décembre. Accès : fléché depuis la D464 entre Fournet-Blancheroche et Charquemont. Chambres doubles de 45 à 64 € selon le confort et la saison. Menu du jour le midi en semaine à 15,25 €, sauf en juillet-août. Autres menus de 21 à 36 €. Ancienne ferme du XVIIe siècle, un peu loin de tout comme elles le sont souvent par ici. Bel espace intérieur entièrement réaménagé, ce qui donne beaucoup de charme à la maison. 7 jolies chambres confortables, bardées de bois, non-fumeurs. Coin bibliothèque, petit salon autour de l'ancien tuyé, sauna, billard, tennis, VTT à louer en saison... Dans la chaleureuse salle du restaurant, cuisine qui fera saliver les gourmands et plaira aux gourmets. *10 % sur le prix de la chambre offerts à nos lecteurs sur présentation de ce guide.*

GOUMOIS   25470

Carte régionale B1

🛏 |●| *Hôtel-restaurant Taillard* – **3, route de la Corniche** ☎ 03-81-44-20-75. Fax : 03-81-44-26-15. ● www.hoteltaillard.com ● Restaurant fermé le mardi midi hors saison et le mercredi toute l'année. Congés annuels : de novembre à mars. Accès : en haut du village de Goumois. Chambres doubles de 45 à 82,50 €. Demi-pension de 60 à 78 €. Menus de 20 à 56 €. Un charme authentique, une atmosphère sereine, font de ce *Relais du Silence* une des plus agréables étapes du pays horloger... depuis plus de cent ans ! Il y a tout ce qu'on aime, des chambres avec vue, une terrasse au soleil pour déjeuner en lisant les dernières nouvelles du monde, une bonne table qui fait elle aussi dans le vrai et le frais. Piscine à l'extérieur et salle de remise en forme avec sauna. *NOUVEAUTÉ.*

🛏 |●| *Auberge Le Moulin du Plain* ✶✶ – **(Centre)** ☎ 03-81-44-41-99. Fax : 03-81-44-45-70. ● www.moulinduplain.com ● Parking. TV. Congés annuels : du 1er novembre à fin février. Accès : par la D437, puis la D437b ; à Goumois, prendre la petite route qui longe le Doubs (fléchée). Chambres doubles de 50 à 56 €. 1er menu à 14,85 €, en semaine. Autres menus de 18,50 à 31 €. Une maison au bord du Doubs qui creuse ici une sublime et sauvage vallée. Une affaire qui tourne rondement grâce aux pêcheurs (le parcours voisin est renommé) qui sont ici chez eux, notamment au restaurant (poisson au menu et dans la conversation). Chambres plaisantes et confortables. Certaines sont dotées d'un balcon. *10 % sur le prix de la chambre (en mars, avril et octobre) ou apéritif maison offerts à nos lecteurs sur présentation de ce guide.*

GRAY 70100

Carte régionale A1

🛏 🍽 *Auberge de jeunesse Le Foyer* – 2, rue André-Maginot (Nord-Est) ☎ 03-84-64-99-20. Fax : 03-84-64-99-29. ● lefoyer@wanadoo.fr ● Parking. Accès : rue perpendiculaire à l'avenue de Verdun. Nuitée à 20 € par personne en chambre simple ou double avec douche et w.-c. Self-service : menu à 7,20 €. Ce foyer de jeunes travailleurs réserve un certain nombre de chambres aux adhérents de la FUAJ. Bâtiment moderne joliment rénové, où l'on trouve de nombreux services : laverie, notamment. En juillet et août, activités sportives à la journée ou à la semaine (karting, tir à l'arc, volley, escrime, etc.) pour les 15-25 ans.

🛏 🍽 *Hôtel-restaurant Le Bellevue* ** – 1, av. Carnot (Centre) ☎ 03-84-64-53-50. Fax : 03-84-64-53-69. ● www.hotel-bellevue-gray.com ● Parking. TV. Canal+. Fermé le vendredi soir et dimanche soir hors saison. Chambres doubles avec lavabo à 27,50 €, avec douche et w.-c. ou bains à 32,50 €. Menus à 10,55 €, en semaine, et de 17,50 à 25 €. Près de la Saône, cet hôtel vieillit doucement mais sûrement. Les chambres sont encore très correctes, mais il faut demander plutôt celles donnant sur le jardin public. Restaurant qui propose 2 formules : d'un côté brasserie avec un plat du jour simple et copieux, genre coq au vin purée ; de l'autre, une section plus traditionnelle : escalope de veau comtoise, sandre aux amandes en spécialités. La plus sympa des terrasses de la ville l'été.

🍽 *Relais de la Prévôté* – 6, rue du Marché (Centre) ☎ 03-84-65-10-08. Fermé le dimanche en été, le dimanche soir et le lundi hors saison. Menus de 17 à 23 €. À la *Prévôté*, on se sent un peu privilégié, la salle est élégante, presque intimidante avec sa grande cheminée, l'ambiance feutrée. Alors, quand la serveuse dépose avec grâce le premier plat, on se dit que l'on a beaucoup de chance d'avoir trouvé un tel rapport qualité-prix. *NOUVEAUTÉ.*

LEPUIX 90200

Carte régionale B1

🛏 🍽 *Le Saut de la Truite* – hameau de Malvaux ☎ 03-84-29-32-64. Fax : 03-84-29-57-42. Parking. TV. Fermé le vendredi. Congés annuels : en janvier et décembre. Accès : par la D465. Chambres doubles à 42 €. Menus à 15 € en semaine, puis de 20 à 24 €. L'endroit est splendide. Situé dans un lacet de la route qui monte au ballon d'Alsace, en lisière de forêt et en face de la cascade du Saut de la Truite, ce relais montagnard est une institution dans le pays. En fonction depuis 1902 et dans la même famille depuis 40 ans, les chambres récemment rénovées accueilleront vos carcasses fourbues. C'est à table que l'on découvre la réelle qualité de cette excellente adresse. Les truites fraîches pêchées quotidiennement dans le vivier justifient à elles seules le déplacement : on y sert notamment la fario, une truite de montagne, succulente, reconnaissable aux tâches rouges qui constellent sa peau. Belle carte aussi de spécialités régionales comme le coq au riesling, le pigeonneau aux chanterelles et airelles, la tarte aux myrtilles. Gibier en saison.

LONS-LE-SAUNIER 39000

Carte régionale A2

🛏 *Hôtel-restaurant Terminus* ** – 37, av. Aristide-Briand (Centre) ☎ 03-84-24-41-83. Fax : 03-84-26-68-07. ● www.hotel.terminus.lons.com ● Parking payant. TV. Canal+. Câble. Hôtel ouvert de 18 h à 20 h, fermé le dimanche hors saison. Congés annuels : du 20 décembre au 6 janvier. Accès : face à la gare. Chambres doubles avec douche et w.-c. de 40 à 46 €, avec bains à 62,50 €. Un solide bâtisse qui ne date pas d'hier, et qui s'étiolait peu à peu au fil des ans à la manière du trafic ferroviaire de la gare voisine. Heureusement, une importante rénovation de l'ensemble a été entreprise, qui n'a pas trop gommé le charme ancien du bâtiment. Les chambres, relativement vastes, ont été modernisées et peintes en blanc, ce qui les rend plus lumineuses. Pensées avant tout pour être fonctionnelles, elles gagneraient à être un peu plus habillées (la décoration, dans l'ensemble, reste succincte), mais on y dort parfaitement bien. Celles sur l'arrière sont plus calmes. *Apéritif maison offert à nos lecteurs sur présentation de ce guide.*

🍽 *Le Bamboche* – 23, rue Perrin (Centre) ☎ 03-84-86-21-25. Fermé le dimanche et le lundi. Formule à 10,50 € le midi en semaine. Menu à 16 € et compter 19 € à la carte. Le cadre et l'ambiance sont jeunes et sympas, la cuisine originale et bonne. Pas moins de 5 carpaccios, classique au bœuf ou plus insolites (de veau, d'oie ou de lapin !). Excellentes grillades (jarret, souris d'agneau, volailles entières...), que l'on peut voir dorer doucement dans un immense tournebroche à l'ancienne (qui vaut le déplacement à lui seul). Pour tous ceux que la viande rebute, il y a tout ce qu'il faut comme solides salades. Sans conteste notre endroit préféré à Lons. *Apéritif maison offert à nos lecteurs sur présentation de ce guide.*

|●| *La Comédie* – pl. de la Comédie (Centre) ☎ 03-84-24-20-66. Fermé le dimanche et le lundi. Congés annuels : 15 jours à Pâques et 3 semaines en août. 1er menu à 16 €, midi et soir. Autre menu à 25 €. Compter 38 € à la carte. C'est la bonne table de Lons. Cadre bon chic bon genre et belle terrasse intérieure fleurie. La cuisine navigue entre modernité et tradition, et le service est très « grande maison ».

DANS LES ENVIRONS

CHILLE 39570 (1,5 km SE)

🏠 |●| *Hôtel-restaurant Parenthèse* * – Grande-Rue (Nord-Est)** ☎ 03-84-47-55-44. Fax : 03-84-24-92-13. ● www.hotelparen these.com ● Parking. TV. Satellite. ⚒ Resto fermé le dimanche soir et le lundi midi. Accès : direction Besançon par la D70, puis 1 km sur la D157 ; fléché. Chambres doubles avec douche et w.-c. ou bains de 71 à 125 € (les plus chères ont la balnéo). Menus en semaine à 15 €, puis de 21 à 45 €. Belle maison bourgeoise du XVIIIe siècle, dans un tranquille et très joli petit village. Grand et élégant parc boisé, et superbe piscine. Chambres 3 étoiles (certaines, avec balnéo, mériteraient même les 4), à la déco très contemporaine mais plutôt réussie. Évidemment, ce luxe a un prix... Au restaurant, cuisine au goût du jour. Agréable terrasse. *Un petit déjeuner par personne offert à nos lecteurs sur présentation de ce guide.*

CHÂTEAU-CHALON 39210 (12 km NE)

|●| *La Taverne du Roc* – rue de la Roche ☎ 03-84-85-24-17. Fermé le lundi soir et le mardi hors saison. Congés annuels : du 15 décembre au 15 mars. Accès : par la D70 jusqu'à Voiteur, puis la D5. Menus à 22 et 28 €. En plein cœur de Château-Chalon, dans une maison hors d'âge, deux petites salles de restaurant aux beaux murs de pierre. Le chef règne depuis deux années dans sa cuisine en maître-femme, et on mange chez elle un des meilleurs poulets de Bresse au vin jaune et aux morilles que l'on

connaisse. Sinon, excellente cuisine jurassienne avec, pour les gourmands, un menu proposant truite et poulet.

BAUME-LES-MESSIEURS 39210 (20 km NE)

|●| *Restaurant des Grottes* – lieu-dit des Grottes ☎ 03-84-48-23-15. Parking. Ouvert seulement le midi. Fermé le mercredi hors juillet-août. Congés annuels : du 30 septembre à Pâques. Accès : prendre la D471 jusqu'aux Roches-de-Baume, puis la D70. Menus de 14 à 24 €. Petite maison 1900, très villa balnéaire, face à une merveilleuse cascade moussue au fond du cirque de Baume-les-Messieurs. Salle d'époque (la Belle !) pleine d'un charme désuet et une solide cuisine franc-comtoise mâtinée de plats de ménage. En été, on peut aussi casser la croûte sur la terrasse avec une assiette de charcuteries ou de fromages arrosée d'un verre de vin du Jura. *Café offert à nos lecteurs sur présentation de ce guide.*

Carte régionale B1

🏠 |●| *Hôtel-restaurant Le Railly* – 49, rue Édouard-Herriot ☎ 03-84-40-04-92. Accès : par la N57. Chambres doubles à partir de 15 €. Menus du jour à 9,90 €, puis de 14 à 29 € pour le menu « Rolls », gastronomique. Il y a des noms qui trompent. Celui-ci en fait partie. Car si vrombissements il y a, ce sont plutôt ceux des volailles caramélisées sous le confit à la lisière d'un gratin dauphinois craquant à souhait. Accueil chaleureux, salles un peu désuètes, mais tables plaisantes et poivre du moulin à portée de main. Les assiettes sont goûteuses et bien présentées. La tartelette aux pommes est divine. Une très bonne découverte. D'ailleurs, on se donne le mot. Retraités et petites familles débarquent comme un dimanche à la campagne en bordure de la nationale. Mieux vaut réserver. Hôtel simple et propre. *NOUVEAUTÉ.*

🏠 |●| *Hôtel-restaurant de France* ** – 6, rue Georges-Clemenceau ☎ 03-84-40-13-90. Fax : 03-84-40-33-12. ● www.hotel defrance.com ● Parking. TV. Resto fermé le vendredi soir et le dimanche soir en hiver. Congés annuels : du 1er octobre au 31 mars. Accès : derrière le parc des thermes, route de Saint-Loup, face à l'hôpital. Chambres doubles à 34 € avec lavabo et w.-c., de 39 à 43 € avec douche et w.-c. ou bains. Menus de 11 à 39 €. Accueil chaleureux. On y mange bien sans se ruiner. Roborative cuisine traditionnelle : jambonnette de volaille farcie au porto et à la sauce aux champignons des bois, noisette de bœuf, panaché de poissons à la crème de champignons, etc. *Apéritif maison offert à nos lecteurs sur présentation de ce guide.*

🏠 |●| *Hôtel-restaurant Beau Site* *** – **18, rue Georges-Moulimard** ☎ **03-84-40-14-67. Fax : 03-84-40-50-25.** Parking. TV. Canal+. Satellite. Fermé le vendredi soir, le samedi et le dimanche soir de mi-novembre à mi-mars. Accès : à côté des thermes. Chambres doubles avec douche et w.-c. ou bains à 62 €. Menus à 13 €, en semaine, puis à 20 et 28 €. À deux pas du casino et des thermes, grosse maison au cœur d'un parc verdoyant abritant une piscine. Dominant la cité, l'ensemble est considéré comme une valeur sûre de Luxeuil. Belle adresse pour le cadre. En revanche, le restaurant ne nous a convaincus qu'à moitié. Accueil des plus discrets.

MALBUISSON   25160

Carte régionale B2

🏠 |●| *Hôtel-restaurant Le Lac et Hôtel Beau Site* *** – **31, Grande-Rue** ☎ **03-81-69-34-80. Fax : 03-81-69-35-44.** ● **www.lelac-hotel.com** ● Fermé de mi-novembre à mi-décembre (sauf le week-end). Chambres doubles de 31 à 122 € selon le confort. Demi-pension de 40 à 82 €. Menus de 16 à 40 €. L'institution locale, avec son annexe pour petits budgets. Élégante et imposante bâtisse années 1930, qu'on jurerait sortie d'un roman de Fitzgerald. Atmosphère fortement guindée et accueil parfois un rien rude. Cuisine classique et de terroir (jambon fumé de montagne aux morilles, mousseline de brochet au coulis d'écrevisses). Chambres joliment refaites, demandez-en une avec balcon et vue sur le lac. Piscine dans le grand jardin qui descend doucement vers le lac. Bar à la fois kitsch et charmant. *Café offert à nos lecteurs sur présentation de ce guide.* *NOUVEAUTÉ.*

🏠 |●| *Le Bon Accueil* *** – **Grande-Rue, au bourg** ☎ **03-81-69-30-58. Fax : 03-81-69-37-60.** Parking. TV. Fermé le lundi, le mardi midi et le dimanche soir. Congés annuels : 1 semaine fin avril, 1 semaine à la Toussaint et de mi-décembre à mi-janvier. Chambres doubles de 56 à 66 €. Au restaurant, formule à 26 €, plat + dessert + verre de vin + café. Menus à 35 et 45 €. Tradition et terroir très joliment revisités et modernisés : « une cuisine fraîcheur élaborée à partir de produits authentiques pour le bon et le beau », comme le définit Marc Faivre, le chef-patron. Quelques spécialités : tarte fine à la morteau, étuvée de poireaux et œuf poché, tomate farcie d'escargots et

d'herbes à l'émulsion de persil. En dessert, sorbet à la gentiane, macaronade aux pamplemousses. Excellente cuisine, qui, comme le patron, a du caractère. De cela, personne ne se plaindra !

DANS LES ENVIRONS

GRANGES-SAINTE-MARIE (LES)
25160 (3 km SO)

🏠 |●| *Hôtel-restaurant du Coude* ** ☎ **03-81-69-31-57. Fax : 03-81-69-33-90.** Congés annuels : d'octobre à décembre. Chambres doubles à 42 €. Menus de 14,50 à 49 €. Une bonne table, bien connue dans la région, où l'on peut lever le coude sans trop se faire remarquer, car l'atmosphère reste à la bonne franquette. Filets de perche, grenouilles et autres bonnes choses au menu d'une auberge suffisamment classe cependant pour qu'on ne mange pas au coude à coude. *NOUVEAUTÉ.*

MÉTABIEF   25370

Carte régionale B2

🏠 |●| *Hôtel-restaurant L'Étoile des Neiges* ** – **4, rue du Village (Nord)** ☎ **03-81-49-11-21. Fax : 03-81-49-26-91.** ● **www.hoteletoiledesneiges.com** ● TV. Chambres doubles entièrement rénovées à 49 €. Formule à 10 € le midi en semaine. Menus de 15 à 20 €. Un bâtiment de structure moderne, un peu à l'écart de la station (600 m), au-dessus d'une petite rivière. 14 chambres rénovées dont quatre en duplex, avec vue sur le sommet du mont d'Or. Toutes sont dotées d'un balcon, avec vue sur le mont d'Or ou la campagne. Au restaurant, spécialités comtoises à base de produits frais. Possibilité de garage individuel fermé à clé. Atmosphère et accueil sympathiques et familiaux. *Apéritif maison offert à nos lecteurs sur présentation de ce guide.*

DANS LES ENVIRONS

LONGEVILLES-MONT-D'OR (LES)
25370 (4 km SO)

🏠 |●| *Hôtel-restaurant Les Sapins* ** – **58, rue du Bief-Blanc (Centre)** ☎ **03-81-49-90-90. Fax : 03-81-49-94-43.** Parking. Congés annuels : en avril et du 1er octobre au 15 décembre. Accès : par la D45. Chambres doubles avec douche à 26,50 €, avec douche et w.-c. à 30,50 €. Demi-pension à 32 € par personne. Méritant menu du jour à 10,50 €. Autres menus à 14,50 et 18 €. Au centre d'un petit village qui, même s'il fait partie de la station de Métabief, n'a pas perdu son authenticité. Chambres plaisantes (celles du 2e étage sont grandes et mansardées) qui offrent un des meilleurs rapports qualité-prix du coin. Cuisine de ménage et de terroir : salade franccomtoise, tourte au fromage, bavette et gratin dauphinois... Accueil sincèrement sympathique. *Café offert à nos lecteurs sur présentation de ce guide.*

JOUGNE 25370 (5 km E)

📶 |●| *Hôtel-restaurant de la Couronne* ★★ – pl. de l'Église (Centre) ☎ 03-81-49-10-50. Fax : 03-81-49-19-77. Parking. TV. ♿ Fermé le lundi soir hors saison et le dimanche soir. Congés annuels : en novembre. Accès : par la D9 et la N57, puis en direction de la frontière suisse. Chambres doubles de 29 à 43 €. 1er menu à 15 €, sauf le dimanche. Autres menus de 22 à 39 €. Sur la place du village, tout est là : l'église, la mairie, la fontaine et ce petit hôtel de campagne, à distance suffisamment respectable de la nationale pour être tranquille. Chambres plaisantes et rénovées. Les nos 11, 12 et 14 offrent une gentille vue sur la jolie vallée voisine de la Jougnenaz. Au resto, cuisine classique à visées franccomtoises : filets de canard aux airelles, croûte aux morilles et aux petits-gris, filets de truite au savagnin. Accueil sympathique. *Apéritif maison offert à nos lecteurs sur présentation de ce guide.*

ENTRE-LES-FOURGS 25370 (8 km E)

📶 |●| *Auberge les Petits Gris* – 3, pl. des Cloutiers ☎ 03-81-49-12-93. Fax : 03-81-49-13-93. ● www.hotel-les-petitsgris.com ● Resto fermé le mercredi. Congés annuels : du 20 septembre au 20 octobre. Accès : par la D9 puis par la N57 jusqu'à Jougne, puis par la D423. Chambres doubles de 37 à 44 €. 1er menu à 14,50 €, puis menus de 18,50 à 30 €. Dans un village tranquille et isolé, en cul-de-sac, au pied des pistes de ski de fond et alpin. Une honnête petite auberge aux chambres bien tenues et plutôt confortables. À table, on déguste une cuisine de terroir sans fioritures mais bien exécutée. Nombreuses balades à faire aux alentours. Accueil agréable. *Café offert à nos lecteurs sur présentation de ce guide. NOUVEAUTÉ.*

MOIRANS-EN-MONTAGNE 39260

Carte régionale A2

|●| *Le Regardoir* – Le Belvédère, 45, av. de Franche-Comté ☎ 03-84-42-01-15. Fermé les lundi, mardi et mercredi soir (sauf du 15 juin au 30 août). Congés annuels : de septembre à avril. Accès : sur la D470, au nord-ouest de Moirans. Menus à 10,50 €, le midi en semaine (vin compris), puis à 12,50 et 15 €. Le panorama exceptionnel depuis la terrasse couverte justifie à lui tout seul l'arrêt casse-croûte dans cette guinguette franc-comtoise. Ouvrez bien vos yeux, et profitez de la vue grandiose sur le lac de Vouglans en contrebas. Au coucher du soleil, la lumière est tout à fait spéciale (c'est à ce moment-là qu'il faut venir prendre l'apéro !). L'accueil est jeune et souriant, la carte sans complication, mais le sérieux est de mise. Toujours beaucoup de monde au déjeuner comme au dîner. *Apéritif maison offert à nos lecteurs sur présentation de ce guide.*

DANS LES ENVIRONS

CUTTURA 39170 (20 km E)

|●| *L'Auberge du Vieux Moulin* ☎ 03-84-42-84-28. Parking. Fermé le vendredi soir et le samedi midi. Congés annuels : pendant les vacances scolaires de Noël. Accès : par la D470 (entre Moirans et Saint-Claude), puis, au niveau de Lavans, prendre la D118. 1er menu à 11,50 € le midi en semaine. Autres menus à 16 et 27,50 €. Une maison d'apparence toute simple, avec un petit menu qui fait s'arrêter tous les commerciaux de passage, et on les comprend ! En contournant la maison, on découvre qu'il s'agit bien d'un moulin, et qu'on peut manger au bord de l'eau, face à un petit barrage où s'éclatent canards et poules d'eau. La deuxième surprise vient de la cuisine, de terroir, généreuse et joliment travaillée : brick de Mont d'Or, écrevisses au vin jaune, mini-morteau au bleu de Gex, grenouilles (en saison)... Notre coup de cœur dans le coin. *Café offert à nos lecteurs sur présentation de ce guide.*

MOLUNES (LES) 39310 (30 km SE)

|●| *Le Collège* – au bourg ☎ 03-84-41-61-09. Fermé le lundi soir et le mardi. Congés annuels : du 18 juin au 3 juillet et du 25 novembre au 25 décembre. Accès : prendre la D470 puis la D436 jusqu'à Saint-Claude, poursuivre jusqu'à Septmoncel puis prendre la D25 en direction des Moussières. 1er menu à 9,50 €, sauf le samedi soir et le dimanche, et plusieurs autres menus de 12,50 à 24 €. Installé à la place d'une ancienne boulangerie-épicerie, dans un des hameaux des Molunes (ne cherchez pas l'église, il n'y en a pas), situé à 1 250 m d'altitude, *Le Collège* est connu de tout le Haut-Jura. Salle au décor campagnard gentillet (mais celle que l'on traverse en entrant, où déjeunent les gars du coin, est nettement moins riante). Les 64 couverts sont souvent

pris d'assaut le week-end. On comprend pourquoi dès l'arrivée du premier plat. Très bonne cuisine de tradition, sans esbroufe mais pleine de saveurs. Carte des vins intéressante.

MONTBÉLIARD   25200

Carte régionale B1

🏠 |●| *Hôtel de la Balance* *** – 40, rue de Belfort (Centre) ☎ 03-81-96-77-41. Fax : 03-81-91-47-16. ● hotelbalance@wanadoo.fr● Cartes de paiement refusées. Parking payant. TV. Canal+. Satellite. 🕹 Restaurant fermé le samedi et dimanche. Congés annuels : à Noël. Accès : dans la vieille ville. De 66 à 80 € la chambre double avec bains. Buffet au petit déjeuner à 7,50 €. Menu à 11 € en semaine. D'autres menus de 18 à 33 €. Cette maison du XVIᵉ siècle a pris des couleurs (comme bien d'autres dans la vieille ville) : du vieux rose pour la façade, un jaune ocre pour l'élégante salle à manger. Et des meubles anciens, un solide escalier de bois : l'endroit a définitivement beaucoup de charme et contribue à mettre à mal l'image de ville triste et grise qui colle à Montbéliard. Chambres mignonnes et bien équipées. Nos lecteurs férus d'histoire demanderont celle où a séjourné, en 1944, le maréchal de Lattre de Tassigny. Menus très classiques avec spécialités de la région. *Apéritif maison offert à nos lecteurs sur présentation de ce guide.*

|●| *Chez Cass'Graine* – 4, rue du Général-Leclerc ☎ 03-81-91-09-97. Fermé le samedi et le dimanche. Compter entre 14 et 20 € pour un repas. Difficile de trouver mieux dans le style bouchon : décoration originale, renouvelée plusieurs fois par an, cuisine selon les trouvailles du marché, ambiance chaleureuse. Beaucoup d'habitués ; on les comprend, la cantine est plutôt bonne ! *NOUVEAUTÉ.*

|●| *Restaurant du Château* – 4, rue du Château (Centre) ☎ 03-81-94-93-06. Fermé le dimanche sauf jours fériés. Accès : à l'orée de la vieille ville, sur le chemin du château. Menu en semaine à 14 €, puis de 16 à 30 €. Une petite salle très vite remplie (réservation conseillée). Cuisine très classique à base de produits frais (on croise souvent le patron sur les marchés de la région). Fritures (à commander avant 11 h pour le service du midi), grenouilles et écrevisses en saison, fromage de tête, terrine de queue de bœuf... Gentille carte des vins. *Café offert à nos lecteurs sur présentation de ce guide.*

DANS LES ENVIRONS

AUDINCOURT 25400 (6 km S)

🏠 *Hôtel des Tilleuls* ** – 51, av. Foch (Nord-Ouest) ☎ 03-81-30-77-00. Fax : 03-81-30-57-20. ● www.perso.wanadoo.fr/hotel.tilleuls● Parking. TV. Canal+. Satellite. 🕹 Accès : sur la D126. Chambres doubles de 46 à 51 €, suites à 60 €. Dans une rue calme (ne vous méprenez pas sur l'avenue de l'adresse). Excellent accueil. Chambres très bien équipées (frigo, douche à plusieurs jets, sèche-cheveux...), à la déco contemporaine mais chaleureuse. Disséminées au hasard de la maison principale ou dans de petites annexes (avec balcon) autour du jardin et de l'agréable piscine chauffée. Pas de resto, mais un service traiteur le soir. *Petit déjeuner offert le week-end à nos lecteurs sur présentation de ce guide.*

MORTEAU   25500

Carte régionale B2

🏠 *Hôtel des Montagnards* ** – 7 bis, pl. Carnot (Centre) ☎ 03-81-67-08-86. Fax : 03-81-67-14-57. Parking payant. TV. 🕹 Chambres doubles de 28 à 42 € selon le confort. En plein centre mais au calme, chaleureux petit hôtel où l'on est bien accueilli. Chambres agréables, lambrissées et dans les tons pastel. *Un petit déjeuner par chambre offert à nos lecteurs sur présentation de ce guide.*

|●| *Restaurant L'Époque* – 18, rue de la Louhière (Nord) ☎ 03-81-67-33-44. Parking. Fermé le mercredi soir et le dimanche (sauf jours fériés). Congés annuels : du 20 juillet au 20 août. Accès : à peine à l'écart du centre, sur la route de Besançon. Menus à 12 €, le midi en semaine, et de 15 à 30 €. Un resto bien dans sa peau. Accueil et service chaleureux sans se forcer. Deux salles un peu bistrot, où l'on se sent instantanément bien. Cuisine goûteuse, inventive juste ce qu'il faut et qui n'oublie pas les produits du terroir : saucisse de Morteau à l'arboisienne, poulet de Bresse au vin jaune et morilles, croûte forestière aux champignons des bois. Carte de whiskies impressionnante, tout comme les moustaches du patron, une figure locale qui a d'ailleurs créé un club des amateurs de whisky. *Apéritif maison offert à nos lecteurs sur présentation de ce guide.*

DANS LES ENVIRONS

MONTLEBON 25500 (2 km SE)

🏠 |●| *Hôtel-restaurant Bellevue* * – 2, rue de Bellevue (Centre) ☎ 03-81-67-00-05. Fax : 03-81-67-04-74. Parking. TV. Satellite. Fermé le vendredi soir et le dimanche en hiver. Congés annuels : la 1re semaine de juillet et du 20 décembre au 15 janvier. Accès : à 1 km du centre par la D437, puis la D48. Chambres doubles toutes simples de 35 à 41 €. Menu à 9 € en semaine le midi, menus suivants de 14 à 24 €. Vaste maison aux allures de ferme comtoise qui domine tout le val de Morteau, d'où effectivement une... belle vue. Le 1er menu rassemble à midi près de presque ce que le coin compte de VRP, agents de l'EDF, bûcherons... Cuisine généreuse, souvent d'inspiration régionale. Une adresse pleine de bonne humeur. *Café offert à nos lecteurs sur présentation de ce guide.*

GRAND'COMBE-CHÂTELEU
25500 (4 km S)

📍🍴 *Restaurant Faivre* – rue principale ☎ 03-81-68-84-63. Fermé le dimanche soir et le lundi. Congés annuels : en août. Accès : par la D437 puis la D47. Menu à 17 € tous les jours le midi, et autres menus de 20 à 61 €. Dans un grand chalet, salle de resto presque cossue et agréable. Pas de grandes inventions dans les assiettes, mais une cuisine classique et régionale très honnête et soignée. Croûte aux morilles, truite. Une bonne halte, où l'on ne pousse pas à la consommation. Bien agréable.

NANS-SOUS-SAINTE-ANNE   25330

Carte régionale A2

📍🍴 *Hôtel de la Poste* ** – 11, Grande-Rue ☎ 03-81-86-62-57. Fax : 03-81-86-55-32. ● hoteldelaposte@aol.com ● Fermé le mardi soir, le mercredi et le dimanche hors saison. Congés annuels : du 15 décembre au 31 janvier. Chambres doubles avec douche et w.-c. à 36 €. Hors saison, 1er menu ouvrier à 10 €, le midi en semaine. Puis menus de 14 à 19 €. Compter 26 € pour un repas. Le brave petit hôtel-resto de campagne, familial et sans chichis. Un peu de lierre en façade, un bar-tabac, point de ralliement du village, d'honnêtes spécialités franc-comtoises au resto dans des menus au bon rapport qualité-prix et des chambres simples mais confortables, dotées d'une bonne literie. Sans oublier la terrasse, aux beaux jours ! Bien pratique pour qui voudrait découvrir la vallée du Lison, splendide et encore méconnue. *Café offert à nos lecteurs sur présentation de ce guide.* **NOUVEAUTÉ.**

DANS LES ENVIRONS

CROUZET-MIGETTE 25270 (4 km S)

📍🍴 *Auberge du Pont du Diable* ☎ 03-81-49-54-28. Hors saison et vacances scolaires, il est plus prudent de réserver. Congés annuels : 1 semaine en janvier, courant novembre, à Noël et le Jour de l'An (mais on vous conseille de téléphoner). Accès : par la D103. Copieuses assiettes (à toute heure, le week-end) autour de 10 €. Menus à 12 et 17 €. Dans une ancienne ferme, grandes tablées chaleureuses pour partager, en toute décontraction, une bonne cuisine de terroir, copieuse et à petits prix. Pour les petites faims : soupe de légumes ou omelettes. Le patron, Bobo, convivial, vous guidera sans se faire prier dans une intéressante carte de vins du Jura. Le soir, c'est Marie et ses acolytes sympathiques qui vous accueillent. Feu dans l'âtre, chanteur-guitariste de passage, on n'a plus envie de repartir. Gîte équestre du village juste à côté (compter 13 € par personne, se renseigner à l'auberge). *Un kir maison ou « bourgeon de sapin » offert à nos lecteurs sur présentation de ce guide.* **NOUVEAUTÉ.**

MYON 25440 (15 km NO)

📍🍴 *Auberge Marie* ☎ 03-81-63-78-47. Parking. Fermé le dimanche soir et le lundi (sauf pour les pensionnaires). Congés annuels : fin septembre. Accès : par la D492, puis à gauche par la D15. Chambres doubles à l'ancienne à 35 €. Demi-pension à 37 €. Menu du jour, en semaine, à 12 €. Autres menus de 16 à 23 €. Sympathique auberge de campagne, comme on désespère d'en trouver encore beaucoup. Cuisine généreuse et immuables spécialités maison : croûte forestière, filet de sandre aux noisettes, soufflé de brochet au savagnin... Terrasse accueillante et petit jardin à l'ancienne. Des aménagements récents ont encore ajouté au charme du lieu : pergola, roseraie au pied de l'église. L'intérieur suivra un jour, peut-être. *Apéritif maison offert à nos lecteurs sur présentation de ce guide.* **NOUVEAUTÉ.**

ORNANS   25290

Carte régionale B2

📍🍴 *Hôtel de France* *** – 51, rue Pierre-Vernier (Centre) ☎ 03-81-62-24-44. Fax : 03-81-62-12-03. ● hoteldefrance@europost.org ● Parking payant. TV. Fermé le dimanche soir et le lundi, hors vacances scolaires. Congés annuels : du 15 décembre au 15 février. Accès : en face du Grand Pont. Chambres doubles de 70 à 80 €. Beau menu du marché à 23 €. Autres menus à 32 et 43 €. L'hôtellerie traditionnelle, délicieusement vieille France, familiale mais cossue. Formule plat du jour et dessert côté bar, à midi. Côté restaurant (à la déco agréable, d'un classicisme bon teint), on est assuré d'avoir dans l'assiette le meilleur du terroir. Chambres confortables, à l'ancienne. Certaines, assez vastes, donnent sur le célèbre Grand Pont, mais la rue est un peu bruyante (merci, la municipalité !). Les autres donnent sur cour, donc plus tranquilles. Grande terrasse et jardin à disposition. Délicieuse boutique de déco de l'autre côté de la rue. Parcours de pêche privé. Garage.

I●I *Restaurant Le Courbet* – 34, rue Pierre-Vernier ☎ 03-81-62-10-15. Fermé le lundi soir, sauf en juillet-août, et le mardi. Menus à 16 et 22 € (selon que vous prendrez 2 ou 3 plats). Difficile d'imaginer Courbet venant lever le coude dans ces lieux qui incitent au calme et au recueillement, à l'image du tableau qui accompagne les cartes du restaurant. La vue sur la Loue depuis ses deux terrasses est bien belle, et la cuisine fait le bonheur des gastronomes, le chef jouant des saveurs, des couleurs, pour mettre en valeur, simplement, des produits frais sélectionnés avec soin. La touche du maître. Accueil et service qui cadrent avec le reste du tableau. Rien à redire. Un brin de folie ? À vous de l'avoir en tête. *NOUVEAUTÉ.*

DANS LES ENVIRONS

LODS 25930 (12 km SE)

🏠 I●I *Hôtel-restaurant La Truite d'Or* ** – 40, rue du Moulin-Neuf ☎ 03-81-60-95-48. Fax : 03-81-60-95-73. Fermé le dimanche soir et le lundi hors saison. Accès : sur la D67. Chambres confortables à 43 €. Demi-pension à 46 € par personne. Menus de 15,50 à 42 €. Un ancien moulin de tailleur de pierre qui ne dort que d'un œil, malgré les apparences, et cache une bonne table régionale. Pour goûter une truite au vin et à la mode du pays (farcie de chair de saumon et de morilles hachées), n'allez pas plus loin ! *NOUVEAUTÉ.*

AMONDANS 25330 (14 km O)

🏠 I●I *Le Château d'Amondans* *** – 9, rue Louise-Pommery ☎ 03-81-86-53-14. Fax : 03-81-86-53-76. ● www.chateau-amondans.com ● Parking. TV. Canal+. Satellite. ♿ Fermé le mercredi et le dimanche soir. Congés annuels : en janvier et février. Accès : par la D101 jusqu'à Cléron, puis par la D103. Chambres de 58 à 80 € à l'annexe et à 122 € au château. 1er menu à 32 €, servi tous les jours sauf le dimanche. 2 autres menus à 48 et 65 €. Un

lieu très classe mais pas oppressant pour autant. Excellente cuisine aux accents de tradition et de terroir, joliment revisitée par les inspirations du chef et patron, Frédéric Médigue, qui a voyagé ailleurs que dans sa tête, ça se voit, ça se sent. En dessert, ne ratez pas la spécialité maison, l'*amondanais*. L'accueil et le service restent à la fois sympathiques et impeccablement professionnels. Carte des vins plus que correcte. *Café offert à nos lecteurs sur présentation de ce guide.*

VERNIERFONTAINE   25580
(17 km E)

🏠 I●I *L'Auberge Paysanne* – 18, rue du Stade ☎ et fax : 03-81-60-05-21. Cartes de paiement refusées. Parking. Fermé le mercredi et le jeudi. De début novembre à début mars, ouvert uniquement le week-end. Accès : par la D492 direction Saules, puis la D392 direction Guyans-Durnes puis Verniertontaine. Chambres doubles à 36 €. 1er menu à 11 €, puis autres menus de 14 à 21,50 €. Installée dans une ancienne ferme, dans un village à l'écart des sentiers battus. La décoration du restaurant est certes un peu chargée, mais la cuisine – traditionnelle et généreuse – fait honneur à tous les trésors du terroir franc-comtois. Croûte forestière aux morilles, terrine maison, saucisse de Morteau, röstis... 4 chambres, toutes lambrissées. Petit déjeuner pantagruélique. *10 % sur le prix de la chambre (d'octobre à mars) offerts à nos lecteurs sur présentation de ce guide.*

PONTARLIER   25300

Carte régionale B2

🏠 I●I *Hôtel-restaurant Le Saint-Pierre* * – 3, pl. Saint-Pierre (Centre) ☎ 03-81-46-50-80. Fax : 03-81-46-87-80. TV. Fermé le lundi hors saison. Chambres doubles de 27,50 à 44,50 € selon le confort. Menu le midi en semaine à 10,50 €. Autres menus à 12,50 et 16 €. Sur une place du centre, dans un quartier qui est presque un village. Les chambres ouvrent quasiment toutes sur la porte Saint-Pierre, arc de triomphe un rien tarabiscoté, symbole de la ville. Chambres doubles pas bien grandes mais coquettes et d'un bon rapport qualité-prix. Pour les petits budgets, des chambres gentiment désuètes avec lavabo seulement. Au resto, honnête cuisine traditionnelle. Et pour l'apéro, la plus ensoleillée des terrasses de la ville... *10 % sur le prix de la chambre (sauf en juillet-août) offerts à nos lecteurs sur présentation de ce guide.*

DANS LES ENVIRONS

GRANGETTES (LES) 25160
(12 km S)

🏨 |●| *Hôtel-restaurant Bon Repos* ** – (Centre) ☎ 03-81-69-62-95. Fax : 03-81-69-61-61. ● www.hotelbonrepos.com ● Parking. TV. Fermé le dimanche soir et le lundi hors saison. Congés annuels : du 20 octobre au 21 décembre. Accès : au bord du lac de Saint-Point ; suivre la D437 puis, après Oye-et-Pallet, la D129. Chambres doubles de 34,50 à 41 €. Nombreux menus de 14 à 29,70 €. À l'orée d'un petit village qui domine le lac. Une auberge à l'ancienne : nappes blanches et accueil prévenant. Plantureuse assiette de charcuteries maison et bonnes spécialités de poisson. Chambres bien tenues, assez charmantes pour les plus récemment rénovées. Terrasse.

OUHANS 25520 (17 km NO)

🏨 |●| *Hôtel-restaurant des Sources de la Loue* ** – 13, Grande-Rue (Centre) ☎ 03-81-69-90-06. Fax : 03-81-69-93-17. ● www.hotel-sources-de-la-loue.com ● Cartes de paiement refusées. Parking. TV. Fermé les vendredi soir, samedi midi et dimanche soir hors saison. Congés annuels : du 20 décembre au 15 janvier. Accès : par la N57, puis, à Saint-Gorgon-Main, prendre à gauche la D41. Chambres doubles de 40 à 47 €. Demi-pension de 46 à 50 €. Menus à 11 € le midi en semaine, et de 14 à 38 €. Une bonne auberge de campagne au cœur d'un village resté authentique. Cuisine naturelle de terroir. Parmi les spécialités, viandes et saumon fumés maison. Chambres toutes simples mais agréables (certaines sont mansardées) et d'un bon rapport qualité-prix pour le coin. Accueil agréable. Un bon point de chute pour visiter ce pays splendide. *Café offert à nos lecteurs sur présentation de ce guide.*

RENÉDALE 25520 (24 km NO)

|●| *Auberge du Moine* – Grange-Carrée (Nord) ☎ 03-81-69-91-22. Fermé le mardi soir. Accès : par la N57 jusqu'à Saint-Gorgon-Main, puis la D41 direction Ouhans ; l'auberge est à 400 m du belvédère du Moine. Menus à 10,50 €, en semaine, puis de 18,60 à 22 €. Une ancienne ferme isolée au cœur d'une belle nature. L'écurie a été transformée en une chaleureuse salle à manger couverte de lambris de sapin. Le dimanche s'y pressent les gens du pays, des habitués qui connaissent depuis longtemps cette bonne adresse (il est donc prudent de réserver...). Ici, la maîtresse de maison ne se pique pas de revisiter le terroir, mais maintient la tradition d'une cuisine familiale avec des recettes héritées de sa mère : fondue de fromage de comté, truite au vin jaune, tartine chaude au comté ou croûte forestière, nougat glacé maison. Pour la digestion, les environs regorgent de belles balades : belvédère du Moine, source de la Loue...

PORT-SUR-SAÔNE 70170

Carte régionale A1

🏨 |●| *Hôtel-restaurant de la Paix* – 3, rue Jean-Bogé (Centre) ☎ 03-84-91-52-80. Fax : 03-84-91-61-21. Fermé le dimanche soir. Congés annuels : en janvier. Accès : face à l'église. Chambres doubles à 28 € avec lavabo et 38 € avec douche et w.-c. Menus à 9 €, en semaine, puis de 12,50 à 25 €. Modeste petit hôtel installé dans une jolie maison ancienne qui fut prieuré au XVIe siècle. Jolie terrasse ombragée. Chambres toutes simples, gentiment rénovées, tranquilles (la rue est piétonne). Bistrot branché moto et au resto, honnête cuisine traditionnelle : œufs brouillés à la cancoillotte, magret de canard fumé, croûte aux morilles, friture d'éperlans, matelote de sandre et saumon, coq au vin jaune, etc. *Apéritif maison offert à nos lecteurs sur présentation de ce guide.*

|●| *Restaurant La Pomme d'Or* – 1, rue Saint-Valère ☎ 03-84-91-52-66. ⚒ Fermé le dimanche soir et le lundi. Congés annuels : 15 jours de fin août à début septembre. Accès : au feu tricolore, par la RN19. Menus de 9,15 à 25 €. Au bord de la Saône, on peut manger dans une petite salle style contemporain. À moins que vous n'ayez la chance de pouvoir profiter de la micro-terrasse avec vue sur la rivière ; pour les réunions de famille ou banquets, une salle privative. La cuisine vaut le coup de fourchette ; suivant la saison : œuf en meurette, poêlée d'escargots et champignons forestiers au noilly, terrine de poisson ou viande, sandre au beurre blanc, fricassée de rognons à la moutarde, tourte chaude de canard, filets de rougets sur lie de vin et, en dessert, ne pas manquer la pomme d'or en feuilletage, spécialité de la maison.

DANS LES ENVIRONS

COMBEAUFONTAINE 70120
(12 km O)

🏨 |●| *Hôtel-restaurant Le Balcon* ** – (Centre) ☎ 03-84-92-11-13. Fax : 03-84-92-15-89. Parking. TV. Fermé le lundi, le mardi midi et le dimanche soir. Congés annuels : du 24 juin au 3 juillet. Accès : sur la N19. Chambres doubles avec douche et w.-c. ou bains à 38,50 et 48 €. Menus à

11,40 €, le midi en semaine, et de 23 à 61 €. Là où (village posé sur la nationale) on attendait le classique hôtel d'étape se dévoile une bonne adresse. Certes, derrière le jardinet fleuri et la façade mangée par le lierre, les chambres sont simplettes (mais bien tenues) et, vu la situation, plus calmes sur l'arrière. Mais la cuisine, dès le 1er menu, fait la différence. Plats de terroir (poulet au vin jaune et aux morilles, saucisse de Montbéliard aux lentilles) ou propositions plus novatrices (vinaigrette de Saint-Jacques à l'huile de noisette, dos de saumon rôti au confit de crustacés) : le chef assure !

MOLAY 70120 (22 km NO)

|●| *Le Point de Vue* – **La Roche-Morey** ☎ 03-84-91-02-14. Ouvert tous les jours en juin, juillet et août. Fermé le dimanche soir et le lundi hors saison. Accès : par la N19, puis au niveau de Cintrey, prendre la D1 ; du village de Morey, prendre la petite route qui monte au sommet de La Roche-Morey en passant par Saint-Julien. Chaises hautes et jeux à disposition. Menus de 10 à 31 €. Le sommet de la colline est occupé par un petit parc de loisirs (mini-golf, village indien, petit train, manèges…) au milieu duquel se tient un restaurant familial ayant une fort jolie vue sur la région. On y sert une excellente cuisine, soignée et copieuse, à des prix très raisonnables. La spécialité est le feuilleté aux oignons ou aux asperges fraîches. Accueil jovial. *NOUVEAUTÉ.*

RONCHAMP   70250

Carte régionale B1

🏠 |●| *Hôtel-restaurant Le Rhien Carrer* ** – Le Rhien ☎ 03-84-20-62-32. Fax : 03-84-63-57-08. ● www.ronchamp.com ● Parking. TV. Satellite. 🍴 Fermé le dimanche soir en hiver. Accès : à 3 km du centre par la N19 direction Belfort, puis à gauche (fléché). Chambres doubles à 32 € avec douche, à 38 € avec douche et w.-c. ou bains. Menus à 10 €, en semaine, et de 16 à 36 €. Menu « 4 saisons » à 20 €, apéritif et boisson compris (sauf le week-end). Aimable auberge de campagne dans un hameau tranquille au creux d'une verdoyante vallée. Chambres à la déco pas compliquée, de bon confort et rénovées. Au resto, prisé par les gens du coin, très orthodoxe cuisine bourgeoise qui s'attache aux bons et beaux produits : escalope de foie gras poêlée aux griottines, filet de sandre au vin jaune, friture de carpe, gibier en saison. Pour la digestion, randonnées à pied ou à vélo dans la forêt proche du mont de Vannes.

DANS LES ENVIRONS

CHAMPAGNEY 70290 (5 km E)

🏠 |●| *Hôtel du Commerce* *** – 4, av. du Général-Brosset ☎ 03-84-23-13-24. Fax : 03-84-23-24-33. ● www.hotel-du-commerce-70.fr ● Parking. TV. Satellite. Fermé le dimanche soir du 1er novembre au 1er mai. Congés annuels : du 22 décembre au 12 janvier. Accès : par la N19 puis la D4. Chambres doubles avec douche et w.-c. ou bains à 45 €. Menu à 11 € en semaine, puis toute une gamme de menus jusqu'à 46 €. Métamorphosée, la vieille affaire familiale ! Rénovée de fond en comble, mais en respectant le caractère de cette belle maison ancienne. Quatre salles à manger toutes différentes (une avec une ample cheminée genre cuisine de campagne, une autre façon salon-bibliothèque, de jolies chambres résolument contemporaines ou meublées d'ancien. Que les nombreux habitués se rassurent : le chef est toujours en place, les serveuses en tablier blanc aussi ! Et la cuisine, de région et de tradition, est toujours aussi généreuse et bien tournée : petite marmite de cochon laqué au champlitte, filet de sandre aux pleurotes, tête de veau au naturel. Salle de gym, sauna et hammam pour éliminer toutes ces calories.

FROIDETERRE 70200 (10 km O)

|●| *Hostellerie des Sources* – 4, rue du Grand-Bois ☎ 03-84-30-34-72. Fermé les lundi et mardi sauf fériés, et le dimanche soir. Congés annuels : 15 jours en janvier. Accès : par la N19 direction Lure, puis, au niveau de la verrerie, prendre la route menant au nord. Menus de 35 à 65 €. Dès la marquise bleue et or qui prolonge l'entrée, il semble évident que ce n'est pas une auberge de campagne comme les autres. D'ailleurs, le contraste est presque trop flagrant entre l'architecture typique de cette ancienne ferme et la déco cossue, pour ne pas écrire luxueuse. Mais foin des considérations esthétiques, on est ici pour la cuisine. Et quelle cuisine ! Intelligente, créative et qui met les cinq sens en éveil. Impossible de résister au paillasson d'escargots de ferme du Jura au beurre maître d'hôtel, au carré d'agneau braisé à la persillade et aux écrevisses flambées au cognac (en saison). On craque encore sur la crème brûlée à la vanille bourbon... La carte des vins ne démérite pas. Réservation quasi obligatoire.

MELISEY 70220 (10 km NO)

|●| *Restaurant La Bergeraine* – 27, route des Vosges ☎ 03-84-20-82-52. 🍴 Fermé le mardi soir et le mercredi, sauf jours fériés, veilles de fêtes et en juillet-août. Accès : par la N19, direction Lure, puis la D73. Menus à 11,50 €, le midi en semaine, et de 15 à

60 €. Ils sont nombreux à venir apprécier le talent du chef et patron de ce restaurant de bord de route. Seulement, la salle se révèle petite et il n'est pas rare de repartir alléché par la carte mais, hélas, le ventre vide si l'on n'a pris soin de réserver. Et ce serait dommage de rater le saumon d'Écosse fumé maison, la salade mêlée de saison aux écrevisses, le gibier ou la croustade aux morilles sauce au vin jaune. Évidemment, la carte change en fonction des saisons, et au délice de l'assiette s'ajoute une présentation digne d'un chef-d'œuvre avant-gardiste. De la très grande cuisine ! De l'audace ! Du panache ! Un moment de pur bonheur ! *Café et petits fours offerts à nos lecteurs sur présentation de ce guide.*

ROYE 70200 (15 km SO)

🍴 *Le Saisonnier* – 56, rue de la Verrerie ☎ 03-84-30-46-00. Fermé le lundi soir, le mercredi et le dimanche soir. Accès : sur la N19, à l'entrée du village. Menus de 17 à 43 €. Il est, en Haute-Saône, des adresses de campagne qui surprennent : en voilà une ! C'était une ferme et cela se voit encore : épais murs de pierre qui gardent la fraîcheur même au cœur de l'été, plafonds bas (les grands baisseront la tête !). Déco toute de sobriété mais plaisante. Service aimable. Et surtout une très bonne cuisine de marché (qui tourne avec les saisons, normal, vu l'enseigne), très *up-to-date*, inventive juste ce qu'il faut et d'un superbe rapport qualité-prix. Petite terrasse au calme sur l'arrière.

ROUSSES (LES) 39220

Carte régionale A2

🏠 *Hôtel du Village* ** – 344, rue Pasteur (Centre) ☎ 03-84-34-12-75. Fax : 03-84-34-12-76. Parking payant. TV. Fermé le dimanche soir hors saison. Congés annuels : 1res quinzaines de juin et de décembre. Chambres doubles de 45 à 49 € avec douche et w.-c. ou bains. Sympathique petit hôtel (10 chambres seulement) dont la déco a été revue de fond en comble, avec de l'idée et du goût. Chambres toutes différentes, très colorées pour certaines, un peu plus ternes pour d'autres. Bon accueil. Garage clos payant.

🏠 🍴 *Hôtel Arbez France-Suisse* – La Cure (Sud-Est) ☎ 03-84-60-02-20. Fax : 03-84-60-08-59. ● hotel.arbez@wanadoo.fr ● TV. Fermé le lundi soir et le mardi (hors saison). Accès : à 2 km de la D5. Chambres doubles de 52 à 54 € avec douche et w.-c. ou bains, suivant la saison. Demi-pension, demandée pendant les vacances de février, autour de 50 € par personne. Menu à 13 € le midi en brasserie. Au

resto, menus de 22 à 30 €. Un hôtel qui a carrément été construit à cheval sur la frontière. On vous laisse imaginer le lot d'anecdotes que cette situation a généré… Selon le numéro de votre chambre, vous dormirez soit en France, soit en Suisse. Les chambres nos 2, 6, 9 et 12 sont même franchement traversées par la frontière ! Hormis ce particularisme unique, elles sont coquettes et confortables. Le restaurant sert une bonne cuisine locale. Deux formules au choix : la brasserie, à la cuisine roborative, et un resto plus gastro. Accueil charmant. Une très bonne adresse. *10 % sur le prix de la chambre offerts à nos lecteurs sur présentation de ce guide.*

🏠 *Le Lodge* ** – 309, rue Pasteur (Centre) ☎ 03-84-60-50-64. Fax : 03-84-60-04-58. ● lelodge@wanadoo.fr ● TV. Satellite. Chambres doubles avec douche et w.-c. ou bains de 56 à 92 € en basse saison, de 72 à 107 € en haute saison. Une vraie adresse de charme comme on n'en trouve plus à Megève que dans le Jura : du bois brut et de la pierre, des tissus à carreaux, des ours en peluche accrochés aux armoires campagnardes… Chambres évidemment toutes différentes et d'un confort optimum. Très bon accueil, pas du tout guindé comme parfois dans ce genre d'endroit. Un pub où sont servis quelques plats régionaux. *NOUVEAUTÉ.*

DANS LES ENVIRONS

FONCINE-LE-HAUT 39460 (4 km N)

🏠 🍴 *Auberge Le Jardin de la Rivière* ** ☎ 03-84-51-90-59. Fax : 03-84-51-94-69. ● eve5@club-internet.fr ● Parking. TV. Fermé le dimanche soir hors saison. Accès : par la N5 jusqu'à Saint-Laurent-en-Grandvaux, puis par la D437. Chambres doubles avec douche et w.-c. ou bains autour de 45 €. Menus à 11 €, le midi en semaine, et de 15 à 23,50 €. Un jeune couple vient de s'installer ici. Par petites touches, ils commencent à gommer l'aspect « pension de famille » un peu désuet qu'avait l'endroit. Chambres encore très classiques mais confortables. Au resto, cuisine joliment travaillée et avec de l'idée. Excellent accueil, vraiment aux petits soins, et ambiance tranquille. L'été, piscine extérieure dans le jardin (au bord de la rivière, bien sûr). Une bonne adresse, en passe de devenir (si les proprios continuent sur cette voie) une très bonne adresse. *NOUVEAUTÉ.*

VESOUL 70000

Carte régionale B1

🏠 *Auberge de jeunesse* – lac de Vesoul-Vaivre, zone de loisirs (Nord-Ouest) ☎ 03-84-76-48-55. Fax : 03-84-75-74-93.

Accueil de 8 h à 10 h et de 17 h à 20 h. Accès : à 2 km du centre, en face de la zone industrielle. 8 € la nuit plus 0,15 € de taxe de séjour par personne. Menu à 6,86 €. À deux pas du lac et du parc aquatique de Ludolac (immenses toboggans et bassins aménagés), 18 petits chalets de bois teinté, équipés de 4 lits chacun. Au centre, un grand bâtiment moderne pour les sanitaires, les douches et 2 cuisines. Restauration au *Bar de la Plage* (☎ 03-84-76-81-71), juste à côté. *Café offert à nos lecteurs sur présentation de ce guide.*

🏠 *Hôtel du Lion* ** – 4, pl. de la République (Centre) ☎ 03-84-76-54-44. Fax : 03-84-75-23-31. ● hoteldulion@wanadoo.fr ● Parking. TV. Canal+. Fermé le samedi soir en janvier. Congés annuels : la 1re quinzaine d'août. Chambres doubles de 41 € avec douche et w.-c. à 43 € avec bains. Hôtel familial de centre-ville tout ce qu'il y a de plus traditionnel. Bon accueil, sens du service et confort assurés. Chambres spacieuses, au mobilier moderne.

DANS LES ENVIRONS

FROTEY-LÈS-VESOUL 70000
(3 km E)

🏠 🍴 *Eurotel - restaurant Le Saint-Jacques* *** – route de Luxeuil ☎ 03-84-75-49-49. Fax : 03-84-76-55-78. ● www.eurotel.fr ● Parking. TV. Canal+. Satellite. Fermé le samedi midi et le dimanche soir (en juillet et août, fermé le dimanche). Accès : à la sortie de Vesoul en direction de l'est par la D13. Chambres doubles de 41 à 50 € selon le confort. Menus de 16,50 à 50 €. Certes, l'extérieur n'inspire pas l'extase (architecture d'hôtel de chaîne, rond-point en guise de vue), mais une fois la porte franchie, changement de registre. Les chambres sont assez plaisantes dans le genre contemporain. Résolument modernes aussi, la salle à manger et le bar, mais d'une vraie élégance. Accueil pro et chaleureux. À table, une belle et très personnelle cuisine composée au gré des saisons, avec par exemple le poulet de Bresse au vin jaune et aux morilles. *Apéritif maison offert à nos lecteurs sur présentation de ce guide.*

VILLERSEXEL 70110

Carte régionale B1

🏠 🍴 *Hôtel de la Terrasse* ** – route de Lure ☎ 03-84-20-52-11. Fax : 03-84-20-56-90. Parking. TV. Canal+. Fermé le dimanche soir et le lundi midi (hors saison). Congés annuels : du 10 décembre au 2 janvier. Chambres doubles de 37 à 46 € avec douche et w.-c. ou bains. Menus à 11 €, le midi en semaine, et de 14 à 28 €. Posée au bord de la rivière, maison cossue et tranquille dans laquelle on se sent bien. Chambres joliment décorées et meublées avec goût, dans lesquelles les nuits sont forcément réparatrices tant l'endroit est calme. Salle de restaurant plutôt rustique, réchauffée par une cheminée en hiver ; l'été, belle terrasse dans la verdure. Cuisine de région : magret de canard, griottines de Fougerolles ou filet de sandre au vin jaune et aux morilles.

🏠 🍴 *Hôtel-restaurant du Commerce* ** – 1, pl. du 13-Septembre (Centre) ☎ 03-84-20-50-50. Fax : 03-84-20-59-57. ● www.hotelcommerce-villersexel.fr ● Parking. TV. Canal+. Fermé le dimanche soir. Congés annuels : 1re quinzaine de janvier. Accès : à proximité du château-musée. Chambres doubles à 39 € avec douche et w.-c. ou bains. Menus à 10,50 €, servi du lundi au jeudi, et de 19,20 à 36,20 €. Auberge de province tout ce qu'il y a de plus classique proposant des chambres confortables, simples, propres et à prix raisonnables. Au resto, cuisine traditionnelle, jambon à l'os cuit au foin, jambon fumé et braisé maison, terrines et cancoillotte chaude, friture de carpe... Les soirs de grand froid, réfugiez-vous près de la cheminée.

VILLERS-LE-LAC 25130

Carte régionale B2

🏠 🍴 *Hôtel-restaurant Le France* – 8, pl. Cupilhard (Centre) ☎ 03-81-68-00-06. Fax : 03-81-68-09-22. ● www.hotel-restaurant-lefrance.com ● Parking payant. TV. Fermé le dimanche soir et le lundi (plus le mardi hors saison). Congés annuels : en janvier et une semaine en novembre. Chambres doubles joliment refaites, avec salle de bains, de 55 à 75 €. Demi-pension de 65 à 75 €. 1er menu à 19 € tous les jours à midi. Autres menus de 25 à 65 €. La plus belle adresse de ce coin de France, assurément, dynamisée (sinon dynamitée !) par un chef qui réussit à glisser dans sa cuisine, avec humour et amour, un peu de ses souvenirs de voyage. Une cuisine fine et inventive, tout en contrastes de goûts et de textures, mais qui sait rester « simple » : Hugues Droz a son propre jardin d'herbes et une riche collection d'épices rapportées du monde entier. On les retrouve dans les assiettes, toujours subtilement dosées. Carte des vins intéressante... Salle de restaurant très agréable, comme le service. Petit musée de la gastronomie à l'étage, à ne pas manquer. *10 % sur le prix de la chambre offerts à nos lecteurs et menu du déjeuner servi exceptionnellement le soir, sur présentation de ce guide.*

¶●¶ L'Absinthe-restaurant du Saut du Doubs ☎ **03-81-68-14-15.** Ouvert de Pâques à la Toussaint. Service de 10 h à 19 h en juillet-août. Accès : à 6 km de Villers-le-Lac, sur le site du Saut du Doubs ; également par bateau-mouche. Assiette comtoise à 10 €. Menu du jour à 12 €. À 200 m de la cascade, une maison typique du Haut-Doubs, avec sa jolie façade en tavillons. Au bord de la rivière, de belles terrasses en pierre sèches entourée de feuilles d'absinthe sont une invitation à se poser quelques instants, pour profiter tout à la fois de la vue sur les bassins du Doubs et d'une cuisine simple et bonne. Venez de préférence quand il y a encore peu de monde, vous aurez tout le temps de siroter l'absinthe offerte ici sur présentation de ce guide. Pour en savoir plus sur cette boisson emblématique du lieu, poussez la porte de la belle salle à manger au décor 1900 : affiches et ustensiles au rituel vous y sont joliment présentés. *NOUVEAUTÉ.*

Les prix
En France, les prix des hôtels et des restos sont libres. Certains peuvent augmenter entre le passage de nos infatigables fureteurs et la parution du guide.

Avis aux hôteliers et aux restaurateurs
Chaque année pour y figurer, il faut le mériter !

Le Routard

Île-de-France

75 Paris
77 Seine-et-Marne
78 Yvelines
91 Essonne
92 Hauts-de-Seine
93 Seine-Saint-Denis
94 Val-de-Marne
95 Val-d'Oise

ANGERVILLE   91670

Carte régionale A2

🏠 I●I *Hôtel de France* *** – **2, pl. du Marché (Centre)** ☎ **01-69-95-11-30. Fax : 01-64-95-39-59.** ● **www.hotelfrance3.com** ● Parking. TV. Hôtel fermé le dimanche soir, restaurant fermé les dimanche et lundi soir. Accès : N20, direction Orléans, sortie Angerville. Chambres doubles avec douche ou bains à 75 €. Menu à 27 €. À la carte, compter 43 €. Vive le *France* ! Depuis 1715, cette étape royale a été restaurée sans enlever son cachet à cette belle maison où tout respire un art de vivre à l'ancienne. On peut prendre l'apéritif dans le salon avec cheminée, puis passer dans la salle à manger sans rompre le charme de l'endroit. Aux beaux jours, on vous proposera de vous servir, dans la belle cour intérieure, les recettes du cru : la terrine au cresson (c'est la région des cressonnières), la salade mérévilloise, etc. À signaler, deux chambres ravissantes avec lit à baldaquin (très demandées pour les mariages). Ascenseur, parking privé, clos et gratuit, face à l'hôtel. *Café offert à nos lecteurs sur présentation de ce guide.*

ASNIÈRES   92600

Carte régionale A1-8

I●I *Le Petit Vatel* – **30, bd Voltaire** ☎ **01-47-91-13-30.** Fermé le soir et le week-end. Congés annuels : en août. M. : Asnières-Gabriel-Péri. Menu le midi en semaine à 11 €. Compter 17 € à la carte. Bien placé, car proche du cimetière des chiens. L'archétype du rade qui ressemble vraiment à tous les autres, formica et tout le reste... sauf, sauf qu'on y a vu Jean-Pierre Coffe et qu'il y avait bien une raison à cela ! D'abord, la qualité de l'accueil. Il semble, comme Obélix, qu'ici on soit tombé dedans. Ensuite, la savoureuse cuisine de famille, servie avec une générosité sans pareille. Des plats gentiment mijotés, comme le petit salé ou l'estouffade de bœuf provençale. Salades énormes. Vins à prix modérés. Un *Petit Vatel* qui n'est pas prêt de passer au fil de l'épée !

I●I *La Petite Auberge* – **118, rue de Colombes** ☎ **01-47-93-33-94.** Dernier service à 21 h. Fermé le lundi toute la journée, le mercredi soir et le dimanche soir, . Accès : en train, depuis Saint-Lazare (arrêt « Asnières » ou « Bois-Colombes »). Menu à 25,15 €. Cadre avec un décor très kitsch style opérette Grande Époque. Tout en boiseries, petits tableaux. On est d'emblée pris en main par la patronne ou sa fille. Très fières du travail de leur mari ou père de chef aux fourneaux. Elles ont raison. Au programme des réjouissances : croustillant de pied de porc et sa petite salade, rosace de rumsteak sauce aux truffes, et tant d'autres choses. Poissons d'une extrême fraîcheur, comme le bar français flambé au beurre de pastis. Desserts à commander au début du repas, ce qui est toujours signe de qualité. Pour les vins, compter de 21 à 64 €. Est-il besoin de préciser que la réservation est hautement recommandée ? *Café offert à nos lecteurs sur présentation de ce guide.*

AUBERVILLIERS   93300

Carte régionale A1-9

I●I *L'Isola* – **33, bd Édouard-Vaillant** ☎ **01-48-34-88-76.** Fermé le soir du lundi au mercredi et le dimanche. M. : Fort-d'Aubervilliers. Au nord de la ville, en face des serres municipales. À la carte, compter de 23 à 27 €. Faut aller le chercher loin, ce petit resto italien tenu par deux charmantes sœurs. Accueil d'une gentillesse exemplaire, on est tout de suite adopté. Cadre plaisant, cossu sans ostentation. Nappes et serviettes en tissu. Clientèle réjouie. Cuisine particulièrement élaborée à base de produits du marché. Coppa extra, pâtes délicieuses, osso buco, *ravioli di ricotta*, lasagnes, et puis ce bon plat sarde au beau nom de *coulourgionisi*, etc.

AUVERS-SUR-OISE 95430

Carte régionale A1

|●| *Le Cordeville* – 18, rue du Rajon ☎ 01-30-36-81-66. Cartes de paiement refusées. Ouvert tous les jours. Le soir sur réservation. Accès : A15, sortie n° 7, puis N184, et prendre direction Méry-sur-Oise par la N322. 1er menu à 13,72 €. Au cœur de la ville des impressionnistes. Une cuisine familiale correcte et copieuse. La patronne est très sympa, et pose la marmite sur la table pour davantage de convivialité. La clientèle est éclectique : ouvriers, vacanciers et, bien sûr, les habitués. Pas un grand choix de vins. Impératif de réserver.

|●| *Le Verre Placide* – 20, rue du Général-de-Gaulle ☎ 01-34-48-02-11. Fermé le lundi, le mercredi soir et le dimanche soir. Congés annuels : en août. Accès : en face de la gare d'Auvers-sur-Oise ; par l'A15, sortie n° 7, puis N184, et prendre direction Méry-sur-Oise par la N322. Un 1er menu à 21 € en semaine. Compter 31 € à la carte. L'un des plus vieux restaurants d'Auvers. Grande salle claire. Cuisine traditionnelle : mijoté de la mer au coulis de crustacés ou pintade fermière braisée à l'échalote. Vins à partir de 12,20 € la bouteille. Service courtois. Penser surtout à réserver le week-end. *Café offert à nos lecteurs sur présentation de ce guide.*

|●| *Auberge Ravoux - Maison de Van Gogh* – 8, rue de la Sansonne ☎ 01-30-36-60-60. Fermé les dimanche soir et lundi. Congés annuels : du 10 novembre au 10 mars. Accès : place de la Mairie. Menus de 25 à 32 €. Réservation conseillée. Il s'agit de la fameuse auberge dans laquelle Vincent Van Gogh séjourna et mourut en 1890. Elle a été entièrement restaurée et son décor a été reconstitué avec soin à l'identique, tel que son illustre hôte l'a

connu. Le résultat, trop clean à notre goût, est un peu froid, mais le temps devrait patiner l'ensemble. Cuisine plus que correcte, servie copieusement, s'inspirant de recettes anciennes : pressé de lapereau sur lit de lentilles et oignons confits, gigot de sept heures. Pas donné peut-être, mais un rapport qualité-prix excellent. Vins à prix raisonnables. *Visite gratuite de la chambre de Van Gogh (le soir) pour nos lecteurs sur présentation de ce guide.*

BARBIZON 77630

Carte régionale B2

🏠|●| *Auberge Les Alouettes* ** – 4, rue Antoine-Barye ☎ 01-60-66-41-98. Parking. TV. Resto fermé le dimanche soir. Accès : par A6, sortie direction Fontainebleau jusqu'à Barbizon, par N7 entre Fontainebleau et Melun ; une fois à Barbizon, l'auberge est indiquée. Chambres doubles de 43 € avec douche à 52 € avec bains. Menus à 28 et 33 €. L'auberge est une ancienne maison bourgeoise du XIXe siècle, qui eut ses heures de gloire, lorsque ses propriétaires, le peintre et le philosophe Gabriel et Andrée Seailles, recevaient une partie du Tout-Paris. Après transformation en hôtel, c'est devenu une résidence assez chic où l'on se sent chez soi. Agréable parc de 2 hectares. Sa situation à l'écart de la Grande-Rue lui offre une tranquillité assurée. *Apéritif maison offert à nos lecteurs sur présentation de ce guide.*

|●| *L'Ermitage Saint-Antoine* – 51, Grande-Rue (Centre) ☎ 01-64-81-96-96. ♒ Fermé les lundi et mardi. Congés annuels : en août et pendant les fêtes de fin d'année. Compter 23 € pour un repas sans le vin. Dans une cité aussi conformiste que Barbizon, toute vouée au tourisme, c'est une aubaine de tomber sur ce bar à vin tenu par quelques jeunes voulant sans doute secouer un peu la quiétude ambiante. Dans cette ferme du XIXe aménagée avec goût et décorée de belles peintures murales en trompe l'œil, vous aurez toujours un accueil souriant, que vous veniez prendre un verre ou un plat-repas. En regardant les ardoises au mur, vous vous laisserez tenter par un jambon persillé maison, une andouillette de Troyes AAAAA ou une assiette de cochonnailles ou de fromages avec son petit verre de vin. La plupart des vins sont servis en effet au verre. Et n'hésitez pas à suivre les conseils du patron, il a plutôt bon goût.

ÎLE-DE-FRANCE

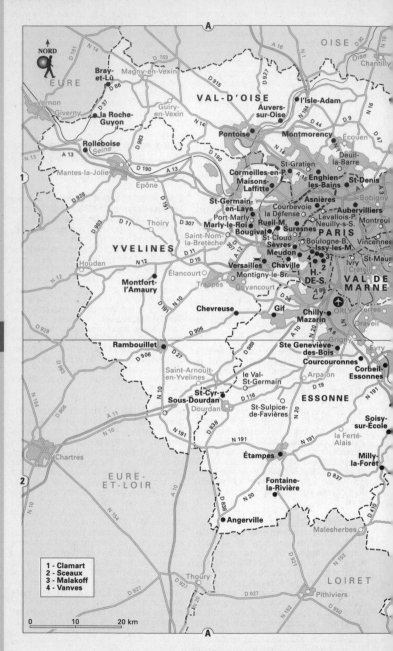

NORD

OISE

EURE

Bray-et-Lû

Magny-en-Vexin

VAL-D'OISE

l'Isle-Adam

Chantilly

Vernon

Giverny

la Roche-Guyon

Auvers-sur-Oise

Montmorency

Écouen

Guiry-en-Vexin

Pontoise

Deuil-la-Barre

Rolleboise

Seine

St-Gratien

Enghien-les-Bains

St-Denis

Mantes-la-Jolie

Cormeilles-en-P.

Maisons-Laffitte

Bobigny

Épône

St-Germain-en-Laye

Asnières

Aubervilliers

Thoiry

Courbevoie
la Défense

Levallois-P.

Neuilly-s-S.

Montreui

Houdan

Port-Marly

Marly-le-Roi

Rueil-M.

Suresnes

PARIS

YVELINES

Bougival

St-Cloud

Boulogne-B.

Vincennes

Saint-Nom-la-Bretèche

Sèvres

Issy-les-M.

Meudon

H.-DE-S.

St-Maur

Versailles

Chaville

Créteil

Ivry

VAL DE MARNE

Montfort-l'Amaury

Élancourt

Montigny-le-Br.

Trappes

Guyancourt

ORLY

Chevreuse

Gif

Chilly-Mazarin

Yerres

Draveil

Rambouillet

Ste Geneviève-des-Bois

Évry

Grigny

Saint-Arnoult-en-Yvelines

Courcouronnes

Corbeil-Essonnes

le Val-St-Germain

Arpajon

St-Cyr-Sous-Dourdan

Dourdan

ESSONNE

St-Sulpice-de-Favières

Soisy-sur-École

Chartres

EURE-ET-LOIR

la Ferté-Alais

Étampes

Milly-la-Forêt

Fontaine-la-Rivière

Angerville

Malesherbes

1 - Clamart
2 - Sceaux
3 - Malakoff
4 - Vanves

Thoury

LOIRET

Pithiviers

0   10   20 km

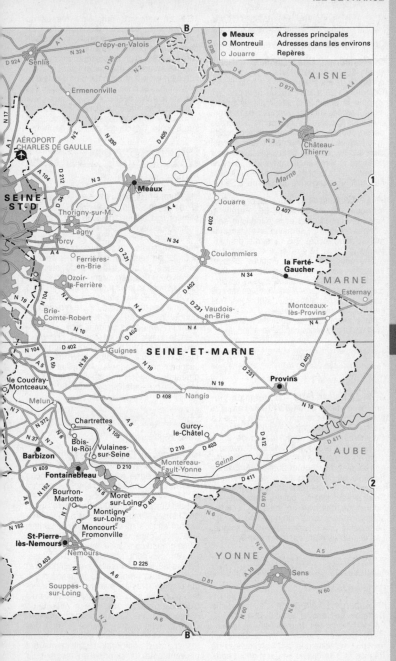

● Meaux   Adresses principales
○ Montreuil   Adresses dans les environs
○ Jouarre   Repères

Crépy-en-Valois

AISNE

N 324

N 2

D 136

D 924

Senlis

Ermenonville

D 4

D 973

A 4

N 17

A 1

Château-Thierry

N 3

AÉROPORT
CHARLES DE GAULLE

A 1

N 2

D 401

D 405

Marne

D 1

1

A 104

D 212

N 3

N 390

Meaux

SEINE-
ST-D.

Thorigny-sur-M.

A 4

Jouarre

D 407

Lagny

D 402

Torcy

N 34

Coulommiers

A 4

Ferrières-
en-Brie

D 231

la Ferté-
Gaucher

Ozoir-
la-Ferrière

N 34

MARNE

Esternay

N 19

D 402

D 231

Vaudois-
en-Brie

Montceaux-
lès-Provins

N 104

Brie-
Comte-Robert

N 4

N 4

N 10

D 402

D 402

Guignes

SEINE-ET-MARNE

N 104

D 402

A 5

A 5b

N 36

N 19

D 231

D 403

le Coudray-
Montceaux

Provins

Melun

N 19

N 19

A 5

N 7

D 408

Nangis

N 19

N 372

Chartrettes

A 5

Gurcy-
le-Châtel

N 37

N 7

N 6

N 106

D 412

D 411

AUBE

Bois-
le-Roi

Vulaines-
sur-Seine

D 210

D 403

Barbizon

D 210

Seine

D 409

Fontainebleau

Montereau-
Fault-Yonne

D 411

2

N 152

N 6

Bourron-
Marlotte

Moret-
sur-Loing

D 976

A 6

N 7

Montigny-
sur-Loing

D 403

N 6

St-Pierre-
lès-Nemours

Moncourt-
Fromonville

A 5

N 152

Nemours

YONNE

A 19

D 403

N 7

A 6

D 225

D 81

Sens

Souppes-
sur-Loing

N 60

N 7

A 6

N 60

N 6

B

B

BOUGIVAL   78380

Carte régionale A1

I●I *Restaurant Chez Clément* – **RN13** ☎ **01-30-78-20-00.** Parking. ♨ Service continu tous les jours jusqu'à 1 h du matin. Compter de 26 à 31 €. On ne vient pas tant ici pour la cuisine, simple mais de bonne tenue, proposant des produits de saison, que pour le cadre : salle voûtée, superbes décors, belles cheminées et jolie cascade intérieure, le tout dans un vaste parc classé, dans lequel, dès les beaux jours, on peut déjeuner… Ambiance conviviale, service prévenant. Un petit havre de paix derrière la nationale. Parking privé au bord de la Seine.

I●I *Le Camélia* – **7, quai Georges-Clemenceau** ☎ **01-39-18-36-06.** Fermé le lundi, le samedi midi et le dimanche soir. Congés annuels : 1 semaine en février et le mois d'août. Accès : à la sortie de l'A6. Menus à 33 et 55 €. Cadre accueillant et raffiné pour une cuisine enjouée joliment troussée, sérieuse et plaisante à la fois. Tous les plats sont réalisés à partir de produits frais, et la carte à prix fixes permet de goûter aux spécialités plus élaborées, très souvent renouvelées et issues d'une cuisine tonique allant droit au goût dans une parfaite rigueur. Service rapide et efficace.

BRAY-ET-LÛ   95710

Carte régionale A1

🏠 I●I *Le Faisan Doré* – **12, route de Vernon** ☎ **et fax : 01-34-67-71-68.** Fermé le dimanche soir et le lundi. Accès : entre La Roche-Guyon, Magny-en-Vexin et Vernon. Chambres doubles avec lavabo de 23 à 28 €. Forfait repas-nuit à 42 €. 1er menu à 12 € en semaine, puis, de 16 à 25 € avec entrée, plat, fromage et dessert. Ambiance familiale, un rien coquette. L'été, préférez la terrasse, à l'ombre des parasols en fleurs. Spécialités : filet au poivre, escargots de Bourgogne, charlotte aux fruits... À la carte : côte de veau façon Vexin normand. Le rapport qualité-prix est bon et le service soigné. Les chambres doubles sont modestes.

CHEVREUSE   78460

Carte régionale A1

I●I *Auberge La Brunoise* – **2, rue de la Division-Leclerc** ☎ **01-30-52-15-75.** ♨ Fermé le samedi soir, le mardi soir et le mercredi. Congés annuels : 1 semaine en février, 1 semaine pendant les vacances de Pâques et 3 semaines fin juillet-début août. Accès : face à la mairie. Un menu à 11 € (le midi en semaine uniquement), un autre à 15 € en semaine, puis trois menus de 22,50 à 35 €. Au centre de ce charmant village de la vallée de Chevreuse, où la balade des « petits ponts » enjambant l'Yvette et son canal est d'un pittoresque enivrant, *La Brunoise* propose une cuisine sans prétention mais propre et honnête, cela dès le premier menu. Service naturel et aimable des jeunes patrons désireux de satisfaire leur clientèle. Pas mal d'habitués. Salle au look rustique et terrasse joyeuse mais donnant sur la route. Spécialités de fruits de mer.

CHILLY-MAZARIN   91380

Carte régionale A1

I●I *Thym et Basilic* – **97, rue de Gravigny** ☎ **01-69-10-92-75.** ♨ Fermé le lundi, le samedi midi et le dimanche soir. Congés annuels : la dernière semaine de juillet et les 3 premières d'août. Accès : en venant de Paris, A6, sortie Longjumeau ; continuer sur la droite de l'autoroute. Formule le midi en semaine à 13,50 € avec plat du jour, une entrée ou un dessert. Menu à 16,50 € sauf les dimanche et jours fériés. Autres menus à 22,60 et 32 €. Une salle aux couleurs bleu et jaune pour une cuisine toute provençale. Surtout quand arrivent les assiettes, joliment présentées et parfumées à souhait – c'est le moins que l'on pouvait attendre : bouillabaisse (sur réservation), gambas au pastis, langoustines, provençale de Saint-Jacques, carré d'agneau. Accueil et service agréables. *Digestif maison offert à nos lecteurs sur présentation de ce guide.*

CLAMART   92140

Carte régionale A1-7

I●I *Restaurant La Cosse des Petits Pois* – **32, av. Victor-Hugo (Nord-Est)** ☎ **01-46-38-97-60.** Fermé le lundi et le dimanche soir. Congés annuels : 1 semaine en mars et 15 jours en août. Accès : un peu en dehors du centre, à 300 m de la gare SNCF de Clamart. Menu-carte unique à 26 €. Restaurant situé à mi-chemin entre le centre-ville et la gare. Sa cuisine traditionnelle, d'une grande constance, est très appréciée. On retrouve donc une clientèle d'habitués. En cuisine, le chef travaille avec simplicité et générosité, et propose une formule unique qui change avec les saisons. On se délectera d'un foie gras de canard maison, puis d'une paupiette de sole ou d'un effeuillé de haddock poché au lait, sauce roquefort. Cette formule unique simplifie le choix des convives, mais dans l'enthousiasme, on se méfiera des nombreux suppléments qui peuvent créer la surprise au moment de l'addition. *Apéritif maison offert à nos lecteurs sur présentation de ce guide.*

CORBEIL-ESSONNES 91100

Carte régionale A2

|●| *L'Épicure* – pl. de l'Hôtel-de-Ville, 5-7, rue du Grand-Pignon ☎ 01-60-88-28-38. Fermé le samedi midi et le dimanche sauf pour la fête des Mères. Congés annuels : 1 semaine mi-mai et de fin juillet à fin août. Accès : en remontant vers Paris, à droite de la N7, vers la Seine ; face à l'hôtel de ville. Menus à 21 et 25 €, et carte. Le bien-manger est ce plaisir épicurien par excellence que l'on a débusqué dans ce charmant restaurant éponyme. Le philosophe de Samos lui-même aurait apprécié le cadre rustique raffiné, la petite musique discrète et surtout la cuisine traditionnelle du chef : le croustillant de canard (un must), la terrine de gibier, le duo de foie de veau et rognon aux champignons flambé au cognac et le pot-au-feu de la mer. Bon rapport qualité-prix pour les menus, mais carte beaucoup plus « flamboyante » pour le porte-monnaie (un plat à la carte est presque aussi cher que le 1er menu). Le service est stylé et sympa. *Apéritif maison offert à nos lecteurs sur présentation de ce guide.*

|●| *Aux Armes de France* – 1, bd Jean-Jaurès (Centre) ☎ 01-64-96-24-04. Parking. Fermé les samedi midi et dimanche, sauf jours fériés. Congés annuels : 4 semaines en août. Accès : en bord de la N7. Menus de 33,55 à 75,50 €, vin compris, et à 51,10 € sans le vin. La cuisine nous a enchantés. Elle suit les saisons et le marché : lièvre à la royale (en période de chasse), poisson du jour (Rungis est à 30 mn), macaronade d'œufs mollets, quenelles de sandre soufflée... Service discret et gentil.

DANS LES ENVIRONS

COUDRAY-MONTCEAUX (LE)
91830 (3 km S)

|●| *Restaurant La Renommée* – 110, berges de la Seine ☎ 01-64-93-81-09. Parking. Fermé le mardi soir, le mercredi et le dimanche soir. Congés annuels : pendant les vacances scolaires de février et d'octobre. Il vaut mieux réserver le week-end ! Accès : A6, sortie 11 Le Coudray-Montceaux ou N7 direction Saint-Fargeau, puis golf de Coudray, direction gare. Menus à 15 €, en semaine, puis à 26 et 36 €. Installé dans la grande véranda, rien n'est plus délassant que de voir un voilier ou une péniche glisser sur les eaux calmes de la Seine. On pourra y déguster un parmentier de saumon, un filet de bar à la vanille et sa polenta, une montgolfière de poissons ou

encore un nid de tagliatelles aux escargots. *Coupe de vins pétillant offerte à nos lecteurs (au moment du dessert) sur présentation de ce guide.*

CORMEILLES-EN-PARISIS 95240

Carte régionale A1-10

|●| *La Montagne* – 21, route Stratégique ☎ 01-34-50-74-04. 🐾 Fermé le mardi. Congés annuels : 3 semaines en août. Accès : sur les hauteurs de Cormeilles, dans le bois. Menu du jour à 9,15 € le midi en semaine. Formules à 16,80 et 24,40 € et carte. Ambiance « routier » et cuisine du même genre dans ce bar-restaurant qui fait le plein tous les midis. Plats indémodables type : œuf-mayo, salade de fruits de mer, steak et andouillette, saucisses-lentilles et crème caramel pour le menu d'appel. Menus suivants pas révolutionnaires mais honnêtes : rillettes d'oie, véritables tripoux d'Auvergne et crème brûlée, par exemple. À la carte : le pot-au-feu maison, la choucroute de la mer. Petite terrasse en été. *Apéritif maison offert à nos lecteurs sur présentation de ce guide.*

COURCOURONNES 91080

Carte régionale A2

|●| *Le Canal* – 31, rue du Pont-Amar ☎ 01-60-78-34-72. 🐾 Fermé les samedi et dimanche. Congés annuels : en août. Accès : quartier du canal (panneaux), près de l'hôpital. 1er menu à 19,50 €. Autres menus à 26 et 29 €. Menu-enfants gratuit. Une couronne... de béton pour tout environnement, et une perle, une vraie, dans cet univers désolant : un drôle de bon petit restaurant qui joue la carte piano-bar en fin de semaine, au cadre gentil comme tout, à l'image du service. Et une cuisine du patron revigorante et colorée, avec chaque jour une nouvelle spécialité comme par exemple un duo daurade-saumon à la ciboulette ou des pieds de cochon qui font le pied de nez aux plus grands ! *Apéritif maison offert à nos lecteurs sur présentation de ce guide.*

DOURDAN 91410

Carte régionale

|●| *La Tarantolle* – 1, rue Sarcey ☎ 01-60-81-90-94. Fermé le dimanche soir et le lundi. Accès : à 200 m du château, en centre-ville. Formule deux plats à 11,70 € ; menu à 14,10 €. Compter 20 € pour 2 plats à la carte. Une petite salle de restaurant à

l'ambiance feutrée. Un comptoir de bar en bois à l'angle de la pièce, éclairée par de nombreux luminaires ronds : des banquettes de velours rouge et des chaises bistrot, de larges miroirs aux murs et des petits rideaux au crochet en vitrine, c'est dans ce cadre raffiné que vous est servie une cuisine légère, inventive et riche en saveurs. À base de produits frais, les plats sont aussi un régal pour l'œil, tant la présentation est soignée. *NOUVEAUTÉ.*

l●l *L'Auberge de l'Angélus* – 4, pl. du Chariot ☎ 01-64-59-83-72. Fermé le lundi soir, le mardi soir et le mercredi. Congés annuels : pendant les vacances de février et les 3 dernières semaines d'août. Accès : à 300 m de l'église, en bordure de l'Orge, près de la bibliothèque. Menus de 20 à 35 €. Compter 45 € à la carte. On passe un agréable moment gourmand dans ce vieux relais de poste où l'on peut manger dans le jardin fleuri à l'ambiance décontractée et estivale aux beaux jours, ou à l'intérieur, dans un décor plus classique, mobilier beige et murs tendus de tissus écossais. Un fond de musique douce accompagne une délicieuse cuisine : pavé de bar à la mangue et au beurre d'épices, duo de soles et sauce champagne… Accueil aimable, service discret et attentionné. *NOUVEAUTÉ.*

ENGHIEN-LES-BAINS   95880

Carte régionale A1

🏠 l●l *Villa Marie-Louise* ** – 49, rue de Malleville ☎ 01-39-64-82-21. Fax : 01-39-34-87-76.● www.hotel-marie-louise.com● Accès : derrière le bâtiment des thermes, à deux pas du lac. Chambres doubles de 40 à 46 €. 5 € le petit déjeuner. Restauration midi et soir en semaine seulement : menu à 10 € ; un autre à 16 € le vendredi soir. À la carte, compter 12 €. Dans l'une de ces belles villas fin XIXe siècle à la Mansart, et dans une rue assez calme et proche du lac. Des chambres assez simples avec douche ou bains, w.-c. et TV. Certaines viennent d'être refaites, d'autres vont bientôt l'être. Dans l'ensemble, toutes sont correctes et bien tenues. Demandez-en une donnant sur le jardin. Ambiance familiale agréable. Petite restauration tout à fait sympathique et que l'on peut prendre au jardin aux beaux jours. *Apéritif maison offert à nos lecteurs sur présentation de ce guide.*

DANS LES ENVIRONS

DEUIL-LA-BARRE 95170 (1 km NE)

l●l *Verre Chez Moi* – 75, av. de la Division-Leclerc ☎ 01-39-64-04-34. Fermé le lundi midi, le samedi midi et le dimanche. Congés annuels : du 30 juillet au 25 août et du 24 décembre au 1er janvier. Compter de 18,29 à 22,87 € pour un repas à la carte. On a beaucoup aimé ce restaurant façon bouchon lyonnais, improvisé au rez-de-chaussée d'une villa lotie en appartements (tables dans le jardin aux beaux jours), où l'on vous sert gentiment une cuisine de tradition fort bien tournée ; la carte, très courte, change tous les jours ou presque, mais on retrouve des plats comme le coq au vin, la Tatin aux échalotes et jambon cru, le bœuf miroton ou l'andouillette AAAAA et des entrées, fromages et desserts basiques mais parfaits (excellents harengs pommes tièdes, charcuteries de qualité, camembert fermier et crème brûlée un peu rustique mais bien dans l'esprit culinaire du lieu). Tout ça dans un cadre cosy, une atmosphère aimable et à prix corrects. Très bien.

SAINT-GRATIEN 95210 (2 km O)

l●l *Le Phare du Forum* – 14, pl. du Forum (Centre) ☎ 01-34-28-23-07. Parking. Menu à 8,40 € le midi en semaine. Autres menus à 12,90 et 19,90 €. Compter 23 € à la carte. Menu-enfants (moins de 12 ans) à 6,90 €. Un phare s'allume midi et soir en plein centre du « port » de Saint-Gratien. La marée, jamais en retard, apporte trois fois par semaine, de Rungis, son lot de daurades, soles, raies, bars, coquillages et crustacés. Spécialités de marmite de poisson, choucroute de poisson et bouillabaisse sur commande 48 h à l'avance. Également des pâtes fraîches et des pizzas maison. Tout est frais et cuisiné à la minute par le chef qui nous vient du *Vert Bocage*, de la région rouennaise. Le décor fait tout ce qu'il faut pour nous ouvrir des horizons vers la mer, et rien ne manque : aquariums, maquettes de bateaux à voiles, rideaux aux motifs marins, et même un filet de pêche qui orne le comptoir. Service souriant, juvénile et avenant. La meilleure table à plusieurs encablures à la ronde. Animation musicale le samedi soir. *Apéritif maison offert à nos lecteurs sur présentation de ce guide.*

l●l *Chez Baber* – 71, bd Pasteur ☎ 01-39-89-64-72. 🍴 Ouvert tous les jours, service jusqu'à 23 h. Accès : le long de la RN14, limite Sannois. Le midi en semaine, menu à 9,50 €. Autres menus à 12,50 et 16 €. Compter 15 € à la carte. Une délicieuse cuisine pakistanaise et indienne, des lampes ciselées éclairées de l'intérieur, des serveurs souriants et une musique lointaine, en sourdine, de cithares et de *tablas* : *Chez Baber*, on oublie tout, même la route nationale, vilaine comme tout et qui n'incite vraiment pas à s'arrêter là. Assis sur des sièges rococos en bois laqué blanc, qui semblent esquisser un sourire, on savoure les spécialités *tandoori* (nom d'un four de grande dimension) et *tikka masala*. Attention aux sauces piquantes qui accompagnent le *cheese nan*.

ÉTAMPES 91150

Carte régionale A2

🛏 *Hôtel de l'Europe à l'Escargot* – 71, rue Saint-Jacques (Centre) ☎ 01-64-94-02-96. Parking. Congés annuels : en juillet. Accès : direction la gare, longer la voie de chemin de fer sur 200 m, tourner à gauche et encore à gauche ; entrée par la petite rue qui descend. Chambres doubles avec douche à 23 €, avec douche et w.-c. à 27 €, avec bains de 32 à 43 €. Petit hôtel bien tenu. Chambres au rapport qualité-prix intéressant pour le centre-ville d'Étampes. De plus, le quartier est calme, ce qui est appréciable quand il s'agit de récupérer d'une journée digne d'un vrai routard. Accueil souriant.

|●| *Le Saint-Christophe* – 28, rue de la République (Centre) ☎ 01-64-94-69-99. Fermé le dimanche soir. Congés annuels : en août. Accès : à côté de l'église Notre-Dame-du-Fort. Repas à moins de 20 € et menu à 10 € en semaine. La spécialité de ce restaurant, c'est, depuis toujours, la morue. En cuisine traditionnelle portugaise, c'est le plat incontournable et national. On ne change pas une recette qui gagne pour cette sympathique maison, qui compte de nombreux habitués amateurs d'une cuisine simple et savoureuse. *Café offert à nos lecteurs sur présentation de ce guide.*

|●| *Restaurant Les Piliers* ** – 2, pl. Saint-Gilles (Centre) ☎ 01-64-94-04-52. Fermé le dimanche soir et le lundi. Congés annuels : 15 jours en février et 3 semaines de fin juillet à mi-août. Accès : base de loisirs Saint-Gilles. Formules à 16 € avec 2 plats et à 22 € avec 3 plats. Une bonne adresse pour les gastronomes et les amateurs de vieille pierre car cette belle table est située à 30 m de l'église Saint-Gilles, dans la plus vieille maison de la ville qui date du XIIe siècle. On entre sous les arcades d'une terrasse pavée, fort agréable en été. Il s'agit d'une vraie cuisine maison, avec de l'inspiration : filet de sole, magret de canard, confit maison, etc. Quelques vins d'appellation à prix très doux – ce qui est rare dans ce genre d'endroit. *Café offert à nos lecteurs sur présentation de ce guide.*

DANS LES ENVIRONS

MORIGNY-CHAMPIGNY 91150
(5 km N)

|●| *Hostellerie de Villemartin* – 21, allée des Marronniers ☎ 01-64-94-63-54. Fermé les mardi, mercredi et jeudi. Congés

annuels : 4 jours autour de Noël. Accès : sur la D17. Menu à 26 €. Au cœur d'un vaste parc arboré, dans une gentilhommière accolée à une ferme fortifiée. Alors que la bâtisse impressionne, l'accueil, familial, simple et attentionné, rassure et vous met instantanément à l'aise. La table est, elle aussi, une heureuse surprise : la cuisine est fraîche et inventive, le choix large. Le menu et la carte changent avec la saison, l'ambiance à la fois détendue et raffinée du lieu vous invitera à succomber à la gourmandise : pressé de légumes d'été au chèvre frais, millefeuille de thon rouge et sa ratatouille, ballottine de lapereau jus au romarin et tuile de lard fumé, salade d'oranges et carottes fondantes à la cannelle et glace vanille ou encore clafoutis aux abricots et son caramel aux graines de lavande. Un très bon rapport qualité-prix. *NOUVEAUTÉ.*

SAINT-SULPICE-DE-FAVIÈRES 91910 (8 km N)

|●| *Auberge de campagne La Ferronnière* – 10, pl. de l'Église ☎ 01-64-58-42-07. Fermé le mercredi. Congés annuels : les 2 premières semaines d'août. Accès : N20 direction Arpajon ; près de l'église. Menus à 11 €, le midi en semaine, et à 21 €. Dans ce petit bijou de village, cette auberge de campagne présente un visage original qui rappelle les saloons du Far West. Il s'agit sans doute d'un ancien relais à chevaux ou de l'échoppe d'un maréchal-ferrant. Et l'on ne peut pas être mieux servi et accueilli qu'ici. C'est d'ailleurs le passage obligé des randonneurs, et une douche leur est spécialement réservée. La cuisine est copieuse et délicieuse. Les plats traditionnels ont un goût de terroir qui fleure bon l'authentique : terrine maison, escargots, confit de canard, carré d'agneau, bavette à l'échalote. Voici une adresse à ne surtout pas manquer (c'est d'ailleurs la seule du village...). Familial par excellence. Terrasse aux beaux jours.

VAL-SAINT-GERMAIN (LE) 91530 (18 km NE)

|●| *Auberge du Marais* – 1, route de Vaugrigneux, lieu-dit Le Marais ☎ 01-64-58-82-97. Fermé le lundi. Il est conseillé de réserver le dimanche midi. Accès : prendre la direction Dourdan ; près du château du Marais. De Dourdan, direction Saint-Chéron (D116) ; à Sermaise, à gauche (route tortueuse dans la forêt). Menus à 11 €, le midi en semaine, puis à 19, 21 et 29 €. Menu-enfants à 10 €. À deux pas du château du Marais, dans une grande maison rustique en lisière de forêt, voici que nous est proposée une cuisine traditionnelle à base de produits frais de qualité. Nous avons apprécié le premier menu vraiment complet (entrée et

plat du jour, assiette de fromages et sa petite salade ou dessert du jour et café). Le chef réussit particulièrement bien ses terrines de foie gras et il ne faut pas hésiter à suivre ses suggestions comme, par exemple, le gibier, en saison. Cet homme jovial parle avec amour de sa cuisine et vous livre volontiers les recettes d'un foie gras poêlé sur son lit de pommes fondantes, ou d'un jambonneau de canard farci aux champignons accompagné d'une sauce au foie gras et raisins. *Apéritif maison offert à nos lecteurs sur présentation de ce guide.*

FERTÉ-GAUCHER (LA)   77320

Carte régionale B1

🏠 ●❙● *Hôtel du Sauvage* ** – 27, rue de Paris (Centre) ☎ 01-64-04-00-19. Fax : 01-64-04-02-50. ● www.hotel-du-sauvage.com ● TV. ♿ Resto fermé les lundi midi, vendredi soir et dimanche soir. Chambres doubles de 47 à 52 € avec douche et w.-c., de 57 à 62 € avec bains. Menus de 17 à 37 €. Une très ancienne auberge, un relais de poste qui aurait été fréquenté par le bon roi Henri lorsqu'il allait rendre visite à ses copines ; les archives disent qu'il aurait laissé une « ardoise » aux tenancières de l'époque. L'origine (contestée) du nom viendrait du surnom « sauvagine » donné au gibier à plume des marécages environnants. Aujourd'hui, la famille Teinturier, qui possède les lieux depuis six générations, a engagé une modernisation qui s'avère audacieuse : offrir tout le confort moderne à partir d'une structure aussi ancienne, tout en préservant le cachet inimitable de cette honorable maison. Belles chambres joliment décorées. Une piscine couverte est mise à disposition. Quant à la cuisine, il n'y a rien à redire. Agréable carte du terroir qui sait marier les produits locaux comme le brie et la moutarde de Meaux à ses différentes recettes tels les œufs pochés, le jambon à l'os ou le filet de bœuf. Un régal. Le service parfait et l'accueil souriant de madame sauront satisfaire les plus exigeants des routards. Vous l'avez compris, une adresse rare. *10 % sur le prix de la chambre ou apéritif maison offerts à nos lecteurs sur présentation de ce guide.*

FONTAINEBLEAU   77300

Carte régionale B2

🏠 *Hôtel Victoria* ** – 112, rue de France ☎ 01-60-74-90-00. Fax : 01-60-74-90-10. ● www.hotel.victoria.com ● Parking payant. TV. Satellite. ♿ Chambres doubles de 58 à 73 € avec douche ou bains, w.-c et

téléphone. Petit déjeuner à 7 €. Si l'on vous dit que George Sand et Alfred de Musset y avaient leurs habitudes dans les années 1830, cela va peut-être suffire à vous convaincre que la maison est de qualité. Il faut dire qu'ils avaient bon goût, les bougres. De-ci de-là, on trouve quelques vestiges du passé dans cette maison de maître. Les 19 chambres ont toutes été rénovées. Elles sont propres, agréables, surtout celles donnant sur le grand jardin. Un bonheur de se faire réveiller par le chant des oiseaux. Paul et Isabelle vous accueilleront comme des amis, avec beaucoup de gentillesse. La réception-salon mériterait cependant un mobilier plus imposant.

●❙● *La Petite Alsace* – 26, rue de Ferrare ☎ 01-64-23-45-45. Ouvert tous les jours de 12 h à 14 h et de 19 h à 22 h. Congés annuels : les deux 1ʳᵉˢ semaines de janvier et d'août. Accès : à côté du *Caveau des Ducs*. Chaises hautes à disposition. Menus à 11 €, le midi en semaine, puis à 15, 25 et 30 €. Gentil décor, tableau et cigognes de rigueur. Bonnes spécialités alsaciennes et succulentes tartes à l'oignon. Petite terrasse sur le trottoir aux beaux jours. *Digestif maison offert à nos lecteurs sur présentation de ce guide. NOUVEAUTÉ.*

●❙● *Restaurant Chez Arrighi* – 53, rue de France ☎ 01-64-22-29-43. Fermé le lundi. Menus de 15 à 22,50 € et menu gourmand à 30 €. Formules plat + dessert ou entrée + plat à 18,50 et 23 €. Caché derrière sa façade en pierre et ses doubles rideaux avec embrasses, cet établissement apprécié des Bellifontains possède de prime abord un aspect désuet. Les deux salles de style Art déco, entièrement rénovées dans les tonalités vieux rose, offrent une atmosphère feutrée et raffinée. Une légère musique d'ambiance accompagne une cuisine classique et goûteuse : foie gras de canard maison, caille désossée farcie de foie gras en croûte feuilletée, crêpes Suzette… L'ensemble ne manque pas de charme. Excellent rapport qualité-prix pour le 1ᵉʳ menu. *Apéritif maison offert à nos lecteurs sur présentation de ce guide.*

●❙● *Le Caveau des Ducs* – 24, rue de Ferrare (Centre) ☎ 01-64-22-05-05. ♿ Ouvert tous les jours. Congés annuels : les deux premières semaines de janvier et d'août. Accès : à Fontainebleau, prendre la direction centre-ville, puis la rue de France et la première rue à gauche (rue de Ferrare). Chaises hautes à disposition. Menu à 20 €, puis à 29 et 38 €, vin compris. Belle carte de desserts et impressionnante carte des vins, avec vin en pichet à partir de 6 €. Si ce n'est pas Versailles, c'est au moins Fontainebleau. Quatre caves voûtées en enfilade du XVIIᵉ siècle, chandeliers et déco du « temps jadis », on s'y croirait presque ! Une bien bonne table, avec un bon point pour les desserts, copieux et excellents. Un effort sur la qualité du pain et de l'assaisonnement serait apprécié. *Digestif maison offert à nos lecteurs sur présentation de ce guide.*

DANS LES ENVIRONS

BOIS-LE-ROI 77590 (4 km NE)

🛏 *Le Pavillon Royal* ✭✭✭ – 40, av. du Général-Gallieni ☎ 01-64-10-41-00. Fax : 01-64-10-41-10.● www.perso.wanadoo.fr/hotel-lepavillonroyal ● Parking. TV. Canal+. ⚒ Ouvert toute l'année. Accès : à deux pas de la gare. Chambres doubles de 55 € avec douche et w.-c., à 60 € avec bains. Un bâtiment tout neuf aux teintes claires, de style néo-classique (surtout néo). Chambres impeccables et spacieuses, dotées d'un minibar. Piscine et pavillon de détente de style néo-grec. Calme et bon accueil. *10 % sur le prix de la chambre (sauf juin, juillet, août et septembre) offerts à nos lecteurs sur présentation de ce guide.*

VULAINES-SUR-SEINE 77870
(5 km E)

🍴 *L'Île aux Truites* – promenade Stéphane-Mallarmé ☎ 06-85-07-01-35. Fermé le mercredi et le jeudi midi. Congés annuels : du 22 décembre au 24 janvier. Accès : prendre la D210, traverser le pont des Valvins puis tout de suite à gauche, à 1 km en bord de Seine. Menus à 20 et 28 €. À la carte, compter 30 €. En saison, réservation préférable en fin de semaine. Ici, à l'orée de la forêt de Fontainebleau, on surplombe la Seine, et les flonflons des bals musette style bord de Marne ne bruissent guère sur cette belle rive. Chalet au toit de chaume campé sous les saules ; les enfants peuvent pêcher les poissons du repas dans les bassins qui entourent la maison. Les belles tables de bois bruts sont agréablement disposées au bord de l'eau. L'hiver, la cheminée à l'intérieur vous rappelle à ses bons souvenirs. Cuisine honnête et service impeccable qui en font une bonne adresse de la région. Spécialités de poisson grillé servies avec des pommes de terre au four. Bonne « assiette de l'*Île aux Truites* » composée de truite saumonée fumée et de filets de truite marinés et terrine de poisson. De bonnes tartes aux framboises du jardin (en saison) en dessert. Avec un petit pouilly-fumé, on ressort heureux !

BOURRON-MARLOTTE 77780
(8 km S)

🍴 *Restaurant Les Prémices* – 12 bis, rue Blaise-de-Montesquiou ☎ 01-64-78-33-00. Fermé le dimanche soir et le lundi. Congés annuels : 2 semaines pendant les vacances scolaires de février, du 1er au

15 août et 1 semaine à Noël. Accès : prendre la N7 direction Nemours-Montargis, sortie Bourron-Marlotte ZI, suivre ensuite Bourron-Marlotte. Menu à 30 € et menu dégustation à 58 €. Installé dans les communs du superbe château de Bourron-Marlotte. Une verrière permet de mieux profiter de la verdure. Vous serez accueilli par la charmante Frédérique. C'est son talentueux mari qui officie en cuisine. Laissez-vous tenter par le foie gras de canard poêlé à l'hydromel, le bœuf de Kobé, la tombée de lentins des chênes, le homard bleu rôti au four à l'émulsion de vanille Bourbon, le camembert affiné au calvados et caramel de cidre poivré, et, enfin, le confidentiel pour chocophile et crème fleurette au pistil de safran. Carte des vins très riche. Réservez longtemps à l'avance. *Vin de dessert offert à nos lecteurs sur présentation de ce guide.*

MONTIGNY-SUR-LOING 77690
(10 km S)

🛏🍴 *Hôtel-restaurant de la Vanne Rouge* – rue de l'Abreuvoir ☎ 01-64-78-52-30. Fax : 01-64-78-52-49. Cartes de paiement refusées. Parking. TV. Fermé le lundi (sauf les jours fériés), le mardi midi de mi-septembre à Pâques et le dimanche soir. Congés annuels : 4 semaines réparties sur l'année. Accès : par la D148 au bord du Loing. Chambres doubles à 53,40 €. Menu unique à 33,54 €. Demi-pension demandée. Une belle et charmante maison offrant 10 chambres entièrement refaites, très calmes, donnant toutes sur le Loing. Grande terrasse plein soleil en bord de rivière. On mange une cuisine excellente, les pieds dans l'eau, bercé par le bruit des chutes, à côté d'un vieux moulin. Serge Granger est aux fourneaux : il tenait naguère l'un des meilleurs restos du quartier Opéra. Sa spécialité : le poisson. Profitez-en donc pour goûter la salade de homard aux herbes fraîches et vinaigre balsamique, la morue au poivre vert ou encore le saint-pierre au beurre blanc. Mais rien de vous empêche d'opter pour le fameux parmentier de foie gras. Carte des vins plutôt exceptionnelle. Vraiment l'une de nos meilleures adresses de la région. Réservation absolument conseillée.

MORET-SUR-LOING 77250
(10 km SE)

🍴 *La Poterne* – 1, rue du Pont ☎ 01-64-31-19-89. Fermé le lundi d'avril à octobre, les lundi et mardi de novembre à mars. Service continu les samedi et dimanche en été. Accès : par la N6. Pas de menu, mais un grand nombre de plats autour de 10 €. Dans la rue la plus petite de France, qui n'a qu'un numéro, celui du resto qui est installé dans l'ancienne poterne des remparts de la ville. Belle demeure historique avec deux salles et une coursive donnant sur le Loing. Cuisine inventive allant des tajines de poisson aux tartes flambées alsaciennes, en passant par les crêpes Gabrielle d'Estrées ou le casse-museau, dessert favori de Louis XIII, et bien d'autres encore. Ici, les hôtes sont reçus comme des amis.

CHARTRETTES 77590 (11 km N)

|●| *Restaurant Le Chalet* – 37, rue Foch ☎ 01-60-69-65-34. Parking. ♿ Fermé le lundi soir, le mardi soir et le mercredi. Congés annuels : 2 semaines en février et 3 semaines après le 15 août. Accès : sur la D39, avant d'arriver à Melun, dernier village tranquille des bords de Seine. En traversant la Seine, c'est sur la droite, vers le port de plaisance, dans une petite rue résidentielle, à l'écart du centre. Menus copieux à 12,20 €, sauf le samedi soir et le dimanche, puis à 20,60 et 27,50 €. Peu visible de la rue, cet établissement est installé dans une grande maison particulière (d'où le nom), que rien ne différencie de ses voisines. Grande salle rustique tendance Louis XIII, prolongée par une belle terrasse surélevée, avec pergola. Atmosphère populaire joyeuse et animée, et franche cuisine genre plats de copains (tête de veau vinaigrette, tourte chèvre chaud).

MONCOUR-FROMONVILLE 77140 (13 km S)

|●| *Le Chaland qui passe* – 10, rue du Loing ☎ 01-64-29-12-95. Fermé le dimanche soir et le lundi. Accès : N7 jusqu'à Montigny-sur-Loing, puis D40 ; le long du Loing, en face de Grez-sur-Loing. Menus à 13, 22 et 25 €. Sous ce nom poétique se cache une agréable auberge isolée, en bord de canal, près du Loing. Belle terrasse ombragée avec vue sur les bateaux de plaisance qui glissent lentement sur les eaux, à portée de votre table. La salle au décor campagnard, avec sa cheminée, accentue encore plus le côté champêtre du site. Le premier menu est déjà très correct, et le service parfait et souriant. Ambiance familiale et décontractée. *Digestif maison offert à nos lecteurs sur présentation de ce guide.*

FONTAINE-LA-RIVIÈRE 91690

Carte régionale A2

🏠 |●| *L'auberge de Courpain* ☎ 01-64-95-67-04. ● www.auberge-de-coupain.com ● Fermé le lundi et le mardi. Congés annuels : en août. Cet ancien relais de poste propose 18 chambres de bon confort (dont 4 suites), avec salle de bains, au charme rustique, au prix de 61 € la double et 77 € la suite pour

4 personnes. On choisit parmi les plats à la carte une entrée à 13 €, un plat à 22 € et, pour les gourmands, un dessert à 9 € ou parmi les suggestions de la semaine, 2 plats pour 22 €, 3 plats pour 28 €. Dans un jardin fleuri, une piscine chauffée, un solarium et une agréable terrasse pour déjeuner l'été sous de grands parasols blancs qui abritent d'anciennes roues de charrettes, recyclées en tables. La cuisine délicate, au subtil mélange d'épices, mettra vos papilles en émoi. Pour vous en convaincre, on ne vous citera que quelques plats comme le croustillant de bar parfumé à l'anis, le tournedos de lotte et de saumon à la vanille, le carré d'agneau rôti en croûte d'herbes et, pour finir, la soupe de melon au citron vert. Service attentionné. Un seul bémol : on est tout près de la route, et même si haies et bâtiments cachent la circulation, ils n'en masquent pas le bruit. *NOUVEAUTÉ.*

ISLE-ADAM (L') 95290

Carte régionale A1

🏠 |●| *Le Cabouillet* ** – 5, quai de l'Oise ☎ 01-34-69-00-90. Fax : 01-34-69-33-88. TV. Canal+. Satellite. ♿ Fermé le dimanche soir et le lundi. Congés annuels : en février. Accès : à côté du pont, le long de l'Oise. 5 chambres coquettement décorées de 58 € avec douche à 73 € avec bains. Petit déjeuner à 7,62 €. Menu à 24 € sauf le dimanche. À la carte, compter 43 €. Grande et belle maison bourgeoise rustique, recouverte de lierre, avec vue sur l'Oise (demandez les chambres de ce côté). L'intérieur est cossu, tableaux de maîtres et bel escalier en bois verni. Certainement aussi le meilleur restaurant de L'Isle-Adam, mais il faut casser sa tirelire. Une cuisine raffinée et goûteuse, qui suit le marché et les saisons. Agréable terrasse dans le style pont de bateau. Très bucolique. *Café offert à nos lecteurs sur présentation de ce guide.*

|●| *Au Relais Fleuri* – 61, rue Saint-Lazare ☎ 01-34-69-01-85. Fermé le lundi soir, le mardi, le mercredi soir et le dimanche soir. Congés annuels : les 3 premières semaines d'août. Accès : passer l'église, prolonger sur 300 m. 1er menu à 24 € avec entrée, plat, fromage, salade, dessert (ouf!). À la carte, compter 40 €. La déco reste classique, tissu bleu aux murs et tentures assorties. On aime l'accueil courtois des frères Roland, leur cuisine de saison, fraîche et raffinée. Rapport qualité-prix intéressant pour une ville où les restos restent un tantinet onéreux. Pour les fines bouches en quête de plaisir, une carte gastronomique : rémoulade de coquillages au saumon fumé crème acidulée, gratinée d'escargots, fricassée gourmande de homard au sauternes, basilic et légumes nouveaux... Sans oublier une vaste terrasse ombragée, où il fait bon manger si le temps le permet.

ISSY-LES-MOULINEAUX 92130

Carte régionale A1-11

|●| *Issy-Guinguette* – 113 bis, av. de Verdun ☎ 01-46-62-04-27. Fermé les lundi soir, samedi, et dimanche (en été, ouvert le samedi soir). Congés annuels : en août et pendant les vacances scolaires de Noël. Accès : bus 123 depuis le métro Mairie-d'Issy (arrêt « Chemin-des-Vignes ») ; RER C : Issy. Menus-carte à 22 et 29 €. Yves Legrand, le patron, est l'âme de la résurrection du vignoble d'Issy. Aux beaux jours, sa terrasse, plantée au milieu des vignes, protégée par la butte du RER, dans un environnement de vieilles demeures populaires, vous transporte dans une banlieue irréelle. Si le cagnard cogne par trop, on ouvre les parasols. On vous y servira une cuisine de bistrot bien exécutée et servie généreusement. Pas un choix énorme certes, mais les plats tournent : épaule d'agneau braisée, andouillette Duval, onglet de bœuf. Le menu change avec les saisons. Très belle sélection de vins, on n'en attendait pas moins d'un des meilleurs cavistes qu'on connaisse ! Service impeccable, dans une atmosphère relax. Le midi, clientèle très hommes d'affaires qui se décoincent. Réservation très recommandée.

|●| *La Manufacture* – 20, esplanade de la Manufacture ☎ 01-40-93-08-98. ✥ Fermé le samedi midi et le dimanche. Réservation obligatoire (la veille au minimum). M. : Corentin-Celton. En voiture, accès par la porte de Versailles. Deux formules à 25 et 30 €. Occupe le rez-de-chaussée de l'ancienne manufacture des tabacs. Voilà peut-être le meilleur restaurant de la ville. Une très grande salle haute de plafond, dans les tons beiges, qu'égayent quelques toiles modernes et des plantes vertes. Le midi, clientèle d'hommes d'affaires, de médias et de salons très majoritaire, saupoudrée de quelques Sigourney Weaver façon *Working Girl*. Cuisine particulièrement fine et subtile : oreilles de cochons délicieuses et craquantes à souhait, joue de bœuf braisée au vin de Graves et purée de pois cassés. Plats de ménage habilement revisités et présentés de façon moderne, voilà un des secrets de fabrication de cette *Manufacture*. Très beaux desserts. Pour l'addition, pas de coup de tabac. Cave intéressante.

|●| *Les Quartauts* – 19, rue Georges-Marie ☎ 01-46-42-29-38. Fermé le week-end et le soir (sauf le jeudi). M. : Porte-de-Versailles ou Corentin-Celton. Compter 26 € à la carte. Plats du jour à 10 €. Difficile d'imaginer trouver, dans ce petit bout paumé d'Issy, une telle bonne adresse. On se dit que, nécessairement, vu qu'il n'y a pas de passage, tout repose sur le bouche à oreille. Cadre chaleureux de bistrot à vin et accueil qui l'est encore plus de Régine et Christophe. Simplicité et qualité sont la devise de la maison. Plat de ménage goûteux et servi copieusement chaque jour ou viandes superbes et tendres. Belle sélection de fromages et délicieux desserts maison (ça va de soi !). Grand choix de petits vins de propriétaires à prix fort raisonnables. Tant d'enthousiasme à bien faire, tant d'abnégation au service du bon goût, tant de qualité dans la cuisine devaient fatalement être reconnus en haut lieu. C'est fait depuis mars 1999 : *Les Quartauts* a obtenu le prix du meilleur bistrot de l'année, et sa Bouteille d'Or en sera le témoin pour de nombreuses années...

MAISONS-LAFFITTE 78600

Carte régionale A1

🏠 |●| *Hôtel-restaurant Au Pur-Sang* * – 2, av. de la Pelouse ☎ 01-39-62-03-21. **Fax :** 01-34-93-48-69. Parking. TV. Canal+. Fermé le dimanche. Congés annuels : aux vacances de Noël et 3 semaines en août. Accès : passer le pont de Maisons-Laffitte, prendre à droite et longer l'hippodrome jusqu'au rond-point ; l'avenue de la Pelouse donne sur la droite de ce rond-point. Chambres doubles avec douche et w.-c. à 40 €. Menu à 12 €. À la carte, compter 24 € (grillades et plats). Apprécié en ville, ce resto à l'ambiance provinciale est le rendez-vous de tout le petit monde des courses : lads, jockeys, parieurs... La patronne tient son établissement avec poigne et vous propose une cuisine simple mais soignée. Bon premier menu avec de gentilles entrées – œuf mayo, salade de bœuf et tomates... –, des plats du jour copieux – rosbif chou-fleur gratiné, canard aux navets... – et de classiques desserts. Large terrasse ensoleillée face à l'hippodrome. *Apéritif maison offert à nos lecteurs sur présentation de ce guide.*

|●| *La Vieille Fontaine* – 8, av. Grétry (Centre) ☎ 01-39-62-01-78. Fermé le lundi et le dimanche soir. Menu-carte à 33,08 €, sans le vin. Niché dans une belle demeure de style Second Empire, ce restaurant fondé en 1926 jouit d'une solide réputation. Il est vrai qu'en dehors de son cadre agréable (la terrasse dans le jardin est recommandée en été), on y trouve une cuisine qui, avec son air de ne pas y toucher, a vite fait de séduire. Cela d'autant plus que le menu-carte permet de s'en sortir à bon compte. Salade folle de la rôtisserie, selle d'agneau rôtie, tarte chaude au chocolat au coulis de framboises, voilà, par exemple, ce qui coule de cette *Vieille Fontaine*. Service irréprochable dans ce lieu qui a servi de cadre à deux films : un dont on n'a gardé aucun souvenir, avec Ray Ventura et ses *Collégiens*, et *La Rupture* de Claude Chabrol, avec Jean Carmet. En outre, ici ont dîné Rita Hayworth, Catherine Deneuve, Cocteau, Depardieu, et même l'amiral Canaris et le maréchal Rommel pendant la Seconde Guerre mondiale. *Café offert à nos lecteurs sur présentation de ce guide.*

MALAKOFF 92240

Carte régionale A1

🏠 **Hôtel des Amis** – 17, rue Savier ☎ et fax : 01-42-53-57-63. ● www.hoteldesa mis.com ● Fermé le samedi soir et le dimanche soir. Congés annuels : 1re quinzaine de juillet. Réservation une semaine à l'avance. Accès : par train, bus, métro, voiture. Dans la petite rue en face de l'église Notre-Dame. Chambres doubles de 29 à 36 €, avec ou sans douche, et à 42 € avec douche et w.-c. Petit déjeuner à 6 €. Plus au calme, ce n'est pas possible. Le patron le dit lui-même : le quartier est trop silencieux... Les chambres sont refaites régulièrement et c'est propre. On reconnaît la maison de loin, à la bordure de toit soulignée d'un néon bleu du plus bel effet. Petit bar au rez-de-chaussée. Par contre, pour se garer, c'est un peu la galère... *10 % de réduction sur le prix de la chambre (pour un séjour de plus d'une semaine) et 20 % (pour plus de 15 jours) à nos lecteurs sur présentation de ce guide.* NOUVEAUTÉ.

MARLY-LE-ROI 78160

Carte régionale A1

🏠 ●|● **Les Chevaux de Marly – Restaurant La Tempête** *** – pl. de l'Abreuvoir ☎ 01-39-58-47-61. Fax : 01-39-16-65-56. Cartes de paiement refusées. Parking. TV. Canal+. ♿ Chambres doubles à 79,30 €. Menu à 32 €. Un 3 étoiles proposant une dizaine de chambres impeccables, et relativement bon marché pour le confort proposé. Certaines donnent sur l'Abreuvoir et les Chevaux de Marly, royal ! Piscine. Service de haute volée avec voiturier et tout, et resto dans le même genre, sommelier, maître-pâtissier et cuistot chevronné, travaillant pour vous. Très bonnes spécialités de la mer (cassolette de homard, turbot. Attention toutefois, de nombreux suppléments au menu peuvent corser l'addition.

●|● **Le Fou du Roi** – 6 bis, Grande-Rue ☎ 01-39-58-80-20. Fermé le samedi midi et le dimanche. Congés annuels : la

1re semaine de janvier et les 3 dernières semaines d'août. Accès : dans la charmante rue piétonne. 3 menus le midi de 12,50 à 18,50 €, quart de vin et café compris, le soir 3 autres menus gastronomiques de 19,23 à 28 € hors boisson. Un petit resto à la déco simple et claire, où l'on va à l'essentiel : l'assiette et son contenu. Une cuisine saine et fraîche, gastronomique (exemple : œufs cocotte aux truffes puis joue de lotte ou ris de veau, parfait au chocolat). Les plats changent au gré du marché et sont présentés sur ardoise. Recettes classiques bien balancées, produits frais, service courtois, tarifs honnêtes et bedaine bien remplie, il n'en faut pas plus pour faire une bonne adresse, l'une de nos préférées du département. Réservation recommandée, la salle est vraiment toute petite. *Café offert à nos lecteurs sur présentation de ce guide.*

DANS LES ENVIRONS

PORT-MARLY 78560 (2 km NE)

●|● **L'Auberge du Relais de Marly** – 13, rue de Paris ☎ 01-39-58-44-54. Fermé le mardi soir, le mercredi et le dimanche soir. Congés annuels : en août. Plat du jour dans les 11,50 € et menu à 24 €. À la carte : compter autour de 30 €. Un quart de siècle dans leur coquette auberge campagnarde ! Si ça, c'est pas le signe que la maison est sérieuse ? Madame, seule aux fourneaux, mijote en bonne Normande des petits plats de ménage, visitant même d'autres terroirs ; monsieur, débonnaire et joyeux, assure le service. Ambiance décontractée donc et table largement consistante permettant de faire un repas avec un seul plat. L'hiver, on peut se réchauffer au coin de la cheminée, tandis qu'aux beaux jours, pour la pêche, il n'y a que la rue à traverser pour tremper sa ligne dans la Seine. *Café offert à nos lecteurs sur présentation de ce guide.*

●|● **L'Auberge du Relais Breton** – 27, rue de Paris ☎ 01-39-58-64-33. Fermé le dimanche soir et le lundi. Congés annuels : en août. Menus à 26 et 38 €, celui-ci avec apéritif, vin et café compris. Compter de 38 à 45 € à la carte. Ah, qu'elle est bonne, qu'elle est fine et copieuse la cuisine du *Relais Breton*, ah oui alors ! c'est un plaisir non feint, une grande joie que cette cuisine-là ! Oh, rien de bien sorcier, mais des produits de qualité, des recettes sûres et savoureuses, de bonnes portions, et pas d'esbroufe ; la sole farcie ou la tarte au chocolat n'en rajoutent pas, mais se dégustent avec délice. Dommage alors que l'addition soit un peu salée. Service bien réglé par ailleurs. Agréable terrasse en jardin d'été.

ÎLE-DE-FRANCE

MEAUX 77100

Carte régionale B1

≜ **Acostel** ** – 336, av. de la Victoire ☎ 01-64-33-28-58. Fax : 01-64-33-28-25. ● **www.acostel.fr** ● Parking. TV. Canal+. Satellite. Accès : prendre la N3 direction Châlons-en-Champagne ; l'hôtel est sur la droite juste après la station Total, avant Trilport. Chambres doubles avec douche et w.-c. ou bains de 50 à 52 €. Petit déjeuner à 7 €. Ne vous fiez pas à l'aspect béton brut de ce bâtiment : c'est l'envers de l'hôtel. En réalité, de l'autre côté, façade grande ouverte et surtout de plain-pied sur le gazon et face au bord de Marne, avec petite terrasse devant chaque logement. Chambres propres au mobilier et à la décoration de teintes claires et bien équipées en rez-de-chaussée. Parc de 3 ha avec jeux pour enfants. *10 % sur le prix de la chambre (excepté le Jour de l'An et le week-end de Pâques) offerts à nos lecteurs sur présentation de ce guide.*

|●| **La Marée-Bleue** – 8, rue Jean-Jaurès ☎ 01-64-34-08-46. Accès : dans le centre historique. 1er menu à 15 €. Menus saveurs à 21,70 € et gourmand à 26,25 €. Vastes salles rustiques en enfilade ou jardin fleuri les jours d'été pour cette auberge spécialisée dans les fruits de mer, le poisson et la cuisine alsacienne. Le fleuron est bien sûr la choucroute de la mer. Coin lecture avec des ouvrages sur l'art. Accueil chaleureux et service efficace. Admirez, dans une salle du fond, la collection de cendriers publicitaires. Une bonne adresse. *Apéritif maison ou digestif maison offert à nos lecteurs sur présentation de ce guide.*

MEUDON 92190

Carte régionale A1

|●| **Le Brimborion** – 8, rue de Vélizy ☎ 01-45-34-12-03. Service de 12 h à 13 h 45 et de 19 h 45 à 22 h. Fermé le samedi midi et le dimanche soir. Accès : juste à côté de la gare de Bellevue. Menus à 18 et 23 €. Formule complète à 26 €. À la carte, compter 30 €. En arrivant, on s'aperçoit que cette maison n'est pas toute jeune. La façade, un peu décrépie, porte encore le souvenir de l'hôtel-restaurant *Billard* où les cheminots de la ligne de Versailles venaient prendre un petit verre. Changement de nom, changement d'ambiance. *Le Brimborion* est devenu le rendez-vous des Meudonnais pour le déjeuner. Les deux salles, fumeurs et non-fumeurs, ont gardé un certain cachet. On pourrait presque imaginer les bruits des locos à vapeur au-dehors. Dans les assiettes, la cuisine est à l'image de la bonhomie du patron : une cuisine de famille aux saveurs simples et bien faites, comme la salade d'andouille aux pommes, le pot-au-feu de canard ou les Saint-Jacques à l'effilochée d'endives, qui réjouissent les estomacs. Et puis gardez impérativement une place pour le *crumble*. Tout le monde l'adore. Tout petit bémol sur le service, qui est vite débordé en cas de coup de feu avec une entrée, un plat, un dessert, le vin et le café sont compris. Le patron, qui pense à tout, vient de créer une carte des vins bien pourvue et originale. Terrasse dans le jardin. *Café offert à nos lecteurs sur présentation de ce guide.*

MEUDON-LA-FORÊT 92360

Carte régionale A1

|●| **Restaurant La Mare aux Canards** – carrefour de la Mare-Adam (Nord-Ouest) ☎ 01-46-32-07-16. Fermé le dimanche soir et le lundi. Accès : à la sortie Meudon-Chaville, de la N118, prendre la 1re à gauche à la tour hertzienne, puis « La Mare-Adam » ; pas facile à trouver, mais les bonnes adresses se cachent. Formule à 12 € et menu à 17 €. À la carte, compter environ 27 €. Loin de tout, isolé, le restaurant idéal pour déjeuner après une longue marche dans la forêt de Meudon, un jour de soleil ou de brume. Une grande salle familiale, assez conviviale, où les canards sont rois. Les volailles rôtissent dans une belle cheminée. L'accueil est bon, le service rapide. Aux beaux jours, une très agréable terrasse. *Apéritif maison offert à nos lecteurs sur présentation de ce guide.*

|●| **Le Central** – 26, rue Marcel-Allégot ☎ 01-46-26-15-83. ⚞ Fermé le samedi soir et le dimanche. Congés annuels : la semaine du 15 août. Compter environ 26 €. Faim de loup ou appétit d'oiseau, vous trouverez votre bonheur *Chez Pierrot*. Les prix savent rester sages. Les hors-d'œuvre oscillent entre 8 et 13 € (pour le foie gras mi-cuit) et les plats entre 11,50 et 16 €. Un bon conseil, là aussi, c'est de suivre les suggestions du jour entre 8,50 et 22 €. Quelques huîtres de Cancale au comptoir avec un petit pouilly, ou en salle un coq au vin, un parmentier de canard, une tête de veau, il y en a pour tous les goûts. L'important ici, c'est que le client soit satisfait et qu'il ressorte avec le sourire. Les chercheurs du CNRS d'en face ne diront pas le contraire, ça les change d'un labo ou d'un bureau. Imaginez les pieds de veau vinaigrette qu'on termine avec les doigts, les filets de harengs pommes à l'huile avec plein d'oignons ou les andouillettes. Deux arrivages hebdomadaires de poisson. Le tout arrosé d'un petit cru de derrière le comptoir que vous conseillera le patron, histoire de

repartir en forme. En plus, le cadre de la salle est vraiment agréable.

MILLY-LA-FORÊT   91490

Carte régionale A2

🏠 *Hôtel-restaurant Au Colombier* – 26, av. de Ganay ☎ 01-64-98-80-74. TV. Fermé le vendredi de mai à septembre et le samedi d'octobre à avril. Accès : en entrant à Milly à gauche, l'hôtel est juste en face, un peu en retrait. Quelques chambres entièrement rénovées à 27,50 € avec lavabo, 35,10 € avec douche ou bains. Les w.-c. sont sur le palier. Toutes les chambres ont un double vitrage. Elles ne sont pas très grandes, mais la décoration moderne et les coloris choisis sont assez agréables. Une adresse qui a le mérite d'être pratique (à l'entrée du village et près d'un parking) et pas chère. Petits déjeuners servis à partir de 9 h au plus tôt. Mieux vaut découvrir les restaurants du centre-ville, la table est décevante.

MONFORT-L'AMAURY   78490

Carte régionale A1

I●I *L'Hostellerie des Tours* – pl. de l'Église ☎ 01-34-86-00-43. Fermé le mardi soir et le mercredi. Menus de 14 à 29 €, dont le menu provençal à 22,50 €. Sur la chouette place haut perchée de Montfort-l'Amaury, atmosphère provinciale de place de l'église ou du marché, une table traditionnelle de bonne tenue. Clientèle d'habitués de tous âges dégustant, dans une grande salle claire et plutôt agréable, des plats bien tournés. Dans le premier menu, formidables harengs à la crème (quand on est passé) une mitonnade du jour (souris d'agneau) qu'on a descendue comme des goinfres. *Café offert à nos lecteurs sur présentation de ce guide.*

I●I *Chez Nous* – 22, rue de Paris (Centre) ☎ 01-34-86-01-62. Fermé le dimanche soir et le lundi sauf jours fériés. Menus à 22 et 28 € et carte autour de 46 € boisson comprise. Certainement la meilleure table de Montfort-l'Amaury. Une salle tout en profondeur, au décor bourgeois et aux tons chauds, pour déguster une cuisine raffinée d'un excellent rapport qualité-prix. Le saumon cru mariné, le foie gras de canard, les aiguillettes de canard et leur sauce aux fruits rouges, nous ont été servis avec douceur par la patronne, tandis que monsieur œuvrait au piano. Une réussite familiale donc, pour le plus grand plaisir des gastronomes avertis. Service un peu lent lorsque la salle est pleine.

MONTMORENCY   95160

Carte régionale A1

I●I *La Paimpolaise* – 30, rue Gallieni ☎ 01-34-28-12-05. Fermé le dimanche et le lundi. Congés annuels : en août. Accès : sur le haut de Montmorency (se diriger vers Les Champeaux, c'est fléché à gauche). Le midi, menus à 7,50 € avec salade verte, galette et dessert, et à 9,90 € avec entrée, galette ou plat du jour et dessert. La Bretagne comme si vous y étiez, la mer en moins. Déco inspirée du pays (Bretons encadrés, bouquins sur le mobilier breton, la cuisine bretonne, les Bretons bretons, etc.), et une Paimpolaise au poêlon, qui vous prépare des galettes vraies de vraies. Bonne « Trégoroise » (andouillette-moutarde), formidable galette au maroilles et far aux poires et à la chantilly spécial gourmands. Bon cidre bouché également. Et même, de temps en temps, du lait ribot : rare en Île-de-France ! Terrasse tranquille aux beaux jours. *Apéritif maison offert à nos lecteurs sur présentation de ce guide.*

I●I *Au Cœur de la Forêt* – av. du Repos-de-Diane ☎ 01-39-64-99-19. Fermé le lundi, le jeudi soir et le dimanche soir. Accès : tout en haut du plateau, suivre les panneaux. Menus à 24,50 €, en semaine, et à 31 € ; plat du jour à 19,50 € ; à la carte, compter à partir de 45 €. C'est par un chemin forestier, où les nids-de-poule sont au rendez-vous, que l'on accède au restaurant, complètement perdu au milieu des arbres. Si l'on y va de nuit la première fois, mieux vaut être prévenu. Un décor raffiné aux boiseries blondes, deux cheminées conviviales, qui ronronnent dès les premiers frimas, et une cuisine qui se respecte, à base de produits qui font leurs preuves : bœuf de l'Aubrac, poisson de Bretagne et foie gras du Périgord... Le tiercé gagnant ! Ici, tout est fait maison : du pain à la pâtisserie. Et tout est bon. Les vins sont débusqués par le patron plutôt du côté des bords de Loire ou du Rhône, donc les prix sont encore abordables. Une très belle terrasse aux beaux jours. Réservation recommandée, surtout le dimanche. *NOUVEAUTÉ.*

PARIS   75000

Carte régionale A1

1er arrondissement

🏠 *BVJ Centre international* – 20, rue Jean-Jacques-Rousseau ☎ 01-53-00-90-90. Fax : 01-53-00-90-91. ● www.bvjhotel.com ● Ouvert 24 h/24. M. : Louvre-Rivoli ou Palais-Royal-Musée-du-Louvre. Un lit pour une personne coûte entre 24 € et

26 €, petit déjeuner, draps et couvertures compris, à partager dans une chambre de plus de 2 personnes, ou 25 € en chambre double. Aucune carte n'est exigée, mais 10 % de réduction avec les cartes Jeune et FYITHO (GO 25 et Euro 26). Arriver ou téléphoner entre 9 h et 9 h 30 pour connaître les disponibilités. Sinon, réservation recommandée de 2 à 3 jours à l'avance. Checkout à 10 h, mais il y a de petites consignes à 1,52 €. C'est une sorte d'AJ qui compte 200 lits dans des chambres de 2 à 6 personnes. Si vous souhaitez rester en groupe, précisez-le au moment de la réservation, ils feront leur possible. Les douches communes ne sont pas toujours nickel, comme c'est malheureusement souvent le cas dans ce type d'établissement, mais l'ensemble est plutôt correct. Si c'est complet, cet organisme gère également un hôtel du même style dans le Quartier latin, autre quartier chic de Paris.

≜ *Hôtel du Palais* * – **2, quai de la Mégisserie** ☎ **01-42-36-98-25. Fax : 01-42-21-41-67.** TV. Satellite. M. : Châtelet. Chambres doubles de 42,08 à 58,85 € selon l'équipement sanitaire. Un hôtel simple dont les chambres (avec double vitrage) bénéficient d'une vue exceptionnelle sur la Seine, la tour Eiffel, la Conciergerie et Notre-Dame. Vous l'aurez compris, on vient là essentiellement pour cela et pour la situation idéale. Les chambres les plus hautes sont les moins bruyantes mais les plus simples (mais impeccables parce que fraîchement rénovées) et donc les moins chères. Toujours à cet étage, pas de TV dans les chambres et on ne voit que le ciel, mais en montant sur une chaise, on peut apercevoir un bout du Châtelet. C'est une compensation... Attention aussi aux conditions de réservation. Les cartes de paiement *American Express* et *Diners' Club* ne sont pas acceptées.

≜ *Hôtel de Lille* ** – **8, rue du Pélican** ☎ **01-42-33-33-42.** M. : Palais-Royal, Louvre ou Pyramides. Chambres doubles de 42,69 € avec lavabo, à 48,78 € avec douche. Petit déjeuner à 5,33 €. Dans une rue calme et historique. Elle s'appelait au XIVe siècle « rue du Poil-au-Con » à cause des « boutiques à pechiét » qui la bordaient. Les habitants honnêtes finirent par l'appeler rue du Pélican (sur les cartes de visite, ça faisait désordre !). Un petit hôtel de 14 chambres donc, toutes rénovées et redécorées par une gentille famille. Les chambres nos 1, 4, 7 et 10 sont très sombres mais hyper silencieuses. Il y a un distributeur de boissons chaudes et froides. Idéal pour les petits budgets.

≜ *Hôtel de la Vallée* * – **84-86, rue Saint-Denis** ☎ **01-42-36-46-99. Fax : 01-42-36-16-66.** ● **www.mapage.noos.fr/hvallee** ● TV. Câble. M. : Les Halles. Chambres

doubles à 45 € avec lavabo, 50 € avec douche et 60 € avec douche et w.-c. Au cœur des Halles, on ne peut pas être mieux situé ! Tout à fait correct, vu le prix de ces petites chambres relativement propres, même si quelques problèmes nous ont été signalés et si l'environnement « sex-shops » peut déplaire. Pour avoir le calme, bien qu'elles aient un double vitrage, choisir une des chambres sur cour (elles ne sont, hélas, pas nombreuses). Sinon, en demander une dans les étages élevés. Franchement difficile de trouver moins cher dans le quartier. Attention, les chèques ne sont pas acceptés mais les cartes de paiement, si. Enfin, les chambres sont payables à l'avance.

≜ *Hôtel Agora* ** – **7, rue de la Cossonnerie** ☎ **01-42-33-46-02. Fax : 01-42-33-80-99.** ● **hotel.agora.f@wanadoo.fr** TV. Satellite. M. : Les Halles ou Châtelet. Chambres doubles de 86,90 à 114,34 €. Cette rue existait déjà au XIIe siècle et doit son nom aux « cossons », ou revendeurs, qui y étaient installés. Hôtel bien rénové dans des tons modernes. Petit *lobby* arrangé avec goût. Chambres agréables et sobres, certaines avec vieux meubles, d'autres avec balcon et vue sur l'église Saint-Eustache. Chouette adresse, plutôt calme pour ce quartier qui bouge. Des célébrités telles que Coppola ou Matt Dillon y ont séjourné. *10 % sur le prix de la chambre (hors septembre et octobre) offerts à nos lecteurs sur présentation de ce guide.*

≜ *Hôtel Londres Saint-Honoré* ** – **13, rue Saint-Roch** ☎ **01-42-60-15-62. Fax : 01-42-60-16-00.** ● **hotel.londres.st.honore@gofornet.com** ● Cartes de paiement refusées. TV. Satellite. M. : Tuileries. Chambres doubles de 92 à 100 €, toutes avec douche ou bains et w.-c. Face à l'église Saint-Roch, dans une ancienne maison bourgeoise, un charmant hôtel, sympathique comme tout, familial, dans un quartier qui ne pêche pas par excès de chaleur. Chambres fleuries et confortables (double vitrage, minibar ; air conditionné pour certaines). Plusieurs parkings autour de l'hôtel.

|●| *Chez Elle* – **7 rue des Prouvaires** ☎ **01-45-08-04-10.** ✗ Fermé les samedi et dimanche. Service de 12 h à 14 h 45 et de 19 h à 22 h 45. M. Châtelet - Les Halles. Plusieurs formules de deux à quatre plats entre 15,25 et 27,50 €. Adresse d'ambiance, salle lumineuse habillée d'une collection de photos de pin-ups de la Belle Époque et des années 1930. Belle marquise verte pour abriter la terrasse aux beaux jours. *Elle*, c'est Cécile, une brunette piquante qui a pris le relais des forts des Halles pour assurer la tradition coquine du quartier. Elle se fait plaisir tous les jeudis soir en accompagnant un trio musette de son joli brin de voix. Chansons parigotes un

ÎLE-DE-FRANCE (PARIS)

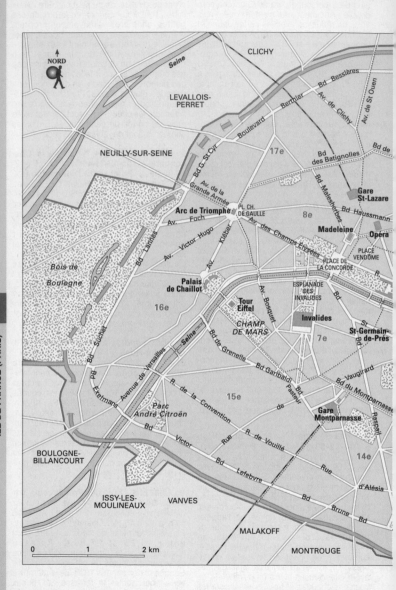

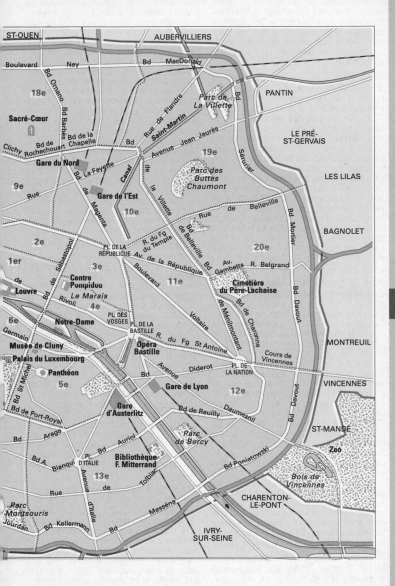

ST-OUEN
AUBERVILLIERS

Boulevard Ney
Bd MacDonald
PANTIN

18e
Bd Ornano
Bd Barbès

Sacré-Cœur
Parc de La Villette

LE PRÉ-ST-GERVAIS

Bd de la Chapelle
Clichy
Bd de Rochechouart
Avenue Jean Jaurès

Gare du Nord
Bd La Fayette
19e
LES LILAS

9e
Rue
Canal
Parc des Buttes Chaumont

Gare de l'Est
Sérurier

de la Villette
Rue de Belleville
BAGNOLET

2e
R. du Fg du Temple
Bd Mortier

10e
Bd de Belleville
20e

1er
PL DE LA RÉPUBLIQUE
Av. de la République
Av. Gambetta R. Belgrand

de
Bd de Sébastopol
3e
Centre Pompidou
Boulevard
11e
Cimetière du Père-Lachaise

Louvre
Le Marais
Rivoli
4e
Voltaire
Bd de Charonne
Bd Davout

6e
Notre-Dame
PL DES VOSGES
PL DE LA BASTILLE
de Ménilmontant
MONTREUIL

Germain
Musée de Cluny
Opéra Bastille
R. du Fg St Antoine

Palais du Luxembourg
Avenue Diderot
PL DE LA NATION
Cours de Vincennes
VINCENNES

Panthéon
Bd
Gare de Lyon
12e

5e
Gare d'Austerlitz
Bd de Reuilly
Daumesnil
ST-MANDÉ

Bd de Port-Royal
Parc de Bercy
Zoo

Bd
Arago
Auriol

Bd A.
Blanqui
PL D'ITALIE
Bibliothèque F. Mitterrand
Bd Poniatowski

Parc Montsouris
13e
Tolbiac
Bois de Vincennes

Jourdan
Bd Kellermann
Masséna
CHARENTON-LE-PONT

IVRY-SUR-SEINE

ÎLE-DE-FRANCE (PARIS)

peu canailles qui fleurent bon la nostalgie. Carte bistrotière bien balancée, suggestions au tableau noir, on hésite entre le tartare maison, le rognon entier façon grand-mère, l'osso buco ou le fromage de tête. Portions copieuses qu'on a du mal à terminer. Desserts assez classiques et pinard de la patronne qui ne demande qu'à se laisser gentiment écluser. *NOUVEAUTÉ.*

|●| *Saudade* – 34, rue des Bourdonnais ☎ **01-42-36-03-65.** Ouvert jusqu'à 22 h 30. Fermé le dimanche. M. : Châtelet. Menu déjeuner à 20 € ; à la carte, prévoir environ 30 €. On ne pouvait décemment pas omettre de signaler l'institution portugaise la plus ancienne de Paris. Les azulejos qui ornent les murs, le service stylé mais diligent sur fond de musique fado vous expédient en quelques minutes à Lisbonne. La nostalgie (traduit par *saudade* en portugais), quoi. La cuisine, cela va sans dire, tient la route entre les 9 spécialités de morue (*bacalhau*), les gambas, le riz aux fruits de mer et le cochon de lait au four. Les desserts sont originaux (flan au jambon de pays, entre autres) et la carte des vins et portos impressionnante. *Apéritif maison offert à nos lecteurs sur présentation de ce guide. NOUVEAUTÉ.*

|●| *À la Cloche des Halles* – 28, rue Coquillière ☎ **01-42-36-93-89.** Cartes de paiement refusées. Ouvert de 8 h à 22 h (10 h à 16 h le samedi). Fermé le dimanche. Congés annuels : les 3 premières semaines d'août. M. : Louvre ou Les Halles. Compter entre 6,50 et 8 € pour une assiette de charcuterie ou de fromage. Verre de vin de 1,45 à 4,40 €. Oh ! on pourrait passer devant ce bar à vin sans jamais le remarquer, c'est certain ! Pas de fausses poutres ni d'objets de la ferme accrochés aux murs. Seule une cloche, qui, du temps des Halles, annonçait le début et la fin des marchés, surplombe la façade. Au son de cloche, on pouvait récupérer ce qui restait (d'où le nom de « clochard »). Réputation méritée et qualités des produits. Il faut dire que le patron met en bouteille lui-même tous ses petits vins de propriété et que les produits qui les accompagnent sont d'une fraîcheur jamais prise en défaut. Solides assiettes de charcuterie, jambon à l'os, fromages fermiers, tout est bon et copieux. Le midi, les cravates du quartier se serrent sur trois rangs devant le comptoir. Ni tape-à-l'œil, ni frime, mais un rendez-vous bien sympathique pour casser une petite croûte à prix doux.

|●| *La Fresque* – 100, rue Rambuteau ☎ **01-42-33-17-56.** Ouvert midi et soir (service jusqu'à minuit). Fermé le dimanche midi. Congés annuels : 15 jours autour du 15 août. M. : Étienne-Marcel ou Les Halles. Formule à 11,50 € le midi. À la carte, un peu différente entre le déjeuner et le dîner, compter autour de 20 €. Petit resto sympa avec un bout de terrasse, installé dans la boutique d'un ancien marchand d'escargots. Belle déco : antiques carreaux de faïence blancs, fresques colorées, longues tables de bois, etc. Le midi, une formule rapide mais consistante : une entrée, un plat soigné, un quart de vin, un café. Le soir, pas de menu. Tous les jours, des entrées sympathiques, cinq ou six plats de cuisine traditionnelle agrémentée d'une pointe d'originalité, et toujours une assiette végétarienne, une tourte aux légumes, excellente en l'occurrence. Salle plus calme et chaleureuse au sous-sol. Ambiance très animée et fourmillante d'une clientèle d'habitués : c'est simple, tout le monde se connaît et on mange le coude dans l'assiette du voisin ! Convivial, donc. Les serveurs courent partout et font ce qu'ils peuvent, mais aux heures de bousculade on est parfois délaissé. Ça n'est pas grave car on se laisse sans déplaisir aller au rythme dynamique de *La Fresque*, sans doute l'un des meilleurs rapports qualité-prix du quartier. *Apéritif maison offert à nos lecteurs sur présentation de ce guide.*

|●| *La Mousson* – 9, rue Thérèse ☎ **01-42-60-59-46.** Ouvert de 12 h à 14 h 30 et de 19 h 15 à 22 h 15. Fermé le dimanche. Congés annuels : en août. Un conseil : mieux vaut réserver. M. : Pyramides ou Palais-Royal-Musée-du-Louvre. Menus de 11,60 à 16 € le midi ; à la carte, compter 20 à 25 €. Dans une rue calme, à deux pas de la maison natale de Molière, un petit resto bien original aux spécialités cambodgiennes (khmères). Le cadre est simple et convivial, la musique rappelle les bords du Mékong, et sous le portrait d'Aznavour ou de Jean Reno, ou le doux sourire de la charmante Lucile, dégustez une cuisine aux parfums variés (menthe, coriandre, fenouil...), accompagnée d'une bière *Ankgor* : crevettes au curry, porc à la citronnelle ou au caramel (*sach tcha kapit* ou *kho* dans le texte !). C'est copieux sans jamais être trop relevé. Un petit bout d'exotisme à Paris, c'est reposant, ça fait rêver... et voyager ! *Café offert à nos lecteurs sur présentation de ce guide.*

|●| *Foujita 1* – 41, rue Saint-Roch ☎ **01-42-61-42-93.** Ouvert le midi jusqu'à 14 h 15 et le soir jusqu'à 22 h 15. M. : Pyramides ou Tuileries. 1er menu à 13 €. Un des meilleurs *sushis*-bars de Paris, à des prix très raisonnables. Menus très copieux au déjeuner : *sushis* (tranches de poisson cru posées sur une boulette de riz), *sashimis* (poisson cru). Une vraie bonne affaire et une excellente introduction à cette cuisine si différente et souvent trop chère. Malheureusement, la salle est toute petite et c'est souvent complet. Remarquez, c'est bon signe. Essayez d'arriver tôt. Le soir, le rapport qualité-prix des menus est moindre. Il existe aussi un *Foujita 2* : 7, rue du 29-

Juillet, 75001. ☎ 01-49-26-07-70. M. : Tuileries. Horaires identiques à son voisin mais ouvert tous les jours. Situé dans une rue parallèle ; beaucoup plus grand mais moins bien que le *Foujita 1*. Mêmes menus.

I●I *À la Tour de Montlhéry, Chez Denise* – 5, rue des Prouvaires ☎ **01-42-36-21-82.** Ouvert 24 h/24. Fermé le samedi et le dimanche. Congés annuels : du 15 juillet au 15 août. M. : Louvre-Rivoli, Châtelet ou Les Halles. Compter au minimum 38 € avec le vin (pas de menu) ; plats entre 14 et 20 €. L'un des plus anciens restos de nuit de Paris, bourré à toute heure. Ancien bistrot des Halles qui a su garder ce quelque chose de l'atmosphère d'antan, mais dont les prix sont bien de l'aujourd'hui et même déjà de demain. Les serveurs rudoient un peu les habitués et l'accueil est parfois lourdaud, mais bon, ça fait partie du jeu. Aux murs : tableaux, dessins de Moretti, affiches. Banquettes de moleskine, nappes à carreaux, jambons accrochés au plafond, ventilos qui tournent poussivement. Joyeusement animé. Grosse cuisine généreuse bien de chez nous : andouillette, tripes, gigot-flageolets, bœuf gros sel, cervelle, etc., le tout arrosé de brouilly de négoce.

I●I *Pharamond* – 24, rue de la Grande-Truanderie ☎ **01-40-28-03-00.** Fermé le dimanche. M. : Les Halles ou Étienne-Marcel. Menus à 14 €, le midi, et de 16 à 25,50 € le soir. Compter 23 € à la carte. Les mythiques tripes sont toujours annoncées à la carte, mais elles n'ont, malheureusement, plus grand-chose à voir avec celles rapportées de sa Normandie natale par le premier patron, à la fin du XIXe siècle. Il n'en reste pas moins que ce magnifique resto, qui compte parmi les plus beaux de Paris, offre un très bon rapport qualité-prix, même en mangeant à la carte. La formule du midi est particulièrement attractive. Le cul de lapin aux oignons confits à l'aigre-doux de griottes fait partie des classiques de la maison, sans oublier les tripes qui, même si elles ne valent plus le détour, restent appréciables. Service souriant.

I●I *Ca d'Oro* – 54, rue de l'Arbre-Sec ☎ **01-40-20-97-79.** Ouvert de 12 h à 14 h 30 et de 19 h à 23 h. Fermé le dimanche et le lundi soir. Congés annuels : du 10 au 31 août. M. : Louvre-Rivoli. Menu à 14,50 € le midi ; compter autour de 24 € à la carte. Une table discrète et accueillante où l'Italie n'essaie pas de se faire, voile la grenouille, plus grosse que le bœuf, mais joue sa partition avec mesure. Passé une minuscule salle et un étroit couloir, on débouche dans une autre salle au décor évoquant discrètement Venise, d'où est originaire le cuisinier. On se régale d'une *bruschetta* simple comme bonjour (pain grillé frotté d'ail, recouvert d'huile d'olive, de basilic et de tomate), avant de sacrifier aux pâtes ou encore aux risottos pour deux (cèpes ou fruits de mer). Le menu complet du déjeuner (vin en sus) est très bien. *Apéritif maison offert à nos lecteurs sur présentation de ce guide.*

I●I *Le Rubis* – 10, rue du Marché-Saint-Honoré ☎ **01-42-61-03-34.** Ouvert jusqu'à 22 h (16 h le samedi). Fermé le dimanche et les jours fériés. Congés annuels : 2 semaines en août et 2 semaines à Noël. M. : Pyramides. Plats du jour autour de 9,50 €. Le voilà, le Paris-canaille que vous croyiez disparu, avec ses joyeux sires, ses belles trognes, ses petits plats, ses vins qui arrachent et qu'on s'arrache, ses serveurs incroyables... C'est la vie, la vraie, celle qu'on croyait disparue à jamais, avec ses casquettes et ses coups de gueule, ses sandwichs au comptoir et le vin rouge « en direct de la propriété ». Une vieille mais excellente valeur des bars à vin, toujours bon pied bon œil, tenue par des gens vraiment accueillants, ce qui se fait rare. Salle à l'étage. L'été, il y a tant de monde qu'on déguste dehors, accoudé aux tonneaux.

I●I *Lescure* – 7, rue de Mondovi ☎ **01-42-60-18-91.** Fermé les samedi et dimanche. Service de 12 h à 14 h 15 et de 19 h à 22 h 30. Congés annuels : en août et 1 semaine à Noël. M. : Concorde. Menu à 20 € servi midi et soir. À la carte, compter environ 25 €. À deux pas de la place de la Concorde, cette maison de tradition nourrit le quartier à prix modiques depuis 1919, et cela de père en fils. Niché au coin d'une petite rue, le *Lescure* fait office de cantine pour les parlementaires, employés de la Cour des Comptes, Américains qui bossent à l'ambassade toute proche et tous ceux qui travaillent dans le quartier. Les prix restent

ÎLE-DE-FRANCE (PARIS)

fort démocratiques, puisque le premier (et unique) menu propose de vraies entrées (maquereaux délicieux), des plats généreux (bourguignon ou haddock poché à l'anglaise), fromage, dessert ou vin (37 cl). À la carte, les must restent tout de même le pâté chaud en croûte et la poule au pot farcie façon Henri IV. Si l'on peut qualifier le décor de « provincial », avec les oignons et les saucissons qui pendouillent au plafond, les serveurs en revanche ont une gouaille résolument parigote, et, entre deux saillies verbales, font montre d'une grande efficacité. Résultat, on se sent comme à la maison et on mange sans chichis une cuisine saine et franche, avec une touche de savoir-faire en plus, dans les sauces et la présentation. Laissez-vous guider vers les bons plats du jour et autres suggestions du chef. Succulents desserts (ah ! le vacherin aux fruits de saison...). Vins au verre. L'ambiance est très décontractée et le bon rapport qualité-prix drainent largement de quoi remplir la petite salle, aussi vaut-il mieux arriver tôt le soir. Si vous êtes seul ou à deux, on vous trouvera de la place à la table commune. En été, les terrasses s'arrachent. Une adresse vraiment sûre, dont la clientèle d'habitués n'a jamais été déçue : on a rencontré un client qui vient depuis plus de 35 ans !

|●| Willi's Wine Bar – 13, rue des Petits-Champs ☎ 01-42-61-05-09. Ouvert de 12 h à 14 h 30 et de 19 h à 23 h pour la cuisine, de midi à minuit pour le bar. Fermé le dimanche. M. : Bourse ou Palais-Royal-Musée-du-Louvre. Menus à 25 € le midi et 32 € le soir. À la carte, compter 32 €. Le type même du bar à vin chic. Cadre exquis, aux tonalités de bois chaleureuses. Grandes tables rondes pour retrouvailles entre amis, éclairage idéal et jolies affiches aux murs. *Willi's* draine tous les businessmen anglo-saxons de la capitale, amateurs de bons vins, et les belles dames de la place des Victoires. Quelques plats élaborés et salades originales pour apprécier avant tout de prodigieux côtes-du-rhône, dont le patron est l'un des meilleurs connaisseurs qui soient, mais aussi des vins espagnols, californiens ou italiens. Large choix de vins au verre, en particulier pour les xérès. Belles assiettes de fromage.

|●| L'Ardoise – 28, rue du Mont-Thabor ☎ 01-42-96-28-18. Ouvert midi et soir jusqu'à 23 h. Fermé les lundi et mardi. Congés annuels : en août et entre Noël et le Jour de l'An. M. : Tuileries. Menu-carte à 29 €. Décor plutôt banal de cantine de quartier. Tables très serrées. Pierre Jay, le jeune chef, s'éclate au travers d'un menu unique (servi tous les jours midi et soir) bien ficelé et riche en idées. Anchois marinés servis en terrine, carpaccio de foie gras de canard, Saint-Jacques à la coqueballon de cassis caramélisé, voilà un aperçu des spécialités

du chef. Belle présentation, produits cuisinés avec intelligence et une jolie pointe d'inventivité, et vins intéressants, tarifés au plus serré. Clientèle mélangée d'amateurs avertis et de touristes en goguette ; les Japonais en bande peuvent parfois être très bruyants. *Liqueur de cassis offerte sur présentation de ce guide.*

|●| Macéo – 15, rue des Petits-Champs ☎ 01-42-97-53-85. Ouvert midi et soir jusqu'à 23 h (dernier service). Fermé le samedi midi et le dimanche. M. : Bourse, Pyramides ou Palais-Royal. Deux menus : le premier (végétarien) à 29 € au déjeuner et 35 € au dîner. Le deuxième à 34 € (déjeuner) et 38 € (dîner). À la carte, compter de 40 à 50 €. En parcourant le menu on a deux réactions : 1°) On relit trois fois le nom de chaque plat pour bien tout comprendre ; 2°) On commence à saliver de manière incontrôlable, parce que tous ces noms évoquent les saveurs de saison, les senteurs provençales, les mariages sucrés-salés surprenants, bref, des ingrédients aguicheurs. Assez prétentieux, les plats portent des noms à rallonge (du genre : « Dos de sanglier rôti, jus corsé, purée d'artichaut et céleri, et croustillant de coing » ou encore « Canard sauvage aux raisins et navets caramélisés, etc. ») et la présentation fait très « peinture sur assiette ». Une super idée que ce menu « Gastronome végétarien », prouvant qu'on peut manger des choses savoureuses tout en faisant l'impasse sur la bidoche : gâteau de mozarella au romarin et à l'aubergine confite, gnocchi croustillant et fondue provençale, etc. La déco a été modernisée tout en gardant un goût d'époque : bravo, c'est réussi, car il est difficile de relooker un si vieil établissement sans tomber, soit dans le fétichisme Belle Époque, soit dans l'Art nouveau iconoclaste et glacial. Ici, c'est le juste milieu, coloré et confortable. Les prix sont franchement élevés, mais la clientèle qui vient se restaurer au *Macéo* ne compte pas. Service irréprochable, un peu guindé.

2e arrondissement

⌂ Hôtel France d'Antin *** – 22, rue d'Antin ☎ 01-47-42-19-12. Fax : 01-47-42-11-55. ● carlotta.hotels@wanadoo.fr ● TV. Canal+. Satellite. M. : Opéra, 4-Septembre. Chambres doubles avec douche et toilettes, à partir de 150 € ; petit déjeuner à 7 €. À 100 m de l'Opéra Garnier et proche du musée du Louvre, voici un 3 étoiles alliant classe et convivialité : tapisseries, piano mécanique, tons beige et vert sombre pour les beaux marbres et fauteuils du hall d'accueil, salles voûtées en sous-sol, avec pierre apparente. Les jolies chambres sont climatisées et possèdent le confort habituel : minibar, coffre-fort, etc. *Un petit déjeuner par personne offert à nos lecteurs sur présentation de ce guide.*

🛏 *Hôtel Sainte-Marie* ★ – 6, rue de la Ville-Neuve ☎ 01-42-33-21-61. Fax : 01-42-33-29-24. ● ste.marie.hotel@ifrance. com ● Parking. M. : Bonne-Nouvelle. Chambres doubles à 42 € avec lavabo, 54 € avec douche et w.-c. À la réservation, comme dans tous les hôtels, assurez-vous bien des conditions dans lesquelles votre compte sera débité. Dans une rue calme, à deux pas des Grands Boulevards, l'hôtel dispose d'une vingtaine de chambres bien équipées (téléphone direct) ; impeccables depuis que la peinture a été refaite. Attention à votre tête dans les deux chambres du dernier étage, qui sont vraiment mansardées. Ce n'est pas du tout désagréable et elles sont même assez lumineuses, contrairement à celles donnant sur la cour. Douche commune au rez-de-chaussée. Clientèle souvent étrangère. *Café offert à nos lecteurs sur présentation de ce guide.*

🛏 *Tiquetonne Hôtel* ★ – 6, rue Tiquetonne ☎ 01-42-36-94-58. Fax : 01-42-36-02-94. Congés annuels : en août et entre Noël et le Jour de l'An. M. : Étienne-Marcel ou Réaumur-Sébastopol. Chambres doubles à 41 € avec douche et w.-c., presque toutes dotées de double vitrage. Près des Halles et du Centre Pompidou, au cœur du quartier Montorgueil. Avant d'entrer dans cet hôtel 1 étoile, où l'on se sent très vite à l'aise, prenez le temps de jouir du calme et de la beauté des rues piétonnes du quartier. Les chambres, très bien tenues, ont conservé leur style rétro d'antan, bien que les salles de bains soient un peu banales. L'ensemble est charmant et paisible. Admirez également le travail d'artiste du peintre qui a réalisé le « faux marbre » de la cage d'escalier. Accueil très chaleureux.

🛏 *Hôtel Bonne Nouvelle* ★★ – 17, rue Beauregard ☎ 01-45-08-42-42. Fax : 01-40-26-05-81. ● www.hotel-bonne-nouvelle.com ● Parking payant. TV. Satellite. Ouvert 24 h/24. M. : Bonne-Nouvelle, Sentier ou Strasbourg-Saint-Denis. Chambres doubles de 57 à 69 € avec douche, de 61 à 69 € avec douche ou bains. Les chambres mélangent l'ancien et le moderne (bains, toilettes, TV câblée, prise modem, téléphone direct, sèche-cheveux) ; charme vieillot et désuet. Dommage que certaines soient petites (éviter la chambre 17) et parfois humides et que l'ensemble manque un peu de lumière. Accueil chaleureux. *10 % sur le prix de la chambre offerts à nos lecteurs sur présentation de ce guide.*

🛏 *Hôtel Vivienne* ★★ – 40, rue Vivienne ☎ 01-42-33-13-26. Fax : 01-40-41-98-19. ● paris@hotel-vivienne.com ● TV. Satellite. Ouvert toute l'année. M. : Grands-Boulevards, Richelieu-Drouot ou Bourse. Chambres doubles à 63 € avec douche,

75 € avec douche et w.-c., 78 € avec bains et w.-c. ; chambre familiale à 84 €. Dans une rue où les numismates se font concurrence, cet hôtel est tout près du *Hard Rock Café*, du musée Grévin, du théâtre des Variétés et d'une myriade de passages et galeries. L'accueil est jeune, sympathique et chaleureux. Les chambres, propres et lumineuses, offrent une tranquillité et un confort honnêtes (téléphone direct, double vitrage). La n° 14 est la plus appréciée en raison de son décor particulièrement soigné et parce qu'elle communique avec la n° 15, ce qui permet de constituer une jolie suite pour une famille. Aux 5e et 6e étages, jolie vue sur Paris. Quelques chambres avec balcon. On peut prendre le petit déjeuner dans la chambre sans supplément. Un bon rapport qualité-prix.

🍴 *Il Buco* – 18, rue Léopold-Bellan ☎ 01-45-08-50-10. Service de 12 h à 14 h 30 et de 20 h à 23 h. Fermé le samedi midi et le dimanche. M. : Sentier. Carte autour de 23 €. Pâtes, salades, *antipasti*, jambon et figues fraîches... un plat cale déjà son monde. Vin au verre à partir de 2,30 €. Dans un petit restaurant tout en longueur, avec les murs ocre et le menu inscrit sur des miroirs, on s'assoit autour d'une longue rangée de tables. Très convivial, mais pas vraiment intime. En plus de la cuisson *al dente* de la cuisine italienne et des jolies assiettes, on aime les trois sortes de pains sur la table, les fleurs fraîches, les verres fins et les bougies. *NOUVEAUTÉ.*

🍴 *Chez Danie* – 5, rue de Louvois ☎ 01-42-96-64-05. Ouvert le midi seulement, de 11 h 30 à 15 h. Fermé les samedi, dimanche et jours fériés. M. : Bourse ou Quatre-Septembre. Formule à 8 €, menu à 9 €. À deux pas de la Bibliothèque nationale, ce minuscule bouillon est une aubaine. Danie propose une formule entrée + plat ou plat + dessert (tous faits maison !). Agneau aux trois parfums, bœuf carottes ou à l'estragon sont quelques-unes des propositions qui changent quotidiennement. Dans ce 2e arrondissement où les onéreuses sandwicheries abondent, le rapport qualité-prix intéressant de *Chez Danie* est l'évidence même.

🍴 *Le Tambour* – 41, rue Montmartre ☎ 01-42-33-06-90. Ouvert tous les jours 24 h/24. M. : Châtelet, Les Halles ou Sentier. À la carte, compter au moins 23 €. André Camboulas, dit « l'urbain bucolique », vous accueille chaleureusement. Au travers de sa voix, qui fait trembler les murs, vit encore un Paris authentique, en voie de disparition. Décor original à partir du mobilier urbain parisien, bouche d'incendie, pavage de rue, plaques d'égout, plaques de rues... pour une cuisine franco-française de bon aloi, à défaut d'être raffinée. À déguster sur une terrasse couverte et chauffée quand c'est plein à l'intérieur.

|●| *L'Escalier* – 80, rue Montmartre☎ 01-42-36-95-49. Ouvert de 12 h à 15 h et de 19 h 30 à 23 h. Fermé le samedi midi et le dimanche. M. : Bourse. Formules de 12 à 18 € à midi ; le soir, uniquement à la carte : compter autour de 25 €. Tout petit resto, à la déco moderne et chaleureuse. Clientèle genre trentenaire, intellectuelle hyperactive, toujours pressée et qui vient se détendre autour d'un bon déjeuner, avec copains ou collègues. Résultat, ça rigole et ça bavarde beaucoup ! La cuisine, très actuelle, est fine et recherchée pour le prix. La formule du midi, qui change tous les jours, propose, par exemple, un croustillant de chèvre aux poires sur salade au vinaigre balsamique et un roulé d'agneau farci au basilic. Excellent accueil. *Apéritif maison offert à nos lecteurs sur présentation de ce guide.*

|●| *La Souris Verte* – 52, rue Sainte-Anne ☎ 01-40-20-03-70. Fermé le week-end. Service midi et soir (à partir de 19 h, dernière commande à 22 h 30). Réservation conseillée. M. : Quatre-Septembre. Menu avec entrée, plat et dessert à 19 €, midi et soir. Carte autour de 23 €. Un restaurant des plus chaleureux, qui ressemble à une petite maison du XIXᵉ siècle avec des poutres apparentes et des tissus rouges sur les murs. Vraies fleurs sur les tables et petites souris cachées partout dans le décor. Les habitués complètent allègrement la collection de la maison. La cuisine est française, fraîche et raffinée. Un excellent rapport qualité-prix dans une ambiance intime. On y revient en courant.

|●| *Le Petit Vendôme* – 8, rue des Capucines ☎ 01-42-61-05-88. Ouvert de 7 h à 20 h. Fermé le dimanche. Restaurant uniquement le midi (11 h à 16 h). M. : Opéra ou Madeleine. Plats de 12 à 15 € ; compter autour de 21 € à la carte. Un bout de territoire arverne terriblement fouchtra, où trônent le zinc les fromages du pays et les charcuteries pour garnir les sandwichs en baguette craquante de 3,80 à 5,30 €. Les places sont chères pour goûter le civet de porc au bergerac, le pied de porc grillé, le tripoux... Même le zinc est envahi par les hordes affamées. Fort de ce succès, *Le Petit Vendôme*, comme l'*Olympia* voisin, joue souvent à guichets fermés. Service féminin pétaradant. *Apéritif maison offert à nos lecteurs sur présentation de ce guide.*

|●| *La Grille Montorgueil* – 50, rue Montorgueil☎ 01-42-33-21-21. Service de 12 h à 15 h et de 19 h 30 à minuit. Les samedi et dimanche, service continu. M. : Les Halles ou Étienne-Marcel. Pas de menu, on fait son choix sur l'ardoise du jour, mais toujours une ou deux propositions bon marché ;

l'addition avoisine les 20 € ; plat du jour à 10 €. Ce bougnat centenaire, joliment rénové à l'identique dans cette sympathique rue piétonne, propose une cuisine plaisante et sans fioritures, typique bistrot. Le comptoir en zinc, qui ondule gentiment depuis 1904, fut le décor des scènes de *Gueule d'Amour*, avec Jean Gabin. Aux beaux jours, agréable terrasse ensoleillée. *Apéritif maison offert à nos lecteurs sur présentation de ce guide.*

|●| *Le Grand Colbert* – 4, rue Vivienne ☎ 01-42-86-87-88. Ouvert de 12 h à 1 h (dernier service) sans interruption. Fermé le 24 décembre. M. : Bourse. Menu à 25 €, café ou thé compris, servi midi et soir ; à la carte, compter autour de 34 €. Voici une brasserie qui ne fait pas partie des circuits classiques, sauf pour les piliers de la Bibliothèque nationale, puisque la galerie Colbert, qui lui appartient, en était l'accès direct. *Le Grand Colbert* s'est refait une jeunesse dorée (frises repeintes, immense comptoir de cuivre, lampes Café de Paris...) et, dans un cadre 1830 superbe, propose tous les standards classiques de brasserie (salade de lentilles, curry d'agneau...), malheureusement un peu expédiés. *Café offert à nos lecteurs sur présentation de ce guide.*

3ᵉ arrondissement

🏠 *Hôtel du Vieux Saule* ✱✱✱ – 6, rue de Picardie ☎ 01-42-72-01-14. Fax : 01-40-27-88-21. ● www.hotelvieuxsaule.com ● Parking payant. TV. Satellite. M. : République ou Saint-Sébastien-Froissart. Chambres doubles modernes et très confortables à 106 € avec douche et w.-c., 121 € avec bains et w.-c. ; petit déjeuner buffet à 9 €. Bel hôtel à la façade fleurie en saison et à la salle de réception très high tech mais qui date un peu. Toutes les chambres sont petites mais climatisées et équipées de sèche-cheveux, presse-pantalon, téléphone, coffre. Éviter celles du rez-de-chaussée, à cause des barreaux aux fenêtres. Sauna gratuit. Petit déjeuner servi dans une cave voûtée du XVIᵉ siècle. Calme, chic et accueil souriant, à deux pas de la vivante rue de Bretagne. *Un petit déjeuner par personne offert à nos lecteurs sur présentation de ce guide.*

|●| *Chez Nénesse* – 17, rue de Saintonge ☎ 01-42-78-46-49. Service de 12 h à 14 h 30 et de 19 h 45 à 22 h 30. Fermé les samedi, dimanche et jours fériés. Congés annuels : août, ainsi qu'entre Noël et le Jour de l'An. M. : Filles-du-Calvaire. Le midi, toujours deux ou trois petits plats du jour sympas pour environ 12 € ; le soir, à la carte seulement, prévoir 30 à 38 € sans le vin. Ce lieu a l'allure typique du vieux Paris revisité, avec poêle au milieu de la salle, carrelage qui court au sol, nappes en tissu et beau bar

en formica. Bonnes vibrations générales, accueil vraiment adorable, sincère et souriant. Une cuisine française, classique, copieuse et réussie à défaut d'être inventive. Voilà l'exemple typique de la petite affaire familiale qui tourne bien rond, et où se pressent les habitués le midi pour les bonnes assiettes garnies. Le soir, à la carte, cuisine un peu plus élaborée mais toujours dans le même esprit.

IOI *Hôtel du Mont-Blanc* – **17, rue Debelleyme** ☎ 01-42-72-23-68. Cartes de paiement refusées. Ouvert que le déjeuner, mais fait bar jusqu'à 21 h environ. Fermé le dimanche. Congés annuels : août. M. : Filles-du-Calvaire. Plats autour de 8 €, entrées et desserts autour de 3 € et café à 1 € ; à la carte, compter environ 15 € avec vin au pichet. On adore une tranche de bougnat de jadis avec ses toiles cirées, ses souvenirs en tout genre posés ici et là, et son zinc en formica, derrière lequel trône une maîtresse femme. Artistes, artisans, employés viennent déjeuner, comme à la maison, d'une assiette de crudités ou d'un œuf mayo, suivi d'un gentil pot-au-feu ou d'une morue provençale. Desserts maison évidemment : compote de pommes ou mousse au chocolat. La cuisine et les prix sont aussi « vieux Paname » que le décor. Un rade à la Doisneau. *Café offert à nos lecteurs sur présentation de ce guide.*

IOI *Au Vieux Molière* – **12, passage Molière** ☎ 01-42-78-37-87. Ouvert de 10 h à 2 h ; service de 12 h à 14 h et de 19 h 30 à 23 h. Fermé les lundi, samedi et dimanche. M. : Rambuteau. Le midi, en semaine, formules à 15,25 € et 21,10 € ; le soir, compter autour de 35 € à la carte. Ceux qui fréquentent la Maison de la Poésie ont déjà dû repérer, juste à côté, ce joli bistrot gastronomique. Il faut dire que l'endroit ne manque pas de charme et que la carte met en appétit. Le passage Molière est un petit écrin préservé, genre vieux Paris en plein Beaubourg, et ce n'est pas son moindre attrait. Car il y a plus que la nostalgie ; les galeries et librairies qui se sont installées ici ont su créer un microclimat littéraire et culturel séduisant. À table, vous vous régalerez d'une cuisine bourgeoise, et donc un peu chère, qui colle bien au cadre : cabillaud, lapereau au chardonnay, feuilleté de filet de veau... Ici, on aime les sauces, les produits nobles et les cuissons parfaites. Décor réussi avec aux murs portraits et photos de nos plus belles plumes... À l'apéritif, laissez-vous tenter par une « Absente », pour revivre, sans risque, les délices de la fée verte. *Apéritif maison ou digestif maison offert à nos lecteurs sur présentation de ce guide.*

IOI *La Mule du Pape* – **8, rue du Pas-de-la-Mule** ☎ 01-42-74-55-80. Ouvert les lundi soir, mardi soir, mercredi soir et dimanche soir (en juillet et août, fermé le dimanche). Congés annuels : 3 semaines en août. M. : Bastille ou Chemin-Vert. À la carte, compter 21 €. Ça ressemble plus à un salon bourgeois qu'à un resto à la bonne franquette. Alors on hésite un peu. On se dit que ça va être guindé et que le porte-monnaie va en souffrir. Pas du tout : l'accueil simple et gentil vous met immédiatement à l'aise, et en fonction de votre appétit, fût-il de moineau, on vous laisse picorer à la carte qui sait remplir les panses, petites ou grandes, justement. Les œufs de la Mule pour une grignoterie, les assiettes de la Mule pour reprendre des forces et les plats de la Mule pour se caler bien comme il faut. Un bon dessert là-dessus et on repart heureux, car le cadre se prête au bonheur : clair, confortable et reposant. *Apéritif maison ou café ou digestif maison offert à nos lecteurs sur présentation de ce guide.*

IOI *Le Pamphlet* – **38, rue Debelleyme** ☎ 01-42-72-39-24. Fermé le lundi midi, le samedi midi et le dimanche. Congés annuels : les 10 premiers jours de janvier, la 1re semaine de mai, et les 3 premières d'août. M. : Filles-du-Calvaire ou Saint-Sébastien-Froissart. Menu à 20 € le midi ; menus-carte à 27 et 45 € midi et soir. Le cadre boisé est élégant, les sièges confortables et l'ambiance apaisante. Pris entre une table de chefs d'entreprise importants et celle d'un premier repas avec la belle-famille, on se laisse séduire par une carte renouvelée chaque midi et soir. Quatre choix par plat pour un résultat qui éveille les papilles, fin et original : aiguillette de saint-pierre avec sa purée d'andouillette, onglet et ses tagliatelles à la fourme d'Ambert, encornet de brandade et sa salade d'escargots, et un subtil clafoutis à la banane en dessert. Apéritif accompagné d'une saucisse sèche de Laguiole, bien appréciable. Bon choix de vins adaptés aux plats. Seul regret, les menus – certes délicieux – imposés le soir et pas forcément accessibles à toutes les bourses... D'un autre côté, on mange à sa faim, et on ne le regrette pas. *NOUVEAUTÉ.*

IOI *Chez Omar* – **47, rue de Bretagne** ☎ 01-42-72-36-26. Cartes de paiement refusées. Ouvert midi et soir, sert en général au moins jusqu'à 23 h 30. Fermé le dimanche midi. M. : Temple. À la carte uniquement, compter 30 € ; entrées à 7 € ; couscous entre 11 € (végétarien) et 22 € ; plats du jour de 11 à 20 €. *Chez Omar*, ça fait plus de 20 ans qu'on trouve de tout : Américains en goguette, gens du quartier, techniciens de cinéma, Japonais en quête d'authentique et une kyrielle de gens dans l'oreille de qui cette adresse est tombée par hasard et qui n'en démordent pas depuis. Et c'est vrai qu'on se sent bien dans ce troquet Vieux Paris, nappé d'une convivialité tout droit venue d'Afrique du Nord. Hauts plafonds, glaces biseautées, superbe comptoir et tables à touche-touche où, coudes au corps mais cœur ouvert, on se parle facilement d'une table à l'autre. Sûrement se sent-on prolixe grâce à ces serveurs souriants et gentils, toujours prêts à vous gronder si vous n'avez pas fini votre (bon) couscous. Il y a aussi les viandes, d'une remarquable tendreté, ou la *pastilla*.

4e arrondissement

🏠 |●| *Hôtel MIJE Maubuisson* – 12, rue des Barres ☎ 01-42-74-23-45. Fax : 01-40-27-81-64. ● www.mije.com ● M. : Saint-Paul-le-Marais ou Pont-Marie. 24 € en chambre à quatre, 29 € en chambre double, 39 € en single, petit déjeuner inclus. Formule plat du jour à 8,50 €. Dans l'une des parties piétonnes du Marais. En été, on se retrouve à la terrasse des cafés ou sur les petites places alentour. Dans une magnifique maison médiévale avec encorbellement, colombages, pignons en dents de scie, etc. Intérieur décoré avec goût, portes style gothique, vieux meubles en bois massif. Vue sur les toits et les vitraux de l'église Saint-Gervais. *Adhésion annuelle gratuite nos lecterus sur présentation de ce guide.*

🏠 |●| *Le Fauconnier MIJE* – 11, rue Fauconnier ☎ 01-42-74-23-45. Fax : 01-40-27-81-64. ● www.mije.com ● Cartes de paiement refusées. Resto fermé le week-end. Congés annuels : en août. M. : Saint-Paul-le-Marais ou Pont-Marie. 24 € en chambre à quatre, 29 € en chambre double, 39 € en single, petit déjeuner inclus. Formule plat du jour à 8,50 €. Ancien hôtel du XVIIe siècle, rénové superbement. Porte d'entrée imposante en bois sculpté. À l'intérieur, grandes armoires anciennes, coffres massifs, longues tables rustiques et un magnifique escalier avec rampe en fer forgé. L'été, on prend le petit déjeuner dans la cour pavée. Chambres de 1 à 8 lits. Celles des deux derniers étages ont été refaites récemment, et proposent de superbes petites salles de bains. Toilettes dans le couloir. *Adhésion annuelle gratuite pour nos lecteurs sur présentation de ce guide.*

🏠 |●| *Hôtel MIJE de Fourcy* – 6, rue de Fourcy ☎ 01-42-74-23-45. Fax : 01-40-27-81-64. ● www.mije.com ● Cartes de paiement refusées. Ouvert de 7 h à 1 h. Service de 11 h à 14 h et de 17 h à 22 h. Resto fermé les samedi et dimanche. Congés annuels : en août. M. : Saint-Paul-le-Marais ou Pont-Marie. 24 € en chambre à quatre, 29 € en chambre double, 39 € en single, petit déjeuner inclus. Formule plat du jour à 8,50 €. Face à la Maison européenne de la Photographie, un ancien hôtel particulier du XVIIe siècle. Une anecdote : il abritait l'un des bordels les plus célèbres de Paris, *Le*

Moulin galant, fermé en 1946 par la loi Marthe Richard qui interdit les maisons closes. Cavanna en parle dans l'un de ses bouquins, *Les Russkofs*. Rénové magnifiquement, il accueille aujourd'hui une jeunesse bien saine, tout étonnée de se retrouver dans ce palais joliment situé entre la place des Vosges et l'île Saint-Louis. Petit jardin à l'angle de la rue Charlemagne. Chambres de 3 à 8 lits avec mezzanine, lavabo et douche. Toilettes à l'étage. De gracieuses passerelles en bois très médiévales relient deux bâtiments. Restaurant dans une belle salle à manger voûtée avec pierre apparente, commune aux trois MIJE. *Adhésion annuelle gratuite pour nos lecteurs sur présentation de ce guide.*

🏠 *Grand Hôtel du Loiret* ** – 8, rue des Mauvais-Garçons ☎ 01-48-87-77-00. Fax : 01-48-04-96-56. ● hotelloiret@aol.com ● TV. Canal+. Satellite. M. : Hôtel-de-Ville. Chambres doubles à 40 € avec lavabo, 54 € avec douche et w.-c., 70 € avec bains. Bel escalier de bois, murs façon marbre et portes façon loupe de bois. Aucune finition n'est parfaite dans cet hôtel, accueil compris d'ailleurs. Mais les chambres économiques (la douche – assez propre – est dans le couloir) qui se trouvent aux 5e et 6e étages présentent un bon rapport qualité-prix. Enfin, les chambres du 7e étage (dont une pour 4 personnes) offrent une vue sympathique sur les toits qui embrasse tout Paris, du Panthéon au Sacré-Cœur, en passant par Beaubourg et Notre-Dame. Un ascenseur était prévu, mais l'administration retarde les travaux... Un petit déjeuner par chambre offert à nos lecteurs sur présentation de ce guide.

🏠 *Grand Hôtel Jeanne d'Arc* ** – 3, rue de Jarente ☎ 01-48-87-62-11. Fax : 01-48-87-37-31. TV. Câble. Réservez impérativement. M. : Saint-Paul-le-Marais, Chemin-Vert ou Bastille. Chambres doubles de 67 à 92 € avec douche ou bains, w.-c. et téléphone. Vous ne pourrez pas être mieux situé, en plein cœur du Marais. Au calme, à deux doigts de la belle place Sainte-Catherine, un hôtel bien tenu et ayant pas mal de charme. Décoration raffinée et sobre, si ce n'est l'étrange et gigantesque miroir à la réception, dont le dernier qualificatif serait la sobriété, justement. Toutes les chambres ont été refaites, mais les murs de certaines sont déjà (à nouveau ?) un peu abîmés – rien de grave toutefois.

🏠 *Hôtel du 7e Art* ** – 20, rue Saint-Paul ☎ 01-44-54-85-00. Fax : 01-42-77-69-10. ● hotel7art@wanadoo.fr ● TV. Câble. M. : Saint-Paul-le-Marais ou Sully-Morland. Chambres doubles de 70 à 120 €, selon la taille et le confort. Les chèques ne sont pas acceptés. Hôtel assez sympa et bien tenu, dont les chambres sont animées par des affiches de vieux films et des photomontages sur le thème du cinéma des années 1940 à 1960. Il y en a partout, jusque sur les carreaux des salles de bains ! Ça donne du charme et ça plaît aux cinéphiles. Les chambres les plus chères sont en fait de petites suites mansardées où chaque TV peut recevoir 250 chaînes françaises et étrangères. Dommage, les salles de bains ne sont pas toujours nickel. Bar-salon de thé au rez-de-chaussée avec gros fauteuils, cheminée et l'inévitable *Cène* de Carrosso ! Vitrine très originale avec des figurines en plâtre représentant Ray Charles, Donald, Mickey, Laurel et Hardy, etc. *Apéritif maison offert à nos lecteurs sur présentation de ce guide.*

🛏 *Hôtel de la Place des Vosges* ** – 12, rue de Biragne ☎ 01-42-72-60-46. Fax : 01-42-72-02-64. ● hotel.place.des.vos ges@gofornet.com ● TV. Satellite. M. : Saint-Paul-le-Marais ou Bastille. Chambres doubles à 84 € avec douche et w.-c., de 106 à 120 € avec bains et w.-c. Chambres familiale à 140 €. Chambre communicante à 120 €. Dans la prestigieuse rue qui mène à l'*hôtel du Roi* de la place des Vosges, une ancienne écurie du XVIIᵉ siècle qui propose 16 chambres calmes, pas très spacieuses mais confortables. Si la réception est assez belle, le reste de la déco est rustique et sobre mais bien dans le ton, avec quelques poutres apparentes. Propreté impeccable. L'accueil tend à s'améliorer et c'est tant mieux. *Un petit déjeuner par personne offert à nos lecteurs sur présentation de ce guide.*

🛏 *Hôtel de Nice* ** – 42 bis, rue de Rivoli ☎ 01-42-78-55-29. Fax : 01-42-78-36-07. TV. Câble. M. : Hôtel-de-Ville. Chambres doubles à 100 € avec douche ou bains, sèche-cheveux et TV. Le rêve du dandy enfin réalisé. De l'élégance, du raffinement, de la discrétion (d'ailleurs si grande que l'on a un peu de mal à trouver l'entrée de l'hôtel...), un accueil polyglotte et souriant, bref, un établissement où l'on aimerait prendre pension à l'année. Les propriétaires furent antiquaires dans une vie antérieure ; ils en ont gardé le goût des beaux objets et de la patine, même si parfois cela peut devenir un peu surchargé. Dans le salon TV, où l'on sert le petit déjeuner, tapis et tissus chamarrés aux teintes douces et gravures du XVIIIᵉ siècle. L'été, préférez les chambres donnant sur la jolie place du Bourg-Tibourg et essayez d'obtenir l'une des chambres avec balcon. Excellent rapport qualité-prix. Un coup de cœur !

🍽 *Brasserie de l'Isle Saint-Louis* – 55, quai de Bourbon ☎ 01-46-33-18-47. Service non-stop de 12 h (18 h le jeudi) à minuit. Fermé le mercredi. Congés annuels : en août. M. : Pont-Marie. Compter autour de 24 €. Rien n'a changé depuis plusieurs décennies, même pas les serveurs, qui sont là depuis un quart de siècle en moyenne.

Pourtant, ils n'ont pas perdu leur zèle ni leur bonne humeur. La cigogne empaillée trône toujours sur le bar, et une pendule vosgienne rythme le repas des clients qui dégustent au coude à coude une bonne vieille choucroute des familles. Les soirs de matchs de rugby à Paris, les supporters se retrouvent ici pour descendre une *Mutzig*. Bien entendu, la carte tourne autour de l'excellente choucroute, mais on y trouve aussi du haddock et, en entrée, un *Welsh rarebit*, fromage fondu à la bière brune qui vient d'outre-Manche. Le tout arrosé d'un bon petit vin d'Alsace. On peut aussi se contenter d'une bonne omelette aux fines herbes, en contemplant le dos de Notre-Dame et les quais de Seine car, en plus, le site est unique.

🍽 *Au Jambon de Bayonne* – 6, rue de la Tacherie ☎ 01-42-78-45-45. Ouvert jusqu'à 22 h. Fermé les samedi et dimanche. Congés annuels : deux semaines en août. M. : Châtelet ou Hôtel-de-Ville. Le plat du jour varie de 8,50 à 13 € ; deux menus intéressants à 10 et 12,50 €, aussi le soir, mais uniquement jusqu'à 20 h 30, ou menu à 19 € proposé midi et soir ; à la carte, compter autour de 20 €. À deux pas des grands magasins de la rue de Rivoli. Pas à tergiverser : voici notre meilleur rapport qualité-prix-accueil du quartier. On s'installe sur des banquettes élimées, au coin de la nappe, et surtout on déguste une cuisine du terroir, servie généreusement. Tous les jours, un plat vedette, classique parmi les classiques (tartare haché au couteau, steak sauce marchand de vin). Service aux petits soins, ambiance conviviale. Bref, vous l'aurez compris, on aime.

🍽 *L'Enoteca* – 25, rue Charles-V ☎ 01-42-78-91-44. Ouvert tous les jours midi et soir (service jusqu'à 23 h 30). En août, service seulement le soir. Congés annuels : une semaine autour du 15 août, 2-3 jours à Noël et le Jour de l'An. M. : Saint-Paul-le-Marais. Formule déjeuner, boisson comprise, servie uniquement en semaine à 12 € ; menus à 30 et 40 € ; le soir, repas à la carte à 30 € ; pâtes du jour autour de 12 €. Quasi incontournable, ce bar à vin transalpin fait le plein chaque soir d'une clientèle très parisienne où il n'est pas rare de rencontrer quelques visages « vus à la télé ». Dans un décor chaleureux, définitivement Marais avec ses vieilles pierres, ses poutres apparentes et ses murs patinés, inconnus comme maisons viennent en amateurs découvrir toute la richesse du vignoble transalpin (chaque semaine les propositions au verre changent) en grignotant des *antipasti misti*, une *mozzarella rucola e pomodoro* ou des pâtes fraîches que le chef fabrique et accommode au gré de son humeur mais toujours avec réussite. Et puis, les vrais amateurs de vins de la péninsule jetteront un œil, voire deux, à la carte : plus de 450 références. Pas mal !

l●l *Le Temps des Cerises* – **31, rue de la Cerisaie** ☎ **01-42-72-08-63.** Ouvert de 8 h à 20 h ; cuisine le midi uniquement. Fermé les samedi, dimanche et jours fériés. Pas de restaurant le soir, mais le bar reste ouvert jusqu'en début de soirée. Congés annuels : en août. M. : Bastille ou Sully-Morland. Menu unique au déjeuner à 12 € ; plats autour de 10 €. N'accepte pas les cartes de paiement. Situé dans une pittoresque maison basse de la fin du XVIIIᵉ siècle. Bistrot depuis 1910, il s'appelait précédemment *Trains Bonnet* en hommage à Louis Bonnet, fondateur de *L'Auvergnat de Paris* dont les bureaux étaient à côté. Louis Bonnet faisait venir des compatriotes par trains entiers, d'où le nom. Ancienne intendance du couvent des Célestins. Un décor d'emblée familier, le zinc, les tables de café et les banquettes de moleskine où l'on sert le midi dans une promiscuité joyeuse. Le programme est écrit au tableau noir. Photos du Paris d'antan et bonne humeur des patrons rappellent les vieilles traditions de convivialité parisienne. Menu à un prix imbattable et à la qualité variable : œuf mayo, andouillette grillée/crue, lasagnes... Sélection de vins un peu trop éclectique à tous les prix (clos vougeot, gaillac, chablis, bourgueil, saint-joseph...). Autant dire qu'il faut arriver à midi pile si l'on veut trouver de la place.

l●l *Aux Vins des Pyrénées* – **25, rue Beautreillis** ☎ **01-42-72-64-94.** Ouvert midi et soir (service jusqu'à 23 h 30). Fermé le samedi midi. Congés annuels : du 15 au 25 août. M. : Bastille ou Sully-Morland. Le midi, menu à 12,50 € ; à la carte, compter autour de 27 € sans la boisson. Un vieux caviste-bar qui a réussi sa métamorphose en néo-bistrot tout en conservant sa même enseigne. On allie ici merveilleusement les ingrédients de la réussite. Une ambiance copain-copain de bon aloi (le patron fait la bise à la moitié des clients, mais les têtes nouvelles sont très bien reçues), un habile mélange de parisianisme et de décontraction presque provinciale, et des petits plats de boucher bien ficelés qu'on choisit sur l'ardoise. Viandes de qualité, grillées pour la plupart, garnies d'accompagnements généreux et arrosées de petits vins au verre. Carte de saison qui change régulièrement. Les dames à taille de guêpe et les non-viandards apprécieront les deux formules poisson. Accueil sympa et addition correcte. Voilà, c'est simple, efficace et ça marche.

l●l *Les Fous de l'Île* – **33, rue des Deux-Ponts** ☎ **01-43-25-76-67.** Ouvert de 12 h à 15 h et de 19 h à minuit ((dernière commande vers 22 h 30-23 h). Fermé les lundi toute la journée, samedi midi et dimanche soir. Congés annuels : 3 semaine en août. M. : Pont-Marie. Menu à 11,89 €

servi à midi ; le soir, repas à la carte autour de 22,87 €. Brunch le dimanche avec plusieurs formules entre 15,24 et 22,87 €. Fait surtout restaurant, midi et soir, mais c'est aussi un salon de thé l'après-midi. Le midi, menu gentil. Une cuisine simple et bien faite, allant parfois chercher son inspiration au-delà des frontières (fricassée de langoustines à l'indienne).

l●l *Le Petit Picard* – **42, rue Sainte-Croix-de-la-Bretonnerie** ☎ **01-42-78-54-03.** Ouvert jusqu'à 23 h. Fermé les lundi toute la journée, samedi midi et dimanche midi. Congés annuels : 1 semaine début janvier et du 14 juillet au 15 août. M. : Rambuteau ou Hôtel-de-Ville. Formules à 10,50 € à midi, de 14,50 à 20,50 € le soir. Repas complet à la carte autour de 23 €. À l'heure du déjeuner, la maison fait salle comble grâce à sa formule entrée, plat, dessert et quart de rouge. Sans conteste, l'une des meilleures affaires du quartier, même si la nourriture n'a jamais atteint des sommets. On vient plus pour manger beaucoup que pour manger très bien. C'est copieux et honnête, mais servi parfois un peu sèchement. Le soir, formule à peine plus élaborée : frisée aux petits-gris, escalope de saumon à l'oseille, flamiche aux poireaux... Si le midi la clientèle est hétéro, le soir, elle est plutôt garçons.

l●l *L'Endroit* – **24, rue des Tournelles** ☎ **01-42-72-03-07.** ♿ Ouvert de 12 h à 14 h et de 19 h à 23 h 30 (minuit les vendredi et samedi). Fermé le dimanche et le lundi. M. : Bastille. Plats du jour le midi à 9 € ; formule à 15,50 € et menu-carte à 25 €. Ah, le chouette *Endroit* que voilà ! Pas immense, mais avec une déco dans le style éphémère de bon goût qui allie la chaleur du bois et le raffinement de la légèreté. Lors de notre passage, au-dessus des tables asymétriques virevoltaient de chouettes plumettes blanches, remplacées en été par des pétales, et dans un coin, la statuette du *Routard*. Et de bonnes choses à déguster ; une cuisine simple, s'inspirant des classiques (le magret de canard mi-figues mi-raisins ou la blanquette de saumon) avec quelques audaces réussies : carpaccio de Saint-Jacques à l'aneth ou Tatin à la tomate confite. À deux pas de la Bastille, mais sans le côté branché-néon, cet endroit intime a su séduire les 25-40 ans bien parisiens mais néanmoins décontractés. Belle carte des vins et vin au compteur. Un service souriant très aimable et efficace seconde cet excellent rapport qualité-prix : une adresse à retenir. Douceur de la maison offerte aux lecteurs sur présentation de ce guide.

l●l *Le Coude Fou* – **12, rue du Bourg-Tibourg** ☎ **01-42-77-15-16.** Ouvert tous les jours midi et soir jusqu'à minuit. Congés annuels : pendant les fêtes de fin d'année. M. : Hôtel-de-Ville. Le midi, formule plat et entrée ou dessert, avec un verre de vin, à 16 €. Le soir, formule à 23 €. Carte autour de 30 € sans la boisson. Un bar à vin à succès, dont la renommée attire en nombre vrais connaisseurs et amateurs curieux. Le patron a su proposer une carte originale qui se promène hors des vignobles battus, et c'est ce qui fait la différence, tout comme son sourire et celui de ses acolytes. Murs un peu patinés et jolies fresques naïves qui courent le long des deux salles. Tables recouvertes de vieilles caisses de bouteilles de vin (et pas des moindres !). Petits plats traditionnels genre sauté d'agneau menthe au basilic ou pavé de saumon au sel de Guérande. Cuissons justes et atmosphère chaleureuse. *Verre de vin offert aux lecteurs sur présentation de ce guide.* NOUVEAUTÉ.

I●I *Le Café de la Poste* – **13, rue Castex** ☎ **01-42-72-95-35.** Ouvert du lundi au vendredi de 12 h à 14 h et de 19 h à 22 h 30, le samedi de 20 h à 23 h 30. Fermé le dimanche. Congés annuels : 15 jours en août. M. : Bastille. Compter autour de 17 € à la carte ; plats de 8,50 à 11,50 €, entrées et desserts autour de 5 €. Situé en face d'un bureau de poste dont la façade de brique style années 1930 ne doit son salut qu'à la mobilisation massive des habitants du quartier, ce café fait plus néo-Bastille que rade de postiers. Transformé avec goût, le lieu joue les intéressants : murs en mosaïque, larges banquettes, ventilateur, grande glace, beau bar en bois. Sur l'ardoise figurent régulièrement un plat de pâtes et quelques plats de viande : éminé de bœuf Strogonoff, fricassée de saucisson... ainsi que de grandes assiettes (nordique, périgourdine, etc.) qui plaisent beaucoup en été. De toute façon, la carte change tous les jours. De 15 h à 18 h, fait salon de thé.

I●I *Brasserie Bofinger* – **5-7, rue de la Bastille** ☎ **01-42-72-87-82.** Ouvert du lundi au vendredi de 12 h à 15 h et de 18 h à 1 h, et les samedi et dimanche en continu de 12 h à 1 h. M. : Bastille. Formule à 20 € le midi, ou menu à 30 € ; choucroutes à partir de 12,50 € et plateaux de fruits de mer à 37 et 45 €, ou 86 € pour deux. Cette célèbre brasserie, créée en 1864 et transformée en 1919, offre un décor qu'apprécient les nombreux touristes qui viennent y dîner. Les Parisiens sont, tout comme eux, sensibles à l'esthétique de la belle verrière et du salon du 1er étage décoré par Hansi. Et c'est vrai qu'on en a plein la vue. Que l'on soit d'ici ou d'ailleurs, on sacrifie à la sacro-sainte choucroute et aux fruits de mer, vedettes incontestées de la maison. Mention spéciale pour la choucroute paysanne, la « Spéciale », et les plateaux de fruits de mer « Mareyeur » et « Royal ». *Café offert à nos lecteurs sur présentation de ce guide.* NOUVEAUTÉ.

I●I *Le Dôme du Marais* – **53 bis, rue des Francs-Bourgeois** ☎ **01-42-74-54-17.** Service midi et soir (à partir de 19 h 30, dernière commande à 23 h). Fermé les dimanche et lundi. M. : Hôtel-de-Ville. Chaises hautes à disposition. Compter autour de 20 € le midi et facilement 30 € le soir à la carte. Dans l'ancienne salle des ventes du Mont-de-Piété, une très belle adresse, assez chic. On dîne sous la coupole XVIIIe en verre dépoli. Aux murs, la décoration a été refaite façon feuille d'or et chaleureux bordeaux. Ayant exercé ses talents dans de grandes maisons et à l'étranger, le chef sait relever ses plats d'épices rares dont il distille les saveurs avec subtilité comme sa daurade rôtie ou son cuissot de biche (hmm !). Service aimable et aux petits soins. Belle carte des vins. Un conseil : éviter le week-end, il y a vraiment beaucoup de monde et la salle devient bruyante. NOUVEAUTÉ.

I●I *Le Marché* – **2, pl. du Marché-Sainte-Catherine** ☎ **01-42-77-34-88.** Ouvert tous les jours, service de 12 h à 15 h et de 19 h à 23 h. M. : Saint-Paul-le-Marais. Formule entrée + plat ou plat + dessert à 14 € le midi. Le soir, une formule entrée, plat et dessert à 22 €. Sous les platanes de la place Sainte-Catherine, une adresse qui fleure bon la Provence, avec ses mosaïques bleues et ses nappes jaunes. Au gré du marché, le chef nous mitonne des petits plats simples célébrant une cuisine traditionnelle aux accents méridionaux, comme le carré d'agneau aux herbes ou le cabillaud au lait de coco. Quant aux garnitures, c'est un délice. Le tout arrosé de petits vins de propriété (magnifique cave à vin !). Ne manquent que les grillons... Terrasse chauffée en hiver. Réservation recommandée.

I●I *Le Baracane* – **38, rue des Tournelles** ☎ **01-42-71-43-33.** Service de 12 h à 14 h 30 et de 19 h à minuit. Fermé les samedi midi et dimanche. Réservation conseillée. M. : Bastille. Menu à 9,50 et 14 € à midi et de 25 à 35 € le soir. Ce bistrot de poche, annexe du restaurant *L'Oulette* (à côté de Bercy), applique les recettes de son grand frère et garde, tout comme lui, son accent du Sud-Ouest et ses pieds chaussés de bottes de Gascon à la fois délicat et parfumé. Cabillaud rôti et sa purée écrasée aux olives (un délice !) ou cassoulet maison aux confits bien parfumé. Plusieurs solutions à tous les prix : 2 menus à midi uniquement « Baracane-express » (plat du marché + verre de vin + café) et « Formule bistrot » (plat + entrée ou dessert + verre de vin). Servi également le soir, le « menu du marché » (entrée, plat et dessert à choisir dans toute la carte) change régulièrement. Si vous êtes en fonds, tentez donc le menu-carte. Là, c'est la totale avec, outre les trois plats, un apéro, une demi-bouteille de vin à choisir dans la carte (étonnant !) et un café. Des formules très attractives donc, surtout au vu de la qualité de la cuisine, jamais prise en défaut. Desserts à se damner. Belle carte de vins à prix corrects. Très bon accueil.

|●| À l'Escale – 1, rue des Deux-Ponts, 2, quai d'Orléans ☎ 01-43-54-94-23. Ouvert de 7 h 30 à 21 h ; sert seulement le midi, de 12 h à 15 h. M. : Pont-Marie. Pas de menu, compter autour de 23 € sans la boisson ; plats du jour entre 10 et 11,45 €. Salades de 6,90 à 9,20 €, tartes salées, tartines de 4,60 à 8,40 €. Tartines chaudes sur salade à 8,40 €. Idéal le midi après la visite de Notre-Dame et de l'île Saint-Louis. Point de vue splendide de ce troquet sympa, géré de mains de maître par la sympathique mademoiselle Deltel. Toujours cet amour du produit vrai (la langue de bœuf et sa purée maison !), du petit côtes-du-rhône bien gouleyant et de la glace... *Berthillon*, bien sûr ! On se sent rapidement chez soi. Une halte bienvenue.

|●| Bel Canto – 72, quai de l'Hôtel-de-Ville ☎ 01-42-78-30-18. Service de 20 h à 23 h. Fermé le dimanche et le lundi. M. : Hôtel-de-Ville. Menu lyrique à 50 €, sans boisson. Dîner-spectacle d'un genre nouveau : ici, pas de scène ou d'artiste grimé. Mais entre un *prosciutto* et une *panna cotta*, Carmen et Don Juan s'incarnent à votre table. Les verres vibrent au son de la voix de ces sopranos, barytons et autres altos cachés derrière leurs tabliers de serveurs et de serveuses. L'équipe est joyeuse et bien orchestrée. En effet, on vient davantage ici pour le spectacle que pour le contenu de son assiette. De ce côté-là, on est plus près de l'opéra-bouffe que de la traditionnelle gastronomie italienne. Tous les classiques sont à la carte, du *carpaccio* au *tiramisù* en passant par l'inévitable *lambrusco*. Reste qu'il s'agit bien là de l'endroit idéal pour subjuguer votre dulcinée. Et comme le succès est au rendez-vous, la maison a ouvert une annexe tout aussi lyrique au 88, rue de la Tombe-Issoire, dans le 14ᵉ arrondissement (☎ 01-43-22-96-15) tout en augmentant sérieusement ses prix. Réservation indispensable.

5ᵉ arrondissement

≜ Young and Happy Hostel – 80, rue Mouffetard ☎ 01-47-07-47-07. Fax : 01-47-07-22-24. ● www.youngandhappy.fr ● Cartes de paiement refusées. Réservation possible par écrit avec la première nuit d'acompte, ou venir le matin entre 8 h et 11 h. Fermé de 11 h à 16 h et après 2 h du matin. Pour le week-end, réservez à l'avance. M. : Monge. Compter 19,50 € pour un lit en dortoir, 22,50 € pour un lit en chambre double ; petit déjeuner inclus. Téléphone dans l'entrée, distributeur de boissons froides, espace Internet, TV, cuisine

commune. Dans un quartier vivant en plein centre-ville, voici ce qu'il y a de plus simple, propre, à l'équipe jeune et joviale. Rue assez bruyante, mieux vaut le savoir. 70 places en chambres rudimentaires (on peut le dire !) ; douches et sanitaires sur le palier. Possibilité de cuisiner sur place ou de manger au restaurant universitaire tout proche. Prisée des Anglo-Saxons, la formule fonctionne depuis bientôt 20 ans et est, sans nul doute, la plus économique du quartier.

≜ Hôtel Marignan * – 13, rue du Sommerard ☎ 01-43-54-63-81. ● www.hotel-marignan.com ● Cartes de paiement refusées. M. : Maubert-Mutualité. Pour une chambre double, de 67 € avec lavabo et w.-c. à 97 € avec douche et w.-c. ; également quelques chambres familiales ; petit déjeuner et taxes de séjour inclus. Hors saison, tarifs dégressifs au-delà de 3 jours. Dans une rue calme, l'*hôtel Marignan* est le rendez-vous des routards depuis plus de 3 décennies. Dans une ambiance entre l'hôtel et l'auberge de jeunesse, ici on est comme chez soi. D'ailleurs, lave-linge, micro-ondes, frigo sont à disposition. Une quarantaine de chambres spacieuses, au style fin des années 1960, propres et parfois personnalisées. Accueil cependant inégal. Vivante, avec toujours du passage, cette adresse – internationale – reste un bon compromis qualité-prix. *Un tour gratuit en bateau-mouche offert par le patron (entre septembre et mars) à nos lecteurs venant en famille sur présentation de ce guide.*

≜ Hôtel Esmeralda * – 4, rue Saint-Julien-le-Pauvre ☎ 01-43-54-19-20. Fax : 01-40-51-00-68. M. : Saint-Michel. Chambres doubles avec vue en coin, pour certaines, sur Notre-Dame et le square Viviani, entre 80 et 85 € avec salle de bains et w.-c. Pas de TV. Petit hôtel de 19 chambres, du XVIIᵉ siècle, décoré comme une maison de poupée. Escalier classé. Idéal si l'on n'est pas trop regardant sur le mobilier bien vieillot et le côté un peu grenier fourre-tout de l'ensemble. Salles de bains vétustes et pas toujours très nettes. L'ensemble aurait bien besoin d'une rénovation, mais l'emplacement assure le remplissage à l'année, alors... Ne manquez pas, en face, l'église Saint-Julien-le-Pauvre, l'une des plus vieilles et des plus charmantes de Paris.

≜ Familia Hôtel – 11, rue des Écoles ☎ 01-43-54-55-27. Fax : 01-43-29-61-77. ● www.hotel-paris-familia.com ● TV. Satellite. ✾ Ouvert toute l'année, réserver à l'avance. M. : Cardinal-Lemoine ou Jussieu. Chambres doubles de 86 à 106 € avec douche ou bains, toutes équipées ; petit déj' à 7 €. Au *Familia Hôtel*, on est accueilli dans les règles de l'art, « à la gaucheron » pourrait-on dire, du nom de la famille qui possède cet établissement depuis deux générations. Le cadre est soigné, confortable, aux inspirations médiévales avec ses tissus et tapisseries aux murs, sa bibliothèque de livres anciens, et un trompe-l'œil dans l'entrée. Côté chambres, on a le choix : pierres à la boucharde, lit baldaquin, meubles d'art, fresques murales sur le thème des monuments de Paris, avec balcons et guéridon, ou vue sur Notre-Dame (5e et 6e étages)... Une adresse familiale de goût en plein Quartier latin. *Réduction de 10 % sur le prix de la chambre (de mi-janvier à fin février et en août pour deux nuits consécutives) à nos lecteurs sur présentation de ce guide.*

🏠 *Hôtel de la Sorbonne* ** – 6, rue Victor-Cousin ☎ 01-43-54-58-08. Fax : 01-40-51-05-18. ● www.hotelsorbonne.com ● TV. Câble. M. : Cluny - La Sorbonne ; RER B : Luxembourg. Entrée sous le porche. Chambres doubles de 79 à 89 € avec douche ou bains ; petit déj' à 5 €. Au cœur du quartier étudiant et de l'animation. Hôtel propret face à la Sorbonne. Petite structure agréable. L'endroit est calme, bien tenu, l'accueil avenant, les chambres de bon goût, au mobilier simple et bien équipées ; petit salon raffiné bien agréable pour prendre son café-croissant. On peut juste regretter le manque d'insonorisation, comme pour la chambre n°11 donnant sur rue. *Un petit déjeuner par personne offert à nos lecteurs sur présentation de ce guide.*

🏠 *Hôtel des Grandes Écoles* *** – 75, rue du Cardinal-Lemoine ☎ 01-43-26-79-23. Fax : 01-43-25-28-15. ● www.hotel-grandes-ecoles.com ● Parking payant. ♿ Nécessité de réserver longtemps à l'avance, cette adresse étant très prisée des Américains amoureux de Paris. M. : Cardinal-Lemoine ou Monge. Chambres de chaque côté de l'impasse, soigneusement tenues et arrangées avec goût, entre 95 et 120 € avec douche ou bains. Petit déjeuner à 7 €. La campagne à Paris, tout simplement incroyable ! Situé dans une ruelle privée à deux pas de la place de la Contrescarpe, cet hôtel rénové en 1997 est en fait une charmante maison de caractère du XIXe siècle avec jardin verdoyant et courette pavée. Charme et tranquillité garantis. Ça fait bien longtemps que la gentille propriétaire et sa fille accueillent avec le sourire les voyageurs de tous pays. Dès les beaux jours, on pourra prendre le thé dans le jardin, même si l'on n'est pas client de l'hôtel. Télévores, évitez cet hôtel. Ici, on veut avoir la paix !

|●| *Foyer du Vietnam* – 80, rue Monge ☎ 01-45-35-32-54. Service jusqu'à 22 h. Fermé le dimanche et les jours fériés. M. : Monge. Menus à 7,60 et 11,40 € servis midi et soir ; menu-étudiants à 7,10 € ; carte autour de 12 €. Poussez sans hésitation la porte de ce foyer. L'endroit ne paie définitivement pas de mine, mais on y mange une cuisine vietnamienne familiale d'une probité qu'on ne peut que louer. Excellente soupe au porc (le petit modèle est très copieux), où nouilles et bouillon forment un tout savoureux, et raviolis à la vapeur délicieux. Le reste, poisson mijoté à la sauce piquante, brochettes de porc, soupe Hanoï... est à l'avenant. Quelques spécialités intéressantes en fin de semaine comme la soupe de riz aux tripes (en alternance avec une soupe de canard) ou encore les gambas grillées aux vermicelles.

|●| *Tashi-Delek* – 4, rue des Fossés-Saint-Jacques ☎ 01-43-26-55-55. Ouvert jusqu'à 23 h. Fermé le dimanche. Congés annuels : du 15 au 27 août. RER B : Luxembourg. Menus de 7,60 à 9,50 € ; à la carte, exotisme assuré pour 13 € environ. Adresse incontournable ! Le premier restaurant tibétain de Paris, tenu par d'authentiques Tibétains, installés ici depuis l'invasion chinoise de leur pays. Servie dans un sobre décor, la cuisine est composée de plats régionaux d'U-Tsang, Kham et Amdo. Prenez donc plusieurs plats pour vous familiariser avec cette cuisine du bout du monde : *momok* (raviolis de bœuf), *chabale* (galettes farcies), *baktsa markou* (boulettes de pâtes avec beurre fondu et fromage de chèvre)... et puis le thé au beurre salé pour les courageux. *Digestif maison offert à nos lecteurs sur présentation de ce guide.*

|●| *Le Volcan* – 10, rue Thouin ☎ 01-46-33-38-33. ♿ Service jusqu'à 23 h 30. Fermé le lundi. M. : Place-Monge ou Cardinal-Lemoine. Menus servis midi et soir à 9,50, 14,50 et 22,50 €. Après avoir, il y a des années, fait la part belle à la cuisine hellène, *Le Volcan* se consacre principalement aujourd'hui à la cuisine française, chaleureuse et bien apprêtée. Plutôt une valeur sûre, donc. Les menus comprennent à chaque fois entrée, plat et dessert, et sont servis même le soir (jusqu'à 20 h pour le 1er menu), ce qui est étonnant (boisson comprise uniquement pour le déjeuner). Il reste cependant quelques plats grecs, clin d'œil pour les nostalgiques, peut-être... Seul petit bémol : service inégal. *Digestif offert (s'ils prennent le « grand menu ») à nos lecteurs sur présentation de ce guide.*

|●| *Ma Cuisine* – 26, bd Saint-Germain ☎ 01-40-51-08-27. Ouvert tous les jours midi et soir. M. : Maubert-Mutualité. Menu déjeuner à 10 € avec entrée + plat ou plat + dessert. Également un menu servi midi et soir à 25 €. À deux pas de l'Institut du monde arabe, le restaurant opte plutôt pour une déco tendance marine (murs blancs, poutres bleues) et une cuisine gentiment traditionnelle qui ne dédaigne pas une pointe d'originalité en relevant certains plats de quelques saveurs subtiles. Le midi, une clientèle de bureau se presse pour le petit

menu au bon rapport qualité-prix, assez rare dans le quartier. Salle aérée, bien agréable et service efficace.

|●| *La Rôtisserie Galande* – **57, rue Galande**☎ **01-46-34-70-96.** Ouvert de 12 h à 2 h. Prise de commandes jusqu'à 23 h. Fermé le lundi midi. M. : Saint-Michel ou Maubert-Mutualité. Formules express au déjeuner à 8 et 11 € (entrée, plat et dessert) ; plats à la broche de 9,30 à 37 € (épaule d'agneau pour 3 personnes) ; desserts à 5 €. Ouf ! mais ce n'est que le résumé d'une carte très alléchante. N'oublions pas les pièces qui tournent en broche, dorées à souhait, arrosées de leur jus, dont « profitent » les pommes de terre servies en garniture. Dans cette rue Galande au tracé médiéval, vers le XIIIᵉ siècle, là, rôtissaient à la flamme oies et pourceaux, pour rassasier pèlerins et escholiers. La tradition y est maintenue, avec rondeur et générosité. Brillat-Savarin (mais oui, le prince des gastronomes) ne s'était pas trompé : on est cuisinier, on naît rôtisseur ! *Apéritif maison offert à nos lecteurs sur présentation de ce guide.*

|●| *Au Coin des Gourmets* – **5, rue Dante**☎ **01-43-26-12-92.** Ouvert de 12 h à 14 h 30 et de 19 h à 22 h 30 (23 h les vendredi et samedi, 22 h le dimanche). Fermé le lundi midi. M. : Maubert-Mutualité ou Saint-Michel. Menu à 11,25 € le midi en semaine ; carte autour de 23 €. « Spécialités indochinoises », est-il écrit sur la carte de visite, et c'est vrai que c'est un melting-pot de délicieuses spécialités de la péninsule. La salle est toujours pleine, et l'accueil jovial, avec cette touche de familiarité que l'on aime bien. Impossible de citer toute la carte (plus subtile que dans moult « asiatiques »), mais la salade de papaye verte râpée, le *tea khtoeun* (canard braisé farci aux champignons), la crêpe cambodgienne *(bank xeo)* et l'*amok* cambodgien expriment avec justesse l'Indochine. *NOUVEAUTÉ.*

|●| *Han Lim* – **6, rue Blainville**☎ **01-43-54-62-74.** Le soir, sert jusqu'à 22 h 30. Fermé le lundi. Congés annuels : en août. M. : Monge. Menu à 13,50 € le midi ; menu barbecue à 14,10 € ; carte autour de 18 €. Le décor est sombre, la clientèle en partie coréenne (plutôt bon signe). Menu intéressant à midi, comprenant potage au pot-au-feu, fruits de mer sautés (bulots et seiches),

riz et assortiment de légumes coréens, dessert et un quart de rouge ou une demi-Évian, ou barbecue coréen à prix raisonnable. Une bagatelle pour un voyage dans l'exotisme d'une cuisine méconnue. Très bonnes grillades sur brasero et excellent poulet farci à l'ail. *Café offert à nos lecteurs sur présentation de ce guide.*

|●| *Le Reminet* – **3, rue des Grands-Degrés**☎ **01-44-07-04-24.** Service jusqu'à 23 h en semaine, un peu au-delà le week-end. Fermé les mardi et mercredi. Congés annuels : 3 semaines en août. Pensez à réserver. M. : Maubert-Mutualité. Menu à 13 € le midi. Autres menus à 17 et 48 € ; à la carte, compter autour de 32 €. Dans cette partie pleine de charme de l'arrondissement, si calme, si proche pourtant de l'agitation factice de Saint-Séverin, on vous invite à apprécier la cuisine raffinée du jeune chef, normand d'origine, qui marie avec sûreté des produits simples mais de première fraîcheur. Moules, coques, carrelet : les amateurs de pêche à pied seront ravis ; agneau, lapin... et les arpenteurs de lande normande et de ses prés-salés aussi. Les desserts mettront tout le monde d'accord : ils sont... sublimes ! La salle est un écrin décoré avec recherche mais sans ostentation. On s'y sent bien, le service est diligent, naturellement décontracté. Un vrai plaisir. Et le reminet ? Mais c'est un coq : gare à vos poules !

|●| *Pema Thang* – **13, rue de la Montagne-Sainte-Geneviève**☎ **01-43-54-34-34.** Service de 12 h à 14 h 30 et de 19 h à 22 h 30. Fermé le dimanche et le lundi midi. Congés annuels : en septembre. M. : Maubert-Mutualité. Menus de 13 à 17 €, dont un végétarien et un « découverte des spécialités tibétaines » ; le soir, repas à moins de 17 € ; plats entre 9,50 et 12,20 €. Une fois de plus, le Quartier latin reste le carrefour des cultures, telle cette table venue tout droit des hauts plateaux tibétains. On y découvre une cuisine tout en nuances et en harmonies subtiles. Des repas pris à toute vapeur (c'est la spécialité du Tibet) et qui, bien qu'originaux, sont à la croisée des cuisines chinoise, japonaise et indienne. À l'heure du déjeuner, les Sorbonnards viennent découvrir d'autres horizons à coups de *sha momok* (raviolis de bœuf cuits à la vapeur), de *then thouk* (bouillon aux nouilles), de *pemathang* (boulettes de viande aigres-douces, légumes sautés) et

---

Les prix
En France, les prix des hôtels et des restos sont libres. Certains peuvent augmenter entre le passage de nos infatigables fureteurs et la parution du guide.

Avis aux hôteliers et aux restaurateurs
Chaque année pour y figurer, il faut le mériter !

Le Routard

autres spécialités. *Café offert à nos lecteurs sur présentation de ce guide.*

|●| *Au Bon Coin* – 21, rue de la Collégiale ☎ 01-43-31-55-57. Ouvert de 12 h à 14 h 30 et de 19 h à 23 h (23 h 30 les vendredi et samedi). Fermé le dimanche. Congés annuels : les 3 premières semaines d'août. M. : Gobelins ou Censier-Daubenton. Menus à 12,50 et 16,50 € ; à la carte, compter autour de 24 €. Cartes de paiement refusées. Au nom évocateur de relais routier ou de resto provincial en bordure de rivière tranquille, ce *Bon Coin* n'accueille pas les pêcheurs en déroute, mais une clientèle populo et des étrangers ravis, alléchés par les menus élaborés avec sérieux et surtout facturés à prix modiques. De quoi s'offrir une gentille soirée entre amis. Pas de miracle, mais simplement une cuisine de caboulot (filet de canard, raie aux câpres...) avec ses bons jours... et les autres. Service aimable et décor entre vieux Paname, rustique paysan et tableaux contemporains... *Le midi (sauf le samedi), apéritif maison offert à nos lecteurs sur présentation de ce guide. NOUVEAUTÉ.*

|●| *ChantAirelle* – 17, rue Laplace ☎ 01-46-33-18-59. Ouvert jusqu'à 22 h 30. Fermé le samedi midi et le dimanche. Congés annuels : une semaine autour du 15 août. M. : Cardinal-Lemoine ou Maubert-Mutualité ; RER B : Luxembourg. Menu à 14 € le midi (entrée, plat et dessert) ; le soir, menu à 17 et à 25 €. Une ambassade du Livradois-Forez (Auvergne) tenue par un militant pur et dur des produits de son terroir, qui sont d'ailleurs vendus à emporter. Tout vient directement du pays, à part la viande et les glaces ou les sorbets. Des spécialités rustiques qui font chaud au cœur : chou farci Yssingeaux à l'ancienne, pounti auvergnat... Cuisine copieuse et roborative... Excellent pain et petit vin locaux (qui a dit qu'en Auvergne il n'y avait que de l'eau ?). Entrées du terroir à partager (assiette de charcuterie), idem pour la remarquable assiette de fromages du pays. Cadre agréable et montagnard ; en fond sonore, chants d'oiseaux et croassements de grenouilles. Belle et reposante terrasse de jardin (pensez à y réserver votre table). Bonne petite carte de vins et d'eaux minérales à découvrir (essayez donc la Chateldon). *Et pour nos lecteurs, une assiette de dégustation de fromages fermiers d'Auvergne sera offerte sur présentation de ce guide (s'il mangent à la carte). NOUVEAUTÉ.*

|●| *Le Buisson Ardent* – 25, rue de Jussieu ☎ 01-43-54-93-02. Ouvert midi et soir jusqu'à 22 h. *Fermé les samedi et dimanche.* Congés annuels : août. M. : Jussieu. Menu du midi à 14,50 € ; repas complet à la carte autour de 26 €. Toujours une de nos bonnes adresses dans le coin. Le cadre, rajeuni mais agréable, correspond bien à ce que l'on trouve dans l'assiette : une cuisine faussement sage. Celle-ci joue avec les produits du terroir avec un rare bonheur et se montre résolument contemporaine, savoureuse et colorée. Le menu change régulièrement, ainsi que la carte. Les associations de goûts ne sont jamais hasardeuses et toujours bienvenues. Un vrai bon plan routard, en face de la fac de Jussieu. *Apéritif maison offert à nos lecteurs sur présentation de ce guide.*

|●| *L'Atlas* – 10-12, bd Saint-Germain ☎ 01-46-33-86-98. Ouvert de 12 h à 14 h 30 et de 19 h 30 à 23 h. Fermé le lundi. M. : Maubert-Mutualité. À la carte uniquement, compter entre 28 et 39 € sans la boisson. Après une visite à l'Institut du Monde arabe, prolongez votre voyage en prenant place dans ce restaurant au décor des *Mille et une Nuits.* Benjamin el-Jaziri, qui a un temps travaillé dans de grandes maisons, nous propose une cuisine fidèle à ses origines marocaines (couscous et tajines) mais allégée de ses sucres et matières grasses. En dehors de ces classiques, une incontestable inventivité : gambas grillées au paprika, quartier d'agneau à la mauve, pastilla aux fruits de mer ou perdreau aux châtaignes (en saison). Accueil chaleureux et service attentionné. Ce n'est, hélas, pas donné. *Digestif maison offert à nos lecteurs sur présentation de ce guide.*

|●| *Le Mauzac* – 7, rue de l'Abbé-de-l'Épée ☎ 01-46-33-75-22. Ouvert du lundi au samedi de 8 h à minuit. RER B : Luxembourg. Assiettes de charcuterie d'Auvergne entre 5 et 10 €. Entrées à 4,75 €. Plats autour de 11 à 13 €. Desserts à 4,55 €. Nombreuses références vineuses à prix raisonnables, dont le mauzac blanc, à découvrir. Se décline au verre, en pot ou en bouteille. Jean-Michel et Christine nous ont quittés pour le Sud-Ouest (du côté d'Albi, croit-on savoir), mais ils ont laissé leur empreinte dans cette adresse qu'on continue à aimer – pour son décor en partie années 1950, son atmosphère un rien bruyante et affairée, sa terrasse aux beaux jours, chauffée quand la bise fut venue, et surtout sa roborative cuisine. La carte n'a pas changé : andouillette, onglet, blanquette, plats du jour peut-être un peu moins inventifs, *crumble* ou crème brûlée en dessert. « Cantine » du regretté Topor, *Le Mauzac* reste pour nous un véritable lieu de mémoire... *NOUVEAUTÉ.*

|●| *Le Languedoc* – 64, bd de Port-Royal ☎ 01-47-07-24-47. Dernière commande à 22 h. Fermé les mardi et mercredi. Congés annuels : du 14 juillet au 15 août et du 20 décembre au 6 janvier. M. : Gobelins ; RER B : Port-Royal. Menu à 19 € servi midi et soir ; à la carte, prévoir 23 €. Depuis longtemps une des adresses favorites des correcteurs de nombreux journaux, c'est tout dire quand on connaît leur sens de la table. Cuisine roborative du Sud-Ouest dans un cadre genre vieille maison de province. Si le confit de canard pommes sarladaises (pour deux) et le cassoulet au confit d'oie règnent en maîtres, les viandes se défendent bien. On'recommande aussi les harengs marinés pommes vapeur (terrine sur la table !). Leur vin du Rouergue aide superbement à faire descendre tout cela (ainsi que le gaillac blanc ou rouge, produit par les vignes du patron). Une adresse qui ne change pas, et c'est tant mieux.

|●| *Le Balzar* – 49, rue des Écoles ☎ 01-43-54-13-67. Ouvert tous les jours de 8 h à minuit. M. : Odéon ou Cluny - La Sorbonne. Pas de menu ; compter aux alentours de 32 €. Reprise en main par le groupe *Flo*, cette célèbre brasserie demeure un rendez-vous très agréable pour y souper après le cinéma ou le théâtre. Même décor et même ambiance que chez *Lipp*. D'ailleurs, le midi, tous les éditeurs et les profs de la Sorbonne s'y retrouvent. Décor traditionnel des brasseries cossues : banquettes de moleskine, grands miroirs et garçons en tablier blanc. Étonnant aquarium tout en longueur où au chaud, l'hiver, on peut regarder les passants et les passantes. Spécialités : œuf poché en gelée, raie au beurre fondu, sole meunière et choucroute. Nourriture moyenne, classique et quand même chère, mais ce qui compte, c'est d'être là, n'est-ce pas ?

|●| *L'Équitable* – 1, rue des Fossés-Saint-Marcel ☎ 01-43-31-69-20. Service jusqu'à 22 h 30. Fermé le lundi, le mardi midi et le dimanche soir. Congés annuels : en août. M. : Censier-Daubenton ou Saint-Marcel. Menus à 20,50 €, le midi, et à 28 € ; à la carte, compter 28 €. Le décor fait penser à une auberge de province un rien cossue. La cuisine, elle, ne manque pas d'inventivité : le jeune chef a fait ses gammes chez quelques « grands », il en est resté quelque chose. Les plats traditionnels sont relevés d'une touche exotique ou originale qui les rajeunit (un peu de vanille dans le poisson empereur, servi sur une feuille de bananier, par exemple, ou des chips de céleri en garniture d'une viande goûteuse à souhait). Desserts pleins de surprises. Une cuisine réussie. La clientèle, prospère, ne boude pas son plaisir. Et nous non plus !
NOUVEAUTÉ.

|●| *Savannah Café* – 27, rue Descartes ☎ 01-43-29-45-77. Ouvert de 19 h à 23 h. Fermé le dimanche. Congés annuels : du 12 au 17 août et du 22 décembre au 4 janvier. M. : Cardinal-Lemoine. Menu à 22 € ; à la carte, compter au minimum 24 € sans la boisson. Le maître des lieux, d'origine libanaise, vous accueillera avec cette politesse tout orientale que l'on aimerait rencontrer plus souvent dans les restos de chez nous.

Côté cuisine, en parfait citoyen du monde, il a l'assiette voyageuse. Taboulé, *houmous*, kebbé, *ceviche*, *carpaccio*, curry d'agneau à la coriandre fraîche, *chili con carne*, curry de légumes et de fruits (à la cardamome, coco, *chutney*) pourront, au gré de la carte, vous faire voir du pays... Crème de lait recommandée en dessert. Le midi, vous pouvez faire un tour à l'annexe, le *Comptoir de la Méditerranée*, 42, rue du Cardinal-Lemoine. Le même patron y propose une cuisine libanaise plus rapide, à consommer sur place ou à emporter, avec tout l'assortiment des *meze*.

|●| *Le Petit Pontoise* – 9, rue de Pontoise ☎ 01-43-29-25-20. Fermé le dimanche soir et le lundi. Penser à réserver. M. : Maubert-Mutualité. Plat du jour à 10 € . À la carte, compter 28 €. Dans cette petite salle aux tables bistrot, pleine d'initiés, la surprise (avec l'extraordinaire machine à trancher le saucisson), c'est la cuisine du sympathique patron, qui a fait ses classes – excuseur du peu – chez *Guérard, Maximin* et à *La Tour d'Argent* ! Il en est resté quelque chose, dans l'inventivité (tatin d'artichauts) ou la déclinaison surprenante de plats plus traditionnels (parmentier de queue de bœuf au foie gras). L'inspiration va aussi chercher du côté de l'Italie, et c'est drôlement bien vu. Les desserts (ah ! le macaron chocolat - pain d'épice fourré à la glace sur crème anglaise) sont à se damner. Le traiteur (*Le Canard des Pharaons*, 7, rue de Pontoise, ☎ 01-43-25-35-93) est de la même maison. Les plats sont italiens, mais pas seulement. Il n'y a que deux ou trois tables, et les habitués disent que c'est encore meilleur qu'à côté...

6e arrondissement

⌂ *Delhy's Hôtel* * – 22, rue de l'Hirondelle ☎ 01-43-26-58-25. Fax : 01-43-26-51-06. ● delhys@wanadoo.fr ● TV. Satellite. Mieux vaut réserver car extrêmement bien placé et calme. M. et RER B : Saint-Michel. Chambres doubles de 58 à 64 € avec lavabo (douche sur le palier €) et de 72 à 79 € avec douche ; petit déjeuner inclus. À 1 mn de la place Saint-Michel, dans l'une des ruelles les plus méconnues de la capitale, une vingtaine de chambres, au calme garanti, dans cet ancien immeuble que François Ier avait offert à sa favorite le duchesse d'Étampes. Chambres proprettes, suffisamment grandes (comme les nos 2 et 3), rénovées en 2001, avec quelques pierres, poutres apparentes et TV. Accueil... glacial - mieux vaut être prévenu et commercial (règlement de la totalité du séjour dès l'arrivée !). Dommage ! Mais malgré ça, ça reste la bonne affaire du coin. *10 % sur le prix de la chambre (à partir de 3 nuits consécutives) offerts à nos lecteurs sur présentation de ce guide.*

⌂ *Hôtel des Académies* * – 15, rue de la Grande-Chaumière ☎ 01-43-26-66-44. Fax : 01-43-26-03-72. M. : Vavin. Bus nᵒˢ 58, 68 et 91. Chambres doubles à 53 € avec lavabo, de 61,98 à 64,50 € avec douche ou bains et w.-c., 1ᵉʳ et 2ᵉ étage ; compter 6,10 € pour le petit déjeuner. Chambres simples avec lavabo à 39 €. Petit hôtel de type familial dans une rue calme. Réception au 1ᵉʳ étage. Un côté années 1950 dans l'atmosphère. Les quelques chambres simples avec lavabo sont à réserver longtemps à l'avance. Pour les autres chambres, il nous est apparu que le prix était un poil surestimé. Le prix d'une nuitée minimum (selon la longueur du séjour) est demandé en acompte au moment de la réservation. *Un petit déjeuner par personne offert à nos lecteurs sur présentation de ce guide.*

🛌 *Hôtel de Nesle* – 7, rue de Nesle ☎ et fax : 01-43-54-62-41. ● www.hotelde nesle.com ● Parking. M. : Odéon ou Pont-Neuf. Doubles de 70 € avec lavabo ou douche à 100 € avec bains. Prix variables en fonction du confort, certaines chambres donnant sur la rue et d'autres avec vue sur le petit jardin. Pas de petit déjeuner. Dans une petite rue calme et chargée d'histoire, à deux pas du Pont-Neuf et de *La Samaritaine*, une petite merveille d'hôtel de charme, avec des chambres entièrement conçues et décorées autour de la vie de personnalités de Saint-Germain-des-Prés : Delacroix, Molière et le théâtre, Esmeralda et Notre-Dame... La chambre Sahara a même son hammam privé. On croit rêver ! Les prix varient en fonction du confort, certaines chambres donnant sur la rue et d'autres sur le petit jardin intérieur et sa terrasse, où il est agréable de bouquiner. Clientèle en majorité anglo-saxonne. La patronne et son fils couvent leurs clients avec amour et règnent sur ce petit monde avec bonne humeur. Levez les yeux au plafond du salon d'été, il est tapissé de bouquets de fleurs séchées. Magique ! Réservation indispensable une semaine à l'avance.

🛌 *Hôtel des Canettes* ** – 17, rue des Canettes ☎ 01-46-33-12-67. Fax : 01-44-07-07-37. TV. M. : Saint-Germain-des-Prés ou Mabillon. Chambres doubles à 100 € avec douche et w.-c., 115 € avec bains et w.-c. ; chambres familiales de 155 € à 204 €. Entrée discrète, au cœur d'un quartier bien vivant. Refaites en 2001 du sol au plafond, une vingtaine de chambres colorées, à l'allure moderne, propres et aux salles de bains éclatantes. Malgré tout, les chambres restent petites dans l'ensemble. Depuis la nᵒ 23, en regardant par la fenêtre, vous comprendrez pourquoi cette rue porte ce nom. Le week-end, préférez vous loger au-delà du 2ᵉ étage pour éviter les nuits musicales des bars-concert de la rue. Accueil irréprochable, mais tout de même un peu coûteux vu la taille des chambres. *10 % sur le prix de la chambre offerts à nos lecteurs sur présentation de ce guide.*

🛌 *Grand Hôtel des Balcons* ** – 3, rue Casimir-Delavigne ☎ 01-46-34-78-50. Fax : 01-46-34-06-27. ● www.bal cons.com ● Parking payant. TV. Satellite. M. : Odéon ; RER : Luxembourg. Chambres doubles de 90 à 140 € selon le confort ; petit déjeuner-buffet à 10 € servi à volonté et offert le jour de votre anniversaire. À 100 m du théâtre de l'Odéon, dans une petite rue calme qui débouche sur la rue Monsieur-le-Prince. Trouver un tel rapport qualité-prix dans le Quartier latin est devenu difficile. Décoration intérieure style Art déco avec vitraux 1900, paravexy, miroirs et boiseries, que l'on ne retrouve plus dans les chambres, aménagées de façon fonctionnelle mais qui ont le mérite d'être spacieuses pour certaines. Accueil poli mais commercial pour cet hôtel familial de bonne tenue.

🛌 *Hôtel du Lys* ** – 23, rue Serpente (Centre) ☎ 01-43-26-97-57. Fax : 01-44-07-34-90. TV. Canal+. Satellite. Préférable de réserver. M. : Saint-Michel ou Odéon. Chambres doubles à 105 € avec bains ou douche et w.-c., petit déjeuner compris. Rue calme. Hôtel agréable dans une maison datant du XVIIᵉ siècle, dégageant une atmosphère familiale mais à l'accueil et au sourire légers. Les chambres sont assez disparates ; celles de devant sont les mieux. Par exemple la nᵒ 9, donnant sur la cour, dont le papier peint et le couvre-lit Souleïado offrent une douce harmonie. D'autres sont mansardées ou plus petites, mais toutes répondent à un aspect assez cosy. Dommage que leur tenue soit inégale.

|●| *Nouvelle Couronne Thaïe* – 17, rue Jules-Chaplain ☎ 01-43-54-29-88. Ouvert midi et soir jusqu'à 23 h. Fermé le dimanche et le lundi midi. M. : Vavin. Le midi, menus à 7,30 et 8,50 € ; le soir, menus à 11 et 15,50 € ; carte autour de 16 € ; vins à prix fort raisonnables. Dans cette rue discrète, découvrez un excellent restaurant thaï. Cadre particulièrement soigné, ambiance tamisée, tables bien séparées. Accueil délicieux et service efficace. Bonnes spécialités. Nous avons sélectionné, entre autres, la soupe de poisson au lait de coco (si délicatement parfumée), le poulet laqué à la citronnelle, le canard sauté pimenté aux pousses de bambou, etc. Beaucoup de plats chinois également et quelques spécialités à la vapeur. On trouve, bien sûr, des bières chinoises et thaïes. En conclusion, un remarquable rapport qualité-prix-cadre-accueil-nourriture.

|●| *L'Arrière-Cuisine* – 3, rue Racine ☎ 01-44-32-15-64. Service continu de 11 h à 21 h (20 h le samedi). Fermé le dimanche. M. : Odéon. Copieuses tartines à partir de 7,70 €, plats du jour autour de 12,20 €. Mais aussi les soupes du jour, les desserts du jour, la bière de la semaine, une écaillerie et une rôtisserie... L'air de rien, on trouve

de tout dans cette arrière-cuisine toute mignonne, qui n'est autre, en fait, que l'annexe du beau *Bouillon Racine*, un monument d'histoire devenu l'ambassade gourmande de la Belgique. Si vous voulez rendre hommage à la patrie du capitaine Haddock, qui était pourtant plus porté sur les whiskies que sur les mousses (non, pas les matelots !), essayez de vous faire une place au bar et accrochez-vous à votre tabouret pour casser une croûte entre copines le midi, pour faire une pause entre deux courses, ou, tout simplement, en plein après-midi, pour satisfaire une furieuse envie d'huîtres...

|●| *L'Assignat* – 7, rue Guénégaud ☎ 01-43-54-87-68. Cartes de paiement refusées. Ouvert de 12 h à 15 h pour la restauration. Fermé le dimanche. Congés annuels : en juillet. M. : Odéon. Menu à 11 € le midi ; compter 11 € à la carte ; plats du jour à 6,50 €. Qui penserait que cette petite rue, presque sans trottoirs et toujours encombrée, abrite un discret petit resto de quartier, refuge des marchands d'art qui en ont assez de claquer 30 € pour déjeuner, des ouvriers de la Monnaie de Paris et des étudiants des Beaux-Arts qui peuvent ici renouer avec un mode de paiement d'avant-guerre : le crédit ? Les boursiers mangent et inscrivent sur un carnet ce qu'ils ont pris, ils paieront en fin de mois. Intéressant : répétitions hebdomadaires des fanfares, comme celle des Beaux-Arts, dans la cave du bistrot : ces soirs-là, la fermeture est plus tardive. Au coude à coude, on déjeune de plats simples qui tiennent au corps dans une atmosphère animée.

|●| *Le Petit Vatel* – 5, rue Lobineau ☎ 01-43-54-28-49. Cartes de paiement refusées. Fermé le dimanche et lundi. Congés annuels : la 2e quinzaine de février. M. : Mabillon. Formule à 11 € le midi ; à la carte, l'addition ne dépasse pas les 15 € ; verre de vin du mois autour de 3 €. Enfin, cette institution germanopratine est redevenue fréquentable. Cette adresse de poche (petite, la poche !) a été reprise par un sympathique patron qui a retoiletté l'ensemble mais a conservé des prix cléments. Essayez la terrine maison, les farcis ou les plats mijotés... Le rapport qualité-prix vous semblera encore plus évident. Effort tout aussi soutenu rayon liquide. Le choix (gaillac, madiran...) s'accorde avec la cuisine, et les prix, là non plus, ne s'envolent pas. Pas de réservation. *Un verre de vin offert à nos lecteurs sur présentation de ce guide.*

|●| *Bouillon Racine* – 3, rue Racine ☎ 01-44-32-15-60. ♨ Ouvert tous les jours de 11 h à 1 h. M. : Cluny - La Sorbonne ou Odéon. Formule à 15,50 € avec entrée + plat ou plat + dessert ; menu complet à 29 € ; carte autour de 30 €. Enfin une belle adresse dans ce Quartier latin. Dans le cas de ce *Bouillon*, on peut carrément parler de renaissance puisqu'il est né au début du XXe siècle sous le nom de *Bouillon Camille Chartier*. Après moult péripéties, il finissait tristement sa vie comme vulgaire cantine administrative. Heureusement, le cadre, quoique abîmé, était toujours là, puisque classé aux Monuments historiques. Racheté par des investisseurs belges, ce magnifique exemple de l'Art nouveau entame une vie nouvelle. Grâce aux compagnons du Devoir, il a retrouvé sa grâce d'antan. Miroirs biseautés, opalines et vitraux peints, mosaïque en marbre, lettrines dorées à la feuille... tout est là. La cuisine aux couleurs de la bière (fricassée de petits encornets à la liégeoise, anguille au vert, *waterzoï* de poisson, l'inévitable carbonade flamande) rend hommage à la Belgique et à ses remarquables mousses (dont les célèbres trappistes : *Rochefort, Chimay, Orval*...). Au goûter (16 h-18 h), tarte à la cassonade, *spéculoos*... et à toute heure, le célèbre café liégeois servi à la cruche. *Apéritif maison offert à nos lecteurs sur présentation de ce guide.*

|●| *Indonesia* – 12, rue de Vaugirard ☎ 01-43-25-70-22. Ouvert de 12 h à 14 h 30 et de 19 h à 22 h 30 (23 h les vendredi et samedi). Fermé le samedi midi ; en août, fermé tous les midis. Le soir, préférable de réserver. M. : Odéon ; RER B : Luxembourg. Formule déjeuner à 9 € ; Menus à 15, 16, 19 et 22,75 € ; carte autour de 19 €. Le seul resto indonésien de Paris organisé en coopérative ouvrière. Par chance, la nourriture est bonne et l'accueil souriant. Plusieurs formules de menus sous forme de *rijsttafel*. Cela comprend toute une série de petits plats typiques des îles de Java, Sumatra, Bali et Sulawesi : poisson au lait de coco, *rendang* (viande de bœuf préparée avec des épices et du lait de coco), *nasi goreng* (riz sauté), *balado ikan* (poisson à la sauce tomate pimentée), etc. Bons *curries* et *satés* (brochettes à la sauce aux cacahuètes). Les amoureux de l'Indonésie risquent d'être un peu déçus, tant par la qualité de la cuisine que par le décor... On est loin du raffinement balinais ! Mais les restaurants indonésiens sont rares à Paris, dommage. *Apéritif maison ou café offert à nos lecteurs sur présentation de ce guide.*

|●| *L'Épi Dupin* – 11, rue Dupin ☎ 01-42-22-64-56. Ouvert de 12 h à 14 h 30 et de 19 h à 22 h 30. Fermé les samedi, dimanche et lundi midi. Réservation impérative au minimum 8 jours à l'avance pour le premier service du soir. Congés annuels : les 3 premières semaines d'août. M. : Sèvres-Babylone. Formule à 17,50 € le midi ; menu-enfants au même prix avec entrée + plat + dessert ; à la carte, compter environ 28 €. Ancien élève de *Kérever* et *Faugeron*, François Pasteau affiche la mine rayonnante de l'homme heureux. Les raisons de son bonheur : un restaurant complet midi et soir, et des clients contents qui ne laissent pas une miette dans leur assiette. Un menu peaufiné par des trouvailles quotidiennes à Rungis et qui propose chaque jour un choix de 6 entrées, 6 plats et 6 desserts. Les mauvaises pioches sont très très rares, et nous n'avons eu qu'à nous féliciter de notre choix (mais la carte varie) : tatin d'endives et chèvre caramélisé, croustillant de Saint-Jacques au citron et poivre vert, feuillantine de pommes tièdes et sorbet *mascarpone*. Tout cela donne un bon rapport qualité-prix indéniable. Un vrai bonheur gourmand du début à la fin. Service aimable et efficace.

|●| *La Rôtisserie d'En Face* – 2, rue Christine ☎ 01-43-26-40-98. Service de 12 h à 14 h et de 19 h à 23 h. Fermé le samedi midi et le dimanche. M. : Saint-Michel ou Odéon. Menus de 16,40 à 25,70 € le midi. Menu-carte à 39 €. Compter environ 53 € à la carte. Jacques Cagna, éminent toqué, dont le restaurant gastronomique est à deux pas, peut afficher un sourire satisfait : il a réussi à faire de sa *Rôtisserie d'En Face* une institution de la Rive gauche. Canette de Barbarie au gratin de blettes et parmesan, joue de cochon aux carottes et pommes fondantes (recette de Mme Cagna mère), etc., la rôtissoire tourne à plein. C'est en général enlevé, à l'exception de quelques ratés dus sans doute à l'importante rotation du personnel. Et puisqu'on en est aux remarques désobligeantes, la carte des vins n'est guère convaincante et le niveau sonore des conversations est élevé.

|●| *Le Procope* – 13, rue de l'Ancienne-Comédie ☎ 01-40-46-79-00.♿ Ouvert tous les jours en service continu de 11 h à 1 h. M. : Odéon. Menu Procope de 11 h à 19 h à 22 €. Menu Privilège à 27,90 €. À la carte, compter 38 €. Le plus ancien café de Paris, et climatisé de surcroît. En 1686, un certain Francesco Procopio dei Coltelli vint d'Italie ouvrir un troquet à Paris, y introduisant un breuvage nouveau appelé à un fulgurant succès : le café. La proximité de la Comédie-Française (à l'époque d'abord rue Guénégaud, puis rue Mazarine) en fit d'emblée un lieu littéraire et artistique. Au XVIIIe siècle, les philosophes s'y réunissaient, et *L'Encyclopédie* y naquit une conversation entre Diderot et d'Alembert. Beaumarchais y attendit le verdict de ses pièces jouées à *L'Odéon*. Danton, Marat et Camille Desmoulins y prirent des décisions importantes pour la Révolution. Plus tard, Musset, George Sand, Balzac, Huysmans, Verlaine et bien d'autres aimaient s'y retrouver. Aujourd'hui, *Le Procope* garde son rôle de lieu de rencontres et dispose même d'une table présidentielle. Cuisine sans mystère, mais l'essentiel est d'être sous les lambris ! Au 1er étage, remarquer l'humour des patrons : la moquette est constellée de fleurs de lys (ce qui est un comble dans ce haut lieu de la Révolution). *Apéritif maison offert à nos lecteurs sur présentation de ce guide.*

|●| *Le Machon d'Henri* – 8, rue Guisarde ☎ 01-43-29-08-70. Ouvert de 12 h à 14 h 30 et de 19 h à 23 h 30. Réservation très conseillée. M. : Mabillon ou Saint-Germain-des-Prés. Compter autour de 20 € le repas complet. Plat du jour à 10 €. Sympathique bistrot tout de pierre et de poutres, dispensant sa volée de bons p'tits plats classiques mais copieux : agneau de 7 heures, terrine de courgettes au coulis de tomates, croustillante tarte aux fruits du jour. Belle fresque au mur et, mesdames, Didier, au service, est aux petits soins pour vous.

|●| *La Méditerranée* – 2, pl. de l'Odéon ☎ 01-43-26-02-30. Ouvert tous les jours de 12 h à 14 h 30 et de 19 h 30 à 23 h. M. : Odéon ; RER B : Luxembourg. Formule entrée + plat ou plat + dessert à 24,50 €, menu à 29 € ; à la carte, prévoir 38 à 46 €. Eh oui, prix à marée haute. Jadis, les stars se ramassaient à la pelle dans la salle de *La Méditerranée*. Tous y avaient leur table, d'Orson Welles à Aragon en passant par Picasso, Chagall, Man Ray ou Jean-Louis Barrault. Remise à flots après un toilettage discret – il ne fallait surtout pas toucher au décor des maîtres (Vertès, Bérard et Cocteau) –, *La Méditerranée* a retrouvé son visage de figure de proue face au théâtre de l'Odéon. À la carte, tendance grand bleu (qui ravit autant les sénateurs venus en voisins que les habitués des magazines people !), une poignée d'entrées, plats et desserts à l'évident pouvoir de séduction : tartare de thon rouge, encornets sautés aux poivrons... Pour adeptes de la vie parisienne. Voiturier pour ceux qui ont eu la mauvaise idée de venir en voiture. *Apéritif maison offert à nos lecteurs sur présentation de ce guide.*

|●| *La Bauta* – 129, bd du Montparnasse ☎ 01-43-22-52-35. Ouvert de 12 h à 14 h et de 19 h 30 à 23 h. Fermé le samedi midi et le dimanche. M. : Vavin. Le midi, menu affaires à 38 € ; le soir, carte autour de 42 €. Si le décor s'inspire de Venise (belle collection de masques vénitiens sur les murs), la carte change tous les jours et puise son inspiration dans toute la péninsule. Les produits, d'une fraîcheur remarquable, sont cuisinés avec finesse. La belle clientèle qui fréquente ce lieu ne s'y trompe pas. Le registre des plats de *pasta* comblera d'aise les amoureux des spaghettis, que le cuisinier prépare de plusieurs manières : à l'encre de seiche ou encore aux palourdes. Ils sont parfaitement *al dente* ! Dommage que les portions soient si chiches. *Apéritif maison offert à nos lecteurs sur présentation de ce guide.*

7ᵉ arrondissement

🏠 *Grand Hôtel Lévêque* ** – 29, rue Cler ☎ 01-47-05-49-15. Fax : 01-45-50-49-36. ● www.hotel-leveque.com ● TV. Câble. M. : École-Militaire ou Latour-Maubourg. Chambres doubles de 84 à 91 € avec douche et w.-c. L'adresse est connue, donc... réserver ! La tour Eiffel est toute proche, mais le marché de la rue Cler, très pittoresque, risque bien de lui voler la vedette. D'ailleurs, on se bat pour les chambres côté rue équipées de double vitrage (mais méfiez-vous des poubelles tôt le matin en chambres nᵒˢ 31, 32, 33, par exemple) ! Enfin un petit coin du 7ᵉ où l'on sent une vraie vie de quartier ! Un hôtel de 50 chambres de taille honnête, équipées de ventilo, de salle de bains blanche émail, et même de coffre-fort perso (5 € pour tout le séjour), et qui pratique des prix raisonnables. La déco est tout de ce qu'il y a de plus simple. Mais on notera une grande salle conviviale en bas, une « galerie » des meilleures coupures de presse sur l'hôtel (mises sous verre !) et une équipe adorable (demander Sandrine ou Pascale). *Un petit déjeuner par personne offert à nos lecteurs sur présentation de ce guide.*

🏠 *Hôtel du Quai Voltaire* ** – 19, quai Voltaire ☎ 01-42-61-50-91. Fax : 01-42-61-62-26. ● www.hotelduquaivoltaire.com ● M. : Rue-du-Bac. Chambres doubles de 115 à 122 € avec douche ou bains et w.-c., triple à 145 €. Petit déjeuner à 8 €. Un hôtel 2 étoiles magnifiquement situé sur les quais de la Seine, en face des bouquinistes et du musée du Louvre et à proximité du musée d'Orsay. Bâti au XIXᵉ siècle, des personnages célèbres y ont séjourné : Wagner, Baudelaire, Oscar Wilde, Pissarro, Philippe Soupault, Roger Nimier et Antoine Blondin... On a un faible pour les chambres nᵒˢ 14 et 24, qui sont plus spacieuses. Reste un peu bruyant, malgré le double vitrage.

🏠 *Hôtel Eiffel Rive Gauche* ** – 6, rue du Gros-Caillou ☎ 01-45-51-24-56. Fax : 01-45-51-11-77. ● eiffel@easynet.fr ● TV. Satellite. Réservation recommandée. M. : École-Militaire. De 79 à 85 € la double, avec douche. Petit déjeuner à volonté : 7 €. Une trentaine de chambres dans une rue tranquille du 7ᵉ où les voitures n'ont plus le droit de stationner. Quatre étages, reliés par des passerelles, enserrant un patio donnant sur une petite cour intérieure, malheureusement pas suffisamment mise en valeur. L'ocre et le vieux rose dominent dans cet endroit calme où la végétation est... en plastique. Dommage. Cela dit, du dernier étage, que l'on vous conseille vivement, on apercevra la Dame de Fer. 13 chambres un peu sombres mais bien propres, et pour certaines tout juste refaites, donnent sur le patio. Salle de petit-déjeuner aux tables rondes et à l'esprit parisien. Il suffirait d'un rien pour que tout cela soit charmant. Et pour le gros caillou, on ne l'a pas trouvé !

🏠 *Hôtel Le Pavillon* ** – 54, rue Saint-Dominique ☎ 01-45-51-42-87. Fax : 01-45-51-32-79. TV. Câble. M. : Invalides ou Latour-Maubourg. Chambres doubles avec douche et w.-c. à 70,13 €, avec bains à 87,66 €. Un petit 2 étoiles calme et fleuri, en retrait de la rue, avec un patio intérieur. C'est un ancien couvent, reconverti en hôtel, qui a conservé un charme presque provincial, un petit coin de fraîcheur. 18 chambres seulement, sobres et plutôt confortables. Celle où vivait la mère supérieure est la plus demandée. On conseille la nᵒ 10 et la nᵒ 14 avec deux grands lits et une très grande salle de bains. En revanche, évitez celles en sous-sol, d'une affligeante tristesse. Bien préciser qu'on gardera la même chambre si on loue pour plusieurs jours. *10 % sur le prix de la chambre (en février) offerts à nos lecteurs sur présentation de ce guide.*

🏠 *Hôtel Muguet* ** – 11, rue Chevert ☎ 01-47-05-05-93. Fax : 01-45-50-25-37. ● www.hotelmuguet.com ● Parking payant. TV. Canal+. Satellite. ✂ Ouvert toute l'année (penser à réserver). M. : École-Militaire ou Latour-Maubourg. Chambres doubles de 92 à 100 € avec douche ou bains. Dans une rue calme, loin de la circulation, avec un petit patio plein de charme et verdoyant, où il fait bon prendre le soleil aux beaux jours. Un vrai hôtel porte-bonheur de 45 chambres, parfois petites mais impeccables, qui s'est offert un brin (oui, c'est facile !) de rénovation. Préférez les chambres au 6ᵉ étage, avec vue sur la tour Eiffel ou le dôme des Invalides. Accueil enjoué.

🏠 *Hôtel Bersoly's Saint-Germain* *** – 28, rue de Lille ☎ 01-42-60-73-79. Fax : 01-49-27-05-55. ● www.bersolyshotel.com ● Parking payant. Câble. ✂ Arrhes demandées pour la première nuit. Réserver à l'avance. Congés annuels : en août. M. : Rue-du-Bac. Chambres doubles entre 107 et 122 € avec douche ou bains. Petit déjeuner à 10 €. Situé entre le musée d'Orsay et la maison du psychanaliste Lacan (au nᵒ 50 de la rue), et à deux pas de chez feu Serge Gainsbourg (au 5 bis, rue Verneuil), cet immeuble du XVIIIᵉ siècle, au mobilier Louis XIII, avec poutres et salons voûtés, présente bien. Calmes, voici 16 chambres propres, plus petites côté cour, décorées de peintures, et qui répondent aux noms d'artistes : Turner, Gauguin, Toulouse-Lautrec. Accueil serviable et nombreuses attentions : journaux à disposition, bouilloire électrique dans les chambres, résa de théâtre ou restaurant via la réception. Et *Bersoly's* vient des prénoms Ber(the), Sol(ange) et Li(se), les trois maîtresses d'un ancien propriétaire anglais...

Élémentaire, mon cher... *Petit déjeuner offert de mi-novembre à fin février (hors période de fêtes ou salons) à nos lecteurs sur présentation de ce guide.*

🏠 *Hôtel du Palais Bourbon* ** – 49, rue de Bourgogne ☎ 01-44-11-30-70. Fax : 01-45-55-20-21. ● www.hotel-palais-bourbon.com● TV. Satellite. M. : Varenne ; RER C : Invalides. Chambres doubles de 72 à 121 €, petit déjeuner inclus. Jolie petite salle près de la réception, avec ses plafonds hauts et ses poutres apparentes. Certaines chambres, sur cour ou rue assez calme, sont carrément immenses et dotées de parquet. Un avantage des vieux bâtiments... Ce qui n'empêche pas le confort : fenêtres avec double vitrage, ascenseur, prise Numéris pour brancher un fax ou un modem... et un accueil poli. En plein quartier des ministères, gérée par la même famille depuis 33 ans, une adresse modeste aussi bien dans le style que par ses prix.

🏠 *Hôtel d'Orsay* *** – 93, rue de Lille ☎ 01-47-05-85-54. Fax : 01-45-55-51-16. ● hotel.orsay@wanadoo.fr● TV. Satellite. ♿ Conseillé de réserver. M. : Solférino ou Assemblée-Nationale ; RER : Musée-d'Orsay. Chambres doubles de 114 à 132 €. Tout près du musée d'Orsay, refait à neuf, l'établissement est calme, confortable et classieux : accueil souriant, éclairage automatique dans les couloirs, chambres équipées et spacieuses, double lavabo, w.-c. séparés de la salle de bains, et une salle de petit-déjeuner sous verrière très design. Sur cour (la n° 46 aux teintes vertes) ou sur rue (la n° 35), l'atmosphère tend vers l'oriento-provençal avec des couleurs sable ou ocre. Tout ça a un prix à la hauteur du standing du quartier, mais 7e et 7e ciel, c'est kif-kif ?

🍴 *Chez Germaine* – 30, rue Pierre-Leroux ☎ 01-42-73-28-34. Ouvert de 12 h à 14 h 30 et de 19 h à 21 h 30. Fermé les samedi soir et dimanche. Congés annuels : en août. M. : Duroc ou Vaneau. Menus à 9 €,servi le midi seulement, et à 12 € midi et soir. Une petite salle simple et propre, atmosphère un peu provinciale, accueil vraiment sympathique. Clientèle d'amoureux, d'ouvriers en bleu de chauffe et de retraités.

Au menu, *bitok* à la russe. D'un rare rapport qualité-prix pour la Rive gauche. Délicieux rôti de porc à la sauge et clafoutis aux pommes maison.

🍴 *L'Auvergne Gourmande* – 127, rue Saint-Dominique ☎ 01-47-05-60-79. Fermé le dimanche. M. : École-Militaire ; RER C : Pont-de-l'Alma ; bus n°s 28, 69, 82, 87, 92. Plat du jour à 10,67 €, entrées et desserts à 5,34 €. Annexe de la *Fontaine de Mars* à prix doux. Deux grandes tables d'hôte occupent toute la surface de cette ancienne boucherie grande comme un mouchoir de poche. Climat très convivial. Excellente et sympathique cuisine de bistrot à l'humeur on ne peut plus auvergnate. Tous les produits ou presque sont importés directement du terroir. Deux petites tables sur le trottoir, dès que le temps le permet, pour ceux qui recherchent plus d'intimité. Penser à réserver...

🍴 *Le Roupeyrac* – 62, rue de Bellechasse ☎ 01-45-51-33-42. Fermé le samedi soir et le dimanche. M. : Solférino. 1er menu servi midi et soir à 12,50 € ; autres menus à 17,53 et 23,63 € ; carte autour de 26 €. La brave table de quartier quasi immuable, comme on en trouvait jadis à Paris. Ici, pas de chichis ni de décorum bidon servant à faire oublier une cuisine en kit. M. et Mme Fau, Aveyronnais pur jus aux commandes du *Roupeyrac* (c'est le nom d'un lieu-dit non loin de Durenque, bourgade aveyronnaise), servent depuis un quart de siècle des plats de ménagère campagnarde à travers « les propositions du chef », qui changent tous les jours. Au menu, terrine maison, rouelle de gigot d'agneau et tarte aux pommes. Un menu de pension de famille pour ronds de cuir à la *Topaze*, nombreux dans le secteur. Service efficace et tellement sympathique. *Apéritif maison offert à nos lecteurs sur présentation de ce guide.*

🍴 *L'Ami Jean* – 27, rue Malar ☎ 01-47-05-86-89. Fermé le dimanche. Congés annuels : en août. M. : Latour-Maubourg ou École-Militaire. Un menu à 15 € ; à la carte, compter de 27 à 31 € pour un repas complet. Cuisine essentiellement du Sud-Ouest pour ce resto basque. Sur les murs,

ÎLE-DE-FRANCE (PARIS)

photos de pelote basque (c'est normal, Peyo, le patron, est un ancien joueur) et des célébrités locales. À la carte, magret de canard, piperade, poulet basquaise, etc. Plats du jour quotidiennement renouvelés. Bonne cuisine. Pour les adeptes du rugby, y aller les soirs de matchs pour l'ambiance. *Apéritif maison offert à nos lecteurs sur présentation de ce guide.*

|●| *Au Babylone* – **13, rue de Babylone** ☎ **01-45-48-72-13.** Cartes de paiement refusées. Ouvert seulement le midi. Fermé le dimanche et certains jours fériés. Congés annuels : en août. M. : Sèvres-Babylone. Menu à 17 € comprenant entrée, plat, fromage et boisson. À peine plus cher à la carte ; plats à partir de 9,15 €. Salle plus grande qu'au *Pied de Fouet*, charme vieillot et désuet. Peintures jaunies par le temps et banquettes de moleskine. Bonne cuisine de ménage.

|●| *Le Clos des Gourmets* – **16, av. Rapp** ☎ **01-45-51-75-61.** ♿ Ouvert de 12 h 15 à 14 h 00 et de 19 h 15 à 23 h. Fermé le dimanche et lundi. Congés annuels : du 5 au 20 août. M. : Alma-Marceau ; RER C : Pont-de-l'Alma. Pour déjeuner en semaine, une formule à 22 € ; le soir, menus-carte à 30 € sans les vins. À cinq bonnes minutes de la tour Eiffel. Au regard du décor, ce n'est pas l'adresse où vous mettriez les pieds si on ne vous l'avait soufflé ! Mais cet endroit porte bien son nom et on vous conseille d'aller découvrir la cuisine d'Arnaud Pitrois, formé chez les plus grands, car elle vaut largement le déplacement, sans que pour autant les prix soient exagérés. Comme beaucoup de jeunes chefs, il a opté pour un unique menu-carte qui file bien les saisons, avec néanmoins quelques plats phares comme les huîtres tièdes à la ravigote de vieux vinaigre, le fenouil confit aux épices et sorbet citron... Pour un déjeuner en semaine, la formule, avec deux plats de la carte, est une très bonne alternative dans le quartier.

|●| *Au Bon Accueil* – **14, rue de Monttessuy** ☎ **01-47-05-46-11.** Ouvert jusqu'à 23 h (dernier service à 22 h 30). Fermé les samedi et dimanche. Congés annuels : 15 jours à 3 semaines en août. M. : Alma-Marceau ; RER C : Pont-de-l'Alma. Menus à 25 € le midi, 29 € le soir (entrée plat et dessert) ; à la carte, compter 40 € minimum. Une enseigne qui fleure bon la nationale 20 et la halte de campagne pour idylle champêtre au cœur du très aristocrate 7ᵉ, cela prête à sourire. Le patron arpente Rungis à la recherche des meilleurs produits. Excellent menu-carte. Le soir, de la terrasse, on jouit d'une vue superbe sur la tour Eiffel, distante de quelques centaines de mètres.

|●| *Le Poch'tron* – **25, rue de Bellechasse** ☎ **01-45-51-27-11.** ♿ Fermé les samedi et dimanche. M. : Solférino. À la carte, compter environ 25 € ; des tartines chaudes pour les petits creux à 9,90 à 11,50 €. L'enseigne de ce bistrot n'est pas d'une colossale finesse, mais comme la chaleureuse tenancière est dotée d'un solide bagou populaire et que son chef de mari cuisine avec application, on leur pardonne aisément. Tartine corrézienne chaude, terrines, entrecôte grillée et sa moelle... Du traditionnel bistrotier qui fait toujours son effet. Bouteille d'or 1996 du meilleur bistrot à vin.

|●| *L'Œillade* – **10, rue Saint-Simon** ☎ **01-42-22-01-60.** Cartes de paiement refusées. Fermé le lundi midi, le samedi midi et le dimanche. Congés annuels : du 15 au 31 août. M. : Rue-du-Bac. Carte à partir de 30 €. Toujours beaucoup de monde dans les deux salles de ce restaurant où œuvre Jean-Louis Huclin. Ce chef, bon vivant, aime nourrir sa clientèle comme lui. Une bonne adresse, clientèle locale et touristique, attablée au profit d'une cuisine « popotte » bien sentie. Son menu comprend donc régulièrement des plats robustes propres à satisfaire les boulimiques. Carte des vins d'un bon rapport qualité-prix. Service souriant.

|●| *Le Basilic* – **2, rue Casimir-Périer** ☎ **01-44-18-94-64.** Ouvert tous les jours de 12 h à 14 h 30 et de 19 h 30 à 22 h 30. M. : Solférino. Prévoir autour de 33 à 45 € à la carte. Le Tout-7ᵉ aime se retrouver dans cette brasserie confortable, avec sa terrasse accueillante derrière l'église Sainte-Clotilde. La carte change à chaque saison, mais pour les fidèles, quelques incontournables : le gigot d'agneau rôti au sel de Guérande, la terrine d'aubergines au coulis de tomates et basilic, la sole meunière font le bonheur d'une clientèle aux bonnes manières et assez conservatrice dans ses goûts. Pas vraiment routard, mais reposant après une longue balade dans les rues de cet arrondissement qui recèle quelques belles surprises architecturales. *Café offert à nos lecteurs sur présentation de ce guide.*

8ᵉ arrondissement

⌂ *Hôtel Wilson* ✱ – **10, rue de Stockholm** ☎ **01-45-22-10-85.** M. : Saint-Lazare ou Europe. Chambres doubles à 43 € avec cabinet de toilette, 46 € avec douche, 50 € avec douche et w.-c. ; petit déjeuner compris. Rien de spécial, sinon son emplacement, près de la gare, et un cachet un peu vieillot, il faut bien le dire. Pas d'ascenseur, il ne faut donc pas être paresseux pour accéder aux chambres du 5ᵉ étage, lumineuses et offrant une vue surplombant les alentours. Le tout est propre. Un 1 étoile abordable pour se loger à prix doux dans la capitale. Très simple mais accueil adorable. Dommage que la propreté laisse parfois à désirer.

⚑ *Hôtel des Champs-Élysées* ** – 2, rue d'Artois ☎ 01-43-59-11-42. Fax : 01-45-61-00-61. TV. Canal+. Satellite. M. : Saint-Philippe-du-Roule. Chambres doubles climatisées de 84 à 99 € avec douche ou bains et w.-c., toutes parfaitement équipées. Lit supplémentaire à 16 €. L'hôtel possède un service de pressing. Un 2 étoiles confortable, propre, accueillant mais assez impersonnel. Jolie salle voûtée dans laquelle on prend son petit déjeuner.

|●| *Chez Léon* – 5, rue de l'Isly ☎ 01-43-87-42-77. Service jusqu'à 22 h environ. Fermé le dimanche. Congés annuels : en août. M. : Saint-Lazare ou Havre-Caumartin. Compter 15 € au maximum à la carte ; entrées autour de 4 €, plats du jour aux environs de 10 €. Le panonceau « Relais routier » intrigue... Il faut dire qu'on est à deux pas de la gare Saint-Lazare, et non sur la nationale 7. Et pourtant, on ne rêve pas, c'est un vrai de vrai. Le menu, les petites dames en tablier blanc, le plastique posé sur les tables pour ne pas salir les nappes, les toilettes à la turque, les réfrigérateurs années 1950, les hors-d'œuvre et les plats du jour : hachis Parmentier salade verte, pot-au-feu garni, morue provençale, le jaja en quart... Manque que le costaud en marcel accoudé au bar devant un ballon de rouge et la maïs au bec ! Cet unique « routier » parisien doit son panonceau à la Fédération des transports routiers qui eut jadis son siège en face, et dont Léon était l'annexe. Évidemment, vu les prix, il ne faut pas être trop exigeant...

|●| *Tanjia* – 23, rue de Ponthieu ☎ 01-42-25-95-00. Service de 20 h à 1 h. Fermé le samedi midi et le dimanche midi. Réservation hautement recommandée. Congés annuels : en août. M. : Franklin-D.-Roosevelt. Déjeuner français ou marocain à 19 € le midi ; menus de 43 à 54 € le soir ; compter au minimum 46 € à la carte, vous voilà prévenu. Service voiturier. Une des adresses « modeuses » de Paris, en fait, une création de l'ancienne équipe des *Bains* (le couple Guetta). Derrière de lourdes portes de bois sculpté, une décoration assez époustouflante : on pourrait se croire à Marrakech. Coffres de bois, kilims, lanternes ajourées, coussins profonds, magie des bougies le soir, symphonie de pourpre, d'encens et de pétales de roses. Salle centrale et mezzanine pour déjeuner ou dîner. Alcôves tendues de voiles pour des repas

plus intimes. Bar de toute beauté au sous-sol. Fort jolies serveuses. Une clientèle très *people*, qui aime se montrer. Brouhaha généralisé en cas d'affluence, qui noie un peu le fond musical. Le véritable intérêt du *Tanjia*, c'est une cuisine vraiment remarquable. Ici défilent les grands classiques de la cuisine marocaine : tajines mijotés, pastilla au pigeon et aux amandes, couscous généreux, daurade à la coriandre, mille-feuille de brick au foie gras... Le tout parfaitement accommodé et servi sans retard. Une *fantasia* somptueuse de saveurs subtiles et parfumées. Vins très bien choisis. Danseuse orientale en fin de soirée les vendredi et samedi. Bon, il vaut mieux se faire inviter, parce que côté portefeuille, cela risque de faire un joli petit creux. À souligner, l'amabilité extrême et l'efficacité hyper-pro de tout le personnel, qualités appréciables dans le coin.

|●| *Le Boucoléon* – 10, rue de Constantinople ☎ 01-42-93-73-33. Service jusqu'à 22 h 30. Fermé le week-end. Congés annuels : 1 semaine en mai et 3 semaines en août et 1 semaine en décembre. M. : Europe. Compter autour de 27 € sans la boisson ; entrées à partir de 6 €, plats autour de 13 €. Enfin un vrai bistrot de quartier où l'on peut entrer en bras de chemise et manger une nourriture de haute volée ! Son nom curieux est celui de l'une des portes de la ville de Constantinople (aujourd'hui Istanbul). Une toute petite salle avec une trentaine de couverts. Quelques tables en terrasse l'été. La déco, très simple, manque un peu de chaleur et d'intimité, c'est dommage, mais on se concentre vite sur les assiettes. À l'ardoise, tout est bon. Daurade royale aux tagliatelles et écrevisses, ravioles de Royan ou la fricassée de pleurotes ont réveillé nos papilles peu habituées à une telle fête dans les parages ! Le dynamique patron propose du vin au verre qu'il adapte au menu, ainsi que des vins de propriétaires à emporter. En dessert, fondre pour le financier au chocolat servi chaud. Service très prévenant. *Café offert à nos lecteurs sur présentation de ce guide.*

|●| *Le Bœuf sur le Toit* – 34, rue du Colisée ☎ 01-53-93-65-55. Ouvert tous les jours de 12 h à 15 h et de 19 h à 1 h. M. : Franklin-D-Roosevelt ou Saint-Philippe-du-Roule. Formule-déjeuner à 21,50 € et menu à 28,50 € ; assez cher à la carte. Ce n'est ni la meilleure des brasseries *Flo*, ni la moins

Sur présentation de ce guide, nombreuses offres et réductions en 2003.

chère, mais il flotte au *Bœuf sur le Toit* un parfum de nostalgie qui comblera d'aise les fans d'Art déco. On est loin du temps où Cocteau, Picasso, Poulenc, Milhaud et les autres s'y retrouvaient pour d'étonnants « bœufs » improvisés... Reconstituée (à quelques rues de la première enseigne, comme pour *L'Olympia*) dans les années 1940, cette brasserie reste un bel hommage aux années d'entre-deux guerres. Les gravures, dessins et autres sculptures accrochés aux murs sont autant de témoignages poignants des années folles. Carte de brasserie (un peu trop) améliorée et spécialités de fruits de mer.

|●| *La Ferme des Mathurins* – **17, rue Vignon** ☎ **01-42-66-46-39.** Ouvert midi et soir jusqu'à 22 h. Fermé les dimanche et jours fériés. Congés annuels : en août. M. : Madeleine. Menus à 28 et 37 €. Compter autour de 39 € à la carte sans le vin. Simenon y avait ses habitudes, une plaque de cuivre le rappelle, et c'était dans les années 1930, c'est dire que la maison est au-delà des modes éphémères. Cuisine du Morvan. Ici, on est au royaume de la persillade, de l'andouillette cuisinée à la moutarde, du saucisson au vin et de succulentes pièces de charolais. Dans les bourgognes, essayez l'irancy, le vin préféré de Louis XIV. Patron au fourneau et madame en salle. Accueil sans chichis, la plupart des clients sont des habitués de longue date.

|●| *Spoon, Food and Wine* – **14, rue de Marignan** ☎ **01-40-76-34-44.** Ouvert midi et soir jusqu'à 23 h. Fermé les samedi et dimanche. Congés annuels : de mi-juillet à mi-août et entre Noël et le Jour de l'An. M. : Franklin-D.-Roosevelt. Carte de 53 à 70 €. Pour les plus pressés, une formule *Speedy spoon* à 37,35 € (entrée + plat + dessert), servie sur une grande assiette. D'abord, il y a ce décor très sobre, minimaliste. Tout concourt à créer une atmosphère zen, paisible, propice à une étude studieuse des saveurs. On est dans le laboratoire d'Alain Ducasse, l'un des papes de la nouvelle cuisine. Auteur d'un nouveau concept : la *world food* ou l'art de rapporter saveurs, épices, parfums et coups de main de par le monde et de les mélanger subtilement. On croise, on associe ingrédients et goûts comme on veut, sans l'ombre de matière grasse. Ce téléscopage s'avère souvent heureux. D'ailleurs, la foule qui se précipite ici le prouve. Pas moins de quinze jours d'attente si vous n'appartenez pas à l'un des clans du showbiz. On n'arrête pas de se saluer en salle. Si le *Vegetable Garden* se révèle divin, avec son maelström de parfums, chaque petit légume rendant son âme à nos sens, en revanche, le dos d'agneau rôti passe trop rapidement en bouche pour en saisir vraiment le goût. L'idée est bonne pourtant, dommage que certains plats se présentent plutôt comme des échantillons de concours

gastronomique. On reste un peu sur sa vraie faim. Idée un peu mode : une carte des eaux. Quant aux vins, ils se la jouent grandement anglo-saxonne. Phénomène de mode, archétype du resto branché et prétentieux ou réussite durable ? En tout cas, le succès est au rendez-vous.

9ᵉ arrondissement

⌂ *Woodstock Hostel* – **48, rue Rodier** ☎ **01-48-78-87-76. Fax : 01-48-78-01-63.** ● **www.woodstock.fr** ● Ouvert de 8 h à 2 h. M. : Anvers. Chambres doubles à 21 €, petit déjeuner inclus. Un hôtel pour étudiants, plutôt une auberge de jeunesse d'ailleurs, à petits budgets, avec chambres à lits superposés, sans confort mais sympa. Petit patio intérieur très agréable l'été mais qui ferme dès 21 h 45 (les voisins se sont plaints du bruit ; normal, il s'improvise souvent des fêtes ici !). Nombreuses douches (assez propres) sur le palier à chaque étage. Dites bonjour à Lilly, la vache masquée qui trône dans la réception, avant de chercher l'autre moitié de la « coccinelle-beatles » certainement partie pour un voyage psychédélique...

⌂ *Hôtel des Arts* ** – **7, cité Bergère** ☎ **01-42-46-73-30. Fax : 01-48-00-94-42.** Parking. Canal+. M. : Grands-Boulevards ou Cadet. Chambres doubles à 65,50 € avec douche, toilettes, TV, Canal + ; 68,50 € avec bains. Un 2 étoiles situé dans un charmant passage qui laisse l'embarras du choix question hôtels. Celui-ci est parmi les moins chers et le plus familial. Accueil convivial. Chambres rénovées tout à fait correctes. Propre et calme, à l'abri de l'agitation du faubourg. La cage d'escalier par lequel on accède aux étages est tapissée d'anciennes affiches de spectacles : on ne s'appelle pas « des Arts » pour rien. Les âmes solitaires pourront essayer d'engager la conversation avec le beau perroquet gris qui trône dans la réception : il parle et chante *La Marseillaise*, comme il se doit !

⌂ *Hôtel Chopin* ** – **46, passage Jouffroy** ☎ **01-47-70-58-10. Fax : 01-42-47-00-70.** Réserver longtemps à l'avance. M. : Grands-Boulevards ou Bourse ; au niveau du 10, bd Montmartre. Chambres doubles à 80 € avec douche et w.-c. ou bains. Certainement l'adresse la plus pittoresque de cet arrondissement. Un hôtel-bijou du XIXᵉ siècle, situé au fond du passage, donc une véritable oasis de paix, à deux pas des Grands Boulevards. La façade datant de 1850 vaut le coup d'œil : vieilles boiseries et grande baie vitrée par laquelle on aperçoit le réceptionniste qui disparaît presque derrière son comptoir. Dans le hall, un piano Gaveau du plus bel effet. Sentiment de voyager dans une autre époque ! Les chambres recouvertes de paille japonaise sont assez jolies. La vue sur les toits rappelle les tableaux impressionnistes, en particulier lorsqu'on a également droit à un coucher de soleil ! Nous conseillons les chambres mansardées du 4ᵉ étage : elles ont beaucoup de charme, sont très colorées et lumineuses, car elles donnent sur la verrière du passage. Évitez en revanche celles sur cour, car vous aurez une vue imprenable et directe sur un immense... mur ! (ce sont cependant les moins chères). Et pour ne rien gâcher, l'accueil est parfait. *Un petit déjeuner par personne offert à nos lecteurs sur présentation de ce guide.*

🏠 *Hôtel Langlois-Hôtel des Craisées* ✶✶ – 63, rue Saint-Lazare ☎ 01-48-74-78-24. Fax : 01-49-95-04-43. ● hotel-des-croises@wanadoo.fr ● TV. Satellite. Réserver absolument car c'est souvent complet. M. : Trinité. Chambres doubles de 89 à 90 € selon la saison et le confort sanitaire (douche ou bains). Petit déjeuner à 7,50 €. Merveilleusement bien situé et magnifique. Superbe réception avec ses boiseries anciennes et sa moquette moelleuse. Ascenseur délicieusement rétro, tout en bois et grilles en fer forgé. Chambres vraiment impressionnantes : spacieuses à souhait, d'un charme fou et avec un cachet particulier pour chacune d'elles – meubles d'époque, décoration intérieure avec des boiseries Art déco pour certaines et cheminée en marbre. Demander, aux 5ᵉ et 6ᵉ étages, les chambres avec alcôves qui font office de coin-salon, ou celles avec un des plafonds moulurés d'époque. Les salles de bains ne sont pas mal non plus : celles de la série se terminant par 1 sont absolument somptueuses ; prévoyez du temps pour vous prélasser dans votre bain... LA super adresse 2 étoiles à un rapport qualité-prix exceptionnel, et un coup de cœur pour le charme. Et nous ne sommes pas les seuls à adorer...

🏠 *Hôtel de La Tour d'Auvergne* ✶✶✶ – 10, rue de La Tour-d'Auvergne ☎ 01-48-78-61-60. Fax : 01-49-95-99-00. ● hoteltour dauvergne.com ● TV. Satellite. M. : Cadet ou Anvers. Chambres doubles à 130 € avec bains et w.-c. Petit déjeuner à 10 €. Charmant 3 étoiles, donnant dans une rue calme relativement proche du Sacré-Cœur. Les chambres ont évidemment tout le confort. Demandez à en voir plusieurs, toutes ne se valent pas. À signaler : le 5ᵉ étage est réservé aux non-fumeurs. Bar et *room-services* ouverts 24 h/24. *Petit déjeuner particulièrement intéressant. Un petit déjeuner par personne ou 10 % sur le prix de la chambre offerts à nos lecteurs sur présentation de ce guide.*

I●I *Le Bistrot du Curé* – 21, bd de Clichy ☎ 01-48-74-65-84. Ouvert jusqu'à 23 h. Fermé les dimanche et jours fériés. Congés

annuels : en août. M. : Pigalle. Menu à 8,70 € servi midi et soir ; autres menus à 10,50 et 16 €. Établissement non-fumeurs. Cet ancien troquet est une maison du Bon Dieu où l'on mange à prix angélique. Le soir, le curé passe de table en table pour dire un petit bonjour et engager la conversation. Le service, lui, est assuré par des bénévoles pleins de gentillesse et, à l'étage, des croyants prient pour la paix de notre âme. Et tout cela coincé entre deux sex-shops, cela tient du miracle.

I●I *Chartier* – 7, rue du Faubourg-Montmartre ☎ 01-47-70-86-29. ✂ Ouvert tous les jours de 11 h 30 à 15 h et de 18 h à 22 h. Pas de réservation. M. : Grands-Boulevards. Menus-carte qui changent tous les jours, entre 12 et 18 €, servis midi et soir en semaine ; mais possible de manger à partir de 9,15 € ; le week-end, menu à 17 €. Poussez la grosse porte à tambour pour découvrir cet immense « bouillon » du XIXᵉ siècle avec son décor intact, inscrit à l'inventaire des Monuments historiques. Inratable ! Hauts plafonds, mezzanines, chromes et cuivres. Allez-y avant qu'il ne fasse partie d'un plan de rénovation à la Bücher... il n'en reste presque plus des comme ça, et encore beaucoup moins beaux ! Bourré d'habitués, de petits vieux du quartier, d'étudiants et de touristes qui y mangent une nourriture passable et des plats qui ne sont pas toujours parfaitement chauds. Mais qu'importe, l'essentiel, ici, c'est d'y être allé au moins une fois et d'avoir supporté le bruit assourdissant des 350 places, 16 serveurs et des 1 500 couverts par jour !

I●I *L'Auberge du Clou* – 30, av. Trudaine ☎ 01-48-78-22-48. Cartes de paiement refusées. Service jusqu'à 23 h 30. Fermé le lundi et les 24 et 25 décembre. M. : Pigalle ou Anvers ; à l'angle avec la rue des Martyrs. À midi, formules deux ou trois plats à 15 et 18,50 € ; le soir, à la carte, compter un minimum de 30 € sans la boisson. Les patrons de *Suds*, dans le 11ᵉ, ont remis ça, toujours dans la veine de la *world food*, mais cette fois-ci avec des recettes du terroir mondial classiques, à peine revisitées par un chef baroudeur passionné d'épices. Ce qui vous permet d'attaquer par des fonds d'artichaut au foie gras tiède, de faire suivre avec l'Indonésie (filets de daurade grillés aux oignons et champignons noirs) et de finir par une glace au safran dentelles de pistaches et suprême d'oranges, un dessert venu d'Iran. Le tout en finesse et en subtilité, dans un total respect des produits. Excellente carte des vins, bien qu'un peu chère pour un porte-monnaie moyen ; mais aussi possibilité de boire « au compteur ». Un mot de l'atmosphère : déco rustique rappelant la Normandie et ses colombages, et accueil tout bonnement adorable. Terrasse aux beaux jours. *Apéritif maison offert à nos lecteurs sur présentation de ce guide.* *NOUVEAUTÉ.*

|●| *La Petite Sirène de Copenhague* – 47, rue Notre-Dame-de-Lorette ☎ 01-45-26-66-66. Ouvert du mardi au samedi de 12 h à 14 h 30 et de 19 h 30 à minuit. Congés annuels : 3 semaines en août, ainsi qu'entre Noël et le Jour de l'An. M. : Saint-Georges. Menus-ardoise à 23 € le midi et 27 € le soir avec fromage ; à la carte, compter autour de 43 €. Trônant dans un quartier sympa, il propose des produits vikings remarquablement accommodés au goût des palais gaulois, dans un décor de bistrot agréable, chic, lumineux et une ambiance légèrement tendance. Cette nouvelle cuisine de la Baltique vaut vraiment le détour. En vedette, bien sûr, le saumon, fumé à froid, parfumé au genièvre et au curry (les épices étaient connues des Danois depuis le XVIIᵉ siècle) ou le hareng, parfumé aux épices. Pour les vins, laissez-vous guider par les suggestions de Peter, le jeune patron, et sa solide carte. Et si, au cours du repas, Peter vous propose un *aquavit*, ne faites pas la grimace et lappez-le cul-sec. *Skol !*

|●| *Velly* – 52, rue Lamartine ☎ 01-48-78-60-05. Ouvert de 12 h à 14 h et de 19 h 30 à 23 h (dernière commande à 22 h 45). Fermé les samedi et dimanche. Congés annuels : 3 semaines en août. M. : Cadet. Menus avec entrée, plat et dessert à 21 € le midi, 28 € le soir ; vins de propriétaires à partir de 15,50 €, servis aussi au verre. Mouchoire de poche étagé sur deux niveaux, décor bistrotier. Cuisine apparente. Carte bien balancée, renouvelée en permanence selon les arrivages et les opportunités du marché, saveurs traditionnelles mais aussi clins d'œil canailles vers quelques échappées gustatives audacieuses. Service aux petits oignons, attentif et confident. Souvent plein, réservez donc à temps. *NOUVEAUTÉ.*

|●| *Au Petit Riche* – 25, rue Le Peletier ☎ 01-47-70-68-68. ♨ Service assuré jusqu'à minuit et quart. Fermé le dimanche. M. : Richelieu-Drouot. Menus entre 22,11 et 28,20 € ; carte autour de 32 € sans la boisson. Fondé en 1880, ce *Petit Riche*, avec son enfilade de salons Belle Époque, évoque le souvenir des soupers fins et des pétillantes « petites femmes de Paris ». Ah ! le bon vieux temps des calèches et des corsets... En prenant table en ce restaurant, on a l'impression de dîner dans une carte postale. Un restaurant d'atmosphère, qui travaille beaucoup avec les théâtres des alentours ou les déjeuners d'affaires dans les salons privés du 1ᵉʳ étage. Service aussi professionnel qu'agréable. *Apéritif maison offert à nos lecteurs sur présentation de ce guide.*

|●| *Restaurant Pétrelle* – 34, rue Pétrelle ☎ 01-42-82-11-02. Fermé le lundi, le samedi midi et le dimanche. Réservation conseillée. Congés annuels : en août et 1 semaine à Noël. M. : Anvers ou Poissonnière. Menu fixe à 22,50 € sans la boisson ; à la carte, compter autour de 45 €. On ne va pas chez *Pétrelle* comme on va au restaurant, mais plus comme l'on rend visite à une grand-mère, un dimanche, à la campagne.... Engouffrez-vous dans la chaleureuse salle à manger, parsemée d'une dizaine de tables, de 6 personnes maxi. La déco est faite de lourdes tentures et des produits de saison. Ce sont les mêmes que vous retrouverez dans votre assiette, car la carte évolue au gré du moment (ah ! les gibiers d'automne...). Car, en cuisine, le patron (un ancien cuisinier privé de « la haute ») ne prépare que des plats frais, du marché et du moment. Ici, le respect du client n'est pas un vain mot. Une dernière preuve ? Il n'y a qu'un seul service. Une fois installé à table, personne ne viendra vous en déloger...

10ᵉ arrondissement

⌂ *Hôtel Vicq d'Azir* – 21, rue Vicq-d'Azir ☎ 01-42-08-06-70. Fax : 01-42-08-06-80. ● vicqazir@club-internet.fr ● Ouvert de 8 h à 22 h. M. : Colonel-Fabien. Chambres doubles de 20 à 32 € selon le confort sanitaire. On paie en arrivant et on reçoit une clé. Un hôtel très modeste du nord-est parisien. Préférer impérativement les chambres qui ont été rénovées. Idéal pour les petits budgets. Une douche payante (1,52 €) et des toilettes dans le couloir pour les chambres les moins bien pourvues. Certaines donnent sur une petite cour intérieure charmante et parsemée d'arbustes. Ce n'est pas le grand luxe, on y trouve le confort spartiate des chambres d'étudiant, mais à de tels prix, on ne peut pas demander le *Crillon*. Bon accueil.

⌂ *Hôtel Moderne du Temple* – 3, rue d'Aix ☎ 01-42-08-09-04. ● www.perso.libertysurf.fr/hmt ● Satellite. M. : Goncourt. Chambres doubles de 32 à 42 € avec lavabo, douche ou tout le confort sanitaire. Le type même de la bonne surprise : entre la tutélaire écluse du canal Saint-Martin et la partie pentue du Faubourg-du-Temple, une rue étroite, populaire, dont les façades évoquent davantage certains ports inondés de soleil que les « marlous » et autres Gabin et Arletty censés hanter cet arrondissement. L'établissement appartient à un sympathique Slovaque qui, après de modestes débuts en 1989, a installé 43 chambres simples mais propres. Les douches communes ne sont pas particulièrement engageantes... Petit bar tout simple. Téléphone direct. Malheureusement, les chambres premiers prix sont souvent prises, voire réservées à l'année.

🛏 *Nord-Est Hôtel* ** – 12, rue des Petits-Hôtels ☎ 01-47-70-07-18. Fax : 01-42-46-73-50. ● hotel.nord.est@wanadoo.fr ● Parking payant. TV. Satellite. Réserver longtemps à l'avance. M. : Gare-du-Nord ou Gare-de-l'Est. Chambres doubles de 61 à 71 € avec douche ou bains. Bien situé entre la gare du Nord et la gare de l'Est, dans une rue calme, à deux pas du marché Saint-Quentin. Charme provincial pour ce petit hôtel (rue des Petits-Hôtels oblige) 2 étoiles, niché derrière un jardinet où il fait bon se détendre quand arrivent les beaux jours. Accueil aimable, on cherche vraiment à vous rendre service. Cadre façon chêne (salon, salle à manger, réception). Chambres petites, fonctionnelles et propres, salles de bains carrelées roses. Un petit déjeuner offert (du 1er novembre au 28 février excepté pendant les salons et fêtes) à nos lecteurs sur présentation de ce guide.

🛏 *New Hotel* ** – 40, rue Saint-Quentin ☎ 01-48-78-04-83. Fax : 01-40-82-91-22. ● www.newhotelparis.com ● Satellite. Câble. M. : Gare-du-Nord. Chambres doubles de 80 à 98 € avec douche ou bains. Petit déjeuner à 5 €. L'environnement des gares n'a jamais incité grand-monde à la joie de vivre ; et pourtant, on n'oserait prétendre que cet établissement fonctionne mieux que le poil à gratter de nos enfances, mais on hésite. Il y règne par ailleurs un calme qu'il convient de souligner. Les chambres, qui disposent parfois d'un balcon, sont parfaitement fonctionnelles. Elles pêchent cependant par leur petite taille. On a transformé la cave en deux petites salles voûtées aux pierres apparentes, avec un décor façon Moyen Âge et une petite fontaine dans une niche, qui permettront de déguster un petit déjeuner copieux. Pour les nouveaux Parisiens, sortir à droite de l'hôtel : au bout de cette rue courte, une terrasse surplombe les trains de la gare de l'Est et offre une magnifique échappée sur Paris. *Un petit déjeuner par personne offert à nos lecteurs sur présentation de ce guide.*

📍 *Le Baalbek* – 16, rue de Mazagran ☎ 01-47-70-70-02. Ouvert de 11 h 30 à 14 h 30 et de 19 h 30 à 0 h 30. Fermé le dimanche. Congés annuels : en août. M. : Bonne-Nouvelle. Menu à 9 € le midi ; menu-enfants à 7,32 € ; le soir, un menu à 16 € du lundi au jeudi ; le week-end, carte uniquement : compter autour de 22 € sans la boisson ; des formules *meze* à 50 € pour deux ou à 91 € pour quatre. Ce restaurant libanais propose une des meilleures cuisines orientales de Paris à des prix encore abordables. Adoptez de préférence la formule *meze*, la plus conviviale : à deux ou à quatre, vous goûterez une douzaine de hors-d'œuvre suivis de 5 ou 6 viandes au barbecue. Quelques pâtisseries (en supplément) concluront ce festin oriental. À partir de 22 h-22 h 30, place à la danse du ventre ! Un spectacle authentique, tout de sensualité et de dextérité, comme il est rare d'en trouver à Istanbul ou au Caire... Compter 30 € avec le vin ou l'*arak*, sans oublier le pourboire à la danseuse (accepté, mais pas obligatoire). Réserver pour le soir (pas de danse du ventre le midi). *Et, ultime douceur, un café ou un thé à la menthe est offert à nos lecteurs sur présentation de ce guide.*

📍 *Restaurant de Bourgogne-Restaurant-Chez-Maurice* – 26, rue des Vinaigriers ☎ 01-46-07-07-91. Ouvert midi et soir jusqu'à 23 h 15 (dernier service). Fermé les samedi soir, dimanche et jours fériés. Congés annuels : la dernière semaine de juillet et les 3 premières d'août. M. : Jacques-Bonsergent ou Gare-de-l'Est. Pas de carte, menus à 8,50 et 9,50 € le midi, 10, 11 et 12,50 € le soir. À deux pas de l'*Hôtel du Nord*, du romantique canal Saint-Martin. Petit resto de quartier qui n'a pas changé d'un pouce depuis de nombreuses années. Un côté provincial patiné. Clientèle populaire. Maurice, le patron, est un bon copain à nous. À voir son tour de taille, sûr que sa cuisine lui profite. Spécialités de la maison : bœuf bourguignon, bavette à l'échalote, lapin moutarde... La cuvée du patron à 4,88 € et le côtes-de-provence à 7,30 €, que voulez-vous de mieux ? Dans la rue d'Enghien et la rue de l'Échiquier, plusieurs *restos turcs* où l'on mange plutôt bien et pour pas cher. Pour les *meze* (hors-d'œuvre), les grillades de viande *adana* et le délicieux riz au lait. Partout, accueil pratiquement toujours sympa. Parmi eux, on pourra citer :

📍 *Le Chansonnier* – 14, rue Eugène-Varlin ☎ 01-42-09-40-58. Fermé le samedi midi et le dimanche. M. : Château-Landon. Menus à 11 €, le midi, 18 et 23 €. « Buvons, buvons à l'indépendance du monde ! ». C'est au coin de la rue Pierre-Dupont, chansonnier auteur de ces mémorables paroles, et de la rue Eugène-Varlin (chapeau bas : la Commune n'est pas morte !) que Jean-Claude Lamouroux nous fait partager un vrai moment de bonheur. L'atmosphère chaleureuse, dans un cadre préservé, le service efficace, les plats traditionnels, du poulet fermier rôti à la joue de porc confite en passant par le filet de poisson rôti aux senteurs de Provence, tous plus réussis les uns que les autres, le(s) pichet(s) de bergerac, tout inciterait à monter sur la table, verre en main... Bon, on se calme ! Mais c'est vraiment bien.

|●| *Fils du Soleil* – 5, rue René-Boulanger ☎ 01-44-52-01-21. Ouvert midi et soir. Fermé les lundi, samedi midi et dimanche midi. M. : République ou Strasbourg-Saint-Denis. En face du n° 70. Menu à 10,50 € le midi. À la carte, compter aux alentours de 23 €. Ancien mexicain, aujourd'hui plutôt colombien, comme l'accueillant patron, cette adresse tient ses promesses de cuisine ensoleillée. Les plats (le traditionnel *chili* ou le « risotto colombien », goûteux à souhait) et les desserts (délicieuse confiture de lait aux figues au sirop), dépaysants, sont prétexte à conversation. La tequila, elle aussi, fait se délier les langues...
NOUVEAUTÉ.

|●| *La Marine* – 55 bis, quai de Valmy ☎ 01-42-39-69-81. Ouvert de 8 h 30 à 2 h (dernier service à 23 h 30). Fermé le dimanche. M. : Jacques-Bonsergent ou République. Formule à 10,70 € le midi uniquement ; le soir, compter autour de 26 € la boisson. Une vraie gueule d'atmosphère dans ce restaurant, sorte de *Flore* de l'Est parisien avec la gouaille en plus, tenu par trois frangins. Souvent bondé. Les tables et les chaises sont prises d'assaut, et les moulures emplafonnées enfumées. Un ami artisan a refait le bar et un autre, peintre, leur a composé une fresque marine à l'effigie du *Joven-Dolores*, bateau qui assure la liaison Formentera-Ibiza, l'île chérie des maîtres de maison. Cuisine plutôt sympa : salade d'endives sauce au bleu, salade de lardons et œuf poché, classiques pièces de viande et savoureuse brandade de poissons. Une petite sélection de bons vins au pichet et quelques desserts maison pour accompagner le tout. Accueil agréable et service efficace. *Café offert à nos lecteurs sur présentation de ce guide.*
NOUVEAUTÉ.

|●| *La Vigne Saint-Laurent* – 2, rue Saint-Laurent ☎ 01-42-05-98-20. Ouvert de 12 h à 14 h 30 et de 19 h à 22 h 30. Fermé les samedi et dimanche. Congés annuels : 3 semaines en août, ainsi qu'entre Noël et le Jour de l'An. M. : Gare-de-l'Est. Assiettes de charcuterie et de fromages à 9,50 € (l'assortiment) ; également un menu-assiette à 11,50 € avec un verre de vin, servi midi et soir ; à la carte, compter autour de 20 € ; la plupart des bouteilles affichent moins de 16,50 €. Si vous avez un train à prendre ou un cousin en partance gare de l'Est, prenez deux minutes pour marcher

jusqu'à ce petit bistrot à vin bien sympathique, tout en longueur, avec un bel escalier en colimaçon. Un charmant duo de moustachus un peu timides s'épanche avec amour sur les mamelles du terroir français : charcuteries et fromages. Les grelots de Savoie se disputent donc la vedette avec la rosette et les saint-marcellin affinés à la lyonnaise. Sans oublier les plats du jour cuisinés avec soin, le tout arrosé d'un saint-nicolas-de-bourgueil ou d'un madiran du bon millésime gouleyant à souhait. En digestif, on peut se laisser tenter par la mirabelle de Lorraine ou le marc de Savoie.

|●| *Le Parmentier* – 12, rue Arthur-Groussier ☎ 01-42-40-74-75. Ouvert midi et soir jusqu'à 23 h. Fermé les samedi midi et dimanche. Congés annuels : en août. M. : Goncourt. Une formule midi à 12,20 € ; un menu-carte à 20 € servi midi et soir, et un autre à 23 €, vin et café compris. Une petite adresse discrète, à deux pas du quartier Sainte-Marthe, qui a le vent en poupe. La façade bleu azur et mosaïque multicolore, la petite salle aux murs jaunes patinés, le service souriant et attentif, et la cuisine fraîche et gourmande font de ce resto une étape agréable. Sur l'ardoise, les menus proposent au gré du marché : un hachis Parmentier maison (évidemment...), le saumon poché à l'huile d'olive de Maussane (cuit juste comme il faut, encore un peu rosé au cœur), une crêpe à l'orange pour finir. Pour les petites faims, possibilité de décomposer le menu et de prendre les plats à la carte.
NOUVEAUTÉ.

|●| *Isla Negra* – 32, rue des Vinaigriers ☎ 01-40-05-19-82. Fermé les lundi midi, samedi midi et dimanche. Il est préférable de réserver les vendredi soir et samedi soir. M. : Jacques-Bonsergent. Spécialités chiliennes. Compter autour de 15 € pour un repas sans la boisson ; entrées à partir de 3,05 €, plats aux alentours de 9 €, desserts autour de 5 € ; *pisco sour* (apéro chilien) à 4 €. Plats copieux et savoureux, à base de piments et de citron, comme le tartare de poisson, la salade de lentilles ou encore le gratin au bœuf haché et au maïs (la spécialité de la maison). Accueil très sympa, service attentif : on n'hésite pas à vous décrire tous les plats, afin de faciliter votre choix. À savoir : en fin de semaine, les plats proposés sont un peu plus élaborés, donc les prix ont tendance à s'envoler.

|●| *Café Panique* – 12, rue des Messageries ☎ 01-47-70-06-84. Ouvert de 12 h à 14 h 30 et de 19 h 30 à 21 h 30. Fermé les samedi, dimanche et jours fériés. Congés annuels : en août. M. : Poissonnière. Formule le midi à 16,80 € ; le soir, menu à 23 €. À la carte, compter 31 €. Le cadre est sobre et reposant, avec ses murs décorés d'œuvres contemporaines régulièrement renouvelées. Le soir, pas d'état d'âme, un menu unique avec entrée, plat et dessert. Le midi, cette formule se décline dans une version allégée (entrée + plat ou plat + dessert). Il n'y a qu'à se laisser guider par l'inspiration ou le caprice pour faire son choix : on ne se trompe jamais, c'est délicieux. Qu'il s'agisse de l'émincé de haddock au gingembre et citron vert, du paleron de bœuf braisé aux épices ou de la mousse de pamplemousse au cacao, on est séduit par une cuisine fraîche et subtile. Quant au vin, laissez-vous conseiller par la patronne qui fera pour vous un choix judicieux. En somme, une adresse pour gens de goût(s). Le regretté Topor ne s'y était pas trompé... *NOUVEAUTÉ.*

I●I *Le Réveil du Xe* – **35, rue du Château-d'Eau** ☎ **01-42-41-77-59.** Ouvert du lundi au vendredi de 7 h à 21 h. Service de 12 h à 15 h (21 h 30 le mardi) ; le samedi, de 10 h à 16 h. Fermé les dimanche midi et jours fériés. M. : Château-d'Eau ou République. Plat du jour le midi de 9 à 11 € environ ; à la carte, repas autour de 18 €. Le soir (sauf le mardi), uniquement des casse-croûte. Sympathique bistrot tenu par de vrais amoureux du bon vin. En outre, les patrons prodiguent un charmant accueil et savent concocter de savoureux petits plats du terroir : tripoux, pounti, joue de bœuf à l'auvergnate pommes vapeur, aligot-saucisse (le 1er mardi de chaque mois), succulentes charcuteries et onctueux fromages d'Auvergne. Bravo pour la belle sélection de vins à tout petits prix. Une adresse comme on les aime, simple, authentique et franchouillarde en diable ! *Apéritif maison offert à nos lecteurs sur présentation de ce guide. NOUVEAUTÉ.*

I●I *Julien* – **16, rue du Faubourg-Saint-Denis** ☎ **01-47-70-12-06.** Service tous les jours jusqu'à 1 h. M. : Strasbourg-Saint-Denis. Menus à 21,50 €, le midi (sauf le dimanche) et le soir après 22 h, et à 31,50 € le soir ; à la carte, prévoir de 30 à 35 €. Encore un détournement, réussi par le talentueux Bücher, de l'un des plus vieux bouillons parisiens. Toujours les mêmes ingrédients qui fonctionnent admirablement : un éblouissant décor Art nouveau aux stucs baroques et aux boiseries chantournées, un service véloce qu'efficace et des plats d'honnête facture. Beaucoup de touristes étrangers en goguette. *Apéritif maison offert à nos lecteurs sur présentation de ce guide.*

I●I *Flo* – **7, cour des Petites-Écuries** ☎ **01-47-70-13-59.** Ouvert de 12 h à 15 h et de 19 h à 1 h 30. M. : Château-d'Eau. Menu à 21,50 €, servi le midi et après 22 h, et un autre à 28,50 € ; plat du jour à 13 € ; à la carte, compter autour de 35 €. Un grand classique de la nuit pour la choucroute. La vieille brasserie de l'Allemand Flœderer, qui date de 1886, n'a pas pris une ride... Les acteurs des théâtres des boulevards tout

proches se faisaient livrer des plats dans leur loge, notamment Sarah Bernhardt, quand elle jouait à *La Renaissance.* Superbe déco 1900, vitraux séparant les pièces, plafonds richement décorés, banquettes de cuir, limonaire, porte-chapeaux en cuivre... Plateaux de fruits de mer, formidable choucroute paysanne pour deux, moules au riesling, pied de porc pané... Pour le cadre, des prix somme toute modérés : formules avec entrée + plat ou plat + dessert, boisson comprise. Clientèle jeune, moins jeune, toujours gaie. *Apéritif maison offert à nos lecteurs sur présentation de ce guide.*

I●I *Chez Michel* – **10, rue de Belzunce** ☎ **01-44-53-06-20.** Parking payant. &. Ouvert de 12 h à 14 h et de 19 h à minuit. Fermé les dimanche et lundi. Congés annuels : en août. M. : Gare-du-Nord. À la carte, compter 30 €. Ce resto aux allures de fermette détonne au milieu des mangeoires des environs. Avec son savoir-faire, le patron vous régale d'une cuisine de qualité, faite avec des produits éclatants de vérité. Terrine d'andouille aux baies de poivre (un vrai bonheur !) et galette de beurre demi-sel ou filet de hareng fraîchement mariné émincé de roseval mettent en joie, au point que l'on desserre la ceinture d'un cran pour faire de la place au *kig ha farz* de joues de cochon et lard paysan, ou encore au moelleux de homard breton légèrement gratiné au parmesan. En dessert, paris-brest ou *kouign aman* du pays servi tiède valent leur pesant de sucre. Originaire de Bretagne, le chef, vous l'aurez compris, ne renie pas son terroir. *Breiz atha o !*

11e arrondissement

⌂ *Hôtel Notre-Dame* ****** – **51, rue de Malte** ☎ **01-47-00-78-76. Fax : 01-43-55-32-31.** ● **hotelnotredame@wanadoo.fr** ● Préférable de réserver. M. : République ou Oberkampf. Chambres doubles de 58 à 70 € avec douche ou bains. Attention, les chèques ne sont pas acceptés. Un 2 étoiles bien tenu, bien situé, qui décline au rez-de-chaussée la gamme des tons gris jusque dans les cartes de visite et même... le chat de la maison ! Les chambres, récemment refaites et décorées avec goût, sont équipées du confort moderne : téléphone direct, réveil automatique, TV couleur. Préférer le côté rue pour sa luminosité. *10 % sur le prix de la chambre (le week-end en dehors des périodes de salons et de fêtes) offerts à nos lecteurs sur présentation de ce guide.*

⌂ *Hôtel Mondia* ****** – **22, rue du Grand-Prieuré** ☎ **01-47-00-93-44. Fax : 01-43-38-66-14.** ● **www.hotel-mondia.com** ● TV. Canal+. &. M. : République ou Oberkampf. Chambres doubles à 64 €. Dans une petite rue calme, un bien joli hôtel à l'ambiance surannée et rétro. Accueil agréable, comme le décor : jolis papiers peints, peintures aux pochoirs, moulures au plafond et jolis effets de vitraux, surtout dans la salle de petit déjeuner. Chambres dans le même style, confortables, avec sèche-cheveux, téléphone direct, coffre-fort personnel, glace en pied ; cheminée en marbre pour certaines. Prix négociables selon la durée du séjour. Une adresse à conseiller. *10 % sur le prix de la chambre (hors périodes chargées) offerts à nos lecteurs sur présentation de ce guide.*

🏠 *Hôtel Beauséjour* ** – 71, av. Parmentier ☎ 01-47-00-38-16. Fax : 01-43-55-47-89. Parking payant. M. : Parmentier ou Oberkampf. Chambres doubles à 57,93 € avec douche ou bains. Un hôtel de 31 chambres réparties sur 6 étages (rassurez-vous, il y a un ascenseur), toutes avec double vitrage, et téléphone direct. Chambres petites mais fonctionnelles. Petit bar à la réception ouvert 24 h/24 et possibilité d'être servi dans sa chambre. L'accueil n'est malheureusement pas toujours terrible. *10 % sur le prix de la chambre offerts à nos lecteurs sur présentation de ce guide.*

🏠 *Hôtel Daval* ** – 21, rue Daval ☎ 01-47-00-51-23. Fax : 01-40-21-80-26. ● hotelda val@wanadoo.fr ● TV. Canal+. Satellite. M. : Bastille. Chambres doubles à 67 € avec douche ; petit déjeuner amélioré à 8 €. Au cœur de l'animation de Bastille, à côté des bars de la rue de Lappe et de la rue de la Roquette, un 2 étoiles sympathique mais impersonnel, au décor et au confort modernes : double vitrage, mini-coffre. Les chambres et les salles de bains sont un peu petites. Préférez les chambres sur cour et dans les étages pour éviter le bruit infernal du week-end dans ce quartier. *Un petit déjeuner par personne offert à nos lecteurs sur présentation de ce guide.*

🏠 *Hôtel Beaumarchais* *** – 3, rue Oberkampf ☎ 01-53-36-86-86. Fax : 01-43-38-32-86. ● www.hotelbeaumarchais.com ● TV. Canal+. Satellite. M. : Filles-du-Calvaire. Chambres doubles à 99 € avec douche ou bains. Situation idéale avec la bonne ambiance des bars de la rue Oberkampf, à deux pas de la Bastille, de la République et même du Marais. Un hôtel moderne plein de charme et aux couleurs chatoyantes. Véritable ode au soleil et aux vacances pour vous mettre de bonne humeur le matin ; et accueil charmant pour vous mettre en joie le soir. Chambres tout confort, spacieuses et vraiment très colorées.

🍴 *Chez Ramulaud* – 269, rue du Faubourg-Saint-Antoine ☎ 01-43-72-23-29. Fermé le samedi midi et le dimanche soir. Brunch-guinguette tous les dimanches de 12 h à 18 h. Congés annuels : en général 1 semaine à Noël et 2 semaines en août.

M. : Faidherbe-Chaligny ou Nation. Le midi, formules à 9, 11 et 13 €, selon le nombre de plats ; le soir, menu-carte à 26 €. Joli décor bistrot bien patiné (terrasse aux beaux jours) pour une cuisine franche et copieuse, parfois innovante. Les classiques terrine et andouillette grillée côtoient le ballotin de truite fumée mousse de haddock ou le carré d'agneau en croûte d'épices. Attention, la carte est entièrement renouvelée tous les 2 à 3 mois. Mais c'est dans les desserts que le chef se surpasse : des recettes d'autrefois mises au goût du jour et mijotées longtemps. Comme il s'agit avant tout d'un bistrot, la dive bouteille est à l'honneur, mais pas n'importe laquelle : on privilégie le rapport qualité-prix autour de 18 à 25 €. Du coup, exit les bordeaux. Les bourgognes font une timide apparition, tandis que les méconnus du Languedoc, du Sud-Ouest, des vallées du Rhône ou de la Loire sont bien mis en valeur. Pas de demi-bouteilles mais des vins au verre et même au compteur (le demander). Enfin, il n'est pas rare d'y croiser des *people*. NOUVEAUTÉ.

🍴 *Au P'tit Cahoua* – 24, rue des Taillandiers ☎ 01-47-00-20-42. Ouvert jusqu'à 23 h (23 h 30 le vendredi et le samedi). Fermé les 24 et 25 décembre. M. : Bastille. Bus : nᵒˢ 67 ou 91. En semaine, formule déjeuner à 9,15 € ; à la carte, à partir de 18,29 €. Philippe Journoud reprend les recettes appliquées Rive gauche, et ça marche. Le Maroc est donc à l'honneur et se retrouve aussi bien dans le décor que dans l'assiette. Pour l'œil, tables de faïences brisées, fers forgés, poteries, tapis berbères aux murs comme au plafond (bonne idée pour l'insonorisation!). Pour l'oreille, mélopées et rythmes arabisants (Khaled, Cheb Mami, Taha et consorts). Pour le palais, une carte où les couscous et tajines font la loi, mais aussi les *kemias* (assortiment d'entrées ou de plats) ou encore la pastilla. À vous de choisir... Accueil décontracté et chaleureux, à la méditerranéenne quoi ! Même enseigne au 39, bd Saint-Marcel, dans le 13ᵉ (☎ 01-47-07-24-42. M. : Gobelins ou Saint-Marcel). *Apéritif maison offert à nos lecteurs sur présentation de ce guide.*

🍴 *La Cale aux Huîtres* – 136, rue Saint-Maur ☎ 01-48-06-02-47. Fermé le lundi. Congés annuels : en août. Réservation conseillée les samedi et dimanche. M. : Goncourt ou Couronnes. Plusieurs formules de 13,50 à 24,50 €. Pour être franc, l'idée du mariage huîtres-sushis nous semblait une bien curieuse idée. Et là, heureuse surprise ! La formule à 15 € (12 huîtres, 6 makis, crépinette et ballon de blanc) satisfera les néophytes (d'ailleurs, c'est comme ça qu'elle s'appelle). Pour les gros estomacs, la *formule La Cale* (qui porte bien son nom) viendra à bout des appétits les plus aiguisés. Par contre, on n'a pas été emballé par les desserts, sans grande innovation.

Décor de panneaux japonisants, comptoir en coque de bateau, grandes tables en bois, expos temporaires de jeunes artistes. Bref, ultra-tendance dans ce quartier toujours à la recherche d'avant-gardisme. Les huîtres sont ouvertes sous vos yeux. Grande fraîcheur des produits. Service rapide et aimable. Idéal pour les nostalgiques des bords de mer et les afficionados de poisson cru. Fermez les yeux. Manque plus que les mouettes... ou les sumos. Également vente d'huîtres à emporter. *NOUVEAUTÉ.*

l●l *Cefalù* – **43, av. Philippe-Auguste** ☎ **01-43-71-29-34.** Ouvert de 12 h à 14 h 30 (service jusqu'à 14 h) et de 19 h 30 à 22 h 30 (service jusqu'à 22 h). Fermé les samedi midi et dimanche. Réservation très conseillée le soir (même en semaine). Congés annuels : 4 semaines en août. M. : Nation. À 10 mn du Père-Lachaise et 5 mn de la place de la Nation. Formule à 14,50 € le midi en semaine ; menu-dégustation à 30 € ; autour de 33,50 € à la carte. M. Cala, originaire du village de Mussomeli en Sicile (célèbre pour sa forteresse inexpugnable), rend hommage à sa terre natale en cuisinant avec art ses spécialités. *Antipasti* à la sicilienne, sole au caviar d'aubergines, *carpaccio* d'espadon, spaghettis à l'orange. Formule avec, par exemple, *antipasto*, osso buco et fromage (*pecorino*). En revanche, on a trouvé le menu-dégustation (sans vin) un peu cher et le décor un peu commun pour un établissement de cette qualité. Néanmoins, accueil chaleureux de la patronne, service efficace, propreté exemplaire. *Apéritif maison offert à nos lecteurs sur présentation de ce guide.*

l●l *L'Ami Pierre* – **5, rue de la Main-d'Or** ☎ **01-47-00-17-35.** Ouvert jusqu'à 2 h (service jusqu'à minuit). Fermé le dimanche et le lundi. Congés annuels : du 22 juillet au 22 août. M. : Ledru-Rollin. Pas de menu, repas autour de 15 €, boisson en sus. Marie-Jo, fidèle au poste, tient toujours les manettes de ce petit bistrot à vin aux chaudes ambiances, qui fait vibrer l'arrière-cour Bastille depuis un bail. Elle nourrit gentiment son petit monde, surtout des habitués ou des copains dessinateurs de presse, avec un roboratif plat du jour ou ses incontournables magrets, confits de canard et autres andouillettes. Une cuisine simple et sans chichis mais délicieuse, à l'image du lieu. Pas de carte, tout est inscrit sur l'ardoise, et la serveuse vient vous énumérer les choix du jour. Vins au compteur (on ne paie que ce qu'on a bu). Le service rapide est idéal aussi à l'heure du déjeuner. *Digestif maison offert à nos lecteurs sur présentation de ce guide.*

l●l *Les Domaines qui montent* – **136, bd Voltaire** ☎ **01-43-56-89-15.** Ouvert du lundi au samedi, uniquement le midi. M. : Voltaire. À la carte, entrées aux environs de 6 €,

plats à 7,60 € et desserts à 3,80 €. Au n° 136, vous entrez chez un caviste... puis vous apercevez quelques tables entre les bouteilles, et un couvercle en bois posé sur la table qui affiche « Réservé ». C'est pour vous. En terrasse ou en salle, laissez-vous conseiller par les souriants Thierry et Miguel, experts ès-vins qui ont transformé cette ancienne quincaillerie en l'une des rares tables d'hôte de la capitale. Quotidiennement livrés en produits frais, le repas s'accompagne d'un des 300 choix de vins vendus à table à prix coûtant, ou d'un verre pris à l'une des 11 fontaines à vin, aux prix imbattables ! Le vaste choix dans l'assiette va du saucisson entier pour l'apéro, des tartes salées, grandes salades, soupes, plat du jour, fromages fermiers, à des desserts simples et succulents. En plus, il y a toujours un truc à découvrir, comme le jus de kiwi de Bretagne, la bière bio, ou la « Bernache » de Touraine, moult sucré entre cidre et vin, parfait pour accompagner la tapenade maison. Surprenant, voici l'adresse où, au début, on n'ose pas entrer et d'où, ensuite, on ne veut plus partir ! Penser à réserver.

l●l *Le Villaret* – **13, rue Ternaux** ☎ **01-43-57-89-76.** Ouvert midi et soir ; dernière commande à minuit (1 h les jeudi, vendredi et samedi). Fermé les samedi midi et lo dimanche. Congés annuels : 10 jours début mai, tout le mois d'août et 10 jours en fin d'année. M. : Parmentier. Menus à 18,30 € et 23 € comprenant plat + entrée ou dessert, servis le midi. À la carte, compter environ 38 €. Joël en salle et Olivier en cuisine tiennent la barre de ce bistrot épatant. Les plats choisis selon le marché et une longue carte de grands crus venus du monde entier (Argentine, Afrique du Sud, États-Unis) à prix câlins donnent du bonheur à toutes les tables. On se régalera d'un petit coulis au rouget, puis d'une papillote de palourdes au thym, ou d'une tranche de foie de veau au vinaigre de Banyuls. Le cadre, fait de poutres et vieille pierre apparente, reste simple et agréable. Belles assiettes carrées et cloche pour annoncer un plat prêt à servir. Parfait pour un repas d'affaires ou entre amis de bon goût. Sans aucun doute, l'une des meilleures tables de Paris, à l'accueil toujours au beau fixe, où l'on sait jouer avec l'art des saveurs.

l●l *La Vache Acrobate* – **77, rue Amelot** ☎ **01-47-00-49-42.** Ouvert tous les jours. M. : Saint-Sébastien-Froissart ou Chemin-Vert. À la carte, entrées à 6,90 € ; plats à 11,40 € ; desserts à 6,10 €. Découverte ! Ouvert en septembre 2001, ce bar-resto confirme la tendance actuelle des bonnes adresses dans cette rue un peu à l'écart. L'équipe jeune et adorable, au tutoiement facile, est parée d'une salopette « bleu de travail » (propre !) pour le service. L'ambiance est décontractée, et on opte le plus souvent pour une formule entrée + plat ou plat + dessert, vu la quantité et l'élégance des assiettes. La salle, assez étroite, a le mérite d'être bien colorée, en contraste avec tout ce qu'on peut voir aux alentours. Idéal à deux ou trois, compliqué à plus. Créatif, on se lèchera les babines avec la tapenade maison, le foie de veau au jus de rhubarbe, ou une mousse au *turron*. Mini-terrasse sympa pour le café ou pour boire un verre rapide. Voici l'adresse qui monte, vraiment sympa. Mieux vaut réserver.

|●| *Astier* – 44, rue Jean-Pierre-Timband ☎ 01-43-57-16-35. Ouvert midi et soir jusqu'à 23 h. Fermé les samedi, dimanche et jours fériés. Réservation impérative. Congés annuels : la 2ᵉ semaine des vacances scolaires de Pâques, de fin juillet à fin août et 10 jours entre Noël et le Jour de l'An. M. : Parmentier. Menu-carte à 20 € le midi, 24,50 € le soir. Incontournable bistrot parisien, qui affiche complet tous les soirs. La densité des clients est d'autant plus impressionnante que les tables sont collées les unes aux autres (on mange quasiment sur les genoux de son voisin !). Du coup, le service s'en ressent : effréné et imperson-nel. Mieux vaut se concentrer sur le menu-carte qui change tous les jours, un modèle du genre (le soir : entrée, plat, superbe pla-teau de fromages bien affinés servis à volonté et dessert). Cuisine classique mais qui n'empêche pas le chef de réussir des échappées inventives et gourmandes. Parmi ses spécialités : terrine de poisson au beurre nantais, lapin à la moutarde, gratin de fruits. Un rapport qualité-prix imbattable. Attention toutefois à la carte des vins (bien fournie) qui peut vite faire grimper la note. Décor sans charme, mais on ne vient pas pour ça. *Un petit déjeuner par personne offert à nos lecteurs sur présentation de ce guide.*

|●| *Les Amognes* – 243, rue du Faubourg-Saint-Antoine ☎ 01-43-72-73-05. &. Ouvert de 12 h à 14 h et de 20 h à 23 h. Fermé le lundi midi, le samedi midi et le dimanche. Congés annuels : les 3 premières semaines d'août. M. : Faidherbe-Chaligny. Menu-carte à 30 €. Les épicuriens malins communient religieusement sous des poutres apparentes blanches (très « pro-vince »), mais surtout autour de la superbe carte concoctée par Thierry Coué, ancien bras droit de Senderens. Et ils applau-dissent très fort son menu qui est une véri-table aubaine ! Très belle sélection de vins, dommage qu'ils soient si chers. Service effi-cace et accueil fort sympathique.

12ᵉ arrondissement

🏠 *Hôtel des Trois Gares* ** – 1, rue Jules-César ☎ 01-43-43-01-70. Fax : 01-43-41-36-58. ● h3g@club-internet.fr ● TV.

Canal+. Satellite. M. : Gare-de-Lyon ou Bas-tille. Chambres doubles de 37 à 46 € avec lavabo ou douche, de 58 à 61 € avec douche et w.-c. ou bains. TV et téléphone direct dans toutes les chambres. Derrière la pimpante façade se cache un hall moderne. Les chambres sans prétention donnent la réplique (fonctionnelle, déco épurée). Un 2 étoiles bien situé, dans une rue tranquille entre la gare de Lyon, Austerlitz et Bastille-Plaisance, où s'arrêtent les hommes d'affaires de passage. Accueil très sympa.

🏠 *Hôtel Marceau* ** – 13, rue Jules-César ☎ 01-43-43-11-65. Fax : 01-43-41-67-70. ● www.hotel-marceau.com ● Par-king payant. TV. Satellite. M. : Gare-de-Lyon ou Bastille. Chambres doubles à 68,60 € avec douche ou bains. On ne sait pas si le général du même nom a séjourné ici, mais cela a donné un bon prétexte au propriétaire pour exposer fièrement dans le hall de sa réception une page manuscrite, achetée aux enchères, de celui qui batailla contre les Vendéens. Les chambres sont pas mal, et même assez bien décorées pour certaines. Celles donnant sur la rue sont plus spacieuses. Rétro pour les uns, vieillot pour les autres, cet hôtel possède un réel charme avec ses vieux papiers peints défraîchis et son ascenseur hors d'âge.

🏠 *Nouvel Hôtel* ** – 24, av. Bel-Air ☎ 01-43-43-01-81. Fax : 01-43-44-64-13. ● nou-vel-hotel-paris.com ● TV. M. et RER A : Nation. Chambres doubles à 69 € avec douche, 79 € avec bains. À deux pas de la place de la Nation, très bien desservi par le métro, le bus ou le RER A. Voici un morceau de campagne à Paris. Passé la réception, banale, on débouche sur un adorable jardin très fleuri. En été, on y prend son petit déjeuner ou on y paresse à l'ombre d'un néflier. Les chambres, décorées dans le style champêtre de Laura Ashley, donnent pour la plupart sur ce jardin. La n° 109, elle, donne dessus carrément de plain-pied. Pour ne rien gâcher, l'accueil et le service sont tout à fait charmants. Enfin, dernière anecdote : le raisin que procurent les quel-ques pieds de vigne dans le jardin est remis aux Vignerons de Paris qui en tirent quel-ques bouteilles et renouent ainsi avec une vieille tradition. Vous l'aurez compris, à ce prix à Paris, c'est l'une de nos adresses pré-férées.

🏠 *Le Relais de Paris* ** – 35, rue de Cîteaux ☎ 01-43-07-77-28. Fax : 01-43-46-67-45. ● Lyon.Bastille@Lesrelaisdepa-ris.fr ● TV. Satellite. Ouvert toute l'année. M. : Faidherbe-Chaligny ou Reuilly-Diderot. Chambres doubles à 76 €, avec douche ou bains et w.-c. ; chambres familiales de 98 à 117 €. Minibar et téléphone direct. À deux pas du faubourg Saint-Antoine, ce 2 étoiles en fait voir de toutes les couleurs. Harmonie des tons roses, bleus, verts ou beiges, selon les goûts, pour des chambres équipées du confort moderne. Très classique tout de même, pour VRP de passage en salon ou pour son bon rapport qualité-prix en chambre triple. Le petit déjeuner est servi dans une superbe cave voûtée. *Un petit déjeuner par chambre ou 10 % sur le prix de la chambre offerts à nos lecteurs sur présentation de ce guide.*

I●I *Au Pays de Vannes* **– 34 bis, rue de Wattignies** ☎ 01-43-07-87-42. Ouvert le midi seulement, de 11 h 45 à 14 h 45 (sur réservation le soir à partir de 12 personnes). Fermé les dimanche et jours fériés. Congés annuels : en août. M. : Michel-Bizot. Menus (boisson comprise) à 9,15 et 12,20 €. La cantoche du quartier ! Un brave troquet où se déploie sur un mur un drapeau breton signalant à toutes fins utiles, pour ceux qui ne l'auraient pas compris, qu'ici on est Armor à mort. Le 1ᵉʳ menu, avec son prix étudié et sa brassée de plats du jour, remplit les tables. Un bon repas simple, griffé « tradition française », comme il est rare d'en trouver dans la capitale aujourd'hui. Le meilleur rapport qualité-prix de l'arrondissement ! Le samedi midi, de septembre à mars, on vient en famille se gorger d'huîtres en provenance directe de Normandie. Et pour les lève-tôt (ou les couche-tard), le petit déjeuner est servi dès 6 h 30. Accueil et service chaleureux et populo. *Apéritif maison offert à nos lecteurs sur présentation de ce guide.*

I●I *Cappadoce* **– 12, rue de Capri** ☎ 01-43-46-17-20. Ouvert de 12 h à 14 h 30 et de 19 h à 23 h 30. Fermé le samedi midi et le dimanche. Il est prudent de réserver le soir. Congés annuels : en août. M. : Michel-Bizot ou Daumesnil. Menus de 13 à 20 €. L'hospitalité turque empreinte de gentillesse et de discrétion, ainsi qu'une cuisine bien élaborée ont assis la réputation du *Cappadoce* bien au-delà du quartier. Le roulé au fromage et le caviar d'aubergines sont d'une délicatesse tout orientale ; les *pide* (pizza turque), grillades ou brochettes aromatisent votre palais à plaisir. Les raisons du succès de ce restaurant sautent aux yeux ; 3 menus bien pensés sont proposés (végétarien, diététique et gastronomique). Les desserts faits maison, dont un étonnant potiron au sirop (genre pâte de coing), ne sont pas à dédaigner. *Digestif maison offert à nos lecteurs sur présentation de ce guide.*

I●I *Si Señor !* **– 9, rue Antoine-Vollon** ☎ 01-43-47-18-01. Ouvert midi et soir (dernier service à 23 h). Le bar reste ouvert l'après-midi et on peut y déguster des tapas en cas de petite faim. Fermé les dimanche et lundi. Congés annuels : en août. M. : Ledru-Rollin. Menus à 12,35 € le midi, 15,50 et 20,30 € le soir ; à la carte, compter autour de 22 €. Ce resto espagnol tenu par une bande franco-ibérique de copains n'entre pas dans la catégorie des bars à tapas parisiens, tout simplement parce qu'il ne fonctionne pas comme un bar. Ni dans celle des restos où la cuisine, mauvaise, n'est qu'un prétexte pour boire. Car ici, la cuisine est sincère, voire délicieuse. Superbe *tortilla española*, *patatas ali oli* comme là-bas, calamars frits tout en légèreté, entrecôte argentine parfaitement assaisonnée avec sa sauce épicée, bons desserts... Régulièrement, des spécialités régionales sortant des sentiers battus sont à l'honneur. Rien à redire, tout est là, y compris la gentillesse. Même leur site Internet est sympa ! Belles expos temporaires aux murs. Quelques tables en terrasse.

I●I *... Comme Cochons* **– 135, rue de Charenton** ☎ 01-43-42-43-36. Service midi et soir jusqu'à 23 h. Fermé le dimanche. Pas de réservation le midi, mais recommandée le soir. M. : Reuilly-Diderot. Le midi, menu à 12,20 €, servi aussi le samedi. Le soir, à la carte uniquement : compter de 23 à 28 €. Voilà une nouvelle adresse qui nous a emballés ! D'abord pour son cadre, bistrot tendance actuelle, avec de chouettes expos tournantes aux murs, et surtout pour son imbattable formule du déjeuner qui offre, pour une douzaine d'euros, entrée, plat, dessert et même la boisson. Le soir, l'addition double, mais le plaisir est toujours là. Sur l'ardoise, les plats jouent le registre de la cuisine de marché. Inutile de vous abreuver de noms de plats évocateurs, puisqu'ils changent tout le temps. Retenez simplement que le cochon est régulièrement à l'honneur et que tout est goûteux, copieux et joliment présenté. Accueil sympathique et service prévenant. Rien d'étonnant finalement à ce que cela soit plein tout le temps.

I●I *L'Alchimiste* **– 181, rue de Charenton** ☎ 01-43-47-10-38. Service de 12 h à 14 h 15 et de 19 h 30 à 22 h. Fermé les samedi et dimanche. Congés annuels : du 1ᵉʳ au 20 août. Réservation conseillée (le midi surtout). M. : Montgallet. Formule à 13 € le midi ; le soir, à la carte, compter autour de 27 à 28 € sans la boisson. Ce bar à vin s'essaie avec assurance aux figures imposées du genre. Le tartare de saumon et le sauté de bœuf aux oignons dans la formule (entrée + plat ou plat + dessert, servie au déjeuner uniquement), l'andouillette et les rognons de veau sautés à la moutarde à la carte le soir prouvent que le chef, non seulement connaît son registre bistrotier, mais qu'il est capable de le transcender de belle manière. C'est net, précis et appétissant dans l'assiette. À cela s'ajoutent une sélection de vins futée, quelques apéritifs bien choisis (porto Churchill, jurançon de Lapeyre...) et une poignée de bières qu'on voit rarement dans un bistrot, telles la *Bavaisienne*, superbe bière artisanale du Nord, et la *Telenn Du*, une bonne mousse de Bretagne. *Apéritif maison offert à nos lecteurs sur présentation de ce guide.*

|●| *Les Zygomates* – 7, rue de Capri ☎ 01-40-19-93-04. Service de 12 h à 14 h et de 19 h 30 à 22 h 45. Fermé les lundi midi, samedi midi et dimanche. Congés annuels : 4 semaines en août. M. : Michel-Bizot ou Daumesnil. Menus à 13 €, servi uniquement au déjeuner, et 27 € (20 € avec entrée + plat ou plat + dessert). Rien n'a changé dans cette charcuterie début XXᵉ siècle. Le décor en trompe l'œil, le bois verni, le marbre et les scènes de chasse, on s'y croirait. Mais le plus beau, c'est sans aucun doute la cuisine de qualité, à prix étudiés, qui y est servie. Des menus où les plats ne sont pas de simples prétextes. Calamars aux épices douces, queue de cochon farcie aux morilles, croustillant aux prunes sauce caramel. À ce prix-là, et vu la qualité de la cuisine, il y a toujours beaucoup de fidèles. Il est donc préférable de réserver car les petits malins se sont vite donné l'adresse. *Café offert à nos lecteurs sur présentation de ce guide.*

|●| *Square Trousseau* – 1, rue Antoine-Vollon ☎ 01-43-43-06-00. ♿ Ouvert midi et soir jusqu'à minuit (service jusqu'à 23 h). Fermé le dimanche et lundi. Réservation chaudement recommandée. Congés annuels : 10 jours en février et 3 semaines en août. M. : Ledru-Rollin. Menu à 19 € servi le midi uniquement ; carte autour de 35 €, boisson en sus. Tentures de velours rouge et rideaux de dentelle préservent des regards indiscrets. Ici, l'atmosphère et le style bistrot 1900 sont à l'honneur : superbe bar de zinc ancien, carrelage mosaïque, banquettes de moleskine rouge et plafond à moulures. Un lieu très parisien, fréquenté par une clientèle élégante mais décontractée, où il n'est pas rare de croiser une tête connue. Les suggestions du jour sont affichées au mur sur de grandes ardoises. La carte, qui change toutes les semaines en fonction du marché et des saisons, joue dans le registre traditionnel revisité. C'est joliment présenté, agréable en bouche, mais pas donné donné. La carte des vins, bien conçue et renouvelée régulièrement aussi, sort des sentiers battus. Possibilité d'acheter la sélection de la maison dans la boutique de produits qu'ils ont ouverte à côté. Terrasse prisée en été.

|●| *À la Biche au Bois* – 45, av. Ledru-Rollin ☎ 01-43-43-34-38. Service midi et soir jusqu'à 23 h. Fermé les lundi midi, samedi et dimanche. Congés annuels : du 20 juillet au 20 août et du 21 décembre au 3 janvier. Prudent de réserver. M. : Gare-de-Lyon. Menu à 20,60 € ; moins de 26 € à la carte. Cette bonne halte, à deux pas de la gare de Lyon, est la providence des voyageurs. D'ailleurs, ça ne désemplit pas, le

midi comme le soir. Certes, le décor est franchement quelconque et les tables à touche-touche n'invitent pas aux confidences amoureuses, mais le menu offre un rapport qualité-quantité-prix des plus satisfaisants. Si les entrées nous ont déçus (particulièrement les terrines), les traditionnels plats de gibier, servis seulement en période de chasse, sont goûteux, généreux et mitonnés à souhait : magret de canard aux fruits des bois, cassolette de faisan au foie gras, sans oublier le coq au vin et son onctueuse sauce, une de leurs spécialités servies toute l'année. Beau plateau de fromages bien affinés, pâtisseries maison et vins à prix raisonnables. On ressort repu ! *Apéritif maison offert à nos lecteurs sur présentation de ce guide.*

13ᵉ arrondissement

⌂ *Hôtel Tolbiac* – 122, rue de Tolbiac ☎ 01-44-24-25-54. Fax : 01-45-85-43-47. ● www.hotel-tolbiac.com ● TV. Satellite. Câble. Ouvert toute l'année. M. : Tolbiac ou Place-d'Italie. Chambres doubles de 30 € avec lavabo à 35 € avec douche et w.-c. Situé à 5 mn de la place d'Italie, ce vaste bâtiment (47 chambres) rend bien service aux petits budgets. Préférer les chambres nᵒˢ 19, 29, 39 et 49, plus grandes et plus ensoleillées. La plupart possèdent une télévision. Accès à Internet de 13 h à 21 h gratuit pour les clients. L'accueil est agréable et les chambres sont propres. Le petit déjeuner se prend dans une petite cour fleurie, dès les beaux jours. La rue de Tolbiac est assez bruyante, mais certaines chambres disposent d'un double vitrage.

⌂ *Hôtel Sthrau* * – 1, rue Sthrau ☎ 01-45-83-20-35. Fax : 01-44-24-91-21. Ouvert toute l'année. M. : Nationale, Tolbiac ou Bibliothèque-François-Mitterrand. Chambres doubles à 34 € avec lavabo, 43 € avec douche, 46 € avec douche et w.-c. Un petit hôtel modeste mais propre pour budgets réduits, à 5 mn de la Bibliothèque nationale de France François-Mitterrand. La plupart des chambres sont très calmes et l'accueil est agréable. Rien à dire mais rien à redire non plus, ce qui est l'essentiel pour ce type d'établissement, non ? Bien confirmer votre réservation par écrit (date et prix de la chambre). *Un petit déjeuner par chambre offert à nos lecteurs sur présentation de ce guide.*

⌂ *Résidence Les Gobelins* ** – 9, rue des Gobelins ☎ 01-47-07-26-90. Fax : 01-43-31-44-05. ● www.hotelgobelins.com ● TV. Canal+. Satellite. Câble. Ouvert toute l'année. M. : Gobelins. Bus nᵒˢ 27, 47, 83 et 91 (super-accessible, donc). Belles chambres doubles à 70 € avec douche et w.-c. ou bains. Dans cette rue au tracé encore médiéval, à deux pas du château de la

Reine-Blanche, un hôtel entièrement rénové, à l'excellent rapport qualité-prix. Calme assuré, surtout dans les chambres nᵒˢ 32, 42, 52 et 62, donnant sur l'arrière de l'immeuble. Petit jardin pour les soirées printanières. *10 % de réduction sur la chambre (à partir de la 2ᵉ nuit) offerts à nos lecteurs sur présentation de ce guide.*

🛏 **Résidence hôtelière Le Vert Galant** *** – 43, rue Croulebarbe ☎ 01-44-08-83-50. Fax : 01-44-08-83-69. Parking payant. Satellite. Câble. ♿ Resto fermé les dimanche et lundi. M. : Gobelins ou Corvisart. Chambres doubles à 80 € avec douche, 87 € avec bains. Chambres avec kitchenette à 90 €. Un coin de campagne basque perdu en plein 13ᵉ, face au jardin des Gobelins : 10 chambres spacieuses, en marge de la rue, avec un jardin et une pelouse, où poussent des vignes avec quelques plans de jurançon, clin d'œil au restaurant basque mitoyen, l'auberge *Etchegorry*, appartenant aux mêmes propriétaires. 5 autres chambres plus petites. Calme, bien sûr, et un certain charme, voire un charme certain. Les chambres les plus chères sont en fait de petits studios avec coin kitchenette, réfrigérateur, téléphone avec ligne directe. Beau petit déjeuner buffet servi dans une loggia, au milieu de la verdure. *Un petit déjeuner offert (le 1ᵉʳ matin) à nos lecteurs sur présentation de ce guide.*

🛏 **Hôtel La Manufacture** ** – 8, rue Philippe-de-Champaigne ☎ 01-45-35-45-25. Fax : 01-45-35-45-40. ● www.hotel-la-manufacture.com ● TV. Satellite. Câble. Ouvert toute l'année. M. : Place-d'Italie. Chambres doubles à 133 €. Petit déjeuner à 7,50 €. Coup de cœur pour cet hôtel 2 étoiles d'une sobre élégance, caché (faut le deviner, en sortant place d'Italie) dans l'ombre de la mairie, à deux pas de la célèbre manufacture des Gobelins. Pas de tapisseries d'un autre temps, ici, mais une pureté de ligne, une déco tout en brun, orange et beige. Très belle entrée avec un plancher de bateau et un coin salon-bar où il fait bon prendre un verre, le soir, près du feu de bois, à la mi-saison. Un hôtel pour hommes et femmes d'affaires, certes, mais qui s'adresse aussi à tous ceux qui veulent vivre la ville autrement. Chambres climatisées, pas très grandes mais agréables pour un court séjour. Petit déjeuner à la française appétissant, servi dans un coin qui fait très croisière. Idéal pour commencer la journée avec le sourire. *10 % sur le prix de la chambre offerts à nos lecteurs sur présentation de ce guide.*

🍴 **Chez Paul** – 22, rue de la Butte-aux-Cailles ☎ 01-45-89-22-11. Ouvert midi et soir jusqu'à minuit. Congés annuels : de fin décembre à début janvier. M. : Place-d'Italie ou Corvisart. Prévoir autour de 40 € ; vins à prix raisonnables. Sympathique néo-bistrot

dont la greffe a bien pris sur le tissu de la Butte. Cadre sobre mais agréable, pour une excellente cuisine de bistrot. Accueil chaleureux. Le patron fait montre d'un humour discret, et ce ne sont pas les bonnes idées qui lui manquent (comme d'avoir exhumé des apéros du Néanderthal !). Carte assez fournie : terrine de queue de bœuf, estouffade de bœuf à la bordelaise, cochon de lait rôti à la sauge, sans oublier les suggestions du jour sur le tableau noir. Et puis, quelle purée ! Dommage, d'ailleurs, que Paul n'exerce pas son savoir-faire sur des accompagnements plus variés. Délicieux desserts. *Apéritif maison offert à nos lecteurs sur présentation de ce guide.*

🍴 **Bida Saigon** – 44, av. d'Ivry ☎ 01-45-84-04-85. Ouvert tous les jours de 11 h à 22 h (en été, ouvert à partir de 10 h). M. : Porte-d'Ivry ; par les escaliers mécaniques des Olympiades, devant *Paris Store* ou le petit magasin des frères *Tang*. Compter environ 9 € pour une soupe et un dessert ; plats autour de 7 €. Une grande cantine vietnamienne nichée tout au fond d'un couloir perpendiculaire à la galerie Oslo. L'accueil est souriant et la carte classique : une vingtaine de plats savoureux. Les soupes (*phở* et soupe saigonnaise ou de Huê) sont généreusement servies en petit ou en grand bol ; les pâtés impériaux croustillent et le gâteau de riz à la vapeur est fidèle à lui-même. Essayez les desserts, déroutants mais pas désagréables : haricots blancs au riz gluant, graines de lotus avec algues et longanes. Côté boissons, vins, bières, thés, bien sûr, mais surtout de bons jus de fruits frais ! Probablement une des adresses les plus dépaysantes de la capitale, dans cette galerie commerciale chinoise où les petits restos se succèdent. À l'extérieur, en ressortant de la galerie par la dalle des Olympiades, ne manquez pas de jeter un œil sur le grand temple de l'amicale des Teochew. *Café offert à nos lecteurs sur présentation de ce guide.*

🍴 **Virgule** – 9, rue Véronèse ☎ 01-43-37-01-14. Service de 12 h à 14 h 30 et de 19 h à 23 h (dernier service). Fermé le mercredi. Congés annuels : en août. M. : Place-d'Italie. Plat + café à 7,90 € et menu à 9,40 € le midi ; 2 formules à 17,60 € et 23,60 € ; plusieurs menus de 11 à 17,10 € le soir. À deux pas de la place d'Italie, cette ancienne pizzeria au décor banal ne désemplit pas. Il faut dire que le premier menu offre un bon rapport qualité-prix et, suffisamment de choix pour que chacun y trouve son compte. Au coude à coude et un peu bruyant, mais sans prétention et avec le sourire !

🍴 **L'Avant-Goût** – 26, rue Bobillot ☎ 01-53-80-24-00. ♿ Service jusqu'à 23 h. Fermé les dimanche et lundi. Congés annuels : la 1ʳᵉ semaine de janvier, la 1ʳᵉ semaine de mai et les 3 dernières semaines d'août. M. :

Place-d'Italie. Menu du marché à 10,60 € le midi, menu-carte à 26 € ; à la carte, compter autour de 26 €. Christophe Beaufront a longuement mûri son installation sur la Butte, et a bien réfléchi à tout. Résultat, le succès de sa formule a tout de suite été visible. La spécialité de *L'Avant-Goût*, le pot-au-feu de cochon (servi en deux fois), allie rusticité et finesse. Un plat épatant ! Autre option, le menu-carte, renouvelé tous les 15 jours, qui offre le choix entre 5 entrées, 6 plats et 5 desserts. Vichyssoise de fèves aux crevettes marinées, suivie de joues de cochon croustillantes et caviar de champignon et, pour conclure, une crème brûlée à la vanille et compote d'abricots secs aux 5 épices chinoises font la démonstration du talent du chef. Le midi, dans la formule : poulet fermier rôti gratin de macaronis, gigot rôti flageolets... Rayon flacons, le vouvray pétillant de Champalou, le gamay Château-Gaillard ou le Domaine Gramenon, un côtes-du-rhône, sont de bons compagnons de table ; sans oublier le vin du mois.

|●| **La Touraine** – **39, rue Croulebarbe** ☎ **01-47-07-69-35.** Ouvert midi et soir jusqu'à 22 h 30. Fermé le dimanche. Conseillé de réserver, surtout si vous voulez l'une des tables en terrasse. M. : Corvisart ou Gobelins. Premier menu à 11 €, servi le midi uniquement ; autres menus entre 20,50 et 29,90 € ; carte autour de 31 € sans la boisson. Le soir, c'est vraiment tranquille. Deux grandes salles au décor rustique discret. Accueil tout à fait charmant. Roborative mais succulente cuisine comme en province (gratin d'écrevisses, ris d'agneau aux morilles et aux écrevisses, tournedos Rossini, panaché d'agneau à l'ail confit). Plein de menus copieux et un menu gastronomique (le plus cher, bien sûr). Pour faire quelques pas et digérer, un joli jardin de l'autre côté de la rue. Que vous faut-il de plus ? *Apéritif maison offert à nos lecteurs sur présentation de ce guide.*

|●| **Tricotin** – **15, av. de Choisy** ☎ **01-45-85-51-52.** Ouvert tous les jours de 9 h à 23 h 15. M. : Porte-de-Choisy. À la carte, compter 12 €. Une des plus anciennes adresses du quartier, une de ces institutions où l'on fait patiemment la queue le week-end. Grande salle assez bruyante, serveurs affairés, carte longue comme le bras, la conversation des voisins de gauche tricotant des baguettes avec celles des voisins de droite. On trouve ici tous les plats possibles et imaginables, mais nous aimons surtout les *dim sum* (petits plats à la vapeur et parfois frits), probablement les meilleurs et les plus variés de la capitale. On vous conseille même d'en faire un repas complet. Si vous êtes novice, demandez à un serveur comment faire la sauce d'accompagnement. Encore plus sympa à plusieurs pour augmenter les chances de goûter à tout.

Digestif maison offert à nos lecteurs sur présentation de ce guide.

|●| **Les Cailloux** – **58, rue des Cinq-Diamants** ☎ **01-45-80-15-08.** Service jusqu'à 23 h. Fermé les dimanche et lundi. Congés annuels : 3 semaines en août et 2 semaines fin décembre. On vous conseille de réserver. M. : Corvisart. Formule à 13 €, servie le midi uniquement, et une autre à 17 €. À la carte, compter 21 €. Le célèbre *Casa Bini*, fort de son succès à Saint-Germain-des-Prés, a remis ça sur la Butte, version néo-bistrot. Un resto entièrement dédié à l'Italie, avec des menus souvent renouvelés. Les pâtes sont à l'honneur et *al dente* (et si vous ne les aimez pas trop larges, mieux vaut le préciser !). Service agréable. On regrette le prix un peu élevé du café. Par contre, un bon point pour le verre de vin compris dans la formule. Les habitués s'y bousculent.

|●| **Etchegorry** – **41, rue Croulebarbe** ☎ **01-44-08-83-51.** ♿ Service de 12 h à 14 h 30 et de 19 h 30 à 22 h 30. Fermé les dimanche et lundi. Congés annuels : du 10 au 27 août. Conseillé de réserver. M. : Corvisart ou Gobelins. Menu à 18,30 € au déjeuner. Autres menus de 23,65 à 29 €. Sous la jolie façade fleurie, on lit une vieille inscription : « Cabaret de Mme Grégoire ». Il y a presque deux siècles se restauraient ici Victor Hugo, Béranger, Chateaubriand et bien d'autres poètes. Charme d'antan quasi intact, décor rustique et chaleureux, fenêtres donnant sur le square Le Gall, on se croirait en province ! Clientèle bourgeoise et cuisine basco-béarnaise réputée. Aucun doute, cette auberge satisfera les plus exigeants : piperade comme au pays de Soule, manchons de canard et saucisse confite pommes à l'ail, fromage de brebis à la confiture de cerises noires, délicieuse île flottante aux pralines roses qui vient rivaliser avec le gâteau basque fondant... Tout est fait maison, même le pain de campagne. *Bon à savoir : sur présentation de ce guide, le chef propose une formule le midi (entrée + plat + dessert et vin en pichet) à 18,30 € et en plus, il vous offre le digestif.*

|●| **L'Anacréon** – **53, bd Saint-Marcel** ☎ **01-43-31-71-18.** Ouvert de 12 h à 14 h 30 et de 19 h 30 à 23 h. Fermé le lundi, le mercredi midi et le dimanche. Congés annuels : en août. M. : Gobelins. Menu à 19 €, le midi, et menu-carte à 30 €. Sur ce boulevard à la triste mine, *L'Anacréon* est la lumière au bout du tunnel pour les gourmets des environs. L'exceptionnel menu-carte, concocté par un chef qui a fait ses classes chez *Prunier* et à *La Tour d'Argent*, allie terroir et préparations aiguisées. La terrine de lapin au foie gras et légumes, les rognons de veau à la moutarde, ainsi que le clafoutis aux pruneaux glace armagnac se succèdent avec talent. Service gentil tout plein et carte des vins en accord avec la cuisine. Comme

il est dommage que cette bonne adresse soit encore si méconnue!

IOI *Chez Trassoudaine* – **3, pl. Nationale** ☎ **01-45-83-06-45.** Ouvert de 10 h à 23 h. Fermé le dimanche. Congés annuels : en août. M. : Nationale. Pas de menu, viandes autour de 14 €, poisson ou crustacés à partir de 9 € et entrées entre 5 et 10 €. Papa Robert et maman Astrig en cuisine, Arakel et Haigo, les deux fils mariés, l'un à une Mexicaine et l'autre à une Hollandaise... toute cette petite famille chaleureuse tient ce resto bizarrement fichu avec la bonne humeur de ceux qui ont vu d'autres horizons... Dans la petite salle de resto, plus intime, on découvre une carte aussi bien viande que poisson. Pavé du Limousin au poivre gris, côte de veau à l'oseille... et puis, en provenance de la mer, bar grillé, coquilles Saint-Jacques, provençales ou normandes, et un étonnant bouquet du Sénégal (de grosses crevettes roses sautées à l'ail et au poivre de Cayenne). Petit clin d'œil aux origines de la direction avec l'assiette arménienne proposée en entrée au milieu des classiques filets de hareng ou œuf mayo. Une qualité dans les produits et une gentillesse dans l'accueil toujours de mise. Nous, on adore. *Apéritif maison offert à nos lecteurs sur présentation de ce guide.*

IOI *Le Petit Marguery* – **9, bd de Port-Royal** ☎ **01-43-31-58-59.** Fermé le dimanche et lundi. Congés annuels : en août et du 23 décembre au 2 janvier. M. : Gobelins. Menus à 25 €, au déjeuner, et 32 €. Les trois frères sont les gardiens de la vraie cuisine bourgeoise. Celle de la grande époque. Ici, pas de chichis et la nouvelle cuisine est un gros mot. L'andouillette est vraiment maison et on se damnerait pour le soufflé au Grand Marnier.

14e arrondissement

🏠 *Hôtel du Parc Montsouris* ** – **4, rue du Parc-Montsouris** ☎ **01-45-89-09-72. Fax : 01-45-80-92-72.** ● **www.hotel-parc-montsouris.com** ● Satellite. Câble. Pensez à réserver longtemps à l'avance. M. : Porte-d'Orléans ; RER B : Cité-Universitaire. Chambres doubles à 59 € avec douche et w.-c., 68 € avec bains. Twin à 76 €. Appartements à 92 €. Petit déjeuner à 6,10 €. Coup de cœur pour l'environnement de ce petit hôtel si tranquille. Pour les adeptes du jogging, le parc est juste à côté. Tous les autres apprécieront le calme et le charme de la rue, où l'on peut encore se garer sans trop de problèmes. Rénové et résolument moderne et fonctionnel. Prix très stables. *5 % de réduction sur le prix de la chambre offerts à nos lecteurs sur présentation de ce guide.*

🏠 *Hôtel des Bains* * – **33, rue Delambre** ☎ **01-43-20-85-27. Fax : 01-42-79-82-78.** ● **des.bains.hotel@wanadoo.fr** ● TV.

Canal+. Satellite. Câble. Ouvert toute l'année. M. : Vavin ou Edgar-Quinet. Chambres doubles de 71 à 75 € avec douche ou bains. Suite pour 2 à 4 personnes de 103 à 145 €. Parking à 12 €. C'est une cure de jouvence en plein Paris. Un 1 étoile à la façade discrète mais au charme indéniable. Les chambres sont décorées avec goût. Véritable harmonie des tons qui se retrouvent même sur les couvre-lits et les appliques murales. Particularité de l'hôtel : le « luxe » à portée de toutes les bourses. Suites calmes et confortables très recherchées par les familles, situées dans une dépendance au fond de la cour. Un endroit qu'on aime bien. Vraiment pas cher pour ce qu'il propose, d'autant que l'accueil est excellent. Un de nos hôtels préférés dans cette catégorie. *10 % de réduction (du 16 juillet au 31 août et le week-end) offerts à nos lecteurs sur présentation de ce guide.*

🏠 *Hôtel Daguerre* ** – **94, rue Daguerre** ☎ **01-43-22-43-54. Fax : 01-43-20-66-84.** ● **www.france-hotel-guide.com** ● TV. Canal+. Satellite. Câble. ♿ Ouvert toute l'année. M. : Gaîté. Chambres doubles à 77 € avec douche et w.-c. ou bains ; petit déjeuner-buffet à 8 €. Cet établissement 2 étoiles seulement s'est offert un lifting digne des plus grandes stars ! Marbre, statue, peinture en trompe l'œil, tissus assortis, pierre apparente pour la salle à manger, patio romantique. Voilà qui donne l'illusion de temps bien meilleurs ! Dans les chambres, cela continue : propreté reluisante, coffre-fort, minibar et même une ou deux chambres équipées pour personnes handicapées (idéal pour prendre l'air de Paris, car elles donnent sur un petit patio). Et pour le même tarif, vous avez droit à un accueil souriant et aimable. Justement, à propos de prix, ils sont, tout compte fait, très doux étant donné le service. *Petit déjeuner offert (en décembre, janvier, juillet et août) à nos lecteurs sur présentation de ce guide.*

🏠 *Hôtel Delambre* *** – **35, rue Delambre** ☎ **01-43-20-66-31. Fax : 01-45-38-91-76.** ● **www.hoteldelambre.com** ● TV. Satellite. Câble. ♿ Ouvert toute l'année. M. : Edgar-Quinet ou Vavin. Chambres doubles à 85 € avec douche, 90 € avec bains ; petit déjeuner-buffet à 8 €. Charme, tranquillité, efficacité, telle est la devise de l'*hôtel Delambre*, qui a bien changé depuis l'époque où il abritait André Breton et quelques autres personnages de l'ancien Montparnasse. Sympathique petit déjeuner-buffet le matin, TV satellite pour le soir. Des prix raisonnables pour un hôtel 3 étoiles qui joue les couleurs du temps sur ses murs pour vous remonter le moral. L'été, on dort la fenêtre ouverte sans problème ! *Un petit déjeuner par personne et 10 % de réduction* offerts (en février et août) à nos lecteurs sur présentation de ce guide.

|●| Aux Produits du Sud-Ouest – 21-23, rue d'Odessa ☎ 01-43-20-34-07. Ouvert de 12 h à 14 h et de 19 h à 23 h (dernière commande). Fermé les dimanche, lundi et jours fériés. Congés annuels : en août. M. : Edgar-Quinet. Plat du jour + café à 6 € le midi uniquement ; à la carte, compter de 20 à 25 €. Menu-enfants à 6 €. Sandwichs à emporter de 3 à 4,50 € ; salades de 2,30 à 9 €. Ce resto-boutique au décor très « Sud-Ouest » (justement) propose des conserves artisanales de sa région à des prix défiant toute concurrence. Ne vous attendez donc pas à de la grande gastronomie landaise, mais plutôt à des plats honnêtes du terroir, comme l'assiette de charcuterie du pays ou les terrines de lapin ou de sanglier. Parfait pour un plat : cassoulet au confit d'oie, salmis de palombe, coq au vin, confit de canard pommes.

|●| Le Colvert – 129, rue du Château ☎ 01-43-27-32-56. Fermé le samedi midi et le dimanche. M. : Pernety. Formule plat du jour à 7,93 € comprenant une petite entrée de charcuterie, un plat traditionnel généreusement servi et un verre de vin. Autres formules à 12,20 €, avec plat + entrée ou dessert, et à 16,77 €, servies midi et soir. Petite sélection de vins ne dépassant pas les 17 € la bouteille. Un petit bistrot de poche pour une cuisine généreuse axée, on s'en doute, sur le canard. Gésiers, magret, confit accompagnés des traditionnelles pommes sarladaises, mais aussi d'originalités comme la purée petits pois-haricots verts maison. Le poisson ne se défend pas mal non plus dans sa grande assiette ovale ! Beaux desserts pour conclure. Très bonne adresse. **NOUVEAUTÉ.**

|●| Le Restaurant Bleu – 46, rue Didot ☎ 01-45-43-70-56. Parking payant. Ouvert de 12 h à 14 h et de 19 h 30 à 22 h. Fermé les lundi, samedi midi, dimanche et jours fériés. Congés annuels : en août. M. : Plaisance ou Pernety. Formule déjeuner à 15 €, menus à 19 et 23 € midi et soir. Compter 28 € à la carte. Plat du jour à 12 €. Ce vieux bistrot à l'atmosphère paisible, en plein Paris populo, vaut vraiment un arrêt. Comptoir de bois et de marbre pour la nostalgie, aquarelles pour la couleur. La menucarte puise dans le terroir aveyronnais et arverne mais en y épousant les saisons. Gibier, terrines, champignons, fruits rouges... montrent donc le bout de leur nez selon les mois. Les cochonnailles du Rouergue sont une excellente entrée en matière. Pour suivre, des petits plats de famille comme le boudin de campagne grillé ou le charolais à 38,11 € pour deux (accompagné en saison de petits champignons des bois, hmm !). Spécialité de truffade, ici un mets de roi... Toujours deux ou

trois plats du jour. Le vendredi, le poisson est à l'honneur en entrée comme en plat. *Apéritif maison offert à nos lecteurs sur présentation de ce guide.*

|●| Le Château Poivre – 145, rue du Château ☎ 01-43-22-03-68. 🍴 Service jusqu'à 22 h 30. Fermé le dimanche. Congés annuels : 10 jours en août et « les fêtes carillonnées ». M. : Pernety. Menu à 15 € ; à la carte, compter entre 24 et 28 €. Resto populaire chez les gens du quartier. Andouillette, confit, tripes, goulasch à la hongroise, tartare... concoctés par un patron affable. Service aimable. *Apéritif maison offert à nos lecteurs sur présentation de ce guide.*

|●| Le Vin des Rues – 21, rue Boulard ☎ 01-43-22-19-78. Ouvert de 12 h à 16 h et de 18 h à 1 h. Pour manger, ouvert le midi à partir de 12 h 30 et en nocturne à partir de 19 h 45. Fermé les dimanche et lundi. Congés annuels : 2 semaines en février et 3 semaines en août. M. : Denfert-Rochereau ou Mouton-Duvernet. Pas de menu, compter environ 20 € sans la boisson ; plats autour de 15 €. Excellente cuisine lyonnaise avec toujours deux ou trois plats du jour des familles, bien consistants, qui changent tous les jours. Par exemple : saucisson chaud pommes à l'huile de noix, andouillette braisée beaujolaise, délicieuse brandade de morue... Plateau de fromages régionaux et desserts maison. Tableau noir amusant pour les p'tits vins et la carte du jour (vous aurez droit au saint et au proverbe du moment). Après la retraite méritée de ce brave Jean Chanrion, le microcosme se demandait qui allait pouvoir succéder à une telle figure. Eh bien, Didier et Niky Gaillard s'en tirent fort bien, Didier apportant même la rondeur et la bonhomie qui siéent bien en ces lieux. Bon signe : la bande de vieux ados et d'habitués fidèles, toujours agrippée fermement au bar. Une petite précision : ce dernier est ouvert de 10 h à 20 h. Le soir et en terrasse, conseillé de réserver (surtout les vendredi et samedi). Le jeudi, « chanson-accordéon ». À partir de 20 h 30, si vous connaissez une chanson inédite de Fréhel, vous êtes le bienvenu. Assiettes de cochonnailles et fromages. Sacrée ambiance !

|●| L'O à la Bouche – 124, bd du Montparnasse ☎ 01-56-54-01-55. Service de 12 h à 14 h 30 et de 19 h à minuit. Fermé les dimanche et lundi. Congés annuels : la 1ʳᵉ semaine de janvier, la 2ᵉ semaine d'avril et les 3 premières semaines d'août. M. : Vavin ; RER B : Port-Royal. Bus : n° 91. Le midi, menu à 16 € ; autres menus à 19,90, 24,90 et 29,90 € ; à la carte, compter 40 €. Franck Paquier, ancien chef de *La Butte Chaillot*, annexe bistrotière de Guy Savoy, s'est installé non loin de *La Closerie des Lilas*. Ce jeune maître queux au talent affirmé a concocté un menu-carte béton, auquel s'ajoutent quelques propositions quotidiennes à l'ardoise. Tout est frais, bien cuisiné, avec beaucoup de suite dans les idées. Salade multicolore de gambas au sésame, filets de saint-pierre aux aubergines confites. Les desserts : coulant tiède au chocolat amer et glace vanille, *crumble* à la rhubarbe, coulis de fruits rouges et sorbet fromage blanc... passent comme une lettre à la poste. Cave à prix doux. *Café offert à nos lecteurs sur présentation de ce guide.*

I●I *L'Auberge de Venise* – **10, rue Delambre** ☎ **01-43-35-43-09.** Ouvert de 12 h à 15 h et de 19 h à 23 h. Fermé le lundi. M. : Vavin. Bus : n° 91. Menu à 18 € servi midi et soir ; compter autour de 35 € à la carte. Si Montparnasse n'offre plus les attraits d'antan, n'oubliez pas qu'ici siégeait le *Dingo's Bar*, le bistrot préféré d'Hemingway. Ses cinémas et aussi une poignée de bonnes tables font qu'on peut encore, avec plaisir, s'amuser à y jouer les Montparnos d'un soir. Parmi celles-ci, cette auberge italienne où règne Enzo, bonhomme jovial, plein de malice, qui a l'art et la manière de vous mettre immédiatement à l'aise, sans oublier Massimo, son fiston. Éditeurs et gens du spectacle y viennent en amis plus qu'en voisins. L'adage « selon que vous soyez puissant ou misérable » n'a pas cours ici : l'accueil souriant est le même pour tous, et le service itou.

I●I *Bistrot Montsouris* – **27, av. Reille** ☎ **01-45-89-17-05.** Ouvert toute la journée. Service de 12 h à 14 h 15 et de 19 h à 21 h 45. Fermé les dimanche et lundi. Congés annuels : 3 semaines début août et 1 semaine à Noël. RER B : Cité-Universitaire ou M. : Porte-d'Orléans. Formule à 18 € avec entrée + plat ou plat + dessert ; à la carte, compter autour de 27,44 €. Situé à deux pas du ravissant parc Montsouris, l'ancienne *Auberge de l'Argoat* a changé de nom en changeant de formule. La patronne étant toujours la même, la qualité des plats et du service restent de rigueur dans cette aimable maison qui tient plus de l'auberge, avec son cadre rustique, que du bistrot. La cuisine traditionnelle est à l'image du décor, soigné et toujours pimpant. Les plats changent en fonction du marché et des saisons, avec, par exemple, un délicieux cassoulet de la mer ou une authentique blanquette de veau.

I●I *L'Amuse-Bouche* – **186, rue du Château** ☎ **01-43-35-31-61.** Ouvert de 12 h à 14 h et de 19 h 30 à 22 h 30. Fermé les dimanche et lundi midi. Congés annuels : en août. M. : Mouton-Duvernet. Menu à 23 € servi midi et soir ; menu-carte à 28,20 €. Gilles Lambert, ancien de chez *Cagna* et du *Miravile*, joue du piano avec un art consommé. Pour preuve, son menu-carte avec, en entrée, rémoulade de tourteau et

céleri aux avocats, et, comme sujet, morue fraîche au safran, risotto aux poivrons, ou encore foie de veau doré au pain d'épice. En dessert, le croustillant à la mousse de citron.

I●I *Monsieur Lapin* – **11, rue Raymond-Losserand** ☎ **01-43-20-21-39.** Ouvert midi et soir (dernière commande à 22 h). Fermé le lundi et le mardi midi. Congés annuels : en août. M. : Gaîté, Pernety ou Montparnasse-Bienvenüe. Menu-carte à 28,20 € ; menu-dégustation à 45,73 € à l'humeur du chef. Cadre particulièrement coquet et chaleureux, avec une dominante rose fanée d'automne. Si vous réservez, point n'est besoin de poser un lapin, il y a en a plein le décor. Service parfait. Cuisine très raffinée, déclinant bien entendu, et avec talent, les meilleures recettes de lapin : émincé de lapin à l'estragon, lapin sauté aux citrons confits, croustillant de..., etc. Mais vous trouverez également du carré d'agneau rôti ou un tendre filet de bœuf et son escalope de foie gras (et un ou deux plats de poisson). Hors-d'œuvre goûteux, aux assemblages et parfums bien choisis, comme cette petite marmite d'huîtres au champagne. Quant aux desserts, ils se révèlent aériens (île flottante légère et nuageuse...). Fort bonne sélection de vins, notamment des graves de 1998 déjà superbement ouverts. *NOUVEAUTÉ.*

I●I *La Coupole* – **102, bd du Montparnasse** ☎ **01-43-20-14-20.** Ouvert tous les jours de 8 h 30 à 10 h 30 pour le petit déjeuner ; pour la brasserie, possibilité de commander à la carte à partir de 12 h, dernière commande à 1 h du dimanche au jeudi et à 1 h 30 les vendredi et samedi. M. : Vavin. Menus à 16,50 € le midi, 30,50 € le soir ; à la carte, compter autour de 30 €, boisson en sus. C'est l'un des derniers dinosaures de Montparnasse. Gigantesque « hall de gare ». C'est le plus grand resto, en surface, de France. *La Coupole* a vu le jour en 1927 dans un dépôt de bois et charbon. Les fondateurs étaient d'anciens gérants du *Dôme* voisin, qui avaient été congédiés. Pour se venger, ils décidèrent de créer un établissement rival. Dès sa naissance, l'endroit était fréquenté par les artistes : Chagall, Man Ray, Soutine, Joséphine Baker et son lionceau. C'est là qu'Aragon rencontra Elsa, que le modèle Youki quitta Foujita pour Robert Desnos, lui-même en rupture avec Breton sur le surréalisme... Que de souvenirs ! Impossible d'établir une liste exhaustive de tous ceux qui fréquentèrent *La Coupole* : Hemingway, Lawrence Durrell, Henry Miller, Buñuel, Dalí, Picasso, Artaud, Colette, Simone de Beauvoir, Maïakovski, etc. Un garçon de 24 ans s'y promenait, fumant déjà la pipe. Écrivain, il signe ses premiers romans Georges Sim. Son héros, le commissaire Maigret, mangera quelquefois à *La Coupole*. Quant à la décoration, elle n'a pas changé : style Art déco original, colonnes surmontées de fresques, carrelage « cubiste ». *La Coupole* est aujourd'hui l'une des plus grandes « cantines » parisiennes. Elle appartient depuis 1998 à Jean-Paul Bûcher, le patron du groupe *Flo*, qui l'acquit pour, dit-on, 60 millions de francs ! Ce dernier s'était engagé à respecter le passé et le patrimoine artistique et humain de l'établissement. Les travaux durèrent huit mois. Les 33 célèbres piliers ont été renforcés pour supporter les 7 000 m² de bureaux au-dessus. Ils ont retrouvé leur couleur verte d'origine, et les toiles des piliers ont récupéré leurs pimpantes couleurs à l'occasion du 70ᵉ anniversaire de ce lieu mythique, en décembre 1997. Le bar a également retrouvé sa place, dans l'axe de la salle. Une surprise, on a même découvert, en nettoyant deux piliers, deux peintures complètement oubliées ! La salle de restaurant dispose désormais de 450 places assises. Le dancing a été préservé aussi. Il fonctionne le week-end en matinée (thé dansant) et en soirée ; fiestas cubaines le mardi soir (voir le *Guide du Routard Paris la nuit*). Quant à la cuisine : continuité et innovation avec le savoir-faire et les recettes du groupe *Flo*. On y déguste toujours le célèbre curry, ainsi que le non moins célèbre *hot fudge* (glace et chocolat chaud aux amandes). De l'ancienne carte subsistent aussi le tartare, le cassoulet, etc. On y mange plutôt mieux. Pourtant, ces changements ont bien écorné l'atmosphère. On dit que, du ciel, Aragon, Man Ray, Cocteau, Cendrars avaient envoyé un message pour être à nouveau invités à l'inauguration. En 1927, il avait fallu appeler police-secours pour les virer de *La Coupole*...

|●| **La Régalade** – **49, av. Jean-Moulin (Sud)** ☎ 01-45-45-68-58. Ouvert midi et soir jusqu'à minuit. Fermé les samedi midi, dimanche et lundi. Congés annuels : en août et une semaine à Noël. Réservation impérative au minimum 10 jours avant (surtout pour le samedi soir). M. : Alésia ou Porte-d'Orléans. Menu-carte unique à 30 €. Aux marches du 14ᵉ, près des houleux maréchaux, une petite adresse magique où l'on déguste dans une salle rétro une cuisine fraîche et inspirée, à base d'excellents produits : panier de charcutailles extra en provenance de Pau, Saint-Jacques en coquille, tagliatelles de céleri-rave, estouffade de marcassin aux pâtes fraîches, paleron de bœuf braisé à la lie de vin de Morgon, petit bar entier, polenta d'olives noires, etc. Consultez l'étonnante carte de vins à prix d'amis. Jusqu'à présent, le succès n'a altéré aucune des très grandes qualités de cette remarquable adresse ! *Apéritif maison offert à nos lecteurs sur présentation de ce guide.*

15ᵉ arrondissement

🏠 **3 Ducks Hotel** – **6, pl. Étienne-Pernet** ☎ 01-48-42-04-05. Fax : 01-48-42-99-99. ● www.3ducks.fr ● Les chambres ne sont pas accessibles de 11 h à 17 h. Couvre-feu à 2 h du matin. M. : Félix-Faure ou Commerce. En été, de 21 à 24 € par personne, petit déjeuner inclus. En hiver, de 19 à 20,50 € par personne, et 120 € pour 7 nuits. Location de drap en sus : 3,50 €. Sorte d'auberge de jeunesse privée bourrée d'Anglo-Saxons. Look extérieur vieillot (on vous prévient), mais l'un des hébergements les moins chers du 15ᵉ. Bonne ambiance grâce au pub de l'hostel. Petite cour avec quelques tables dehors. Chambres à 2 lits superposés ou dortoirs de 4 à 6 lits. Salles de bains à l'extérieur des chambres. Bons plans pour se garer gratuitement. *10 % sur le prix de la chambre (du 1ᵉʳ novembre au 31 mars) offerts à nos lecteurs sur présentation de ce guide.*

🏠 **Le Nainville Hôtel** – **53, rue de l'Église** ☎ 01-45-57-35-80. Fax : 01-45-54-83-00. Cartes de paiement refusées. TV. Satellite. Câble. Congés annuels : 6 semaines à partir du vendredi précédent le 14 juillet. M. : Félix-Faure ou Charles-Michels ; à 300 m de l'église Saint-Jean-Baptiste-de-Grenelle. Chambres doubles à 36,60 € avec lavabo (douches payantes : 3,81 €), 51,80 € avec douche, 61,70 € avec douche et w.-c. À 300 m de l'église Saint-Jean-Baptiste-de-Grenelle, un petit hôtel discret, avec un café rétro au rez-de-chaussée et avec des chambres à l'ancienne. Incroyable de découvrir ça dans ce quartier saisi par la fièvre immobilière ! Intérieur propre et plutôt gai. Demander une chambre avec vue sur le jardin du square Violet (la n° 40 ou la n° 30, par exemple). Les nuits sont calmes au *Nainville*. Une excellente adresse dans le 15ᵉ.

🏠 **Hôtel Amiral** ** – **90, rue de l'Amiral-Roussin** ☎ 01-48-28-53-89. Fax : 01-45-33-26-94. ● www.france-hotel-guide.com/h75015amiral.htm ● TV. Satellite. Câble. 🅿 Ouvert toute l'année. M. : Vaugirard. Chambres doubles à 51,50 € avec lavabo, 64 € avec douche et w.-c., 70 € avec douche et w.-c. Ah, le bon *Amiral* que voilà ! Précisons qu'il a été ministre de la Marine. Petit hôtel 2 étoiles, si discret derrière la mairie du 15ᵉ et pourtant doté de nombreuses qualités : accueil attentionné, chambres plutôt sympas, prix honnêtes. Les chambres nᵒˢ 7, 25, 26 et 31 ont un balcon et une vue très parisienne avec la tour Eiffel au loin. Et puis, pour ceux qui se rendent à un salon à la porte de Versailles, ce n'est qu'à un quart d'heure à pied. Pensez à arriver tôt le premier jour, si vous voulez être sûr d'avoir votre chambre. *Réduction de 10 % (du 15 juillet au 31 août) offerte à nos lecteurs sur présentation de ce guide.*

🛏 ***Dupleix Hôtel*** ** – 4, rue de Lourmel ☎ 01-45-79-30-12. Fax : 01-40-59-84-90. Canal+. Satellite. M. : Dupleix ; l'entrée se cache entre une boucherie et une fromagerie, en face d'un maître-rôtisseur, juste au début de cette rue très commerçante. Chambres doubles à 48,78 € avec douche et w.-c. Petit déjeuner à 5,34 €. Quand on vient de la tour Eiffel et du 7ᵉ arrondissement, l'immersion dans la convivialité parisienne est immédiate... ce qui nous a plu. Demander une chambre au dernier étage. La n° 19 est toute bleue, la n° 18 toute rouge. Propre, familiale, l'adresse qui dépanne. Double vitrage pour le calme.

🛏 ***Pacific Hôtel*** ** – 11, rue Fondary ☎ 01-45-75-20-49. Fax : 01-45-77-70-73. ● www.pacifichotelparis.com ● TV. Satellite. Câble. Ouvert toute l'année. M. : Émile-Zola ou Dupleix. Chambres doubles à 60 € avec douche ou bains. Petit déjeuner à 6 €, servi en salle uniquement. Charmant petit hôtel au calme que voilà ; accueil souriant, fraîcheur de la décoration de l'entrée et simplicité des chambres somme toute fonctionnelles, réparties dans deux corps de bâtiment complètement restaurés. C'est propre, bien tenu et il y a un double vitrage. *Petit déjeuner buffet (le week-end) à nos lecteurs sur présentation de ce guide.*

🛏 ***Hôtel Le Fondary*** ** – 30, rue Fondary ☎ 01-45-75-14-75. Fax : 01-45-75-84-42. ● www.parishotels.com ● TV. Satellite. Câble. Ouvert toute l'année. M. : Émile-Zola. Chambres doubles de 67 à 71 € avec douche ou bains, téléphone direct et minibar. Bien situé lui aussi, dans une rue calme, tout près de la rue du Commerce, un des coins les plus sympas du 15ᵉ arrondissement. Décoration moderne. Joli patio avec un puits comblé par des plantes. Prix assez élevés mais honnêtes pour ses 2 étoiles. C'est calme la nuit.

🛏 ***Carladez Cambronne*** ** – 3, pl. du Général-Beuret ☎ 01-47-34-07-12. Fax : 01-40-65-95-68. ● www.hotelcarladez.com ● TV. Canal+. Satellite. Câble. Ouvert toute l'année. M. : Vaugirard. Chambres doubles à 69 € avec douche, 72 € avec bains. Suite parentale à 125 € (pour 4 personnes). Petit déjeuner buffet à 7 €. Pour les curieux, sachez que Carladez est la région d'Auvergne d'où les premiers propriétaires étaient originaires. Dans le coin ultra-commerçant du carrefour Lecourbe-Cambronne, un hôtel charmant situé sur une petite place où trône une jolie fontaine Wallace. Toutes les chambres sont insonorisées et disposent de minibar et sèche-chevoux. Ajoutons que l'accueil est fort courtois. *10 % de réduction (le week-end, hors salons, ainsi qu'en juillet et août) offerts à nos lecteurs sur présentation de ce guide.*

🛏 ***Hôtel de l'Avre*** ** – 21, rue de l'Avre ☎ 01-45-75-31-03. Fax : 01-45-75-63-26.

● www.hoteldelavre.com ● TV. Canal+. Satellite. Câble. Ouvert toute l'année. M. : La Motte-Picquet-Grenelle. Chambres doubles de 69 à 77 € avec douche ou bains. Enfin, un hôtel de charme à prix relativement doux pour Paris, dans une rue étroite et calme, à 150 m du bruyant carrefour de La Motte-Picquet-Grenelle et à 5 mn du Champ-de-Mars. De plus, l'accueil est très aimable et il y a un jardin très agréable en été, avec des chaises longues, où l'on peut prendre son petit déjeuner. Chambres très toniques, dans une tonalité bleue ou jaune ; nous avons une préférence pour celles qui donnent sur le jardin. Et pour les familles, nous conseillons celle qui donne également sur le patio avec un grand et un petit lit et la possibilité de rajouter un lit pliant. 2 parkings sont à moins de 5 mn de l'hôtel. *10 % sur le prix de la chambre (le week-end) offerts à nos lecteurs sur présentation de ce guide.*

🍴 ***Aux Artistes*** – 63, rue Falguière ☎ 01-43-22-05-39. Service jusqu'à minuit. Fermé le samedi midi et le dimanche. Congés annuels : en août et pour les fêtes de fin d'année. M. : Falguière ou Pasteur. Formule du midi à 8,84 € avec entrée + plat avec frites ou salade, ou plat + dessert ; menu à 12,20 € servi midi et soir. Ce resto est un cas. Modigliani et Foujita y venaient au temps de la Cité des artistes. On y avait mangé dans les années 1970 ; eh bien ! l'atmosphère et le décor sont toujours les mêmes. Fresques colorées partout. Clientèle très mélangée : étudiants, habitants du quartier, jeunes des banlieues en goguette, professions libérales (quelques artistes peut-être ?) et de vieux clients un peu plus ventrus et dégarnis, mangeant dans une ambiance bruyante et animée. Les soirs de week-end, aux heures cruciales, pas mal d'attente, mais le kir est bien bon au comptoir. Hors-d'œuvre copieux et pas moins de quatre façons de vous accommoder votre steak. Enfin, la surprise de la maison en dessert, le « Rêve de jeune fille ».

🍴 ***Banani*** – 148, rue de la Croix-Nivert ☎ 01-48-28-73-92. Ouvert jusqu'à 23 h (dernier service). Fermé le dimanche midi. M. : Félix-Faure. Menus à 9 et 15 € le midi, 25 € le soir ; à la carte, compter de 20 à 23 € sans la boisson. Dans cette grande salle séparée en deux par un petit muret, c'est toute l'Inde qui refait surface. À l'entrée, un Ganesh en or parfait le décor ; au fond, idéal pour les dîners en amoureux, une fresque de temple hindou en bois, importée d'Inde. Boiseries chaudes et lumières en demi-teintes contribuent largement au charme de l'endroit. Dans l'assiette, toutes les saveurs indiennes sans chichis ni faux-semblant : de vraies épices savamment dosées, des *tandooris* extra-frais et tendres, des *byrianis* comme on n'en trouve que là-bas (et on sait de quoi on cause !) et des *massalas* à se rouler... par terre ! Et pour les irréductibles alcoolos, goûter la bière blonde indienne, elle se défend pas mal ! *Apéritif maison offert à nos lecteurs sur présentation de ce guide.*

|●| *Le Bistrot d'André* – 232, rue Saint-Charles ☎ 01-45-57-89-14. ♿ Ouvert de 12 h à 14 h 30 et de 20 h à 22 h 30. Fermé le dimanche. Congés annuels : le 14 juillet et le Jour de l'An. M. : Balard. À l'angle avec la rue Leblanc. Menu à 11 € servi le midi en semaine uniquement ; à la carte, compter autour de 22 € sans la boisson. Plat du jour entre 10 et 12 €. L'un des seuls bistrots de l'époque Citroën encore debout dans le quartier, d'où le nom d'André, en souvenir du célèbre constructeur. Des prix d'avant-guerre pour le magret de canard poêlé sauce au miel, les rognons de veau aux champignons, le pavé de turbot sauce oseille... Une cuisine familiale telle qu'on l'aime. Un bon petit bergerac, cuvée de la maison. *Apéritif maison offert à nos lecteurs sur présentation de ce guide.*

|●| *Le Garibaldi* – 58, bd Garibaldi ☎ 01-45-67-15-61. Resto ouvert le midi seulement de 11 h 30 à 17 h. Fermé les samedi et dimanche. Congés annuels : août. M. : Sèvres-Lecourbe ; au pied du métro aérien. Menu trois plats à 13 € avec un quart de vin ; carte autour de 15 €. Jadis, un restaurant ouvrier. Aujourd'hui, les employés, les cols blancs et les habitants du quartier s'installent dans une salle toute simple et sans fard, avec un vieux comptoir à l'entrée et un plafond 1900. Cuisine sans prétention qui nourrit correctement son travailleur, mais à prix sympas, à l'image du décor. Museau vinaigrette, crudités, bœuf bourguignon, steak haché, blanquette de veau. Service souriant et rapide. Coup de feu à l'heure du midi, il est prudent de réserver. Quelques tables en terrasse. *Café offert à nos lecteurs sur présentation de ce guide.*

|●| *Ty Breiz* – 52, bd de Vaugirard ☎ 01-43-20-83-72. ♿ Ouvert de 11 h 45 à 14 h 45 et de 19 h à 23 h. Fermé le dimanche (ainsi que le lundi en décembre et janvier). Congés annuels : en août. M. : Montparnasse-Bienvenüe (sortie « Place-Bienvenue ») ou Pasteur. Chaises hautes à disposition. Pour une galette, une crêpe et une boisson, compter de 12 à 17 € ; crêpes et galettes autour de 6 €. Excentrée par rapport à ses consœurs, cette crêperie ne désemplit pas. Étant donné sa renommée, on se serait attendu à n'avoir que des galettes garnies de produits frais, y compris pour les tomates. Dans l'ensemble, la qualité est quand même là, mais nous sommes d'autant plus tatillons que le personnel semble perfectionniste. Dommage aussi que le sourire soit en supplément ! Ah, la rançon du succès... *Apéritif maison offert à nos lecteurs sur présentation de ce guide.*

|●| *Le Numide* – 75, rue Vasco-de-Gama ☎ 01-45-32-13-13. ♿ Ouvert de 12 h à 14 h et de 19 h 30 à 22 h 30. Fermé le samedi midi et le dimanche. Congés annuels : en août. M. : Lourmel. Le midi en semaine, formule entrée + plat ou plat + dessert à 13 € ; à la carte, pour un repas complet sans la boisson, compter autour de 23 € ; menu-enfants à 8,50 €. Dans un coin un peu excentré du 15ᵉ, cet excellent et authentique resto tenu par un couple kabyle est une invitation au voyage. Ici, vous vous sentez un peu l'invité des patrons, qui se feront un plaisir de vous donner des détails gastronomiques et culturels sur les plats de leur région, proposés à la carte. Pour concocter une cuisine aussi savoureuse, il n'y a pas de mystère, il faut de bons produits et de longues heures de préparation. Comme vous l'expliquera la charmante patronne, le méchoui mijote pendant 2 jours. Pour cette raison, il n'est servi que les vendredi et samedi soir. Et c'est un régal : légèrement grillé à l'extérieur, fondant à l'intérieur. Innovez en goûtant une spécialité kabyle, l'*amakfoul*. Succulent ! Au dessert, à la vue des exquises pâtisseries (ça se voit tout de suite), vous succomberez sans trop de résistance malgré le prix un peu exagéré, avant de terminer par l'incontournable thé à la menthe. Une adresse de très bonne qualité, à l'accueil particulièrement chaleureux. *Café ou thé à la menthe offert aux lecteurs sur présentation de ce guide.* NOUVEAUTÉ.

|●| *Le Postal* – 279, rue de Vaugirard Ouvert du lundi au vendredi midi et soir, plus le samedi soir du 1ᵉʳ septembre au 30 avril ; accueil jusqu'à 22 h 30. Fermé le samedi midi de septembre à avril, le samedi toute la journée de mai à août et le dimanche toute l'année. M. : Vaugirard. Menus à 17,53 €, le midi, et 24,39 et 32,77 €. Il s'agit d'un ancien café-brasserie transformé en restaurant de quartier, avec une décoration chaleureuse et élégante sur le thème de la Champagne (la région d'où le patron André Lewczak est originaire). Comme dans un café déguisé en auberge de terroir, il y a toutes sortes de lampes, abat-jour, objets de brocante, tissus, miroirs. Excellent accueil, naturel et jovial, plein d'humour et surtout sans chichis. Pas de serveurs en nœud pap et tout le tralala. Non, ici c'est familial et de bon goût. Le patron prend la commande, il sert, ou bien c'est sa femme, aussi souriante que lui. Le chef est un ancien de chez *Ducasse*, une bonne référence. Cuisine française traditionnelle avec des produits frais. Plats très bien préparés. Bonne carte des vins. *Apéritif maison offert à nos lecteurs sur présentation de ce guide.*

|●| *L'Agape* – 281, rue Lecourbe ☎ 01-45-58-19-29. Ouvert jusqu'à 22 h 30. Fermé le samedi midi et le dimanche. Congés annuels : en août. M. : Convention. Formule à 18,30 € comprenant entrée + plat ou plat + dessert ; menu à 23,64 € ; à la carte, compter autour de 23 € sans la boisson. L'extérieur, discret, n'attire a priori pas le regard. Il faut donc connaître ce resto sobre, un brin élégant, pour y mettre les pieds. C'est dans une atmosphère intime qu'on apprécie une bonne cuisine de chez nous, savoureuse à souhait. La carte est écrite à la craie sur un tableau à l'extérieur : par exemple, pied de cochon farci aux escargots et champignons en entrée, parmentier de canard sauce vin rouge ou ragoût de rascasse en plat. Pour finir, la meringue croquante au mascarpone et aux fruits rouges ou le gratin de pamplemousse chaud en amandine sortent des desserts battus et ne déçoivent pas. Une bonne petite adresse traditionnelle.

●❙● Le Troquet – **21, rue François-Bonvin** ☎ **01-45-66-89-00.** Parking. Ouvert de 12 h à 14 h et de 19 h 30 à 23 h. Fermé les dimanche et lundi. Réservation conseillée. Congés annuels : 3 semaines en août et une semaine à Noël. M. : Sèvres-Lecourbe ou Ségur. Menus à 22 et 24 € le midi, 28 et 30 € le soir ; vin à partir de 15 €. C'est l'histoire d'un coup de foudre entre une jeune adresse gourmande et l'équipe du *Guide du routard*, un coup de foudre qui tourne en véritable histoire d'amour. Une rue perdue dans le 15ᵉ, une vaste salle à manger nappée de blanc, un service qui porte l'accent basque et, circulant entre les tables, des plats qui ont du nez, du goût et surtout du (très) bon. Le midi, un menu-carte avec entrée, plat et dessert. Superbe déjà, mais bien loin de celui du soir qui impose un rythme à quatre ou cinq temps, sans choix (un seul bémol, les quelques alternatives avec des suppléments élevés). Tout est imaginatif et exquis, et les menus changent tous les jours. *Café offert à nos lecteurs sur présentation de ce guide.* **NOUVEAUTÉ.**

●❙● Les Coteaux – **26, bd Garibaldi** ☎ **01-47-34-83-48.** Service jusqu'à 21 h. Fermé le week-end et le lundi (ces trois jours étant réservés aux groupes de 15 à 25 personnes). Congés annuels : en août. M. : Cambronne ou Ségur. Menu-carte unique à 23 €. Une fois à l'intérieur, on oublie ce dehors banal pour se concentrer sur la carte appétissante. Voilà un bouchon lyonnais – bar à vin grand comme un mouchoir de poche, tenu par un couple qui connaît la tradition lyonnaise par cœur. C'est simple : il y a seulement 10 tables couvertes de nappes vichy en plastique où sont servis les menus (avec obligatoirement une bouteille de vin) et deux gros tonneaux en bois entourés de chaises hautes où l'on casse la croûte. A table, on se régale de saucisson de Lyon, d'oreille de cochon grillée, de morue à la rhodanienne... et des spécialités maison à l'ardoise (malheureusement quasiment toutes à supplément), comme la tête de

veau sauce gribiche ou encore l'andouillette au vin de Mâcon et à la moutarde de Charroux. Pour les petits appétits, la meilleure solution consiste à manger, assis autour d'un tonneau, l'un des petits plats ou le plat du jour. Variés et très bien choisis, les vins, de propriété, sont servis au gobelet, au verre, en pichet ou en bouteille. **NOUVEAUTÉ.**

●❙● Restaurant Stéphane Martin – **67, rue des Entrepreneurs** ☎ **01-45-79-03-31.** Fermé les dimanche et lundi. Congés annuels : 1 semaine en février, 3 semaines en août et à Noël. Menu déjeuner à 23 € et menu-carte à 29 €. Il y a ces tables de quartier qui dépannent le dimanche soir, et celles pour lesquelles on remonterait toute la ligne 6 du métro pour y aller dîner. Celle-ci en fait partie : avec un menu déjeuner (3 plats, vin et café compris) particulièrement compétitif et un exellent menu-carte. La cuisine talentueuse, fine et inventive suit le marché, les tendances et les saisons. Les must sont servis toute l'année : émincé de foie gras de canard ou aux herbes folles, jarret de proc braisé au miel d'épices et embeurrée de choux rouge et le moelleux au chocolat fondant. Le tout agrémenté d'une ronde de pains maison (au thym, au sésame, nature...) servis à discrétion. Le cadre est classieux et les teintes chaleureuses, le service courtois mais un peu long. Mais franchement, pour ce prix-là, on y retourne demain !

●❙● L'Os à Moelle – **3, rue de Vasco-de-Gama** ☎ **01-45-57-27-27.** Ouvert jusqu'à 23 h 30 (minuit le samedi). Fermé les dimanche et lundi. Congés annuels : 1 mois l'été, 1 semaine l'hiver. M. : Lourmel. Menu-carte à 27 € et menu-dégustation à 33 € le soir. Thierry Faucher, ancien du *Crillon*, joue à merveille une partition bistrotière façon « grand chef ». Son menu-dégustation à 4 services offre un bel os à ronger. Selon ses achats au marché de Rungis, tout peut commencer par un croustillant de saumon mariné à l'aneth avec un jus de concombre, suivi d'une brouillade d'œufs au parmesan crème de basilic ou d'une daurade rôtie au jus de crustacés et poivrons doux, et se terminer par une truffe glacée au thym frais (Thierry Faucher adore travailler les desserts glacés, et ses sorbets sont exquis). Carte des vins bien choisie, à des prix qui ne surchauffent pas l'addition. **NOUVEAUTÉ.**

●❙● L'Épopée – **89, av. Émile-Zola** ☎ **01-45-77-71-37.** Ouvert midi et soir jusqu'à 22 h. Fermé le samedi midi et le dimanche. M. : Charles-Michel. Menu-carte à 29,73 € ; formule entrée + plat ou plat + dessert à 21,15 €. Parmi les meilleurs restos du 15ᵉ, rares sont ceux où l'on peut dîner en conservant une dose d'intimité. Ici, c'est le cas, et on a vraiment apprécié les tables rondes, légèrement en retrait pour certaines. La déco est raffinée, vous vous en doutiez, peut-être un peu conventionnelle, mais c'est vite oublié grâce à une carte allé-chante qui varie au rythme des saisons. Parmi les classiques, les ravioles de lan-goustines au *saté*, vraiment exquises, et le bar vapeur, purée de pommes de terre à l'huile d'olive. Une qualité irréprochable et des plats vraiment bien présentés. *NOUVEAUTÉ.*

16ᵉ arrondissement

🏠 *Hôtel Villa d'Auteuil* ** – 28, rue Poussin ☎ 01-42-88-97-69. Fax : 01-45-20-74-70. ● www.cofrase.com/hotel/villau teuil ● TV. Satellite. M. : Porte-d'Auteuil ou Michel-Ange-Auteuil. Chambres doubles avec douche et w.-c. ou bains de 56 à 59 €. Situé dans les beaux quartiers du 16ᵉ, c'est tout dire. Dans un coin où les hôtels collectionnent les étoiles, celui-ci n'en a que 2 mais présente des chambres impec-cables et un rapport qualité-prix excellent. En plus, on est aux petits soins pour les clients. Grâce au double vitrage, c'est calme côté rue, mais préférez la vue sur la verdure des chambres côté cour. *Un petit déjeuner (du 15 juillet au 31 août) offert à nos lecteurs sur présentation de ce guide.*

🏠 *Hôtel Le Hameau de Passy* ** – 48, rue de Passy ☎ 01-42-88-47-55. Fax : 01-42-30-83-72. ● www.hameaude passy.frouwww.hameaudepassy.com ● TV. Satellite. Câble. 🐾 M. : Passy et Muette ; RER : Muette-Boulainvilliers. Bus : 32. Chambres doubles à 110 €, avec douche ou bains et w.-c. ; chambre familiale à 145 € ; petit déjeuner inclus. On entre par un petit passage situé entre une maroquine-rie et un agent immobilier, et on débouche sur une cour fleurie offrant pour tout bruit le chant des oiseaux mais n'ayant malheu-reusement aucun charme particulier. Idéal pour se mettre au vert, à deux pas du Troca-déro, d'autant que les chambres, régulière-ment refaites, sont assez agréables. Un hôtel géré par une équipe dynamique.

🏠 *Au Palais de Chaillot* ** – 35, av. Ray-mond-Poincaré ☎ 01-53-70-09-09. Fax : 01-53-70-09-08. ● www.chaillotel.com ● Canal+. Satellite. Penser à réserver long-temps à l'avance. M. : Trocadéro ou Victor-Hugo. Chambres doubles à partir de 115 €. À proximité de la tour Eiffel, voici un vrai hôtel de charme, intelligemment restauré. Cadre frais et tenue impeccable. Toutes les chambres aux murs jaunes sont agrémen-tées de rideaux dont le tissu est à domi-nante rouge ou bleue (en référence à Matisse). Chacune d'entre elles est équipée d'un sèche-cheveux. Au rez-de-chaussée, une toute petite salle claire où l'on sert le petit déjeuner sous forme de buffet ; à moins que l'on ne préfère le prendre dans sa chambre, c'est simple comme un coup de fil ! *10 % sur le prix de la chambre (en juillet et en août ; 5 % le reste de l'année) offerts à nos lecteurs sur présentation de ce guide.*

🍴 *Le Mozart* – 12, av. Mozart ☎ 01-45-27-62-45. Ouvert de 12 h à 15 h et de 19 h à 21 h 30. Fermé le dimanche. M. : La Muette. Formules midi et soir à 12 € pour l'assiette gourmande de foie gras maison et sa salade ; à la carte, compter 25 €. L'andouil-lette 5 A de chez Duval, les viandes et les champignons arrivés en droite ligne de Lozère, les glaces de chez *Berthillon*, le pain cuit dans les fournils de Michel Moisan et les pâtisseries maison, ce *Mozart*-là fait dans le philharmonique dirigé par un joyeux drille dénicheur de bons produits et de bons vins. Pas étonnant alors qu'il faille batailler pour conquérir sa place ! *Apéritif maison offert à nos lecteurs sur présentation de ce guide.*

🍴 *Restaurant du musée du Vin, Le Caveau des Échansons* – rue des Eaux, 5-7, square Charles-Dickens ☎ 01-45-25-63-26. 🐾 Service uniquement le midi, de 12 h à 15 h. Fermé le lundi. Congés annuels : du 24 décembre au 1ᵉʳ janvier. M. : Passy. Plats à partir de 14 € ; à la carte, compter autour de 30 € sans la boisson. L'une des adresses les plus originales de l'arrondissement. Au cœur du 16ᵉ, vous vous retrouvez au musée du Vin, rue des Eaux ! Caves voûtées du XVᵉ siècle, creu-sées dans l'argile de Chaillot par des moines qui cultivaient ici jadis la vigne. L'endroit est vraiment superbe et les plats bien mitonnés, même si le restaurant est surtout prétexte à s'asseoir, bavarder vin avec ses voisins et déguster. Par curiosité, visitez la carte des vins (200 à 250 réfé-rences) ; unique et grandiose. Tous les jours, 15 vins sont proposés au verre. Bravi bravo ! *Un verre de vin à l'apéritif (au restau-rant) offert à nos lecteurs sur présentation de ce guide.*

🍴 *Restaurant GR 5* – 19, rue Gustave-Courbet ☎ 01-47-27-09-84. 🐾 Service jusqu'à 23 h. Fermé le dimanche. M. : Rue-de-la-Pompe, Trocadéro ou Victor-Hugo. Menu à 14 € le midi, 19,50 € le soir ; compter autour de 20 € à la carte. C'est un ancien randonneur amoureux du sentier GR 5 (de la Hollande à Menton), qui passait à côté de chez lui à Briançon, qui a ouvert cette adresse discrète mais bondée midi et soir, et où il est conseillé de faire une halte. Dans cette petite salle de style montagnard, aux nappes en vichy rouge, un menu du midi comprend un hors-d'œuvre, un plat du style entrecôte au poivre vert ou lapin dijon-naise et un dessert. Le soir, menu très cor-rect. Sinon, tartiflette au reblochon, fondue et très belle raclette savoyarde on ne peut plus complète. Côté vin, des formules très étudiées : le vin du mois à la bouteille, au pot de 25 ou 50 cl, très bon coteaux-dulyonnais. *Apéritif maison offert à nos lec-teurs sur présentation de ce guide.* **NOUVEAUTÉ.**

|●| *Le Petit Rétro* – 5, rue Mesnil ☎ 01-44-05-06-05. Fermé le dimanche. Congés annuels : en août et 1 semaine entre Noël et le Jour de l'An. M. : Victor-Hugo. À midi, menu à 17 € avec entrée + plat ou plat + dessert, et un autre à 19,50 €, comprenant entrée + plat + dessert ; à la carte, compter autour de 32 € pour un repas complet. La maison n'accepte pas les chèques. Décor classé ! La nostalgie n'est pas de mise dans ce bistrot qui use de son côté rétro comme un simple clin d'œil. Bien sûr, le carrelage fleuri sur les murs, les belles glaces, les lampes globe, le zinc retapé à l'ancienne et le long porte-manteau mural (comme à l'école), très pratique, sont là pour donner l'illusion du temps jadis, mais c'est aussi une invite à se rincer l'œil avant de se rincer le gosier... Plats d'origine bistrotière souvent revus et corrigés selon le marché, pour maintenir une qualité et une fraîcheur constantes. Œuf poché à la crème de chorizo, terrine de queue de bœuf, croustillant de boudin, papillote d'andouillette... enca-naillent le temps d'un repas une clientèle bourgeoise de voisinage. Grande spécialité de blanquette à l'ancienne. Carte des vins sympa (servis au verre pour certains), avec vin du mois en promo. Accueil très aimable. *Apéritif maison offert à nos lecteurs sur pré-sentation de ce guide.* **NOUVEAUTÉ.**

|●| *Mathusalem* – 5 bis, bd Exelmans ☎ 01-42-88-10-73. M. : Exelmans. Formule entrée + plat ou plat + dessert à 19 €. À la carte, prévoir 25 €. Il faut en avoir envie, pour s'aventurer jusque sous le pont du Garigliano pour aller dîner ! Le quartier est un peu glauque, d'accord, mais le chemin qui mène au *Mathusalem* est déjà tracé depuis longtemps. La solide réputation de ce restaurant au décor des années 1920 lui garantit une salle comble tous les jours de la semaine. Terrasse aux beaux jours. Malgré une salle assez bruyante, le succès de l'éta-blissement est largement mérité. Si le choix est relativement réduit, le chef garantit des produits frais et des plats goûteux pour une cuisine traditionnelle mais pas très copieuse. Jolis desserts. *Apéritif maison offert à nos lecteurs sur présentation de ce guide.* **NOUVEAUTÉ.**

|●| *Le Beaujolais d'Auteuil* – 99, bd de Montmorency ☎ 01-47-43-03-56. Service jusqu'à 23 h. Fermé le dimanche. Il est prudent de réserver, et si possible une table en terrasse l'été. Congés annuels : en août. M. : Porte-d'Auteuil. Menu à 20,50 € midi et soir ; à la carte, compter autour de 33 € sans la boisson. La formule qui a fait la for-tune de cette très vieille adresse du quartier, c'est le premier menu, vin compris. Se diri-ger plutôt vers les plats du jour, style salade

d'épinards frais et jarret-choucroute, bien que les œufs pochés meurette et le pied de porc sauce ravigote ne soient pas mal non plus. Carte classique de desserts : mousse au chocolat, crème caramel, île flottante. Personnel attentif, rapide et efficace. *Apéritif maison offert à nos lecteurs sur présenta-tion de ce guide.* **NOUVEAUTÉ.**

|●| *La Marmite* – 10, rue Géricault ☎ 01-42-15-03-09. Ouvert midi et soir. Fermé les samedi midi et dimanche. Réservation indis-pensable. Congés annuels : en août. M. : Michel-Ange-Auteuil. Menu-carte à 23 € ; compter autour de 27 € à la carte. Doté d'une déco modeste, ce restaurant discret dans un quartier qui ne l'est pas moins vous mettra néanmoins les papilles en éveil avec une cuisine grand-mère extrêmement savoureuse. On vous recommande parti-culièrement le menu du soir, d'un rapport qualité-prix stupéfiant. Que vous choisissiez du foie de veau, des Saint-Jacques ou autre chose, la qualité est invariablement irrépro-chable, tout comme le service. Bon accueil. **NOUVEAUTÉ.**

17e arrondissement

🏠 *Hôtel Palma* ** – 46, rue Brunel ☎ 01-45-74-74-51. **Fax** : 01-45-74-40-90. TV. Satellite. Ouvert toute l'année. M. : Porte-Maillot ou Argentine. Chambres doubles à 92 € avec douche ou bains, selon la taille, et un confort complet ; chambre familiale à 130 €. Entre l'Arc de Triomphe d'une part, et le Palais des Congrès et le terminal Air France d'autre part. Cet hôtel de 37 cham-bres aux murs et aux moquettes fleuris per-met de profiter d'un certain luxe pour un prix raisonnable. Service inégal mais efficace. Le hall d'entrée est dans un style colonial, et les chambres font penser à celles de mai-sons de poupées. Parce qu'un guide améri-cain vante le charme des chambres man-sardées au 6e étage, celles-ci sont les premières louées, alors pensez à réserver. *10 % sur le prix de la chambre offerts à nos lecteurs sur présentation de ce guide.*

🏠 *Hôtel Champerret-Héliopolis* ** – 13, rue d'Héliopolis ☎ 01-47-64-92-56. **Fax** : 01-47-64-50-44. ● heliopolis@netclic.fr ● TV. Satellite. ⚡ M. : Porte-de-Champerret ; RER C : Pereire-Levallois. Chambres doubles à 77 à 84 € selon que vous pro-fiterez d'une baignoire ou d'une douche. À quelques minutes de la porte Maillot et de l'Arc de Triomphe, un hôtel très calme, avec de petits balcons en bois et un adorable patio où l'on peut prendre son petit déjeuner aux beaux jours. Mieux vaut d'ailleurs préfé-rer ces chambres, car sur rue le double vitrage n'est pas très efficace. Malheureuse-ment, l'établissement est en baisse et méri-terait un grand nettoyage de printemps et trois coups de pinceau pour lui redonner une nouvelle jeunesse. Mais cela reste propre et l'accueil est tout à fait convivial. *10 % de réduction sur le prix de la chambre (le dimanche et en août) offerts à nos lecteurs sur présentation de ce guide.*

🛏 *Hôtel Prony* ** – 103 bis, av. de Villiers ☎ 01-42-27-55-55. Fax : 01-43-80-06-97. TV. Satellite. M. : Pereire. Chambres doubles avec douche ou bains à 88 ou 95 € selon que l'on est sur rue ou sur cour. À deux pas de la place Pereire et à 10 mn de la porte Maillot. Chambres équipées de double vitrage. Entièrement rénové. Un coup de neuf dont il avait bien besoin pour continuer à pratiquer ses tarifs. Les chambres, de taille très variable, sont agréables pour la plupart, bien qu'impersonnelles. La n° 32, très vaste, est particulièrement indiquée pour les familles de 3 ou 4 personnes.

🍽 *Shah Jahan* – 4, rue Gauthey ☎ 01-42-63-44-06. Ouvert tous les jours jusqu'à 23 h 30 (dernier service). Très conseillé de réserver. M. : Brochant. Le midi, menus à 7,80, 8,50 et 12 € ; le soir, menus à 12, 18 et 20 €, boisson comprise ; carte autour de 23 €. Cet indien est en fait un restaurant pakistanais avec un décor digne d'un roman à l'eau de rose : lourdes tentures, miroirs de pacotille... Bercé par une musique douce et lancinante, on choisit à la carte soit un *sheek kebab*, un *roghan josh* (curry d'agneau traditionnel) ou un *kara mutton* (curry de mouton bien épicé), accompagné d'un *nan* au fromage, d'un peu de riz basmati au safran, et arrosé d'un rafraîchissant *lassi* au cumin et à la cardamome. Jamais trop relevée, la cuisine est parfumée, et les petits pots de sauces pimentées trônent sur la table pour épicer les plats à sa guise. Service gentil tout plein.

🍽 *Le Verre Bouteille* – 85, av. des Ternes ☎ 01-45-74-01-02. Ouvert tous les jours jusqu'à 4 h 30. Congés annuels : à Noël. M. : Porte-Maillot. Trois formules : à 14,50 € (le midi seulement), 18,10 et 27,50 € ; à la carte, compter de 30 à 35 €. Élu bistrot à vin du mois en 1996 par un célèbre mensuel gastronomique, *Le Verre Bouteille* reçoit jusqu'à l'aube tous les couche-tard de la capitale autour de plats solides ou de copieuses salades comme la « Nain jaune » (comté, volaille, raisins secs, sauce curry), un nom qui fait référence aux jeux anciens qui tapissent en partie les murs, que l'on peut accompagner de vins de toute provenance, servis au verre pour une trentaine d'entre eux. Beaucoup d'animation en fin de semaine sur le coup de 4 h. Un deuxième *Verre Bouteille (Champerret)* au 5, bd Gouvion-Saint-Cyr, 75017. ☎ 01-47-63-39-99. Malheureusement, celui-ci n'est ouvert que jusqu'à minuit.

🍽 *L'Impatient* – 14, passage Geffroy-Didelot ☎ 01-43-87-28-10. Service jusqu'à 22 h 30. Réservation fortement conseillée en fin de semaine. Fermé les samedi midi, dimanche et lundi. Congés annuels : 2 semaines en août. M. : Villiers ; dans un passage situé entre le 92, bd de Batignolles et le 117, rue des Dames. Le midi, menu à 17 € ; le soir, menu à 21,50 € ; à la carte, compter autour de 40 € sans la boisson. Niché au cœur du 17ᵉ, dans un adorable passage pavé... On se croirait dans les salons d'une demeure bourgeoise de province : déco élégante, vieilles affiches, tables joliment dressées, plats raffinés, du moins ceux de la carte. Il est rare de constater une telle différence entre les menus et la carte : manque d'originalité pour les premiers, produits nobles et préparation soignée pour la seconde ; d'où des prix particulièrement élevés. Entre le cabillaud aux herbes et le turbot rôti à l'arête au beurre d'orange, point de salut ! À conseiller, donc, aux fins gourmets au portefeuille très bien garni. Service souriant et diligent, mais atmosphère un peu empesée. *Apéritif maison offert à nos lecteurs sur présentation de ce guide.*

🍽 *Le Café d'Angel* – 16, rue Brey ☎ 01-47-54-03-33. Service jusqu'à 22 h. Fermé les samedi et dimanche. Congés annuels : en août, ainsi qu'au moment des fêtes de fin d'année. M. : Charles-de-Gaulle-Étoile. Menus à 16,70 et 19,10 € au déjeuner, 30,50 € au dîner ; à partir de 31 € à la carte, boisson non comprise. À l'ombre de l'Arc de Triomphe, dans une rue chaude du bourgeois et affairiste 17ᵉ arrondissement, ce bistrot joliment mis tourne à plein régime. Plusieurs atouts : une salle chaleureuse, avec, en toile de fond, une cuisine visible de tous mais protégée par un bar qui fait office de garde du corps ; une clientèle de fringants trentenaires en provenance des bureaux environnants, qui semblent trouver l'endroit à leur goût ; et enfin, une très agréable cuisine qui revisite le terroir comme chez les grands (normal, le chef Jean-Marc Gorsy est un ancien du *Jules Verne*), avec un zeste de fantaisie en sus. Croustillant pied de porc, rognons de veau, poisson du jour et, pour finir, un gâteau au chocolat maison ou une mousse à l'orange ? Menus d'un remarquable rapport qualité-prix. *NOUVEAUTÉ.*

🍽 *La Table d'O & Co* – 8, rue de Lévis ☎ 01-53-42-18-04. Fermé les jeudi, vendredi, samedi soir et dimanche. M. : Villiers. Formule à 19,82 € (3 tians salés et 4 tians sucrés). 13,72 € les trois tians salés. La célèbre marque d'huile d'olive a décidé de pousser les murs de sa superbe boutique du 17ᵉ arrondissement et d'asseoir sa clientèle à sa table d'hôte, autour de petits plats légers, aux forts accents méditerranéens. Le concept *O & Co* est exploité à fond et le résultat est plutôt réussi, même si ce n'est pas vraiment donné ni très copieux. On choisit ses trois tians salés parmi les cinq propositions du jour : ravioles à la brousse, tomate farcie, crème catalane de poisson, soupe de melon…Les quatre petits tians sucrés sont remarquables de finesse et d'originalité et, franchement, il serait dommage de se priver de dessert ! À table, vous en profiterez pour parfaire vos connaissances en huile d'olive, en dégustant les meilleurs crus sur le délicieux pain maison, et en sortant, vous passerez bien faire un petit tour à la boutique...

|●| Graindorge – 15, rue de l'Arc-de-Triomphe, ou 9, bis rue de Montenotte ☎ 01-47-54-00-28. Ouvert midi et soir jusqu'à 23 h 30 (dernier service à 23 h). Fermé les samedi midi et dimanche. M. : Charles-de-Gaulle-Étoile. Menus à 24 € le midi, 28 et 32 € le soir ; compter autour de 38 € à la carte sans la boisson. Décor néo-1930 assez classe. Bernard Broux est un chef inspiré. Son savoir-faire, il l'a mis au service de sa Flandre natale dont il revisite les trésors. Soupe safranée de moules et crevettes grises, civet de lièvre à la flamande, mariné à la bière brune, *waterzoï* de la mer ou de volaille, fondant au chocolat noir et spéculoos, café liégeois, voilà ce que vous pourrez, entre autres, déguster. Tout est parfaitement maîtrisé, d'une fraîcheur exceptionnelle et préparé à la commande. À la carte des vins, préférer celle des bières de Flandre, tant françaises que belges, qui, brunes, blondes ou ambrées, sont parfaitement en osmose avec les plats. Service un peu compassé. Réserver en fin de semaine. *Un verre de genièvre (alcool des mineurs du Nord) offert (en fin de repas) à nos lecteurs sur présentation de ce guide.*

|●| La Loggia – 41, rue Legendre ☎ 01-44-40-47-30. Fermé le midi des dimanche et lundi. Réservation très recommandée. M. : Villiers. Menu au déjeuner à 12 €. Compter 21 € à la carte. Un tout petit morceau d'Italie, mais un morceau choisi. Dédié d'abord à la cuisine, mais aussi à la *Scuderia :* Ferrari par-ci, Ferrari par-là, avec jolie série de bolides rouges aux murs. Même la serveuse porte un tee-shirt vroum-vroum cheval cabré. La cuisine du patron cuistot ne trahit pas l'esprit d'excellence et l'« italianité » du fleuron mécanique : les filets de sardine fraîche marinés ou les *rigatoni alla crema di scampi* ont droit au podium. Le plat du jour (compter entre 10 et 12 €) – *ravioli al sugo di noce* quand on est passé – mérite aussi une ovation. Quant au *tiramisù*... on ne vous dit que ça. Bref, un bon rital, vrai de vrai, où l'on se régale à prix raisonnable, mais où le service, par ailleurs aimable, est loin d'avoir adopté le tempo Ferrari : ce serait plutôt dans le genre Fiat 500. *Apéritif maison offert à nos lecteurs sur présentation de ce guide.*

18e arrondissement

≜ Hôtel Bouquet de Montmartre ✶✶ – 1, rue Durantin ☎ 01-46-06-87-54. Fax : 01-46-06-09-09. ● www.bouquet-de-mont martre.com ● M. : Abbesses. Chambres doubles à 60 € avec douche ou bains. Pas de TV dans les chambres. Dans un bâtiment rigolo, un hôtel repris par des jeunes et complètement refait dans une déco pas courante pour un hôtel mais pas désagréable. Il n'y a pas d'ascenseur et les escaliers sont assez raides. Chambres petites mais correctes et toutes différentes. À remarquer, les alcôves et leur multitude de petits placards originaux, et les salles de bains en émaux de Briare. Double vitrage. Très bien situé, à quelques mètres de tous les cafés des Abesses, et bon accueil. Un excellent rapport qualité-prix. Belle vue sur Paris de la n° 43 ; elle est évidemment très demandée.

≜ Hôtel Prima Lepic ✶✶ – 29, rue Lepic ☎ 01-46-06-44-64. Fax : 01-46-06-66-11. ● reservation@hotelprimalepic.com ● Parking payant. M. : Blanche ; au pied de la Butte. Chambres doubles de 91,47 à 121,96 € avec douche et w.-c. ou bains, sur cour ou sur rue. Situé au pied de la Butte, l'hôtel est le point de départ idéal pour des balades dans le quartier ou les omplettes dans les grands magasins. Il est tout près de l'impasse Marie-Blanche, pour laquelle on a un petit faible. L'entrée possède un trompe-l'œil de jardin anglais qui lui confère une atmosphère de fraîcheur, renforcée par le mobilier de jardin. Les chambres, style *Maison de Marie-Claire*, ont été entièrement rénovées. *Petit déjeuner à prix réduit pour nos lecteurs sur présentation de ce guide.*

≜ Tim Hôtel ✶✶ – 11, rue Ravignan, (pl. Émile-Goudeau) ☎ 01-42-55-74-79. Fax : 01-42-55-71-01. ● www.timhotel.com ● TV. Satellite. M. : Abbesses ou Blanche. Chambres doubles avec douche et w.-c. ou bains à 110 et 125 €. Sur une place adorable et romantique à souhait, un bel hôtel tout rénové. Tous les étages sont dédiés à un peintre : du rez-de-chaussée au 5e, vous aurez le choix entre « Toulouse-Lautrec », « Utrillo », « Dalí », « Picasso », « Renoir » ou « Matisse ». Vue sur la place ou sur la capitale, à partir du 4e étage. La n° 517 et la n° 417 sont particulièrement agréables, en raison de leur vue sur le Sacré-Cœur. L'adresse des amoureux un peu argentés. *10 % sur le prix de la chambre (en juillet et août et de novembre à février) offerts à nos lecteurs sur présentation de ce guide.*

|●| La Mazurka – 3, rue André-del-Sarte ☎ 01-42-23-36-45. ⚒ Ouvert de 19 h à 23 h 30 ; le midi, sur réservation 48 h à l'avance. Fermé le mercredi. M. : Château-Rouge ou Anvers. Menus à 17,53, 19,67 et 22,71 € servis midi et soir ; plat du jour à 11 € ; carte entre 23 et 30 € ; menu-enfants à 6,86 €. Marek, citoyen polonais, a posé son sac et sa guitare au pied de Montmartre il y a une bonne dizaine d'années dans ce décor un peu cheap mais chaleureux. De son pays natal, il a également rapporté le sourire et plein de recettes comme les saucisses flambées, les *pierogis* (raviolis maison), *bigos* (choucroute locale), bœuf Strogonoff, sans oublier le *bortsch* (bouillon de betteraves rouges, de choux et de crème) et toutes sortes de blinis, tarama, anguille ou saumon fumé... Quand Marek est en forme, il sort sa guitare et chante. On se croirait alors à Varsovie ou à Gdansk, et si, de plus, la vodka au piment coule à flots, les « croûtes » genre Poulbot dansent la mazurka sur les murs. Parfois, l'ambiance est nettement moins swingante, c'est au petit bonheur la chance.

|●| *L'Étoile de Montmartre* – 26, rue Duhesme ☎ 01-46-06-11-65. Ouvert de 8 h à 23 h environ ; restauration le midi uniquement. Fermé le mardi. M. : Lamarck-Caulaincourt. Plat du jour à 6,10 € et menu complet à 9,15 €. À l'ombre de la Butte, un troquet anodin tout plein mais qui fleure bon le Paris d'antan. Haute salle aux murs jaunis par les années mais rehaussée d'adorables frises, mosaïque incrustée d'étoiles au sol, bar en formica... Un charme suranné habite ce lieu qui, chaque midi, fait le plein d'habitués. Jeunes, vieux, ouvriers ou encravatés s'installent alors au coude à coude pour profiter à moindre prix d'une petite cuisine éminemment familiale, modeste mais sincère. Buffet de crudités pour commencer, un choix entre trois plats (qui changent chaque jour) genre rôti de porc purée, saumon pommes vapeur ou escalope spaghetti. Pour finir en beauté, un choix de succulents desserts (maison, bien sûr !), aptes à détrôner ceux de votre grand-mère ! Ambiance pleine d'authenticité et de convivialité ; l'accueil de la famille Giordano, qui tient les rênes de cette maison depuis plus de trois décennies, n'y est sans aucun doute pas étranger. *NOUVEAUTÉ.*

|●| *Le Rendez-Vous des Chauffeurs* – 11, rue des Portes-Blanches ☎ 01-42-64-04-17. Cartes de paiement refusées. Ouvert le midi de 12 h à 14 h 30 (15 h le dimanche) et le soir jusqu'à 23 h. Fermé le mercredi (plus le jeudi en août). M. : Marcadet-Poissonniers. Menu à 12 € servi jusqu'à 20 h 30 ; repas à la carte autour de 15 € sans la boisson ; plats autour de 10 €. Dans une rue calme au nom un rien poétique, un bistrot de quartier tout en authenticité. Le patron, Jeannot, a beau afficher un passé de brillant restaurateur à Seattle, ici, ça respire la France à plein nez. Un beau comptoir en bois, la toile cirée à carreaux sur les tables en rang d'oignons, le service à la bonne franquette, la banquette de moleskine... rien ne manque à l'appel. Et les gens du quartier

et d'ailleurs en redemandent. Alors on vient tôt, pour profiter du menu avant tout le monde, ou tard pour le second service. Ce serait dommage de se casser le nez. Et de rater les poireaux vinaigrette et l'œuf mayo pour commencer, le plat du jour copieux pour continuer (rognons, foie de veau, pot-au-feu...) et des tartes, mousses ou crèmes pour finir en beauté. *Apéritif maison offert à nos lecteurs sur présentation de ce guide.*

|●| *La Preuve par 9* – 5, rue Damrémont ☎ 01-42-62-64-69. ☒ Ouvert tous les jours de 12 h à 14 h 30 et de 19 h 30 à 23 h 30. Congés annuels : le 25 décembre et le 1ᵉʳ janvier. M. : Lamarck-Caulaincourt. Le midi, formules à 11 € ou à 16 € ; le soir, menu-carte à 22 €. Ouvert 9 jours sur 9, comme il est écrit sur un des tableaux noirs de ce resto aux allures de salle d'études, si sympa qu'on l'a adopté illico. Ici, on est à bonne école pour apprendre quelques recettes originales genre magret d'oie au miel et au coriandre ou sauté de bison aux fruits rouges. Il y a du choix : 9 entrées, 9 plats, 9 desserts qui changent régulièrement. Élémentaire, mon cher... Et même si c'est plus cher le soir, il faut réserver pour espérer s'y asseoir. Seul mauvais point : des vins que l'on a trouvés un peu chers. *Apéritif maison offert à nos lecteurs sur présentation de ce guide. NOUVEAUTÉ.*

|●| *La Prune d'Ente, Restaurant Dellac* – 65, rue Letort ☎ 01-42-64-64-39. Ouvert le midi et le jeudi et vendredi soir (dernière commande à 21 h 15). Fermé le dimanche et jours fériés. Congés annuels : en août. M. : Porte-de-Clignancourt. Menus à 11 et 17,50 € servis midi et soir ; à la carte, prévoir autour de 30 €. À deux pas de la porte de Clignancourt. Le nom est un clin d'œil au pruneau, gloire de l'Agenais, patrie de la patronne, une vieille dame courbée par les ans mais toujours active. Quelques spécialités agenaises figurent d'ailleurs à la carte. Mais ce qui attire la foule, c'est le menu servi midi et soir. Le florilège du resto populo est de mise : entrées du style œuf mayo, crudités, terrine de lapin, etc., et des plats qui changent tous les jours, mais où l'on retrouve notamment le cassoulet et un plat de poisson le vendredi. Pour finir, desserts très appétissants : crème caramel, tarte aux pommes, pruneaux à l'armagnac (généreux)... Et le menu le plus cher comprend même l'apéro, un quart de vin et le café ! Bon rapport qualité-prix, donc. *Apéritif maison offert à nos lecteurs sur présentation de ce guide. NOUVEAUTÉ.*

|●| *La Casserole* – 17, rue Boinod ☎ 01-42-54-50-97. Ouvert midi et soir jusqu'à 22 h. Fermé le dimanche, lundi et jours fériés. Congés annuels : du 15 juillet au 15 août. M. : Marcadet-Poissonniers. Menus à 12,20 € le midi du mardi au vendredi ; compter 30 € à la carte sans le vin. Le décor, le service, la cuisine... tout vaut le détour. Accueil jovial et service souriant, avec un petit coucou du chef en fin de course. Décor incroyable au plafond et sur les murs, constitué des innombrables souvenirs de vacances des clients depuis 40 ans. Dans l'assiette, c'est copieux, frais et réjouissant. La cuisine est traditionnelle, au fil des saisons et du marché. Avec parfois de la caille, du castor ou de la biche... et de délicieux desserts aux fruits frais. Les toilettes, interdites aux moins de 18 ans, sont l'ultime touche d'un lieu décalé à fréquenter d'urgence. *Digestif maison offert à nos lecteurs sur présentation de ce guide.*

|●| *Sonia* – 8, rue Letort ☎ 01-42-57-23-17. Ouvert de 12 h à 14 h 30 et de 19 h 30 à 23 h 30 (dernier service). Fermé le dimanche midi sauf en été. M. : Jules-Joffrin. Menus à 7,47 et 12,04 € le midi, 15,09 € le soir. Une adresse que l'on a longtemps hésité à vous dévoiler, car la petite salle (22 couverts) est souvent pleine. L'accueil est chaleureux et les plats savoureux. La cuisine est familiale, simple et juste, et chaque plat est subtilement épicé. Du *nan* (pain indien) à la pâte parfaitement levée, en passant par le poulet *madras* ou *vindallo*, ou encore à l'agneau *shaki khorma* ou le *baigan burtha* (caviar d'aubergine à l'indienne), tout est cuit à point et les saveurs indiennes sont bien présentes, au grand plaisir de vos papilles.

|●| *Marie-Louise* – 52, rue Championnet ☎ 01-46-06-86-55. ♿ Ouvert midi et soir (dernière commande à 22 h). Fermé les dimanche et lundi. Prudent de réserver. Congés annuels : en août. M. : Simplon. Formule à 16,01 € avec entrée + plat ou plat + dessert ; menu-carte à 23,63 € servi midi et soir ; bouteilles de vin à partir de 16,77 €, et possibilité de boire au verre. C'est un resto comme il en reste peu à Paris. Dans une salle très « vieille France » où les cuivres brillent comme des sous neufs, on se prend à s'évader au début du XXᵉ siècle. Le chef vient juste de changer, l'ancien a pris sa retraite. Mais le souci de la qualité reste. Une cuisine traditionnelle à l'ancienne. Au fil des saisons et du marché, un civet de sanglier, un pot-au-feu de poule (comme autrefois) et, pour conclure, une pomme rôtie au cidre brut et miel ou une tarte fine au chocolat amer.

|●| *Taka* – 1, rue Véron ☎ 01-42-23-74-16. Ouvert uniquement le soir, de 19 h 30 à 22 h 30. Fermé les dimanche et jours fériés. Congés annuels : du 14 au 31 juillet et du 15 au 31 août. M. : Pigalle ou Abbesses. À la carte, compter autour de 20 € sans la boisson. Un tout petit japonais planqué dans une sombre ruelle du pied de la Butte. Souvent plein à craquer, on vous prévient, mais pour ceux qui prennent soin de réserver, l'adorable M. Taka est aux petits soins.

Authentique cuisine du pays du Soleil levant, parfaitement exécutée et d'une qualité constante. On retrouve tous les grands classiques appréciés des connaisseurs : *sushis, sashimis* et brochettes. Décor de maison de thé nippone et jolie façade.

|●| *Le Bouclard* – 1, rue Cavalotti ☎ 01-45-22-60-01. Fermé le samedi midi et le dimanche. Congés annuels : en août. M. : Place-de-Clichy. Le midi, formule entrée + plat ou plat + dessert à 15 € ou menu complet à 21 € ; le soir, menu-carte à 39 €. Un cadre rustique joliment étudié, et cuisine qui rend hommage au terroir et à la tradition, des vins judicieusement choisis que l'on consomme « au compteur », voilà qui fait depuis une dizaine d'années le succès (mérité) du bistrot de Michel Bonnemort. Ce franc gaillard aurait d'ailleurs pu aisément porter le patronyme de Bonvivant ! Car il aime faire profiter ses clients de ce que lui-même aime manger, à savoir des plats préparés en toute simplicité mais avec des produits de toute première qualité. Œuf en meurette à la bourguignonne, chou farci au sandre, fricassée de boudin et pommes au calvados, montbéliard et purée façon aligot... de quoi mettre les papilles en émoi ! Le menu du midi, avec son verre de vin et café compris, est d'un excellent rapport qualité-prix. Le soir, c'est tout de même bien cher, mais les produits sont plus recherchés, les propositions plus élaborées, et l'on peut parfois y croiser quelques célébrités de la TV ou du ciné qui en ont discrètement fait leur cantine préférée.

19ᵉ arrondissement

🏠 *Hôtel de Crimée* ** – 188, rue de Crimée ☎ 01-40-36-75-29. Fax : 01-40-36-29-57. ● www.hotelcrimee.com ● TV. Satellite. Câble. M. : Crimée. Chambres doubles de 55 € avec douche à 58 € avec bains. À deux pas du canal de l'Ourcq, du bassin de la Villette, et trois de la Cité des Sciences, un hôtel tout simple mais confortable, sèche-cheveux, clim' et double vitrage. Salle à manger au sous-sol, ornée de tableaux rapportés de Belgique. Parking payant à proximité de l'hôtel. Accueil adorable et chambres impeccables. *En plus, ils offrent 10 % de ristourne (le week-end et en juillet et août) à nos lecteurs sur présentation de ce guide.*

|●| *Le Pavillon Puebla* – parc des Buttes-Chaumont ☎ 01-42-39-83-16. Ouvert midi et soir jusqu'à 22 h 30. Fermé les dimanche, lundi et jours fériés. M. : Buttes-Chaumont. Entrée à l'angle de la rue Botzaris et de l'avenue Simon-Bolivar (le soir, on vous ouvrira la grille du parc). Menus à 32 et 45 € servis midi et soir ; à la carte, compter au minimum... 65 €. Ce grand restaurant, perdu au milieu du plus beau parc de Paris, est un endroit idéal. Cadre bourgeois dans les tons pêche, fleurs fraîches et une sublime terrasse dans les arbres. L'accueil est stylé mais sans obséquiosité, et la cuisine de grande classe. Christian Vergès travaille comme un chef, d'ailleurs c'en est un : petites laitues farcies de crabe et de homard, escalope de foie de canard poêlée aux navets, demi-pigeon aux girolles, et on ne vous parle pas des desserts... Bien sûr, c'est cher (très cher même à la carte et avec les vins), mais il y a un « menu catalan » (le moins onéreux) avec, par exemple, pain à l'huile et jambon Serrano, poêlée de calamars au safran, boudin grillé et galette de pommes de terre au chou, tournedos de morue fraîche à la tapenade, et, pour finir, une glace au touron. Avec amuse-gueule, petits pains maison et tout le toutim. Fait aussi salon de thé dans la journée. *Apéritif maison offert à nos lecteurs sur présentation de ce guide.*

|●| *Cok Ming* – 39, rue de Belleville ☎ 01-42-08-75-92. ✳ Ouvert tous les jours de 11 h à 1 h 30. M. : Belleville ou Pyrénées. Une carte impressionnante comportant plusieurs menus dont un à 7,50 € le midi en semaine (entrée, plat et dessert), un menu végétarien à 11 € ou le *Cok Ming* à 13,50 €. À la carte, compter de 15 à 18 €. Ils sont chinois du Cambodge, chaozhou de Canton ou wenzhou du Zhejiang, ils voient et virevoltent entre les tables de ce grand restaurant clinquant de la rue de Belleville, à la fois attentifs et efficaces. Ouvert depuis une vingtaine d'années, cet établissement, récompensé, maintient le cap. On peut tout faire au *Cok Ming* : se concocter un petit menu fruits de mer à deux, organiser une fondue ou une marmite pour un groupe d'amis ou des collègues, avaler une soupe rapide, se délecter de rôtisseries à des prix plus que raisonnables. La carte, inépuisable, offre également quelques plats thaïs. À noter aussi, un bon choix de thés, vins et bières. *Apéritif maison ou digestif maison offert à nos lecteurs sur présentation de ce guide.*

|●| *Aux Arts et Sciences Réunis* – 161, av. Jean-Jaurès ☎ 01-42-40-53-18. ✳ Ouvert de 12 h à 14 h 30 et de 19 h à 21 h 30. Fermé le dimanche. M. : Ourcq. Menu à 9,15 € servi le midi en semaine ; menu campagnard à 18,30 €, gastronomique à 23,50 €. C'est le restaurant du siège des compagnons charpentiers du Devoir du Tour de France, héroïques défenseurs des arts de la pierre, du bois et... de la table. Sur la façade, le compas et l'équerre symbolisent l'esprit et la matière. Passez la première salle avec le comptoir, et prenez place dans une très belle pièce parquetée avec cimaises travaillées et, aux murs, plein de photos de compagnons. Ambiance et bouffe provinciales : escalope, truite et grillades. Menu copieux et bon.

|●| *Au Rendez-Vous de la Marine* – 14, quai de la Loire ☎ 01-42-49-33-40. Ouvert midi et soir (accueil jusqu'à 22 h). Fermé le dimanche et lundi. Congés annuels : une semaine à Noël. M. : Jean-Jaurès. Formule déjeuner plat du jour + dessert du jour à 16 €. Prévoir entre 21 et 26 € à la carte. On se presse dans ce charmant bistrot, un ancien bougnat vieux de plus d'un siècle où fut tourné *Jenny*, de Marcel Carné, avec Françoise Rosay et Charles Vanel, sur des dialogues de Prévert. Des fleurs sur les tables, quelques souvenirs de la mer, des photos de vedettes, et hop, ça emballe tout le monde ! Ambiance bruyante, surtout le midi, ou le soir quand, deux samedis par mois (l'hiver seulement), une chanteuse réaliste nous fait piaffer avec talent. Aux beaux jours, tables en terrasse, avec vue sur le bassin de La Villette. Plats copieux et abordables, d'honnête facture. Pensez à réserver de pied ferme, car certains soirs le succès provoque beaucoup de roulis dans les réservations !

|●| *Le Rendez-Vous des Quais* – 10, quai de la Seine ☎ 01-40-37-02-81. ✳ Ouvert tous les jours de 12 h (10 h l'été) jusqu'à 23 h 30 (dernier service). M. : Stalingrad. Menus à partir de 16 € ; à la carte, compter 23 € minimum. Ce bistrot du quai est le point de chute des intellos du voisinage. Quadras et quinquas assidus du *Monde* et du *Nouvel Obs*, et trentenaires tendance *Libé* et *Nova Mag* y cohabitent en paix. Tous ont un faible pour la large terrasse plein sud et pied dans l'eau qui fait face au bassin de La Villette. Quand le soleil brille, l'affluence est grande. Une salade ou un plat accompagnés d'un verre de vin (ils ont été sélectionnés avec sérieux par Claude Chabrol !) peuvent suffire à nourrir le débat en attendant l'heure de votre séance de ciné... Ce bistrot, qui appartient à Marin Karmitz, dont les salles de cinoche sont mitoyennes, propose aussi une formule « menu-ciné » avec plat du jour, dessert, boisson, café et... place de cinéma à 23,20 €.

|●| *La Cave Gourmande* – 10, rue du Général-Brunet ☎ 01-40-40-03-30. Fermé les samedi et dimanche. M. : Botzaris. Menu du marché à 28,97 €. Mark et Dominique Singer, qui ont pris la succession d'Éric Fréchon, parti sous d'autres cieux, tirent ici habilement leur épingle du jeu. Foie gras au caramel de tomates vertes (bien mis en valeur par un muscat du Cap Corse), crème de cèpes aux rillettes de canard, saint-pierre en « puce » (à la vapeur) aux citrons confits et coriandre, médaillon de veau aux champignons, duo d'orange au chocolat et amandes, feuilleté aux coings : des plats originaux, sans défaut, servis avec vivacité dans un cadre de cave à vin chic. De quoi passer une excellente soirée, que la clientèle, pas trop coincée, ne vous gâchera pas... *NOUVEAUTÉ.*

20e arrondissement

🏠 *Tamaris Hôtel* * – **14, rue des Maraîchers** ☎ **01-43-72-85-48. Fax : 01-43-56-81-75.** ● **www.tamaris-hotel.fr** ● TV. M. : Porte-de-Vincennes ; RER A : Nation. Chambrettes à 28,20 € pour deux avec lavabo, 37,20 € avec douche, 44 € avec douche et w.-c. ; chambres pour 3 ou 4 personnes à tarif raisonnable. Mieux vaut réserver dès que vous connaissez vos dates. Petit hôtel bien tenu, avec des prix de lointaine province. Les chambres sont propres mais pas très grandes ; certaines ont été rénovées. *Réductions négociables à certaines périodes.*

🏠 *Hôtel Pyrénées Gambetta* ** – **12, av. du Père-Lachaise** ☎ **01-47-97-76-57. Fax : 01-47-97-17-61.** ● **www.pyreneesgambeta.com** ● TV. Canal+. Satellite. M. : Gambetta ; dans une petite rue tranquille qui mène au Père-Lachaise. Chambres doubles de 60 à 72 € selon la taille et l'exposition, avec douche ou bains et w.-c. Un 2 étoiles agréable. Chambres plus que correctes, avec un grand lit aménagé en alcôve et des tissus à petites fleurs. Toutes sont équipées d'un minibar. Une bonne petite adresse, calme et douillette, dans un quartier peu touristique mais agréable à parcourir. Accueil charmant. Dommage que la propreté ne soit pas toujours au rendez-vous. *Un petit déjeuner sur deux offert à nos lecteurs (du 10 janvier au 20 février et du 12 juillet au 20 août) sur présentation de ce guide.*

🍴 *Aristote* – **4, rue de la Réunion** ☎ **01-43-70-42-91.** Ouvert midi et soir jusqu'à 23 h 30 (dernier service). Fermé le dimanche. Congés annuels : 2 semaines en août. M. : Maraîchers ou Buzenval. Bus : ligne n° 26. Menu à 8,50 € le midi en semaine ; le soir, à la carte, compter autour de 17 € ; vins en bouteille autour de 10 €. Spécialités gréco-turques, ou plutôt turco-grecques puisque Jean et le cuisinier sont de la région d'Antioche. Essayer, dans les entrées, un *firinda pastirma* ou un *firinda sucuk* (viande ou saucisson turcs en papillote). Parmi les plats, outre de copieuses brochettes de grillades et des valeurs sûres telles que le *hunkar beyendi* (carré d'agneau, purée d'aubergines, lait et beurre fondu) ou le *pacha kebab* (gigot d'agneau, aubergines et pommes de terre en sauce), découvrez le *guvec* (viande de veau et légumes en sauce) ou les préparations *yogurtlu* (au yaourt) à base de steak haché ou d'agneau. Quelques spécialités de la mer satisferont l'appétit des non-carnivores... Clientèle de quartier, accueil souriant et chaleureux. Un endroit où l'on a envie de revenir... *Café ou digestif maison offert à nos lecteurs sur présentation de ce guide.*

🍴 *Le Rez-de-Chaussée* – **10, rue Sorbier** ☎ **01-43-58-30-14.** Ouvert de 12 h à 15 h et de 19 h à 23 h (24 h vendredi et samedi). Congés annuels : 1 semaine entre Noël et le Jour de l'An. M. : Gambetta ou Ménilmontant. Le midi, formule entrée + plat, plat + dessert ou plat + verre de vin à 10 € ; le soir, formule complète à 18 € ; plat du jour à 7,80 €. À la carte, environ 22 € sans le vin. Le *Rez-de-Chaussée* possède toute sa kyrielle d'habitués. Les plats souvent originaux (alliant sucré-salé) ont le goût des choses simples et raffinées. Saint-marcellin à la pomme, croustillant de poire au bleu, parmentier de sanglier au potiron, pavé de sandre à la fleur d'anis, *crumble* maison... Sans compter les petits vins de terroir choisis avec amour. Choisir entre l'agréable terrasse ou la grande banquette à l'intérieur. Les fines gueules du quartier l'ont compris : la bonne adresse !

🍴 *Au Rendez-Vous des Amis* – **10, av. du Père-Lachaise** ☎ **01-47-97-72-16.** Ouvert le midi uniquement. Plat du jour servi entre 12 h et 15 h. Congés annuels : du 14 juillet au 20 août. M. : Gambetta. Menu à 10,50 € avec une entrée et un plat ; formule à 9,30 € ; à la carte, compter 23,50 €. Entre deux îles flottantes, un brouhaha sourd qui a l'inflexion des voix chères qui se sont tues. À deux pas du Père-Lachaise, une atmosphère bon enfant, où le boudin noir couronné de deux pommes, l'épaule de veau ratatouille, l'escalope de foie gras aux pommes et le faux-filet sauce au bleu chantent en sarabande les plaisirs gourmands de nos grands-mères. Une clientèle branchée, mais aussi des habitués aux rires sonores, recouvrent le bruit des fourchettes gourmandes. Sur le mur, quelques tableaux, sûrement un copain venu là exposer. *Apéritif maison ou café offert à nos lecteurs sur présentation de ce guide.*

🍴 *Pascaline* – **49, rue Pixérécourt** ☎ **01-44-62-22-80.** Service jusqu'à minuit. Fermé le lundi soir, le samedi midi et le dimanche. Congés annuels : en août et entre Noël et le Jour de l'An. M. : Place-des-Fêtes ou Télégraphe. Le midi, formule à 11,50 € ; menu à 20 € ; carte autour de 23 €. vins à partir de 15 €. Ce n'est pas le genre d'adresse pour laquelle on traverserait tout Paris, mais on est bien content de la trouver quand on est dans le coin. Petit resto de quartier, sans charme mais frais et sympa, avec une solide cuisine de terroir. Si vous êtes végétarien ou au régime, passez votre chemin ; toutes sortes de pâtés, de confits, de tripoux, d'andouillettes... sont inscrites à l'ardoise et arrivent sur votre table dans des caquelons crépitants. Pour finir, tartes ou clafoutis aux fruits de saison. Bonne carte de vins régionaux, en particulier des pays de Loire. *Apéritif maison offert à nos lecteurs sur présentation de ce guide.*

I●I *La Boulangerie* – 1 5, r u e d e s Panoyaux ☎ 01-43-58-45-45. Fermé le samedi midi et le dimanche soir. M. : Ménil-montant. Formules à 12,04 € et 13,57 € le midi. Menu à 17,99 € le soir. Carte autour de 6 € les entrées, 11 € les plats. Brunch le dimanche de 11 h à 16 h. Un délice ! Un assortiment de couleurs et d'odeurs savam-ment présentées par un fin maître cuisinier. Les habitués du *Lou Pascalou* ne s'y trom-peront pas, le café d'en face tenu par le papa a fait un petit : *La Boulangerie*, deux petits commerces rachetés par le fils, Momo. Le résultat est là : un vrai bonheur, une perle, un restaurant de tradition fran-çaise légèrement taquiné par les épices du pays. Des plats aussi fins que le croustillant de grenadier à l'oseille et au beurre de Noilly, le bar flambé au whisky ou le mignon de porc à la sauce aigre-douce à l'orange. Blotti dans le tournant de la rue des Panoyaux, vous y trouverez une bonne table et un service impeccable. *NOUVEAUTÉ.*

I●I *Chez Jean* – 38, rue Boyer ☎ 01-47-97-44-58. Ouvert uniquement le soir, de 20 h à 23 h 30. Fermé le dimanche. Congés annuels : en août et entre Noël et le Nouvel An. M. : Gambetta ou Ménilmontant. For-mule autour d'un plat (avec entrée et des-sert) à 15 €. Carte autour de 24,50 €. Jean définit son resto comme étant le meilleur de la rue Boyer ; et le fait qu'ils ne soient que deux n'ôte rien à son mérite. Ancien journa-leux reconverti depuis quelques années dans la restauration, il trône derrière son comptoir. Gentils plats de bonne femme dans une ambiance populo-branchée du 20e, toujours agréable. Accordéon, jazz manouche, chansons, orgue de barbarie (avec Riton la Manivelle), les mercredi, ven-dredi et samedi soir. Chauffe Jeannot ! Et au service, toujours Patricia dont la présence est indiscutable.

I●I *Café Noir* – 15, rue Saint-Blaise ☎ 01-40-09-75-80. Ouvert de 19 h (12 h le dimanche) à minuit. Congés annuels : la dernière semaine d'août et la 1re de sep-tembre. M. : Porte-de-Bagnolet ou Alexandre-Dumas. Environ 25 €, sans la boisson. Au début du XXe siècle, ce fut un dispensaire. Il ne reste pas grand-chose de ce passé médical, et les patrons qui ont repris le resto en 1991 accumulent une quantité incroyable d'objets anciens, comme une collection de collections : cafe-tières, chapeaux, plaques émaillées et affiches. Décor sublime donc, et cuisine généreuse : magret de canard à la cannelle et au gingembre, filet de bœuf au foie gras et pain d'épice, foie de veau à la moutarde violette, papillote de daurade à la cannelle... Et de plus, on peut fumer des havanes, ven-dus au bar à l'unité. Il suffit juste d'un lieu comme celui-ci pour redonner de la vie au nouveau quartier Saint-Blaise, qui n'est pas

à proprement parler une réussite architectu-rale.

I●I *Chez Ramona* – 17, rue Ramponeau ☎ 01-46-36-83-55. Ouvert uniquement le soir, de 19 h 30 à 23 h. Fermé le lundi. M. : Belleville ou Couronnes. Paella sur commande à 30,49 € pour deux. À la carte, prévoir autour de 23 €. Pas très enga-geante, cette petite épicerie encombrée ! En fait, la salle de restaurant se trouve au 1er, en haut d'un escalier bancal et étroit. Là, on débarque dans un univers étonnant, une petite pièce tapissée de souvenirs ibériques à 3 pesetas : têtes de taureaux en velours, banderilles dans leurs emballages, fleurs artificielles, photos et tableaux de dan-seuses de flamenco... royaume du kitsch spontané, en plein Belleville ! D'emblée, on vous reçoit en vous tutoyant, accueil rustre et chaleureux en même temps. La paella manque un peu de subtilité, mais les parts sont généreuses. Sinon, plats traditionnels (beignets de calamars, moules, morue à la galicienne) assez rustiques mais plutôt bons. Adresse des plus dépaysantes, his-toire de vérifier que Paris est vraiment une ville cosmopolite !

DANS LES ENVIRONS

NEUILLY-SUR-SEINE   92200
(0,5 km NO)

I●I *Le Chalet* – 14, rue du Commandant-Pilot (Sud-Est) ☎ 01-46-24-03-11. 🍴 Ouvert jusqu'à 22 h 30. Fermé le dimanche (sauf de septembre à avril). M. : Les Sablons ; près de la place du Marché. For-mule express (buffet) à 12,20 € au déjeu-ner ; menus à 25 €. À la carte, spécialités raclette, fondue savoyarde aux trois fro-mages, tartiflette. Les 3 formules remplissent aisément à l'heure du déjeuner ce restau-rant d'altitude niché dans la plaine des Sablons, tandi que le soir, les menus « mont blanc » et « savoyard » ne semblent pas freiner les habitués qui aiment à se retrou-ver dans ce lieu où l'accueil est bon. *Apéritif maison offert à nos lecteurs sur présenta-tion de ce guide.*

I●I *Restaurant Foc Ly* – 79, av. Charles-de-Gaulle (Sud-Est) ☎ 01-46-24-43-36. Parking payant. 🍴 Congés annuels : 2 semaines en août. M. : Les Sablons. For-mule à 16,01 € le midi en semaine, un menu à 18,75 €. Compter environ 28 € à la carte. Menu-enfants à 12,20 €, boisson comprise. Vous ne pourrez manquer *Foc Ly* avec son toit en forme de pyramide et ses deux lions qui trônent à l'entrée. En jetant un coup d'œil sur la longue carte figurant sur la droite de la porte d'entrée, vous remarque-rez en bas un extrait du livre d'or avec les commentaires élogieux de Jacques Chirac,

Inès de la Fressange, Claude Chabrol et tutti quanti. C'est si extraordinaire que ça ? N'exagérons pas, il y mieux à Pékin, Honk-Kong et Taiwan, mais pour Neuilly, c'est effectivement un bon chinois. *Apéritif maison offert à nos lecteurs sur présentation de ce guide.*

|●| *Les Pieds dans l'Eau* – 39, bd du Parc (île de la Jatte) (Centre) ☎ 01-47-47-64-07. D'octobre à mars, fermé le samedi midi et le dimanche. Menus à 20, 22 et 28 €. Compter 40 € pour un repas à la carte. Le nom sent les beaux jours, les parties de pêche, les pique-niques arrosés de vin clairet, comme dans le roman de René Fallet. L'endroit a gardé un parfum d'autrefois, un parfum de passé reconstitué, fait d'objets de marine, de meubles anglais et de gravures anciennes qui donnent à la partie d'hiver un air de club-house très *British*, très cosy, où le bar n'est pas la pièce la moins intéressante. Un parfum de dimanche au bord de l'eau sur les terrasses descendant en gradins vers le bras de la Seine, sous les peupliers, saules pleureurs et figuiers. La cuisine du chef, récemment accosté en ville, sait naviguer entre ses références, donnant, selon les saisons, des petites touches de couleurs à des plats d'une cuisine des plus franches. Poisson et grillades l'été, pot-au-feu de lotte aïoli, carpaccio de truite et de lotte, salade de saumon cru mariné crème fouettée, mariage en aumônière de thon blanc à d'autres poissons, volailles et figues associées en suprême, on sent l'envie de rassurer Neuilly tout en ne voulant pas désespérer les amateurs d'associations nouvelles. Seurat n'est pas loin, qui colorait d'une manière inhabituelle les scènes d'une tranquille banalité d'un dimanche sur l'île de la Jatte. *Apéritif maison offert à nos lecteurs sur présentation de ce guide.*

BAGNOLET 93170 (1 km E)

|●| *Indigo Square* – 7, rue Marceau ☎ 01-43-63-26-95. Ouvert du mardi au vendredi midi et soir, et le samedi soir. M. : Galliéni. Jardin d'été. Formule à 12 € (entrée + plat ou plat + dessert). À deux pas de la mairie, face au marché (on veut bien une halle plus élégante), se niche ce petit bijou de restaurant qui allie bon goût d'ici et saveurs d'ailleurs. C'est sur des banquettes pourvues de coussins aux couleurs acidulées ou sur des chaises 1950 que sont servies avec une gentillesse toute suédoise de délicates et judicieuses préparations (un croustillant de munster au cumin et une brochette de dinde avec son flan de topinambours sauce soja, par exemple). Les desserts ne manquent ni de finesse ni d'originalité. Les bobos à Bagnolet en redemandent. On les comprend. ***NOUVEAUTÉ.***

BOULOGNE-BILLANCOURT
92100 (1 km SO)

⬚ *Le Quercy* ** – 251, bd Jean-Jaurès (Sud-Est) ☎ 01-46-21-33-46. Fax : 01-46-21-72-21. ● hotellequercy@wanadoo.fr ● M. : Marcel-Sembat. Chambres doubles de 39 à 46 € selon le confort. L'hôtel a été repensé et il est maintenant doté d'une vraie réception et d'un salon d'accueil, et la sécurité est assurée par un veilleur de nuit. Bravo ! La déco est un brin rétro, juste ce qu'il faut. On vous le recommande car, en plus, c'est l'un des moins chers de Boulogne. Accueil souriant. *Un petit déjeuner par personne ou 10 % sur le prix de la chambre (le week-end) offerts à nos lecteurs sur présentation de ce guide.*

|●| *Café Pancrace* – 38, rue d'Aguesseau ☎ 01-46-05-01-93. Service de 12 h à 15 h et de 19 h 30 à 22 h 30. Fermé le dimanche. M. : Boulogne-Jean-Jaurès. À l'angle de la rue d'Aguesseau et de la rue Escudier. Menu à 20 € uniquement le soir. À midi, la carte uniquement, compter environ 23 €. Devant la porte de ce bistrot, c'est un peu la pampa ! Des bambous trônent sur le perron et si l'on n'y prêtait attention, on pourrait penser que la mode des tex-mex a aussi frappé à Boulogne. Il n'en est rien. Le décor est plutôt jeune et sympa, dans les tons jaunes. On pénètre dans une ambiance très méditerranéenne, presque andalouse. Les tables sont un peu brinquebalantes, mais le charme réside dans ce mélange des genres qui tranche avec une cuisine plutôt simple et classique. Dans le genre, brandade de morue, saucisson chaud, potée auvergnate, bavette à l'échalote... Tout est indiqué sur une grande ardoise, et le menu permet de se régaler pour un prix raisonnable. De plus, il y a des petits vins servis au verre ou en pichet qui rendent la vie plutôt agréable. Sans aucun doute l'un des endroits les plus sympathiques de la ville pour grignoter un morceau entre copains.

|●| *Chez Michel* – 4, rue Henri-Martin ☎ 01-46-09-08-10. Fermé le samedi midi et le dimanche. Congés annuels : en août. M. : Porte-de-Saint-Cloud. Compter 30 € pour un repas à la carte. Le midi, la petite salle est souvent remplie car on vient volontiers entre collègues de travail. Du coup, l'ambiance tient un peu de la cantine. Le soir, les discussions deviennent plus feutrées, plus amicales. Mais l'ardoise reste la référence pour composer son menu : terrine de rouget aux poivrons et aubergines confits, terrine de foie gras au pain d'épice... déjà, les parfums montent aux narines !

IVRY-SUR-SEINE 94200 (1 km SE)

|●| *L'Europe* – 92, bd Paul-Vaillant-Couturier ☎ 01-46-72-04-64. Ouvert tous les jours, midi et soir. M. : Mairie-d'Issy. Cous-cous de 8 à 10 €. Deux grandes salles bour-rées à craquer le midi. Clientèle totalement mélangée. Accueil chaleureux et service efficace. Un des meilleurs couscous de la ville et servi copieusement. Bonnes gril-lades aussi. Le vendredi, choucroute ou paella. Atmosphère animée, ça va de soi !

LEVALLOIS-PERRET   92300
(1 km NO)

🛌 *Hôtel du Globe* – **36, rue Louis-Rou-quier** ☎ **et fax : 01-47-57-29-39.** M. : Louise-Michel ou Anatole-France. Chambres doubles à 31 € avec lavabo et 39 € avec douche. Un petit hôtel à l'allure de pension familiale où la patronne vous reçoit presque dans sa salle à manger. Déco un peu vieillotte, mais ce n'est pas dénué de charme. Chambres correctes. Possibilité de location au mois avec tarifs dégressifs.

🍽 *Au Petit Sud-Ouest* – **4, rue Baudin** ☎ **01-47-59-03-74.** Service jusqu'à 22 h. Fermé le samedi et le dimanche. M. : Pont-de-Levallois. Salades autour de 8 € et plats entre 10 et 22 €. À la fois boutique de pro-duits du Sud-Ouest et restaurant, si bien que dès l'entrée, on tombe sur une vitrine garnie de fromages de brebis, de jambons de pays... Brouillade aux cèpes, foie gras cru au gros sel. cassoulet au confit de canard, daube de canard au madiran, gar-bure... La Gascogne à deux pas du front de Seine. Terrasse sur cour pavée qui sonne comme une invite à la détente.
NOUVEAUTÉ.

🍽 *Le Petit Poucet* – **4, rond-point Claude-Monet (Ouest)** ☎ **01-47-38-61-85.** Ouvert tous les jours jusqu'à 23 h (22 h 30 le week-end). M. : Pont-de-Levallois. Sur l'île de la Jatte, dans le virage de la rue qui en fait le tour, extrémité est. Formule à 19 € le midi en semaine avec entrée et plat, ou menu à 28 € le soir et le week-end. Une adresse presque centenaire où, au début du XXe siècle, les prolétaires en goguette venaient avec leurs gigolettes se taper une friture en buvant du guinguet en ce qui n'était alors qu'un caboulot champêtre. Devenu l'un des restos branchés de l'île au début des années 1980, *Le Petit Poucet* a fait peau neuve en 1991 pour se donner des allures cosy avec sa belle déco où le bois domine et donne une ambiance chaleu-reuse. Trois belles terrasses dont l'une en bord de Seine où, dès les premiers rayons de soleil, femmes élégantes et jeunes hommes branchés mais décontractés se pressent. Bonne cuisine française clas-sique. Service efficace et ultra-rapide. Mieux vaut réserver.

MONTREUIL 93100 (1 km E)

🍽 *Le Gaillard* – **71, rue Hoche** ☎ **01-48-58-17-37.** Fermé le dimanche soir et le lundi midi. Congés annuels : 3 semaines en août et la 1re semaine de novembre. M. : Mairie-de-Montreuil. Menus à 26,70 et 35,80 €. À la carte, cela peut être nettement plus cher. Sur la colline des Guilands, au beau milieu de nulle part, dans une bourgeoise maison particulière règnent le bon goût culinaire et le savoir-vivre. Les entrées des deux menus sont fines ; les plats, eux, ne manquent pas de gaillardise : rognons de veau entiers, parmentier de canard salade, escalope de foie gras poêlée, par exemple (mais la carte bouge régulièrement). Quant aux desserts, ils sont à la fois simples et sublimes. Impec-cable sélection de vins, malheureusement un peu chers. Le service est pro, l'accueil particulièrement courtois. Et puis, il y a du feu dans la cheminée en hiver et un extra-ordinaire jardin-terrasse aux beaux jours (pour ce dernier, il vaut mieux réserver...). Autant de bonnes raisons de franchir le périf', non ?

NANTERRE 92000 (1 km NO)

🛌 *Hôtel Saint-Jean* – **24-26-33, av. de Rueil (Ouest)** ☎ **01-47-24-19-20. Fax : 01-47-24-17-65.** RER A : Nanterre-Ville ; bus 258 (ou 158). Chambres doubles à 25 € avec lavabo, 31 € avec douche et 38 € avec douche et w.-c. Chambres sur jardin à 40 €. Hôtel d'ambiance familiale à l'écart, à 500 m du centre-ville, dans un quartier calme. Il n'y a pas 2 chambres identiques, mais elles sont toutes propres et très cor-rectes. Certaines donnent sur le joli jardin. Accueil vraiment gentil, ce qui ne gâte rien, et cela dure depuis trois générations... *Café ou jus de fruit ou soda offert à nos lecteurs sur présentation de ce guide.*

SAINT-OUEN 93400 (1 km N)

🍽 *Le Soleil* – **109, av. Michelet** ☎ **01-40-10-08-08.** Ouvert tous les midis, plus le soir du jeudi au samedi. M. : Porte-de-Clignan-court. Accès : situé en face du marché Biron. Les entrées (filets de harengs mari-nés, effeuillée de serrano andalou, saumon fumé d'Écosse mariné à l'aneth...) tournent autour de 10 à 14 €. Les plats (daurade royale, rôti de barbue, entrecôte au jus de médoc de 350 g !), de 17 à 22 €. Excellents desserts : baba au rhum géant (vraiment géant), crème catalane à la vanille Bourbon (parfaite), tarte fine, etc. Belle carte des vins (au propre et au figuré...) ; il y a des « pichets » (pots lyonnais) à 10,40 €. On l'aime beaucoup, ce restaurant d'habitués, où le patron passe entre les tables, saluant une joyeuse clientèle sans problèmes de pouvoir d'achat (qui dit qu'on ne fait plus d'affaires aux Puces ?). Le décor y est d'une sympathique élégance, avec son soleil au plafond et ses stores originaux. Service plutôt efficace, détails (sel de Guérande, mottes de beurre, huile d'olive à discrétion) à l'avenant. L'addition s'en ressent, mais la qualité n'est jamais prise en défaut. Une très bonne adresse. *NOUVEAUTÉ.*

VINCENNES 94300 (2 km SE)

I●I *Ristorante Alessandro* – **51, rue de Fontenay** ☎ 01-49-57-05-30. ⚒ Fermé le dimanche. M. : Château-de-Vincennes ; RER A : Vincennes. À côté de la mairie. Menus à 12,20 €, le midi en semaine, et à 22,71 et 30,34 € le soir. Menu-enfants à 10,67 €. À la carte, prévoir 30 €. Dommage que la déco de cette pizzeria soit aussi banale et clinquante, car la cuisine italienne classique vaut le détour. Le menu du déjeuner permet de goûter aux aubergines *alla parmigiana*, sorties du four fumantes et bouillonnantes, sans doute la plus belle réussite du cuisinier. On pourra également opter en toute confiance pour les pizzas (de 6,90 à 10,70 €), dont la pâte croustillante sert de support à des garnitures classiques mais généreuses. Aux menus du soir (plus chers), pas mal de plats de poisson. Bon accueil. *Digestif maison offert à nos lecteurs sur présentation de ce guide.*

COURBEVOIE-LA DÉFENSE 92400 (3 km NO)

🏠 *Hôtel George-Sand* – **18, av. Marceau** ☎ 01-43-33-57-04. Fax : 01-47-88-59-38. ● www.hotel-paris-georgesand.com ● Ouvert toute l'année. Accès : à 50 m de la gare de Courbevoie (Saint-Lazare est à 9 mn) et M. : Esplanade-de-La-Défense. Chambres doubles tout confort à 99 €. Petit déjeuner à 8 €. Demandez une des chambres qui viennent d'être rénovées. Avant de monter dans les chambres, il faut faire un tour dans le petit « musée » George-Sand installé au rez-de-chaussée (la déco a été faite autour de l'écrivain) : bustes de l'écrivain, lettres autographes, souvenirs, etc. Ambiance romantique garantie. Les chambres sont toutes personnalisées et meublées à l'ancienne par le maître des lieux, qui aime et sait chiner. Cela fait deux générations que l'on est gentiment et douillettement reçu ici. L'endroit est calme, et le rapport qualité-prix correct quand on est à 15 mn à pied du CNIT de La Défense. Il existe même un service à l'étage tout à fait correct : plateaux-repas, pressing, etc. Un hôtel de charme à Courbevoie ? Eh oui, ça existe ! *10 % sur le prix de la chambre (les vendredi, samedi et dimanche) offerts à nos lecteurs sur présentation de ce guide. NOUVEAUTÉ.*

I●I *Pasta, Amore e Fantasia* – **80, av. Marceau (Centre)** ☎ 01-43-33-68-30. Fermé le dimanche, le lundi soir et les jours fériés.

Accès : gare de Courbevoie ; depuis Saint-Lazare, direction Versailles-Saint-Nom-la-Bretèche ou Houilles ; RER A : station La Défense. Menu le midi en semaine à 13 €. À la carte, compter 28 €. Plat de pâtes : environ 9 €. Au 1er étage. Nul doute que personne n'imaginerait découvrir un studio de la Cinecitta dans l'Alphaville courbevoisien. Dès l'entrée, on est accueilli par la Magnani, Delon dans *Rocco*, le baiser mythique Anita-Marcello... et à l'intérieur, c'est Naples dans toute son exubérance, dans ses tonalités chaleureuses. Atmosphère pleine d'intimité malgré l'immensité de la salle. Il y a même du linge qui sèche comme là-bas ! Couleurs et belles effluves jaillissent également de la cuisine. Beaux *antipasti*, grand choix de pizzas, pâtes fraîches maison, osso buco à la piémontaise, raviolis à la sicilienne, *piccata parmigiana*, etc. Les vendredi et samedi soir, animation avec chanteurs à partir de 22 h 30. Pensez à réserver.

SAINT-DENIS 93200 (3,5 km N)

I●I *Les Verdiots* – **26, bd Marcel-Sembat** ☎ 01-42-43-24-33. Fermé les dimanche et lundi. Congés annuels : la 1re semaine de janvier et en août. Accès : à 100 m du métro Porto de-Paris et 400 m du stade de France. Menu à 10,37 € le midi en semaine, autre menu à 16,46 €. À la carte, compter autour de 36 €. Patrick Perney propose une cuisine savoureuse et sûre, landaise de cœur et de goût comme son jambon de la vallée des Aludes, son confit de canard, son croustillant de pied de porc, sa pintade aux figues. Bons vins aussi, pas forcément ruineux (s'intéresser au vin du mois). Service aimable et doux dirigé par madame, cadre propre et classique et des prix qui se tiennent. Bref, une bien bonne adresse.

I●I *Le Wagon* – **15 bis, av. Jean-Moulin (Centre)** ☎ 01-48-23-23-41. Ouvert du mardi au vendredi, à midi uniquement. Congés annuels : en juillet-août. M. : Saint-Denis-Basilique ; dans le centre, entre la basilique et la N1, à côté du lycée Paul-Éluard et de la piscine (la Baleine). Menu-enfants à 5 €. À la carte, compter autour de 11 €. Étonnant restaurant installé dans un wagon rouge et bleu et proposant pas mal de produits de la mer. Autre particularité, l'endroit est tenu par une école de formation professionnelle et de réinsertion : serveuses et cuistos appliqués vous gâtent, et l'on mange à bon prix des plats qui se tiennent (harengs géants pommes à l'huile à volonté, poêlée de Saint-Jacques, puis fin dessert maison). Réservation vivement recommandée. *Apéritif maison ou café offert à nos lecteurs sur présentation de ce guide.*

SAINT-MAUR-DES-FOSSÉS 94100
(16 km E)

I●I *Chez Nous comme chez Vous* – 110, av. du Mesnil ☎ 01-48-85-41-61. Fermé le dimanche soir et le lundi. Congés annuels : 4 semaines en août et 1 semaine et demi à date variable dans l'année. Accès : de Paris, par l'A4. Menus de 15,25 à 33,85 €, apéritif et vin compris, et à 35,55 €. Menu-enfants à 15,50 €, boisson comprise. On aime bien ce côté vieille province rassurante. Il ne manque pas une taille dans la gamme de casseroles de cuivre accrochées aux murs, ni un napperon ni un crochet aux rideaux, ni une petite lampe sur les tables. Un tremblement de terre ne perturberait en rien cette solide cuisine de tradition, vissée au terroir. On est ici chez des gens de métier, on le voit tout de suite. On table sur la qualité, pas sur l'originalité. Et on a raison ! Madame trottine en salle depuis plus d'un quart de siècle (service impeccable) et monsieur ne lâche pas ses fourneaux. Très démocratique plat du jour qui change tous les deux jours (tête de veau vinaigrette, colombo d'agneau, filet de bœuf Strogonoff...), et généreux 1er menu comprenant fromage et quart de vin. En cours de repas, on s'enquiert de votre appétit et le ramasse-miettes roule sur la nappe avant le dessert. De la tradition, on vous dit. *Café offert à nos lecteurs sur présentation de ce guide.*

I●I *Le Bistrot de la Mer* – 15, rue Saint-Hilaire ☎ 01-48-83-10-11. Service jusqu'à 23 h. Fermé le dimanche soir et le lundi. Congés annuels : en août. Accès : de Paris, par l'autoroute A4. Menus à 16 et 25 €. À la carte, prévoir 30 €. Menu-enfants à 8 €. Une petite salle dans les tons bleu et blanc, qui accueille au coude à coude tous les amoureux des choses de la mer, préparées ici avec bonheur. De l'originalité, du savoir-faire et une qualité régulière font de cette adresse un rendez-vous d'habitués. Au déjeuner, l'excellent menu propose à vos papilles une salade, un plat de poisson du marché (copieux et superbe, et qui change tous les jours), un dessert, le vin et un café. Pas mal ! Pour les prix au-dessus, c'est la fête : Saint-Jacques, saumon fumé, superbe soupe de poisson, brochette de lotte au lard... Également vente de fruits de mer à emporter.

I●I *Le Gourmet* – 150, bd du Général-Giraud ☎ 01-48-86-86-96. Fermé le dimanche soir et le lundi. Congés annuels : de fin août à mi-septembre. Accès : de Paris, par l'autoroute A4. 2 menus, boisson comprise, à 25 et 35 €. Il y a les adresses honnêtes, les bons restos, et puis il y a les lieux exceptionnels. On ne va pas tourner autour du pot longtemps, on a ici affaire à une cuisine de haute volée. Tout est admirablement orchestré : l'écrin d'abord, aux accents légèrement Art déco, fleuri, avec une large baie vitrée donnant sur un beau jardin-terrasse où l'on prend son repas aux beaux jours. Et puis un patron tiré à quatre épingles, issu des plus grandes cuisines de la capitale et qui domine superbement son sujet. Enfin, dans l'assiette, c'est la ronde des saveurs, une infinie finesse, l'intelligence des goûts qui s'expriment par des cuissons parfaites, par des sauces raffinées qui ne sombrent jamais dans le gadget. Le poisson reçoit un traitement particulièrement intéressant, ce qui ne veut nullement dire que la viande soit maltraitée, bien au contraire. En fait, tout est superbe, original, étonnant. Que ce soit dans le cadre du menu ou à la carte, le client dispose d'un beau panorama gustatif (ravioles de homard, canette Marco Polo, salade du gourmet landaise, grand vacherin...) et d'un service sans faute. De la belle adresse, qu'on vous dit ! À la carte, la qualité a un prix.

PONTOISE 95300

Carte régionale A1

I●I *Le Pavé de la Roche* – 30, rue de la Roche ☎ 01-34-43-14-05. Fermé le lundi, le samedi midi et le dimanche. Accès : de la place de l'Hôtel-de-Ville, descendre la rue de la Roche à pied. Menus à 12,50 €, le midi en semaine, puis à 23 €. À la carte, compter 30 €. Niché au creux d'une rue pentue qui domine l'Oise, ce petit restaurant mérite d'être débusqué. Dans un cadre rustique mais confortable, nous vous recommandons le 1er menu, avec un buffet de crudités très varié (20 choix), un plat cuisiné délicieux et un dessert maison. En spécialités : lapin surprise à la provençale, saint-marcellin rôti aux magrets fumés, andouille de Guéméné aux pommes, blanquette de veau à l'ancienne, gibier en période de chasse, tarte fine au calvados. Le patron et la patronne vous accueillent avec un grand sourire. Terrasse pour les beaux jours, avec une cour très tranquille. *Café offert à nos lecteurs sur présentation de ce guide.*

DANS LES ENVIRONS

CERGY 95000 (5 km O)

🏠 *Hôtel Astrée* ******* – 3, rue des Chênes-Émeraude ☎ 01-34-24-94-94. Fax : 01-34-24-95-15. ● astree95@club-internet.fr ● Parking payant. TV. Canal+. Satellite. 🛏 Accès : depuis l'office du tourisme, prendre toujours tout droit la rue de Gisors, puis l'avenue Rédouane-Bougara jusqu'au rond-point avant le centre commercial Leclerc. Là, prendre à gauche et suivre la direction Cergy-centre. Compter 92€ pour une chambre double avec douche et w.-c. Petit déjeuner copieux à volonté à 9,15 €. Un des meilleurs hôtels de la région de Pontoise quant au rapport qualité-prix. Les hommes d'affaires laisseront leur place le week-end aux voyageurs à la recherche d'un havre de repos raffiné et confortable. Les jeunes mariés en raffolent. *Parking offert à nos lecteurs sur présentation de ce guide.*

PROVINS   77160

Carte régionale B2

🏠 🍽️ *Hostellerie Aux Vieux Remparts* – **3, rue Couverte** ☎ **01-64-08-94-00. Fax : 01-60-67-77-22.** ● ● **www.auxvieuxremparts.com** ● Parking. TV. Satellite. ♿ Ouvert tous les jours de 12 h à 14 h 30 et de 19 h 30 à 21 h 30. Accès : au cœur de la cité médiévale. Chaises hautes à disposition. 32 chambres de 60 à 200 € selon le confort. Petit déjeuner à 10 €. Menu suggestion à 25 € sauf les fins de semaine, menu plaisir à 36 € et menu découverte à 46 €. La demi-pension est obligatoire pendant les fêtes. Dans une belle maison médiévale avec un jardin fleuri. Chambres très « classieuses » : minibar, téléphone direct, salle de bains luxueuse et tutti quanti. Excellente réputation, mais cher. Le restaurant possède une belle terrasse ombragée. Spécialités gastronomiques dans la grande tradition française. Le chef Lionel Sarre, orienté vers une cuisine moderne, allie produits nobles, saveurs et décoration de l'assiette en trois dimensions. C'est vraiment l'adresse chic de province par excellence, avec tout ce qui va autour. Seul point noir : le petit déjeuner n'est vraiment pas à la hauteur ; pour le prix, on s'attend à mieux. Cherchez un petit bistrot, c'est plus sympa ! *Café offert à nos lecteurs sur présentation de ce guide.* **NOUVEAUTÉ.**

🍽️ *La Boudinière des Marais* – **17, rue Hugues-le-Grand (Centre)** ☎ **01-60-67-64-89.** Fermé le lundi soir, le mardi soir et le mercredi. Accès : dans la ville basse. Menu à 12,50 € le midi en semaine, quart de vin inclus ; autres menus : le « saveur » à 16,50 €, le « dégustation » à 24,50 € et le « gourmet » à 28,50 €. Cuisine traditionnelle appréciée des VRP, c'est dire la qualité. Spécialités : le pavé glacé à la rose, le filet mignon au brie, le nougat glacé miel et pistache. Une valeur sûre qui monte. Impératif de réserver en fin de semaine. Fréquentes expos d'artistes locaux.

DANS LES ENVIRONS

GURCY-LE-CHÂTEL   77250
(21 km SO)

🍽️ *Restaurant Loiseau* – **21, rue Ampère** ☎ **01-60-67-34-00.** Fermé le dimanche soir et le lundi. Congés annuels : les 3 premières semaines d'août. Accès : par l'A5, sortie Forges, direction Provins (D403), traverser Montigny-Lencoup, puis 1re à gauche (D95) Gurcy-le-Châtel ; par la N19, sortie Nangis, direction Fontainebleau (D403), à Villeneuve tourner à gauche, faire 500 m et prendre la D95. Les deux menus à 16,50 et 22 € nous feraient retourner tous les week-ends. Et que dire des menus ouvriers, servis uniquement en semaine (tradition qui, croyait-on, n'avait plus cours qu'à au moins 700 km de la capitale) à 10 €, qui donnent envie de prendre son rond de serviette tous les midis ! Autre menu à 14,50 € servi jusqu'au vendredi midi. Voilà le rêve de tout routard en train d'enquêter dans un département : trouver, dans un village un peu perdu, une petite adresse pratiquement de rêve. On ne s'attarde pas sur le décor, encore qu'il soit touchant de simplicité et que la vue sur les jardins à partir de la baie vitrée rende cet endroit finalement sympathique. En outre, la gentillesse de la patronne a fini de nous convaincre. Spécialités de poisson. Bref, une adresse exceptionnelle. Réservez impérativement en fin de semaine. *Café offert à nos lecteurs sur présentation de ce guide.*

RAMBOUILLET   78120

Carte régionale A2

🏠 *Hôtel Saint-Charles* ★★ – **15, rue de Groussay (Nord-Ouest)** ☎ **01-34-83-06-34. Fax : 01-30-46-26-84.** Parking. TV. Satellite. ♿ Accès : à partir de la mairie, prendre la route qui longe le parc, l'hôtel est à 1 km environ. 49 € la chambre avec douche et w.-c. ou bains. 6 € le petit déjeuner. Pas loin du centre, cet hôtel fonctionnel abrite des chambres assez spacieuses pour la plupart et impeccablement tenues. Sans charme mais pratique et sans mauvaise surprise. Vous serez bien accueilli par la patronne et bien gardé par les CRS de la garde présidentielle, qui y ont leurs habitudes.

🍽️ *Restaurant La Poste* – **101, rue du Général-de-Gaulle (Centre)** ☎ **01-34-83-03-01.** Fermé le dimanche soir et le lundi. Hors jours de fêtes, menu à 20 €. Autres menus de 26,50 à 31 €. Pour s'asseoir à l'une des meilleures tables de la ville, il est fortement conseillé de réserver. Deux salles coquettes, un service souriant et appliqué, une cuisine légère et raffinée. Foie gras de canard maison, noisette d'agneau façon chevreuil, fricassée de volaille aux langoustines, soufflé framboises maison…

ROCHE-GUYON (LA) 95780

Carte régionale A1

🏠 |●| *Hôtel-restaurant Les Bords de Seine* ** – 21, rue du Docteur-Duval ☎ 01-30-98-32-52. Fax : 01-30-98-32-42. Parking. Accès : près du syndicat d'initiative, sur les bords de Seine. Chambres doubles de 48 à 64 € avec douche ou bains. Un 1er menu à 13 € le midi en semaine. Un autre menu plus complet à 20 €. Au restaurant, vous serez comme à l'entrepont d'un bateau et par les croisées vous regarderez couler la Seine. Un 1er menu bien cuisiné, bien présenté et copieux. Au second menu : pavé de morue fraîche (à la cuisson parfaite), tête de veau (plat du jour). Un « vin du mois » est servi au verre. Enfin, une belle terrasse avec des parasols (chauffants en hiver). La partie hôtel est bien tenue. Les chambres sont petites pour certaines mais ont toutes salle de bains et téléphone. 7 chambres ont vue sur la Seine. Service souriant et décontracté. Une bonne adresse.

ROLLEBOISE 78270

Carte régionale A1

🏠 |●| *Château de la Corniche* *** – 5, route de la Corniche ☎ 01-30-93-20-00. Fax : 01-30-42-27-44. ● www.chateaudela corniche.com ● Parking. TV. Canal+. Satellite. Câble. Fermé le dimanche soir et le lundi midi hors juillet et août. Accès : à 10 km au nord-ouest de Mantes-la-Jolie ; sur les hauteurs de Rolleboise, prendre la petite route de la Corniche (sans issue). Chambres doubles à partir de 75 €. Le midi, du mardi au samedi, menu à 25 €. Au restaurant menus à 36, 46 et 55 €. Cette folie bâtie en 1895 abrita les frasques amoureuses du roi Léopold II de Belgique. Dominant la vallée de la Seine et environné de verdure, on y trouve des chambres dotées de tout le confort moderne. Élégant restaurant à terrasse panoramique, pour une halte gourmande audacieuse et plaisante. Bref, une adresse pas donnée certes, mais très recommandable dans cette catégorie. Dans les environs, cent promenades bucoliques, et la maison de Claude Monet au jardin merveilleux. *Un petit déjeuner par chambre ou café offert à nos lecteurs sur présentation de ce guide.*

RUEIL-MALMAISON 92500

Carte régionale A1-3

|●| *Le Jardin Clos* – 17, rue Eugène-Labiche ☎ 01-47-08-03-11. Service de 12 h à 14 h et de 19 h 30 à 22 h. Fermé les dimanche et lundi. Congés annuels : du 5 au 26 août. RER A : Rueil-Malmaison. Accès : depuis la place de l'Église, prendre la rue du Château puis la 2e à droite, rue Massena, puis la 1re à gauche. Chaises hautes à disposition. Menus à 20 € à midi, 26 et 35 € midi et soir. À quelques encablures seulement du centre-ville et déjà à la campagne. On ne soupçonne rien de l'extérieur. Paisible et charmant jardin avec un puits où manger en terrasse se révèle un vrai bonheur. Cuisine sérieuse et copieuse. Accueil affable. À la carte : salade gourmande, cassolette de crevettes, carré d'agneau, loup braisé, pavé de bœuf, turbot poché à la mousseline du jour, etc., accompagnés bien souvent de légères pommes rissolées. Premier menu, avec buffet de hors-d'œuvre compris, au remarquable rapport qualité-prix. Réservation conseillée. *Apéritif maison offert à nos lecteurs sur présentation de ce guide.*

SAINT-CLOUD 92210

Carte régionale A1

|●| *Le Garde Manger* – 21, rue d'Orléans ☎ 01-46-02-03-66. Fermé le dimanche. Accès : au pont de Saint-Cloud, prendre la montée qui mène à l'A3 et rester sur la file de droite. Menus à 12 € (entrée et plat ou plat et dessert) et à 14,50 €. Au choix sur l'ardoise, 5 entrées et 5 plats, sans compter les suggestions du jour. Devanture vert bouteille et petite salle à l'ambiance feutrée. Cuisine traditionnelle tendance Sud-Ouest avec, par exemple une poêlée d'encornet aux piments d'Espelette, un féroce de blanc de poulet ou encore un classique magret de canard. Équipe jeune et tout sourire. *NOUVEAUTÉ.*

SAINT-CYR-SOUS-DOURDAN 91410

Carte régionale A2

|●| *Les Tourelles* – 2, rue de l'Église ☎ 01-64-59-15-29. Fermé le lundi soir et le mardi. Menu-carte à partir de 16 €. Cette adresse vaut qu'on s'y adresse tant pour la qualité de la cuisine, la gentillesse de l'accueil que pour la beauté du lieu. C'est l'une des plus belles fermes fortifiées du Hurepoix. Ses bâtiments des XVIe et XVIIe siècles sont disposés autour d'une vaste cour centrale, formant un quadrilatère régulier. À chaque angle, de petites tours, d'où le nom du restaurant. Lorsqu'on pénètre dans la cour, on voit le clocher de l'église du village qui s'inscrit derrière le bâtiment central. On peut manger dans la cour, près du vieux puit sur

de petites tables nappées de carreaux rouges et blancs, un fondant de lapin à l'ancienne, une cuisse de volaille à la crème de cidre, une lotte aux champignons et aux coques, et se laisser tenter par un entremets café et noix au chocolat-noisettes. Le choix est grand, la liste des plats proposés est écrite sur une ardoise d'un mètre de haut, qui vous est présentée posée sur un chevalet de peintre. *NOUVEAUTÉ.*

SAINT-GERMAIN-EN-LAYE   78100

Carte régionale A1

🏠 *Havre hôtel* * – 92, rue Léon-Désoyer (Nord-Ouest) ☎ et fax : 01-34-51-41-05. TV. Accès : sur l'ancienne route de Chambourcy. Petit hôtel propre et central, très bien tenu, proposant la chambre double avec douche ou bains et w.-c. à 44,21 €. Quelques chambres donnent sur le cimetière : ultra-calme ! Mais toutes bénéficient du double vitrage, on est tranquille même côté rue. Accueil aimable et attentionné. Une de nos bonnes vieilles adresses. *10 % sur le prix de la chambre offerts à nos lecteurs sur présentation de ce guide.*

🏠 ⦿ *L'Ermitage des Loges – Le Saint-Exupéry* *** – 11, av. des Loges (Centre) ☎ 01-39-21-50-90. Fax : 01-39-21-50-91. ● www.ermitage-des-loges.fr ● Cartes de paiement refusées. Parking. TV. Canal+. Satellite. Câble. ⚒ Chambres doubles refaites, avec service aux petits oignons, à partir de 97 € en basse saison et à 128 € en haute saison. Menu unique le midi en semaine, eau minérale et café compris, à 17 €, puis menu à 28 €. Belle adresse saint-germanoise, chic à souhait. L'avenue des Loges est une large perspective avec contre-allées, allant de la forêt au château. Chambres tout confort, évidemment. Son restaurant, *Le Saint-Exupéry*, est une bien bonne table. On se régale dans un décor contemporain, néo-Art déco si l'on veut. Service bien académique. Il y a notamment, le midi en semaine, un menu d'un excellent rapport qualité-prix. Parmi les spécialités du chef, citons le foie gras de canard et sa compotée d'abricots secs ou le magret de canard caramélisé au miel, poivre de Séchouan et gratin de macaronis aux poires pochées, sans oublier l'orange soufflée au Grand Marnier. *Un petit déjeuner par personne offert à nos lecteurs sur présentation de ce guide.*

⦿ *Restaurant La Feuillantine* – 10, rue des Louviers (Centre) ☎ 01-34-51-04-24. Cartes de paiement refusées. Fermé les dimanche et jours fériés. Le midi, formules à 17 et 18 €. Menu à 26 €. Intérieur aménagé avec goût dans une salle en longueur. Si le service était moins speed et les suppléments moins nombreux, il n'y aurait rien à redire à cette table, où l'on mange très bien. Escalope de foie gras extra.

⦿ *Le Tabl'o Gourmand* – 18, pl. Saint-Pierre ☎ 01-34-51-66-33. Fermé le lundi midi. Congés annuels : 15 jours en janvier. Menu à 21,70 €. À la carte, compter 43 € environ. Poutres, pierre apparente et tons reposants pour ce petit et simplissime restaurant aux allures provinciales, discrètement situé sur une placette bien calme. Le patron, amateur d'art, accroche des œuvres d'artistes locaux, et, fan de cuisine ancienne, remet au goût du jour quelques recettes des siècles passés. Il faut goûter alors à la volumineuse *pantoufle de cardinal* au canard et au foie gras qui tient chaud au ventre, et aux crêpes Suzette « à la façon de ma grand-mère ». *Digestif maison offert à nos lecteurs sur présentation de ce guide.*

SAINTE-GENEVIÈVE-DES-BOIS   91700

Carte régionale A2

⦿ *La Table d'Antan* – 38, av. de la Grande-Charmille-du-Parc ☎ 01-60-15-71-53. Fermé le lundi, le mardi soir, le mercredi soir et le dimanche soir. Accès : au rond-point, mairie dans le dos, 1re rue à droite. « Menu tradition » à 25,15 €. Autre menu à 45 €, tout foie gras, et carte. Un quartier tranquille, une grande maison pimpante, c'est dans ce restaurant entièrement rénové de fraîche date, aux murs tendus de tissu, que vous serez bien. Le chef est le spécialiste du canard et plus particulièrement du foie gras, décliné de différentes manières. Les volatiles arrivent en rang serré, chaque semaine, à leur dernier domicile. On y trouve aussi du poisson et de la viande. Tout cela est accommodé avec talent. On peut appeler ce savoir-faire de la cuisine gourmande. Que dire d'autre ? Que les produits sont frais, mais vous l'aurez deviné... Accueil charmant de la maîtresse de maison. Réservation indispensable.

SCEAUX   92330

Carte régionale A1

⦿ *Auberge du Parc* – 6, av. du Président-Franklin-Roosevelt ☎ 01-43-50-35-15. Le soir, service jusqu'à 23 h. Accès : par RER B (Bourg-la-Reine), bus (n° 192) et voiture. En semaine, menu à 9 € avec entrée, plat, fromage ou dessert et 25 cl de boisson. Une formule étudiants à 5 €. Service également à la carte, compter 15 €.

Gentil pavillon, en face de l'entrée du lycée Lakanal, avec une petite terrasse ensoleillée devant. Donc pas mal de jeunes en semaine, et c'est tant mieux. La salle de restaurant, d'un charme provincial, surplombe un jardin verdoyant. Les formules sont du genre efficace et rapide. La patronne propose des spécialités ibériques à prix doux : paella aux langoustines, morue à toutes les sauces, tripes à la façon de Porto, potée portugaise, cochon de lait, *caldo verde*. L'étape idéale avant la promenade du dimanche. Accueil sympa. *NOUVEAUTÉ.*

SÈVRES   92360

Carte régionale A1-4

|●| *La Salle à Manger* – 12, av. de la Division-Leclerc ☎ **01-46-26-66-64.** Fermé le lundi, le samedi midi et le dimanche soir. Congés annuels : en août. Menus de 14 à 26 €. Dès la porte franchie, on change déjà un peu d'environnement. Le décor vous transporte vers une campagne aux arômes de chlorophylle. Et dès que vous aurez la carte en main, le voyage sera réussi. Œufs en meurette, tarte tomates-cantal-moutarde, fricassée de lapin aux herbes, joue de veau orange cumin, magret au miel... Un vrai florilège de saveurs simples, agréables, qui sentent la campagne, le temps qui passe doucement, les repas entre amis. Et pourtant, à l'heure du déjeuner, la maison ressemble à une ruche où chacun s'affaire à sa tâche. Il y a du monde ; forcément, les prix sont très raisonnables pour la qualité. *Kir lorrain offert à nos lecteurs sur présentation de ce guide.*

SOISY-SUR-ÉCOLE   91840

Carte régionale A2

|●| *Le Saut du Postillon* ☎ **01-64-98-08-12.** Fermé le lundi, le mercredi et le dimanche soir. Congés annuels : en août. Accès : sur la D948 au nord de Courances près de la bifurcation pour Soisy-sur-École. Menu à 12,20 € en semaine et jusqu'à 21 h. Menu standard à 22 € et menu gastronomique à 29 €, servi avec un petit colonel. Dans cette auberge à la décoration rustique classique (petit vitrage, grande cheminée et casseroles de cuivre pendues aux murs), on vous sert une excellente cuisine classique avec une gentillesse et une efficacité de bon aloi. Les assiettes sont chaudes, les plats goûteux et bien présentés. On se sent bien. De plus, vous êtes sur un site historique où notre bon roi Henri, qui allait voir sa copine Juliette (d'Antraygues) à Malesherbes, eut un problème de roue (de carrosse) ; il aurait dit « saute postillon, va réparer ». La légende (?) ne dit pas qui a rapporté l'anec-

dote, mais en tout cas, le resto en tire son nom. Depuis, la route a été refaite, et il y a même un parking pour votre carrosse. Une excellente adresse. Possibilité d'équitation derrière le restaurant. *Apéritif maison offert à nos lecteurs sur présentation de ce guide.*

SURESNES   92150

Carte régionale A1-5

|●| *La Cave Gourmande* – 20, rue des Bourets ☎ **01-42-04-13-67.** Fermé le samedi midi et le dimanche. Congés annuels : en août. Menus à 20, 22 et 30 €. À la carte, compter 39 € environ. En plein centre de Suresnes, ce resto n'a rien d'une cave. Que les claustros se rassurent, on mange dans une salle de plain-pied, au décor ocre de bon goût. Que les « gastros » y aillent en toute confiance, la cuisine vaut le déplacement. Les assiettes sont belles, et on a aimé l'émincé de Saint-Jacques mariné à l'aneth, le médaillon de lotte, le sauté de langoustine au champagne ou le foie gras poêlé. *NOUVEAUTÉ.*

|●| *Les Jardins de Camille* – 70, av. Franklin-Roosevelt ☎ **01-45-06-22-66.** 🐾 Fermé le dimanche soir. Accès : depuis la porte Maillot, bus n° 244 jusqu'au pont de Suresnes. Gare de Suresnes-Mont-Valérien. Menus-carte à 31 et 46 €. Sans doute le resto le plus agréable de Suresnes, accroché au flanc des coteaux, la tête dans les nuages, les yeux fixés sur Paris et les pieds dans la vigne. C'est la Bourgogne qu'on glorifie ici. Au travers des vins bien sûr, mais aussi et surtout par des plats de terroir qui fleurent bon la campagne : rillettes de lapin à l'armagnac, escargots, bœuf bourguignon, gibier en saison et un chèvre frais du Morvan, hmm ! Accueil cordial et amical de la famille Poinsot. *Café offert à nos lecteurs sur présentation de ce guide.*

VANVES   92170

Carte régionale A1

|●| *Aux Sportifs* – 51, rue Sadi-Carnot ☎ **01-46-42-12-63.** Fermé le samedi et le dimanche. Service le soir jusqu'à 21 h. Congés annuels : 1 semaine au printemps, 2 semaines au mois d'août et 1 semaine en hiver. Accès : Par train, métro, bus. Menu à 10 € avec entrée, plat, dessert ; plat à 7,40 €. Bistrot-resto populaire, fréquenté par les employés et les ouvriers, dans un quartier calme. On a l'impression que le décor est intact depuis les années 1960, et c'est presque un compliment. La gentille dame fait, avec cœur, de la cuisine maison traditionnelle (ah, les terrines !...), simple et bonne. À l'heure de midi, le départ est donné et c'est du coude à coude... Service et ambiance décontractés. ***NOUVEAUTÉ.***

| VERSAILLES | 78000 |

Carte régionale A1

🛏 *Home Saint-Louis* ** – 28, rue Saint-Louis (Centre) ☎ 01-39-50-23-55. Fax : 01-30-21-62-45. TV. Canal+. Satellite. Chambres doubles à 38 € avec douche, 54 € avec douche et w.-c. ou bains. En plein cœur du charmant quartier Saint-Louis, un hôtel tranquille et confortable (double vitrage, sèche-cheveux). Chambres impeccables, quoique un peu sombres, régulièrement rénovées. Par contre, salles de bains assez petites. Accueil charmant et bon rapport qualité-prix.

🛏 *Hôtel du Cheval Rouge* ** – 18, rue André-Chénier (Centre) ☎ 01-39-50-03-03. Fax : 01-39-50-61-27. Parking. TV. Satellite. Accès : sur la place du Marché. Chambres doubles avec douche à 49 €, avec douche et w.-c. à 64 €, avec bains à 74 €. Enfin un cheval qui n'est pas blanc ! Un hôtel confortable au charme certain avec son petit air de motel, qui plus est très bien situé. Finalement, pas excessivement cher pour la ville. Fait aussi salon de thé dans la belle salle du petit déjeuner. Accueil un peu sec, c'est le seul bémol. Le parking est appréciable dans ce secteur. *10 % sur le prix de la chambre offerts à nos lecteurs sur présentation de ce guide.*

🛏 *Hôtel Richaud* *** – 16, rue Richaud (Centre) ☎ 01-39-50-10-42. Fax : 01-39-53-43-36. Parking. TV. Canal+. Satellite. Chambres doubles avec douche et w.-c. à 49 €, avec bains à 53 €. Un hôtel calme et central et bien tenu, mais fichtrement *seventies* : force moquette, bar super kitsch. Bon accueil. Bon confort dans l'ensemble. Ne vaut toutefois pas les 3 étoiles affichées (mais les prix sont ceux d'un deux, alors, ça va). Participe à l'opération « Bon week-end en ville ». *Un petit déjeuner par personne offert à nos lecteurs sur présentation de ce guide.*

🛏 *Paris Hôtel* ** – 14, av. de Paris ☎ 01-39-50-56-00. Fax : 01-39-50-21-83. ● www.paris-hotel.fr ● TV. Canal+. Satellite. ⚒ RER A : Versailles-Rive gauche. Accès : à 400 m de la place du Château. Chambres doubles à 50 € avec douche, 65 € avec douche et w.-c. et 75 € avec bains. Repérable à sa jolie devanture en bois. Excellent accueil dans cet hôtel fraîchement refait. Chambres spacieuses et propres. Double vitrage pour celles sur l'avenue, mais nous avons une préférence pour celles qui donnent sur la courette intérieure. Sèche-cheveux. Participe à l'opéra-tion « Bon week-end en ville ». *Un petit déjeuner par personne offert à nos lecteurs sur présentation de ce guide.*

🍴 *Crêperie Saint-Louis* – 15, rue Ducis, pl. du Marché-Notre-Dame ☎ 01-30-21-79-00. Ouvert tous les jours de 11 h 45 à 15 h et de 18 h 45 à 23 h ; service continu le week-end. Accès : à 500 m du château ; prendre l'avenue de Saint-Cloud, puis à gauche la rue du Maréchal-Foch. Deux beurre-sucre pour 3,05 €, la complète à 5,34 €. Trois salles et une terrasse sur la place du Marché, on est bien installé (surtout dehors aux beaux jours). Belles et bonnes crêpes et galettes, servies promptement. Des prix raisonnables si on les compare à ceux pratiqués habituellement dans les crêperies. ***NOUVEAUTÉ.***

🍴 *Sister's Café* – 15, rue des Réservoirs ☎ 01-30-21-21-22. Ouvert tous les jours de 12 h à 15 h et de 19 h à 23 h. Accès : pas loin du château ; c'est la rue qui longe le parc entre l'aile nord et le bassin de Neptune. Formules de 13 à 18 €. Également des brunchs le week-end à 14,50 €. Bar-restaurant US tout en longueur, à la déco dynamique. Un des rendez-vous de la jeunesse versaillaise pour prendre un verre ou se taper quelques plats US ou tex-mex *(chicken wings, quesilladas...)*. Quelques tables en terrasse aux beaux jours. *Apéritif maison ou café offert à nos lecteurs sur présentation de ce guide.* ***NOUVEAUTÉ.***

🍴 *Le Baladin Saint-Louis* – 2, rue de l'Occident ☎ 01-39-50-06-57. Fermé le dimanche (sauf jours fériés). Accès : au cœur de la ville historique, quartier Saint-Louis. Formule à 18 € en semaine, avec 1 entrée + plat + dessert ou café. Menus à 22 € et 31 €, demi de vin compris. Le charme du quartier Saint-Louis agit, surtout en terrasse. Une cuisine généreuse, souvent imaginative, toujours de tempéra-ment et immuable en qualité, c'est ce à quoi s'emploie depuis plus de 10 ans maintenant un chef qui, bien que ne sachant pas jouer du luth, connaît ses classiques sur le bout des cordes. Quant au cadre, il change tous les 4 mois ! *Café offert à nos lecteurs sur présentation de ce guide.*

🍴 *La Flottille* – ☎ 01-39-51-41-58. Parking. ⚒ Ouvert tous les jours, de 8 h à 17 h 30 (21 h en été) ; restaurant le midi uniquement, jusqu'à 15 h 30. Accès : au bord du Grand Canal. Menu à 21 €, suggestions du jour et carte (compter 30 €, sans la boisson). Sinon, toute la journée, côté brasserie, plats du jour autour de 9,50 €. Le restaurant est situé juste en face de l'embarcadère où, aux beaux jours, on peut louer une barque. Indiscutablement l'endroit le plus agréable qui soit. L'été, la terrasse s'installe juste au bord de l'eau. Deux salles et deux types de restauration, « brasserie » et « restaurant », un peu plus cher. Cuisine correcte dans l'ensemble, et, en brasserie, des plats et salades bien servis. Également des crêpes et des pâtisseries. Attention, l'accès est payant si vous y allez en voiture : 4,50 €. *NOUVEAUTÉ.*

I●I *La Cuisine Bourgeoise* – **10, bd du Roi (Centre)** ☎ **01-39-53-11-38.** Parking.   Fermé le lundi, le samedi midi et le dimanche. Congés annuels : les 3 premières semaines d'août. Accès : à 300 m du château. Le midi en semaine, menu à 21,50 € ; le soir, autres menus de 39,45 à 57 €. À la carte, compter autour de 49 €. La cuisine se veut plus gastro que bourgeoise : carte prolixe remplissant deux grandes ardoises. Préparations légères, hautes en saveur et tournant souvent autour du caviar, du foie gras ou de la truffe. Mais là où le cuisinier se montre royal (normal quand on officie à deux pas du château), c'est dans ses prix, raisonnables, surtout pour les formules. Belle carte de vins au verre. Voiturier le soir. *Apéritif maison offert à nos lecteurs sur présentation de ce guide.*

DANS LES ENVIRONS

MONTIGNY-LE-BRETONNEUX
78180 (10 km SO)

🏠 **I●I** *L'Auberge du Manet* ✱✱✱ – **61, av. du Manet** ☎ **01-30-64-89-00. Fax : 01-30-64-55-10.** ● www.aubergedumanet.com ● Parking. TV. Canal+. Satellite. Câble.   Accès : de Paris prendre l'A13 puis l'A12 (direction Rambouillet), sortie Saint-Quentin-en-Yvelines ; au rond-point de Saint-Quentin-en-Yvelines (près d'un centre commercial), prendre l'avenue du Pas-du-Lac, puis la D36 (direction Rambouillet), puis l'avenue du Manet ; on arrive à la ferme du Manet, l'auberge est située dans une impasse. Chaises hautes et jeux à disposi-

tion. Chambres impeccables à 120 € avec bains (réduction le week-end). Menus à 23 €, servi le soir aux clients de l'hôtel, et de 26 à 42 €. Un hôtel-restaurant aménagé dans le cadre bucolique d'une belle et vaste ferme, anciennement dépendance de l'abbaye de Port-Royal-des-Champs, voisine d'un ou deux kilomètres. Bon niveau de prestations. Minibar, bains ou douche et w.-c., etc. Une préférence pour les chambres n°s 30 et 31 avec haut plafond et poutres apparentes. Au restaurant, dont la terrasse donne sur un petit étang, une cuisine assez fine et abordable : 1er menu avec entrée, plat, fromage ou dessert. Parmi les spécialités, croque saumon et gambas aux couleurs provençales, quintette de Saint-Jacques et assiette tout chocolat. *Une coupe de champagne offerte à nos lecteurs sur présentation de ce guide.*

GIF-SUR-YVETTE 91190 (18 km)

I●I *Le Bœuf à Six Pattes* – **D 128, chemin du Moulon** ☎ **01-60-19-29-60.** Parking.   Ouvert tous les jours de 11 h 30 à 14 h 30 et de 19 h à 22 h (22 h 30 les vendredi et samedi). Accès : par la N118, sortie « Centre universitaire ». Chaises hautes à disposition. Coloriages. Formule à 10 € avec salade et pièce de bœuf garnie à volonté. Autres menus de 13,50 à 21,50 € avec apéritif, boisson et café. Suivez le bœuf ! Vous attraperez peut-être un torticolis en regardant celui que Slavik a suspendu dans les hauteurs de ce restaurant, spécialisé dans la viande de qualité cuite au feu de bois. Les frites sont excellentes. On en redemanderait, mais l'accompagnement de la maison est la « pomme Jackson ». À tester, ainsi que la cuisse de canard confite, le pavé de saumon frais, le riz au lait caramélisé. Vraie salle non-fumeurs. Terrasse en été. *Café offert à nos lecteurs sur présentation de ce guide.*

Les prix
En France, les prix des hôtels et des restos sont libres. Certains peuvent augmenter entre le passage de nos infatigables fureteurs et la parution du guide.

Avis aux hôteliers et aux restaurateurs
Chaque année pour y figurer, il faut le mériter !

Le Routard

Languedoc-Roussillon

11 Aude
30 Gard
34 Hérault
48 Lozère
66 Pyrénées-Orientales

AGDE   34300

Carte régionale B2

🏠 *Hôtel Le Donjon* ** – pl. Jean-Jaurès (Centre) ☎ 04-67-94-12-32. Fax : 04-67-94-34-54. • www.hotelledonjon.com • Parking payant. TV. Congés annuels : du 22 décembre au 4 janvier. Accès : en centre-ville. Chambres doubles de 39 à 65 € avec douche et w.-c. ou bains. Pour ainsi dire voisin de l'ancienne cathédrale Saint-Étienne, le *Donjon* se cache sur une place agréable et animée l'été. Immeuble en vieille pierre. Chambres confortables, rénovées et très bien tenues. Accueil et prix doux.

🏠 ⦿ *Hôtel-restaurant La Tamarissière* *** – lieu-dit La Tamarissière (Sud-Ouest) ☎ 04-67-94-20-87. Fax : 04-67-21-38-40. • www.chateauxhotels.com/tamarissiere • TV. Canal+. Resto fermé le lundi et le dimanche soir sauf les week-ends fériés et en haute saison (fermé le lundi midi et le mardi midi en été). Congés annuels : du 5 novembre au 5 mars. Accès : prendre le quai Commandant-Réveille, puis la D32 pendant 5 km. Chambres doubles de 63 à 112 € selon la saison et l'exposition. Menus de 28,50 à 40,50 €. Le bistrot de maman Albano planté devant l'Hérault est bien loin. Aujourd'hui, l'hôtel, niché dans un jardin de roses et bordé par une pinède, est un des plus réputés de la région. Chambres élégantes, modernes. Excellente cuisine pleine de soleil, alliant intelligemment tradition et raffinement. Supions de Méditerranée persillés et dés de tomates au basilic, bourride de baudroie, bouillabaisse. Cadre frais, sans snobisme. Et magnifique terrasse, en été, le long du fleuve. *10 % sur le prix de la chambre (hors haute saison et week-ends fériés) offerts à nos lecteurs sur présentation de ce guide.*

⦿ *La Fine Fourchette* – 2, rue du Mont-Saint-Loup (Nord-Est) ☎ 04-67-94-49-56. Fermé tous les soirs et le dimanche. Congés annuels : du 23 décembre au 5 janvier. Accès : par la rue de Richelieu, en suivant la « Promenade ». Menus à 10 et 17,50 €. Un peu en retrait des « grands boulevards » agathois et disposant d'une petite terrasse ombragée et fleurie, ce restaurant d'allure modeste permet de se sustenter à bon prix d'une bien honnête cuisine régionale et familiale : tarte à la sardine ou aux maquereaux, croustillant de pieds de porc... Service gentil de la patronne.

DANS LES ENVIRONS

MARSEILLAN 34340 (7 km NE)

⦿ *Le Jardin du Naris* – 24, bd Pasteur ☎ 04-67-77-30-07. Fermé le lundi soir et le mardi hors saison (seulement le mardi midi en été). Accès : par la D51. Menus à 9,50 €, le midi en semaine, et de 14,50 à 27 €. Le jardin intérieur permet de manger au milieu des arbres et des fleurs. Cuisine simple et de bon aloi : daurade farcie sur coulis de poivrons, millefeuille de Saint-Jacques, joues de cochon au curry, parillade de pois-

---

Sur présentation de ce guide,
nombreuses offres et réductions en 2003.

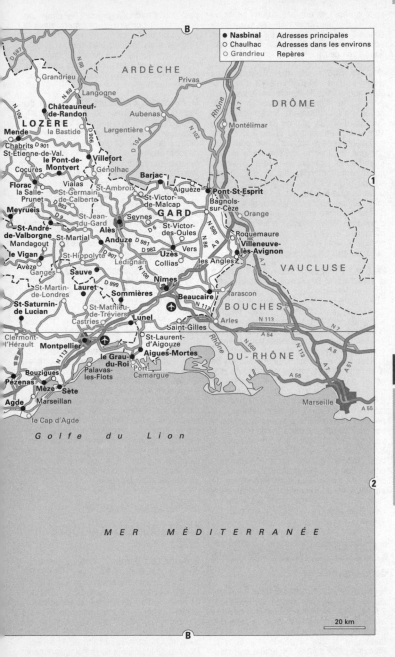

● **Nasbinal** Adresses principales
○ Chaulhac Adresses dans les environs
○ Grandrieu Repères

ARDÈCHE

Privas

DRÔME

○ Grandrieu

Langogne

Aubenas

Montélimar

Châteauneuf-de-Randon

LOZÈRE

Mende la Bastide

Largentière

Chabrits D 901

St-Étienne-de-Val.

Villefort

Cocurès

le Pont-de-Montvert Génolhac

Vialas

Barjac

Florac St-Ambroix

la Salle- St-Germain-

Prunet de-Calberte

St-Victor-

Aiguèze

Pont-St-Esprit

de-Malcap

Bagnols-

sur-Cèze

Meyrueis

GARD

St-Jean-

du-Gard

Orange

Seynes

St-Victor-

Alès

des-Oules

St-André-

de-Valborgne St-Martial

Anduze

Roquemaure

Mandagout

Vers

Villeneuve-

le Vigan

St-Hippolyte

Uzès

lès-Avignon

Avèze

Ledignan

Collias

les Angles

Gangès

Sauve

VAUCLUSE

St-Martin-

de-Londres

Lauret

Nîmes

St-Saturnin-

de Lucian

Sommières

Beaucaire

Tarascon

BOUCHES-

St-Mathieu-

de-Tréviers

Clermont-

l'Hérault

Castries

Lunel

Arles

N 113

Saint-Gilles

DU-RHÔNE

Montpellier

St-Laurent-

d'Aigouze

le Grau-

du-Roi Port-

Aigues-Mortes

Bouzigues

Palavas-

les-Flots

Camargue

Pézenas

Mèze

Sète

Agde Marseillan

Marseille

le Cap d'Agde

Golfe du Lion

MER MÉDITERRANÉE

20 km

sons grillés. Les crayons sur les tables ne servent pas seulement en cas d'additions difficiles mais aussi pour dessiner si vous vous sentez l'âme d'un artiste. Ici, on collectionne vos œuvres !

I●I *Côté Sud* – **18, quai Antonin-Gros (Nord-Est)** ☎ 04-67-01-72-42. Fermé le jeudi hors saison, le mercredi et le jeudi midi en saison. Congés annuels : de fin novembre à début mars. Accès : port Rive Gauche. Formule plat du jour et dessert à 13 € le midi en semaine. Menu à 22 €. Une petite adresse sympa, sur le port, pour manger une cuisine du marché toute simple, toute bonne. La mère prépare en cuisine le grand aïoli accompagnant la lotte ou une salade tiède de Saint-Jacques et gambas, pendant que le père, fils de pêcheurs, termine un plateau de coquillages et que le fils amène l'ardoise pour les plats du jour aux différentes tables. Accueil et service gentils comme tout. Terrasse avec vue, comme il se doit. *Apéritif maison offert à nos lecteurs sur présentation de ce guide.*

I●I *Chez Philippe* – **20, rue de Suffren** ☎ 04-67-01-70-62. Fermé le dimanche et le lundi en juillet et août, ainsi que le mardi hors saison. Congés annuels : du 22 décembre au 20 février. Accès : derrière les quais, sur le port. Menu-carte à 22 €. N'insistez pas si vous n'avez pas réservé longtemps à l'avance. Passez votre chemin, vous vous feriez du mal en voyant ces tablées de gens manifestement heureux de vivre, dînant en terrasse sur une jolie placette, dans une atmosphère d'élégance décontractée, comme disent les journaux d'opinion. Le trio malin qui a ouvert ce restaurant d'inspiration méditerranéenne, aux prix aussi incroyables que sa déco, a eu la bonne idée de quitter un jour Paris pour venir respirer l'air de la mer et vivre mieux. Saine initiative, à encourager, vu les résultats. Manger pour moins de 30 € par personne, bon vin de pays compris, dans un tel décor, avec tant de saveurs, de parfums, de couleurs et de produits de qualité dans l'assiette, certains n'en sont pas revenus. Heureusement, ça fait de la place pour les autres !

Carte régionale B2

≜I●I *Hôtel-restaurant L'Escale* * – **3, av. de la Tour-de-Constance** ☎ 04-66-53-71-14. Fax : 04-66-53-76-74. Congés annuels : en décembre. Accès : près des remparts. Chambres doubles à 25 € avec lavabo et à 30 € avec douche et w.-c. Menus à partir de 9 €. Un hôtel-bar-restaurant à l'atmosphère simple et populaire, situé face aux remparts. À table et au bar,

pas mal d'habitués prenant le pastis ou déjeunant à bon prix ici plutôt que dans la cité submergée de touristes. Chambres simples mais impeccables (celles au-dessus du bar donnent sur un couloir mais sont équipées de la clim'). Quelques chambres plus tranquilles dans l'annexe. Accueil naturel et aimable.

≜ *Hôtel des Croisades* ** – **2, rue du Port (Ouest)** ☎ 04-66-53-67-85. Fax : 04-66-53-72-95. Parking payant. TV. ஃ Accès : hors les murs, mais juste en face et au-dessus du canal. Chambres doubles avec douche et w.-c. ou bains à 45 €. Un établissement récent, un accueil des plus chaleureux, une ambiance coquette et feutrée. Chambres nettes, climatisées, avec pour certaines vue sur les remparts et la tour de Constance. En prime, un agréable jardin. Le meilleur rapport qualité-prix de la ville. *10 % sur le prix de la chambre (du 15 novembre au 15 décembre et du 15 janvier au 15 février) offerts à nos lecteurs sur présentation de ce guide.*

≜I●I *Hôtel-restaurant Les Arcades* *** – **23, bd Gambetta (Centre)** ☎ 04-66-53-18-13. Fax : 04-66-53-75-46. ● www.les-arcades.fr ● Parking payant. TV. Fermé le lundi (le midi uniquement en saison) et le mardi midi. Congés annuels : la 1re quinzaine de mars et la 2e quinzaine d'octobre . Chambres doubles avec douche et w.-c. ou bains de 84 à 92 €. Menus à partir de 20 €, sauf le samedi soir et le dimanche. Compter 40 € à la carte. Voici le « gastro » d'Aigues-Mortes et son hôtel de grand charme, dans la vieille ville mais un peu en retrait du brouhaha central. Dans cette ancienne et noble bâtisse aux murs épais, des chambres spacieuses et belles. Petite piscine. Petite terrasse sous les arcades protégée des regards. Cuisine classique et régionale parfaitement servie et exécutée. Un établissement somme toute d'un bon rapport qualité-prix. *Apéritif maison offert à nos lecteurs sur présentation de ce guide.*

DANS LES ENVIRONS

SAINT-LAURENT-D'AIGOUZE
30220 (7 km N)

≜ *Hôtel Lou Garbin* ** – **30, av. des Jardins** ☎ 04-66-88-12-74. Fax : 04-66-88-91-12. ● www.lougarbin.com ● Parking. TV. ஃ Restauration le soir du 1er juillet au 31 août ; le reste de l'année sur réservation. Accès : d'Aigues-Mortes, route de Nîmes ; on tombe sur Saint-Laurent-d'Aigouze et l'hôtel est sur la droite. Chambres doubles avec douche et w.-c. ou bains de 41 à 49 €. Resto pour les clients de l'hôtel uniquement en demi-pension. Une halte agréable entre Nîmes et Aigues-Mortes dans un village typique de la Petite Camargue. Excellent accueil. Jolies chambres à l'ancienne dans une vieille maison de maître ou plus classiques (mais plus « vacances ») dans des bungalows autour de la piscine. En demi-pension, on pourra goûter gardiane de taureau liée au sang, tellines en persillade, gâteau maison... Boulodrome, barbecue et des arbustes qui finiront bien un jour par masquer complètement aux regards la nationale distante de quelques centaines de mètres... *10 % sur le prix de la chambre (d'octobre à mars inclus) offerts à nos lecteurs sur présentation de ce guide.*

ALÈS   30100

Carte régionale B1

🛏 *Hôtel Orly* ** – **10, rue d'Avéjan (Centre)** ☎ **04-66-91-30-00. Fax : 04-66-91-30-30.** ● **hotelorly@t2u.com** ● TV. Chambres doubles de 36 à 43 €. Un hôtel très central tenu par un couple de jeunes aimables et pleins d'idées. À encourager vraiment. La façade extérieure date des années 1970, mais tout à l'intérieur a été rénové et arrangé avec goût. Nos chambres préférées : la n° 108 (2 fenêtres), la n° 106 (la plus grande) ou la n° 109 (style zen). Il y a aussi un studio avec kitchenette. Excellent rapport qualité-prix-emplacement. *NOUVEAUTÉ.*

🛏 ●|● *Hôtel-restaurant Le Riche* ** – **42, pl. Pierre-Sémard (Centre)** ☎ **04-66-86-00-33. Fax : 04-66-30-02-63.** ● **www.leriche.fr** ● Parking payant. TV. Congés annuels : en août. Accès : face à la gare SNCF. Chambres doubles avec douche et w.-c. ou bains à 42,69 €. Menus à partir de 14,79 €. Une véritable institution locale. Salle à manger très Belle Époque (mais climatisée !). Les chambres sont plus banalement contemporaines mais de bon confort. Le restaurant passe pour être un des meilleurs de la ville. En tout cas, nous nous y sommes franchement régalés. Cuisine d'un classicisme bon teint (à l'aise dans le décor donc) mais bien amenée et qui sait tirer toutes leurs saveurs des produits du cru, des poissons de la Méditerranée au pélardon cévenol. *10 % sur le prix de la chambre offerts à nos lecteurs sur présentation de ce guide.*

●|● *Le Mandajors* – **17, rue Mandajors (Centre)** ☎ **04-66-52-62-98.** Service de 12 h à 14 h et de 19 h 30 à 21 h. Fermé le dimanche. Congés annuels : la 1re quinzaine d'août. Menu à 9,20 € le midi. Autres menus de 11 à 23 €. La déco n'a sûrement guère changé depuis la dernière guerre, quand la patronne ravitaillait discrètement les résistants par la porte de derrière. Un chaleureux jeune homme officie désormais ici. Sa

femme vient donner un coup de main (avec le sourire) le midi, mais le soir, salle comme fourneaux lui appartiennent souvent. Normal donc que les horaires soient très stricts et les convives limités. Une vraie adresse routard pour une cuisine de « grand-mère » à forte empreinte cévenole. *Apéritif maison offert à nos lecteurs sur présentation de ce guide.*

●|● *Le Jardin d'Alès* – **92, av. d'Alsace (Nord)** ☎ **04-66-86-38-82.** ⅋ Fermé le dimanche soir et le lundi. Congés annuels : les 1res quinzaines de janvier et de juillet. Accès : à la sortie nord de la ville (direction Aubenas), à l'embranchement des routes de Salindres et de Saint-Ambroix, près du centre hospitalier. Menus à partir de 11,43 €, le midi en semaine, puis à 16 et 26,70 €. À l'écart du centre, à l'orée d'un quartier un peu HLMisant. La terrasse jouxte d'ailleurs de trop près un rond-point, à notre avis. Mais la petite salle a été décorée avec pas mal de goût par les deux patrons. Et, bonne idée, la cuisine – raffinée – fait le tour des régions françaises. Au hasard d'une carte et de menus qui tournent avec les saisons. Bon accueil.

DANS LES ENVIRONS

SEYNES 30580 (18 km E)

🛏 ●|● *La Farigoulette* ** – **le village** ☎ **04-66-83-70-56. Fax : 04-66-83-72-80.** TV. Fermé le dimanche soir en janvier et février. Accès : par la D6 depuis Alès. Chambres doubles avec douche et w.-c. à 39 €. Menus à partir de 12 €, sauf les week-end et jours fériés. On vient de toute la région pour manger les pâtés, terrines, saucissons, gardiane, civet de porcelet aux châtaignes et autres daubes et confits que préparent la patronne et son équipe qui tiennent aussi une charcuterie au lieu-dit Le Village. Ici, l'appellation « produits maison » est partout et c'est tant mieux. Les menus à prix doux sont servis dans une salle à manger rustique, en toute simplicité. L'hôtel propose 11 chambres correctes (demander les n°s 4, 6, 10 et 11, avec vue sur la piscine et vue panoramique). Jardin. Une adresse de campagne sans chichis, on aime !

SAINT-VICTOR-DE-MACALP 30500 (23 km NE)

🛏 ●|● *La Bastide des Senteurs* *** – **au village** ☎ **04-66-60-24-45. Fax : 04-66-60-26-10.** ● **www.bastide-senteurs.com** ● Parking. TV. ⅋ Fermé tous les midis en juillet-août, sauf le dimanche et les jours fériés. Hors saison, fermé le dimanche soir et le lundi. Congés annuels : de novembre à janvier. Accès : D904 jusqu'à Saint-Ambroix ; de là, D51 vers Saint-Victor-de-Macalp.

LANGUEDOC-ROUSSILLON

Chambres doubles avec bains de 59 à 69 €
suivant la saison. Menus à 25 et 65 €. Dans
un joli village du Vivarais cévenol. L'hôtel
est un ensemble de maisons de pays, rénovées sans ostentation. Jolies chambres, à la
déco couleur locale (murs de pierre, fer
forgé...). Belle piscine qui domine la vallée
de la Cèze. Au resto qui porte son nom,
Frank Subileau, chef et patron, propose, au
gré des saisons, une cuisine d'une belle
inventivité. Une belle et bonne adresse.
*10 % sur le prix de la chambre (du 16 octo-
bre au 1er mars) offerts à nos lecteurs sur
présentation de ce guide.*

AMÉLIE-LES-BAINS   66110

Carte régionale A2

🛏️ 🍴 *Le Castel-Émeraude* ** – **route de
la Corniche, Petite-Provence (Sud-Est)**
☎ **04-68-39-02-83. Fax : 04-68-39-03-09.**
● **www.lecastelemeraude.com** ● Parking.
TV. Satellite. Câble. ⚒ Congés annuels : du
15 novembre au 15 mars. Accès : traverser
la ville et prendre le pont direction « Centre
sportif Espace Méditerranée ». Chambres
doubles avec douche et w.-c. ou bains de
45 à 66 €. Menus de 15 €, sauf le dimanche
midi, à 31 €. Un *Relais du Silence*, bien
situé au bord de la rivière, niché dans un
écrin de verdure. Grande bâtisse blanche
(45 chambres), flanquée de deux tourelles
sur la droite, ce qui lui donnerait un air de
manoir, ne fut-ce la façade contemporaine à
nombreux balcons. Chambres de bon
confort, contemporaines aussi, la plupart
rénovées. Et accueil sympa d'une équipe
gérée par un tranquille patron passionné de
pétanque.

ANDUZE   30140

Carte régionale B1

🛏️ 🍴 *La Régalière* ** – **1435, route de
Saint-Jean-du-Gard (Nord)** ☎ **04-66-61-
81-93. Fax : 04-66-61-85-94.** ● **www.ot-
anduze.fr** ● Parking. TV. Resto fermé le
mercredi midi, sauf en juillet et août. Congés
annuels : du 20 novembre au 15 mars.
Accès : prendre la route de Saint-Jean-du-
Gard, c'est à 2,5 km sur la droite. Chambres
doubles avec douche et w.-c. ou bains de
50 à 55 €. Demi-pension demandée de
début juin à fin septembre. Menus de 16 à
39 €. Ancienne maison de maître dans un
vaste parc, elle abrite 12 chambres au
confort moderne et dispose d'une piscine
(couverte et chauffée hors saison !). Le
calme dans un écrin de verdure... C'est
aussi sous les ombrages que sont servies
l'été, en terrasse, les spécialités de la maison : aiguillettes de canard au miel et à la
gentiane des Cévennes, sot-l'y-laisse (eh

oui !) aux Saint-Jacques... Tous les vendredis soir, en juillet et août, soirées « resto
jazz ». Sinon, le vendredi soir hors saison,
un pianiste joue pour vous. *10 % sur le prix
de la chambre offerts à nos lecteurs sur présentation de ce guide.*

🛏️ 🍴 *La Porte des Cévennes* ** – **route
de Saint-Jean-du-Gard (Nord-Ouest)**
☎ **04-66-61-99-44. Fax : 04-66-61-73-65.**
● **www.porte-cevennes.com** ● Parking.
TV. Satellite. Resto ouvert le soir uniquement. Accès : direction Saint-Jean-du-Gard
(D907) ; l'hôtel se trouve 3 km après la sortie
d'Anduze, sur la droite. Chambres doubles
avec douche et w.-c. ou bains de 51 à
65,50 €. Menus de 16 à 29 €. Un peu à
l'écart d'Anduze, cette grande bâtisse de
construction assez récente dispose de
chambres spacieuses, sans charme époustouflant mais propres et confortables, avec
loggia. La piscine, en revanche, l'est,
époustouflante : couverte, chauffée, pha-
raonique (on exagère à peine). Fait aussi
restaurant, le soir uniquement, cuisine traditionnelle au programme. Demi-pension possible à partir de 3 jours. Une adresse fiable,
sans mauvaise surprise.

🛏️ 🍴 *Le Moulin de Corbès* – **Corbès**
☎ **04-66-61-61-83. Fax : 04-66-61-68-06.**
Parking. ⚒ Fermé le lundi et le mardi (hors
juillet-août). Accès : par la route de Saint-
Jean-du-Gard. Chambres doubles avec
douche et w.-c. ou bains de 70 à 80 €, petit
déjeuner compris. Menus de 30 à 50 €.
D'entrée, le décor est planté. On n'est pas
dans n'importe quel boui-boui. La cour, bien
entretenue, l'escalier qu'on gravit... et
même les gravillons qui crissent sous les
chaussures mettent dans l'ambiance. La
salle est jaune, ensoleillée, et les fleurs sur
chaque table ajoutent au raffinement du
décor. Dans les assiettes, une cuisine au
gré des saisons, pleine de saveurs subtiles,
de plats simples et d'alliances agréables.
Quelques incontournables : terrine de foie,
escalope de foie poêlé. Propose également
3 chambres d'hôte.

ARGELÈS-SUR-MER   66700

Carte régionale A2

🛏️ 🍴 *La Chaumière Matignon* ** – **30, av.
du Tech** ☎ **04-68-81-09-84. Fax : 04-68-
81-33-62.** ● **www.chaumiermati
gnon.com** ● Parking. TV. Satellite. Fermé le
midi en saison, le mardi midi et le jeudi hors
saison. Accès : à côté de l'office du tourisme, Argelès-Plage. Chambres doubles
de 39 à 53 € avec douche et w.-c. ou bains.
Menus de 13 à 18 €. Une grosse villa faisant en effet assez chaumière et bien située
(à 200 m de la plage). Accueil chaleureux.
1 chambre peut accueillir 4 personnes. Hon-

nête restauration, sans prétention (gambas aux pignons, anchois de Collioure, soupe de poisson, grillades...). Propose aussi quelques chambres dans la villa annexe d'un très bon rapport qualité-prix. *Apéritif maison offert à nos lecteurs sur présentation de ce guide.*

AUMONT-AUBRAC 48130

Carte régionale A1

🏠 I●I *Grand Hôtel Prouhèze* *** – 2, route du Languedoc ☎ 04-66-42-80-07. Fax : 04-66-42-87-78. ● prouheze@prou heze.com ● Parking. TV. Canal+. Fermé le dimanche soir, le lundi et le mardi midi (sauf en juillet-août). Congés annuels : du 1er novembre au 31 mars. Accès : face à la gare SNCF (300 m du centre-ville). Chambres doubles coquettes et confortables avec bains de 61 à 91 €, et une avec douche et w.-c. à 44 €, impeccable. Le midi en semaine, côté hôtel, menu à 31 €, et menus suivants de 41 à 90 €. Sinon, côté bistrot, menus à 14 et 21 €. Vous qui traversez la Lozère par l'A75, sortez donc à Aumont-Aubrac, histoire de ne pas manquer cette adresse. Vous ne devriez pas le regretter car, vraiment, quel art et quel métier à la table de Guy Prouhèze ! Les saveurs magnifiées des asperges ou du mousseron, de tout ce qu'on voudra de frais et bon, il vous les sert en des recettes harmonieuses et subtiles, jouissives. Excellente cave, riche de grands crus mais aussi de vins de table du feu de Dieu. On déguste tout ça dans le cadre reposant d'une vaste salle éclatante de couleurs, dans l'hôtel même. À moins que vous ne craquiez pour le joli bistrot de campagne *Le Compostelle*, ouvert tout à côté, au décor et aux plats réconfortants. La proximité de l'autoroute, en allégeant le trafic de la nationale, a rendu l'hôtel incontournable. Les chambres sont parfois petites, mais calmes.

🏠 I●I *Chez Camillou* – 10, av. du Languedoc ☎ 04-66-42-80-22. Parking. TV. Ouvert de début avril to début novembre. Chambres doubles à 55 €. Menus de 16 à 41 €. Quatrième ou cinquième génération ? Après tout, l'essentiel n'est pas là, ni dans les chambres certes bien équipées de cette grande maison, ni dans la piscine en forme de cœur, ni même dans le décor un poil impressionnant du restaurant, mais dans la cuisine réalisée par Cyril Attrazic, une merveille de justesse, de saveurs, d'équilibre et d'inventivité. Suivez vos envies et vos conseils de Madame, laissez-vous aller au plaisir de la découverte d'un futur grand, vous ne le regretterez pas. Magnifiques desserts. Service très souriant. *NOUVEAUTÉ.*

DANS LES ENVIRONS

JAVOLS 48130 (7 km SE)

🏠 I●I *Auberge Le Régimbal* ☎ 04-66-42-89-87. Parking. Accès : par la D50. Chambres doubles en demi-pension uniquement, à 44 € par personne. Dominant ce qui fut l'ancienne capitale gallo-romaine du Gévaudan pendant huit siècles, l'auberge est un établissement neuf construit par les Mazet, qui ont réalisé là huit chambres de bon confort, où l'on dort du sommeil du juste. Toutes donnent sur le village de Javols et les collines qui l'entourent, site exceptionnel où sont entreprises d'importantes fouilles archéologiques (exposition à la mairie, en été). Comme vous le dira la patronne, vous êtes ici en territoire « gabale », du nom de la peuplade gauloise qui aurait implanté là son chef-lieu, donnant ensuite des idées aux Romains, pas fous. Cuisine de terroir servie dans la salle à manger, près de la cheminée en granit. *NOUVEAUTÉ.*

FAU-DE-PEYRE 48130 (10 km NO)

🏠 I●I *Hôtel-restaurant Boucharinc-Tichit, Del Faou* ** – ☎ 04-66-31-11-00. Fax : 04-66-31-30-00. Parking. TV. Fermé le dimanche soir hors saison. Congés annuels : du 20 décembre au 6 janvier. Accès : prendre la D50 depuis Aumont-Aubrac. Chambres doubles à 39 €. Demi-pension à 39 € par personne. 3 menus très copieux de 10 à 19 €. Dans ce vieux village de l'Aubrac, *faou*, en patois, signifie arbre. C'est qu'il y en a, des arbres, aux alentours de cette auberge où l'on vous sert une excellente et copieuse cuisine familiale à prix réduits. Et dans ce bout du monde, on se bouscule littéralement pour goûter les cuisses de grenouilles ou les *manouls* (tripes et ventre d'agneau en paquets). Accueil spontané et chaleureux des maîtresses de maison. À proximité, un bâtiment récent abrite des chambres impeccables, avec tout le confort. Une cure assurée de bien-être dans l'une de nos meilleures adresses de l'Aubrac. *Apéritif maison offert à nos lecteurs sur présentation de ce guide.*

BANYULS-SUR-MER 66650

Carte régionale A2

🏠 *Villa Miramar* ** – rue Lacaze-Duthiers ☎ 04-68-88-33-85. Fax : 04-68-66-88-63. ● www.villa-miramar.fr.st ● Parking. TV. Satellite. ♨ Congés annuels : du 15 octobre au 30 mars. Accès : à 200 m de la plage, à 400 m du centre-ville. Chambres doubles avec douche et w.-c. ou bains de 43 à 59 €. Sur les hauteurs, un peu à l'écart

LANGUEDOC-ROUSSILLON

du village. Un hôtel plein de charme, très arboré et fleuri, et calme, avec piscine. Déco foisonnante d'objets asiatiques, thaïs notamment, et chambres douillettes au confort moderne (mini-bar, téléphone). Bungalows plus simples, mais toujours avec salle de bains et w.-c. Accueil et atmosphère bien cool, hamacs dans un coin. Une bonne adresse vraiment, à prix raisonnables, même en prenant la suite à 150 € avec sa terrasse, son jacuzzi et son lit géant... *10 % sur le prix de la chambre (en avril) offerts à nos lecteurs sur présentation de ce guide.*

BARJAC 30430

Carte régionale B1

🏠 |●| *Hôtel-restaurant Le Mas du Terme* *** – **route de Bagnols-sur-Cèze** ☎ 04-66-24-56-31. Fax : 04-66-24-58-54. ● www.mas-du-terme.com ● Cartes de paiement refusées. Parking. TV. ⚒. Restaurant fermé parfois hors saison : mieux vaut téléphoner avant. Congés annuels : de novembre à mars. Accès : à 3 km du village, au cœur du vignoble des Côtes du Vivarais. Chambres doubles avec douche et w.-c. ou bains de 60 à 92 € suivant la saison. Menu demi-pension à 26 €. Une magnanerie du XVIIIᵉ siècle, au cœur d'une belle nature. Jolie maison que, du salon voûté aux chambres (coquettes !) en passant par le patio, ses propriétaires ont aménagée avec goût et dans le style du pays. Restaurant pas mal du tout. Menu avec des spécialités bien tournées : escabèche de filets de rougets à la provençale, tournedos de cabillaud à la tapenade d'olives noires, carré d'agneau farci à la fleur de sel, etc. Piscine, bienvenue les jours de grosse chaleur. Une étape agréable.

BEAUCAIRE 30300

Carte régionale B1

🏠 |●| *Hôtel-restaurant Le Robinson* ** – **route de Remoulins (Nord-Ouest)** ☎ 04-66-59-21-32. Fax : 04-66-59-00-03. ● contact@hotel-robinson.fr ● Parking. TV. Canal+. Satellite. ⚒. Accès : à la sortie de Beaucaire direction Remoulins, fléché. Chambres doubles avec douche et w.-c. ou bains de 58 à 75 €. Menus de 12,20 à 33 €. Fondante et goûteuse, accompagnée de riz local, la gardiane de toro est la spécialité de la maison. La grande salle à manger, lumineuse, aux larges baies vitrées donnant sur le parc arboré, le service féminin diligent, le bon vin de pays – costières-de-nîmes – et pour finir la crème catalane (sans parler de l'entrée : saucisson d'âne et cochonnailles de qualité) : quel bon moment nous avons

eu là ! C'était un « menu du terroir ». Chambres coquettes, confortables et climatisées. Accueil souriant et ambiance familiale. Une bonne adresse donc, un peu à l'écart de Beaucaire, très au calme, avec piscine et tennis.

|●| *L'Ail Heure* – **pl. Raimond-VII (Centre)** ☎ 04-66-59-67-75. Fermé le samedi midi et le dimanche soir. Menus de 14 à 36 €. Chaises et tables en fer forgé, peintures et œuvres d'art sur les murs, cette petite salle décorée avec goût et originalité est à l'image du chef, un homme jovial et très talentueux. Il a travaillé dans de grandes maisons avant de revenir dans sa ville natale. Sa cuisine est proprement exquise, tout en étant inventive, et servie avec attention. Bon rapport qualité-prix. Une adresse en or ! *NOUVEAUTÉ.*

BÉZIERS 34500

Carte régionale A2

🏠 *Le Champ-de-Mars* ** – **17, rue de Metz (Centre)** ☎ 04-67-28-35-53. Fax : 04-67-28-61-42. Parking payant. TV. Congés annuels du 7 au 15 janvier. Accès : près de la place du 14-Juillet. Chambres doubles de 30,40 à 42,60 €. Tarifs majorés de 10 % en juillet-août. Dans une rue très calme, un petit immeuble entièrement rénové à la façade couverte de géraniums. Chambres crépies, absolument impeccables, donnant sur un jardin. Nouvelle literie. Patron jovial qui n'hésitera pas à vous parler de sa ville et du Biterrois. Le meilleur rapport qualité-prix de la ville.

|●| *Le Grilladin, Le Carnivore et Le Pêcheur* – **21, rue Française (Nord-Ouest)** ☎ 04-67-49-09-45. Fermé le dimanche et le lundi. Congés annuels : 1ʳᵉ semaine de janvier et du 21 décembre au 5 janvier. Accès : par la rue de la République. Menus de 11 à 23 €. Une enseigne plutôt bien trouvée, et une cour rafraîchissante au charme fou ont fait beaucoup pour la réputation de ce resto. Un lieu où l'on peut, sans se gêner, arriver avec « le ventre qui gargouille » ou « l'estomac dans les talons », et le dire haut et fort pour qu'aussitôt soit prise la commande correspondant, en fait, à un de ces deux noms de menus, pour ne citer qu'eux. Beau mobilier en fer forgé pour un dîner chaleureux autour de l'olivier, dans la cour, ou dans la salle, meublée et aménagée aux couleurs du temps. Cuisine très correcte, très terre-mer, comme on peut s'en douter. *Café offert à nos lecteurs sur présentation de ce guide.*

|●| *Le Cep d'Or* – **7, rue Viennet (Centre)** ☎ 04-67-49-28-09. Fermé le dimanche soir et le lundi hors saison ; uniquement le lundi midi en saison. Congés annuels : 2ᵉ quinzaine de novembre. Accès : derrière l'hôtel de ville, entre la place des Troix-Six et la

cathédrale Saint-Nazaire. Formule à 9,50 €. Menus de 15 à 25 €. Une bonne vieille adresse qui revient en force, selon les habitués. Ne vous fiez pas au nom ni au cadre très bistrot, ce n'est pas une cuisine de bonne « mère », à l'ancienne, qui vous attend ici, mais une bonne cuisine de la mer, tout simplement. On se régale avec la bourride de lotte ou une simple assiette de poissons vapeur servis avec une petite soupe d'ail que d'autres appelleraient aïoli. Accueil charmant et souriant du jeune patron. Petite terrasse.

I●I *L'Ambassade* – **22, bd de Verdun (Centre) ☎ 04-67-76-06-24.** Fermé le dimanche et le lundi. Accès : face à la gare SNCF. Menu en semaine à 24 €, menus suivants de 31 à 68 €. Vaste salle aux murs couverts de boiserie, au look assez moderne. Patrick Olry est un grand chef, retenez son nom. Une carte évolutive, qui respecte les saisons et les produits, bien dans l'air du temps, une cuisine qui vous en met plein la vue, plein le nez, mais pas plein la bouche, ce qui est plutôt bon signe. Et les fromages, hein, les fromages ! Desserts à la hauteur, c'est-à-dire au sommet. Bravo, monsieur. Avec ça, un service en costard croisé noir, pas guindé pour autant, au contraire, ce lieu est super classe. Bref, à *L'Ambassade*, on a tout aimé, même l'addition.

DANS LES ENVIRONS

MARAUSSAN 34370 (7,5 km NO)

I●I *Le Parfum des Garrigues* – **37, av. de la Poste ☎ 04-67-90-33-76.** Fermé les mardi et mercredi, à la Toussaint et le Mardi gras. Accès : sur la D14. Menus de 16,77 à 53,36 €. C'est devenu une des grandes tables du coin, depuis que Jean-Luc Santuré a quitté Béziers et un restaurant que l'on aimait beaucoup, naguère, pour ouvrir ce lieu où tout le monde se sent bien, à commencer par lui et les clients, ce qui est l'essentiel. Sa cuisine, maligne, odorante, est un véritable tour de force régional, pour le plus grand bonheur des sens. Pas un jardin, mais une garrigue, on préfère... *Digestif maison offert à nos lecteurs sur présentation de ce guide.*

SERVIAN 34290 (10 km NE)

🏠 I●I *Château Laroque* – **N9 ☎ 04-67-39-18-28. Fax : 04-67-32-44-28. ● tbrail lon@hotmail.com ●** Parking. Accès : à 4 km de Servian, sur la N9, à mi-chemin de Pézenas et Béziers. Chambres doubles à 81 € avec le petit déjeuner. Et quel petit déjeuner ! Copieux, servi avec gentillesse, avec œuf à la coque ou omelette, charcuterie ou fromage. Compter entre 16,01 et 32,01 €,

selon les produits, côté resto. La famille Braillon vient de Belgique, ce qui n'explique pas tout, certes, mais il fallait être téméraire au départ pour racheter cette ruine au bord de la route, entourée d'un grand parc de 3 ha, dont personne ne voulait. Ils ont tout reconstruit, ont aménagé ça à leur façon (du rococo-rigolo parfois), ont planté des arbres, installé une piscine de rêve. Leur formule est hors normes, ce n'est ni un hôtel ni une maison d'hôte, mais leur maison, simplement, avec un bar à l'entrée pour donner le ton, et, côté resto, une cuisine de qualité, à prix souvent doux. Beaucoup de flamants (roses, mais seulement au bar) pour la note exotique. Seul point noir : il faut espérer que, une fois l'autoroute ouverte jusqu'à Béziers, la N9 sera moins passante...

NISSAN-LEZ-ENSERUNE 34440 (11 km SO)

🏠 *Hôtel Résidence* ** – **35, av. de la Cave (Centre) ☎ 04-67-37-00-63. Fax : 04-67-37-68-63.● www.hotel-residence.com ●** Parking payant. TV. Canal+. Resto fermé le midi, ouvert le soir pour les résidents uniquement. Congés annuels : en janvier. Accès : par la N9. Chambres doubles autour de 50 €. Possibilité de demi-pension à 42 € par personne. Une belle maison à façade jaune et provinciale au charme ancien, dans un bon gros village de l'arrière-pays biterrois. Pour une nuit ou pour une semaine, dans les deux cas, c'est une bonne adresse. Ambiance fleurie, reposante et nonchalante. Quelques chambres récentes ont été aménagées dans une annexe au fond du jardin. On a été séduit aussi par le côté balzacien de cette demeure et le calme absolu qui règne ici. *Café offert à nos lecteurs sur présentation de ce guide.*

MAGALAS 34480 (22 km N)

I●I *The Boucherie of Magalas* – **pl. de l'Église ☎ 04-67-36-20-82.** Fermé le dimanche et le lundi. Accès : prendre la D909 en direction de Bédarieux, puis à droite à une vingtaine de kilomètres. Menus à 15 et 20 €. Une vraie boucherie avec un vrai boucher dedans, banal direz-vous, oui mais ici nous sommes aussi dans un bon restaurant. Voisinant l'étal, deux salles un peu kitsch, nappes vives et déco de brocante, et terrasse sur la place du village typique. Tapas du marché, « charcutaille », plats mijotés, tartare préparé devant vous et super carpaccio, on se régale. Les amateurs prendront des tripes maison, les fameuses « tripes Allaire », du nom du patron qui ne manque pas d'humour. Blues ou jazz en fond sonore, et, pour que ce soit parfait, bons crus du pays. Réservation recommandée.

LANGUEDOC-ROUSSILLON

CARCASSONNE 11000

Carte régionale A2

🛏 |●| *Auberge de jeunesse* – rue du Vicomte-Trencavel (Centre) ☎ 04-68-25-23-16. Fax : 04-68-71-14-84. ● www.fuaj.org ● Accueil 24 h/24. Congés annuels : du 15 décembre au 1er février. Accès : dans la cité médiévale. 12,70 € la nuit, petit déjeuner compris. Draps disponibles sur place : 2,70 €. Menu à 8 €. Belle AJ, bien tenue, en plein cœur d'un lieu hautement historique. 120 lits répartis dans des chambres de 4 à 6 personnes. Adhésion obligatoire. Snackbar où il est possible de se restaurer en haute saison. Foyer avec cheminée, cuisine, bar, salle TV, jardin intérieur. Excursions : pays cathare, montagne Noire, littoral audois... Réservation souhaitée.

🛏 *Hôtel Terminus* ** – 2, av. du Maréchal-Joffre (Nord) ☎ 04-68-25-25-00. Fax : 04-68-72-53-09. Parking payant. TV. Satellite. Ouvert 24 h/24. Congés annuels : du 1er novembre au 1er mars. Accès : près de la gare. 69 € la chambre double avec douche et w.-c., 80 € avec bains. Petit déjeuner à 8 €. Immense palace Belle Époque. Le hall classé « Beaux Arts » vaut à lui seul le déplacement, avec sa porte à tambour des années 1930, ses moulures, sa double cage d'escalier, son vieux carrelage et son bar étincelant. Une centaine de chambres à des prix étonnants pour la splendeur des lieux. Rénovées, elles restent néanmoins coquettes et confortables. L'ambiance demeure celle des grands hôtels de province, même si ce n'est plus l'euphorie des Années Folles. Accueil souriant et très bon petit déjeuner-buffet. Garage clos payant.

🛏 *Hôtel Le Donjon-Les Remparts* *** – 2, rue du Comte-Roger (Sud) ☎ 04-68-11-23-00. Fax : 04-68-25-06-60. ● www.bestwestern-donjon.com ● Cartes de paiement refusées. Parking payant. TV. Canal+. 🍴 Accès : au cœur de la cité médiévale. Chambres doubles avec douche et w.-c. ou bains de 78 à 105 €, selon le confort et la saison. Petit déjeuner-buffet à 9,15 €, servi en chambre également. La totale : maison médiévale, poutres superbes, luxe bourgeois, confort moderne, insonorisation, climatisation, bar, salons, bla-bla-bla. Les hommes d'affaires y trouvent bien sûr leur bonheur. La patronne est fière de son hôtel, notamment du rez-de-chaussée du XIVe siècle et de l'escalier très rare. L'endroit est très fréquenté par les Américains. Belles chambres refaites, telles celles de l'annexe voisine, à l'*hôtel des Remparts* (même direction, mêmes coordonnées). Garage permettant l'accès en voiture au cœur de la cité.

|●| *Le Saint-Jean* – 1, pl. Saint-Jean ☎ 04-68-47-42-43. 🍴 Fermé le mercredi d'octobre à juin. Congés annuels : en janvier. Accès : dans la cité. Menus à 10 €, le midi, puis de 14 à 20 €. Sans le précieux courrier de nos lecteurs, nous serions peut-être passés à côté. Encouragés par la rumeur locale, nous avons poussé nos pas jusqu'au *Saint-Jean*. Résultat, nous avons « découvert » une adresse parfaite ! À côté du château, une jolie maison, sur une jolie place, avec une non moins jolie terrasse sur les remparts (avec quand même quelques voitures, ce qui est un comble en cité médiévale !). La cuisine, bien qu'exquise et légère, colle parfaitement à son terroir dont elle a tous les accents : faux-filet sauce cèpe, sabayon de brandade de morue, filets de rougets aux légumes nouveaux sur toast à la tapenade et, bien sûr, cassoulet (attention, excepté le cassoulet, les menus changent plusieurs fois par an) ! Un rapport qualité-prix imbattable et un coup de cœur en ville close. *Un kir offert aux lecteurs sur présentation de ce guide.*

|●| *Restaurant Chez Fred* – 86, rue Albert-Tomey, et 31, bd Omer-Sarrant (Centre) ☎ 04-68-72-02-23. 🍴 Fermé le samedi midi. Congés annuels : il vaut mieux téléphoner avant. Accès : en face du jardin des Plantes. Formule le midi en semaine (sauf les jours fériés) à 11,50 €, menus de 17,50 à 26,50 €. Menu-enfants à 8 €. Une adresse agréable au décor feutré. Fauteuils en rotin, murs lie-de-vin et prune créent un ensemble de bon goût. Frédéric Coste prépare une cuisine moderne, inspirée par son terroir et pleine de sincérité (parillade de poisson, cassoulet languedocien, *zarzuela*). La carte est renouvelée trois fois par an. Un endroit discret pour amoureux transis ou routards gourmets ! Très agréable patio-terrasse. Salle climatisée, terrasse ombragée. *Une sangria offerte à nos lecteurs sur présentation de ce guide.*

|●| *L'Auberge de Dame Carcas* – 3, pl. du Château (Sud-Est) ☎ 04-68-71-23-23. Fermé le lundi toute la journée. Congés annuels : en janvier. Accès : dans la cité médiévale. « Menu régional » à 13,50 €, menu suivant à 23 €. De la place pour tout le monde : en terrasse, à l'étage ou dans la vieille cave voûtée. Un cadre rustique bien étudié, une cuisine ouverte sur la salle à manger et une cloche qui tinte pour dire merci ! Menus et plats presque bon marché vu la qualité de la cuisine et la situation éminemment touristique. Bon « menu régional » et bonnes recettes au feu de bois, comme le cochon de lait au miel des Corbières ou le cassoulet maison. Un signe qui ne trompe pas : quand les cuistots se mettent à table après le service, c'est pour parler... cuisine !

Et ils font leur propre pain pendant que vous dînez... Enfin, vins régionaux à prix très doux. *Un kir offert à nos lecteurs sur présentation de ce guide.*

I●I *Restaurant Gil, Le Steak House* – **32, route Minervoise** ☎ **04-68-47-85-23.** Fermé le dimanche et le lundi. Congés annuels : en août. Accès : ville basse. Menus de 17 à 33 €. On descend quelques marches pour accéder à la salle, pas très grande, de ce surprenant restaurant. Surprenant car avec un nom pareil, *Steak House*, on s'attend à y trouver de la viande, du steak, alors qu'il s'agit avant tout d'une très bonne table maritime. Loup, rouget, sole ou saumon y sont de première fraîcheur, tout comme les huîtres, moules ou supions. Spécialités de *parillada* avec toutes sortes de poissons grillés *a la plancha* et au dessert, une bonne crème catalane. Service affable de madame. *Apéritif maison offert à nos lecteurs sur présentation de ce guide.*

I●I *Le Comte Roger* – **14, rue Saint-Louis (Centre)** ☎ **04-68-11-93-40.** Fermé le dimanche hors saison. Congés annuels : de fin janvier à début février. Accès : dans la cité. Menus de 21,50 €, le midi en semaine, à 33 €. Pierre Mesa, chez qui on se régalait déjà au *Château*, a repris le restaurant que tenait son père il y a quelques années. Alors, on l'a suivi... On change de rue, on change de cadre, mais on ne change ni l'équipe, ni le menu, ni l'esprit, et c'est ça qui compte ! Parce qu'on l'aimait bien ce petit truc qui faisait toute la différence... À commencer par l'accueil, chaleureux et sincère. Et puis une carte qui fait la part belle aux produits locaux et aux recettes du terroir, avec des vins régionaux et autres. Cuisine fraîche et enlevée, aux saveurs du Languedoc (cassoulet aux deux confits, petites seiches *a la plancha* crème de morue persillée, loup cannellions de légumes au beurre blanc). Le cadre, très contemporain, est très agréable, même si la salle est un peu bruyante. Mais vous lui préférerez, sans doute, la jolie terrasse abritée. Un très bon rapport qualité-prix.

DANS LES ENVIRONS

CAVANAC 11570 (4 km S)

🏠 I●I *Château de Cavanac* ★★★ ☎ **04-68-79-61-04. Fax : 04-68-79-79-67.** Parking. TV. Satellite. 🐕 Restaurant fermé le lundi. Repas uniquement le soir et le dimanche midi. Congés annuels : en janvier et février. Accès : par la D104, en direction de Saint-Hilaire. Chambres doubles de 62 à 76 € avec douche, et de 77 à 146 € avec bains, selon la taille et la saison. Menu unique à 36 € tout compris. Carte pour les clients de

l'hôtel. C'est plutôt une grosse ferme bourgeoise, dans le joli jardin d'un petit village tranquille. 28 chambres, toutes différentes, avec meubles de style, tissus chatoyants et lits à baldaquin. Ni vieillotte, ni rustique, la déco, chargée juste ce qu'il faut, a su rester élégante. L'endroit est aussi apprécié pour son resto, installé dans d'anciennes écuries. Reste une joyeuse atmosphère champêtre, de belles mangeoires et quelques outils traditionnels accrochés au mur. Menu unique mais délicieux ! Apéritif, vin et pain inclus (et faits maison). Vous pourrez y déguster un demi-homard sur lit de verdure ou du foie gras à l'armagnac sur glace, des escargots petits-gris à la carcassonnaise ou le méli-mélo de la mer, des aiguillettes de magret de canard ou un baron d'agneau au four à bois... Sinon, tennis, piscine, salle de gym, sauna. Voilà une formidable auberge, non ? *Apéritif maison offert à nos lecteurs sur présentation de ce guide.*

ROQUEFÈRE 11380 (22 km N)

I●I *Le Sire de Cabaret* ☎ **04-68-26-31-89.** Fermé le mercredi et le dimanche soir sauf en juillet-août, et le soir en semaine de décembre à Pâques. Congés annuels : en novembre. Accès : route de Mazamet, puis direction Conques et tout droit jusqu'à Roquefère par la D101. Menus à 12 €, vin compris, servi le midi sauf le dimanche, et de 16 à 29 €. Une magnifique maison dans un joli village perdu au milieu de la montagne Noire et du Cabardès. La salle de pierre et de bois, avec son imposante cheminée, annonce tout de suite la couleur. Alors, sans trop hésiter, on s'assoit et on commande une assiette de charcuterie, un petit plat et une assiette de fromages... Et puis là, surprises : la bouteille de vin arrive sur la table, l'assiette de charcuterie est en fait une grosse potence où pendent différents saucissons, au-dessus des terrines et autres jambons, le tout de qualité artisanale et proposé à volonté bien sûr; pendant ce temps-là, votre énorme entrecôte (persillée et tendre comme il faut) grille dans la cheminée, et puis rebelote, l'assiette de fromages offre un large choix de chèvres, à déguster avec du miel... C'est copieux, c'est bon, c'est sympa, c'est une vraie adresse routard et c'est notre coup de cœur.

CASTELNAUDARY 11400

Carte régionale A2

🏠 I●I *Hôtel du Centre et du Lauragais* ★★ – **31, cours de la République (Centre)** ☎ **04-68-23-25-95. Fax : 04-68-94-01-66.** TV. Congés annuels : en janvier. Chambres doubles à 30,49 € avec lavabo, à 36,59 € avec douche et w.-c., et à 40 € avec bains. Menus de 16,50 à 46 €. À l'intérieur d'une massive maison bourgeoise, des chambres propres, très bien tenues, confortables et donnant sur la place principale de la ville. La table est bonne, l'une des meilleures en ville. Cuisine traditionnelle servie dans un cadre assez cossu. Assiette de saumon cru mariné, cassoulet (évidemment !), foie gras, magret de canard aux morilles, pigeonneau aux cèpes. Accueil un peu distant mais service irréprochable.

▣ *Hôtel du Canal* ** – *2 ter*, **av. Arnaut-Vidal** ☎ **04-68-94-05-05. Fax : 04-68-94-05-06.** Parking. TV. Satellite. ⚒ Ouvert toute l'année. Accès : à 500 m du centre-ville. 38 chambres doubles avec douche et w.-c. ou bains de 42 à 50 €. Hôtel de construction récente, au bord du canal du Midi (accès à la promenade). Les chambres sont modernes, spacieuses et bien tenues. Accueil souriant. Une bonne adresse à Castelnaudary, sans mauvaise surprise. *Un petit déjeuner par chambre offert à nos lecteurs sur présentation de ce guide.*

CAUNES-MINERVOIS   11160

Carte régionale A2

▣ ▐●▌ *Hôtel-restaurant d'Alibert* ** – **pl. de la Mairie (Centre)** ☎ **04-68-78-00-54.** ● frederic.dalibert@wanadoo.fr ● Parking. Fermé le dimanche soir et le lundi. Accès : prendre la D11 pendant 6 km, puis à droite la D620 vers Cannes à 2,5 km. Chambres doubles de 46 à 76 € selon le confort et la saison. Menus à 20 €. Perdu au cœur des ruelles d'un petit village du Minervois, la maison semble tout droit sortie de son XVIᵉ siècle. M. et Mme Guiraud veillent depuis de longues années sur cette perle, avec amour et gentillesse. 8 chambres seulement, bien entretenues et agréables. La salle de resto n'a rien à envier au reste de la maison. Assez chic, rustique dans le sens le plus noble du terme, la cheminée réchauffe l'atmosphère les jours de frimas. Cuisine du terroir réalisée avec beaucoup de sincérité et de savoir-faire. Loin du stress et des ennuis quotidiens, on repart d'ici serein... et riche de bons conseils en vins, que le patron, grand amateur et connaisseur des crus locaux, prodigue avec plaisir. *Apéritif maison offert à nos lecteurs sur présentation de ce guide.*

CÉRET   66400

Carte régionale A2

▣ ▐●▌ *Hôtel-restaurant Vidal* – **4, pl. Soutine (Centre)** ☎ **04-68-87-00-85. Fax : 04-68-87-62-33.** TV. Fermé le mercredi. Congés annuels : en novembre et en février.

Dans le centre, entre la mairie et la place Picasso. Chambres doubles de 28 à 36 €. Formule à 13 €. Menus de 21 à 27 €. Ancienne résidence épiscopale datant de 1735, classée Monument historique. Elle a un charme fou avec sa belle façade sculptée. Chambres assez spacieuses et de bon confort, propres. Les jeunes proprios sont du village, dont ils connaissent bien les secrets. Ils viennent d'ouvrir au rez-de-chaussée un fast-food catalan avec des petits plats à 2 ou 3 €, tout en assurant la continuité du restaurant catalan dans la salle à manger de l'évêque aux parquets bien cirés... *NOUVEAUTÉ.*

CHÂTEAUNEUF-DE-RANDON   48170

Carte régionale B1

▣ ▐●▌ *Hôtel de la Poste* ** – **L'Habitarelle** ☎ **04-66-47-90-05. Fax : 04-66-47-91-41.** ● www.hoteldelaposte48.com ● Cartes de paiement refusées. Parking. TV. ⚒ Fermé le vendredi soir et le samedi midi. Congés annuels : entre Noël et le Jour de l'An, et à la Toussaint. Accès : sur la N88, à côté du mausolée Du Guesclin. Chambres doubles à 43 €. Menus de 14 à 28 €. La maison a beau se trouver en bordure de nationale, aucun risque d'être dérangé. La plupart des chambres donnent sur la campagne, toutes sont modernes et rigoureusement propres. La grande salle de restaurant, aménagée dans une ancienne grange, a gardé son cachet rustique. José Laurens concocte une cuisine savoureuse dans la grande tradition du terroir lozérien, rehaussée par une jolie carte des vins. *10 % sur le prix de la chambre (hors saison, à partir de la 2ᵉ nuit) offerts à nos lecteurs sur présentation de ce guide.*

COLLIOURE   66190

Carte régionale A2

▣ ▐●▌ *Hostellerie des Templiers* ** – **av. Camille-Pelletan (Centre)** ☎ **04-68-98-31-10. Fax : 04-68-98-01-24.** ● www.hotel-templiers.com ● TV. Fermé le jeudi. Resto ouvert uniquement le week-end en février et mars, fermé le mardi en janvier et le reste de l'année. Congés annuels : en janvier. Accès : face au château. Chambres doubles de 38 à 57 € avec douche et w.-c. et de 50 à 66 € avec bains. Menu à 20 € ; compter 27 € à la carte. René Pous, le père de l'actuel patron, a reçu ici ses amis peintres et sculpteurs, se faisant remercier pour le gîte et le couvert par une toile ou un dessin. Parmi ses nombreux invités, Matisse, Maillol, Dalí, Picasso et Dufy ! Son fils, amateur d'art aussi, a continué la collection. Résultat, des toiles partout, dans les couloirs, les chambres, la salle à manger. Mais avis aux cambrioleurs : ne vous dérangez pas pour rien, les tableaux les plus chers ne sont plus ici. Les chambres, pour la plupart, sont agréables avec leurs lits en bois peints, leurs chaises rustiques et leurs tableaux colorés. L'accueil par contre est parfois stressé et il est impossible d'accéder en voiture à l'hôtel (rue piétonne). Fait aussi restaurant, terrasse sur le port ou salle ornée de tableaux abstraits. À noter : gère également d'autres hôtels à Collioure, des annexes si l'on veut, de moindre confort (un lecteur s'en est plaint) mais à moindre prix aussi. À vous de voir !

🛏 *Les Caranques* ** – **route de Port-Vendres** ☎ 04-68-82-06-68. Fax : 04-68-82-00-92. ● **les-caranques@little-france.com** ● Parking. Congés annuels : du 15 octobre au 1er avril. Accès : à 300 m du centre-ville et de la plage. Chambres doubles avec lavabo à 40 € ; avec douche et w.-c. ou bains de 62 à 70 €. Petit déjeuner à 7 €. Rien que pour sa vue magique sur Collioure, cet hôtel, situé directement sur la mer et dominant le port d'Avall, vaut la nuitée. Les chambres très calmes, toutes avec vue sur mer et une loggia, bien nettes. Terrasses pour s'offrir des bains de soleil et accès privé à la mer en contrebas. Pas de plage mais de gros rochers aménagés.

🛏 ❙●❙ *Le Mas des Citronniers* – 22, av. de la République (Centre) ☎ 04-68-82-04-82. Fax : 04-68-82-52-10. ● **www.roussilhotel.com** ● TV. Satellite. Congés annuels : du 11 novembre au 1er mars. Chambres doubles de 44 à 78 €. Demi-pension possible, de 45 à 62 € par personne. Menus à 21 et 24 €. Belle grande villa des années 1930, avec à l'intérieur un large escalier à rampe Art déco. Chambres de bon confort, avec salle de bains, TV et climatisation, bien tenues. Quelques chambres triples et familiales. Celles de l'annexe, plus récente, ont soit une terrasse en rez-de-jardin, délimitée par une haie de cyprès, soit un large balcon, vue sur jardin. Assez calme pour le centre-ville. Bon accueil.

🛏 ❙●❙ *L'Arapède – Restaurant La Farigole* – **route de Port-Vendres** ☎ 04-68-98-09-59. Fax : 04-68-98-30-90. Parking. TV. ♿ Resto fermé tous les midis sauf week-ends et jours fériés. Congés annuels : du 1er décembre à fin janvier. Accès : à 2 km du centre-ville sur la gauche de la route de Port-Vendres. Doubles avec bains de 59 à 100 € selon la saison. Menus à 17 €, en semaine, et de 23 à 46 €. Solidement accroché à la roche, *L'Arapède* s'offre la Méditerranée comme toile de fond. On a connu pire ! Chambres agréables et de bon confort, aux tons chauds, la plupart avec terrasse côté mer. Très chouette piscine en

contrebas. Le restaurant, *La Farigole*, dispose d'une grande salle claire et aussi de tables au bord de la piscine, dans un environnement fleuri. Très bel endroit pour une cuisine régionale digeste et ensoleillée. Accueil et service très pros. Les bémols, c'est l'éloignement du centre-ville et la position un peu proche de la route.

🛏 *Hôtel Casa Païral* *** – **impasse des Palmiers, pl. du 8-Mai-1945 (Centre)** ☎ 04-68-82-05-81. Fax : 04-68-82-52-10. ● **www.roussillhotel.com** ● Parking payant. TV. Satellite. ♿ Congés annuels : du 4 novembre au 1er avril. Chambres doubles avec douche et w.-c. de 65 à 70 € ; avec bains de 84 à 155 €. Un petit palais dans une oasis de rêve : fontaine dans un patio noyé sous la verdure, piscine chauffée, salons douillets, calme total, et tilleul centenaire dans la salle des petits déj'. Le grand luxe pour un coin de paradis ! Pas si cher que ça, car les chambres, pleines de charme, sont confortables, spacieuses et climatisées. Réserver longtemps à l'avance, surtout pour la période estivale. *10 % sur le prix de la chambre (en mars, avril et octobre hors jours fériés) offerts à nos lecteurs sur présentation de ce guide.*

❙●❙ *Le Trémail* – 1, rue Arago (Centre) ☎ 04-68-82-16-10. Fermé le lundi et le mardi hors saison. Congés annuels : en janvier. Accès : vieille ville. Menu à 20 € ; à la carte, compter 30 €. Un décor chaleureux et quelques tables en terrasse dans ce quartier animé. Au service les femmes, les hommes aux fourneaux ! Spécialités catalanes et marines. *Parilladas, mariscadas,* calmars *a la plancha* et paella maison (sur commande). C'est une des bonnes tables de la vieille ville, assurément. Arrivage quasi quotidien de merlan pêché au petit filet par un pêcheur local. Le menu en propose, avec en entrée des *boquerones* (anchois frais et pain aillé), crème catalane ou pâtisserie maison en dessert. Dommage toutefois qu'il n'y ait de vin qu'en bouteille, l'addition s'en ressent. Réservation conseillée, la salle n'est pas bien grande. *Apéritif maison offert à nos lecteurs sur présentation de ce guide.*

CUCUGNAN 11350

Carte régionale A2

🛏 ❙●❙ *L'Auberge du Vigneron* ** – 2, rue Achille-Mir ☎ 04-68-45-03-00. Fax : 04-68-45-03-08. ● **auberge.vigneron@ataraxie.fr** ● TV. Fermé le dimanche soir et le lundi hors saison, le lundi midi uniquement en juillet-août. Congés annuels : du 12 novembre au 15 février. Accès : face au théâtre Achille-Mir. Chambres doubles de 39 à 42 € avec douche et w.-c. Demi-pension de 43 à 54,88 €. Menus à 19 et 28 €. Une maison bien agréable. Cette auberge

LANGUEDOC-ROUSSILLON

offre un gîte tout mignon avec ses chambres rustiques aux pierres apparentes. En bas, dans l'ancien chai du vigneron, belle salle de resto avec des tonneaux géants, comme la cheminée. Cuisine régionale traditionnelle. Accueil pas toujours formidable.

DANS LES ENVIRONS

BUGARACH 11190 (27 km O)

|●| *L'Oustal d'al Pech* ☎ 04-68-69-87-59. ♿ Fermé le mercredi et le dimanche soir sauf les jours fériés. Réservation impérative le dimanche et en hiver. Accès : à 19 km du château de Peyrepertuse, par la superbe D14. Compter 40 mn de route. Menus de 15 à 24 €. Une petite auberge de campagne totalement perdue dans un village oublié au cachet intact. Décor rustique très agréable pour une étape gastronomique réputée. Cuisine classique, savoureuse, élaborée à partir de bons produits. Foie gras, gésiers d'oie confits, poulet fermier sauce écrevisse, civet de sanglier (toute l'année), nougat glacé sauce caramel, tout est fait maison. Resto tenu par des jeunes qui méritent tous nos éloges. *Café offert à nos lecteurs sur présentation de ce guide.*

FITOU   11510

Carte régionale A2

|●| *La Cave d'Agnès* ☎ 04-68-45-75-91. Fermé le mercredi et le jeudi midi. Congés annuels : de décembre à fin février. Accès : en haut du village. Menu à 19,60 €, et carte « retour de marché », compter 27,44 € environ. Dans une ancienne cave à vin au décor rustique simple et de bon goût, vous serez accueilli avec beaucoup de gentillesse par une Écossaise expatriée en pays cathare, section vinicole. Toujours beaucoup de monde. Forcément, c'est copieux et bon. Grand buffet de hors-d'œuvre et charcuteries du coin, morue en habit poivron rouge, loup en croûte d'olives, filet d'agneau et flanchet farci, magrets de canard grillés sur ceps de vigne, et quelques petits vins pas désagréables. En dessert, notable mousse au miel de romarin. *Apéritif maison offert à nos lecteurs sur présentation de ce guide.*

FLORAC   48400

Carte régionale B1

🛏 |●| *Hôtel des Gorges du Tarn - Restaurant l'Adonis* – 48, rue du Pêcher ☎ 04-66-45-00-63. Fax : 04-66-45-10-56. ● gorges-du-tarn.adonis@wanadoo.fr ● Parking. TV. Ouvert tous les jours de Pâques à la

Toussaint. Chambres doubles de 30 à 42 €. Menus de 16 à 32 €. Ne commencez surtout pas par fantasmer sur le nom du resto, vous seriez déçu. Par contre, si vous cherchez un endroit pour vous poser, un restaurant où vous régaler, choisissez cette maison impeccablement tenue, où l'accueil est aussi sérieux que l'assiette, où la qualité des produits et la maîtrise du chef garantissent que vous ne serez pas déçu. Chambres à l'image du reste. Très pro. *NOUVEAUTÉ.*

🛏 |●| *Grand Hôtel du Parc* *** – 47, av. Jean-Monestier (Centre) ☎ 04-66-45-03-05. Fax : 04-66-45-11-81. ● www.grandhotelduparc.fr ● Parking. TV. ♿ Resto fermé le dimanche soir et le lundi hors saison ; uniquement le lundi midi en saison. Congés annuels : de mi-novembre à mi-mars. Chambres doubles à 43 et 46 €. Demi-pension à 43 € par personne. Menus de 15 à 30 €. Sans doute le plus vieux et le plus vaste hôtel de la région. Grande maison nichée dans un parc très agréable, qui fait un peu penser à un établissement thermal. Mais il s'agit plutôt d'une gentille pension de famille où tous les âges se retrouvent dans les couloirs et au resto. 60 chambres au total, d'un bon niveau de confort. La cuisine, en revanche, est assez banale, et l'accueil parfois impersonnel.

|●| *La Source du Pêcher* – 1, rue de Remuret (Centre) ☎ 04-66-45-03-01. Cartes de paiement refusées. Fermé le mercredi sauf en juillet-août. Congés annuels : de la Toussaint à Pâques. Le midi en semaine, menus du jour à 14 €, menus suivants de 21 à 34 €. Idéalement située au cœur du vieux Florac, en bordure de rivière et d'une retenue d'où chute l'eau vive, *La Source du Pêcher* charme d'abord le regard et l'ouïe. De la terrasse, vue de carte postale sur les pans inclinés, compliqués des toitures et les architectures anciennes ; en fond, les grands monts verdoyants, et là, devant, de beaux arbres, une façade enlierrée et la musique de l'eau qui coule. À l'intérieur, une salle feutrée réaménagée. Bonnes assiettes locales (potage à l'ortie, pélardon chaud au miel des Cévennes, émincé de canard...). Venir tôt en été pour avoir de la place. Ici, on ne prend pas de réservations. Accueil mitigé. *Café offert à nos lecteurs sur présentation de ce guide.*

DANS LES ENVIRONS

SALLE-PRUNET (LA)   48400
(2 km SE)

🛏 |●| *L'Auberge Cévenole-Chez Annie* ☎ 04-66-45-11-80. TV. Fermé le dimanche soir et le lundi hors saison, excepté les jours fériés. Congés annuels : de mi-novembre à début février. Accès : par la route d'Alès.

Chambres doubles pour dépanner de 29 à 38 €. Menus de 14 à 21 €. Une vieille maison en pierre du pays, nichée au fond de la vallée de la Mimente. En été, on mange en terrasse. En hiver, on se rapproche de la cheminée. Dans cette bonne auberge de campagne, Stevenson se serait senti à son aise. On a l'impression d'être reçu dans la salle à manger de la famille. Charcuterie du pays, pélardon, salade au roquefort. Une spécialité maison : la noix de veau à la crème de cèpe. On peut aussi y dormir. Pensez à réserver, il y a souvent du monde.

COCURÈS 48400 (5 km NE)

🏠 |●| *La Lozerette* ** ☎ 04-66-45-06-04. Fax : 04-66-45-12-93. ● lalozerette@wanadoo.fr ● Parking. TV. Canal+. 🐕 Fermé le mardi (seulement le midi en juillet-août) et le mercredi midi. Repas unique le mardi soir pour les clients de l'hôtel. Congés annuels : de la Toussaint à Pâques. Accès : par la D998. Chambres doubles de 46 à 59 €. Menu en semaine à 15 €, menu suivant à 19,80 €. Sur la belle route qui monte au mont Lozère, voici un petit village tranquille et une belle affaire de famille. Eugénie, la grand-mère, y tenait déjà une auberge. Pierrette Agulhon a repris le flambeau. Clin d'œil au *Guide du routard*, le « Cévenol trotter », construit autour des spécialités de pays. Tous les menus sont élaborés pour vous faire découvrir les meilleurs vins du Languedoc, la spécialité de Pierrette qui est aussi sommelière. Imagination, bon goût et saveurs exquises au pouvoir. Pour dormir, des chambres décorées avec le même raffinement que la salle. Décor pastel, fleuri, où l'on s'aperçoit que la maîtresse de maison a le sens du détail. Bon petit déjeuner.

FONT-ROMEU 66120

Carte régionale A2

🏠 |●| *Hôtel Carlit – Restaurant La Cerdagne - Restaurant le Foc* *** – rue du Docteur-Capelle (Centre) ☎ 04-68-30-80-30. Fax : 04-68-30-80-68. ● www.carlit-hotel.fr ● TV. Congés annuels : de mi-avril à début mai, en octobre et en novembre. Accès : dans le centre de la station. Chambres doubles avec douche et w.-c. de 46 à 72 €, avec bains de 56 à 72 €. Demi-pension de 47 à 65 € par personne. Menus de 14 à 28 €. Dans ce bâtiment moderne et banal, un 3 étoiles qui se tient, à prix corrects. Service et accueil pros, et des chambres de bon confort, pas extraordinaires mais satisfaisantes, à la déco un peu criarde, années 1970-1980. Piscine et jardin privés à 50 m. Deux restos, l'un plutôt chic, *La Cerdagne*, où l'on s'est régalé d'un menu aux champignons ; l'autre, *Le Foc*, avec une formule grill pas trop chère. *10 % sur le prix de la chambre offerts à nos lecteurs sur présentation de ce guide.*

DANS LES ENVIRONS

LATOUR-DE-CAROL 66760
(17 km SO)

🏠 |●| *L'Auberge Catalane* ** – 10, av. de Puymorens ☎ 04-68-04-80-66. Fax : 04-68-04-95-25. ● www.auberge-catalane.fr ● Parking. Fermé le lundi hors vacances scolaires et le dimanche soir. Congés annuels : 15 jours en mai et du 12 novembre au 20 décembre. Accès : par la D618 puis la N20. Chambres doubles avec douche et w.-c. à 47 €. Menus de 14,50 à 27,50 €. Une bonne halte sur la route du col de Puymorens. Auberge récemment refaite à neuf, aux chambres agréables, bien insonorisées, aux tons chauds, avec douche et w.-c., les plus belles avec terrasse et TV en plus. Petite terrasse ombragée ou salle coquette pour une honnête cuisine régionale. Poulet à la catalane, *boles de picoulat*, crème catalane... Service souriant et bonne ambiance. *Apéritif maison offert à nos lecteurs sur présentation de ce guide.*

GARDE (LA) 48200

Carte régionale A1

🏠 |●| *Le Rocher Blanc* ** – le bourg ☎ 04-66-31-90-90. Fax : 04-66-31-93-67. Cartes de paiement refusées. Parking. TV. Restaurant fermé le dimanche soir et le lundi hors vacances scolaires. Congés annuels : de la Toussaint à Pâques. Accès : à 1 km de la sortie 32 de l'A75 ; le long de la rue principale. Chambres doubles de 44 à 47 €. Demi-pension en été de 43 à 48 € par personne. Menus de 16 à 34 € (le 1er n'étant pas servi le dimanche). Une bonne halte. Hôtel avec piscine, tennis. Chambres agréables, assez spacieuses et calmes. Au restaurant, nombreux menus. On est en Margeride, région belle et sauvage, et à 3 km du plus petit musée de France d'Albaret-Sainte-Marie, une curiosité. *Apéritif maison offert à nos lecteurs sur présentation de ce guide.*

DANS LES ENVIRONS

CHAULHAC 48140 (10 km N)

|●| *La Maison d'Élisa* ☎ 04-66-31-93-32. Fermé le lundi sauf en été. Accès : par la D8. Menus de 13 à 22,50 €. Comme c'est mignon ici, ce village perdu, ce hameau fleuri avec sa jolie *Maison d'Élisa* au milieu ! Ça, c'est du changement : quitter la région lilloise et ses terrils pour s'installer ici, entre rivières et bois, au soleil du Midi. Ces

LANGUEDOC-ROUSSILLON

Ch'timis l'ont fait, et tiennent aujourd'hui une auberge discrète et pleine de douceur où l'on trouve un 1er menu, vin et café compris, très honnête et bien préparé. Il change tous les jours, mais le tour de main de madame reste le même, et le service souriant de monsieur aussi. Sur commande, truffade et super aligot. *Café offert à nos lecteurs sur présentation de ce guide.*

GRAU-DU-ROI (LE)   30240

Carte régionale B2

🏠 *Hôtel Bellevue et d'Angleterre* ** – quai Colbert (Centre) ☎ 04-66-51-40-75. **Fax : 04-66-51-43-78.** TV. Congés annuels : du 21 décembre au 6 janvier. Chambres doubles à environ 30 € avec lavabo, de 45 à 56 € avec douche et w.-c. 21 chambres dans cet hôtel situé aux premières loges – entendez sur le quai le plus animé du Grau-du-Roi –, plutôt gentilles et bien tenues à ce qu'il nous a semblé. Et pas bien chères, pour le coin. Climatisation.

🍴 *Le Gafétou* – 6 bis, rue Frédéric-Mistral ☎ 04-66-51-60-99. Fermé le dimanche soir, le lundi et le mardi sauf en juillet-août. Congés annuels : en décembre et janvier. Accès : à l'extrémité de la promenade du front de mer. Menus de 11,50 à 32,50 €. Grande salle sous un vélum, à la déco franchement marine et donnant en grand sur la plage et la mer. Le décor est planté pour une cuisine uniquement à base de poisson et fruits de mer. Menus d'un joli rapport qualité-prix, produits d'une belle fraîcheur (poissons du jour pêchés par les chalutiers), accueil aimable et service impeccable. Une bonne adresse de bord de mer. *Apéritif maison ou café offert à nos lecteurs sur présentation de ce guide.*

GRUISSAN   11430

Carte régionale A2

🍴 *Le Lamparo* – 4, rue Amiral-Courbet ☎ 04-68-49-93-65. Fermé le dimanche soir et le lundi. Accès : au village, au bord de l'étang. Menus de 17 à 28 €. Un bon restaurant spécialisé dans le poisson et les crustacés, à prix raisonnables. Salle bien propre, tables rondes et nappes saumon, et quelques tables en terrasse face à l'étang (mais aussi face au parking). Redoutable 1er menu : huîtres rôties au magret de canard, filet de daurade grillé et sa tapenade d'olives, fromage puis truffé au chocolat. Rien à redire, sinon merci.

LAMALOU-LES-BAINS   34240

Carte régionale A2

🏠🍴 *Hôtel-restaurant Belleville* ** – 1, av. Charcot (Centre) ☎ 04-67-95-57-00. **Fax : 04-67-95-64-18.** ● www.hotel-belle ville.com ● Parking. TV. Canal+. ♿ Ouvert tous les jours midi et soir, toute l'année. Accès : A9 sortie Béziers est. Chambres doubles de 26 à 42 €. 4 menus de 14 à 32 €. Bonne grosse adresse de province et de ville thermale sans surprise. Maison de caractère entièrement rénovée. Bon niveau de confort. Beaucoup de chambres donnent sur un jardin. Restaurant décoré dans le style Belle Époque, avec des menus à base de produits du terroir qui vous mettront l'eau à la bouche. Pour les gens pressés (il y en a toujours), un menu express servi sous la véranda. Une excellente adresse. *Apéritif maison offert à nos lecteurs sur présentation de ce guide.*

🏠🍴 *L'Arbousier* ** – 18, rue Alphonse-Daudet (Centre) ☎ 04-67-95-63-11. **Fax : 04-67-95-67-78.** Parking. TV. Satellite. ♿ Chambres doubles de 45 à 53 €. Menus de 13,60 à 32 €. À l'abri des vieux platanes, et un peu à l'écart du centre-ville, un hôtel calme pour pensionnaires et habitués, où l'on peut faire étape une nuit sans problème, s'il y a de la place. Sinon, bonne adresse gourmande pour dîner sous les étoiles, en terrasse, ou dans sa salle à manger aménagée dans un pavillon très « début de XXe siècle ». Goûtez ici le pavé de sandre gratiné au fromage de Laguiole...

🍴 *Les Marronniers* – 8, av. de Capus ☎ 04-67-95-76-00. Fermé le dimanche soir et le lundi. Congés annuels : en janvier. Accès : à la sortie de la ville, après la mairie. Menu à 13,50 €, sauf les samedi soir, dimanche et jours fériés ; et beaux menus-carte de 16,50 à 39 €. Une petite maison qui ne paie pas de mine, en haut de la ville, mais qui abrite une des tables les plus cotées du moment en Haut-Languedoc. Une cuisine du pays revue par le talent d'un jeune chef revenu dans l'ancienne villa de ses grands-parents se faire un nom. Goûtez la roulade de queue de bœuf au foie gras, un régal. Du sérieux, jusque dans le service. Bon vin du mois au verre. Terrasse sous la tonnelle, à l'arrière. *Café offert à nos lecteurs sur présentation de ce guide.*

DANS LES ENVIRONS

VILLEMAGNE-L'ARGENTIÈRE
34600 (7 km NE)

🍴 *L'Auberge de l'Abbaye* – (Centre) ☎ 04-67-95-34-84. Fermé le lundi et le mardi. Congés annuels : du 27 décembre au 15 février. Accès : par la D908 (suivre les panneaux). Menus de 20 à 44 €. Au cœur d'un village charmant. Vieille pierre en salle et terrasse au pied d'une tour vénérable, cadre agréable pour une cuisine authentique et bien travaillée. Ambiance et service aimables.

BÉDARIEUX 34600 (8 km NE)

🏠 *Hôtel Delta* – 1, rue de Clairac ☎ 04-67-23-21-19. TV. Accès : rue perpendiculaire à l'avenue Jean-Jaurès. Chambres doubles de 26 à 32 €. Un gentil couple a transformé cette ancienne clinique en hôtel sans étoile mais aux chambres spacieuses et propres, toutes rénovées. Déco surprenante et fraîche avec d'amusants motifs égyptiens et, ici et là, des éventails chinois ; et, comme dit un client, « Votre hôtel, on s'en souviendra ! » Tarifs amicaux. Une adresse sympa.

LAURET 34270

Carte régionale B1

🏠 ▐●▐ *L'Auberge du Cèdre* – domaine de Cazeneuve ☎ 04-67-59-02-02. Fax : 04-67-59-03-44. ● welcome@auberge-du-cedre.com ● Restaurant ouvert uniquement du vendredi soir au dimanche soir. Demi-pension tous les soirs pour les résidents. Congés annuels : du 25 novembre au 15 mars. Chambres doubles de 26 à 38 €. Menu à 25 € et, pour les résidents, un autre à 13 € en semaine. Très bel endroit que cet ancien domaine viticole transformé en hôtel-restaurant-gîtes-camping (avec la piscine !). À table, une assiette du *caminaïre* (marcheur) pleine de saucisson de Lozère, de terrine au genièvre, jambon Serrano, ou encore un croustillant de saumon aux figues et au miel succulent, un gigot d'agneau à l'ail. Nombreux et bons vins du Sud, au verre si l'on veut. Une bien bonne adresse donc, dont Constance, une Allemande parmi nos lectrices, nous a écrit (avec l'accent et les fautes, adorables) : « Je sais que vous publie des belles places a France pour faire des vacances (...) C'est *L'Auberge du Cèdre*. Cette une si jolie place et pas du tout cher. Les maitres de maison sont très polie. Les diners sont gourmands... Vraiment une petite paradis dans cette région... » Si Constance nous le dit, on publie ! *Tapas offertes à nos lecteurs sur présentation de ce guide.*

LÉZIGNAN-CORBIÈRES 11200

Carte régionale A2

🏠 ▐●▐ *Hôtel Le Tassigny - Restaurant Le Tournedos* ** – rond-point-de-Lattre-de-Tassigny ☎ 04-68-27-11-51. Fax : 04-68-27-67-31. Parking payant. TV. Canal+. Resto fermé le dimanche soir et le lundi ; hôtel fermé le dimanche soir. Congés annuels : la dernière semaine de janvier, la 1re semaine de février et du 1er au 15 octobre. Accès : prendre l'avenue des Corbières, direction A9. Chambres doubles impeccables de 38 à 42 € avec bains ; les plus chères sont les moins bruyantes. Formules à 11,50 et 13 € en semaine. Menus à 16,50 et 23 €. Une bonne adresse pour passer une nuit et continuer son chemin le lendemain, sans se ruiner. Banale à l'extérieur, conviviale à l'intérieur (la salle à manger et les chambres ont été complètement refaites), la maison est connue d'abord pour son restaurant, *Le Tournedos*, fréquenté par les gens du pays. Spécialités (cassoulet, tournedos aux morilles, grillades au feu de bois, poissons *a la plancha*) copieuses du chef, Pierre, qui n'est ni maigre ni triste. *Café offert à nos lecteurs sur présentation de ce guide.*

DANS LES ENVIRONS

ESCALES 11200 (7 km NO)

▐●▐ *Les Dinedourelles* – impasse des Pins ☎ 04-68-27-68-33. Fermé tous les midis ainsi que les lundi, mardi et mercredi soir de mars à juin et de septembre à octobre ; fermé tous les midis uniquement en juillet-août. Congés annuels : de début novembre à fin février. Accès : de Lézignan, route d'Olonzac sur 2 km (D611), puis à gauche la D127 ; en haut du village. 1 menu à 23 € variant selon les saisons avec 3 choix. Compter 26 € à la carte. Un bon esprit anime cette jeune adresse au cadre insolite et plaisant, où l'on peut s'attabler dans un foudre, tonneau de 10 000 litres (6 personnes), ou, si l'on préfère, en amoureux sur une charrette (2 personnes). Chouette terrasse également, sous les pins, avec panorama sur la montagne Noire. Cuisine généreuse et originale (escalopine de foie gras poêlé au maury et à la réglisse, raviole de céleri-rave farcie au chèvre et coulis d'olives noires...). Hors saison, le vendredi soir 2 ou 3 fois par mois, soirée spectacle : chanson française, jazz, contes, théâtre... Et très prochainement, vous pourrez dormir sur place après votre bon repas. *Digestif maison offert à nos lecteurs sur présentation de ce guide.*

FABREZAN 11200 (9 km SO)

🏠 ▐●▐ *Le Clos des Souquets* – av. de Lagrasse ☎ 04-68-43-52-61. Fax : 04-68-43-56-76. ● clossouquets@infonie.fr ● Parking. TV. Fermé le dimanche toute la journée. Congés annuels : du 11 novembre au 25 mars. Accès : prendre la D611, direction Lagrasse. Chambres doubles de 46 à

70 € avec bains. Demi-pension, demandée l'été, à partir de 76 € par personne. Menus à 16 €, sauf le dimanche, puis à 23 et 29 €. 5 chambres en tout et pour tout, sur la route des châteaux cathares ou des caves des Corbières. La famille Julien passe l'hiver dans les Caraïbes, et ça se voit dans la décoration des chambres comme dans les plats servis autour d'une des deux (eh oui !) piscines de cette maison. Superbe 1er menu avec salade méridionale, moules gratinées, fromage blanc au miel. Prenez le second pour goûter au poisson grillé du jour. Également très bon carpaccio de poisson ou de viande. *Apéritif maison offert à nos lecteurs sur présentation de ce guide.*

HOMPS 11200 (10 km N)

🏠 I●I *Auberge de l'Arbousier* – **route de Carcassonne** ☎ **04-68-91-11-24. Fax : 04-68-91-12-61.** Parking. TV. Fermé le lundi et le mardi midi en juillet-août, le mercredi et le dimanche soir le reste de l'année. Congés annuels : du 1er janvier au 30 mars et du 1er au 30 novembre. Accès : sur la D611, direction Olonzac. Chambres doubles avec douche et w.-c. ou bains de 39 à 61 €. Menus à 13 €, en semaine, et de 20 à 34 €. Le canal du Midi se trouve juste à côté de cette auberge au décor alliant vieille pierre, poutres apparentes et art moderne. Un bel endroit avec une terrasse ombragée l'été et des chambres calmes et confortables. 5 nouvelles chambres sont prévues. Pour un peu, on se croirait dans une chambre d'hôte. Cuisine assez classique. *Café offert à nos lecteurs sur présentation de ce guide.*

I●I *Restaurant Les Tonneliers* – **port du Canal-du-Midi** ☎ **04-68-91-14-04.** 🍴 Formule à 13 € et menus de 15 à 31 €. Encore un village traversé par cette belle « route liquide » qu'est le canal du Midi. À 10 m de ce chemin se tient une bonne maison. On y mange dans un cadre rustique mais sans la vue. Peu importe, le canal est là, tout près... En tendant l'oreille, on peut presque l'entendre. 4 menus et quelques spécialités maison, comme le foie gras, le cassoulet au confit de canard ou le saumon mariné aux 2 citrons et la tarte Tatin. Le soir, beaucoup de touristes « canalistes ». Beau jardin et terrasse ombragée dès les beaux jours.

LIMOUX 11300

Carte régionale A2

🏠 I●I *Grand Hôtel Moderne et Pigeon* *** – **pl. du Général-Leclerc (Centre)** ☎ **04-68-31-00-25. Fax : 04-68-31-12-43.** ● **www.chez.com/modpig/index.htm** ● Parking payant. TV. Satellite. Resto fermé le lundi, le samedi midi et le dimanche soir sauf en juillet-août. Congés

annuels : du 1er au 21 janvier et du 15 au 31 décembre. Accès : à côté de la poste, tout près de la place de la République. Belles chambres de 58 € la double avec douche et w.-c., de 71 à 99 € avec bains. Menus à 19,50 € le midi en semaine, sauf le dimanche, puis de 27 à 45 €. Cette superbe maison fut un couvent, puis l'hôtel particulier d'une grande famille parente de Madame Dubarry, puis une banque, avant de se transformer en hôtel au début du XXe siècle ! On ne le regrette pas. Remarquez les fresques du XVIIe siècle du bel escalier. Confortable et très bien tenu, mais cependant une adresse où l'on sait rester simple et ça, on aime beaucoup. Salle à manger au décor raffiné et à l'ambiance feutrée. Le dernier menu est évidemment délicieux (pot-au-feu de foie gras en feuille de choux, canard braisé à la limouxine, table des fromages, puis dessert). On peut aussi se contenter d'une flûte de blanquette au soussol, repaire des joueurs de billard...

LLO 66800

Carte régionale A2

🏠 I●I *Auberge Atalaya* *** – **Llo haut** ☎ **04-68-04-70-04. Fax : 04-68-04-01-29.** ● **atalaya@francimel.com** ● TV. Resto fermé les lundi, mardi, mercredi et jeudi hors saison. Congés annuels : du 2 novembre au 20 décembre et du 15 janvier à Pâques. Chambres doubles de 83 à 109 €. Menus de 26 à 51 €. Maison en pierre avec couette, dominant le village et recouverte de vigne, petit jardin de curé et déco de très haute qualité. Un charme fou, un accueil délicieux, un village de charme, bref, une grande adresse. Carte toujours de saison, recettes variant au gré des inspirations du chef, toujours heureuses. Un régal ! *10 % sur le prix de la chambre (en avril et mai sauf le week-end) ou apéritif maison offerts à nos lecteurs sur présentation de ce guide.* **NOUVEAUTÉ.**

LODÈVE 34700

Carte régionale A1

🏠 I●I *La Croix Blanche* ** – **6, av. de Funel** ☎ **04-67-44-10-87. Fax : 04-67-44-38-33.** ● **www.hotelcroixblanche.com** ● Parking payant. TV. Resto fermé le vendredi midi. Accès : à l'entrée de la ville. Chambres doubles de 25 à 40 €. Menus de 12 à 26 €. On est accueilli par une imposante collection de cuivres : casseroles, bassines... D'entrée, l'endroit donne une bonne impression. On imagine des générations de VRP et d'hommes d'affaires faisant étape ici et appréciant la franche hospitalité caussenarde. Chambres simples mais bon marché. Salle à manger où le temps semble s'être arrêté. Décor classique, un peu bourgeois, un soupçon rustique. Cuisine simple et copieuse : escargots à la lodevoise, ballotine de canard, *manouls* maison, magret de canard aux morilles. *Café offert à nos lecteurs sur présentation de ce guide.*

🏠 🍴 *Hôtel-restaurant de la Paix* ** – 11, bd Montalanque ☎ 04-67-44-07-46. Fax : 04-67-44-30-47. ● www.hotel-de-la-paix.com ● Parking payant. TV. Canal+. Satellite. Fermé le dimanche soir et le lundi sauf du 1er mai au 1er octobre. Chambres doubles de 48 à 53 €, et à 56 € pour 2 lits. Menus à 17 et 23 €, plus carte. Une maison tenue par la même famille depuis 1876 ! Propre et confortable, avec vue sur la montagne et sur la Lergue. Cuisine régionale copieuse. À la carte, vous pourrez déguster les spécialités de la maison : la terrine de lapin au foie gras et chutney aux épices, la truite de Labeil... De plus, grillades au feu de bois servies l'été autour de la piscine.

🍴 *Le Petit Sommelier* – 3, pl. de la République ☎ 04-67-44-05-39. 🍴 Fermé le lundi, le mercredi soir et le dimanche soir de septembre à juin. En juillet-août, fermé le lundi et le dimanche soir. Congés annuels : les vacances scolaires de la Toussaint. Accès : à côté de l'office de tourisme. Menus de 12 à 29 €. Petite adresse sympa, sans prétention, au décor simple de bistrot. Cuisine agréable. Magret de canard aux pommes et miel, moules tièdes à la crème de banyuls, truite de Labeil au chardonnay... Terrasse agréable. Accueil convivial et chaleureux.

LUNEL   34400

Carte régionale B1

🍴 *Auberge des Halles* – 26, cours Gabriel-Péri (Centre) ☎ 04-67-83-85-80. Fermé le dimanche soir et le lundi. Formule du midi en semaine à 9,50 €, le dimanche à 20 €. Menus de 17 à 25 €. Juste à côté des halles, ce restaurant bien connu par ici propose une très honnête cuisine traditionnelle et de saison : millefeuille d'aubergines et moules, foie gras au muscat de Lunel, éventail du Grau-du-Roi. Bon menu des familles le dimanche, autour d'une mémorable chaudrée du pêcheur. Quelques tables en terrasse, service féminin souriant. *Un verre de muscat offert à nos lecteurs sur présentation de ce guide.*

MENDE   48000

Carte régionale B1

🏠 🍴 *Hôtel-restaurant du Pont-Roupt* *** – 2, av. du 11-Novembre (Est) ☎ 04-66-65-01-43. Fax : 04-66-65-22-96.

● www.hotel-pont-roupt.com ● Parking. TV. Satellite. Resto fermé le week-end hors saison. Congés annuels : du 15 février au 15 mars. Chambres doubles de 45 à 76 €. Menus de 20 à 35 €. Dans cette grosse maison au bord du Lot, un peu à l'extérieur de la ville, se cache un hôtel plutôt agréable. Décor moderne et sobre, sans fioritures. Chambres confortables, piscine intérieure. En cuisine, des plats copieux, traditionnels ou plus recherchés. Si vous n'avez qu'une soirée à passer à Mende, voilà une étape à conseiller sans problème. Pour un week-end en amoureux ou un coup de folie, cherchez autre chose. *10 % sur le prix de la chambre offerts à nos lecteurs sur présentation de ce guide.*

🏠 🍴 *Hôtel Le Lion d'Or* – 12-14, bd Britexte ☎ 04-66-49-16-46. Fax : 04-66-49-23-31. ● contact@liondor-mende.com ● TV. 🍴 Chambres doubles de 52 à 75 €. Petit déjeuner à 8 €. Menus de 19 à 29 €. Si vous recherchez un certain confort, voulez avoir tout à la fois des chambres au calme, confortables et au centre-ville, réservez dans cet hôtel qui pousse le luxe jusqu'à vous proposer un parking pour reposer votre voiture et une piscine pour votre détente. L'accueil est chaleureux, et l'on peut très bien choisir de dîner sur place, si la fatigue l'emporte. Dans ce cas, goûtez aux pieds de porc à la gabale, comme les faisait Pierrot, l'ancien chef, dont vous nous direz des nouvelles ! Belle carte des vins. *NOUVEAUTÉ.*

🍴 *Le Mazel* – 25, rue du Collège (Centre) ☎ 04-66-65-05-33. 🍴 Fermé le lundi soir et le mardi. Congés annuels : du 15 novembre au 15 mars. Menus de 13 à 25 €. Un des rares immeubles modernes du centre de Mende. Jean-Paul Brun prépare une cuisine sobre et goûteuse avec des produits de qualité. Omelette aux truffes, tripoux au vin blanc, magret aux mousserons... Un restaurant prisé pour les déjeuners d'affaires à Mende, et certainement un des meilleurs rapports qualité-prix en ville.

DANS LES ENVIRONS

CHABRIT 48000 (5 km O)

🍴 *La Safranière* – au hameau ☎ 04-66-49-31-54. 🍴 Fermé le dimanche soir et le lundi. Congés annuels : en mars et 1 semaine en septembre. Accès : par la N88, prendre le pont Roupt puis tout droit par la D42. Menus à 18 €, en semaine, et de 24 à 45 €. La table gastronomique de Mende et ses environs. Dans cette ancienne bâtisse joliment restaurée, à la salle élégante et claire, on savoure la cuisine légère et délicate, finement relevée d'herbes, d'épices et d'aromates (cuisse et poitrine de pigeon rôties au caramel d'épices, pour l'exemple !) de Sébastien Navetch. Il est plus que conseillé de réserver. *Café offert à nos lecteurs sur présentation de ce guide.*

MEYRUEIS 48150

Carte régionale B1

🏠 ❙●❙ *Hôtel de La Jonte* ** ☎ 05-65-62-60-52. Fax : 05-65-62-61-62. Parking. TV. 🍴 Restaurant fermé le lundi midi. Congés annuels : du 20 novembre au 7 mars. Accès : le long de la D996 et des gorges de la Jonte. Chambres doubles à 32 €. Demi-pension à 34 €. Menus de 10 à 24 €. Une grande maison de pays réputée dans la région pour sa bonne cuisine et son accueil familial. M. Vergely a deux salles, l'une plus touristique que l'autre. Nous vous conseillons celle des ouvriers et voyageurs de commerce, car on y sert la meilleure cuisine à prix sympathiques. Au-dessus du resto et dans l'annexe donnant sur la Jonte, des chambres bien tenues, certaines, les plus chères, avec vue sur la rivière. Piscinette en prime. *Digestif maison offert à nos lecteurs sur présentation de ce guide.*

🏠 ❙●❙ *Hôtel Family* ** rue de la Barrière (Centre) ☎ 04-66-45-60-02. Fax : 04-66-45-66-54. ● hotel.family@wanadoo.fr ● Cartes de paiement refusées. Parking. TV. Satellite. 🍴 Congés annuels : du 5 novembre aux Rameaux. Chambres doubles de 34 à 43 €. Menus de 12 à 25 €. Une grande maison qui borde le torrent du village. Des chambres simples et bien tenues. On a une préférence pour celles du dernier étage. Prix raisonnables pour une cuisine du terroir sans surprise. Agréable jardin avec une piscine en face de l'hôtel. Il faut traverser un petit pont de bois. Accueil aimable. *10 % sur le prix de la chambre (sauf en juillet et août) offerts à nos lecteurs sur présentation de ce guide.*

🏠 ❙●❙ *Hôtel du Mont Aigoual* ** – 34, quai de la Barrière ☎ 04-66-45-65-61. Fax : 04-66-45-64-25. ● www.hotel-mont-aigoual.com ● Parking. TV. Congés annuels : de début novembre à fin mars. Chambres doubles avec bains de 46 à 71 €. Demi-pension, souhaitée en juillet-août, de 45,73 à 58 €. Menu du terroir à 16,50 €, et menus gourmands à 26 et 35 €. La maison, assez banale de prime abord, a fait exécuter des travaux d'embellissement. Accueil toujours énergique et charmant de Stella Robert. La belle piscine derrière l'hôtel, le vaste jardin, les chambres spacieuses, calmes, confortables et rénovées avec goût

rassurent très vite. Cuisine sincère et succulente, préparée par Daniel Lagrange avec des produits et des recettes du terroir : foie gras poêlé crème de lentille, selle d'agneau rôtie. Une des meilleures tables du département, à prix corrects et d'une grande régularité. Au dessert, ne manquez pas de goûter à la « flône » caussenarde, délicieuse tartelette à la brousse de brebis. *10 % sur le prix de la chambre (en avril et en octobre) offerts à nos lecteurs sur présentation de ce guide.*

MÈZE 34140

Carte régionale B2

❙●❙ *Le Pescadou* – 33, bd du Port ☎ 04-67-43-81-72. 🍴 Fermé le mardi et le mercredi en hiver ; en juillet-août, fermé le lundi et le mardi. Congés annuels : 1 semaine en janvier, 1 semaine en juin et 2 semaines en octobre. Accès : direction le port. Menus de 12,20 à 28,90 €. Une jolie terrasse sur le port, une salle spacieuse et bien décorée, avec des gravures de bateaux et des plantes vertes qui donnent un côté frais et reposant à l'endroit. Très fréquenté par les gens du coin. Huîtres, moules farcies, lotte, seiche à la rouille, escargots de l'étang de Thau. Beaucoup de poissons également. *Un kir offert aux lecteurs sur présentation de ce guide.*

MONT-LOUIS 66210

Carte régionale A2

🏠 ❙●❙ *Hôtel-restaurant Lou-RoubaIlou* – rue des Écoles-Laïques (Centre) ☎ 04-68-04-23-26. Fax : 04-68-04-14-09. Parking. TV. Resto fermé le mercredi hors saison. En saison, ouvert le soir seulement. Congés annuels : en mai, octobre et novembre. Accès : dans les remparts, face à l'école communale. Chambres doubles à 38,50 € avec douche et w.-c. Menus de 19,50 à 30 €. La pension de famille de charme et de caractère comme on les aime : rustique, confortable et agréable. Accueil très chaleureux de la famille Duval, à commencer par celui de Christiane, *mamma* catalane à l'accent ensoleillé plein de poésie quand elle évoque la nature pyrénéenne, et qui n'hésite pas à vous appeler « mes petits ». On se sent chez soi, que ce soit dans le lit douillet d'une chambre coquette ou dans la salle à manger soigneusement décorée. La cuisine de sa fille est authentique et fraîche. Ses spécialités : les aiguillettes de gibier aux cèpes (un régal ; elle les cueille elle-même), le civet de sanglier, le canard aux fruits à la sauce au miel ou les *boles de piculat* (boulettes de viande à la catalane)... En hiver, ne manquez pas l'*ollada*, la soupe paysanne de Cerdagne et le hachis cerdru.

Et toujours de délicieux champignons : d'où le nom du restaurant, le *rouballou* étant un champignon qu'il faut savoir trouver dans la mousse, sous les sapinettes... *Apéritif maison offert à nos lecteurs sur présentation de ce guide.*

DANS LES ENVIRONS

PRATS-BALAGUER   66360
(10 km SE)

🛏️ I●I *Auberge de la Carança* ☎ 04-68-97-10-84. Accès : par la N116 jusqu'à Font-pédrouse, puis petit route jusqu'à Prats-Balaguer. Chambres doubles à 34 €. Nuitée en dortoir à 13 €. Menus de 11,50 à 20 €. Une toute petite auberge, au bout du village, au bout de la route. Après, c'est la montagne. Bien sûr, c'est plein de randonneurs qui viennent refaire leurs forces avec une cuisine simple mais goûteuse (spécialités de veau rosé des Pyrénées, d'omelettes, de champignons...). Chambres simples mais propres, accueil montagnard et conseils randonnée. Bien entendu, réservation obligatoire, y compris pour les repas (la première boulangerie est à une heure de route). *NOUVEAUTÉ.*

MONTPELLIER   34000

Carte régionale B2

🛏️ *Auberge de jeunesse* – rue des Écoles-Laïques (B1-1) ☎ 04-67-60-32-22. Fax : 04-67-60-32-30. ● www.fuaj.org ● Accueil de 8 h à minuit. Congés annuels : du 1er janvier au 12 mars et du 14 au 31 décembre. Accès : entrée par l'impasse de la Petite-Corraterie ; de la gare, tramway direction Mosson ; arrêt « Louis-Blanc ». Nuitée à 11,65 € avec le petit déjeuner. 19 chambres, soit 89 lits en dortoirs de 2 à 10 personnes. Tenue correcte. Consigne gratuite. L'été, agréable terrasse-resto ombragée. Sinon, bar de 18 h à minuit, baby-foot et billard. Accès réservé aux adhérents.

🛏️ *Hôtel Les Fauvettes* * – 8, rue Bonnard (A1-2) ☎ 04-67-63-17-60. Fax : 04-67-63-09-09. Congés annuels : du

20 décembre au 7 janvier et du 19 juillet au 12 août. Accès : bus n° 7, et tramway. Chambres doubles à 27 € avec douche, à 30 € avec douche et w.-c., à 36 € avec bains. L'hôtel le moins cher de la ville. Une petite maison dans une rue calme, tenue par un couple gentil. Les chambres, simples mais propres, sont tranquilles, et la plupart donnent sur une cour intérieure. On prend le petit déjeuner sous une véranda. Beaucoup d'habitués et descendent dès les beaux jours. Les prix ? Imbattables.

🛏️ *Hôtel Floride* ** – 1, rue François-Perrier (D3-5) ☎ 04-67-65-73-30. Fax : 04-67-22-10-83. ● hotel.floride@gofor net.com ● TV. Canal+. Satellite. Accès : proche de la gare et de la place de la Comédie. Chambres climatisées de 31 à 45 €. Situé dans une rue calme, à deux pas du nouveau quartier d'Antigone. Chambres modestes. On préférera les chambres qui donnent sur la terrasse fleurie. Bon petit déjeuner. *10 % sur le prix de la chambre (d'octobre à avril) offerts à nos lecteurs sur présentation de ce guide.*

🛏️ *Hôtel du Parc* ** – 8, rue Achille-Bège (hors plan B1-10) ☎ 04-67-41-16-49. Fax : 04-67-54-10-05. ● www.hotelduparc-mont pellier ● Parking. TV. ⚓ Ouvert toute l'année. Accès : de l'autre côté du Verdanson, à 300 m de la cathédrale. Chambres doubles de 53 à 60 € avec douche et w.-c. ou bains, mini-bar, téléphone, TV. Petit déjeuner à 7,50 €. Ancienne demeure languedocienne du XVIIIe siècle. Hôtel de charme dans un jardin très calme. Accueil gentil. Terrasses fleuries. Chambres confortables, propres et climatisées.

🛏️ *Hôtel Les Arceaux* ** – 33-35, bd des Arceaux (hors plan A2-7) ☎ 04-67-92-03-03. Fax : 04-67-92-05-09. Parking. TV. Canal+. Satellite. Accès : derrière la promenade du Peyrou. Chambres doubles avec douche et w.-c. de 50 à 55 €, avec bains de 55 à 60 €. Petit déjeuner à 6 €. Une jolie maison avec perron, dans un jardin. Donnant de l'autre côté de l'aqueduc du XVIIe siècle, près des jardins du Peyrou. Atmosphère familiale. Chambres confortables aux couleurs fraîches et agréables. Les n°s 102, 106, 202 et 206 ont un balcon. La n° 302 dispose d'un jardin. Demandez une des chambres récemment rénovées.

🛏️ **Où dormir ?**		
	12 Hôtel du Palais	24 Chez Marceau
	13 Le Guilhem	25 La Tomate
1 Auberge de jeunesse	14 La Maison Blanche	26 L'Image
2 Hôtel Les Fauvettes		27 Isadora
5 Hôtel Floride	I●I **Où manger ?**	30 Le César
7 Hôtel Les Arceaux		33 Maison de la Lozère -
8 Hôtel de la Comédie	20 L'Heure Bleue	Cellier Morel
9 Citadines Antigone	21 La Diligence	34 L'Olivier
10 Hôtel du Parc	22 Le Ban des	
	Gourmands	

A ↑ Musée, (Pharmacie, Moulages)

Hôpital
Chapelle Saint-Charles

PLACE ALBERT 1ᵉʳ

R. 2

Jardin des Plantes

Tour des Pins

Faculté de Droit (Ancien Couvent de la Visitation)

I.U.T.

I.U.T.

Faculté de Médecine (Musée Atger)

Cathédrale Saint-Pierre

Saint-Mathieu

13

Hôtel d'Audessan

Palais de Justice

12

Château d'eau

Promenade du Peyrou

Aqueduc Saint-Clément

Préfecture (Hôtel de Grangel)

26

Salle Pétrarque

22

33

Arc de Triomphe

27

21

Sainte-Anne

Halles Castellane

Musée de la Société Archéologique

Sainte-Eulalie

St-Roch

25

Chambre de Commerce

Théâtre

Chapelle des Pénitents Bleus

Tour de la Babote

Halles Laissac

Ancien Couvent des Carmes Déchaux

Saint-Denis

0   100   200 m

↑ LODÈVE, MILLAU, N 109

A ↓ Musée de l'Infanterie   BÉZIERS, N 113, A 9, SÈTE, N 113   B

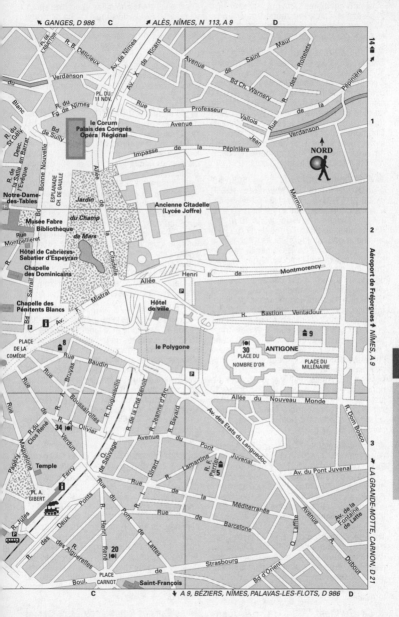

14

C

R. de l'Abattoir
R. B. Délicieux
Av. de Nîmes
Av. X. de Ricard
Avenue
Saint
Maur
des
Roitelets
Pépinière

Verdanson
PL. DU
11 NOV.
Rue
du
Professeur
Bd Ch. Warnery
R. de la
Pépinière

du
Blanc
R. du Fg. de Nîmes
Vallois
Verdanson

R. du St-Laly
Bd de Sully
Bonne Nouvelle
le Corum
Palais des Congrés
Opéra Régional
Avenue
Jean

Desc. en Barrat
R. de la Salle l'Evêque
ESPLANADE CH. DE GAULLE
Allée
de
Impasse
de
la
Pépinière

NORD

Notre-Dame-des-Tables
Jardin
du Champ
Musée Fabre
Bibliothèque
de Mars
Gaulle
Citadelle
Ancienne Citadelle
(Lycée Joffre)

Rue Montpelliéret
Hôtel de Cabrières-
Sabatier d'Espeyran
Chapelle
des Dominicains
Sarrail
Allée
Henri
II
de
Montmorency

Chapelle des
Pénitents Blancs
Mistral
Hôtel
de ville
R.
Bastion
Ventadour
9

PLACE
DE LA
COMÉDIE
Av.
8
Rue
Baudin
le Polygone
30
PLACE DU
NOMBRE D'OR
ANTIGONE
PLACE DU
MILLÉNAIRE

Rue
Rue
Bruyas
Boussairolles
R. Duguesclin
R. de la Cité Benoît
R. Jeanne-d'Arc
R. Bayard
Allée
du
Nouveau
Monde
R. Dom Bosco

R. du Clos René
34
Rue
Olivier
Verdun
Avenue
du
Pont
Girard
R. Lamartine
R. F.
Peitie
5
Av. des États du Languedoc
Av. du Pont Juvenal

Pagézy
Maguelone
Ferry
Temple
de
Sauvage
Rue
de
Juvenal
Méditerranée

PL. A.
GIBERT
Ponts
Rue du Pont
Rue
de
Barcelone
Laffte
Avenue
Av. de la
Fontaine
de Latte

R. Jules
R. des Aiguerelles
R. Henri René
20
des
Deux
de
Lattes
Strasbourg
Dubout

PLACE
CARNOT
Saint-François
Boul.
Bd d'Orient

LANGUEDOC-ROUSSILLON

LA GRANDE-MOTTE, CARNON, D 21

Plusieurs chambres peuvent accueillir une 3ᵉ personne. Excellent rapport qualité-prix. *10 % sur le prix de la chambre offerts à nos lecteurs sur présentation de ce guide.*

🛏 *Hôtel de la Comédie* ** – 1 bis, rue Baudin (C2-8) ☎ 04-67-58-43-64. Fax : 04-67-58-58-43. TV. Canal+. Satellite. Accès : à côté de la place de la Comédie. Chambres doubles de 52 à 62 € avec douche, w.-c. et climatisation. Petit déjeuner à 6 €. Difficile de faire plus central comme situation. Bon hôtel tranquille et accueil sympàthique. Chambres rénovées, propres et accueillantes, elles aussi. Une bonne adresse, qui ne se la joue pas... (la comédie, évidemment !). Réductions longs séjours.

🛏 *Citadines Antigone* ** – 588, bd d'Antigone (et pl. du Millénaire) (D2-9) ☎ 08-25-01-03-52. Fax : 04-67-64-54-64. ● www.citadines.com ● Parking payant. TV. 🍴 Réception ouverte de 7 h 30 à 20 h en semaine, de 8 h à 12 h et 17 h à 20 h les week-end et jours fériés. Accès : à 300 m de la place de la Comédie, dans un bâtiment du quartier moderne dessiné par Bofil. De 55 à 71 € pour un studio. Tarifs dégressifs à partir d'une semaine. Des studios et des appartements, avec services hôteliers à la carte (changement de linge, ménage, petit déjeuner, etc.). Gros plus : il y a toujours une cuisine équipée ! Et compte tenu du confort – celui d'un 3 étoiles, fonctionnel, spacieux et propre –, l'un dans l'autre, on n'est pas volé. La différence avec l'hôtel traditionnel ? On peut vous téléphoner directement ou sonner à votre porte, comme à la maison. Il y a désormais de nouvelles halles et un arrêt du tramway juste en face (idéal pour les courses !). *10 % sur le prix de la chambre (sauf du 11 juillet au 24 août) offerts à nos lecteurs sur présentation de ce guide.*

🛏 *Hôtel du Palais* ** – 3, rue du Palais-des-Guilhem (A-B2-12) ☎ 04-67-60-47-38. Fax : 04-67-60-40-23. TV. Ouvert tous les jours, toute l'année. Accès : dans le centre historique. Doubles climatisées avec double-vitrage de 57 à 66 € avec douche et w.-c. ou bains. Petit déjeuner copieux à 9 €. Idéalement situé dans l'Écusson, tout près d'une placette au calme, à 5 mn du centre. Très bel établissement du XIXᵉ siècle, hall d'entrée en peinture marbrée. Chambres coquettes, lumineuses, meublées de copies d'anciens, qui lui donnent un aspect provincial et chaleureux. Petit déjeuner excellent. Une très bonne adresse dans une ambiance familiale.

🛏 *Le Guilhem* *** – 18, rue Jean-Jacques-Rousseau (A1-13) ☎ 04-67-52-90-90. Fax : 04-67-60-67-67. ● hotel-le-guilhem@mnet.fr ● TV. Satellite. Accès : dans le centre historique. Chambres doubles de 66 à 124 €. Bon petit déjeuner,

servi en terrasse dès les premiers beaux jours, à 10 €. La maison se cache dans une petite rue pleine de charme. Les chambres donnent sur un jardin mystérieux digne des Feuillantines et, plus loin, sur la cathédrale. Les cloches rythment donc la vie mais, pas d'inquiétude, elles respectent votre sommeil. Refait avec beaucoup de goût. Chambres superbes où l'on se sent vraiment bien. Accueil cordial.

🛏🍴 *La Maison Blanche* *** – 1796, av. de la Pompignane (hors plan D1-14) ☎ 04-99-58-20-70. Fax : 04-67-79-53-39. ● www.hotel-maison-blanche.com ● Parking. TV. 🍴 Resto fermé le samedi midi et le dimanche. Accès : à l'angle du 46, rue des Salaisons. Chambres doubles de 78 à 87 €. Petit déjeuner à 8,38 €. Menu de 21 € (en semaine) à 28 €. Dans un petit parc classé aux arbres pluriséculaires, une maison de style sudiste, digne des crinolines de Scarlett. Chambres spacieuses, équipées dans un style moderne, où sont déclinés tous les tons de gris. Moquette moelleuse, confort total. C'est l'hôtel où descendent de nombreux artistes de passage en ville. Non seulement ils sont tranquilles, loin des hordes de fans, mais en plus l'endroit est calme. Le grand Sud mythique.

🍴 *La Tomate* – 6, rue du Four-des-Flammes (B2-25) ☎ 04-67-60-49-38. Fermé le dimanche et le lundi. Menus de 8 à 19 €. Trois petites salles lambrissées dans ce resto connu depuis des lustres par les Montpelliérains qui y vont pour le menu du jour, genre « charcutailles », poulet à la diable et tarte aux fraises, ou les spécialités, comme la cuisse de canard confit à l'étouffée ou le cassoulet. Une cuisine généreuse et l'inimitable tour de main d'un cuistot titulaire d'une « Poêle d'Or 1970 », ça ne s'invente pas. Vins régionaux bon marché. Terrasse.

🍴 *Chez Marceau* – 7, pl. de la Chapelle-Neuve (B1-24) ☎ 04-67-66-08-09. 🍴 Fermé le dimanche en hiver, le dimanche midi uniquement en été. Petit menu à 10 € en semaine servi jusqu'à 20 h 30, tout à fait revigorant. Sinon, menus à 14,50 et 20 €. Sur une délicieuse placette ombragée de platanes, un bistrot-resto en terrasse, parfait pour déjeuner. Petite cuisine simple et bien faite, pas chère et copieuse, mais qui souffre de temps à autre de baisses de régime. Beau magret de canard mille-fleurs, moules gratinées, filets de loup sauce au noilly. *Un kir offert aux lecteurs sur présentation de ce guide.*

🍴 *Le Ban des Gourmands* – 5, pl. Carnot (B2-22) ☎ 04-67-65-00-85. Fermé les samedi midi, dimanche et lundi. Congés annuels : environ 3 semaines en août et 4 jours à Noël. Le midi, formule à 13 € (1 entrée, 1 plat et le café). Menu à 22 €. Un accueil simple, sans chichis, pour un restaurant qui fait dans la qualité, on croit rêver. Une cuisine créative, copieuse et délicieuse, à base de produits frais, et un cadre juste assez intime pour qu'on s'y sente bien. Comme le coin n'est pas vraiment touristique, on n'y rencontre que des gourmands et de plus en plus de gourmets. *Apéritif maison offert à nos lecteurs sur présentation de ce guide.*

|●| *Isadora* – 6, rue du Petit-Scel (B2-27) ☎ 04-67-66-25-23. Fermé le samedi midi et le dimanche, ainsi que le lundi midi en juillet-août. Accès : dans le centre historique. Menus à 13 €, le midi en semaine, puis à 23 et 28 €. Une superbe salle voûtée du XIIIᵉ siècle au décor Art déco, en sous-sol, où l'on apprécie sans réserve les délicieuses spécialités de la mer. Cuisine fine, servie avec délicatesse par un hôte qui sait soigner ses clients : huîtres chaudes aux endives braisées, poêlée de Saint-Jacques à la provençale, tournedos Rossini. Terrasse en été autour de la fontaine place Sainte-Anne.

|●| *L'Heure Bleue* – 1, rue de la Carbonnerie (C3-20) ☎ 04-67-66-41-05. Ouvert de 12 h à 19 h. Fermé le dimanche et le lundi. Assiettes et plats du jour autour de 9 €. Compter, sinon, autour de 14 €. Si vous préférez manger mal mais en terrasse, passez votre chemin. Si vous aimez par contre le charme des vieux hôtels particuliers, des salons de thé un poil décadents, où les seuls petits Marcel que vous trouverez sont plus des émules de Proust que des camionneurs, vous allez vous régaler. Il y a de quoi s'occuper les yeux avant d'attaquer la tourte, ou le plat salé-sucré correspondant à l'humeur du jour du cuisinier tout autant qu'aux trouvailles du marché.

|●| *Restaurant L'Image* – 6, rue du Puits-des-Esquilles (B2-26) ☎ 04-67-60-47-79. Parking payant. ♿ Fermé le dimanche. Service le soir de 19 h à 22 h. Congés annuels : en juillet et août. Accès : non loin de la préfecture. Menus de 14 à 22 €. Les claustrophobes préféreront la petite salle du haut. Un des repaires montpelliérains. Cuisine simple et généreuse aux saveurs du Midi, dans un cadre en pierre typique du vieux Montpellier. La salle est recouverte de belles affiches. Quelques spécialités, comme les *planchas*, le croustillant de magret de canard au miel et aux poires. *Un calva offert aux lecteurs sur présentation de ce guide.*

|●| *Le César* – 17, pl. du Nombre-d'Or, Antigone (D2-30) ☎ 04-67-64-87-87. ♿ Service jusqu'à 22 h 30. Fermé le samedi et le dimanche. Congés annuels : du 1ᵉʳ au 20 août. 1ᵉʳ menu à 15,90 €. Menu gourmet à 23,90 €. Compter 25 € à la carte. Dans le genre brasserie, *Le César* se tient et on peut y tâter un menu languedocien tout à fait

bien, avec fondants de volailles façon « capion » en entrée, puis *parillada* de poissons ou gardiane de *toro*, et desserts maison. Le 1ᵉʳ menu est plus gaulois. Animations également avec le café des femmes le 1ᵉʳ lundi de chaque mois, à 18 h 30. Grande terrasse sur la place du Nombre-d'Or. Une bonne adresse à Antigone. *Digestif maison offert à nos lecteurs sur présentation de ce guide.*

|●| *La Diligence* – 2, pl. Pétrarque (B2-21) ☎ 04-67-66-12-21. ♿ Fermé les samedi et lundi midi et le dimanche, le midi en août. Accès : bien situé dans l'Écusson, le centre ancien. Menu le midi en semaine à 17 €, autres menus de 29 à 56 €. Partageant les murs du bel hôtel *Pétrarque*, ce restaurant dispose d'un cadre superbe, pierre et nobles voûtes. On y déguste une très honnête cuisine classique, servie avec diligence, comme il se doit. Un lieu un peu hors du temps. Inutile de venir là pour manger trois feuilles de salade, évidemment... ou alors pour accompagner le foie gras maison. Prudent de réserver les fins de semaine. Aux beaux jours, une patio dans une cour intérieure du XIVᵉ. *Apéritif maison offert à nos lecteurs sur présentation de ce guide.*

|●| *L'Olivier* – 12, rue Aristide-Ollivier (C3-34) ☎ 04-67-92-86-28. Fermé les dimanche, lundi et jours fériés. Accès : entre la gare et la place de la Comédie. Menus à 26 €, le midi en semaine, et à 43 €. À la carte, compter 50 € environ. Cadre moderne et bourgeois. Cuisine d'une grande finesse que les bonnes bouches de la ville connaissent bien. Michel Breton travaille aussi bien le poisson que la viande. Que diriez-vous d'un bar au four en marinière aux queues de langoustines, ou d'un pigeon des costières façon bécasse, avec sa rôtie au foie gras et ses cuisses et ailes confites ? Raffinement des sauces, soin de la présentation, patronne rythmant le service avec efficacité. Une bonne et belle table sans défaut, qui laisse à vos papilles gustatives des souvenirs impérissables. *Apéritif maison offert à nos lecteurs sur présentation de ce guide.*

|●| *Maison de la Lozère - Restaurant Cellier Morel* – 27, rue de l'Aiguillerie (B2-33) ☎ 04-67-66-46-36. Service de 12 h à 13 h 30 et de 20 h à 22 h. Fermé les lundi et mercredi midi, et le dimanche. Congés annuels : 1 semaine en janvier et 15 jours en août. Menus à 28 €, le midi, puis à 45, 55 et 70 €. Destinée, comme sa petite sœur parisienne, à promouvoir les produits lozériens, cette maison remplit toujours sa mission à merveille. En entrant, on croit entendre déjà hurler les loups, gronder les torrents et pousser les champignons. La surprise vient avec les menus et surtout avec l'assiette, jolie composition d'un Éric Cellier revisitant avec un sens étonnant des nuances, des parfums, un terroir qui, ici, fait souvent le grand écart entre la Causse (toujours, bien sûr) et les rivages de la Méditerranée. Service très agréable dans la cour, aux beaux jours. Coin épicerie fine pour qui voudrait rapporter de bons produits à la maison. Beau choix de vins du Languedoc, sélectionnés avec intelligence. *Apéritif maison ou café ou digestif maison offert à nos lecteurs sur présentation de ce guide.*

DANS LES ENVIRONS

PALAVAS-LES-FLOTS   34250

(11 km S)

🛏 |●| *Hôtel du Midi* ** – 191, av. Saint-Maurice ☎ 04-67-68-00-53. Fax : 04-67-68-53-97. ● www.hotel-palavas.com ● Cartes de paiement refusées. TV. Congés annuels : du 15 novembre au 31 mars. Accès : rive gauche. Chambres doubles de 38 à 63 €. Au resto, compter autour de 20 €. Prix raisonnables, service des plus aimables (important, ça, comme critère), chambres refaites... Certes, ce n'est pas le grand luxe, mais c'est propre et confortable, vous aurez même une chambre avec vue sur la mer, avec de la chance, ou sur la lagune, ce qui n'est pas mal non plus. Bonne surprise côté resto, avec une cuisine inventive, saine et très abordable. *10 % sur le prix de la chambre (en basse saison) ou apéritif maison offerts à nos lecteurs sur présentation de ce guide.*

|●| *La Rôtisserie Palavasienne* – rue de l'Église (Centre) ☎ 04-67-68-52-12. Ouverture selon l'humeur du chef (réservation obligatoire). Congés annuels : en janvier. Accès : en centre-ville. Compter autour de 23 € pour un repas. Un lieu qui s'est fait connaître par le bouche à oreille, la qualité s'alliant au folklore pour donner vie à une table d'hôte à la mode du pays. Le patron, un Palavasien bon teint, a eu l'idée d'ouvrir cette cantine *à la Dubout* tout à côté de sa rôtisserie, proposant chaque jour, selon l'envie et le marché, des plats typiques comme le poisson à l'eau-sel. *Apéritif maison offert à nos lecteurs sur présentation de ce guide.*

NARBONNE   11100

Carte régionale A2

🛏 *Hôtel de France* ** – 6, rue Rossini (Centre) ☎ 04-68-32-09-75. Fax : 04-68-65-50-30. ● www.hotelnarbonne.com ● Parking payant. TV. Accès : à proximité des halles centrales. Chambres doubles à 25 € avec cabinet de toilette ; de 40 à 48 € avec douche et w.-c. Dans une rue tranquille à côté des halles, cette belle maison du début du XXᵉ siècle dispose de jolies chambres refaites, propres et assez confortables. Accueil simple et cordial.

🛏 *Will's Hôtel* ** – 23, av. Pierre-Sémard (Centre) ☎ 04-68-90-44-50. Fax : 04-68-32-26-28. Parking payant. TV. Canal+. Satellite. ♿ Accès : dans l'avenue en face de la gare. Chambres doubles avec douche et w.-c. ou bains de 30,50 à 38,11 €. La belle façade de cette maison bourgeoise transformée en hôtel met en confiance. L'accueil amical du patron conforte cette impression. Chambres propres, aux couleurs pastel, sans trop d'originalité. Prix raisonnables.

🛏 *Le Grand Hôtel du Languedoc* *** – 22, bd Gambetta ☎ 04-68-65-14-74. Fax : 04-68-65-81-48. ● www.hoteldulanguedoc.com ● Parking. TV. Canal+. Restaurant fermé le dimanche soir et le lundi. 45 € pour une chambre double avec douche et w.-c. et de 54 à 61 € avec bains. Du cachet pour cette grande maison du début du XXᵉ siècle. L'hôtel est bien entretenu. Les couloirs sont un peu sombres et tristes mais les chambres, très classiques, sont claires et ont été refaites. La literie est excellente et certaines chambres ont vue sur la cathédrale toute proche. Double vitrage, garage privé, billard, ascenseur et Canal+... Voilà bien l'étape idéale à Narbonne ! *Apéritif maison offert à nos lecteurs sur présentation de ce guide.*

|●| *L'Estagnol* – 5 bis, cours Mirabeau ☎ 04-68-65-09-27. ♿ Fermé le dimanche et le lundi soir. Formule à 9,50 €, le midi en semaine, et menus à 16 et 20 €. Une brasserie sympa. Prix raisonnables. Ambiance parisienne mais cuisine locale. Pour ceux qui veulent manger rapidement en toute simplicité. Terrasse en été, chauffée en hiver. On y croise parfois les artistes qui viennent y dîner après le théâtre. *Café offert à nos lecteurs sur présentation de ce guide.*

|●| *La Table Saint-Crescent* – av. du Général-Leclerc, route de Perpignan ☎ 04-68-41-37-37. Fermé le lundi, le samedi midi et le dimanche soir. Formule à 17 € et menus à 27 et 43 €. Carte beaucoup plus chère. Installé dans le palais du Vin et à quelques encablures de l'autoroute, ce restaurant gastronomique a une situation doublement stratégique. Avec un décor extraordinaire, mélange de pierre brute multi-centenaire et d'armature métallique, tout semble ici en suspens, le temps comme l'espace. Et quand on sait que la salle a été aménagée dans une ancienne chapelle, cela renforce le sentiment de décalage. En tout cas, Claude Giraud, chef à la tête sympathique, convertirait tout le monde à sa religion. Il nous a bluffés avec sa formule du midi avec amuse-bouche, fricot du jour, fro-

mage, dessert, verre de vin et café ! On n'ose même pas vous parler du reste.

DANS LES ENVIRONS

VINASSAN 11110 (6 km NE)

I●I *Auberge La Potinière* – 1, rue des Arts ☎ 04-68-45-32-33. En saison, ouvert tous les jours. Hors saison, ouvert du mardi soir au dimanche midi. Accès : route de Narbonne-Plage puis à gauche par la D68, ou, plus loin, la D31. Le restaurant est au centre du village. 4 menus de 15 à 40 €. Une petite auberge au cadre coquet et au service attentionné, où le chef compose une savoureuse cuisine régionale. Premier menu « Éole » avec salade narbonnaise, pavé de saumon ou pintadeau fermier, fromage ou dessert ; le suivant, dit « Priape », comporte une salade de saumon ou une soupe de poisson, un filet de daurade ou un rôti de canette, fromages et dessert. Un bon rapport qualité-prix. Une trentaine de couverts seulement : prudent donc de réserver.

ABBAYE-DE-FONTFROIDE 11100 (15 km SO)

I●I *La Bergerie – Les Cuisiniers Vignerons* ☎ 04-68-41-86-06. ✻ Fermé tous les soirs. Accès : prendre l'A9 (sortie Narbonne-sud), puis la N13 direction Carcassonne, et enfin la D613. Menus de 13 €, le midi en semaine, à 23 €. Auréolés, *Les Cuisiniers Vignerons* font partie de ces adresses uniques, qu'on est heureux de dénicher et qu'on est fier de faire connaître, tant la formule paraît simple et parfaite à la fois. Au sein même de l'abbaye (dans l'ancienne bergerie plus exactement), le premier menu s'adresse au touriste pressé, soucieux de son budget mais gourmand incorrigible, comme nous ! Aux saveurs du Languedoc et de Méditerranée, les autres menus, imaginés par David Moreno, changent avec les saisons : carpaccio de magret, puis morue fraîche ou caille aux poivrons, petite bouchée au roquefort et gâteau noix de coco-ananas... Équipe jeune et souriante, ce qui ajoute au plaisir. *Un café offert pour un repas aux lecteurs sur présentation de ce guide.*

NASBINALS 48260

Carte régionale A1

≙ I●I *Hôtel-restaurant La Route d'Argent* ✻✻ – route d'Argent ☎ 04-66-32-50-03. Fax : 04-66-32-56-77. • www.sejoursbastide.com • Cartes de paiement refusées. Parking. TV. Accès : pas difficile à trouver, c'est la grande maison à côté de

l'église et du parking du village. Chambres doubles avec douche et w.-c. ou bains de 37 à 45 €. Menus à 15 €, et de 18 à 22 €. Bastide, en Aubrac, tout le monde connaît cette institution. La cuisine est des plus copieuses : omelette aux cèpes, confit de canard, chou farci, truffade et, bien sûr, l'aligot du père Bastide. Tout ça dans une ambiance villageoise et familiale. Le matin, au petit déjeuner (qu'on prend au bar), on rencontre le gendarme, le curé, le facteur, le marchand de bestiaux... Bref, on dirait que tout Nasbinals a rendez-vous chez le père Bastide. La famille a ouvert deux autres hôtels, un peu à l'extérieur de la ville : *Le Bastide*, plus cossu, un 3 étoiles, et *La Randonnée*, un 2 étoiles.

DANS LES ENVIRONS

LA CHALDETTE 48310 (17 km N)

≙ I●I *Résidence de tourisme et restaurant La Chaldette* ☎ 04-66-48-48-48. TV. Ouvert du 15 avril au 15 octobre. Fermé pour la restauration le dimanche soir et le lundi. Accès : par la D12. Compter entre 159 et 489 € la semaine en résidence. Menu découverte à 23 € le midi en semaine. Autres menus à choisir dans la carte à 32 et 41 €. Grande demeure de granit rénovée avec beaucoup de goût mais qui manque un peu d'âme pour l'instant, malgré un gentil accueil et des appartements tout confort : il faut passer par l'établissement thermal pour réserver et avoir la clé. Le restaurant, par contre ouvert à tous, est un pur moment de bonheur. Frais émoulus de l'école d'hôtellerie voisine, Paul Courtaux et Pierre Ouradou se sont associés pour redonner vie à ce lieu clair, confortable et joyeux. Le premier, par son imagination, son amour et sa science du métier (délicieux pot-au-feu de sandre au foie gras !), fait d'un menu gentiment proposé par son compère, avec l'aide du sommelier, un moment de « fête gastronomique partagée », pour reprendre les mots d'un des nombreux satisfaits du livre d'or. *NOUVEAUTÉ.*

NÎMES 30000

Carte régionale B1

≙ I●I *Auberge de jeunesse* ✻✻✻ – 257, chemin de l'Auberge-de-Jeunesse (hors plan A2-1) ☎ 04-66-68-03-20. Fax : 04-66-68-03-21. • www.fuaj.org • Parking. ✻ Accueil de 7 h 30 à 23 h. Obtention d'une clef électronique pour rentrer à l'heure que vous voulez. Accès : à 2 km du centre, sur une des collines qui entourent Nîmes ; fléché à partir du jardin de la Fontaine ; au départ de la gare SNCF, le bus n° 2 (direction Alès). Minibus de la gare à l'auberge après 20 h. Environ 9 € la nuit. Petit déjeuner à 3,30 €. Repas à partir de 8,75 €. En été, réservez ! Au cœur d'un vaste parc planté d'arbres, l'auberge a été entièrement rénovée et elle est bien tenue. Dortoirs de 2, 4, 6 ou 8 lits dans le bâtiment principal ou dans des petits modules dans le parc. Cuisine à disposition, laverie, local à vélos, location de VTT, borne Internet.

🛏 *Cat Hôtel* ** – 22, bd Amiral-Courbet (D2-3) ☎ 04-66-67-22-85. Fax : 04-66-21-57-51. ● cat.hotel@free.fr ● Parking payant. TV. Chambres doubles avec douche à 25 €, w.-c. sur le palier ; à 32 € avec douche et w.-c. ou bains. Les patrons, des Ch'tis, n'ont pas craint de quitter la froidure pour venir ici et se lancer dans l'hôtellerie. Nouveau « pays », nouveau métier, nouvelle vie, et une réussite car ce *Cat Hôtel* est sympa comme tout, bien rénové et bon marché. Voyez vous-même : déco propre et coquette, double-vitrage, ventilateur, ils ont bien fait les choses et n'arnaquent pas le touriste. Bon vent au *Cat Hôtel*, et vive le Nord-Pas-de-Calais !

🛏 *Hôtel de l'Amphithéâtre* ** – 4, rue des Arènes (C3-7) ☎ 04-66-67-28-51. Fax : 04-66-67-07-79. ● www.perso.wanadoo.fr/hotel-amphitheatre ● TV. Congés annuels : en janvier. Accès : à 30 m des arènes. Chambres doubles avec douche et w.-c. de 38 à 52 €. Un hôtel bien calme installé dans une grande maison ancienne (XVIIIe siècle). Chambres rénovées, propres et à la literie confortable. Bon petit déjeuner-buffet avec confiture maison.

🛏 |●| *Hôtel Royal* *** – 3, bd Alphonse-Daudet (B2-4) ☎ 04-66-58-28-27. Fax : 04-66-58-28-28. TV. Resto fermé le dimanche et le lundi. Accès : face à la Maison Carrée. Chambres doubles avec douche à 48 €. Compter de 62 à 80 € avec douche et w.-c. ou bains. Menus à 10 et 14 €. À la carte, compter 20 €. La plupart des chambres donnent sur la place d'Assas, calme et piétonne, joliment « designée » par le plasticien Martial Raysse, qui y a construit une fontaine ésotérique dédiée à Nemausus. Dans l'hôtel, pas mal de comédiens et artistes de passage, assistants de toreros, tous séduits par l'accueil et l'ambiance. Agnès Varda, Bellochio, Chambaz y séjournent. Comme Clémentine Célarié qui aime bien la n° 21. Chambres à la déco d'une simplicité très étudiée, dans l'ensemble pleines de charme et gentiment tarifées pour la ville. Au resto, *La Bodeguita*, tapas, spécialités espagnoles et chaude ambiance au cœur de l'été (les chambres qui donnent sur la terrasse sont donc un brin bruyantes...). Une bien bonne adresse.

🛏 *Hôtel Kyriad Plazza* ** – 10, rue Roussy (D3-5) ☎ 04-66-76-16-20. Fax : 04-66-67-65-99. ● kyriad.nimes centre@wanadoo.fr ● Parking payant. TV. Canal+. Satellite. Accès : à 2 mn des musées et du centre ancien, sur la droite du boulevard A.-Courbet, après le *Flunch* à droite. Chambres doubles avec douche et w.-c. ou bains de 54 à 66 €. *Kyriad*, ce sont des hôtels de chaîne qui ressemblent à tout sauf à des... hôtels de chaîne. Ici, dans une rue paisible, c'est une vieille maison nîmoise, joliment rénovée. Un certain charme. Affiches de corrida ou d'opéra aux murs des couloirs. Chambres climatisées, mignonnes avec leur déco contemporaine mais de bon goût. Au 4e étage, les nos 41 et 42 ont une petite terrasse avec vue sur les vieux toits de tuile, celles-ci étant à 74 €. Au final, une bonne adresse. *10 % sur le prix de la chambre (sauf à Pâques, à la Pentecôte et pendant les férias) offerts à nos lecteurs sur présentation de ce guide.*

🛏 |●| *L'Orangerie* *** – 755, tour L'Évêque (hors plan A4-9) ☎ 04-66-84-50-57. Fax : 04-66-29-44-55. ● hrorang@aol.com ● Parking. TV. Canal+. Satellite. ♿ Accès : du centre, prendre direction A9 aéroport ; puis à gauche au rond-point Kurokawa (RN86). À 10 mn à pied du centre. Chambres doubles avec douche et w.-c. ou bains de 62 à 99 €. Menus à partir de 18 €. L'environnement (pas très emballant : zone commerciale, ronds-points...) s'oublie dès qu'on pénètre dans le parc. Enveloppés de verdure, une piscine et un bâtiment, genre mas, récent mais qui semble avoir toujours été là. Jolies chambres, d'un bon confort (climatisation, bains à remous pour certaines) et d'un remarquable rapport qualité-prix pour la ville. Les plus agréables disposent d'une terrasse ou d'un jardinet privé. Accueil très pro. Au resto, salle agréable et cuisine au goût du jour.

|●| *Restaurant La Truye Qui Filhe* – 9, rue Fresque (C2-3-11) ☎ 04-66-21-76-33. ♿ Fermé le soir et le dimanche ; mais repas de groupe possible le soir sur commande. Congés annuels : du 27 juillet au 25 août. Accès : entre les arènes et la Maison Carrée. Formules à 7,60 €, plat chaud et dessert, et autour de 8 € avec une entrée en plus. C'est le plus ancien resto de la ville puisqu'on tenait déjà auberge ici au XIVe siècle. On pouvait y dormir certains soirs dans la « chambre de l'Ange »... Superbe décor donc (voûtes de pierre, patio) pour ce qui est aujourd'hui un... self. Sur le plateau plastique, des plats tout simples (à ce prix-là...) : rouille du pêcheur, paella...

|●| *La Casa Don Miguel* – 18, rue de l'Horloge (B2-15) ☎ 04-66-76-07-09. ♿ Fermé le dimanche (ouvert en saison d'été à partir d'avril, et en hiver, à partir de la *feria* de Pentecôte). Menu à 9 € le midi en semaine. Compter de 10 à 22 € à la carte. Bonne ambiance et cadre sympa dans cette *bodega* assez centrale et proposant un grand choix de tapas tout à fait correctes,

froides, chaudes, salées ou sucrées. Différentes formules économiques. Service tardif (jusqu'à minuit-1 h) et bonne *piña colada*. Découvrez la cuisine sud-américaine avec leur nouveau concept « Casa Fiesta » : *fajitas, feijoada, pavo a la cubana*, assiette de friture mexicaine... Les vendredi et samedi, ouvert tard, jusqu'à 3 h du matin, avec soirées à thème (jazz, flamenco, salsa...). *Apéritif maison offert à nos lecteurs sur présentation de ce guide.*

|●| *L'Ancien Théâtre* – **4, rue Racine (B2-14)** ☎ **04-66-21-30-75.** Fermé le samedi midi et le dimanche. Menus autour de 12 €, en semaine, et à 20 €. Compter environ 23 € à la carte. On dit qu'à la place du Carré-d'Art toute proche, il y eut un théâtre qui fut incendié par une cantatrice folle de rage car son fils n'y avait pas été engagé ! Mais rassurez-vous : l'accueil – très attentionné – et la cuisine – mitonnée, personnelle, méditerranéenne – du patron sont beaucoup plus pacifiques ! Menus et carte changent tous les 2 mois. Cadre intime et rustique. Une très bonne adresse à prix doux.

|●| *Restaurant Nicolas* – **1, rue Poise (C-D2-13)** ☎ **04-66-67-50-47.** ♿ Fermé le samedi midi et le lundi (sauf les jours fériés). Congés annuels : du 13 juin au 6 août. Accès : dans le vieux Nîmes, à côté du Musée archéologique. 3 menus de 12 à 23,50 €, tous avec un plat du jour. Une grande salle aux murs de pierre, arrangée avec goût. Les Nîmois aiment y dîner entre copains. De bons souvenirs : l'anchoïade provençale, la bourride de lotte, la soupe de poisson, la gardiane de taureau, l'aïoli de morue et, bien sûr, les desserts maison, tel le clafoutis. Une honnête cuisine familiale. *Café offert à nos lecteurs sur présentation de ce guide.*

|●| *Le Vintage Café* – **7, rue de Bernis (C2-17)** ☎ **04-66-21-04-45.** Fermé le samedi midi, le dimanche et le lundi. Accès : en plein centre, entre les arènes et la Maison Carrée. Par la pittoresque place du Marché, dans le vieux Nîmes. Formule le midi à 12 €. Menu-carte à 25 €. Derrière une minuscule place ornée d'une fontaine, une salle genre bistrot de toujours (*vintage café* pour les anglophones, donc). L'endroit accueille régulièrement des expos (photos,

peinture...). Jolie cuisine de marché, pleine de saveurs et de parfums pour les formules du jour (qui changent effectivement tous les jours) et intéressante sélection de vins du Sud servis au verre.

|●| *Chez Jacotte* – **15, rue Fresque (impasse) (C3-21)** ☎ **04-66-21-64-59.** Fermé le samedi midi, le dimanche et le lundi. Congés annuels : 1 semaine en février et les 2e et 3e semaines d'août. Accès : à 2 mn à pied des arènes. Menu le midi autour de 14 €, un autre à 28 € le soir. Compter 30 € environ à la carte. Une table nîmoise que les épicuriens connaissent et se repassent, car on y sert une cuisine généreuse, inventive aussi, et de plaisir. Un menu le midi, et une carte du jour avec 3 ou 4 choix d'entrées, plats et desserts. Agneau rôti en croûte d'herbe, magret aux agrumes ou aux pêches... Bref, une cuisine du marché toujours savoureuse, et quelques vins corrects aussi... Et pour le prix, ça le vaut bien. Trois ou quatre tables en terrasse dans l'impasse ou petite salle agréable. *Café offert à nos lecteurs sur présentation de ce guide.*

|●| *Au Flan Coco* – **31, rue Mûrier-d'Espagne (C2-10)** ☎ **04-66-21-84-81.** ♿ Fermé tous les soirs (sauf le samedi et sur réservation) et le dimanche. Accès : tout près de la coupole des Halles. Menu à 14,20 € le midi, passant à 18,90 € le samedi soir. Compter 20 € à la carte. Délicieux et original petit restaurant impossible à rater, vu l'enseigne géante à l'effigie du *Routard* ! Deux belles salles dont les tons jaune et rouge s'harmonisent avec le granit des tables. Jolie terrasse les jours de soleil. Des plats imaginatifs qui changent chaque jour : foie gras et brandade, salade composée généreuse, cuisse de poulet farcie aux gambas, *crumble* aux pommes et à la crème fraîche... La fraîcheur est une règle ici. Et les prix sont justes : « On ne porte pas l'estocade à nos clients. » Adresse idéale pour déjeuner en été.

|●| *Restaurant Marie-Hélène* – **733, av. Maréchal-Juin (hors plan A4-18)** ☎ **04-66-84-13-02.** ♿ Fermé le samedi midi, le dimanche, ainsi que le soir du lundi au mercredi inclus. Congés annuels : 3 semaines en août. Accès : à côté de la chambre des métiers, route de Montpellier. Menus de 14,50 à 21,50 €. Ce petit restaurant excentré est une ode à la Provence, partout décli-

LANGUEDOC-ROUSSILLON

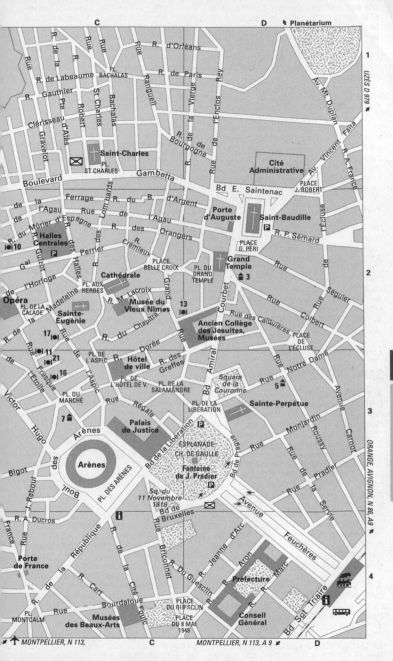

↖ **Planétarium**

R. d'Orléans
PL BACHALAS
R. de Paris
R. de Labeaume
R. Gauthier
Clérisseau
Gravelot
St Charles
Robert
Bachalas
Ranguell
R. Vierge
R. d'Enclos Rey
UZÈS D 979 ↗
Av. Mt. Duplan
Av. Vincent Faïta
R. A. France

Saint-Charles
PL ST CHARLES
Gambetta
Cité Administrative
PLACE J. ROBERT

Boulevard
de la l'Agau
de Ferrage
R. du
B. d'Argent
Bd E. Saintenac
Porte d'Auguste
Saint-Baudille
R. P. Sémard

de Rue l'Agau
R. du Mûrier d'Espagne
R. des Orangers
PLACE G. PERI
Halles Centrales
P
Perrier
Crémieux
PLACE BELLE CROIX
Grand Temple
PL DU GRAND TEMPLE
■ 3
Rue
Séguier

■● 10
G al Guizot
des Halles
Madeleine
Cathédrale
PL AUX HERBES
Grand
Rue
Colbert
Courbet
Rue

Opéra
PL DE LA CALADE
Sainte-Eugénie
R. M. Lacroix
Musée du Vieux Nîmes
13
■●
Rue des Calquières
PLACE DE L'ÉCLUSE

17 ●
11 ●
21 ●
16 ●
R. de la Fustale
PL DE L'ASPIC
R. du Chapitre
Dorée
Ancien Collège des Jésuites, Musées
Amiral
Notre Dame
Rue

7 ▪
PL DU MARCHÉ
Hôtel de ville
PL DE L'HÔTEL DE V.
R. des Greffes
PL DE LA SALAMANDRE
Bd
Square de la Couronne
5 ▪
Avenue Roussy
Carnot

Victor
Hugo
Bds des
Arènes
Régale
Rue
PL DE LA LIBÉRATION
Sainte-Perpétue
Monjardin
Rue de la Servie
Pradie

Bigot
Reboul
Palais de Justice
Bd de la Libération
P
ESPLANADE CH. DE GAULLE
Fontaine de J. Pradier
P
Rue

Arènes
PL DES ARÈNES
Sq. du 11 Novembre 1918
Bd de Bruxelles
✉
Avenue
Feuchères

France
Rue
R. A. Ducros
Porte de France
Rue de la République
R. Cart
Bourdaloue
Cité Foulc
R. Du Guesclin
R. Jeanne d'Arc
Bd de Prague
Avenue
Aron
Marc
Bd Sgt Triaire

PL MONTCALM
Musées des Beaux-Arts
PLACE DU GUESCLIN
PLACE DU 8 MAI 1945
Préfecture
Conseil Général
🚂
ℹ
🚌

ℹ

↙ ✈ MONTPELLIER, N 113,
MONTPELLIER, N 113, A 9 ↙
ORANGE, AVIGNON, N 86, A9 ↗

C **D**
1
2
3
4

ec bonheur : dans les couleurs gaies
audes, les bouquets, la mise de table,
grande brune de propriétaire tout sourire,
cuisine ensoleillée qui joue notamment
sur les grillades au feu de bois faites sous
les yeux des convives. *Apéritif maison ou
café offert à nos lecteurs sur présentation
de ce guide.*

I●I *Le Bouchon et L'Assiette* – 5, rue de
Sauve (A2-20) ☎ 04-66-62-02-93. ✗
Fermé le mardi et le mercredi. Accès :
proche des jardins de la Fontaine. Menus à
partir de 15 €, le midi en semaine, puis de
19 à 37 €. Un des ténors de la gastronomie
nîmoise. Et, vrai, les plats qu'on nous a servis dans cette maison rose et bleue avaient
la personnalité, la finesse et la saveur de
ceux qu'on trouve chez les plus grands.
Belle salle claire aux pierres et poutres
apparentes.

I●I *Restaurant Ophélie* – 35, rue Fresque
(C3-16) ☎ 04-66-21-00-19. ✗ Fermé le
midi, ainsi que le dimanche et le lundi.
Accès : entre les arènes et la place de la
Calade. Menu-carte à 22 €. Petite rue
calme. La place du Marché, toute proche,
vous mettra en appétit. On vient ici pour la
cuisine fraîche et sincère préparée par
Ophélie. Dans l'assiette : jambettes
d'agneau rôties, filet au roquefort...

DANS LES ENVIRONS

SAINT-GILLES 30800 (19 km SE)

🏠 *Hôtel Héraclée* ******* – quai du Canal,
port de plaisance (Sud) ☎ 04-66-87-44-10.
Fax : 04-66-87-13-65. ● www.hotel-hera
clee.com ● TV. ✗ Accès : par la D42.
Chambres doubles de 45 à 60 € avec bains.
Sous ce nom de mythe grec se cache un
très joli et sympathique hôtel : une maison
claire, face au canal du Rhône à Sète, où
glissent vedettes, coches d'eau et *house-
boats...* Dommage qu'il y ait cette silhouette
métallique monstrueuse sur l'autre rive...
21 chambres arrangées avec goût. Les
n°s 208, 209 et 210 ont vue sur le port de
plaisance, les n°s 318, 319, 322 et 323 ont
une terrasse. De plus, c'est très calme.
Accueil gentil du patron. *Un petit déjeuner
par personne offert à nos lecteurs sur présentation de ce guide.*

🏠 I●I *Le Cours* ****** – 10, av. François-
Griffeuille (Centre) ☎ 04-66-87-31-93.
Fax : 04-66-87-31-83. ● www.hotel-le-
cours.com ● Parking payant. TV. Satellite.
✗ Congés annuels : du 15 décembre au
1er mars. Accès : par la D42. Chambres
doubles avec douche ou bains de 46 à 64 €.
Menus de 11 à 28 €. Grande maison
blanche sous les ombrages des platanes

d'une large avenue. Bon accueil. 33 chambres d'une déco sobrement contemporaine
(13 sont climatisées). Au resto, une ribambelle de menus d'un excellent rapport qualité-prix. Bonne cuisine de région et de tradition : terrine maison au foie de volaille,
gardiane de taureau, rouille de seiches provençale, poisson grillé, etc. Une bonne
adresse gardoise. *5 % de réduction sur la
demi-pension offerts aux lecteurs sur présentation de ce guide.*

OLONZAC 34210

Carte régionale A2

I●I *Restaurant du Minervois « Bel »* – av.
d'Homps ☎ 04-68-91-20-73. Fermé le
samedi et le dimanche soir sauf en juillet-
août, et le soir de mi-octobre à mi-avril.
Menus à 10 €, en semaine, puis de 18,30 à
38,20 €. Vaste salle jaune paille, éclairage
au néon, l'endroit vaut le coup d'œil, le coup
de fourchette aussi : très bonne cuisine traditionnelle autour des produits du terroir.
1er menu où paraît déjà le savoir-faire du
chef et patron, dans l'assaisonnement, la
terrine maison ou l'omelette aux fines
herbes, impeccable. Nombreux menus, le
dernier à se casser le ventre et pleurer de
bonheur. Riche carte de vins régionaux à
bons prix. Une table héraultaise solide et
méritante.

DANS LES ENVIRONS

SIRAN 34210 (10 km NO)

🏠 I●I *La Villa d'Éléis* ******* – av. du Château ☎ 04-68-91-55-98. Fax : 04-68-91-
48-34. ● www.villadeleis.com ● Parking.
TV. ✗ Fermé le mardi soir, le mercredi, et le
samedi midi d'octobre à mai. Congés
annuels : en février. Accès : par la D52
direction Pépieux puis la D56 sur la droite ;
dans le village, suivre la direction « Château
de Siran ». Chambres doubles de 74 à 84 €.
Menus de 25,50 € au menu dégustation à
63,50 €, avec 5 plats et un vin sur chaque
plat : grand moment de gastronomie. « Dans
cette ancienne bastide entièrement restaurée, 12 chambres au raffinement personnalisé et au confort indéniable vous
attendent... ici, tout n'est que calme et chaleur pour rendre inoubliable votre simple
halte ou votre séjour prolongé », dit la brochure. Nous ajouterons qu'ici tout n'est
qu'harmonie et douceur de vivre, à l'image
de l'heureux couple qui vous reçoit. Accueil
ravissant, naturel de Marie-Hélène et cui-

sine ensoleillée de Bernard Lafuente, jeune et talentueux chef tôt reconnu par la critique et la vox populi. Au restaurant, ne pas rater l'excellentissime morue safranée à la languedocienne. Par ailleurs, vos hôtes organisent des soirées musicales en été (genre piano et flûte, charmant), des cours de cuisine en basse saison et des circuits découverte de la flore et du patrimoine. *10 % sur le prix de la chambre (de novembre à mars, hors fêtes de Noël et Jour de l'An) offerts à nos lecteurs sur présentation de ce guide.*

PERPIGNAN   66000

Carte régionale A2

⌂ *Auberge de jeunesse* ** – allée Marc-Pierre, parc de la Pépinière (Nord-Ouest) ☎ 04-68-34-63-32. Fax : 04-68-51-16-02. ● www.fuaj.org ● Réception ouverte de 7 h à 11 h et 16 h à 23 h ; mais possibilité de laisser ses bagages entre 10 h et 18 h. Congés annuels : du 20 décembre au 20 janvier. Accès : à mi-chemin entre la gare routière et la gare SNCF, derrière l'hôtel de police. Dortoirs de 4, 6 et 8 lits superposés : 11,50 € la nuitée, petit déjeuner compris. Location de draps à 2,74 €. Carte FUAJ obligatoire (en vente sur place). Dans une grande maison typique, avec en façade un bougainvillier géant. Une des plus anciennes AJ de France, mais 49 places seulement. Très propre. Chambres de 4 à 8 lits superposés. Cuisine à disposition, location de draps possible. Un seul défaut : la voie rapide passe juste derrière.

⌂ *Avenir Hôtel* * – 11, rue de l'Avenir (Centre) ☎ 04-68-34-20-30. Fax : 04-68-34-15-63. ● www.avenirhotel.com ● Parking payant. Fermé le dimanche et pendant les fêtes de 12 h à 18 h. Non loin de la gare SNCF. Chambres doubles avec lavabo de 18,30 à 32 €, selon confort et saison. Dans une rue tranquille non loin de la gare, voilà un hôtel routard à souhait, mais aussi coquet. L'accueil y est chaleureux, les chambres simples mais bien entretenues, et décorées par endroit de fleurettes peintes... C'est gentil, comme les prix. Un bon esprit vraiment : pour preuve, la bouteille d'eau minérale vendue... 0,60 €. VRP, étudiants américains en vacances, stagiaires en entreprises apprécient l'ambiance familiale des lieux ainsi que la terrasse ensoleillée du deuxième étage, où l'on peut prendre son petit déjeuner et flemmarder tout un après-midi au calme, en bouquinant. Une chambre (la n° 18) possède une petite terrasse, d'autres (à 43 €) peuvent recevoir jusqu'à 5 personnes. Petit plus intéressant, le garage privé, dans une rue adjacente, à 3,80 €.

⌂ I●I *Hôtel de la Poste et de la Perdrix* ** – 6, rue Fabriques-Nabot (Centre) ☎ 04-68-34-42-53. Fax : 04-68-34-58-20.

TV. Resto fermé le dimanche soir et le lundi. Congés annuels : du 28 janvier au 5 mars. Accès : entre la place du Castillet et le quai Sadi-Carnot. Chambres doubles avec lavabo à 29 €, avec douche et w.-c. ou bains à 43 €. Menus à 10 et 18 €. Compter 23 € à la carte. Bel hôtel de caractère fondé en 1832. On est déjà saisi par l'enseigne patinée, puis par le hall de marbre et le vieil escalier miroitant. Admirez les vitraux d'époque. Chambres bien tenues, au charme désuet, elles ont été repeintes et les prix restent très raisonnables. Resto simple où le temps semble s'être arrêté. Quelques bonnes spécialités régionales : escargots à la catalane, entrecôte au vieux banyuls, crème brûlée catalane.

⌂ I●I *Park Hôtel – Restaurant Le Chapon Fin* *** – 18, bd Jean-Bourrat (Nord-Est) ☎ 04-68-35-14-14. Fax : 04-68-35-48-18. ● www.parkhotel-fr.com ● Parking payant. TV. Canal+. Satellite. ⚒ Resto fermé le dimanche. Congés annuels : resto fermé la 1ʳᵉ quinzaine de janvier et la 2ᵉ quinzaine d'août. Accès : face au square Bir-Hakeim, sur le grand boulevard menant à la route de Canet-Plage ; à 2 mn à pied de l'office du tourisme et à 5 mn du centre-ville. Chambres doubles avec douche et w.-c. ou bains de 64 à 92 €. Menus à 25 €, le midi, et à 100 €. Calme et central. Derrière une façade banale d'hôtel moderne, du luxe à prix honnêtes. Chambres de style Renaissance espagnole, climatisées, insonorisées, suréquipées, et un accueil et un service 3 étoiles vraiment. Le restaurant, *Le Chapon Fin*, est une des très bonnes tables perpignanaises. Le chef s'est fait une spécialité de « duos » (poisson et viande cuisinés ensemble), et les portions sont vraiment copieuses. Un peu cher ensuite à la carte, mais parfait. Pour les amateurs, impressionnante carte de vieux digestifs. *10 % sur le prix de la chambre offerts à nos lecteurs sur présentation de ce guide.*

⌂ I●I *Hôtel-restaurant Villa Duflot* **** – rond-point Albert-Donnezan (Sud) ☎ 04-68-56-67-67. Fax : 04-68-56-54-05. ● www.little-france.com/villaduflot ● Parking. TV. Satellite. ⚒ Accès : à 2 mn du péage sud de Perpignan, direction Argelès. Chambres doubles de 105 à 135 €. Resto : en semaine, uniquement à la carte, compter 39 € pour un repas. Le week-end, menu à 31 € vin compris. Les chambres, confortables et meublées avec goût, enchantent, tout comme le petit déjeuner particulièrement soigné. Optez pour celles donnant sur la piscine et à la vue plus agréable. Si vous empruntez l'A9 en vous rendant en Espagne par le Perthuis, la *Villa Duflot* vaut le gîte de charme. Si vous comptez séjourner à Perpignan, par contre, préférez un hôtel du centre-ville car les alentours de la villa ne sont guère trépidants (zone industrielle). Au restaurant, la carte affiche une

... de bon ton sans pour cela oublier
... ir catalan et ses produits fétiches
... la saison, des asperges du printemps
... cèpes d'automne. Belle sélection de
...ins du Roussillon. Éclairage bien vu le soir,
donnant à la *Villa* une atmosphère particulière.

I●I *Al Très* – 3, rue de la Poissonnerie
(Centre) ☎ 04-68-34-88-39. Fermé le
dimanche et le lundi ; ouvert le lundi soir du
15 juin au 15 septembre. Congés annuels :
15 jours en février et en novembre. Accès :
en plein centre (entre le parking de la République et la place Arago). Le midi en
semaine, formule à 10 € ; menu à 26 € ; à la
carte, compter 32 €. Superbe décor entre
Provence et Catalogne et cuisine ensoleillée dont raffolent les Perpignanais, servie
dans des assiettes colorées. D'une façon
générale, bonnes spécialités catalanes à
arroser d'un vin du Roussillon : *zarzuela*,
turbot aux morilles et de fort bons desserts.
Très belle carte de vins régionaux. Petite
terrasse en été. Toujours beaucoup de
monde. Une des valeurs sûres de Perpignan. *Apéritif maison offert à nos lecteurs
sur présentation de ce guide.*

I●I *Casa Sansa* – 3, rue Fabrique-Cou-
verte (Centre) ☎ 04-68-34-21-84. Fermé le
dimanche et le lundi. Accès : dans le quartier historique, dans la ruelle face au Castillet. Le midi, formule à 10 € ; dégustation de
tapas à 25 € ; à la carte, compter 28 €. Une
institution locale, récemment reprise par
une jeune patronne énergique. Étudiants,
intellos, branchés de tout poil et Barcelonais
de passage se bousculent dans cette
grande salle typique, surchargée de
tableaux colorés et d'affiches de corridas,
de vieilles photos et de dessins de Ben. On
y vient pour le décor et l'ambiance, et on en
profite pour s'offrir une franche cuisine catalane, copieuse et sans artifice, rehaussée
parfois de touches originales, sans prétention gastronomique pour autant. Gros succès, grande foule, ça pourrait facilement
tourner à l'usine. Ouvrez l'œil !

I●I *Bistrot Le Saint-Jean* – 1, cité Bartis-
sol (Centre) ☎ 04-68-51-22-25. Fermé le
dimanche et le lundi soir hors saison.
Congés annuels : en janvier. Plat du jour à
9 €. Formule à 10,50 €. Menus de 12 à
18,50 €. Spécialité de belles tartines de
pain de campagne. Une bonne cuisine
régionale à prix raisonnables : *escalivades*,
esqueixada de morue, fèves à la catalane...
Des plats que l'on accompagne de petits
vins au verre sélectionnés par le patron, qui
s'y connaît. En été, superbe terrasse enca-
drée par la cathédrale et le Campo Santo.
D'ailleurs, c'est le seul bistrot de Perpignan
où l'on puisse boire du vin de messe. Allé-
luia ! Hors saison, chaque soir, un vigneron
vient parler de son vin et le fait goûter : certaines soirées sont grandioses car les

vignerons sont rarement tristes et se
déplacent souvent avec quelques copains.
*Apéritif maison offert à nos lecteurs sur pré-
sentation de ce guide.* **NOUVEAUTÉ.**

I●I *Les Trois Sœurs* – 2, rue Fontfroide
(Centre) ☎ 04-68-51-22-33. ⚒ Fermé le
dimanche et le lundi toute l'année. Congés
annuels : pendant les vacances scolaires de
février. Accès : vieille ville, face à la cathédrale Saint-Jean. Compter 20 € environ à la
carte. Menu-enfants à 9 €. Une terrasse
agréable sur la place Gambetta, curieusement assez calme et peu touristique, et de
grandes salles claires (et climatisées) à la
déco sobre et moderne, avec expositions
temporaires de peinture et énorme taureau
(en résine) au milieu de la salle. On se
régale copieusement avec les formules « au
kilo », de poisson et fruits de mer. Original et
plaisant, et finalement pas si cher. Service
rapide, ambiance relax. Une adresse bien
fiable.

I●I *Le Sud* – 12, rue Louis-Basil (Centre)
☎ 04-68-34-55-71. Fermé tous les midis et
le lundi. Congés annuels : du 1er octobre au
31 mars. Accès : du palais des Congrès,
prendre la rue Élie-Delcros, puis à gauche la
rue Rabelais. La rue Louis-Basil est dans
le prolongement. Uniquement à la carte,
compter 30 €. Situé au cœur du quartier
gitan de Perpignan, près de la place Puig.
« On dirait le Sud / Le temps dure longtemps... ». Dans une sorte d'hacienda, on
entre dans un monde imaginaire entre Provence, Mexique, Moyen-Orient, Grèce et
Catalogne. Le patio, où trône un vieux
figuier, regorge d'arbres aux senteurs
variées, et la cuisine aussi est parfumée
(cumin, menthe, coriandre)... Service féminin souriant. Et, certains soirs, les guita-
ristes du quartier viennent souffler le
duende, comme à Triana.

DANS LES ENVIRONS

CANET-EN-ROUSSILLON   66140
(11 km E)

I●I *La Vigatanne* – 2, rue des Remparts
☎ 04-68-73-16-30. Fermé le midi en été.
Hors saison, fermé le lundi, le mardi midi et
le samedi midi. Pas de menu. Compter 30 €
pour dîner loin de la foule balnéaire. Quelle
adresse ! Pas le lieu, vieille ferme aux épais
murs de pierre le long du château. Pas le
décor, exubérant, à la limite de la folie, avec
le petit train jaune miniature qui fait le tour
des plafonds, la *torera* blonde (Cristina San-
chez ?) au balcon, la sandale géante (la
fameuse *vigatanne*). Pas la bouffe, étonnante de fraîcheur et de qualité, le plus
souvent grillée sous vos yeux dans
l'immense cheminée aux côtés de laquelle
trône la grille de boulanger et ses énormes
miches à l'ancienne. Pas les patrons non

plus, qui évoquent à la fois Rabelais et Woody Allen. C'est l'ensemble qui est fabuleux et permet de créer une ambiance délirante dans ce qui se définit comme un « théâtre gastronomique ». Pensez à réserver, même en hiver. *NOUVEAUTÉ.*

CANET-PLAGE 66140 (12 km E)

🏠 ❙●❙ *Le Clos des Pins – Le Bistrot Fleuri* ******* – 34, av. du Roussillon ☎ 04-68-80-32-63. Fax : 04-68-80-49-19. ● www.closdespins.com ● Parking. TV. Satellite. Fermé le mardi pendant les 3 derniers mois de l'année. Restaurant fermé tous les midis. Congés annuels : en janvier et février. Accès : par la D617. Chambres doubles avec douche et w.-c. ou bains de 107 à 135 €. Menu à 26 €. Une très fine et agréable cuisine, inventive et maîtrisée. Pas de fromage à la carte, mais sur demande, oui ! Vins exclusivement régionaux, et service aimable. S'il fait beau, on mange au jardin, superbe vraiment. Chambres de standing, climatisées, et piscine. Une belle adresse pour qui en a les moyens.

❙●❙ *La Rascasse* – 38, bd Tixador ☎ 04-68-80-20-79. Fermé tous les midis (sauf le dimanche) de juillet à septembre et le jeudi toute la journée d'avril à juin. Congés annuels : du 30 septembre au 1er avril. Accès : rue parallèle au front de mer, à 20 m. Menus de 16,80 à 27,40 €. Bien des Perpignanais connaissent cette vieille adresse du Canet, qui est un peu le Perpignan-Plage, spécialisée dans les produits de la mer. Une salle à manger super traditionnelle, « vieille France », et effectivement des huîtres et autres coquillages d'une grande fraîcheur, et du poisson bien travaillé. Au service, la patronne comme le jeune homme sont impeccables, et donc on dîne avec plaisir, à prix correct, et le vin aussi bien bon, et pas trop cher (domaine de Dom Brial, côtes-du-roussillon, un blanc extra). Excellente crème catalane pour terminer. En somme, un bon repas pas trop ruineux.

BANYULS-DELS-ASPRES 66300

(25 km S)

❙●❙ *Domaine de Nidolières* ☎ 04-68-83-04-23. Fermé du dimanche au mardi soir. Congés annuels : en décembre. Accès : à l'est de la RN9, Perpignan-Le Boulou. Avant d'arriver au Boulou, prendre la D40. Menus à 24 et 27,50 €. La bonne petite auberge au milieu des vignes ! Bon, le bâtiment n'est pas terrible vu de l'extérieur et la déco pseudo-rustique ne vous emballera pas. Mais la cuisine ! Mais les vins ! Le lapin rôti arrosé d'un rouge du domaine fut un moment d'anthologie. Et le plus beau, c'est que, vu la taille des plats, le plaisir dure longtemps. Délicieux, bon marché, copieux

et gentiment servi, qu'est-ce qui vous manque pour être heureux ? *NOUVEAUTÉ.*

SAINT-PAUL-DE-FENOUILLET
66220 (33 km NO)

🏠 ❙●❙ *Relais des Corbières* ****** – 10, av. Jean-Moulin ☎ 04-68-59-23-89. Fax : 04-68-59-03-04. Parking. TV. Congés annuels : en janvier. Accès : par la D117. Chambres doubles à 41 €. Menus de 14 à 39 €. Dieu, la belle terrasse ! Diable, qu'elle est mal placée ! Le long de la route, après un passage à niveau (il n'y a qu'un train par jour, le matin à 8 h 30). Mais les chambres, grandes, claires, bien entretenues, le resto à la franche cuisine régionale, la patronne super sympa qui se met en quatre pour vous être agréable, honnêtement, ça compense. Le soir, quand les voitures se font rares, déguster un maury sur la terrasse en écoutant chanter les fontaines, c'est un vrai plaisir. Pour les enfants, chaises hautes et jeux à disposition. *NOUVEAUTÉ.*

PÉZENAS 34120

Carte régionale B2

❙●❙ *La Pomme d'Amour* – 2 bis, rue Albert-Paul-Allies (Centre) ☎ 04-67-98-08-40. Fermé le lundi soir et le mardi (sauf en été). Congés annuels : en janvier et février. Accès : à deux pas de l'office de tourisme. Menus à 14,50 et 18,50 €. Dans le pittoresque cœur historique de la ville qui a abrité Molière et vu naître Bobby Lapointe, les vieilles pierres de la maison cachent un petit resto bien agréable. Cuisine du terroir simple et correcte : moules à la crème et saumon au safran. Accueil amical.

PONT-DE-MONTVERT (LE) 48220

Carte régionale B1

🏠 ❙●❙ *La Truite Enchantée* – (Centre) ☎ 04-66-45-80-03. Parking. Congés annuels : de mi-décembre à début mars. 8 chambres doubles à 25 € avec douche mais w.-c. extérieurs. Menus de 13,50 à 23 €, plus gastronomique. Une bonne étape où il vaut mieux réserver. Au bord de la route qui traverse le village. *La Truite Enchantée...* quel nom sympa ! Habile mélange d'un quintette de Schubert et d'un célébrissime opéra mozartien. Tenue par Corinne et Edgard, cette bonne maison familiale affiche des prix très sages. Confort modeste mais clair, propre et spacieux. Bonne petite cuisine, copieuse et régionale, servie dans la salle attenante à la cuisine : filet de truite saumonée sauce oseille, ris d'agneau aux trompettes de la mort. *Digestif maison offert à nos lecteurs sur présentation de ce guide.*

DANS LES ENVIRONS

MASMÉJEAN 48220 (7 km E)

I●I *Chez Dedet* ☎ 04-66-45-81-51. Cartes de paiement refusées. ⅋ Fermé le mercredi et le soir en semaine hors saison. Congés annuels : fin juin et début novembre. Accès : de Pont-de-Montvert, prendre la D998 direction Saint-Maurice-de-Ventalon, puis tourner à gauche en direction de Masméjean. Menus de 10 à 20 € (le premier uniquement à midi, en semaine). Ah c'qu'on mange bien *Chez Dedet* ! Le resto campagnard vrai de vrai, dans un vieux corps de ferme à grosses poutres, grosse pierre et gros âtre. Produits de la ferme et du pays et, en saison, sanglier ou lièvre tirés dans le coin. Une adresse authentique, pur terroir et pur porc, avec en prime un gentil service. Pensez à réserver, surtout le dimanche et en hiver. *Café offert à nos lecteurs sur présentation de ce guide.*

SAINT-ÉTIENNE-DU-VALDONNEZ 48000 (27 km NO)

🛌 I●I *Auberge des Laubies* – **hameau des Laubies** ☎ 04-66-48-01-25. Congés annuels : Hôtel fermé de novembre à mai ; restaurant fermé de mi-décembre à Pâques. Accès : par la D35 jusqu'au col de Montmirat, puis par la N106 sur 4 km, direction Saint-Bauzile. Compter 25 € la chambre double avec lavabo. Demi-pension à 26 € par personne. Menus de 10 à 17 € (19 € le dimanche !). Une excellente adresse, dans un hameau isolé, sur le haut plateau du mont Lozère, avec un paysage magnifique et dénudé aux alentours. L'auberge est tenue par une famille de Lozériens enracinés. Cuisine copieuse de terroir (pommes de terre aux lard !), pas chère du tout. L'endroit idéal pour se changer les idées, méditer, rêver en plein air, pêcher ou marcher. *Apéritif maison offert à nos lecteurs sur présentation de ce guide.* **NOUVEAUTÉ.**

VIALAS 48220 (18 km E)

🛌 I●I *Hostellerie Chantoiseau* ★★★ – **le bourg** ☎ 04-66-41-00-02. Fax : 04-66-41-04-34. Cartes de paiement refusées. TV. Fermé le mardi soir et le mercredi. Congés annuels : d'octobre à fin avril. Accès : sur la D998. Chambres doubles avec douche et

w.-c. à 61 €, avec bains à 69 €. Menus de 21,35 à 65 €. Dans cet ancien relais de poste, on se régale d'une cuisine authentiquement cévenole et nature, dans un cadre mi-chic mi-rustique agréable. C'est que Patrick Pagès aime et connaît sa région, ses vallées sauvages, ses champignons, ses châtaignes et ses bêtes à poils, plumes ou écailles. Goûtez la saucisse d'herbes, le *pompétou* de truite rose ou la *coupétade*. Avec ça, une des caves les mieux fournies du Languedoc-Roussillon. Une halte gastronomique qui s'impose, même en l'absence du maître des lieux, souvent parti, hors saison, trouver ailleurs de quoi entretenir cette jolie hostellerie qui ressemble de moins en moins à un hôtel et de plus en plus à une maison.

PONT-SAINT-ESPRIT 30130

Carte régionale B1

🛌 I●I *Auberge Provençale* ★★ – **route de Bagnols-sur-Cèze (Sud)** ☎ 04-66-39-08-79. Fax : 04-66-39-14-28. Parking. Fermé le dimanche soir d'octobre à mars. Accès : par la N86, à la sortie du village. Chambres doubles avec bains à 27,50 €. Menus de 9,50 à 19 €. Il faut pousser la porte de cet hôtel-restaurant de bord de route dont la façade ne paie pas de mine. Tenue depuis plus de 40 ans par la même famille, l'*Auberge Provençale* reçoit dans la bonne humeur aussi bien les routards que les routiers, les familles et les notables du coin. Deux grandes salles climatisées permettent aux clients de se régaler d'une cuisine traditionnelle, franche et copieuse, comme on n'en voit plus beaucoup. Le 1ᵉʳ menu donne le ton : charcuterie, crudités, plat du jour garni ou truite ou omelette, légumes de saison, plateau de fromages, corbeille de fruits ou glace. Le gigondas et le tavel sont servis au verre à bon prix. Les chambres donnent sur une cour pour les plus calmes. Bravo !

I●I *Lou Récati* – **rue Jean-Jacques (Centre)** ☎ 04-66-90-73-01. ⅋ Fermé le lundi et le mardi midi. Accès : dans une petite rue perpendiculaire aux allées F.-Mistral (face à la fontaine au coq). Le midi en semaine, petit menu à 12 €, autres menus à partir de 21 €. *Lou récati* : le mot désigne les îlots d'objets, mobilier ou vêtements qu'on formait précipitamment en cas de crue du Rhône, pour les sauver des eaux... Belle image pour ce restaurant où le jeune chef propose une cuisine fine et bien travaillée. Oui, une vraie cuisine de cuistot, de pro : dans le second menu, des ravioles d'escargots, des aiguillettes de canard (et poêlée d'artichauts et pois gourmands), puis une crème brûlée à la lavande (en vérité, la meilleure qu'on ait jamais vue... et mangée !). Cadre propre et gentil, et service itou de madame. *Café offert à nos lecteurs sur présentation de ce guide.*

DANS LES ENVIRONS

AIGUÈZE 30760 (10 km NO)

🏠 *Résidence Le Castelas* ** – au village ☎ 04-66-82-18-76. Fax : 04-66-82-14-98. ● www.residencelecastelas.com ● Parking. Congés annuels : du 10 janvier au 10 mars. Accès : de Pont-Saint-Esprit, N86 direction Montélimar, puis à gauche la D901 direction Aiguèze. Suivant la saison : chambres doubles avec douche et w.-c. ou bains de 55 à 71 € ; studios pour 2 personnes de 550 à 723 € la semaine. Au cœur de ce village en à-pic sur l'Ardèche, *Le Castelas* jouit d'une situation et de qualités remarquables : charme et confort des chambres (avec kitchenette) aménagées dans des murs anciens. On a le choix entre la résidence principale, avec piscine centrale et où certaines chambres ont terrasse et vue sur les gorges de l'Ardèche, et l'annexe, à deux rues de là, toujours de bon confort et avec là aussi une piscine, plus petite mais vraiment sympa. Patron courtois et serviable. Une belle adresse, d'un bon rapport qualité-prix. Petit déjeuner-buffet bon et copieux. Prêt de vélo, conseils sur les randos, descentes en canoë-kayak, etc.

BAGNOLS-SUR-CÈZE 30200
(15 km S)

🏠 *Hôtel Bar des Sports* ** – 3, pl. Jean-Jaurès (Centre) ☎ 04-66-89-61-68. Fax : 04-66-89-92-97. Parking. TV. Accès : de Pont-Saint-Esprit, route de Nîmes (N86). Chambres doubles avec douche et w.-c. ou bains à 42 €. En général, quand un *Bar des Sports* se met à louer des chambres, c'est du rafistolage, du camping ou du meublé à la semaine ou au mois (payable à l'avance). Bref, le truc de limonadier qui a quelques pièces vides au-dessus du comptoir et qui se dit : tiens, et si je les louais ? Il y flanque un matelas, et le tour est joué. Aussi, cher lecteur, quelle surprise de trouver ici des chambres propres et confortables, niveau 2 étoiles NN vraiment ! Impeccables, avec double vitrage et téléphone. Bon accueil du patron, et pas trop de boucan le soir, même si le bar ferme tard.

PRADES 66500

Carte régionale A2

|●| *Le Jardin d'Aymeric* – 3, av. du Général-de-Gaulle ☎ 04-68-96-53-38. 🍴 Fermé le dimanche soir et le lundi. Congés

annuels : pendant les vacances scolaires de février et 2 semaines en juin. Accès : un peu excentré, face à la gare routière. Menus de 18,50 à 28,50 €. Plat du jour à 9,50 € le midi en semaine. Un petit restaurant à la salle toute simple, néanmoins chaleureuse, et où l'on se régale franchement. Comme il n'y a pas beaucoup de places, pensez à réserver, car pas mal d'habitués apprécient cette cuisine généreuse, régionale certes mais aussi inventive et finement travaillée, toujours à base de produits frais. Carte de saison donc, et des menus d'un bon rapport qualité-prix. Bons vins régionaux également, notamment la cuvée maison : bien franchement, ce rouge en vrac valait son grand cru. Service énergique, souriant et loquace. Ah, on oubliait, s'il y en a, prenez donc le petit banyuls blanc en apéritif, une délicieuse rareté. *Un kir offert aux lecteurs sur présentation de ce guide.*

DANS LES ENVIRONS

VINÇA 66320 (9 km E)

🏠|●| *La Petite Auberge* – 74, av. du Général-de-Gaulle ☎ 04-68-05-81-47. Fax : 04-68-05-85-80. 🍴 Fermé le mercredi et le dimanche soir. Congés annuels : fêtes de fin d'année. Accès : prendre la N116 direction Prades. Chambres doubles avec lavabo à 19 €, avec douche et w.-c. à 28 €. Menus de 11 à 28,50 €. En voilà une qui n'usurpe pas son nom. La faconde du chef, qui arbore un franc sourire, est à l'image de sa cuisine, nature et généreuse. Aucune déception avec le 1er menu qui commence par un buffet de hors-d'œuvre ou du jambon cuit et se poursuit avec un plat du jour. Remarquable de simplicité. Une véritable invite aux menus suivants ! Dispose aussi de chambres simples, plutôt pour dépanner. Avant ou après le déjeuner, profitez-en pour faire une visite à l'église Saint-Julien, qui possède un orgue du XVIIIe siècle et un mobilier baroque intéressant. *Apéritif maison offert à nos lecteurs sur présentation de ce guide.*

PRATS-DE-MOLLO 66230

Carte régionale A2

🏠|●| *Hôtel des Touristes* ** – av. du Haut Vallespir ☎ 04-68-39-72-12. Fax : 04-68-39-79-22. ● www.hotel.lestouristes.free.fr ● Parking. TV. 🍴 Congés annuels : du 1er novembre au 1er avril. Accès : à l'entrée du village, sur la droite en venant d'Arles-sur-Tech. Chambres doubles de 25,15 à 32,77 € avec lavabo, de 42,69 à 45,73 € avec douche et w.-c. ou bains. Menus de 15 à 43,62 €. Une grande et solide bâtisse de pierre grise, parfait piedà-terre pour rayonner dans la région, le Vallespir montagneux et sauvage. Chambres à l'avenant, au fidèle mobilier rustique, bien tenues. TV sur demande, sans surcoût. Certaines avec balcon, d'autres avec petite terrasse. Préférer celles donnant sur l'arrière, où coule une rivière. Vaste salle à manger pour une cuisine régionale familiale et traditionnelle. Un peu loin du centre-ville, mais est-ce un inconvénient ? Patronne affable. *Un apéritif maison et un petit déjeuner par chambre offerts (en avril et octobre) à nos lecteurs sur présentation de ce guide.*

ROQUEFORT-DES-CORBIÈRES   11540

Carte régionale A2

|●| *Le Lézard Bleu* – rue de l'Église ☎ 04-68-48-51-11. Accès : direction centre-ville. Menus à 16,50 et 21,50 €. Suivez le lézard, il vous conduira à la porte de cette adresse placée sous le signe du bleu. Promis, on ne voit pas d'éléphants roses. Porte bleue, murs blancs… et des peintures modernes aux murs. Patronne pleine de gentillesse et de passion, qui vous mitonnera des plats essentiellement à base de canard. Foie gras, tajines, magrets et canard à l'orange. Menus aux desserts un peu légers pour le prix. Pensez à réserver. *Café offert à nos lecteurs sur présentation de ce guide.*

SAINT-ANDRÉ-DE-VALBORGNE   30940

Carte régionale B1

🏠 |●| *Hôtel-restaurant Bourgade* ** – pl. de l'Église ☎ 04-66-60-30-72. Fax : 04-66-60-35-56. ● picoboo@compuserve.com ● TV. Fermé du lundi au jeudi soir de mi-avril à mi-juin et de mi-septembre au 11 novembre. Chambres doubles avec douche et w.-c. ou bains de 45 à 50 €. Menus à 16 €, le midi en semaine, puis à 29 et 37 €. Un village de bout du monde, au creux d'une des plus jolies vallées des Cévennes. Et une vieille affaire de famille (c'était déjà un relais de poste au XVIIe siècle) que la nouvelle génération a singulièrement dépoussiérée. Accueil enthousiaste. Chambres tout simplement charmantes, donnant sur la place de l'Église ou côté torrent. Et une très belle et inspirée cuisine de région et de marché (le jeune chef a fait, entre autres, ses classes chez Ducasse). Que les très vieux habitués se rassurent toutefois : les écrevisses qui avaient fait la réputation de la maison du temps d'Herminie (la grand-mère du jeune patron) sont toujours à la carte.

SAINT-SATURNIN-DE-LUCIAN   34725

Carte régionale B1

🏠 |●| *Ostalaria Cardabela* – 10, pl. de la Fontaine (Centre) ☎ 04-67-88-62-62. Fax : 04-67-88-62-82. ● ostalaria.cardabela@wanadoo.fr ● TV. Resto fermé à midi sauf le dimanche + fermé le dimanche soir et le lundi (en juillet-août, fermé uniquement le lundi). Accès : sur la D130. Au centre du village. Chambres doubles de 60 à 85 €. Petit déjeuner à 9,50 €. Au restaurant *Le Mimosa*, menu à 48 €. Une très belle adresse pour qui aime avant tout son confort, avec d'adorables chambres à l'ambiance très cosy (grands lits, coton égyptien). Ici, on soigne avant tout l'accueil et le détail. Ce charmant petit hôtel appartient en fait au propriétaire du restaurant *Le Mimosa*, à Saint-Guiraud (à 2 km), où vous vous devez d'aller au moins une fois déjeuner, sinon dîner. Un restaurant original, très classe, dans une vieille maison pleine de charme, elle aussi.

|●| *Le Pressoir de Saint-Saturnin* – 17, pl. de la Fontaine (Centre) ☎ 04-67-88-67-89. Ouvert tous les jours, midi et soir. Congés annuels : du 2 janvier au 13 février. Plat du jour à 8,40 €. Menu à 15 €. Coup de cœur pour cette authentique auberge languedocienne qui a su mettre à sa carte des plats d'autrefois, comme le ragoût d'escoubille au vin rouge du pays. En terrasse comme en salle, l'atmosphère n'est jamais triste. Goûtez les croquettes au fromage du Larzac et l'agneau fermier, ou le bœuf de Chalosse grillé au feu de bois. Une bonne sélection des vins de la région.

SAUVE   30610

Carte régionale B1

|●| *Chez La Marthe* – 20, rue Mazan (Centre) ☎ 04-66-77-06-72. Fermé le dimanche soir et le lundi. Congés annuels : en novembre. Accès : vers la mairie. Menu le midi en semaine à 11 €. Autres menus à 18,50 et 22 €. La Marthe était un personnage, une bonne femme comme on n'en voit plus, anarchiste un peu, et qui tenait l'épicerie du village où les enfants allaient acheter Malabar, sucettes et Car-en-Sac, il y a encore 20 ans… La Marthe n'est plus, le nom demeure, et l'épicerie est maintenant un petit restaurant à la déco hétéroclite et charmante. Parmi les spécialités : pieds et paquets à la marseillaise, salade cévenole, alouette sans tête. Attention, l'hiver, prudent de téléphoner pour s'assurer que c'est ouvert ; l'été aussi, pour être sûr d'avoir une table. *Apéritif maison offert à nos lecteurs sur présentation de ce guide.*

|●| Restaurant Le Micocoulier – 3, pl. Jean-Astruc (Centre) ☎ 04-66-77-57-61. Fermé le midi en juillet-août (sauf le dimanche et les jours fériés). Menus de 15 à 25 €. L'endroit d'abord est agréable : la petite salle est toute mignonne et la terrasse, perchée au bord de la falaise, reposante. On y resterait bien des heures à écouter le patron parler de sa cuisine ! Parce que, un poil historien, un soupçon sociologue, il n'a pas son pareil pour raconter ses recettes ramenées de ses périples, testées et adaptées. Goulasch, harengs marinés à la polonaise, porc *vindaloo* ou salade à la crème de pélardon, pour revenir dans le coin, se laissent manger sans résistance, comme la charlotte au chocolat préparée par l'épouse américaine du patron. Une de nos adresses préférées dans le Gard.

SÈTE 34200

Carte régionale B2

🏠 |●| Le P'tit Mousse * – rue de Provence (Ouest) ☎ et fax : 04-67-53-10-66. Accès : dans le quartier de La Corniche. Chambres doubles autour de 30 € avec douche et w.-c. Possibilité de demi-pension (demandée en juillet-août) dans le restaurant en bas. Au resto, menus de 12,20 à 20 €. Petite maison ocre soutenu, dans une ruelle calme de La Corniche, très près de la mer. Chambres assez petites mais propres et pas chères ! Cuisine simple aux spécialités locales et ambiance familiale. Possibilité de renseignements sur les randonnées du coin.

🏠 Le Grand Hôtel *** – 17, quai de-Lattre-de-Tassigny (Centre) ☎ 04-67-74-71-77. Fax : 04-67-74-29-27. ● www.hotel-sete.com ● Parking payant. TV. Satellite. Congés annuels : du 20 décembre au 4 janvier. Chambres doubles avec douche et w.-c. à 60 €, avec bains de 72 à 115 €. Magnifique adresse que ce *Grand Hôtel*, bâti dans les années 1880. Spacieux, meublé d'époque, il abrite un patio remarquable, ainsi qu'une verrière à armature métallique, genre Baltard. C'est là que vous prendrez un bon petit déjeuner, sur fond de décor original, clin d'œil au magnifique et tonique MIAM voisin (traduisez : musée international des Arts modestes). Ces touches de couleur, comme le service, bien gentil, ont redonné vie à l'auguste demeure. Et vous n'avez qu'une porte à pousser pour aller dîner à la meilleure table de la ville (voir *La Rotonde*).

🏠 |●| Les Terrasses du Lido *** – rond-point de l'Europe , La Corniche (Ouest) ☎ 04-67-51-39-60. Fax : 04-67-51-28-90.

Parking. TV. ✄ Fermé le dimanche soir et le lundi hors saison. Congés annuels : du 17 au 28 février et du 22 décembre au 2 janvier. Accès : direction « La Corniche ». Chambres doubles avec bains de 70 à 84 € selon la saison. Demi-pension, demandée pour des séjours de plus de 3 nuits en juillet et août, de 70 à 82 € par personne. Menus de 25 à 52 €. Pensez à réserver, il n'y a que 9 chambres ! Michel et Colette Guironnet tiennent leur hôtel-restaurant avec bon goût et savoir-faire. Tout est réussi : la déco des chambres comme celle du salon ou de la salle de resto, l'accueil doux, la cuisine préparée avec art (bravo Colette !), avec une prédilection pour le poisson et les crustacés, bouillabaisse, bourride de baudroie, lasagne de homard aux cèpes... Il y a même une piscine où se rafraîchir ! *10 % sur le prix de la chambre (en basse saison, soit du 1er octobre au 30 juin) ou apéritif maison ou café offerts à nos lecteurs sur présentation de ce guide.*

|●| Le Marie-Jean – 26, quai Général-Durand (Centre) ☎ 04-67-46-02-01. Fermé le lundi midi (et le soir hors saison). Congés annuels : en février. Accès : près du canal. Menus à 17 €, en semaine, et de 22,50 à 38 €. Une vraie bonne table qui laisse bien augurer de l'avenir de ce quai, si l'on arrive un jour à chasser les pièges à touristes pour revenir à ce qui faisait l'orgueil de la ville : ses spécialités gastronomiques. Ici, vous allez vous régaler avec le carpaccio de thon, le tartare de sardines, les encornets farcis à la sétoise, les poissons à la *plancha*... Déco un poil chic, service stylé. Mais ne vous croyez pas obligé de murmurer pour autant : vous auriez du mal à vous faire entendre, surtout en terrasse, avec la circulation sur les quais ! *Apéritif maison offert à nos lecteurs sur présentation de ce guide.*

|●| La Rotonde – 17, quai de-Lattre-de-Tassigny (Centre) ☎ 04-67-74-86-14. Fermé le samedi midi et le dimanche. Congés annuels : la première semaine de janvier et les 2 premières semaines d'août. Accès : près du canal. Menu du marché à 21 € servi à midi en semaine. Autres menus à 24 et 51 €. Cette grande table de Sète faisait partie à l'origine du *Grand Hôtel*, avec lequel elle communique toujours, pour le plus grand plaisir des habitués. N'imaginez surtout pas quelque chose d'empesé. Le décor très *Au théâtre ce soir* vous donnera de quoi vous distraire, avant d'attaquer la lecture d'une carte écrite par un amoureux de produits de la Méditerranée et de celle-ci. Philippe Mouls ne travaille qu'en fonction des arrivages, réinventant selon l'humeur une cuisine terre-mer parfumée et savoureuse : lasagnes d'huîtres de Bouzigues, tomates, courgettes et jambon (une merveille !), galinette de palangre aux poivrons

LANGUEDOC-ROUSSILLON

et jus de bouille au safran, soit-dit en passant, pour vous donner juste une idée. Habillez-vous pour faire la fête aux beaux produits, vous ne le regretterez pas. Service gentil comme tout. *Café offert à nos lecteurs sur présentation de ce guide.*

DANS LES ENVIRONS

BOUZIGUES 34140 (15 km N)

|●| *L'Arseillère* – av. Louis-Tudesq ☎ 04-67-78-84-12. Ouvert midi et soir en été et de 11 h à 16 h hors saison. Menus de 11 à 22 €, et un menu pour deux à 40 €. Compter le double pour une dégustation mémorable. Jean-Pierre Molina aurait pu mal tourner et devenir footballeur professionnel. Il a préféré se mettre à la colle avec les huîtres, une technique dont cet authentique enfant du pays vous parlera, s'il a le temps, entre deux plateaux. Bon, évitez de lui demander pour la énième fois ce qu'est une arseillère (le rateau muni d'un filet que vous verrez accroché au mur, avec lequel on recherche les coquillages) et concentrez-vous sur votre assiette. On y trouve grosso modo les mêmes produits qu'ailleurs (moules, huîtres, violets de roche, tielle), mais aussi palourdes et escargots à l'aïoli, et au moins, ici, vous mangerez en toute confiance, allez savoir pourquoi.

|●| *Chez la Tchèpe* – av. Louis-Tudesq ☎ 04-67-78-33-19. Cartes de paiement refusées. ♿ Fermé le mercredi. Congés annuels : en janvier. Accès : face à l'étang de Thau. Menu fruits de mer à 20 € pour deux, vin compris, puis un autre menu à 28 €. Se remarque à sa petite terrasse, souvent bondée. Encore une vente directe « du producteur au consommateur », mais ici au meilleur prix. Pour 20 €, vous avez 24 huîtres, 12 moules, 1 violet, 2 *tielles* chaudes (petit soufflé au calmar et à la sauce tomate, spécialité sétoise) et une bouteille de blanc ! On comprend qu'il y ait du monde. On peut aussi choisir ce qu'on veut à l'étal, à manger sur place ou à emporter. Le bon plan.

SOMMIÈRES 30250

Carte régionale B1

🏠 *Le Relais de l'Estelou* – route d'Aubais ☎ 04-66-77-71-08. Fax : 04-66-77-08-88. ●www.relais.delestelou.free.fr ● ♿ Accès : à l'entrée de la ville, au sud, dans l'ancienne gare de Sommières. Chambres doubles de 35 à 60 €. Les chambres lumineuses de cet hôtel, ouvert en 2002, sont

très judicieusement arrangées (du jonc de mer au sol, des portes de salles de bains très gaies). Elles donnent sur le jardin à l'arrière ou sur la cour (calme) devant l'hôtel. D'autres chambres sont installées dans un pavillon près du jardin. Une grande véranda abrite un bar où l'on peut, dans un décor soigné et personnalisé, passer des soirées agréables. Le centre-ville est à 5 minutes à pied. Très bon accueil et excellent rapport qualité-prix. *NOUVEAUTÉ.*

|●| *L'Olivette* – 11, rue Abbé-Fabre ☎ 04-66-80-97-71. Fermé le mardi en saison, les mardi soir et mercredi hors saison. Congés annuels : en janvier. Le midi formule à 11,80 €, entrée + plat ou plat + dessert, puis menus de 15,80 à 28,70 €. Accueil naturel et gentil, et jolie salle habillée de pierre et de bois, climatisée (pas réfrigérée !). Cuisine fidèle à son terroir (escargots à la sommièroise, brandade à la tapenade), avec parfois des saveurs venues d'ailleurs. *Tapenade maison offerte aux lecteurs sur présentation de ce guide.*

SORÈDE 66690

Carte régionale A2

|●| *La Salamandre* – 3, route de Larroque ☎ 04-68-89-26-67. Fermé du dimanche soir au mardi midi. Congés annuels : du 7 janvier au 15 mars et du 15 novembre au 1er décembre. Menus à 17 à 25 €. La salle, un peu petite, manque d'intimité, mais la table vaut vraiment la peine d'être essayée. Cuisine pleine d'originalité alliant gastronomie régionale et recettes moins connues pour un résultat fin et goûteux. Pour votre éducation culinaire, sachez que la salamandre est la voûte supérieure du four sous laquelle on met un plat pour glacer le dessus. Une bonne table vraiment, à prix tout à fait raisonnables. On aime.

UZÈS 30700

Carte régionale B1

🏠 |●| *Hôtel Saint-Géniès* ** – quartier Saint-Géniès, route de Saint-Ambroix (Sud-Ouest) ☎ 04-66-22-29-99. Fax : 04-66-03-14-89. ● saintgenies2@wana

doo.fr ● Parking. Congés annuels : de mi-janvier à début mars. Accès : à 1,5 km du centre-ville, direction Saint-Ambroix. Chambres doubles avec douche et w.-c. ou bains de 46 à 49 €. Table d'hôte (sauf le dimanche) à 14 €. Maison récente, installée dans un paisible quartier résidentiel. Une vingtaine de chambres, arrangées avec goût. Les n°s 9, 10 et 11 sont mansardées et plus intimes. *Café offert à nos lecteurs sur présentation de ce guide.*

🏠 I●I *Hôtel d'Entraigues – Restaurant Les Jardins de Castille**** – 8, rue de la Calade (Est) ☎ 04-66-22-32-68. Fax : 04-66-22-57-01. ● www.lcm.fr/savry/ ● Parking payant. TV. ⅍ Accès : en face de l'évêché et de la cathédrale Saint-Théodorit. Chambres doubles avec douche et w.-c. ou bains de 50 à 87 € suivant la saison. Menus de 22 à 49 €. L'adresse chic d'Uzès, aménagée dans un ensemble de maisons de ville des XVe, XVIIe et XVIIIe siècles. Un charme indéniable pour la trentaine de chambres et d'appartements, tous différents (climatisés pour la plupart) et d'une belle tranquillité. Certaines chambres disposent de balcons ou de terrasses. Jolie piscine. Au restaurant, sur la terrasse panoramique ou sous les solides arcades de l'élégante salle à manger, cuisine provençale plutôt inspirée. Les mardi et vendredi, toute l'année, piano-bar *L'Atlas* avec animation musicale.

🏠 I●I *Hôtel-restaurant La Taverne* ** – 4-9, rue Xavier-Sigalon (Centre) ☎ 04-66-22-13-10. Fax : 04-66-22-45-90. ● lataverne.uzes@wanadoo.fr ● TV. Congés annuels : du 18 novembre au 15 décembre. Accès : dans la rue du cinéma de la ville. Chambres doubles avec douche et w.-c. ou bains de 57 à 76 € suivant la saison. Menus de 20,50 à 22 €. Bonne et sympathique cuisine dans un décor agréable : un jardin dans une courette tranquille, sauf quand les groupes ont investi l'endroit. Le patron peut vous parler d'Uzès qu'il connaît fort bien. Confit, magret de canard et cassoulet (mais ce n'est plus la région !), excellente brouillade aux truffes. À quelques mètres de là, l'hôtel offre des chambres tranquilles (surtout sur l'arrière), de bon confort et d'un joli rapport qualité-prix pour la ville. Toutes sont différentes (certaines ont conservé quelques souvenirs de cette vieille maison : plafond à l'ancienne, murs de pierre...).

I●I *Le Bistrot du Grézac* – pl. Belle-Croix (Centre) ☎ 04-66-03-42-09. Jours de fermeture et congés non définis. Téléphoner avant. Accès : au pied de l'église Saint-Étienne. Menus de 11 à 21 €. Décor de bon vieux bistrot... flambant neuf (avec un peu de patine, ce sera impeccable). Toute simple, toute bonne cuisine de marché sous influence provençale. Service sans chichis mais aimable et efficace. Terrasse un peu trop au bord de la route, à notre goût. *Apéritif maison offert à nos lecteurs sur présentation de ce guide.*

I●I *Terroirs* – 5, pl. aux Herbes (Centre) ☎ 04-66-03-41-90. Fermé le lundi. Menus de 12 à 20 €. Sur la plus belle place de la ville, ce restaurant est l'extension culinaire d'un magasin de vins et produits régionaux (huiles, tapenade, herbes, miel). Son patron Dominique Becasse, a beaucoup voyagé, avant de s'installer à Uzès, sa ville d'adoption. Il ne sert que de bons produits, à prix sages néanmoins et sélectionnés avec le plus grand soin. Cuisine du Sud, naturelle et saine : tapas, pistou, pélardon et assiette gourmande. Excellent rapport qualité-prix. *NOUVEAUTÉ.*

I●I *Le San Diego* – 10, bd Charles-Gide (Centre) ☎ 04-66-22-20-78. Fermé le dimanche soir et le lundi. Menus à partir de 13,50 €. C'est tout près de la mairie, derrière une façade quelconque – ce qui est plutôt rare à Uzès –, qu'on a trouvé ce très bon petit restaurant. Deux salles voûtées et fraîches, des tons gris et rose et des roses sur les tables, et une cuisine bien préparée, servie copieusement et d'un excellent rapport qualité-prix. Service aimable et discret. *Apéritif maison offert à nos lecteurs sur présentation de ce guide.*

DANS LES ENVIRONS

SAINT-VICTOR-DES-OULES
30700 (6 km NE)

I●I *Restaurant du Mas des Oules* – route de Saint-Hippolyte ☎ 04-66-03-17-15. Cartes de paiement refusées. Fermé le dimanche soir hors saison, le lundi et le mardi. Congés annuels : de mi-décembre à fin février. Accès : par la D982, un peu avant Saint-Hippolyte-de-Montaigu. Environ 28 € à la carte. Dans une aile de l'ancienne ferme d'un château XVIIe siècle, situé un peu plus haut, derrière son parc. Petite maison provençale pur jus (murs ocre, volets bleus, terrasse sous les platanes). Deux, trois tables dans une toute petite salle à manger : on se croirait invité chez des amis. Impression confirmée quand la patronne vient vous raconter sa petite carte avec passion et enthousiasme. Cuisine au gré de ses envies donc, du marché et de l'inspiration, pleine de malice et d'inventions. Digne ici ou là de quelques grandes tables mais jamais frimeuse. Ambiance d'ailleurs largement à la décontraction. Étonnante adresse ! *Café offert à nos lecteurs sur présentation de ce guide.*

COLLIAS **30210** (10 km SE)

🏠 I●I *Auberge Le Gardon* * – chemin du Gardon ☎ 04-66-22-80-54. Fax : 04-66-22-88-98. Parking. Congés annuels : du

15 octobre au 15 mars. Accès : par la D981, direction Pont-du-Gard, puis la D3. Chambres doubles de 45 à 54 €. Menus de 18 à 24 €. En surplomb du Gardon, dans un beau jardin ombragé, cette vieille auberge familiale, à taille humaine (une ancienne magnanerie), cachée au bout d'un chemin communal, jouit d'une situation exceptionnelle. L'accueil des Hourson (un jeune couple franco-anglais) est excellent, à vrai dire un des meilleurs du Gard. Les chambres décorées à l'ancienne donnent sur le jardin ou la rivière (nos préférées, les nᵒˢ 2 et 5). La cuisine est goûteuse et appliquée, la carte volontairement réduite pour garder le côté famille. Cuisine fraîche, joviale et fine, à l'image de ces jeunes propriétaires. Petite piscine et, pour les enfants, chaises hautes à disposition. *NOUVEAUTÉ.*

VERS-PONT-DU-GARD   30210
(10 km SE)

🏠 |●| *La Bégude Saint-Pierre* – **Les Coudoulières** ☎ **04-66-63-63-63. Fax : 04-66-22-73-73.** ● www.hotel-saintpierre.fr ● Parking. TV. Satellite. ⚓ Fermé le dimanche soir et le lundi du 4 novembre au 30 mars. Accès : par la D981, un peu avant le pont du Gard. Chambres doubles avec bains à partir de 53,50 €. Menus de 29 à 49 €. Une *bégude* désigne, en provençal, la ferme qui servait de relais de poste au temps où les missives voyageaient à cheval. Tout cela a bien changé, mais *La Bégude* est toujours installée le long de la route de Remoulins à Uzès. Rassurez-vous pour le bruit, l'hôtel respire le calme et la sérénité. La belle bâtisse du XVIIᵉ siècle a été rénovée avec goût, dans un style provençal : les tissus de la salle à manger sont Souleïado, les chaises paillées viennent de Beaucaire. Les chambres sont climatisées et personnalisées, et donnent sur la cour, le « jardin aux vieilles voitures » ou la superbe piscine. Le resto sert une cuisine provençale inspirée. Bref, une très belle adresse, où l'on vous reçoit avec gentillesse et simplicité, ce qui ne gâche rien. *10 % sur le prix de la chambre offerts à nos lecteurs sur présentation de ce guide.*

VALCEBOLLÈRE   66340

Carte régionale A2

🏠 |●| *Auberge Les Écureuils* *** – ☎ **04-68-04-52-03. Fax : 04-68-04-52-34.** ● auberge-ecureuils@wanadoo.fr ● Parking. TV. Accès : prendre la N116 et la D30 par le bourg Madame. De 56 à 82 € la chambre double avec bains. Menus à 18 €, le midi en semaine, puis de 25 à 42 €. Au cœur de la Cerdagne profonde, à proximité de l'Espagne, cette chaleureuse auberge,

faite de pierre solide et de bois massif, est une halte conseillée. Si le gîte est un vrai bonheur, le couvert n'est pas mal non plus. Étienne Laffitte s'épanouit aux fourneaux au travers d'une cuisine généreuse, inspirée par le terroir catalan. Foie chaud de canard aux pommes au miel, magret de canard braisé aux cèpes, ou encore filet d'agneau braisé, et millefeuille chaud aux fruits frais, voilà l'appétissant programme. Chambres confortables, avec tout le confort. En prime : salle de gym, sauna et billard. Belle randonnée à faire dans le massif (2 500 m) qui domine l'hôtel. L'hiver, on peut y faire du ski nordique et de la raquette.

VIGAN (LE)   30120

Carte régionale B1

🏠 *Hôtel du Commerce* * – **26, rue des Barris (Centre)** ☎ **04-67-81-03-28. Fax : 04-67-81-43-20.** Parking. Fermé le dimanche soir hors saison. Chambres doubles de 21 € avec lavabo à 28,50 € avec douche et w.-c. ou bains. À peine à l'écart du centre du bourg, un hôtel tranquille et bon marché, parfait pour rayonner dans le pays viganais. Chambres claires, simples, mais hyper propres, de bon confort et spacieuses. Petit jardin. Une adresse bien cool, tout comme l'accueil.

|●| *Le Jardin* – **8, rue du Four (Centre)** ☎ **04-67-81-28-96.** ⚓ Fermé le lundi midi durant la saison. Accès : à 50 m de l'office du tourisme. Menus à 20 €, le midi en semaine, et de 25 à 30 €. Compter 40 € à la carte. Petit resto dans une rue tranquille. Salle agréable, petite terrasse. L'endroit se veut aussi cave à vins : le fait est qu'on y trouve force vins de pays, AOC régionaux. Honnête (sans plus) cuisine de marché (dont les plats changent évidemment allègrement au gré des saisons) à base de bons produits (bœuf et veau viennent, par exemple, de l'Aubrac).

DANS LES ENVIRONS

AVÈZE 30120 (2 km S)

🏠 |●| *L'Auberge Cocagne* ** – **pl. du Château** ☎ **04-67-81-02-70. Fax : 04-67-81-07-67.** Parking. ⚓ Congés annuels : en décembre et janvier. Accès : sur la route du cirque de Navacelles. Chambres doubles de 27 € avec lavabo à 43 € avec bains et w.-c. Demi-pension demandée de mi-juillet à mi-août et les longs week-ends. Menus à partir de 12,50 €. La petite auberge de campagne pur jus : une terrasse sous les frondaisons, une maison pimpante malgré ses 4 siècles d'existence, des chambres à l'ancienne mais plutôt confortables. Accueil chaleureux, bribes de jazz ou de *world music* qui sortent de la salle : cette auberge-là a aussi sa personnalité. Comme la cuisine du patron, très méditerranéenne (« gourmande d'huile d'olive et d'épices », dit la carte !) : terrine et confiture d'oignons doux, agneau des Causses et crème de pélardon, plats végétariens. Les légumes sont bio, les fromages fermiers et l'apéro comme les vins viennent de producteurs voisins.

MANDAGOUT 30120 (10 km N)

🛏 I●I *Auberge de la Borie* * ☎ et fax : 04-67-81-06-03. ● **aubergelaborie@wanadoo.fr** ● TV. 🐾 Congés annuels : du 15 décembre au 1er mars. Accès : par la D170 ; à 9 km, tourner à droite vers Mandagout ; passer le village, puis continuer vers Saint-André-de-Majencoules ; là, un chemin en pente sur la gauche monte à l'auberge située 250 m plus loin. Chambres doubles avec lavabo à 27 €, avec douche et w.-c. ou bains de à 49 €. Menus de 13 à 26 €. Voilà enfin ce que l'on cherchait depuis longtemps : un vieux mas cévenol, sur le versant ensoleillé d'une montagne, avec une piscine et des prix sages. La vue est époustouflante : une forêt de châtaigniers et de figuiers ondulant sous un ciel bleu à l'infini. Silence et calme assurés. Aubergistes affables, les propriétaires proposent une dizaine de chambres bien arrangées dans de vieux murs de pierre. Demandez les n°s 8, 9, 10, installées dans d'anciennes caves voûtées, fraîches en été (mais avec cabinet de toilette uniquement), ou les n°s 1, 2 et 3 rénovées, avec vue sur la vallée. Cuisine familiale uniquement à partir des produits locaux. Parmi les spécialités : magret de canard, salade au pélardon, nougat glacé aux fruits rouges.

SAINT-MARTIAL 30440 (24 km NE)

🛏 I●I *Hôtel-restaurant La Terrasse* – **pl. du Portail, le bourg** ☎ 04-67-81-33-11. **Fax : 04-67-81-33-87.** Fermé le mercredi du 1er octobre au 30 mai. Accès : traverser Le Vigan par la D999, puis prendre la D11 et la D20. Chambres doubles avec douche et w.-c. à 30 €. Menus de 13 à 26 €. C'est une auberge perdue à flanc de montagne où il fait bon vivre et manger. Les quelques chambres sont correctes, mais on vient avant tout pour la cuisine qui transcende le terroir dès le 1er menu. Au dernier menu, un plat de plus et d'étonnantes spécialités comme le millefeuille d'oignons doux de Saint-Martial et son sabayon à l'huile d'olive. *Café offert à nos lecteurs sur présentation de ce guide.*

VILLEFORT 48800

Carte régionale B1

🛏 I●I *Hôtel-restaurant du Lac* ** – **lac de Villefort (Nord)** ☎ 04-66-46-81-20. **Fax : 04-66-46-90-95.** TV. Fermé le mercredi hors saison. Congés annuels : du 15 novembre au 8 mars. Accès : au bord du lac, à 1,5 km par la D906 ; une maison blanche isolée, en contrebas de la route, sur la gauche. Chambres doubles avec douche et w.-c. à 42 €, avec bains à 58 €. Menus de 14,50 à 22,60 €. On y dort face au lac, on y mange face au lac, et, l'été, on se baigne dans le lac. Spécialités lozériennes : omelette aux cèpes, truite meunière, blanquette de ma grand-mère, gâteau à la châtaigne. L'endroit est très fréquenté en saison. On ne vous promet pas que vous serez seul et loin du monde ! *Café offert à nos lecteurs sur présentation de ce guide.*

🛏 I●I *Hôtel-restaurant Balme* ** – **pl. du Portalet (Centre)** ☎ 04-66-46-80-14. **Fax : 04-66-46-85-26.** Parking payant. TV. Fermé le dimanche soir et le lundi (hors saison). Congés annuels : du 15 novembre au 15 février. Accès : A75 et A6. Au centre même du village. Chambres doubles avec douche et w.-c. à 46 €, avec bains à 52 €. Menus de 20 à 34 €. Une bonne maison patinée par le temps et bien renommée. L'hôtel fait penser aux vieilles maisons des stations thermales : même confort provincial, même ambiance anglaise. Excellente cuisine du chef, où se mêlent plats du terroir et spécialités d'Extrême-Orient, de Thaïlande notamment, pays où Michel Gomy séjourne souvent. On aime bien le foie gras chaud pané au pavot, la terrine de tête de veau à l'huile de cèpe, la baudroie au curry thaïe ; et si vous voulez quelques petits secrets, aucun problème, la cuisine est ouverte. De plus, Micheline étant sommelière, la cave se trouve superbement garnie... Sur le plan culinaire, le meilleur rapport qualité-prix de la région. *10 % sur le prix de la chambre (hors juillet-août) offerts à nos lecteurs sur présentation de ce guide.*

VILLEFRANCHE-DE-CONFLENT 66500

Carte régionale A2

I●I *Auberge Saint-Paul* – **7, pl. de l'Église (Centre)** ☎ 04-68-96-30-95. Fermé le lundi toute l'année, le dimanche soir hors saison, le mardi d'octobre à Pâques. Congés annuels : 3 semaines en janvier, 1 semaine en juin, 10 jours fin novembre. Menus de 25 à 76 €. À la carte, compter 45 €. La qualité des produits travaillés par Patricia Gomez et la finesse de ses mariages procurent de vives émotions gustatives. 1er menu parfait. Très bon choix de vins par Charly Gomez. Une des meilleures tables du département, un peu chère à la carte (idem pour les vins), mais si l'on a les moyens, pourquoi pas ? Très agréable terrasse et service bien mené.

LANGUEDOC-ROUSSILLON

DANS LES ENVIRONS

OLETTE 66360 (10 km SO)

🛏 |●| *Hôtel-restaurant La Fontaine* – 5, rue de la Fusterie ☎ 04-68-97-03-67. Fax : 04-68-97-09-18. Parking. TV. Fermé le mardi soir et le mercredi sauf en période de vacances scolaires. Congés annuels : en janvier. Accès : sur une petite place jouxtant la route nationale. Chambres doubles avec douche et w.-c. de 33 à 55 €. Menus à 12 €, hors week-end, puis de 15 à 30 €. Grosse bâtisse repeinte en saumoné vif et chaud. Chambres entièrement refaites, mignonnes et de bon confort (téléphone, TV, douche et w.-c.). Un excellent rapport qualité-prix donc. Trois ou quatre tables sur la terrasse-balcon et une salle coquette à l'étage. Des petites recettes du terroir bien tournées. Accueil familial aimable.

VILLENEUVE-LÈS-AVIGNON 30400

Carte régionale B1

🛏 |●| *Centre de Rencontres International YMCA* – 7 bis, chemin de la Justice (Sud-Ouest) ☎ 04-90-25-46-20. Fax : 04-90-25-30-64. ● www.ymca-avignon.com ● Parking. ♿ Congés annuels : la semaine de Noël. Accès : en venant d'Avignon, à la hauteur du pont du Royaume, prendre l'avenue du Général-Leclerc qui monte vers le quartier Bellevue-aux-Angles ; environ 300 m plus loin sur la gauche, c'est le chemin de la Justice. Chambres doubles à 26 € (lavabo) ou à 40 € (douche + w.-c.), suivant la saison. Menu à 10 €. Un ensemble de bâtiments ressemblant à une ancienne clinique (ce qu'il était d'ailleurs). Rénové complètement, comportant désormais une bonne centaine de lits, en chambres de 3 lits avec sanitaires. La piscine, le bar et la vue fabuleuse sur la cité des Papes, le Rhône, le mont Ventoux et la tour Philippe-le-Bel en font un centre fort sympathique, surtout en saison, quand toute une jeunesse l'anime. Une ambiance en folie pendant le festival.

🛏 *Hôtel de l'Atelier* ** – 5, rue de la Foire (Centre) ☎ 04-90-25-01-84. Fax : 04-90-25-80-06. ● hotel-latelier@libertysurf.fr ● Parking payant. TV. Chambres doubles de 45 à 60 € avec douche et w.-c., et de 60 à 90 € avec bains. Central et dans une maison du XVIe siècle entièrement rénovée. 23 chambres meublées à l'ancienne, toutes différentes. Calme et confortable. Il y a un patio fleuri pour le petit déjeuner et une terrasse sur les toits. Salon de thé récent. Un bon rapport qualité-prix. Donc il vaut mieux réserver en saison.

|●| *Restaurant La Maison* – 1, rue Montée-du-Fort-Saint-André (Centre) ☎ 04-90-25-20-81. Fermé le mardi soir, le mercredi et le samedi midi. Accès : donne sur la place Jean-Jaurès, derrière la mairie. Menu à 20 €. Proche de l'hôtel de ville d'une cité tiraillée entre deux départements, ce petit restaurant a un côté croquignolet qu'on aime bien. Décor raffiné et original avec les dentelles aux fenêtres et la collection de poteries. Avec le menu, on mange vraiment bien, et sous les ventilateurs, ce qui est appréciable en été. Service fort sympathique et cuisine à l'avenant. Une bonne adresse.

DANS LES ENVIRONS

ANGLES (LES) 30133 (4 km SO)

🛏 |●| *Le Petit Manoir* ** – 15, av. Jules-Ferry ☎ 04-90-25-03-36. Fax : 04-90-25-49-13. Parking. TV. ♿ Accès : route de Nîmes. Chambres doubles avec douche et w.-c. ou bains de 43 à 58 €. Demi-pension demandée en juillet, de 41,50 à 51 € par personne. Menus à partir de 16 €. Ce *Petit Manoir*, ensemble de bâtiments contemporains organisés autour d'une piscine, n'en est pas vraiment un. Mais il ne manque ni de caractère, ni de confort : chambres calmes et propres, avec terrasse le plus souvent. Le restaurant, *La Tonnelle*, est une bien bonne table avec une cuisine traditionnelle régionale. *Apéritif maison offert à nos lecteurs sur présentation de ce guide.*

ROQUEMAURE 30150 (11 km N)

🛏 |●| *Le Clément V* ** – 6, rue Pierre-Semard (Sud-Ouest) ☎ 04-66-82-67-58. Fax : 04-66-82-84-66. ● www.hotel-clementv.fr.st ● Parking payant. TV. Fermé le samedi et le dimanche hors saison (sauf réservation). Congés annuels : du 25 octobre au 15 mars. Accès : par la D980. Chambres doubles avec douche et w.-c. de 52 à 56 €. Demi-pension, demandée en juillet-août, de 45 à 49 €. Menus à partir de 16 €. À l'écart d'un paisible bourg des Côtes du Rhône. Grosse maison dans un quartier résidentiel dans le style des années 1970. Chambres encore bien conventionnelles mais petit à petit rénovées dans un charmant esprit provençal. Avec balcon côté piscine, mais plus spacieuses et surtout plus calmes sur l'arrière (la voie ferrée n'est pas loin). Au resto, honnête cuisine d'une belle simplicité. Accueil franchement sympathique. Location de vélos. *10 % sur le prix de la chambre (hors juillet-août, et à partir de 2 nuits consécutives) offerts à nos lecteurs sur présentation de ce guide.*

Limousin

19 Corrèze
23 Creuse
87 Haute-Vienne

ARGENTAT 19400

Carte régionale B2

🏠 |●| *Hôtel-restaurant Fouillade* ** – 11, pl. Gambetta (Centre) ☎ 05-55-28-10-17. Fax : 05-55-28-90-52. TV. Fermé le lundi hors saison. Congés annuels : du 13 novembre au 16 décembre et une semaine pendant les vacances de février. Chambres doubles à 38 € avec douche et w.-c. Demi-pension à 34,50 € par personne. Menus de 11,50 à 30 €. Belle maison séculaire qui entre, avec le nouveau millénaire, dans son deuxième siècle d'existence. La cuisine va donc séduire encore quelques générations de gourmands qui vont venir découvrir le foie gras maison, le confit aux châtaignes, les cèpes farcis à la crème d'oseille ou le soufflé au Grand Marnier. Les chambres, avec leur côté très *Seventies*, nous ont un peu moins séduits même si elles sont très propres. *Café offert à nos lecteurs sur présentation de ce guide.*

DANS LES ENVIRONS

SAINT-JULIEN-AUX-BOIS 19220
(14 km NE)

🏠 |●| *Auberge de Saint-Julien-aux-Bois* – Le Bourg (Centre) ☎ 05-55-28-41-94. Fax : 05-55-28-37-85. ● www.auberge-saint-julien.fr ● TV. Satellite. Fermé le mardi soir et le mercredi hors saison ; en juillet-août fermé le mercredi midi. Congés annuels : du 10 au 28 février et du 27 octobre au 7 novembre. Accès : par la D980, mais on vous conseille la route des Écoliers. Chambres doubles avec douche et w.-c. ou bains de 35 à 42 €. Demi-pension de 31 à 39 € par personne. Menus à 13 € et de 15 à 39 € ; bon pichet de vin à 5 €. Ce village perdu, aux confins de la Xaintrie et de la vallée de la Dordogne, réserve une bonne surprise. Et on peut dire qu'il cache bien son jeu ! Le village ne paye pas de mine et on peut avouer que le resto non plus. Même la déco est banale. Pourtant, dès la lecture de la carte, on comprend que l'adresse est différente. Un couple d'Allemands tombés amoureux de la région a décidé d'y ouvrir un resto. Mais attention, Madame le chef connaît son affaire. Elle vous régalera de spécialités plus ou moins limousines mais toujours revues à la sauce allemande : crème de lentilles aux pétoncles et graines de potiron, ragoût de canard au sureau et verjus, daube de sanglier et galettes de maïs... Beaucoup de céréales, d'herbes, de légumes oubliés, une majorité de produits bio et un plateau de fromages époustouflant. Quelques plats végétariens. Les desserts, à coup sûr, vous réconcilieront avec la gastronomie germanique. Un excellent rapport qualité-prix ; pareil pour l'accueil. Parfait pour un déjeuner avant ou après la visite des tours de Merle. *Un petit déjeuner par chambre ou apéritif maison offert à nos lecteurs sur présentation de ce guide.*

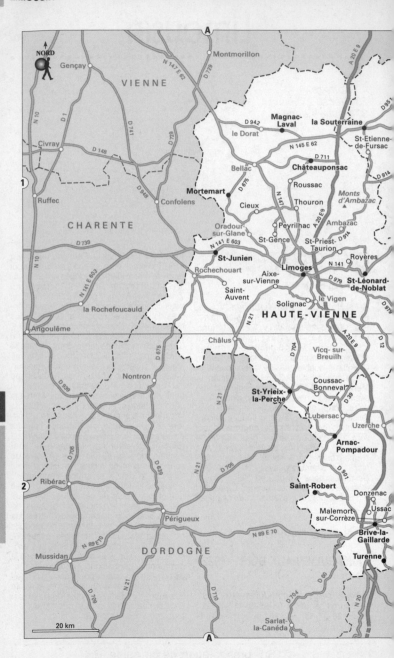

NORD

VIENNE

Montmorillon

Gençay

N 147 E 62

D 729

A 20 E 9

N 10

D 1

D 741

D 729

Civray

D 148

Magnac-Laval

D 942

le Dorat

la Souterraine

St-Étienne-de-Fursac

D 951

N 145 E 62

D 711

Châteauponsac

D 914

1

Ruffec

CHARENTE

D 948

Confolens

Mortemart

D 675

Bellac

Roussac

N 147

Thouron

Monts d'Ambazac

Cieux

Peyrilhac

Ambazac

Oradour-sur-Glane

St-Gence

St-Priest-Taurion

D 914

N 141 E 603

A 20 E 9

D 739

N 10

St-Junien

Rochechouart

Limoges

N 141

Royères

D 979

St-Léonard-de-Noblat

N 141 E 603

la Rochefoucauld

Aixe-sur-Vienne

Saint-Auvent

Solignac

le Vigen

D 976

Angoulême

HAUTE-VIENNE

N 21

Châlus

Vicq-sur-Breuilh

D 704

A 20 E 9

D 12

Nontron

D 675

St-Yrieix-la-Perche

Coussac-Bonneval

D 39

Uzerche

N 21

Lubersac

D 939

D 708

N 21

Arnac-Pompadour

D 901

2

Ribérac

Saint-Robert

Donzenac

Ussac

Périgueux

Malemort-sur-Corrèze

Brive-la-Gaillarde

N 89 E 70

N 89 E 70

DORDOGNE

Turenne

Mussidan

N 21

D 710

D 704

D 80

N 20

D 708

Sarlat-la-Canéda

20 km

LIMOUSIN

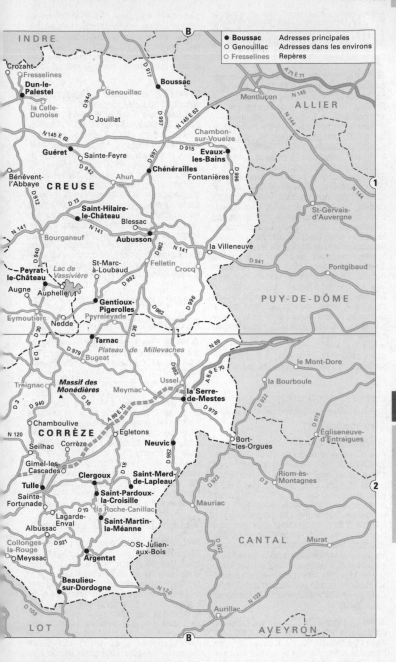

● **Boussac**	Adresses principales
○ Genouillac	Adresses dans les environs
○ Fresselines	Repères

INDRE

Crozant
○ Fresselines
● **Dun-le-Palestel**
la Celle-Dunoise
○ Genouillac
● **Boussac**
Montluçon
ALLIER
○ Jouillat
N 145 E 62
Chambon-sur-Voueize
● **Guéret** Sainte-Feyre
● **Evaux-les-Bains**
● **Chénérailles** Fontanières
Bénévent-l'Abbaye
Ahun
CREUSE
St-Gervais-d'Auvergne
● **Saint-Hilaire-le-Château** Blessac
N 141 Bourganeuf
● **Aubusson**
la Villeneuve
N 141
● **Peyrat-le-Château**
St-Marc-à-Loubaud
Lac de Vassivière
Felletin Crocq
Pontgibaud
Augne Auphelle
PUY-DE-DÔME
● **Gentioux-Pigerolles**
Eymoutiers Peyreleyade
Nedde
● **Tarnac**
Plateau de Millevaches
Bugeat
le Mont-Dore
Treignac
Massif des Monédières
Meymac Ussel
la Bourboule
Chamboulive
● **la Serre-de-Mestes**
CORRÈZE
Seilhac Corrèze Egletons
● **Neuvic**
Bort-les-Orgues
Gimel-les-Cascades
Égliseneuve-d'Entraigues
● **Clergoux**
● **Saint-Merd-de-Lapleau**
● **Tulle**
● **Saint-Pardoux-la-Croisille**
la Roche-Canillac
Riom-ès-Montagnes
Sainte-Fortunade
Lagarde-Enval
● **Saint-Martin-la-Méanne**
Mauriac
Albussac
Collonges-la-Rouge
○ Meyssac
St-Julien-aux-Bois
CANTAL Murat
● **Argentat**
● **Beaulieu-sur-Dordogne**
Aurillac
LOT AVEYRON

ARNAC-POMPADOUR 19230

Carte régionale A2

🏠 ❘●❘ *Auberge de la Mandrie* ** – route de Périgueux ☎ 05-55-73-37-14. Fax : 05-55-73-67-13. ● www.la-mandrie.com ● Parking. TV. Fermé le dimanche soir du 1er novembre au 31 mars. Congés annuels : en janvier. Accès : à 5 km de Pompadour sur la D7, direction Payzac et Périgueux. Chambres doubles à 40 €. Demi-pension à 61 € par personne. Menus à partir de 12,50 €, sauf le dimanche midi, et de 18 à 31 €. Non loin de la cité du cheval et du bourg médiéval de Ségur-le-Château, cet hôtel est presque un club, avec ses petits chalets disséminés dans un parc autour d'une belle piscine chauffée et d'un espace de jeux pour les enfants. Les chambres, toutes de plain-pied, possèdent une petite terrasse, une salle de douche ou de bains et le téléphone. Allez, on a deux, trois choses à redire sur la déco ! Mais malgré ses petits défauts, l'*Auberge de la Mandrie* demeure une excellente adresse qui bénéficie de l'accueil charmant et professionnel de ses patrons. À table, une très agréable cuisine régionale, parfois revue par de subtiles préparations. Citons la salade de cèpes et châtaignes flambées, les profiteroles d'escargots à la crème de persil, le cabécou chaud aux pommes du Limousin. À déguster en salle ou sur l'immense terrasse qui la prolonge.

AUBUSSON 23200

Carte régionale B1

🏠 *Hôtel Le Chapitre* ** – 53-55, Grande-Rue (Centre) ☎ 05-55-66-18-54. Fax : 05-55-67-79-63. TV. Fermé le dimanche de 13 h à 18 h. Congés annuels : 15 jours entre janvier et mars. Chambres doubles à 29 € avec douche ou bains et w.-c. Tenu par un jeune couple très sympa, également propriétaire du bar en dessous (rassurez-vous, il ferme à 20 h en semaine et un peu plus tard le week-end), l'hôtel propose des chambres bénéficiant de tout le confort, salles de bains carrelées et double vitrage pour les pièces donnant sur la rue (de toute façon calme le soir). Une petite adresse bien agréable et au très bon rapport qualité-prix. *Café offert à nos lecteurs sur présentation de ce guide.*

🏠 ❘●❘ *Le Lion d'Or* ** – pl. du Général-d'Espagne (Centre) ☎ 05-55-66-13-88. Fax : 05-55-66-84-73. TV. Canal+. Satellite. Fermé le dimanche soir et le lundi hors saison. Congés annuels : du 3 au 26 février. Chambres doubles de 41 à 46 €. Menus à partir de 11 €, puis de 15 à 30 €. Chambres standard, sans grand charme, mais confortables et bien tenues. Pour la différence de prix, préférer celles avec bains, beaucoup plus spacieuses. *Apéritif maison ou café offert à nos lecteurs sur présentation de ce guide.*

🏠 ❘●❘ *Hôtel de France – Restaurant Au Rendez-vous des Gourmets* ** – 6, rue des Déportés (Centre) ☎ 05-55-66-10-22. Fax : 05-55-66-88-64. TV. ♨ Chambres doubles à partir de 49 € et jusqu'à 91,50 €, sans le petit déjeuner. Menus de 16 à 42 €. Dans la grande tradition de l'hôtellerie de province. Belles chambres, rénovées, confortables et spacieuses. Au resto, on trouve des menus à tous les prix et pour tous les goûts ; il y a même une petite brasserie au rez-de-chaussée, bien pratique à midi. Dommage que la direction n'ait pas plus le sourire. Cela dit en passant, vous retrouverez l'ancien chef, Gérard Fanton, dans son resto de Saint-Hilaire-le-Château auquel il se consacre désormais exclusivement. *Apéritif maison offert à nos lecteurs sur présentation de ce guide.*

DANS LES ENVIRONS

BLESSAC 23200 (4 km NO)

🏠 ❘●❘ *Le Relais des Forêts* * – 41, route d'Aubusson ☎ 05-55-66-15-10. Fax : 05-55-83-87-91. Cartes de paiement refusées. Parking. TV. Fermé le vendredi soir et le dimanche soir. Compter 25 € la chambre double avec lavabo, douche dans le couloir ; 38 € avec douche, 40 € avec douche et w.-c., 42 € avec bains et w.-c. Menu à 10,80 € en semaine et autres menus de 14 à 31 €. Une adresse simple et populaire, honnête. Cuisine familiale copieuse avec un pâté de pommes de terre correct et une entrecôte du Limousin goûteuse. Certaines chambres sont un peu vieillottes et kitsch, les autres ont été refaites récemment. Propre et tranquille. Bon accueil. *Café offert à nos lecteurs sur présentation de ce guide.*

VILLENEUVE (LA) 23260 (23 km E)

❘●❘ *Le Relais Marchois* – N141 ☎ 05-55-67-35-78. ♨ Fermé le mardi soir et le mercredi. Congés annuels : une semaine en juin et de décembre à fin janvier. Accès : sur la N141, direction Pontgibaud. Menu régional à 11 €, les autres vont jusqu'à 35 €. L'appellation « auberge de pays » sied parfaitement à cette petite adresse traditionnelle, pleine de charme aussi bien dans son cadre (remarquez la collection d'éventails et de cafetières anciennes) que dans l'assiette : pièce de bœuf grillée marchois et son feuilleté de pommes de terre, fricassée de volailles aux écrevisses, millefeuille de

LIMOUSIN

Saint-Jacques au whisky et son coulis, et en dessert, comment résister au nougat glacé au lait de coco et petits fours, un délice ! C'est copieux, bien présenté et le service est tout à fait charmant. Un très bon rapport qualité-prix. *Café offert à nos lecteurs sur présentation de ce guide.*

SAINT-MARC-À-LOUBAUD 23460

(24 km SO)

|●| *Restaurant Les Mille Sources* – **le bourg** ☎ 05-55-66-03-69. Fermé le lundi de janvier à avril. Accès : N141 direction Limoges, puis D7 direction Royère et à gauche à Vallières, direction Saint-Yrieix, puis Saint-Marc-à-Loubaud. Menus à partir de 25,15 €. Réservez car nous ne sommes pas les seuls à avoir eu le coup de cœur ! Un peu cher mais l'adresse fait partie des incontournables de la région. Dans un village perdu au nord du plateau de Mille-vaches, un restaurant qui a de quoi étonner par la qualité de sa cuisine. Philippe Coutisson est un grand chef et ceux qui ont goûté son canard à la ficelle ne démentiront pas. Spécialités de canard et de gigot cuits à la cheminée. Pour parfaire le tout, l'accueil est chaleureux et le cadre ravissant, avec un jardin où les fleurs sont cultivées avec amour. *Apéritif maison offert à nos lecteurs sur présentation de ce guide.*

BEAULIEU-SUR-DORDOGNE 19120

Carte régionale B2

🏠 |●| *Auberge de jeunesse La Riviera Limousine* – **pl. du Monturu** ☎ 05-55-91-13-82. ● www.fuaj.org ● Parking. Congés annuels : du 1er octobre à début avril. Accès : au bord de la Dordogne. Une trentaine de lits par chambres de 2 à 8 € la nuit par personne. 3,25 € le petit déjeuner, repas sur demande uniquement, à 8,40 €. Quand on la découvre, c'est une image de carte postale qui s'offre à vous. Pour une auberge de jeunesse, c'est carrément du luxe. Grosse maison ancienne et assez charmante, en bord de Dordogne, face à la chapelle des Pénitents. Ambiance un peu bordélique mais sympathique.

DANS LES ENVIRONS

MEYSSAC 19500 (21 km NO)

🏠 |●| *Le Relais du Quercy* ** – **av. du Quercy (Centre)** ☎ 05-55-25-40-31. Fax : 05-55-25-36-22. ● www.relaisdu quercy.com.fr/ ● Parking. TV. Canal+. Congés annuels : du 15 novembre au 7 décembre. Accès : D940 en direction de

Tulle, puis D38. Chambres doubles de 38 à 49 € selon le confort et la saison. Demi-pension, demandée en juillet et août, de 38 à 48 € par personne. Menu à 12 €, carte autour de 20 €. Le village est bâti de ce grès rouge qui a fait la célébrité de Collonges, sa voisine. Mais ici, on peut dormir et manger très correctement par exemple dans cette belle maison bourgeoise avec une salle à manger raffinée, prolongée par une terrasse sur la piscine. Le canard est bien sûr le roi de la carte, mais, à côté des recettes classiques (cassoulet au confit de canard), on trouve des préparations plus inventives comme le *chili* à l'aiguillette. L'équipe jeune et sympathique qui s'occupe de l'endroit n'est pas avare de petites délicatesses, et loue également des chambres bien équipées, avec un côté club de vacances pour la plus chère mais pas la moins agréable, et vue sur la piscine. *Café offert à nos lecteurs sur présentation de ce guide.*

BOUSSAC 23600

Carte régionale B1

|●| *Café de la Place* – **4, pl. de l'Hôtel-de-Ville (Centre)** ☎ 05-55-65-02-70. Cartes de paiement refusées. Fermé le dimanche en juin. Menus à 11 €, en semaine, et à 12,50 € le dimanche. Paulette Roger est une mamie comme on les aime ; chaleur et générosité sont les maîtres mots de la maison. Menu à l'affiche : entrée, 2 plats, fromage et dessert qu'on choisit parmi 5 ou 6 propositions en les inscrivant soi-même sur le carnet de commande. Exemple : melon, coquille de fruits de mer, paupiettes-pommes de terre et tarte aux poires. Bon, c'est un peu gras, mais l'un dans l'autre on n'est pas volé.

|●| *Le Relais Creusois* – **route de La Châtre (Nord)** ☎ 05-55-65-02-20. Fermé le mardi soir et le mercredi sauf en juillet et août ou lorsque le restaurateur fait traiteur à l'extérieur. Le soir en hiver, ouvert uniquement sur réservation. Accès : après le feu rouge, dans la descente sur la gauche, repérer la devanture moderne aux colonnes mauves. Menus de 20 à 42 €. Une adresse réputée dans la région avec un chef qui revisite le terroir et inscrit sur sa carte des spécialités originales telles que la cuisse de canette laquée, semoule de blé, crème fouettée aux épices. Également plats à emporter.

BRIVE-LA-GAILLARDE 19100

Carte régionale A2

🏠 |●| *Auberge de jeunesse* – **56, av. du Maréchal-Bugeaud, parc Monjauze** ☎ 05-55-24-34-00. Fax : 05-55-84-82-80.

LIMOUSIN

● www.fuaj.org ● Parking. ⚑ Accueil de 8 h à 22 h, avec une pause entre 12 h et 18 h les samedi, dimanche et jours fériés. Congés annuels : du 15 décembre au 15 janvier. Accès : à côté de la piscine municipale. Carte de membre : 10,70 € pour les moins de 26 ans, 15,25 € pour les autres. Nuitée à 8,85 € par personne. Petit déjeuner à 3,25 €. Repas à 8,40 € sur réservation. À 5 mn du centre-ville, la bâtisse bourgeoise où se trouve la réception abrite deux salles de restaurant. Pour les chambres de 2, 3 ou 4 lits, il faudra aller à l'annexe, un long bâtiment récent. Certaines sont prolongées par un petit balcon, et toutes sont réaménagées, propres, à l'instar de la salle de douche commune. Outre la piscine voisine, sur laquelle on a des réductions, une table de ping-pong, une salle de télé, une cuisine en libre accès et un garage à vélos complètent l'équipement. Carte de membre obligatoire, que vous pourrez acheter sur place à votre arrivée. *10 % sur le prix de la chambre (de septembre à mars) offerts à nos lecteurs sur présentation de ce guide.*

🏠 |●| *Hôtel-restaurant La Crémaillière* ** – 53, av. de Paris ☎ 05-55-74-32-47. Fax : 05-55-74-00-15. TV. Fermé le dimanche soir et le lundi. Congés annuels : la 2e semaine de février et la 1re semaine de juillet. Accès : à 100 m du marché de Brive. Chambres très correctes et agréables à 42 € avec bains. Menus de 16 à 40 €. Il n'était pas facile de prendre la succession de Charlou Raynal, figure incontournable de la gastronomie briviste. Pascal Jacquinot y réussit plutôt bien dans cette maison bourgeoise, un tantinet tape-à-l'œil. Il séduit nos yeux et nos papilles avec son carpaccio de canard parfumé à l'huile vierge vanillée, râpée de truffes ainsi que son pigeonneau fermier aux morilles fraîches, sans oublier la meunière de sandre au beurre demi-sel, oseille fraîche fondue dans une sauce légère à la crème. Quant à la côte de veau de lait en cocotte, elle nous prouve que la simplicité reste la panacée en matière de cuisine. *Café offert à nos lecteurs sur présentation de ce guide.*

|●| *La Toupine* – 11, rue Jean-Labrunie ☎ 05-55-23-71-58. ⚑ Fermé le dimanche et le mercredi soir. Congés annuels : pendant les vacances de février et 2 semaines en août. Accès : entre l'église Saint-Martin et la poste centrale, près du musée Labenche. Formule du jour à 10 €. Menus à 17 et 24 € ; compter 23 € à la carte. Voici une des adresses montantes de Brive. Le décor de la salle est relativement simple, sans grand intérêt. L'accueil est un poil brusque mais tout cela est rattrapé par la cuisine. Galette de pied de cochon au saint-nectaire, râble de lapin et galette de polenta aux girolles, terrine de pain perdu... Que dire de plus, si ce n'est que c'est bon. On repart repu et

heureux d'avoir fait un bon repas pour une somme plutôt correcte. Réservation conseillée car les Brivistes n'ont pas la réputation de fréquenter les mauvaises adresses.

|●| *Bistrot de Brune* – 13, av. de Paris (Centre) ☎ 05-55-24-00-91. Fermé le dimanche. Menu à 12,50 € le midi en semaine, sinon compter autour de 18 € à la carte. Ce bistrot contemporain inscrit pleins de petits plats pas trop chers et tous plus tentants les uns que les autres : sardines, andouillette de canard à la moutarde de Brive, tête de veau coupée tout fin, viandes limousines... Pour tout faire descendre, le patron, jeune, convivial et plutôt bavard (sympa quoi !), vous proposera une bonne sélection de petits et grands vins. Franchement, une bonne adresse ; pas bégueule et où l'on mange bien, ce qui paraît bien difficile à concilier à Brive !

|●| *Chez Francis* – 61, av. de Paris ☎ 05-55-74-41-72. Fermé le dimanche, le lundi soir et les jours fériés sauf le 8 mai. Congés annuels : 10 jours en février et du 2 au 19 août. Menus à 13,72 et 19,82 € ; plat du jour à 9 €, mais si l'on se laisse guider par sa gourmandise, cela peut coûter beaucoup plus cher. L'un de nos restaurants préférés dans cette gaillarde ville. Avis largement partagé, du reste, comme l'indiquent les flatteries graffitées sur les murs par les clients repus et ravis, et les élogieuses critiques publiées par des guides concurrents et néanmoins amis. Inconvénient de l'avantage, la réservation est obligatoire si vous voulez pénétrer dans cette belle maison qui se donne des allures de brasserie d'avant-guerre. L'accueil pourra vous sembler parfois un peu ferme, mais parvenu au dessert vous vous direz, comme tout le monde, que la maison est bougrement sympathique. Francis se déchaîne aux fourneaux et concocte une cuisine bien pensée, parfaitement exécutée et joliment présentée. On a beaucoup aimé la pièce de bœuf grillée à la braise aux échalotes confites, les escalopes de saint-pierre *à la plancha*, légumes et champignons sautés au *wok* et une brochette de blancs d'encornets, le foie gras chaud cuit sur le sel et parfumé aux poivres rares, tartine de fruits semi-confits... Toutes les viandes sont labellisées du Limousin et cela se voit, cela se sent.

DANS LES ENVIRONS

USSAC 19270 (1 km N)

🏠 |●| *Le Petit Clos* – Le Pouret ☎ 05-55-86-12-65. Fax : 05-55-86-94-32. Parking. TV. Canal+. ⚑ Fermé le dimanche soir et le lundi. Congés annuels : 15 jours en février et 15 jours début octobre. Menus de 20 à 39 €. Dans une annexe moderne, quelques chambres tout confort à partir de 64 €. Le

Petit Clos est, de l'avis général, une des meilleures tables brivistes. Un peu à l'écart du centre, dans une ravissante maison corrézienne, cet ancien relais de poste est une adresse gourmande et agréable. Une belle terrasse et une jolie salle à manger. La cuisine, gastronomique, reste assez classique ; les produits et les cuissons sont sans reproche. Le service est attentif et même attentionné. Le seul bémol vient finalement de la clientèle, terriblement bourgeoise ! Le cours du Cac 40, la bague de fiançailles de la cousine et les problèmes de personnel alimentent la plupart des conversations. Alors, si ça vous agace, essayez de brancher le chef sur le rugby, c'est son truc.

MALEMORT-SUR-CORRÈZE
19360 (3 km NE)

🏠 |●| *Auberge des Vieux Chênes* ** – 31, av. Honoré-de-Balzac, N121 ☎ 05-55-24-13-55. Fax : 05-55-24-56-82. Parking. TV. Canal+. Ouvert toute l'année sauf le dimanche et les jours fériés. Chambres doubles à 39 € avec douche et w.-c. Demi-pension à 50 € par personne. Menus de 11,75 à 27 €. Ce café-tabac-hôtel-restaurant de bord de route a tout de l'adresse banale a priori, jusqu'à ce qu'on vous donne la carte. Là, on découvre une cuisine de terroir inventive, avec un léger accent exotique. Escalope de foie gras frais de canard poêlée aux fruits rouges, pièce de veau poêlée aux champignons des bois, aumônière de Saint-Jacques à l'étuvée de légumes-beurre citronné, feuilleté à la crème légère aux fraises et framboises. Les chambres manquent un peu d'âme. Refaites à neuf et dotées de tout le confort moderne, elles s'apparentent un peu à celles d'un hôtel de chaîne en moins chères. *10 % sur le prix de la chambre offerts à nos lecteurs sur présentation de ce guide.*

DONZENAC 19270 (10 km N)

🏠 |●| *Hôtel La Gamade – Restaurant Le Périgord* ** – av. de Paris, le bourg (Centre) ☎ 05-55-85-72-34. Fax : 05-55-85-65-83. TV. Canal+. Satellite. Ouvert tous les jours de l'année. Accès : par la D920. Chambres doubles de 40 € avec douche et w.-c. à 48,78 € avec une grande salle de bains. Menu du jour à 13 € et autres menus de 18,90 à 42,69 €. Salle bourgeoise et plutôt élégante, petite terrasse face au village, en bord de route, mais on peut tout aussi bien préférer manger au bar. Là, sous le regard à la sévère bienveillance de Mme Salesse, les habitués lèvent le coude et rompent le jeûne, tandis que les jolies serveuses filent doux en souriant. L'hôtel se trouve dans une autre bâtisse couverte de vigne vierge, à 50 m de là. Il propose 9 chambres aménagées avec goût, 9 fois différemment charmantes.

Carte régionale A1

🏠 |●| *Hôtel-restaurant du Centre* – pl. Mazurier ☎ 05-55-76-50-19. Fermé le mercredi soir, le samedi soir et le dimanche, sauf en juillet et août. Congés annuels : du 20 décembre au 2 janvier. Accès : par la D711 ; face à l'office du tourisme. Chambres doubles avec lavabo à 22 €, avec douche à 25 €, avec douche et w.-c. à 29 €. Demi-pension à 31 € par personne. Menu à 12 € sans le vin. Le modeste bar-hôtel-restaurant du *Centre*, tout simple et populaire, dispose de chambres propres et bon marché. Sert également un menu du jour très correct, avec fromage et dessert, qui se mange tranquillement. Une adresse convenable dans sa catégorie. *Café offert à nos lecteurs sur présentation de ce guide.*

DANS LES ENVIRONS

ROUSSAC 87140 (11 km SO)

|●| *La Fontaine Saint-Martial* – le bourg ☎ 05-55-60-27-42. 🐾 Fermé le mercredi soir. Accès : par la D711. Plusieurs menus de 10 à 18 €. Un bar-restaurant-épicerie et débit de tabac tenu par Marc Foussat, jeune et humble patron-cuistot qui se défend rudement bien. Dans la petite salle proprette jouxtant le bar ou en terrasse, il vous sert une cuisine conviviale, à des prix vraiment honnêtes. Alors, pour un plat familial tout simple ou pour un civet de daguet, une mousse de carpe à l'oseille, on n'hésite pas, car jusqu'aux pâtisseries maison, tout est bon. Petite carte de vins bon marché et pas vilains du tout. Nous étonnant donc de trouver ici, dans ce multicommerce rural, une cuisine classique, réalisée dans les règles de l'art, ainsi qu'un service professionnel et gentil, nous avons appris que Marc sort d'une école hôtelière et aussi, mais c'est une autre histoire, qu'il joue au football. Son bar est d'ailleurs le rendez-vous des footeux du pays et chauffe rudement les soirs de week-end. Le genre d'adresse qui fait plaisir et redonne vie à nos campagnes, vas-y, Marco !

Carte régionale B1

🏠 |●| *Le Coq d'Or* – 7, pl. du Champ-de-Foire (Centre) ☎ et fax : 05-55-62-30-83. Parking payant. TV. Fermé le dimanche soir, le lundi et le mercredi soir. Congés annuels : les 3 premières semaines de janvier, la première semaine de juin et une semaine fin septembre. Accès : face à la place du Champ-de-Foire. Quelques chambres doubles à 35 € avec douche et w.-c.

LIMOUSIN

Menus à 11 €, le midi en semaine, et jusqu'à 35 €. Coincée entre le château de Villemonteix et le château de Mazeau, cette petite adresse offre une halte culinaire salvatrice, un retour aux doux plaisirs des temps modernes après une immersion dans le riche passé creusois. On en veut pour preuve cette tourte feuilletée aux pommes de terre et fromage frais ou ce filet de truite aux spaghettis de blé noir. Bref, tout un patrimoine à découvrir. *Café offert à nos lecteurs sur présentation de ce guide.*

CLERGOUX 19320

Carte régionale B2

🏠 *Hôtel Chammard* – le bourg ☎ 05-55-27-76-04. Parking. Accès : depuis La Roche-Canillac, rejoindre la D18, puis prendre la D978 vers Tulle. Chambres doubles à 24,50 € avec lavabo et de 26 à 32 € avec douche. Un hôtel comme avant, qui sent bon la cire d'abeille et les confitures maison. Georgette, une dame charmante, reçoit dans sa maison dont le *cantou*, la grande cheminée, est encore le centre. On imagine aisément les générations de VRP qui ont pu passer ici. La plupart des chambres doubles, fort bien tenues, donnent sur l'arrière et le jardin.

DUN-LE-PALESTEL 23800

Carte régionale B1

🏠 ❙●❙ *Hôtel-restaurant Joly* ** – rue Bazennerie ☎ 05-55-89-00-23. Fax : 05-55-89-15-89. TV. Canal+. Fermé le dimanche soir et le lundi midi. Congés annuels : du 1er au 20 mars et du 1er au 25 octobre. Accès : en face de l'église. Compter 36 € pour une chambre double avec tout le confort. Demi-pension à 48 € par personne. Un 1er menu à 13 € qui va bien et les suivants à portée de bourse, de 18 à 32 €. Dans cet hôtel vieille France, des chambres au calme et une table traditionnelle qui ne déçoit pas. Vaste salle rustico-bourgeoise, cuisine et service sans défaut. On appréciera tout particulièrement le civet de daim au champigny. Par ailleurs, les patrons organisent des randos à vélo et à pied d'un ou plusieurs jours, relax comme tout.

DANS LES ENVIRONS

CROZANT 23160 (11,5 km NO)

🏠 ❙●❙ *Restaurant du Lac* – Le Pont-de-Crozant (Nord) ☎ 05-55-89-81-96. Fermé le lundi ainsi que le dimanche soir et le mercredi soir hors saison. Congés annuels : en février. Accès : au bord de la Creuse. Chambres doubles avec douche à 32 €, avec douche et w.-c. à 41,50 €, avec bains et w.-c. à 46 €. Demi-pension de 33,50 à 46 €. Menus de 15 à 23 €. L'adresse incontournable de Crozant bénéficie, il est vrai, d'un emplacement exceptionnel en bordure du fleuve, avec vue sur le château et le pont frontalier, territoire des pêcheurs, qui séparent les deux départements. Car le restaurant se trouve géographiquement côté Indre, administrativement côté Creuse... qui ne s'en plaindra pas. Elle récupère ainsi une bonne table à la cuisine bien exécutée, parfois inventive, le plus souvent à base de poisson. L'adresse commence à être sérieusement connue. Il est donc conseillé de réserver. Très bon accueil.

ÉVAUX-LES-BAINS 23110

Carte régionale B1

🏠 ❙●❙ *Grand Hôtel* ** – les thermes ☎ 05-55-82-46-00. Fax : 05-55-82-46-01. TV. Ouvert de début avril à fin octobre. Accès : en contrebas du centre-ville, aux thermes. Chambres doubles à 41 € avec lavabo, à 48 € avec douche et à 53 € avec bains, w.-c. et TV. Menus de 13,70 à 29,50 €. Le *Grand Hôtel* est de ces dames 1900 au charme suranné et qui, bon an mal an, ont survécu au XXe siècle. Plafonds hauts, larges couloirs à tapis bleu, où se retrouvent les curistes des 4e et 5e âges... à quand le 6e ? Ne sourions pas, le temps passe vite, on s'en approche, on y arrive et on y est. Alors, parmi ces anciens, on profite du confort qui leur est réservé. On apprécie les chambres spacieuses et bien chauffées, la sonnette pour appeler la dame d'étage. Calme absolu, accueil aimable. Demandez une des chambres refaites, impeccables. Fait aussi resto. *Café offert à nos lecteurs sur présentation de ce guide.*

DANS LES ENVIRONS

FONTANIÈRES 23110 (8 km S)

❙●❙ *Le Damier* – le bourg ☎ 05-55-82-35-91. Fermé le lundi soir et le mardi. Congés annuels : fin février, début mars, fin septembre et début octobre. Accès : le long de la D996, direction Auzances, sur la gauche de la chaussée. Menus à 10,50 €, en semaine, et de 16 à 30 €. On aime bien cette auberge de pays qui se cache dans une adorable maison de poupée tout en pierre. Atmosphère élégante et feutrée et cuisine de tradition proprement réalisée : terrine de foie gras de canard maison, pièces de bœuf du pays cuisinées selon la saison, nougat glacé au miel du pays et au coulis de framboises. Une adresse bien agréable. N'oubliez pas en sortant d'aller saluer Notre-Dame-de-la-Route dans l'église d'à côté. Elle protège voyageurs et autres amis routards.

GENTIOUX-PIGEROLLES   23340

Carte régionale B1

🏠 ▮●▮ *La Ferme de Nautas* – **Pigerolles** ☎ 05-55-67-90-68. Fax : 05-55-67-93-12. ● **www.perso.wanadoo.fr/les.nautas** ● Cartes de paiement refusées. Fermé en semaine hors saison. Accès : par la D982, la D35 puis la D26. Compter 41 € la chambre double avec douche et w.-c., petit déjeuner compris. Demi-pension à 34,50 € par personne. Menu à 17 €, sur réservation uniquement. Le coup de cœur simple et chaleureux pour cette ferme-auberge, où l'on sert une véritable cuisine de terroir à base de produits d'exception. François Chatoux, ancien ingénieur reconverti à l'agriculture, vaut à lui seul le détour, pour son originalité, son sens de l'accueil et de l'hospitalité. Madame est aux fourneaux, pour une cuisine régionale succulente et copieuse à souhait : pâté de pommes de terre, tourte aux cèpes et des viandes superbes. Propose également des chambres d'hôte cossues, rustiques et chaleureuses à souhait. *Café offert à nos lecteurs sur présentation de ce guide.*

GUÉRET   23000

Carte régionale B1

🏠 ▮●▮ *Hôtel de Pommeil* – **75, rue de Pommeil** ☎ et fax : **05-55-52-38-54.** Parking. TV. Fermé le dimanche. Congés annuels : du 14 juin au 6 juillet. Compter de 26 à 33 € la chambre double avec lavabo et douche ou douche et w.-c. Menu à 11 €. Hôtel très simple mais propre et accueillant. Demandez à voir les chambres, car certaines ont été rénovées. Au menu, par exemple : escalope de veau à la crème et aux champignons creusois, noisetine. Collection de mignonnettes. Mieux vaut réserver, l'hôtel ne compte que 9 chambres. *10 % sur le prix de la chambre (pour 2 nuits consécutives de septembre à juin) offerts à nos lecteurs sur présentation de ce guide.*

🏠 ▮●▮ *Hôtel Auclair* ** – **19, av. de la Sénatorerie (Centre)** ☎ **05-55-41-22-00.** Fax : **05-55-52-86-89.** Parking payant. TV. Canal+. Satellite. Accès : non loin de la place Bonnyaud. Chambres doubles de 39,64 à 47,26 € selon le confort. Demi-pension à 61 € par personne. Formule à 9 €, menus à partir de 22 €. La trentaine de chambres, meublées en rotin, dispose de

tout le confort, tandis que la petite piscine offre un luxe bien agréable. Parking payant à réserver à l'avance. L'hôtel possède aussi un restaurant et une brasserie.

▮●▮ *Le Pub Rochefort* – **6, pl. Rochefort (Centre)** ☎ **05-55-52-61-02.** Fermé le dimanche et le lundi midi. Accès : rue piétonne. Menu du jour à 11 € le midi ; autres menus à 14 et 23 € le soir. Carte. Au cœur de Guéret, dans les rues piétonnes, avec un cadre intime et chaleureux de vieille pierre, de poutres ancestrales, voici un des rares restos sympas dans cette ville endormie. Rien de délirant ni de mémorable dans l'assiette, mais le rapport qualité-prix est plus que correct et le service comme la clientèle affichent le sourire, c'est déjà ça ! Terrasse sympa dans la cour intérieure, vite prise d'assaut. *Apéritif maison offert à nos lecteurs sur présentation de ce guide.*

DANS LES ENVIRONS

SAINTE-FEYRE 23000 (7 km SE)

▮●▮ *Restaurant Les Touristes* – **1, pl. de la Mairie** ☎ **05-55-80-00-07.** 🍴 Fermé les dimanche soir, lundi toute la journée et mercredi soir. Congés annuels : en janvier. Accès : par la D942. Plusieurs menus de 14,50 à 37 €. Dans la proche périphérie de Guéret, Michel Roux propose une cuisine du terroir classique, généreuse et goûteuse, en harmonie avec l'atmosphère tranquille et fleurie des lieux. Spécialités du chef : fricassée de foie gras aux pruneaux et vieil armagnac, aiguillette de canard au vinaigre de Modène, filet de veau crème de cèpes. Bonne viande du Limousin et travail délicat du poisson. Accueil sympathique. *Apéritif maison offert à nos lecteurs sur présentation de ce guide.*

JOUILLAT 23220 (14 km NE)

▮●▮ *L'Auberge du Château* – **9, pl. de l'Église** ☎ **05-55-41-88-43.** 🍴 Fermé le dimanche soir et le lundi. Congés annuels : du 1er au 15 septembre et du 23 décembre au 13 janvier. Accès : route de La Châtre, puis à droite au niveau de Villevaleix ; à côté de l'église. Menus de 14,50 à 23 € ; le dimanche, menu unique. Pas de carte. Ne vous attendez pas au cachet convenu des « vieilles hostelleries » qu'on trouve fréquemment aux abords des châteaux, annexes touristiques revues et corrigées. Non, car cette *Auberge du Château* fait partie de ces bistrots-restaurants de la Creuse profonde qui préservent à eux seuls la vie sociale de nos campagnes dépeuplées. Salle rustique et, par derrière, un jardin aménagé. Le menu comprend entrée, plat, fromage et dessert (deux entrées le dimanche). Il est fixe et change tous les jours selon le marché et l'inspiration du chef. Une constante : que du frais ! Téléphonez la veille pour savoir si la proposition vous plaît ou pour convenir éventuellement d'autre chose. Super ! Pensez à réserver car, l'air de rien, ce genre de petite adresse devient rare et les gens du pays la fréquentent pas mal. L'atmosphère est très conviviale.

LIMOGES 87000

Carte régionale A1

🛏 *Hôtel Familia* ** – **18, rue du Général-du-Bessol (C1-1)** ☎ **05-55-77-51-40. Fax : 05-55-10-27-69.** TV. Canal+. Câble. Accès : par la rue Théodore-Bac ; à deux pas de la gare, dans une rue tranquille. Chambres doubles avec douche et w.-c. à 40 €. Certes, le quartier n'a pas grand charme, mais cet établissement, bien que modeste, a plus d'un atout : un accueil discret et souriant, une ambiance familiale, un calme rare à deux pas du centre. Puis des chambres à des prix vraiment honnêtes, simples, suffisamment spacieuses et surtout parfaitement entretenues. Petite réception, petit coup d'œil sur la cuisine où est préparé le petit déjeuner, puis on traverse la mignonne courette ombragée pour accéder aux chambres. Une gentille adresse. *10 % sur le prix de la chambre (le week-end) offerts à nos lecteurs sur présentation de ce guide.*

🛏 *Hôtel de la Paix* ** – **25, pl. Jourdan (C2-2)** ☎ **05-53-34-36-00. Fax : 05-55-32-37-06.** Parking. Canal+. Ouvert toute l'année. Chambres doubles de 45 à 48 € avec douche ou bains et w.-c. Bien situé dans l'angle d'une place plutôt tranquille, surtout la nuit, et non loin de la gare comme des quartiers anciens. Dans le hall et la salle du petit déjeuner, petit musée du Phonographe et de la Musique mécanique. Le patron a mis en scène son impressionnante collection. Puis, en étage, de vastes chambres, bien entretenues et régulièrement refaites. De charmants meubles dépareillés, parfois une cheminée ou une grande salle de bains. Rien de luxueux, mais un style rétro qu'on aime bien. Voilà un hôtel agréable à vivre, et où l'on est content de rentrer après une journée de tourisme ou de travail. Une adresse sûre, un bon rapport qualité-prix. Accueil pourtant un peu sec. *10 % sur le prix de la chambre offerts à nos lecteurs sur présentation de ce guide.*

🛏 *Richelieu* *** – **40, av. Baudin (B3-3)** ☎ **05-55-34-22-82. Fax : 05-55-34-35-36.** ● **www.hotel-richelieu.com** ● Parking payant. TV. Canal+. Satellite. ☒ Accès : à proximité de l'hôtel de ville. Doubles avec douche et w.-c. ou bains de 55 à 90 €. Un 3 étoiles discret où professionnalisme n'est pas un vain mot. Accueil, service et propreté irréprochables. Des chambres où rien ne manque, si ce n'est un peu d'espace dans les « juniors ». Mobilier type hôtelier de bon goût, sanitaires complets, salon du petit déjeuner agréable avec un mur en trompe l'œil. Peut-être un poil cher au vu des prestations, mais pas plus que cela. Chambres très calmes dans l'annexe à l'arrière. Un plan pas vraiment routard, mais une bonne adresse dans sa catégorie. *Parking offert à nos lecteurs sur présentation de ce guide.*

🍴 *Restaurant Chez Colette* – **pl. de la Motte (B2-3-10)** ☎ **05-55-33-73-85.** ☒ Ouvert le midi uniquement. Fermé les dimanche et lundi. Congés annuels : en juillet. Accès : dans les halles centrales. Menu unique à 8,50 €. Dans le cadre animé du marché des grandes halles centrales, une adresse populaire où l'on se régale d'une cuisine simple et copieuse (du marché, ça va de soi), en causant – pourquoi pas ? – avec ses commensaux, comme ça, sans détour. Menu unique avec entrée, plat et dessert : une performance pour si peu d'argent. Pour les fêtards, les affamés du petit matin, formule casse-croûte entre 8 h et 10 h. C'est l'occasion de goûter à quelques rustiques spécialités comme le giraud (boudin au sang d'agneau cuit dans le boyau du même animal). Bien bon accueil de Colette. Un must à Limoges pour l'ambiance mais pas seulement. Si c'est plein, vous pouvez tenter votre chance *Chez François*, le resto en face.

🍴 *Restaurant Le Sancerre* – **18, rue Montmailler (A1-12)** ☎ **05-55-77-71-95.** Fermé le samedi midi et le dimanche. Accès : à quelques mètres de la place Denis-Dussoubs. Formule du midi en semaine à 9 €, puis menus de 11 à 22 €. Au contraire d'une célèbre pile, le *Sancerre* ne s'use pas même si l'on s'en sert. En effet, depuis longtemps on y trouve de quoi satisfaire toutes les bourses et tous les appétits. À midi, en semaine, formule intéressante. Décor hétéroclite, ambiance bouillonnante, salade d'effilochée de raie, millebœuf périgourdin, panaché de bœuf et de canard... avec un petit sancerre ! *Apéritif maison offert à nos lecteurs sur présentation de ce guide.*

🍴 *Le Pré Saint-Germain* – **26, rue de la Loi (B3-14)** ☎ **05-55-32-71-84.** ☒ Fermé le dimanche soir et le lundi. Congés annuels : les 3 premières semaines d'août. Accès : à deux pas des halles. Menus à partir de 10 €, et de 17 à 30,50 €. Ce restaurant gastronomique cherche un peu trop à séduire la bourgeoisie locale. La salle, tristoune, est faussement chic ; le service, aimable, est un peu coincé. Malgré tout, la cuisine, fine et légère, réserve d'excellentes surprises. Le jeune chef aime la couleur et joue avec les consistances. Le 1er menu est absolument remarquable, surtout à ce prix-là : tartare de petits légumes au fort accent méditerranéen, suivi d'un pavé de bœuf aux champignons parfaitement cuit et de desserts en tout point mémorables. Une bonnne adresse. *Apéritif maison offert à nos lecteurs sur présentation de ce guide.*

|●| *Le Geyracois* – 15, bd Georges-Perrin (C2-13) ☎ 05-55-32-58-51. Fermé le dimanche. Accès : près de l'office du tourisme. Menus de 10,90 à 15,90 €. Certes, le genre cafétéria peut déplaire, mais ici on mange vraiment très bien pour pas trop cher, c'est ça l'important. Et, l'air de rien, ce resto est l'un des rares à Limoges à servir de la viande limousine LA-BE-LI-SÉE. Tournedos, entrecôtes et filets juteux, goûteux à souhait. Ça vous étonne ? Il faut pourtant savoir que le gros de la production locale, de qualité, se retrouve à Rungis et dans les grands restaurants. À titre indicatif, jetez un œil à l'impressionnante collection de certificats des bêtes de concours affichés dans le couloir. Autre attrait de l'endroit, les buffets en entrée et dessert, avec une super terrine maison signée monsieur et les pâtisseries de madame. Accueil délicieux, service efficace. Que demande le peuple ? *Apéritif maison offert à nos lecteurs sur présentation de ce guide.*

|●| *Chez Alphonse* – 5, pl. de la Motte (B3-20) ☎ 05-55-34-34-14. Fermé le dimanche et les jours fériés. Accès : en face des halles. Un seul menu uniquement au déjeuner à 12 €. À la carte, compter 20 €. Dans un cadre bistrot mais bistrot branché, la table limougeaude en vogue où l'on vient histoire d'aller *Chez Alphonse* mais aussi pour les pieds de veau ou la tête de veau façon Alphonse, ou encore la joue de bœuf façon grand-mère. Produits choisis et fraîcheur garantie en direct des halles. Service plaisant et ambiance assurée. Petite terrasse en saison. *Café offert à nos lecteurs sur présentation de ce guide.*

|●| *La Cuisine* – 21, rue Montmailler (A2-15) ☎ 05-55-10-28-29. ⚓ Fermé les dimanche et lundi. Congés annuels : du 15 au 29 janvier et du 1er au 21 août. Accès : par la place Denis-Dussoubs. Formule du midi à 12,50 €. À la carte, compter entre 30 et 35 €. Un petit vent d'originalité souffle dans cette cuisine, et on a bien apprécié. Une cuisine du marché efficace, originale sans se prendre la tête. Pas d'esbroufe ou de nom à rallonge, mais des recettes personnelles, bien balancées et toujours réussies. Dos de pigeon en croûte d'épices,

roulé de foie de veau à la vénitienne, petite lotte à la coriandre... Viande, poisson et desserts traités avec sérieux et toujours une touche de fantaisie. Belles assiettes colorées, suffisamment copieuses, servies avec gentillesse et célérité. Prix raisonnables. Côté vins, on aurait préféré une sélection un peu plus pointue de vins de propriétaires, mais là, on chipote. Laissons à ces jeunes un peu de temps. *Café offert à nos lecteurs sur présentation de ce guide.*

|●| *Le Pont Saint-Étienne* – 8, pl. de Compostelle (hors plan D2-3-16) ☎ 05-55-30-52-54. Ouvert tous les jours de l'année. Accès : sur la rive gauche de la Vienne. Formules et menus de 13,50 à 30,49 €. Drôle d'endroit que ce bar-tabac-journaux-restaurant limougeaud. Superbement situé en bordure de Vienne, doté d'une grande salle à l'étage, ainsi que d'une terrasse aux beaux jours, *Le Pont Saint-Étienne* propose une cuisine assez inventive et copieuse. Envie de rustique, d'exotique ou d'un plat léger ? Tout le monde trouve son bonheur dans les menus aux énoncés carrément alléchants. De la « Guillerette » (assiettes de petits farcis froids et chèvre frais aux herbes sur coulis de betteraves rouges) au « Soleil corrézien » (suprême de volaille au citron accompagné de *farcidure*, typique paillasson de pommes de terre), en passant par la « Variation sur le colombo » (travers, joue et épaule de porc cuits avec le mélange d'épices antillais colombo), réel effort de présentation pour un bar-resto. Vins un peu chers. Endroit très fréquenté, service parfois un peu dépassé. Réservez votre table à l'avance (aux beaux jours, de préférence en terrasse).

|●| *Restaurant L'Amphitryon* – 26, rue de la Boucherie (B3-21) ☎ 05-55-33-36-39. Fermé le lundi midi, le samedi midi et le dimanche. Congés annuels : la 2e quinzaine d'août. Accès : entre le palais de justice et la mairie. Menus du déjeuner en semaine à 17 et 21 €, puis autres menus à 24 et 31 €. À la carte, compter 38 €. Une adresse fiable, située face à l'adorable chapelle Saint-Aurélien, patron des bouchers. De fait, *L'Amphitryon* ne déçoit pas et fait preuve d'une régularité exemplaire, même si les prix sont un tantinet exagérés, surtout que les portions sont plutôt congrues. Mais c'est peut-être le prix à payer pour manger dans de l'authentique limoges (entre nous, superbe)... Foie gras de canard maison, tajine de pigeon aux dattes, roulé de lan-

LIMOUSIN

🛏 Où dormir ?	|●| Où manger ?	
1 Hôtel Familia	**10** Chez Colette	**14** Le Pré Saint-Germain
2 Hôtel de la Paix	**11** Les Petits Ventres	**15** La Cuisine
3 Richelieu	**12** Le Sancerre	**16** Le Pont Saint-Étienne
	13 Le Geyracois	**20** Chez Alphonse
		21 L'Amphitryon
		23 Le Bœuf à la Mode

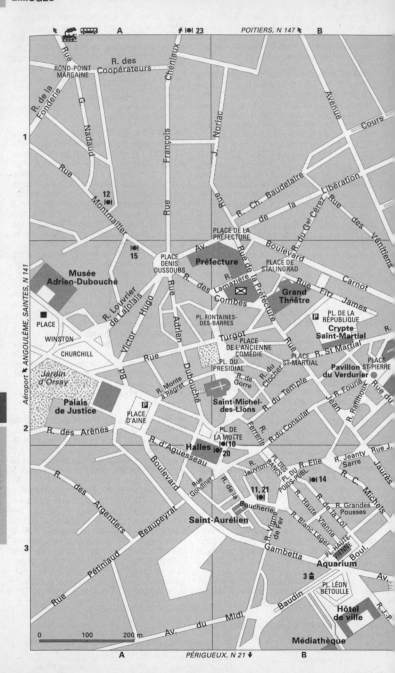

POITIERS, N 147

Rue des Coopérateurs
ROND-POINT MARGAINE
Chénieux
R. de la Fonderie
G. Nadaud
Rue
Montmailler
Rue François
Rue J. Noriac
Avenue
Cours
de la Libération
R. Ch. Baudelaire
R. du Gal Cérez
Rue des Vénitiens

PLACE DE LA PRÉFECTURE
PLACE DENIS DUSSOUBS
Préfecture
Boulevard
PLACE DE STALINGRAD
Carnot

12

15

Musée Adrien-Dubouché
R. Louvrier de Lajolais
Rue Victor Hugo
R. des Combes
Rue de la Préfecture
Grand Théâtre
Rue Fitz James
PL. DE LA RÉPUBLIQUE
Crypte Saint-Martial

PLACE WINSTON CHURCHILL
Rue Adrien Dubouché
PL. FONTAINES-DES-BARRES
Turgot
PLACE DE L'ANCIENNE COMÉDIE
PL. DU PRÉSIDIAL
PLACE ST-MARTIAL
R. St Martial
PLACE ST-PIERRE
Pavillon du Verdurier
R. Rue du

Jardin d'Orsay
R. Monte à Regret
R. de Gorre
R. du Clocher
R. du Temple
R. Jean Fourier
R. Ranflous

Palais de Justice
PLACE D'AINE
Saint-Michel-des-Lions
R. Ferrerie
R. du Consulat
Rue J.

R. des Arènes
R. d'Aguesseau
Halles
PL. DE LA MOTTE
10
20

Boulevard
Rue Gondinier
R. de la
R. Jauvion
PL. DES BANCS
PL. DU POIDS-PUBL.
R. Elie
R. Jeanty Sarre
R. C. Michels
Jaurès
14

LIMOUSIN

R. des Argentiers
Beaupeyrat
11, 21
R. Boucherie
R. de la Vigne de Fer
R. Haute Vienne
R. Blanc Léger
R. de la Loi
R. Grandes Pousses
Saint-Aurélien
Gambetta
PL. HAUTE VIENNE
Aquarium
Boul.

Rue Pétiniaud
3
PL. LÉON BÉTOULLE
Av.
Baudin
Hôtel de ville
R. J.-P.

0 100 200 m
Av. du Midi
Médiathèque

Aéroport, ANGOULÊME, SAINTES, N 141

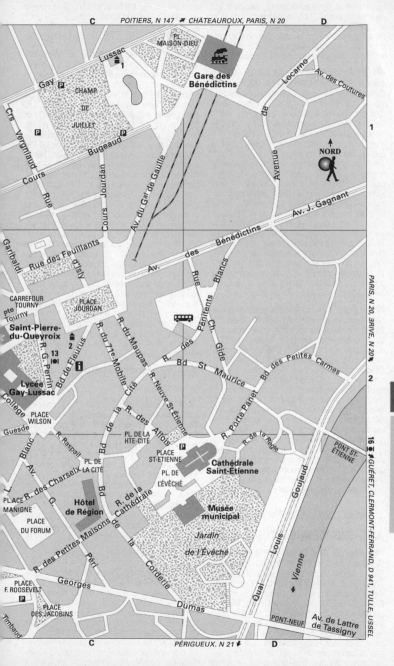

POITIERS, N 147 ✈ CHÂTEAUROUX, PARIS, N 20

C   D

PL. MAISON-DIEU

Lussac

Gay

CHAMP

DE

JUILLET

Gare des Bénédictins

Av. des Coutures

de Locarno

Avenue

NORD

1

Crs Vergniaud

Cours

Rue

Bugeaud

Cours Jourdan

Av. du Gal de Gaulle

Av. J. Gagnant

Garibaldi

Rue des Feuillants

Gisly

Av. des Bénédictins

Rue des Blancs

CARREFOUR TOURNY

Pte Tourny

PLACE JOURDAN

Saint-Pierre-du-Queyroix

R. G. Perrin

Bd de Fleurus

13

2

Lycée Gay-Lussac

Collège

PLACE WILSON

Guesde

R. du Maupas

R. du 71e Mobile

Cité

R. Neuve St-Étienne

Bd St Maurice

R. des

R. des Pénitents

Ch. Gide

Rue des Pénitents

Bd des Petites Carmes

R. Porte Panet

2

PARIS, N 20, BRIVE, N 20 ✈

Blanc

Av. G.

R. Raspail

Bd de la R. des Allois

PL. DE LA HTE-CITÉ

PLACE ST-ETIENNE

PL. DE L'ÉVÉCHÉ

Cathédrale Saint-Étienne

R. de la Règle

PONT ST-ETIENNE

16 ☎ ✈ GUÉRET, CLERMONT-FERRAND, D 941, TULLE, USSEL

PLACE MANIGNE

PLACE DU FORUM

PL. DE LA CITÉ

R. des Charseix

G.

Hôtel de Région

Bd

R. de la Cathédrale

de la Corderie

Musée municipal

Jardin de l'Évêché

Goujaud

Louis

Vienne

PLACE F. ROOSEVELT

PLACE DES JACOBINS

Timbaud

R. des Petites Maisons

Péri

Georges

Dumas

PONT-NEUF

Quai

Av. de Lattre de Tassigny

LIMOUSIN

C   D

PÉRIGUEUX. N 21 ✈

goustines et tomates fraîches, filet de bœuf sauce bordelaise, le tout finement cuisiné et inventif sans excès. Aux beaux jours, terrasse agréable sur la rue, bien qu'un peu bruyante. *Apéritif maison offert à nos lecteurs sur présentation de ce guide.*

|●| Les Petits Ventres – **20, rue de la Boucherie (B3-11)** ☎ **05-55-34-22-90.** Fermé le dimanche et le lundi. Congés annuels : du 1er au 15 mai et du 10 au 25 septembre. Compter de 17 à 30,50 € à la carte. Cette belle maison à colombages abrite une des bonnes adresses du quartier ancien. On s'en doutait un peu ; la rue, à deux pas des halles, semblait prédestinée ! Aux *Petits Ventres*, on se remplit la panse joyeusement, en oubliant son régime. Boudin-purée, andouillette, tripes... Ici vaut mieux aimer la charcuterie ! Les amateurs ont même droit à une assiette spéciale : tête, langue, fraise... rien que du veau ! Surtout, c'est un des rares restos à proposer à la carte les fameuses et délicieuses langues de moutons fumées. Sympa, le nom de chaque fournisseur est indiqué sur le menu ; cela en dit long sur la qualité des produits. Le cadre est coquet et rustique, comme les desserts ! *Apéritif maison offert à nos lecteurs sur présentation de ce guide.*

|●| Le Bœuf à la Mode – **60, rue François-Chénieux (hors plan A1-23)** ☎ **05-55-77-73-95.** Fermé le samedi midi et le dimanche. Congés annuels : en août. Accès : à 150 m du centre-ville. Compter, à la carte uniquement (pas de menu), entre 20 et 30 €. Unique : un resto dans une boucherie ! Et non l'inverse : Claude Lebraud revendique haut et fort son métier d'artisan-boucher. Et c'est vrai qu'on a affaire à un pro de la viande, qui sait choisir les morceaux, les sélectionner et vous les servir bien accommodés : dos d'aloyau au cidre, épigramme d'agneau au miel et aux épices, châteaubriant. Cadre agréable et nappes blanches. C'est pas donné, mais la bonne viande n'a jamais été bon marché, et on en a quand même pour ses sous. *Café offert à nos lecteurs sur présentation de ce guide.*

DANS LES ENVIRONS

AIXE-SUR-VIENNE 87700 (13 km SO)

|●| Auberge des Deux Ponts – **av. du Général-de-Gaulle** ☎ **05-55-70-10-22.** Fermé le dimanche soir et le lundi, sauf de juin à août. Accès : sur la N21. Formule le midi en semaine à 10 €, puis quatre menus de 13,50 à 25,20 €. Au bord de la Vienne, un restaurant de qualité à prix raisonnables. Déco assez champêtre où domine le jaune, les fleurs et le bleu marine qui rappelle... la mer. Pas étonnant que l'on retrouve beaucoup de fruits de mer dans les assiettes. Sinon, bon bar grillé, bonnes

viandes au feu de bois, magret à la crème de roquefort ou daurade grillée...

SAINT-GENCE 87510 (13 km NO)

|●| Le Moulin de Chevillou ☎ **05-55-75-86-13.** Fermé du lundi au jeudi d'octobre à mars. Congés annuels : les 3 dernières semaines de janvier. Accès : prendre la route de Bellac (N147) ; tourner à gauche direction Nieul, Saint-Gence est à 3 km. Là, traverser le village et tourner à droite 300 m plus loin, c'est indiqué. Menus à 15 €, en semaine, puis de 19 à 36 €. Un vrai coin de paradis que ce *Moulin de Chevillou.* Au creux de son vallon et au bord de la Glane, c'est d'abord un parc d'accès gratuit, peuplé de gentils animaux, ânes, chèvres, poneys, faisans et colombes... Les gamins font de la balançoire, du toboggan, et les parents pêchent la truite. Ensuite, on prend une crêpe, une bolée de cidre, tandis que la roue du moulin bat l'eau et vous berce délicieusement. C'est aussi un bon restaurant. 1er menu intéressant, mais par gourmandise nous avons choisi le 2e, avec entrée, poisson, viande, fromage et dessert : un régal, tels cette truite au jambon de pays et cèpes, ce râble de lapin farci aux girolles, ce douillon aux pommes et à la confiture de mûres. Service à l'unisson, charmant, aimable. Réservation recommandée, car l'adresse est de celles, discrètes, que tout le monde connaît. Pas fous, les Limousins ! *Apéritif maison offert à nos lecteurs sur présentation de ce guide.*

SAINT-PRIEST-TAURION 87480 (13 km NE)

🏠 |●| Le Relais du Taurion ** – **2, chemin des Contamines (Centre)** ☎ **05-55-39-70-14. Fax : 05-55-39-67-63.** Parking. TV. Fermé le dimanche soir et le lundi. Chambres doubles avec douche et w.-c. à 42 €, avec bains à 49 €. Demi-pension à 50 € par personne. Au resto, en semaine menu à 18 € ; autres menus de 25 à 32 €. Belle maison de maître début du XXe siècle, couverte de lierre. Chambres confortables et bien tenues. Fait aussi restaurant, mais un peu cher. On retiendra plutôt cette adresse pour son charme, ses chambres et sa situation, en bordure du Taurion.

PEYRILHAC 87510 (15 km NO)

|●| Auberge de la Queue de Vache – **Lauriget, RN147** ☎ **05-55-53-38-11.** ♿ Ouvert tous les jours à midi et le soir des vendredi et samedi ; tous les soirs de début juin à fin septembre. Accès : sur la droite de la RN147, au nord de Limoges, peu après l'embranchement pour Peyrilhac. Menus de 10 à 24 €. Jolie ferme malheureusement en bordure de nationale. Heureusement, l'intérieur est coquet et chaleureux, rustique à souhait, on a vite fait d'oublier le bruit du trafic. Cuisine proche du terroir, avec, au fil des menus, de nombreux produits provenant de l'exploitation des patrons, en agriculture bio. À commencer par la viande de bœuf, qui n'est pas limousine mais écossaise, de race Highland. Fruits et légumes régionaux également, comme les fromages. En entrée, terrine de poulet aux fines herbes, ou chèvre chaud sur salade verte, ou salade périgourdine. Puis pour continuer, joue ou queue de bœuf confite, faux-filet poêlé, foie gras mi-cuit maison, une pure merveille. Tout cela accompagné de vraies frites maison ou de bons gratins qui changent au gré des saisons. Fromages puis desserts tout aussi rustiques et savoureux. Tartes, melon confit au miel... Petite terrasse à l'arrière en été. Vins à prix raisonnables. *Café offert à nos lecteurs sur présentation de ce guide.*

SOLIGNAC 87110 (15 km S)

≜ I●I *Le Saint-Éloi* – 66, av. Saint-Éloi ☎ 05-55-00-44-52. Fax : 05-55-00-55-56. ● www.lesainteloi.fr ● TV. Canal+. Satellite. Câble. Fermé le samedi midi, le dimanche soir et le lundi. Congés annuels : en janvier. Chambres doubles avec douche et w.-c. de 43 à 59 €. Demi-pension de 43 à 50 € par personne. Au restaurant, plusieurs menus, de 13 €, le midi en semaine, à 39 €. À un quart d'heure de Limoges, dans le paisible village de Solignac, un bien bel établissement qui a fait peau neuve, intérieurement comme extérieurement. À sa tête, un jeune couple qui en veut et qui vous en donnera pour votre argent. De belles chambres équipées de literie de qualité, décorées avec goût dans des teintes chaleureuses, avec de chouettes sanitaires. Il y en a même quelques-unes, encore raisonnables, avec terrasse et salle de bains balnéo : le pied ! Aussi bien léché que dans *Marie-Claire déco*. À table, dans la belle salle : fenêtres à vitraux, splendide cheminée, puis des tables impeccablement nappées et dressées. Arrive dans de belles assiettes une cuisine actuelle, servie en quantité... limougeaude. En gros, le double d'une portion parisienne. Grenadins de veau (deux, fondants et cuits comme il faut), poissons bien travaillés toujours accompagnés de bonnes sauces maison, filets de cailles au vin doux. Puis des desserts sympathiques et tout aussi bien présentés. Rien de révolutionnaire mais un bel outil de travail, une bonne dose de professionnalisme et l'envie réelle de bien faire. C'est pas si courant. *Apéritif maison offert à nos lecteurs sur présentation de ce guide.*

ROYÈRES 87400 (18 km E)

≜ I●I *Hôtel Beau Site* ** – hameau de Brignac ☎ 05-55-56-00-56. Fax : 05-55-56-31-17. ● www.lebeausite.com ● Parking. TV. Satellite. Congés annuels : du 1er janvier au 1er avril. Accès : par la N141 direction Saint-Léonard-de-Noblat, puis à gauche par la D124. Chambres doubles avec douche et w.-c. de 49 à 58 €, avec bains de 52 à 56 €. Menus à 17 €, servi midi et soir tous les jours, puis de 24 à 33 €. Verdure, tranquillité et bonnes prestations dans cet hôtel-restaurant qui ne déçoit pas. Chambres confortables, toutes différentes, avec de-ci, de-là, de charmants motifs décoratifs peints par madame. Les plus agréables ont vue sur le parc et l'étang (n° 11, puis du n° 14 au n° 17). Joli jardin et superbe piscine chauffée (un gros plus !). À table, quelques spécialités régionales : fricassée d'escargots aux cèpes, mignon de porc aux pruneaux et gingembre, filet de sandre au sauvignon ou noix de Saint-Jacques à l'émincé de poireaux. En dessert, délicieux sabayon aux châtaignes. 1er menu qui va très bien merci, puis trois autres si vous décidez de vous gâter un peu plus. Service aux petits oignons. *Café offert à nos lecteurs sur présentation de ce guide.*

THOURON 87140 (22 km NO)

≜ I●I *La Pomme de Pin* – hameau de La Tricherie ☎ et fax : 05-55-53-43-43. TV. ☒. Fermé le lundi et le mardi midi. Congés annuels : pendant les vacances scolaires de février et 3 semaines en septembre. Accès : par la N147, puis à droite la D7. Chambres doubles à 48 € avec douche et w.-c. et à 55 € avec bains. Formule le midi en semaine à 14 €, puis menus à 22 et 33 €. Juste à côté d'un étang perdu en pleine nature. Chambres très confortables et bien propres avec vue sur la rivière. Charme d'une cuisine attractive et des grillades cuites devant vous au feu de bois dans une belle salle aux murs de pierre. Surprenante et excellente carte des vins. Service en terrasse aux beaux jours. Une des très bonnes adresses haute-viennoises, aménagée dans un ancien moulin et d'anciennes filatures. *Apéritif maison offert à nos lecteurs sur présentation de ce guide.*

MAGNAC-LAVAL 87190

Carte régionale A1

I●I *La Ferme du Logis* ☎ 05-55-68-57-23. ☒. Fermé le dimanche soir et le lundi, sauf de juin à octobre. Congés annuels : de janvier à mi-février. Accès : aller jusqu'à Magnac-Laval, au centre du bourg tourner à droite, direction Bellac, *La Ferme du Logis* est à 2 km sur la gauche, sur la D7. Trois menus de 12 à 27 €. Cadre rustique agréable, fleuri en salle, et terrasse non moins fleurie et agréable aux beaux jours, l'endroit peut plaire. Un service aimable et une savoureuse cuisine du terroir, copieuse à souhait, le rendent alors vraiment sympathique. Spécialités de viande bovine, de cerf de l'élevage familial. 1er menu déjà alléchant. Nous vous recommandons pourtant le 2e, vraiment bon et généreux. Carte des vins intéressante. Étang à proximité (pêche gratuite pour les clients). Petit camping de luxe de 10 emplacements. *Apéritif maison offert à nos lecteurs sur présentation de ce guide.*

MORTEMART 87330

Carte régionale A1

🏠 |●| *Hôtel Le Relais* * ☎ et fax : 05-55-68-12-09. TV. Fermé le mardi soir et le mercredi du 12 juillet au 31 août. Chambre doubles avec douche et w.-c. à 46 €. Au resto, menus à 15,80 €, puis de 21,50 à 33,50 €. Une « hostellerie » coquette et agréable, bien à l'image du village. Quelques chambres mignonnes et une salle de resto tout en pierre et à la déco raffinée. Service attentionné et festival de saveurs au programme. Foie gras de canard poêlé et ses chaussons de morilles, magret de canard aux poires caramélisées... Plaisir assuré.

DANS LES ENVIRONS

CIEUX 87520 (13 km SE)

🏠 |●| *Auberge La Source* ** – av. du Lac ☎ 05-55-03-33-23. Fax : 05-55-03-26-88. ● www.logis-de-france.fr ● Parking. TV. Satellite. ⚹ Fermé le dimanche soir, le lundi midi et soir et le mardi midi. Congés annuels : du 20 janvier au 11 février. Accès : prendre la D3 jusqu'à Blond, puis tourner à droite direction Cieux. Chambres doubles avec douche et w.-c. à 54 €, avec bains à 69 €. Demi-pension à 52 € par personne. Au resto, menus de 19 à 50 €. Dans ce mignon petit bourg de Cieux, au pied des monts de Blond, un ancien relais de poste à l'entrée du village. Des patrons charmants, disponibles, qui vous accueillent et sont aux petits soins pour vous faire passer de bons moments, que vous soyez client du restaurant ou de l'hôtel. À table, dans la grande salle lumineuse, on déguste une cuisine sûre et soignée, plutôt classique mais bien réalisée. Les produits, ultra-frais, sont cuisinés avec rigueur et bien présentés. Poissons qui bougent encore, viandes cuites selon vos souhaits... Côté chambres, beaucoup d'espace, du calme, un entretien parfait et surtout une belle vue. Dommage tout de même pour la déco manquant franchement de charme, et les salles de bains (très complètes au demeurant) nous rappellent celles d'hôtels de chaîne. Prix élevés aussi, mais le splendide panorama sur la campagne environnante fait tout oublier. *10 % sur le prix de la chambre (d'octobre à mars)*

offerts à nos lecteurs sur présentation de ce guide.

NEUVIC 19160

Carte régionale B2

🏠 |●| *Château Le Mialaret* ** ☎ 05-55-46-02-50. Fax : 05-55-46-02-65. ● www.lemialaret.com ● Parking. TV. Accès : à 5 km à l'ouest de Neuvic par la D991 en direction d'Égletons. Chambres doubles de 68 à 145 € avec tout le confort. Menus de 19,80 à 32,20 €. Blottie au fond d'un beau parc, cette bâtisse du XIXe siècle transformée en hôtel de petit luxe a su préserver ses volumes et certaines décorations d'origine. Outre l'équipement des chambres (choisissez de préférence la n° 1, 2, 4, 8 ou 9), la différence se fait aussi sur le charme. Les plus chères sont superbes ; certaines possèdent même une cheminée ou sont installées dans une tour. À table, on mange une cuisine régionale honnête, et les menus affichent des prix qui, pour la qualité et le cadre – une très belle salle authentique – ne sont pas excessifs. Signalons enfin que le château s'est fait construire l'une des plus belles piscines du département, hélicoïdale et carrelée. Alors, où est le piège ? Pas loin : dans le hangar à séminaires qui pollue le parc. Eh oui, le château en accueille beaucoup, c'est la loi du business. Rendons-leur hommage : grâce à sa remarquable politique de prix, hors saison et hors congrès, le *Mialaret* est sans doute l'un des meilleurs plans de la région.

PEYRAT-LE-CHÂTEAU 87470

Carte régionale B1

🏠 |●| *Auberge du Bois de l'Étang* ** – 38, av. de la Tour ☎ 05-55-69-40-19. Fax : 05-55-69-42-93. ● www.boisdeletang.com ● TV. Fermé le dimanche soir et le lundi toute la journée du 1er octobre au 30 avril. Congés annuels : du 15 décembre au 15 janvier. Accès : D940 direction Bourganeuf. Chambres doubles de 29 à 48 € selon le confort. Demi-pension imposée en juillet et août, de 29 à 40 € par jour et par personne (3 jours minimum). Menus à 12,50 €, sauf le dimanche midi, puis de 16 à 33 €. Des chambres correctes, avec confort et situation variables (préférez celles de l'annexe, toutes refaites et plus calmes). Bien bon accueil de Patricia et Serge Merle. Table plaisante. Escalope de foie gras frais poêlée au xérès et pommes, blinis tièdes au caviar de framboises, filet de rouget à la purée d'ail... Y'a de l'idée, comme vous le voyez. Et surtout dans les grands menus. Carte un *peu plus chère. 10 % sur le prix de la chambre (en mai, juin, juillet et août) offerts à nos lecteurs sur présentation de ce guide.*

🏠 |●| *Le Bellerive* ** – 29, av. de la Tour ☎ 05-55-69-40-67. Fax : 05-55-69-47-96. ● www.lebellerive.fr ● Parking. TV. Fermé le dimanche soir et le lundi hors saison. Accès : direction Bourganeuf, à 400 m sur la gauche, face au lac. Chambres doubles avec douche et w.-c. ou bains à 44,97 €. Demi-pension à 44,21 € par personne. Plusieurs menus de 14,48 à 18,29 € et plus. La maison tire son nom des petites rives du lac de Peyrat. Chambres agréables et bien tenues, avec balcon ou terrasse. Fait aussi restaurant. C'est l'occasion de goûter aux spécialités régionales : pâté de pommes de terre, salade tiède d'asperges au foie de veau, viandes de pays, tarte à la châtaigne, etc. *Apéritif maison offert à nos lecteurs sur présentation de ce guide.*

DANS LES ENVIRONS

AUPHELLE 87470 (8 km E)

🏠 |●| *Au Golf du Limousin* ** ☎ 05-55-69-41-34. Fax : 05-55-69-49-16. ● www.hotel-golfdulimousin.com ● Parking. TV. Satellite. Congés annuels : du 30 octobre à mi-mars. Accès : par la D13 direction Vassivière, puis la D222 jusqu'au lac. Chambres doubles de 38 à 48 € selon le confort et la saison. Demi-pension malheureusement demandée en juillet-août, à 46 € par personne. Menu du déjeuner en semaine à 12,20 €, puis trois autres menus de 18 à 25,65 €. En face, tennis et mini-golf, un des rares hôtels donnant quasiment sur le lac (les chambres du n° 1 au n° 8 donnent de ce côté) et à 200 m d'une plage aménagée. Bâtiment en pierre de taille du pays, chambres propres et de bon confort. Environnement verdoyant. Bonne cuisine régionale classique, servie prestement, en salle ou sur la terrasse. Terrine maison parfaite, tripoux appréciables, mais aussi sandre au beurre blanc, etc. Beau plateau de fromages. Réserver est plus prudent. *Apéritif maison offert à nos lecteurs sur présentation de ce guide.*

NEDDE 87120 (10 km SE)

🏠 |●| *Auberge Le Verrou* – Le Bourg-Nedde (Centre) ☎ 05-55-69-98-04. Fermé le mercredi en hiver. Chambres doubles de 32 à 36,50 €. Petit déjeuner avec confiture et pâtisserie maison à 5,50 €. Repas à la carte entre 13 et 23 € selon votre faim et votre soif. Une adresse comme on les aime, pleine d'atmosphère et de chaleur. Plusieurs salles, l'une avec un beau vieux comptoir où il fait bon s'accouder, une autre avec « le coin des crêpes ». Puis, aux beaux

jours, une mignonne terrasse, fraîche et calme comme ces arrière-cours de village. Un endroit qui rassemble les habitués du coin mais aussi ceux d'ailleurs car on prend facilement ses habitudes à l'*Auberge du Verrou*. À table, une carte courte, façon cuisine du marché (menu unique en hiver), avec de bonnes viandes limousines, un choix de salades, et, nous vous le disions, des crêpes, salées et sucrées. Pour qui serait tenté de passer quelques nuits à Nedde, aucun problème, la patronne a aménagé quelques chambres bien agréables dans sa solide bâtisse. Et comme pour le resto, elle a mis le paquet sur la déco et les petits détails qui font la différence. Meubles anciens, draps de grand-mère et tout et tout... Accueil sympa, est-ce utile de le préciser ?

AUGNE 87120 (12 km SO)

🏠 |●| *Le Ranch des Lacs* – lieu-dit Vervialle ☎ 05-55-69-15-66. Fax : 05-55-69-59-52. Ouvert toute l'année mais téléphoner hors saison. Accès : par la D14 vers Bujaleuf, passer Chassat, puis à la bifurcation suivante, ne pas aller vers Augne, mais prendre à gauche vers Négrignas ; juste avant ce hameau, petite route à gauche menant vers Vervialle. Chambres doubles à 34 €, nuitée par personne en chambre familiale à 12,50 €. À midi, formule à 10 €. Menus de 14,50 à 30 €. Tenu depuis plusieurs années par un aimable couple belge, ce bar-restaurant-hôtel-gîte d'étape installé dans un ancien manège a conservé une atmosphère équestre, bois et selles décoratives, et se trouve littéralement perdu en pleine cambrousse : par la véranda, vue sur une vallée de la Vienne vierge de tout habitat, seulement verte et boisée, intacte. Au bar, grand choix de bières belges, et à table différents menus avec de savoureuses spécialités régionales et quelques incursions belges aussi une fois : coffret du boulanger (pain de mie farci d'œufs brouillés aux herbes du jardin), coucou de Malines (blanc de volaille farci aux endives) et, sur commande, moules-frites à volonté. Également présence étonnante (sous cette latitude) de spécialités africaines, car nos restaurateurs pas comme les autres arrivent du Congo plutôt que de la Belgique. Voici pour le couvert. Pour le gîte, Françoise et Jules Lahaye proposent des chambres doubles et des chambres d'étape de 3 à 4 lits avec sanitaires communs. Enfin, heureuse attention, accueil spécial enfants avec espace-jeux, Playmobil et Lego. Ambiance familiale et bohème. Piscine prévue pour l'été 2003. Une adresse extra, mais extra deux fois. Et vive la Belgique ! *10 % sur le prix de la chambre offerts à nos lecteurs sur présentation de ce guide.*

SAINT-HILAIRE-LE-CHÂTEAU 23250

Carte régionale B1

🏠 I●IHôtel du Thaurion ** – 10, Grand-Rue ☎ 05-55-64-50-12. Fax : 05-55-64-90-92. Parking. TV. Canal+. Fermé le mercredi et le jeudi midi. Congés annuels : de fin novembre à fin février. Accès : à 4 km à l'est de Portarion ou à 15 km de Bourganeuf. Côté hôtellerie, quelques chambres coquettes de 34 à 77 € la double (mais si vous préférez, la direction propose aussi quelques chambres d'hôte au château voisin à 95 €, petit déjeuner compris). Côté cuisine, un menu du jour à 15 €. Autres menus de charme de 25 à 70 €. Dans cet ancien relais de diligence agréablement restauré, Gérard Fanton est à l'évidence le chef creusois de référence. Cuisine parfaitement exécutée, tantôt tournée vers la tradition, tantôt vers l'originalité. Spécialités du chef : jarreton de porc braisé, galette de queue de bœuf, pied de porc farci et sauce à la moutarde de Brive, ravioles de queues d'écrevisses. Un bémol : service lent et pas toujours expérimenté, mais peut-être est-on tombé un mauvais jour ? *10 % sur le prix de la chambre (sauf en juillet-août) offerts à nos lecteurs sur présentation de ce guide.*

SAINT-JUNIEN 87200

Carte régionale A1

🏠 I●ILe Rendez-Vous des Chasseurs ** – lieu-dit Pont-à-la-Planche ☎ 05-55-02-19-73. Fax : 05-55-02-06-98. Parking. TV. ✗Resto fermé le vendredi et le dimanche soir. Congés annuels : du 2 au 19 janvier. Accès : à la sortie de Saint-Junien, sur la droite de la route de Bellac. Chambres doubles avec douche et w.-c. ou bains à partir de 32,50 €. Demi-pension à 42,50 € par personne. Au resto, menus à 12 €, sauf le dimanche, et jusqu'à 37 €. Une table réputée avec un fameux menu gastronomique pas si cher que ça. Spécialités de marcassin, cerf et daim de l'élevage du patron. Salle à manger vieille France et terrasse sous dais aux beaux jours. Chambres doubles bien tenues, comme tout l'établissement. *Digestif maison offert à nos lecteurs sur présentation de ce guide.*

🏠 I●ILe Relais de Comodoliac ** – 22, av. Sadi-Carnot (Centre) ☎ 05-55-02-27-26. Fax : 05-55-02-68-79. Parking. TV. Canal+. Satellite. ✗ Resto fermé le dimanche soir. Chambres doubles avec douches ou bains à 52 €. Demi-pension à 57 € par personne. Menus servis tous les jours de 14 à 33 €. Un bâtiment moderne auquel on a pourtant instillé un certain

charme. Des chambres vastes et bien entretenues, agréables. Côté route, c'est un peu bruyant. Celles donnant à l'arrière sont bien plus calmes mais un peu plus chères. Voilà une halte bien commode si l'on veut flâner dans le secteur. Côté restaurant, une grande salle ouvrant sur un petit coin de verdure, et du boulot bien fait, en cuisine comme au service. Prix raisonnables et qualité supérieure à la moyenne régionale. Beaux produits bien travaillés et variant au fil des saisons. Saumon, loup, viandes et volailles de pays avec des sauces soignées, des champignons en saison, etc. Accueil dynamique et souriant. *Apéritif maison offert à nos lecteurs sur présentation de ce guide.*

I●ILe Landais – 6, bd de la République (Centre) ☎ 05-55-02-12-07. ✗ Fermé le mardi. Congés annuels : la 2e quinzaine de septembre. Plusieurs menus de 10 à 33,51 €. On sent le bon-vivre et le bien-manger en entrant ici. Normal, Suzy, la patronne, a amené une partie des Landes dans ce coin de la Haute-Vienne. Attenante au bar, une salle de resto pleine de fleurs et de plantes vertes, où l'on se sent bien. Il vaut mieux car on y est pour un moment. Cassoulet landais, civet de canard, terrine de cailles au genièvre, lamproie à la bordelaise, Saint-Jacques aux cèpes... On sort de table plus que rassasié. Service doux et attentionné de la patronne. Une adresse sérieuse que nos lecteurs apprécient beaucoup. *Café offert à nos lecteurs sur présentation de ce guide.*

DANS LES ENVIRONS

SAINT-AUVENT 87310 (14 km S)

I●IAuberge de la Vallée de la Gorre ** – pl. de l'Église ☎ 05-55-00-01-27. ✗ Fermé le dimanche soir et le lundi soir. Accès : sur la D58. Menu à 12 €, sauf le dimanche, puis autres menus de 17 à 34 €. Une petite auberge coquette dans un bourg qui ne l'est pas moins. Des plats originaux, conçus et préparés par un jeune chef, Hervé Sutre, à des prix tout à fait raisonnables si vous le restez aussi. Foie gras au sel de Guérande, têtes de cèpes farcies à l'ancienne, carpaccio de Saint-Jacques aux langoustines rôties, croustillants de fruits frais... Agréable terrasse couverte en été. Réservation conseillée le week-end.

SAINT-LÉONARD-DE-NOBLAT 87400

Carte régionale A1

I●ILe Gay-Lussac – 18, bd Victor-Hugo ☎ 05-55-56-98-45. Accès : dans la vieille ville, à 30 m de la place de la République.

LIMOUSIN

Formule du déjeuner à 10,50 €, puis quatre menus à partir de 16 €. Une jeune adresse entièrement rénovée avec goût pour une cuisine traditionnelle, maison et de saison. Salles chaleureuses au 1er étage. Premier menu, au déjeuner en semaine, avec café et vin inclus. Ensuite, on peut dépenser un peu plus, voire beaucoup plus, selon son budget. Marbré de foie gras, saumon en portefeuille, escargots. La carte change tous les trimestres. Service naturel et attentionné. Petite terrasse sur la place. *Café offert à nos lecteurs sur présentation de ce guide.*

I●I *Les Moulins de Noblat - L'auberge de Maître-Pierre* – (Sud-Ouest) ☎ 05-55-56-29-73. Menus de 14 à 38 €. Dans le bas de Saint-Léonard, en direction de Limoges, plusieurs moulins à eaux, datant pour la plupart du XIIe siècle, forment un ensemble harmonieux fait de passages, de ponts, de digues, de vannes et de roues à aube... Restaurés, ils accueillent aujourd'hui des expositions d'art et d'artisanat. L'un d'eux a été transformé en auberge, avec une jolie terrasse au bord de la Vienne. C'est bien agréable aux beaux jours, même si la route se fait difficilement oublier. Bonne cuisine traditionnelle ; grillades. De juin à septembre, la maison organise des barbecues géants. *Apéritif maison offert à nos lecteurs sur présentation de ce guide.*

SAINT-MARTIN-LA-MÉANNE 19320

Carte régionale B2

🏠 I●I *Hôtel Les Voyageurs* ** – pl. de la Mairie ☎ 05-55-29-11-53. Fax : 05-55-29-27-70. Parking. TV. Fermé le dimanche soir et le lundi hors saison. Congés annuels : de mi-novembre à mi-février. Chambres doubles de 38 à 49 € selon le confort. Quatre menus de 15 à 32 €. Dans une typique maison de village corrézienne entourée d'un petit jardin, cette auberge familiale de caractère, où l'on se sent comme chez soi, est une bonne surprise pour le voyageur qui passe par là un peu par hasard. De suite, on est happé par la gentillesse de la patronne qui vous donne une table ou une chambre comme si vous faisiez partie de sa famille. La cuisine privilégie évidemment les produits locaux : escalope de foie gras poêlée aux pommes confites, noix de Saint-Jacques poêlées, pigeonneau aux airelles, filet de sandre au beurre blanc et grenadin de veau aux girolles. La fricassée de grenouilles et d'escargots persillés et crémés nous a laissé un souvenir... Hmm ! Pour le dessert, gardez impérativement une petite place pour la crêpe soufflée à l'orange. Notre préférence va au menu terroir et son canard aux myrtilles. Côté hôtellerie, chambres fort sympathiques et abor-dables. Étang privé en plus. *Café offert à nos lecteurs sur présentation de ce guide.*

SAINT-MERD-DE-LAPLEAU 19320

Carte régionale B2

🏠 I●I *Hôtel-restaurant Fabry* ** – pont du Chambon ☎ 05-55-27-88-39. Fax : 05-55-27-83-19. ● www.medianet.fr/fabry ● Parking. TV. Fermé le dimanche soir et le lundi du 20 septembre au 30 mars. Congés annuels : du 12 novembre au 20 février. Accès : par la D13. Chambres doubles avec douche ou bains et w.-c. de 38 à 44 €. Demi-pension demandée en haute saison, de 42 à 48 € par personne. Menus de 13 €, en semaine, à 34 €. Une grosse bâtisse sur le bord de la Dordogne, un paradis pour les pêcheurs et tous ceux qui aiment voir l'eau de leur chambre. Ici, le poisson est à l'honneur, et si on était avec vous, on choisirait le dos de cabillaud rôti au ragoût de lentilles vertes du Puy, le filet de sandre au beurre blanc, et, côté viande, le pavé de biche aux myrtilles ou le magret de canard sauce Périgueux. Pour le dessert, à coup sûr, optez pour le biscuit fondant au chocolat avec sa glace à la menthe. Le chef, qui soigne ses préparations, travaille intelligemment les produits du terroir. Des huit chambres, toutes confortables et plutôt joliment déco-rées, cinq offrent la vue sur la rivière. L'accueil familial et le cadre magnifique ont naturellement tendance à retenir le promeneur. À propos de promenade, on peut ici faire un tour en gabare, ces barques à fond plat qui descendaient la Dordogne. Vous aurez l'impression de vivre un épisode de *La Rivière Espérance*. Dans un genre plus tragique, marcher jusqu'à la grotte des Maquisards, qui fut attaquée par la police de Vichy. *Café offert à nos lecteurs sur présentation de ce guide.*

SAINT-PARDOUX-LA-CROISILLE 19320

Carte régionale B2

🏠 I●I *Hôtel-restaurant Le Beau Site* *** ☎ 05-55-27-79-44. Fax : 05-55-27-69-52. ● www.hotel-lebeausite-correze.com ● TV. Congés annuels : du 1er janvier au 15 avril et du 15 octobre au 31 décembre. Accès : sur la D131. Chambres doubles à 52,50 € avec douche et w.-c., et à 59 € avec bains. Demi-pension de 46 à 60 € par personne. Menus de 14 à 42 €. Complexe hôtelier et de loisirs avec piscine, tennis, VTT (location et randonnées), étang de pêche et grand jardin dans un site beau (d'où le nom) et tranquille. Au restaurant, on se laisse tenter par des plats qui chantent le terroir. Alors, foie gras de canard, sandre à l'eau de noix ou gratin soufflé aux framboises... difficile de faire un choix! Côté hôtellerie, les chambres, bien tenues et rénovées pour celles en terrasse, manquent encore un peu d'âme. Si vous aimez être tranquille, demandez en réservant si la maison accueille un groupe lors de votre venue. Cela pourrait gâcher votre séjour! Il reste que cet hôtel séduira les amateurs de vacances gourmandes, confortables et sportives.

SAINT-ROBERT   19310

Carte régionale A2

🛏 |●|*Le Saint-Robert* – **route d'Ayen (Centre)** ☎ 05-55-25-58-09. **Fax : 05-55-25-55-13.** Fermé le dimanche soir hors saison. Congés annuels : du 10 octobre au 15 avril. Chambres doubles de 43 à 54 €, selon le confort et la taille. Menus de 11 à 20 €. Voilà bien une adresse de charme qui ravira les amoureux autant que les familles. À la frontière du Limousin et du Périgord, cette très belle demeure, construite à flanc de colline par un riche banquier au XIXe siècle, jouit d'une vue imprenable sur la vallée. On peut profiter de cette vue de la terrasse où il fait bon prendre le petit déjeuner ou son repas, mais aussi de la superbe piscine. Et des chambres bien entendu. Celles-ci, de confort simple et sobrement meublées, ont gardé tout leur charme et leur cachet. La maison sent le bois patiné et les vacances heureuses. On se sent chez soi. Au resto, produits locaux et viandes succulentes. Un coup de cœur. *10 % sur le prix de la chambre (sauf juillet et août) ou café offerts à nos lecteurs sur présentation de ce guide.*

SAINT-YRIEIX-LA-PERCHE   87500

Carte régionale A2

🛏 |●|*Hostel de la Tour Blanche* ** – **74, bd de l'Hôtel-de-Ville** ☎ 05-55-75-18-17. **Fax : 05-55-08-23-11.** ● **www.resto-latour blanche.fr** ● Parking. TV. Fermé le dimanche. Congés annuels : pendant les vacances scolaires de février. Chambres doubles avec douche et w.-c. ou bains à 40 €. Menus de 18,50 à 30 €. Des chambres satisfaisantes (celles mansardées, un peu exiguës, restent néanmoins confortables) et une table qui ne déçoit pas. Deux salles, l'une classique et bourgeoise pour déguster foie gras en terrine ou poêlé, mille-feuille de homard canadien, bonnes viandes ou tripes limousines maison. L'autre, genre snack où vous verrez New York (posters sur tous les murs, c'est beau une ville la nuit,

comme dirait Bohringer), est réservée à une cuisine plus simple mais toujours plaisante et copieuse (super salades, plats garnis).

|●|*À la Bonne Cave* – **(Centre)** ☎ 05-55-75-02-12. Fermé le lundi. Congés annuels : en septembre. Accès : près de l'église. Menu du déjeuner en semaine à 9,76 €, puis autres menus de 9,91 à 21,80 €. Une vieille maison en pierre blanche, une salle aux tons pastel, fleurie et agréable, une bonne cuisine simple avec quelques surprises et des prix raisonnables. Ajoutez-y un service souriant et vous obtenez une bonne adresse où l'on se sent bien. Formule du midi déjà sympa. Profiteroles d'escargots, tourtière de veau aux cèpes, croustade aux pommes sauce caramel... Et évidemment, quelques bons petits vins.

|●|*Restaurant Le Plan d'Eau* – **Le Plan d'Eau d'Arfeuille** ☎ 05-55-75-96-84. Parking. ♿ Fermé le mardi soir et le mercredi midi et soir. Congés annuels : en janvier. Accès : à l'entrée du bourg, direction le camping, ou sortie direction Limoges, à gauche, *Le Plan d'Eau.* Menus de 10,50 à 21,50 € ; plat du jour à 8 €. Un petit resto bien sympathique avec vue sur le plan d'eau d'Arfeuille. Cuisine du pays : viande limousine, filet de sandre, fraises flambées au Grand Marnier. Le maître des lieux, Jean Maitraud, est toujours prêt à tailler un bout de bavette avec ses hôtes et organise des menus spéciaux les jours de fête (des Mères, des Pères, etc.). Fait aussi bistrot : halte bien rafraîchissante les après-midi un peu chauds.

DANS LES ENVIRONS

COUSSAC-BONNEVAL   87500

(11 km E)

🛏 |●|*Les Voyageurs* ** – **21, av. du 11-Novembre** ☎ 05-55-75-20-24. **Fax : 05-55-75-28-90.** TV. Fermé le dimanche soir et le lundi. Congés annuels : du 2 au 31 janvier. Accès : sur la D901. Chambres doubles avec bains de 38,11 à 44,21 €. Au restaurant, menu en semaine à 11 €, puis menus de 18 à 26 €. Derrière cette façade couverte de vigne vierge se cache une des bonnes adresses du département. Cet hôtel, repris par Christophe Dupuy, dispose de 9 chambres (dont 5 sur jardin – super! – des nos 8 à 12), propres et confortables. Cuisine traditionnelle à base de foie gras, filet de bœuf sauce truffée, morilles, cèpes et confits. Peut s'avérer assez cher, surtout à la carte.

SERRE-DE-MESTES (LA)   19200

Carte régionale B2

|●|*Bar-restaurant La Crémaillère* – **le bourg** ☎ 05-55-72-34-74. Parking. Fermé le lundi et tous les soirs. Congés annuels : la

dernière semaine de juin, ainsi que de fin août à début septembre. Accès : par la D982. Menus de 11 à 21,34 €. On entre par le bar, et ce qui frappe d'emblée, c'est le sourire du patron. La salle du resto est croquignolette, nappes à carreaux rouges et lambris de rigueur. Un peu le genre d'endroit comme on n'en fait plus et qu'il faut donc préserver et faire connaître. Donc on s'y emploie. Les menus sont simples, copieux, et font largement appel au terroir. Au dernier menu, vous aurez droit au grand jeu, foie gras, coquilles Saint-Jacques, gigot d'agneau aux herbes, fromages et dessert. On vous recommande aussi les excellentes viandes limousines bien sûr, le civet de lapin, le coq au vin, la tête de veau... Excellente tarte maison en dessert. Bref, une adresse qui ne paie pas de mine mais où on en a largement pour son argent. Service attentionné.

SOUTERRAINE (LA) 23300

Carte régionale A1

🏠 |●| *Hôtel Moderne* – 11, pl. de la Gare (Centre) ☎ 05-55-63-02-33. Fermé le samedi midi et le dimanche. Chambres doubles à 19,95 € avec douche et w.-c. sur le palier. Au restaurant, un menu du jour servi midi et soir à 9,45 €. Pas si moderne que ça, car le confort est plutôt modeste, mais propreté impeccable. C'est vraiment le parfait hôtel-restaurant du routard des années 1970. D'ailleurs, le bar de l'établissement, le *Pot de l'Amitié*, mérite bien son nom. Les liens amicaux se nouent facilement ici. Une bonne petite adresse pour budgets serrés.

DANS LES ENVIRONS

SAINT-ÉTIENNE-DE-FURSAC
23290 (12 km S)

🏠 |●| *Hôtel Nougier* ** – 2, pl. de l'Église ☎ 05-55-63-60-56. Fax : 05-55-63-65-47. Parking. TV. Canal+. Fermé le dimanche soir, le lundi et le mardi midi hors saison et fériés, ainsi que le lundi midi en haute saison. Congés annuels : de décembre à mi-mars. Accès : sur la D1 direction Fursac. Compter 48,50 € la chambre double. Demi-pension à 44,20 € par personne. Menus de 16,50 à 27,50 €. Une auberge de campagne limousine bien attachante, avec 12 chambres confortables (préférer celles donnant sur le jardin), une salle à manger élégante dans laquelle on déguste des produits du terroir au goût du jour : terrine de queues d'écrevisses, cuisse de canard forestière, croustillant de pied de cochon. Prix un peu élevés tout de même et accueil un peu froid. Très jolie terrasse.

BÉNÉVENT-L'ABBAYE 23210
(20 km SE)

🏠 |●| *Hôtel du Cèdre* ** – rue de l'Oiseau (Est) ☎ 05-55-81-59-99. Fax : 05-55-81-59-98. ● www.fontislog.com/galerie/cedre ● Parking. TV. Satellite. 🐾 Congés annuels : en février. Accès : par la D10 ; dans le village, en direction de Fursac. Compter de 40 à 90 € la chambre double, selon la taille et l'exposition. Demi-pension à 61 € par personne. Menus de 20 à 45 €. Une magnifique bâtisse du XVIIIe siècle, joliment restaurée, abrite des chambres lumineuses, toutes différentes et décorées avec infiniment de goût. Les plus agréables, bien sûr, donnent sur le parc, son cèdre majestueux plusieurs fois centenaire et la piscine (chauffée). Aux beaux jours, l'agréable terrasse sert de cadre au restaurant gastronomique. Une de nos plus jolies adresses dans la région. *Café offert à nos lecteurs sur présentation de ce guide.*

TARNAC 19170

Carte régionale B2

🏠 |●| *Hôtel des Voyageurs* ** – le bourg ☎ 05-55-95-53-12. Fax : 05-55-95-40-07. ● www.hotel-voyageurs-correze.com ● TV. Canal+. Fermé le dimanche soir et le lundi. Congés annuels : en février. Chambres doubles à 40 € avec douche et w.-c. et 42 € avec bains. Demi-pension à 46 € par personne. Menus de 13,50 à 26 € et plats à la carte très abordables. Au cœur du village, près de l'église et des deux chênes commémoratifs plantés par Sully, cette grosse maison de pierre est merveilleusement tenue par les époux Deschamps. Madame dirige la salle avec beaucoup de gentillesse et de disponibilité, et monsieur officie en cuisine avec talent. Il joue avec le terroir comme personne car il le connaît mieux que personne. Il ne travaille que les produits frais : poissons, viandes limousines et champignons en saison. On a adoré, bien sûr, sa tête de veau mais aussi les filets d'omble chevalier au beurre de ciboulette, le filet mignon de veau aux girolles. À l'étage, les chambres spacieuses et lumineuses présentent une physionomie fort agréable. Excellent rapport qualité-prix, tant à la table qu'au coucher, pour cette adresse loin de tout, sur le plateau de Millevaches. *Café offert à nos lecteurs sur présentation de ce guide.*

TULLE 19000

Carte régionale B2

🏠 |●| *Hôtel du Bon Accueil* * – 8-10, rue du Canton (Centre) ☎ 05-55-26-70-57. TV. Fermé le samedi soir et le dimanche (sauf en juillet et août). Congés annuels : 15 jours fin décembre-début janvier. Chambres doubles de 29 à 39 € selon le confort. Menus de 12 à 23 €. Voilà un petit hôtel-restaurant ultra-tranquille, tellement qu'il est difficile de tomber dessus par hasard. On a réellement l'impression de découvrir un hôtel de roman dans lequel Claude Chabrol aurait pu tourner un film. Derrière la façade et ses anciennes fenêtres à voussures, plusieurs salles de restaurant chaleureuses où l'on peut manger d'excellents confits (tel le confit de poule), des pâtés de pommes de terre et des omelettes aux cèpes en saison. Côté hôtellerie, les chambres, assez spacieuses, très bien tenues et aux rideaux fleuris, méritent mieux que la petite étoile de l'établissement. *Un kir offert aux lecteurs sur présentation de ce guide.*

🏠 ●I●I *La Toque Blanche* ** – 28, rue Jean-Jaurès - pl. Martial-Brigouleix (Centre) ☎ 05-55-26-75-41. Fax : 05-55-20-93-95. TV. Fermé le dimanche soir et le lundi. Congés annuels : 15 jours à cheval entre fin juin et juillet, puis 15 jours entre janvier et février. Chambres doubles avec bains à 43 €. Différents menus de 21 à 34 €. On y allait pour le restaurant, et on a été séduit par l'hôtel. Ce qui ne veut pas dire que le resto nous ait déçus, au contraire. L'une des bonnes tables de la ville tient parfaitement ses promesses. L'accueil est beaucoup moins « bourgeois-guindé » que ne le laissent présager la salle et la clientèle, et on y mange fort bien. Cuisine classique fort bien menée, généreusement servie et joliment présentée : sole juste pochée aux champignons, mignon de veau pommes et noix, carré d'agneau aux ravioles d'ail doux, tarte aux pommes chaude à la crème d'amande. Vin au verre. Vous pourrez de plus dormir ici, dans des chambres assez jolies, spacieuses, équipées de salle de bains, w.-c. et téléphone. Un très bon rapport qualité-prix au final.

🏠 ●I●I *Hôtel-restaurant de la Gare* ** – 25, av. Winston-Churchill ☎ 05-55-20-04-04. Fax : 05-55-26-15-87. TV. Câble. Congés annuels : du 1er au 15 septembre. Accès : face à la gare SNCF. Chambres doubles de 44,21 € avec douche et bains et w.-c. Menus à 9,90 €, en semaine, puis de 15 à 21,43 €. Le grand classique, face à la gare. Table généreuse que semblent apprécier les Tullistes. Dans cette salle de restaurant refaite à neuf, on vous conseille la salade d'écrevisses ou les filets de canard farci aux morilles. L'hôtel n'a pas à rougir de ses chambres confortables et insonorisées. On pourrait discuter de l'opportunité et des choix de décoration dans certaines d'entre elles, mais restons discrets ! *Café offert à nos lecteurs sur présentation de ce guide.*

●I●I *Le Passé Simple* – 6, rue François-Bonnelye (Centre) ☎ 05-55-26-00-75. Fermé le samedi midi et le dimanche. À midi en semaine, un menu à 16 €. Sinon, 3 formules de 18 à 23 €. Un soir, il était tard, le routard venait de dîner et il s'en rentrait un peu déçu par son repas. Mais au fil de ses tours et détours nocturnes dans la ville, il est tombé sur cette maison plutôt cosy. Une lumière tamisée illuminait discrètement la rue et, par la vitrine, la mine réjouie des convives terminant leur repas inspirait confiance. Du coup, il est revenu le lendemain au déjeuner et a plongé allégrement dans la mosaïque d'artichauts au coulis de tomates, dans la terrine tiède de joues de bœuf confites au vin rouge. Le sandre rôti au coulis de cresson et le magret de canard grillé à l'aigre-doux se sont battus pour nous séduire. Mais l'unanimité s'est faite sur le baba au rhum maison en dessert. Tout cela est efficace, bien fait, et l'on quitte Tulle heureux. *Café offert à nos lecteurs sur présentation de ce guide.*

DANS LES ENVIRONS

SAINTE-FORTUNADE   19490
(10 km S)

●I●I *Le Moulin de Lachaud* – lieu-dit Le Moulin-de-Lachaud ☎ 05-55-27-30-95. 🚲 Fermé le lundi et le mardi sauf les jours fériés. Congés annuels : de mi-décembre à mi-janvier et la 1re semaine de septembre. Accès : pas facile à trouver malgré quelques fléchages. Prendre la D940 jusqu'à Sainte-Fortunade, puis la D1 direction Cornil et, 3,7 km plus loin, la D94 sur la gauche vers Beynat. C'est encore à 2 km. Formules, en semaine, à 13 et 20,50 € et menus de 27 à 46 €. On prend la peine de vous en expliquer l'accès, car on a beaucoup apprécié cet ancien moulin paumé dans la campagne. Tenu par un jeune couple de Bourguignons adorables, l'endroit a tout pour plaire, même si ce n'est pas donné. Tandis que Madame vous accueille avec le sourire, Monsieur, en cuisine, fait quasiment des miracles. Très fort dans l'émincé, le chef s'inspire du terroir qu'il relit à sa manière. Goûtez à l'émincé de rognon de veau poêlé à la moutarde de violette de Brive, par exemple, et ne ratez pas les desserts, dont la tarte aux abricots et sa gelée de groseilles à l'amaretto. Après tout ça, vous pourrez envisager une balade digestive le long de l'étang, sur lequel donne la terrasse du restaurant. Vous pourrez même vous initier à la pêche à la mouche, histoire de rapporter une belle truite pour le dîner.

LAGARDE-ENVAL 19150 (11 km S)

🏠 ●I●I *Le Central* ** – (Centre) ☎ 05-55-27-16-12. Fax : 05-55-27-13-79. TV. Fermé le samedi et le dimanche. Congés annuels :

du 24 août au 8 septembre. Accès : par la D940 jusqu'à la Chapeloune, puis à gauche par la D1. Chambres confortables et très propres à 35 €. Menus à 12 €, le midi sauf le dimanche, et de 16 à 23 €. Face à l'église et au coquet manoir du village, la même famille règne sur cette grosse maison couverte de vigne vierge depuis 4 générations. Et comme on ne change pas une équipe qui gagne, on y trouve la même cuisine régionale et gastronomique, avec omelette aux cèpes de la Corrèze, petit salé aux lentilles et *farcidur* (pommes de terre râpées, cuites dans le bouillon du petit salé et agrémentées de lard et de persil...), confit de canard. Attention, il faut avoir jeûné avant de s'y attaquer : potage, foie gras, truite ou confit, fromage et crêpe royale. Ça tient au corps ! Une adresse simple qu'on aime bien et qui nous le rend bien, vu qu'il y a une enseigne à l'effigie de votre guide favori. Pas mal d'activités possibles alentour.

GIMEL-LES-CASCADES 19800
(12 km NE)

≙ |●| *L'Hostellerie de la Vallée* ** – le bourg ☎ 05-55-21-40-60. Fax : 05-55-21-38-74. TV. Fermé le dimanche soir et le mercredi hors saison. Congés annuels : de décembre à la 1re semaine de février. Chambres doubles de 41 à 44 € selon le confort. Premier menu classique autour de 15 €. À la carte, compter autour de 25 €. En été, il vaut mieux réserver, car il y a du monde pour voir les cascades de Gimel. Dans le village, cet hôtel est une halte de charme, grâce notamment à la salle à manger ensoleillée qui surplombe les gorges mais aussi à la terrasse sur laquelle il fait vraiment bon dîner les soirs d'été. Si les produits du terroir sont à l'honneur (viandes du Limousin, grenadin de veau à ma façon), lorsque le chef se lance dans le sandre à la fondue de poireau, c'est pas mal non plus ! Côté hôtel, c'est aussi la tradition qui prévaut. Les lits sont douillets, même si les chambres sont parfois un peu exiguës. Sachez que les chambres nos 5, 6 et 7 bénéficient d'une belle vue sur la vallée. Si ça vous intéresse !

SEILHAC 19700 (15,5 km NO)

≙ |●| *Hôtel-restaurant La Désirade* – 42, av. Nationale ☎ 05-55-27-04-17. Fermé le dimanche hors saison. Accès : sur la N120. Chambres doubles à 35 €. Menus de 9,50 à 16 €. Malgré la situation « borderoutesque » de la grosse maison de ville, on aime bien ce petit hôtel-resto tout simple, l'accueil souriant de la patronne autant que le parquet brut de la salle à manger. Menus avec des plats sans chichis et de belles salades bien riches. Le soir, grillades au feu de bois. Les chambres ne racolent pas mais possèdent un certain charme vieillot. Peut-être pas

l'endroit où l'on rêve de passer une soirée romantique, mais une bonne adresse pour loger pas cher lors d'un périple corrézien ou sur la route buissonnière des vacances. *Un kir offert aux lecteurs sur présentation de ce guide.*

QUATRE-ROUTES-D'ALBUSSAC (LES) 19380 (16 km S)

≙ |●| *Hôtel Roche de Vic* ** – Les Quatre-Routes ☎ 05-55-28-15-87. Fax : 05-55-28-01-09. ● www.rochevic.cometwww.perso-wanadoo.fr/rochede-vic ● Parking. TV. ⅃ Fermé le dimanche soir d'octobre à décembre ainsi que le lundi, sauf les jours fériés et en juillet-août. Congés annuels : de janvier jusqu'au 15 mars. Accès : au croisement de la N921 et de la D940. Chambres doubles de 34 €, avec douche et w.-c., à 38 € avec bains. Formule du midi en semaine à 11 €, puis menus de 14 à 30 €. Dans ce village au drôle de nom où se croisent plusieurs routes, deux établissements sont installés sur un carrefour. On a une préférence pour celui-ci, une bâtisse en grosse pierre grise, genre manoir des années 1950. Les chambres, qui donnent presque toutes sur l'arrière, le grand parc, les jeux et la piscine, ne pâtissent pas trop de la situation en bord de route. La plupart sont rénovées ; on les souhaiterait plus jolies, mais elles présentent un bon rapport qualité-prix. Côté cuisine, on donne dans le régional : feuillantine de foie gras chaud sauce cèpes, pintadeau aux pêches, dos de bar au miel et au jus safrané, soufflé glacé au suprême de noix... Beaucoup de choix, même dans les premiers menus. *Apéritif maison offert à nos lecteurs sur présentation de ce guide.*

CORRÈZE 19800 (22 km NE)

|●| *Le Pêcheur de Lune* – pl. de la Mairie ☎ 05-55-21-44-93. Fermé le lundi sauf en juillet-août. Accès : direction Égletons, à la gare de Corrèze, prendre la D26 sur 5 km. Menu du jour le midi en semaine à 13 €. Autres menus de 16 à 25 €. Une petite adresse qui tranche dans un monde de foie gras, de confit et de truffes. Certes, la cuisine reste régionale, mais le chef sait lui donner une touche d'originalité qui a su nous séduire. Bien sûr, il y a la cuisse de canard mais elle est cuisinée aux myrtilles. La salade de raie aux pointes d'asperges apporte une petite note de fraîcheur, tout comme la salade de concombre au chèvre chaud et aux poires. On a craqué sur l'escalope de veau de lait aux girolles et sur le pigeonneau braisé aux trompettes de la mort.

CHAMBOULIVE 19450 (24 km N)

≙ |●| *L'Auberge de la Vézère* – pont de Vernéjoux (Est) ☎ 05-55-73-06-94. Fax : 05-55-73-07-05. ● www.aci.multi.media

net/gastronomie ● Parking. &. Accès : par la D26, ou la A20 sortie 44 Uzerche. Chambres doubles à 31 € avec douche et w-.c. Demi-pension à 37 € par personne. Menus à 10 €, le midi en semaine, puis à 14 et 20 €. Charmante petite auberge de campagne au bord de la rivière, où les pêcheurs du coin viennent taquiner le poisson. D'ailleurs, pendant la saison, il est préférable de réserver. Il n'y a, à l'étage, que 7 chambres mansardées et adorables. Au rez-de-chaussée, les convives se répartissent dans deux pièces : un bar sombre et intime autour du *cantou* et une salle à manger baignée de lumière, en surplomb de la rivière, décorée de canards en frise. À ce propos, on mange pas mal de canard (en civet, en confit, en foie gras), mais aussi de la viande limousine. Accueil très souriant de la patronne. Après le repas, vous pourrez sereinement envisager une balade sur les bords de l'adorable Vézère. *Apéritif maison offert à nos lecteurs sur présentation de ce guide.*

TURENNE   19500

Carte régionale A2

🏠 |●| *La Maison des Chanoines* – route de l'Église ☎ et fax : 05-55-85-93-43.

Fermé les mardi, mercredi, jeudi et vendredi midi. Congés annuels : de la Toussaint aux Rameaux. Accès : en direction du château, un peu avant l'église de l'autoroute A20, sortie 52 Noailles, Turenne est à 10 mn. Chambres doubles de 60 à 70 €, suite à 80 €. Menus à 28 à 34 €. Pas de carte. Un menu truffe sur réservation. Au début de la venelle qui monte vers l'église et le château de cette bien belle ville, on a été charmé par cette adresse sur laquelle semble flotter l'ombre des Templiers. On y mange dans une salle voûtée, ou bien sur l'agréable terrasse ombragée par une tonnelle. Cuisine assez originale et joliment présentée : escalope de foie gras frais mariné au vinaigre de truffe et son pain de noix maison, côte de veau rôtie à la broche aux morilles, nombreux desserts aux noix. Un conseil : la réservation est indispensable. 6 chambres également, stylées et confortables mais vite prises d'assaut. Accueil souriant et raffiné.

|●| *La Vicomté* – pl. de la Halle **(Centre)** ☎ 05-55-85-91-32. Fermé le soir et le lundi. Congés annuels : de novembre à mars. Menus de 12 à 19 €. Annie tient cette maison et y sert une cuisine simple et pas chère, dans une salle parquetée dont les fenêtres ouvrent sur la vallée. À table, on retrouve tous les grands classiques du terroir local. Jolie terrasse sur la place du village.

Les prix
En France, les prix des hôtels et des restos sont libres. Certains peuvent augmenter entre le passage de nos infatigables fureteurs et la parution du guide.

Avis aux hôteliers et aux restaurateurs
Chaque année pour y figurer, il faut le mériter !

Le Routard

Lorraine

54 Meurthe-et-Moselle
55 Meuse
57 Moselle
88 Vosges

ABRESCHVILLER   57560

Carte régionale B2

🏠 |●| **Hôtel-restaurant Le Donon** – 57, rue Pierre-Marie (Centre) ☎ 03-87-03-74-90. Fax : 03-87-03-78-64. Parking. TV. Satellite. Câble. Fermé le lundi et le mardi. Congés annuels : la 3ᵉ semaine de septembre et du 20 décembre à début janvier. Chambres doubles avec douche et w.-c. ou bains à 30 €. Menus de 9,91 à 24 €. Petit hôtel familial pour les amateurs de randos. Les forêts et les sentiers foisonnent à proximité. 5 chambres « comme à la maison ». Au restaurant, cuisine entre traditionnel et terroir, simple, bonne, copieuse et ravigotante. Tartes flambées les samedi et dimanche soir. Service aussi impeccable que l'accueil. Un joli rapport qualité-prix, en conclusion.

DANS LES ENVIRONS

SAINT-QUIRIN 57560 (5 km SO)

🏠 |●| **L'Hostellerie du Prieuré** ** – 163, rue du Général-de-Gaulle ☎ 03-87-08-66-52. Fax : 03-87-08-66-49. Parking. TV. Câble. ⚒ Fermé le mardi soir, le mercredi et le samedi midi. Congés annuels : pendant les vacances scolaires de février et de la Toussaint. Accès : par la D96. Chambres doubles de 39 à 42 € avec douche et w.-c. ou bains. Demi-pension à 35 € par personne. Menus à 10,50 €, le midi en semaine, et de 19,50 à 42 €. Les gens

d'Église n'ont jamais eu la réputation d'apprécier les petites masures, surtout au XVIIIᵉ siècle. Pour preuve, cette imposante maison en grès rose reconvertie en restaurant. Les anciens locataires du lieu auraient certainement apprécié la cuisine : *baeckeoffe* d'escargots au vin blanc, pot-au-feu de poisson aux champignons frais, suprême de poulet glacé au miel et sa sauce aux épices, noisette de gibier sauce cassis, côtelettes d'agneau à la provençale, parmentière à l'huile d'olive... Le tout à des prix raisonnables. Décoration assez cossue, récemment remise au goût du jour, pour la salle de resto. Une des bonnes tables des environs, et qui a reçu le label « Moselle Gourmande ». Pour profiter encore un peu de l'accueil chaleureux des patrons, des chambres entièrement rénovées en annexe, au confort moderne et qui n'ont pas le charme du resto (mais le cœur y est !). La n° 5, spacieuse, a un balcon propice au petit déjeuner des lève-tard. *Café offert à nos lecteurs sur présentation de ce guide.*

LUTZELBOURG 57820 (22 km NE)

🏠 |●| **Les Vosges** ** – 149, rue Ackermann (Centre) ☎ 03-87-25-30-09. Fax : 03-87-25-42-22. ●www.hotelvosges.com● Parking. TV. Hôtel fermé le mercredi et le vendredi. Resto fermé le jeudi soir et le vendredi (hors saison). Congés annuels : 2 semaines en mars et 2 semaines en novembre. Accès : par la RN4 et l'A4 puis CD38. Chambres doubles avec douche et w.-c. à 48 € et avec bains à 52 €. Menus de 16 à 29 €. Tranquille (mais vivant !) village

---

Sur présentation de ce guide,
nombreuses offres et réductions en 2003.

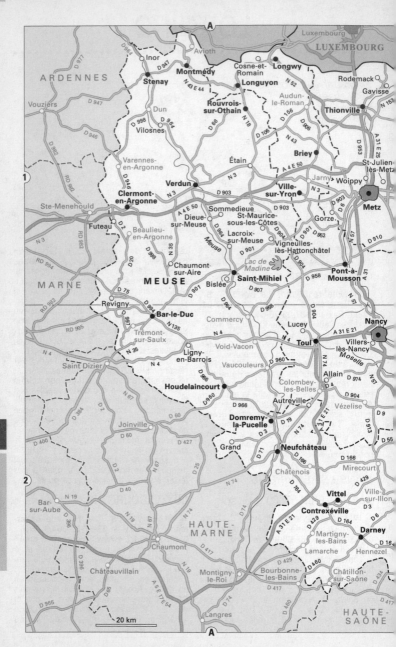

● **Manderen** Adresses principales
○ Oeting Adresses dans les environs
○ Avioth Repères

niché au creux de la mignonne vallée de la Zorn. L'hôtel est posé juste au bord d'un petit canal de dérivation de la rivière. Grandes chambres toutes différentes, mobilier ancien, couettes, etc. Pour le repas, les couverts en argent accompagnent bien sûr la cuisine traditionnelle. Il faut venir pendant la saison de la chasse pour goûter un pavé de biche aux airelles ou une terrine de chevreuil au foie gras. Un régal !

BACCARAT 54120

Carte régionale B2

🏠 ❙●❙*Hôtel-restaurant de l'Agriculture* – **54, rue des Trois-Frères-Clément (Nord-Ouest)** ☎ **03-83-75-10-44.** Fermé le vendredi soir, le samedi et le dimanche soir. Chambres doubles à partir de 30 €. Demi-pension à 36 €. Menus à partir de 10,50 €. À la carte, compter 26 €. Impossible de résister à cette jolie façade fleurie. Légèrement à l'écart du centre et donc loin des touristes venus par cars entiers visiter le musée, vous trouvez là un bien joli hôtel de campagne. Aux portes du Saintois et de la vallée de la Mortagne, c'est une halte parfaite pour les randonnées ou les balades en draisine. Chambres simples mais fraîchement décorées. À un tel prix, les toilettes sont sur le palier, mais la douche dans un coin de la chambre ! L'ambiance familiale de la maison attire également une clientèle locale, qui trouve ici une cuisine sans prétention et un accueil chaleureux. *Café offert à nos lecteurs sur présentation de ce guide.*

🏠 ❙●❙*Hôtel-restaurant La Renaissance* ** – **31, rue des Cristalleries (Centre)** ☎ **03-83-75-11-31. Fax : 03-83-75-21-09.** ● **www.hotel-la-renaissance.com** ●TV. Resto fermé le vendredi soir, le dimanche soir et le lundi. Accès : en face de la cristallerie. Chambres doubles de 45 à 55 €. Demi-pension à 42 €. Menus de 13,50 à 28 €. Bonne étape, histoire de ne pas manquer la visite du musée de la cristallerie de Baccarat et de rapporter un souvenir (très cher) du coin. Chambres confortables, décorées avec simplicité et goût. Cuisine classique sans surprise avec produits fermiers maison.

DANS LES ENVIRONS

BERTRICHAMPS 54120 (5 km SE)

❙●❙*L'Écurie* – **Les Noires-Terres** ☎**03-83-71-41-14.** Parking. ♿ Fermé le soir du mardi, mercredi et dimanche. Accès : prendre la N59 vers Saint-Dié ; à la sortie de Bertrichamps tourner à droite, ne pas traverser la voie ferrée et suivre les flèches sur la gauche. Menu le midi en semaine à 10,50 €, menus suivants de 15 à 40,50 €. Une très bonne adresse pas sophistiquée pour un sou, tenue par un chef méritant qui propose à sa carte de nombreuses spécialités et qui fait lui-même sa charcuterie, y compris son jambon ! La crêpe au *fromgaye* (fromage), vieille recette lorraine, est une entrée rustique qui peut aisément faire office de plat complet. Encore plus délicieux, le croustillant de jambon fumé au cidre et au miel ou la tête de veau sauce gribiche. Belle salle avec poutres et, aux murs, un ratelier, un collier, un mors et des brides qui rappellent l'enseigne de l'établissement, ancien moulin puis ferme. À découvrir absolument.

MAGNIÈRES 54129 (15 km O)

❙●❙*Le Wagon ou Pré Fleury* – **Ancienne Gare** ☎**03-83-72-32-58.** Parking. ♿Fermé le dimanche soir et le lundi. Congés annuels : 3 semaines en janvier-février. Accès : par la D47 en venant de Baccarat. Menus de 13,40 à 27,70 € et la carte. Stationné en gare de Magnières, c'est dans un véritable wagon, au charme délicieusement rétro, qu'on vous propose de venir vous installer. La gare de Magnières, c'est aussi le départ des draisines, sorte de pédalos sur rails, qui ont permis de sauvegarder les vieilles lignes de chemin de fer de la région (renseignements au 03-83-72-34-73). Mais revenons à nos wagons. Le chef concocte une bonne cuisine traditionnelle (tête de veau, profiteroles aux cuisses de grenouille, millefeuille de saumon) et il s'est assuré la fidélité des habitants du village, ravis de venir découvrir ici différentes cuisines lors de soirées à thème. En tout cas, cette activité autour de la gare semble avoir redonné vie au petit village.

BAINS-LES-BAINS 88240

Carte régionale B2

🏠 ❙●❙*Hôtel de la Poste* ** – **11, rue de Verdun (Centre)** ☎ **03-29-36-31-01. Fax : 03-29-30-44-22.** Parking payant. TV. Canal+. Satellite. De mi-octobre au 1er avril, hôtel fermé et resto ouvert à midi seulement sauf le lundi et le samedi. Congés annuels : de mi-décembre à mi-janvier et une semaine fin octobre. Accès : à côté du centre thermal. Chambres doubles avec lavabo à 27,70 €, avec douche et w.-c. à 36,20 €, avec bains à 39,70 €. Demi-pension à 47,87 €. Menus à 11,05 €, en semaine, et de 13,10 et 15,40 €. À la carte, compter 29,50 €. Derrière cette façade un peu sévère se cache la meilleure adresse du coin. 14 agréables chambres. Deux salles de restos au choix : le « Carré Bleu » (assez intime et dans les... bleus) et le « Relais », vaste et cossue. Cuisine novatrice et pleine de saveurs : salade aux foies de volaille déglacés au vinaigre de framboise, tripes au gris de Toul, etc. Menus qui changent (presque) tous les jours au gré du marché et... de l'humeur du chef. *10 % sur le prix de la chambre offerts à nos lecteurs sur présentation de ce guide.*

BAR-LE-DUC 55000

Carte régionale A2

⌂ I●I *Hôtel-restaurant Bertrand* * – 19, rue de l'Étoile (Nord) ☎ 03-29-79-02-97. Fax : 03-29-79-06-98. ● www.hotel-bertrand.com ● Parking. TV. ⚒ Resto fermé le dimanche soir. Accès : derrière la gare SNCF, vers le parc de Marbeaumont. Chambres doubles avec lavabo à 20 €, avec douche à 23 €, avec douche et w.-c. ou bains de 36 à 39 €. Menu à 8 €. Sans façon, sans chichis et sans concession, l'accueil et le cadre de ce petit 1 étoile sont à la fois musclés et chaleureux, à la manière d'une pension de famille. Manière qu'on retrouve aux heures des repas, autour des menus. Les chambres sont banales mais correctement tenues. À ce prix-là, pas de mauvaise surprise, surtout si l'on en a une qui donne sur la terrasse dominant le jardin. À deux pas de cette fort calme adresse toute proche du centre, les amoureux de la verdure trouveront leur bonheur au parc de Marbeaumont. *Digestif maison offert à nos lecteurs sur présentation de ce guide.*

I●I *Patati et Patata* – 9, rue Bradfer (Centre) ☎ 03-29-45-48-03. Fermé le dimanche et le lundi. Congés annuels : 2 semaines en janvier et 2 semaines en août. Menu du jour à 10 € le midi en semaine. À la carte, compter 15 à 17 €. Des assiettes, des salades, des gratins... et patati et patata... une adresse jeune et sympa, pour manger vite, pas cher et tard le soir ; plein de recettes à base de pommes de terre, bien sûr.

I●I *Grill-restaurant de la Tour* – 15, rue du Baile (Est) ☎ 03-29-76-14-08. Fermé le samedi midi, le dimanche et les jours fériés. Accès : dans la ville haute par l'avenue du Château. Menus à partir de 10,70 € le midi et de 14,95 à 19,10 €. Omelettes à partir de 3,05 €. Dans une superbe maison du XVIᵉ siècle. On mange dans une petite salle où le feu brûle dans l'âtre en permanence. Normal, les andouillettes (extra) et les boudins y grillent doucement. Cuisine simple mais authentique, comme le cadre. Pas de faux-semblants. Parmi les spécialités, terrine de canard maison, grillades au feu de bois, tarte Tatin. Attention, il faut aller manger tôt le soir. Service jusqu'à 20 h 30 seulement. *Apéritif maison ou café offert à nos lecteurs sur présentation de ce guide.*

DANS LES ENVIRONS

REVIGNY-SUR-ORNAIN 55800
(15 km NO)

⌂ I●I *Les Agapes – La Maison Forte**** – 6, pl. Henriot-du-Coudray (Centre) ☎ 03-29-70-56-00. Fax : 03-29-70-59-30. Parking. TV. Satellite. Fermé le dimanche soir, le soir des jours fériés et le lundi. Congés annuels : 2ᵉ semaine de février et 1ʳᵉ quinzaine d'août. Accès : par la D994, direction Reims. Chambres doubles avec bains de 57 à 107 €. Demi-pension à 77 € par personne. Menus de 26,70 à 50,30 €. Compter 48 € à la carte. Grâce au succès de leur table, les propriétaires des *Agapes* ont pu acheter les lits de *La Maison Forte*. Ainsi ont-ils transformé cette ancienne bâtisse du XIVᵉ siècle en hôtel-restaurant de charme. Très chic, bien sûr, mais c'est le seul étoilé du département, et les prix sont, somme toute, très raisonnables pour la qualité et pour le coin, car dans la Meuse, les prix ont tous bizarrement tendance à flamber. Au fond de l'allée boisée, le corps principal accueille le restaurant et les ailes droite et gauche, les chambres. Confortables et raffinées, quel que soit leur prix, elles sont meublées à l'ancienne et complètement équipées. Certaines, installées dans les tours, possèdent un lit en mezzanine et d'autres, les suites, peuvent accueillir 3 personnes. Côté restaurant, on a apprécié le soin porté tant au décor (pierre apparente, tomettes anciennes, cheminée, mobilier...) qu'à la cuisine. Fraîche et inventive, elle fait appel à des légumes et des épices un peu oubliés (pissenlits, pois, mélisse, etc.). Ajoutez à cela un service irréprochable, et vous obtiendrez une vraie adresse de charme. *Apéritif maison offert à nos lecteurs sur présentation de ce guide.*

CHAUMONT-SUR-AIRE 55260
(20 km N)

⌂ I●I *Auberge du Moulin Haut* – domaine du Moulin-Haut ☎ 03-29-70-66-46. Fax : 03-29-70-60-75. ● www.perso.wanadoo.fr/domaine.moulinhaut ● Parking. TV. ⚒ Fermé le dimanche soir et le lundi. Accès : par la N35 puis la D902. Chambres doubles avec douche et w.-c. ou bains à 45 €. Demi-pension à 67 € pour 1 personne, 103 € pour 2 personnes. Menu le midi en semaine à 15 €, menus suivants de 23 à 90 €. La roue de cet ancien moulin du XVIIIᵉ siècle alimente (partiellement) en électricité le restaurant, en rythmant le service de ses coups sourds. Heureusement, le piano mécanique datant de 1910 peut couvrir le bruit de la roue. On l'aura compris, voilà une adresse pleine de personnalité, très calme. Menus canard, régional, gastronomique. Gardez absolument une place pour les desserts, dont la croustillante flambée de mirabelles n'est pas le moins tentant. Très bon accueil des patrons qui, mais ça n'a rien à voir, sont des amoureux de la Guyane et de l'Afrique et notamment du Burkina-Faso. Dans une annexe charmante et fleurie, deux chambres simples mais confortables pour deux.

BITCHE   57230

Carte régionale B1

🛏 ⦿ *Hôtel-pension de la Gare* – 2, av. Trumelet-Faber ☎ et fax : 03-87-96-00-14. Parking. Fermé le samedi et le dimanche. Congés annuels : du 9 au 25 août et du 21 décembre au 5 janvier. Accès : près de la gare, à 800 m du centre-ville. Chambres doubles avec lavabo à 21,50 €, douches et w.-c. à l'étage, avec douche à 24,50 €. Menu en semaine à 8,25 €. Le seul hôtel bon marché de la ville. Confort simplissime mais l'ambiance est bonne et amicale, alors : réservez le plus tôt possible ! L'hospitalité de la patronne fait oublier la déco un peu vieillotte de l'endroit, et les pensionnaires n'hésitent pas à donner un coup de main derrière le bar. Cuisine sans prétention, rustique. Menu unique. Vous avez décidé de rester ? La demi-pension est à 23 €.

⦿ *L'Auberge de la Tour* – 3, rue de la Gare ☎ 03-87-96-29-25. Fermé le lundi. Congés annuels : en juillet. Accès : au pied de la célèbre citadelle Vauban, près de la gare. Menus à 12,20 €, en semaine, et de 16,77 à 40,40 €. Très chouette déco d'inspiration Belle Époque pour les deux salles de l'auberge. Dans la première, entre brasserie et bistrot, le *Républicain Lorrain* traîne sur les tables tandis que les notables locaux discutent politique autour de menus simples et soignés, comme on dit. La seconde salle, à l'atmosphère chic et feutrée, accueille les repas de famille, les tête-à-tête amoureux... avec une cuisine susceptible de quelques belles alliances. Accueil quelque peu réservé, mais il s'agit sans doute d'une tradition locale.

DANS LES ENVIRONS

BAERENTHAL 57230 (20 km SE)

🛏 *Le Kirchberg* ✱✱ – 8, rue de la Forêt (Centre) ☎ 03-87-98-97-70. Fax : 03-87-98-97-91. ● www.le-kirchberg.com ● Parking. TV. Câble. 🐾 Congés annuels : janvier. Accès : par la N62, au niveau de Bannstein, prendre la petite route sur la droite. Chambres doubles avec douche et w.-c. de 48 à 56 €, avec bains à 60 €. L'architecture ultra-moderne de cet hôtel installé dans un silence de plomb permet de

bien se reposer. L'accueil est sans prétention et familial. Demandez une petite chambre, c'est déjà spacieux et confortable. Possibilité de louer un studio de 2 à 4 personnes à la semaine ou au week-end. *Apéritif maison offert à nos lecteurs sur présentation de ce guide.*

BRIEY   54150

Carte régionale A1

🛏 ⦿ *Hôtel Ancona* ✱✱ – 63, rue de Metz ☎ 03-82-46-21-00. Fax : 03-82-20-29-85. TV. Accès : à Briey-Bas, près du pont. Chambres doubles à 40 €. Menus de 12 €, le midi en semaine, à 32 €. Sur une voie passante, l'hôtel ne serait pas vraiment au calme sans le double-vitrage, très efficace. Les chambres sont standard mais confortables pour un prix modique. En outre, l'accueil très cordial fait de cette petite adresse une étape agréable. Propose une cuisine traditionnelle de bon aloi.

🛏 *Hôtel Aster* ✱✱ – rue de l'Europe ☎ 03-82-46-66-94. Fax : 03-82-20-91-76. ● spi toni@wanadoo.fr ● Parking. TV. Câble. 🐾 Accès : A4 sortie Jarny, puis N103 jusqu'à Briey-Bas. Au plan d'eau de la Sangsue. Chambres doubles à 43 €. Demi-pension à 54 €. Une grande bicoque genre construction nouvelle qui abrite des chambres modernes et confortables, gaies et ensoleillées. Bien sûr, ce n'est pas la petite auberge de charme, mais le cadre verdoyant est bien appréciable. Même direction que l'hôtel *Ancona*. *Apéritif maison offert à nos lecteurs sur présentation de ce guide.*

CELLES-SUR-PLAINE   88110

Carte régionale B2

🛏 ⦿ *Hôtel des Lacs* ✱✱ ☎ 03-29-41-17-06. Fax : 03-29-41-18-21. ● hotel-des-lacs@netcourrier.com ● TV. Satellite. 🐾 Fermé le dimanche soir. Congés annuels : du 23 décembre au 1er février. Chambres doubles de 33,55 à 41,20 €. Demi-pension à 45 €. Menus de 15 à 30 €. Cette maison vieux rose est plus dans le style des stations balnéaires que dans celui des Vosges, et c'est ce qui lui donne ce petit air de vacances bien plaisant ! Dès l'entrée, le piano et les meubles anciens donnent une touche de personnalité et dégagent une atmosphère intime. Bonne table avec des menus qui changent régulièrement. Une adresse de charme à prix très modérés. *Café offert à nos lecteurs sur présentation de ce guide.*

CLERMONT-EN-ARGONNE 55120

Carte régionale A1

🏠 |●| *Hôtel-restaurant Bellevue* ** – 14, rue de la Libération (Centre) ☎ 03-29-87-41-02. Fax : 03-29-88-46-01. Parking. TV. Fermé le dimanche soir et le mercredi. Congés annuels : du 23 décembre au 6 janvier. Accès : N3, A4. Chambres doubles avec douche et w.-c. ou bains de 43 à 46 €. Menus à partir de 13,80 €, en semaine, et de 23 à 32 €. L'hôtel, neuf (salle à manger, chambres, façade...), possède des chambres fonctionnelles mais anonymes ; la façade et la salle à manger sont par contre des plus ravissantes. Au fond, une œuvre d'art (n'ayons pas peur des mots) : une pièce datant de 1923 totalement Art déco, prolongée par un balcon sur le jardin et la campagne. Dans les assiettes, une cuisine simple et généreuse avec du gibier en saison, tel le navarin de sanglier et fricassée de champignons des bois. Pour dormir, calme assuré, même sur la route qui n'est pas très passante. Cela dit, préférez les chambres côté jardin, les nᵒˢ 15, 16 et 17. *Apéritif maison offert à nos lecteurs sur présentation de ce guide.*

DANS LES ENVIRONS

FUTEAU 55120 (10 km SO)

🏠 |●| *Hôtel-restaurant L'Orée du Bois* *** ☎ 03-29-88-28-41. Fax : 03-29-88-24-52. ● oreedubois@free.fr ● Parking. TV. Satellite. 🐾 Fermé le lundi midi et le mardi midi en saison, le dimanche soir, le lundi et le mardi de novembre à mars. Accès : par la N3 ; aux Islettes, tourner à gauche (au sud) vers la D2 ; c'est à gauche, à 500 m après Futeau. Chambres doubles avec douche et w.-c. ou bains de 70 à 120 €. Demi-pension à 80 € par personne. Menu en semaine à 20 €, autres menus de 25 à 65 €. À l'orée du bois, on s'en doutait ! Ce *Relais du Silence* est un véritable havre de paix où il fait bon dormir. 15 chambres avec tout le confort, grandes, calmes, pleines de beaux tissus et de fleurs. Les plus récentes, installées dans une vieille grange, sont absolument magnifiques : cheminée, meubles anciens... Ce sont sans hésiter les plus belles chambres du coin. Certaines peuvent accueillir jusqu'à 5 personnes. C'est également une bonne table, réputée dans la région. Pas donné donc. Néanmoins, le pigeonneau des hauts du Chée nous a séduits. Comme la patronne a deux passions, le fromage et les vins (une bonne carte), vous ne pourrez échapper à son superbe chariot, pas plus qu'à sa cave qui recèle quelques belles surprises.

Accueil jovial et enthousiaste, et salle agréable sous une belle charpente.

CONTREXÉVILLE 88140

Carte régionale A2

🏠 |●| *Hôtel de Lorraine* * – 122, av. du Roi-Stanislas (Centre) ☎ 03-29-08-04-24. Fax : 03-29-08-09-63. Congés annuels : octobre 2003 à mars 2004. Accès : proche de la gare SNCF (mais pas de train la nuit, ouf !). Chambres doubles avec lavabo à 25 €, avec douche ou bains à 34 €. Demi-pension de 34 à 46 €. Menus de 11 à 21 €. Grande maison ancienne, avec un certain cachet. Atmosphère de pension de famille comme on ne pensait plus en trouver que dans les films de Chabrol ou dans une aventure de Maigret. Excellent accueil. Cuisine traditionnelle et diététique si besoin. Goûtez le composé d'escargots et de cuisses de grenouilles en feuilleté. *Café offert à nos lecteurs sur présentation de ce guide.*

🏠 |●| *Hôtel des Sources* ** – rue Ziwer-Pacha (Centre) ☎ 03-29-08-04-48. Fax : 03-29-08-63-01. ● hsources@club-internet.fr ● TV. 🐾 Congés annuels : de janvier à fin mars et d'octobre à décembre. Accès : face à la mairie Chambres doubles avec lavabo à 26 €, avec douche ou avec bains à 48 €. Demi-pension à 58,38 €. Menus à partir de 11 €. Élégante bâtisse au bord de la belle (mais controversée !) esplanade et son alignement de fontaines colorées. Patronne très gentille et chambres confortables, fraîches et pimpantes. Au 3ᵉ étage, quelques chambres mansardées avec lavabo. Honnête cuisine traditionnelle (diététique sur demande). Ambiance typique des hôtels de ville de cure : les pensionnaires qui discutent de table à table, les parties de Scrabble acharnées... *10 % sur le prix de la chambre (sauf juillet et août) ou apéritif maison offerts à nos lecteurs sur présentation de ce guide.*

🏠 |●| *Villa Beauséjour* ** – 204, rue Ziwer-Pacha (Centre) ☎ 03-29-08-04-89. Fax : 03-29-08-62-28. ● www.villa-beausejour.com ● TV. Chambres doubles à 39 €. Menu « saveur minceur » à 25 €, autres menus de 19 à 48 €. Cet hôtel a beaucoup de charme : douillet salon à l'entrée, chambres à la jolie décoration personnalisée, meubles anciens, fauteuil Voltaire, commode Louis-Philippe, vieilles glaces... Préférez les chambres sur le jardinet à l'arrière, où l'on peut se reposer si le temps le permet. Au restaurant, bonne cuisine, minceur ou non, comme la cassolette de gésiers maison ou la rouelle de volaille fermière. Excellent accueil.

🏠 *Hôtel de la Souveraine* *** – parc thermal (Centre) ☎ 03-29-08-09-59. Fax : 03-29-08-16-39. Parking. TV. Canal+. 🐾

Congés annuels : du 15 octobre au 25 mars. Chambres doubles avec douche ou bains autour de 58 €. Ancienne résidence du shah de Perse. Carrément ! Ouvert sur le parc thermal, un élégant édifice qui a encore des airs de palace (et l'ambiance un rien guindée qui va avec). Mais joliment rénové et à des prix désormais très raisonnables. Et le temps semble ici s'être suspendu. Proust serait content !

DABO 57850

Carte régionale B2

iei *Restaurant Zollstock* – 11, route Zollstock, La Hoube ☎ 03-87-08-80-65. Fermé le lundi et le jeudi soir. Congés annuels : fin juin/début juillet et entre Noël et le Jour de l'An. Accès : en surplomb du hameau de La Hoube, à 6 km de Dabo-village par la D45. Menu en semaine à 8,90 €, puis autres menus de 14,50 à 19 €. Face à la vallée et à ses forêts de sapins. Si, à quelques kilomètres, le spectaculaire rocher de Dabo attire (et c'est un peu normal...) les touristes, ce tranquille restaurant de campagne n'est, lui, fréquenté que par des habitués. Ambiance familiale et amicale. Spécialités pleines de saveurs pour les repas dominicaux : superbe gigot de chevreuil et cochonnailles (en saison), saumon au champagne et, le soir, cuisses de grenouilles et mignon de veau aux morilles. Une petite adresse qu'on aime bien.

DARNEY 88260

Carte régionale A2

🏠 iei *Hôtel-restaurant de la Gare* – quartier de la gare (Sud-Est) ☎ 03-29-09-41-43. TV. Accès : à 1,5 km du centre en direction de Bains-les-Bains. Chambres doubles avec douche, avec douche et w.-c. ou bains à partir de 26 €. Demi-pension à 31 €. Large gamme de menus à partir de 10 €, celui-ci servi uniquement en semaine, puis de 12 à 17,50 €. Petit hôtel perdu sur la route qui pénètre dans la grande forêt de Darney, à proximité d'une gare qui n'existe plus. David Vincent pourrait y avoir vu les Envahisseurs ! Quelques sculptures contemporaines abandonnées dans une clairière tout à côté pour parfaire l'ambiance.Tranquillité assurée. Chambres propres, simples mais confortables. Généreuse cuisine de ménage. La patronne ne fait pas dans l'ostracisme culinaire : à la carte, la choucroute voisine avec le couscous, les paella et grand aïoli se rencontrent le jeudi... et encore tartiflette ou coulée de munster sur une salade de pommes de terre. Pas très régime mais fin et délicieux !

Attention, les propriétaires vont peut-être prendre leur retraite prochainement. Donc l'adresse peut évoluer. Mais d'ici là, profitons-en !

DELME 57590

Carte régionale B1

🏠 iei *Hôtel-restaurant À la XIIe Borne* ** – 6, pl. de la République (Centre) ☎ 03-87-01-30-18. Fax : 03-87-01-38-39. ● www.12eme-borne.com ● TV. Canal+. Satellite. Ouvert toute l'année. Chambres doubles avec douche à 45 €, avec douche et w.-c. ou bains à 64 €. Menus à partir de 10 € puis de 16 à 68 €. *Adduodecimum* (nom latin de Delme) était la première étape sur la route entre Metz et Strasbourg. Un gîte se situait à la 12e borne militaire, à l'emplacement actuel de la commune. Pour les érudits, 1 borne équivaut à 1 lieue gauloise, c'est-à-dire 2 222 m. 27 km séparent donc Delme de Metz. Le voyageur moderne trouvera au cœur du bourg un hôtel intégralement rénové : chambres plaisantes dans le genre contemporain-fleuri, sauna. Au resto (climatisé), bonne cuisine appréciée des gens du coin (escalope de foie gras à la nèfle, filets de perche et de sandre au beurre blanc...). L'accueil, très sympa, reste à la simplicité. Petite boutique de produits du terroir, et, pour les amateurs d'ambiances authentiques, un bistrot d'habitués à l'angle de maison. *10 % sur le prix de la chambre offerts à nos lecteurs sur présentation de ce guide.*

DOMRÉMY-LA-PUCELLE 88630

Carte régionale A2

🏠 *Hôtel Jeanne d'Arc* – 1, rue Principale (Centre) ☎ 03-29-06-96-06. Cartes de paiement refusées. Parking. Congés annuels : du 15 novembre au 1er avril. Accès : juste à côté de l'église. Chambres doubles avec douche et w.-c. à 25 €. Petit déjeuner à 4 €, servi uniquement en chambre. Voilà un tout petit hôtel (7 chambres seulement) qui aurait pu spéculer sur la proximité immédiate de la maison de la sainte locale. Eh bien non, ici, rien ne semble avoir bougé depuis des années. À commencer par les prix. Chambres simples mais propres et tranquilles. Accueil tout gentil. Pas de resto. Les animaux ne sont pas acceptés dans les chambres.

DANS LES ENVIRONS

AUTREVILLE 88300 (14 km NE)

🏠 iei *Hôtel Relais Rose* ** – 24, rue de Neufchâteau (Sud-Ouest) ☎ 03-83-52-04-98. Fax : 03-83-52-06-03. Parking. TV.

Canal+. ♿ Accès : prendre la D19 puis la N74. Chambres doubles avec douche et w.-c. ou bains de 41 à 64 €. Menu le midi en semaine à 11 €, puis menus de 20 à 26 €. A priori, en bord de nationale, un endroit où l'on prendrait à peine le temps de s'arrêter. Et pourtant ! Il faut pousser la porte pour surprendre l'ambiance paisible d'une ancienne maison de famille, avec du charme et des meubles anciens. Pour découvrir de très belles chambres (pour les plus chères), dont certaines ont un balcon ou une terrasse donnant sur un jardin qui s'ouvre sur une campagne à perte de vue. Au programme du restaurant, lapin (et du village !) au vin gris de Toul et pas mal de plats du Sud-Ouest : foie gras, cassoulet, confit de canard (la mère de l'aimable patronne est ariégeoise). Dans la cave centenaire de la maison attendent quelques vins pas inintéressants... Au final, un endroit où l'on aurait bien posé quelque temps nos valises. *10 % sur le prix de la chambre (si deux nuitées consécutives) offerts à nos lecteurs sur présentation de ce guide.*

ÉPINAL 88000

Carte régionale B2

🏠 *Hôtel Kyriad* ** – 12, av. du Général-de-Gaulle (Ouest) ☎ 03-29-82-10-74. Fax : 03-29-35-35-14. ● hotel-kyriad-epinal@wanadoo.fr ● Parking payant. TV. Canal+. Câble. Congés annuels : du 22 décembre au 1er janvier inclus. Accès : face à la gare SNCF. Chambres doubles de 52 à 57 €, tout confort. Bon accueil. Établissement rénové et insonorisé (ce qui est plutôt indiqué avec la rue et les trains !). Les chambres nos 402, 404 et 406 sont en fait des suites climatisées. Adjonction d'un bar d'hôtel. Un endroit qu'on aime bien. *10 % sur le prix de la chambre (le week-end) offerts à nos lecteurs sur présentation de ce guide.*

I●I *Restaurant Le Pinaudré* – 10, av. du Général-de-Gaulle (Ouest) ☎ 03-29-82-45-29. Fermé le vendredi soir, samedi midi et dimanche. Congés annuels : en août. Accès : face à la gare SNCF. Impeccable menu en semaine à 11,50 €, puis menus de 14,50 à 27 €. Tenue depuis 1990, une adresse discrète qu'il serait pourtant dommage de rater. Salle climatisée plutôt agréable (dans le genre bistrot contemporain) même si pas très grande (30 couverts). Cuisine traditionnelle habilement tournée. Pas mal de poissons et de fruits de mer dans les menus comme dans la carte : escalope de saumon rôtie aux myrtilles, persillade de Saint-Jacques, suprême de loup aux morilles... Et quelques plats de terroir : salade tiède d'andouillette, fuseau lorrain,

escalope de foie gras poêlé aux mirabelles... *Café offert à nos lecteurs sur présentation de ce guide.*

I●I *Restaurant Les Fines Herbes* – 15, rue La Maix (Centre) ☎ 03-29-31-46-70. Fermé le dimanche soir et le lundi. Congés annuels : les deux dernières semaines d'août. Accès : près de la place des Vosges. Menu le midi en semaine à 12,50 €, autres menus de 16 à 27,50 €. Cuisine assez recherchée, servie avec beaucoup d'attention dans un décor moderne et épuré. Petite terrasse sur cour aux beaux jours. Accueil amical et ambiance intime, idéal pour les amoureux ! Prix raisonnables. Menus qui changent tous les mois. Pas mal de poissons à la carte et dans les menus : tournedos de lotte aux morilles, thon mariné au chèvre frais, carpaccio de magret et de foie gras de canard au vinaigre balsamique... Service jusqu'à 22 h.

I●I *Le Petit Robinson* – 24, rue Raymond-Poincaré (Centre) ☎ 03-29-34-23-51. Fermé le samedi et le dimanche. Congés annuels : du 15 juillet au 15 août et du 24 décembre au 2 janvier. Menus de 17 à 31 €. Un resto assez classique, proposant une cuisine légèrement inventive d'un bon rapport qualité-prix. Au premier menu, par exemple, vous savourerez une salade du jardin chèvre frais lard poêlé, suivie d'une cuisse de canard aux olives, fromage ou dessert. Excellents filets de rougets aux anchois. Décoration chaleureuse : boiseries et couleurs claires. Musique de jazz en fond sonore et accueil discret mais souriant.

DANS LES ENVIRONS

CHAUMOUSEY 88390 (10 km O)

I●I *Le Calmosien* – 37, rue d'Épinal (Centre) ☎ 03-29-66-80-77. Parking. Fermé le dimanche soir et le lundi. Accès : par la N460 vers Darney. Menus de 19 à 45 €, dont un superbe menu dégustation. La maison a des airs de gare de campagne. À l'intérieur, c'est une autre histoire avec une salle à manger sombre et racée qui fait dans le style Belle Époque. Derrière, pour les jours de soleil, quelques tables dans le jardin. Cuisine classique et terroir mais jamais en panne d'imagination : suprême de pigeonneau sauce pain d'épices et sa cuisse confite en salade à l'huile de noisette, soufflé chaud à la framboise... Menus qui évoluent au fil des saisons et des produits. Belle cave avec quelques bonnes surprises. Accueil et service irréprochables. La réputation de l'endroit n'étant plus à faire dans le coin, il vaut mieux réserver. *Apéritif maison offert à nos lecteurs sur présentation de ce guide.*

FORBACH   57600

Carte régionale B1

🛏 *Hôtel Le Pigeon Blanc* – **42, rue Nationale (Centre)** ☎ 03-87-85-23-05. Parking. ♿ Fermé le dimanche. Chambres doubles avec lavabo à 16 €, avec douche et w.-c. à 26 €. Dans sa catégorie, sans doute l'une des meilleures adresses alentour, surtout pour ce qui est de l'annexe. Les chambres n°s 3, 4 et 6 sont tout particulièrement spacieuses et au calme. Inconvénient, il faut libérer la chambre avant 10 h et la gentillesse des patrons donne envie de rester. Pas de TV – en prévision pour les chambres de l'annexe avec un supplément autour de 1,50 €. Mais de toute façon, vous la regardez trop, bonsoir.

🛏 *Hôtel de la Poste* ** – **57, rue Nationale (Centre)** ☎ 03-87-85-08-80. Fax : 03-87-85-91-91. Parking. TV. Canal+. Chambres doubles à 28 € avec lavabo, à 43 € avec douche et w.-c. ou bains. Sans conteste, l'hôtel le plus ancien de Forbach. Depuis près d'un siècle, les voyageurs s'arrêtent ici. Chambres entièrement rénovées, bleues, jaunes ou roses suivant les étages. L'immeuble étant en retrait de la rue, vous pourrez dormir tranquillement dans toutes les chambres. Accueil serviable. *Un petit déjeuner par chambre offert à nos lecteurs sur présentation de ce guide.*

DANS LES ENVIRONS

OETING 57600 (2 km S)

|●| *Restaurant À l'Étang* – **386, rue de Forbach** ☎ 03-87-87-33-85. Fermé le mardi soir, le mercredi et le dimanche soir. Congés annuels : mi-août. Accès : à l'église d'Oeting, fléchagé jusqu'au bord de l'impasse. Menu le midi en semaine à 10 €, d'autres menus de 19 à 35 €. Restaurant dans une grosse maison assez agréable au décor rustique, avec un petit étang devant. On y mange bien, et la clientèle germanique nous rappelle combien la frontière est proche. Gibier en saison et poisson (dont le sandre au pinot noir et le filet de bar au poivre). Carte qui varie au fil des saisons. Terrasse ombragée au bord de l'étang. *Café offert à nos lecteurs sur présentation de ce guide.*

FREYMING-MERLEBACH   57800

Carte régionale B1

🛏 |●| *Hôtel-restaurant Au Caveau de la Bière* – **2, rue du 5-Décembre** ☎ 03-87-81-33-45. Fax : 03-87-04-95-95. TV. Fermé le samedi et le dimanche soir. Accès : en face du conservatoire de musique. Chambres doubles avec bains à 33 et 40 €. Menus à 10 et 13 €, en semaine, et de 19 à 30 €. En plein cœur de la Moselle ouvrière, le temps s'écoule doucement depuis que les hauts fourneaux sont arrêtés. Quelques habitués sirotent un demi au bar. Typiquement l'hôtel de passage dans lequel des générations d'hommes d'affaires ont fait étape. Chambres propres et fonctionnelles. Cuisine simple et traditionnelle : quiche lorraine, rognons et choucroute au riesling. Le tout arrosé d'une chope d'Amos.

|●| *Sainte-Barbe* – **23, rue de Metz (Sud-Ouest)** ☎ 03-87-81-24-24. ♿ Fermé le samedi soir. Congés annuels : la 2e quinzaine de juin. Accès : à la sortie de la ville, direction Metz, face à l'immanquable bâtiment des HBL. Menus de 10 à 22 €. Le resto populaire comme on les aime, idéal pour un déjeuner rapide. Grande salle à la déco désuète (sinon un peu kitsch) emplie chaque midi de tous ceux que leur boulot amène dans le coin, à commencer par les voisins des houillères du Bassin lorrain. Bonne cuisine familiale largement servie, service efficace sans se départir de sa bonne humeur.

GÉRARDMER   88400

Carte régionale B2

🛏 |●| *Aux P'tits Boulas* * – **4, pl. du Tilleul** ☎ 03-29-27-10-06. Fax : 03-29-27-11-91. TV. Fermé le mercredi soir. Congés annuels : 3 semaines de fin octobre à début novembre. Chambres doubles de 26 à 40 €. Demi-pension à 33 €. Au resto, repas à partir de 10,40 €, menus suivants de 12 à 26 €. Charmant petit hôtel familial qui propose des chambres rénovées il y a quelques années déjà mais très bien entretenues. Seulement 4 chambres avec douche. Les n°s 5 et 16 sont nos préférées. Sanitaires communs très corrects. Possibilité de demi-pension à prix doux. Au resto, cuisine locale : faux-filet au munster, truite au riesling, etc. Accueil convivial. *Apéritif maison offert à nos lecteurs sur présentation de ce guide.*

🛏 *Hôtel de Paris* ** – **13, rue François-Mitterrand (Centre)** ☎ 03-29-63-10-66. Fax : 03-29-63-16-47. Parking. TV. Congés annuels : 2e semaine de mars et 2e semaine de novembre. Chambres doubles avec lavabo à 29 €, avec douche ou bains à 38 €. Dans la rue la plus animée de la station, un petit hôtel tout simple aux prix raisonnables. Pas le grand luxe, mais les chambres ont été rénovées. Préférez les n°s 15, 16, 17, 26, 31 et 32, au calme assuré sur cour intérieure. Souvent complet le week-end : réservation (avec versement d'arrhes) plutôt conseillée. Au rez-de-chaussée, brasserie animée qui, comme son enseigne l'indique *(Les Trappistes)*, propose un large choix de bières, soit 90 dont 10 à la pression.

🛏 *Hôtel Gérard d'Alsace* ** – **14, rue du 152e-R.-I. (Sud-Ouest)** ☎ 03-29-63-02-38. Fax : 03-29-60-85-21. ● **gerard.dal sace.hotel@libertysurf.fr** ● Parking. TV. Congés annuels : 15 jours en automne. Accès : par un petit chemin, à 100 m du lac et du centre-ville. Chambres doubles avec douche et w.-c. de 39 à 48 €, avec bains à 55 €. Une grosse maison vosgienne au bord d'une route, heureusement pas très passante (de plus, un double-vitrage a été installé sur rue) et il y a des chambres sur l'arrière, côté jardin. Un petit côté rétro (l'hôtel a ouvert au début des années 1950) pas désagréable. Chambres toutes simples, rénovées et redécorées pour la plupart. 4 chambres pour 4 personnes, avec bains. Location de VTT (tarifs préférentiels pour les clients de l'hôtel) et piscine. Accueil inégal. *10 % sur le prix de la chambre (hors janvier, février, juillet, août) offerts à nos lecteurs sur présentation de ce guide.*

🛏 ●|● *Hôtel Viry – Restaurant L'Auber-gade* *** – **pl. des Déportés (Centre)** ☎ 03-29-63-02-41. Fax : 03-29-63-14-03. Parking. TV. Satellite. Resto fermé le vendredi soir hors saison. Accès : à 200 m du lac et du centre-ville. Chambres doubles de 42,50 à 60 €, selon le confort. Demi-pension de 49 à 55 €. Menus à partir de 12 €. À la carte, compter autour de 23 €. Ouvert depuis une bonne quarantaine d'années, donc presque une institution. L'hôtel n'est pas mal, pas vraiment bon marché non plus. Le resto, lui, est vraiment bien et pas si cher que ça, pour ne pas dire pas cher du tout, vu la qualité. Salle rustique de bon ton avec un petit côté « montagne » (des fleurettes peintes un peu partout) pas désagréable. En été, terrasse couverte sur la place. Immuable cuisine régionale : tourte vosgienne, *presskopf* sauce ravigote, jambonneau sur choucroute, rillettes de sanglier... Le 1er menu du marché est honnête. Accueil aimable et service courtois. *Apéritif maison offert à nos lecteurs sur présentation de ce guide.*

🛏 ●|● *Hôtel-restaurant Chalet du Lac* ** – **97, chemin de la Droite-du-Lac (Ouest)** ☎ 03-29-63-38-76. Fax : 03-29-60-91-63. Parking. TV. Congés annuels : octobre. Accès : au bord du lac, à 1 km du centre-ville sur la D147 direction Épinal. Chambres doubles avec douche ou bains à 54 €. Demi-pension souvent demandée (52 € par personne). Menus de 18 à 52 €. À la carte, compter environ 22 €. Si Gérardmer se veut aujourd'hui capitale du cinéma fantastique,

ici, ce serait plutôt « Les vacances de M. Hulot dans les Vosges ». Chalet de bois surplombant le lac (et la route, mais elle reste à distance respectable...). Accueil aimable. Les chambres, même rénovées, ont conservé leur cachet (meubles anciens) et un petit côté rétro sympathique. Chambres avec un petit balcon côté lac et toutes au même prix. Annexe dans un autre chalet, à quelques mètres, à l'orée de la forêt. Au resto, cuisine traditionnelle d'inspiration régionale (coq au riesling, caille aux morilles, etc.) et 7 menus. Agréable jardin.

🛏 *Grand Hôtel* *** – **17-19, rue Charles de Gaulle - pl. du Tilleul - BP 12 (Centre)** ☎ 03-29-63-06-31. Fax : 03-29-63-46-81. ● **www.grandhotel-gerardmer.com** ● Parking. TV. ♿ Ouvert toute l'année, tous les jours. Chambres doubles de 83 à 170 €. Demi-pension pendant les vacances scolaires et le week-end de 70 à 130 €. Un vrai grand hôtel d'autrefois, qui a su garder de beaux volumes : vaste hall, bel escalier en chêne, larges couloirs. Un des premiers hôtes fut Napoléon III, venu inaugurer la route du col de la Schlucht. Chambres spacieuses, joliment décorées par la charmante Mme Rémy, dotées de belle salle de bains et, pour certaines, de balcon ou même de large terrasse où prendre son petit déjeuner l'été. Quelques très belles suites. Un endroit où il fait vraiment bon vivre, d'autant que le service est à la hauteur. Piscine extérieure, superbe piscine intérieure chauffée, très bien aménagée, avec jacuzzi, et bientôt un centre de remise en forme et un institut de beauté. Ici, on essaie de ne pas se contenter d'un statu quo mais d'évoluer en fonction de la demande des clients. Une très bonne adresse. Et allez boire une bière au bar Louis XIII, si chaleureux.

●|● *Le Bistrot de la Perle* – **32, rue Charles-de-Gaulle (Centre)** ☎ 03-29-60-86-24. Fermé le mercredi hors saison et le mardi soir. Congés annuels : les 3 premières semaines d'octobre. Formule en semaine à 9,40 € qui change tous les jours (avec entrée, plat et café), puis menus à 14,30 et 19,80 €. C'était autrefois une boucherie. La pittoresque devanture est restée. Bonnes charcuteries, clafoutis, salade de lard grillé terroir, civet de joue de porc, truite aux amandes, andouillette A5 grillée. Salle lumineuse et agréable, également patio fleuri à l'arrière. Service gentil et cuisine sans fioritures. *Apéritif maison offert à nos lecteurs sur présentation de ce guide.*

●|● *Les Rives du Lac* – **1, av. de Nichy (Centre)** ☎ 03-29-63-04-29. Parking. ♿ Restauration le soir uniquement du 1er juillet au 31 août. Congés annuels : du 31 octobre au 31 janvier. Accès : au bord du lac, près des embarcadères. Menus à 14 et 16 €. Choucroute alsacienne à 9,91 €. Bon d'accord, on a choisi la facilité puisque, comme son nom l'indique, ce resto est tout simplement au bord du lac le plus célèbre des Vosges. C'est, on s'en doute, parfois plein de touristes… Pourtant, non seulement on y mange bien (même si la cuisine est des plus simples), mais en plus les tarifs sont tout à fait honnêtes malgré l'emplacement privilégié et la terrasse de rêve. Service parfois très lent, mais on est censé être en vacances, non ? Raison de plus pour jouer au touriste et essayer l'excellent fumé vosgien (palette et pommes de terre au four à la crème de munster).

▮●▮ *L'Assiette du Coq à l'Âne* – pl. du Tilleul (Centre) ☎ 03-29-63-06-31. Parking. TV. Satellite. ♨ Fermé le mercredi. Menus à 15,50 € (sur ardoise) et 20,50 €. Vous déjeunerez très correctement dans cette reconstitution d'une ferme vosgienne d'autrefois. Le résultat est assez réussi : tommettes, haute charpente, cheminée, tout évoque la campagne de jadis. Et les plats du terroir proposés se marient très bien à l'endroit. Nous avons apprécié, par exemple, lors de notre passage, le médaillon de veau à la crème.

DANS LES ENVIRONS

XONRUPT-LONGEMER 88400

(7 km NE)

▮●▮ *Hôtel Le Collet – Restaurant Lapôtre* *** – 9937, route de Colmar (Sud-Est) ☎ 03-29-60-09-57. Fax : 03-29-60-08-77. ● www.chalethotel.le.collet.com ● Parking. TV. Satellite. Resto fermé le mercredi (hors vacances scolaires) et le jeudi midi. Congés annuels : du 31 mars au 13 avril et du 12 novembre au 12 décembre. Accès : par la D417, après Xonrupt, direction col de la Schlucht-Munster. Chambres doubles avec douche ou bains à 61 €. Demi-pension de 58 à 67 €. Menus de 15 à 25 €. Gros chalet typique posé à 1 100 m d'altitude, dans la montée au col de la Schlucht. Position stratégique : on est en plein parc naturel des ballons des Vosges, au départ des pistes de ski de fond et au pied des téléskis, à quelques kilomètres, enfin, de la route des Crêtes. Jolies chambres rénovées. Les plus agréables sont dotées d'un balcon avec vue sur le vert profond des forêts voisines. Un certain luxe mais sans frime, comme l'accueil, d'une simplicité généreuse. Au resto, très bonne cuisine de terroir, dépoussiérée par un jeune chef débordant d'idées et d'enthousiasme. Et à des prix d'une sagesse qu'on voudrait contagieuse. Carte riche en vins d'Alsace (avec quelques belles trouvailles), mais qui n'oublie pas les autres vignobles. *10 % sur le prix de la chambre (toute l'année) offerts à nos lecteurs sur présentation de ce guide.*

THOLY (LE) 88530 (11 km O)

▮●▮ *L'Auberge Au Pied de la Cascade* * – 12, chemin des Cascades (Nord-Ouest) ☎ 03-29-66-66-33. Fax : 03-29-66-66-34. ● www.grande-cascade.com ● Parking. TV. Satellite. ♨ Fermé le mercredi hors vacances scolaires. Congés annuels : du 12 novembre au 23 décembre. Accès : par la D417 puis la D11 jusqu'au Tholy, continuez sur 5 km jusqu'à la cascade de Tendon ; l'auberge est en contrebas de la route. Chambres doubles à 25 € avec lavabo, à 31 € avec douche et w.-c., jusqu'à 47,50 € avec bains. Demi-pension de 28,50 à 38 €. Menus de 16 à 32,50 € sur réservation. À la carte, compter 18 €. Un incontournable pour ceux qui connaissent bien la région. Imaginez une vieille auberge (restaurée), typiquement vosgienne, perdue en pleine campagne, au pied d'une forêt où s'écoule la fameuse Grande Cascade de Tendon (pas si grande que ça). Mais outre sa terrasse et sa charmante salle à manger séculaire, l'auberge propose depuis des décennies les meilleures truites des Vosges, pêchées quotidiennement dans l'étang attenant ! La clientèle d'habitués (nombreuse) ne vient plus que pour ça. Hôtel au calme, tout petit, donc souvent complet. En ce qui concerne les chambres, les n°^{os} 1, 2 et 3 sont les plus récentes et les plus spacieuses. *10 % sur le prix de la chambre (à partir de deux nuits consécutives) offerts à nos lecteurs sur présentation de ce guide.*

BRESSE (LA) 88250 (13 km SE)

▮●▮ *Hôtel-restaurant Les Vallées* – 31, rue Paul-Claudel ☎ 03-29-25-41-39. Fax : 03-29-25-64-38. ● hotel.lesvallees@remy-loisirs.com ● Ouvert toute l'année. Chambres doubles de 38 à 79 € selon la saison. Petit déjeuner à 8,50 €. Au restaurant *Le Diamant*, menus de 17 à 44 €. L'hôtel le plus confortable de La Bresse : salles de bains spacieuses, piscine couverte, tennis, grand « parc » (ou plutôt pelouse) et jeux pour enfants. Excellent et copieux petit déjeuner. Quelques bons plats comme la matelote de poissons d'eau douce aux choux, la joue de bœuf braisée au pinot noir ou le gratin de macaronis. Une affaire familiale qui se perpétue depuis trois générations. *NOUVEAUTÉ.*

▮●▮ *Clos des Hortensias* – 51, route de Cornimont ☎ 03-29-25-41-08. Fermé le dimanche soir et le lundi. Premier menu à 13 €, servi en semaine, puis d'autres menus de 15 à 33 €. On savoure une cuisine raffinée sans être prétentieuse, de terroir (l'andouillette du Val-d'Ajol est une franche réussite) mais sans être exclusive. Le chef aime bien, par exemple, travailler le poisson (rillettes de saumon, marmite du pêcheur…). Très bon accueil de Maria Pia. *NOUVEAUTÉ.*

VALTIN (LE) 88230 (13 km NE)

🏠 I●I *Auberge du Val Joli* ✱✱✱ – 12 bis, le village (Centre) ☎ 03-29-60-91-37. Fax : 03-29-60-81-73. ● www.lorraineho tels.com/val-joli ● Parking payant. TV. ♨ Fermé le dimanche soir, le lundi soir, le mardi midi (hors vacances scolaires) et le lundi midi toute l'année (sauf jours fériés). Congés annuels : du 17 novembre au 9 décembre. Accès : sortie Gérardmer direction Saint-Dié, puis à droite par la CD23, direction Colmar ; à Xonrupt, tourner à gauche direction Le Valtin par une belle petite route de montagne. Chambres luxueuses avec douche, w.-c., salon, balcon et balnéo (pour certaines) de 70 à 150 €. Demi-pension demandée en saison de 128 à 208 € pour deux. Menus de 15 € (sauf dimanche et jours fériés) à 50 €. Une de nos meilleures adresses, dans un des plus beaux villages de la région. Calme, détente et superbes balades assurées dans les montagnes couvertes de sapins qui encerclent ce val (joli !). La vraie petite auberge à l'ancienne, chaleureuse et cordiale, avec son sol carrelé, ses grosses poutres, son poêle en faïence... Même si, à la première salle à manger délicieusement rustique (avec son superbe plafond), a été ajoutée une nouvelle salle résolument contemporaine avec de vastes baies vitrées ouvertes sur la nature. D'importants travaux ont été réalisés, dotant les chambres de tout le confort. La cuisine, bien troussée, reste, elle, franchement de terroir. Et défilent pâté lorrain (tourte à la farce de porc), truite fumée maison, poulet à la crème ici appelé « blanc de sautret » et cuit au riesling, tarte aux myrtilles...

HOUDELAINCOURT 55130

Carte régionale A2

🏠 I●I *L'Auberge du Père Louis* ✱✱ – 8, rue Alainville ☎ 03-29-89-64-14. Fax : 03-29-89-78-84. ● www.aubergedupere louis.fr ● TV. Canal+. Fermé le dimanche soir et le lundi. Congés annuels : septembre. Chambres doubles de 33 à 38 €. Menus de 18 à 60 €. Halte gastronomique de choix dans le département. Cuisine pleine de saveurs et d'innovations. Foie gras poêlé aux mirabelles, sandre aux pieds de cochon, rognons de veau crème de lentilles, sorbets aux fleurs et aux plantes. Si vous n'avez pas envie de repartir (on vous comprend), 6 chambres agréables et calmes. On est quand même en pleine campagne. *10 % sur le prix de la chambre (toute l'année) offerts à nos lecteurs sur présentation de ce guide.*

LONGUYON 54260

Carte régionale A1

🏠 I●I *Hôtel de la Gare – Restaurant La Table de Napo* ✱ – 2, rue de la Gare ☎ 03-82-26-50-85. Fax : 03-82-39-21-33. Parking. Hôtel et resto fermés le vendredi soir sauf en juillet-août. Congés annuels : 15 jours en mars et 15 jours en septembre. Accès : à côté de la gare. Chambres doubles avec douche de 31 à 35 €, avec douche et w.-c. de 40 à 45 €. Menus de 12,50 à 42 €. Une patronne chaleureuse et une ambiance familiale. Cet hôtel sympathique fait vraiment penser aux pensions de famille d'autrefois. Quelques vieux meubles dans les couloirs, sans doute pour ranger le linge. Les chambres sont claires et sobres. L'hôtel donne directement sur les quais, et les trains ébranlent quelque peu l'hôtel à chaque passage ; demander une chambre donnant sur la rue (n°s 1, 2, 8 pour de plus calmes nuits). Bonne cuisine bourgeoise avec des spécialités selon le marché. *Café offert à nos lecteurs sur présentation de ce guide.*

🏠 I●I *Hôtel de Lorraine – Restaurant Le Mas* ✱✱✱ – pl. de la Gare ☎ 03-82-26-50-07. Fax : 03-82-39-26-09. ● www.lorrai neetmas.com ● Parking payant. TV. Satellite. Câble. Fermé le lundi. Congés annuels : janvier. Chambres doubles avec douche et w.-c. ou bains à 55 €. Menus à 19 € en semaine, et de 29 à 38,50 €. Hôtel Belle Époque, situé face à la gare. Une jolie façade, des poutres et des moulures au plafond dans le séjour. Des chambres lumineuses et fonctionnelles et sans cachet, contrairement aux parties communes, élégamment meublées. Cheminée ou terrasse fleurie selon la saison. Restaurant réputé. Accueil qui manque parfois un peu de chaleur, dommage ! *Apéritif maison offert à nos lecteurs sur présentation de ce guide.*

LONGWY 54400

Carte régionale A1

🏠 I●I *Hôtel du Nord* ✱✱ – pl. Darche ☎ 03-82-23-40-81. Fax : 03-82-23-17-73. TV. Canal+. Resto fermé le lundi soir, le samedi midi, le dimanche et les jours fériés. Congés annuels : la 2e quinzaine d'août. Accès : sur une belle place d'Armes, en plein centre de la ville haute. Chambres doubles avec douche et w.-c. ou bains à 45 €. Compter 19 € pour un repas à la carte. Plat du jour à 8,50 €. Un petit bar-hôtel comme on en trouve dans la plupart des sous-préfectures de l'Hexagone. Celui-ci a peut-être plus de charme que les autres en raison de sa situation privilégiée. Chambres modernes, propres et calmes. La ville est assoupie

LORRAINE

depuis un moment, mais il reste une grande chaleur humaine. À noter, une brasserie à la cuisine traditionnelle avec des plats du jour bon marché.

DANS LES ENVIRONS

COSNES-ET-ROMAIN 54400
(5 km O)

l●lLe Train Bleu ☎ 03-82-23-98-09. Fermé le lundi et le samedi midi. Accès : de Longwy-Haut, prendre la N18 vers Longuyon pendant 4 km et tourner à droite vers Cosnes-et-Romain. Menus à 11,89 € en semaine, et de 14,94 à 35,06 €. Tirez la bobinette et la chevillette cherra. En l'occurrence, il vous faudra pousser le bouton pour ouvrir la porte du train. Car il s'agit bien de 2 wagons de chemin de fer posés aux confins du pays. On y mange dans une atmosphère feutrée et un cadre cossu. L'endroit est très prisé le week-end. Normal, la cuisine vaut le déplacement. Il y en a pour tous les goûts et à tous les prix. Quant au billet, il n'y a qu'une seule classe. Pas de discrimination.

LUNÉVILLE 54300

Carte régionale B2

🏠 l●lHôtel des Pages *** – 5, quai des Petits-Bosquets ☎ 03-83-74-11-42. Fax : 03-83-73-46-63. Parking. TV. Canal+. ⚄ Accès : en face du château, sur l'autre rive de la rivière. Chambres doubles avec douche et w.-c. ou bains de 41 à 65 €. Demi-pension à 46 €. Hôtel on ne peut plus calme, à l'abri dans une grande cour, non loin de la rivière. Confort moderne dans les chambres récemment refaites et très design : une décoration subtile et recherchée avec plancher dans chaque chambre, et même dans les salles de bains. Le 2e étage est en cours de réfection. Juste à côté, vous pourrez dîner à Au Petit Comptoir, où l'on vous accueillera même tard si vous prévenez (et quand on sait qu'il est difficile de manger à Lunéville après 21 h 15...). À signaler aussi que sa direction a ouvert un autre hôtel, L'Oasis, de l'autre côté de la ville, dans la même gamme de prix, avec un décor plutôt provençal et très réussi. Un petit déjeuner par chambre offert à nos lecteurs sur présentation de ce guide.

l●lMarie Leszczynska – 30, rue de Lorraine (Centre) ☎ 03-83-73-11-85. Fermé le dimanche soir, le lundi et le mardi soir. Congés annuels : 2 premières semaines de janvier, dernière semaine de juin et 1re semaine de juillet. Accès : dans une rue parallèle à l'aile droite du château. Menus de 13,30 à 35 €. Impossible que Marie ait

pu déjeuner ici, l'adresse est trop récente. Elle y aurait pourtant apprécié une cuisine traditionnelle des plus sympathiques, comme le foie gras de canard poêlé au pain d'épices ou l'onglet de veau à la crème de cèpes. La petite salle, sobre et raffinée, qui jusqu'à présent était un peu froide, a été rénovée. De toute façon, la chaleur de l'accueil compensait déjà ce léger manque. En été, terrasse agréable dans la rue piétonne. Café offert à nos lecteurs sur présentation de ce guide.

MANDEREN 57480

Carte régionale B1

🏠 l●lLe Relais du Château Mensberg** – 15, rue du Château ☎ 03-82-83-73-16. Fax : 03-82-83-23-37. Parking. TV. Satellite. ⚄ Restaurant fermé le mardi, mais hôtel ouvert le mardi. Congés annuels : 3 semaines en janvier et 15 jours en juillet ou en août. Accès : par la D64. Chambres doubles avec douche et w.-c. ou bains à 60 €. Demi-pension à 72 € par personne. Menus de 16 à 45 €. Dominée par le château de Mensberg – dit château de Malbrouck, édifié au VIIe siècle et reconstruit au XVe avec l'aide du diable –, cette auberge propose une quinzaine de chambres, véritables petits nids d'amour mignons et confortables. Au rez-de-chaussée, une très belle salle de restaurant où l'on déguste suivant la saison quelques spécialités soignées. Si les prix sont un peu élevés, ils sont parfaitement justifiés. L'accueil chaleureux nous donne encore plus envie de rester. Dans le livre d'or, les compliments d'étrangers de tous horizons. Et vous, vous en dites quoi ?

METZ 57000

Carte régionale A1

🏠 Hôtel Moderne ** – 1, rue Lafayette, (hors plan B3-4) ☎ 03-87-66-57-33. Fax : 03-87-55-98-59. ● www.hotel-moderne-metz.com ● Parking payant. TV. Câble. Accès : face à la gare de Metz, à 15 mn à pied du centre piéton. Chambres doubles avec lavabo à 30 €, avec douche et w.-c. à 45 € et avec bains à 53 €. Demi-pension à 57 € par personne. Le classique hôtel de gare, pratique avant tout. Les chambres modernes et fonctionnelles ne manquent pas de chaleur pour autant. Les plus calmes donnent sur l'arrière. Certaines à 2 grands lits (comme la n° 22) sont hyper économiques. Clientèle essentiellement d'affaires. La patronne, très sympa, a le sourire facile. 15 % de réduction sur le prix de la chambre (hors week-ends et jours fériés) offerts à nos lecteurs sur présentation de ce guide.

 Hôtel La Pergola ** – 13, route de Plappeville (hors plan A1-2) ☎ 03-87-32-52-94. Fax : 03-87-31-41-60. • e.keil@libertysurf.fr • TV. Accès : à 3 km du centre ; quartier de Devant-les-Parts ; traverser l'île de Saulcy et suivre la direction Plappeville. Chambres doubles avec douche et w.-c. ou bains de 40 à 45 €. D'accord, l'adresse est quelque peu excentrée, mais ce serait dommage de la rater. Quand vous aurez vu derrière la façade un peu années 1950 ce petit jardin totalement isolé du monde, que vous aurez été réveillé par le chant des oiseaux (ils nichent nombreux ici), vous aurez compris notre engouement pour *La Pergola*. Demandez une chambre mansardée au dernier étage. Lits de cuivre, joli mobilier d'époque. Certaines salles de bains sont aussi grandes que les chambres. L'après-midi, salon de thé sous les arbres. *10 % sur le prix de la chambre offerts à nos lecteurs sur présentation de ce guide.*

 Hôtel du Centre ** – 14, rue Dupont-des-Loges (B2-8) ☎ 03-87-75-60-66. • www.perso.wanadoo.fr/hotelducentre-metz • Parking payant. TV. Câble. Congés annuels : du 25 décembre au 6 janvier et du 26 juillet au 17 août. Chambres doubles avec douche et w.-c. à 43 €. Idéalement (pour ceux qui veulent visiter Metz) situé au cœur de la ville (avec cette enseigne, il n'aurait pu en être autrement...), dans une rue piétonne. Un vieil escalier de bois grimpe (il faut de bonnes jambes...) vers des chambres joliment arrangées. Au dernier étage, celles nichées sous les toits sont agréablement mansardées. Un certain charme. Pains et viennoiseries cuits sur place pour le petit déjeuner. Excellent accueil des jeunes patrons. *Un petit déjeuner par chambre offert à nos lecteurs sur présentation de ce guide.*

 Cecil Hôtel ** – 14, rue Pasteur (B3-3) ☎ 03-87-66-66-13. Fax : 03-87-56-96-02. • www.cecilhotel-metz.com • Parking payant. TV. Satellite. Câble. Congés annuels : du 26 décembre au 3 janvier. Accès : dans le quartier de la gare. Chambres doubles avec douche et w.-c. à 52 €, avec bains à 56 €. Entre la gare et le centre, belle maison du début du XXᵉ siècle abritant un hôtel pratique à prix intéressants. La déco se croit encore ici ou là dans les années 1970. Chambres modernes et bien équipées, un peu impersonnelles, à part la n° 22, mieux agencée que les autres. *Parking gratuit pour les lecteurs sur présentation de ce guide.*

 |●| Hôtel Kyriad – Restaurant du Père Potot ** – 8, rue du Père-Potot (B3-5) ☎ 03-87-36-55-56. Fax : 03-87-36-39-80. • www.kyriad.fr • Parking payant. TV. Canal+. Câble. ✎ Chambres doubles avec douche et w.-c. ou bains à 55 €. Demi-

pension à 32 € par personne. Menus à 11,50 €, en semaine, et de 14 à 25 €. Très central, dans un immeuble récent qui dénote un peu dans ce quartier ancien. Plutôt une clientèle de commerciaux ou de touristes bon teint ! Chambres entièrement rénovées (dans le genre contemporain-fonctionnel). Toutes les chambres au numéro impair, comme la n° 105, donnent sur la cour intérieure d'une ancienne abbaye. Le resto inspire confiance... Accueil très serviable. *Apéritif maison offert à nos lecteurs sur présentation de ce guide.*

 Hôtel de la Cathédrale *** – 25, pl. de la Chambre (B1-7) ☎ 03-87-75-00-02. Fax : 03-87-75-40-75. • hotel-cathedrale.metz@wanadoo.fr • TV. Canal+. Satellite. Accès : au pied de la cathédrale. Chambres doubles avec douche et w.-c. de 58 à 61 €, avec bains à 68,60 €. Cet ancien relais postal de 1627 a accueilli Mme de Staël et Chateaubriand avant d'ouvrir ses portes à des notables plus contemporains. Restauré de main de maître par M. Hocine et décoré par madame avec un cœur gros comme ça, vous n'aurez de cesse d'admirer les poutres d'époque, la ferronnerie, les vitraux et le patio intérieur. Les chambres sont littéralement bourrées de charme, toutes différentes, lumineuses et au confort raffiné, avec vue sur la cathédrale, s'il vous plaît. Réservation fortement conseillée en octobre. Routards fortunés ou d'infortune, offrez-vous ce luxe ! Nous, on en rêve encore.

 Grand Hôtel de Metz ** – 3, rue des Clercs (B2-6) ☎ 03-87-36-16-33. Fax : 03-87-74-17-04. Parking payant. TV. Canal+. Câble. Accès : proche de la cathédrale. Chambres doubles avec douche ou bains et w.-c. à 70 €. Demi-pension : 13 € de plus par personne. Une rue piétonne dans le centre historique, une entrée néo-design, un superbe escalier en encorbellement, l'endroit pourrait servir de décor au tournage du remake des aventures d'Antoine Doisnel chères à Truffaut. Les chambres, aux couleurs pastel et aux tissus fleuris, sont plus contemporaines, agencées autour d'une cour intérieure.

 |●| Aux Petits Oignons – 5, rue du Champé (B2-11) ☎ 03-87-18-91-33. Fermé le samedi midi, le dimanche et le lundi midi. Congés annuels : 2 à 3 semaines fin juillet/début août. Menu du jour à 10,75 € et suggestions sur l'ardoise : compter 30 € sans la boisson. Dans une petite rue, un peu excentrée. Inutile de dire que seuls les locaux connaissent le chemin de cette mignonne petite salle, d'une intimité propice aux repas en tête à tête. Cuisine simple mais bien tournée. Les menus s'aventurent dans quelques régions de France : Lorraine bien sûr, mais aussi Provence, Sud-Ouest... Un peu

🛏 **Où dormir ?**

2 Hôtel La Pergola
3 Cécil Hôtel
4 Hôtel Moderne
5 Hôtel Kyriad - Restaurant du Père Potot
6 Grand Hôtel de Metz
7 Hôtel de la Cathédrale
8 Hôtel du Centre

🍽 **Où manger ?**

11 Aux Petits Oignons
12 La Marmite de l'Olivier
13 Le Dauphiné
14 L'Étude
15 Restaurant du Pont-Saint-Marcel
16 Bistrot Saveurs Cuisine
17 Le Bistrot des Sommeliers

PONT-A-MOUSSON ↘ NANCY   A

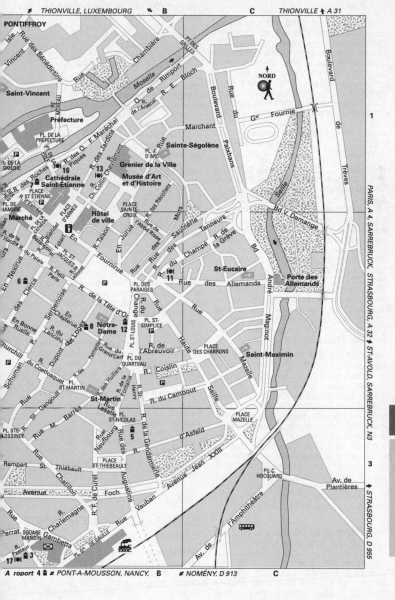

THIONVILLE, LUXEMBOURG **B** THIONVILLE **A 31**

PONTIFFROY

Isle
Rue des Bénédictins
Vincent
Rue
Chambière
Pl. des Grilles

Saint-Vincent

Moselle
Q. R. de l'Arsenal
R. E. Bloch
Rue du Rimport

Préfecture

PL. DE LA PRÉFECTURE
Boulevard
Rue du Gal Fournie

NORD

Boulevard de Trèves

1

Q. F. Maréchal
R. des Jardins
Marchant
PL. DE LA COMEDIE
Rue
PL. J. D'ARC
R. des Piques
16
R. des Roches
Ch. Collin Chevremont
Sainte-Ségolène
Rue du Gén Fournie

Cathédrale Saint-Étienne
7
13
Grenier de la Ville
Musée d'Art et d'Histoire

PLACE ST-ÉTIENNE
R. des Récollets
PLACE SAINTE-CROIX
Rue de l'Abbé Risse
Murs
Bd. V. Demange
Seille

Marché
Hôtel de ville
PLACE D'ARMES

PARIS, A 4, SARREBOURG, STRASBOURG, A 32

En Fournirue
Rue Taison
Rue des Saulnerie
Tanneurs
R. de la Grève
Bd
André
Maginot

6
En Nexirue
R. des Clercs
Serpenoise
R. de la Tête d'Or
Champé
Rue du
St-Eucaire
11
Rue des Allemands
Porte des Allemands

Notre-Dame
8
12
PL. DES PARAIGES
R. du Change
PL. ST-SIMPLICE
R. de l'Abreuvoir
Rue Haute
PLACE DES CHARRONS
Saint-Maximin

St-Martin
PL. ST-MARTIN
R. de la Fontaine
R. St. Henry
Coislin
R. du Cambout
Seille
Mazelle

3
PL. STE-GLOSSINDE
Rue M. Barrès
Rue Lasalle
PL. ST-NICOLAS
5
d'Asfeld
PLACE MAZELLE

Rempart
St. Thiébault
Chatillon
PLACE ST-THIEBEAULT
Rue des Augustins
Avenue Jean XXIII
PL. C. HOCQUARD
Av. de Plantières

STRASBOURG, D 955

Avenue Foch
R. de Curel
Rue Vauban
Av. de l'Amphithéâtre

LORRAINE

SQUARE MANSIN
R. Pasteur
17
3
Gambetta
PL. Gal DE GAULLE

A roport 4 **PONT-A-MOUSSON, NANCY,** **B** **NOMÉNY, D 913** **C**

cher à la carte, toutefois. Réservation conseillée.

|●|*Restaurant Le Dauphiné* – 8, rue du Chanoine-Collin (B1-13) ☎ 03-87-36-03-04.** Fermé le soir (sauf le vendredi et le samedi) et le dimanche. Accès : en face de la cité administrative, dans une rue donnant sur le nord de la place d'Armes, à côté de la cathédrale. Menus à 12,50 €, sauf le dimanche, 17 et 20 €. Décor de poutres apparentes et de reproductions contant la Lorraine. Cuisine simple et copieuse. Spécialités : paella sur commande, tête de veau, menu campagnard, quiche lorraine. *Café offert à nos lecteurs sur présentation de ce guide.*

|●|*L'Étude* – 11, av. Robert-Schuman ☎ 03-87-35-36-32.** Fermé le dimanche. Congés annuels : du 28 juillet au 17 août. Menus à 12,90 €, le midi en semaine, et de 18,50 à 25 €. Un des restos branchés de Metz. Étonnant décor qui évoque la bibliothèque d'une vieille université anglaise : aux murs, des rayonnages accueillent quelque 5 000 bouquins (à la disposition des clients, comme les moelleux fauteuils du coin salon). La cuisine a tout autant de personnalité, de tradition mais avec de l'idée. Dîners-spectacles les vendredi et samedi : jazz, chanson, blues... (programme disponible sur le site Internet : www.l-etude.com). Service (très bien aussi) jusqu'à 22 h 30. *Digestif maison offert à nos lecteurs sur présentation de ce guide.*

|●|*Le Bistrot des Sommeliers* – 10, rue Pasteur (B3-17) ☎ 03-87-63-40-20.** Fermé le samedi midi et le dimanche. Congés annuels : entre Noël et le Jour de l'An. Accès : dans le quartier de la gare. Menu à 13 €. À la carte, compter 23 €. Comme son enseigne l'indique ! Banquettes de moleskine et bouteilles de vin partout exposées. Judicieuse et variée sélection de vins au verre ou au pichet. Cuisine de tradition, simple mais goûteuse. Menu unique d'un gentil rapport qualité-prix et suggestions du jour inscrites à l'ardoise. Terrasse pour l'été. Une petite adresse fort sympathique qui a vite trouvé ses marques (et qui a désormais quelques « petites sœurs » dans le département).

|●|*La Marmite de l'Olivier* – 9, pl. Saint-Louis (B2-12) ☎ 03-87-37-05-82.** Fermé le dimanche soir, le lundi et le jeudi soir. Congés annuels : 2 semaines fin août-début septembre. Menus de 13,50 à 21,50 €. Une situation stratégique pour cette *Marmite*, dotée de 3 salles dont un caveau classé, ainsi que d'une très grande terrasse sous arcades. Au programme, spécialités lorraines traditionnelles : tête de veau, porcelet aux mirabelles, pied de cochon au four et terrines maison. Très convaincant. *NOUVEAUTÉ.*

|●|*Bistrot Saveurs Cuisine* – 5, rue des Piques (B1-16) ☎ 03-87-36-64-51.** Fermé le dimanche. Congés annuels : du 15 juillet au 15 août. Menus à 15 €, en semaine, à 25 et 35 €. Notre coup de cœur des années précédentes vient de se métamorphoser en un sympathique bistrot à l'ambiance conviviale, le *Saveurs Cuisine*. Vous y découvrirez une cuisine authentique sous l'influence du soleil : tartare de tomates et thon au gingembre, croustillant de tête de veau ravigote, bouchée à la reine « tradition lorraine », riz basmati à la cardamome et surtout de savoureux desserts... Tarte fine aux mirabelles caramélisées. Prix sages. *Apéritif maison ou café offert à nos lecteurs sur présentation de ce guide.*

|●|*Restaurant du Pont-Saint-Marcel* – 1, rue du Pont-Saint-Marcel (A1-15) ☎ 03-87-30-12-29.** Ouvert toute l'année. Accès : à deux pas du théâtre et du temple. Menus à 16 et 28 €. À la carte, compter 25 €. Originalité, qualité et situation exceptionnelle au bord de la Moselle (terrasse fleurie), avec une vue imprenable sur la cathédrale de Metz, font de cette maison du XVIIe siècle une adresse unique en ville. Tout, du décor – avec les fresques représentant la vie citadine d'autrefois – au service en costume d'époque, concourt à vous entraîner vers un Moyen Âge ripailleur... ce qui n'empêche pas le bon goût avec une cuisine régionale dont les recettes sont toutes issues d'un recueil du XIXe siècle. Cuisine traditionnelle donc, simple, avec de forts accents locaux, mais qui ne manque ni de finesse, ni d'originalité : cochon de lait en gelée, soupe au lard, tête de veau à la façon de la mère Annie, brochet au vin blanc et évidemment *potaye* ou potée lorraine. Le soir, les lumières de ce quartier rénové donnent davantage l'illusion d'un voyage dans le temps. En plus de tout cela, les vins de Moselle et de Lorraine de la carte (plus de 200 crus représentés) décupleront votre plaisir. Service vraiment souriant. *Apéritif maison offert à nos lecteurs sur présentation de ce guide.*

DANS LES ENVIRONS

SAINT-JULIEN-LÈS-METZ 57070
(3 km NE)

|●|*Restaurant du Fort Saint-Julien* – route de Thionville ☎ 03-87-75-71-16.** Fermé le dimanche soir et le mercredi. Congés annuels : du 1er au 10 janvier et du 24 juillet au 8 août. Accès : dans la partie restaurée du fort, au cœur du bois. Menus à 12,05 €, le midi en semaine, 12,05 et 20,60 €. Compter 20 € à la carte. Vous serez accueilli par Coco, le mainate du patron, qui vous sifflera peut-être (l'oiseau, pas le patron) *La Marseillaise* ou *Le Pont de* *la rivière Kwaï.* Ambiance bon enfant pour ripailler en groupe dans un décor de caveau impressionnant. Plats solides : choucroute, *baeckeoffe*, porcelet grillé et, en saison, gibier. *Apéritif maison offert à nos lecteurs sur présentation de ce guide.*

WOIPPY 57140 (4 km N)

⦿ L'Auberge Belles Fontaines – 51, route de Thionville ☎ 03-87-31-99-46. ⅍ Fermé le samedi midi, le dimanche soir, le lundi soir et le mardi soir. Accès : de l'A31, sortie Woippy. Menus de 17 à 44,20 €. Une maison reposante à quelques minutes du centre de Metz. Décor un rien classique dans les tons verts du parc. Clientèle d'habitués. Service attentionné. Terrasse. *Café offert à nos lecteurs sur présentation de ce guide.*

GORZE 57680 (20 km SO)

🏠 ⦿ Hostellerie du Lion d'Or ** – 105, rue du Commerce (Centre) ☎ 03-87-52-00-90. Fax : 03-87-52-09-62. TV. ⅍ Fermé le lundi et le dimanche soir. Accès : sortie de l'A31 direction Féy, puis Gorze. Chambres doubles avec douche et w.-c. ou bains de 48 à 52 €. Demi-pension à 62 € par personne. Menus à 16 €, le midi en semaine (servi le soir uniquement aux clients de l'hôtel), et de 23 à 30 €. Dans l'étroite rue principale d'un bourg un peu endormi. De son passé de relais de posto, la maison a conservé du charme et du caractère : cheminées, tomettes et poutres apparentes. Un chaleureux décor pour une bonne cuisine de tradition : tête de veau, truite au bleu, foie gras maison. Oubliez la cravate, les couverts en argent ne sont pas là pour ça. Si le charme de l'endroit vous a séduit, vous pourrez toujours passer la nuit dans l'une des chambres confortables de l'hôtel. *Apéritif maison offert à nos lecteurs sur présentation de ce guide.*

MONTENACH 57480

Carte régionale B1

🏠 ⦿ Hôtel-restaurant Au Val Sierckois – 3, pl. de la Mairie ☎ 03-82-83-85-20. Fax : 03-82-83-61-91. TV. Fermé le lundi soir et le mardi. Chambres doubles avec douche à 30 €, avec bains à 47 €. Demi-pension à 47 € par personne. Menus de 13 à 27 € pour les gros appétits. Au milieu des vallons et des forêts du « pays des trois frontières », cette petite auberge pleine de charme semble être l'endroit idéal pour se ressourcer. Longues balades, réveil avec le chant des oiseaux. Tout est simplicité et gentillesse. Bonne cuisine sans prétention. La gigue de chevreuil grand veneur nous a laissé un bon souvenir. Pour profiter un peu

plus longtemps de l'endroit, 7 jolies chambres (certaines avec bains).

⦿ L'Auberge de la Klauss – 1, rue de Kirschnaumen ☎ 03-82-83-72-38. ⅍ Fermé le lundi. Congés annuels : du 24 décembre au 8 janvier. Accès : par la D956. Menus de 17 à 46 €. Une institution ! Ici, on perpétue la tradition d'une bonne cuisine de qualité faite avec des produits préparés sur place. Au choix, 4 salles différentes dont deux à thème : salle des Horloges et salle de Chasse, dans une déclinaison de tons chauds. Pour les connaisseurs, la cave à vins est particulièrement soignée. 1er menu simple et lorrain, les suivants beaucoup plus copieux. Très bon accueil. Le patron fait tout en famille. Dans sa ferme, il élève 100 cochons et 5 000 canards. Le gibier vient des forêts proches. Après le repas, on peut même aller voir les bêtes à la ferme et acheter quelques produits faits par le chef. Ses spécialités : les charcuteries maison, les confit et magret de canard, le foie gras maison poêlé, servi chaud avec des pommes caramélisées.

MONTMÉDY 55600

Carte régionale A1

🏠 ⦿ Hôtel-restaurant Le Mâdy ** – 8, pl. Raymond-Poincaré ☎ 03-29-80-10-87. Fax : 03-29-80-02-40. ● noel.l@wanadoo.fr ● TV. Fermé le dimanche soir et le lundi (sauf les jours fériés et en été). Congés annuels : janvier. Accès : en plein centre, sur la place principale, au pied de la citadelle. Chambres doubles avec douche et w.-c. ou bains à 45 €. Menu en semaine à 13 €, autres menus de 22 à 38 €. Des chambres tout confort, fonctionnelles mais sans grand caractère. Le resto est une bonne adresse. Repas copieux et cuisine régionale avec quelques bonnes spécialités : magret de canard aux framboises, tête de veau vinaigrette, escargots en meurette, truite du vivier, préparée par exemple à la montmédienne. Décoration, cuisine et fond musical : classico-bourgeois. Bon accueil. N'oubliez pas la visite de la citadelle. *Un petit déjeuner par chambre offert à nos lecteurs sur présentation de ce guide.*

NANCY 54000

Carte régionale A2

🏠 Hôtel Carnot ** – 2, cours Léopold (A2-2) ☎ 03-83-36-59-58. Fax : 03-83-37-00-19. TV. Accès : à 5 mn à pied de la gare ; de l'avenue Foch, prendre la rue Serre et contourner la place Carnot. Chambres doubles avec douche à 26 €, avec douche et w.-c. ou bains de 31 à 41,50 €. Escale des routiers et des forains, l'hôtel manque cruellement de charme mais présente l'intérêt d'avoir des chambres avec toilettes sur le palier à prix très bon marché. Les n°s 16, 24, 25 et 34 avec bains sont plus spacieuses, plus claires et donnent sur l'arrière. Attention, en avril, demandez impérativement une chambre à l'arrière pour cause de fête foraine sur la place. *Café offert à nos lecteurs sur présentation de ce guide.*

🏠 *Hôtel Le Stanislas* ** – 22, rue Sainte-Catherine (B2-7) ☎ 03-83-37-23-88. Fax : 03-83-32-31-02. TV. Canal+. Chambres doubles avec douche et w.-c. de 42 à 46 €. Dans une rue passante mais très proche de la place Stanislas. Ne vous arrêtez pas à l'aspect banal de l'hôtel, les chambres sont claires et spacieuses, et les salles de bains bien agencées avec w.-c. séparés. En plus, le double-vitrage isole très bien du bruit. Insonorisation parfaite. *Un petit déjeuner par chambre offert à nos lecteurs sur présentation de ce guide.*

🏠 *Hôtel Le Jean-Jaurès* ** – 14, bd Jean-Jaurès (hors plan A3-4) ☎ 03-83-27-74-14. Fax : 03-83-90-20-94. ● www.hotel-jean jaures.fr ● Parking payant. TV. Satellite. Ouvert toute l'année. Accès : à 10 mn à pied de la gare. Chambres doubles avec douche et w.-c. à 43 €. Cet hôtel, ancienne maison de maître, distille (par ses moulures, ses tapisseries) une certaine atmosphère un tantinet surannée qu'on aime bien. Préparez-vous à un peu d'exercice, car les chambres sont réparties sur quatre étages ! Celles donnant sur le boulevard sont insonorisées, mais vous pouvez préférer celles, encore plus calmes, donnant sur le jardin. Bon accueil d'un patron jeune et dynamique ayant un vrai souci du confort de ses hôtes. Garage fermé. *10 % sur le prix de la chambre (en week-end) offerts à nos lecteurs sur présentation de ce guide.*

🏠 *Hôtel de Guise* ** – 18, rue de Guise (A1-3) ☎ 03-83-32-24-68. Fax : 03-83-35-75-63. ● www.hoteldeguise.com ● Parking payant. TV. Accès : à proximité du Musée lorrain par la Grande-Rue : 13 flèches indicatrices. Chambres doubles avec douche et w.-c. ou bains de 52 à 77 € pour les junior/ suites. En plein cœur de la vieille ville, l'ancienne demeure de la comtesse de Bressey est devenue un hôtel de 48 chambres à l'atmosphère romanesque semblable à celle des romans de Dumas. Superbe escalier monumental du XVIIIe siècle menant à des chambres toutes rénovées. On a un petit faible pour celles avec de belles cheminées, ainsi que le n° 1 bis, Art déco avec salon, et les n°s 46 et 47, Louis-Philippe-Restauration. Excellent rapport qualité-prix.

🏠 *Hôtel des Prélats* ** – 56, pl. Monseigneur-Ruch (B2-5) ☎ 03-83-32-11-52. Fax : 03-83-37-58-74. TV. Accès : à côté de la cathédrale. Chambres doubles avec douche ou bains de 55 à 69 €. Installé dans un ancien couvent à la façade patinée par le temps avec une rigolote partie en encoignure. Les chambres sont en cours de rénovation. L'une d'entre elles possède du joli mobilier Art nouveau et est dotée d'un lit à baldaquin. Excellent rapport qualité-prix pour dormir à deux pas de la place Stanislas et être réveillé au son des cloches de la cathédrale. Excellent accueil. *Un petit déjeuner par chambre offert à nos lecteurs sur présentation de ce guide.*

🏠 *Hôtel La Résidence* *** – 30, bd Jean-Jaurès (hors plan A3-8) ☎ 03-83-40-33-56. Fax : 03-83-90-16-28. ● www.hotel-laresi dence-nancy.fr ● Parking payant. TV. Canal+. Satellite. Congés annuels : du 31 décembre au 2 janvier. Accès : dans le quartier de la gare. Chambres doubles de 56 à 64 €. Difficile d'ignorer, une fois franchi le « sas de décompression » bien pratique pour se recoiffer, qu'on est chez un fondu de trains. L'ensemble de l'hôtel, astucieusement décoré, ne manque pas de charme et vous rappelle sans cesse la passion du patron. D'ailleurs, on trouve des exemplaires de *La Vie du rail* ici et là. Les chambres n'y échappent pas. Possiblité de plateau-repas. Tchou-tchou, en voiture !

🏠 *Hôtel Crystal* – 5, rue Chanzy (A3-9) ☎ 03-83-17-54-00. Fax : 03-83-17-54-30. ● hotelcrystal.nancy@wanadoo.fr ● Parking payant. TV. Canal+. Satellite. Accès : à deux pas de la gare. Chambres doubles de 77 à 92,50 €. En plus d'être tout proche de la gare, cet hôtel cossu présente l'autre avantage d'avoir des chambres petites, mais très confortables et décorées avec goût. Des dessus-de-lit et des rideaux aux tons harmonieux, ainsi qu'une excellente literie contribueront à vous envoyer rapidement au pays des rêves. *Un petit déjeuner par chambre offert à nos lecteurs sur présentation de ce guide.*

🍽 *Le Vaudémont* – 4, pl. Vaudémont (A2-18) ☎ 03-83-37-05-70. Service de 12 h à 14 h 30 et de 19 h à 22 h 30. Ouvert 7 jours sur 7. Accès : à côté de la place Stanislas. Menu à 6,90 € le midi en semaine, autres menus de 14 à 20 €. Incontestablement un bon rapport qualité-prix de Nancy. La cuisine est ici copieuse, simple et savoureuse. Le 1er prix est en fait une sorte de plat du jour (copieux). Atmosphère chaleureuse et déco très réussie avec un érable grandeur nature dans la salle à manger (seul le tronc est véritable). C'est aussi une des terrasses les plus sympas de la ville, sur une jolie place au pied de la rue gourmande. *Café offert à nos lecteurs sur présentation de ce guide.*

🍽 *La Mignardise* – 28, rue Stanislas (A2-24) ☎ 03-83-32-20-22. ♿ Fermé le dimanche soir. Congés annuels : du 15 au

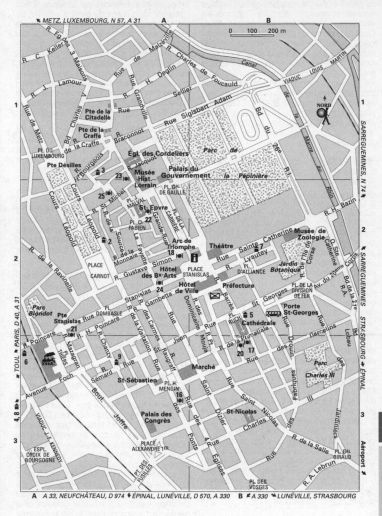

🛏 **Où dormir ?**

2 Hôtel Carnot
3 Hôtel de Guise
4 Hôtel Le Jean-Jaurès
5 Hôtel des Prélats
7 Hôtel Le Stanislas

8 La Résidence
9 Hôtel Crystal

🍽 **Où manger ?**

16 Les Pissenlits
17 Les Petits Gobelins
18 Le Vaudémont

20 La Primatiale
21 L'Excelsior
22 Chez Bagot –
     Le Chardon Bleu
23 Le P'tit Cluny
24 La Mignardise
25 La Toque Blanche

30 juillet. Accès : à quelques pas de la place Stanislas. Menu à 13,72 €, le midi en semaine, autres menus de 20,58 à 35,06 €. Quelques tables seulement pour cet élégant resto couleur saumon, un tantinet sophistiqué. Il n'y a rien à redire, la cuisine est raffinée et la présentation soignée. Les deux premiers menus sont d'un bon rapport qualité-prix et témoignent d'un réel savoir-faire. Joue de sandre aux grenouilles et aux escargots pour avoir un aperçu. Beaux desserts. Terrasse ombragée aux beaux jours. Service discret et efficace. *Mignonnette de mirabelles en digestif offerte à nos lecteurs sur présentation de ce guide.*

|●| *Chez Bagot – Le Chardon Bleu* – 45, Grande-Rue (A2-22) ☎ 03-83-37-42-43. Fermé le dimanche soir, le lundi, le mardi midi. Congés annuels : trois semaines en août. Menu à 14 € le midi en semaine, autres menus à 21,50 et 31 €. Compter 33 € à la carte. Des vagues bretonnes aux rues historiques de Nancy, il y a de la route, mais Patrick Bagot n'a rien perdu de son pays. Poisson et crustacés aux saveurs océanes côtoient astucieusement la cotriade briochine et le marbré d'agneau sorbet au gingembre. Le tout servi dans un cadre lumineux, un peu chicos, où tout rappelle la mer… histoire de se dépayser un peu. Un peu cher à la carte. Belle carte des vins, malheureusement un peu chère, elle aussi.

|●| *Les Petits Gobelins* – 18, rue de la Primatiale (B3-17) ☎ 03-83-35-49-03. Fermé le dimanche et le lundi. Accès : juste derrière la cathédrale, dans une rue piétonne. Menu à 14 € le midi en semaine, autres menus de 18,50 à 39 €. Adresse gastronomique à prix raisonnables, comme le montre le premier menu servi à midi. Les deux salles, plutôt cossues, sont décorées de tableaux ou de photos en expo-vente. Goûtez le millefeuille de Saint-Jacques, le foie gras frais de canard ou l'omelette norvégienne aux griottes (en hiver). À midi, menu « retour du marché ». Accueil et service un peu timides et portions pas toujours généreuses malheureusement.

|●| *Les Pissenlits* – 25 bis, rue des Ponts (A3-16) ☎ 03-83-37-43-97. ♿ Fermé le dimanche et le lundi. Congés annuels : 1re quinzaine d'août. Accès : à côté de la place du Marché. Menus de 16 à 23,50 €. Plat du jour à 8 € servi à midi (à réserver). Verre de vin entre 1,60 et 1,90 €. Point de cachotteries, *Les Pissenlits* est l'annexe de la *Table des Mengin* voisin, l'un des meilleurs restos de la région. Autant dire qu'il a tout pour plaire. Le savoir-faire de la maison d'à côté se retrouve dans la cuisine traditionnelle que l'on déguste dans un cadre bistrot-brocante à prix raisonnables. Grande salle, tables en marbre et beau vaisselier

arborant des faïences de Longwy. Dans l'assiette, l'aiguillette de canard au miel, un filet de bar poêlé ou une tête de veau sauce gribiche dont on se souvient longtemps. On comprend pourquoi il est difficile d'avoir une table. De plus, Danièle Mengin, l'une des meilleures sommelières de l'Hexagone, veille sur une cave hors pair et sélectionne en permanence quelques petites merveilles qu'elle sert au verre ! Pour vous convaincre définitivement, il suffit de terminer par la tarte du jour. Un vrai souvenir d'enfance !

|●| *Restaurant La Primatiale* – 14, rue de la Primatiale (B3-20) ☎ 03-83-30-44-03. Fermé le samedi midi et le dimanche. Accès : à 2 mn de la place « Stan » ; de la rue Saint-Jean, contourner la cathédrale. Menus de 16 à 25 €. Dans une petite rue piétonne et face au bar à vin *L'Échanson* (idéal pour l'apéro !), un resto très sympa où savourer une cuisine originale, légère et délicate, pleine de parfums. Pour réussir parfaitement toutes les associations, une jolie carte de vins, avec un grand choix de vins au verre. En été, terrasse très agréable dans la rue.

|●| *La Toque Blanche* – 1, rue Monseigneur-Trouillet (A2-25) ☎ 03-83-30-17-20. Fermé le dimanche soir et le lundi, ainsi que le samedi à partir de mars. Congés annuels : la 1re semaine de janvier, la 1re semaine des vacances scolaires de février, la dernière semaine de juillet et la 1re semaine d'août. Accès : à deux pas du palais ducal. 1er menu à 16 € en semaine à midi, autres menus de 21 à 52 €. *La Toque Blanche* s'est rapidement imposée comme une des meilleures tables de Nancy. C'est surtout la seule qui offre un 1er menu vraiment intéressant et d'un bon rapport qualité-prix. Quant au suivant, il est réellement superbe. Dans un cadre raffiné mais sans originalité, vous vous régalerez de dos de sandre rôti au pineau noir ou d'une escalope de saumon fumé à la minute… À la carte, vous pouvez trouver des spécialités plus simples mais non moins délicieuses, comme cette galette de pieds de porc aux pommes de terre. Ce qui ne gâche rien, la carte des vins propose un choix judicieux à prix très corrects et le service est irréprochable. Un coup de cœur pour soirs de fête. *Apéritif maison offert à nos lecteurs sur présentation de ce guide.*

|●| *Restaurant L'Excelsior* – 50, rue Henri-Poincaré (A2-3-21) ☎ 03-83-35-24-57. Service de 8 h à minuit et demi ; de 8 h à 23 h le dimanche. Accès : à deux pas de la gare. Au déjeuner, menus à 19 et 28 €, et le soir, menus fixes à 19,50 et 28 €. Une institution à Nancy : on ne dit pas *L'Excelsior* mais « L'Excel » ! Impossible de manquer ce monument historique au décor entièrement Art nouveau dû aux plus grands maîtres de l'École de Nancy : mobilier en acajou de Majorelle, verrière de Gruber…

Pour en découvrir plus, n'hésitez pas à flâner dans les rues de la ville à la recherche de la villa Majorelle et à visiter le musée de l'École de Nancy ou le musée des Beaux-Arts rempli de Daum, de Gallé et de Victor Prouvé du meilleur cru. Avant de partir, prenez quand même quelques forces ici ! Cuisine et service dans le plus pur style brasserie. Ne manquez pas le banc d'huîtres, la choucroute strasbourgeoise ou le sandre au gris de Toul. Clientèle un peu chicos mais jamais coincée. Très bonne adresse. *Café offert à nos lecteurs sur présentation de ce guide.*

|●| Le P'tit Cluny – 97-99, Grand-Rue (A1-2-23) ☎ 03-83-32-85-94. Fermé le dimanche et le lundi. Accès : face au Musée lorrain. À la carte, compter de 20 à 24 €. *Winstub* au cadre rustique alsacien, avec des pierres apparentes aux murs, des chopes et des outils de sommelier suspendus au plafond. Parmi les spécialités, la *flammeküeche* nous a séduits. Copieuse et savoureuse à souhait, elle ravira les bons appétits et peut être suffisante pour un repas. La qualité des produits se retrouve également dans l'incontournable choucroute, le porcelet à la broche ou encore la tête de veau. Bon appétit ! *Digestif maison offert à nos lecteurs sur présentation de ce guide.*

DANS LES ENVIRONS

VILLERS-LÈS-NANCY 54600
(4 km SO)

🏠 |●| Auberge de jeunesse – Château de Rémicourt-Nancy – 149, rue de Vandœuvre ☎ 03-83-27-73-67. Fax : 03-83-41-41-35. ● aubergeremicourt@mairie-nancy.fr ● Parking. & Accueil de 8 h 30 à 21 h. Hébergement à partir de 17 h 30. Accès : l'A33 ou la N74, sortie Nancy-Sud-Ouest-Brabois (av. de la Forêt-de-Haye, av. Paul-Muller) ; depuis le centre-ville, fléchage « Brabois-Rémicourt ». Nuitée pour 1 personne à 12,50 € en chambre individuelle ou dortoir de 3 à 10 personnes et à 14,79 € en chambre double. Menu-étape à 5,34 €, puis menus de 7,62 à 15,24 € en semaine sur réservation à partir de 6 personnes (la commande pouvant être groupée avec d'autres résidents de l'auberge de jeunesse). Au milieu d'un vaste parc de 9 ha se niche le *château de Rémicourt*, auberge de jeunesse grande classe ! Qui s'en douterait ? Idéal pour les amoureux de verdure qui n'aiment pas les grandes villes et au budget limité. Ici, pas d'excès. Le parfait endroit pour visiter le Conservatoire botanique national de Nancy (100, rue du Jardin-Botanique, 03-83-41-47-47 ; serres ouvertes tous les jours de 14 h à 17 h ou à 18 h selon la saison). Il abrite plus de 10 000 espèces de plantes.

NEUFCHÂTEAU 88300

Carte régionale A2

🏠 |●| Le Rialto ** – 67, rue de France (Centre) ☎ 03-29-06-09-40. Fax : 03-29-94-39-51. Cartes de paiement refusées. Parking. TV. Fermé le dimanche hors juillet-août. Chambres doubles avec douche et w.-c. à 37 €. Demi-pension à 43 €. Menu le midi en semaine à 9 €, autres menus à 15 et 23 €. Dans une vieille maison entièrement rénovée, à l'orée du centre ancien. Accueil avenant, ambiance plutôt jeune. Chambres correctes, très agréables quand elles donnent sur la rivière (mais les berges sont suffisamment loin pour ne pas entendre les concerts nocturnes des grenouilles et des canards !). Au resto, honnête cuisine traditionnelle. Belle terrasse en été. *Apéritif maison offert à nos lecteurs sur présentation de ce guide.*

🏠 |●| Le Saint-Christophe ** – 1, av. de la Grande-Fontaine (Centre) ☎ 03-29-94-68-71. Fax : 03-29-06-02-09. ● www.relais-sud-champagne.com ● Parking payant. TV. Canal+. & Chambres doubles de 45 à 62 €. Demi-pension à 58,78 €. Menus de 13,42 à 31 €. Préférer bien sûr les chambres donnant sur le Mouzon, la rivière et la plantureuse église Saint-Christophe, illuminée le soir. Elles sont un peu petites mais confortables. Excellent et copieux petit déjeuner-buffet. Deux restos : un « tradition » et une brasserie. Au resto partie classique, belles boiseries, comme il se doit dans cette région où le bois est roi. La cuisine y est très correcte. Bon accueil. *10 % sur le prix de la chambre (de novembre à mars) offerts à nos lecteurs sur présentation de ce guide.*

|●| Restaurant Le Romain – 74, av. Kennedy (Ouest) ☎ 03-29-06-18-80. Parking. & Fermé le dimanche soir et le lundi. Congés annuels : du 17 février au 3 mars et du 18 août au 1er septembre. Accès : à la sortie de la ville, direction Chaumont. Menu le midi en semaine à 12,50 €, menus suivants de 19,50 à 31,50 €. Avec une telle enseigne, on pouvait légitimement s'attendre à une pizzeria. Il n'en est rien : seule la déco fait un peu dans le genre gréco... romain (justement !). Le chef travaille avec brio une cuisine de tradition. Cuissons ad hoc, saveurs justes : on apprécie d'un autre palais des plats a priori très classiques (pieds de cochon aux pommes de terre et champignons, saumon fumé artisanal, poêlée de noix de Saint-Jacques persillées...). Second menu avec, par exemple, *Presskopf* de lapin en gelée de cidre, filet de rascasse à la graine de fenouil ou un simple mais excellent onglet à l'échalote, jolie assiette de fromages et des desserts de bonne tenue. Service et accueil charmants. Terrasse pour l'été mais un peu en bord de route malgré l'épaisse haie qui la masque. Belle carte des vins, avec petite sélection au verre. *Café offert à nos lecteurs sur présentation de ce guide.*

PLOMBIÈRES-LES-BAINS   88370

Carte régionale B2

🏠 I●I*Hôtel de la Fontaine Stanislas* ** – fontaine Stanislas, Granges-de-Plombières (Nord-Ouest) ☎ 03-29-66-01-53. Fax : 03-29-30-04-31. ●hotel.fontaine.stanislas@wanadoo.fr ●Parking. TV. Congés annuels : du 15 octobre au 1er avril. Accès : à 4 km au-dessus de Plombières sur la route d'Épinal par Xertigny. Chambres doubles avec douche à 36 €, avec douche et w.-c. à 46 €, avec bains à 50 €. Demi-pension à partir de 46 € par personne. Menus de 15,50 à 35 €. Hôtel perdu dans la forêt, surplombant la vallée. Nombreuses balades alentour (à pied ou en VTT) et au retour, c'est un vrai plaisir de se poser avec un bon bouquin sur une des petites terrasses du jardin. Les chambres sont régulièrement rafraîchies et possèdent leur petit charme suranné (et presque toutes une jolie vue). Les nos 2, 3 et 11 disposent d'une petite terrasse, les nos 18 et 19 d'un petit coin salon. Resto panoramique, jolie vue sur la vallée. Cuisine de tradition et de région : andouille du Val d'Anjol, pintade sauce crillon des Vosges, glaces (plombières, cela va de soi, et faite maison)... Et on a failli oublier : accueil d'une extrême gentillesse (et excellent depuis 4 générations !).

PONT-À-MOUSSON   54700

Carte régionale A1

🏠 *Hôtel Bagatelle* *** – 47-49, rue Gambetta ☎ 03-83-81-03-64. Fax : 03-83-81-12-63. ● bagatelle.hotel@wanadoo.fr ● Parking payant. TV. Satellite. Accès : A31, sortie n° 26. Chambres doubles avec douche et w.-c. de 50 à 55 €. Tout près de l'abbaye et des quais de Moselle, cet hôtel fonctionnel manque cruellement de gaieté avec ses chambres « beigeasses », mais il est très bien situé. *Parking offert à nos lecteurs sur présentation de ce guide.*

REMIREMONT   88200

Carte régionale B2

🏠 *Hôtel du Cheval de Bronze* ** – 59, rue Charles-de-Gaulle (Centre) ☎ 03-29-62-52-24. Fax : 03-29-62-34-90. Parking payant. TV. Canal+. Accès : entrée sous les arcades du centre-ville. Chambres doubles de 27 à 50 € selon le confort. Enfin un cheval qui n'est pas blanc, mais en bronze. Hue dada ! Ancien relais de poste. L'entrée se situe sous les arcades du centre-ville. Chambres petites, simples, au calme (bien insonorisées côté rue mais pas toujours côté voisin de chambre). Certaines donnent sur une petite cour pavée et fleurie. *10 % sur le prix de la chambre (le week-end) offerts à nos lecteurs sur présentation de ce guide.*

I●I*Restaurant Le Clos Heurtebise* – 13, chemin des Capucins (Sud) ☎03-29-62-08-04. Parking. ⚄Fermé le dimanche soir, le lundi et mardi. Congés annuels : du 13 au 27 janvier. Accès : depuis le centre-ville, descendre la rue Charles-de-Gaulle, puis, après le grand carrefour, tourner à droite dans le chemin qui monte ; fléchage. Menus à 16,50 € en semaine et le samedi midi, et de 24 à 42 €. Maison bourgeoise avec pas mal de cachet, posée sur les hauteurs de la ville, en bordure de forêt. Terrasse en été. Adresse plutôt chic mais quand on aime... Cadre d'un classicisme tout provincial, service impeccable et cuisine à base de produits frais (pas mal de poisson de mer, comme le bar en deux cuissons, et des grenouilles en saison) et de préparations maison (foie gras poêlé aux myrtilles, saumon fumé...). Chariot de desserts somptueux et délicieux. Carte des vins qui ravira les connaisseurs.

DANS LES ENVIRONS

SAINT-ÉTIENNE-LES-REMIREMONT 88200 (2 km NE)

🏠 I●I*Le Chalet Blanc* ** – 34, rue des Pêcheurs (Nord-Ouest) ☎03-29-26-11-80. Fax : 03-29-26-11-81. ● lechaletblanc@hotmail.com ● Parking. TV. ⚄ Fermé le samedi midi, le dimanche soir et le lundi. Congés annuels : pendant les vacances scolaires de février et du 10 au 25 août. Accès : du centre de Remiremont, direction La Bresse. Juste à côté du centre Leclerc. Chambres doubles à 58 €. Menus de 19 à 55 €. Oui, vous avez bien lu, il faut contourner un centre Leclerc pour parvenir à ce restaurant avec vue sur la nationale ! Oui, l'environnement est,ce qu'il est mais la cuisine, elle, fait oublier un tel contexte. Excellent rapport qualité-prix, finesse du menu affaires bien sûr et des autres plats ou menus. Nous avons particulièrement apprécié le filet de lieu au fumet de crevettes et le gratin de fruits, très maîtrisés. C'est d'ailleurs une bonne table de la région. Pour ceux qui désireraient ne pas reprendre la voiture après un bon dîner, quelques chambres confortables, ce qui est rare dans le coin. *Café offert à nos lecteurs sur présentation de ce guide.*

ROUVROIS-SUR-OTHAIN 55230

Carte régionale A1

lⱥl *La Marmite* – RN18 ☎ 03-28-85-90-79. ⱥ Fermé le dimanche soir, le lundi et le mardi en hiver. Zone rurale, Nationale 18, Direction Verdun. Menus de 20 à 43 €. C'est l'une des tables gourmandes du département. Et si le cadre est bourgeois et classique, la table vaut vraiment le détour : bons produits, frais et bien cuisinés ; c'est en plus très copieux. Excellent accueil et bon rapport qualité-prix. Voilà bien toutes les raisons de vous y arrêter. Produits frais toute l'année en fonction du marché. Produits du terroir. Maître-artisan cuisinier. *Café offert à nos lecteurs sur présentation de ce guide.*

SAINT-AVOLD 57500

Carte régionale B1

lⱥl *Hôtel-restaurant de Paris* ** – 45, rue Hirschauer (Centre) ☎ 03-87-92-19-52. Fax : 03-87-92-94-32. TV. Fermé le lundi matin pour l'hôtel, les samedi et dimanche soir pour le restaurant. Chambres doubles avec douche et w.-c. ou bains à 46 €. Demi-pension à 64 € par personne. Menus de 11,50 à 30 €. L'immeuble appartenait au XVIe siècle aux comtes de Créhange. D'obédience protestante, ils n'étaient pas en odeur de sainteté à l'époque. Pour pratiquer leur religion, ils construisirent une petite chapelle cachée au fond de la cour intérieure. La cour est devenue salle de restaurant, la chapelle sert de galerie d'art. À voir pour les clés de voûte ouvragées. Resto sans grand intérêt, mais l'hôtel a été intégralement rénové et réhabilité. *Apéritif maison offert à nos lecteurs sur présentation de ce guide.*

SAINT-DIÉ 88100

Carte régionale B2

lⱥl *Hôtel des Vosges* ** – 57, rue Thiers (Centre) ☎ 03-29-56-16-21. Fax : 03-29-55-48-71. ● www.villesaintdie.fr ● Parking payant. TV. Canal+. ⱥ Ouvert toute l'année 24 h/24 (veilleur de nuit). Accès : près de la cathédrale. Chambres doubles avec douche à 25,90 €, avec douche et w.-c. ou bains de 38,10 à 45,75 €. Hôtel classique, accueillant et bien tenu. 30 chambres, peu à peu rénovées, aux confort et prix différents. Les chambres sur cour sont plus calmes et spacieuses. Pas de resto. Garage clos gratuit et *10 % de réduction sur la chambre offerts à nos lecteurs sur présentation de ce guide.*

lⱥl *Hôtel de France* ** – 1, rue Dauphine (Centre) ☎ 03-29-56-32-61. Fax : 03-29-56-01-09. TV. Canal+. Fermé le dimanche. Accès : à côté de la poste. Chambres doubles à 37 € avec douche et w.-c. Bien situé. Les papiers peints de l'escalier ne doivent pas vous rebuter car les chambres, elles, ont été rénovées pour la plupart. Les nos 3, 6 et 9 sont côté cour, donc évidemment plus calmes et donnent, entre autres, sur le toit de la cathédrale. Bar mitoyen. *10 % sur le prix de la chambre offerts à nos lecteurs sur présentation de ce guide.*

DANS LES ENVIRONS

PETITE-FOSSE (LA) 88490

(17 km NE)

lⱥl *Auberge du Spitzemberg* ** – 2, Au Spitzemberg (Ouest) ☎ 03-29-51-20-46. Fax : 03-29-51-10-12. Parking payant. Fermé le mardi. Congés annuels : janvier. Accès : direction Strasbourg, sortie Provenchères-sur-Fave ; à gauche, puis traverser La Petite-Fosse jusqu'au col d'Hermampaire ; puis à gauche au bout d'1 km. Chambres doubles avec douche et w.-c. ou bains de 43 à 53 €. Demi-pension à 40 € par personne. Menu à 14,50 €, servi en semaine et le dimanche soir, puis autres menus à 17,60 et 23 €. Belle auberge isolée au milieu de la forêt vosgienne. Calme, détente et excursions en perspective. Le confort des chambres permet de bien récupérer et la cuisine traditionnelle se laisse savourer dans un cadre vraiment agréable. Goûtez notamment aux truites au vin blanc d'Alsace, et à la soupe de myrtilles flambées ! Parmi les chambres, 5 seulement ont la TV. Golf miniature dans le jardin devant l'hôtel.

SAINT-MIHIEL 55300

Carte régionale A1

lⱥl *Hôtel-restaurant Rive Gauche* ** – pl. de la Gare ☎ 03-29-89-15-83. Fax : 03-29-89-15-35. ● www.rive-gauche.fr ● Parking payant. TV. Canal+. Satellite. Câble. ⱥ Accès : proche du pont et de l'ancienne gare. Chambres doubles tout confort à 39 €. Demi-pension à 33 €. Menus à 10 €, en semaine, et de 15,25 à 26 €. Une « nouvelle voie » pour l'ancienne gare de Saint-Mihiel (où plus aucun train ne passe), bien restaurée. Chambres tout confort avec douche et w.-c. ou bains, téléphone. Espace de jeux pour les enfants à l'extérieur. Le restaurant propose une bonne cuisine traditionnelle, bien présentée et assez copieuse (ce qui n'est pas forcément le cas dans d'autres restos de la ville). Garage motos à l'intérieur de l'hôtel. *10 % sur le prix de la chambre (du 15 octobre au 15 avril) ou apéritif maison offerts à nos lecteurs sur présentation de ce guide.*

LORRAINE

DANS LES ENVIRONS

BISLÉE 55300 (5 km S)

🏠 I●I*La Table des Bons Pères* ** – relais de Romainville ☎ 03-29-89-09-90. Fax : 03-29-89-10-01. Parking payant. TV. Satellite. 🍴 Fermé le dimanche soir et le lundi midi. Congés annuels : deux semaines en hiver. Accès : au bord de la D964 ; ne pas entrer dans Bislée. Chambres doubles avec bains de 42,69 à 45,73 €. Demi-pension à 44,97 € par personne. Menus à partir de 8 €, le midi en semaine (servi au bar, quart de vin compris), et de 14,48 à 26,67 €. Au bord d'une route pas trop passante et de la Meuse que, l'été, on traverserait presque à pied, *La Table des Bons Pères* a été reprise par le fils de la maison. De cette ancienne ferme ravagée par un incendie, il a créé un espace clair et aéré, avec une cheminée traversante tout en pierre de taille. Évidemment, une terrasse permet de profiter du cours langoureux de la rivière, au bord de laquelle on peut envisager une promenade. On trouve une cuisine traditionnelle et souriante, avec quelques spécialités de la région (terrines et soufflés glacés à la mirabelle...). Certains menus laissent, en saison, une belle place aux champignons. Bon accueil et service stylé. Deux formules en fait : une partie brasserie-pizzeria et une partie resto. Des chambres et un gîte complètent l'établissement.

LACROIX-SUR-MEUSE 55300 (10 km N)

🏠 I●I*Auberge de la Pêche à la Truite* – route de Seuzey ☎ 03-29-90-10-97. Fax : 03-29-60-10-97. Parking. 🍴 Fermé le mardi hors saison. Congés annuels : du 1er janvier au 10 février. Accès : prendre la D964, puis la D109 après Lacroix. Chambres doubles de 28 à 46 € selon le confort. Demi-pension : 17 € de plus par personne. Menus de 15 à 28 €. Guinguette de campagne délicieusement populaire qui se trouve être aussi une de nos adresses préférées dans le département. Ici, on vient avant tout taquiner la truite et l'omble. Les lâchers sont quotidiens à 9 h et 14 h et on peut même vous prêter une canne. Plein de formules possibles, des jeux de plein air, pour une journée rigolote en famille, en prenant garde de ne pas tomber dans l'un des nombreux bassins ou dans l'étang. Le restaurant lui-même, une ancienne cartonnerie, est agréablement prolongé par une terrasse ombragée par une tonnelle. On y sert évidemment pas mal de poisson : ombles, truites... excellentes rillettes de truite à la noisette maison. Six chambres récentes, impeccables et fraîchement décorées vous permettent même de dormir ici, juste bercés par le bruit de l'eau. Trois chambres se partagent la salle de bains et les w.-c. Un point de vente de produits du terroir a même été aménagé. Bon accueil. *Café offert à nos lecteurs sur présentation de ce guide.*

VIGNEULLES-LÈS-HATTONCHÂTEL 55210 (17 km NE)

🏠 I●I*L'Auberge Lorraine* – 50, rue Poincaré ☎ et fax : 03-29-89-58-00. 🍴 Fermé le lundi. Accès : par la D901. Dans le parc régional de Lorraine, au nord du lac de Madine. Chambres doubles avec lavabo de 23 à 28 €. Demi-pension de 25 à 34 € par personne. Menus à 10 €, le midi en semaine, puis de 13,50 à 21 €. Bon et copieux. Le soir, pizzas et spécialités gratinées à la carte. Cette auberge tranquille, au cœur du village, où la simplicité gouverne le restaurant, est l'endroit idéal pour passer un moment agréable. La cuisine fait honneur aux produits locaux : terrine de lapin au foie gras, magret d'oie, poisson au vin de Meuse... *Café offert à nos lecteurs sur présentation de ce guide.*

SAINT-MAURICE-SOUS-LES-CÔTES 55210 (22 km NE)

🏠 I●I*Hôtel-restaurant des Côtes de Meuse* ** – av. du Général-Lelorrain ☎ 03-29-89-35-61. Fax : 03-29-89-55-50. Parking. TV. 🍴 Fermé le dimanche soir et le lundi. Congés annuels : les 2 dernières semaines d'octobre et la 1re semaine de novembre. Accès : D901, puis à gauche à la sortie de Vigneulles-lès-Hattonchâtel, par la D908. Chambres doubles avec douche et w.-c. ou bains à 34 €. Demi-pension à 45 € par personne. Menus en semaine à 10 €, et de 14 à 28 €. Dans un des villages où l'on produit le petit vin des côtes de Meuse, rafraîchissant et au goût de pierre à feu, on regrette que ce *Logis de France* n'ait pas plus de charme. Les chambres, fort bien tenues et équipées, sont un peu banales. Heureusement, elles sont également très calmes. Côté restaurant, les poissons (truite, sandre, carpe...) sont très bien préparés, et l'accueil est vraiment excellent. Et ça, ça rattrape tout ! Billard et fléchettes, côté bar. *10 % sur le prix de la chambre (hors juillet et août) offerts à nos lecteurs sur présentation de ce guide.*

SARREBOURG 57400

Carte régionale B1-2

🏠 I●I*Hôtel de France* ** – 3, av. de France (Centre) ☎ 03-87-03-21-47. Fax : 03-87-23-93-57. ● www.hoteldefrancesarrebourg.com ● Parking. TV. Satellite. Chambres doubles avec lavabo à 25 €, avec douche à 45 €, avec douche et w.-c. ou bains de 45 à 50 €. Demi-pension à 55 €

LORRAINE

par personne. L'hôtel d'étape par excellence. Chambres modestes, à la déco ici ou là. de bric et de broc mais globalement confortables et bien tenues. Certaines équipées de kitchenettes peuvent accueillir jusqu'à 5 personnes. Idéal donc pour les familles. Accueil très sympathique. Resto (pizzas et cuisine bien traditionnelle) appartenant à la même famille et dans le même bâtiment. *10 % sur le prix de la chambre offerts à nos lecteurs sur présentation de ce guide.*

🏠 🍽 *Hôtel-restaurant Les Cèdres* ** – chemin d'Imling, zone de loisirs (Ouest) ☎ 03-87-03-55-55. Fax : 03-87-03-66-33. • www.hotel-les-cedres.fr • Parking. TV. Canal+. ♿ Resto fermé le samedi midi et le dimanche soir. Congés annuels : du 22 décembre au 5 janvier. Accès : de la RN4, prendre la sortie « zone de loisirs » puis suivre le fléchage. Chambres doubles avec bains à 58,50 €. Tarif spécial week-end : 49 € la chambre. Menus à 10,70 € en semaine, puis de 19,40 à 34,10 €. Une adresse a priori pas très routarde, mais qui le devient dès qu'on en a poussé la porte. L'architecture moderne s'harmonise parfaitement avec le cadre rural. Dans des salles spacieuses et calmes qui manquent un peu d'intimité, des menus reproduisent un grand tableau bien exposé de Claude Morin, l'oncle du patron qui a laissé sa griffe jusque sur les murs des chambres. Un piano, original avec son couvercle transparent et ses cordes apparentes, est à la disposition des virtuoses ainsi qu'un billard. À la carte, filet de sandre aux escargots, pot-au-feu de filet de bœuf à la crème de raifort, clafoutis aux mirabelles... L'ambiance est familiale. Un très bon rapport qualité-prix.

🍽 *L'Auberge Maître Pierre* – 24, rue Saint-Martin (Nord-Est) ☎ 03-87-03-10-16. Fermé le lundi et le mardi. Accès : traversez le pont de chemin de fer, à la sortie de Sarrebourg direction Morhange, ensuite le fléchage est omniprésent. Menus de 16 à 35 €. Cette auberge a été débaptisée et rebaptisée de nombreuses fois. Le dernier nom en date était *L'Auberge du Zoo*, mais le zoo a disparu. Est restée la recette du *flammenküche* (tarte à la crème et aux lardons, pour ceux qui l'ignoreraient), « inventée » (c'est du moins ce que laisse supposer le menu) par la première patronne des lieux, Marguerite Pierre. Les trois quarts des convives (souvent nombreux dans les vastes salles de l'auberge) sont là pour ça. Sinon, on peut faire un sort à une cuisine bien lorraine et bien familiale dans une ambiance joviale et sérieusement animée. Dans un tout autre genre, resto tex-mex au sous-sol le soir. *Café ou digestif maison offert à nos lecteurs sur présentation de ce guide.*

Carte régionale B1

🏠 🍽 *Hôtel-restaurant L'Union* ** – 28, rue Alexandre-de-Geiger ☎ 03-87-95-28-42. Fax : 03-87-98-25-21. • www.hotelunionsarreguemines.com • Parking. TV. Canal+. Satellite. Resto fermé le samedi et le dimanche. Accès : du centre-ville, traverser la Sarre, prendre la rue du Maréchal-Foch, la 2e à gauche est la rue Alexandre-de-Geiger. Chambres doubles avec douche et w.-c. ou bains de 50 à 59 €. Demi-pension à 55,50 € par personne. Menus de 12,50 à 29 €. Hôtel d'un classicisme bon teint à peine à l'écart du centre. Chambres à la déco intemporelle mais de bon confort. Au resto, des minéraux en vitrine (un vrai petit musée) et dans l'assiette (il y en a aussi sur les murs, Sarreguemines étant une des « capitales » de la faïence), une cuisine de tradition sans fausses notes. Accueil et service efficaces.

🏠 *Hôtel Amadeus* ** – 7, av. de la Gare (Centre) ☎ 03-87-98-55-46. Fax : 03-87-98-66-92. • www.amadeus-hotel.fr • TV. ♿ Fermé le dimanche de 12 h à 18 h. Congés annuels : du 25 décembre au 1er janvier. Chambres doubles avec douche et w.-c. ou bains de 54,10 à 56,40 €, chambres triples à 64 €. Cet « hôtel de la gare » hier vieillissant a fait peau neuve. Désormais, on trouve derrière sa haute façade vaguement Art déco des chambres irréprochables, contemporaines mais mignonnes, bien équipées (sèche-cheveux, prise modem). Accueil très pro. *10 % sur le prix de la chambre (le week-end) offerts à nos lecteurs sur présentation de ce guide.*

🍽 *Restaurant Laroche* – 3, pl. de la Gare (Sud-Est) ☎ 03-87-98-03-23. ♿ Fermé le vendredi soir et le samedi. Congés annuels : du 4 au 25 août et du 22 décembre au 5 janvier. Menu en semaine à 10,50 €, autres menus de 13,80 à 19 €. Adresse populaire face à la gare. 2 salles différentes suivant le repas choisi (restauration rapide ou pas). Très bon rapport qualité-prix et plats bien présentés, servis dans une salle à manger rustique et vieillotte mais impeccable. Accueil cordial. *Café offert à nos lecteurs sur présentation de ce guide.*

🍽 *Restaurant La Bonne Source* – 24, av. de la Gare (Sud-Est) ☎ 03-87-98-03-79. Fermé le samedi midi, le dimanche soir et le lundi. Congés annuels : du 14 juillet au 15 août. Menus à 11 €, le midi en semaine, puis de 12,50 à 20 €. Dans un cadre traditionnel avec un décor de faïences de... Sarreguemines, des boiseries, nappes et serviettes à petits carreaux, on goûte de bonnes spécialités alsaciennes et lorraines. *Flammenküche, lewer knepfle* (quenelles de foie), charcuteries faites maison, choucroute garnie, travers de porc. Bon accueil et atmosphère agréable. Très bon rapport qualité-prix.

l●lLe Casino des Sommeliers – **4, rue du Colonel-Cazal** ☎ 03-87-02-90-41. Fermé le dimanche soir et le lundi. Congés annuels : entre Noël et le Jour de l'An. Accès : en face de la mairie (en-dessous du casino). Menu à 13 €. Compter 23 € à la carte. Comme cadre, on a connu pire. Ce bistrot s'est carrément installé dans l'ancien casino de la ville, insolite bâtisse de la fin du XIXe siècle, au cœur d'un petit parc. Du charme et de la classe : boiseries, faïences (c'est le directeur des faïenceries qui a financé, à l'époque, l'établissement). Aux beaux jours, agréable terrasse sous les arcades, face à la rivière. Bons p'tits plats gentiment facturés, intéressante carte des vins (beaucoup sont servis au verre). Service d'une réelle efficacité.

DANS LES ENVIRONS

WOELFING-LÈS-SARREGUE-MINES 57200 (12 km SE)

l●lPascal Dimofski – **2, route de Bitche** ☎ 03-87-02-38-21. Fermé le lundi et le mardi. Congés annuels : 3 semaines en août et 2 semaines en février. Accès : par la N62 direction Bitche. Menus à 20 et 25 €, le midi en semaine, puis de 34 à 64 €. Sur la porte, les initiales P. et D. du patron, en bois sculpté, indiquent la présence d'une forte personnalité. En effet, Pascal Dimofski a su transformer une simple entreprise familiale en restaurant gastronomique d'exception, signataire de la charte « Moselle Gourmande ». Et il y a de quoi être fier ! Dans une grande salle à l'atmosphère feutrée et raffinée, il concocte, pour une clientèle d'hommes d'affaires et d'habitués, une de ces cuisines de terroir au tour de main si réputé qu'il serait dommage de ne pas venir la goûter : côte d'agneau poêlée au thym, bar aux épices japonaises, côte de veau de lait dorée au parmesan... Si vous avez de la chance avec la météo, vous pourrez manger côté jardin. Une cure de jouvence !

SENONES 88210

Carte régionale B2

l●lHôtel-restaurant Au Bon Gîte ** – **3, pl. Vaultrin (Centre)** ☎ 03-29-57-92-46. Fax : 03-29-57-93-92. Parking. TV. Fermé le lundi et le dimanche soir. Congés annuels : pendant les vacances scolaires d'hiver. Chambres doubles avec douche ou bains autour de 38 à 40 €. Demi-pension à 44 €. Menu le midi en semaine à 11 €,

d'autres menus de 15 à 28 €. Une maison ancienne, bien restaurée (et pas seulement en façade). Déco contemporaine qui fait bon ménage avec les vieux murs. La lumineuse salle à manger est, à ce titre, une franche réussite. Très bon accueil. Une dizaine de chambres, agréables et de bon confort. Les nos 2, 5, 6 et 7 sont plus calmes. Bonne cuisine régionale mais avec une dose d'imagination en plus : demi-lune de truite saumonée et moules, civet de noix de joue de porc en ravioles, pain perdu-compote de rhubarbe pour le menu à 19 €. Réservation conseillée, surtout pour le resto le week-end. *Café offert à nos lecteurs sur présentation de ce guide.*

l●lLa Salle des Gardes – **7, pl. Clemenceau (Centre)** ☎ 03-29-57-60-06. Fermé le jeudi. Congés annuels : 3 semaines en juin et 15 jours début janvier. Accès : à côté de la mairie. Petit menu pas ruineux le midi à 9,15 €, ensuite ça grimpe jusqu'à 14 €. Une petite brasserie simple mais sympathique, comme son patron et sa patronne, Muriel, qui concocte une délicieuse cuisine et de savoureux desserts. En spécialités : les viandes grillées au feu de bois, les brochettes de filet mignon lard paysan, la pièce de bœuf parsemée de sel de Guérande, les pommes au lard. Une bonne cote chez les jeunes de la région. Dernier détail qui n'a rien à voir : le serveur et fiston est un ancien champion de fléchettes ! *Café offert à nos lecteurs sur présentation de ce guide.*

DANS LES ENVIRONS

GRANDRUPT 88210 (8 km SE)

≜ l●lHôtel-restaurant La Roseraie ** – **3, rue de la Mairie** ☎ 03-29-41-04-16. Fax : 03-29-41-04-74. Parking. TV. Fermé le mardi soir et le mercredi. Congés annuels : vacances de la Toussaint et du 2 au 24 janvier. Accès : de Senones par la D24 puis la D45. Chambres doubles de 33 à 44 €. Demi-pension à 33 €. Menus de 9,50 à 24 €. À 600 m d'altitude. Pour les amoureux de calme, de balades dans la montagne et de cadre verdoyant. Site très reposant. Chambres simples mais confortables, juste ce qu'il faut. Également un bungalow dans le parc. Accueil très sympathique, y compris du bouvier bernois. Belle salle de resto et terrasse. Au menu des saveurs : terrine de foies de volaille maison, cuisse de lapin pignons et fines herbes, trio de sorbets, le tout concocté avec brio. *Café offert à nos lecteurs sur présentation de ce guide.*

SIERCK-LES-BAINS 57480

Carte régionale B1

l●lRestaurant La Vieille Porte – **8, pl. Jean-de-Morbach (Centre)** ☎ 03-82-83-22-61. Fermé le mardi et le mercredi. Menu en semaine à 13 €, autres menus de 23 à 55 € et menu terroir à 55 €. Ladite porte date de 1604 et se trouve dans la cour du restaurant. Elle est superbe, classée Monument historique, et le patron vous détaillera sans doute spontanément son architecture, mais bon, on vous fait une petite mise en bouche. Dans le désordre, Sierck, berceau du rosaire, a un passé religieux chargé d'anecdotes, tout comme ce resto, refuge des moines cisterciens en temps de guerre. Les cuisines (hmm! que de parfums appétissants!) se trouvent au pied du rocher sur lequel est construit le château, une tour du XIe siècle abrite un souterrain reliant les deux bâtisses. Voilà pour le cadre, la cuisine ne démérite pas, avec une entrée chaude fameuse, la truite aux amandes (un vrai plat, en fait) et le filet de charolais au poivre flambé au cognac, une pure merveille. Les attentions de Jean-Pierre Mercier sont connues dans tout le pays, et même au-delà. Certains clients luxembourgeois s'excusent lorsqu'ils ne sont pas venus depuis longtemps! *Café offert à nos lecteurs sur présentation de ce guide.*

DANS LES ENVIRONS

GAVISSE 57570 (9 km O)

|●| *Restaurant Le Megacéros* – 19, pl. Jeanne-d'Arc (Centre) ☎ 03-82-55-45-87. ♿ Fermé le lundi et le mardi. Congés annuels : du 26 décembre au 6 janvier. Accès : par la D64. Menus de 15 à 50 €. Cervidé à grandes *(mega)* cornes *(keras)* du quaternaire, l'animal a disparu pour laisser la place à ce restaurant où la cuisine n'a rien d'un fossile préhistorique, au contraire! Jolis plats de terroir, comme le foie gras de canard, les rognons de veau déglacés au vin de pissenlit, le parfait glacé à la mirabelle... Surprenant, parfois même déroutant! Accueil prévenant de Mme Seiler et décor refait à neuf. *Apéritif maison offert à nos lecteurs sur présentation de ce guide.*

RODEMACK 57570 (13 km O)

|●| *Restaurant La Maison des Baillis* – 46, pl. des Baillis ☎ 03-82-51-24-25. Fermé le lundi et le mardi. Congés annuels : 15 jours en janvier. Accès : par la D64 puis la D62. Menus à partir de 15,30 €, servi midi et soir sauf dimanche, et de 17,50 à 30 €. À la carte, compter 20 €. Un peu d'histoire : les premiers seigneurs de Rodemack s'installèrent dans le village au XIIe siècle. À la fin du XVe siècle, l'Autriche confisqua la seigneurie à son profit. Pourquoi se gêner? La maison fut construite au XVIe siècle, mais les nouveaux occupants s'ennuyaient ferme, loin de la cour viennoise. Ils retournèrent vite, non sans avoir nommé un bailli

chargé de gérer la ville. Le village a gardé un cachet médiéval, tout comme ce restaurant. La maison est superbe. On mange dans des salles historiques (n'ayons pas peur des mots!) des menus construits autour de quelques solides plats de ménage et de terroir : jambon au foin aux deux sauces, sot-l'y-laisse... *Café offert à nos lecteurs sur présentation de ce guide.*

Carte régionale A1

🏠 **|●|** *Hôtel-restaurant Le Commerce* ✳✳ – 9, porte de France ☎ 03-29-80-30-62. Fax : 03-29-80-61-77. TV. Canal+. ♿ Du 15 septembre au 1er mai, fermé les vendredi soir, samedi midi et dimanche. Accès : centre-ville. Chambres doubles avec douche et w.-c. ou bains de 40 à 46 €. Menus à 11,45 € en semaine, puis de 13 à 50 €. Hôtel entièrement rénové il y a quelques années. Chambres spacieuses et confortables. Menus simples et copieux. Carte plus attractive avec des spécialités à la bière, boisson à laquelle le musée voisin rend un vibrant et houblonné hommage documenté. Autres incontournables de la ville : les crottes du diable, madeleines et biscuits Cochon du confiseur voisin.

DANS LES ENVIRONS

INOR 55700 (7 km N)

🏠 **|●|** *Auberge Le Faisan Doré* ✳✳ – rue de l'Écluse ☎ 03-29-80-35-45. Fax : 03-29-80-37-92. ● www.aubergedufaisan dore.com ● Parking. TV. Satellite. Fermé le vendredi. Accès : par la D964. Chambres doubles avec bains à 30,50 €. Demi-pension à 42,70 €. Incroyable menu en semaine à 10,70 €. Autres menus de 17,55 à 37,40 €. Aux confins de la Meuse, *Le Faisan Doré* est une de ces adresses courues par les chasseurs durant la saison. Autant dire qu'on y mange bien. Omelette ardennaise, confit de canard aux mirabelles, entrecôte aux morilles d'Ivor, loup aux girolles et bien sûr gibier, et champignons fraîchement cueillis en forêt. Selon les spécialités, menus différents : « du terroir », « lorrain », « tradition ». Les 13 chambres de ce petit hôtel ont été entièrement rénovées. Calme assuré, dans cette grosse maison avec faux colombages, qui fait également bar-tabac. *Apéritif maison offert à nos lecteurs sur présentation de ce guide.*

VILOSNES 55110 (20 km S)

🏠 **|●|** *Hôtel-restaurant du Vieux Moulin* ✳✳ – rue des Petits-Ponts ☎ 03-29-85-81-52. Fax : 03-29-85-88-19. Parking. TV.

Fermé le mardi midi hors saison. Congés annuels : janvier. Accès : par la D964. En plein centre du village. Chambres doubles avec douche et w.-c. ou bains de 42 à 49 €. Menus de 16,90 à 29,80 €, vin non compris. Il y a longtemps que la roue que faisait tourner un bras de la Meuse a été remisée. La Meuse elle, coule toujours et berce de son vigoureux clapotis l'agréable terrasse et certaines chambres de ce *Logis de France*, au cœur d'un village calmissime. Toutes rénovées, simples et charmantes, malgré leurs faux colombages ; le cadre et la gentillesse de l'accueil en font une adresse de charme à tout petit prix. Côté table, une cuisine familiale et traditionnelle, sans mauvaise surprise : tourte de cuisses de grenouilles, de brochet, noix de porc mirabelle et autres plats du terroir. *10 % sur le prix de la chambre (sauf juillet et août) offerts à nos lecteurs sur présentation de ce guide.*

THIONVILLE 57100

Carte régionale A1

🛏 I●I *Hôtel-restaurant des Amis* ** – 40, av. de Bertier ☎ 03-82-53-22-18. Fax : 03-82-54-32-40. Parking. TV. Restaurant fermé le dimanche. Accès : sortie n° 40 ; au rond point, suivre la direction Cattenom ; tourner au 5e feu à droite, puis au stop encore à droite. Chambres doubles de 40 à 45 €. Menus de 11,50 à 25 €. Tout ce qu'on aurait pu dire sur cette grande maison à la façade recouverte de vigne vierge et de géraniums est évoqué dans son nom. La chambre n° 11 fait la fierté de la patronne, avec un couvre-lit et des oreillers fleuris, fleuris... Le repas campagnard est un régal : crudités, jambon fumé de pays, terrine maison, saucisson à l'ail, fuseau lorrain, pommes de terre rôties et fromage blanc aux herbes, le tout servi dans une salle de resto décorée par l'ancien patron (il a peint lui-même la fresque qui court le long des murs). C'est son fiston qui, aujourd'hui, a repris l'affaire. Notre adresse préférée à Thionville.

🛏 *Hôtel Central* – 1, rue du Four-Banal (Centre) ☎ 03-82-53-70-27. Fax : 03-82-53-33-34. ● www.citotelcenral.com ● TV. Canal+. Satellite. Chambres doubles avec douche et w.-c. ou bains à 48 €. Central (effectivement...), dans une rue piétonne. Chambres joliment rénovées, qui respirent la joie de vivre avec leurs murs orangés et leurs tissus fleuris. Micro-ordinateurs connectés à Internet dans certaines. Petites suites pour les familles (jusqu'à 4 personnes). Petit déjeuner en terrasse quand le soleil est de la partie. Accueil tout simplement emballant. Une adresse qu'on a bien aimé.

🛏 I●I *Hôtel L'Horizon* *** – 50, route du Crève-Cœur (Nord-Ouest) ☎ 03-82-88-53-65. Fax : 03-82-34-55-84. ● www.lhorizon.fr ● Parking. TV. Satellite. Resto fermé le samedi midi et le lundi midi. Accès : sortie de l'A31 n° 40 Thionville périphérique, tout droit vers l'hôpital Bel Air. Chambres doubles avec douche et w.-c. à 74 €, avec bains à 110 €. Menus à 32 €, en semaine, puis de 35 à 48 €. Dominant la ville de sa façade qui contraste avec le quartier environnant, cet hôtel séduira les routards fortunés, heureux de l'être et en quête de luxe. Au restaurant, une cuisine fine mais sans surprise et des menus haut de gamme. Pour les beaux jours, une terrasse fleurie face à... l'horizon. Mais le vrai luxe, ce sont les chambres. Après avoir gravi les marches au bras de votre belle (ou de votre beau...), vous choisirez sans doute la chambre n° 3, avec son grand lit au duvet moelleux et sa salle de bains aux échantillons de parfums et autres petites gâteries charmantes. Le mobilier en bois, les petites lampes de chevet et les grands fauteuils vous feront – presque – vous sentir chez vous. Une folie ? Oui, et alors ? *Apéritif maison offert à nos lecteurs sur présentation de ce guide.*

I●I *Les Sommeliers* – 23, pl. de la République ☎ 03-82-53-32-20. Fermé le samedi midi et le dimanche. Congés annuels : entre Noël et le Jour de l'An. Menu à 13 €. Compter 23 € à la carte. La bonne adresse à prix raisonnables qui manquait un peu à Thionville. Bel espace derrière une façade qui en impose (ce fut une banque). Déco style brasserie de toujours, petits plats bien sympathiques et une habile sélection de vins, dont beaucoup servis au verre. C'est simple, c'est bon et le service fait son boulot.

DANS LES ENVIRONS

HOMBOURG-BUDANGE 57920
(15 km SE)

I●I *L'Auberge du Roi Arthur* – 48, rue Principale ☎ 03-82-83-97-15. 🍴 Fermé le dimanche soir, le lundi soir et le mardi soir. Congés annuels : début juillet. Accès : par la D918, en allant vers Bouzonville. Menus de 11 à 23 €. La quête du Graal aurait-elle conduit le célèbre roi dans les plaines mosellanes ? Nenni. L'histoire est beaucoup plus prosaïque. Le resto s'appelait *Chez Arthur*. Les nouveaux propriétaires l'ont anobli et couronné. Qu'importe que « la table du roi » soit ici ovale, elle est bonne ! Cuisine campagnarde servie dans une salle agréable avec un magnifique poêle en faïence de Sarreguemines et une galerie de portraits prêtés par le château du village. Croustade d'escargots au vin de Moselle, cuisses de grenouilles, tartare... Beaucoup d'habitués y mangent régulièrement, un signe ! *Café offert à nos lecteurs sur présentation de ce guide.*

TOUL 54200

Carte régionale A2

🛏 *La Villa Lorraine* ** – 15, rue Gambetta (Centre) ☎ 03-83-43-08-95. Fax : 03-83-64-63-64. Parking payant. TV. Canal+. Ouvert tous les jours. Chambres doubles avec douche à 26 €, avec douche et w.-c. à 34 €, avec bains à 37 €. Installé depuis 1904 dans un immeuble de l'École de Nancy, cet hôtel a un petit charme à l'ancienne très plaisant avec des chambres fort agréables. Une bonne étape car central, propre, pas cher, et, qui plus est, un accueil très sympathique du jeune patron.

🛏 *Hôtel de l'Europe* ** – 35, av. Victor-Hugo (Centre) ☎ 03-83-43-00-10. Fax : 03-83-63-27-67. Parking payant. TV. Canal+. Satellite. Congés annuels : semaine du 15 août et vacances de Noël. Accès : à côté de la gare. Chambres doubles de 40 à 44 € avec douche ou bains. Pratique car à quelques mètres de la gare. C'est surtout un paradis pour tous ceux que le rétro des années 1930 fait craquer. Tout est d'époque, portes, tapisseries, meubles et sanitaires. Toutes ont été rafraîchies, cependant, et du plancher a été posé dans chacune d'elles. Celles déjà rénovées ont gardé leur charme, tant l'esprit a été respecté. On a tout de même une préférence pour la chambre n° 35, qui d'ailleurs a ses habitués, et on les comprend ! En plus, il n'y a aucune raison de se refuser ce petit retour dans le passé. *Parking gratuit offert à nos lecteurs sur présentation de ce guide.*

🍽 *Pizza Remi* – 10, av. Victor-Hugo ☎ 03-83-63-18-18. Fermé le samedi midi et le dimanche. Accès : à la gare, quasiment en face de l'*hôtel de l'Europe* et du restaurant gastronomique *La Belle Époque*. Menus de 8,50 à 18 €. Sympa et sans chichis, le resto est situé en contrebas et s'ouvre sur un petit jardin où l'on peut déjeuner en été. Les jeunes cuistots mitonnent une cuisine à l'italienne pas prétentieuse et vraiment savoureuse. Succulentes pâtes maison, ainsi qu'une grande variété de pizzas et de viande à prix doux, que vous pourrez accompagner de vins bien choisis et pas ruineux. Une bonne petite adresse de qualité. *Apéritif maison offert à nos lecteurs sur présentation de ce guide.*

DANS LES ENVIRONS

LUCEY 54200 (9 km NO)

🍽 *L'Auberge du Pressoir* – rue des Pachenottes ☎ 03-83-63-81-91. ♿ Fermé le dimanche soir, le lundi et le samedi midi. Accès : sur la route des Vins et de la Mirabelle (D908). Menus à 12,70 €, en semaine, puis de 16,50 à 25,90 €. L'adresse est très connue dans la région, il est donc impératif de réserver le week-end et en été. D'ailleurs, la campagne environnante est bien belle, verdoyante et fleurie. C'est l'ancienne gare SNCF du village, reconvertie en restaurant. Dans la cour, un antique et authentique pressoir. 1ᵉʳ menu très attrayant sachant concilier qualité, quantité et présentation. Cuisine savoureuse à souhait et carte des vins variée avec une place privilégiée pour les côtes-de-toul. Normal, c'est le coin. D'ailleurs, il y a une cave vinicole juste à côté du resto.

ALLAIN 54170 (20 km S)

🛏🍽 *La Haie des Vignes* ** – lieu-dit La Haie-des-Vignes ☎ 03-83-52-81-82. Fax : 03-83-52-04-27. Parking. TV. Satellite. ♿ Accès : A31, sortie 11 Colombey-les-Belles, puis direction Allain. Chambres doubles de 38 à 42 €. Plat du jour à 11 €. Au sud de Toul, à côté de l'autoroute, étape honnête dans un hôtel sans charme mais bien tenu. Une trentaine de chambres de plain-pied, certaines avec kitchenette, pouvant accueillir de 3 à 5 personnes. On a un peu tiqué sur la déco, pas d'un goût exquis, voire un peu criarde. Pour les affamés, le jeune et sympathique patron sert des plats type émincé de volailles à la crème, gigot d'agneau. *Un petit déjeuner par personne offert à nos lecteurs sur présentation de ce guide.*

VAL-D'AJOL (LE) 88340

Carte régionale B2

🛏🍽 *Hôtel-restaurant La Résidence* *** – 5, rue des Mousses (Centre) ☎ 03-29-30-68-52. Fax : 03-29-66-53-00. •www.la-residence.com • Parking. TV. Fermé le dimanche soir et le lundi du 1ᵉʳ octobre au 30 avril hors vacances scolaires. Congés annuels : du 26 novembre au 26 décembre. Accès : à l'église, suivre la D20, direction Hamanxard. Chambres doubles avec douche et w.-c. ou bains de 51 à 76 €. Demi-pension de 51 à 64 €. Menus en semaine de 10,50 à 15 €, puis de 20 à 42 €. Depuis 1960, trois générations se sont succédées pour transformer cette belle maison de maître du XIXᵉ siècle en une demeure conviviale. Coins et recoins pour parvenir dans des chambres confortables, *cosy* et d'un calme absolu. En plus du bâtiment principal, il y a 2 annexes 3 étoiles. Se faire réveiller par un rayon de soleil enflammant l'immense parc qui entoure l'hôtel, il n'en fallait pas plus pour nous séduire. La piscine, le tennis et surtout l'excellent accueil ont fait le reste. La cuisine n'a rien à envier au reste. Goûtez, bien sûr, la fameuse andouille du Val-d'Ajol servie dans son chaudron ou le poulet fermier au kirsch. Réservation vivement conseillée. Différents forfaits touristiques sont proposés. *Apéritif maison offert à nos lecteurs sur présentation de ce guide.*

VERDUN   55100

Carte régionale A1

🏠 |●| *Auberge de jeunesse de Verdun* – **pl. Monseigneur-Ginisty (Centre)** ☎ 03-29-86-28-28. Fax : 03-29-86-28-82. ● www.fuaj.org ● ⚒ Accueil : de 7 h 30 à 23 h tous les jours, chambres accessibles 24 h/24. Carte FUAJ obligatoire. Accès : à côté de la cathédrale. Nuitée à partir de 8,50 € par personne, 11,30 € avec le petit déjeuner. Menu à 8 € servi midi et soir sur réservation. Installée en plein centre, dans l'ancien grand séminaire encadré par la cathédrale et le Centre mondial de la Paix, cette AJ de luxe rutile. 84 lits en tout, répartis par 3, 4, 5, 6 ou 7 dans 16 chambres équipées d'un lavabo et pour la plupart de douche et w.-c. et complétées par des installations communes. Également un dortoir de 11 lits, sous une belle charpente. De nombreux équipements (restaurant pour groupes, bar-foyer...) sont disponibles et desservis par un ascenseur pour les personnes handicapées. Le *Centre mondial de la Paix* occupe les mêmes locaux peut, lui, louer des salles de projections, conférences... (sur réservation). Pour les horaires, on pourra toujours s'arranger. Beaucoup de scolaires. *Café offert à nos lecteurs sur présentation de ce guide.*

🏠 |●| *Hôtel Le Saint-Paul* ** – **12, pl. Saint-Paul (Nord)** ☎ 03-29-86-02-16. Fax : 03-29-86-29-38. TV. Restaurant fermé le dimanche soir de novembre à avril. Congés annuels : du 15 décembre au 15 janvier. Chambres doubles avec lavabo et w.-c. à 26,68 €, avec douche ou bains à 36,59 €. En demi-pension, compter 19,53 € par personne en plus du prix de la chambre. Menus à partir de 11 €. Compter 16 € à la carte. On y rencontre des touristes férus de cimetières, des anciens combattants et, tout simplement, des mordus d'histoire. Prix modérés pour un bon confort. L'ambiance est agréable et familiale. Bien situé et calme. Le restaurant propose une cuisine traditionnelle lorraine. Chambres auxquelles s'ajoutent quelques « suites » pour les familles. *Apéritif maison offert à nos lecteurs sur présentation de ce guide.*

|●| *Le Poste de Garde* – **47, rue Saint-Victor (Sud-Est)** ☎ 03-29-86-38-49. ⚒ Fermé le soir du lundi au jeudi, le samedi midi et le dimanche. Congés annuels : août.

Menus de 8,50 à 16,80 €. De façon drôlement lacanienne et peut-être involontaire, ce restaurant associatif s'occupant de réinsertion de jeunes en difficulté s'est installé dans un poste de garde. Gaiement restauré, le poste en question s'est teinté de tons pastel et de volets verts. Heureusement, l'ambiance est excellente et les convives heureux. Cuisine simple comme bonjour, qui ne s'embarrasse pas de subtilités, mais dont les copieuses portions ravissent les travailleurs. On a tout à gagner à soutenir ce genre d'initiative et en plus, on n'a plus faim après.

|●| *Le Forum* – **35, rue des Gros-Degrés (Centre)** ☎ 03-29-86-46-88. ⚒ Fermé le mercredi soir et le dimanche. Menus à 10 € le midi en semaine, puis de 12,50 à 28,50 €. Délicat. Voilà le mot-clé de cet excellent petit restaurant en plein centre-ville. La délicatesse, on la trouve d'abord dans l'accueil du patron, d'une désarmante gentillesse, dans la décoration fleurie et mariant les couleurs avec goût, dans les aquarelles peintes par le même patron, et bien sûr dans l'assiette. Cuisine simple, franche, fraîche, gaie (salpicon de volaille flambé au cognac, rôti de lotte à la crème de persil, assiette tout châtaigne...), alliant une pointe de modernité dans la réalisation et la présentation de recettes issues du terroir. Même si la salle est assez réussie, les claustrophobes éviteront le sous-sol voûté, charmant mais un peu oppressant. Menus d'un excellent rapport qualité-prix. Adresse connue des Verdunois.

|●| *Restaurant Le Picotin* – **38, av. Joffre (Est)** ☎ 03-29-84-53-45. Fermé le dimanche soir. Accès : direction Étain-Longwy. Menu en semaine à 10 €. À la carte, compter 20 €. Si vous aimez le calme, il faut manger dans la salle, la terrasse sur la rue étant assez bruyante. À l'intérieur, décoration très gaie, très « Montmartre », avec une cheminée pour quand il fait froid. Menu proposant une cuisine de bonne qualité, gentiment inventive et joliment présentée. Les amateurs de viande commanderont les tournedos 1900. Son resto est le rendez-vous des théâtreux et noctambules de la ville, car il reste ouvert assez tard. Pour les amateurs de plumes, strass et paillettes, des soirées transformistes sont organisées certains vendredis ou samedis. Enfin, le gentil patron a ouvert le resto *Chez Mamie*, à deux pas, où il propose de la vraie cuisine des familles (03-29-86-45-50). *Apéritif maison offert à nos lecteurs sur présentation de ce guide.*

DANS LES ENVIRONS

DIEUE-SUR-MEUSE 55320 (12 km S)

🏠 |●| *Château des Monthairons* **** – **Les Monthairons** ☎ et fax : 03-29-87-78-55. ● www.chateaudemonthairons.fr

Parking. TV. Satellite. 🍴 Du 2 avril au 14 novembre, fermé le lundi midi et le mardi midi ; du 15 novembre au 1er avril, fermé le dimanche soir au mardi midi. Congés annuels : du 1er janvier au 7 février. Accès : par la D34. Chambres doubles de 82,50 à 168 €. Menus à 20 € le midi en semaine, puis de 30 à 78 €. C'est l'adresse chic du département. Un château du XIXe siècle, au milieu d'un parc de 14 ha et clos de murs. C'est l'endroit idéal pour se réveiller avec le chant des oiseaux et celui des vaches : Meeeuuuse ! Les chambres, rénovées, sont de grand standing, meublées à l'ancienne ; certaines ont une déco plus jeune, plus gaie que les autres, mais toutes bénéficient des mêmes petites attentions. C'est vrai pourtant qu'on s'attendrait à trouver ici tennis et piscine, mais ça n'a pas l'air de gêner la clientèle étrangère qui y a pris ses habitudes. Au resto, on trouve également une clientèle locale, venue de tout le département. Il faut dire que c'est une des rares bonnes tables. Mais comme toujours dans la Meuse, on a trouvé les prix nettement surestimés, surtout à la carte et pour les vins. Quelques spécialités : tourte de lapin aux truffes de Meuse, suprême de pigeonneau de Malaumont, cassolette d'escargots et gésiers de canard, soufflé à la confiture de groseilles de Bar-le-Duc. Excellent accueil, joyeux et souriant. Il faut qu'ici, tout se passe en famille. *Apéritif maison offert à nos lecteurs sur présentation de ce guide.*

SOMMEDIEUE 55320 (15,5 km SE)

🏠 |●| *Le Relais des Épichées* – 7, rue Grand-Pont ☎ 03-29-87-61-36. Fax : 03-29-85-76-38. Parking. TV. Fermé le dimanche soir. Accès : par la D964 jusqu'à Dieue, puis à gauche par la D159 ; non loin du monument aux morts. Chambres doubles avec douche et w.-c. ou bains de 34 à 37 €. Menus à 10 €, en semaine, puis de 15 à 32 €. Le bar a ses habitués qui sirotent l'apéro, le tabac a ses accros à la nicotine et le restaurant sa clientèle qui apprécie la cuisine traditionnelle de terroir. En mangeant une excellente tête de veau, vous finirez peut-être par apprécier les fausses poutres au plafond. Côté hôtel, des chambres propres donnent sur un ruisseau de la Dieue et un joli lavoir. Accueil campagnard et chaleureux.

ÉTAIN 55400 (20 km NE)

🏠 |●| *Hôtel-restaurant La Sirène* ** – 22, rue Prud'homme-Havette ☎ 03-29-87-10-32. Fax : 03-29-87-17-65. ● hotel.sirene@free.fr ● Parking. TV. Canal+. Satellite. Fermé le dimanche soir et le lundi hors saison. Accès : par la N3. Chambres doubles de 39 à 60 € avec douche et w.-c.

ou bains. Menus de 11 €, en semaine, à 39 €. Belle maison bourgeoise pleine de fleurs. Pour l'anecdote, sachez que Napoléon III déjeuna ici après la bataille de Gravelotte en 1870. Intérieur très rustique avec mobilier ancien. L'accueil est agréable, l'ambiance feutrée, la clientèle aisée. Les chambres, toutes rénovées, sont confortables, mais préférez celles sur l'arrière du bâtiment car la rue est plutôt fréquentée (depuis notre passage elles ont été isolées du bruit). Les plus spacieuses sont celles avec bains. Cuisine bourgeoise mais pas trop. Pour les sportifs, il y a deux courts de tennis. Histoire d'éliminer ! *Café offert à nos lecteurs sur présentation de ce guide.*

VILLE-SUR-YRON 54800

Carte régionale A1

|●| *La Toque Lorraine* – 1, rue de l'Yron ☎ 03-82-33-98-13. 🍴 Fermé tous les soirs sauf le vendredi et le samedi. Congés annuels : en juillet. Accès : à 25 km de Metz par la D903 et à 13 km de l'autoroute A4 (sortie 33). Traverser Jarny par la D952 direction Mars-la-Bur, tourner sur la D132 jusqu'au village. Menu le midi en semaine à partir de 11,50 €. Le soir, menus de 14,50 à 33,60 €. Un vrai coup de cœur. Vous ne regretterez pas ce petit détour. Un éco-village où vous pourrez admirer quelques jolies maisons traditionnelles lorraines. Le restaurant est l'une d'elles, face à la maison du meunier. Plusieurs petites salles, dont une avec cheminée. Décor agreste, sobre et raffiné aux murs de pierre recrépis, mis en valeur par un agréable éclairage indirect. Et la cuisine ? Généreuse et délicieuse, pour vous permettre d'attaquer la visite du village, heureux et rassasié. Et ne trinquez pas trop fort, les verres sont en cristal ! Par contre, les pâtisseries nous ont légèrement déçus. À la carte, tripes au gris de Toul, rognons aux morilles, croûte aux escargots et foie gras... Un grand bravo à ce jeune chef. *Digestif maison offert à nos lecteurs sur présentation de ce guide.*

VITTEL 88800

Carte régionale A2

🏠 *Hôtel Les Oiseaux* – 54, rue de Sugène (Centre) ☎ 03-29-08-61-93. Parking. TV. Congés annuels : 3 semaines en janvier. Accès : parc thermal. Chambres doubles avec lavabo à 22 €, avec douche et w.-c. à 37 €, avec bains à 40 €. Ces *Oiseaux* n'ont rien à voir avec le film d'Hitchcock ! Pas grand-chose à voir, non plus, avec un hôtel classique. Cette mignonne maison particulière un brin désuète, tenue par une petite dame très gentille, a, en fait, des airs de *Bed*

& *Breakfast* à l'anglaise. L'endroit est agréable avec son jardin de poche, le quartier est paisible, à deux pas du parc thermal. Bref, c'est une adresse parfaite pour venir faire une cure peu ruineuse ou passer un week-end au vert. *10 % sur le prix de la chambre offerts à nos lecteurs sur présentation de ce guide.*

🏠 |●| *Hôtel-restaurant La Chaumière* – **196, rue Jeanne-d'Arc (Centre)** ☎ 03-29-08-02-87. Parking. Fermé le dimanche en hiver. Chambres doubles à 28 € avec juste un lavabo. Demi-pension à 32 €. Menus de 10,50 à 15 €. Un minuscule hôtel-bar-resto qui ne paie pas de mine. Mais la patronne est charmante, la cuisine soignée (le chef a 30 ans de métier) et l'atmosphère populaire change de l'ambiance « on est en cure » (et son corollaire récent « je travaille mon swing au golf ») de la ville. Chambres très modestes mais propres. *Apéritif maison ou café offert à nos lecteurs sur présentation de ce guide.*

🏠 |●| *Hôtel de L'Orée du Bois* ** – **L'Orée-du-Bois (Ouest)** ☎ 03-29-08-88-88. **Fax : 03-29-08-01-61.** • **www.loreedubois vittel.fr** • Parking. TV. Canal+. ♨ Fermé le dimanche soir, de novembre à fin janvier. Accès : sortir de la ville par la D18 direction Contrexéville ; c'est à 4 km, au nord, face à l'hippodrome. Chambres doubles de 52 à 70 € avec douche et w.-c. ou bains. Demi-pension à 48,30 €. Menus de 11,30 à 31,40 €, régulièrement renouvelés. Hôtel moderne spécialisé dans la remise en forme (on y croise donc souvent des sportifs en stage, des cadres en séminaire...). Intéressant pour le calme du site et le confort des chambres. Certaines, rénovées, sont carrément désignées « biologiques ». Quelques constantes au restaurant : tartiflette vosgienne, zéphyr de truite et grenouilles au toul rouge, gâteau aux deux chocolats...

Pour éliminer, salle de musculation, tennis, piscine couverte et chauffée, sauna... *Café offert à nos lecteurs sur présentation de ce guide.*

🏠 |●| *Hôtel-restaurant d'Angleterre* *** – **rue de Charmey** ☎ **03-29-08-08-42. Fax : 03-29-08-07-48.** • **www.abc-gestho tel.com** • Parking. TV. Canal+. Satellite. ♨ Congés annuels : du 15 décembre au 5 janvier. Chambres doubles de 61 à 100 €. Demi-pension de 54 à 135 €. Menus de 15,50 à 28 €. Le classique et imposant hôtel de ville thermale. Derrière la façade rose, on découvre une atmosphère où les souvenirs d'un passé glorieux le disputent à un chic un peu suranné. Mais l'ensemble (surtout les chambres) a été vigoureusement rénové. Demandez-en une sur l'arrière, la voie ferrée n'est pas loin, même si les trains ne sont pas fréquents... En projet, une piscine couverte et chauffée. Au resto, salade campagnarde au marcaire, croustillant de truite de mer, filets de rougets, canard à l'arabica et grenadin de veau à la réglisse. Jardin. *Apéritif maison offert à nos lecteurs sur présentation de ce guide.*

|●| *Le Rétro* – **158, rue Jeanne-d'Arc** ☎ 03-29-08-05-28. Fermé les samedi midi, dimanche soir et lundi. Congés annuels : dernière quinzaine de juin et du 20 décembre au 20 janvier. Menus de 11 à 29 €. Toute l'année, à la carte, grenouilles provençales ou à l'andalouse ou à la poulette, autour de 12 €. Cela mérite d'être mentionné quand on est dans la ville qui honore le batracien. Excellent rapport qualité-prix du premier menu. Cuisine classique bien pro. Décoration chaleureuse, avec sa grande cheminée où l'on grille la viande au feu de bois, très appréciée des autochtones. Ici, assez peu de curistes. Clientèle décontractée.

Les prix
En France, les prix des hôtels et des restos sont libres. Certains peuvent augmenter entre le passage de nos infatigables fureteurs et la parution du guide.

Avis aux hôteliers et aux restaurateurs
Chaque année pour y figurer, il faut le mériter !

Le Routard

Midi-Pyrénées

09 *Ariège*
12 *Aveyron*
31 *Haute-Garonne*
32 *Gers*
46 *Lot*
65 *Hautes-Pyrénées*
81 *Tarn*
82 *Tarn-et-Garonne*

AIGNAN   32290

Carte régionale A2

🏠 I●I *Le Vieux Logis* – rue des Arts ☎ et fax : 05-62-09-23-55. TV. Fermé le dimanche soir. Accès : derrière la mairie. Chambres doubles avec douche et w.-c. ou bains à 34 €. Menus de 10 à 20 €. Des rideaux fantaisie, des meubles d'autrefois et des fleurs d'aujourd'hui donnent envie d'entrer, comme les menus : soupe, salade, crevettes à la provençale, brochette de gigot d'agneau, dessert. Selon le marché, la carte propose de belles spécialités : foie frais de canard aux pêches, filet de truite aux petits lardons, omelette aux cèpes, etc. Service en terrasse aux beaux jours. Accueil un rien sévère. *Café offert à nos lecteurs sur présentation de ce guide.*

ALBAN   81250

Carte régionale B1

I●I *Restaurant Daurelle Café du Midi* – 9, pl. des Tilleuls (Centre) ☎ 05-63-55-82-24. Fermé le mardi soir. Congés annuels : la dernière semaine d'août. 1ᵉʳ menu à 11,50 €, puis sur réservation (on discute avec le chef). Sur la place du village, un petit resto qui n'a l'air de rien, mais on y découvre avec surprise une cuisine réalisée avec un professionnalisme confondant (normal, le chef a travaillé dans les plus grandes maisons avant de reprendre le bistrot de sa grand-mère). Surtout, son 1ᵉʳ menu (bois-son en sus) se révèle probablement le plus intéressant du Tarn dans cette catégorie. Cuisine goûteuse d'une grande fraîcheur, excellents produits, comme ces tripoux de veau accompagnés d'un délicieux tustet de pommes de terre. Accueil d'une grande gentillesse. Desserts maison et le meilleur vacherin glacé de notre voyage. C'est pas le tout, mais on y retourne ! *Apéritif maison offert à nos lecteurs sur présentation de ce guide.*

ALBI   81000

Carte régionale B1

🏠 *Auberge de jeunesse* – MJC – 13, rue de la République (Centre) ☎ et fax : 05-63-54-53-65. ● www.fuaj.org ● Accueil de 12 h à 13 h et de 19 h à 20 h. Prix de la nuit : autour de 6 €. Draps à louer : 2,29 €. Petit déjeuner : 2,44 €, servi de 7 h 30 à 9 h 30. Carte LFAJ ou FUAJ demandée (attention : non disponible sur place, l'acheter au bureau d'Information Jeunesse, place Sainte-Cécile, tél. 05-63-47-19-55). Grande et belle maison pleine d'activités. Pas de cuisine collective, mais possibilité de prendre ses repas à la cantine (fermé le samedi soir et le dimanche). Un avantage : on peut rentrer tard le soir grâce à un code d'accès (ne pas oublier de demander le numéro…).

🏠 *La Régence* ** – 27, av. Maréchal-Joffre (Sud) ☎ 05-63-54-01-42. Fax : 05-63-54-80-48. ● hotellargence@wana

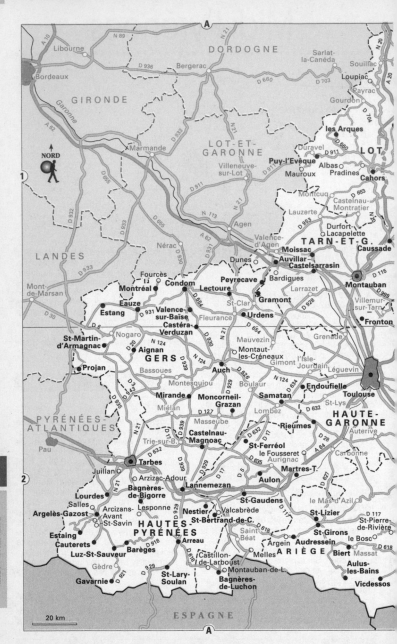

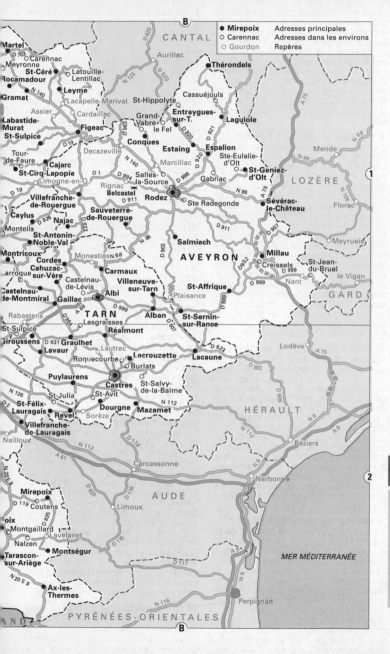

B

CANTAL

● **Mirepoix**	Adresses principales
○ Carennac	Adresses dans les environs
○ Gourdon	Repères

Aurillac

Martel
D 703
Meyronne
Carennac
St-Céré
Latouille-
Lentillac
Rocamadour
Leyme
Gramat
N 140
Assier
Lacapelle-Marival
Cardaillac
St-Hippolyte
● **Thérondels**
Cassuéjouls
Labastide-
Murat
St-Sulpice
Figeac
D 19
Grand-
Vabre
le Fel
Entraygues-
sur-T.
● **Laguiole**
Tour-
de-Faure
Cajarc
St-Cirq-Lapopie
Decazeville
Conques
Estaing
● **Espalion**
Ste-Eulalie-
d'Olt
Mende
Marcillac
D 920
N 88
D 921
N 88
D 19
Villefranche-
de-Rouergue
D 1
D 994
Salles-
la-Source
D 988
Gabriac
St-Geniez-
d'Olt
LOZÈRE
N 106
Limogne-en-Q.
Rignac
Belcastel
D 911
Rodez
Ste Radegonde
N 88
A 75
Florac
Caylus
D 926
Najac
D 922
Sauveterre-
de-Rouergue
Sévérac-
le-Château
D 907
Montoils
St-Antonin-
Noble-Val
N 88
D 911
Meyrueis
Montricoux
Cordes
Cahuzac-
sur-Vère
Monestiés
N 88
Salmiech
D 902
AVEYRON
D 902
Millau
Creissels
St-Jean-
du-Bruel
le Vigan
Larroque
Castelnau-
de-Lévis
Carmaux
Villeneuve-
sur-Tarn
D 999
Nant
GARD
Castelnau-
de-Montmiral
Gaillac
Albi
A 68
D 999
St-Affrique
Plaisance
Rabastens
TARN
D 999
Alban
D 999
D 907
St-Sernin-
sur-Rance
St-Sulpice
Lasgraisses
Réalmont
Giroussens
D 631
Graulhet
Lautrec
D 622
Lodève
A 75
Lavaur
Roquecourbe
Lacrouzette
Lacaune
D 922
A 75
Puylaurens
Burlats
D 609
Castres
St-Salvy-
de-la-Balme
HÉRAULT
N 126
St-Julia
St-Avit
N 112
St-Félix-
Lauragais
Dourgne
Mazamet
N 9
D 2
Revel
Sorèze
A 9
Villefranche-
de-Lauragais
N 112
Béziers
Nailloux
N 113
D 118
N 2 E 9
A 61
Carcassonne
2
Narbonne
Mirepoix
D 119
Coutens
AUDE
D 623
D 118
Limoux
oix
Montgaillard
D 625
Lavelanet
Nalzen
D 118
Montségur
Tarascon-
sur-Ariège
N 20 E 9
MER MÉDITERRANÉE
Ax-les-
Thermes
N 9
ANDꞶ
N 116
Perpignan
PYRÉNÉES-ORIENTALES
B

doo.fr • TV. Satellite. Accès : à 100 m de la gare. Compter de 29 à 38 € pour une chambre double. Hôtel qui fait penser à une pension de famille, tranquille et sympa, avec un agréable jardin derrière et une terrasse. Aux beaux jours, petit déjeuner servi en terrasse. Le jeune patron bouillonne d'idées. Un rapport qualité-prix attrayant. Possibilité de garage gratuit sur réservation. *10 % sur le prix de la chambre (hors juillet et août) offerts à nos lecteurs sur présentation de ce guide.*

🏠 |●| *Hôtel-restaurant du Vieil-Alby* ** – 25, rue Henri-de-Toulouse-Lautrec (Centre) ☎ 05-63-54-14-69. Fax : 05-63-54-96-75. • le-vieil-alby.sicard@wanadoo.fr • Parking payant. TV. Hôtel fermé le dimanche soir et le lundi ; resto fermé le lundi, le samedi midi et le dimanche soir. Congés annuels : en janvier et du 30 juin au 14 juillet. Accès : à 200 m de la cathédrale, au cœur de la vieille ville, comme son nom l'indique. Chambres doubles de 40 à 42 € avec douche et w.-c. et à 51 € avec bains. Menu le midi en semaine à 12 €, menus suivants de 15 à 30 €. Vins de Gaillac à partir de 12,20 €. L'un des meilleurs rapports qualité-prix de la ville et bien tenu. Un patron très gentil, mais qui n'accepte pas les animaux à l'hôtel. Spécialités : salade de radis au foie de porc salé, tripes, gigot de lotte braisé au gaillac rouge, parfait glacé parfumé au miel. Hôtel non-fumeurs.

🏠 |●| *Hôtel Saint-Clair* ** – 8, rue Saint-Clair (Centre) ☎ et fax : 05-63-54-25-66. • www.andrieu.michele.free.fr/HSC.htm • Parking payant. TV. Congés annuels : les 2 dernières semaines de janvier. Accès : près de la cathédrale, entre les rues de la Croix-Blanche, Plancat et Sainte-Cécile (attention, ne pas confondre avec la rue Sainte-Claire !). Chambres doubles de 45 € avec douche et w.-c. à 54 € avec bains. Un joli 2 étoiles situé dans le vieil Albi. La plupart des chambres ont été rénovées. Doubles avec bains plus grandes et mieux exposées, autant ne pas s'en priver ! Dommage que l'insonorisation, elle, ne soit pas optimale. Aimable gérante. Étage non-fumeurs (à préciser lors de la réservation).

🏠 |●| *Hôtel Mercure Albi Bastides* *** – 41, rue Porta (Centre) ☎ 05-63-47-66-66. Fax : 05-63-46-18-40. • www.accorhotels.com • Parking payant. TV. Canal+. Satellite. & Resto fermé le samedi midi et le dimanche midi. Congés annuels : du 20 décembre au 3 janvier pour le resto. Accès : juste à gauche après le pont neuf sur le Tarn (direction Paris-Carmaux). Chambres doubles avec bains à 77 €. Menus de 17 à 35 €. À la carte, compter 30 €. Dans les murs de brique rouge d'un ancien moulin du XVIIIe siècle, cet hôtel de luxe domine majestueusement les berges fleuries du Tarn, face à la cathédrale. Restauré (version hommes d'affaires à la pointe

du progrès), il conserve une façade de style et un porche monumental typique. Évidemment, on paie le prix aussi bien du confort (chambres climatisées et super équipées) que du panorama, sans doute le plus beau d'Albi. Nos chambres préférées : les n°s 110, 112, 310 et 312 (chambres d'angle avec vue sur la vieille ville). La table aussi nous a séduits. La cuisine, fine et classique, se déguste avec grand plaisir – notamment en terrasse, avec la vue sur la rivière et la vieille ville. À la carte, spécialités de marbré de foie gras aux aiguillettes de canard, filet de sandre, cassoulet maison, etc. Excellente carte des vins à prix écrasés (réserve Mercure). Enfin, personnel dynamique et aimable. Dans son genre et sa catégorie, une adresse recommandable. *Une entrée au musée Toulouse-Lautrec ou au musée Lapérouse offerte à nos lecteurs sur présentation de ce guide.*

|●| *Restaurant Le Petit-Bouchon* – 77, rue de la Croix-Verte (Centre) ☎ 05-63-54-11-75. & Fermé les samedi, dimanche et jours fériés. Congés annuels : du 9 au 24 août. Menus de 10 à 22 €. Belles assiettes à 10 €. Vins : côte-du-tarn à 8 €, gaillac domaine Salvy à 12 €, etc. De style bistrot parisien, décoré de photos de René-Jacques et Willy Ronis, à l'intérieur propret et à l'atmosphère chaleureuse. 1er menu avec entrée, plat du jour au choix, selon arrivage (onglet de veau, entrecôte, confit de canard, tripoux, cassoulet, coq au vin, daube de gésiers...) et dessert. Service rapide et de tempérament. Spécialités de cocktails et bonne carte des vins de la région. Une très bonne adresse. *Café offert à nos lecteurs sur présentation de ce guide.*

|●| *Le Lautrec* – 13, rue Henri-de-Toulouse-Lautrec (Centre) ☎ 05-63-54-86-55. Fermé le dimanche soir et le lundi. Accès : au cœur historique du vieux Alby. Menu à 11 € le midi, menus suivants de 14 à 34 €. Installé dans les anciennes écuries de Toulouse-Lautrec, un resto fort plaisant, tant par son cadre que par sa cuisine. Décor alliant harmonieusement brique et couleurs tendres. Dans un coin, un vieux puits. Quelques tables en estrade. Les autres bien séparées. Plats régionaux fort réussis. Nouveau chef bien décidé à se faire un nom dans la partie la plus touristique de la ville. Quelques classiques : foie gras poêlé, noix de Saint-Jacques à l'ail rose de Lautrec, magret Rossigny, etc. Belle viande et beau poisson. *Digestif maison offert à nos lecteurs sur présentation de ce guide.*

|●| *Le Tournesol* – rue de l'Ort-en-Salvy (Centre) ☎ 05-63-38-38-14. Fermé le dimanche. Congés annuels : du 1er au 15 mai. Accès : dans une ruelle donnant place du Vigan. Repas autour de 12,50 €. Le restaurant végétarien du Tarn : une autre façon, pacifique, d'aimer le canard. Voici

une bien bonne adresse pour prendre du plaisir sans se ruiner. Dans un cadre sobre et aéré (salle climatisée), une cuisine au naturel savoureuse comme tout : pâté végétal, flan de courgettes, *falafels*, assiette *Tournesol*, copieuse et variée, et délicieux gâteaux du genre de ceux que savent faire les grands-mères, comme le *crumble* aux pommes. Excellent gâteau au fromage blanc vanille miel. Pour se désaltérer, jus de pomme et bière bio.

|●|*L'Esprit du Vin* – **11, quai Choiseul (Centre)** ☎ **05-63-54-60-44**. Fermé les dimanche et lundi. Congés annuels : en février. Accès : à 100 m de la cathédrale. Menus à 36, 38 et 55 €. Le décor d'abord : sobre, vieille pierre, meubles modernes, tranquille. En été, on dîne sur la terrasse ; en hiver, dans la cave voûtée. Le chef aime les produits traditionnels travaillés : l'agneau, les volailles, les jeunes légumes. C'est une cuisine tout en finesse, où la cuisson joue un rôle important : l'agneau de lait des Pyrénées est à la fois tendre à l'intérieur et croustillant en surface. Et les desserts sont à la hauteur, comme les crèmes brûlées parfumées à la menthe, au thé, à la lavande. Le plateau de fromages est réellement somptueux. Quant à la carte des vins, elle justifie l'enseigne avec de superbes gaillac de chez Plageoles ou Lescarret. Réservation conseillée. *Apéritif maison offert à nos lecteurs sur présentation de ce guide.*

DANS LES ENVIRONS

CASTELNAU-DE-LÉVIS 81150
(8 km O)

|●|*La Taverne* – **rue Aubijoux , le bourg, Castelnau-de-Lévis** ☎ **05-63-60-90-16**. ♿ Fermé les lundi et mardi. Congés annuels : pendant les vacances scolaires de février et de la Toussaint. Accès : prendre la route de Cordes (D600), puis, à 4 km, la D1 à gauche ; Castelnau est à 3 km. Menus de 22 à 44 €. Compter environ 35 € à la carte pour un repas complet. Amis épicuriens, voici votre bonheur. Toutes affaires cessantes, à pied, à cheval, en voiture, venez à *La Taverne* de Castelnau-de-Lévis. La canette rôtie farcie aux framboises l'émincé de veau fermier à la compote de champignons des bois et l'escalope de foie chaud aux figues nous ont fait pleurer de bonheur… Nous en étions encore à sécher nos larmes quand il nous a fallu déguster le dessert, ultime délice. Et le vin ! Ici, la carte est riche : buzet du feu de Dieu ! On se régale ainsi dans la salle au cadre bourgeois et campagnard ou en terrasse. Service à la hauteur. Bref, une des meilleures tables de la région.

ARGELÈS-GAZOST 65400
Carte régionale A2

⌂ *Hôtel Beau Site* ** – **10, rue du Capitaine-Digoy** ☎ **05-62-97-08-63**. Fax : **05-62-97-06-01**. ● www.HOTEL.BEAUSITE-argeles.com ● TV. Satellite. Congés annuels : du 5 novembre au 5 décembre. Chambres doubles à 36 et 37 € avec douche et w.-c. ou bains. Demi-pension de 36,50 à 38,50 € par personne. Menu à 14,50 €. Un discret hôtel de caractère. Jolie façade couverte de lierre et égayée de fleurs. Accueil authentique, ambiance feutrée, meubles anciens. Chambres toutes différentes, agréables, surtout celles qui donnent sur le jardin. Ah, le jardin ! Luxuriant, il explique à lui seul le *Beau Site* de l'enseigne. Menu comprenant deux entrées, plat, fromage et dessert, rien que ça… Cuisine familiale et terrasse panoramique, bien sûr au-dessus du fameux jardin. *Apéritif maison offert à nos lecteurs sur présentation de ce guide.*

⌂ |●|*Le Miramont* *** – **44, av. des Pyrénées** ☎ **05-62-97-01-26**. Fax : **05-62-97-56-67**. ● www.hotelmiramont.com ● Parking. TV. Canal+. ♿ Fermé le mercredi et le dimanche soir de janvier à juin et en octobre. Congés annuels : du 5 novembre au 20 décembre. Accès : suivre direction Cauterets, au 1er rond-point. Chambres doubles avec douche et w.-c. ou bains de 58 à 70 €, selon la saison. 1er menu à 15 €, sauf les dimanche midi et jours fériés ; autres menus de 32 à 38 €. En face du parc thermal. Hôtel stylé Art déco à l'allure de paquebot jeté dans un parc verdoyant, planté de roses et hortensias. Chambres élégantes et spacieuses, au confort résolument moderne (teintes anti-stress, matelas neufs, sèche-cheveux, balcons) avec vue sur la vieille ville ou les sommets. Préférez les n°s 122, 121 et 114, des standard plus grandes… Pour bien faire, le restaurant *Le Casaou* n'est pas en reste. Pierre, le fils de la patronne, est aux commandes en cuisine tandis que son épouse dirige le service. Spécialités de poisson, cuisine régionale « allégée » et desserts exquis. Les mets changent au rythme des saisons. Premier menu fin et copieux. Le suivant est très élaboré avec amuse-gueules, fromage et mignardises. Service ultra-professionnel mais jamais collet monté. Clientèle d'habitués qui viennent et re(re)viennent encore.

DANS LES ENVIRONS

SAINT-SAVIN 65400 (3 km S)

⌂ |●|*Le Viscos* ** – ☎ **05-62-97-02-28**. Fax : **05-62-97-04-95**. ● www.hotel-levis cos.com ● TV. Fermé le dimanche soir et le lundi hors juillet et août. Chambres doubles de 43 à 68 € avec douche et w.-c. ou bains. Formule bistrot avec 2 plats à 14 € du lundi au samedi, servie midi et soir. Menus de 20 à 48 €. Bel hôtel offrant d'agréables chambres. Cuisine fraîche, exclusivement à base de produits du terroir, et assez inventive. Spécialités de poisson. 1er menu avec fromage et dessert, servi dans une nouvelle salle type bistrot à vin. Un second menu avec, par exemple, œuf cocotte au foie gras, brochette de thon et jus réduit de piperade ou fondant de canard et pied de porc cèpes, et soupe de pruneaux au pacheréna avec crème glacée aux pruneaux à l'armagnac. À la carte, assez cher. Une des très bonnes adresses de la région, dont la réputation n'est plus à faire. *10 % sur le prix de la chambre (hors vacances scolaires) offerts à nos lecteurs sur présentation de ce guide.*

ARCIZANS-AVANT 65400 (4 km)

🛏 |●| *Auberge Le Cabaliros* ** – 16, rue de l'Église ☎ 05-62-97-04-31. Fax : 05-62-97-91-48. Parking. TV. Fermé le mardi soir et le mercredi hors saison. Congés annuels : en octobre et novembre. Accès : par la D921 et la D13. 8 chambres avec douche et w.-c. ou bains, w.-c. et téléphone direct de 45 à 50 €. Menus à 14,50 €, le dimanche, puis de 17 à 38 € avec foie gras. Dans un village de charme très tranquille. Gentille auberge avec terrasse et vue panoramique face à la vallée. Bon accueil. Sous le toit, quelques sympathiques chambres mansardées sans charme véritable mais confortables. Cuisine régionale traditionnelle, fraîche et savoureuse. Une belle carte avec, notamment, sur commande ou le vendredi soir, une vraie garbure bigourdane avec confits et cou farci. Service agréable. Une adresse très sympa, comme on les aime.

SALLES 65400 (4 km N)

🛏 |●| *La Châtaigneraie* – (Centre) ☎ 05-62-97-17-84. Fax : 05-62-97-93-14. Parking. TV. Fermé le lundi en hiver. Congés annuels : en janvier. Accès : par la D102. Compter 40 € pour une chambre double en gîte. Possibilité de demi-pension à 40 € par personne (la semaine à 280 € pour deux) ou location du gîte à la semaine. Menus de 23 à 40 €. Très belle salle dans une ancienne ferme rénovée. Le prix du repas dépend des grillades commandées, qui se préparent sous vos yeux. Possibilité également de composer son menu à la demande. Tout est parfait : les grillades de Jean-Pierre, qui sait saisir les magrets comme personne, l'agneau des Pyrénées, le pigeon confit en cocotte, le foie gras poêlé aux raisins, les aiguillettes de canard et la tarte aux myrtilles. Service impeccable et souriant. Belle terrasse l'été. Impératif de réserver.

Apéritif maison ou jus de fruit ou soda offert à nos lecteurs sur présentation de ce guide.

ARQUES (LES) 46250

Carte régionale A1

|●| *La Récréation* ☎ 05-65-22-88-08. Fermé le mercredi et le jeudi midi. Ouvert uniquement le week-end en basse saison. Congés annuels : de début décembre à fin février. Menu à 15 € le midi en semaine ; autre menu à 24 €. Une double raison de visiter Les Arques, merveilleux petit village perché au-dessus d'un vallon entouré de taillis et de forêts de chênes : après la visite de sa fameuse église et de son musée Zadkine, ou avant, selon l'heure, réservez une table, s'il fait beau, pour manger sur la petite terrasse ombragée, dans l'ancienne cour de récréation du village. À moins que le temps ne vous incite à devancer la rentrée des classes, et à vous installer à l'intérieur de l'ancienne école. Quoi qu'il en soit, c'est une vraie cuisine-plaisir qui vous attend dans ce lieu marrant, à qui un jeune couple sympathique a redonné vie. Ravioles de homard et sa sauce au corail, mais aussi excellente viande et beaucoup de bons poissons, le bonheur... Accueil très sympa. *NOUVEAUTÉ.*

ARREAU 65240

Carte régionale A2

🛏 |●| *Hôtel d'Angleterre* ** – route de Luchon (Sud) ☎ 05-62-98-63-30. Fax : 05-62-98-69-66. Parking. TV. Fermé le lundi du 15 septembre au 30 juin et le mardi midi. Congés annuels : de Pâques à la Pentecôte et du 1er octobre au 26 décembre. Accès : prendre la D 618 (route des Cols). De 43,50 à 60 € la chambre double. Demi-pension, demandée de juillet à mi-septembre, de 50 à 58 € par personne. Menus de 13 €, le midi en semaine, à 35 €. Ancien relais de poste du XVIIe siècle, restauré avec goût. Hôtel chaleureux au confort et aux prestations de qualité. Cadre assez cossu, et même assez cosy. Joli jardinet, terrasse et piscine à l'arrière de l'hôtel. Bonne cuisine régionale, du style foie gras de canard au torchon, papillote de saumon, magret de canard en tournedos et foie gras, garbure, crème paysanne aux framboises... *Apéritif maison offert à nos lecteurs sur présentation de ce guide.*

AUCH 32000

Carte régionale A2

|●| *La Table d'Hôte* – 7, rue Lamartine (Centre) ☎ 05-62-05-55-62. Fermé les mercredi et dimanche. Congés annuels :

1 semaine fin juillet à début août et la dernière semaine de septembre. Menus de 15 à 20,50 €. Une adresse discrète, tout juste entre la cathédrale Sainte-Marie et le musée des Jacobins. Une vingtaine de places dans un décor rustique très cosy. Menu du jour et du marché d'un rapport qualité-prix assez remarquable. Il est prudent de réserver si vous voulez goûter la fameuse spécialité : « le Hambur-Gers gascon », servi midi et soir. Accueil exquis des jeunes patrons.

|●|*Le Jardin des Saveurs - Restaurant Gourmand de Terroir* *** – 2, pl. de la Libération (Centre) ☎ 05-62-61-71-71. Parking. 1er menu à 22 €, sauf le dimanche soir. Les trois autres menus proposés : « Tradition » à 23 et 25 €, « Club » à 33 et 40 € et « Découverte du poisson » à 63 €. Le jour de notre visite, nous avons dégusté une terrine de canard gras du Gers au poivre vert et aromates, puis un poulet fermier de même origine, rôti en sautoir avec jus au lard et pacherenc de Vic-Bilh. Plus on dépense, plus les produits sont nobles, mais le service et l'accueil sont toujours ceux d'une maison chic. La carte est plutôt chère. Le routard gourmet pourra ne prendre qu'un plat. Carte de cafés pour les amateurs. *Café offert à nos lecteurs sur présentation de ce guide.*

DANS LES ENVIRONS

MONTAUT-LES-CRÉNEAUX 32810 (10 km NE)

|●|*Le Papillon* – N21 ☎ 05-62-65-51-29. Parking. ♿ Fermé le dimanche soir et le lundi. Congés annuels : 2 semaines en février et 2 semaines fin août-début septembre. Accès : à 6 km du centre-ville, direction Agen. Joli menu à 12 € le midi en semaine, quart de vin compris. Quatre autres menus de 15 à 39,40 €. Une bonne adresse, surtout pour les menus intermédiaires. Dans une maison moderne, le chef cuisine la viande de façon rigoureuse et traditionnelle, bien que semblant plus inspiré par les produits de la mer. Alors, on se laissera tenter, soit par un cassoulet aux haricots gascons ou un effeuillé de lotte mariné à la graine de vanille ou encore par les ravioles de queues de langoustines au jus crémeux et ciboulette, et une tarte fine aux nectarines. Traditionalistes et réformateurs communieront donc à la même table. *Digestif maison offert à nos lecteurs sur présentation de ce guide.*

AUDRESSEIN 09800

Carte régionale A2

🏠 |●|*Auberge d'Audressein* ** – route de Luchon (Centre) ☎ 05-61-96-11-80. Fax : 05-61-96-82-96. ● aubergeaudres

sein@club-internet.fr ● TV. Fermé le dimanche soir et le lundi. Congés annuels : du 5 au 29 janvier. Chambres doubles de 30,50 à 40 €. Menus à 13 €, le midi en semaine, et de 17,55 à 43 €. L'ancienne forge accueille depuis peu de nouveaux propriétaires. Le lieu garde son charme, avec sa terrasse au confluent des deux rivières. À découvrir : la truite soufflée à la toudeille sauce Sambuc et le gratin de chocolat noir et griottes. Une carte un peu chère. *Café offert à nos lecteurs sur présentation de ce guide.*

DANS LES ENVIRONS

ARGEIN 09800 (3 km O)

🏠 |●|*Hostellerie de la Terrasse* ** ☎ 05-61-96-70-11. Cartes de paiement refusées. TV. Restaurant fermé à midi sauf dimanche et jours fériés. Accès : par la D618. Quelques chambres toutes simples de 36 à 53,35 € avec douche et w.-c. ou bains (demander celles avec vue sur la montagne, tant qu'à faire). Menu à 14 €. Compter 23 € pour un repas à la carte. Sympathique petit hôtel de montagne sur la route du Portet-Aspet. Jean-Pierre Cramparet, le patron, prodigue, outre un excellent accueil, une bonne cuisine régionale. Ne pas manquer sa truite au jambon sur l'ardoise. Les ardoises viennent de la région de Lourdes car ces truites (oh miracle !) ne sont pas réfractaires à la cuisson. *Apéritif maison offert à nos lecteurs sur présentation de ce guide.*

AULON 65240

Carte régionale A2

|●|*Auberge des Aryelets* ☎ 05-62-39-95-59. Fermé du dimanche soir au mardi hors saison. Congés annuels : de mi-novembre à mi-décembre. Accès : d'Arreau, suivre la D929 jusqu'à Guchen (direction Saint-Lary), puis à droite par la D30. Menus de 17 à 27 €. Salle à manger typiquement montagnarde avec charpente et poutres apparentes, mezzanine, cheminée flanquée d'une paire de skis première génération. Le tout rehaussé d'une légère touche provençale (vaisselier, nappes et napperons) et d'aquarelles dépeignant Aulon et les villages alentour. Cuisine de terroir de forte tradition où l'on retrouve l'éternelle garbure, la blanquette d'escargots, le magret de canard aux myrtilles, le gigot d'agneau aux échalotes ou encore la fameuse tarte Tatin à la tomate. Propreté irréprochable, service aimable et rapide. Enfin, quelques tables en terrasse pour les beaux jours. Réservation conseillée. *Apéritif maison offert à nos lecteurs sur présentation de ce guide.*

MIDI-PYRÉNÉES

AULUS-LES-BAINS 09140

Carte régionale A2

🏠 ▮●▮ *Hôtel de France* ** – **rue Principale (Centre)** ☎ **05-61-96-00-90. Fax : 05-61-96-03-29.** Parking. Satellite. Chambres correctes de 31 à 43 € avec douche et w.-c. ou bains. Demi-pension à prix fort modéré : 34 € par personne. Menus de 10,37 à 24,40 €. Un charme désuet. Accueil fort plaisant. Dans la salle à manger, sous l'œil attendri du coq de bruyère, bonne cuisine de famille. À la carte : canard à l'orange et cassoulet sur commande, truite aux amandines, ris d'agneau aux morilles, etc. Terrasse ombragée. *Apéritif maison offert à nos lecteurs sur présentation de ce guide.*

DANS LES ENVIRONS

USTOU 09140 (13 km NO)

🏠 ▮●▮ *Auberge les Ormeaux* – **Trein** ☎ **05-61-96-53-22. Fax : 05-61-66-84-19.** ● www.ariege.com/aubergedesormeaux ● Fermé le mercredi toute la journée hors vacances scolaires. Congés annuels : aux vacances de la Toussaint. Accès : sur la D8 en allant vers Seix. Demi-pension à 32,50 € par personne. Menus de 12 à 14,50 €. Au cœur de la vallée d'Ustou, cette auberge sympathique propose de belles chambres et un salon-bibliothèque afin de bien peaufiner son séjour. Ambiance garantie et patron à l'humour pince-sans-rire, toujours heureux de vous accueillir.

AUVILLAR 82340

Carte régionale A1

🏠 ▮●▮ *Hôtel-restaurant L'Horloge* ** – **pl. de l'Horloge (Centre)** ☎ **05-63-39-91-61. Fax : 05-63-39-75-20.** TV. Fermé le vendredi et le samedi midi de mi-octobre à mi-avril. Congés annuels : 3 semaines en novembre. Chambre doubles impeccables à 41 et 48 €. Compter 24 € pour le 1er menu et de 30 à 55 € pour les suivants. Pour toutes les faims et toutes les bourses. C'est l'adresse routard de charme par excellence, avec sa superbe terrasse à l'ombre des platanes. Tout est concocté par un jeune chef très prometteur. Bonne ambiance, à la fois familiale et touristique. Excellente table. En bref, c'est l'adresse idéale pour une étape ! Très belle carte des vins du Sud-Ouest. *Apéritif maison offert à nos lecteurs sur présentation de ce guide.*

DANS LES ENVIRONS

BARDIGUES 82340 (4 km S)

▮●▮ *Auberge de Bardigues* – **au village** ☎ **05-63-39-05-58.** Fermé le lundi, le samedi midi et le dimanche soir. Congés annuels : 3 semaines en janvier et 15 jours en septembre. Accès : par la D11. Menu du jour, le midi en semaine, à 10 €, vin compris, et menus de 16,50 à 27 €. Voilà bien le genre d'adresse qu'on est fier de vous ramener ! Camille et Cyril, deux jeunes routards se sont installés dans ce minuscule et charmant village (même pas à 5 mn de l'autoroute !). Imaginez, à l'étage, une jolie salle de restaurant, aux beaux murs de pierre mais à la déco contemporaine ; imaginez une belle terrasse ombragée, ouvrant sur le village et la campagne environnante... Imaginez, à l'image du lieu et de nos deux tourtereaux, une cuisine faussement sage, légère, savoureuse, jeune et fraîche ; une cuisine de terroir, où les produits frais sont transformés avec art et adresse, faisant d'un millefeuille de saumon et d'artichaut ou d'une « simple » blanquette de veau une véritable fête au printemps. La carte change bien sûr avec les saisons et le vin n'est pas bien cher. Un coup de cœur auquel on souhaite bonheur et longue vie. *Apéritif maison offert à nos lecteurs sur présentation de ce guide.*

DUNES 82340 (12,5 km O)

▮●▮ *Restaurant Les Templiers* – **1, pl. des Martyrs (sous les arcades)** ☎ **05-63-39-86-21.** ♿ Fermé le lundi, le samedi midi et le dimanche soir, ainsi que le mardi soir hors saison. Congés annuels : la 2e quinzaine d'octobre. Accès : par la D12, direction Donzac, puis la D30 sur la gauche. Menus à 18 €, sauf les week-end et jours fériés, et de 23 à 40 €. Un des bons restaurants du coin, joliment situé sur cette belle place de village. Intérieur clair et cossu. Le magnifique 1er menu permet de goûter à une cuisine du terroir raffinée pour un prix plus que raisonnable. Spécialités : caille farcie en cocotte sauce chutney abricots, crépinette de canard et son magret émincé jus olivette ou ravioles tout chocolat avec sorbet menthe et son coulis...

AX-LES-THERMES 09110

Carte régionale B2

🏠 ▮●▮ *Le Châlet* ** – **av. Turrel (Centre)** ☎ **05-61-64-24-31. Fax : 05-61-03-55-50.** ● www.le-chalet.fr ● TV. Fermé le dimanche soir et le lundi. Congés annuels : la première semaine de mars et en novembre. Accès : face aux thermes du Teich. Chambres doubles à 40 €. Menus à

16 € (sauf jours fériés) et de 18,50 à 38 €. C'est un jeune couple fort sympathique qui a repris cet hôtel très agréable. Les chambres sont lumineuses et propres. Certaines donnent sur l'Ariège, qui coule le long des thermes du Teich. Belle salle de restaurant et cuisine réputée, membre des tables gourmandes de l'Ariège. Seul le poussin au civet de champignons s'en plaindra ! *Apéritif maison offert à nos lecteurs sur présentation de ce guide.*

â ▮●▮ *Le Grillon* ** – rue Saint-Udaut (Sud-Est) ☎ 05-61-64-31-64. Fax : 05-61-64-67-96. ● www.hotel-le-grillon.com ● TV. Satellite. Resto fermé le mardi, le mercredi en dehors des vacances scolaires, mais service assuré pour les clients de l'hôtel. Congés annuels : de mi-novembre à début décembre. Accès : à 300 m de la place du Breilh. Chambres doubles confortables de 42 à 44 € avec douche et w.-c. ou bains. Menus de 16 à 26 €. Bel hôtel, dans le style montagnard, offrant de confortables chambres, dont une spacieuse pour 4 personnes ; certaines avec vue sur les toits de la ville ou sur la montagne. Possibilité, bien sûr, de pension et demi-pension. Tenu par un couple de jeunes dynamiques qui connaissent fort bien la région (et les randonnées à pied). Au resto, confit de canard aux pommes, nombreux plats de viande de bœuf « certifié gascon », et formules de poisson du jour. Produits bio. Mais, évidemment, tout ça change souvent. Possibilité de randonnées pédestres, avec comme guide un accompagnateur diplômé d'État. Pour les skieurs, forfait à tarif préférentiel. *10 % sur le prix de la chambre (hors juillet-août) offerts à nos lecteurs sur présentation de ce guide.*

â ▮●▮ *L'Orry Le Saquet* – RN20 (Sud) ☎ 05-61-64-31-30. Fax : 05-61-64-00-31. ● www.auberge-lorry.com ● Parking. TV. Satellite. Fermé le mardi soir et le mercredi. Congés annuels : en janvier et pendant les vacances scolaires de la Toussaint. Accès : à 2 km du centre-ville, direction Andorre. Chambres doubles avec bains à 50 €. 1er menu à 18 €, autres menus de 25,50 à 60 €. Une maison qui sent bon la vie, comme la cuisine. L'une des meilleures tables d'Ariège, animée par un grand chef d'origine alsacienne, Marc Heinrich. Le rapport qualité-prix nous a laissés pantois. Découvrir le menu à 18 € seulement, avec ses cannellonis de canard au parfum de cèpes, sa jambonnière de volaille farcie à la rouzolle et cuisinée en civet. Un délice qui nous fait goûter le langage des saveurs. En mets, fait ce qui nous plaît. Côté hôtellerie, des chambres neuves et pimpantes, parfaitement équipées (baignoire balnéo dans l'une des suites à 145 € pour deux). *Apéritif maison offert à nos lecteurs sur présentation de ce guide.*

BAGNÈRES-DE-BIGORRE 65200

Carte régionale A2

â *Hôtel d'Albret* ** – 26, rue de l'Horloge (Centre) ☎ 05-62-95-00-90. Fax : 05-62-91-19-13. ● eric.coel@wanadoo.fr ● Congés annuels : de fin octobre à début février. Accès : à l'angle de la paisible place d'Albret. Chambres doubles avec lavabo à 21,35 € (douche sur le palier à 1,50 €) ou avec douche et w.-c. ou bains à 30,50 €. Jolie façade Art déco. Chambres à l'ancienne, assez grandes, aux couleurs fraîches, avec de jolis meubles et une nostalgique baignoire-sabot dans la salle de bains. Pas de double vitrage, mais la rue est plutôt calme. Très bon accueil du couple franco-belge qui tient la maison. Une bonne adresse au rapport qualité-prix impeccable. *10 % sur le prix de la chambre offerts à nos lecteurs sur présentation de ce guide.*

â ▮●▮ *Hôtel de la Paix* ** – 9, rue de la République (Centre) ☎ 05-62-95-20-60. Fax : 05-62-91-09-88. ● www.hotel-delapaix.com ● TV. Canal+. Satellite. Congés annuels : du 10 décembre au 10 janvier. Chambres doubles de 23 € avec lavabo à 53,50 € avec bains. 1er menu à 13 € servi midi et soir, menus suivants à 16 et 23 €. Compter environ 23 € à la carte. Établissement à l'allure de bonbonnière (hall décoré de tissus saumon, rose et blanc éclatants). D'aucuns trouveront l'ensemble un peu kitsch, mais le confort est bel et bien là et l'accueil impeccable. Chambres très différentes les unes des autres (demander à en voir plusieurs), ordonnées autour d'un patio-solarium ou donnant sur le jardin. Les nos 19 et 20 possèdent même un petit balcon. Trois salles de resto. Cuisine traditionnelle. Pensez à réserver car la maison accueille parfois des séminaires. Coin bar. *Apéritif maison offert à nos lecteurs sur présentation de ce guide.*

▮●▮ *Le Bigourdan* – 14, rue Victor-Hugo (Centre) ☎ 05-62-95-20-20. Fermé le dimanche soir et le lundi. Congés annuels : 1 semaine en juin et 1 semaine en novembre. Nombreux menus de 11,50 à 21 €. Dans une rue piétonne, au 1er étage d'une ancienne maison traditionnelle. Poutres apparentes, crépi, natures mortes pour de bonnes spécialités régionales à base de produits frais. Un choix rabelaisien. Quelques exemples de cette carte longue comme le bras : ravioles aux trompettes, terrine de pieds de porc au foie gras, émincé de bœuf, piments d'Espelette, Saint-Jacques aux haricots tarbais, Tatin de navets au foie gras et orange, gratin de framboises au citron, etc. *Apéritif maison offert à nos lecteurs sur présentation de ce guide.*

MIDI-PYRÉNÉES

|●| *Crêperie de l'Horloge* – 12, rue Victor-Hugo (Centre) ☎ 05-62-95-37-12. Fermé le dimanche, le lundi et le mardi hors saison. Congés annuels : en novembre. Compter 12 € environ pour un repas. Galettes de 3 à 5 €. Plat du jour à 7 €. Façade rétro et très jolie décoration intérieure, avec piliers et comptoir flanqués de partitions de musique, vieille machine à écrire, balance Roberval, chromos, pots de fruits confits et hortensias bleus qui confèrent à cette ancienne épicerie une atmosphère de vieux bistrot parisien. Suggestion du jour qui s'autorise certaines originalités (hachis parmentier au canard, curry de poisson riz thaï, tajine, *chili*, sardines farcies aux épices, etc.). Large choix de crêpes sucrées et galettes au sarrasin, toutes savoureuses. Ambiance jeune et alternative. Agréable terrasse aux beaux jours.

DANS LES ENVIRONS

LESPONNE 65710 (10 km S)

🏠 *Domaine de Ramonjuan* ✶✶ ☎ 05-62-91-75-75. Fax : 05-62-91-74-54. • www.ramonjuan.com • Parking. TV. ♿ Fermé le dimanche soir et le lundi. Accès : suivre la D935 jusqu'à Baudéan puis tourner à droite (D29) ; à la sortie de Lesponne, direction Le Chiroulet, sur la droite. Chambres doubles avec douche et w.-c. de 43 à 50 €. Demi-pension de 42 à 50 € par personne. Menus à 8,38 € le midi, puis de 15 à 27 €. À 800 m d'altitude, ancienne ferme restaurée avec goût dans l'esprit montagnard. Agréables chambres répondant à des noms de fleurs (lys, edelweiss, iris, etc.), avec ameublement en pin. Possibilité aussi de louer des appartements de vacances. Et une foule d'activités au domaine (tennis et VTT dans le parc au bord de l'Adour ; sauna, bains à remous, salle d'entretien physique, ping-pong, piscine, salon billard, baby-foot dans l'ancienne grange) ou dans les environs (rafting, karts de descente, parapente...). Pas mal de séminaires pour cette raison, alors pensez à réserver. *10 % sur le prix de la chambre (hors vacances scolaires) offerts à nos lecteurs sur présentation de ce guide.*

BAGNÈRES-DE-LUCHON   31110

Carte régionale A2

🏠 |●| *L'Auberge de Castel-Vielh* – route de Superbagnères (Sud) ☎ et fax : 05-61-79-36-79. Parking. TV. Fermé le mercredi, sauf en février, juillet, août et à Noël. Accès : à 3 km de Bagnères-de-Luchon, route de Superbagnères à gauche. Chambres doubles avec douche et w.-c., spacieuses et donnant sur la montagne, de 38,15 à 45,75 €. Menus de 15,25 à 34,30 €. Menu-

enfants à 7,62 €. Là aussi, une jolie maison dans le style du pays, isolée sur une butte verdoyante. Grand jardin et terrasse agréable. Cuisine réputée. À la carte : gambas aux mousserons, *pétéram* luchonnais, fricassée de ris d'agneau aux mousserons, tripounet d'agneau à l'ancienne, et le délicieux *pan crémat* (« pain brûlé » en patois local), spécialité au foie gras ! Accueil sympa.

|●| *Le Pailhet* – 12, av. du Maréchal-Foch (Ouest) ☎ 05-61-79-09-60. Parking. Fermé le lundi (sauf pendant les vacances scolaires). Congés annuels : du 15 novembre au 1er décembre. Accès : à côté de la gare. Menus de 13 à 26 €. Derrière la treille de cette maison flanquée d'un bar-tabac, une petite salle toujours remplie d'habitués. Normal, ils savent (et vous aussi, désormais, heureux lecteur !) qu'est servie ici, sans chichis, une franche et généreuse cuisine régionale : cuisses de grenouilles à la crème d'ail, magret de canard au pain d'épice et aux myrtilles et, bien sûr, *pétéram* et pistache aux haricots du Comminges. *Apéritif maison offert à nos lecteurs sur présentation de ce guide.*

DANS LES ENVIRONS

MONTAUBAN-DE-LUCHON 31110 (2 km E)

🏠 |●| *Les Cascades* ✶✶ ☎ 05-61-79-83-09. Fax : 05-61-79-79-16. TV. Congés annuels : du 11 octobre à fin mars. Accès : prendre la direction de la route forestière du Herran, dans la côte de l'église de Montauban. Chambres doubles à 33,55 € avec lavabo, 38,15 € avec douche et w.-c. Demi-pension, à partir de 3 nuits, à 44 € par personne. Menus à 18,30 €, le midi en semaine, puis de 24,40 à 44,20 € le dimanche seulement. Réservation très recommandée, car établissement exceptionnel. D'abord pour sa situation, à flanc de montagne au milieu d'un grand parc. Calme assuré. L'été, on mange en terrasse avec le plus beau panorama rêvé sur la vallée. Très belle cuisine traditionnelle. Vous y trouverez bien sûr le *pétéram* et la *pistache*. Spécialités de viande aussi, que l'on déguste dans une salle à manger noire et bleue, élégante et chaleureuse. Une dizaine de chambres coquettes et agréables. À noter que la maison est bâtie sur un site classé, à proximité d'une belle cascade de 45 m. *Apéritif maison offert à nos lecteurs sur présentation de ce guide.*

CASTILLON-DE-LARBOUST 31110 (6 km O)

🏠 |●| *Hôtel L'Esquérade* ✶✶ ☎ 05-61-79-19-64. Fax : 05-61-79-26-29. • www.esquerade.com • Parking. TV. Satellite. Fermé les lundi midi et mardi midi (sauf en juillet, août et septembre). Congés annuels : du 5 août au 31 avril et du 15 novembre au 15 décembre. Accès : par la D618, route du col de Peyresourde, à 1 km après Saint-Aventin, l'hôtel est en contrebas de la route. Chambres doubles de 38 à 48 €. Menus à 15 €, sauf jours fériés, leur veille au soir et le dimanche midi, et jusqu'à 58 € (menu dégustation). À 954 m d'altitude. Dans une campagne verdoyante, un hôtel confortable, dans le style du pays (pierre et balcon de bois) et repris par un jeune chef prometteur. La plupart des chambres donnent sur la vallée. Possibilité de demi-pension. Chaleureux décor intérieur. Accueil convivial et excellente cuisine. La carte est renouvelée à chaque saison à base de produits pyrénéens : *pétéram* luchonnais, poêlée de cuisses de grenouilles fraîches en persillade, pain perdu confiture, moelleux au chocolat, etc. Belle carte des vins des environs. *10 % sur le prix de la chambre (à partir de 3 nuits) ou digestif maison offerts à nos lecteurs sur présentation de ce guide.*

MELLES 31440 (30 km NE)

🏠 |●| *Auberge du Crabère* – **village** ☎ **05-61-79-21-99. Fax : 05-61-79-74-71.** Fermé le mardi soir et le mercredi sauf pendant les vacances scolaires. Congés annuels : en fin novembre-début décembre. Accès : par la D618 puis la N230. Chambres doubles avec lavabo à 36 €. Demi-pension demandée toute l'année, à 29,73 € par personne. Un petit menu « randonneur » (l'auberge est sur le GR10) à 11,43 €, autre menu à 20,90 € et carte. Imposante maison bourgeoise au cœur du village. Quelques chambres spacieuses et rustiques. Le patron, Patrick Beauchet, a longtemps travaillé comme cuisinier sur des paquebots transatlantiques. Il a fait siens les produits de cette montagne (écrevisses, champignons des bois et gibier en saison). Il a même écrit 2 recueils : *Mes Recettes de Comminges et des Pyrénées centrales* et *La Vanille, 10 façons de la préparer*. Déco et accueil chaleureux.

BARÈGES 65120

Carte régionale A2

|●| *Auberge du Lienz, Chez Louisette* – **Le Lienz** ☎ **05-62-92-67-17.** Congés annuels : 1 semaine fin avril et en novembre. Accès : à 3 km de Barèges en direction du Tourmalet puis tourner vers le plateau de Lienz. Petit menu randonneur à 14 € et autre menu à 26 €. Un des sites les plus agréables de la vallée, au milieu des arbres et au départ de la route des lacs de la Glère et du Néouvielle. En hiver, les pistes descendent jusque-là. On se croirait un peu dans une « guinguette de montagne », grâce à cette terrasse aux beaux jours. Le

1er menu est simplissime, alors on se laisse plus volontiers tenter par les menus les plus chers... Bonne cuisine du dimanche avec une touche montagnarde, du style rosace de magrets aux myrtilles, truite fario fourrée aux cèpes ou escalope de foie de canard poêlé au pain d'épice et au miel, marbré de lentilles au confit de canard et poivre vert, côtelettes de mouton Barèges-Gavarnie, le tout proposé sur de belles ardoises. Desserts un peu chers mais service empressé. *Apéritif maison offert à nos lecteurs sur présentation de ce guide.*

BELCASTEL 12390

Carte régionale B1

🏠 |●| *Hôtel-restaurant du Vieux Pont**** – ☎ **05-65-64-52-29. Fax : 05-65-64-44-32.** ● www.hotelbelcastel.com ● Parking. TV. Fermé le lundi, le mardi midi et le dimanche soir. Congés annuels : du 1er janvier au 15 mars. Accès : au pied du château féodal. Chambres doubles tout confort de 68 à 75 €. Demi-pension de 79 à 85 € par personne. Menus de 24 à 63 €. Dans ce village, les sœurs Michèle et Nicole Fagegaltier sont incontournables. Au sein de leur maison d'enfance, l'accueil est irréprochable, et elles vous feront découvrir que tradition et créativité font bon ménage. Une des meilleures tables de la région, à base de produits régionaux sélectionnés, de vieilles recettes familiales rajeunies avec un savoir-faire indéniable, et d'une touche féminine qui fait toute la différence. Les prix grimpent vite, mais on en a vraiment pour son argent. Situé de l'autre côté de la rivière, en traversant le petit pont du XVe siècle, l'hôtel n'a rien à envier à la cuisine. Chambres élégantes, décor clair et soigné, plein de petites attentions. Accueil, sens du détail et service remarquables. Un établissement à l'image de Belcastel : parfait sous tous les angles. Réservation indispensable.

BIERT 09320

Carte régionale A2

|●| *Auberge du Gypaète Barbu* – **pl. de l'Église (Centre)** ☎ **05-61-04-89-92.** Fermé le lundi et le dimanche soir. Congés annuels : 10 jours fin juin, 10 jours fin septembre et de mi-décembre à mi-janvier. Accès : à 2 km de Massat, dans les Pyrénées ariégeoises, sur la route (superbe) entre Saint-Girons et Tarascon-sur-Ariège. Menus de 13 à 29 €. À la carte, compter 18,30 €. Camille Coutanceau a quitté l'hôtellerie familiale, à Massat, pour voler de ses propres ailes. Et ce drôle d'oiseau a repris, avec sa femme, ce bistrot de village, joliment refait, sur la place centrale, en lui

MIDI-PYRÉNÉES

donnant comme nom celui d'un charognard mythique, lui aussi de retour en ces lieux. Menus superbes et simples à la fois. Goûtez, entre autres, le ris d'agneau en feuilleté aux morilles, la tourte au confit de canard, le foie gras poêlé aux pommes et le soufflé au chèvre du Fourgarol. Terrasse face à l'église de Biert.

CAHORS   46000

Carte régionale A1

🏠 |●| *Auberge de jeunesse* – 20, rue Frédéric-Suisse (Centre) ☎ 05-65-53-97-02. Fax : 05-65-35-95-92. ● www.fuaj.org ● Cartes de paiement refusées. Restaurant fermé le samedi soir, le dimanche et les jours fériés. 8,50 € la nuit. Petit déjeuner à 3,20 €. Repas à 7,80 €, sauf le samedi soir, le dimanche et les jours fériés. Une agréable auberge de jeunesse qui partage avec un foyer de jeunes travailleurs les murs pleins d'atmosphère d'un ancien monastère du XVIIᵉ siècle, avec jardinet bordant une imposante façade. Splendide montée d'escaliers et longs couloirs pavés de larges pierres plates érodées. Chambres de 2 à 11 lits. Accueil très sympa et point info Internet. Dans l'ancienne chapelle, expos, débats et concerts. Carte FUAJ obligatoire. Restaurant ouvert à tous. Laverie à disposition.

🏠 *Hôtel de France* *** – 252, av. Jean-Jaurès (Centre) ☎ 05-65-35-16-76. Fax : 05-65-22-01-08. ● www.hoteldefrance-cahors.fr ● Parking. TV. Canal+. Satellite. ♿ Congés annuels : 15 jours entre Noël et le Jour de l'An. Accès : avenue menant à la gare ; à deux pas du pont Valentré. La chambre double de 40 à 60 € selon le confort. Moderne et fonctionnel. Sans doute le plus grand hôtel de Cahors, avec 80 chambres spacieuses et impeccablement entretenues. Toutes sont très bien équipées, certaines ont la clim' et les plus calmes sont côté cour. L'ensemble n'a pas plus de charme qu'un hôtel de chaîne, mais on ne vient pas ici pour séjourner. Accueil courtois et réservé.

🏠 *Hôtel À l'Escargot* ** – 5, bd Gambetta (Centre) ☎ 05-65-35-07-66. Fax : 05-65-53-92-38. TV. Câble. Fermé le dimanche soir hors saison. Chambres doubles avec douche et w.-c. de 47 à 58 €. Au premier regard, la devanture semble assez banale. Ne vous y fiez pas ! Les patrons investissent dans l'amélioration constante de leurs chambres situées dans une annexe toute proche, donc très calme. Toutes ont une déco très agréable, leurs meubles sur mesure et leurs rideaux assortis. Par la fenêtre, vue sur l'église ou sur des jardins particuliers. Notre coup de cœur, la n° 9, avec sa fenêtre à baies géminées et sa

mezzanine. Petit déjeuner copieux. Accueil très sympathique. *10 % sur le prix de la chambre (hors juillet-août) offerts à nos lecteurs sur présentation de ce guide.*

🏠 |●| *Le Grand Hôtel Terminus* *** – 5, av. Charles-Freycinet (Ouest) ☎ 05-65-53-32-00. Fax : 05-65-53-32-26. ● terminus.balandre@wanadoo.fr ● Parking. TV. Satellite. ♿ Resto fermé le dimanche et le lundi. Accès : pas loin de la gare. Chambres doubles de 57 à 92 €, selon l'équipement, l'étage et la situation. Menus à 34 € (en semaine), 50 et 90 €. Formule « La Grignote » au bar, à midi et en semaine, à 15 €. Un bien bel établissement au charme début de XXᵉ siècle, pimpante et bien vivante. C'est une même famille qui, depuis sa création, perpétue de génération en génération une certaine idée de la tradition hôtelière. Les chambres, vastes et cossues, toutes climatisées, certaines avec terrasse, font oublier l'environnement un peu triste et la gare voisine. Décoration ultra-classique avec beaux rideaux, un guéridon par-ci, un fauteuil Voltaire par-là, et pourquoi pas un joli bureau pour votre correspondance ou la rédaction de votre journal de voyage. L'ensemble a du charme. Fait aussi restaurant, avec une table étoilée très réputée dans toute la région et une intéressante formule servie au bar à midi.

|●| *Bateau-restaurant Au Fil des Douceurs* – 90, quai de la Verrerie (Est) ☎ 05-65-22-13-04. Fermé le dimanche et le lundi. Congés annuels : 2 semaines début janvier et 2 semaines fin juin-début juillet. Accès : par le pont Cabessut. Formule du déjeuner en semaine à 12,50 €, puis menus de 16,50 à 43 €. Sur le Lot aux couleurs changeantes, une pénichette croquignolette amarrée solidement face à la vieille ville de Cahors. De la cambuse arrivent de beaux produits cuisinés avec finesse. Au niveau des cuissons, de la présentation, beaucoup de rigueur et de précision. Sobre brochette de magret et foie gras de canard, agnelet farci ou foie gras poêlé aux fruits de saison pour varier les plaisirs. Des desserts plutôt bien balancés. Service efficace et sympathique. Sur les tables, belles pièces décoratives en sucre soufflé. Dommage que la décoration de l'ensemble de la péniche n'ait pas été aussi soignée...

|●| *Restaurant Le Lamparo* – 76, rue Clemenceau (pl. de la Halle) ☎ 05-65-35-25-93. Fermé le dimanche. Chaises hautes à disposition. Formule à 11 €. Menus à 15 et 20 €. Un restaurant agréable en toutes saisons, où l'on se régale autant avec une pizza maison qu'avec un filet de bœuf au foie gras, à deux pas du marché, quel bonheur ! Les deux salles ne désemplissent pas, toutes les générations trouvent leur compte avec les différents menus, le service est speed mais pas triste pour autant.

« Lola » Lestrade, propriétaire d'une rare gentillesse (faut le signaler quand on en trouve encore !) a eu par ailleurs la bonne idée de transformer les chambres du vieil hôtel en trois mini-appartements au charme fou (compter entre 46 et 62 €). Mobilier chaleureux, couleurs toniques, propreté méticuleuse et entrée directe, on se sent chez soi ! *NOUVEAUTÉ.*

DANS LES ENVIRONS

PRADINES 46090 (3 km NO)

🏠 |●|*Le Clos Grand* ** – **Laberaudie** ☎ **05-65-35-04-39. Fax : 05-65-22-56-69.** Parking. TV. Canal+. Satellite. Accès : D8 route de Pradines-Luzech. Chambres doubles de 41 à 54 €. Demi-pension à 50 €. Menus à 15 €, sauf le dimanche, puis à 22 et 32 €. Charmante auberge de campagne. Calme et grand jardin verdoyant avec un bananier (si !). Chambres décorées sobrement, mais proprettes et agréables. Demander à dormir dans l'annexe au fond du jardin, d'où l'on a vue sur la campagne. De plus, il y a une piscine (réservée aux clients de l'hôtel) et l'accueil est vraiment agréable. Restaurant traditionnel très correct où les amateurs de poisson se régaleront avec l'assiette du pêcheur et les autres avec un succulent filet de bœuf aux cèpes. Salle à manger au beau décor rustique, avec une grande cheminée, ou, aux beaux jours, splendide terrasse ombragée dans le jardin. *Apéritif maison offert à nos lecteurs sur présentation de ce guide.*

ALBAS 46140 (25 km O)

|●|*Auberge d'Imhotep* – **à Rivière-Haute (Est)** ☎ **05-65-30-70-91.** Fermé le dimanche soir et le lundi. Accès : par Luzech et la D8. Plusieurs menus de 13 à 39 €. Sur les rives d'une des langoureuses boucles du Lot, un petit resto pas ordinaire qui rend hommage à ce médecin et architecte égyptien qui mit au point, quelque 26 000 ans avant notre ère, la technique du gavage. Ici, pas de falbala, mais des produits presque bruts, servis sans fioritures pour mieux les apprécier ou les redécouvrir. Magret en brochette au curry, foie gras en escalope, frais et poêlé, civet de canard, etc. Papa aux fourneaux, et sa fille au service. Petite salle et mignonne terrasse, places limitées, donc réservation hautement recommandée. Également vente de foie gras à emporter. *Apéritif maison offert à nos lecteurs sur présentation de ce guide.*

CAHUZAC-SUR-VÈRE   81140

Carte régionale B1

|●|*La Falaise* – **route de Cordes** ☎ **05-63-33-96-31.** ♿ Fermé le dimanche soir et le lundi, ainsi que le vendredi soir sauf jours fériés. Accès : à 15 km du nord de Gaillac, par la D922. Menus de 19 €, le midi en semaine, à 36 €. Cette *Falaise* a déjà fait grimper toute la région. On y court pour la cuisine raffinée de Guillaume Salvan, son art magique pour associer les saveurs, ce mariage réussi du terroir et de l'innovation ! En outre, salle à manger des plus plaisantes avec couleurs et meubles en bois blanc. Quelques fleurons au gré des saisons et du marché : escargots aux artichauts et vieux jambon, *pimientos del piquillo* farcis à la brandade, jarret de veau mœlleux rôti aux cèpes, croustade chaude aux pommes caramélisées... Conseils judicieux pour les vins, toujours bien adaptés aux plats. Carte bien fournie où l'on trouve les meilleurs gaillac, dont les Plageoles, ça va de soi ! Fort beaux desserts. Réservation vivement conseillée. Bref, un must !

CAJARC   46160

Carte régionale B1

🏠 |●|*Hôtel-restaurant La Ségalière* – **route de Cadrieu** ☎ **05-65-40-65-35. Fax : 05-65-40-74-92. ● www.pro.wanadoo.fr/hotesegaliere ●** TV. Fermé le midi sauf les samedi et dimanche et en juillet-août. Congés annuels : de mi-novembre à mi-mars. Chambres doubles à 64 €. Premier menu à 14,50 €, le midi en semaine ; autres menus de 19 à 45,50 €. Au pays des vieilles pierres, voici un établissement moderne où il fait bon séjourner. Environnement verdoyant, belle grande piscine, et des chambres fonctionnelles avec de charmantes terrasses. Dans les assiettes, du traditionnel revisité avec adresse et bonne humeur. Truite sautée aux amandes et au miel, foie gras flambé à la vieille prune, etc. Joli choix de cahors pour faire glisser tout ça. *NOUVEAUTÉ.*

CARMAUX   81400

Carte régionale B1

|●|*Restaurant La Mouette* – **4, pl. Jean-Jaurès (Centre)** ☎ **05-63-36-79-90.** Fermé le dimanche soir et le lundi soir. Congés annuels : 1 semaine en janvier et 1 semaine en octobre. 4 menus de 9,50 €, le midi en semaine, à 40 € ; le soir, formule jeune à 8 €. Sans doute la meilleure adresse gastronomique de Carmaux. Dans un décor original et moderne, M. Régis propose plusieurs menus en passant par un menu

« Jaurès » et un menu surprise. Quelques spécialités : pieds de veau grillés, ravioles de magret fumé, millefeuille de pain d'épice glacé, etc. Pratiquement tout est fait sur place. *Apéritif maison offert à nos lecteurs sur présentation de ce guide.*

CASTELNAU-DE-MONTMIRAL   81140

Carte régionale B1

🛏 ▮●▮ *Auberge des Arcades* ☎ 05-63-33-20-88. Attention, pas de service après 21 h. Congés annuels : du 13 au 31 janvier. Accès : place centrale (place des Arcades). Chambres mansardées à 30 et 42 € avec douche ou bains. Demi-pension à 42 € ou pension à 52 € par personne. 1er menu à 10,50 €, le midi en semaine, et autres menus de 14 à 32 €. Chambres d'une grande simplicité mais correctes. Certaines donnent sur la place, superbe. Au resto, menu du jour le midi, avec fromage, vin et dessert, genre routier du Sud-Ouest, sans fioritures. Spécialités de civet de sanglier et de confit de canard. Le bar est un haut lieu de la vie locale. *10 % sur le prix de la chambre (hors juillet et août) ou apéritif maison offerts à nos lecteurs sur présentation de ce guide.*

DANS LES ENVIRONS

LARROQUE 81140 (14 km NO)

▮●▮ *Au Val d'Aran* – **Le Village, au bourg** ☎ 05-63-33-11-15. Fermé le soir en basse saison et le samedi. Accès : sur la D964 vers Bruniquel, à 3 km de Puycelci. Menu, le midi en semaine, à 11 €. Autres menus de 15 à 24 €. L'auberge de village comme on en rêve encore : sans esbroufe, joyeuse et généreuse. Salle à manger confortable, véranda ou terrasse, au choix, suivant les saisons. Patrons chaleureux, fusionnant vite avec la clientèle. Le 1er menu est l'un des plus beaux qu'on connaisse : copieuse charcutaille, puis crudités, plat consistant, fromage et dessert. Spécialités de civet de sanglier, escargots à l'espagnole, grillade au feu de bois. Pour la sieste et les calins, un pré n'est jamais loin d'une telle adresse ! Et si vous le demandez, le patron vous sonnera de la trompe de chasse. *Café offert à nos lecteurs sur présentation de ce guide.*

CASTELNAU-MAGNOAC   65230

Carte régionale A2

🛏 ▮●▮ *Hôtel Dupont* ** – **pl. de l'Église (Centre)** ☎ 05-62-39-80-02. Fax : 05-62-39-82-20. TV. ♿ Accès : de Lannemezan,

par la D929. Chambres doubles avec douche et w.-c. ou bains de 30,50 à 32 €. Nombreux menus de 9,50 à 20 €. Détail rigolo : ils sont un tout petit peu moins chers le soir ! La maison, qui a plus de 150 ans, se place sous le signe de la tradition. Chambres spacieuses et accueillantes (rappelant celles de nos grands-mères). Réveil matinal au tintement des cloches pour bien démarrer la journée. Piscine à l'annexe (la *Métairie*), ouverte en juillet-août. Côté fourchette, grande salle à manger néo-rustique où vous dégusterez une cuisine de terroir particulièrement généreuse qui fait la part belle au canard, sans oublier la délicieuse (et inattendue) soupe aux moules. *Apéritif maison offert à nos lecteurs sur présentation de ce guide.*

CASTELSARRASIN   82100

Carte régionale A1

🛏 *Hôtel Marceillac* ** – **54, rue de l'Égalité** ☎ 05-63-32-30-10. Fax : 05-63-32-39-52. ● www.hotelmarceillac.com ● Parking payant. TV. Accès : dans une rue donnant sur la place de la Liberté. Chambres doubles avec douche et w.-c. ou bains de 34 à 42 €. Grande surprise lorsque l'on pousse la porte de cet hôtel apparemment banal. Loin des bruits de la rue, les chambres donnent sur une petite cour intérieure éclairée par une véranda, et la réception est dans une cage en verre. Cette architecture aérée et les couleurs claires des murs lui donnent l'aspect d'un établissement de ville thermale. Les chambres ont tout autant de charme que le reste, avec leur mobilier ancien. Pour finir, l'accueil est charmant. *10 % sur le prix de la chambre (sauf en juillet-août) offerts à nos lecteurs sur présentation de ce guide.*

CASTERA-VERDUZAN   32410

Carte régionale A1-2

▮●▮ *Le Florida* – **rue du Lac** ☎ 05-62-68-13-22. ♿ Fermé le dimanche soir et le lundi sauf jours fériés. Congés annuels : pendant les vacances scolaires de février. Le midi en semaine, excellent menu à 12 €. Sinon, beaux menus de 21 à 40 €. Très vieille maison (Angèle, la grand-mère, y officiait déjà) proposant une cuisine réputée. Aujourd'hui, c'est Bernard Ramounéda qui veille sur le patrimoine familial. Pour vous mettre l'eau à la bouche : salade de boudin tiède aux pommes, tarte Tatin et foie de canard sauce caramélisée, foie gras de canard au floc de Gascogne, croustillant de pieds de porc... En dessert, un épatant soufflé aux pruneaux. De très beaux produits, cuisinés avec respect et précision, servis avec gentillesse et efficacité. Tout là-haut, grand-mère Angèle peut être fière ! *Café offert à nos lecteurs sur présentation de ce guide.*

Carte régionale B2

🛏 *Hôtel Rivière* ** – **10, quai Tourcaudière (Centre)** ☎ 05-63-59-04-53. Fax : 05-63-59-61-97. Parking payant. TV. Accès : le long de l'Agout, face aux maisons de tanneurs. Chambres doubles de 26 à 43 €. Des chambres coquettes et qui sentent bon le propre. Reproductions d'impressionnistes un peu partout et accueil convivial. Tout ça donne un hôtel sympa et plutôt bon marché. Évitez les chambres donnant sur le quai, qui peuvent être bruyantes malgré le double vitrage (terrasse hyper animée aux beaux jours !).

🛏 ◉ *Hôtel de l'Europe* *** – **5, rue Victor-Hugo (Centre)** ☎ 05-63-59-00-33. Fax : 05-63-59-21-38. ● www.franceresa.com ● TV. Canal+. Satellite. Congés annuels : resto fermé en août. Accès : à 30 m de la place Jean-Jaurès. 50 € la chambre simple et 55 € la double avec douche et w.-c. ou bains. Restauration assurée sous forme de buffet, on mange ce qu'on veut pour 10 €, café compris, le midi et le soir. Très belle maison du XVIIIe siècle, découverte puis restaurée par une jeune équipe passionnée d'architecture, de peinture et de décoration. Résultat, un véritable atelier d'artistes qui se serait mué en prototype d'hôtel de charme ! Passé le capharnaüm poétique du patio fleuri, on découvre des chambres toutes plus séduisantes les unes que les autres, un subtil mélange de brique chaude et de verre, de poutres splendides et de mobilier design, de pierre de taille et de salle de bains moderne. Chacun choisit en fonction de ses propres fantasmes. Bravo ! Toutes sont équipées d'une salle de bains toute neuve (certaines ont même une belle baignoire avec escalier pour y accéder !), w.-c., téléphone et minibar. Bref, un remarquable rapport qualité-prix. Idem pour le restaurant où l'on peut vraiment se rassasier. *10 % sur le prix de la chambre offerts à nos lecteurs sur présentation de ce guide.*

◉ *Resto des Halles* – **pl. de l'Albinque (Centre)** ☎ 05-63-62-70-70. Fermé le dimanche soir et le lundi. Accès : au premier étage de la Halle Baltard. Plat du jour à 7,50 €. Menu en semaine à 10,60 €. Compter 23 € à la carte. Ah ! la bonne brasserie, comme on les aime, spécialisée dans la viande, choisie avec soin et accommodée avec goût : on hésite longtemps entre la côte de bœuf, le pot-au-feu, le bon vieux bœuf à la ficelle, l'andouillette à la moutarde. En plus, on est bien accueilli même si

on arrive un peu tard, les vins sont à des prix très corrects, bref, de quoi se faire plaisir sans détruire son budget. Terrasse panoramique. *Apéritif maison offert à nos lecteurs sur présentation de ce guide.*

◉ *Le Pescadou* – **20, rue des Trois-Rois (Centre)** ☎ 05-63-72-32-22. Fermé le dimanche et le lundi. Congés annuels : la semaine du 15 août et après les fêtes de fin d'année. Pas de menu. Compter 22,50 € à la carte. Quand le resto est plein, on dresse des tables dans la poissonnerie. Parce que le patron, issu d'une famille de pêcheurs de Sète, est d'abord poissonnier et ouvre son magasin tous les matins très tôt pour recevoir la marée du jour. Le seul plat fixe, c'est donc la bouillabaisse ou la soupe de poisson (pour le reste, peuchère ! ça dépend des arrivages). C'est bon, c'est frais, c'est copieux, c'est servi en rigolant et tout Castres s'y précipite. Terrasse en été (heureusement, car le resto est minuscule). *Apéritif maison offert à nos lecteurs sur présentation de ce guide.*

DANS LES ENVIRONS

BURLATS 81100 (10 km NE)

🛏 *Le Castel de Burlats* – **8, pl. du 8-Mai-1945** ☎ 05-63-35-29-20. Fax : 05-63-51-14-69. Parking. TV. Satellite. ⚹ Accès : par la D89 ou la D4 puis direction Burlats. Chambres doubles de 61 à 69 € avec douche et w.-c. ou bains. Menu à 20 €. Face à la collégiale romane, voici un château des XIVe et XVIe siècles offrant de romantiques chambres dans un cadre unique. Le proprio a su garder le charme et le naturel du cadre intérieur, sans surcharge. Chambres particulièrement spacieuses et confortables. Une dizaine en tout, parfois avec tomettes ou cheminée. Immense salon au bel ameublement, dans un cadre vraiment chaleureux pour la détente et la lecture. Il accueille aussi dans son salon de thé des gens ne logeant pas ici. Belle salle de billard dans un élégant style *British*. Parc bien agréable. Une de nos meilleures adresses chic.

ROQUECOURBE 81210 (10 km N)

◉ *La Chaumière* – **14, allée du Général-de-Gaulle (Centre)** ☎ 05-63-75-60-88. ⚹ Fermé le dimanche soir et le lundi. Accès : par la D89 ; traverser le village, venant de Castres, c'est sur la droite. Plat du jour à 9,15 €, servi midi et soir, et menus de 15,50 à 34 €. Resto à l'atmosphère familiale, dans un cadre rénové. Accueil très sympa. Plein de renseignements sur le coin et nourriture excellente. Vaste salle à l'arrière, au calme. Quelques spécialités : foie gras de canard mi-cuit, filet de sandre au beurre d'échalotes, tournedos aux morilles ou magret de canard au vinaigre de framboise, etc. Et puis, pour parfaire vos connaissances en gastronomie locale, demandez donc à la patronne le secret du *melsa* et de la *bougnette*. *Apéritif maison offert à nos lecteurs sur présentation de ce guide.*

SAINT-SALVY-DE-LA-BALME
81490 (16 km E)

I●I *Le Clos du Roc* – au bourg **(Centre)** ☎ 05-63-50-57-23. ⚒ Fermé le mercredi soir et le dimanche soir. Accès : par la D622, direction Brassac ; après 15 km, prendre la petite route sur la droite vers Saint-Salvy. Le midi, en semaine, menu à 9,91 € avec fromage, dessert et vin compris. Sinon, menus de 15 à 29,90 €. Une des valeurs sûres de la région. D'ailleurs, très recommandé de réserver. Situé dans une solide demeure de granit (Sidobre oblige !). Salle à manger à l'insolite volume (ancienne grange). Poutres vénérables. Décor de goût et de charme. Cuisine de grande réputation et prix tout à fait abordables. Spécialités de goujonnettes de truites, cuisse de canard au banyuls, jarret de porc confit aux pêches, croustades, etc. *Apéritif maison offert à nos lecteurs sur présentation de ce guide.*

CAUSSADE   82300

Carte régionale A1

🏠 I●I *Hôtel Larroque* ** – av. de la Gare **(Nord-Ouest)** ☎ 05-63-65-11-77. Fax : 05-63-65-12-04. ● **www.perso.club-inter net.fr/hotel.larroque** ● Parking. TV. Resto fermé le samedi midi et le dimanche soir hors saison. Accès : face à la gare. Chambres doubles avec bains à 44 €. Menus de 11,50 à 32 €. Une très vieille affaire familiale (depuis 5 générations !). Clientèle et atmosphère plutôt chic. Décoration intérieure cossue. Création d'un salon et de 4 appartements suites. On a bien aimé la chambre n° 6 avec sa petite terrasse donnant sur la piscine de l'hôtel. Cuisine de terroir revisitée avec brio : cassoulet, sandre aux trois confits, croustillant de petits-gris à l'huile de persil plat, noisette d'agneau, nougat glacé aux noix… Dommage que le service et l'accueil ne suivent pas toujours. *Apéritif maison offert à nos lecteurs sur présentation de ce guide.*

DANS LES ENVIRONS

MONTEILS 82300 (2 km NE)

I●I *Le Clos de Monteils* ☎ 05-63-93-03-51. Fermé le samedi midi, le dimanche soir et le lundi. Congés annuels : de mi-janvier à mi-février. Accès : par la D17. Menu-express à 13,50 €, le midi en semaine, menus à

20,50 €, le midi en semaine, 23,50 et 31 € le soir et le dimanche midi. À 2 km de la sortie d'autoroute, un petit détour gastronomique que vous ne regretterez pas... Un immense coup de cœur. Ça devrait suffire pour vous décider, au vu de la confiance que vous accordez à votre guide préféré ! Mais certains vont encore jouer les sceptiques et hésiter. Bernard Bordaries, après avoir été chef dans les plus grands restaurants de France (et du monde !), a décidé de venir s'installer dans ce joli prieuré, tout habillé de pierre et de vigne vierge. Avec l'aide de sa charmante épouse, ils ont créé un lieu à eux, empreint de charme, de délicatesse et de raffinement... En cuisine, Bernard Bordaries officie seul, et à un prix pareil, ça tient du miracle : méli-mélo de légumes herbes et salades, *ceviche* de maquereaux, tournedos de porc noir gascon... desserts somptueux. Après ça, si vous préférez la cantine de l'autoroute ! Terrasse pour les beaux jours. Dommage, toutefois, que le service soit un peu long. *Café offert à nos lecteurs sur présentation de ce guide.*

CAUTERETS   65110

Carte régionale A2

🏠 I●I *Le Sacca* ** – 11, bd Latapie-Flurin **(Centre)** ☎ 05-62-92-50-02. Fax : 05-62-92-64-63. ● **hotel.lesacca@wanadoo.fr** ● TV. Satellite. ⚒ Congés annuels : du 12 octobre au 5 décembre. Chambres doubles de 34 à 49 €. Demi-pension, demandée en juillet et août, de 28 à 44 € par personne. Menus de 12 à 27 €, servis midi et soir. Établissement, avec un décor moderne. Sous la direction de Jean-Marc, le chef de cuisine, voilà sans doute la meilleure table de Cauterets. Non seulement les recettes régionales sont raffinées, mais une place de choix est faite aux légumes – c'est suffisamment rare dans le coin pour le signaler. N'oublions pas la présentation des plats recherchée, les assiettes chaudes et le service très professionnel. Selon l'humeur du chef, Tatin de foie frais, dos de bar à l'espagnole, cassoulet, magret et confit, le tout précédé d'amuse-gueules en cas d'attente. *Le Sacca* est par ailleurs un hôtel, dont certaines chambres avec balcon donnent sur la montagne.

🏠 I●I *Hôtel du Lion d'Or* ** – 12, rue Richelieu **(Centre)** ☎ 05-62-92-52-87. Fax : 05-62-92-03-67. ● **www.perso.wana doo.fr/hotel.lion.dor** ● TV. Congés annuels : du 1er octobre au 20 décembre. Chambres doubles avec douche et w.-c. ou bains de 38 à 62 €. Petit déjeuner-buffet obligatoire à 7,50 €. Demi-pension de 36 à 51,50 € par personne. Menus à 16 et 20 €. Deux sœurs, Bernadette et Rose-Marie, gèrent cette affaire de famille, le plus ancien hôtel en activité de la station thermale, reconnaissable à sa façade jaune et bleue. Une vraie bonbonnière ! Rien n'a été laissé au hasard : l'ascenseur caché par une porte en bois, le sublime percolateur du bar, en passant bien sûr par la déco très cosy des chambres (pas une pareille !), toutes rénovées, avec d'élégantes appliques lumineuses, lits anciens et d'antiques téléphones en état de marche. Bonne cuisine familiale dans une salle gentiment rénovée mais qui a gardé son cachet. *10 % sur le prix de la chambre (sur la pension ou la demi-pension, hors vacances scolaires) offerts à nos lecteurs sur présentation de ce guide.*

▮●|*La Ferme Basque* – **route du Cambasque** ☎ **05-62-92-54-32.** Ouvert tous les jours en saison et sur réservation hors saison. Accès : à 2 km de Cauterets, sur la route du lac d'Ilhéou et de la station de ski. Menus de 15 et 19 €. La ferme propose crêpes et casse-croûte à l'ancienne depuis 1928. À cela s'est ajoutée une nourriture plus élaborée issue de l'exploitation : garbure aux épinards sauvages, boudin aux oignons, piperade, cassoulet de mouton, blanquette d'agneau, civet et côtelettes de mouton. Repas servis en saison sur la terrasse surplombant Cauterets. Produits fabriqués à la ferme en vente et spécialités sur réservation. Léon est un authentique berger qui se fera le plaisir de vous parler de son travail. Après avoir passé une vingtaine d'années à l'étranger, Chantal, polyglotte, a l'art et la manière d'accueillir... sans jamais se départir de son sourire et de sa bonne humeur. *Café offert à nos lecteurs sur présentation de ce guide.*

CAYLUS   82160

Carte régionale B1

🏠 ▮●|*Hôtel Renaissance* ** – **av. du Père-Huc** ☎ **05-63-67-07-26. Fax : 05-63-24-03-57.** TV. ❄Fermé le dimanche soir et le lundi. Congés annuels : 15 jours fin janvier-début février et 15 jours en octobre. Accès : sur l'avenue principale. Chambres doubles de 38 € avec douche et w.-c., à 44 € avec bains. Menu le midi du mardi au vendredi à 11 € ; autres menus de 17 à 32 €. Sur l'avenue principale de ce joli petit bourg. Chambres modernes et confortables. La table est aussi tout à fait honorable et la carte assez riche.

CONDOM   32100

Carte régionale A1

▮●|*Pizzeria L'Origan* – **4, rue du Cadeo (Centre)** ☎ **05-62-68-24-84.** Fermé le dimanche et le lundi (en saison, uniquement le dimanche et le lundi midi). Congés annuels : en septembre. Accès : sur le chemin de l'église, en face d'une école chrétienne. Menu à 10 € le midi avec plat du jour et dessert. Plat du jour seul à 8 €. Compter de 15,50 à 20 € à la carte. Mention spéciale pour cette pizzeria hors norme, très appréciée des autochtones. Ici, on est « chez Jacques » : un accueil remarquable, un service diligent et une cuisine savoureuse. Pizzas, pâtes et grosses salades. Goûtez aussi l'entrecôte « maison » ou l'escalope de veau *alla parmigiana*. Terrasse dans la ruelle, prise d'assaut aux beaux jours. *Apéritif maison offert à nos lecteurs sur présentation de ce guide.*

▮●|*Moulin du Petit Gascon* – **route d'Eauze** ☎ **05-62-28-28-42.** Fermé le dimanche soir et le lundi sauf de mi-juin à mi-septembre et les jours fériés. Congés annuels : 3 semaines en novembre, après la Toussaint. Accès : à la sortie de la ville, au bord de la Baïse, face au stade municipal. Formule du déjeuner en semaine à 12 €, puis menus de 16,50 à 32 €. Un lieu privilégié que l'on croirait volontiers créé pour le tournage d'un film pastoral : une écluse superbement restaurée, des berges où il fait bon se promener, une terrasse des plus champêtres et une savoureuse cuisine à prix doux : foie gras mi-cuit maison, cassoulet au confit de canard, osso buco, chausson d'évêque (magret entier avec foie frais poêlé), un délicieux gâteau au chocolat noir « délice du moulin », et mousse au chocolat à l'armagnac. Le midi en semaine, intéressante formule avec entrée, plat et dessert. Mais les autres menus ne devraient pas vous décevoir. Spécialités savoyardes en hiver (tartiflette, fondue, raclette à la meule). Et si la Baïse vous attire, laissez-vous aller à une croisière. *Café offert à nos lecteurs sur présentation de ce guide.*

CONQUES   12320

Carte régionale B1

🏠 ▮●|*Le Domaine de Cambelong* *** – **Cambelong** ☎ **05-65-72-84-77. Fax : 05-65-72-83-91.** ● **www.moulindecambelong.com** Parking. TV. ❄Fermé le midi en semaine sauf en juillet-août, le dimanche et les jours fériés. Congés annuels : de novembre à fin décembre et la 1re quinzaine de mars. Accès : au pied du village, le long du Dourdou. Chambres doubles grand confort de 99 à 145 € ; demi-pension demandée en saison à 90 €. Menus à 30 € (le midi) et 40 €. C'est l'un des derniers moulins à eau le long du Dourdou. Le cadre est magnifique et les chambres à la hauteur, vu leurs prix, avec pour certaines un balcon ou une terrasse privée surplombant la rivière. Des menus qui permettent à chacun de trouver son bonheur et une spécialité : le tournedos de canard à l'hypocras. On regrette un accueil parfois frileux et la demi-pension imposée en saison. *Pour nos lecteurs cependant, une entrée pour deux offerte pour voir le trésor de Conques, sur présentation de ce guide.*

DANS LES ENVIRONS

GRAND-VABRE 12320 (5,5 km N)

|●| *Chez Marie* ☎ 05-65-69-84-55. Parking. Fermé le soir du lundi au jeudi de mi-septembre à mi-mai. Congés annuels : en janvier. Accès : par la D901. 3 menus de 12,50 à 22 €. Menu « aligot » à 12 € le vendredi soir. Nièce de l'épicière du village, Marie concocte des petits plats de terroir aux prix imbattables, et on n'est pas déçu. Le décor est simple, rustique, et la terrasse couverte permet de manger dans la verdure. Accueil aimable, plein d'attention. Dans les (copieuses) assiettes, terrine de Marie, salade rouergate, poulet aux girolles, *estofinado* en saison, aligot (sur commande), gâteaux maison... Les amateurs se laisseront tenter par un verre de Saint-Hervé, l'apéro du coin à la fleur de sureau. Une bonne adresse de village, au service rapide, où il est préférable de réserver.

CORDES 81170

Carte régionale B1

🏠 *Hôtel de la Cité* ** – 19, rue Raymond-VII, haut de la cité (Centre) ☎ 05-63-56-03-53. Fax : 05-63-56-02-47. ● www.thuries.fr ● TV. Congés annuels : du 15 octobre au 30 avril. Accès : dans la ville haute. Chambres doubles avec bains de 45 à 50 €. 8 chambres seulement, dans un ensemble médiéval de charme. Chambres de caractère, spacieuses et hautes de plafond, avec poutres pour certaines et vue superbe sur la campagne environnante pour d'autres. Tout le confort et un prix fort raisonnable pour une ville très touristique. Même maison que l'*Hostellerie du Vieux-Cordes*.

🏠 |●| *Hostellerie du Parc* ** – Les Cabannes ☎ 05-63-56-02-59. Fax : 05-63-56-18-03. ● www.hostellerie-du-parc.fr ● Parking. TV. ♿ Fermé le dimanche soir et le lundi hors saison. Congés annuels : du 15 novembre au 15 décembre. Accès : à l'entrée des Cabannes. À 1 km en aval de Cordes. Chambres doubles à 50 et 60 €. 5 menus de 20 à 57 €. Menu-enfants à 10 €, gratuit pour les moins de 6 ans ! Grande salle à manger de style rustico-bourgeois, dans une maison en pierre qui donne sur un vieux parc et jardin fleuri. Service et accueil diligents. Le chef, Claude Izard, se veut le défenseur invétéré du goût et de l'authenticité. Sa cuisine, basée sur la tradition et le terroir (lapin aux choux par exemple), est toute de spontanéité, il est donc d'usage de lui demander ce qu'il a comme produits frais dans sa besace, afin qu'il vous sorte de sa poêle les mets les plus réussis. Les conserves sont maison ! Fait aussi hôtel ; chambres simples et assez confortables.

DOURGNE 81110

Carte régionale B2

🏠 |●| *Restaurant de la Montagne Noire* – 15, pl. des Promenades (Centre) ☎ 05-63-50-31-12. Fax : 05-63-50-13-55. ● hotel-restaurant-montagne-noire@wanadoo.fr ● TV. Satellite. ♿ Fermé le dimanche soir et le lundi. Congés annuels : les 3 premières de février et les 2 dernières semaines d'octobre. Accès : par la D85. Chambres doubles à 40 €. Menus à 13 €, sauf le samedi soir et le dimanche, puis de 18,50 à 32 €. Sur cette longue place de village, ombragée par de grands platanes, il ne manque quasiment qu'un peu de mistral et les cigales pour savourer à la méditerranéenne le temps qui fuit. Sur une plaisante terrasse, vous verrez débarquer une fort belle cuisine réalisée par David et Frédéric Gely, de vrais pros. Ici, on sort résolument de la routine confit-magret. Plats goûteux revisités de façon originale et livrés généreusement. Il faut goûter à la salade de pieds de cochon (entièrement désossés) aux échalotes confites, au suprême de caille en croûte de pommes de terre, tout en belles combinaisons de saveurs. Beaux desserts (ce qui n'est pas toujours le cas dans de nombreux bons restos) dont nous retiendrons le *tiramisù* maison, le gratin de fraises et le gâteau de crêpes aux agrumes. Une adresse qui fait honneur à ce précieux terroir et à qui l'on souhaite longue vie ! *10 % sur le prix de la chambre (hors juillet et août) offerts à nos lecteurs sur présentation de ce guide.*

DANS LES ENVIRONS

SAINT-AVIT 81110 (5 km NO)

|●| *Les Saveurs de Saint-Avit* – RD 14 ☎ 05-63-50-11-45. ♿ Fermé le dimanche soir et le lundi. Congés annuels : du 2 au 31 janvier. Accès : sur la route entre Soual et Massaguel. Menus à 17 € le midi, 23 € le dimanche, sauf le lundi. Compter 45 € à la carte. Le dernier-né des hauts lieux du Tarn gastronomique. Merci à la charmante Mme Scott, tarnaise, d'avoir enlevé son mari des fourneaux du *Savoy* à Londres pour l'entraîner dans notre Midi. Meilleur jeune cuisinier britannique en 1991, chef au *Ritz*, puis au *Savoy*, Simon avoue adorer pouvoir flâner sur les marchés, choisir ses

produits et être libre de sa créativité. Nous aussi ! Son canard doré au miel ou son risotto aux truffes fraîches sont des merveilles de légèreté. Et, pour ce niveau, les prix restent tout doux. Un seul regret : la carte des vins est encore un peu courte, mais ce défaut de jeunesse devrait rapidement disparaître. *Café offert à nos lecteurs sur présentation de ce guide.*

EAUZE 32800

Carte régionale A1

🏠 |●| *Auberge du Guinlet** – route de Castelnau-d'Auzan ☎ 05-62-09-80-84. Fax : 05-62-09-84-50. ● www.guinlet.fr ● Parking. TV. ♿ Fermé le vendredi. Congés annuels : du 15 novembre au 15 mars. Accès : sur la D43. Chambres équipées de douche et w.-c. à 40 €. Demi-pension à 37 €. Menus de 11 à 26 €, le 1er n'étant pas servi le dimanche. Dans une campagne très agréable, vaste complexe de vacances proposant diverses formules : des chambres en hôtel, des bungalows à 1 km de l'auberge au bord d'un plan d'eau bucolique, et une aire naturelle de camping. Au restaurant, cuisine familiale très simple et quelques spécialités régionales : magret à la royale, salmis de palombes, sandre à la persillade. Nombreuses activités : tennis, belle piscine et, surtout, un golf de 18 trous réputé.

ENDOUFIELLE 32600

Carte régionale A2

🏠 |●| *La Ferme de Manon des Herbes* ☎ et fax : 05-62-07-97-19. TV. Fermé le mercredi. Accès : entre Lombez et L'Isle-Jourdain, sur la D634, avant l'entrée du village. Chambres doubles tout confort de 58 à 74 €, selon la saison. Menus à 20 € le midi en semaine, puis à 27 et 42 €. Ferme gersoise avec fleurs et bougies sur les tables, chaises en paille et bouquets accrochés aux poutres, devant une grande cheminée. De vieux meubles, de vieilles glaces en fond de décor. Cuisine régionale, poisson et fruits de mer. Les classiques de la région sont ceux de la maison : foie gras, confits, et de bons cannelés en dessert. Accents provençaux parfois : poêlée de noix de Saint-Jacques, carpaccio de saumon aux saveurs de l'herbier... Également quelques chambres agréables et bien entretenues. *Apéritif maison offert à nos lecteurs sur présentation de ce guide.*

ENTRAYGUES-SUR-TRUYÈRE 12140

Carte régionale B1

🏠 |●| *Hôtel du Lion d'Or** – tour de Ville, rue Principale (Centre) ☎ 05-65-44-50-01. Fax : 05-65-44-55-43. ● www.hotel-lion-or.com ● Parking. TV. ♿ Fermé le lundi hors saison. 40 chambres (et studios) de 45 à 67 €. Menus de 10,70 €, en semaine, à 22,50 €. Une grande bâtisse en pierre, sécurisante. Restaurant indépendant de l'hôtel, rien d'exceptionnel, mais bon jambon cuit au four. Des chambres décorées, pour certaines un peu kitsch, dans des tons parfois discutables, mais bien entretenues. Certaines avec baignoire-balnéo et balcon donnant sur le jardin. Agréable jardin avec piscine couverte, tennis et mini-golf. Accueil adorable. Et pour ceux qui le désirent, il y a même une salle de gym, un jacuzzi et un sauna !

DANS LES ENVIRONS

FEL (LE) 12140 (7 km O)

🏠 |●| *Auberge du Fel* – (Centre) ☎ 05-65-44-52-30. Fax : 05-65-48-64-96. ● www.auberge-du-fel.com ● TV. Ouvert tous les jours de début avril au 11 novembre. Fermé le midi sauf les week-ends, pendant les vacances scolaires et en été. Accès : par la D107 puis sur la droite, après la chapelle de Roussy. Chambres de 51 à 54 €. Demi-pension demandée, à 46 €. Des tas de menus pour toutes les bourses, de 11 à 33 €. Auberge de montagne, pleine de charme, hors des sentiers battus. Calme garanti. Accueil de grande qualité. Propose de coquettes chambres aux fraîches couleurs, arrangées avec goût et récemment refaites, offrant pour certaines une vue (avec balcon) sur la vallée. Cuisine familiale très réputée, conçue à partir de vieilles recettes transmises de mère en fille (pounti, truffade, farçous, ris d'agneau braisé). Réservation vivement recommandée. *Café offert à nos lecteurs sur présentation de ce guide.* NOUVEAUTÉ.

SAINT-HIPPOLYTE 12140 (12 km N)

🏠 |●| *Le Saint-Hippolyte* – (Centre) ☎ 05-65-66-60-00. Fax : 05-65-66-60-01. Parking. TV. ♿ Ouvert tous les jours de Pâques à la Toussaint. Accès : par la D904. Chambres à 60 €. Demi-pension à 48 €. Menus de 15 à 38 €. Le petit détour qu'on ne regrette pas : accueil charmant, vue sur la vallée, et cuisine élégante pour un prix surprenant. Dans l'ancienne école du village, on est choyé par ce couple qui, depuis trois ans, maintient la vie à Saint-Hippolyte. Lui en cuisine, elle en salle. Les chambres sont bien propres et spacieuses mais manquent un poil de caractère. On apprécie la nº 17 avec sa vue sur le château de Valon. Piscine couverte et chauffée. Pour le repas, on commence par un cocktail au thym et à la violette, en terrasse par exemple, pour poursuivre par un dîner avec une cuisine surprenante aux produits frais du jardin ou de saison. Foie gras maison avec sa terrine de lentilles, loup flambé à l'anis, caille aux pruneaux et, en desserts, feuillantine au chocolat ou glaces aux herbes et aux fleurs, spécialités du chef. Pain à la châtaigne. Belle carte des vins. Une gentillesse extrême pour une qualité suprême. Une adresse curieusement encore peu connue (que le *Routard* a su vous la dégoter !). Préférable de réserver en été. *NOUVEAUTÉ.*

ESPALION 12500

Carte régionale B1

I●I *L'Eau Vive* – **27, bd de Guizard** ☎ **05-65-44-05-11.** ♿ Congés annuels : les 15 premiers jours de janvier et de début novembre à début décembre. Fermé le dimanche soir et le lundi sauf en juillet et août. Menus de 11 à 40,50 €. Facilement reconnaissable à sa façade ocre à colombages. Jérôme a succédé à son père, et lorsqu'on goûte à sa cuisine, on s'aperçoit que la relève est assurée. Pêcheur émérite, il offre au poisson une place de choix dans sa carte. D'ailleurs, à l'intérieur, décor et peinture le rappellent sans cesse. Goûtez la papillote de sandre au foie gras, accompagnée de fins légumes, mais aussi la ronde gourmande des desserts maison. Accueil plaisant pour un restaurant qui fera saliver vos papilles. *Apéritif maison offert à nos lecteurs sur présentation de ce guide. NOUVEAUTÉ.*

DANS LES ENVIRONS

GABRIAC 12340 (8 km S)

≙ I●I *Hôtel-restaurant Bouloc* ☎ **05-65-44-92-89. Fax : 05-65-48-86-74.** ● franck boulec@wanadoo.fr ● TV. Fermé le mardi soir et le mercredi. Congés annuels : 2 semaines en mars, 1 semaine en juin et 3 semaines en octobre. Accès : direction Bozouls. À 5 km à gauche direction Gabriac. À l'entrée du village. Chambres doubles de 35 à 43 €. Demi-pension à 42 € par personne. Menus de 14 à 27 €. La bonne surprise de notre dernier déplacement. Des chambres au confort convenable donnant sur la piscine et le jardin, mais surtout une cuisine et un accueil des plus plaisants. Bien qu'en bordure de nationale, la belle

salle à manger et le sourire de la jeune patronne laissent présager d'une suite agréable. Avec un verre de thé d'Aubrac à la main, on apprend qu'ici on est hôtelier de père en fils depuis 1848. Les anciens seraient certainement fiers du p'tit Franck qui excelle avec son fricandeau, sa bavette à la graine de moutarde ou sa charlotte au chocolat. Service efficace, belle carte des vins, pas excessive, fleurs fraîches sur les tables. *Bouloc* est une adresse chic et pas chère qui devrait faire parler d'elle. Mieux vaut réserver. *NOUVEAUTÉ.*

MANDAILLES 12500 (10 km E)

I●I *Auberge du Lac* ☎ 05-65-48-90-27. Ouvert tous les jours mais uniquement les week-ends en mars, avril, octobre et novembre. Congés annuels : de mi-décembre à mi-février. Accès : face à l'église. Menus de 12 à 23 €. Si le temps le permet, profiter de la terrasse à l'arrière, qui offre une vue sur le lac. À table, une cuisine de pays consistante mais de qualité : aligot, charcuterie, écrevisses, île flottante ou tarte Tatin. Service très gentil, on mange dans une bonne ambiance. Et n'oubliez pas d'aller jeter un coup d'œil dans ce village en pente bien fleuri. *NOUVEAUTÉ.*

ESTAING 12190

Carte régionale B1

≙ I●I *Hôtel-restaurant Aux Armes d'Estaing* ** – **1, quai du Lot (Centre)** ☎ 05-65-44-70-02. Fax : 05-65-44-74-54. ● www.perso.wanadoo.fr/remi.catusse/home.html ● Parking. TV. Fermé le lundi hors été et le dimanche soir. Congés annuels : de mi-novembre à mi-mars. Chambres doubles de 28 à 49 € avec douche ou bains ; demi-pension, demandée en août, autour de 36 € par personne. Menus de 12 à 33 €. Hôtel de tourisme traditionnel au charme provincial. Chambres refaites dans le bâtiment principal, avec vue sur le Lot pour certaines. Éviter celles donnant sur la rue (un peu bruyante le matin). Au resto, produits du pays : croustillant de chèvre aux fruits secs, filet de sandre au vin rouge d'Estaing, magret de canard à la bière de Saint-Geniez et aligot tous les jours ! Très agréable salle à manger. *Café offert à nos lecteurs sur présentation de ce guide.*

≙ I●I *Auberge Saint-Fleuret* ** – **rue François-d'Estaing** ☎ 05-65-44-01-44. Fax : 05-65-44-72-19. ● www.perso.wanadoo.fr/auberge.st.fleuret ● Parking. TV. Fermé le dimanche soir et le lundi hors saison. Réservation conseillée en semaine. Congés annuels : de décembre à mi-mars. Chambres doubles de 40 à 43 €. Menus de 17 à 45 €. La maison ne paie pas de mine lorsqu'on arrive devant, on serait même plutôt déçu. Mais tout ce qui ne se voit pas de l'extérieur se trouve à l'intérieur. Chambres vraiment agréables, surtout celles donnant sur le jardin, et régulièrement rénovées. Salle de resto chaleureuse et fleurie dans les tons bleus, puis une cuisine résolument traditionnelle, avec, par exemple, pied de porc au vin blanc d'Estaing, gibelotte de lapin aux champignons, tarte à la tomate et aux escargots gratinée à la tomme fraîche, tartelette paysanne à la recuite de brebis. Ascètes, passez votre chemin ! Prix raisonnables.

ESTANG   32240

Carte régionale A1

≌ ❙●❙ *Hôtel-restaurant du Commerce* * – pl. du IV-Septembre, le bourg ☎ 05-62-09-63-41. Fax : 05-62-09-64-22. TV. Fermé le soir des lundi, mercredi et dimanche. Congés annuels : fin août et fin décembre. Accès : au centre du village, près des arènes classées Monument historique. Chambres doubles avec douche et w.-c. ou bains à 31 et 34 €. Demi-pension à 40 € par personne. Menus de 12 €, non servi le dimanche, à 24,50 €. Coup de jeune pour cette vénérable institution de la gastronomie gersoise. Des chambres entièrement refaites, idéales pour une étape, mais à prendre en demi-pension sans hésiter pour découvrir la cuisine maison : foie gras frais poêlé aux fruits, tête de veau sauce gribiche, omelette aux cèpes, etc. Goûter les menus ou faites-vous plaisir à la carte en vous offrant, pour deux billets sortis du vôtre, un « portefeuille royal » (magret fourré au foie gras et aux cèpes). Décor coloré, accueil sympathique. Réservation fortement conseillée. *Café offert à nos lecteurs sur présentation de ce guide.*

FIGEAC   46100

Carte régionale B1

≌ *Hôtel Champollion* ** – 3, pl. Champollion (Centre) ☎ 05-65-34-04-37. Fax : 05-65-34-61-69. TV. Accès : au cœur de la vieille ville. Chambres doubles avec tout le confort à 43 €. Bar-hôtel idéalement situé au cœur de Figeac, qui nous change des établissements traditionnels. D'abord, les chambres : au nombre de 10, claires, spacieuses et avenantes. Literie de qualité et belles salles de bains. Certaines chambres ont vue sur la place Champollion. Entretien tip-top. Partout, laque noire et bois blond font bon ménage. La déco générale de l'hôtel est très réussie, avec cette belle montée d'escalier formant un petit atrium. Bar très sympa avec agréable terrasse. On y vient plutôt lire *Libé* que le *Fig*. Accueil vraiment sympa pour une adresse qu'on aime beaucoup.

❙●❙ *Restaurant La Cuisine du Marché* – 15, rue Clermont (Centre) ☎ 05-65-50-18-55. ♿ Fermé le dimanche. En semaine, formule du déjeuner à 14 €, puis menus de 21 à 34 €. Les mets proposés sont travaillés devant vous, dans la cuisine, partiellement ouverte sur la salle. Les meilleures matières premières sont sélectionnées, puis cuisinées avec précision et souci de légèreté. Couleurs, saveurs, odeurs, vraiment, *La Cuisine du Marché* n'a pas usurpé son nom ! Faites votre choix, selon votre appétit et l'état de votre porte-monnaie, parmi les différentes formules proposées, qui changent avec une belle régularité. *Apéritif maison offert à nos lecteurs sur présentation de ce guide.*

FOIX   09000

Carte régionale B2

≌ *Hôtel Pyrène* *** – Le Vignoble, rue Serge-Denis (Sud) ☎ 05-61-65-48-66. Fax : 05-61-65-46-69. ● www.hotelpyrene.com ● Parking. TV. ♿ Congés annuels : du 1er octobre au 1er mars et du 20 décembre au 20 janvier. Accès : à environ 2 km du centre-ville, direction Espagne, route de Soula-Roquefixade. Chambres doubles avec douche et w.-c. ou bains de 38 à 54 €. Si vous voulez qu'on vous conte la légende de Pyrène, pas de problème. Si vous désirez avoir une paix royale, pas de problème non plus. Cet hôtel, que l'on qualifiera de « moderne » par rapport à tous ceux qui font trop souvent leur âge, est bien placé pour rafler le flot touristique, à la sortie de Foix. Piscine et jardin. Pyrène n'est autre que cette superbe jeune fille tuée par un fauve et pour laquelle Hercule bâtit un tombeau aussi grand qu'une montagne. *Apéritif maison offert à nos lecteurs sur présentation de ce guide.*

≌ ❙●❙ *Hôtel Lons* *** – 6, pl. G.-Duthil (Centre) ☎ 05-61-65-52-44. Fax : 05-61-02-68-18. ● hotel-lons-foix@wanadoo.fr ● TV. Canal+. Satellite. ♿ Fermé le vendredi soir et samedi midi (pour le restaurant). Congés annuels : du 1er au 5 janvier et du 20 au 31 décembre. Accès : dans la vieille ville, près du pont Vieux. Chambres doubles avec douche et w.-c. ou bains à 44 €. Menu à 12 €. Compter environ 24 € à la carte. Le charme discret de l'hôtel classique de province. Intéressant pour un passage… Chambres doubles confortables. Cuisine régionale classique : foie gras, magrets de canard, cassoulet au confit, tournedos sauce poivre. À noter, la très belle table de petit déjeuner, aux baies transparentes donnant sur l'Ariège.

❙●❙ *Le Sainte-Marthe* *** – 21, rue Noël-Peyrévidal (Centre) ☎ 05-61-02-87-87. Fermé le mardi et le mercredi hors saison.

Menus de 24 à 33 €. Sur la petite place Lazéma, dominée par le château, un lieu très chic, très feutré. Parmi les spécialités : cassoulet maison au confit de canard ou la Tatin de boudin noir. On sera plus réservé pour l'accueil.

DANS LES ENVIRONS

MONTGAILHARD 09330 (1 km S)

I●I Le Poëlon – 14, av. de Paris ☎ 05-61-03-54-24. Fermé le lundi toute la journée, le mercredi soir et le dimanche soir. Congés annuels : du 1er au 15 janvier et du 1er au 15 juillet. Accès : à l'entrée de la ville. Menus à 10,52 €, le midi en semaine, et de 15,55 et 21,65 €. À quelques centaines de mètres des forges de Pyrène, ce restaurant fait salle comble pour la qualité de sa cuisine, aussi bien en ce qui concerne la viande que le poisson. Un rapport qualité-prix à ne surtout pas manquer.

SAINT-PIERRE-DE-RIVIÈRE 09000 (5 km O)

🏠 I●I Hôtel-restaurant La Barguillère ** – (Centre) ☎ 05-61-65-14-02. Fax : 05-61-02-62-16. Fermé le mercredi. Hors saison, téléphoner obligatoirement pour réserver. Congés annuels : de fin octobre à fin février. Accès : petit village à 5 km à l'ouest de Foix (sur la D17). Chambres doubles avec douche et w.-c. ou bains à partir de 36 €. Menus de 11,50 €, avec fromage, dessert, vin et café, à 35 €. Demi-pension demandée en juillet et août. Sympathique petit hôtel de village. Bon accueil. Une bonne cuisine servie dans une chaleureuse salle à manger. Menus régional, pêcheur, campagnard et classique. Spécialités : filets de truite rose sauce ciboulette aux écrevisses, confit, filet mignon de porc aux pruneaux garnis, foie gras frais aux pommes fondantes flambées à l'hypocras, fricassée de chevreau aux morilles, etc. Café offert à nos lecteurs sur présentation de ce guide.

BOSC (LE) 09000 (12 km O)

🏠 I●I Auberge Les Myrtilles ** – col des Marrous ☎ et fax : 05-61-65-16-46. ● www.perso.wanadoo.fr/auberge.les.myrtilles ● TV. Fermé le lundi ; le mardi hors saison. Congés annuels : de novembre à fin janvier. Accès : prendre la D17 direction le col des Marrous. Chambres doubles avec douche et w.-c. ou bains de 45 à 50 €. Demi-pension de 41,50 à 47 €. Menus de 14 à 21 €. Un chalet comme on les aime, à 1 000 m d'altitude et à 4 km, l'hiver, de la blanche neige (les pistes de ski de fond de La Tour-Laffont, pour ceux qui ne suivraient pas !). Les 7 chambres donnent toutes sur la nature. Un endroit agréable en toutes saisons, qui plaît autant aux marcheurs qu'aux

rois du cocooning, aux gros mangeurs qu'aux fins gourmets. De l'azinat (potée aux choux) à la fameuse tarte aux myrtilles, en passant par le cassoulet, vous devriez trouver votre bonheur. Sauna et jacuzzi. Apéritif maison offert à nos lecteurs sur présentation de ce guide.

NALZEN 09300 (17 km SE)

I●I Les Sapins – route de Foix ☎ 05-61-03-03-85. & Fermé le lundi toute la journée, le mercredi soir et le dimanche soir. Accès : sur la D117, en direction de Lavelanet. Menus à 12 €, le midi en semaine, et de 19,50 à 38 €. Une excellente table revenue dans le giron familial, également table gourmande de l'Ariège. Une jolie adresse pour déguster le pigeon aux morilles ou des produits frais et régionaux, toujours présentés avec goût.

Carte régionale A1

🏠 I●I Lou Grel – 49, rue Jules-Bersac ☎ 05-61-82-03-00. Fax : 05-61-82-12-24. TV. Satellite. Fermé le samedi midi, le dimanche soir et le lundi. Congés annuels : 1res quinzaine de janvier et de septembre. Chambres confortables de 42 à 45 € pour deux, avec douche et w.-c. ou bains. Menus de 15 €, servi du mardi au vendredi hors jours fériés, à 35 €. Maison particulière rénovée avec goût. Cuisine très réputée et bon accueil. Spécialités : foie gras au sel, magret vigneronne, confit de canard, salmis de palombe, magret Rossini, filet de bœuf sauce aux cèpes. Jolie salle à manger et, aux beaux jours, très agréable jardin-terrasse surplombant le parc. Sans oublier une piscine, au bord de laquelle peuvent être servies des salades et des grillades. Une petite institution locale, mais pensez à réserver. Café offert à nos lecteurs sur présentation de ce guide.

Carte régionale B1

🏠 I●I La Verrerie ** – 1, rue de l'Égalité (Ouest) ☎ 05-63-57-32-77. Fax : 05-63-57-32-27. ● www.la-verrerie.com ● Parking. TV. Satellite. & Accès : à l'ouest de la ville, route de Montauban. Bien indiqué. Chambres doubles avec douche et w.-c. à 47 €, avec bains à 62 €. Formule à 13 €, sauf le dimanche, et 3 menus de 20 à 33 €. Gaillac possède un établissement de prestige. Voici un hôtel récent installé dans une belle bâtisse du XIXe siècle (une ancienne verrerie). Aménagement d'un goût remarquable ayant su mâtiner le charme des lieux et de l'environnement et un style moderne chaleureux. Chambres personnalisées, calmes et lumineuses. Riches tissus avec large utilisation des bois clairs. Vraiment plaisantes et confortables. En outre, des prix tout à fait raisonnables, vue sur le grand parc propice à la détente et la méditation (superbe bambouseraie). Accueil à la hauteur des prestations. Restaurant où l'on trouvera le meilleur du terroir local. *Apéritif maison offert à nos lecteurs sur présentation de ce guide.*

l●l*Les Sarments* – **27, rue Cabrol (Centre)** ☎ 05-63-57-62-61. ⚹ Fermé le lundi, le mercredi soir et le dimanche soir. Congés annuels : de mi-février à mi-mars et de mi-décembre à mi-janvier. Accès : près de l'office du tourisme. Menus de 23 € (sauf le dimanche) à 44 €. Derrière la basilique Saint-Michel, dans le vieux quartier de la Portanelle, découvrez dans cette belle et discrète ruelle médiévale un restaurant qui a construit sa réputation en grande partie par le bouche à oreille. Cadre splendide : ancien cellier aux élégantes voûtes de brique des XIVe et XVIe siècles. Pas de rénovation intempestive, et cela confère beaucoup de charme à l'ensemble. Tables bien séparées pour chuchoter des mots d'amour, et musique discrète. Belle cuisine donc, allant chercher son inspiration dans le terroir, puis dans les télescopages des goûts et des saveurs. Pas mal de choix, évoluant bien sûr suivant le marché : foie gras de canard poêlé à la fondue de poireaux, râble de lapin rôti à la crème de whisky, etc. Des *Sarments* pas prêts de se consumer ! Dommage que l'accueil soit un peu froid.

Carte régionale A2

🏠 *Compostelle Hôtel* ** – **rue de l'Église (Sud)** ☎ et fax : 05-62-92-49-43. ● **www.compostellehotel.com** ● Parking. Canal+. Satellite. ⚹ Congés annuels : du 30 septembre au 26 décembre. Accès : en surplomb du village. Chambres doubles de 34 à 45 €. Après avoir pas mal bourlingué, Sylvie (randonneuse infatigable et grande fan du Velvet Underground !) a repris ce petit hôtel de famille. Les chambres aux noms de fleurs des montagnes (ancolie, edelweiss…) donnent pour certaines sur le cirque. C'est le cas notamment de « Lys », notre préférée, avec son petit balcon équipé de fauteuils. Au 2e étage, chambres avec lucarnes. L'insonorisation n'est pas parfaite, mais cela reste notre meilleure adresse à Gavarnie. *10 % sur le prix de la chambre (pour 2 nuits consécutives hors vacances scolaires) offerts à nos lecteurs sur présentation de ce guide.*

Carte régionale B2

🏠 l●l*Hôtel-restaurant L'Échauguette* – **(Centre)** ☎ 05-63-41-63-65. Fax : 05-63-41-63-13. Fermé le dimanche soir et le lundi (sauf en été). Congés annuels : du 1er au 21 février et du 15 au 30 septembre. Accès : A68, sortie n° 7 ; en face de la mairie. Chambres doubles avec bains à 43 €. Menus de 21 à 44 €. Une échauguette, c' est une charmante petite tourelle au coin d'une maison. Si le toit est rond, il vous faut parler non d'une échauguette mais d'une « poivrière » ! Ici, une superbe échauguette semble veiller sur le panorama grandiose qui s'ouvre devant la maison. *L'Échauguette*, c'est d'abord 5 grandes chambres dans une maison du XIIIe siècle. C'est ensuite une cuisine bien connue dans la région. On se déplace de Toulouse pour venir manger à l'une de ses 7 tables fleuries. Et on comprend pourquoi : le coin est superbe, la cuisine est fine et recherchée, la carte des vins renferme une collection de bonnes bouteilles à des prix démocratiques, et enfin les prix sont corrects en général. Belle carte : marbré de volaille au foie gras, escabèche de poisson au pistou, canette aux épices, etc. Enfin, *L'Échauguette*, c'est la chaleur du patron qui est absolument intarissable sur l'histoire de son village et de sa région. *Apéritif maison ou café offert à nos lecteurs sur présentation de ce guide.*

DANS LES ENVIRONS

SAINT-SULPICE 81370 (9 km O)

l●l*Le Bersy* – **pl. principale (Centre)** ☎ 05-63-40-09-17. ⚹ Fermé les dimanche et jours fériés. Congés annuels : pendant les vacances scolaires de février et du 11 au 31 août. Accès : en face de la poste. 4 menus de 9 €, le midi en semaine, à 28,50 €. Menu-enfants à 6,50 €. N'hésitez pas à demander l'ardoise avec les suggestions du jour. Excellent bar-resto-pizzeria, toujours plein, ce qui est bon signe. Agréable terrasse l'été. À la carte, pas mal de choix : magret de canard aux champignons, salades composées et beaucoup de bonnes pizzas. Spécialité de daube de gésiers au gaillac. Accueil sympa et service rapide, mais vous avez le temps. *Apéritif maison offert à nos lecteurs sur présentation de ce guide.*

Carte régionale B1

🏠 l●l*Le Relais des Gourmands* ** – **2, av. de la Gare** ☎ 05-65-38-83-92. Fax : 05-65-38-70-99. ● **www.relais-des-gour**

mands.fr • TV. Fermé le dimanche soir et le lundi midi (sauf en juillet-août). Accès : près de la gare de campagne, direction Cahors. Chambres doubles avec bains de 50 à 75,50 €. Demi-pension à partir de 53 €. Moins cher hors saison. Au resto, 1ers menus à 14,30 € en semaine et 15,60 € le dimanche, puis plusieurs menus de 23 à 35 €. Des chambres suffisamment vastes, bien entretenues, dans une grande maison particulière entièrement reconstruite, avec piscine et bar extérieur, ça, c'est vraiment agréable. Cuisine inspirée qui s'envole au-delà du terroir, allègrement, et, surtout, sauces légères et délicieuses. De bons fromages et des desserts d'une grande finesse. Belle palette de vins à prix raisonnables. Un coup de chapeau à Suzy Curtet pour sa grande disponibilité, sa gentillesse et ses délicates attentions qui rendent l'établissement encore plus sympathique. *10 % sur le prix de la chambre (hors juillet-août) offerts à nos lecteurs sur présentation de ce guide.*

🏠 ǀ●ǀ *Le Lion d'Or* *** – 8, pl. de la République (Centre) ☎ 05-65-38-73-18. Fax : 05-65-38-84-50. • www.liondorhotel.com • Parking payant. TV. Canal+. Satellite. Fermé le lundi midi et le mardi midi. Congés annuels : du 15 décembre au 15 janvier. La chambre double tout confort de 52 à 79 €. Au restaurant, plusieurs menus de 22 € (à midi, en semaine) à 52 €. Une maison à son aise dans la grande tradition hôtelière française, avec service et accueil parfaits, au diapason d'un cadre ultra-classique et raffiné : décor crème, moquette à ramages, lustres hollandais, tableaux aux murs, puis des tables parfaitement nappées et dressées. René Momméjac est un grand cuisinier, un artisan expérimenté maîtrisant parfaitement son art, sans pour autant s'encroûter dans un répertoire figé. Il dirige, depuis plus de 50 ans, cette belle institution où, en toutes saisons, vous êtes assuré de trouver dans votre assiette le meilleur du Quercy. Ajoutons à cela une imposante carte des vins dans laquelle l'amateur repèrera vite quelques bonnes affaires. À l'hôtel, des chambres cossues et confortables, impeccablement entretenues, de plaisants salons et un beau jardin calme et verdoyant.

GRAMONT   82120

Carte régionale A1

ǀ●ǀ *Le Petit Feuillant* ☎ 05-63-94-00-08. Fermé le lundi et le mardi en hiver, ainsi que le mercredi et le dimanche soir toute l'année. Congés annuels : en février. Accès : à côté du château. Comme en ferme-auberge, 5 menus de 14 à 30 €, apéro, vin et café compris. Pas de carte. Accueil sympa. Bonne cuisine de terroir et même un must dans le coin. Selon les menus : soupe, pâtés maison, rôti de porc aux pruneaux, cassoulet, salade aux gésiers, tourte à l'ail et au fromage, confit de canard, poule farcie, foie gras maison, magret de canard au gros sel, etc. Terrasse devant le château. Ne pas oublier de réserver. *Apéritif maison ou digestif maison offert à nos lecteurs sur présentation de ce guide.*

GRAULHET   81300

Carte régionale B2

ǀ●ǀ *La Rigaudié* – route de Saint-Julien-du-Puy (Est) ☎ 05-63-34-50-07. Parking. Fermé le lundi, le samedi midi et le dimanche soir. Accès : à 2 km. Menus à 13 €, le midi en semaine, puis de 19 à 37 €. Dans le cadre splendide d'un vieux parc ou dans la vaste salle (climatisée) au superbe plafond à la française, une excellente cuisine vous est servie avec professionnalisme. Après l'amuse-bouche, délaissez la sole pour le cabillaud à la tapenade. Ce poisson souvent médiocrement considéré se retrouve ici au rang des meilleurs. De première fraîcheur, préparé avec art, il devient un délice. Pour bien faire, accompagnez-le d'un gaillac perlé. Autres plats : Saint-Jacques rôties, pigeon cuit cocotte, côte à l'os aux cèpes, etc. Beaux desserts (ah, le savoureux gâteau meringué). Entre les deux, plateau de fromages… De la table sérieuse et réjouissante. *Apéritif maison offert à nos lecteurs sur présentation de ce guide.*

DANS LES ENVIRONS

LASGRAÏSSES 81300 (8 km NE)

ǀ●ǀ *Chez Pascale* – au bourg (Centre) ☎ 05-63-33-00-78. Fermé le soir sauf les vendredi et samedi. Accès : sur la D84, en direction d'Albi. Pléthore de menus de 11,50 à 29 €. On y trouve tous les clichés du bistrot de village : le chromos au mur, le buffet avec les coupes, où viennent glisser les conversations philo-politiques des voisins ou les derniers ragots du canton. Un des derniers vrais, encore vaillant dans une région pourtant sinistrée. Le premier menu se révèle déjà superbe avec un beau buffet de hors-d'œuvre (avec jambon de pays fumé) et des p'tits plats de campagne bien mijotés. À noter, un des rares restos où l'on sache vraiment cuire un steak bleu (rouge vif et chaud tout à la fois !). Plateau de fromages, mais pensez à garder de la place pour le délicieux flan maison. Serveuse adorable. La totale ! *Café offert à nos lecteurs sur présentation de ce guide.*

LABASTIDE-MURAT 46240

Carte régionale B1

🏠 |●|*Hôtel-restaurant La Garissade*
☎ 05-65-21-18-80. Fax : 05-65-21-10-97.
● www.garissade.com ● TV. Accès : à
quelques kilomètres de l'entrée de l'autoroute A20, qui traverse désormais le Lot de
haut en bas. Chambres doubles de 48 à
54 €. Demi-pension de 76 à 82 € en
chambre double. Menu à 11 € à midi en
semaine. Menu *Garissou* à 16 €. Un amour
de petit hôtel, aux chambres toutes rénovées, toutes confortables, avec chacune sa
couleur, sa tendresse, les unes donnant sur
la grand-place, les autres sur l'arrière. Un
emplacement idéal pour partir à la découverte des causses du Quercy ou de la Bou-
riane voisine, en se disant que, le soir venu,
on pourra goûter à une cuisine authentique,
qui ne triche ni avec les produits ni avec les
saveurs, qu'il s'agisse d'un navarin
d'agneau fermier du Quercy ou d'une brouillade aux truffes de Lalbenque. On vient en
voisin, en habitué ou même parfois de fort
loin, pour se refaire une santé, en accompagnant le repas de vins tarifés à prix encore
doux. Bel accueil. *NOUVEAUTÉ.*

LACAUNE 81230

Carte régionale B2

🏠 |●|*Hôtel Calas* ** – 4, pl. de la Vierge
(Centre) ☎ et fax : 05-63-37-03-28.
●www.pageloisirs.com/calas ●TV. Resto
fermé le vendredi soir et le samedi midi
d'octobre à Pâques. Congés annuels : du
15 décembre au 15 janvier. Chambres
doubles à 39,65 €. Menus de 14 € (sauf
dimanche) à 29 €. Vieille maison classique
tenue par la même famille depuis quatre
générations. L'une des adresses les plus
connues de la région. Cependant, couloirs
parfois assez sonores (surtout les soirs de
banquets) et chambres de tailles inégales,
mais elles ont toutes été rénovées. Surtout
renommé pour sa bonne cuisine régionale
et pourtant inventive. On sent bien que
Claude Calas prend plaisir à vous faire plaisir. Salle à manger agréable, dans les tons
jaunes. *10 % sur le prix de la chambre
offerts à nos lecteurs sur présentation de ce
guide.*

LACROUZETTE 81210

Carte régionale B2

🏠 |●|*L'Auberge de Crémaussel* ☎et fax :
05-63-50-61-33. Parking. Fermé le mercredi
et le dimanche soir. Congés annuels : en
janvier. Accès : de Castres, prendre la D622
direction Lacaune ; passer Lafontas (5 km)

et 2 km plus loin tourner à gauche, direction
« Lacrouzette-Rochers du Sidobre » ; on
tombe 4 km plus loin sur la D30 : tourner à
gauche, puis sur la droite à 2 km, toujours
direction « Rochers du Sidobre » ; l'auberge
est alors indiquée, on tombe dessus. Chambres doubles avec douche et w.-c. à 32 €.
Petit déjeuner à 4 €. Menus de 14 à 20 €.
Propose 5 chambres d'hôte récentes, avec
parquet et murs pastel. Resto champêtre,
chaleureux et réputé. Dans la salle, murs de
pierre et belle cheminée. Excellente salade
au roquefort et spécialités de soupe au fromage (l'hiver) et écrevisses (l'été) sur
commande. Tarifs honnêtes à la carte.
Divine croustade, pâtisserie locale. Une
bien bonne adresse.

LAGUIOLE 12210

Carte régionale B1

🏠 |●|*Grand Hôtel Auguy* *** – 2, allée de
l'Amicale (Centre) ☎05-65-44-31-11. Fax :
05-65-51-50-81. ● grand.hotel.auguy@
wanadoo.fr ● TV. 🐕 Fermé le lundi, le
mardi midi et le dimanche soir sauf en juillet
et août. Congés annuels : de mi-novembre à
fin mars. Chambres doubles tout confort de
49 à 80 €. Menus de 27 € (sauf le week-
end) à 65 €. Un établissement sérieux, un
peu chic, aux chambres modernes et fonctionnelles, manquant parfois d'espace. Tout
juste refaites, demander celles boisées
« grand confort », un peu plus chères mais
beaucoup plus belles. Salle de resto claire
et cossue. En cuisine, Isabelle Muylaert
concocte de bons plats traditionnels
souvent modernisés. Succulents pieds de
cochon braisés cuits en galette de poitrine
fumée et sa truffade ou encore carré
d'agneau aveyronnais rôti aux ravioles
d'herbes fraîches et jus au thym. Belle carte
des vins. Excellent petit déjeuner rouergat.
Terrasse et jardinet. Accueil variable, mais
reste une plaisante adresse en centre-ville.

DANS LES ENVIRONS

CASSUÉJOULS 12210 (10 km NO)

|●|*Chez Colette* ☎05-65-44-33-71. Fermé
le mercredi hors saison. Accès : par la D900
vers le barrage de Sarrans. Menus à 9 € (en
semaine) et 12,50 €. Colette saura vous
faire aimer sa région et son terroir. Tout
d'abord elle parle avec passion et chaleur,
ensuite, elle vous fera goûter quelques bons
plats simples et roboratifs, confectionnés
comme elle seule sait le faire. Cadre ultra-
simple, ambiance bonhomme et amicale.
On ne se sent pas perdu au milieu des habitués. Les veinards ! Flan aux pleurotes, saucisse d'aligot, tarte aux noix et bleu
d'Auvergne, truffade, fromages et dessert.
En somme, l'adresse routarde par excel-

lence. Réservation impérative. *Café offert à nos lecteurs sur présentation de ce guide.*

LANNEMEZAN 65300

Carte régionale A2

|●| *Chez Maurette* – **10, rue des Pyrénées (Centre)** ☎ 05-62-98-06-34. Parking. Fermé le dimanche. Congés annuels : début septembre. Formule plat et dessert à 7,80 € et menu à 9,10 € servis midi et soir ; sinon, menu plus gastronomique à 14,50 €. On passerait sans savoir qu'on ne s'arrêterait sans doute pas devant cette façade rosâtre en plein cœur de ce Lannemezan sans charme... Oui, mais voilà, le mercredi c'est jour de marché (aux moutons) et le jour de Maurette, qui s'est fait une spécialité des tripes (médaillées au championnat de France), mais aussi de cet excellent bœuf en daube et d'une tête de veau très accommodante... et merveilleusement accommodée ! Plein d'habitués, comme dans toutes les vraies adresses goûteuses et populo, et service littéralement adorable de la patronne et des jeunes filles de la maison. Ah ! pour un peu, on entonnerait presque la fameuse chanson de Michel Delpech, « C'était bien chez »... *Maurette* ! *Café offert à nos lecteurs sur présentation de ce guide.*

LAVAUR 81500

Carte régionale B2

🏠 |●| *Hôtel Le Jardin* ** – **8-10, allées Ferréol-Mazas (Centre)** ☎ 05-63-41-40-30. Fax : 05-63-41-47-74. ● hotel.du.jardin@wanadoo.fr ● TV. ⚓ Fermé le dimanche et le lundi. Congés annuels : du 15 au 31 août. Accès : à deux pas de la cathédrale. Chambres confortables avec douche et w.-c. à 37 €. Menus de 14 €, le midi, à 58 €. Le meilleur hôtel de Lavaur est opportunément situé dans le centre-ville. Grande demeure traditionnelle se fondant bien dans le paysage urbain. Accueil sympathique. 9 chambres standardisées, très bien équipées (téléphone, bains, w.-c.), propres et avenantes. Resto proposant une carte classique de produits frais. Pain maison. Quelques spécialités : pièce d'agneau au thym, aiguillettes de canard, millefeuille de foie gras, panaché de poissons, etc.

LECTOURE 32700

Carte régionale A1

🏠 |●| *Hôtel de Bastard* ** – **rue Lagrange (Centre)** ☎ 05-62-68-82-44. Fax : 05-62-68-76-81. ● www.hotel-de-bastard.com ● Parking payant. TV. Fermé le dimanche soir

et le lundi. Congés annuels : du 20 décembre au 1er février. Chambres doubles de 43 à 62 € avec douche et w.-c. ou bains. Menus à 14 €, en semaine, 26 et 54 €. Superbe hôtel de charme du XVIIIe siècle, meublé et décoré avec un goût raffiné, offrant un remarquable rapport qualité-prix. Idéal pour jeunes mariés ou amoureux passionnés. En prime, grande terrasse entourée de toits de tuile dominant piscine et cyprès. L'hôtel est également l'une des tables les plus agréables de la région. Cuisine cérébrale et d'une grande finesse. Au second menu, pressé de lapin au foie et pain d'épice, brochette de magret de canard jus de romarin et dessert. Pour plus d'argent, encore plus de plaisir. Accents italiens, provençaux, le terroir ne devient jamais un carcan. Les desserts sont de la même veine : soufflé aux pruneaux et à l'armagnac... Enfin, les hédonistes distingués (et fortunés, ce qui ne va malheureusement pas toujours de pair) ne manqueront pas l'exceptionnel menu « Il était trois foies l'Armagnac », offrant trois recettes de foie gras mariées pour le meilleur seulement à trois eaux-de-vie blanches de la région. Sublime.

LEYME 46120

Carte régionale B1

🏠 |●| *Hôtel-restaurant Lescure* ** – **route de Saint-Céré** ☎ 05-65-38-90-07. Fax : 05-65-11-21-39. Parking. TV. Fermé le samedi soir et le dimanche soir, hors saison. Accès : route principale. Chambres doubles à l'ancienne avec douche et w.-c. à 40 € en demi-pension par personne. Menus à 10,70 €, sauf le dimanche, et de 13 à 27,50 €. Dans le petit village de Leyme, un hôtel-restaurant comme on les aime. La bâtisse a du caractère. La même famille la bichonne depuis plus de 50 ans. Les chambres sont confortables pour un prix raisonnable. Côté resto, la grande salle ouvre sur un étang. Cuisine régionale goûteuse et solidement charpentée. Cave variée. Remarquez la (vraie) lithographie de Picasso au mur, qui côtoie des reproductions de Matisse. La patronne, à sa façon, est une passionnée d'art moderne, dotée d'une personnalité qui ne laisse pas indifférent. *Apéritif maison offert à nos lecteurs sur présentation de ce guide.*

LOURDES 65100

Carte régionale A2

🏠 *Hôtel Relais des Crêtes* – **72, av. Alexandre-Marqui** ☎ 05-62-42-18-56. Congés annuels : de début novembre au 20 mars. Accès : sur la droite à l'entrée de Lourdes en venant de Tarbes. Chambres doubles avec lavabo à 16 €, avec douche à 20,50 €, avec douche et w.-c. à partir de 26,70 €. Petit déjeuner à 3,50 €. Petite pension de famille au fond d'une allée, et donc préservée du bruit de la nationale. Derrière une haie de thuyas colorée de corbeilles d'argent (jolies fleurs argentées pour les néophytes) se nichent 11 chambres simples mais de bon goût, d'une propreté exemplaire et donnant toutes sur la cour intérieure. Dès les beaux jours, on peut prendre son petit déjeuner sur la terrasse fleurie d'hortensias. Pique-nique autorisé. Accueil absolument adorable de la charmante patronne, qui tient cette maison avec constance et amour. Une super adresse routard.

🏠 I●I*Hôtel Majestic* ** – 9, av. Maransin (Centre) ☎ 05-62-94-27-23. Fax : 05-62-94-64-91. ♿ Congés annuels : du 2 novembre au 15 mars. Accès : à 10 mn à pied des sanctuaires, à l'angle de l'avenue et d'une voie sans issue (on peut s'y garer). Chambres doubles de 25 à 50 €. Formule à 8 €, midi et soir (même le dimanche), ou menu à 15 €. Très bel hôtel de 1925, tenu par la famille Cazaux, fort sympathique. Chouette escalier et beaux parquets. Chambres à l'ancienne dotées d'un confort moderne avec sanitaires impeccables, sèche-cheveux, téléphone, TV (sur demande) et parfois balcon. Cuisine familiale servie dans une salle assez chic (peintures, quantité de fleurs). La patronne est aux petits soins. Un seul bémol : la circulation automobile quasiment incessante dans la journée. *10 % sur le prix de la chambre (d'avril au 15 juillet) ou apéritif maison ou café offerts à nos lecteurs sur présentation de ce guide.*

🏠 I●I*Hôtel d'Albret* ** – 21, pl. du Champs-Commun (Centre) ☎ 05-62-94-75-00. Fax : 05-62-94-78-45. ● albret.taverne.lourdes@libertysurf.fr ● TV. Resto fermé le dimanche soir et le lundi hors saison. Accès : face aux halles. Chambres doubles de 37,50 à 47 € avec douche et w.-c. ou bains. 1er menu à 11,50 €, menus suivants à 15,50 et 23,50 €. Face aux halles, là où Lourdes commence à ressembler à une ville « normale ». Chambres confortables, dont une quinzaine sur l'arrière, au calme, avec vue sur la montagne. À la *Taverne de Bigorre*, le resto, cuisine traditionnelle teintée de régionalisme. Garbure aux manchons de canard, escalope de foie gras frais caramélisée aux pommes, soufflé glacé au Grand Marnier sur crème anglaise et coulis de framboises, etc. *10 % sur le prix de la chambre ou 5 % sur la pension et la demi-pension (hors août) offerts à nos lecteurs sur présentation de ce guide.*

🏠 I●I*Hôtel Beauséjour* *** – 16, av. de la Gare ☎ 05-62-94-38-18. Fax : 05-62-94-96-20. ● www.hotel-beausejour.com ●

Parking. TV. Satellite. ♿ Accès : face à la gare SNCF. Chambres doubles avec douche et w.-c. ou bains de 54 à 62 € en saison ; réductions le reste de l'année. À la brasserie, formule à 11 € midi et soir, menus de 20 à 30 €. Un 3 étoiles agréable à prix modérés, idéalement placé pour ceux qui arrivent par le train. Chambres de haut standing (avec sèche-cheveux, coffre et téléphone) dans les tons saumon et rose, décorées de frises. Celles face à la gare ont l'avantage d'être très spacieuses en revanche, elles sont assez mal insonorisées. Les autres, sur l'arrière, sont plus petites mais bénéficient d'une vue d'ensemble sur la ville et la chaîne des Pyrénées. Agréable jardin où l'on peut manger en été. *10 % sur le prix de la chambre (du 15 octobre au 30 mars) ou apéritif maison offerts à nos lecteurs sur présentation de ce guide.*

LUZ-SAINT-SAUVEUR 65120

Carte régionale A2

🏠 I●I*Auberge de jeunesse – Gîte d'étape Les Cascades* – 17, rue Sainte-Barbe (Centre) ☎ 05-62-92-94-14. ● www.auberge-de-jeunesse.com ● Parking. Ouvert tous les jours en saison. Accès : à proximité du GR10 et à 150 m de l'église. Nuitée à 10 €. Également 4 chambres doubles à 20 € ; en hiver, demi-pension demandée à 22 € par personne. Repas à 10 ou 13 €. Une AJ 4 étoiles tenue par des jeunes particulièrement dynamiques. Chambres agréables de 2, 4, 6 et 8 lits (amener son sac de couchage). Bons repas servis dans une grande et jolie salle commune. Soirées paella, garbure, grillades, etc. Chaleureuse atmosphère garantie. Et vous trouverez ici tous les renseignements sur les randonnées à faire dans la région.

🏠 *Hôtel Les Templiers* ** – pl. de la Comporte ☎ 05-62-92-81-52. Fax : 05-62-92-93-05. TV. Canal+. Congés annuels : du 15 mai au 15 juin et 1er octobre au 30 novembre. Accès : face à l'église Saint-André. Chambres doubles avec douche et w.-c. à 34 €. Un escalier de bois avec une jolie rampe ouvragée mène à des chambres toutes simples mais spacieuses qui, finalement, ne manquent pas de charme. Jolis meubles pyrénéens très bien cirés ! On a bien aimé la n° 1 et la n° 2 (pour 3 personnes) avec les volets ouvrant sur l'église fortifiée et la place. Chaleureuse crêperie au rez-de-chaussée, décorée de vieilles porcelaines. Accueil direct de la sympathique et très dynamique patronne. Chaque lundi matin, à l'occasion du marché, la façade de l'hôtel est transformée en stand de fleurs à la mode espagnole.

l●l *Chez Christine* – **rue d'Ossun prolongée (Centre)** ☎ **05-62-92-86-81.** ♿ Ouvert le soir à partir de 19 h. Fermé le lundi en avril et septembre. Congés annuels : du 2 avril au 18 juin et du 30 septembre au 20 décembre. Accès : à côté du jardin de la poste. Compter de 16 à 17 € pour un repas complet, sans le vin. Cadre chaleureux et décoration assez réussie : fleurs séchées, couvre-chef de tous les horizons (peuls et dogons du Mali, betsiléos de Madagascar, keffiehs bédouins et autres turbans touaregs). Filets de truite à la ventrèche, noisettes d'agneau au chèvre chaud, fondue pyrénéenne, épaule de cabri aux thym et romarin, foie gras poêlé à la vanille fraîche, pizzas et pâtes fraîches. Spécialités pyrénéennes. Tout comme les vins, les desserts ne sont pas vraiment bon marché. *Apéritif maison offert à nos lecteurs sur présentation de ce guide.*

MARTEL   46600

Carte régionale B1

🏠 l●l *Auberge des 7 tours* – **av. de Turenne** ☎ **05-65-37-30-16. Fax : 05-65-37-41-69.** ● **www.auberge7tours.com** ● TV. Canal+. Ouvert tous les jours du 15 juin au 30 septembre. Restaurant fermé le mercredi, ainsi que le samedi midi hors saison. Accès : à 100 m du centre. Chambres de 29 à 52 €. Menus de 13 à 32 €, les premiers à couleur plus régionale. Un petit hôtel de 8 chambres, toutes rénovées et gentiment personnalisées, un peu à l'écart du restaurant, nouvelle bonne table du Lot lancée par un jeune couple ayant déjà pas mal bourlingué, entre la Bourgogne et l'Australie. D'où une cuisine qui, elle aussi, dépasse les frontières et saute allègrement des aiguillettes de canard au miel et thym au kangourou Rossini. Ici, c'est madame qui est en cuisine et son mari en salle. Ça change, et très agréablement... Service en terrasse, aux beaux jours. *NOUVEAUTÉ.*

MARTRES-TOLOSANE   31220

Carte régionale A2

🏠 l●l *Hôtel-restaurant Castet* ** – **av. de la Gare** ☎ **05-61-98-80-20. Fax : 05-61-98-61-02.** ● **hotelcastet@wanadoo.fr** ● TV. Canal+. Restaurant fermé le dimanche soir et le lundi. Congés annuels : pendant les vacances scolaires de la Toussaint. Accès : face à la gare. Chambres doubles de 36 à 39 € avec bains. Menus à 15 et 22 €, en semaine, puis à 25 €. Dans une belle maison au calme, face à la gare (seuls deux trains par jour s'y arrêtent encore), avec une chouette terrasse ombragée aux beaux jours. Spécialités en coque de sel à la carte (canard, côte de bœuf) et plats plus classiques, à base de produits du terroir finement préparés et accompagnés. La carte évolue selon les saisons (gibier, poisson...). Bon rapport qualité-prix. Chambres gentiment rénovées. Piscine pour les clients de l'hôtel. *Apéritif maison offert à nos lecteurs sur présentation de ce guide.*

DANS LES ENVIRONS

FOUSSERET (LE) 31430 (15 km NE)

l●l *Restaurant des Voyageurs* – **Grandrue** ☎ **05-61-98-53-06.** Cartes de paiement refusées. Fermé le samedi, le dimanche soir et le lundi soir. Congés annuels : du 6 août au 10 septembre. Accès : A64, sortie n° 23 jusqu'au Fousseret, puis dans une rue qui monte de la place centrale. Menu à 9 € le midi en semaine, menus suivants de 20 à 34 €. Maison grise aux volets verts, accueil et intérieur charmants. Cuisine familiale servie aux beaux jours sur la terrasse derrière la maison, sous d'amusants bulbes blancs. 1er menu au rapport qualité-prix impeccable et servi avec le sourire, ce qui ne gâte rien. Sinon, bonne cuisine du terroir, par exemple ce pot gascon, avec du filet de bœuf, des cèpes et du foie frais, ou encore ces ravioles de foie gras. Une adresse pleine comme un œuf d'habitués ayant flairé depuis longtemps la bonne affaire. *Apéritif maison offert à nos lecteurs sur présentation de ce guide.*

MAZAMET   81200

Carte régionale B2

🏠 l●l *Hôtel Jourdon* ** – **7, av. Albert-Rouvière (Centre)** ☎ **05-63-61-56-93. Fax : 05-63-61-83-38.** TV. Canal+. Resto fermé le dimanche soir et le lundi. Accès : face à la poste. Chambres doubles à partir de 43 € avec douche et w.-c., à 46 € avec bains. Menus de 14 à 40 €. C'est surtout la table qui nous a plu ici. Cuisine robuste et savoureuse. Quelques spécialités : rôti de sandre au jambon de montagne, filet d'agneau laqué à l'armagnac, crème douce à l'ail rose. La table est connue dans le pays, travailleurs divers s'y côtoient dans une ambiance toute provinciale et décontractée, ce qui n'empêche pas un cadre et un service de bonne tenue. Seul défaut, on est à l'étroit. Défaut qu'on retrouve dans certaines chambres, toutefois propres et climatisées.

MILLAU 12100

Carte régionale B1

🏠 *Hôtel Emma Calvé* – 28, av. Jean-Jaurès (Centre) ☎ 05-65-60-13-49. Fax : 05-65-60-93-75. • www.emmacalve. ifrance.com • TV. Ouvert toute l'année. Chambres doubles tout confort de 58 à 75 € avec le petit déjeuner. Pascale reçoit dans sa belle demeure bourgeoise idéalement située au cœur de Millau. La réception a des petits airs de boudoir et les 13 chambres sont toutes différentes. Certaines, à l'arrière, donnent sur un délicieux jardin ; par contre évitez les chambres n°s 5, 6 et 7 sur rue, surtout si vous souhaitez dormir fenêtre ouverte. Beaucoup d'égards de notre charmante hôtesse aux airs de diva, mais attention aux prix. On apprendra qu'Emma Calvé vécut à Millau (dans cette maison ?) et qu'elle fut une grande cantatrice, en son temps, au point d'aller faire carrière outre-atlantique. *NOUVEAUTÉ.*

🍴 *L'Auberge Occitane* – 15, rue Peyrollerie (Centre) ☎ 05-65-60-45-54. Fermé le dimanche, sauf en juillet-août. Accès : dans le centre historique. Menus à 10,70 et 18,80 €. Menus bilingues, ça va de soi ! Dans cette maison très ancienne (La Peyrollerie) on sert une cuisine tout ce qu'il y a de plus terroir : salade de berger, trénels, aligot, couffinade, filet de mouton ou viande de l'Aubrac, fromage, pour finir par un *pascadou* (tarte aux pommes et au caramel maison) pour ne vous dire que ça. Un patron qui n'a pas sa langue dans sa poche et est toujours prêt à taper la discute sur, par exemple, son curieux système de chauffage par la cheminée ou le projet du nouveau viaduc.

🍴 *La Mangeoire* – 8, bd de La Capelle (Centre) ☎ 05-65-60-13-16. Fermé le lundi, sauf en juillet et août. Menus de 15 à 43 €. Notre faiblesse en ville. Cadre vraiment superbe. Salles voûtées, sobrement décorées, et pourtant chaleureuses car bien éclairées. Accueil et service professionnels et souriants. Devant la cheminée, le chef officie avec rigueur : il gère son feu et grille de belles viandes de pays sur des braises rougeoyantes. Vins un peu chers, mais bons petits crus servis au verre. Aux beaux jours, service sous les platanes du boulevard. *NOUVEAUTÉ.*

DANS LES ENVIRONS

CREISSELS 12100 (2 km S)

🏠 🍴 *Le Château de Creissels* – route de Saint-Affrique ☎ 05-65-60-16-59. Fax : 05-65-61-24-63. • www.chateau-de-creissels.com • TV. Congés annuels : en janvier

et février. Accès : dans le bourg, face à l'église. Chambres de 45 à 75 €. Menus de 21 € (formule du jour) à 42 €. Qui n'a jamais rêvé de dîner aux chandelles, au calme, dans un château, en extérieur mais à l'abri d'un chemin de ronde voûté avec une vue sur Millau et le cours du Tarn ? Tout est dit, et en plus, c'est délicieux, les chambres sont impeccables (demander celles nouvellement refaites côté château, un peu plus chères) et l'accueil aux petits oignons. Mobilier de goût et cuisine savoureuse avec du fricandeau aux herbes des Causses, des pièces de bœuf subtilement saisies et une glace maison à la pêche et à l'abricot. Frais, mignon, romantique, on est sous le charme. *NOUVEAUTÉ.*

SAINT-JEAN-DU-BRUEL 12230

(40 km SE)

🏠 🍴 *Hôtel-restaurant du Midi-Papillon* ** ☎ 05-65-62-26-04. Fax : 05-65-62-12-97. Parking. Ouvert tous les jours des Rameaux au 11 novembre. Réservation conseillée. Accès : par la N9 jusqu'à la Cavalerie puis jusqu'à Nant (D999) ; Saint-Jean-du-Bruel se trouve 7 km plus loin. Chambres doubles de 30,50 à 53,50 € avec bains. Menus de 12,20 €, en semaine, à 34 €. Voilà d'adresse sûre du coin, immuable par son accueil et sa qualité depuis quatre générations de Papillon. Ouvert en 1850, c'est aujourd'hui au tour de Jean-Michel, premier homme de la famille aux fourneaux. Chambres très agréables (surtout celles qui donnent sur la Dourbie) et régulièrement rafraîchies, à des prix vraiment alléchants. Jolie piscine. Au restaurant, réputé dans toute la région, le patron s'attache à utiliser des produits frais, quitte à les cultiver ou les élever lui-même : fruits, légumes, champignons, volailles… Il fait aussi « pousser » une dizaine de cochons par an pour sa charcuterie et inscrire sur sa carte « notre jambon cru ». Au final, la cuisine est pleine de saveurs qui mettront en joie vos papilles gustatives. Assiettes élégantes. Belle terrasse donnant sur la rivière, mais souvent complète. Accueil avenant, service discret et efficace. Une adresse rare.

MIRANDE 32300

Carte régionale A2

🏠 🍴 *Auberge de la Halle* – rue des Écoles (Centre) ☎ 05-62-66-76-81. Fermé le vendredi soir et le samedi. Congés annuels : de mi-août à mi-septembre. Chambres doubles avec lavabo à 27,44 €, avec douche et w.-c. à 30,49 €. Au resto, 4 menus de 9,50 €, à midi, à 22,60 €. Un établissement comme on les aime, tout simple et où l'on se sent immédiatement à l'aise. Cuisine traditionnelle et généreuse, avec notamment un 1er menu vraiment épatant. Puis quelques chambres dans l'annexe, sur rue ou côté jardin, modestes mais proprettes. Jeunes patrons sympas comme tout. *Apéritif maison offert à nos lecteurs sur présentation de ce guide.*

MOISSAC   82200

Carte régionale A1

🏠 l●l *Le Pont Napoléon* ** – 2, allée Montebello (Centre) ☎ 05-63-04-01-55. Fax : 05-63-04-34-44. ● dussau.lenapoleon@wanadoo.fr ● TV. Fermé le lundi midi, le mercredi et le dimanche soir. Accès : à l'entrée du pont. Autoroute A62, sortie n° 9, RN113. Chambres doubles de 35 à 52 €. Menus à 20 €, sauf le dimanche, et de 30 à 60 €. Côté hôtel, c'est un coup de cœur. Pour ses prix démocratiques d'une part et pour ses chambres et salles de bains rétro et charmantes, toutes rafraîchies et isolées des bruits de la route d'autre part. Pourtant, l'établissement est plus connu pour sa table. Dans son restaurant gastronomique, le talentueux chef, Michel Dussau, fait valoir son savoir-faire. À table ! *Apéritif maison offert à nos lecteurs sur présentation de ce guide.*

DANS LES ENVIRONS

DURFORT-LACAPELETTE 82390
(6 km NE)

🏠 l●l *Hôtel-restaurant Aube Nouvelle* ** ☎ 05-63-04-50-33. Fax : 05-63-04-57-55. ● www.chez.com/aubenouvelle ● Parking. ♿ Fermé le samedi midi. Congés annuels : du 22 décembre au 8 janvier. Accès : dans le village, prendre la D16 en direction de Cazes-Mondenard ou la D2 vers Lauzerte. Chambres doubles à 45 € avec douche et w.-c. ou bains. Demi-pension à 52,60 € par personne, souvent recommandée. Menus copieux de 11 €, le midi en semaine, à 31 €. Les parents du propriétaire se sont installés dans le Quercy en 1955, venant de Belgique. Marc de Smet (et sa charmante épouse Claudine) a pris naturellement la suite, dans cet endroit idyllique, au milieu des champs. Belle terrasse devant un jardin très agréable. Chambres joliment rénovées, propres et bien tenues. Menus copieux offrant une cuisine régionale. À l'occasion, quelques spécialités belges pour se rappeler le pays : lapin à la flamande et aux pruneaux d'Agen, pièce de bœuf à la bière brune, waterzoï de crustacés, filet de loup à la bière blanche de Hoegaarden et à la crème. Et puis « ce n'est pas parce que l'on ne paie pas cher que l'on ne doit pas avoir assez à manger », dixit le patron. À bon entendeur, salut ! *10 % sur le prix de la chambre (à partir de 3 nuits consécutives) offerts à nos lecteurs sur présentation de ce guide.*

MONCORNEIL-GRAZAN   32260

Carte régionale A2

l●l *Restaurant L'Auberge d'Astarac* ☎ 05-62-65-48-81. Fermé le midi sauf les dimanche et jours fériés (ouvert midi et soir). Réservation obligatoire. Congés annuels : du 4 janvier au 28 février et du 15 novembre au 15 décembre. Accès : entre Masseube et Simorre, au cœur d'un village paisible. 4 menus de 23 à 40 €. Nos chouchous dans le secteur. Loin des routes fréquentées, une auberge amoureusement restaurée. À l'arrière, un luxuriant jardin et une roseraie (à découvrir en saison). Dans le potager, Christian Termote puise son inspiration. Artiste-cuisinier autodidacte, amoureux des herbes et du pays tout entier, il réveille ainsi les saveurs les plus traditionnelles. Goûter le ragoût d'escargots et cèpes, le gigotin d'agneau au romarin, le suprême de pigeonneau à la réduction de madiran et la tarte à la rhubarbe. Une cuisine inspirée, expressive mais sans esbroufe. Des associations de goûts étudiées. Belle cave à vins spécialisée dans les crus du grand Sud. Bien sûr, mention spéciale pour Lucie, atypique et géniale maîtresse de maison, parfaite ambassadrice des recettes de son homme. Elle envoie parfois ses clients chercher leur bouteille à la cave ou demander conseil en cuisine au sujet d'un millésime, etc. Spontanéité et tempérament sans lesquels *L'Auberge d'Astarac* ne serait pas ce qu'elle est. *Café offert à nos lecteurs sur présentation de ce guide.*

MONTAUBAN   82000

Carte régionale A1

🏠 l●l *Hôtel Mercure* *** – 12, rue Notre-Dame (Centre) ☎ 05-63-63-17-23. Fax : 05-63-66-43-66. ● mercuremontauban@wanadoo.fr ● Parking. TV. Canal+. Satellite. ♿ Chambres doubles avec bains à 90 €. Menus de 14 à 35 €. On n'a pas l'habitude de vous louer les hôtels de chaîne, mais il nous arrive de faire des exceptions, et celui-là en fait partie. Ce *Mercure* est tout simplement le plus bel hôtel de Montauban. C'est aussi le seul vraiment correct et charmant. Évidemment, il est plus cher que les autres, mais c'est amplement justifié par son confort 3 étoiles, son aménagement intérieur à la déco lumineuse et chaleureuse. Les chambres sont spacieuses et contemporaines, et les salles de bains magnifiques. En fait, on oublie vite le *Mercure*, et l'on se souvient de l'hôtel particulier du XVIIIe siècle, riche d'une longue tradition hôtelière, dont il a investi les lieux. Bon accueil. Parking gratuit et garage payant. Fait aussi restaurant. *10 % sur le prix de la chambre ou apéritif maison offerts à nos lecteurs sur présentation de ce guide.*

⦿I Le Sampa – **21 et 21 bis, rue des Carmes (Centre)** ☎ 05-63-20-36-46. Fermé le dimanche. Accès : à proximité de l'hôtel de ville. Plat du jour à 7 € ; compter environ 13 € à la carte. Si la déco regarde du côté de Santa Fe, la cuisine est bien française (omelettes, viandes grillées), voire régionale (aiguillettes de canard, magret de canard grillé, confit *Sampa*). Tout ça est bon et hyper copieux. Plats du jour, grosses salades et viande (servis en terrasse en saison). Accueil et service sympathiques, un rien branchés. Le soir, la chaude ambiance du bar déborde gentiment sur la petite salle du resto. *Digestif maison offert à nos lecteurs sur présentation de ce guide.*

⦿I Aux Mille Saveurs – **6, rue Saint-Jean (Centre)** ☎ 05-63-66-37-51. Fermé le dimanche soir et le lundi. Congés annuels : du 18 août au 6 septembre. Menu du marché à 12 €, le midi en semaine, sinon menus de 18 à 33 €. Comme il est difficile de trouver un meilleur rapport qualité-prix et même de trouver une meilleure table à Montauban, ces *Mille Saveurs* ont définitivement séduit nos papilles. Le cadre, un peu trop impersonnel, reste agréable et reposant. Le service, attentionné, est parfois un peu long quand il y a du monde, mais il faut dire que le chef ne travaille que des produits frais et que la bonne cuisine demande du temps et donc de la patience. Reste, pour les plus pressés, la formule rapide du midi, particulièrement intéressante. Les plus gourmands pourront s'attarder à lire la carte et prendront le temps de se régaler de plats qui, de toute façon, ne leur coûteront pas bien cher. Le chef a pas mal voyagé avant de venir s'installer dans cette toute petite rue de Montauban, et cela se sent dans sa cuisine. Il a ramené des îles pleins d'idées parfumées et savoureuses qu'il a adaptées, sans excès, à la cuisine du Sud-Ouest. On peut citer, au passage, uns des meilleurs magrets que l'on ait mangés. Un coup de cœur. *Café offert à nos lecteurs sur présentation de ce guide.*

⦿I Restaurant Le Ventadour – **23, quai Villebourbon (Ouest)** ☎ 05-63-63-34-58. Fermé le dimanche et le lundi. Congés annuels : la 1re quinzaine de janvier et la 2e semaine d'août. Accès : sur les quais de l'autre côté du Tarn, en face du musée Ingres. Menus à 15 €, le midi en semaine, puis à 20,25 et 40 €. Depuis qu'il a été repris, le resto fait fureur auprès des Mon-

talbanais... Et pour cause : la salle voûtée de brique et décorée en intérieur de château semble avoir servi de décor à un épisode de Gaston Phébus, et elle possède l'avantage de rester fraîche quand il fait chaud dehors. La cuisine est très recherchée et le service excellent. Pourtant, les prix restent raisonnables. Selon les menus : bonbons de foie gras cuit et mi-cuit accompagnés de poires, rosace de mérou et courgettes, souris d'agneau confite, soufflé glacé au Grand Marnier... Bon, on arrête là ! *Digestif maison offert à nos lecteurs sur présentation de ce guide.*

MONTRÉAL 32250

Carte régionale A1

⦿I Chez Simone ☎ 05-62-29-44-40. Fermé les lundi, mardi, ainsi que le dimanche soir (sauf pour les fêtes). Accès : dans le bourg. Menus à 13 et 25 €. Un nouveau menu à 45 €, intitulé « la ronde des tapas », a fait son apparition. En fait, les menus et les prix varient selon la saison et les produits que le patron achète au marché. Les menus sont modulables, c'est un peu selon votre demande. Deux portes d'entrée pour un seul restaurant. Côté rue, par le bistrot, vieillot et décoré de formica. Côté terrasse, directement par la grande salle qui a tous les attributs du « gastro à la mode ». Au milieu des tables, une console où sont exposées les bouteilles de vin disponibles à la carte. Contre le mur du fond, un long buffet où trône une impressionnante collection de flacons d'armagnac : plus de trente millésimes, or liquide souvent vendu au prix de précieux métal. Au grand menu, dégustation de foies gras (oie et canard), tranchés en salle et servis le plus simplement possible, c'est-à-dire nature. Nulle possibilité de tricher sur la qualité, et l'occasion de vraiment faire la différence entre ces deux origines. Cuisine régionale, un brin saucière ; bon poisson aussi. Accueil chic et décontracté à la fois. Le patron, Bernard Daubin, possède sous les arcades de la place un bar bien sympa pour siffler un armagnac à prix raisonnable.

DANS LES ENVIRONS

FOURCÈS 32250 (6 km N)

⌂ ⦿I Château du Fourcès – **le bourg** ☎ 05-62-29-49-53. Fax : 05-62-29-50-59. ● www.chateau-fources.com ● Parking. TV. Fermé le lundi midi. Congés annuels : en janvier et février. Accès : par la D29. Chambres entre 117 et 155 €. Menus de 18 €, en semaine, à 37 €. L'adresse chic et charme de la région : un castel du XIIe siècle en plein village. Admirable restauration mettant en valeur ce merveilleux bâtiment au confort intérieur moderne. Parc, rivière et piscine. Chambres décorées dans des teintes douces et coordonnées. Très bonne table aussi : filet de bœuf poêlé au roquefort, magret de canard aux morilles, *piccatas* de lotte sauce safranée. Accueil chic et discret, service attentif. *Apéritif maison offert à nos lecteurs sur présentation de ce guide.*

MONTRICOUX   82800

Carte régionale B1

🏠 I●I *Le Relais du Postillon* ☎ 05-63-67-23-58. Fax : 05-63-67-27-68. ● relaisdu postillon@wanadoo.fr ● Parking. Satellite. Fermé le vendredi et le samedi jusqu'à 17 h 30 du 1er septembre au 1er juillet. Ouvert tous les jours en été. Accès : en venant de Montauban, à l'entrée du village. Chambres doubles avec lavabo à 23 €. Menus de 15 €, à midi sauf le dimanche, à 32 €. Sympathique auberge proposant une bonne cuisine régionale. Chambres sans charme particulier mais fort bien tenues. Chaleureuse salle à manger pour déguster les excellentes spécialités maison. À la carte, omelette aux cèpes, cuisses de grenouilles, écrevisses, escargots, pâté de sanglier, foie gras, magret au poivre vert, pâtisseries maison, etc. Aux beaux jours, agréable terrasse ombragée et jardin. *Apéritif maison offert à nos lecteurs sur présentation de ce guide.*

MONTSÉGUR   09300

Carte régionale B2

🏠 I●I *Hôtel-restaurant Costes* ** – 52, rue Principale (Centre) ☎ 05-61-01-10-24. Fax : 05-61-03-06-28. ● www.montse gur.org/costes.ht ● Fermé le lundi hors saison et le dimanche soir. Congés annuels : du 11 novembre au 1er avril. Accès : au centre du village. Chambres doubles avec douche ou bains de 32 à 36,50 €. Menus de 12,50 à 27 €. Maison couverte de vigne vierge, où il fait toujours bon s'arrêter. Une dizaine de chambres correctes à prix raisonnable. Très bon restaurant. Spécialités de civet de sanglier, magret aux figues, omelette aux cèpes, salade de gésiers, confit aux girolles et plats du terroir, comme la truite aux noisettes. Agréable terrasse et jardin.

NAJAC   12270

Carte régionale B1

🏠 I●I *L'Oustal del Barry* ** – pl. du Bourg ☎ 05-65-29-74-32. Fax : 05-65-29-75-32. ● www.oustal-del-barry.com ● Par-

king. TV. ☒ Restaurant fermé les lundi et mardi midi de mars à juin et en octobre et novembre. Congés annuels : de mi-novembre à Pâques. Accès : à l'entrée du bourg. Chambres doubles avec lavabo à 34 €, avec douche et w.-c. ou bains de 52 à 70 €. Demi-pension de 52 à 70 €. Menus de 18,50 €, le midi, à 46,50 €. Établissement bien plaisant par son accueil, son site, la qualité de sa cuisine et de son hôtellerie. Chambres élégantes, dans un esprit « rustique chic ». Nos préférées (les nos 9 ou 23, par exemple) ont vue sur la nature, à l'infini. Depuis la salle au cadre soigné et à la vue sur le château illuminé, une cuisine d'inspiration rouergate, à base de produits frais et de saison, un peu irrégulière toutefois. Dans l'assiette, un festival de couleurs et de saveurs comme ce foie gras de canard mi-cuit servi avec de la brioche tiède aux noix ou l'*astet* najacois, spécialité du chef. Sans oublier les desserts, tout aussi travaillés. Belle carte des vins élaborée par Simon et Corinne Rémy, les nouveaux gérants de l'établissement. Beau potager à visiter et jeux extérieurs pour les enfants. *Café offert à nos lecteurs sur présentation de ce guide.*

🏠 I●I *Le Belle Rive* ** – Le Roc-du-Pont (Nord-Ouest) ☎ 05-65-29-73-90. Fax : 05-65-29-76-88. ● hotel.bellerive. najac@wanadoo.fr ● Parking. TV. ☒ Congés annuels : de la Toussaint à début avril. Chambres doubles de 48 à 52 € selon la vue, avec douche ou bains et w.-c. Demi-pension de 48 à 51 € par personne. Menus de 15 à 38 €. Splendide cadre de verdure au pied de la bastide, au calme, dans l'un des méandres de la rivière. Un hôtel agréable dans un environnement propice au repos et à la détente : piscine, tennis, billard et baby-sitting si besoin donnent d'ailleurs à l'endroit un petit côté club de vacances familial pas désagréable. Chambres claires et plaisantes. Exemple de menu : filet de bœuf au jus de veau, pavé de bœuf d'Aubrac au jus de truffes, fromage de pays et dessert maison. Que demande le peuple ?… Une promenade digestive ! Service en terrasse aux beaux jours. *Apéritif maison offert à nos lecteurs sur présentation de ce guide.*

I●I *La Salamandre* – rue du Barriou ☎ 05-65-29-74-09. Fermé le mercredi hors saison. Congés annuels : un mois en hiver. Accès : à l'entrée de la rue qui mène au château. Menus à 6,10 € (plat du jour), 9,20 € (formule plat du jour + dessert), 15 et 19 €. *NOUVEAUTÉ.*

NESTIER   65150

Carte régionale A2

🏠 I●I *Le Relais de Castera* ** – ☎ 05-62-39-77-37. Fax : 05-62-39-77-29. TV. Fermé le lundi, le mardi soir et le dimanche soir d'octobre à mai. Congés annuels : du 3 au 23 janvier et du 1er au 8 juin. Chambres doubles à 45 € avec douche et w.-c. Demi-pension à 43 € par personne. 4 menus de 17 €, le midi en semaine, à 40 €. Ne vous laissez pas arrêter par l'aspect extérieur du *Relais* – sans grand charme –, vous voilà à la table de Serge Latour, l'un des tout premiers cuisiniers des Hautes-Pyrénées. Composition et présentation des plats très élaborées, service parfait. Un excellent rapport qualité-prix et une occasion unique de découvrir de nouvelles saveurs à des prix très raisonnables. Spécialités de poisson et plats régionaux : foie gras de canard du Gers « dans tous ses états », crème de haricots tarbais aux langoustines, garbure de Bigorre au confit et au *camou* (en hiver), millas tiède aux fruits de saison, assiette au chocolat, etc. Carte des vins assez hétéroclite. Sur commande, Serge se propose de vous concocter le menu de votre choix. Il dispose également de quelques chambres confortables. *Café offert à nos lecteurs sur présentation de ce guide.*

PEYRECAVE 32340

Carte régionale A1

I●I *Chez Annie* ☎ 05-62-28-65-40. Fermé les samedi et dimanche. Congés annuels : la 2e quinzaine de septembre. Accès : village situé à mi-chemin entre Lectoure et Castelsarrazin, à la limite du département de Tarn-et-Garonne. 3 menus de 10 € (le midi en semaine) à 18 €. Petite auberge croquignolette au bord de la route. Annie est aux fourneaux. Goûter son cassoulet maison, sa daube aux pruneaux, sa poule au pot. Une auberge comme on les aime, à l'écart des hordes touristiques, où manger veut dire quelque chose. Bonne digestion ! *Apéritif maison offert à nos lecteurs sur présentation de ce guide.*

PROJAN 32400

Carte régionale A2

🏠 I●I *Le Château de Projan* ** – Le Château* ☎ 05-62-09-46-21. Fax : 05-62-09-44-08. ●chateaudeprojan@libertysurf.fr ● Parking. Fermé le vendredi soir hors saison. Congés annuels : en janvier. Accès : sur la route qui va de Saint-Mont à la N134 (vers Pau et Aire-sur-Adour) ; à la limite du Gers, des Landes et des Pyrénées-Atlantiques. Chambres doubles de 84 à 106 € avec douche et w.-c. ou bains. Également une suite junior à 150 €. Table d'hôte le soir sur réservation à partir de 21 €. C'est un vrai château, solitaire sur une colline dominant la campagne environnante. La famille, propriétaire du château depuis 1986, a complètement transformé les lieux et en a fait un espace plein d'harmonie. On baigne en pleine découverte artistique. Ça commence dès l'entrée, avec la belle mosaïque d'un artiste suisse. L'espace salon, au décor résolument moderne, ouvre sur la campagne. Le coin lecture, la salle à manger, le bar, les tableaux, tout est fait avec goût. On a oublié de vous parler des bois qui couvrent la propriété, où batifolent les biches au petit matin, du piano demi-queue pour les mélomanes, de la vaste terrasse d'où l'on découvre les Pyrénées.... Mais bientôt vous en parlerez mieux que nous... *10 % sur le prix de la chambre (hors juillet, août, septembre et octobre) ou apéritif maison offerts à nos lecteurs sur présentation de ce guide.*

PUYLAURENS 81700

Carte régionale B2

🏠 I●I *Château Cap de Castel* *** – au bourg (Centre)* ☎ 05-63-70-21-76. Fax : 05-63-75-77-18. ● www.chateau-capde castel.com ● TV. ⚒ Chambres de 44 à 82 € en fonction de la taille, toutes avec de grandes salles de bains. Menus de 14 à 30 €. Installé dans les communs du château qui date de 1258, un véritable hôtel de charme admirablement tenu par Françoise. Déco intelligente, respectueuse de l'architecture du bâtiment. Au resto, menus basés sur la cuisine du terroir. En hiver, les grillades sont faites dans la belle cheminée en pierre. Piscine sur une terrasse dominant la vallée. Bref, un coup de cœur ! *Café offert à nos lecteurs sur présentation de ce guide.*

PUY-L'ÉVÊQUE 46700

Carte régionale A1

🏠 I●I *Hôtel Bellevue et restaurant Côté Lot – pl. de la Truffière* ☎ 05-65-36-06-60. TV. ⚒ Restaurant fermé le lundi ainsi que le mardi et le dimanche soir hors saison. Chambres de 57 à 80 €. Menus de 26 à 50 €. La nouvelle grande adresse du Lot. Christophe Lasmaries a quitté le *Saint-James*, à Bouliac, adresse mythique du Sud-Ouest, pour retrouver sa maison de famille, accrochée aux ruelles du vieux Puy-l'Évêque, qu'il a entièrement restaurée dans des teintes douces (chambres ocre ou blanches). Dans son restaurant, construction nouvelle qui domine le Lot et les plaines voisines, vous savourerez une délicieuse cuisine du moment, légère et parfumée, à la même altitude que les pigeons et hirondelles. Une cuisine qui s'envole elle aussi vers d'autres horizons, prenant au terroir ce qui lui chante avant d'aller picorer ailleurs, sur les bords de l'Océan ou de la Méditerranée. Petite carte plus simple à l'annexe, la brasserie *L'Aganit*, qui ne désemplit pas, côté véranda comme côté terrasse. *NOUVEAUTÉ.*

DANS LES ENVIRONS

MAUROUX 46700 (10 km S)

🏠 I●I *Hostellerie Le Vert* – ☎ 05-65-36-51-36. Fax : 05-65-36-56-84. ● hotelle vert@aol.com ● TV. Restaurant ouvert le soir en semaine (sauf le jeudi) et le dimanche midi. Congés annuels : de mi-novembre à mi-février. Accès : sur la D5. Chambres doubles tout confort de 50 à 90 € (en saison). Demi-pension de 60 à 77 €. Compter de 25 à 42 € à la carte. Superbe demeure quercynoise en pleine campagne, dans un cocon de verdure joliment paysagé et magnifiquement entretenu. Verger, piscine, calme et quel calme ! Accueil tout à fait charmant. 7 chambres décorées avec un goût exquis. L'une d'elles possède même une jolie voûte en pierre apparente, une autre un piano et une cheminée. Table digne d'éloges pour une cuisine variant au gré du marché et des saisons, servie dans une agréable salle à manger lumineuse. Service professionnel. Piscine dans le parc. Nombreux renseignements sur les randonnées. À proximité, le château de Bonaguil, à visiter absolument. *NOUVEAUTÉ.*

RÉALMONT 81120

Carte régionale B2

I●I *Les Routiers – Chez Richard et Patricia* – bd Armengaud (Centre) ☎ 05-63-55-65-44. Parking. Satellite. Fermé le dimanche. Congés annuels : du 4 au 18 août. Accès : sur la N112, à mi-chemin de Castres et Albi. Menus à partir de 10,50 €. Un routier de village de fort grande renommée. Grande salle aux murs de pierre sèche agréable. Cuisine familiale typique et un beau menu, le premier, avec buffet de hors-d'œuvre variés, plat, fromage, dessert et vin compris. Imbattable ! Les suivants, c'est presque trop. Nappes et serviettes en tissu pour tous, prolos, routiers ou VRP... *Café offert à nos lecteurs sur présentation de ce guide.*

I●I *Les Secrets Gourmands* – 72, av. du Général-de-Gaulle (Centre) ☎ 05-63-79-07-67. Fermé le mardi et le dimanche soir. Congés annuels : 3 semaines en janvier et la dernière semaine d'août. Menus de 17 à 44 €, ce dernier ne comportant pas moins de 6 plats ! Le chef Franck Augé est une de nos vieilles connaissances de Saint-Pons-de-Thomières. Il a importé dans le Tarn sa cuisine inventive et traditionnelle que l'on déguste dans une grande salle claire aux tons pastel. Bien sûr, on n'est pas obligé de dévorer ses pantagruéliques menus et on peut surfer sur une carte bien conçue et qui change régulièrement. Service impeccable et attentionné. Une très belle adresse.

REVEL 31250

Carte régionale B2

🏠 I●I *Hôtel-restaurant du Midi* ** – 34, bd Gambetta (Nord-Ouest) ☎ 05-61-83-50-50. Fax : 05-61-83-34-74. Parking. TV. Resto fermé le dimanche soir et le lundi de novembre à Pâques. Congés annuels : resto fermé du 12 novembre au 6 décembre. Chambres doubles de 38 à 61 € avec belles salles de bains. Menu le midi en semaine à 13,50 €, menus suivants de 18,50 à 43 €. Ancien relais de poste puis hôtel dès le début du XIXe siècle, c'est aujourd'hui un agréable hôtel de province offrant des chambres pimpantes et toutes différentes (les plus chères donnent sur le jardin, les autres sur le boulevard mais avec un bon double vitrage). Très bon accueil. Salle à manger au décor chic d'une grande fraîcheur pour une cuisine à l'identique très appréciée dans la région. L'été, on mange dans le jardin. À la carte, tartare de saumon et maquereau sauce ravigote, cassoulet du Lauragais au confit de canard, pièce de veau poêlée, fricassée de champignons, etc. Et toujours des p'tits vins à prix modérés : corbières, gaillac et bordeaux. *Apéritif maison offert à nos lecteurs sur présentation de ce guide.*

ROCAMADOUR 46500

Carte régionale B1

🏠 I●I *Hôtel-restaurant Le Lion d'Or* ** – cité médiévale (Centre) ☎ 05-65-33-62-04. Fax : 05-65-33-72-04. ● www.liondor-roca madour.com ● Parking. TV. Satellite. Congés annuels : du 3 novembre au 5 avril. Chambres doubles avec douche et w.-c. ou bains de 33,50 à 57,50 € selon le confort. Au resto, nombreux menus de 11 à 35,70 €. Un hôtel-restaurant TRA-DI-TION-NEL, situé au cœur de Rocamadour. Des chambres confortables et propres pour un rapport qualité-prix correct. Bien sûr, les plus agréables ont vue sur le site, certaines avec un balcon. Au restaurant, parmi les spécialités, goûter à la Tatin de foie gras frais sauce aux noix, à l'omelette aux truffes et aux cèpes. Excellents desserts, dont le gâteau aux noix glacé (c'est un pays où il vaut mieux aimer les noix, vous l'aviez deviné !). Réserver est plus prudent, et si possible une table avec vue. *10 % sur le prix de la chambre (sauf en août, pour 2 nuits consécutives) offerts à nos lecteurs sur présentation de ce guide.*

📧 ❘●❘*Le Troubadour* – **Belveyre (Nord-Est)** ☎ **05-65-33-70-27. Fax : 05-65-33-71-99.** TV. 🍴 Restaurant le soir uniquement. Congés annuels : de mi-novembre à mi-février. Accès : à 800 m de L'Hospitalet en direction d'Alvignac. Chambres doubles de 50 à 70 €. Menu à 23 € et carte. Cette grande maison en pierre blanche, retirée de la route, est une véritable aubaine pour ceux qui ne veulent pas subir les délires touristiques estivaux de Rocamadour. C'est l'adresse idéale pour séjourner tout près du site, au calme et dans un environnement verdoyant. Chambres tout confort au décor fleuri, fraîches en été. Piscine avec vue superbe sur le causse. Au restaurant (climatisé), cuisine traditionnelle et régionale. Pensez à réserver. *NOUVEAUTÉ.*

📧 ❘●❘*Hôtel-restaurant Les Vieilles Tours* ★★★ – **lieu-dit Lafage (Ouest)** ☎ **et fax : 05-65-33-68-01.** ● **www.chateauxhotels.com/vieillestours** ● Parking. TV. Satellite. 🍴Resto fermé le midi du lundi au samedi et le soir des dimanche et jours fériés. Accès : par la D673 en direction de Payrac, à 2,5 km. Chambres doubles de 57 à 95 €. Demi-pension, en juillet-août, de 63 à 84 €. Plusieurs menus de 21,50 à 56 €. Un splendide manoir du XVIᵉ siècle. Chambres grandes et belles, meublées chacune différemment. Au resto, parmi les spécialités, goûter au foie gras de canard mariné au vin de cahors et aux épices, et au filet de sandre en croûte de laguiole, entre autres petites merveilles. Parc et piscine. Réservation conseillée. Possibilité de randonnées pédestres, à cheval ou à VTT dans les alentours.

📧 ❘●❘*Hôtel-restaurant Beau Site* ★★★ – **cité médiévale (Centre)** ☎**05-65-33-63-08. Fax : 05-65-33-65-23.** ● **www.bw-beausite.com** ● Parking. TV. Satellite. Accès : dans l'unique rue de Rocamadour, sur la droite. Chambres doubles de 60 à 90 € en saison et de 45 à 68 € hors saison. Demi-pension de 55 à 67 €. Au restaurant, menus à 14,50 € à midi, puis à partir de 19,50 €. Compter 30 € environ à la carte. Au cœur de Rocamadour, le *Beau Site* porte le nom de circonstance : de certaines chambres, vue enivrante sur l'abbaye accrochée à sa falaise. Cet hôtel-restaurant, qui appartient à la famille Menot depuis 5 générations, fournit des prestations d'excellente qualité. Réception et salons meublés Haute Époque. Quelques chambres sont décorées avec des meubles de style, toutes sont très bien tenues et décorées avec goût. D'autres sont mansardées, et il y a aussi des familiales (avec mezzanine). Cuisine goûteuse, délicate et parfumée, proposée par des serveurs compétents, discrets et souriants. Tous les produits du terroir magnifiés. Une excellente adresse dans sa catégorie. Terrasse joliment aménagée sous les tilleuls en été, avec une vue imprenable sur le château. *10 % sur le prix de la chambre (en février, mars, avril, octobre et novembre) offerts à nos lecteurs sur présentation de ce guide.*

DANS LES ENVIRONS

MEYRONNE 46200 (14 km N)

📧 ❘●❘*Hôtel-restaurant La Terrasse* ★★★ ☎ **05-65-32-21-60. Fax : 05-65-32-26-93.** ● **www.hotel-la-terrasse.com** ● TV. Satellite. Fermé le mardi hors saison. Accès : par la D673 ; au bout de 4 km, prendre la D15 à gauche. Chambres doubles tout confort de 50 à 92 €. Formule à 18 € à midi en semaine. Plusieurs menus de 24 à 45 €. Meyronne est un petit village adorable surplombant la Dordogne. Effectivement, le restaurant possède une terrasse qui domine la vallée, paysage bucolique et délicieux. Ancienne résidence d'été des évêques de Tulle, cette maison pleine de charme et de caractère vous offre la vie de château à des prix raisonnables. Tout y est : la pierre, les poutres, les tours mansardées et le lierre. Chambres confortables dans l'hôtel, bien sûr un peu plus chères dans le château. Ce sont en fait de petites suites meublées avec goût. Avantage non négligeable dans la région : elles restent fraîches en été. Au restaurant, des menus copieux et régionaux. Déco bourgeoise comme on n'en trouve plus, mais c'est si agréable. Bien sûr, mieux vaut manger sur la terrasse, sous la pergola. *Apéritif maison offert à nos lecteurs sur présentation de ce guide.*

LOUPIAC 12700 (21 km NO)

📧 ❘●❘*Le Claux de Sérignac* ☎ **05-65-64-87-15. Fax : 05-65-80-87-60.** ● **www.clauxdeserignac.com** ●Fermé le lundi midi et le dimanche soir hors saison. Congés annuels : deux mois en hiver. Accès : par la D968 en direction de Payrac, puis par la D147. Chambres doubles de 39 à 60 €. Soirée-étape à 48 €. Petit déjeuner à 5,50 €. Menus de 10 à 36 €. On ne compte plus les courriers qui nous ont mis la puce à l'oreille concernant cette nouvelle adresse. Effectivement, l'accueil de Marie-Chantal et d'Alain est tout d'abord chaleureux et souriant, les chambres, ensuite, spacieuses et pleines de goût (dont un lit à baldaquin pour les amoureux), puis la cuisine, fine et originale, à un rapport qualité-prix rare. Le cadre, en plus, est reposant dans cette maison de style, entourée de ses 5 ha de verdure, de sa piscine et de son tennis. Possibilité de louer des VTT, et quatre chalets (4 à

6 personnes), au calme, tout équipés, à la semaine. *NOUVEAUTÉ.*

CARENNAC 46110 (25,5 km NE)

🏠 ▐●▌ *Hostellerie Fénelon* ** – rue Principale ☎ 05-65-10-96-46. Fax : 05-65-10-94-86. Parking. TV. Service le midi et le soir jusqu'à 21 h. Fermé le vendredi et le samedi midi hors saison. Congés annuels : de janvier à fin mars et de mi-novembre à mi-décembre. Accès : prendre la D673 jusqu'à Alvignac, puis sur la gauche, prendre la D20. Chambres doubles avec douche de 49 à 57 €. Demi-pension en haute saison, de 47,50 à 57 €. Au resto, de nombreux menus de 17 à 47 €. Carte un peu chère. Hôtel classique aux chambres très correctes, douillettes et meublées dans un style rustique, les plus agréables donnant sur la Dordogne. À table, bonne cuisine quercynoise qui ne plaisante ni avec le goût ni avec la présentation. Salle à manger agréable avec une belle cheminée, donnant sur le jardin et la rivière. En été, repas servis en terrasse.

🏠 ▐●▌ *Auberge du Vieux Quercy* *** – (Centre) ☎ 05-65-10-96-59. Fax : 05-65-10-94-05. ● www.medianet.fr/vieux quercy ● Parking. TV. Fermé le midi en semaine. Congés annuels : du 15 novembre au 15 mars. Accès : par la D673 direction Alvignac ; de là, prendre la D20 sur la gauche ; au bord de la route qui traverse le village. Chambres doubles de 53 à 63 €. Demi-pension, en juillet-août, de 61 à 63 € par personne. Au resto, menus de 18 à 32 €. Bel ensemble touristique : hôtel, jardins, piscine dans un environnement idyllique. Chambres agréables (peut-être un peu chères...) dans la bâtisse principale, un ancien relais de poste de caractère, ou de plain-pied autour de la piscine (plus calmes et plus fraîches). Salle à manger avec vue sur le jardin et sur la forêt de toits patinés pour mieux apprécier de savoureuses spécialités telles que l'escalope de foie gras de canard poché aux poires caramélisées. *10 % sur le prix de la chambre (en avril, mai, septembre et octobre) offerts à nos lecteurs sur présentation de ce guide.*

RODEZ 12000

Carte régionale B1

🏠 *Hôtel Biney* – 7, bd Gambetta ou rue Victoire-Massol (Centre) ☎ 05-65-68-01-24. Fax : 05-65-75-22-98. ● hotel.biney@wanadoo.fr ● Ouvert toute l'année. Accès : entre la cathédrale et l'office du tourisme. Hôtel indiqué, au fond d'un passage. 29 chambres de 49 à 135 €. Petit déjeuner-buffet copieux à 9 €. Beau plateau TV en chambre, sur demande, à

13 €. Plein de goût, décoré de couleurs chaudes, à l'accueil dévoué, voici un discret petit hôtel en plein cœur de Rodez. Au calme et donnant sur un petit jardin bien fleuri en saison (chambre n° 15 par exemple), on apprécie la proximité du centre-ville, les beaux tissus et les belles salles de bains modernes et équipées. Hammam et sauna (4 €). À la belle époque, la cantatrice Emma Calvé aimait séjourner ici quand elle passait à Rodez. C'est aussi à cet emplacement que M. Cabanettes vint recruter ses compatriotes avant de partir pour l'Argentine et aller créer la ville de Pigué. *NOUVEAUTÉ.*

🏠 *Hôtel de la Tour-Maje* *** – bd Gally (Centre) ☎ 05-65-68-34-68. Fax : 05-65-68-27-56. ● www.hotel-tour-maje.fr ● TV. Canal+. 🐾 Congés annuels : entre Noël et le Nouvel An. Chambres doubles de 55 à 62,50 € selon commodités ; quelques beaux appartements pour 2 à 4 personnes à 107 €, situés dans la tour du XIVe siècle, vestige des remparts de la vieille cité. Le grand classique de la ville. Chambres agréables et modernes, dont certaines offrent une vue sur la cathédrale (les n°s 1 à 4), et sobrement décorées. Entretien parfait. Excellent accueil, chic et discret du nouveau gérant. *10 % sur le prix de la chambre offerts à nos lecteurs sur présentation de ce guide.*

▐●▌ *Restaurant La Taverne* – 23, rue de l'Embergue (Centre) ☎ 05-65-42-14-51. 🐾 Fermé le samedi midi, le dimanche et les jours fériés. Congés annuels : 2 semaines début mai et 15 jours en septembre. Accès : à proximité de la cathédrale, dans la plus vieille rue de la ville. Menu à 10 € le midi en semaine, et un grand menu-carte à 14,50 €. Vitraux en façade, salle voûtée au sous-sol et en déco, une belle collection de dessins de personnages de BD dédicacés. Cuisine régionale, copieuse, et parfumée. Au gré des saisons : entrecôte au roquefort, *farçous, picaucels,* tripoux, aligot, pain perdu et son coulis de fraises. Prix raisonnables, mais attention à certains suppléments dans les menus. Grande terrasse à l'arrière, bien au calme, sur jardin. *Apéritif le « Rince-Cochon » offert aux lecteurs sur présentation de ce guide.*

▐●▌ *Restaurant Willy's* – 3, rue de la Viarague (Centre) ☎ 05-65-68-17-31. Fermé le dimanche et le lundi. Congés annuels : 1 semaine au printemps et 1 semaine en septembre. Accès : dans une rue donnant sur la place de la Madeleine, près de l'église Saint-Amans. Menus à 13 et 19 €. Un resto sympa, proposant une cuisine régionale teintée d'originalité et d'exotisme, préparée à base de bons produits, et plus particulièrement de poisson. Façade bleue et salle aux couleurs chaudes et agréables. Accueil tout sourire dans une atmosphère jeune et décontractée. Mieux vaut réserver. *Apéritif maison offert à nos lecteurs sur présentation de ce guide.*

l●lRestaurant Goûts et Couleurs – 38, rue de Bonald (Centre) ☎05-65-42-75-10. Fermé le dimanche et le lundi. Congés annuels : en janvier, 10 jours début mai et 15 jours mi-septembre. Accès : dans une rue piétonne du vieux centre. Menus du midi à 20 €, puis de 26 à 65 €. Cadre aux tons pastel, tableaux culinaires aux murs, atmosphère moderne et chaleureuse, idéale pour dîner en amoureux. Un chef-artiste, ou un artiste-chef, ça se voit avant l'arrivée sur la table des merveilleuses assiettes et dès la lecture de la carte. Saveurs des deux rives de la Méditerranée, avec ce tajine de volaille en gelée aux citrons confits et olives ou ce vivifiant gâteau de sardines fraîches marinées au fenouil. Les mauvaises langues (donc piètres papilles) nous avaient dit que les portions étaient petites. Nous les avons trouvées très correctes. Service dynamique et décontracté. Vraiment un bon souvenir. Un chef (Jean-Luc Fau) à suivre, car toujours en pleine évolution. Grande terrasse plaisante à l'arrière. Conseillé de réserver.

DANS LES ENVIRONS

SAINTE-RADEGONDE   12850
(6 km S)

🏠 l●lSaloon Guest Ranch *** – Landrevier** ☎ 05-65-42-47-46. Fax : 05-65-78-32-36. ● **www.le-saloon.com** ● Parking. TV. Ouvert le soir sur réservation uniquement, et le dimanche midi. Accès : direction Sainte-Radegonde, puis Landrevier/Inières (indiqué). Chambres doubles de 50 à 60 €. Petit déjeuner à 7 €. Menus à 18 et 27 €. Voilà un morceau d'Amérique en plein cœur de l'Aveyron ! Alain Tournier a réussi à concrétiser son rêve : un saloon plus vrai que nature et 15 ha de terre aveyronnaise pour ses chevaux, une passion authentique. À l'intérieur, on apprécie son sens du détail. Mobilier en acajou, tissus rougesFar-West et, au plafond, tapis, photos… Évidemment, on y mange de la viande, une des meilleures du coin : entrecôtes épaisses, *spareribs*, côtes de bœuf grillées au feu de bois. Chambres spacieuses et décor western plutôt luxueux. Piscine avec vue sur la campagne et Sainte-Radegonde. Accueil amical. Possibilité de profiter des chevaux et des nombreuses activités proposées par Alain, comme les sorties en quad (sur réservation). *Apéritif maison offert à nos lecteurs sur présentation de ce guide.*

SALLES-LA SOURCE   12330
(10 km NO)

l●lRestaurant de la Cascade – (Centre) ☎05-65-67-29-08. ✄Fermé le samedi midi hors saison et le lundi soir en saison.

Congés annuels : en janvier. Accès : par la D901. À côté du musée du Rouergue. Menu à 10 € le midi en semaine, autres menus de 13,60 à 22 €. Dans une petite salle aux tons rosés, on mange une cuisine sincère, avec une vue ravissante sur les vallons environnants. Le 1er menu change tous les jours et comprend deux entrées, un plat (peut-être de l'aligot ou du stockfisch à la saison), fromage et dessert. Terrasse à l'ombre et à deux pas du beau musée du Rouergue. *Apéritif maison offert à nos lecteurs sur présentation de ce guide.*

SAINT-ANTONIN-NOBLE-VAL   82140

Carte régionale B1

🏠 l●lHôtel des Thermes ** – 1, pl. des Moines** ☎05-63-25-06-00. Fax : 05-63-25-06-06. ● **www.nobleval.com** ● TV. Satellite. Resto fermé le mardi et le mercredi sauf en juillet-août. Congés annuels : resto fermé en janvier. Accès : après le pont à gauche en venant des gorges, au bord de l'Aveyron. Chambres doubles avec bains à 36 €. Menu le midi en semaine à 9 €, menus suivants de 14 à 29 €. Les deux atouts de ce vieil hôtel, repris depuis quelques années par des jeunes, sont sa situation privilégiée, au bord de l'Aveyron, et ses tarifs. Les chambres, décorées comme dans un hôtel de chaîne, manquent un peu de charme, mais l'endroit, qui en a à revendre (du charme !), et la chaleur de l'accueil vous feront vite oublier ce détail. Certaines chambres donnent sur l'Aveyron et la falaise d'Anglars. Bonne petite table et superbe terrasse en bord de rivière. Cyber-café.

SAINT-BERTRAND-DE-COMMINGES   31510

Carte régionale A2

🏠 Hôtel du Comminges ** – pl. de la Cathédrale** ☎ 05-61-88-31-43. Fax : 05-61-94-98-22. Accès : face à la cathédrale. Chambres doubles de 27,50 à 49 € et une grande chambre pour 4 personnes à 64 €. Vieille maison de famille, couverte de lierre et de glycine. Petit jardin intérieur. Grandes chambres calmes, avec ameublement de style. L'ensemble possède pas mal de charme. En logeant ici, vous profiterez de la soirée et des premières heures de la matinée pour baguenauder dans les ruelles vides de touristes.

🏠 l●lL'Oppidum ** – rue de la Poste** ☎ 05-61-88-33-50. Fax : 05-61-95-94-04. ● **www.hotel-oppidum.com** ● TV. ✄

Fermé le lundi. Congés annuels : du 18 novembre au 18 décembre. Accès : à deux pas de la cathédrale, dans la rue descendant vers la poste. Chambres confortables de 40 à 53,35 €. 5 menus de 13,50 €, sauf les dimanche et jours fériés, à 30,49 €. Petit hôtel fort joliment aménagé. Chambres assez petites car cette ancienne bâtisse est vraiment tarabiscotée, mais bon accueil et bon confort. Une seule grande chambre, quasi nuptiale et plus chère. Cuisine honnête. *Café offert à nos lecteurs sur présentation de ce guide.*

|●| *Café-restaurant Chez Simone* ☎ 05-61-94-91-05. Cartes de paiement refusées. Fermé le soir sauf en juillet et août. Congés annuels : pendant les vacances scolaires de la Toussaint et de Noël. Menus à 13 € le midi et 16 € les dimanche et jours fériés. Rien que pour la vue sur la vallée, ça vaut le coup d'y aller. Cuisine familiale et bon accueil, dans une grande salle conviviale à la déco bistrot de campagne. Menu du midi comprenant une soupe, un hors-d'œuvre, deux plats au choix et un dessert ! Menu unique le soir. Et puis, dans le menu du dimanche, ou sur commande, la vraie spécialité du lieu : l'excellente poule farcie !

DANS LES ENVIRONS

VALCABRÈRE 31510 (1,5 km E)

|●| *Le Lugdunum* ☎ 05-61-94-52-05. Parking. Fermé le dimanche soir, le lundi soir, le mardi et le mercredi soir hors saison. Accès : de Valcabrère, rejoindre la N25, tourner à droite, c'est 400 m plus loin, à droite de la route. Compter de 28 à 42 € pour un repas à la carte. Restaurant moderne, mais dont la forme rappelle un peu une villa romaine. Terrasse sur les champs de maïs, avec vue superbe sur Saint-Bertrand. Vraiment original, un cas unique en France ! Enfant du pays mais d'origine lombarde, Renzo Pedrazzini élabore, en plus de sa cuisine traditionnelle, de vrais plats de la Rome antique : daurade aux raisins, marcassin sauce bouillante, agneau à la tarpeia, salade à l'hypotrima, saucisses de Lucanie, etc. Il mélange le miel et le vinaigre, ne sert ni tomates ni citrons car on n'en trouvait pas à l'époque, se fournit en épices chez un herboriste local. Sacré Renzo ! Son maître s'appelle Apicius, qui a écrit un traité de cuisine il y a environ 2 000 ans, le Bocuse de l'Empire romain. C'est ce qui s'appelle un voyage culinaire dans le temps, l'archéologie des saveurs oubliées... Écoutez les conseils de la patronne, accompagnez votre repas d'un vin merveilleux aux épices, sans oublier le subtil apéritif à la rose ou à la violette.

SAINT-CÉRÉ 46400

Carte régionale D1

🏠 |●| *Hôtel-restaurant Les 3 Soleils* – Les Prés-de-Montal ☎ 05-65-10-16-16. Fax : 05-65-38-30-66. ● lestroisso leils@wanadoo.fr ● Restaurant fermé le lundi ainsi que le dimanche soir et le mardi midi hors saison. Accès : près du château. Chambres de 80 à 100 €. Menus de 26 à 65 €. Aux portes de Saint-Céré, et à l'ombre d'un château qui a su conserver intact le sourire de *la Joconde*, durant la Seconde Guerre mondiale, une adresse qui met du baume au cœur et du soleil dans la tête. Frédéric Bizat réinvente à sa façon la cuisine du pays (tournedos de pied de cochon, jambon de canard confit et croûte de cèpes, un plat parmi d'autres qu'on vous signale, pour vous faire saliver). Vous serez ensuite en pleine forme pour visiter grotte ou château, ou même vous placer au départ du golf 9 trous voisin. Maison récente avec des chambres entièrement refaites, avec vue sur les tours de Saint-Laurent, et deux suites climatisées à 275 € pour qui veut se payer une petite folie. *NOUVEAUTÉ.*

DANS LES ENVIRONS

LATOUILLE-LENTILLAC 46400 (7 km E)

🏠 |●| *Restaurant Gaillard* ** – au bourg ☎ 05-65-38-10-25. Fax : 05-65-38-13-13. ● contact@hotel-gaillard.fr ● Parking. TV. Canal+. 🐾 Congés annuels : en novembre. Accès : à 7 km de Saint-Céré. Chambres doubles avec douche et w.-c. ou bains de 36 à 46 €. Menus à 13,30 €, sauf le dimanche midi, puis de 17,50 à 27 €. Chambres simples et propres, climatisées, avec vue sur la rivière. Un resto traditionnel qui jouit toujours d'une excellente réputation. Les gens du pays viennent régulièrement se régaler du foie gras, du magret et confit de canard, des truites fraîches et autres produits du terroir aussi goûteux. Laissez-vous tenter par les champignons ou par l'agneau du pays. Excellents desserts. En prime, l'accueil est chaleureux.

SAINT-CIRQ-LAPOPIE 46330

Carte régionale B1

🏠 |●| *Auberge du Sombral* ** – pl. du Sombral ☎ 05-65-31-26-08. Fax : 05-65-30-26-37. Congés annuels : de mi-novembre à début avril. La chambre double tout confort de 46,50 à 69 €. Une auberge charmante au cœur du village, avec un haut toit à quatre pentes. Élégante décoration intérieure. Belles chambres agréablement meublées, teintes douces et chaleureuses, et de la moquette couleur crème, il fallait oser. Entretien de l'ensemble absolument irréprochable. Accueil professionnel, service empressé, un rien sévère mais pas désagréable pour autant.

|●| *Restaurant L'Atelier* – le bourg ☎ 05-65-31-22-34. Fermé le mardi soir et le mercredi hors vacances scolaires. Accès : en pleine montée, à gauche, juste à côté de Saint-Cirq. Menus de 17 à 25 € et carte. Un restaurant dans une vieille bâtisse de caractère. Des dessins d'amis passés par là tapissent les murs. La nourriture, copieuse et bien préparée, en ravira plus d'un. En ce qui concerne les menus et pour notre plus grand plaisir, les plats n'en finissent pas de se succéder. Bonne cuisine de bistrot : canard aux noix, cassoulet, confits, et même un bon foie gras et son verre de vin blanc... Excellent rapport qualité-prix donc, et bonne ambiance en prime. Accueil charmant.

DANS LES ENVIRONS

TOUR-DE-FAURE 46330 (3 km E)

≜ *Hôtel Les Gabarres* ** – au bourg ☎ 05-65-30-24-57. Fax : 05-65-30-25-85. Parking. ☙ Congés annuels : du 15 octobre au 5 avril. Accès : par la D662 direction Figeac. Chambres doubles de 42 à 44 €. Certes, de l'extérieur, cet hôtel ne brille pas par son architecture. Mais cela est largement compensé par une excellente qualité d'accueil et des chambres claires, très propres et spacieuses. La moitié d'entre elles ouvre sur la piscine de l'hôtel. Vue large et aérée sur la vallée. Petit déjeuner-buffet. De plus, le couple qui tient l'hôtel vous éclairera sur les balades dans les environs. Au fait : les gabarres, ce sont bien sûr les bateaux qui naviguaient naguère sur le Lot, à qui les propriétaires ont voulu rendre hommage à travers le nom de leur hôtel...

SAINT-FÉLIX-LAURAGAIS   31540

Carte régionale B2

≜ |●| *Auberge du Poids Public* *** – faubourg Saint-Roch (Ouest) ☎ 05-62-18-85-00. Fax : 05-62-18-85-05. Parking. TV. Fermé du dimanche soir au mardi soir sauf en juillet et août. Congés annuels : en janvier et une semaine à Noël. Chambres doubles avec douche et w.-c. ou bains de 55 à 66 €. Menus de 24 à 58 €. Des chambres de charme dont le prix varie avec la taille et la vue, certaines donnant sur le Lau-

ragais. Charmants petits salons et grande salle à manger au décor rustique distingué. Sol en marbre et belle pierre apparente. Vue panoramique sur la campagne. Atmosphère inévitablement un peu chicos. Cuisine assez inventive. 4 menus forts différents (et fort conseillés, étant donné les prix à la carte) : le « Tout simple », qui n'a rien d'un routier, le « Tout légume », végétarien, comme son nom l'indique, mais pas triste pour autant, ou le menu « Auberge », avec des incontournables comme la terrine de foie gras cuit au torchon, le gigotin d'agneau de lait des Pyrénées, l'esturgeon d'Aquitaine et le croustillant aux fruits rouges. Enfin, le menu « Dégustation » et ses 5 plats selon l'inspiration et les produits du jour. Sur la carte, le prix des vins s'étend de l'abordable à l'astronomique. Terrasse agréable en saison.

DANS LES ENVIRONS

SAINT-JULIA 31540 (6 km N)

|●| *L'Auberge des Remparts* – rue du Vinaigre ☎ 05-61-83-04-79. Fermé le lundi soir, le mardi soir et le dimanche. Accès : par la D67. Menu le midi en semaine à 10,50 €. Autres menus à 15 et 21 €. Voilà une halte sympathique à la bonne réputation grandissante. Cette auberge de village propose le midi un bon petit menu du jour : potage, crudités, charcuterie, plat du jour, fromage, dessert, vin et café. Encore faim ? Le soir (conseillé de réserver), le jeune chef déploie ses talents en une cuisine plus élaborée, avec les menus suivants. Foie gras de canard mi-cuit, croustillant de loup, pintadeau sous croûte au chou, crêpe soufflée au chocolat... Aux beaux jours, service sur une terrasse ombragée. *Apéritif maison ou café offert à nos lecteurs sur présentation de ce guide.*

SAINT-FERRÉOL   31250

Carte régionale A2

≜ |●| *Hôtellerie du Lac* – av. Pierre-Paul-de-Riquet ☎ 05-62-18-70-80. Fax : 05-62-18-71-13. ● www.hotellerie-du-lac.com ● Parking. TV. ☙ Resto fermé le dimanche soir de septembre à fin mai. Congés annuels : la dernière semaine de décembre et les 2 premières de janvier, pour le resto. Chambres doubles à 58 €. Menus à 15 € (le midi en semaine) et 16 €. Chabrol y a tourné la plus grande partie des plans intérieurs de *L'Enfer* juste avant que l'hôtel ne soit repris. Entièrement rénové, avec un certain raffinement. Chambres confortables à la décoration soignée. Certaines ont vue sur le lac. Au rez-de-chaussée, salles à manger, salon et bar ont également subi un lifting très réussi, à la fois cossu et très vivant (belles couleurs...). 1er menu correct, mais Chabrol aurait sûrement préféré les suivants ! La cuisine est à la hauteur. Piscine chauffée, sauna et belle verrière-préau au charme rétro face à un jardin et une façade plus classiques. L'accueil est très aimable. Bref, tout est réuni pour passer un excellent séjour.

SAINT-GAUDENS 31800

Carte régionale A2

|●| *Restaurant de l'Abattoir* – **bd Leconte-de-Lisle (Sud)** ☎ **05-61-89-70-29.** Fermé le soir du dimanche au mercredi. Congés annuels : du 12 au 18 août. Accès : prendre le boulevard Gambetta jusqu'à la gare SNCF, puis continuer tout droit, direction les abattoirs ; le resto est juste en face. Menus à 11,50 €, le midi, puis de 14 à 20 € le soir. Voilà une de nos meilleures adresses dans la région. Impossible, en effet, de déguster des viandes aussi fraîches, aussi fondantes, aussi fabuleuses que chez Christian Gillet. Baroudeur du désert à moto, il a jeté l'ancre ici, pour être le plus près possible de l'abattoir, où il se fournit chaque matin à l'aube. Il choisit lui-même ses morceaux puis, toujours à l'aurore, il nourrit dans sa grande salle toute une ribambelle de maquignons affamés, venus de la campagne. Un bon signe ! Goûtez au pied de porc ivrogne, à la tête de veau ravigote, aux tripettes provençales, au maxi tartare ou à la côte à l'os gros sel. D'autres bons plats, comme le boudin grillé d'Arbas. L'addition n'abat personne et c'est bon et copieux. Grande salle claire et agréable, et ambiance conviviale. *Apéritif maison offert à nos lecteurs sur présentation de ce guide.*

SAINT-GENIEZ-D'OLT 12130

Carte régionale B1

🏠 |●| *Hostellerie de la Poste* ** – **3, pl. Charles-de-Gaulle** ☎ **05-65-47-43-30. Fax : 05-65-47-42-75.** ● **www.hoteldelaposte12.com** ● Parking. TV. Resto *Le Rive Gauche* fermé les mardi et mercredi d'octobre à décembre. Congés annuels : de mi-novembre à mi-mars. Accès : dans la rue principale menant au Lot. Chambres plaisantes, bien équipées, de 33 à 48 €. Menus de 13 €, le midi en semaine, à 45 €. Traditionnel hôtel de village comprenant une partie ancienne et une annexe moderne. Dans la première, beaux meubles patinés par le temps, beaux objets, atmosphère chaleureuse et confortable. Les chambres nos 207, 208, et 311 à 339 sont nos favorites. À table, cuisine réputée servie en salle ou sur la ter-

rasse dans la verdure. Carte régionale savoureuse, à prix sages : bonbons de foie gras de canard, éventail de côte de bœuf au poivre, étuvée de bananes aux épices. *10 % sur le prix de la chambre (hors juillet et août pour 2 nuits consécutives) offerts à nos lecteurs sur présentation de ce guide.*

DANS LES ENVIRONS

SAINTE-EULALIE-D'OLT 12130
(3 km O)

🏠 |●| *Au Moulin d'Alexandre* ** – **au bourg (Centre)** ☎ **05-65-47-45-85. Fax : 05-65-52-73-78.** Cartes de paiement refusées. Parking. Fermé le dimanche soir en hiver. Congés annuels : 2 semaines en mai et en octobre. Chambres coquettes de 39,50 à 46 € ; demi-pension à 40 € par personne, demandée de mai à septembre. Menus de 10 €, le midi en semaine, à 24 €. Dans un cadre charmant et reposant. Installée, comme son nom l'indique, dans un ancien moulin du XVIIe siècle. Accueil sympa. Bonne cuisine à prix fort raisonnables. Spécialités régionales : omelette aux girolles, poitrine de veau farcie, tripoux maison... que vous pouvez déguster sur la terrasse ombragée. Barques à la disposition des clients. *Digestif maison offert à nos lecteurs sur présentation de ce guide.*

SAINT-GIRONS 09200

Carte régionale A2

🏠 |●| *Hôtel-restaurant La Clairière* ** – **av. de la Résistance (Sud-Ouest)** ☎ **05-61-66-66-66. Fax : 05-34-14-30-30.** ● **www.clairiere.com/la-clairiere** ● Parking. TV. Canal+. Satellite. Fermé le dimanche soir et le lundi de début décembre à fin avril. Accès : à la sortie de la ville, direction Seix-Massat. Chambres doubles avec douche et w.-c. ou bains de 43 à 49 €. Petit menu à 14 € en semaine, autres menus de 19 à 64 €. À l'écart de la route. Tranquille, derrière son rideau d'arbres. Accueil charmant. Architecture aérée et contemporaine, avec une salle dont la décoration change tous les deux ans. Ambiance de montagne ou marine. Une piscine. Chambres agréables et confortables. Cuisine fine et créative. Notre adresse préférée à Saint-Girons. À louer aussi, juste à côté : un château XIXe avec piscine privée et roseraie, et des chambres en gîte restauré. *10 % sur le prix de la chambre (hors juillet-août) offerts à nos lecteurs sur présentation de ce guide.*

SAINT-LARY-SOULAN 65170

Carte régionale A2

🏠 ▮●▮ *Hôtel-restaurant La Pergola* ** – rue Vincent-Mir (Centre) ☎ 05-62-39-40-46. Fax : 05-62-40-06-55. ● www.hotel lapergola.fr ● Parking. TV. 🐾 Congés annuels : 15 jours en mai et de début novembre à mi-décembre. Chambres doubles de 48 à 64 € avec douche et w.-c. ou bains. Petit déjeuner-buffet à 7 €. Formule le midi à 12 €. 4 menus de 22 à 39 €. Établissement ouvert en 1957, agréable car en retrait de la rue, avec un joli jardin et la fameuse pergola. Chambres spacieuses et confortables, avec bains et une literie remarquable. Préférer celles orientées au sud-ouest, avec vue sur Le Pla-d'Adet. On apprécie, ici, le talent du chef de cuisine : rien à redire, celle-ci est savoureuse et inventive, faisant la part belle aux aromates (pistou, romarin, basilic...). *Café offert à nos lecteurs sur présentation de ce guide.*

SAINT-LIZIER 09190

Carte régionale A2

🏠 ▮●▮ *Hôtel de la Tour* – route du Pont (Centre) ☎ 05-61-66-38-02. Fax : 05-61-66-38-01. ● www.hotel-restaurant.net/hoteldelatour ● TV. Fermé le dimanche soir. Accès : au pied de la vieille ville, en bordure du Salat. Chambres doubles avec douche et w.-c. ou bains de 34 à 38 €. Menus à partir de 11 €, sauf le dimanche, puis de 18 à 35 €. Voici l'unique hôtel « historique » de la fascinante capitale du Couserans... 9 chambres pimpantes, rénovées, avec vue pour certaines sur la rivière, et même petit balcon. Côté restauration, le chef fait des efforts pour satisfaire sa clientèle, proposant des menus, mais aussi de simples et bonnes grillades. Carte plus sophistiquée : ris d'agneau à la réglisse ou feuilleté d'escargots à l'anis. *Café offert à nos lecteurs sur présentation de ce guide.*

SAINT-MARTIN-D'ARMAGNAC 32110

Carte régionale A2

🏠 ▮●▮ *Auberge du Bergerayre* ☎ 05-62-09-08-72. Fax : 05-62-09-09-74. Parking. TV. 🐾 Fermé le mardi et le mercredi. En hiver, ouvert le soir uniquement sur réservation. Accès : par la D25, puis une petite route à droite. Chambres de plain-pied très confortables, de 46 à 107 € selon le confort. Demi-pension de 39 à 76,50 €, demandée

en juillet-août. Menus de 18,50 à 33,50 €. Une superbe auberge en pleine campagne. Cuisine extrêmement réputée dans la région. Salle à manger de ferme bourgeoise. À table, selon la saison, salade ou melon au vin de noix, confit de canard pommes fermières au gros sel, poulet en crapaudine, gratin de pommes de terre belle-mère, etc. Et si vous êtes plus fortuné, foie gras frais grillé sur sarments de vigne, ou ce succulent magret fourré de foie gras sur lit de cèpes (hmm!), de bien bons investissements. Côté chambres, deux bâtiments, deux niveaux de standing et, bien entendu, deux gammes de prix. Les plus chères, dans une ancienne grange, ont beaucoup de caractère et des sanitaires luxueux. Piscine et jardin pour tous. Conseillé de réserver. *Apéritif maison offert à nos lecteurs sur présentation de ce guide.*

SALMIECH 12120

Carte régionale B1

🏠 ▮●▮ *Hôtel-restaurant du Céor* – (Centre) ☎ 05-65-74-25-88. Fax : 05-65-46-70-13. Fermé le lundi hors saison. Congés annuels : du 13 janvier au 10 février. Chambres doubles de 20 à 29 € selon le confort. Petit déjeuner à 5 €. Menus de 10 € (VRP non servi le dimanche) à 30 €. Ancien relais de poste du XIXᵉ siècle, ce petit hôtel de campagne présente un bon rapport qualité-prix. Une vingtaine de chambres pour dépanner, certaines plus calmes (les nᵒˢ 1, 2, 4, et 6) mais toutes toujours bien propres. Cuisine traditionnelle servie dans une salle à manger au décor boisé et rustique. Aux beaux jours, agréable terrasse avec vue sur le village. Équipe accueillante. Une bonne adresse. *Un kir à la liqueur de châtaigne offert à nos lecteurs sur présentation de ce guide.*

SAMATAN 32130

Carte régionale A2

▮●▮ *Au Canard Gourmand* – La Rente ☎ 05-62-62-49-81. Parking. 🐾 Fermé le lundi soir et le mardi. Congés annuels : 10 jours en janvier, 1 semaine en juin et 15 jours en octobre. Accès : sur la route de Lombez/L'Isle-Jourdain. 1ᵉʳ menu à 16 €, sauf le samedi soir et le dimanche, puis 3 menus-carte de 22 à 32 €. Bien sûr, les incontournables produits régionaux, mais cette fois-ci traités avec ingéniosité. Nous nous sommes régalés d'un assortiment de trois foies gras dont un à l'aneth, et surtout un autre à la réglisse (audacieux et savamment dosé). Poêlé avec une sauce vanille, c'était tout simplement divin. Mais les recettes varient au rythme des saisons et du marché. Salle agréable et chaleureuse. Service efficace. *Apéritif maison offert à nos lecteurs sur présentation de ce guide.*

SAUVETERRE-DE-ROUERGUE 12800

Carte régionale B1

🏠 |●| *La Grappe d'Or* – bd **Lapérouse** ☎ 05-65-72-00-62. Fermé le mercredi soir hors saison. Congés annuels : hôtel fermé du 15 octobre au 15 avril. Accès : près de la coutellerie. Chambres doubles avec douche et w.-c. à 28 €. Demi-pension à 41,60 €. Menus de 10,60 à 15,20 € le dimanche. Petit hôtel de village bien tenu. Cuisine de pays donc, simple et roborative. Un bien agréable jardin et un environnement qui vaut à lui seul la halte : à deux pas de la place des Arcades. *10 % sur le prix de la chambre (en avril et de mi-septembre à mi-octobre) offerts à nos lecteurs sur présentation de ce guide.*

🏠 |●| *Le Sénéchal* ★★★ ☎ 05-65-71-29-00. **Fax : 05-65-71-29-09.** ● www.senechal.net ● Parking. TV. 🐾 Fermé le lundi, le mardi midi et le dimanche soir sauf en juillet et août. Congés annuels : de début janvier à mi-mars. Accès : à l'extérieur de la bastide, vers le nord. Chambres doubles de 100 à 150 €. Demi-pension de 100 à 117 € par personne. Menus de 24,50 à 98 € (menu dégustation). Sauveterre est l'une des plus belles bastides de la région, et Michel Truchon le sait. Cet enfant de Sauveterre, dont il vous parlera avec passion, s'est donc installé ici. Côté cuisine, le chef maîtrise bien son sujet. Créateur attaché aux bons produits, il travaille, tel un artiste, à la composition de plats subtils, comme le foie gras de canard rôti au four. Au final, une cuisine élégante et recherchée, qui laisse la tête et le corps en fête. Ajoutons un accueil à la hauteur et de superbes chambres, au sol en terre cuite design, si agréables qu'on y passerait la journée. Certaines avec terrasse. Piscine et équipements de détente. Une adresse de goût, en vogue… *Apéritif maison offert à nos lecteurs sur présentation de ce guide.*

SÉVÉRAC-LE-CHÂTEAU 12150

Carte régionale B1

🏠 |●| *Hôtel-restaurant des Causses* – 38, av. Aristide-Briand ☎ 05-65-70-23-00. **Fax : 05-65-70-23-04.** ● les.causses-aveyron@wanadoo.fr ● TV. Resto fermé le lundi midi et hôtel et reto fermés le dimanche soir de septembre à juin. Congés

annuels : 3 semaines en octobre. Accès : à la sortie 42 de l'A75, face à la gare de Sévérac. Chambres de 25 à 46 €. Demi-pension de 29 à 40 € par personne. Menus de 12 à 26 €. Un hôtel confortable, avec des chambres un tantinet vieillottes mais bien propres. Chaudement recommandé par nos lecteurs. On ne peut pas être déçu, ni par la qualité, ni par le prix. *Pascade* de ris d'agneau (sa spécialité), viande sélectionnée et cuite à la perfection, et flaune (*cheesecake* local) en dessert. Que du bon, supervisé par « Bob, le bon vivant ». Repas en terrasse ou en salle à la déco rustique. Accueil charmant. ***NOUVEAUTÉ.***

TARASCON-SUR-ARIÈGE 09400

Carte régionale B2

🏠 *Hôtel Confort* ★★ – 3, quai Armand-Sylvestre (Centre) ☎ 05-61-05-61-90. **Fax : 05-61-05-55-99.** Parking. TV. Congés annuels : du 7 au 20 janvier. Chambres doubles de 28 € avec lavabo à 40 € avec bains. Petit déjeuner à 5 €. Demi-pension à 35 €. Accueil charmant. 2 chambres donnent sur la rivière Ariège. Les autres sur le patio intérieur. Toutes sont très calmes et avec vue sur la montagne. Garage et parking fermés la nuit.

TARBES 65000

Carte régionale A2

🏠 |●| *Auberge de jeunesse* – 88, av. **Alsace-Lorraine** ☎ 05-62-38-91-20. **Fax :** 05-62-37-69-81. ● www.fuaj.org ● Cartes de paiement refusées. Parking. 🐾 Accès : à 2 km de la gare, direction Bordeaux ; bus n° 1 à 150 m de la gare direction Bordeaux (arrêt terminus FJT). 8,50 € avec les draps la nuit en dortoir. Repas à 6,50 € servi du lundi au samedi midi. C'est le foyer des jeunes travailleurs local, faisant aussi fonction d'AJ. Personnel sympa. Jardin et mur d'escalade.

🏠 |●| *L'Isard* ★★ – 70, av. du Maréchal-Joffre (Nord) ☎ 05-62-93-06-69. **Fax :** 05-62-93-99-55. TV. Fermé le dimanche soir. Accès : à 100 m de la gare SNCF. Chambres doubles de 27 à 32 €. 5 menus de 11 à 31 €. Petit hôtel plaisant sur une grande artère, offrant d'agréables chambres côté jardin. Les n°s 1 à 4 sont bien au calme, demandez-les, sinon, risque de bruit de voitures ou de trains de l'autre côté. Principale qualité de l'adresse : le prix et l'excellent accueil de nos hôtes, notamment du patron qui se révèle prolixe sur sa ville et sa région, et par ailleurs bon cuistot. Des formules pour toutes les bourses dans une salle un peu conventionnelle mais rehaussée par la qualité de la cuisine. Escalope de foie frais au citron, Saint-Jacques provençales, œufs brouillés au foie frais, rognons de veau, cassoulet aux haricots tarbais et glace aux pruneaux à l'armagnac. Aux beaux jours, demander à manger dans le patio face au joli jardin. Atmosphère tranquille très agréable. *Apéritif maison offert à nos lecteurs sur présentation de ce guide.*

🏠 *Hôtel de l'Avenue* ** – 78-80, av. Bertrand-Barère ☎ et fax : 05-62-93-06-36. TV. Canal+. ⅓. Accès : à 50 m de la gare SNCF. Chambres doubles à 28 € avec douche et w.-c., 32 € avec bains. Proche de la gare mais dans une rue calme. Accueil d'une grande gentillesse. Chambres à la déco un peu passe-partout mais de bon rapport qualité-prix et d'une propreté impeccable. Les chambres les plus calmes donnent sur une petite cour intérieure. Ambiance familiale et chaleureuse. Le père a passé le relais à son fils, mais il accueille encore souvent les clients, notamment au bar où il sert parfois le petit déjeuner. *10 % sur le prix de la chambre (pour 2 nuits consécutives) offerts à nos lecteurs sur présentation de ce guide.*

|●| *Chez Patrick* – 6, rue Adolphe-d'Eichtal ☎ 05-62-36-36-82. Fermé le soir et le dimanche. Congés annuels : la semaine du 15 août. Accès : à l'angle de la rue Saint-Jean. Menu complet à 9 € le midi en semaine avec potage, entrée, plat du jour, vin et dessert s'il vous plaît ! Incontournable, ce resto de quartier un poil excentré mais fréquenté par une clientèle d'éternels habitués (fonctionnaires, ouvriers et retraités). Une grande famille où chacun tient son rôle jour après jour. Les nouvelles fusent de table en table, on n'hésite pas à refaire le monde chaque midi. Cuisine généreuse et fort goûteuse, à prix modiques. Arriver de préférence en début de service (vers midi) car après, on joue parfois à guichets fermés. *Café offert à nos lecteurs sur présentation de ce guide.*

|●| *Le Fil à la Patte* – 30, rue Georges-Lassalle (Centre) ☎ 05-62-93-39-23. Fermé le lundi, le samedi midi et le dimanche. Congés annuels : du 12 au 18 janvier et du 11 au 31 août. 1er menu à 15 €, en semaine, puis menus à 15 et 23 €. Tout petit resto genre bistrot parisien, murs dans les tons vieux jaune, un poil chic. Cuisine nouvelle inventive. Beaucoup de poisson, et des plats qui revisitent souvent avec brio le terroir. Service poli manquant parfois d'un peu de gaieté et de décontraction.

DANS LES ENVIRONS

JUILLAN 65290 (5 km SO)

🏠|●| *L'Aragon* *** – 2 ter, route de Lourdes ☎ 05-62-32-07-07. Fax : 05-62-32-92-50. ● www.hotel-aragon.com ● Par-

king. TV. Satellite. Câble. ⅓. Fermé le samedi midi et le dimanche soir. Congés annuels : du 20 décembre au 6 janvier et du 2 au 20 août. Accès : à 5 km environ du centre par la D921A. Chambres doubles de 49 à 54 € avec double vitrage, douche et w.-c. ou bains. Formule bistrot à 15,50 €. 4 plats dans les menus « du marché » à 30 €, « tout poisson » à 40 € et « gourmand » à 51 €. Pourquoi diable aller dans cet hôtel-resto placé en bord de route, nous direz-vous ? Réponse : pour y manger une cuisine d'excellente réputation ! Deux salles, l'une bistrot, l'autre assez cossue, et une terrasse toute pimpante aux beaux jours. À table, on revisite les terroirs français et basque, sans dépenser trop le midi tout en savourant une délicieuse cuisine de bistrot, ou en dégustant une cuisine nettement plus gastronomique le soir. Avec, par exemple, selon la saison, le gaspacho de langoustines, les œufs brouillés au caviar, le panaché de confit d'oie et de canard et son ragoût de haricots tarbais, et le chaud-froid soufflé de poire à l'eau-de-vie. Service impeccable. Une bien belle adresse pour les gastronomes... Fait hôtel, avec des chambres à thème (la mer, le rugby...).

ARCIZAC-ADOUR 65360 (11 km S)

|●| *La Chaudrée* – 10, route des Pyrénées ☎ 05-62-45-32-00. Fermé le dimanche soir et le lundi. Accès : au bord de la D935 en direction de Bagnères-de-Bigorre. Menu du jour servi le midi (sauf le dimanche) à 10,20 €, autres menus de 16 à 26 € avec garbure en 1re entrée. À première vue, on aurait plutôt tendance à continuer la route... qui passe devant. À tort, car il s'agit d'une bonne adresse dans les environs de Tarbes. Salle très vieille France dans les tons roses (rideaux, nappes, serviettes) avec poutres apparentes et grande armoire bigourdane en noyer. Magret de la chaudrée, foie gras de canard aux pommes sauce myrtilles, cassoulet, confit d'oie, etc. Rien à redire : la cuisine est fine, la présentation des mets soignée et l'accueil attentionné.

THÉRONDELS 12600

Carte régionale B1

🏠|●| *Hôtel Miquel* – (Centre) ☎ 05-65-66-02-72. Fax : 05-65-66-19-84. ● hotel-miquel@wanadoo.fr ● TV. Ouvert tout l'année (sur réservation hors saison). Accès : à 12 km au nord de Mur-de-Barrez, sur la D18, dernier village au nord de l'Aveyron. Chambres de 45 à 48 €. Étape VRP à 35 €. Menus de 10 € (en semaine) à 26 €. Une plaisante adresse, tenue par la troisième génération des Miquel. Chambres simples et propres, bien silencieuses. Cadre soigné en salle, avec de nombreuses plantes vertes, ou en terrasse, face à la piscine. Avec Sinatra en fond musical (discret), on savoure une copieuse assiette de confit de canard et sa purée d'épinards, un foie de veau poêlé ou un friand de pintadeau et, en dessert, une Daxoise à la framboise. Belle carte des vins et accueil affable. *NOUVEAUTÉ.*

TOULOUSE 31000

Carte régionale A2

🏠 *Hôtel Anatole-France* * – 46, pl. Anatole-France (B1-2) ☎ 05-61-23-19-96. Fax : 05-61-21-47-66. TV. Accès : à cinq pas de Saint-Sernin et six du Capitole. Chambres doubles de 19 € avec lavabo à 29 € avec douche et w.-c. Réception au 1er étage de l'immeuble. Derrière une façade des plus banales se cache un petit hôtel à l'accueil fort sympathique et présentant un très bon rapport qualité-prix. Chambres avec téléphone direct, mais pas de double vitrage pour les moins chères. Les unes arborent des couleurs chaudes que les autres jalousent.

🏠 *Hôtel Beauséjour* * – 4, rue Caffarelli (D1-3) ☎ et fax : 05-61-62-77-59. Ouvert toute l'année. Accès : à 5 mn de la gare et à peine plus du Capitole. Chambres doubles avec lavabo à 20 €, avec douche à 23 € et avec douche et w.-c. à 25 €. Lit en supplément à 8 €. Douche payante pour ceux qui n'en ont pas dans la chambre. Voici le petit 1 étoile comme on n'en fait plus guère. Propre, à l'accueil familial, sûr et calme. Euh ! Quoi d'autre ? Les prix bien sûr ! Bas, tout simplement. Vraiment bien. *NOUVEAUTÉ.*

🏠 *Hôtel des Arts* * – 1 bis, rue Cantegril (C2-4) ☎ 05-61-23-36-21. Fax : 05-61-12-22-37. Accès : entre le musée des Augustins et la place Saint-Georges. Chambres doubles de 27 à 31 € avec un ou deux lits. Hôtel à l'ancienne assez tarabiscoté (au début, on s'y perd !), avec un petit cachet, pas mal entretenu mais pas très bien insonorisé, comme la plupart des vieux hôtels ! Chambres rénovées, assez spacieuses et plaisantes, certaines avec cheminée ; douche et w.-c. sur le palier ou privés. Toutes les chambres donnant sur la rue sont dotées de double vitrage. Accueil sympa. Le petit déjeuner, à commander la veille, se prend dans la chambre car... il n'y a pas de place ailleurs !

🏠 *Hôtel Croix-Baragnon* * – 17, rue Croix-Baragnon (C2-1) ☎ 05-61-52-60-10. Fax : 05-61-52-08-60. TV. Accès : en plein centre, non loin d'une belle maison romane du XIIIe siècle et de la cathédrale Saint-Étienne. Chambres doubles avec un ou deux lits, de 31 € côté rue, à 33 € côté cours. Deux chambres familiales à 36 €. Réception au 1er étage. Excellent accueil. Hôtel qui n'est pas dénué de charme, avec un petit escalier extérieur couvert de plantes. Les chambres sont confortables ; pour une pincée d'euros supplémentaires, préférez celles avec fenêtres sur cour. L'ambiance ferait penser presque à celle de colocataires d'un même immeuble... Plusieurs formules pour le petit déjeuner (qui se prend devant la réception, à la bonne franquette). Une seule obligation : réserver à l'avance cette bonne adresse.

🏠 *Hôtel Trianon* ** – 7, rue Lafaille (C1-8) ☎ 05-61-62-74-74. Fax : 05-61-99-15-44. • www.perso.wanadoo.fr/hoteltrianon • Parking. TV. Satellite. Congés annuels : la première d'août et la dernière quinzaine de décembre. Accès : rue entre le boulevard de Strasbourg et la rue Denfert-Rochereau. Chambres doubles avec douche et w.-c. ou bains de 42,70 à 45,74 €. Calme et moderne. Chambres très petites mais confortables, avec téléphone et parfois climatisation. Celles avec leur pan de mur en brique et leur teinte bleue ont un petit charme, les autres sont plus sombres et un brin étouffantes. Toutes ont été baptisées d'un nom de vin. Petit déjeuner servi dans une jolie cave voûtée en hiver et dans un joli petit patio en été. Très bon accueil. *10 % sur le prix de la chambre (la 1re nuit et le week-end) offerts à nos lecteurs sur présentation de ce guide.*

🏠 *Grand Hôtel d'Orléans* ** – 72, rue Bayard (D1-5) ☎ 05-61-62-98-47. Fax : 05-61-62-78-24. • www.grand-hotel-orleans.fr • Accès : à 5 mn de la gare à pied. Chambres doubles avec douche ou bains à 44,30 € et triples à 58 €. On l'aime bien, cet hôtel à deux pas de la gare. Un côté provençal et espagnol avec son patio couvert, dont les balcons d'étages débordent de plantes. Un côté éminemment provincial aussi. Vraiment propre, fort bien tenu, avec pas mal de bois. Accueil familial. Chambres assez spacieuses avec fenêtres donnant sur la rue ou sur le patio. Ces dernières sont climatisées à cause de la chaleur l'été. Elles se révèlent plus calmes mais plus confinées aussi. Deux chambres au fond donnent sur l'extérieur et bénéficient malgré tout d'un grand calme. Bon rapport qualité-prix. *NOUVEAUTÉ.*

🏠 *Hôtel Castellane* ** – 17, rue Castellane (D1-9) ☎ 05-61-62-18-82. Fax : 05-61-62-58-04. • www.castellanehotel.com • Parking payant. TV. Satellite. 🍴 Ouvert toute l'année. Accès : à deux pas de la place du Président-Wilson. Chambres doubles, toutes à 48 €, avec climatisation et douche. Quelques-unes familiales aussi. Même prix toute l'année. Elles sont proprettes et banales.

Pas grand-chose à dire, si ce n'est que le rapport qualité-prix est bon et l'accueil prévenant. Pas très lumineux. Évitez, toutefois, les chambres du sous-sol. Une adresse qui roule sans histoire.

🏠 *Hôtel Saint-Sernin* ** – 2, rue Saint-Bernard (C1-11) ☎ 05-61-21-73-08. Fax : 05-61-22-49-61. ● www.31-hotelsaltho.com ● Parking payant. TV. Accès : à l'angle de la place Saint-Sernin ; face à la basilique Saint-Sernin. Agréables chambres avec douche et w.-c. ou bains de 48 à 66 €. Réception au 1er étage. Hôtel de charme entièrement rénové, dans l'un des quartiers les plus agréables de Toulouse et face à l'un de ses plus beaux édifices. Accueil souriant. Confortable, voire bourgeois, mais du meilleur goût. À signaler, quatre chambres lumineuses dans les tons roses avec une superbe vue sur la basilique et son extraordinaire clocher. Le week-end, beau marché aux puces sur la place. Une très jolie petite adresse, même si les cloches entonnent régulièrement l'*Ave Maria* sans se lasser ! *10 % sur le prix de la chambre offerts à nos lecteurs sur présentation de ce guide.*

🏠 *Hôtel Albert-Ier* ** – 8, rue Rivals (C1-6) ☎ 05-61-21-17-91. Fax : 05-61-21-09-64. ● www.hotel-albert-1er.com ● TV. Satellite. Accès : vers le Capitole. Chambres de 53 à 75 €. Dans une rue calme d'un quartier commerçant et central. Excellent accueil, professionnel tout en restant familial (en saison, très bonnes confitures maison au petit déjeuner). Joli hall d'entrée décoré de céramiques et de briques toulousaines. Une cinquantaine de chambres différentes, agréables et confortables, de taille raisonnable, presque toutes avec minibar, climatisation et TV, douche ou bains, un ou deux lits (voilà ce qui explique surtout la différence de prix). Pour résumer, l'hôtellerie indépendante comme ce qu'elle a de mieux. *10 % sur le prix de la chambre (le week-end et en période de vacances scolaires pour 2 nuits consécutives) offerts à nos lecteurs sur présentation de ce guide.*

🏠 *Hôtel L'Ours Blanc-Wilson* ** – 2, rue Victor-Hugo (C1-10) ☎ 05-61-21-62-40.

Fax : 05-61-23-62-34. ● www.hotel-ours-blanc.fr ● TV. Canal+. Accès : entre la place Wilson et le marché Victor-Hugo. Chambres doubles avec douche et w.-c. ou bains de 54 à 60 €. Dans un quartier riche en offre hôtelière de moyenne gamme. Entièrement rénové, ce bel immeuble arrondi des années 1930 propose un excellent niveau de confort (téléphone, climatisation...). Chambres pas très grandes, à la déco un peu décevante, cependant fort bien équipées. La réfection moderne du hall a judicieusement épargné l'ancienne cage en bois de l'ascenseur. Les 4 chambres de l'arrondi ont une belle vue sur la place Wilson. Non loin, une annexe, mais l'architecture y est moins jolie.

🏠 *Hôtel Mermoz* *** – 50, rue Matabiau (C1-13) ☎ 05-61-63-04-04. Fax : 05-61-63-15-34. ● www.hotel-mermoz.com ● TV. ⚙ Accès : près de la gare SNCF. Chambres à 85,40 € pour deux. Petit déjeuner-buffet à 9,20 €. Garage payant. Protégé de la rue par une cour intérieure. L'immeuble est moderne, vaguement néoclassique (la volée de marches) et dégoulinant de verdure, donc plutôt agréable. Une cinquantaine de chambres, pas grandes mais très bien équipées, dont la décoration fait référence à la mythologie de l'Aéropostale (mobilier Art déco relooké moderne, dessins d'avions aux murs...). Préférez celles des étages pour être plus tranquille, et les couleurs y sont plus chaudes. Bon accueil.

🍴 *Le May* – 4, rue du May (C2-40) ☎ 05-61-23-98-76. ⚙ Fermé le dimanche midi. Menus de 6,20 à 8,80 € le midi, puis de 12,50 et 14,50 € le soir. Au cœur du vieux Toulouse, cerné par ses concurrents, ce restaurant composé de deux petites salles chaleureuses, auxquelles s'ajoute une agréable terrasse en été, est fréquenté par une nombreuse clientèle d'habitués. Souvent bondé, car la formule proposée le midi est simple et offre un très bon rapport qualité-prix. Cette cuisine du marché, familiale en diable, tape dans le mille sans taper trop fort dans le porte-monnaie, et l'accueil est généralement sympa. Confit maison, magret au foie gras, grillades, assiette végé-

MIDI-PYRÉNÉES

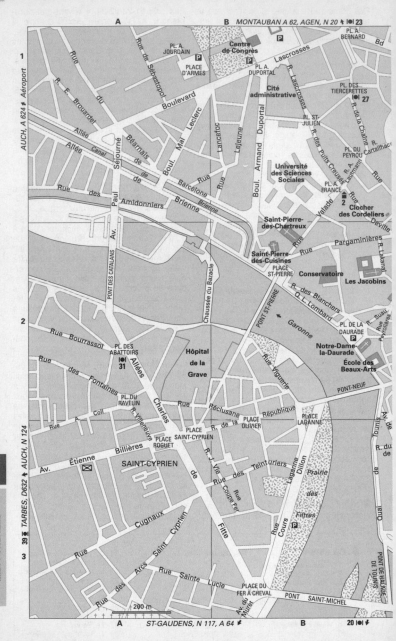

LAVAUR

NORD

MIDI-PYRÉNÉES

CASTRES, N 126

CARCASSONNE, A 61, N 113

tarienne, marinade de poissons en été et plats mijotés l'hiver. *Apéritif maison offert à nos lecteurs sur présentation de ce guide.*

IOI *Chez Paloma* – **54, rue Peyrollières (C2-29)** ☎ **05-61-21-76-50.** 🍴 Fermé le samedi et dimanche. Congés annuels : en général 3 semaines en juillet (mais ça change tous les ans). Formule le midi à 7,65 € et menus le soir à 10,10 et 13,65 €. Un vraiment bon rapport qualité-prix pour se caler le midi. Du travail bien fait, des préparations à base de produits frais, réalisées de manière nette et sans bavures, dont on profite avec plaisir dans un décor de brique, de bois et de broc. Mezzanine plus au calme. La bonne petite adresse de quartier, qui bénéficie d'un excellent bouche à oreille. On confirme. *NOUVEAUTÉ.*

IOI *L'Alimentation* – **6 bis, pl. Saintes-Scrabes (D3-21)** ☎ **05-34-31-61-09.** Fermé le dimanche et le lundi soir. Accès : à deux pas de la cathédrale Saint-Étienne. À midi, formules à 9,90 et 11,50 € ; le soir, menus à 17 et 23 €. Il y a quelques années encore, vous n'auriez trouvé ici que paquets de riz ou de pâtes... à cuisiner vous-même. Mais les temps ont changé. L'épicerie de quartier a fait place à un resto chaleureux avec ses guirlandes de loupiotes multicolores et sa terrasse pour profiter calmement des beaux jours. À midi, ses salades audacieuses (comme la torréfiée avec du cantal et des copeaux de chocolat) remportent un vif succès, et la promiscuité des tables ne dérange personne. Le soir, les bougies scintillent, l'atmosphère est intime, la cuisine prend des tonalités plus régionales. Tenu par une jeune équipe sympathique. *NOUVEAUTÉ.*

IOI *Chez Fazoul* – **2, rue Tolosane (C2-26)** ☎ **05-61-53-72-09.** 🍴 Fermé le dimanche. Accès : à l'angle de la place Mage. Menu à 10,35 € le midi ; autres menus de 16,01 à 26,50 € ; menu-enfants à 6,86 €. Dans ce bel hôtel particulier du XVIIe siècle, découvrez une bonne vieille adresse toulousaine. Cadre très élégant (brique rouge, superbes poutres, éclairage intime à la bougie). Le midi en semaine, menu vraiment pas cher dont tout le quartier profite allègrement, avec un buffet de hors-d'œuvre et un demi-litre de vin par personne. D'autres menus proposent une cuisine de terroir (cassoulet, foie gras cuit à l'ancienne). Et puis ici, on a le sens de la générosité. *Apéritif maison offert à nos lecteurs sur présentation de ce guide.*

IOI *L'Astarac* – **21, rue Perchepinte (C3-28)** ☎ **05-61-53-11-15.** 🍴 Service midi et soir jusqu'à 22 h. Fermé le samedi midi et le dimanche. Congés annuels : mi-juillet à mi-août. Accès : à l'angle de la rue Mage et de la Grande-Rue-Nazareth. Menu le midi en semaine à 10,70 €, autres menus à 18 € (repas des champs), 21 € (repas au village)

et 26 € (fête gascogne). Là encore, dans cette ruelle du vieux Toulouse, découvrez une belle cuisine gasconne simple, régulière, servie avec gentillesse. Haute salle aux poutres apparentes assez surprenante, long mur de brique et une grosse oie empaillée sur le bar au fond. Le charme discret du décor et de la bourgeoisie, avec une atmosphère intime et des banquettes moelleuses pour dîners en amoureux. Et puis de vraies nappes et de vraies serviettes en tissu. Au hasard des saisons, salade de manchons de canard ou plat de poisson, etc. Dégustation de foies gras, tournedos de canard à la sauce aux cèpes ou poêlée gasconne. Quelques vins à prix modérés (fronton, côtes-de-saint-mont). Une adresse très cosy. *Pruneau à l'armagnac offert à nos lecteurs sur présentation de ce guide.*

IOI *Bapz (Bakery and Tea Room)* – **13, rue de la Bourse (C3-34)** ☎ **05-61-23-06-63.** 🍴 Fermé les dimanche et lundi. Congés annuels : 10 jours début août. Accès : au cœur de la vieille ville. Brunch tous les jours à 14 h ou lunch de 12 h à la fermeture. Formule plat et dessert (avec thé ou café) autour de 10,50 € ou plat seul à 6,25 €. Très bons gâteaux qui trônent sur une longue table de bois. Ambiance à dominante crème, avec tapis, chaises en osier, toiles et gravures anciennes. On s'y sent vraiment bien, et l'atmosphère invite à la relaxation. Une halte aussi bien pour la grignote du midi que pour la pause au cœur de l'après-midi. À midi, le salé (tartes, quiches, porc au curry...) domine, tandis que dans l'après-midi on choisit plutôt les pâtisseries, *scones*, petits pains et plein d'autres merveilles de bouche. Autre adresse place Salengros (également fermé les dimanche et lundi). *NOUVEAUTÉ.*

IOI *Restaurant de l'Émulation Nautique* – **allée Alfred-Mayssonié (hors plan B3-20)** ☎ **05-61-25-34-95.** Fermé le dimanche soir et le lundi de mai à mi-septembre ; tous les soirs de mi-septembre à avril. Congés annuels : de Noël à début janvier. Accès : sur l'île du Ramier par le pont Saint-Michel. Menus à 11 €, le midi en semaine, à 15 € les samedi et dimanche midi. Compter 20 € à la carte le soir. Ce club nautique (l'un des trois plus anciens de France !) possède un chouette restaurant avec sa belle terrasse au bord de l'eau et sous les platanes. L'intérieur offre un cadre moderne et élégant, où l'on se sent bien. La carte alterne bonnes grillades, honnête poisson et belles salades des beaux jours. Une jolie petite adresse. Le restaurant du *Rowing* (le resto de l'autre club nautique de l'île) est un peu plus chic et un peu plus cher.

IOI *Les Restos du Marché* – **pl. Victor-Hugo (C1-32)** Ouverts le midi seulement (de 12 h à 14 h). Fermé le lundi comme le marché. Un peu plus tard en fin de semaine.

Accès : au 1er étage du marché Victor-Hugo. Menus entre 12 et 15 €, quart de vin compris. Une institution toulousaine ! Le midi, monter au 1er étage de cette halle de béton fraîchement rénovée. Dans une ambiance populaire particulièrement animée et colorée, une demi-douzaine de petits restos en ligne offrent leur copieuse nourriture à base de produits frais (et pour cause) à des prix fort modérés. Ils invitent au voyage exotique avec un mélange des saveurs, comme leurs noms l'indiquent d'ailleurs : le *Méditerranée*, le *Magret* ou encore *Chez Attila*, qui s'est spécialisé dans le poisson, et la *zarzuela* (sorte de bouillabaisse espagnole). Le *Louchébem* (☎ 05-61-12-12-52) vous fera découvrir un cassoulet aux fèves (ancêtres des haricots) chaque 1er week-end du mois. Excellente viande aussi. Quelques tables installées sur le long balcon. Attention, il y a toujours pas mal de monde. Venez tôt, venez tard… ou patientez ! Et puis les amateurs pourront acheter des foies frais à l'intérieur du marché chez *Samaran*. Également des foies déjà tout préparés pour les plus pressés. Bref, le foie dans tous ses états !

|●| *Le Colombier* – 14, rue Bayard (C1-35) ☎ 05-61-62-40-05. Fermé le samedi midi et le dimanche. Congés annuels : en août. Formule à 14 €, le midi en semaine, et plusieurs menus de 17 à 30 €. Cassoulet au confit d'oie à 19,50 € et c'est surtout pour lui que l'on vient ici, car il est réputé à Toulouse depuis plusieurs générations. On le dévore sous l'œil complice de Gargantua, personnage principal de la fresque de cette élégante salle qui marie avec bonheur la brique et le bois. La recette dudit cassoulet a même été déposée chez le notaire ! Tout ça, bien sûr, aux côtés d'autres spécialités régionales. Service d'excellente tenue. *Cocktail maison offert à nos lecteurs sur présentation de ce guide.*

|●| *Chez Carmen* – *Restaurant des Abattoirs* – 97, allée Charles-de-Fitte (A2-31) ☎ 05-61-42-04-95. 🍽 Fermé le dimanche, le lundi et les jours fériés. Congés annuels : en août. Accès : rive gauche. Menu à 15 €, servi midi et soir ; à la carte, compter environ 25 €. Même si les abattoirs en face ne sont plus (ils ont été reconvertis en centre d'art contemporain !), la viande est toujours aussi bonne dans ce bistrot un peu chic et à l'effervescence toute parisienne… Service efficace, un poil sec (bistrot, quoi !), sous l'œil vigilant du patron. À la carte, grillades, onglet aux échalotes, excellent steak tartare, pavé d'aloyau, daube campagnarde ou plats typiques comme la tête de veau, le pied de cochon... Une adresse franche et loyale comme le tranchoir du boucher, dans un quartier à l'écart du circuit traditionnel, sur la rive gauche de la Garonne. L'été, quelques tables sont installées dehors. *Apéritif maison offert à nos lecteurs sur présentation de ce guide.*

|●| *L'Esquinade* – 28, rue de la Chaîne (B1-27) ☎ 05-61-12-12-72. Ouvert du mardi au vendredi, midi et soir. Accès : dans le quartier Arnaud-Bernard, en face de la place des Tiercerettes. *Racíon* du jour entre 4,50 et 13 €. Tapas aux alentours de 5 €. Compter environ 15 € pour un repas complet. Dans son resto chaleureux et pas plus grand qu'un mouchoir de poche, Vincent concocte une cuisine sur la *plancha* avec amour… Selon les jours, paella de crustacés, excellente brandade de morue à l'ail et à l'huile d'olive, etc. Réservation conseillée, tellement l'adresse est connue dans ce surprenant petit quartier Arnaud-Bernard. *NOUVEAUTÉ.*

|●| *Le Mangevins* – 46, rue Pharaon (C3-36) ☎ 05-61-52-79-16. Fermé le dimanche. Mieux vaut réserver, car ce n'est pas grand. Congés annuels : en août. En fonction de ce que l'on prend, compter autour de 15 € le midi et au moins le double, le soir, pour un repas complet. Gérard et Jean-Claude ont fait de ce petit lieu un temple du vin (ils s'y connaissent, les bougres). Ils mettent un point d'honneur à accorder leur très bon pain et leurs excellentes petites terrines façon « bouchon toulousain » au vin qui coule dans les verres… et bientôt dans vos veines ! Plats à se lécher les babines et la moustache d'une seule traite, tels la salade géante de foie gras, l'andouillette, le magret ou encore ces beaux morceaux de viande, produits « bruts » vendus au poids. Superbe viande rôtie au four, jolie assiette de fromages et même quelques produits de la mer. On y mange, on y boit et, en un mot comme en cent, c'est l'heure de ripailler tout en se rempaillant, bon sang !

|●| *L'Émile* – 13, pl. Saint-Georges (C2-33) ☎ 05-61-21-05-56. Fermé le dimanche. Congés annuels : 2 semaines en début d'année. Menus à 17 et 27,50 €, le midi ; et deux autres servis midi et soir à 36 et 45 €. Un écrin désuet, savamment ringard (toiles vraiment nulles) et pourtant chaleureux, une salle étroite au rez-de-chaussée (une autre à l'étage), mais une cuisine généreuse, fine, particulièrement goûteuse (même le petit menu permet de se mettre de jolies choses sous la dent), surtout basée sur le poisson, comme pour le premier menu du midi qui en propose toujours : pavé de sandre, *zarzuela*, rosace de gambas… On cuisine ici la qualité, on s'attache à la précision des cuissons, jamais prises en défaut. Le produit est mis en avant, sublimé, jamais masqué. Et l'on est étonné de la permanence de la qualité, de la force discrète des goûts qui animent les papilles. *NOUVEAUTÉ.*

|●| *La Pelouse Interdite* (*La Pelouse Intérieure*) – 72, av. des États-Unis (hors plan B1-23) ☎ 05-61-47-30-40. Ouvert le soir uniquement. Fermé les dimanche et lundi. Congés annuels : 3 semaines en octobre. Accès : au nord de la ville en allant vers la N20, repérable à sa vieille façade « Au Bon Vin ». Menu-carte à 17 € et menu complet à 20 €. Un peu moins cher pour la *Pelouse Intérieure*. Les endroits rares durent parfois ce que durent les roses. La maman de l'un des jeunes associés avait un bar ouvrier et un jardin attenant, en retrait de la longue avenue dévolue aux concessionnaires automobiles. Elle a prêté licence et terrain, pour que la fantaisie permette à ce secret restaurant de plein air d'exister. De nombreuses bougies éclairent délicatement les recoins du jardin extraordinaire, meublé d'objets de récupération (gros fauteuils, et même hamacs et lits), entre l'ashram, la guinguette et le rêve pavillonnaire. Et puis, échappant aux frimas de l'hiver, on se retrouve dans la chaleureuse salle de la *Pelouse Intérieure* et autour de son bar coloré. DJ en fin de semaine (musique toujours calme). Cuisine agréable et variée (bon magret de canard au miel et aux épices). Précautions d'emploi : réservez impérativement (même s'il n'y a pas d'enseigne, l'endroit est couru), sonnez à la porte et attendez. *Digestif maison offert à nos lecteurs sur présentation de ce guide.*

I●I *Restaurant Depeyre* – 17, route de Revel (hors plan C4-24) ☎ 05-61-20-26-56. ♿ Fermé le dimanche et le lundi. Congés annuels : les 3 premières semaines d'août. Accès : à 3 km du centre, sur la route de Revel. Menus à 17 €, le midi en semaine, puis de 28 à 52 €. Malgré une situation en bord de route, un décor et un accueil franchement vieille France (mais ne serait-ce pas une fierté ?), c'est une des très bonnes tables de la région. Jacques Depeyre est maître-cuisinier de France, ne l'oublions pas. Selon les saisons et les menus, feuillets de saumon cru à la noisette, vol-au-vent de langoustines au persil, gigot de pigeon aux pamplemousses et gingembre confit, blanc de cabillaud fourré au foie gras de canard, pain perdu caramélisé sauce vanille et glace au miel. Des prix sans doute un peu élevés, mais vous êtes convié ici à faire une véritable étape gastronomique ! *Apéritif maison offert à nos lecteurs sur présentation de ce guide.*

I●I *Orsi Le Bouchon Lyonnais* – 13, rue de l'Industrie (D2-25) ☎ 05-61-62-97-43. Fermé le samedi midi et le dimanche. 4 menus, midi et soir, de 18,40 à 29,80 €. À la carte, compter 30 €. Ce nom doit bien dire quelque chose aux gastronomes lyonnais, car c'est celui d'une des stars de leur cuisine. Cet *Orsi*-là, petit frère de l'autre, a su, sans renier ses origines, s'adapter aux spécialités de sa région d'adoption. Outre les premiers menus qui font la part belle aux produits lyonnais (tablier de sapeur, pieds

de porc grillés, cervelle de canut...), ainsi qu'à ceux de la mer, le menu le plus cher est dédié à la gastronomie du Sud-Ouest, avec un des meilleurs cassoulets de la ville. Un mot aussi sur la superbe et très didactique carte des vins (vin au verre, vin du mois...). Décor « brasserie Belle Époque » plutôt classe mais qui ne dérange évidemment pas la bourgeoise clientèle appréciant autant la qualité de la cuisine que la diligence des serveuses. Repas œnologique le 3e jeudi de chaque mois, à chaque fois sur un thème différent, et parfois accompagné d'un spectacle. Aménagement d'une terrasse en été. *Apéritif maison offert à nos lecteurs sur présentation de ce guide.*

I●I *Au Pois Gourmand* – 3, rue Émile-Heybrard (hors plan A3-39) ☎ 05-34-36-42-00. TV. Canal+. Satellite. ♿ Fermé le lundi midi, le samedi midi et le dimanche. Congés annuels : 1 semaine pendant les vacances scolaires de février et de Pâques, ainsi que 15 jours en août. Accès : de la place Saint-Cyprien (plan A-B3), prendre l'avenue Étienne-Billières, qui devient avenue de Grande-Bretagne, puis l'avenue Casselardit à droite ; passer sous la rocade, prendre la 1re à droite, puis la 2e à droite ; on y est. 1er menu à 20 €, le midi en semaine, puis menus de 31 à 58 €. Un peu difficile à trouver, mais cela vaut le détour. Pour le cadre d'abord : une superbe maison de 1870 de style colonial au bord de la Garonne, ancienne propriété de vacances d'un dentellier toulousain qui y venait en calèche. Cela n'empêche pas le propriétaire et chef de son état de laisser les poules et toute la volaille s'ébattre dans le jardin ! L'endroit justifie son excellente réputation par une cuisine de haute tenue. Goûtez donc au foie gras en papillote de chou, ou au pigeonneau désossé, rôti et farci. Intérieur magnifique et terrasse verdoyante pour les beaux jours. On finit assez vite par oublier la proximité du périphérique. *Un kir offert à nos lecteurs sur présentation de ce guide.*

I●I *Le Verjus* – 7, rue Tolosane (C2-37) ☎ 05-61-52-06-93. Service jusqu'à 23 h. Fermé les dimanche et lundi. Congés annuels : en juillet et août. Accès : près de la cathédrale Saint-Étienne. Compter 25 € pour une entrée, un plat et un dessert. Cadre bistrot dépouillé, genre tables de marbre et tableaux habilement intégrés. Accueil sympathique, au diapason, et cuisine vraiment inspirée, chaleureuse et précise. Un resto apprécié notamment des libraires et éditeurs pour son côté élégant sans frime et sa bonne cuisine. On les comprend. Après que votre serveur-patron vous aura décrit les plats avec passion et précision (déjà toute une aventure), vous dégusterez des préparations changeantes au gré de l'humeur du chef, comme les saucisses d'agneau, le carpaccio de saumon ou

MIDI-PYRÉNÉES

d'autres choses aux saveurs métissées. Une de nos meilleures adresses. Vraiment très sympa.

|●| Dominique Toulousy - Les Jardins de l'Opéra – 1, pl. du Capitole (C2-38) ☎ 05-61-23-07-76. ♿ Fermé les dimanche, lundi et jours fériés. Congés annuels : en août. Menus « Capitole » le midi en semaine à 38 €, puis de 48 € (menu « Jardin ») à 88 € le soir (« dégustation surprise »). Attention, ne pas confondre avec *La Brasserie de l'Opéra* qui donne sur la rue. *Les Jardins* se trouvent sous le porche à gauche. Cuisine inventive et raffinée dont l'éloge n'est plus à faire. Très cher à la carte, mais un 1er menu servi le midi en semaine permettra à nos lecteurs désireux de faire un extra d'en profiter. Dominique Toulousy, l'un des grands chefs de la ville, change régulièrement ce menu. Hors ce louable effort démocratique, les autres menus sont chers. Même si vous n'y mangez pas, entrez sous le porche et jetez un coup d'œil pour admirer le luxueux décor de cette salle bourgeoise en diable, encore plus chouette *by night*. Bons vins à la carte, à des prix raisonnables compte tenu de la qualité de la table. Et puis, juste pour vous faire saliver, quelques spécialités : raviolis de foie gras au jus de truffes, suprême de pigeonneau au parfum d'épices, têtes de cèpes et pieds de cochon en crépinette, figues pochées au banyuls farcies de glace vanille, et on s'arrête là ! *Apéritif maison offert à nos lecteurs sur présentation de ce guide.*

URDENS   32500

Carte régionale A1

|●| L'Auberge Paysanne – pl. de l'Église ☎ 05-62-06-27-25. Parking. ♿ Fermé le lundi, le mardi soir et le mercredi soir. Accès : à 3 km à l'est de Fleurance par la D953. Menus à 10 €, servi le midi en semaine (vin compris), et de 15 à 27,50 €. Urdens est en pleine nature et domine les alentours. Rustique et authentique, l'auberge est aménagée dans les anciennes étables du centre-bourg. Terrasse très agréable aux beaux jours. Calme quasi absolu. Cuisine du terroir : tresse de magret aux airelles, salade gasconne et, en dessert, une croustade à l'armagnac « maison ». *Café offert à nos lecteurs sur présentation de ce guide.*

VALENCE-SUR-BAÏSE   32310

Carte régionale A1

🏠 |●| La Ferme de Flaran ⁎⁎ — route de Condom ☎ 05-62-28-58-22. Fax : 05-62-28-56-89. • fermedeflaran@minitel.net •

Parking. TV. Fermé le lundi (sauf en juillet-août) et le dimanche soir. Congés annuels : en janvier et du 15 novembre au 15 décembre. Accès : à l'entrée du village, sur la D930. Chambres doubles avec douche et w.-c. ou bains à 45 €. Le restaurant propose des menus de 16,50 à 28,70 €. Comme son nom l'indique, ancienne ferme transformée en hôtellerie. Chambres confortables et bien tenues, rustiques à souhait. Préférer celles donnant côté piscine, plus calmes également. Cuisine du marché bien balancée et spécialités du coin voisinent dans la bonne humeur : carpaccio de magret de canard, foie gras frais poêlé aux raisins, hamburger de lotte au foie frais, *piccata* de veau au beurre de ciboulette et truffe ; en dessert, pourquoi pas un gâteau coulant au chocolat ou une tartelette soufflée aux pruneaux ? 1er menu déjà attrayant. Petite carte des vins bien abordable. *10 % sur le prix de la chambre (du 15 octobre au 15 mai) offerts à nos lecteurs sur présentation de ce guide.*

VICDESSOS   09220

Carte régionale A2

🏠 |●| Hôtel Hivert – 2, route de Montréal-de-Sos ☎ 05-61-64-88-17. • www.hotelhivert.com • Congés annuels : en octobre. Accès : sortie de Vicdessos, après le carrefour pour Suc-et-Santenac, direction Auzat. Chambres doubles de 32 à 36 €. Menus à 12 €, sauf le dimanche, et de 13 à 20 €. Un havre de paix coincé entre deux vallées. Le soir, à portée de treilles langoureuses, au-dessus des eaux bruissantes jouxtant la terrasse, on se régale d'un menu copieux dont le choix est imposé sans forfanterie. Quant aux chambres, elles s'ouvrent sur la montagne que l'on peut contempler du lit, avec pour couette les rayons du soleil. *Apéritif maison offert à nos lecteurs sur présentation de ce guide.*

VILLEFRANCHE-DE-LAURAGAIS   31290

Carte régionale B2

🏠 |●| Hôtel de France ⁎⁎ – 106, rue de la République (Centre) ☎ 05-61-81-62-17. Fax : 05-61-81-66-04. Parking payant. TV. Fermé le dimanche soir et le lundi. Chambres doubles de 25,15 à 35,10 €. 1er menu à 10 €, sauf les samedi soir, dimanche et jours fériés, autres menus de 19,50 € (les week-end et jours fériés) à 29 €. Villefranche-de-Lauragais est une des capitales du cassoulet, préparé ici avec oie et canard. Cette auberge, conservée dans son jus, s'en est fait une vraie spécialité, tout comme de son flan aux œufs. Bon accueil.

VILLEFRANCHE-DE-ROUERGUE 12200

Carte régionale B1

🛏 IOI *Le Relais de Farrou* ******* – route de Figeac, Farrou (Nord) ☎ 05-65-45-18-11. Fax : 05-65-45-32-59. ● www.ville franche.com/relaisdefarrou ● Parking. TV. Canal+. 🍴 Resto fermé le samedi midi, le dimanche soir et le lundi hors saison. Congés annuels : pendant les vacances scolaires de février et de la Toussaint. Accès : à 3 km ; sur la route de Figeac. Chambres confortables avec climatisation, douche ou bains de 54,40 à 76,50 €. Demi-pension de 54,50 à 65,50 € par personne. Menu du midi à 13,50 €, sauf le dimanche ; autres menus de 19 à 36 €. Grand établissement ou petit complexe (c'est au choix) éminemment touristique avec parc, piscine, hammam, bain californien et même une piste d'hélicoptère. Alternez le repos avec de nombreuses activités qui vous sont proposées : tennis, mini-golf, VTT, vélo, espace de jeux pour les enfants... Accueil à la mesure. Atmosphère un peu frime au resto mais qui confirme sa bonne réputation. En dessert, pourquoi pas un typique pastis arrosé d'eau-de-vie de prune ? *Apéritif maison offert à nos lecteurs sur présentation de ce guide.*

IOI *Restaurant de la Halle – Chez Pinto* – pl. de la Halle (Centre) ☎ 05-65-45-07-74. Ouvert tous les jours toute l'année. Accès : près de la cathédrale. Menu unique à 9 €. Une institution ! Le resto ouvrier et populaire comme il n'en existe presque plus et qui fait partie des adresses en voie de disparition. En haut des quelques marches, accueil cordial. Bonne, simple et copieuse cuisine familiale. À la bonne franquette ! Qui dit mieux ?

IOI *L' Épicurien* – 8 bis, av. Raymond-Saint-Gilles (Centre) ☎ 05-65-45-01-12. 🍴 Fermé les lundi et mardi hors saison. Accès : entre la gare et la place de la République. Menus de 12,50 à 17,50 € (vin compris). À la carte, compter 25 €. Voilà la bonne surprise lors de notre passage à Villefranche. Une nouvelle adresse tenue par un chef montpelliérain qui sait travailler les produits frais, dont le poisson mais aussi le bœuf. Subtiles associations d'un filet de turbot avec ses légumes frais, ou d'une grillade avec sa sauce au vin de Cahors. Jolie déco boisée, où l'on a fait ressortir les vieilles poutres de la maison. Élégante vaisselle disposée en salle ou en terrasse. Accueil très poli et bien agréable. Bon choix de vins. Propose aussi quatre jolies chambres soi-

gnées, à l'image du restaurant, si vous êtes tenté par un séjour prolongé. *NOUVEAUTÉ.*

IOI *L'Assiette Gourmande* – pl. A.-Lescure (Centre) ☎ 05-65-45-25-95. Parking. 🍴 Fermé le mardi, le mercredi et le jeudi soir hors saison, le dimanche toute l'année. Congés annuels : de Pâques à la Toussaint et la 1re semaine de septembre. Accès : à côté de la cathédrale. Menus de 13 à 29 €. Décor commun de poutres avec cuivres accrochés aux murs. Cuisine de terroir bien faite et agréable : aligot, foie gras, flan à l'orange et grillades au feu de bois sur du chêne du Causse (important !). On s'installe au coin du feu ou en terrasse aux beaux jours, où l'on attend encore le sourire de la patronne...

DANS LES ENVIRONS

MONTEILS 12200 (11,5 km S)

🛏 IOI *Restaurant Le Clos Gourmand* ☎ 05-65-29-63-15. Fax : 05-65-29-64-98. Ouvert de début avril à fin octobre, sur réservation uniquement. Accès : par la D47, grande maison de maître à l'entrée du village. Chambres doubles à 45 € ; demi-pension à 39 € par personne. Menus de 12 à 32 €. Accueil sympa d'Anne-Marie Lavergne, réputée pour ses bonnes spécialités régionales sans fioritures et copieuses. Délicieux menu régional avec sa salade au cou de canard et aux noix, une truite aux lardons, son bœuf au roquefort, etc. « Étape gourmande » (gourmande signifiant ici « plus chère », avec salade aveyronnaise, terrine, émincé de confit à l'oseille... Possibilité de dormir dans une grande chambre, confortablement équipée, avec cheminée et jolie vue sur le ruisseau.

VILLENEUVE-SUR-TARN 81250

Carte régionale B1

🛏 IOI *Hostellerie des Lauriers* ****** – au bourg (Centre) ☎ 05-63-55-84-23. Fax : 05-63-55-89-20. ● www.host.des.lau riers.free.fr ● Parking. 🍴 Fermé le dimanche soir et le lundi hors saison. Congés annuels : du 20 octobre au 16 mars. Accès : sur la D77, à 32 km à l'est d'Albi. Chambres doubles avec douche et w.-c. ou bains à 53 € en haute saison. Menus à 12,50 €, en semaine, puis de 19 à 39 €. L'archétype du petit hôtel de village, tel qu'on les aime. Juste à côté de l'église (mais ne craignez rien, les cloches s'arrêtent la nuit), avec de la verdure jusqu'à la rivière. Hyper bien tenu par un jeune couple fort sympathique. 9 chambres de bon confort et excellente cuisine servie dans une agréable salle à manger. Bar aussi, pour socialiser avec les autochtones. Quelques spécialités : souris d'agneau rôtie aux gousses d'ail, foie gras de canard poêlé aux raisins et aux pommes, fondant de fruits au fromage blanc, etc. En outre, le patron se révèle une mine d'infos sur la région et fait tout pour la promouvoir (activités sportives, randonnées sur le GR36). Aux beaux jours, terrasse donnant sur le parc. Jeux pour les enfants. Piscine couverte chauffée, avec un spa réservé uniquement à la clientèle de l'hôtel. *Digestif maison offert à nos lecteurs sur présentation de ce guide.*

Les prix
En France, les prix des hôtels et des restos sont libres. Certains peuvent augmenter entre le passage de nos infatigables fureteurs et la parution du guide.

Avis aux hôteliers et aux restaurateurs
Chaque année pour y figurer, il faut le mériter !

Le Routard

Nord-Pas-de-Calais

59 Nord
62 Pas-de-Calais

ARRAS   62000

Carte régionale A2

🏠 *Auberge de jeunesse (FUAJ)* – 59, Grand-Place (Centre) ☎ 03-21-22-70-02. Fax : 03-21-07-46-15. ● www.fuaj.org ● Accueil de 7 h 30 à 12 h et de 17 h à 23 h. Congés annuels : du 1er décembre au 1er février. Accès : à l'extrémité nord de la Grand-Place. 8,40 € la nuit. Petit déjeuner à 3,25 €. Compter 2,75 € pour la location de draps. Heureux détenteurs de la carte FUAJ (strictement obligatoire mais vendue sur place) qui pourront loger sur la superbe Grand-Place d'Arras. Une seule chambre à 2 lits. Les autres en comptent de 3 à 8 (54 places au total). Douches et w.-c. à chaque étage, armoires individuelles. Restauration pour groupes uniquement, sinon, cuisine à disposition. *Garage gratuit pour les vélos.*

🏠 ❙●❙ *Café-hôtel du Beffroi* * – 28, pl. de la Vacquerie (Centre) ☎ 03-21-23-13-78. Fax : 03-21-23-03-08. Satellite. Ouvert toute l'année. Fermé le dimanche. Accès : derrière le beffroi. Chambres doubles de 32,01 à 50 €. Menu à 15 € en semaine. À l'un des angles de cette charmante place, qui n'a ni les dimensions, ni le cachet unique des fameuses places d'Arras, mais qui les voisine immédiatement. Au rez-de-chaussée, le classique petit bistrot d'habitués. Dans les étages (attention, escaliers raides), des chambres toutes simples mais coquettes et pimpantes, la plupart avec lavabo (douche et w.-c. sur le palier, un seul sanitaire pour 9 chambres, c'est un peu court) et d'autres, plus chères, avec douche, w.-c. et TV. Choisissez-en une donnant sur la place (la n° 10 par exemple, mansardée), vous aurez une vue imprenable sur le bef-

froi. Une bonne petite adresse. Patron aimable.

🏠 ❙●❙ *Hôtel-restaurant Aux Grandes Arcades* ** – 8-12, Grand-Place (Centre) ☎ 03-21-23-30-89. Fax : 03-21-71-50-94. ● auxgrandesarcades@wanadoo.fr ● TV. Satellite. ♿ Ouvert tous les jours de l'année. Accès : en plein centre-ville. Chambres doubles à 53,36 € avec vue sur la place et 48,78 € avec vue sur cour ou sur rue. Menu à 13,72 €, servi midi et soir sauf le dimanche ; autres menus de 23 et 34 €. Rénovés de fond en comble, les étages de cet établissement central (on ne peut plus, puisque situé sur la Grand-Place) disposent de chambres de bon confort moderne, propres et bien insonorisées. En bas, l'une des plus belles salles de restaurant de la ville, genre brasserie 1900, haute de plafond et tout en boiseries sombres et lustrées (il y a aussi l'autre salle, plus classique, mais on préfère celle-ci). Honnête cuisine, notamment pour le menu régional à 23 €, avec sa tarte au maroilles, son andouillette d'Arras à la moutarde et ses crêpes à la cassonade. Service pas trop souriant mais sincère. *Café offert à nos lecteurs sur présentation de ce guide.*

🏠 *Hôtel des Trois Luppars* ** – 49, Grand-Place (Centre) ☎ 00-32-16-02-03. Fax : 03-21-24-24-80. TV. Satellite. Accès : par la rocade en provenance de Lille-Paris. Chambres doubles avec douche et w.-c. ou bains de 53 à 61 €. Bordant la vaste esplanade pavée de la Grand-Place (sûrement une des plus belles du Nord), un bâtiment du plus pur style baroque flamand, classé Monument historique, qui abrite un hôtel des plus agréables. Chambres à la déco peut-être un chouïa trop contemporaine vu le cadre, mais très confortables. Accueil vraiment très aimable des propriétaires.

10 % sur le prix de la chambre (hors promotions) offerts à nos lecteurs sur présentation de ce guide.

I●I *Le Bouchot* – **3, rue de Chanzy (Centre)** ☎ 03-21-51-67-51. Ouvert jusqu'à 23 h 30 le vendredi et le samedi. Fermé le lundi midi. Accès : à proximité de la gare. Formules et menus de 9,80 à 16,50 €. Ce petit restaurant à la déco fraîche et marine (barque au milieu de la salle) propose avant tout de bonnes moules déclinées de 21 manières. Copieuses portions et bonne qualité de moules, c'est tout ce qu'on demande. Les frites aussi sont OK. Bon point également pour les plats régionaux (ficelle picarde mahousse, *potje vleesch*...), tout aussi sincères et pas trop cher payés. Service fort gentil. Bref, une bonne cantine. *Apéritif maison offert à nos lecteurs sur présentation de ce guide.*

I●I *Restaurant Chez Annie* – **14, rue Paul-Doumer (Centre)** ☎ 03-21-23-13-51. Fermé le soir en semaine et le dimanche (sauf réservation). Accès : à 200 m derrière le beffroi. Menu du jour à 10,10 €. Compter 13 € à la carte avec la boisson. Petit resto amusant : on dirait une brasserie (mais en miniature) avec un escalier presque monumental pour l'endroit. Grimpez la volée de marches pour vous installer sur la mezzanine, endroit stratégique pour observer d'un œil les habitués qui s'attardent au bar. Copieuse cuisine familiale de bon aloi, servie uniquement le midi. Les jours fériés, menus spéciaux pour marquer le coup. Une bonne petite adresse, sans prétention.

I●I *Restaurant La Rapière* – **44, Grand-Place (Centre)** ☎ 03-21-55-09-92. Fermé le dimanche soir. Menus de 13 à 25 €. Nichée sous les arcades de grès d'une des 155 maisons qui bordent la Grand-Place (encore elle !), un resto à la nouvelle déco au-dessus d'une cave voûtée du XVIIe siècle (pour y descendre, prévoir un repas d'affaires !). L'une des meilleures tables d'Arras, assurément. Cuisine de tradition, bien travaillée, sans trop d'esbroufe : Saint-Jacques Marco Polo, filet de bœuf aux morilles... Quelques spécialités du coin (flan au maroilles, feuilleté d'andouillette d'Arras, par exemple). Le menu régional, avec fromage et dessert, est tout à fait bon. Service aimable et décontracté. *Café offert à nos lecteurs sur présentation de ce guide.*

I●I *La Faisanderie* – **45, Grand-Place (Centre)** ☎ 03-21-48-20-76. Fermé le lundi, le mardi midi et le dimanche soir. Congés annuels : la 1re semaine de janvier, 1 semaine pendant les vacances scolaires

de février et 3 semaines en août. Menu du marché à 24,50 €, sauf les samedi soir, dimanche et jours fériés, et autres menus à 35,80 et 58 €. On nous dit en ville que *La Faisanderie* est le « gastro » d'Arras, mais que, misère, « il a perdu son étoile ». Pourtant, nous avons passé une bonne soirée : le service comme le cadre (cave voûtée) étaient impec', grande classe et tout mais sans excès. Mais surtout, la cuisine de Jean-Pierre Dargent nous a contentés, savoureuse et sûre, sachant prendre la mer ou rôder en sous-bois, par exemple, avec un cabillaud à la crème de moules de bouchots céleri vert et blanc pommes charlotte séchées, une poêlée de feuilles d'épinards aux huîtres creuses grillées à la mie de pain et crème de curry, ou encore une brochette de queue de homard grillée sur une poêlée de pommes de terre de pays à la peau et écrasées au beurre de cèpes secs (délicieux, cette affaire !). Le tout arrosé d'un bon vin que l'avisé sommelier conseille honnêtement. Le chef à la fin se paie même le luxe (et la politesse) d'un bonsoir aux clients. En somme et pour conclure, le *Routard* recommande sans hésiter *La Faisanderie*, et même lui décerne, à défaut d'étoile, sa Pataugas d'Or.

I●I *Le Troubadour* – **43, bd Carnot (Centre)** ☎ 03-21-71-34-50. Fermé le dimanche et le lundi soir. Accès : à côté de la gare. Plat à 15 € midi et soir. Compter 26 € à la carte. Le cadre et l'atmosphère « bouchon » de cette petite table ne sont pas pour déplaire, et l'on a un peu l'impression de dîner chez des amis, à la campagne. L'accueil chaleureux de la patronne y est pour quelque chose, sa cuisine aussi. Le choix du jour (3 entrées, 3 plats, 3 desserts) est inscrit sur l'ardoise, plats traditionnels de bonne femme, avec par exemple une tête de veau sauce gribiche, un pot-au-feu, une poêlée de Saint-Jacques aux pâtes fraîches, un navarin d'agneau... Produits du marché, de qualité. Et la terrine maison s'avale goulûment (servie avec oignons au vinaigre et cornichons géants). Notez aussi le pain, énorme miche rustique. On regrettera toutefois que les desserts soient un peu chers (une simplissime salade de fruits, fraises et kiwis, à 5,34 €) tout comme le vin en pichet, au demeurant bien bon (4,50 €). Réservation conseillée.

BERCK-SUR-MER   62600

Carte régionale A2

🛏 **I●I** *Hôtel-restaurant Le Voltaire* – **29, av. du Général-de-Gaulle (Centre)** ☎ 03-21-84-43-13. **Fax : 03-21-84-61-72.** TV.

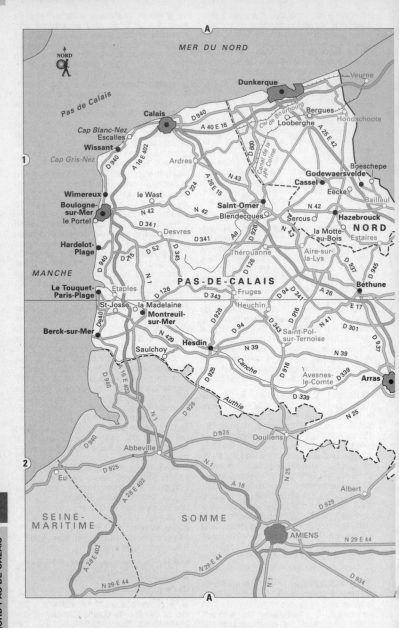

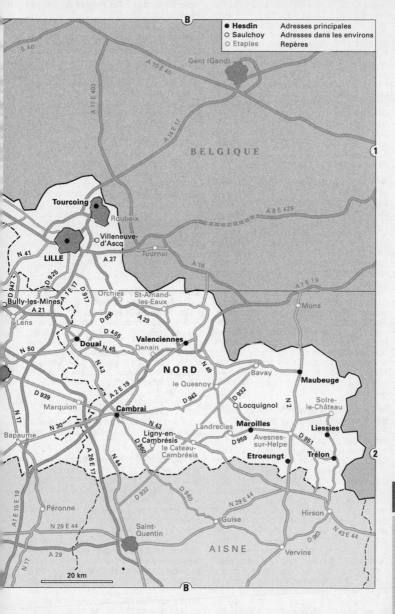

● Hesdin	Adresses principales	
○ Saulchoy	Adresses dans les environs	
○ Etaples	Repères	

Resto fermé le mardi l'hiver sauf pour les pensionnaires. Congés annuels : 15 jours en février (vacances scolaires). Chambres doubles avec douche et w.-c. ou bains de 29 à 44,20 €. Bon petit déjeuner-buffet à 4,90 €. Les chambres rénovées sont irréprochables : spacieuses (20 m² minimum garanti, emmenez votre mètre pliant) et bien insonorisées. La déco fait dans le contemporain pratique. Accueil jeune, sympa et chaleureux, comme au bar à bières du rez-de-chaussée. En revanche, hormis quelques honnêtes spécialités locales (ficelle picarde, *welsh* ou carbonade), le resto ne nous a pas laissé un souvenir impérissable. *Café ou apéritif offert à nos lecteurs (hors saison) sur présentation de ce guide.*

I●I *L'Auberge du Bois* – **149, av. Quettier** ☎ **03-21-09-03-43.** ♿ Fermé le dimanche soir et le lundi hors saison. Congés annuels : du 4 janvier au 4 février. Accès : de Berck-Plage, direction Berck-Ville et à gauche au 1er gros rond-point, puis à droite au feu suivant, c'est à 30 m sur la gauche. Menus de 14 à 30,50 €. À Berck, tout le monde connaît *L'Auberge du Bois*, mais on dit plus volontiers « chez Ben », tant le patron compte ici tout autant ou davantage que les murs ou l'assiette. C'est chez Ben donc qu'on se rend, dans ce bar-restaurant à la grande salle à manger aux tons chauds, simple et agréable. Sur commande uniquement, de très beaux plateaux de fruits de mer à 56,41 € pour 2 personnes. Bonne spécialité de choucroute de la mer, franche et copieuse, ou ragoût d'escargots aux noisettes. Service fort gentil. Bref, la petite adresse sympa, parfaite pour une soirée entre amis.

I●I *La Verrière* – **pl. du 18-Juin, casino de Berck-sur-Mer (Centre)** ☎ **03-21-84-27-25.** Parking. ♿ Ouvert toute l'année. Fermé le mardi sauf en juillet-août. Menu à 19,85 €, le midi en semaine, puis menus à 25,15 et 42,70 €. On n'est pas obligé de passer par la salle des machines à sous (ding-ding-dong-dong-drelin-drelin-cling-clong) pour accéder à *La Verrière*, le restaurant du casino de Berck-sur-Mer, et c'est tant mieux. On ira donc s'asseoir directement dans la salle spacieuse et d'une élégance un peu convenue (sauf la moquette qui fait aux yeux) pour découvrir une très bonne table, la meilleure sans conteste à Berck mais aussi l'une des plus recommandables de la Côte d'Opale. Service impeccable, habillé certes mais pas coincé, et sommelier compétent. Petit menu « affaires » le midi en semaine, puis menus « saveurs du temps » et « dégustation ». Le chef élabore une fine cuisine classique du marché, axée sur les produits de la mer, et c'est le régal assuré. En vedette, les escargots en fines papillotes de pommes de terre. Impeccable pour se faire plaisir, à prix raison-

nable. *Café offert à nos lecteurs sur présentation de ce guide.*

BÉTHUNE 62400

Carte régionale A1

🏠 I●I *Hôtel du Vieux Beffroi* ** – **48, Grand-Place (Centre)** ☎ **03-21-68-15-00. Fax : 03-21-56-66-32.** Parking payant. TV. Satellite. ♿ Chambres doubles avec douche et w.-c. ou bains de 35,06 à 53,36 €. Au resto, compter à partir de 12,20 €. Menus de 20 à 25 €. Formules de 8 à 12 € en brasserie. Une massive maison avec tourelles et pignons. Face au beffroi du XIVe siècle pour se faire gentiment réveiller (au matin, il ne sonne pas la nuit !) par le carillon. Un grand (au sens de vaste) hôtel, très bien tenu. Ne pas trop compter, donc, sur un accueil personnalisé, mais vous y trouverez des chambres à l'ancienne, rénovées, dont certaines ne manquent pas de charme. Bon confort. Fait aussi resto, avec une salle à manger classique et une autre style brasserie – menus et cartes ad hoc. Terrasse également. Une bonne table, à ce qu'on dit.

🏠 I●I *Restaurant La Taverne* *** – **1, pl. de la République (Centre)** ☎ **03-21-56-80-80. Fax : 03-21-65-77-00.** TV. Satellite. Fermé le samedi midi et le dimanche soir. Congés annuels : de mi-juillet à mi-août. Chambres doubles à partir de 50 €. Menus à 15 et 25 €. Une des bonnes adresses de la ville : un resto-brasserie très classique, sans effet de manche. À la carte, deux spécialités principales : choucroutes diverses et fruits de mer, avec notamment une très belle assiette du pêcheur, copieuse à souhait. Également des plats cuisinés régionaux : *potje vleesch, waterzoï* de volaille, assez bon marché. Clientèle locale d'habitués.

I●I *La Ripaille* – **20, Grand-Place (Centre)** ☎ **03-21-56-22-33.** Fermé le dimanche et le lundi soir. Congés annuels : 1ère quinzaine d'août et vacances scolaires de Noël. Plat du jour à 12 € environ. À la carte, compter 24 € pour un repas. Rien ne signale particulièrement ce restaurant à la façade très étroite et à la déco moderne et quelconque. Sauf, peut-être, si l'on prend la peine d'entrer, les tables toutes occupées où se régale manifestement une clientèle d'habitués. Un coup d'œil aux assiettes et l'on a compris : spécialités régionales, de copieuses portions, de belles sauces, des fumets appétissants, de la viande et du poisson resplendissants de santé : crévindieu, nous sommes dans un bon restaurant ! On prend place et l'on choisit le plat du jour, ou à la carte une des propositions du moment. Produits toujours extra, avec mention spéciale pour le poisson et les fruits de mer. Au hasard, un marbré de pommes de terre au maroilles et au lard pour commencer, et c'est déjà le bonheur... La suite, jusqu'au dessert, ne déçoit pas. Ambiance bon enfant, populaire, et service vif et souriant de la patronne. Attention, il n'y a pas beaucoup de places, réservez ! *Apéritif maison ou café offert à nos lecteurs sur présentation de ce guide.*

DANS LES ENVIRONS

BULLY-LES-MINES 62160 (9 km SE)

🛏 🍴 *L'Enfant du Pays* – 152, rue Roger-Salengro ☎ 03-21-29-12-33. Fax : 03-21-29-27-55. ● m.verbrugge@nordnet.fr ● Parking. TV. Resto fermé le dimanche soir. Accès : direction Lens ; après Mazingarbe. À partir de 16 € la chambre double avec lavabo ; 24 € avec douche et w.-c. ou bains. Demi-pension à 33 € par personne. Menus de 10 à 23 €. Une adresse de derrière le terril, en face de la gare, bien connue dans le pays, où l'on vous sert une cuisine généreuse et sans chichis à base de produits frais. Le pigeon aux petits oignons, le filet mignon de porc au pain d'épice ou le lapin à la bière devraient vous rassasier, et les fromages affinés maison se mangent sans faim. Grande salle à manger à l'atmosphère toute provinciale et aimable, service en tenue. Au-dessus, des chambres récemment refaites, à prix écrasés. *Apéritif maison offert à nos lecteurs sur présentation de ce guide.*

BOULOGNE-SUR-MER   62200

Carte régionale A1

🛏 🍴 *Auberge de jeunesse* – pl. Rouget-de-l'Isle (Sud) ☎ 03-21-99-15-30. Fax : 03-21-99-15-39. ● www.fuaj.org ● ⚡ Accueil de 7 h 30 à 1 h + code d'accès 24 h/24. De septembre à mars : fermé le week-end de 11 h à 17 h. Congés annuels : du 22 décembre au 31 janvier. Accès : facile, c'est juste en face de la gare. 15 € la nuit, draps inclus et petit déjeuner compris (obligatoire). 24 € par personne la demi-pension pour les groupes. Emplacement stratégique pour ceux qui voyagent en train. AJ d'un très bon confort. Chambres à 3 ou 4 lits avec douche et w.-c. Bar. Dispose également d'un restaurant, bon marché. Une nouvelle cuisine équipée pour les individuels. Service de réservation IBN pour les auberges du monde entier. La carte FUAJ (obligatoire et vendue sur place) donne droit à plein de réductions dans la ville : visites de Nausicaa, bowling, spectacles, loisirs nautiques...

Une auberge sympa et dynamique. *Café offert à nos lecteurs sur présentation de ce guide.*

🛏 *Hôtel Faidherbe* ★★ – 12, rue Faidherbe (Centre) ☎ 03-21-31-60-93. Fax : 03-21-87-01-14. TV. Canal+. Satellite. Congés annuels : durant les fêtes de fin d'année. Accès : en centre-ville, près du port. Chambres doubles avec douche à 40 €, avec douche et w.-c. à 50 €, avec bains à 55 €. Petit déjeuner à 7 €. Bien situé (même si le quartier reconstruit après la guerre n'a aucun charme). Bon accueil. Victor, le mainate de la maison, s'il fait beau, se mettra peut-être même à parler, rien que pour vous. Petit salon cossu de style victorien, fort plaisant. Chambres toutes différentes, de bon confort et de bon goût. Accueil souriant de la patronne. *10 % sur le prix de la chambre offerts à nos lecteurs sur présentation de ce guide.*

🛏 *Hôtel L'Alexandra* ★★ – 93, rue Thiers (Centre) ☎ 03-21-30-52-22. Fax : 03-21-30-20-03. Ouvert toute l'année. Congés annuels : en janvier. Accès : près du pont. Chambres doubles à 43 € avec douche et w.-c. ; à 49 € avec la TV en plus ; et à 58 € avec bains et TV. Petit déjeuner à 7 €. Dans une rue où l'on échappe un peu à l'impressionnante circulation automobile du centre-ville, le petit hôtel sans histoire. Accueil avenant et chaleureux. Chambres rénovées dans des coloris vifs, propres et fonctionnelles. Réservation conseillée en haute saison, les jours de fête et week-ends. *Pour les commerciaux, petit déjeuner inclus dans le prix de la chambre (hors saison) sur présentation de ce guide.*

🍴 *L'Estaminet du Château* – 2, rue du Château (Est) ☎ 03-21-91-49-66. Fermé le jeudi. Congés annuels : du 1er au 19 janvier. Accès : dans la vieille ville, face à la basilique Notre-Dame. Menus de 11 à 27 €. Dans cette pittoresque partie de la ville haute (un ensemble fortifié du XIIIe siècle très bien conservé) où s'alignent des restos bien souvent décevants, cet *Estaminet* reste une valeur sûre. Touristes et Boulonnais se mêlent dans ce petit resto douillet où les traditions sont respectées : la techno n'est pas encore parvenue à détrôner la musette, les habitués traînent toujours un peu au bar. Côté cuisine, rien à redire. Et les spécialités respirent l'air marin : brochette de lotte, aile de raie, lotte en matelote, cabillaud poché, langoustines... *Apéritif maison offert à nos lecteurs sur présentation de ce guide.*

🍴 *Chez Jules* – pl. Dalton (Centre) ☎ 03-21-31-54-12. Fermé le dimanche soir. Congés annuels : 3 semaines à partir de mi-septembre et entre Noël et le Jour de l'An. Accès : au cœur de la ville. Menu à 13,80 € en semaine, sauf les jours fériés et dimanche. Autres menus de 19,80 à

36,60 €. Central, dans la ville basse, et plutôt bien situé sur la place Dalton, où la terrasse s'étend largement, *Chez Jules* est « la » brasserie boulonnaise, de celles au service et aux fourneaux bien rôdés, l'affaire qui tourne depuis des lustres. On mange à la carte des moules marinière honorables, ou l'on choisit les tripes de bœuf ou le jambon à l'os ou, les amateurs s'en souviendront, la tête de veau à l'ancienne sauce gribiche. Deux salles, l'une « brasserie », l'autre classique. Fait aussi pizzeria. Paella en été, choucroute en hiver.

DANS LES ENVIRONS

PORTEL (LE) 62480 (4,5 km SO)

|●| *Le Portelois* – 42, quai Dugay-Trouin ☎ 03-21-31-44-60. Fermé le lundi (sauf en juillet-août). Accès : par la D119 ; au Portel, suivre la direction de la plage. Menu à 10,70 €. À la carte, compter 17 €. Un vrai resto de bord de mer. De la salle, panoramique, on a du mal à détacher ses yeux de l'étendue marine juste troublée par les vestiges d'un fort oublié là par Napoléon. La cuisine ne peut pas non plus s'empêcher de regarder de ce côté-là : pas moins de 22 spécialités de moules à l'ancienne, à la flamande, pékinoise (!), hongroises (!). Une vraie bonne adresse de moules-frites, et ce n'est pas si fréquent. Pas mal de poisson aussi : *waterzoï* pour le menu régional ou « menu pêcheur ». Comme son nom l'indique. Service parfois désorganisé en fin de semaine. *Café offert à nos lecteurs sur présentation de ce guide.*

WAST (LE) 62142 (15 km E)

☎ |●| *Hostellerie du Château des Tourelles* ** – D127 ☎ 03-21-33-34-78. Fax : 03-21-87-59-57. ● **tourelles.feutry@gofort net.com.** ● Parking. TV. ☃ Accès : par la N42 (direction Saint-Omer) ; puis la D127 jusqu'au Wast. L'hôtel est au milieu du village. Chambres doubles de 49 à 75 € avec douche et w.-c. ou bains. Demi-pension de 42 à 49 € par personne. Menus à 13 €, pour la semaine, puis autres menus de 20 à 39 €. Une très distinguée maison de maître du XIXᵉ siècle, cachée derrière un petit parc. Derrière, une annexe plus moderne bordée de courts de tennis. On décidera de dormir dans les superbes chambres du « château », avec meubles Louis-Philippe et petits balcons. Si vous êtes moins en fonds, choisissez une chambre nichée sous les toits et adorablement mansardée. Chambres toutes avec bains. Si vous restez quelques jours (on est en plein parc naturel régional), optez pour la demi-pension. Accueil charmant. De plus, tennis, ping-pong et billard gratuits pour les clients de l'hôtel. Restaurant de bonne

tenue, avec une carte des vins à faire rêver, mais assez cher (sauf pour la demi-pension).

CALAIS   62100

Carte régionale A1

☎ *Hôtel Windsor* ** – 2, rue du Commandant-Bonningue (Nord-Est) ☎ 03-21-34-59-40. Fax : 03-21-97-68-59. Parking payant. TV. Canal+. Ferme le soir à 23 h. Congés annuels : à Noël et le Jour de l'An. Accès : en direction du port, dans le prolongement de la place d'Armes. De 28 à 44 € la chambre double ; à 49 et 57 € les chambres familiales. Un quartier calme, non loin du port de plaisance. L'ambiance donne l'impression d'avoir déjà traversé la Manche. Amateurs de style anglais, cette adresse est pour vous ! Accueil à la fois très chaleureux et discret du personnel. Jolies chambres de confort varié, en général coquettes. *10 % sur le prix de deux chambres (du 1ᵉʳ octobre au 30 avril) offerts à nos lecteurs sur présentation de ce guide.*

☎ *Hôtel Pacific* ** – 40, rue du Duc-de-Guise (Nord) ☎ 03-21-34-50-24. Fax : 03-21-97-58-02. ● **www.cofrase.com/hotel/pacific** ● Parking payant. TV. Canal+. Satellite. Accès : vers la cathédrale Notre-Dame. Chambres doubles à 30 € avec douche, 44 € avec douche et w.-c. ou bains. Petit déjeuner à 5,50 €. Un petit hôtel familial entièrement rénové, central mais au calme. Bon rapport qualité-prix dans la ville, même si certaines chambres sont assez petites. Chambres familiales (jusqu'à 4 personnes) comme un peu partout à Calais (ferry oblige). Bon accueil, arrangeant et volubile. Salon et bar rétro.

☎ *Le Richelieu* ** – 17, rue Richelieu (Nord) ☎ 03-21-34-61-60. Fax : 03-21-85-89-28. Parking payant. TV. Congés annuels : pendant les vacances scolaires de Noël. Accès : face au parc du même nom. Chambres doubles avec douche et w.-c. ou bains à 46 €. Des chambres assez confortables, aux peintures et papiers peints toutefois défraîchis. 9 chambres avec balcon juste en face du vaste et très vert parc Richelieu. Idéal pour se reposer les yeux de la débauche d'enseignes au néon des rues adjacentes. Pour se reposer tout court, pas de problème, l'accueil est discret (un peu trop), la rue est calme, et les statues classiques du musée des Beaux-Arts ne font pas des voisins bien dérangeants. Salon et bar rétro. *10 % sur le prix de la chambre offerts à nos lecteurs sur présentation de ce guide.*

CAMBRAI 59400

Carte régionale B2

🛏 *Hôtel de France* * – 37, rue de Lille
☎ 03-27-81-38-80. Fax : 03-27-78-13-88.
● lacanardiere@free.fr ● TV. Accès : à
100 m de la gare SNCF, sur la gauche en lui
faisant face. Chambres doubles de 32 à
45 €. Petit déjeuner à 6 €. Le classique
hôtel de gare, propre, gentiment vieillot pour
certaines chambres pas encore rénovées et
– étonnamment – tranquille (même pour les
chambres qui ouvrent sur les voies, les
trains de nuit sont rares par ici). Accueil
charmant de la part d'un patron passionné
d'œnologie.

🛏 ●I● *Le Mouton Blanc* *** – 33, rue
d'Alsace-Lorraine ☎ 03-27-81-30-16. Fax :
03-27-81-83-54. ● www.mouton-
blanc.com ● Parking. TV. Satellite. Resto
fermé le dimanche soir et le lundi. Accès : à
200 m de la gare SNCF, dans la rue qui lui
fait face. Chambres doubles à 55 € avec
douche et w.-c., de 61 à 69 € avec bains.
Menus de 19 à 34 €. D'abord un *Mouton
Blanc*, ça change agréablement des quelques centaines de *Lion d'Or* croisés sur les
routes de France ! Ensuite, cette solide maison bourgeoise du XIXᵉ siècle a beaucoup
de charme. Un 3 étoiles d'accord, mais qui a
su préserver une ambiance résolument
familiale. Chambres cossues sans trop en
faire. Petit déjeuner un peu riquiqui. Grande
salle à manger à colombages, serveurs en
pingouin. Quelques plats : mignon de porc
rôti, gnocchi au maroilles, noix de Saint-
Jacques et langoustines, endivettes confites
au citron, désossé de pigeonneau fermier
au miel d'acacia, etc. Le genre d'établissement qui fleure bon une certaine qualité
d'hôtellerie (en constante rénovation) et de
restauration bien française. *10 % sur le prix
de la chambre offerts à nos lecteurs sur présentation de ce guide.*

●I● *Le Grill de l'Europe* – 15, pl. Marcellin-
Berthelot (Sud-Ouest) ☎ 03-27-81-66-76.
🍴 Fermé le samedi midi et le dimanche soir.
Congés annuels : fin juillet-début août.
Accès : dans le quartier du port, lieu-dit le
Village-Suisse. 1ᵉʳ menu à 10,70 €, puis
menus de 17 à 22 €. Un poil décentré mais
parfaitement accessible à pied du centre-
ville. Un populaire resto apprécié des routiers, mariniers, VRP et autres voyageurs au
long cours. Atmosphère toute d'une chaleureuse simplicité, bar animé, on se retrouve
sans chichis pour une bonne cuisine de
famille. Beaucoup d'habitués, bien sûr. Buffet de hors-d'œuvre d'une belle fraîcheur.
Au petit menu, le buffet, plat du jour ou
steak, dessert, un quart de rouge et... le
café. Imbattable ! Sinon, bon choix à la
carte : cuisses de grenouilles provençale,
poêlée de rougets au basilic, brochette de

Saint-Jacques au beurre blanc, fricassée de
sole au porto, pavé de bœuf aux morilles,
etc.

●I● *Le Resto du Beffroi* – 4, rue du 11-
Novembre ☎ 03-27-81-50-10. Fermé le
samedi midi et le dimanche. Congés
annuels : la 1ʳᵉ quinzaine de janvier et les
3 premières semaines d'août. Accès : au
pied du beffroi, c'est facile. Menus de
15,20 à 22,90 €. Plats du jour de 6,10 à
7,60 €. Un resto assez atypique, niché dans
une petite rue derrière la Grand-Place. La
déco hésite entre le bistrot à l'ancienne et le
cabaret (éclats de miroirs collés sur des
murs rose et noir). La cuisine, elle, est largement tournée vers le Sud-Ouest. Normal, le
chef, Yves Galan, était éleveur de canards
avant de devenir (il y a environ 30 ans) cuisinier. Magrets, cassoulet au confit, poulet
fermier landais aux cèpes, grosses salades.
Pour être franc, il manque à cette cuisine
une petite pointe d'accent. On se sent toujours à Cambrai, l'ambiance est chaleureuse et, dans un autre registre, le plat du
jour du déjeuner (genre coq au vin) est plus
qu'honorable.

DANS LES ENVIRONS

LIGNY-EN-CAMBRÉSIS 59191
(15 km SE)

🛏 ●I● *Le Château de Ligny* **** – 2, rue
Pierre-Curie (Centre) ☎ 03-27-85-25-84.
Fax : 03-27-85-79-79. Parking. TV. Fermé
le lundi sauf jours fériés. Congés annuels :
en février. Accès : depuis Cambrai, direction
Le Cateau-Cambrésis (la N43). À Beauvois,
direction Ligny. Chambres doubles de 100 à
170 €. Trois suites à 280 €. Menu à 40 €
servi midi et soir. Au milieu du village, dans
un petit nid de verdure où batifolent biches
et faons, un élégant petit château du
XIIᵉ siècle dont il subsiste une tour ronde. Le
reste, datant du XVᵉ siècle, est de style
Renaissance flamande. À l'intérieur, tout
respire le bon goût. Ravissants salons aux
plafonds ornementés. Chambres possédant
toutes leur personnalité et de bon confort. Si
l'on peut casser sa tirelire, la « Rose » à
140 € est d'un romantisme torride. Dans la
« Ronde » à 170 € on ne peut guère se
cacher dans les coins et la « Royale » à
280 € rabibocherait n'importe quel couple
en péril ! Restaurant possédant une grande
réputation et ouvert au passage. Là aussi,
cadre magnifique. Notamment, la « salle
bibliothèque » d'un charme distingué (beau
parquet, lambris, tentures, superbe cheminée sculptée). En contrebas, la « salle
d'armes » (aux murs de pierre blanche) possède une autre personnalité. Service
classe, très pro, un poil guindé pour une très
belle cuisine légère et inspirée. Quelques
plats évoluant bien sûr au gré des saisons :

ravioles de lapin grillées aux saveurs de la Toscane, sole et petits crustacés mijotés dans une bisque de crevettes grises légèrement crémée, crépinettes de pied de porc dorées au sautoir, pommes de Noirmoutier et girolles mijotées... *10 % sur le prix de la chambre offerts à nos lecteurs sur présentation de ce guide.*

CASSEL   59670

Carte régionale A1

|●| *La Taverne Flamande* – **34, Grand-Place** ☎ 03-28-42-42-59. Fermé le mardi soir et le mercredi. Accès : face à l'hôtel de ville. Menus à 11 €, sauf le dimanche, puis de 14 à 22 €, dont un menu flamand à 16 €. Avec une telle enseigne où trône un géant à l'entrée, et à Cassel où l'on n'a, semble-t-il, pas encore tout à fait digéré le traité de Nimègue qui marqua en 1678 l'annexion définitive à la France de la Flandre maritime, il semble évident de s'intéresser à l'authentique menu flamand. L'occasion de découvrir les croustillons flamands, la terrine de foie de volaille au genièvre, le *waterzoï* de volaille à la gantoise (poularde agrémentée d'une sauce maison), la langue de bœuf sauce du coin, la tarte flamande aux pommes et à la cassonade ou encore les crêpes flambées au Houlle. Le dimanche soir, bonnes planches de jambon. Évident aussi de s'installer sur la véranda qui, accrochée aux pentes du mont Cassel, domine la plaine de Flandre. Un panorama qui enchantait déjà, paraît-il, Lamartine et Charles X.

|●| *Estaminet' t Kasteel Hof* – **8, rue Saint-Nicolas** ☎ 03-28-40-59-29. Ouvert uniquement du jeudi au dimanche. Accès : face au moulin. Compter autour de 16 € pour un repas, mais on peut se contenter d'une de ces solides « planches » typiques du coin avec les trois pâtés du Houtland (le « pays du bois » que domine Cassel) ou fromages. L'estaminet le plus haut de la Flandre française ! Posé à 175,90 m (rien que ça !) au sommet du mont Cassel ; né, d'après la légende, d'une motte de terre lâchée par les géants locaux, Reuze Papa et Reuze Maman. De la terrasse, affirme aussi un dicton local, on voit 5 royaumes : France, Belgique, Hollande, Angleterre et, en levant la tête, le royaume des cieux. La salle est adorable : un minuscule comptoir, quelques tables seulement, des chaises en bois qui raclent le plancher, une cheminée, etc. Belle collection de bassines, brocs et cafetières accrochées au plafond. De la salle du haut, vue panoramique. On s'en serait douté : cet estaminet est trop typique pour ne pas être une reconstitution. Nationalisme flamand un peu exacerbé, malgré tout. Des entrées – soupe aux endives ou cœur casselois (sur une pâte feuilletée, du hachis de porc, des lardons fumés et des pommes) – aux plats plus connus (*waterzoï* ou ce fameux *potje vleesch* que Lamartine appréciait beaucoup) en passant par le confit de canard, sauce speculoos et les fromages (le zermezeelois ou le mont-descats) et la tarte à la bière, la table est ici 100 % flamande. Jusqu'à l'eau minérale qui vient de Saint-Amand. Et le vin ? Quel vin ? Nous sommes ici au pays des houblonnières et la carte des bières artisanales que propose 't Kasteel Hof suffirait à elle seule à remplir ce guide. On exagère à peine. Légendes flamandes racontées le samedi soir et le dimanche midi pendant le repas. *Café offert à nos lecteurs sur présentation de ce guide.*

DANS LES ENVIRONS

EECKE 59114 (10 km SE)

|●| *Brasserie Saint-Georges* – **5, rue de Castre (Centre)** ☎ 03-28-40-13-71. Fermé le midi (sauf les samedi, dimanche et jours fériés) et du lundi au jeudi (sauf vacances de fêtes et en juillet-août). Accès : à mi-chemin de Cassel et Bailleul. Prendre la D933, puis la D947. Menu à 17 €, café compris. À la carte, compter de 8,50 à 19 €. Au cœur de la Flandre profonde, un village à découvrir sans tarder. Là, on est dans le bastion de la culture flamande. Vous saurez tout par l'*Eecke Stra*, le journal de la brasserie. Très sympathique resto qui fut une ferme au XVIᵉ siècle, puis un moulin, puis un relais de poste avant de brasser la bière jusqu'à la fin des années 1970. Vous retrouverez des témoignages de ce riche passé dans l'architecture et le décor (notamment de vieux outils de brasseur, comme le tinet et le fourquet). Superbe carte de bières (63 spécialités) dont la bière des Chênes, produite pas loin (et la plus demandée). Bonne cuisine flamande traditionnelle. Goûter au délicieux ramequin d'andouillette, les tripes de porc grillées et, surtout, le *stande vleesch* (pommes de terre à la cendre, maroilles fondu et cumin, filet de porc saumuré grillé, salade aux noix) et le jambon à la Trois-Monts (jambon à l'os mariné à la bière, gratin de pommes de terre au maroilles). Viandes diverses grillées au feu de bois. Prix fort raisonnables. En partant, ne pas manquer d'aller voir le *Klokhuis*, vieux clocher en bois de trois siècles, divorcé de son église, la fierté du pays. *Café offert à nos lecteurs sur présentation de ce guide.*

BOESCHEPE 59299 (15 km E)

🏠 |●| *Auberge du Vert Mont* ★★ – **route du Mont-Noir** ☎ 03-28-49-41-26. Fax : 03-28-49-48-58. Parking. TV. Fermé le lundi midi et le mardi midi hors saison. Accès : par la

D948 direction Steenvoorde; puis la N348 jusqu'à la frontière belge. Enfin, prendre la D10 direction Bailleul. Fléché depuis Boeschepe. Chambres doubles avec douche et w.-c. ou bains de 60 à 70 €. Menus de 18 à 38 €. Compter 22 € à la carte. Les canards barbotent dans leur mare, les chèvres bêlent et les moutons aussi. Nous sommes à la campagne et cet hôtel-resto essaye de se souvenir qu'un jour il a été une de ces fermes éparpillées sur les monts de Flandre. En fait, c'est aujourd'hui un petit complexe touristique : jeux pour enfants, deux courts de tennis… Les chambres sont adorables pour qui aime la rose. L'accueil jeune est sympa. Dans la salle à manger, les poutres (très apparentes) baignent dans les fleurs et la cuisine dans un régionalisme bien maîtrisé : *waterzoï* de poisson, coquilles Saint-Jacques à la Hoegarden, *potje vleesch* (5e sur 52 compétiteurs lors d'un concours !), lapin. Grand choix de bières belges et françaises. À propos de bières, ne ratez pas la houblonnière plantée à côté de l'auberge. Les monts de Flandre sont un des rares endroits de France où l'on en voit encore. *3e nuitée offerte (uniquement la chambre) à nos lecteurs sur présentation de ce guide.*

DOUAI 59500

Carte régionale B2

≙ |●| *Hôtel Le Chambord* ** – 3509, route de Tournai ☎ 03-27-97-72-77. Fax : 03-27-99-35-14. TV. Resto fermé le dimanche soir et le lundi. Congés annuels : un mois aux alentours d'août. Accès : à Frais-Marais ; à 4 km du centre par la D917. Chambres à 39,64 et 45,73 € pour deux. Menu à 12,50 €, en semaine sauf jours fériés, puis de 15 à 40 €. Cette « banlieue » de Douai a gardé des airs de village, mais la départementale longe le *Chambord*. On évitera donc d'office de dormir côté route. Chambres confortables, plutôt plaisantes et à un prix raisonnable pour le coin (bizarrement, les hôtels sont plutôt chers à Douai). Petit menu avec quart de rouge et café compris à 19 €. Quelques spécialités : pavé de bœuf aux pleurotes, filet de daurade aux graines de sésame. *Apéritif maison offert à nos lecteurs sur présentation de ce guide.*

≙ |●| *Hôtel Volubilis* – bd Vauban, rue de Râches (Nord) ☎ 03-27-88-00-11. Fax : 03-27-96-07-41. ●www.hotel-volubilis.com● Parking. TV. Canal+. Satellite. Resto fermé le dimanche soir. Accès : venant de Tournai, au débouché du pont de Lille. À 5 mn à côté de la gare. Chambres de 56 à 66 €. Menus de 16,50 à 30 €, uniquement en semaine, et menu étape à 15,50 € pour les clients de l'hôtel, uniquement le soir. Aux marches de la ville, on pense d'abord à un hôtel de chaîne. Eh bien, ce n'en est pas un. Architecture plutôt plaisante, intérieur frais et coloré, chambres de bon confort. Resto qu'on n'a pas testé, mais échos favorables.

≙ |●| *Hôtel-restaurant La Terrasse* **** – 36, terrasse Saint-Pierre (Centre) ☎ 03-27-88-70-04. Fax : 03-27-88-36-05. ●www.laterrasse.fr● Parking. TV. Canal+. Satellite. Ouvert toute l'année. Chambres doubles de 67 à 95 € avec douche et w.-c. ou bains. Petit déjeuner à 7,50 €. Menus de 20,50 à 66 €. Un 4 étoiles, membre des *Châteaux et hôtels indépendants* mais, à l'ombre de la collégiale, c'est une bonne vieille maison qui ronronne rondement depuis toujours. Tout n'est que sérieux et tradition ici. Service pro, belle présentation des mets dans une salle à manger confortable de province fleurant bon la France profonde comme on l'aime. Murs de brique rouge ou de pierre blanche ornés de tableaux. On s'y sent à point pour bien déguster l'un des plus beaux menus qu'on ait goûtés depuis longtemps. Solide cuisine traditionnelle, surtout de poisson et de gibier en saison. La part belle y est faite au foie gras. Dans l'aquarium, les homards attendent leur sort placidement. Belle carte des vins : 900 appellations différentes.

|●| *Restaurant Au Turbotin* – 9, rue de la Massue (Centre) ☎ 03-27-87-04-16. Fermé le lundi, le samedi midi et le dimanche soir. Congés annuels : 1 semaine en février et tout le mois d'août. Accès : près de la rivière la Scarpe ; en face du palais de justice. Menus à 15 €, en semaine, et de 24,50 à 40 €. Avec son vivier qui trône désormais en bonne place, *Au Turbotin* est bel et bien un restaurant de poisson et de fruits de mer qui, pourtant, n'oublie pas son terroir : turbot au maroilles, cassolette de fruits de mer à la crème d'ail, brioche de homard… Le 1er navigue aussi entre terre et mer. Spécialités : choucroute au poisson et fruits de mer, turbot au champagne, dos de sandre farci mousse de brochet, pot-au-feu de poisson, cannellonis de brochet, charlotte d'agneau à la crème d'ail, etc. Cuisine fine et toute de saveurs, cadre discrètement chic, service courtois et raffiné, clientèle plutôt aisée : c'est une des adresses haut de gamme de la ville, mais on s'y sent (et surtout, on y mange) bien.

DUNKERQUE 59240

Carte régionale A1

≙ *Hôtel Trianon* ** – 20, rue de la Colline, Malo-les-Bains (Nord-Est) ☎ 03-28-63-39-15. Fax : 03-28-63-34-57. TV. Satellite. Câble. Accès : du centre, suivre la direction de la plage. Fléché ensuite. Chambres doubles à 42 € avec douche et w.-c. ou bains. Petit déjeuner à 5 €. Entouré de pittoresques villas balnéaires début de XXᵉ siècle, typiques de ce quartier de bord de mer créé en 1865 par un nommé Gaspard Malo. Un quartier paisible, à l'image des retraités qui font la sieste derrière les bow-windows de leurs « Sam'suffit ». L'hôtel ne manque pas de charme. Les chambres sont agréables, comme le minuscule jardin intérieur à côté duquel on prend son petit déjeuner. Prix très honnêtes. Patrons serviables, bons connaisseurs des possibilités du coin. Prêt de bicyclettes.

🛏 ❘●❘ *Hôtel-restaurant L'Hirondelle* ** – 46-48, av. Faidherbe, Malo-les-Bains (Nord-Est) ☎ 03-28-63-17-65. Fax : 03-28-66-15-43. ● www.hotelhirondelle.com ● TV. Canal+. ♨ Resto fermé le dimanche soir et le lundi midi. Congés annuels : les 2 premières semaines de mars et de fin août à début septembre pour le resto uniquement. Accès : du centre, suivre la direction de la plage, fléché ensuite. Chambres doubles à partir de 56,60 €. Menus à partir de 10,60 € en semaine. Compter 40 € à la carte. À Malo-les-Bains, juste à côté d'une place (mais noyée dans la circulation automobile) petite place et pas loin de la mer. L'adresse irréprochable. Déco résolument contemporaine. Chambres modernes et fonctionnelles (deux adjectifs que vous avez déjà lus quelquefois dans ces pages, non ?). Accueil pro, genre « je sors d'une école hôtelière ». Resto sans surprise et petit bar pour prendre un pot. *Apéritif maison offert à nos lecteurs sur présentation de ce guide.*

❘●❘ *Restaurant Le Péché Mignon* – 11, pl. du Casino ☎ 03-28-66-14-44. Fermé le lundi, le samedi midi et le dimanche soir. Accès : face au casino, mais si (!) et au *Kursaal*. Menus de 13 à 35 €. La salle est plutôt cossue : fauteuils moelleux, tons pastel. Mais si vous avez perdu toutes vos économies au casino, le 1ᵉʳ menu n'est pas ruineux. Cuisine bourgeoise et généreuse : spécialités de foie gras maison dont le marbré au magret de canard fumé. Poisson et desserts régionaux comme la millefeuille au speculoos, duo glacé de pain d'épice. Aux beaux jours, petite terrasse dans le jardin pour se consoler de ne pas avoir vue sur la mer. En prime aussi, l'excellent accueil. *Apéritif maison offert à nos lecteurs sur présentation de ce guide.*

❘●❘ *Au Petit Pierre* – 4, rue Dampierre (Centre) ☎ 03-28-66-28-36. Fermé le samedi midi et le dimanche soir. Menus de 14,48 à 25,76 €. C'est d'abord une des rares demeures du XVIIIᵉ siècle qui échappèrent aux bombardements de la dernière guerre et que les patrons restaurèrent avec goût et amour. Élégante sobriété du cadre, mobilier en bois verni, murs couleur saumon suffisent à créer une chaleureuse atmosphère. Conjugué à un accueil affable et souriant et à l'une des meilleures cuisines de la côte, vous aurez la garantie de passer une soirée mémorable. Cuisine régionale particulièrement inspirée, pleine de bonnes idées et d'associations de saveurs subtiles. Délicieux gratin au fromage de Bergues, qui rivalise avec la tourte aux poireaux et les filets de cabillaud au safran. Viandes superbes (tournedos aux trois poivres, rognons de veau flambés à la fleur de bière, etc.). Poisson d'une belle fraîcheur et cuisson irréprochable. Goûter au *waterzoï*, à la lotte à la dunkerquoise ou à la sole farcie à l'ostendaise. Beaux desserts où nous hésitâmes entre la crème brûlée à la chicorée, la rhubarbe et fraise confites à la glace vanille et le nougat glacé au miel de lavande. Notre meilleure adresse sur la ville, c'est dit ! *Café offert à nos lecteurs sur présentation de ce guide.*

DANS LES ENVIRONS

BERGUES 59380 (10 km SE)

🛏 ❘●❘ *Hôtel-restaurant Au Tonnelier* ** – 4, rue du Mont-de-Piété (Centre) ☎ 03-28-68-70-05. Fax : 03-28-68-21-87. Parking. TV. Câble. Resto fermé le lundi midi et le dimanche soir. Congés annuels : du 23 décembre au 9 janvier. Accès : face au musée, près de l'église. Chambres doubles à 47 à 57 € avec douche et w.-c. ou bains. Menus à 12 €, en semaine, puis de 14 à 24,50 €. Plus cher à la carte. Cette belle auberge de brique ocre-jaune se dresse au cœur du village médiéval face à un superbe édifice du XVIIᵉ siècle, le mont-de-piété, restauré et reconverti en musée. L'adresse est tranquille. Accueil néanmoins très chaleureux. Avouons un faible pour celles qui donnent sur l'adorable petite cour pavée (où l'on mange en été) : plus calmes bien sûr et aussi plus lumineuses. Bonne cuisine bourgeoise du terroir à l'aise dans ce resto cossu (le style Régence, ça vous pose une salle à manger). Quelques spécialités régionales dont un fameux *potje vleesch* (c'est impronçonçable mais c'est très bon : veau, lapin et poulet en gelée, cuits au vin blanc et au vinaigre), ou le loup de mer à l'armoricaine. Tarte flamande aux raisins et rhum et charlotte aux fruits coulis de framboises. *Café ou un petit déjeuner par chambre offert (du 1ᵉʳ novembre au 31 mars) à nos lecteurs sur présentation de ce guide.*

LOOBERGHE 59630 (15 km SO)

❘●❘ *Le Campagnard* – 456, rue de Cassel ☎ 03-28-29-81-97. ♨ Fermé le soir (sauf pour les groupes). Le samedi midi, ouvert sur réservation. Congés annuels : du 15 juillet au 15 août et du 11 au 30 novembre.

Accès : situé sur la D11 et la D3. Menus de 10 à 13 € en semaine et à 18 € le dimanche. Plat unique en semaine et le dimanche à 7,70 €. Sympathique resto de village, tenu par un jeune couple fidèle à sa région mais aussi passionné de voyages. Accueil à la flamande, ouvert et chaleureux, et excellente cuisine de campagne. Salle agréable avec feu de bois en cheminée ornée de vieilles photos et de dessins de moulins. 1er menu présentant un fort bon rapport qualité-prix, viande particulièrement tendre. Pour accompagner ça, une bande son extra (vieux Trénet, *country music*, etc.). Bref, une étape bien requinquante ! *Café offert à nos lecteurs sur présentation de ce guide.*

ÉTRŒUNGT 59219

Carte régionale B2

|●| *Ferme de la Capelette* – La Capelette ☎ 03-27-59-28-33. ♿ Fermé le mercredi et ouvert en semaine sur réservation. Menus à partir de 20 €, le midi en semaine, puis de 25 à 30 €, vin en sus. Au cœur de l'Avesnois le plus vert, Naf et Dany Delmée ont transformé de leurs mains cette ancienne ferme en auberge de campagne. Le résultat se révèle à la hauteur des efforts. Plaisante salle à manger, immense terrasse surplombant la vallée de l'Helpe et, surtout, une superbe cuisine de terroir, effectuée avec cœur et un professionnalisme confondant. Ici n'entrent dans la composition des plats que des produits maison ou provenant des meilleurs producteurs locaux. Pleurotes cultivés par leurs soins, fermes, parfumés pour un délicieux feuilleté à la crème. Terrines qui ne le sont pas moins (ah, la terrine de canard aux pépites de *schiitaké*), savoureux civet de porcelet au cidre fermier, canard sauce aigre-douce aux petits oignons (dans les deux sens), gigot d'agneau caramélisé au miel, pintade flambée au marc de pommes. On en salive encore. Bien sûr, tout ne sera pas à la carte le jour de votre passage, Dany suivant allégrement le cours des saisons, il aura inventé d'autres choses. En tout cas, au menu à 25 €, il y aura toujours cette belle langue Lucullus maison, inégalée, véritable ravissement des papilles. S'il reste de la place, la tarte aux pommes du verger à la fine pâte croustillante... Après, il ne vous restera plus qu'à aller canoter sur l'étang ou suivre les jeux des enfants. Aux beaux jours, la terrasse panoramique s'impose d'elle-même. En basse saison, réservation obligatoire, et le reste du temps, très conseillée. *Apéritif maison offert à nos lecteurs sur présentation de ce guide.*

GODEWAERSVELDE 59270

Carte régionale A1

|●| *Het Blauwershof* – 9, rue d'Eecke (Centre) ☎ 03-28-49-45-11. Fermé le lundi. Congés annuels : la 1re quinzaine de janvier et la 2e quinzaine d'août. Accès : sur la D18, entre Steenvoorde et Bailleul. Menus à 10 et 15 €. L'estaminet le plus célèbre de Flandres, représentant d'une riche culture qui ne veut pas disparaître. Le patron, Christian Mercier, est l'un des artisans du renouveau des estaminets et l'un des plus hardis défenseurs de cette culture. Mais il sait aussi au besoin diffuser quelques airs bretons pour montrer son ouverture. L'intérieur possède énormément de charme, mobilier ancien, objets familiers, vieux poêle, longues tables de bois... où s'agglutinent joyeusement bandes de copains ou employés en goguette. Ici, vous retrouverez aussi les jeux traditionnels flamands (la grenouille, la toupie, le billard Nicolas, etc.), une doc, des brochures sur la culture locale. Étonnante alchimie de la clientèle, atmosphère conviviale qui fait chaud au cœur. Mais il n'y a pas que les nourritures de l'esprit, ici on mange aussi, et plutôt bien. Authentique cuisine régionale, ça va de soi, à commencer par les filets de harengs, la flamiche aux poireaux, la tarte à la moutarde, suivis du petit lard ou du *potje vleesch*-frites, la carbonade, etc. Clafoutis aux pommes ou glaces pour finir. On repart d'ici définitivement meilleur qu'on est entré, avec la conviction que tout n'est pas foutu, que matérialisme et indifférence ne gagneront peut-être pas !

|●| *Le Roi du Potje Vleesch* – 31, rue du Mont-des-Cats ☎ 03-28-42-52-56. D'octobre à avril, ouvert les vendredi, samedi et dimanche. De mai à fin août, ouvert tous les jours sauf le lundi. Congés annuels : en janvier et septembre. Compter 18,50 € environ pour un repas et 7,50 € pour une planche flamande. Tout d'abord, c'est une merveilleuse boutique de produits régionaux où quasiment tout est fait maison. Des belles terrines aux andouillettes, en passant par le *potje vleesch* dont il est le roi incontesté. Tout à côté, une salle chaleureuse, pourtant l'ancien abattoir familial (anneaux encore dans les murs), transformé en ambassade de la cuisine des Flandres. Décor hétéroclite : vieux objets domestiques, outils, assiettes diverses, photos et nappes à carreaux. Musique du carnaval de Dunkerque ou de Raoul de G. Laissez-vous séduire par le parfumé pâté de viande à l'ail, la carbonade ou le coq à la bière, arrosé de la bière de Henri le Douanier ou celle de Clayssène au genièvre. Vous ferez un excellent repas pour un prix fort modéré. Le week-end, pensez à réserver. *Café offert à nos lecteurs sur présentation de ce guide.*

HARDELOT 62150

Carte régionale A1

🏠 I●I *Le Régina* ** – 185, av. François-Ier ☎ 03-21-83-81-88. Fax : 03-21-87-44-01. ● www.lereginahotel.fr ● Parking. TV. Fermé le dimanche soir et le lundi sauf en juillet-août, à la Pentecôte et à Pâques. Congés annuels : du 11 novembre au 14 février. Chambres doubles avec douche et w.-c. ou bains à 61 €. Menus de 19 à 35,50 €. Dans cette station chic, où le quartier résidentiel occupe tout un arrière-pays boisé, aux villas cossues discrètement abritées derrière les haies fleuries et les pins, voici un bon établissement, immeuble moderne de deux étages aux chambres avec terrasse, spacieuses. C'est calme et plutôt bon marché pour de telles prestations. Au restaurant *Les Brisants*, dans une salle élégante, une cuisine fraîche et bien tournée, d'un bon rapport qualité-prix là encore. En spécialités, volaille de Licques rôtie, marmite de la côte mijotée au velouté de moules. Demi-pension intéressante à partir de 3 nuits. Tennis, golf et équitation à proximité immédiate, plage à 1 km. *Apéritif maison offert à nos lecteurs sur présentation de ce guide.*

HAZEBROUCK 59190

Carte régionale A1

🏠 *Hôtel Le Gambrinus* ** – 2, rue Nationale (Centre) ☎ 03-28-41-98-79. Fax : 03-28-43-11-06. TV. Fermé le dimanche soir. Congés annuels : 2e et 3e semaines d'août. Accès : entre la Grand-Place et la gare. Chambres doubles avec douche et w.-c. entre 49 et 52 €. Si vous voulez dormir à Hazebrouck, c'est soit votre voiture, soit *Le Gambrinus*, un des rares hôtels de la ville. Pourquoi donc, cher lecteur, vous conseiller une adresse que vous auriez pu trouver tout seul ? D'abord parce que, dans cette massive maison du XIXe siècle, la déco est fraîche et d'un bon goût discret qui ne fâchera personne ; les chambres sont agréables. Monsieur Susini, le propriétaire, a fait beaucoup d'efforts pour améliorer la literie et la décoration. Ici, on n'a pas besoin de chercher le sens du mot « accueil » dans un dictionnaire ! *10 % sur le prix de la chambre (à partir de la 3e nuit consécutive) offerts à nos lecteurs sur présentation de ce guide.*

I●I *Restaurant-estaminet La Taverne* – 61, Grand-Place (Centre) ☎ 03-28-41-63-09. Fermé le dimanche soir et le lundi. Congés annuels : 1 semaine en février et 3 semaines en août. Menus de 13 à 23 €. Tout dans cette taverne à l'ambiance chaleureuse et à l'élégant décor nous ramène

vers les Flandres : des toasts au fleuron d'Artois, tartes salées (flamiche au maroilles ou aux poireaux) ou sucrées (tarte à la cassonade, à la rhubarbe, à la chicorée), des terrines (*potje vleesch*, au lapin, poulet et lard) à la carbonade flamande à la bière des Trois-Monts en passant par le magret de canard à la Kriek ou les rognons de veau flambés au genièvre. Les portions, généreuses, sont servies dans la bonne humeur. Soirées à thème certains jours de la semaine : moules-frites le vendredi, fondues... *Digestif maison offert à nos lecteurs sur présentation de ce guide.*

DANS LES ENVIRONS

MOTTE-AU-BOIS (LA) 59190
(5 km S)

🏠 I●I *Auberge de la Forêt* ** – (Centre) ☎ 03-28-48-08-78. Fax : 03-28-40-77-76. Parking. TV. Fermé le lundi, le samedi midi (sauf en saison) et le dimanche soir. Congés annuels : du 18 au 25 août et du 26 décembre au 20 janvier. Accès : à 5 mn d'Hazebrouck, par la D946, direction Merville. Chambres doubles à 37 à 42 € avec douche et w.-c., de 52 à 56 € avec bains. Menus à 23 €, en semaine, puis à partir de 38 €. Au cœur d'un village enserré par la vaste forêt de Nieppe, un relais de chasse des *Fifties* noyé sous les frondaisons. Chambres simplettes derrière leurs lambris mais agréables, surtout celles dont les fenêtres à croisillons ouvrent sur de mignonnets jardins. Salle de resto évidemment rustique. Des spécialités régionales, mais aussi, et surtout, une cuisine assez inventive. Prix plutôt élevés. Quelques plats : fricassée rognons de veau aux cèpes, filet de turbot aux encornets, sole rôtie entière ou aux langoustines, canette rôtie, etc. Belle carte des vins (le sommelier compte parmi les meilleurs du Nord). Clientèle un rien chic et accueil un peu frais.

SERCUS 59173 (6 km SO)

I●I *Estaminet-auberge Au Saint-Érasme* – 18, route de Blaringhem (Centre) ☎ 03-28-41-85-43. ♿ Fermé le lundi et le soir (sauf le vendredi et le samedi). Accès : par la D106 ou la N42 et tourner à gauche à Wallon-Capel. Menus du jour à 8 € en semaine et à 14,90 € le week-end. Dans cette douce campagne flamande, cette pimpante auberge de village. À l'intérieur, c'est aussi chaleureux et convivial que la façade est jolie. Bonheur que de se retrouver ici pour une solide cuisine familiale élaborée avec cœur et servie généreusement. En outre, à prix fort doux. Spécialités de flamiches au maroilles et coq à la bière savoureux. Frites craquantes à souhait. Tartes au sucre. On s'en tire au maximum pour

16,30 € et on repart repu, avec une bonne dose d'amitié pour la semaine. Pour digérer, la jolie église en face et celle de Lynde à côté... *Café offert à nos lecteurs sur présentation de ce guide.*

HESDIN   62140

Carte régionale A2

🏠 |●| *Hôtel des Flandres* ** – 20-22, rue d'Arras (Centre) ☎ 03-21-86-80-21. Fax : 03-21-86-28-01. Parking. TV. Canal+. Chambres doubles avec douche ou bains à 49 €. Demi-pension à 55 € par personne. Menus de 16 à 29 €. La petite ville sans histoire (pourtant, au Moyen Âge, « les Merveilles d'Hesdin », gigantesque parc d'attractions avant l'heure, défrayaient la chronique) n'est pas l'hôtel qu'on s'attend à y trouver. Une ambiance largement familiale, des chambres très classiques mais confortables, d'immuables plats de terroir comme la grande spécialité de la maison, la terrine de volaille, le coq à la bière ou encore le saumon flamand. *Apéritif maison offert à nos lecteurs sur présentation de ce guide.*

DANS LES ENVIRONS

SAULCHOY 62870 (22,5 km SO)

|●| *Le Val d'Authie* – 60, la Place (Centre) ☎ 03-21-90-30-20. Fermé le jeudi hors saison. Accès : prendre le chemin des écoliers : la D928 (direction Abbeville) puis à droite la D119 qui suit le cours de l'Authie. Menus à 13 €, en semaine, puis de 20,50 à 29 €. Au cœur d'un de ces petits villages de l'Artois « plein, d'un murmure de feuillages et d'eau vive », comme l'écrivait Bernanos, originaire du coin, la brave auberge de campagne conviviale, honnête et chaleureuse. Les menus annoncent « la bonne cuisine bourgeoise faite par la patronne ». Ici, rien ne vous sera servi en dehors de la recette éprouvée (vol-au-vent, coq au vin, filet de canard, gigot) et c'est parfait comme ça. En saison, ce sont les pantagruéliques repas de gibier : terrine de lièvre, civet de sanglier, chevreuil à la crème, faisan au porto... Si vous voulez vérifier que des loutres se cachent bien sur les rives de l'Authie, l'auberge propose de jolies chambres d'hôte autour de 40 €. Dispose également d'un gîte pour 4 à 6 personnes. *Café offert à nos lecteurs sur présentation de ce guide.*

LIESSIES   59740

Carte régionale B2

🏠 |●| *Le Château de la Motte* ** – ☎ 03-27-61-81-94. Fax : 03-27-61-83-57. ●www.chateaudelamotte.fr ●Parking. TV.

Fermé le dimanche soir et le lundi midi hors saison. Congés annuels : du 17 décembre au 15 février. Accès : par la D133, direction lac du Val-Joly. Chambres doubles à 62 € avec douche et w.-c. ou bains. Menus à 19, 34,50 et 48 €, sauf les dimanche et jours fériés. Vous pensiez le Nord plat et triste ? Et si, au contraire, c'était comme ici, dans l'Avesnois, une campagne lumineuse, verdoyante et vallonnée ? Le parc de cet hôtel-restaurant adossé à la forêt domaniale du Bois-l'Abbé est, de fait, une invitation à renouer avec la nature. *Le Château de la Motte* (ancienne maison de retraite des moines de l'abbaye de Liessies construite en 1725) n'est pas mal non plus avec ses murs de brique rose coiffés d'un comble d'ardoise qui se mirent dans les eaux de l'étang voisin. Calme absolu (c'est attesté, les moines aimaient le silence). Jolies chambres (tissus à fleurs, bel ameublement). Week-ends ou soirées gastronomiques. Quelques fleurons de la carte : le carré d'agneau, le foie gras au sauternes, la flamiche au maroilles, etc.

|●| *Chez Louis* – 25, rue Roger-Salengro ☎ 03-27-61-82-38. Cartes de paiement refusées. Fermé le lundi. Congés annuels : de mi-décembre à mi-janvier. Accès : à l'entrée de Liessies, en venant d'Avesnes (la D133). Plats autour de 7 € ; repas à 10 € environ. Ne pas se fier à l'omniprésente enseigne « Friterie ». Sans penser qu'une telle dénomination soit péjorative, il reste que *Chez Louis* se révèle quand même plus proche d'un restaurant par le cadre et la qualité de sa cuisine. D'abord, vous découvrirez ici une belle adresse sans chichis et toute pleine de gentillesse. On y aime vraiment les enfants. Aire de jeux en plein champ derrière, balades à poney et en carriole, et puis la p'tiote de la maison est si mignonne. Cadre chaleureux, comme l'est l'accueil. Ancienne demeure paysanne avec poutres, tomettes ou grandes pierres, cheminée, etc. Longues tables favorisant la communication. Ici, on travaille avant tout en famille et l'on sait ce que plat maison veut dire. Goûter aux terrines diaboliques, puis aux andouillettes, carbonades, tripes, boudin blanc, escavèche, flamiche au maroilles... Tout maison, tout goûteux, on vous le dit. En outre, de vraies frites, avec de vraies pommes de terre. Ça commence d'ailleurs à se savoir de l'autre côté de la frontière, et les Belges se repassent l'adresse. Aucun attentat au portefeuille en plus et, en prime, une bonne provision de convivialité pour la semaine ! Terrasse et véranda aux beaux jours.

|●| *Le Carillon* – au bourg (Centre) ☎ 03-27-61-80-21. Fermé le mardi soir, le mercredi et le dimanche soir. Congés annuels : du 12 février au 5 mars et du 18 novembre au 3 décembre. Accès : face à l'église.

Menus à 14,50 €, en semaine, puis de 19,50 à 34 €. Formule à 20 € avec plat, fromage ou dessert. Menu-enfants à 9,50 €. D'abord, c'est une belle demeure avesnoise, en plein centre du village et restaurée avec beaucoup de goût. Ensuite, un couple de jeunes professionnels qui, depuis 15 ans, contribuent largement au bon renom gastronomique de la région. De la vraie cuisine, sans esbroufe, du sérieux, du régulier. Plats bien dans la tradition : millefeuille de maroilles au beurre de fines herbes, crème d'asperges vertes en cappuccino aux morilles, pavé de sandre en écailles de chorizo, fine tarte aux cèpes et jambon cru, rosace de rognons de veau à l'échalote confite et au vinaigre de Xérès. Bien sûr, menus évoluants au gré des saisons et du marché. Desserts suivant également l'inspiration du chef : agrumes à la gelée de Grand-Marnier, tarte au chocolat et sa crème mousseuse au café, tuiles aux fraises et son coulis de vin rouge... Cadre particulièrement plaisant, piano original. Pour nos amis belges (et les autres), cave à vins attenante avec une intéressante sélection de vins et crus à tous les prix (en général, peu prohibitifs), belle sélection de whiskies également. Un *Carillon* qu'on aime aller entendre souvent, tant il évoque de si beaux souvenirs gustatifs !

LILLE   59000

Carte régionale B1

🛏 *Hôtel de France* ** – **10, rue de Béthune (C2-4)** ☎ **03-20-57-14-78. Fax : 03-20-57-06-01.** TV. Ouvert toute la nuit. Congés annuels : pendant les fêtes de fin d'année. Accès : au cœur du secteur piéton ; M. : Rihour. Chambres doubles à 35 et 46 € selon l'équipement. Quelques-unes assez spartiates à 33,90 €. Petit déjeuner à 4,20 €. En plein centre, à deux pas de la Grand-Place, dans le quartier des cinémas. Bien situé donc, trop bien même : la rue est plutôt animée le soir, et seules les chambres du 1er étage sont insonorisées. Pas beaucoup de charme mais correct. Une majorité de chambres rénovées. Beaucoup d'animation et de bonne volonté, accueil sympa. *10 % sur le prix de la chambre offerts à nos lecteurs sur présentation de ce guide.*

🛏 *Le Grand Hôtel* ** – **51, rue Faidherbe (C2-6)** ☎ **03-20-06-31-57. Fax : 03-20-06-24-44.** ● www.legrandhotel.com ● TV. Canal+. Satellite. Congés annuels : les 3 premières semaines d'août. Accès : à mi-chemin entre la gare et le centre. Chambres doubles à 59 €. Petit déjeuner à 5,50 €. Hôtel classique et confortable. Chambres pimpantes, toutes situées à l'arrière, décor avec touche féminine et patronne fort sympathique. Personnel efficace. Quelques

chambres familiales (3 personnes). Le plaisir des petits hôtels à la française. *Un petit déjeuner offert par chambre (le week-end uniquement) à nos lecteurs sur présentation de ce guide.*

🛏 *Hôtel Flandre-Angleterre* ** – **13, pl. de la Gare (D2-3)** ☎ **03-20-06-04-12. Fax : 03-20-06-37-76.** ● www.hotel.flandre.angleterre.fr ● TV. Canal+. Accès : face à la gare, près du centre. Chambres doubles de 65 à 75 € selon la saison. Petit déjeuner à 7 €. Chambres sans histoire, à la déco plutôt contemporaine, bien insonorisées. Il faudra cependant oublier l'entrée un peu étriquée et l'environnement de la gare pas très séduisant. Clientèle essentiellement d'affaires.

🛏 *Le Brueghel* ** – **5, parvis Saint-Maurice (C2-5)** ☎ **03-20-06-06-69. Fax : 03-20-63-25-27.** ● www.hotel.brueghel.com ● Parking payant. TV. Canal+. Accès : au cœur du secteur piéton et à deux pas de la gare. Chambres simples de 71 à 75,50 € avec bains. Supplément pour la 2e personne à 4,50 €. Petit déjeuner à 7,50 €. Un hôtel avec une personnalité, mieux encore, un hôtel avec une âme. Déco de très bon goût : bibelots, meubles anciens chinés ici et là occupent chaque recoin de cette vaste maison de brique sise au pied de l'église Saint-Maurice. Même le vénérable ascenseur en bois a du charme ! Chambres assez petites mais claires, aux tons chauds, avec reproductions de tableaux. Accueil pro (le veilleur de nuit n'est pas loin d'avoir un fan-club !). Les chambres avec douche partent vite, penser à réserver. Le point de chute des comédiens en spectacle à Lille et une de nos adresses préférées dans le Nord. *Un petit déjeuner par chambre offert à nos lecteurs sur présentation de ce guide.*

🛏 *Hôtel de la Paix* ** – **46 bis, rue de Paris (C2-7)** ☎ **03-20-54-63-93. Fax : 03-20-63-98-97.** ● hotelpaixlille@ad.com ● TV. Canal+. Satellite. Ouvert toute l'année. Accès : en plein centre. Chambres doubles avec douche et w.-c. ou bains de 72 à 77 €. Petit déjeuner à 8 €. Passé la réception cossue (et l'accueil impeccable), un superbe escalier du XVIIIe siècle (franchement, il serait dommage d'emprunter l'ascenseur) grimpe vers des chambres spacieuses et aménagées avec goût. La patronne a lâché la peinture pour l'hôtellerie, mais c'est resté une passion. Elle a d'ailleurs créé une salle de petit déjeuner, avec bar, décorée de peintures d'inspiration Art nouveau. Et elle a consacré chaque chambre à un peintre contemporain : ce ne sont que des repros (vous en connaissez beaucoup des hôteliers qui accrochent un Magritte aux murs de leurs chambres ?), mais cela ajoute encore au charme de l'endroit. Branchements pour modems. *10 % sur le prix de la chambre (les vendredi,* *samedi et dimanche excepté le 1er week-end de septembre, lors de la braderie de Lille) offerts à nos lecteurs sur présentation de ce guide.*

|●| *Restaurant La Pâte Brisée* – 65, rue de la Monnaie (C1-15) ☎ 03-20-74-29-00. Accès : dans le vieux Lille, pas loin du musée de l'Hospice-Comtesse. Formules, boisson comprise, de 7,80 à 16,60 €. Pour toutes les bourses et c'est bon et copieux. Spécialiste des tartes salées ou sucrées (tarte au roquefort, au maroilles, tarte Tatin...), des gratins régionaux (goûtez la tartiflette du Nord, aux pommes de terre, lardons, oignons braisés et maroilles fondu) et des salades composées. Bondé le midi, donc prudent d'arriver tôt. Atmosphère décontractée et clientèle essentiellement étudiante. Beau cadre rustique. Fait aussi salon de thé à partir de 15 h. *Café offert à nos lecteurs sur présentation de ce guide.*

|●| *Restaurant Le Square* – 52, rue Basse (C2-17) ☎ 03-20-74-16-17. Fermé le dimanche et le lundi soir. Congés annuels : en août. Accès : dans le vieux Lille. Menu à 9,45 €, le midi en semaine, et menu régional à 13,90 €. Salle plaisante et assez intime. L'accueil et le service sont sympathiques, genre resto de copains. À la carte, salades froides ou chaudes et des plats, honnêtes et copieux, de terroir parfois, de saison toujours. Quelques plats : Saint-Jacques à la bière blanche, cœur de rumsteck au maroilles, magret au miel, lasagne au saumon rose, etc. ! Intéressante formule à 22,90 €, associant un verre de vin à un plat, ce qui permet d'en goûter plusieurs. Palette de dégustation de fromages. Vins à prix modérés. Quelques menus spéciaux à thème dans l'annexe également.

|●| *Restaurant Les 3 Brasseurs* – 22, pl. de la Gare (D2-25) ☎ 03-20-06-46-25. Congés annuels : le jour de Noël. Accès : en face de la gare. Formule à 10 € midi et soir, et formule déjeuner à 10 € du lundi au vendredi. Prix moyen d'un repas : 13 €. Amateurs de bière, voici une brasserie comme on aimerait en boire, euh !... en voir plus souvent. D'abord, c'est un décor assez réussi et une atmosphère totalement relax. Joyeusement animé, bruyant, on s'y sent bien entre copains. Plusieurs variétés de ce merveilleux breuvage : l'ambrée, la scotch,

la blanche de Lille, la blonde bien sûr, brassée en ces lieux, avec les meilleurs orges et fleurs de houblon. De 2 à 10 € en *pitcher* (= 1,6 litre). Carte étendue, de la tartine hollandaise, émincé de volailles aux 2 saveurs flamandes aux *flammenküchen* maison et salades, en passant par les grillades et les bons plats de brasserie. Qualité régulière et c'est copieux. Gageons que vous ne finirez pas le goûteux jarret grillé, pommes sautées et choucroute à 12,90 € ! Pour les grandes faims, formule « choucroute 3 Brasseurs » avec un demi de bière pour 13,50 €. Imbattable !

|●| *Les Faits Divers* – 44, rue de Gand (C1-24) ☎ 03-20-21-03-63. Fermé le lundi midi, le samedi midi, le dimanche et les jours fériés. Menus de 11 €, le midi, à 24 €. De ce restaurant, au cadre subtil, coloré et légèrement rétro, émane d'emblée une atmosphère conviviale et dynamique, prémices d'une soirée réussie. Le service est accueillant et attentionné, et la clientèle jeune et branchée. Gastronomie bourgeoise classique et abordable : cassolette d'œufs brouillés au saumon, palette de poissons à la crème de safran, cuisse de canard confite aux pommes sarladaises, croustillant de banane au chocolat fondu, assiette gourmande. Large choix de cafés exotiques. Établissement récent qui a su rondement trouver sa place, grâce à la qualité de sa cuisine et au professionnalisme de sa jeune équipe.

|●| *Le Why Not* – 9, rue Maracci (C1-32) ☎ 03-20-74-14-14. Fermé le samedi midi et le dimanche sauf réservation. Accès : dans le vieux Lille. Menus à 11,59 €, avec entrée et plat du jour ou plat et dessert, puis de 15,30 à 28,30 €. Une petite adresse de derrière les fagots pour plonger dans l'atmosphère typique du vieux Lille. Accueil affable et prévenant, digne de cette très belle cave voûtée, au décor authentique et chaleureux. Petites tables pour deux et grandes tablées pour dîner entre amis gravitent toutes autour du bar, installé au beau milieu de la salle. La cuisine, traditionnelle, régionale et inventive au sens noble du terme, s'adapte à tous les budgets et ravira les palais les plus exigeants. Petite sélection d'une carte très inspirée : chèvre rôti aux amandes, gratin de maroilles flambé au genièvre, filet d'autruche aux échalotes confites, matelote

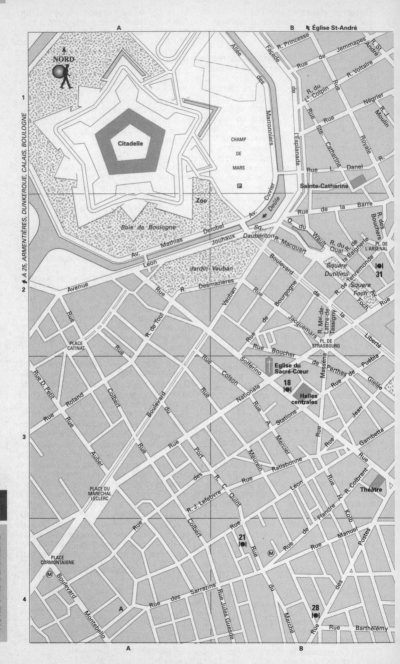

A 25, ARMENTIÈRES, DUNKERQUE, CALAIS, BOULOGNE

NORD

Citadelle

CHAMP DE MARS

Église St-André

Bois de Boulogne

Zoo

Sainte-Catherine

Jardin Vauban

Square Dutilleul

Square Foch

PL. DE L'ARSENAL

31

PLACE CATINAT

PL. DE STRASBOURG

Église du Sacré-Cœur

18

Halles centrales

Théâtre

PLACE DU MARÉCHAL LECLERC

PLACE CORMONTAIGNE

21

28

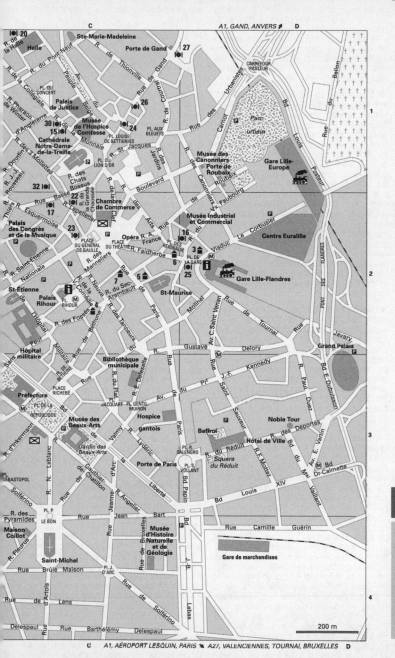

CARREFOUR PASTEUR

Ste-Marie-Madeleine

Porte de Gand

27

R. de la Halle

Halle

20

R. du Pont-Neuf

Peuple

R. de Thionville

Rue de Gand

Courtrai

Rue des Urbanistes

PL. DU CONCERT

R. de la Collégiale

Palais de Justice

26

Parc urbain

Bd Louis

Pharaon de Winter

30

d'Angleterre

Musée de l'Hospice Comtesse

24

Rue des

Carnot

1

15

Cathédrale Notre-Dame-de-la-Treille

PL. LOUISE DE BETTIGNIES

R. de 3 Molettes

R. des Jacques

Jardins

Musée des Canonniers Porte de Roubaix

Gare Lille-Europe

Rue du Ballon

Rue Pasteur

R. J. Rousseau

32

R. des Chats Bossus

PL. DU LION D'OR

Boulevard

de

des

Canonniers

de

Roubaix

Fbg

R. Doudin

Thiers R. Esquermoise

22

R. de la Grande Chaussée

Chambre de Commerce

Musée Industriel et Commercial

Le Corbusier

Centre Euralille

PONT DES FLANDRES

17

23

PLACE DU GÉNÉRAL DE GAULLE

Opéra R. A.

R. des Arts

Rue de France

16

PL. DES REGNAULT

3

Viaduc

2

Palais des Congrès et de la Musique

PLACE DU THÉÂTRE

R. Faidherbe

6

25

PL. DE LA GARE

M

Gare Lille-Flandres

R. R. Saint-Étienne

Nationale

R. des Manneliers

7

R. Neuve

5

St-Maurice

Molinel

Rue de Tournai

Javary

St-Étienne

Palais Rihour

PL. RIHOUR

4

R. de la Comédie

R. du Sec-Arembault

R. des Tanneurs

Rue de Paris

Grand Palais

R. des Fossés

Gustave

Av. C. Saint Venant

P

R. de Béthune

Delory

Rue

Rue

R. de

Tournai

Bd E. Dubuisson

Hôpital militaire

Sans Militaire

Bibliothèque municipale

R. du Plat

R. E. Delesalle

Kennedy

Pr

J.-F.

Rue

Saint

Sauveur

R. Paul Duez

PLACE RICHEBÉ

Préfecture

M

PL. DE LA RÉPUBLIQUE

Bd

JACQUART

PL. GENTIL MUIRON

Av.

du

Paris

3

R. d'Inkermann

Musée des Beaux-Arts

Hospice gantois

Beffroi

Noble Tour

des

Déportés

Bd E. Vandin

Jardin des Beaux-Arts

Gauthier de Chatillon

Lydéric

PL. R. SALENGRO

Hôtel de Ville

M Bd Dr-Calmette

PL. SÉBASTOPOL

Leblanc

N.

Rue

Vatmy

d'Arc

Porte de Paris

PL. S. VOLLANT

R. du Réduit

Square du Réduit

R.E. Motte

Solférino

Rue

Liberté

Bd

Papin

Bd

Louis

XIV

Mal Vaillant

R. des Pyramides

PL. P. LE BON

Rue

Jean

Bart

R. Fleurus

Jeanne

Bd

Maison Coillot

Angelier

Rue de Bruxelles

Rue

Camille

Guérin

Saint-Michel

Rue Brûle Maison

PL. J. D'ARC

Musée d'Histoire Naturelle et de Géologie

Gare de marchandises

Rue

de Solférino

Rue

Lens

J.-B.

Lebas

de d'Artois

Délespaul

Rue

Barthélémy

Delespaul

200 m

NORD-PAS-DE-CALAIS

de saumon et Saint-Jacques, tarte à la bière, crème brûlée à la chicorée. Pour arroser vos agapes, beau choix de vins avec, en premier prix, un rosé de Loire et un gamay de Touraine. Ambiance piano-bar les vendredi et samedi soir. Alors, ne vous dites-vous pas « Why not ? » Allez-y franco et vous ne le regretterez pas !

I●I *Restaurant La Renaissance* – 29, pl. des Reignaux (D2-16) ☎ 03-20-06-17-56. Fermé le lundi soir, le mardi soir et le dimanche soir. Congés annuels : du 15 juillet au 15 août. Accès : dans le quartier de la gare de Lille Flandres. Menus à 12,25 et 13,35 €. À la carte, compter 14 € ; viandes de 6,10 à 8,20 €. Un resto à la bonne franquette pour les routards à budget serré et les autres. Récemment refait, extérieur comme intérieur. Ambiance « bistrot parisien », bonne cuisine familiale et quelques spécialités régionales : *potje vleesch*, pièce de bœuf « extra », tarte briochée au maroilles, carbonade flamande, langue de bœuf persillade, andouillette flambée au genièvre, moules, rognons de veau... et desserts maison. Une excellente adresse, à l'accueil enjoué et aux prix compétitifs. *Un kir offert à nos lecteurs sur présentation de ce guide.*

I●I *Restaurant Pubstore* – 44, rue de la Halle (C1-20) ☎ 03-20-55-10-31. Ouvert toute l'année. Fermé le dimanche. Accès : dans le vieux Lille, à côté du musée Charles-de-Gaulle. Pour déjeuner, les « midi plats » à 8 €, un menu à 13 € avec entrée, plat, dessert et... quart de rouge le midi uniquement. À la carte, compter 19,50 €. Au nord de la vieille ville, dans une rue peu passante et, un soir de semaine, c'est plein... *Damned*, sûr qu'on y mange bien ! De plus, qu'apprend-on ? Que ça fait plus de 30 ans que ça dure ! À l'intérieur, lumières tamisées, mais il y en a cependant assez pour se demander, à la lecture du menu, si ce n'était pas le rendo favori des regrettés Francis Blanche, Pierre Dac ou San A, ou si, dans un coin, on ne va pas rencontrer Béru s'empiffrant ! Gros choix à la carte dans la rubrique « l'idole déjeune » ou « fameux à poêle », entre « un p'tit groin de paradis » (jambon grillé aux ananas), « la midinette et son pote âgé » (entrecôte grillée garnie de légumes) et « des lys à l'italienne » (côte de veau, champignons, tagliatelles au fromage). Et servis copieusement. Quant aux entrées, « l'attente Henriette » et « vous trouvez ça m'hareng » vous en boucheront un coin ! On finira éventuellement par le « sentant bon ni trompette » et, rayon douceurs, par un délicieux « abbé de Rio » ou un « vieux mort tarte que jamais »... Côté « lâche-moi la grappe », du gamay de Touraine et des médocs et autres saint-émilion, abordables et bien choisis. Accueil affable et souriant, mais ça, vous vous en doutiez ! D'ailleurs, on vous offre l'apéro. *Apéritif mai-*

son offert à nos lecteurs sur présentation de ce guide.

I●I *La Terrasse des Remparts* – rue de Gand, logis de la Porte-de-Gand (C1-27) ☎ 03-20-06-74-74. Service tous les jours midi (jusqu'à 14 h) et soir jusqu'à 23 h (22 h le dimanche). Accès : en plein cœur du vieux Lille. Menus à 15 €, sauf les dimanche et jours fériés, et à 24 €. Compter 30 € à la carte. Dans un cadre original, mêlant salon aux murs de brique rouge et lumières tamisées, et véranda sur deux niveaux s'ouvrant dès les beaux jours sur une superbe terrasse, ce restaurant à l'accueil chaleureux et au service discret mais attentif propose une carte alléchante, qui change à chaque saison et donne la part belle aux plats régionaux. Quant au buffet de desserts à discrétion, il offre une palette de pâtisseries et de sorbets maison des plus appétissants. Carte des vins un peu limitée. *La Terrasse des Remparts* – une institution à Lille – mérite vraiment le détour.

I●I *Restaurant Flandres-Liban* – 125-127, rue des Postes (B4-28) ☎ 03-20-54-89-92. ♿ Fermé le dimanche soir. Accès : à 5 mn de la place Sébastopol. Menus à 16 et 20 €. Repas à 15 € environ à la carte. Resto libanais à l'orée de Wazemmes (le dernier – mais pour combien de temps ? – quartier populaire de Lille). La déco n'en fait pas trop dans la couleur locale : délicats panneaux de bois sculptés, fontaines et tentures. Très bon *meze*. On vient avec une inextinguible amabilité vous expliquer tous les secrets de ces 20 spécialités (crème de pois chiches, *chawarma, kefta* en brochettes, yaourt aux concombres...) et surtout (toujours utile au néophyte) comment les manger. D'autres plats typiques, comme la brochette de poulet aux trois parfums ou le *kebbé* (viande de bœuf et blé concassé). Des prix raisonnables pour ce qui est sûrement un des bons libanais de la métropole lilloise. *Digestif maison offert à nos lecteurs sur présentation de ce guide.*

I●I *Le Pourquoi-Pas* – 62, rue de Gand (C1-26) ☎ 03-20-06-25-86. Ouvert le soir jusqu'à 23 h (minuit le week-end). Fermé le lundi midi, le samedi midi et le dimanche. Menus de 18 à 28 €. Vins à prix modérés. Dans le vieux Lille, dans une des rues les plus riches en restos, découvrez cette adresse qu'on a failli rater pour cause de discrétion. On a découvert par hasard ce cadre raffiné, les murs peints à l'éponge agrémentés de toiles modernes, le plancher en bois, les tables bien séparées, l'ambiance tamisée. Idéal pour un dîner d'amoureux. On s'est dit « Pourquoi pas ? » Accueil très courtois. Cuisine montrant des associations intéressantes, des sauces bien tournées, et qui satisfera les grosses faims (à la frontière du roboratif). Quelques fleurons de la carte : le médaillon de lotte au lard (cuit parfaitement), la croustade d'escargots à la fondue de poireaux, le magret de canard acidulé aux framboises et un pavé de bœuf cuit exactement comme on le demande. Mon tout nimbé de musique exotique discrète mais bien choisie (Brésil, Ima Sumac, Jules des Églises, etc.). Réservation recommandée en fin de semaine.

I●I *Au Tord Boyaux* – 11, pl. Nouvelle-Aventure (B4-21) ☎ 03-20-57-73-67. Fermé le samedi soir et le dimanche soir. Accès : à côté du marché d'Oisel, près de la préfecture. Repas complet à environ 19 €. Viande entre 11,90 et 16,80 €. Plat du jour entre 9 et 12 € en semaine, salade à 6,90 €. Dans le quartier de Wazemmes, sur son fameux marché, là où bat le vrai cœur populaire de Lille. Ici, la patronne, Monique, arrive à s'arracher à ses fourneaux, et vous constaterez qu'elle est autant adorable que sa cuisine se révèle goûteuse et généreuse. Il y a de l'Arletty chez cette dame, en plus charnu et nordiste bien sûr, et le dimanche midi n'est pas triste dans ce petit temple de la convivialité de quartier (penser à réserver). Cuisine familiale donc, vous l'aviez deviné, faite avec beaucoup de cœur. On a eu la chance de tomber sur le jour de la choucroute au faisan, mais ici, n'importe quel plat (suivant saison et marché) satisfera et gavera son monde.

I●I *La Tête de l'Art* – 10, rue de l'Arc (B2-31) ☎ 03-20-54-68-89. Fermé le dimanche et le soir sauf le vendredi et le samedi. Congés annuels : en août. Formules à 19 et 21 € le midi en semaine, vin compris, et repas à la carte ou formule à 24 €. Un resto discret dans une rue qui ne l'est pas moins. Une salle au calme (prenez quand même la peine de réserver) et un impeccable menu-carte (entrée, plat, fromage, dessert, avec vin compris à volonté). Un choix hallucinant d'abats et de plats régionaux : meurette d'escargots à l'ancienne, cocotte d'andouillette à la moutarde, bouillabaisse du Nord, craquant de maroilles à l'émincé d'endives, blanquette de lingue et de moules aux algues de Bretagne, poêlée de rognons de porc à la moutarde, terrine d'oranges au chocolat chaud, sorbet genièvre façon chuche-mourette.

I●I *Brasserie Alcide* – 5, rue des Débris-Saint-Étienne (C2-23) ☎ 03-20-12-06-95. Accès : près de la Grande-Place. Menus de 20 à 32 €. Le charme discret de la brasserie bourgeoise : serveurs en grande tenue et en rang d'oignons, comptoir de chêne, miroirs... Une clientèle d'un certain âge, qui ne fait pas d'éclats. On ne s'étonnerait pas de s'y asseoir à côté de Claude Chabrol, pour vous situer le genre. Formule avec le choix entre moules marinière et 3 plats régionaux (dont une très bonne carbonade) et 3 bières. Cuisine de brasserie typique, bien sûr : *waterzoï* de volaille ou de Saint-Jacques, carbonade à la bière des Trois-Monts, filet de bar grillé à la sauce au thym, pain perdu à la chicorée.

I●I *Les Compagnons de la Grappe* – 22, rue Lepelletier (C2-22) ☎ 03-20-21-02-79. Ouvert toute l'année. Fermé le dimanche. Accès : à 100 m de la Grande Place. Un petit plat du jour à midi à 9,50 €. Menu à 20 €. Compter 20 € à la carte. Au fond d'un petit passage, l'un de nos restos-bistrots préférés à Lille. Superbe terrasse prise d'assaut aux beaux jours et deux salles agréables, avec boiseries et luminaires design. Plats copieux, grands classiques de bistrot revisités, accompagnés d'un pain qui mérite qu'on en parle. Grand choix de vins (au verre, en bouteille) et excellent accueil des patrons, qui ne manquent pas d'idées. *Apéritif maison ou café ou digestif maison offert à nos lecteurs sur présentation de ce guide.*

I●I *La Ducasse* – 95, rue de Solférino (B3-18) ☎ 03-20-57-34-10. Fermé le samedi midi et le dimanche. Accès : à côté des anciennes halles. Viandes de 10,37 à 14,48 €. Compter environ 22 € pour un repas complet à la carte sans la boisson. Le vieux bistrot de quartier repris récemment par une jeune équipe qui n'a pas bradé l'héritage. Bien au contraire, tout est bien resté en place, la longue banquette de bois gravée, les tables traditionnelles et le fort beau comptoir. Dans un coin, l'orchestrion mécanique de 1910 (qu'on fait marcher un court instant, de temps à autre). En revanche, le vieux juke-box en bois ne semble être là que pour le décor. Atmosphère vraiment chaleureuse (ambiance « ch'timi » assurée en fin de semaine), cuisine de bistrot authentique. Amusants menus BD. Quelques fleurons de toutes les spécialités de la cuisine régionale et bons desserts, bières flamandes artisanales à la pression. *Digestif maison (genièvre de*

Houlle ou de Wombrechies) offert à nos lecteurs sur présentation de ce guide.

|●| *La Part des Anges* – 50, rue de la Monnaie (C1-30) ☎ 03-20-06-44-01. ⚹ Fermé le dimanche soir. Compter 23 € le repas. Au cœur de la vieille ville, dans la rue la plus fréquentée, un bar à vin à la parisienne, assez éloigné de la culture du Nord. Salle avec mezzanine, murs peints à l'éponge, quelques plantes vertes. On est accueilli par le classique brouhaha des hommes d'affaires branchés, décideurs de tout type, yuppies, étudiants des grandes écoles qui composent la clientèle habituelle de ces lieux. La greffe a bien pris, si l'on en juge par la foule qui s'y presse midi et soir. On grignote relax au comptoir, sur des tonneaux ou dans la petite salle derrière. Cuisine de bistrot très honnête. Plats du jour au tableau noir, deux choix de portions. Frais et bien préparés : endives gratinées, contre-filet sauce choron, feuilleté de saumon florentin, bonnes terrines. Le dimanche midi, planches de charcuterie ou de fromage. Une vingtaine de vins sélectionnés parmi l'énorme choix de la maison (c'est presque un bottin !). Sélection avisée très professionnelle. Quelques vins étrangers aussi, pour les curieux (on a même repéré un pinot blanc égyptien). Service parfois un peu débordé, mais on leur pardonnera !

DANS LES ENVIRONS

VILLENEUVE-D'ASCQ   59650
(8 km SE)

|●| *Restaurant Les Charmilles* – 98, av. de Flandre (Nord) ☎ 03-20-72-40-30. Ouvert le midi, plus le vendredi soir et le samedi soir. Fermé le mercredi. Congés annuels : 6 jours en février et 3 semaines en août. Menus de 11,89 à 13,42 € le midi en semaine. Le soir, menu à 19,82 €. Le dimanche midi, menus à 27 et 31 €. Compter 22 € à la carte. Salle à manger très spacieuse, mais idéale pour les petites confidences amoureuses. Des tons vert pâle et vert olive rappelant les charmilles (évidemment !). La grande originalité de ce resto reste avant tout sa créativité culinaire et un menu à 13,42 € au fort bon rapport qualité-prix. Quelques spécialités : tournedos flambé au whisky sauce crevette, andouillette de Cambrai au confit d'échalotes, sole farcie à la façon du chef, carbonade flamande au pain d'épice, émincé de poire au roquefort, etc. *Café offert à nos lecteurs sur présentation de ce guide.*

MAROILLES   59550

Carte régionale B2

|●| *L'Estaminet* – 83, Grand-Rue (Centre) ☎ 03-27-77-78-80. Fermé le lundi soir, le mardi soir et le dimanche soir. Accès : face

à l'église. Menus à 10 €, le midi en semaine, puis à 16 €. Resto de village typique, dans une région favorisée gastronomiquement (capitale du fameux maroilles), et qui s'est forgé en peu d'années une certaine réputation. Ici, on dégustera une cuisine du Nord solide et copieuse. Petit menu le midi en semaine ou à la carte. Le dimanche midi, un menu d'un beau rapport qualité-prix. Ici, vous ne trouverez que des produits régionaux. Plats inscrits sur ardoise. Viandes succulentes (pavé de rumsteck au maroilles), tourte aux champignons, andouillette pas grasse pour un sou, maroilles frit et fondue de myrtilles, bel assortiment de fromages, et crème brûlée au caviar de vanille. Vins à prix modérés. En prime, l'accueil suave de la patronne et la bonhomie tranquille du patron. On se sent vraiment bien ici, et, pour digérer, la découverte de ce joli village à pied. En basse saison, pour le soir en semaine, conseillé de téléphoner et le week-end de réserver. *Digestif maison offert à nos lecteurs sur présentation de ce guide.*

DANS LES ENVIRONS

LOCQUIGNOL 59530 (4 km N)

⌂|●| *Auberge du Croisil* – route de Maroilles ☎ 03-27-34-20-14. Fax : 03-27-34-20-15. Fermé le dimanche soir et le lundi (sauf jours fériés). Congés annuels : du 22 décembre au 14 janvier. Accès : depuis Maroilles, suivre la D233, bien indiqué. 2 chambres à 23 €, sanitaires communs aux deux. 1er menu à 10,70 € en semaine, puis autres menus de 13,30 à 22,60 €. Auberge perdue dans la forêt de Mormal, qui ravira les amateurs de cuisine traditionnelle, d'atmosphère paisible à l'ancienne et de lieux qui ronronnent comme les chats. Ici, que des habitués ou des gens venus par le bouche à oreille goûter aux bons plats de campagne du patron. On aime sa chaleureuse faconde, parfois vaguement teintée de vague à l'âme devant l'avenir de sa profession. Ses terrines et son cassoulet à la graisse d'oie remportent tous les suffrages. Et on ne parle pas des cuisses de grenouilles, coquilles Saint-Jacques à la provençale, pigeonneau chasseur, foie de veau à la lyonnaise, etc. Bref, une cuisine généreuse, goûteuse, dense comme la forêt tout autour. En saison, spécialités de gibier (côtes de marcassin au poivre vert, délicieux steak de biche aux framboises). Pour ceux qui souhaiteraient prolonger leur plaisir, 2 chambrettes toutes simples, mais propres. *Café offert à nos lecteurs sur présentation de ce guide.*

MAUBEUGE 59600

Carte régionale B2

🏨 |●| *Le Grand Hôtel-restaurant de Paris* ** – 1, porte de Paris (Centre) ☎ 03-27-64-63-16. Fax : 03-27-65-05-76. ●www.grandhotelmaubeuge.fr ●Parking. TV. Canal+. Satellite. ♿ Accès : près de la gare. Chambres doubles avec lavabo à 47 €, avec douche et w.-c. ou avec bains à partir de 49 €. Menus de 13 à 53,50 €. Le *Restaurant de Paris*, c'est la bonne table du coin, la grande salle pour repas de famille et déjeuners d'affaires. Produits du terroir (foie gras, carré d'agneau au romarin...), poisson (tel le dos de sandre au bouzy) et fruits de mer, gibier en saison. Côté hôtel, chambres rénovées. *10 % sur le prix de la chambre (le week-end) ou apéritif maison offerts à nos lecteurs sur présentation de ce guide.*

MONTREUIL-SUR-MER 62170

Carte régionale A2

🏨 |●| *Le Darnétal* – pl. Darnétal (Centre) ☎ 03-21-06-04-87. Fax : 03-21-86-64-67. Fermé le lundi et le mardi. Congés annuels : fin juin-début juillet et fin décembre. Accès : dans la vieille ville, sur une adorable placette. De 35 à 50 € la chambre double avec douche et w.-c. ou bains. Petit déjeuner à 4,57 €, à 16 €, en semaine, 23 et 30 €. Une maison de tradition : l'hôtel existe depuis plus d'un siècle. La salle à manger a accumulé des trésors qui feraient vivre un antiquaire pendant quelques années. Après avoir tout admiré, on a goûté entre autres au turbot poché sauce hollandaise, et on ne l'a pas regretté. Les 4 chambres, spacieuses et dépouillées, rappellent le style bourgeois fin XIXᵉ siècle. Demandez à les visiter, elles sont très différentes les unes des autres. Bien entendu, ni téléphone, ni TV... et c'est très bien comme ça !

🏨 |●| *Le Clos des Capucins* ** – 46, pl. du Général-de-Gaulle (Centre) ☎ 03-21-06-08-65. Fax : 03-21-81-20-45. TV. ♿ Fermé le dimanche soir et le lundi ; le jeudi soir en hiver. Congés annuels : du 1ᵉʳ au 15 février et du 15 au 30 novembre. Chambres doubles avec douche et w.-c. à 52 €. Menus de 16 à 35,50 €. La salle bien propre, coquette, l'accueil mettent tout de suite à l'aise. On se dit qu'on va bien manger, et l'on n'a pas tort. Le saumon fumé maison pour commencer est tout indiqué, suivi d'un pot-au-feu d'épaule de cochon aux épices ou de langoustines grillées aux senteurs de Provence. Beaux fromages affinés derrière ça. Spécialités d'huîtres de Saint-Vaast également (avec, dans le menu à 35,50 €, une assiette de 12 huîtres en hors-d'œuvre !). De bons vins à partir de 15,24 €. En somme, une halte sûre, d'ailleurs connue et appréciée de certains tou-

ristes anglais, de ceux qui se font des week-ends gastronomiques en traversant la Manche. Au-dessus du resto, quelques chambres correctes mais un peu trop cher payées. *Apéritif maison ou ballotin de chocolat dans les chambres offert à nos lecteurs sur présentation de ce guide.*

DANS LES ENVIRONS

MADELAINE-SOUS-MONTREUIL (LA) 62170 (5 km O)

🏨 |●| *Auberge de La Grenouillère* – BP 2, au village ☎ 03-21-06-07-22. Fax : 03-21-86-36-36. ● www.lagrenouillere.fr ● Parking. ♿ Fermé le mardi et le mercredi ; uniquement le mardi en juillet-août. Congés annuels : en janvier. Accès : à 2,5 km du centre-ville. Chambres de 75 à 95 €. Menus à 28 €, sauf le samedi soir et les jours fériés, puis à 49 et 65 €. Vins à partir de 17 €. Nichée dans la vallée de la Canche, en contrebas des remparts de Montreuil, la belle petite auberge de campagne que voilà, coquette, élégante ! On y déguste, dans un cadre de poutres basses, de casseroles en cuivre et de grenouilles décoratives – les fresques notamment sont à voir – ou au jardin fleuri, une cuisine régionale réinventée, fine et relevée. La fricassée de petits-gris aux pieds de porc et jus de réglisse ou le confit de volaille de Licque au lait de coco sont des réussites ; tout comme les cuisses de grenouilles ou l'agneau de pré-salé. Un régal vraiment, qu'on peut arroser d'un vin choisi parmi les « suggestions », encore abordables. Le service est soigné. 4 chambres en rez-de-jardin, parfaitement charmantes. En somme, une excellente étape, pas donnée mais valant bien ce prix-là.

|●| *Auberge du Vieux Logis* – pl. de la Mairie ☎ 03-21-06-10-92. Fermé le mardi soir et le mercredi. Accès : par la D139 ou la D917 ; au pied des remparts. Formules solo (1 plat), duo, trio ou quator (entrée, plat, fromage et dessert) de 11 à 26 €. Compter entre 25 et 30 € pour un repas complet à la carte. Une auberge qui sent bon la campagne dans un de ces petits villages paisibles où le temps semble s'être arrêté. Des plats de toujours (cassoulet maison à la graisse d'oie, rognons de veau *Vieux Logis*, bonnes grillades de bœuf), corrects qui changent régulièrement, au gré du marché. Cadre de toute évidence rustique. Accueil nature et tout de gentillesse. On sort sur la terrasse aux beaux jours.

SAINT-OMER 62500

Carte régionale A1

🏨 |●| *Hôtel-restaurant Le Vivier* ** – 22, rue Louis-Martel (Centre) ☎ 03-21-95-76-00. Fax : 03-21-95-42-20. ● www.auvivier-saintomer.com • TV. Canal+. Fermé le dimanche soir. Accès : rue piétonne entre la place Foch (mairie) et la place Victor-Hugo (palais de justice). Chambres doubles à 48 € avec douche et w.-c. ou bains. Menus à 16 €, sauf les samedi soir et dimanche, puis à 22 et 34 €. Dans le centre piéton de cette belle ville de Saint-Omer, *Le Vivier* se révèle être un établissement presque de charme – de bon confort en tout cas, aux chambres agréables et propres, avec douche ou bains, sèche-cheveux, minibar, téléphone et une table de plaisirs. Le poisson et les fruits de mer en fraîcheur et en nombre, le homard rôti, la tarte à la bière, tout se déguste ici plaisamment. Service aimable, à la hauteur. *10 % sur le prix de la chambre (en janvier, février et mars) ou café offerts à nos lecteurs sur présentation de ce guide.*

🏠 🍴 *Hôtel Saint-Louis – Restaurant Le Flaubert* ✶✶ – **25, rue d'Arras (Centre)** ☎ **03-21-38-35-21. Fax : 03-21-38-57-26.** • **www.hotel-saintlouis.com** • Parking. TV. Canal+. Satellite. ♿ Resto fermé le samedi midi et le dimanche midi. Congés annuels : du 22 décembre au 4 janvier. Accès : à 5 mn à pied de la place centrale. Chambres doubles à partir de 57 € avec douche et w.-c, et de 58 € avec bains. Menus à 12,50 €, en semaine, et de 16 à 25,50 €. Un hôtel qu'ont sûrement connu, dans les années 1920, « ces dames aux chapeaux verts », héroïnes du bouquin de Germaine Acremant, dont l'histoire se passait dans le quartier. Rassurez-vous, il a été rénové depuis (et joliment). Chambres calmes et confortables. Bar rétro plutôt chaleureux. Le resto joue la carte de l'éclectisme : carte brasserie au *Petit Flo* (Madame Bovary aurait-elle apprécié ce gentil diminutif ?), cuisine plus élaborée au *Flaubert*. Quelques spécialités : choucroute de poisson ou de canard, cassoulet, confit de canard, jambette au poivre vert. *Café offert à nos lecteurs sur présentation de ce guide.*

🍴 *Auberge du Bachelin* – **12, bd de Strasbourg (Nord-Est)** ☎ **03-21-38-42-77.** Fermé le dimanche soir et le lundi. Les mardi, mercredi et jeudi soir ouvert sur réservation, minimum 15 personnes. Menus de 12,60 à 21,70 €. Menu-enfants à 6,90 €. Décor entièrement rénové aux couleurs du soleil et fleuri. Atmosphère chaleureuse. La patronne ne manque pas d'humour, et c'est tant mieux ! Chaque vendredi : couscous maison. Spécialités : filet de perche à l'ail doux, marmite de la mer, carbonade à la bière des Trois-Monts. Service agréable et efficace. Une bonne adresse toute simple.

DANS LES ENVIRONS

BLENDECQUES 62575 (4 km SE)

🏠 🍴 *Le Saint-Sébastien* ✶✶ – **2, Grand-Place (Centre)** ☎ **03-21-38-13-05. Fax : 03-21-39-77-85.** • **saint-sebastien@wanadoo.fr** • TV. Fermé le dimanche soir et lundi. Accès : par l'A26, sortie à 4 ou 5 km. Chambres doubles avec douche ou bains à 42,50 €. Demi-pension à 48 € par personne. Menus de 13 à 29 €. Une place et une église. De solides murs de pierre. Un accueil direct et chaleureux. Quelques chambres agréables et confortables, une salle gentiment rustique. Bon 1er menu avec une terrine de rascasse et saumon en gelée d'herbes fraîches, brochette de volaille au coulis de poivrons rouges ; dans les suivants ou à la carte, abats et autres cochonnailles (tripes de porc au vin blanc, rognons de veau au genièvre de Houlle), une tarte à la bière pour la couleur locale et de délicieux desserts pour clore en beauté. La bonne petite hôtellerie de campagne. *Café offert à nos lecteurs sur présentation de ce guide.*

TOUQUET (LE) 62520

Carte régionale A1

🏠 *Hôtel Le Chalet* ✶✶ – **15, rue de la Paix (Centre)** ☎ **03-21-05-87-65. Fax : 03-21-05-47-49.** • **www.lechalet.fr** • TV. Câble. Accès : à 60 m de la mer ; prendre la A16. Chambres doubles avec lavabo et douche de 30 à 40 € ; avec douche et w.-c. ou bains de 47 à 58 €. Chambre familiale à 70 € pour 4 à 5 personnes. Dans une jolie maison qui a vaguement des airs de chalet Suisse (c'est vrai pour la déco), des chambres fraîches et pimpantes, à prix raisonnables pour Le Touquet. Certaines s'ordonnent autour d'un petit patio garni de plantes vertes et de cactées. Si vous voulez la vue sur la mer (on l'aperçoit depuis le balcon, au bout de la rue, en tournant la tête à droite !), il vous faudra compter un peu plus. Proche mer et centre-ville. *Un petit déjeuner par chambre offert à nos lecteurs sur présentation de ce guide.*

🏠 🍴 *Hôtel Blue Cottage* ✶✶ – **41, rue Jean-Monnet (Centre)** ☎ **03-21-05-15-33. Fax : 03-21-05-41-60.** • **bluecottage@wanadoo.fr** • Parking. TV. Resto fermé tous les soirs sauf le vendredi et le samedi ; le lundi de mi-novembre à fin mars. Accès : derrière la place du Marché. Chambres doubles de 41 à 120 € selon saison et confort. Demi-pension, possible en juillet-août, de 36,50 à 52 € par personne. Menu à 10 €, en semaine, puis de 12 à 26 €. Un établissement bien tenu, de bon confort, aux chambres dans les tons doux, bleu et jaune, mignonnes. Fait aussi restaurant. Gentil accueil des propriétaires. Un bar anglais. *Un petit déjeuner par chambre ou café offert à nos lecteurs sur présentation de ce guide.*

🏠 *Hôtel Les Embruns* ** – **89, rue de Paris (Centre)** ☎ 03-21-05-87-61. Fax : 03-21-05-85-09. • www.gaf.tm.fr/hotel-les-embruns/accueil.htm • TV. Satellite. ♿ Congés annuels : du 15 décembre au 15 janvier. Accès : par l'A16. Selon confort et saison, chambres doubles avec douche ou bains de 43 à 55 €. Petit déjeuner à 5,80 €. Chambres familiales également. Au calme, un peu en retrait de la route et pas loin de la mer. Accueil chaleureux. Des chambres propres et agréables, refaites, certaines en rez-de-jardin ou avec terrasse. Chambres triples ou quadruples également. Vélos ou motos dans le jardin. Salle de petit déjeuner pimpante. Un bon rapport qualité-prix. *10 % sur le prix de la chambre (pour 2 nuits consécutives sauf en juillet et août) offerts à nos lecteurs sur présentation de ce guide.*

🏠 *Hôtel Le Nouveau Caddy* ** – **130, rue de Metz (Centre)** ☎ 03-21-05-83-95. Fax : 03-21-05-85-23. • www.letouquet.com • TV. ♿ Ouvert toute l'année. Réception fermée entre 13 h et 15 h 30 (21 h le dimanche). Accès : en face du marché couvert et à 100 m de la plage. Selon saison, de 45 à 70 € la chambre double avec douche et w.-c. ou bains. Dès la réception et l'adorable salle de petit déjeuner, tout ici respire le bon goût. Chaque étage a sa couleur dominante symbolisant une saison : le vert pour le printemps, le… (vous trouverez sûrement le reste tout seul sachant qu'il y a quatre étages et, heureusement, un ascenseur). Chambres plutôt agréables, toutes avec bains, certaines avec kitchenette. La patronne a fait ses premières armes en ouvrant des chambres d'hôte, d'où un accueil très, très chaleureux.

🍴 *Auberge L'Arlequin* – **91, rue de Paris** ☎ 03-21-05-39-11. Fermé le mercredi et le jeudi d'octobre à fin avril, le mercredi seulement de mai à fin septembre. Congés annuels : du 20 décembre au 31 janvier. 1er menu à 14 €, sauf les samedi soir et dimanche midi, menus suivants à 17 et 23 €. Le petit resto classique, le patron cuisine, madame est en salle et l'on mange des produits frais. Une franche cuisine qui hésite entre terre et mer : brochette de lotte au chou, blanquette de veau à l'ancienne, aile de raie parfum olive et framboise, lapin à la moutarde, coq au vin. Une adresse qui tient la route.

🍴 *Restaurant Au Diamant Rose* – **110, rue de Paris (Centre)** ☎ 03-21-05-38-10. Fermé le lundi midi, le mardi (sauf en juillet-août) et le mercredi. Menus à 16,50 et 22,50 €. Derrière sa façade rose pastel, un resto qui draine une clientèle de touristes

anglais et de vacanciers paisibles, des anciens bien souvent, qui aiment retrouver leur petite chaise en bois et leur table (nappée de rose) pour avaler une honnête cuisine française traditionnelle : lotte pochée à l'oseille, cuisse de canard confite à la graisse d'oie, foie gras... Fruits de mer (sur commande), mais aussi un grand choix de viande. Belle carte des vins. Si vous le lui demandez gentiment, madame la patronne vous montrera son diamant rose… en toc.

🍴 *Les Deux Moineaux* – **12, rue Saint-Jean (Centre)** ☎ 03-21-05-09-67. Fermé le lundi et le mardi. Menu à 27 €. Compter 30 € pour un repas complet à la carte. C'est une petite salle à l'étage, aux briques apparentes, à l'atmosphère plutôt intime, où l'on entend quelques notes de jazz en sourdine. Le patron vous accueille avec douceur et simplicité, et la serveuse a de semblables qualités. On mange ensuite une fricassée de moules, un saumon cru mariné au sel, un turbot poché ou au goulasch de bœuf à la hongroise, et des fromages régionaux... Petite carte des vins pas trop chère. En somme, une bonne petite adresse au Touquet, gentille et honnête.

DANS LES ENVIRONS

SAINT-JOSSE 62170 (7 km SE)

🍴 *L'Auberge du Moulinel* – **116, chaussée de l'Avant-Pays, hameau du Moulinel** ☎ 03-21-94-79-03. Fermé le lundi et le mardi hors vacances scolaires. Congés annuels : 10 jours en janvier et la 1re semaine de juin. Accès : route de Montreuil, passer sous l'autoroute puis tourner à droite à 2 km (indiqué). Menus de 25 à 41 €. Située aux environs du Touquet, cette *Auberge du Moulinel* est certainement l'une des meilleures tables de la Côte d'Opale. La cuisine d'Alain Lévy est en effet adroite et réjouissante, donnant la priorité aux saveurs fortes et à d'inhabituels mais heureux mariages. On a beaucoup aimé le foie gras maison, la salade tiède de homard et langoustines au jus de veau, le filet de pigeon ailes et cuisses confites purée de pommes de terre aux fines herbes. Poisson tout aussi finement travaillé et vins abordables. On déguste ces mets dans un bel intérieur cosy de fermette restaurée, perdue dans la riante campagne entre Le Touquet et Montreuil-sur-Mer. Service soigné. Réservation recommandée, il n'y a pas beaucoup de tables et l'adresse plaît.

TOURCOING 59200

Carte régionale B1

🍴 *Restaurant Le Rustique* – **206, rue de l'Yser (Nord)** ☎ 03-20-94-44-62. Fermé le lundi et tous les soirs (sauf les vendredi et samedi ou sur réservation). Accès : depuis le centre-ville, suivre la rue de Gand sur 3 km ; la rue de l'Yser en est le prolongement. À deux pas de la frontière belge. Menus à 10,50 €, le midi du mardi au vendredi, puis de 22,60 à 39,60 €, boisson comprise. Compter environ 20 € à la carte. Rustique, le cadre l'est un peu : feu de bois, casseroles de cuivre accrochées aux murs. Le service et la cuisine sont, eux, assez raffinés - pavé de bœuf au carré du Vinage (un fromage de Rong), jambon à l'os maison, Saint-Jacques à la coque, carré d'agneau aux herbes, tarte Jacqueline, etc. Quelques spécialités régionales. Une table gourmande à prix modiques. Aux beaux jours, on mange en terrasse. Et il y a un grand parc, à deux pas, pour la balade digestive.

TRÉLON   59132

Carte régionale B2

|●| Le Framboisier – 1, rue F.-Ansieau (Centre) ☎ 03-27-59-73-34. ♿ Fermé le dimanche soir et le lundi sauf les jours fériés. Congés annuels : 15 jours fin février et 3 semaines fin août-début septembre. Accès : de la rue principale, descendre celle qui part du monument aux morts ; c'est à 300 m. Menus de 15 à 35 €. Gentille auberge de village, une des rares lucioles dans la nuit avesnoise. Tenu par un couple bien décidé à réanimer cette région sur le plan gastronomique. Pour cela, il propose une cuisine pleine de saveurs nouvelles, des plats inspirés servis généreusement, dans un cadre frais et plaisant. Grosses poutres, tons roses, tableaux apportant leur lot de couleurs et musique classique. Accueil prévenant, patronne affable, service discret et efficace. Carte évoluant selon le marché bien sûr, mais on peut plébisciter l'escalope d'omble chevalier au foie gras poêlé sauce caramel, le tournedos de cheval aux 5 poivres flambé cognac, les nombreux poissons selon arrivage (sandre, vive, raie, turbot, sandre...), le gibier en saison, sans oublier les desserts maison tels la crème brûlée, le framboisier, le nougat glacé et les tartes. Deux fois par mois, soirées à thème. Réservation recommandée le week-end.

VALENCIENNES   59300

Carte régionale B2

🛏 Le Bristol ** – 2, av. de-Lattre-de-Tassigny (Nord) ☎ 03-27-46-58-88. Fax : 03-27-29-94-51. TV. Canal+. Congés annuels : la semaine du 15 août. Accès : à proximité de la gare. Chambres doubles avec lavabo à 29 €, avec douche à 38 €, avec douche et

w.-c. ou bains à 44 €. Hôtel sans grande originalité mais calme et assez propre. Accueil agréable et souriant. Quelques chambres lumineuses et spacieuses, certaines donnant sur cour, d'autres sur rue (heureusement, on n'entend pas siffler les trains !). Bar privé. Un des mieux dans la catégorie bon marché. *Un petit déjeuner par personne (pour plus de 2 nuits consécutives) offert à nos lecteurs sur présentation de ce guide.*

🛏 Hôtel Le Clemenceau ** – 39, rue du Rempart ☎ 03-27-30-55-55. Fax : 03-27-30-55-56. TV. Câble. ♿ Accès : à 200 m de la gare, 300 m du centre-ville. Chambres doubles de 45,75 à 51,85 €. Beau petit déjeuner-buffet à 5,50 €. À deux pas de la gare, un solide hôtel de brique rouge, offrant une vingtaine de chambres récemment rénovées. Bon confort : fenêtres insonorisées, salle de bains complète, sèche-cheveux, coffre, etc. Bref, un excellent rapport qualité-prix, que n'altère guère l'accueil un peu frais.

🛏 Hôtel Notre-Dame ** – 1, pl. de l'Abbé-Thellier-de-Poncheville (Centre) ☎ 03-27-42-30-00. Fax : 03-27-45-12-68. ● www.hotelnotredame.fr ● Parking. TV. Canal+. Satellite. Ouvert 24 h/24, toute l'année. Accès : près du vieux quartier restauré des Wantiers ; face à la basilique Notre-Dame. Chambres doubles de 46 à 61 € avec douche et w.-c. ou bains. Ce charmant petit hôtel, aménagé dans un ancien couvent, a été entièrement rénové. Quartier calme à souhait. Décor intérieur d'un goût exquis. Chic mais pas tape-à-l'œil. La n° 36, au rez-de-chaussée, avec vue sur le jardin intérieur, est superbe. Accueil agréable et souriant. *10 % sur le prix de la chambre (le week-end) offerts à nos lecteurs sur présentation de ce guide.*

🛏 Le Grand Hôtel *** – 8, pl. de la Gare (Centre) ☎ 03-27-46-32-01. Fax : 03-27-29-65-57. ● www.grand-hotel-de-valenciennes.fr ● TV. Câble. Accès : à 500 m du centre, face à la gare. Chambres doubles à partir de 82 €. Supplément de 8 € pour la 3e personne. Petit déjeuner-buffet à 9,50 €. Tarifs week-end intéressants avec 20 % de remise. En face de la gare, bel immeuble des années 1920-1930 récemment rénové. Cadre élégant, chambres spacieuses, confortables et joliment décorées (tissus à fleurs, tons frais et colorés, etc.). Excellent restaurant (voir plus loin le *Restaurant du Grand Hôtel*). *Apéritif maison offert à nos lecteurs sur présentation de ce guide.*

🛏 |●| Auberge du Bon Fermier **** – 64, rue de Famars (Centre) ☎ 03-27-46-68-25. Fax : 03-27-33-75-01. ● www.home-gastronomie.com ● Parking payant. TV. Câble. Fermé le 24 décembre. Accès : en plein centre-ville. Chambres doubles de 113 à 120 €. Menus à 20 € puis de 27,50 à 48 €.

en semaine. En pleine ville, la vision de cet ancien relais de poste (classé Monument historique) donne à la place une profonde humanité. On s'étonne de ne point voir devant une malle-poste et son cocher, chapeau haut-de-forme, redingote et grandes bottes. L'intérieur se révèle un adorable petit musée d'antiquités, exposées dans les moindres recoins. Couloirs de guingois, escaliers étroits (l'un d'eux est même une ancienne montée de chaire). Quelques chemins de croix récupérés dans une église détruite pendant la guerre raviront ceux qui gagnent le dernier étage. Beaucoup de charme, tout cela. Chambres de toutes les formes, tous les styles. Beau mobilier. La chambre A présente un genre nettement médiéval, d'autres sont un peu plus classiques. On aime bien la B, haute de plafond, avec sa charpente carrée. Une autre propose un lit Louis XV et une salle de bains en mezzanine. Bref, pour tous les goûts et excellent confort. Resto également au rez-de-chaussée. *10 % sur le prix de la chambre (le samedi et le dimanche) offerts à nos lecteurs sur présentation de ce guide.*

I●I *Restaurant Au Vieux Saint-Nicolas –* **72, rue de Paris (Nord)** ☎ 03-27-30-14-93. Fermé le lundi soir et le dimanche soir. Congés annuels : du 14 juillet au 15 août. Accès : dans le quartier du conservatoire. Menus de 12 à 22 €. Vins à prix modérés : le quart à 2,50 €, gamay ou bordeaux à 9,45 €, etc. La déco est fraîche, clean et moderne mais chaleureuse. Une statue d'évêque (raté, ce n'est pas saint Nicolas, même vieux) contemple pensivement des repros de Klee ou Kandinsky. Pensif, on ne reste pas longtemps devant son assiette : goyère, œufs cocotte au maroilles, coq à la bière, andouillette au genièvre, paella le soir (pour deux), grosse salade du jour. La cuisine est simple mais goûteuse, pleine de saveurs et à base de produits frais, le service charmant, l'ambiance sereine. Une petite adresse discrète qu'on aime bien. *Café offert à nos lecteurs sur présentation de ce guide.*

I●I *La Planche à Pain –* **1, rue d'Oultreman** ☎ 03-27-46-18-28. Fermé le dimanche soir et le lundi. Accès : à 2 mn à pied sur centre-ville. Menus à 13 €, le midi, puis à 27 €. Bien bonne maison bourgeoise dans une rue discrète. D'ailleurs, on croirait manger dans la salle à manger du maître des lieux. Intérieur confortable, atmosphère feutrée. Cuisine traditionnelle de haute volée, alliant harmonieusement influences régionale et méditerranéenne. Voilà une adresse qui rallie unanimement les suffrages en ville. Ne pas oublier de réserver. Quelques spécialités : salade tiède de gambas et de pleurotes au foie gras, poêlée de Saint-Jacques à la crème de céleri... *Apéritif maison offert à nos lecteurs sur présentation de ce guide.*

I●I *Le Bistrot d'en Face –* **5, av. d'Amsterdam (Centre)** ☎ 03-27-45-25-25. Fermé le dimanche soir. Menus à partir de 14 €, sauf dimanche et jours fériés. Compter 25 € à la carte. C'est le bistrot du resto le *Rouet*, situé en face, justement ! Ici, c'est moins cher, plus relax. Décor frais et plaisant. Tons roses et verts, jolies photos aux murs. Carte de bistrot, ça va de soi ! Grande casserole de moules (servies à volonté), cuisses de grenouilles, noix de Saint-Jacques fraîches, navarin d'agneau, cassoulet, blanquette de veau, manchons de canard au vin et cassis, filet américain... huîtres aussi. Bref, un choix étendu et fait maison.

I●I *Restaurant La Tourtière –* **34, rue E.-Macarez (Est)** ☎ 03-27-29-42-42. Fermé le lundi soir, le mercredi soir et le samedi midi. Accès : un peu à l'écart du centre-ville, près de l'hôtel des impôts. Dans un quartier excentré, entre zone commerciale et jardins ouvriers. Pour se repérer, la rue Macarez est en droite ligne derrière le centre culturel Le Phœnix. Menus à 14 et 17 €. Ne pas se fier à la façade, vraiment très quelconque. L'intérieur est plus chaleureux. Une table qui se partage entre cuisine du Nord et spécialités italiennes jusqu'à les faire se rencontrer (goûtez les macaronis au maroilles). À la carte donc, pizzas et pâtes, tartes au maroilles, aux oignons, veau au maroilles, entrecôte du Nord... Pour rester dans le partage Nord-Sud : un menu d'Italie pas cher, comme le menu du Nord (entrecôte au maroilles, veau de l'Avesnois, tarte à la cassonade). Cuisine généreuse (les appétits d'oiseaux s'abstiendront), ambiance décontractée et animée. Le vrai resto populaire.

I●I *Rouet –* **8, av. d'Amsterdam (Centre)** ☎ 03-27-46-44-52. Fermé le lundi. Congés annuels : 15 jours en août. Accès : en plein centre-ville. Menus de 17 à 32 €. Un des vénérables piliers gastronomiques de la ville. Une adresse qui ne semble pas vouloir s'essouffler. Seul le décor, genre classieux fatigué, le date quelque peu. Clientèle et atmosphère plutôt conformistes (hommes d'affaires, retraités cossus, notaires et notables, VRP, etc.). Mais pas d'inquiétude, vous serez vous aussi bien reçu. Accueil aimable, et même si le service est parfois perturbé par les patronnes qui saluent des connaissances, on leur pardonnera sans façon car les fruits de mer sont ici d'une remarquable fraîcheur et viande et poisson sauvage fort bien exécutés.

I●I *L'Orangerie –* **128, rue du Quesnoy (Centre)** ☎ 03-27-42-70-70. Fermé le lundi soir, le samedi midi et le dimanche. Congés annuels : en août. Menu « table d'hôte » à 18 €, tout compris. Compter entre 20 et 25 € à la carte. Bon resto comme on les aime bien. Ancien troquet de quartier reconverti dans le « branché sympa ». Le genre de lieu où l'on se sent bien de suite, accueilli par une atmosphère légère, relax, *easy going*. Cadre chaleureux. Décor brique et bois, statues de pierre blanche, lumières tamisées, plancher en bois. Bar animé. Au fond de la salle, on déguste une bonne cuisine de bistrot, fraîche et à prix modérés : blanquette de veau à l'ancienne, épaule d'agneau grillée à la fleur de thym, escalope de saumon à la fondue de poireaux, diverses salades et terrines. Les jeudi, vendredi et samedi, on peut y danser après le repas.

▮●▮*Restaurant du Grand Hôtel* – 8, pl. de la Gare (Nord) ☎ 03-27-46-32-01. Accès : à 500 m du centre, face à la gare. Menus de 20 €, en semaine, à 41,50 €. On adore d'abord le cadre de la salle, totalement rénové. Haute de plafond, style Art déco. Verrière façon Tiffany, colonnes vertes, lambris, lourdes tentures, éclairages rétro, longues banquettes confortables, composent un ensemble au caractère alsacien. Cuisine d'excellente renommée à des prix étonnamment raisonnables, ce qui explique aussi son succès. Belle sélection de plats régionaux et de plats de ménage traditionnels. Vous y dégusterez le vrai *potje vleesch* maison, le carré d'agneau à la broche, le rognon de veau flambé, la choucroute alsacienne, traditionnelle ou au jambonneau de porc fumé, etc. Salades diverses et chariot de gourmandises maison. Carte des vins pour toutes les bourses. *20 % de remise sur les chambres (le weekend) ou apéritif maison offerts à nos lecteurs sur présentation de ce guide.*

WIMEREUX 62930

Carte régionale A1

▮●▮*Hôtel du Centre* ** – 78, rue Carnot (Centre) ☎ 03-21-32-41-08. Fax : 03-21-33-82-48. • www.hotelducentre-wimereux.com • Parking payant. TV. Canal+. Satellite. Resto fermé le lundi. Congés annuels : du 20 décembre au 20 janvier. Chambres doubles avec douche et w.-c. ou bains de 48 à 75 €. Formule 2 plats à 14 €. Menus de 17 à 27 €. Le long de la rue principale (route de Boulogne) et dans le centre de Wimereux, soit à 2 mn à pied de la plage, cet établissement allie confort et sérieux. Chambres propres et confortables, nouvellement aménagées et certaines agrandies. Au restaurant, une salle de brasserie elle aussi entièrement refaite, plutôt agréable, pour une cuisine traditionnelle correcte. Spécialités : lapin en gelée maison, soles, soupe de poisson, moules du pays, raie pochée. Patron accueillant. *10 % sur le prix de la chambre (le jeudi soir et le dimanche soir, sauf jours fériés et juillet-août) offerts à nos lecteurs sur présentation de ce guide.*

▮●▮*L'Atlantic* *** – digue de Mer ☎ 03-21-32-41-01. Fax : 03-21-87-46-17. • www.atlantic-delpierre.com • Parking. TV. Canal+. Fermé le dimanche soir et le lundi midi pour le resto. Congés annuels : en février. Accès : à 5 mn du centre-ville. Chambres doubles à 62 € à l'arrière et de 78 à 115 € avec vue sur la mer. À la brasserie, 1er menu à 16,50 € ; au restaurant *La Liégeoise*, menus de 29 à 61 €. Très belle adresse en front de mer, dans une des plus jolies stations de la Côte d'Opale. 18 chambres, dont 14 côté esplanade (piétonne) et mer, spacieuses, claires, lumineuses et confortables. De vraies chambres de week-end détente. S'y prendre à l'avance, elles sont très prisées. En bas, deux restaurants : d'une part, la brasserie, là encore bien placée, avec salle aérée et terrasse, où l'on trouve une honnête cuisine de la mer avec un premier menu à 16,50 € proposant une authentique soupe de poisson puis une assiette de fruits de mer non moins véritable ; d'autre part, la table d'Alain Delpierre, *La Liégeoise*, plus chic et de bonne renommée.

WISSANT 62179

Carte régionale A1

▮●▮*Hôtel-restaurant Le Vivier* ** – pl. de l'Église (Centre) ☎ 03-21-35-93-61. Fax : 03-21-82-10-99. •www.levivier.com • ♿ Resto fermé le mardi et le mercredi. Congés annuels : de début janvier à mi-février. Selon confort et saison, chambres doubles de 45 à 60 €, petit déjeuner inclus. Menus à 15 €, en semaine, puis de 22 à 31 €. Posé devant le resto, un couscous de la mer donne le ton de cette cuisine tournée vers la mer : crustacés, poisson et fruits de mer. À l'étage, des petites chambres très chouettes. Elles sont plus agréables encore dans l'annexe récente, plus loin sur la route de Boulogne. De leurs balcons ou terrasses, panorama exceptionnel : le cap Gris-Nez qui borde la baie de Wissant, par beau temps, la côte anglaise...

DANS LES ENVIRONS

ESCALLES-CAP BLANC-NEZ
62179 (5,5 km NO)

▮●▮*Hôtel-restaurant À l'Escale* ** – 4, rue de la Mer (Centre) ☎ 03-21-85-25-00. Fax : 03-21-35-44-22. • www.hotel.lescale.com • Parking. ♿ Fermé le mercredi d'octobre à février seulement pour le resto (sauf jours fériés et vacances scolaires). Congés annuels : du 6 janvier au 7 février et du 14 au 26 décembre. Accès : par la D940 ou la D243. Chambres doubles avec lavabo et w.-c. à 32 €, avec douche et w.-c. de 38 à 46,50 €, avec bains à 50 €. Petit déjeuner à

6,40 €. Menus de 13 à 34 €. Au cœur d'un minuscule village, idéalement blotti au pied des somptueuses falaises de craie du cap Blanc-Nez. Jolies chambres derrière une façade mangée par le lierre. On traverse la toute petite route qui mène à la plage (et ses milliers de fossiles) pour s'attabler dans une grande salle à l'ambiance animée. Curieux : le plafond évoque une coque de bateau renversée. La cuisine se sert des produits de la mer (pot-au-feu du pêcheur, plateaux de fruits de mer…) et du terroir. Jardin avec jeux pour enfants et chaises longues. Demi-court de tennis, location de VTT.

Les prix
En France, les prix des hôtels et des restos sont libres. Certains peuvent augmenter entre le passage de nos infatigables fureteurs et la parution du guide.

Avis aux hôteliers et aux restaurateurs
Chaque année pour y figurer, il faut le mériter !

Le Routard

Basse-Normandie

14 Calvados
50 Manche
61 Orne

AIGLE (L') 61300

Carte régionale B2

|●| *Toque et Vins* – **35, rue Pasteur (Centre)** ☎ **02-33-24-05-27.** Fermé le lundi soir, le mardi soir et le dimanche. Formule à 10 €, avec plat + 1 verre de vin. Puis menus à 15 à 25,50 €. C'est l'ancien chef du *Dauphin* qui a ouvert ce petit bar à vins sur deux salles ; une formule idéale pour les routards pressés mais gourmands. Cadre frais et cuisine du marché avec produits de la ferme, savoureuse et parfumée. Chouette salade de beignets de camembert, andouillettes, boudin aux pommes, aspic d'œuf au saumon fumé, et une dentelle d'orange au chocolat. Une très bonne adresse. Et évidemment, belle carte des vins. Service gentil comme tout. Mieux vaut réserver.

|●| *Auberge Saint-Michel* – **Saint-Michel-Thubeuf** ☎ **02-33-24-20-12.** Parking. ♿ Fermé le mardi soir, le mercredi soir et le jeudi. Congés annuels : les 15 premiers jours de janvier et les 3 premières semaines de septembre. Accès : à 3 km de L'Aigle, sur la route de Paris (N26). Menus de 14,50 à 30,50 €. Une auberge de campagne des plus sympathiques, malgré la proximité de la route. Accueil simple mais avenant, petites salles intimes et personnalisées, service diligent et souriant. Une cuisine généreuse, scrupuleusement de terroir : terrine de foie de volailles, excellents rognons de veau au calvados, croustillant aux pommes et fromage blanc moulé à la louche pour les gourmands en quête d'authenticité. *Un kir offert à nos lecteurs sur présentation de ce guide.*

DANS LES ENVIRONS

CHANDAI 61300 (8,5 km E)

|●| *Auberge l'Écuyer Normand* – **RN26, 23, route de Paris** ☎ **02-33-24-08-54.** Fermé le lundi, le mercredi soir et le dimanche soir hors saison. Accès : au bord de la N26, sur la route de Verneuil. Au carrefour, tourner à droite pour se garer 50 m plus loin. Le midi, menus de 22 à 32 €. Tapie sous son lierre et ses jardinières de géraniums, une salle feutrée et agréable, aux vieilles poutres sombres, éclairée par des murs au crépi blanc. Chef très doué, proposant une « nouvelle » cuisine personnelle et moderne tout en étant ancrée dans la tradition et les saveurs vraies : cannellonis de tourteau, vapeur d'omble chevalier à l'algue dulsée, galet de pied de porc fermier… Très au point sur le poisson et les produits de la côte normande. Accueil particulièrement chaleureux et attentionné. *Pause normande offerte à nos lecteurs sur présentation de ce guide.*

FERTÉ-FRÊNEL (LA) 61550 (14 km NO)

🏠|●| *Le Paradis* ** – **10, Grande-Rue** ☎ **02-33-34-81-33.** Fax : **02-33-84-97-52.** ● **www.perso.wanadoo.f/hotel.paradis** ● TV. Canal+. ♿ Fermé le lundi en saison ; le dimanche soir et le lundi hors saison. Congés annuels : 3 semaines en février et 2 semaines en octobre. Accès : dans un village à 14 km au nord-ouest de L'Aigle, sur la route de Vimoutiers. Chambres doubles avec lavabo à 29 €, puis de 39 à 46 €. Menu à 10 € en semaine ; autres menus de 13 à 39 €. Voilà donc une bonne petite auberge villageoise, mignonne, familiale et accueillante. Notre chambre préférée, la plus coquette, est nichée sous les toits. Au restaurant, cuisine de terroir copieuse et soignée : moules à la crème, tête de veau sauce gribiche, sole flambée au Calva. Étape agréable, en plein pays d'Ouche, un soir d'automne ou d'été, seul ou en amoureux. *10 % sur le prix de la chambre (de septembre à mai) ou apéritif maison offerts à nos lecteurs sur présentation de ce guide.*

SAP (LE) 61470 (25 km NO)

|●| Restaurant les Saveurs du Grand Jardin – rue du Grand-Jardin ☎ 02-33-36-56-88. Parking. ♿ Fermé le dimanche soir et le lundi en juin, juillet et août, plus le mardi pour le reste de l'année. Accès : par la D12. Dans le village, route d'Heugon, derrière l'église. Chaises hautes à disposition. Menus de 15 €, le midi en semaine, à 25 €. On est content de découvrir ce beau restaurant installé dans une ancienne et spacieuse cidrerie en brique (du sol au plafond) et aux vieilles poutres de bois. Accueil et service diligents et une cuisine de pays bien sous tous rapports : de la viande au poisson, la carte est originale, et ne manquez pas le repas en terrasse si le temps le permet. Le détour qu'on ne regrette pas. Mieux vaut réserver, surtout le week-end. *NOUVEAUTÉ.*

ALENÇON 61000

Carte régionale B2

⌂ Hôtel de Paris * – 26, rue Denis-Papin ☎ 02-33-29-01-64. Fax : 02-33-29-44-87. TV. Canal+. Ouvert toute l'année. Accès : en face de la gare. Des chambres modestes et bien propres à prix doux : de 25 € avec lavabo à 33 € avec douche et w.-c. La gare n'étant pas très active, l'emplacement reste calme et l'hôtel bénéficie de toute façon du double vitrage. Literie confortable. Accueil bon enfant. Petit déj en bas. Une des adresses les moins chères de la ville.

⌂ Le Chapeau Rouge – 3, bd Duchamp ☎ 02-33-26-20-23. Fax : 02-33-26-54-05. Parking. TV. Canal+. ♿ Ouvert toute l'année. Accès : à 3 mn du centre-ville par la rue de Bretagne (sur votre gauche au feu rouge), en sortie de ville direction N12 et Saint-Céneri. Chambres doubles à 29 € avec cabinet de toilette, 40 € avec douche, 44,25 € avec bains et w.-c. Un petit hôtel bien tenu et irréprochablement propre (ça se sent !), accueillant, avec un couple aux petits soins (sourires et friandises) et des prix sages. Décoration style Louis XV,

moquette molletonnée, mobilier rustique, grand miroir et petit tableau. Préférer le côté jardin pour être au calme. Et le chapeau rouge, c'est en souvenir du chapeau distinctif que portaient autrefois les cochers qui faisaient étape dans cet ancien relais. *10 % sur le prix de la chambre offerts à nos lecteurs sur présentation de ce guide. NOUVEAUTÉ.*

⌂ |●| Le Grand Cerf ** – 21, rue Saint-Blaise (Centre) ☎ 02-33-26-00-51. Fax : 02-33-26-63-07. ● www.hotelgrandcerf-61.com ● TV. Canal+. Satellite. Fermé le samedi midi, le dimanche et les jours fériés. Congés annuels : pendant les fêtes de fin d'année. Accès : suivre la direction « Préfecture ». Chambres doubles de 52 à 55 € selon la vue et le confort. *Étape affaire* à 58 €, petit dej' à 6 €. Menus à 15,50 €, en semaine, et de 19 à 27 €. Façade néoclassique datant de 1843 pour cet hôtel aux allures de palace, qui a perdu de son lustre d'antan mais qui propose toujours de belles chambres, spacieuses et rénovées, à des prix corrects. Bonne cuisine d'hôtel originale, élégante et de qualité. Plusieurs belles salles au charme rétro et service au jardin dès les beaux jours. Personnel souriant et accueillant. Une adresse de bonne réputation en ville. *Apéritif et 50 % de réduction sur le prix de la chambre (pour la 2ᵉ nuit successive le week-end) offerts à nos lecteurs sur présentation de ce guide.*

|●| Au Petit Vatel – 72, pl. du Commandant-Desmeulles ☎ 02-33-26-23-78. ♿ Fermé le mercredi et le dimanche soir. Accès : près du musée des Beaux-Arts et de la Dentelle. Menus de 18 à 37 € dont un menu *Normandie* à 29 €, puis un *Gourmand* à 69 €. Ancienne grande adresse de la ville, la voilà de retour au devant de la scène sous la houlette de ses nouveaux gérants. Ne pas se laisser intimider par l'horrible néon de la devanture, l'intérieur est raffiné et élégant (argenterie et petits bouquets sur les tables). Service diligent pour une cuisine professionnelle. Mises en bouche délicieuses, petit cocktail à la pomme, beignet de camembert (une des spécialités), aspic de foie de volaille, filet de perche ou coquelet, voilà quelques-unes des suggestions de la carte. Mais on garde le meilleur pour la fin : le traditionnel chariot de glaces dans ses gamelles en cuivre, qui fait la réputation de l'établissement. Impressionnant ! Dommage, le lieu manque d'une pointe de vie et de fantaisie. Idéal pour fêter un anniversaire de mariage par exemple. *NOUVEAUTÉ.*

BASSE-NORMANDIE

Sur présentation de ce guide, nombreuses offres et réductions en 2003.

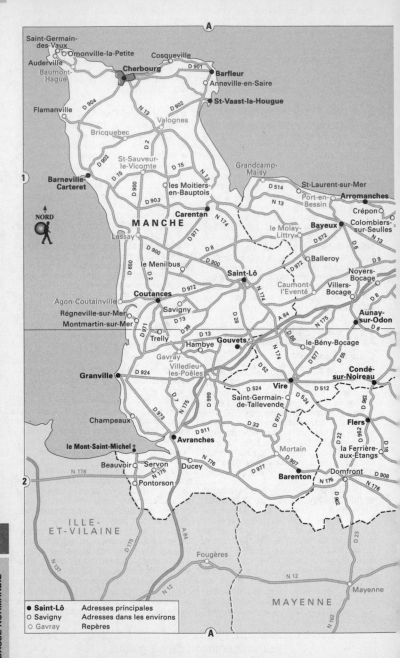

NORD

Saint-Germain-des-Vaux
Omonville-la-Petite
Auderville
Baumont-Hague
Cosqueville
Cherbourg
D 901
Barfleur
Anneville-en-Saire
St-Vaast-la-Hougue
Flamanville
D 904
N 13
D 902
Valognes
Bricquebec
D 2
St-Sauveur-le-Vicomte
D 902
D 15
D 15
N 13
D 900
les Moitiers-en-Bauptois
Grandcamp-Maisy
D 514
St-Laurent-sur-Mer
Port-en-Bessin
N 13
Arromanches
Crépon
Colombiers-sur-Seulles
D 6
N 13
D 903
Barneville-Carteret
Carentan
N 174
MANCHE
Lessay
D 971
le Molay-Littry
Bayeux
D 572
D 650
D 900
D 8
D 900
D 2
le Menilbus
Saint-Lô
D 972
Balleroy
Noyers-Bocage
D 9
D 972
Caumont-l'Eventé
Villers-Bocage
D 8
Agon-Coutainville
Coutances
D 972
N 174
Aunay-sur-Odon
Régneville-sur-Mer
Savigny
D 73
D 28
N 175
D 6
Montmartin-sur-Mer
D 971
D 38
D 13
Trelly
Hambye
Gouvets
N 174
D 99
le-Bény-Bocage
D 577
D 55
Condé-sur-Noireau
Gavray
D 52
Villedieu-les-Poêles
Granville
D 924
D 524
Vire
D 512
Saint-Germain-de-Tallevende
D 524
D 962
D 7
N 175
D 999
D 977
D 33
Flers
D 962
D 22
la Ferrière-aux-Etangs
D 18
Champeaux
D 973
Avranches
D 911
Mortain
le Mont-Saint-Michel
Beauvoir
Servon
N 175
Ducey
N 776
D 907
Barenton
Domfront
D 908
N 176
Pontorson
N 176
D 977
N 176
D 296
N 176
ILLE-ET-VILAINE
D 175
A 84
D 23
N 137
Fougères
N 12
MAYENNE
Mayenne
N 162

● **Saint-Lô** Adresses principales
○ **Savigny** Adresses dans les environs
○ Gavray Repères

ARGENTAN 61200

Carte régionale B2

🏠 |●| *Hostellerie de la Renaissance* ** – 20, av. de la 2ᵉ-D.-B. (Sud-Ouest) ☎ 02-33-36-14-20. Fax : 02-33-36-65-50. Parking. TV. Câble. Fermé le dimanche soir et le lundi. Congés annuels : 1 semaine en février et 15 jours mi-août. Accès : sur la route de Flers. Chambres doubles de 56 à 60 €. Menus à partir de 15,24 €, le midi en semaine, puis de 30,20 à 54 € (avec homard). C'est la bonne adresse du coin (c'est sans doute ce qui nous vaut ce nom un peu pompeux). Terroir merveilleusement bien réinventé et exprimé. Vous énumérer la carte serait trop cruel ! Ici, on commet des péchés de gourmandise rien qu'en la lisant ! En tout cas, c'est toujours complet, alors réservez... Chambres tout confort et bien insonorisées. *Apéritif maison offert à nos lecteurs sur présentation de ce guide.*

|●| *Restaurant d'Argentan* – 22, rue du Beigle (Centre) ☎ 02-33-36-19-38. Fermé les mardi soir et mercredi (mais ouvre un peu à sa guise). Congés annuels : 1 semaine en février. 1ᵉʳ menu à 12,50 € (excellent dans sa catégorie) servi tous les jours, puis menus de 13 à 30,50 €. Ici, les produits sont frais, la déco sobre, la cuisine de tradition et de terroir : salade de gésiers, hareng pommes à l'huile, tête de veau, brochette de Saint-Jacques et un curieux pavé de kangourou... L'adresse au bon rapport qualité-prix en ville.

ARROMANCHES-LES-BAINS 14117

Carte régionale A1

🏠 |●| *Hôtel-restaurant de la Marine* ** – quai du Canada ☎ 02-31-22-34-19. Fax : 02-31-22-98-80. ● www.hotel-de-la-marine.fr ● Parking. TV. Satellite. Congés annuels : du 15 novembre au 15 février. Accès : en bordure de mer, sur la digue. Chambres doubles de 61 à 71 €. Petit déjeuner à 7 €. Menus à 18 €, en semaine, puis de 23 à 35 €. Grosse maison blanche à l'ambiance un brin huppée, posée sur un quai, face à la mer. Un tiers des chambres donne de ce côté-là, comme les tables installées vers les baies vitrées d'où l'on voit la plage jalonnée par les pontons du Débarquement. Un emplacement qui, évidemment, se paye. Et si les chambres sont classiques mais confortables, la cuisine, d'inspiration marine, ne tient pas toutes ses promesses...

DANS LES ENVIRONS

CRÉPON 14480 (5 km SE)

🏠 |●| *La Ferme de la Rançonnière* ** – route d'Arromanches ☎ 02-31-22-21-73. Fax : 02-31-22-98-39. ● www.ran conniere.com ● Parking. TV. Congés annuels : en janvier (le resto seulement). Accès : par la D65. Chambres doubles toutes avec douche et w.-c. ou bains de 45 à 165 €. Petit déjeuner à 10 €. Demi-pension demandée en saison, à partir de 55 € par personne. Menus de 15 €, en semaine, à 38 €. Menu-enfants à 9 €. Dans un tranquille village du Bessin, à quelques tours de roue des plages du Débarquement et de Bayeux. Belle et imposante ferme fortifiée dont les parties les plus anciennes remontent au XIIIᵉ siècle. Une adresse de charme mais pas du tout guindée : l'accueil reste à la sincérité, l'ambiance familiale. Chambres dans le genre rustique douillet, mignonnes comme tout avec leurs poutres posées il y a quelques siècles, leurs meubles qu'on jurerait de famille. Sous les voûtes de pierre de la salle à manger, cuisine logiquement de terroir et qui a bonne réputation dans le coin : marmite du pêcheur et coquillages, mignon de porc au citron, terrine de pavé d'Isigny au magret de canard à l'estragon ; sans oublier les desserts, dont le parfait au calvados sauce abricotée. *10 % sur le prix de la chambre (hors saison) offerts à nos lecteurs sur présentation de ce guide.*

AUNAY-SUR-ODON 14260

Carte régionale A1

🏠 |●| *Hôtel-restaurant Saint-Michel* ** – 6-8, rue de Caen (Centre) ☎ 02-31-77-63-16. Fax : 02-31-77-05-83. Parking. TV. Fermé le dimanche soir et le lundi (sauf en juillet-août et les jours fériés). Congés annuels : du 15 janvier au 15 février. Chambres doubles de 30 à 39 € avec douche et w.-c. Petit déjeuner à 6 €. Demi-pension demandée pendant les longs week-ends, de 34 à 39 € par personne. Menus de 12 à 35 €. Menu-enfants à 8 €. Voilà une bien bonne auberge de campagne ! Le chef y travaille (et fort bien) tout ce que la Normandie compte de bons produits comme la bavette au pont-l'évêque... Cuisine de terroir servie dans une salle à la déco moderne. Une poignée de chambres, toutes simples mais pas désagréables.

AVRANCHES 50300

Carte régionale A2

🏠 |●| *Hôtel de la Croix d'Or* ** – 83, rue de la Constitution (Nord) ☎ 02-33-58-04-88. Fax : 02-33-58-06-95. Parking. TV.

Fermé le dimanche soir de mi-octobre à fin mars. Congés annuels : en janvier. Accès : près du monument Patton. Chambres doubles de 52 à 61 €, suivant le confort et la taille. Menus à 14,50 €, le midi en semaine, puis de 21,50 à 48 €. Dans un relais de poste du XVIIe siècle, avec un superbe jardin. Vasque de pierre et vieux pressoir à cidre. Intérieur décoré comme un musée normand : pierre patinée, poutres, cheminée monumentale, cuivres, étains, faïences sur les murs. Beaucoup de charme. Au resto, service irréprochable. Tables abondamment fleuries dans une très belle salle à manger. Millefeuille de tourteaux basilic et pois gourmands, casserolette de homard, moelleux de truite rose au lard, filet de turbot en croûte de pommes de terre, pigeon entier compote d'oignons. C'est, à l'évidence, l'endroit chic de la ville. *Café offert à nos lecteurs sur présentation de ce guide.*

|●| *Le Littré* – 8, rue du Docteur-Gilbert ☎ 02-33-58-01-66. Fermé le dimanche et le lundi sauf en juillet et août. Congés annuels : la dernière semaine de juin et la 1re semaine de juillet. Accès : en face de la mairie, pardi. Menus de 14 à 21 €. Derrière la façade d'un restaurant quelconque se cache une adresse des plus sympathiques avec une salle à manger pleine de charme. Pas de mauvaise surprise possible, on peut commander le plat du jour les yeux fermés. Bonne cuisine traditionnelle, tendance cuisine des repas du dimanche chez grand-mère : œufs meurette, côtes de veau aux artichauts. Spécialité : la choucroute de poisson. Bons desserts, comme le clafoutis aux pommes ou le pavé au chocolat.

DANS LES ENVIRONS

DUCEY 50220 (10 km SE)

🏠|●| *Auberge de la Sélune* ** – 2, rue Saint-Germain ☎ 02-33-48-53-62. Fax : 02-33-48-90-30. ● www.selune.com ● Parking. TV. ⚒ Fermé le lundi du 1er octobre au 31 mars. Congés annuels : du 20 janvier au 10 février. Accès : sortie de Ducey par la N176, à gauche avant le pont de la Sélune. Compter de 49 à 54,50 € pour une chambre double avec douche et w.-c. ou bains. Menus de 14,30 €, en semaine, à 34,60 €. Un ancien hospice, vaste demeure sur l'ancienne route du Mont-Saint-Michel. Jolies chambres personnalisées et confortables. Quelques-unes donnent sur un vrai jardin bordant la Sélune au cours paresseux. Cette rivière, une des premières en France pour ses truites et ses saumons, attire de nombreux pêcheurs. Une bonne adresse pour ceux qui viennent avec leur canne. L'hôtel leur accorde quelques facilités pratiques et des conseils. Menus très

soignés et savoureux. Spécialités de paupiettes de saumon au poiré, truite soufflée à la ducéenne, *pie* au crabe, râble de lapereau farci au vinaigre de cidre...

BAGNOLES-DE-L'ORNE   61140

Carte régionale B2

🏠|●| *La Potinière du Lac* ** – rue des Casinos (Centre) ☎ 02-33-30-65-00. Fax : 02-33-38-49-04. ● www.hoteldelapotiniere.com ●TV. Fermé les lundi et mardi de début novembre à fin mars. Congés annuels : 10 jours fin mars et de mi-décembre à fin janvier. Chambres doubles de 20 à 45 € selon le confort. Menus de 13 à 27 €. L'endroit idéal pour goûter à l'atmosphère surannée de la station thermale, sans pour autant se mélanger aux tristes curistes... Difficile de louper, c'est une des plus jolies façades de Bagnoles, en tout cas, une des plus marquantes. Une bonne adresse à prix tout doux, avec vue sur le lac pour la salle de resto et la plupart des chambres (les autres donnent sur la rue principale, très calme la nuit comme on s'en doute). On a un petit faible pour la chambre de la tourelle, pour son papier peint fleuri et sa jolie vue. Cuisine simple et familiale mais parfaitement exécutée ; normande, légère et savoureuse, bien au goût du jour : tartelette au camembert, salade océane, pavé d'andouille, jambon au cidre... et pavé d'autruche, et un menu chasseur en période de chasse. *Café offert à nos lecteurs sur présentation de ce guide.*

🏠|●| *Le Celtic* ** – 14, bd Albert-Christophe, Bagnoles-Château ☎ 02-33-37-92-11. Fax : 02-33-38-90-27. ● www.leceltic.fr ● TV. Fermé le mardi midi et le mercredi hors saison. Congés annuels : en février et pendant les fêtes de fin d'année. Accès : en contrebas du château. Chambres doubles de 36 à 39 € avec sanitaires complets. Menus de 15 à 28 €. Michèle et Érick Alirol ont hérité bon gré, mal gré, de cette enseigne de bar-tabac qui va bien mal avec cette maison à l'architecture typiquement locale, décorée de fleurs. Accueil sympa. Une bonne cuisine, fraîche et franche, de terroir et de saison, servie avec le sourire dans une salle à manger rustique juste ce qu'il faut. Éviter la chambre de l'annexe. Billard à disposition pour les amateurs.

🏠|●| *Manoir du Lys* *** – route de Juvigny-sous-Andaine ☎ 02-33-37-80-69. Fax : 02-33-30-05-80. ● www.manoir-du-lys.fr ● Parking. TV. Canal+. Satellite. ⚒ Fermé le dimanche soir et le lundi du

1er novembre à Pâques. Congés annuels : de début janvier à mi-février. Accès : à 3 km de Bagnoles, par la D235. Chambres doubles de 57 à 155 €. Chambres-appartements de 183 à 230 €. Menus de 26 à 62 €. Un adorable manoir plein de goût, niché dans la forêt des Andaines. Chant du coucou au printemps, et souvent des biches qui s'égarent dans le jardin, attirées par les fruits du verger. Chambres claires et superbes bien que très contemporaines, décorées avec goût, dotées d'un balcon avec vue sur jardin pour certaines. L'accueil, familial, et la cuisine sont tout aussi délicieux que le cadre. Des produits frais et de terroir, des saveurs retrouvées et superbement travaillées : tarte friande d'andouille de Vire et croquant de camembert aux pommes, sandre fumé au hêtre de la forêt, cappuccino de boudin noir aux truffes, cèpe glacé de la forêt d'Andaine, desserts exquis. Des week-ends à thème organisés autour des produits régionaux (champignons, pêche...). Le genre d'endroit idéal pour emmener la femme (ou l'homme, ne soyons pas sexistes !) de votre vie pour une balade romantique. Quand on aime, on ne compte pas ! *10 % sur le prix de la chambre (de novembre à Pâques, hors jours fériés) offerts à nos lecteurs sur présentation de ce guide.*

DANS LES ENVIRONS

DOMFRONT 61700 (16 km O)

iⓘi *L'Auberge du Grandgousier* – 1, pl. de la Liberté (Centre) ☎ 02-33-38-97-17. Fermé le lundi soir, le mercredi soir et le jeudi. Congés annuels : en février et en octobre. Accès : au cœur du bourg, face à la Poste et au palais de justice. Menus de 13,50 à 25 €. Oh, la bonne petite surprise ! Dans cette grande maison mêlant le vrai et le faux rustique, la pierre et les colombages, on se ranime les papilles de bons produits de la région. Bonne cuisine normande qui allie les parfums à l'élégance : salade normande, gratin de coques, duo de flétan accompagné de légumes frais, pâtisserie du chef... et le joli sourire de la jeune serveuse. La salle est grande, lumineuse et agréable, d'une propreté remarquable. Et pour couronner le tout, les prix sont très raisonnables pour la qualité de la prestation. Pourvu que ça dure... *NOUVEAUTÉ.*

RÂNES 61150 (20 km NE)

≙ iⓘi *Hôtel Saint-Pierre* ** – 6, rue de la Libération ☎ 02-33-39-75-14. Fax : 02-33-35-49-23. Parking. TV. Resto fermé le vendredi soir. Accès : sur la D916 jusqu'à La Ferté-Macé, puis direction Argentan. Chambres doubles de 40 à 55 €. Demi-pension à 50 € par personne. 1er menu à 11 € en

semaine, puis autres menus de 12 à 25 €. Une adresse que l'on aime bien et qui fête ses 30 ans (comme nous !) : bon accueil et cuisine excellente à prix doux. Dans un gros bourg campagnard, une maison en pierre, des canapés profonds, une salle à la déco contemporaine bleue et rose, des tableaux, des vitrines et les diplômes de champion de France du meilleur plat de tripes, forcément elles sont maison ! Goûter aussi le poulet vallée d'Auge rôti à point ou le bœuf ficelle à la crème de camembert... Patronne attentive et souriante. Chambres harmonieuses avec, pour certaines, des armoires normandes qui sentent bon la cire. Demandez-en une côté cour, c'est le calme absolu. *10 % de réduction sur les chambres (de décembre à avril) et un petit verre de calvados offerts à nos lecteurs sur présentation de ce guide.*

BARENTON 50720

Carte régionale A2

iⓘi *Restaurant Le Relais du Parc* – 46, rue Pierre-Crestey (Ouest) ☎ 02-33-59-51-38. Fermé le lundi et le soir en semaine. Congés annuels : pendant les vacances scolaires de février et entre Noël et le Jour de l'An. Accès : sur la D907. Menus de 11,20 à 27 €. En arrivant tôt, on entend le patron, Viking aux yeux vifs, donner ses ordres en cuisine d'un ton jovial et comminatoire. On est entre de bonnes mains : il fait partie de la Confrérie des Vikings du Bocage normand. Fichtre ! Très heureux menus avec des produits du terroir concoctés avec imagination. Fricassée de coq au vinaigre de cidre. Plats à base de pommes, c'est le pays. Un bon repas entre la cheminée et l'horloge de grand-mère.

BARFLEUR 50760

Carte régionale A1

≙ iⓘi *Le Moderne* – 1, pl. du Général-de-Gaulle ☎ 02-33-23-12-44. Fax : 02-33-23-91-58. Fermé le mardi soir et le mercredi sauf de juillet à mi-septembre. Congés annuels : de début janvier à mi-février. Accès : devant la Poste, à 50 m du port. Chambres doubles de 40 à 54 €. Menus de 16,80 €, le midi en semaine, à 45 € (menu homard). Barfleur ! L'un des plus beaux villages de la côte normande. Petit port adorable. Dans cette bien jolie maison colorée et fleurie, seulement 3 chambres, simples mais propres. On vient surtout ici pour la cuisine particulièrement soignée (le dimanche midi, réservation obligatoire). Spécialité de choucroute de poisson au beurre blanc, cocktail de la mer farci et grillé. Le saumon est fumé sur place, de même, le pain et le foie gras sont faits maison. L'endroit a ce petit charme indéfinissable qui nous plaît bien. Une des meilleures adresses de la région. *Café offert à nos lecteurs sur présentation de ce guide.*

🏠 ●l *Hôtel Le Conquérant* ★★ – **18, rue Saint-Thomas-Becket (Centre)** ☎ 02-33-54-00-82. Fax : 02-33-54-65-25. Parking. TV. Resto ouvert seulement le soir (et réservé exclusivement aux clients de l'hôtel). Congés annuels : du 15 novembre au 15 mars. Accès : dans la rue principale, à 50 m du port. Chambres doubles de 52 à 77 €. Petit déjeuner de 5,20 à 9,30 €. Menus de 14 à 23 € avec, par exemple, soupe de poisson, galette roulée, galette forestière, crêpe sucrée ou glace. Cette belle demeure du XVIIᵉ siècle nous a conquis. Vu son nom, c'est presque normal... Derrière, il y a un grand jardin à la française, très agréable. C'est là que vous prendrez le petit déjeuner aux beaux jours. Prenez juste la précaution de jeter un œil à la chambre qu'on vous propose (confort inégal). Fait aussi salon de thé dans l'après-midi (pour les clients de l'hôtel) dans une élégante salle à manger.

DANS LES ENVIRONS

ANNEVILLE-EN-SAIRE 50760
(5 km S)

●l *Café du Cadran GPLM* – **au bourg** ☎ 02-33-54-61-89. Fermé le samedi, le dimanche et le soir (sauf réservation). Congés annuels : la 1ʳᵉ quinzaine de juin et la 1ʳᵉ quinzaine de septembre. Accès : par la D902 direction Quettehou. Menu à 9 €, boisson comprise. Au bout du parking, caché derrière les tracteurs et les semi-remorques qui viennent ici déposer et emmener tous les légumes produits dans le Val de Saire. Au comptoir et à table, on cause évidemment cours du chou-fleur, subventions européennes, récoltes et ensilages. Idéal pour le p'tit verre de blanc de 11 h. Tant qu'à faire, on y reste le midi pour goûter au menu du jour : purée maison, bifteck, blanquette d'agneau... Bref, du bon, du solide et du pas cher.

COSQUEVILLE 50330 (12 km O)

🏠 ●l *Au Bouquet de Cosqueville* – **hameau Remoud** ☎ 02-33-54-32-81. Fax : 02-33-54-63-38. ● **www.bouquetdecos queville.com** ● ⚒ Fermé le mardi et le mercredi de septembre à juin ; uniquement le mardi en juillet-août. Congés annuels : en janvier. Accès : entre Barfleur et Cherbourg par la route côtière (D116). Chambres de 29 € avec lavabo, à 49 € avec douche et w.-c. Menus de 18 à 50 €. Dans cette grande maison perdue dans un petit

hameau se tient l'une des meilleures tables du Nord-Cotentin. On vient essentiellement pour déguster les produits de la mer, mitonnés avec un grand art par Éric Pouhier. Au hasard des menus : turbot aux girolles, filet de carrelet à la crème de tomate, soupe d'huîtres et de langoustines aux herbes et bien sûr homard au cidre fermier... Service classieux et discret. Cave superbe. Dans les mêmes murs, le *Bouquet* a créé le sympathique *Petit Gastro* dirigé par le même chef, mais très abordable et moins pompeux, avec quand même beaucoup de soin apporté à la qualité. Gratin de moules à l'oseille, roussette au cidre... *Apéritif maison offert à nos lecteurs sur présentation de ce guide.*

BARNEVILLE-CARTERET 50270

Carte régionale A1

🏠 ●l *L'Hermitage* ★★ – **4, promenade Abbé-Lebouteiller** ☎ 02-33-04-46-39. Fax : 02-33-04-88-11. ● bienvenue@hotel restauranthermitage.com ● Parking payant. TV. Fermé le dimanche soir et le lundi en hiver. Congés annuels : du 7 au 31 janvier et du 12 novembre au 20 décembre. Accès : face au port. À partir de 35 € la chambre double avec cabinet de toilette, jusqu'à 68 € avec douche ou bains et w.-c. et une jolie vue sur le port. Menus de 16 à 40 €. Quelques chambres agréables dont certaines avec balcon et vue sur la mer (nᵒˢ 1, 2, 5, 6, et 15). Possède également un bon restaurant spécialisé en fruits de mer. D'où que l'on soit, en salle ou en terrasse, on a vue sur la mer et le petit port de pêche de Carteret. *10 % sur le prix de la chambre (du 1ᵉʳ octobre au 1ᵉʳ avril) offerts à nos lecteurs sur présentation de ce guide.*

🏠 ●l *Hôtel de la Marine* ★★★ – **11, rue de Paris** ☎ 02-33-53-83-31. Fax : 02-33-53-39-60. Parking. TV. Fermé le lundi midi et le jeudi midi en avril, mai, juin et septembre ; le dimanche soir et le lundi en février, mars et octobre. Congés annuels : du 12 novembre au 1ᵉʳ mars. Accès : sur le port de Carteret. Chambres doubles de 76,50 à 106 €. Menus à 25,50 €, tous les jours sauf le samedi soir, et de 39,50 à 72 € pour le menu « dégustation ». Grande demeure toute blanche dominant le port. Vue charmante. Certaines chambres possèdent un balcon, d'autres une petite terrasse. Décor frais et élégant, mais ce qui fait avant tout la renommée de cet *hôtel de la Marine*, c'est la cuisine. Elle est, comment dire, raffinée, avec un brin de sophistication, imaginative, particulièrement élaborée (on arrête, l'abus d'adjectifs nuit !). Salle à manger au cadre élégant qu'affectionnent nos amis d'outre-Manche. Atmosphère assez chic. Service efficace, à l'image de M. et Mme Cesne qui veillent avec attention à la bonne marche de la maison. Leur fils Laurent, au piano, a créé de superbes menus en tout point parfaits. En spécialités, les huîtres creuses en nage glacée de cornichon, le gros carrelet laqué au miel et au thym, et la galette croustillante de tripes. À la carte, c'est quand même franchement cher.

BAYEUX   14400

Carte régionale A1

🏠 *Hôtel Mogador* ** – 20, rue Alain-Chartier (pl. Saint-Patrice) (Nord) ☎ 02-31-92-24-58. Fax : 02-31-92-24-85. Parking payant. TV. Accès : par la rue de Saint-Malo (prolongement de la rue Saint-Martin). Chambres doubles avec douche et w.-c. ou bains de 41 à 46 €. Petit déjeuner à 5,50 €. Un petit hôtel discret à peine à l'écart des foules qui arpentent le centre touristique. Les chambres sont classiques, confortables et d'une vraie tranquillité pour celles qui s'ordonnent autour d'une petite cour intérieure. L'accueil décontracté et sympa du nouveau patron nous a franchement emballés. *10 % sur le prix de la chambre (du 15 novembre au 15 mars) offerts à nos lecteurs sur présentation de ce guide.*

🏠 *Hôtel d'Argouges* ** – 21, rue Saint-Patrice (Centre) ☎ 02-31-92-88-86. Fax : 02-31-92-69-16. ● dargouges@aol.com ● Parking. TV. Accès : en plein centre-ville. Chambres doubles avec douche ou bains de 50 à 76 € suivant la taille et la saison. Petit déjeuner à 8 €. Un ancien hôtel particulier du XVIIIe siècle, en plein centre mais au calme, au fond d'une cour pavée. « Charme d'autrefois, confort d'aujourd'hui », dit le slogan de la maison et... qu'ajouter de plus ? Sinon que même si la salle à manger est somptueuse, prendre son petit déjeuner dans le jardin planté d'arbres fait partie de ces petits bonheurs qu'on ne se refuse pas. Une belle adresse. *Un petit déjeuner par chambre offert à nos lecteurs sur présentation de ce guide.*

🍴 *La Table du Terroir* – 42, rue Saint-Jean (Centre) ☎ 02-31-92-05-53. ⚬Fermé le dimanche et le lundi. Congés annuels : de mi-octobre à mi-novembre. Accès : en plein centre-ville (dans la rue piétonne). Menus de 11 €, en semaine, à 26 €. Une table d'hôte à la ville, ouverte par le boucher d'à côté. Donc pour la qualité des produits, ça suit. Solides murs de pierre et grandes tables de bois que se partagent habitués du quartier comme touristes anglais venus « faire la tapisserie » : l'ambiance est conviviale, comme on dit. Et la cuisine fait évidemment dans le registre « tradition et terroir » : terrines maison, tripes à la mode de

Caen, etc. Labellisé « Normandie Qualité Tourisme ». *Café offert à nos lecteurs sur présentation de ce guide.*

🍴 *Le Petit Bistrot* – 2, rue du Bienvenu (Centre) ☎ 02-31-51-85-40. Fermé le dimanche et le lundi (hors saison). Congés annuels : en janvier. Accès : à côté de la cathédrale. Menus à 16 €, avant 21 h, et 28 €. Un vrai petit bistrot, un peu chic quand même, mais vraiment très agréable. La patronne vous attend derrière un superbe comptoir de... bistrot. Femme de caractère, elle peut paraître un peu brusque mais dès que la glace est brisée, tout va pour le mieux. Son mari est en cuisine et il fait bien, car il prépare, au gré des saisons, une cuisine fraîche, pleine de saveur, sachant magnifier les produits locaux au travers de recettes intelligentes. Les rognons de veau sauce laurier sont un modèle du genre, tout comme les noix de Saint-Jacques en brochettes.

DANS LES ENVIRONS

COLOMBIERS-SUR-SEULLES
14480 (14 km E)

🏠🍴 *Château du Baffy* ** ☎ 02-31-08-04-57. Fax : 02-31-08-08-29. Congés annuels : de novembre à février. Accès : à 10 km des plages du Débarquement ; sortie nº 7, périphérique de Caen, direction Creully, à droite après Pierrepont par la D176. Chambres doubles de 73,20 à 85,30 €, petit déjeuner compris. Menus de 21,50 à 27,50 €. Un de nos coups de folie dans le Calvados. L'adresse nimbée d'un charme tout romantique, spéciale week-end en amoureux. Beau jardin baigné par une petite rivière. Chambres agréables et confortables. Au resto est servie une cuisine de tradition, généreuse mais raffinée. On garde un bon souvenir du carré de veau « Marie Harel » et des croquants de langoustines à la vanille... Pour se refaire une santé, salle de muscu, tennis, VTT, tir à l'arc, cheval. *10 % sur le prix de la chambre offerts à nos lecteurs sur présentation de ce guide.*

SAINT-LAURENT-SUR-MER 14710
(18 km NO)

🏠🍴 *Hôtel-restaurant La Sapinière* – Le Ruquet ☎ 02-31-92-71-72. Fax : 02-31-92-92-12. ●www.chez.com/lasapiniere ●Parking. TV. Satellite. ⚬Congés annuels : de la Toussaint à Pâques. Accès : par la D514, puis direction plage. Chambres doubles de 60 à 65 €. Compter environ 20 € pour un repas. Idéalement situé à 2 pas de la plage, voici un établissement fort séduisant. Les chambres, installées dans de petits chalets modernes en bois, sont grandes, lumineuses, sobrement décorées, équipées de salle de bains (ou douche) toute neuve, et elles disposent toutes de terrasses. Pour ne rien gâcher, les lits sont extra-confo. Le resto, une belle salle avec des baies vitrées (et une terrasse aux beaux jours), affiche sur ses murs les œuvres très gaies de John Pepper (certainement un fan de *Toy Story*). Petite carte de plats simples, de type brasserie (moules-frites, belles salades, etc.) et aussi d'intéressantes suggestions du jour. Le resto est autant fréquenté par les gens du coin que par les personnes qui logent à l'hôtel. Sandwichs et gaufres à emporter pour les plagistes. Le patron, à la fois super décontract' et sympa, se balade pieds nus partout ! Accueil vraiment adorable. *NOUVEAUTÉ.*

BELLÊME 61130

Carte régionale B2

☖ l●l *Domaine du Golf de Bellême* – Les Sablons ☎ 02-33-85-13-13. Fax : 02-33-85-13-14. ● belleme@lemel.fr ● Parking. TV. ♨ Service jusqu'à minuit. Accès : au pied du bourg de Bellême. Chambres doubles de 70 à 100 €, selon le confort et la période. Menus de 18 à 38 €. Une fois n'est pas coutume, nous avons craqué pour ce beau golf. Le restaurant s'est installé dans l'ancienne salle conventuelle du prieuré de Saint-Val, datant du XVIe siècle. Magnifique charpente et murs de pierre, le cadre est lumineux et on ne peut plus agréable. Dans les assiettes, c'est agréable aussi, même si la cuisine reste toutefois assez inégale. Dans les dépendances, jolies chambres, modernes et confortables.

DANS LES ENVIRONS

CONDEAU 61110 (15 km E)

☖ l●l *Moulin de Villeray* ★★★★ ☎ 02-33-73-30-22. Fax : 02-33-73-38-28. ● www.mou lindevilleray.com ● Parking. TV. ♨ Ouvert toute l'année. Restaurant en été au Moulin, en bas du village, et en hiver au château, en haut. Accès : de Bellême, par la D203. Chambres doubles de 75 à 250 € selon le confort et la saison. Menus à 23 €, sauf le samedi soir, puis à 34, 43 et 60 €. Une belle adresse qui tend vers le haut de gamme : beau moulin, sa roue, et ses dépendances encadrant le jardin, face à la terrasse et une piscine chauffée, et le château en haut, ancienne propriété de la famille Cruz (le porto), où l'on trouve une dizaine de chambres élégantes. Petit ruisseau, beaux rosiers grimpants pour une ambiance romantique au moulin. Cuisine originale, savoureuse : magret de canard, filet de lot aux petits légumes, tarte aux pommes. Le

truc du chef, c'est les champignons, et en automne il organise des « week-ends mycologiques » : cueillette, cuisine et dégustation. Attention aux prix tout de même ! *Café offert à nos lecteurs sur présentation de ce guide.*

CABOURG 14390

Carte régionale B1

☖ *Hôtel Le Cottage* ★★ – 24, av. du Général-Leclerc ☎ 02-31-91-65-61. Fax : 02-31-28-78-82. Parking. TV. Canal+. Satellite. Accès : face à l'église. Chambres de 60 à 77 € avec douche et w.-c. On est vraiment tombé sous le charme de cette maison normande typique, entourée d'un petit jardin plein de fleurs. Certes, elle est en bord de route, mais les chambres sont calmes. Merci, le double vitrage ! Et ce seul point ne pouvait nous faire oublier l'accueil vraiment chaleureux et convivial de la patronne, qui vous reçoit comme un ami de longue date, et le charme indéniable des chambres. Décoration résolument cosy dans un style qui rappelle Laura Ashley. La n° 2 dispose, en outre, d'un jacuzzi et la n° 5, « Citrine », vient d'être refaite. Salle de billard, sauna et machine à bronzer. Comme s'il pleuvait tout le temps en Normandie !

☖ *Hôtel Castel Fleuri* ★★ – 4, av. Alfred-Piat ☎ 02-31-91-27-57. Fax : 02-31-91-31-81. ● www.castel-fleuri.com ● TV. Satellite. Accès : dans le centre, à 200 m de la plage. Chambres doubles de 65,60 à 76,60 €. Dans une jolie demeure (anciennement une pension de famille) entourée d'un plaisant jardin. Chambres confortables et avenantes. La décoration de l'ensemble est progressivement revue par le nouveau patron, avec un goût certain. Un hôtel très agréable. *NOUVEAUTÉ.*

DANS LES ENVIRONS

DIVES-SUR-MER 14160 (2 km S)

l●l *Restaurant Chez le Bougnat* – 29, rue Gaston-Manneville ☎ 02-31-91-06-13. Cartes de paiement refusées. Fermé le lundi et le soir, sauf les jeudi, vendredi et samedi. Congés annuels : les 3 premières semaines de janvier. Accès : dans le centre. Menus à 14,50 € en semaine et 18,30, le week-end. À la carte, compter 25 € environ. Invraisemblable bric-à-brac (à rendre malade un brocanteur) qui occupe les deux niveaux de cette ancienne quincaillerie. La cuisine est ancrée dans la tradition, simplissime mais excellente. Le menu unique offre entrée, plat, fromage ET dessert, soit un des meilleurs rapports qualité-prix du coin (réservation donc obligatoire). Et les viandes du *Bougnat* (pot-au-feu, rognons de veau) méritent toujours autant le déplacement. *Calva offert à nos lecteurs sur présentation de ce guide.*

AMFREVILLE 14860 (10 km SO)

🏠 |●| *Auberge de l'Écarde* – **19, route de Cabourg** ☎ **et fax : 02-31-72-47-65.** Parking. Fermé le dimanche soir et le lundi (hors saison). Accès : par la D514. Chambres doubles à 29 € avec lavabo, 37 € avec douche côté jardin. Menus de 14 €, en semaine, à 23 €. Petite maison de pierre qui se fait discrète sur son bord de départementale. On prendrait d'ailleurs à peine le temps de s'y arrêter. Et ce serait dommage ! Dommage pour l'accueil discret et gentil du jeune couple. Dommage pour l'agréable petite salle et, aux beaux jours, la tranquille terrasse dans le jardin. Dommage surtout pour cette cuisine qui, sous ses airs de ne pas y toucher, sait tirer toutes leurs saveurs aux produits soigneusement sélectionnés : médaillons de lotte rôtie aux pommes et pommeau et un pavé de bœuf au calvados. Menus d'un réjouissant rapport qualité-prix, surtout à deux tours de roues de Cabourg. Quelques chambres, toutes simples, au calme pour celles côté jardin.

BEUVRON-EN-AUGE 14430 (14 km SE)

|●| *Auberge de la Boule d'Or* – **pl. Michel-Vermughen** ☎ **02-31-79-78-78.** Fermé le mardi soir et le mercredi (sauf en juillet, août et septembre). Congés annuels : du 1er janvier au 10 février et à Noël Accès : par la D400 puis la D49. Menus de 16 à 24 €. Au cœur d'un des plus beaux villages du pays d'Auge. Superbe maison à colombages du XVIIIe siècle. Façade tellement typique qu'elle a servi de support à une campagne de pub. Une pleine page dans *Le Monde*, voilà qui vous pose une adresse ! Pour l'anecdote, le carrelage de la cuisine est le même que celui de la cuisine de l'Élysée. Salle à manger d'un rustique évident, à la fois intime et conviviale. Cuisine scrupuleusement de terroir, bien goûteuse et à prix serrés. Souvent plein en été, pensez à réserver. *Café offert à nos lecteurs sur présentation de ce guide.*

CAEN 14000

Carte régionale B1

🏠 *Hôtel Saint-Étienne* * – **2, rue de l'Académie (A2-3)** ☎ **02-31-86-35-82. Fax : 02-31-85-57-69.** ● **contact@hotel-saint-etienne.com** ● TV. Chambres doubles à 23 € avec lavabo (douche commune) et à 35 € avec douche et w.-c. Une petite adresse (c'est sûrement l'hôtel le moins

cher de Caen) qui nous a bien plu. D'abord, l'accueil est franchement gentil. Ensuite, cette maison étroite, construite avant la Révolution, a de l'allure et du charme : vieille pierre et boiserie d'époque que la patronne brique régulièrement avec application. Chambres mignonnettes. La n° 8 offre une gentille vue sur l'abbaye aux Hommes. Souvent complet, donc réservation sérieusement conseillée. Labellisé *Normandie Qualité Tourisme. 10 % sur le prix de la chambre (de novembre à avril) offerts à nos lecteurs sur présentation de ce guide.*

🏠 *Central Hôtel* * – **23, pl. Jean-Letellier (B2-2)** ☎ **02-31-86-18-52. Fax : 02-31-86-88-11.** ● **www.centralhotel-caen.com** ● TV. Satellite. Accès : près du château. Chambres à 30,50 € avec douche, de 38 à 42 € avec douche et w.-c. ou bains. Petit déjeuner à 5 €. L'immeuble n'a vraiment aucun charme (construction d'après-guerre), mais la petite place est tranquille et la déco, agréable et personnelle, tranche agréablement avec le tout venant contemporain-fonctionnel. Chambres toutes différentes, plutôt sympas et sans chichis. Bref, on place cette adresse dans notre tiercé de tête des hôtels 1 étoile de Caen. *10 % sur le prix de la chambre (pour la première nuit, d'octobre à mars) offerts à nos lecteurs sur présentation de ce guide.*

🏠 *Hôtel Bernières* * – **50, rue de Bernières (C2-5)** ☎ **02-31-86-01-26. Fax : 02-31-86-51-76.** ● **www.hotelbernieres.com** ● TV. Chambres doubles à 39 € avec douche et w.-c., 42 € avec bains. Petit déjeuner à 6 €. Cet immeuble austère (architecture d'après-guerre...), posé dans une rue très passante, cache une adresse qui s'apparente plus à une maison d'hôte qu'à un hôtel traditionnel. Un accueil d'une extrême gentillesse, une patronne aux petits soins, de petites chambres douillettes et au calme sur l'arrière (double virage côté rue), et un bon petit déjeuner. Un hôtel 1 étoile qui en vaut largement deux. Seul bémol : dans certaines chambres, la séparation entre les douche-toilettes et la chambre se fait par un simple rideau ! Bonjour l'intimité. Labellisé *Normandie Qualité Tourisme. 10 % sur le prix de la chambre (d'octobre à mars) offerts à nos lecteurs sur présentation de ce guide.*

🏠 *Hôtel des Quatrans* ** – **17, rue Gémare (B2-4)** ☎ **02-31-86-25-57. Fax : 02-31-85-27-80.** ● **www.hotel-des-quatrans.com** ● Parking payant. TV. Canal+. Accès : en plein centre, tout près du château et de la zone piétonne. Chambres doubles avec douche ou bains et w.-c. à 52 €. Derrière une façade sans charme de ce quartier reconstruit après la guerre, de belles chambres confortables, bien équipées et au calme. Des tons pastel, un service attentif... Bref, une bonne adresse. Labellisé

Normandie Qualité Tourisme. Un petit déjeuner par chambre offert à nos lecteurs sur présentation de ce guide. *NOUVEAUTÉ.*

🏨 I●I *Hôtel-restaurant Le Dauphin* *** – 29, rue Gémare (B2-6) ☎ 02-31-86-22-26. Fax : 02-31-86-35-14. ● dauphin.caen @wanadoo.fr ● Parking. TV. Canal+. Satellite. Resto fermé le samedi midi et le dimanche midi, plus le dimanche soir l'hiver. Chambres doubles de 65 à 75 € pour celles avec douche et w.-c., de 85 à 130 € pour celles avec bains. Petit déjeuner-buffet à 10 € de très grande qualité (fromages, charcuterie, yaourts, confitures extra...). Au resto, menus à 18 € (sauf jours fériés), 27,50 € et jusqu'à 49 €. Installé dans un ancien prieuré, un 3 étoiles de charme qui vient de s'agrandir. Certaines chambres (une bonne moitié) se révèlent donc vraiment charmantes, tandis que d'autres sont avant tout confortables mais sans vraies particularités. La suite n° 11 conviendra particulièrement aux amoureux fortunés, avec son petit salon et ses vieilles poutres. Parking clos gratuit juste à côté de l'hôtel. Élégante salle (mais à l'atmosphère un brin compassée) pour le resto, l'une des meilleures tables de la ville. Cuisine dans le registre terroir revisité et premiers menus raisonnablement tarifés. *Apéritif maison offert à nos lecteurs sur présentation de ce guide. NOUVEAUTÉ.*

I●I *Restaurant Les Canotiers* – 143, rue Saint-Pierre (B2-14) ☎ 02-31-50-24-51. Ouvert le midi, plus le soir de mi-juillet à mi-août. Fermé le dimanche en juillet-août, plus le lundi midi en hiver. Galettes de 3,50 à 7 €, omelettes et grosses salades entre 6 et 8 €. Un endroit un peu *British*, avec une petite touche scandinave. Nappes et rideaux fleuris, bibelots dans un style Laura Ashley et meubles en bois clair. L'adresse du midi où les habitués du quartier mangent salades, omelettes et autres crêpes ou *crumbles* dans une ambiance cosy. L'après-midi, salon de thé avec un chocolat d'anthologie. Accueil à l'image de l'endroit. *Café offert à nos lecteurs sur présentation de ce guide. NOUVEAUTÉ.*

I●I *Restaurant Maître Corbeau* – 8, rue Buquet (B1-11) ☎ 02-31-93-93-00. Fermé le samedi midi, le dimanche et le lundi midi. Congés annuels : 3 semaines en août. Accès : près du château. 4 menus de 9,45 €, le midi en semaine, à 19,06 €. Compter entre 15 et 20 € à la carte. Un resto entièrement voué au fromage et à la déco délirante (boîtes de camembert et bidons de lait). Service jeune et charmant, en phase avec la clientèle, largement étudiante. Salle à l'étage et même un petit bout de terrasse. La cuisine ne s'embarrasse pas

de complications : fondues au fromage (ah bon !) normand, au chèvre, ou encore escalopines de roquefort flambées au calvados... Beaucoup de monde le soir. Réservez.

I●I *La Petite Auberge* – 17, rue des Équipes-d'Urgence (C2-17) ☎ 02-31-86-43-30. 🍴 Fermé le dimanche et le lundi. Congés annuels : les 3 premières semaines d'août et 2 semaines pour les fêtes de fin d'année. Accès : à côté de l'église Saint-Jean. Menu fixe à 11 €, sauf le samedi soir, et menu complet qu'on compose à partir de la carte, à 17 €. L'offre ne s'éparpille pas : une formule du jour impeccable et un intéressant menu-carte. Petite salle avec une petite avancée en véranda. La déco, d'un néo-bourgeois-popu un peu cossu (ça existe vraiment, ça ?). Accueil discret, ambiance tranquille et service pro. Bonne cuisine de terroir et de saison, tarifée au plus juste. Le chef travaille juste et bien de jolis produits. Excellentes tripes à la mode de Caen (*of course !*).

I●I *Le Gastronome* – 43, rue Saint-Sauveur (A2-18) ☎ 02-31-86-57-75. Fermé le mardi soir et le dimanche. Congés annuels : 10 jours début août. Non loin de l'abbaye aux Hommes. Menus à 12,50 € (sauf le samedi soir), 16 € et jusqu'à 32 €. La déco est plutôt sobrement bourgeoise, dans le genre chic. Et le chef s'évertue à se montrer à la hauteur d'une enseigne plutôt exigeante. Il interprète les classiques du terroir avec un ton qui n'appartient qu'à lui. Qu'on pense, par exemple, au croustillant de tripes. Le premier menu permet déjà de profiter d'une cuisine d'excellent niveau à prix doux. Service discret et efficace.

I●I *Restaurant Alcide* – 1, pl. Courtonne (C2-13) ☎ 02-31-44-18-06. Fermé le samedi. Congés annuels : du 20 au 31 décembre. Menus de 13,20 à 21,50 €. Derrière la façade bleu ciel, le décor ne fait pas dans l'originalité, mais l'atmosphère est agréable. Attention, mieux vaut ne pas être au régime lorsqu'on vient ici. Les menus déclinent des plats de bonne femme comme le petit salé aux lentilles... mais on vient surtout pour les tripes à la mode du pays, on ne vous dit que cela. Bonne (et franchement roborative !) cuisine de terroir. Accueil cependant inégal. Reste un des classiques de la ville.

I●I *L'Embroche* – 17, rue Porte-au-Berger (C1-12) ☎ 02-31-93-71-31. Fermé le lundi midi, le samedi midi et le dimanche. Congés annuels : du 15 septembre au 5 octobre et du 24 décembre au 6 janvier. Menus de 15 €, le midi, à 19 €. Dans ce secteur qui compte de nombreux restos de tous niveaux, en voici un bon, un très bon.

ARROMANCHES, D 22 ↖ A COURSEULLES ↑ D 79

AVRANCHES, VIRE, N 175 ▲ A

🏠 **Où dormir ?**

2 Central Hôtel
3 Hôtel Saint-Etienne
4 Hôtel des Quatrans
5 Hôtel Bernières
6 Hôtel Le Dauphin

|◉| **Où manger ?**

11 Restaurant Maître Corbeau
12 L'Embroche
13 Alcide
14 Les Canotiers
15 Le Pressoir
17 La Petite Auberge
18 Le Gastronome

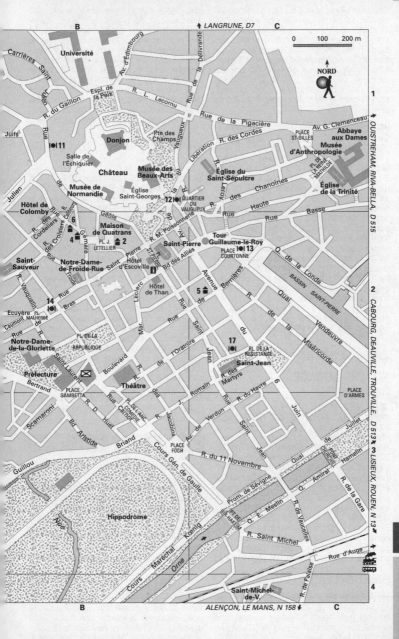

B
C

Université

Carrières

Saint

Julien

R. du Gaillon

Av. d'Edimbourg

R. L. Lecornu

Espl. de la Paix

Rue de la Délivrande

Rue de la Pigacière

R. des Cordes

Av. G. Clemenceau

PLACE ST-GILLES

OUISTREHAM, RIVA-BELLA, D 515

1

Juifs

●|11

Donjon

Pte des Champs

Salle de l'Échiquier

Château

Musée des Beaux-Arts

Musée de Normandie

Église Saint-Georges

12|●| QUARTIER DU VAUGUEUX

Église du Saint-Sépulcre

R. Leroy

des

Chanoines

Musée d'Anthropologie

PL. DE LA REINE MATHILDE

Abbaye aux Dames

Église de la Trinité

Hôtel de Colomby

Liberation

Vaucelles

Rue

Haute

Rue

Basse

Hôtel de Colomby

R. des Cordeliers

6

Gêole

R. M. Poissonnerie

Maison de Quatrans

4

Gémare

PL. J. LETELLIER

2

Saint

R. des Croisiers Cabrourg

Rue

Froide

Notre-Dame-de-Froide-Rue

Hôtel d'Escoville

Tour Guillaume-le-Roy

Saint-Pierre

PLACE COURTONNE

●|13

Q de la Londe

BASSIN SAINT-PIERRE

Saint-Sauveur

R. Vauquelin

Bras

Rue

Leclerc

Mar.

Hôtel de Than

Avenue

de

Bernières

5 ▲

R.

de

la

Quai

Vendeuvre

CABOURG, DEAUVILLE, TROUVILLE, D 513

2

14 ●|●

Ecuyère PL. MALHERBE

de

Caumont

Notre-Dame-de-la-Glorette

Saint Laurent

PL. DE LA RÉPUBLIQUE

Boulevard

Rue

de

l'Oratoire

Jean

17

●|

PL. DE LA RÉSISTANCE

Saint-Jean

R. des Martyrs

Miséricorde

PLACE D'ARMES

Préfecture

✉

Bertrand

PLACE GAMBETTA

Théâtre

R. D. Huet

PL. DE L'ANC. COMÉDIE

Rue Carnot

des

Jacobins

Av. de Verdun

Romain

J.

Rue

Saint

R. du Havre

Juin

de

Quai

LISIEUX, ROUEN, N 13

3

Scamaroni

Bd Aristide

Guillou

Briand

Cours Gén. de Gaulle

PLACE FOCH

R. du 11 Novembre

Prom. de Sévigné

Q. E. Meslin

Saint

Jean

R. de Vaucelles

Amiral

R. de la Gare

Hamelin

Juillet

Hippodrome

Noë

Orne

Cours

Maréchal

Koenig

PT. DE VAUCELLES

R. Saint Michel

Quai

de

Rue d'Auge

R. de Falaise

Saint-Michel-de-V.

B
C

Chouette petite salle d'où l'on garde un œil sur la cuisine vitrée. Service efficace et charmant. À l'ardoise, belle cuisine de marché, avec de l'imagination à revendre mais sans frime. Régalants petits plats qui s'offrent quelques clins d'œil au terroir : tourelle d'andouilles aux pommes et vinaigre de cidre, magret de canard à la broche. Courte mais intéressante sélection de vins, tous (provoc' ou très bonne idée ?) au même prix.

|●| *Restaurant Le Pressoir* – 3, av. Henry-Chéron (hors plan par A2-15) ☎ 02-31-73-32-71. Fermé le lundi, le samedi midi et le dimanche soir. Congés annuels : pendant les vacances scolaires de février et 3 semaines en août. Accès : à 2 km à l'ouest du centre-ville. Menu à 22 € servi du mardi au vendredi soir. Autre menu à 35 €. Bien sûr, on est un peu hors du centre dans un secteur sans charme. C'est vrai, le cadre est sans doute un peu bourgeois, passe-partout. Pourtant, la halte vaut le détour. On sert ici une cuisine de saveurs, précise, habile et sans entourloupe. Le produit n'est jamais masqué, toujours respecté. Le travail sur le poisson est réalisé avec tempérance, celui sur la viande et le gibier (en saison) avec tempérament. On a trouvé en revanche l'accueil un peu juste pour le niveau de prestations. Allez, c'était sans doute un mauvais jour. *NOUVEAUTÉ.*

DANS LES ENVIRONS

NOYERS-BOCAGE 14210
(12 km SO)

🏠 |●| *Hôtel-restaurant Le Relais Normand* ** ☎ 02-31-77-97-37. Fax : 02-31-77-94-41. Parking. TV. Fermé le mardi et le mercredi. Accès : à la sortie de Noyers-Bocage, sur la D675. Chambres doubles de 37 à 45 € avec douche et w.-c. ou bains. Petit déjeuner à 7 €. Menus de 11 à 44 €. Des chambres modernes et fonctionnelles, plutôt confortables. Un accueil aux petits soins. Une salle de resto d'un rustique cossu. Un patron (grand maître de la Confrérie des fins goustiers du Pré-Bocage !) qui propose une cuisine toute de rigueur et de respect des produits du terroir : caneton à l'orange, huîtres pochées au champagne... L'hôtel de campagne pur jus !

SAINT-SYLVAIN 14190 (20 km SE)

|●| *Auberge de la Crémaillère* – 2, rue du 18-Juillet-1944 ☎ 02-31-78-11-18. Fermé le lundi (sauf jours fériés) et le dimanche soir. Accès : par la N58 puis la D132A ; au centre du bourg. Menus de 19,50 à 39,50 €. De l'extérieur, cela a l'air d'une simple auberge de campagne. Mais il serait dommage de ne pas pousser la porte... L'éta-blissement, récemment repris, s'est refait une beauté : déco très réussie en rouge-framboise et blanc. Le 1er menu tient toutes ses promesses. Cuisine vraiment fine et savoureuse : salade de rouget à la tapenade, terrine de canard à l'aigre-doux de mangue, etc. Quant aux desserts, on se damnerait pour l'un d'entre eux et, même la tarte fine aux pommes allie avec adresse tradition et originalité. Service dans les règles de l'art et accueil très cordial. Assuré-ment une bonne adresse. *NOUVEAUTÉ.*

VILLERS-BOCAGE 14310
(26 km SO)

🏠 |●| *Restaurant Les Trois Rois* ** – 2, pl. Jeanne-d'Arc ☎ 02-31-77-00-32. Parking. TV. Fermé le lundi, le mardi et le dimanche soir. Congés annuels : en janvier et la dernière semaine de juin. Accès : par la nationale en direction de Vire ; dans le centre. Chambres doubles à 32,50 € avec douche, 58 € avec bains. Petit déjeuner à 7 €. Menus à 18,50, 29 et 49 €. Cette maison en pierre, posée sur la grande place du village, annonce l'auberge de campagne bien orthodoxe. C'est une fausse impression. Fort de trois décennies passées derrière les fourneaux, le chef aurait pu se reposer sur ses tripes à la mode de Caen tellement de fois diplômées qu'on a renoncé à en tenir le compte. Raté ! Sa cuisine est pleine d'allégresse et de créativité, inventant encore et toujours de réjouissantes recettes au gré du marché : harmonie de la mer poêlée sur une émulsion d'huîtres ou petite cocotte de rognons aux senteurs normandes. Chambres régulièrement rénovées et bien tenues. Une bonne adresse.

CARENTAN 50500

Carte régionale A1

🏠 |●| *Hôtel du Commerce et de la Gare* * – 34, rue du Docteur-Caillard (Centre) ☎ 02-33-42-02-00. Fax : 02-33-42-20-01. Parking. TV. Congés annuels : du 30 novembre au 1er mars. Accès : N13 ; face à la gare. Chambres doubles de 31 à 37 € avec douche et w.-c. ou bains. Petit déjeuner à 5,50 €. Menus de 13 à 22 €. Derrière cette belle façade couverte de lierre, c'est le resto qui nous a plu. Salle intime qui vient d'être redécorée. L'harmonie des tons et le vieux parquet ciré donnent une atmosphère reposante au lieu. Ajouté à cela, un piano donne une ambiance piano-bar au resto. Très bonne cuisine familiale. Spécialités de poisson, viande grillée, beignets de camembert, moules marinière... Un panneau vous invite, le cas échéant, à faire part de vos impressions au chef : sympa, non ?

DANS LES ENVIRONS

MOITIERS-EN-BAUPTOIS (LES)
50360 (20 km NO)

I●I *Auberge de l'Ouve* – **village Longué-rac** ☎ 02-33-21-16-26. 🍴 Ouvert tous les jours d'avril à septembre, sur réservation uniquement. Accès : 16 km au sud-ouest de Sainte-Mère-Église. Menus de 10 à 18,25 €. Au bord de l'Ouve, quelques fermes anciennes, des chevaux qui gambadent, une haie d'arbres au bord de l'eau, des couchers de soleil romantiques... et cette charmante auberge loin de tout, pour dévorer une honnête cuisine de terroir. Excellent accueil. Chouette cadre, atmosphère chaleureuse et bonne franquette pour des menus à mini-prix. Jugez-en : terrine à volonté, ragoût de pommes de terre à la crème, anguilles à la normande et canard aux pommes. À la carte : matelote d'anguilles. Pour se mettre en appétit ou pour digérer : location de barques, balades en bateau sur la Douve (en saison), sentiers de randonnée dans les bois et marais des environs.

CHERBOURG 50100

Carte régionale A1

🏠 *Auberge de jeunesse* – **55, rue de l'Abbaye (Centre)** ☎ 02-33-78-15-15. Fax : 02-33-78-15-16. ● cherbourg@fuaj.org ● 🍴 Accueil de 8 h à 12 h et de 17 h à 23 h. Congés annuels : du 21 décembre au 4 janvier. Accès : à mi-chemin entre l'arselnal et le centre-ville. Forfait nuit et petit déjeuner à 12,20 € (carte FUAJ nécessaire), plus 2,70 € pour la location de draps. L'auberge de jeunesse de Cherbourg a été inaugurée en 1998. Et ça se voit : chambres et locaux impeccables, mobilier moderne... Il ne manque pas un bouton de manchette ! Et en plus, l'accueil est efficace et souriant. Possibilité de restauration sur place et cuisine pour les ajistes cordons-bleus. Deux bons plans : la terrasse extérieure pour prendre son p'tit dej' au soleil, et la possibilité de faire un stage à la station de voile de Cherbourg, située à quelques encablures.

🏠 *Hôtel de la Croix de Malte* ** – **5, rue des Halles (Centre)** ☎ 02-33-43-19-16. Fax : 02-33-43-65-66. ● hotel.croix. malte@wanadoo.fr ● TV. Satellite. 🍴 Congés annuels : 15 jours à Noël. Accès : à proximité du port, du théâtre et du casino. Chambres doubles de 25 à 43 € avec douche et w.-c., de 39 à 46 € avec bains, selon la saison. Cet hôtel, entièrement refait, est d'un bon confort, les chambres sont pimpantes et très calmes. Les patrons

vous accueillent personnellement et de façon charmante. Si vous réservez à l'avance, demandez la n° 3, 6, 8 ou 15, ce sont les plus grandes. Excellent rapport qualité-prix. *10 % sur le prix de la chambre (hors juin, juillet et août) offerts à nos lecteurs sur présentation de ce guide.*

🏠 *Hôtel de la Renaissance* ** – **4, rue de l'Église (Centre)** ☎ 02-33-43-23-90. Fax : 02-33-43-96-10. Parking payant. TV. Accès : derrière la charmante église de la Trinité. Chambres doubles de 45 à 60 € avec douche et w.-c. ou bains, selon la saison et le confort. Petit déjeuner à 5 ou 7 €. Très bien situé, devant la charmante église de la Trinité. Chambres totalement refaites, coquettes, confortables et très agréables. Elles ont toutes vue sur le port. Pour les esthètes, la façade façon bonbon sucré devrait plaire. Très bon accueil et excellent rapport qualité-prix.

I●I *Le Cotentin* – **30, quai de Caligny** ☎ 02-33-43-51-80. Congés annuels : la 1re semaine de janvier. Deux menus à 15,50 et 30 €, ou formule à 11 € qui permet de choisir deux plats dans les deux menus précédents, ou fruits de mer à la carte. Une grande brasserie-restaurant située juste devant l'avant-port de Cherbourg où se balancent doucement caseyeurs et cordiers aux couleurs vives. Pas étonnant qu'on y trouve surtout des spécialités de poisson et de fruits de mer, servies avec bonhomie et efficacité par un équipage sympathique. Au choix, à la carte ou dans un vaste éventail de menus, une cuisine recherchée, faisant appel aux produits du pays. La carte change tous les trois mois, en fonction des arrivages. Si vous réservez, pensez à préciser si vous voulez une vue « iodée » : au 1er étage, la vue sur le port est splendide, et la salle très agréable. *Apéritif maison offert à nos lecteurs sur présentation de ce guide.*

I●I *Le Faitout* – **25, rue Tour-Carrée** ☎ 02-33-04-25-04. Fermé le dimanche et le lundi. Congés annuels : 8 jours en février, 15 jours en mai et 8 jours à Noël. Accès : à 150 m de l'hôtel de ville. Formule « Faitout » à 18 € avec entrée et plat du jour, fromage et dessert. Plat du jour copieux à 9,50 €. Cadre agréable en bois et pierre. Salle calme au sous-sol. Le type même du p'tit resto qui fait consciencieusement son boulot, sans tapage. Très souvent plein (ce qui doit, à notre avis, découler de la remarque précédente !). Bonne cuisine traditionnelle à des prix très digestes. La formule du jour propose des plats genre croustillant de canard, tête de veau gribiche, andouillette au calvados ou saumon frais grillé. Sympathique carte des vins. Penser à réserver, surtout le soir et le week-end.

DANS LES ENVIRONS

OMONVILLE-LA-PETITE 50440
(20 km NO)

🏠 *La Fossardière* ** – **hameau de La Fosse** ☎ 02-33-52-19-83. Fax : 02-33-52-73-49. Parking. ⚒ Congés annuels : de mi-novembre à mi-mars. Accès : par la D901 et la paisible D45 qui longe la côte. De 40 à 60 € la chambre double avec bains. À 500 m de la mer, dans cette somptueuse partie du Cotentin, un adorable petit hameau fleuri, à cheval sur le lit d'un ruisseau. Un accueil chaleureux du patron des lieux, Gilles Fossard, mêlé à la sensation d'être dans un nid pour *happy few*, c'est déjà un bon point de départ. Le confort des chambres, le petit coup de sauna et de bain à remous (payants), les prix plutôt doux, et vous serez convaincu. *Petit déjeuner offert (dès la 2ᵉ nuit consécutive, hors juillet et août) sur présentation de ce guide.*

AUDERVILLE 50440 (28 km NO)

🍴 *L'Auberge de Goury* – **port de Goury** ☎ 02-33-52-77-01. Fermé le lundi. Congés annuels : la 1ʳᵉ semaine de janvier et pendant les vacances scolaires de février. Accès : par la D901, au cap de La Hague ; à 1 km d'Auderville. Menus de 15 à 55 € ; le dernier, pantagruélique, comprend le homard. Restaurant du bout du monde, à l'extrême pointe de La Hague. Avec son patron haut en couleur (comme on les aime), l'ancienne et rustique auberge des pêcheurs est devenue une véritable institution de La Hague. Dans la petite salle, une superbe cheminée devant laquelle officie le patron. Dans la nouvelle salle, de vastes baies ouvrent sur le large, clément ou déchaîné selon le temps. Spectacle garanti des deux côtés ! D'ailleurs, le livre d'or montre à quel point nos vedettes de l'écran et du théâtre l'ont apprécié. Beaucoup, beaucoup de monde en été. Obligation de réserver en saison et le dimanche midi. Spécialité de poisson grillé au feu de bois et homard réputé. Le premier menu comprend, entre autres, assiette de pêcheur, feuilleté de lotte aux poireaux, gigot grillé... Autant dire aux amateurs de bonne chère qu'ils en auront pour leur argent. *Apéritif maison offert (en semaine sauf en juillet-août) à nos lecteurs sur présentation de ce guide.*

FLAMANVILLE 50340 (28 km SO)

🏠 *Hôtel Bel Air* *** – **au bourg** ☎ et fax : 02-33-04-48-00. ● www.hotelbelair.biz ● Parking. TV. ⚒ Congés annuels : du 20 décembre au 15 janvier. Accès : à 300 m du château de Flamanville, par la D4. Chambres doubles de 55 à 85 € selon le confort et la saison. Une bien jolie maison en pleine campagne, à un battement d'ailes du superbe cap de Flamanville. On s'y sent très vite chez soi, tellement l'accueil et le cadre sont souriants. Au choix, vue sur les champs ou sur un joli jardin. Une paix royale ! Les chambres sont dotées d'un bon confort, avec un petit charme en plus. Adorables petites chambres cosy à souhait dans l'annexe, ou chambres « grand large » (bains et w.-c.) dans la maison principale. À vous de voir, mais nous, on reste... *10 % sur le prix de la chambre (de décembre à mars) offerts à nos lecteurs sur présentation de ce guide.*

SAINT-GERMAIN-DES-VAUX
50440 (29 km NO)

🍴 *Le Moulin à Vent* – **hameau de Duneville** ☎ 02-33-52-75-20. Parking. Fermé le dimanche soir et le lundi de Pâques à la Toussaint. Accès : par la D901 ; à la sortie de Saint-Germain-des-Vaux, vers Port-Racine. 1ᵉʳ menu à 18 € servi en semaine (avec 8 huîtres) ; autre menu à 25 €. Très conseillé de réserver (midi et soir). Dominant la baie, à côté des vestiges d'un ancien moulin, découvrez l'un des hauts lieux des plaisirs du palais du Nord-Cotentin. Grande salle agréable aux tons doux donnant sur un jardin exotique (yuccas, palmiers, etc.) et sur l'anse Saint-Martin. La cuisine de marché de Michel Briens, aux produits très frais, est particulièrement soignée. 1ᵉʳ menu servi en semaine présentant un remarquable rapport qualité-prix. À la carte, un peu plus cher cependant : encornets sautés à l'ail et au persil, pigeonneau désossé rôti, poissons selon arrivage, homard grillé...

CONDÉ-SUR-NOIREAU 14110

Carte régionale A2

🏠🍴 *Hôtel-restaurant Le Cerf* ** – **18, rue du Chêne** ☎ 02-31-69-40-55. Fax : 02-31-69-78-29. ● www.le-cerf.com ● Parking. TV. Fermé le dimanche soir et le lundi. Accès : à 500 m du centre, route d'Aunay-sur-Odon. Chambres doubles de 31 à 38 € avec douche et w.-c. ou bains. Petit déjeuner à 5 €. Menus de 11 €, sauf le dimanche, à 28,50 €. Hôtel de province qui a de la bouteille mais qui a su avancer avec le temps. Un brin kitsch mais très propre. On est accueilli comme un ami de toujours par une dame fort gentille. Elle est vice-présidente de l'office du tourisme local et connaît la Suisse normande par cœur (randonnées et vélo-randonnées). Son mari règne sur les cuisines et cultive l'art du terroir. Goûtez le grenadin de veau poêlé au camembert ou l'émincé d'andouille au beurre de cidre, et le délice au miel et sa gelée de pommeau. Terrasse dans le jardin pour les beaux jours. Côté hôtellerie, demandez les chambres n°s 6, 8, 9 et 10, sur le jardin.

COUTANCES 50200

Carte régionale A1

🛏 I●I *Le Relais du Viaduc* – **25, av. de Verdun (Sud)** ☎ 02-33-45-02-68. **Fax : 02-33-45-69-86.** TV. Fermé le vendredi soir et le samedi hors saison. Congés annuels : la 1ʳᵉ quinzaine de juillet et la 2ᵉ quinzaine de décembre. Accès : sur la route de Granville, à la sortie de Coutances, à côté de la station-service. Chambres doubles à 29 € avec douche. Demi-pension à 32 € par personne. Menus de 9,50 €, en semaine, à 23 €. Chambres simples mais agréables. Les n°s 4, 6 et 8 possèdent une jolie vue sur la ville haute et les tours de la cathédrale. Le resto est un relais routier de bonne tenue. De belles tentatives : foie gras de canard maison, médaillons de sabre homardine, filet de limande au beurre de vanille, crustacés, terrine de pommes et caramel de cidre.

I●I *Crêperie Le Râtelier* – **3 bis, rue Georges-Clemenceau (Centre)** ☎ 02-33-45-56-52. & Fermé le lundi hors saison et le dimanche toute l'année. Congés annuels : pendant les vacances scolaires de février. Accès : près de la cathédrale. Menus de 7,35 à 15,20 €. Galettes de 3,05 à 7,20 €. Sympathique crêperie, à l'intérieur frais et agréable. Quelques jolies gravures, des assiettes décorées et, bien sûr, un râtelier. Une bonne cinquantaine de variétés de galettes de blé noir de bonne tenue et presque autant au froment.

DANS LES ENVIRONS

MESNILBUS (LE) 50490 (10 km NE)

🛏 I●I *Auberge des Bonnes Gens* – **au bourg** ☎ 02-33-07-66-85. Parking. Fermé le dimanche soir et le lundi d'octobre à Pâques, sauf sur réservation. Congés annuels : 15 jours en février et 15 jours en octobre. Accès : aller jusqu'à Saint-Sauveur-Lendelin, puis prendre la D53. Chambres doubles avec douche à 31,50 €, petit dej' compris. Menus de 13,80 à 22,90 €. Dans une bien belle campagne, au cœur du triangle vert Saint-Lô-Périers-Coutances, une très bonne auberge de village offrant 4 chambres agréables. Grande salle style rustique (ça va de soi) pour une cuisine traditionnelle normande servie copieusement. Ici, on n'est pas radin sur la crème (on n'y a jamais vu Montignac !) et la palette des prix satisfait tout le monde. Le 1ᵉʳ menu propose : soupe de poisson, jambon braisé au cidre, fromage et glace. Spécialité d'huîtres

chaudes gratinées au cidre et coupe normande. En prime, un accueil charmant et dévoué. *10 % de réduction pour nos lecteurs (à partir de 2 nuits consécutives, de septembre à juin) et kir normand offerts en apéro sur présentation de ce guide.*

MONTMARTIN-SUR-MER 50590 (10 km SO)

🛏 I●I *Hôtellerie du Bon Vieux Temps* ** – **7, rue Pierre-des-Touches (Centre)** ☎ 02-33-47-54-44. **Fax : 02-33-46-27-12.** TV. Fermé le dimanche soir et le lundi sauf en juillet-août. Congés annuels : 10 jours fin janvier et 10 jours fin septembre. Accès : en face de la Poste. Chambres doubles à 25 € avec lavabo et de 33 à 41 € avec douche et w.-c. ou bains. Menus à 12 €, le midi en semaine, puis de 17 à 32 €. On est presque au bord de la mer (elle est à 2 km !). L'auberge porte bien son nom. Les boiseries de la grande salle et les tableaux nous plaisent. Tout comme la bonne cuisine campagnarde au cidre et à la crème. Homard grillé (sur commande), foie gras maison, andouille chaude aux deux pommes sauce pommeau, filet de saumon farci aux huîtres pochées sauce bénédictine, tarte Tatin... Les chambres sont très bien tenues. *Café offert à nos lecteurs sur présentation de ce guide.*

REGNÉVILLE-SUR-MER 50590 (10 km SO)

I●I *Le Jules Gommès, pub-crêperie-restaurant* – **34, rue de Vaudredoux** ☎ 02-33-45-32-04. & Fermé le mardi et le mercredi (sauf pendant les vacances scolaires). Congés annuels : en février et en novembre. Accès : prendre la D20 vers Granville, puis après 7 km la D49 direction Regnéville. Menus de 11 à 39 €. En arrivant à Regnéville par la sympathique D49, vous avez la mer et, sur votre droite, avant de plonger dans l'eau, le *Jules Gommès*, quasiment au mouillage, comme l'illustre ancêtre qui passait le cap Horn plusieurs fois l'an. Kékséksa ? Tout simplement un endroit chaleureux, à mi-chemin entre le restaurant, la crêperie et le pub irlandais. Une déco aux petits oignons, des meubles au quart de poil et des murs chargés de délicieuses aquarelles inspirées de la beauté de la région. Le tout tenu par des jeunes très sympathiques, face à la mer... Et ce n'est pas tout : ce que vous avez dans l'assiette est dans le même mouvement de plaisir. Excellentes crêpes et galettes (à tester : la *Jules Gommès* ou la crêpe flambée au calvados), et de bons petits menus très abordables. Ah, au fait, pour faire des rencontres (du genre... chaleureuses !), le pub n'est pas mal du tout... *Apéritif maison offert à nos lecteurs sur présentation de ce guide.*

SAVIGNY 50210 (10 km E)

🛏🍴 *La Voisinière* – 8, route des Hêtres ☎ 02-33-07-60-32. Fax : 02-33-46-25-28. Fermé le lundi, le mardi matin et le dimanche soir. Le dimanche midi, réservation obligatoire. Congés annuels : la 1re quinzaine de janvier, pendant les vacances scolaires de février et 2 semaines fin octobre-début novembre. Accès : fléchage depuis la route Saint-Lô-Coutances ; prendre la D52 ou la D380. Chambres doubles avec douche et w.-c. à 37 €. Menus de 15 €, sauf les jours fériés, à 35 €. Grande demeure de charme en pleine campagne, au milieu d'un vaste jardin avec de superbes plantes brésiliennes, genre rhubarbe géante appelée *gunera*. Seulement 4 belles chambres, joliment meublées à l'ancienne, et une cuisine de très bonne tenue et fort renommée dans le coin. Escalope de saumon à la fondue de poireaux ou fricassée de pintade aux champignons. De belles spécialités : poêlée de langoustines aux arômes d'orange, fricassée de pintade aux raisins, filets de sole aux pommes, feuillantine de poires... Grillades au feu de bois, poisson délicieux et beaux fruits de mer. Et que dire des desserts ! *Digestif maison offert à nos lecteurs sur présentation de ce guide.*

TRELLY 50660 (13 km S)

🛏🍴 *Verte Campagne* ** – Le Hamel-au-Chevalier ☎ 02-33-47-65-33. Fax : 02-33-47-38-03. Parking. Fermé le dimanche soir (sauf en juillet et août) et le lundi. Congés annuels : la 2e quinzaine de janvier et la 1re semaine de décembre. Accès : au sud de Coutances par la D7 ou la D971. Chambres doubles de 33,55 à 58 €. Menus de 22,50 à 58 €. Pensez à réserver ! Minuscule village situé en pleine nature. Superbe demeure à l'architecture traditionnelle croulant sous le lierre. Environnement et décoration intérieure de charme. Grosses poutres, murs de pierre sèche, beaux objets. Accueil pas trop souriant (peut-être est-ce de la timidité ?) pour une excellente cuisine, souvent d'inspiration méditerranéenne : le pigeonneau rôti aux épices, la vinaigrette tiède de rougets à l'artichaut, sans oublier le moelleux au chocolat amer... Belle carte des vins à prix fort raisonnables. Pour dormir, les chambres sont très plaisantes. Une de nos meilleures adresses en Manche.

HAMBYE 50450 (20 km SE)

🛏🍴 *Auberge de l'Abbaye d'Hambye* ** – route de l'Abbaye ☎ 02-33-61-42-19. Fax : 02-33-61-00-85. TV. Satellite. Fermé le dimanche soir et le lundi. Congés annuels : pendant les vacances scolaires de février et du 1er au 15 octobre. Accès : prendre la D7 direction Villedieu-les-Poêles puis la D27 sur la gauche. Chambres doubles avec douche et w.-c. ou bains de 49 à 52 €.

Menus de 19 à 50 €. Cadre de verdure idéal. Petit hôtel tranquille offrant de mignonnes et confortables chambres. L'ensemble est tenu avec un soin méticuleux. En outre, Micheline et Jean Allain reçoivent fort courtoisement et proposent une délicieuse cuisine régionale. Escargots de Bourgogne à l'alsacienne, soupe de poisson, plateau de fruits de mer, brochette d'agneau au feu de bois. Bonnes « crêpes auberge ». *10 % sur le prix de la chambre offerts à nos lecteurs sur présentation de ce guide.*

DEAUVILLE 14800

Carte régionale B1

🏨 *Le Patio* ** – 180, av. de la République (Centre) ☎ 02-31-88-25-07. Fax : 02-31-88-00-81. TV. 🐾 Congés annuels : en janvier. Accès : à proximité du champ de courses. Chambres doubles de 34 à 70 € suivant la saison et le confort. Petit déjeuner à 6,50 €. Dans une grande bâtisse blanche, les chambres ont retrouvé leur prime jeunesse. L'ensemble est plutôt confortable et bien réussi. Vue sur le patio (ah, voilà le nom alors !) fleuri et ombragé, dispensant une fraîcheur agréable. Prix raisonnables pour Deauville. Salle de fitness pour éliminer les méfaits de la crème normande ! *10 % sur le prix de la chambre (hors week-ends et vacances scolaires) offerts à nos lecteurs sur présentation de ce guide.*

🏨 *Hôtel Le Chantilly* ** – 120, av. de la République (Centre) ☎ 02-31-88-79-75. Fax : 02-31-88-41-29. ● hchantilly@aol.com ● TV. Canal+. Accès : à 500 m de la gare SNCF. Chambres doubles de 54 à 67 € suivant la saison. Petit déjeuner à 6,75 €. Hôtel non dénué d'un certain charme, entièrement rénové, avec tout le confort désiré. Accueil aimable. Il est prudent de réserver.

🏨 *Hôtel de la Côte Fleurie* ** – 55, av. de la République ☎ 02-31-98-47-47. Fax : 02-31-98-47-46. TV. Accès : à 500 m de la gare SNCF, en face de l'hôtel *Le Chantilly*. Chambres doubles de 60 à 72 €. La maison a récemment été entièrement refaite. Belles chambres très claires avec salle de bains neuve et, sur chaque porte, une fleur. Joli jardin sur lequel donne une grande chambre double, un peu plus chère que les autres mais vraiment exquise. Accueil véritablement gentil, ce qui ne gâche rien ! *NOUVEAUTÉ.*

DANS LES ENVIRONS

VILLERS-SUR-MER 14640 (7 km O)

🏨 *Hôtel et Salon de Thé Outre-Mer* *** – 1, rue du Maréchal-Leclerc ☎ 02-31-87-04-64. Fax : 02-31-87-48-90. ● www.hote

loutremer.com ● Parking. TV. Accès : en plein centre-ville, face à la mer. Chambres doubles de 79 à 105 €. Voici un hôtel qui paraît bien classique de l'extérieur. Mais dès l'entrée, on tombe sous le charme de couleurs acidulées (rose, vert, orange...) et d'éléments de décoration savamment choisis et agencés (fauteuils en osier, guirlandes...). Le rêve de couleurs se poursuit dans les chambres, toutes différentes et toutes réussies ! Fait aussi bar-jazz et salon de thé : gâteaux maison, palette de thés et de cafés. Mais attention, si vous y entrez à l'heure du thé, vous risquez bien d'y passer la nuit, tant l'endroit est beau, agréable et invite à s'installer tranquillement ! Notre coup de cœur toutes catégories dans le Calvados. *NOUVEAUTÉ.*

FALAISE 14700

Carte régionale B2

🛏 I●I *Hôtel-restaurant de la Poste* ** – 38, rue Georges-Clemenceau (Centre) ☎ 02-31-90-13-14. Fax : 02-31-90-01-81. ● hotel.delaposte@wanadoo.fr ● Parking. TV. Canal+. Fermé le dimanche soir et le lundi. Congés annuels : en janvier. Chambres doubles avec douche et w.-c. ou bains de 49 à 52 €. Petit déjeuner à 6 €. Menus de 16 €, sauf le dimanche, à 36 €. Une hostellerie sympathique. Plusieurs chambres ont récemment été refaites à neuf. Au resto, une cuisine simple et traditionnelle (panaché de poissons sauce au cidre ou encore rognons de veau poêlés à l'échalote et à la moutarde). *10 % sur le prix de la chambre (sauf de fin mai à début septembre) offerts à nos lecteurs sur présentation de ce guide.*

I●I *La Fine Fourchette* – 52, rue Georges-Clemenceau (Centre) ☎ 02-31-90-08-59. ✗ Fermé le mardi soir. Congés annuels : 3 semaines à partir de mi-février. Menus à partir de 13,50 €, sauf les jours fériés, et jusqu'à 32 €. Menu-enfants à 8,50 €. Les couleurs chatoyantes de la salle mettent en joie le voyageur affamé qui s'arrête ici. Peut-être fourbu mais de bonne humeur, il pourra apprécier pleinement cette cuisine de qualité, aux recettes toujours renouvelées. D'ailleurs, chaque année, le chef part en stage chez quelques grands toqués parisiens pour nous faire découvrir, par exemple, un filet de canette au miel d'épices ou une gigolette de canard confite aux pommes. L'accueil est vraiment sincère, le service souriant. Et une fois n'est pas coutume, le premier menu permet déjà d'avoir un bon aperçu de ce qu'on sait faire en cuisine. *« Petite liqueur du chef » ou café offert (e) à nos lecteurs sur présentation de ce guide.*

FLERS 61100

Carte régionale A2

I●I *Auberge des Vieilles Pierres* – Le Buisson-Corblin ☎ 02-33-65-06-96. ✗ Fermé le lundi et le mardi. Congés annuels : pendant les vacances scolaires de février et 3 semaines en août. Accès : à 3 km du centre sur la route d'Argentan. Menu à 14 €, sauf le samedi soir et le dimanche. Autres menus de 21 à 35 €. Une de nos meilleures adresses de resto dans cette région de la Suisse normande. Pour une surprise, c'est une surprise ! Tout commence dans une jolie salle à manger aux tables coquettes. Rien de pesant dans la déco. Patrons jeunes, ambiance jeune et naturelle. On a ensuite le sentiment qu'un génie inconnu est derrière les fourneaux, tant la cuisine ici est superbe et intelligemment travaillée. Difficile de ne pas être séduit par le 1er menu : terrine de légumes et thon frais ou salade de joues de bœuf crème de petits pois, escalope de poisson aux poireaux et moules au fricassée de volaille à la pêche, tarte au chocolat et fruits rouges. Le chef a un penchant pour le poisson, ainsi que pour le homard grillé. Bref, des *Vieilles Pierres* ranimées par de jeunes talents pleins d'avenir, dont le bon goût et la modernité nous ont conquis.

I●I *Restaurant Au Bout de la Rue* – 60, rue de la Gare (Sud-Ouest) ☎ 02-33-65-31-53. ✗ Fermé le mercredi soir, le samedi midi, le dimanche et les jours fériés. Congés annuels : une partie du mois d'août. Accès : au bout de la rue (évidemment !) qui mène du centre-ville à la gare. Menus de 14 à 30 €. Déco jazzy-rétro réussie et régulièrement rafraîchie. Accueil et service prévenants et attentionnés. Cuisine plutôt inventive : filet de saumon à la crème de camembert, salade d'andouille tiède caramel de pommeau, poêlée de crevettes fraîches à l'anis étoilé, un tartare de bœuf coupé au couteau qui fait oublier leurs *sushis* aux clients japonais. Bons desserts : feuilleté léger de fraises et kiwis au coulis de granny smith, gaufres à la purée de myrtilles, moelleux fondant au chocolat de Saint-Dominique. Bonne carte des vins à prix sages. Intéressante variété de cafés : du Costa Rica, d'Éthiopie, du Guatemala.

DANS LES ENVIRONS

FERRIÈRE-AUX-ÉTANGS (LA)
61450 (10 km S)

I●I *Auberge de la Mine* – Le Gué-Plat ☎ 02-33-66-91-10. ✗ Fermé le mardi et le mercredi. Congés annuels : les 3 premières semaines de janvier et 3 semaines fin août-début septembre. Accès : dans un gros bourg à mi-chemin entre Flers et La Ferté-

Macé, à l'extrémité nord-ouest de la forêt des Andaines. De Flers, gagner La Ferrière ; puis, route de Domfront, tourner à gauche environ 1,5 km plus loin ; bien indiqué. Menus de 18 € (sauf le dimanche) à 45 €. Partout dans le coin, le souvenir des mines est encore présent, et cette grande maison en brique, couverte de lierre, était autrefois la cantine des mineurs. Les temps ont changé : la déco, raffinée et fleurie, de cette délicate bonbonnière, en fait aujourd'hui une adresse assez chic et une des meilleures dans le secteur. Idéale pour une soirée dans un cadre intime où se faire plaisir pour la qualité des produits du terroir traités avec finesse et créativité. Pas de doute, le chef est un artiste, et les plats flattent tout autant l'œil que le palais : foie gras au pommeau, crépine d'andouille de Vire, beau plateau de fromages, desserts surprenants dont une glace à l'amande et sa larme de chocolat. Accueil aux petits oignons.

GOUVETS 50420

Carte régionale A2

|●| **Restaurant Les Bruyères** ☎ 02-33-51-69-82. Parking. ♿ Fermé le dimanche. Accès : sur la N175 (axe Villedieu-les-Poêles – Caen) ; également possible d'accéder au resto sans quitter l'A84 par l'aire de service de la Vallée de la Vire (accès situé derrière la station-service *Shell*). 1er menu à 11 € le midi, formule rapide de très bonne tenue avec un plat et un dessert exquis à 13 €. Autres menus à 15 et 22 €. Au bord de la route, une construction récente sans grand charme vue de l'extérieur. Mais une fois à l'intérieur, l'accueil, l'atmosphère printanière et surtout l'excellent rapport qualité-prix de ce que vous aurez dans l'assiette méritent bien le déplacement. Le menu est renouvelé toutes les semaines selon les arrivages du marché. On a particulièrement aimé l'assortiment de pâtisseries au dessert… criminellement bon. *Café offert à nos lecteurs sur présentation de ce guide.*

GRANVILLE 50400

Carte régionale A2

🏠 **Hôtel Le Michelet** ** – 5, rue Jules-Michelet ☎ 02-33-50-06-55. Fax : 02-33-50-12-25. Parking. TV. Accès : à 50 m du casino et du centre de thalasso. Chambres doubles à 22 € avec lavabo et bidet, de 28,50 à 46,50 € avec douche et w.-c. ou bains. Près du bord de mer, une belle façade blanche abrite ce petit hôtel comme on les aime. Un jeune couple tout ce qu'il y a de plus sympathique prodigue un accueil comme on devrait en voir plus souvent ! Les chambres sont simples mais claires et très bien tenues, récemment refaites. Toutes ont le téléphone direct. *10 % sur le prix de la chambre (à partir de 2 nuits consécutives hors vacances scolaires) offerts à nos lecteurs sur présentation de ce guide.*

|●| **Crêperie L'Échauguette** – 24, rue Saint-Jean ☎ 02-33-50-51-87. Fermé le mardi et le mercredi hors saison ; le mardi seulement en période de vacances scolaires. Congés annuels : 2 semaines en mars et de mi-novembre à début décembre. Accès : dans la haute ville, par la grande porte et son pont-levis. Compter 11 € environ pour un repas. Dans le dédale des jolies petites rues de la haute ville (la vieille ville) se cache cette petite crêperie de derrière les fagots. Le panneau « Crêperie fine » ne ment pas. Rien que la crêpe au beurre vous donne un avant-goût de ce qui vous attend. L'accueil discret et l'atmosphère chaleureuse vous laisseront vous glisser en paix vers les spécialités de la maison, en particulier les crêpes gratinées. Ah, la gratinée de Saint-Jacques !… *Kir normand offert à nos lecteurs sur présentation de ce guide.*

|●| **Le Phare** – 11, rue du Port ☎ 02-33-50-12-94. ♿ Fermé le mardi, plus le mercredi hors saison. Congés annuels : du 20 décembre au 10 janvier. Accès : sur le port. Menus de 11 €, sauf le dimanche, à 58 € avec homard. Menu-enfants à 7,70 €. Salle au 1er étage avec vue panoramique sur la flottille des bateaux de pêche et des voiliers. À une portée de harpon de la criée, ce restaurant ne pouvait que privilégier les produits de la mer. Pot-au-feu de la mer, lieu jaune farci sauce cardinal, beaux plateaux de fruits de mer… Le panaché de poissons au beurre blanc résume assez bien la fraîcheur de cette cuisine de chef à prix modérés. Pour les clients en appétit (et pas fauchés) qui veulent fêter ça, le menu le plus cher, gargantuesque, propose, entre autres, le fameux homard de Chausey… À propos des petits budgets, la formule express : moules marinière ou 9 huîtres et pichet de vin. À noter : tous les desserts sont faits maison. *Apéritif maison offert à nos lecteurs sur présentation de ce guide.*

DANS LES ENVIRONS

CHAMPEAUX 50530 (15 km S)

🏠 |●| **Hôtel Les Hermelles – Restaurant Au Marquis de Tombelaine** – 24, route des Falaises ☎ 02-33-61-85-94. Fax : 02-33-61-21-52. • • www.marquisdetombelaine.fr • Parking. TV. ♿ Fermé le mardi soir et le mercredi (sauf en juillet et août). Congés annuels : en janvier et 10 jours fin novembre. Accès : par la D911 qui longe la Manche, entre Carolles et Saint-Jean-le-Thomas. Chambres doubles confortables de 45,73 à 53,36 €. Demi-pension de 47,26 à 53,36 €. 4 menus de 18,78 à 58,66 €. Face à la baie du Mont-Saint-Michel, devant un des plus beaux paysages marins qui soient, en haut des falaises de Champeaux. La salle à manger intime est un mariage réussi de pierre, de boiseries et de poutres. Au mur, une grande reproduction d'un manuscrit racontant la légende du rocher de Tombelaine. L'assiette est savoureuse. Le chef, disciple d'Auguste Escoffier, fait des merveilles avec son escalope de morue à l'andouille chaude, ses huîtres chaudes au cidre, son homard thermidor... *Apéritif maison offert à nos lecteurs sur présentation de ce guide.*

HONFLEUR   14600

Carte régionale B1

🏠 *Hôtel du Dauphin* ** – 10, pl. Pierre-Berthelot (Centre) ☎ 02-31-89-15-53. Fax : 02-31-89-92-06. ● www.hotel-du-dauphin.com ● TV. Satellite. Accueil jusqu'à 22 h. Accès : à proximité de l'église Sainte-Catherine. Chambres doubles avec douche ou bains et w.-c. de 54 à 114 €. Petit déjeuner à 6,20 €. Un petit hôtel installé dans une maison du XVIIe siècle, avec sa façade à colombages, typique de Honfleur. Certaines chambres (avec jacuzzi !) sont dans la maison, les autres dans l'annexe offrent une gentille vue sur l'église. *Un petit déjeuner continental par chambre offert à nos lecteurs (à partir de la 2e nuit) sur présentation de ce guide. NOUVEAUTÉ.*

🏠 *Motel Monet* ** – Charrière du Puits ☎ 02-31-89-00-90. Fax : 02-31-89-97-16. ● www.motelhotel.fr ● Parking. Congés annuels : de mi-février à mi-mars. Accès : par la côte de Grâce. Chambres doubles de 54 à 60 € avec bains. Petit déjeuner à 6 €. Dans un cadre verdoyant, situé sur les hauteurs de Honfleur, en pleine côte de Grâce, ce petit hôtel familial offre 10 jolies chambres indépendantes et confortables. Bonne petite halte romantique. *NOUVEAUTÉ.*

🏠 *Hôtel du Cheval Blanc* *** – 2, quai des Passagers ☎ 02-31-81-65-00. Fax : 02-31-89-52-80. ● www.hotel-honfleur.com ● TV. Canal+. Satellite. Congés annuels : en janvier. Accès : sur le vieux bassin. Chambres doubles de 60 à 200 € avec douche et w.-c. ou bains, certaines avec jacuzzi ! ; 2 suites de 300 à 425 € selon la saison ; petit déjeuner compris. Suivant la saison et les disponibilités, il est possible de négocier le prix avec la patronne et de choisir sa chambre. Elle vous les montre avec gentillesse. Parking payant à proximité. Un 3 étoiles merveilleusement situé le long du port, face à la lieutenance. La maison date du XVe siècle. La plupart des chambres

donnent sur le port. Labellisé « Normandie Qualité Tourisme ». *Un petit déjeuner par chambre offert à nos lecteurs sur présentation de ce guide. NOUVEAUTÉ.*

🏠 *Hôtel des Loges* *** – 18, rue Brûlée (Centre) ☎ 02-31-89-38-26. Fax : 02-31-89-42-79. ● www.hoteldesloges.com ● TV. Satellite. ❄ Ouvert toute l'année. Accès : à proximité de l'église Sainte-Catherine. Chambres avec douche et w.-c. ou bains de 90 à 115 €, selon la taille et la saison. Petit déjeuner à 10 €. Dans une ruelle pittoresque, non loin de l'église Sainte-Catherine, un véritable petit nid d'amour. Ayant effectué ses premières armes dans le cinéma, la maîtresse de maison vous fera partager sa passion pour la déco. Atypique ? Sans aucun doute, le premier du genre à Honfleur. Que du beau... Le style décline tous les standards du confort moderne. Travaux récents. Un objet vous plaît ? Emballé, c'est pesé... vous pourrez l'acheter et repartir avec. S'il n'est pas dispo ? On vous le commande. Une adresse à retenir. Labellisé « Normandie Qualité Tourisme » et « Tourisme et Handicap ».

🍴 *Le Crystal* – 3, rue Haute ☎ 02-31-89-12-02. Congés annuels : janvier et février. Accès : près du vieux bassin. Formules de 12,50 à 25 €. Menu « Moussaillon » à 8 €. Derrière la façade rococo se cache un petit resto à l'ambiance chaleureuse. Dans un décor mi-normand, mi-marin, les produits de la mer sont à l'honneur : soupe de poisson, fruits de mer, crabes farcis maison, gambas grillées et marmite du pêcheur. Cuisine simple et honnête. *NOUVEAUTÉ.*

🍴 *Le Bouillon Normand* – 7, rue de la Ville ☎ 02-31-89-02-41. Fermé le mercredi et le dimanche soir. Accès : sur la place Arthur-Boudin, derrière le quai Saint-Étienne. Menus à 15 et 22 €. Terrasse et coquette salle, récemment rénovée. Ce vieux bistrot jaune et bois est le décor de tout le talent du chef. Tradition, disait-il ? Goûtez-moi sa brandade de poisson et ses crevettes, le croquant au camembert, la Tatin et son bouillon normand... vous verrez... hmm ! un pur régal. Petit détail, ici on poivre et sale à sa convenance. Service calme et souriant. Pour les enfants qui ne tiennent pas en place, jeux et BD sont à leur disposition. Une bonne petite adresse. *NOUVEAUTÉ.*

🍴 *La Tortue* – 36, rue de l'Homme-de-Bois (Centre) ☎ 02-31-89-04-93. Fermé le lundi soir et le mardi. Accès : à proximité de l'église Sainte-Catherine. Menus de 15,50 à 29 €. Menu-enfants à 7 €. Certains week-ends, la qualité de l'accueil souffre de la trop forte affluence et le service est un chouïa trop « nature » et lent. Mais pour le reste, c'est une excellente adresse. Mignonne petite salle et cuisine de tradition, bien tournée : foie gras poêlé sur lit d'épinards au jus de truffe, salade de gambas, gratin de filets de soles au safran, éminé de canard au porto, et un coussinet de pommes sauce caramel. Menu végétarien.

|●| Au P'tit Mareyeur – 4, rue Haute ☎ 02-31-98-84-23. Fermé le lundi et le mardi. Congés annuels : en janvier. Formule originale à 19 € au choix, à la carte. Du haut de ses 24 ans, Julien Domin, en grand professionnel, renouvelle régulièrement sa carte. Bonne, fine et recherchée, sa cuisine vous laisse sur le carreau... Véritable plaisir des yeux et du ventre. En effet, il met un point d'honneur à la préparation et à la présentation de ses plats, décrits dès leur arrivée sur la table : de la gourmandise de saumon mariné et fumé aux lentilles aux filets de rouget à la poêle, sauce pistou... en passant par la bouillabaisse honfleuraise (19 €)... un vrai festival. Endroit chaleureux à la déco chic et stylée mais pas trop pompeux. Veloure, pierre, colombages et tentures se marient à merveille. Service rapide et souriant. Si vous n'avez pas aimé, et là, nous vous mettons au défi, n'hésitez pas à le faire savoir. Ici, votre avis est important. Pensez à réserver en saison, car la salle n'est pas très grande. *NOUVEAUTÉ.*

HOULGATE   14510

Carte régionale B1

⌂ Santa Cecilia ** – 25, allées des Alliés ☎ 02-31-28-71-71. Fax : 02-31-28-51-73. TV. Accès : à 100 m de la plage entre la rue des Bains et la route des Belges. Chambres doubles avec douche et w.-c. ou bains de 52 à 61 €. Petit déjeuner à 6 €. Dans l'escalier de bois de cette pittoresque villa balnéaire de 1880, on s'attend à croiser des messieurs en maillots de bains rayés et moustaches en guidon de vélo. Les chambres sont dans le même ton, intemporelles, pour ne pas dire hors d'âge...

LISIEUX   14100

Carte régionale B1

⌂ Hôtel de Lourdes ** – 4, rue au Char (Centre) ☎ 02-31-31-19-48. Fax : 02-31-31-08-67. TV. Fermé le dimanche en hiver. Chambres doubles avec douche et w.-c. ou bains de 34 à 43 €. Petit déjeuner à 4,60 € en salle. Maison de brique sans charme évident (c'est, en général, un peu le problème de Lisieux...). Les chambres, sur 3 étages avec ascenseur, simples, claires et bien tenues, ont toutes été rénovées. Grande terrasse fleurie, calme et agréable, et une petite sur l'arrière de l'hôtel, bien ensoleillée en fin de journée. Une bonne petite adresse où l'on croise une clientèle bien sage, venue vénérer la sainte locale. Accueil très gentil.

⌂ |●| La Coupe d'Or ** – 49, rue Pont-Mortain (Centre) ☎ 02-31-31-16-84. Fax : 02-31-31-35-60. ● www.la-coupe-d-or.com ● TV. Canal+. Satellite. Fermé le vendredi et le dimanche soir hors saison. Congés annuels : la 1re quinzaine de janvier. Accès : près de la médiathèque André-Malraux. Chambres doubles avec douche et w.-c. ou bains à 44 €. Demi-pension, demandée les longs week-ends, à partir de 41 € par personne. Petit déjeuner à 6 €. Menus de 10,50 €, le midi en semaine, à 29 €. Un hôtel à l'atmosphère conviviale et bien tenu, au cœur de cette ville souvent remplie de pèlerins. Chambres propres, à la déco classique et simple, mais confortables. Immuables menus de la mer (avec escalope de foie gras frais aux langoustines, filet de turbot) et du terroir (carré d'agneau rôti à la fleur de thym et flambé au calvados, soufflé glacé au calvados). Accueil souriant et agréable.

⌂ Azur Hôtel *** – 15, rue au Char (Centre) ☎ 02-31-62-09-14. Fax : 02-31-62-16-06. ● www.azur-hotel.com ● TV. Canal+. Satellite. Accès : à quelques mètres du théâtre. Chambres doubles avec douche et w.-c. ou bains de 55 à 85 €. Petit déjeuner à 8,40 €. Un 3 étoiles décoré dans un esprit clair, fleuri et coloré. Chambres agréables, bien équipées, lumineuses et propres. Accueil sympa. Très jolie salle de petit déjeuner.

|●| Restaurant Aux Acacias – 13, rue de la Résistance (Centre) ☎ 02-31-62-10-95. Fermé le dimanche soir et le lundi sauf les jours fériés ; également le jeudi hors saison. Congés annuels : les 2 dernières semaines de novembre. Menus de 15 €, sauf le samedi soir et jours fériés, à 45 €. Compter 38 € à la carte. Menu-enfants à 8,50 €. Difficile de résister à cette bonne adresse du centre de Lisieux, au décor très cosy, presque *British*, tout droit sorti d'un catalogue *Laura Ashley* : tons vert printemps et blanc cassé, rideaux en gros vichy rouge et blanc, bouquets de fleurs séchées et des bibelots tout mignons. C'est frais, agréable et original comme la cuisine : bar rôti à la fleur de sel, filet de bœuf poêlé au jus de truffe, *pastilla* aux pommes caramélisées et glace vanille. Des plats qui donnent une idée de ce monde plein de saveurs nouvelles, dans lequel il vous faut entrer. Service précis et souriant. *Café offert à nos lecteurs sur présentation de ce guide.*

MONT-SAINT-MICHEL (LE)   50170

Carte régionale A2

⌂ |●| Hôtel Du Guesclin ** – Grande-Rue ☎ 02-33-60-14-10. Fax : 02-33-60-45-81. ● hotel.duguesclin@wanadoo.fr ● TV.

Fermé le mardi soir et le mercredi. Congés annuels : de début novembre à fin mars. Accès : l'un des 1ers hôtels en montant la rue principale. Chambres doubles de 55 à 75 € avec douche et w.-c. ou bains. Menus brasserie à 9,50 et 11 €. Menus de 16 à 36 €. Une maison bien tenue et au rapport qualité-prix très acceptable (comparé à la concurrence locale…). Plusieurs chambres refaites, avec bains et vue sur la mer. Restaurant à 2 vitesses : en bas, une brasserie rapide avec les formules express ; en haut, dans un cadre très rafraîchissant, avec une superbe vue sur la baie, des menus plus classiques, avec des spécialités régionales et marines au programme. Un seul problème : le service et l'accueil sont aussi parfois à 2 vitesses. *Apéritif maison offert à nos lecteurs sur présentation de ce guide.*

DANS LES ENVIRONS

BEAUVOIR 50170 (4 km S)

🏠 *Hôtel Le Gué de Beauvoir* * – route de Pontorson ☎ 02-33-60-09-23. Parking. Congés annuels : du 1er janvier à Pâques. Chambres doubles à 26 € avec lavabo et de 35 à 43 € avec douche et w.-c. ou bains. Petit déjeuner à 5 €. Aux antipodes de la fadeur de la plupart des hôtels de la région, une maison bourgeoise et fleurie dans un joli parc jouxtant le camping du même nom. Chambres simples mais pleines de charme. Petit déjeuner servi sous une agréable véranda. Bon confort et bon accueil. *10 % sur le prix de la chambre (en avril et mai) offerts à nos lecteurs sur présentation de ce guide.*

PONTORSON 50170 (9 km S)

🏠 I●I *Hôtel-restaurant Le Bretagne* ** – 59, rue Couesnon (Centre) ☎ 02-33-60-10-55. Fax : 02-33-58-20-54. ● debre tagne@destination.bretagne.com ● Parking. TV. Fermé le lundi hors saison. Congés annuels : du 5 janvier au 10 février. Accès : direction Rennes, sur la D976 en plein centre-ville, dans la rue principale. Chambres doubles (toutes avec douche, w.-c. ou bains et téléphone) de 45 à 59 €. Menus de 14,50 à 38 €. Dans un ancien relais de poste du XVIIIe siècle, des chambres très agréables et une cuisine très soignée. Atmosphère chaleureuse. Au restaurant, on trouve (et c'est bon signe) une clientèle d'habitués de la région. Le chef ne travaille qu'avec des produits frais. En vrac : rillettes de maquereau au coulis de concombre, huîtres gratinées au camembert, millefeuille d'andouille aux 2 pommes ou tarte aux poires et son caramel à l'orange… Globalement, très bon rapport qualité-prix.

🏠 *Hôtel Montgomery* – 13, rue Couesnon (Centre) ☎ 02-33-60-00-09. Fax : 02-33-60-37-66. ● www.hotel-montgomery.fr ● Parking payant. TV. Câble. Resto pour les clients de l'hôtel uniquement (tous les soirs, sauf le samedi). Congés annuels : 1 semaine en février et 1 semaine en novembre. Accès : dans la rue principale. Chambres doubles tout confort de 52 à 75 € selon la saison. Une chambre grand luxe avec jacuzzi et lit à baldaquin à 129 €. Petit déjeuner-buffet à 9 €. Dîner à 15 € ou carte. 32 chambres avec un mobilier exceptionnel, dans la maison du XVIe siècle des comtes de Montgomery. *Un petit déjeuner par personne offert à nos lecteurs sur présentation de ce guide.*

SERVON 50170 (10 km SE)

🏠 I●I *Auberge du Terroir* ** – le bourg ☎ 02-33-60-17-92. Fax : 02-33-60-35-26. ● aubergeduterroir@wanadoo.fr ● Parking. TV. ✖ Fermé le mercredi et le samedi midi. Congés annuels : pendant les vacances scolaires de février et de mi-novembre à début décembre. Accès : axe Pontaubault-Pontorson, à droite sur la D107. Chambres de 46 à 55 €. Menus de 15 à 38 €. Menu-enfants à 11 €. Hôtel de charme dans un petit village tranquille. Atmosphère des plus paisibles dans un cadre aménagé avec goût par un jeune couple accueillant. Dans l'ancien presbytère, 3 chambres agréables (récemment refaites) portent des noms de musiciens ou de compositeurs célèbres. Dans l'ancienne école du village, 3 chambres doubles avec douche et w.-c. portent des noms de fleurs. Un joli parc et un tennis. Cuisine délicieuse, servie dans une agréable salle à manger. Le chef prépare avec bonheur des spécialités périgourdines comme le foie gras mi-cuit au torchon et le magret au miel, mais aussi beaucoup de poisson : la marmite du pêcheur, le saumon au chou vert, la lotte à la vanille… *Apéritif maison offert à nos lecteurs sur présentation de ce guide.*

Carte régionale B2

🏠 I●I *Hôtel du Tribunal* ** – 4, pl. du Palais (Centre) ☎ 02-33-25-04-77. Fax : 02-33-83-60-83. ● www.perso.wanadoo.fr/ hotel.du.tribunal.61.normandie ● TV. Satellite. Ouvert toute l'année. Accès : en centre-ville. Chambres doubles de 46 à 100 €, selon le confort. Menus de 16 à 32 €. Impossible de ne pas succomber au charme de cette belle maison percheronne du XVIe siècle, près d'une petite place si provinciale d'allure qu'on se croirait projeté au XIXe siècle. La façade semble d'ailleurs

BASSE-NORMANDIE

n'avoir pas changé depuis cette époque, quand cette auberge était à l'enseigne *Jean qui rit, Jean qui pleure* parce que située à la sortie du tribunal. Gentille annexe à l'arrière, avec des chambres ouvrant sur une petite cour fleurie. Pendant le tournage d'*IP5*, Yves Montand logeait ici. Certaines chambres avec jacuzzi, terrasse, ou vue sur le jardin intérieur et le vieux Mortagne. On y mange fort bien. Goûtez au croustillant de boudin, au croquant de petit percheron, à la tarte fine aux pommes. Délicieuse auberge, un peu chic bien sûr, mais que l'accueil maintient dans la catégorie conviviale et villageoise. *Apéritif maison offert à nos lecteurs sur présentation de ce guide.*

DANS LES ENVIRONS

LONGNY-AU-PERCHE   61290
(18 km E)

I●I *Le Moulin de la Fenderie* **– route de Bizou** ☎ **02-33-83-66-98.** Parking. Fermé le lundi et le mardi d'avril à septembre, du dimanche soir au mercredi midi d'octobre à mars. Congés annuels : en février. Accès : quitter Mortagne, traverser la forêt de Rénovaldieu par la superbe D8. Menus de 20 à 40 €. Superbe moulin à eau, retapé avec patience et passion par deux proprios. Une adresse qui fait beaucoup parler d'elle. Il faut dire que le chef propose une cuisine vraiment originale, délicate et parfumée. Le terroir est ici intelligemment teinté d'exotisme. Résultat, une odeur d'épices flotte dans ce lieu plus que charmant... surtout que l'accueil est particulièrement agréable et qu'aux beaux jours, une terrasse vous attend au bord de l'eau. Si avec ça, vous n'êtes pas convaincu ! Mieux vaut réserver.

OUISTREHAM-RIVA-BELLA   14150

Carte régionale B1

≜ I●I *Hôtel-restaurant Le Normandie – Le Chalut* **★★ – 71 et 100, av. Michel-Cabieu** ☎ **02-31-97-19-57. Fax : 02-31-97-20-07.** ● **www.lenormandie.com** ● Parking. TV. Satellite. Fermé le dimanche soir et le lundi de novembre à mars. Congés annuels : du 20 décembre au 15 janvier. Accès : près du port. Chambres doubles avec douche et w.-c. ou bains de 56 à 60 €, suivant la saison. Petit déjeuner à 8 €. Menus de 16 €, en semaine, à 57 €. L'un en face de l'autre, 2 hôtels aux chambres à la déco classique et un peu veillie. Les sanitaires mériteraient un petit lifting. Superbe salle de resto, dans les jaune et bleu. Bonne cuisine, genre terroir revu et corrigé : filet d'empereur étuvé et

ses pommes au lard, par exemple. Dommage que (par souci de bien faire, sûrement) le service soit un peu pompeux, l'intitulé des plats un rien frime... Labellisé « Normandie Qualité Tourisme ». *10 % sur le prix de la chambre (hors week-ends et jours fériés) offerts à nos lecteurs sur présentation de ce guide.*

I●I *Restaurant Le Métropolitain* **★★ – 1, route de Lion** ☎ **02-31-97-18-61.** Fermé le lundi soir et le mardi d'octobre à avril. Accès : près de la Poste principale, en direction d'Ouistreham-bourg. Menus de 10,70 €, en semaine, à 23,50 €. Menu-enfants à 7 €. La déco (on s'installe dans une rame de métro parisien des années 1930) déroute. Mais carte et menus ramènent vite sur la côte normande : turbot grillé à la fleur de sel, assiette de coquillages, etc.

DANS LES ENVIRONS

BÉNOUVILLE 14970 (5 km S)

≜ I●I *Hôtel-restaurant La Glycine* **★★ – 11, pl. du Commando-n°4** ☎ **02-31-44-61-94. Fax : 02-31-43-67-30.** Parking. TV. Satellite. ⚜ Fermé le dimanche soir hors saison. Congés annuels : du 20 décembre au 15 janvier. Accès : par la D514 ; face à l'église. Chambres doubles avec douche et w.-c. ou bains à 53 €. Petit déjeuner à 6,50 €. Menus de 22 à 39 €. Une jolie bâtisse en pierre, couverte de glycine. Chambres sans histoire, contemporaines et fonctionnelles. Même genre de déco pour la salle de resto (un bon point toutefois pour les tables rondes). Foin de considérations esthétiques, c'est avant tout une bonne table. Le jeune chef n'a pas son pareil pour mitonner le homard sauce corail et les fruits de mer gratinés. *Sorbet normand offert à nos lecteurs sur présentation de ce guide.*

COLLEVILLE-MONTGOMERY
14880 (5 km O)

I●I *Restaurant La Ferme Saint-Hubert* **– 3, rue de la Mer** ☎ **02-31-96-35-41.** Parking. ⚜ Fermé le lundi et le dimanche soir (sauf en saison et les jours fériés). Accès : par la D35A. Menus de 15 €, en semaine, à 40 €. Une grosse maison normande (à colombages, donc !). On y déjeune, au choix, dans une salle à manger rustique et chaleureuse ou sous une véranda lumineuse. Une bonne étape gastronomique. Cuisine de terroir généreuse et bien tournée : foie gras de canard, gigot de lotte au cidre. *Café offert à nos lecteurs sur présentation de ce guide.*

PONT-L'ÉVÊQUE   14130

Carte régionale B1

⌂ *Hôtel de France* – 1, rue de Geôle (Centre) ☎ 02-31-64-30-44. Fax : 02-31-64-98-90. TV. Congés annuels : les 2 dernières semaines de février et à Noël. Chambres doubles de 27 € avec lavabo à 42 € avec douche et w.-c. ou bains. Dans une rue tranquille, à deux pas du centre du bourg. Les chambres ont toutes été rénovées, chacune avec sa personnalité, mais conservent le charme de celles d'un hôtel de campagne de toujours : papier discrètement fleuri, buffet années 1940... Certaines offrent même une gentille vue sur les douillettes prairies normandes et leurs inévitables vaches. Confitures maison au petit déjeuner pour rester dans le ton.

|●| *Auberge de la Touques* – pl. de l'Église (Centre) ☎ 02-31-64-01-69. Parking. Fermé le lundi midi, le mardi et le dimanche soir (sauf en août). Congés annuels : en janvier et décembre. Accès : à 1 km de la sortie de l'autoroute. En plein centre-ville, derrière l'église. Menus à 19 €, en semaine, et à 29,50 €. Compter 40 € à la carte. Menu-enfants à 8 €. Au pied de l'église du village et au bord de la Touques (ah, c'est ça le nom !), cette belle maison typique s'avère être une bonne adresse pour découvrir tous les classiques que recèle la gastronomie normande : magret de canard à l'embeurrée de choux, tripes à la mode de Caen. Service soigné et agréable.

|●| *Auberge de l'Aigle d'Or* – 68, rue de Vaucelles (Centre) ☎ 02-31-65-05-25. Fermé le mardi soir, le mercredi et le dimanche hors saison. Congés annuels : pendant les vacances de février. Menus de 25 à 46 €. À la carte, bien compter 60 €. Installé dans un très beau relais de poste datant de 1520 : vitraux, colombages... rien ne manque à l'appel ! Cuisine bourgeoise normande dans un style classique, bien maîtrisée, avec quelques trouvailles intéressantes : poularde fermière façon pays d'Auge, pigeon rôti sauce foie gras au sauternes. Tarifs assez élevés, mais c'est l'une des meilleures tables de Normandie. On y croise même parfois quelques vedettes en goguette à Deauville, venues s'encanailler dans l'arrière-pays ! *NOUVEAUTÉ.*

DANS LES ENVIRONS

DRUBEC 14130 (8 km SO)

|●| *La Haie Tondue* ☎ 02-31-64-85-00. Fermé le lundi soir (sauf en août) et le mardi. Congés annuels : 3 semaines en janvier-février, 1 semaine en juin, fin septembre et tout le mois de novembre. Accès :

sur la D58 ; à 2 km au sud de Beaumont-en-Auge, à l'intersection de la N175. Menus de 20,50 à 38 €. Belle maison ancienne couverte de vigne vierge et très bonne table à prix démocratiques. Cadre agréable, service impeccable, bonne cave et plats très bien exécutés, comme le gratiné d'escargots ou la poêlée de langoustines. Le 1er menu, une fois n'est pas coutume, tient toutes ses promesses.

SAINT-LÔ   50000

Carte régionale A1

⌂ |●| *L'Auberge Normande* – 20, rue de Villedieu (Centre) ☎ 02-33-05-10-89. Fax : 02-33-05-37-26. ● www.auberge-normande50.com ● TV. Fermé le lundi et le samedi midi. Congés annuels : 3 semaines en juillet et 15 jours fin décembre-début janvier. Chambres doubles à 27 € avec lavabo, 30 € avec douche et 37 € avec douche et w.-c. Menus de 13,50 à 27 €. Élisa et Sylvain Maquaire prodiguent un sympathique accueil dans cette bonne maison de Saint-Lô qu'ils ont reprise en main et rénovée. Le patron est l'auteur d'une cuisine soignée : perche au beurre blanc, bar au pommeau, filet de veau aux cèpes, magret au pommeau et au miel sont quelques-unes de ses spécialités... Terrasse agréable.

⌂ *Armoric Hôtel* * – 15, rue de la Marne (Nord) ☎ 02-33-05-61-32. Fax : 02-33-05-12-68. Parking. TV. Canal+. Ouvert toute l'année. Accès : à 2 mn du centre. Chambres doubles à 28 € avec lavabo, 37 € avec douche et w.-c. Deux chambres avec baignoire balnéo à 49 €. Petit déjeuner frugal à 6 €. À l'écart de la circulation. On y est fort bien accueilli. Très bon rapport qualité-prix, ce qui explique l'affluence, mais la qualité de l'accueil en pleine saison peut parfois en pâtir. Chambres très agréablement décorées et confortables, mais certaines sont assez petites. Pour les routards fatigués par le voyage, les nos 16 et 21 avec leur bain bouillonnant. Toutes les chambres sont équipées de téléphone. L'un dans l'autre, une des meilleures adresses de la Manche quand même.

|●| *Le Bistrot de Paul et Roger* – 42, rue du Neufbourg (Centre) ☎ 02-33-57-19-00. ⚘ Accès : à mi-chemin entre l'hôtel de ville et l'église Sainte-Croix. 3 formules : entrée et dessert à 9,50 €, plat et dessert à 11 € ou entrée et plat à 12 €. Dans un décor et une bonne ambiance de bistrot (vous êtes ici chez les fervents supporters du Caen Football Club), ce petit restaurant accueille une clientèle de gens pressés désireux de ne pas manger n'importe quoi. On y déguste de bons plats de notre enfance : hachis parmentier, tête de veau sauce gribiche, queue

de bœuf, poule au pot, tarte Tatin… Très copieux. Bon rapport qualité-prix, mais attention au prix des boissons qui font vite grimper l'addition.

|●| *Le Péché Mignon* – 84, rue du Maréchal-Juin (Est) ☎ 02-33-72-23-77. 🍴 Fermé le lundi, le samedi midi et le dimanche soir. Congés annuels : du 20 juillet au 10 août. Accès : à l'écart du centre-ville ; prendre la direction Bayeux. Formule à 10,55 € le midi en semaine. 5 menus de 13,60 à 49,50 €. Dans un cadre feutré mais un peu triste, un jeune chef a décidé de s'attaquer à la gastronomie haut de gamme. Le service est on ne peut plus soigné (presque trop parfois…). Vous serez noyé sous les délicatesses de transition entre les plats (on se sentirait presque important, avec tout ça…). Et dans l'assiette, une merveille : salade de homard et chèvre frais, filet de sandre au pistil de safran et fèves de cacao, éventail de poire au caramel de cidre. Pourquoi la vie n'est-elle pas tous les jours comme ça ? *Apéritif maison offert à nos lecteurs sur présentation de ce guide.*

SAINT-VAAST-LA-HOUGUE   50550

Carte régionale A1

🏠 |●| *Hôtel de France – Restaurant Les Fuchsias* ** – 20, rue du Maréchal-Foch ☎ 02-33-54-42-26. Fax : 02-33-43-46-79. ● www.france-fuchsias.com ● Parking payant. TV. Satellite. 🍴 Hôtel fermé le lundi (sauf en juillet-août) et le mardi ; ouvert le mardi (sauf le soir d'avril à octobre). Congés annuels : en janvier et février. Accès : à moins de 2 mn du port. Chambres doubles, toutes avec téléphone direct, de 38 à 67 € avec douche, douche et w.-c. ou bains. 1 chambre familiale avec terrasse sur le jardin à 94 €. Demi-pension, demandée en juillet-août, de 53 à 75 €. Menus à 15 €, en semaine, puis de 24 à 36 €. Un de nos coups de cœur dans le Cotentin ! Très jolies chambres, une bonne partie d'entre elles (les plus chères) donnant sur un jardin édénique. Le magnifique fuchsia centenaire, qui a donné son nom à l'hôtel, a grandi sous un microclimat particulièrement doux dans le Val de Saire. Animation culturelle originale : le jardin sert de cadre à des concerts de musique de chambre, organisés chaque année les 10 derniers jours d'août. C'est également l'un des bons restos de la côte orientale de la Manche. Véranda décorée avec de jolies fresques en trompe l'œil. Le chef s'approvisionne à la ferme familiale, comme naguère. Goûtez aux huîtres chaudes au beurre rouge, au filet de bar rôti au coulis d'étrilles ou au feuilleté de pommes tiède à la crème de calvados. Très beaux fruits de mer également. Dommage

que l'accueil, parfois, ne soit pas des plus chauds.

SÉES   61500

Carte régionale B2

🏠 *The Garden Hotel* ** – 12 bis, rue des Ardrillers ☎ 02-33-27-98-27. Fax : 02-33-28-90-07. Parking. TV. Ouvert toute l'année. Accès : à 400 m de la cathédrale, caché derrière une cour. De 26 € pour une chambre double avec lavabo et w.-c. à 39 € avec bains. Petit dej à 5 € (immanquable pour le cadre). Un fidèle depuis des années et qui tient vraiment la route. Une maison de caractère derrière une façade mangée par le lierre. Ancien orphelinat puis hôtel, il tient son nom du précédent patron australien. On ne fait pas plus calme, et les sœurs de la Sainte-Famille du couvent contigu font rarement la fête ! En retour, pour ne pas les déranger, aucune chambre ne donne de leur côté. Toutes ont vue sur un jardin fleuri et arboré. Sympa ! Chambres sans prétention, en grande partie refaites l'hiver dernier, décorées avec soin mais toutes avec un style différent (la n° 12A, plus traditionnelle, la n° 14 aux teintes mauves, par exemple). Excellent rapport qualité-prix et accueil diligent et charmant. Et à ne pas louper, l'amusante collection de « bondieuseries » dans la salle du petit déjeuner. Chiens admis : 4 € demandés, entièrement reversés à la SPA. *10 % sur le prix de la chambre offerts à nos lecteurs sur présentation de ce guide.*

DANS LES ENVIRONS

MACÉ 61500 (5 km N)

🏠 |●| *L'Île de Sées* ** ☎ 02-33-27-98-65. Fax : 02-33-28-41-22. ● www.ile-sees.fr ● Parking. TV. Fermé le dimanche soir et le lundi. Congés annuels : de fin octobre à fin février. Accès : suivre la direction de Macé ; très bien indiqué. Chambres doubles de 50 à 59 €. Petit déjeuner à 7 €. Menus à 14 €, le midi en semaine, et de 21 à 32 €. Récemment rénové, *L'Île de Sées* a retrouvé de la couleur et du panache : salle aux teintes rose-rouge, petits bouquets printaniers sur les tables, et toujours cet accueil chaleureux des patrons. À l'écart, en pleine campagne et donc au calme, c'est cette adresse que l'équipe *US Postal* de cyclisme a choisi pour préparer son étape du Tour de France 2002 dans l'Orne. Voyez le livre d'Or, Lance (Armstrong) est passé par là, la table du fond, si si ! La maison cachée sous le lierre en impose avec son parc et sa terrasse. Dommage que certaines chambres de l'arrière n'aient pas le charme de l'ancien – mais elles restent très calmes. Bonne cuisine de terroir : tripes admirables, terrine maison, pièce de bœuf au camembert, filet de cabillaud au beurre de cidre, délicieuse crème aux œufs. *Café offert à nos lecteurs sur présentation de ce guide.*

THURY-HARCOURT 14220

Carte régionale B2

🏠 |●| *Hôtel du Val d'Orne* – 9, route d'Aunay-sur-Odon ☎ 02-31-79-70-81. Fax : 02-31-79-16-12. Parking. Fermé le samedi midi en saison ; le vendredi soir et le samedi hors saison. Accès : en contrebas du bourg, sur la D563. Chambres doubles de 21 € avec lavabo à 30 € avec douche et w.-c. ou bains. Menus de 9 €, le midi en semaine, à 18 €. Avec du lierre qui grimpe sur la façade blanche, la maison est conforme à l'idée qu'on se fait d'un petit hôtel de campagne. L'accueil est courtois. Les chambres sont modestes. La salle à manger est évidemment rustique, et, pour enfoncer le clou, les murs s'ornent de toiles naïves représentant des scènes de la vie à la campagne. Il y a une petite terrasse pour les beaux jours. Et la cuisine, de terroir, n'a d'autre prétention que de nourrir (et généreusement) son monde.

DANS LES ENVIRONS

GOUPILLÈRES 14210 (7 km N)

🏠 |●| *Auberge du Pont de Brie* ** – La Halte de Grimbosq ☎ 02-31-79-37-24. Fax : 02-31-79-84-22. • www.pontde brie.com • Parking. TV. Fermé le lundi. Congés annuels : du 15 décembre au 8 février. Accès : par la D562. Chambres doubles de 42 à 46 €. Menus de 14,50 à 37,50 €. Établissement à la déco classique, posé là, tout seul, au milieu d'une belle nature. Chambres spacieuses et confortables, mais surtout, une très bonne table. Cuisine authentiquement normande, tels l'entrecôte au livarot et ses petits farcis ou le filet de bar au beurre de cidre. En dessert, la marmelade de pommes aux trois senteurs nous a laissé un très bon souvenir. Service impeccable et accueil très gentil. Un bon point de départ pour visiter la Suisse normande, en commençant par la forêt de Grimbosq ! Labellisé « Normandie Qualité Tourisme ». *NOUVEAUTÉ.*

TROUVILLE-SUR-MER 14360

Carte régionale B1

🏠 *La Maison Normande* ** – 4, pl. De-Lattre-de-Tassigny (Centre) ☎ 02-31-88-12-25. Fax : 02-31-88-78-79. • halle.phi lippe@wanadoo.fr • TV. Accès : tout près du centre. Chambres doubles de 35 à 61 € selon le confort et la saison. Petit déjeuner à 6 €. Au centre, mais dans un coin tranquille. Maison... normande, donc à colombages (jetez un coup d'œil aux colonnes sculptées). Accueil épatant et charme indéniable dès le hall d'entrée, né de la réunion de deux anciennes boutiques. Chambres tout doucement rénovées, en respectant l'ambiance de la maison : d'un style presque *British*, subtilement surannées mais très nettes et franchement séduisantes. *Un petit déjeuner par personne offert à nos lecteurs sur présentation de ce guide.*

🏠 *Les Sablettes* ** – 15, rue Paul-Besson (Centre) ☎ 02-31-88-10-66. Fax : 02-31-88-59-06. • www.trouville-hotel.com • TV. Congés annuels : en janvier. Accès : près du casino et de la plage. Chambres doubles à 40 € avec lavabo et w.-c., de 41 à 56 € avec douche et w.-c. ou bains. Petit déjeuner à 6 €. Derrière une façade immaculée se cache une adresse mignonne comme tout, à l'atmosphère très cosy. On dirait presque une pension. Salon confortable, vieil escalier en bois. Propreté irréprochable. Les chambres ont récemment été joliment refaites. Un bon rapport qualité-prix pour Trouville. *10 % de réduction sur le prix de la chambre (à partir de 2 nuits consécutives, hors vacances scolaires et weekends) et petit déjeuner pour les enfants de moins de 10 ans offerts à nos lecteurs sur présentation de ce guide.*

|●| *Le Bistrot sur le Quai* – 68, bd Fernand-Moureaux ☎ 02-31-81-28-85. Fermé le mercredi. Congés annuels : du 15 décembre au 1er février. Accès : dans le centre, près de l'office du tourisme. Menus de 10 à 25 €. Compter 30 € à la carte. Même hors saison, voici un bistrot qui ne désemplit pas. Les spécialités de la maison tiennent toutes leurs promesses : gambas grillées à l'ail, crevettes flambées à l'anis, nage de 5 poissons, etc. Enfin, la maîtresse des lieux, d'origine finlandaise, réserve à tous un accueil digne de ce nom. Une adresse vraiment conviviale, qu'on recommande sans hésiter. *NOUVEAUTÉ.*

|●| *Restaurant Les Mouettes* – 11, rue des Bains (Centre) ☎ 02-31-98-06-97. Accès : face au marché aux poissons. Menus de 12 à 23,50 €. Menu-enfants à 7,50 €. C'est une annexe, en plus intime, de la brasserie *Le Central*. Accueil cordial, déco genre bistrot parisien, et aux beaux jours, deux agréables terrasses sur une rue piétonne. Les produits de la mer sont de rigueur et, parmi les plats affichés à l'ardoise, on se régale avec le saumon au chavignol ou le pot-au-feu (et la choucroute)

de poisson. Marguerite Duras aimait fréquenter cet endroit… *Digestif maison offert à nos lecteurs sur présentation de ce guide.*

IOI Restaurant La Petite Auberge – **7, rue Carnot (Centre)** ☎ **02-31-88-11-07.** Fermé le mardi et le mercredi hors vacances scolaires. Accès : dans une petite rue qui part de la place du Maréchal-Foch, devant le casino. Menus de 23 à 38 €. Compter 50 € à la carte. Pas de doute, cette petite auberge est bien normande, dans le décor (beaucoup de cuivre et d'assiettes aux murs dans un cadre plutôt coquet) et dans la cuisine. Menus à prix relativement raisonnables et qui changent souvent en fonction des saisons : terrine de foie gras au chutney aux pommes, éventail de poissons poêlés à l'huile d'olive, palet au chocolat et caramel d'Isigny au beurre salé. Service précis et accueil en accord avec la maison. *Café offert à nos lecteurs sur présentation de ce guide.*

IOI Bistrot Les Quatre Chats – **8, rue d'Orléans (Centre)** ☎ **02-31-88-94-94.** Fermé le lundi midi, le mardi midi, le mercredi et le jeudi. Congés annuels : de mi-novembre à mi-décembre. Accès : dans le centre. Compter entre 30 et 40 € à la carte. L'endroit peut paraître un peu anachronique dans ce quartier plutôt typique. Il l'est ! Pour s'en convaincre, il suffit d'y croiser Karl Zéro, qui n'est pas le dernier des « fêlés de la TV ». D'ailleurs, les patrons, qui accueillent le Tout-Paris dans leur bistrot, l'ont mis avec quelques autres copains sur la photo de leur carte de visite. Elle vaut le coup d'œil. Tout comme la salle au décor vieux rose usé, remplie de bouquins, de cartes postales, de photos et de journaux… On mange, sur des tables de bistrot, des plats classiques où le chef a ajouté une ou deux saveurs étonnantes qui bouleversent les repères. Les puristes apprécieront le gigot de 7 heures, mais peut-être moins le magret de canard au gingembre. Subtil luxe : le pain est fait maison. Grands crus au verre. Brunch le dimanche. Belle mezzanine et bars à cocktails.

IOI Les Vapeurs – **160, bd Fernand-Moureaux (Centre)** ☎ **02-31-88-15-24.** Accès : à côté de l'hôtel de ville, en face du marché aux poissons. Compter au minimum 30 € à la carte. Sans conteste la brasserie la plus connue de Trouville, fondée en 1927. Aujourd'hui, il n'est pas un acteur américain venant au festival de la ville d'en face qui ne s'arrête ici. Jack Nicholson est un habitué. Et la salle ne désemplit jamais. Il faut absolument goûter aux spécialités maison : les moules crème normande et les crevettes cuites. Tout est frais ; normal, les chalutiers sont à 10 m. Les tripes valent également le coup, surtout avec un petit verre de saumur. Réservation indispensable le week-end, à moins de venir vers 10 h du mat' pour s'ava-

ler quelques huîtres au muscadet, histoire de bien commencer la journée. *Digestif maison offert à nos lecteurs sur présentation de ce guide.*

VIRE 14500

Carte régionale A2

IOI Hôtel de France ** – **4, rue d'Aignaux (Centre)** ☎ **02-31-68-00-35. Fax : 02-31-68-22-65.** Parking payant. TV. Canal+. Congés annuels : du 20 décembre au 20 janvier. Chambres doubles avec douche et w.-c. ou bains de 36 à 56 €. Demi-pension, demandée en saison, de 40 à 42 € par personne. Petit déjeuner à 6 €. Menus de 12 à 40 €. Chambres toutes différentes et stylisées (on aime ou pas), plutôt claires. Seuls les couloirs sont un peu sombres. Comme l'hôtel est posé à un carrefour très fréquenté, et malgré l'efficace double vitrage, demandez une chambre sur l'arrière, la vue sur les vallons du bocage virois est vraiment belle. Au resto, il faut goûter à l'andouille de Vire, spécialité de la ville et grande concurrente de l'andouille bretonne de Guéméné. Pour le reste, la cuisine est d'un honnête classicisme. *Café offert à nos lecteurs sur présentation de ce guide.*

DANS LES ENVIRONS

SAINT-GERMAIN-DE-TALLE-VENDE 14500 (5 km S)

IOI L'Auberge Saint-Germain – **pl. de l'Église** ☎ **02-31-68-24-13.** Fermé le dimanche soir et le lundi. Congés annuels : fin janvier et du 15 au 30 septembre. Accès : par la D577. Menus de 12 €, en semaine, à 26 €. Compter 30 € à la carte. Jolie maison en granit, typique du bocage virois. Salle à manger chaleureuse et accueillante, avec cheminée et poutres basses. Service souriant et rapide. Le chef met en vedette les plats du terroir, notamment l'andouille de Vire façon tarte Tatin à la crème de cidre. Un très bon rapport qualité-prix pour une cuisine locale, agréable et bien travaillée. Petite terrasse devant la maison aux beaux jours.

BÉNY-BOCAGE (LE) 14350 (14,5 km N)

IOI Le Castel Normand ** ☎ **02-31-68-76-03. Fax : 02-31-68-63-58.** ● **www.lecastelnormand.com** ● Parking. TV. Fermé le lundi et le mardi midi. Congés annuels : la 2e quinzaine d'août. Accès : prendre la D577 vers Caen sur 9 km et à gauche la D56 pendant 2 km. Face à la place du marché. Chambres doubles avec douche et w.-c. ou bains de 41 à 50 €. Petit déjeuner à 6,10 €. Menus de 21 à 50 €. Menu-enfants à 10 €. Belle maison de pierre sur une place superbe avec ses halles séculaires et sa fontaine. Salles d'un rustique raffiné, où l'on mange sur des tables rondes et conviviales. La cuisine s'accorde bien avec le cadre. Pleine de saveurs, comme cette chartreuse d'andouille sauce pommeau ou le dos de lotte enlardé. Service impeccable. Si vous tombez sous le charme, les chambres vous attendent. Elles sont dans le même esprit que le reste de la maison. *10 % sur le prix de la chambre offerts à nos lecteurs sur présentation de ce guide.*

Les prix
En France, les prix des hôtels et des restos sont libres. Certains peuvent augmenter entre le passage de nos infatigables fureteurs et la parution du guide.

Avis aux hôteliers et aux restaurateurs
Chaque année pour y figurer, il faut le mériter !

Le Routard

Haute-Normandie

27 Eure
76 Seine-Maritime

ANDELYS (LES) 27700

Carte régionale B2

🏠 ⏐●⏐ *Hôtel de Paris – Restaurant Le Castelet* ** – 10, av. de la République ☎ 02-32-54-00-33. Fax : 02-32-54-65-92. ● www.giverny.org ● Parking. TV. Resto fermé le mercredi et le dimanche soir. Accès : de la place centrale, direction Le Petit-Andely. En venant de la Seine, sur le côté gauche de l'avenue principale. Chambres doubles à 30 € avec douche, 54 € avec douche et w.-c. ou bains. 1er menu à 14 €, servi le midi en semaine. Autres menus de 19,50 à 31 €. Patron jeune et tonique qui a redonné vie à ce beau castelet aux toits pointus qui s'était bien endormi. C'est la musique qui règle l'ambiance quand le propriétaire prend l'accordéon ou organise des soirées musicales ou poétiques. Les chambres sont avenantes et confortables. Celles sur le jardin sont plus au calme, bien que le trafic se fasse discret la nuit venant. Le restaurant *Le Castelet*, avec sa grande terrasse aux beaux jours, propose de la bonne cuisine régionale et les produits frais. Spécialités : le pot-au-feu d'escargots de ferme aux pleurotes, le foie gras de canard au torchon, les croustillants de magret au miel, la blanquette de lotte à l'ancienne. Si vous êtes curieux, demandez à voir les cellules au sous-sol, du temps où la maison servit tristement à la Gestapo. *Apéritif maison offert à nos lecteurs sur présentation de ce guide.*

🏠 ⏐●⏐ *Hôtel de Normandie* ** – 1, rue Grande, Le Petit-Andely ☎ 02-32-54-10-52. Fax : 02-32-54-25-84. ● www.hotel normandie-andelys.com ● Parking. TV.

Resto fermé le mercredi soir et le jeudi. Congés annuels : en décembre. Accès : en bord de Seine. Chambres doubles de 45 à 52 €. 1er menu à 16,30 € en semaine. Autres menus de 23 à 44 €. Une grande maison normande, tenue par la même famille depuis plusieurs décennies, avec petit jardin en bord de Seine. Au resto, quelques spécialités du chef : lotte au pommeau, canard aux pommes, grenouilles et autres spécialités régionales, sans oublier l'inévitable trou normand (un sorbet au calvados servi au milieu du repas, digestion assurée!). Une bonne adresse, reposante et champêtre.

🏠 ⏐●⏐ *Hôtel de la Chaîne d'Or* *** – pl. Saint-Sauveur, Le Petit-Andely ☎ 02-32-54-00-31. Fax : 02-32-54-05-68. ● chai neor@wanadoo.fr ● Parking. TV. Fermé le lundi, le mardi midi et le dimanche soir. Congés annuels : en janvier. Accès : en face de l'église, au bord de la Seine, au bout de la rue Grande. Chambres doubles de 74 à 118,50 €, tout confort. Menus de 26 à 55 €. Un long et massif bâtiment, dans un calme parfait et au bord du fleuve. Une position unique. Fondé en 1751, le nom de l'hôtel provient de la chaîne tendue depuis la rive jusqu'à l'île voisine et qui délimitait la zone d'octroi sur la Seine à cet endroit. Celle-ci rapportait tant d'argent qu'elle fut appelée la « Chaîne d'Or ». Même si l'hôtel est plutôt luxueux, on s'y sent à l'aise grâce à un accueil agréablement décontracté. Certaines chambres, qui donnent sur la Seine, sont décorées et meublées avec goût. D'autres sont plus modernes. Pour se restaurer, splendide salle à manger avec vue plongeante sur les péniches ou feu dans l'âtre selon le temps. Menus copieux. Une des bonnes tables de la région.

AUMALE 76390

Carte régionale B1

🏠 I●I *La Villa des Houx* ** – av. du Général-de-Gaulle ☎ 02-35-93-93-30. Fax : 02-35-93-03-94. ● www.lavilladeshoux.com ● Parking. TV. Satellite. ♿ Fermé le dimanche soir du 15 octobre au 15 mars. Congés annuels : du 1er au 25 janvier. Accès : N29, avenue face à la gare. Chambres doubles de 52 à 70 €. Demi-pension demandée le week-end, de 55 à 60 €.Très beau menu à 15,30 €, sauf le week-end, et menu « terroir » à 20 €. Dans une belle maison anglo-normande, un hôtel 2 étoiles qui en mériterait largement 3, au vu des prestations proposées. 22 chambres doubles, dont une à baldaquin, un peu plus chère (la nº 12). Resto tout aussi chic. En spécialités, foie gras de canard aux abricots, caille farcie au foie gras cuite en croûte de sel. En saison, service au jardin. Bon rapport qualité-prix. *Une ampoule de calvados offerte aux lecteurs sur présentation de ce guide.*

DANS LES ENVIRONS

VILLERS-HAUDRICOURT 76390
(5 km SO)

I●I *L'Auberge de la Mare-aux-Fées* ☎ 02-35-93-41-79. Fermé le samedi et le dimanche (sauf pour les groupes avec réservation). Congés annuels : en août. Accès : à 5 km par la D8 en direction de Forges. 1er menu à 11,45 €, puis menus à 16,80 et 19 €. Attention à ne pas dépasser cette jolie maison à colombages, installée au bord de la D8. Car aucune enseigne n'est là pour indiquer cette petite auberge authentique, décorée avec goût et simplicité. Au 1er menu (fromage ou dessert et vin compris), on mange au coude à coude avec les cantonniers et les gens du coin. Cuisine familiale traditionnelle, selon le marché, avec, par exemple, l'escalope de veau au neufchâtel et aux pommes, et ambiance conviviale. Autre salle plus classique pour l'autre menu.

BERNAY 27300

Carte régionale A2

🏠 I●I *Le Lion d'Or* ** – 48, rue du Général-de-Gaulle (Centre) ☎ 02-32-43-12-06. Fax : 02-32-46-60-58. ● www.logis-de-france.fr ● Parking. TV. ♿ Resto (☎ 02-

32-44-23-85) fermé le mardi midi et le dimanche soir. En été, fermé le lundi midi et le mardi midi. Accès : dans la rue principale. Chambres doubles avec douche et w.-c. à 38 € et avec bains à 40 €. Menus à 13 €, en semaine, et de 17 à 26 €. Ancien relais de poste. La décoration des chambres est sobre mais la propreté règne. Petit déjeuner-buffet. Le restaurant est distinct de l'hôtel mais les 2 établissements marchent main dans la main. Le cuisinier aime son métier et ça se sent : les terrines, le foie gras, les fonds de sauce et jusqu'à la pâtisserie sont faits maison. Spécialités : filets de truite au camembert (!), poêlée de pleurotes et sa gribouillette et, bien sûr, le poisson selon la marée de Cherbourg ou de Caen. En saison, délicieuses moules de Barfleur. *Café offert au resto à nos lecteurs sur présentation de ce guide.*

DANS LES ENVIRONS

SAINT-AUBIN-LE-VERTUEUX
27300 (3 km S)

🏠 I●I *L'Hostellerie du Moulin Fouret* ☎ 02-32-43-19-95. Fax : 02-32-45-55-50. ● www.moulin-fouret.com ● Parking. Fermé le dimanche soir et le lundi (sauf en juillet-août et jours fériés). Accès : par la D140 puis la D42. Chambres doubles avec douche et w.-c. à 45 €. Menus de 27,50 à 60 €. François Deduit a placé sa cuisine sous le signe de l'amitié. Les sauces se marient bien avec les produits du terroir. La simplicité côtoie des plats plus complexes. Ses spécialités : escalopes de foie gras de canard chaud, pigeonneau vieille France, Saint-Jacques au beurre d'ail et ses endives confites. Service raffiné. N'oublions pas le cadre : un vieux moulin à aubes du XVIe siècle au décor exquis, à la pénombre intime, un parc d'1 ha en bordure de la Charentonne. Et si vous voulez en profiter encore plus, des chambres sont à votre disposition, au rapport qualité-prix imbattable. Attention, la demi-pension est souvent requise... Adresse coup de cœur. *10 % sur le prix de la chambre offerts à nos lecteurs sur présentation de ce guide.*

SAINT-QUENTIN-DES-ISLES
27270 (4 km SO)

I●I *Restaurant La Pommeraie* – N138 ☎ 02-32-45-28-88. ♿ Fermé le dimanche soir et le lundi. Congés annuels : 15 jours en janvier. Accès : par la N138 en direction de Broglie. Menus à 13 €, sauf le samedi soir et le dimanche midi, puis de 24 à 46 €. En

HAUTE-NORMANDIE

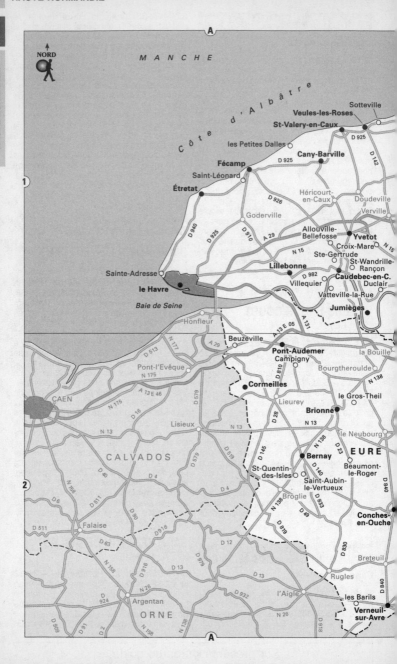

A

NORD

M A N C H E

Côte d'Albâtre

Sotteville
Veules-les-Roses
St-Valery-en-Caux
D 925
D 142
les Petites Dalles
D 925
Cany-Barville
Fécamp
Saint-Léonard
Doudeville
Héricourt-en-Caux
Verville
Étretat
D 926
Goderville
Allouville-Bellefosse
Yvetot
N 15
Croix-Mare
Ste-Gertrude
St-Wandrille-Rançon
Lillebonne
Sainte-Adresse
D 982
Caudebec-en-C.
Duclair
Villequier
le Havre
Vatteville-la-Rue
Baie de Seine
Jumièges
Honfleur
A 13 E 05
A 131
Beuzeville
la Bouille
Pont-Audemer
Campigny
Bourgtheroulde
N 138
D 810
Cormeilles
le Gros-Theil
Lieurey
Pont-l'Évêque
N 175
Brionne
A 13 E 46
N 13
CAEN
N 175
D 16
le Neubourg
Lisieux
N 13
EURE
D 145
D 138
Bernay
Beaumont-le-Roger
CALVADOS
St-Quentin-des-Isles
D 140
Saint-Aubin-le-Vertueux
D 833
Broglie
D 49
Conches-en-Ouche
D 819
D 830
Falaise
Breteuil
D 511
D 916
D 12
Rugles
D 13
D 979
D 13
l'Aigle
les Barils
D 932
N 26
Verneuil-sur-Avre
Argentan
ORNE
N 138

A

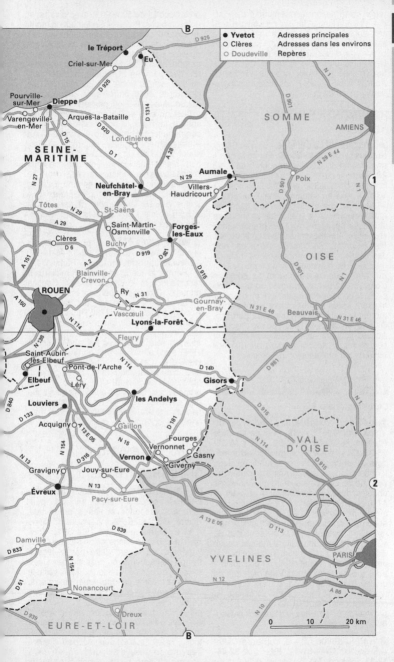

● **Yvetot**	Adresses principales
○ Clères	Adresses dans les environs
○ Doudeville	Repères

le Tréport
Criel-sur-Mer
Eu
D 925
Pourville-sur-Mer
Dieppe
Varengeville-en-Mer
Arques-la-Bataille
Londinières
SEINE-MARITIME
SOMME
AMIENS
Aumale
Poix
Neufchâtel-en-Bray
Villers-Haudricourt
Tôtes
St-Saëns
Saint-Martin-Osmonville
Forges-les-Eaux
OISE
Clères
Buchy
Blainville-Crevon
Ry
ROUEN
Gournay-en-Bray
Beauvais
Vascœuil
Lyons-la-Forêt
Fleury
Saint-Aubin-lès-Elbeuf
Pont-de-l'Arche
Gisors
Elbeuf
Léry
Louviers
les Andelys
Acquigny
Gaillon
VAL D'OISE
Fourges
Vernonnet
Gasny
Gravigny
Jouy-sur-Eure
Vernon
Giverny
Évreux
Pacy-sur-Eure
Damville
YVELINES
PARIS
Nonancourt
Dreux
EURE-ET-LOIR

0   10   20 km

retrait de la nationale et entourée d'un jardin, s'étire la longue façade néoclassique de cet établissement au cadre raffiné. Vaste salle fraîche et claire, donnant sur le jardin et son plan d'eau où barbotent des canards. Une adresse paisible et calme. Cuisine de terroir avec quelques accents exotiques. *Apéritif maison offert à nos lecteurs sur présentation de ce guide.*

BEAUMONT-LE-ROGER 27170
(17 km E)

|●| *Restaurant La Calèche* – 54, rue Saint-Nicolas ☎ 02-32-45-25-99. Fermé le mardi et le mercredi. Congés annuels : du 2 au 20 janvier et du 1er au 20 juillet. Accès : par la D133, dans la rue principale. 1er menu à 13 €, le midi en semaine, menu suivants à 16 et 27 €. Le chef, outre son talent de maître-queux, a le sens de la mise en scène. Il n'hésite pas, lors des grandes fêtes annuelles, à personnaliser la façade de son établissement. Sa cuisine, elle aussi, sort des sentiers battus : fricassée de fruits de mer, feuilleté d'andouille à la crème de livarot, terrine de la calèche et sa confiture d'oignons, tarte aux pommes au beurre de cidre. Spécialités de poisson et desserts maison. Après le repas, il vous conviera à tourner la manivelle de l'orgue de Barbarie. Difficile de résister à sa bonne humeur. Accueil souriant, ambiance conviviale. Un bon moment. *Apéritif maison offert à nos lecteurs sur présentation de ce guide.*

BRIONNE 27800

Carte régionale A2

🏠 |●| *Hôtel-restaurant L'Auberge du Vieux Donjon* ** – 19, rue de la Soie (Centre) ☎ 02-32-44-80-62. Fax : 02-32-45-83-23. ● www.auberge-vieux-donjon.com● Parking. TV. Fermé le lundi ; en hiver, fermé également le jeudi soir et le dimanche soir. Accès : place du marché. Chambres doubles de 37 € avec lavabo et bidet, à 47 € avec bains. Menu à 13 € en semaine, autres menus de 21,90 à 33 €. Grande auberge à colombages, où la tradition normande est respectée. On se sent tout de suite bien dans cette salle à manger conviviale avec vue sur le jardin. Terrasse où l'on peut prendre son petit déjeuner ou l'apéritif. Vous y dégusterez une cuisine de terroir de qualité : foie gras confiture d'oignons, plateau de fruits de mer, magret de canard au pommeau, filet de bœuf aux morilles... *Apéritif maison offert à nos lecteurs sur présentation de ce guide.*

🏠 *Hôtel Aquilon* ** – 9, route de Calleville ☎ 02-32-44-81-49. Fax : 02-32-44-38-83. Parking. TV. 🐾 Accès : à 500 m du centre, en direction du vieux donjon. Chambres doubles de 50 à 60 € avec douche et w.-c. ou bains. Propose également un menu le soir en semaine, uniquement pour les résidents de l'hôtel, autour de 15 €. À côté du vieux donjon du XIe siècle, sur la hauteur, grande maison bourgeoise en brique entourée d'un parc. Au 2e étage, mini-suite mansardée sympa. Dans le logis principal, les chambres avec bains sont charmantes, notamment la n° 3, qui possède une double exposition côté vallée et côté parc. Atmosphère familiale, la maîtresse de maison contribuant pour beaucoup au succès de cet établissement : présence, disponibilité, souci du détail. Un exemple de son attention : c'est l'hôtel le mieux chauffé que nous connaissons ! Les frileux apprécieront... De plus, la literie est haut de gamme. Parking au jardin. Une adresse coup de cœur. *10 % sur le prix de la chambre (à partir de la 2e nuit) offerts à nos lecteurs sur présentation de ce guide.*

🏠 |●| *Le Logis* *** – 1, pl. Saint-Denis ☎ 02-32-44-81-73. Fax : 02-32-45-10-92. ● www.lerapporteur.fr/logis● Parking. TV. 🐾 Fermé le lundi, le samedi midi (sauf réservation) et le dimanche soir. Congés annuels : 2 semaines pendant les vacances scolaires de février et 12 jours début août. Accès : à partir de la N138 Rouen-Bernay, prendre la direction centre-ville au dernier feu. Chambres doubles à 56 € avec douche et w.-c. et à 63 € avec bains. 1er menu à 17 €, servi en semaine, à partir de 25 € le week-end. Cet hôtel, entièrement rénové, allie confort et modernité. Demi-pension obligatoire en saison. Côté repas, le chef propose des menus qui changent au rythme des saisons. Vous pouvez lui faire confiance : talent, imagination, saveur, fraîcheur se conjuguent à merveille.

DANS LES ENVIRONS

GROS-THEIL (LE) 27370 (13 km NE)

|●| *Le Vieux Brabant* ☎ 03-32-35-51-31. Fermé le mercredi. Congés annuels : pendant les vacances scolaires de février. Accès : par la D26. Face à l'église. 1er menu à 11 € ; autres menus de 19 à 39 €. Voilà bien le genre de village qu'on traverse sans y penser. Le regard attiré par la façade sympa de l'auberge, on descend demander la carte, au cas où... un jour... Mais voilà, le chef est comme chaque matin en train de faire mijoter son coq au vin, de hâcher ses pâtés, de surveiller sa Tatin... Gare au piège ! Impossible d'oublier cette enivrante et suave odeur de sauce au vin. On y pense toute la matinée et finalement on fait demi-tour... Et le pire, c'est que le coq tient toutes ses promesses, d'ailleurs, on en rêve encore... Cadre rustique mais aux beaux jours, quelques tables sont sorties dans l'agréable jardin fleuri. Également 3 chambres au fond du même jardin, pour dépanner. *NOUVEAUTÉ.*

CANY-BARVILLE   76450

Carte régionale A1

⦿❙●❙ *L'Auberge de France* – **73, rue du Général-de-Gaulle** ☎ **02-35-97-80-10.** ⚒ Fermé le mardi et le dimanche soir. Accès : dans la grande rue, à côté du pont qui enjambe le fleuve, la Durdent (eh oui ! c'est un fleuve puisqu'il se jette dans la mer, à Veulettes). Menus à 14,18 €, servi en semaine, 20,90 €, avec 2 plats, 27 €, avec 3 plats, et, enfin, à 30 €. Dans cette grande maison blanche, sorte de café transformé en resto, on déguste les « folies » du chef en fonction de la saison : filets de carrelet aux langoustines, grenadins de veau aux morilles et saint-pierre à la crème de petits pois... Superbes vins. *Café offert à nos lecteurs sur présentation de ce guide.*

CAUDEBEC-EN-CAUX   76490

Carte régionale A1

🏠 ❙●❙ *Le Cheval Blanc* * – **4, pl. René-Coty** ☎ **02-35-95-21-66. Fax : 02-35-95-35-40.** ● **www.planete-b.fr/cheval-blanc** ● Parking. TV. Service jusqu'à 21 h 30. Resto fermé le dimanche soir. Congés annuels : entre Noël et le Nouvel An. Accès : de l'hôtel de ville, qui est au bord de la Seine, tourner en direction de Saint-Arnoult-Lillebonne ; quelques mètres plus loin, on trouvera la place René-Coty. Chambres doubles avec douche et w.-c. ou bains à partir de 45 €. Menus à 13 €, en semaine midi et soir, et de 20 à 31 €. Bon accueil, cuisine agréable et cadre sympathique. Jolies chambres confortables, qui n'ont pas la vue sur la Seine, mais celle-ci est à deux pas. 4 chambres ont été entièrement rénovées. Côté resto, petits plats régionaux. Spécialités : le gras-double au calvados, le foie gras de canard, les ravioles de saumon et le mille-feuille d'ananas confit à la vanille. Parking à vélos fermé. *10 % sur le prix de la chambre (à partir de 2 nuits consécutives, sauf en juillet-août) offerts à nos lecteurs sur présentation de ce guide.*

DANS LES ENVIRONS

SAINT-WANDRILLE-RANÇON
76490 (3 km E)

❙●❙ *Restaurant Les Deux Couronnes* – ☎ **02-35-96-11-44.** Service jusqu'à 21 h. Fermé le dimanche soir et le lundi, sauf jours fériés. Accès : face à l'église. Formule à 14,50 € en semaine. Deux menus, le 1er avec 2 plats au choix à 21,50 €, le 2e avec 3 plats à 26 €. À la carte, compter 38 €. Dans cette auberge, édifiée au XVIIe siècle à quelques pas de la fameuse abbaye, le péché de gourmandise n'est pas un vain mot (les moines nous le pardonneront) : langoustines rôties, noisettes d'agneau gratinées à l'ail, fricassée de homard au gingembre, bar grillé sur lit d'andouille fumée, moelleux au chocolat... *Apéritif maison offert à nos lecteurs sur présentation de ce guide.*

SAINTE-GERTRUDE 76490 (3 km N)

❙●❙ *Restaurant Au Rendez-Vous des Chasseurs* – **1040, route de Sainte-Gertrude** ☎ **02-35-96-20-30.** ⚒ Fermé le mercredi et le dimanche soir. Congés annuels : pendant les vacances scolaires de février et 15 jours après le 15 août. Accès : face à l'église. Menus de 15 à 23 €. Un restaurant comme on les aime, paisible, blotti entre la forêt et la petite église du village. Ici, on nourrit les chasseurs comme les routards depuis plus de 150 ans. Vous pourrez goûter des plats régionaux de qualité : tartife de Sainte-Gertrude, tête de veau sauce gribiche, raviole de trio des rivières aux écrevisses, délice de grand-mère à la confiture de lait. Il y en a pour toutes les bourses. Il faut venir en hiver pour le gibier (faisan, cerf et lièvre). Sinon, en été, jolie terrasse dans le jardin.

VILLEQUIER 76490 (4,5 km SO)

🏠 ❙●❙ *Hôtel du Grand Sapin* – **quai de Seine** ☎ **02-35-56-78-73. Fax : 02-35-95-69-27.** Parking. TV. ⚒ Fermé le mardi soir et le mercredi (sauf en juillet-août). Congés annuels : pendant les vacances scolaires. Accès : à la sortie de Villequier vers Caudebec. Chambres doubles à 41,16 € avec bains. Petit menu à 10,67 €, servi en semaine et le samedi midi. Autres menus de 19,06 à 32,01 €. Magnifique maison normande en bord de Seine, avec un jardin fleuri où s'élève, devinez... un magnifique magnolia (celui-ci a fini par faire la pige au sapin). Grande salle à manger rustique et balcons de bois. 5 chambres doubles, avec vue sur la Seine. Un endroit qui a gardé son charme, sa douceur et son intimité. Spécialités de foie gras, coquilles Saint-Jacques et sandre à l'andouille. Téléphonez impérativement pour réserver. Excellent rapport qualité-prix.

VATTEVILLE-LA-RUE   76940
(8 km S)

❙●❙ *Auberge du Moulin* – ☎ **02-35-96-10-88.** ⚒ Fermé le mercredi et le soir. Congés annuels : du 15 août à début septembre. Accès : le long de la D65 en venant du pont de Brotonne sur la rue sud. Ne pas entrer dans Vatteville, prendre la direction Aizier, dans le hameau Quesnay, c'est tout de suite à gauche. Menus à 10,50 €, le midi en semaine, puis à 12,95, 20,58 et 23,68 €. Les plats à la carte sont aux environs de 6,86 € et le vin à partir de 5,34 € la bouteille ! Un restaurant-bar-tabac-alimentation comme on en voit encore dans certains villages. Mais celui-là vaut vraiment le coup, avec son cadre rustique, ses nappes à carreaux et sa grande cheminée. Il n'y a que quelques tables, vite remplies par les gens du coin, en particulier par les chasseurs qui viennent ici fanfaronner. Ambiance trophées de chasse et ragots de village. La cuisine, forcément, est dans le ton : c'est bon, copieux, traditionnel et vraiment pas cher (coquilles Saint-Jacques à la provençale, lapin chasseur, escargots, truite meunière...).

CONCHES-EN-OUCHE 27190

Carte régionale A2

♨ ⏘ *Hôtel-restaurant Le Cygne* ** – 2, rue Paul-Guilbaud ☎ 02-32-30-20-60. Fax : 02-32-30-45-73. Parking. TV. ⏾ Resto fermé le dimanche soir et le lundi. Congés annuels : pendant les vacances scolaires de février. Accès : descendre la rue principale (rue Sainte-Foy). Chambres doubles de 43 à 50 € selon le confort. Menus de 15 à 27 €. Quelques chambres à la déco classique, confortables et au calme. Nous avons été surtout séduits par le cadre rustique raffiné et par la cuisine traditionnelle aux saveurs bien marquées du chef : foie gras, gelée de lapin au cidre, médaillons de porc aux abricots, soupe de fruits rouges. Les produits sont frais, les cuissons *al dente* et réalisées à la minute, indice d'un grand savoir-faire. Bon rapport qualité-prix. Grande gentillesse. *Café offert à nos lecteurs sur présentation de ce guide.*

CORMEILLES 27260

Carte régionale A2

♨ ⏘ *Auberge du Président* ** – 70, rue de l'Abbaye ☎ 02-32-57-88-31. Fax : 02-32-57-80-31. ● aubergedupresident@ wanadoo.fr ● Parking. TV. Chambres doubles à 44 €. Menus à 15 et 26 €. Grande maison à colombages, à l'entrée de la ville, juste à côté de la *distillerie Busnel*. Du normand pur jus (mais sans Origine contrôlée car le chef vient d'Arras !), avec toutes sortes de plats au cidre, au camem-

bert... Il y a même un menu tout pomme (malheureusement tout crème aussi), intitulé « saveurs normandes ». Pour accompagner le tout, rien ne vaut un excellent cidre fermier (6 €). Bon accueil. L'hôtel a été entièrement rénové. Une adresse qui ronronne doucement mais sûrement. *NOUVEAUTÉ.*

⏘ *Le Florida* – 21, rue de l'Abbaye ☎ 02-32-57-80-97. Fermé le soir du dimanche au vendredi du 15 octobre au 31 mars, et le lundi le reste de l'année. Congés annuels : en juin. 1er menu à 10,50 €, le midi en semaine, autres menus à 15 et 23 €. Atmosphère familiale. Cuisine de qualité constante et bon marché. Petits plats de famille pour clientèle d'habitués ; spécialité de lapin au cidre... Accueil très sympathique, voilà une bien bonne adresse. *Café offert à nos lecteurs sur présentation de ce guide.*

DIEPPE 76200

Carte régionale B1

♨ *Auberge de jeunesse* – 48, rue Louis-Fromager (Sud-Ouest) ☎ 02-35-84-85-73. Fax : 02-35-84-89-62. Congés annuels : début octobre à fin mai. Accès : assez excentré ; bus : ligne n° 2, direction Val Druel ; arrêt « Château-Michel ». Compter 8 € pour la nuit en chambre ou en dortoir de 2, 4 ou 6 lits. Petit déj' à 3,20 €. Accueil sympathique dans un endroit très chaleureux (une ancienne école) et assez excentré. Capacité : 42 lits. Cuisine et barbecue à disposition pour les repas. Carte des AJ obligatoire.

♨ *Hôtel Au Grand Duquesne* * – 15, pl. Saint-Jacques (Centre) ☎ 02-32-14-61-10. Fax : 02-35-84-29-83. TV. Canal+. Accès : dans la rue qui fait face à l'église Saint-Jacques. Chambres doubles de 20 € avec lavabo à 40 € avec bains. Établissement entièrement rénové avec goût et modernité il y a quelques années. Jolies chambres tout confort.

♨ *Les Arcades de la Bourse* ** – 1-3, arcades de la Bourse (Centre) ☎ 02-35-84-14-12. Fax : 02-35-40-22-29. ● www.les carcades.fr ● TV. Accès : le port de plaisance. Chambres doubles de 42 à 69 € avec douche et w.-c. selon la vue et la saison. Vue superbe sur le port de plaisance. Chambres modernes, confortables et sans extravagance. Également un resto.

⏘ *Le Bistrot du Pollet* – 23, rue de Tête-de-Bœuf (Centre) ☎ 02-35-84-68-57. Fermé le dimanche et le lundi. Congés annuels : 2 semaines en mars et le mois d'août. Accès : sur le port, entre le pont Ango et le pont Colbert, en face de la poste du Pollet. Menu à 11,43 €. À la carte, compter 20 €. Petit resto drôlement sympa, à la déco très chaleureuse, avec ses vieilles photos et sa musique rétro. Un peu à l'écart du centre, il faut tout de même penser à réserver, car les habitués sont nombreux à se précipiter ici, surtout à l'heure du déjeuner, et on les comprend. Un patron adorable, des prix très doux et une cuisine axée sur la mer. Spécialités de poisson grillé (sardines, bar, daurade, vive...) et de foie gras du pêcheur, recette typiquement dieppoise (il s'agit en fait de foie de lotte mariné et écrasé).

I●I À la Marmite Dieppoise – 8, rue Saint-Jean (Centre) ☎ 02-35-84-24-26. Fermé les dimanche et lundi de novembre à mars ; les dimanche soir, lundi et jeudi soir d'avril à octobre. Congés annuels : du 17 au 24 février, du 22 juin au 1er juillet et du 23 novembre au 15 décembre. Accès : à deux pas du quai Duquesne. Menus de 17 €, le midi en semaine, à 38 €. Un classique du circuit culinaire dieppois. Cette auberge entretient depuis bien longtemps le goût des bonnes choses. Le poisson travaillé à la crème est à l'honneur, mais le plat phare, celui qui illumine les papilles et éclaire l'estomac, reste la marmite dieppoise. Il s'agit d'une préparation très parfumée, composée de 4 poissons (lotte, barbue, filet de sole, coquilles Saint-Jacques en saison ou filet de julienne), de moules et de langoustines cuisinés ensemble dans un poêlon. Superbe. Dommage, les prix n'ont pas la douceur caressante des embruns, mais les produits sont parfaits. *Apéritif maison offert à nos lecteurs sur présentation de ce guide.*

DANS LES ENVIRONS

POURVILLE-SUR-MER 76550
(4,5 km O)

I●I L'Huîtrière – rue du 19-Août-1942 ☎ 02-35-84-36-20. Cartes de paiement refusées. Parking. Service tous les jours de 10 h à 20 h environ ; dégustation ouverte de Pâques à fin septembre ; vente à emporter toute l'année. Accès : sur le bord de mer, 4 km à l'ouest de Dieppe. Au-dessus du local de vente en direct (ouvert, lui, toute l'année), vous pouvez vous asseoir pour déguster des coquillages tout juste sortis de l'eau. Huîtres, clams, bigorneaux, palourdes... et crêpes ! Le décor est très sympa, avec des murs bleu piscine, un plafond recouvert de couvercles de paniers à huîtres en osier foncé, et un vieux scaphandre dans un coin. En fait, on se croirait dans un aquarium, car de grandes baies vitrées ouvrent complètement sur la plage et la mer. Pour les beaux jours, une grande terrasse est dressée. Un seul regret, les prix : plutôt ceux d'un (bon) resto.

VARENGEVILLE-SUR-MER 76119
(8 km SO)

🏠 I●I Hôtel-restaurant La Terrasse ** – route de Vasterival ☎ 02-35-85-12-54. Fax : 02-35-85-11-70. ● www.hotel-restau rant-la.terrasse.com ● Parking. Congés annuels : de mi-octobre à mi-mars. Accès : par la D75. 22 chambres plutôt mignonnes, toutes avec douche et w.-c. ou bains, de 44 à 52 €. Demi-pension, souvent demandée, de 44 à 51 €. Menus de 16 à 29 €. Cette maison familiale blottie dans les pins balance entre la Normandie (pour la cuisine) et le Devonshire (pour la déco cosy tout plein). Les Anglais qui y prennent pension depuis des années ne s'y trompent pas. Le site est exceptionnel, à l'aplomb des falaises ; pour pleinement bénéficier de la vue sur la Manche, prenez un verre sur la terrasse. Le paillasson de Saint-Jacques mariné aux fines herbes, les beignets de crevettes sauce tartare, la marmite dieppoise, la terrine maison aux fruits secs et la crêpe aux pommes vous flattent les papilles et vous calent l'estomac. Beaucoup de poissons. Dès les beaux jours, toujours du monde en fin de semaine : retenez impérativement votre table.

ARQUES-LA-BATAILLE 76880
(9 km SE)

🏠 Le Manoir d'Archelles – Archelles ☎ 02-35-85-50-16. Fax : 02-35-85-47-55. Parking. TV. Satellite. Congés annuels : à Noël. Accès : route de Neufchâtel D1, sortie de la ville. Chambres doubles à partir de 28 € avec douche, de 39 à 46 € avec douche et w.-c. ou bains. Un sublime manoir du XVIe siècle à mosaïque de brique et de silex, qui propose plusieurs chambres (il existe même une « suite » pour 4 !). Évidemment, à ces prix-là, il faut être indulgent, car les chambres sont plus rustiques que chic. Mais cela n'enlève rien au charme de l'endroit, au contraire. Nous, on a une petite préférence pour les chambres installées dans l'entrée fortifiée : elles font face au château, que l'on peut ainsi voir des fenêtres. Pour monter, un bel escalier en colimaçon dans la tourelle. N'oubliez pas d'aller faire un tour au verger-potager, véritable jardin de curé, que le propriétaire bichonne encore plus que la maison. *5 % sur le prix de la chambre (entre le 1er novembre et le 1er mars) à nos lecteurs sur présentation de ce guide.*

I●I L'Auberge d'Archelles ☎ 02-35-83-40-51. Parking. TV. Satellite. Fermé le vendredi soir, le samedi midi et le dimanche soir. Congés annuels : 15 jours en février, la dernière semaine d'août et 1 semaine en décembre. Menus de 14 à 33 €. Jouxtant le *Manoir d'Archelles* et appartenant à la même famille, bien qu'indépendant, ce restaurant est installé dans les anciennes écuries. Beaux murs de brique et crépi blanc. Côté cuisine, c'est dans le même esprit, entre terroir et gastronomie. Superbe menu du jour : croquette de camembert, canard au cidre et pâtisserie maison. Spécialités : salade de cailles caramélisées, charlotte de cabillaud aux fines herbes, foie gras maison, *tiramisù*. Un excellent rapport qualité-prix.

ELBEUF   76500

Carte régionale B2

⌂ *Le Squarium* * – **25, rue Pierre-Brossolette (Sud-Est) ☎ 02-35-81-10-52. Fax : 02-35-81-10-22.** Parking. Fermé le dimanche. Congés annuels : 1 semaine en mai et 15 jours en août. Accès : en face du cinéma. Chambres doubles avec douche ou bains de 31 à 39€. Dans ce petit hôtel-bar à l'accueil chaleureux, il est préférable de réserver à l'avance. Chambres assez spacieuses, toutes refaites à neuf. Bon rapport qualité-prix.

⌂ ⑩ *Le Progrès* ** – **47, rue Henry (Centre) ☎ et fax : 02-35-78-42-67.** TV. Câble. Fermé le vendredi soir et le dimanche. Accès : presque en face de la mairie. Chambres à prix doux, de 33,55 € avec douche et w.-c. à 36,60 € avec bains. Menus à partir de 9,90 € en brasserie ; au resto, celui à 12,50 € est servi toute la semaine. Menus gastronomiques de 16 à 22,50 €. Hôtel calme, bien situé entre la Seine et les rues commerçantes. Brasserie sympathique. À côté, dans la salle de restaurant plus sage et joliment décorée, on savoure une cuisine simple et régionale. *Apéritif maison offert à nos lecteurs sur présentation de ce guide.*

⑩ *Restaurant Le Jardin Saint-Louis* – **24, rue Proudhon (Centre) ☎ 02-35-77-63-22.** Ouvert tous les midis ; fermé le soir du dimanche au mercredi. Accès : sur la place de la République. Menus à 10, 14 et 21 €. Compter 19,82 € à la carte. Restaurant accueillant, à l'écart du trafic (ouf, on respire !). Cuisine agréable composée de recettes classiques, comme la souris d'agneau au thym ou la cassolette de pétoncles, moules et champignons... et, sur commande, d'une spécialité bien locale : la caille aux monstrueux d'Elbeuf (poireaux). Terrasse en été.

DANS LES ENVIRONS

SAINT-AUBIN-LÈS-ELBEUF 76410
(2 km N)

⌂ *Hôtel du Château Blanc* ** – **65, rue Jean-Jaurès ☎ et fax : 02-35-77-10-53.** Parking. TV. Fermé le dimanche après-

midi. Accès : de l'autre côté de la Seine ; après le pont, c'est au coin de la 1ʳᵉ rue à droite. Chambres doubles à 35 € avec douche et w.-c., et 38 € avec bains. Grande maison bourgeoise un peu bruyante le matin car située à proximité de la nationale. Mais elle a bien des qualités : un jardin clos où l'on peut garer sa voiture, un grand salon où il est agréable de feuilleter son canard favori. Chambres spacieuses et très bien tenues (double vitrage). Pas de resto, mais plateau froid sur demande.

ÉTRETAT   76790

Carte régionale A1

⌂ *Hôtel d'Angleterre* **35, av. George-V (Centre) ☎ 02-35-28-84-97. Fax : 02-35-28-05-57.** TV. Accès : à 100 m de la mer, dans la rue qui part de l'office de tourisme vers Le Havre. Chambres doubles avec douche et w.-c. à 38€, avec bains à 43€. À l'écart du flux touristique, un hôtel accueillant à des prix raisonnables.

⌂ ⑩ *Hôtel Le Corsaire* ** – **rue du Général-Leclerc ☎ 02-35-10-38-90. Fax : 02-35-28-89-74.** TV. Canal+. Satellite. Accès : sur le front de mer. Chambres doubles avec douche et w.-c. ou bains de 40 à 110 € (les plus chères ont vue sur la mer). Menus de 14 à 23 €. L'un des rares hôtels du front de mer possédant une vue imprenable sur les fameuses falaises. Chambres toutes très différentes, dont les prix oscillent selon le confort et la vue (sur mer ou non). Toutes ont été rénovées. Fait aussi resto, mais cuisine en demi-teinte. Le 1ᵉʳ menu permet toutefois de profiter de l'extraordinaire terrasse.

⌂ *L'Escale* ** – **pl. Foch (Centre) ☎ 02-35-27-03-69. Fax : 02-35-28-05-86.** TV. Accès : face à la vieille halle. Chambres doubles (côté rue ou côté mer) avec douche et w.-c. à 45 €. Compter 16 € pour un repas. Un hôtel-brasserie sympathique comme tout, entièrement rénové, proposant des chambres lambrissées petites mais agréables. Au rez-de-chaussée, resto-brasserie animé proposant des plats simples (moules-frites, omelettes, salades, crêpes) ou plus gastronomiques et des pizzas. De la terrasse, on suit l'animation sur la place.

⑩ *L'Huîtrière* **☎ 02-35-27-02-82.** Congés annuels : en janvier. Accès : front de mer, vers la falaise d'Aval. Menus de 17 €, même le dimanche, à 32 €. Magnifiques plateaux de fruits de mer, à partir de 46 € pour deux. Une salle en rotonde extraordinaire, avec une vue on ne peut plus panoramique sur la plage et les falaises, avec l'Aiguille en gros plan. Un très bon rapport qualité-prix pour le 1ᵉʳ menu servi même le week-end, avec, par exemple, mesclun de bulots, filets de rouget poêlé sauce au cidre et tarte Tatin. Cuisine très soignée, service adorable et charmante attention du trou normand offert à tous. À vivre un jour de tempête !

l●l Restaurant Le Galion – bd René-Coty (Centre) ☎ **02-35-29-48-74.** Fermé le mardi et le mercredi hors saison sauf pendant les vacances scolaires de l'Île-de-France. Congés annuels : du 15 décembre au 15 janvier. Menus de 20 €, bien équilibré, jusqu'à 35 € pour les gourmands et les plus riches. Habillage intérieur du XVIIe siècle, petits carreaux, vieilles poutres. Atmosphère normande typique et feutrée. Onctueuse soupe de poisson, croustillant de fromage, filet de sole étuvée surprise, boudin de la mer, escalope de saumon au muscadet bien travaillée, huîtres pochées au champagne. Service impeccable mais un peu long. *Café offert à nos lecteurs sur présentation de ce guide.*

EU 76260

Carte régionale B1

🏠 l●l Hôtel-restaurant Maine ** – 20, av. de la Gare ☎ **02-35-86-16-64. Fax : 02-35-50-86-25. ● www.hotel-maine.com ●** Parking. TV. Canal+. Satellite. Resto fermé le dimanche soir, sauf week-ends fériés. Congés annuels : du 19 août au 3 septembre. Accès : à 5 mn du centre-ville. Chambres doubles de 47,26 € avec douche et w.-c. à 60,98 € avec bains. La demi-pension est demandée le week-end et de Pâques à septembre. En semaine, menu à 14,95 €, puis deux menus « boucher » ou « pêcheur » à 23,70 €. Formule-carte à 38,90 €. En face de l'ancienne gare, cette belle maison de maître, claire et calme, était déjà un restaurant en 1867. Salle à manger exceptionnelle, d'une grande fraîcheur, marquée par Majorelle et l'Art nouveau. Chambres tout confort, agréables et modernes pour certaines, un peu plus anciennes pour d'autres. Ceux qui n'y dorment pas devront tout de même honorer la table de cet excellent établissement. Goûtez le menu du pêcheur (assiette de poissons marinés et *picatta* de saumon à la crème de persil et fondant d'artichaut, assiette de trois fromages…) ou celui du boucher (gâteau de lapin à la gelée de cidre et la moitié d'un coquelet grillé au citron confit, fromage et dessert). Cuisine réussie, actuelle, bien qu'inspirée des traditions culinaires locales et traditionnelles. *10 % sur le prix de la chambre (hors saison et grands week-ends) offerts à nos lecteurs sur présentation de ce guide.*

🏠 l●l Centre des Fontaines – Auberge de jeunesse – rue des Fontaines (Centre) ☎ **02-35-86-05-03. Fax : 02-35-86-45-12.**

● **centre-des-fontaines@wanadoo.fr ●** La réception ouvre à 18 h et ferme à 21 h. Lit à 12 €, draps compris. Compter 8 € en plus pour la demi-pension. Menu sur réservation sur place. Situé dans les cuisines royales du château voisin. Vous pouvez rentrer quand vous voulez après 21 h, car on vous donne la clé. Chambres de 4, 6 et 9 lits avec lavabo ou douche (w.-c. dans le couloir). Lit un peu cher, avec la carte des AJ. À ce prix-là, vous avez le dortoir à vous tout seul, même s'il n'est pas rempli. Service de repas possible.

ÉVREUX 27000

Carte régionale B2

l●l Restaurant La Croix d'Or – 3, rue Joséphine (Ouest) ☎ **02-32-33-06-07.** 1er menu à 10,50 €, servi en semaine. Autres menus de 13,50 à 30,50 €. Une des bonnes adresses d'Évreux, à proximité du quartier administratif. Le personnel de la préfecture et du Conseil général s'y retrouve régulièrement pour le déjeuner. Spécialité de poisson et plus particulièrement de bouillabaisse. Quelques recettes sympas comme le clafoutis aux pétoncles ou le millefeuille de haddock ou encore la choucroute de poisson. En revanche, on a été plus que déçu par la raie proposée ce jour-là. Peut-être un accident… Dommage… La carte n'oublie pas les carnivores.

DANS LES ENVIRONS

GRAVIGNY 27930 (4 km N)

l●l Le Saint-Nicolas – 38, av. Aristide-Briand (Centre) ☎ **02-32-38-35-15.** Parking. Fermé le dimanche soir et le lundi. Congés annuels : 1 semaine après Noël. Accès : sur la D155, côté droit en direction de Louviers. Menus de 16 à 40 €. Derrière la façade discrète qui borde la D155 se cachent de ravissantes petites salles au décor sobre et raffiné, intimes ou plus spacieuses pour les joyeux groupes. Claude Sauvant, le chef, se fait un point d'honneur d'utiliser des produits de première qualité au gré du marché : pieds de porc aux truffes, filet de perche au beurre *Saint-Nicolas*, huîtres chaudes à la crème d'échalote. Très belle carte des vins.

JOUY-SUR-EURE 27120 (12 km E)

l●l Le Relais Du Guesclin – pl. de l'Église ☎ **02-32-36-62-75.** Parking. Fermé le mercredi et le soir sur réservation seulement. Congés annuels : en août. Accès : par la N13 en direction de Pacy-sur-Eure, puis la D57. Formule à 15 €. Menus à 25 et

30 €. Petite auberge normande entre l'église et les champs. Tranquillité assurée, on peut déjeuner dehors. Petite formule servie tous les jours : salade aux noix + plat du jour ou plat du jour + dessert. Les spécialités : foie gras frais maison, canard bonhomme normand, filets de sole normande, tarte chaude... Le meilleur de la cuisine normande. Bon cidre bouché.

FÉCAMP 76400

Carte régionale A1

🏠 *Hôtel de la Plage* ** – **87, rue de la Plage (Centre)** ☎ **02-35-29-76-51. Fax : 02-35-28-68-30.** ● www.hoteldelaplage.fr ● Parking payant. TV. Canal+. 🍴 Chambres avec douche de 45 à 50 €, avec douche et w.-c. ou bains de 46 à 61 €. Hôtel de charme, bien équipé et à deux pas de la plage. La plupart des chambres ont été entièrement refaites. Vue sur la mer pour certaines. Très jolie salle de petit déjeuner et accueil plus que chaleureux. *50 % de réduction sur le prix de la chambre (à partir de 2 nuits consécutives hors saison) et un petit déjeuner offert par chambre (également hors saison) sur présentation de ce guide.*

🍴 *Le Martin* – **18, pl. Saint-Étienne (Centre)** ☎ **02-35-28-23-82.** TV. Resto fermé le lundi. Congés annuels : la 1re quinzaine de mars et la 2e quinzaine de septembre. Accès : à côté de l'église. Menus de 11,89 €, en semaine, à 24,39 €. Bonne petite table normande qui n'a jamais rien cédé aux modes culinaires. Cuisine classique et régionale, préparée par un vrai chef et servie dans une salle rustique avec poutres apparentes : morue au cidre, poulet sauté, jambon à l'os sauce normande et pleurotes, sole au noilly et amandes, soufflé normand au calvados. À noter, le 1er menu, étonnant à ce prix-là. Le patron propose également des chambres très simples (vraiment pour dépanner). Une aubaine pour les petits budgets.

🍴 *Le Vicomté* – **4, rue du Président-Coty** ☎ **02-35-28-47-63.** Fermé le mercredi soir, le dimanche et les jours fériés. Congés annuels : 15 jours fin août et 15 jours fin décembre. Accès : à 50 m du port, derrière le palais Bénédictine. Menu à 14,60 €. Menu-enfants à 6 €. Un petit bistrot très accueillant et original dans sa démarche. Nappes à carreaux, affiches du *Petit Journal*, patron à moustache : on est loin des chalutiers du port ! Dans cette ambiance rétro très rafraîchissante, on vous sert un menu unique et différent tous les jours. Cuisine régionale à base de produits frais. Un excellent rapport qualité-prix et un service impeccable. Chapeau, vicomte !

🍴 *Le Maritime* – **2, pl. Nicolas-Selles** ☎ **02-35-28-21-71.** Ouvert tous les jours, toute l'année. Accès : juste en face du port de plaisance. Menu à 16,50 €, sauf le week-end en saison. Autres menus de 22,50 à 33,50 €. Avec un tel nom et un tel cadre, on sent la mer toute proche, et ça se confirme dans l'assiette : plateau de fruits de mer, poêlée de morue fraîche au beurre de tomates, parillade de poissons grillés (rouget, daurade, saumon), ragoût de lotte à l'armoricaine, duo de magret et foie gras à la rouennaise, côte de veau vallée d'Auge... Également vente à emporter. *Un café offert à nos lecteurs pour un menu sur présentation de ce guide.*

FORGES-LES-EAUX 76440

Carte régionale B1

🏠 *Le Continental* *** – **110, av. des Sources** ☎ **02-32-89-50-50. Fax : 02-35-90-26-14.** ● casinoforges@wanadoo.fr ● Parking. TV. Canal+. 🍴 Accès : à quelques mètres du casino. Chambres tout confort de 60 à 64 €. Imposante demeure à colombages entièrement rénovée. Ambiance désuète des anciens hôtels de casino. Hall spacieux, balcons pour prendre l'air ou le petit déjeuner. Accès possible à la balnéo du *Club Med* (renseignements au ☎ 02-32-89-50-40). Restaurant dans le casino à 50 m.

DANS LES ENVIRONS

SAINT-MARTIN-OSMONVILLE
76680 (23 km O)

🍴 *Auberge de la Varenne* – **2, route de la Libération** ☎ **02-35-34-13-80.** Fermé le dimanche et le lundi. Accès : par la D919 jusqu'à Buchy, puis la D41. Menus à 16,05 €, le midi en semaine, puis de 19,10 à 39,65 €. Au bord de la route de ce petit village, quelque part entre Rouen et Neufchâtel et tout près de Buchy et de ses jolies halles. Une adresse fort sympathique, proposant avec succès des plats inspirés des traditions locales, comme le croustillant de saumon à la crème de ciboulette, ou poulet fermier sur fondue de légumes à la crème, ou encore ce délicieux soufflé au calvados. Accueil et service très attentionnés. Selon la saison, vous aurez le choix entre la terrasse ou la cheminée. *Café offert à nos lecteurs sur présentation de ce guide.*

GISORS 27140

Carte régionale B2

🍴 *Le Cochon Gaulois* – **8, pl. Blanmont** ☎ **02-32-27-30-33.** Fermé le dimanche. Accès : en face du château. Le midi en semaine, formule à 10,70 €, et menu à 14,90 €. Une taverne entièrement dédiée au sieur Porc, à sa majesté Le Cochon. Potence de charcuteries, salade de joues de porc, terrine de jarret, travers grillés et grillades en tout genre, le choix est large. Et pourtant, à nos yeux il n'y a qu'un seul plat : le porcelet rôti (11,90 €), proposé dans son jus ou avec une sauce au choix. Fondant. Unique. Reste qu'on ne comprend toujours pas pourquoi ce petit porcelet est fermier alors que le reste ne l'est pas. Même direction que *Le Cappeville*. *NOUVEAUTÉ.*

|●| *Le Cappeville* – 17, rue Cappeville ☎ 02-32-55-11-08. Fermé le mercredi soir et le jeudi. Menus de 17 à 34 €. Bonne étape dans cette petite ville pour un repas de qualité dans la ligne droite de la tradition régionale. Spécialités : millefeuille d'artichaut au crabe, bar aux poires, rognons de veau flambés au calvados (préparés en salle). Intérieur raffiné, comme la cuisine, et accueil souriant. *NOUVEAUTÉ.*

HAVRE (LE)   76600

Carte régionale A1

🏠 *Hôtel Le Monaco* ** – 16, rue de Paris (B3-3) ☎ 02-35-42-21-01. Fax : 02-35-42-01-01. Parking. TV. Canal+. Accès : à 800 m de l'hôtel de ville. Chambres doubles à partir de 26,70 € avec lavabo et de 35,10 à 41 € avec douche et w.-c. ou bains. Un des hôtels les plus proches du départ des ferries. Bonne tenue générale.

🏠 *Hôtel-Celtic* ** – 106, rue Voltaire (B3-1) ☎ 02-35-42-39-77. Fax : 02-35-21-67-65. ● www.hotel-celtic.com ● Parking. TV. Canal+. Satellite. Accès : en plein centre-ville. Chambres doubles avec douche à 31,30 €, avec douche et w.-c. de 42,70 à 47,30 €. Avec vue sur le théâtre Le Volcan et le grand bassin du Commerce, cet hôtel connaît une situation privilégiée. Chambres très gaies et tout confort, dont les prix varient selon la taille et l'étage. Un très bon rapport qualité-prix. *10 % sur le prix de la chambre offerts à nos lecteurs sur présentation de ce guide.*

🏠 *Le Petit Vatel* ** – 86, rue Louis-Brindeau (B2-4) ☎ 02-35-41-72-07. Fax : 02-35-21-37-86. ● www.multimania.com/lepetitvatel ● TV. Canal+. Satellite. Congés annuels : pendant les vacances scolaires de Noël. Chambres doubles à 37 € avec douche, à 42 € avec douche et w.-c., à 46 € avec bains. Hôtel central, chambres propres et lumineuses bénéficiant de tout le confort moderne. Aucune vue particulière, mais un très bon rapport qualité-prix. À signaler, un petit resto-bar à vin très sympa juste en face. *Un petit déjeuner par chambre offert à nos lecteurs sur présentation de ce guide.*

🏠 |●| *Hôtel Vent d'Ouest* * – 4, rue de Caligny (B2-5)** ☎ 02-35-42-50-69. Fax : 02-35-42-58-00. ● www.ventdouest.fr ● Parking payant. TV. Satellite. Accès : tout près de l'église Saint-Joseph. Chambres doubles de 75 € avec douche et w.-c., de 80 à 120 € avec bains (les plus chères sont plus grandes). Formule de restauration à 17 €. Un grand vent du large a soufflé sur Le Havre et l'ancien hôtel *Foch*. Une nouvelle direction a repris l'hôtel en main et elle ne s'est pas contenté d'en changer le nom, elle a aussi entrepris des travaux herculéens. Et ça valait le coup. Forcément, les prix ont augmenté, mais il est aussi passé 3 étoiles... 3 étages, chacun a son thème... 33 chambres, chacune a sa déco... Campagne, mer ou montagne, à vous de choisir selon votre humeur. On a aimé tous les détails, les bibelots qui évoquent bien plus une chambre d'amis qu'une chambre d'hôte.

|●| *Restaurant Palissandre* – 33, rue de Bretagne (C3-13) ☎ 02-35-21-69-00. Fermé le mercredi midi, le samedi midi et le dimanche. Congés annuels : 1 semaine en février et du 15 au 30 août. Menus de 9,91 à 22,71 €, boisson comprise pour ce dernier. Tout vêtu de bois sombre, ce qui lui donne de sympathiques allures d'intérieur de bateau, ce resto nous embarque pour un voyage culinaire classique et réussi. Pas de tempêtes dans les fourneaux, mais au fil de l'eau on savoure les poissons au cidre, les moules bien faites, ou, pour ceux qui n'ont pas le pied marin, une bonne andouillette ou une viande en sauce travaillée avec métier. Le menu à 12,96 € fait du *Palissandre* une adresse d'un étonnant rapport qualité-prix, dans le quartier le plus ancien de la ville. Signalons enfin le menu « Oh ! le pressé », servi en 20 mn.

|●| *Restaurant Le Lyonnais* – 7, rue de Bretagne (C3-12) ☎ 02-35-22-07-31. Fermé le samedi midi et le dimanche. Accès : quartier Saint-François. 1er menu à 11 €, en semaine, puis menus suivants de 13 à 20 €. Le menu à 16 € tient ses promesses. Les vins sont bien choisis. L'atmosphère du bistrot lyonnais a été recomposée avec soin et méthode et, ma foi, c'est réussi ! Encore un peu de temps et le poids de la patine aura joué son rôle. Cheminée en cuivre, tommettes en damier au sol, murs de brique, tout est calculé, mais le compte est bon, tout comme cette cuisine pas vraiment normande : gâteau de foies de volaille, marmite de poissons, andouillette et saucisson lyonnais, tarte aux pommes renversée chaude...

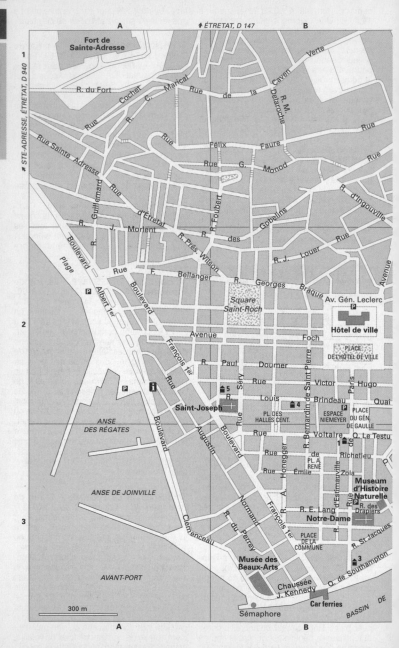

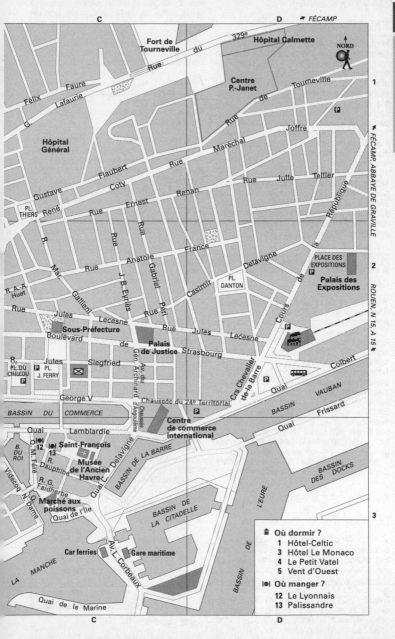

Fort de Tourneville

Hôpital Calmette

NORD

Centre P.-Janet

Hôpital Général

PL. THIERS

PLACE DES EXPOSITIONS

Palais des Expositions

PL. DANTON

Sous-Préfecture

R. PL. DU CRILLON

PL. J. FERRY

Palais de Justice

Centre de commerce international

BASSIN DU COMMERCE

BASSIN VAUBAN

BASSIN DES DOCKS

Saint-François

Musée de l'Ancien Havre

Marché aux poissons

BASSIN DE LA CITADELLE

L'EURE

BASSIN DE

Car ferries

Gare maritime

LA MANCHE

Quai de la Marine

☝ **Où dormir ?**

1 Hôtel-Celtic
3 Hôtel Le Monaco
4 Le Petit Vatel
5 Vent d'Ouest

|◉| **Où manger ?**

12 Le Lyonnais
13 Palissandre

FÉCAMP

FÉCAMP, ABBAYE DE GRAVILLE

ROUEN, N 15, A 15

DANS LES ENVIRONS

SAINTE-ADRESSE 76310 (2 km NO)

|●| *Les Trois Pics* – **promenade des Régates** ☎ 02-35-48-20-60. Fermé le dimanche soir et le lundi. Accès : à l'extrémité nord de la plage du Havre. Formule le midi en semaine à 17 €, plat + entrée ou plat + dessert ; menus à 21 et 33 €. Posée sur le quai comme un paquebot en cale sèche, cette grande salle en bois offre un panorama superbe sur l'embouchure de la Seine. À l'intérieur, décoration marine originale et raffinée. Depuis le bastingage, on distingue au loin Deauville (à 10 miles !) en savourant une cuisine très honorable. En spécialités, huîtres chaudes au cidre, salade de langoustines à la papaye, magret aux pommes. En été, venez prendre un verre à la terrasse. Quand les lumières s'allument en face, on se croirait en pleine mer ! *Apéritif maison offert à nos lecteurs sur présentation de ce guide.*

JUMIÈGES 76480

Carte régionale A1

|●| *Auberge des Ruines* – **pl. de la Mairie (Centre)** ☎ 02-35-37-24-05. Fermé le mardi soir, le mercredi et le dimanche soir ; du 1er novembre au 15 mars, fermé en plus le lundi soir et le jeudi soir. Menus à 15 €, servi le midi jusqu'au samedi, à 22 € (sauf samedi soir et dimanche) et de 30 à 48 €. Au coin du feu en hiver, sous la tonnelle aux beaux jours, vous êtes à la meilleure table de Jumièges, et les mets servis ici sont dignes des moines qui résidaient en face. En cuisine, le poisson est à l'honneur. Un seul regret : que le 1er menu du week-end soit si cher. Ça exclut bien du monde… Les fins palais goûteront la salade aux copeaux de foie gras vinaigrette de fruits secs, au pigeon à la vanille ou bar et hachis d'anchois et tomates… tout un programme !

DANS LES ENVIRONS

DUCLAIR 76480 (9 km NE)

🏠 |●| *Hôtel de la Poste* ** – **286, quai de la Libération (Centre)** ☎ 02-35-05-92-50. Fax : 02-35-37-39-19. TV. Fermé le lundi, le mardi, le vendredi midi et le dimanche soir. Congés annuels : vacances scolaires de février et du 1er au 15 juillet. Accès : face à la Seine. Chambres doubles de 32 € avec douche et w.-c. à 43 € avec bains. Menus de 12 €, sauf le dimanche, à 20 €. Une adresse simple et chaleureuse, qui mérite amplement son excellente réputation. Les prix apparaissent bien doux pour ces chambres particulières confortables et avec

vue sur le bac et les bateaux qui passent. Deux salles de restaurant, avec grosses banquettes moelleuses et magnifique cheminée sculptée ou peintures champêtres et salle panoramique, on se sent ici comme un canard en pâte ! D'ailleurs, l'envol de canards empaillés est là pour vous rappeler que vous êtes dans le temple de ce noble palmipède. C'est ici que la recette du canard de *Duclair* à la presse aurait été inventée avant d'être piquée (ou améliorée ?) par Rouen. Cela reste évidemment la spécialité de la maison...

|●| *Restaurant Au Val de Seine* – **380, quai de la Libération** ☎ 02-35-37-99-88. Fermé le lundi soir et le mardi. Congés annuels : en octobre. Accès : par la D982 ; le long de la Seine, juste en face du bac. Menu à 9,15 € le midi en semaine, le suivant à 13 € très complet, puis autres menus de 16 à 24,50 €. Dans ce petit resto au décor neutre et assez banal, vous serez accueilli avec le sourire et vous aurez vue sur Seine et les allers et retours du bac. Salle panoramique au 1er étage. Prix sveltes pour cette crêperie améliorée, qui propose aussi quelques plats gentiment préparés, essentiellement à base de poisson. Salade tiède aux pétoncles, moules au vinaigre de framboise, côte de bœuf grillée sauce béarnaise, poisson frais (selon les arrivages),... Surtout, le service est ici assuré à toute heure le dimanche, pour les envies de sucré comme de salé. L'été, une terrasse face à la Seine.

LILLEBONNE 76170

Carte régionale A1

🏠 |●| *La P'tite Auberge* ** – **20, rue du Havre (Centre)** ☎ 02-35-38-00-59. Fax : 02-35-38-57-33. • www.la-ptite-auberge.com • TV. Canal+. Satellite. 🍴 Fermé le samedi midi et le dimanche soir. Congés annuels : du 21 juillet au 11 août. Accès : proche de l'église. Chambres doubles à 29 € avec lavabo, à 43 € avec douche et w.-c. ou bains. Menus à 12 €, le midi en semaine, puis de 17 à 25 €. Une grande maison à colombages juste à côté de l'église. Cet hôtel propose des chambres claires, entièrement refaites, avec tout le confort moderne. Cuisine traditionnelle dans un cadre frais et rustique. Terrasse ombragée et fleurie aux beaux jours. *Café offert à nos lecteurs sur présentation de ce guide.*

LOUVIERS 27400

Carte régionale B2

🏠 |●| *Le Pré-Saint-Germain* *** – **7, rue Saint-Germain (Centre)** ☎ 02-32-40-48-48. Fax : 02-32-50-75-60. • www.le-pre-saint-

germain.fr ● Parking. TV. 🍴. Resto et bistrot fermés le samedi midi et le dimanche. Accès : au nord-est de la place Ernest-Thorel. Chambres doubles de 78 à 93 €, tout confort. Au bistrot, formule à 15 € ; au resto, menu à 26 €, sinon, compter au moins 30 € à la carte. Construit au cœur d'un ancien verger, cet hôtel de style néo-classique est doté de tout le confort préconisé par sa catégorie et les chambres sont cosy. Cuisine gastronomique (fricassée de homard et langoustines au curry et poudre de coco, canard à l'alcool de pommes et cannelle de Ceylan, tarte fine aux pommes glace vanille flambée calvados), mais aussi formule bistrot dans la salle du bar. La salle à manger s'ouvre sur une belle terrasse aux beaux jours. *Apéritif maison offert à nos lecteurs le samedi soir sur présentation de ce guide.*

|●| *Le Jardin de Bigard* – **39-41, rue du Quai** ☎ **02-32-40-02-45.** 🍴. Fermé le mercredi soir et le dimanche soir. Accès : à l'angle de la rue du Coq. Menus à 9,50 €, le midi en semaine, et de 12,50 à 25 €. Une adresse centrale qui n'a rien de surfait ni de prétentieux et qui respecte votre porte-monnaie. Salle claire et aérée où l'on sert une cuisine simple mais soignée à des prix raisonnables. Parmi les spécialités de la maison : Saint-Jacques au cidre, truite au camembert, tête de veau sauce gribiche, coq au cidre... *Apéritif maison offert à nos lecteurs sur présentation de ce guide.*

|●| *Le Clos Normand* – **rue de la Gare, chaussée du Vexin** ☎ **02-32-40-03-56.** Fermé le dimanche soir et le lundi. Congés annuels : de mi-août à début septembre. Accès : traverser le bras de l'Eure par la rue des Anciens-Combattants-d'A.-F.-N., au nord-est du centre-ville. On tombe droit sur le resto. 1er menu à 12 € le midi en semaine. Autres menus à 15 et 23 €. Dans un décor rustique peu original mais assez chaleureux, on y mijote une cuisine mêlant tradition et imagination. Spécialités de poisson et préparations à base de produits normands : salade aumônière, truite au camembert, dos de saumon à la crème et magret de canard aux raisins, délice normand (charlotte aux pommes et au calvados). *Café offert à nos lecteurs sur présentation de ce guide.*

DANS LES ENVIRONS

ACQUIGNY 27400 (5 km SE)

|●| *La Chaumière* – **15, rue Aristide-Briand (Centre)** ☎ **02-32-50-20-54.** Fermé le mardi et le mercredi. Congés annuels : pendant les vacances de février et quelques jours autour de Noël. Accès : dans la rue principale qui relie les deux rives de l'Eure, face à la mairie. Compter de 19 à 47 € pour un repas à la carte. Une adresse vraiment sympa, où l'on savoure les propositions (honnêtes) quotidiennes du chef dans un cadre rustique décontracté. Si la météo s'y prête, on allumera le feu dans la grande cheminée et l'on vous fera griller la viande ou le poisson (anguilles, andouillettes) de votre choix. Pas de menu mais une carte aux prix raisonnables. Très bonne sélection de vins, que l'on peut boire au verre, pour accompagner avantageusement les tartines de champignons au coulis de cèpes, la côte de veau normande ou le gibier en saison.

PONT-DE-L'ARCHE 27340 (11 km N)

🏠 *Hôtel de la Tour* ** – **41, quai Foch (Centre)** ☎ **02-35-23-00-99. Fax : 02-35-23-46-22.** Parking. TV. Accès : au bord de l'Eure ; sur le quai, à gauche du pont franchi par la N15. Chambres doubles à 53 €, tout confort. Si les façades de ces deux maisons rurales réunies par un sas ont été conservées pour faire honneur à celles de ses voisines joliment alignées sur le quai, les intérieurs ont été entièrement reconçus de main de maître par leurs charmants propriétaires, Mme et M. Hélouard. Les couleurs, la décoration, les petits détails qui rendent un séjour confortable et surtout un VRAI accueil, tout confère à cet établissement une qualité rare pour sa catégorie. Un élément à considérer (et non des moindres) : la literie impeccable. Que la chambre donne sur les remparts et l'église Notre-Dame-des-Arts ou sur la rive verdoyante de l'Eure, le calme est absolu. Petit jardin en terrasse à l'arrière. Belle promenade aménagée sur le bord de l'Eure sur 2 km, qui pourra vous amener à la base de loisirs de Léry-Poses. Une adresse coup de cœur. *Un petit déjeuner par chambre offert à nos lecteurs sur présentation de ce guide.*

LYONS-LA-FORÊT 27480

Carte régionale B1

🏠|●| *Hostellerie du Domaine Saint-Paul* ** ☎ **02-32-49-60-57. Fax : 02-32-49-56-05.** ● **www.domaine-saint-paul.fr** ● Parking. Congés annuels : du 2 novembre au 30 mars. Accès : à 800 m du village sur D321. Chambres doubles de 49 à 72 €. Demi-pension, demandée le week-end, de 51 à 63 €. 1er menu à 20 € le midi en semaine. Autres menus de 24 à 36 €. Grande maison bourgeoise avec bâtiment principal et annexes dans un parc calme et fleuri, tenue par la même famille depuis 1946. Ancien rendez-vous de chasse construit en 1815 et réaménagé. Parc de 5 ha avec piscine découverte agréable. On loge dans le bâtiment principal ou dans les bungalows. Les chambres, confortables, sont décorées simplement.

Calme total. Au restaurant, la cuisine est du terroir, classique, avec quelques touches originales : croquettes de camembert, cocktail d'écrevisses, saumon à la crème d'ail, fricassée de canard au cidre et pommeau... Le menu du terroir est notre préféré. Réservation recommandée, surtout en fin de semaine. *Digestif maison offert à nos lecteurs sur présentation de ce guide.*

NEUFCHÂTEL-EN-BRAY   76270

Carte régionale B1

🏠 I●I *Hostellerie du Grand Cerf* ** – 9, Grande-Rue-Fausse-Porte (Centre) ☎ 02-35-93-00-02. Fax : 02-35-94-14-92. ● grand-cerf.hotel@wanadoo.fr ● Parking. TV. Canal+. Satellite. Câble. Fermé le vendredi et le samedi midi. Congés annuels : du 15 décembre au 15 janvier. Accès : après l'église, en descendant la rue principale. Chambres doubles de 40 € avec douche et w.-c. à 46 € avec bains. Demi-pension à partir de 47,80 € par personne. Soirée étape affaires pour les VRP à 53 €. Menus de 12,50 à 28 €. Menu-enfants à 7,50 €. Cadre rustique, ambiance familiale, cuisine normande très traditionnelle et d'excellent niveau. Chambres bien tenues. *Apéritif, café et sorbet offerts à nos lecteurs sur présentation de ce guide.*

PONT-AUDEMER   27500

Carte régionale A2

🏠 I●I *Hôtel du Palais et de la Poste – Restaurant Le Canel* – 8, rue Delaquaize ☎ 02-32-41-50-74. Parking. TV. ⚒ Fermé le mardi et le dimanche soir. Accès : près de la poste. Chambres doubles à partir de 22 € avec lavabo, et à 38 € avec douche ou douche et w.-c. 1er menu à 11 € en semaine et le soir jusqu'à 20 h 30. Autres menus de 15 à 30 €, plus la carte. Le cadre rétro n'est pas l'attrait majeur de cet établissement, mais il contribue à mettre en valeur une cuisine de terroir de qualité. Les plats ne sont pas surprenants, mais on a envie de goûter au millefeuille au boudin aux pommes, à l'aiguillette de bœuf à la normande, au méli-mélo de la mer au pommeau. Voici un restaurant d'atmosphère dans lequel on se sent tout de suite bien. La partie hôtel est moins remarquable, bien que charmante par son côté désuet. L'un des meilleurs rapports qualité-prix de Pont-Audemer, auquel s'ajoutent le professionnalisme et la gentillesse. *Digestif maison offert à nos lecteurs sur présentation de ce guide.*

I●I *Restaurant Hasting* – 10, rue des Cordeliers (Centre) ☎ 02-32-42-89-68. Fermé le mercredi. Congés annuels : en novembre.

Accès : de la place Victor-Hugo, prendre la place Louis-Gillian, puis la rue des Cordeliers. Menus de 10 €, avec un quart de vin compris (servi tous les jours), à 13 €. Le petit restaurant campagnard comme on les aime, sauf que celui-ci est en plein centre-ville. Salle à manger aux nappes à carreaux rouges. Cuisine bourgeoise, simple mais efficace : côte de veau vallée d'Auge, filets de canard sauce madère... et couscous ! Accueil sympathique.

DANS LES ENVIRONS

CAMPIGNY 27500 (6 km SE)

🏠 I●I *Hôtel Le Petit Coq aux Champs – Restaurant L'Andrien* **** – La Pommeraie sud ☎ 02-32-41-04-19. Fax : 02-32-56-06-25. ● www.lepetitcoqaux champs.fr ● Parking. TV. Satellite. Congés annuels : 3 semaines en janvier. Accès : par la D29. Chambres doubles de 107 à 141 € avec bains. 1er menu à 30 €. Autres menus à 37 et 60 €. Dans un cadre de rêve, au cœur de la campagne normande, voici une authentique chaumière normande, avec une table délicieuse, accueillante et décontractée, tout en étant raffinée. Le chef, Jean-Marie Huard, brille d'inventivité pour associer plaisir des yeux et du palais. Ses spécialités : le foie gras maison et le pot-au-feu de foie gras aux choux croquants. Deux merveilles ! La carte change au fil des saisons. Jardin paysager, piscine.

BEUZEVILLE 27210 (12 km O)

🏠 I●I *Auberge du Cochon d'Or* ** – pl. du Général-de-Gaulle (Centre) ☎ 02-32-57-70-46. Fax : 02-32-42-25-70. ● www.le-cochon-dor.fr ● Parking. TV. Fermé le lundi, plus le dimanche soir d'octobre à fin mars. Congés annuels : du 15 décembre au 15 janvier. Accès : prendre la N175 direction Pont-l'Évêque ou l'A13 sortie n° 28 ; face à la mairie. Chambres doubles de 36 à 52 € avec douche et w.-c. ou bains. 1er menu à 14 € servi uniquement en semaine. Autres menus de 18,60 à 40 €. Grande salle à manger où se perpétue depuis 4 décennies le savoir-faire du cuisinier, grand spécialiste des plats normands : quenelles de volaille à la crème de camembert, canard à la rouennaise, aile de raie au chou, florentin et glace au pain d'épice... De l'autre côté de la rue, il y a l'annexe, *Le Petit Castel*, avec des chambres au calme sur le jardin, où vous pourrez prendre le petit déjeuner.

🏠 I●I *Hôtel de la Poste* ** – 60, rue Constant-Fouché ☎ 02-32-20-32-32. Fax : 02-32-42-11-01. Parking. TV. Resto fermé le jeudi midi, le vendredi midi et le dimanche soir (sauf en juillet et août). Congés annuels : du 11 novembre au 1er avril. Accès : en face de l'hôtel de ville et à 10 mn du pont de Normandie. Chambres à 41 € avec douche et w.-c. et à 61 € avec bains. 1er menu à 16,50 € le midi en semaine. Autres menus de 21,50 à 31,50 €. Demi-pension demandée le week-end, à partir de 52 € (avec un large choix de menus). Un authentique relais de poste de 1844. Le porche remarquable accueille les belles voitures d'aujourd'hui en remplacement des diligences d'antan, au cœur de cette petite ville qui a subi beaucoup de dégâts pendant la guerre de Cent Ans ! Joli jardin avec terrasse à l'arrière. Spécialités régionales comme l'andouille, cuisinée de différentes manières. Il faut dire que c'est le péché mignon du patron. Également foie gras au pommeau, saumon et magret fumé maison, rognons de veau flambés au calvados et la mousse de fromage blanc à la gelée de cidre. Une adresse accueillante à 15 mn de Honfleur, où les hôtels sont réputés chers et souvent complets ! *10 % sur le prix de la chambre (à partir de 2 nuits consécutives) offerts à nos lecteurs sur présentation de ce guide.*

ROUEN 76000

Carte régionale B1

🏠 *Hôtel du Palais* – **12, rue du Tambour (B2-8)** ☎ 02-35-71-41-40. TV. Fermé le dimanche après-midi de 12 h à 19 h. Chambres doubles à 25 € avec lavabo, et de 32 à 34 € avec douche et w.-c. Dans une petite rue, coincé entre le palais de justice et le Gros Horloge et en face de la sortie de métro, cet hôtel a deux atouts non négligeables : sa situation, on ne peut plus centrale, vous l'aviez compris, mais aussi ses tout petits prix. Ce n'est pas le grand luxe, bien sûr, mais l'agencement de certaines chambres autour d'un patio imaginaire et le côté un peu décalé de la déco ravira les jeunes fauchés. Adresse plébiscitée par nos lecteurs.

🏠 *Hôtel Céline* ** – **26, rue de Campulley (hors plan B1-1)** ☎ 02-35-71-95-23. Fax :

02-35-89-53-71. ● **www.hotels-rouen.net** ● TV. Câble. Accès : près de la gare. Chambres doubles de 30,49 à 41,16 € avec douche et w.-c. Une grande maison bourgeoise bien au calme. Chambres aux tons pastel, propres et modernes. Au dernier étage, certaines sont particulièrement grandes mais un peu chaudes en plein été. Tarifs agréables.

🏠 ❙●❙ *Hôtel Bristol* – **45, rue aux Juifs (B2-6)** ☎ 02-35-71-54-21. Fax : 02-35-52-06-33. TV. Fermé le dimanche et les jours fériés. Congés annuels : 1 semaine en hiver et 3 semaines en août. Accès : en face du superbe palais de justice. Chambres doubles de 34 à 43 € avec bains et téléphone. Menu le midi en semaine à 9,90 €. Compter 15 € à la carte. Dans une belle maison à colombages restaurée, 9 chambres confortables et refaites (dont certaines ont vue sur le palais de justice). Accueil formidable.

🏠 *Hôtel Beauséjour* ** – **9, rue Pouchet (B1-2)** ☎ 02-35-71-93-47. Fax : 02-35-98-01-24. ● **www.hotelbeausejour76.com** ● TV. Satellite. Congés annuels : du 15 au 30 juillet et du 24 au 31 décembre. Accès : à 200 m de la gare SNCF. Chambres doubles avec douche et w.-c. à 39,50 €. Une façade pimpante, des chambres rénovées et bien équipées, un charmant jardin et un salon-bar : c'est une de nos meilleures adresses à proximité de la gare. Au calme et prix attractifs pour sa catégorie. *10 % sur le prix de la chambre (pour 2 nuits consécutives le week-end) offerts à nos lecteurs sur présentation de ce guide.*

🏠 *Hôtel des Carmes* ** – **33, pl. des Carmes (C2-5)** ☎ 02-35-71-92-31. Fax : 02-35-71-76-96. ● **h.des.carmes@mcom. fr** ● TV. Satellite. Câble. Accès : entre la cathédrale et la mairie. Chambres doubles de 42 à 45 € avec douche et w.-c. ou bains. Petit déjeuner à 5,50 €. Sur une des places les plus animées du centre-ville et dans un décor flambant neuf, aux couleurs de Pont-Aven, un très joli hôtel où une jeune équipe vous accueille avec le sourire. Ce hall très gai, d'inspiration katmandou-baroque,

---

🏠 **Où dormir ?**

  1 Hôtel Céline
  2 Hôtel Beauséjour
  3 Hôtel Andersen
  4 Hôtel de Dieppe
  5 Hôtel des Carmes
  6 Hôtel Bristol
  7 Le Cardinal
  8 Hôtel du Palais

  9 Hôtel de la Cathédrale
  10 Hôtel du Vieux Carré

❙●❙ **Où manger ?**

  21 Au Temps des Cerises
  22 La Toque d'Or
  23 Le 37
  24 Auberge Saint-Maclou
  25 Brasserie Paul
  26 Le P'tit Bec
  27 Le Bistrot du Chef... en Gare

HAUTE-NORMANDIE

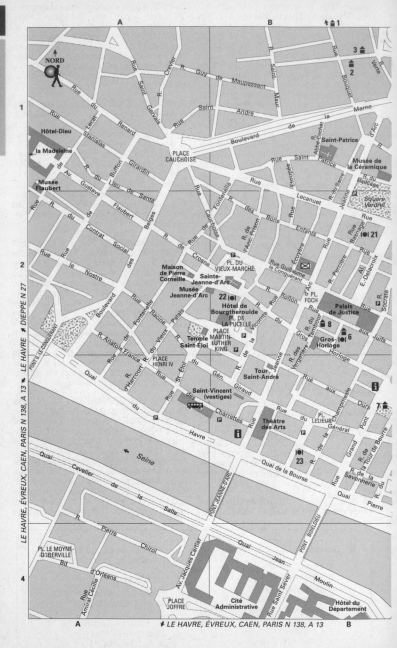

LE HAVRE, ÉVREUX, CAEN, PARIS N 138, A 13 • PONT G. LE CONQUÉRANT • LE HAVRE • DIEPPE N 27

CAEN, ÉVREUX, PARIS D 18e, A 13, N 14

prend comme des allures de cirque. Les chambres sont tout aussi colorées et agréables. Petit déjeuner proposant les produits des meilleurs fournisseurs et artisans de Rouen, beurre frais, confiture de pommes au calvados, yaourt fermier... Un excellent rapport qualité-prix. *10 % sur le prix de la chambre (d'octobre à avril) offerts à nos lecteurs sur présentation de ce guide.*

🛏 *Hôtel Andersen* * – **2 bis et 4, rue Pouchet (B1-3)** ☎ 02-35-71-88-51. Fax : 02-35-07-54-65. ● www.hotelandersen.com ● TV. Satellite. Câble. Accès : à proximité de la gare. Chambres doubles à partir de 50 € avec douche et w.-c. Un très joli hôtel dans une vieille maison. Énormément de goût dans la déco et beaucoup de gentillesse et de chaleur dans l'accueil. Les chambres, claires et ravissantes, ont été entièrement redécorées par la patronne dans un style rappelant un peu la Révolution ou le Directoire, mais avec tout le confort moderne. Pour un peu plus direct et plus chaleureux, la réception est au salon. Bref, on se sent chez soi. Parking payant à proximité.

🛏 *Hôtel du Vieux Carré* ** – **34, rue Ganterie (C2-10)** ☎ 02-35-71-67-70. Fax : 02-35-71-19-17. ● vieuxcarre@mcom.fr ● TV. Câble. ♿ Accès : dans une rue piétonne du centre-ville. Chambres doubles tout confort entre 51 et 55 €, selon qu'elles donnent sur la cour ou sur la rue. Quelques chambres de caractère dans cette jolie maison à colombages du vieux centre-ville. Assez petites, vieille maison oblige, les chambres sont sobrement et joliment décorées et donnent, pour certaines, sur une ravissante courette aux couleurs chatoyantes. On peut, aux beaux jours, y prendre le thé et un petit goûter, car la maison fait aussi salon de thé (et restauration légère pour le déjeuner) : c'est délicieux et les prix sont très corrects. Accueil adorable. *Café offert à nos lecteurs sur présentation de ce guide.*

🛏 *Le Cardinal* ** – **1, pl. de la Cathédrale (B3-7)** ☎ 02-35-70-24-42. Fax : 02-35-89-75-14. ● hotelcardinal.rouen@wanadoo.fr ● Parking payant. TV. Canal+. Satellite. Congés annuels : du 15 décembre au 5 janvier. Accès : au cœur de la ville, dans le centre piéton. Chambres doubles à 51 € avec douche et w.-c., et à 64 € avec salle de bains neuve. Sans conteste le mieux situé de la ville, comme l'indique son adresse. Presque toutes les chambres donnent sur la cathédrale, splendide quand elle est illuminée la nuit. Aux beaux jours, possibilité de prendre le petit déjeuner en terrasse, face à l'hôtel et au pied de la cathédrale. Vous pourrez également le prendre sur votre propre terrasse, si vous demandez la chambre n° 19, 21 ou 22 du 4ᵉ étage. Patronne très sympa et chambres vraiment bien tenues. Bref, un très bon rapport qualité-prix. *10 % sur le prix de la*

chambre (à partir de 2 nuits consécutives hors juillet-août) offerts à nos lecteurs sur présentation de ce guide.*

🛏 *Hôtel de la Cathédrale* ** – **12, rue Saint-Romain (C3-9)** ☎ 02-35-71-57-95. Fax : 02-35-70-57-95. ● www.hotel-de-la-cathedrale.fr ● Parking payant. TV. Câble. Accès : proche de la cathédrale. Chambres de 53 € avec douche et w.-c. à 61 € avec bains et w.-c. Dans une rue piétonne qui longe la cathédrale, un merveilleux petit hôtel de charme, disposé autour d'un agréable patio. Au calme et stratégiquement très bien situé. Dommage que toutes les chambres n'aient pas le même charme. Demander les chambres rénovées... Un salon de thé avec un grand choix de thés rares.

🛏 |●| *Hôtel de Dieppe* *** – **pl. Bernard-Tissot (C1-4)** ☎ 02-35-71-96-00. Fax : 02-35-89-65-21. ●hotel.dieppe@wanadoo.fr ● TV. Canal+. Câble. Accès : face à la gare. Chambres doubles de 88 à 100 €. Bonnes grillades et menus gastronomiques de 19 à 35 € toute la semaine. Accord avec parking SNCF à proximité payant, à 5 € par nuit. Grande maison de tradition tenue par la plus ancienne famille hôtelière de la ville. Service de style. Chambres confortables mais impersonnelles et démodées, à des prix un peu surestimés. Cela dit, vous pouvez bénéficier d'un tarif week-end avantageux si vous restez 2 nuits. Le resto est très réputé notamment pour sa grande spécialité de caneton rouennais à la presse. Pour les mange-tard, on vous conseille le bar de l'hôtel, ouvert jusqu'à 1 h. *Apéritif maison offert à nos lecteurs sur présentation de ce guide.*

|●| *Au Temps des Cerises* – **4-6, rue des Basnage (B2-21)** ☎ 02-35-89-98-00. Fermé le lundi midi, le samedi midi et le dimanche. Menus à 10 €, le midi en semaine, et de 14 à 20 €. Le plus « fromage » des restos rouennais. Cadre frais, aux couleurs kitsch mais agrémenté de bibelots rigolos autour du concept laitier ! Ne ratez pas les œufs en cocotte, et régalez-vous de fondue normande (meuh !), du camembert doré à la confiture de griottes et de glace au fromage blanc et caramel. Des plats qui attirent la jeunesse locale autant pour leur originale simplicité (si l'on peut dire) que pour la modicité des prix. Terrasse très agréable. *Apéritif maison offert à nos lecteurs sur présentation de ce guide.*

|●| *Brasserie Paul* – **1, pl. de la Cathédrale (C3-25)** ☎ 02-35-71-86-07. Ouvert tous les jours jusqu'à 2 h. Menus à 10 et 16,50 €. Comme le précise le menu, « Brasserie gourmande rouennaise depuis 1911 ». Apollinaire, Marcel Duchamp y sont venus. Simone de Beauvoir était une habituée. Elle avait bien raison ! Salades copieuses, tar-

tines, petits plats mitonnés, etc. Il faut goûter la spécialité maison de chausson au camembert aux pommes et sauce au cidre. Un régal ! Dîner sur la terrasse en été, face à la cathédrale illuminée. *Apéritif maison offert à nos lecteurs sur présentation de ce guide. NOUVEAUTÉ.*

|●| *Auberge Saint-Maclou* – 224-226, rue Martainville (C3-24) ☎ 02-35-71-06-67. Fermé le dimanche et le lundi sauf jours fériés. Congés annuels : vacances de février et 3 semaines à partir du 15 août. Le midi en semaine, menus très honnêtes à 10,67 et 13,67 €, un quart de vin et kir inclus ! Le soir, menus à 13 €, sauf le samedi soir, puis à 17,20 et 23 €. Un cadre rustique et une adresse authentique dans une maison à pans de bois. Petite terrasse en été. Cuisine revigorante.

|●| *Le P'tit Bec* – 182, rue Eau-de-Robec (C2-26) ☎ 02-35-07-63-33. Ouvert le midi uniquement le lundi au samedi, ainsi que les vendredi et samedi soir. Menus à 11 et 13 € pour le déjeuner uniquement. Compter 17 € à la carte. Salon de thé l'après-midi. Au déjeuner, délicieuse cuisine familiale, sympathique et réussie. Spécialités de gratins au jambon ou poisson et œufs en cocotte. Salle claire et service adorable orchestré par des femmes souriantes qui virevoltent pour contenter les nombreux habitués. Deux maisons qui tiennent fort bien la route. Il est d'ailleurs conseillé de réserver. Par beau temps, petite terrasse sur la rue, une des plus jolies de Rouen. *Apéritif maison offert à nos lecteurs sur présentation de ce guide.*

|●| *La Toque d'Or* – 11, pl. du Vieux-Marché (B2-22) ☎ 02-35-71-46-29. Ouvert tous les jours. Formules à 11 et 14 €. Menus à 12 €, le midi en semaine, et 14 à 38 €. Compter 30 € à la carte. Encore une situation stratégique, puisque c'est sur cette même place que les Anglais brûlèrent la pauvre Jeanne. Cette belle maison normande propose deux formules : au rez-de-chaussée, resto plus chic pour clientèle bourgeoise, formule « grill » dans la grande salle à manger à colombages du 1er étage, où l'on peut se nourrir à tout petits prix. Certes, la cuisine n'est pas celle d'en bas, mais le rapport qualité-prix est convenable.

|●| *Le Bistrot du Chef... en Gare* – pl. Bernard-Tissot (C1-27) ☎ 02-35-71-41-15. Fermé le samedi midi, le dimanche toute la journée et le lundi soir. Congés annuels : en août. Un bon menu à 14,50 €, sauf le dimanche, et plat du jour à 10,60 €. Repas autour de 21 € à la carte. Menu-enfants à 9 €. Une cuisine signée Gilles Tournadre dans un cadre chic et feutré au 1er étage, au-dessus du buffet de la gare. Charme discret de la bourgeoisie rouennaise. Pianiste le vendredi et le samedi soir.

Ils vont bientôt nous faire préférer les gares ! *Apéritif maison ou café offert à nos lecteurs sur présentation de ce guide.*

|●| *Le 37* – 37, rue Saint-Étienne-des-Tonneliers (B3-23) ☎ 02-35-70-56-65. Fermé le dimanche et le lundi. Formule à 15 €, servie midi et soir, du mardi midi au vendredi midi. À la carte, compter 30 €, sans le vin. Ce bistrot est tenu par M. Tournadre, le seul chef ayant deux macarons Michelin à Rouen. Les prix sont raisonnables. Atmosphère *Elle déco*, moderne et chaleureuse. *NOUVEAUTÉ.*

DANS LES ENVIRONS

CLÈRES 76690 (18,5 km N)

|●| *Le Flamant Rose* – pl. de la Halle (Centre) ☎ 02-35-33-22-47. Fermé le mardi et tous les soirs. Congés annuels : du 11 novembre au 15 décembre. Accès : par la D27 ; à Boulay, bifurquer sur la D6. Menus à 9 €, le midi, et de 12,50 à 17,50 €. Au *Flamant Rose*, la simplicité est au rendez-vous avec des plats régionaux et quelques classiques de brasserie (magret de canard au cidre, tête de veau sauce ravigote, saumon fumé maison...).

RY 76116 (20 km E)

|●| *Restaurant Le Bovary* – Grande Rue (Centre) ☎ 02-35-23-61-46. Congés annuels : 15 jours en février. Accès : par la N31 jusqu'à Martainville, puis par la D13. Menus à 9,50 €, le midi en semaine, et de 15 à 30 €. L'église, les halles et même ce restaurant à la superbe façade à pans de bois et à l'intérieur rustique ont fait craquer Flaubert. Gustave n'avait pas à l'époque un choix de menus aussi conséquent. De quoi contenter toutes les bourses et les gourmands. Superbe 1er menu au rapport qualité-quantité-prix rarement égalé. Service prévenant et impeccable. Assez incroyable à ce prix-là.

SAINT-VALÉRY-EN-CAUX   76460

Carte régionale A1

▲ *Hôtel Henri IV* ** – 16, rue du Havre (Sud-Ouest)** ☎ 02-35-97-19-62. Fax : 02-35-57-10-01. TV. Accès : du centre, prendre la direction de Fécamp et de Cany-Barville ; l'hôtel est à quelques centaines de mètres sur la gauche. Chambres doubles à 29 € avec lavabo (c'est celles qui ont la plus jolie vue) et de 39 à 47 € avec douche et w.-c. ou bains. Un vent de bonne humeur souffle sur cette grande maison de brique couverte de lierre. Michèle aime recevoir.

Elle propose des chambres confortables. Celles qui donnent sur l'arrière sont les plus silencieuses. La patronne est aussi une fan d'aviation. Elle peut vous organiser de chouettes balades au-dessus de la côte avec ses amis de l'aéroclub. Terrasse avec patio fleuri pour la détente.

🏠 I●I *Hôtel-restaurant La Marine* – 113, rue Saint-Léger (Sud-Ouest) ☎ et fax : 02-35-97-05-09. ● www.lemurmure.free.fr/lamarine.htm ● TV. Fermé le vendredi en hiver. Congés annuels : en janvier et décembre. Accès : depuis le pont, passer devant la maison Henri-IV (office du tourisme) et prendre la première rue à gauche. Chambres avec douche et w.-c. ou bains de 31,50 à 39 €. Demi-pension de 30 à 31,50 €. Menus à 10,50 €, en semaine, et de 15,50 à 28,50 €. Vous serez bien accueilli et au calme dans ce petit hôtel-restaurant familial. Un endroit sans chichis mais au confort honnête et au cadre rénové. Pour le restaurant, 2 petites salles au charme désuet. Spécialités régionales : bulots farcis à l'ail, raie au cidre, maquereau, tarte aux pommes crème anglaise au calvados, crêpes à la confiture de cidre...

I●I *Le Restaurant du Port* – 18, quai d'Amont (Centre) ☎ 02-35-97-08-93. Fermé le dimanche et le lundi. Accès : à l'entrée du port. Menus à 19 et 33 €. Plateau de fruits de mer à 27,50 €. Compter 40 € à la carte. Comme son nom l'indique, ce restaurant est sur le port et ses spécialités sont, vous l'avez deviné, le poisson et les fruits de mer. C'est l'établissement chic de la ville. Aménagement raffiné, bourgeois mais pas tape-à-l'œil. Évidemment, la classe, ça se paie. Le 1er menu est simple et classique, l'autre, beaucoup plus intéressant, propose tarte fine de maquereaux et turbot grillé... Pour les carnivores, quelques alternatives. Les portions manquent un peu de générosité. En vous plaçant près des larges fenêtres, vue sur le port.

DANS LES ENVIRONS

SOTTEVILLE-SUR-MER   76740
(10 km NE)

🏠 *Hôtel des Rochers* ** – pl. de l'Église (Centre) ☎ 02-35-97-07-06. Fax : 02-35-97-71-73. ♿ Congés annuels : du 31 décembre au 15 mars. Accès : au centre. Chambres doubles de 43 à 46 € avec douche et w.-c. ou bains. Cette grande maison bourgeoise est l'ancien presbytère. Charmant jardin ceint d'un haut mur. Une dizaine de chambres confortables et calmes. Excellent accueil. *Café offert à nos lecteurs sur présentation de ce guide.*

I●I *Restaurant Les Embruns* – pl. de l'Église ☎ 02-35-97-77-99. ♿ Fermé le dimanche soir et le lundi de début avril à fin septembre, et également le mardi en dehors de cette période. Congés annuels : 3 semaines fin janvier-début février et 15 jours fin septembre-début octobre. Accès : direction Dieppe ; à Veules-les-Roses, prendre à gauche la D68. Menus-carte de 13 à 15 € au déjeuner et de 23 à 30 € le soir. Ancien bar-tabac reconverti à la gastronomie. Formule originale : ici, vous choisissez un plat, et le reste (entrée et dessert) est compris dans le prix du plat. Le prix de la formule est donc variable en fonction du plat choisi. Plusieurs choix d'entrées et de desserts. Spécialités dépassant largement le cadre régional : croustillant de langoustines sauce thaïlandaise, magret de canard rôti aux pommes sauce cidre, travers de porc braisé au cidre...

PETITES-DALLES (LES)   76540
(17 km SO)

🏠 I●I *Hôtel-restaurant de la Plage* – 92, rue Joseph-Heuzé ☎ 02-35-27-40-77. Fermé le lundi soir, le mercredi et le dimanche soir. Congés annuels : pendant les vacances scolaires de février et de Noël zone B. Accès : par la D925 en direction de Fécamp ; dans la rue principale, à 50 m de la plage. Chambres accueillantes à prix doux : de 37 € avec douche et w.-c. à 40 € avec bains. Menus à 15,20 €, servi tous les jours (midi et soir !), à 31 €. C'était l'un des lieux préférés du grand photographe Jean-Loup Sieff. M. et Mme Pierre reçoivent avec le sourire dans cette belle demeure de brique aux petits balcons de bois. Il est bien rare de trouver sur la côte des prix aussi doux pour une adresse de si bonne qualité. Un lieu plein de sérénité. Dans la petite salle traditionnelle et moderne à la fois, décorée avec amour et goût, vous dégusterez une cuisine raffinée jusque dans les entrées, avec cette spécialité d'huîtres chaudes de Pourville en robe de laitue et civet de bigorneaux au cidre et coulis de betteraves aux pommes (sur commande).

TRÉPORT (LE)   76470

Carte régionale B1

🏠 *Hôtel de Calais* ** – 1-5-11, rue de Paris (Centre) ☎ 02-27-28-09-09. Fax : 02-27-28-09-00. ● www.hoteldecalais.com ● Parking. TV. Satellite. Ouvert tous les jours de 7 h 30 ou 8 h à 21 h 30 ou 23 h suivant la saison (sinon, interphone). Accès : à partir du quai, monter vers l'église. Chambres doubles avec douche et w.-c. de 40 à 68 €, avec bains de 54 à 62 €. Perché au-dessus du port depuis près de deux siècles, cet ancien relais de poste a accueilli bien du monde. De Victor Hugo aux *GI's* en passant par les populos des premiers congés payés, les lieux ont bien vécu. Certains regretteront sans doute que l'hôtel ait un peu perdu de son âme lors de sa dernière rénovation, mais celle-ci s'imposait. Les chambres ont donc été entièrement refaites, avec des papiers peints aux couleurs vives et de superbes salles de bains. L'ambiance est toujours aussi chaleureuse et l'accueil aussi adorable. La plupart des chambres ont vue sur le port, mais pas toutes ; il faut se renseigner. De même qu'elles n'ont pas toutes la même taille et que leur prix s'échelonne selon qu'elles sont avec douche ou avec bains. À signaler aussi, des chambres et appartements meublés. *Un petit déjeuner par chambre (hors juillet-août, jours fériés et ponts) offert à nos lecteurs sur présentation de ce guide.*

I●I *Mon P'tit Bar* – **3-5, rue de la Rade (Centre)** ☎ **02-35-86-28-78.** Accès : sur le port. Menus de 8,50 à 15,20 €. Voici le genre de petite adresse authentique et pas bégueule qu'on aime bien. Plus qu'un vrai restaurant, il s'agit plutôt d'un bar, un rade pourrait-on dire, qui propose une restauration toute la journée, à toute heure et jusque tard le soir dans un cadre sans importance. Fraîcheur des petits plats de marché, modestie des prix, sympathie de l'accueil. Bonnes assiettes de fruits de mer également. Ça change de certains établissements sur le port.

I●I *La Matelote* – **34, quai François-Ier (Centre)** ☎ **02-35-86-01-13.** Fermé le mardi soir. Accès : sur le port. Menus à 12,04 €, sauf le dimanche, et de 19,06 à 25,15 €. Plateaux de fruits de mer à 19,67 € et plus. Rapport qualité-prix du premier menu imbattable. En plus, c'est bon ! Soyons clairs : on ne vient ici que pour le poisson et les fruits de mer. Fraîcheur garantie ! Décor bleu marine et rose… crevette, d'un goût douteux, mais qui, finalement, fait sourire. Salle au 1er étage avec vue sur la va-et-vient des bateaux dans le port et sur les vagues se brisant sur la jetée les jours de tempête. Au menu, marmite tréportaise, paella, couscous de poissons, choucroute de la mer… Service apprêté pour le gastro et plus décontracté pour les formules moins chères, grand choix et pas de surprise à l'arrivée au port. Excellent accueil. *Pommeau en fin de repas offert à nos lecteurs sur présentation de ce guide.*

DANS LES ENVIRONS

CRIEL-SUR-MER 76910 (8,5 km SO)

🏠 I●I *Hostellerie de la Vieille Ferme* ** – **Mesnil-Val-Plage** ☎ **02-35-86-72-18. Fax : 02-35-86-12-67.** Parking. TV. Satellite. Fermé le dimanche soir et le lundi hors sai-

son. Congés annuels : les 2 premières semaines de janvier et les 3 dernières semaines de décembre. Accès : par la route touristique qui longe les falaises ; dans la rue principale, à 300 m de la plage. Chambres doubles avec bains de 52 à 81 €. Menus de 17 à 37 €. Demi-pension demandée en saison. Plateau de fruits de mer. Une immense bâtisse normande avec tout le confort et le chant des oiseaux. Terrasse, jardin spacieux, pelouse soignée et pressoir à pommes. Chambres calmes mais très défraîchies. Cadre rustique et chaleureux, belle salle à manger bourgeoise. Parmi les spécialités : pot-au-feu de la mer, poêlée de langoustines et gambas au vinaigre de Xérès, soufflé au Grand Marnier.

Carte régionale A2

🏠 I●I *Hôtel Le Saumon* ** – **89, pl. de la Madeleine** ☎ **02-32-32-02-36. Fax : 02-32-37-55-80.** TV. Canal+. Satellite. Fermé le dimanche soir de novembre à mars. Congés annuels : du 20 décembre au 10 janvier. Accès : sur la place de l'Église. Chambres doubles de 40 à 60 € avec douche et w.-c. ou bains. Menus à 10,50 €, en semaine, et de 14 à 49 €. Une bonne maison provinciale, plutôt bien tenue. On dort bien et l'on jouit d'une belle vue sur la place et le magnifique clocher de l'église, ou d'une petite vue sur les anciens remparts. *Le Saumon*, c'est aussi une bonne table : saumon (bien sûr), homard grillé, tête de veau sauce ravigote et buffet de hors-d'œuvre de Pâques à la Toussaint.

DANS LES ENVIRONS

BARILS (LES) 27130 (8 km O)

I●I *L'Épicier Normand* – **2, rue de Verneuil** ☎ **02-32-60-05-88.** Fermé le lundi soir. Accès : par la N26. Menus de 15,10 à 25,15 €. Un endroit assez unique et charmant. C'est à la fois une épicerie, un resto et une salle de spectacles. Accueil chaleureux et cuisine savoureuse : boudin aux pommes, cidrée de bœuf. Mais c'est l'exceptionnel poulet vallée d'Auge qui restera gravé à jamais dans notre mémoire… La partie music-hall ou théâtre est occasionnelle, mieux vaut appeler pour les programmes. Un coup de cœur. *NOUVEAUTÉ.*

Carte régionale B2

🏠 I●I *Hôtel d'Évreux – Restaurant Le Relais Normand* *** – **11, pl. d'Évreux (Centre)** ☎ **02-32-21-16-12. Fax : 02-32-**

21-32-73. ● hotel-d-evreux@libertysurf.fr ● Parking. TV. Satellite. Resto fermé le dimanche sauf à Pâques et à la Pentecôte. Accès : en face de la poste. Chambres doubles avec douche à 33 €, avec douche et w.-c. à 45 €, et avec bains à 54 €. Menus à 20 et 26 €. Attention, il vaut mieux réserver ! Cette maison normande cache un intérieur bavarois ! La patronne, autrichienne, a décoré cet hôtel-restaurant avec des souvenirs de son pays : collection de chopes de bière, bar rustique et kitsch, cheminée imposante… ambiance chaleureuse. Aux beaux jours, la terrasse intérieure est ouverte. Le chef, lui, est français et très gourmand. Ses spécialités : huîtres normandes rôties, foie gras frais de canard, saucisson de pied de porc au jus de truffes, tarte fine aux pommes et le soufflé glacé au pommeau. Quant aux chambres, elles ont tout le charme des hôtels de province, bien tenus, bourgeois et rustiques à la fois.

|●| *La Halle aux Grains* – 31, rue de Gamilly ☎ 02-32-21-31-99. ♿ Fermé le dimanche soir et le lundi. Congés annuels : la 2e quinzaine d'août et pendant les vacances scolaires de Noël. Accès : près de la place de la République. Plats du jour à 7,50 €. Compter de 12 à 16 € à la carte. Menu le dimanche à 23 € (apéritif compris). Un restaurant qui ne désemplit pas de toute l'année ne peut pas être foncièrement mauvais. Cela vient de ce que, dans toutes les parties du jeu, l'excellence n'est pas loin : accueil chaleureux, cadre soigné et feutré, service diligent et cuisine de produits frais. On comprend tout de suite que le patron est rétif aux surgelés : ici, tout est fait maison. La pâte feuilletée est délicieuse (entrées et desserts), les pizzas variées et les grillades à base de viande de 1er choix. Mentionnons une carte des vins abordable, dont certains peuvent être consommés au verre. Le rapport qualité-prix n'a pas été mis de côté : c'est l'un des meilleurs de Vernon. Prévenance, fraîcheur et qualité : voilà tout ce qui fait une bonne adresse !

DANS LES ENVIRONS

VERNONNET 27200 (1 km NE)

|●| *Le Relais des Tourelles* – rue de la Chaussée (Nord-Est) ☎ 02-32-51-54-52. Parking. Fermé le lundi et le dimanche soir. Congés annuels : 15 jours en juillet-août et 3 semaines en décembre-janvier. Accès : juste en face de Vernon, de l'autre côté de la Seine. Menus à 12 €, servi uniquement en semaine, puis à 21,50 à 31,50 €. Vernonnet est un petit village où Saint Louis venait déguster du cresson au pied des tourelles. Dans une charmante maisonnette à pans de bois, décorée chaleureusement, et à 100 m

de ces tourelles, vous pourrez goûter aux huîtres chaudes à la fondue de poireaux, au saint-pierre au beurre nantais ou à d'autres spécialités plus locales. Une bonne adresse à seulement 4 km de Giverny, loin des cars de touristes et du fan-club de Claude Monet. Soirées jazz régulièrement organisées.

GIVERNY 27620 (5 km E)

🏠 |●| *Hôtel La Musardière* ** – 123, rue Claude-Monet (Centre) ☎ 02-32-21-03-18. Fax : 02-32-21-60-00. Parking. TV. Accès : la rue Claude-Monet est parallèle à la D5 ; l'hôtel est juste après le musée et à côté de la fondation. Chambres doubles de 49 à 65 €. Menus de 23 à 34 €. Une grande maison bourgeoise avec véranda, dans un vaste jardin. Calme assuré : les autocars et les touristes sont restés à distance. Chambres spacieuses avec une bonne literie. Petit resto (crêpes, salades), mais aux heures d'affluence, l'attente peut être assez prolongée (comme dans les autres établissements du coin, d'ailleurs).

|●| *Les Jardins de Giverny* – 1, rue du Milieu (ou chemin du Roy) ☎ 02-32-21-60-80. Parking. Ouvert le midi seulement et le samedi soir. Fermé le lundi. Accès : sur la D5 en venant de Vernon, fléchage ; à 1 km sur la gauche après la station-service. 1er menu à 20 €, servi en semaine uniquement. Autres menus de 26 à 35 €. Ce n'est pas le jardin de Claude Monet, mais il ne manque pas de charme… On déjeune en terrasse l'été ou au jardin d'hiver (véranda) à la mi-saison. On déguste des plats normands dans la salle à manger Louis XVI d'une maison normande. C'est d'ailleurs cette même salle à manger que fréquentèrent Clemenceau, A. Briand, Monet et bien d'autres grands de l'époque. On peut encore voir au mur l'anneau d'attache pour leurs chevaux. Menus avec trou normand (sorbet au cidre fouetté au calvados, servi au milieu du repas afin de faciliter la digestion). Excellentes spécialités du terroir et de produits de la mer : poulet mariné en rôtissoire, canette à la normande, filet de sole aux écrevisses, diplomate normand glace pain d'épice. Signalons que le chef accorde une place à part prépondérante aux légumes, ce qui est une très bonne idée. À noter, quelques plats aromatisés aux algues. Initiative heureuse, chaque menu est accompagné de conseils afin de choisir le vin adéquat. Une adresse très classe. *Café offert à nos lecteurs sur présentation de ce guide.*

GASNY 27620 (10 km NE)

|●| *Auberge du Prieuré Normand* – 1, pl. de la République ☎ 02-32-52-10-01. Fermé le mardi soir et le mercredi. Accès : par la D313, ou par la D5 en passant par

Giverny. Menus à 22 et 29 €. Halte gourmande idéalement située entre La Roche-Guyon et Giverny. Si le premier menu est déjà bien tentant, on s'est laissé aller à notre gourmandise et on a craqué pour celui à 29 € où les recettes de terroir prennent des airs de fête : amuse-bouche salé, petites lottes rôties sur salade, turbot à l'andouille, fromage puis amuse-bouche sucré et cannellonis de crème brûlée. Un très bon rapport qualité-prix. Judicieuse carte des vins à prix très raisonnables. Un léger bémol sur les petits pains maison, un autre sur le cadre, soigné mais plutôt anodin. Rien de bien grave, en somme, cela reste une excellente adresse. *NOUVEAUTÉ.*

FOURGES 27630 (15 km NE)

I●I *Le Moulin de Fourges* – **38, rue du Moulin** ☎ 02-32-52-12-12. Fermé le dimanche soir et le lundi. Congés annuels : du 1er novembre au 1er avril. Accès : fléché depuis l'entrée de Fourges ; prendre la D5 en direction de Magny-en-Vexin. Au bord de l'Epte. Formule le midi en semaine (en saison) et menu-carte à 30 €. Voici ce superbe moulin, rendez-vous des artistes en général et des impressionnistes en particulier, d'où l'on a plaisir à voir couler depuis les fenêtres, la vigoureuse Epte dans un paysage d'un romantisme inégalé. Décor champêtre et forestier des salles à manger, réalisé par un peintre de Vernon, Francis Villard. Avant ou après Giverny, venez donc voir les paysages qui ont ému tant de pinceaux et déguster une cuisine pleine de saveurs, à la fois traditionnelle et simple, savoureuse et vivante. Cave honnête. Depuis le changement de formule et de chef (entraînant une baisse des prix mais pas de la qualité !), c'est aussi un excellent rapport qualité-prix. Un conseil : à éviter le week-end, où cars de tourisme et autos se disputent les places de stationnement, le plus près possible du *Moulin* naturellement.

VEULES-LES-ROSES 76980

Carte régionale A1

▲ *Résidence Douce France* ✱✱✱ – **13, rue du Docteur-Girard (Centre)** ☎ 02-35-57-85-30. Fax : 02-35-57-85-31. ● www.douce-france.fr ● TV. Satellite. ⅞ Fermé le mardi soir hors saison. Congés annuels : en janvier. Chambres doubles de 80 à 110 € avec douche et w.-c. ou bains. 4 appartements familiaux (4 à 5 personnes) à 175 €. Petits déjeuners de 8 à 12 € et brunch à 12 €. Dans un ancien relais de poste du XVIIe siècle, admirablement bien restauré, une immense bâtisse fortifiée en brique et bois vert clair, entourant une jolie cour fleurie. Sur le côté, un jardin cloîtré au bord de la

Veules. Un endroit calme et unique pour s'aimer et se reposer. Les chambres sont incroyablement spacieuses et douillettes, avec de superbes tissus coordonnés. Attention toutefois, certaines chambres en duplex ont un escalier très raide. L'hôtel propose la location de vélos, et, avant de partir en balade, vous pourrez prendre des forces avec le petit déjeuner campagnard qui propose charcuteries, pains et viennoiseries... Au fait, ils font aussi salon de thé l'après-midi, avec une petite carte. Dommage que l'accueil et le service soient parfois un peu négligés. *Un petit déjeuner offert par personne (hors week-end et vacances scolaires) à nos lecteurs sur présentation de ce guide.*

YVETOT 76190

Carte régionale A1

I●I *Le Saint-Bernard* – **1, av. Foch** ☎ 02-35-95-06-75. ⅞ Fermé le lundi soir, le mardi soir et le mercredi. Accès : au bord de la RN15, direction Le Havre. Menus de 10 à 25,30 €. Tout le monde dans la région connaît ce restaurant avec son décor surprenant et sa cuisine originale. Mais si l'on parle autant du *Saint-Bernard*, c'est à cause de sa table d'hôte et de son incroyable formule à 10 €, vin et café compris, servie midi et soir y compris le week-end ! En cuisine, l'équipe met tout son savoir-faire pour ce petit menu, avec buffet de hors-d'œuvre d'une qualité rare et, ce jour-là, délicieux sauté d'agneau et millefeuille minute. Une véritable aubaine ! *Un verre de calvados offert à nos lecteurs sur présentation de ce guide.*

DANS LES ENVIRONS

CROIXMARE 76190 (5 km SE)

▲ I●I *Auberge du Val au Cesne* – **le-Val-au-Cesne** ☎ 02-35-56-63-06. Fax : 02-35-56-92-78. ● val-au-cesne@hotmail.com ● Parking. TV. ⅞ Fermé le lundi et le mardi. Congés annuels : du 6 au 26 janvier et du 18 au 31 août. Accès : d'Yvetot, prendre la D5 vers Duclair sur 3 km ; depuis la mairie de Croix-mare, RD22 jusqu'à Fréville au stop, prendre à droite la RD5 jusqu'au Val-au-Cesne. Quelques chambres entièrement refaites à 76 € avec bains. Menu à 25 € – on ne les regrette pas – avec entrée, plat et dessert. À la carte, compter au moins 40 €. Vieille maison normande à l'atmosphère chaleureuse. À l'extérieur, dans un univers bucolique intégral, s'ébattent des animaux de ferme dont le proprio, très esthète, a voulu qu'ils soient de race : canards mandarins, poules naines, belles colombes dans une volière, etc. Cuisine excellente et cadre unique font digérer le prix. L'été, on mange dehors et les poules viennent picorer les miettes. Goûtez au foie gras sur croûton à la fleur de sel, à la cravate de sole à la mousse de langoustines, à l'escalope de dinde vieille Henriette (selon la recette d'une vieille paysanne de la région) ou aux autres viandes succulentes, et à la meringue glacée chantilly.

I●I *Auberge de la Forge* – N15 ☎ **02-35-91-25-94.** Parking. ♿ Fermé le mardi et le mercredi. Accès : par la N15 vers Rouen. Menus de 17,80 à 42,70 €, le vin est compris pour les menus à 29 et 42,70 €. Salle champêtre et sobre, dans la droite ligne de la tradition culinaire régionale. Service professionnel et gentil, et un patron qui dirige son équipe en as des fourneaux. On vous régalera, par exemple, d'œufs cocotte crème de courgette et d'aubergine au thon ou d'une terrine d'andouillette chaude et lentilles tièdes, d'une fricassée aux deux poissons crème de poivron rouge aux anchois ou d'une poitrine de veau poêlée farcie aux champignons et aux noix, et d'un biscuit tiède et sa compotée de pommes au miel ou d'un entremets glacé normand, et

de nombreuses autres recettes fort sympathiques. *Un sorbet de pomme au calvados offert à nos lecteurs sur présentation de ce guide.*

ALLOUVILLE-BELLEFOSSE
76190 (6 km O)

I●I *Au Vieux Normand* – **rue Pananotre** ☎ **02-35-96-00-00.** Fermé le mercredi soir. Accès : par la N15 ou par la D34. Menus à 10 €, le midi en semaine, puis à 14 et 18 €. Pas de carte. Sur la place du village et face au célèbre chêne millénaire (qui abrite une chapelle), la vraie auberge de campagne, avec la moitié des habitants attablés autour des menus, car ici pas de carte, mais de solides menus. Cadre rustique, rouge au pichet – réserve du patron – et cidre pression, très bonne ambiance au coin du feu. Terrine, gâteau de boudin, assiette de fruits de mer, andouillette, raie crème de câpre (selon arrivage), tarte au fromage, le choix ne manque pas, mais les tripes maison restent le must. Un bémol : dans un tel endroit, on aurait attendu une tarte aux pommes maison ! *Apéritif maison offert à nos lecteurs sur présentation de ce guide.*

Les prix
En France, les prix des hôtels et des restos sont libres. Certains peuvent augmenter entre le passage de nos infatigables fureteurs et la parution du guide.

Avis aux hôteliers et aux restaurateurs
Chaque année pour y figurer, il faut le mériter !

Le Routard

Pays de la Loire

44 Loire-Atlantique
49 Maine-et-Loire
53 Mayenne
72 Sarthe
85 Vendée

ANCENIS   44150

Carte régionale B1

|●| *La Toile à Beurre* – **82, rue Saint-Pierre** ☎ 02-40-48-89-64. Fermé le lundi, le mercredi soir et le dimanche soir. Congés annuels : vacances scolaires de février et du 15 septembre au 1er octobre. Accès : juste à côté de l'église. Formule à 11 €, le midi en semaine, et menus de 15 à 31 €. Une belle salle ornée d'une imposante cheminée, un petit salon et surtout une superbe salle en tuffeau voûtée et au sol d'argile. Le patron pratique à la fois une cuisine bretonne de saison et nantaise, bien travaillée : par exemple, croustillant de sardine tiède, poêlée de bar aux artichauts... Le 1er menu offre un excellent rapport qualité-prix... Belle carte des vins locaux. La patronne, quant à elle, est plutôt férue d'art. D'une pierre deux coups, du beurre et des beaux-arts naissait *La Toile à Beurre*. Apéritif maison offert à nos lecteurs sur présentation de ce guide. **NOUVEAUTÉ.**

ANGERS   49000

Carte régionale B1

🏠 |●| *Centre d'accueil international du lac de Maine* – **49, av. du Lac-de-Maine** (hors plan B3-1) ☎ 02-41-22-32-10. Fax : 02-41-22-32-11. ● www.lacdemaine.fr ● Parking. ⚐ Accès : à 2 km environ du centre ; bus 6 et 16, direction Bouchemaine ; arrêt « Lac de Maine » ou « Perussaie ». Compter par personne, 15,41 € dans une chambre de 4, et 18,17 € dans une chambre de 2, petit déjeuner compris. Repas de cafétéria pour environ 7,10 €, midi et soir, en libre-service. Près de 150 lits. Un centre bien équipé, spacieux et agrémenté d'un parc et du lac. Activités nautiques (payantes), visite de la maison de l'Environnement, terrains de sports gratuits, baignade possible de mi-juin à mi-septembre, salle TV et borne Internet fonctionnant gratuitement. Pas mal de jeunes l'été, donc assez vivant.

🏠 *Hôtel des Lices* – **25, rue des Lices (B3-3)** ☎ et fax : **02-41-87-44-10.** TV. Ouvert tous les jours. Congés annuels : 3 semaines en août. Accès : en plein centre-ville. Chambres doubles avec douche et w.-c. à 35 €. Un agréable petit hôtel de 13 chambres dans une rue centrale on ne peut plus charmante, voilà de quoi séduire les routards que nous sommes ! Ancienne maison particulière rénovée, proposant de jolies petites chambres, avec des couleurs fraîches, très bien tenues. Confort impeccable. Sinon, l'accueil est simple et chaleureux. Réservation conseillée. *Apéritif mai-*

🏠 **Où dormir ?**

1 Centre d'accueil international du lac de Maine
3 Hôtel des Lices
4 Hôtel Marguerite d'Anjou
5 Hôtel du Mail
8 Continental Hôtel
9 Hôtel Saint-Julien
10 Hôtel Le Progrès

🍽 **Où manger ?**

20 Le Bouchon Angevin
21 Restaurant La Ferme
22 Les Trois Rivières
23 Le Lucullus
24 Les Templiers
26 La Salamandre
27 La Canaille

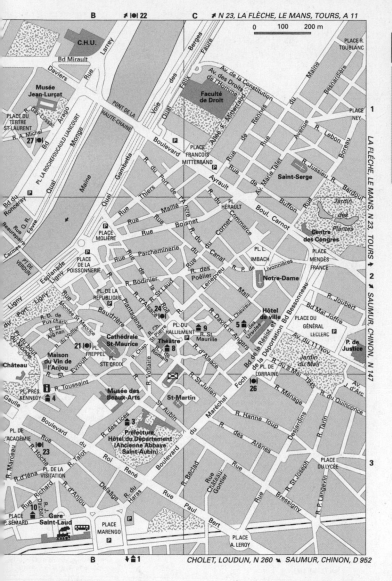

B ⚲ |●| 22   C ↗ N 23, LA FLÈCHE, LE MANS, TOURS, A 11

0   100   200 m

C.H.U.

Bd Mirault

Daviers

Larrey

Rue

Musée
Jean-Lurçat

PLACE R.
TOUBLANC

PLACE DU
TERTRE
ST-LAURENT

R. A. Michel

27 |●|

Av. de la Constitution
Av. des Droits
de l'Homme

Faculté
de Droit

PLACE
FRANÇOIS
MITTERRAND

PONT DE LA
HAUTE-CHAINE

Voie
des
Faux

Quai
Félix
Faure

Berges

Maine

Rue
de
Rennes

R. Lebon

Avenue

PLACE
NEY

1

Boreau

Bd
Bessonnière

Monge

Lancourt

Arago

Gay-Lussac

PL. La Rochefoucauld

Gambetta

Quai

Maine

Thiers

Boulevard

R. du Pont de l'Ancre

Ayrault

Rue
de
la
Tannerie

Av. Marie Talet

Buffon

Saint-Serge

R. Jussieu

Bardoul

Jardin
des
Plantes

2

R. du
Ronceray

Quai

Rue

Maillé

Rue

Rue

Rue

Boisnet

Rue
du
Canal

Cornet

PL.
HÉRAULT

Boul. Carnot

Commerce

Centre
des Congrès

R. du
Cornet

PLACE
MENDÈS
FRANCE

R. O. Leroux

R. de
Beaurepaire

Carmes

PL. DE
VERDUN

Esplanade

Ligny

Ligny

PLACE
MOLIÈRE

PLACE
DE LA
POISSONNERIE

Parcheminerie

R. Bodinier

Rue
de
la
Tannerie

R. St-Laud

PL. DE LA
RÉPUBLIQUE

R. des
Poêliers

Lenepveu

Mail

PL. L.
IMBACH

R. P. de Livonnières

Notre-Dame

PLACE DU
GÉNÉRAL
LECLERC

R. Joubert

Bd Mai-Jorre

P. de
Justice

Lignon

Port

Ligny

Montée St-Maurice

R. D. de
Puy-charie

R. St-
Aignan

R. du Volfier

Phantagénet

R. d'Alsace

24

R. David d'Angers

R. Chevreul

R. des
Ursules

Hôtel
de ville

5

Bd de la Résist. et

PLACE DE
LORRAINE

Bd du 8 Mai 1945

Av. du 11 Nov

Jardin
du Mail

P. de
Justice

Av.
J. d'Arc

Château

div.

R. du boul
St-MONT

St-Pierre

Baudrière

R. Toussaint

Cathédrale
St-Maurice

21 |●|

FREPPEL

PL.
STE CROIX

R. Chap.

R. Ste
Romain

PL. DU
RALLIEMENT

Théâtre

9

R. St.
Maurille

8

R. d'Alsace

R. St-Julien

R. Voltaire

Foch

R. Ménage

Bd de la Déportation

R. du Quinconce

R. Tarin

Desjardins

Maison
du Vin de
l'Anjou

PL. PRÉS.
KENNEDY

4

Musée des
Beaux-Arts

St-Martin

Évron

R. des Lices

St-Aubin

26

R. Maréchal

R. Hanne-Toup

R. des
Arènes

R. St. Joseph

R. Bressigny

R. Langevin

PLACE
DU LYCÉE

Gaulle

Boulevard

Rue
Hoche

PL. DE
L'ACADÉMIE

23

PL. DE LA
VISITATION

R. d'Iéna

R. Marceau

du

Talot

Roi

René

Préfecture,
Hôtel du Département
(Ancienne Abbaye
Saint-Aubin)

3

Boulevard

R. Béclad

Rue
Château-
Gontier

Rue

3

Richard

Rue
d'Anjou

R. J.
Proust

10

PLACE
P. SÉMARD

Gare
Saint-Laud

R. du
Haras

Delâage

Rue
Paul

Bert

PLACE
MARENGO

PLACE
A. LEROY

B ↓ 🏛 1   CHOLET, LOUDUN, N 260 ↘ SAUMUR, CHINON, D 952

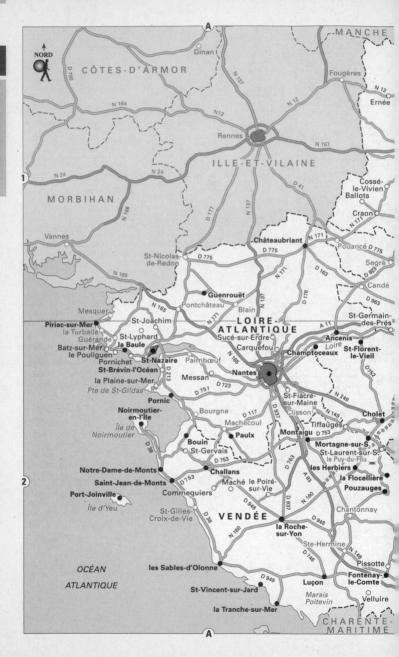

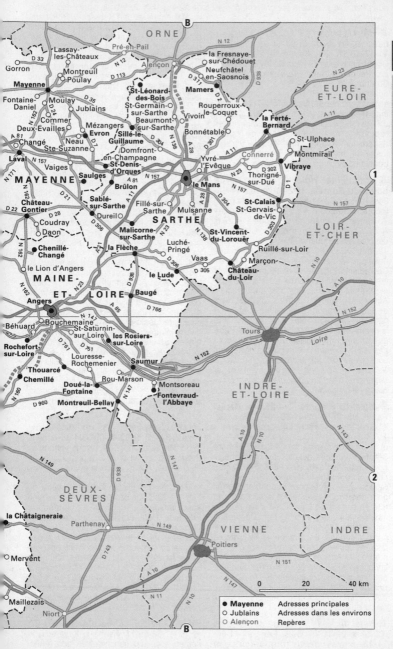

● **Mayenne**	Adresses principales
○ Jublains	Adresses dans les environs
○ Alençon	Repères

0   20   40 km

PAYS DE LA LOIRE

son offert à nos lecteurs sur présentation de ce guide.

🏠 *Hôtel Marguerite d'Anjou* – 13, pl. Kennedy (B3-4) ☎ 02-41-88-11-61. Fax : 02-41-87-37-61. TV. Fermé le lundi matin. Congés annuels : 15 jours en février. Accès : proche de la gare ; passer par le café. Chambres doubles de 36 à 41,50 € avec douche et w.-c. Réservation souhaitée et acompte demandé. Seulement 8 chambres, mais bien situées, face à l'imposant château d'Angers. Fonctionnelles et entièrement rénovées, toutes avec salle de bains. Ascenseur, téléphone et double vitrage. Excellent entretien. Petit déjeuner au bar, très complet, avec pain à volonté.

🏠 *Continental Hôtel* ** – 12-14, rue Louis-de-Romain (B2-8) ☎ 02-41-86-94-94. Fax : 02-41-86-96-60. ● www.hotel lecontinental.com ● TV. Canal+. Satellite. 🍴 Fermé le dimanche de 12 h 30 à 17 h. Accès : derrière le théâtre. Chambres doubles avec douche et w.-c. ou bains de 42 à 56 €. Très jolie façade avec une enseigne à l'ancienne, style faux émail. Couleurs très gaies et chaleureuses dans les parties communes de cet hôtel entièrement refait à neuf. Chambres confortables. Accueil souriant des patrons, pas peu fiers de leur décoration. Petit salon et salle de petit déjeuner agréables, bref, tout va pour le mieux dans le meilleur des mondes. Peut-être un peu trop, d'ailleurs ? Allez, on ne va pas s'en plaindre ! Réservation fortement conseillée. *10 % sur le prix de la chambre (si 3 nuitées des vendredi, samedi et dimanche) offerts à nos lecteurs sur présentation de ce guide.*

🏠 *Hôtel Le Progrès* ** – 26, rue Denis-Papin (B3-10) ☎ 02-41-88-10-14. Fax : 02-41-87-82-93. ● www.hotelleprogres.com ● TV. Canal+. Câble. Congés annuels : à Noël et le Jour de l'An. Accès : face à la gare SNCF. Chambres doubles avec douche et w.-c. ou bains de 46,50 à 48 €. Petit déjeuner à 6,10 €. Un hôtel offrant un très bon rapport qualité-prix pour le quartier. Parfait pour ceux qui ne veulent pas se casser la tête en sortant du train ! Chambres plus ou moins spacieuses, selon le tarif. Décoration sobre dans les tons bleus, mobilier standard, téléphone. Il y a même la TV avec 25 chaînes câblées, c'est ce qu'on appelle « le progrès » ! Accueil très agréable et confort impeccable. Seul le quartier n'est peut-être pas des plus enthousiasmants. *10 % sur le prix de la chambre (en week-end et juillet-août) offerts à nos lecteurs sur présentation de ce guide.*

🏠 *Hôtel du Mail* ** – 8, rue des Ursules (C2-5) ☎ 02-41-25-05-25. Fax : 02-41-86-91-20. ● www.destination-anjou.com/ mail ● Parking payant. TV. Canal+. Satellite. 🍴 Fermé le dimanche et les jours fériés

de 12 h à 18 h 30. Accès : près des places du Ralliement et de l'Hôtel-de-Ville. Chambres doubles avec douche et w.-c. ou bains de 47 à 59 €. Dans une rue très calme, un ancien hôtel particulier du XVIIᵉ siècle, avec un côté vieille France superbe. Atmosphère raffinée et gentiment conformiste tout à la fois. Chambres meublées et décorées avec beaucoup de goût. Une petite préférence pour le charme de la nᵒ 6 et le confort de la nᵒ 7, mais elles sont toutes différentes. Aux beaux jours, petit déjeuner-buffet sur la terrasse, à l'ombre d'un tilleul centenaire. Détente assurée. Une adresse unique à Angers. Réservation indispensable.

🏠 *Hôtel Saint-Julien* ** – 9, pl. du Ralliement (C2-9) ☎ 02-41-88-41-62. Fax : 02-41-20-95-19. ● s-julien@wanadoo.fr ● TV. Câble. Ouvert tous les jours, toute l'année. Accès : sur la place principale. Chambres doubles avec douche et w.-c. ou bains de 49 à 54 €. On ne peut pas trouver plus central. Hôtel proposant une trentaine de chambres confortables et bien insonorisées, toutes différentes. La plupart des chambres ont été agréablement rénovées sur le modèle « bourgeois et confortable » ; excellente literie. Atmosphère feutrée. Accueil très aimable. Chambres avec vue sur la place pour les plus chères. Celles du 4ᵉ étage sont moins spacieuses. Petite cour intérieure idéale pour le petit déjeuner aux beaux jours. Au moment de la réservation, n'hésitez pas à demander une table au *Provence Caffé*, juste à côté (02-41-87-44-15), un restaurant qui pratique une très belle cuisine provençale mais qui affiche complet des jours, voire une ou deux semaines à l'avance. *10 % sur le prix de la chambre offerts à nos lecteurs sur présentation de ce guide.*

🍴 *Les Templiers* – 5, rue des Deux-Haies (B2-24) ☎ 02-41-88-33-11. Fermé le dimanche et le lundi midi. Congés annuels : 2 semaines en juillet et environ 10 jours en fin d'année. Accès : dans le quartier piéton. 1ᵉʳ menu à 9,80 €, le midi en semaine. « Menu du Templier » à 17 €, « menu du Roy » à 23 €. Un cadre rassurant avec une salle lumineuse et un décor sobrement médiéval. Porte-drapeaux, fers de lances, tapisseries, vieilles épées et lampes torches sur les murs en tuffeau. Mieux vaut réserver, car ici la cuisine traditionnelle est goûteuse et réputée. Du classique bien fait, comme le canard à l'orange, et en général très copieux. Un conseil : rappelez-vous que l'invention du jean est postérieure au Moyen Âge ! *Un kir offert aux lecteurs sur présentation de ce guide.*

🍴 *La Canaille* – 8, bd d'Arago (B1-27) ☎ 02-41-88-56-11. Fermé le lundi soir, le samedi midi, le dimanche et les jours fériés. Congés annuels : les 3 premières semaines d'août. Accès : dans le quartier de la Doutre, à côté du musée Jean-Lurçat. Menus à 10 €, le midi en semaine, à 14 €, le soir en semaine, puis à 16,50 et 23,50 €, midi et soir. À la carte, compter 23 €. Dans ce quartier de la Doutre qui a retrouvé un second souffle, les jeunes patrons ont voulu apporter une bouffée de soleil. C'est réussi ! Vous dégusterez ici des plats d'ogre qui plaisent même aux enfants, tels que brochettes et viandes bien rouges cuites dans la cheminée ou alors du poisson grillé. Desserts enfantins aux doux noms de « Pimprenelle » et « Nounours », entre autres. Accueil à l'avenant. *Une coupe de crémant offerte à la fin du repas à nos lecteurs sur présentation de ce guide.*

|●| *Le Bouchon Angevin* – 44, rue Beaurepaire (A2-20) ☎ 02-41-24-77-97. Fermé le dimanche et le lundi. Congés annuels : 1re quinzaine d'août. Le principe de la maison : un seul menu à la fois : à 10 €, le midi en semaine, à 13,50 €, le soir en semaine, et à 17 €, le soir des vendredi et samedi. À la carte, compter environ 20 €. Au cœur de la Doutre, cette cave à vins fait aussi restaurant dans l'arrière-boutique. Deux petites salles où l'on peut déguster le menu du moment au coin du feu ou quelques spécialités à la carte. Andouillette grillée à la purée d'oignons, salade de rillauds chauds ou encore une jolie cuisse de canard confite et des pâtisseries maison. Tout ça accompagné d'un bon cru, choisi parmi plus de 500 références, servi à la bouteille ou au verre ! Bonne atmosphère. *Apéritif maison offert à nos lecteurs sur présentation de ce guide.*

|●| *Restaurant La Ferme* – 2-4, pl. Freppel (B2-21) ☎ 02-41-87-09-90. Fermé le mercredi et le dimanche soir. Congés annuels : du 20 juillet au 12 août. 1er menu à 11,30 € et semaine. Autres menus de 15 €, du lundi au samedi midi, à 29 €. L'un des restos les plus populaires d'Angers et l'une des terrasses les plus recherchées pour son espace et son calme à l'ombre de la cathédrale. Salle croquignolette par mauvais temps. Malgré son succès, un resto capable d'offrir une bonne cuisine depuis de nombreuses années déjà. Quand il y a beaucoup de monde, le service en souffre un peu, certes, mais tout s'arrange dans la bonne humeur. Spécialités de volailles, comme la poule au pot, le magret de canard ou le coq au vin d'Anjou. À la carte, rillauds d'Anjou tièdes ou encore tête de veau fondante à souhait et une délicieuse tourte aux pruneaux et à l'armagnac. En résumé : de la bonne bouffe ! *Café offert à nos lecteurs sur présentation de ce guide.*

|●| *Le Lucullus* – 5, rue Hoche (B3-23) ☎ 02-41-87-00-44. ♿ Fermé les dimanche et lundi sauf à la fête des Mères et pendant les vacances scolaires de février. Congés annuels : dernière semaine de juillet et 3 premières semaines d'août. Accès : à deux pas du château et de la gare. Menu le midi en semaine à 13 €, formule 2 plats à 18,30 €, sauf le week-end où elle passe à 24,30 €, et menus gastronomiques de 34 à 50 €. Un très bon restaurant dans des caves en tuffeau du XVe siècle. Bon accueil. Service impeccable pour une cuisine particulièrement soignée. Salade de rillauds angevins, œuf aux morilles, filet de bar rôti sur sa peau à l'anis vert, suprême de pintade poché à l'anjou rouge. Très bonne formule découverte des spécialités de la région, accompagnées des vins locaux, qui a sûrement plu à un président de la République bien connu. Suite à son passage, un siège porte son nom et c'est à qui s'installera à sa place (on parle du resto, bien sûr !). *Café offert à nos lecteurs sur présentation de ce guide.*

|●| *Les Trois Rivières* – 62, promenade de Reculée (hors plan B1-22) ☎ 02-41-73-31-88. Parking. ♿ Ouvert tous les jours. Congés annuels : de mi-janvier à mi-février. Accès : en bord de Maine, à côté de l'hôpital. 1er menu le midi en semaine à 14 € et autres menus jusqu'à 26 €. Certes, la salle « panoramique » est assez banale et lui enlève le titre de « plus joli resto du coin ». Mais, à vrai dire, on aurait bien tort de bouder l'adresse. D'abord, même en semaine, c'est souvent plein (un signe). Ensuite l'accueil et le service sont très agréables sans être guindés, comme c'est le cas ailleurs. Enfin, la cuisine à base de poisson est excellente. Essayez l'originale salade terre et mer et poursuivez par le tournedos de saumon à l'anjou rouge ou la fricassée d'anguilles à l'ail, par exemple. Enfin, s'il y en a, arrosez le tout de cet excellent blanc sec du domaine de Brizé, impeccable, ou suivez les conseils de vos hôtes.

|●| *La Salamandre* – 1, bd du Maréchal-Foch (C3-26) ☎ 02-41-88-99-55. Fermé le dimanche (et le lundi en août). Menus à 23 €, le midi seulement, puis à 29 et 39 €. Situé sur l'un des grands boulevards de la ville, dans l'*hôtel d'Anjou*. Bonne réputation. Qualité constante de la cuisine. Grande salle au décor élégant de style classique, avec un médaillon de bois peint à l'effigie de François Ier. Clientèle chic pour une atmosphère très feutrée. Service impeccable. Les plats parlent d'eux-mêmes : pot-au-feu de foie gras au bouillon de banyuls, bar grillé à la peau avec crème de basilic et tian de légumes. Excellente carte des vins.

DANS LES ENVIRONS

BOUCHEMAINE 49080 (11 km SO)

IOI *Restaurant La Terrasse - Ancre de Marine* * – pl. Ruzebouc, La Pointe-de-Bouchemaine ☎ 02-41-77-11-96. ☒ Fermé le dimanche soir. Accès : au bord de la Maine. Un menu à 16 € le midi du lundi au vendredi, sauf les jours fériés, puis autres menus entre 28 et 53 €. De la salle à manger, l'un des plus séduisants panoramas sur les bords de Loire qu'on connaisse. Demandez une table près des baies vitrées. Le genre de resto que les grands-mères aiment offrir à toute la famille pour les fêtes. Cuisine renommée et sauces excellentes. Dans le menu de fête « premier prix », on trouve, par exemple, des rillettes de saumon et un mignon de porc au gingembre. Un peu plus cher, terrine de poisson et sa gelée au savennières, sandre au beurre blanc ou magret de canard au miel. Et enfin, dans les menus aux tarifs plus élevés : turbot et son sabayon au crémant ou panaché de poissons. Dommage que l'accueil ne soit pas toujours à la hauteur… Réservation recommandée.

SAINT-SATURNIN-SUR-LOIRE
49320 (17 km SE)

IOI *Auberge de La Caillotte* – 2, rue de la Loire ☎ 02-41-54-63-74. Parking. ☒ Fermé le lundi et le mardi hors saison, uniquement le lundi en été. Congés annuels : en novembre. Accès : par la D751 ; dans le bourg, bien indiqué. Menus de 20,50 à 30 €. À la carte, compter 29 €. En basse saison, c'est d'abord une charmante salle à manger au cadre rustique. Aux beaux jours, c'est surtout l'une des terrasses les plus agréables qui soient (penser à réserver !). Délicieusement ombragée, avec beaucoup d'espace. Accueil fort sympathique, teinté d'un humour discret et chaleureux. Cuisine réputée, avec une cave à vins attrayante et des plats qui changent selon les produits de la pêche, de la chasse... À la carte, foie gras, sandre au beurre blanc, écrevisses, friture d'anguilles et petits poissons en spécialités. La preuve que l'on se sent bien ici, un client a laissé errer son stylo sur la nappe pour le plus grand bonheur du patron qui vous fait lire ces poèmes. *Apéritif maison offert à nos lecteurs sur présentation de ce guide.*

BÉHUARD 49170 (18 km SO)

IOI *Restaurant Les Tonnelles* – rue Principale ☎ 02-41-72-21-50. Fermé le lundi, le mercredi soir et le dimanche soir. Congés annuels : du 20 décembre au 30 janvier. Accès : par la rive gauche de la Loire. Formule à 23 €, le midi en semaine, et menus

de 30 à 69 €. Terrasse délicieuse en été sous une agréable… tonnelle pour une cuisine renommée. La carte change très régulièrement, mais on trouve parmi les spécialités une cuisine essentiellement à base de poisson : sandre ou brochet (selon la pêche) au beurre blanc, anguilles mais aussi lapereau confit au layon et pigeonneau rôti « façon bécasse ». Une grande soirée d'excitation pour vos papilles.

SAINT-GERMAIN-DES-PRÉS
49170 (23 km SO)

IOI *La Chauffeterie* ☎ 02-41-39-92-92. Parking. ☒ Fermé du lundi au mercredi sauf réservation pour groupe. Accès : sur la D15, entre Saint-Germain-des-Prés et Saint-Augustin-des-Bois ou par l'A11 sortie Beaupreau-Chalonnes. Menus de 16,80 à 25,90 €. En pleine campagne, cette petite ferme, tenue par un couple de Parisiens, propose une cuisine simple et de qualité dans deux adorables salles avec cheminée et des chaises habillées façon Moyen Âge. Feuilleté d'escargots, fricassée de veau aux Saint-Jacques et champignons et coupe douceur angevine, par exemple. Service très attentif du patron, astrologue de formation, pendant que madame officie aux fourneaux. Comment ça, macho ?

BAUGÉ 49150

Carte régionale B1

≜ IOI *Hostellerie de la Boule d'Or* ** – 4, rue du Cygne (Centre) ☎ 02-41-89-82-12. Fax : 02-41-89-06-07. Parking. TV. Canal+. Satellite. ☒ Fermé le dimanche soir et le lundi. Réservation conseillée. Congés annuels : du 18 décembre au 10 janvier. Chambres doubles de 52 à 64 €. Demi-pension à 69,50 €. Menus de 17 à 30 €. Sympathique petit hôtel proposant 10 chambres joliment décorées, distribuées par deux coursives donnant sur un exotique patio intérieur. Au restaurant, plus conventionnel, bonne cuisine du terroir. *Café offert à nos lecteurs sur présentation de ce guide.*

BAULE (LA) 44500

Carte régionale A2

≜ *Hôtel Marini* ** – 22, av. Clemenceau (Centre) ☎ 02-40-60-23-29. Fax : 02-40-11-16-98. ● www.lemarinihotel.com ● Parking. TV. Canal+. Satellite. Ouvert toute l'année. Accès : entre l'office du tourisme et la gare. Chambres doubles avec douche et w.-c. ou bains de 49 à 82 € selon la saison. Force est de reconnaître que les travaux effectués dans ce petit hôtel lui ont donné une fraîcheur et une jeunesse bien agréables. Le rapport qualité-prix est plus qu'enviable, les chambres confortables et meublées avec goût. Tenu par deux amis qui ont le sens du service et de l'accueil. Piscine couverte et chauffée très agréable en toute saison. Parking gratuit et garage clos payant. *10 % sur le prix de la chambre (pour un minimum de 2 nuits sauf en juillet, août et les week-ends de mai) offerts à nos lecteurs sur présentation de ce guide.*

▲ *Hostellerie du Bois* ** – 65, av. Lajarrige (Centre) ☎ 02-40-60-24-78. Fax : 02-40-42-05-88. ● www.hostellerie-du-bois.com ● Parking payant. TV. Congés annuels : du 15 novembre au 15 février. Accès : à 300 m de la plage. Chambres doubles avec douche et w.-c. ou bains de 55 à 64 €, suivant la saison. Hôtel au jardin fleuri, à l'ombre des pins, en retrait d'une rue très animée. Un amour de maison, fraîche, agréable, pleine de fleurs, de parfums… et de souvenirs de l'Asie du Sud-Est. Les proprios sont d'anciens routards qui, après avoir fait pratiquement le tour du monde, ont décidé de poser leurs bagages, séduits par les lieux, afin de recevoir d'autres routards. *Un petit déjeuner par chambre (sauf en juillet-août) offert à nos lecteurs sur présentation de ce guide.*

|●| *Restaurant Chez l'Écailleur* – av. des Ibis ☎ 02-40-60-87-94. Fermé tous les soirs et le lundi hors saison. Congés annuels : de novembre à mars. Accès : près du marché. Compter 7 € pour 6 huîtres et 2 € pour un verre de vin blanc. Le lieu idéal pour avaler une douzaine d'huîtres bretonnes charnues, accompagnée d'une demi-bouteille de gros-plant. Ambiance un tantinet chicos. *Café offert à nos lecteurs sur présentation de ce guide.*

|●| *La Ferme du Grand Clos* – 52, av. de-Lattre-de-Tassigny (Ouest) ☎ 02-40-60-03-30. ♿ Fermé le mardi et le mercredi (uniquement le mardi midi hors saison). Accès : en face du centre équestre. Formule à partir de 15 €. On ne voudrait pas vous faire peur en disant que c'est LA crêperie chic de La Baule ! Même sans avoir appris à manger sa crêpe de froment ou de sarrasin un petit doigt en l'air, vous n'en apprécierez pas moins cette fermette pour Marie-Antoinette (ou plutôt Marie-Cécile) d'aujourd'hui, où l'on peut se régaler de petits plats très famille, comme le cassoulet au confit de canard, la tête de veau gribiche, les moules *Grand Clos*. En été, service en terrasse. Le décor fait plus Marie-Chantal vieillot que *Marie-Claire déco*, dommage ! *Apéritif maison ou café offert à nos lecteurs sur présentation de ce guide.*

|●| *Restaurant Le Rossini* ** – 13, av. des Evens (Sud) ☎ 02-40-60-25-81. Parking. TV. Fermé le lundi hors saison, le mardi midi et le dimanche soir. Congés annuels : en janvier. Accès : près de l'hôtel de ville. En

Menus de 19 €, en semaine, à 33 €. Colette et Michel Fornaréso ont transformé la salle à manger de l'*hôtel Lutétia* en un élégant restaurant gastronomique devenu un grand classique. Le modern style des années 1930 convient au décor d'une fête gourmande. Le sourire de la patronne et la cuisine précise, nette, fraîche et rassurante de son mari font toujours recette. Enfin, un vrai filet de bœuf Rossini, accompagné d'un vrai foie gras de canard, assez cher tout de même. L'amateur de poisson découvrira avec plaisir, sous sa croûte de sel de Guérande, un dos de saumon rôti nappé d'un beurre rouge. De somptueux desserts, comme ce gratin de figues à la crème d'amande. Adresse chic et chère pour sortir de la routine. *Apéritif maison offert à nos lecteurs sur présentation de ce guide.*

DANS LES ENVIRONS

POULIGUEN (LE) 44510 (3 km O)

|●| *Restaurant L'Opéra de la Mer* – promenade du Port ☎ 02-40-62-31-03. D'avril à octobre, fermé le mercredi ; de novembre à mars, ouvert uniquement les vendredi, samedi et dimanche, ainsi que pendant les vacances scolaires. Menus de 18 à 25 €. Les familles qui se promènent le long du port s'arrêtent sous les arbres pour regarder les acteurs souriants et détendus de cet *Opéra de la Mer* plus mozartien que wagnérien : salade pêcheur, gratin de fruits de mer, belles huîtres et cinq variétés de moules. Terrasse remplie l'été. *Apéritif maison offert à nos lecteurs sur présentation de ce guide.*

SAILLÉ 44350 (5 km NO)

|●| *Crêperie La Salorge* – 12, rue Croix-Sérot ☎ 02-40-15-14-19. Fermé le mercredi sauf en saison. Accès : en direction de Guérande. Compter 27 € pour deux galettes, une crêpe et une boisson. On est d'accord, c'est pas vraiment donné, surtout pour une crêperie, mais franchement cela vaut le coup. D'autant que les galettes sont tellement copieuses qu'une seule est généralement suffisante. Après, c'est plus une question de gourmandise que d'appétit ! Sur la presqu'île, tout le monde connaît cette exceptionnelle crêperie, installée dans un joli village paludier. La déco est aussi ravissante que les crêpes sont bonnes. Résultat, c'est souvent complet. En été et pendant les grands week-ends, il faut réserver 8 à 10 jours à l'avance ! *NOUVEAUTÉ.*

PORNICHET 44380 (6 km E)

▲ *Villa Flornoy* – 7, av. Flornoy ☎ 02-40-11-60-00. Fax : 02-40-61-86-47. ● www.villa-flornoy.com ● TV. Canal+.

Satellite. Accès : près de l'hôtel de ville. Chambres doubles de 57 à 86 €. Notre coup de cœur à Pornichet pour cet hôtel plein de charme, situé dans une rue tranquille. On n'est cependant qu'à 300 m de la plage. Aménagé dans une ancienne maison de famille décorée avec beaucoup de goût et de soin. Agréable et confortable salon, joliment meublé (commodes anciennes), derrière lequel se cache un jardin impeccable où il fait bon lire loin de la foule en été. Le patron est attentif. Une bonne adresse. *Apéritif maison offert à nos lecteurs sur présentation de ce guide.*

🛏 |●| *Hôtel-restaurant Le Régent* ** – **150, bd des Océanides** ☎ **02-40-61-05-68. Fax : 02-40-61-25-53.** ● **www.le-regent.fr** ● Parking. TV. Satellite. Fermé le dimanche soir et le lundi en hiver. Congés annuels : en janvier et décembre. Accès : sur le front de mer. Chambres doubles avec douche ou bains et w.-c. de 70 à 90 € selon la saison. Demi-pension, demandée en été, de 63 à 67 € par personne selon le type de chambre. Au resto, menus de 18 €, le midi en semaine, à 32 €. Face à la mer, un hôtel dont presque toutes les chambres ont été rénovées dans le style « mer et bateaux », hublots dans les salles de bains, murs et plans vasques en bois, etc. Coloré, ensoleillé, ne lui manque qu'un grain de folie. Mais on est à Pornichet, au pays des matins calmes et des familles heureuses. Au resto, cuisine océanique, comme on pourrait s'en douter. Mais fine et originale. On s'inquiète quand même de la récente augmentation des prix, en espérant qu'ils sauront rester sages à l'avenir.

BATZ-SUR-MER 44740 (8 km O)

|●| *Restaurant Le Derwin* – **Côte Sauvage.** Cartes de paiement refusées. Parking. Fermé le mardi (toute l'année), le mercredi et le jeudi (sauf en saison). Congés annuels : de fin septembre à début avril. Accès : au bord de la mer, entre Batz et Le Pouliguen. Compter environ 16 € à la carte. Des rideaux à dentelles aux fenêtres, de vieilles « louves » de mer au foulard Hermès enfoui sous le pull marin, des bandes de copains... *Le Derwin* (prononcez « Derwin » !) fait le plein sans avoir besoin du téléphone ni des moyens de paiement électroniques (comprenez cartes de paiement refusées). Le lieu idéal pour déguster moules, fruits de mer ou crêpes, le regard perdu sur le large ou la Côte sauvage. *Café offert à nos lecteurs sur présentation de ce guide.*

SAINT-LYPHARD 44110 (16 km NE)

🛏 |●| *Auberge de Kerhinet* ☎ **02-40-61-91-46. Fax : 02-40-61-97-57.** Parking. Restaurant fermé le mardi et le mercredi sauf en période de vacances scolaires (toutes

zones confondues). Congés annuels : de mi-décembre à mi-janvier. Accès : jusqu'à Guérande par la D92 puis la D51. Chambres doubles à 46 €. Menus de 20 à 36 €. Une de nos adresses préférées dans le coin, pour son charme et sa simplicité. Les chambres sont situées dans de véritables petites chaumières. Décor à la fois chic et campagnard, avec une belle collection de photos anciennes. Cuisine solide et authentique mais qui sait, elle aussi, se montrer raffinée. Parmi les spécialités, anguilles, grenouilles (on vous recommande la marmite mariant les deux dans une sauce au curry légèrement citronnée), mais aussi canard et gibier. L'été, des tables en bois sont dressées dans la cour, au milieu du village, c'est l'occasion de tâter de la terrine, posée sur la table et servie à volonté. Bon appétit ! *NOUVEAUTÉ.*

BOUIN   85230

Carte régionale A2

🛏 |●| *Hôtel Le Martinet* ** – **1, pl. de la Croix-Blanche** ☎ **et fax : 02-51-49-08-94.** ● **www.lemartinet.com** ● Parking. TV. Satellite. ♿ Accès : à côté de l'église. Chambres doubles avec douche et w.-c. ou bains de 48 à 63 €. Également studios de 2 à 4 personnes en demi-pension, comme les autres chambres. Menu à 19 €. Dans cette grande et belle demeure vendéenne du XVIIIe siècle, vous avez le choix entre les chambres à l'ancienne, donnant sur la place, et celles qui ont été construites de plain-pied, dans le jardin, autour de la piscine. Calme et sérénité. Françoise décore et assure aussi bien l'intendance que l'accueil ; avec l'aide de ses fils, Emmanuel qui prend soin du potager dont il se servira pour la cuisine, et Jean-François qui fournit poisson et huîtres. Dans la vieille salle à manger qui sent bon la cire, ou sous la véranda donnant sur la piscine, on sert petit déjeuner et repas. *Apéritif maison ou une séance de sauna pour les pensionnaires de l'hôtel offert à nos lecteurs sur présentation de ce guide.*

|●| *Restaurant Le Courlis* – **15, rue du Pays-de-Monts** ☎ **02-51-68-64-65.** Parking. Fermé le lundi soir et le mercredi. Accès : à la limite extérieure du bourg. Menus à 12 €, en semaine, et de 18 à 35 €. Maison blanche et basse typique du coin. Salle proprette aux tons pastel et au décor fleuri. La cuisine mérite vraiment toute l'attention gustative de vos papilles. Spécialités selon la saison aux saveurs du littoral : le sandre au beurre blanc dès l'automne, la sole de Vendée meunière aux cinq épices, au printemps, et bien sûr l'aumônière d'huîtres au foie gras et haricots de mer, et d'autres mets sur commande. De quoi faire

saliver ! *Apéritif maison ou café offert à nos lecteurs sur présentation de ce guide.*

BRULÔN 72350

Carte régionale B1

🏠 l◙l *Hôtel-restaurant La Boule d'Or* – 26, pl. Albert-Liebault (Centre) ☎ 02-43-95-60-40. Fax : 02-43-95-27-55. ● l)abouledor@freesurf.fr ● TV. Fermé le dimanche soir. Congés annuels : les 24, 25 et 26 décembre. Accès : sur la place centrale. Chambres doubles de 32 à 37 €, selon le confort. Menus à 10 €, en semaine, puis de 14 à 22 €. Une solide maison de village où rien ne semble avoir changé depuis trois décennies, ni le patron, ni les clients, ni l'ambiance, ni le parfum des plats qui traversent la grande salle. Ici, on se régale, pour pas cher, d'une cuisine traditionnelle de marché. Chambres propres et confortables. *Café offert à nos lecteurs sur présentation de ce guide.*

CHALLANS 85300

Carte régionale A2

🏠 *Hôtel de l'Antiquité* ** – 14, rue Gallieni (Centre) ☎ 02-51-68-02-84. Fax : 02-51-35-55-74. ● www.hotelantiquite.com ● Parking. TV. Canal+. ♿ Chambres doubles de 47 à 63 €. Quel drôle d'endroit et quel plaisir de le découvrir ! L'extérieur semble banal, mais quelle surprise en entrant ! Cela pourrait s'appeler « le charme discret de la bourgeoisie ». Le mobilier est raffiné, ancien et fort bien mis en valeur. Les chambres sont spacieuses, et la plupart ont été rénovées avec soin. Elles sont distribuées autour d'une piscine « bleu des mers du Sud », au bord de laquelle on peut prendre son petit déjeuner. C'est royal ! Une adresse qu'on adore, tenue par un jeune couple épatant, dynamique et plein d'idées. *10 % sur le prix de la chambre (hors juillet-août) offerts à nos lecteurs sur présentation de ce guide.*

l◙l *Restaurant La Gîte du Tourne Pierre* – route de Saint-Gilles ☎ 02-51-68-14-78. Parking. Fermé le samedi midi et le dimanche soir. Ouvert tous les jours en été. Congés annuels : 15 jours en mars et 3 semaines en octobre. Accès : à 3 km du centre par la D69 entre Challans et Soullans. Menus de 32 à 48 €. On entre dans cette belle maison basse comme dans un rêve. Ici, le temps s'arrête, on découvre de nouvelles saveurs, on apprécie la cuisine comme un art, ce qui est rare. Le homard est à l'honneur, tout comme le foie gras fait maison de différentes manières, la canette de Challans gros sel et grenailles de Noirmoutier. C'est un vrai théâtre culinaire. Le

service fait partie de cette pièce douce et variée, il est impeccable mais sans prétention. Bonne adresse pour routards fortunés ou pour ceux qui souhaitent se rappeler la signification du mot « cuisine ».

DANS LES ENVIRONS

COMMEQUIERS 85220 (12 km SE)

🏠 l◙l *Hôtel de la Gare* ** – rue de la Morinière ☎ 02-51-54-80-38. Fax : 02-28-10-41-47. Parking. Resto ouvert toute l'année sauf le lundi. Congés annuels : hôtel fermé d'octobre à fin mai. Accès : par la D32 puis la D82. Chambres doubles à 32 € avec douche et à 38 € avec douche et w.-c. Menus à 12 €, sauf le dimanche, puis à 15 et 22 €. Il a tout pour plaire, cet hôtel aux allures de maison victorienne, construit au début du XXe siècle lorsque le chemin de fer desservait encore les moindres bourgades du fin fond de la France. Aujourd'hui, plus de train, donc plus de bruit et des nuits réparatrices en perspective. En plus, les chambres sont séduisantes, agréables et joliment décorées. Fraîcheur et couleurs gaies ont également envahi la salle de restaurant à dominante verte. Ambiance SNCF : avec photos anciennes, lanternes, poinçonneuses... Le chef s'affaire pour préparer de bons plats simples mais copieux. Fruits de mer, poisson, noix de Saint-Jacques au safran, rognons de veau au porto... Jardin arboré pour la détente avec une piscine pour le sport. *Apéritif maison offert à nos lecteurs sur présentation de ce guide.*

SAINT-GERVAIS 85230 (12 km NO)

l◙l *Restaurant La Pitchounette* – 48, rue Bonne-Brise (Ouest) ☎ 02-51-68-68-88. Service de 12 h à 13 h 30 et de 19 h 30 à 21 h 30. Fermé le lundi et le mardi (sauf en juillet-août). Congés annuels : 8 jours en juin et 15 jours entre septembre et octobre. Accès : par la D948, en direction de Beauvoir-Noirmoutier. Menus à 9,15 €, le midi en semaine, et de 15,24 à 32,01 €. Qu'est-ce qu'elle est jolie cette maison ! Toute fleurie, accueillante. Elle a un côté très... pitchounet (il faut le dire). La cuisine de Gérard Thoumoux égale et dépasse le cadre. Foie gras de canard et sa brioche chaude, carré d'agneau à la crème d'ail, sauce au foie gras et champignons, poisson du jour selon la marée... Si le temps le permet, vous pourrez vous installer en terrasse dans le jardin fleuri. Les fruits de mer sont à commander 48 h à l'avance (fraîcheur assurée). *Café offert à nos lecteurs sur présentation de ce guide.*

PAYS DE LA LOIRE

CHAMPTOCEAUX　49270

Carte régionale A2

🏚 I●I *Hôtel-restaurant Le Champalud*** – promenade du Champalud ☎ 02-40-83-50-09. Fax : 02-40-83-53-81. ● www.le champalud.fr.st ● TV. Satellite. ⚓ Resto fermé le dimanche soir du 1er octobre au 30 mars. Accès : dans le centre. Chambres doubles de 45 à 61 € avec douche et w.-c. ou bains. Menu étape à 11 € en semaine, vin compris ; autres menus de 14,05 à 35,50 €. Dans un charmant village au bord de la Loire, un hôtel entièrement rénové et une table assez réputée. 13 chambres confortables. Repas du jour avec fromage, dessert et vin compris. Également en semaine, mais sur demande, belle balade gourmande en terroir à des prix encore raisonnables. À la carte : terrine ligérienne, filet de sandre ou cuisses de grenouilles au beurre blanc. Tennis à proximité. Salle de détente avec de vieux jeux d'échecs ou de petits chevaux. Bon accueil du patron.

CHÂTAIGNERAIE (LA)　85120

Carte régionale B2

🏚 I●I *L'Auberge de la Terrasse* ** – 7, rue de Beauregard ☎ 02-51-69-68-68. Fax : 02-51-52-67-96. TV. Canal+. ⚓ Fermé le vendredi soir, le samedi midi et le dimanche soir de septembre à mi-juin. Congés annuels : 1 semaine à la Toussaint. Chambres doubles avec douche et w.-c. de 52,50 à 55 €, petit déjeuner compris. Menus de 10 €, le midi en semaine, à 31,50 €. Dans une rue calme de ce gros bourg se cache, derrière une façade sans prétention, un charmant petit hôtel à l'atmosphère familiale, doublé d'un resto à la qualité réputée. Le patron, M. Leroy, se fait un devoir de vous faire découvrir, dans l'assiette, les produits du bocage vendéen comme ceux de la mer. Parmi ses spécialités : les anguilles aux lardons, la caille aux pommes, les escargots de différentes manières, la brioche en pain perdu... Chambres rénovées confortables. En face, une placette ombragée offre une jolie vue. *Apéritif maison offert à nos lecteurs sur présentation de ce guide.*

CHÂTEAUBRIANT　44110

Carte régionale A1

I●I *Le Poêlon d'Or* – 30 bis, rue du 11-Novembre (Centre) ☎ 02-40-81-43-33. Fermé le dimanche soir et le lundi. Congés annuels : 15 jours en février et les 3 premières semaines d'août. Accès : à deux pas de la poste et de la mairie. Menus de 15,50 € en semaine à 46 €. L'accueil est attentionné. Les clients se tiennent fort bien à table, jusqu'à ce que le vin anime un peu les conversations. Ça sent d'autant mieux la France éternelle que le décor est rustique. Produits frais et de saison, avec quelques indémodables comme le châteaubriant au foie gras ou aux pruneaux ou encore l'aumônière de poire au caramel de beurre salé. Pour les routards qui ont quelques économies.

CHÂTEAU-DU-LOIR　72500

Carte régionale B1

🏚 I●I *Hôtel-restaurant Le Grand Hôtel*** – 59, av. Aristide-Briand (Centre) ☎ 02-43-44-00-17. Fax : 02-43-44-37-58. Parking. TV. Satellite. Accès : sur la N138 entre Le Mans et Tours. Chambres doubles de 41 à 45 €. Menus de 18 à 39 €. Hôtel genre relais de poste de charme qui défie le temps – et pour combien de temps d'ailleurs ? – avec des chambres et une cuisine régionale qui font honneur à la réputation de la maison. Le 1er menu est servi même le dimanche, jour où, en Sarthe aussi, on sort belle-maman et grand-papa, qui aiment la grande salle à manger au charme vieillot avec sa fresque au plafond centenaire. Le 2e se nomme « menu plaisir » et propose des plats traditionnels maison. Accueil souriant. *Café offert à nos lecteurs sur présentation de ce guide.*

DANS LES ENVIRONS

VAAS 72420 (8 km SO)

🏚 I●I *Hôtel-restaurant Le Védaquais*** – pl. de la Liberté (Centre) ☎ 02-43-46-01-41. Fax : 02-43-46-37-60. ● veda quais@aol.com ● Parking. TV. ⚓ Fermé le lundi, le vendredi soir et le dimanche soir. Accès : par la D305. Chambres doubles avec douche et w.-c. à 40 €, avec bains à 54 €. Menu du marché en semaine à 10 €, autres menus à 14 et 22 €. C'est une adresse tonique, à recommander à tous ceux qui trouvent parfois la vie trop moche dans les bons vieux hôtels de village. Celui-ci appartient à la mairie, qui a transformé la vieille école en lieu de vie. Daniel Beauvais cuisine en silence, et fort bien, tandis que sa femme, Sylvie, parle avec les clients, fort bien également. Le panier du marché, en semaine, nourrit son homme. Les menus suivants sont un vrai bonheur. C'est frais, net et plein d'imagination. Le menu intermédiaire comprend deux verres de vin (du Loir, eh oui !). Pour finir, quelques « gâteries », telles que tarte aux pommes, miel et romarin ! *Apéritif maison offert à nos lecteurs sur présentation de ce guide.*

MARÇON 72340 (8,5 km NE)

|●| *Restaurant du Bœuf* – 21, pl. de l'Église (Centre) ☎ 02-43-44-13-12. Fermé le dimanche soir et le lundi ; en juillet-août, seulement le lundi midi. Accès : par la N138, en la prenant vers le sud, puis bifurquer dans la D305. Menus de 11,50 à 32 €. À voir les couples ou les familles sortir, la mine réjouie, au beau milieu de l'après-midi, on se dit qu'on ne s'ennuie pas à Marçon. Ici, on vient se dépayser autour de la table, où les plats vedettes sont tout bonnement créoles : poulet aux écrevisses, coquille de crabe farci, colombo d'agneau... Avec un punch et quelques beignets pour se mettre en appétit et un pousse-café maison pour glisser vers la sortie, même sous la pluie et au milieu de l'après-midi, il y a forcément du soleil dans la tête. *Café offert à nos lecteurs sur présentation de ce guide.*

RUILLÉ-SUR-LOIR 72340 (16 km NE)

🛏 |●| *Hôtel-restaurant Saint Pierre* – 42, rue Nationale (Centre) ☎ 02-43-44-44-36. Resto fermé le samedi soir et le dimanche soir (excepté pour les pensionnaires). Congés annuels : pendant les vacances scolaires de Noël. Accès : sur la D305 ; après La Chartre-sur-le-Loir. Chambres doubles avec lavabo à 20,60 €. Menus à 8,50 €, en semaine et réservé aux pensionnaires, puis à 12,50 à 19 €. Oh, qu'est-ce qu'on l'aime bien, ce p'tit hôtel-resto de village avec sa mine modeste cachant un grand cœur ! Survivant de tous ceux qui égayaient les villages dans les années 1950-1960. Patronne charmante chouchoutant la clientèle avec une tranquille simplicité. Son menu ouvrier est imbattable alentour. Assez impressionnant de voir, avant le « coup de feu », les dizaines d'assiettes avec le hors-d'œuvre déjà servi ! Kil de rouge sur la table compris. Le dimanche, gigot d'agneau ou cuisse de canard au poivre ou faux-filet, salade, plateau de fromages, dessert. Pour dormir, quelques chambres sans chichis mais correctes. *Apéritif maison offert à nos lecteurs sur présentation de ce guide.*

CHÂTEAU-GONTIER 53200

Carte régionale B1

🛏 *Hôtel du Cerf* ** – 31, rue Garnier (Centre) ☎ 02-43-07-25-13. Fax : 02-43-07-02-90. Parking. TV. Canal+. Restaurant fermé le vendredi, le samedi, le dimanche et les jours fériés. Hôtel fermé le dimanche soir. Congés annuels : 3 semaines fin juillet-début août. Accès : face au supermarché *Champion*, sur la RN162 vers Laval-Angers. Chambres doubles de 34 à 50 € avec douche et w.-c. ou bains. Situé en centre-ville, près de la rivière, petit hôtel dont la façade a été agréablement remaniée. Les chambres sont évidemment plus au calme côté jardin, bien que celles donnant sur rue soient pourvues de double vitrage. Possibilité de restauration au jardin le midi et le soir du lundi au jeudi.

🛏 |●| *Hostellerie de Mirwault* ** – rue du Val-de-Mayenne (Nord) ☎ 02-43-07-13-17. Fax : 02-43-07-90-66. Parking. TV. Resto fermé le lundi et le mercredi midi en été. Accès : à environ 2 km du centre-ville, fléché. Chambres doubles avec douche et w.-c. ou bains de 39 à 46 €. Menus de 14 à 25 €. Perdue dans la campagne, sur les bords de la Mayenne, une adresse de charme tenue par les Mitchell, un couple d'Anglais. Les 11 chambres, avec tout le confort et une vue sur la rivière, sont à un prix étonnant, vu la qualité de l'ensemble. Un petit détail très *British* : le salon de lecture feutré qui ajoute à la sérénité du lieu. La cuisine, elle aussi, mérite le détour. Les plats phares de la maison : la terrine de pintade au pommeau, le rôti de sandre au beurre blanc, les rognons de porc au cidre... Bref, un endroit idéal pour se ressourcer. *Digestif maison offert à nos lecteurs sur présentation de ce guide.*

|●| *Restaurant L'Aquarelle* – 2, rue Félix-Marchand, village de Pendu-en-Saint-Fort (Sud) ☎ 02-43-70-15-44. Fermé le mercredi et le dimanche soir (hors saison). Accès : à 400 m du centre ; suivre la route qui longe la rive droite de la Mayenne, en direction de Sablé ; au rond-point, prendre la route de Ménil. Menus à 14,50 €, en semaine, puis à 25 et 30 €. Un peu en dehors de la ville, sur les bords de la Mayenne, un nom et un lieu qui font rêver. Belle terrasse en été et vue splendide sur la rivière depuis la salle panoramique, climatisée en été. Cuisine fraîche, légère et inventive avec le dos de silure grillé au beurre cidre ou le méli-mélo d'agneau et langoustines au thym, le feuilleté de poires au sabayon de poiré.

DANS LES ENVIRONS

COUDRAY 53200 (7 km SE)

|●| *Restaurant L'Amphitryon* – 2, rue de Daon (Centre) ☎ 02-43-70-46-46. Parking. ⚬ Fermé le mardi soir, le mercredi et le dimanche soir de novembre à mars. Congés annuels : pendant les vacances scolaires de février (zone A), le 1er mai, 15 jours début juillet, 1 semaine à la Toussaint et les 24 et 25 décembre. Accès : par la D22 ; face à l'église. Menus de 15 à 22 € et carte. Vue du dehors, cette auberge-là, coincée dans son angle de rue, ressemble à tant d'autres qu'on filerait presque sur les jolies petites routes de la campagne environnante si le bouche à oreille, depuis quelques années, ne l'avait classée au top charme du département. La cuisine, comme le décor, a quelque chose de revigorant. Joli petit menu escale, léger et coloré. Pour les gros appétits : tête et langue de veau au bouillon parfumé au cidre de Mayenne, chausson au vieux pané, fine tarte aux pommes du Val de Loire. Terrasse et jardin.

DAON 53200 (11,5 km SE)

🏠 I●I *Hôtel-restaurant À l'Auberge* – 10, rue Dominique-Godivier (Centre) ☎ et fax : 02-43-06-91-14. Fermé le samedi hors saison. Accès : par la D22. Chambres doubles à 23 € avec lavabo. Menu complet à 8 €, sauf le dimanche. Autres menus à 14 et 20 €. Une bonne adresse. Cette auberge de campagne où les pêcheurs viennent casser la croûte est spécialisée dans le poisson au beurre blanc. Chambres simples avec lavabo, pratiques pour un dépannage.

BALLOTS 53350 (30 km NO)

I●I *Restaurant L'Auberge du Mouillotin* – 9, rue de Paris (Centre) ☎ 02-43-06-61-81. ✗ Fermé le mardi soir, le mercredi et le jeudi soir. Congés annuels : 1 semaine en mars et 2 semaines en août. Accès : par la D22 ; à 9,5 km après Craon, sur la D25 vers La Guerche-de-Bretagne. Menu en semaine à 10 €, menus suivants de 12 à 22 €. C'est autour de minuit qu'une fois l'an, dans la nuit du 30 avril au 1er mai, les Mouillotins s'en allaient, de ferme en ferme, demander des œufs pour faire une orgie d'omelettes. Coutume charmante, que vous aurez peut-être envie de suivre si vous visitez à ces dates ce coin de France de toute façon peu enclin aux *rave parties*. Le restaurant qui porte le joli nom a bien sûr des omelettes de toutes sortes au menu : au foie gras, aux escargots, etc. À goûter en se pourléchant les babines, dans la jolie salle donnant sur le jardin. Pour varier les plaisirs, beaux menus gastronomiques, mais également des crêpes et des galettes. *Café offert à nos lecteurs sur présentation de ce guide.*

CHEMILLÉ 49120

Carte régionale B2

🏠 I●I *L'Auberge de l'Arrivée* ** – 15, rue de la Gare (Centre) ☎ et fax : 02-41-30-60-31. ● www.auberge-arrivee.com ● Parking. TV. Satellite. Resto fermé le dimanche soir hors saison. Accès : en face de la gare (mais pas de trains pendant la nuit !). Chambres doubles avec douche et w.-c. ou bains à partir de 44 €. Demi-pension, demandée le week-end en juillet-août, à 34 € par personne. Menus de 11 à 23 €. Le petit hôtel

de bourg typique. 10 chambres avec TV. Salle à manger au cadre assez cossu pour une bonne cuisine régionale. Le 1er menu propose entrée, plat, fromage ou dessert, à midi jusqu'à 13 h 30 et le soir jusqu'à 20 h 30. Menus plus gourmands ou carte avec escalope de sandre au beurre de grenouilles (!), filet de kangourou (pas très régional, ça !) et crème soufflée à l'angevine, entre autres... Agréable terrasse verdoyante. Accueil et service un peu secs, néanmoins. *10 % sur le prix de la chambre (le week-end d'octobre à mars) ou café offerts à nos lecteurs sur présentation de ce guide.*

CHENILLÉ-CHANGÉ 49220

Carte régionale B1

I●I *Auberge La Table du Meunier* ☎ 02-41-95-10-98. Parking. ✗ Fermé les lundi, mardi, mercredi et le dimanche soir du 1er novembre au 31 mars, le lundi soir, les mardi et mercredi du 1er avril au 30 juin et du 1er septembre au 30 octobre. Congés annuels : du 1er au 6 janvier et du 26 janvier au 1er mars. Accès : à 31 km au nord d'Angers ; par la N162 au nord du Lion-d'Angers, puis la D78. Menus à 17 €, sauf le dimanche et les jours fériés, puis de 23 à 27,50 €. Dans un cadre de rêve : rivière paisible et ancien moulin à huile, dans un village fleuri. Calme garanti dans les 5 salles à manger rustiques avec une décoration de bon ton et une vaste terrasse panoramique, pour une cuisine de terroir assez renommée. Aux menus, par exemple : foie gras maison, sandre ou magret aux pommes et au beurre blanc, et enfin le nougat glacé sur son coulis de framboises. Possibilité également de nuitée à bord de bateaux habitables ou croisières.

DOUÉ-LA-FONTAINE 49700

Carte régionale B2

I●I *Le Caveau* – 4 bis, pl. du Champ-de-Foire ☎ 02-41-59-98-28. Ouvert tous les jours midi et soir du 15 avril au 15 septembre ; hors saison, ouvert du vendredi soir au dimanche soir seulement. Accès : fléché depuis le centre-ville. Menu le midi en semaine à 10 €, autre menu à 19 €. Au cœur de la ville, dans une cave médiévale qui fut aussi un dancing réputé, un troglo chaleureux pour déguster des fouaces et des galipettes, ô combien délicieuses, farcies aux rillauds, au fromage de chèvre ou plus simplement au beurre salé. Les formules généreuses sont une bouffée d'air pour le porte-monnaie. Les trois jeunes gens qui vous accueilleront vous réservent bien des surprises si vous êtes en mal de tuyaux sur la région. Sourires garantis. Soirées-théâtre à l'occasion. Cette équipe-là a plus d'une fouée dans son sac !

DANS LES ENVIRONS

LOURESSE-ROCHEMENIER
49700 (6 km N)

|●| *Les Caves de la Génévraie* – **13, rue du Musée (Centre)** ☎ 02-41-59-34-22. Parking. ఈ Fermé le lundi en juillet-août. Le reste de l'année, ouvert le vendredi soir, le samedi et le dimanche midi. Réservation obligatoire (attention, resto non-fumeurs !). Congés annuels : du 24 décembre au 15 janvier. Accès : par la D761 ou la D69. Menu unique à 19 € vin et café compris. « Resto-troglo » aménagé dans une galerie ayant servi de refuge pendant les guerres de Religion. Plusieurs petites salles à manger creusées dans le falun et, bien entendu, bien fraîches. Demander celle de gauche à la réservation, c'est la plus mignonne selon nous ! Repas de fouaces, galettes de froment cuites au four ou sous la cendre et que l'on fourre de rillettes, mojhettes (haricots blancs), petits rillauds, champignons, fromage de chèvre... bref, les spécialités du pays, avec hors-d'œuvre, coteaux-du-layon en apéro et anjou rouge tout au long du repas. Avant de partir, ne pas manquer la visite de l'adorable troglodyte derrière le resto, avec ses puits de lumière, son four à pain et ses vitraux.

ÉVRON   53600

Carte régionale B1

🏠 |●| *Hôtel-restaurant Brasserie de la Gare* ** – **13, rue de la Paix** ☎ 02-43-01-60-29. Fax : 02-43-01-58-28. ● **hoteldelagareevron@yahoo.fr** ● TV. Canal+. Resto fermé le dimanche et les jours fériés. Congés annuels : 3 semaines en août et 1 semaine entre Noël et le Jour de l'An. Accès : face à la gare. Chambres doubles avec douche et w.-c. à 40 €, avec bains à 45 €. Menus à 15 € (servi du lundi au samedi), en brasserie, et de 18 à 26 €. C'est vrai qu'on aurait plutôt tendance à passer deux fois devant avant de vraiment s'arrêter, tellement ça semble d'une autre époque. Si vous êtes un maniaque des hôtels-restaurants de gare, ou si vous avez rencontré l'élu(e) de votre cœur dans le train, vous n'apprécierez que plus la chambre avec poutres, calme et du genre confortable, qu'on vous proposera. Bonne et copieuse cuisine régionale, de la terrine maison à la tarte à la rhubarbe, en passant par l'entrecôte spéciale façon vallée de l'Erve.

DANS LES ENVIRONS

MÉZANGERS 53600 (6 km NO)

🏠 |●| *Relais du Gué de Selle* *** – **route de Mayenne** ☎ 02-43-91-20-00. Fax : 02-43-91-20-10. ● **www.relais-du-gue-de-selle.com** ● Parking. TV. Canal+. Satellite. ఈ Fermé le lundi, le vendredi soir et le dimanche soir du 1er octobre au 31 mai. Congés annuels : du 25 février au 10 mars et du 21 décembre au 6 janvier. Accès : par la D7. Chambres doubles avec bains de 80 à 112 €. Menus à 19 €, en semaine, puis de 23 à 34 €. Il faut faire preuve d'imagination pour retrouver l'ambiance de l'ancienne ferme, perdue au milieu de la campagne, entre forêt et étang. Restaurée, transformée en hostellerie, elle accueille aussi bien les amoureux de la table, les randonneurs, les jeunes qui ont passé l'après-midi à faire de la planche à voile sur le lac que les séminaristes en goguette. Entre deux séminaires... de travail, ils goûtent à la Mayenne, du chausson de homard au foie gras, du marbré de lapereau et sa compotine oignons, de la volaille de Loué aux morilles au sandre au cidre, sans oublier la rosace de pommes tièdes au caramel. Le soir, calme absolu, dans des chambres agréables et confortables donnant sur le jardin, la piscine ou la campagne, certaines en duplex. Un merveilleux lieu de détente. *10 % sur le prix de la chambre offerts à nos lecteurs sur présentation de ce guide.*

NEAU 53150 (6 km O)

🏠 |●| *Hôtel-restaurant La Croix Verte* ** – **2, rue d'Évron (Centre)** ☎ 02-43-98-23-41. Fax : 02-43-98-25-39. TV. Resto fermé les vendredi soir et dimanche soir de novembre à fin mars. Accès : à Évron, en direction de Laval par la D32. Chambres doubles avec douche et w.-c. ou bains à 38 et 43 €. Menus à 11 €, en semaine, puis de 18 à 3 €. À la voir, à un croisement sans âme, avec sa façade très logis et ses parasols Perrier, cette *Croix*-là n'incite guère à la rigolade. À l'intérieur, heureuse surprise. Des chambres superbement refaites, un bar sympa et une salle de restaurant avec des fresques marrantes et une carte haute en spécialités savoureuses vous inciteront vite à prolonger votre séjour. Goûtez aux moules au pommeau, au tournedos aux girolles, au clafoutis tiède aux poires, et prenez le temps de vivre, comme les serveuses vous le diront, les jours d'affluence, pour vous éviter de piaffer d'impatience...

SAINTE-SUZANNE 53270 (7 km SE)

|●| *Restaurant L'Auberge de la Cité* – **7, pl. Hubert-II (Centre)** ☎ 02-43-01-47-66. Fermé le lundi et le mardi soir, sauf en juillet-août. Congés annuels : en janvier.

Accès : par la D7. Menus à 10 €, en semaine, puis de 16 à 40 €. La maîtresse des lieux cuisine fort bien et se passionne pour la cuisine médiévale. Normal, les murs de son restaurant datent du XIVe siècle. Si le menu médiéval est réservé aux groupes sur réservation, on se régale habituellement ici de crêpes et galettes. *Apéritif maison offert à nos lecteurs sur présentation de ce guide.*

DEUX-ÉVAILLES 53150 (12 km NO)

I●I *La Fenderie* – site de la Fenderie ☎ 02-43-90-00-95. ⚒ Fermé le lundi. Accès : en direction de Montsûrs, à Neau, prendre la D262 à la jonction avec la D129 ; à la sortie du village, suivre les panneaux indicateurs. Menu le midi en semaine à 10 €, autres menus de 14 à 30 €. Tout autour, il y a 19 ha de parc, plein de petits oiseaux en semaine et de drôles d'oiseaux pique-niquant le week-end. Évitez donc la foule du dimanche et venez profiter de la terrasse, face à l'étang, aux beaux jours, et du beau petit menu, le second, style salade tiède de poulet et pommes au vinaigre de cidre, brochet au beurre blanc, fromages, tarte... Revenez, les jours gris, pour apprécier le côté poutre-cheminée, baies vitrées donnant sur l'étang, petites tables bien dressées, autour de plats du terroir changeant chaque jour. *Une coupette avec le dessert offerte à nos lecteurs sur présentation de ce guide.*

JUBLAINS 53160 (17 km NO)

I●I *Crêperie-grill l'Orgétorix* – 9, rue Henri-Barbe ☎ 02-43-04-31-64. ⚒ Sur réservation le soir hors saison. Accès : par la D7. Formule à 5,80 € avec plat du jour et dessert. Menu complet à 8,69 €, boisson comprise, à 9 € le café en sus. Un couple sympa, monsieur au piano et madame en salle et au bar. Elle accueille en même temps les ouvriers, les autochtones et les touristes. À partir de midi trente, les places deviennent chères. Mais pas les menus, copieux et délicieux. Également des crêpes variées. Alors un conseil, avant la promenade dans Jublains, ville gauloise, passez réserver votre table.

FERTÉ-BERNARD (LA)   72400

Carte régionale B1

🏠 **I●I** *Hôtel-restaurant du Stade* ✶✶ – 21-23, rue Virette ☎ 02-43-93-01-67. Fax : 02-43-93-48-26. Parking. TV. Satellite. ⚒ Fermé le vendredi soir et le dimanche soir. Accès : depuis le centre-ville, suivre le panneau de l'hôtel. Chambres doubles de 40 à 45 €. 1er menu à 9,50 €, en semaine, café compris. Autres menus de 10 à 28 €. Tous les menus sont avec salade et vrai plateau de fromages (ce qui est de plus en plus rare). Dans une rue discrète, un petit éta-

blissement qui vous ramène, mine de rien, vingt ans en arrière. Propre, bien tenu, avec une cuisine style pension de famille, au bon rapport qualité-prix comme on n'en trouve plus guère. *Apéritif maison offert à nos lecteurs sur présentation de ce guide.*

🏠 **I●I** *Hôtel-restaurant La Perdrix* ✶✶ – 2, rue de Paris (Centre) ☎ 02-43-93-00-44. Fax : 02-43-93-74-95. ● www.perso.wanadoo.f/restaurantlaperdrix/ ● Parking payant. TV. Fermé le lundi soir et le mardi. Congés annuels : en février. Chambres doubles avec douche et w.-c. de 40 à 50 €. Menus à 17 €, sauf le samedi soir et les jours fériés, puis à 25 et 37 €. Nul ne peut voyager en Sarthe sans s'arrêter dans cette maison tenue par Serge Thibaut. C'est aussi beau que bon. Quelques petits chefs-d'œuvre au hasard : les rillettes de canard au foie gras toasts chauds, les langoustines rôties aux tagliatelles, les pigeons en salmis aux crêpes de pommes de terre, carpaccio d'ananas tiède en sabayon... La cave à vins mérite aussi une mention spéciale (près de 600 crus !). Intéressant pour les familles, la belle chambre n° 1 en duplex, pour 5 personnes. Garage de 7 places. Et puis, un grand talent s'accompagne souvent d'une grande modestie et d'une qualité d'accueil hors pair ! Cette *Perdrix*-là n'est pas prête d'avoir du plomb dans l'aile. *Café offert à nos lecteurs sur présentation de ce guide.*

I●I *Le Bocage fleuri* – 14, pl. Carnot, galerie Carnot (Centre) ☎ 02-43-71-24-04. Fermé le mardi soir et le dimanche. Accès : près de l'église Notre-Dame et de la fontaine. 1er menu à 8 € en semaine. Une petite adresse du centre-ville, vantée par les habitants, c'est bon signe. Une cuisine de pro, simple mais copieuse, servie idéalement en terrasse aux beaux jours. Beau jardin intérieur à deux pas d'un des canaux. *Café offert à nos lecteurs sur présentation de ce guide.*

I●I *Le Dauphin* – 3, rue d'Huisne (Centre) ☎ 02-43-93-00-39. ⚒ Fermé le dimanche soir et le lundi. Accès : par la rue piétonne. Menus à 15 € (sauf le samedi soir, le dimanche et les jours fériés) et de 22,50 à 37,50 €. À la porte Saint-Julien, une maison pleine de charme et d'histoire, où l'on vient se réfugier en amoureux et/ou entre gastronomes, l'un pouvant très bien aller avec l'autre. Atmosphère sereine. La carte est renouvelée deux fois par an et suit à la fois l'inspiration du chef et le marché.

DANS LES ENVIRONS

SAINT-ULPHACE 72320 (14 km SE)

I●I *Le Grand Monarque* – 5, pl. du Grand-Monarque (Centre) ☎ 02-43-93-27-07. TV. Fermé le mardi, le mercredi et le dimanche soir. Attention, le soir en semaine, resto uniquement sur réservation. Congés annuels : début juillet. Accès : par la D7. Menu le midi en semaine à 8,50 €. Autres menus de 11,50 à 38 €. Plutôt bon enfant, le vieux *Monarque*, surtout quand ses loyaux sujets envahissent sa demeure pour faire ripaille jusqu'à une heure avancée certains après-midi dominicaux. Un menu « Bienvenue » qui mérite son nom, le week-end, puis les suivants qui font honneur à la bonne vieille cuisine bourgeoise. Un *Monarque* qui n'est pas près d'être détrôné ! Aux beaux jours, terrasse couverte et l'hiver, soirées à thèmes : paella, choucroute, fruits de mer, etc. *Café offert à nos lecteurs sur présentation de ce guide.*

MONTMIRAIL 72320 (15 km SE)

|●| *Crêperie de L'Ancienne Forge* – 11 bis, pl. du Château ☎ 02-43-71-49-14. &. Fermé le lundi. Congés annuels : en janvier et décembre. Accès : par la D7 jusqu'à Courgenard, puis la D36. Compter environ 13 € le repas. À la place du jeune couple qui tient ce joli petit resto, vous en auriez sans doute vite passé d'entendre un nouvel arrivant sur trois demander si c'est bien le château du film *Les Visiteurs* qui leur sert de fond de décor, de l'autre côté de la terrasse ! Eh non ! Désolé, celui-ci a une histoire que le cinéma continue d'ignorer (le « vrai » est celui d'Ermenonville, dans l'Oise). En attendant l'heure de la visite, vous pourrez au moins manger très bien et pas trop cher : entrecôte fondante, belles salades, bonnes pizzas et galettes. Que demande le peuple, mon bon Jacouille ? *Café offert à nos lecteurs sur présentation de ce guide.*

BONNÉTABLES 72110 (20 km O)

|●| *Hôtel-restaurant Le Lion d'Or* – 1, rue du Maréchal-Leclerc (Centre) ☎ et fax : 02-43-29-38-55. Parking. TV. Restaurant fermé le dimanche en août. Accès : par la D7. Chambres doubles à 30 € avec lavabo et de 35 à 38 € avec douche ou bains. Menus de 9 €, le midi en semaine, à 26 €. Un hôtel de charme situé en centre-ville dans une ancienne bâtisse du XIe siècle. Appelée délibérément pension, cette grande maison à l'accueil chaleureux, avec une déco *so British*, propose une quinzaine de chambres pleines de charme, ainsi qu'un restaurant et une crêperie. Au resto, on vous prépare une cuisine sarthoise copieuse et assez recherchée. Pâtisseries toutes maison, dont une excellente tarte Tatin. *Apéritif maison offert à nos lecteurs sur présentation de ce guide.*

FLÈCHE (LA) 72200

Carte régionale B1

|●| *Relais Henri IV* * – route du Mans, N23 (Nord-Est) ☎ 02-43-94-07-10. Fax : 02-43-94-68-49. •www.logis-de-france.fr•

Parking. TV. Fermé le dimanche soir et le lundi. Congés annuels : pendant les vacances scolaires de février et la 1re semaine de novembre. Accès : à 2 km du centre-ville, direction Paris-Le Mans. Chambres doubles de 38 à 45 €. Menus de 14,50 à 30 €. Situé en marge de la ville, un peu en retrait de la route, un *Logis de France* proposant des chambres claires, propres et insonorisées. Bonne cuisine servie dans une salle tapissée de plus de 200 moules à chocolat et de sujets en chocolat ! De quoi déjà vous faire saliver. Le chef, en effet, est un passionné de la fève de cacao, et vous pourrez juger de ses talents en goûtant, par exemple, son mille-feuille maison. Bon accueil. *Apéritif maison offert à nos lecteurs sur présentation de ce guide.*

|●| *Relais Cicero* *** – 18, bd d'Alger (Centre) ☎ 02-43-94-14-14. Fax : 02-43-45-98-96. • www.cicero.fr • Parking. TV. Satellite. Fermé le dimanche soir. Il est conseillé de réserver pendant la semaine des 24 h du Mans. Congés annuels : du 29 juillet au 12 août et du 21 décembre au 8 janvier. Accès : près de la place Thiers, à deux pas du célèbre Prytanée. Chambres doubles avec douche et w.-c. ou bains de 67 à 103 €. Une belle demeure des XVIe et XVIIIe siècles, éloignée des bruits de la ville et de l'agitation des hommes. Un bar anglais, un salon de lecture, une salle confortable pour le (superbe) petit déjeuner, du feu dans la cheminée et des conversations feutrées. Les chambres, dans la demeure même, sont suffisamment raffinées et confortables pour mériter un coup de folie. Mais, en traversant le jardin joliment fleuri, vous aurez peut-être un coup de cœur pour celles de l'hôtel, où l'on se sent tout de suite à l'aise, ne serait-ce que par le prix. Un grand moment de charme... de charme discret de la bourgeoisie, bien sûr. *10 % sur le prix de la chambre (hors juillet-août, pour 2 nuits consécutives) offerts à nos lecteurs sur présentation de ce guide.*

|●| *Le Moulin des Quatre Saisons* – rue Gallieni (Centre) ☎ 02-43-45-12-12. &. Fermé le lundi, le mercredi soir et le dimanche soir. Congés annuels : 2 semaines en janvier, 1 semaine en mars et pendant les vacances scolaires de la Toussaint. Accès : face à la mairie, sur la N23. Menu le midi en semaine à 17 €, café et vin compris. Un emplacement en or, sur les bords du Loir, face au château des Carmes (moins poétiquement : l'actuelle mairie). L'accent de la patronne, le décor d'auberge campagnarde avec boiseries à fleurs vous entraînent en imagination sur les bords du Danube. Une clientèle bon chic bon genre à l'intérieur, une autre, plus décontractée, sur la magnifique terrasse, viennent ici goûter à un certain bonheur de

PAYS DE LA LOIRE

vivre en même temps qu'à la cuisine, savoureuse, de Camille Constantin. Les plats sont renouvelés à chaque saison, d'où le nom du restaurant. Une trouvaille, quoi... *Café offert à nos lecteurs sur présentation de ce guide.*

●I●I *Restaurant La Fesse d'Ange* – **pl. du 8-Mai-1945 (Centre)** ☎ 02-43-94-73-60. Fermé le lundi, le mardi soir et le dimanche soir. Congés annuels : du 1er au 22 août. Accès : à côté du théâtre. Menu à 17 € sauf le week-end et les jours fériés. Autres menus à 27,50 et 35 €. Une jolie enseigne à l'intérieur et un décor résolument contemporain signalent l'une des meilleures tables de la Sarthe. Beau 1er menu avec foie gras cuit au torchon au coteaux-du-layon, bar à l'unilatéral, fromage, remarquables desserts. Aux menus suivants, c'est le paradis assuré. Une cuisine du moment avec un chef inspiré au piano. N'hésitez pas à vous laisser bercer par ses partitions culinaires. *La Fesse d'Ange*, vous l'avez compris, n'a rien d'un « pince-cul », mais on s'y sent « diablement » bien. *Café offert à nos lecteurs sur présentation de ce guide.*

DANS LES ENVIRONS

LUCHÉ-PRINGÉ 72800 (13 km E)

⌂ ●I●I *Auberge du Port-des-Roches* ** – **lieu-dit Le Port-des-Roches (Nord)** ☎ 02-43-45-44-48. **Fax : 02-43-45-39-61.** Parking. TV. Fermé le dimanche soir et le lundi. Congés annuels : du 26 janvier au 9 mars. Accès : à la sortie de Luché-Pringé, prendre direction Pontvallain et tourner à droite à 2 km. Chambres doubles avec douche et w.-c. ou bains de 39 à 48 €. Menus de 19 à 36 €. Cette auberge-là revient de loin. Il suffit de voir le papier à fleurs, au fond des placards, pour imaginer à quoi on a échappé. Tenue par un jeune couple dynamique et bosseur (faut parfois préciser...), elle propose des chambres aux couleurs gaies et, au restaurant rafraîchi, une cuisine de marché bien ficelée. L'ambiance est néo-familiale, les prix néo-ruraux. Superbe terrasse fleurie sous l'if bicentenaire donnant sur la rivière. *Apéritif maison offert à nos lecteurs sur présentation de ce guide.*

FLOCELLIÈRE (LA) 85700

Carte régionale A2

⌂ *Château de la Flocellière* – **La Flocellière** ☎ 02-51-57-22-03. **Fax : 02-51-57-75-21.** ● **www.flocellierecastle.com** ● Parking. Accès : de Saint-Michel, suivre les panneaux. Doubles avec bains de 100 à 150 € ; 20 € par personnes supplémentaires. Menu unique à 45 € en table d'hôte avec les propriétaires. Gîtes de 1 295 à

1 525 € par semaine selon la taille et la saison. Logement familial dans les dépendances (compter 15 € par personne). Château néogothique rénové il y a quelques années par la famille Vignial. Les prix ne sont pas si élevés au regard des chambres superbes et spacieuses. Une touche un peu *British* dans la déco donne un charme fort agréable au tout. Bref, un luxe de bon goût. Les amoureux d'histoire préféreront peut-être les suites du donjon, comme la « Belle Écossaise », ajoutée à la « Du Guesclin ». Possibilité pour huit personnes de louer le pavillon « Louis XIII » et le donjon en formule gîte à la semaine. Dehors, un vaste parc s'offre aux convives, ainsi qu'une piscine et les ruines du château du XIIIe siècle. Réserver à l'avance. *Apéritif maison offert à nos lecteurs sur présentation de ce guide.*

FONTENAY-LE-COMTE 85200

Carte régionale A2

⌂ ●I●I *Hôtel Fontarabie* – *Restaurant La Glycine* ** – **57, rue de la République (Centre)** ☎ 02-51-69-17-24. **Fax : 02-51-51-02-73.** ● **www.hotel-fontabarie.com** ● Parking. TV. Canal+. ♿ Congés annuels : du 20 décembre au 10 janvier. Accès : A83, sortie n° 8. Chambres doubles avec douche et w.-c. ou bains de 45 à 53 €. Menus de 7,50 à 23 €. Il y a bien longtemps, au moment de la Saint-Jean, des commerçants espagnols faisaient le voyage de Fontenay pour vendre leurs chevaux nains et acheter des mules de Vendée. Arrivant de Fontarabie pour faire leur négoce et logeant dans ce relais de poste, le nom de la maison était trouvé. Dès lors, il n'en changea plus, mais la belle bâtisse en pierre blanche et au toit d'ardoise a été rénovée. Chambres confortables à la déco contemporaine plaisante ; de nouvelles chambres sont prévues pour mai 2003. Le resto doit son nom aux vénérables glycines qui ornent l'entrée de la maison, formant une pergola sous laquelle il est bien agréable de boire un verre. La cuisine, tendance terroir, est bonne et copieuse. Personnel jeune et souriant pour vous accueillir. *Apéritif maison (si l'on prend un repas) et 10 % sur le prix de la chambre (sauf juillet-août) offerts à nos lecteurs sur présentation de ce guide.*

●I●I *Aux Chouans Gourmets* – **6, rue des Halles (Centre)** ☎ 02-51-69-55-92. Service de 12 h à 14 h et de 19 h à 21 h 30. Fermé le dimanche soir et le lundi. Congés annuels : 1re semaine de janvier, 15 jours en mars et 15 jours fin août-début septembre. Accès : à côté de l'hôtel de ville. Menus de 13,50 à 34,61 €. Une maison solide et raffinée, à l'image de sa noble façade. En salle, aux beaux murs de pierre apparente, ou en terrasse couverte donnant sur la Vendée, c'est selon. L'accueil et le service sont irréprochables. Cuisine traditionnelle ou gastronomique de la plus grande fraîcheur (le marché est à la porte!). Spécialités locales : farci poitevin et son jambon de Vendée, pigeonneau de la ferme de Boisse rôti et sa cuisse confite. *Café offert à nos lecteurs sur présentation de ce guide.*

DANS LES ENVIRONS

PISSOTTE 85200 (4 km N)

I●I *Crêperie Le Pommier* – 9, rue des Gélinières (Centre) ☎ 02-51-69-08-06. Parking. ☖ Fermé le lundi. Congés annuels : 2e quinzaine de septembre. Accès : par la D938. Menu le midi en semaine à 7,40 €. À côté d'un vieux cellier à vin, de Pissotte bien sûr, et des fiefs vendéens, protégée par une glycine et une vigne vierge (on en trouve peu dans le pays !), cette vieille maison aux volets verts avec son jardin et sa véranda dégage une sensation de sérénité. On est bien ici ! On sert des crêpes généreusement garnies : la « Bretonne » (andouillette, pommes, salade), la « Blanchette » (chèvre, bacon, crème fraîche et salade verte) et la « Syracuse » (magret fumé, pommes poêlées et crème au jus d'oranges), que l'on déguste avec le vin rosé de Xavier, le frangin vigneron, qui réjouit les cœurs bien mieux que le cidre. *Apéritif maison offert à nos lecteurs sur présentation de ce guide.*

MERVENT 85200 (11 km NE)

I●I *Crêperie du Château de la Citardière* – Les Ouillères ☎ 02-51-00-27-04. Fermé le mercredi en saison ; du 1er octobre au 31 mai, ouvert seulement le week-end et les jours fériés. Accès : par la D938 puis la D99 ; de Mervent, prendre direction Les Ouillères par la D99, puis suivre les panneaux. Compter 13 € pour un repas complet. Voici un endroit insolite et romantique à la fois : une crêperie – de bonne qualité ! – nichée dans un étrange château du XVIIe siècle jamais achevé et entouré de douves. Une petite partie des communs a été rénovée pour accueillir les promeneurs. À l'intérieur, une jolie salle rustique fleurant bon le feu de bois et la pâte à crêpes ; à l'extérieur, la terrasse pour contempler les hauts murs abandonnés. Excellentes crêpes : la « Chantoizeau », flambée aux pommes, la « Mélusine »... L'attente est un peu longue, mais ça vaut le coup. On peut en profiter pour visiter le cellier qui sert de salle d'expositions temporaires et de spectacles. *Café offert à nos lecteurs sur présentation de ce guide.*

VELLUIRE 85770 (11 km SO)

☖ I●I *L'Auberge de la Rivière* ** – ☎ 02-51-52-32-15. Fax : 02-51-52-37-42. Cartes de paiement refusées. Parking. TV. ☖

Fermé le lundi et le dimanche soir hors saison, le lundi uniquement du 1er juillet au 20 septembre. Congés annuels : du 20 décembre au 2 mars. Accès : prendre la D938 jusqu'à Nizeau et la D68 jusqu'à Velluire. Chambres doubles avec bains de 70 à 87 €. Menus à 18 €, en semaine, 33 et 44 €. Une adresse pour routards ayant des envies de calme, des goûts de luxe cachés et des nostalgies de bonne cuisine. Au centre du bourg, laissez-vous glisser d'abord vers la rivière, puis sous la nappe jaune d'une salle à manger riche en poutres, plantes, meubles et tapisseries. Cuisine de caractère : huîtres chaudes, feuilleté de langoustines, pigeonneau sauce morilles, bar artichaut... Pour la nuit, des chambres aux tons chaleureux qui redonnent le goût de la campagne au citadin le plus blasé. Toutes (sauf la n° 10) ont une vue sur la rivière. Jolie balade matinale ou digestive le long de la rivière. Avis aux amateurs de farniente ! Prêt de vélos.

MAILLEZAIS 85420 (15 km SE)

☖ *Hôtel Saint-Nicolas* ** – 24, rue du Docteur-Daroux (Centre) ☎ 02-51-00-74-45. Fax : 02-51-87-25-69. Parking. TV. Congés annuels : du 15 novembre au 15 février. Accès : à 100 m de l'église. Chambres doubles avec douche et w.-c. de 35,50 à 52,60 €. Petit déjeuner à 7 €. Garage clos payant. Un hôtel simple et calme, dont la plupart des chambres confortables donnent sur la cour-jardin intérieure pentue, disposée en terrasses. Un style original sympa. Le propriétaire, très engagé dans la région, pourra, s'il a un peu de temps, vous indiquer ses chemins à lui, pour vous perdre en toute quiétude dans le Marais poitevin, ou pour rayonner dans le coin. *10 % sur le prix de la chambre (hors vacances scolaires et longs week-ends, type pont de l'Ascension, Pentecôte...) offerts à nos lecteurs sur présentation de ce guide.*

FONTEVRAUD-L'ABBAYE   49590

Carte régionale B2

☖ I●I *Hôtel La Croix Blanche* ** – 7, pl. des Plantagenêts ☎ 02-41-51-71-11. Fax : 02-41-38-15-38. ●www.logis-de-france.fr● Parking. TV. Satellite. Congés annuels : du 13 janvier au 11 février et du 18 au 29 novembre. Accès : à côté de la célèbre abbaye. Chambres doubles avec douche et w.-c. ou bains de 50,50 à 80 €. Grand choix de menus, dont un végétarien à 16,90 €, puis de 18,60 à 38,90 €. Hôtel charmant à côté de la célèbre abbaye de Fontevraud. Édifice respectant élégamment l'architecture locale. 21 belles chambres ordonnées autour d'une cour fleurie et au calme. Cela dit, les prix sont à la hauteur de la réputation de Fontevraud... Chambres sous les toits un peu moins chères. Cuisine assez renommée. Bon menu du terroir du style pointes d'asperges sauce mousseline à la concassée de tomates, grenadins de veau sauce estragon, chariot de fromages affinés et dessert du jour. Excellent accueil. *Café offert à nos lecteurs sur présentation de ce guide.*

GUENROUET   44530

Carte régionale A1

l●l *Le Jardin de l'Isac* – **31, rue de l'Isac** ☎ **02-40-87-66-11.** Fermé le lundi, le mardi et le dimanche soir ; en juillet et août, fermé uniquement le lundi. Congés annuels : la 2e semaine de janvier et les 15 derniers jours de février. Accès : à 6 km à l'est de Saint-Gildas-des-Bois. Menus à 10 €, le midi en semaine, et à 15 €. Un rapport qualité-prix imbattable pour ce petit resto situé au-dessous d'un resto dit gastronomique, dirigé par le même couple. Aux beaux jours, on mange sur la terrasse-jardin très bien fleurie. À l'ombre de la glycine et en respirant le délicat parfum du chèvrefeuille, vous pourrez vous sustenter grâce à un buffet de hors-d'œuvre très variés, allant de la terrine de poisson aux charcuteries et à toutes sortes de crudités. Ensuite, vous choisirez entre une grillade ou le poisson du jour, suivi par un buffet de desserts. Possibilité, bien sûr, de se contenter d'un plat comme la darne de saumon au beurre de tomates. À l'intérieur, préférez la salle au bord du jardin à celle du fond, plus tristounette, même si c'est là que se dressent les buffets. Service pro et bon accueil. *Café offert à nos lecteurs sur présentation de ce guide.*

HERBIERS (LES)   85500

Carte régionale A2

≜ l●l *Hôtel-restaurant du Centre* ** – **6, rue de l'Église (Centre)** ☎ **02-51-67-01-75. Fax : 02-51-66-82-24.** TV. Fermé le vendredi soir et le samedi hors saison. Congés annuels : du 3 au 14 août et pendant les vacances scolaires de Noël. Chambres doubles de 43,50 à 48 € avec douche ou bains. Menus de 11 à 24,50 €. En plein centre mais calme, un hôtel accueillant et chaleureux, où il fait bon séjourner pour visiter la région ou assister au spectacle du Puy-du-Fou. Si la demi-pension est obligatoire à cette occasion (de juin à fin août, ainsi que le week-end), vous ne le regretterez pas, car le patron prépare une très bonne cuisine du marché principalement basée sur le poisson, et à la vapeur.

≜ l●l *Hôtel-restaurant Le Relais* ** – **18, rue de Saumur (Centre)** ☎ **02-51-91-01-64. Fax : 02-51-67-36-50.** Cartes de paiement refusées. TV. Canal+. Satellite. Pour le restaurant, fermé le dimanche soir et le lundi midi. Chambres doubles de 46 à 49 €. Menus à 10,70 €, en semaine, puis de 18,30 à 51,80 € (à *La Cotriade*). Une belle façade rénovée pour une maison de qualité, où le confort des 26 chambres n'a rien à envier au petit luxe de la salle à manger. Malgré le côté « bord de route » difficile à éviter dans la région, on jouit d'un certain calme grâce au double vitrage. Vous avez le choix entre deux restaurants : la brasserie, où vous pouvez déguster une cuisine traditionnelle, et *La Cotriade*, plus gastronomique. Cuisine généreuse avec, selon la saison, médaillon de jeune cerf sauté au beurre de thym et arôme de réglisse, escargots de Saint-Paul au foie gras, fine blanquette de homard...

DANS LES ENVIRONS

SAINT-LAURENT-SUR-SÈVRE 85290 (20 km NE)

≜ l●l *Hôtel-restaurant L'Hermitage* ** – **2, rue de la Jouvence (Centre)** ☎ **02-51-67-83-03. Fax : 02-51-67-84-11.** Parking. TV. Fermé le samedi hors saison et le dimanche soir du 1er mai au 30 septembre. Accès : par la D752 ; au bord de la Sèvre nantaise, juste après le pont en face de la basilique. De 35 à 42 € la chambre double avec douche et w.-c. ou bains. Menus de 13 à 26 €. Voilà une gentille auberge familiale avec son jardin potager, où le chef-patron va s'approvisionner dès potronminet. Il pourrait aussi pêcher le sandre dans la rivière que surplombe la terrasse du bar. La salle à manger est digne d'un très vieil épisode de *Chapeau melon et bottes de cuir* : sièges orange style « Knoll ». La cuisine est classique, fraîche et copieuse : jambon de Vendée aux mohgettes, sandre à l'oseille, charlotte au chocolat. Chambres bien tenues. Les plus agréables donnent sur la Sèvre. *Café offert à nos lecteurs sur présentation de ce guide.*

LAVAL   53000

Carte régionale B1

≜ *Marin Hôtel* ** – **100-102, av. Robert-Buron (Nord-Est)** ☎ **02-43-53-09-68. Fax : 02-43-56-95-35.** ● **decouacon@wanadoo.fr** ● Parking payant. TV. Canal+. Satellite. ≜ Accès : face à la gare SNCF. Chambres doubles de 42 à 45,50 € avec douche et w.-c. ou bains. Hôtel faisant partie de la chaîne *Inter-Hôtel*. Moderne, fonctionnel, bien insonorisé. Bon accueil. Un point de chute idéal à la sortie du TGV. Nombreux restaurants alentour si vous avez la flemme d'aller jusque dans la vieille ville (mais ce serait quand même dommage !). *10 % sur le prix de la chambre offerts à nos lecteurs sur présentation de ce guide.*

I●I *L'Avenio* – 38, quai de Bootz (Nord) ☎ 02-43-56-87-51. Fermé le samedi et le dimanche. Congés annuels : en août. Accès : le long de la Mayenne, au nord du quai Béatrix-de-Gavre. Formules de 8 à 11 €. Le repaire des pêcheurs mayennais devant l'Éternel. Décor de gaules, moulinets, hameçons, avenios et autre matériel de pêche pour un poisson qui se respecte. Les conversations vont bon train à propos de Daniel qui prétend avoir sorti la friture de l'année... Les plats sont maison, copieux et délicieux, et le pain cuit au feu de bois. La boisson est comprise. L'une de nos meilleures expériences à Laval. Terrasse intérieure. *Apéritif maison offert à nos lecteurs sur présentation de ce guide.*

I●I *L'Antiquaire* – 5, rue des Béliers (Centre) ☎ 02-43-53-66-76. Cartes de paiement refusées. Fermé le mercredi et le samedi midi. Congés annuels : 1 semaine en février et du 7 au 30 juillet. Accès : derrière la cathédrale. 1er menu à 16 €, menus suivants de 17 à 35,50 €. Si vous êtes amateur de style brocante, dans la vie comme à la table, passez votre chemin. Ici, on aime le beau, le travail bien fait, entre gens de bonne compagnie. Ne vous laissez pas cependant appâter par le nom, ce qui compte ici, c'est l'assiette. Magnifique ! Même le petit menu est une affaire, dans ce lieu conçu pour les repas du même nom. Foncez... rue des Béliers ! *Café offert à nos lecteurs sur présentation de ce guide.*

I●I *La Braise* – 4, rue de la Trinité (Centre) ☎ 02-43-53-21-87. Fermé le lundi, le samedi midi et le dimanche . Congés annuels : 1 semaine aux vacances de Pâques et 1 semaine autour du 15 août. Accès : dans les vieux quartiers, près de la cathédrale. Menu à 18,29 € en semaine. Mignon tout plein. Il y a suffisamment de vieux pots, de beaux meubles, de coins de cheminées, de poutres au plafond et de tomettes par terre pour que vous vous sentiez bien tout de suite. Sans compter l'accueil d'Annie et la cuisine, simple, soignée et authentique, à la chaleur de la braise. Spécialités, vous l'avez deviné, de poisson et viande grillés : brochette de lotte, de fruits de mer, pièce de bœuf et sa sauce à la moelle, jarret de porc à l'ancienne... Terrasse aux beaux jours. *Apéritif maison offert à nos lecteurs sur présentation de ce guide.*

I●I *Restaurant Le Bistro de Paris* – 22, quai Jehan-Fouquet (Centre) ☎ 02-43-56-98-29. Fermé le lundi, le samedi midi et le dimanche soir . Congés annuels : du 5 au 27 août. Accès : sur les bords de la Mayenne. Menus de 22 à 40 €. Eh oui, c'est toujours lui le meilleur. Le plus cher aussi, à moins de prendre le menu-carte, sage comme une image. Entre autres belles et bonnes choses, les petites entrées gourmandes (un délice), la lotte et langoustines à l'estragon, le bonbon de jarret de veau poêlé aux morilles, la selle d'agneau rôtie à l'ortie, le macaron moelleux au chocolat salade d'oranges. Guy Lemercier continue d'inventer, bon an mal an, pour le plus grand plaisir des fidèles qu'il reçoit à sa façon, bonhomme mais pas pince-fesses, dans ce décor de brasserie à l'ancienne aux allures de palais des glaces. Beau service, bons vins.

DANS LES ENVIRONS

CHANGÉ 53810 (4 km N)

I●I *La Table Ronde* – pl. de la Mairie (Centre) ☎ 02-43-53-43-33. Fermé le lundi, le mardi soir, le mercredi soir, le jeudi soir et le dimanche soir. Congés annuels : la dernière quinzaine d'août. Accès : près de l'église. Menus de 15 €, en semaine uniquement, à 37 €. Attention, ne vous trompez pas de porte. Au-dessus, il y a la salle de restaurant, où vous pourriez revenir un jour avec belle-maman. Ce qui nous plaît, c'est le bistrot, en dessous, décoré années 1930, avec son service de « chevalières » souriantes et ses petits prix, eux aussi très souriants. L'été, il y a même une terrasse, pour se mettre au vert, entre ville et parc. Le second menu, servi midi et soir, est du style à proposer ballotine de sandre aux écrevisses, jambonnette de coquelet au vinaigre de cidre et terrine de poires au caramel. Du bon travail, riche en goûts, en couleurs et pas forcément en calories. Ça vaut le coup de quitter Laval pour « Changé »... un peu ! *Apéritif maison offert à nos lecteurs sur présentation de ce guide.*

GENEST-SAINT-ISLE (LE) 53940 (12 km NO)

I●I *Restaurant Le Salvert* – route d'Olivet ☎ 02-43-37-14-37. Parking. Fermé le dimanche soir et le lundi. Congés annuels : en janvier. Accès : par la D30, dépasser le village de Genest, c'est au bord de l'étang d'Olivet. Menus à 16 €, en semaine, et de 20,50 à 30,50 €. À 10 mn de Laval, une table à découvrir l'été, en terrasse, ou l'hiver, près de la cheminée, au détour d'une promenade. Évitez de venir, quand même, en short ou en bottes (selon la saison !), car on ne vient pas là pour pique-niquer sur le pouce. Les produits du terroir sont à l'honneur et les saisons bien respectées (la carte change deux fois par an). Pain fait maison, comme le reste. *Café offert à nos lecteurs sur présentation de ce guide.*

COSSÉ-LE-VIVIEN 53230 (18 km SO)

🏠 I●I *Hôtel-restaurant L'Étoile* ** – 2, rue de Nantes (Centre) ☎ 02-43-98-81-31. Fax : 02-43-98-96-64. Parking. TV. Fermé le dimanche soir et le lundi. Accès : par la N171. Chambres doubles avec douche et w.-c. ou bains à 25 €. Carte en semaine (midi et soir), compter 10 €. Sinon, 3 menus de 12,20 à 21,34 €. 7 chambres correctes mais décor ringard-kitsch. Au restaurant, bonne cuisine bourgeoise. Spécialités de fondant de queue de bœuf en mitonné et d'aiguillettes de pintade aux griottes. Ne ratez surtout pas la visite du musée Robert-Tatin, à deux pas. Réservation au restaurant recommandée en fin de semaine. *10 % sur le prix de la chambre offerts à nos lecteurs sur présentation de ce guide.*

VAIGES 53480 (22 km E)

🏠 I●I *Hôtel du Commerce* *** – rue du Fief-aux-Moines (Centre) ☎ 02-43-90-50-07. Fax : 02-43-90-57-40. ● www.hotel commerce.fr ● Parking. TV. Canal+. Satellite. ♿ Fermé le vendredi soir et le dimanche soir d'octobre à avril, ainsi que le 1er mai et les 24 et 25 décembre au soir. Congés annuels : du 10 janvier au 31 février. Accès : RN157 ou A81 sortie n° 2. Chambres doubles avec douche et w.-c. ou bains de 51 à 96 €. 1er menu à 18 €. Autres menus de 26 à 45 €. Depuis 1883, les Oger ne pensent qu'à ça, génération après génération : « Pourvu qu'aucun client ne se plaigne d'avoir mal dormi ou pas assez mangé ! » Une adresse qui défie d'autant plus le temps que chaque génération essaie de s'adapter au mieux aux changements de clientèle. Tout ça pour vous dire que vous pouvez sans crainte poser vos bagages une nuit ou deux, dans des chambres tranquilles, et goûter une bonne cuisine de terroir dans le jardin d'hiver : foie gras frais de canard maison, filet de bœuf poêlé et sa marmelade d'échalotes confites, sauté de langoustines, fromages, tarte fine aux pommes.

ERNÉE 53500 (30 km NO)

🏠 I●I *Le Grand Cerf* ** – 17-19, rue Aristide-Briand (Centre) ☎ 02-43-05-13-09. Fax : 02-43-05-02-90. ● hotelrestaurantle grandcerf@wanadoo.fr ● Cartes de paiement refusées. Parking. TV. Canal+. Satellite. Fermé le dimanche soir et le lundi hors saison. Congés annuels : 2e quinzaine de janvier. Accès : en bordure de la N12, direction Mayenne. Chambres doubles avec bains à 40 €. Formule à 13,80 €, le midi en semaine. Menus de 18,50 à 29,50 €. Dans ce Nord-Mayenne, pays des dolmens et des menhirs, voilà une bonne adresse, célèbre

pour son accueil, son confort, sa table... Atmosphère feutrée au restaurant, déjà plus décontractée dans le coin bistrot. Vous pourrez au moins y goûter le plat du jour, si vous avez peur d'affronter la salle et les beaux menus. Voici une cuisine qui suit intelligemment les saisons. Belles chambres portant les noms des villages du canton. Originale initiative ! *Apéritif maison offert à nos lecteurs sur présentation de ce guide.*

I●I *La Table Normande* – 3, av. Aristide-Briand ☎ 02-43-05-16-93. Fermé le mardi soir, le mercredi soir et le jeudi soir. Accès : en bordure de la N12, à l'est de la ville, direction Mayenne. 1er menu à 9,50 € en semaine. Ici, on ne refusera jamais de vous servir si l'heure du repas est déjà copieusement entamée. Il faudra alors vous limiter aux propositions de la serveuse, mais c'est déjà très bien quand, partout ailleurs, on vous a ri au nez. C'est cela, une vocation de restaurateur. Ouvriers, représentants, touristes *on the road* font bon ménage et savourent la cuisine maison. Ambiance sympa et bon rapport qualité-prix. *Apéritif maison offert à nos lecteurs sur présentation de ce guide.*

LUÇON 85400

Carte régionale A2

🏠 I●I *Hôtel-restaurant Le Bœuf Couronné* ** – 55, route de La-Roche-sur-Yon (Ouest) ☎ 02-51-56-11-32. Fax : 02-51-56-98-25. ● perso.wanadoo.fr/ pierre.hauguel ● Parking. TV. ♿ Fermé le dimanche soir et le lundi. Congés annuels : 2e quinzaine de septembre. Accès : du centre-ville, prendre direction La Roche-sur-Yon. Chambres doubles à 45,73 €. Menus à 11,89 €, sauf les jours fériés, puis jusqu'à 29,27 €. Jolie maison, un peu proche de la route. Pergola fleurie en été, salon bien chaud en hiver, on a le choix entre plusieurs salles à manger pour savourer une bonne cuisine : paupiettes de filets de sole aux langoustines, foie gras de canard au porto, poisson en sauce… À voir, les flambages en salle. Si l'envie vous en prend, il y a 4 chambres plutôt cossues, au calme, pour des nuits réparatrices. *Café offert à nos lecteurs sur présentation de ce guide.*

LUDE (LE) 72800

Carte régionale B1

I●I *La Renaissance* ** – 2, av. de la Libération ☎ 02-43-94-63-10. Fermé le dimanche soir et le lundi. Congés annuels : aux vacances de février et de la Toussaint. Accès : par la Grande-Rue derrière le *Crédit*

Agricole. 1er menu à 10 € en semaine, autour d'un plat. Autres menus de 13 à 35 €. L'endroit est un peu chic, il faut le dire, mais l'ambiance pas guindée pour deux sous et la cravate n'est pas obligatoire. Il est écrit sur la carte que le chef a toujours des idées. Voilà qui nous tranquillise et nous dégage de la difficulté de choisir dans une carte qui nous plonge, encore une fois, dans l'embarras du choix. Les produits sont frais et les cuissons maîtrisées selon les règles de l'art. C'est en cela que l'on reconnaît le vrai cuisinier du faux. En salle, le sourire est là et rien ne manque (pas même la petite souris sur le plateau de fromages)! *Apéritif maison offert à nos lecteurs sur présentation de ce guide.*

MALICORNE-SUR-SARTHE   72270

Carte régionale B1

I●I *Restaurant La Petite Auberge* – **5, pl. Du-Guesclin** ☎ 02-43-94-80-52. Parking. ⚒ Fermé le soir hors saison, sauf le samedi. Fermé le lundi toute l'année. Accès : par la D12 et la D8 ; près du port, à côté du syndicat d'initiative. Menu en semaine à 15 €. Autres menus de 20 à 45 €. C'est l'établissement même que l'on rêve de trouver, au bord d'une rivière, avec la terrasse plutôt mignonne où l'on peut, avec le 1er menu, s'offrir terrine de brochet, filets de truite de mer, fromage ou dessert. Pour un repas dominical, c'est plus cher, avec un peu plus de monde. La carte suit les saisons et les arrivées de poisson... sur le marché. Pour les jours gris, élégante salle à manger fleurie, avec une grande cheminée. *Apéritif maison offert à nos lecteurs sur présentation de ce guide.*

MAMERS   72600

Carte régionale B1

🛏 I●I *Hôtel-restaurant Le Dauphin* ** – **54, rue du Fort** ☎ 02-43-34-24-24. Fax : 02-43-34-44-05. TV. Fermé le vendredi soir et le dimanche soir. Accès : à 200 m du centre-ville. Chambres doubles avec douche, douche-w.-c. ou bains à 27, 33 et 40 €. Menu à 10 € en semaine. Pour qui passerait par Mamers, capitale des rillettes, voilà une bonne petite adresse, sans prétention, avec des chambres très correctes. L'omelette maine-normand, le mignon de porc comme la marmite du Dauphin font partie de ces spécialités qu'il vous faudra tester à la carte. À moins que vous ne preniez un des menus, dont les prix sont fort raisonnables. *Apéritif maison offert à nos lecteurs sur présentation de ce guide.*

DANS LES ENVIRONS

NEUCHÂTEL-EN-SAOSNOIS
72600 (10 km O)

🛏 I●I *Relais des Étangs de Guibert* – ☎ 02-43-97-15-38. Fax : 02-43-33-22-99. ● www.saosnois.com.lesetangsguibert ● Cartes de paiement refusées. Parking. ⚒ Fermé le dimanche soir et le lundi, sauf les jours fériés. Accès : dans le village, prendre à droite l'église (rue Louis-Ragot). Chambres doubles à 42 €. Menus de 13 €, le midi en semaine, à 29 €. À la lisière de la forêt de Perseigne, près de l'étang, une maison qui s'éveille à la vie dès les premiers beaux jours. Un cadre sympathique, un très bon accueil et un excellent rapport qualité-prix expliquent pourquoi il est difficile de trouver une chambre le week-end. Chacune a été conçue selon un style qui lui est propre (on peut préférer le style marin au style chasseur). Menus pour manger simplement, avant de partir, à cheval ou simplement à pied, à la découverte d'un des plus beaux coins du Maine normand.

ROUPERROUX-LE-COQUET
72110 (18 km SE)

I●I *Le Petit Campagnard* – **sur la D301 (Centre)** ☎ 02-43-29-79-74. Parking. ⚒ Fermé le lundi, le mardi soir, le mercredi et le jeudi soir sauf pour séminaire et repas de 15 à 20 personnes. Congés annuels : en août. Accès : jusqu'à Saint-Cosme-en-Vairais, puis la D301. Menu le midi en semaine à 9,50 €. Autres menus de 17,50 à 31 €. *Le Petit Campagnard* a une bonne bouille, qui donne envie de s'arrêter. Le dimanche, surtout, on se rend compte qu'on n'est pas le seul à avoir eu cette idée. Le menu sarthois est imbattable. Le second est pas mal du tout, et avec le dernier, on fait carrément dans l'insolite : daguet flambé au whisky avec ses pointes d'orties sauvages, autruche flambée au calva ou kangourou aux girolles. Il y en a pour tous les goûts! *Café offert à nos lecteurs sur présentation de ce guide.*

FRESNAYE-SUR-CHÉDOUET (LA)
72600 (22 km NO)

🛏 I●I *L'Auberge Saint-Paul* – **La Grande-Terre** ☎ 02-43-97-82-76. Fax : 02-43-97-82-84. ● www.multimania.com/glapierre ● Parking. ⚒ Fermé le lundi et le mardi (sauf les jours fériés). Accès : par la D3 et la D234. Chambres doubles avec bains à 30 €. 1er menu à 16 €, menus suivants de 21 à 37,50 €. L'adresse idéale pour ceux qui aiment bien manger en paix ! Cet ancien haras, loin du monde et du bruit, possède même 2 chambrettes on ne peut plus rustiques, pour qui ne voudrait plus reprendre la route après. Dommage qu'elles n'aient pas le charme hors du temps de l'auberge elle-même, avec sa cheminée, ses tomettes, ses petites tables bien dressées et ses serveuses de style (et vice versa). Pascal Yenk réalise une cuisine parfumée et précise, bien dans l'esprit de l'époque : foie gras de canard normand à la confiture d'échalotes, chocolat amer glace arabica. Menus magnifiques. Petite balade en forêt conseillée ensuite, pour que le bonheur soit complet. *Digestif maison offert à nos lecteurs sur présentation de ce guide.*

MANS (LE)   72000

Carte régionale B1

■ I●I *Auberge de jeunesse Le Flore* – 23, rue Maupertuis (Centre) ☎ 02-43-81-27-55. Fax : 02-43-81-06-10. • www.mapage.noos.fr/florefjt • Cartes de paiement refusées. Canal+. Câble. ♿ Congés annuels : pendant les vacances scolaires de Noël. Accès : par bus, ligne n° 12 direction Californie, arrêt station « Erpell », ou ligne 4, direction Gazonfier, même arrêt. 11 € la nuit avec le petit déjeuner. Repas de 4,73 à 7,30 €. Carte FUAJ obligatoire. Capacité d'accueil : 22 lits ; en juillet-août : 40 lits. Plusieurs chambres de 2 et 3 lits, 1 chambre de 4 lits et 1 appartement avec 7 lits. Parking gratuit pour les 2 roues à l'intérieur de l'auberge. Accès Internet gratuit pour nos lecteurs sur présentation de ce guide.

■ *Hôtel La Pommeraie* ** – 314, rue de l'Éventail (Est) ☎ 02-43-85-13-93. Fax : 02-43-84-38-32. Parking. TV. Satellite. ♿ Ouvert tous les jours. Accès : sortir du Mans par la route de Paris (N23), puis fléchage ; au niveau de l'auberge *Bagatelle*, tourner dans la rue de Douce-Amie. Chambres doubles de 31 à 36 € avec lavabo, de 36 à 46 € avec douche et w.-c. ou bains. Un havre de paix après les kilomètres... Bâti dans un parc entouré de fleurs et d'arbres superbes, cet hôtel, pas trop loin du centre (en voiture !), respire le silence et la verdure à deux pas des décibels urbains. Le jardin et l'accueil vous feront oublier l'architecture banale d'après-guerre, vous donnant même une impression de luxe ! Le jeune hôtelier met à disposition ping-pong, salle de remise en forme, pétanque, badminton, jeux de société... *10 % sur le prix de la chambre (en janvier, février, octobre et novembre pour 2 nuits consécutives) ou digestif maison offerts à nos lecteurs sur présentation de ce guide.*

■ *Anjou Hôtel* ** – 27, bd de la Gare (Centre) ☎ 02-43-24-90-45. Fax : 02-43-24-82-38. Parking payant. TV. Canal+. Satellite. Accès : en face de la gare. Chambres doubles à 45 € avec douche et w.-c. ou bains. Une bonne adresse pratique face à la gare, reprise par un couple qui se met en quatre et qui se soucie de la sécurité de ses hôtes. Toujours un œil sur les entrées, ça rassure. Chambres refaites à neuf et accueil charmant. Le petit déjeuner est gentiment amélioré : ça doit tenir au fait que le patron nous vient de la pâtisserie. Double vitrage et même double fenêtre. Un bon point de chute en descendant du train. *Un petit déjeuner par personne offert à nos lecteurs sur présentation de ce guide.*

■ I●I *Hôtel Green 7* ** – 447, av. Georges-Durand (Sud-Est) ☎ 02-43-40-30-30. Fax : 02-43-40-30-00. • www.hotelgreen7.com • Parking. TV. Canal+. Satellite. ● Resto fermé le vendredi soir et le dimanche soir. Accès : au sud du Mans, route de Tours. Chambres doubles avec douche et w.-c. ou bains à partir de 49 €. Menus à 15 €, en semaine, et de 20 à 32 €. À 1 700 m de l'entrée du circuit des 24 Heures du Mans, ainsi que du musée de l'Automobile, mettez-vous au vert, voire au calme, dans cet hôtel relooké contemporain. Plus que son restaurant, qui vous satisfera si vous n'avez pas envie d'aller jusqu'au centre-ville, c'est pour son aspect pratique, son parc et son parking, son bon petit déjeuner-buffet assez remarquable que vous l'apprécierez. Accueil chaleureux.

■ *Hôtel Chanteclerc* *** – 50, rue de la Pelouse (Est) ☎ 02-43-14-40-00. Fax : 02-43-77-16-28. • www.hotelchanteclerc.fr • Parking. TV. Canal+. Satellite. Accès : entre le palais des congrès et la gare. Chambres doubles avec douche et w.-c. ou bains de 63 à 66 €. Un hôtel et une rue dont le nom sent bon la campagne (mais la comparaison s'arrête là). Voilà une adresse qui devrait rassurer ceux qui cherchent le calme et le confort à deux pas (trois, soyons justes) du vieux Mans. L'accueil est chaleureux, le service compétent, le parking assuré et le petit déjeuner, dans le jardin d'hiver, plutôt sympathique. Il y a un restaurant au rez-de-chaussée, mais ça n'a rien à voir avec le reste de l'établissement, on vous aura prévenu. Chambres très correctes pour un court séjour. *10 % sur le prix de la chambre (en août) offerts à nos lecteurs sur présentation de ce guide.*

I●I *Auberge des 7 Plats* – 79, Grande-Rue (Nord-Ouest) ☎ 02-43-24-57-77. Fermé les dimanche et lundi. Accès : dans le vieux Mans. 1er menu à 11 € avec un plat et un dessert. Autre menu à 14 €. La grande maison à colombages a de l'allure, mais elle n'est pas la seule dans cette rue, l'une des plus typiques du vieux Mans. En revanche, l'originalité d'offrir un choix de 7 plats chauds dans le même menu est responsable, en grande partie, du succès du restaurant et de son nom. L'accueil jeune et décontracté y est aussi pour beaucoup. Ajoutons qu'une vraie brigade se démène en cuisine et que le résultat est là : carpaccio, foie gras (avec 3 € de supplément), magret au poivre, confit, paupiettes, etc. Tout est maison, frais, soigné et d'un excellent rapport qualité-prix. Vins d'appellation en carafe et tous les apéritifs à 2,80 €. La recette du succès paraît toute simple. Réservation à envisager. *Digestif maison offert à nos lecteurs sur présentation de ce guide.*

I●I *L'Atlas* – **80, bd de la Petite-Vitesse (Sud-Est)** ☎ **02-43-61-03-16.** Service jusqu'à 23 h 30. Fermé le lundi midi et le samedi midi. Congés annuels : en août. Accès : derrière la gare TGV (gare sud). Menus à 11,45 et 22,90 €. Imaginons que votre train soit bloqué au Mans par un feu de broussailles (ça arrive, eh oui !), vous apprécierez d'autant plus de trouver, dans ce quartier de la gare sans grand intérêt touristico-gastronomique, ce restaurant de spécialités marocaines ouvert par un homme qui a du goût pour la cuisine de son pays autant que pour la mise en scène. Une fois poussées les portes de *L'Atlas*, c'est un palais arabe qui s'ouvre à vous, dans cette rue qui a échappé à la destruction. Tajines remarquables. Pâtisseries orientales d'une grande fraîcheur. Le week-end, spectacle annoncé dans la salle ! On croit vraiment rêver.

I●I *Le Nez Rouge* – **107, Grande-Rue (Nord-Ouest)** ☎ **02-43-24-27-26.** Fermé le dimanche et le lundi. Congés annuels : 1 semaine en février et de mi-août au 5 septembre. Accès : au cœur du vieux Mans. Menus à 18, 26 et 37 €. Difficile de ne pas le voir, ce *Nez*-là, quand on admire les façades de la vieille ville, qui a retrouvé sa sérénité, après le tournage du *Bossu* et du *Masque de Fer*. Ne croyez pas, cependant, que vous pourrez y faire les clowns, ce n'est pas l'esprit maison. Du moins dans le « restaurant gastronomique » – comme il est précisé, sait-on jamais – où l'on vient pour la salade de homard aux pâtes fraîches ou à l'escalope de foie gras aux pommes rissolées et au cacao amer. Des spécialités proposées au 1er menu, ou au suivant, plus « fin nez ». Plus décontracté, la « crêperie gastronomique » – on précise toujours –, à quelques pas de là, toute mignonne, sur la place du Hallai. *Café offert à nos lecteurs sur présentation de ce guide.*

I●I *Le Flambadou* – **14 bis, rue Saint-Flaceau (Ouest)** ☎ **02-43-24-88-38.** Fermé le samedi midi et le dimanche. Congés annuels : 15 jours à Pâques et 15 jours en août. Accès : près de l'hôtel de ville, dans le vieux Mans. Compter environ 28 € pour un repas à la carte. Le chef-patron vient de Mimizan et a rapporté ses spécialités landaises et périgourdines. Il a pris pour

enseigne le *flambadou*, sorte de louche qu'on rougit dans la cheminée et qui servait à arroser les viandes avec de la graisse (du temps de nos grands-parents). Petite salle croquignolette et chaleureuse, accueil jovial. Terrasse ombragée dans le jardin l'été. Ses plats à la carte sont généreux et risquent de vous priver de dessert. Entre autres, le cassoulet landais, le civet d'oie à la lotoise et gratin, la cassolette d'escargots aux cèpes et, pour les amateurs (que nous sommes), les rognons de veau panés sauce moutarde violette de Brive-la-Gaillarde. On vient ici pour se régaler après un périple dans le quartier médiéval. *Apéritif maison offert à nos lecteurs sur présentation de ce guide.*

DANS LES ENVIRONS

YVRÉ-L'ÉVÊQUE 72530 (5 km E)

🛏 *Hôtel-Motel Papea* ** – **Bener, N23** ☎ **02-43-89-64-09. Fax : 02-43-89-49-81.** Parking. TV. Canal+. Satellite. Fermé le dimanche soir de novembre à février. Accès : bien indiqué depuis la sortie du Mans, route de Paris (N23) ; suivre le fléchage « Parc d'attraction ». Chambres doubles de 30 à 45 €. Dans un fort beau parc, tout près de l'abbaye de l'Épau, une vingtaine de chalets confortables et bien séparés les uns des autres par des arbres et des buissons. Idéal pour ceux qui souhaitent résider à la campagne à deux doigts de la ville. Tarifs VRP, week-end et long séjour. Accueil sympathique et insolite, les lapins vous faisant un brin de conduite et les propriétaires un brin de conversation jusqu'à la porte de ce qui sera « votre » maison. *Un petit déjeuner par personne offert à nos lecteurs sur présentation de ce guide.*

MULSANNE 72230 (8 km S)

🛏 **I●I** *Hôtel-restaurant Arbor* – **Auberge de Mulsanne** ** – **route de Tours, ligne droite des Hunaudières** ☎ **02-43-39-18-90. Fax : 02-43-39-18-99.** ● **www.aubergemulsanne.fr** ● Parking. TV. Satellite. Resto fermé le vendredi midi, le samedi midi et le dimanche. Congés annuels : les 3 premières semaines d'août et 15 jours à compter du 23 décembre pour le restaurant uniquement. Accès : à 10 mn du Mans, sur le site du circuit des 24 Heures. Chambres doubles avec bains et w.-c. à 55 €. Menu en semaine à 16 €. Autres menus de 21 à 36 €. Durant la compétition, cet hôtel, qui accueille les écuries de course, est bien entendu pris d'assaut ! Mais en dehors de cette période et pour ceux que le circuit laisse indifférents, l'hôtel tient à la disposition des clients une petite piscine… Chambres impeccables. A priori, cela n'a rien de routard, mais le patron a appris à ne pas se

PAYS DE LA LOIRE

fier aux apparences et nous aussi, ça tombe bien !

FILLÉ-SUR-SARTHE   72210
(15,5 km SO)

I●I *Restaurant Le Barrage* – rue du Passeur ☎ 02-43-87-14-40. Fermé le dimanche soir et le lundi. Congés annuels : pendant les vacances scolaires de la Toussaint. Accès : dernière maison après l'église. Menus à 9 €, le midi en semaine, puis de 13,50 à 24,50 €. Possède une bonne réputation locale. Salle à manger agréable et accueil sympa. Mais le plus intéressant, c'est la terrasse, derrière, donnant directement sur le chemin de halage et la Sarthe. Environnement bucolique et serein pour apprécier le flan de foie gras sauce porto, l'escalope de saumon rôtie sauce au vin merlot ou le nougat glacé au coulis de cointreau. Pensez à réserver ; en terrasse, les tables sont vite prises ! *Café offert à nos lecteurs sur présentation de ce guide.*

DOMFRONT-EN-CHAMPAGNE
72240 (18 km NO)

I●I *Restaurant du Midi* ** – 33, rue du Mans ☎ 02-43-20-52-04. Fermé le lundi et le mardi, le soir du mercredi au jeudi et le dimanche soir. Accès : sur la D304, vers Mayenne. Menus à 12,20 €, en semaine, puis de 18,30 à 30,50 €. La salle à manger est confortable, le cadre un peu cossu. Cuisine d'excellente réputation et service diligent. Beau 1er menu, avec mitonnée de bêtes à cornes au vin de chinon, filet de sabre au lard fumé, fromage et crêpe profiterole. Au suivant, pavé de perche sauce champagne et magret de canard à l'ancienne ; au dernier, cassolette de moules en mouclade, steak d'espadon au jus d'agneau, sorbet pomme au calvados, pièce de bœuf aux épices mexicaines, salade et son feuilleté de chèvre frais, tarte Tatin. À la carte : raviolis de foie gras et à la crème de morilles, ragoût de homard à l'anis, marmite sarthoise, nougat glacé et son coulis de cassis. Prix raisonnables, comme le sont ceux de certains vins extraits d'une belle carte. *Café offert à nos lecteurs sur présentation de ce guide.*

VIVOIN 72170 (25 km N)

🏠 I●I *Hôtel-restaurant du Chemin de Fer* ** – pl. de la Gare ☎ 02-43-97-00-05. Fax : 02-43-97-87-49. ● www.hotel-du-chemin-de-fer.fr ● Parking. TV. Fermé le vendredi soir, le samedi midi, et le dimanche soir de novembre à Pâques. Congés annuels : du 17 février au 2 mars, du 25 au 31 août et du 27 octobre au 12 novembre. Accès : à 1 km du centre-ville, à 2,5 km de Beaumont-sur-Sarthe. Chambres doubles de 36 à 46 € selon le confort. Menu du jour

le midi en semaine à 11 €. Autres menus de 14 à 38 €. Des gens qui entrent heureux et sortent de même, des effluves qui donnent faim et des sourires à l'accueil réconfortant. On se croirait (presque) à la campagne, avec le jardin derrière la maison et l'ambiance de la grande salle à manger où l'on vient pour se régaler de Saint-Jacques flambées au whisky (en saison), de marmite sarthoise (si vous n'aimez pas cela, changez de département) ou d'une bonne côte de bœuf, et d'une feuillantine aux pommes. Beau menu terroir élaboré selon le marché... hmm ! Une quinzaine de chambres plaisantes vous inciteront à faire une halte dans ce bon gros hôtel dans le style de Cabourg. *Apéritif maison offert à nos lecteurs sur présentation de ce guide.*

THORIGNÉ-SUR-DUÉ   72160
(28 km NE)

🏠 I●I *Hôtel-restaurant Saint-Jacques* *** – pl. du Monument ☎ 02-43-89-95-50. Fax : 02-43-76-58-42. ● hotel-st-jacques.thorigne@wanadoo.fr ● Parking. TV. Satellite. ⚒ Fermé le lundi et le dimanche soir. Congés annuels : en janvier et les 15 derniers jours de juin. Accès : par la N23 et la D302. Chambres doubles de 52 à 69 €. Menus de 15 à 44 €. Confort, courtoisie, bonne table : tout ce qu'on attend de l'hôtellerie traditionnelle et familiale se trouve ici réuni. Jardin. Spécialités de fondant de poulet de Loué sauce aux morilles, queues de langoustines rôties sur lit de poireaux, marmite sarthoise... À noter que l'établissement a fêté en l'an 2000 les 150 ans de l'hôtel dans la même famille ! *Apéritif maison offert à nos lecteurs sur présentation de ce guide.*

SAINT-GERMAIN-SUR-SARTHE
72130 (35 km N)

I●I *Restaurant Le Saint-Germain* – lieudit La Hutte, au carrefour, sur la N138 ☎ 02-43-97-53-06. ⚒ Fermé le lundi, le mardi soir, le mercredi soir et le dimanche soir. Congés annuels : vacances scolaires de février et de fin juillet au 22 août. Accès : par la N138, 9 km après Beaumont-sur-Sarthe. Menu en semaine, le midi, à 12 €, autres menus de 17 à 36 €. Plat du jour à 10 €. Un extérieur peu attrayant. Mais les automobilistes pressés qui filent sur la nationale, entre Le Mans et Alençon, ne savent pas ce qu'ils perdent en snobant cette adresse unique en son genre. Ici, on sourit, on rit, on félicite madame pour ses fleurs et monsieur pour ses sauces. Pour un peu, on repartirait avec la terrine de lapin donnée en entrée. Il y a aussi le menu ouvrier, avec boisson et café compris, servi dans une petite salle attenante. Imbattable ! *Apéritif maison offert à nos lecteurs sur présentation de ce guide.*

MAYENNE 53100

Carte régionale B1

⌂ |●| *Hôtel La Tour des Anglais* ** – 13 bis, pl. Juhel (Centre) ☎ 02-43-04-34-56. Fax : 02-43-32-13-84. ● www.latourdesanglais.com ● Parking. TV. Satellite. ✗ Restaurant fermé le midi, ainsi que le samedi et le dimanche. Chambres doubles avec douche et w.-c. ou bains de 42,50 à 45 €. 1er menu à 11 €. Menu-enfants à 8 €. À deux pas du château de Mayenne, un hôtel qui pourrait être génial si toutes les chambres ressemblaient à celle qui a été aménagée dans la tour des anciens remparts, avec vue plongeante panoramique sur la Mayenne. Les autres, plus modernes, sont confortables. Si vous craignez la solitude, allez faire un tour au bar, de style anglais, avec une impressionnante charpente en bois.

⌂ |●| *Le Grand Hôtel* ** – 2, rue Ambroise-de-Loré (Centre) ☎ 02-43-00-96-00. Fax : 02-43-00-69-20. ● grandhotelmayenne@wanadoo.fr ● Parking payant. TV. Canal+. Satellite. Hôtel fermé le samedi de novembre à avril. Restaurant fermé les samedi midi et dimanche midi ; de novembre à avril, fermé aussi les samedi soir et dimanche soir. Congés annuels : 2 semaines en août et 2 semaines au Nouvel An. Accès : face à la Mayenne. Chambres doubles de 52 à 78 € selon le confort. Menus de 17,50 à 38 €. Si seulement toute la petite ville alentour pouvait, comme son *Grand Hôtel*, se voir régulièrement rénovée et être prête à accueillir, avec le sourire, les touristes venant en voiture, à vélo ou en... bateau ! Des touristes qui sont heureux de pouvoir dormir dans des chambres bien arrangées, goûter une cuisine de terroir mi-bretonne, mi-normande dans une ambiance à la mode d'autrefois et finir la soirée au bar, devant un bon whisky. *10 % sur le prix de la chambre offerts à nos lecteurs sur présentation de ce guide.*

DANS LES ENVIRONS

FONTAINE-DANIEL 53100 (4 km SO)

|●| *Restaurant La Forge* – **La Place** (Centre) ☎ 02-43-00-34-85. Fermé le mercredi et le dimanche soir. Accès : sur la D104. Formule à 15 €, menus de 19,50 à 32 €. C'est un lieu magique face à un étang ! À l'image du village lui-même, cadre idéal pour une série télé, qui a gardé ses allures du temps où la vie de tous dépendait, du jour de la naissance à la mort, des « Toiles de Mayenne ». Visitez l'usine, achetez toiles et tissus pour chez vous au magasin d'usine, avant d'aller retrouver, sur la place centrale, cette jolie maison sortie

tout droit d'un conte de fées. Belle terrasse l'été, et beaux produits en toutes saisons. Magret de canard sauce au café épicé, macaron aux pommes façon Tatin. Réservation recommandée.

MOULAY 53100 (4 km S)

⌂ |●| *La Marjolaine* ** – Le Bas-Mont ☎ 02-43-00-48-42. Fax : 02-43-08-10-58. Parking. TV. Fermé le dimanche soir et le lundi midi. Congés annuels : 15 jours en février. Accès : à la sortie de Moulay, direction Laval, sur la droite. Chambres doubles avec douche et w.-c. ou bains de 49 à 66 €. Menus à 15 €, en semaine, sauf le vendredi soir, 23 et 31 €. 17 chambres dont 5 toutes neuves, confortables, sobres et reposantes. Au restaurant, une cuisine de qualité et de fraîcheur exemplaires. Goûtez, tant qu'à faire, le poisson du marché proposé par le chef. *10 % sur le prix de la chambre offerts à nos lecteurs sur présentation de ce guide. Une carte de fidélité vous permet de bénéficier de 2 repas offerts pour 20 repas pris.*

⌂ |●| *Hôtel-restaurant Beau Rivage* ☎ 02-43-00-49-13. Fax : 02-43-00-49-26. Cartes de paiement refusées. Parking. TV. Fermé le dimanche soir et le lundi. Congés annuels : pendant les vacances scolaires de février. Accès : entre Mayenne et Moulay, sur la N162, descendre sur la Mayenne (panneau). Chambres doubles avec douche et w.-c. à 53 €. 1er menu à 11 €, sauf le dimanche. Autres menus de 13,50 à 27,50 € autour de 3 plats. Il n'y a qu'à suivre la Mayenne et les mines réjouies pour la trouver, cette bonne adresse. En bordure de la rivière, avec sa terrasse les pieds dans l'eau et les salles toujours pleines d'une clientèle fidèle, elle fait plaisir à voir. Si vous ne voulez pas vous contenter de saliver devant les menus, pensez à réserver votre table. Terrine de lapereau aux pruneaux, tête de veau à la ravigote, cassolette de pétoncles, travers de porc laqué sur la braise, fromage, île flottante, crème brûlée (pour un peu plus cher), et... tout est maison ! Pour vous reposer, quelques chambres confortables. *Un kir offert à nos lecteurs sur présentation de ce guide.*

COMMER 53470 (9 km S)

⌂ *Chambres d'hôte La Chevrie* *** – sud de Laval, N162 ☎ 02-43-00-44-30. ● agdlt@aol.com ● Cartes de paiement refusées. Parking. TV. Accès : au sud de Mayenne, direction Laval par la N162. Suivre le panneau « La Mayenne », à 5 km. Deux chambres d'hôte pour 2 personnes, tout confort, à 30 et 34 €, petit déjeuner compris. Dans cette ancienne fermette centenaire, nous avons trouvé des chambres, certes, bon marché, mais surtout de la gentillesse et de la simplicité. Et ça nous a plu.

Ainsi le patron n'a-t-il pas songé à augmenter ses prix depuis 10 ans ! Ça ne lui est pas venu à l'idée, alors ne le lui soufflons surtout pas... Belle vue sur la campagne et la ferme avoisinante productrice de lait bio. Le chemin de halage est tout proche pour la promenade à pied, à vélo ou à cheval. *10 % sur le prix de la chambre offerts à nos lecteurs sur présentation de ce guide.*

MONTREUIL-POULAY 53640

(12 km NE)

I●I *L'Auberge Campagnarde* – Le Presbytère ☎ 02-43-32-07-11. Parking. ♿ Fermé le dimanche soir et le lundi. Accès : par la N12 puis la D34. Menu à 16 € du lundi au vendredi midi (et le dimanche sur commande), autres menus de 17,60 à 25,90 €. « Le presbytère n'a rien perdu de son charme, ni le jardin de son éclat », comme aurait dit Rouletabille, l'ancêtre de tous les routards. Ici, on vous accueille gentiment, le service est familial sans être familier, on sert l'apéritif et le café en terrasse, si le temps ne se prête pas à la durée de tout le repas. Avec le second menu, vous avez un choix étonnant de bons produits du terroir et de grillades. Une bonne cuisine authentique de grand-mère. À noter, le plateau de fromages fermiers de chez Renard (au lait de vache) ou Lenoir (au lait de chèvre) de Saint-Julien-des-Églantiers. Petit parc animalier très apprécié des enfants.

LASSAY-LES-CHÂTEAUX 53110

(16 km NE)

I●I *Restaurant du Château* – 37, rue Migoret-Lamberdière ☎ 02-43-04-71-99. Fermé le dimanche (sauf réservation) et le lundi soir. Congés annuels : 15 jours en août et 1 semaine en hiver. Accès : derrière le château. Menu ouvrier complet à 8,25 € quart de vin compris, à 9,25 € quart de vin et café compris. Autre menu à 13,75 €. Béatrice et Hervé accueillent comme il se doit dans le texte les touristes anglais fort nombreux et les Français dans leur langue maternelle. Une salle spéciale dans le fond est réservée aux ouvriers de la région. C'est là que nous avons souhaité déjeuner, pour plus de bonhomie peut-être. Vous ferez comme vous voudrez, dans tous les cas, il s'agit d'une cuisine maison, simple et goûteuse, concoctée par un pro. Réservation recommandée. *Café offert à nos lecteurs sur présentation de ce guide.*

GORRON 53120 (25 km NO)

⌂ I●I *Hôtel-restaurant Le Bretagne* ** – 41, rue de Bretagne (Est) ☎ 02-43-08-63-67. Fax : 02-43-08-01-15. Parking. TV. Fermé le dimanche soir et le lundi. Accès : par la D12 et à Saint-Georges-Buttavent par la D5. Chambres doubles avec douche et w.-c. ou bains à 41 €. Menus à 14 et 17 €. Un bon restaurant de village où l'on se régale avec des menus gastronomiques qui suivent les saisons. Le décor est pimpant, avec ses couleurs pastel et ses ouvertures sur la rivière Colmont. Le parc paysager et le plan d'eau avoisinants incitent à la promenade. *10 % sur le prix de la chambre offerts à nos lecteurs sur présentation de ce guide.*

MONTAIGU 85600

Carte régionale A2

⌂ I●I *Hôtel Les Voyageurs* ** – 9, av. Villebois-Mareuil (Centre) ☎ 02-51-94-00-71. Fax : 02-51-94-07-78. • www.hotel-retaurant-les-voyageurs.fr • Parking. TV. Canal+. ♿ Accès : en plein centre. Chambres doubles de 39 à 69 €, selon le confort. Petit déjeuner-buffet à 5,50 €. Menus à 11 €, à midi seulement, puis de 14 à 34 €. Derrière la longue façade rose ornée de drapeaux se cache, côté jardin, un charmant hôtel composé de trois bâtiments entourant une piscine. Chaque façade a une couleur différente et l'ensemble a un petit côté méditerranéen. Les chambres sont confortables et de différentes tailles. Au sous-sol, un espace de remise en forme. Au rez-de-chaussée, mais en surplomb de la piscine, la vaste et lumineuse salle de restaurant où l'on vous sert une cuisine savoureuse. Personnel sympa. *Digestif maison (prune flambée en calice) ou café offert à nos lecteurs sur présentation de ce guide.*

I●I *Le Cathelineau* – 3 bis, pl. du Champ-de-Foire (Centre) ☎ 02-51-94-26-40. Parking. ♿ Fermé le dimanche soir et le lundi. Menus à 14 €, sauf les week-ends et jours fériés, et de 17 à 55 €. Michel Piveteau prépare de bons plats originaux, aux alliances étonnantes. Pour vous donner une idée de ce que l'on trouve dans son programme qui change toutes les trois semaines environ : huîtres chaudes à la réglisse, filet de sandre au cidre et au curcuma, marquise au chocolat... « Homarium » pour vous mettre l'eau à la bouche. *Café offert à nos lecteurs sur présentation de ce guide.*

MONTREUIL-BELLAY 49260

Carte régionale B2

⌂ I●I *Splendid'Hôtel* ** – 139, rue du Docteur-Gaudrez (Centre) ☎ 02-41-53-10-00. Fax : 02-41-52-45-17. • contact@splendid-hotel.fr • Parking. TV. ♿ Fermé le dimanche soir hors saison. Accès : situé près du château du XIIe siècle. Chambres doubles de 46 à 49 € avec douche ou bains. Menus de 12,50 à 35 €. Belle bâtisse du

XVe siècle, agrandie au XVIIe. Chambres toutes conventionnelles mais propres et confortables. Petits matins qui chantent avec la fontaine centrale, mais demander si un mariage ou une fête ne sont pas prévus le week-end car on ne prévient pas toujours. L'accueil pèche aussi un peu par sa rapidité excessive... On peut préférer l'*Hôtel-relais du Bellay*, c'est la même maison, avec des tarifs plus élevés mais au calme. Sinon, salle à manger agréable pour une cuisine fraîche et copieuse. Grand choix de poisson et spécialité de boudin de brochet. Accès gratuit aux installations de détente de l'*Hôtel-relais du Bellay* pour nos lecteurs sur présentation de ce guide.

🛏 *Hôtel-relais du Bellay* ** – 96, rue Nationale (Centre) ☎ 02-41-53-10-10. Fax : 02-41-38-70-61. ●contact@splendid hotel.fr ●Parking. TV. Satellite. ⚒ Fermé le dimanche soir d'octobre à Pâques. Accès : situé en face du château. Chambres doubles avec douche et w.-c. ou bains de 48 à 72 €. Petit déjeuner-buffet à 8 €. Mêmes proprios que le *Splendid'Hôtel*. Deux bâtiments : l'ancienne « école de filles », une grande et vieille maison angevine possédant un certain charme et assez bon marché, et le nouvel édifice, plus confortable mais plus cher aussi, avec certaines chambres qui donnent sur le château et les remparts. Grande cour (celle de l'école), bien agréable avec sa piscine, couverte et chauffée l'hiver. Accueil convivial et détendu. Salle de fitness, sauna, hammam, jacuzzi pour repartir en pleine forme. Restaurant au *Splendid'Hôtel* à deux pas. *10 % sur le prix de la chambre (d'octobre à avril) offerts à nos lecteurs sur présentation de ce guide.*

🍴 *La Grange à Dîme* – rue du Château (Centre) ☎ 02-41-50-97-24. En saison, ouvert le samedi midi, le dimanche midi et tous les soirs sauf le lundi (sur réservation) ; hors saison, ouvert le vendredi soir, le samedi et le dimanche (sur réservation). Congés annuels : 15 à 21 jours pendant la période des fêtes de fin d'année. Accès : face au château. Menu unique à 20 €, apéritif, café et vin compris. Pour les moins de 13 ans, menu à 10 €. Réservation conseillée. Situé dans une vieille grange du XVe siècle possédant une superbe charpente en forme de carène renversée. Sachez que vous dînez dans un très ancien hôtel des impôts, comme son nom l'indique. Ici, menu unique avec un verre de coteaux-du-layon, des champignons farcis, puis plusieurs fouées fourrées au beurre salé, rillettes, mojhettes au confit de canard, salade, fromage de chèvre, plus le « caprice de la pâtissière » pour finir, café et vin compris. Un conseil, venez à jeun. Le montant de la *Dîme* ? On vous l'a dit, très raisonnable pour pareille bombance. Bon accueil et service en tenue d'époque !

MORTAGNE-SUR-SÈVRE   85290

Carte régionale A2

🛏 🍴 *Hôtel-restaurant de France et La Taverne* ** – 4, pl. du Docteur-Pichat ☎ 02-51-65-03-37. Fax : 02-51-65-27-83. ● hmortagne@aol.com ● TV. Canal+. Fermé le samedi midi et le dimanche jusqu'au 1er avril, ainsi que le soir entre le 15 octobre et fin mars. Accès : au carrefour des routes Nantes-Poitiers et Paris Les Sables. Chambres doubles de 44,16 à 53,36 €. Menus à 13 €, le midi en semaine, et de 26,70 à 37,40 €. Construit en partie en 1604, l'*Hôtel-restaurant de France* est bien reconnaissable avec son habit de lierre. À l'intérieur, des couloirs à n'en plus finir, des coins et des recoins qui conduisent à des chambres cossues et confortables. Pour ceux qui veulent faire une folie, il y a *La Taverne*. Salle somptueuse au décor raffiné, mobilier médiéval, collection de pots d'étain sur la cheminée et des fleurs partout. Service irréprochable. Côté cuisine, un festival de saveurs surprenantes et fines selon le marché et la saison : langoustines au verjus, filet de bœuf en croûte de sel, bar au fenouil... Le midi du lundi au vendredi, la *Petite Auberge*, à côté, propose deux menus à 13 et 16 €. Pour se détendre, piscine couverte chauffée ou le jardin de curé. À noter que c'est le patron qui conduit, en cuisine, la préparation des repas du wagon-restaurant lors des balades touristiques de l'ex-*Orient-Express*. *Apéritif maison offert à nos lecteurs sur présentation de ce guide.*

NANTES   44000

Carte régionale A2

🛏 *Hôtel Saint-Daniel* * – 4, rue du Bouffay (C2-2) ☎ 02-40-47-41-25. Fax : 02-51-72-03-99. ● hotel.stdaniel@wanadoo.fr ● Parking payant. Fermé le dimanche de 12 h à 20 h. Accès : dans la partie piétonne de la vieille ville, au cœur du quartier du Bouffay.

PAYS DE LA LOIRE

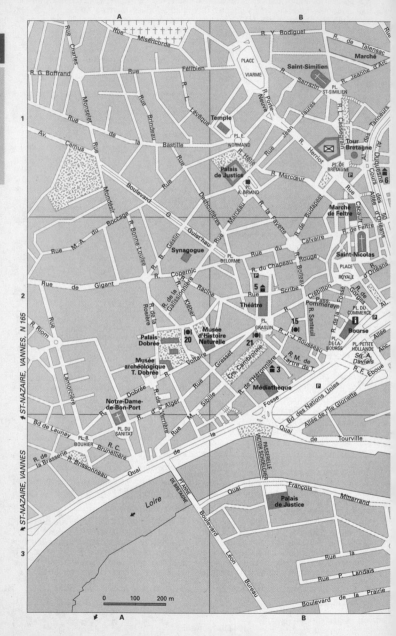

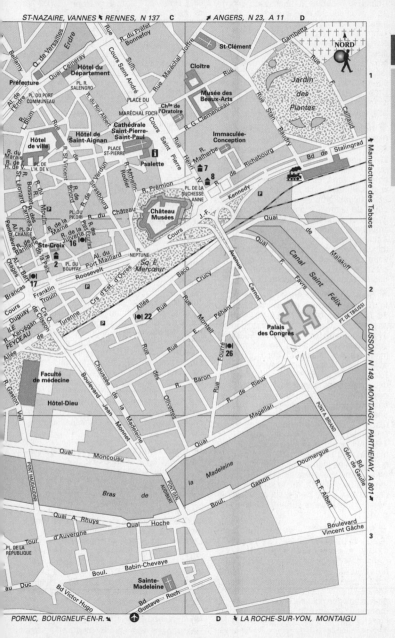

ST-NAZAIRE, VANNES, RENNES, N 137   C   ANGERS, N 23, A 11   D

NORD

St-Clément

Cloître

Musée des Beaux-Arts

Jardin des Plantes

Hôtel du Département

Préfecture

Q. de Versailles

Cours Ceineray

PL. R. SALENGRO

Cours Saint André

R. du Préfet Bonnefoy

Rue Maréchal Joffre

PLACE DU MARÉCHAL FOCH

Chlle de l'Oratoire

Cathédrale Saint-Pierre-Saint-Paul

PLACE ST-PIERRE

Psalette

Hôtel de Saint-Aignan

Hôtel de ville

R. G. Clémenceau

Immaculée-Conception

R. Malherbe

R. Henri

Bd de Stalingrad

Manufacture des Tabacs

7

8

R. Premion

PL. DE LA DUCHESSE ANNE

Kennedy

Château Musées

Cours

Quai

de

Canal Saint Félix

Malakoff

PT. DE TBILISSI

Ste-Croix

16

2

17

Al. du Port Maillard

PL. DU BOUFFAY

Roosevelt

Pl NEPTUNE

Sq. E. Mercœur

Baco

Crucy

Avenue

Quai

F. Favre

Carnot

Turenne

22

Allée

Rue

Rue Monteil

Péhant

Palais des Congrès

ILE FEYDEAU

Franklin

26

Rue

Fouré

Rue

Baron

R. de Rieux

Faculté de médecine

Hôtel-Dieu

Boulevard Jean Monnet

Chaussée de la Madeleine

Rue des Olivettes

Magellan

PONT A. BRIAND

Bd Gén. de Gaulle

Quai Moncousu

Quai

la Madeleine

Gaston

Doumergue

R. F. Albert

Bras

de

Boul.

Boulevard Vincent Gâche

3

Tour

PL. DE LA RÉPUBLIQUE

Quai A. Rhuys

d'Auvergne

Quai Hoche

PONT GÉN. AUDIBERT

Duc

Bd Victor Hugo

Boul.

Babin-Chevaye

Sainte-Madeleine

Bd Gustave Roch

PORNIC, BOURGNEUF-EN-R.   D   LA ROCHE-SUR-YON, MONTAIGU

Chambres doubles à 25 € avec douche, 28 € avec douche et w.-c. ou bains. Chambres avec deux lits doubles à 36 €. 3 € de supplément si vous désirez la TV. Petit hôtel bien tenu mais qui risque de changer de direction pendant l'année. Toutes les chambres sont avec téléphone et réveil. Certaines donnent sur la rue piétonne, d'autres sur un jardin et la charmante église Sainte-Croix. Une bonne adresse mais dont les prix intéressent beaucoup de jeunes : réservation indispensable.

🛏 *Hôtel Fourcroy* * – **11, rue Fourcroy (B3-3)** ☎ 02-40-44-68-00. Fax : 02-40-44-68-21. Parking. TV. Congés annuels : du 20 décembre au 4 janvier. Accès : près de la place Graslin et de l'agréable cours Cambronne. Chambres doubles avec douche et w.-c. à 30 €. Simple mais correct. Ce petit hôtel 1 étoile propose un confort que beaucoup de 2 étoiles pourraient lui envier. Calme et pourtant très central. Certaines chambres donnent sur une cour privée. Accueil timide mais finalement sympathique. Faites-vous quand même confirmer votre réservation. *10 % sur le prix de la chambre (du 15 juillet au 15 août) offerts à nos lecteurs sur présentation de ce guide.*

🛏 *Hôtel Duchesse Anne* ** – **3-4, pl. de la Duchesse-Anne (D2-8)** ☎ 02-51-86-78-78. Fax : 02-40-74-60-20. Parking payant. TV. Canal+. Chambres doubles avec douche ou bains et w.-c. de 50 à 89 €. Juste derrière le château, ce superbe bâtiment, ancien palace Art déco, n'est plus aujourd'hui qu'un hôtel classé 2 étoiles. Rénovées, les chambres se divisent en deux catégories, simple et standing. Si les premières offrent déjà tout le confort, les secondes possèdent un ou deux balcons, une immense salle de bains, une gigantesque baignoire, et donc de l'espace. Demandez les chambres nos 116, 305, 314, 415, très grandes et avec vue sur le château. Malgré une déco parfois un peu clinquante, on ne saurait que recommander cet établissement à celles et ceux qui ont les moyens de se l'offrir. *10 % sur le prix de la chambre (à partir de 2 nuits consécutives) offerts à nos lecteurs sur présentation de ce guide.*

🛏 *Hôtel Amiral* ** – **26 bis, rue Scribe (B2-5)** ☎ 02-40-69-20-21. Fax : 02-40-73-98-13. 🕭 www.hotel-nantes.fr • TV. Canal+. 🕭 Accès : derrière l'hôtel. Chambres doubles avec bains à 56,25 € (réductions importantes le week-end). Petit déjeuner à 6,70 €. « Tout près de tout » ... On ne peut mieux dire pour cet hôtel de chaîne tout moderne et agréable, caché derrière l'opéra, qui a tout pour plaire (double vitrage, minibar) aux hommes d'affaires qui ont gardé un cœur de routard et aux routards qui aiment voyager en classe affaires... Parking extérieur à l'hôtel, payant.

🛏 *L'Hôtel* *** – **6, rue Henri-IV (D2-7)** ☎ 02-40-29-30-31. Fax : 02-40-29-00-95. 🕭 lhotel@mageos.com • Parking payant. TV. Canal+. Satellite. 🕭 Accès : entre la gare, le château et la cathédrale. Chambres doubles avec bains à 74 €. Très confortable, superbement situé en face du château d'Anne de Bretagne. Heureusement, la maison dispose d'un parking et d'un garage clos (6 €). Avec une chambre insonorisée et un délicieux petit déjeuner, le confort et toutes les commodités 3 étoiles. Les chambres donnent sur le château et sur le petit jardin (terrasse pour ces dernières). *10 % sur le prix de la chambre ou parking gratuit (sauf en période de congrès) offerts à nos lecteurs sur présentation de ce guide.*

🛏 *Hôtel La Pérouse* *** – **3, allée Duquesne (B2-6)** ☎ 02-40-89-75-00. Fax : 02-40-89-76-00. 🕭 www.hotel-laperouse • TV. Canal+. Satellite. 🕭 Ouvert tous les jours de l'année. Accès : direction centre-ville. Chambres doubles standard à 80 € et prestige à 93 €. Autant prévenir d'avance : ou vous détesterez d'emblée, ou vous ne pourrez plus vous passer de cet hôtel unique en France, et donc à Nantes, construit par les architectes Barto et Barto. Ce gros bloc de granit blanc, lourd, compact, comme un bel hôtel particulier nantais, est pourtant ouvert sur les toits et le cours des Cinquante-Otages, à travers ses baies vitrées. À l'intérieur, du bois, des meubles design, de l'espace, du calme. Étonnant et épuré. Hôtel à déconseiller aux nostalgiques des hôtels de grand-papa, qui auront du mal à s'habituer aux formes des lampes, des lavabos, des chaises... et des fenêtres ! Stationnement gratuit de 19 h à 9 h au parking voisin. *Un petit déjeuner par chambre ou 10 % sur le prix de la chambre offerts à nos lecteurs sur présentation de ce guide.*

I●I *Chez l'Huître* – **5, rue des Petites-Écuries (C2-16)** ☎ 02-51-82-02-02. Fermé le dimanche. Congés annuels : pendant les fêtes de fin d'année. Compter dans les 5 € pour 6 huîtres et 12 € pour le « panaché » – plusieurs sortes d'huîtres ; 7 € l'assiette de poissons fumés. Un tout petit bistrot aux murs bruts couverts de plaques émaillées, mais un de nos favoris, dans le quartier du Bouffay. Des huîtres et encore des huîtres (et du saumon) ouvertes et préparées par le jeune patron qui apprécie la musique bretonne. Essayez de vous trouver une place parmi les habitués, à l'heure de « l'apéri-huîtres ». Idéal pour se mettre en train. Il est recommandé de réserver.

I●I *Restaurant Le Clin d'Œil* – **15, rue Beauregard (C2-17)** ☎ 02-40-47-72-37. Fermé le samedi midi et le dimanche. Congés annuels : quelques jours autour du 15 août. Formules à 9 et 11 €, menus à

13,70 et 18,39 €. Autant être prévenu : la minuscule (et tristounette) salle du rez-de-chaussée sert surtout à décourager les touristes de passage ! Tout se passe à l'étage. Ce resto vaut autant pour son originale déco en plastique (très gaie) que pour son atmosphère conviviale. Côté cuisine, du traditionnel avec parfois un peu d'imagination (tarte Tatin à la banane !). De plus, le « clin d'œil » (ah, ah ! *Clin d'Œil* rue Beauregard !) du jour vous permet de découvrir une cuisine tout à fait originale, alliant l'exotisme chinois aux saveurs orientales. *Digestif maison offert à nos lecteurs sur présentation de ce guide.*

l●l *Le Bouche à Oreille* – 14, rue Jean-Jacques-Rousseau (B3-15) ☎ 02-40-73-00-25. Fermé le samedi midi, le dimanche et les jours fériés. Congés annuels : 3 semaines en août. Menu le midi à 11 €. À la carte, compter 20 €. À deux pas de l'opéra, un bouchon lyonnais avec nappes à carreaux et plaques émaillées qui ne fait pas dans la dentelle, mais où les théâtreux et les sportifs se retrouvent jusqu'à minuit environ, pour boire un pot de beaujolais en avalant andouillette XXL, quenelles, tabliers de sapeurs et autres amuse-gueule. L'été, délicieuses salades gourmandes. Le boudin aux pommes caramélisées n'est pas mal non plus. Décor aussi chargé que les langues au petit matin.

l●l *Restaurant Le Montesquieu* – 1, rue Montesquieu (A3-20) ☎ 02-40-73-06-69. Fermé le vendredi soir, le samedi, le dimanche et les jours fériés. Congés annuels : du 20 juillet au 31 août. Accès : au-delà du quartier piéton Graslin et près du musée Dobrée. Menus à 11,20 € le midi et 14,60 € le soir. Enfin un petit resto de quartier, vaguement étudiant, qui n'a pas vendu son âme au diable ! Dans un coin calme, la maison blanche est discrète, mais la cuisine et les prix valent que l'on s'y attarde. Cuisine simple et bonne (terrine de poireaux à la confiture d'oignons, pain de thon à l'aïoli, gratin dauphinois, pâtisseries maison...). Aux murs, des faïences de Rouen et de Moustiers, des nappes à petits carreaux rouges et blancs ; l'ambiance est conviviale. S'y côtoient aussi bien des employés que des couples y dînant en tête-à-tête.

l●l *La Cigale* – 4, pl. Graslin (B3-21) ☎ 02-51-84-94-94. ⚒ Ouvert tous les jours de l'année. Service continu de 7 h 30 à 0 h 30. Accès : face au théâtre. Menus à 11,50 et 22,85 €, le midi en semaine, et à 15,20 et 23,80 €, le soir. On ne va surtout pas contredire Jean-Louis Trintignant quand il affirme que *La Cigale* est à ses yeux la plus belle brasserie du monde. Inaugurée en 1895, c'est un pur chef d'œuvre de l'Art Nouveau naissant. Bois dorés, céramiques et mosaïques colorées, le décor vaut assu-

rément le détour et laisse un souvenir impérissable. Ce n'est pas une raison pour dédaigner la cuisine qui met bien en valeur les produits et les recettes de la région nantaise (un peu dans l'esprit des grandes brasseries *Flo*). Service virevoltant et charmant. Ceux qui veulent profiter du décor sans trop dépenser pourront se contenter d'un petit déjeuner ou d'une pâtisserie à l'heure du thé. Car il n'y a vraiment pas d'heure pour *La Cigale* ! Touristes de passage, étudiants fauchés, hommes d'affaires, stars du show-biz et bonne bourgeoisie nantaise, tout le monde s'y retrouve. Que ce soit pour un simple café ou pour un plateau de fruits de mer après le spectacle. L'adresse incontournable de Nantes, immortalisée par Jacques Demy et Anouk Aimé dans *Lola*.

l●l *Chez Pierre - Le Café du Marché* – 2, rue de Mayence (D3-26) ☎ 02-40-47-63-50. Fermé le soir, le samedi et le dimanche. Congés annuels : en août. Menu à 14 €. Depuis près de 50 ans, on y sert toujours, à la bonne franquette, un menu unique avec pas moins de 3 entrées, un plat, fromages et dessert. Avec une bonne bouteille là-dessus, ça vous fait un après-midi qui passe tout seul. Super adresse, dans le genre hors du temps, mais très prisée par les hommes d'affaires de la voisine cité des congrès.

l●l *Lou Pescadou* – 8, allée Baco (C3-22) ☎ 02-40-35-29-50. ⚒ Fermé le lundi soir, le samedi midi et le dimanche . Congés annuels : 2 semaines début janvier et 3 semaines en août. Menus à 20 €, sauf le week-end, et de 27,50 à 43 €. Penser à réserver, car l'endroit est couru (c'est l'un des meilleurs restaurants de poisson de Nantes. Un nouveau chef, tout aussi sympathique, passionné de cuisine et de muscadet, a pris la relève depuis le départ de Mocquillon, celui-ci ayant décidé de se consacrer à la promotion de son célèbre apéritif, le *Nantillais*. ça reste l'endroit idéal pour goûter un divin bar en croûte de sel au beurre blanc mais aussi raie, lotte, ou, pour ceux qui en ont les moyens, langoustes et homards du vivier. Tous ces poissons bretons (livrés par un artisan-pêcheur) prennent des parfums des îles lointaines quand le chef décide de les accommoder à la vanille ou autre épice exotique. Sur présentation de ce guide, vous pourrez goûter au fameux *Nantillais*.

DANS LES ENVIRONS

BASSE-GOULAINE 44115 (5 km SE)

l●l *Villa Mon Rêve* – route des Bords-de-Loire ☎ 02-40-03-55-50. ⚒ Congés annuels : 15 jours en novembre et en février. Accès : sur la D751. Formule à 20,15 €, sauf les dimanche et jours fériés, et menus de 25,15 à 30 €. Magnifique menu-enfants à 10,37 €. Une autre institution dans la région. Tenu depuis plus de 20 ans par Cécile et Gérard Ryngel. Cadre agréable au milieu des arbres avec une terrasse très appréciée en été. Cuisine de tradition : bar aux girolles, cuisses de grenouilles au gros-plant et jus de viande, poisson du jour au beurre blanc. Belle sélection de muscadet. Excellent accueil. *Café ou digestif maison offert à nos lecteurs sur présentation de ce guide.* *NOUVEAUTÉ.*

HAIE-FOUASSIÈRE (LA) 44690
(7 km SE)

|●| *Chez Pipette* – route de Clisson ☎ 02-40-54-80-47. Accès : direction La Chapelle-Heulin à Tournebride. Tout proche de la N249. Menu du jour à 14,60 € le midi, et un autre à 22,90 € (26,80 € avec la boisson). Les VRP, cadres et employés de l'usine *LU* viennent s'en mettre plein la lampe *Chez Pipette.* Avant la guerre (la Seconde), c'était une auberge de campagne. Dans l'entrée, d'importants tonneaux trônaient, d'où l'on tirait d'un trou une pipette de vin versée à même le gosier. Pas de doute, on est bien dans la patrie de Rabelais qui fit de la fouace le point de départ des *Guerres Picrocholines.* On y mange donc un menu du jour très bon, avec entrée, pavé de saumon beurre blanc, par exemple, fromage ou dessert. Spécialité de saucisses grillées et de mojhettes. Service rondement mené. *NOUVEAUTÉ.*

CARQUEFOU 44470 (10 km N)

|●| *L'Auberge du Vieux Gachet* – Le Vieux Gachet ☎ 02-40-25-10-92. Fermé le lundi, le mercredi soir et le dimanche soir. Accès : prendre la route du Gachet jusqu'à l'Erdre – à environ 7 km au nord de Nantes. 1er menu à 15 €, le midi en semaine. Puis menus de 24 à 43 €. Pas de carte. Une excellente auberge de campagne, avec un cadre comme autrefois, et même le service sous cloche. Beau poisson et belles volailles (salade de caille, foie gras chaud, bar rôti à l'huile d'olive). Amuse-bouche délicieux. La terrasse sur la rivière, l'Erdre, face au château de la Gacherie, est positivement sublime. Les marcheurs peuvent y venir depuis Nantes en deux petites heures en longeant l'Erdre.

SUCÉ-SUR-ERDRE 44240 (16 km N)

|●| *Chez Vié* – 117, quai de l'Erdre ☎ 02-40-77-70-06. Fermé le mardi soir, le mercredi et le dimanche soir. Accès : par la D69. Menus de 13,60 à 30,45 €. Encore une institution nantaise... On y vient en famille, en amoureux, voire même entre collègues pour

se retrouver au calme et au bord de l'eau le temps d'un déjeuner. On vient aussi pour s'y régaler de spécialités locales indétrônables, anguilles, grenouilles et autres poissons de Loire. Partageant la même terrasse, un petit bar-crêperie propose une restauration légère et rapide. *NOUVEAUTÉ.*

MESSAN 44640 (20 km O)

|●| *Le Tisonnier* – **Messan** ☎ 02-40-64-29-83. Fermé tous les soirs et le lundi. Congés annuels : 2e quinzaine d'août et pour les fêtes de fin d'année. Accès : la D723 Saint-Brévin-Paimbœuf, à l'entrée de Messan. Menu ouvrier à 8,50 € en semaine, boisson comprise, autres menus jusqu'à 29,30 €. On n'irait pas se perdre pour un sou dans ce petit village au bord de l'Acheneau. Pourtant, si le *Tisonnier* ne paie pas de mine, on s'y restaure bien avec, au 1er menu, saucisse au muscadet. Aux menus suivants, on se tape carrément la cloche : cuisses de grenouilles, anguilles, beurre blanc... Les retraités et les employés en pause-déjeuner ne s'y trompent pas et se retrouvent dans ce restaurant-tabac-café-Maison de la Presse. Difficile de trouver meilleur rapport qualité-prix-rapidité. *Apéritif maison offert à nos lecteurs sur présentation de ce guide.*

NOIRMOUTIER-EN-L'ÎLE 85330

Carte régionale A2

🏠 |●| *Hôtel-restaurant Les Capucines*** – 38, av. de la Victoire (Nord) ☎ 02-51-39-06-82. Fax : 02-51-39-33-10. ● capucines hotel@aol.com ● Parking. TV. ⚒ Fermé le mercredi et le jeudi hors saison. Congés annuels : du 3 novembre au 9 février. Accès : route du Bois-de-la-Chaize. Chambres doubles de 42 à 65 €. Menus à 17 €, le midi en semaine, puis de 22 à 35 €. Demi-pension souhaitée en juillet-août et les grands week-ends du printemps. Dans un cadre relaxant, entre forêt et Océan, cette maison bien tenue conviendra aux amateurs de calme. Anne et Jean-Luc David ont pour mots d'ordre : qualité et modernité. On y sert une cuisine saine, et le confort des chambres justifie amplement une petite visite. Menus dans lesquels on trouve anguilles et grenouilles, l'andouille chaude à la compotée d'oignons ou la brioche de Memaie... *Un petit déjeuner par chambre offert (en basse saison) à nos lecteurs sur présentation de ce guide.*

🏠 *Hôtel Les Douves* ** – 11, rue des Douves (Centre) ☎ 02-51-39-02-72. Fax : 02-51-39-73-09. ● hotel-les-douves @wanadoo.fr ● Parking. TV. Congés annuels : en janvier. Accès : en face du château. Chambres doubles de 50 à 70 € selon la saison. Cette demeure cossue se niche juste en face du château. L'endroit est calme, l'atmosphère familiale. Les chambres sont fraîches et coquettes avec leur décor fleuri, et dotées de tout le confort. Piscine pour les paresseux qui ont la flemme d'aller à la plage. Parking motos. Pour se restaurer, le resto *Le Manoir*, attenant à l'hôtel, est tenu par le fils des patrons.

🏠 ◖●◗ *Le Château de Pélavé* ✭✭✭ – 9, allée de Chaillot ☎ 02-51-39-01-94. Fax : 02-51-39-70-42. ● www.chateau-du-pelave.fr ● Parking. TV. ♿ Accès : en direction de la plage des Dames, à l'entrée du bois de la Chaize. Chambres doubles de 52 à 128 €. Demi-pension, conseillée en saison, de 68 à 101 €. Menus de 22 à 45 €. Formule à 17 € le midi en semaine. Construite au XIXᵉ siècle au milieu d'un beau parc arboré, cette vaste maison a été entièrement rénovée par un ex-prof de lettres, le confort amélioré par des travaux récents. Choisissez la n° 4 ou la n° 8 pour prendre le petit déjeuner sur la terrasse. Verdure, calme et air pur assurés. Au resto, cuisine de qualité et de tradition avec les produits de la mer et du terroir (ravioles de langoustines, confident de tourteaux...), ainsi qu'une belle sélection de vins que le patron va chercher lui-même chez les producteurs en hiver. Vue sur le parc et possibilité de prendre les repas en terrasse. Réserver à l'avance. *Apéritif maison offert à nos lecteurs sur présentation de ce guide.*

🏠 ◖●◗ *Hôtel-restaurant Fleur de Sel* ✭✭✭ – rue des Saulniers, BP 207 (Sud-Est) ☎ 02-51-39-09-07. Fax : 02-51-39-09-76. ● www.fleurdesel.fr ● Parking. TV. Satellite. ♿ Resto fermé les lundi midi et mardi midi sauf les week-ends fériés et vacances scolaires. Congés annuels : du 3 novembre à fin mars. Accès : suivre le fléchage à partir du château, à 500 m derrière l'église. Chambres doubles de 73 à 130 €. Demi-pension, pour 2 jours minimum, de 68 à 106 €, par personne et par jour, demandée en juillet et août. Menus à 19 et 23 € (uniquement au déjeuner) et de 31,50 à 42 € le soir. Ce magnifique hôtel, classé *Châteaux et demeures de tradition*, a été construit par Pierre et Annick Wattecamps il y a plus d'une vingtaine d'années, dans le style de l'île – et fraîchement repeint qui plus est –, à l'écart du bourg, donc au calme. Au cœur d'un vaste parc paysager méditerranéen et autour d'une belle piscine, 35 chambres dotées du confort au style cosy, avec meubles anglais en pin donnant sur la piscine, ou « marine » avec meubles style bateau en if et ouvrant sur de petites terrasses privées fleuries. La plupart, déjà bien agréables, ont quand même eu droit à une petite rénovation. Quant au resto, il est l'un des meilleurs de l'île, sinon de la Vendée. Tout est fait maison (queues de langoustines en robe des champs, moules gratinées

à la crème d'ail, filet de daurade aux cocos de l'île...). Location de vélos. Excursions. Tennis, practice de golf. Un très reposant lieu de séjour.

🏠 *Hôtel du Général-d'Elbée* ✭✭✭ – pl. d'Armes (Centre) ☎ 02-51-39-10-29. Fax : 02-51-39-08-23. ● www.generaldelbee.com ● ♿ Congés annuels : de fin septembre à début avril. Accès : en bas du château, près du petit port-canal. Chambres doubles avec bains et w.-c. de 75 à 212 €. Une merveille d'hôtel ! Dans une demeure historique du XVIIIᵉ siècle, juste en face du château, cet hôtel a pour habitude d'héberger des personnalités importantes, mais comme il reste abordable et que certains de nos lecteurs prisent ce genre de lieu raffiné et patiné... La situation des chambres, très cosy, dans la partie XVIIIᵉ ou sur la piscine, ainsi que la taille (chambre ou appartement !) et la saison influent sur le prix. Pub-salon façon *British* pour se détendre.

◖●◗ *Restaurant Côté Jardin* – 1 bis, rue du Grand-Four (Centre) ☎ 02-51-39-03-02. Fermé le lundi, le jeudi soir et le dimanche soir. Congés annuels : du 15 novembre à début février. Accès : en face du château, en haut de la vieille ville. Une formule bistrot avec entrée + plat + dessert à 12 €. Menus de 15 à 34 €. Il ne faut pas hésiter à pousser la porte de cette belle adresse enfouie sous la vigne vierge. La cuisine, entièrement dévouée à la mer, ravira les routards gourmets. Pour vous titiller, voici quelques plats : terrine de foie gras de canard maison au porto et son chutney aux fruits du mendiant, saumon rôti au beurre de soja et gingembre, langoustines et salpicon de crevettes sautés sur curry de légumes en vinaigrette océane, lapin sauté au miel et romarin sur tranches de céleri grillées. L'accueil cordial, le cadre élégant avec des murs de pierre et des poutres au plafond ajouteront encore au plaisir que l'on prend à être ici.

PAULX   44270

Carte régionale A2

◖●◗ *Restaurant Les Voyageurs* – 1, pl. de l'Église (Centre) ☎ 02-40-26-02-76. Fermé le lundi, le mardi, ainsi que le mercredi soir et le jeudi soir hors saison (sauf les jours fériés). Congés annuels : la 1ʳᵉ quinzaine de mars et 3 semaines en septembre. Accès : face à l'église. Menus de 24 à 46 € (le petit menu du midi est réservé aux VRP). On met les petits plats dans les grands pour vous concocter des plats bien mitonnés. Cuisine savoureuse dont l'inspiration fluctue au gré des arrivages et au fil des saisons (homard flambé fine Bretagne, émincé de canard au beurre rouge de Retz, frisée d'escargots aux petits lardons, soufflé glacé à la mandarine impériale)... Les produits sont choisis avec soin : volailles élevées en plein champ, poisson et crustacés provenant de « petits bateaux », viandes de pays, etc. *Café offert à nos lecteurs sur présentation de ce guide.*

PIRIAC-SUR-MER 44420

Carte régionale A2

≜ |●| *Hôtel-restaurant de la Pointe* – 1, quai de Verdun (Nord) ☎ 02-40-23-50-04. **Fax : 02-40-15-59-65.** Fermé le mercredi soir hors saison. Congés annuels : du 1er novembre au 15 mars. Accès : sur le bord de mer, près de la digue. Chambres doubles de 31 à 40 € selon le confort. Demi-pension, demandée en juillet-août, à 45 €. Menus à 9 €, le midi en semaine, puis à 15 et 25 €. La bonne petite adresse pour passer un moment à la bonne franquette. Certaines chambres (comme les nos 8, 10, 11 et 12), qui donnent sur le port et la plage, ne sont pas toutes à la pointe du progrès. La salle de restaurant a été refaite dans un style bistrot nostalgique. Si l'on n'y vient pas pour faire un repas gastronomique, on peut du moins se régaler de salades, de poisson et de fruits de mer qui satisferont ceux que l'air du large a pu affamer. Parmi les spécialités, rougets grillés au miel et aux épices, Saint-Jacques à la fondue de poireaux, colin au beurre blanc. Bon accueil. *10 % sur le prix de la chambre (à partir de 2 nuits sauf en juillet et août) offerts à nos lecteurs sur présentation de ce guide.*

|●| *Crêperie Lacomère* – 18, rue de Kéroman (Centre) ☎ 02-40-23-53-63. Ouvert uniquement les week-ends de septembre, octobre, février et mars. En été, ouvert tous les jours sauf le mardi midi. Congés annuels : de novembre à mi-février. Menu à 12 €, le midi en semaine. Plat du jour autour de 14 €. Cette crêperie, un peu plus inventive que les guitounes au bord des routes touristiques, est aussi un resto comme on les aime. La carte s'inspire des escapades au bout du monde de Jean-Michel, le patron. Goûtez son excellent tajine de poissons, son escabèche de rougets, sa choucroute de poissons. Mais attention, il n'y a qu'une dizaine de tables, donc il vaut mieux réserver ! Sinon, faites comme tout le monde, attendez votre place devant une planche apéro au bistrot voisin de *Lacomère*, le *Vercoquin*. *Apéritif maison offert à nos lecteurs sur présentation de ce guide.*

PORNIC 44210

Carte régionale A2

≜ |●| *La Fontaine aux Bretons* – rue des Noëlles, lieu-dit La Fontaine-aux-Bretons (Sud-Est) ☎ 02-51-74-07-07. Fax : 02-51-74-15-15. ● www.auberge-la-fontaine.com ● Parking. ⚒ Restaurant fermé le dimanche soir et le lundi soir de novembre à mars (sauf en période de vacances scolaires). Chambres doubles de 51 à 77 €. Menus de 22 à 30 €. Studios et appartements sont décorés dans un style marin contemporain et sont en tout point charmants. La plupart ont vue sur la mer, ce qui ne gâche rien. Cette ancienne ferme vous invite à des agapes mémorables. Tandis que dans l'immense cheminée rôtissent les volailles et mijotent les cocottes, chaque détail exquis est censé vous rappeler un souvenir d'enfance, vous projeter dans un passé imaginaire et rassurant, peuplé de grands-mères aux fourneaux et de confiture de vieux garçons. Et pourtant, tout ici n'est qu'évoqué, la déco est finalement très contemporaine et la cuisine aussi. Jardiniers et cuisiniers travaillent main dans la main, proposant des recettes authentiques, toujours à base de produits de qualité. Fruits, légumes oubliés et fleurs comestibles viennent du sublime potager (que l'on prendra soin de visiter avant de passer à table), les viandes proviennent d'élevages voisins... La plupart des produits sont biologiques. Le vin est également vendangé ici et le pain est maison, bien sûr... Ne sont travaillés que les produits de saison... Du terroir de charme... Un coup de cœur. *NOUVEAUTÉ.*

|●| *Restaurant Beau Rivage* – plage de la Birochère ☎ 02-40-82-03-08. Fermé le lundi, le mercredi soir et le dimanche soir. Congés annuels : en janvier et du 10 au 26 décembre. Accès : bord de mer. Menus de 22 à 46 €. Formule à 15 € servie au bistrot. Un emplacement en or, en surplomb de la plage, pour un restaurant aux couleurs et à l'ambiance d'entrée sympathiques. La mer qu'on voit danser, par-delà les vitres claires, est dans l'assiette et dans la tête de Gérard Corchia, un chef qui travaille intelligemment les produits de l'Océan : bouillabaisse de l'Atlantique (à 37 € tout de même !), bar du Croisic grillé à l'huile d'olive, salade de homard aux herbes potagères. Belle carte des vins.

|●| *Restaurant L'Estaminet* – 8, rue du Maréchal-Foch (Centre) ☎ 02-40-82-35-99. Fermé le dimanche soir et le lundi. Congés annuels : du 20 décembre au 20 janvier. Menus de 15 à 25 €. Situé dans une des rues commerçantes de Pornic, ce p'tit resto n'a apparemment rien d'extraordinaire. Mais la cuisine fraîcheur du patron, la gentillesse de sa femme au service vous font vite changer d'avis. Goûtez notamment la papillote noix de Saint-Jacques aux petits légumes ou la raie aux salicornes et beurre noisette au vinaigre de cidre.

DANS LES ENVIRONS

PLAINE-SUR-MER (LA) 44770
(9 km O)

🏠 ▮●▮ *Hôtel-restaurant Anne de Bre-tagne* – port de la Gravette ☎ 02-40-21-54-72. Fax : 02-40-21-02-33. ● www.anne debretagne.com ● Parking. TV. Satellite. ⚒ Fermé le lundi, le mardi midi et le dimanche soir de mi-septembre à mi-mai. Congés annuels : de début janvier à mi-février. Accès : par la D13. Chambres avec douche ou bains et w.-c. de 63 à 126 €, selon la vue et la saison. Pantagruélique petit déj'-buffet à 10 €. Au restaurant, menus de 22 €, sauf le samedi soir et le dimanche, à 55 €. Cet hôtel de charme propose de jolies chambres donnant sur le jardin ou sur la mer. Le site est magnifique, très calme. Chouette bar intime tout en bois, bien sympa pour bouquiner. Piscine chauffée et tennis. Également une table réputée de la région. Grand choix de menus avec une prédilection du chef pour les repas à thème mettant en valeur un produit de saison. Menu dit « Bacchus », avec « accord mets et vins » pour chacun des plats. Parmi les spécialités, on citera la lotte rôtie à l'anjou rouge ou la sole petit bateau cuite en peau. Cave de 15 000 bouteilles. De la salle à manger, vue sur la mer. Bon accueil. *Café offert à nos lecteurs sur présentation de ce guide.*

PORT-JOINVILLE (ÎLE D'YEU) 85350

Carte régionale A2

🏠 *Hôtel L'Escale* ** – rue de la Croix-du-Port (Sud-Est) ☎ 02-51-58-50-28. Fax : 02-51-59-33-55. ● www.site.voila.fr/yeu.escale ● Parking. TV. Satellite. ⚒ Congés annuels : du 15 novembre au 15 décembre. Chambres doubles de 30 €, pour petits budgets, à 54,40 €. Petit déjeuner-buffet à 5,80 €. Notre plus jolie adresse sur l'île d'Yeu ! Malgré sa petite trentaine de chambres, l'atmosphère est proche de celle des maisons d'hôte. Jolie déco extérieure (murs blancs et volets jaunes) et intérieur (fraîcheur marine). Les chambres sont climatisées et bien équipées, donnant sur le jardin, soit de plain-pied (celles qu'on préfère), soit à l'étage. Petit déjeuner-buffet convivial, présenté autour du vieux puits que l'on a conservé au milieu de la lumineuse salle de séjour ouverte sur le jardin par une baie vitrée. La propriétaire est de bon conseil pour les balades et infos pratiques.

🏠 *Atlantic Hôtel* *** – quai Carnot (Centre) ☎ 02-51-58-38-80. Fax : 02-51-58-35-92. ● www.hotel-yeu.com ● TV. Satellite. Congés annuels : 3 semaines en janvier. Accès : sur le port, à 50 m du débarcadère. Chambres doubles de 38 à 60,50 €. En surplomb du port, ce petit hôtel, situé au 1er étage, permet de profiter de l'animation islaise. Ses chambres, bien qu'assez impersonnelles, sont équipées de tout le confort, et l'accueil est cordial. Les plus chères ont vue sur le port ; les autres à l'arrière donnent sur le village et sont un peu plus calmes. Travaux d'agrandissement et de rénovation en cours. Affaire à suivre... *10 % sur le prix de la chambre (hors juillet-août et week-ends fériés) offerts à nos lecteurs sur présentation de ce guide.*

🏠 ▮●▮ *Flux Hôtel - Restaurant La Marée* ** – 27, rue Pierre-Henry ☎ 02-51-58-36-25. Fax : 02-51-59-44-57. Parking. TV. ⚒ Fermé le dimanche soir. Congés annuels : de mi-novembre à mi-janvier. Accès : à 100 m de la gare maritime. Chambres doubles de 39 à 54 €. Menus de 14,50 à 32 €. Le calme du parc en bord de mer, à l'écart de l'animation de Port-Joinville, fait qu'on aime bien cet hôtel. La chambre n° 15 a tout pour plaire : spacieuse, indépendante de l'hôtel, au mobilier rustique, dotée d'une cheminée, on a l'impression d'être chez sa grand-mère. Au restaurant *La Marée*, vaste salle avec une cheminée pour les soirées d'hiver et une belle terrasse pour les déjeuners d'été à l'ombre des arbres du parc. Cuisine traditionnelle à base de poisson. Une constante, les *patagos* à la crème, spécialité de l'île et de la maison, et les moules à la sauce poulette. Service souriant et amical. *10 % sur le prix de la chambre (hors juillet-août et ponts du printemps) offerts à nos lecteurs sur présentation de ce guide.*

▮●▮ *Les Bafouettes* – 8, rue Gabriel-Guist'hau (Centre) ☎ 02-51-59-38-38. Fermé le mardi de septembre à juin. Ouvert tous les jours en juillet et août, ainsi que pendant les vacances scolaires. Congés annuels : 3 semaines en janvier et 15 jours en octobre. Accès : à environ 100 m du port, en montant la rue qui passe devant l'office du tourisme. Menus à 13 €, le midi en semaine, 24,40 et 35,80 €. Menu homard l'été à environ 70 €. Salle nouvellement redécorée de tableaux d'artistes locaux. Excellente et copieuse cuisine servie par des personnes enjouées. Nous nous sommes régalés d'une soupe de poisson parfumée à souhait et d'une poêlée de langoustines flambées au curry... hmm ! Souhaitons-leur bon vent. *Café offert à nos lecteurs sur présentation de ce guide.*

▮●▮ *Restaurant du Père Raballand - L'Étape maritime* – 6, pl. de la Norvège (Centre) ☎ 02-51-26-02-77. Fermé le lundi. Congés annuels : du 30 novembre au 15 mars. Accès : au bout du quai à droite en venant du débarcadère. Menus de 14,50 €, le midi uniquement, à 24,80 €. Face au port, ce bar-brasserie décoré à la manière de l'intérieur d'un bateau offre une cuisine raffinée de fruits de mer et poisson accompagnés de vins de propriétaires récoltants. Pour plus d'intimité ou de recueillement, salle « gastronomique » à l'étage, mais on y mange la même chose. Le Père Raballand, c'est quelqu'un à Port-Joinville, et l'ambiance qui règne dans son bistrot l'été et le week-end est unique. Excellent rapport qualité-prix. *Café offert à nos lecteurs sur présentation de ce guide.*

POUZAUGES   85700

Carte régionale A2

I●I *Restaurant Patrick* – rue de la Baudrière (Sud) ☎ 02-51-65-83-09. Parking. Fermé le lundi soir et le dimanche soir. Congés annuels : 1 semaine en mars et les 3 premières semaines d'août. Accès : à Pouzauges-Gare, juste après *Fleury-Michon*, sur la D742. Menus de 10 €, sauf le week-end, à 27,50 €. Une maison moderne d'un seul niveau, tout en longueur, et vêtue de rose, c'est chez *Patrick*, l'adresse que tout le monde connaît désormais puisqu'il a su s'imposer par son talent. Patrick va lui-même chercher le poisson sur la côte, et on peut lui faire confiance. Voici ce que vous pouvez découvrir dans son menu à 18,80 € : 10 huîtres ou tartare de saumon, confit de canard aux mojhettes ou sandre rôti, dessert. Chez *Patrick*, c'est tout bon !

ROCHEFORT-SUR-LOIRE   49190

Carte régionale B2

🏠 I●I *Le Grand-Hôtel* – 30, rue René-Gasnier ☎ 02-41-78-80-46. Fax : 02-41-78-83-25. ● legrandhotel@libertysurf.fr ● Fermé le mercredi et le dimanche soir (et le mardi soir hors saison). Congés annuels : hôtel fermé pendant les vacances scolaires de février. Chambres doubles de 31 à 37 €. Menus à partir de 17 €, sauf le dimanche, et jusqu'à 38 €. Vieille maison agréable dans la rue principale. Idéale après une journée de découverte dans le Layon. Salle à manger au rez-de-chaussée, décorée dans les tons jaune et vert. Jardin. Cuisine très soignée, avec surtout des spécialités ligériennes : rillauds d'Anjou, soufflé de brochet au beurre blanc et, en dessert, noisettes de poires au caramel et glace à la cannelle. Carte des vins très complète (la patronne est une passionnée du vin et aime partager ses connaissances). Chambres assez grandes mais plutôt simples. Préférez celles du premier étage, donnant sur le jardin, très calmes. *Café offert à nos lecteurs sur présentation de ce guide.*

ROCHE-SUR-YON (LA)   85000

Carte régionale A2

🏠 I●I *Marie Stuart Hôtel* ✱✱ – 86, bd Louis-Blanc (Centre) ☎ 02-51-37-02-24. Fax : 02-51-37-86-37. ● www.group.citotel.com/hotels/stuart.html ● TV. Satellite. Câble. Resto fermé le samedi midi et le dimanche (sauf en saison). Accès : en face de la gare SNCF. Chambres doubles avec bains et w.-c. à 50,50 €. Menus à 14 € au bar, 19 et 23 € ; autour de 19 € à la carte. *Welcome in Scotland!* Ici, tout rappelle le pays : au mur, blasons et tissus des différents clans, et bien sûr le portrait de Marie Stuart. Chambres spacieuses, chacune décorée dans un style différent : l'« Indienne », avec ses meubles ouvragés, l'« Empire », etc. À chaque chambre, son charme un tantinet vieillot ! Au resto, bonne cuisine. Spécialités du chef : le *Highland steak*, les *Scotch eggs*, le *dumpling*, mais aussi la potée de la mer... Pour les amateurs, le bar récèle quelques grands crus de whiskies. Excellent accueil, très *Scottish, of course* ! *Un Irish coffee offert à nos lecteurs qui dînent sur place sur présentation de ce guide.*

🏠 *Hôtel Le Logis de la Couperie* ✱✱✱ – route de Cholet (Nord) ☎ 02-51-37-21-19. Fax : 02-51-47-71-08. Parking. TV. Accès : à 5 mn du centre, prendre la RN de Cholet, puis direction le bourg et la D80. Chambres doubles de 56 à 97 € avec douche et w.-c. ou bains, selon la saison. Autant le dire tout de suite, voilà une de nos meilleures adresses dans le département de la Vendée. Cette ancienne demeure seigneuriale du XIVe siècle, perdue en pleine campagne, nichée dans un écrin de verdure, dispense une quiétude délectable dès qu'on en approche. On ne vient pas ici pour faire la fête, mais pour goûter aux plaisirs d'une vie tranquille dans une ambiance où le raffinement s'allie à la simplicité de cette maison de famille. Les couloirs sont remplis de bibelots, et des centaines de livres ornent les rayonnages. Seulement 7 chambres, douillettes, portant des noms de fleurs. Décoration très anglaise aux tons pastel. Ciel de lit, baldaquin et meubles anciens les agrémentent. Seuls les canards ou les grenouilles de l'étang pourront vous réveiller. Il ne faudrait pas rater le petit déjeuner, préparé avec amour. Accueil cordial d'une patronne pleine de charme et de gentillesse. De plus, chemins pédestres au départ du *Logis*, vélos à disposition et, sur demande, promenade en voiture à cheval. *Jus de pomme maison offert à l'arrivée aux lecteurs sur présentation de ce guide.*

I●I *Le Clemenceau* – 40, rue Georges-Clemenceau (Centre) ☎ 02-51-37-10-20. ♿ Accès : en plein centre-ville. Menus de 12,50 €, le midi en semaine, à 25 € et carte. Assiettes de la mer à 14 €. Brasserie en salle ou en terrasse, réputée pour la fraîcheur de ses fruits de mer et poisson. Tous les noms des fournisseurs figurent sur la carte. Copieuses assiettes de la mer et soupe de poisson succulente, mais aussi foie gras, magret de canard... et tarte Tatin. Personnel sympa. Ambiance agréable.

I●I *Saint Charles Restaurant* – 38, rue du Président-de-Gaulle (Centre) ☎ 02-51-47-71-37. Fermé le samedi midi et le dimanche. Accès : à 200 m de la place Napoléon, en direction de Cholet. Menus de 14,99 à 32 €. La référence au jazz est omniprésente dans la salle : photos, ambiance musicale, instruments... jusque dans les noms des menus. Tout cela donne un bel ensemble, d'autant que le chef confectionne ses plats dans le même esprit. Spécialités selon la saison : le carpaccio de canard de Challans, le bar cuit à la vapeur d'algues... *Café offert à nos lecteurs sur présentation de ce guide.*

DANS LES ENVIRONS

POIRÉ-SUR-VIE   (LE)   85170
(13,5 km NO)

🏠 **I●I** *Hôtel-restaurant Le Centre* ** – 19, pl. du Marché (Centre) ☎ 02-51-31-81-20. Fax : 02-51-31-88-21. ● www.hotelducentre-vendee.com ● Parking. TV. Canal+. ♿ Fermé le vendredi et le dimanche soir de décembre à février. Accès : par la D6. En plein cœur du village. Chambres doubles de 29 € avec lavabo, à 54,90 € avec bains. Menus de 15 à 26 €. En plein cœur du village, voilà une hostellerie bien accueillante. Des chambres confortables et propres, une piscine propice au farniente estival du routard fourbu et, au restaurant, des petits plats régionaux simples et de bon aloi. Gigot de lotte au noilly, jambon de pays au muscat, foie gras maison... Le tout pour des prix raisonnables. *Café offert à nos lecteurs sur présentation de ce guide.*

MACHÉ 85190 (22 km NO)

I●I *Auberge Le Fougerais* ☎ 02-51-55-75-44. Parking. ♿ Fermé le dimanche soir et le lundi sauf en juillet-août. Congés annuels : la 1re quinzaine d'octobre. Accès : par la D948; après Aizenay, prendre à gauche une fois le pont sur la Vie franchi (fléchage). Menus de 10 €, le midi en semaine, à 37 €. Quelle jolie maison couverte de lierre, avec sa terrasse ombragée ! Dans cette ancienne grange réaménagée, l'atmosphère est douce. De grandes banquettes accueillent le voyageur fatigué, des tables toutes simples reçoivent des mets bien concoctés. Dans la cheminée, le chef alimente ses braises de sarments de vigne pour donner du goût aux anguilles, aux côtes de bœuf ou aux cailles désossées. Plats sans façon mais copieux et d'un bon rapport qualité-prix. *Apéritif maison offert à nos lecteurs sur présentation de ce guide.*

ROSIERS-SUR-LOIRE (LES)   49350

Carte régionale B2

I●I *La Toque Blanche* * – 2, rue Quartz ☎ 02-41-51-80-75. Parking. Fermé le mardi soir et le mercredi. Accès : direction Angers à la sortie du village après le pont de la Loire. Du lundi au samedi, midi et soir, menu à 14 €, vin compris. Sinon, menus entre 24 et 39 €; le dernier comprend un poisson et une viande. L'un des restos les plus réputés dans la région. De plus en plus nécessaire de réserver (le dimanche midi, obligatoire !). Superbe cuisine inspirée, servie dans un espace un peu trop moderne à notre goût mais confortable et de bon aloi à l'intérieur. Bon accueil. Salle climatisée. Plats élaborés à partir de produits frais du marché. Spécialités de poisson, huîtres chaudes, poisson de Loire au beurre blanc ou alors filet de bœuf « race à viande » aux morilles, et pour finir, la petite douceur, comme le gratin d'oranges et de kiwis au Cointreau.

SABLES-D'OLONNE (LES)   85100

Carte régionale A2

🏠 *Hôtel de la Tour* ** – 46, rue du Docteur-Canteteau, La Chaume (Ouest) ☎ 02-51-95-38-48. Fax : 02-51-95-89-84. ● www.hotel-lessablesdolonne.com ● Congés annuels : vacances scolaires de février, de la Toussaint et de Noël (zone A). Accès : bac ou route. Chambres doubles de 31 à 46 € selon le confort et la saison. Une de nos meilleures adresses en Vendée. Dans une jolie rue typique du quartier de La Chaume, au-dessus de l'hôtel *Les Embruns*. Le jeune couple qui dirige cet établissement reçoit ses clients comme des amis. Chaque chambre est décorée par madame autour d'un thème : la « Tour », les « Toits du quartier », les « Cabines de plage »... et les meubles prennent la forme du thème. Ils ont été réalisés sur commande. Les couleurs rappellent la mer, le bleu, le vert. De certaines chambres, vue sur le port. Jardinet fleuri à l'intérieur pour le petit déjeuner, ou belle salle avec un poêle à bois dans laquelle l'ancienne propriétaire du lieu, une cantatrice, faisait ses vocalises... La TV sera installée à votre demande. Vraiment insolite et rapport qualité-prix imbattable !

🛏 *Hôtel Les Embruns* ** – **33, rue du Lieutenant-Anger, La Chaume (Nord)** ☎ 02-51-95-25-99. Fax : 02-51-95-84-48. ● www.hotel-lesembruns.com ● Parking payant. TV. Canal+. Satellite. Fermé le dimanche soir d'octobre à avril. Accès : bac ou route. Chambres doubles de 39 à 48 €. De l'autre côté du port, dans une rue parallèle à celui-ci, dans le quartier calme et sympa de La Chaume. On aperçoit très vite la grande façade jaune aux auvents verts. Chambres mignonnes aux couleurs chatoyantes et gaies, impeccablement tenues par un jeune couple accueillant et prévenant. Certaines ont vue sur le port, d'autres, situées à l'arrière sur une petite rue, sont plus fraîches l'été. Une bonne adresse. Attention, nos amis à quatre pattes ne sont pas acceptés. *10 % sur le prix de la chambre (sauf juillet-août, week-ends et jours fériés) offerts à nos lecteurs sur présentation de ce guide.*

🛏 |●| *Hôtel Antoine* ** – **60, rue Napoléon (Centre)** ☎ 02-51-95-08-36. Fax : 02-51-23-92-78. ● wwwantoinehotel.com ● Parking payant. TV. Satellite. Service le soir, pour les résidents uniquement. Congés annuels : de mi-octobre à mi-mars. Accès : en plein centre-ville, entre le port et la plage. Chambres doubles de 43 à 54 €. Demi-pension, en juillet-août, de 40 à 46 € par personne. Ce petit havre de paix a tout pour séduire. Isabelle et Philippe Robin veillent jalousement sur leur enfant. Ils continuent de l'embellir avec gentillesse et passion. Ici, on prend le temps de vivre, on oublie le stress et on se refait une santé. Toutes les chambres ont été refaites dans des tons chaleureux et gais. On a une petite préférence pour celles donnant sur le patio de l'hôtel et celles de la villa annexe donnant sur la cour fleurie. En fait d'annexe, on a plutôt l'impression d'être dans une maison particulière. Le soir, pour ses hôtes en demi-pension, le patron prépare de bons petits plats en fonction de ce qu'il trouve au marché, pourquoi donc se priver ? C'est hyper copieux et excellent ! Un de nos coups de cœur en Vendée. Les animaux ne sont pas admis.

🛏 |●| *Hôtel Les Hirondelles* ** – **44, rue des Corderies (Centre)** ☎ 02-51-95-10-50. Fax : 02-51-32-31-01. ● www.perso.wanadoo.fr/leshirondelles ● Parking payant. TV. 🦮 Accès : à 50 m de la plage. Chambres doubles de 52 à 61 €. Menus de 16,77 à 23,63 €. Demi-pension, comprise en juillet-août, de 52,60 à 58,70 €. Le décor frais et moderne des chambres, l'atmosphère familiale ajoutée à la gentillesse de l'accueil feront que vous vous sentirez bien

aux *Hirondelles*. Chambres fleuries, certaines avec balcon (idéal pour le petit déjeuner), d'autres donnant accès sur un mignon patio tout blanc, planté d'essences exotiques. Avec ascenseur. Et l'on y mange aussi bien qu'on y dort. Menus à base de poisson, de crustacés et de fruits de mer (choucroute de la mer, noix de Saint-Jacques aux petits légumes, mouclade vendéenne...). *Café offert à nos lecteurs sur présentation de ce guide.*

|●| *L'Affiche* – **21, quai Guiné (Centre)** ☎ 02-51-95-34-74. Fermé le lundi, le jeudi soir et le dimanche soir hors saison, le mercredi en saison. Congés annuels : 2 semaines en janvier et 2 semaines en octobre. Accès : près du port, en face de l'embarcadère pour l'île d'Yeu (réservations). Menus de 11 à 26 €. Reconnaissable à sa petite façade jaune enserrée par d'autres concurrents, *L'Affiche* nous a vraiment interpellés. Les menus changent trois fois par an au gré des saisons. Quelques spécialités parmi tant d'autres : salade de saumon cuit au gros sel, gaspacho aux langoustines, filet de merlu au coulis d'étrilles, magret de canard au miel, gratin d'abricots, croquant aux fruits de l'été crème vanille bourbon. Une réussite gustative ! Et un bon rapport qualité-quantité-prix. *Café offert à nos lecteurs sur présentation de ce guide.*

|●| *Restaurant George V* – **20, rue George-V, La Chaume (Nord)** ☎ 02-51-95-11-52. Fermé le lundi hors saison. Accès : à gauche dans le prolongement du port. Menus à 13 €, en semaine, puis de 19,06 à 29,73 €. Au rez-de-chaussée ou au 1er, on profite de la vue sur l'entrée du port. Cadre plutôt chic, lumineux, agréablement décoré. Olivier Burban mène bien sa barque. Comme beaucoup, il utilise le poisson mais y met une pointe d'originalité, s'attachant à étonner avec des saveurs inattendues comme les huîtres sauce foie gras ou le gâteau de langoustines au jus de crustacés. Excellent rapport qualité-prix. *Café offert à nos lecteurs sur présentation de ce guide.*

|●| *Restaurant Le Clipper* – **19 bis, quai Guiné (Centre)** ☎ 02-51-32-03-61. Fermé le mardi de mi-juin à mi-septembre, les mardi et mercredi le reste de l'année. Congés annuels : du 28 janvier au 6 février. Accès : quai maritime, port de commerce. Menus de 17 €, en semaine, à 35 €. La mer, encore et toujours ! Décor de bois précieux, toutes les tables donnent l'impression d'être dans le carré d'un somptueux bateau de croisière au sol lumineux bleu et une cuisine qui fait sortir le poisson des sentiers battus. Elle recèle des mélanges subtils et étonnants, à l'image du millefeuille de turbot au caviar d'oursins ou la pyramide de bar en ligne sur son lit de lentilles roses. Au dessert, palette aux saveurs de l'Orient à l'Occident ou figues fraîches rôties au miel

et crème d'amande. Service prévenant et attentionné. Terrasse d'été et salon d'accueil en juillet-août. *Café offert à nos lecteurs sur présentation de ce guide.*

|●| La Fleur des Mers – 5, quai Guiné (Centre) ☎ 02-51-95-18-10. Fermé les lundi et mardi. Accès : sur le quai en face du port. Menus de 19 à 32 €. C'est un peu au feeling qu'on a poussé la porte de ce resto dont l'intérieur ressemble à celui d'un navire un tantinet chic et clean. Des niveaux successifs montent jusqu'au pont d'où l'on voit le port. Intérieur frais et spacieux, clair. Bon goût dans l'ambiance comme dans la cuisine délicate. Même au menu à 19 €, on a eu droit à des amuse-gueules chauds, avant de passer au gratin de fruits de mer au mareuil, suivi de sardines grillées extra puis d'une gâche vendéenne aux fruits rouges pour dessert. Bonne sélection de vins de la région. Franchement, on n'a pas été déçu du voyage !

SABLÉ-SUR-SARTHE 72300

Carte régionale B1

|●| Les Palmiers – 54, Grande-Rue (Centre) ☎ 02-43-95-03-82. ♿ Fermé le mardi et le samedi midi. Superbes tajines de 10,70 à 11,50 €, couscous aux différentes viandes de 10,70 à 15,50 €. Compter de 12,20 à 18,30 € à la carte. C'est l'occasion de changer un peu des rillettes et de la marmite sarthoise (au demeurant fort bonnes !). Aux *Palmiers*, vous retrouverez toute l'hospitalité marocaine, grâce à un adorable couple franco-marocain. Abdou aux fourneaux, la patronne à la réception et en salle. Dans cette ruelle paumée du vieux Sablé, point de clientèle de passage, on vient nécessairement par le bouche à oreille. Pour les deux grandes salles d'abord, pimpantes et fort bien décorées ; pour la cuisine ensuite, le meilleur de la cuisine marocaine. Bouillon et légumes parfumés, viandes extra et servies copieusement. C'est à croire que le cuistot est parti herboriser sur les pentes de l'Atlas peu de temps avant. Pâtisseries maison. Chaleur de l'accueil en prime !

|●| L'Hostellerie Saint-Martin – 3, rue Haute-Saint-Martin (Centre) ☎ 02-43-95-00-03. Fermé le lundi, le mercredi soir et le dimanche soir. Accès : par une petite rue partant de la place de la Mairie en direction du château. Menus de 16 à 31 €. Ce petit resto de centre-ville baigne dans un bienveillant climat (la preuve, un palmier pousse de l'autre côté de la rue). Salle à manger avec belle hauteur de plafond et au charme chaleureux, un peu désuet, avec toute la mythologie de la province : le vaisselier,

l'horloge normande, les lourdes tentures de velours rouge, les ustensiles de cuivre. Fleurs fraîches sur les tables. Le parquet de bois craque divinement. Belle cuisine traditionnelle de terroir (salade tiède de pétoncles et crevettes, filet de sandre rôti aux champignons et aussi crabe farci à la calédonienne...). Belle terrasse fleurie aussi.

DANS LES ENVIRONS

DUREIL 72270 (16 km E)

|●| L'Auberge des Acacias – 4, rue Jules-Moreau (Centre) ☎ 02-43-95-34-03. Fermé le dimanche soir et le lundi. Également fermé le soir en semaine de novembre à mars. Accès : du Mans vers Malicorne par le D23 puis vers Parce-sur-Sarthe par la D8 ; après 3 km, prendre la 1re ou la 2e petite route à droite direction Dureil. Menus à 11 €, le midi en semaine, puis à 21 et 24 €. Située au cœur d'un minuscule village, l'*Auberge* vous accueille durant l'été sur leur terrasse bien ombragée et très fleurie. En hiver, les patrons vous reçoivent dans une salle aux couleurs chaleureuses avec sa cheminée. Les menus changent au gré des saisons et sont complétés par une carte riche en produits sarthois. On vient toujours ici pour le magret de canard du Maine au sureau et le sandre au cidre. Carte des vins bien pourvue en vins des pays de la Loire.

SAINT-CALAIS 72120

Carte régionale B1

|●| À Saint-Antoine – 8, pl. Saint-Antoine (Nord-Est) ☎ 02-43-35-01-56. Parking. Fermé le lundi, le mercredi soir et le dimanche soir en hiver. Accès : à l'entrée de la ville, près de l'église. Menu le midi en semaine à 11 €, menus suivants de 15 à 39 €. La rumeur a fait le tour du pays : les fils Achard ont repris le vieux bistrot de la place Saint-Antoine pour en faire un « vrai restaurant » après avoir fait leurs classes à Paris, chez *Maxim's* pour le sommelier, au *Plazza Athénée* pour le chef. Des maisons qui restent des références, surtout ici. Un lieu à la bonne franquette, où gendarmes, ouvriers et entrepreneurs locaux se croisent au bar, avant de vaquer chacun à leurs occupations. La petite salle de resto se remplit très vite. Une deuxième salle a d'ailleurs été ouverte. Et c'est le choc. Une cuisine colorée et goûteuse. Avec de bons vins de la région, à petits prix. Pourvu que ça dure ! Bon, aujourd'hui le chef a changé, mais il est lui aussi passé par le *Plazza* !

DANS LES ENVIRONS

SAINT-GERVAIS-DE-VIC   72120
(4 km S)

I●I *Le Saint-Éloi* – 1, rue Bertrand-Guilmain ☎ 02-43-35-19-56. Fermé le dimanche soir hors saison. Accès : près de l'église. Menu en semaine à 9,30 €, le soir sur réservation. Pour un repas à la carte, compter 20 €. Ce petit resto de village aurait dû échanger son saint patron avec celui du bourg voisin. Le couple de joyeux charcutiers qui l'a racheté n'avait déjà pas beaucoup de week-ends libres avant : aujourd'hui, ils n'en ont plus un seul, le bouche à oreille remplissant chaque dimanche la petite salle d'habitués qui se ruent sur les menus, le dernier comportant trois plats, au choix, avec entrée, poisson chaud et magret de canard au poivre vert. En semaine, avec le 1er, il y a le buffet de hors-d'œuvre, la blanquette ou le coq au vin, le fromage, la tarte, le café et le vin à discrétion. *Apéritif maison offert à nos lecteurs sur présentation de ce guide.*

SAINT-DENIS-D'ORQUES   72350

Carte régionale B1

I●I *L'Auberge de la Grande Charnie* – rue Principale (Centre) ☎ 02-43-88-43-12. Parking. ♿ Fermé le lundi. Service le midi tous les jours, le soir uniquement les vendredi et samedi. Congés annuels : en février. Accès : sur la N157, à mi-chemin de Laval et du Mans. Menu le midi en semaine à 14 €. Autres menus de 22 à 36 €. Dans une ravissante salle à manger, découvrez cette excellente cuisine régionale qui ne commettra pas d'attentat à votre portefeuille. Ne pas hésiter à suivre les suggestions de la patronne qui met en valeur tout ce que le chef a rapporté du marché. *Café offert à nos lecteurs sur présentation de ce guide.*

SAINT-FLORENT-LE-VIEIL   49410

Carte régionale A2

🏠 I●I *L'Hostellerie de la Gabelle* ** – 12, quai de la Loire ☎ et fax : 02-41-72-50-19. TV. Satellite. Fermé le lundi midi, le vendredi et le dimanche soir d'octobre à juin. Congés annuels : du 23 décembre au 1er janvier. Chambres doubles de 39,65 à 42,70 €, selon le confort. Petit déjeuner à 6,10 €. 1er menu à 13 € en semaine, autres menus de 18 à 38 €. Petit hôtel de province traditionnel au bord de la Loire. Jolie tour de la Gabelle en angle, qui lui donne un beau cachet extérieur. Cuisine simple mais agréable : anguilles de Loire à la provençale, sandre au beurre blanc, foie gras maison. Sur la vingtaine de chambres, la plus grande partie est maintenant rénovée, et, idée sympathique, elles sont à thème : chambre aux étoiles, aux jeux, à la dentelle... C'est une adresse bien située pour qui veut faire une halte au bord de la Loire, entre Nantes et Angers. *Apéritif maison offert à nos lecteurs sur présentation de ce guide.*

SAINT-JEAN-DE-MONTS   85160

Carte régionale A2

🏠 I●I *Hôtel-restaurant Le Robinson* ** – 28, bd Leclerc (Centre) ☎ 02-51-59-20-20. Fax : 02-51-58-88-03. ● www.hotel-lerobinson.com ● Parking. TV. Canal+. ♿ Ouvert tous les jours midi et soir. Congés annuels : en janvier et décembre. Chambres doubles de 40 à 63 €. Demi-pension, demandée en haute saison, de 41 à 52,50 €. Menu à 12,50 €, sauf les dimanche midi et jours fériés, menus suivants de 19 à 31,50 €. Cette affaire de famille est devenue au fil des années un petit complexe touristique agréable. À force de s'agrandir, de construire de nouvelles ailes, la maison a bien changé, mais la qualité a toujours été maintenue. Plusieurs sortes de chambres, toutes confortables, certaines donnant sur les allées intérieures arborées, d'autres sur rue. Piscine couverte et chauffée. Au restaurant, cuisine traditionnelle extrêmement bien préparée : brochette de noix de Saint-Jacques et bien d'autres spécialités de la mer, magret de canard au miel et aux pommes. *Café offert à nos lecteurs sur présentation de ce guide.*

SAINT-LÉONARD-DES-BOIS   72590

Carte régionale B1

🏠 I●I *Touring Hôtel* *** ☎ 02-43-31-44-41. Fax : 02-43-31-44-49. ● tng@forestdale.com ● Parking. TV. ♿ Congés annuels : du 15 décembre au 15 janvier. Accès : suivre les itinéraires « Les Alpes mancelles ». Après l'église, avant le pont. Chambres doubles de 77 à 100 € avec douche et w.-c. ou bains. Menus de 21 à 54 €. Près de la rivière qui a donné son nom au département, au cœur des Alpes mancelles, voici une bonne adresse de séjour, où l'environnement, l'accueil, la cuisine, la piscine font oublier que c'est du béton qui a poussé ici. 35 chambres calmes et bien équipées, avec presse-pantalon et canard jaune dans la salle de bains ; c'est le seul hôtel français de la chaîne anglaise *Forestdale* ! Rassurez-vous, ce ne sont pas les Anglais qui cuisinent. Goûtez au petit menu avec filet de flétan aux coquillages, après le saumon fumé maison et avant le chausson aux fruits de saison. Autres spécialités : la charlotte de chèvre chaud et le magret de canard. *10 % sur le prix de la chambre offerts à nos lecteurs sur présentation de ce guide.*

SAINT-NAZAIRE 44600

Carte régionale A2

🏠 *Hôtel de Touraine* * – 4, av. de la République (Centre) ☎ 02-40-22-47-56. Fax : 02-40-22-55-05. ● hoteltou raine@free.fr ● TV. Satellite. Congés annuels : du 20 décembre au 3 janvier. Accès : à deux pas de l'hôtel de ville. Chambres doubles de 24 à 38 € selon le confort. Trouver à Saint-Nazaire une chambre neuve, propre et agréable à un prix raisonnable, se voir servir un petit déjeuner copieux dans le jardin (par beau temps) et pouvoir bénéficier d'un repassage de chemise sans supplément est suffisamment rare pour être signalé. Excellent accueil, vous l'aviez deviné ! *10 % sur le prix de la chambre (d'octobre à mars pour un minimum de 2 nuits) offerts à nos lecteurs sur présentation de ce guide.*

🏠 ❙●❙ *Korali Hôtel* ** – pl. de la Gare (Centre) ☎ 02-40-01-89-89. Fax : 02-40-66-47-96. TV. Canal+. Satellite. ♿ Accès : près de la gare. Chambres doubles de 45,60 à 53,36 €. On a aimé l'architecture moderne de cet hôtel récent, bien situé. Facilement accessible. Les chambres de bon confort et l'amabilité du patron nous invitent à recommander cette maison accueillante. À noter, le petit dej' à partir de 2 h du mat' permet, en cas de départ matinal, de ne pas s'élancer le ventre creux. *10 % sur le prix de la chambre (le week-end) offerts à nos lecteurs sur présentation de ce guide.*

DANS LES ENVIRONS

SAINT-JOACHIM 44720 (10 km N)

🏠 ❙●❙ *L'Auberge du Parc, La Mare aux Oiseaux* – 162, île de Fédrun ☎ 02-40-88-53-01. Fax : 02-40-91-67-44. ● www. auberge-du-parc.com ● Parking. Fermé le dimanche soir et le lundi. En juillet et août, fermé uniquement le lundi midi. Congés annuels : en mars. Accès : par la D50. Chambres doubles avec bains à 63 €.

Menus de 32 à 65 €. Les habitants de l'île de Fédrun, fiers de leurs prérogatives et de leur marais, ont adopté Éric Guérin, un ancien de *La Tour d'Argent*. Ce jeune chef plein d'idées met un brin de folie dans les assiettes de ses convives. Sa cuisine raconte de belles histoires. Celles d'un petit farci d'anguilles aux mille senteurs de Brière ou d'un croquant de grenouilles aux algues bretonnes. Dans l'absolu, on connaît la fin de l'adage : la valeur n'attend point le nombre des années. À *La Mare aux Oiseaux* non plus ! 5 chambres sous toit de roseaux, toutes respectueuses de l'atmosphère brièronne. *10 % sur le prix de la chambre offerts à nos lecteurs sur présentation de ce guide.*

SAINT-VINCENT-DU-LOROUËR 72150

Carte régionale B1

❙●❙ *L'Auberge de l'Hermitière* – sources de l'Hermitière ☎ 02-43-44-84-45. ♿ Fermé le lundi soir, les mardi et mercredi d'octobre à avril, les lundi et mardi de mai à septembre. Congés annuels : du 20 janvier au 2 mars. Accès : à 4,5 km au sud de Saint-Vincent-du-Lorouër. Menu à 16,50 € sauf le dimanche. Autres menus de 23 à 46 €. C'est une des plus grandes tables de la Sarthe, capable d'offrir cependant un très beau menu du terroir à un prix raisonnable. On aime le cadre de cette maison forestière, faite de bois et de brique, bien nichée au bord de la rivière. Avant nous, la reine-mère Élisabeth d'Angleterre honora cette prestigieuse demeure de sa présence. Jolie terrasse sous les arbres. Dommage que l'accueil soit inégal.

SAINT-VINCENT-SUR-JARD 85520

Carte régionale A2

🏠 ❙●❙ *Hôtel-restaurant de l'Océan* ** – 72, rue Georges-Clemenceau (Ouest) ☎ 02-51-33-40-45. Fax : 02-51-33-98-15. ● www.hotel-restaurant-ocean.com ● Parking. TV. ♿ Ouvert du 1er avril au 30 septembre. Fermé le mercredi hors saison. Accès : juste à côté du musée Clemenceau. Chambres doubles avec douche et w.-c. ou bains de 42 à 62 € en demi-pension, selon la saison. La petite maison d'avant-guerre, proche de celle où Clemenceau venait passer ses vacances, n'a pas cessé de grandir en réputation et en capacité d'accueil. Les chambres donnant sur le jardin sont plus confortables et plus calmes que celles donnant sur la mer. Au resto, bonne cuisine de spécialités régionales comme les anguilles sautées à la vendéenne, les moules à la crème... *Apéritif maison offert à nos lecteurs sur présentation de ce guide.*

SAULGES 53340

Carte régionale B1

♠ |●| *Hôtel-restaurant L'Ermitage* ★★★ – **pl. Saint-Pierre** ☎ 02-43-64-66-00. Fax : 02-43-64-66-20. ● **www.hotel-ermitage.fr** ● Parking. TV. Satellite. &. Fermé le dimanche soir et le lundi d'octobre à mi-avril. Congés annuels : du 28 janvier au 3 mars et 15 jours pendant les vacances de la Toussaint. Accès : à 34 km au sud-est de Laval ; par la N157 et la D24 ; à Chéméré-le-Roi, à gauche. Chambres doubles de 53 à 97 €. Vaste choix de menus entre 19,50 et 44 €. Pas de cellule monacale ni de repas maigre à *L'Ermitage*. Près d'une adorable église mérovingienne se cache une maison bien de notre temps, avec des chambres confortables, claires et spacieuses, donnant sur le parc, la piscine, la campagne environnante. Le restaurant conjugue tradition et modernisme : filets de rouget rôti au four vinaigrette balsamique tiède, viande fumée maison et lentilles vertes, blanquette de homard, succès au chocolat, glace à la réglisse et son croustillant à l'orange aux amandes. L'idéal pour faire une retraite... gourmande et touristique, les balades environnantes ne manquent pas de charme. *Apéritif maison offert à nos lecteurs à leur arrivée à l'hôtel sur présentation de ce guide.*

SAUMUR 49400

Carte régionale B2

♠ *Hôtel Le Volney* ★★ – **1, rue Volney (Centre)** ☎ 02-41-51-25-41. Fax : 02-41-38-11-04. ● **www.le-volney.com** ● TV. Congés annuels : la 2e quinzaine de décembre. Accès : à deux pas de la poste. Chambres doubles à partir de 27 € avec lavabo, de 40 à 43 € avec douche et w.-c., et de 43 à 46 € avec bains. Chambres douillettes et réconfortantes, aussi bien pour le voyageur harassé que pour le touriste exigeant. Excellent accueil de la maîtresse de maison. Ses chambres impeccablement tenues, dont certaines entièrement rénovées, vous donnent l'impression d'être déjà de retour chez vous... En plus, les prix sont très stables. Des adresses simples et chaleureuses comme ça, on en redemande ! *10 % sur le prix de la chambre (du 1er novembre au 1er mars) offerts à nos lecteurs sur présentation de ce guide.*

♠ *Hôtel de Londres* ★★ – **48, rue d'Orléans (Centre)** ☎ 02-41-51-23-98. Fax : 02-41-51-12-63. ● **www.lelondres.com** ●

Parking payant. TV. Canal+. Satellite. Chambres doubles avec douche et w.-c. ou bains de 44 à 47 €. Petit déjeuner-buffet à 6 €. Particulièrement bien situé dans l'une des rues principales, mais isolation phonique très efficace. Hôtel refait dans un style anglais prévisible mais charmant (notamment l'entrée). Fort bien tenu. Téléphone direct, même dans les chambres pour solitaires. Les chambres nos 25 et 28 ont une nouvelle déco sympa. Quelques familiales également. L'accueil dynamique des femmes de la maison et le copieux petit déjeuner-buffet rendront le sourire à qui l'avait perdu. *Un petit déjeuner par chambre offert à nos lecteurs sur présentation de ce guide.*

♠ *Central Kyriad* ★★ – **23, rue Daillé (Centre)** ☎ 02-41-51-05-78. Fax : 02-41-67-82-35. ● **www.multi-micro.com/ kyriad.saumur** ● Parking payant. TV. Canal+. Satellite. Ouvert tous les jours de 6 h 45 à 23 h. Accès : du quai Carnot, prendre la rue Fidélité, 1re à gauche après la rue Saint-Nicolas. Chambres doubles de 50 € avec douche et w.-c., à 70 € avec bains. Petit déjeuner-buffet à 7 €. Dans une petite rue au calme. Chambres agréables. Certaines assez grandes et un rien surprenantes, avec leur volée de marches et leur ameublement de style, mais plus chères aussi. Quelques-unes avec poutres, mansardées, et de grandes familiales avec salle de bains très spacieuse. *10 % sur le prix de la chambre en basse saison et 5 % en haute saison offerts à nos lecteurs sur présentation de ce guide.*

♠ *Hôtel Anne d'Anjou* ★★★ – **32-33, quai Mayaud (Centre)** ☎ 02-41-67-30-30. Fax : 02-41-67-51-00. ● **www.hotel-anneanjou.com** ● Parking payant. TV. Satellite. &. Accès : au pied du château, en bord de Loire. Chambres doubles de 74 à 115 € et suites jusqu'à 160 €. Petit déjeuner à 9 €. Une élégante demeure du XVIIIe siècle, pleine de charme. Cour intérieure fleurie. Superbe escalier intérieur classé. Chambres confortables avec mobilier ancien, dont une de pur style Empire, idéale pour les lecteurs(trices) fortuné(e)s ou en voyage de noces. D'autres chambres mansardées avec douche. Accueil très professionnel. *10 % sur le prix de la chambre (du 1er novembre au 31 mars) offerts à nos lecteurs sur présentation de ce guide.*

|●| *La Pierre Chaude* – **41, av. du Général-de-Gaulle (Nord-Est)** ☎ 02-41-67-18-83. Fermé le mercredi soir, le samedi midi et le dimanche soir. Congés annuels : la 1re quinzaine d'août et à Noël. Accès : sur l'île d'Offard, entre les deux ponts. Traverser la Loire en direction de la gare ; c'est sur la gauche (derrière les arbres !). Menus à

10 €, à midi en semaine, « saloon » à 13,60 € et « dilligence » à 18,90 €. En plat principal, la « pierre chaude du boucher » peut suffire amplement : mélange de viande et de volaille (porc, magret, etc.) que l'on fait cuire sur une pierre, le tout accompagné de délicieuses sauces. Oui, c'est ça, vous avez compris le principe ! Cuisine traditionnelle également. De plus, l'accueil est sympa. *Apéritif maison offert à nos lecteurs sur présentation de ce guide.*

I●I *L'Auberge Reine de Sicile* ** – 71, rue Waldeck-Rousseau (Nord-Est) ☎ 02-41-67-30-48. ♿ Fermé le dimanche soir et le lundi. Congés annuels : les 3 dernières semaines d'août. Accès : sur l'île d'Offard, entre les deux ponts. Menus entre 17 et 31 €, servis midi et soir. À côté d'une ravissante demeure médiévale, un resto en dehors des circuits touristiques, où le chef est une femme et sert la même cuisine raffinée depuis de nombreuses années. Chaleureuse salle à manger au calme. Dans le 1er menu, en principe, terrine de poisson, côte de charolais ou saumon grillé. Pour un peu plus cher : foie gras maison, matelote d'anguilles ou confit de canard maison. Le niveau au-dessus encore : salade tiède de saumon, sandre au beurre blanc, anguilles en matelote ou gigot. C'est-y pas beau, ça ? Réservation recommandée. *Apéritif maison offert à nos lecteurs sur présentation de ce guide.*

I●I *Les Ménestrels* – 11-13, rue Raspail (Centre) ☎ 02-41-67-71-10. Fermé le dimanche en inter-saison et le dimanche toute la journée hors saison. Accès : dans les jardins de l'hôtel *Anne d'Anjou.* Menus de 19 €, le midi en semaine, à 48 €. Sans doute le meilleur resto du Saumurois. Cadre rustique, charpenterie originale et tuffeau apparent au fond d'une jolie cour fleurie. Cuistot digne d'un macaron Michelin. D'abord, son menu « affaire » à midi en est vraiment une. Ensuite, avec les menus « saveur » et « au parfum de la Loire » (le « dégustation » est servi uniquement pour une tablée entière), on finirait par croire que ça y est, on l'a décrochée, la lune ! Les spécialités changent souvent, mais on trouve quand même à l'année du sandre ou de la géline de Touraine (une poule grasse AOC), préparée différemment selon la saison. Bref, vous voilà chez un ménestrel de la gastronomie.

DANS LES ENVIRONS

ROU-MARSON 49400 (6 km O)

I●I *Les Caves de Rou Marson* – 1, rue Henri-Fricotelle ☎ 02-41-50-50-05. Parking. ♿ Du 15 avril au 15 septembre, ouvert du mardi au samedi et le dimanche midi ; du 16 septembre au 14 avril, ouvert le jeudi, le vendredi soir, le samedi soir et le dimanche

midi. Congés annuels : de fin décembre au 18 janvier. Accès : quitter Saumur par la N347 vers Cholet, puis prendre la D960 vers Doué-la-Fontaine ; à 6 km environ, fléchage sur la droite. Compter 19,50 € pour le 1er menu et à partir de 10 € pour en faire profiter vos enfants. Formule rillettes de canard pour 21 € et formule foie gras à 27 €. Le resto troglodytique le plus connu autour de Saumur. On y vient en bande, en famille ou en amoureux, pour goûter au cadre original et intime à la fois, grâce à ce bel éclairage aux bougies. Plusieurs petites salles dans ce labyrinthe à même la roche et une grande salle avec son four dans lequel sont préparées les fameuses fouées (ou fouaces). Ce sont des sortes de galettes fourrées aux haricots, rillettes de canard ou fromage de chèvre, ou même au foie gras (avec supplément si vous choisissez le menu). Rabelais en parlait déjà dans *Gargantua* et s'il revenait, ma foi, il ne les renierait pas... Tarte flambée pour commencer, accompagnée d'un petit coteaux-du-layon, et formule de fouées à volonté ensuite, de quoi être repu pour plusieurs jours ! Pour finir, une salade et un bon gratin de fruits (de saison). Le tout accompagné d'un petit saumur rouge agréable.

MONTSOREAU 49730 (11 km SE)

I●I *Restaurant Le Saut-aux-Loups* – route de Saumur ☎ 02-41-51-70-30. Cartes de paiement refusées. ♿ En juin et septembre, ouvert uniquement le dimanche midi ; en juillet et août, ouvert le midi tous les jours sauf le lundi et le soir les vendredi et samedi ; enfin, ouvert le midi pour les ponts et jours fériés du 1er mars au 11 novembre. Congés annuels : en janvier et décembre (sauf pour les groupes). Accès : à l'entrée du village en venant de Saumur par la D947. Compter 15 € pour un repas complet. Voici le premier resto troglo de la région à avoir relancé les succulentes et inattendues spécialités de « galipettes ». Ce sont de très gros champignons de Paris (8 cm de diamètre minimum pour les vrais !), farcis de rillettes, d'andouille et crème fraîche, ou d'escargots et de fromage de chèvre. Doucement dorés aux ceps de vigne dans un four à pain, servis avec un gamay fruité et léger. En prime, l'excellent accueil du jeune patron, des prix fort modérés, un cadre sympathique en surplomb et des tables dehors aux beaux jours... *Café offert à nos lecteurs sur présentation de ce guide.*

SILLÉ-LE-GUILLAUME 72140

Carte régionale B1

🛏️ I●I *Le Bretagne* ** – 1, pl. de la Croix-d'Or (Centre) ☎ 02-43-20-10-10. Fax : 02-43-20-03-96. ● www.lebretagne.

ifrance.com ● Parking. TV. Canal+. Satellite. Fermé le vendredi et le dimanche soir d'avril à septembre, le vendredi soir, le samedi midi et le dimanche soir d'octobre à mars. Congés annuels : du 24 juillet au 10 août. Accès : près de la gare. Chambres doubles à 43 € avec douche ou bains. Menus à 13 €, jusqu'au samedi midi, et de 21 à 41 €. De l'extérieur, vous jureriez être tombé sur l'hôtel familial type. Mais la porte sitôt poussée, vous sentez que la vieille maison a pris un sacré coup de jeune, dans l'accueil comme sur les murs. Après avoir travaillé chez les grands, deux « petits » sont revenus au pays ouvrir ce restaurant où l'on vous propose des plats de saison à base de produits frais. À noter, un judicieux Paris-Brest, en hommage à la ligne de chemin de fer qui passe dans la ville. D'importants travaux sont en cours ; une affaire à suivre de près ! *10 % sur le prix de la chambre (sauf la semaine des 24 Heures du Mans) offerts à nos lecteurs sur présentation de ce guide.*

THOUARCÉ   49380

Carte régionale B2

I●I *Le Relais de Bonnezeaux* – **ancienne gare de Bonnezeaux** ☎ 02-41-54-08-33. Parking. ♿ Fermé le lundi, le mardi soir et le dimanche soir. Congés annuels : les 3 premières semaines de janvier. Accès : sur la D24, à 1 km environ de Thouarcé, en direction d'Angers. Menus à 13 €, sauf le samedi soir et le dimanche, et de 17 à 41,80 €. Menu « queniau » à 10 €. Installé dans l'ancienne gare de Bonnezeaux, l'une de ces « gares électorales » de la fin du XIXᵉ siècle. Cependant, hormis le nom de la gare, il ne reste pas grand-chose de l'atmosphère d'antan, si ce n'est ce côté vieille France du style « C'est aujourd'hui dimanche, le temps des roses blanches... ». Salle panoramique, cadre moderno-chic pour une cuisine raffinée, en particulier le poisson. À la carte, quelques spécialités maison originales et délicieuses, comme le sandre rôti au tanin d'anjou rouge, l'agneau laiton, l'anguille braisée au bonnezeaux et le nougat glacé au Cointreau. Quelques millésimes de rêve à la carte... Quelle orgie ! Terrasse ombragée, petit sentier pour digérer et des espaces verts pour les enfants. *Remise de la carte de fidélité des cuisiniers gourmands à nos lecteurs sur présentation de ce guide.*

TRANCHE-SUR-MER (LA)   85360

Carte régionale A2

I●I *Restaurant Le Nautile* – **103, rue du Phare** ☎ 02-51-30-32-18. Fermé le dimanche soir et le lundi hors saison.

Congés annuels : en février. Accès : dans un parc résidentiel entre la plage et la forêt. Menus à 15 €, sauf les jours fériés, puis de 22 à 40 €. Le quartier résidentiel de La Tranche cache ce restaurant dans son anonymat architectural, mais le parc et la véranda sont bien agréables. La cuisine fine et savoureuse de Cyril Godard mérite qu'on y goûte. C'est chic et un peu cher, mais bon. Petite marmite du pêcheur, canard laqué aux épices, nougat glacé au miel... Toujours à la mode dans la région, c'est bon signe.

VIBRAYE   72320

Carte régionale B1

🏠I●I *L'Auberge de la Forêt* ** – **rue Gabriel-Goussault (Centre)** ☎ 02-43-93-60-07. Fax : 02-43-71-20-36. ● www.auberge-de-la-foret.fr ● Parking. TV. Fermé le dimanche soir et le lundi. Congés annuels : du 15 janvier au 10 février. Chambres confortables de 44,50 à 48,50 €. Petit menu en semaine à 18,50 €. Autres menus de 27 à 42 €. Si vous avez peur de vous retrouver perdu en pleine forêt, rassurez-vous, cette *Auberge*-là est en plein village. Calme garanti depuis qu'un nouveau plan de circulation a fait du centre-ville de Vibraye un lieu où l'on peut promener son chien sans laisse. L'hôtel a été complètement rénové. Dans la salle de restaurant, on prend son temps pour goûter une bonne cuisine du terroir et du marché, à base de volaille, de poisson et de viande de la région. Terrasse sous tonnelle. *Apéritif maison offert à nos lecteurs sur présentation de ce guide.*

🏠I●I *Hôtel-restaurant Le Chapeau Rouge* ** – **pl. de l'Hôtel-de-Ville (Centre)** ☎ 02-43-93-60-02. Fax : 02-43-71-52-18. ● www.le-chapeau-rouge.com ● Parking. TV. Canal+. Satellite. ♿ Fermé le dimanche soir, sauf réservation. Congés annuels : les 2 premières semaines de janvier et la dernière semaine de novembre. Accès : en face de l'hôtel de ville. Chambres doubles avec douche et w.-c. ou bains de 46 à 54 €. Menu le midi en semaine à 16 €. Une auberge couverte de vigne vierge. Sa réputation n'est plus à faire. On goûte ici la bonne tradition : saumon fumé, confit de canard, suivis d'une vraie crème brûlée, dans une salle à manger ornée de trophées de chasse et d'un splendide cul-de-poule. Tout est maison, depuis le pain jusqu'aux desserts. Accueil chaleureux.

Picardie

02 Aisne
60 Oise
80 Somme

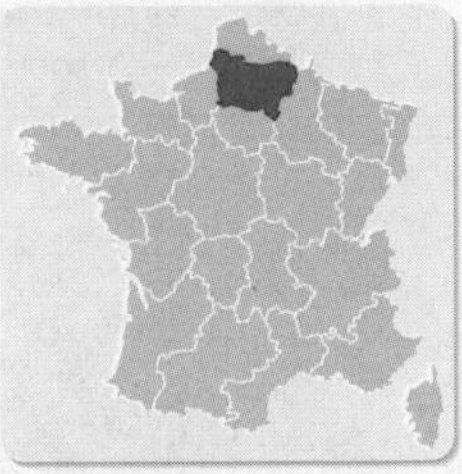

ALBERT 80300

Carte régionale A1

⌂ |●| *Hôtel de la Paix* ** **– 43, rue Victor-Hugo (Centre) ☎ 03-22-75-01-64. Fax : 03-22-75-44-17.** TV. Fermé le dimanche soir. Congés annuels : vacances scolaires de février. Accès : de la basilique, prendre la rue en face (dans l'axe), puis au bout à gauche et continuer tout droit. Chambres doubles avec lavabo à 38 €, avec douche et w.-c. ou bains de 51 à 55 €. Demi-pension à 54 € par personne. Menus de 14 à 28 €. Un petit hôtel de 1925 ayant gardé le cachet des boiseries de l'époque et un adorable petit caboulot. Chambres refaites, coquettes et confortables. Agréable salle de resto dans le ton, proposant une bonne petite cuisine, simple et familiale. Pommes de terre aux escargots et à la crème de camembert, tête de veau sauce gribiche, bavette échalotes... Très bon accueil de la patronne. Une bonne petite étape sur votre circuit. *Un petit déjeuner par chambre ou café offert à nos lecteurs sur présentation de ce guide.*

⌂ |●| *Hôtel de la Basilique* ** **– 3-5, rue Gambetta (Centre) ☎ 03-22-75-04-71. Fax : 03-22-75-10-47. • www.hoteldelabasilique.fr •** TV. Satellite. Fermé le dimanche soir et le lundi. Congés annuels : 3 semaines en août et vacances scolaires de Noël. Chambres doubles avec douche et w.-c. ou bains de 48 à 52 €. Demi-pension à 54 € par personne. Formule en semaine à 11 €, menus de 13 à 25 €. Avec ses briques rouges, sa *Vierge à l'Enfant* et ses vitraux, la basilique d'Albert vaut le détour. L'*hôtel de la Basilique* aussi, mais pour d'autres raisons : accueil familial, petites chambres à l'ancienne et, bien sûr, bonne cuisine régionale. À découvrir : pâté de canard, lapin aux pruneaux... Adresse assez conventionnelle. *Café offert à nos lecteurs sur présentation de ce guide.*

AMIENS 80000

Carte régionale A1

⌂ *Hôtel de Normandie* ** **– 1 bis, rue Lamartine (C2-2) ☎ 03-22-91-74-99. Fax : 03-22-92-06-56. • www.hotelnormandie-80.com •** Parking payant. Accès : à deux pas de la gare. Chambres doubles avec lavabo, douche et w.-c. ou bains de 32 à 46 €. Une trentaine de chambres banales et très simples (papier peint tristounet, sanitaires inélégamment camouflés... des travaux de rénovation sont prévus) mais qui peuvent dépanner si tout est complet ailleurs. Par contre, très jolie salle de petit déjeuner années 1930 avec de beaux vitraux. Et surtout, excellent accueil du couple de proprios, d'anciens Parisiens reconvertis.

⌂ *Hôtel Victor Hugo* ** **– 2, rue de l'Oratoire (C2-1) ☎ 03-22-91-57-91. Fax : 03-22-92-74-02.** TV. Accès : à côté de la cathédrale. Chambres doubles avec douche et w.-c. ou bains de 37 à 42 €. Une petite maison ancienne qui conserve un certain charme avec son escalier en bois brut. Le

Sur présentation de ce guide,
nombreuses offres et réductions en 2003.

ABBEVILLE, LE TRÉPORT, N 235 ↖ A 16   A

A ✈ BEAUVAIS, PARIS, N 1, A 16

🏠 **Où dormir ?**

1 Hôtel Victor Hugo
2 Hôtel de Normandie
3 Hôtel Alsace-Lorraine
4 Le Prieuré

🍴 **Où manger ?**

10 La Soupe à Cailloux
11 Le Porc Saint-Leu
12 Le T'Chiot Zinc
13 Le Bouchon
14 Le Pré Porus

célèbre écrivain y serait descendu. Quartier sympa. Un confort inégal selon les chambres, mais elles sont toutes différentes. Quelques-unes mansardées aux mêmes prix. Certaines moquettes sont un peu fatiguées. Bon accueil du patron. Penser à réserver.

🏠 *Hôtel Alsace-Lorraine* ** – **18, rue de la Morlière (C1-3)** ☎ **03-22-91-35-71. Fax : 03-22-80-43-90.** ● **alsace-lorraine@wanadoo.fr** ● TV. Accès : entre la gare et la Somme. Chambres doubles avec douche et w.-c. ou bains de 49 à 62 €. Derrière une jolie porte bleue s'ouvre un petit hôtel plein de charme. Quartier légèrement en retrait du centre mais calme. 13 chambres où domine un blanc lumineux. La décoration y est simple mais raffinée. Certaines chambres sont accessibles par une petite cour intérieure agréable. Quelques-unes pour les solitaires, avec douche et w.-c. sur le palier. Accueil sympathique bien qu'un peu inégal. *10 % sur le prix de la chambre offerts à nos lecteurs sur présentation de ce guide.*

🏠 *Le Prieuré* ** – **6 et 17, rue Porion (B1-4)** ☎ **03-22-71-16-71. Fax : 03-22-92-46-16.** TV. Resto fermé le lundi, le mardi et le dimanche soir. Congés annuels : 1re quinzaine de novembre. Accès : à deux pas de la cathédrale. Chambres doubles avec douche et w.-c. ou bains de 52 à 57 €. Dans une rue calme et pittoresque. Que ce soit dans le bâtiment principal ou dans l'annexe, *Le Prieuré* exhale le charme désuet des vieilles demeures. Chambres entièrement rénovées, toutes assez différentes, avec un mobilier et une décoration plutôt bien trouvés. Malheureusement, l'accueil et le service ne sont pas à la hauteur. Dommage.

🍴 *La Soupe à Cailloux* – **pl. du Don (C1-10)** ☎ **03-22-91-92-70.** Fermé le dimanche soir et le lundi (sauf en saison). Accès : dans le quartier Saint-Leu, entre la cathédrale et la Somme. Menus le midi de 12,20 à 18,30 €. À la carte, compter 23 € environ. Idéalement situé et très agréable en été grâce à la terrasse, fréquemment prise d'assaut. Façade couleur pierre mais

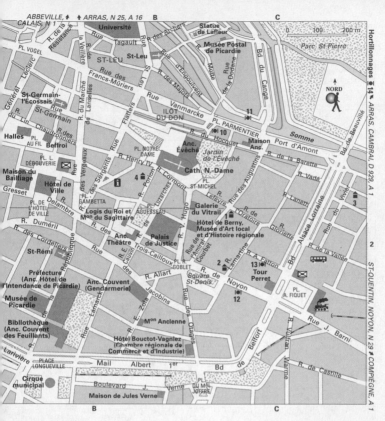

agréable décor à dominante orangée. Ni cailloux ni véritables pépites dans cette bonne petite cuisine de ménage qui se fournit parfois au marché en y incorporant quelques ingrédients personnels. Petits plats régionaux à la bonne franquette, comme la ficelle picarde, la tarte au maroilles, le saumon au lard, ou encore l'agneau de sept heures et le mouton aux pruneaux, amandes et sésame... Simple et convivial.

lol *Le Porc Saint-Leu* – 45-47, quai Bélu (C1-11) ☎ 03-22-80-00-73. Congés annuels : deux dernières semaines de décembre. Accès : quartier Saint-Leu. Formule entrée, plat et café à 12,50 €, puis menus de 21 à 26 €. Compter 25 € environ à la carte. Nous sommes assez contents d'avoir trouvé ce petit « porc » d'attache... À l'intérieur, une salle tout en longueur, chaleureuse comme une cabine de bateau, avec son plafond bas, son éclairage tamisé, ses nappes à carreaux et son petit patio. Réserver car les cales sont vite pleines.

Également une terrasse aux beaux jours. La carte applique consciencieusement le fameux dicton « Tout est bon dans le cochon ». De quoi prendre son jarret ou son pied (de cochon), ronger son os (à moelle) ou se régaler d'un filet (vraiment mignon avec ses mirabelles !). Bons accompagnements, comme le chou à la paysanne ou la purée maison. Bref, une bonne cuisine de grand-mère, avec un zeste de présentation en plus, le tout accompagné d'un petit effet de mode, pour ne pas dire dans le vent. *Apéritif maison offert à nos lecteurs sur présentation de ce guide.*

lol *Le T'chiot Zinc* – 18, rue de Noyon (C2-12) ☎ 03-22-91-43-79. Fermé le dimanche et le lundi midi. Accès : à 5 mn de la vieille ville, sur le chemin de la gare. Formule rapide à 14,50 € et menus complets de 19,90 à 27,70 €. Derrière son élégante façade typiquement amiénoise, ce « petit zinc » est une véritable institution depuis belle lurette. Malheureusement, la cuisine

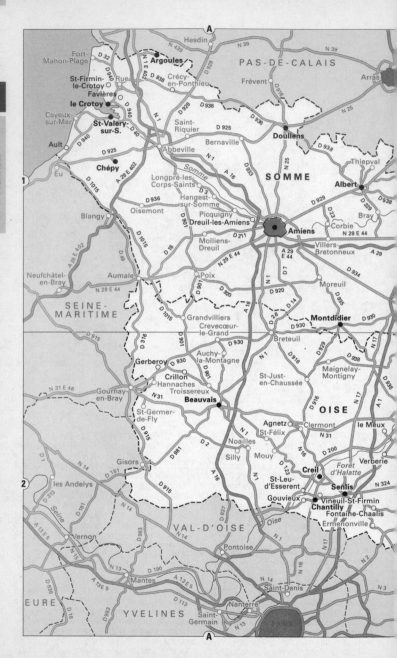

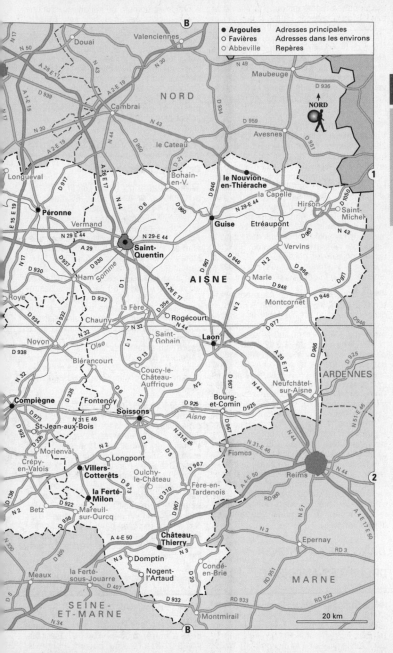

PICARDIE

est en baisse. Espérons donc qu'elle ne va pas finir dans le décor. Plusieurs petites salles bistrot pour se nourrir des « spécialités » telles que le cochon de lait, le *caqhuse* (sorte de blanquette) ou le lapin en gelée en été. Formule couscous, vin inclus, le vendredi soir et le samedi midi. Bref, une formule espagnole qui gagnerait à retrouver un peu plus d'authenticité et d'application, histoire de se dégriser de son petit succès.

I●I *Restaurant Le Pré Porus* ** – 95, rue Voyelle (hors plan C1-14) ☎ 03-22-46-25-03. Parking. ♿ Fermé le lundi soir et le mardi soir. Congés annuels : du 15 février au 15 mars. Accès : en venant d'Amiens, à l'entrée de Camon, juste avant le pont. Menus à 14,50 €, sauf le dimanche, et de 25 à 34,50 €. De l'avis de tous, l'un des plus beaux cadres pour un déjeuner sur l'herbe au bord de la Somme. À deux pas (deux ramées si vous préférez) des hortillonnages. Un supplément de prix pas toujours justifié par la qualité de la cuisine. Spécialités de poisson et grillades en saison. La guinguette à la mode, quoi. *Café offert à nos lecteurs sur présentation de ce guide.*

I●I *Le Bouchon* – 10, rue Alexandre-Fatton (C2-13) ☎ 03-22-92-14-32. ♿ Fermé le dimanche soir et en été toute la journée. Service jusqu'à 22 h 30, voire plus tard le week-end. Menu à midi, sauf le week-end, à 15 €. Autres menus de 22 à 42 €. Jolie salle de bistrot à l'ancienne, avec tables rondes, banquettes rouges et petit zinc. Espérons que la rénovation prévue lui aura malgré tout conservé ce petit cachet sympathique. Cette adresse un peu chic nous a plu justement parce qu'elle a su garder une atmosphère simple et conviviale tout en servant une cuisine de bonne facture. Bien sûr, comme son nom l'indique, on y trouve les incontournables lyonnais à la carte bistrot, comme le saucisson chaud ou l'andouillette à la ficelle. Mais on pourra aussi se laisser tenter par le menu et la carte de saison. Enfin, un menu « autour des vins », avec un verre différent à chaque plat. Sinon, vins à la carte un peu chers et choix parfois contestable. Accueil et service souriants et décontractés.

DANS LES ENVIRONS

DREUIL-LES-AMIENS 80730
(6 km NO)

I●I *Le Cottage* – 385, bd Pasteur ☎ 03-22-54-10-98. Fermé le dimanche soir et le lundi. Congés annuels : du 30 juillet au 15 août. Accès : sur la RN 235 en direction de Picquigny ; par l'A16, sortie ZI Nord. Menu à midi en semaine à 12,50 €, autres menus de 19,50 à 33,50 €. Malgré une situation en bordure de nationale, voilà une bonne table classique. Dans une salle au style normand (avec des poutres), on sert une cuisine raffinée. Dans l'intéressant second menu, millefeuille de foie gras maison, filets de rouget sauce vierge, noix de veau aux trompettes de la mort (gasp !) ou filet de sandre au beurre blanc, puis dessert. On regrettera seulement que les heures de service ne soient pas d'une grande souplesse et que l'accueil et l'atmosphère soient parfois un peu guindés.

ARGOULES 80120

Carte régionale A1

🏠 I●I *Auberge du Gros Tilleul* *** – pl. du Château ☎ 03-22-29-91-00. Fax : 03-22-23-91-64. Parking payant. TV. Canal+. Satellite. ♿ Fermé le lundi, sauf de mai à octobre. Congés annuels : en janvier. Accès : sur la place du village, face au château du XVIIIe siècle. Chambres doubles de 58 à 84 €. Demi-pension de 58 à 64 €, demandée les week-ends et jours fériés. Des menus à tous les prix, de la formule express en semaine à 11 € au menu gastronomique à 30 €. L'histoire voudrait que ce gros tilleul ait été planté par Sully et que cette auberge ait été un comptoir siennois au service des rois de France. Du fait de ce passé et de son cadre agréable, l'auberge figure dans tous les guides. Nouvelles chambres donnant sur le parc. Piscine chauffée, practice de golf, remise en forme. Cuisine traditionnelle riche mais peu raffinée.

I●I *Auberge Le Coq en Pâte* – route de Valloires ☎ 03-22-29-92-09. ♿ Fermé le dimanche soir et le lundi. Congés annuels : en janvier et 2 semaines début septembre. 1er menu en semaine à 15 € et un autre menu à 19,50 €. Compter environ 30 € à la carte. Dans une maison coquette, à 500 m de l'abbaye, cuisine locale excellente bien qu'un peu chère à la carte. Un seul choix au menu de saison mais, selon le marché, on se régale d'un cabillaud piqué à l'ail rose, d'un poulet au vin jaune ou, en hiver, d'un coq à la bière ou en pâte. D'ailleurs, grâce au charmant service de la patronne, on est vraiment comme des coqs en pâte ! La meilleure cuisine du coin, et de loin.

BEAUVAIS 60000

Carte régionale A2

🏠 I●I *Hôtel de la Poste* – 19-21, rue Gambetta (Centre) ☎ 03-44-45-14-97. Fax : 03-44-45-02-31. Parking payant. Fermé le dimanche. Accès : entre la poste et la place Jeanne-Hachette. Pour toutes les chambres, les w.-c. sont sur le palier : doubles à 23,60 € avec cabinet de toilette, 25,15 € avec TV et 32,78 € avec douche et TV. 1er menu le midi en semaine à 9,50 €, menus suivants à 13,50 €, d'un excellent rapport qualité-prix, puis à 19 €. Rénovées, les chambres petites, claires et modernes disposent d'un équipement et d'un confort appréciables. Le resto propose une formule brasserie très fréquentée, notamment le midi avec le 1er menu. Plat du jour attrayant et varié.

🏠 *Hôtel La Résidence* ** – **24, rue Louis-Borel (Nord-Est)** ☎ **03-44-48-30-98. Fax : 03-44-45-09-42.** ● **www.hoteldelaresidence.fr** ● Parking. TV. Canal+. Fermé le dimanche soir d'octobre à avril, sauf sur réservation. Congés annuels : du 4 ou 24 août. Chambres doubles à 36 € avec douche, 46 € avec douche et w.-c. Dans un quartier résidentiel, sur une rue qui semble uniquement dérangée par le bruit des vélos, *La Résidence*, c'est le jardin, le calme à 20 mn à pied du centre-ville, mais aussi un accueil plein de gouaille et de bonne humeur, des chambres modernes, bien équipées ; enfin, un bon rapport qualité-prix. C'est sans doute pour tout cela que c'est une de nos adresses préférées à Beauvais. *10 % sur le prix de la chambre (à partir de deux nuits consécutives) offerts à nos lecteurs sur présentation de ce guide.*

🍴 *Restaurant Le Marignan* – **1, rue de Malherbe (Centre)** ☎ **03-44-48-15-15.** Fermé le dimanche soir et le lundi (sauf les jours fériés). Congés annuels : du 25 juillet au 20 août. Menu en semaine à 11 €, menu suivant à 17 € déjà fort appétissant et un autre à 29 € avec la terrine de foie gras maison, hmm ! Au rez-de-chaussée, un bar-brasserie classique où l'on peut prendre un repas honnête avec le 1er menu. Mais pour profiter pleinement des richesses du resto, mieux vaut passer au 1er étage, dans une salle à manger au mobilier assez cossu et enrichie d'une représentation de la célèbre bataille, pour déguster les flamiches et autres spécialités picardes. Poisson, œufs cocotte, rognons de veau, gratin de Saint-Jacques dieppois, crème brûlée à la cassonade. Les plats sont variés et bien cuisinés par la patronne. *Apéritif maison offert à nos lecteurs sur présentation de ce guide.*

DANS LES ENVIRONS

CRILLON 60112 (15 km NO)

🍴 *Bar-restaurant La Petite France* – **7, rue du Moulin** ☎ **03-44-81-01-13.** Fermé le lundi, le mardi et le dimanche soir. Congés annuels : de mi-août à début septembre. Accès : de Beauvais, direction Abbeville. A Troissereux, après le feu, prendre la fourche à gauche (D133) jusqu'à Crillon. Formule à

12,20 € ; menus de 14 à 28,97 €. Auberge rustique avec des trophées de cervidés aux murs. Bonne cuisine à base de produits frais, même pour le premier menu, servi aussi le soir. Copieux et délicieux. Spécialités du chef : escalope de foie gras frais déglacé au sauternes, poisson et gibier en saison. L'une de nos meilleures adresses. *Apéritif maison offert à nos lecteurs sur présentation de ce guide.*

AGNETZ 60600 (20 km SE)

🍴 *Auberge de Gicourt* – **466, av. de la Forêt-de-Hez, Gicourt** ☎ **03-44-50-00-31.** 🍴 Fermé le lundi, le mercredi soir et le dimanche soir. Accès : sortie « Gicourt-zone hôtelière », direction Gicourt. Menu « terroir » à 17 €, sauf le week-end, menu « gourmand » à 25 €. Menu-enfants à 7 €. Cette honorable auberge fait les délices des habitants de la région et des routards de passage. Il est donc prudent de réserver. *Apéritif maison offert à nos lecteurs sur présentation de ce guide.*

GERBEROY 60380 (21 km NO)

🍴 *L'Ambassade de Montmartre* – **2, allée du Jeu de Tamis (Centre)** ☎ **03-44-82-16-50.** Fermé le lundi, le mardi soir et le dimanche soir. Congés annuels : de début décembre à mi-février. Accès : par la D133, en direction d'Abbeville. Au pied des anciens remparts, à la sortie de Gerberoy en venant de Gournay-en-Bray. Menus à 16,77 et 23,63 €. Au pied des anciens remparts, tout au bout de ce merveilleux village classé, à juste titre, comme un des plus beaux de France. Si l'adresse ne démérite pas le détour, le village, lui, le vaut assurément... Dans une jolie maison à colombages, Jean-Pierre, fils de l'ancien président de la République de Montmartre, vous recevra dans une grande salle rustique, avec une mezzanine vouée aux expositions de peinture. Il vous parlera peut-être de ses souvenirs de la Butte, des larmes plein les cils. Service inégal, mais honnête cuisine du terroir. Quand il y a du soleil, la petite terrasse devant la maison vous tend les bras. *Apéritif maison offert à nos lecteurs sur présentation de ce guide.*

CHANTILLY 60500

Carte régionale A2

🍴 *Restaurant Le Goutillon* – **61, rue du Connétable** ☎ **03-44-58-01-00.** Ouvert tous les jours de l'année. Formules à 11 ou 15 € servies le midi. À la carte, compter 20 €. Ici, on commence par vous apporter l'ardoise. Eh oui, il n'y a pas de carte mais une immense ardoise qu'on pose sur une chaise devant vous. Plats de bistrot variés et sympathiques : andouillette 5A, steak tartare au poivre, saucisson lyonnais, souris d'agneau confite... La recette fait miracle et il faut souvent attendre sa place. Un décor à l'ancienne avec poutres et pierre apparente et de vieilles affiches de pub. Service décontracté. *Apéritif maison offert à nos lecteurs sur présentation de ce guide.*

I●I *Aux Goûters Champêtres* – **hameau du Parc du Château** ☎ **03-44-57-46-21.** Ouvert le midi uniquement. Congés annuels : de mi-novembre à mi-mars. Accès : à l'intérieur du parc du château (entrée payante), dans le hameau. Menu à 15,40 €, avec un plat et un dessert mais c'est copieux ; menu suivant à 25,40 €, le plus demandé, avec couronne de magrets, confit de canard ou porc, fromages et dessert (crème Chantilly comme vous n'en avez jamais mangé). Rien que le nom de ce restaurant vous donne envie de l'essayer, et c'est vraiment une bonne idée quand il fait beau. Mais le week-end, il vous faudra impérativement réserver. On mange dehors, dans des petits jardinets bien aménagés, sous des parasols. C'est charmant. Demandez à voir le salon de thé du prince de Condé (fresques murales). Accueil et service aimables. Sinon, toute l'année, mais le midi uniquement là aussi, vous pouvez préférer les cuisines du château, celles-là même où officia le célèbre Vatel, à la *Capitainerie du Château* (Tél. : 03-44-57-15-89). C'est un peu plus cher, c'est très touristique, mais la qualité est plus que correcte et le cadre est grandiose. *Apéritif maison offert à nos lecteurs sur présentation de ce guide.*

DANS LES ENVIRONS

VINEUIL-SAINT-FIRMIN 60500
(4 km NE)

I●I *Restaurant Les Grands Prés* – **route d'Avilly** ☎ **03-44-57-71-97.** Fermé le dimanche soir et le lundi ; de juin à août, fermé le lundi midi. Accès : à 5 km du centre de Chantilly. Menus à 16 €, sauf le week-end, et 25 €. Menu-enfants à 9 €. En pleine campagne, on profite de l'air frais sur la terrasse et dans le jardin. Une cuisine traditionnelle honnête : marbré de foie gras et confit de canard, magret de canard au miel ou rognons de veau aux pleurotes. *Café offert à nos lecteurs sur présentation de ce guide.*

GOUVIEUX 60270 (5 km O)

🏠 I●I *Hostellerie du Pavillon Saint-Hubert* ** – **chemin de Marisy, lieu-dit Toutevoie** ☎ **03-44-57-07-04. Fax : 03-44-57-75-42.** Parking payant. TV. Canal+. Satellite. Fermé le dimanche soir et le lundi de novembre à Pâques. Congés annuels :

du 15 janvier au 13 février. Accès : par la D909, puis dans Gouvieux, suivre le panneau « Toutevoie ». Chambres doubles de 52 à 70 € selon la vue et le confort. Menus à 24,50 € en semaine, 30 € les dimanche et jours fériés. Un endroit charmant dans une boucle de l'Oise pour venir avec parents ou amis ou, mieux, en amoureux. C'est une ancienne maison de pêcheurs sur le chemin de halage. Vous n'aurez plus qu'à vous installer en terrasse pour regarder passer les péniches et écouter le chant des oiseaux. Une cuisine traditionnelle et un menu unique avec choix de 6 entrées et la carte : rognons de veau à la moutarde, foie gras frais maison... Adresse familiale, l'accueil est gentil comme tout. Bien sûr, la déco de certaines chambres est encore un peu désuète, mais la vue sur l'Oise fait oublier ce petit détail. Bien que plus chères, les chambres avec vue sont prises d'assaut, alors pensez à réserver, surtout le week-end. On regrette seulement qu'il soit impossible de prendre son petit déjeuner en terrasse. C'est aussi un petit détail mais qui peut agacer à la belle saison. *Café offert à nos lecteurs sur présentation de ce guide.*

SAINT-LEU-D'ESSERENT 60340
(5,5 km NO)

🏠 I●I *Hôtel de l'Oise* * – **25, quai d'Amont (Est)** ☎ **03-44-56-60-24. Fax : 03-44-56-05-11.** Parking. TV. Canal+. Resto fermé le vendredi soir, le samedi et le dimanche soir. Congés annuels : les 3 premières semaines d'août. Accès : par la N16, puis la D44. Chambres doubles avec douche et w.-c. ou bains à 48 €. Menus à 12 €, le midi, puis de 22 à 31 €. Charmant petit hôtel en bordure de l'Oise, où la tranquillité et l'hospitalité à deux pas de Paris (ou presque) sont de rigueur. On croit rêver ! Les chambres sont très bien tenues. Le resto, dans un cadre rénové, propose un 1er menu complet et de bonnes spécialités à la carte. Un hôtel-resto impeccable malgré son unique étoile. Parking fermé. *10 % sur le prix de la chambre (d'octobre à mars, les vendredi, samedi et dimanche) offerts à nos lecteurs sur présentation de ce guide.*

CHÂTEAU-THIERRY 02400

Carte régionale B2

🏠 I●I *Hôtel-restaurant Hexagone* ** – **50, av. d'Essômes** ☎ **03-23-83-69-69. Fax : 03-23-83-64-17.** Parking. TV. Canal+. 🦽 Fermé le dimanche sauf groupes. Accès : route de Paris depuis le centre, puis direction Charly-sur-Marne. Chambres doubles avec douche et w.-c. ou bains à 38,50 €. 1er menu à 12 €. 4 autres menus de 15 à 27,50 €. Un hôtel moderne sur deux étages. Un accueil charmant, des chambres confortables et bien équipées. Copieux petit déjeuner-buffet avec céréales, fromages et charcuterie... ça mérite d'être signalé. Au restaurant, le 1er menu est tout à fait honnête. Bonne cuisine familiale et traditionnelle au très bon rapport qualité-prix. À signaler aussi, la tarte Tatin maison. Service attentionné. Et la Marne coule au fond du jardin. *10 % sur le prix de la chambre offerts à nos lecteurs sur présentation de ce guide.*

DANS LES ENVIRONS

DOMPTIN 02310 (12 km SO)

🏠 I●I *Hôtel-restaurant Le Cygne d'Argent* ** – 25, rue de la Fontaine ☎ 03-23-70-79-90. Fax : 03-23-70-79-99. ● www.otsi chateauthierry.com ● Parking. TV. ♿ Fermé le lundi soir. Accès : à l'ouest de Château-Thierry, par la N3 puis la D11, dans la rue principale de Domptin. Chambres doubles avec bains à 42 €. Un menu complet à 13 € en semaine uniquement. Autres menus de 18 à 36 €. Belle hostellerie de campagne sur la route des vignobles champenois. Cuisine fine de terroir (terrine maison de lapin au ratafia, filet de sandre au champagne, volaille et magret de canard aux raisins de champagne), grand choix de poissons (un peu cher toutefois). Service attentif et souriant. À l'hôtel, 5 chambres. L'une de nos meilleures adresses dans le coin. *Apéritif d'Anton à base de fleurs de sureau noir offert aux lecteurs sur présentation de ce guide.*

CHÉPY 80210

Carte régionale A1

🏠 I●I *L'Auberge Picarde* ** – pl. de la Gare ☎ 03-22-26-20-78. Fax : 03-22-26-33-34. Parking. TV. Canal+. ♿ Resto fermé le samedi midi et le dimanche soir. Congés annuels : du 1er au 5 janvier, 1 semaine en février, 2 semaines en août. Accès : situé juste en face de la gare de Chépy-Valines. Chambres doubles avec douche et w.-c. ou bains de 41,50 à 46 €. Menus à 14 €, en semaine, puis de 20 à 32,30 €. Grande bâtisse moderne ressemblant davantage à un motel qu'à une auberge de charme, avec des chambres standard mais confortables. C'est pourtant l'une des meilleures tables de la région. Dans une grande salle à manger décorée de façon traditionnelle, on vous sert de bonnes spécialités de la mer et régionales, selon le marché et la saison, du style ficelle picarde, vinaigrette de saumon aux pointes d'asperges, panaché de la mer au beurre d'algues... Beaucoup de monde le week-end, il peut donc être utile de réserver. L'accueil et le service mériteraient d'être un peu plus personnalisés.

COMPIÈGNE 60200

Carte régionale B2

🏠 *Hôtel de Flandre* ** – 16, quai de la République (Centre) ☎ 03-44-83-24-40. Fax : 03-44-90-02-75. TV. Canal+. Congés annuels : du 20 décembre au 5 janvier. Accès : à 3 mn à pied du centre-ville. Chambres doubles à 32 € avec lavabo, de 51 à 54 € avec douche et w.-c. ou bains. Gigantesque bâtisse au bord de l'Oise, des plus classiques. L'hôtel, entièrement rénové tout en pastel, dispose d'un bon confort. Les chambres sont spacieuses et calmes car équipées de double vitrage. Accueil agréable. *10 % sur le prix de la chambre (à partir de deux nuits consécutives) offerts à nos lecteurs sur présentation de ce guide.*

I●I *Restaurant Le Bouchon* – 4, rue d'Austerlitz (Centre) ☎ 03-44-20-02-03. ♿ Congés annuels : pendant les fêtes de fin d'année. Accès : à côté du musée Vivenel. Formule le midi à 10,50 €, avec entrée et plat ou plat et dessert. Menus à 19 et 25 €. Avec la formule, on peut se contenter d'une belle salade ou déguster un solide plat du jour accompagné d'un verre des meilleurs crus (une quarantaine de propositions). L'idée, sans être originale, est ici fort bien développée. *Le Bouchon* vient de déménager mais conserve son décor rustique dans une bâtisse à colombages, son ambiance sympa (laissez-vous chambrer par le patron) et sa cuisine de terroir (saucisson lyonnais, confit de canard, daurade safranée...). Bravo ! Régulièrement *Le Bouchon* propose des dîners formation œnologique avec repas et dégustation de 6 vins différents. Un patron qui n'est pas à court d'idées et une adresse où hospitalité rime avec personnalité. *Un kir offert aux lecteurs sur présentation de ce guide.*

I●I *Le Palais Gourmand* – 8, rue Dahomey (Centre) ☎ 03-44-40-13-13. Fermé le dimanche soir et le lundi. Congés annuels : 15 jours en août. Plusieurs formules et menus de 12 à 19,50 €. Installé dans le cadre frais d'une ancienne boulangerie, avec quantité de recoins et de petites salles, on rebaptiserait bien ce resto « le Loft Gourmand »... La lumière zénithale de la verrière met en valeur la jolie déco, à la fois sobre et colorée, avec ses carrelages anciens et ses tomettes. La cuisine s'adapte aussi bien aux modes qu'aux saisons, et la carte des vins propose plein de petits pichets sympas à prix très raisonnables. Un excellent rapport qualité-prix, à deux pas du château. *Apéritif maison offert à nos lecteurs sur présentation de ce guide.*

I●I *Le Bistrot des Arts* – 35, cours Guynemer (Centre) ☎ 03-44-20-10-10. Fermé le samedi midi et le dimanche. Accès : sur les quais, rive gauche. Formule du déjeuner en semaine à 18 €, sinon menu à 21,35 €. À la carte, compter autour de 30 €. Notre adresse préférée à Compiègne, tout simplement. Le joli quatre bistrot et le service décontracté (mais très pro) font vite oublier qu'il s'agit d'une des adresses les plus prisées de la bourgeoisie compiégnoise. *Le Bistrot des Arts* est une adresse pour les gourmands de tout poil, qu'on se rassure ! Certes, il n'y a pas de petit menu, mais les prix restent finalement très raisonnables. On regrette seulement qu'il n'y ait pas quelques vins au pichet qui, bien choisis, pourraient alléger un peu l'addition... Mais en aucun cas on ne regrette cette petite folie, car les plats de brasserie prennent ici des airs de fête sous les doigts du jeune chef Yves Mejean. Le terroir se pare d'une subtile originalité tandis que nous fondons de plaisir... Bon appétit ! Il est prudent de réserver.

I●I *La Ferme du Carandeau* – route de l'Armistice ☎ 03-44-85-89-89. Fermé le dimanche soir et le lundi. Congés : avant le pont de l'Oise, prendre à droite la N31 direction Soissons. En forêt de Compiègne, à 6 km du centre-ville. Menu unique à 23 €. Tout à côté de la clairière de l'Armistice, une auberge à colombages où l'on propose une formule tout compris à prix unique : kir royal, buffet de hors-d'œuvre riches, viande rôtie à la broche, fromage et dessert, café et vin à volonté. Le vendredi soir, agneau à la broche. Le samedi soir et le dimanche midi, porcelet entier cuit au feu de bois. Gros succès et il faut réserver plusieurs jours à l'avance. C'est bon, servi généreusement et convivial.

DANS LES ENVIRONS

MEUX (LE) 60880 (10 km SO)

I●I *La Maison du Gourmet* – 1, rue de la République ☎ 03-44-91-10-10. Parking. ⚹ Fermé le lundi, le samedi midi, le dimanche soir. Congés annuels : du 26 janvier au 8 février et quinze jours de fin juillet à début août. Accès : par la D13. Menus à 15 ou 23 €. Le chef a d'excellentes références : il a servi notamment 7 ans chez *Maxim's* et au *Château de Raray*. Aujourd'hui, le bouche à oreille fait que vous serez contraint de lui téléphoner avant de venir le voir. Voilà la rançon de la gloire ! Son 1er menu fort complet vaut le détour. Magret de canard aux griottes, foie gras poêlé au miel, filet mignon sauce au cidre, croustillant aux fraises, soufflé chaud à l'orange confite sont quelques-unes des spécialités qui vous attendent... mais le chef en a de nombreuses en réserve. Un 2e menu plus riche (3 choix) et une carte viennent compléter le tout. Depuis l'ouverture, le chef se flatte d'offrir un bon rapport qualité-prix, et c'est

vrai ! Service charmant par la jeune fille de la maison. Parking dans la cour.

VERBERIE 60410 (15 km SO)

🏠 I●I *Auberge de Normandie* – 26, rue de la Pêcherie ☎ 03-44-40-92-33. Fax : 03-44-40-50-62. ● www.auberge-normandie.com ● Parking. TV. Fermé le dimanche soir et le lundi. Congés annuels : du 14 juillet au 4 août. Accès : par la D200 ou par la D932 A, à proximité de l'Oise. Chambres doubles à 52 €. Demi-pension demandée à 76 € par personne. Menu à 15 € en semaine. Autres menus à 18,50 et 27,50 €. Une bonne auberge de campagne avec sa classique salle à manger meublée faux rustique et son agréable terrasse fleurie. La cuisine réserve pourtant bien des surprises. Les produits sont de qualité et travaillés avec art et application. Spécialités de viande, de pieds de porc farcis... Le chef est aussi très fort pour les desserts. Très bon accueil.

SAINT-JEAN-AUX-BOIS 60350 (20 km SE)

🏠 I●I *Auberge À la Bonne Idée* *** – 3, rue des Meuniers (Sud-Est) ☎ 03-44-42-84-09. Fax : 03-44-42-80-45. ● www.a-la-bonne-idee.fr ● Parking. TV. Câble. ⚹ Congés annuels : du 15 janvier au 10 février. Accès : prendre la D332 puis à gauche la D85. Chambres doubles avec douche et w.-c. ou bains de 58 à 69 €. Menus de 24,50 à 64 €. Dans un merveilleux petit village, au centre de la forêt de Compiègne. C'est l'auberge de province dans toute sa splendeur avec ses volets en bois et ses stores à rayures. En spécialités, Saint-Jacques provençales aux tomates grappe confites, canette aux épices, bar en croûte de sel aux herbes, feuilleté tout chocolat. Les chambres sont joliment décorées et personnalisées. Vous pourrez rendre visite aux daims et aux volatiles dans le parc. Accueil souriant. Terrasse aux beaux jours.

CREIL 60100

Carte régionale A2

🏠 I●I *Auberge de jeunesse* – Le Centre des Cadres sportifs – 1, rue du Général-Leclerc ☎ 03-44-64-62-20. Fax : 03-44-64-62-29. ● www.fuaj.org ● Parking. Satellite. Accès : à 10 mn du centre-ville en bus ; de la gare, prendre le bus n° 1, possibilité d'utiliser la navette du *Centre*. 11,90 € par personne en dortoir, petit déjeuner inclus. Repas sur commande à 8,40 €. Menu-enfants à 6,10 €. Carte FUAJ obligatoire (délivrée sur place). Un immense espace avec de nombreuses activités sportives et une solide structure hôtelière. État des chambres impeccable. Ambiance cool et accueil efficace.

CROTOY (LE) 80550

Carte régionale A1

🏠 I●I *Les Tourelles* * – 2-4, rue Pierre-Guerlain ☎ 03-22-27-16-33. Fax : 03-22-27-11-45. ● www.lestourelles.com ● ♿ Ouvert tous les jours. Congés annuels : du 6 au 30 janvier inclus. Accès : par l'A16. Chambres doubles de 49 à 64 € environ. Menus de 19,80 à 27,80 €. S'il reste une chambre libre (il n'y en a que 24 !), n'hésitez pas une seconde ! Posez vos valises dans cet ancien hôtel particulier de Pierre Guerlain, le parfumeur, et remerciez le Bon Dieu... Car dans cette remarquable bâtisse rouge brique rehaussée de deux tourelles, les chambres se réservent des semaines à l'avance ! Surplombant la baie de la Somme avec la mer à ses pieds, cet établissement fait l'unanimité pour son cadre. Rien n'est laissé au hasard : ni les chambres de charme avec vue imprenable (nos préférées sont la n° 33 dans la tourelle et la n° 14 plein sud), ni le salon-bar gustavien où l'on se prélasse sans se lasser, ni la salle de jeux destinée aux enfants... Animaux domestiques autorisés. Un endroit rare qui allie beaucoup de qualités que l'on trouve souvent éparpillées ailleurs : accueil, cadre, activités, bonne chère et, en résumé, charme et convivialité ! *Apéritif maison offert à nos lecteurs sur présentation de ce guide.*

I●I *La Grignotine* – 5, rue Porte-du-Pont (Centre) ☎ 03-22-27-07-49. Fermé le mercredi hors saison et à partir d'octobre ouvert uniquement le week-end. Congés annuels : en janvier et décembre. Formule midi et soir à 11,50 €. À la carte, compter 15 € environ. Pour quelle raison ce petit resto au décor plus que banal ne désemplit pas ? Bingo, parce qu'on y mange très bien et qu'on y est accueilli avec une grande simplicité et le sourire ! Et la formule y est aussi simplissime que délicieuse : les moules à toutes les sauces, soit environ 25 façons d'accommoder ces fameuses bouchot, du nom du bonhomme qui eut l'idée de les élever sur des pieux : à la provençale, à la portugaise, à la hongroise ou tout simplement marinière, le tout servi dans une généreuse casserole, avec des frites fraîches. C'est copieux, excellent et pas cher. Bref, une vraie petite adresse populaire ! Attention, l'endroit étant petit, les poussettes et nos amies les bêtes ne sont pas acceptées.

DANS LES ENVIRONS

FAVIÈRES 80120 (4 km NE)

I●I *Restaurant La Clé des Champs* – pl. des Frères-Caudron (Centre) ☎ 03-22-27-88-00. Parking. ♿ Fermé le dimanche soir et le lundi (sauf lundis fériés). Congés annuels : en septembre. Accès : par la D940 en direction du Crotoy, puis la D140. Menu servi en semaine à 13,73 €, autres menus de 22,87 à 38,11 €. On l'a prise, la clé des champs, dans cette auberge renommée, dans un village au milieu des prés-salés. Les spécialités : cuisine du marché et poisson de petits bateaux. Excellent accueil de madame dans un cadre bourgeois mais raffiné. *Apéritif maison offert à nos lecteurs sur présentation de ce guide.*

SAINT-FIRMIN-LÈS-CROTOY
80550 (7 km N)

🏠 I●I *Auberge de la Dune* ** – rue de la Dune ☎ 03-22-25-01-88. Parking. TV. Fermé le mardi soir et le mercredi d'octobre à début mars. Congés annuels : du 3 au 14 mars et du 7 au 26 décembre. Accès : par la D104, direction Saint-Firmin ; à l'angle de la D204 vers le parc ornithologique du Marquenterre. Sortie 24, autoroute A16. Chambres doubles à 54 €. Menu étape à 14 € du lundi au samedi midi ; autres menus de 19 à 26 €. Petite fermette retapée à proximité du parc ornithologique (qui en est d'ailleurs le propriétaire). 11 chambres toutes pimpantes aux couleurs gaies, à l'étage. Pas très grandes mais confortables, avec douche et w.-c. et téléphone. Ambiance campagnarde sympa et calme assuré. Au resto, honnête cuisine classique ou régionale (menu picard). Accueil aimable. *Apéritif maison offert à nos lecteurs sur présentation de ce guide.*

DOULLENS 80600

Carte régionale A1

🏠 I●I *Le Sully* ** – 45, rue Jacques-Mossion (Centre) ☎ 03-22-77-10-87. Fax : 03-22-77-31-01. Cartes de paiement refusées. TV. Fermé le dimanche soir et le lundi. Accès : à 5 minutes du centre-ville. Chambres doubles avec douche et w.-c. à 35 €. Demi-pension à 43 € par personne. Menus à 10,50 €, en semaine, puis à 14,50 et 20,50 €. Dans une maison récente, 6 chambres très propres et tout confort mais sans charme. Au restaurant, bons menus avec des spécialités régionales bien préparées comme l'étouffée (terrine de pommes de terre), la ficelle picarde et le confit de rhubarbe à la grenadine. Bon accueil du chef.

FERTÉ-MILON (LA) 02460

Carte régionale B2

🏠 *Hôtel Racine* ** – pl. du Port-au-Blé (Centre) ☎ 03-23-96-72-02. Fax : 03-23-96-72-37. ● iap@club-internet.fr ● Parking.

TV. Chambres doubles à 47 € avec douche et w.-c., 52 € avec bains. Superbe petit hôtel de charme installé dans une maison du XVIIe siècle. Pas étonnant que Jean de La Fontaine vint y célébrer son mariage (si, si...). 8 chambres agréables et décorées avec goût vous attendent pour un prix qui reste encore raisonnable. L'extérieur n'est pas mal non plus : un jardin avec une cour pavée, une jolie tour d'angle au bord de l'Ourcq. C'est le moment de sortir vos pinceaux car les proprios organisent des stages de peinture. Accueil agréable. *Café offert à nos lecteurs sur présentation de ce guide.*

IOi *Restaurant Les Ruines* – 2, pl. du Vieux-Château (Sud) ☎ 03-23-96-71-56. Fermé le lundi et le soir. Congés annuels : en août. Une formule rapide en semaine à 11,50 €. Autres formules de 18 à 26 €. Une bien bonne auberge reprise par un ancien jardinier-paysagiste. Il vous servira, dans son beau jardin jouxtant les ruines du château, une cuisine traditionnelle au bon rapport qualité-prix. Civet de lapin aux girolles, escalope d'autruche aux morilles et cidre, sauté d'agneau aux olives, pavé de lotte aux crevettes pimentées. Accueil courtois et souriant.

GUISE   02120

Carte régionale B1

Iol *Restaurant Champagne-Picardie* ** – 41, rue André-Godin (Centre) ☎ 03-23-61-38-24. Fermé le dimanche soir et le lundi. Congés annuels : 1 semaine en février et en août. Menus de 14,50 à 25,15 €. Juste au-dessous du château du célèbre duc, une belle demeure bourgeoise entourée par un petit parc. Cuisine délicieuse, service efficace et gentil. Accueil courtois. *Digestif maison offert à nos lecteurs sur présentation de ce guide.*

LAON   02000

Carte régionale B2

â *Hôtel Les Chevaliers* ** – 3-5, rue Sérurier (Centre) ☎ 03-23-27-17-50. Fax : 03-23-79-12-07. ● hotelchevaliers@aol.com ● Parking. TV. Fermé le dimanche et le lundi sauf les jours de fêtes, jours fériés et en saison. Congés annuels : du 15 février au 15 mars. Accès : au cœur de la ville médiévale, entre la cathédrale et la place de la Mairie. Chambres doubles à 50 € avec douche et 60 € avec bains, petit déjeuner compris. Dans un immeuble ancien doté d'un certain cachet, des chambres bien décorées et fonctionnelles : plafonds bas et

poutres apparentes. De quoi ravir les nostalgiques. Demandez la vue imprenable sur la campagne laonnoise. Au rez-de-chaussée : café-salon de thé (livres à disposition et musique). *10 % sur le prix de la chambre (juillet, août et septembre exclus) offerts à nos lecteurs sur présentation de ce guide.*

Iol *Bar-restaurant Le Rétro* – 18, bd de Lyon (Centre) ☎ 03-23-23-04-49. Fermé le dimanche midi (sauf sur réservation). Congés annuels : du 4 au 25 août. Accès : dans la ville basse, dans la rue principale. Menu à 12 €. Sympathique et souvent rempli. Le grand rendez-vous de midi pour les voyageurs et les hommes d'affaires. Marie-Thérèse, la patronne, s'est taillé une réputation de bonne franquette avec les techniciens qui ont construit le métro aérien de la ville. Un menu super avec une bonne cuisine traditionnelle : onglet, entrecôte en direct des abattoirs laonnois, tarte au maroilles, terrine maison, tête de veau ravigote. Belle carte de salades composées à la minute. *Apéritif maison offert à nos lecteurs sur présentation de ce guide.*

Iol *Restaurant La Petite Auberge* – 45, bd Brossolette (Centre) ☎ 03-23-23-02-38. Fermé le lundi soir, le samedi midi et le dimanche (sauf les jours fériés). Accès : dans la ville basse, tout près de la gare. Menu en semaine à 19 €, autres menus à 24 et 38 €. Le restaurant gastronomique de Laon. Dans une auberge rustique, une cuisine moderne, revisitée par le fils de la maison, Willy Marc Zorn. Des plats succulents : ravioles de langoustines, filet de bar au coulis de potiron, crème au lard. Pour un dîner d'exception, des prix assez élevés. Pour les budgets plus restreints, le *Saint-Amour* (Tél. : 03-23-23-31-01), situé juste à côté et tenu par les mêmes patrons, propose une nourriture familiale « à la lyonnaise » et – vous l'auriez deviné – d'excellents vins du Beaujolais dans un décor brasserie, avec une splendide fresque au plafond, style Michel-Ange. Menus servis, si vous le désirez, en terrasse.

DANS LES ENVIRONS

ROGÉCOURT 02800 (15 km NE)

â Iol *Table et chambres d'hôte de Rogécourt* – Le Mont rouge (Sud) ☎ et fax : 03-23-56-32-31. Parking. ♿ Accès : à 15 km de Laon par la N44 en direction de Fère. Chambres doubles à 53 €. Menus à partir de 16 €. Chambres spacieuses avec salle d'eau et w.-c. Également à disposition : pièce de détente avec TV, billard, salon. Dans la propriété : étang, practice de golf, aire de jeux pour les enfants, table de ping-pong et terrain de boules. Table d'hôte sur réservation ; pour les prix, se renseigner auprès des propriétaires. Une adresse qui mérite un détour ! *Café offert à nos lecteurs sur présentation de ce guide.*

MONTDIDIER   80500

Carte régionale A1

I●I *Restaurant Le Parmentier* – 11, rue Albert-Ier ☎ 03-22-78-15-10. Fermé le soir. Congés annuels : en août et entre Noël et le Jour de l'An. Accès : face à la poste. Menus de 10 à 21 €. Dans le village qui a vu la naissance de celui qui propagea en France la culture de la pomme de terre, légume démocratique qui a servi à endiguer quelques famines, l'absence de restaurant populaire sympa aurait été un scandale. *Le Parmentier* y pourvoit. On vous y sert des petits plats agréables à des prix sages, souvent à base de produits frais régionaux, le tout arrosé de quelques bières brassées en Picardie. Bref, ce resto au cadre un peu rétro est devenu un lieu de passage des routards et des habitués. Menus avec, entre autres, ficelle picarde, une crêpe avec du jambon, des champignons et de la crème fraîche (inventée dans les années 1950 pendant la foire expo d'Amiens !) et, de temps en temps, le fameux hachis parmentier en plat du jour. Bon accueil du patron moustachu... *Apéritif maison offert à nos lecteurs sur présentation de ce guide.*

NOUVION-EN-THIÉRACHE (LE)   02170

Carte régionale B1

🏠 I●I *Hôtel de la Paix* ** – 37, rue Vimont-Vicary (Nord-Ouest) ☎ 03-23-97-04-55. Fax : 03-23-98-98-39. ● www.hotel-la-paix.fr ● Parking. TV. Satellite. Fermé le lundi midi, le samedi midi et le dimanche soir. Congés annuels : pendant les vacances scolaires de février et la dernière quinzaine d'août. Chambres à 43 € avec douche et w.-c., 54 € avec bains. Menus à 15 €, en semaine, puis à 19,10 et 26 €. Bon hôtel de campagne, entièrement rénové, avec un accueil sympa et une cuisine qui a su se hisser hors du lot commun. Une nourriture régionale (pavé de bœuf à la fondue de maroilles), des spécialités marines (saumon fumé maison) et des desserts succulents raviront les papilles les plus rebelles. Très grandes chambres, toutes confortables. Demandez la n° 1 au sud avec sa terrasse privée. *10 % sur le prix de la chambre (en juillet et août) ou apéritif maison offerts à nos lecteurs sur présentation de ce guide.*

DANS LES ENVIRONS

ÉTRÉAUPONT 02580 (19 km SE)

🏠 I●I *Le Clos du Montvinage et l'Auberge du Val de l'Oise* ** – 8, rue Albert-Ledent (Centre) ☎ 03-23-97-91-10. Fax : 03-23-97-48-92. ● www.clos-du-montvinage.com ● Parking. TV. Satellite. ⚒ Restaurant fermé le dimanche soir et le lundi midi. Hôtel fermé le dimanche soir. Congés annuels : restaurant fermé du 1er au 7 janvier, du 11 au 13 avril, du 11 au 17 août et du 22 au 28 décembre. Accès : sur la N2. Chambres doubles de 57,50 à 36,50 € avec douche et w.-c. ou bains. Demi-pension de 48,50 à 57 € par personne. Menus de 19 à 32,50 € en semaine et menu express le midi à 11,50 € hors boisson. Menu-enfants à 11,50 € avec une boisson. Un coup de cœur : dans un parc reposant, une vaste demeure bourgeoise du XIXe siècle proposant quelques activités de loisirs (billard, tennis et ping-pong), mais surtout des chambres spacieuses et confortables. Demandez les chambres du 2e étage avec poutres apparentes. L'accueil charmant a su rester très simple. Au restaurant, mijoté de Saint-Jacques, tournedos au poivre vert, clafoutis au maroilles avec sa compote, vacherin glacé aux fruits rouges. Étréaupont, c'est vraiment notre adresse dans la Thiérache ! *10 % sur le prix de la chambre (le vendredi soir hors jours fériés) ou apéritif maison offerts à nos lecteurs sur présentation de ce guide.*

PÉRONNE   80200

Carte régionale B1

🏠 I●I *Hostellerie des Remparts* ** – 23, rue Beaubois ☎ 03-22-84-01-22. Fax : 03-22-84-31-96. ● www.logisdefrance.fr ● Parking payant. TV. Canal+. Satellite. ⚒ Accès : à 100 m en retrait de la rue principale. Chambres doubles avec douche et w.-c. ou bains de 43 à 77 €. Formule le midi en semaine à 14,50 €, et menus de 18 à 45 €. Une hostellerie qui sent la France de l'après-guerre, aussi tranquille que la rue et le parc qui la bordent. Cependant, l'adresse a repris un coup de jeune avec une cinquantaine de chambres neuves en 2002. Salle à manger cossue pour une cuisine se voulant créative mais en fait bien traditionnelle. Préférer les menus à la carte, très chère. *10 % sur le prix de la chambre (du 1er novembre au 30 avril) offerts à nos lecteurs sur présentation de ce guide.*

SAINT-QUENTIN   02100

Carte régionale B1

🏠 I●I *Le Florence* ** – 42, rue Émile-Zola (Centre) ☎ 03-23-64-22-22. Fax : 03-23-62-52-85. ● www.hotel-le-florence.fr ●

Parking. TV. Canal+. Satellite. Accès : à 100 m de la place de l'Hôtel-de-Ville. Chambres doubles à partir de 22 € avec lavabo, 33 € avec douche et w.-c., et 36 € avec bains. Hôtel rénové. Les chambres sont simples et propres. Demandez-en une sur cour, la rue Émile-Zola étant passante. Restaurant italien aux spécialités réussies (osso buco, escalope lombarde, pizzas, lasagnes succulentes et pâtes fraîches). Accueil agréable. Terrasse en été, ombragée et fleurie, avec fontaine à l'italienne. *Un petit déjeuner par chambre offert à nos lecteurs sur présentation de ce guide.*

🏠 |●| *Hôtel de la Paix* ** – 3, pl. du 8-Octobre (Centre) ☎ 03-23-62-77-62. Fax : 03-23-62-66-03. ● hoteldela paix@worldonline.fr ● Parking. TV. Canal+. Satellite. Ouvert tous les jours jusqu'à 1 h du matin, service assuré jusqu'à 0 h 45. Resto fermé le dimanche. Accès : proche de la gare. Chambres doubles avec douche et w.-c. à 46 €, avec bains à 50,50 €. Menus à 12 €, en semaine, et à 15 €. Menu-enfants à 9,15 €. Grande architecture de 1914 confortablement modernisée. Au rez-de-chaussée, 2 restaurants : *Le Brésilien*, qui, comme son nom ne l'indique pas, propose les spécialités traditionnelles ; et *Le Carnotzet*, ouvert le soir uniquement, avec des spécialités savoyardes. On peut y manger assez tard. Les moins fortunés se rabattront sur les pizzas présentes sur la carte des 2 restaurants. *Apéritif maison ou café offert à nos lecteurs sur présentation de ce guide.*

🏠 *Hôtel des Canonniers* *** – 15, rue des Canonniers ☎ 03-23-62-87-87. Fax : 03-23-62-87-86. ● www.hotel-canon niers.com ● Parking. TV. Satellite. Fermé le dimanche soir sauf réservation. Congés annuels : 2e et 3e semaines d'août. Accès : près de la place de l'Hôtel-de-Ville. Chambres doubles avec douche à 51 €, avec douche et w.-c. ou bains de 66 à 103 €. Dans le quartier central de Saint-Quentin, mais très au calme (les canonniers aimaient se reposer dans le silence). Des chambres d'un grand confort, spacieuses et personnalisées, dans un ancien hôtel particulier des XVIIIe et XIXe siècles. Beau jardin intérieur où il fait bon prendre son petit déjeuner. C'est la propriétaire, d'une grande gentillesse, qui vous accueillera. L'une de nos meilleures adresses à Saint-Quentin. *Petit déjeuner offert aux enfants de moins de 12 ans sur présentation de ce guide.*

|●| *Restaurant Le Glacier* – 28, pl. de l'Hôtel-de-Ville (Centre) ☎ 03-23-62-27-09. Service jusqu'à 23 h. Fermé le lundi soir et le dimanche soir. Congés annuels : 1re semaine de janvier. Menus de 12,50 à 21 €, d'un bon rapport qualité-prix. Compter 13,50 € à la carte. Menu-enfants à 6,85 €.

Un petit restaurant avec une salle à l'étage bien décorée : fresque murale, nappes à carreaux et lampes opalines. Le restaurant ouvrant sur la jolie place de l'Hôtel-de-Ville, vous pourrez profiter de la terrasse aux beaux jours et entendre chaque quart d'heure sonner le carillon. On peut y déguster une glace (l'auriez-vous deviné ?), mais surtout des moules en cocotte (5 recettes) avec frites, une choucroute avec jarret ou au poisson, servie sur un réchaud. *Café offert à nos lecteurs sur présentation de ce guide.*

SAINT-VALÉRY-SUR-SOMME　　80230

Carte régionale A1

🏠 |●| *Le Relais Guillaume de Normandy* ** – 46, quai Romerel ☎ 03-22-60-82-36. Fax : 03-22-60-81-82. ● www.guil laumedenormandy.com ● Cartes de paiement refusées. Parking. TV. Canal+. Fermé le mardi (sauf de mi-juillet à fin août). Congés annuels : du 21 décembre au 17 janvier. Accès : au pied de la ville haute, le long de la digue-promenade, près de la porte de Nevers. Chambres doubles avec douche et w.-c. ou bains de 50 à 57 €. Menus de 15 à 29 €. Manoir 1900 tout en hauteur et complètement biscornu. L'édifice fut construit au bord de l'eau par un lord anglais, il y a une centaine d'années, en l'honneur de sa maîtresse. Un certain cachet donc, mais les chambres (sauf 4 refaites récemment) commencent à vieillir et paraissent bien kitsch. Confort correct malgré tout. Prix selon la taille et la vue (baie ou parc). La n° 1 possède une terrasse mais se paie plus cher. Resto vieille France proposant une cuisine traditionnelle, roborative mais sans grande saveur. Horaires de pensionnat et service un peu froid.

🏠 |●| *Hôtel du Port et des Bains* *** – 1, quai Blavet ☎ 03-22-60-80-09. Fax : 03-22-60-77-90. ● hotel-hpb@wanadoo.fr ● TV. Satellite. Congés annuels : du 1er au 15 janvier. Accès : dans la ville basse, face à l'embouchure de la Somme. Chambres doubles avec douche et w.-c. de 54 à 69 €. Menus de 14 à 31 €. Une petite adresse sympathique avec sa façade et sa ruelle à l'ancienne. Chambres pas bien grandes mais entièrement refaites avec des couleurs gaies, toutes côté Somme. Au resto avec vue, cuisine classique et plateaux de fruits de mer. Un poil cher mais c'est Saint-Valéry...

🏠 *Hôtel Picardia* *** – 41, quai du Romerel ☎ 03-22-60-32-30. Fax : 03-22-60-76-69. ● www.picardia.fr ● TV. Congés annuels : du 6 au 31 janvier. Accès : face à l'hôtel *Le Relais Guillaume de Normandy*. Chambres doubles à 68 €, hors taxe de séjour. Petit déjeuner à 8 €. Une solution qui conviendra aux plus fortunés et aux familles. Dans une jolie maison de village entièrement rénovée, belles chambres lumineuses avec un mobilier entre design et tradition, et des salles de bains assez luxe. Certains diront : peut-être un peu trop refait ? Pour les familles ou les bandes de copains, duplex à l'avenant. Double vitrage (utile car l'hôtel se trouve dans la rue principale). Très bon accueil de la patronne.

DANS LES ENVIRONS

AULT 80460 (21 km SE)

|●| *Restaurant L'Horizon* – **31, rue de Saint-Valéry** ☎ **03-22-60-43-21.** Fermé le mercredi soir et le jeudi hors saison. Congés annuels : en janvier. Accès : dans la partie haute d'Ault-Onival, à l'aplomb de la falaise. Menus de 12,20 à 24,20 €. Petit resto à la déco hétéroclite (aquarelles, collection de moulins à café et horaires des marées), mais qui offre une vue plongeante sur la mer (attention, uniquement 6 tables avec vue !). Sinon, vue sympa, et sur les deux baies vitrées, les plus belles aquarelles (mouvantes) du resto... Cela dit, préférer les jolies propositions de fruits de mer aux plats cuisinés, moins intéressants. Bon accueil.

SENLIS   60300

Carte régionale A2

🏠 |●| *Hostellerie de la Porte Bellon* ** – **51, rue Bellon** ☎ **03-44-53-03-05. Fax : 03-44-53-29-94.** TV. Resto fermé le dimanche soir. Congés annuels : 15 jours de fin décembre à début janvier. Accès : la rue Bellon donne dans la rue de la République. Chambres de 55 à 70 €. 1er menu à 21 € en semaine (passant à 23 € le dimanche), sinon menus de 27 à 36 €. Superbe vieille maison au calme car en retrait de la route. 18 chambres spacieuses, rénovées et confortables. Grand jardin ombragé pour déjeuner ou dîner par beau temps et cave du XIIIe siècle où siroter un apéritif. Jolie décoration intérieure.

SOISSONS   02200

Carte régionale B2

|●| *Le Chouans* – **1, rue Pétrot-Labarre (Centre)** ☎ **03-23-93-02-01.** Fermé le lundi et le dimanche soir. Accès : sur la place de l'Hôtel-de-Ville, face à la mairie, le restaurant se trouve à deux pas dans une petite ruelle sur la droite. 10 menus sont proposés : à 10,90 €, le midi en semaine, et de 15,50 à 27 € le reste du temps. La salle du restaurant se trouve dans les caves d'un ancien couvent du début du XIXe siècle, l'ambiance y est chaleureuse et conviviale. Attention : certains desserts sont à commander au début du repas. Une adresse à retenir ! *Apéritif maison offert à nos lecteurs sur présentation de ce guide.*

DANS LES ENVIRONS

FONTENOY 02290 (10 km O)

🏠 |●| *Auberge du Bord de l'Eau* – **1, rue Bout-du-Port** ☎ **et fax : 03-23-74-25-76.** TV. Canal+. Fermé le mercredi. Congés annuels : 2es quinzaines de janvier et de septembre. Accès : entre Soissons et Compiègne, par la N31 à Pontarchet, tourner à droite. Chambres doubles avec douche et w.-c. à 40 €. Menu à 15 € en semaine. Autres menus de 19 à 30 €. Charmante auberge-hôtel au bord de l'Aisne. On peut s'y rendre en bateau, le patron ayant installé un ponton pour accoster. Pain maison, gratin de langoustines, foie gras maison. Bref, tout maison et produits d'une grande fraîcheur. Hôtel de 7 chambres avec salle de bains. Demandez celles avec vue sur la rivière, bucoliques et très au calme. Service un peu lent. *Apéritif maison offert à nos lecteurs sur présentation de ce guide.*

BOURG-ET-COMIN 02160 (25 km E)

🏠 |●| *Auberge de la Vallée* ** – **6, rue d'Œuilly (Centre)** ☎ **03-23-25-81-58. Fax : 03-23-25-38-10.** Parking. TV. Canal+. Satellite. Câble. Fermé le mardi soir et le mercredi, sauf pour les pensionnaires de l'hôtel. Congés annuels : du 2 au 22 janvier, du 31 mars au 6 avril et du 22 au 27 septembre. Accès : par la N31 en direction de Reims, tourner à gauche à hauteur de Fisme en direction de Laon, l'auberge se situe au cœur du bourg. Compter 45 € pour une chambre avec douche et w.-c. Les chiens sont acceptés : 3,05 €. Menus à 12 €, le midi en semaine, 15 et 20 €. Evelyne, la patronne, vous accueillera chaleureusement et vous proposera une cuisine traditionnelle à base de produits régionaux. Les chambres sont récentes et propres. L'auberge est située à proximité de sites touristiques tels que le chemin des Dames, la caverne du Dragon ou encore le parc nautique de l'Ailette. *Digestif maison offert à nos lecteurs sur présentation de ce guide.*

VILLERS-COTTERÊTS   02600

Carte régionale B2

🏠 *Hôtel Le Régent* *** – **26, rue du Général-Mangin (Centre)** ☎ **03-23-96-01-46. Fax : 03-23-96-37-57.** ● hôtel.

le.regent@goformel.com • Parking. TV. Canal+. Satellite. ⚄ Fermé le dimanche soir de novembre à mars (sauf les jours de fêtes et si réservation). Accès : dans le centre historique de la ville. Chambres de 44 à 68 € avec douche ou bains. Caché derrière sa façade qui date du XVIIIᵉ siècle, authentique relais de poste du XVIᵉ siècle. 17 chambres toutes différentes, refaites à neuf, dont certaines sont classées à l'inventaire des Monuments historiques. Un excellent rapport qualité-prix pour cette adresse de charme. *Garage fermé offert aux lecteurs sur présentation de ce guide.*

I●I *L'Orthographe* – 63, rue du Général-Leclerc ☎ 03-23-96-30-84. Parking. ⚄ Fermé les dimanche et lundi. Menu à 20 € (boisson comprise), variant chaque semaine. Demi-tarif pour les enfants (moins de 12 ans). Ce resto est devenu aujourd'hui une référence ! Il faut dire que le menu a de quoi vous mettre l'eau à la bouche, avec une cuisine raffinée, de bons produits frais. Coquilles Saint-Jacques au lard et steak de canard façon Rossini en spécialités. Service souriant.

DANS LES ENVIRONS

LONGPONT 02600 (11,5 km NE)

🛏 I●I *Hôtel de l'Abbaye* ** – rue des Tourelles (Centre) ☎ et fax : 03-23-96-02-44.** TV. Accès : par la N2 et bifurquer sur la D2. Chambres doubles avec bains à 48 €. Demi-pension à 55 € par personne. Menus de 19 à 30 €. Au bord de la forêt de Retz, l'auberge rêvée avec sa cheminée en pierre et sa façade recouverte de vigne vierge. Les chambres sont d'un certain prix, mais la qualité et le cadre sont là, et le petit déjeuner est copieux. Préférez la chambre nᵒ 111 pour sa vue sur la porte fortifiée. Côté resto, les menus sont élaborés à base de produits frais du terroir et gibier en saison. À noter, pour ceux qui visitent la superbe abbaye située juste en face, que l'après-midi on peut venir ici déguster une bonne crêpe. Gourmand et romantique. *Apéritif maison offert à nos lecteurs sur présentation de ce guide.*

Les prix
En France, les prix des hôtels et des restos sont libres. Certains peuvent augmenter entre le passage de nos infatigables fureteurs et la parution du guide.

Avis aux hôteliers et aux restaurateurs
Chaque année pour y figurer, il faut le mériter !

Le Routard

Poitou-Charentes

16 Charente
17 Charente-Maritime
79 Deux-Sèvres
86 Vienne

AIX (ÎLE D') 17123

Carte régionale A2

🏠 |●| *Hôtel-restaurant Napoléon et des Bains Réunis* ** – rue Gourgaud (Centre) ☎ 05-46-84-66-02. Fax : 05-46-84-69-70. ● www.hotelnapoleon-aix.com ● Fermé le dimanche soir et le lundi d'octobre à mars. Congés annuels : en novembre et décembre. Chambres doubles à 54 € avec douche et w.-c., 60 € avec bains, en haute saison. Demi-pension demandée en juillet-août à partir de 43,50 € par personne. Menus de 18 à 24 €. Menu-enfants à 7 €. Facile à trouver : c'est le seul hôtel de l'île d'Aix ! Par chance, il est confortable. Une quinzaine de chambres régulièrement rénovées (certaines ne manquent pas de charme, du reste). Agréable salon où prendre un verre au retour d'un tour de l'île à vélo (Aix est interdite aux voitures). Côté resto, cuisine largement vouée aux produits de la mer. Produits frais évidemment, travaillés sur place : tartare de saumon, dos de cabillaud rôti en civet, etc. L'accueil et le service manquent un peu de régularité.

ANGLES-SUR-L'ANGLIN 86260

Carte régionale B2

🏠 |●| *Le Relais du Lion d'Or* *** – 4, rue d'Enfer (Centre) ☎ 05-49-48-32-53. Fax : 05-49-84-02-28. ● www.lyondor.com ● Parking. TV. ♨ Ouvert tous les jours en été. Congés annuels : en janvier et février.

Accès : à 50 m du centre-ville. Chambres doubles de 69 à 75 € avec bains. Demi-pension de 55 à 66 € par personne. 1er menu à 17 € servi le midi en semaine, puis menus-carte à 20 et 30 € selon le nombre de plats. Guillaume (un ancien banquier français qui travaillait à Londres) et Heather (une Anglaise d'Angleterre, devenue Anglaise d'Angles) ont eu le coup de foudre pour cet ancien relais, retapé et décoré avec goût. Dans des bâtiments du XVe siècle, une dizaine de chambres pour vous accueillir, toutes personnalisées selon l'historique d'Angles mais plus ou moins confortables. Subtiles harmonies de couleurs et de meubles, tons pastel à la fois frais et tendrement vieillots. Côté marmites, le résultat se défend et le cadre dans lequel on le savoure est plutôt un régal. Quelques spécialités : le flan de foie gras au coulis de langoustines, magret au citron confit et à l'ail, suivis d'un croustillant de pommes ou d'un fondant au chocolat. Une pensée émue pour la cave, qui vient de chez Augé et qui réussit le tour de force de vous proposer les meilleurs vins à des prix autour de 15 €, pari tenu. À noter : le *Lyon d'Or* possède un « centre de bien-être » (hammam...) et propose également des stages de décoration. *Apéritif maison offert à nos lecteurs sur présentation de ce guide.*

ANGOULÊME 16000

Carte régionale B2

🏠 |●| *Auberge de jeunesse* – île de Bourgines (Nord) ☎ 05-45-92-45-80. Fax : 05-45-92-27-50. ● www.fuaj.org ● Parking.

Sur présentation de ce guide,
nombreuses offres et réductions en 2003.

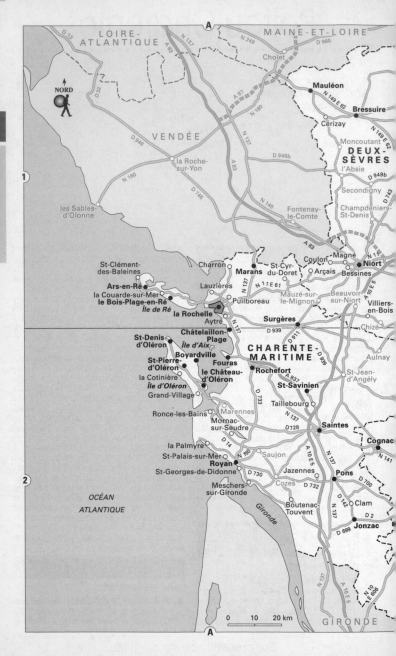

LOIRE-
ATLANTIQUE

MAINE-ET-LOIRE

Cholet

NORD

Mauléon

Bressuire

Cerizay

VENDÉE

Moncoutant

DEUX-
SÈVRES

l'Absie

la Roche-
sur-Yon

Secondigny

Champdeniers-
St-Denis

les Sables-
d'Olonne

Fontenay-
le-Comte

Coulon Magné

Niort

St-Clément-
des-Baleines

Charron

St-Cyr-
du-Doret

Arçais

Bessines

Ars-en-Ré
la Couarde-sur-Mer
le Bois-Plage-en-Ré
Île de Ré

Marans

Lauzières

Mauzé-sur-
le-Mignon

Beauvoir-
sur-Niort

Villiers-
en-Bois

Puilboreau

la Rochelle

Aytré

Surgères

Chizé

Châtelaillon-
Plage

CHARENTE-
MARITIME

St-Denis-
d'Oléron

Île d'Aix

Boyardville

St-Pierre-
d'Oléron

Fouras

Rochefort

Aulnay

St-Jean-
d'Angély

le Château-
d'Oléron

la Cotinière
Île d'Oléron

St-Savinien

Grand-Village

Taillebourg

Ronce-les-Bains

Marennes

Mornac-
sur-Seudre

Saintes

la Palmyre

Cognac

St-Palais-sur-Mer
Royan
St-Georges-de-Didonne

Saujon

Jazennes

Pons

Cozes

Meschers-
sur-Gironde

OCÉAN
ATLANTIQUE

Boutenac-
Touvent

Clam

Gironde

Jonzac

0   10   20 km

GIRONDE

INDRE-ET-LOIRE

● **Loudun** Adresses principales
○ Cerizay Adresses dans les environs
○ Richelieu Repères

POITOU-CHARENTES

Thouars
Loudun
Richelieu
Dangé-St-Romain
Airvault
Châtellerault
Leigné-les-Bois
la Roche-Posay
Mirebeau
Neuville-de-Poitou
Dissay
Anglès-sur-l'Anglin
Parthenay
Futuroscope
Vouillé
Poitiers
Chauvigny
St-Benoît
St-Savin-sur-Gartempe
Vasles
Ménigoute
INDRE
St-Maixent-l'École
Lusignan
Coulombiers
Vivonne
VIENNE
Jouhet
la Trimouille
Soudan
la Mothe-St-Héray
Gençay
Montmorillon
Aiript
Celles-sur-Belle
Lezay
Couhé
Sommières-du-Clain
Lussac-les-Châteaux
Melle
la Font-d'Usson
le Vigeant
Civray
Charroux
Sauzé-Vaussais
Chef-Boutonne
Bellac
HAUTE-VIENNE
Ruffec
St-Germain-de-Confolens
Verteuil-sur-Charente
Champagne-Mouton
Confolens
St-Groux
Cellefrouin
Mansle
Chabanais
Montignac-Charente
Chasseneuil-sur-Bonnieure
Limoges
Rouillac
Champniers
la Rochefoucauld
Jarnac
Angoulême
Gond-Pontouvre
Segonzac
Vibrac
Soyaux
Châteauneuf
Puymoyen
Mouthiers-sur-Boëme
CHARENTE
Barbezieux
Blanzac
Villebois-Lavalette
Montmoreau-St-Cybard
DORDOGNE
CORRÈZE
Aubeterre-sur-Dronne
Chalais
Périgueux
Brive

Canal+. Satellite. ♨ Congés annuels : du 21 décembre au 21 janvier. Accès : à pied de la gare, marcher jusqu'au quartier de l'Houmeau, le vieux port d'Angoulême, puis prendre la passerelle. C'est sur une île. En bus, ligne 7 ou 9, arrêt à 200 m de l'auberge. Nuitée à 11,50 €. Demi-pension à 21,15 €. Plat du jour à 5 € et menu à 8 €. Une auberge spacieuse, entretenue et personnalisée par une équipe dynamique. Hébergement agréable en dortoirs, une seule chambre double avec douche et w.-c., deux avec lavabo. Certaines ont vue sur la Charente. Une grande terrasse au bord du fleuve avec un vaste réfectoire pour des ambiances familiales, amicales et cosmopolites. Bonne cuisine. Activités de toutes sortes : canoë, kayak, bateau à moteur, VTT, piscine (50 % de réduction avec la carte FUAJ), tennis, etc. Superbe promenade, la Coulée verte, à faire le long de la Charente et, au bout, un plan d'eau ouvert aux baignades.

🏠 |●| *Le Palma* – **4, rampe d'Aguesseau (Centre)** ☎ **05-45-95-22-89. Fax : 05-45-94-26-66.** ● **lepalma16@.com** ● Fermé le samedi midi et le dimanche. Congés annuels : deux semaines à Noël. Accès : entre la gare et le centre-ville. Chambres doubles avec lavabo à 26 €, avec douche ou douche et w.-c. à 33 €. Menus à 13 €, puis à 17 et 26 €. Le quartier n'a aucun charme, mais voilà, derrière une façade toute pimpante, une bonne petite adresse. Surtout pour sa table : le chef se débrouille très bien dans son registre (entre classicisme et terroir), les menus offrent un réjouissant rapport qualité-prix et la petite salle, récemment rafraîchie, est plaisante. *Bodega* au coin du bar pour les amateurs (le patron est un passionné de rugby). Côté hôtel, des chambres, elles aussi rafraîchies, pas désagréables mais au confort ici ou là un brin sommaire. Les plus calmes sont sur l'arrière. *Café offert à nos lecteurs sur présentation de ce guide.*

🏠 *Hôtel du Palais* ** – **4, pl. Francis-Louvel (Centre)** ☎ **05-45-92-54-11. Fax : 05-45-92-01-83.** Parking payant. TV. Canal+. Satellite. Congés annuels : le 31 décembre. Accès : près du palais de justice. Chambres doubles à 31 € avec lavabo, à 43 € avec douche et à 54 € avec douche et w.-c. ou bains. L'un de nos hôtels préférés dans le centre-ville. C'est d'abord l'un des rares situés dans la vieille ville, face à une jolie petite place. Pour le reste, c'est le vieil hôtel de charme pur sucre : ample escalier, salle de petit déjeuner haute sous plafond, boiseries, bref, un certain luxe un peu fané (les moquettes, par exemple, mériteraient d'être changées). Chambres d'un honorable confort. Certaines ont un grand balcon avec vue sur la vieille ville. Accueil

très courtois (comme il sied à un tel lieu !). *10 % sur le prix de la chambre offerts à nos lecteurs sur présentation de ce guide.*

🏠 |●| *Le Flore* ** – **414, route de Bordeaux (Sud-Ouest)** ☎ **05-45-25-35-35. Fax : 05-45-25-34-69.** ● **www.leflore-16. com** ● Parking payant. TV. Canal+. Fermé le samedi et le dimanche. Congés annuels : les 3 premières semaines d'août. Accès : à 1 km du centre, route de Bordeaux. Chambres doubles à 32,80 € avec douche et w.-c. ou bains. Demi-pension à 49,90 € par personne. Formule 2 plats à 9 €. Menus de 13 à 25 €. Encore une adresse excentrée. Chambres rénovées, toutes identiques et confortables. Rien à redire du resto, à la cuisine classique qui fait ici ou là dans l'exotique : pavé d'autruche sauce grand veneur, sauté de kangourou... *Apéritif maison offert à nos lecteurs sur présentation de ce guide.*

🏠 |●| *Le Crab* ** – **27, rue Kléber, La Grand-Font (Est)** ☎ **05-45-93-02-93. Fax : 05-45-95-38-52.** Parking. TV. Canal+. Fermé le samedi et le dimanche soir. Accès : dans le quartier de la Grand-Font, près de la gare et à côté de la salle omnisports. Chambres doubles avec douche et w.-c. ou bains à 41 €. Demi-pension de 34 à 46 €. Menus à 11 €, en semaine uniquement, puis de 16 à 29 €. Adresse excentrée, à l'orée d'un quartier de type cité HLM, mais au calme. Maison genre pavillon à l'ambiance bien familiale. Chambres classiques et bien tenues. Grande salle de restaurant, un peu décatie mais joyeuse, et cuisine avec ses hauts et ses bas... *10 % sur le prix de la chambre (du vendredi au dimanche soir sauf manifestations) offerts à nos lecteurs sur présentation de ce guide.*

🏠 |●| *Le Saint-Antoine* ** – **31, rue Saint-Antoine (Nord-Ouest)** ☎ **05-45-68-38-21. Fax : 05-45-69-10-31.** ● **www.hotel-saint-antoine.com** ● Parking. TV. Satellite. ♨ Resto fermé le samedi et le dimanche sauf réservations de groupes. Congés annuels : du 24 décembre au 2 janvier. Accès : direction gare SNCF. Chambres doubles avec douche et w.-c. ou bains à 47 €. Demi-pension à 40 € par personne. Menus à 13 €, sauf le week-end, puis de 20 à 33 €. Adresse excentrée (et on a connu mieux comme environnement au bord de la Charente : face à un rond-point, à l'orée d'une zone commerciale). Mais les chambres sont insonorisées, bien équipées, et celles qui ont été rénovées ont gagné en personnalité. Bon resto. Accueil impeccable.

|●| *Chez Paul* – **8, pl. Francis-Louvel (Centre)** ☎ **05-45-90-04-61.** ♨ Service de midi à minuit. Accès : face au palais de justice. Menus à 10,50 €, le midi en semaine, puis à 19,90 €. Grande salle cosy, tout en longueur et à la déco franchement réussie pour les jours un peu frais ; véranda *Fifties*

pour un timide printemps et, pour les beaux jours, terrasse donnant sur la place, ou (mieux encore !) au fond, un petit jardin traversé par un ruisseau murmurant. Petits plats bien tournés. Service jeune, sympa et efficace. Idéal également pour boire un verre et café-théâtre à l'étage.

I●I *Restaurant La Cité* – **28, rue Saint-Roch (Centre)** ☎ 05-45-92-42-69. Fermé le dimanche et le lundi soir. Congés annuels : pendant les vacances scolaires de février (zone B), dernière semaine de juillet et deux premières semaines d'août. Accès : au Champ de Mars, à côté du cinéma CGR. Menus à 12,20 €, le midi en semaine, puis à 16 €, 19,50 et 25 €. La patronne est souriante et efficace, les tables sont bien mises et les spécialités de poisson d'une fraîcheur indiscutable. Bref, voilà un petit restaurant de famille comme on les aime ! Plateau de fruits de mer, assiette de crustacés, soupe de poisson maison, beignets de calmars maison, fricassée de moules... et surtout délicieuse brochette *La Cité* (moules, langoustines, Saint-Jacques). Voilà quelques-unes des propositions du patron qui, malgré son humeur très marine, affiche aussi des viandes à sa carte. *Café offert à nos lecteurs sur présentation de ce guide.*

DANS LES ENVIRONS

GOND-PONTOUVRE (LE) 16160
(2 km N)

I●I *L'Entrecôte* – **45, route de Paris** ☎ 05-45-68-04-52. ♿ Fermé le samedi midi et le dimanche. Accès : route de Paris, N10. Menus de 13 à 27 €. Le meilleur resto de viandes de la région d'Angoulême, dans une espèce de taverne au cadre chaleureux. On vient ici avant tout pour dévorer une entrecôte grillée au feu de bois, belle comme des fesses d'hippopotame ! Pour ceux qui viennent en famille ou qui n'auraient pas mangé depuis longtemps, on conseille également la méga-côte de bœuf. Deux bons points : non seulement on vous montre les proportions de la bête (au cas où vous auriez des doutes sur les capacités de votre estomac), mais en plus la cuisson demandée est parfaitement respectée. Patrons souriants et service impeccable : ils ont même le bon goût (rare dans la restauration) de vous apporter deux assiettes si vous ne prenez qu'un dessert pour deux... *Café offert à nos lecteurs sur présentation de ce guide.*

SOYAUX 16800 (2 km SE)

I●I *La Cigogne* – **cabane Bambou** ☎ 05-45-95-89-23. ♿ Fermé le dimanche soir et le lundi. Congés annuels : en novembre. Accès : depuis la route de Périgueux, à la

mairie de Soyaux, prendre la rue Aristide-Briand, puis rouler 1,3 km. Menus à 12 €, le midi en semaine, et de 18 à 26 €. Adresse un peu isolée, quoique à 10 mn du centre d'Angoulême. On suit docilement quelques panneaux, on passe sous un tunnel... Et finalement, on découvre cette superbe terrasse ombragée offrant une vue panoramique sur la vallée (si le temps n'est pas au beau, essayez de dégoter la table vers la fenêtre qui offre le même panorama. Les patrons ont passé quelques années dans les îles, et la cuisine vous réserve quelques bonnes surprises, comme les escargots à la charentaise, le magret de canard au miel et pineau ou le coup de chapeau aux poires. *Café offert à nos lecteurs sur présentation de ce guide.*

PUYMOYEN 16400 (7 km S)

🏠 I●I *L'Auberge des Rochers* – **6, chemin des Rochers** ☎ et fax : 05-45-61-25-77. Accès : face à l'église. Chambres doubles avec lavabo à 28 €, avec douche à 32 €. Demi-pension intéressante à 32,80 € par personne. Menu à 10,50 € avec 2 entrées, plat, fromage et dessert. Autres menus variant suivant la saison de 18 à 25 €. Un adorable moulin à papier, le Moulin du Verger, de hautes falaises de pierre accessibles aux dingues de varappe et d'escalade, un élevage de cerfs en liberté (l'éleveur siffle pour les faire venir et vous les montrer) et puis, dans le village voisin, cette modeste auberge rénovée, tenue par une très gentille famille, aux petits soins. Chambres simples et calmes. Cuisine dans le même ton. *Apéritif maison ou digestif maison offert à nos lecteurs sur présentation de ce guide.*

CHAMPNIERS 16430 (9 km NE)

I●I *Restaurant Le Feu de Bois* ** – **N10** ☎ 05-45-68-69-96. Parking. ♿ Fermé le dimanche soir. Accès : direction Poitiers. Menus de 14 à 32 €. Avant de vous engager sur la N10, faites un détour entre Champniers et Les Cloux : paysage vallonné et boisé, vieilles maisons charentaises aux jolies tuiles. Resto dans un cadre moins bucolique... Grande salle octogonale au centre de laquelle on mitonne des grillades aux ceps de vigne. Au programme également, quelques plats de terroir : grillons charentais, jambon grillé aux échalotes, poisson frais grillé, buffet de hors-d'œuvres variés et charcuterie de pays.

MOUTHIERS-SUR-BOËME 16440
(13 km S)

I●I *Café-restaurant de la Gare* – **pl. de la Gare** ☎ 05-45-67-94-24. Fermé les dimanche et lundi soir. Accès : par la N10 direction Bordeaux, puis bifurquer sur Blanzac. Menus à 10 €, sauf le dimanche, et de

13,72 à 24,70 €. Le genre d'adresse populaire et accueillante qu'on aurait pu trouver ici il y a cinquante ans (et qu'on aimerait bien encore trouver ici dans 50 ans !). Terrasse de graviers sous les platanes, vieux zinc et grande salle à l'ancienne, idéale pour le repas de communion du p'tit ou le banquet des chasseurs. Le chef et patron est plein de faconde. Le menu du jour aligne potage, entrée, plat, fromage, dessert, café et quart de vin ! C'est bon et on s'y sent, tout simplement, bien.

VIBRAC 16120 (22 km O)

🏠 I●I *Les Ombrages* ** – route Claude-Bonnier ☎ 05-45-97-32-33. Fax : 05-45-97-32-05. Parking. TV. Fermé le dimanche soir et le lundi midi et soir. L'hiver, fermé aussi le mardi midi. Congés annuels : du 15 décembre au 15 janvier. Accès : par la N141 ; 3,5 km après Hiersac, tourner à gauche à Malveille, route Claude-Bonnier. Chambres doubles à 44,20 € avec douche et w.-c., et 47,30 € avec bains. Demi-pension à 37,30 € par personne. Menus à 11,50 €, sauf le week-end, et de 18 à 29 €. Dans un coin franchement superbe, en pleine nature, sous les frondaisons (normal, vu l'enseigne) et à deux pas d'une petite plage délicieuse. De quoi faire oublier le bâtiment (un peu motel années 1950) sans réel charme. Chambres tranquilles et de bon confort. Le resto ressemble fort à une institution locale. Deux salles, dont l'une en véranda donnant sur le jardin (et sa piscine). Et un chef qui travaille fort bien le poisson (entre autres) : escalope de lotte aux agrumes, coquilles Saint-Jacques aux pointes d'asperges... Tennis et table de ping-pong. *Apéritif maison offert à nos lecteurs sur présentation de ce guide.*

VILLEBOIS-LAVALETTE 16320 (28 km SE)

🏠 I●I *Hôtel-restaurant du Commerce* – au bourg ☎ 05-45-64-90-30. Parking. Fermé le mercredi après-midi en hiver. Accès : par la D939. Chambres doubles à 23 € avec lavabo, 35 € avec douche et 38 € avec douche et w.-c. Demi-pension à 38,50 € par personne. Menus à 11 € le midi, passant à 15 € le soir sauf le dimanche, et à 16 et 22 €. Un vieil hôtel (c'est d'ailleurs le seul) au centre d'un joli village accroché à une colline. Tenu par un jeune couple qui s'applique à bien faire les choses. Chambres toutes simples mais bien tenues. Menu du jour simple, lui aussi, mais copieux : entrée, plat, fromage, dessert, café et quart de vin ! Une curiosité en allant vers Angoulême : une gigantesque façade, solitaire et unique vestige d'un château que ses concepteurs voulaient aussi majestueux que Versailles... Nouveau : terrasse intérieure, ombragée et fleurie. *10 % sur le prix*

de la chambre (de novembre à avril) offerts à nos lecteurs sur présentation de ce guide.

SAINT-GROUX 16230 (30 km N)

🏠 I●I *Hôtel-restaurant Les Trois Saules* ** – ☎ 05-45-20-31-40. Fax : 05-45-22-73-81. ● www.logisdefrance.fr ● Parking. TV. 🐾 Fermé le dimanche soir et le lundi midi hors saison. Congés annuels : 15 jours fin février et 15 jours début novembre. Accès : par la N10 jusqu'à Mansle, puis D739 direction Aigre ; c'est à environ 3 km, sur la droite. Chambres à 35,50 € avec douche et w.-c. et à 39 € avec bains. Menus à 10 €, sauf le dimanche, puis de 14 à 20 €. Une image d'Épinal du resto de campagne : cour de gravier, façade mangée par le lierre et salle dont la déco a vu défiler quelques générations de convives. Généreuse cuisine entre tradition et terroir (goûtez les coquilles Saint-Jacques au pineau). Les chambres – toutes simples mais de bon confort – sont logées dans une annexe plus récente, sans charme mais au calme, à deux pas d'une petite rivière. Ambiance familiale et accueil attentionné. *Apéritif maison offert à nos lecteurs sur présentation de ce guide.*

ARS-EN-RÉ 17590

Carte régionale A1

🏠 *Hôtel Le Sénéchal* ** – 6, rue Gambetta ☎ 05-46-29-40-42. Fax : 05-46-29-21-25. ● hotel.le.senechal@wanadoo.fr ● TV. Congés annuels : du 6 janvier au 15 février et du 12 novembre au 20 décembre. Dans le centre du bourg. De 40 € la chambre double à 140 € la suite avec terrasse, en été, le week-end hors saison et pendant les vacances scolaires. Une quinzaine de chambres superbement rénovées (Christophe, le proprio, est architecte). Plancher brut, jonc de mer, murs de pierre et plafond de bois, meubles anciens et luminaires aux lignes contemporaines. L'ensemble est chaleureux, avec de nombreuses touches de couleurs tantôt pastel, tantôt plus soutenues. Un patio fleuri et charmant permet de lire au calme. Quelques boîtes de jeux à déballer dans un salon avec cheminée. Bref, une atmosphère sereine et délicate. Réservation conseillée deux mois à l'avance. *10 % sur le prix de la chambre (sauf haute saison) offerts à nos lecteurs sur présentation de ce guide.*

I●I *Côté Quai* – 9, quai de la Criée ☎ 05-46-29-94-94. 🐾 Fermé le mardi hors saison (sauf pendant les vacances scolaires). Congés annuels : en janvier. Accès : sur le port. Menus à partir de 22 €. Plats de 12,20 à 19,82 €. Compter 24 € pour un repas complet. Une petite salle à l'atmosphère marine, pleine de simplicité. La terrasse, en bordure de port, n'est pas plus grande. Service prévenant. La carte et les suggestions du chef (qui changent en fonction de la pêche et des saisons) sont évidemment tournées vers le large. On y savoure une cuisine inventive, délicate et goûteuse. L'imagination et le talent du chef cuisinier ne sont jamais en panne. Vous voulez savoir quels sont ces aromates qui parfument cette succulente fricassée de seiches? Quel est donc le secret de ces inoubliables truffes chaudes au chocolat fondant? Eh bien, sachez que le voile ne sera pas levé... Une adresse qui s'est rapidement forgée une réputation largement méritée. *Café offert à nos lecteurs sur présentation de ce guide.*

DANS LES ENVIRONS

SAINT-CLÉMENT-DES-BALEINES
17590 (4 km NO)

🏠 *Hôtel Le Chat Botté* ** – pl. de l'Église (Centre) ☎ 05-46-29-21-93. Fax : 05-46-29-29-97. ● www.hotelchatbotte.com ● Cartes de paiement refusées. Parking. TV. 🛇 Congés annuels : de début janvier à mi-février et de fin novembre à mi-décembre. Accès : au cœur du village. Chambres doubles de 58 à 102 € avec douche, de 67 à 105 € avec bains. Face à l'église, cet hôtel de charme à l'atmosphère sereine offre de belles chambres boisées, lumineuses et élégantes. Choisir de préférence les n°s 5, 6, 7, 10 et 17, tout en bois et dans des tonalités « crème de lait ». On prend son petit déjeuner dans un patio fleuri avant de s'installer dans l'un des transats disposés dans le vaste et beau jardin pour un bain de soleil sans bain de foule. Un petit centre de remise en forme (balnéo, enveloppement d'algues, harmonisation énergétique) et 2 courts de tennis viennent s'ajouter à un ensemble déjà fort plaisant. Petit garage à vélos. Réserver longtemps à l'avance. Petit bémol cependant : les bébés qui ne font pas leur nuit ne sont pas les bienvenus...

🍴 *Restaurant Le Chat Botté* – 2, rue de la Mairie ☎ 05-46-29-42-09. 🛇 Fermé le lundi hors saison. Congés annuels : du 1er janvier au 1er février et du 1er au 31 décembre. Accès : tout près de la place de l'Église. À 30 m de l'hôtel du même nom. 1er menu à 20,60 € servi tous les jours, midi et soir, puis autres menus de 30 à 39 €. Menu-enfants à 11,50 €. Vaste salle, du bois à profusion, une cheminée pour les jours un peu frais et une terrasse plein sud pour profiter du soleil. Qualité de la cuisine essentiellement tournée vers la mer. Des produits d'une fraîcheur absolue, un registre classique (mouclade, bar en croûte au beurre blanc, turbot rôti des maraîchers,

etc.) mais une cuisine pleine d'allant, un service très stylé. Sans conteste, l'une des meilleures tables de l'île à des prix qui (justement pour l'île) sont plus que raisonnables.

Carte régionale B2

🏠🍴 *Hostellerie du Périgord* ** – quartier Plaisance (Sud-Est) ☎ et fax : 05-45-98-50-46. ● www.hpmorel.com ● Parking. TV. 🛇 Fermé le dimanche soir et le lundi hors saison, le dimanche soir en saison. Accès : au pied du village, sur la route de Ribérac. Chambres doubles avec douche et w.-c. ou bains de 40 à 70 €. Menus à 16 €, le midi en semaine et le samedi, puis de 24 à 35 € midi et soir. Vieille adresse locale sauvée d'une ruine annoncée (jetez un coup d'œil aux photos d'« avant » qui traînent à la réception) par un jeune couple franco-anglais. Excellent accueil. Chambres rénovées pour de vrai, mignonnes comme tout (mais celle dans laquelle on a dormi avait une literie un peu mollassonne...). Agréable petit salon pour se poser avec un bouquin. Salle à manger plaisante avec sa véranda qui ouvre sur le jardin (et sa piscine de poche). Cuisine plutôt mode, pleine d'idées.

Carte régionale A1

🏠🍴 *Hôtel-restaurant L'Océan* ** – 172, rue Saint-Martin ☎ 05-46-09-23-07. Fax : 05-46-09-05-40. ● www.re-hotel-ocean.com ● Parking. TV. Satellite. Resto fermé le mercredi hors vacances scolaires. Congés annuels : du 5 janvier au 5 février. Accès : à 50 m de l'église. Chambres de 61 à 120 € avec douche et w.-c. ou bains. Demi-pension de 61,50 à 91 € par personne. Menus de 22 à 32 €. Menu-enfants à 10 €. Vieille maison typiquement rétaise dans une rue paisible, à l'écart du passage. Accueil très décontracté-chic comme on sait l'être sur l'île. Une enfilade d'exquis petits salons (les patrons étaient antiquaires et cela se voit) pour se mettre dans l'ambiance. Et, ordonnées autour d'un vaste patio fleuri où pousse un pin centenaire, des chambres toutes différentes, toutes charmantes, où l'on puisera plus d'idées que dans un magazine de déco : boiseries patinées ou enduits à l'ancienne pour les murs, jonc de mer pour les sols, couvre-lits en piqué de coton, cabines de bains en guise de placards, etc.

Salle de resto dans le même ton, presque néo-coloniale, n'étaient quelques toiles marines accrochées au mur. Terrasse dans le patio. Cuisine de marché et de saison (chaudrée charentaise, dos de cabillaud au beurre de thym, filet de bar braisé à la vanille), produits frais et saveurs justes. Parking pour vélos. Un de nos coups de cœur, évidemment.

|●| La Bouvette Grill de Mer – Le Moulin-de-Morinand (Nord) ☎ 05-46-09-29-87. Accès : en évitant Saint-Martin-de-Ré par la rocade, prendre la direction Le Bois-Plage sur la gauche ; Le Moulin-de-Morinand est à 1 km environ. Menu à 11,50 € le midi en semaine. Autre menu à 20 €. Compter 27 € à la carte. Cet ancien garage qui, vu de l'extérieur, ne paie pas de mine, abrite une des tables les plus intéressantes de l'île. Le maître des lieux régale son monde de produits de la mer que l'on dirait tout juste sortis de l'Océan. Sur l'ardoise s'affichent salade terre-mer, 6 huîtres, fricassée de langoustines, brochette de lotte, cassoulet de la mer, sardines, sole, saumon, bar grillé... et chèvre chaud, tarte maison, île flottante. La salade *Bouvette* (saumon, coquilles Saint-Jacques, seiches) fond dans la bouche, l'éclade de moules, apportée dans une poêle sur un lit d'épines de pin, est délicieuse (bonne idée, le filet de vinaigre de framboise) et le crabe farci est un pur régal. En dessert, l'ananas frais s'impose. Bonne atmosphère, bons produits, *La Bouvette* a tout pour plaire et le succès est au rendez-vous. La réservation plusieurs jours à l'avance est désormais indispensable en saison. Terrasse avec gril en extérieur. *Apéritif maison ou café offert à nos lecteurs sur présentation de ce guide.*

DANS LES ENVIRONS

COUARDE-SUR-MER (LA) 17670
(3 km N)

⌂ |●| Hôtel-restaurant La Salicorne – 16, rue de l'Olivette (Est) ☎ et fax : 05-46-29-82-37. Fermé le jeudi midi en juillet-août. Congés annuels : de la Toussaint à Pâques. Accès : près de la rue principale. Chambres doubles avec lavabo à 31 €. Menu à 22 €. À la carte, compter près de 40 €. On vous conseille de vous aventurer dans la carte (clafoutis de langoustines aux champignons, marmite de homard aux crustacés, langoustines au foie gras sur tagliatelles, etc.) ; c'est là que se révèle pleinement le talent du maître des lieux (utilisation juste des épices, d'arômes de vanille...). Évidemment, c'est un peu plus cher, mais on est sur

l'île de Ré... et qui plus est, dans une adorable petite salle avec une exposition permanente d'œuvres familiales. Terrasse dans une rue paisible. Chambres entièrement refaites, à des prix très honnêtes. *Café offert à nos lecteurs sur présentation de ce guide.*

⌂ |●| Hôtel-restaurant Les Mouettes ** – 28, Grande-Rue ☎ 05-46-29-90-30. Fax : 05-46-29-05-41. TV. Fermé le dimanche après-midi d'octobre à mars. Accès : sur la place, face à l'église. Chambres doubles de 41 à 64 € avec douche et w.-c. Menus à 14, 17 puis 22 €. L'endroit le moins cher de l'île et l'un des plus charmants. Une dizaine de chambres donnant sur une terrasse intérieure. À côté, une annexe avec 12 petites chambres donnant sur une rue très calme. En été, réserver le plus tôt possible (l'adresse commence à être connue des habitués). Menus très abordables. Servis en terrasse : pavé de bar au fenouil, magret de canard au miel et aux épices, ou dos de cabillaud aux palourdes... *10 % sur le prix de la chambre offerts à nos lecteurs sur présentation de ce guide.*

⌂ Hôtel Le Vieux Gréement *** – 13, pl. Carnot (Centre) ☎ 05-46-29-82-18. Fax : 05-46-29-50-79. ● hotelvieuxgreement@wanadoo.fr ● TV. Satellite. Hôtel toujours ouvert, bar fermé le mercredi. Congés annuels : du 15 janvier au 15 mars. Chambres doubles avec bains de 46 à 74 € en basse saison, de 74 à 96 € en haute saison. Sur la petite place juste derrière l'église, ce petit hôtel a été totalement refait avec goût. Bois lazurés couleurs pastel et décoration rappellent la mer toute proche (la patronne est décoratrice, ça aide...). Les chambres et salles de bains sont impeccables et la literie excellente. Éviter tout de même les chambres donnant directement sur la place, charmantes, mais un peu plus bruyantes. Assiettes d'huîtres et tartines gourmandes à déguster en terrasse ou dans une cour à l'ombre d'une tonnelle de vigne. Accueil agréable. *10 % sur le prix de la chambre (en basse saison) ou apéritif maison offerts à nos lecteurs sur présentation de ce guide.*

BOYARDVILLE   17190

Carte régionale A2

|●| La Roue Tourne – ☎ 05-46-47-21-47. Accès : entre Boyardville et Sauzelle, sur le côté gauche de la route en venant de Boyardville, presque en face des viviers de la Saurine (c'est la même maison), le long du chenal. Le soir, il faut impérativement réserver et même commander son menu à l'avance. Le midi, plats de 6,10 à 9,15 € ; le soir, menu charentais à 28 € ou menu à 29 €. Compter 24 € à la carte. *La Roue Tourne* est l'exemple type de l'adresse un peu perdue que l'on se plaît à dénicher. Depuis plus de 30 ans, c'est le bouche à oreille qui fait vivre cette aventure familiale qui commença sur la plage de Boyardville. Le cadre d'abord. Rustique avec vieille pierre, poutres et vaste cheminée, convivial avec de grandes tablées communes et de longs bancs, pas vraiment confortables mais il y a des coussins pour les séants délicats. Spécialités de poisson et fruits de mer, en provenance directe du vivier de l'autre côté de la route (gage de fraîcheur indéniable), à accompagner d'un bon bordeaux blanc. Délicieuse éclade. Le soir, vers 23 h, alors qu'on n'est pas encore venu à bout du formidable plateau de fruits de mer et que les conversations vont déjà bon train avec les voisins de table, voilà qu'un musicos sort sa guitare et pousse la chansonnette. Et là, c'est le délire. En moins d'une demi-heure, à grands renforts de succès yé-yé, de *Viva España* et autres tubes des années 1980, tout le monde chante et danse sur les bancs ! Jeunes et moins jeunes participent à cette ambiance incroyable, unique sur l'île et dans les environs. Vous l'avez compris, une adresse incontournable. Le midi, pas d'obligation de réserver et l'atmosphère est généralement plus calme. *Café offert à nos lecteurs sur présentation de ce guide.*

BRESSUIRE 79300

Carte régionale A1

☎ |●| *Hôtel-restaurant La Boule d'Or* ** – 15, pl. Émile-Zola (Sud-Ouest) ☎ 05-49-65-02-18. Fax : 05-49-74-11-19. Parking. TV. Canal+. Fermé le dimanche soir et le lundi midi. Accès : à 2 mn à pied du centre. Chambres doubles à 35,58 € avec douche et w.-c. ou bains. Menus de 11 à 32 €. Une adresse qui allie une cuisine traditionnelle de qualité – sans surprise – à un confort propre et feutré. On y a bien dîné, c'est rapide, c'est copieux. L'accueil est, lui, fort chaleureux ; d'ailleurs, on rigole bien avec la patronne (ah ! les histoires de maman Simone !). *Apéritif maison offert à nos lecteurs sur présentation de ce guide.*

DANS LES ENVIRONS

CERIZAY 79140 (15 km SO)

☎ |●| *Hôtel du Cheval Blanc* ** – 33, av. du 25-Août (Centre) ☎ 05-49-80-05-77. Fax : 05-49-80-08-74. Parking payant. TV.

Canal+. ⚬ Hôtel fermé le samedi et le dimanche hors saison (sauf sur réservation à l'avance) et resto fermé le dimanche en saison. Congés annuels : du 1er au 11 mai et du 13 décembre au 6 janvier. Accès : sur la route de Saint-Mesmin en direction de Pouzauges. Chambres doubles de 38,20 à 45,80 €. Menus de 10,50 à 19,70 €. Des chambres confortables et bien équipées, au calme pour celles (presque toutes !) qui s'ouvrent sur un petit jardin moussu (demandez les nos 21 à 26). Au milieu de la vaste salle trône une majestueuse cheminée dans laquelle sont grillés viande et poisson. Un service très féminin, souriant et sans perte de temps. Les spécialités de la maison : pavé d'agneau au thym, entrecôte... accompagnées d'une bonne carte de vins. Les portions pourraient être un peu plus chargées, surtout que les pièces de viande sont délicieuses. Efficace.

CHALAIS 16210

Carte régionale B2

|●| *Le Relais du Château* – 15, rue du Château ☎ 05-45-98-23-58. Fermé le dimanche soir et le lundi. Menus à 16 €, le midi en semaine, et de 21,35 à 27,35 €. Installé dans l'ancienne salle des gardes du fameux château des Talleyrand, carrément. On pénètre donc au resto par le pont-levis ! À l'intérieur, le cadre est d'époque avec un plafond voûté qui lui donne grande allure. Le jeune chef (depuis peu dans les murs) propose, au gré du marché, une jolie cuisine dans le registre terroir revisité. *Café offert à nos lecteurs sur présentation de ce guide.*

CHARROUX 86250

Carte régionale B1

☎ |●| *Hostellerie Charlemagne* * – 7, rue de Rochemeaux (Centre) ☎ 05-49-87-50-37. Parking. TV. Fermé le dimanche soir et le lundi hors juillet-août. Accès : à côté des ruines de l'abbaye, en face des halles. Chambres doubles à 35 € avec douche et w.-c. ou bains. Menus de 15 à 30,50 €. L'*Hostellerie Charlemagne*, construite avec des pierres de l'abbaye, nous projette dans un passé somptueux. La salle à manger est digne d'un roman de cape et d'épée. On y mange une cuisine savoureuse : salade folle de fromage de chèvre, carré d'agneau à l'ail en chemise, pièce de bœuf au cognac et poivre éclaté... Côté chambres, on a un faible pour la n° 8, avec sa salle de bains en pierre de taille. Côté prix, rien à décevant.

CHÂTEAU-D'OLÉRON (LE)   17480

Carte régionale A2

≜ |●| *Hôtel de France – Restaurant La Fleur de Sel* ** – 11, rue du Maréchal-Foch (Centre) ☎ 05-46-47-60-07. Fax : 05-46-75-21-55. TV. Resto fermé le dimanche soir et le lundi hors saison. Chambres doubles avec douche et w.-c. ou bains de 34 à 44 €. Menus de 12 €, le midi en semaine, autres menus de 15 à 25 €. Menu-enfants à 7 €. Le classique hôtel de centre de bourg, confortable et accueillant, à deux pas de la place principale (pas de vue sur la mer donc...). Le resto *La Fleur de Sel* nous a franchement emballés. Coquette petite salle à la déco dans les tons jaune et bleu. Cuisine jamais en panne d'imagination (faux-filet au porto, rosace de rougets au jus de viande, langoustines flambées au cognac, etc.) et à prix tenus. *Café offert à nos lecteurs sur présentation de ce guide.*

DANS LES ENVIRONS

GRAND-VILLAGE 17370 (11 km S)

|●| *Le Relais des Salines* – port des Salines ☎ 05-46-75-82-42. ⚓ Fermé le dimanche soir et le lundi hors saison. Congés annuels : du 15 novembre au 15 mars. Accès : par la D126. Petit menu à 12 € le midi sauf le dimanche. Compter 22 € à la carte. Au cœur d'un marais salant. Sympathique petit resto installé au bord d'un canal dans une pittoresque baraque de planches (à laquelle, toutefois, un peu de patine ne nuirait pas), comme on en a sauvé quelques-unes ici. Quelques tables dans la maison, quelques autres posées sur un bateau à quai. Franche cuisine marine, pleine de saveurs et à des prix fort charitables. La carte aligne les classiques oléronais (huîtres, friture de céteaux) et quelques réjouissantes spécialités : huîtres chaudes à la fondue de poireaux, langoustines flambées au pineau, etc. *Café offert à nos lecteurs sur présentation de ce guide.*

RONCE-LES-BAINS   17390

(18,5 km S)

≜ |●| *Hôtel Le Grand Chalet – Restaurant Le Brise-Lames* ** – 2, av. de la Cèpe (Centre) ☎ 05-46-36-06-41. Fax : 05-46-36-38-87. ● frederic.moinardeau@wanadoo.fr ● Parking. ⚓ Fermé le lundi midi et le mardi hors saison. Congés annuels : du 11 novembre au 8 février. Accès : à l'extrémité de la presqu'île d'Arvert et de ses plages de sable fin qui courent jusqu'à Royan. Compter de 47 à 62 € pour une chambre double en été, avec douche et

w.-c. ou bains, et de 37 à 52 € en basse saison. 1er menu à 15 € le midi, menus suivants à 20, 30 et 40 €. Menu-enfants à 8 €. Hôtel d'un classicisme bon teint (en phase avec cette station balnéaire un brin désuète qu'est Royan), posé tout au bord de l'Océan. Évidemment, les chambres qui donnent de ce côté-là, les plus agréables (surtout pour celles de plain-pied sur le jardin, ou celles avec balcon), sont les plus chères. Cuisine de saison qui fait la part belle aux poisson et aux fruits de mer. Pains et viennoiseries faits maison. Accueil et service très pro. *Apéritif maison offert à nos lecteurs sur présentation de ce guide.*

CHÂTELAILLON-PLAGE   17340

Carte régionale A2

≜ *Hôtel d'Orbigny* ** – 47, bd de la République (Nord) ☎ 05-46-56-24-68. Fax : 05-46-30-04-82. ● www.hotel-dorbigny.com ● TV. Congés annuels : de début décembre à fin février. Accès : entre la mairie et le fort Saint-Jean. Chambres doubles de 40 à 43 € avec douche et w.-c. ou bains. Parking payant les week-ends fériés et en été. Ancienne maison de vacances début XXe siècle à l'architecture typiquement balnéaire. Piscine dans la cour intérieure. Une piscine à 100 m de la plage ? Quelle idée ? Eh bien, ollo n'oct pao el mauvaise que ça, cette idée, parce qu'à Châtelaillon, quand la mer se retire, elle le fait sur un bon kilomètre ! Pas mal de chambres rénovées, à la déco toute simple mais correcte et d'un rapport qualité-prix honnête. Mais certaines sont un peu sombres et tristounettes, avec leur vieille moquette aux murs ; essayer de choisir. Chambres plus calmes côté piscine, même si, sur la rue, le double vitrage remplit parfaitement son rôle.

≜ *Hôtel Victoria* ** – 13, av. du Général-Leclerc (Centre) ☎ 05-46-30-01-10. Fax : 05-46-56-10-09. ● hotel.victoria@fresbee.fr ● Parking payant. TV. Congés annuels : en janvier et décembre. Chambres doubles à 54 € avec douche et w.-c. ou bains. Resto uniquement pour les clients de l'hôtel : demi-pension à 55 € par personne. Devant la façade, typique de l'architecture balnéaire début XXe siècle, on imagine sans peine les cohortes de familles avec pelles et seaux, bouées canard et filets à crevettes que les murs de cette vieille mais superbe villa ont vu passer. La déco joue un peu de cette nostalgie-là et c'est, finalement, tout à fait charmant. Chambres plaisantes, entièrement rénovées et avec pas mal de goût. Pour être tout à fait franc, la gare est de l'autre côté de la rue mais les trains sont rares la nuit, et la maison suffisamment grande pour qu'on y trouve une chambre au calme. L'accueil est malheureusement iné-gal. *Apéritif maison offert à nos lecteurs sur présentation de ce guide.*

🏠 |●| *Les Flots* ** – 52, bd de la Mer ☎ 05-46-56-23-42. Fax : 05-46-56-99-37. TV. ♨ Fermé le mardi. Congés annuels : de mi-décembre à fin janvier. Accès : face à la plage. Chambres doubles de 57 à 78 €. Demi-pension de 55 à 68 € par personne. Menu à 22 €. À la carte, compter environ 30 €. Un restaurant au charme discret avec beau parquet, tables et chaises en bois. Règne un parfum de bistrot gastronomique tourné vers le large, avec sa grande voile et son mat posés sur fond de mer houleuse. Cuisine marine qui s'inspire de recettes tra-ditionnelles et dont la fraîcheur est assurée ; morue fraîche à la purée d'ail, papillote de moules, etc., et plateau de fruits de mer, évi-demment. Pâtisseries maison et vins servis au verre. Une adresse dont la réputation dépasse largement les limites de Châtellail-lon.

CHAUVIGNY 86300

Carte régionale B1

🏠 |●| *Hôtel-restaurant Le Lion d'Or* ** – 8, rue du Marché (Centre) ☎ 05-49-46-30-28. Fax : 05-49-47-74-28. Parking. TV. Satellite. ♨ Congés annuels : du 24 décembre au 2 janvier. Accès : à côté de l'église. Chambres doubles avec douche et w.-c. ou bains à 42 €. Cinq menus entre 16 et 33 €. Hôtel bourgeois et traditionnel. Chambres récemment refaites, bien équi-pées et modernes, situées soit dans le bâti-ment principal donnant sur la rue, soit dans une annexe donnant sur un parking calme à l'arrière. Pour les familles, une grande chambre. Au restaurant, on est servi dans une vaste salle assez design et très agréable. Le chef prépare de bonnes spé-cialités, comme les noisettes d'agneau au chèvre chaud, la sole à l'émincé de cour-gettes, ou le gâteau de crêpes soufflées au coulis de framboises. Une bonne adresse dans cette ville qui incite au coup d'œil.

🏠 |●| *Le Chalet Fleuri* ** – 31, av. Aris-tide-Briand ☎ 05-49-46-31-12. Fax : 05-49-56-48-31. Parking payant. TV. Resto fermé le lundi midi (sauf jours fériés). Accès : à la sortie de Chauvigny, prendre la route de Poitiers et première route à gauche après le pont sur la Vienne. Chambres doubles de 43 € avec douche ou bains. Demi-pension à 37,65 € par personne. Menu à 13 € en semaine. Autres menus de 16 à 33,60 €. À l'écart du village, assise au bord de la Vienne, entourée de jardins, d'arbres et d'un terrain de football, cette auberge (de construction récente) a l'avantage d'être très calme. L'intérieur, spacieux et clair, est équipé aux normes européennes avec des chambres impeccables dotées de grands lits aux bons matelas. Certaines ont une jolie vue sur la rivière et, au loin, sur la cité médiévale (nos 5 à 9). Côté restaurant, agréable et grande salle de province pour s'attaquer à une cuisine traditionnelle sym-pathique (cervelle meunière, blanquette de veau, cuisses de grenouilles à la proven-çale, etc.). Accueil variable mais générale-ment souriant.

|●| *Les Choucas* – 21, rue des Puys, ville haute ☎ 05-49-46-36-42. Fermé les mardi et mercredi d'octobre à mars. Congés annuels : en janvier. Accès : cité médiévale. Menus de 12 à 28 €. Un splendide escalier médiéval vous mène au 1er étage. Au pas-sage, coup d'œil sur les cuisines. Ça sent déjà bon ! Le cadre est chaud et ne manque pas de caractère. On y sert une bonne cui-sine poitevine : farci poitevin sauce aux lumas, gibelotte de lapin à la lenchoïtroise, *macaromé* du Poitou... Bons vins au pichet à prix doux. En apéro, ne manquez pas d'essayer cette « Courtisane », une recette médiévale à base de vin rosé aromatisé à la cannelle et au gingembre. Hmm ! Service attentif et naturel. *Apéritif maison ou café offert à nos lecteurs sur présentation de ce guide.*

COGNAC 16100

Carte régionale A2

🏠 |●| *Hôtel La Résidence* ** – 25, av. Victor-Hugo (Centre) ☎ 05-45-36-62-40. Fax : 05-45-36-62-49. ● la.residence@free.fr ● Parking payant. TV. Satellite. Accès : à 100 m de la place François-Ier. Chambres doubles à 32 € avec lavabo, puis de 38,10 à 45 € avec douche ou douche et w.-c., 49,60 € avec bains. Charmant petit hôtel rénové aux chambres toutes pimpantes et bien insonorisées. Accueil très sympa et disponible (motards bienvenus). Vous êtes un adepte du calme, prenez la chambre n° 109 ; vous aimez vos aises, demandez la n° 201, chambre-salon pour 3 personnes ; vous préférez avoir les pieds dans l'eau, choisissez alors la n° 104, qui possède une très grande salle de bains ! Parking gratuit pour motos et vélos. *10 % sur le prix de la chambre (sauf juillet et août) offerts à nos lecteurs sur présentation de ce guide.*

🏠 |●| *L'Étape* ** – 2, av. d'Angoulême (Centre) ☎ 05-45-32-16-15. Fax : 05-45-36-20-03. Parking. TV. Canal+. Satellite. Fermé le samedi midi et le dimanche soir. Accès : sur la D945 (Châteaubernard) Chambres doubles à 39 € avec douche, à 44 € avec douche et w.-c. ou bains. Menu rapide à 9,50 € en semaine. Autres menus de 12 à 23 €. Une adresse quelque peu excentrée, mais une... bonne adresse. Accueil jeune et ambiance familiale. Chambres confortables. Deux salles de restaurant : l'une au rez-de-chaussée, qui fonctionne en brasserie, l'autre en sous-sol, traditionnelle et du plus bel effet. Quelques plats de terroir pour vous allécher : faux-filet au cognac et confit de poule au pineau. *Apéritif maison offert à nos lecteurs sur présentation de ce guide.*

l●l Restaurant La Boune Goule – 42, allée de la Corderie (Centre) ☎ 05-45-82-06-37. Hors saison, fermé le dimanche et le lundi. Menus à 11,44 € (bordeaux en carafe compris), sauf le dimanche, et de 15,25 à 22,87 € vin non compris. « À *La Boune Goule,* ici on est beunaise » (à la bonne goule, ici on est beun aise), ou encore : « Pour bien manger, ne sois pas trop pressé ». Telles sont les devises affichées dans ce resto. Ambiance chaleureuse et tranquille, (et un peu kitsch : visez les grappes de raisins et feuilles de vignes en plastique) qui sent bon la campagne : le bois, les nappes rouges, les râteliers pendus au plafond. Bonne carte de vins charentais. Plats de tradition généreusement servis : cagouilles sauce de Pire, côte de bœuf, *jaud* au cognac... Animation musicale le vendredi et le samedi soir en saison, le samedi soir en hiver. *Apéritif maison ou digestif maison offert à nos lecteurs sur présentation de ce guide.*

l●l Restaurant La Boîte à Sel – 68, av. Victor-Hugo (Sud-Est) ☎ 05-45-32-07-68. ♿ Fermé le lundi. Congés annuels : du 20 décembre au 5 janvier. Accès : route d'Angoulême. Menus de 12 à 40 €. Compter 30 € à la carte. Installé dans une ancienne épicerie. Vitrines et rayonnages ont été conservés et accueillent désormais vins et cognacs d'exception. Joli cadre, donc, élégant sans être pédant. Et excellente cuisine. Le chef joue avec les produits de la région et varie les menus en fonction des saisons : roulé de sole farci aux langoustines, filet de bœuf flambé au cognac, crème brûlée à l'ancienne... *Café offert à nos lecteurs sur présentation de ce guide.*

l●l Le Coq d'Or – 33, pl. François-Ier (Centre) ☎ 05-45-82-02-56. ♿ Ouvert de midi à minuit toute l'année. Accès : en plein centre-ville, sur la place. Menus de 12,20 à 38 €. Brasserie à la parisienne, on ne peut plus centrale et très pratique pour ses horaires. Service rapide, bon accueil, prix élastiques et grand choix à la carte : salades, choucroutes, fruits de mer, grillades, tête de veau, escargots, etc. Également quelques spécialités du cru, comme la délicieuse côte de veau aux cèpes, déglacée au cognac. Desserts charentais : jonchée (fromage blanc égoutté dans des joncs) et caillebotte (lait caillé, plus fin que du yaourt, avec du sucre et... un petit verre

de cognac). De plus, c'est copieux ! *Café offert à nos lecteurs sur présentation de ce guide.*

DANS LES ENVIRONS

SEGONZAC 16130 (14 km SE)

l●l La Cagouillarde – 18, rue Gaston-Briand ☎ 05-45-83-40-51. Fermé le samedi midi, le dimanche soir et le lundi. Accès : par la D24 en direction de Barbezieux, à peine à l'écart du centre, près de la place de l'Église. Menus à 12,04 €, le midi en semaine, 18,29 et 25,15 €. Compter 23 € à la carte. Installé dans un ancien hôtel. Une première salle (celle de l'ancien bistrot, à en croire la déco) avec du charme mais presque trop grande quand les convives s'y font rares. Une seconde, au fond, plus intime avec sa grande cheminée pour les grillades aux ceps de vigne. Aux beaux jours, service en terrasse, près du jardin. Bonne petite cuisine proche de son terroir : jambon à l'échalote et au vinaigre, cagouilles farcies et excellentes côtes d'agneau grillées (devant vous), servies avec des mojhettes à l'huile de noix. On n'en est pas ressorti l'estomac vide mais les gros appétits pourront trouver les portions un peu chichiteuses. Bonne carte de pineaux. *Café offert à nos lecteurs sur présentation de ce guide.*

CONFOLENS 16500

Carte régionale B2

🏠 l●l La Mère Michelet ★★ – 19, allée de Blossac ☎ 05-45-84-04-11. Fax : 05-45-84-00-92. ● mere-michelet@wanadoo.fr ● Parking. TV. Canal+. Accès : sur la rive gauche de la Vienne. Chambres doubles à 29 € avec lavabo, à 32 € avec douche, de 38 à 40 € avec douche et w.-c. ou bains. Demi-pension à 44,50 € par personne. Menus de 11,50 à 35 €. Une entreprise familiale dynamique. Chambres classiques et proprettes. Au restaurant (un genre d'institution locale), ne ratez pas les plats du terroir et les pâtisseries maison. *Apéritif maison offert à nos lecteurs sur présentation de ce guide.*

DANGÉ-SAINT-ROMAIN 86220

Carte régionale B1

🏠 l●l Le Damius ★★ – 16, rue de la Gare (Centre) ☎ 05-49-86-40-28. Fax : 05-49-93-13-69. Cartes de paiement refusées. Parking. TV. Satellite. Fermé le dimanche soir et le lundi. Congés annuels : la 2e quinzaine de septembre et 1re semaine d'octobre. Accès : venant de Chatellerault, 3e feu à droite ; venant de Tours, 2e feu à gauche. Chambres doubles coquettes et avec de bons matelas, à 45 € avec douche et w.-c., et à 49 € avec bains. Menus de 14 à 32 €. Une petite affaire de famille tenue amoureusement par Michel et Martine Malbrant. Le resto donne sur une terrasse et un jardin aménagé pour les bambins. Essayez le dos de sandre au beurre blanc ou l'épaule d'agneau à la ciboulette. Pour ceux qui ont le sommeil léger, même si tout est insonorisé, on se doit de vous dire que la ligne TGV passe juste à côté de l'hôtel. Une bonne adresse cependant, d'autant que l'accueil est excellent. *10 % sur le prix de la chambre offerts à nos lecteurs sur présentation de ce guide.*

FONT-D'USSON (LA)   86350

Carte régionale B1

🏠 |◉| *Auberge de l'Écurie* ** ☎ 05-49-59-53-84. **Fax : 05-49-58-04-50.** Cartes de paiement refusées. Parking. TV. ♿ Fermé le dimanche soir (sauf jours fériés). Congés annuels : 2 semaines en octobre. Accès : de Lussac, sortie route de Poitiers, puis direction Mazerolles et Bouresse par la D727 ; le resto est situé à 3,5 km, avant d'arriver à Usson-du-Poitou. Chambres confortables, avec douche et w.-c., pour 37,50 €. Menus à 12,96 €, servi tous les jours, puis à 23,63 et 34,30 €, tellement copieux qu'il est difficile d'en voir le bout ! Dans un hameau isolé en rase campagne, au milieu des prairies, une écurie soigneusement retapée, aménagée de façon rustique, où le temps s'est arrêté il y a bien longtemps. Idéale pour faire une escale avec les rayons du soleil d'été. Dans les assiettes : bouilliture d'anguilles ou noix d'agneau aux herbes, escargots persillés, cuisses de grenouilles, ris d'agneau à la crème. Bons produits préparés simplement. On peut aussi venir prendre le thé, en dégustant des pâtisseries maison. Accueil calme et extrêmement sympathique. *Café offert à nos lecteurs sur présentation de ce guide.*

FOURAS   17450

Carte régionale A2

🏠 |◉| *Grand Hôtel des Bains* ** – 15, rue du Général-Brüncher (Centre) ☎ 05-46-84-03-44. **Fax : 05-46-84-58-26.** ● www.perso.wanadoo.fr/grand.hotel.des.bains/ ● Parking payant. TV. Congés annuels : du 1er novembre au 15 mars. Accès : à 50 m du fort Vauban et de la plage. Chambres de 40 à 58 € avec douche et w.-c., ou de 45 à 60 € avec bains et w.-c., selon la saison et la vue. Menus à partir de 18,15 €, puis à 21,50 et 28,50 €. Au cœur de Fouras, cet ancien relais de poste a de l'allure. Chambres classiques mais avec un brin de coquetterie, ordonnées autour d'un joli jardin (où prendre son petit déj' en été).

🏠 *Hôtel La Roseraie* ** – 2, av. du Port-Nord (Nord-Ouest) ☎ 05-46-84-64-89. Cartes de paiement refusées. TV. Satellite. ♿ Ouvert toute l'année. Accès : à l'entrée de Fouras, prendre la direction de La Fumée ; port de La Fumée. Chambres doubles avec douche et w.-c. ou bains de 48 à 57 € suivant le confort et la saison. M. et Mme Lacroix bichonnent leur petit hôtel, une grosse villa genre « Mon plaisir », et pratiquent des prix honnêtes pour la région. Chambres claires avec une bonne literie, vue sur mer ou jardin, et chiens bienvenus. Dans le hall d'entrée, une invraisemblable déco de night-club des années 1950 qui hésite entre le zèbre et le léopard.

JARNAC   16200

Carte régionale B2

|◉| *Restaurant du Château* – 15, pl. du Château (Centre) ☎ 05-45-81-07-17. Fermé le dimanche soir, le lundi et le mercredi soir. Congés annuels : du 15 au 31 janvier et du 6 au 28 août. Menus à 16,50 €, le midi en semaine, et de 26 à 38 €. À la carte, compter 41 €. La « bonne table » de la ville. Adresse sérieuse, au cadre dans les jaune et bleu élégant mais assez frais, et à l'accueil concerné. Premier menu un peu court, il vaut mieux s'intéresser aux suivants pour prendre toute la mesure de cette cuisine classique mais enlevée : queues de langoustines à l'orange, rognons de veau rôtis à l'estragon et au beurre rouge, petit soufflé glacé au cognac. La cave est à la hauteur, la carte des vins affichant plus de 100 bordeaux (et presque autant de cognacs). *Apéritif maison offert à nos lecteurs sur présentation de ce guide.*

JONZAC   17500

Carte régionale A2

🏠 |◉| *Hôtel Le Club* ** – 8, pl. de l'Église (Centre) ☎ 05-46-48-02-27. **Fax : 05-46-48-17-15.** TV. Fermé le vendredi soir, le samedi et le dimanche soir. Congés annuels : pour les fêtes de fin d'année. Chambres doubles à 39,65 € avec douche et w.-c., 45,75 € avec bains. Menus à 10,21 €, en semaine, puis à 14,48 et 17 €. Plaisant petit hôtel sur la tranquille place de l'Église. Accueil sympathique. Chambres rénovées et bien équipées. Les n°s 1, 2, 3 et 4 sont les plus spacieuses. Vigoureux rapport qualité-prix pour la région. Au resto, plats de toujours, comme on en sert dans les bistrots et les brasseries. Pas mal d'habitués, donc réservation conseillée. Café offert à nos lecteurs sur présentation de ce guide.

DANS LES ENVIRONS

CLAM 17500 (6 km N)

🏠 I●I *Hôtel-restaurant Le Vieux-Logis* ** – ☎ 05-46-70-20-13. Fax : 05-46-70-20-64. ● info@vieuxlogis.com ● Parking. TV. Satellite. 🐕 Fermé le dimanche soir hors saison. Congés annuels : du 5 janvier au 5 février. Accès : par la D142, direction Pons. Chambres doubles à 39 € avec douche et w.-c., de 42 à 48 € avec bains. Menus de 14 €, sauf le dimanche, à 32 €. On se sent instantanément comme invité chez des amis dans cette aimable auberge de campagne. Est-ce l'accueil franc et souriant du patron, ancien photographe qui accroche ses clichés aux murs de la salle à manger ? Est-ce cette excellente cuisine de bonne femme, ces plats de ménage et de terroir (fois gras maison, daube de canard aux cèpes) sacrément bien tournés ? On ne sait, mais on aurait bien pris nos habitudes au *Vieux-Logis*. 1er menu impeccable dans sa simplicité qui cache un sérieux tour de main. À l'écart, dans un bâtiment récent mais discret, tout bardé de bois, quelques agréables chambres, toutes de plain-pied sur le jardin. Petite piscine, tennis et prêt de VTT aux clients de l'hôtel. Réservation conseillée.

LOUDUN 86200

Carte régionale B1

🏠 I●I *Le Ricordeau* – pl. de la Bœuffeterie (Centre) ☎ 05-49-22-67-27. Fax : 05-49-22-53-16. TV. Fermé le dimanche soir toute l'année, ainsi que le lundi hors saison et le samedi midi uniquement en juillet et en août. Congés annuels : 1 semaine des vacances scolaires de février. Près de l'église Saint-Pierre. Chambres doubles à 35 € avec bains et w.-c. Demi-pension à 45 € par personne. Formule express avec un plat, une entrée ou un dessert et une boisson à 11,40 €, et menus de 14,45 à 31,90 €, servis tous les jours, midi et soir. Au cœur du vieux Loudun, un jeune couple plein d'entrain vient de reprendre la barre de cette belle maison de caractère. Salle spacieuse et décor lumineux et, aux beaux jours, terrasse fleurie avec vue sur le chevet de l'église Saint-Pierre. Cuisine de grande qualité, pleine de saveurs et de subtilité : millefeuille de joue de bœuf à la tomate confite, filet de sandre au safran, parmentier croustillant de cuisse de canard, délicieux craquant au chocolat... tout est parfait et, de plus, joliment présenté. À l'étage, 3 chambres seulement, simples, pimpantes et très spacieuses. Petits bémols : ces dernières ne sont pas très bien insonorisées et, côté resto, on a trouvé les vins un peu chers. Petits péchés largement pardonnés par la qualité de l'accueil, la saveur dans les assiettes et le très bon rapport qualité-prix de l'ensemble. *Apéritif maison offert à nos lecteurs sur présentation de ce guide.*

🏠 I●I *Hostellerie de la Roue d'Or* ** – 1, av. d'Anjou (Nord) ☎ 05-49-98-01-23. Fax : 05-49-22-31-05. Parking. TV. 🐕 Fermé le dimanche soir d'octobre à Pâques. Congés annuels : pendant les vacances de février (zone B). Chambres doubles à 42,70 € avec douche et w.-c. ou bains. Demi-pension à 42,70 € par personne. Menus à 13 €, midi et soir en semaine, puis de 17,60 à 34,60 €. Vieux relais de poste aux murs roses un peu défraîchis recouverts de vigne vierge, sur un carrefour désert la nuit. Histoire et souvenirs hantent ce lieu. Atmosphère provinciale et classique. Cuisine régionale classique et goûteuse, façonnée avec de bons produits : fricassée de petits-gris au beurre de cerfeuil, rôti de lotte au thym et girolles, pigeon aux raisins... Les chambres sont dans le même esprit provincial, quelques poutres donnent du charme à certaines. En demander une sur le côté car plus au calme. *Apéritif maison offert à nos lecteurs sur présentation de ce guide.*

LUSIGNAN 86600

Carte régionale B1

🏠 I●I *Le Chapeau Rouge* ** – 1, rue de Chypre (ex-rue Nationale) ☎ 05-49-43-31-10. Fax : 05-49-43-31-20. Parking. TV. Fermé les dimanche soir, lundi et jours fériés (sauf en été). Congés annuels : pendant les vacances de février (zone B) et la 2e quinzaine d'octobre. Accès : dans la partie basse de la ville. Chambres doubles à 40 € avec douche et w.-c. et à 50 € avec bains. Menus de 12,90 à 25,80 €. Derrière la façade de l'hôtel, ancien relais de poste datant de 1643, se cachent peut-être quelques lutins. Qui sait ! Demander une table près de la large cheminée qui trône dans la belle salle de restaurant. Bonne et généreuse cuisine traditionnelle, laissant une place importante au poisson. Quenelles de brochet à la Dugléré, dos de cabillaud à la croûte d'herbes, terrine maison à la confiture d'oignons, petits-gris du Poitou au sauvignon... Chambres agréables et bien équi-

POITOU-CHARENTES

pées. Demander la n° 4 ou la n° 5, qui donnent sur la cour (plus calme). Dommage que le bar ait été un peu saccagé par un décorateur peu soucieux du cachet de la maison. Jardin et parc fleuri. Parking privé fermé la nuit.

DANS LES ENVIRONS

COULOMBIERS 86600 (8 km NE)

🏠 |●| *Le Centre Poitou* ** – 39, route Nationale ☎ 05-49-60-90-15. Fax : 05-49-60-53-70. ● www.centrepoitou.com ● Parking. TV. Canal+. ♿ Restaurant fermé le dimanche soir et le lundi (octobre à juin), hôtel ouvert tous les jours sur réservation. Congés annuels : pendant les vacances de février (zone B) et du 21 octobre au 3 novembre. Accès : par la N11 en direction de Poitiers. Chambres doubles de très bon confort de 48 à 55 € avec douche ou bains. Demi-pension à 60 € par personne. Formule plat du jour et vin à 7,50 € en semaine, et menus de 19,50 à 60 €. Derrière les portes de cette grosse maison pleine de charme se cache un endroit de rêve, à la fois culinaire et gastronomique. Cuisine subtile et raffinée, à l'image de la patronne officiant en salle. Tout est fait maison de A jusqu'à Z : tartelette de foie gras chaud et sauté de truffes, canette au caramel d'épices, poularde pochée demi-deuil, tarte de fruits d'automne rôtis à la vanille. Menus aux noms de reines, « Clothilde », « Diane » et « Aliénor », pour un repas de roi. Formule le midi, qu'on peut prendre sous une adorable tonnelle, en retrait de la route. L'hôtel, rénové et agrandi, est à la hauteur.

MARANS 17230

Carte régionale A1

🏠 |●| *La Porte Verte* – 20, quai Foch (Centre) ☎ 05-46-01-09-45. TV. Fermé les dimanche, lundi et mardi hors saison, et le mercredi. Accès : par la N137, rue Principale et rue de la Maréchaussée. Chambres doubles de 50 à 72 €, petit déjeuner compris. Menus de 15 à 28 €. Dans le plus pittoresque quartier de Marans, un adorable jardin de poche où il fait bon dîner le soir, à la fraîche, face au canal de Pomère. Puis, passé la porte, tout aussi adorables, deux salles, fleuries et cosy en diable. Dans la plus grande, une magnifique cheminée qui accueille de belles flambées en hiver. La cuisine est à la hauteur du lieu : spécialités du terroir pleines d'esprit et de fantaisie, tirant toutes leurs saveurs de produits soigneusement sélectionnés. Belle carte des vins. Quant aux chambres d'hôte, aménagées à l'étage ou dans un ancien grenier

plein de caractère par cet accueillant couple (jadis hôteliers-restaurateurs à Winston-Salem en Caroline du Nord), elles sont chaleureuses, dotées de salles de bains loin d'être miniatures. Une étape de rêve, tout simplement... Également un gîte.

DANS LES ENVIRONS

SAINT-CYR-DU-DORET 17170 (14 km SE)

|●| *La Pommerie* – La Pommerie ☎ 05-46-27-85-59. ♿ Ouvert du jeudi au dimanche le midi et le samedi soir. Congés annuels : en février. Accès : prendre la D116 en direction de Taugon. À 150 m après le lieu-dit Margot, panneau sur la gauche. Pas de carte. 1er menu avec apéro, vin et café (!). Autres menus à 23 et 33 €. En pleine nature et au grand calme ! Une salle rustique ou une terrasse face à une BELLE pelouse plantée de pommiers. Catherine et Gilles font déguster une véritable cuisine de terroir, préparée avec amour : terrine maison, poêlée d'escargots, anguille persillée, paupiettes de sandre, etc. Le repas est pantagruélique, l'accueil charmant. Un excellent rapport qualité-prix ! *Apéritif maison ou café offert à nos lecteurs sur présentation de ce guide.*

MAULÉON 79700

Carte régionale A1

🏠 |●| *Hôtel-restaurant L'Europe* ** – 15, rue de l'Hôpital (Centre) ☎ 05-49-81-40-33. Fax : 05-49-81-62-47. ● www.hotel restaurantleurope.com ● Parking. TV. Canal+. Satellite. ♿ Fermé le vendredi soir, le samedi soir et le dimanche soir de mi-septembre à mi-mai ; en juin, juillet, août, fermé le dimanche soir et le lundi midi. Congés annuels : entre Noël et le Jour de l'An. Accès : dans la rue qui continue la Grand-Rue. Chambres doubles à partir de 36,59 € avec douche et w.-c. et 38,11 € avec bains. Menus de 11,45 à 27,50 €. *L'Europe* porte bien son siècle d'existence. Un décor contemporain siècle des chambres lumineuses qui sentent le neuf, et une cuisine élaborée et généreuse de Jacques Durand qui a redonné une seconde jeunesse à cet ancien relais de poste. Au choix, huîtres chaudes au cidre, duo de poire et chèvre, aumônière de pommes chaudes... *Café offert à nos lecteurs sur présentation de ce guide.*

MELLE 79500

Carte régionale B1

🏠 |●| *Hôtel-restaurant Les Glycines* ** – 5, pl. René-Groussard (Centre) ☎ 05-49-27-01-11. Fax : 05-49-27-93-45.

● www.paysmellois.com/lesglycines/
index.htm ● TV. Fermé le dimanche soir et
le lundi (sauf en juillet-août). Congés
annuels : 3 semaines en janvier et
3 semaines en novembre. Accès : sur la
place des Halles. Chambres doubles à
40 € avec douche et w.-c., à 46 € avec
bains. Demi-pension de 36 à 50 € par personne. 1er menu à 13 € en semaine, puis
menus de 15 à 34 €. Une table de grande
réputation, dont on entend souvent dire
qu'il est agréable d'aller y dîner. L'accueil
jeune et serviable, dans une déco plutôt
chaleureuse et traditionnelle, fait place à
une cuisine régionale un peu plus recherchée que la moyenne : chausson poitevin,
matelote d'anguilles, sablé aux pommes
caramélisées (bon à savoir, le chef est un
spécialiste des desserts). Côté hôtel, certaines chambres sont un peu petites (la
n° 1, par exemple) mais sinon, pas de mauvaise surprise, tout vient d'être refait, avec
charme et goût : beau tissu, cabine de
douche moderne, gros coussins. De
l'agréable et du confort à l'état pur. *Apéritif
maison offert à nos lecteurs sur présentation de ce guide.*

DANS LES ENVIRONS

CELLES-SUR-BELLE   79370
(8 km NO)

🏠 ❙●❙ *Auberge de l'Hostellerie* – 1, pl. des
Époux-Laurant (Centre) ☎ 05-49-32-
93-32. Fax : 05-49-79-72-65. ● www.hotel-
restaurant-abbaye.com ● Parking. TV.
Canal+. Satellite. 🍽 Fermé le dimanche
soir. Congés annuels : du 15 février au
3 mars et du 22 octobre au 3 novembre.
Accès : face à l'entrée de l'église. Chambres doubles à 40 €. Menus de 11,12 à
38,12 €. Pour nous, l'une des meilleures
surprises et des meilleures tables du bon
pays mellois ! Peu de choses à relever, si
ce n'est que le rapport qualité-prix y est
excellent, que le service est dévoué
(presque trop), et que le cadre, avec sa
petite terrasse au calme, est savoureux. Du
patio, avec la vue sur les cuisines, vous
pourrez même suivre d'un œil la préparation de votre plat. Dans l'assiette, c'est élégant, original, plein de saveurs, tout en restant traditionnel : craquant de mignon de
veau, dos de bar et son manteau de courgettes au colombo... Délicieux cocktails
pour les amateurs et belle carte de vins.
Côté chambres, c'est propre, chaleureux et
raffiné, à l'image du restaurant et de la souriante patronne. Indispensable de réserver.
*10 % sur le prix de la chambre offerts à nos
lecteurs sur présentation de ce guide.*

MONTMORILLON   86500

Carte régionale B1

🏠 ❙●❙ *Hôtel de France-restaurant Le
Lucullus* – 4, bd de Strasbourg ☎ 05-49-
84-09-09. Fax : 05-49-84-58-68. ● www.le-
lucullus.com ● Parking payant. TV. Satellite. 🍽 Brasserie fermée les jours fériés, le
samedi soir et le dimanche midi de mai à
septembre, le samedi soir et le dimanche
toute la journée d'octobre à avril ; resto gastronomique fermé le dimanche soir et le
lundi (sauf jours fériés). Accès : en centre-
ville, face à la sous-préfecture. Chambres
doubles climatisées à partir de 43 € avec
douche et w.-c., et 53 € avec bains. Côté
« bistrot », formule à 13 € ou petite carte de
salades, grillades, etc. Côté « gastronomique », menus de 18 à 43 €. C'est le seul
hôtel-restaurant de cette catégorie à Montmorillon. Les chambres, entièrement rénovées, sont très plaisantes. La cuisine du
chef, très élaborée et inventive, suit les saisons. Tout est fait maison, même le pain. Au
printemps, le plat vedette est l'agneau de
lait du Montmorillonnais. Une cuisine pour
les gourmets, un accueil excellent... En bref,
une très bonne adresse. *Café offert à nos
lecteurs sur présentation de ce guide.*

❙●❙ *Le Roman des Saveurs* – 2, rue Montebello (Centre) ☎ 05-49-91-52-06. 🍽
Fermé le dimanche soir (sauf en juillet-
août). Congés annuels : en janvier. Accès :
à peine à 5 mn du centre-ville. Menus de
12,96 à 24,39 €. Dans une belle demeure,
entièrement restaurée, des XVIe-XVIIIe siècles chargée d'histoire (une partie du bâtiment a servi un temps de prison !). Quatre
petites salles en escaliers, quelques vieilles
pierres, de vénérables poutres et, de-ci
de-là, des tableaux en exposition sur les
murs... Un cadre sobre et aéré, voire quelque peu dépouillé, qui permet de se concentrer sur son assiette. Cuisine sans esbroufe,
simple et fraîche. Alors, agréablement installé devant les baies vitrées en surplomb de
la Gartempe, il ne nous reste qu'à profiter de
cette bonne petite table et à savourer le
temps qui passe si délicieusement. *Café
offert à nos lecteurs sur présentation de ce
guide.*

NIORT   79000

Carte régionale A1

🏠 *France Hôtel* ** – 8, rue des Cordeliers (Centre) ☎ 05-49-24-01-34. Fax : 05-
49-24-24-50. ● www.francehotel
niort.ht.st ● Parking payant. TV. Canal+.
Ouvert toute l'année sauf le dimanche
après-midi. Accès : en plein centre-ville.

Chambres doubles de 27 à 36 €. En plein cœur de Niort, un confort variable dans cette vieille maison qui a connu dernièrement une rénovation partielle. Les chambres les plus calmes donnent sur une belle et ancienne cour intérieure. Accueil sympa, arrangeant et volubile. Grande armoire à BD à l'entrée, ainsi qu'un poste Internet. Parking fermé. Accueil vélos. Chambres familiales jusqu'à 6 personnes. *Parking offert à nos lecteurs sur présentation de ce guide.*

🏠 *Hôtel du Moulin* ** – 27, rue de l'Espingole (Centre) ☎ 05-49-09-07-07. Fax : 05-49-09-19-40. Parking. TV. ♿ Accès : place centrale direction Nantes jusqu'à la rivière. Chambres doubles de 42 à 46 € avec douche et w.-c. ou bains. Un hôtel récent qui domine la Sèvre niortaise, à deux pas du « moulin » (un centre culturel) situé sur l'autre rive... Chambres confortables et fonctionnelles. Deux sont réservées aux handicapés, 9 disposent de balcon avec vue sur les jardins avoisinants. Accueil vraiment cordial. Cet hôtel est le point de chute des artistes qui se produisent au centre culturel, en face. Si vous voulez savoir quelle célébrité a occupé votre chambre, la liste est à la réception. Un bon rapport qualité-prix.

🏠 *Hôtel de Paris* ** – 12, av. de Paris (Centre) ☎ 05-49-24-93-78. Fax : 05-49-28-27-57. ● www.hotelparis.79.com ● Parking payant. TV. Canal+. Congés annuels : du 24 décembre au 2 janvier. Accès : en plein centre-ville. Chambres doubles de 45,20 à 48,40 €. Formule étape possible. Devanture et rez-de-chaussée accueillants. Chambres à l'étage refaites, propres et uniformes. Accueil bien sympathique. Près du centre ancien, avec de nombreux restos à proximité. *Parking gratuit pour nos lecteurs sur présentation de ce guide.*

🏠 *Le Grand Hôtel – Best Western* *** – 32, av. de Paris (Centre) ☎ 05-49-24-22-21. Fax : 05-49-24-42-41. Parking payant. TV. Canal+. Satellite. Câble. Congés annuels : 1 semaine en fin d'année. Accès : près de la place de la Brèche ; très bien fléché. En centre-ville. De 64 à 73 € la chambre avec douche et w.-c. ou bains. Bichonné par ses propriétaires, *Le Grand*

Hôtel retrouve de son lustre d'antan, grâce à son joli jardin avec terrasse, sa grande salle soignée par la patronne et son bar donnant sur le patio. Plein de petites attentions (beurre salé ou demi-sel au petit dej') et une équipe à l'accueil dévoué et serviable. Un tuyau : les chambres se terminant par 5, 6 et 7 donnent sur le jardin. *15 % déjà inclus dans les tarifs annoncés pour nos lecteurs sur présentation de ce guide.*

🍽️ *Restaurant Les Quatre Saisons* – 247, av. de La Rochelle (Sud) ☎ 05-49-79-41-06. ♿ Fermé le dimanche. Congés annuels : du 1er au 16 août. Accès : à la sortie de ville sur la route de La Rochelle. 1er menu à 9,50 € servi tous les jours, menus suivants de 11 à 21,35 €. Honnête cuisine traditionnelle qui n'oublie pas sa région : escargots farcis, matelote d'anguilles au vin du Haut-Poitou, mignon de porc au pineau des Charentes, fromage de chèvre, soufflé à l'angélique... Petite adresse familiale sur la route du Marais poitevin. *Café offert à nos lecteurs sur présentation de ce guide.*

🍽️ *La Tartine* – 2, rue de la Boule-d'Or (Centre) ☎ 05-49-28-20-15. Ouvert toute l'année sauf le samedi midi et le dimanche. Menus de 11 à 22,90 €. En retrait du bruit de la place centrale de Niort, une table pleine de charme, à la déco rustique, au large choix de salades, tartes, viande, poisson, et... grosses tartines de pain de campagne. Belle carte de vins, forcément, le resto est contigu à une cave à vins renommée de la ville. Dans ces anciennes écuries d'un relais de poste du XIXe siècle, Fabien, le souriant maître d'hôtel, sera de bon conseil. Les assiettes sont plaisantes de l'entrée au dessert. Attention aux prix des desserts, mais sinon, c'est une adresse de qualité, originale et tôt d'être excessive, où il est prudent de réserver. Par beau temps, préférez la terrasse et son mobilier de goût, bien agréable. *Apéritif maison offert à nos lecteurs sur présentation de ce guide.*

🍽️ *La Table des Saveurs* – 9, rue Thiers (Centre) ☎ 05-49-77-44-35. ♿ Fermé le dimanche sauf jours fériés. Accès : entre les halles et l'hôtel de ville. Menus de 13 à 37,50 €. Rapide, propre, à l'accueil un peu froid parfois, voici une adresse efficace où l'on mêle raffinement et qualité dans l'assiette comme en salle. En plein cœur de ville, ce cadre chaud, spacieux et élégant met en appétit. La cuisine est classique, orientée sur le poisson et toujours accompagnée de bons vins : tarte aux endives, saladine de lotte à l'estragon, blanquette de sole. On reviendra...

I●I *Restaurant La Créole* – 54, av. du 24-Février ☎ 05-49-28-00-26. Fermé les dimanche, lundi, mardi soir et mercredi soir. Congés annuels : en août. Accès : près de la poste. Compter autour de 22 € pour un repas à la carte. *La Créole* ou comment se dépayser à Niort à moindres frais. Couleurs, épices et gaieté sont au rendez-vous. Sur un air de « La Compagnie Créole », on entend la mer des Caraïbes. Les saveurs du boudin créole nous transportent à Pointe-à-Pitre, et le *blaff* de poissons vers le rocher du Diamant. Pour finir sur une note « cocotée », rien ne vaut le blanc-manger de la patronne. Accueil et service ensoleillés. Voici un peu d'exotisme au pays du fromage de chèvre.

DANS LES ENVIRONS

BESSINES 79000 (4 km SO)

⌂ *Reix Hôtel* ** – av. de La Rochelle ☎ 05-49-09-15-15. Fax : 05-49-09-14-13. ● www.reixhotel.com ● Parking. TV. Satellite. ♿ Accès : en sortie de Niort sur la N11 (direction Mauzé), sur la droite. Chambres à 55 € avec bains. Demi-pension à 65 € par personne. Une bonne adresse pour passer une nuit sur la route des vacances. En été, il est agréable de trouver ici un jardin et une piscine pour se rafraîchir. Intérieur charmant (salon avec sofa et piano) et accueil décontracté. Très correct. Restos à proximité.

MAGNÉ 79460 (7 km O)

I●I *L'Auberge du Sevreau* – 24, rue du Marais-Poitevin, Niort-Sevreau ☎ 05-49-35-71-02. ♿ Fermé le dimanche soir et le lundi. Accès : sur la D9, entre Niort et Magné. À 10 mn de Niort. Menus de 10 €, le midi en semaine sauf en été, à 28 €. Au bord de la Sèvre, en terrasse, il fait bon goûter à la fricassée d'anguilles. Dans une déco boisée raffinée, avec de hauts plafonds, ça sent bon la gastronomie : briochine d'escargots, filet de sandre, suprême de volaille. En plus, les patrons sont sympathiques. *Café offert à nos lecteurs sur présentation de ce guide.*

COULON 79510 (13 km O)

⌂ I●I *Hôtel-restaurant Le Central* – 4, rue d'Autremont (Centre) ☎ 05-49-35-90-20. Fax : 05-49-35-81-07. Parking. TV. ♿ Fermé le dimanche soir et le lundi. Congés annuels : 15 jours fin janvier et les 2 premières semaines d'octobre. Accès : en face

de l'église. Quelques chambres confortables de 40 à 42 €. Bon 1er menu à 16 €, puis menus à 22 et 33 €. La table à tous points de vue incontournable de la région. Ça sent bon la France éternelle, sur les murs et dans l'assiette : fricassée d'anguilles persillade, agneau du Poitou et ses mojhettes, crème brûlée à l'angélique... *10 % sur le prix de la chambre offerts à nos lecteurs sur présentation de ce guide.*

⌂ *Hôtel Au Marais* *** – 46-48, quai Louis-Tardy ☎ 05-49-35-90-43. Fax : 05-49-35-81-98. ● www.hotel-aumarais.com ● TV. Satellite. ♿ Congés annuels : du 15 décembre au 1er février. Accès : sur le chemin de halage. Chambres doubles de 61 à 71 € avec douche et w.-c. ou bains. Maison typique au bord de la rivière. Un hôtel comme on les aime, central, plein de fraîcheur, et où l'on peut réellement se reposer entre deux balades (organisées ou non par la maison), dans ce pays de terre et d'eau mêlées. Chambres lumineuses et gaies, avec vue sur la rivière. Accueil souriant. Mieux vaut réserver.

ARÇAIS 79210 (20 km O)

I●I *Auberge de la Venise Verte* – 14, route de Damvix (Ouest) ☎ 05-49-35-37-15. Parking. ♿ Fermé le mercredi toute la journée, le dimanche soir et le mardi soir. En été, le dimanche soir uniquement. Accès : par la D3, puis prendre la direction de Saint-Georges-de-Rex, Arçais se trouve à environ 4 km de là. Menus de 11 à 30 €. Depuis janvier 2001, de nouveaux propriétaires ont investi les lieux, ne savent plus où donner de la tête et refusent du monde (donc, ça nous intéresse !). Dans une ambiance familiale et une déco plutôt sobre, la maison vous servira, en salle ou en terrasse, une belle tranche de jambon cuit avec des mojhettes (explications dans le menu) et une ribambelle d'autres plats bien du coin. Belle carte des vins mais aux prix un peu salés. Petits plus, un parking, le service jusqu'à 22 h et un petit carré de verdure pour les enfants. Sinon, nous, on a bien aimé en apéro la *troussepinette* à l'aubépine du patron. C'est de Vendée, mais bon, on est à 200 m...

VILLIERS-EN-BOIS 79360
(23 km SE)

⌂ I●I *L'Auberge des Cèdres* ☎ 05-49-76-79-53. Fax : 05-49-76-79-81. ● pascale.regis@wanadoo.fr ● Cartes de paiement refusées. Parking. TV. ♿ Fermé le dimanche soir et le lundi. Congés annuels : fin février. Accès : N150 jusqu'à Beauvoir-sur-Niort puis prendre la direction du zoorama de Chizé. Chambres doubles de 38 à 42 € avec douche et w.-c. ou bains. Menu à 15 €. Repris début 2001 par de jeunes propriétaires, l'adresse se cherche un peu. Mais on apprécie le cadre rustique, les chambres au calme et le service diligent des jeunes maîtres d'hôtel. Les assiettes manquent un peu de couleurs et de fantaisie, mais on sent qu'il y a une idée de bien faire. Côté hôtellerie, il manque quelques petits ajustements dans les chambres (TV enneigée par temps de pluie, déco un peu vieillotte, éclairage au néon), mais c'est spacieux et confortable. Les *Cèdres*, c'est en raison de huit d'entre eux qui marquaient l'entrée du restaurant mais dont, tristement, trois n'ont pas résisté à la tempête de l'hiver 1999. Ne doutons pas qu'ils vont repousser, tout comme cette adresse qui devrait regagner en qualité très prochainement. *Apéritif maison offert à nos lecteurs sur présentation de ce guide.*

OLÉRON (ÎLE D')

Voir : **Le Château-d'Oléron**
      Saint-Denis-d'Oléron
      Saint-Pierre-d'Oléron

PARTHENAY   79200

Carte régionale B1

I●I *La Truffade* – 14, pl. du 11-Novembre (Centre) ☎ 05-49-64-02-26. Parking. ⚬ Fermé le mardi et le mercredi. Congés annuels : 3 semaines au printemps et 3 semaines en automne. Accès : sur la place principale de la ville. Menus de 12,50 à 28 €. On oublie la Gâtine, ici, tout rappelle l'Auvergne – de la déco à l'assiette, en passant par l'apéro et ces petits morceaux de tome de Laguiole, d'où est originaire Pierrette, la patronne. Ambiance accordéon en fond sonore, grosse voix – pas toujours contente – du patron et sourire délicat de la jeune serveuse. On y mange bien, d'autant plus que notre chef appartient à l'association des restauratrices de l'Auvergne. Les spécialités sont généreuses et bien tournées : truffade (ail, pommes de terre, fromage), aligot et tripoux, saucisse d'Auvergne, chou farci au confit de canard... Desserts maison. Un plat suffira pour un déjeuner rapide. Gentille terrasse sur la place.

POITIERS   86000

Carte régionale B1

🏠 I●I *Auberge de jeunesse* – 1, allée Roger-Tagault (Sud) ☎ 05-49-30-09-70. Fax : 05-49-30-09-79. ● www.fuaj.org ● Parking. ⚬ Congés annuels : du 1ᵉʳ au 15 janvier. Accès : de la gare, bus n° 3,

direction Pierre-Loti, arrêt « Cap Sud ». En voiture, direction Bordeaux, puis à droite : Bellejouanne. Chambres pour 4 lits : 8,50 € la nuit par personne. Forfait nuit et carte : 15,25 € pour les plus de 26 ans et 10,70 € pour les moins de 26 ans. Plat du jour à 4,50 €. Compter 2,70 € pour les draps. Des places de camping sont disponibles pour 4,80 € la nuit par personne. Avec plus d'un quart de sa population qui est étudiante, Poitiers se devait de posséder une auberge de jeunesse digne de ce nom. Parc de loisirs de 8 000 m² . Activités : tir à l'arc mais aussi foot, badminton, ou encore farniente. À l'intérieur : chaîne hi-fi, billard et grande salle à manger lumineuse donnant sur le parc. Possibilité de faire sa popote : vaisselle et cuisine à disposition des routards. À deux pas, la piscine et la bibliothèque municipale. Bref, de quoi se dépenser et se cultiver. Les chambres (4 lits) fraîches, aux tons clairs, permettent de récupérer. Location de VTT possible.

🏠 I●I *Hôtel de Paris* * – 123, bd du Grand-Cerf (Ouest) ☎ 05-49-58-39-37. Resto fermé le dimanche. Hôtel ouvert toute l'année. Accès : face à la gare SNCF. Chambres doubles à 25 € avec cabinet de toilette (sans TV) et à 32 € avec douche (et TV). Menus de 9,95 à 20,80 €. Hôtel des années 1960, assez vieillot mais digne de la vieille école de l'hôtellerie. Accueillant et correct (d'autant qu'un petit coup de peinture vient d'être passé). On y est chouchouté par un employé charmant qui connaît bien la région. Une adresse quand même bruyante, mais on y mange bien et c'est pas cher. Essayez la fricassée de petites anguilles du marais, les noix de Saint-Jacques à l'effilochée de poireaux ou le tartare du boucher. *Apéritif maison offert à nos lecteurs sur présentation de ce guide.*

🏠 *Inter Hôtel Continental* ** – 2, bd Solferino (Ouest) ☎ 05-49-37-93-93. Fax : 05-49-53-01-16. ● www.continental-poitiers.com ● TV. Canal+. Satellite. ⚬ Ouvert tous les jours de l'année. Accès : en face de la gare. Chambres doubles de 40 à 49 € avec douche et w.-c. ou bains, selon le nombre de nuits. Petit déjeuner-buffet à 6 €. Hôtel classique avec des chambres propres et bien agencées, mais sans charme superflu. Pratique pour une étape dans la ville. En général, le week-end, les prix ont tendance à s'envoler. Ici, c'est le contraire. *10 % sur le prix de la chambre offerts à nos lecteurs sur présentation de ce guide.*

🏠 *Hôtel du Chapon Fin* ** – 11, rue Lebascles, pl. du Maréchal-Leclerc (Centre) ☎ 05-49-88-02-97. Fax : 05-49-88-91-63. ● hotel.chaponfin-poitiers@wanadoo.fr ● Parking payant. TV. Canal+. Fermé le dimanche après-midi jusqu'à 19 h. Congés annuels : du 29 décembre au 15 janvier. Accès : à droite de l'hôtel de ville. Chambres doubles à partir de 44 € avec douche et w.-c., et à partir de 48 € avec bains. Les chambres, calmes et spacieuses, sont toutes différentes. Excellent accueil des propriétaires qui sauront vous donner de judicieux conseils pour découvrir la ville. *10 % sur le prix de la chambre (les week-ends, du 15 novembre au 15 mars) offerts à nos lecteurs sur présentation de ce guide.*

🛏 *Le Plat d'Étain* ** – 7-9, rue du Plat-d'Étain (Centre) ☎ 05-49-41-04-80. Fax : 05-49-52-25-84. ● hotelduplatde tain@wanadoo.fr ● Parking payant. TV. Canal+. Câble. Fermé les samedi, dimanche et jours fériés de 11 h à 17 h 30. Congés annuels : du 22 décembre au 5 janvier. Accès : derrière le théâtre, près de l'hôtel de ville. Chambres doubles de 45 € avec douche et w.-c., à 50 € avec bains pour lit de deux personnes. Ancien relais de poste complètement rénové, niché dans une minuscule ruelle du centre. Chambres confortables et personnalisées par de petits noms tendres comme « Cannelle », « Valériane » ou « Melon ». Plutôt coquettes, calmes et bien tenues. Demander les « Basilic », « Absinthe » ou « Aneth », sous les toits, qui offrent une jolie vue sur le clocher de Saint-Porchaire. Chambres non-fumeurs au 3e étage. *25 % sur le petit déjeuner offerts à nos lecteurs sur présentation de ce guide.*

🛏 *Le Terminus* ** – 3, bd Pont-Achard (Ouest) ☎ 05-49-62-92-30. Fax : 05-49-62-92-40. Parking payant. TV. Canal+. Satellite. Accès : en face de la gare. À 10 mn à pied du centre-ville. Chambres doubles à 46 € avec douche et w.-c., et à 51 € avec bains et w.-c. Parking à 6 € par nuit. Un grand hôtel tenu par un couple charmant. Bar réservé à la clientèle de l'hôtel. Chambres calmes et rénovées. Certaines sont rustiques, d'autres mansardées et meublées dans un style anglais, d'autres plus modernes. Elles sont toutes insonorisées. Un hôtel de gare comme ceux dont on parle dans les romans du même nom. *10 % sur le prix de la chambre offerts à nos lecteurs sur présentation de ce guide.*

🛏 *Hôtel de l'Europe* ** – 39, rue Carnot (Centre) ☎ 05-49-88-12-00. Fax : 05-49-88-97-30. ● www.hoteldeleuropepoi tiers.com ● Parking payant. TV. Canal+. Satellite. ⚒ Ouvert tous les jours de l'année. Accès : au centre, prendre la direction « Parking Carnot », l'hôtel est à environ 50 m plus loin (sous un porche) à gauche. Chambres doubles à 52 € avec douche et w.-c., et 57 € avec bains. Petit déjeuner-buffet à 6,50 €. Agréables chambres personnalisées et bien équipées (sèche-cheveux...). Préférer celles du bâtiment au fond de la courette, dont certaines donnent sur un joli jardin. Un bon point de chute pour découvrir

cette ville qui, sur le plan architectural, est l'une des plus passionnantes de France. Accueil agréable. *10 % sur le prix de la chambre offerts à nos lecteurs sur présentation de ce guide.*

🛏 *Le Grand Hôtel* *** – 28, rue Carnot (Centre) ☎ 05-49-60-90-60. Fax : 05-49-62-81-89. ● www.grandhotelpoitiers.fr ● Parking payant. TV. Canal+. Satellite. ⚒ Accès : suivre le fléchage « Parking Carnot ». Chambres doubles à 71 € avec douche et w.-c. et à 79 € avec bains. Petit déjeuner-buffet à 8 €. En plein cœur de la cité, une halte très convenable et calme. L'ensemble de l'hôtel a pris des allures années 1930 grâce à une décoration néo-Art déco. Chambres spacieuses et bien équipées (climatisation, mini-bar...), agréables mais un peu trop standardisées à notre goût. Bon accueil. *Un petit déjeuner par personne offert à nos lecteurs sur présentation de ce guide.*

🍴 *Le Poitevin* – 76, rue Carnot (Centre) ☎ 05-49-88-35-04. ⚒ Fermé le dimanche. Congés annuels : pendant les vacances scolaires de Pâques et 2 semaines mi-juillet. Formule déjeuner à 10 € et menus de 17 à 28 €. Resto tranquille et climatisé, atmosphère intimiste, entrelacs de poutres pour un endroit fréquenté par les hommes d'affaires à midi et les amoureux désirant du calme et de la discrétion le soir. Pas de problème, il y a 5 petites salles différentes, idéal pour l'intimité. Cuisine régionale classique : salade de langoustines au foie gras, chevreau rôti à l'ail vert... *Dégustation d'une spécialité à base de lapin offerte à nos lecteurs sur présentation de ce guide.*

🍴 *Restaurant Les Bons Enfants* – 11 bis, rue Cloche-Perse (Centre) ☎ 05-49-41-49-82. ⚒ Fermé le lundi. Congés annuels : du 15 au 28 février. Accès : très proche du centre-ville. Menu à 10,50 € ou formule à 8 € le midi seulement. Autres menus à 18 et 22 €. L'ancienne enceinte, avec ses nombreuses maisons du XVIe siècle, constitue le cœur originel de Poitiers. Et dans ce quartier charmant, se cache un endroit tout droit sorti des contes de fées, une vraie maison de poupées. Au mur, grande fresque d'*Alice au pays des Merveilles*, des chromos et des gentils chérubins et des vieilles photos d'écoliers... une vision d'un paradis imaginaire ? En tout cas, le cadre est charmant et l'atmosphère y est sereine et douce. De plus, on y mange bien, ce qui ne gâte rien. Essayez le foie gras maison, la potée marine, les viandes sur ardoise, et terminez par un délicieux soufflé au chocolat. *Café offert à nos lecteurs sur présentation de ce guide.*

🍴 *Restaurant Chez Cul de Paille* – 3, rue Théophraste-Renaudot (Centre) ☎ 05-49-41-07-35. Fermé le dimanche et les jours fériés. Menu unique à 18,50 € en semaine uniquement ; compter 24 € à la carte. Une institution ! Des murs jaunis par les années, couverts de dédicaces de personnes célèbres (Renaud, Jean Ferrat, Smaïn...), des tabourets de paille autour de rustiques tables en bois pour des repas au coude à coude, gousses d'ail et piments aux poutres, et un service sans zèle, voilà pour le décor et l'ambiance. Cuisine régionale et authentique, avec une variété de cochonnailles, de la cervelle meunière au fameux farci poitevin. Le resto est ouvert tard mais évitez d'aller dîner après 23 h, les prix augmentent de manière très conséquente.

|●| *Restaurant Maxime* – 4, rue Saint-Nicolas (Centre) ☎ 05-49-41-09-55. Fermé le samedi (uniquement le midi en hiver) et le dimanche. Congés annuels : du 14 juillet au 20 août. Accès : au centre-ville, à côté du parking Carnot Préfecture Mairie. Menu fraîcheur à 19 €, autres menus entre 26 et 45 €. Repassez votre smoking, mettez à l'heure votre Rolex incrustée de diamants, relisez Proust, vous entrez ici dans le Saint des Saints. Quel Poitevin n'a pas rêvé d'un déjeuner chez *Maxime* ? Jacqueline et Christian Rougier vous y accueillent dans un cadre raffiné, aux couleurs chaudes, avec salle à l'étage et salon particulier pour les intimistes. Cuisine inventive et inspirée, qui évolue au gré des saisons. Service impeccable sans être collet monté. Atmosphère conviviale qui prouve qu'on peut jouer les gastronomes sans s'enfermer dans une tour d'ivoire. Sans doute la meilleure table de Poitiers. *Apéritif maison offert à nos lecteurs sur présentation de ce guide.*

DANS LES ENVIRONS

SAINT-BENOÎT 86280 (2 km S)

🏠 |●| *Le Chalet de Venise* *** – 6, rue du Square (Centre) ☎ 05-49-88-45-07. Fax : 05-49-52-95-44. Parking. TV. Satellite. ⚒ Resto fermé le dimanche soir, le lundi et le mardi midi. Congés annuels : en février. Accès : dans le centre de Saint-Benoît. Chambres modernes avec terrasse à 53,40 € avec bains. Menu à 24 € le midi en semaine. Autres menus de 30 à 39 €. Derrière l'auberge, un jardin, des arbres largement déployés, des fontaines au bord d'une rivière. Salle de restaurant claire et dégagée avec sa grande baie vitrée. Cuisine savoureuse préparée avec talent par Serge Mautret qui ne cesse de chercher de nouvelles saveurs et de belles alliances. Selon les saisons, vous essayerez la tourte fine de lapin au foie gras et cognac, les raviolis d'escargots du Poitou ou la nage de poissons fins au parfum d'anis. Cadre et ambiance assez chic.

VIVONNE 86370 (14 km SO)

🏠 |●| *Le Saint-Georges* ** – 12, Grand-Rue ☎ 05-49-89-01-89. Fax : 05-49-89-00-22. ● www.hotel-st-georges.com ● TV. Canal+. ⚒ Ouvert tous les jours. Accès : juste à côté de l'église. Chambres doubles de 40 à 47 € avec douche et w.-c., et de 45 à 52 € avec bains. Petit déjeuner-buffet à 5,50 €. Menus à 9 €, sauf le dimanche, puis de 13 à 27 €. Un hôtel ancien, entièrement rénové, dans le centre de Vivonne. Les années vont le patiner. 32 chambres modernes, confortables et bien équipées. Les plus chères donnent sur le jardin. Accueil vraiment sympathique d'un patron prévenant. Réservation impérative... le Futuroscope n'est pas loin. L'établissement propose aussi une belle carte au restaurant gastronomique. 6 chambres climatisées desservies par un ascenseur. *Café offert à nos lecteurs sur présentation de ce guide.*

|●| *Restaurant La Treille* – 10, av. de Bordeaux (Sud) ☎ 05-49-43-41-13. Parking. Fermé le mercredi soir. Congés annuels : pendant les vacances scolaires de février (zone B). Accès : par la N10 ; face au parc de Vounant. Menus à 12 €, sauf les jours fériés, le « saveurs régionales » à 20 €, avec le fameux farci, et le « festival de Vivonne » à 26,50 €. D'autres menus sont élaborés spécialement les jours de fête. Napoléon se rendant en Espagne décida, en passant à Vivonne, de dîner dans cette auberge. Affolement général pour concocter un dîner impérial. On lui servit simplement un farci poitevin. Il fut conquis. L'empereur fut déchu, *La Treille* traversa les siècles toujours aussi bien tenue et accueillante. Accueil amical et attentionné, mais service parfois long. Bonne cuisine bourgeoise remplie de saveurs traditionnelles qui nous rappelle que la France est bien la patrie de la gastronomie. Ne manquez pas la côte d'agneau à la feuille de basilic, la mouclade à la vendéenne, le sandre à la vapeur de bourgueil, le flan aux poires au coulis d'abricots... *Digestif maison offert à nos lecteurs sur présentation de ce guide.*

DISSAY 86130 (15 km NE)

🏠 |●| *Hôtel-restaurant Binjamin* ** – N10 ☎ 05-49-52-42-37. Fax : 05-49-62-59-06. ● www.binjamin.com ● Parking. TV. ⚒ Fermé le samedi midi, le dimanche soir et le lundi. Accès : par la N10, direction Châtellerault, puis la D15. Chambres doubles avec douche et w.-c. à 43 €. Demi-pension à 64 € par personne. 1er menu à 19,50 € servi du mardi au vendredi midi, puis menus de 24,50 à 46 € ou carte. Chambres standardisées entièrement rénovées et insonorisées. Les nos 106, 107, 108 et 109 donnent sur l'arrière (plus calme) et ont vue sur la piscine. Une architecture originale : l'immeuble est un mariage un peu raté entre le cube et le rond. Ce dernier abrite le restaurant où l'on découvre une jolie salle aux meubles vert d'eau, aux tables fleuries et dressées de porcelaine et d'argenterie. Cuisine empreinte de classicisme et de subtilité. Les bourgeois amateurs de bonne cuisine de la région ne s'y sont pas trompés, ils en ont fait leur cantine. Essayez la poêlée de foie gras chaud aux pommes, le sandre en écailles de pommes de terre au beurre rouge ou le petit rouget de roche au jus d'épices. Une belle carte des vins avec d'excellents choix de bordeaux, de bourgogne et de vins de Loire. *Café offert à nos lecteurs sur présentation de ce guide.*

|●| *Restaurant Le Clos Fleuri* – **474, rue de l'Église (Nord)** ☎ **05-49-52-40-27.** Parking. Fermé le dimanche soir et le mercredi. Accès : à la sortie du bourg en direction de Saint-Cyr. Une formule à 17 €, servie midi et soir en semaine, puis menus de 22 à 33 €. Le château de Dissay semble tout droit sorti d'un conte de fées : tours aux chapeaux pointus, lucarnes, canonnières au ras de l'eau. Cocteau aurait pu en faire le décor de *La Belle et la Bête.* Toute l'équipe n'aurait eu presque qu'à traverser la route pour se retrouver au *Clos Fleuri,* installé dans une des dépendances. Jean Jack Berteau y milite en cuisine depuis près de 3 décennies. Il se bat pour le terroir et les produits poitevins, et c'est une réussite. Sa tête de veau aux deux sauces a une solide réputation dans la région, tout comme la matelote d'anguilles au chinon ou le navarin d'agneau. Belle carte de vins de la région soigneusement sélectionnés et conservés dans une cave idéale. *Apéritif maison offert à nos lecteurs sur présentation de ce guide.*

NEUVILLE-DE-POITOU 86170

(15 km NO)

🏚 |●| *L'Oasis* ** – **2, rue Daniel-Ouvrard (Centre)** ☎ **05-49-54-50-06. Fax : 05-49-51-03-46.** ● **oasis-hotel@wanadoo.fr** ● TV. Fermé le midi et le dimanche soir. Congés annuels : pendant les vacances de février (zone B). Accès : par la N147, direction Loudun. Chambres doubles avec douche et w.-c. à 46 €, petit déjeuner compris. Demi-pension à 39 € par personne. Menus à 12,20 €, sauf le dimanche, puis à 14 et 18 €. Si le patron n'est pas là, quelques notes sur le piano peint en vert à côté de la réception et il accourra pour vous conduire dans une de ses chambres fraîches, printanières, aux couleurs rafraîchissantes… comme une oasis. Certaines donnent sur la rue mais elles sont insonorisées et la rue est calme la nuit. Le soir, vous pourrez tester le resto qui propose une cuisine simple et sans chichis : farci poitevin, *colombo* de grenouilles (original) ou faux-filet au foie gras.

Une bonne adresse à deux pas du Futuroscope.

|●| *Restaurant Saint-Fortunat* – **4, rue Bangoura-Moridé (Centre)** ☎ **05-49-54-56-74.** 🍴 Fermé le dimanche soir, le lundi et le mardi soir. Congés annuels : 3 semaines en janvier et la 2ᵉ quinzaine d'août. Menus de 16 à 30 €. Voici une maison rustique aux pierres apparentes, avec véranda ouverte sur une cour aménagée. Le service y est parfait, même si l'ambiance est un peu lourde. La cuisine est excellente, alliant simplicité et raffinement des saveurs : andouillette de pied de porc au foie gras, salade de langoustines aux pommes confites, chevreau à l'aillet (en saison)… Le saint qui donne son nom à l'auberge, en tant qu'épicurien, n'aurait pas dédaigné une aussi bonne cuisine, pas plus que les bons vins produits dans la région. *Apéritif maison offert à nos lecteurs sur présentation de ce guide.*

VOUILLÉ 86190 (17 km NO)

🏚|●| *Hôtel-restaurant Le Cheval Blanc* ** – **3, rue de la Barre (Centre)** ☎ **05-49-51-81-46. Fax : 05-49-51-96-46.** ● **lecheval blancclovis@wanadoo.fr** ● TV. 🍴 Ouvert toute l'année. Accès : par la N149 en direction de Parthenay. Chambres doubles avec lavabo et douche à 27,50 €, avec douche et w.-c. à 41 €, avec bains et w.-c. à 44 €. Demi-pension à 41 € par personne. 1ᵉʳ menu à 12 € le midi en semaine, autres menus de 15 à 41 €. Les baies vitrées donnent sur une terrasse baignée par la rivière. Toute la famille se tient vraiment à la disposition de la clientèle. Au restaurant, une carte des vins de Loire, de Bordeaux, de Bourgogne, pour accompagner des plats régionaux : brochet au beurre blanc, chevreau à la poitevine. Un bon rapport qualité-prix. *10 % sur le prix de la chambre (sauf juillet et août) offerts à nos lecteurs sur présentation de ce guide.*

🏚|●| *Le Clovis* ** – **pl. François-Albert (Centre)** ☎ **05-49-51-81-46. Fax : 05-49-51-96-31.** ● **lechevalblancclovis@wana doo.fr** ● TV. Canal+. 🍴 Ouvert toute l'année. Chambres doubles de 41 à 44 € avec douche et w.-c. ou bains. Demi-pension à 41 € par personne. Menus à 12 €, en semaine, et de 15 à 41 €. L'hôtel appartient à la famille qui possède l'hôtel-restaurant *Le Cheval Blanc* (à 50 m de ce bâtiment) et c'est ici qu'on prend le petit déjeuner. Chambres modernes et confortables pour ceux qui cherchent un confort plus standardisé. *10 % sur le prix de la chambre (sauf juillet et août) offerts à nos lecteurs sur présentation de ce guide.*

PONS 17800

Carte régionale A2

🏠 I●I *Hôtel-restaurant de Bordeaux* ✶✶ – 1, av. Gambetta (Centre) ☎ 05-46-91-31-12. Fax : 05-46-91-22-25. • www.hotel-de-bordeaux.com • Parking payant. TV. Canal+. Satellite. Fermé le dimanche soir, le lundi midi et le samedi midi d'octobre à avril. Accès : par la N137 en direction de Bordeaux (en venant de Saintes) ou l'autoroute A10, sortie n° 36 (Pons). Chambres doubles à 40 € avec douche et w.-c. ou bains. Demi-pension demandée en été, à 39 € par personne. Menus de 15 à 57 €. Menu-enfants à 8 €. L'austère façade annonce une de ces adresses bourgeoises où de bien tradition-nels menus endorment pour l'après-midi quelques notables locaux. Mauvaise pioche ! La grande salle est certes clas-sieuse, presque solennelle, le service très « école hôtelière », mais l'accueil est nature et la cuisine... Franchement, le jeune patron, qui après avoir bourlingué de grande maison en grande maison a décidé de se fixer dans sa ville natale, nous a épatés. Au déjeuner, essayez seulement le menu du jour, qui donne un bon aperçu de ce que ce jeune chef peut faire avec quelques produits tout simples, tout frais. Une cuisine de sai-son, inventive mais pas frimeuse, pleine de jeunesse et de vivacité. De quoi donner envie de revenir le soir pour dîner dans l'adorable patio bordé de roses trémières et faire honneur à l'un des autres menus ! Un petit bar au style anglais pour prolonger la soirée. Et à l'hôtel, des chambres d'une charmante sobriété. Les nᵒˢ 1, 9, 8 et 17 donnent sur le patio. Une adresse qui a tout d'une « grande », sauf les prix. Un coup de cœur, quoi. *10 % sur le prix de la chambre (d'octobre à avril) offerts à nos lecteurs sur présentation de ce guide.*

DANS LES ENVIRONS

JAZENNES 17260 (9 km O)

I●I *La Roze* La Foy ☎ 05-46-94-55-90. ♒ Ouvert tous les jours. Accès : en bordure de la D732, à environ 1 km avant d'arriver à Gemozac. Formule à 10 €, menus de 12 à 21 €. Un restaurant dans une ancienne mai-son charentaise, avec une ravissante cour où il fait bon se restaurer à la belle saison. Coin jeux pour enfants. L'intérieur dégage une douce atmosphère familiale teintée d'une pointe de romantisme et d'un côté aussi un peu routard. Quelques grands standards gastronomiques, comme le magret et le confit de canard, sinon, c'est une bonne cuisine de produits frais, qui change selon le marché et la saison. Ser-vice discret et accueil charmant. Excellent rapport qualité-prix. Une adresse qui plaît beaucoup à nos amis anglais.

RÉ (ÎLE DE)

Voir : **Ars-en-Ré**
Le Bois-Plage-en-Ré

ROCHEFORT 17300

Carte régionale A2

🏠 *Auberge de jeunesse* – 20, rue de la République (Centre) ☎ 05-46-82-10-40. Fax : 05-46-99-21-25. • www.fuaj.org • Cartes de paiement refusées. Horaires dif-férents en juillet-août, se renseigner. Ouvert tous les jours sur réservation. 8,32 € la nuit par personne, draps à 3,02 €. Chambres doubles à 24,96 €. Menu à 8,50 € et possi-bilité de panier pique-nique à 4,16 €. Bien située, à deux pas du centre mais dans une rue calme, une vieille maison comme il y en a quelques-unes dans le coin. Petite AJ (52 places) bien tenue (il est prudent de réserver). On dort dans des chambres de 2, 3, 4 ou 8 lits partageant douches et w.-c. Apportez votre duvet ou louez des draps. Une petite cour-jardin où planter sa tente (quelques emplacements seulement). Cui-sine équipée à disposition. *5 % de remise offerts (à partir de la 3ᵉ nuitée) à nos lec-teurs sur présentation de ce guide.*

🏠 *Hôtel Roca Fortis* ✶✶ – 14, rue de la République (Centre) ☎ 05-46-99-26-32. Fax : 05-46-99-26-62. TV. Congés annuels : du 20 décembre au 6 janvier. Accès : dans le centre historique. Chambres doubles de 40 à 43 € avec douche et w.-c. et de 47 à 58 € avec bains. Adresse de charme. La rue historique où est situé cet ancien hôtel particulier est paisible le soir venu. De sur-croît, la plupart des chambres donnent sur un patio fleuri ou sur un jardin clos et pai-sible où il fait bon se poser avec un bouquin. Les vastes chambres distillent le charme un peu désuet des hôtels à l'ancienne et sont confortables. La salle où se prend le petit déjeuner a des allures de jardin d'hiver. Accueil chaleureux de la patronne qui pré-side désormais à la destinée de cet éta-blissement. *Un petit déjeuner par personne offert (à partir de la 2ᵉ nuit de séjour) à nos lecteurs sur présentation de ce guide.*

🏠 I●I *La Belle Poule* – route de Royan ☎ 05-46-99-71-87. Fax : 05-46-83-99-77. • belle-poule@wanadoo.fr • TV. Fermé le vendredi toute la journée et le dimanche soir hors saison. Congés annuels : du 3 au 30 novembre. Accès : prendre la direction de la zone industrielle de l'Arsenal, juste avant le pont de la Charente. Chambres à 46,50 €. Demi-pension à 64,40 € par per-sonne. Menus de 18,30 à 32 €. Menu-enfants à 7,60 €. Curieuse idée que de se rendre dans ce resto posé en bordure de

POITOU-CHARENTES

POITOU-CHARENTES

zone industrielle. L'intérieur offre un cadre pas désagréable mais très classique. Il y a bien ce jardin que l'on devine en bordure de terrasse, mais bon... Et pourtant, on y savoure une cuisine fine et délicate, des plats qui réveillent sens et goûts grâce à un chef cuisinier qui jongle à merveille avec parfums et arômates (ciboulette, romarin, gingembre, lait de coco, anis, fenouil, etc.). La *jonchée* parfumée au lait amandé est l'une des meilleures que nous ayons jamais goûtées ! Un excellent rapport qualité-prix, tout le monde en convient. *Apéritif maison offert à nos lecteurs sur présentation de ce guide.*

I●I *Le Cap Nell* – **1, quai Bellot** ☎ 05-46-87-31-77. ♿ Fermé le mardi soir et le mercredi hors saison. Ouvert tous les jours en juillet et août. Congés annuels : 3 semaines en octobre. Accès : face au port de plaisance. Formule à 8,50 € avec plat et dessert du jour. Menus à 13,50 et 20 €. Menu-enfants à 5,30 €. Entre le bistrot à vin et la reconstitution de taverne de marins, un petit resto créé pour une bande de copains. Le nom de l'endroit est une référence à une bien mystérieuse légende dont vous aurez un aperçu en feuilletant la carte des plats (on ne vous en dit pas plus...). Honnête cuisine (qui, comme le service, ne s'embarrasse pas de complications...) entre terroir et océan. Très chouette terrasse pour prendre un verre. *Digestif maison offert à nos lecteurs sur présentation de ce guide.*

ROCHEFOUCAULD (LA)   16110

Carte régionale B2

🏠 I●I *La Vieille Auberge de la Carpe d'Or* *** – **1, route de Vitrac (Centre)** ☎ 05-45-62-02-72. Fax : 05-45-63-01-88. Parking. TV. Canal+. ♿ Accès : fléchage « Logis de France ». Chambres doubles avec douche et w.-c. ou bains de 34,30 à 47 €. Menus à 9 €, servi midi et soir sauf les samedi et dimanche, et de 15,05 à 32 €. Tranquille (sauf quand débarque la clientèle des autocars...) auberge à l'ancienne installée dans un relais de poste du XVIᵉ siècle. Chambres petit à petit rénovées mais en conservant le style de la maison. Chaleureuses salles à manger rustiques-cossues, serveuses qui glissent sur le parquet et cuisine de tradition, sérieuse et généreuse. *Apéritif maison offert à nos lecteurs sur présentation de ce guide.*

DANS LES ENVIRONS

CHASSENEUIL-SUR-BONNIEURE
16260 (11 km NE)

🏠 I●I *Hôtel de la Gare* * – **9, rue de la Gare (Centre)** ☎ 05-45-39-50-36. Fax : 05-45-39-64-03. Parking. TV. Fermé le

dimanche soir et le lundi. Congés annuels : du 1ᵉʳ au 21 janvier et du 1ᵉʳ au 22 juillet. Accès : par la D141. Chambres doubles à 28 € avec lavabo, de 38 à 39 € avec douche et w.-c. ou bains. Demi-pension à 37 € par personne. Menus à 10 €, sauf le dimanche, et de 15 à 30 €. L'environnement (un supermarché pour vue) n'est pas génial, mais ce classique hôtel de gare est une bonne étape. Chambres rustiques et coquettes, d'un honorable confort. Salle à manger à la déco désuète mais bonne cuisine qui change peu qu'on s'intéresse aux spécialités maison, telles que la noisette d'agneau à la charentaise ou le filet de truite au pineau. Carte des vins impressionnante. Au final, un excellent rapport qualité-prix. *Apéritif maison offert à nos lecteurs sur présentation de ce guide.*

ROCHELLE (LA)   17000

Carte régionale A1

🏠 I●I *Hôtel Le Transatlantique (lycée hôtelier)* – **av. des Minimes (hors plan C3-2)** ☎ 05-46-44-90-42. Fax : 05-46-44-95-43. ● **www.lycee-hotelier.com** ● Parking. TV. ♿ Fermé le week-end. Congés annuels : pendant les vacances scolaires. Chambres doubles de 23,50 € avec douche et w.-c., à 28 € avec bains. 1ᵉʳ menu à midi à 14 €. Le soir, compter 21 €. Seul petit problème : il n'y a que 8 chambres, d'où la nécessité de réserver longtemps à l'avance. Le quartier, à deux pas du port des Minimes, n'a rien de franchement enthousiasmant, mais cet hôtel défie vraiment toute la concurrence. Et pour cause, c'est la « salle de travaux pratiques » du lycée hôtelier de La Rochelle. Au resto, comme pour les prestations hôtelières, mieux vaut réserver, car on y mange bien, c'est pas cher et ça se sait ! La salle de 60 couverts est pleine pratiquement un mois à l'avance, fréquentée par les gens de la région. Également une petite carte de spécialités régionales.

🏠 *Hôtel de l'Océan* ** – **36, cours des Dames (B3-7)** ☎ 05-46-41-31-97. Fax : 05-46-41-51-12. ● **hotel-de-locean@wanadoo.fr** ● TV. Satellite. Accès : sur les cours piétons, sur le vieux port et face aux tours. Accueil au 1ᵉʳ étage. Chambres avec douche et w.-c. de 29 à 58 €. Chambres plutôt simples mais correctes. Idéalement situé, mais l'inconvénient de cet avantage, comme pour tous les hôtels du quartier, c'est que les chambres côté quai ne sont pas (malgré le double vitrage) d'un calme absolu. À conseiller donc à ceux qui veulent être *where the action is*, et qui profiteront, de leur fenêtre, du vent de fête qui souffle souvent sur la vieille ville. Ceux qui, à l'hôtel, préfèrent dormir, choisiront une chambre sur l'arrière. Bon accueil. *10 % sur le prix de la chambre (du 1er octobre au 31 mars) offerts à nos lecteurs sur présentation de ce guide.*

🛏️ |●| **Auberge de jeunesse** – **av. des Minimes (hors plan C3-1)** ☎ 05-46-44-43-11. Fax : 05-46-45-41-48. • www.fuaj. org • Canal+. ♿ Accueil de 8 h à 12 h 30 et de 15 h à 22 h 30. Congés annuels : vacances de Noël. Accès : sur le port des Minimes, c'est-à-dire assez loin tout de même du centre historique de La Rochelle (20 mn à pied). Chambres doubles avec lavabo à 30,70 €. Menu à 8 € et carte. Mieux qu'une AJ, un centre international de séjour, rien que cela... très grand et plutôt moderne. De la cafétéria et du bar, beau panorama sur le port de plaisance. Un inconvénient : en été, l'auberge tourne un peu à l'usine. Il faut donc réserver longtemps à l'avance, et savoir que vous ne pourrez pas annuler au dernier moment. Propose également des activités sportives : voile, piscine, tennis, etc. *Un petit déjeuner par personne (sauf en juillet-août) offert à nos lecteurs sur présentation de ce guide.*

🛏️ **Hôtel Le Bordeaux** ** – **43, rue Saint-Nicolas (C3-3)** ☎ 05-46-41-31-22. Fax : 05-46-41-24-43. • www.hotel-bordeaux-fr.com • TV. Congés annuels : du 10 décembre au 10 janvier. Accès : à proximité du vieux port et à 500 m de la gare. Chambres doubles avec lavabo de 38 à 48 € suivant la saison, avec douche et w.-c. de 43 à 54 €, avec bains et w.-c. de 48 à 60 €. Petit hôtel fleuri et en bon état. Chambres assez gaies et bien tenues, de taille variable. Celles sous les toits sont les plus ensoleillées, certaines disposent même d'un petit balcon. Au cœur de Saint-Nicolas, ancien quartier de pêcheurs qui dans la journée, ressemble à un tranquille village mais fait quelquefois la fête le soir... Un bon rapport qualité-prix. Accueil aimable et souriant. *10 % sur le prix de la chambre (de novembre à mai sauf week-ends fériés) offerts à nos lecteurs sur présentation de ce guide.*

🛏️ **Hôtel Le Rochelois** ** – **66, bd Winston-Churchill (hors plan A3-10)** ☎ 05-46-43-34-34. Fax : 05-46-42-10-37. Parking payant. TV. Canal+. ♿ Ouvert tous les jours de l'année. Accès : en venant du vieux port

par l'allée du Mail, prendre la rue Philippe-Vincent en direction du casino de La Rochelle. Chambres doubles de 39 à 45 € avec douche et w.-c. mais sans vue sur l'Océan et de 52 à 83 € avec bains et vue, suivant la saison. Hôtel récent dressé face à l'Océan. Chambres fonctionnelles, bien équipées et pour certaines (au 1er étage) dotées d'une terrasse. Le fait d'y séjourner donne accès au terrain de tennis, à la salle de muscu, aux jacuzzis, au sauna et au hammam. Très vacances sportives tout ça ! Encore que rien ne vous empêche de lézarder au bord de la piscine l'été. Dommage que l'accueil soit juste tiède. *Un petit déjeuner par chambre offert à nos lecteurs sur présentation de ce guide.*

🛏️ **Hôtel La Marine** ** – **30, quai Duperré (B2-6)** ☎ 05-46-50-51-63. Fax : 05-46-44-02-69. • hotel.marine@wanadoo.fr • TV. Satellite. Congés annuels : fin novembre et début janvier. Accès : sur le quai, face au vieux port. Réception au 1er étage. Chambres doubles avec douche de 43 € en basse saison à 55 € en haute saison, et de 53 à 66 € avec douche et w.-c. On aurait pu passer sans voir l'entrée de cet hôtel, coincée entre deux de ces terrasses qui inondent le vieux port. Pourtant, ce tout petit établissement (13 chambres seulement) mérite qu'on s'y arrête. Et les chambres, pimpantes, incitent même au séjour. Certaines offrent une jolie vue sur le vieux port (les n°s 1, 6 et 9 ot « Troubadour », mais ça se paye la vue !) et l'océan au loin, mais le double vitrage ne peut (hélas...) filtrer tous les bruits de ce quai très fréquenté le soir. Petit déjeuner servi uniquement en chambre.

🛏️ **Terminus Hôtel** ** – **pl. du Commandant-de-La-Motte-Rouge (C3-11)** ☎ 05-46-50-69-69. Fax : 05-46-41-73-12. • www.tourisme-francais.com/hotels/terminus • Parking payant. TV. Satellite. Accès : tout près de l'office du tourisme, à l'entrée du vieux port et des rues piétonnes. Chambres doubles avec douche ou bains et w.-c. de 45 à 65 €. Comme son enseigne l'indique, pas bien loin de la gare, pas bien loin non plus du quartier du Gabut et du vieux port. Une petite touche perso dans la déco et du mobilier rustique pour des chambres simples confortables, au calme pour celles donnant sur l'arrière, spacieuses et

---

🛏️ **Où dormir ?**

1	Auberge de jeunesse
2	Hôtel Le Transatlantique
3	Hôtel le Bordeaux
6	Hôtel La Marine
7	Hôtel de l'Océan
8	Hôtel de la Monnaie
10	Hôtel Le Rochelois

11 Terminus Hôtel

|●| **Où manger ?**

15 Le Verdière
16 Le Soleil Brille pour Tout le Monde
18 Restaurant Teatro Bettini - Accademia

19 La Marie-Galante
21 Les Quatre Sergents
22 Restaurant Le Grill
23 La Guilbrette
24 Le Boute-en-Train
26 À Côté de Chez Fred
27 Le Petit Rochelais

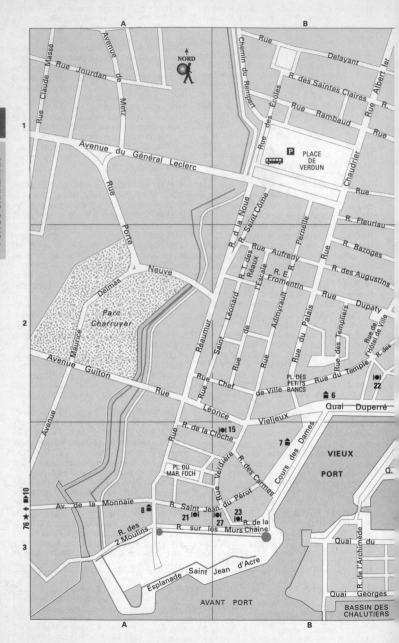

POITOU-CHARENTES

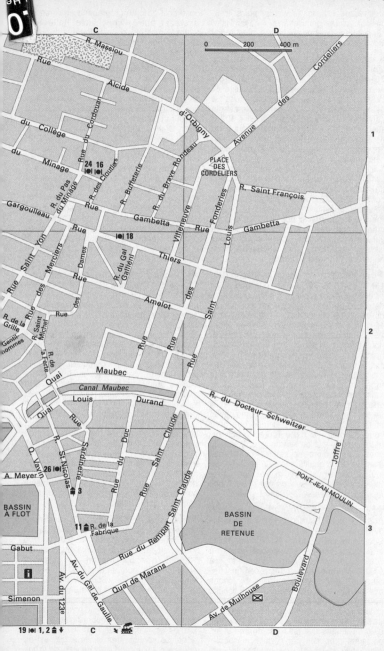

POITOU-CHARENTES

0 200 400 m

C

R. Massiou

Rue

Alcide

d'Orbigny

Avenue

des

Cordeliers

D

1

du Collège

du

Minage

24 16

Cordouan

R. du Pas du Minage

R. des Cloutias

R. Buffeterie

R. du Brave Rondeau

PLACE DES CORDELIERS

R. Saint François

Gargoulleau

Rue

Gambetta

Villeneuve

Rue Fonderies

Louis

Gambetta

Rue Saint Yon

18

Merciers

Thiers

Rue des Dames

R. du Gal Galliéni

Rue

Rue

des

Amelot

des

Saint

R. de la Grille

Rue Saint Michel

Rue des

Gentils-hommes

R. de la Ferte

Quai

Maubec

Rue

Rue

Canal Maubec

Louis

Durand

R. du Docteur Schweitzer

Quai

Rue

R. St-Nicolas

Sardinerie

Rue du Duc

Rue Saint Claude

Rue

26

A. Meyer

3

BASSIN À FLOT

11

R. de la Fabrique

Joffre

PONT JEAN-MOULIN

BASSIN DE RETENUE

Gabut

Rue du Rempart Saint Claude

Simenon

Av. du Gal de Gaulle

Av. du 123e

Quai de Marans

Av. de Mulhouse

Boulevard

19

1, 2

C

D

2

3

lumineuses en façade (mais moins tranquilles). Accueil gentil et ambiance familiale. *Un petit déjeuner par chambre offert à nos lecteurs sur présentation de ce guide.*

🏠 *Hôtel de la Monnaie* *** – 3, rue de la Monnaie (A3-8) ☎ 05-46-50-65-65. Fax : 05-46-50-53-19. ● www.hotel-mon naie.com● Parking payant. TV. Satellite. Ouvert tous les jours de l'année. Accès : à deux pas du vieux port et de la tour de la Lanterne. Chambres doubles de 87 à 102 € suivant la saison. Un hôtel de charme du XVIIe siècle, à l'emplacement même où l'on frappait la monnaie, sauvé de la ruine avant d'être transformé en hôtel en 1988. Confort évidemment optimum (jolies salles de bains, climatisation, insonorisation...) et tranquillité garantie : les chambres, aux meubles contemporains, s'ordonnent autour d'une belle cour pavée et d'un jardin de poche. Pour les fans, c'est ici que Jean-Louis Foulquier, papa des Francofolies, pose ses valises le temps des festivités. On savait bien qu'il avait du goût ! Accueil professionnel et sympathique à la fois.

📍 *Le Verdière* – 6, rue de la Cloche (B3-15) ☎ 05-46-50-56-75. Fermé le lundi et en hiver également le dimanche soir. Accès : à deux pas du port, l'agitation en moins. Formules à 9,90 €, à midi en semaine, et à 12 € le soir avant 21 h 30. Menus à 19 et 26 €. Tombés dessus un peu par hasard, nous avons failli nous y installer : si la déco manque un peu de personnalité et d'harmonie, le patron, derrière son piano, fait des merveilles, et apporte le même soin à ses formules qu'à ses menus. Des produits frais, choisis et travaillés avec intelligence ; beaucoup de poisson, bien sûr, mais aussi un foie gras maison joliment tourné, avec fruits frais par exemple, et, rien que pour vous allécher (la carte tourne régulièrement), un ragoût de seiche à la façon du chef ou un magret de canard rôti au miel d'acacia. Et la qualité suit côté desserts. Le tout copieusement servi, et avec le sourire. Bien, tout ça ! *Digestif maison offert à nos lecteurs sur présentation de ce guide.*

📍 *Restaurant Teatro Bettini – Accademia* – 3, rue Thiers (C2-18) ☎ 05-46-41-07-03. Fermé le dimanche et le lundi. Congés annuels : du 1er au 6 janvier inclus et du 28 octobre au 3 novembre. Accès : à côté du marché couvert. Plat du jour à 9,50 €. Menu-enfants à 6 €. Compter 16 € pour un repas à la carte. Vous allez nous dire : « On n'est pas venus à La Rochelle pour manger des pizzas... » Oui, mais quand les pizzas sont faites dans les règles de l'art (dans un vrai four à bois) et s'avèrent bien meilleures que les fruits de mer et les poissons proposés par certains « spécialistes » de soi-disant « cuisine marine » qui pullulent en ville, on aurait tort de s'en priver. Et toute la ville l'a bien compris, ça ne

désemplit pas. Au programme également : *pasta* et autres spécialités italiennes (comme l'escalope *corrado*) et un grand choix de vins italiens. *Apéritif maison offert à nos lecteurs sur présentation de ce guide.*

📍 *La Marie-Galante* – 35, av. des Minimes (hors plan C3-19) ☎ 05-46-44-05-54. Fermé le lundi et les soirs en semaine d'octobre à Pâques. Accès : village des Minimes. Formule express (salade, plat du jour et café) le midi sauf les week-end et jours fériés à 10,50 € et menus à 13,50 et 20 €. Quelques pittoresques baraques de bois (survivantes de l'époque où les Minimes étaient encore un village de pêcheurs) et 4 restos côte à côte. Ne vous trompez pas ! Cuisine toute simple, essentiellement marine, qui n'oublie aucun de ses classiques : huîtres, soupe de poisson, moules marinière, assiette de bulots mayonnaise. Poissons du jour à prix d'amis. Une grande terrasse où, évidemment, on choisira de manger aux beaux jours. *Apéritif maison offert à nos lecteurs sur présentation de ce guide.*

📍 *Le Soleil Brille pour Tout le Monde* – 13, rue des Cloutiers (C1-16) ☎ 05-46-41-11-42. Cartes de paiement refusées. Fermé le dimanche, le lundi et les jours fériés. Accès : près du marché couvert. Formule à 10,50 €, midi et soir. Compter entre 12 et 15 € le repas à la carte. Deux, trois tables sur le trottoir pour quand le soleil brille (pour tous !). Dans la mignonne petite salle, aux murs constellés de mosaïques, quelques tables encore, dont une table d'hôte, qui se serrent autour de la cuisine ouverte, à la mode méditerranéenne. Tout, bien sûr, est ici « fait maison », à base de produits d'une irréprochable fraîcheur et à dominante « bio ». Les plats, inscrits au tableau noir, changent suivant les saisons et l'humeur du patron, sont pleins de saveurs et d'épices sympathiques, et généreusement servis. Intéressante formule avec entrée, plat du jour et légumes frais. Petite carte à prix doux de plats végétariens et salades qui suffisent à elles seules à un déjeuner. Délicieux desserts : crumble, tiramisù...

📍 *Les Quatre Sergents* – 49, rue Saint-Jean-du-Pérot (A3-21) ☎ 05-46-41-35-80. Fermé le lundi. Accès : à deux pas du vieux port, au cœur de l'animation. Menus à 13,50 €, d'un bon rapport qualité-prix et servi tous les jours, et de 18,50 à 32,50 €. Menu-enfants à 6 €. Compter un bon 30-35 € à la carte. Installé dans un hôtel particulier du XIXe siècle et aménagé dans un ancien (et superbe) jardin d'hiver surmonté d'une verrière. Un décor digne d'Adèle Blanc-Sec, l'héroïne de Tardi. Exceptionnel, donc. Le service, très vieille école, est au diapason. La grande surprise vient de la cuisine, qui ne se contente pas d'aligner ses classiques de brasserie (à l'aise dans le décor) mais se permet quelques envolées modernistes, comme les profiteroles d'escargots « lie de vin », entre autres. Vins au verre. Une valeur sûre... La réservation est d'ailleurs conseillée. *Apéritif maison offert à nos lecteurs sur présentation de ce guide.*

I●I *Restaurant Le Grill* **– 10, rue du Port (B2-22)** ☎ **05-46-41-95-90.** Fermé le samedi midi, le dimanche et le lundi midi. Congés annuels : de fin mars et début octobre. Au vieux port de la Rochelle. À la carte, compter environ 17 €, soit un excellent rapport qualité-prix. Arriver de bonne heure ou réserver, car il y a très peu de places. Assis au comptoir (une dizaine de places) ou à l'une des rares tables de ce minuscule lieu, on dévore à pleines dents de la viande épaisse et bien bonne, préparée amoureusement sur le gril. Produits basques et espagnols sélectionnés par les patrons (une rochelaise et un bayonnais). Clientèle d'habitués, accompagnés de leurs amis de passage. Vins servis au verre et desserts gentils, comme l'accueil. *Digestif maison offert à nos lecteurs sur présentation de ce guide.*

I●I *La Guilbrette* **– 16, rue de la Chaîne (B3-23)** ☎ **05-46-41-57-05.** Fermé le dimanche soir et le lundi toute la journée. Accès : sur le port. 1er menu à 20 €, avec entrée, plat et dessert. Des menus de 31 à 61 €. Installée depuis quelques années, cette *Guilbrette* a rapidement vu sa réputation s'étendre. Le chef travaille des produits frais exclusivement, ce qui n'est pas toujours le cas sur ce port de La Rochelle, et son menu-carte, qui tourne tous les deux mois, est vraiment intéressant : plats plutôt inventifs et bien tournés, copieusement servis, dans un cadre classique aux tons orangés. Service attentif et presque trop discret. L'ensemble laisse un petit goût de « revenez-y » ! Régulièrement, des soirées à thèmes, avec un menu unique autour d'un terroir régional. *Apéritif maison offert à nos lecteurs sur présentation de ce guide.*

I●I *Le Boute-en-Train* **– 7, rue des Bonnes-Femmes (C1-24)** ☎ **05-46-41-73-74.** ☼ Fermé le dimanche et le lundi. Congés annuels : du 20 août au 8 septembre et du 24 décembre au 1er janvier. Accès : place du Vieux-Marché. Menu-carte à 20 € ; pour un repas à la carte compter 26 €. Spécialités maison autour de 12,20 €. Voilà un bistrot vraiment coquet, dans les tons bleus et bois cuivré, clair et intime à la fois, idéal pour déjeuner avec grand-mère ou belle-maman entre une matinée de shopping et un après-midi culturel, mais aussi pour dîner en famille... D'autant que les enfants sont ici choyés, puisque crayons, feutres et papier sont mis à leur disposition : toutes ces œuvres d'art se retrouvent ensuite encadrées aux murs ! La cuisine, quant à elle, n'a pas été affectée par le

changement de proprio et reste traditionnellement simple et familiale : balluchon de langoustines et *crumble* aux pommes sont les plats phares de la carte, et réussis de surcroît. Service aimable. *Café offert à nos lecteurs sur présentation de ce guide.*

I●I *Restaurant Le Petit Rochelais* **– 25, rue Saint-Jean-du-Pérot (B3-27)** ☎ **05-46-41-28-43.** Fermé le dimanche. Pas de menu, la carte est sur l'ardoise : compter environ 23 € à la carte. La plupart des vins sont à moins de 16 € la bouteille. Ambiance bistrot avec toile cirée (et des vaches omniprésentes, on vous laisse découvrir comment) pour une cuisine française bien tournée à tendance lyonnaise, avec quand même une certaine recherche en fonction du marché et des saisons. La carte varie souvent, mais vous y trouverez par exemple une tête de veau sauce ravigote ou un agneau de 7 heures en plat principal, pour finir en dessert par une soupe au chocolat avec émincé de banane et d'orange (un petit bonheur !). Le tout n'est pas particulièrement copieux mais reste d'un bon rapport qualité-prix.

I●I *À Côté de chez Fred* **– 30-34, rue Saint-Nicolas (C3-26)** ☎ **05-46-41-65-76.** Fermé le dimanche et le lundi. Compter environ 25 € à la carte. Le Fred en question, c'est le poissonnier jouxtant le restaurant : un personnage de La Rochelle. Au moins, on sait d'où vient le poisson qui constitue donc l'essentiel de la carte de ce bistrot marin. Les plats varient selon l'arrivage, alors on est bien en peine de vous conseiller quoi que ce soit. Cependant, suivez les saisons et allez au plus simple, vous ne le regretterez pas. Mieux vaut réserver, parce que Fred a la cote et, dans la petite salle sans chichis comme en terrasse, les places sont chères...

DANS LES ENVIRONS

AYTRÉ 17440 (3 km S)

🏠 I●I *Hôtel-restaurant Les Platanes* * **– 29, av. du Commandant-Lysiak** ☎ **05-46-44-29-91. Fax : 05-46-31-06-90.** TV. Fermé le dimanche. Congés annuels : de Noël à mi-janvier. Accès : en venant de La Rochelle, prendre la rocade en direction du bourg d'Aytré. Chambres doubles à 28 et 29 € avec douche et w.-c. Demi-pension demandée de juin à septembre, à partir de 36 € par personne. Menus de 11 à 26 €. Le prototype même du resto populaire bien tenu et au rapport qualité-prix indiscutable. Dans une grande salle très campagne, Mme Lechat et ses souriantes employées servent sans mollir une ribambelle d'artisans, venus en voisins de la zone industrielle d'Aytré, qui font un sort au 1er menu, différent tous les jours. Mon tout généreusement servi. Le menu le plus cher attire, lui, la grande foule le soir et le week-end, et est particulièrement copieux ! Beaucoup de fruits de mer, et les parts de gâteau sont géantes ! Quelques chambres toutes simples mais pas ruineuses. *Café offert à nos lecteurs sur présentation de ce guide.*

PUILBOREAU 17138 (5 km E)

🛏 ▐●▌ *Auberge de la Belle Étoile* – **12, rue de la Belle-Étoile** ☎ **05-46-68-01-43. Fax : 05-46-68-06-10.** ● **www.labelleetoile17. free.fr** ● Parking. TV. Satellite. 🐾 Fermé le samedi midi et le dimanche. Accès : prendre la N11 en direction de Nantes, sortie Chagnolet, puis panneaux indicateurs. Chambres doubles de 38,11 à 76,22 € avec douche et w.-c. ou bains. Demi-pension demandée de juillet à mi-septembre, de 38,87 à 45,28 € par personne. Plats aux alentours de 11 € et menus à 13,72 €, réservé aux hôtes, et 19,82 €. Menu-enfants à 6,10 €. Formule à 10 € l'été. Gentille affaire de famille installée dans des entrepôts à betteraves désaffectés. Le patron, ancien pâtissier, est en cuisine, tandis que son épouse s'occupe du service. Les chambres donnent sur un ravissant jardin bien entretenu et portent le nom de villages bien connus sur l'île de Ré. Elles sont installées dans des dépendances agricoles du XVIIᵉ siècle et certaines sont récentes. Les unes sont simples, lumineuses, avec des touches de couleurs chatoyantes, les autres présentent le charme des vieilles pierres. Quelques spécialités culinaires, selon la saison, comme le foie gras au torchon, le saumon au pineau des Charentes, l'émincé de cerf... *Apéritif maison offert à nos lecteurs sur présentation de ce guide.*

LAUZIÈRES 17137 (10 km N)

▐●▌ *Bar Port Lauzières* – **port du Plomb** ☎ **05-46-37-45-44.** 🐾 Fermé le mardi (sauf en juillet-août). Congés annuels : du 1ᵉʳ octobre au 15 mars. Accès : en bord de mer, face à l'île de Ré. Avec un peu de vin, l'addition ne dépasse guère 16 €. Menu-enfants à 3,80 €. Cet ancien cabanon de pêcheurs transformé en bar-dégustation plaira aux amateurs d'authenticité. D'un côté, le bar avec son zinc, où l'on sert des verres aux ostréiculteurs du coin, et un mainate joliment siffleur ; de l'autre, une salle avec une cheminée confortable pour soirs d'hiver et vue sur la mer. En prime, une terrasse accueillante par beau temps. Le patron des lieux, ex-plongeur, se contente d'exploiter l'affaire tranquillou. Au choix : soupe de poisson, moules, langoustines, sardines grillées, gambas flambées, 6 huîtres et assiette composée (huîtres, langoustines, crevettes, sardines). *Apéritif maison offert à nos lecteurs sur présentation de ce guide.*

CHARRON 17230 (16 km N)

▐●▌ *Restaurant Theddy-Moules* – **72, rue du 14-Juillet** ☎ **05-46-01-51-29.** 🐾 Congés annuels : du 1ᵉʳ octobre au 30 avril. Accès : sur la route du port. Une assiette dégustation (langoustines, huîtres, bulots, bigorneaux, crevettes...) pour 12 € ; ou bien encore un copieux plateau de fruits de mer à 16,77 €. Compter 18 à 25 € pour un repas complet. Village réputé pour ses moules, Charron est une bourgade bien tranquille où l'on vient pour une seule chose : le *Theddy-Moules*. Pour le cadre, Theddy, mytiliculteur et patron de ce resto, a fait dans le simple, mais pour les produits, chapeau ! La fraîcheur est garantie et les prix sont doux. On mangera donc des moules, les « spécial *Theddy* » au pineau et à la crème, par exemple. Réservation conseillée le soir.

ROCHE-POSAY (LA) 86270

Carte régionale B1

🛏 *Hôtel de l'Europe* – **19, av. des Fontaines (Centre)** ☎ **05-49-86-21-81. Fax : 05-49-86-66-28.** ● **www.hotel-l-europe.fr** ● Parking. TV. Satellite. Congés annuels : du 15 octobre au 1ᵉʳ mars. Chambres doubles de 25,12 à 31,50 € avec douche et w.-c. ou de 28,27 à 36,05 € avec bains et w.-c. Grosse bâtisse avec jardin sur l'arrière, offrant une trentaine de chambres simples mais entièrement rénovées et briquées avec soin. Atmosphère familiale et conviviale à souhait. L'adorable et accueillante propriétaire n'y est sans doute pas pour rien. Une adresse sans prétention mais agréable et pas ruineuse. *Prix spéciaux pour nos lecteurs (à partir de 10 nuits) sur présentation de ce guide.*

DANS LES ENVIRONS

LEIGNÉ-LES-BOIS 86450 (9 km O)

🛏 ▐●▌ *Hôtel-restaurant Bernard Gautier* – **pl. de la Mairie (Centre)** ☎ **05-49-86-53-82. Fax : 05-49-86-58-05.** Parking payant. Fermé le dimanche soir et le lundi. Congés annuels : du 20 février au 8 mars et du 11 novembre au 1ᵉʳ décembre. Accès : par la D14 et la D15. Chambres doubles avec cabinet de toilette à 25 €. Menus de 21 à 40 €. La cuisine de Bernard Gautier va enchanter vos papilles gustatives par des alliances subtiles et toujours de bon goût. Exemples : le gâteau de lapereau sauce tartare, la morue fraîche aux aromates, le pigeon rôti aux épices... Les amateurs ne rateront pas l'andouillette à la ficelle et la meilleure crème brûlée de la Vienne. Le menu le plus cher est tellement copieux qu'il est bien difficile d'en voir le bout. Pas simple de rester éveillé à la fin de ces agapes. Qu'à cela ne tienne. Les chambres sont simples, propres et on y trouve un sommeil réparateur. Bonne chère, riche carte des vins, bon gîte et jovialité du patron. Difficile de faire mieux.

ROYAN 17200

Carte régionale A2

🏠 *Hôtel Belle-Vue* ** – 122, av. de Pontaillac (Sud-Ouest) ☎ 05-46-39-06-75. Fax : 05-46-39-44-92. • belle-vue royan@wanadoo.fr • Parking. TV. Accès : par la D25 en venant de Saint-Palais. Chambres doubles de 32 à 50 € selon le confort, vue sur la mer avec balcon ou vue sur la ville, et évidemment, selon la saison. Pension de famille dans les années 1950, c'est aujourd'hui un hôtel cossu et un brin bourgeois. Accueil dans le même ton, poli, discret et souriant. Chambres de bon confort et meublées d'ancien. Bonne enseigne ne saurait mentir : l'hôtel *Belle-Vue* domine avec une certaine superbe la très chic baie de Pontaillac. On privilégiera donc logiquement les chambres avec vue (certaines sont dotées de balcon, d'autres sont en rez-de-jardin).

🏠 *Villa Trident Thyrsé* – 66, bd Frédéric-Garnier (Sud-Est) ☎ 05-46-05-12-83. Fax : 05-46-36-16-92. Parking. TV. Fermé le dimanche après-midi et soir hors saison. Accès : direction Saint-Georges-de-Didonne, boulevard longeant la place de Royan. Chambres doubles avec lavabo de 32 à 40 € selon la saison, de 48 à 56 € avec douche ou bains. Royan est une ville années 1950. Soit. Mais ce patrimoine architectural n'est pas franchement mis en valeur. Sauf ici. En pénétrant dans le vaste et lumineux hall de cet hôtel, on a un peu eu l'impression d'être tombé dans une faille spatio-temporelle. Quelques rééditions se cachent dans le décor, à vous de les trouver, tant rien ici ne semble avoir bougé depuis 1954. Les couleurs claquent comme dans une comédie musicale de Jacques Demy. Des bongos au coin du bar en formica, des effluves de salsa sur la terrasse face à l'Océan, et on pourrait se croire aussi dans un hôtel du quartier Art déco de Miami Beach. Les chambres sont toutes simples, plaisantes, avec balcon, vue sur mer, millésimées années 1950 aussi. Propose également des studios, loués à la semaine ou au week-end hors vacances. Accueil très, très cool. Et il n'y a que le boulevard à traverser pour poser les pieds sur la plage. *10 % sur le prix de la chambre offerts à nos lecteurs sur présentation de ce guide.*

🏠 🍴 *Hôtel Abysse – Restaurant L'Anjou* ** – 17-19, rue Font-de-Cherves (Centre) ☎ 05-46-05-30-79. Fax : 05-46-

05-30-16. • francoise.branco@wanadoo.fr • TV. 🍴 Resto fermé les dimanche soir et lundi hors saison (lundi midi en été). Accès : en direction du marché. Chambres doubles de 46 à 52 €, avec douche et w.-c. ou bains. Quelques petits appartements, parfaits pour les familles. Petit menu à 11 € à midi sauf le week-end. Autres menus de 16 à 35 €. Menu-enfants à 8 €. Les chambres sont agréables, claires et joliment colorées de bleu pastel, de jaune ou d'orangé. Certaines avec balcon. Deux a priori favorables : ce resto est un peu hors quartiers touristiques et il est ouvert à l'année. Vérification faite, c'est une bonne petite table, à la franche et honnête cuisine traditionnelle, généreusement servie et plutôt tournée vers la mer. Déco rustico-chargée. L'accueil est enthousiasmant et le service nature et efficace. *Apéritif maison et 10 % sur le prix de la chambre (à partir de 2 nuits consécutives) offerts à nos lecteurs sur présentation de ce guide.*

🍴 *Restaurant Le Chalet de Royan* – 6, bd de la Grandière (Est) ☎ 05-46-05-04-90. Fermé les mardi soir et mercredi (sauf en juillet-août). Accès : à l'extrémité est du front de mer, juste en face de l'office du tourisme. 1er menu à 15 €, le midi en semaine. Menus suivants de 19 à 54 €. Un genre d'auberge de campagne – un peu bourgeoise – à la ville. Décor rustique, service stylé, cuisine de terroir et marine bien tournée : fricassée d'anguilles aux copeaux d'olives, dos de cabillaud à la crème de piments doux. Une adresse dont la réputation se maintient au fil des années. *Une coupe de champagne offerte en fin de repas à nos lecteurs sur présentation de ce guide.*

DANS LES ENVIRONS

SAINT-GEORGES-DE-DIDONNE
17110 (4 km S)

🏠 🍴 *Hôtel-restaurant Colinette et Costabéla* ** – 16, av. de la Grande-Plage (Nord-Est) ☎ 05-46-05-15-75. Fax : 05-46-06-54-17. • www.colinette.net • Cartes de paiement refusées. TV. 🍴 Resto fermé le dimanche midi et tous les soirs hors saison (hors clients de l'hôtel). Congés annuels : du 1er janvier au 1er février pour le restaurant uniquement. Accès : fléchage à partir du front de mer quand on vient de Royan. Chambres doubles de 43 à 83 € avec douche et w.-c. ou bains suivant la saison. Demi-pension demandée en juillet-août, de 40 à 50 €. Au resto, menu à 15 € servi tous les jours. Autre menu à 21 €. Menu-enfants à 6 €. Sous les pins de la forêt de Vallières, *Colinette* a subi un véritable lifting. Adieu tapisseries aux grosses fleurs, place aux murs d'une parfaite blancheur et au double-vitrage. Calme et confortable. Une rue plus loin, son annexe, l'hôtel *Costabéla* ressemble à une villa passe-partout des années 1970. Chambres comme on s'y attend en pareil endroit (papier à fleurs, dessus-de-lit en chenille...). *10 % sur le prix de la chambre (hors juillet-août et week-ends prolongés) offerts à nos lecteurs sur présentation de ce guide.*

|●| L'Escapade – **7, rue Autrusseau (Nord)** ☎ **05-46-06-24-24.** ✗ Fermé les lundi et mardi, sauf en juillet-août. Menus de 15 à 29 €. Menu-enfants à 7 €. Chouette décor de bistrot marin et terrasse dans un adorable petit patio sous une tonnelle de vigne. Plats de poisson (suivant arrivage) tout simples mais bien tournés et fruits de mer d'une irréprochable fraîcheur. Spécialités maison : choucroute du pêcheur, assiettes et plateau de fruits de mer. Du style et de la classe dans la présentation. Les plats se savourent d'abord avec les yeux ! Belle carte des vins. Bref, un bon repas en perspective.

SAINT-PALAIS-SUR-MER   17420
(6 km O)

|●| Le Petit Poucet – **La Grande Côte** ☎ **05-46-23-20-48.** ✗ Fermé le mercredi d'octobre à mars. Congés annuels : du 6 au 31 janvier et du 12 novembre au 15 décembre. Accès : le long de la rue côtière, direction La Palmyre. Pointe de la Grande Côte, sur la mer. Menus de 13 à 26 €. Menu-enfants à 6,90 €. Ce bloc de béton des années 1950 dressé sur la côte gâche un peu le paysage (à sa décharge, il n'est pas le seul dans le cas et c'est l'œuvre d'un architecte...). Mais il n'a pas été construit là innocemment. De la salle claire, spacieuse et envahie de plantes vertes, la vue est superbe sur la plage de la Grande Côte et l'Océan. Grande terrasse aussi bien située. Cuisine essentiellement marine (langoustines crémées au pineau, huîtres chaudes, etc.), honnête dans sa catégorie mais qui, travers les restos touristiques, souffre parfois de quelques approximations. Bon rapport qualité-prix quoi qu'il en soit.

MESCHERS-SUR-GIRONDE   17132
(12 km S)

🏠 |●| Les Grottes de Matata ✱✱ – **bd de la Falaise** ☎ **05-46-02-70-02. Fax : 05-46-02-78-00.** Resto fermé le dimanche soir. Congés annuels : de novembre à février. Accès : à flanc de falaise. Chambres doubles à 47 € avec douche et w.-c., 55 € avec bains. Menu à partir de 15 €. Une adresse atypique (et un peu touristique) puisque installée dans le circuit de visite des grottes de Matata. Quelques chambres seulement dans un bâtiment moderne posé sur la falaise. Terrasse où prendre son petit

déjeuner. Et une vue réellement somptueuse sur les tourmentés flots gris-bleus de l'estuaire de la Gironde. Même panorama depuis la petite crêperie aménagée dans l'une des habitations troglodytiques de la falaise. On y mange entre des murs datant du crétacé et couverts de fossiles ! Étonnant. Notre Johnny national, entre autres célébrités comme William Sheller ou Lambert Wilson, est passé par là. *10 % sur le prix de la chambre (hors juillet et août) offerts à nos lecteurs sur présentation de ce guide.*

MORNAC-SUR-SEUDRE   17113
(13 km N)

|●| Le Tahiti – **1, route de la Sendre** ☎ **05-46-22-76-53.** ✗ Fermé les lundi après-midi et mardi hors juillet-août. Congés annuels : de novembre à mars. Accès : par la rue piétonne, face au port. Menus de 12,75 à 26 €. Menu-enfants à 7 €. Gentil caboulot populaire, sur le pittoresque port de ce village de charme. La salle est soignée, la terrasse posée sur le quai. Une carte qui aligne principalement poisson et fruits de mer. Quoi de plus logique ? Dégustation d'huîtres à toute heure, chaudrée du Tahiti, etc. Dommage que l'endroit soit aussi connu des autocaristes... *Café offert à nos lecteurs sur présentation de ce guide.*

PALMYRE (LA) 17570 (18 km NO)

🏠 |●| Palmyrotel ✱✱✱ – **2, allée des Passereaux (Centre)** ☎ **05-46-23-65-65. Fax : 05-46-22-44-13.** ● **www.palmyrhotel.com** ● Parking. TV. Satellite. ✗ Ouvert tous les jours pendant période estivale. Congés annuels : de novembre à fin mars. Accès : à proximité du zoo. Route de Royan à La Palmyre, à 5 mn du centre-ville, sous les pins. De 48 à 85 € la chambre double, suivant la saison. Au resto : 1er menu à 21 € servi tous les jours, autre menu à 28 €. Menu-enfants à 10 €. Là, on n'est plus dans le registre petite adresse familiale, mais l'ensemble offre un bon rapport qualité-prix pour la région. Un grand (au sens de vaste : il y a 46 chambres) hôtel moderne qui évoque un chalet de montagne, à l'orée d'une forêt de pins et du célèbre zoo de La Palmyre. Grand jardin. Chambres fonctionnelles, toutes identiques, toutes avec bains. Chambres familiales pour 4 à 5 personnes. Des balcons pour profiter du soleil. Accueil et service très pro, évidemment. Formule club (pour ceux qui aiment) avec soirées dansantes, excursions, etc. *10 % sur le prix de la chambre à partir de 2 nuits consécutives et 5 % pour une nuit (sauf juillet et août) offerts à nos lecteurs sur présentation de ce guide.*

BOUTENAC-TOUVENT 17120
(28 km SE)

🏨 |●| *Le Relais de Touvent* ** – 4, rue de Saintonge (Centre) ☎ 05-46-94-13-06. **Fax : 05-46-94-10-40**. Parking. TV. � Fermé le dimanche soir et le lundi, sauf en été. Congés annuels : du 16 décembre au 5 janvier. Accès : par la D730 et la D6. Chambres doubles de 39,70 € avec douche et w.-c. à 44,50 € avec bains. Demi-pension demandée en juillet-août, à 45,73 € par personne. 1er menu à 14 €, puis autres menus de 22,90 à 32,10 €. La première impression (une bâtisse banale à un rond-point) n'est pas la bonne. Parce que derrière l'hôtel se cache un grand jardin qu'on pourrait presque appeler parc ; parce que les chambres ont été rénovées dans un style qui reste classique (hum, le mélange des couleurs ne fait pas forcément l'unanimité) et affichent des prix sympathiques pour la région ; parce que, enfin, on y sert une franche et bonne cuisine de terroir : mouclade, lamproie, salade de homard et foie gras... Intéressante carte des vins (on est déjà dans le vignoble). *Café offert à nos lecteurs sur présentation de ce guide.*

RUFFEC 16700

Carte régionale B2

|●| *Le Moulin de Condac* – Condac ☎ 05-45-31-04-97. ⅃location Fermé le lundi et le mardi soir sauf en juillet et août. Accès : à 2 km à l'est de Ruffec par la route de Confolens. Menus à 12 €, le midi en semaine, et de 16 à 30 €. À la carte, compter 28 € sans les boissons. Menu terroir pour les enfants à 10 €. Dans un ancien moulin du XVIIIe siècle agréablement restauré, sur le cours de la Charente, un resto accueillant et calme pour une cuisine du terroir de bon niveau. Belle terrasse ombragée, pédalos, discothèque (du vendredi au dimanche) et minigolf complètent cet agréable tableau. Notre coup de cœur sur le haut de la Charente.

DANS LES ENVIRONS

VERTEUIL-SUR-CHARENTE
16510 (6 km SE)

🏨 |●| *La Paloma* ** – 14, rue de la Fontaine ☎ 05-45-29-04-49. Fax : 05-45-29-51-31. ● lapaloma@worldonline.fr ● Parking. TV. Fermé le dimanche soir et le lundi hors saison. Congés annuels : du 1er au 15 mars et du 15 octobre au 5 novembre. Accès : à 500 m du centre-ville. Chambres doubles à 32 € avec douche, de 40 à 48 € avec bains. Menus à 14 €, le midi en semaine, et de 23 à 30 €. Il y a une chèvre et des cochons du Vietnam dans le jardin,

un perroquet parlant et un iguane au coin du bar. Il semblerait que le jeune couple qui a réanimé cette charmante et paisible auberge ait un faible pour les animaux ! À part ça, on y trouve des chambres rénovées avec sobriété mais agréables (on a bien aimé la terrasse et les transats de la nº 7). Bonne petite cuisine. Les vieilles photos de cinéma qui ornent les murs du resto sont prétexte à un jeu (apéro à gagner), mais on ne vous donnera pas la réponse, na ! *Apéritif maison offert à nos lecteurs sur présentation de ce guide.*

SAINT-DENIS-D'OLÉRON 17650

Carte régionale A2

🏨 |●| *Hôtel-restaurant Le Moulin de la Galette* ** – 8, rue Ernest-Morisset (Centre) ☎ 05-46-47-88-04. Fax : 05-46-47-69-05. ● www.oleron.com/loiselay ● ⅃location Congés annuels : d'octobre à mars. Accès : près de la place du Marché et de l'église. Chambres doubles avec douche et w.-c. de 34,30 à 45,80 €. Demi-pension (demandée en juillet-août) de 36,50 à 45,80 € par personne. 1er menu à 13 €, bon et servi tous les jours, puis autres menus de 17 à 27 €. Menu-enfants à 6,40 €. Vieille villa balnéaire un peu rococo, immanquable sur la place du bourg. La pension de famille pur jus. À inscrire à l'inventaire des Monuments historiques ! Dans la maison, grandes chambres rénovées à l'ancienne, avec un charme d'époque. Juste derrière, dans une annexe moderne, quelques autres chambres, avec terrasse de plain-pied. La salle de resto distille ce même charme suranné. Quelques tables sur une terrasse face à la place du Marché. Le patron a du métier, de la rigueur, et ne travaille que les produits frais (poisson, fruits de mer, etc.). Accueil aimable. Ambiance évidemment familiale. *10 % sur le prix de la chambre (hors juillet et août) offerts à nos lecteurs sur présentation de ce guide.*

SAINT-MAIXENT-L'ÉCOLE 79400

Carte régionale B1

🏨 |●| *Hôtel-restaurant Le Logis Saint-Martin* *** – chemin de Pissot (Sud-Est) ☎ 05-49-05-58-68. Fax : 05-49-76-19-93. ● www.logis-saint-martin.com ● Parking. TV. Satellite. Fermé les samedi midi, lundi, et mardi midi. Accès : vers la sortie de Saint-Maixent, direction de Niort ; de là, prendre à gauche au dernier feu avant la sortie de la ville ; fléchage. Chambres doubles de 90 à 120 € avec douche ou bains et w.-c. Menus à 30 €, le midi, puis de 42 à 185 €. Compter 50 € à la carte. L'occasion de faire une folie, si vous ne passez qu'une nuit à Saint-Maixent. Vaste maison bourgeoise du XVIIe siècle au fond d'un parc au bord de la rivière. En plus, le *Logis Saint-Martin* présente de belles chambres : tissus Canovas et lustres en bronze, cristal de Bohême et de Murano... bref, que du beau ! La chambre duplex (la n° 1), dans une tourelle, fera le bonheur de nos lecteurs romantiques. Elle coûte cher, mais quand on aime, on ne compte pas... Silence garanti à quelques centaines de mètres du centre-ville. Accueil d'une simplicité exemplaire vu l'endroit. *10 % sur le prix de la chambre (de début octobre à fin mars) offerts à nos lecteurs sur présentation de ce guide.*

DANS LES ENVIRONS

SOUDAN 79800 (7 km E)

🏠 ❙●❙ *L'Orangerie* ✶✶ – **RN11 (Centre)** ☎ **05-49-06-56-06. Fax : 05-49-06-56-10.** Parking. TV. Canal+. Fermé le dimanche soir et le mercredi du 1er octobre au 31 mars. Congés annuels : 3 semaines mi-novembre. Accès : prendre la N11 direction Poitiers. Sortie 31. À 5 mn. Chambres doubles de 34 à 39 €. Demi-pension à 49 € par personne. Menus de 13,50 à 38 €. Une table de goût et de raffinement aux prix très accessibles. Dans une grande salle plutôt cossue, claire et spacieuse, aux fenêtres ouvertes sur un petit jardin, découvrez une cuisine plaisante et régionale. On relèvera surtout un service souriant, rapide, aux petits soins, impeccable. L'ambiance « repas d'après mariage » peut paraître un peu guindée parfois dans ce cadre très propret, et pourtant, le charmant sourire de la patronne met bien à l'aise. On apprécie la belle vaisselle, le cocktail et les bons desserts maison.

AIRIPT 79260 (10 km S)

🏠 ❙●❙ *L'Auberge du Port d'Aiript* – **Auript-Romanos** ☎ **05-49-25-58-81. Fax : 05-49-05-33-49.** Cartes de paiement refusées. Parking. Fermé le lundi. Accès : à 8 km de Saint-Maxence. Prendre la N11 vers Niort. À environ 4 km, suivre sur la gauche vers Sainte-Néomaye, puis Aiript. Chambres d'hôte à 37 € avec douche et w.-c. ou bains, petit déjeuner inclus. Menus de 16 à 29 € ; à la carte, compter 35 €. Dans une discrète et charmante vallée, de nouveaux propriétaires ont créé l'auberge du IIIe millénaire qui satisfera tout le monde : les couples à la recherche d'intimité, les familles nostalgiques, les jeunes mariés entre amis... Réparti sur 3 bâtiments et 2 ha, un cadre chaleureux, au calme, avec une piscine hollywoodienne qui en surprendra

plus d'un ! Spécialités de la maison, farcis poitevins gratinés à la crème de framboise, le magret de canard, les filets de cailles. Un service toujours gentil, sur la terrasse surplombant le lavoir ou en salle aux vieilles pierres apparentes. Relais équestre à proximité. Et si vous cherchez le port, ce sera en vain car il reste vaguement une source avec quelques canards. *Apéritif maison offert à nos lecteurs sur présentation de ce guide.*

MOTHE-SAINT-HÉRAY (LA) 79800
(11 km SE)

🏠 ❙●❙ *Hôtel-restaurant Le Corneille* ✶✶ – **13, rue du Maréchal-Joffre (Centre)** ☎ **05-49-05-17-08. Fax : 05-49-05-19-56.** ● **www.perso.wanadoo.fr/lecorneille** ● Parking. TV. Resto fermé le dimanche soir et le vendredi soir ; et le samedi hors saison. Accès : rue principale. Chambres à partir de 42 €. Demi-pension à 36 € par personne. Menus à 11 €, en semaine, et 16 à 26 €. Installé dans l'ancienne demeure du docteur Pierre Corneille, fondateur d'un théâtre populaire poitevin et dernier descendant du tragédien, un petit hôtel familial qui sent encore le vieux bois. Dans cet agréable cadre rustique se succèdent des petits salons où il vous sera servie une bonne cuisine de terroir. À l'entrée du restaurant, un monumental gramophone (qui marche encore !) et l'accueil sympathique vous donneront envie de vous installer en salle ou à la terrasse avec son joli jardinet. Les chambres sont confortables. Une bonne petite adresse, avec un délicieux petit déjeuner (tourteau fromager, confiture maison). *Digestif maison offert à nos lecteurs sur présentation de ce guide.*

SAINT-PIERRE-D'OLÉRON   17310

Carte régionale A2

🏠 *Le Square* ✶✶ – **pl. des Anciens-Combattants (Centre)** ☎ **05-46-47-00-35. Fax : 05-46-75-04-90.** TV. Ouvert tous les jours. Congés annuels : du 15 novembre au 15 décembre et du 1er au 15 mars. Chambres doubles avec douche et w.-c. ou bains de 35 à 65 €. Chambres conventionnelles, préférez vraiment celles situées dans la partie rénovée. Les nouveaux propriétaires, fort sympathiques, envisagent de poursuivre la restauration. La literie est d'ailleurs toute neuve. La maison a une certaine allure et se trouve à distance suffisamment respectable du centre pour être au calme. Et ce petit hôtel – a priori très classique – cache quelques surprises : une vraie piscine dans la cour intérieure, un petit jardin fleuri et un sauna. *10 % sur le prix de la chambre (du 15 octobre au 15 mars) offerts à nos lecteurs sur présentation de ce guide.*

|●| *François* – 55, rue de la République (Centre) ☎ 05-46-47-29-44. Fermé le dimanche soir et le lundi hors saison. Congés annuels : de mi-décembre à mi-janvier. Menus à 12,20 €, servi tous les jours, puis de 15,60 à 26,50 €. Menu-enfants à 7,50 €. Salle classique mais agréable, avec murs en pierre, et service sans reproches. Cuisine de tradition, bien ficelée (pâté d'artichauts au lard fumé, ragoût de seiches oléronaises, etc.) et à prix serrés, serrés. Impeccable 1er menu et une carte qui mérite qu'on s'y attarde. Sans esbroufe, *François* se positionne, tout simplement, comme une bonne table de la ville. *Café offert à nos lecteurs sur présentation de ce guide.*

|●| *Le Moulin du Coivre* ☎ 05-46-47-44-23. Fermé le dimanche soir, le lundi toute la journée et le mardi soir (sauf en juillet-août). Accès : sur la route départementale 734, en face de la zone des Claircières (le fameux moulin sert de repère). Menu-carte à partir de 22 € avec entrée, plat et dessert, servi midi et soir (certains plats avec supplément). Une des très bonnes tables de l'île, assurément. Pourtant, sa situation, à la lisière de la départementale et au cœur d'une banale zone commerciale, n'a, a priori, rien d'attirant. Bien nous a pris ce soir-là de pousser la porte de cette jolie maison basse, pleine de charme dehors comme dedans. Le cadre, l'accueil délicat de la maîtresse de maison et surtout la divine cuisine de son chef de mari, qui a officié à Paris chez les plus grands, nous ont séduits. La carte change régulièrement, au rythme des saisons et bien sûr des marées (les produits de la mer se taillent logiquement la part du lion). Quelques suggestions tout de même, histoire de vous mettre en bouche : superbe mouclade au pineau, filets de sardine *a la plancha*, aux beignets de courgettes, chou farci aux crustacés, glaces et desserts tout en légèreté… *NOUVEAUTÉ.*

|●| *La Lambourde* – 6, rue Etchebame ☎ 05-46-75-15-92. Ouvert uniquement le soir en juillet et août. Fermé le mercredi. À la carte uniquement. Plats entre 7 et 14 €. Compter environ 30 € pour un repas. Un cadre simple mais plein de chaleur. Le patron, qui cuisine lui-même, a fait le tour du monde et évidemment, la déco témoigne de ses nombreuses escapades. Près du bar, un petit salon avec une galerie de bouquins et de vieux fauteuils, où il fait bon prendre l'apéro. Dans cet endroit délicieusement décalé, la carte propose bien sûr crustacés, coquillages et poisson. Mais on a vite fait de se laisser tenter par les spécialités aux parfums exotiques (accras de morue, cari de seiches, *feijoada* du Brésil, tajine du Maroc, etc.). Une adresse bien séduisante.

DANS LES ENVIRONS

COTINIÈRE (LA) 17310 (3 km S)

▬ *Hôtel Face aux Flots* ** – 24, rue du Four (Centre) ☎ 05-46-47-10-05. Fax : 05-46-47-45-95. ● www.faceauxflots.fr.st ● TV. ♿ Fermé tous les midis. Congés annuels : du 12 novembre au 10 février sauf pendant les vacances de Noël. Accès : à 300 m du port. Chambres doubles de 39 à 75 €, suivant le confort et la saison, les plus chères ayant vue sur la mer. Demi-pension demandée en saison, de 45 à 68 € par personne. Juste à l'écart de l'agitation parfois épuisante du petit port de pêche. Au calme donc. Des fenêtres de certaines chambres, on voit effectivement la mer et ses reflets d'argent. À la barre, la patronne souriante et efficace s'occupe de son affaire et de ses clients avec le plus grand sérieux. Un restaurant panoramique, un bar, un petit coin-jardin et une piscine complètent cet ensemble hôtelier. Spécialités : plateau de fruits de mer, filet de sole aux morilles, bar rôti au jus de truffes.

|●| *L'Assiette du Capitaine* – port de la Cotinière ☎ 05-46-47-38-78. ♿ Fermé le lundi soir et le mardi hors saison. Congés annuels : novembre, décembre et janvier. Accès : face au port. Menus de 11,50 à 27 €. Terrasse sur le port et aimable petite salle face à la criée, avec d'anciennes cartes marines tapissant le plafond, une belle collection de paniers pour aller à la pêche aux moules ou déguster tout simplement les fruits de mer. Pour la fraîcheur des produits, pas de soucis. Carte pleine d'originalité ; selon la saison, excellentes mouclades, requin à la banane, etc., et, une fois n'est pas coutume dans un resto de fruits de mer, de bons desserts, comme le chocolat à la confiture de lait ! *Digestif maison offert à nos lecteurs sur présentation de ce guide.*

SAINT-SAVINIEN 17350

Carte régionale A2

|●| *Auberge du quai des Fleurs* – 53, quai des Fleurs ☎ 05-46-90-12-59. ♿ Ouvert tous les jours en juillet et août, du mercredi soir au dimanche à partir de septembre. Accès : en prolongement de la rue principale. Menu à 11 € servi le midi en été. Certains soirs, menus-concert de 13 à 28 €. À la carte, compter 30 €. Une adresse atypique qu'on ne s'attendait franchement pas à dégoter ici. Vieille maison au bord de la rivière, décorée avec du goût et des idées : des pieds de machines à coudre pour les tables, de la toile de jute comme nouée à la hâte pour recouvrir les chaises… Billie Holiday qui se balade en fond sonore. Deux terrasses pour les beaux jours. Chouette ambiance donc. La patronne est suédoise, on mange donc surtout suédois. Il nous manque quelques « O » barrés sur le clavier de notre machine à écrire pour vous citer des noms de plats, mais on a été agréablement surpris par sa cuisine. On peut également passer y boire un verre en tentant de tomber un soir de concert (à dominante jazz et blues, 2 à 3 fois par semaine en été, quelques vendredis en hiver). Festival de musique (tout style) une semaine en août. *Café offert à nos lecteurs sur présentation de ce guide.*

SAINT-SAVIN-SUR-GARTEMPE   86310

Carte régionale B1

≜ |●| *Hôtel de France* – 38, pl. de la République (Centre) ☎ 05-49-48-19-03. Fax : 05-49-48-97-07. Parking. TV. ✆ Resto fermé les vendredi et dimanche soir et le lundi midi (sauf en juillet-août). Congés annuels : du 2 au 12 janvier. Chambres doubles tout confort à 42 € avec douche et 45 € ou carte. Menus de 11 à 25 € ou carte. Derrière sa façade ancienne et avenante, un petit hôtel traditionnel agréable, entièrement rénové, offre une quinzaine de chambres de bon confort. On a un petit faible pour les trois chambres mansardées, pas très grandes mais un peu moins chères et toutes mignonnes. Jolie salle de resto, élégante et fleurie, pour une cuisine traditionnelle qui ne déçoit pas. Accueil sympathique et souriant. *Apéritif maison offert à nos lecteurs sur présentation de ce guide.*

SAINTES   17100

Carte régionale A2

≜ |●| *Auberge de jeunesse* – 2, pl. Geoffroy-Martel (Centre) ☎ 05-46-92-14-92. Fax : 05-46-92-97-82. ● www.fuaj.org/aj/saintes/index.htm ● Parking. ✆ Congés annuels : du 21 décembre au 5 juin. Accès : parking Geoffroy-Martel ; à côté de l'abbaye aux Dames. Résa 14 € la nuit, petit déjeuner inclus. Draps à 2,70 €. Demi-pension à 19,70 € par personne (pour un minimum de 10 résidents). Menu à 7,40 €. Entièrement rénovée, cette AJ a une capacité de 70 lits répartis dans des chambres de 2 à 6 lits (avec lavabos, douche et w.-c.). Super économique et tout à fait satisfaisant.

≜ *Hôtel Bleu Nuit* ** 1, rue Pasteur (Ouest) ☎ 05-46-93-01-72. Fax : 05-46-74-43-80. ● aublbeunuit@t3a.com ● Parking payant. TV. Canal+. ✆ Fermé le dimanche soir du 1er octobre au 15 avril. Accès : remonter le cours National en direction de l'A10. Chambres doubles à 28 € avec

lavabo, à 37 € avec douche et w.-c. et à 38,50 € avec bains. Posé au beau milieu du carrefour le plus fréquenté de la ville. Mais pas de panique, le double vitrage fait son boulot (on a testé...) et il existe des chambres sur l'arrière. Pour le reste, c'est un parfait hôtel d'étape : l'accueil est impeccable, l'ambiance familiale mais pro, les chambres rénovées simplement mais avec pas mal de goût, et le tout est d'un rapport qualité-prix épatant.

≜ *Hôtel de l'Avenue* ** – 114, av. Gambetta ☎ 05-46-74-05-91. Fax : 05-46-74-32-16. ● www.hoteldelavenue.com ● Congés annuels : du 24 décembre au 5 janvier. Accès : dans le quartier de l'abbaye aux Dames. Chambres doubles entre 32,50 et 46,50 € avec simple lavabo ou bains. Un hôtel sympathique d'une quinzaine de chambres agréables, toutes différentes les unes des autres et très calmes (aucune ne donne sur la rue). L'hôtel arbore des couleurs chatoyantes ; elles ne se sont que le reflet de la jovialité de Claude, qui reçoit avec professionnalisme et générosité. La salle du petit déjeuner a été spécialement pensée pour un réveil tout en douceur, et c'est réussi ! Un excellent rapport qualité-prix.

≜ *Hôtel des Messageries* ** – rue des Messageries (Centre) ☎ 05-46-93-64-99. Fax : 05-46-92-14-34. ● www.hotel-des-messageries.com ● Parking payant. TV. Canal+. Satellite. Congés annuels : du 20 décembre au 7 janvier. Accès : cours National, au centre-ville. Chambres doubles avec douche et w.-c. ou bains de 46 à 52 €. Comme son enseigne l'indique, ancien relais de poste : mais seules quelques pierres d'un bien vieil escalier témoignent de ce passé. Pour le reste, c'est un hôtel classique et confortable. En plein cœur du centre ancien, le bâtiment n'est entouré que de ruelles tranquilles et ses deux ailes s'ordonnent autour d'une petite cour pavée. Chambres très au calme donc, et bien équipées.

|●| *Le Pistou* – 3, pl. du Théâtre (Centre) ☎ 05-46-74-47-53. Fermé les dimanche et lundi de novembre à février, le samedi midi et le dimanche pour les autres mois. Congés annuels : 1 semaine fin juin, 1 semaine mi-septembre et fin décembre à fin janvier. Accès : près du théâtre, place piétonne, face au palais de justice. Compter entre 18 et 20 € pour un repas complet à la carte. Menu-enfants à 6,40 €. Petite adresse centrale, pas ruineuse, avec quelques choses de provençal dans la déco. Le service est nature, la cuisine va à l'essentiel. Quelques plats sous influence méditerranéenne pour ne pas faire mentir l'enseigne (moules au pistou) et du terroir (poêlée de crevettes au cognac). Toujours un poisson du jour et de grosses salades pour l'été.

l●l *Restaurant La Ciboulette* – **36, rue Pérat (Centre)** ☎ 05-46-74-07-36. Cartes de paiement refusées. Fermé le dimanche et le samedi midi. Accès : en descendant le cours National, franchir la Charente, poursuivre par l'avenue Gambetta et prendre la 3ᵉ à gauche après le pont. Menus à 18 €, sauf le dimanche et les jours fériés, et de 25 à 33 €. Menu-enfants à 11 €. Coquette petite salle, climatisée pour l'été, où officie un jeune chef originaire de Brest. Aussi met-il à la fête le poisson et les coquillages. Parmi ses réussites : assiette gourmande du pêcheur, saumon et autres poissons fumés au bois de hêtre. Charente-Maritime oblige, ce Breton propose aussi quelques spécialités du cru, travaillées avec la même rigueur : *jaud* (jeune coq mariné au cognac), fricassée d'anguille à la charentaise... Pain et desserts maison. Carte des vins à prix doux (essayez les vins régionaux). L'un des meilleurs restos de la ville. *Une flûte de Perle Marine offerte à nos lecteurs sur présentation de ce guide.*

DANS LES ENVIRONS

TAILLEBOURG 17350 (12 km N)

l●l *Auberge des Glycines* – **quai des Gabariers** ☎ 05-46-91-81-40. Fermé le mercredi hors saison et le lundi midi en saison. Ouvert tous les jours du 15 juin au 15 septembre. Congés annuels : du 1ᵉʳ au 15 février et du 2 au 15 novembre. Accès : sur les quais ; par la route de Saint-Savinien, en venant de Saintes. 1ᵉʳ menu à 13,80 € servi le midi en semaine hors saison, puis menus à 17 et 22,50 €. Menu-enfants à 10,50 €. Compter 32 € à la carte. Sur les quais d'un ces – méconnus et pourtant superbes – bourgs qui jalonnent le cours de la Charente. Aux beaux jours, on mange à deux pas de la rivière dans un jardin de curé fleuri de glycines et écrasé de soleil, ou à l'étage sur une petite terrasse ombragée. Une certaine affluence le week-end, mais en semaine le silence n'est perturbé que par quelques sauts de carpes dans la Charente. Cuisine de terroir (escargots, sandre) et traditionnelle (coq au cognac). Une adresse connue. Réservation recommandée.

SURGÈRES 17700

Carte régionale A1

≡ l●l *Hôtel-restaurant Gambetta* * – **49, rue Gambetta (Nord)** ☎ 05-46-07-03-64. Fax : 05-46-07-37-32. Parking. TV. Fermé le dimanche midi de juillet à août, le samedi soir et le dimanche le reste de l'année. Congés annuels : du 20 décembre au 5 janvier. Accès : par la route de Niort. Chambres doubles à 28 € avec lavabo, et à 36 € avec

douche et w.-c. Demi-pension à 39 € par personne. Menus à 12 €, servi tous les jours, et à 20 €, plus carte. Ville-carrefour (route de Niort, La Rochelle, Rochefort, Saint-Jean-d'Angély), Surgères peut s'avérer idéale pour une soirée-étape. Bien connu des VRP et des travailleurs en déplacement, le *Gambetta* fera parfaitement l'affaire. Les chambres, standard, sont propres, au calme côté jardin, et le très simple menu permet au voyageur de ne pas s'endormir le ventre vide. La patronne étant originaire du Beaujolais, elle propose des vins de sa région : morgon, régnié, chénas, à des prix très corrects. *Apéritif maison offert à nos lecteurs sur présentation de ce guide.*

THOUARS 79100

Carte régionale B1

l●l *Restaurant du Logis de Pompois* – **Sainte-Verge (Centre)** ☎ 05-49-96-27-84. Parking. ♿ Fermé le dimanche soir, le lundi et le mardi. Congés annuels : 1ʳᵉ semaine de janvier. Accès : à la sortie de Thouars, suivre la direction d'Argenton-Château, puis prendre sur la droite la direction de Saumur ; ensuite au niveau de l'*Hôtel-restaurant l'Acacia*, 1ʳᵉ route à gauche ; puis le fléchage devrait vous faciliter la tâche... Menus de 15 €, le midi en semaine, à 40 €. Cadre magnifique. L'accès n'est pas évident mais permet de découvrir cette ancienne exploitation agricole, avec une grande salle aux poutres et pierres apparentes typiques du Poitou. La cuisine haut de gamme et la qualité de l'accueil (qui évite l'ostentatoire) font de ce *Logis* une adresse remarquable. Goûtez la mousse de foie gras en compotée de caille ou le croustillant de canette fermière au vinaigre de cidre... Nos papilles s'en souviendront !

VIGEANT (LE) 86150

Carte régionale B1

≜ *Hôtel Val de Vienne* – **Port-de-Salles** ☎ 05-49-48-27-27. Fax : 05-49-48-47-47. ● www.hotel-valdevienne.com ● Parking. TV. Canal+. Satellite. ♿ Ouvert toute l'année. Accès : à 5 km au sud du Vigeant par la D110. Chambres doubles à 63 € en basse saison et à 71 € entre juin et septembre. Sur les bords de la Vienne, au creux d'un vallon verdoyant, un hôtel proposant une vingtaine de chambres fonctionnelles et bien équipées, avec terrasse privée ouverte sur une piscine (chauffée) et un parc de 3 ha. Architecture moderne et look motel chic assez réussi. Un cadre merveilleux et tranquille fait de ce lieu un vrai *Relais du Silence*.

|●| Restaurant La Grimolée – Port-de-Salles ☎ 05-49-48-75-22. Fermé le mercredi. Congés annuels : du 2 au 15 janvier. Accès : à 5 km au sud du Vigeant par la D110. 1er menu à 17 € en semaine. Menus suivants de 21 à 35 €. Cuisine réputée et très inventive : filet d'agneau rôti à la crème d'ail doux, turbot piqué au poivre de Sichuan, salade d'oranges à l'infusion de menthe... Un cadre enchanteur et royalement calme qui vaut amplement à cet établissement son statut de *Relais du Silence*; la cuisine, délicate, et l'accueil, attentionné, lui valent d'être classé parmi nos belles et bonne adresses.

Les prix

En France, les prix des hôtels et des restos sont libres. Certains peuvent augmenter entre le passage de nos infatigables fureteurs et la parution du guide.

Avis aux hôteliers et aux restaurateurs

Chaque année pour y figurer, il faut le mériter !

Le Routard

Provence-Alpes-Côte d'Azur

04 Alpes-de-Haute-
   Provence
05 Hautes-Alpes
06 Alpes-Maritimes
13 Bouches-du-Rhône
83 Var
84 Vaucluse

AIX-EN-PROVENCE 13100

Carte régionale A2

🛏 |●| *Auberge de jeunesse – CIRS* – 3, **av. Marcel-Pagnol, Le Jas-de-Bouffan** (hors plan A2-1) ☎ 04-42-20-15-99. Fax : 04-42-59-36-12. ● www.fuaj.org ● ♿ Accueil de 7 h à 12 h et de 17 h à minuit. Inscriptions avant 22 h. Congés annuels : du 20 décembre au 1er février. Accès : à 2 km du centre, près de la Fondation Vasarely. D'Aix, par la N7, direction Le Jas-de-Bouffan ; par l'A7, l'A8 ou l'A51, sorties Aix-Ouest ou Le Jas-de-Bouffan ; fléchage : « Le Jas-de-Bouffan-Auberge de jeunesse ». Avec la carte FUAJ (obligatoire et vendue sur place), nuitée à 13,26 et 15,24 € petit déjeuner inclus, 12,35 € les nuits suivantes. Restauration possible d'avril à novembre à 9,15 € la formule. Paniers repas à 5,95 €. Ensemble de bâtiments modernes entourés d'un jardin (mais peut-être un petit peu trop près de la rocade...). Auberge entièrement réhabilitée, désormais très confortable et fonctionnelle. Règlement plutôt strict : sacs de couchage interdits (draps fournis), chambres fermées de 9 h à 17 h... Tennis et aires de jeux.

🛏 *Hôtel Le Prieuré* ** – **N96 (hors plan B1-5)** ☎ 04-42-21-05-23. Fax : 04-42-21-60-56. Parking. Ouvert toute l'année. Accès : à 2 km par la N96 (en direction de Manosque-Sisteron), sortie n° 12. Chambres doubles avec bains de 53,36 à 71 € selon la taille. Installé dans un prieuré du XVIIe siècle. Accueil souriant de Mme Le Hir. Toutes les chambres, très cosy, donnent sur le parc du pavillon Lenfant, dessiné par Le Nôtre. C'est donc... un jardin à la française. Hélas, propriété de l'université d'Aix, on ne peut y accéder. Nous nous contenterons donc de la vue...

🛏 *Hôtel Cardinal* ** – **24, rue Cardinal (B2-7)** ☎ 04-42-38-32-30. Fax : 04-42-26-39-05. TV. Ouvert toute l'année. Chambres doubles avec bains à 60 €. Un hôtel d'atmosphère, près du musée Granet, pour ceux qui ont toujours l'esprit routard, mais aiment aussi le calme et le confort. La plupart des chambres ont été rajeunies (enfin, façon de parler puisque la déco est très rétro). L'idéal, vous diront les habitués, c'est l'annexe. Accueil naturellement sympathique. *10 % sur le prix de la chambre (à partir de 2 nuits consécutives) offerts à nos lecteurs sur présentation de ce guide.*

🛏 *Les Quatre Dauphins* ** – **54, rue Roux-Alphéran (B2-6)** ☎ 04-42-38-16-39. Fax : 04-42-38-60-19. TV. Ouvert toute l'année. Chambres doubles avec douche et w.-c. ou bains de 61 à 64 €. Situé bien sûr près de la fontaine du même nom, avec ses quatre étonnants dauphins couverts d'écailles. L'hôtel de charme par excellence. Malheureusement, l'accueil en joue parfois un peu trop. En résumé, un lieu où il faut montrer patte blanche si l'on veut jouir des adorables petites chambres aménagées dans les étages de cette maison bourgeoise. Pas d'ascenseur, mais quel bonheur !

Sur présentation de ce guide,
nombreuses offres et réductions en 2003.

🛏 ▮◉▮ *Hôtel Saint-Christophe – Brasserie Léopold* ** – 2, av. Victor-Hugo (A2-8) ☎ 04-42-26-01-24. Fax : 04-42-38-53-17. ● www.francemarket.com/stchristophe ● Parking payant. TV. Canal+. Satellite. ⚓ Restaurant fermé le lundi. Congés annuels : en août (pour le resto uniquement). Accès : à côté de l'office du tourisme. Chambres doubles avec douche et w.-c. ou bains de 70 à 82 €. Menus à 15 €, le midi en semaine, puis à 20,50 et 29,50 €. Idéalement situé près du cours Mirabeau, en plein centre-ville. Une référence aixoise avec ses chambres à la déco contemporaine qui lorgne vers les années 1930 ou la Provence, climatisées et parfaitement équipées. Si vous voulez vous faire plaisir, certaines ont même une terrasse. Autre atout : la *Brasserie Léopold*, au rez-de-chaussée, une institution avec son décor Art déco avec ses tables resserrées mais nappées et ses garçons en tablier. Idéal pour s'offrir un tartare de Saint-Jacques et homard ou des farcis provençaux. *Apéritif maison offert à nos lecteurs sur présentation de ce guide.*

▮◉▮ *Restaurant Le Carillon* – 10, rue Portalis (B1-11) Cartes de paiement refusées. ⚓ Fermé le samedi soir et le dimanche. Congés annuels : une semaine fin février et en août. Accès : près du palais de justice et de l'église de la Madeleine. Menus à 9,50 et 12,50 €. Dans la même famille depuis 1952, une des (sinon la…) dernières adresses populaires d'une ville de plus en plus bourgeoise… Il faut arriver tôt pour trouver une place aux côtés d'une clientèle d'habitués (dont un grand nombre de retraités) fidèles à la cuisine régionale et familiale, sans prétention, du *Carillon*. Un petit resto idéal pour le midi, devenu un classique incontournable.

▮◉▮ *Le Basilic Gourmand* – 6, rue du Griffon (A1-15) ☎ 04-42-96-08-58. Fermé le dimanche et le lundi. Plat du jour à 8,50 € le midi, 11,50 € avec une entrée ou un dessert. Compter 25 € à la carte. Discrètement installé dans une petite rue du vieil Aix. Terrasse miniature, tranquille, loin de la circulation, devant une salle arrangée après une tournée des brocantes. Cuisine au gré du marché. Plats provençaux en toute simplicité mais pétillants de saveurs. Ambiance doucement branchée, service tout sourire et accueil impeccable. On a vraiment bien aimé. Concerts de temps à autre. *NOUVEAUTÉ.*

▮◉▮ *Lauranne et sa Maison* – 16, rue Victor-Leydet (A2-17) ☎ 04-42-93-02-03. Fermé le dimanche et le lundi ; le dimanche et le lundi midi de mai à septembre. Congés annuels : du 15 au 30 janvier. Menus à 12,50 €, le midi en semaine, et 27,50 €. Un escabeau, de vieilles boîtes de produits d'entretien, du linge qui sèche : pas de doute, c'est une maison ! Une maison où on

a envie de se poser pour découvrir une cuisine de femme fraîche (on parle de la cuisine, bien sûr !) inventive et franchement méditerranéenne.

▮◉▮ *Restaurant La Brocherie* – 5, rue Fernand-Dol (B2-14) ☎ 04-42-38-33-21. Cartes de paiement refusées. Fermé le samedi et le dimanche. Congés annuels : en août. Accès : dans le quartier mazarin. Formule (buffet et plat du jour) le midi à 13 €, et menu à 15 €. Compter 30 € à la carte. Joli cadre rustique où même les volailles mises à rôtir dans la cheminée Renaissance doivent se sentir bien. Le mécanisme du tournebroche a été conservé, avec son poids et son dispositif de transmission. Au programme évidemment, viande et poisson grillés au feu de bois. Agréable patio pour l'été.

▮◉▮ *Le Poivre d'Âne* – 7, rue de la Couronne (A2-13) ☎ 04-42-93-45-56. Fermé le dimanche et le lundi, ainsi qu'à midi les jours fériés. Congés annuels : début janvier et 3 semaines en août. Accès : à 50 m derrière le cours Mirabeau. Menu à 15,24 € le midi en semaine. À la carte, compter 25,15 €. Un cadre aussi coloré que la cuisine, un lieu chaleureux qui ne désemplit pas. Inventivité (la carte change tous les 2 mois), originalité, qualité et quantité des produits, accueil, tout y est. Ne demandez pas au chef ses spécialités, il vous répondra qu'il n'en a aucune. Seule donnée constante : le poivre d'âne, évidemment. Comment, qu'est-ce que ça veut dire ? Vous connaissez, non ? C'est le « pèbre d'aï » des Provençaux, la sarriette des Français.

▮◉▮ *L'Amphytrion* – 2, rue Paul-Doumer (A2-18) ☎ 04-42-26-54-10. Fermé le dimanche et le lundi midi. Congés annuels : la dernière quinzaine d'août. Menus à 18 €, le midi en semaine, et de 29 à 45 €. Une très bonne table où l'on découvre l'amour qu'a pour les produits de sa Provence le chef Bruno Ungaro, à travers une carte et des menus très terroir revisité. En terrasse, confortablement assis dans la cour, prendre le menu du marché et se laisser aller à rêver. Très bons coteaux-d'aix à prix raisonnables. *Apéritif maison offert à nos lecteurs sur présentation de ce guide.*

▮◉▮ *Chez Féraud* – 8, rue du Puits-Juif (A1-12) ☎ 04-42-63-07-27. Fermé le dimanche et le lundi midi . Congés annuels : en août. Accès : derrière l'hôtel de ville. Menus à 20 et 26 €. Au cœur du vieil Aix, un lieu et des hôtes qui sentent bon la Provence éternelle. Bonne cuisine familiale mitonnée par le père et servie par le fils sous le regard attentif de la mère. Ambiance familiale donc, qui rassure dans un lieu qu'on soupçonnait chicos. Rassasié de soupe au pistou, d'alouettes sans tête ou de daube, s'il n'y a pas trop de monde, peut-

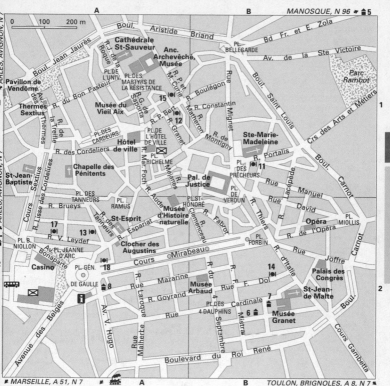

⌂ Où dormir ?	|⦿| Où manger ?
1 Auberge de jeunesse – CIRS	11 Le Carillon
5 Hôtel Le Prieuré	12 Chez Féraud
6 Les Quatre Dauphins	13 Le Poivre d'Âne
7 Hôtel Cardinal	14 La Brocherie
8 Hôtel Saint-Christophe - Brasserie Léopold	15 Le Basilic Gourmand
	17 Lauranne et sa Maison
	18 L'Amphytrion

être aurez-vous la chance de descendre dans les caves pour découvrir un coin secret d'Aix. Terrasse.

DANS LES ENVIRONS

BEAURECUEIL 13100 (10 km E)

⌂ |⦿| *Relais Sainte-Victoire* ★★★ – ☎ 04-42-66-94-98. Fax : 04-42-66-85-96. ● relais.ste.victoire@wanadoo.fr ● Parking. TV. ♿ Fermé le lundi, le vendredi midi (et soir en hiver) et le dimanche soir. Congés annuels : la 1re semaine de janvier, pendant les vacances scolaires de février et de la Toussaint. Accès : par la D17, puis la D46. Chambres doubles avec douche et w.-c. ou bains de 77 à 92 €. Menus de 35 à 55 €. Demi-pension demandée en été, de 84 à 100 € par personne. Isolée dans une campagne verdoyante avec la Sainte-Victoire en fond de décor. Une des meilleures tables de la région, où l'on travaille en

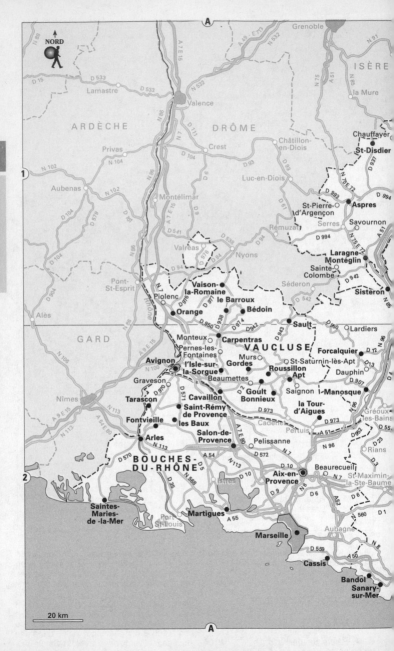

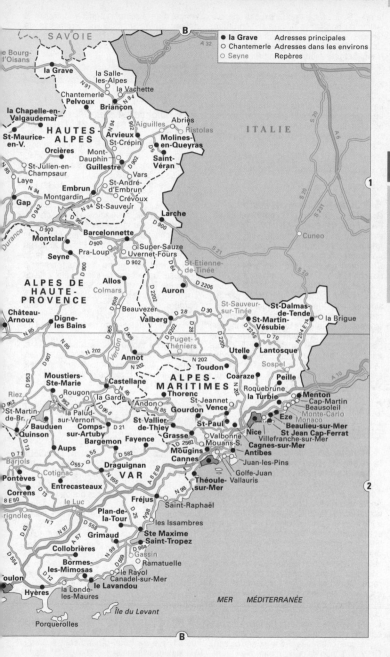

famille. Salle élégante où s'expose une collection de barbotines unique en son genre. Offrez-vous, ne serait-ce qu'une fois, le plaisir de découvrir la cuisine ensoleillée de René Berges, même si c'est un peu cher pour un routard : des œufs pochés à la crème de truffes ou de la tarte de tomates confites, servie avec des filets de sardines grillées au carré d'agneau lustré de miel de pays. Chambres toutes différentes, joliment arrangées, climatisées (sauf une), jacuzzi pour les plus chères. *Apéritif maison offert à nos lecteurs sur présentation de ce guide.*

ALLOS   04260

Carte régionale B1

≏ |●| *Hôtel-restaurant Les Gentianes* ** – Grand-Rue (Centre) ☎ 04-92-83-03-50. Fax : 04-92-83-02-71. TV. Fermé le dimanche et le lundi hors saison. Congés annuels : en mai-juin et en octobre-novembre. Accès : en plein centre-ville. Chambres doubles rénovées à 64 € avec douche et w.-c. Pension complète à 47,30 € par personne. Menus de 12 €, le midi, à 22 €. Petite auberge fréquentée par les skieurs l'hiver, les randonneurs l'été et les routards toute l'année. Ambiance familiale et amicale. Chambres toutes mignonnettes. Cuisine simple et roborative, genre entrecôte aux cèpes ou tagliatelles à la carbonara. Une adresse comme on en trouve rarement aujourd'hui, tenue par la mère et sa fille. *Apéritif maison offert à nos lecteurs sur présentation de ce guide.*

DANS LES ENVIRONS

BEAUVEZER 04370 (13 km S)

≏ |●| *Hôtel Le Bellevue* ** – pl. du Village ☎ et fax : 04-92-83-51-60. ● www.hotellebellevue.org ● Satellite. Congés annuels : de mi-octobre à Noël. Accès : par la D908 au sud vers Saint-André-des-Alpes. Chambres doubles avec douche de 37 à 48 €. Menus de 13,50 € (le midi) à 25 €. Dans ce village posé entre mer et montagne, entre la Provence et les Alpes, il fait bon s'arrêter dans cette belle adresse pleine de charme, à la belle terrasse ensoleillée. Derrière une façade ocre, vous allez découvrir un havre de paix et de tranquillité, repris aujourd'hui par un sympathique couple de Hollandais. Chambres rénovées et décorées avec beaucoup de goût, des couleurs chaudes et des tissus provençaux. On s'y sent vraiment bien. Pensez à demander une des 5 chambres qui donnent sur la montagne (comme la n° 3 avec son balcon). On y dort bien et on y mange bien également. Flan d'aubergine à l'ail fin, pavé de loup en papillote, canard aux olives... la Pro-

vence, quoi ! Prenez l'apéritif en terrasse et goûtez au plaisir de vivre. Préférable de réserver. *Apéritif maison offert à nos lecteurs sur présentation de ce guide.*

ANNOT   04240

Carte régionale B2

≏ |●| *Hôtel de l'Avenue* ** – av. de la Gare (Centre) ☎ 04-92-83-22-07. Fax : 04-92-83-33-13. TV. Restaurant fermé le mercredi midi et le vendredi soir hors saison. Congés annuels : du 1er novembre au 1er avril. Accès : en centre-ville. Chambres doubles à 51 € avec douche et w.-c. ou bains. Demi-pension recommandée en juillet et août. Menus de 14 à 23 €. Ici, nous sommes à la fois en Provence et dans les Alpes, regardez les maisons ! À l'*Hôtel de l'Avenue*, la bâtisse, récemment restaurée, a été construite pour subir les frimas de l'hiver, mais côté cuisine, la Provence est au rendez-vous ! Géré par un couple, enfants du pays, c'est lui en cuisine et elle à l'accueil, un accueil qu'elle soigne à l'aide de fleurs fraîches et son sourire. 11 belles chambres agréables et modernes, soigneusement décorées. Côté restaurant, une déco élégante en accord avec la qualité de la cuisine : tartelette fine de rouget, jarret de veau braisé aux épices... Notez à l'accueil un drôle de tableau dédié à Jean-Louis et Martine, les patrons, réalisé sur une serviette de table avec une note amicale mais certainement méritée de... 20/20 ! *NOUVEAUTÉ.*

ANTIBES   06600

Carte régionale B2

≏ *Hôtel de l'Étoile* ** – 2, av. Gambetta (Centre) ☎ 04-93-34-26-30. Fax : 04-93-34-41-48. ● hetoile@club-internet.fr ● Parking payant. TV. Satellite. Câble. Accès : à 5 mn de la gare. Chambres doubles de 54 à 58 € selon la saison. C'est le seul hôtel de sa catégorie à être situé en plein centre d'Antibes. Moderne, confortable, l'*hôtel de l'Étoile* est plus un hôtel de passage qu'un endroit où séjourner pour les vacances. Chambres spacieuses et insonorisées. Certaines au 2e étage ont été rénovées. Accueil aimable. Mieux vaut réserver pour éviter les problèmes à l'arrivée. *10 % sur le prix de la chambre (sauf en juillet-août) offerts à nos lecteurs sur présentation de ce guide.*

≏ |●| *Le Mas Djoliba* *** – 29, av. de Provence ☎ 04-93-34-02-48. Fax : 04-93-34-05-81. ● www.hotel-djoliba.com ● Cartes de paiement refusées. Parking. TV. Satellite. Congés annuels : du 4 novembre au 4 février. Accès : à 500 m de la place

Charles-de-Gaulle (centre-ville). Chambres doubles de 79 à 112 € selon le confort. Demi-pension souhaitée en saison, de 72 à 90 € par personne. Dans un joli mas provençal entouré de verdure, vous allez séjourner dans des chambres confortables et agréables, à la décoration typique. Bien entretenues et rénovées régulièrement. Belle piscine reposante, un peu comme l'endroit. Du coup, pourquoi aller s'entasser sur la plage ? Accueil sympathique et professionnel. *Café offert à nos lecteurs sur présentation de ce guide.*

|●| *Restaurant Le Safranier* – 1, pl. du Safranier ☎ 04-93-34-80-50. Cartes de paiement refusées. Fermé le dimanche soir et le lundi en hiver, le lundi et le mardi soir en saison. Menu à 11 €. À la carte, compter de 24 à 30 €. On pensait que ça n'existait plus sur la Côte, ce genre d'endroit ! Service et accueil géniaux. On a l'impression d'être dans un petit village de Provence sur cette place, véritable havre de bonheur au cœur de la commune libre du Safranier. Soupe de poisson et bouillabaisse (uniquement sur commande), et toujours le poisson grillé : daurade, pagre... Terrasse.

|●| *Le Broc en Bouche* – 8, rue des Palmiers ☎ 04-93-34-75-60. Accès : dans le vieil Antibes. Compter entre 13 et 18 €. Un restaurant-brocante « pour manger et chiner en même temps », qu'elle disait. Saveurs du cru et du mondo ontier se déclinent sur une carte-ardoise (pas à vendre, celle-là) : pour vous inviter à goûter une cuisine entièrement faite maison, à base de produits frais du marché. De 17 h à 18 h 30, « tea-time » avant de passer aux tapas et à l'apéro. À la fois brocante, magasin de déco, lieu de rendez-vous pour le brunch dominical, bar à vins (vins corses, notamment), salon de thé et galerie d'exposition, le lieu créé par Marie-José Nicolai célèbre à sa manière l'art de bien vivre sur la Côte. *NOUVEAUTÉ.*

|●| *Le Bastion Caffé* – 1, av. Mazière ☎ 04-93-34-59-86. Fermé le dimanche soir et le lundi hors saison ; le samedi, le dimanche et le lundi midi en été. Accès : dans la vieille ville, au bout des remparts. Menu à 14 €. Quand le boucher, l'antiquaire sur le pas de sa porte, le bistrotier voisin sont d'accord pour vanter la même adresse, on peut leur faire confiance. Cuisine originale et soignée, mélange d'Italie et de Provence, qui s'inscrit au tableau suivant l'humeur du marché. Accueil chaleureux. Jolie terrasse fleurie avec un puits et un vieux figuier. Si ça ne vous donne pas envie d'y passer, c'est à désespérer. *NOUVEAUTÉ.*

|●| *La Table Ronde* – 5, rue Frédéric-Isnard ☎ 04-93-34-31-61. Ouvert le soir uniquement, en saison. Menu provençal à 14 €, menu gourmand à 24,50 €. Dans le vieil Antibes, un restaurant qui tourne rond, encensé autant pour ses saveurs, son accueil que l'humour de ses responsables. Il y en a pour tous les goûts, au mur, au plafond (gamelles pendues) et dans l'assiette : ça va de l'autruche à l'espadon, en passant par des bestioles plus couleur locale. Petit bout de terrasse, pour les accros. *NOUVEAUTÉ.*

DANS LES ENVIRONS

CAP D'ANTIBES 06160 (1 km O)

≜ *La Jabotte* *** –** 13, av. Max-Maurey, cap d'Antibes ☎ 04-93-61-45-89. Fax : 04-93-61-07-04. ● www.jabotte.com ● ✗ Fermé le dimanche après-midi. Congés annuels : la 2ᵉ quinzaine de novembre et à Noël. Accès : dans une rue perpendiculaire au boulevard James-Wyllie, qui borde le cap d'Antibes. Chambres doubles de 46 à 70 € avec douche et w.-c. Hôtel d'un excellent rapport qualité-prix, qui joue plutôt la carte « maison d'hôte ». Chambres parfaitement tenues. Nous vous conseillons les bungalows donnant sur la terrasse. Accueil aimable et atmosphère reposante, dans la douceur de vivre du cap d'Antibes. Évitez d'arriver un dimanche après-midi entre 13 h et 18 h, c'est leur seul moment de repos ! *10 % sur le prix de la chambre (en basse saison) offerts à nos lecteurs sur présentation de ce guide.*

JUAN-LES-PINS 06160 (1 km O)

≜ |●| *Hôtel Sainte-Valérie* *** –** rue de l'Oratoire ☎ 04-93-61-07-15. Fax : 04-93-61-47-52. ● www.juanlespins.net ● Parking payant. TV. Congés annuels : du 15 octobre à Pâques. Chambres doubles de 135 à 200 €, modernes mais au décor très agréable. Menu à 22 €. Un hôtel discret et chic, devenu hélas très cher. À réserver (longtemps à l'avance) pour un coup de folie ou un week-end en amoureux. Posé dans un quartier très calme de Juan-les-Pins et pourtant à deux pas de la pinède Gould et de la mer. Joli petit jardin plein d'arbres, où il fait bon prendre le frais. La piscine vous fera croire que vous êtes dans un des palaces de la Côte. Et on peut se restaurer agréablement sous le magnolia ou au bord de la piscine. *10 % sur le prix de la chambre (de mi-avril à fin juin) offerts à nos lecteurs sur présentation de ce guide.*

APT 84400

Carte régionale A2

≜ *Hôtel Le Ventoux* ** –** 785, av. Victor-Hugo (Ouest) ☎ et fax : 04-90-04-74-60. Accès : en face de la gare, à un petit kilomètre du centre, sur la route de Cavaillon.

Chambres doubles avec sanitaires privés de 30 à 38 €. Petit hôtel avec café populaire un peu bruyant et enfumé au rez-de-chaussée mais qui, surprise, propose des chambres excellentes pour le prix (claires, calmes, confortables et joliment décorées !). Demandez-en une située à l'arrière, avec vue sur la vallée. *NOUVEAUTÉ.*

I●I *Le Platane* – 13, pl. Jules-Ferry (Centre) ☎ 04-90-04-74-36. Fermé le lundi soir, le mardi midi et le dimanche. En centre-ville. Formules le midi de 9,20 à 12,20 €. Le soir, menus compris entre 19,90 et 28,50 €. Sur une place discrète où ne se risquent pas les touristes. Eh bien, ils ont tort ! Car ce petit resto mérite le détour. On s'installe à l'étage d'une vieille et haute maison de ville, sur une adorable petite terrasse ombragée ou dans une chouette salle intime et soignée. Accueil cool, et une cuisine qui, sous une apparente simplicité, cache un très joli tour de main et quelques fort bonnes idées. Petits plats frais et goûteux, parfois teintés d'une touche d'exotisme, comme le filet de sole et noix de Saint-Jacques à la vanille ou le magret au gingembre. Excellentes lasagnes aux légumes ! Vous le sentez, une adresse qu'on vous recommande chaudement. *Café offert à nos lecteurs sur présentation de ce guide. NOUVEAUTÉ.*

DANS LES ENVIRONS

SAIGNON 84400 (4 km SE)

🏠 I●I *Auberge de jeunesse Regain* ☎ 04-90-74-39-34. Fax : 04-90-74-50-90. Parking. Congés annuels : du 8 janvier au 15 février. Accès : à 2,5 km au-dessus du village de Saignon, par la D48 direction Auribeau (accès discrètement fléché). Nuitée à 14 €, petit déjeuner compris. Demi-pension à 23 €. Carte des auberges de jeunesse internationale (FUAJ, LFAJ) obligatoire. Auberge de jeunesse depuis 1936 ! C'est François Morenas (infatigable baliseur de sentiers et auteur de très bons guides de tourisme) qui tient cette vieille maison provençale accrochée à la falaise dans un joli décor sauvage. Ancien projectionniste de cinéma ambulant aussi, il possède une jolie collection de vieux films qu'il montre certains soirs à ses hôtes. À part ça, l'intérieur est rustique et plaisant, avec son coin cheminée et ses murs qui arborent fièrement quelques gros colliers d'apparat pour mulets.

SAINT-SATURNIN-LÈS-APT 84490 (9 km N)

I●I *L'hôtel des Voyageurs* – 2, pl. Gambetta ☎ 04-90-75-42-08. Fermé le mercredi. Congés annuels : en février. Accès : par la D943. Menus de 14, 20 à 25 €. Un établissement qui ne brille pas par l'originalité de son cadre (quelques tables en terrasse et une salle champêtre aux murs blanchis) mais qui fait des étincelles en cuisine. Les plats sont simples mais réalisés avec un sacré savoir-faire, pleins d'herbes et d'arômes. Une gâterie pour le palais. Mieux vaut toutefois ne pas être pressé, car le service n'est pas leur fort... *NOUVEAUTÉ.*

Carte régionale A2

🏠 I●I *Auberge de jeunesse* – 20, av. Foch (Sud) ☎ 04-90-96-18-25. Fax : 04-90-96-31-26. ● www.fuaj.org ● Congés annuels : du 1er décembre au 15 février. Accès : à 5 mn du centre. En bus de la gare : ligne Starlette (jusqu'au centre-ville, arrêt Clemenceau) puis n° 4, arrêt AJ/Fournier. Avec la carte FUAJ (obligatoire et vendue sur place), 14,50 € la nuit, draps et petit déjeuner compris. Repas (uniquement en saison et le soir pour les individuels) à 8 €. Dans le quartier du stade. Une centaine de places en dortoirs de 8 lits. Le bâtiment n'est pas de prime jeunesse mais il est bien entretenu. Directeur très sympa et qui connaît super bien la ville. Casiers à bagages, borne Internet et location de VTC.

🏠 *Hôtel Le Cloître* ✳✳ – 16, rue du Cloître (Centre) ☎ 04-90-96-29-50. Fax : 04-90-96-02-88. ● hotel_cloitre@hotmail.com ● Parking payant. TV. Canal+. Congés annuels : du 1er novembre au 15 mars. Accès : entre le théâtre antique et le cloître Saint-Trophisme. Chambres doubles à 40 € avec douche, de 43 à 60 € avec douche et w.-c. ou bains. Caché dans une petite rue qui grimpe doucement, un charmant hôtel reposant sur huit voûtes du XIIIe siècle (voilà le cloître !). Un petit bijou entièrement retapé par son propriétaire, qui a dégagé et refait murs, tomettes et poutres dans les plus grandes chambres. Une tranquillité rythmée par les tintements des cloches de l'église voisine. De plus, gentillesse et accueil remarquables.

🏠 *Hôtel Calendal* ✳✳ – 5, rue Porte-de-Laure (Centre) ☎ 04-90-96-11-89. Fax : 04-90-96-05-84. ● www.lecalendal.com ● Parking payant. TV. Satellite. 🛗 Congés annuels : du 5 au 25 janvier. Accès : entre les arènes et le théâtre antique. Chambres doubles de 45 à 50 € avec douche et w.-c. selon la saison, et de 60 à 80 € avec bains. Formule buffet à 15 € au salon de thé à midi en saison et hors saison le soir. Nous sommes ici au cœur de la Provence ; d'où ces tissus, ces vases, ces fleurs et ces couleurs éclatantes. L'hôtel est également en plein Arles, capitale de la photo ; d'où de nombreux clichés dans la cage d'escalier.

D'ailleurs, Robert Doisneau descendait ici quand il venait à Arles. Depuis, tout a été rénové, pour faire de l'*hôtel Calendal* un lieu de bien-être total. Des chambres mignonnes, climatisées (ce qui n'est pas négligeable aux beaux jours!). Un petit jardin ombragé de micocouliers centenaires pour déguster quelques petits plats et salades. Salon de thé avec bonnes pâtisseries maison. Petit garage privé (payant et réservation obligatoire), un vrai luxe au cœur de la ville. *10 % sur le prix de la chambre (en janvier, février et mars) offerts à nos lecteurs sur présentation de ce guide.*

🏠 *Hôtel de l'Amphithéâtre* ** – 5, rue Diderot (Centre) ☎ 04-90-96-10-30. Fax : 04-90-93-98-69. ● www.hotelamphi theatre.fr ● TV. Satellite. Ouvert toute l'année. Chambres doubles avec douche et w.-c. ou bains de 45 à 69 € selon la saison. Un hôtel rénové mais plein de charme, qui, comme son nom l'indique, est à deux pas, ou du moins deux minutes, à pied, des arènes et du théâtre antique. Chambres dans le style du pays (mais avec une certaine classe), pas immenses mais très claires. Des détails qui font la différence : climatisation, coffres individuels, sèche-cheveux et prises Internet gratuites dans toutes. Le patron est sympa, et les petits déjeuners sont copieux. *10 % sur le prix de la chambre (du 1er novembre au 31 mars) offerts à nos lecteurs sur présentation de ce guide.*

🏠 ●❙● *Hôtel Mireille* *** – 2, pl. Saint-Pierre (Centre) ☎ 04-90-93-70-74. Fax : 04-90-93-87-28. ● www.hotel.mireille. com ● Parking. TV. Satellite. Congés annuels : de novembre à mars. Accès : de l'autre côté du Rhône, dans le quartier de Trinquetaille, tout près du centre-ville. Chambres doubles avec douche et w.-c. ou bains de 74,70 à 105,15 €. Demi-pension demandée pour la féria de Pâques et du 15 juillet au 15 août. Menus de 19,90 à 29,80 €. Le quartier (du genre de ceux qui ont trop vite poussé dans l'après-guerre) n'a aucun charme. La façade de l'hôtel est dans le même ton, mais elle cache de jolies chambres, à la déco provençale travaillée. Vaste salle de restaurant agréable, où le chef propose une nouvelle carte, avec de beaux produits de la mer (bouillabaisse provençale) ou de la ferme. Piscine protégée par un rideau d'arbres, et sur laquelle veille une statue. Bon accueil. Parking gratuit et garage payant.

●❙● *Côté Cour* – 65, rue Amédée-Pichot ☎ 04-90-49-77-76. Fermé le mercredi. Accès : dans le vieux Arles, place Voltaire, à 50 m de la mairie. Formule le midi à 11,50 €. Menu à 15,25 €. La salle est superbe, toute de pierre de taille, tomettes, poutres et nappes provençales, avec climatisation en été. Les plats, très copieux, restent assez classiques dans la tradition provençale. Le

chef aime bien travailler le poisson. Jolie carte des desserts. Accueil charmant de la jeune équipe qui tient la maison.

●❙● *La Gueule du Loup* – 39, rue des Arènes ☎ 04-90-96-96-69. Fermé le dimanche et le lundi ; fermé tous les midis du 13 juillet au 1er septembre. Congés annuels : en janvier. Formule (salade, dessert et café) à 12 €. Menu gastronomique à 25 €. On traverse quasiment la cuisine avant de grimper dans une minuscule salle. Au mur, des affiches évoquent magie et sorcellerie. Normal, le patron est un ancien magicien reconverti dans la restauration (enfin presque, parce qu'il continue à donner des spectacles dans sa salle tous les vendredis soir en hiver). En tout cas, les plats provençaux revus et corrigés du menu unique ne vous joueront aucun mauvais tour. Vu la taille de la salle, la réservation est obligatoire. *Café offert à nos lecteurs sur présentation de ce guide.*

●❙● *Le Jardin de Manon* – 14, av. des Alys-camps ☎ 04-90-93-38-68. Fermé le mercredi toute l'année, le dimanche soir et le jeudi soir du 1er novembre au 31 mars. Congés annuels : aux vacances scolaires de février et à la Toussaint. Accès : un peu à l'écart du centre-ville, en contrebas du boulevard des Lices, après la gendarmerie. 1er menu à 13 €, le midi en semaine ; puis menus de 17,50 à 36 € qui changent tous les 3 mois. Sympathique petite salle, dans l'esprit du Sud et, comme son enseigne l'indique, une petit jardin où s'installer l'été. Cuisine au gré du marché, de terroir mais au goût du jour. Vaste choix de vins et un agréable rapport qualité-prix.

●❙● *L'Escaladou* – 23, rue Porte-de-Laure (Centre) ☎ 04-90-96-70-43. Menus de 14 à 22 €. Un lieu où les Arlésiens aiment à se retrouver. Le patron, en dehors de ses capacités à vous offrir une vraie soupe de poisson fraîche et une bouillabaisse qui ne vous rendra pas malade, est connu comme le loup blanc pour être toujours fourré dans les jupes des Arlésiennes. Normal, il les habille, pour les fêtes. Un authentique, qui défend les rubans et « n'aime pas les rideaux sur les têtes », un pur produit d'Arles... Serveurs et serveuses sont à l'image de la maison dans leur tête et même sur leur costume. Régalez-vous.

●❙● *La Charcuterie Arlésienne* – 51, rue des Arènes (Centre) ☎ 04-90-96-56-96. Fermé le dimanche et le lundi (sauf les jours fériés). Congés annuels : en août. Menu à 15 €. Compter entre 15 et 30 € à la carte. Installé (comme on s'en doute) dans une ancienne charcuterie des années 1940 (le marbre et les crochets de boucher sont toujours là!). Un véritable bouchon lyonnais en plein Arles! Chaque semaine, le patron fait ses courses à Lyon pour ramener des produits du terroir, dont l'andouillette de

Bobosse (un must !). Il cuisine devant vous, sur l'ancien comptoir en marbre, des spécialités fort appréciées. Le monsieur est aussi peintre : ses toiles sont accrochées aux murs. L'été, la carte offre aussi des salades, grillades a la plancha et tapas, et une petite terrasse accueille une dizaine de convives. *Digestif maison offert à nos lecteurs sur présentation de ce guide.*

ARVIEUX   05350

Carte régionale B1

🏠 I●I *La Ferme de l'Izoard* *** – **hameau de La Chalp** ☎ 04-92-46-89-00. Fax : 04-92-46-82-37. ● **www.laferme.fr** ● Parking. TV. ♨ Resto fermé le midi en avril et mai, sauf le week-end. Congés annuels : en octobre et novembre. Accès : à 30 km au nord-ouest de Saint-Véran, direction Briançon par le col de l'Izoard (attention, le col de l'Izoard ferme l'hiver, donc détour par Guillestre si l'on vient de Briançon). Chambres doubles de 45 à 133 €. Demi-pension de 45 à 90 €. 1er menu à 13 €, uniquement le midi, puis autres menus de 18 à 29 €. De grande renommée dans la région, dans un style boisé « Queyras », cet hôtel-restaurant familial de bon standing (piscine chauffée), à proximité des pistes de ski de fond ou alpin, dispose de quelques chambres doubles (et de beaux studios équipés) à prix intéressants pour de telles prestations. On conseille les n°s 27 ou 28, avec salon privatif et cheminée. Déco élégante et sobre, beaux jeux d'échecs en bois à disposition, et salon de thé avec crêpes pour les moins fortunés. Restauration simple mais savoureuse, honnête, avec souvent des grillades au feu de bois. Un bon plan détente, au cœur d'une nature superbe. Garage couvert payant.

ASPRES-SUR-BUËCH   05140

Carte régionale A1

🏠 I●I *Hôtel du Parc* ** – **route de Grenoble (Centre)** ☎ 04-92-58-60-01. Fax : 04-92-58-67-84. ● **www.hotel-buech.com** ● Parking. TV. Fermé le mercredi et le dimanche soir hors saison, et les jours fériés. Congés annuels : du 6 décembre au 6 janvier. Accès : le long de la N75, entre Grenoble et Sisteron. Chambres doubles de 31 € avec lavabo à 48 € avec bains. Menus de 19 à 33 €. Malgré la nationale qui borde le bâtiment, il est assez agréable de déjeuner ici, en terrasse sous la roseraie, merveilleuse au printemps, et dans le patio. Les menus « express » sont : salade composée copieuse, bon poulet basquaise, délicieux bavarois à la fraise. Un menu terroir fera

honneur aux gourmands. Chambres avec double vitrage, propres, malheureusement au style un peu kitsch et vieillot mais de bon confort (certaines d'entre elles ont été refaites). Accueil très gentil. *10 % de réduction sur la pension (à partir de 3 jours minimum) offerts à nos lecteurs sur présentation de ce guide.*

DANS LES ENVIRONS

SAINT-PIERRE-D'ARGENÇON
05140 (5 km SO)

I●I *Auberge de la Tour* – **(Centre)** ☎ 04-92-58-71-08. ♨ Ouvert les vendredi, samedi et dimanche toute l'année, et tous les jours pendant les vacances scolaires. Congés annuels : en novembre. Accès : à l'entrée du village. Menus de 13,50 à 23,50 €. À l'écart de la route, au cœur du paisible – mais non moins joli – village de Saint-Pierre, une adresse qui dénote. La vie du village se fait ici, grâce à Odile, Éric ou Martine, qui organisent de nombreuses activités (soirées-concerts, lecture de contes, week-end rando en raquettes), renseignent comme un office du tourisme et font gîtes et camping. On s'y retrouve, discute et y mange... bien aussi : produits frais du marché (truite en feuilleté à l'estragon), plat sucré-salé (poulet aux olives et citrons confits), création de la maison (demander le « frout-frout », un gâteau secret). L'ambiance est chaleureuse, rigolote, pleine de vie, et la déco de cet ancien relais, colorée, pleine de fantaisie, élégante. On s'installe en terrasse ou en salle, et il y a même une petite table pour les enfants. Une adresse « audacieuse », vivante et à la cuisine parfumée. Y'a d'la joie !, bonjour, bonjour... *Apéritif maison offert à nos lecteurs sur présentation de ce guide.*

AURON   06660

Carte régionale B1

🏠 I●I *Hôtel Las Donnas* ** – **Grande-Place (Centre)** ☎ 04-93-23-00-03. **Fax :** 04-93-23-07-37. TV. Accès : à 7 km au sud de Saint-Étienne-de-Tinée ; au pied du signal de Las Donnas, dont il porte le nom, et à côté de la patinoire. Une quarantaine de chambres entre 35 et 105 €, dont la moitié avec balcon face aux pistes. Demi-pension de 40 à 48 €, durant les congés scolaires. Menus de 16 à 25 €. Hôtel agréable et calme, donnant sur la place centrale. Cuisine maison (uniquement en hiver !). Carte restreinte avec fondue bourguignonne et raclette. Belle terrasse-solarium. *Apéritif maison offert à nos lecteurs sur présentation de ce guide.*

AVIGNON   84000

Carte régionale A2

🛏 *Hôtel Mignon* * – 12, rue Joseph-Vernet (B2-4) ☎ 04-90-82-17-30. Fax : 04-90-85-78-46. • www.hotel-mignon.com • TV. Câble. En centre-ville. Chambres doubles toutes avec douche et w.-c. de 38 à 49 €. Petit déjeuner à 5 €. Un petit 1 étoile à la déco un poil chargée, qu'on aime bien pour ses chambres meublées avec goût et assez confortables (TV avec 19 chaînes, double vitrage et revêtement mural isolant côté rue). La 2, la 6 et la 8 sont particulièrement sympathiques. *10 % sur le prix de la chambre (du 1er novembre au 28 février) offerts à nos lecteurs sur présentation de ce guide.*

🛏 *Hôtel Le Splendid* * – 17, rue Agricol-Perdiguier (B3-5) ☎ 04-90-86-14-46. Fax : 04-90-85-38-55. • www.avignon-splendid-hotel.com • TV. Congés annuels : du 15 novembre au 15 décembre. Chambres doubles de 40 à 43 € avec douche et de 46 à 49 € avec douche et w.-c. Petit déjeuner à 6 €. Petit hôtel familial aux chambres très agréables, claires et bien finies, réalisées dans les tons jaunes et rouges (style provençal). Excellent rapport qualité-prix. *Un petit déjeuner par chambre et par nuit est offert (de novembre à mars) à nos lecteurs sur présentation de ce guide.* NOUVEAUTÉ.

🛏 *Hôtel de Blauvac* ** – 11, rue de la Bancasse (B2-8) ☎ 04-90-86-34-11. Fax : 04-90-86-27-41. • www.blauvac-hotel.com • TV. Canal+. Câble. Congés annuels : 2 semaines en janvier, 1 semaine en novembre et 1 semaine en décembre. Accès : en centre-ville. Chambres doubles avec douche et w.-c. ou bains de 49 à 66 €. Petit déjeuner à 6,50 €. Une bonne adresse, bien située, dans une rue étroite du centre historique, près de la place de l'Horloge. Cet établissement conserve quelques belles traces de son passé d'hôtel particulier du XVIIe siècle, propriété du marquis de Blauvac : élégante rampe fer forgé dans l'escalier, arcades de pierre ici ou là... Chambres, toutes différentes, où la déco sobrement contemporaine fait bon ménage avec les vieilles pierres. Accueil serviable. *10 % sur le prix de la chambre (en basse saison) offerts à nos lecteurs sur présentation de ce guide.*

🛏 *Citôtel de Garlande* ** – 20, rue Galante (B2-9) ☎ 04-90-80-08-85. Fax : 04-90-27-16-58. • www.avignon-et-provence.com/hotel-garlande • TV. Satellite. Câble. Fermé le dimanche hors saison. Accès : en centre-ville. Chambres doubles avec douche et w.-c. ou bains de 56 à 90 €.

Petit déjeuner à 6,10 €. Dans une vieille maison du centre, à l'ombre du clocher de Saint-Didier. Accueil gentil et souriant. 11 chambres de taille et d'allure très variables (n'hésitez pas, si vous le pouvez, à en voir plusieurs). « La tulipe » et « l'anémone » sont agréables. La n° 3 est bien aussi, tout comme la n° 9, grande, aux tons bleus, avec divan et belle salle d'eau ; presque le luxe, mais bon, c'est la plus chère. *10 % sur le prix de la chambre (à partir de la 2e nuit, sauf en période de festival) offerts à nos lecteurs sur présentation de ce guide.*

🛏 *Hôtel Bristol* *** – 44, cours Jean-Jaurès (B3-7) ☎ 04-90-16-48-48. Fax : 04-90-86-22-72. • bristol.avignon@wanadoo.fr • Parking payant. TV. Canal+. Satellite. ♿ Accès : à 200 m de la gare SNCF et presque en face de l'office du tourisme. Chambres doubles avec douche et w.-c. ou bains de 63 à 89 € suivant la saison et le type de chambre. Petit déjeuner à 9 €. Hôtel moderne et plutôt chic. 67 chambres en tout, bien finies, climatisées et équipées de double vitrage et minibar. Bon accueil.

🍴 *Le Woolloomooloo* – 16 bis, rue des Teinturiers (C3-21) ☎ 04-90-85-28-44. ♿ Accès : en centre-ville. Menus à 11 ou 14 € le midi, et à 17 ou 22 € le soir ; menu-enfants à 9 €. Dans une des plus belles rues de la ville, un endroit très... mode, au décor déjanté (ancienne imprimerie aux murs défraîchis, arrangée avec un peu tout et n'importe quoi). On y sert une cuisine du monde (dire *world food!*), plutôt mode elle aussi, en tout cas dans l'air du temps : poulet vassa, dombré de bœuf, porcelet au 1001 épices, pavé de requin à l'antillaise (aphrodisiaque !)... Franchement, c'est pas mauvais du tout, et ça a le mérite (comme le reste) d'être audacieux. Régulièrement des soirées à thème (dont celle des célibataires, le vendredi), pour rester dans la même mouvance. Possède également des appartements, se renseigner. *Ti punch et 10 % sur les gîtes offerts à nos lecteurs sur présentation de ce guide.*

🍴 *La Fourchette* – 17, rue Racine (B2-20) ☎ 04-90-85-20-93. Fermé le samedi et le dimanche. Congés annuels : pendant les vacances scolaires de février et du 15 août au 10 septembre. Menus à 22 € le midi et 27 € le soir. Cette filiale de *Hiely-Lucullus*, le pape de la gastronomie à Avignon, est en voie d'institutionnalisation. Des prix serrés pour un cadre élégant et, surtout, une cuisine bien travaillée : sardines marinées, daube à l'avignonnaise, meringue au pralin. Vins à prix raisonnables aussi, notamment ceux servis en carafe. Réservation, ben oui, indispensable. NOUVEAUTÉ.

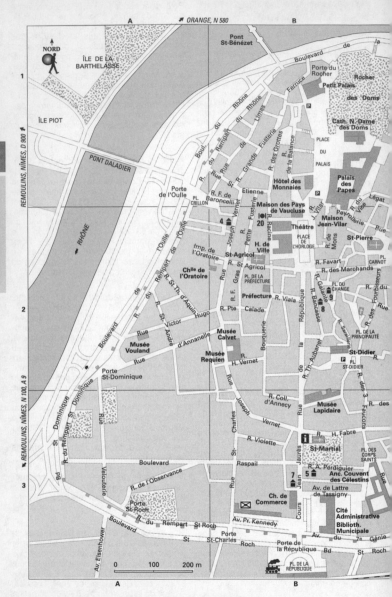

PROVENCE-ALPES-CÔTE D'AZUR

NORD

ÎLE DE LA BARTHELASSE

ÎLE PIOT

ORANGE, N 580

Pont St-Bénézet

Boulevard de la

Porte du Rocher

Petit Palais

Rocher des Doms

Cath. N.-Dame des Doms

PLACE DU PALAIS

Palais des Papes

Hôtel des Monnaies

Maison des Pays de Vaucluse

Maison Jean-Vilar

Théâtre

St-Pierre

Légat

Peyrollerie

Porte de l'Oulle

PL. CRILLON

R. F. de Baroncelli

H. de Ville

St-Agricol

Ch.lle de l'Oratoire

PL. DE LA PRÉFECTURE

PLACE DE L'HORLOGE

R. des Marchands

St-Carnot

Préfecture

PL. DU CHANGE

Musée Calvet

Musée Vouland

Musée Requien

PL. DE LA PRINCIPAUTÉ

St-Didier

Porte St-Dominique

Musée Lapidaire

Musée des 3 Faucons

St-Martial

PL. DES CORPS SAINTS

Anc. Couvent des Célestins

Porte St-Roch

Ch. de Commerce

Cité Administrative

Biblioth. Municipale

REMOULINS, NÎMES, D 900

REMOULINS, NÎMES, N 100, A 9

PONT DALADIER

RHÔNE

Boulevard

Porte de la République

PL. DE LA RÉPUBLIQUE

0   100   200 m

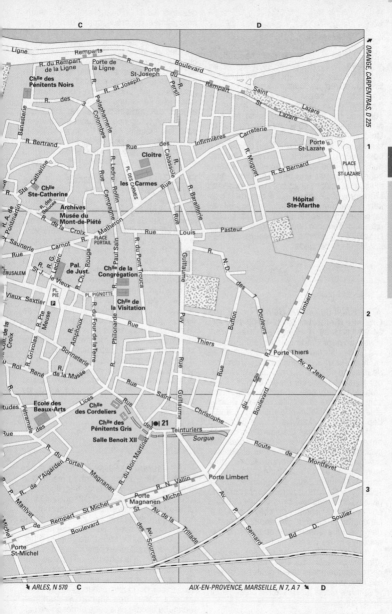

PROVENCE-ALPES-CÔTE D'AZUR

ARLES, N 570 C

AIX-EN-PROVENCE, MARSEILLE, N 7, A 7 D

🛏 Où dormir ?	7 Hôtel Bristol	🍽 Où manger ?
4 Hôtel Mignon	8 Hôtel de Blauvac	20 La Fourchette
5 Hôtel Le Splendid	9 Citôtel de Garlande	21 Le Woolloomooloo

BANDOL 83150

Carte régionale A2

|●| **L'Oulivo** – **19, rue des Tonneliers** ☎ 04-94-29-81-79. Fermé le mercredi en hiver et le soir des dimanche, lundi et mardi. En été, ouvert uniquement le soir. Congés annuels : 2 semaines au printemps, 2 semaines en octobre, à Noël. Accès : à 100 m du port, à gauche de l'église. Menu le midi en semaine à 12 €, autre menu à 23 €. Un petit restaurant comme on aimerait en trouver souvent sur la côte. Tout simple, tout bon, avec des menus privilégiant les produits frais. Une cuisine provençale authentique, servie par une patronne d'une gentillesse et d'une efficacité remarquables. Menu provençal incroyable le soir, de la caillette aux alouettes sans tête en passant par le papeton d'aubergines et les pieds-paquets. Terrasse toute l'année (chauffée l'hiver). *Café offert à nos lecteurs sur présentation de ce guide.*

BARCELONNETTE 04400

Carte régionale B1

🏠 |●| **Hôtel du Cheval Blanc** ** – **12, rue Grenette (Centre)** ☎ 04-92-81-00-19. **Fax : 04-92-81-15-39.** Parking. TV. Restaurant ouvert uniquement le soir, et fermé d'octobre à fin décembre. Hôtel ouvert toute l'année. Accès : en plein centre. Chambres doubles de 43 à 47 €. Demi-pension à 47 € par personne. Menus de 12 à 17 €. Dans cette auberge, l'hôtellerie et la restauration sont une affaire de famille, mais on vient ici plus pour l'assiette que pour la literie : depuis 4 générations, la famille Barneaud tient cet établissement. Aujourd'hui, les VTT ont remplacé les chevaux : rendez-vous des cyclotouristes, ceux-ci ont à leur disposition un garage dans l'ancienne écurie, pour leurs montures, et la cuisine propose des paniers-repas et petits déjeuners « spécial sportif » ! Cuisine bourgeoise à base de gibier, pâtes fraîches, sans oublier la tourte aux épinards, l'assiette de chèvre chaud et l'andouillette. Le soir, demandez au patron de vous faire admirer les comptes de ses ancêtres et les menus qu'ils servaient à la fin du XIXe siècle. À cette époque, on avait affaire à de rudes gaillards ! Dommage que certaines chambres soient petites et un peu rudimentaires. *Petit déjeuner offert aux enfants de moins de 10 ans sur présentation de ce guide.*

🏠 **Aztéca Hôtel** *** – **3, rue François-Arnaud** ☎ 04-92-81-46-36. **Fax : 04-92-81-43-92.** ● www.hotel-azteca.fr.st ● Parking. TV. Satellite. 🍴 Congés annuels : en novembre. Chambres doubles de 49 à 87 € avec douche et w.-c. ou bains. Beau petit déjeuner à 8 €. Un beau 3 étoiles : 27 chambres joliment décorées, dont 3 dans un style mexicano-alpin, clin d'œil à l'ancienne villa construite par des Barcelonnettes revenus enrichis du Mexique au XIXe siècle. Des chambres avec tout le confort (bains, coffre-fort...). L'endroit est très calme, entouré d'un jardin. Idéal l'été pour prendre un très beau petit déjeuner, présenté en buffet dans le salon de l'ancienne « villa mexicaine » autour de laquelle l'hôtel fut construit. Accueil plutôt sympa et convivial. Navettes pour les stations de ski. *Room-service* le soir. *10 % sur le prix de la chambre (hors vacances scolaires et week-ends) offerts à nos lecteurs sur présentation de ce guide.*

|●| **La Mangeoire Gourmande** – **pl. des 4-Vents (Centre)** ☎ 04-92-81-01-61. Fermé le lundi et le mardi hors saison. Congés annuels : de début novembre à fin janvier. Menus à 15 €, le midi en semaine, puis à 25 et 32 €. Dans cette belle salle voûtée du XVIIe siècle, le mariage entre la montagne et la mer fonctionne à merveille. Il donne de la chaleur et de la sincérité à l'accueil. Il met de l'authenticité dans une cuisine pleine de surprises et vraiment savoureuse. Il permet de surfer entre tradition et innovation. De la salle, vous allez assister à un ballet précis et discret qui se déroule autour du piano. La cuisine est au vu de tous dans un coin de la pièce. Hure de raie provençale à la menthe, jambonnette de volaille avec un gratin de l'Ubaye... Une curiosité : la potence au bœuf, flambée au whisky, servie à partir de deux personnes. Grande terrasse couverte. *Digestif maison offert à nos lecteurs sur présentation de ce guide.*

DANS LES ENVIRONS

UVERNET-FOURS 04400 (4,5 km SO)

|●| **Restaurant Le Passe Montagne** ☎ 04-92-81-08-58. Parking. Fermé le mardi et le mercredi sauf en période de vacances scolaires. Congés annuels : la 2e quinzaine de juillet et de mi-novembre à mi-décembre. Accès : prendre la D902 en direction de Pra-Loup ; tourner avant l'embranchement du col d'Allos, c'est là. Menus de 16 à 29 €. Ici, on trouve l'ambiance chaleureuse des chalets de bois. De la terrasse, on peut admirer les pics du Pain de Sucre et du Chapeau de Gendarme. La carte a été rédigée par un écolier sur un cahier échappé de son cartable. L'hiver, une immense cheminée réchauffe encore plus cette atmosphère paisible. Le chef a redécouvert la cuisine provençale de sa grand-mère en les adaptant à sa patte. Jambonneau servi entier et sa vinaigrette tiède, fromage blanc de la vallée à l'ail et aux fines herbes et charcuteries de la vallée, lasagnes aux escargots de

Digne… *Café offert à nos lecteurs sur présentation de ce guide.*

SUPER-SAUZE 04400 (5 km SE)

🏠 *Le Pyjama* *** ☎ 04-92-81-12-00. Fax : 04-92-81-03-16. Parking. TV. ♿ Congés annuels : de mi-avril à fin juin et de début septembre à mi-décembre. Accès : par la D209. Chambres doubles de 42 à 72 € suivant la saison. Également studios avec cuisine. Un drôle de beau *Pyjama* pour deux ! Des chambres décorées avec des meubles et des objets anciens, ouvrant sur une vision apaisante de magnifiques mélèzes. Grandes terrasses, mezzanines pour certaines, jolies salles de bains. Un confort certain et un sens de l'accueil plus que certain. Petits coins pour se réfugier et pour lire à la saison froide, tables dehors pour boire un verre en été. Amusante brocante en dessous. Petit détail : c'est la mère de Carole Merle (une championne de ski, pour les routards qui n'y connaissent rien) qui a décoré et tient cette maison… au pied des pistes, tradition oblige. Animaux bienvenus et même invités (rare !). *Un apéritif et un petit déjeuner par nuit offerts à nos lecteurs sur présentation de ce guide.*

PRA-LOUP 04400 (6 km SO)

🏠 🍴 *Le Prieuré* *** – Les Molanes ☎ 04-92-84-11-43. Fax : 04-92-84-01-88. ● www.hotel-leprieure.fr ● TV. Satellite. Congés annuels : en mai et de mi-septembre à mi-décembre. Accès : par la D109 ; au pied des pistes. Chambres doubles de 50 à 75 € avec douche et w.-c. ou bains. 1er menu le midi à 15 €, menus suivants à 19 et 39 €. Un ancien prieuré du XVIIIe siècle qui a été transformé en hôtel rustique et très chaleureux, plein sud face au Pain de Sucre et au Chapeau de Gendarme. Une vue, comme on dit, imprenable, et des prix qu'on prend, nous, plutôt bien. L'accueil y est sympathique, la cuisine n'a jamais fait fuir personne, bien au contraire (difficile de résister à la truite au beurre de génépi ou même à une bonne vieille charbonnade), et la piscine en été est bien agréable. Vous l'avez compris, l'endroit mérite le détour. *10 % sur le prix de la chambre (sauf en été et en décembre) offerts à nos lecteurs sur présentation de ce guide.*

🏠 🍴 *Auberge du Clos Sorel* ** – Les Molanes ☎ 04-92-84-10-74. Fax : 04-92-84-09-14. ● www.clos-sorel.com ● TV. Satellite. Restaurant fermé à midi l'hiver hors vacances scolaires. Congés annuels : de début avril à mi-juin et de début septembre à mi-décembre. Accès : avant l'entrée de la station de Pra-Loup 1500. Chambres doubles de 64 à 138 €. Menu-carte à 25 €. Auberge de charme, dîners aux chandelles et goûters au coin du feu.

On passerait volontiers toutes ses vacances dans cette auberge aménagée à flanc de montagne dans une des plus anciennes fermes du pays (admirez l'entrée en rondins !). Pour le cadre, pour l'accueil, pour la piscine en été, pour la proximité des pistes en hiver, pour l'épaisseur des oreillers. 11 chambres pour les amoureux de la nature à l'état pur, qui veulent bien se laisser cocooner. Poutres anciennes, vieille pierre, meubles cirés. Si vous voyez quelques têtes connues autour de vous, ne soyez pas étonné, c'est normal. Quant à la nourriture, vous ne devriez pas vous plaindre non plus. Cuisine du marché qui change tous les jours. *Apéritif maison offert à nos lecteurs sur présentation de ce guide.*

BARGEMON   83830

Carte régionale B2

🍴 *Restaurant La Taverne* – pl. Philippe-Chauvier (Centre) ☎ 04-94-76-62-19. Fermé le mercredi et le jeudi midi hors saison, le lundi en été. Congés annuels : de mi-novembre à mi-janvier. Accès : place du village. Menus de 17 à 27 €. Dans ce village superbe accroché à la colline, cette petite auberge au charme discret et suranné fait figure d'étape obligée lorsqu'on visite le coin. Cuisine provençale avec de l'idée : ragoût d'escargots de pays en croûte, brussoles d'agneau confit et tomates séchées, caillette du Haut-Var… Uniquement des produits frais, provenant de petits éleveurs ou producteurs locaux. L'adresse que les Varois fréquentent le dimanche à midi en famille. Belle terrasse ombragée. *Digestif provençal offert à nos lecteurs sur présentation de ce guide.*

BARROUX (LE)   84330

Carte régionale A1

🏠 🍴 *Hôtel-restaurant Les Géraniums* ** – pl. de la Croix (Centre) ☎ 04-90-62-41-08. Fax : 04-90-62-56-48. Parking. Congés annuels : de mi-novembre à début avril. Accès : au centre du village. Chambres doubles avec douche et w.-c. ou bains de 40 à 47 €. Petit déjeuner à 7 €. Menus de 15,50 €, en semaine, à 46 €. Menu-enfants à 8 €. Hôtel de village dans une belle maison en pierre blanche, joliment rénovée. Les chambres y sont fort convenables pour le prix, simples mais sans défauts et plutôt agréables. Certaines offrent une vue superbe sur la plaine du comtat Venaissin. Bonne cuisine provençale au resto, traditionnelle mais aussi innovante, servie dans les salles à manger ou sur la belle terrasse fleurie qui a donné son nom à l'établissement.

BAUDUEN   83630

Carte régionale B2

🛏 ❙●❙ *L'Auberge du Lac* ** – rue Grande
☎ 04-94-70-08-04. Fax : 04-94-84-39-41.
● auberge.lac@wanadoo.fr ● TV. Congés
annuels : de mi-novembre à mi-mars.
Chambres doubles avec bains à 70 €.
Demi-pension à 65 €, souhaitée de juin à
septembre. Beaux menus de 21 à 36 €.
Une auberge un peu hors du temps, dans
un charmant petit village du Haut-Var, au
bord du lac de Sainte-Croix. Du rustique, du
chaleureux, en v'la ! La propriétaire dorlote
ses locataires depuis plus de 20 ans, les
chambres sont douces, agréables à vivre,
notamment celles qui donnent sur le lac. Le
fils s'occupe du restaurant, entouré d'une
équipe pas triste. Petite terrasse vigneronne
en été, salle chaleureuse hors saison. Plats
de terroir, gibier, poisson et vins de pays.
*Café offert à nos lecteurs sur présentation
de ce guide.*

BAUX-
DE-PROVENCE (LES)   13520

Carte régionale AB2

🛏 ❙●❙ *Hostellerie de la Reine-Jeanne* ** –
Grand-Rue, au village (Nord) ☎ 04-90-54-
32-06. Fax : 04-90-54-32-33. TV. Congés
annuels : en janvier et du 15 novembre au
20 décembre. Chambres doubles à 45 €
avec douche (50 € avec les w.-c.), de 55 à
60 € avec bains. 1er menu à 15 €. C'est sûr,
si vous arrivez au milieu du flot cahotant qui
s'engouffre aux heures chaudes dans la rue
principale, vous n'aurez qu'une envie :
repartir. Mais quel bonheur, une fois les touristes disparus, de se retrouver dans cette
vieille maison rénovée avec malice, dans
des chambres agréables et personnalisées,
dont certaines offrent une vue plongeante
sur le val d'Enfer. La chambre la plus chère
est en fait un amour d'appart', avec vue et
terrasse incroyables. Cuisine très locale
mais de qualité.

BEAULIEU-SUR-MER   06310

Carte régionale B2

🛏 *Hôtel Le Havre Bleu* ** – 29, bd Maréchal-Joffre (Nord) ☎ 04-93-01-01-40. Fax :
04-93-01-29-92. ● www.hotel-lehavre
bleu.fr ● Parking. TV. Satellite. Congés
annuels : quinze jours après les vacances
de la Toussaint. Accès : à 3 mn de la plage
et à 400 m de la gare SNCF. Chambres
doubles à 49 à 70 € selon le confort et la

saison ; certaines ayant une agréable terrasse ensoleillée. Petit déjeuner inclus dans
le prix. Une maison de l'époque victorienne
aux tonalités marines (blanche aux volets
bleu Matisse) vient nous rappeler que la mer
n'est pas loin. Ambiance familiale et tranquille. Déco simple et propre. *10 % sur le
prix de la chambre (hors saison) offerts à
nos lecteurs sur présentation de ce guide.*

🛏 *Hôtel Select* * – 1, pl. du Général-de-
Gaulle (Centre) ☎ 04-93-01-05-42. Fax :
04-93-01-34-30. TV. Accès : à 100 m de la
gare. Chambres doubles de 59 à 65 €. En
plein centre de Beaulieu, un hôtel très cosy,
gentil comme une pension de famille de sit-
com. Le meilleur rapport qualité-prix de la
ville, même si on peut trouver les chambres
donnant sur la place légèrement bruyantes.
Le patron est éminemment sympathique,
compétent et amoureux de sa région. Possibilité de prendre son petit déjeuner en terrasse.

🛏 *Hôtel Comté de Nice* *** – 25, bd Mari-
noni ☎ 04-93-01-19-70. Fax : 04-93-01-
23-09. ● www.hotel-comtedenice.com ●
Parking payant. TV. Satellite. Accès : en
arrivant de Nice, ne pas descendre vers la
mer mais aller tout droit en direction de la
place du marché. Chambres doubles de 68 à
102 €, selon la saison. Bon petit déjeuner à
8,50 €. Même prix pour le garage. Voilà un
hôtel où l'on se sent immédiatement bien,
tout d'abord grâce à l'accueil fort sympathique de la famille qui le dirige, mais aussi
grâce aux chambres toutes bien équipées
(climatisation, téléphone, mini-coffre, bains
et sèche-cheveux), la plupart avec vue sur
la mer. Également dans l'hôtel, possibilité
de sauna ou fitness. Plage et port à 5 mn.
*10 % sur le prix de la chambre (sauf en été,
durant les fêtes et lors du Grand Prix de
Monte Carlo) offerts à nos lecteurs sur présentation de ce guide.*

BONNIEUX   84480

Carte régionale A2

❙●❙ *Restaurant de la Gare* – quartier de la
Gare (Nord-Ouest) ☎ 04-90-75-82-00.
Cartes de paiement refusées. ♿ Fermé le
dimanche soir et le lundi. Congés annuels :
en janvier. Accès : à 5 km du centre du village par la D36 direction Goult. Menus à
11 €, le midi en semaine, 20 et 23 €. Menu-
enfants à 7,60 €. La gare est devenue galerie d'art. Mais le resto de la gare fondé par la
grand-mère de l'actuel proprio est toujours
là. Un peu paumé en pleine campagne,
avec sa grande salle garnie de quelques
fresques et sa sympathique terrasse au-
dessus du jardin. Dans la tradition, le petit
menu du midi (buffet d'entrées, plat du jour
et dessert) continue à régaler tous les gars

qui bossent dans le coin. Le soir et le week-end, le jeune patron propose, au gré du marché, une bonne cuisine provençale, pleine de fraîcheur : quelques beaux poissons, des carrés d'agneau du Luberon persillés... L'accueil est nature et enjoué, le service impec', et l'ambiance tranquille.

I●I Le Fournil – 5, pl. Carnot (Centre) ☎ 04-90-75-83-62. Fermé le lundi toute la journée, le mardi midi (toute la journée d'octobre à mars) et le samedi midi. Congés annuels : en janvier et décembre. Menus à 24 € le midi et 34 € le soir. Terrasse sur une mignonne petite place avec sa fontaine. Mais ne dédaignez pas l'intérieur qui, entièrement creusé dans la roche, vaut au moins le coup d'œil. Tout comme la cuisine, qui mérite le détour ! Saint-pierre poêlé, côtes de veau vrai jus, marmelade de maquereau aux pignons : il y a là des racines (le chef est né dans le coin), le tour de main est indéniable et, pour la région, le rapport qualité-prix est fort bon.

BORMES-LES-MIMOSAS   83230

Carte régionale B2

🏠 I●I L'Hôtel de la Plage ** – rond-point de la Bienvenue – La Favière ☎ 04-94-71-02-74. Fax : 04-94-71-77-22. ● www.perso. wanadoo.fr/hoteldelaplage ● Parking. I V. Accès : à l'entrée de Bormes, prendre la direction du port, puis La Favière. Chambres doubles avec douche et w.-c. de 46 à 50 €, avec bains de 57 à 66 € selon la saison. Demi-pension demandée en juillet-août, à 59 € par personne. Menus de 15 à 23 €. Il faut le voir pour le croire : à part quelques concessions à la mode et au confort, rien n'a changé, dans l'esprit, depuis 1960. Les patrons sont de la même famille, les clients aussi ! On joue à la pétanque, après le repas des pensionnaires, le soir. Si vous regrettez les vacances à la plage, façon Tati, offrez-vous un voyage dans le temps à bon compte. Seul regret : pour apercevoir la plage, il faut passer plusieurs blocs de béton... *Apéritif maison offert à nos lecteurs sur présentation de ce guide.*

I●I Lou Poulid Cantoun – 6, pl. Lou-Poulid-Cantoun ☎ 04-94-71-15-59. Ouvert le soir en juillet-août. Fermé le lundi hors saison. Menu à 26 €. Compter entre 30 et 35 € à la carte. Tout le monde n'a pas la chance de tenir un resto sur la place la plus photographiée de Bormes ! Dans ce joli petit coin, l'été, les tables sont en terrasse, quoi de plus normal ! Les photophores colorent délicatement la pénombre, l'ambiance est intime et décontractée. Dans les assiettes, une cuisine raffinée et juste, qui joue avec les parfums provençaux (plats à base de sirop balsamique, basilic, crème de fenouil, etc.). Un bon conseil, gardez une place pour les desserts. Réservation conseillée. *NOUVEAUTÉ.*

BRIANÇON   05100

Carte régionale B1

🏠 I●I L'Auberge de l'Impossible ** – 43, av. de Savoie (Nord) ☎ 04-92-21-02-98. Fax : 04-92-21-13-75. ● www.serre-chevalier.net/auberge-impossible/ ● Parking. TV. Fermé tous les midis en hiver. Accès : direction Grenoble. Chambres doubles avec douche et w.-c. ou bains à 45 €. Menus de 15 à 25 €. Hôtel-restaurant sans prétention, de 13 chambres, pas très grandes mais correctes – c'est-à-dire à prix doux pour le secteur. À table, une cuisine familiale et nature (fondue de poissons, tartiflette, barbecue). À partir de juin, déjeuner et dîner en terrasse. Propose aussi la demi-pension et des tarifs à la semaine. Bonne ambiance : le soir, parfois (surtout l'hiver), crêpes-parties ou karaoké, pour les résidents uniquement. Local pour skis et vélos. *Apéritif maison offert à nos lecteurs sur présentation de ce guide.*

🏠 I●I L'Auberge du Mont Prorel ** – 5, rue René-Froger ☎ 04-92-20-22-88. Fax : 04-92-21-27-76.●www.skisunrosbif.com● Parking. TV. Satellite. Congés annuels : en mai et en novembre. Accès : en contrebas de la cité Vauban. Chambres doubles de 45 à 50 €. Demi-pension à 49 € par personne. Menus de 14 à 18 €. Ce grand chalet se situe au départ de la télécabine du Prorel, accès direct au domaine de Serre-Chevalier. La ville et la montagne à portée de main, et des chambres propres au confort rustico-bourgeois, la moitié disposant d'un balcon. Tarifs à la semaine. Sympa pour y prendre un verre, ou y écouter un concert le dimanche soir. Ambiance, ambiance...

🏠 Hôtel Edelweiss ** – 32, av. de la République (Centre) ☎ 04-92-21-02-94. Fax : 04-92-21-22-55. ● hotel.edelweiss.briancon@wanadoo.fr ● Parking. TV. Satellite. Accès : près de la cité Vauban, face au centre culturel et des congrès. Chambres doubles avec douche et w.-c. ou bains de 48 à 54 €. Les chambres s'ouvrent à l'est sur de beaux arbres et à l'ouest sur la ville. Propre et calme, toutes les chambres ont été rénovées et décorées avec les photos de montagne du propriétaire, ancien accompagnateur de montagne. Hôtel non-fumeurs. *10 % sur le prix de la chambre offerts à nos lecteurs sur présentation de ce guide.*

l●l *Le Péché Gourmand* – 2, route de Gap (ville basse) ☎ 04-92-21-33-21. Parking. ⅃ Fermé le lundi. Congés annuels : la dernière semaine d'avril. 1er menu le midi en semaine à 13 €, menus suivants de 21 à 40 €. Pas trop bien situé, à l'angle du gros carrefour de la route de Gap et de celles pour Grenoble, la vieille ville ou l'Italie (ce qui amène du passage mais fait un environnement peu attrayant), ce *Péché Gourmand* mérite pourtant qu'on s'y arrête. Une terrasse en contrebas, fleurie et ombragée, éloigne du flot automobile ; ou, si l'on préfère, deux salles élégantes. Excellent second menu, où nous avons trouvé des ravioles de chèvre du pays et leur velouté de petits pois, puis un pintadeau rôti au jus de romarin... Vraiment très bien. Poisson et viande dans le dernier menu. Respectable chariot de fromages et bons desserts. Ultime raffinement, une carte des cafés : on vous conseille le Papouasie. Service un poil guindé mais aimable quand même. Bref, une table recommandable. Dommage que la salle soit aussi impersonnelle.

l●l *Le Pied de la Gargouille* – 64, Grande-Rue, maison du Pape, cité Vauban ☎ 04-92-20-12-95. Ouvert hors saison le soir du vendredi au dimanche ; et tous les soirs en saison. Accès : dans la vieille ville, en face de la bibliothèque municipale. Menu à 16 €. À la carte, compter 21 €. La cheminée trône au milieu du restaurant. Le patron s'y affaire, surveillant d'un œil expert la cuisson de ses délicieuses grillades, juteuses à souhait. Au mur, des raquettes et des skis d'époque rappellent l'âpre combat que menèrent les hommes du pays face à la montagne. L'accueil est chaleureux. Manger à la carte n'est pas hors de prix. Excellents tourtons sucrés-salés. *Apéritif maison ou café offert à nos lecteurs sur présentation de ce guide.*

l●l *Restaurant Le Rustique* – rue du Pont-d'Asfeld (Centre) ☎ 04-92-21-00-10. ⅃ Service jusqu'à 22 h. Fermé le lundi et le mardi sauf jours fériés. Congés annuels : la 2e quinzaine de juin et la 2e quinzaine de novembre. Accès : en descendant la Grande-Gargouille, prendre la 1re à gauche après la fontaine, le restaurant est à 300 m. Menus de 18,30 à 26 €. À la carte, compter 29 € pour un repas. Décor campagnard et cuisine de qualité, accueil chaleureux, que voulez-vous de plus ? À table ! Fondue savoyarde aux morilles, planche du randonneur, truites fraîches accommodées à toutes les sauces (spécialités maison : truite aux pommes flambées au calvados, au coulis de poireaux, à la crème d'ail, au roquefort, à l'orange, etc.). Les salades sont copieuses.

DANS LES ENVIRONS

VACHETTE (LA) 05100 (4 km NE)

l●l *Le Nano* – route d'Italie, val des Prés ☎ 04-92-21-06-09. Fermé le dimanche et le lundi, sauf en juillet-août. Accès : prendre la N94 direction Montgenèvre, Italie ; tourner vers La Vachette-Névache par la D994 ; à 1 km sur la gauche après l'embranchement. Menus de 23 à 45 €. Nano, c'est le surnom du patron (officiellement Bruno). Le cadre est agréable, quelque peu guindé, le service attentionné (rond de serviette, pain servi à la pince) et pour la cuisine, *Le Nano* reste sans doute l'une des meilleures tables du Briançonnais, mais ça se ressent un peu sur l'addition. On s'y régale de mets fins et classiques : dans le 1er menu, roulade de lapin au basilic, puis foie gras de canard sauce aux épices, fromage de pays ou délicieux dessert. Le suivant est festif. Bonne carte de vins. On mise sur la qualité. L'adresse idéale pour fêter un anniversaire de mariage en amoureux. Mieux vaut réserver, et ne pas arriver trop tard.

CHANTEMERLE 05330 (7 km NO)

🛏 l●l *La Boule de Neige* ** – 15, rue du Centre ☎ 04-92-24-00-16. Fax : 04-92-24-00-25. TV. Congés annuels : de fin avril à fin juin et de fin août à mi-décembre. Accès : route de Grenoble, à gauche dans le village de Chantemerle, puis à gauche encore une fois dans le village. Chambres doubles avec douche et w.-c. ou bains de 72 à 118 €. Demi-pension de 54 à 77 € par personne, demandée en période de vacances scolaires. Menu à 25 €. Pas tout à fait donné mais tout confort ; on ne bougerait plus de cette *Boule de Neige*, douillette et agréable à souhait. Restaurant bien agréable aussi, proposant une cuisine assez raffinée, sans fausse note. Accueil charmant et discret de la patronne. Télésiège pour le domaine de Serre-Chevalier à 100 m.

SALLE-LES-ALPES (LA) 05240 (8 km NO)

l●l *La Marotte* – 36, rue de la Guisane, (rue principale) ☎ 04-92-24-77-23. Cartes de paiement refusées. Fermé le dimanche et le midi. Congés annuels : en mai, juin, octobre et novembre. Accès : par la route de Grenoble, en arrivant au rond-point de La Salle, à droite vers le vieux village. Un seul menu à 15,50 €. À la carte, compter 25 € tout compris. Un petit resto saisonnier sympa comme tout, qui a ses fidèles depuis des années. Prudent de réserver pour profiter des bons petits plats du patron, concoctés selon les goûts et le jugement de la clientèle – qui n'est donc jamais déçue. Le pain de harengs aux échalotes et la Tatin méritent une ovation : pour le pain de harengs, hip hip hip, hourra ! Pour la Tatin, hip hip hip, hourra ! Pour *La Marotte*, hip hip hip, hourra !

CAGNES-SUR-MER　06800

Carte régionale B2

🛏 *Le Mas d'Azur* – 42, av. de Nice, Cros-de-Cagnes ☎ 04-93-20-19-19. Fax : 04-93-20-87-01. Parking. TV. Accès : à 400 m du centre-ville. Chambres doubles avec téléphone, douche et w.-c. de 45 à 55 € (moins cher hors saison). Au départ, vous pouvez être inquiet. « Comment, vous dites-vous dans votre for intérieur, le *Routard* nous conseille un hôtel au bord de la N7 ? » Et puis, une fois entré dans la cour de cette ancienne maison provençale, vous êtes accueilli par un couple d'une extrême gentillesse. Votre chambre est tranquille, les couloirs ne sont guère bruyants, le jardin est accueillant, vous voilà revenu 25 ans en arrière. Heureux !

🛏 *Le Val Duchesse* ** – 11, rue de Paris ☎ 04-92-13-40-00. Fax : 04-92-13-40-29. Parking. TV. Congés annuels : du 25 novembre au 15 décembre. Studios de 45 à 62 € et appartements à la semaine. À 50 m de la plage, très au calme au milieu d'un agréable jardin planté de palmiers, avec piscine, ping-pong et jeux pour enfants, *Le Val Duchesse* est une adresse sympa pour un séjour sur la Côte d'Azur, correcte (accueil chaleureux, décoration très Sud) et pas chère. À l'écart des grands immeubles et de la circulation infernale du bord de mer, une petite maison tenue par un jeune couple qui met de la couleur et de l'animation dans vos vacances.

🍴 *Le Renoir* – 10, rue J.-R.-Giacosa ☎ 04-93-22-59-58. Fermé le lundi, le jeudi soir et le dimanche soir. Congés annuels : du 15 juillet au 15 août et du 20 décembre au 10 janvier. Menus de 13,50 à 23 €. Un endroit chaleureux, comme la cuisine qu'on y mange. Et l'on ne sait plus si on va manger un lapin à la purée d'olives, une daube aux cèpes ou une fricassée de poissons. Heureusement, la patronne est là pour vous aider à choisir avec une gentillesse permanente. Au fait, si vous ne trouvez plus *Le Renoir* à sa place, c'est normal. Il s'est « envolé » pour s'agrandir, à deux pas des Halles, place Sainte-Luce (arrivée prévue : juin 2003). *Café offert à nos lecteurs sur présentation de ce guide.*

🍴 *Fleur de Sel* – 85, montée de la Bourgade ☎ 04-93-20-33-33. Fermé le mercredi. Congés annuels : aux vacances scolaires de février et de la Toussaint. Beau menu saveur à 21 € (29 € avec vin et café). Autres menus à 30 et 39 €. Reprise en main réussie pour ce joli restaurant qui sent bon la Provence, dans l'assiette comme dans ses vieux murs. Après avoir travaillé des années chez les autres, Philippe Loose et sa femme ont décidé « de donner du plaisir aux autres en travaillant pour soi ». Qu'ils en soient remerciés. Du beau, du bon, de l'authentique, servi sans esbroufe, simplement, gentiment. *NOUVEAUTÉ.*

CANNES　06400

Carte régionale B2

🛏 *Hôtel Chanteclair* – 12, rue Forville ☎ et fax : 04-93-39-68-88. Cartes de paiement refusées. Accès : dans une petite rue du bas du Suquet, à quelques minutes du palais des festivals ou de la plage du Midi. Chambres doubles de 37 à 42 €. Des chambres fonctionnelles, murs blancs et mobilier simple de sapin naturel, dans cet hôtel idéalement placé à 100 m du quartier le plus typique et le plus animé de la ville. Autres atouts, les prix doux, le charmant patio où prendre le petit déjeuner et enfin l'accueil souriant du patron. Important pour Cannes : il vous indiquera où vous pourrez garer gratuitement votre voiture, à 300-400 m, dans un quartier résidentiel.

🛏 *Hôtel de France* *** – 85, rue d'Antibes (Centre) ☎ 04-93-06-54-54. Fax : 04-93-68-53-43. ● info@h-de-france.com ● TV. Satellite. Accès : à deux pas de la Croisette et du palais des festivals. Chambres doubles de 81 à 120 € selon la saison. Entièrement rénové dans son style Art déco d'origine, cet hôtel situé au milieu de la rue principale de la ville propose une trentaine de chambres au confort moderne : climatisation, coffre-fort, sèche-cheveux et tout le toutim. Si c'est votre jour de chance et que vous recevez une clé ouvrant une chambre au chiffre compris entre 501 et 508, bingo : vous avez la vue en plus ! *10 % sur le prix de la chambre (sauf en août) offerts à nos lecteurs sur présentation de ce guide.*

🛏 *Hôtel Molière* ** – 5-7, rue Molière (Est) ☎ 04-93-38-16-16. Fax : 04-93-68-29-57. ● www.hotel-moliere.com ● TV. Satellite. 🐾 Belles chambres de 90 à 105 €, petit déjeuner inclus. Moins cher en basse saison. Dans ces deux bâtiments contigus, l'un du XIXᵉ siècle à façade bourgeoise, l'autre récent, et chacun meublé dans son genre propre, et fort belles chambres au calme, pas loin du centre et de la Croisette (100 m), long jardin pour mieux apprécier le petit déjeuner. Accueil cordial. *10 % sur le prix de la chambre (pour un minimum de deux nuits consécutives, sauf en été) offerts à nos lecteurs sur présentation de ce guide.*

🛏 *Le Splendid* *** – 4-6, rue Félix-Faure ☎ 04-97-06-22-22. Fax : 04-93-99-55-02. ● accueil@splendid-hotel-cannes.fr ● TV.

Canal+. Satellite. 🕭 Accès : en plein centre, face à la mer et au vieux port. Chambres doubles de 107 à 228 € selon la saison. Ce n'est pas un palace de la Croisette mais ça y ressemble et en plus, c'est une affaire de famille tenue de main de maître par Annick Cagnat. Chambres très belles, aux meubles anciens. Corbeille de fruits offerte à l'arrivée si vous avez réservé. Une adresse de charme idéale pour les tourtereaux en voyage romantique, ayant envie de se prélasser en peignoir le temps d'une grasse matinée mutine. Très belles salles de bains toutes rénovées dans le style nature. *Petit déjeuner offert à nos lecteurs sur présentation de ce guide.*

|●| Le Bouchon d'Objectif – **10, rue Constantine (Est)** ☎ **04-93-99-21-76.** Fermé le dimanche soir et le lundi hors saison et hors congrès. Congés annuels : du 20 novembre au 15 décembre. Accès : direct par la rue d'Antibes et par la voie rapide. Formule à 11 € le midi. Menus à 15 et 25 €. Un resto, comme son nom l'indique, très « photo ». Ses murs reçoivent chaque mois une nouvelle expo. Cuisine simple et originale, y'a pas photo : terrine de lapin aux raisins et pistaches, porcelet au miel, idéal avec un rosé de Provence... Service agréable. Jolie terrasse dans un quartier moderne et piéton. *Kir offert à nos lecteurs sur présentation de ce guide.*

|●| Le Comptoir des Vins – **13, bd de la République (Centre)** ☎ **04-93-68-13-26.** Fermé le dimanche, ainsi que le soir du lundi au mercredi. Congés annuels : la 2e quinzaine de février. Accès : à deux pas de la rue d'Antibes. Menu à midi à 15 €, qui passe à 22,50 € le soir. À la carte, compter autour de 23 €. Vin à la bouteille servi au prix de la cave + 8,50 €. On entre par la cave, question de se mettre en appétit devant quelques bouteilles, puisqu'on peut choisir celle qui accompagnera le repas. Le patron a pris le temps d'acclimater les Cannois à cette formule de bistrot-cave, et il y a du monde, en soirée, pour goûter au saucisson pistaché ou à une tartiflette maison. Sinon, vaste choix de plats savoyards, le pays de son épouse. Vins servis au verre et à la bouteille. *Café offert à nos lecteurs sur présentation de ce guide.*

|●| Restaurant Aux Bons Enfants – **80, rue Meynadier (Centre)** Fermé le samedi soir (sauf en saison) et le dimanche. Menu unique à 16 €. Ici, il n'y a pas de téléphone. Les habitués (souvent du bel âge, comme on dit à Cannes) passent réserver leur table à l'heure où, dans la fraîche petite salle du rez-de-chaussée, s'épluchent les légumes achetés à deux pas, au marché Forville. La cuisine est restée familiale et régionale : sole meunière, beignets d'aubergines ou de sardines, aïoli le vendredi, tartes, nougat glacé maison... Des plats comme ceux-là,

ça parle au cœur. Accueil et service bon enfant, comme il se doit.

|●| Restaurant Au Bec Fin – **12, rue du 24-Août (Centre)** ☎ **04-93-38-35-86.** 🕭 Fermé le samedi soir et le dimanche en hiver, le lundi midi en été. Congés annuels : une semaine en juillet et quinze jours en novembre. Accès : entre la gare et la rue d'Antibes. Menus à 18 et 22 €. Logiquement, le *Bec Fin* est souvent complet : n'y allez pas trop tard ! Choix époustouflant pour le 1er menu : pas loin de 20 entrées et à peu près autant de plats. Une cuisine largement régionale (daube de bœuf à la provençale, soupe au pistou, filet de rascasse à la pêcheur...), qui fait oublier le décor assez banal. Bons plats du jour. Un resto d'un autre temps. *Apéritif maison offert à nos lecteurs sur présentation de ce guide.*

|●| Restaurant Lou Souleou – **16, bd Jean-Hibert (Sud-Ouest)** ☎ **04-93-39-85-55.** Fermé le lundi toute la journée et le mercredi soir hors saison. Accès : sur le boulevard de la Mer qui mène à Mandelieu. Menus à partir de 24 €. Bourride, paella ou marmite du pêcheur à 20,50 €. Derrière le vieux port, ou avant si vous arrivez à Cannes en longeant les plages. Les menus offrent un bon rapport qualité-prix. Ainsi, vous régalerez-vous d'une blanquette de lotte aux moules, d'un filet de loup au cresson (ou encore d'un plat du jour) et d'une pâtisserie maison. Mais la bourride du pêcheur peut tout aussi bien suffire. Vue sur l'Estérel et décor style bateau, voilà, vous savez tout. *Apéritif maison offert à nos lecteurs sur présentation de ce guide.*

DANS LES ENVIRONS

GOLFE-JUAN 06220 (4 km NE)

🏠 Hôtel California * – **222, av. de la Liberté (Est)** ☎ **04-93-63-78-63.** Parking. TV. Congés annuels : pendant les vacances scolaires de la Toussaint. Accès : à 800 m de la gare, sur la N7, près du bord de mer. Chambres doubles de 33 à 67 € selon le confort (moins cher hors saison). Maison des années 1920 en retrait de la nationale et jardin avec des palmiers déjà centenaires, eux. On l'imagine lorsqu'elle était seule ici, il y a bien longtemps. Transformée en hôtel, on y dort dans de jolies chambres, et on oublie le temps qui passe ! *10 % sur le prix de la chambre (à partir de 2 nuits sauf en juillet-août) offerts à nos lecteurs sur présentation de ce guide.*

🏠 Le Palm-Hôtel ** – **17, av. de la Palmeraie** ☎ **04-93-63-72-24.** Fax : **04-93-63-18-45.** ● www.palmotel.fr ● Parking. Chambres doubles entre 74 et 80 € (moins cher hors saison). Évidemment, il y a la N7 qui passe à côté et qui fait aujourd'hui plus déchanter que chanter. Mais cette vieille maison a du charme et ses propriétaires ne manquent pas de sens de l'accueil. Chambres rafistolées de façon suffisamment maligne pour qu'on croie que c'est un genre. Terrasse. Deux parkings abrités, à 200 m du bord de mer, gratuits qui plus est !

VALLAURIS 06220 (6 km NE)

I●I *Le Manuscrit* – **224, chemin Lintier (Centre)** ☎ 04-93-64-56-56. Fermé le lundi en saison ; le lundi, le mardi soir et dimanche soir hors saison. Congés annuels : du 18 novembre au 4 décembre. Accès : le chemin Lintier donne boulevard du Tapis-Vert, dans le centre de Vallauris, et le resto se trouve à quelque 50 m sur la droite. Petit menu à 17 €, le midi en semaine, puis menus à 21,50 et 29 €. Cette noble bâtisse de pierre grise est une ancienne distillerie de parfums. C'est autant pour le cadre, exceptionnel, que pour la cuisine qu'on vient au *Manuscrit*. Qu'on soit servi en salle, où sont accrochées des toiles et lithos remarquables, dans le jardin d'hiver, agrémenté d'une flore qu'on dirait tropicale, ou encore en terrasse, sous le marronnier rose centenaire, on se régale toujours d'une bonne petite cuisine « entre terre et mer », accompagnée de vins à prix encore abordables. *Apéritif maison offert à nos lecteurs sur présentation de ce guide.*

CARPENTRAS 84200

Carte régionale A2

🏠 *Hôtel Forum* ** – **24, rue du Forum (Centre)** ☎ 04-90-60-57-00. Fax : 04-90-63-52-65. ● www.inter-hotel.com ● TV. Canal+. Satellite. ♿ Congés annuels : du 2 au 16 février. Accès : en centre-ville. Chambres doubles avec bains de 55 à 58 €. Petit déjeuner à 7 €. Hôtel conçu dans un très joli style néo-provençal. 28 chambres en tout, modernes et très bien équipées (écritoire, climatisation). La salle du petit déjeuner est surprenante avec sa bibliothèque vitrée, et la terrasse sur le toit vraiment agréable aux beaux jours. Une chance, il y en a souvent ! *10 % sur le prix de la chambre (du 1er octobre au 31 avril) offerts à nos lecteurs sur présentation de ce guide.* NOUVEAUTÉ.

I●I *Chez Serge* – **90, rue Cottier (Centre)** ☎ 04-90-63-21-24. ♿ Fermé le dimanche. Accès : au centre-ville. Menus de 12,50 €, le midi en semaine, à 22 €. Menu-enfants à 6,10 €. Un très beau resto, à la déco certes très mode mais franchement réussie : entre loft new-yorkais et Provence éternelle. Ambiance chaleureuse mais service de grande maison. Au menu : quelques très bonnes pizzas, fricassée de Saint-Jacques

aux truffes, suprême de volaille fermière, assiette arménienne le jeudi, et délicieux desserts. Vraiment pas mal… *Kir offert à nos lecteurs sur présentation de ce guide.* NOUVEAUTÉ.

DANS LES ENVIRONS

PERNES-LES-FONTAINES 84210 (6 km S)

I●I *Dame l'Oie* – **56, rue Troubadour-Durand** ☎ 04-90-61-62-43. Fermé le lundi et le mardi midi (également le mardi soir hors saison). Congés annuels : en février. Accès : par la D938. En centre-ville. Menus de 13 €, le midi en semaine, à 26 €. Menu-enfants à 10 €. Au centre de la salle trône une… mini-fontaine (une de plus pour Pernes). Sinon, déco franchement originale, qui donne l'impression de s'installer dans un bouquin de Beatrix Potter : très campagne anglaise, avec une foule d'oies un peu partout. À noter d'ailleurs que « Toilettes » s'écrit ici sans « T ». Service d'une gentillesse extrême, cuisine du Sud étonnante de saveurs. Délicieux desserts aussi, et ce dès le 1er menu (qui, soit dit en passant, offre un superbe rapport qualité-prix). Une heureuse découverte. *Apéritif maison offert à nos lecteurs sur présentation de ce guide.*

CASSIS 13260

Carte régionale A2

🏠 *Auberge de jeunesse* – **La Fontasse** ☎ 04-42-01-02-72. ● www.fuaj.org ● Cartes de paiement refusées. Parking. Accueil de 8 h à 10 h et de 17 h à 22 h. Congés annuels : du 6 janvier au 4 mars. Accès : en voiture ou à vélo, en venant de Marseille, à une quinzaine de kilomètres, tourner à droite pour le col de la Gardiole (3 km de bonne route, plus 2 km de route caillouteuse) ; à pied, vous pouvez vous faire descendre au carrefour pour le col de la Gardiole ou, si vous avez un sac pas trop lourd, monter à l'AJ par les calanques depuis Cassis ; dans ce dernier cas, prendre l'avenue de l'Amiral-Ganteaume, puis celle des Calanques jusqu'à la calanque de Port-Miou et grimper (environ 1 h de marche). Avec la carte FUAJ (obligatoire et vendue sur place), 8,50 € la nuit. Le seul et unique hébergement du massif des Calanques. Maison provençale très agréable dans un cadre évidemment exceptionnel. Une adresse pour ceux (celles) qui rêvent d'un vrai retour à la nature : citerne d'eau de pluie (et des bassines pour prendre sa douche !), panneaux solaires et éolienne pour l'électricité… 60 places en chambres collectives de 10 lits. Cuisine à disposition (amenez vos provisions !). Directeur très sympa qui connaît parfaitement la région. Nombreuses activités : randonnées (le GR98 passe à côté), escalade, baignade, découverte de la flore (450 variétés de plantes), pétanque, etc. En juillet-août, présentez-vous dès le matin car l'AJ risque vite d'afficher complet (piétons et cyclistes ne seront cependant jamais refusés). Accepte les enfants à partir de 7 ans. Pas de chambre pour les familles.

🛏 |●| *Le Jardin d'Émile* – **plage du Bestouan** ☎ **04-42-01-80-55. Fax : 04-42-01-80-70.** ● **provence@lejardindemile.fr** ● Parking. TV. Fermé le mercredi hors saison. Congés annuels : en janvier et de mi-novembre à mi-décembre. Chambres doubles avec douche et w.-c. ou bains de 61 à 100 € selon la saison. Menus à 45 et 61 €. Une vraie adresse de charme, pour jouisseurs de la vie et de la vue, tant qu'à faire... Sept ravissantes chambres, dont une réservée aux nuits de noces et deux sous les combles, à croquer. Restaurant chic mais relax, délicieux et créatif, sur fond de cuisine on ne peut plus méditerranéenne. Dîner dans le jardin, et quel jardin : pins centenaires, oliviers, figuier, cyprès... *Apéritif maison offert à nos lecteurs sur présentation de ce guide.*

🛏 |●| *Le Clos des Arômes* ** – **10, rue Paul-Mouton** ☎ **04-42-01-71-84. Fax : 04-42-01-31-76.** TV. Resto fermé le midi des lundi, mardi et mercredi sauf jours fériés. Congés annuels : du 5 janvier au 20 février. Accès : à 2 mn du centre. Chambres doubles avec douche et w.-c. ou bains de 65 à 75 €. Menus de 20 à 28 €. Vieille maison de village joliment rénovée dans une rue tranquille, loin en tout cas du port et du bruit. Chambres charmantes avec leur déco discrètement provençale. Restaurant très mignon lui aussi. Cheminée l'hiver et terrasse dans la grande cour fleurie et ombragée dès les beaux jours. Cuisine provençale dans le genre raffiné. Garage. *Apéritif maison offert à nos lecteurs sur présentation de ce guide.*

CASTELLANE   04120

Carte régionale B2

🛏 |●| *Nouvel Hôtel du Commerce* *** – **pl. Centrale (Centre)** ☎ **04-92-83-61-00. Fax : 04-92-83-72-82.** ● **www.hotel-fradet.com** ● Parking. TV. ⚹ Fermé le mardi et le mercredi midi. Congés annuels : de début décembre à fin février. Chambres doubles avec douche et w.-c. ou bains de 40 à 63 € selon la saison. Menus de 20 à 40 €. Côté vue, vous avez le choix entre la place du village et le roc, une falaise de 184 m, depuis des chambres spacieuses et confortables. Accoudée à la poste et à l'hôtel de ville, cette grande maison à la déco familialo-

provençale est un rendez-vous apprécié des touristes de passage. Cuisine soignée à base de produits du cru. Un vrai festival de belles saveurs dans une ambiance amicale bien qu'un peu compassée parfois. Service très poli et accueil de qualité. *NOUVEAUTÉ.*

DANS LES ENVIRONS

GARDE (LA) 04120 (3 km SE)

🛏 |●| *Auberge du Teillon* ** – **route Napoléon** ☎ **04-92-83-60-88. Fax : 04-92-83-74-08.** TV. Canal+. Fermé le dimanche soir d'octobre à Pâques et le lundi sauf en juillet-août. Congés annuels : de début décembre à début mars. Accès : par la N85 vers Grasse. Chambres avec lavabo ou douche de 35 à 49 € selon la saison. Demi-pension demandée en été, de 45 à 50 € par personne. Menus de 18 à 40 €. Dans son voyage de retour de l'île d'Elbe, l'empereur ne s'est pas arrêté dans cette gentille maison et il a eu tort. Ne faites pas la même erreur. Prenez le temps de découvrir la cuisine d'Yves Lépine. Il sait faire chanter les produits de sa région en composant de beaux menus dans lesquels les saveurs se retrouvent en point d'orgue. Pas étonnant que les gens de la côte viennent se rassasier ici le week-end. Il est vrai qu'on se sent comme dans un cocon dans cette petite salle rustique où l'on peut se régaler de jambon d'agneau fumé ou de brouillade aux truffes. Pour prolonger le plaisir, quelques chambres agréables. Celles sur la nationale peuvent être bruyantes pour les amateurs de grasse matinée. Accueil simple et cordial. *10 % sur le prix de la chambre offerts à nos lecteurs sur présentation de ce guide.*

ROUGON 04120 (17 km SO)

🛏 |●| *Auberge du Point-Sublime* ** ☎ **04-92-83-60-35. Fax : 04-92-83-74-31.** ● **point.sublime@wanadoo.fr** ● Parking. TV. Canal+. Fermé le mercredi et le jeudi midi (sauf en juillet-août). Congés annuels : de mi-octobre à début avril. Accès : à l'entrée des gorges du Verdon, sur la D952. Chambres doubles de 44 à 49 €. Demi-pension demandée, à 50 € par personne le week-end, les jours fériés et pendant les vacances scolaires. Menus de 23 à 37 €. L'auberge porte bien son nom : le point Sublime est en face. Les deux petites salles (fumeurs ou non-fumeurs, ici on respecte la loi !) sont situées dans une véranda où le carrelage au sol, les plantes vertes, les souvenirs variés et quelques photos du Verdon vous réjouiront les yeux. Pour ce qui est des papilles, ça se présente bien aussi. Cuisine du terroir, des garrigues, qui sent presque la campagne : terrine de lapin à la tapenade, civet d'agneau ou sauté de porc aux fèves, sans oublier les classiques régionaux, comme la brouillade de truffes. Les desserts maison valent eux aussi le détour, avec la crème brûlée aux figues, un délice ! Enfin, cette auberge propose plusieurs chambres au calme garanti et à la vue imprenable. En saison, n'oubliez pas de réserver ! *10 % sur le prix de la chambre (sauf week-ends et vacances scolaires) offerts à nos lecteurs sur présentation de ce guide.*

PALUD-SUR-VERDON (LA) 04120
(25 km SO)

⌂ |●| *Hôtel-restaurant Le Provence* ** – **route la Maline** ☎ **04-92-77-38-88. Fax : 04-92-77-31-05.** ● **hotelleprovence@aol. com** ● Parking. TV. Satellite. ⚒ Congés annuels : de début novembre à fin mars. Accès : par la D23. Chambres doubles de 38 à 46 € avec douche et w.-c. ou bains. Attention, demi-pension demandée en juillet-août. Menus de 16 à 19 € (repas le soir uniquement). À 100 m de la place de ce petit village de 1 000 âmes, *Le Provence* a la vue imprenable sur la route des Crêtes. Ici, les spécialités s'appellent coquelet aux écrevisses, lapin à la provençale ou saumon à l'oseille. Grand buffet provençal. Petit salon de repos et service de baby-sitting. Une maison où il fait bon prendre le temps de savourer la quiétude de l'endroit sur la terrasse, en sirotant une petite mauresque. Accueil très gentil.

⌂ |●| *Hôtel des Gorges du Verdon* *** – **route de la Maline** ☎ **04-92-77-38-26. Fax : 04-92-77-35-00.** ● **www.hotel-des-gorges-du-verdon.fr** ● Parking. TV. Satellite. ⚒ Congés annuels : de la Toussaint à Pâques. Accès : par la D952, la route nord des gorges. Chambres doubles de 91 à 145 €, petit déjeuner compris. Menu unique le soir à 28 €. Demi-pension recommandée en été. Au cœur des gorges du Verdon, l'hôtel est posé sur une colline face au village et à la nature environnante. Un vrai décor de cinéma à grand spectacle, dans un cadre moderne. Chambres dans cet esprit, bien équipées, confortables et propres, décorées dans le style provençal. Pour se rafraîchir, piscine (couverte et chauffée), et pour faire du sport, tennis. Cuisine très correcte qui utilise tous les ressorts de la tradition provençale : anchoïade, artichauts en barigoule, estouffade de bœuf provençale, pieds-paquets... *Apéritif et accès libre à la piscine et au tennis offerts à nos lecteurs sur présentation de ce guide.*

CAVAILLON 84300

Carte régionale A2

⌂ *Hôtel Bel-Air* – **62, rue Bel-Air (Centre)** ☎ **04-90-78-11-75.** Cartes de paiement refusées. Accès : en centre-ville. Chambres doubles à 33,50 € avec lavabo et w.-c., 36,50 € avec douche et w.-c. Petit hôtel tout simple mais fort sympathique. Accueil discret et charmant. 7 chambres agréables pour 2 ou 3 personnes. Dans chacune, documentation complète sur Cavaillon et ses environs. Petit déjeuner avec fruits de saison et confitures maison autour d'une grande table commune posée à côté d'une jolie fresque.

⌂ |●| *Hôtel du Parc* ** – **183, pl. François-Tourel (Ouest)** ☎ **04-90-71-57-78. Fax : 04-90-76-10-35.** ● **www.hotel-du-parc.fr** ● Parking payant. TV. Canal+. Satellite. Accès : en centre-ville. Chambres doubles avec douche et w.-c. ou bains à 52 €. Petit déjeuner à 6,50 €. Belle grosse maison bourgeoise du XIXe siècle située juste en face de l'arc romain, non loin de l'office du tourisme. À l'intérieur, jolie déco, ambiance familiale et accueil sympathique. Très agréables espaces communs (notamment le patio !), et chambres en accord avec le lieu, rénovées ou non mais toutes confortables (climatisation) et coquettes. Une fort bonne adresse.

|●| *La Cuisine du Marché* – **13, pl. Gambetta – (L'Étoile) (Centre)** ☎ **04-90-71-56-00.** Fermé le mardi soir (hors saison) et le mercredi. Accès : en centre-ville. Menus de 12,50 € (le midi en semaine) à 25 €. Menu-enfants à 7 €. Resto situé au 1er étage d'un immeuble quelconque. Qu'importe, le bouche à oreille fait qu'on grimpe les marches sans hésitation. Salle à la déco sans chichis, prolongée par une sorte de véranda donnant sur la place. Dans l'assiette, une jolie cuisine... de marché (tiens, c'est le nom du restaurant !) pleine de fraîcheur et toujours les deux pieds en Provence : daurade barigoule, encornets farcis à la provençale, pavé de taureau à la moelle, etc. *Apéritif maison offert à nos lecteurs sur présentation de ce guide.*

CHAPELLE-EN-VALGAUDEMAR (LA) 05800

Carte régionale B1

⌂ |●| *Hôtel-restaurant du Mont-Olan* ** – **(Centre)** ☎ **04-92-55-23-03. Fax : 04-92-55-34-58.** Parking. TV. Accès : en plein centre-ville. Chambres doubles tout confort de 39 à 41 €. Menus de 10,50 à 22 €. Style grand chalet dont les chambres, bien tenues, s'ouvrent toutes sur les pics vertigineux qui dominent de toutes parts le village de La Chapelle. M. et Mme Voltan, dans une grande salle panoramique, le long du torrent de Navette, vous apporteront en large quantité leurs ravioles au miel, leurs tourtons de pommes de terre ou de belles assiettes « rando ». C'est l'endroit idéal pour préparer sa conquête du massif des Écrins.

DANS LES ENVIRONS

CHAUFFAYER 05800 (22 km SE)

🏠 ❙●❙ **Le Bercail** ** – **route Napoléon** ☎ 04-92-55-22-21. **Fax : 04-92-55-31-55.** Parking. TV. Fermé le dimanche soir. Congés annuels : du 1er novembre au 1er décembre. Accès : à droite sur la route de Gap. Chambres doubles de 30 à 46 € avec douche et w.-c. ou bains. Menus de 16 à 32 €. Un hôtel-restaurant d'un excellent rapport qualité-prix : chambres bourgeoisement coquettes et confortables. La table n'est pas à négliger non plus, car on y trouve une cuisine régionale et classique bien réalisée. Tourtons du Champsaur, noisettes d'agneau poêlées, truite meunière, ravioles en spécialités. Avec ça, une grande salle à manger toute provinciale, ou terrasse ombragée décorée de géraniums. Soirée-étape intéressante. *Café offert à nos lecteurs sur présentation de ce guide.*

🏠 ❙●❙ **Le Château des Herbeys** *** – **route Napoléon (N85)** ☎ 04-92-55-26-83. **Fax : 04-92-55-29-66.** ● www.hotel-restau rant-delas.com ● Parking. TV. Fermé le mardi sauf pendant les vacances scolaires. Accès : direction Saint-Firmin, puis sur la route de Gap, indiqué sur la gauche. Chambres doubles avec bains de 61 à 115 €. Demi-pension de 64 à 90 €. Menus de 19 à 36,59 €. Dans la catégorie, « Élégance, vieille pierre et prix accessibles », le château des Herbeys est en haut de la liste. En effet, cette belle et noble demeure du XIIIe siècle, dominant de son calme promontoire la route Napoléon, propose des chambres luxueuses, avec salles de bains de rêve, tentures et tissus tendus de bon goût, beaux parquets chevillés, etc. La plus chère, dite « du Roy », n'a pas volé son nom avec son lit à baldaquin, son salon TV et sa salle de bains-jacuzzi de princesse... Tennis, piscine, grande fontaine, jeu d'échecs géant à l'extérieur, et terrasse qui domine la vallée. Allez jeter un œil dans la tourelle extérieure droite, vous y découvrirez... les toilettes les plus chic, et avec la plus belle vue de la région ! À table, foie gras et compote de figues au porto, médaillon de loup rôti au champagne, fromages de pays et desserts maison. Quand on vous dit que la vie de château est accessible ! Conseillé de réserver. *Café ou digestif maison offert à nos lecteurs sur présentation de ce guide.*

CHÂTEAU-ARNOUX 04160

Carte régionale B1

❙●❙ **Au Goût du Jour** – **RN 85** ☎ 04-92-64-48-48. Fermé le lundi et le mardi midi hors saison. Congés annuels : de début janvier à mi-février et 15 jours fin novembre-début décembre. Accès : face au château, en sortie de la ville, direction Sisteron. Menus à 14 et 22 €. Vous êtes dans le bistrot de *La Bonne Étape*, le restaurant chic du coin. *Au Goût du Jour*, c'est plus ambiance décontractée, décor frais d'ocre jaune et orangé sobre et raffiné, service amical et cuisine savoureuse. Deux formules avec des plats proposés à l'ardoise, qui changent au gré du marché. Les Gleize furent parmi les premiers à se passionner pour la cuisine régionale dans la maison mère à l'époque où la nouvelle cuisine faisait fureur. Ici, on remet au goût du jour (facile !) des plats de copains, des recettes de grand-mère, des saveurs presque perdues. Quel plaisir de plonger sa cuillère dans une soupe de courges aux grattons de canard, de découper ses petits filets d'anchois frais marinés au fenouil, la poitrine de veau farcie et braisée ou le civet à l'ancienne. Il fait vraiment bon venir ici entre amis pour un beau moment de table. Bonnes suggestions de vins. *Apéritif maison ou café ou digestif maison offert à nos lecteurs sur présentation de ce guide.*

❙●❙ **L'Oustaou de la Foun** – **RN 85** ☎ 04-92-62-65-30. ⚬ Fermé le dimanche soir et le lundi. Congés annuels : 1 semaine en janvier et à la Toussaint. Accès : à 2 km du centre-ville en prenant la RN85, route d'Aubignosc. Menus de 26 à 49 €. Dans un décor d'hacienda provençale à la devanture bien fleurie, Gérald Jourdan mitonne avec talent une cuisine qui balance entre beaux produits et goûteuses saveurs. Attablé en terrasse près de la *foun* (fontaine en provençal), on craque à la lecture de la carte qui se lit comme un poème. Une table agréable, même si elle tire un peu sur les prix ces derniers temps. Les cuissons sont précises, les accompagnements recherchés, tout en restant simples en bouche.

DANS LES ENVIRONS

AUBIGNOSC 04200 (3 km NO)

🏠 ❙●❙ **La Magnanerie** – **N85, les Fillières** ☎ 04-92-62-60-11. **Fax : 04-92-62-63-05.** Parking. TV. ⚬ Fermé le dimanche soir et le lundi. Congés annuels : en janvier. Accès : à 3 km en sortant de Château-Arnoux sur la gauche par la N85. Chambres doubles de 43 à 58 €. Menus de 22 à 42 €. Cette ancienne fabrique de vers à soie a été réaménagée en hôtel-restaurant de qualité par la famille Paroche. L'ambiance est familiale sans être trop décontractée, et le lieu plein de goût avec ses 8 chambres élégantes, calmes, portant le doux nom de fleurs de la région. Vaisselle et plats originaux qui répondent aux saveurs du potager et de la créativité d'Alain et Stéphan : mousse d'escargots, gaspacho de poivrons, parfait de roquefort aux noix, saumonette à la crème, tarte au flan. Bon cocktail maison avec son anchouillade, petits pains savoureux, belle carte de vins, lumineuse véranda dans une déco jaune et vivante, et un accueil serviable et bien poli. Une adresse pro, pleine de charme, certes en bord de nationale mais on l'oublie de suite une fois à l'intérieur. *NOUVEAUTÉ.*

COARAZE   06390

Carte régionale B2

🛏️ I●I *Le Relais de la Feuilleraie* – 3037, route du Soleil ☎ 04-93-79-39-90. Fax : 04-93-79-39-95. ● www.relais-feuille raie.com ● Parking. Accès : à environ 2,5 km avant d'arriver à Coaraze, sur la droite, en montant de Contes. C'est indiqué. Chambres doubles de 43 à 55 €. Demi-pension en haute saison, de 45 à 51 € par personne. Menus à partir de 15 €. Le patron, un homme jovial et plein d'humour, a vécu à Paris. Un jour, lassé de cette vie, il quitta la capitale pour s'installer en pleine nature. Son épouse règne en chef sur les cuisines, préparant de bons plats, inventifs, fins et savoureux. La maison est récente (mi-chalet, mi-villa) et entourée d'un jardin ombragé. Les chambres, aux couleurs différentes, sont mignonnes. Certaines ont une terrasse. La vue est très reposante. On aperçoit le village perché de Coaraze. *Digestif maison offert à nos lecteurs sur présentation de ce guide.*

COLLOBRIÈRES   83610

Carte régionale B2

🛏️ I●I *Hôtel-restaurant des Maures* – 19, bd Lazare-Carnot ☎ 04-94-48-07-10. Chambres doubles avec douche et w.-c. à 19 €. Menus de 9 à 28 €. La vraie adresse familiale et popu : un bistrot où tout le bourg ou presque se retrouve les soirs de match de foot. Des chambres simples (« à ce prix-là, ne pas s'attendre à Versailles », nous a soufflé un voisin de palier) mais proprettes. Gentille cuisine provençale déclinée dans de pantagruéliques menus (de l'omelette aux champignons débordante de cèpes à la glace aux châtaignes) et agréable terrasse sur la rivière. Accueil évidemment authentique et sans chichis. *Café offert à nos lecteurs sur présentation de ce guide.*

I●I *La Petite Fontaine* – **pl. de la République** ☎ 04-94-48-00-12. Fermé le dimanche soir et le lundi. Congés annuels : pendant les vacances scolaires de février et la 2e quinzaine de septembre. Menus à 22 €, en semaine, et 26 €. Bienvenue au pays des marrons glacés ! Cette paisible bourgade du massif des Maures abrite un adorable petit resto à l'atmosphère aussi savoureuse que la cuisine. Vieux outils sur les murs, vin de la coopérative locale dans les verres, fricassée de poulet à l'ail ou lapin au vin blanc, daube à la provençale ou magret de canard aux cèpes dans l'assiette, difficile de trouver mieux dans le genre à des kilomètres à la ronde... Réservation indispensable, tellement l'adresse est courue. Accueil très gentil. *Digestif maison offert à nos lecteurs sur présentation de ce guide.*

COMPS-SUR-ARTUBY   83840

Carte régionale B2

🛏️ I●I *Grand Hôtel Bain* ** – ☎ 04-94-76-90-06. Fax : 04-94-76-92-24. ● www.grand-hotel-bain.fr ● Parking. TV. Congés annuels : de mi-novembre à Noël. Accès : entre Draguignan et Castellane, à 900 m d'altitude. Chambres doubles avec douche et w.-c. de 43 à 66 €. Menus de 13 à 34 €. Depuis 1737, cette maison est tenue par la famille Bain. Les chasseurs connaissent bien cette adresse et viennent y partager un pâté truffé, une omelette (aux truffes en saison) et quelques fromages de chèvre. À l'heure du déjeuner, on vient de très loin manger le suprême de filet de truite au basilic en croûte, le lapin à la tomate et au basilic ou la daube provençale. Chambres agréables pour faire une halte campagnarde dans cette institution régionale. *Café offert à nos lecteurs sur présentation de ce guide.*

CORRENS   83570

Carte régionale B2

🛏️ I●I *Auberge Le Val d'Argens* – **pl. de l'Arenier** ☎ 04-94-59-57-02. Fax : 04-94-59-54-11. Fermé le mercredi sauf en été. Congés annuels : de début novembre à fin février. Chambres doubles de 55 à 65 €, selon la saison. Tables d'hôte pour les résidents à 16 €. Autre menu à 21 €. Une bien sympathique auberge sous les platanes, avec une très agréable terrasse au bord de l'Argens. Pas de la grande cuisine, mais on est si bien qu'on ne va pas chipoter sur la cuisson de la viande ou l'assaisonnement. Trois chambres vraiment sympas, avec douche et w.-c., au-dessus de l'auberge. Et de quoi s'en mettre plein les yeux dans toutes les pièces, car le patron adore les vieilles affiches de Dubout et les souvenirs colorés en tous genres. En plus, location de canoës et kayaks sur place du 15 avril au 15 novembre.

DIGNE-LES-BAINS   04000

Carte régionale B1

🏠 |●| *L'Origan* – 6, rue Pied-de-Ville (Centre) ☎ et fax : 04-92-31-62-13. ● www.hotel-restaurant.net/origan ● Cartes de paiement refusées. Resto fermé le dimanche. Congés annuels : en février. Accès : dans la zone piétonne. Quelques chambres avec douche à partir de 16 €. Menus de 19 à 42 €. Tout est dans le nom ! Non que l'on retrouve cette plante aromatique dans tous les plats, heureusement, mais l'origan, comme le thym, la marjolaine ou la farigoule, c'est un peu la Provence qui s'exprime. On la retrouve dans l'aïoli froid de cabillaud, dans les pieds-paquets, dans les petits rougets à la ciboulette, dans le mignon de veau farci. Cadre élégant et sourire sont de mise. *Apéritif maison offert à nos lecteurs sur présentation de ce guide.*

🏠 |●| *Hôtel & Pension Villa Gaïa* ∗∗∗ – route de Nice ☎ 04-92-31-21-60. Fax : 04-92-31-20-12. ● hotel.gaia@wanadoo.fr ● Parking. ♿ Congés annuels : de début novembre à mi-avril. Accès : à 3 km du centre, sur la route de Nice (N85). Très belles chambres de 69 à 89 € avec douche ou bains. Demi-pension à 75 € par personne, recommandée en été. Menu unique à 26 € le soir uniquement et sur réservation. Voilà 10 ans que le sympathique couple Martin a remis en état cet hôtel calme, perdu dans une verdure rafraîchissante. On est ici dans un hôtel entre la pension et les chambres d'hôte, alors jouons le jeu et restons dîner !... On ne le regrette pas, car le menu unique d'inspiration régionale ne se compose que de produits du terroir (bio) et de saison, accompagnés de pain maison. On dîne dans la bibliothèque, le salon ou en terrasse, selon le temps et l'humeur du moment, et on papote sans voir le temps s'écouler. Magnifiques petits déjeuners, avec confiture de tomates vertes et la presse du matin, servis dans le lieu de votre choix. Une dizaine de chambres dotées de grandes salles de bains et donnant sur le parc, et d'autres, à l'étage, refaites avec beaucoup de goût et de malice. Un coin de bonheur pour bien se reposer, de plus tout proche du train des Pignes si l'on veut partir en excursion. Demandez conseil à M. Martin. Fait aussi salon de thé l'après-midi sur la terrasse. *Apéritif maison offert à nos lecteurs sur présentation de ce guide.*

🏠 |●| *Hôtel du Grand Paris* ∗∗∗∗ – 19, bd Thiers (Centre) ☎ 04-92-31-11-15. Fax : 04-92-32-32-82. ● www.chateauxho tels.com/grandparis ● Parking payant. TV. Congés annuels : du 1er décembre au 1er mars. Chambres doubles de 72 à 114 € avec bains. Menus à 23 €, le midi en semaine, puis de 30 à 64 €. Lorsque les pensionnaires du couvent sont partis, le bâtiment, du XVIIe siècle, fraîchement rénové, a été transformé en hôtel chic. Les chambres sont belles, confortables et très joliment décorées comme la n° 2, avec terrasse et sa TV cachée dans un vieux meuble. Le côté un poil compassé de l'accueil ne doit pas vous effrayer. Le chef prépare une cuisine très classique à base de recettes éprouvées qu'il a su mettre à sa main. Les produits sont beaux, les saveurs agréables. Pour s'en rendre compte, il suffit de goûter la terrine de lentilles, le filet de sandre rôti ou la mignonnette d'agneau, spécialité du chef. Si vous avez vu *Le Charme discret de la bourgeoisie*, vous risquez de fantasmer un brin... Un lieu pour inviter, sinon, belle-maman ou la tante à l'héritage, entre deux cures.

DRAGUIGNAN   83300

Carte régionale B2

|●| *Le Domino* – 28, av. Carnot (Centre) ☎ 04-94-67-15-33. Fermé le dimanche et le lundi. Congés annuels : la 1re quinzaine de novembre. Compter entre 20 et 25 € pour un repas à la carte. Une maison de caractère, et un restaurant qui n'en manque pas, sur l'artère principale. On se croirait invité à une *tex-mex party* dans un appartement loué par une styliste qui aurait beaucoup d'amis plus tristes ou qui adorerait les films d'Almodovar. Gentillesse de l'accueil et du service. Des salades, des viandes parfumées et bien sûr pas mal de spécialités mexicaines (*fajitas* poulet ou bœuf, *ribs*), à déguster, selon le temps, sous la véranda ou dans le jardin, sous les palmiers. Expositions de peintures.

EMBRUN   05200

Carte régionale B1

🏠 |●| *Hôtel de la Mairie* ∗∗ – pl. Barthelon (Centre) ☎ 04-92-43-20-65. Fax : 04-92-43-47-02. ● www.hoteldelamairie.com ● TV. Canal+. Satellite. Câble. ♿ Fermé le dimanche soir et le lundi en hiver. Accès : sur la place du marché. Chambres doubles avec douche et w.-c. ou bains de 45,20 à 48,20 €. Menus de 15,50 à 22 €. Avec sa superbe brasserie, sa cuisine de qualité et son personnel compétent et avenant, cet hôtel-restaurant est un modèle du genre. Du reste, les Embrunais ne s'y trompent pas, qui investissent régulièrement cet endroit convivial pour boire un verre entre amis ou pour le traditionnel repas dominical. Parmi les spécialités, les ravioles sauce morilles, le filet de sandre au beurre rouge et le confit de canard sont excellents. Il est préférable de réserver. En salle, expos temporaires d'artistes locaux. Les chambres sont claires et propres. Préférez les n°s 10, 20, 28 et 35, plus spacieuses, calmes et ne donnant pas sur la place. Une adresse en béton ! *Café offert à nos lecteurs sur présentation de ce guide.*

🏠 🍴 *Hôtel Notre-Dame* ** – av. Général-Nicolas, route de Chalvet ☎ 04-92-43-08-36. Fax : 04-92-43-58-41. TV. Fermé le dimanche soir et le lundi hors vacances scolaires. Congés annuels : en janvier, 1 semaine à Pâques et 1 semaine à la Toussaint. Accès : en venant de Guillestre, tourner à droite avant la poste, puis encore à droite. Chambres doubles équipées à 46 €. Demi-pension à 45 € par personne, demandée en saison. Menus de 18 à 26 €. À seulement 5 mn à pied du centre-ville, l'hôtel-restaurant *Notre-Dame* est un havre de paix. Ici, pas de voiture, mais un grand jardin au fond duquel se niche cet hôtel familial. L'accueil y est chaleureux. Les chambres, coquettes et dotées d'une excellente literie, sont d'une extrême propreté. La cuisine, à base de produits régionaux, est de qualité. Spécialités d'escargots, magret de canard, pieds-paquets, truites. Une bonne adresse. *Café offert à nos lecteurs sur présentation de ce guide.*

🍴 *Restaurant Pascal* – hameau de Caléyère (Nord-Ouest) ☎ 04-92-43-00-69. Cartes de paiement refusées. Congés annuels : en septembre. Accès : à partir d'Embrun, prendre la jolie route qui mène à Caléyère (nombreux lacets) ; au village, le restaurant se trouve dans une rue sur la droite. Menu unique à 11 €. Bien sûr, on ne vient pas ici pour dîner en amoureux mais pour s'immerger dans une ambiance familiale et conviviale. La patronne serre la main de tous ses clients. Menu unique et copieux, à base des produits de la ferme : légumes, œufs, viande... L'ambiance est garantie et l'on sort repu. D'ailleurs, la patronne ne manque jamais de rappeler en patois le proverbe local : « À Briançon, tout dans la poche ; à Gap, tout sur le dos ; à Embrun, tout dans le ventre ! » En digestif, une petite vipérine : cœurs sensibles s'abstenir ! *Digestif maison offert à nos lecteurs sur présentation de ce guide.*

DANS LES ENVIRONS

SAINT-ANDRÉ-D'EMBRUN 05200
(6 km NE)

🍴 *Restaurant La Grande Ferme* – hameau Les Rauffes ☎ 04-92-43-09-99. Ouvert du vendredi soir au dimanche midi.

Congés annuels : de début octobre à mi-décembre. Accès : sur la route de Crévoux, à 3 km d'Embrun, indiqué sur la route. Menus à 12,50 et 19 €. Nicole et Thierry vous accueillent dans la magnifique salle voûtée qu'ils ont restaurée. Jouissant dans tout le département d'une notoriété méritée, ce resto propose une excellente cuisine traditionnelle. Menu végétarien et menu du terroir que nous vous conseillons particulièrement. L'œuf cocotte au bleu du Queyras ou le gratin de poires à l'eau-de-vie des Hautes-Alpes méritent le détour. Grand choix de vins. Possibilité de location de gîtes.

SAINT-SAUVEUR 05200 (10 km SE)

🍴 *Restaurant Les Manins* – le bourg ☎ 04-92-43-09-27. Cartes de paiement refusées. Ouvert de début juillet à mi-septembre de 12 h à 21 h ; le reste de l'année, sur réservation. Congés annuels : fin mai-début juin et de mi-septembre à mi-octobre. Accès : prendre la route des Orres (la D40), *Les Manins* est fléché sur la gauche (ne pas suivre Saint-Sauveur). Pizzas à 9,15 €. Compter 19 € pour un repas complet. Ici, on atteint les sommets : la cuisine est savoureuse et, surtout, la terrasse offre une vue plongeante sur le lac de Serre-Ponçon et Embrun, un panorama vraiment formidable... Il faut dire qu'Éric Boissel, architecte, a choisi l'endroit avant d'y bâtir (de ses mains !) cette élégante bâtisse en bois de mélèze ; il conçoit aussi des meubles, dont les chaises où l'on s'assoit pour savourer les recettes de Nicole, hôtesse aimable et zen : fougasse maison, tapenade, salades composées et pizzas copieuses ou le grand *meze*, plat complet d'inspiration turque qui connaît un franc succès (poivron rouge, concombre au yaourt, crème de pois chiches, *köfte*, féta et oignons frais). Bonnes crêpes également et fameux *crumble*. Notre coup de cœur dans l'Embrunais.

CRÉVOUX 05200 (15 km E)

🍴 *L'Auberge* – Le chef-lieu (Centre) ☎ 04-92-43-18-18. Restaurant fermé le mercredi soir et le jeudi hors vacances scolaires. Congés annuels : en octobre. Accès : en haut du village, face aux téléskis. En demi-pension uniquement, à 31,50 € ou pension complète à 40 € par personne et par jour. Tarif enfant 25,50 €. Menus de 11,50 à 20 €. Au pied des pistes, profitez de cette adresse reprise par deux jeunes frères natifs du village. Ambiance conviviale garantie. Côté chambres, elles sont très propres, refaites à neuf, chaleureuses même si pas toujours très spacieuses. Grande salle à manger où sont servis de bons plats crévoulins (de Crévoux, donc !) : fondue d'œuf à la crème de bleu, talmouses au fromage, ballotine de veau braisée à l'ancienne aux petits légumes et morilles, filet mignon de porc enveloppé de sa croûte de bleu... Pour les randonneurs, n'hésitez pas à questionner les patrons qui connaissent bien la région. *Café offert à nos lecteurs sur présentation de ce guide.*

ENTRECASTEAUX 83570

Carte régionale B2

|●| *La Fourchette* – **Le Courtil (Centre)** ☎ **04-94-04-42-78.** Fermé le dimanche soir et le lundi. Congés annuels : de décembre à février. Accès : juste à côté de l'église, dans la vieille ville. Menus à 17,50 et 25 €. À l'ombre du célèbre château, une maison pour les voyageurs gastronomes, qui y déposeront fatigue et soucis, pour savourer tout autant la vue, depuis la terrasse, que la cuisine de Pierre Nicolas. Accueil adorable de sa jeune femme, qui a quitté San Francisco pour le Haut-Var sans perdre le sourire. Simplicité, qualité, justes prix. Cannellonis au foie gras et Saint-Jacques aux truffes se glissent dans les menus. *Café offert à nos lecteurs sur présentation de ce guide.*

ÈZE 06360

Carte régionale B2

🛏 *Hermitage du Col d'Èze* ** – **Grande-Corniche (Nord)** ☎ **04-93-41-00-68. Fax : 04-93-41-24-05.** Parking. TV. Congés annuels : de début décembre à fin janvier. Accès : à partir d'Èze-Village, prendre la D46 puis la Grande-Corniche ; c'est juste à 500 m à gauche. Chambres doubles de 38 à 52 €. Demi-pension à 38,25 € par personne, en été. On y vient pour se reposer au calme : une piscine délassera les pieds fatigués des randonneurs et la fraîcheur de l'altitude (l'hôtel se situe au départ des sentiers de grande randonnée) les changera de la chaleur côtière. D'en haut, vue splendide sur les Alpes du Sud. *Café offert à nos lecteurs sur présentation de ce guide.*

FAYENCE 83440

Carte régionale B2

🛏 *Hôtel La Sousto* – **4, rue du Paty** ☎ **04-94-76-02-16.** ● **guy.corteccia@wanadoo.fr** ● Congés annuels : une semaine en juin et pendant les vacances scolaires de la Toussaint. Chambres doubles à 42,60 € avec douche et w.-c. La Provence comme on l'aime. Au cœur du vieux village perché au-dessus de la vallée, ce petit hôtel nous a tapé dans l'œil. Les quelques chambres

gentillettes, meublées simplement, nous font croire que l'on est en visite chez une charmante tante. Dans chaque chambre, on trouve une plaque chauffante, un réfrigérateur, un évier, une douche. Chacune a sa personnalité, mais notre préférée, c'est la n° 5, avec sa petite terrasse ensoleillée dominant la vallée. On y passerait bien tous ses après-midi. Très bien tenu. *10 % sur le prix de la chambre (à partir de 2 nuits hors saison) offerts à nos lecteurs sur présentation de ce guide.*

FONTVIEILLE 13990

Carte régionale A2

🛏 *Hôtel Le Daudet* *** – **7, av. de Montmajour** ☎ **04-90-54-76-06. Fax : 04-90-54-76-95.** Parking. Congés annuels : du 1ᵉʳ octobre au 1ᵉʳ avril. Accès : à la sortie du village, en direction d'Arles. Chambres doubles avec douche et w.-c. ou bains de 54 à 61 €. L'hôtel n'a qu'une poignée d'années. Chambres confortables et sans histoire donc, de plain-pied, avec terrasse privée autour d'un patio. Pinède et piscine. *Apéritif maison ou café offert à nos lecteurs sur présentation de ce guide.*

|●| *La Cuisine au Planet* – **144, Grand-Rue (Centre)** ☎ **04-90-54-63-97.** Fermé le lundi midi et le mardi midi. Congés annuels : en février et en novembre. Menus à 24 et 30 €. Charmant vieux village, avec sa pittoresque Grand-Rue, et adorable restaurant caché par une vigne vierge, tenu par un jeune couple amoureux des atmosphères chaleureuses et des plats du terroir revus avec un souci certain du décor et de la légèreté. Menus superbes. Belle carte des vins. *Café offert à nos lecteurs sur présentation de ce guide.*

FORCALQUIER 04300

Carte régionale A2

🛏 *Auberge Charembeau* ** – **route de Niozelles (Sud-Est)** ☎ **04-92-70-91-70. Fax : 04-92-70-91-83.** ● **www.charembeau.com** ● Parking. TV. Satellite. ♨ Congés annuels : de mi-novembre à mi-février. Accès : à 3,5 km du centre-ville par la N100, direction Niozelles. Chambres doubles de 52 à 82 € avec douche et w.-c. et de 65 à 102 € avec bains, selon la saison. Petit déjeuner à 7,80 €. Formule hôtel-résidence (chambre et cuisinette) de 350 à 732 € la semaine. L'une des plus belles auberges que vous puissiez espérer trouver entre la Durance et le pays de Forcalquier. Adresse très prisée des personnalités de passage dans la région lors de festivals ou d'événements culturels. D'une vieille ferme du XVIIIᵉ siècle, les propriétaires ont fait un hôtel perché dans les bois où il fait bon séjourner en toutes saisons. Dominant la vallée, au beau milieu de 7 ha de prés et de collines, 24 chambres fraîches et agréables, certaines avec balcon, d'autres avec une vaste terrasse, toutes équipées confortablement. Piscine pour les uns, balades à vélo pour les autres. Accueil irréprochable. *Mise à disposition gratuite de deux vélos pour une demi-journée pour nos lecteurs sur présentation de ce guide.*

DANS LES ENVIRONS

DAUPHIN 04300 (6 km S)

|●| La Pie Margot – rue du Barri (Centre) ☎ 04-92-79-51-94. Fermé le mercredi et le jeudi midi. Ouvert tous les jours en juillet-août. Congés annuels : en décembre. Accès : par la D16. Menus de 19 à 25 €. Une adresse que l'on vous donne, dans le pays, avec des mines gourmandes. Logé dans une ruelle du joli village de Dauphin, un restaurant tout ce qu'il y a de plus simple, de plus chaleureux et de plus convivial. Baie vitrée avec vue sur la vallée et la rivière en contrebas, un fond musical qui sonne « made in France » des années 1930 et une décoration faite d'anciennes pancartes de publicité. Au programme des réjouissances : terrine de poisson, sauté de porc au miel et noix, Saint-Jacques aux framboises, fondant au chocolat... Et à propos, Margot, c'est le prénom de la fille de la patronne... mais aussi d'une espèce de pie que l'on trouve dans la région. *Apéritif maison offert à nos lecteurs sur présentation de ce guide.* **NOUVEAUTÉ.**

LARDIERS 04230 (18 km NO)

|●| Le Café de la Lavande ☎ 04-92-73-31-52. Fermé le mardi soir et le mercredi. Congés annuels : vacances scolaires de février et de mi-novembre au 10 décembre. Accès : prendre la D950 vers Banon et, à Notre-Dame, prendre à droite la D12 vers Saumane. Menu unique à 18 €. Au pied de la montagne de Lure, il faut courir pour découvrir goulûment ce café de campagne comme il en existe de moins en moins en France. Quelques habitués passent pour le petit coup de blanc du matin ou le pastis de l'apéritif. Mais ils devraient faire comme vous et prendre le temps de s'offrir un repas. Il ne faut pas s'attendre à de la grande cuisine. Un maître mot : simplicité. Canard aux cerises, daube d'agneau, brandade de morue. C'est frais et bon. Quant à l'accueil... c'est devenu un gag et une source de paris. Même la patronne en rajoute dans le côté bourru, comme si ça ne suffisait pas avec le patron, qui s'est juré de ne pas faire un sourire avant la prochaine

éclipse de soleil. Jouez le jeu, ne vous forcez pas pour être aimable, ils trouveraient ça suspect, mais ne faites pas la gueule pour autant, ça les amuserait trop ! Indispensable de réserver.

FRÉJUS 83600

Carte régionale B2

🛏 Auberge de jeunesse – chemin du Counillier (Nord-Est) ☎ 04-94-53-18-75. Fax : 04-94-53-25-86. ● www.fuaj.org ● Ouvert de 8 h à 10 h et de 18 h à 20 h. Congés annuels : de novembre à février. Accès : à 2 km du vieux Fréjus ; en train, descendre à la gare de Saint-Raphaël, puis rejoindre la gare routière où, à 18 h sur le quai n° 7, un bus vous conduira à l'AJ. Nuit et petit déjeuner à 14 € en dortoir de 4 à 5 lits. Auberge très agréable, située dans un parc de 7 ha, à 4,5 km de la plage mais à quelques minutes à pied du vieux Fréjus (le temps de parcourir les 2 km, quoi !). Malheureusement, couvre-feu plutôt strict, à 22 h 30. Chaque matin, un bus à destination de la gare ou de la plage. Carte FUAJ obligatoire (peut être délivrée sur place).

🛏 Hôtel Oasis ** – **impasse J.-B.-Charcot, Fréjus-Plage (Sud)** ☎ 04-94-51-50-44. Fax : 04-94-53-01-04. ● www.hoteloasis.net ● Parking. TV. Congés annuels : de mi-novembre à début février. Accès : à 1,5 km du centre-ville. Chambres doubles de 34 à 69 € selon la saison et le confort. Petit immeuble années 1950, bien tranquille au fond de son impasse. Tenu par un jeune couple qui vous traite vite en habitué, sinon en ami de la famille. Chambres assez disparates (papiers peints à l'ancienne pour certaines, mignonne déco provençale pour d'autres qui ont été restaurées), pas bien grandes mais pas désagréables. Petit déjeuner sous la tonnelle aux beaux jours. À 5 mn (on y est allé montre en main !) de la plage.

🛏 |●| Hôtel Arena *** – **139, rue du Général-de-Gaulle (Centre)** ☎ 04-94-17-09-40. Fax : 04-94-52-01-52. ● www.arena-hotel.com ● Parking payant. TV. Satellite. ☙ Restaurant fermé le lundi midi et le samedi midi. Congés annuels : de mi-décembre à mi-janvier. Accès : juste à côté de la place Agricola. Chambres doubles de 80 à 145 €. Menus de 25 € (le midi en semaine) à 55 €. Belle adresse joliment remise au goût du jour. Déco très Provence éternelle : couleurs chaudes sur les murs, mosaïques et meubles peints. Jardin exubérant (eh oui, en plein centre-ville) et belle piscine. Chambres pas toujours très grandes mais mignonnes, climatisées et vraiment insonorisées. Cuisine pleine de saveurs, elle aussi sous influence méditerranéenne mais très personnelle. *Café offert à nos lecteurs sur présentation de ce guide.*

DANS LES ENVIRONS

SAINT-RAPHAËL 83700 (3 km E)

🏠 *Le Thimothée* ** – 375, bd Christian-Lafon ☎ 04-94-40-49-49. Fax : 04-94-19-41-92. ● www.thimothee.com ● Parking. TV. Satellite. Congés annuels : en janvier. Accès : à 1,5 km du centre-ville, dans le quartier des Plaines. Chambres doubles de 31 à 73 € selon la saison. Dans un quartier résidentiel calme, à quelques minutes pourtant de la mer, une villa bourgeoise du XIXe siècle et son parc à l'ombre d'arbres centenaires. Minibar dans toutes les chambres. Certaines sont climatisées. Une adresse pleine de charme. *10 % sur le prix de la chambre (hors saison) offerts à nos lecteurs sur présentation de ce guide.* **NOUVEAUTÉ.**

🍴 *Côté Jardin* – rue du 11-Novembre-1943 ☎ 04-94-82-79-88. Congés annuels : de début novembre à fin mars. Accès : à Agay, à une dizaine de kilomètres de Saint-Raphaël par la N98 en direction de Cannes. Menus à 16,50 €, le midi en semaine, et de 21,50 à 45 €. Ici, sachez qu'on aime les choses bien faites et qu'on a l'œil sur tout ! D'abord le cadre, une petite salle ravissante et chaleureuse, à l'ambiance provençale. Et que dire du jardin (premier prix des jardins fleuris de Saint-Raphaël, s'il vous plaît !)... La cuisine ? On la savoure d'abord avec les yeux ! Elle est créative, goûteuse, préparée avec amour et même... avec passion. Le choix est vaste, impossible de ne pas trouver son bonheur. L'accueil est charmant. Bref, un resto à la réputation largement méritée ! Réservation conseillée. **NOUVEAUTÉ.**

GAP 05000

Carte régionale B1

🏠🍴 *Hôtel-restaurant Porte-Colombe* ** – 4, pl. Frédéric-Euzières (Centre) ☎ 04-92-51-04-13. Fax : 04-92-52-42-50. TV. Satellite. Hôtel ouvert toute l'année. Resto ouvert tous les soirs du lundi au jeudi. Congés annuels : du 3 au 19 janvier et du 25 avril au 19 mai. Accès : près des rues piétonnes. Chambres doubles avec douche et w.-c. ou bains de 42 à 45 €. Menus de 15 à 26 €. Dans cet immeuble sans grand charme mais en plein centre-ville, des chambres personnalisées, confortables et refaites à neuf en 2001. Très bien équipées, elles disposent de double vitrage, de la clim' et de volets électriques et offrent pour la plupart une belle vue sur Gap. Au restaurant, de bons plats bien français, comme la mousseline de saumon au coulis de crabe, une terrine aux foies de volaille et pistaches, des ravioles en tourtons, et des desserts succulents. Accueil un peu froid cependant. *10 % sur le prix de la chambre (du 1er octobre au 30 juin) offerts à nos lecteurs sur présentation de ce guide.*

🏠🍴 *La Ferme Blanche* *** – 3, chemin de l'Oratoire (Nord-Ouest) ☎ 04-92-51-03-41. Fax : 04-92-51-35-39. ● la.ferme.blanche@wanadoo.fr ● Parking. TV. Canal+. Satellite. Fermé le midi sauf les dimanche et lundi. Accès : direction Grenoble ; après le passage à niveau, au feu, à droite vers Romette, puis 1re à gauche. Chambres doubles avec douche et w.-c. à 43 €, avec bains à partir de 49 €. 1er menu à 20 €, puis menus jusqu'à 50 €. À l'écart de la route principale, cet hôtel de charme dispose d'une terrasse ensoleillée où il fait bon lézarder mais dont la vue sur la ville est malheureusement en partie cachée par des constructions modernes. À l'intérieur, un coin cheminée élégant, un grand salon, de beaux meubles, des murs voûtés. Dans cette ancienne écurie, on déguste des plats fins, de terroir. Notez que le comptoir du bar est l'ancien guichet de la banque où travaillait le grand-père de l'actuelle patronne ! Disponible et accueillant, on vous éclairera tant sur les balades à entreprendre que sur l'actualité culturelle de la ville. Chambres inégales mais confortables. *10 % sur le prix de la chambre offerts à nos lecteurs sur présentation de ce guide.*

🏠 *Hôtel La Grille* *** – 2, pl. Frédéric-Euzières (Centre) ☎ 04-92-53-84-84. Fax : 04-92-52-42-38. ● www.hotel-lagrille.fr ● Parking payant. TV. Canal+. Satellite. ♿ Ouvert toute l'année. Accès : près des rues piétonnes. Chambres doubles de 44 à 55 € selon la saison, deux avec cuisinette. La façade est austère mais, à l'intérieur, on découvre un hôtel à l'accueil charmant, diligent, et aux chambres spacieuses, bien équipées (grande salle de bains) et confortables. Comme la plupart des hôtels gapençais du quartier, le mobilier et la déco datent un peu, mais il y a des efforts (chambres nos 106, 306, 104) et, foi de routard exigeant, au sommeil léger et au dos sensible, la literie est bonne, le silence profond et l'endroit bien propre. *10 % sur le prix de la chambre offerts à nos lecteurs sur présentation de ce guide.*

🍴 *Les Olivades* – Malcombe, route de Veynes (Ouest) ☎ 04-92-52-66-80. ♿ Fermé le dimanche soir et le lundi. Accès : suivre la direction Veynes-Valence et au 2e rond-point, suivre « Les Olivades » sur la droite. Menus de 12,50 à 20 €. Dominant Gap et les montagnes avoisinantes, ce petit « domaine » verdoyant et paradisiaque avec sa grande terrasse-patio en bois brun, aménagée de petits salons individuels, ombragée par de vieux et hauts arbres, est un régal de repos. En cas de mauvais temps, c'est dans l'ancienne bergerie aux salles voûtées que l'on vous servira une délicieuse cuisine régionale teintée de saveurs provençales : ravioles de fromage au beurre de miel, filet de bœuf en croûte aux morilles, salade de pêches au coulis de menthe. La cuisine, simple et élégante, n'est ni trop riche, ni trop copieuse mais simplement délectable. Le service de ses tout jeunes propriétaires est souriant et gentil, et par rapport à la qualité du menu, au prix et – surtout – au cadre, on ne regrette pas d'être venu. Le genre d'adresse qu'on aime recommander à ses amis. Parole de routard, pour vos papilles et vos yeux, ça vaut le détour.

I●I *Le Tourton des Alpes* – 6, rue Jean-Eymar (Nord-Est) ☎ 04-92-53-90-91. Ouvert toute l'année. Menus de 14,30 à 19,40 €. Compter 15 € environ à la carte. Attention spécialité ! Aussi incontournables que la tour Eiffel à Paris ou la bouillabaisse à Marseille (c'est marqué sur le menu), pour ceux qui n'ont jamais goûté les tourtons, c'est le bon moment, vous voici chez les spécialistes. Accompagnés de salade verte et de jambon cru, ces beignets de pommes de terre sont excellents, copieux, rapidement servis, et à volonté. Même si cela manque d'un petit vin de pays pour l'accompagnement, on en ressort rassasié. L'ambiance : une grande salle voûtée avec de vieilles pierres apparentes. Une déco simple, avec une petite fontaine rafraîchissante, et un sourire toujours présent au service. Très prisé par les locaux, on s'y sent décontracté. Pour les amateurs, un magasin avec vente au détail à la sortie. Un bon rapport qualité-prix, efficace, qui plaît à tous, et en plus, c'est l'une des rares adresses ouvertes tous les jours à Gap. *Café offert à nos lecteurs sur présentation de ce guide.*

I●I *La Musardière* – 3, pl. du Revelly (Centre) ☎ 04-92-51-56-15. Fermé le mardi soir et le mercredi. Congés annuels : du 1er au 7 avril, du 1er au 14 juillet et du 1er au 7 novembre. Menus de 17 à 26 €. Alsace chérie, où que tu sois, tu restes belle et généreuse, parole ! La « cuisine traditionnelle soignée » de Pascal Husser qu'on vous sert ici en témoigne, et est en partie inspirée de là-bas. Les patrons, Gapençais d'adoption, proposent un copieux et goûteux menu alsacien – nous n'oublierons jamais ce jarret de porc braisé à la bière... Choucroute aux filets de poissons et filet de sandre au riesling également. Très belles salades. Salle propre et coquette, service poli de madame : toute l'Alsace, quoi !

I●I *Restaurant Le Pasturier* – 18, rue Pérolière (Centre) ☎ 04-92-53-69-29. Fermé le dimanche et le lundi sauf les jours fériés (en juillet-août, le dimanche et le lundi midi). Congés annuels : 15 jours en janvier et 15 jours fin juin-début juillet. Accès : zone

piétonne. Menus de 21 à 54 €. À la carte, compter 49 €. Voici la « grande » adresse en ville. Les menus sont variés, la carte des vins riche et les plats délicieux pour, malgré tout, des prix parfois un peu forts. Le décor est sobre et les poutres se marient agréablement au joli tissu tendu aux murs. L'ambiance, feutrée et intime, est propice aux dîners à deux, et Pascal Dorche, le chef, réalise une cuisine sans grande surprise mais très satisfaisante : foie gras maison, jambon de sanglier, calisson de Provence glacé... L'été, petite terrasse à l'arrière.

DANS LES ENVIRONS

LAYE 05500 (11,5 km N)

≜ *Hôtel Aiguille* ** – station de Laye, col Bayard (Centre) ☎ 04-92-50-50-62. Fax : 04-92-50-51-89. ●**www.hotelaiguille.com**● Fermé les lundi et mardi hors vacances scolaires. Congés annuels : du 15 mars au 21 avril et du 20 novembre au 20 décembre. Accès : au pied des pistes de ski. Chambres doubles de 43 à 52 €. Hélène à la déco et Pierrot à l'ambiance. Faut dire que ce Marseillais, ancien vendeur de cartes postales sur le Vieux Port, a l'accent et la gouaille du Midi. Ici, tout est chaleureux, et l'on reçoit les hôtes de passage dans de jolies chambres élégantes, boisées et très propres. Ce couple est bien sympathique, l'ambiance familiale, à la bonne franquette, comme on aime... et, en plus, on est au pied des pistes de ski. Mieux vaut réserver. Fait aussi restaurant. *Digestif maison offert à nos lecteurs sur présentation de ce guide.*

I●I *Le Petit Renard* – station de Laye, col Bayard (Centre) ☎ 04-92-50-06-20. Fermé le mercredi au printemps et à l'automne. Congés annuels : du 15 novembre au 15 décembre. Accès : au pied des pistes de ski. Menus à 13 €, le midi en semaine, puis de 15,50 à 34 €. Tout Gap se précipite dans ce resto qui passe pour l'un des meilleurs rapports qualité-prix du secteur. Au service rapide et gentil, on découvrira les classiques régionaux : tourtons, oreilles d'âne ou ravioles, mais aussi un foie gras maison, une choucroute de poissons... Appréciables aussi, les raclettes et fondues (goûter la savoyarde aux cèpes). Grande salle assez animée, avec mezzanine et à l'ambiance très chalet et vacances à la neige. L'été, terrasse panoramique, petit coin jeux pour les enfants et un menu « Renardeaux » oblige ! *Apéritif maison offert à nos lecteurs sur présentation de ce guide.*

I●I *Restaurant La Laiterie du Col Bayard* ☎ 04-92-50-50-06. Fermé le lundi sauf pendant les vacances scolaires et les jours fériés. Congés annuels : du 12 novembre au

20 décembre. Accès : en venant de Gap, direction Grenoble par la N85, sur la gauche à 11 km. Six menus de 13 à 30,50 €. Depuis 1935, de père en fils, on aime le fromage, et M. Bertrand s'est donné les moyens de faire partager sa passion : une salle immense, un petit musée, une boutique de vente au détail, mais aussi des gadgets (attention aux traquenards à touristes), et même un vidéo-clip. Dans l'assiette, charcuterie, salades au fromage, gratinée de vacherin, brochettes de fromage, plateau champsaurin (10 morceaux) ou le menu saveur aux 4 passages de chariot. Ça sent bon la bique, alors, amateurs de fromage, à vos couverts ! *Café offert à nos lecteurs sur présentation de ce guide.*

MONTGARDIN 05230 (12 km E)

🏠 ❘●❘ *L'Auberge du Moulin* ☎ 04-92-50-32-98. Cartes de paiement refusées. TV. Fermé le dimanche soir et le lundi. Sur réservation uniquement. Accès : route d'Embrun ; l'auberge est indiquée sur la droite de la N94. 2 studios meublés et équipés de kitchenette, pour au maximum 4 personnes : 40 € la nuitée pour chacun. Menu unique à 22 €. *L'Auberge du Moulin*, bien connue dans le pays sous le nom « Les Trois Sœurs », est une adresse familiale de bonnes femmes, de vraies cuisinières du terroir, spécialisée dans tout ce qui se plume ou se dépouille, du pigeon à l'oie en passant par le lapin. Ne dites pas, en y allant, qu'on les appelle aussi « Les Six Fesses » (logique), même si sans doute elles le savent et ne s'en formalisent pas, et profitez sans retenue du menu unique, rassasiant et fin. Le gâteau de rattes au foie de canard, les pigeons à l'oignon grelot confit et à la tapenade, la fricassée de canette (entière et dodue) façon coq au vin, le tian aux légumes du jardin du Gaspi, le fromage frais au miel, le bon bavarois, tout se déguste avec joie. Lu dans le livre d'or : « Sur le chemin de Montgardin / Voyageur arrête tes pas / À l'Auberge du Moulin / Tu ne le regretteras pas. » Qu'ajouter à cela ? Belle salle à manger rustique et peu de tables (une quinzaine de couverts). *Apéritif maison offert à nos lecteurs sur présentation de ce guide.*

SAINT-JULIEN-EN-CHAMPSAUR 05500 (20 km NE)

🏠 ❘●❘ *Les Chenêts* ** – au village ☎ 04-92-50-03-15. Fax : 04-92-50-73-06. Cartes de paiement refusées. Parking. Fermé le mercredi et le dimanche soir hors saison. Congés annuels : en avril et du 12 novembre au 27 décembre. Accès : prendre la route de Grenoble ; à La Fare, à droite direction Saint-Bonnet, puis Saint-Julien. Chambres doubles de 35,50 à 41,50 €. 1er menu en semaine à 16 €, puis

menus à 24 et 32 €. Grande maison de montagne à l'ambiance chaleureuse et familiale, aux chambres assez simples mais à la table plus que bien : le patron s'y entend au piano. 1er menu régional (tourtons, jambon, salade et crème brûlée) et très bon menu à 24 € : raviolis au fromage de chèvre frais ou omble chevalier aux champignons, selle d'agneau aux agrumes... Belle carte des vins, bons fromages et desserts maison. Un régal. *Apéritif maison offert à nos lecteurs sur présentation de ce guide.*

GORDES 84220

Carte régionale A2

🏠 ❘●❘ *Auberge de Carcarille* ** – Les Gervais, route d'Apt, D2 (Sud) ☎ 04-90-72-02-63. Fax : 04-90-72-05-74. • www.auberge-carcarille.com • Parking. TV. Satellite. ♿ Fermé le vendredi d'avril à septembre. Congés annuels : du 11 novembre au 28 décembre. Accès : à 2 km de Gordes, par la D2 direction Joucas. Chambres doubles avec salle de bains de 58 à 68 €. Menus de 16 à 38 €. Chaleureuse auberge. Salle à manger dans le genre élégant et cuisine OK : gibelotte de lapin farcie aux herbes de Provence, pieds-paquets, etc. Chambres bien agréables et de bon confort, équipées d'une terrasse ou d'un balconnet. Globalement un bon rapport qualité-prix, surtout dans ce secteur où les prix sont plus haut perchés encore que les villages.

🏠 *Hôtel Le Mas de la Sénancole* *** – hameau Les Imberts ☎ 04-90-76-76-55. Fax : 04-90-76-70-44. • www.mas-de-la-senancole.com • Parking. TV. Satellite. ♿ Accès : à 5 km par la D2. Chambres doubles avec douche ou w.-c. de 98 à 114 € selon la saison. Belles chambres au confort optimum (minibar) et à la déco très couleur locale. Également des chambres familiales équipées de petite terrasse. Beau jardin avec piscine. Bien sûr, tout cela a un prix...

DANS LES ENVIRONS

MURS 84220 (8,5 km NE)

🏠 ❘●❘ *Le Crillon* – au village (Centre) ☎ 04-90-72-60-31. Fax : 04-90-72-63-12. • crillon.murs@wanadoo.fr • Parking. TV. Fermé le jeudi (seulement le jeudi midi en saison). Congés annuels : du 5 janvier au 20 février. Accès : par la D15. Au centre du village. Chambres doubles avec sanitaires privés de 48 à 58 €. Petit déjeuner à 6 €. Menus de 12,50 €, le midi en semaine, à 20,50 €. Chouettes petites chambres, harmonieusement colorées et garnies de mobilier choisi avec goût. Agréable resto aussi avec, à la carte, quelques gentils plats : tournedos aux morilles, pieds-paquets, etc. Gibier et autres plats à base de truffes en saison. Pour ceux qui aiment et recherchent les valeurs de la campagne. *À nos lecteurs, 5 % de réduction sur le prix de la demi-pension (pour un séjour de 6 nuits minimum) sur présentation de ce guide.*

GOULT 84220

Carte régionale A2

|●| *La Terrasse* – **rue de la République (Centre)** ☎ **04-90-72-20-20.** Fermé le mardi. Congés annuels : du 1er novembre au 28 février. Accès : au centre du village. Plats compris entre 8 et 12 €. Son nom vient sans doute de la terrasse à l'étage, donnant sur le parking de la place. Sinon, décor et atmosphère très « monde », avec des tissus indiens ou thaïs aux murs, quelques hamacs au plafond, des éventails indonésiens... Très réussi à vrai dire, tout comme la nourriture, fine et très soignée, un peu en marge de la gastronomie ambiante. Pas mal de touristes, on s'en serait douté ! *NOUVEAUTÉ.*

|●| *Auberge Le Fiacre* – **quartier Pied-Rousset** ☎ **04-90-72-26-31.** Parking. Fermé le mercredi, plus le jeudi midi en saison et le dimanche soir hors saison. Congés annuels : du 11 novembre au 15 décembre. Accès : à 3,5 km du village par la N100 direction Apt. Menus à 17 € le midi en semaine, et à 25 et 28 € le soir. Menu-enfants à 10 €. La bonne auberge familiale où l'on est accueilli avec joie et gentillesse. Les dames s'occuperont de vous en salle, pendant que monsieur s'affaire aux fourneaux, où il travaille avec inventivité une bonne et légère cuisine provençale : ravioles de langoustines, tian de morue, carrés d'agneau, nougat glacé. En automne, place au gibier. Et l'été, on mange sous les platanes en écoutant les cigales. Réjouissant rapport qualité-prix du côté des menus. Vraiment une bonne adresse, connue des amoureux du coin... et des voisins.

DANS LES ENVIRONS

BEAUMETTES 84220 (3 km O)

|●| *Restaurant La Remise* – **rue Principale, au village (Centre)** ☎ **04-90-72-23-05.** Fermé le mardi soir hors saison et le mercredi. Congés annuels : du 20 décembre au 20 février. Accès : par la N100. Menus de 14 à 32 €. Menu-enfants à 9,15 €. Un bon petit restaurant campagnard sans prétention ni coup de bâton. La maison a quelques spécialités comme l'émincé de bœuf aux cèpes ou le filet de loup à l'estra-gon. *Café offert à nos lecteurs sur présentation de ce guide.*

GOURDON 06620

Carte régionale B2

|●| *Au Vieux Four* – **rue Basse** ☎ **04-93-09-68-60.** Fermé le soir et le samedi. Accès : à l'entrée du village, 1re rue à gauche. Menu à 17 €. À la carte, compter entre 20 et 23 €. Une adresse agréable pour faire une pause le midi dans ce joli village perché, après une balade dans les gorges du Loup. Bonne petite cuisine familiale. Vous vous régalez d'un lapin au thym de la garrigue, de calmars à l'anis et au fenouil ou d'une bonne viande grillée au feu de bois, avant de finir avec un clafoutis. Accueil chaleureux. *Apéritif maison offert à nos lecteurs sur présentation de ce guide.*

GRASSE 06130

Carte régionale B2

|●| *Le Café des Musées* – **1, rue Jean-Ossola** ☎ **04-92-60-99-00.** Ouvert tous les jours en été, de 8 h 30 à 18 h 30. Fermé le dimanche hors saison. Compter entre 10 et 15 €. Dans le centre historique, un café décoré dans un style on ne peut plus contemporain, qui surprend agréablement, près du musée provençal du Costume et du Bijou. Une table très méditerranéenne, chaleureuse et parfumée comme il se doit ici, qui propose tous les jours salades légères et savoureuses, tartes salées du moment, gâteaux faits maison. Les « sœurs Fragonard » ont su créer, à deux pas de l'entreprise familiale, le lieu qui donne un avant-goût de ce que pourrait devenir un jour la ville, si elle voulait bien se mettre tout entière « au parfum » (au leur, au moins). *NOUVEAUTÉ.*

DANS LES ENVIRONS

MOUANS-SARTOUX 06370 (6 km S)

|●| *Le Relais de la Pinède* – **route de la Roquette** ☎ **04-93-75-28-29.** Fermé le mercredi et le dimanche soir hors saison. Congés annuels : 15 jours en juin et 15 jours fin novembre. Accès : D409. Menus de 16 à 26 €. Étonnant de trouver en pleine Côte d'Azur un restaurant comme *Le Relais de la Pinède*, version « ma cabane au Canada » avec bruitage de cigales : la déco est feutrée, le service pro, et, de plus, il y en a pour toutes les bourses... et pour tous les goûts. Belle terrasse sous les pins. Carte des vins assez chère. *NOUVEAUTÉ.*

VALBONNE 06560 (9 km NE)

|●| La Fontaine aux Vins – 3, rue Grande ☎ 04-93-12-93-20. Fermé le dimanche et le lundi hors saison, le lundi seulement en saison. Accès : dans la vieille ville. Autour de 16 € pour un repas à la carte. Ce bar à vin, sous la direction de Pierre Ferrandez, offre aux habitués tartines originales et petits plats mijotés, accompagnés de vins sélectionnés à prix sympathiques. Autre originalité : les tapas provençales. Si vous voulez goûter la bière blanche de Nice, à de bons côtes de provence ou acheter l'huile d'olive du pays, ne vous privez pas, surtout ! La boutique jouxte le restaurant. *Café offert à nos lecteurs sur présentation de ce guide.*

|●| L'Auberge Fleurie – 1016, route de Cannes (Sud) ☎ 04-93-12-02-80. � Fermé le lundi et le mardi. Congés annuels : en décembre. Accès : à 1 km à gauche après Valbonne en venant de Grasse, légèrement en retrait de la route. Trois menus de 21 à 35 €. Voilà un très bon restaurant dans une gentille maison. Grandes glaces à l'intérieur et glycine au dehors. Cuisine discrètement ensoleillée, faite avec de beaux produits et des saveurs qui restent simples. Une clientèle composée de beaucoup de fidèles, ce qui est toujours bon signe. Accueil souriant.

GRAVE (LA) 05320

Carte régionale B1

🏠|●| L'Edelweiss ** – au bourg ☎ 04-76-79-90-93. Fax : 04-76-79-92-64. ● **www.hotel-edelweiss.com** ● Parking. TV. Satellite. Resto fermé le midi en hiver. Accès : à l'entrée de la ville, sur la droite en venant de Briançon. Chambres doubles avec douche et w.-c. ou bains à 54 €. Menus de 16 à 19 €. Voilà une adresse qui mérite votre attention ! Les patrons organisent chaque hiver le derby de la Meije, course de glisse mondialement connue, d'une dénivelée de 2 150 m. À l'écart des voitures, au sein d'une structure récemment rénovée (un sauna et un jacuzzi sont mis à la disposition des sportifs éreintés), vous pourrez vous prélasser sur la terrasse ou scruter à la lunette les sommets de plus de 4 000 m du massif des Écrins. La clientèle est internationale et sportive, et lors des veillées, l'ambiance est assurée. Les chambres sont un peu petites mais propres. Une adresse que l'on aime… *Apéritif maison offert à nos lecteurs sur présentation de ce guide.*

GRIMAUD 83310

Carte régionale B2

🏠 Le Ginestel – chemin des Blaquières ☎ et fax : 04-94-43-48-45. ● **www.leginestel.hypermart.net** ● Parking. Congés annuels : d'octobre à Pâques. Accès : à 3 km du village de Grimaud et à 1,5 km de Port-Grimaud par la D61. Chambres doubles avec douche et w.-c. ou bains de 43 à 69 € suivant la saison. Une fois que le nuage de poussière est retombé, au bout du chemin de terre vous découvrirez un hôtel a priori sans prétention, qui cache en fait 18 chambres ayant toutes une terrasse privée donnant sur le parc et la piscine. Si vous avez un bateau (et pourquoi pas ?), il y a un ponton, sur la Giscle. La classe !

🏠 Hôtel La Pierrerie * – quartier du Grand-Pont** ☎ 04-94-43-22-55. Fax : 04-94-43-24-78. ● **www.lapierrerie.com** ● Parking. TV. Canal+. Satellite. Congés annuels : de mi-novembre à début avril. Accès : par la D61 (à 2 km de Port-Grimaud). Chambres doubles avec douche et w.-c. ou bains de 73 à 103 €. On l'aime bien, ce gentil petit hôtel qui semble perdu en pleine campagne, tout en étant dans le golfe de Saint-Tropez. Côté architecture, on se croirait dans un mas provençal, avec des petits bâtiments en pierre noyés dans les fleurs et la verdure, tout autour d'une piscine qui tient lieu d'agora, car tout le monde s'y retrouve aux beaux jours. Et quel calme ! *7e nuit consécutive gratuite (sauf en été) sur présentation de ce guide.*

🏠|●| Athénopolis * – quartier Mouretti** ☎ 04-98-12-66-44. Fax : 04-98-12-66-40. ● **hotel@anthenopolis.com** ● Parking. TV. Satellite. ✗ Congés annuels : de novembre au 1er avril. Accès : à 3 km de Grimaud, sur la route de La Garde-Freinet. Chambres doubles avec douche et w.-c. ou bains de 79 à 105 €. Menu le soir pour les clients de l'hôtel à 19 €. Le nom peut faire peur, on vous l'accorde. Une fois arrivé au milieu du parc, on respire doublement. Des chambres joliment décorées aux tons pastel, avec loggia ou terrasse : une piscine qui en jette, une atmosphère paisible. Idéal pour un couple ayant envie de se (faire) dorloter, car les prix atteignent quand même un niveau élevé. Si vous avez un brin de voix, le patron, plutôt original, a un studio d'enregistrement à côté !

GUILLESTRE 05600

Carte régionale B1

🏠|●| Le Chalet Alpin ** – route du Queyras ☎ 04-92-45-00-35. Fax : 04-92-45-43-41. Parking. Fermé le dimanche soir et le lundi hors vacances scolaires. Congés annuels : du 26 mai au 10 juin et de mi-novembre à mi-décembre. Accès : à la sortie de Guillestre, sur la gauche sur la route du Queyras. Chambres doubles avec douche et w.-c. ou bains de 35 à 43 €.

Demi-pension à partir de 42,50 € par personne. Menus de 16 à 29 €. Établissement familial et fleuri, proposant des chambres correctes et à prix plutôt doux pour Guillestre. Préférer celles ne donnant pas côté route, d'ailleurs mieux exposées. À table, restauration de bon aloi. Cuisine du Queyras, noix de Saint-Jacques aux fruits frais, terrine de foie gras de canard, crépinettes de saumon en infusion de safran, magret de canard griotte et vin de génépi en spécialités. *Digestif ou apéritif maison offert aux lecteurs séjournant à l'hôtel sur présentation de ce guide.*

DANS LES ENVIRONS

MONT-DAUPHIN 05600 (4 km N)

🏠 I●I *L'Auberge de l'Échauguette* ★★ – **rue Catinat** ☎ 04-92-45-07-13. **Fax : 04-92-45-14-22.** ● www.echauguette.com ● TV. Satellite. Resto fermé le lundi hors saison, ouvert tous les jours pendant les vacances scolaires. Congés annuels : du 10 au 30 avril au 15 octobre au 15 décembre. Accès : rue principale. Chambres doubles de 36,60 à 45,75 €. Demi-pension à 42,70 €. Menus de 14,95 à 30,20 €. En plein cœur de la fabuleuse citadelle à la Vauban de Mont-Dauphin, cette ancienne maison pour enfants de militaires, refaite à neuf en 2000, réserve une des meilleures surprises de la région. Effectivement, l'accueil est des plus chaleureux, parfois en costume (le week-end), et l'on y trouve une taverne, un petit jardin reposant, à l'arrière, pour manger ou prendre un verre, et une salle élégamment décorée où l'on vous servira de la tourte de Saint-Jacques, une feuillantine de veau au roquefort, ainsi que de bons petits plats du Queyras. Les chambres raffinées, tout confort et spacieuses, résonnent aux noms de fleurs du pays. Et pour les plus fortunés, à vous la suite « Vauban ». *Apéritif maison offert à nos lecteurs sur présentation de ce guide.*

SAINT-CRÉPIN 05600 (8 km NO)

I●I *L'Amistous* – **(Centre)** ☎ 04-92-45-25-30. Accès : par la N94. 1er menu le midi en semaine à 12,50 €, puis menus de 17 à 21,50 €. Compter 19 € pour un repas à la carte. On vous a débusqué un côtes-du-rhône et un languedoc dans les 10 €. Les gens du pays, comme les touristes, y viennent nombreux. D'accord, on y fait des pizzas au feu de bois, mais elles sont particulièrement excellentes. En prenant le second menu, panse bien remplie et recettes agréables, comme les salades composées en été, la truite farcie aux herbes ou la charlotte aux marrons. Par ailleurs, il faut absolument goûter la spécialité du chef : la « potence », viande ou crustacés grillés flambés au whisky ou à l'anis, accompagnés de sauces maison et présentés sur une... potence ! Carte des vins assez fournie avec toujours, de chaque région, un petit vin pas cher.

VARS 05560 (13 km SE)

I●I *La Montagne* – **résidence Le Grizzli, espace Rodde (Centre)** ☎ 04-92-46-58-53. Ouvert uniquement le soir en saison et pendant les vacances scolaires. Congés annuels : en mai-juin et de septembre à novembre. Accès : sur la droite en entrant dans la station, avant l'office du tourisme. À la carte uniquement, compter 23 €. Pendant qu'Émile et Jacquot refont le monde au comptoir, Luc, moniteur de ski le jour, est en cuisine pour confectionner de bonnes salades, de la tartiflette ou des grillades, sa spécialité. Au service, une délicieuse et souriante demoiselle à l'accent du Sud (peuchère, elle vient d'Hyères), dont on n'a pas obtenu le prénom (ça arrive !). Ambiance grande cheminée, boisée, avec de grandes baies vitrées donnant sur la ville et la montagne. On a le sentiment d'être chez soi, et que dire ?... à *La Montagne*, on se sent au sommet ! (facile !). *Apéritif maison offert à nos lecteurs sur présentation de ce guide.*

HYÈRES   83400

Carte régionale B2

🏠 *Hôtel du Soleil* ★★ – **rue du Rempart (Nord-Est)** ☎ 04-94-65-16-26. **Fax : 04-94-35-46-00.** ● www.hotel-du-soleil.fr ● TV. Satellite. Accès : non loin de la place Clemenceau, dans le centre-ville. Chambres doubles avec douche et w.-c. de 37 à 72 €, avec bains de 43 à 81 €. Une vieille mais belle maison de pierre mangée par le lierre, dans un quartier tranquille, à deux pas de la ville médiévale, du parc Saint-Bernard et de la villa Noailles. Chambres toutes différentes, gentiment rénovées. On avoue un petit faible pour celles nichées sous les toits pour leur vue, au loin, sur la mer. Propose des réductions sur le prix des traversées vers les îles d'Hyères et la location de vélos. *10 % sur le prix de la chambre (pour un minimum de 2 nuits) offerts à nos lecteurs sur présentation de ce guide.*

I●I *Le Jardin* – **19, av. Joseph-Clotis** ☎ 04-94-35-24-12. Ouvert tous les jours de midi à minuit. Plats de 6 à 12,50 €. Repas pour environ 20 €. Quelle bonne idée d'avoir ouvert ce restaurant avec un si joli jardin verdoyant et ombragé, où les tables sont toutes dépareillées (à vous de choisir !). Cadre à la fois élégant, décontracté et décontractant. Une cuisine sympathique aux accents marins (brochettes de poissons, daube de poulpes, etc.) et à prix démocratiques. *NOUVEAUTÉ.*

DANS LES ENVIRONS

PORQUEROLLES 83400 (2 km SE)

🏠 |●| *Les Glycines* ** – pl. d'Armes ☎ 04-94-58-30-36. Fax : 04-94-58-35-22. ● www.porquerolles.net ● TV. Demi-pension uniquement, de 59 à 159 € par personne, selon la saison. Menus de 15,90 à 29 €. Dans un esprit très provençal, un hôtel de charme à découvrir en mars, à la saison des glycines, ou à l'automne, mais pas en plein été si vous voulez être vraiment dorloté. Chambres coquettes. À noter, un patio très agréable et une honnête cuisine de la mer. *Digestif maison offert à nos lecteurs sur présentation de ce guide.*

LALONDE-LES-MAURES 83250
(8 km E)

|●| *Le Jardin Provençal* – 15-18, av. Georges-Clemenceau ☎ 04-94-66-57-34. ⚒ Fermé les dimanche soir et lundi hors saison, les lundi et mardi midi en été. Congés annuels : de mi-décembre à mi-janvier. Accès : par la D559. Menus de 23 à 40 €. Une petite salle genre « Provence revue par un magazine de déco » avec une cheminée et, nécessairement, une agréable terrasse dans le jardin. Accueil charmant, service à la hauteur et une bien bonne cuisine de région : tartines provençales, soupière de favouilles et de moules crémées à l'ail, coq fermier mijoté au vin de Provence... *Apéritif maison offert à nos lecteurs sur présentation de ce guide.*

LANTOSQUE 06450

Carte régionale B2

🏠 |●| *L'Auberge du Bon Puits* ** – Le Suquet-de-Lantosque ☎ 04-93-03-17-65. Fax : 04-93-03-10-48. Parking. TV. Fermé le mardi sauf en juillet et août. Congés annuels : du 1er décembre au 20 avril. Accès : à 5 km du centre-ville. Chambres doubles entièrement rénovées, dans des styles très différents, à 54 €. Menus à partir de 17 €. Demander une chambre sur jardin pour éviter le bruit de la route (mais toutes sont insonorisées désormais). Bon restaurant proposant une cuisine familiale soignée et très copieuse : truite du vivier, canette de barbarie à la broche, tripes et raviolis à la niçoise. Petite terrasse ombragée aux beaux jours. De l'autre côté de la route, une grande aire de jeux pour enfants : ping-pong, toboggan, etc. *Café offert à nos lecteurs sur présentation de ce guide.*

LARAGNE-MONTÉGLIN 05300

Carte régionale A1

🏠 *Hôtel Chrisma* ** – 25, route de Grenoble (Nord) ☎ 04-92-65-09-36. Fax : 04-92-65-08-12. ● www.hotelchrisma.multimania.com ● Parking. TV. Congés annuels : en février et du 11 novembre au 10 décembre. Accès : à 300 m du centre, à la sortie de ville, route de Serres. Chambres doubles avec douche et w.-c. ou bains de 39,50 à 45,50 €. Une adresse fidèle au poste, aux prix stables, et à l'accueil irréprochable (la patronne est une vraie nounou). Les chambres refaites sont bien nettes, mais préférez celles côté jardin, beaucoup plus calmes. La piscine vaut le détour, avec sa vue sur les massifs montagneux, et si vous avez oublié votre maillot de bain, la nounou est là, et elle vous en prêtera un ! Mieux vaut réserver, une des rares adresses en ville. *Apéritif maison offert à nos lecteurs sur présentation de ce guide.*

|●| *L'Araignée Gourmande* – 8, rue de la Paix (Centre) ☎ 04-92-65-13-39. ⚒ Fermé le mardi soir et le mercredi. Congés annuels : en février et en octobre. 1er menu le midi en semaine à 12 €, puis autres menus à 19 et 29 €. Face à la mairie et au cinéma, cette table constante par excellence, à la déco plutôt agréable et bien propre, sans prétention, dispense une cuisine traditionnelle bien tournée. Son poulet au pastis fait la renommée de la région, et l'on apprécie tout autant son filet de rouget sur lit de fondue de poireaux, le poulet au pastis, le fromage macéré à l'alcool de poire (pour les amateurs !) ou les desserts maison. Service attentionné de madame. *Café offert à nos lecteurs sur présentation de ce guide.*

DANS LES ENVIRONS

SAINTE-COLOMBE 05700
(17 km SO)

🏠 |●| *Le Céans* ** – Les Bégües ☎ 04-92-66-24-22. Fax : 04-92-66-28-29. ● www.leceans.fr.st/ ● Parking. TV. Fermé le mercredi de mi-mars à mi-avril et en octobre. Congés annuels : de novembre à mi-mars. Accès : N75 direction Serres, la D30 vers Orpierre, passer le village direction Laborel, on tombe sur Les Bégües. Chambres doubles avec douche et w.-c. ou bains de 40 à 50 €. Menus à 14 et 17,60 €, puis deux autres menus à 21,50 et 31 € servis le soir et le dimanche uniquement. Vrai domaine de détente pris entre montagnes, forêts, sites d'escalade et champs de lavande du Buëch, familial et convivial, *Le*

Céans porte le nom de la petite rivière en contrebas de cet établissement géré par le cousin de Luc Alphand. Très appréciée en été, une grande piscine régale les enfants, et les nombreuses chambres, parfois un peu petites, respirent le propre et le calme. On conseille les nᵒˢ 14, 21 et 22, avec vue sur le parc. Un sauna et un jacuzzi sont aussi à disposition. Côté resto, une terrasse, du pain maison, une belle carte de vins, un service attentionné (un peu lent parfois) et une ambiance décontractée. Cuisine solide, parfumée et régionale : fricassée de volaille aux morilles, profiteroles d'escargots, filet de truite aux agrumes, nougat glacé au coulis de framboises. Ça y est, ça sent les vacances ! *Café offert à nos lecteurs sur présentation de ce guide.*

SAVOURNON 05700 (18 km NO)

🛏 ▮●▮ *L'Auberge des Rastel* * – **au village** ☎ **et fax : 04-92-67-13-05.** Cartes de paiement refusées. Parking. Fermé le mercredi hors saison. Congés annuels : pendant les vacances scolaires de Noël. Accès : N75 direction Laragne-Montéglin, puis à gauche la D21 vers le col de Faye. Auberge indiquée avant le village de Savournon. Chambres doubles avec douche et w.-c. à 28 €. Menus à 13, 16 et 19 €. Pas de carte. Dans un cadre calme, face à la montagne, une adresse simple, économique, propre et idéale pour amorcer des randonnées dans le coin. Jean-Claude, parisien, en cuisine, Stéphanie, de Saint-Raphaël, à l'accueil (leur rencontre devait se faire dans les Hautes-Alpes, forcément !) proposent de modestes petites chambres doubles, avec lits superposés pour les enfants. Confortables, bien fraîches en été, avec TV sur demande. Jeunes et sympas, ils ne vous serviront que des produits frais, dont un sauté d'agneau de Savournon – Louis XIV en raffolait ! – excellent. Dommage que les assiettes ne soient pas plus copieuses. À noter, Messieurs, un petit message personnel aux toilettes... et prenez garde au téméraire « chevalier » Bastien, fils des patrons, bien rigolo mais qui fait parfois des siennes. Les animaux sont admis.

LARCHE 04530

Carte régionale B1

🛏 ▮●▮ *Auberge du Lauzanier* – **le village** ☎ **et fax : 04-92-84-35-93.** Parking. Fermé le lundi hors vacances scolaires. Congés annuels : de novembre à Noël (sauf sur réservation). Accès : sur la D900, avant d'arriver au col de Larche. Chambres à 34 €. Demi-pension à 32 € par personne. Menus « routard » le midi en semaine à 10 et 19 €. « L'état d'esprit du refuge, le confort en plus. » À leur devise ils pourraient ajou-

ter : « L'accueil avant tout ». Record de courrier de routards sportifs ayant découvert, entre Barcelonnette et la frontière italienne, en Haute-Ubaye, cette drôle d'auberge tenue par un nouveau proprio auvergnat. La cuisine du maître de maison est à la hauteur des efforts des randonneurs et skieurs, devenus au fil du temps des amis de la maison : assiette de charcuterie ou de tourtons (spécialité locale à base de pommes de terre), omelette, gigot d'agneau en croûte de morilles, tarte aux framboises ou aux myrtilles. Gîte avec des chambres sobres mais confortables. *Apéritif maison offert à nos lecteurs sur présentation de ce guide.*

LAVANDOU (LE) 83980

Carte régionale B2

🛏 *Hôtel California* ** – **av. de Provence (Centre)** ☎ **04-94-01-59-99. Fax : 04-94-01-59-28.** ● **www.hotelcalifornia.fr** ● TV. Satellite. Chambres doubles avec douche et w.-c. de 36 à 65 € selon la saison. Coup de cœur pour cet hôtel entièrement refait par un jeune couple qui s'est donné les moyens de réussir « autrement ». Le mari est architecte, il a le sens des proportions, des lignes épurées et des couleurs. Sa jeune femme, à l'accueil, a appris dans les îles à accueillir différemment les clients. On se sent bien ici, le regard perdu vers la baie. Les chambres ne sont pas gigantesques mais elles sont bien aménagées. Chambres moins chères, avec une vue sur le jardin. À 8 mn à pied des plages, top chrono ! *Un petit déjeuner offert par chambre (hors saison) sur présentation de ce guide.*

🛏 *Hôtel Le Rabelais* ** – **2, rue Rabelais (Sud-Est)** ☎ **04-94-71-00-56. Fax : 04-94-71-82-55.** ● **www.le.rabelais.fr** ● Parking. TV. ✂ Congés annuels : de mi-novembre à mi-janvier. Accès : face au vieux port. Chambres doubles avec douche et w.-c. de 36 à 68 € selon la saison. Jolie maison à deux pas du centre, pas bien loin non plus de la plage. Chambres rénovées, confortables et mignonnes comme tout, avec de jolies touches de couleurs. Petit dej' aux beaux jours sur la terrasse qui surplombe le port de pêche.

🛏 ▮●▮ *Hôtel-restaurant Beau Soleil* ** – **Aiguebelle-Plage** ☎ **04-94-05-84-55. Fax : 04-94-05-70-89.** ● **www.beausoleil-alcyons.com** ● Parking. TV. Satellite. ✂ Congés annuels : d'octobre à Pâques. Accès : à Aiguebelle-Plage, à 5 km du centre du Lavandou (direction Saint-Tropez). Chambres doubles de 46 à 79 €. En saison, demi-pension demandée, de 55 à 65 € par personne. Menus à partir de 20 €. Un petit hôtel tranquille, loin de l'agitation nocturne et estivale du Lavandou. Les Podda, jeunes et dynamiques patrons officiant ici, accueillent les clients avec beaucoup de gentillesse et de prévenance. Chambres climatisées simples mais très agréables et bien tenues. Menus dans lesquels il y a pléthore de choix dans les spécialités locales : bouillabaisse, cassolette du pêcheur et paella. Terrasse ombragée. *10 % sur le prix de la chambre (hors saison) offerts à nos lecteurs sur présentation de ce guide.*

🛏 *Azur Hôtel* – **domaine de l'Aragail à Cavalière** ☎ **04-94-01-54-54. Fax : 04-94-01-54-55.** ● **www.provenceweb.fr/83/lavandou** ● Congés annuels : de début novembre à mi-mars. Chambres doubles de 49 à 73 € selon la saison. Sur les hauteurs, une douzaine de chambres avec douche et w.-c., réparties dans différents petits pavillons. Toutes ont une terrasse avec vue sur la mer (pas de jaloux !) et quelle vue ! Au loin, les îles d'Hyères… Superbe ! Certaines équipées de TV et frigo. Si l'agitation des plages vous stresse, il suffit de grimper le sommet de la petite colline pour vous prélasser au bord de la piscine, dans le calme absolu (les cigales n'ont qu'à bien se tenir !). Le matin, petit dej' à l'ombre des eucalyptus. Bon accueil familial. Bref, un petit coin de paradis. *NOUVEAUTÉ.*

🍴 *Le Relais du Vieux Sauvaire* – **route des Crêtes** ☎ **04-94-05-84-22.** Congés annuels : de début octobre à mi-mai. Accès : à 468 m d'altitude, face aux îles du Levant, un lieu en or. Du Lavandou, on rejoint Bormes ; de là, on monte au col de Gratteloup où l'on bifurque sur la droite ; après une petite dizaine de kilomètres de cette jolie route des Crêtes où les vues imprenables s'enchaînent, on arrive juste au-dessus du Lavandou dans ce relais quadragénaire lui appartenant, malgré la distance. Menus de 17 à 30 €. C'est superbe, on embrasse toute la chaîne des Maures et même ses voisins, tellement on est content d'être là. On peut se baigner dans la piscine, avant ou après avoir dévoré sardines provençales ou poisson à la croûte de sel. Il y en a pour tous les goûts, tous les prix. *Apéritif maison offert à nos lecteurs sur présentation de ce guide.*

DANS LES ENVIRONS

RAYOL-CANADEL 83820 (13 km E)

🍴 *Maurin des Maures* – **av. du Touring-Club (Centre)** ☎ **04-94-05-60-11.** ♿ Ouvert le soir uniquement. Congés annuels : de mi-novembre à mi-décembre. Accès : en plein centre, sur la route principale. Menus à 11 €, le midi en semaine, et à 20,50 et 24,50 €. Vous avez en horreur les chichis et les additions plombées ? Alors, pas d'hésitation ! Allez vite dans ce grand bistrot de vil-

lage ou Dédé remet à l'endroit ce que Saint-Tropez met à l'envers. Simplicité, générosité et sourires ressuscitent les charmes d'antan de la côte varoise dans la salle vitrée, tapissée de tableaux où ne bourdonnent que les tablées heureuses, autour d'une bouillabaisse généreusement safranée. Les poissons ? Ce sont les copains de Dédé qui viennent de les tirer de l'eau ! Pour consoler les distraits qui auraient oublié de la commander, petits farcis, friture mixte, poisson grillé, etc. Réservez une table près de la fenêtre pour profiter de la vue sur la baie. *Apéritif maison offert à nos lecteurs sur présentation de ce guide.*

ÎLE DU LEVANT 83400 (20 km SE)

🛏 🍴 *Hôtel Le Ponant* – **corniche de la Pinède (Nord-Est)** ☎ **04-94-05-90-41. Fax : 04-94-05-93-41.** ● **www.ponant.fr** ● Congés annuels : de fin septembre au 1er juin. Accès : à une demi-heure environ en bateau. Renseignements pour la traversée : Tél. 04-94-71-01-02. Chambres doubles avec douche et w.-c. en demi-pension uniquement, de 140 à 160 € pour deux. Une très belle adresse pour routards naturistes. Bâtiment *Fifties* dressé comme la proue d'un vaisseau sur l'arête d'une des falaises qui bordent l'île. Des balcons ou de simples terrasses aux fenêtres des chambres, la mer comme seul interlocuteur. Chambres « faites main » par Frets (quand il ne sculpte pas de sublimes créatures...), atypique patron de cet atypique endroit. Toutes différentes, toutes séduisantes : de la roche qui affleure dans une salle de bains ici, du bois à profusion là. Cuisine simple mais goûteuse. *Apéritif maison offert à nos lecteurs sur présentation de ce guide.*

MANOSQUE   04100

Carte régionale A2

🍴 *Restaurant Le Luberon* – **21 bis, pl. Terreau (Centre)** ☎ **04-92-72-03-09.** Fermé le dimanche soir, le lundi (hors juillet-août). Congés annuels : fin août-début septembre. Accès : par le sens unique autour du centre-ville, arrivée sur la place (parking). 1er menu à 12 € le midi en semaine (un plat et un dessert), menus suivants de 17 à 40 €. Ici, la Provence règne sur les fourneaux, même si le chef est un « gars du Nord » à l'imagination féconde : salade d'artichauts aux truffes, pigeonneau grillé au romarin, rouget, daube d'agneau… L'huile d'olive et le basilic sont également de la partie. Décor rustique de bon ton, terrasse avec tonnelle. Un beau restaurant que ne renierait pas Jean Giono, né en 1895 à quelques mètres de là…

❙●❙ Restaurant Dominique Bucaille – 43, **bd des Tilleuls (Centre)** ☎ 04-92-72-32-28. ⚘ Fermé le mercredi soir et le dimanche. Congés annuels : une semaine en février et de mi-juillet à mi-août. Menus à 16 €, le midi, puis à 23 à 61 €. Le restaurant de la région de bonne réputation, dans un décor moderne très clair et classieux. Cuisine bourgeoise intelligemment revisitée et à prix raisonnables. Faites-vous un gros plaisir en vous offrant, à la carte, des plats d'une belle précision de cuisson et d'arômes, comme l'œuf poché au foie gras avec sa purée de pommes de terre écrasées à la fourchette, le carré d'agneau de lait aux légumes du potager, ou la tarte friande de légumes confits à l'huile d'olive de Fortuné Arizzi, un voisin qu'il vous faudra aller visiter, et enfin des nems de bananes croustillants au poivre de Séchuan vanillés, crème glacée aux pommes confites... À la carte des vins, des coteaux-de-pierrevert du domaine de la Blaque mémorables, à prix corrects. *Digestif maison offert à nos lecteurs sur présentation de ce guide.*

DANS LES ENVIRONS

SAINT-MARTIN-DE-BRÔMES
04800 (5 km SE)

🏠 ❙●❙ Hôtel-restaurant La Fontaine – D952 (Centre) ☎ 04-92-78-02-05. Parking. Ouvert tous les jours. Congés annuels : en janvier et en février. Accès : au village, entrée par la D952 (route de Gréoux à Digne). Chambres doubles de 31,30 à 40,40 € avec douche ou bains et w.-c. Demi-pension de 63 à 72 € pour deux. Menus de 12,20 à 19 €. Seule adresse dans ce village plein de charme. Dix chambres simples et bien tenues. Un jeune couple vous accueille tout sourire, avec une tapenade et ses croûtons, pour vous proposer de bons plats du coin comme le boudin maison au sa ratatouille, des escargots, un beau plateau de fromages et de bonnes pâtisseries (clafoutis à la rhubarbe, tarte à l'ananas). L'apéro maison au citron, à la vanille et à la cannelle n'est pas mal non plus, et en plus les prix sont gentils. Petite

terrasse à l'entrée côté village, près d'une fraîche fontaine. Préférable de réserver en haute saison. *NOUVEAUTÉ.*

MARSEILLE 13000

Carte régionale A2

1er arrondissement

🏠 Hôtel Béarn – 63, rue Sylvabelle (C3-3) ☎ 04-91-37-75-83. Fax : 04-91-81-54-98. ● www.besto/provence.com ● Congés annuels : entre le 20 novembre et le 20 décembre. M. : Préfecture. Chambres doubles de 24 à 42 € selon le confort. Dans le quartier de la Préfecture, un hôtel familial dans un immeuble ancien remis à neuf, avec un nouveau propriétaire. Les chambres sont équipées différemment : lavabo, douche, douche-w.-c. ou bains-w.-c. Possède également une chambre pour 5 personnes. Demander une chambre sur jardin (plus calme). Propose des initiations à la plongée ou des sorties pour les plongeurs confirmés. *10 % sur le prix de la chambre offerts à nos lecteurs sur présentation de ce guide. NOUVEAUTÉ.*

🏠 Hôtel Beaulieu-Glaris * – 1, pl. des Marseillaises (D1-15) ☎ 04-91-90-70-59. Fax : 04-91-56-14-04. ● www.hotel-beaulieu-marseille.com ● TV. Satellite. M. : Saint-Charles. Chambres doubles de 25 € avec lavabo à 39 € avec douche et w.-c. ou bains. Au pied du monumental escalier de la gare Saint-Charles, sur lequel la vue est imprenable. Pratique, donc, si vous arrivez en train. C'est le typique hôtel de voyageurs, aux chambres à la déco passe-partout, qui, sans être luxueux, est propre et bien tenu. Les chambres sur l'arrière sont vastes, calmes et bénéficient d'un bon ensoleillement.

🏠 Hôtel Azur ** – 24, cours Franklin-Roosevelt (hors plan D1-2) ☎ 04-91-42-74-38. Fax : 04-91-47-27-91. TV. Canal+. Satellite. M. : Réformés-Canebière ; derrière l'église des Réformés, dans le prolongement de la Canebière. Chambres doubles

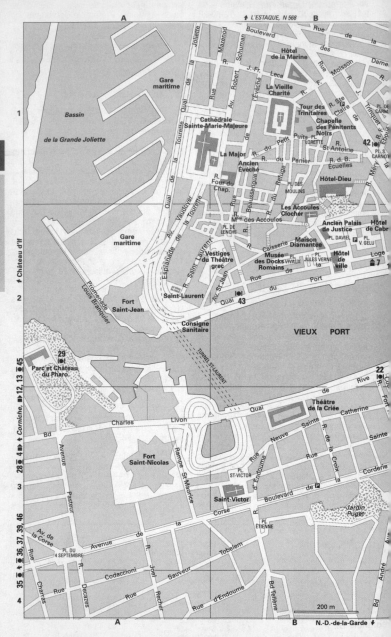

PROVENCE-ALPES-CÔTE D'AZUR

A · L'ESTAQUE, N 568 · B

1

Bassin

de la Grande Joliette

↑ Château d'If

Gare
maritime

Boulevard

Hôtel
de la Marine

Gare
maritime

La Vieille
Charité

Tour des
Trinitaires

Chapelle
des Pénitents
Noirs

Cathédrale
Sainte-Marie-Majeure

R. St. Antoine

42

PL. S.
CARNOT

Puits PL
LORETTE

La Major

R. du Petit

Ancien
Évêché

R. du Panier

R. d. B.
Ecuelles

Hôtel-Dieu

Four du
Chap.

PL DES
MOULINS

Les Accoules
Clocher

Ancien Palais
de Justice

Hôtel
de Cabr

PL DE
LENCHE

M^se des Accoules

PL. DAVIEL

V. GELU

Gare
maritime

Vestiges
du Théâtre
grec

Caisserie

Maison
Diamantée

Musée
des Docks
Romains

PL.
JULES VERNE

Hôtel
de ville

Loge

Esplanade de la Tourette

7

Promenade
Louis Brauquier

Fort
Saint-Jean

Saint-Laurent

Quai
43

Consigne
Sanitaire

VIEUX   PORT

TUNNEL ST-LAURENT

29

45

Parc et Château
du Pharo

22

Rive

↑ 12, 13

↑ Corniche,

Théâtre
de la Criée

28 · 4

Charles

Livon

Quai

Fort
Saint-Nicolas

3

Saint-Victor

PL
ST-VICTOR

Boulevard

Jardin
Puget

Corse

PL.
ÉTIENNE

36, 37, 39, 46

Av. de
la Corse

Avenue

PL. DU
4 SEPTEMBRE

Tobelem

35

Codaccioni

Sauveur

4

Rue

d'Endoume

200 m

A · B · N.-D.-de-la-Garde ↓

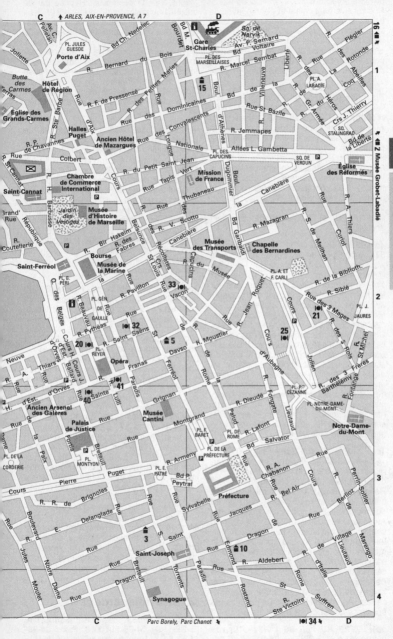

de 45 € avec douche à 55 € avec bains. Rue relativement calme et pentue, avec de beaux immeubles. L'hôtel est agréable et les patrons accueillants. Chambres rénovées et climatisées. Sur l'arrière, les plus agréables donnent sur de petits jardins où pousse un sapin de Noël devenu grand. Bon petit déjeuner avec des pâtisseries maison.

🛏 *Saint-Ferréol's Hôtel* *** – **19, rue Pisançon (C2-5)** ☎ **04-91-33-12-21. Fax : 04-91-54-29-97.** ● **www.hotel-stfer reol.com** ● TV. Canal+. M. : Vieux-Port. Accès : à l'angle de la rue piétonne Saint-Ferréol ; à deux pas du Vieux Port et de la Canebière. Chambres doubles de 84 à 92 €. Pratique car situé à l'angle d'une des rues piétonnes les plus commerçantes de la ville (*Galeries Lafayette, Virgin Mégastore*...). Les chambres ont des noms de peintres : Van Gogh, Picasso, Monet, Cézanne, Signac... Une dizaine d'entre elles ont TV et double vitrage. Excellent accueil.

|●|*Les Menus Plaisirs* – **1, rue Haxo (C2-32)** ☎ **04-91-54-94-38.** Fermé le soir et le week-end. M. : Vieux-Port ou Hôtel-de-Ville. Menus à partir de 8 € environ. Un lieu très sympa, plein de jolis chromos anciens sur les murs et d'anciens qui ont des couleurs aux joues. Le patron est devenu un vrai Marseillais, qui défend sa ville, tout en prenant les commandes et amenant les plats. Chaude ambiance dans ce petit resto où les tables sont prises d'assaut à midi par une clientèle de tous les sexes, car il offre de surcroît un excellent rapport qualité-prix. Le menu, renouvelé chaque jour, est attrayant ; entre autres, petite salade de pois chiches ou de féta, aile de raie au beurre blanc, lasagnes à la viande, sauté de porc aux haricots rouges... Et de bons petits desserts, comme la tarte aux figues crème anglaise. Terrasse.

|●|*O'Stop* – **16, rue Saint-Saëns (C2-20)** ☎ **04-91-33-85-34.** Ouvert 23 h sur 24 (fermeture de 7 h à 8 h). M. : Vieux-Port. Accès : devant l'opéra, à deux pas du Vieux Port. Repas à partir de 8,30 €. Ce snack secret et connu de tous attire un public divers qui va du bourgeois à la dame de petite vertu. Avant le spectacle, il n'est pas rare d'y rencontrer les travailleurs de l'opéra (chanteurs, techniciens...). Les spécialités de la maison : alouettes (boulettes de viande), pâtes au basilic, daube à la provençale. Les sandwichs, bien préparés, ne sont pas à dédaigner. Belle ambiance aux petites heures de la nuit. Un incontournable marseillais. *Apéritif maison offert à nos lecteurs sur présentation de ce guide.*

|●|*Pizzeria Au Feu de Bois* – **10, rue d'Aubagne (C2-33)** ☎ **04-91-54-33-96.** Fermé le dimanche. Congés annuels : 2 semaines en septembre. M. : Noailles.

Menus à partir de 8,50 €. Reprise par un ancien boulanger, cette pizzeria sur deux niveaux, réputée depuis des lustres (auparavant sous le nom de *Sauveur*), propose de remarquables pizzas cuites au feu de bois. Royale (champignons, ail, saucisse, fromage), orientale (*pastourma*, brousse, œuf, tomates), chausson... La carte propose aussi des pieds-paquets ou des lasagnes. Décor sans importance, clientèle populaire et service gentil tout plein. Vente à emporter.

|●|*La Part des Anges* – **33, rue Sainte (C3-40)** ☎ **04-91-33-55-70.** Ouvert de 9 h à 2 h du matin (le dimanche, ouvert de 9 h à 13 h et de 18 h à 2 h). M. : Vieux-Port. Compter environ 11 € pour un repas. Un resto-bar à vins qui crée l'événement en ouvrant tous les jours et qui ferme tard. On vient chercher son vin en vrac, en faisant son marché, ou une bonne bouteille, après l'opéra. On s'attable sans façon, autour d'une salade à 7 €. Atmosphère très agréable. Petite salle plus tranquille, au fond, pour voir passer les anges... *Apéritif maison offert à nos lecteurs sur présentation de ce guide.*

|●|*L'Oliveraie* – **10, pl. aux Huiles (B2-22)** ☎ **04-91-33-34-41.** Parking payant. Fermé le samedi midi et le dimanche. M. : Vieux-Port. Menus à 16 € au déjeuner et à 26 € au dîner. Un bistrot à la mode de Provence, avec un accueil et un service ensoleillés, et des plats dignes de Marius... et Olive ! On est en plus dans un lieu qui plaira autant aux nostalgiques de la trilogie pagnolesque qu'aux amoureux du Marseille d'aujourd'hui, qui revit autour du Vieux Port. *Café offert à nos lecteurs sur présentation de ce guide.*

|●|*Les Colonies* – **26, rue Lulli (C2-41)** ☎ **04-91-54-11-17.** Cartes de paiement refusées. Ouvert du lundi au samedi de 9 h à 19 h. M. : Vieux-Port. Plats entre 4 et 10 €. Menu à 16,95 € en semaine. Un lieu cocooning au féminin, protégé, chaleureux, original, qui n'a qu'un seul défaut, pour certain (e)s : on n'y fume pas. Trop petit. Par contre, on y boit, on achète son thé, ses chocolats, ses gâteaux secs griffés « Le Petit Duc » (une pâtisserie à visiter sans faute, si vous allez ensuite à Saint-Rémy-de-Provence). Atmosphère très déco : banque ancienne, grands rideaux, beau lustre. On grignote à midi des cannellonis à la brousse ou des tourtes, on se rafraîchit avec une faisselle au miel et pain d'épice.

2ᵉ arrondissement

🛏 *Hôtel Hermès* ** – **2, rue Bonneterie (B-C2-1)** ☎ **04-96-11-63-63. Fax : 04-96-11-63-64.** ● **hotel.hermes@wanadoo.fr** ● TV. M. : Vieux-Port. Chambres doubles avec douche et w.-c. de 55 à 65 €, toutes avec clim'. Un petit hôtel rénové, merveilleusement situé, entre Le Panier et le Vieux Port, avec des chambres climatisées, insonorisées et bien équipées. Notre préférée : la *Nuptiale* (en nid d'aigle), au dernier étage, dispose d'une terrasse donnant sur le Vieux Port. Copieux petit déjeuner-buffet. Bon accueil. *10 % sur le prix de la chambre offerts à nos lecteurs sur présentation de ce guide.*

≜ *Hôtel La Résidence du Vieux Port**** – 18, quai du Port (B2-7) ☎ 04-91-91-91-22. Fax : 04-91-56-60-88. ● www.hotelmarseille.com ● TV. Canal+. Satellite. ⚍ M. : Vieux-Port ou Hôtel-de-Ville. Chambres doubles à 110 €. Sur le Vieux Port, côté mairie (donc vue sur Notre-Dame-de-la-Garde), cet hôtel possède de larges balcons-terrasses équipés de fauteuils qui dominent le bassin du Vieux Port. Les chambres offrent tout le confort d'un 3 étoiles. Elles sont vastes, lumineuses, agréablement meublées et climatisées. Un bon hôtel, idéalement situé pour découvrir la ville. Bon accueil et bon petit déjeuner. *10 % sur le prix de la chambre offerts à nos lecteurs sur présentation de ce guide.*

|●| *Le Café Parisien* – 1, pl. Sadi-Carnot (B1-42) ☎ 04-91-90-05-77. Fermé le dimanche. M. : Colbert-Hôtel-de-la-Région. Plat du jour autour de 8,50 €. Compter environ 13 € pour un repas à la carte. Le dernier café de Marseille dont le décor nous replonge dans une atmosphère de début du XXe siècle. Clientèle qui varie avec le soleil. Au petit déjeuner, on y croise les Marseillais qui viennent lire le journal, le pain sous le bras. À midi, c'est le rendez-vous de ceux qui font la vie marseillaise, autour d'une grande assiette et d'un buffet de desserts. Le soir, surtout en fin de semaine, soirée tapas. Entre deux vernissages, on refait le monde, en rêvant des jours heureux où se croisaient là marins en goguette, joyeux fêtards et voyageurs embourgeoisés en transit. *Café offert à nos lecteurs sur présentation de ce guide.*

|●| *Chez Madie-Les Galinettes* – 138, quai du Port (B2-43) ☎ 04-91-90-40-87. Fermé le dimanche. M. : Vieux-Port-Hôtel-de-Ville. Menus de 14 €, servi à midi seulement, à 23 €. Sur le quai, une adresse pour les amateurs de cuisine provençale, où l'on vous servira des *galinettes* sauce meunière. Pas Madie, non, elle n'est plus là, mais sa petite-fille, qui dirige cette maison de main de maîtresse femme. Son truc, à elle, c'est plutôt la viande, son père étant chevillard. *Galinettes*, chevillard... demandez-lui de vous raconter, s'il n'y a pas trop de monde. Vrais pieds-paquets, bonne palourdes au thym. Une cuisine simple et parfumée. *Apéritif maison offert à nos lecteurs sur présentation de ce guide.*

6e arrondissement

≜ *Hôtel Edmond Rostand* ** – 31, rue Dragon (D3-10) ☎ 04-91-37-74-95. Fax : 04-91-57-19-04. ● www.hoteledmondrostand.com ● TV. Canal+. Satellite. ⚍ M. : Estrangin-Préfecture ; à l'angle de la rue Edmond-Rostand. Chambres doubles avec douche ou bains à partir de 49 €. Dans une rue tranquille (non loin de la maison natale d'Edmond Rostand, évidemment !), un hôtel familial et très bien tenu. Chambres claires et modernes, toutes avec bains et téléphone direct. Clientèle de VRP, cadres ou familles. Préférez les chambres sur la cour, qui sont plus calmes. Bon rapport qualité-prix. *Café offert à nos lecteurs sur présentation de ce guide.*

|●| *Le Sud du Haut* – 80, cours Julien (D2-25) ☎ 04-91-92-66-64. Fermé du dimanche midi au mercredi midi. Congés annuels : du 15 août au 5 septembre. M. : Noailles. Compter à la carte entre 11 et 14 € le midi, entre 23 et 28 € le soir. Le cadre, un élégant bric-à-brac – souvenirs de voyages, achats de brocante, mobilier disparate et œuvres d'artistes en expo-vente – se marie bien avec la musique du monde, afro-cubain-Caraïbes en fond sonore, et se prolonge par une terrasse sur l'étonnante fontaine du cours Julien. À l'image du lieu, le service est nonchalant mais diligent. Et la cuisine réinvente de vieilles recettes d'ici : petits farcis, saint-marcellin rôti aux herbes, mais avec une petite touche de délicatesse qui fait la différence sans ôter ses repères au palais. *Apéritif maison offert à nos lecteurs sur présentation de ce guide.*

|●| *Le Cuisineur* – 2, rue des Trois-Rois (D2-21) ☎ 04-96-12-63-85. Ouvert tous les soirs jusqu'à 22 h 30. Fermé le midi ainsi que les mardi et mercredi soir. M. : Notre-Dame-du-Mont. Compter autour de 20 € pour un repas. Un de nos petits coups de cœur à Marseille. Deux petites salles intimes séparées par une arche, décor baroque-trash coloré. Patron jovial et atmosphère vraiment sympa. Parfois, la maman vient aider au service. Bref, on est en famille. On vient souvent en petites bandes pour déguster de bonnes viandes, pieds-paquets, copieuses salades et entremets au thym. Petite carte des vins qui fait la part belle aux côtes-du-rhône. Petit rendez-vous culturel aussi de la scène alternative, expos thématiques en liaison avec d'autres lieux. Excellente bande musicale. *NOUVEAUTÉ.*

7e arrondissement

≜ *Hôtel Peron* ** – 119, corniche Kennedy (hors plan A3-12) ☎ 04-91-31-01-41. Fax : 04-91-59-42-01. Parking. TV. Accès : à 2 km au sud du Vieux Port. Bus n° 83, à prendre au Vieux Port, arrêt Corniche-Frégier. Chambres doubles de 52 à 58 € avec

PROVENCE-ALPES-CÔTE D'AZUR

douche et de 58 à 67 € avec bains et w.-c. D'abord la déco. Dans les années 1960, chaque chambre a été consacrée à un pays ou à une région française : fresques murales en plâtre moulé, poupées déguisées, marqueterie, poissons et fruits de mer en céramique dans les salles de bains… Ensuite, l'emplacement : en bord de mer, sans vis-à-vis, d'où une vue agréable depuis les balcons. Les chambres donnant sur l'arrière, sans vue, sont néanmoins plus calmes, car la route passe entre l'hôtel et la mer. Accueil dynamique et prévenant. Adresse attachante et vraiment hors du commun.

|●| *Le Chalet* – jardin du Pharo (A2-29) ☎ 04-91-52-80-11. Ouvert de 12 h à 18 h de mars à octobre. Accès : par le jardin, entrée boulevard Charles-Livon. Plat du jour unique entre 8 et 14 € et compter de 14 à 23 € pour un repas complet. Plus qu'un chalet, une guinguette cachée sous les frondaisons du jardin de ce palais construit par Napoléon III pour l'impératrice Eugénie. Cuisine quasiment en plein air, plats traditionnels : espadon grillé, supions à l'armoricaine, thon à la provençale… L'été, quand le soleil est écrasant en ville, la légère brise qui vient de la mer traverse la terrasse ombragée, ce qui est bien agréable. Il y a un très beau point de vue sur le vieux port, auquel s'ajoute, pour parfaire la carte postale, le va-et-vient des bateaux en contrebas. Très agréable pour boire un verre l'après-midi.

|●| *Pizzeria Chez Jeannot* – vallon des Auffes (hors plan A3-45) ☎ 04-91-52-11-28. Fermé le dimanche soir et le lundi en hiver ; en été, le lundi, le mardi midi et le jeudi midi. Compter environ 19 € à la carte. Au fond du sympathique vallon des Auffes fermé par l'arche dédiée aux morts d'Orient. Une grande pizzeria dont la réputation n'est plus à faire (elle n'a surtout, au fil des ans, jamais été défaite !). Elle sert de la cuisine de Marseille et de Provence : oursins, moules, palourdes, bigorneaux, moelleuses pizzas et pâtes fraîches. Plusieurs terrasses dont une installée sur l'eau de ce familial petit port de pêche. *Apéritif maison offert à nos lecteurs sur présentation de ce guide.*

8ᵉ arrondissement

🏠 |●| *Auberge de jeunesse de Bonneveine* – 47, av. Joseph-Vidal, impasse Bonfils (hors plan A3-13) ☎ 04-91-17-63-30. Parking. Canal+. Satellite. M. : Rond-Point-du-Prado, puis bus n° 44 (arrêt « Place-Bonnefon »). Nuitée de 13,30 à 13,95 € selon la saison, en dortoirs de 4 à 6 lits. Petit déjeuner et draps inclus. Le couvre-feu sonne normalement à 1 h du matin et la carte de l'AJ est obligatoire. AJ moderne avec un jardin, sans grand charme mais pas loin de la plage, dans un quartier tranquille. Utilisez de préférence les consignes à bagages ; cela vous évitera de désagréables surprises.

🏠 *Hôtel Le Corbusier* – 280, bd Michelet (hors plan A3-4) ☎ 04-91-16-78-00. Fax : 04-91-16-78-28. ● hotelcorbusier@wanadoo.fr ● M. : Rond-Point-du-Prado ; en direction de Cassis, après le stade Vélodrome. Chambres doubles ou triples (avec un grand lit et un petit lit) de 40 à 70 €. Petit déjeuner à 5 €. Les plus grandes chambres se trouvent côté littoral (au loin), et les plus petites côté jardin. Très apprécié des Japonais, en raison de l'aspect moderniste, monacal et alvéolaire des chambres, cet hôtel inclassable et « hors-normes » constitue une étape obligée pour qui veut ne pas dormir « idiot » à Marseille. Rien de sinistre ou de cafardeux dans ce décor étonnant conçu, ne l'oublions pas, par un architecte de génie (même s'il est parfois critiqué pour ses abus de béton), qui avait la tête dans les étoiles et les pieds dans le IIIᵉ millénaire. Dormir ici est une expérience qui ne coûte pas très cher. Il y a un petit snack près de la réception. Quartier calme, sauf les soirs de match au stade Vélodrome tout proche. *NOUVEAUTÉ.*

|●| *Pâtes Fraîches et Raviolis* – 150, rue Jean-Mermoz (hors plan D4-34) ☎ 04-91-76-18-85. Fermé le dimanche midi et les jours fériés. Congés annuels : 3 semaines en août. M. : Rond-Point-du-Prado (à l'angle de la rue Émile-Sicard). Environ 15 € à la carte. Il faut traverser la cuisine de ce magasin spécialisé tenu par un géographe-cartographe reconverti dans les produits italiens pour prendre table sous la véranda, toutes fenêtres ouvertes sur la cour en gravier. Le lieu a jadis accueilli Marcel Pagnol (ses studios étaient à deux pas), Raimu et Fernandel, qui adoraient y déjeuner. En entrée, un peu de jambon de San Daniele ou une brochette de mozzarella sont tout indiqués avant d'attaquer de bonnes pâtes ou des raviolis. Quartier très bourgeois et tranquille.

|●| *La Grotte* – calanque de Callelongue (hors plan A3-35) ☎ 04-91-73-17-79. ⚀ M. : Castellane, puis bus n° 19 jusqu'à La Madrague et, de là, bus n° 20 jusqu'à Callelongue. Compter de 20 à 40 € pour un repas complet. Installé dans une ancienne usine du XIXᵉ siècle, ce beau restaurant a fait un véritable effort de recherche dans la décoration intérieure (tableaux, objets, meubles…). Abritée par un auvent, la terrasse est très appréciée des Marseillais à l'heure du déjeuner. Ils se réservent le superbe patio intérieur pour le soir (trop écrasé de soleil à midi). Comme dans tant d'autres endroits, on se laisse tenter par la sacro-sainte pizza ; cela sans regret car elle est excellente. Il n'est pas interdit de

commander un poisson grillé, mais évidemment c'est plus cher !

|●| Chez Dédé – 32, bd Bonne-Brise (hors plan A3-28) ☎ 04-91-73-01-03. Fermé du dimanche soir au mercredi soir en hiver. Accès : poursuivre la corniche jusqu'à La Madrague, après Pointe-Rouge. Fléché depuis la route principale. Compter 23 € à la carte. Si le vent (la bonne brise) souffle fort, les body-boarders s'en donneront à cœur joie, mais ce ne sera pas facile de manger sur la terrasse suspendue sur les vagues. On se réfugiera alors dans la salle décorée de grossières et rigolotes maquettes de bateaux. Carte simple : des pizzas, bien sûr, au feu de bois, bien entendu, des pâtes, des brochettes de moules, du rouget et du poisson grillé. C'est l'un des rares endroits où l'on sert des sardines grillées. Succulent. *Digestif maison offert à nos lecteurs sur présentation de ce guide.*

|●| L'Escale – 2, bd Alexandre-Delabre, Les Goudes (hors plan A3-39) ☎ 04-91-73-16-78. ♿ Fermé le dimanche soir et le lundi. Accès : prolongement de la corniche, direction les calanques. Menus à partir de 25 €. À la carte, compter 30 €. À l'entrée du village de pêcheurs, un ancien poissonnier a repris ce restaurant où la préparation du poisson est irréprochable et la qualité au top. Très bonnes et copieuses bouillabaisse et paella de la mer. On peut même, certains jours, manger de véritables cigales (de mer, bien sûr). Cadre enchanteur : une grande terrasse domine la mer et l'adorable petit port de pêche. Belle salle avec un grand bar en bois. Le prix ? Eh oui, le prix ! Vous ne serez pas déçu là non plus.

|●| Chez Aldo – 28, rue Audémar-Tibido (hors plan A3-46) ☎ 04-91-73-31-55. Fermé le dimanche soir et le lundi. Congés annuels : de mi-février à mi-mars. Accès : direction port de La Madrague de Montredon. Carte autour de 28 €. Une adresse qui ne paye pas de mine, vue de la route, mais il suffit de suivre la foule, midi et soir, pour comprendre que c'est à l'intérieur que tout se passe. Il y a de la pizza pour amuser le monde et du beau poisson, apporté par les pêcheurs du port de La Madrague, à savourer simplement grillé. Ici, pas de chichis : on partage le panaché de crevettes, on goûte les moules et les calamars sur la *plancha* des voisins. Accueil sympathique, grande terrasse et belle vue sur la baie de Marseille.

9ᵉ arrondissement

|●| Le Nautic Bar – calanque de Morgiou (hors plan A3-37) ☎ 04-91-40-06-37. Cartes de paiement refusées. Congés annuels : en janvier. M. : Rond-Point-du-Prado et bus nº 23 jusqu'à l'arrêt « Morgiou-Beauvallon », puis à pied (bonne trotte). Menus de 20 à 31 €. Téléphonez pour obtenir votre laisser-passer, en été. Et prévoyez votre eau potable pour la route, car il n'y a aucun point d'eau dans les calanques, de Marseille à Cassis. Ici, on dit « Chez Sylvie », quand on parle de ce resto-buvette dont la gentille terrasse est l'endroit idéal pour un casse-croûte d'humeur marine. En supplément du programme, brise de mer, cadre sublime et vin frais du Midi. Bref, tout ce qu'il faut pour se requinquer après une matinée passée dans l'eau entre crawl, brasse et plongée. Attention, les routes d'accès aux calanques sont fermées aux véhicules non autorisés de juin à septembre. *Apéritif maison ou digestif maison offert à nos lecteurs sur présentation de ce guide.*

|●| Le Lunch – calanque de Sormiou (hors plan A3-36) ☎ 04-91-25-05-37. M. : Rond-Point-du-Prado, bus nº 23 jusqu'à l'arrêt « La Cayolle » et navette gratuite jusqu'à la calanque (de 7 h 30 à 19 h). Compter environ 30 € sans le vin. Attention, en été, la route est fermée aux autos et aux motos. Téléphonez la veille pour avoir le laisser-passer. La descente sur la calanque offre une vue magnifique sur une mer d'un bleu magique qui se pare de quelques touches turquoise. Après cette agréable mise en bouche, il ne reste plus qu'à s'installer en terrasse pour jouir pleinement du temps qui passe, aidé par un petit blanc de Cassis bien frais bien en faisant honneur aux poissons du jour (daurades, rougets...) qui figurent à la carte. Prenez garde, le poisson étant proposé au poids, l'addition peut grimper vite. Bouillabaisse de bonne tenue, à commander la veille. *Apéritif maison offert à nos lecteurs sur présentation de ce guide.*

12ᵉ arrondissement

🏠 |●| Auberge de jeunesse – château de Bois-Luzy, allée des Primevères (hors plan D1-16) ☎ 04-91-49-06-18. Fax : 04-91-40-06-18. ● www.fuaj.org ● Parking. Accueil de 7 h 30 à 12 h et 17 h à 22 h 30. Accès : à environ 5 km du centre, dans le quartier de Montolivet ; de la gare Saint-Charles, prendre le métro direction La Rose (ligne 1) et descendre à la station « Réformés-Canebière » ; de là, prendre le bus nº 6 (arrêt « Marius-Richard »). 90 lits en chambre de 4 à 6 pour 7,62 €. Compter 8,40 € par personne pour une double. Prix hors taxe de séjour. Location de draps : 1,80 €. Petit déjeuner : 3 €. Menu à 7,70 €. Installé dans une magnifique bastide édifiée en 1850, au milieu d'un parc et avec vue sur la rade de Marseille, à environ 5 km du centre. Possibilité de planter la tente. Cuisine à disposition gratuitement pour faire son petit frichti, avec le plaisir d'admirer le sublime hall et les coursives de ce château. Juste à côté, un stade avec des terrains de tennis.

MARTIGUES   13500

Carte régionale A2

I●I*L'Auberge des Saveurs* – 8, pl. Mirabeau ☎ 04-42-42-13-24. Accès : au cœur du quartier de l'île. Menus à 10,52 €, le midi en semaine, et de 19,06 à 32,78 €. Une terrasse sur une jolie placette piétonne. Une petite salle aux murs de pierre et à l'ambiance tranquille ; bonne musique en fond sonore (pour une fois…). Voilà pour l'auberge. Pour les saveurs, aventurez-vous sans peur, sur les conseils du jeune et accueillant patron (il a apparemment tout goûté avant de passer au service) dans la courte carte ou dans les menus. Parce que de la saveur, il y en a à revendre dans ces petits plats malins entre tradition et terroir. Le pari de l'enseigne (risqué) est gagné… *NOUVEAUTÉ.*

MENTON   06500

Carte régionale B2

â I●I*Auberge de jeunesse* – plateau Saint-Michel (Nord) ☎ 04-93-35-93-14. Fax : 04-93-35-93-07. ● www.fuaj.org ● Réservation exclusivement sur Internet www.hostelbooking.com. Fermé de 12 h à 17 h. Congés annuels : de novembre à février. Accès : à partir de l'hôtel de ville, suivre les panneaux indiquant *Camping Saint-Michel* : route de Ciappes et de Castellar. Traverser le camping, c'est sur la gauche. On peut aussi y aller à pied, mais ça grimpe dur. Préférer la navette qui part de la gare routière. Compter 11,35 € la nuit (mais adhésion obligatoire). Demi-pension à 21 € par jour. Repas à 8 €. Dortoir de 8 lits avec petit déjeuner et douche. Le dîner est servi dans un réfectoire avec des baies vitrées d'où l'on a une vue splendide sur Menton et ses environs. Le patron, un pionnier des AJ, est une figure locale. En plus, il tient son auberge de main de maître : c'est nickel. 80 lits mais pas de réservation par téléphone. Il faut arriver le matin dans les premiers. Vue extra de là-haut.

â *Hôtel Beauregard* * – 10, rue Albert-Ier ☎ 04-93-28-63-63. Fax : 04-93-28-63-79. TV. Accès : à l'ouest du centre-ville et à 300 m de la gare SNCF. Chambres doubles à 39 € en haute saison. Dans un jardin planté de palmiers, de citronniers et de bougainvillées, une maison centenaire ayant du charme et du caractère. Étonnante et discrète adresse, à l'écart de l'agitation, entourée d'un terrain de basket, d'une école,

d'une salle des ventes et d'une chapelle évangéliste ! Jolies chambres rénovées et calmes, de bon confort (avec douche et w.-c.), donnant sur le jardin. Très bon accueil d'un homme jovial et ouvert. *Apéritif maison ou café offert à nos lecteurs sur présentation de ce guide.*

â *Hôtel Chambord* *** – 6, av. Boyer ☎ 04-93-35-94-19. Fax : 04-93-41-30-55. ● www.hotel-chambord.com ● Parking payant. TV. Satellite. Congés annuels : du 4 novembre au 6 décembre. Accès : juste à côté de l'office du tourisme et du casino. Chambres doubles de 100 à 120 €. En plein centre, sur la grande avenue de Menton, voilà une affaire de famille accueillante. Chambres très spacieuses et vraiment confortables. Tout cela à deux pas de la mer et à proximité du tennis-club. Pour les chambres, selon votre partenaire : avec grand lit, c'est sur l'arrière du bâtiment. Avec deux lits, c'est la vue sur les jardins !

I●I*À Braïjade Méridiounale* – 66, rue Longue ☎ 04-93-35-65-65. Ouvert le soir en été et aussi le midi hors saison, sauf le mercredi. Accès : dans la vieille ville. Vaste choix de menus allant de 25 €, le midi en semaine, à 40 €. Salle rustique aux murs en pierre apparente et, derrière le comptoir, une cheminée qui permet de donner un goût si agréable aux grillades. Ici, pas de coup de bambou, on est en terrain connu. Dans les menus affichés, tout est compris, de l'apéritif au café en passant par le vin. Beaucoup de brochettes originales de viande et poisson grillés ; mais également quelques standards de la cuisine provençale, comme la daube de bœuf ou les petits farcis niçois. Tout cela est servi copieusement, avec sourire et gentillesse. *Digestif maison offert à nos lecteurs sur présentation de ce guide.*

DANS LES ENVIRONS

ROQUEBRUNE-CAP-MARTIN
06190 (3 km S)

â I●I*Les Deux Frères* – pl. des Deux-Frères, au bourg ☎ 04-93-28-99-00. Fax : 04-93-28-99-10. ● info@lesdeuxfreres. com ●Cartes de paiement refusées. TV. 🍴 Resto fermé le mardi en saison, les dimanche soir et lundi hors saison. Concernant l'une des 10 chambres, il vous en coûtera 91 € pour avoir la vue sur la montagne. Menus de 20 €, à midi, à 45 €. Posée à l'entrée du vieux village, sur un belvédère, voici une adresse où on se laisse aller à la rêverie. La vue est extraordinaire. Le jeune patron hollandais a entièrement rénové et redécoré la maison. Le résultat est plein de charme et cela se fond bien avec une cuisine aux saveurs très travaillées grâce à des produits de grande qualité et une pointe d'imagination.

BEAUSOLEIL 06240 (8 km S)

⌂ *Hôtel Diana* ** – 17, bd du Général-Leclerc (Centre) ☎ 04-93-78-47-58. Fax : 04-93-41-88-94. Cartes de paiement refusées. Parking payant. TV. Chambres doubles avec douche à 42 € et avec bains à 54 €. Ici, on est en France alors que de l'autre côté de la rue, c'est Monte-Carlo. Alors forcément, c'est un peu moins cher que dans la principauté. Façade verte très Belle Époque. Toutes les chambres sont climatisées. On y accède par un ascenseur brinquebalant. Bon accueil. *10 % sur le prix de la chambre (pour un séjour minimum de 2 nuits) offerts à nos lecteurs sur présentation de ce guide.*

MOLINES-EN-QUEYRAS 05350

Carte régionale B1

⌂ |●| *La Maison de Gaudissard* ** – Gaudissard (Nord) ☎ 04-92-45-83-29. Fax : 04-92-45-80-57. ● www.gaudissard.quey ras.com ● Parking. Ouvert tous les jours. Congés annuels : du 5 avril au 15 juin et du 15 septembre au 20 décembre. Accès : en entrant dans Molines-en-Queyras, tourner à gauche après la poste ; l'hôtel est à 600 m. Chambres doubles équipées de 50 à 60 €. Menu à 17 €. Menu-enfants à 10 €. *La Maison de Gaudissard* est à la pointe du tourisme local depuis plus de 30 ans ! C'est en 1969 que Bernard Gentil fit de cette maison la première école de ski de fond de France. Depuis, elle multiplie les prestations : en hiver, l'équipe de la direction propose à la carte des stages de ski de fond, de raquettes à neige, de télémark et de ski de randonnée « peaux de phoques ». L'été, randonnées pédestres, escalade ou initiation à la randonnée glaciaire. Après la balade sportive, quoi de mieux que de se prélasser sur la terrasse qui surplombe le village et offre un large point de vue sur les montagnes ? À l'intérieur, bar tout en pavés de bois de mélèze. La maison dispose aussi d'un salon et d'un sauna finlandais. Fait aussi gîte. Possibilité de location d'appartements. *Apéritif maison offert à nos lecteurs sur présentation de ce guide.*

DANS LES ENVIRONS

ABRIÈS 05460 (15 km NE)

|●| *Restaurant Grain de Lune* – Le Roux (Nord) ☎ 04-92-46-70-05. Ouvert tous les jours en été et pendant les vacances scolaires de février, le midi uniquement. Accès :

à 3 km au nord d'Abriès par la D441. À la carte uniquement, compter 25 €. Il est encore possible d'être surpris ! Il était une fois, au fond d'une vallée, dans le hameau perdu du Roux, deux femmes éprises de cuisine et d'un vieux four à pain. L'une compose, l'autre régale ! Au son d'une musique douce, elles cuisinent devant vous, enfournent à l'ancienne et, sous des influences italiennes, composent des assiettes de produits frais et de délicieux pains maison : caillettes aux herbes sauvages, plats sucrés-salés, toasts au chèvre de pays et sa salade aux lardons. La vaisselle est de goût, la présentation impeccable. Voilà un lieu pour prendre son temps, entre amis, même si certains diront que le service traîne un peu... Il faut savoir que la création nécessite toujours un peu de temps, non ? Recommandé de réserver. *Café offert à nos lecteurs sur présentation de ce guide.*

MONTCLAR 04140

Carte régionale B1

|●| *Les Alisiers* ☎ 04-92-35-34-80. ⚄ Fermé les mardi et mercredi hors vacances scolaires. Congés annuels : une semaine en juin et de mi-novembre à mi-décembre. Accès : sur la route de Seyne D207, à la sortie de Saint-Jean-Montclar. Menus de 11,50 à 28 €. L'alisier est un petit arbre à fruits rouges que l'on trouve dans la région… Mais ici, c'est surtout un panorama sur la région, une grande terrasse aux beaux jours et une vraie cuisine française (oui, monsieur !) que l'on découvre : coq au vin, blanquette de veau, terrine maison, tartes aux fruits… L'accueil est gentil et serviable, un peu long parfois, mais on a le temps et on se délecte du calme qui règne sur la vallée. Et pour l'harmonie des couples, n'hésitez pas à demander un petit verre « d'Amour » en apéro (et y'a le choix, à la griotte, myrtille, fraise des bois). La maison d'à côté propose 6 chambres toute l'année, dont une pour recevoir les personnes handicapées, dans le style chalet de ferme, au calme, avec une grande pelouse. Compter 38,20 € la chambre tout équipée (☎ 04-92-35-30-88). *NOUVEAUTÉ.*

MOUGINS 06250

Carte régionale B2

⌂ |●| *Le Manoir de l'Étang* *** – route d'Antibes, Les Bois-de-Fontmerle ☎ 04-92-28-36-00. Fax : 04-92-28-36-10. ● www.manoir-de-letang.com ● Parking. TV. Satellite. Resto fermé le lundi. Congés annuels : de fin octobre à début mars. Chambres toutes mignonnes mais chères :

de 92 à 153 €. Menus à 25 €, le midi en semaine, et 30 €. Très joli manoir de charme qui échut un beau jour à Maurice Gridaine, architecte de l'ancien palais des festivals. C'est ici qu'il avait rêvé, avec Cocteau et bien d'autres, de construire une « cité du Cinéma » sur les 300 ha alors disponibles. Avec la crise du cinéma et la modernisation en parallèle des studios de la Victorine, à Nice, le projet tomba dans l'étang. En dédommagement, on lui laissa cette propriété, dont il était tombé amoureux. Sa descendance s'occupe toujours d'accueillir les visiteurs de passage comme s'ils étaient des familiers, et l'on se sent bien dans cette bastide de rêve dont les chambres, spacieuses, donnent sur un immense jardin et cet étang paresseux qui suggère des idées à ceux qui ne quittent guère leur chaise longue, près de la piscine. En terrasse ou en salle, on retrouve l'appétit pour goûter une cuisine agréable et mémorable tout à la fois, faite avec de beaux produits. *Un petit déjeuner offert à nos lecteurs (en début de séjour) sur présentation de ce guide.*

🍴 ***Resto des Arts*** – **20, rue du Maréchal-Foch ☎ 04-93-75-60-03.** ♿ Fermé le lundi et le mardi midi. Menus à 11 €, le midi en semaine, et à 17 €. Dans un village qui a la réputation d'accueillir des stars et des milliardaires, on vous servira ici sans chichis une cuisine traditionnelle, goûteuse et simple. Denise a le sens des beaux produits qu'elle va acheter elle-même le matin pour préparer des daubes provençales, des aïolis, un pot-au-feu du pêcheur, un *stouffi* d'agneau accompagné de polenta ou des petits farcis. Et c'est Grégory qui vous servira. Ancien coiffeur de stars, il a posé ses valises à Mougins et a gardé une faconde et une décontraction vraiment sympathiques.

🍴 ***Les Pins de Mougins*** – **2308, av. du Maréchal-Juin , quartier Val-de-Mougins ☎ 04-93-45-25-96.** Fermé le dimanche soir et le lundi hors saison ; le lundi et le samedi midi en juillet-août. Congés annuels : du 1er au 15 janvier et du 1er au 15 novembre. Accès : à la périphérie de Mougins, vers Le Cannet. Menus à 19 €, à midi, puis à 24 et 31 €. Fuyez la foule et le centre si vous voulez passer un joli moment dans un restaurant où l'on ne vous prendra pas pour des touristes : soupe de poisson de roche « maison », aïoli et crème brûlée à la lavande au 1er menu. Derrière ce joli petit resto aux couleurs jaune et vert provençal se cache une terrasse-jardin sous les pins bien accueillante dès les premiers beaux jours. *Café offert à nos lecteurs sur présentation de ce guide.*

MOUSTIERS-SAINTE-MARIE 04360

Carte régionale B2

⌂ ***Hôtel Le Clos des Iris*** – **chemin de Quinson ☎ 04-92-74-63-46. Fax : 04-92-74-63-59. • www.closdesiris.fr.fm •** Parking. ♿ Ouvert toute l'année. Fermé le mardi soir de mi-novembre à mi-mars. Accès : au pied du village, à 50 m de la Bastide de Moustiers. Chambres doubles avec douche ou bains et w.-c. de 60 à 70 € selon la saison. Petit dej' à 8 €. Un mas provençal rose aux volets violets, mignon et très fleuri, caché sous les marronniers, les cerisiers et les figuiers, impeccablement entretenu par Alexia, la jeune et souriante maîtresse de maison « aux yeux bleus ». Chambres personnalisées et décorées avec grand soin, à coup de fleurs fraîches et de petites attentions. Un vrai bonheur de tranquillité et de paix. L'adresse qu'il vous faut pour un week-end romantique. Réservation indispensable. *2 petits déjeuners offerts à nos lecteurs (pour 3 nuits consécutives entre le 1er octobre et le 1er mars) sur présentation de ce guide.* ***NOUVEAUTÉ.***

⌂ ***Hôtel de la Ferme Rose*** ** – **chemin Embourgues ☎ 04-92-74-69-47. Fax : 04-92-74-60-76. • www.lafermerose.fr.fm •** Parking. TV. ♿ Congés annuels : de mi-janvier à mi-mars et de mi-novembre à Noël. Accès : au pied de la ville. Chambres doubles de 75 à 135 € avec douche et w.-c. ou bains. Plantée dans un environnement vert et bucolique, cette ferme provençale est une petite perle, même si les prix restent un peu élevés. Juke-box, tables de bistrot, porte-manteaux et plein de bibelots aussi bien dans le bar que dans les chambres. La cuisine dans laquelle le petit déjeuner est préparé fait figure de modèle. Chambres ultra-calmes, comme la *chambre amande* du rez-de-chaussée, qui possède une jolie terrasse. Une adresse pour amoureux en mal de solitude douillette. Beau petit déjeuner, qui équivaut à un repas d'avant-farniente (pour des randonneurs acharnés, ce serait un peu juste, mais la maison incite plutôt à la douceur de vivre !). *Un petit déjeuner offert par chambre et par nuit à nos lecteurs sur présentation de ce guide.*

NICE 06000

Carte régionale B2

⌂ ***Auberge de jeunesse*** – **route forestière du Mont-Alban (hors plan D3-1) ☎ 04-93-89-23-64. Fax : 04-92-04-03-10. • www.fuaj.org •** Permanence de 7 h à 12 h et de 17 h à 23 h. Congés annuels : en décembre. Accès : de la gare, pour éviter les 45 mn de marche, prendre le bus n° 17 jusqu'à la station « Sun Bus », puis bus n° 14 sur le boulevard Jean-Jaurès jusqu'à l'auberge située dans le parc du Mont-Boron. La nuit à 13,50 €, petit déjeuner compris. Carte d'adhésion obligatoire. Avec une vue fantastique sur Nice, le port et la baie des Anges, on comprend pourquoi les routards du monde entier s'y bousculent. Pas de réservation possible, donc se présenter avant 10 h pour avoir une chance et laisser ses bagages. Cuisine à disposition. Accueil sympa et bonne ambiance. Superbe balade à faire jusqu'au fort (30 mn), avec vue sur la rade de Villefranche-sur-Mer et Saint-Jean-Cap-Ferrat.

🛏️ |●| *Relais international de la jeunesse Clairvallon* – 26, av. Scuderi, à Cimiez (hors plan C1-2) ☎ 04-93-53-35-88. ● clapaca@cote-dazur.com ● Accès : bus n° 15 de la gare SNCF ; descendre à l'arrêt « Scuderi ». Nuit à 14 € en chambre de 4, 6 ou 8, petit déjeuner et draps inclus. Demi-pension à 24 €. Menu à 9,15 € servi midi et soir. Souvent de la place. Emplacement privilégié au milieu d'un superbe parc avec piscine, dans le quartier résidentiel de Cimiez, à proximité des arènes (festival de Jazz, etc.) et des musées Matisse et Chagall. En été, repas dans le parc sur la belle terrasse ombragée. Dépôt des bagages le matin, accueil (très sympa) à 17 h (heure d'ouverture des chambres). *Café offert à nos lecteurs sur présentation de ce guide.*

🛏️ *Hôtel Danemark* * – 3, av. des Baumettes (A3-4) ☎ 04-93-44-12-04. Fax : 04-93-44-56-75. ● www.hotel-danemark.com ● Accès : à deux pas de la promenade des Anglais. Chambres doubles de 29 à 38 € avec douche et w.-c. et de 45 à 50 € avec bains. Belle maison ocre, calme, cachée derrière un pin et quelques jolis arbres. Certes, le quartier est totalement envahi par des immeubles résidentiels, mais les patrons sont tellement sympathiques qu'on a eu le béguin. Chambres simples, décorées avec goût et très propres. En plein centre de Nice, à deux pas de la promenade des Anglais, cet établissement a des airs de maison de campagne. Petit déjeuner servi en terrasse.

🛏️ *Hôtel Amaryllis* ** – 5, rue Alsace-Lorraine (B2-6) ☎ 04-93-88-20-24. Fax : 04-93-87-13-25. ● ● www.hotelamaryllis.com ● TV. Accès : dans le quartier de la gare. Chambres doubles entre 51 et 60 € avec douche et w.-c. En entrant, on est partagé. Est-on toujours à Nice ou déjà à Manhattan ? Autant l'ambiance que le décor nous ont fait penser à quelques petits hôtels tout simples que l'on peut trouver à New York. Heureusement, les prix, eux, restent français. Quelques chambres sur une petite cour tranquille. Accueil cordial et très serviable. *10 % sur le prix de la chambre offerts à nos lecteurs sur présentation de ce guide.*

🛏️ *Hôtel Locarno* *** – 4, av. des Baumettes (A3-7) ☎ 04-93-96-28-00. Fax : 04-93-86-18-81. ● hotel-locarno@liberty surf.fr ● Parking payant. TV. Canal+. Accès : à quelques minutes à pied de la promenade des Anglais. Chambres doubles de 51 à 76 € avec douche et w.-c. ou bains. Cet hôtel propose tout le confort moderne dans 50 chambres climatisées. Salons de repos. Toutes les chambres sont très confortables. Garage sur réservation. Rendez-vous des hommes d'affaires et des VRP en escale dans la région. Accueil et service chic et sympathiques. *10 % sur le prix de la chambre (toute l'année hors Grand Prix) offerts à nos lecteurs sur présentation de ce guide.*

🛏️ *Hôtel de la Buffa* – 56, rue de la Buffa (angle Buffa-Gambetta) (A3-14) ☎ 04-93-88-77-35. Fax : 04-93-88-83-39. ● www.hotel-buffa.com ● Accès : derrière l'hôtel *Negresco*. Chambres doubles de 60 à 75 €. Un petit hôtel très bien tenu, avec de petites chambres toutes simples, équipées de double vitrage côté rue. Climatisation et calme garanti côté cour. Mini-« office du tourisme » dans l'entrée. Accueil souriant et compétent. Petit déjeuner offert (le 1er jour) à nos lecteurs sur présentation de ce guide.

🛏️ *Hôtel L'Oasis* *** – 23, rue Gounod (B2-9) ☎ 04-93-88-12-29. Fax : 04-93-16-14-40. ● www.hotel-oasis-nice.com.fr ● Parking payant. TV. Canal+. Satellite. Accès : à mi-chemin de la gare et de la promenade des Anglais. Chambres doubles de 66 à 86 €. *L'Oasis* porte bien son nom : l'hôtel est entouré d'un jardin ombragé et le calme est de la partie. Chambres confortables. Enfin, sachez que cette maison

PROVENCE-ALPES-CÔTE D'AZUR

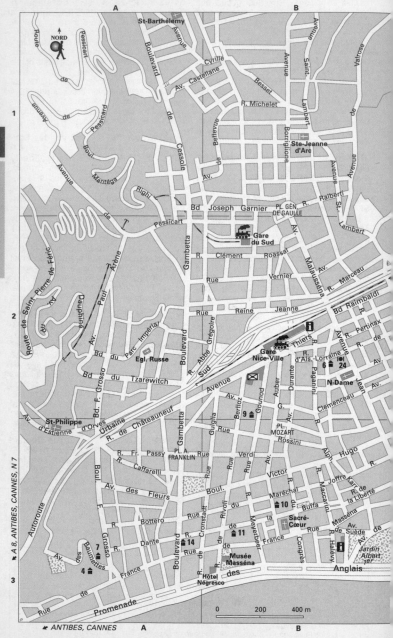

PROVENCE-ALPES-CÔTE D'AZUR

Musée Matisse

Faculté des Sciences

CIMIEZ

PONT VINCENT AURIOL

Musée Chagall

Palais des Expositions

Av. des Diables Bleus

PL. DE L'ARMÉE DU RHIN

Palais des Congrès et de la Musique "Acropolis"

Muséum d'Hist. Nat.

ESPL. MAR. JUIN

PL. GARIBALDI

PL. ARSON

PL. BAREL

N.-D. du Port

ILE DE BEAUTÉ

Musée Terra Amata

VIEILLE VILLE

Cath.

Préfecture

St-Jacques (Gésu)

Pal. de Just.

Ch.lle de la Miséricorde

Marché aux Fleurs

Château

Tour Bellanda

PLACE GUYNEMER

Port

Quai des Etats Unis

Q. Rauba-Capéu

Grande Corniche, D 2564 ↗ ⌂ 1 MENTON, N 7

Corniche A. de Joly

↑ MENTON, N 98

C   D

accueillit Tchekhov et un certain Vladimir Ilitch Oulianov… plus connu sous le nom de Lénine ! Non, rassurez-vous, ils n'ont pas dormi dans la même chambre… la maison est sérieuse ! *10 % sur le prix de la chambre (pour un minimum de 2 nuits, sauf en juillet-août) offerts à nos lecteurs sur présentation de ce guide.*

⌂ Hôtel de la Fontaine ✷✷✷ – **49, rue de France (B3-11)** ☎ 04-93-88-30-38. Fax : 04-93-88-98-11. ● www.hotel-fontaine.com ● TV. Satellite. Chambres doubles avec douche et w.-c. ou bains de 95 à 105 €. Petit déjeuner-buffet trois étoiles à 8,50 €. Les chambres sont belles, propres et agréables, le patio permet de prendre un petit déjeuner copieux avec le délicat glouglou de la fontaine. La maison est en plein centre de Nice, à deux pas de la mer et de la rue piétonne. S'il n'y avait que cela, ce serait suffisant. Mais il y a l'accueil et la gentillesse du patron. Il se mettra en quatre pour vous faire plaisir et rendre votre séjour agréable. Lui, mais aussi son personnel, sont courtois, gentils sans jamais se forcer. Au niveau de l'accueil, on pourrait presque le citer en exemple. *10 % sur le prix de la chambre (sauf en haute saison) offerts à nos lecteurs sur présentation de ce guide.*

⌂ ●┃Hôtel Windsor ✷✷✷ – **11, rue Dalpozzo (B3-10)** ☎ 04-93-88-59-35. Fax : 04-93-88-94-57. ● www.hotelwindsornice.com ● Cartes de paiement refusées. TV. Resto fermé le dimanche. Chambres doubles à 100 € avec douche et w.-c. et à 130 € avec bains (en haute saison). Carte autour de 28 €. Pas de restauration le dimanche. Dès l'entrée au mobilier asiatique, on pénètre dans un autre monde. Dans le jardin tropical, des bougainvillées, palmiers et bambous encadrent une petite piscine ; quelques créatures s'y prélassent en écoutant le chant des oiseaux : certains sont bien réels, d'autres ont été enregistrés par des créateurs de musique contemporaine. Car ici, c'est le domaine de l'art contemporain : chaque chambre est décorée par un artiste ; citons Présence Panchounette, Peter Fend, Lawrence Wiener, Joël Ducorroy, Ben, Philippe Perrin, Miguel Chevalier… Après avoir fait fonctionner vos sens, l'hôtel propose, pour votre bien-être physique, un sauna, un hammam, des massages et une salle de relaxation.

●┃Chez Pipo – **13, rue Bavastro (D3-21)** ☎ 04-93-55-88-82. Fermé le midi en semaine (n'ouvre qu'à partir de 17 h 30), et le lundi de janvier à mai. Accès : derrière le port. Compter autour de 10 €. Une adresse étonnante. De l'extérieur, on devine de longues tables en bois sur lesquelles tout le monde se retrouve au coude à coude. Ici, la lutte des classes est abolie. Bourgeois et ouvriers se retrouvent à la même table pour célébrer la *socca* fraternellement. Spécialité

niçoise s'il en est, les vieux du pays vous diront que c'est ici qu'on mange la meilleure. C'est vrai qu'elle vaut le détour, comme la pissaladière et la tourte aux blettes sucrée. Vous ne mangerez que cela ici.

●┃Restaurant Voyageur Nissart – **19, rue Alsace-Lorraine (B2-24)** ☎ 04-93-82-19-60. Service de 11 h 30 à 14 h et de 18 h 30 à 22 h. Fermé le lundi. 2 menus à 11 et 18 € entourent le célèbre menu niçois à 14 €. Une curiosité que l'on finira par regretter un jour, témoin d'un temps que les moins de 20 ans ne risquent surtout pas de connaître. Le cadre est rustique, le service « authentique ». Une occasion de découvrir une cuisine niçoise simple et bien faite. Spécialités : osso buco, sanguins à l'huile, raviolis niçois, tarte aux courgettes, farcis niçois, poivrons à la provençale et soupe au pistou. Chaque jour, des menus différents en fonction du marché. *Apéritif maison offert à nos lecteurs sur présentation de ce guide.*

●┃La Cave de l'Auberge des Arts – **9, rue Pairolière (C3-22)** ☎ 04-93-85-63-53. Ouvert du mardi au samedi de 16 h à 0 h 30. Fermé le dimanche et le lundi. Carte bistrot uniquement. Compter entre 13 et 20 € pour un plat et un verre de vin. Plus de 400 références de vins, à déguster sur place ou à emporter au prix cave. À quelques pas de la gare routière, un vrai beau bistrot à vins, où l'on peut choisir son tonneau pour se poser, le temps d'un grignotage express, au rez-de-chaussée (assortiment de charcuteries corses ou italiennes, navarin d'agneau ou jambonnette de volaille servie avec sa polenta). Mieux vaut descendre se réfugier dans la belle salle voûtée du XVIIᵉ siècle (climatisée, rassurez-vous) pour une dégustation en règle. Œnologue de bon conseil (c'est d'ailleurs son titre) et service agréable font, avec les prix pratiqués et la qualité de la cuisine, le succès de ce lieu dépaysant et niçois tout à la fois (non, c'est pas méchant, juste un compliment). *NOUVEAUTÉ.*

●┃La Zucca Magica – **4 bis, quai Papacino (D3-34)** ☎ 04-93-56-25-27. Cartes de paiement refusées. Menus à 15 € le midi et 22 € le soir. Un lieu pour les grands enfants prêts à vivre un conte de fées et qui n'en reviendront pas de pouvoir dîner à la table d'un ogre végétarien cousin de Pavarotti. Pas d'enseigne, Marco n'en a pas besoin. Lorsqu'il a quitté Rome pour ouvrir, sur le quai ouest du port, ce drôle de resto rempli de « coureuses de jardin » (les fameuses « courges » magiques aux yeux des enfants d'Halloween !), tout le monde lui a prédit l'échec. Aujourd'hui, à chaque service, il refuse du monde. Pas de carte, on goûte ce qu'il veut, quand il le veut, en fonction du marché et des légumes qui mijotent dans les marmites. Dans la pénombre éclairée par de multiples bougies (venez le soir, la *Zucca* – la « Citrouille » ! – est encore plus magique...), vous devinez à peine ce qui vous arrive dans l'assiette : lasagnes odorantes, poivrons farcis à la *pasta, borsotti* aux courges et aux noix, tourtes de citrouille et gorgonzola, le tout servi copieusement... Petits prix, surtout, pour une cuisine végétarienne pleine de saveurs, à base de pâtes, de pois chiches, de lentilles, de haricots. Fellini aurait aimé, nous on a adoré. *Café offert à nos lecteurs sur présentation de ce guide.*

I●I *Le Grand Café Turin* – 5, pl. Garibaldi **(D3-31)** ☎ 04-93-85-30-87. Chèques refusés. Service de 10 h à 22 h. Menu à 15 €. Compter de 23 à 30 € à la carte. Une institution niçoise spécialisée dans les fruits de mer. On y déguste des huîtres toute la journée (en été, seulement de 17 h à 23 h), fraîcheur garantie ! si vous hésitez, craquez pour un panaché de fruits de mer avec huîtres, amandes de mer, crevettes, bulots, violets... et oursins en saison. À l'intérieur, les deux salles ne désemplissent pas, le reste la terrasse non plus. On peut également y boire un verre !

I●I *Lou Mourelec* – 15, rue Biscarra **(C2-25)** ☎ 04-93-80-80-11. Fermé le dimanche et le lundi soir. Congés annuels : en août et fin décembre. Plats du jour à l'ardoise, le midi (compter autour de 15 €) ; menus le soir à 20 et 28 €. En nissart, *lou mourelec* signifie le « bec fin ». Un bistrot qui met les voiles (aux fenêtres) mais dont la cuisine reste enracinée dans le terroir. Le midi, uniquement des plats du jour : vous pourrez vous trouver des raviolis à la daube, des sardines farcies à la brousse, des poulpes à la niçoise. Le soir, les assiettes mettent leurs tenues de fête, alors faites un effort vous aussi. *Apéritif maison offert à nos lecteurs sur présentation de ce guide. NOUVEAUTÉ.*

I●I *Restaurant Acchiardo* – 38, rue Droite **(C3-23)** ☎ 04-93-85-51-16. Cartes de paiement et chèques refusés. Fermé le samedi et le dimanche. Accès : dans le vieux Nice, dans une rue proche du cours Saleya. À la carte, compter de 18 à 22 €. Le midi, plat du jour à 10 €. Une volonté de rester populaire avant d'être touristique : on y mange à la bonne franquette, sur des grandes tables recouvertes de toile cirée rouge... et dans une joyeuse ambiance. De bons plats du jour, comme les tripes niçoises (sauf en été), la soupe au pistou, la daube ou la ratatouille. Excellents raviolis bolognaise, au pistou, au gorgonzola... Un haut lieu niçois. Vin maison au tonneau. *Café offert à nos lecteurs sur présentation de ce guide.*

I●I *L'Auberge de Théo* – 52, av. Cap-de-Croix (hors plan C1-20) ☎ 04-93-81-26-19. Service jusqu'à 23 h. Fermé le lundi (et le dimanche hors saison). Congés annuels : du 20 août au 10 septembre. Accès : dans le quartier de Cimiez. Menus à 19 €, le midi en semaine, et à 27,50 €. Sur les hauteurs de la ville, dans un patio charmant, c'est Florence en pays niçois et toute l'Italie dans les assiettes. Pâtes fraîches aux gambas, poisson grillé à l'*aceto balsamico*, fleurs de courgette en beignet. Une bonne adresse. *Digestif maison offert à nos lecteurs sur présentation de ce guide.*

I●I *La Part des Anges* – 17, rue Gubernatis **(C3-28)** ☎ 04-93-62-69-80. Ouvert de 10 h 30 à 20 h en semaine, et les vendredi et samedi soir. Fermé le dimanche. Carte autour de 22 €. Un bistrot dont tous les amoureux du vin vous parleront, à Nice. Juste une vingtaine de places, pour s'offrir un petit pot au feu des familles ou un plat de girolles, l'important, comme toujours, étant qu'il soit bien accompagné (c'est très humain, tout ça !). D'où le choix des vins servis au verre, car ici, on vient « manger pour boire ». Olivier Labarde aime les vins « nature », et saura vous trouver celui qui conviendra à votre humeur de table du moment. La réservation est quasi obligatoire, vu le succès. *NOUVEAUTÉ.*

I●I *La Table Alziari* – 4, rue François-Zanin **(CD2-26)** ☎ 04-93-80-34-03. Fermé le dimanche et le lundi. Congés annuels : du 20 janvier au 10 février et la 3ᵉ semaine d'août. Compter 22 € pour un repas complet (boisson comprise). Dans une ruelle en pente du vieux Nice. Une déco style « Côte d'Azur », des peintures sur des murs jaunes, quelques tables dehors. Sur chacune d'elles est posée la bouteille d'huile d'olive *Alziari* (la marque familiale réputée pour sa qualité !). Carte courte écrite sur une ardoise mais tout est frais car André Alziari achète chaque matin ses produits au marché du cours Saleya. Son épouse Anne-Marie mijote une cuisine familiale, préparant à sa manière des plats aux saveurs régionales : petits farcis, beignets de fleurs de courgettes, sardines farcies, alouettes sans tête. *NOUVEAUTÉ.*

I●I *Restaurant Aphrodite* – 10, bd du Dubouchage **(C2-27)** ☎ 04-93-85-63-53. Fermé le dimanche et le lundi. Menu déjeuner à 23 €, menu-carte « Autour du Comté de Nice » proposé à 30 €. Ne vous laissez pas abuser par le nom, ce n'est pas un lieu de débauche mais une des plus fines tables du pays niçois. David Faure, qu'on avait connu débutant à *L'Auberge des Arts*, a ouvert un lieu chic et chaleureux à la fois, avec une superbe terrasse fleurie où le glouglou de la fontaine sait vite vous faire oublier l'environnement boulevardier. Service appliqué mais pas coincé, clientèle qui se cherche encore, alors que la cuisine s'est déjà trouvée, toujours aussi parfumée et imaginative. Ah, le poulpe de roche cuisiné comme un stockfish ! Pourquoi « Oh ! » ?

Goûtez-le, vous allez craquer !
NOUVEAUTÉ.

|●| *Don Camillo* – 5, rue des Ponchettes (C3-32) ☎ 04-93-85-67-95. Fermé le dimanche et le lundi midi. Accès : quai des États-Unis ; tourner à gauche rue des Ponchettes. Menu du marché à 29 €. Compter 45 € à la carte. Stéphane Viano a choisi une adresse calme et centrale, entre le cours Saleya et le front de mer, propice à la dégustation d'une cuisine de haut niveau, dans une grande et belle salle pimpante, aux couleurs fraîches, aux tables bien nappées et suffisamment espacées. Un menu servi midi et soir et une carte des plus attrayantes qui entend marier terroir campagnard et poisson du pays. On a aussi apprécié le service professionnel et très affable mais surtout pas pesant. Moins cher, et à quelques minutes, côté port, le *Don Camillo Café*. *Apéritif maison offert à nos lecteurs sur présentation de ce guide.*

DANS LES ENVIRONS

VILLEFRANCHE-SUR-MER 06230
(7 km E)

|●| *Restaurant Michel's* – pl. Amélie-Pollonnais ☎ 04-93-76-73-24. Fermé le mardi. Accès : sur le port. Compter de 20 à 30 € à la carte. C'est évidemment un soir d'été que cette grande terrasse se goûtera avec le plus de délices. Ici, pas de menus mais une belle carte remplie de plats préparés avec des produits de saison. L'endroit est à la mode et l'ambiance est plutôt décontractée. Cependant, la cuisine, largement axée sur la mer, vaut le détour.

|●| *La Mère Germaine* – quai Courbet ☎ 04-93-01-71-39. Parking. ⅋ Congés annuels : du 10 novembre au 24 décembre. Accès : sur le port. Menu à 36 €. À la carte, compter environ 46 €. Idéalement situé sur le port, avec bien sûr vue magnifique sur la rade de Villefranche, voici sans doute l'une des meilleures adresses entre Nice et Monaco. Belles salle et terrasse, tables élégamment nappées et dressées, une armée de serveurs tirés à quatre épingles pour vous faire passer un agréable moment. Côté cuisine, des produits de première fraîcheur, parfaitement apprêtés (enfin du bon poisson au bord de la Méditerranée !). À la carte, les prix s'envolent rapidement, à vous de voir. On aimerait découvrir plus souvent de pareils établissements qui renouent avec une tradition un peu oubliée...

ORANGE 84100

Carte régionale A1

🏠 *Hôtel Le Glacier* ** – 46, cours Aristide-Briand (Centre) ☎ 04-90-34-02-01. Fax : 04-90-51-13-80. ● www.le-gla

cier.com ● Parking payant. TV. Canal+. Satellite. Fermé le week-end de janvier à mars. Congés annuels : du 20 décembre au 10 janvier. Accès : par l'A7 et l'A9. Chambres doubles avec douche et w.-c. ou bains de 45 à 61 €. Petit déjeuner à 6 €. Hôtel très confortable, très bien tenu par la famille Cunha depuis trois générations. Chambres toutes différentes les unes des autres mais toutes mignonnes. Sans aucun doute, le meilleur rapport qualité-prix d'Orange. D'ailleurs, les musiciens des Chorégies y sont hébergés. Parking privé (gratuit) et garage clos (payant). *10 % sur le prix de la chambre (hors juillet-août) offerts à nos lecteurs sur présentation de ce guide.*

🏠 *Hôtel Arène* *** – pl. de Langes (Centre) ☎ 04-90-11-40-40. Fax : 04-90-11-40-45. ● www.avignon-et-provence.com/hotelarene ● Parking payant. TV. Canal+. Satellite. Câble. Congés annuels : du 8 au 30 novembre. Accès : en centre-ville. Chambres doubles avec douche et w.-c. ou bains de 67 à 91,50 €. Petit déjeuner à 8 €. En plein cœur du quartier piéton, hôtel calme (membre des *Relais du Silence*) et plein de charme. Chambres de joli style et tout confort (climatisation, minibar et coffre). Certaines avec terrasse, bien agréable pour prendre un petit déjeuner copieux avec des gâteaux provençaux et des confitures maison. *10 % sur le prix de la chambre (de novembre à mars) offerts à nos lecteurs sur présentation de ce guide.*

|●| *Le Forum* – 3, rue Mazeau ☎ 04-90-34-01-09. ⅋ Fermé le lundi et le samedi midi (sauf en été). Congés annuels : vacances scolaires de la zone B. Menus de 15 à 52 €. Menu-enfants à 10 €. Une bien sympathique adresse, à deux pas du théâtre, où un couple de professionnels officie dans une petite salle agréable. Naturellement, la cuisine provençale y est à l'honneur. À chaque saison sa saveur : en janvier, hommage au « diamant noir » (la truffe, bien sûr) ; de mars à mai, « festival de l'asperge » de l'entrée au dessert, etc. Quoi qu'il en soit, on est toujours assuré de faire ici un repas gastronomique. Certains classiques ne quittent jamais la carte comme la terrine de foie au marc de Châteauneuf-du-Pape ou l'assiette de Saint-Jacques à la crème d'ail. Et puis, nombreux crus régionaux et septentrionaux à des prix très sages... Son rapport qualité-prix nous a paru l'un des meilleurs de la région. En saison, pensez à réserver. *NOUVEAUTÉ.*

|●| *La Roselière* – 4, rue du Renoyer (Centre) ☎ 04-90-34-50-42. Cartes de paiement refusées. ⅋ Fermé le dimanche et le lundi. Congés annuels : en août. Accès : à droite de la mairie quand on la regarde. Compter 20 € environ pour un repas à la carte. La déco est hétéroclite et un poil mar-

ginale. Le temps ne permet pas de manger dehors ? Et alors ? Laissez-vous bercer à l'intérieur (ou entraîner) par la musique de Guidoni, Brel, Higelin ou Mahler… Rien que ça ! Bien sûr, ce n'est pas cela qui nourrit. Difficile de vous mettre l'eau à la bouche car Fred, la patronne, change tout le temps sa carte, la coquine ! Même si certains plats, il est vrai, ne bougent pas, comme les pieds de cochon, le *nasi goreng istimewa* (indonésien) ou le magret de canard. Et pour arroser tout ça, rien de tel que quelques bonnes petites bouteilles pas chères, comme en recèle la cave !

DANS LES ENVIRONS

PIOLENC 84420 (7 km NO)

🏠 I●I *Auberge L'Orangerie* – 4, rue de l'Ormeau (Centre) ☎ 04-90-29-59-88. Fax : 04-90-29-67-74. ● www.orangerie.net ● Parking. TV. ♿ Fermé le lundi midi en été ; le dimanche soir et le lundi hors saison. Congés annuels : 1 semaine en novembre. Accès : par la N7. En centre-ville. Chambres doubles avec douche et w.-c. ou bains de 61 à 74 €. Petit déjeuner à 8 €. Demi-pension demandée de Pâques à octobre, à 63,50 € par personne. Menus de 17 €, le midi en semaine, à 36 €. Menu-enfants à 10 €. Depuis bientôt 20 années, Gérard et son épouse Micky soignent cette belle auberge perdue derrière un rideau de verdure. 6 chambres très agréables, au confort douillet et équipées de meubles rustiques. On a un petit faible pour celle qui a une terrasse, un peu isolée du monde. Toute la maison est décorée de vrais-faux chefs-d'œuvre, en fait des copies que Gérard a faites lui-même. Et il a du talent, le bougre. Au restaurant, les menus vous feront faire un joli tour du monde. Le crabe farci, le pavé d'autruche à la mexicaine ou l'osso buco de langoustes aux pâtes fraîches côtoient allégrement les bons petits plats provençaux. La cave de Gérard, qui compte plus de 350 crus, est à tomber par terre. Mais le plaisir ne serait pas total si vous négligiez d'aller faire une visite aux toilettes, qu'on vous laisse donc le soin de découvrir.

ORCIÈRES 05170

Carte régionale B1

I●I *Auberge-restaurant de Pont-Peyron* – Pont-Peyron ☎ 04-92-55-75-20. Cartes de paiement refusées. Ouvert de fin juin à début septembre et uniquement sur réservation en hiver. Accès : en contrebas de la station, à droite avant de monter vers Orcières-Merlette. Menu à 13 €. À la carte, compter 16 €. Isolée par un pont suspendu de la civilisation, cette ferme 100 % nature

est des plus surprenantes. Son accès tout d'abord, puis ensuite son cadre entouré d'animaux qui vadrouillent à droite et à gauche en toute tranquillité. Et à l'intérieur, l'ambiance au feu de bois est décontractée et familiale. Jean-Louis, le maître des lieux, aux allures de Cantona, grand sportif, est aussi l'un des organisateurs de la célèbre « Croisière blanche » qui traverse le département. Le pont a d'ailleurs été construit à cette occasion. Jeune papa, bon vivant et enfant du pays, il vous servira une cuisine de la vallée : aubergine à la parmesane, génépi du patron, truite au barbecue, charlotte chocolat maison… C'est aussi une terrasse ensoleillée, un mini-mur d'escalade pour les petits qui souhaitent s'initier à cette activité, et un point de départ pour de nombreuses balades. Et en hiver, un transport en chenillette sur demande est même prévu. Un rendez-vous à ne pas manquer ! *Digestif maison offert à nos lecteurs sur présentation de ce guide.*

PEILLE 06440

Carte régionale B2

🏠 I●I *Auberge Le Belvédère* – 3, pl. Jean-Miol ☎ 04-93-79-90-45. ♿ Fermé le lundi. Congés annuels : du 1er novembre à fin décembre. Accès : à l'extérieur du village. Chambres doubles à 40 €. Menus de 18,50 à 27 €. 5 chambres seulement, avec un splendide panorama sur la montagne. Dans ce bâtiment chargé d'histoire, qui abrita l'école puis la mairie, un tout jeune chef, qui est allé à bonne école, lui aussi, a su attirer très vite l'attention d'une nouvelle clientèle, par l'odeur de la nouveauté alléchée. Tout est frais, savoureux, même le pain. Salle de resto très accueillante (dans ce qui fut la cour de récré) et baie vitrée plongeant sur la vallée.

PELVOUX 05340

Carte régionale B1

🏠 I●I *Le Saint-Antoine* ★★ ☎ 04-92-23-36-99. Fax : 04-92-23-45-20. ● www.hotel-st-antoine.com ● Fermé le dimanche soir hors saison. Congés annuels : du 1er mai au 3 juin et du 20 septembre au 10 décembre. Accès : à 25 km au sud-ouest de Briançon ; suivre la direction Embrun sur 16 km, puis prendre à droite la D994 pour entrer dans la vallée de la Vallouise : Pelvoux est à 11 km. Chambres doubles avec lavabo de 28 à 33 € ; avec douche et w.-c. ou bains de 35 à 44 €. Demi-pension de 37 à 41 € par personne. 1er menu à 13 €, puis menus à 16 et 22 €. Au cœur de cette vallée restée bien sauvage, en bordure du parc national des Écrins – belle virée jusqu'au pré de madame

Carle, face au glacier Blanc –, *Le Saint-Antoine* est une valeur sûre, tenue gentiment et sérieusement. Chambres simples et propres (nous préférons celles avec balcon donnant sur le torrent). À table, une honnête cuisine traditionnelle et familiale, avec un 1er menu qu'on a testé (ça allait bien), et le suivant comportant des *berthoux* en entrée (fondue savoyarde allégée). *10 % sur le prix de la chambre (en mars, avril, juin et septembre) ou café offerts à nos lecteurs sur présentation de ce guide.*

PLAN-DE-LA-TOUR 83120

Carte régionale B2

🏠 *Mas des Brugassières* ** ☎ 04-94-55-50-55. Fax : 04-94-55-50-51. ● www.mas-des-brugassieres.com ● Parking. Congés annuels : de mi-octobre à mi-mars. Accès : à 1 km du village. Chambres doubles avec bains de 72 à 87 €. En v'là du charme, en v'là ! Au cœur même du massif des Maures, à 5 km de la mer seulement et à 12 km de Saint-Tropez, vous avez tout : un village agréable, la forêt, des balades, et cet hôtel accueillant tenu par des oiseaux voyageurs, d'où l'impression d'exotisme bienvenue, dès l'entrée. Le reste, vous pouvez l'imaginer : accueil décontracté, chambres décontractées, piscine décontractée. Possibilité d'un petit déjeuner-piscine qui n'a rien de petit. Tennis. *Apéritif et 2 petits déjeuners offerts à nos lecteurs (pour un séjour de 3 nuits hors juillet-août) sur présentation de ce guide.*

PONTEVÈS 83670

Carte régionale B2

🏠 |●| *Le Rouge Gorge* ** – quartier Les Costes ☎ 04-94-77-03-97. Fax : 04-94-77-22-17. Parking. TV. Fermé le mardi hors saison. Congés annuels : en janvier et février. Accès : sur la D560 ; à 2 km à l'est de Barjols, passer le pont ; grimper vers le village. Chambres doubles avec douche et w.-c. ou bains de 49,50 à 55,60 €. Demi-pension demandée en juillet-août, de 45,50 à 49,25 €. Menus de 15,10 à 25 €. Dieu que la campagne varoise est belle et encore méconnue ! Entre les gorges du Verdon et la Côte, il est des villages comme celui-ci, avec leur château un peu mort et une auberge bien vivante, pleine de rires, de parfums. Le soir, tout le monde dîne autour de la piscine, l'accueil est comme le climat, sain, tonique. Chambres sans prétentions mais confortables, certes. Cuisine du pays avec aiguillettes d'agneau au jus de romarin, daube provençale façon grand-mère, etc. Et plein de balades à faire alentour. Le bonheur ! *Apéritif maison offert à nos lecteurs sur présentation de ce guide.*

QUINSON 04800

Carte régionale B2

🏠 |●| *Relais Notre-Dame* – D13 (Centre) ☎ 04-92-74-40-01. Fax : 04-92-74-02-10. Repas le soir uniquement et pas le lundi, ni le jeudi. Congés annuels : de début octobre à fin avril. Accès : près du musée de la Préhistoire. Chambres doubles de 40 à 48 €. Menus de 14 à 38 €. Quinze chambres rénovées dans cet établissement qui a retrouvé des couleurs – et une nouvelle clientèle – depuis l'apparition du musée. Chambres coquettes et bien propres. À table, de bons pieds-paquets, de la truite, de la charcuterie de pays, des plats accompagnés de truffes de Valensole, d'aïoli ou de ratatouille, des pâtisseries maison, servis en salle ou en terrasse sous les platanes. Piscine, balançoire, petit jardin. L'adresse familiale du village comme à la maison. *NOUVEAUTÉ.*

ROUSSILLON 84220

Carte régionale A2

|●| *Mincka's restaurant* – pl. de la Mairie (Centre) ☎ 04-90-05-66-22. Cartes de paiement refusées. Fermé le jeudi. Congés annuels : du 7 janvier au 10 février et du 12 novembre au 25 décembre. Accès : au centre du village. Menu à 20 €. Compter 22 € à la carte. Deux salles dans une charmante petite maison à façade rouge. Et une adorable terrasse sur la placette du village. Chouette cuisine de marché, sans esbroufe, tout en saveur. Le menu offre un joli choix de petits plats réjouissants, inspirés de la cuisine moyenâgeuse (daube à la cardamome, civet de porc au gingembre frais, compote d'Iseult). Accueil chaleureux et service très décontracté ; on vous conseille de réserver. *Apéritif (du Moyen Âge !) offert à nos lecteurs sur présentation de ce guide.*

SAINT-DALMAS-DE-TENDE 06430

Carte régionale B1

🏠 |●| *Le Terminus* ** – rue des Martyrs-de-la-Résistance ☎ 04-93-04-96-96. Fax : 04-93-04-96-97. Parking. TV. Canal+. Satellite. Fermé le midi du 15 septembre au 15 juin. Accès : face à la gare. Chambres doubles de 34 à 54 €. Menus à partir de 14 €. Grâce à un accueil amical, on se sent tout de suite à l'aise dans cette maison familiale. Les nuits sont fraîches (on est en montagne) et reposantes. Chambres toutes mignonnes et simples. Agréable pergola devant la maison et salle à manger, avec cheminée et four à bois, dans laquelle on fait des repas plantureux. À noter que la cuisine est préparée par la patronne. Et ses raviolis sont inoubliables ! *Café offert à nos lecteurs sur présentation de ce guide.*

DANS LES ENVIRONS

BRIGUE (LA) 06430 (3 km E)

I●I *La Cassolette* – 20, rue du Général-de-Gaulle ☎ 04-93-04-63-82. Fermé le dimanche soir et le lundi sauf les jours fériés. De novembre à avril, service à midi uniquement. Congés annuels : en mars. Accès : entre la place Saint-Martin et la place de Nice. Menus à partir de 13 €. Compter 35 € à la carte. Tout petit et tout mignon, ce restaurant rempli de figurines et d'objets représentant des poules. Cuisine et service familiaux. Le patron peut parfois sortir pendant le service pour aller chez son voisin boucher chercher un tournedos en plus ou un magret. On se demande s'il ne va pas pêcher directement les truites dans la rivière juste de l'autre côté de la route. *Café offert à nos lecteurs sur présentation de ce guide.*

SAINT-DISDIER 05250

Carte régionale A1

🏠 I●I *Auberge La Neyrette* ** ☎ 04-92-58-81-17. Fax : 04-92-58-89-95. ● www.laneyrette.com ● Parking. TV. Satellite. Congés annuels : du 14 au 26 avril et du 20 octobre au 13 décembre. Accès : au croisement des routes de Saint-Étienne-en-Dévoluy et de Veynes. Chambres doubles tout confort à 58 €. Menus de 18,50 à 37 €. Posée toute seule au creux d'une petite vallée, entre la montagne de Faraud, le pic de Bure et l'Obiou, on y vient de loin pour ses chambres impeccables (la n° 1, très prisée pour sa vue) et la qualité de sa restauration. Mais, avec 12 chambres retenues pour les pensionnaires venus y chercher le calme et la nature, il est prudent de réserver. Venez prendre un grand plaisir dans cet ancien moulin à grain en dégustant les truites de son lac ou les tourtons aux pommes de terre, la tarte aux noix et autres spécialités. *Apéritif maison offert à nos lecteurs sur présentation de ce guide.*

SAINT-JEAN-CAP-FERRAT 06230

Carte régionale B2

🏠 *Hôtel Le Clair Logis* ** – 12, av. Centrale (Centre) ☎ 04-93-76-51-81. Fax : 04-93-76-51-82. Parking. TV. ⚒ Congés

annuels : du 10 janvier au 15 mars et du 10 novembre au 15 décembre. Accès : au centre de la presqu'île, à l'angle de l'allée des Brises. Chambres doubles de 80 à 125 € selon le confort (moins cher en basse saison). Réserver 3 semaines à l'avance en été. Un paradis de calme dans un grand jardin exotique. On comprend que le général de Gaulle soit venu se reposer en 1952 dans ce cadre agréable, planté dans un beau quartier résidentiel. 18 chambres avec balcon ou petite terrasse. Prix élevés, mais raisonnables pour la presqu'île (un repaire de milliardaires). Une bonne adresse, idéale pour un week-end en amoureux sur la Côte.

I●I *Le Sloop* ☎ 04-93-01-48-63. Fermé le mardi soir et le mercredi hors saison, le mardi midi et le mercredi midi en été. Accès : sur le nouveau port. Menu unique à 25 €. Agréable terrasse face au port, bon accueil et cuisine raffinée. Normal, quand on sait que le chef est un ancien du *Chantecler*. Très beau menu d'un bon rapport qualité-prix. Tartare de saumon frais en aïoli, minestrone de moules au safran et au thym frais, daurade à la niçoise, loup rôti entier à la niçoise... C'est notre resto chic préféré dans toute la kyrielle que l'on trouve sur le port.

SAINT-MARTIN-VÉSUBIE 06450

Carte régionale B1

🏠 I●I *La Bonne Auberge* ** – allée de Verdun ☎ 04-93-03-20-49. Fax : 04-93-03-20-69. Cartes de paiement refusées. TV. Congés annuels : de mi-novembre à mi-février. Accès : à gauche en sortant de Saint-Martin, en direction de La Colmiane et du Boréon. Chambres doubles de 45 à 50 € avec bains. Demi-pension de 40 à 44 €. Menus de 16 à 23 €. Hôtel confortable dans cette belle maison en pierre qui a vu défiler de nombreuses vedettes, comme Jean-Louis Trintignant, Roman Polanski, Elie Kakou. Chambres doubles plutôt agréables et bien tenues. Tant qu'à faire, évitez celles au bord de l'avenue ; surtout le week-end, c'est passant. Cuisine traditionnelle et gouleyante. Terrasse agréable, bordée de haies.

SAINT-MAURICE 05800

Carte régionale B1

🏠 I●I *Hôtel-restaurant Le Val des Sources* * – Saint-Maurice-en-Valgaudemar, Les Barrengeards ☎ et fax : 04-92-55-23-75. ● www.person.wanadoo.fr/levaldessources ● Parking. Congés annuels : du 1er novembre au 1er avril. Accès : avant le village Le Roux, prendre le pont sur la droite, puis tourner encore à droite ; l'hôtel-restaurant est sur la gauche, à 300 m environ. Chambres doubles à 28 € avec lavabo, puis de 45 à 59 € avec douche et w.-c. ou bains. Demi-pension de 35 à 45 € par personne. 1er menu en semaine à 13 €, menus suivants à 18 et 24 €. Chambres simples avec bonne literie, et calmes. Au restaurant, des mets du pays ancestraux, savoureux et copieux : oreilles d'âne (pâte fourrée aux épinards et aux blettes), ravioles au miel, *flouzou* (tourte de pommes de terre aux lardons et aux échalotes), dans un cadre boisé. Réservation conseillée. *Le Val des Sources* dispose en outre d'un parc, de gîtes et d'une piscine chauffée couverte. Un bon plan. *Apéritif maison offert à nos lecteurs sur présentation de ce guide.*

SAINT-PAUL-DE-VENCE   06570

Carte régionale B2

🛏 *Auberge Le Hameau* *** – 528, route de la Colle ☎ 04-93-32-80-24. Fax : 04-93-32-55-75. ● www.le-hameau.com ● Parking. TV. Satellite. Congés annuels : de mi-novembre à mi-février. Accès : à 1 km du village sur la D7, route de La Colle. Chambres doubles et appartements de 90 à 152 €. Dans un très joli paysage verdoyant, avec un jardin en terrasse et une piscine. Superbe vue sur le village de Saint-Paul. Chambres confortables (climatisées), bien meublées. Préférez le corps du bâtiment à l'annexe : les chambres ont beaucoup plus de charme. Idéal pour les amoureux en goguette.

SAINT-RÉMY-DE-PROVENCE   13210

Carte régionale A2

🛏 |●| *Le Chalet Fleuri* ** – 15, av. Frédéric-Mistral, route de Maillane ☎ 04-90-92-03-62. Fax : 04-90-92-60-28. Resto fermé le mardi. Congés annuels : du 15 novembre au 15 mars. Accès : en sortant de la ville direction Maillanne. Chambres doubles à 40 € avec douche, à 46 € avec douche et w.-c. ou bains. Menu à 19 €. Demi-pension demandée de juin à fin septembre, à 46 € par personne. Installée dans une maison début de siècle qu'on aurait bien vue sur la côte normande. Une vraie pension de famille à l'ancienne, avec un petit jardin où l'on se promène, au milieu des lauriers, du grenadier ou des pivoines arborescentes, tout en attendant de se mettre à table, le soir, avec les habitués. On se régale de

lapin à la tapenade ou de supions à la persillade, une fois avalé le traditionnel potage. Les chambres récemment rafraîchies sont simples, pratiques et donnent sur le jardin. Calme garanti. Le matin, on se sourit en prenant son petit déjeuner, on parle des courses de taureaux avec le maître des lieux...

🛏 *Hôtel du Soleil* ** – 35, av. Pasteur (Sud) ☎ 04-90-92-00-63. Fax : 04-90-92-61-07. ● contact@hotelsolail.com ● Parking. TV. Satellite. Congés annuels : de début novembre à début avril. Chambres doubles avec douche et w.-c. à 48 €, avec bains à 66 €. Parking privé gratuit et garage (vélos, motos) payant. C'est une ancienne fabrique. L'hôtel est organisé autour d'une grande cour : beaucoup d'espace, y compris pour garer sa voiture. Une salle de jeux est séparée du salon. Les 15 chambres ne sont pas très très grandes, mais, comme le dit le propriétaire, « à Saint-Rémy, on ne reste pas dans la chambre ». Celles avec bains sont toutefois plus spacieuses et certaines disposent de terrasses. Ahrres demandées pour la réservation.

🛏 *Le Cheval Blanc* ** – 6, av. Fauconnet (Centre) ☎ 04-90-92-09-28. Fax : 04-90-92-69-05. Parking. TV. ♿ Congés annuels : de début novembre à début mars. Chambres doubles à 50 € avec douche et w.-c., 55 € avec bains. Parking gratuit et garage payant. Classique hôtel familial. Chambres régulièrement rénovées et prix raisonnables pour le coin. Vous pouvez miser sur ce *Cheval*-là, d'autant plus qu'il possède un parking privé de 15 places, appréciable en plein centre de Saint-Rémy. Terrasse et véranda agréables.

🛏 *Hôtel L'Amandière* ** – av. Théodore-Aubanel ☎ 04-90-92-41-00. Fax : 04-90-92-48-38. Parking. TV. ♿ Congés annuels : de début novembre à mi-mai. Accès : à 700 m du centre-ville, direction Noves. Chambres doubles avec douche et w.-c. ou bains de 50 à 58 €. Grosse maison bâtie à l'image de la région, à la sortie de Saint-Rémy : calme, verdure, couleurs et parfums du Midi (avec un sympathique jardin), piscine, des chambres spacieuses et confortables. Petits déjeuners copieux. Atmosphère plutôt jeune (enfin, tout dépend de la saison...) et accueil chaleureux.

🛏 *L'Hôtel des Ateliers de l'Image* *** – 5 av. Pasteur, traverse de Borry (Centre) ☎ 04-90-92-51-50. Fax : 04-90-92-43-52. ● www.hotelphoto.com ● Parking payant. TV. Satellite. ♿ Accès : en venant des Baux, direction centre. Chambres doubles de 160 à 170 €, petit déjeuner inclus. Un hôtel-concept (autour de la photographie) joliment (pour qui aime l'architecture contemporaine) installé dans l'ancien music-hall de Saint-Rémy. Un lieu étonnamment reposant, à deux pas des boulevards et du centre ancien. Chambres design, destinées avant tout aux amoureux de l'image et de la photo, qui trouveront de quoi vivre leur passion sur les murs, au bar et dans les stages animés sur place. Concerts jazz ou classique le dernier samedi du mois. Pour votre détente, massages trois fois par semaine.

I●I *La Source* – 13, av. de la Libération ☎ 04-90-92-44-71. ♿ Fermé le mercredi. Congés annuels : du 1er janvier au 15 mars et pour la Toussaint. Menus à 15 €, le midi en semaine, puis à 26 et 36 €. Un lieu à l'image du jeune couple qui le tient : serein, discret. Mais pensez à réserver si vous comptez obtenir une table en terrasse, côté jardin. Le mari fait une cuisine traditionnelle et provençale, sa jeune femme sert en professionnelle mais pas en Provençale. On se tremperait bien les pieds dans la piscine, mais hélas, c'est pas autorisé. Ces fichus règlements...

I●I *Restaurant La Gousse d'Ail* – 25, rue Carnot (Centre) ☎ 04-90-92-16-87. Service jusqu'à 23 h. Fermé le jeudi midi et le samedi midi. Congés annuels : du 15 novembre au 5 mars. Menu le midi à 15 €, puis menus-carte à 29 et 35 €. Un lieu que l'on aime beaucoup. Accueil chaleureux, ambiance très goûteuse : aubergine farcie aux légumes et mozarella (pour les végétariens !), escargots petits-gris à la provençale, bouillabaisse le mardi sur réservation... Déjeuners autour des pâtes fraîches le midi. Carte de vins régionaux. Nombreux crus locaux vraiment bon marché. Musique de jazz le jeudi soir avec Coco Brival et sa bande (son frère, en fait). Excellent rapport qualité-prix.

I●I *L'Orangerie Chabert* – 16, bd Victor-Hugo ☎ 04-90-92-05-95. Fermé le dimanche soir et le lundi hors saison, les lundi et mardi midi en juillet-août. Congés annuels : 3 semaines en mars et 3 semaines en novembre. Menus à 19, 25 et 35 €. Le 1er menu n'est pas servi le soir en juillet, août et septembre. Un lieu caché pour déjeuner ou dîner heureux, entre un Premier ministre en vacances, quelques veuves de militaires, des vignerons avisés et une famille très bien du coin. Grand jardin, tables joliment dressées. Du chic décontracté dans le service et le décor, mais une qualité suivie dans l'assiette, même en prenant ce qu'on n'ose pas appeler le petit menu, très malin.

I●I *La Maison Jaune* – 15, rue Carnot (Centre) ☎ 04-90-92-56-14. Fermé le lundi et le dimanche soir en hiver, le lundi et le mardi midi en été. Congés annuels : en janvier et février. Déjeuner léger à 19 € le midi en semaine. Sinon, compter de 29 à 52 € pour les menus ; 44 € pour le menu

« Dégustation provençale ». Maison du XVIe siècle joliment rénovée. Déco digne d'un magazine... de déco. Réservez (c'est plutôt conseillé) une table sur la superbe terrasse donnant sur les jardins de l'*hôtel de Sade*. Cuisine dans le registre créatif de terroir : pigeon rôti au vin de Baux, filet d'agneau rôti à la tapenade... *Café offert à nos lecteurs sur présentation de ce guide.*

I●I *XA* – 24, bd Mirabeau (Centre) ☎ 04-90-92-41-23. Fermé le mercredi, le jeudi et tous les soirs. Congés annuels : de fin octobre à fin mars. Menu à 23 €. À la carte, compter entre 25 et 30 €. On vous reçoit ici comme dans un appartement joliment décoré : chaises de bistrot, nombreux miroirs et projecteurs de cinéma. Terrasse. On y déguste de bons petits plats avec une petite dose de folie, comme le parfait aux aubergines ou les sardines à la sicilienne.

DANS LES ENVIRONS

GRAVESON 13690 (9 km NO)

🏠 I●I *Hôtel du Moulin d'Aure* ** – quartier Cassoulen ☎ 04-90-95-84-05. Fax : 04-90-90-55-04. ● www.franceweb.org/moulin-aure ● Parking. TV. Satellite. Resto fermé du 15 octobre à Pâques. Accès : prendre la route d'Avignon (D28) puis à droite celle de Saint-Rémy-de-Provence (D5). Chambres doubles avec bains de 46 à 84 € selon la saison. Menu à 22 €, servi le soir aux pensionnaires ou sur commande. Un havre de paix perdu dans un parc de 10 000 m² de pins et d'oliviers. Les cigales chantent, la piscine vous attend et la jeune patronne a le sourire. Chambres d'un vrai confort et pleines de charme. Resto style « on est en vacances et on en profite » avec cuisine ouverte, à deux pas de la piscine. Grillades, pâtes et spécialités italiennes. *Apéritif maison offert à nos lecteurs sur présentation de ce guide.*

🏠 *Le Cadran Solaire* ** – 5, rue du Cabaret-Neuf (Centre) ☎ 04-90-95-71-79. Fax : 04-90-90-55-04. ● www.hotel-en-provence.com ● Parking. ♿ Ouvert sur réservation uniquement de novembre à mars. Accès : prendre la D571 en direction d'Avignon et à Eyragues, prendre la D29. Chambres doubles avec douche et w.-c. ou bains de 49 à 74 €. Coup de cœur pour cet ancien relais de poste devenu un amour de petit hôtel entièrement rénové. Au calme, avec des chambres confortables aux couleurs d'aujourd'hui, un jardin ombragé et une terrasse.

🏠 I●I *Le Mas des Amandiers* ** – route d'Avignon - 112, impasse des Amandiers ☎ 04-90-95-81-76. Fax : 04-90-95-85-18. ● www.hotel-des-amandiers.com ● Parking. TV. ♿ Fermé le mercredi midi. Congés

PROVENCE-ALPES-CÔTE D'AZUR

annuels : du 15 octobre au 15 mars. Accès : à 2 km du centre par la N570. Chambres doubles avec bains à 55 €. Menus de 19 à 37 €. L'environnement est peu enthousiasmant pour la région. Mais cet hôtel installé dans un bâtiment moderne est une bonne adresse à retenir, comme les chambres, prises d'assaut aux beaux jours : les prix sont raisonnables, les lieux agréables, la piscine accueillante et le sourire des propriétaires garanti. Petit restaurant pour dépanner le soir. Avec un peu de chance, hors saison, on vous emmènera faire le marché paysan, visiter le musée des Arômes et du Parfum, etc. Un superbe sens de l'accueil.

SAINT-TROPEZ 83990

Carte régionale B2

🛏 *Lou Cagnard* ** – 18, av. Paul-Roussel (Nord) ☎ 04-94-97-04-24. Fax : 04-94-97-09-44. Parking. TV. Satellite. Congés annuels : de début novembre à fin décembre. Accès : à 250 m de la fameuse « place des Lices » et à 2 mn à pied du port. Chambres doubles de 43 à 51 € avec douche, de 53 à 92 € avec douche et w.-c. ou bains, selon la saison. Grande maison de style provençal. Chambres honnêtes, les plus chères ont été doucement rénovées. Agréable terrasse et jardin fleuri. D'ailleurs, mieux vaut que vous réserviez une chambre sur le jardin pour dormir en été. Mais vient-on ici pour dormir ? À toutes fins utiles, celles donnant sur la rue n'ont pas de double vitrage.

I●I *Cantina El Mexicano* – 16, rue des Remparts (Centre) ☎ 04-94-97-40-96. Ouvert le soir uniquement d'avril à fin septembre. Accès : en remontant la rue de la mairie, passer le porche, puis une centaine de mètres sur la droite. Compter 25 € à la carte. Un des lieux « shows » de Saint-Tropez, avec des additions qui ne vous refroidissent pas à la sortie, ça mérite le détour ! En devanture, un petit bassin en mosaïque de vieilles faïences, de petits personnages très kitsch, une statue de la Vierge... Déco tout en couleur, un brin exubérante. Ambiance exotique à l'intérieur. Dans l'assiette : *tacos* et *quesadillas*, *tortillas*, barbecue, *brownies* et... super *margarita* ! Délicieux, copieux, chaleureux... tout pour faire des heureux. Clientèle d'habitués, même hors saison, ce qui devrait vous rassurer. *Digestif maison offert à nos lecteurs sur présentation de ce guide.*

DANS LES ENVIRONS

RAMATUELLE 83350 (6 km S)

I●I *Le Will* – route des Plages ☎ 04-94-79-81-45. ♨ Ouvert uniquement le soir de novembre à la Pentecôte. Accès : à environ 3 km de Ramatuelle. Menu unique à 21 €. Compter un peu moins de 30 € à la carte. Ni en bord de plage, ni dans le village, mais tout simplement au milieu des vignes ! Comme il est doux de prendre le frais sous les pins où pendent quelques loupiotes multicolores, et ce n'est pas vos chères têtes blondes, qui pourront gambader en toute quiétude, qui nous contrediront ! Le choix n'est pas très large, mais le poisson et la viande sont bons. Pas mal de monde, ce n'est pas un hasard... *NOUVEAUTÉ.*

SAINT-VÉRAN 05350

Carte régionale B1

🛏 I●I *Auberge-gîte d'étape Le Monchu* – La Chalp-Sainte-Agathe ☎ 04-92-45-83-96. Fax : 04-92-45-80-09. ●www.lemonchu.fr ● Parking. Congés annuels : de mi-avril à mi-juin et de mi-septembre au 20 décembre. Demi-pension demandée, de 29 à 47,50 € selon la saison et le nombre de personnes par chambre. Menu à 15,50 €. À la carte, compter 25 €. 2 040 m d'altitude ! Le plus haut village de France. Nathalie et Philippe Babinet ont l'habitude de recevoir des groupes. Ils ont aménagé une grande maison fermière en gîte d'étape, avec toutefois un confort hôtelier plus que correct. Côté agrément : sauna, salles de billard et ping-pong, salon-bibliothèque. La cuisine, traditionnelle, est servie dans une très belle salle voûtée, pavée de bois de mélèze. Quelques spécialités : fondue, tartiflette, raclette, ravioles, fromage du Queyras avec sa compote d'oignons. Pâtisseries maison. Toutes les chambres sont très claires et confortables. *10 % sur le prix de la chambre (en juin, septembre et janvier) offerts à nos lecteurs sur présentation de ce guide.*

🛏 I●I *Les Chalets du Villard* *** – quartier Le Villard ☎ 04-92-45-82-08. Fax : 04-92-45-86-22. ● www.leschaletsduvillard.fr ● TV. Resto fermé le mardi midi. Congés annuels : du 15 avril au 15 juin et du 20 septembre au 20 décembre. Accès : en contrebas du centre du village. Chambres doubles de 40 à 80 €. Menus de 16 à 23 €. Menu-enfants 8 ou 10 €. Tout en bois, *Les Chalets du Villard*, ce sont des studios de charme ou deux-pièces hyper confortables, spacieux, tous orientés plein sud et vallée, avec balcon. Mobilier de qualité, cuisine équipée (lave-vaisselle). Certains studios sont « hypo-allergéniques » : matelas spécial, aucun poil de quoi que ce soit et le dernier cri du luxe : bains à remous, chaîne hi-fi. Tennis privé, ping-pong et billard. Notez, dans le hall, une jolie collection de figurines en bois du patron (de l'époque où il était encore un enfant). On prend ses repas au restaurant-grill *La Gratinée*, au rez-de-chaussée de l'hôtel (même établissement) pour déguster une caillette de Saint-Véran ou une *queyraflette*, la spécialité de la maison. Accueil aimable. La belle adresse en ville. *10 % sur le prix de la chambre (en janvier, avril, juin et septembre) offerts à nos lecteurs sur présentation de ce guide.*

⦿❚ *La Maison d'Élisa* – Le Raux (bas Saint-Véran) ☎ **04-92-45-82-48.** Cartes de paiement refusées. Congés annuels : de Pâques à mi-juin et du 1ᵉʳ septembre au 23 décembre. Accès : en contrebas du village de Saint-Véran. À la carte, compter 26 € pour un repas (uniquement le soir et sur réservation). Voici plus de 20 ans que Marie « la Parisienne », artiste et belle femme de caractère, a investi les lieux (Élisa étant le nom de l'ancienne propriétaire). Fidèle au poste, l'endroit respire l'air pur. En terrasse, entre le bric-à-brac et la vue sur la vallée, ou en salle avec son superbe sol en rondins, l'atmosphère est assez post-soixante-huitarde mais non dénuée d'intérêt : bibelots, vieilles photos, collection de chapeaux, petits mots farfelus, jeux pour les enfants... ça donne envie de s'attarder. La cuisine est à l'image du cadre, créative, élégante, originale : omelettes, tartes maison, soupe aux orties, fricassée du jour, art ou moelleux au chocolat qui vaut le détour à lui tout seul ! Service un peu lent, mais on n'est pas pressé. Une adresse comme on les aime. Mieux vaut réserver.

SAINTE-MAXIME 83120

Carte régionale B2

⌂ ⦿❚ *L'Ensoleillée* ** – 29, av. Jean-Jaurès (Centre) ☎ **04-94-96-02-27. Fax : 04-94-49-06-21.** Parking. TV. Congés annuels : d'octobre à Pâques. Accès : à l'angle de l'avenue Jean-Jaurès et de la rue F.-Martin. Chambres doubles avec douche de 41 à 47 €, suivant la saison, de 48 à 58 € avec douche et w.-c. ou bains. Demi-pension, demandée en juillet-août, de 47 à 55 €. Menus de 15,25 à 21,50 €. Le nom peut faire sourire, mais les prix et l'accueil donnent du baume au cœur. Ici, on fait un retour en arrière, il y a une vraie gentillesse à l'accueil, les chambres – sans prétention – sont confortables et propres (eh oui, faut le signaler !). Celles qui ont été restaurées, plus plaisantes, arborent de chaudes couleurs. Et le restaurant est une bonne petite surprise. Le tout à 50 m de la plage. *10 % sur le prix de la chambre (hors saison et grands week-ends) et apéritif maison offerts au restaurant à nos lecteurs sur présentation de ce guide.*

⌂ ⦿❚ *Hôtel-restaurant Montfleuri* – 3, av. Montfleuri (Nord-Est) ☎ **04-94-55-75-10. Fax : 04-94-49-25-07.** • **www.mont**

fleuri.fr • TV. Congés annuels : de mi-novembre au 1ᵉʳ mars. Accès : dans une rue perpendiculaire à l'avenue du Général-Leclerc. Chambres doubles avec douche et w.-c. de 45 à 120 €, avec bains de 70 à 165 €, la plus chère étant avec terrasse côté mer en saison. Menus à 18 € le midi et 23 € le soir. La façade annonce la classique hôtellerie balnéaire engoncée dans le conformisme pour ne pas chagriner ses bons vieux habitués. Impression qui vole en éclat dès l'accueil, charmant et enjoué. Voilà, désormais « drivé » par un jeune couple, un vrai hôtel de vacances dont l'ambiance parvient (difficile exercice de style) à marier incontestablement professionnalisme et franche décontraction. Chambres toutes différentes, toutes plaisantes. Tables gaiement dressées autour d'une piscine quasi hollywoodienne et agréable petite cuisine familiale. Un endroit qu'on a vraiment bien aimé. *10 % sur le prix de la chambre (hors saison) ou apéritif maison offerts à nos lecteurs sur présentation de ce guide.*

⌂ *Le Jas Neuf* – 112, av. du Débarquement ☎ **04-94-55-07-30. Fax : 04-94-49-09-71.** • **www.hotel-jasneuf.com** • Parking. TV. Satellite. Congés annuels : de début novembre à fin février. Accès : à 2 km des plages de la Nartelle, en direction du golfe de Sainte-Maxime. Chambres de 70 à 172 €. Un hôtel de charme tenu par un couple sympa qui se met en quatre pour ses clients. Chambres climatisées très confortables, dans un style provençal allégé. Équipe souriante qui ne se la joue pas tropézienne. Piscine, jardin avec transats, la belle vie, à l'écart du bruit et de la foule.

⦿❚ *Restaurant La Maison Bleue* – 48 bis, rue Paul-Bert (Centre) ☎ **04-94-96-51-92.** Fermé le mardi en février et le mercredi en octobre . Congés annuels : de novembre à mars. Accès : par le bord de mer, zone piétonne. Menus à 16 et 22,50 €. Voici une maison que toutes les petites filles rêveraient de posséder si elle se vendait en jouet. Car c'est un vrai rêve d'enfant dans lequel on pénètre pour dîner, une sorte de « Mille et une nuits provençales » aux couleurs bleu (bien sûr), ocre et jaune. Déco de très bon goût donc. La terrasse, avec ses banquettes aux coussins coquets et confortables, permet d'apprécier en plein air la cuisine savoureuse que l'on sert ici. Car en plus, on mange bien ! Très bonne adresse, malgré un service un peu léger.

DANS LES ENVIRONS

ISSAMBRES (LES) 83380 (4 km NE)

⌂ ⦿❚ *Le Provençal* *** – RN98, San Pelre ☎ **04-94-55-32-33. Fax : 04-94-55-32-34.** • **www.hotel-le-provencal.com** •

Parking. TV. Satellite. Fermé le mercredi midi. Congés annuels : de début novembre à début février. Accès : par la N98 direction Saint-Raphaël. Chambres doubles avec douche et w.-c. ou bains de 56 à 103 €. Menus de 23,50 à 40,50 €. Un vrai rêve de vacances dans un hôtel de charme, avec une ambiance familiale. La famille Sauvan vous conseille pour vos promenades aux alentours ou pour vos activités sportives. Chambres classiques mais très confortables. Vous pouvez déguster à l'ombre des mûriers, sur la terrasse du restaurant, une bonne cuisine traditionnelle et réputée. Belle terrasse et belle plage de sable fin, face à l'hôtel, avec pour horizon : Saint-Tropez. *Apéritif maison offert à nos lecteurs sur présentation de ce guide.*

SAINTES-MARIES-DE-LA-MER 13460

Carte régionale A2

🏠 *Hôtel Méditerranée* ** – 4, rue Frédéric-Mistral (Centre) ☎ 04-90-97-82-09. Fax : 04-90-97-76-31. ● www.perso.worldonline.fr/hotelmediterranee ● TV. Accès : au centre-ville, près des arènes. Chambres doubles avec douche de 35,50 à 38,50 € selon la saison, avec douche et w.-c. ou bains de 38,50 à 53 €. Un tout petit hôtel, propre, bien tenu, avec des fleurs, des plantes partout. Pas le grand luxe mais sympa, avec sa petite cour (sur laquelle donnent trois des chambres).

🏠 |●| *Mas des Salicornes* ** – route d'Arles ☎ 04-90-97-83-41. Fax : 04-90-97-85-70. ● www.hotel-salicornes.com ● Parking. TV. ☘ Fermé le midi et le dimanche soir (pour le resto). Accès : D 570, à l'entrée du village. Chambres doubles avec douche et w.-c. ou bains de 42 à 50 €. Menu à 18 €. Chambres confortables, aux murs blanchis à la chaux. Menu tout à l'huile d'olive le soir. Écuries avec des chevaux pour la balade. Des activités sont proposées, mais rien n'est imposé ! Les Merlins sont des enchanteurs capables d'improviser, avec leur copain Jojo, conteur provençal impayable, des soirées à l'ancienne, autour de plats traditionnels revisités et de boissons revigorantes. Le samedi soir, c'est la soirée flamenco avec guitariste. Ils peuvent même prendre un rendez-vous pour des dégustations chez leurs fournisseurs de vin. Piscine très agréable.

🏠 |●| *Le Mirage* ** – 14, rue Camille-Pelletan (Nord-Est) ☎ 04-90-97-80-43. Fax : 04-90-97-72-22. ● www.lemirage.camargue.fr ● Parking payant. ☘ Resto ouvert le soir sauf le lundi. Accès : à 200 m de la plage. Chambres doubles avec douche et w.-c. ou bains de 45 à 57 €.

Menus de 18 à 27 €. Grande maison blanche années 1950. C'était d'ailleurs un cinéma de 1953 à 1963 (quelques affiches le rappellent dans l'escalier). La déco des chambres date un peu, mais elles restent confortables. Agréable jardin intérieur. Restaurant sympa *Au Fond du Jardin*. Très bon accueil.

SALON-DE-PROVENCE 13300

Carte régionale A2

🏠 *Grand Hôtel de la Poste* ** – 1, rue des Frères-Kennedy (Centre) ☎ 04-90-56-01-94. Fax : 04-90-56-20-77. ● grandhotelprovence@wanadoo.fr ● TV. Congés annuels : une semaine en février. Accès : en remontant le cours Carnot jusqu'au bout. Chambres doubles de 37 à 47 € avec douche et w.-c. ou bains. Un hôtel presque aussi mythique que la célèbre Fontaine Moussue qui rafraîchit la placette, en face de son entrée principale. Le *Grand Hôtel de la Poste* fait partie de l'histoire de Salon. Pagnol y a même tourné. « Pourquoi es-tu venue dans cet hôtel ? » demandait Fernandel à Josette Day, « la Fille du puisatier ». Et ses nouveaux propriétaires ont su, par leur sens de l'accueil, leur disponibilité, et en rénovant joliment les chambres, en faire une bonne étape au centre-ville. *5 % de réduction sur le prix de la chambre (hors saison) offerts à nos lecteurs sur présentation de ce guide.*

🏠 *Hôtel Vendôme* ** – 34, rue du Maréchal-Joffre (Centre) ☎ 04-90-56-01-96. Fax : 04-90-56-48-78. ● www.ifrance.com/hotelvendome ● TV. Canal+. Satellite. Chambres doubles avec douche et w.-c. ou bains de 40 à 48 €. L'ancienne déco des chambres très bonbon acidulé en rose et vert pistache s'efface au profit des couleurs de Provence. Excellente literie (pour ceux qui ont le dos sensible). Immenses salles de bains un tantinet rétro. On vous conseille de prendre une chambre donnant sur le patio, frais et charmant.

|●| *La Salle à Manger* – 6, rue du Maréchal-Joffre (Centre) ☎ 04-90-56-28-01. Fermé le dimanche soir et le lundi. Accès : à côté de la fontaine Moussue. Menu à 15 €, le midi en semaine, et 23 € (entrée et plat). Compter de 20 à 28 € à la carte. Aucune prophétie de Nostradamus, le mage de Salon n'avait pas annoncé l'étonnante réussite de la famille Miège. Un décor rococo-rigolo (étonnante transposition d'un hôtel particulier du XIXe siècle aux couleurs de notre temps !), une cuisine riche en goûts, volontiers voyageuse et à des prix, somme toute, très raisonnables. Bonne sélection de vins de pays.

DANS LES ENVIRONS

PÉLISSANNE 13330 (4 km SE)

|●| *Le Moulin de Dodé* – **41, rue Georges-Clemenceau** ☎ **04-90-55-44-93.** Accès : derrière l'église. Formule à 12,50 € le midi en semaine. Menus de 17 à 26 €. Une bonne adresse tout simplement, au superbe rapport qualité-prix, dont les gens du coin connaissent déjà le chemin (réservation plus que conseillée le week-end). Oubliez l'enseigne : ce n'est pas un moulin (juste une salle légèrement voûtée) et Dodé est le nom du chef ; un chef qui, derrière l'apparente simplicité de sa cuisine, dévoile le goût des beaux produits, une science des saveurs justes, bref, du talent. Accueil d'une vraie cordialité. *NOUVEAUTÉ.*

SANARY-SUR-MER 83110

Carte régionale A2

|●| *L'Océan Jazz* – **74, route de la Gare (Sud-Est)** ☎ **04-94-07-36-11.** ♿ Fermé le samedi midi et le dimanche soir hors saison sauf jours fériés. Accès : à 500 m du centre-ville. Formule autour de 12 € le midi en semaine et menus de 17 à 27,50 €. Un excellent petit resto qu'on a été tout content de dégoter pour son menu du jour, déjà. L'assiette de tapenade d'emblée posée sur la table, les plats de marché et de région joliment tournés, la présentation des assiettes dignes d'une grande maison. On croit rêver ! Et on se promet illico de revenir goûter aux autres menus. Service sans chichis mais efficace, accueil franchement agréable. La salle est mignonne, la terrasse adorable. Et le *Jazz* de l'enseigne dans tout ça ? En fond sonore (plus *swing* que *free*) et en live le samedi soir avec des duos ou des trios. *Digestif maison offert à nos lecteurs sur présentation de ce guide.*

SAULT 84390

Carte régionale A1

🏠 |●| *Hostellerie du Val de Sault* ******* – **ancien chemin d'Aurel (route de Saint-Trinit)** ☎ **04-90-64-01-41. Fax : 04-90-64-12-74.** ● **www.valdesault.com** ● Parking. TV. Canal+. Satellite. ♿ Congés annuels : de début novembre à fin mars. Accès : à 2 km du centre du village par la route de Saint-Trimit (accès fléché). Demi-pension demandée de mai à septembre, à 99,50 € par personne (compter 20 € de moins en basse saison). Menus à 30, 37,50 et 55 €. Menu-enfants à 13,50 €. Perdu au milieu d'un paysage dominé par le mont Ventoux, ce petit complexe hôtelier est un vrai havre de paix. Ildiko et Yves, le couple de proprié-

taires, ont mis toute la gomme pour offrir à leurs hôtes un séjour complet d'agrément et de relaxation : chambres spacieuses en bois d'une agréable sobriété (petit salon et terrasse individuelle), quelques suites avec baignoire à bulles (si vraiment vous avez les moyens), piscine, salle de gymnastique, jacuzzi dans une pièce à part, parfumée à la lavande… Bien sûr, tout cela n'est pas donné, mais on en a pour son argent. Côté cuisine, car cela fait aussi partie du séjour, le chef (Yves) joue avec succès la carte de l'impro et du renouvellement permanent. Une constante cependant : le menu truffes (pour une table entière seulement). Digne des grands ! *Apéritif maison offert à nos lecteurs sur présentation de ce guide.*

SEYNE-LES-ALPES 04140

Carte régionale B1

🏠 |●| *Le Vieux Tilleul* ****** – **Les Auches** ☎ **04-92-35-00-04. Fax : 04-92-35-26-81.** ● **www.vieux-tilleul.fr** ● Parking. Congés annuels : de novembre à Noël. Accès : à 10 mn à pied du centre du village, route d'Auzet. Chambres doubles à partir de 32 € avec lavabo, à 48 € avec douche ou bains. Menus de 13 €, le midi en semaine, à 21,10 €. Un hôtel de charme, à 1 260 m, au cœur de la vallée de la Blanche. Les chambres de l'ancienne ferme ont été joliment rénovées, le moindre recoin est aménagé de façon originale (il y a même une pièce pour les oiseaux), les stations de ski sont à proximité, l'été, on traîne à l'ombre des vieux arbres du parc ou près de la cuisine. Quant à la cuisine, manifestement bien appréciée, elle prouve que le chef n'a pas passé toute sa vie ici : terrine aux pistaches, cabillaud à la provençale, jarret d'agneau à la crème d'ail, côte de veau aux girolles, etc. *Apéritif maison ou café offert à nos lecteurs sur présentation de ce guide.*

SISTERON 04200

Carte régionale A1

🏠 *Hôtel du Rocher* – **La Baume** ☎ **04-92-61-12-56. Fax : 04-92-62-65-59.** ● **www.hotel.rocher.free.fr** ● Congés annuels : de mi-octobre à mars. Accès : au pied de la citadelle (à 5 mn à pied du centre-ville), de l'autre côté de la Durance, face au pont. Chambres doubles avec lavabo à 26 €, avec douche et w.-c. à 34 €, et avec bains à 37 €. Petit déjeuner à 5 €. Certes au bord d'un axe routier animé en journée et en période estivale mais plus calme la nuit. En revanche, une vue imprenable sur la citadelle (les nos 2 et 5, par exemple, avec balcon, et de mignonnes salles de bains), les bords de la Durance à vos pieds, et un intérieur beaucoup plus agréable et vivant que ce que laisse imaginer la façade. Grande salle avec tables en bois pour le petit déjeuner, où discuter des balades à faire dans les environs. Intérieur bien frais, lumineux et propre. Accueil adorable et souriant. Une bonne surprise. Préférable de réserver en été. *NOUVEAUTÉ.*

🏠 *Grand Hôtel du Cours* *** – allée de Verdun (Centre) ☎ 04-92-61-04-51. Fax : 04-92-61-41-73. ● hotelducours@wanadoo.fr ● Parking payant. TV. Canal+. Satellite. Câble. Congés annuels : de mi-novembre à mi-mars. Chambres doubles de 53 à 75 € avec douche et w.-c. ou bains. Petit déjeuner à 8 €. L'hôtel chic de la ville, dans lequel vous êtes pratiquement sûr de trouver une place dans l'une des 50 chambres. Ambiance tout ce qu'il y a de plus provincial. Accueil cordial et service dévoué. Attention, les chambres sont toutes très propres mais inégales quant à la tranquillité. Évitez celles qui donnent sur la nationale, vous risquez de dormir tard le soir et d'être réveillé tôt le matin. Préférez celles avec vue sur le château et la cathédrale. *Apéritif maison offert à nos lecteurs sur présentation de ce guide.*

|●| *Les Becs Fins* – 16, rue Saunerie ☎ 04-92-61-12-04. Fermé le mardi soir, le mercredi et le dimanche soir, hors juillet et août. Congés annuels : 1 semaine en juin et 15 jours début décembre. Accès : au centre de la ville basse, parallèle au tunnel. Menus à 14 €, le midi en semaine, puis de 20 à 56 €. Étape gastronomique dans la capitale de l'agneau, la maison affiche fièrement sa vocation en enseigne, mais l'ambiance reste tout de même chaleureuse et amicale. À table, le sérieux est de mise avec des menus étudiés et calibrés Provence : terrine d'agneau à la fleur de thym, cassolette d'escargots au vin blanc, 9 sortes de magrets (dont le magret de canard au miel et aux noix) et 8 chateaubriands différents. Évidemment, les côtes d'agneau tiennent une belle place. Petite terrasse aux beaux jours.

TARASCON 13150

Carte régionale A2

🏠 *Auberge de jeunesse* – 31, bd Gambetta (Est) ☎ 04-90-91-04-08. Fax : 04-90-91-54-17. ● www.fuaj.org ● Ouvert de mars à novembre. Accès : à 15 mn à pied de la gare SNCF. Avec la carte FUAJ (obligatoire et vendue sur place), à la nuit, 3,20 € le petit déjeuner. À l'orée du centre ancien, dans une vieille maison provençale. Tomettes et poutres dans la salle à manger, qui font toujours leur effet sur les routards étrangers ! 55 places dans des petits dortoirs de 10 lits, sommaires mais bien tenus. Cuisine à disposition. Excellent accueil et bonne ambiance familiale.

🏠|●| *Hostellerie Saint-Michel* – abbaye de Frigolet ☎ 04-90-90-52-70. Fax : 04-90-95-75-22. ● www.frigolet.com ● Parking. Accès : à 12 km du centre-ville par la D970, puis la D81. Chambres doubles de 41,50 à 53,50 € avec douche et w.-c. ou bains. Menus de 12,50 à 16,50 €. Précisons tout de suite qu'il ne s'agit pas de l'hôtellerie monastique (elle existe aussi) mais d'un hôtel-restaurant classique, installé dans l'enceinte de l'abbaye. Ceux qui vous accueillent ne sont pas des religieux, et vous n'êtes pas obligé d'avoir la foi pour justifier votre faim. Plusieurs sortes d'hébergement, de la plus zen à la plus confortable avec des chambres rénovées dans le style provençal et spacieuses. Clientèle plutôt âgée. Les repas sont servis dans l'ancien réfectoire, devenu pièce de musée (superbe entrée), ou dans le jardin. Régalez-vous avec l'aïoli de lapereau ou le sauté de veau au miel et aux amandes. Pour finir, une petite gourmandise du Père Gaucher ou une glace à la liqueur de Frigolet est de rigueur ! *Apéritif maison offert à nos lecteurs sur présentation de ce guide.*

THÉOULE-SUR-MER 06590

Carte régionale B2

🏠 *Auberge de jeunesse* – route de la Véronèse ☎ 04-93-75-40-23. Fax : 04-93-75-43-45. ● www.fuaj.org ● Parking. Accès : à 2 km environ de la gare SNCF, en montant vers le quartier du Trayas. La nuit à 10 €, sans le petit déjeuner. Pour un séjour supérieur à 3 nuits en été, il vaut mieux réserver. Carte des AJ obligatoire. La situation est vraiment géniale : vue sur la mer et l'Estérel ; la seule difficulté, c'est d'y arriver. Quelques places de camping (jardin). Stages de planche à voile, de ski nautique, etc.

THORENC 06750

Carte régionale B2

🏠|●| *Hôtel des Voyageurs* ** – av. Belvédère (Est) ☎ 04-93-60-00-18. Fax : 04-93-60-03-51. Parking. TV. Fermé le jeudi hors saison. Chambres impeccables de 38 à 45 €. Demi-pension en saison de 43 à 45 € par personne. Menus de 14,50 €, en semaine, à 24 €. Les voyageurs apprécient toujours autant de déposer ici leurs bagages, sans façons, avant d'attaquer compote de lapin, tête de veau et sabayon glacé au génépi. Terrasse et parc agréables. Vue sur le village de Thorenc (prononcez « Toran ! »).

DANS LES ENVIRONS

ANDON 06750 (4 km N)

|●| *Le Christiana* – l'**Audibergue** ☎ 04-93-60-45-41. Parking. Fermé le soir et le lundi hors saison. Accès : par la D5, puis la D79. Menu à 20 €. Plat du jour à 11 €. En bas des pistes de ski de l'Audibergue, Huguette, la patronne du *Christiana*, attire là depuis 33 ans bon nombre de Cannois dans son chalet de montagne. Ils viennent ici prendre le frais en été, et bien sûr déguster sa cuisine. Menu fort copieux, avec pas moins de cinq entrées à volonté (jambon de pays, croûte à l'ail, crudités, terrine et fromage de tête), tripes à la niçoise, gigot d'agneau de pays et civet de sanglier ou de lièvre en saison, plateau de fromages et dessert maison. Réservation obligatoire les week-ends et jours fériés.

TOUDON 06830

Carte régionale B2

|●| *La Capeline* – route de **Roquestéron, Vescous** ☎ 04-93-08-58-06. Ouvert le midi. Fermé le lundi. En semaine, menus du marché à 17 et 20 €; les week-ends et jours fériés, menu du terroir à 24 €. L'ancienne gare du tramway-relais de poste-école communale est devenue un restaurant bien sympathique où l'on dîne, hors saison, dans la salle à manger, près de la cheminée, ou sous la véranda et en été sur sa terrasse ombragée qui surplombe la vallée. Laurent Laugier, jeune chef originaire de Gilette, a mis à sa carte les spécialités de la vallée de l'Estéron, et revendique son attachement au terroir en se fournissant chez les producteurs voisins : pelotons moelleux, bavarois à la verveine, tourte de blettes sucrée, volaille juteuse aux cèpes, pissaladière, stockfisch, ratatouille, *capouns*... Ne cherchez pas ces mots dans le dictionnaire, on vous expliquera tout sur place. *NOUVEAUTÉ.*

TOULON 83000

Carte régionale B2

🛏 *Hôtel Molière* * – 12, rue Molière (Centre) ☎ 04-94-92-78-35. Fax : 04-94-62-85-82. TV. Accès : au cœur de la zone piétonne, à côté du théâtre. Chambres doubles de 19 à 36,60 €, les plus chères ayant douche, w.-c. et TV. Un petit hôtel familial tout simple pratiquant des prix défiant toute concurrence. Les patrons savent conjuguer le verbe accueillir à tous les temps et feront bien des efforts pour rendre votre séjour agréable. Chambres confortables, propres et insonorisées. Des chambres nos 18, 19 et 20, vue imprenable

sur la rade de Toulon. *10 % sur le prix de la chambre (à partir de la 2e nuit hors juillet-août) offerts à nos lecteurs sur présentation de ce guide.*

🛏 *Grand Hôtel Dauphiné* ** – 10, rue Berthelot (Centre) ☎ 49-94-92-20-28. Fax : 04-94-62-16-69. ● www.grandhoteldauphine.com ● Parking payant. TV. Canal+. Satellite. ⚄ Chambres doubles avec bains, minibar et sèche-cheveux de 39,65 à 51,85. Une adresse chérie par les habitués, notamment par tous les chanteurs et amoureux du lyrique venant au *Théâtre Municipal* tout proche. Accueil véritable (la patronne connaît la ville sur le bout des doigts). Chambres confortables et mignonnes. Climatisation et insonorisation. Un très bon rapport qualité-prix. *NOUVEAUTÉ.*

|●| *Le Confetti* – 40, rue Castillon ☎ 04-94-42-54-56. ⚄ En été, fermé en général le midi ; hors saison, le samedi midi et le dimanche midi. Le mercredi, ils restent au lit ! Accès : dans le quartier du Mourillon. Plats à 6 € ; formules de 10 à 12,50 € à composer parmi trois entrées, trois plats et trois desserts. Dans ce petit resto pas plus grand qu'un confetti, maman est à la cuisine et le jeune fiston Bruno au service. On vient pour son atmosphère sympa, pour sa cuisine familiale et régionale, qui change régulièrement. Mais la daube provençale avec sa triplette tient toujours le haut de l'affiche. Bons desserts. Réservation conseillée car le bouche à oreille fonctionne bien à Toulon ! Accueil charmant. *NOUVEAUTÉ.*

|●| *Restaurant Le Cellier* – 52, rue Jean-Jaurès (Centre) ☎ 04-94-92-64-35. Fermé le samedi midi, le dimanche et les jours fériés. Congés annuels : pendant les vacances de Pâques et 15 jours en août. Accès : côté arsenal et mairie, au centre-ville. Menus de 15 à 26 €. Si tu recherches plats régionaux et chaleur humaine, routard ami, arrête-toi ici. Monsieur Aujaleu, filleul de l'ancienne propriétaire et maître-artisan, propose d'excellents menus. Cuisine bourgeoise tendance provençale. Déco qui fait tout le charme de cette maison tranquille.

|●| *Les Enfants Gâtés* – 7, rue Corneille (Centre) ☎ 04-94-09-14-67. En été, ouvert du lundi au vendredi ; hors saison, le midi en semaine et le samedi soir. Plats entre 9 et 15 € ; aux alentours de 20 € à la carte. Dans ce resto qui prête ses murs aux artistes du coin, la déco est fraîche et d'un contemporain sobre. Terrasse. En cuisine, Olivier prépare avec une touche personnelle très réussie de bons plats parfumés. Rien ne vaut les vieilles recettes piquées chez la belle-famille, là-bas, du côté de Sète, ou même les idées ramenées de périples lointains... Un problème pour choisir ? Isabelle est là pour vous aider. Un jeune couple sympa quelque peu routard dans l'âme et dans la vie aussi ! *NOUVEAUTÉ.*

IOI *L'Eau à la Bouche* – **54, rue Muiron, Le Mourillon (Sud-Est)** ☎ **04-94-46-33-09.** Fermé le lundi, le samedi midi et le dimanche (et le midi en août). Menu à 24 €. Vous allez craquer pour ce petit resto sans prétentions, avec sa terrasse extérieure ouvrant sur une petite place du Mourillon, véritable village dans la ville.Tout ici rappelle la mer qu'on voit danser, un peu plus loin, des plats à la carte au décor de la salle, tout en bois peint, avec des tableaux et bibelots éminemment marins. Un couple charmant, lui en cuisine, elle à l'accueil, va s'occuper de votre bien-être. Laissez-vous faire. *Café offert à nos lecteurs sur présentation de ce guide.*

IOI *Le Jardin du Sommelier* – **20, allée Courbet (Centre)** ☎ **04-94-62-03-27.** Fermé le samedi midi et le dimanche. Accès : à côté de la place d'Armes, derrière l'arsenal. Menus à 27,45 et 33,55 €. Compter 35 € à la carte. Qu'est-ce qui est le plus important pour l'amateur de bonne chère ? L'assiette et son contenu ou le verre et son nectar ? Ici, un sommelier et un chef ont compris que l'un n'allait pas sans l'autre. Car voilà une adresse pleine de belles saveurs, de bonnes odeurs et de jolies couleurs. La décoration aux tons de jaunes et de bleus donne un côté joyeux et ensoleillé bien agréable. Les fragrances qui s'échappent des assiettes mettent l'eau à la bouche et lorsque vous aurez goûté la cuisine, vous aurez compris que la passion fait faire de belles choses.

TOUR-D'AIGUES (LA)   84240

Carte régionale A2

IOI *Auberge de la Tour* – **51, rue Antoine-de-Très (Centre)** ☎ **04-90-07-34-64.** Fermé le dimanche soir et le lundi. Congés annuels : du 15 au 28 février et du 15 au 30 novembre. Accès : en face de l'église. Menus de 10,70 €, le midi en semaine, à 22,60 €. La salle a du caractère, avec sa voûte de pierre grise, et la terrasse ombragée est bien agréable en été. De même, l'accueil est bienveillant et la cuisine (provençale) plutôt bien amenée : pieds-paquets, barigoule d'artichauts, jarret de cochon à la sauge. En un mot : un endroit qu'on aime bien. *Apéritif maison offert à nos lecteurs sur présentation de ce guide.*

UTELLE   06450

Carte régionale B2

IOI *Aubergerie del Campo* – **route d'Utelle** ☎ **04-93-03-13-12.** Ouvert toute l'année le midi et le soir sur réservation. Formule déjeuner à 13 € et menus de 18 à 29 €. La route monte fermement vers Utelle. Un peu en contrebas, on pénètre dans une ancienne bergerie datant de 1785, restaurée avec passion. Sylvain Moreau s'est installé ici pour fuir l'agitation de la Côte. Au milieu d'un décor rustique avec une belle cheminée et des planches d'oliviers, il prépare une cuisine classique avec des produits de grande qualité. Raviolis de canard aux cèpes, fricassée de Saint-Jacques au vinaigre de framboises, truite du Cians braisée à l'estragon et des desserts... Belle terrasse aux beaux jours dominant les gorges de la Vésubie. Ambiance conviviale. Réservation obligatoire pour le dîner. *Café offert à nos lecteurs sur présentation de ce guide.*

VAISON-LA-ROMAINE   84110

Carte régionale A1

🏠 *Hôtel Burrhus* ** – **1, pl. Montfort (Centre)** ☎ **04-90-36-00-11. Fax : 04-90-36-39-05.** ● **www.burrhus.com** ● Parking payant. TV. Congés annuels : du 15 décembre au 20 janvier. Accès : A7 sortie Bollène. En centre-ville. Chambres doubles avec douche et w.-c. ou bains de 44 à 61 €. Petit déjeuner à 6 €. Murs ocre et ferronneries, billard et terrasse où prendre son petit déjeuner au-dessus de l'animation matinale d'une vraie place de Provence : pas de doute, on a affaire à une maison de charme. D'autant que l'accueil est... charmant. Chambres toutes différentes, provençales pour certaines, plus basiques ou à la déco carrément futuriste pour d'autres ! Les patrons étant passionnés d'art contemporain, l'hôtel accueille aussi 4 expos par an. Un endroit qu'on aime beaucoup. *10 % sur le prix de la chambre (pour un séjour de 2 nuits consécutives, sauf du 1er juillet au 15 septembre) offerts à nos lecteurs sur présentation de ce guide.*

🏠 **IOI** *Hostellerie Le Beffroi* *** – **rue de l'Évêché (Sud)** ☎ **04-90-36-04-71. Fax : 04-90-36-24-78.** ● **www.le-beffroi.com** ● Parking. TV. Satellite. Resto fermé le mardi et tous les midis de la semaine ainsi que du 1er novembre au 1er avril. Congés annuels : de fin janvier à fin mars. Accès : par l'A7, direction Bollène ou Orange. Dans la ville médiévale. Chambres doubles avec douche et w.-c. ou bains de 67 à 97 €. Menus de 25,50 à 41 €. Dans la ville haute, installé dans deux maisons des XVIe et XVIIe siècles. Tout le charme de l'ancien (boiseries et vieilles pierres, bibelots et meubles d'époque jusque dans les chambres) mais le confort d'aujourd'hui. Évidemment, cela a un prix... Bonne cuisine sous influence provençale : risotto de Saint-Jacques rôties et pistou, magret de canard au miel de lavande… Et saladerie dans le superbe jardin en terrasse l'été. Piscine aussi bien sûr, avec vue sur Vaison. *Apéritif maison offert à nos lecteurs sur présentation de ce guide.*

VALBERG 06470

Carte régionale B1

🛏 I●I *Hôtel Le Chastellan* ** – rue Saint-Jean ☎ 04-93-02-57-41. Fax : 04-93-02-61-65. Parking. TV. Accès : passer derrière l'office du tourisme (qui est sur la place centrale), puis remonter sur la gauche. Chambres à 61 €, petit déjeuner compris, et 5 petites suites familiales à 113 €. Demi-pension à 52 € par jour et par personne. Menu unique à 17 € servi le soir, du 15 juillet au 15 septembre et du 15 décembre au 15 mars. Voici un hôtel familial géré par toute une famille. 37 belles chambres très bien tenues, une salle spacieuse et lumineuse pour prendre les repas (cuisine familiale également) ; une salle de jeux a même été aménagée pour vos petites têtes blondes (et brunes) ! Bref, un endroit où l'on a envie de venir été comme hiver. *10 % sur le prix de la chambre (hors vacances scolaires) offerts à nos lecteurs sur présentation de ce guide.*

I●I *Côté Jardin* ☎ 04-93-02-64-70. Accès : derrière la place centrale. Menus de 13 à 24 €. Généralement station de ski ne rime pas forcément avec gastronomie. Voilà l'exception qui confirme la règle. Certes, on y trouve tartiflettes, raclettes et fondues, mais ce serait dommage de se contenter de ces quelques spécialités plus savoyardes que provençales. D'autant que les deux menus permettent de goûter quelques bons petits plats à savourer côté jardin dans un décor fleuri, pendant que le chef se déchaîne côté cour dans sa cuisine. Service amical. *Café offert à nos lecteurs sur présentation de ce guide.*

VENCE 06140

Carte régionale B2

🛏 I●I *Auberge des Seigneurs* ** – pl. Frêne (Centre) ☎ 04-93-58-04-24. Fax : 04-93-24-08-01. Resto fermé le lundi, le mardi midi et le mercredi midi. Accès : dans les remparts à l'entrée du vieux Vence. Chambres doubles de 65 à 70 €. Menus à partir de 29 €. Cette belle bâtisse du XVᵉ siècle propose des chambres portant des noms de peintres célèbres. La « Modigliani » et la « Soutine » nous ont bien plu pour la vue qu'elles offrent sur la montagne et pour leur allure de suites plus que de chambres d'hôtel. De plus, leurs prix sont plus que raisonnables. Accueil chaleureux.

Et dans cette maison « grands seigneurs », un digestif est offert aux messieurs et une rose aux dames.

I●I *Le P'tit Provençal* – 4, pl. Clemenceau ☎ 04-93-58-50-64. Fermé le mercredi et le jeudi hors saison ; le midi uniquement en saison. Congés annuels : 15 jours en mars et de mi-novembre à mi-décembre. Accès : au centre de la vieille ville. Suggestions à l'ardoise, le midi en semaine, et menus le soir à 19 et 25 €. Compter entre 18 et 22 € le midi à la carte. Ce resto à l'ambiance gentiment décontractée vous donnera l'occasion de découvrir une cuisine pleine d'inventivité dans un registre qui reste, à la base, très provençal. De plus, la terrasse permet de manger dans le cadre animé de la cité historique.

I●I *La Farigoule* – 15, av. Henri-Isnard ☎ 04-93-58-01-27. Fermé le mardi, le mercredi et le samedi midi en été ; le mardi et le mercredi en hiver. Congés annuels : pendant les vacances scolaires de février, de Pâques et de Noël. Menus à 22,10 €, à midi, et de 28 à 41,15 €. On y vient autant pour l'atmosphère que pour la cuisine authentique de Provence. Patrick Bruot, qui fit ses classes chez Alain Ducasse, à Juan-les-Pins (oui, c'était avant qu'il soit en même temps à Monaco et à Paris !), ne travaille que les produits du marché qui lui plaisent, jouant avec les textures, les saveurs, pour créer, selon l'humeur, des plats aussi beaux à deviner, sur la carte, qu'à déguster ensuite. La véranda s'est agrandie, les couleurs se sont égayées, le petit salon est plus convivial. La terrasse en été est devenue très accueillante, même trop, vous diront ceux qui ragent de n'avoir pu y trouver de place. *Apéritif maison offert à nos lecteurs sur présentation de ce guide.*

DANS LES ENVIRONS

SAINT-JEANNET 06640 (8 km NE)

🛏 *Hôtel L'Indicible* * – rue du Saumalier ☎ 04-92-11-01-08. Fax : 04-92-11-02-06. ● hotellindicible@wanadoo.fr ● Accès : par la D318. Chambres de 46 à 52 €, sans le petit déjeuner. Menu à 19 € en été. Un petit hôtel, dans le centre du village (c'est indiqué), tenu par deux jeunes sympathiques, originaires de Gand (Belgique), Peter et Els, qui parlent bien le français. Ils ont eu le coup de foudre pour ce village, ressentant quelque chose d'« indicible » devant une pareille beauté. D'où le nom de leur maison, une vieille bâtisse du village fort bien rénovée, abritant des chambres impeccables mais sans prétention, avec vue sur le Baou, sur les collines ou sur la mer au loin (pour certaines). Fait aussi restaurant l'été, jusqu'au 15 septembre. *Apéritif maison offert à nos lecteurs sur présentation de ce guide.*

Rhône-Alpes

01 Ain
07 Ardèche
26 Drôme
38 Isère
42 Loire
69 Rhône
73 Savoie
74 Haute-Savoie

AIX-LES-BAINS 73100

Carte régionale B1

🏠 I●I *Auberge de jeunesse* – **promenade du Sierroz (Nord-Ouest)** ☎ 04-79-88-32-88. Fax : 04-79-61-14-05. ● www.fuaj.org ● Parking. ♿ Accueil de 18 h à 22 h. Congés annuels : de début janvier à début février et de début novembre à mi-décembre, réservé aux groupes. Accès : du centre-ville, fléchage ; bus ligne 2, direction Grand Port, arrêt « Camping ». 12,20 € la nuit, petit déjeuner compris. Repas à 8 €. Carte FUAJ obligatoire (vendue sur place). Assez loin du centre, mais côté lac du Bourget (à deux pas du Grand Port et des plages), dans un petit coin de campagne qui, malheureusement, a commencé à subir les assauts des bétonneurs. Grand bâtiment contemporain avec des faux airs de chalet. Dispersées sur 3 niveaux, chambres à 4 lits avec cabinet de toilette. Pensez à réserver de mai à septembre.

🏠 I●I *Hôtel Broisin* * – **10, ruelle du Revet (Centre)** ☎ 04-79-35-06-15. Fax : 04-79-88-10-10. TV. Congés annuels : du 22 novembre au 15 mars. De 25,30 à 26,90 € la chambre double avec lavabo, suivant la saison, de 32 à 33 € avec douche et w.-c. Menu à 9 €. En plein centre, à quelques pas des thermes, mais planqué au fond d'une ruelle. Au calme donc. Petit hôtel de ville de cure comme on se les imagine, à l'ambiance très pension de famille. Clientèle assez âgée, fidèle à la maison. Mais des chambres pas désagréables, rajeunies et à prix modiques. Resto qu'on abandonnera volontiers aux pensionnaires.

🏠 I●I *Hôtel-restaurant Les Platanes* ** – **173, av. du Petit-Port (Ouest)** ☎ 04-79-61-40-54. Fax : 04-79-35-00-41. Parking. TV. Fermé le dimanche soir sauf en juillet-août. Congés annuels : en janvier et en novembre. Chambres doubles de 37 à 42 € avec douche et w.-c., suivant la saison. Menus de 19 à 43 €. Dans un quartier pavillonnaire tranquille, à deux pas du lac. Une belle terrasse sous les ombrages lui donne des airs de campagne. La cuisine, dans son registre très classique, s'en sort plus qu'honorablement. Poisson d'une belle fraîcheur. Groupes (de jazz essentiellement) en live les vendredi et samedi soir. Chambres dont la déco a quelques heures de vol (elles commencent à être rénovées) mais qui restent de bon confort et, surtout, d'une vraie tranquillité.

🏠 I●I *Hôtel-restaurant Au Petit Vatel* ** – **11, rue du Temple (Centre)** ☎ 04-79-35-04-80. Fax : 04-79-34-01-51. ● www.petit-vatel.com ● Parking payant. TV. Canal+. Congés annuels : en janvier. Accès : dans une calme rue du centre-ville, juste à côté de l'église anglicane Saint-Swithum, fréquentée à la fin du XIXᵉ siècle par la reine Victoria. Chambres doubles de 40 à 50 € suivant la saison, avec douche et w.-c. Menu à 13 € servi en semaine, puis à 16 et 21 €. Une maison qui respire le charme d'antan. Sur l'arrière, chambres avec balcon qui donnent sur un jardinet entouré de murs dévorés par le lierre. Un petit côté classieux sans frime, pas désagréable. Salle de resto dans le même ton et adorable petite terrasse dans le jardin. Cuisine bien traditionnelle mais goûteuse : poisson du lac (les filets de truite valent le déplacement), osso buco et les inévitables fondues et raclettes.

🏠 I●I *Hôtel-restaurant Le Manoir* *** – **37, rue George-Iᵉʳ** ☎ 04-79-61-44-00. Fax : 04-79-35-67-67. ● www.hotel-lema

noir.com ● Parking payant. TV. Canal+. Satellite. Accès : derrière les thermes, à 500 m du centre. Chambres doubles avec douche et w.-c. ou bains de 73 à 148 € suivant la saison. Menus de 25 à 52 €. Une adresse certes un peu haut de gamme mais pleine de charme. Ce *Manoir* est en fait installé dans les dépendances de deux anciens palaces de la Belle Époque. Tranquillité à peine troublée par le chant des oiseaux. Chambres bien équipées, d'un classicisme de bon ton, comme l'ensemble de la maison. Des salons cossus, un jardin plaisant, une superbe piscine intérieure très Hollywood années 1930, un espace de remise en forme, un jacuzzi, bref, la totale ! De surcroît, c'est une excellente table : cuisine de tradition plutôt sous influence régionale et un chef qui travaille du poisson d'une réjouissante fraîcheur. Belle carte des vins. Un personnel jeune et décontracté décoince pas mal l'ambiance générale. *10 % sur le prix de la chambre (du 1er octobre au 30 mai) offerts à nos lecteurs sur présentation de ce guide.*

●I● *Restaurant L'Auberge du Pont Rouge* – **151, av. du Grand-Port (Nord-Ouest)** ☎ **04-79-63-43-90.** Fermé le soir des lundi, mardi, mercredi et dimanche, ainsi que le jeudi toute la journée. Congés annuels : 1 semaine fin juin, la 1re semaine de septembre et du 20 décembre au 10 janvier. Accès : direction du lac, av. du Grand-Port. Menus à 10,80 €, le midi en semaine, et de 16 à 27 €. Un peu excentré (mais vu la pénurie de bonnes adresses à prix décents dans le centre…). Salle toute simple doublée d'une véranda et d'une terrasse posée sur le gravier de la cour. L'accueil est comme la cuisine, amical, et la cuisine sait tirer toutes leurs saveurs de produits soigneusement choisis. Poisson suivant arrivage, donc d'une belle fraîcheur (omble chevalier, filets de truite ou de perche du lac) et des spécialités qui, pour changer, lorgnent vers le Sud-Ouest (menu avec confit de canard à l'ancienne). *Apéritif maison offert à nos lecteurs sur présentation de ce guide.*

DANS LES ENVIRONS

BRISON-SAINT-INNOCENT 73100
(9 km NO)

🏠 I●I *Les Oliviers* – **212, route de Paris, Brison-les-Oliviers** ☎ **04-79-54-21-81.** Fax : 04-79-52-20-13. Parking. Fermé le mardi (sauf juillet-août). Congés annuels : de mi-janvier à mi-février. Accès : par la D991. Chambres doubles avec lavabo à 30 €. Menus de 14 à 29 €. Dans un hameau au bord du lac du Bourget, mais collé à la route et pas bien loin de la voie ferrée. On ne conseillera donc pas les chambres, toutes simples mais bon marché, qu'à nos lecteurs qui dorment toujours sur leurs deux oreilles… En revanche, on peut manger au resto les yeux fermés. Le patron y travaille le poisson du lac et une cuisine de marché et de saison, pleine d'entrain et de bonnes idées et d'un très bon rapport qualité-prix. *NOUVEAUTÉ.*

Carte régionale A2

I●I *Restaurant La Petite Chaumière* – **quartier de La Roche** ☎ **04-75-52-43-50.** L'été, fermé le mardi et le mercredi ; de début octobre à fin mars, ouvert le samedi soir et le dimanche midi. Accès : indiqué à partir de la place principale du vieil Alba, route qui part en contrebas : on arrive en un petit kilomètre au hameau préservé de La Roche. Menus de 10,50 à 14 €. Un de nos plans préférés du secteur, pour le manger comme pour le cadre et l'accueil. Cuisine de grand-mère (qui aurait dans la trentaine), velouté de légumes ou sauté d'agneau « aux mille épices » généreusement servis, puis vraie crème caramel, par exemple. Quelques tables en salle et surtout une petite terrasse de rêve, face à l'imposant rocher-tour du hameau, pic invraisemblable, mi-roc mi-vieille pierre effondrée, on se demande comment ça tient. On mange bien, c'est pas cher, c'est joli. Jazz ou latino en sourdine. De temps en temps, d'ailleurs, concerts de jazz juste à côté. Peu de couverts, réservez. *Apéritif maison offert à nos lecteurs sur présentation de ce guide.*

Carte régionale B1

🏠 I●I *Auberge de Costaroche* ★★ – **1, chemin Pierre-du-Roy (Sud)** ☎ **04-79-32-02-02.** Fax : 04-79-31-37-59. Parking. TV. Resto fermé le mercredi. Congés annuels : resto fermé de fin septembre à début janvier. Accès : par le pont du Mirantin, au pied de la cité médiévale de Conflans et du château édifié au lieu-dit Costaroche, d'où le nom de cet hôtel. Chambres doubles avec bains de 39 à 46 €. Menus à 11 €, le midi en semaine, et de 15 à 25 €. Dans un quartier résidentiel. Grosse maison un peu grise

---

Sur présentation de ce guide,
nombreuses offres et réductions en 2003.

Thonon Adresses principales
○ Armoy Adresses dans les environs
○ Abondance Repères

20 km

mais au cœur d'un grand jardin. Accueil charmant. Chambres doucement rénovées (demandez par exemple les n°s 17, 18, 27 et 28 côté jardin). Au resto, salle qui manque un peu d'intimité et honnête cuisine qui aligne ses classiques : ravioles de Royans gratinées au tamié (fromage d'abbaye), poêlée de Saint-Jacques... *10 % sur le prix de la chambre offerts à nos lecteurs sur présentation de ce guide.*

DANS LES ENVIRONS

MONTHION 73200 (8 km SO)

|●| *Les Seize Clochers* – 91, chemin des 16-Clochers ☎ 04-79-31-30-39. Parking. Fermé le lundi toute l'année et le mercredi soir de mi-juillet à mi-août. Congés annuels : 1 semaine début septembre et 3 semaines entre mi-décembre et mi-janvier. Accès : sur la D925, entre Grignon et Notre-Dame-des-Millières, prendre à gauche la D64. Menus à 13,50 €, en semaine, et de 18 à 27 €. Bonne adresse de terroir dans un petit village hors circuits touristiques. Quelques grands classiques (diots au vin blanc, fondue à prix d'amis, tartiflette) et quelques petites choses plus pertinentes (fricassée d'escargots à la savoyarde, filet de féra aux échalotes). La grande salle à l'ancienne domine la combe de Savoie. Pour compter les 16 clochers semés dans le paysage, dégotez une table vers les baies vitrées ou, aux beaux jours, mangez en terrasse.

PLANCHERINE 73200 (11 km O)

|●| *Chalet des Trappeurs* – col de Tamié ☎ 04-79-32-21-44. Fermé le mercredi. Hors saison, téléphoner pour s'assurer que c'est ouvert. Accès : direction Gilly-sur-Isère, puis col de Tamié. Menu à 12 € le midi en semaine. Autres menus de 14 à 24 €. L'héliport et les fausses statues antiques du jardin fâchent un peu. Mais ça s'arrange à l'intérieur de ce chalet de bois : une cheminée, des trophées de chasse, des peaux de bêtes étendues sur les bancs. Spécialités classiques (tartiflette, fondue et autre reblochonnade), des omelettes pour les randonneurs mais aussi, et surtout, quelques remarquables plats de terroir : filet de féra au bergeron, civet de porcelet à la mondeuse, etc. Belle terrasse. Et profitez de votre passage dans le coin pour acheter du fromage aux moines de la voisine abbaye de Tamié.

Fermé le mercredi hors saison et le dimanche soir. Accès : face à l'ancienne gare, à 200 m du centre-ville. Chambres confortables de 29 à 35,10 € suivant le confort (les n°s 3, 8, 12 et 14 ont vue sur le jardin). Demi-pension à 37 € par personne. Menus complets à partir de 11,50 € en semaine et 13 € le dimanche. Autres menus de 16 à 27 €. Si l'extérieur de l'hôtel ne paie pas vraiment de mine, l'intérieur, dans les tons bleu et blanc, joliment rénové et décoré d'affiches d'artistes, est ravissant. Petit coin bar très lumineux dans la véranda à l'entrée. Salle à manger fraîche et pimpante, ambiance « fleur bleue ». Chambres très confortables (avec bains ou douche, w.-c. et téléphone), certaines mansardées. À table, quelques spécialités : chèvre chaud au miel toutes fleurs, soufflé glacé à la chartreuse, etc. Délicieux accueil de la patronne, qui prend le temps de vous faire visiter ses chambres à 13 h un dimanche (nous n'en sommes pas revenus nous-mêmes). N'abusez pas quand même... Une très bonne adresse. *Apéritif maison offert à nos lecteurs sur présentation de ce guide.*

DANS LES ENVIRONS

GONCELIN 38570 (10 km S)

|●| *Restaurant Le Clos du Château* ☎ 04-76-71-72-04. Fermé le lundi soir, le mardi, le mercredi et le dimanche soir. Congés annuels : 2 semaines en août. Accès : par la D525 depuis Allevard (par l'A41 depuis Grenoble). Menus de 28,50 à 40 €. Imaginez une vieille demeure dauphinoise du XIIIe siècle, au cœur des montagnes de Chartreuse et Belledonne. Ses propriétaires, un couple anglais adorable, lui ont rendu couleurs et joie de vivre, ne serait-ce que sur les visages heureux de ceux qui ont su dénicher, à l'écart de la route (il est tellement protégé par son parc qu'on risque de passer devant sans le voir), ce restaurant peu banal. Suzie fait le service, en salle ou en terrasse, tandis que son mari, Laurent Glayzer, qui a travaillé dans les célèbres *Savoy* et *Ritz* de Londres, s'active au piano. Travaillant remarquablement le poisson et les petits légumes, il vous offre, avec le menu du marché à 28,50 €, un vrai festival des sens. Quelques bonnes spécialités : ravioles de langoustines dans sa nage crémeuse, filet de bœuf charolais avec sa duxelle au foie gras, etc. En hiver, essayez d'avoir la table en face de la grande cheminée du XIIIe siècle. *Well, well, well...*

ALLEVARD 38580

Carte régionale B1

🏠 |●| *Les Terrasses* ** – 29, av. de Savoie ☎ 04-76-45-84-42. Fax : 04-76-13-57-65. ● www.hotellesterrasses.com ●

ANNECY 74000

Carte régionale B1

🏠 *Aléry Hôtel* ** – 5, av. d'Aléry (A2-6) ☎ 04-50-45-24-75. Fax : 04-50-51-26-90. ● hotel.alery@wanadoo.fr ● Parking. TV.

Canal+. Chambres doubles de 39 à 59 €
avec douche et w.-c. ou bains. Pratique
puisque juste à mi-chemin de la gare et de
la vieille ville. La maison a du caractère et ce
charme discret des hôtels cossus et vieille
France. Chambres plus montagnardes,
décoration typique avec peintures sur bois.
L'accueil est charmant, le confort total et la
tranquillité garantie sur l'arrière. Bon petit
déjeuner.

🏠 *Hôtel du Nord* ** – 24, rue Sommeiller
(A2-7) ☎ 04-50-45-08-78. Fax : 04-50-51-
22-04.● www.annecy-hotel-du-nord.com●
TV. Canal+. Satellite. Accès : dans une des
rues commerçantes du centre, entre la gare,
le lac et la vieille ville. Chambres doubles
avec douche ou bains et w.-c. de 42 à 58 €
suivant la saison. Parking proche de l'hôtel
gratuit de 18 h 30 à 9 h. Bien situé et bon
accueil. Un certain charme entre les boiseries de la réception et la petite loggia du
1er étage. Les chambres sont toutes rénovées : tons pastel, tissus fleuris et mobilier
contemporain, belles salles de bains. La
salle du petit déjeuner a été entièrement
redécorée : parquet, murs en pierre, poutres
et mobilier moderne. La moitié de l'hôtel est
climatisée. *10 % sur le prix de la chambre
(hors juillet-août) offerts à nos lecteurs sur
présentation de ce guide.*

🏠 |●| *Hôtel Les Terrasses* ** – 15, rue
Louis-Chaumontel (hors plan A1-9) ☎ 04-
50-57-08-98. Fax : 04-50-57-05-28.
● www.lac-annecy.com ● Parking. TV.
Canal+.♿ Accès : à 10 mn à pied du centre-
ville. Chambres doubles avec douche et
w.-c. ou bains de 42 à 59 €. Menus à 9,50 et
13 €. Croquignolette maison ancienne
transformée en un petit hôtel moderne et
pimpant. Chambres toutes sobres (murs
blancs, meubles en bois blond), calmes et
confortables. L'excellent rapport qualité-prix
l'emporte sur le quartier, sans réel intérêt.
Resto si vous ne voulez pas retourner en
ville. Charmant petit jardin. Excellent
accueil.

🏠 *Hôtel de Bonlieu* *** – 5, rue de Bonlieu (B1-3) ☎ 04-50-45-17-16. Fax : 04-50-
45-11-48. ● www.annecybonlieuhotel.fr ●
Parking. TV. Canal+. Satellite. ♿ Accès : à
côté du palais de justice (parking). Chambres doubles avec douche et w.-c. ou bains
de 68 à 76 € suivant la saison. Pour ceux
qui ne recherchent pas le charme à tout prix
mais le confort contemporain sans histoire,
voilà une bonne adresse, destinée a priori
plus aux jeunes cadres cravatés qu'aux routards décontractés. Mais la gentillesse de
l'accueil, la proximité du lac et du vieil
Annecy (quelques chambres donnent de ce
côté-là), ainsi que le rapport qualité-prix
honorable pour le coin en font une valeur
sûre. Et ça devient rare.

🏠 *Hôtel du Palais de l'Isle* *** – 13, rue
Perrière (B3-2) ☎ 04-50-45-86-87. Fax :
04-50-51-87-15. ● www.mem-
bers.aol.com/palisle ●
TV. Satellite. Accès : par la place Saint-
François-de-Sales ou le quai Chappuis et le
quai du Semnoz. Chambres doubles avec
bains de 69 à 81 €. Au cœur du centre
ancien. Cette imposante maison du
XVIIIe siècle a franchement un emplacement de rêve, entre les vieilles rues
sinueuses et le Thiou, tout à côté, comme
son enseigne l'indique, du monument
emblématique de la ville. Dans les – trop ! –
rares chambres qui donnent sur le palais, on
n'a pas envie de décoller l'étiquette « Venise
savoyarde » de la ville. Les autres offrent
une gentille vue sur le château et la vieille
ville. Isolation phonique et climatisation
résolvent petit à petit le problème des
chaudes (et animées) soirées d'été anné-
ciennes. Superbes chambres où le parti pris
d'une déco farouchement contemporaine
(les meubles sont signés Starck) ne fait
même pas tiquer.

|●| *Frich'ti Dudu* – 9, rue Louis-Armand-
Novel (hors plan B1-10) ☎ 04-50-09-
97-65. Fermé le soir et le week-end (sauf
réservation pour 15 personnes minimum).
Congés annuels : du 1er au 15 août.
Diverses formules de 6,40 à 10 €. Pour le
midi (service de 11 h 30 à 15 h), la petite
adresse popu (carrément excentrée mais
dans une rue piétonne) d'une ville qui n'en
compte malheureusement pas beaucoup.
Cuisine bien familiale, mais on mange pour
à peine plus cher que dans un vulgaire fast-
food. Alors choisis ton camp, routard ! Restaurant non-fumeurs.

|●| *Wishbone Garden* – 29 bis, rue Vau-
gelas (A2-13) ☎ 04-50-45-25-96. Fermé le
dimanche. Formule à 9 € boisson comprise,
en semaine. Menu à 15 €. Compter 17 € à
la carte. Le produit roi, ici, c'est le poulet,
accompagné d'une kyrielle de sauces
(mexicaine, aux champignons, au miel et au
vinaigre de framboises, etc.) et servi avec
d'excellentes pommes de terre. Quelques
autres propositions à la carte (tartiflette,
magret de canard ou saumon grillé) et de
très bons desserts maison. Petite salle chaleureuse sur un étage et tranquille terrasse.
Le patron, un Anglais jovial, est passé par
quelques-unes des grandes tables du coin.
Donc, derrière sa franche décontraction, il y
a une sacrée expérience ! *Apéritif maison
offert à nos lecteurs sur présentation de ce
guide.*

|●| *Le Bistrot du Rhône* – 13, av. du
Rhône (hors plan A2-12) ☎ 04-50-45-
53-34.♿ Fermé le lundi soir, le mardi soir, le
samedi midi et le dimanche. Congés
annuels : en août. Accès : dans le quartier
de la gare. Menus à 11 et 12,50 € le midi en
semaine, à 14,50 et 20,60 € le soir. Désolé
pour le quartier sans âme, mais les bonnes

CHAMONIX, N 203, A 41 ↑ 🏛9   10 |●| ↑ GENÈVE, N 201

A

B

BELLEGARDE ↑ N 508

↑ BELLEGARDE, AIX-LES-BAINS

CHAMBÉRY

Av. de Cran
Bd Decouz
Boulevard
PLACE CARNOT
R. Louis Chaumontet
NORD
Avenue
Bertholet
R. Carnot
Bregny
du
Rue
Lycée
Rhône
Rue Guillaume
la
Rue
PLACE TOCHON
1
Rue
de
Rue Jean
Président
Fichat
Palais de Justice
3 🏛
Sommeiller
R. de la Préfecture
Avenue
R. de l'Industrie
PL. DE LA GARE
7 🏛
Rue
de
Rue
la
Poste
Rue des Glières
Rue
13 |●|
Vaugelas
Carnot
R. du Pâquier
Favre
Centre Bonlieu
ℹ
PL. DE LA LIBÉRATION
O. E. Chappuis
Canal
Promenade du Quai Jules
Av. d'Aléry
6 🏛
2
R. St Fr. de Sales
Royale
PL. NOTRE-DAME
Rue du Lac
de
Filaterie
R. du Collège
J. Evêché
PL. DE L'HÔTEL DE VILLE
Hôtel de ville
Av. de Chambéry
Notre-Dame-de-Liesse
✉
Canal
Rue de la République
Ancien Évêché
M⁰
R. J. J. Rousseau
Cathédrale St-Pierre
St-Maurice
R. Grenette
PL. ST FRANÇOIS
St-François
Quai
12 |●|
Île St-Joseph
← Thiou
La Manufacture
Q. de Lambert
l'Evêché
Canal
de l'Isle
Q. de Semnoz
le
Q. Perrière
PONT DE LA HALLE
3
Porte Ste-Claire
Rue Ste Claire
11 |●|
Rampe du Château
2 🏛
Palais de l'Isle
R. de l'Isle R. Perrière
Fbg. des Annonciades
PL. AUX BOIS
R. de la
Gare
St Maurice
Côte du Rempart
PL. DU CHÂTEAU
Château
Imp. du Trippoz
Côte Perrière
12 |●|
Av. de Loverchy
†

Basilique de la Visitation, Conserv. d'Art et d'Histoire ↘ Semnoz   B

C

Bd du Lycée
Parmelan

Bd St Bernard de Menthon

Paix

Avenue

du

R.I.

Rue

30

Dupanloup

du

Rue

Revon

d'Albigny

Préfecture

PLACE DU
SOUVENIR

Avenue

LE PÂQUIER

Jacquet
Vassé
Philippe

PONT
DES AMOURS

LAC

D'ANNECY

Jardins
de l'Europe

Napoléon
hiou

Marquisats

vidence

0   100   200 m

↘ *ALBERTVILLE, N 508* **C**

THÔNES, LA CLUSAZ, D 999 ↖ Parc de l'Impérial

1

2

3

RHÔNE-ALPES

🛏	**Où dormir ?**
	2 Hôtel du Palais de l'Isle
	3 Hôtel de Bonlieu
	6 Aléry Hôtel
	7 Hôtel du Nord
	9 Hôtel les Terrasses
🍽	**Où manger ?**
	10 Frich'ti Dudu
	11 Taverne du Fréti
	12 Le Bistrot du Rhône
	13 Wishbone Garden

adresses dans la vieille ville se faisant rares, il faut bien aller les dégoter où elles sont installées ! La petite salle genre bistrot est bien mignonne et presque provençale avec ses murs couleur safran. La cuisine, de marché, est drôlement bien tournée et pleine de saveurs. Ambiance et service entre décontraction et années de métier. *NOUVEAUTÉ*.

|●| *Taverne du Fréti* – 12, rue Sainte-Claire (A3-11) ☎ 04-50-51-29-52. Fermé le midi tous les jours (sauf le dimanche) et le lundi (sauf pendant les vacances scolaires). Congés annuels : 3 semaines en juin. Accès : dans la vieille ville. Compter de 15 à 22 € à la carte. Dans cette rue qui a, soyons clairs, vendu son âme au tourisme, le *Fréti* reste une adresse stable de spécialités à base de fromages. Qualité (c'est d'abord une fromagerie !) et prix raisonnables. 16 sortes de fondues, raclettes, tartiflettes, pommes au bleu ou au chèvre... Salle à l'étage d'un rustique très années 1970, si le temps ne permet pas de profiter de la terrasse sous les arcades.

DANS LES ENVIRONS

SÉVRIER 74320 (5 km S)

🏠 |●| *Auberge de Chuguet - Restaurant l'Arpège* – 823, route d'Albertville ☎ 04-50-19-03-69. Fax : 04-50-52-49-42. ● www.hotel-de-chuguet.com ● Parking. TV. Restaurant fermé le dimanche soir et le lundi midi (hors saison). Congés annuels : en novembre. Chambres doubles avec douche et w.-c. de 41,20 à 45,80 €, avec bains de 53,40 à 56,60 €. Menus de 22 à 39,50 €. En bord de route mais à deux pas du lac. Très jolies chambres (pour celles qui ont été rénovées), contemporaines avec du charme. Les plus chères donnent, comme il se doit, sur le lac. Quelques studios et duplex. Salle de resto dans le même esprit et superbe terrasse, très « place de village sous les platanes ». Le chef aime bien travailler le poisson, de lac comme de rivière. Et le tout est emmené par une jeune et accueillante équipe. *NOUVEAUTÉ*.

|●| *Auberge du Bessard* – 525, route d'Albertville ☎ 04-50-52-40-45. Parking. 🐾 Congés annuels : du 20 octobre au 20 mars. Accès : sur la N508. Menus à 15,50 € en semaine et 19 € les week-ends et jours fériés. Compter environ 22 € à la carte. Bien sûr, autour du lac d'Annecy, manger du poisson (friture de lac, filets de perche ou féra à l'oseille) sur une terrasse ombragée les pieds dans l'eau, c'est tentant. Voilà la bonne adresse où le faire. Un genre d'institution locale (tenue par la même famille depuis une cinquantaine d'années), à l'ambiance chaleureuse et bon enfant.

SAINT-JORIOZ 74410 (9 km S)

🏠 |●| *Hôtel-auberge de la Cochette* ** – lieu-dit La Magne-à-Saint-Eustache ☎ 04-50-32-03-53. Fax : 04-50-32-02-70. ● www.hotel-la-cochette.com ● Parking. Fermé en semaine de fin septembre à fin avril. Congés annuels : du 1er novembre au 15 mars. Chambres doubles avec lavabo de 30 à 32 € suivant la saison, avec douche et w.-c. ou bains de 38 à 40 €. Menus à 15, 20 et 26 €. Aimable auberge de campagne dans un hameau qui offre une vue magnifique sur le lac d'Annecy, à 6 km à vol d'oiseau... ou en parapente, passion du maître des lieux. Chambres gentiment rénovées (boiseries et meubles de bois blond) et savoureuse cuisine de tradition. Pain (comme les pâtisseries) maison. Pour info : la maison accueille parfois mariages et autres groupes... *10 % sur le prix de la chambre (hors juillet-août) ou digestif maison offerts à nos lecteurs sur présentation de ce guide.*

CHAPEIRY 74540 (11 km SO)

|●| *Auberge La Grange à Jules* – **Pélevoz** ☎ 04-50-68-15-07. Parking. Fermé le lundi soir, le mardi soir, le mercredi toute la journée et le jeudi soir. Accès : par l'A41, sortie Rumilly, prendre la N201 vers Annecy ; après Alby, prendre à gauche vers Chapeiry, c'est après le pont à droite. Menus à 16,50 €, le midi en semaine, et de 23 à 29 €. Façade pas très engageante, plus hangar agricole que vieille grange... Heureusement, ça s'arrange à l'intérieur : décor de vieille ferme, chaleureusement rustique, qui fait oublier la proximité de l'autoroute. Cheminée pour les jours un peu frais, terrasse fleurie dans le jardin pour l'été. Bons produits et sympathique cuisine au goût d'aujourd'hui : Tatin de pommes de terre au foie gras, souris d'agneau confite au miel et aux épices, fondant au chocolat... Organise régulièrement des soirées à thème.

GRUFFY 74540 (17,5 km SO)

🏠 |●| *Aux Gorges du Chéran* ** – pont de l'Abîme ☎ 04-50-52-51-13. Fax : 04-50-52-57-33. Parking. TV. Resto fermé le dimanche soir (hors juillet-août). Congés annuels : du 15 novembre au 15 mars. Accès : prendre la N201 ; 1 km après Chaux prendre la D5 à gauche vers Gruffy ; après le village, prendre à 1,5 km vers le pont de l'Abîme. Chambres doubles de 40 à 60 € avec douche et w.-c. ou bains suivant la saison. Demi-pension souhaitée en été : de 40 à 50 € par personne. Menus de 15 à 25 €. Face au pont de l'Abîme (qui porte bien son nom). Maison genre chalet, entourée par la forêt et surplombant les profondes gorges du Chéran. Tranquille ! Chambres spacieuses et confortables, à la déco très classique, sinon un peu surannée (même si elles ont été proprement rénovées). Accueil impeccable et sympathique ambiance familiale. Au resto, une cuisine entre tradition et terroir qui ne court pas après les étoiles… *Apéritif maison offert à nos lecteurs sur présentation de ce guide.*

SEMNOZ (LE) 74320 (18 km S)

🏠 |●| *Hôtel Semnoz - Alpes 1 704 mètres* ** – Le Semnoz ☎ 04-50-01-23-17. Fax : 04-50-64-53-05. • www.semnoz.com • Parking. Congés annuels : en avril ou en mai et du 30 septembre au 25 décembre. Accès : par la D41. Chambres doubles à 30 € avec lavabo, de 42 à 46 € avec douche et w.-c. ou bains. Menus de 14,50 à 25 €. Grand chalet dressé (à la fin du XIXᵉ siècle et à 1 704 m d'altitude, bien sûr), presque solitaire, sur le Semnoz. Pour la vue, c'est les Alpes en cinémascope ! Tenu depuis les années 1950 par la famille du célèbre guide et champion de ski Alfred Couttet (on ne se fera pas prier pour vous raconter son histoire). Accueil franchement chaleureux. Chambres rustico-montagnardes progressivement rénovées. Cuisine classiquement régionale. Un conseil : si vous voulez le sommet du Semnoz pour vous tout seul ou presque, évitez les pleines saisons. *10 % sur le prix de la chambre (hors vacances scolaires) offerts à nos lecteurs sur présentation de ce guide.*

ANNONAY 07100

Carte régionale A2

🏠 *Hôtel du Midi* ** – 17, pl. des Cordeliers (Centre) ☎ 04-75-33-23-77. Fax : 04-75-33-02-43. Parking. TV. Accès : dans la partie basse de la ville. Chambres doubles à 27 € avec lavabo, de 35 à 38,10 € avec douche et w.-c., et à 44,20 € avec bains. Bien situé sur une place très vivante et animée, un robuste immeuble de type haussmannien, surprenant sous ces latitudes. Intérieur plutôt cossu : larges couloirs, chambres spacieuses (surtout côté place), moquette fondante. L'image de la montgolfière est omniprésente (tableaux, gravures) pour vous rappeler, si besoin, qu'Annonay en est le berceau. Accueil variable. *10 % sur le prix de la chambre (à partir de 2 nuits du 15 octobre au 15 avril) offerts à nos lecteurs sur présentation de ce guide.*

|●| *Restaurant Marc et Christine* – 29, av. Marc-Seguin (Centre) ☎ 04-75-33-46-97. ✗ Fermé le dimanche soir et le lundi. Congés annuels : pendant les vacances scolaires de février et du 16 août au 1ᵉʳ septembre. Accès : domaine de la gare. Compter 10,67 € le plat. Menus de 17 €, sauf le dimanche, à 34 €, et plusieurs

grands menus « dégustation ». Ce restaurant propose une cuisine inventive appréciée par une clientèle essentiellement locale. Christine accueille chaleureusement ses convives au sein d'une salle de séjour aux couleurs orangées. Au mur, remarquez la fresque illustrant la fable *Le Corbeau et le renard*. Marc prépare, à la carte, des plats mariant des produits nobles à des produits du terroir, comme la soupe d'écrevisses et l'oignon doux d'Annonay ou les escargots de Bourgogne et la brick de pied de cochon aux cèpes… Cuisine réussie, menus et carte renouvelés chaque mois. À l'ardoise : pot-au-feu de la mer, foie gras (frais ou poêlé)… Grand choix dans les vins, qui peuvent être servis au verre. En été, le restaurant dispose d'un agréable jardin. Une adresse sûre, et ce, grâce à des restaurateurs amoureux de leur région et de leur métier. Ils affichent d'ailleurs noir sur blanc le nom des différents producteurs auprès desquels ils s'approvisionnent.

DANS LES ENVIRONS

SATILLIEU 07290 (14 km S)

🏠 |●| *Hôtel-restaurant Sapet* ** – pl. de la Faurie ☎ 04-75-34-95-42. Fax : 04-75-69-91-13. • www.chaleatsapet.com • TV. Congés annuels : du 22 décembre au 5 janvier. Accès : d'Annonay, prendre la direction centre-ville puis Lalouvesc (D578 A). Chambres doubles à 39 € avec douche et w.-c. ou bains. Demi-pension à 36 €. Menus de 14 à 23 €. Situé au cœur du village, l'hôtel-restaurant *Sapet* jouit d'une excellente réputation. Il faut dire que l'accueil est vraiment sympathique et la cuisine de qualité. La crique ardéchoise est l'une des spécialités de ce restaurant. Elle est faite à base de pommes de terre râpées crues, puis cuites en galette et saupoudrées d'ail, d'oignons et de persil. Les chambres, récemment rénovées, sont propres et confortables. Possibilités de sorties à VTT ou de randonnées. En saison, piscine découverte. *Apéritif maison offert à nos lecteurs sur présentation de ce guide.*

SERRIÈRES 07340 (15 km NE)

🏠 |●| *Hôtel-restaurant Schaeffer* ** – RN 86 ☎ 04-75-34-00-07. Fax : 04-75-34-08-79. • www.hotel-schaeffer.com • Parking payant. TV. Accès : par la N82. Chambres doubles tout confort à 56 €. Menus à 21 €, le midi en semaine, puis de 30 à 75 €. L'hôtel-restaurant *Schaeffer* est la première étape gastronomique en terre ardéchoise lorsqu'on arrive du nord. Une grande maison au bord du Rhône, où les meilleurs produits sont à la fête (cuisine de saison au gré du marché). Notre vieux fond radin nous a fait choisir le 1ᵉʳ menu, et nous nous en sommes félicités! Belles portions dans de belles assiettes, présentation pensée, et ces petites attentions qui font la différence quand elles ne sont pas l'apanage des menus les plus chers : amuse-bouche, avant-desserts et mignardises... Belle carte des vins privilégiant bien entendu les côtes-du-rhône septentrionales. Flacons pas donnés, comme la côte-rôtie ou l'hermitage, mais on peut se faire plaisir avec de splendides saint-joseph. Service attentionné. Sommelier passionné et fort sympathique. En étage, des chambres modernes et fonctionnelles, insonorisées et climatisées. On aime bien celles avec vue sur le Rhône et le pont éclairé le soir. Une halte de grande qualité, pouvant rester dans un budget abordable.

ANSE 69480

Carte régionale A1

🛏 🍴 *Hôtel-restaurant Le Saint-Romain* ** – route de Graves ☎ 04-74-60-24-46. Fax : 04-74-67-12-85. ● www.hotel-saint-romain.fr ● Parking. TV. Canal+. Satellite. Fermé le dimanche soir du 1er au 25 novembre. Accès : à 200 m de l'écart de la nationale (fléché). Chambres doubles à 49 € avec douche et w.-c. ou bains. Plusieurs menus de 19 €, sauf le dimanche, à 45 €. La tradition, ça a du bon, et ce très classique *Logis de France* le démontre une fois encore. Le suprême de pintade pané aux noisettes, les beaux et nombreux fromages du chariot, le soufflé de mandarine, nous les avons mangés promptement, et sans nous plaindre. Une cuisine aussi sûre et solide que les énormes poutres de la salle à manger (on n'en a jamais vu d'aussi grosses, de vrais baobabs !). Terrasse en été. Les chambres, spacieuses, toutes avec bains, sont simples mais dotées d'une bonne literie. Accueil un peu impersonnel. *Café offert à nos lecteurs sur présentation de ce guide.*

🍴 *Le Colombier* – pont de Saint-Bernard ☎ 04-74-67-04-68. Parking. ♿ Fermé le dimanche soir et le lundi (sauf du 1er avril à fin septembre). Accès : à la sortie de la ville, direction Trévoux ; à 2 km du centre-ville, au bord de la Saône. Menus de 15,50 à 30 €. Des barques qui glissent sur la Saône, des serveurs affairés qui se faufilent entre les tablées de joyeux lurons se régalant de fritures ou de grenouilles, en terrasse ou dans ce qui ressemble fort à une guinguette d'autrefois, *Le Colombier* est un saisonnier plutôt agréable. Depuis 22 ans déjà, on vient ici retrouver le goût des bonnes choses, à des prix raisonnables. Délicieux pieds de porc grillés, goujonnettes de carpes, sandres et magrets de canard. *Café offert à nos lecteurs sur présentation de ce guide.*

DANS LES ENVIRONS

MARCY-SUR-ANSE 69480 (7 km SO)

🍴 *Le Télégraphe* ☎ 04-74-60-24-73. Fermé le dimanche soir et le lundi. Accès : D39 vers Lachassagne et D70 à gauche. Menu à 11 € le midi en semaine. 5 autres menus de 17 à 40 €. Dans le premier menu, la terrine maison et l'andouillette sauce moutarde tiennent au corps et nous rapellent les saveurs simples de toujours ; dans le suivant, la croustille de saint-marcellin reste dans ce registre avec toutefois un zeste de créativité. La terrasse agréable, éloignée de la route et fleurie, l'atmosphère souriante contribuent au plaisir. Une halte sympa.

ALIX 69380 (10 km SO)

🍴 *Le Vieux Moulin* – chemin du Vieux-Moulin ☎ 04-78-43-91-66. Parking. ♿ Fermé le lundi et le mardi (sauf certains jours fériés et pour les groupes). Congés annuels : du 13 août au 15 septembre. Accès : D39 vers Lachassagne, puis à gauche vers Marcy, Alix est indiqué sur la droite. 4 menus de 21 €, sauf les jours fériés, à 45 €. Encore un moulin qui fait battre nos cœurs et chanter Michel Legrand ! Tout en pierre dorée, il a été transformé en restaurant de charme, avec ses trois petites salles pleines de recoins pour les timides et les amoureux, et la « grange », pour les repas de famille ou d'affaires. Grenouilles, pintade fermière aux morilles, filets de truite de mer à l'oseille ou lotte à la crème parfumée au curry et fondue de poireaux, sont régulièrement servis ici, et toujours appréciés. Après, vous pourrez faire une partie de boules ou vous prélasser en terrasse. Le bon plan. *Café offert à nos lecteurs sur présentation de ce guide.*

THEIZÉ 69620 (13 km O)

🛏 🍴 *Hôtel-restaurant Le Theizerot* * – le bourg (Centre) ☎ 04-74-71-22-26. Fax : 04-74-71-25-37. Parking. TV. Resto fermé le lundi soir, le mardi, le mercredi et le dimanche soir. Congés annuels : du 20 décembre au 10 janvier. Accès : D39 vers Lachassagne, puis tout droit jusqu'à Theizé. Chambres doubles à 17 € avec lavabo et à 20 € avec douche. Menus à 10 €, en semaine, et de 12,30 à 20 €. Au centre d'un chouette village des Pierres Dorées. Les chambres simples et bon marché conviendront aux petits budgets, tout comme la cuisine, roborative : salade lyonnaise, andouillette, quenelles... et choucroute l'hiver. Ambiance routarde. *Apéritif maison offert à nos lecteurs sur présentation de ce guide.*

ANTRAIGUES-SUR-VOLANE 07530

Carte régionale A2

|●| *Lo Podello* – **pl. du Village (Centre)** ☎ **04-75-38-71-48.** Parking. Fermé le mercredi. Congés annuels : de novembre à mars. Accès : sur la place principale. Menus de 14 à 25,50 €. Terrasse accueillante sur la place typique du village, mais on s'est installé en salle, chaleureuse, pierre et vieux bois lustré, belle et flambante comme d'Artagnan. Le patron jovial (sa figure, un bonheur) dispense une franche et savoureuse cuisine régionale. Caillette tip-top-extra (ah oui alors, vraiment tout là-haut la caillette), mignon de veau au fromage de chèvre qu'il serait fou de dédaigner, simples mais rudement bonnes pommes de terre persillées, saine faisselle... *Lo Podello*, bravo ! *Café ou digestif maison offert à nos lecteurs sur présentation de ce guide.*

ARBIGNY 01190

Carte régionale A1

🏠|●| *Le Moulin de la Brevette* ** – **domaine La Brevette (Nord)** ☎ **03-85-36-49-27. Fax : 03-85-30-66-91. ● moulin.bre vette.@wanadoo.fr ●** Parking payant. ♿ Ouvert tous les jours de mars à octobre ; de novembre à février, sur réservation. Accès : par la D37, puis la D933 ; petite route à droite entre Arbigny et Pont-de-Vaux. Chambres tout confort de 50 à 64 €. Possibilité de loger en appartement pour 100 €. Menus de 15,25 à 27,45 €. En pleine campagne, une discrète rivière enfouie sous les arbres, un ancien moulin (mais les roues à aubes ont disparu). Chambres aménagées dans un ancien corps de ferme, claires, spacieuses, confortables et, évidemment, au calme. Les nos 15 à 19, et 29 à 32 offrent les plus belles vues. Une cuisine régionale de qualité. Accueil nature et sympa.

AUBENAS 07200

Carte régionale A2

🏠|●| *Hôtel des Négociants* * – **pl. de l'Hôtel-de-Ville (Centre)** ☎ **04-75-35-18-74.** TV. Fermé le dimanche. Accès : dans la vieille ville, en face du château. Selon le confort (lavabo, douche ou bains et w.-c.), chambres doubles de 20 à 37 €. Menus de 10 à 19,50 €. Très central, c'est l'avantage, et bon marché pour le confort fourni (TV dans la plupart des chambres, literie correcte, propreté). Au resto : tête de veau, gardiane provençale, civet de lapin, canard aux olives, paleron à l'ardéchoise,

soupe de poisson... Et une caillette et daube assez roborative. Ne manque pas d'habitués, assez serrés d'une table à l'autre.

🏠|●| *Auberge des Pins* – **95, route de Vals** ☎ **04-75-35-29-36. Fax : 04-75-89-00-15.** Parking. TV. Resto fermé le dimanche (sauf en juillet et août). Congés annuels : 15 jours en octobre. Accès : juste à la sortie d'Aubenas. De 35 à 47 € la chambre double, avec douche et w.-c. et clim'. Menu du jour à 11 €, menus suivants de 15 à 19 €. Environnement agréable pour cette grande bâtisse plutôt charmante, avec, évidemment, des pins au jardin. Chambres propres et suffisamment grandes, d'un bon rapport qualité-prix. Dans la salle jaune-orange du restaurant, caillette et omelette aux cèpes se dégustent plaisamment, tout comme les classiques lyonnais – spécialités maison justement. En plus du parking, pour les adeptes de la moto un garage clos gratuit est à leur disposition.

🏠|●| *La Pinède* ** – **route du Camping-des-Pins (Nord-Ouest)** ☎ **04-75-35-25-88. Fax : 04-75-93-06-42. ● www.la-pinede.fr ●** TV. Accès : par la D235, route de Lentillère, à 1,5 km du centre-ville. Chambres doubles de 44 à 46 € avec douche et w.-c. ou bains. Demi-pension, demandée en juillet et août, à 44 € par personne. Menus de 14 à 29 €, sauf le dimanche. Établissement traditionnel très bien situé sur les hauteurs d'Aubenas. Vue panoramique côté piscine. Accueil hospitalier, chambres bien sympathiques, à l'annexe comme au bâtiment principal. Resto tout provincial, vaste et reposant, pour une honnête cuisine de pays et des classiques régionaux (fondant au fromage salade mêlée, sandre sur peau au saint-joseph, flan cévenol...). Bon petit déjeuner. Du solide, quoi.

|●| *Les Coloquintes* – **rue du Quai-de-l'Ardèche** ☎ **04-75-93-58-33.** ♿ Fermé le dimanche soir et le lundi. Congés annuels : 2 semaines en janvier et 10 jours en septembre. Accès : au nord du centre-ville, juste avant le pont d'Aubenas, c'est la ruelle sur la droite qui longe la rivière. Le resto est à 200 m sur la droite. Formule rapide en semaine le midi à 11 €, puis plusieurs menus entre 16 et 38 €. Charmant jardin-terrasse ombragé et calme, et jolie salle voûtée, aux accents nettement provençaux, en totale cohérence avec cette cuisine fraîche et finement travaillée. Sur la carte surfe essentiellement le poisson : cuissons précises, assiettes équilibrées, présentation raffinée. On aimerait presque être saumon, histoire de se retrouver ici, délicatement grillé sur le dos ! Le premier menu est déjà une belle affaire.

|●| *Le Chat qui Pêche* – **6, pl. de la Grenette (Centre)** ☎ **04-75-93-87-49.** Fermé le mardi et le mercredi, sauf en juillet-août.

Congés annuels : pendant les vacances scolaires de la Toussaint et du 24 décembre au 10 janvier. Menus de 16 à 28 €. Dans une belle et ancienne maison de pays, une cuisine résolument terroir au travers de menus bons et copieux. Flan de châtaignes au jus de volaille, foie gras frais de canard, caillettes et andouillettes ardéchoises. Ne pas manquer le fondant local, délicieux mélange de chocolat et crème de marrons sur crème anglaise. Accueil charmant et discret, jolie terrasse.

I●I *Restaurant Le Fournil* – **34, rue du 4-Septembre (Centre)** ☎ **04-75-93-58-68.** ⚹. Fermé le dimanche et le lundi. Congés annuels : pendant les vacances scolaires de février, de la Toussaint et de Noël, ainsi que du 21 juin au 8 juillet. Menus de 17 à 32 €. Michel Leynaud travaille finement, et les belles salles voûtées aux pierres apparentes, et bourgeoises, plantent le décor. Nous sommes dans un gastro. Parfait poisson, tel ce médaillon de lotte au curry ou ce ragoût de homard aux morilles, rien à redire, et le dessert ne dépare pas. Avec ça, des prix justes.

DANS LES ENVIRONS

SANILHAC 07110 (25 km SO)

🏠 **I●I** *Auberge de la Tour de Brison* ⁎⁎ ☎ **04-75-39-29-00. Fax : 04-75-39-19-56.** ● www.belinbrison.com ● Parking. TV. ⚹. Fermé le mardi soir et le mercredi sauf en juillet-août. Congés annuels : du 1er janvier au 31 mars et du 11 novembre au 31 décembre. Accès : par la D104, puis la D103 direction Largentière ; prendre ensuite la direction de Montréal. Chambres doubles de 38 à 42 € avec lavabo et w.-c., de 45 à 50 € avec douche et w.-c. et de 55 à 60 € avec bains. Demi-pension à 50 € par personne, demandée en juillet-août. Menu (très copieux) à 24 €. Aux confins de l'Ardèche, entre Cévennes et Vivarais, une adresse paisible tenue par un gentil couple. 12 chambres climatisées, certaines avec baignoire à remous et vue sur... les Alpes ! Par temps clair, bien sûr. Plus deux chambres familiales avec cheminée... À table, pourquoi pas une mousse de foie de volaille aux châtaignes, une traditionnelle caillette servie ici en feuilleté ou un magret de canard au porto ? Tennis, piscine et nombreuses autres activités possibles dans le coin... Bref, de quoi passer un agréable séjour ! *Apéritif maison offert à nos lecteurs sur présentation de ce guide.*

SAINT-PONS 07580 (26 km E)

🏠 **I●I** *Hostellerie Gourmande Mère Biquette* ⁎⁎⁎ – **Les Allignols (Nord)** ☎ **04-75-36-72-61. Fax : 04-75-36-76-25.** ● www.logis-d-ardeche.com/merebiquette/ ● Parking. TV. Satellite. Fermé le dimanche soir et le lundi du 1er octobre au 31 mars. Congés annuels : du 15 novembre au 10 février. Accès : quitter la N102 avant Alba en prenant sur la gauche la D293 jusqu'à Saint-Pons ; ensuite, fléchage sur 4 km. Chambres doubles de 49 à 52 € avec douche et w.-c., de 53 à 74 € avec bains (haut de gamme avec balnéo). Menus de 16,50 à 35 €. Un site naturel exceptionnel, où l'hôtel, vaste ferme restaurée, domine et embrasse le sillon d'une vallée en pente douce, coin de paradis ardéchois. Grand calme, et des chambres agréables et de bon standing (minibar, sèche-cheveux, etc. : en deux mots, 3 étoiles), un peu chères mais, en fait, au prix juste. Piscine, tennis, prêt de VTT... Bon resto au décor chaleureux et raffiné à la fois, pour des classiques de base (cassolette d'escargots au fondant d'échalote, magret de canard au miel et calvados...) ou des mets plus locaux.

AUTRANS 38880

Carte régionale B2

🏠 **I●I** *Hôtel de la Poste* ⁎⁎⁎ – **pl. de l'Église (Centre)** ☎ **04-76-95-31-03. Fax : 04-76-95-30-17.** ● www.hotel-barnier.com ● TV. Satellite. Fermé le dimanche soir et le lundi hors saison. Congés annuels : du 20 avril au 7 mai et du 20 octobre au 1er décembre. 3 catégories de chambres pour 2 à 4 personnes, de 50 à 79 € selon le confort et la saison. Formule rapide à 11 € et menu à 13,50 €, servis le midi en semaine ; le soir, autres menus de 17,50 à 37,50 €. Classique, une institution locale, tenue par la même famille depuis 1937. Une trentaine de chambres de bon confort, certaines haut de gamme avec salon privé et balcon (avec supplément) donnant sur la façade avant. Du reste, notre préférence va aux chambres de première catégorie, moins spacieuses mais plus sobres dans la décoration. Équipements sportifs remarquables : une superbe piscine couverte au décor exotique (ouverte toute l'année) et à laquelle on accède par un souterrain privé, jacuzzi, salle de musculation et enfin sauna (avec supplément). Bonne cuisine. Agréable petit parc en façade. *Apéritif maison offert à nos lecteurs sur présentation de ce guide.*

DANS LES ENVIRONS

MÉAUDRE 38112 (6 km S)

🏠 **I●I** *Le Pertuzon* – **av. du Vercors** ☎ **04-76-95-21-17. Fax : 04-76-95-26-00.** ● http://perso.club-internet.fr/locana/ ● Parking. TV. Fermé le mardi soir, le mercredi toute la journée et le dimanche soir. Accès : par la D106, en direction de Villars-de-Lans. Chambres doubles de 30,50 à 41 €. 1er menu à 15 € le midi en semaine, avec plat, salade et dessert. Menu régional à 15 € servi midi et soir (sauf le dimanche). Autres menus de 25 à 50 €. 9 chambres plaisantes (notamment les nos 104, 105 et 110, orientées côté jardin), une coquette et chaleureuse salle à manger pour vous accueillir et enfin, une cuisine d'excellente réputation. Jugez-en plutôt (avec le menu régional, qui varie au gré des saisons) : mise en bouche, salade du Vercors, turban de truite et ravioles de Royans au curry, fromage et profiteroles au chocolat. Jeune chef au parcours original, puisqu'il a étrenné son diplôme de l'école hôtelière à la Réunion et en Égypte avant de s'installer dans le Vercors. Jardin et terrasse en été. *Apéritif maison offert à nos lecteurs sur présentation de ce guide.*

BEAUFORT-SUR-DORON   73270

Carte régionale B1

🏠 ▮●▮ *Hôtel-restaurant Le Grand Mont*** – pl. de l'Église (Centre) ☎ 04-79-38-33-36. **Fax : 04-79-38-39-07.** TV. Fermé le vendredi (hors saison). Congés annuels : du 25 avril au 8 mai, en octobre et la 1re semaine de novembre. Chambres doubles avec douche et w.-c. de 48 à 52 €. Menus de 17 à 27 €. Maison ancienne à l'orée du vieux village. Façade toute pimpante. Chambres à l'avenant, rénovées pour de vrai et d'un bon confort. Bon vieux bistrot et salle de resto à l'ancienne. Cuisine volontiers régionaliste qui met bien en valeur la table locale (le beaufort, évidemment !) : diots aux crozets (comprendre petites saucisses au vin blanc accompagnées de pâtes savoyardes en forme de cube), tarte ou omelette au beaufort, etc.

BEAUJEU   69430

Carte régionale A1

🏠 ▮●▮ *Hôtel-restaurant Anne de Beaujeu*** – 28, rue de la République ☎ 04-74-04-87-58. **Fax : 04-74-69-22-13.** Parking. TV. Fermé le lundi, le mardi midi et le dimanche soir. Congés annuels : 1 semaine en août et du 20 décembre au 20 janvier. Accès : en plein centre. Chambres doubles de 57 à 59 € avec douche et w.-c. ou bains. Possibilité d'y dormir à 3 car elles sont grandes (compter un supplément). Demi-pension demandée, à 59 €. Au restaurant, plusieurs menus de 19 à 36 €. Dans le village même, la dame du Beaujolais a donné son

nom à cet hôtel plein de charme, bien que sa construction soit postérieure à la vie de cette tête couronnée. Vieille et belle maison bourgeoise couverte de verdure, en retrait de la route, avec beaucoup d'entrées et jardin à l'arrière. Chambres spacieuses, confortables et qui possèdent le charme rustique des demeures de style (on préfère la 5 et la 7). On s'y sent bien. Table honnête, mais les additions grimpent vite. *Café offert à nos lecteurs sur présentation de ce guide.*

BELLEVILLE   69220

Carte régionale A1

▮●▮ *Le Buffet de la Gare* – pl. de la Gare ☎ 04-74-66-07-36. Parking. Fermé le soir (sauf réservation) et le week-end. Accès : près de la gare SNCF. Menu à 16 €, le midi en semaine, comprenant une entrée, un plat, fromage et dessert. Autres menus, dont un à 25 € sur commande. Les abords des gares ne faisant plus beaucoup rêver, on se demande d'abord si ce n'est pas un effet d'optique : une maisonnette toute pimpante, avec fleurs et plantes vertes, rideaux bonne femme aux fenêtres, réclames d'autrefois, lustres Art déco et glaces qui n'ont pas l'air de sortir de l'usine à contrefaçons. Plantée derrière son joli comptoir, Hélène Fessy joue les accortes patronnes, l'œil attendri face au petit monde qui vient trouver chez elle chaleur et sourire. Au menu sur l'ardoise, terrines maison, poireaux vinaigrette, tomates et courgettes farcies, fromage et dessert. Le vin vient de chez son mari. Si vous passez pendant les vendanges, ne vous étonnez pas s'il y a encore de l'ambiance à 1 h du matin. *Digestif maison offert à nos lecteurs sur présentation de ce guide.*

DANS LES ENVIRONS

VAUX-EN-BEAUJOLAIS 69460 (15 km SO)

🏠 ▮●▮ *Auberge de Clochemerle* ** – rue Gabriel-Chevallier ☎ 04-74-03-20-16. **Fax : 04-74-03-28-48.** ● **www.georgesla garde.com** ● TV. ✕. Fermé les mardi et mercredi. Congés annuels : du 27 juillet au 14 août. Accès : par la D43, direction Odenas ; à Saint-Étienne-des-Oullières, prendre à gauche, direction Vaux. Chambres doubles de 36 à 61 €. Menus de 18,50 à 43 €. Le plus rabelaisien des hauts lieux du Beaujolais se devait d'avoir une auberge à son nom, d'une rusticité à l'épreuve du temps. Une auberge de village avec ses chambres toutes nettes, toutes refaites, possédant malgré tout le charme de l'ancien grâce à son mobilier des temps jadis. La table est du même tonneau, bonne et régionale, qui exprime son savoir-faire au travers de plusieurs menus. Plus on monte, plus elle devient gastronomique, tout en conservant à chaque niveau un excellent rapport qualité-prix. La belle étape du coin. *Apéritif maison offert à nos lecteurs sur présentation de ce guide.*

LIERGUES 69400 (24 km SO)

|●| Auberge de Liergues – au bourg (Centre) ☎ 04-74-68-07-02. Fermé le mardi soir et le mercredi. Accès : par la D38, direction Tarare. Formules le midi à 8,85 et 10,40 €, et 3 menus de 13,80 à 20,60 €. « Bonjour, je prendrais bien un Perrier !… » « Vous rigolez, à cette heure, prenez plutôt un beaujolais ! » Un bon rire, un accueil qui vous change de l'ordinaire, comment résisteriez-vous à l'envie de vous attabler, au milieu de clients qui ont plus des têtes de vignerons que de touristes, ce qui ne gâte rien. Au menu du midi : terrine, jambon braisé, fromage et dessert. Beaucoup de lyonnaiseries, mais aussi du gibier en saison. Bref, une cuisine élaborée selon l'humeur et le marché. À la salle du 1er étage les nappes roses, préférez le bistrot et ses tables en bois. *Apéritif maison offert à nos lecteurs sur présentation de ce guide.*

BESSE-EN-OISANS 38142

Carte régionale B2

🏠 |●| Hôtel Alpin * – au bourg ☎ 04-76-80-06-55. **Fax : 04-76-80-12-45.** Ouvert toute l'année (hors saison, téléphoner avant). Accès : à une vingtaine de kilomètres de Bourg-d'Oisans, prendre la N91, puis la D25 au niveau de la retenue du Chambon ; tout près des Deux-Alpes. Chambres doubles de 37 à 43 € avec douche et w.-c. Demi-pension de 38 à 41 € par personne, demandée en haute saison. Menus de 13 €, sauf le dimanche, à 22 €. Au cœur de l'un des plus beaux villages de l'Oisans, qui a su garder un réel cachet d'authenticité. Hôtel style chalet. La gentillesse montagnarde à l'état pur. Chambres simples, sans esbroufe, tenues méticuleusement. Agréable salle à manger avec ses énormes poutres de sapin rondes et sa pierre du pays. Cuisine de famille servie généreusement. Attention, on mange de bonne heure. On suit l'inspiration de la patronne. Toujours une soupe maison onctueuse (pour faire chabrot), de bons hors-d'œuvre et un plat de ménage goûteux. Spécialités sur commande (fondue, farcis et crozets). À la carte, petite restauration (omelette, tartiflette). Gîtes à louer, du studio au trois pièces. *Café offert à nos lecteurs sur présentation de ce guide.*

DANS LES ENVIRONS

VENOSC 38520 (19 km S)

🏠 |●| Hôtel-restaurant Les Amis de la Montagne * – Le Courtil ☎ 04-76-11-10-00. Fax : 04-76-80-20-56. ● www.hotel-venosc-deux-alpes.com ● Congés annuels : du 25 avril au 18 juin et du 5 septembre au 20 décembre. Accès : direction barrage du Chambon, puis prendre la N91 ; aux Clapiers, prendre la D530. Chambres de 42 à 77 € avec douche et w.-c. ou bains, certaines avec balcon. Demi-pension de 45 à 66 € par personne. Menus à partir de 15 €. Si vous avez besoin de quoi que ce soit à Venosc, véritable petit village de montagne à 1 000 m d'altitude, demandez à la famille Durdan. Hôteliers, restaurateurs, guides et moniteurs de ski, ils savent tout faire et le font savoir. Les anciens louent des meublés, les enfants ont boutique, épicerie… Le plus gros de leur activité, hiver comme été, tourne autour de cet hôtel plein de charme pour qui recherche la montagne authentique et le calme. Superbe petit déjeuner. Au grill, ambiance assurée. Spécialité de grenaillade (pommes de terre aux lardons et crème de saint-marcellin), tartiflette, brouillade aux morilles, truite aux noix, etc. Au moins 12 sortes de salades, grillades et puis, bien entendu, les fondues, raclette… Beaux desserts. Piscine chauffée en surplomb de l'hôtel, sauna, hammam et bain bouillonnant pour éliminer.

GARDE (LA) 38520 (29 km O)

🏠 |●| La Forêt de Maronne – Maronne ☎ 04-76-80-00-06. **Fax : 04-76-79-14-61.** Congés annuels : en mai et du 1er octobre au 20 décembre. Accès : prendre la N91 vers Bourg-d'Oisans : direction Huez, arrivé à La Garde, tourner à droite juste avant l'église, vers Auris ; au village d'Armentier, prendre à gauche le virage très serré en direction de Maronne. Rien que la balade pour s'y rendre vaut le coup. Chambres doubles de 31 à 50 €, selon le confort et la saison. Demi-pension de 41 à 48 € par personne. Menus de 14 €, en semaine, à 20 € ; à la carte, compter 30 €. Au bout du bout, à 1 450 m d'altitude, situé sur un promontoire, sympathique hôtel tenu depuis de nombreuses années par la même famille. Des chambres agréables, une excellente cuisine familiale et de surcroît, un accueil très chaleureux de la patronne. Attention cependant, changement de propriétaire en vue, à suivre… Un petit téléski proche de l'hôtel permet de rallier les pistes de L'Alpe-d'Huez. En été, le GR 54 n'est guère loin. Belle piscine. Prix fort abordables.

🏠 |●| Les Gorges de Sarenne – le bourg ☎ et fax : 04-76-80-07-85. ● jkpalin@club internet.fr ● Parking. TV. Fermé le dimanche soir et le lundi en intersaison. Congés annuels : 15 jours en juin et en octobre. Accès : par la N91, puis la D211. Demi-pension demandée toute l'année, à 60 € pour deux. Menus de 11 €, le midi en semaine, à 23 €. Dans l'un des 21 virages conduisant à L'Alpe-d'Huez, ce restaurant-là mérite une étape dans votre tour de France personnel. Le temps de jeter un œil sur les gorges et la forêt de Maronne, et vous voilà en train de vous régaler de raclette, fondue reblochonette ou... « gardette », une variante maison. Une maison dont la devise semble être : amabilité, propreté et rapidité. Rose-Marie et Jacky reçoivent vraiment bien. Spécialités de gratin de crabes, escalope de saumon et noix de pétoncles sauce à l'oseille, salade de Saint-Jacques, etc. Aux beaux jours, petite terrasse. Pour dormir, 3 chambres d'hôte. Propose aussi un intéressant forfait : une nuit, un repas, petit déjeuner, deux jours de ski avec forfait autour de 90 € par personne.

ORNON 38520 (39 km SO)

IOI *Restaurant Le Potiron* – **La Palud** ☎ 04-76-80-63-27. Parking. 🐾 Fermé le dimanche soir hors saison. Accès : en direction de Bourg-d'Oisans, prendre la D526. Menus de 10 à 34 €. À la carte, compter environ 27 €. Dans un virage, un restaurant au décor chaleureux qui tourne plutôt bien. Ici, on peut manger le casse-croûte campagnard à toute heure, avec jambon cru, omelettes diverses et fromage blanc, ou seulement une soupe, une salade, une terrine. Recommandé, l'omelette soufflée aux queues d'écrevisses. Si l'on vous conseille le menu à 15 €, avec le plateau de jambon cru et la viande du jour, c'est pour les accompagnements de légumes, que Dany aime accommoder à sa façon : flans au céleri, beignets de courgettes à la coriandre, tourtes de « taillons », oreilles d'ânes (des chaussons de légumes, en fait). En saison, ne manquez pas la truite farcie aux champignons des bois. Et goûtez à la crème brûlée, à la violette ou à la verveine. L'hiver, mieux vaut téléphoner, pour éviter de trouver porte close. *Apéritif maison offert à nos lecteurs sur présentation de ce guide.*

BOËN 42130

Carte régionale A1

IOI *Le Cuvage* – **La Goutte-des-Bois** ☎ 04-77-24-15-08. Fermé le lundi et le mardi. Accès : à 1 km de Boën en allant vers Leigneux, sur une petite route qui surplombe la D8. Menus à 13,60 et 19,10 €, passant à 15,10 et 20,60 € le samedi soir, lors des dîners avec spectacle. Que ce soit dans la véranda ou sur la terrasse en été, vous ne resterez pas indifférent au superbe

panorama que vous offre cette maison. Copieuses charcuteries de terroir ou foie gras maison suivis de grillades au feu de bois, cochon de lait à la broche... Une auberge de charme fort généreuse. Tous les samedis, spectacle burlesque. *Digestif maison offert à nos lecteurs sur présentation de ce guide.*

DANS LES ENVIRONS

SAIL-SOUS-COUZAN 42890
(6 km O)

IOI *Les Sires de Semur* * – **Les Promenades (Centre)** ☎ 04-77-24-52-40. Fax : 04-77-24-57-14. • henri1983@aol.com • TV. Fermé le samedi midi et le dimanche soir. Accès : par la N89. Chambres doubles de 24 à 34 € selon le confort. Menus à 10,50 €, le midi en semaine, puis de 15,50 à 37 €. Tenu par un Bourguignon sympa et son épouse, ce petit hôtel-restaurant sur la place d'un village dominé par les ruines d'un château médiéval sera l'occasion de découvrir une cuisine authentique avec un chef toujours à la recherche de nouveaux plats. Il s'inspire notamment de recettes oubliées dans des livres de cuisine très anciens. Goûtez absolument son feuilleté de pintade sauce Apicius (recette romaine). Le resto est situé à côté de la source Couzan Brault, mais rassurez-vous, la cave est sympa ! L'hôtel, un petit 1 étoile correct, propose 7 chambres dont 3 avec douche et w.-c. à l'étage. Très bon accueil et ambiance familiale qu'apprécient les nombreux voyageurs de commerce qui y dorment. Pour les fans du foot, Aimé Jacquet, dont c'est la ville natale, y aurait dîné plusieurs fois.

BONNEVAL-SUR-ARC 73480

Carte régionale B1

IOI *Hôtel La Bergerie* ** ☎ 04-79-05-94-97. Fax : 04-79-05-93-24. Parking. Accès : à 100 m de l'office du tourisme, au pied des pistes. Chambres doubles à 52 € avec bains. Demi-pension, demandée du 10 juillet au 20 août et en hiver, à 53 € par personne. Menus de 11 à 18 €. Enfoui dans les arbres, un bloc de béton qui choque un peu à quelques mètres de ce village garanti authentique. Mais les actuels et sympathiques patrons n'y sont pour rien et, pour le reste, *La Bergerie* offre un bon rapport qualité-prix pour le coin. Chambres classiques, pour la plupart dotées de balcons exposés plein sud, face au massif des Évettes. Au resto, cuisine plutôt de terroir.

|●| *Auberge Le Pré Catin* – ☎ 04-79-05-95-07. Fermé le lundi midi, le jeudi midi et le dimanche. Congés annuels : du 1er mai au 25 juin et du 1er octobre au 19 décembre. Menus de 19 à 26 €. Charmante maison de pierre au toit de lauzes (pierres plates d'un poids moyen de 70 kg), construite récemment mais typique du style de Bonneval-sur-Arc. Salle joliment arrangée et petite terrasse pour l'été. Accueil très décontracté chic. Vraie cuisine de terroir, qui sort avec bonheur des sentiers battus et rebattus d'une région souvent en panne de propositions autres que les sempiternelles fondues et raclettes. Le chef, un autodidacte doué, propose, suivant son humeur et les (bons) produits qu'il a sélectionnés, farcement, diots de Bessans au chignin, etc. Tout cela est bien tourné, mais les prix ont quelque peu tendance à s'affoler. *Café offert à nos lecteurs sur présentation de ce guide.*

BONNEVILLE   74130

Carte régionale B1

🏠 |●| *Hôtel de l'Arve* ** – 70, rue du Pont (Centre) ☎ 04-50-97-01-28. Fax : 04-50-25-78-39. Parking. TV. Fermé le vendredi soir, le samedi et le dimanche soir (sauf en février et du 1er au 16 août). Congés annuels : du 20 août au 20 septembre. Chambres doubles avec douche et w.-c. ou bains à 40 €. Menus à 12,50 €, le midi en semaine (13 € le soir), et de 15 à 34 €. L'hôtel sans histoire où le patron trouve toujours le temps de taper le carton avec ses copains. Chambres très classiques mais de bon confort dont on préférera celles donnant sur la cour-jardin (et son entrée par la pittoresque et presque médiévale rue Brune). Cuisine traditionnelle sans histoire, elle non plus. Simplicité et qualité. Service rapide et souriant. Terrasse dans le jardin, l'été.

BOURG-EN-BRESSE   01000

Carte régionale A1

🏠 |●| *Hôtel-restaurant du Mail* ** – 46, av. du Mail (Ouest) ☎ 04-74-21-00-26. Fax : 04-74-21-29-55. Parking payant. TV. Fermé le dimanche soir et le lundi. Congés annuels : du 18 juillet au 9 août et du 22 décembre au 8 janvier. Accès : du centre, suivre la direction Villefranche-sur-Saône par la D936, à la sortie du souterrain. Chambres doubles de 40 à 50 € selon le confort. Menus de 18 €, en semaine, à 50 €. Une des tables les plus sûres de Bourg-en-Bresse, de celles où l'on va le dimanche en famille et où les VRP ont leurs habitudes. On s'y est régalé d'une cuisine de terroir, classique et sans défaut. Grenouilles sautées fines herbes, salade d'artichauts et Saint-Jacques, poulet de Bresse

estragon rôti et morilles et une ronde de desserts maison dont on ne s'est pas encore remis ! Le cadre, fraîchement refait, et le service sont dans le ton, « province » à souhait, légèrement bourgeois (plats sous cloche en argent) et pleins de douceur et de naturel. Côté chambres, des doubles proprettes, pas très grandes mais bien tenues et climatisées, et dont certaines ont été rénovées. Réserver sans faute. *Café offert à nos lecteurs sur présentation de ce guide.*

🏠 *Le Logis de Brou* ** – 132, bd de Brou (Sud) ☎ 04-74-22-11-55. Fax : 04-74-22-37-30. • www.citotel.com/hotels/logis.html • Parking. TV. Canal+. Satellite. Congés annuels : 1 semaine entre Noël et le Jour de l'An. Accès : prendre la direction monastère de Brou, c'est juste avant sur la droite. Chambres doubles avec douche et w.-c. à 51 €, avec bains à 56 ou 63 €. Ce bâtiment rectiligne des années 1960, à peine égayé de ses balcons bleus, ne laisse pas deviner l'hôtel confortable et coquet qu'il est en réalité. Poussez la porte, le hall fleuri et l'accueil souriant de la patronne vous éclairent. Les chambres, lumineuses, propres et dans des tons doux, sont insonorisées. Un bon rapport qualité-prix donc. Parking fermé. Appréciable, c'est à 2 mn à pied du site de Brou.

🏠 *Le Terminus* *** – 19, rue Alphonse-Baudin (Centre) ☎ 04-74-21-01-21. Fax : 04-74-21-36-47. • www.hotel-terminus-bourg.com • Parking payant. TV. Canal+. Satellite. Accès : en face de la gare SNCF. Chambres doubles avec douche, w.-c. et TV à 58 €, avec bains à 69 €. Petit déjeuner à 8 €. Taxe de séjour en sus : 0,60 € par jour et par personne. À 50 m de la gare : normal pour un *Terminus*, mais celui-ci se distingue par le grand style Napoléon III du hall, l'ascenseur de collection – de ceux dont il faut prendre soin de bien refermer les portes en bois en sortant, et appuyer sur la commande « renvoi » – et surtout le parc superbe, un demi-hectare de verdure, rosiers et pièces d'eau. Les chambres, de styles et de confort variés, sont correctes. Selon son goût, on préférera celles modernes ou celles meublées d'époque (ou copies d'époque). Accueil attentionné. Petit déjeuner un peu cher cependant. Ah oui, au fait, les trains, on ne les entend pas. *Apéritif maison offert à nos lecteurs sur présentation de ce guide.*

🏠 *Hôtel de France* *** – 19, pl. Bernard (Centre) ☎ 04-74-23-30-24. Fax : 04-74-23-69-90. • www.grand-hotelde france.com • Parking payant. TV. Canal+. Satellite. Selon le confort, chambres doubles de 67 à 85 €, mais la plupart sont avec bains, w.-c. et TV. Sur la place centrale bien dégagée, un bel immeuble bourgeois aux volumes amples, construit vers 1850 et complètement rénové. Un succès ! Couleurs chaleureuses, ambiance feutrée et un personnel de qualité. Préférez les chambres du 2e étage. Du goût, du cachet et mieux vaut donc réserver. Communique avec le resto voisin *Chez Blanc*, bien pratique. *10 % sur le prix de la chambre (en basse saison) offerts à nos lecteurs sur présentation de ce guide.*

|●| Chez Blanc – **pl. Bernard (Centre)** ☎ **04-74-45-29-11.** Parking. Accès : sur la place principale. Menu du jour à 16,50 € (18,50 € le soir). Autres menus de 25,50 à 40 €. À la carte, compter 35 €. Dans les établissements *Blanc*, je voudrais... Bourg-en-Bresse ! Comme pour toutes ses enseignes, c'est efficace, raffiné, bon, copieux et recherché. Pas grand-chose à ajouter, si part que le service est souriant, jovial et rapide, que la décoration moderne est censée rappeler, par ces tons jaunes, le monde de la Bresse (et de ses si célèbres poulets !), que l'on retrouve dans les assiettes. On a le choix : pavé de sandre, quenelle de brochet, velouté de lentilles, rognons à la mâconnaise, millefeuille à la vanille... Anciennement *Chez Guy* (il n'y retrouverait pas ses... poulets), ça a un peu changé, et même si c'est un peu bruyant (faut bien trouver une petite critique !), tout est bien calé. Malgré la grande salle, préférable de réserver le week-end. Les gens ont l'air heureux et décontracté, certainement une bonne façon de finir la journée ? Ou une façon de s'offrir *Blanc* sans trop débourser ?

|●| La Brasserie du Français – **7, av. Alsace-Lorraine (Centre)** ☎ **04-74-22-55-14.** Service tardif. Fermé le samedi soir et le dimanche. Congés annuels : les 3 premières semaines d'août. Accès : un peu après l'office du tourisme, sur la droite. Menus de 21,30 à 48,50 €. Plat du jour à 10,70 €. À la carte, compter 38 €. Tout se joue à la *Brasserie du Français* : élus et magistrats, journalistes et notables, Bourg, la Bresse et l'Ain ont rendez-vous ici, dans cette superbe salle Second Empire. Combien de volailles, de prêts agricoles et d'alliances politiques ont été négociés ici ? Les moulures et les grands miroirs gardent

ce secret, et les serveurs, au poil, s'ils en savent un peu le gardent pour eux : vrais professionnels, ils délivrent prestement une très honnête cuisine régionale mais aussi de classiques mets de brasserie : choucroute en marmite, fruits de mer extra, entrecôte garnie. Une adresse bien fiable, dans un cadre évidemment beau. Terrasse aux beaux jours, et garçons en costume. *Apéritif maison ou digestif maison offert à nos lecteurs sur présentation de ce guide.*

DANS LES ENVIRONS

SAINT-DENIS-LES-BOURG 01000
(5 km O)

🏠 |●| Hôtel-restaurant du Lac – **1981, route de Trévoux (Est)** ☎ **04-74-24-24-73.** Cartes de paiement refusées. Parking. Fermé le mercredi. Congés annuels : resto fermé du 16 août au 10 septembre ; hôtel fermé du 1er novembre au 1er avril. Accès : entre Saint-Denis et Corgenon. Chambres doubles de 23 à 29 €, selon le confort. Menus de 13 à 25,50 €. Dans une grande maison à l'atmosphère familiale, au bord d'un lac en retrait de la route départementale, des chambres indépendantes à l'étage, propres et modernes. Idéal pour une famille. Petit déjeuner à 4,50 € ; servi dans la salle en bas, qui fait aussi restaurant le midi et le soir. Nombreux menus aux saveurs de la région. Consistants et à la bonne franquette. Une ambiance très conviviale, sans fioriture, avec des hôtes accueillants, dans un cadre de vacances. Petit bar, grande terrasse, un lac et des animaux derrière la maison, qui plairont beaucoup aux enfants.

MEILLONNAS 01370 (15 km NE)

|●| Auberge Au Vieux Meillonnas ☎ **04-74-51-34-46.** 🍽 Fermé le mardi soir et le mercredi. Accès : par la N83, direction Lons-le-Saunier, puis suivre Meillonnas par la D52. Le midi en semaine, menu à 10,40 €,

---

Les prix
En France, les prix des hôtels et des restos sont libres. Certains peuvent augmenter entre le passage de nos infatigables fureteurs et la parution du guide.

Avis aux hôteliers et aux restaurateurs
Chaque année pour y figurer, il faut le mériter !

Le Routard

Sur présentation de ce guide,
nombreuses offres et réductions en 2003.

puis 5 menus de 15 à 33 €. Dans cette vieille maison rustique en pierre apparente avec marmite à l'entrée et brins de maïs pendus au-dessus de votre tête, se cache une table qui vaut le détour. Cette incursion dans le Revermont, et au pays de la faïence, est un pur moment d'évasion... culinaire et de détente. Au calme sous les saules pleureurs dans l'adorable petit jardin, Nathalie, à l'accueil, et Frédéric, aux fourneaux, vous prépareront une morille farcie aux écrevisses, un filet de sandre à la lie de vin, un poulet de Bresse crème aux morilles, une crème brûlée au pain d'épice ou une poire rôtie aux épices. À votre convenance... et que la vie est belle ! *Café offert à nos lecteurs sur présentation de ce guide.*

BOURGET-DU-LAC (LE)   73370

Carte régionale B1

🏠 I●I *Hôtel-restaurant Atmosphères* ** – 618, route des Tournelles (Nord) ☎ 04-79-25-01-29. Fax : 04-79-25-26-19. Parking. TV. Fermé le mardi soir, plus le mercredi hors saison. Congés annuels : du 1er au 8 janvier et de fin octobre à mi-novembre. Accès : du Bourget, à 2,5 km, direction Les Catons par la D42. Chambres doubles à 27 et 37 € avec lavabo ou douche, à 47 € avec douche et w.-c. Menus à 17 €, sauf le dimanche, puis de 22 à 32 €. Au pied de la Dent du Chat, en pleine campagne, donc tranquille, l'hôtel surplombe superbement le lac du Bourget (Lamartine aurait aimé). On choisira donc plutôt une chambre de ce côté-là (les n°s 1 à 5). Cuisine au goût du jour, pleine d'idées et de saveurs. Salle à manger désormais très « déco », à l'ambiance (ici on devrait plutôt écrire « atmosphère »...) apaisante. Les chambres (pour l'instant simples mais agréables) devraient bientôt se mettrent au diapason.

🏠 I●I *Hôtel du Lac* – bd du Lac ☎ 04-79-25-00-10. Fax : 04-79-25-34-57. Parking. Fermé le mardi soir et le mercredi. Congés annuels : du 1er décembre au 1er mars. Accès : sur le port. Chambres doubles à 33 € avec lavabo, 50 € avec douche et w.-c. Menus à 19 €, en semaine, et de 24 à 36 €. Un genre d'institution, ouvert depuis 1900. L'adresse familiale des repas dominicaux. Salle à manger très (très !) classique et cuisine soignée (comme on dit). Les menus font la part belle au poisson : friture du lac, lavaret, etc. Grande terrasse ensoleillée et fleurie au-dessus du port. Accueil familial et service efficace. Chambres toutes simples, à l'ancienne dans le bâtiment principal, plus « modernes » et avec balcon face au lac pour celles de l'annexe.

DANS LES ENVIRONS

VIVIERS-DU-LAC 73420 (3 km E)

I●I *Restaurant La Maison des Pêcheurs* – 611, les rives du Lac (Est) ☎ 04-79-54-41-29. Fermé le lundi soir et le mardi. Congés annuels : en janvier. Accès : en direction d'Aix-les-Bains par le bord du lac. Du lundi au vendredi midi, menu à 11,50 €. Autres menus à 16,50 €, en semaine, et de 19,50 à 34,50 €. Resto populaire juste au bord du lac. L'enseigne ne ment pas. Des barques sèchent au bout de la terrasse, les pêcheurs de Chambéry y ont leur amicale et comparent leurs prises au bar entre deux apéros. Il va de soi qu'on vient (depuis quelques décennies) à *La Maison des Pêcheurs* pour manger du poisson : filets de lavaret ou de perche, truite de toutes les façons. Cuisses de grenouilles en saison.

BOURGOIN-JALLIEU   38300

Carte régionale A1

I●I *L'Aquarelle* – 19, av. des Alpes ☎ 04-74-28-15-00. Fermé le dimanche soir et le lundi. Réservation souhaitée. Accès : sur la gauche, à 100 m en sortant de la gare ferroviaire. 1er menu à 20 €, le midi en semaine. Autres menus de 24 à 43 €. Depuis son ouverture à l'automne 2000, c'est l'adresse qui monte à Bourgoin-Jallieu. Enserrée dans un parc clos, grande demeure de la fin du XIXe à l'intérieur Art nouveau agrémenté de belles peintures à l'huile en exposition temporaire. Grand escalier de style en chêne dans le hall magistal. Cuisine délicate et inventive. 1er menu le midi en semaine avec, à titre d'exemple (au hasard d'un mois de mai), mise en bouche, terrine de roquefort au pain épicé et petite salade, lapereau rôti à la ventrèche et sa crème réduite à la graine de moutarde, marquise au chocolat et cerises confites, le tout clôturé par quelques mignardises. Accueil souriant. Salon à disposition des fumeurs. *Apéritif maison offert à nos lecteurs sur présentation de ce guide.*

DANS LES ENVIRONS

DOMARIN 38300 (0,5 km SO)

🏠 *Hôtel des Dauphins* – 8, rue Berrier ☎ 04-74-93-00-58. Fax : 04-74-28-27-39. Parking. TV. Congés annuels : du 26 avril au 11 mai. Accès : à proximité de la gare de Bourgoin et à 500 m du centre. Rue sur la gauche en face de la station *Total*, après le rond-point de Lyon. Chambres non-fumeurs de 31 à 37 €. Petit déjeuner-buffet en self-service à 4 €, servi de 7 h à 9 h (de 8 h à 10 h le week-end). Très calme. Chambres tout confort (douche, w.-c., téléphone), pimpantes et équipées de couettes douillettes, réparties dans le corps principal de l'hôtel (certaines mansardées au 2ᵉ étage) ainsi qu'en annexe, en rez-de-jardin (chambres nᵒˢ 20 à 25, nos préférées) et au 2ᵉ étage, un peu moins bien situé. Chambres nᵒˢ 25 et 35 pouvant accueillir un 3ᵉ occupant. Terrasse au bord de la pelouse. Accueil cordial. *Un petit déjeuner par chambre offert à nos lecteurs sur présentation de ce guide.*

SAINT-SAVIN 38300 (4 km N)

|●| *Restaurant Le Demptézieu* – **pl. du Château (Nord-Ouest)** ☎ 04-74-28-90-49. Parking. Fermé le lundi et le mardi. Congés annuels : la 1ʳᵉ quinzaine de janvier. Accès : suivre la D143. 1ᵉʳ menu à 10,60 €, un quart de vin et café compris, le midi en semaine. Autres menus à 13,80 et 23,50 €. Il ne faut pas avoir peur de se perdre sur de toutes petites routes, pour arriver au pied du château de famille de Bayard. D'un ancien café de village, Yves et Corinne Bello ont fait une étape gastronomique d'autant plus agréable qu'elle bénéficie de tout ce qu'on aime trouver : un accueil simple, un service sans prétention et plutôt drôle, des plats aux couleurs et aux goûts d'aujourd'hui : salade de Saint-Jacques tiède, fricassée de grenouilles fraîches à la crème, petit pressé des cailles des Dombes au foie gras, etc. Les menus du plus petit au plus grand, sont tous garantis, comme l'ancien seigneur du château, sans « beurre » et sans reproche. En revanche, service un peu lent parfois. *Café offert à nos lecteurs sur présentation de ce guide.*

CESSIEU 38110 (13 km E)

🏠|●| *L'Auberge des Saint-Bernard* – **3, rue de Revol** ☎ 04-74-88-30-09. **Fax : 04-74-88-32-61.** ● **www.aubergedesstbernard.fr** ● Parking. TV. Satellite. Fermé le lundi. Congés annuels : la 1ʳᵉ semaine de janvier et pendant les vacances scolaires de la Toussaint. Accès : par la N6, direction La Tour-du-Pin. Chambres à 43 € pour deux. Également 2 beaux chalets dans le parc à 54 € la nuit. Menus du jour à 12 et 15 €, avec vin et café (sauf les samedi soir et dimanche midi). Autres menus de 17 à 38 €. Grande maison ocre à la façade ornée de lierre. Vous êtes accueilli par Osane et Rubis, le couple de saint-bernard. Chambres tout confort (douche, w.-c., TV, téléphone) donnant pour la plupart sur le vaste parc arboré (avec balançoire et chaises longues). Véranda et terrasse donnant elles aussi sur le parc. Le vendredi soir, spécialités de grenouilles persillées ou friture d'éperlans. Soirée dansante le 3ᵉ samedi du mois. L'accueil est franc et cordial. Seul petit

bémol : le service qui traîne parfois un tantinet en longueur. *Café offert à nos lecteurs sur présentation de ce guide.*

SAINT-DIDIER-DE-LA-TOUR 38110 (19 km E)

|●| *Aux Berges du Lac* – **58, route du Lac** ☎ 04-74-97-32-82. Parking. ♿ Fermé le soir en semaine de septembre à mai. Congés annuels : pendant les vacances scolaires de Noël. Accès : par la N6, après La Tour-du-Pin. Menus de 7,80 à 25,40 €. C'est tellement simple, tellement agréable qu'on se demande par quelle aberration ce genre de guinguette, où l'on grignote en se marrant et en écoutant passer le train, a fini par devenir une exception dans le paysage français. Ici, il y a des rires, de l'ambiance. Grande baie vitrée face au lac. Terrasse en été. Le chef travaille fort bien le poisson. Spécialiste de grenouilles et friture. Comme c'est idéal pour les sorties en famille le dimanche, il est conseillé de réserver. Dommage que la qualité souffre de quelques irrégularités. *Un kir offert à nos lecteurs sur présentation de ce guide.*

VIGNIEU 38890 (22 km NE)

🏠|●| *Château de Chapeau Cornu* **★★★** ☎ 04-74-27-79-00. **Fax : 04-74-92-49-31.** ● **www.chateau-chapeau-cornu.fr** ● Parking. TV. Resto fermé le dimanche soir, sauf en juillet et août. Congés annuels : du 22 décembre au 15 janvier. Accès : prendre la N6 direction La Tour-du-Pin, puis tourner à gauche (D19) en direction de Morestel ; rouler environ 7 km, Vignieu est sur la gauche. Chambres doubles à partir de 68 €. Menu du jour (ou menu d'affaires) à 16 €, un quart de vin et café compris, servi au déjeuner en semaine. Autres menus à 27 €, servi le midi, samedi compris, puis de 43 à 54 €. Hors saison, une super affaire : une formule « Escapade » (1 nuit, 2 repas, apéritif et vin compris et 2 petits déjeuners servis en chambre) à 135 € (150 € pour une suite). Drôle de nom, drôle de château ! Savaient-ils, les Capella et les Cornutti du XIIIᵉ siècle, qu'il y aurait là un vrai restaurant et un hôtel de charme, aux chambres gaies, confortables (2 à 4 personnes), personnalisées, avec des murs chantants, mélange de mobilier ancien et d'objets d'art contemporain ? Repas servis dans de belles salles voûtées ou en terrasse. Spécialité de foie gras poêlé. En résumé, une des plus belles adresses qui soient pour lecteurs(trices) en voyage de noces ou célébrant dignement leur pacs ! Piscine et parc boisé de 6 ha. *Apéritif maison offert à nos lecteurs sur présentation de ce guide.*

BOURG-SAINT-MAURICE 73700

Carte régionale B1

🛏 🍴 *Hôtel-restaurant La Petite Auberge* * – Le Reverset ☎ 04-79-07-05-86. Fax : 04-79-07-26-51. ● hotel.lapetiteauberge@wanadoo.fr ● Parking. Resto fermé le dimanche soir et le lundi. Congés annuels : en mai pour le resto ; en mai, en octobre et en novembre pour l'hôtel. Accès : à 1 km du centre, sur la N90, direction Moûtiers, petite route sur la droite ; fléchage. Chambres doubles à 35 € avec douche, à 44 € avec douche et w.-c. ou bains. Menus à 12,15 €, en semaine, puis de 17 à 21 €. À l'écart de la nationale, tranquille petite auberge aux chambres qui commencent à accuser le poids des ans. Accueil nonchalamment sympathique (et anglophone !). Le resto (04-79-07-37-11) est indépendant. Il offre une table régulière, simple (mais bonne !) et conviviale. Service rapide et souriant, l'hiver dans une salle au plafond bas, l'été sur une terrasse au milieu des arbres. *10 % sur le prix de la chambre (hors juillet-août) ou apéritif maison offerts à nos lecteurs sur présentation de ce guide.*

🛏 *Hôtel L'Autantic* *** – 69, route d'Hauteville (Sud-Ouest) ☎ 04-79-07-01-70. Fax : 04-79-07-51-55. ● www.hotel-autantic.com● Parking. TV. Satellite. 🅿 Accès : à 2 km du centre par la N90 direction Moûtiers, prendre ensuite à gauche une petite route, direction Hauteville. Chambres doubles à 40 € avec douche et w.-c., 60 € avec bains (70 € avec balcon). Au calme à l'écart de la ville, presque à la campagne. Maison récente mais qu'on croirait édifiée là depuis toujours. Adresse certes un peu chic, mais l'accueil reste à la simplicité. L'espace intérieur, du vaste hall de réception aux chambres, baigne dans une belle lumière. La déco use du bois et de la pierre mais n'en abuse pas. Les chambres ont du charme dans leur sobriété. Sauna. Garage payant. *Une séance de sauna offerte à nos lecteurs sur présentation de ce guide.*

DANS LES ENVIRONS

SÉEZ 73700 (3 km E)

🛏 🍴 *Auberge de jeunesse La Verdache* ☎ 04-79-41-01-93. Fax : 04-79-41-03-36. ● www.fuaj.org ● Parking. 🅿 Congés annuels : du 27 septembre au 20 décembre (sauf pour les groupes). Accès : après Séez, à 4 km, direction Tignes, puis petite route à droite en face de Longefoy. L'été, pour le passage, nuitée à 12,30 €, petit déjeuner compris. Au-delà de 3 jours, demi-pension à 20,30 €. En hiver,

séjour à la semaine en demi-pension ou en pension complète de 180 à 415 € suivant la formule choisie (avec ou sans forfait de ski) et la saison. Carte FUAJ obligatoire, vendue sur place. Petit ensemble de bâtiments en pleine nature, en lisière de forêt et en bordure de l'Isère (rivière), disposant d'un site bien pratique pour l'organisation de vos vacances sportives : ski, surf, kayak, rafting, hydrospeed, canyoning, parapente, VTT, randonnée, etc. Chambres (de deux à six lits) toutes neuves ou presque et agréables.

🛏 🍴 *Relais des Villards* ** – Villard-Dessus ☎ 04-79-41-00-66. Fax : 04-79-41-08-13. ● www.relais-des-villards.com ● Parking. TV. Satellite. Resto fermé le midi en hiver. Congés annuels : en mai et de début octobre à fin novembre. Accès : à 4 km du centre, par la N90 qui monte au col du Petit-Saint-Bernard. Chambres doubles avec douche et w.-c. de 42,70 à 55,50 € suivant la saison, à 60,90 € avec bains. Menus de 12 à 20 €. L'Italie n'est qu'à une vingtaine de kilomètres. Le *Relais des Villards*, c'est un peu notre dernière étape avant la frontière. Chalet typique, tenu de main de maître. 10 chambres coquettes et agréables. Accueil aimable, service souriant. Bonne cuisine traditionnelle avec quelques pointes d'accent savoyard. La maison propose aussi des activités sportives à la carte ou en séjour.

🍴 *Restaurant L'Olympique* – rue de la Libération ☎ 04-79-41-01-52. 🅿 Fermé le mercredi. Congés annuels : 2 semaines fin juin. Accès : N90, direction Tignes-Val-d'Isère, col du Petit-Saint-Bernard. Menus à 15 €, le midi, puis à 17 et 21 €. Compter autour de 22 € à la carte. Un petit resto ouvert bien avant les Jeux par un enfant du pays à la bonne humeur communicative. Salle coquette. Cuisine classique mais bien amenée. Un 1er menu plus que correct, une carte fournie et variée et une des fondues les moins chères de la Tarentaise. Un endroit où l'on mange (presque) toute l'année, ce qui est plutôt rare dans les parages. *Café offert à nos lecteurs sur présentation de ce guide.*

BOUVANTE 26190

Carte régionale A2

🛏 🍴 *Auberge du Pionnier* * – col du Pionnier ☎ 04-75-48-57-12. Fax : 04-75-48-58-26. Cartes de paiement refusées. Parking. Fermé le mardi hors saison. Congés annuels : en janvier, en novembre et en décembre. Accès : à 6 km du village, sur la D331 (fléché). Chambres doubles à 27,50 € avec lavabo et à 43 € avec douche et w.-c. Menus de 14 à 23 €. En bordure de la forêt de Lente et du GR9, l'*Auberge du*

Pionnier, classée *Hôtel au naturel*, offre 9 chambres toutes simples qui donnent sur la montagne, les sapins, les prairies où viennent s'ébattre en toute tranquillité les animaux de la forêt. À l'intérieur de la salle de restaurant, on passe de Disney à Tex Avery : du bois, du lierre, des chasseurs qui parlent de chasse, une nourriture familiale. Au 1er menu, la patronne, une femme étonnante, serveuse et cuisinière tout à la fois, vous amène une solide tranche de pâté, de la salade, un poulet à la crème avec des pommes de terre, un bout de tarte. Et aux autres menus, vous aurez droit à son fameux poulet aux écrevisses ou à la truite aux amandes ! *Café offert à nos lecteurs sur présentation de ce guide.*

BRESSIEUX 38870

Carte régionale A1

|●|*Auberge du Château* – **en haut du village** ☎ 04-74-20-91-01. ✖ Fermé les lundi et mardi. Congés annuels : du 15 janvier au 15 février. Accès : par la D71. Au pied des ruines du château de Bressieux (XIIIe siècle), embrassant un joli panorama sur la plaine de Bièvre. « Menu des Douves » à 12 € le midi, sauf le dimanche. Autres menus de 16 à 26 €. Vin au pichet à prix doux. Tête de veau, truite saumonée... Savoureux accompagnements (gratin dauphinois, ratatouille, pois, etc.). L'été, on mange sur la terrasse installée sous un treillis de bambou. *Café offert à nos lecteurs sur présentation de ce guide.*

DANS LES ENVIRONS

MARNANS 38980 (6 km O)

|●|*L'Auberge du Prieur* – **2, pl. du Prieuré** ☎ 04-76-36-28-71. ✖ Fermé le lundi en juillet-août, le mardi et le mercredi le reste de l'année. Penser à réserver : souvent complet. Accès : par la D71 en direction du Roybon, à proximité de la forêt de Chambaran. 1er menu à 14 €, sauf les dimanche midi et jours fériés, puis menus de 19 à 29 € (sur réservation pour le dernier). Tenue par un jeune couple. Cécile est aux fourneaux, tandis que son gentil mari fait le service. C'est à la fois terroir et inédit, créatif et authentique, à partir notamment de recettes médiévales, avec, par exemple, filets de rougets crémeux d'oseille, fromages affinés et blancs, charlotte au pralin coulis de fraises. Tout est fait maison (sauf fromages et glaces), et les menus changent tous les deux mois. Terrasse face à la superbe église romane de Marnans (XIIe siècle). De temps à autre, repas spectacles avec groupes d'artistes médiévaux. La soirée peut être rustique avec une petite troupe de

ménestrels, ou plus châtelaine et lyrique... l'assiette s'adapte. « Le festin de Cécile », c'est un mélange de passion, un sens du détail typiquement féminin et, en prime, un accueil radieux.

BUIS-LES-BARONNIES 26170

Carte régionale A2

🛏 *Les Arcades-Le Lion d'or* ** – **pl. du Marché (Centre)** ☎ 04-75-28-11-31. Fax : 04-75-28-12-07. ● www.hotellouis.com ● Parking. TV. Congés annuels : en janvier et en décembre. Chambres doubles de 38 à 57 €. Petit hôtel de centre-ville situé sur une ravissante place à arcades. Atmosphère familiale et excellent accueil. Même si hall et réception vous semblent meublés de façon un peu disparate, sachez que les chambres sont pimpantes, que les salles de bains modernes et la literie bonne. Dès que Phœbus darde, le beau jardin clos s'offre à vous.

🛏 *Escapade Cloître des Dominicains* – **rue de la Cour-du-Roi-Dauphin (Centre)** ☎ 04-75-28-06-77. Fax : 04-75-28-13-20. ●www.escapade-vacances.com ●Accueil de 9 h à 12 h et de 16 h à 20 h. Congés annuels : de décembre à mars. Accès : en plein centre-ville. Dans le couvent des Dominicains du XVIe siècle, refait à neuf. Chambres doubles à 50 € (avec tarifs fortement dégressifs si plusieurs nuitées), du samedi matin au dimanche après-midi (en dehors des périodes de vacances scolaires). Logements de 2 à 5 places, loués à la semaine, de 190 à 560 € (haute saison). Sans conteste l'une des meilleures solutions pour se loger bon marché au centre de la ville. Préférer les chambres donnant sur le cloître. Kitchenette, lits en mezzanine, douche et possibilité de garer des vélos dans la cour. L'ensemble est fort bien tenu !

|●|*La Fourchette* – **Les Arcades, pl. du Marché (Centre)** ☎ 04-75-28-03-31. Fermé le dimanche soir et le lundi. Menus à 13,50 €, le midi en semaine, puis à 20,50 et 32 €. Vins à 5,95 et 8,69 €. Plus de 22 ans aux fourneaux et toujours le même sérieux, la même allégresse dans cette belle cuisine régionale, toujours accompagnée d'un accueil souriant et affable. Il faut le claironner sur tous les toits, alors que tant de confrères ont depuis longtemps sombré dans la routine ou l'amertume. D'abord, pour la mise en bouche, il y a le charme de la cité et cette croquignolette place à arcades. Puis une salle plaisante, murs peints à l'éponge et ornés d'aquarelles. Quelques fleurons de la maison : ravioles de Royans gratinées, baron d'agneau aux senteurs, croustade aux morilles, viandes tendres à souhait. Si, par bonheur, elles

sont à la carte, choisissez sans hésiter les écrevisses à la crème et à l'estragon. Bons petits vins régionaux à prix fort démocratiques. *Café offert à nos lecteurs sur présentation de ce guide.*

I●I *Le Grill du Four à Pain* – **24, av. Boissy-d'Anglas (Sud-Ouest)** ☎ 04-75-28-10-34. Fermé les lundi midi et mardi midi en juillet et août, les lundi et mardi toute la journée le reste de l'année. Accès : à l'entrée de la ville, entre la station-service à gauche et la supérette *Coccinelle*. Menu à 14 €, le midi en semaine avec choix de 3 plats + 1 dessert ; autres menus de 19 à 29 €. En outre, vins à prix fort modérés, le coteaux-des-baronnies débute à 7,50 €. Un joli nom pour un gentil petit resto, où l'on pratique des prix doux, un service agréable et une cuisine délicieuse et raffinée. Spécialités comme la ratatouille d'artichauts, la cassolette de Saint-Jacques au pastis ou la marmite de canard. Terrasse ombragée dans le jardin. Réservation recommandée.

DANS LES ENVIRONS

PLAISIANS 26170 (8,5 km SE)

I●I *Auberge de la Clue* – **Les Allègres** ☎ 04-75-28-01-17. Cartes de paiement refusées. Parking. ♿ Fermé en semaine et le dimanche soir hors saison ; fermé le lundi d'avril à octobre. Accès : D72, puis D526. Menus à 21 et 25 €. La famille Truphémus au grand complet n'a qu'à se mettre à sa fenêtre face au Ventoux pour voir monter jusqu'à elle, surtout le week-end, la foule des gastronomes, attirée par les prix doux et les plats aussi copieux que bons, concoctés par les deux enfants de la maison (le petit fait 1,78 m, le grand... 2,05 m !). En salle, leur mère, au rire et à la tchatche terribles, fait patienter tout son petit monde en apportant une somptueuse terrine en amuse-bouche, la laissant sur la table jusqu'à l'arrivée des hors-d'œuvre (une caillette aux herbes délicieuse, entre autres) ; ensuite, vous avez le choix entre des pieds et paquets faits maison, le lapin à la tapenade, la lotte fraîche sauce nantaise, l'aumônière d'épeautre au ris d'agneau ou la terrine de hure à l'ancienne... Pour faire descendre tout ça, goûtez au sorbet au coing arrosé d'alcool de coing... hmm ! Belle terrasse dans la verdure.

MÉRINDOL-LES-OLIVIERS 26170
(9 km O)

⌂ I●I *Auberge de la Gloriette* ☎ **et fax : 04-75-28-71-08.** ● **auberge.gloriette@ free.fr** ● Parking. ♿ Fermé le jeudi et le dimanche soir hors saison. En été, fermé le dimanche. Congés annuels : fin janvier-début février. Accès : par la D147. Cham-

bres doubles de 40 à 45 € selon le confort et la saison. Menus à 17 et 25 €. Bon confort. On se croirait dans un film de Pagnol. À votre gauche, une boulangerie où l'on vient voir cuire le pain et les gâteaux ; à votre droite, une salle de restaurant à l'ancienne ; et devant les deux, un amour de terrasse. À l'ombre de vieux platanes, le regard perdu sur des vignes, des monts plantés d'oliviers et d'abricotiers, bercés par le gazouillis de la fontaine, vous rêvez d'un autre monde, en grignotant un copieux petit déjeuner, après avoir dormi dans une chambre cachée à l'arrière (calme garanti). Si vous êtes encore là à midi, vous avez droit à quelques tartes fines, un saucisson aux olives, une tarte aux fruits juste sortie du four. Et si vous êtes toujours là le soir, c'est une terrine, une épaule d'agneau en miche croustillante ou tout autre plat maison que vous verrez arriver. Quelques autres spécialités : le gigot d'agneau cuit au four du boulanger et le mesclun de champignons, etc. Ne pas manquer le pain fourré à la viande et aux légumes. Malin, non ? *Apéritif maison offert à nos lecteurs sur présentation de ce guide.*

CHALAMONT　　　　01320

Carte régionale A1

I●I *Restaurant Clerc* – **Grande-Rue** ☎ **04-74-61-70-30.** Parking. Fermé les mardi et mercredi. Accès : route de Meximieux. Menus à partir de 26 €. À la carte, compter 44 €. Bienvenu chez « Le spécialiste de la grenouille depuis 3 générations ». Cette bonne adresse, fiable, est connue à la ronde depuis des années. Une table de tradition donc, que bouscule (timidement pour ménager les habitués) le préposé aux fourneaux. En tout cas, avec le « menu tradition » (on vous le disait !), pas de doute, on est bien dans la Dombes : grenouilles sautées au beurre et fines herbes, volaille aux morilles, volaille à la crème... Salle bourgeoisement calfeutrée, cliquetis des couverts et léger bourdonnement des dîneurs souvent venus en famille et parlant chasse, partie de pêche ou mariage de la cadette, un beau brin d'fille ! *Café offert à nos lecteurs sur présentation de ce guide.*

DANS LES ENVIRONS

MEXIMIEUX 01800 (11 km S)

⌂ I●I *Hôtel-bar du Lion d'Or* ** – **16, pl. Vaugelas (Centre)** ☎ **04-74-61-00-89. Fax : 04-74-61-43-80.** Parking payant. TV. Satellite. Accès : sur la place centrale. Chambres doubles avec 40 €. Plat du jour à 7 €. Cet hôtel-bar a été entièrement reconstruit... après la guerre. Un char allemand l'avait mis *kaputt* en rentrant dedans, lors des combats de la Libération, qui avaient frité sévère dans le secteur. Très, très bon accueil. Grandes chambres, au calme sur cour, refaites récemment. Bar d'habitués au rez-de-chaussée, où l'on peut déjeuner le midi (plat du jour à 7 €). Une bonne petite adresse pour dormir sans se ruiner au pied de Pérouges. *Au repas, apéritif offert à nos lecteurs sur présentation de ce guide.*

CHAMBÉRY 73000

Carte régionale B1

🏠 I●I *Hôtel de la Banche* * – 10, pl. de l'Hôtel-de-Ville (Centre) ☎ 04-79-33-15-62. Fermé le dimanche et les jours fériés. Congés annuels : du 1er au 10 mai et du 1er au 15 septembre. Accès : sur une place piétonne, à l'orée du centre ancien. Chambres doubles à 31 € avec douche, 34 € avec douche et w.-c. Menus à 11 €, le midi en semaine, et de 14,50 à 21 €. Petite adresse populaire bien située sur une place piétonne à l'orée du centre ancien. Chambres d'une autre époque. Les nos 18, 19 et 20 s'ouvrent sur l'étonnante coursive à colonnades qui court au premier étage de cette séculaire bâtisse. Resto dans le même style, généreuse cuisine familiale, intéressant menu du jour mais aussi cuisses de grenouilles, morue à la lyonnaise (le vendredi de début novembre à fin avril)...

🏠 *City Hôtel* ** – 9, rue Denfert-Rochereau (Centre) ☎ 04-79-85-76-79. Fax : 04-79-85-86-11. ● www.acom.fr/cityhotel ● Parking payant. TV. Canal+. Satellite. 🦴 Accès : à un emplacement stratégique, le carré Curial d'un côté, la cathédrale Saint-François de l'autre. Chambres doubles à 36 € avec lavabo, 44 € avec douche et w.-c., 50 € avec bains. Au cœur de la ville, donc, avec ce que cela suppose comme inconvénients pour les chambres côté rue (on ne peut jamais tout avoir !) : si le quartier est essentiellement piéton, ses bars s'animent parfois le soir (surtout le week-end). En revanche, calme plat sur l'arrière. Chambres fonctionnelles, à la déco très contemporaine, surprenante dans ce bâtiment du XVIIIe siècle. *Un petit déjeuner par chambre offert à nos lecteurs sur présentation de ce guide.*

🏠 I●I *Hôtel Le Revard* ** – 41, av. de La Boisse (Centre) ☎ 04-79-62-04-64. Fax : 04-79-96-37-26. Parking payant. TV. 🦴 Accès : face à la gare. Chambres doubles avec douche et w.-c. de 37 à 58 €, avec bains de 49 à 54 €. Demi-pension demandée l'hiver : de 38 à 48 € par personne. Menus de 10,40 à 21 €. Pratique, bien sûr. Accueil très pro, chaleureux et serviable. Chambres un peu froides dans leur rigueur fonctionnelle (tout cela ressemble furieusement à un hôtel de chaîne) mais dont certaines, heureuse surprise, donnent sur un sympathique jardin. Au resto, cuisine traditionnelle et spécialités régionales. *Parking clos gratuit (un emplacement par chambre) pour nos lecteurs sur présentation de ce guide.*

🏠 I●I *Hôtel-restaurant Savoyard* ** – 35, pl. Monge (Sud-Est) ☎ 04-79-33-36-55. Fax : 04-79-85-25-70. Parking. TV. Satellite. Fermé le dimanche sauf jours fériés. Accès : sur une place voisine du carré Curial. Chambres doubles avec douche et w.-c. à 44 €. Demi-pension (demandée de mi-juillet à fin août) à 40 € par personne. Menus de 12,50 à 23 €. Une bonne grosse maison sans aucune surprise avec une dizaine de chambres aux fenêtres fleuries de géraniums, entièrement rénovées et insonorisées. Au restaurant, le patron se montre le digne descendant d'une famille de restaurateurs : spécialités savoyardes, poisson du lac et produits régionaux. Ça roule depuis longtemps sur de bons rails.

I●I *El Mosquito* – 15, rue Bonivard (Centre) ☎ 04-79-75-28-00. 🦴 Fermé le dimanche. Accès : derrière les halles. Menus à 9,50 et 10,50 € le midi. Compter 20 € à la carte. Là où la plupart des restos tex-mex se contentent de soigner leur décor, celui-là soigne sa cuisine ! La carte est bien fournie et, aux côtés des traditionnels *chilis* et autres *tacos*, propose d'étonnantes et remarquables recettes incas et aztèques. C'est, jusqu'aux desserts, diablement bon et servi avec le sourire. Sympathique terrasse dans une cour intérieure.

I●I *L'Hypoténuse* – 141, carré Curial (Centre) ☎ 04-79-85-80-15. 🦴 Fermé le dimanche et le lundi. Congés annuels : 1 semaine à Pâques et du 20 juillet au 20 août. Menus à 15,30 €, le midi en semaine, et de 20 à 40 €. Jolie salle mélan-

RHÔNE-ALPES

geant déco moderne et de bon goût (c'est rare !) et meubles anciens. Expos régulières. Cuisine raffinée et savoureuse (sans mégoter sur les portions). Menus d'un joli rapport qualité-prix. Petite terrasse l'été, face à la vaste cour d'une ancienne caserne (réhabilitée !). *Un kir offert à nos lecteurs sur présentation de ce guide.*

|●| Restaurant La Vanoise – **44, av. Pierre-Lanfrey** ☎ 04-79-69-02-78. Fermé le dimanche soir et le lundi. Congés annuels : du 19 août au 8 septembre. Accès : près de la Poste centrale. Menus de 20 €, sauf le dimanche, à 36 €. Compter 35 € environ à la carte. Le décor est frais, jeune et moderne. La clientèle plutôt installée. Cuisine de tradition, inventive juste ce qu'il faut et de saison (menus et carte changent régulièrement). Le chef travaille beaucoup le poisson, de lac comme de rivière ou de mer, et ses menus régionaux font le tour de France. La carte des vins est longue comme le bras et tout le monde y trouvera son compte entre bourgognes prestigieux et méconnus vins de Savoie. Réservation conseillée.

CHAMONIX 74400

Carte régionale B1

⌂ La Boule de Neige * – **362, rue Joseph-Vallot (Centre)** ☎ 04-50-53-04-48. Fax : 04-50-55-91-09. • www.hotel-labouledeneige.fr • Parking. Congés annuels : du 15 mai au 15 juin et du 15 novembre au 15 décembre. Accès : par la place du Mont-Blanc, 1re à droite puis 200 m à droite. Chambres doubles de 36 à 44 € avec lavabo, de 45 à 55 € avec douche et w.-c., suivant la saison. Petit hôtel familial à l'ambiance (et à la clientèle jeune et internationale) digne d'une *guesthouse* du bout du monde. Une poignée de chambres pas luxueuses mais sympatoches, récemment rénovées. Les nos 3 et 4 ont une terrasse plein sud. Réconfortant petit déjeuner-buffet (à volonté). Et si vous voulez vraiment prendre des forces, petite carte avec muësli maison, œufs au bacon, etc. Une adresse vraiment Routard (qu'on aime – logiquement – vraiment bien). *Café offert à nos lecteurs sur présentation de ce guide.*

⌂ Hôtel des Lacs ** – **992, route des Gaillands (Sud-Ouest)** ☎ 04-50-53-02-08. Fax : 04-50-53-66-64. Parking payant. Congés annuels : du 15 avril au 15 juin et du 1er octobre au 15 décembre. Accès : par la route des Gaillands, dans le prolongement de la rue du Docteur-Paccard et de l'avenue Ravanel-le-Rouge, grands axes du centre-ville. Au pied d'un rocher d'escalade et, bien sûr, face au mont Blanc. Chambres doubles avec douche et w.-c. ou bains de 45 à 50 €

suivant la saison. Le centre-ville est à 5 mn, mais on est déjà presque à la campagne. La vieille maison et le bar bien rétro sont trompeurs. En fait, les chambres, rénovées de fond en comble, sont d'un bon goût fonctionnel qui ne fâchera personne et d'un incroyable rapport qualité-prix pour le coin. Certaines ont un balcon qui offre une jolie vue sur l'inévitable mont Blanc. Accueil aimable et discret. *Café offert à nos lecteurs sur présentation de ce guide.*

⌂ Hôtel du Faucigny ** – **118, pl. de l'Église (Centre)** ☎ et fax : 04-50-53-01-17. • www.hotelfaucigny-chamonix.com • Parking. TV. Satellite. Congés annuels : en novembre. Accès : face à l'office du tourisme. En plein centre mais dans une rue tranquille. Chambres doubles avec douche de 48 à 52 € suivant la saison, avec douche et w.-c. de 55 à 65 €. Derrière sa façade toute pimpante, petit hôtel à l'ambiance gentiment familiale. Chambres récemment réaménagées, sans charme excessif mais d'un confort satisfaisant. Petite cour intérieure et jardin. *10 % sur le prix de la chambre offerts à nos lecteurs sur présentation de ce guide.*

⌂ |●| Hôtel La Savoyarde *** – **28, rue des Moussoux (Nord)** ☎ 04-50-53-00-77. Fax : 04-50-55-86-82. • www.lasavoyarde.com • Parking. TV. Satellite. ✦ Resto fermé le mardi midi et le jeudi midi. Congés annuels : du 12 au 28 mai et du 25 novembre au 8 décembre. Accès : sur les hauteurs de Chamonix, à côté du téléphérique du Brévent. Chambres doubles avec douche et w.-c. ou bains de 78,50 à 120,50 €, suivant la saison. Demi-pension (demandée pendant les vacances scolaires) : de 59,25 à 80,25 € par personne. Menus à 16 €, sauf le dimanche, puis à 19 et 32 €. Un genre de chalet, tranquille et très fleuri, face au mont Blanc. Rénovée, cette maison du XIXe siècle conserve encore quelques vestiges du son passé : parquet ici, carrelage à l'ancienne là, boiseries, cheminées… Chambres à la déco contemporaine avec une petite touche montagnarde, d'un confort total qui justifie leur prix. Menu du jour au gré du marché d'un joli rapport qualité-prix. À la carte, goûter le filet de féra aux noisettes ou le berthoud chablaisien. Service adorable. *Apéritif maison offert à nos lecteurs sur présentation de ce guide.*

|●| Le Panier des Quatre Saisons – **24, galerie Blanc-Neige (Centre)** ☎ 04-50-53-98-77. ✦ Fermé le mercredi et le jeudi midi. Congés annuels : du 15 novembre au 5 décembre. Accès : rue Paccard, puis Galerie (1er étage). Menus à 14,50 €, le midi en semaine, et de 19,50 à 31 €. Installé à une volée de marches de la rue Paccard, mais on échappe à la foule du grand boulevard chamoniard et la tranquille petite salle est véritablement charmante, dans le genre

« retour des champs ». Excellente cuisine de marché (vu l'enseigne), d'un joli tour de main, d'une fraîcheur et d'une vivacité inespérées dans le quartier. L'accueil est celui d'un resto de copains, le rapport qualité-prix impeccable, bref, c'est la bonne petite adresse d'une ville qui n'en compte, tourisme de masse oblige, pas tant que ça.

DANS LES ENVIRONS

ARGENTIÈRE 74400 (6 km NE)

|●| *La Crèmerie du Glacier* – **766, route de la Glacière** ☎ 04-50-54-07-52. Parking. Fermé le mardi soir et le mercredi en hiver hors vacances scolaires. Congés annuels : d'octobre à décembre. Accès : par un chemin carossable qui prend vers le téléphérique de Lognan (fléché). L'hiver, menu à 10 € le midi. À la carte, compter 20 €. Un chalet récent, un peu perdu dans la forêt. Selon le principe des « crèmeries » traditionnelles de la vallée, on peut, dans une chaleureuse ambiance, y casser la croûte toute la journée de 12 h à 22 h : simples omelettes comme grosses salades, fondue aux cèpes et croûtes aux morilles. Pour un vrai retour au terroir (sur réservation), essayez le farçon (cousin du farcement) avec salade et dessert à volonté.

HOUCHES (LES) 74310 (8 km O)

▲ *Auberge Le Montagny* ✶✶ – **490, lieu-dit Le Pont** ☎ 04-50-54-57-37. **Fax : 04-50-54-52-97.** ● **www.perso.wanadoo.fr/hotel.montagny.com** ● Parking. TV. Congés annuels : en mai et du 10 novembre au 15 décembre. Accès : à l'entrée du village, en venant de Chamonix, à 450 m sur la gauche, pancartes très discrètes (attention !). Chambres toutes avec bains et à prix unique : 62,50 € la double. Au cœur d'un bien paisible hameau, sur les hauteurs. C'était une ferme, construite en 1876, mais on ne la reconnaîtra guère. Une adresse pourtant pleine de charme, de ce charme cosy et intemporel que distillent boiseries et couvre-lits à petits carreaux bleu et blanc. Très jolies chambres donc, vastes et dotées, ce qui ne gâche rien, de superbes et lumineuses salles de bains. Accueil sincère et attentif, et tout ce qu'il faut pour ne pas se perdre sur les sentiers ou les pistes, selon la saison. *10 % sur le prix de la chambre (à partir de 2 nuits consécutives hors saison) offerts à nos lecteurs sur présentation de ce guide.*

CHAMOUSSET 73390

Carte régionale B1

▲ |●| *Hôtel-restaurant Christin* ✶✶ – **La Lilette (Centre)** ☎ 04-79-36-42-06. **Fax : 04-79-36-45-43.** Parking. TV. Satellite.

Fermé le dimanche soir et le lundi. Congés annuels : 1 semaine début janvier, 1 semaine début mai et 2 semaines fin septembre. Accès : d'Albertville, direction Chambéry par la N90, puis au Pont-Royal, direction Chamousset ; ensuite, suivre le fléchage. Chambres doubles avec douche et w.-c. ou bains de 31 à 39 €. Menus à 13,60 €, en semaine, puis de 18 à 28 €. Une placette, des marronniers, une petite rivière enfouie sous la végétation : le parfait hôtel-restaurant de campagne, où génération après génération, on n'a d'autre ambition que de satisfaire le client. Agréable salle aux grandes baies vitrées. Cuisine emballante dans son registre très classique, bons produits, portions généreuses et bon rapport qualité-prix. Chambres dans des annexes, sans charme particulier mais spacieuses et confortables. Pour être francs, quelques trains passent la nuit...

CHAMPAGNY-EN-VANOISE 73350

Carte régionale B1

▲ |●| *Les Chalets du Bouquetin* ✶✶✶✶ – **Le Planay** ☎ 04-79-55-01-13. **Fax : 04-79-55-04-76.** ● **www.bouquetin.com** ● Parking. TV. Satellite. ⚓ Congés annuels : du 15 octobre au 15 décembre. Accès : direction Champagny-le-Haut. Chambres doubles de 55 à 65 € avec bains. Location à la semaine en saison. Menus à 15 et 30 €. Compter 25 € à la carte. Resto installé dans une discrète petite maison. Déco très couleur locale (pierre, bois et cheminée) pour une bonne cuisine de montagne : raclette, viande cuite sur la pierre, fondue, pela, croûte savoyarde... De l'autre côté de la petite route, de gros chalets accueillent une résidence hôtelière : appartements pour 2 à... 20 personnes, tout confort et pas dépourvus de charme. *Apéritif maison offert à nos lecteurs sur présentation de ce guide.*

CHÂTEL 74390

Carte régionale B1

▲ |●| *Hôtel-restaurant Les Fougères* ✶✶ – **chef-lieu (Centre)** ☎ 04-50-73-21-06. **Fax : 04-50-73-38-34.** TV. Canal+. Congés annuels : du 20 avril au 10 juillet et du 24 août au 20 décembre. L'été, chambres doubles avec douche et w.-c. à 46 €, petit déjeuner compris. L'hiver, en demi-pension uniquement : de 41 à 52 € par personne suivant la saison. Une adresse comme on les aime : authentique et gaie à la fois ! On ne s'ennuie pas l'hiver dans cette ancienne ferme au cachet heureusement préservé, reprise par un couple de jeunes toniques. Au bout de quelques jours, tout le monde se connaît, et c'est la fête autour de la fondue. L'été, on se calme, on se repose. Le resto est fermé, reste les chambres (dans le style de la maison et bien équipées) et le petit déjeuner-buffet. Parking gratuit l'été.

≜ |●| *Hôtel-restaurant La Perdrix Blanche* ** – Pré-de-la-Joux (Sud-Ouest) ☎ 04-50-73-22-76. Fax : 04-50-73-35-21. ● www.laperdrixblanche.com ● Parking. TV. Satellite. Congés annuels : du 1er mai au 30 juin et du 8 septembre au 1er décembre. Accès : à 2,5 km du centre, prendre la direction du Linga, au pied des télésièges. Chambres doubles avec douche et w.-c. ou bains de 58 à 68 €. Demi-pension, demandée pendant les vacances de février, de 40 à 65 € par personne. Menus à 13 €, le midi en semaine, et à 20 €. Au pied des remontées mécaniques et des sapins, ce gros chalet de bois est plein d'un charme hors d'âge. Chambres toutes simples mais au décor chaleureux, avec petits rideaux en dentelle. Certaines ont un balcon. Cuisine du coin sans surprise (tartiflette, berthoud, fondues, raclette...) mais copieuse : il vaut mieux, après une journée de ski ou de randonnée !

|●| *Restaurant La Bonne Ménagère* – Chef-Lieu (Centre) ☎ 04-50-73-24-45. Cartes de paiement refusées. Fermé tous les midis en été et le dimanche midi tout le reste de l'année. Congés annuels : fin mai-début juin et de mi-septembre à mi-décembre. Accès : dans la rue au-dessus de l'office du tourisme. Menus à partir de 12 €. Compter de 15 à 22 € à la carte. Les 2 salles (dont une au sous-sol) ont été joliment décorées : vieilles plaques émaillées, petits bouquets de fleurs séchées, beaucoup de bois. Les gens de la station s'y retrouvent. À la carte : de la charcuterie du pays ou de copieuses salades, suivies de berthoud, fondues, croûte aux champignons... Prix justes et ambiance « comme autrefois ». Accueil charmant.

|●| *Restaurant L'Abreuvoir - Chez Ginette* – hameau de Vonnes (Nord-Est) ☎ 04-50-73-24-89. Parking. Accès : tout près du lac de Vonnes, par la nationale vers la Suisse, à 1 km du centre. Menus de 12,50 à 25 €. Si vous voulez goûter au berthoud, incomparable spécialité de cette superbe vallée, c'est ici qu'il faut vous arrêter. Dans cette authentique adresse de campagne comme on en fait heureusement encore, où la patronne (Ginette, bien sûr) vous sert, un peu à toute heure, ces cubes de fromage d'Abondance, marinés dans du vin blanc et du madère, piqués d'ail et fondus au four. Quelques autres solides spécialités savoyardes au programme, et les soirs de fête, lorsque l'inénarrable Louky prend son accordéon, on pousse la ritour-

nelle en levant le coude et vice versa. Jardin d'où l'on jouit d'un beau panorama sur la montagne et le lac de Vonnes, illuminé le soir...

DANS LES ENVIRONS

CHAPELLE-D'ABONDANCE (LA)
74360 (5,5 km O)

≜ |●| *L'Ensoleillé* ** – rue Principale (Centre) ☎ 04-50-73-50-42. Fax : 04-50-73-52-96. ● www.hotelensoleille.com ● TV. Resto fermé le mardi. Congés annuels : de début avril à fin mai et de mi-septembre à fin décembre. De 60 à 80 € la chambre double avec douche et w.-c. ou bains. Demi-pension, demandée pendant les vacances scolaires au-delà de 3 nuits, à partir de 50 € par personne. Menus à 19 €, sauf le dimanche midi, et de 25 à 45 €. Cette grosse maison familiale mérite complètement les éloges des habitués. Chambres en grande partie rénovées. Déco à l'ancienne (napperons brodés, gravures, meubles rustiques) mais confort d'aujourd'hui. L'impression de bien-être total tient aussi à l'accueil de la famille Trincaz, de la mère qui vient prendre de vos nouvelles en salle, au père qui accueille les habitués, en passant par les fils, élevés à la bonne école : l'un en salle et qui anime le *Carnotzet*, rendez-vous des amateurs de fondue, l'autre qui cuisine juste et bien, n'utilisant que de bons produits. Piscine couverte chauffée et jacuzzi en prime ! *10 % sur le prix de la chambre ou apéritif maison offerts à nos lecteurs sur présentation de ce guide.*

≜ |●| *Les Gentianettes* ** – route de Chevennes (Centre) ☎ 04-50-73-56-46. Fax : 04-50-73-56-39. ● www.gentia nettes.fr ● TV. Satellite. ♿ Chambres doubles de 62 à 90 €, avec douche et w.-c. ou bains, selon la saison. Demi-pension, demandée pendant les vacances scolaires de février et de Noël, de 40 à 67 €. Menus de 18 à 45 €. À l'écart du bruit et de la route, et à deux pas du circuit des pistes de ski de fond, une trentaine de chambres, confortables et gaies. Au restaurant, sur fond de décor de chalet savoyard, une cuisine raffinée, précise et inventive pour la région. Jolie petite piscine à l'intérieur.

CHÂTELARD (LE)   73630

Carte régionale B1

≜ |●| *Le Rossane - Chez Évelyne* – (Centre) ☎ 04-79-52-11-23. Fax : 04-79-54-83-44. ● rossane@icor.fr ● Parking. TV. ♿ Fermé le soir et le dimanche, sauf réservation. Congés annuels : du 15 octobre au 7 novembre. Chambres doubles de 30 à

35 € avec douche et w.-c. Menus de 13 à 25 €. À l'orée d'un bourg sans beaucoup de charme, un bon point de chute pour découvrir la superbe, encore sauvage et méconnue région des Bauges. Petite adresse populaire. La patronne (Évelyne, bien sûr) a la poignée de main aussi franche et directe que son accueil. Chambres sérieusement rénovées, de bon confort et d'un joli rapport qualité-prix. La plupart offrent une vue superbe sur les environs. Resto pris d'assaut le midi par des travailleurs de tout poil. Pour la sieste, des transats dans un jardin qui se mélange à la nature environnante. *Apéritif maison offert à nos lecteurs sur présentation de ce guide.*

CHÂTILLON-EN-DIOIS   26410

Carte régionale B2

🏠 ❘●❘ *Hôtel-restaurant du Dauphiné* – pl. Pierre-Dévoluy (Centre) ☎ et fax : 04-75-21-13-13. ● hoteldudauphine@aol.fr ● Resto fermé le mardi soir, le mercredi et le dimanche soir de novembre à juin. Congés annuels : pendant les vacances scolaires de la Toussaint et de Noël. Chambres doubles de 34 à 48 € avec douche et w.-c. Menu du jour au tableau, le midi en semaine, pour environ 12 €, menu terroir à 22 €, verre de vin compris, ou carte. Vieil hôtel-café-resto en plein cœur du village. Les 8 chambres, à l'ancienne mais repeintes de couleurs fraîches, possèdent beaucoup de charme avec leurs vieux meubles, leur couvre-lit rétro et leur plancher qui craque. On a un faible pour le n° 5, avec son lit en fer et sa salle de bains habilement dissimulée dans une alcôve. Côté resto, petite terrasse ombragée en surplomb de la rue ou salle joliment décorée (vieux miroir, tables bistrot et frises peintes sur les murs). Selon la saison et l'humeur du chef, goûtez à son confit de tomates et chèvre frais au pistou, à sa gigolette d'agneau confite ou à son aiguillette de pintadeau au cassis. Quoi qu'il en soit, choisissez les yeux fermés dans les plats inscrits au tableau, tout est d'une fraîcheur, d'une créativité et d'une finesse remarquables... et qui plus est, joliment présenté. Comme le resto sert aussi de cantine aux enfants du village, on envie vraiment les marmots qui vivent dans le coin ! Si vous n'y mangez pas (ce serait vraiment dommage !), on vous conseille au moins d'y boire un sirop de plantes (sureau, thym, sauge, tilleul...) ou un « café du barman » très originaux. De plus, accueil très sympa des jeunes propriétaires qui tiennent cette maison avec conviction. La rénovation complète de l'hôtel a été faite durant l'hiver 2001. Un vrai coup de cœur en pays diois !

CHÂTILLON-SUR-CHALARONNE   01400

Carte régionale A1

🏠 ❘●❘ *Hôtel-restaurant de la Tour* *** – pl. de la République (Centre) ☎ 04-74-55-05-12. Fax : 04-74-55-09-19. ● www.hotel-latour.com ● Parking payant. TV. ✖ Fermé le mercredi et le dimanche soir. Accès : face au champ de foire. Chambres doubles avec douche et w.-c. ou bains de 65 à 80 €. 1er menu à 18 €, sauf le dimanche, puis menus de 23 à 50 €. Cocoonig et gastronomie au centre de Châtillon-sur-Chalaronne, bourg médiéval fleuri des plus charmants. La bâtisse a belle allure, avec ses colombages, sa pierre apparente et sa tour-poivrière en brique rose. Une maison du XIVe siècle, immanquable en arrivant en ville, transformée en hôtel à la Belle Époque. Rassurez-vous, il a été restauré depuis ! Et joliment. Flânez au détour de patines à l'ancienne et de décors différents en fonction des espaces, prenez un verre dans le petit salon feutré de la réception, dînez dans la salle à manger aux couleurs du soleil et aux chaises zébrées, ou finissez sur la terrasse à l'italienne en étage, tout n'est que prétexte à se laisser aller au seul plaisir du cocooning. Les chambres, spacieuses et nickel, sont toutes refaites avec des ambiances colorées et très déco. Petit déjeuner servi dans la nouvelle verrière patinée rouillée. Accueil et service jeunes et sympas. On garde un très bon souvenir de la cuisine qui revisite adroitement son terroir – grosse morilles farcies aux ravioles de légumes, bréchets et sot-l'y-laisse de volailles de Bresse, volaille de Bresse (pattes bleues) farcie au foie gras, assiette de trois saveurs, marinade de Saint-Jacques ou risotto de langoustines... – pour des prix raisonnables. Ouvrir sa maison comme on ouvre son cœur... ainsi vous accueille *La Tour*... *Coupette de bienvenue avec le dessert offerte aux lecteurs sur présentation de ce guide.*

DANS LES ENVIRONS

ABERGEMENT-CLÉMENCIAT (L')
01400 (6 km NO)

❘●❘ *Restaurant Le Saint-Lazare* – au centre du village ☎ 04-74-24-00-23. ✖ Fermé le mercredi et le jeudi. Congés annuels : pendant les vacances scolaires de février et la 2e quinzaine de juillet. Accès : par la D2. Formule à 22 € en semaine et menus de 25 à 65 €. L'une des meilleures tables de la région, des plus agréables aussi, avec cette grande salle claire aux tons doux et un service aimable et attentionné. Le chef, ancien du *Crillon* à Paris,

RHÔNE-ALPES

concocte des plats inventifs et légers, avec une prédilection pour le poisson, sandre en saison ou tout simplement les sardines (mais farcies à la feuille de blette) ou encore cette paraille fermière à la crème. Vins toujours parfaits. La poire à l'orientale en dessert, une des spécialités maison, termine impeccablement le repas, et l'on se dit qu'on reviendra. Un bon rapport qualité-prix sans mauvaise surprise.

CHONAS-L'AMBALLAN   38121

Carte régionale A1

🏠 🍽️ *Domaine de Clairefontaine* ** – **chemin des Fontanettes** ☎ **04-74-58-81-52. Fax : 04-74-58-80-93.** ● **www.domaine-de-clairefontaine.fr** ● Parking. TV. Fermé les lundi et mardi. Congés annuels : la 3ᵉ semaine d'août et du 15 décembre au 16 janvier. Accès : à 8 km au sud de Vienne, par la RN7. 9 chambres doubles de 38 à 70 € au *Domaine*. Aux *Jardins de Clairefontaine*, nettement plus cher : 100 € la nuit. Menu d'appel à 30 € le midi en semaine, puis menus à partir de 42 €. Maison de maître plantée dans un magnifique parc tricentenaire et proposant des chambres très spacieuses et meublées avec goût (au *Domaine*). La bonne occase, mais dépêchez-vous, car au train où vont les affaires, ces chambres risquent d'être bientôt rénovées (et les prix avec...). Cuisine très chic sous la direction de Philippe Girardon, meilleur ouvrier de France... Le tout hors de prix, malheureusement. Accueil très professionnel en revanche. Tennis, jeux de boules.

CLUSAZ (LA)   74220

Carte régionale B1

🏠 🍽️ *Les Airelles* ** – **au bourg** (Centre) ☎ **04-50-02-40-51. Fax : 04-50-32-35-33.** ● **airelles@clusaz.com** ● TV. Fermé le mardi. Congés annuels : du 17 novembre au 13 décembre. Accès : sur la place de l'Église. Chambres doubles avec douche et w.-c. ou bains de 46 à 100 €. Demi-pension demandée pendant les vacances scolaires d'hiver : de 43 à 85 € par personne. Menus de 16 à 23 €. Au centre du village, un amour de petit hôtel, entièrement rénové, avec des chambres gaies et colorées, d'un confort total. Accès au jacuzzi, au sauna et à la piscine des parents qui tiennent l'hôtel *Les Sapins* un peu plus haut. Accueil simple et vrai, comme la cuisine. Et toutes les spécialités savoyardes sont ici de rigueur. Parking souterrain public (gratuit l'été). *Apéritif maison offert à nos lecteurs sur présentation de ce guide.*

COMBLOUX   74920

Carte régionale B1

🏠 🍽️ *Les Granits* ** – **1409, route de Sallanches** ☎ **04-50-58-64-46. Fax : 04-50-58-61-63.** ● **www.lesgranits.com** ● Parking. TV. ♿ Congés annuels : de début avril à fin juin et de début décembre à Noël. Accès : à 1,5 km du centre par la route de Sallanches. Chambres doubles à 55 € avec douche et w.-c. ou bains. Demi-pension, demandée pendant les vacances scolaires d'hiver, à 48,50 € par personne. Menus à 14 et 16 €. Gentil hôtel familial créé à la fin des années 1940 (il a bien sûr été rénové depuis...). La maison est un peu en bord de route, donc si vous avez vraiment peur du bruit (la circulation n'est pourtant pas intense), choisissez une chambre dans l'annexe ou sur l'arrière. Chambres sobres et nettes, aux murs lambrissés. Certaines ont vue sur le mont Blanc. Spécialités savoyardes : raclette, diots aux crozets, tartiflette et fondue, dans un décor à l'avenant. *Café offert à nos lecteurs sur présentation de ce guide.*

🏠 🍽️ *Hôtel-restaurant Le Coin Savoyard* ** – **300, route de la Cry** ☎ **04-50-58-60-27. Fax : 04-50-58-64-44.** ● **www.coin-savoyard.com** ● Parking. TV. Fermé le lundi hors saison. Congés annuels : du 15 avril à début juin et du 15 septembre au 8 décembre. Accès : en face de l'église. Chambres doubles à 68 € avec douche et w.-c. ou bains. Pour un repas complet à la carte, compter environ 22 €, boissons en sus. Plantureuse ferme du XIXᵉ siècle, joliment modernisée. Décor « tout en bois », naturellement chaleureux. Réservation (et longtemps à l'avance !) conseillée. 10 chambres tout simplement charmantes. On peut aussi y prendre un verre ou, entre amis, faire un sort à une fondue aux cèpes. Belle terrasse ensoleillée, face au mont Blanc. Piscine agréable en été.

CONDRIEU   69420

Carte régionale A1

🏠 🍽️ *Hôtel-restaurant La Réclusière* ** – **14, route Nationale** (Centre) ☎ **04-74-56-67-27. Fax : 04-74-56-80-05.** Parking. TV. ♿ Fermé le mardi toute la journée et le mercredi midi. Congés annuels : pendant les vacances scolaires de février. Accès : sur la N86. Chambres doubles avec douche et w.-c. ou bains de 51 à 68 €. Au resto, menus de 25 à 58 €. Talentueux cuistot, Martin Fleischmann a laissé la petite *Réclusière*, où quatre ou cinq tables tenaient à peine, pour s'agrandir et passer à la vitesse supérieure. Aujourd'hui, des chambres de bon confort, nickel, s'ajoutent au resto, qui se répartit en trois petites salles coquettes, chacune dans son style : cossu, moderne et moderno-cossu (tel que !). Et l'on mange toujours aussi bien. Laissons parler la carte : minestrone aux coquillages légèrement safrané, magret de canard et ses pommes rattes rissolées au lard et jus aux épices, pain perdu au vin rouge, glace à l'armagnac, ça vous tente ? Pour avoir avalé cette entrée, ce plat et ce dessert, on peut bien vous le dire, c'est excellent. Et plutôt bon marché. Belle carte des vins aussi, que la patronne au service, douce et attentive, saura vous conseiller. Une halte de plaisir, gastronomique vraiment, à prix démocratiques. Super ! *Apéritif maison offert à nos lecteurs sur présentation de ce guide.*

CONTAMINES-MONTJOIE (LES)   74170

Carte régionale B1

🏠 I●I *Le Mont-Joly* * – La Chapelle ☎ 04-50-47-00-17. Fax : 04-50-47-91-40. ● www.montjoly.com ● Parking. Congés annuels : en novembre. Suivant la saison, chambres doubles de 33 à 37 € avec lavabo, de 42 à 45 € avec douche et w.-c. ou bains. Menus à 12 et 14 €. Un joli petit hôtel dans un coin tranquille. Pour un peu, on pourrait songer à la maison de pain d'épice de *Hansel et Gretel* ou à celle des *3 Ours*. Petites chambres toutes simples mais joliment rénovées (déco très conte de fées, là encore !). À moins que vous ne préfériez vous isoler dans les petits chalets construits à côté de la maison. Une belle terrasse en pleine verdure, avec vue sur les montagnes. Excellent accueil du jeune couple depuis peu dans les murs. *Apéritif maison offert à nos lecteurs sur présentation de ce guide.*

🏠 *La Clef des Champs* * – route de la Frasse ☎ 04-50-47-06-09. Fax : 04-50-47-09-49. ● daniel-mattel@wanadoo.fr ● Parking. Réservation obligatoire en saisons d'été et d'hiver. Congés annuels : du 20 avril au 20 juin et du 8 septembre au 20 décembre. Accès : au-dessus du village, dans la rue qui monte en face de l'office du tourisme. Chambres doubles avec douche et w.-c. à 39 €. Demi-pension, demandée en saisons d'été et d'hiver, de 34 à 37 € par personne. Petite adresse routarde sur les hauteurs de la station. Une ancienne ferme restaurée (oui ! la *Clef des Champs*...), d'un bon rapport qualité-prix. Les chambres n°^{os} 2, 3, 4 et 9 ont un balcon qui domine la vallée. Agréable petit jardin. Le resto n'est ouvert qu'aux pensionnaires. Tarifs spéciaux pour enfants de moins de 8 ans. *8 % de remise sur la demi-pension (à partir de 3 jours consécutifs minimum en janvier,*

avril, juin et septembre) pour nos lecteurs sur présentation de ce guide.

🏠 I●I *Hôtel-restaurant Le Gai Soleil* ** – 288, chemin des Loyers, BP 4 ☎ 04-50-47-02-94. Fax : 04-50-47-18-43. ● www.gai soleil.com ● Parking. Congés annuels : de mi-avril à mi-juin et de mi-septembre à mi-décembre. Accès : au-dessus de l'église. Chambres doubles toutes avec douche et w.-c. ou bains de 50 à 67 € suivant la saison. Demi-pension de 45 à 59 €, demandée pendant les vacances scolaires. Menus à 16 et 23 €. Cette ancienne ferme tout en bois, bâtie en 1823, est devenue un hôtel joliment décoré et soigné comme une maison de famille sur laquelle on veille précieusement. Excellent accueil. Chambres plutôt mignonnes dans le genre montagnard. Certaines avec mezzanines accueilleront parents et enfants ensemble. *10 % sur le prix de la chambre (en basse saison) ou apéritif maison offerts à nos lecteurs sur présentation de ce guide.*

CONTREVOZ   01300

Carte régionale B1

I●I *L'Auberge de Contrevoz – La Plumardière* – ☎ 04-79-81-82-54. Fermé le lundi, plus le dimanche soir en hiver. Congés annuels : du 24 décembre au 30 janvier. Accès : par la D32, direction Ordonnaz. Menus à 14 €, le midi en semaine, et de 20,50 à 34 €. Une charmante auberge dans un village de bout du monde. La campagne française recèle toujours son lot de bonnes surprises. Cette vaste maison a gardé (un peu) le cachet de la ferme qu'elle fut. À l'intérieur, toute la décoration rappelle ce passé paysan : grande cheminée, outils d'époque... Et il y a ici un jardin dans lequel, aux beaux jours, il est impératif de manger : sous les arbres fruitiers ou dans un adorable petit kiosque à côté de la volière. Bonne cuisine, originale, de terroir. Le petit menu de midi en semaine propose, par exemple, salade campagnarde puis volaille rôtie au thym et gratin dauphinois. Mais la qualité de la table fait qu'on peut se délester de quelques billets de plus. Le foie gras est maison, comme le fumage du saumon et des filets de canard. *Digestif maison offert à nos lecteurs sur présentation de ce guide.*

CORMORANCHE-SUR-SAÔNE   01290

Carte régionale A1

🏠 I●I *Hôtel-restaurant Chez la Mère Martinet* – le bourg ☎ 03-85-36-20-40. Fax : 03-85-31-77-19. Parking. TV. Fermé le mardi soir et le mercredi. Congés annuels :

en février. Chambres doubles avec bains à 42 €. Menus de 13 €, sauf le dimanche soir, à 42 €. Une gentille petite auberge de village sur laquelle veille toujours la mère Martinet en cuisine avec son fils. Ici, la cuisine se contente d'être de terroir, et c'est déjà beaucoup : blanc de volaille à la crème, grenouilles fraîches persillées, pavé de charolais au bleu de Bresse, saucisson chaud et pâtisseries maison. La carte change tous les deux mois. Aux beaux jours, petite terrasse dans le jardin. Si la Saône en sortant de son lit vous poussait dans la vôtre, quelques chambres sont disponibles. Accueil particulièrement chaleureux. *Apéritif maison offert à nos lecteurs sur présentation de ce guide.*

DANS LES ENVIRONS

SAINT-LAURENT-SUR-SAÔNE
01750 (8 km N)

📶 *Le Saint-Laurent* – **1, quai Bouchacourt (Centre)** ☎ 03-85-39-29-19. Accès : par la D51 ; puis sur le quai, près du vieux pont. Menus de 15 à 35 €. Sur les bords de Saône, ce restaurant signé *Blanc* garantit les mêmes qualités que chez ses homologues de Bourg ou Vonnas : efficacité, gentillesse, originalité, savoir-faire... pour un coût, un soupçon plus cher qu'à la normale. Dans l'assiette, compote de lapin, ravioles d'écrevisses, poulet de Bresse au vinaigre, poire au chocolat amer... Belle carte des vins. La clientèle est familiale, la déco simple avec de vieux objets élégamment disposés, et la terrasse au calme face à Mâcon. On notera un petit coin « Histoire » qui mentionne la rencontre Gorbatchev-Mitterrand en 1993 en ces lieux. Sur les murs, de vieilles photos en noir et blanc et d'anciennes publicités. Une adresse où il est difficile d'être déçu. Mieux vaut réserver.

CORPS   38970

Carte régionale B2

📶 *La Marmotte* – **rue Principale (Centre)** ☎ et fax : 04-76-30-01-02. Parking. Fermé les lundi et mardi de septembre à avril. Congés annuels : 1 semaine en octobre et les 15 derniers jours de décembre. Accès : sur la N85 (route Napoléon). Chambres doubles à partir de 29 € avec douche et w.-c. ou bains. Demi-pension à 30 €. Menus de 10,98 à 14,33 €. Un p'tit resto sans esbroufe, proposant des chambres « banales » (sic !) encore que, de notre point de vue, celles-ci soient claires, confortables, bien tenues, et en prime mansardées pour certaines. Cuisine régionale avec une touche assez personnelle et à des prix fort raisonnables. Cadre sympa et petite ter-

rasse sur la route en été. Quelques plats goûteux et consistants : pot-au-feu de Murçon et ses ravioles, caillette dauphinoise maison, tarte de Taillon, civet de gaïon grand-mère (porcelet), fondue de chèvre aux noix, etc. Tout est raisonnable et raisonné ici... *Café offert à nos lecteurs sur présentation de ce guide.*

📶 *Hôtel de la Poste* ** – **pl. de la Mairie (Centre)** ☎ 04-76-30-00-03. Fax : 04-76-30-02-73. ● www.hotel-restaurant-delas.com ● Parking. TV. Congés annuels : du 3 janvier au 14 février. Accès : par la N85 (route Napoléon) ; à côté de la mairie. Chambres doubles de 45 à 69 € suivant le confort. Menus de 19,50 à 39 €. Assez cher à la carte. L'une des adresses les plus connues de la région. Presque une tautologie de mettre cette adresse dans le guide, tant sa renommée est bien assise. Cependant, tous les lecteurs ne sont pas forcés d'apprécier la décoration assez chargée des lieux. Chambres toutes différentes, les nos 4, 8 et 15 disposant de jacuzzi ainsi que la n° 7 qui bénéficie en outre d'une très chouette terrasse-mezzanine donnant sur l'arrière de l'hôtel. Par ailleurs, excellente cuisine dont la réputation n'est plus à faire. Encore auréolé par son passage sur le paquebot *France*, le chef propose une carte riche et variée. Nous avons testé la tourte montagnarde, les Saint-Jacques aux morilles et enfin le gâteau au chocolat Grand Marnier. Terrasse prise d'assaut aux beaux jours, malgré la route. Clientèle peu routarde, mais comment se passer des bonnes tables ! Accueil flamboyant du patron. Accès gratuit à la piscine du *Château des Herbeys*, à 15 km sur la route de Gap. *Café ou digestif maison offert à nos lecteurs sur présentation de ce guide.*

COUCOURON   07470

Carte régionale A2

📶 *Hôtel-restaurant Au Carrefour des Lacs* ** – ☎ 04-66-46-12-70. Fax : 04-66-46-16-42. Parking. TV. Congés annuels : de mi-décembre à mi-février. Chambres doubles de 20 à 42 € selon le confort. Demi-pension à 32,50 €, demandée en juillet et août. Menus à 11 €, le midi en semaine, et de 12,50 à 23 €. Au cœur du plateau ardéchois et près d'un lac. Chambres propres. Grande salle de restaurant pour une cuisine appréciable, à base de produits frais. Essayez la charcuterie, les bons fromages du pays et les desserts faits maison.

COURS-LA-VILLE   69470

Carte régionale A1

📶 *Le Pavillon* ** – **col du Pavillon** ☎ 04-74-89-83-55. Fax : 04-74-64-70-26. ● www.hotel-pavillon.com ● Cartes de paiement refusées. Parking. TV. Canal+. Fermé le vendredi soir, le samedi toute la journée (sauf vieilles de fête) et le dimanche soir. Congés annuels : en février. Accès : à 3 km du centre, en direction des Écharmeaux, par la D64. Chambres doubles à 52 € avec douche et w.-c. ou bains. Menus de 21,70 à 41 €. En semaine, assiettes, rapides et copieuses, à partir de 18 € (dessert compris). Totalement isolé au milieu des sapins, à 755 m d'altitude, l'hôtel est le point de départ de balades agréables pour les fans de marche. Pour les autres, repos assuré. Entièrement rénové. Les couloirs sont décorés de photos des nombreux périples des patrons. Maroc, Inde, cap Nord, il y a même un diplôme d'ascension de la Grande Muraille de Chine. Chambres modernes et confortables. Celles du rez-de-chaussée (avec terrasse privée) donnent sur un petit parc animalier. Resto agréable aux menus variés à la fois pour la cuisine (terrine de caille aux morilles, filet de charolais, foie gras, nage de flétan au vermouth) et pour les prix.

DANS LES ENVIRONS

MARNAND 69240 (10 km S)

⌂ |●| Hôtel-restaurant La Terrasse ** **☎ 04-74-64-19-22. Fax : 04-74-64-25-95. ● francis-arnette@wanadoo.fr** ● Parking. TV. Satellite. Fermé le dimanche soir et le lundi (hôtel ouvert le lundi soir). Congés annuels : pendant les vacances scolaires de février et de la Toussaint. Accès : direction Thizy et à gauche vers Marnand depuis le centre de Thizy. Chambres doubles avec bains à 41 €. Menus à 12 €, en semaine, puis de 18 à 60 €. Auparavant installé un peu plus haut dans le village, cet hôtel-restaurant a gagné en confort en emménageant dans cet ancien local industriel, excellement réemployé. Très belle position en terrasse sur le Haut-Beaujolais, dont on profite depuis chaque chambre, comme de la salle de restaurant ou de la terrasse. Jolie déco dans les chambres, fraîches et fleuries, claires et spacieuses. Même agrément au restaurant, où le filet de charolais puis le pavé glacé aux agrumes et chocolat chaud vous réconcilient avec la vie. Accueil naturel et souriant de la patronne. Une adresse qui vaut le détour. *10 % de remise sur l'hôtel (de juin à septembre) à nos lecteurs sur présentation de ce guide.*

CRÉMIEU 38460

Carte régionale A1

⌂ |●| L'Auberge de la Chaite ** – **cours Baron-Raverat** ☎ **04-74-90-76-63. Fax : 04-74-90-88-08.** Parking. TV. Fermé le dimanche soir et le lundi. Congés annuels : pendant les vacances scolaires de la Toussaint et du 22 décembre au 14 janvier. Chambres doubles à 39 € avec douche, à 43 € avec douche et w.-c., à 47 € avec bains. Bon petit menu à 13,50 €, sauf le dimanche. Autres menus à 22 et 31 €. Que demander de plus ? Le cadre est médiéval à souhait. Les chambres rénovées côté jardin (nos 1, 2, 7 et 8) sont ravissantes. Quant à la cuisine, elle est royalement servie, en salle comme en terrasse. Aux menus, vous pourrez choisir tout aussi bien la salade au sabodet (saucisson cuit d'inspiration lyonnaise), la terrine de canard à l'orange maison, les quenelles de saumon sauce beurre blanc ou la canette rôtie aux pêches, et le blanc-manger à la vanille. *10 % sur le prix de la chambre (à partir de la 2e nuit hors juillet et août) offerts à nos lecteurs sur présentation de ce guide.*

|●| Les Castors – **41, rue Porcherie (Centre)** ☎ **04-74-90-02-49.** Fermé le lundi, le jeudi soir et le dimanche soir. Congés annuels : 1 semaine en mars, en juin et à Noël, et 2 semaines fin septembre. Menu à 9 € servi le midi en semaine (plat du jour, fromage ou dessert et café). Autres menus de 17 à 28 €. L'extérieur ne paie pas de mine, pourtant, c'est ici que vous dégusterez la meilleure cuisine de la ville. Salle agréable et bons petits plats : filet d'autruche au poivre vert, salade de foie gras de canard frais poêlé, côte de veau aux morilles... sans oublier de bonnes crêpes salées ou sucrées. *Café offert à nos lecteurs sur présentation de ce guide.*

DANS LES ENVIRONS

SAINT-HILAIRE-DE-BRENS 38460 (6 km SE)

|●| Au Bois Joli ☎ **04-74-92-81-82.** Parking. Fermé le soir et le lundi. Accès : en venant de Crémieu, au croisement des routes de Morestel et de Bourgoin-Jallieu. Menus à 11 €, avec fromage et dessert, sauf le dimanche, et de 16 à 26 €. C'est l'établissement connu et reconnu de la famille Vistalli. Un jardin, deux grandes salles pouvant accueillir une centaine de convives, collection de cloches de vaches. Gérard et Alain Vistalli sont aux fourneaux et perpétuent la tradition familiale. Goûter au gâteau de foies de volailles, aux grenouilles à la provençale, au poulet aux écrevisses, au magret de canard au poivre vert, au gratin dauphinois. Gibier en saison (lièvre, perdreau, chevreuil, sanglier sur commande). Bons p'tits vins du Bugey : gamay à 10 €, roussette de savoie blanc à 13 €. *Café offert à nos lecteurs sur présentation de ce guide.*

CREST 26400

Carte régionale A2

🏠 |●| *Le Kléber* * – 6, rue Aristide-Dumont (Centre) ☎ 04-75-25-11-69. Fax : 04-75-76-82-82. Parking payant. TV. Fermé le mardi, le mardi midi et le dimanche soir. Chambres doubles de 29,50 € avec douche à 42 € avec douche et w.-c. ou bains. Menus de 16 €, en semaine, à 41,20 €. Une petite adresse un poil chic mais pimpante avec sa jolie salle dans les tons ocre-jaune. Au restaurant, réputé pour sa gastronomie, spécialités de poisson et plats à base de produits régionaux (salade de cèpes aux aiguillettes de canard, ragoût de homard à l'infusion de verveine, aiguillette de bœuf sauce bordelaise...). Quelques chambres tout à fait abordables, à la déco coquette et fraîche. À notre avis, l'adresse la plus plaisante de la ville. *Apéritif maison offert à nos lecteurs sur présentation de ce guide.*

|●| *La Tartine* – 10, rue Peysson (Centre) ☎ 04-75-25-11-53. Fermé le lundi soir, mercredi soir, le samedi midi et le dimanche, hors juillet et août. Congés annuels : pendant les vacances scolaires de Pâques et de la Toussaint, ainsi que 15 jours fin juin-début juillet. Accès : près de l'église Saint-Sauveur. Menu du jour à 10 €. Autres menus de 12 à 23 €. Le restaurant occupe tout le 1er étage d'une très ancienne maison typique du vieux Crest. Dans la salle, spacieuse, haute de plafond, trône un piano ! Fréquemment, un amateur de jazz pose ses doigts sur le clavier et donne envie au guitariste ou au saxophoniste de passage d'y faire un bœuf. *La Tartine*, vous l'avez deviné, est le rendez-vous des amateurs de musique, qui peuvent dîner dans un cadre agréable d'une de ces « tartines » imaginées par Véronique, la maîtresse de maison, d'un plat du jour, de ravioles, d'une *défarde* crestoise (spécialité à base de tripes et de pieds d'agneau) ou d'une grillade toute simple. Beaucoup de monde le midi et en fin de semaine, il est donc prudent de réserver ! *Café offert à nos lecteurs sur présentation de ce guide.*

DANS LES ENVIRONS

GRANE 26400 (8 km O)

🏠 |●| *Restaurant Giffon* – pl. de l'Église (Centre) ☎ 04-75-62-60-64. Fax : 04-75-62-70-11. Parking. TV. Canal+. Ouvert tous les jours du 1er juin au 1er octobre. Fermé le lundi et le mardi du 2 octobre au 31 mai. Accès : sur la D104. Chambres doubles de 44 à 58 €. Menus de 20 €, sauf le dimanche, à 52 €. Quelques chambres un peu anciennes (les moins chères) au-dessus du restaurant, et d'autres, spacieuses et personnalisées, autour d'une piscine. Il faut un peu oublier le cadre de ce restaurant pour se concentrer sur les assiettes. Car Patrick Giffon extrait des saveurs et des parfums subtils de ses simples (mais nobles) produits de terroir avec un savoir-faire sans égal. Lorsqu'on y a goûté, on comprend tout à fait que cette maison, menant son chemin tranquille depuis plusieurs décennies, soit plébiscitée par une clientèle fidèle. Il faut goûter à ce foie gras poêlé au vinaigre de miel sur lit de jeunes pousses d'épinards mi-cuits, à cette noisette d'agneau avec médaillons de truffe cuits dans leur jus ou à ce filet d'omble chevalier au beurre de truffes et morilles ! On ne vous parlera même pas des desserts, vous ferez entièrement confiance, car tout ici, de la mise en bouche aux mignardises, de l'accueil au service, est admirable et sans fausse note. Magnifique carte des vins. Bref, un vrai rêve de gastronome, que l'on soit sur son 31 ou de sortie avec les copains.

SAILLANS 26340 (16 km E)

|●| *La Pantoufle Rieuse* – 43, Grande-Rue (Centre) ☎ 04-75-21-59-60. Fermé le mardi en saison, du lundi au vendredi midi hors saison. Congés annuels : du 15 novembre au 15 janvier. Accès : par la D93, qui longe la Drôme. Menu unique à 12,20 €. À la carte, compter 15 € environ. La patronne de cet adorable restaurant a choisi de poser ses chaussures de grande voyageuse dans ce joli village. Bien lui en a pris. Car, loin de s'endormir dans ses pantoufles, elle nous propose de goûter à des saveurs ramenées dans ses bagages, grâce à une jolie formule d'« assiette découverte », qui change un jour sur deux, et une « assiette du monde », qui nous entraîne deux fois par mois dans une contrée plus lointaine, tantôt en Chine, tantôt au Portugal ou en Arménie, etc. Remplies de ces petites préparations à thème, les assiettes sont copieuses et goûteuses, parfois surprenantes et toujours à base de produits frais. Enfin, l'accueil est comme le cadre, simple et chaleureux, justifiant amplement la deuxième partie du nom de ce joli restaurant. *Digestif maison offert à nos lecteurs sur présentation de ce guide.*

OMBLÈZE 26400 (29,5 km NE)

🏠 |●| *Auberge du Moulin de la Pipe* ☎ 04-75-76-42-05. Fax : 04-75-76-42-60. ● www.moulin.de.la.pipe.fr • Parking. ♨ Restaurant fermé le mardi et mercredi. Congés annuels : de fin décembre à début février. Accès : de Crest, prendre la direction de Die ; à Mirabel et Blacons, prendre la D70 jusqu'à Plan-de-Baix, puis la D578 sur 5 km. 4 chambres doubles de 45 à 50 € selon la saison. Également 3 gîtes de groupe et 3 appartements meublés et équipés. Menus de 13 à 32 €. Au bout d'une vallée reculée, des gorges, une rivière, une chute d'eau de 70 m, tel est le cadre naturel de cet ancien moulin restauré. Ce lieu atypique draine une clientèle de tous âges et de tout le département (et même de plus loin) autour de plusieurs thèmes : son école d'escalade, ses sentiers de randonnée, ses stages de trapèze volant et arts du cirque, ses concerts rock, blues, reggae et... son restaurant où l'on vous mitonne une cuisine régionale traditionnelle ou plus exotique, selon l'humeur du chef.

DIE 26150

Carte régionale A2

▲ *Hôtel des Alpes* ** – **87, rue Camille-Buffardel (Centre)** ☎ 04-75-22-15-83. Fax : 04-75-22-09-39. ● www.hotelalpes.fr ● Parking payant. TV. Canal+. Satellite. Chambres doubles de 35 à 40 €. De cet ancien relais de diligence du XIVᵉ siècle, il ne reste aujourd'hui qu'un très large escalier. Mais l'hôtel offre 24 chambres confortables et bien équipées. Celles du 2ᵉ étage (nᵒˢ 17 à 20 notamment) possèdent une vue splendide sur le massif du Glandasse et sont très calmes. Également quelques grandes chambres familiales. Certains trouveront la dominante rose de la maison un peu envahissante (on la retrouve partout, de la tapisserie jusqu'aux tenues de la patronne certains jours !), et les puzzles, seconde passion de Madame, renforcent cette impression de kitsch. Cela dit, l'accueil est agréable, et l'adresse une base sympathique pour explorer la ville et les environs. *2 petits déjeuners offerts (pour tout séjour d'une semaine hors juillet et août) à nos lecteurs sur présentation de ce guide.*

l●l *La Ferme des Batets* – **quartier des Batets** ☎ 04-75-22-11-45. Parking. Fermé le mercredi et le dimanche soir. Accès : à 3 km du centre ; à la sortie de la ville (direction Crest), prendre la D518 en direction de Chamaloc-col de Rousset sur 2 km. Formule « plat du terroir » (un plat et un quart de vin) à 13 €. Menus à 24 et 32 €. En revenant d'une marche dans le Vercors, cette ancienne ferme tombe à pic pour réconforter les cœurs et les corps, à coup de magrets de canard (maison) fumés au genévrier ou d'une caille désossée au genièvre flambée au cognac, de poires pochées au coulis de pissenlit et basilic et d'un châtillon-champassias de chez Cornillon, par exemple. Évitez les jours d'affluence, pour profiter du calme et du décor de cette ancienne écurie vieille de 3 siècles, magnifiquement restaurée.

DANS LES ENVIRONS

BARNAVE 26310 (13 km S)

▲ l●l *L'Aubergerie* – **Grande-Rue** ☎ 04-75-21-82-13. Fax : 04-75-21-84-31. ● laubergerie@wanadoo.fr ● TV. Resto fermé le mardi en saison et en semaine en hiver. Accès : par la D93 qui longe la Drôme, puis la D340. 5 chambres à 32 € avec douche et w.-c. ou bains, dont deux avec kitchenette qu'il est possible de louer au week-end ou à la semaine. Menus de 13 à 20 €. Il y a les brebis folles de F'Murr en guise d'enseigne, des clients qui se régalent de petites caillettes tièdes sur nid de salade, de pintadeau de la Drôme aux morilles et à la clairette de die dans la grande salle aménagée dans une ancienne bergerie, tandis qu'au 1ᵉʳ étage, dans la salle du café, les villageois et les joueuses de cartes viennent se retrouver pour la partie de tarot ou la coinche hebdomadaire. Les amoureux ou les marcheurs, pendant ce temps, peuvent aller se reposer dans une chambre aménagée avec goût et simplicité dans la plus vieille demeure de ce paisible village. *Apéritif maison offert à nos lecteurs sur présentation de ce guide.*

DIEULEFIT 26220

Carte régionale A2

l●l *Auberge des Brises* – **route de Nyons** ☎ 04-75-46-41-49. Fermé le mardi, plus le lundi soir et le mercredi hors saison. Congés annuels : du 15 janvier au 15 mars. Accès : à 1,5 km du centre-ville. Menus de 19 à 32 €. Un coin de Bretagne au cœur de la Drôme provençale, au moins dans la tête de Didier Le Doujet et de son épouse. Leur restaurant a vite acquis une renommée de bonne table et d'accueil sympathique. Jolis menus à déguster à l'ombre de l'agréable terrasse, en été (profiteroles d'escargots au beurre d'ail, papillote croustillante de merlan farci à la purée d'ail, blanquette de poisson aux morilles, gigot d'agneau de la Drôme grillé far aux olives de Nyons et petite crème brûlée au thym).

DANS LES ENVIRONS

POÊT-LAVAL (LE) 26160 (6 km)

▲ l●l *Les Hospitaliers* *** – **Vieux-Village, au bourg (Centre)** ☎ 04-75-46-22-32. Fax : 04-75-46-49-99. ● www.hotel-les-hospitaliers.com ● TV. Fermé le lundi et le mardi (sauf pour les résidents). Congés annuels : du 1ᵉʳ janvier au 15 mars et du 9 novembre au 31 décembre. Accès : à mi-chemin de La Bégude-Dieulefit. Chambres de 43 à 46 € avec douche, de 59 à 63 €

RHÔNE-ALPES

avec bains et w.-c. Menus de 25 à 52 €. Dominant l'un des plus beaux villages de la Drôme, un hôtel de charme destiné aux amoureux et voyageurs de noces qui ont cassé leur tirelire. Une vingtaine de chambres à tous les prix. Luxe raffiné, superbes salon et salle à manger. Pierre blonde, vénérable poutraison, ameublement cossu, fleurs partout... Toutes les conditions pour oublier le vilain monde dehors. Sans oublier la séduisante terrasse ouverte sur le merveilleux paysage. Dès que le soleil vagabonde, on y déguste une cuisine de bonne réputation. Cependant, coller aux menus, car à la carte, c'est très cher ! Pour digérer, la balade dans les tortueuses ruelles et la visite du très intéressant musée du Protestantisme. *Apéritif maison offert à nos lecteurs sur présentation de ce guide.*

FÉLINES-SUR-RIMANDOULE 26160

(12 km NO)

I●I *Restaurant Chez Denis* ☎ 04-75-90-16-73. Parking. Fermé le lundi soir, le mardi soir et le mercredi hors saison. Accès : par la D540, puis la D179. Menus de 16 à 35 €, sauf le dimanche midi. Si vous appelez le chef Denis, il ne vous en voudra pas. Ayant pris la succession de son père, il continue, sans faire de vagues et avec le sourire, de remplir, le dimanche et aux beaux jours, sa belle maison, perdue dans les hauteurs, d'une foule heureuse de manger à l'ancienne. Il y a le bruit de l'eau en fond sonore, les rires des enfants qui jouent, une atmosphère détendue et des repas qui se prolongent, à la fraîche sur la terrasse. Spécialités de ravioles de Royans au beurre anisé, assiette du pêcheur sauce safranée, gratinée d'escargots aux nouilles, canard aux olives. Réservation recommandée le week-end. *Apéritif maison offert à nos lecteurs sur présentation de ce guide.*

DIVONNE-LES-BAINS 01220

Carte régionale B1

🏠 I●I *La Terrasse Fleurie* ** – 315, rue Fontaine (Centre) ☎ 04-50-20-06-32. Fax : 04-50-20-40-34. TV. Fermé tous les soirs. Congés annuels : de début octobre à mi-mars. Accès : juste derrière le casino. Chambres doubles avec douche et w.-c. ou bains de 49 à 55 €. 1er menu à 13,50 € (15 € le dimanche), et menu « terroir » à 16 €. Compter 18 € à la carte. À deux pas du centre, mais bénéficiant d'une calme exceptionnel derrière le casino (vous l'auriez deviné), avec sa terrasse fleurie ! Du reste, le balcon est aussi fleuri. Des chambres à la déco contemporaine mais qui ne manquent pas de charme. Une table simple,

familiale et peu onéreuse. Possibilité de demi-pension (à partir de 7 jours) ou de pension complète (sur 21 jours, pour les curistes évidemment). Excellent rapport qualité-prix, surtout à Divonne. *10 % sur le prix de la chambre offerts à nos lecteurs sur présentation de ce guide.*

ÉVIAN 74500

Carte régionale B1

🏠 *Hôtel Continental* ** – 65, rue Nationale (Centre) ☎ 04-50-75-37-54. Fax : 04-50-75-31-11. ● www.hcontinental-evian.com ● TV. Congés annuels : en janvier. Chambres doubles avec douche et w.-c. ou bains de 40 à 54 € suivant la saison. Est-ce parce qu'ils passent beaucoup de temps aux États-Unis que les propriétaires de cet hôtel au nom particulièrement banal ont réussi l'exploit de le transformer en un lieu de vie où chaque chambre a sa personnalité, avec de vrais meubles, une vraie atmosphère et plein de petites attentions un peu partout ? Accueil cordial et prix réjouissants, vu le charme et la grandeur des chambres. *10 % sur le prix de la chambre (hors juillet-août) offerts à nos lecteurs sur présentation de ce guide.*

DANS LES ENVIRONS

PUBLIER 74500 (3,5 km O)

🏠 I●I *Hôtel-restaurant Le Chablais* ** – rue du Chablais ☎ 04-50-75-28-06. Fax : 04-50-74-67-32. ● www.hotel-chablais.com ● Parking. TV. Canal+. Satellite. Fermé le dimanche en hiver. Congés annuels : du 24 décembre au 31 janvier. Accès : par la D11. Chambres doubles de 32 à 43 € avec lavabo ou douche, de 46 à 55 € avec douche et w.-c. ou bains. Menus à 11,50 €, le midi, et de 16 à 29 €. Classique hôtel familial. Chambres d'un confort variable, donc à tous les prix, en cours de rénovation (dans un genre contemporain plutôt formaliste). Une bonne moitié offre une vue exceptionnelle sur le lac et les villes de la rive suisse. Cuisine de tradition dans une salle, elle aussi, avec vue. *Apéritif maison offert à nos lecteurs sur présentation de ce guide.*

BERNEX 74500 (10 km SE)

🏠 I●I *L'Échelle — Hôtel le Grand-Chenay* ☎ 04-50-73-60-42. Fax : 04-50-73-69-21. Fermé le lundi et le mardi hors vacances scolaires. Congés annuels : de mi-novembre à mi-décembre. Accès : à côté de l'église. Chambres doubles avec douche et w.-c. ou bains de 45 à 50 €. Menus à 22,70 €, le midi en semaine, et de 24,50 à

30 €. Un restaurant où l'on prend le temps de vivre. Salle rustique, genre musée d'Arts et Traditions populaires. Le patron suit en cuisine les recettes de sa mère, la Félicie : filet de lapereau farci à l'ancienne, aiguillettes de canard à la mondeuse, etc. Entre amis, goûtez la chapeaurade (viande grillée sur le « chapeau »). Vins de vignerons qui savent vivre. Possibilité d'y dormir. Mais personne ne vous y oblige. *Digestif maison offert à nos lecteurs sur présentation de ce guide.*

I●I *Restaurant Le Relais de la Chevrette* – **Trossy** ☎ **04-50-73-60-27.** Parking. ♿ Fermé le mercredi, sauf pendant les vacances scolaires. Congés annuels : 3 semaines début mai et du 7 novembre au 22 décembre. Accès : par la D21 et la D52 ; traverser Bernex, direction la Dent-d'Oche. Compter 15 €, à la carte, pour un copieux repas. À l'écart de la petite station familiale de Bernex, un chalet aux volets de bois blancs et rouges très décor de carte postale. Carte de produits d'alpages (viande séchée, salée et fumée faite maison, comme le jambon) et des plats plus tout simples (omelette, tarte aux myrtilles). Bonne cave de vins de Savoie. Enfin, accueil chaleureux, à l'image du feu qui brûle l'hiver dans la cheminée. L'été, goûters dans le jardin traversé par un petit ruisseau. *Apéritif maison offert à nos lecteurs sur présentation de ce guide.*

THOLLON-LES-MEMISES 74500
(10 km E)

🏠 I●I *Hôtel Bon Séjour* ** – **Le Nouy (Centre)** ☎ **04-50-70-92-65. Fax : 04-50-70-95-72.** ● **www.bon-sejour.com** ● Parking. TV. Congés annuels : du 28 octobre au 20 décembre. Accès : par la D24. Chambres doubles avec douche et w.-c. ou bains de 44 à 51 €. Menus à 14 €, sauf le dimanche, et de 15 à 22 €. Dans la famille Dupont, voici la mère, la fille, les petits derniers qui manifestent leur présence... On vit, on travaille, on vous accueille en famille, ici. Ce qui tombe bien, pour une station familiale. La nouvelle génération rénove petit à petit des chambres où l'on dort comme un bébé. Au restaurant, bonne cuisine de montagne (« sainement préparée, bien servie », comme dit la carte !), à prix serrés. Terrasse fleurie et jardin. *Apéritif maison offert à nos lecteurs sur présentation de ce guide.*

ÉVOSGES 01230

Carte régionale B1

🏠 I●I *L'Auberge Campagnarde* ** – **(Nord-Est)** ☎ **04-74-38-55-55. Fax : 04-74-38-55-62.** ● **mano-merloz@wanadoo.fr** ● Parking. TV. Satellite. Fermé le mardi soir et le mercredi. Hôtel sur réservation du 15 mai au 15 septembre. Congés annuels : en janvier, la 1re semaine de septembre et la 2e quinzaine de novembre. Accès : à une vingtaine de kilomètres d'Ambérieu-en-Bugey et une petite dizaine de Saint-Rambert. Chambres doubles avec lavabo à 28 €, avec douche et w.-c. à 39 € et avec bains à 48 €. Menus de 16 €, le midi en semaine, à 43 €. Si vous venez d'Ambérieu, la route, déjà, est sublime. Les lacets successifs croisent des vignes pentues, puis de massifs rochers blancs qui émergent des genêts. On passe un petit étang et c'est le village. C'est du reste étonnant d'y trouver cette auberge, en fait un véritable petit complexe touristique : jeux pour enfants, piscine et mini-golf... Chambres en grande majorité rénovées, tranquilles et confortables. Salle à manger cossue et chaleureuse. Ici, des entrées aux desserts, les produits sont frais et de qualité. Et si la cuisine est généreuse, elle sait aussi se faire subtile. Mieux vaut réserver à l'avance.

DANS LES ENVIRONS

PEZIÈRES-RESINAND (LES) 01110
(6 km NE)

I●I *Le Boomerang* ☎ **04-74-38-58-60.** Cartes de paiement refusées. Fermé le lundi, le dimanche soir et quand le patron part faire du shopping en Australie. Accès : suivre la direction Oncieu, l'accès est fléché à la sortie du village. Menus de 14 à 26,50 €. Un hameau au creux d'une vallée perdue (et naturellement superbe) du Bugey. Planté dans le jardin d'une petite maison, une pancarte prévient de la présence de kangourous. Gag ? Non, il y en a bien un prénommé Skippy (facile !) chez Brent Perkins, Australien d'Adélaïde tombé amoureux du coin (et de Rose-Marie, sa bugiste épouse). Côté paysage, on est loin du désert australien de l'Outback, et pourtant, on peut y manger d'authentiques *BBQ* (prononcez « barbecue ») australiens. Cuisine traditionnelle ou, plus volontiers, barbecue *king-size* (spécial gros appétits) : salade verte à l'huile de noix, steak et sauces anglaises et australiennes, œufs, fromage et dessert (*pavlova* australienne, cake à la banane). Ou, si vous préférez, barbecue végétarien (ça existe !). On trouve aussi du filet d'autruche et du gigot d'émeu aux herbes du bush ! Le reste de la carte nous ramène dans l'Ain : grenouilles fraîches sur commande, poulet à la crème... La carte des vins se balade aussi entre l'Australie et le Bugey. Une adresse étonnante. Salon de thé l'après-midi. Préférable de téléphoner hors saison. *Digestif maison offert à nos lecteurs sur présentation de ce guide.*

FAVERGES 74210

Carte régionale B1

I●I *La Carte d'Autrefois* – 25, rue Gambetta (Centre) ☎ 04-50-32-49-98. Fermé le dimanche soir et le lundi. Congés annuels : la dernière semaine de janvier, mai et août. Menus de 13 à 22 €. Au cœur de cette bourgade, à peine trop loin du lac d'Annecy pour être franchement touristique (malgré sa petite station de ski), une petite adresse tout aussi discrète. Mais qui (heureuse surprise !) propose, dans un décor bien rétro, une vraie cuisine, pleine de saveurs et loin du genre « banalement régional » de bon nombre d'autres adresses : foie gras maison, poisson du lac et même du kangourou et de l'autruche ! *Apéritif maison offert à nos lecteurs sur présentation de ce guide.*

FEURS 42110

Carte régionale A1

I●I *Chalet de la Boule d'Or* – 42, route de Lyon (Est) ☎ 04-77-26-20-68. ⚘ Fermé le dimanche soir et le lundi. Accès : à la sortie est de Feurs. Grand choix de menus à 15 €, sauf le samedi soir et le dimanche, et de 25 à 49 €. Ce restaurant gastronomique a su rester, tout du moins en semaine, à la portée de toutes les bourses. L'accueil est empressé sans pour autant être pesant, la chère délicate et la cave judicieusement garnie mais assez chère. Goûtez à ce que vous voulez : tarte au cabillaud et persil plat, dos de sandre crème de lentilles vertes du Velay, terrine cœur d'artichaut vignaigrette aux herbes, tout est bon. On appréciera la salle agréable, le sublime chariot de desserts et la subtilité des amuse-bouches. Prix assez élevés.

PANISSIÈRES 42360 (12 km NE)

🏠 I●I *Hôtel-restaurant de la Poste* ** – 15, rue J.-B.-Guerpillon (Centre) ☎ 04-77-28-64-00. Fax : 04-77-28-69-94. ● mireille.collas@worldonline.fr ● TV. Resto fermé le vendredi toute la journée et le samedi midi. Accès : par la D89, puis la D60 en direction de Tarare. Chambres à 34 €. Formules à 8 et 9 € le midi en semaine. Menus de 10,50 à 24,50 €. Au centre du bourg, cette ancienne maison bourgeoise restaurée en hôtel-restaurant est bien agréable et plébiscitée par de nombreux lecteurs. Les chambres sont simples mais d'un bon rapport qualité-prix. Vue superbe sur les monts du Forez. Salle à manger élégante où l'on vous servira une bien honnête cuisine (foie gras maison, cuisses de grenouilles...). Excellent accueil compris ! *Digestif maison offert à nos lecteurs sur présentation de ce guide.*

VIOLAY 42780 (22 km NE)

🏠 I●I *Hôtel-restaurant Perrier* ** – pl. de l'Église (Centre) ☎ 04-74-63-91-01. Fax : 04-74-63-91-77. Parking. TV. Fermé le samedi de janvier à fin mars. Accès : gagner Balbigny par la N82, puis D1 direction Tarare. Chambres doubles à 26 € avec lavabo ou douche, de 34 à 39 € avec douche et w.-c. ou bains. Menus de 10,60 à 34 €. C'est dans la douceur d'un décor rose tendre que Jean-Luc Clot et son épouse reçoivent avec gentillesse et concoctent une gastronomie souvent inspirée par le Sud-Ouest. Les prix sont sages, surtout en semaine. À noter, d'excellents confits de canard ou de poulet, daurade grillée au fenouil, écrevisses à la provençale... L'hôtel, bien tenu, pratique des prix très abordables. Chambres coquettes au romantisme suranné et froufroutant (celle de la mariée), toutes avec salle de bains. Notons que Violay est un charmant village de montagne où l'on pratique le ski de fond. Et pour ceux que ça inquiète, les cloches de l'église en face de l'hôtel ne sonnent pas la nuit. Accès aux handicapés pour le restaurant. *10 % sur le prix de la chambre ou apéritif maison offerts à nos lecteurs sur présentation de ce guide.*

FLUMET 73590

Carte régionale B1

🏠 I●I *Hôtel-restaurant Le Parc des Cèdres* *** – (Centre) ☎ 04-79-31-72-37. Fax : 04-79-31-61-66. Parking. TV. Satellite. Resto fermé à midi sauf le dimanche et

---

www.routard.com

Plein d'infos sur 120 destinations, des forums, un magazine de voyage, de bons plans, des promos de dernière minute sur les vols et les séjours... Et, chaque mois, de beaux voyages à gagner !

les jours fériés. Congés annuels : de mi-mars à mi-juin et de mi-septembre à mi-décembre. Chambres doubles avec douche et w.-c. ou bains de 43 à 53 €, suivant la saison. Menus de 15 à 25 €. Derrière son parc planté de devinez quoi, une hôtellerie vieille école et un brin cossue (profonds fauteuils club dans le salon, bar avec billard) sur laquelle, depuis un siècle, la même famille veille avec sérieux. Chambres millésimées années 1970 pour certaines, plus rustiques de bon ton pour d'autres. Certaines ont une grande terrasse, les nᵒˢ 14 et 15 notamment, ou un balcon (la nᵒ 8 ou la nᵒ 23). Dans l'assiette, de bons plats préparés avec de bons produits. Belle terrasse dans le parc pour l'été.

DANS LES ENVIRONS

NOTRE-DAME-DE-BELLECOMBE
73590 (5 km S)

|●|La Ferme de Victorine – Le Mont-Rond ☎ 04-79-31-63-46. Fermé le dimanche soir et le lundi au printemps et en automne. Congés annuels : fin juin-début juillet et de mi-novembre à mi-décembre. Accès : par la N218 vers Les Saisies ; à 3 km de Notre-Dame-de-Bellecombe, prendre à gauche vers Le Planay. Menus à 19 €, le midi en semaine, et 25 à 37 €. Joli chalet traditionnel où hommes et bêtes cohabitaient par le passé. Dans la salle, une baie vitrée donne sur l'ancienne étable. Déco très couleur locale. Grande cheminée pour l'hiver, terrasse ensoleillée face à la montagne pour l'été. Et une cuisine savoyarde joliment travaillée. À accompagner, évidemment, d'un de ces vins de Savoie qui nous ont, comme la mondeuse, sacrément surpris.

SAISIES (LES) 73620 (14 km S)

🏠|●|Le Météor＊ – (Sud-Ouest) ☎ 04-79-38-90-79. Fax : 04-79-38-97-00. ●le.meteor@wanadoo.fr ● Parking. TV. Congés annuels : en mai-juin et de début septembre à fin novembre. Accès : à 2 km de la station ; suivre le fléchage « village-vacances »... Chambres doubles avec douche ou douche et w.-c. à 34 €. Demi-pension, demandée l'hiver, de 39 à 48 €. Menus à 12,50 €, le midi, et 16,80 €. Chalet de bois posé dans une clairière, dans la forêt, au calme à l'écart de la station mais à 100 m des pistes. L'accueil est chaleureux, comme l'atmosphère. Les chambres sont celles d'un petit hôtel de station, à la déco fonctionnelle mais pas désagréables. Au resto, spécialités savoyardes : fondues, raclette, tartiflette... *Apéritif maison offert à nos lecteurs sur présentation de ce guide.*

|●|Restaurant Le Chaudron – (Centre) ☎ 04-79-38-92-76. Congés annuels : du 15 avril au 1ᵉʳ juillet et du 10 septembre au 15 décembre. Accès : par la D218, à côté de la gendarmerie. Menus de 13 à 24 €. À la carte, compter 25 €. La déco en fait des tonnes dans le genre typique (mais l'immeuble est récent comme la station construite, dans les années 1970). L'ambiance est chaleureuse, le service sympa et la cuisine régionale bien réalisée. Plats généreux, reconstituants après une journée sur les pistes ou les sentiers : diots, tartiflette, filets de féra, pavé savoyard au fromage. Et pour les soirées entre potes : des fondues et la fameuse potence. Belle terrasse pour manger au soleil avec vue sur les pistes.

GARDE-ADHÉMAR (LA) 26700

Carte régionale A2

🏠 |●|Logis de l'Escalin – quartier Les Martines (Nord-Ouest) ☎ 04-75-04-41-32. Fax : 04-75-04-40-05. ● www.lescalin.com ● Parking. TV. Canal+. Fermé le dimanche soir et le lundi. Congés annuels : du 2 au 8 janvier. Accès : à 1,5 km sur la route de Donzère ; par l'A7, sortie Montélimar-Sud ou Bollène. Chambres doubles de 54 à 70 €, selon la saison, avec douche et w.-c. ou bains. Menus de 20 à 57 €. Charmant hôtel à flanc de colline, dominant la vallée du Rhône. L'autoroute passe à 2 km à vol d'oiseau, mais on se sent beaucoup plus loin. C'est une belle maison du pays, toute blanche avec des volets bleus, abritant 7 chambres refaites à neuf ; également 7 nouvelles chambres dans l'annexe. Décor gai et pimpant. Douches à jet massant. Le jardin ombragé est très agréable. Aux menus : escalopine de foie gras chaud sur pommes cannelle, papeton de veau Frédéric Mistral à la crème d'estragon, jambon braisé dans notre four, légèrement aillé dans un pain de fougasse. Belle carte des vins, choix de côtes-du-rhône et de tricastin. Une excellente adresse pour un week-end coupure ou une halte sur la route du Sud.

GEX 01170

Carte régionale B1

🏠 Hôtel du Parc ＊＊ – av. des Alpes (Centre) ☎ 04-50-41-50-18. Fax : 04-50-42-37-29. Parking. TV. Fermé le dimanche. Congés annuels : du 4 janvier au 5 février. Accès : sur la route de Divonne-les-Bains, au cœur de la ville. Chambres de 50 à 59 € avec douche et w.-c., de 56 à 62 € avec bains. Une maison de caractère et de tradition, tenue par la même famille depuis plus de 7 décennies. Le parc est proche mais… de l'autre côté de la route. Hôtel au calme, en partie rénové, derrière son jardin formidablement fleuri : géraniums, roses, bégonias et, logiquement, plein de récompenses aux concours des maisons fleuries. Service accueillant. Pas mal de charme et des chambres propres et très agréables. Par temps clair, on peut voir le mont Blanc depuis la chambre 19 ! Réserver à l'avance. *10 % sur le prix de la chambre offerts à nos lecteurs sur présentation de ce guide.*

DANS LES ENVIRONS

CESSY 01170 (2 km SE)

🏠 *Motel La Bergerie* – **805, route Plaine (Sud)** ☎ **04-50-41-41-75. Fax : 04-50-41-71-82.** Parking. TV. Accès : N5 (Genève-Paris). En sortie de ville sur la route de Ferney-Voltaire. Chambres doubles à 31 € avec bains ; quelques triples également à 45 €. Petit déjeuner à 5 €. Situé entre les champs et la N5 mais à l'écart du bruit de la route, un établissement à l'accueil soigné de la souriante patronne guadeloupéenne. Les chambres sont spacieuses et toutes équipées de salle de bains. Attention, c'est loin d'être luxueux, mais le rapport qualité-prix est bon. Copieux petit déjeuner, avec confiture maison, servi jusqu'à midi, ce qui est suffisamment rare pour être signalé. Vive les grasses matinées !

SEGNY 01170 (6 km SE)

🏠 *La Bonne Auberge* ** – **240, rue du Vieux-Bourg (Centre)** ☎ **04-50-41-60-42. Fax : 04-50-41-71-79.** Parking. TV. Congés annuels : du 20 décembre au 30 mars. Accès : par la N5 ; l'hôtel est au centre du bourg. Chambres doubles avec douche et w.-c. à 36 € ; avec bains à 39 €. La vraie auberge de campagne, cachée derrière un petit jardin et quelques arbres. Déco dans les tons orangés et bleus. Chambres très agréables, très soignées, d'un bon rapport qualité-prix pour le pays de Gex. Accueil chaleureux et ambiance familiale. Confitures maison au petit déjeuner. Une très *Bonne Auberge*. Un seul regret : l'absence de resto (quelques-uns dans le village). *Café offert à nos lecteurs sur présentation de ce guide.*

CROZET 01170 (8 km SO)

🏠 I●I *Bois Joly* ** – **route de la Télécabine (Sud)** ☎ **04-50-41-01-96. Fax : 04-50-42-48-47.** Parking. TV. ✗ Fermé le vendredi. Accès : par la D984 (direction Bellegarde) puis à droite la D89, jusqu'à Crozet ; l'hôtel se trouve à 500 m de la télécabine. Chambres doubles de 31 € avec lavabo à 43 € avec bains. Possibilité de demi-pen-

sion et pension complète. Menus de 12 à 24,10 €. Une grande maison, rénovée en 2001, accrochée aux premières pentes du Jura. Chambres simplettes, rustiques mais de bon confort et à prix raisonnables pour le coin. Demandez-en une avec balcon. La vue sur les Alpes et Genève y est superbe, comme de la terrasse où, avec le soleil, on s'installe pour goûter une copieuse cuisine sous influence régionale (cuisses de grenouilles, filet de perche frais, pintade sauce morilles...).

GRAND-BORNAND (LE) 74450

Carte régionale B1

🏠 I●I *Hôtel-restaurant Les Glaïeuls* ** – **(Centre)** ☎ **04-50-02-20-23. Fax : 04-50-02-25-00.** ● www.hotel-desglaieuls.com ● Parking. TV. Congés annuels : de mi-avril à mi-juin et de mi-septembre au 20 décembre. Accès : au départ des télécabines. Chambres doubles de 40 à 55 € avec douche et w.-c. ou bains. Menus de 15 à 38,50 €. Bâtisse assez banale mais que les patrons noient sous les fleurs l'été. Idéalement situé au départ des remontées mécaniques l'hiver. L'hôtellerie de tradition française dans toute sa splendeur : déco d'un classicisme bon teint, salons cossus, accueil poli et aimable. C'est, dans un registre très classique, une bonne table. Terrasse ensoleillée. *Apéritif maison offert à nos lecteurs sur présentation de ce guide.*

🏠 *Hôtel Les Cimes* *** – **Le Chinaillon (Centre)** ☎ **04-50-27-00-38. Fax : 04-50-27-08-46.** ● www.hotel-les-cimes.com ● Parking. TV. Satellite. Congés annuels : de fin avril à mi-juin et de début septembre à début décembre. Chambres doubles de 84 à 115 € avec douche et w.-c., jusqu'à 130 € avec bains, suivant la saison, comprenant le petit déjeuner, royal. Possibilité de demi-pension avec un restaurant extérieur. À deux pas du vieux village du Chinaillon et à 100 m des pistes, un rêve de routard qui a bien fini. Le couple qui a imaginé ce chalet du bonheur, qui sent bon l'odeur du bois et de la cire, a su vivre avec son temps, transformant un hôtel jadis d'une banalité affligeante en un endroit bourré de charme où l'on peut écouter le silence en s'endormant sous des couettes moelleuses. Ils n'ont plus le temps de faire la route, ces deux-là, mais on est heureux de les avoir trouvés sur la nôtre...

I●I *La Ferme de Lormay* – **vallée du Bouchet** ☎ **04-50-02-24-29.** Cartes de paiement refusées. Parking. Fermé le mardi, et le midi en semaine en hiver. Congés annuels : du 1er mai au 20 juin et du 8 septembre au 15 décembre. Accès : à 7 km du village, direction col des Annes ; prendre à droite, au niveau de la petite chapelle. À la carte uniquement, compter autour de 30 €. L'été, on goûte le poulet aux écrevisses, la truite au bleu ou les quenelles maison, sur la terrasse de cette vieille ferme restée en l'état. On savoure, on prend son temps. L'hiver est plus charcuterie, soupe au lard ou fricassée de caïon. Quand il fait frais, on se serre un peu, près de la cheminée, à côté du plateau où les tartes, les clafoutis partent à grande vitesse. Vous salivez déjà ? Mais le plus dur reste à faire : faudra que vous leur plaisiez. Sinon, ils vous enverront chez leurs collègues, ils sont comme ça. *Apéritif maison ou digestif maison offert à nos lecteurs sur présentation de ce guide.*

GRENOBLE   38000

Carte régionale B2

🏠 *Hôtel de l'Europe* ✶✶ – 22, pl. Grenette (C3-1) ☎ et fax : 04-76-46-16-94. ● hotel.europe.gre@wanadoo.fr ● TV. Canal+. Accès : centre-ville piéton, accessible aux voitures. Selon le confort, chambres doubles de 26 à 68 €. En plein cœur de Grenoble, là où touristes et autochtones se rendent dès les premiers rayons du soleil et jusque tard dans la nuit, pour vivre en terrasse. Mais rassurez-vous, l'hôtel est insonorisé et l'on peut y trouver la paix. Une cinquantaine de chambres toujours améliorées, un confort de bon ton et un accueil qui vous en apprendra plus sur Grenoble que bien des dépliants. À un prix assez rare pour le coin. Quartier piéton, pas facile de se garer à côté. Aller au parking Lafayette ou tenter de se trouver une place autour de l'église Saint-Louis. Propose une salle de remise en forme et un sauna.

🏠 *Hôtel des Patinoires* ✶✶ – 12, rue Marie-Chamoux (hors plan D4-2) ☎ 04-76-44-43-65. Fax : 04-76-44-44-77. ● www.hotel-patinoire.com ● Parking payant. TV. Canal+. Accès : à 1,5 km du centre-ville, à 500 m au sud du palais des sports, par l'avenue Jeanne-d'Arc. Chambres confortables à 45 et 50 €. Garage payant : 4,60 €. Un des meilleurs hôtels de Grenoble. En tout cas, le plus beau rapport qualité-prix-accueil. Patrons affables et attentifs. Atmosphère et décor chaleureux.

Hyper bien tenu et calme garanti. Tout plein de bons conseils pour vos sorties en ville... *Un petit déjeuner par personne offert à nos lecteurs sur présentation de ce guide.*

|●|*La Cigogne* – 11, rue Denfert-Rochereau (A3-22) ☎ 04-76-17-16-88. Fermé le soir des lundi, mardi, mercredi, jeudi, le samedi midi et le dimanche. Congés annuels : en août. Accès : à côté de la gare. Menu à 7,50 € le midi. Autres menus à 15 et 18,50 €. Dans le quartier de la gare, un petit resto qui ne fait guère de bruit mais régale bien du monde. À commencer par la clientèle d'employés du coin qui apprécie le midi de se retrouver dans son cadre chaleureux. Décoration adorablement hétéroclite : sur le faux toit du bar, une machine à écrire et une huche à pain, aux murs, des postes de radio, le tout dans une ambiance montagnarde... Dans l'assiette, une remarquable cuisine régionale servie généreusement. C'est du sérieux, du régulier. Rare d'obtenir un vrai steak bleu et chaud tout à la fois. Délicieux gratins dont le racleton, pommes de terre avec crème fraîche, jambon cru et raclette, le tout cuit au feu de bois. Menu à 15 € présentant un excellent rapport qualité-prix. En prime, un accueil particulièrement affable. *Digestif maison offert à nos lecteurs sur présentation de ce guide.*

|●|*Café de la Table Ronde* – 7, pl. Saint-André (C2-17) ☎ 04-76-44-51-41. Service jusqu'à minuit. Fermé le dimanche. Congés annuels : 1re semaine de janvier. Accès : plus central, il n'y a pas... si ce n'est la statue de Bayard sur la place. Menus à 10 €, le midi, puis à 21 et 28 €. C'est aujourd'hui le 2e plus ancien café de France, après *Le Procope* à Paris. Tradition, accueil, convivialité : depuis 1739, ces mots sont à la base de la constitution de cette institution grenobloise. Pour jouir du spectacle de la place, en terrasse, ou profiter du décor, en salle, pas mal de possibilités : à la carte, cuisses de grenouilles, andouillette, tartare maison, diot à l'échalote et gratin, etc. Vins à prix abordables : gamay de Savoie à 13 €, vin au pichet et au verre également. Au 1er étage, Cabaret « Le Grenier », véritable cabaret du jeudi au dimanche. *Apéritif maison offert à nos lecteurs sur présentation de ce guide.*

|●|*La Frise* – 150, cours Berriat (hors plan A3-11) ☎ 04-76-96-58-22. Fermé le soir, ainsi que le samedi et le dimanche.

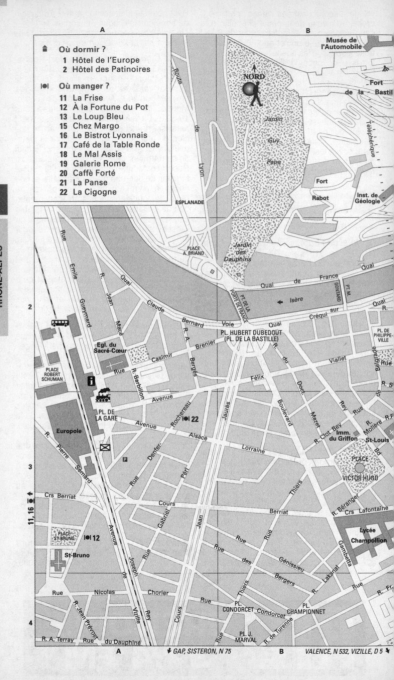

Où dormir ?
1 Hôtel de l'Europe
2 Hôtel des Patinoires

Où manger ?
11 La Frise
12 À la Fortune du Pot
13 Le Loup Bleu
15 Chez Margo
16 Le Bistrot Lyonnais
17 Café de la Table Ronde
18 Le Mal Assis
19 Galerie Rome
20 Caffè Forté
21 La Panse
22 La Cigogne

Musée de l'Automobile

NORD

Fort de la Bastille

Jardin Guy Pape

Fort Rabot

Inst. de Géologie

ESPLANADE

Jardin des Dauphins

PLACE A. BRIAND

Quai de France

Isère

Egl. du Sacré-Cœur

Voie

PL. HUBERT DUBEDOUT (PL. DE LA BASTILLE)

PLACE ROBERT SCHUMAN

PL. DE PHILIPPE-VILLE

PL. DE LA GARE

Europole

22

St-Louis

PLACE VICTOR HUGO

Crs Berriat

Cours

Lycée Champollion

PLACE ST-BRUNO

12

St-Bruno

PL. CONDORCET

PL. CHAMPIONNET

PL. J. MARVAL

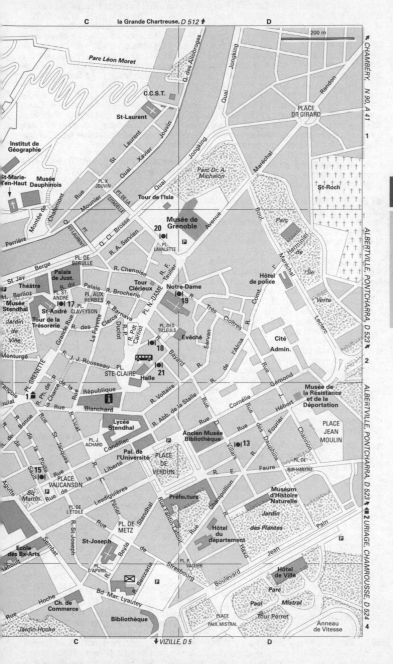

Accès : avec le tram, arrêt « Berriat ». Plat à 8,50 €. Formule à 11 € comprenant le plat, le dessert et un café. Avec un verre de rouge, compter 13 € maximum à la carte. Une bonne et rapide alternative pour manger si l'on va visiter le « Magasin » (centre d'art contemporain). A réussi à attirer tous les artistes et de nombreux employés de ce sympathique quartier populaire. Intérieur gai comme un pinson, coloré comme un jour de fête avec les œuvres des peintres locaux aux murs. Dans les assiettes, p'tits plats de ménage goûteux, élaborés à partir de produits frais, servis copieusement et se renouvelant souvent. Délicieux desserts maison. Gentillesse de l'accueil comprise dans la note et la furieuse envie d'acheter le comptoir en partant... *Apéritif maison offert à nos lecteurs sur présentation de ce guide.*

|●| *Le Loup Bleu* – 7, rue Dominique-Villars (D3-13) ☎ 04-76-51-22-70. Service midi et soir jusqu'à 22 h 15. Fermé le lundi soir, le samedi midi, le dimanche et les jours fériés. Congés annuels : 1 semaine en janvier et en août. Accès : derrière la place de Verdun (préfecture). Menu à 12 € le midi. Autres menus de 18 à 31 €. Discret. Voilà le maître mot. Au calme... tant intérieur qu'extérieur. Dehors, toujours les vieux volets. Tout y est de bon ton. La qualité de la cuisine, comme celle du service, avec un on-ne-sait-quoi dans l'ambiance environnante. Le 1er menu est composé selon les produits de saison. Quant à ceux qui suivent, ils font le bonheur des gastronomes et des amoureux, pour des raisons différentes, les seconds faisant ici des rêves... en bleu ! Quelques fleurons de la carte : filet de loup au vin de noix, foie gras maison, magret, coquilles Saint-Jacques rôties aux cèpes, crème brûlée à la chartreuse. *Apéritif maison offert à nos lecteurs sur présentation de ce guide.*

|●| *À la Fortune du Pot* – 34, rue de l'Abbé-Grégoire (A3-12) ☎ 04-76-96-20-05. Cartes de paiement refusées. Fermé le dimanche et le lundi. Accès : au coin du marché le plus populaire de Grenoble, le marché Saint-Bruno. Menus uniques (mais avec 4 entrées et 4 plats au choix) à 12,50 € le midi, 14,50 € le soir. Formule, plat du jour + dessert à 11 €. Murs de pierre sèche, comptoir de formica, quelques peintures d'art moderne. La vieille pendule ne marche plus depuis longtemps, mais l'accueil et la qualité de la nourriture sont à l'heure. Patrons très sympathiques. Ambiance garantie, produits frais, cuisine... du marché ! Toutes sortes d'histoires locales se débitent au comptoir du bar, et vous serez incontestablement séduit par cette bonne adresse.

|●| *La Panse* – 7, rue de la Paix (C2-21) ☎ 04-76-54-09-54. Fermé le dimanche. Congés annuels : du 20 juillet au 15 août.

Accès : place de Verdun, accès rue Voltaire. Menus à 12,50 €, le midi, et de 14,70 à 26 €. Encore une valeur sûre de la ville, malgré le décor minimaliste qu'égayent cependant quelques œuvres colorées et l'accueil un peu distant. Ici, découvrez une cuisine personnalisée et goûteuse, avec un brin de sophistication. La carte est très variée, tout comme celle des vins. Et aucun attentat au portefeuille ! Pichet de côtes-du-rhône à 4,15 € et apremont à 10 €. Clientèle d'habitués de tous âges, dans une ambiance à l'image de la cuisine, familiale. *Apéritif maison offert à nos lecteurs sur présentation de ce guide.*

|●| *Galerie Rome* – 1, rue Très-Cloîtres (C2-19) ☎ 04-76-42-82-01. Fermé le dimanche et le lundi. Congés annuels : les 3 dernières semaines d'août. Accès : donne pratiquement sur la place Notre-Dame. Plat du jour autour de 9,20 € et menu à 18 €. Compter 20 € environ à la carte. Pour gourmets et amateurs d'art moderne, une fusion séduisante des sens. Cadre original, coloré. Nombreux tableaux et sculptures mis remarquablement en valeur, lumières bien disposées. La cuisine accompagne dignement les œuvres présentées. Carte plutôt courte, mais belles terrines, viandes savoureuses, sauces légères, salades composées... et prix tout à fait raisonnables. Un patio à l'abri des voitures et du bruit, pour plus de charme. Accueil sympa.

|●| *Chez Margo* – 5, rue Millet (C3-15) ☎ 04-76-46-27-87. Fermé le samedi midi et le dimanche. Menus de 16,50 à 25 €. À la carte, compter en moyenne 22 €. Voilà une adresse située dans une rue discrète, dans un coin pas trop passant et pourtant le plus souvent remplie. Preuve qu'elle a réussi à fidéliser sa clientèle. D'ailleurs, le soir de semaine où nous passâmes, c'était bourré d'habitués et de bandes d'amis en goguette. La belle salle en mezzanine le permet, du reste. Style un peu rustico-chicos, mais atmosphère relax indéniablement. Nappes et serviettes en tissu pour une cuisine traditionnelle régionale, sérieuse, régulière, très consistante. Un beau rapport qualité-prix, comme on dit. Beaucoup de choix : croustillants de reblochon, fonds d'artichauts du Périgord, poêlée de coquilles Saint-Jacques, cuisse de canard confite maison, etc. Le midi, en semaine, les « fantaisies hebdo » du chef suivant le marché (genre fricassée de cabri à l'estragon frais). Petite carte des vins, mais bon choix. *Apéritif maison offert à nos lecteurs sur présentation de ce guide.*

|●| *Le Bistrot Lyonnais* – 168, cours Berriat (hors plan A3-16) ☎ 04-76-21-95-33. Fermé les samedi et dimanche. Congés annuels : du 23 décembre au 8 janvier. Accès : tout au bout du cours Berriat. Menus de 20 à 34 €. En face du Magasin (centre d'art contemporain). Une façon maligne, donc, d'articuler culture et gastronomie. Intérieur à l'ancienne, charme et atmosphère chaleureuse. En été, très agréable petite terrasse protégée de la rue par glycine et végétation. Belle cuisine lyonnaise. Si le rendez-vous d'affaires n'est pas trop tôt dans l'après-midi, on se laissera séduire par la terrine de roquefort aux coquilles Saint-Jacques, les sardines fraîches marinées au citron, les morilles farcies au foie gras, les écrevisses fraîches à la nage, la brouillade de truffes... Pot de côtes-du-rhône ou pot de beaujolais autour de 9 €. *Apéritif maison offert à nos lecteurs sur présentation de ce guide.*

Ɪ●Ɪ *Le Mal Assis* – **9, rue Bayard (C2-18)** ☎ 04-76-54-75-93. Fermé le dimanche et le lundi, ainsi que les jours fériés. Congés annuels : du 14 juillet au 20 août. Accès : à côté de la cathédrale, dans le quartier des antiquaires. Menu à 21,50 €. À la carte, compter environ 24,50 €. Mal assis, peut-être (tout dépend de votre constitution physique à un certain endroit !), bien nourri, sûrement. Voici l'adresse préférée des Grenoblois qui savent vivre. Boiseries, cheminée, vieux tableaux et jeunes filles en fleur. En plein cœur du quartier des antiquaires et des galeries d'art, un lieu où le temps lui-même s'est arrêté, pour se reposer. Au menu, fondant de légumes, canette aux pêches et épices douces, poulet fermier aux queues d'écrevisses, caille farcie au foie gras (hiver)... *Apéritif maison offert à nos lecteurs sur présentation de ce guide.*

Ɪ●Ɪ *Caffè Forté* – **4, pl. Lavalette (C2-20)** ☎ 04-76-03-25-30. Fermé le samedi midi et le dimanche midi. Accès : en face du musée de Grenoble. À la carte uniquement, sauf pour les groupes de plus de 10 personnes. Compter 23 €. Sur une placette-rue tranquille en contrebas, voici l'un de nos coups de cœur de la ville. Haute salle au décor baroquisant : plancher de bois, tables rugueuses. Fort beau comptoir de zinc. Terrasse prise d'assaut l'été. Accueil sympa. Atmosphère décontractée, gentiment branchouillée. Une certaine intimité par endroits pour manger en amoureux. Cuisine éclectique et fraîche. Vraies frites, copieux steak tartare, moules (recette maison). Excellentes salades, brochette de magret de canard sauce miel et soja, saumon à la thaïe, etc. *Apéritif maison offert à nos lecteurs sur présentation de ce guide.*

DANS LES ENVIRONS

MEYLAN 38240 (4 km NE)

Ɪ●Ɪ *Le Cerisaie Club* – **18, chemin de Saint-Martin** ☎ 04-76-41-91-29. Fermé le samedi midi et le dimanche soir. Accès : sortir par le boulevard Jean-Pain, relayé par

l'avenue de Verdun et celle des Sept-Laux ; juste avant d'arriver à Montbonnot (5e feu après le rond-point du Gresivaudan direction Montbonnot), tourner à droite dans le chemin Saint-Martin. Formule à 17 € le midi en semaine, menus de 21 à 54 €, dont un menu dégustation. Dans une jolie demeure particulière, au milieu d'un grand parc, voici une originale adresse à quelques encablures seulement de Grenoble. Salle à manger haute de plafond et au luxueux décor. Aux beaux jours, terrasse super au milieu des fleurs avec vue panoramique. On vient ici surtout par le bouche à oreille, celui qu'on se murmure entre amis sur le mode de la confidence. Fine cuisine pas trop bon marché (élitisme oblige), mais on y trouve quand même un plat du jour à prix correct le midi. On découvre les plats sophistiqués au menu dégustation et à la carte. Goûtez au caneton de Challans en 2 cuissons, au millefeuille de foie gras poêlé, au filet de féra au beurre d'agrumes, à l'aiguillette de saint-pierre aux parfums d'Orient et à la côte de veau de lait aux romarin, ail et échalotes confites, légumes printaniers et jus de cuisson. Belle carte des vins. Réservation ultra-recommandée. *Apéritif maison offert à nos lecteurs sur présentation de ce guide.*

URIAGE-LES-BAINS   38410
(10 km SE)

⌂ Ɪ●Ɪ *Auberge du Vernon* – **Les Davids, 1274, route du Vernon** ☎ 04-76-89-10-56. Parking. Fermé le dimanche soir. Congés annuels : du 25 septembre au 1er avril. Accès : à Uriage, prendre direction Chamrousse par le col du Luitel. Fléchage à gauche après le rond-point de Vizille. Chambres doubles de 33 à 46 € suivant le confort. Menu à 14 €, le midi en semaine, plusieurs autres à partir de 20 €. Vous rêvez d'une vraie petite auberge de campagne, comme dans les contes ? D'une petite ferme avec un bassin en pierre, flanqué d'un grand arbre, de fleurs partout et d'une vue splendide sur les montagnes ? Alors, surtout, pas d'hésitation ! Cela fait plus de 30 ans que les Giroud accueillent les visiteurs. On y mange comme chez soi, du bon et du copieux. Vrai repas campagnard : charcuteries, omelette paysanne. Petite carte. Spécialités sur commande. L'auberge fait aussi hôtel. 6 chambrettes style bonbonnière. Calme garanti. Les animaux ne sont pas les bienvenus... excepté en terrasse au restaurant. *Café offert à nos lecteurs sur présentation de ce guide.*

⌂ Ɪ●Ɪ *Les Mésanges* ** – **route des Mésanges, le Vacher** ☎ 04-76-89-70-69. **Fax** : 04-76-89-56-97. ● www.hotel-les-mesanges.com ● Parking. TV. Canal+. Satellite. Resto fermé le mardi (sauf pour les résidents). Congés annuels : du 20 octobre au 31 janvier. Accès : à 1 km sur la route de

Saint-Martin-d'Uriage ; tourner à droite sur la route du Bouloud. Chambres doubles à 53 € avec douche et w.-c., et de 49 à 61 € avec bains. Menu à 15,50 € le midi sauf le dimanche. D'autres menus de 19 à 45 €, dont le menu « du terroir » à 23,50 €. La famille Prince est propriétaire du lieu depuis 1946 et sa réputation n'est plus à faire. Toutes les chambres ont été refaites et les plus belles, avec de grands balcons, dominent la vallée jusqu'à Vizille. Les moins favorisées ont quand même vue sur les prés. Au restaurant, n'hésitez pas à prendre le menu « du terroir ». Quelques spécialités : pièce de veau aux morilles, pigeon en crapaudine au caramel d'épices, pieds-paquets de Sistéron à l'ancienne, duo d'agneaux à l'ail confit, pavé glacé à la chartreuse, etc. Tout cela bien riche en goût, sinon en calories. Belles balades dans les environs pour digérer. Grande et agréable terrasse ombragée. Piscine chauffée pour les résidents. Animaux non admis.

SAPPEY-EN-CHARTREUSE (LE)
38700 (15 km N)

|●| *Relais Fort Saint-Eynard* – Fort Saint-Eynard ☎ 04-76-85-25-24. En mai, juin, septembre et octobre ouvert les jeudi, vendredi, samedi et dimanche. En juillet et août ouvert tous les jours sauf le lundi. Congés annuels : du 1er novembre au 1er mai. Accès : peu avant Le Sappey (venant de Grenoble) sur la D512, à droite. 1er menu à 11 €. Autre menu à 14 €. Au sommet, fort Saint-Eynard, à quelque 1 340 m. Impressionnant belvédère faisant corps avec la falaise, en surplomb de Grenoble et de la vallée du Grésivaudan. 2 salles voûtées avec murs bruts en moellons de pierre calcaire, tout juste agrémentés de petites toiles alliant un étrange mélange de naïf et de fantastique. Tables de bistrot en bois recouvertes de nappes vichy. Le 1er menu propose assiette de charcuterie, omelette à la ciboulette, salade et dessert ; au 2e menu, entre autres, du gratin dauphinois. Restauration rapide également : casse-croûte, crêpes, gâteaux, etc., tout à des prix modérés. Enfin, fait aussi buvette : quelques tables dehors en été. Penser à réserver les soirs d'été : les Grenoblois s'y précipitent pour échapper à la canicule. *Apéritif maison offert à nos lecteurs sur présentation de ce guide.*

GRIGNAN
26230

Carte régionale A2

⌂ *Le Clair de la Plume* *** – pl. du Mail (Centre) ☎ 04-75-91-81-30. Fax : 04-75-91-81-31. ● www.chateauxhotels.com/clairplume ● Parking. TV. Satellite. Congés annuels : du 8 au 23 février. Chambres doubles de 85 à 160 € avec bains, petit déjeuner compris. Hyper bien situé dans la vieille ville, devant l'un des plus beaux lavoirs du Midi. Voici une bien élégante maison du XVIIIe siècle, sachant offrir une atmosphère de charme, de sérénité exceptionnelle. Tout n'est que bon goût ici, confort douillet, raffinement dans le décor et l'ameublement. Accueil suave et discret comme il sied en de tels lieux. Aucune chambre ne se ressemble. Toutes sont climatisées. Le petit déjeuner est servi dans l'ancienne cuisine, qui a conservé tout son caractère. Confitures artisanales. Petit jardin reposant. On se sent vraiment ici comme chez une vieille tante de province qui reçoit dans sa noble maison avec chaleur et simplicité.

|●| *La Piccolina* – rue du Grand-Faubourg ☎ 04-75-46-59-20. Fermé le lundi (et le dimanche hors saison). Congés annuels : de décembre à mi-janvier. Accès : au pied du château, près de la mairie. Menus à 10 et 15 €. Quel dommage que les propriétaires de ce petit restaurant n'aient pas eu Mme de Sévigné pour assurer les relations publiques ! Plutôt que d'aller dîner au château de Grignan, au-dessus, elle se serait arrêtée près du four de cette drôle de pizzeria, pour se régaler d'une grillade, d'une bonne salade ou même d'une savoureuse pizza au feu de bois, et elle aurait écrit à tout le monde pour dire qu'on ne peut plus se fier à rien, en ce temps où des pizzerias se mettent à bien faire leur travail. Certes, salle toute simple, mais les visiteurs ne s'y trompent pas et remplissent les lieux rapidement. Également côte de bœuf ou carré d'agneau persillé. Vins à prix modérés.

HAUTERIVES
26390

Carte régionale A2

⌂ |●| *Le Relais* ** – pl. du Général-de-Miribel (Ouest) ☎ 04-75-68-81-12. Fax : 04-75-68-92-42. TV. Resto fermé le lundi en été ; hôtel et resto fermés le dimanche soir et le lundi hors saison. Congés annuels : de fin janvier à fin février. Chambres rénovées, de 28 à 39 € avec lavabo ou douche et à 48 € avec douche et w.-c. Menus de 13,50 à 29 €. À Hauterives, la « divinité tutélaire », c'est le facteur Cheval ! Cet hôtel n'échappe pas à la règle : photos et gravures du génie naïf et surréaliste sur les murs. Cette demeure du XIXe siècle en impose par sa robustesse : larges murs, grandes pièces plutôt rustiques, mais aussi une grande et belle terrasse pour une cuisine régionale traditionnelle de bon aloi. Vous ne manquerez pas de lever un toast à l'intention du facteur Cheval, sûrement responsable de votre présence ici...

JOYEUSE 07260

Carte régionale A2

🏠 I●I*Hôtel de l'Europe* ** – D104 (Centre) ☎ 04-75-39-51-26. Fax : 04-75-39-59-00. ●www.ardeche-hotel.net ●Parking. TV. ♿Accès : sur la D104. Chambres doubles de 34 à 42 €, selon le confort et la saison. Menus de 10 à 17,50 €. Chambres rénovées. Grande piscine couverte et chauffée côté Cévennes ; terrain de boules. Le restaurant-pizzeria offre quelques spécialités d'omelette aux cèpes, caillette ardéchoise ou flan de châtaignes... Et pizzas de taille impressionnante. Globalement, excellent rapport qualité-prix pour une étape sur la route des gorges de l'Ardèche et des Cévennes. *10 % sur le prix de la chambre (hors juillet et août) offerts à nos lecteurs sur présentation de ce guide.*

I●I*Restaurant Valentina* – pl. de la Peyre (Centre) ☎ 04-75-39-90-65. Fermé le lundi. Accès : au bourg. Compter environ 8,50 € le plat. Menu à 21 €. Le *Valentina* est le seul restaurant du vieux Joyeuse. À l'écart des voitures, il dispose d'une terrasse donnant sur une agréable placette. Il est tenu par un sympathique couple italien passionné de voyages. Au fait, les lustres sont confectionnés à partir de paniers achetés au cours d'un périple au Guatemala, et la *lambretta* rapportée tout droit d'Italie. Côté cuisine, pâtes aux pignons, des tortellini aux cèpes ou des tagliatelles au saumon fumé et à la crème de vodka. Bonne cave de vins italiens. Une adresse conviviale.

DANS LES ENVIRONS

SAINT-ALBAN-AURIOLLES 07120
(10 km SE)

🏠 I●I*Hôtel Douce France* ** – (Sud-Ouest) ☎ 04-75-39-37-08. Fax : 04-75-39-04-93. Parking. ♿ Fermé le lundi sauf en été. Congés annuels : courant janvier. Accès : par la D208. Chambres doubles de 41,20 à 44,30 € selon le confort. Demi-pension avantageuse. Menus de 16 à 39,50 €. Un hôtel avec piscine à des prix raisonnables. Chambres dans le bâtiment principal sans caractère, mais également des chambres-bungalows au bord de la piscine. Resto à prix tout à fait abordables. Foie gras poêlé, gratinée d'huîtres à la fondue de poireaux... Autour, un paysage de vignes. À proximité, la demeure des aïeux maternels de l'écrivain Alphonse Daudet. Réservation conseillée en été.

JULIÉNAS 69840

Carte régionale A1

🏠 I●I*Chez la Rose* ** – au bourg (Centre) ☎ 04-74-04-41-20. Fax : 04-74-04-49-29. ●www.chez-la-rose.fr ●Parking. TV. Satellite. Resto fermé le lundi et le midi des mardi, jeudi et vendredi (sauf pour le déjeuner des jours fériés). Chambres doubles avec douche et w.-c. ou bains de 39 à 58 €. Suites de 64 à 97,50 €. Menus de 24 à 35 €. Une jolie maison qui ressemble à un ancien relais de poste, une façade pimpante qui a de la gueule. On a de suite envie d'y entrer, et on y est très bien accueilli. Chambres mignonnes plutôt rustiques dans le premier bâtiment, avec tout le confort moderne. Dans le « Pavillon », de l'autre côté de la rue, de véritables suites avec salon, dont une avec jardin privatif, à des prix élevés mais encore raisonnables. Au restaurant, une cuisine gastronomique très soignée, comme le décor et le service, mais un peu chère tout de même. Décor contemporain et œuvres d'artistes locaux. Service en terrasse (superbement fleurie) l'été. On a là une adresse hyper sérieuse, tenue par des jeunes motivés et dynamiques, qui, sans cesse, essaient d'en donner plus à leurs clients. La Rose n'en reviendrait pas si elle revenait : vente de spécialités à emporter. *20 % de remise sur le prix de la chambre si vous dînez au restaurant. Café offert à nos lecteurs sur présentation de ce guide.*

LAFFREY 38220

Carte régionale B2

🏠 I●I*La Pacodière* – route du Lac ☎ et fax : 04-76-73-16-22. Fermé du lundi au jeudi et le soir de début octobre à fin avril. Congés annuels : en janvier. Accès : par la route Napoléon (N85), à une dizaine de kilomètres de Vizille ; 1re maison sur la gauche, un peu en retrait le long de la route du Lac. Chambres doubles à 46 €. Menus de 21 à 32 €. À l'étage, 3 chambres soignées et dotées de salle d'eau (bains ou douche) flambant neuves, séparées entre elles par un salon de lecture mansardé. On aime particulièrement celle du fond, dans des harmonies de jaune et de bleu. Salle à manger agréable. En été, service sur la jolie terrasse, entourée par la pelouse. Tables bien préparées, nappes dans les tons madras. Cuisine classique de très bon aloi. *Café offert à nos lecteurs sur présentation de ce guide.*

RHÔNE-ALPES

LAMASTRE 07270

Carte régionale A2

🏠 |●| *Hôtel du Midi-Restaurant Barat-téro* – (Centre) ☎ 04-75-06-41-50. Fax : 04-75-06-49-75. Parking. TV. Fermé le lundi et le soir des vendredi et dimanche. Congés annuels : de fin décembre à mi-février. Chambres doubles tout confort de 78 à 89 €. Menus de 32 à 70 €. Établissement réputé depuis des décennies pour son restaurant gastronomique. Salle cossue où la bonne société du coin côtoie les gastronomes de passage. Un 1er menu, déjà fort intéressant, qui permet de goûter aux charmes d'une grande maison. Et puis plus on dépense, plus les produits sont rares et le plaisir intense. Imaginez une poularde de Bresse façon Joseph Barattéro, cuite en vessie ! Une ambiance un rien surannée baigne délicieusement la salle. De l'autre côté de la rue, de belles chambres cossues et parfaitement entretenues vous attendent si vous en avez les moyens.

DANS LES ENVIRONS

CRESTET (LE) 07270 (8 km NE)

🏠 |●| *La Terrasse* ** – le bourg ☎ 04-75-06-24-44. Fax : 04-75-06-23-25. Parking. TV. 🍴 Fermé le samedi en hiver. Congés annuels : en janvier. Accès : prendre la direction Tournon en suivant la D534 ; le village du Crestet est sur la gauche. Chambres doubles de 33 à 37 €. Menus à 10 €, sauf le dimanche, et de 15,50 à 21,50 €. *La Terrasse* est un hôtel-restaurant classique où règnent la sérénité et le bien-vivre. De la salle à manger, belle vue sur la vallée du Doux. Les chambres sont très convenables. Cuisine régionale ; n'oubliez pas de goûter au picodon, ce fromage de chèvre du pays qui, comme son nom l'indique, procure une saveur légèrement piquante lorsqu'il est sec. En été, le jardin qui entoure la piscine est agréablement fleuri et la terrasse est ombragée par une vigne luxuriante. *Apéritif maison offert à nos lecteurs sur présentation de ce guide.*

LANSLEBOURG 73480

Carte régionale B1

🏠 |●| *Hôtel de la Vieille Poste* ** – Grande-Rue (Centre) ☎ 04-79-05-93-47. Fax : 04-79-05-86-85. ● www.lavieille poste.com ● TV. Satellite. Congés annuels : de mi-avril à mi-juin et du 26 octobre au 26 décembre. Chambres doubles avec douche et w.-c. ou bains de 39 à 42 € selon la saison. Menus de 12,50 à 19 €. Au centre de la plus grosse station de ski de Mau-

rienne. La bonne adresse, tenue par les mêmes propriétaires depuis une bonne trentaine d'années. Chambres récemment rénovées (dans un style contemporain un peu passe-partout), confortables tout simplement. La plupart ont un balcon. Au resto, plats de terroir ou de ménage, tout simples mais drôlement bons. Le tout offrant un remarquable rapport qualité-prix pour la région. Accueil plein de gentillesse, qui donne l'impression de faire partie de la famille. On comprend les (nombreux) habitués qui y prennent pension. *NOUVEAUTÉ.*

LAVAL 38190

Carte régionale B2

|●| *Café-restaurant des Sports* – à Prabert ☎ 04-76-71-44-60. Parking. Ouvert en principe tous les jours midi et soir, sauf le mercredi toute la journée et le dimanche soir. Hors saison, recommandé de téléphoner avant et, de toute façon, de réserver. Congés annuels : en janvier et 1 semaine fin septembre-début octobre. Accès : depuis Grenoble, 441 sortie Brignoud (n° 24), puis D528 en direction du Pré de l'Arc. Menus de 15 à 31 €. Plat du jour à 7,70 € le midi (sauf dimanche). Le resto de village comme on les aime. Cuisine simple mais tellement savoureuse. Spécialités de poulet aux morilles, longe de veau aux morilles, civet de porcelet à l'ancienne, cuisses de grenouilles sauce moutarde et whisky... Excellent gratin dauphinois en accompagnement. Pain cuit au feu de bois. Crêpes et gâteaux servis à toute heure. En été, agréable terrasse et théâtre en plein air sur la pelouse à côté. Accueil discret mais franchement bienveillant. La pause idéale avant ou après une bonne rando. *Café offert à nos lecteurs sur présentation de ce guide.*

LÉLEX 01410

Carte régionale B1

🏠 |●| *Hôtel-restaurant Mont-Jura* ** – ancienne route de Mijoux (Centre) ☎ 04-50-20-90-53. Fax : 04-50-20-95-20. ● www.mont-jura.fr ● Parking. TV. Fermé le mardi hors saison. Accès : par la D991. Chambres doubles à 34 € avec cabinet de toilette, 45 € avec douche ou bains. Menus à 15 et 23 €. Au cœur de Lélex, station baptisée nouvellement Monts-Jura, qui a su rester un village, une grande maison sans trop de caractère d'extérieur. À l'intérieur, la déco est plutôt banale. Par contre, l'accueil est particulièrement chaleureux, les chambres spacieuses, rustiques et confortables. Table régionale et copieuse à prix raisonnables (fricassée de cochon de lait, foie gras, confit de canard, gratin d'écrevisses, gibier à l'automne...), et tout est maison. *Café offert à nos lecteurs sur présentation de ce guide.*

LYON   69000

Carte régionale A1

1er arrondissement

🏠 *Hôtel Saint-Vincent* ** – 9, rue Pareille (B1-1) ☎ 04-78-27-22-56. **Fax : 04-78-30-92-87.** ● h o t e l . s t v i n c e n t @ w a n a doo.fr ●TV. Satellite. Câble. M. : Hôtel-de-Ville. Chambres doubles à 38 € avec douche, 44 € avec douche et w.-c., 47 € avec bains. Quelques triples également. La petite rue débouche sur le « mur des Lyonnais » où sont représentées toutes les célébrités qui ont fait et font l'histoire de la ville. L'hôtel, lui-même fraîchement repeint, ne manque pas de charme. Toutes les chambres ont du parquet et certaines de belles cheminées, ce qui leur donne beaucoup de charme. L'établissement occupe quatre petits immeubles tournant autour de courettes, et forme un amusant dédale de couloirs. La vue des chambres peut donc varier. L'accueil, lui, ne varie pas : il est toujours excellent. *10 % sur le prix de la chambre offerts à nos lecteurs sur présentation de ce guide.*

🏠 *Hôtel de Paris* *** – 16, rue de la Platière (C2-6) ☎ 04-78-28-00-95. **Fax : 04-78-39-57-64.** ●hot.par@wanadoo.fr ●TV. Canal+. M. : Hôtel-de-Ville. Chambres doubles à partir de 49 €, entre 53 et 68 € si l'on veut plus confortable. Petit déjeuner à 6,50 €. À deux pas de la place des Terreaux, un très bel hôtel doté d'une façade XIXe. Chacune des 30 chambres a un style différent, un mobilier original (fauteuil Voltaire, armoire Art nouveau) ; un bel escalier de bois serpente entre les étages. Tout le confort et un accueil 24 h/24 pour une adresse rare, un hôtel de charme au cœur

du centre-ville. Notez la superbe fresque de l'accueil, une encre réalisée par un peintre japonais séjournant dans la ville. *NOUVEAUTÉ.*

|●|*Alyssaar* – 29, rue du Bât-d'Argent (D2-43) ☎ 04-78-29-57-66. Fermé le midi ainsi que le dimanche et le lundi. Congés annuels : les 3 premières semaines d'août. M. : Hôtel-de-Ville. Menus de 11,89 à 17,53 €. Chez *Alyssaar*, le maître des lieux est syrien, on se sent plus invité que client car il a cette gentillesse naturelle qui vous va droit au cœur. Choisissez l'assortiment d'entrées (« assiette du calife »), il vous expliquera comment associer ses spécialités et dans quel ordre les déguster. Laissez-vous conseiller, il le fera avec plaisir et humour. Le voyage continuera avec, par exemple, un étonnant bœuf aux cerises ou à la menthe, une brochette d'agneau aux aubergines ou un poulet sauté à la crème de sésame. Avec le « dessert des mille et une nuits », le voyage n'aura pas seulement été gastronomique, mais aussi initiatique. Un seul petit reproche, qui ne peut être qu'amical : ici, on nous a donné le goût du voyage, mais la carte ne change pas. *Digestif maison offert à nos lecteurs sur présentation de ce guide.*

|●|*Restaurant Chez Georges - Au P'tit Bouchon* – 8, rue du Garet (D1-20) ☎ 04-78-28-30-46. Fermé le samedi et le dimanche. Congés annuels : en août. M. : Hôtel-de-Ville ou Louis-Pradel. Menus à 14,33 et 19,51 € ; carte le soir autour de 23 €. Il ressemble comme un frère à nos vieux bistrots parisiens, mais ici, c'est la version lyonnaise. Serviettes à carreaux, banquettes en moleskine, glaces murales et zinc d'époque. Le patron, débonnaire mais discret, présente sa carte et assure le service, pendant que sa femme s'agite derrière les casseroles, dans une cuisine de poche. Menu « lyonnais » bien équilibré. Salade du *P'tit Bouchon* (cervelas, lentilles, museau...), andouillette de veau grillée,

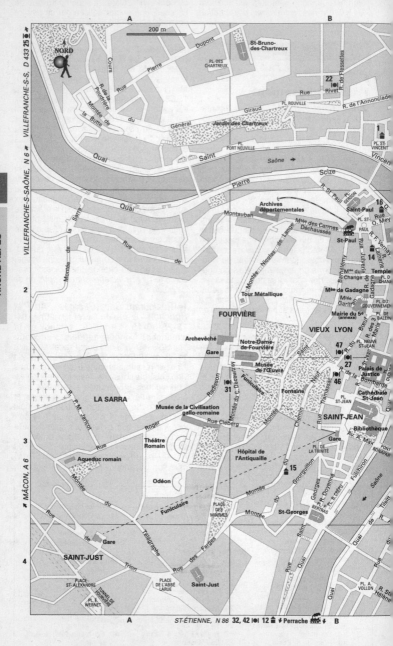

Ecole des
B.-Arts   Neyret   Rue   Imbert   Colomès
LES TRABOULES   Claudiennes
des   Tables   Royale
Jardin des   Amphithéâtre   Rue   Burdeau   St-Polycarpe   Quai A. Lassagne
Plantes   Rue   René   Leynaud   PL CFA
Mairie du 1er   Rue   des   Capucins   PAQUET
PL.   Rue   Romarin   Maison   PL.
SATHONAY   Blandan   Tolozan   TOLOZAN
du   Sergent   LES TERREAUX   PONT MORAND
Halles   R. de la Martinière   Rue   Ste Catherine   41   PL. LOUIS
PL. T.   Hôtel   PL.   PRADEL
ROBATEL   44   de ville   DE LA   Opéra
des   COMEDIE   Serlin
TERREAUX   30   20
d'Algérie   Fue Bartholdi   Rue   l'Arbre   Sec
Musée des   Rue   de   43
Beaux-Arts   d'Argent
R. de Constantine   23   Anc. Eglise St-Pierre   R.   Bât
R. Plâtière   R. DU PLÂTRE   Lycée Ampère
Conservatoire   6   Longue   Neuve   21   Gentil
Saint-Nizier   PL. A.   Rue   la
PL.   RIVOIRE   Mée de la Banque   PL. DE LA
D'ALBON   et de l'Imprimerie   BOURSE
R. de la   Poulaillerie
R. H.   Palais du
Dubois   2   Germain   Commerce
Rue   Grenette   PL. DES CORDELIERS
Rue   Tupin   St-Bonaventure
Commanderie   Rue   Ferrandière
des Antonins   LES CORDELIERS
Rue   Thomassin
PL. DU   Rue   Grolée
PORT-DU-   de l'Anc.   Statue de
TEMPLE   Préfecture   R. Jean   PLACE   Sadi Carnot   10
28   PL. DES   de Tournes   DE LA   Sq.   Préfecture
Théâtre   JACOBINS   R. Stella   Délestraint
des Célestins   Rue   Childebert   PONT WILSON
PL. DES   Zola   Archers   Rue   Servient
5   CELESTINS   Gasparin   Jules   R. de la Part Dieu
PL. A.   9   Mon de   Ch le N. Dame-   Rue   Mazenod
GOURGU   Louise Labé   de-la-Pitié
Rue du Colonel Chambonnet   Cinéma   Hôtel-Dieu,   Rue   Chaponnay
PLACE   Musée des
BELLECOUR   PLACE   Hospices civils
LE VISTE   R. 29
Maison   R. A. Collomb
de Lyon   PONT DE LA GUILLOTIERE   PLACE
Hôtel   A. JUTARD
de Varey   Clocher de   R. Montebello
Hôtel   7   la Charité   Immeubles   Cours   Gambetta
e Fleurieu Claret   26   PL. A.   Rigod de Terrebasse
de la Tourette   Hôtel de   PONCET
8   l'Intendance
St-François

RHÔNE-ALPES

17 ◄ ● ↓ 33, 34, 40   1

↑ 11 ● ↓ 35   2

La Part-Dieu, Musée d'Art mod. (Villeurbanne) 3

GRENOBLE, CHAMBÉRY, N 6, A 43

saint-marcellin remarquable, en provenance de chez Alain Martinet, fromager des halles, etc. Des grands classiques, rien que des grands classiques.

|●| *Restaurant La Meunière* – 11, rue Neuve (D2-21) ☎ 04-78-28-62-91. ✻ Fermé le dimanche et le lundi. Congés annuels : de mi-juillet à mi-août. M. : Cordeliers ou Hôtel-de-Ville. Menus à 15,50 €, le midi, et de 19,50 à 25,50 €. C'est l'inamovible bouchon lyonnais de la presqu'île, d'accord. Mais c'est surtout une profusion de bons petits plats régionaux, un buffet d'entrées qui met l'eau à la bouche et, enfin, une ambiance chaleureuse. Pour les novices ou les accros de la lyonnaiserie et des vraies valeurs que sont la cochonnaille, la terrine de foie de volaille, les tripes à la lyonnaise ou le pot de beaujolais et de côtes-du-rhône. Et pour ne rien gâcher : un accueil du tonnerre. Une excellente adresse, très connue dans la région. Pour y dîner, mieux vaut réserver quelques jours à l'avance.

|●| *Les Muses de l'Opéra* – pl. de la Comédie (D1-41) ☎ 04-72-00-45-58. ✻ Service jusqu'à minuit. Fermé le dimanche. Sur réservation. M. : Hôtel-de-Ville. Face à l'hôtel de ville. Au 7e étage de l'opéra. Prendre l'ascenseur de gauche. Menus à 16 €, le midi en semaine, puis à 21 €, le midi, et 25 € le soir, ce qui est une affaire pour une telle qualité. Faute d'obtenir une place pour un spectacle d'opéra ou de ballet, savourez le plaisir de voir tout Lyon d'en haut, dans cette salle étroite « accrochée » à la scène, aux couleurs de l'architecte Jean Nouvel. Si le noir, ici, lui va plutôt bien, c'est pour que le regard se porte sur la grande terrasse donnant sur la place et les beffrois de l'hôtel de ville et sur une nourriture colorée et habile qui porte la marque d'un grand chef, Philippe Chavent. Le menu du jour fait dans la tradition lyonnaise, mais à la carte on peut goûter un étonnant croustillant d'agneau aux abricots secs, un cabillaud rôti au pain d'épice ou une terrine de lentilles aux foies de volailles absolument sublime. Cuisine donc originale et ambiance un tantinet chic. Plutôt une adresse du soir, superbe quand les cariatides de la terrasse se parent de leur robe rouge.

|●| *L'Étage* – 4, pl. des Terreaux (C1-44) ☎ 04-78-28-19-59. Fermé le dimanche, le lundi et les jours fériés. Congés annuels : du 25 juillet au 25 août et une semaine en hiver. M. : Hôtel-de-Ville. Plat du jour le midi sauf le samedi à 11 € et menus à 16,80 et 24,40 €. Également un menu homard à 47,30 €, à commander deux jours à l'avance. Pour sortir des lyonnaiseries, pénétrez au fond de cet étroit couloir et gravissez l'escalier à vis jusqu'à... *L'Étage*. Poussez la lourde porte et installez-vous dans le décor raffiné de ce salon boisé

tendu de rouge. Si vous avez la chance d'avoir une table près de la fenêtre, vous entendrez glouglouter la fontaine aux beaux jours. On n'est pas chez une « mère », mais chez une femme. Et le décor est à l'image de la cuisine. Gracieuse, fine et précise. Carte courte qui tourne très régulièrement mais dont la régularité dans la qualité n'est jamais prise en défaut. Gribiche d'oreilles de cochon à l'huile de noix, lentilles vertes du Puy et algues nori en gelée, cuisse de lapin rôtie polenta de courgettes au parmesan et lard fumé, poêlée d'écrevisses au suc de crabes verts ou un suprême de cabillaud à la nacre fine escabèche et tomates au safran parfumé au basilic, pomme macaire et un excellent demi-saint-marcellin. Clientèle d'habitués surtout, qui s'élargit bien vite. Réservez plusieurs jours d'avance est impératif.

|●| *Restaurant La Romanée* – 19, rue Rivet (B1-22) ☎ 04-72-00-80-87. Fermé le lundi, samedi midi et le dimanche soir. Congés annuels : la 1re semaine de janvier et en août. M. : Croix-Pâquet; à 800 m de la station ; à côté de la clinique Saint-Charles, non loin du jardin des Plantes. Menus de 18,30 à 34,30 €. Pour la petite histoire, la rue Rivet, avant d'accueillir *La Romanée*, a vu naître l'architecte Tony Garnier. À Lyon, les femmes cuisinières sont des « mères ». Depuis des générations, elles nous régalent de quenelles, cochonnailles, andouillettes et autres. Pas Élisabeth Denis. Alors doit-on dire qu'elle cuisine comme un homme ? Non, sa cuisine est personnelle et sagement inventive. Le foie gras « à sa façon » nous a carrément séduits, la terrine de champignons des bois également. Seuls les desserts nous ont un peu déçus, à cause du manque de choix et d'originalité. Daniel Denis, époux du chef et sommelier de son état, gère avec rigueur sa petite salle (réservation conseillée) et sa carte des vins, riche de plus de 800 références. Président des œnologues du Rhône, on a affaire à un passionné. À ce sujet, méfiez-vous des additions qui flambent, on se laisse vite tenter parmi les 800 flacons, et, vous l'aurez compris, dans un pareil catalogue, il ne peut y avoir que des affaires. Mais l'adresse reste sérieuse, parfois un peu trop.

|●| *Café des Fédérations* – 8, rue du Major-Martin (C2-23) ☎ 04-78-28-26-00. Fermé le samedi midi et le dimanche. Congés annuels : en août. M. : Hôtel-de-Ville. Menu à 18,50 € le midi. Même formule le soir, plus copieuse et plus variée, à 23 €. Si on nous obligeait sous la torture à choisir trois bouchons dans tout Lyon, nul doute que celui-ci figurerait sur une des marches du podium, et certainement la première. Depuis longtemps une institution, et surtout un conservatoire de la cuisine lyonnaise. Les « fédérés » s'y rendent nombreux, mais à table, ce ne sont pas des révolutionnaires.

Ils viennent ici en amoureux du gras-double, du tablier de sapeur (mariné 2 jours avec vin blanc et moutarde), de la tête de veau sauce ravigote ou des pieds et museau. Tout cela servi avec efficacité et une grande gentillesse, dans un cadre inchangé depuis des décennies (rappelez-vous le film de Bertrand Tavernier, *L'Horloger de Saint-Paul* avec Philippe Noiret : certaines scènes ont été tournées ici !). En entrée, un plat de charcuterie et plusieurs saladiers généreusement remplis de lentilles, betteraves, museau et pieds, salades variées selon la saison... Un petit buffet de hors-d'œuvre, donc. Puis une entrée chaude (un saucisson ou sabodet, cuit au vin rouge, par exemple). Et bien sûr, le superbe plat de résistance. Arriveront ensuite le remarquable plateau de fromages – dont l'étonnant fromage fort, la cervelle de canut – et enfin un dessert au choix. Que demande le peuple ?

|●|*Maison Villemanzy* – 25, montée Saint-Sébastien (C1-24) ☎ 04-72-98-21-21. Fermé le dimanche et le lundi midi. Congés annuels : du 2 au 16 janvier. M. : Croix-Pâquet. Plat du jour et salade autour de 11 € et menu à 21 €. Avec sa merveilleuse terrasse coiffant tout Lyon (il y a même une longue vue), cette authentique maison bourgeoise accrochée aux pentes de la Croix-Rousse, ancienne résidence d'un médecin-colonel, mérite le déplacement. Mais il vaut mieux réserver, les amateurs de vue étant nombreux. Au piano, Guillaume Mouchel. Il est un des hommes de main de Jean-Paul Lacombe, qui, comme Bocuse et Chavent, possède plusieurs adresses en ville. L'endroit est toujours complet, mais on y va surtout pour la vue...

|●|*Chez Hugon* – 12, rue Pizay (D1-30) ☎ 04-78-28-10-94. Fermé le samedi et le dimanche. Congés annuels : en août. M. : Hôtel-de-Ville. Menus à 21,50 et 23 €. À la carte, compter environ 25 €. Pas loin de l'hôtel de ville, dans une ruelle, cet authentique petit bouchon un peu hors temps nous a séduits. La salle ne possède que quelques tables nappées de carreaux, que le patron surveille avec bonhomie du coin du zinc. Éclairage au néon, un portrait de Guignol et basta ! En cuisine, Madame prépare d'excellentes spécialités lyonnaises : pied de mouton, tablier de sapeur,

gâteau de foies de volailles... et un superbe poulet aux écrevisses. Certains soirs, quand les habitués déboulent, belle ambiance.

2e arrondissement

⌂ *Hôtel d'Ainay* * – 14, rue des Remparts-d'Ainay (hors plan C4-3) ☎ 04-78-42-43-42. Fax : 04-72-77-51-90. ● hotel-ainay@online.fr M. : Ampère-Victor-Hugo. Chambres doubles avec cabinet de toilette à 27,45 €, avec douche à 34 €, avec douche et w.-c. ou bains à 37 ou 38,50 €. Non loin de la magnifique basilique d'Ainay, dans un quartier piéton et plein de charme, voilà un hôtel tout simple pour ceux qui voyagent en classe économique. Le jeune couple qui le dirige avec du cœur, de l'humour et le sourire, se donne du mal pour le rendre plus confortable, notamment grâce au double vitrage. Les chambres peuvent donner sur la rue, la cour et sur la mignonne place Ampère, joliment éclairée le soir. *10 % sur le prix de la chambre (à partir de 2 nuits consécutives hors vacances scolaires) offerts à nos lecteurs sur présentation de ce guide.*

⌂ *Hôtel de Normandie* ** – 3, rue du Bélier (hors plan C4-4) ☎ 04-78-37-31-36. Fax : 04-78-40-98-56. ● www.hotelnormandie.com ● TV. Canal+. Satellite. M. : Perrache. Chambres doubles avec cabinet de toilette et lavabo à 29 €, avec douche ou bains de 43,50 à 49,50 €. Bien qu'il soit juste à côté de la gare de Perrache (côté cours de Verdun), cet hôtel rend hommage à un paquebot bien connu, d'ailleurs peint sur un mur. Dans une rue calme, à deux pas de l'illustre *Brasserie George*, le *Normandie* propose une quarantaine de chambres, parfois petites, souvent un peu vieillottes, excepté la vingtaine qui a été refaite, mais toujours bien entretenues. Vous y serez accueilli avec beaucoup de gentillesse par les patrons, dynamiques et toujours prêts à vous donner des tuyaux pour faciliter votre séjour ; l'un d'eux maîtrise même le chinois. Le double vitrage filtre assez bien les bruits ferroviaires voisins.

⌂ *Hôtel de Bretagne* * – 10, rue Dubois (C2-2) ☎ 04-78-37-79-33. Fax : 04-72-77-99-92. ● hotel-de-bretagne-lyon@wanadoo.fr ● TV. M. : Cordeliers. À mi-chemin de la Saône et de la place des Cordeliers, presque en face du précédent. Doubles avec douche et w.-c. à 43 €. L'atout de cet hôtel est sa situation en plein cœur de la presqu'île et pourtant dans une petite rue très calme. Une trentaine de chambres, simples, bien équipées et tenues de même, toutes avec double vitrage. Préférez celles donnant sur la rue, un peu plus grandes et claires (celles sur cour sont presque borgnes). Bref, un hôtel pour dormir. Accueil charmant des patrons.

🏠 *Hôtel du Théâtre* ** – 10, rue de Savoie (C3-5) ☎ 04-78-42-33-32. Fax : 04-72-40-00-61. ● www.hoteldutheatre.online.fr ● TV. M. : Bellecour ; près de la place des Célestins. Chambres doubles de 51 à 60 € selon le confort. Si vous voulez forcer la chance, réservez bien à l'avance et demandez une de ses chambres avec vue. L'ensemble est un peu vieillissant mais plein de charme. Habillé comme un décor de théâtre, l'escalier qui mène à la réception située au 2e étage donne le ton. Si vous avez de la chance, on vous conduira vers une des chambres qui donnent sur la place du théâtre des Célestins. La vue est superbe. Salon sympathique pour le petit déjeuner et ambiance générale décontractée. Participe à l'opération « Bon week-end à Lyon ». *Un petit déjeuner par chambre offert à nos lecteurs sur présentation de ce guide.*

🏠 *Hôtel La Résidence* *** – 18, rue Victor-Hugo (C4-8) ☎ 04-78-42-63-28. Fax : 04-78-42-85-76. ● www.resitel.com ● TV. Canal+. Satellite. 🐾 M. : Bellecour ou Ampère-Victor-Hugo. Chambres doubles avec douche et w.-c. à 62 €, avec bains à 67 €. À mi-chemin de Perrache et de Bellecour, dans une rue piétonne commerçante et donc très animée, il a une situation privilégiée. *La Résidence* est le type même de l'hôtel à l'ancienne qui se transmet de père en fils ou en fille sans véritable changement d'esprit. L'un des 3 étoiles le moins cher en ville. Les chambres, toutes rénovées, sont douillettes, insonorisées et climatisées. Accueil professionnel.

🏠 *Hôtel Bayard* ** – 23, pl. Bellecour (C4-7) ☎ 04-78-37-39-64. Fax : 04-72-40-95-51. ● www.hotelbayard.com ● Parking payant. TV. Satellite. M. : Bellecour ; sur la plus grande place de Lyon, près de la Poste centrale. Chambres tout confort à 75 et 90 €. Deux chambres un peu plus chères car décorées avec des meubles de style. Allez-y sans peur, vous le quitterez sans reproche ! Toutes les chambres ont été rénovées et aucune ne ressemble à l'autre ; certaines, les chambres « de style », que nous vous recommandons tout particulièrement, sont franchement dignes d'un palace. C'est le cas de la n° ° 2, vraiment superbe, de style Directoire, avec un lit à baldaquin, un parquet ciré comme à Versailles et qui a, de surcroît, une belle vue sur la place Belle-

cour. La n° 5 vaut pour sa très grande salle de bains, et la n° 15, sur cour, peut recevoir 4 personnes. Coin petit déjeuner calme et très champêtre. N'hésitez donc pas à suivre le groom peint qui vous conduira jusqu'à la réception de cet hôtel de caractère, au 1er étage. Et surtout, réservez vite, l'hôtel ne possède que 15 chambres et déjà beaucoup d'habitués.

🏠 ●l●l *Grand-Hôtel Château-Perrache* ***** – 12, cours Verdun-Rambaud (hors plan B4-12) ☎ 04-72-77-15-00. Fax : 04-78-37-06-56. ● www.accorhotels.com ● Parking payant. TV. Canal+. Câble. 🐾 M. : Perrache ; juste derrière la gare Perrache. Chambres standard à partir de 105 €, supérieure de 136 à 148 € et suite à 229 €. Ancien hôtel *Terminus* construit en 1906 par la compagnie *PLM*, une très belle adresse dans un édifice qui a été classé Monument historique. L'entrée, protégée par une marquise en fer forgé, immerge le visiteur dans le seul espace témoignant du style Art nouveau à Lyon. Réalisé par les architectes G. Devanne et M. Curieux, le style ne se limite pas à l'architecture (corniches décorées de frises sculptées au thème floral), mais aussi, et ceci est exceptionnel, aux ferronneries, vitraux et mobiliers soigneusement conservés. Le hall d'accueil est orné de lambris d'acajou présentant des panneaux à trois registres sculptés de bouquets de fruits. Dans les salons, les lambris de frêne et de citronnier décorés de branches de cerisiers évoquent les trains de luxe des années 1920. Les boiseries Majorelle font du restaurant *Les Belles Saisons* un atoll de beauté. Les peintures sont d'Henri Martin et d'Ernest Laurent, les sculptures d'E.-H.-Boutry. Les chambres, tout confort, sont spacieuses et claires, meublées avec goût et sobriété. Un lieu à la fois calme et idéalement placé, à deux pas de la gare et à une quinzaine de minutes à pied de la place Bellecour. Accueil extrêmement professionnel. En tout cas, un chef-d'œuvre à visiter. *NOUVEAUTÉ.*

🏠 *Hôtel Globe et Cécil* *** – 21, rue Gasparin (C3-9) ☎ 04-78-42-58-95. Fax : 04-72-41-99-06. ● www.globeetcecilhotel.com ● TV. M. : Bellecour. Chambres doubles à 122 et 125 € avec douche et w.-c. ou bains, petit déjeuner compris (de très bonne qualité). Un des meilleurs 3 étoiles de la presqu'île, sans conteste. C'est un hôtel tenu par des femmes et ça se sent. Discrétion, raffinement et efficacité. Déjà, au XIXe siècle, les prélats de Rome descendaient ici. Grand hall lumineux décoré avec beaucoup de goût, mélange de classique et de modernité. Chaque chambre possède son ambiance (certaines ont de belles cheminées en marbre et la climatisation), son style et une décoration personnalisée en fonction du volume. Les tissus ont été sélectionnés avec soin, tout comme le mobilier. Choisir de préférence les chambres sur rue, les plus lumineuses. Salle de réunion avec bar au rez-de-chaussée. Du charme, du confort et du pratique. Service impeccable, accueil souriant et vraiment gentil, on répond sans hésitation à tous vos *desiderata*. Excellente maison, bravo !

|●| *Le Petit Grain* – 19, rue de la Charité (C4-26) ☎ 04-72-41-77-85. Fermé le dimancho, et le soir après 20 h (16 h le lundi). Congés annuels : du 15 août au 30 août. M. : Ampère ou Bellecour ; face au musée des Tissus et au musée des Arts décoratifs. Formules et menus de 7 €, pour un plat, à 10 € : plat du jour, énormes soupes et délicieuses salades. Loin des bouchonneries, un modeste établissement, installé dans une ancienne boutique de modiste près de la rue des antiquaires (Auguste-Comte), et tenu par un souriant personnage. D'origine vietnamienne, sa cuisine intègre le *bo bun*, (généreux bol de vermicelle de riz, agrémenté de bœuf ou poulet et relevé d'herbes), la crêpinette saigonnaise ou la volaille au gingembre et plein d'autres salades réalisées au gré du marché. Excellentes tartes : poires et chocolat, pommes-cannelle... Excellente adresse ! Profitez-en pour flâner aux alentours, le quartier est sympa.

|●| *Restaurant Chez Mounier* – 3, rue des Marronniers (C-3-4-29) ☎ 04-78-37-79-26. Fermé le dimanche soir et le lundi. Congés annuels : la 1re semaine de janvier, la dernière semaine d'août et la 1re quinzaine de septembre. M. : Bellecour. Pour 7,32 €, le midi en semaine, on a droit à un plat + fromage ou dessert. Une aubaine ! Pour 9,60 €, midi et soir, on a droit à un plat et un dessert, c'est la totale. Et encore deux autres menus en dessous de 15,24 €. De sa vitrine, Guignol sourit aux promeneurs, les invitant à entrer. Notre bouchon préféré dans cette rue où il y en a beaucoup, des vrais et des faux. Deux petites salles à la monacale sobriété, mais n'ayez crainte, l'ambiance est bonne et la cuisine régionale servie a gardé son caractère. Gnafrons (des petits saucissons), soufflé de tripes au cognac et tablier de sapeur : du lyonnais pur et dur. Accueil du tonnerre de Christiane Mounier. Simple et sans chichis ! *Apéritif maison ou café offert à nos lecteurs sur présentation de ce guide.*

|●| *Le Pâtisson* – 17, rue du Port-du-Temple (C3-28) ☎ 04-72-41-81-71. Fermé le vendredi soir, le samedi et le dimanche (ouvert le samedi soir d'octobre à mars). Congés annuels : la semaine du 15 août. M. : Bellecour. Menus à 10,30 et 11,45 € le midi, 14,50 et 17,55 € le soir. Yves Perrin, le patron, a travaillé dans quelques bonnes maisons : *Brussel's Europa*, *L'Aigle Noir* à Fontainebleau... avant de choisir la voie

végétarienne. De ce passé, il a gardé quelques diplômes culinaires fièrement affichés sur les murs et un bon tour de main. Son escalope de seitan (gluten) à la moutarde, son médaillon de tofu exotique (julienne de légumes au gingembre et coriandre), son civet de seitan bourguignon et ses plats du jour, portent l'empreinte d'un vrai chef. C'est l'un des rares restaurants végétariens et biologiques de la capitale des Gaules, également non-fumeurs. On regrettera cependant que la décoration inexistante fasse de ce lieu un réduit sinistre pour déguster les produits des champs.

|●| *Brasserie Georges 1836* – 30, cours de Verdun (hors plan B4-42) ☎ 04-72-56-54-54. ✼ Service de 8 h à 1 h en semaine. M. : Perrache ; à la sortie de la gare de Perrache. Menus à 11 €, le midi en semaine, et de 17,50 à 24 €. 710 m² de plafond d'une seule portée, soutenu par trois poutres en sapin et trois boulons. La *Georges* est un monument. C'est d'abord la consécration de Georges Hoefherr, un Alsacien né en 1795. Un brasseur visionnaire qui prend pour emplacement un terrain insalubre mais stratégique au carrefour de l'axe Paris-Lyon-Marseille. En 1836 la *Brasserie Georges* est fondée. L'étape des diligences cède le 1er juin 1857 à la gare de Perrache. Le succès est sur les rails. Lamartine, Verlaine, Jules Verne, les Frères Lumière, le peintre Longkind, Mistinguette, Zola, Rodin. Une institution qui accueille tous les grands banquets électoraux. Droite, gauche. 1 200 couverts sous l'égide d'Alain Juppé en 1997. 40 tonnes de choucroute sont consommées chaque année, reccord mondial homologué en 1996 au *Guinness des records* de la plus grande omelette norvégienne servie (34 m de long). Bref, une cuisine simple, peut-être pas la meilleure de Lyon, mais servie très professionnellement dans un cadre Art déco où l'on digère l'Histoire avec l'appétit des grands yeux. *Apéritif maison offert à nos lecteurs sur présentation de ce guide.*

|●| *Chez Abel* – 25, rue Guynemer (hors plan B4-32) ☎ 04-78-37-46-18. Fermé le samedi et le dimanche. Congés annuels : août et une semaine entre Noël et le Jour de l'An. M. : Ampère ; en sortant de l'abbaye d'Ainay, aller tout droit, c'est à gauche après la voûte. Le midi, menu à 15 € ; autres menus à 22 et 30 €. À la carte, les prix décollent. En franchissant la porte de ce petit restaurant, on fait un bond dans le passé, peut-être jusqu'avant la guerre de 1914. Ici, tout semble être d'époque, le parquet qui craque, les boiseries patinées et les nombreux objets accumulés avec le temps. La carte et les menus ne se soucient pas non plus dos modos qui se succèdent. Que l'on opte pour un pied de porc grillé, une gargantuesque quenelle au gratin, une terrine maison, de la poule au pot ou des tripes à la mode de Caen, tout est merveilleusement bon, comme avant. Alors on savoure en prenant son temps. Ambiance « bouchon » garantie et service efficace. À noter, une terrasse de 20 places derrière l'établissement qui donne sur la rue Bourgelade.

3ᵉ arrondissement

🏠 **Le Lacassagne** *** – 245, av. Lacassagne (hors plan D2-11) ☎ 04-78-54-09-12. Fax : 04-72-36-99-23. ● www.hotel-lacassagne.fr ● Parking payant. TV. Canal+. Satellite. M. : Grange-Blanche, puis 10 mn de marche, bus n° 28. Assez excentré, près des hôpitaux et de la ville de Bron. Chambres de 41 à 54 € avec douche et w.-c. ou bains. Au bout de l'avenue Lacassagne, on se sent déjà un peu à l'extérieur de Lyon. Et pourtant, l'hôtel est campé au pied du 8ᵉ arrondissement. Parfait pour ceux qui possèdent une voiture et qui exercent une profession médicale ou paramédicale (pas moins de cinq hôpitaux dans les environs). À sa tête depuis 23 ans, un capitaine au long cours qui accueille avec gentillesse une clientèle d'habitués. Les chambres sont propres et claires, bien qu'un peu étroites parfois. Certaines donnent sur un petit jardin intérieur. Possibilité de prendre un en-cas (salade, croque-monsieur, fromage blanc). Un bon rapport qualité-prix, sans prétention.

🏠 **Hôtel de Créqui** ** – 158, rue de Créqui (hors plan D3-10) ☎ 04-78-60-20-47. Fax : 04-78-62-21-12. TV. Canal+. Congés annuels : pendant les vacances scolaires de Pâques, en août et pendant les vacances scolaires de Noël (pour le resto). M. : Guichard. Pour aller au centre-ville, c'est-à-dire sur la presqu'île, il vous suffira de passer le pont Wilson. Compter 10 mn de marche. Chambres au prix unique de 65 € avec bains. Plat du jour à 9,15 €. Face à la cité judiciaire, à une encablure des halles et de la gare TGV de La Part-Dieu, cet hôtel neuf et net vaut l'étape. Chambres aux murs habillés de jaune et à la moquette bleue, confortables et gaies ; mais leur taille est par contre un peu riquiqui. L'hôtel a récemment presque doublé le nombre de ses chambres (28 à 52). Le voici donc tout beau, tout neuf, prêt à vous accueillir. L'accueil souriant cache le professionnalisme rassurant d'une équipe dont l'hôtellerie est le business. Restauration possible, et l'hôtel fait aussi bar à vins (sauf le week-end).

4ᵉ arrondissement

🏠 **Hôtel de la Poste** – 1, rue Victor-Fort (hors plan C1-13) ☎ et fax : 04-78-28-62-67. M. : Croix-Rousse. Chambres avec lavabo de 21,85 à 25,70 €, avec douche à 29,85 €. Au cœur de ce merveilleux quartier de la Croix-Rousse, un village dans la ville,

l'un des hôtels les moins chers, et certainement l'un des plus sympas, installé dans un immeuble de canuts, sans grand charme mais fort bien tenu. La patronne accueille tout le monde avec le sourire, mais ne loue que la moitié de la vingtaine de chambres qu'elle possède, réservant l'autre à ses habitués. *10 % sur le prix de la chambre (en juillet et août à partir de 2 nuits consécutives) offerts à nos lecteurs sur présentation de ce guide.*

🍴 **Boucherie-restaurant de la Croix-Rousse** – 3, pl. des Tapis (hors plan D1-34) ☎ 04-78-28-48-82. ⚄ Fermé le dimanche soir et le lundi, ainsi que le mercredi soir de septembre à avril. Congés annuels : du 15 avril au 15 mai et du 15 septembre à début octobre. M. : Croix-Rousse. Menus à partir de 11 € le midi en semaine. À la carte, l'addition oscille entre 22 et 25 € en fonction de votre appétit et des morceaux choisis. Pour pénétrer dans le restaurant, il vous faudra traverser… la boucherie ! En effet, Yves Daguin est avant tout boucher. Amoureux de son métier et de la viande, il a décidé de la faire découvrir en toute simplicité. En entrée, partagez une assiette du tueur (ris, testicules, rognons d'agneau) ou l'assiette de dégustation de saucisson de Lyon, avant de poursuivre avec une des excellentes viandes grillées à l'extrême tendreté ou une andouillette beaujolaise de chez Braillon à Anse. Très belle sélection de vins de petits propriétaires (beaujolais et côtes-du-rhône), cent fois plus pertinente que dans bon nombre de bouchons. Honte à eux ! Grande terrasse devant la boucherie.

🍴 **La Marmite en bois** – 1, rue Dumont (hors plan A1-25) ☎ 04-78-28-13-56. ⚄ Ouvert du mardi au vendredi midi. M. : Croix-Rousse. Formules déjeuner à 11,50 et 14,50 € et menus de 20 à 32 €. À la carte, compter entre 15 et 20 €. Une bonne adresse dont l'hospitalité est à l'image de ce jeune couple serviable et accueillant. Admirer en entrant l'étonnante lampe de Vincent Girard, un artiste lyonnais aux ombres lumineuses. La cuisine peut être extrêmement goûteuse en période de chasse. Ne manquez pas le lièvre royal. La salle du fond est éclairée par la lumière zénithale d'une verrière décapotable en été. *NOUVEAUTÉ.*

5ᵉ arrondissement

🏠 **Auberge de jeunesse du Vieux Lyon** – 41-45, montée du Chemin-Neuf (B3-15) ☎ 04-78-15-05-50. Fax : 04-78-15-05-51. ● www.fuaj.org ● ⚄ Accueil de 7 h à 12 h et de 14 h à 1 h, mais l'AJ est ouverte 24 h/24. M. : Saint-Jean, puis 5 mn de grimpette. Depuis la gare de La Part-Dieu, prendre le bus n° 28 ; depuis Perrache, le n° 31 ; depuis la place Saint-Jean, le funiculaire, station

Minimes. Nuitée à 12,20 € (taxe de séjour incluse), petit déjeuner à 2,90 €. Location de draps possible (2,70 €). Bien sûr, la carte d'adhérent FUAJ est obligatoire : 10,70 et 15,50 €, respectivement pour les moins et plus de 26 ans. Pour jouir de la vue la plus extraordinaire qui soit sur la capitale des Gaules, vous n'avez que deux solutions. Choisissez, comme Jacques et Bernadette lors du G7 en 1996, l'hôtel *La Villa Florentine*, classé 4 étoiles-luxe, ou foncez à l'AJ et vous économiserez au minimum 150 €. Inaugurée en été 1998, dans un bâtiment rénové, cette auberge domine la ville et n'est qu'à 5 mn du quartier Renaissance du vieux Lyon (classé Patrimoine mondial de l'humanité) : 180 lits en tout (2 à 6 par chambre, dont la plupart équipées de sanitaires). Bar, garage à vélos, laverie, terminal Internet (6,85 € l'heure) et même un jardin sur plusieurs niveaux, littéralement accroché à la colline. Ici, pas de cafétéria, mais une cuisine est mise à la disposition des résidents. Tout le confort moderne, un accueil et une ambiance vraiment sympas (la lecture du livre d'or est éloquente), en prime, des animations qui font de cette auberge un vrai lieu de vie. Jugez-en par vous-même : expos photos, concerts de jazz, concerts de musique classique (le conservatoire est à Fourvière, au-dessus de l'AJ, ce sont des étudiants qui se produisent) et puis la vue, toujours la vue, on en prend plein des yeux !

🏠 *Hôtel Saint-Paul* ** – 6, rue de la Lainerie (B2-14) ☎ 04-78-28-13-29. Fax : 04-72-00-97-27. ● www.hotelstpaul.fr ● TV. M. : Vieux-Lyon. Bus n° 1 depuis la gare de La Part-Dieu. Chambres doubles avec douche à 37 €, avec douche et w.-c. ou bains à 43 et 49 €. Le seul 2 étoiles du Vieux Lyon ! À deux pas du lieu où Bertrand Tavernier tourna *L'Horloger de Saint-Paul*, un bel ensemble Renaissance de 20 chambres. Toutes sont équipées de fenêtres isolantes et d'un grand lit. Bien préciser si vous souhaitez un lit double, seules trois chambres en possèdent. On fera quoi qu'il en soit le maximum pour vous aider. Ici, le contact est chaleureux et on se sent comme chez soi. Et très vite, vous serez à la page des derniers lieux à la mode en ville…
NOUVEAUTÉ.

🏠 *Phénix Hôtel* *** – 7, quai de Bondy (B2-16) ☎ 04-78-28-24-24. Fax : 04-78-28-62-86. ● www.hotel-le-phenix.fr ● Parking payant. TV. Canal+. Câble. ♿ M. : Hôtel-de-Ville. Dans le quartier Saint-Paul, à côté de la gare du même nom. Chambres doubles aux environs de 154 € avec bains, petit déjeuner inclus. Un hôtel vraiment chic où l'on ne se sent pourtant pas intimidé par un luxe tapageur ou un accueil guindé. Dans un bel immeuble du XVIIᵉ siècle, une superbe réception et des chambres aux très beaux volumes, décorées avec un goût très sûr ; toutes entretenues comme il se doit pour un établissement de cette classe. L'hôtel vaut particulièrement pour les chambres donnant sur la Saône et la colline de la Croix-Rousse, parfaitement insonorisées et bien sûr climatisées. Accueil très professionnel et belle clientèle internationale, mais rien de tapageur dans tout cela. Notez que cet hôtel est le seul de sa catégorie à offrir une vue aussi directe sur la Saône aux reflets changeants. Participe à l'opération « Bon week-end à Lyon ». À signaler : soirée jazz le mercredi (du vrai !).

|●| *Le Coquemar* – 25, montée Cardinal-Decourtray (A-B3-31) ☎ 04-78-25-83-32. ♿ Fermé le lundi et le soir sauf réservation à partir de 10 personnes. Congés annuels : du 15 juillet au 13 août. M. : Fourvière. 3 menus s'échelonnant de 8,30 à 11,28 €. On vient déjeuner en famille. Même entre collègues, la semaine ressemble à un dimanche. L'accueil est chaleureux, la salle désuète mais prolixe comme une petite madeleine proustienne. Qui, enfant, n'a jamais compté les heures dans un pareil endroit ? Les caoutchoucs oblitèrent les vitres, la petite-fille est en salle et la mère vieille à tout. Tout est assourdi, jusqu'aux bruits des couverts. 15 heures sonnent déjà. Le pot de Saint-Jo est depuis longtemps fini. On admire une dernière fois le citron meringué sur la table d'entrée avant de sortir. Repu comme un enfant gâté au pied de Fourvière dans sa lumière d'hostie. *NOUVEAUTÉ.*

|●| *Les Lyonnais* – 1, rue Tramassac (B3-46) ☎ 04-78-37-64-82. ♿ Fermé le dimanche soir et le lundi. Congés annuels : la 1ʳᵉ semaine de janvier et du 1ᵉʳ au 15 août. M. : Vieux-Lyon. Formule le midi en semaine à 10 €. Le soir, « menu du marché » ou « menu lyonnais » à 18 et 22 €. Pas facile de créer un néo-bouchon dans la ville des bouchons ! Pari réussi et tant pis pour les esprits grincheux. Depuis son ouverture, ça ne désemplit pas. Les portraits d'illustres inconnu(e)s lyonnais(es) – mais pour la plupart clients des *Lyonnais* – tapissent les murs de la grande salle jaune. En plus de l'atmosphère sympathique, des formules convaincantes, un service efficace et des prix attractifs. Au « menu lyonnais », les incontournables tabliers de sapeur, petits saucissons chauds, tête de veau tiède sauce gribiche, fricassée de volaille au vinaigre, andouillette beaujolaise, tandis que le « menu du marché » varie selon l'humeur et la saison. *Café offert à nos lecteurs sur présentation de ce guide.*

|●| *Les Adrets* – **30, rue du Bœuf (B2-47)** ☎ 04-78-38-24-30. Fermé le samedi et le dimanche. Congés annuels : en août. M. : Vieux-Lyon. Menu très complet à 13 €, le midi, vin et café compris ; plusieurs autres menus de 19,25 à 38 €. Pas particulièrement à la mode, mais les vrais Lyonnais, jeunes et vieux, connaissent bien cette adresse discrète, où l'on s'arrache pourtant l'excellent menu du midi, qui, non content d'être réalisé avec bonheur, ne fait pas dans le mesquin : on y a mangé une soupe de poisson mieux qu'à Marseille, un sauté de cerf aux pâtes fraîches de tout premier ordre, une cervelle de canuts d'excellente tenue, le tout arrosé d'un pichet de bon aloi. Le déjeuner fut conclus par un café puisque tout cela entrait dans le menu du midi. Une affaire à saisir.

|●| *Happy Friends Family* – **29, rue du Bœuf (B3-27)** ☎ 04-72-40-91-47. ⚹ Fermé le midi, le dimanche et le lundi. Mieux vaut réserver. M. : Vieux-Lyon. À la carte, compter autour de 35 € avec un bon vin bien structuré comme un pécharmant. Lapin en gigolette farci aux seiches en piperade ombragé par une friture de poireaux sortie tout droit d'une pomme purée à l'ail. Dame nature semble pousser dans les assiettes avec l'exubérance d'une flore tropicale. On fouille, on cherche, la fourchette s'arrête en chemin dans cette luxuriance savamment ordonnée. On fait goûter son voisin. Les yeux froncent. Tant de nuances gustatives nous égarent. Attentifs, les garçons nous aident un peu. Chaque bouchée découvre un joli terroir. Les associations sont inventives, les saveurs délicates. Les épices soulignent sans dénaturer la spécificité des produits. Millefeuille de côtelettes d'agneau en croustillant d'épices, poêlée de topinambours aux raisins. Velouté de potimarron parfumé à la cardamome. Champignons farcis aux escargots, gratinés au saint-marcellin sous une crémette de morilles. On voyage et si l'on défriche, c'est, somme toute, moins les assiettes que notre palais. *NOUVEAUTÉ.*

6ᵉ arrondissement

🏠 *Hôtel Foch* ⁂ – **59, av. Foch (hors plan D1-17)** ☎ 04-78-89-14-01. Fax : 04-78-93-71-69. ● www.hotel-foch.fr ● Parking payant. TV. Canal+. Câble. M. : Foch. En plein cœur du 6ᵉ arrondissement, mais aussi à 5 mn à pied de la presqu'île. Chambres à 84 € avec douche et w.-c., 88 € avec bains. Nous pourrions parler du « charme discret de la bourgeoisie » pour commencer la description de cet hôtel installé au deuxième étage d'un ancien immeuble cossu. Une belle réception avec salon, canapés en cuir. Parquet et cheminée pour la salle du petit déjeuner. Un endroit très calme, confidentiel, et des chambres spacieuses, parfaitement équipées et décorées dans des teintes très douces. Une certaine idée du luxe, mais sans ostentation, également un accueil bienveillant et personnalisé, car l'hôtel ne possède que peu de chambres. Participe à l'opération « Bon week-end à Lyon ». *Apéritif maison offert à nos lecteurs sur présentation de ce guide.*

|●| *Le Théodore* – **34, cours Franklin-Roosevelt (hors plan D1-33)** ☎ 04-78-24-08-52. ⚹ Fermé les dimanche et jours fériés. Bar ouvert de 8 h à minuit. Restaurant ouvert de 12 h à 14 h et de 19 h à 22 h 30 ; les vendredi et samedi de 19 h à 23 h. Congés annuels : du 11 au 18 août. M. : Foch. Plat du jour à 10 €, menu midi à 16 € avec une formule à 14 € si l'on enlève l'entrée ou le dessert. Ensuite, menus à 18, 24, 29 et 38,50 €. Belle terrasse en été. Bel établissement. Service impeccable, pas guindé. La vraie générosité de la compétence. Il est vrai que le patron, Robert Perret, ancien directeur général de la *Brasserie Georges*, a eu l'occasion de s'aguerrir l'œil, et l'œil est aux aguets. Les plats circulent avec une discrétion d'encens. Les produits sont de qualité, les plats raffinés : de la juxtaposition des couleurs jusqu'à l'association des saveurs. Terrine de lapin en gelée de feuilles de citronnier, pavé de morue fraîche rôtie à l'anis… Un bonheur d'être servi. Belle carte des vins. Une bonne occasion pour goûter un des vins de la vallée du Rhône moins connus : comme le saint-perray dont le cépage viognier titillera délicatement l'échine d'une belle quenelle fraîche de brochet. *NOUVEAUTÉ.*

|●| *Brasserie des Brotteaux* – **1, pl. Jules-Ferry (hors plan D2-35)** ☎ 04-72-74-03-98. Fermé le dimanche. Le café est ouvert à partir de 7 h 30. Le restaurant sert entre 11 h 30 et 14 h 30, puis entre 19 h 30 et 22 h. M. : Brotteaux. Menu le midi à 16 €, le soir à 25 € avec pour chacun une entrée, un plat et un dessert. 90 couverts, plus 60 en terrasse face à l'ancienne gare des Brotteaux. Endroit merveilleux, aussi splendide qu'une brasserie (inchangée depuis 1913) campée dans un décor de glaces et de céramiques, drapé de rideaux rouges aux embrases attachantes. Vous y êtes. La cuisine est tout sauf théâtrale. Le chef Laurent Morel est passé par *Point* (grande toque) et le patron Emmanuel Faucon a le franc-parler des Lyonnais qui se donnent sans conter. Regardez passer les assiettes : pêcheur, italienne ou brasserie (de 15 à 16 €). Non seulement copieuses mais originalement présentées. Goûtez aussi l'émincé de poire de bœuf sauce saint-marcellin ou le pressé de foie gras aux pommes caramel au cidre. Tous les produits sont fait maison. L'accueil est chaleureux et les serveuses espiègles. Indéniablement, le meilleur rapport qualité-prix du coin, dénoncé par tous les voisins. À découvrir absolument, ne serait-ce que pour le hors-cadre. *NOUVEAUTÉ.*

7e arrondissement

|●| L'Aromate – 94, Grande-Rue-de-la-Guillotière (hors plan D4-49) ☎ 04-78-58-04-56. Fermé les dimanche et lundi. Congés annuels : 15 jours en août. M. : Saxe-Gambetta (sortie Jean-Jaurès). Rive gauche. Menus à 11 €, le midi, 16 et 22 € le soir ; à la carte, compter environ 26 € pour un repas complet. Dans ce quartier de la Guillotière plutôt porté sur les cuisines étrangères, voici une adresse camarguaise. Un restaurant grand comme un mouchoir de poche, tenu par un couple vraiment exquis, aux petits soins pour sa clientèle. Une formidable ambassade pour la Camargue et sa cuisine. Aux menus ou à la carte, du taureau sous toutes ses formes : en andouillette, hure ou bien grillé, poêlé, en tartare, etc. Mais aussi des poissons tropicaux, un aïoli de morue, des calamars, préparés avec un soin extrême, comme tout ce qui vous sera servi. À commencer par l'« améthyste », apéritif maison aussi bon et beau que surprenant (un vrai philtre d'amour !), et jusqu'aux desserts qui font montre d'un vrai savoir-faire. On va résolument de bonne surprise en bonne surprise. Présentation, quantité, assaisonnement, un service adorable et attentionné, on n'a décidément pas pu prendre ces deux-là en défaut. Arrive l'addition, on paie comme on mange : avec plaisir. Ah ! au fait, pourquoi *L'Aromate* ? C'est parce que le chef est un peu alchimiste, mais vous vous en rendrez compte par vous-même. Restaurant classé bio-mixte. *Apéritif maison offert à nos lecteurs sur présentation de ce guide.*

|●| En mets, fais ce qu'il te plaît – 43, rue Chevreul (hors plan D4-48) ☎ 04-78-72-46-58. Ⴑ Fermé les samedi et dimanche. Congés annuels : en août. M. : Jean-Macé. Formule à 17 €. Menu à 23 €. Compter environ 30 € le repas à la carte, selon votre faim et votre soif. Une de nos adresses favorites, et peut-être la cuisine qu'on préfère dans le coin. Comme un resto de copains. Une première salle avec bar et vue sur la cuisine, une seconde avec de drôles de grilles aux fenêtres. Sur les tables aux couleurs fraîches, pas de nappe mais de petites lampes modernes et rigolotes. Accueil et service attentionnés. En cuisine, Ishida Katsumi vous concocte une merveilleuse assiette de légumes à l'huile d'olive, à faire se damner les plus carnassiers d'entre nous, une cuisse de canard confite aussi fondante que les pruneaux qui l'accompagnent, ou une truite de mer servie meunière sur un lit d'épinards. Les plats changent toutes les 3 semaines en fonction des saisons et le carpaccio en fonction des arrivages. Extrême fraîcheur des produits, précision des cuissons, justesse de l'assaisonnement et présentation châtiée, voilà vraiment de la belle ouvrage ! Ajoutons à cela une petite sélection de vins servis au verre, et le tour est joué.

DANS LES ENVIRONS

CHASSELAY 69380 (20 km N)

|●| Guy Lassausaie – rue de Belle-Cize, au bourg (Centre) ☎ 04-78-47-62-59. Parking. Ⴑ Fermé les mardi et mercredi. Congés annuels : du 4 au 29 août. Accès : prendre l'A6 puis les N6 et D16. Menus de 33 à 65 €. Guy Lassausaie, après avoir fait ses classes chez quelques grands noms de la gastronomie, a repris l'établissement familial dans la campagne lyonnaise. Le restaurant fait un angle, avec en face un parking entretenu comme un jardin, et, à côté, une boutique vend les produits fabriqués par la maison : pâtisseries, charcuteries, plats cuisinés, etc. Pour le restaurant, une salle cossue, de belles assiettes chamarrées sur des tables impeccablement dressées et suffisamment espacées ; ça sent la maison sérieuse. La cuisine est d'inspiration classique, avec parfois une subtile touche de modernité, un rien consensuelle tout de même. Au 1er menu, on goûte déjà largement à la finesse des mets. La carte tourne souvent, mais jugez pourtant : dodine de foie gras aux pommes et sauternes, pigeon cuit en cocotte luttée au foin, puis fromages affinés et des desserts dignes d'un palace d'antan. Service masculin, professionnel et courtois, comme il se doit dans ce genre d'établissement. Très, très chic, et plus encore depuis que notre chef a entièrement redécoré son antre.

MEGÈVE 74120

Carte régionale B1

🏠 |●| Hôtel-chalet des Ours ** – chemin des Roseaux (Centre) ☎ 04-50-21-57-40. Fax : 04-50-93-05-73. ● chaletdesours@aol.com ● Parking. Fermé le jeudi. Congés annuels : de mi-avril à fin mai de début octobre à fin novembre. Chambres doubles avec douche et w.-c. de 57 à 72 € l'été, de 69 à 99 € l'hiver. Demi-pension, demandée en hiver, de 65 à 78 € environ par personne. Menu à 18,50 €. Tenu par une Anglaise adorable qui a su faire de cette maison une perle de raffinement discret, de simplicité et de gentillesse. *So British !* Chambres lambrissées, décorées sobrement, et surtout des couettes sur les lits où il fait bon se blottir douillettement. Ambiance très *bed and breakfast*. Salon de lecture et de télévision avec une belle cheminée. Au sous-sol, petite salle de restaurant. Cuisine simple mais (sur réservation et le soir uniquement) un beau menu « exotique » à dominante thaïlandaise. Et quel bonheur d'avoir 5 sortes de thés au petit déjeuner !

DANS LES ENVIRONS

PRAZ-SUR-ARLY 74120 (5 km SO)

🏠 I●I *La Griyotire* *** – route de la Tonnaz (Centre) ☎ 04-50-21-86-36. Fax : 04-50-21-86-34. ● **www.griyotire.com** ● Parking. TV. Restaurant fermé le midi. Congés annuels : de Pâques à mi-juin et de mi-septembre aux vacances de Noël. Accès : par la N212. Chambres doubles avec douche et w.-c. ou bains de 80 à 105 €. Demi-pension, demandée pendant les vacances scolaires d'hiver, de 75 à 87 €. Menu à 25 €. Hôtel de charme au centre de cette petite station familiale des environs proches de Megève (mais loin de la nationale qui la coupe en deux !). Chambres d'un goût exquis, toutes, bien sûr, différentes, mais dans le même ton : du bois à profusion, de moelleux édredons. Un rêve de chalet alpin. L'accueil est charmant et l'ambiance celle d'une maison de famille : il y a même une salle de jeux pour les enfants. Au resto : *pela*, escalope savoyarde, fondue et raclette pour les soirées d'hiver. Jardin bien paisible, sauna et piscine l'été, salle de massage. *Apéritif maison offert à nos lecteurs sur présentation de ce guide.*

MENS 38710

Carte régionale B2

🏠 I●I *Auberge de Mens* *** – pl. du Breuil (Centre) ☎ 04-76-34-81-00. Fax : 04-76-34-80-90. Parking. TV. ♿ Restaurant fermé en février et ouvert sur réservation d'octobre à mai. Accès : en plein centre. Chambres doubles à 43 € avec douche et w.-c. ou bains. Demi-pension à 40 €. Menu du jour à 15 €, avec fromage et dessert, servi tous les jours sauf le dimanche. Autres menus à 17 et 23 €. Une grande demeure bourgeoise rénovée par la municipalité et offrant de confortables chambres. Décor frais et coloré. Terrasse et jardin pour la détente et goûter les douces soirées du Trièves et la cuisine traditionnelle de la patronne. Accueil sympa, que d'aucuns trouveront cependant un tantinet désinvolte. Garage clos pour motos.

I●I *Café des Arts* – bd Édouard-Arnaud (Centre) ☎ 04-76-34-68-16. Resto fermé le dimanche soir, plus le mercredi de septembre à juin. Accès : depuis Grenoble, la N85, puis la D526. Menus à 11,50 €, le midi, et de 13 à 16,80 €. C'est le café le plus célèbre du Trièves. Classé à l'inventaire des Monuments historiques. Jean Giono en

parle sous le nom de « Café des Amis » dans *Le Triomphe des Amis*. En 1896, un peintre picard, Gustave Riquet, orna le plafond de belles fresques allégoriques. Sur les murs, il décrivit des scènes de la vie agricole et des paysages. Mon tout compose un ensemble délicat et charmant. Rendo fort sympa dans le village. Le patron est un autodidacte de la cuisine. Plats au feeling, réalisés à partir du panier du marché au fil des saisons. Choix un peu limité, suivre donc l'inspiration du chef. Belle terrine de foie gras maison, poisson frais... Repas le soir sur réservation.

DANS LES ENVIRONS

TRÉMINIS 38710 (15 km S)

🏠 I●I *Hôtel des Alpes* – hameau de Château-Bas ☎ 04-76-34-72-94. Cartes de paiement refusées. Parking. Fermé le dimanche soir et le lundi hors saison. Congés annuels : du 1er novembre au 1er mars. Accès : depuis Mens, par la D66, puis la D216. Chambres doubles à 33,80 € avec lavabo et 46,30 € avec douche. Demi-pension de 35,40 à 42,65 € par personne. 1er menu à 11,45 €, sauf le dimanche, puis menu à 21,80 €. Au fond du fond du cirque de montagne, un petit hôtel émergeant du temps, paisible carte postale sépia de notre France profonde. Impeccablement tenu depuis de nombreuses générations. Café-bar voûté avec la vieille Chappée au milieu. Salle à manger à côté où l'on retrouve la vénérable pendule, le buffet, les chromos, tous les objets mythologiques de la campagne. Cuisine familiale, ça va de soi. Délicieuse tête de veau. Pour dormir, chambres sans prétention, certes, mais impeccablement tenues. Tout autour, une nature totalement préservée et de merveilleuses balades à réaliser. *Café offert à nos lecteurs sur présentation de ce guide.*

CHICHILIANNE 38930 (16 km O)

🏠 I●I *Au Gai Soleil du Mont-Aiguille* ** – La Richardière ☎ 04-76-34-41-71. Fax : 04-76-34-40-63. ● **www.hotelgaisoleil.com** ● Congés annuels : du 25 octobre au 20 décembre. Accès : par la N75, puis la D7. Au pied du célèbre mont Aiguille. Chambres de 34,50 à 47,50 € suivant le confort (lavabo, douche et w.-c. ou encore bains et w.-c.). Demi-pension à 44,50 €. Menu à 12,50 €, sauf le dimanche. Superbement inséré dans un cirque de montagne, au pied du mont Aiguille et entouré de bois, bosquets, champs de blé, un hôtel familial sans prétention, au nom chantant. Bien dans la tradition de l'hôtellerie de campagne. En activité depuis plus d'un demi-siècle. La maison date de 1720 (à l'intérieur, bel escalier en pierre). Patronne fort accueillante.

25 chambres très bien tenues et à prix modérés. Bonne cuisine classique : terrine du chef, poulet aux écrevisses, assortiment de viandes au gril, soufflé aux foies de volailles, civet de porc, etc. Vins pas chers. Aux beaux jours, terrasse. En pleine saison, assez animé. Tout autour, beaucoup de possibilités de randonnées en été. *10 % sur le prix de la chambre (du 2 janvier au 30 avril) offerts à nos lecteurs sur présentation de ce guide.*

🏠 ❙●❙ *Château de Passières* ** ☎ 04-76-34-45-48. Fax : 04-76-34-46-25. Parking. TV. Fermé le dimanche soir et le lundi hors juillet et août, le lundi midi en juillet et août. Accès : prendre la D526 de Mens à Clelles, puis la D7 jusqu'au pied du mont Aiguille. Chambres doubles de 49 à 57 € avec douche et w.-c. ou bains. Menus de 19 à 32 €. Un nom de village si joli qu'on ne l'oublie pas, un site magnifique et un routard châtelain... on croit rêver. Toutes les chambres de ce château du XVe siècle sont loin d'être d'époque, et leur prix correspond, comme leur confort, à la nôtre (d'époque). Les nos 1, 4 et 5, les plus chères, supportent d'authentiques boiseries et lambris du XVIIIe. L'important, c'est le salon (véritable musée de peinture au charme fou), où l'on cause tard dans la nuit, le bar et la cuisine originale servie dans la grande salle à manger (de l'époque que vous voudrez !). Quelques spécialités : fricassée de cèpes et escargots sur lit de ravioles, pavé de saumon au miel de pissenlit. Belle piscine. Tennis. *Café offert à nos lecteurs sur présentation de ce guide.*

MIRMANDE 26270

Carte régionale A2

❙●❙ *Restaurant Margot* – (Centre) ☎ 04-75-63-08-05. Fermé le mardi de début octobre à fin avril. Congés annuels : en janvier et février. Accès : près de la Poste. Menus de 12,50 €, le midi en semaine, à 23 €. Pour les amateurs de cuisine à l'ancienne. En été, vous irez chercher la fraîcheur à l'intérieur, dans une salle décorée avec goût (vieilles affiches, tableaux), ou vous prendrez l'air sur la terrasse à l'ombre d'une treille, assis sur des bancs publics... Choix de spécialités régionales à la carte au gré des saisons et du marché : pot-au-feu de pintade, agneau de tonton Firmin, fondant au chocolat... Pour les amateurs de jazz (et les néophytes !), soirées musicales certains jeudis. Un resto à l'image de ce village classé : un mélange de rusticité et de standing. *Apéritif maison offert à nos lecteurs sur présentation de ce guide.*

DANS LES ENVIRONS

CLIOUSCLAT 26270 (2 km N)

🏠 ❙●❙ *La Treille Muscate* ** – (Centre) ☎ 04-75-63-13-10. Fax : 04-75-63-10-79. ● www.latreillemuscate.com ● Parking. TV. Fermé le mercredi. Congés annuels : du 15 décembre au 1er mars. Accès : par la D57. Chambres doubles de très bon confort de 55 à 110 €. Menus de 14 €, le midi en semaine, à 24 €. Voici une grande et jolie maison aux volets verts, aux murs partiellement couverts de lierre. Chambres au charme raffiné, certaines avec terrasse et vue sur la campagne environnante. Joli jardin clos ou salle à manger claire et spacieuse, un coin cheminée, quelques tables coquettes. On est au pays de la lumière et des senteurs. La cuisine en témoigne. Fraîcheur et raffinement sont les vertus cardinales qui entourent ces bons plats à base de produits locaux, comme le pressé de volaille en pot-au-feu, l'épaule d'agneau confite à l'ail, le gratin de ravioles aux pétoncles, la tarte fine de haddock sur lit de choucroute confite, la poêlée de veau à la coriandre fraîche et au cumin... Excellent rapport qualité-prix et accueil à la hauteur. *Café offert à nos lecteurs sur présentation de ce guide.*

MODANE 73500

Carte régionale B2

🏠 ❙●❙ *Hôtel-restaurant Le Perce-Neige** – 14, av. Jean-Jaurès (Centre) ☎ 04-79-05-00-50. Fax : 04-79-05-12-92. ● auperceneige@wanadoo.fr ● TV. Fermé le dimanche du 27 avril au 22 juin et du 19 octobre au 5 novembre. Congés annuels : du 1er au 19 mai et du 19 octobre au 5 novembre. Accès : en face de la gare. Chambres doubles à 40,50 € avec douche et w.-c., et à 53,50 € avec bains. Menus de 13,50 à 18,70 €. Hôtel d'étape par excellence dans une ville qui n'incite pas au séjour de longue durée. Confort simple et accueil un peu nonchalant, comme la ville. L'hôtel est bien insonorisé. Heureusement, vu la situation : sur la route et face à la voie ferrée. Les chambres les plus agréables donnent sur l'arrière (et la rivière). Cuisine de tradition et de terroir pas mal amenée.

DANS LES ENVIRONS

AUSSOIS 73500 (15 km NE)

❙●❙ *Fort Marie-Christine* ☎ 04-79-20-36-44. Fermé le dimanche soir et le lundi du 20 mai au 15 juin et du 15 septembre au 1er novembre. Congés annuels : du 20 avril au 20 mai et du 1er novembre au

RHÔNE-ALPES

20 décembre. Accès : par la D215, à droite de la route avant d'arriver à Aussois. Menus de 14 à 22,50 €. Installé dans une solide forteresse du XIXe siècle posée sur un éperon rocheux. Restaurées, les amples salles voûtées (et encore spartiate,s malgré quelques efforts de déco) accueillent désormais une fameuse table. Cuisine surtout de terroir, sacrément bien tournée : croustillant de reblochon aux fruits secs, aux pommes et aux poires, jambon cuit au foin, sauce au beaufort, persillé de lotte au gamay de Savoie. Et à des prix qui ne vous feront pas prendre les armes. De bons petits vins en pichet, mais la carte des vins mérite qu'on s'y aventure. L'été, petite terrasse dans la cour intérieure. *Apéritif maison offert à nos lecteurs sur présentation de ce guide.*

MONTBRISON 42600

Carte régionale A1

🛏️ |●| *Hôtel-restaurant des Voyageurs* * – 16, rue Simon-Boyer (Centre) ☎ 04-77-96-17-64. Fax : 04-77-58-95-02. Parking. TV. Fermé le samedi soir et le dimanche soir. Congés annuels : du 24 au 31 décembre. Chambres doubles à 23,50 € avec douche, 31 € avec douche et w.-c., 33,50 € avec bains. Menu à 10 € sauf le dimanche. Autres menus à 13,50 et 20,50 €. Dans une petite rue du centre, cet hôtel possède un charme désuet qu'on apprécie. Les chambres, spacieuses, furent meublées dans les années 1930-1940. Le restaurant de l'hôtel vous propose une cuisine traditionnelle, dont une salade à la fourme chaude. *Un petit déjeuner par chambre ou café offert à nos lecteurs sur présentation de ce guide.*

🛏️ |●| *Le Gil de France* ** – 18 bis, bd Lachèze ☎ 04-77-58-06-16. Fax : 04-77-58-73-78. Parking. TV. Canal+. Satellite. Accès : à la limite du centre. Chambres doubles à 45 € avec douche et w.-c. ou bains. Menus à 10 €, le midi en semaine, puis de 13 à 25 €. Hôtel moderne en lisière de la ville et devant un grand parc. Chambres claires avec tout le confort moderne. Accueil chaleureux.

|●| *Restaurant Yves Thollot* – 93, route de Lyon ☎ 04-77-96-10-40. Fermé le dimanche soir et le lundi. Accès : par la D496, à 1 km de Montbrison. Menus à 17 et 24 €. À la sortie de Savigneux, dans la zone artisanale, près d'un hôtel de type chaîne et dans le même style, Yves Thollot a ouvert son restaurant. Son sourire, sa bonhomie et sa cuisine font du bien. On vous conseille la salade de grenouilles aux pommes, le foie gras chaud poêlé aux pommes vertes et coulis de framboises, le bar grillé, le sandre au beurre blanc et, en dessert, le parfait de l'étang...

DANS LES ENVIRONS

CHAMPDIEU 42600 (5 km)

|●| *Hostellerie du Prieuré* – route de Boën ☎ 04-77-58-31-21. Fermé le jeudi (sauf jours fériés). Congés annuels : début août. Accès : sur la D8, à l'écart du centre. 1er menu à 10 €, copieux, autour d'un plat, le midi en semaine, et menus gastronomiques de 13 à 21,05 €. Une bonne adresse à la limite du département, tenue par un chef très à cheval sur la tradition culinaire. Cuisine agréable et vins abordables. *Café offert à nos lecteurs sur présentation de ce guide.*

SAINT-ROMAIN-LE-PUY 42610 (8 km S)

🛏️ |●| *Auberge Les Trabuches* ** – ☎ 04-77-97-79-70. Fax : 04-77-97-79-74. TV. Fermé le lundi. Accès : sur la D8 de Sury-le-Comtal à Montbrison, prendre à gauche avant la source Parot ; fléchage sur la droite. Chambres doubles de 35 € avec lavabo à 44 € avec douche et w.-c. Menus à 12 €, en semaine, puis à 15 et 25 €. 6 chambres simples partagent des sanitaires communs ; les 5 autres, situées de plain-pied dans un bâtiment annexe, ont plus de confort (sanitaires privés, TV) et un accès sur le jardin. Bon accueil. *Apéritif maison offert à nos lecteurs sur présentation de ce guide.*

MONTÉLIMAR 26200

Carte régionale A2

🛏️ *Hôtel Pierre* ** – 7, pl. des Clercs (Centre) ☎ 04-75-01-33-16. TV. Accès : près de l'église Sainte-Croix, dans la vieille ville. Chambres doubles de 25 € avec lavabo à 37 € avec bains. Petit déjeuner en sus. En bordure d'une placette, cet ancien hôtel particulier du XVIe siècle joliment rénové a des allures de mini-couvent. En plein vieux Montélimar. Atmosphère saisissante dès l'entrée : porche, couloir orné de candélabres, escalier en pierre de taille, mais cour en ciment. 12 chambres assez banales comparées au lieu, même si certaines ont été rénovées. C'est la n° 2 que nous préférons, avec son balcon entouré de vigne vierge, où il fait bon prendre le petit déjeuner. Possibilité d'entreposer des vélos. Accueil aimable et discret.

🛏️ *Hôtel Beausoleil* ** – pl. d'Armes, allées Provençales (Nord-Ouest) ☎ 04-75-01-19-80. Fax : 04-75-01-08-17. Parking payant. TV. Satellite. Chambres doubles de 27,50 € à 43 € avec douche et w.-c. ou bains. Dans une maison particulière de caractère, 16 chambres plaisantes. En retrait de la circulation, calme garanti et à deux pas du centre-ville. Agréable jardin pour le petit déjeuner. Bon accueil. *10 % sur le prix de la chambre offerts à nos lecteurs sur présentation de ce guide.*

🛏 *Sphinx Hotel* ** – 19, bd Marre-Desmarais (Centre) ☎ 04-75-01-86-64. Fax : 04-75-52-34-21. • www.sphinx-hotel.fr • Parking payant. TV. Canal+. Satellite. Congés annuels : du 24 décembre au 5 janvier. Chambres doubles de 44 à 59 €. Fort bien placé là aussi, à l'écart du flot automobile. Façade couverte de lierre. Ancien hôtel particulier du XVIIe siècle. Intérieur tout en boiseries, meublé en ancien avec un goût raffiné. Superbe salon, atmosphère tranquille, l'idéal pour se détendre. Chambres personnalisées et de très bon confort : climatisation, téléphone direct, minibar. Accueil à la hauteur des lieux. Aux beaux jours, petit déjeuner en terrasse.

🛏 *Hôtel du Parc* ** – 27, bd Charles-de-Gaulle (Ouest) ☎ 04-75-01-00-73. Fax : 04-75-51-27-93. • www.i-s-f.com/tourim/hdcparc • Parking payant. TV. Canal+. Satellite. Chambres doubles de 45 et 62 €, avec douche ou bains. Garage clos payant. Hôtel classique sans caractère particulier, face au parc. Grosse rénovation récente. Les patrons tiennent l'établissement avec un soin méticuleux et accueillent fort civilement. Chambres claires et confortables. *Orange pressée fraîche au petit déjeuner offerte à nos lecteurs sur présentation de ce guide.*

🍽 *La Petite France* – 34, impasse Raymond-Daujat (Centre) ☎ 04-75-46-07-94. ♿ Fermé le lundi, le samedi midi, le dimanche et les jours fériés. Menus de 11,50 à 26 €. Pour les vins, les coteaux-du-tricastin démarre à 10,67 €. Nécessité d'être un peu malin pour dénicher, au fond de son impasse, cette gentille petite adresse. Clientèle locale. Cadre frais et sympa : salle voûtée, fresque, décor bois clair, plantes vertes et musique discrète pour une cuisine classique bien troussée. Petit menu d'un bon rapport qualité-prix. Quelques plats : noix de Saint-Jacques à la provençale, filet de bœuf à la crème de morille, salade de homard au caramel d'épices, etc. *Apéritif maison offert à nos lecteurs sur présentation de ce guide.*

🍽 *Le Chalet du Parc* – allées Provençales, bd Marre-Desmarais (Nord-Ouest) ☎ 04-75-51-16-42. Fermé le lundi soir et le mardi. Congés annuels : 15 jours en février et fin septembre. Accès : à côté du kiosque à musique et de l'office du tourisme. Menus à 15 et 29 €. Un couple plein de dynamisme a repris cette maison depuis peu, en décidant de frapper gastronomique fort. Une sacrée bonne idée. Ça ronronnait un peu trop à Montélimar, à notre avis ! Venez vite découvrir cette cuisine sans esbroufe,

pleine d'une inspiration hors pair, exécutée avec un sérieux et un enthousiasme confondants. Ça a litttéralement réveillé nos papilles endormies depuis quelque temps. Remarquables associations de saveurs et produits d'une belle fraîcheur (la région y aide bien). Le tartare de queues d'écrevisses et saumon frais à la crème de sésame, le filet de bœuf aux morilles et le suprême de pintade grillé aux herbes fraîches nous font encore saliver ; cuisson parfaite de l'unilatéral de saumon (mais attendez-vous à autre chose, la carte évolue). Et comment ne pas sombrer dans le dithyrambe au sujet des merveilleux desserts. Ah, ce diabolique dôme de chocolat glacé vanille d'une finesse de goût qui laisse pantois ! Bien sûr, la salle du bas gagne encore à être personnalisée (un peu austère peut-être), mais ici on a, de toute évidence, voulu d'abord séduire par le goût et la qualité des mets. Aux beaux jours, grande terrasse donnant sur le parc. Qualité d'accueil à la hauteur de la cuisine. En rajouter desservirait probablement cette adresse ! Une de nos plus belles surprises de l'année. Comment ? vous n'y êtes pas encore ? *Café offert à nos lecteurs sur présentation de ce guide.*

DANS LES ENVIRONS

VALAURIE 26230 (19 km SE)

🛏🍽 *Domaine Les Méjeonnes* *** – (Ouest) ☎ 04-75-98-60-60. Fax : 04-75-98-63-44. Parking. TV. Satellite. ♿ Fermé le mercredi. Accès : par la RN7, puis la D133 direction Grignan-Nyons ; à 1 km du village. Chambres doubles à 60 € avec douche et w.-c. ou bains. Menus de 18 à 25 €. En haut de sa colline, loin de la route, le *Domaine Les Méjeonnes* vous accueille. Y arriver en été, lorsque les insectes tourbillonnent dans la lumière décroissante du soleil, ou de nuit lorsque les éclairages illuminent la lourde treille et les vieilles pierres, sont deux impressions magiques que l'on peut recueillir de cette vieille ferme joliment réhabilitée. De bien belles chambres spacieuses et confortables et une bonne cuisine qui se laisse facilement goûter. Si, de plus, vous jetez un œil sur la superbe piscine, il y a de fortes chances pour que le coup de foudre survienne. Accueil cordial.

🛏🍽 *La Table de Nicole* – route de Grignan ☎ 04-75-98-52-03. Fax : 04-75-98-58-45. • www.tabledenicole.com • Parking. TV. ♿ Fermé les mardi midi et mercredi midi. Accès : par la N7, puis la D133. Chambres doubles à partir de 67 €. Menus de 28 à 44,21 €. Vin de pays à 13 €, gouleyants cornas, saint-péray et saint-joseph, un crozes de chez Pochon à 18 €, puis, au hasard... un Château Pétrus 1992 à 700 €.

En pleine campagne, cette belle auberge est vénérée par les Américains. Normal, ils y retrouvent tous ce qu'ils aiment dans le Midi : une salle à manger de charme, murs de pierre sèche, cheminée, tableaux colorés, nappes provençales, éclairage mesuré et bien réparti, bref, tout pour créer une atmosphère chaleureuse et détendue. Oui, ici pas de col dur ni mines renfrognées. Clientèle assez argentée mais relax. Le patron est bien entendu pour quelque chose. Il vient volontiers deviser avec les hôtes avec une familiarité de bon ton. Quant à la nourriture, elle s'avère joyeuse, gourmande, épicurienne, à l'image de tous ces beaux hors-d'œuvre (une quinzaine au moins) qui s'amoncellent sur la table. Superbe menu à 28 €, avec les fameux hors-d'œuvre suivi d'un unique plat du terroir (du jour), accompagné de goûteux gratins. Le suivant offre le foie gras et celui à truffes se décline à l'évidence les jours de liesse. Belle sélection de fromages régionaux (si, si, on leur a trouvé une petite place !). Quant aux desserts... dommage, on en pouvait plus ! Carte des vins remarquable, faisant la part belle aux côtes-du-rhône. Une dizaine de chambres d'excellent confort et piscine. Une véritable adresse de fête ! Réservation très recommandée. *Café offert à nos lecteurs sur présentation de ce guide.*

MONTROTTIER   69770

Carte régionale A1

🏠 |●| *L'Auberge des Blés d'Or* ** – La Curtillat, route de Saint-Julien-sur-Bibost ☎ et fax : 04-74-70-13-56. Parking. TV. ♿ Fermé le soir, sauf réservation, et le mardi. Accès : depuis la N89, prendre la D7, après Saint-Bel, direction Bibost, puis la D246 jusqu'à 2 km avant Montrottier. Chambres doubles à 49,50 € avec douche et w.-c. Menus à 20 €, en semaine, et à 22 €. Cette ferme en pleine campagne a été fort bien restaurée. Les chambres, dans une annexe ouverte sur la vallée, possèdent tout le confort moderne et bénéficient d'un calme olympien. Dans la rustique et belle salle de restaurant, au parquet qui craque et aux poutres massives, on déguste une cuisine régionale, savoureuse et généreuse. Attention, la réservation est hautement recommandée : en saison pour être sûr de trouver de la place ; hors saison, simplement pour vérifier que l'on sert à manger ! *Apéritif maison offert à nos lecteurs sur présentation de ce guide.*

MORZINE   74110

Carte régionale B1

🏠 |●| *Hôtel Les Lans* *** – village des Prodains (Sud-Ouest) ☎ 04-50-79-00-90. Fax : 04-50-79-15-22. TV. Congés annuels :

de début avril à début juillet et de fin août à mi-décembre. Accès : à 300 m du téléphérique allant à Avoriaz. Chambres en demi-pension de 42 à 46 € par personne, en été, et de 54 à 70 € en hiver. Lui était moniteur de ski, elle se passionnait pour l'histoire de la Savoie et le patrimoine local. Aujourd'hui, avec leurs deux filles, ils font vivre ce grand chalet tout neuf, construit en harmonie avec la montagne et les bois environnants. Les prix sont imbattables, vu le confort proposé. M. Marullaz s'est mis à la cuisine, avec bonheur, et s'échappe une fois par semaine pour faire découvrir faune et flore. Mme Marullaz continue, elle, ses visites guidées. Et, en été, c'est gratuit pour les enfants de moins de 10 ans, à certaines périodes. Accueil en dents de scie, dommage.

🏠 |●| *Les Prodains* ** – village des Prodains (Sud-Ouest) ☎ 04-50-79-25-26. Fax : 04-50-75-76-17. ● hotellesprodains@aol.com ● Parking. TV. Satellite. Congés annuels : du 21 avril au 25 juin et du 10 septembre au 7 décembre. Accès : au pied du téléphérique d'Avoriaz. Chambres doubles avec douche et w.-c. ou doubles à partir de 44 € l'été, 55 € l'hiver. Menus de 16 à 21 €. Une sympathique affaire de famille au pied des pistes. Très bon accueil. Dans la maison, genre chalet, chambres mignonnettes, dotées pour certaines de balcons avec vue sur la montagne. Au resto – avec sa terrasse prise d'assaut par les skieurs dès que le soleil brille –, des plats de terroir : viande cuite sur la pierre et fricassées comme autrefois, ou encore une tartiflette (« la vraie ») avec oignons et lardons (un peu d'attente car c'est cuisiné à la commande) ; et d'autres plus inventifs. Le patron possède également un chalet en montagne où il emmène l'été les clients de l'hôtel goûter quelques spécialités savoyardes. Piscine d'été avec solarium et sauna.

|●| *Restaurant La Grangette* – (Ouest) ☎ 04-50-79-05-76. Fermé le lundi soir. Accès : en face du téléphérique de Nyons. Menus à 10,50 €, le midi, puis à 15 et 25 €. Une petite affaire de famille, au pied des pistes de Nyons, où l'on mange plutôt bien, dans une ambiance à la bonne franquette. Impeccable 1ᵉʳ menu, autour d'un plat du jour (style bœuf bourguignon-purée) avec tartelette maison au dessert. Quand on vous aura dit que la spécialité, ce sont les cuisses de grenouilles à la crème, vous aurez peut-être envie de venir y faire un saut. Point de départ de nombreuses balades.

|●| *La Chamade* – (Centre) ☎ 04-50-79-13-91. Fermé le mardi et le mercredi hors saison. Congés annuels : en mai et du 11 novembre au 10 décembre. Accès : près de l'office du tourisme. Menu à 42 €.

Compter 33 € environ à la carte. Une institution locale. De prime abord, une allure d'adresse populaire et touristique : salles à la déco un peu kitsch et, à la carte, salades et pizzas. Mais cette impression première se dissipe quand on s'attable devant un de ces adroits plats de terroir que concocte le jeune chef. Il a du goût pour le cochon, qu'il faut tester chez lui, du pâté de tête aux atriaux en passant par le porcelet de montagne grillé ou les traditionnels diots. Et si vous voulez tenter la même chose à la maison, ce chef doué a même écrit quelques bouquins de recettes. *Café ou digestif maison offert à nos lecteurs sur présentation de ce guide.*

DANS LES ENVIRONS

MONTRIOND 74110 (6 km NE)

|●| Auberge La Chalande – lieu-dit **Ardent** ☎ **04-50-79-19-69.** Fermé du lundi au vendredi midi en automne (jusqu'au 20 octobre) et le lundi en hiver. Congés annuels : du 25 avril au 26 mai (mais ouvert les week-ends) et du 20 octobre au 15 décembre. Menus de 20 à 39 €. Sur réservation, de préférence. Dans un hameau de bout du monde (mais au pied des remontées mécaniques qui emmènent les skieurs à Avoriaz...). Du vieux chalet où sa mère faisait naguère le casse-croûte savoyard, le patron a gardé le cadre, chaleureux et rustique. En cuisine, il s'éclate avec des menus qui n'exigent de vous qu'un peu de temps pour que le bonheur soit complet : croûte au fromage, panaché de saucisson braisé, beignets de pommes de terre. Accueil adorable.

MOÛTIERS 73600

Carte régionale B1

🏠 |●| Hôtel Welcome's ** – 33, av. Greyffié-de-Bellecombe** ☎ **04-79-24-20-06. Fax : 04-79-22-99-96.** ● Cartes de paiement refusées. Parking payant. TV. Satellite. ✖ Resto fermé le samedi en été. Chambres doubles avec bains de 43 à 53 €. À la brasserie, menu à 11 € le midi en semaine. Au resto, menus de 15 à 50 €. Un hôtel de gare (elle est à deux pas) mais dans le genre cossu. Accueil aimable (« Chez Bienvenue », traduction littérale de l'enseigne, c'est la moindre des choses...). Chambres de bon ton et de bon confort, au calme sur l'arrière. Pour ceux que les escaliers rebutent, c'est le seul hôtel de la ville à avoir un ascenseur ! Au resto, cuisine traditionnelle, quelques plats de brasserie et du poisson. Garage gratuit pour motos et vélos. *Apéritif maison offert à nos lecteurs sur présentation de ce guide.*

DANS LES ENVIRONS

FEISSONS-SUR-SALINS 73350 (12 km SE)

🏠 |●| Le Balcon des Trois Vallées ** ☎ **04-79-24-24-34. Fax : 04-79-24-24-79.** ● **www.b3v.fr.fm** ● Fermé le mercredi midi en saison, le mercredi toute la journée hors saison (en mai, juin et du 1er octobre au 15 décembre). Congés annuels : à l'Ascension, à la Pentecôte et à la Toussaint. Accès : par la D915 jusqu'à Bozel, puis la D89. Chambres doubles avec lavabo de 35,21 à 38,57 € suivant la saison, avec douche et w.-c. de 38,57 à 41,92 €. Menus de 11,50 à 20 €. Dans un presque paumé et tout petit village, un gros chalet rénové par la commune, en prenant bien soin de respecter les normes. D'où un côté un peu fonctionnel, largement compensé par une déco chaleureuse. On s'y sent comme chez des amis. Les jeunes patrons sont belges mais quand le chef sort un franc jambon de montagne ou un fameux génépi, on pourrait le croire du ce haut pays. Aux fourneaux, il travaille une cuisine qu'il veut familiale mais qui nous a plutôt semblée inventive. Navettes gratuites pour le domaine skiable des Trois-Vallées, location de raquettes, luges, skis de fond ou VTT. *Génépi (du cru !) et apéro offerts (en mai, juin, octobre et novembre) à nos lecteurs sur présentation de ce guide.*

LÉCHÈRE (LA) 73260 (12 km N)

|●| Restaurant La Vieille Forge – **Bellecombe** ☎ **04-79-24-17-97.** Parking. ✖ Fermé le mardi (hors juillet-août) et tous les midis. Accès : sortie 37 Valmorel. Menus de 10 à 22 €, certains avec vin compris. Vue de l'extérieur, la maison un peu biscornue évoque une guinguette. Salles pleines de recoins où le forgeron qui occupait les lieux a abandonné quelques-unes de ses réalisations. Spécialités savoyardes et cuisine bien traditionnelle, presque bourgeoise (le patron affectionne les viandes en sauce). Soirées musicales (jazz, blues, rock) tous les vendredi soir et longues soirées tout court, en été, quand *La Vieille Forge* reste ouverte jusqu'à 4 h du matin ! *Apéritif maison ou café ou digestif maison offert à nos lecteurs sur présentation de ce guide.*

VALMOREL 73260 (14 km SO)

🏠 |●| Chalet du Crey ** – **Les Avanchers, hameau du Crey** ☎ **04-79-09-87-00. Fax : 04-79-09-89-51.** ● **www.chalet-du-crey.com** ● Parking. ✖ Congés annuels : du 20 avril au 31 mai et du 30 septembre au 20 décembre. Accès : par la D95, en contrebas de la station. Chambres doubles avec douche et w.-c. de 38 à 45 € en été. L'hiver, demi-pension seulement : de

35 à 53 € par personne. Menus à 12 et 18 €. Compter 30 € à la carte. Dans un hameau paisible et bourré d'authenticité. Le classique hôtel de station, tenu par une famille où tout le monde sait ce qu'accueil veut dire. Chambres de bon confort, joliment mansardées sous les toits. Mobilier de bois blond très vacances. Chambres familiales pour 4 à 5 personnes. Au resto, des plats qui changent du tout-venant montagnard (même si l'on trouve les habituelles spécialités à la carte). Une piscine d'été comme on n'en avait encore jamais vue : gonflable mais énorme !

|●| Restaurant Le Ski Roc – Le Bourg-Morel ☎ 04-79-09-83-17. Service jusqu'à minuit. Congés annuels : du 25 avril au 20 juin et du 5 septembre au 15 décembre. Accès : dans une rue piétonne, au bout de la rue du bourg. Menus à 13,50 €, le midi, et à 17 et 20 €. C'est le rendez-vous du Tout-Valmorel. Bar à vins à la déco discrètement baroque, branché sans vraiment l'être… Bonne cuisine, assez mode elle aussi et – inévitables ! – spécialités de montagne. Vins de Savoie au verre avec tartines chaudes à l'apéro. Terrasse couverte (et chauffée !). *Génépi offert à nos lecteurs sur présentation de ce guide.*

NANTUA   01130

Carte régionale B1

|●| Restaurant Belle Rive – 23, route de La Cluse (Nord-Ouest) ☎ 04-74-75-16-60. Parking. En été, ouvert tous les jours midi et soir ; en hiver ouvert tous les midis ainsi que les vendredi et samedi soir. Accès : sur la N84, juste avant d'arriver à Nantua, en venant de la Cluse. Menu à 10,10 €, le midi en semaine, puis 3 menus de 12,50 à 31 €. Tout au bord du lac, avec un superbe panorama, le resto des réunions de famille et des repas VRP. Populaire, quoi ! Donc, réservez ou arrivez tôt si vous voulez une place dans l'agréable véranda qui domine le lac. Honnête 1er menu, et dans le suivant, les inévitables quenelles de Nantua, fromage blanc frais sec ou à la crème, délicieux. Les autres menus proposent une bonne cuisine traditionnelle, soignée et préparée avec des produits de choix. On attend les plats un bon quart d'heure, c'est plutôt bon signe et, c'est vrai, ils sont réussis… Service efficace.

DANS LES ENVIRONS

CHARIX 01130 (10 km S)

≜ |●| Auberge du Lac Genin – ☎ 04-74-75-52-50. Fax : 04-74-75-51-15. ● denis. godeet@wanadoo.fr ● Parking. TV. Fermé le dimanche soir et le lundi. Accès : par

la N84 (direction Bellegarde) puis, au Martinet, bifurquer à gauche sur la D95 (indiqué). Chambres avec lavabo à 20 €, avec douche et w.-c. à 31 €, avec bains à 40 €. Menus de 11 à 18 €. L'endroit déjà vaut le détour. L'auberge est au bord d'un petit lac enchâssé entre les sombres forêts jurassiennes. Un petit coin de paradis pour pêcheurs et randonneurs. Et un paysage miraculeusement préservé. Normal, donc, que notre chambre préférée soit la n° 5 dont les fenêtres ouvrent sur le lac. Chambres pas luxueuses mais à prix moyens. 1er menu plutôt banal ; les autres proposent jambon de montagne et viande grillée dans la cheminée (saucisson au vin, côte de veau à la moutarde…). Plus convivial que gastronomique. Ambiance joyeusement familiale, accueil agréable, et laissez-vous conter l'histoire de la « Vouivre » du lac par le patron. En hiver, prévoyez l'équipement nécessaire pour grimper jusqu'au lac. En été, attention au monde.

CHÂTILLON-DE-MICHAILLE
01200 (12 km SE)

≜ |●| Auberge de la Fontaine ** – Ochiaz (Est) ☎ 04-50-56-57-23. Fax : 04-50-56-56-55. ● www.multimania.com/fontaine01 ● Parking. Fermé le lundi, le mardi soir hors saison et le dimanche soir. Congés annuels : du 7 au 29 janvier, du 17 au 26 juin et du 1er au 8 octobre. Accès : de Nantua, par la N84, ou l'A40 vers Bellegarde ; à Châtillon-de-Michaille, prendre la direction Seyssel par la D991 ; c'est à 2 km en sortie de ville, sur la droite. Chambres doubles à 31 € avec lavabo, 37 € avec bains. Demi-pension, demandée en saison, à 56 € par personne. 1er menu à 15 €, non servi le week-end, menus suivants de 26 à 46 €. Une adresse chic mais pas trop, au cœur d'un charmant petit village. La fontaine glougloute doucement devant cette jolie maison de pierre noyée sous les fleurs. Chambres confortables et calmes pour des nuits réparatrices et à des prix raisonnables pour la région. On y mange fort bien (foie gras frais de canard, turbot au champagne, feuilleté de canard, gratin de queues d'écrevisses), mais il manque, vu les prix pratiqués, un peu plus de fantaisie dans les assiettes, un petit quelque chose en plus pour que notre sympathie envers cette bonne maison se transforme en enthousiasme délirant.

LALLEYRIAT 01130 (14 km E)

|●| Les Gentianes ☎ 04-74-75-31-80. ⚘ Fermé les mardi et mercredi, ainsi que le dimanche soir. Accès : par la N84 (direction Bellegarde) jusqu'aux Neyrolles, puis la D55. Menus de 20 à 37 €. Compter 32 € à la carte. Avec cette enseigne qui fleure bon les prés-bois jurassiens, on s'attend à trouver, derrière les murs de pierre de cette adorable auberge villageoise, quelques solides et conviviales spécialités de montagne. Il n'en est rien ! D'abord, le chef s'avoue « titi parisien » d'origine. Et puis, s'il n'oublie pas les produits du coin, sa cuisine est pleine de trouvailles et de bonnes surprises : poêlée de queues de langoustine et pétoncles aux mojhettes de Vendée, pavé de charolais aux morilles... Autre bonne nouvelle, les prix sont serrés. Accueil naturel et charmant. *Apéritif maison ou café offert à nos lecteurs sur présentation de ce guide.*

LANCRANS 01200 (17 km SE)

🏠 **|●| *Le Sorgia*** ** – Grande-Rue (Nord-Ouest) ☎ 04-50-48-15-81. Fax : 04-50-48-44-72. Parking. TV. Satellite. Fermé le lundi, le samedi midi et le dimanche soir. Accès : par la N84 puis la D991 direction Lélex, Mijoux. Chambres doubles à 41 € avec douche et w.-c., 43 € avec bains. Menus à 13 €, en semaine, et à 22 et 28 €. En un siècle, le bar-resto de village de la famille Marion est devenu cet hôtel-restaurant auquel talvane et balcon donnent un petit air montagnard. Chambres plutôt agréables (côté vallée surtout) et confortables. Meubles anciens mais literie récente (important, ça !). Au resto, cuisine de terroir simple mais copieuse : féra du lac au vin de savoie, feuilleté d'escargots aux petits champignons, bonne charcutaille, noix de Saint-Jacques forestière, nougat glacé maison... Gentil accueil. Et pourquoi le *Sorgia* ? C'est le nom de la montagne en face, que l'on peut voir depuis les chambres. *Apéritif maison offert à nos lecteurs sur présentation de ce guide.*

NOIRÉTABLE 42440

Carte régionale A1

🏠 **|●| *Hôtel-restaurant Au Rendez-vous des Chasseurs*** ** – route de l'Hermitage (Sud-Ouest) ☎ 04-77-24-72-51. Fax : 04-77-24-93-40. Parking. TV. Fermé le dimanche soir et le lundi hors saison, le dimanche toute la journée en janvier et février. Congés annuels : du 22 février au 3 mars et du 12 septembre au 6 octobre. Accès : sur la D53, à 1 km du centre du village, direction Vollore-Montagne. Chambres de 24,45 € avec lavabo à 35,85 € avec douche et w.-c. ou bains. 1er menu à 9,05 € en semaine, autres menus de 16,80 à 31 €. Naguère, les étables étaient bien noires en effet (Noirétable !) et les auberges peu reluisantes. En voilà une qui nous a fait oublier l'A72 (à 6 km du village). Autour, ce ne sont que les monts du Forez, sur lesquels on a une belle vue depuis la salle à manger. Joli paysage. Les saveurs du Forez sont dans l'assiette : terrine de poireaux au bleu

d'Auvergne, parfait de foies de volailles aux myrtilles, soufflé glacé, gibier en saison. *10 % sur le prix de la chambre (à partir de 2 nuits hors juillet et août) offerts à nos lecteurs sur présentation de ce guide.*

DANS LES ENVIRONS

JURÉ 42430 (20 km NE)

|●| *Auberge Le Moulin* ☎ 04-77-62-55-24. 🐾 Ouvert le samedi, le dimanche et les jours fériés de mars à novembre (de 11 h 30 à 20 h 30) ; tous les jours sauf le lundi en juillet-août. Accès : par la D53 puis, avant Saint-Just-en-Chevalet, à droite par la D86. Menus de 10 à 17 €. Quel dommage que cette petite auberge installée dans un moulin n'ouvre pas ses portes plus souvent ! Le cadre est idyllique, la petite rivière passant sous la maison fournit le courant électrique. Les frères Lumière y auraient fait leur première prise de vue. Les menus campagnards sont délicieux. Terrines cuites au four à bois excellentes, rissoles, salade à l'huile de noix et pâtisseries maison à déguster avec du cidre. Vins très abordables. *Apéritif maison offert à nos lecteurs sur présentation de ce guide.*

NYONS 26110

Carte régionale A2

🏠 **|●| *La Picholine*** *** – promenade de la Perrière ☎ 04-75-26-06-21. Fax : 04-75-26-40-72. Parking. TV. Resto fermé les lundi et mardi d'octobre à avril, le lundi seulement de mai à septembre. Congés annuels : du 2 au 25 février et du 12 octobre au 4 novembre. Accès : sur les hauteurs, à l'entrée de la ville. Chambres doubles de 50 à 66 €. Demi-pension, demandée en juillet-août, de 50 à 62 € par personne. Menus de 21,50 à 37 €. Le décor de l'entrée et du restaurant a un petit côté « rêve de shampouineuse », mais les propriétaires actuels sont aux petits soins pour les couples du 3e âge qui semblent avoir trouvé bonne table et bon gîte. Dans cette bonne ville de Nyons, voilà l'étape idéale, isolée dans les hauteurs, avec sa piscine au milieu des oliviers. Les chambres sont grandes, claires, agréables. Les nos 1 à 10, plein sud, offrent une vue imprenable sur la vallée. Table correcte. Le menu du terroir devrait vous contenter largement.

🏠 **|●| *Hôtel La Caravelle*** *** – promenade de la Digue, 8, rue des Antignans (Sud) ☎ 04-75-26-07-44. Fax : 04-75-26-23-79. Parking. TV. Congés annuels : en janvier, mars, novembre et décembre. Accès : du pont de l'Europe, suivre la promenade de la digue. Chambres doubles de 70 à 80 € ;

avec une petite pièce supplémentaire, 85 €. Petit déjeuner à 8,50 €. À deux pas du centre, au milieu d'un vaste et plaisant jardin aux belles essences ; grande demeure particulière (ancienne bastide) proposant 9 chambres d'excellent confort et 2 petits appartements (chambre et petit salon avec un lit d'enfant). Atmosphère feutrée, accueil discret, idéal pour qui cherche calme et tranquillité. La plupart des chambres ont vue sur le jardin (certaines avec balcon). Terrasse ombragée et parking clos.

|●| *Resto des Arts* – rue des Déportés (Centre) ☎ 04-75-26-31-49. Fermé le mardi en basse saison et le mercredi. Menus à 13 €, le midi sauf les dimanche et jours fériés, puis à 20 et 25 €. Plat du jour à 10 €. Au cœur du vieux Nyons, le rendez-vous des artistes, vignerons gourmands (c'est d'ailleurs la cantine de Claude et Monique Bonfils, les viticulteurs les plus sympas de la Drôme), gourmets de tout poil. Atmosphère relax, gentiment branchouillée. Presque toujours plein, c'est bon signe. Cuisine bien dans la tradition, avec une touche personnelle. Toujours goûteuse et bien servie. Quelques plats : salade de chèvre chaud au sésame, tartine de rougets au foie gras, magret de canard sauce aux fruits du jour, foie gras poêlé aux pommes. Plat du jour et menu du jour également. Carte pleine de bons côtes-du-rhône, ça va de soi ! *Vin blanc cassis offert à nos lecteurs sur présentation de ce guide.*

|●| *Le Petit Caveau* – 9, rue Victor-Hugo ☎ 04-75-26-20-21. Fermé le dimanche soir et le lundi. Accès : rue perpendiculaire au pavillon du tourisme. Menus à 17 €, le midi sauf le dimanche et les jours fériés, et de 26 à 39 €. Muriel Cormont est diplômée de l'université du Vin de Suze-la-Rousse. Certes. Son acolyte de mari est un ancien de *Robuchon*. Certes bis. L'une a eu l'idée de proposer une très ingénieuse formule pour goûter 3 vins différents, selon son humeur et ce qu'elle a en stock (vous n'aurez pas de mal à la reconnaître, elle sert toujours en salle avec son éternel tablier). L'autre a tout simplement eu l'idée de bien cuisiner. Goûtez son râble de lapin rôti aux noisettes, et vous comprendrez que l'on est en Provence et dans le fief de l'olive. Goûtez le magret de canard à l'ail galette de pommes de terre et son jus au miel, les côtes d'agneau confites, le pavé de sandre aux raisins secs et à la coriandre, et vous vous direz comme nous que l'on y mange bien.

DANS LES ENVIRONS

MIRABEL-AUX-BARONNIES
26110 (7 km S)

|●| *La Coloquinte* – av. de la Résistance (Centre) ☎ 04-75-27-19-89. ♿ Fermé le mercredi hors saison. Congés annuels : du 22 décembre au 4 janvier. Accès : par la D538 en direction de Vaison-la-Romaine. Menus de 20 à 32,50 €. À la carte, compter environ 35 €. Superbe cuisine gastronomique n'utilisant que les produits frais selon les saisons. Salle plaisante, tons colorés, grosses poutres, tables bien séparées. Aux beaux jours, agréable patio ombragé. Plats particulièrement élaborés et parfumés. Les poissons sont cuits à la perfection. Terrines succulentes. Belle ronde de fromages affinés et desserts pas en reste. Carte des vins privilégiant les côtes-du-rhône, ça va de soi !

SAINT-FÉRRÉOL-TRENTE-PAS
26110 (10 km NE)

⌂ |●| *Auberge de Trente Pas* – au bourg (Centre) ☎ et fax : 04-75-27-71-39. ● www.guideweb.com/provence/hotel/trente-pas ● Cartes de paiement refusées. Pas de restauration le midi. Réservation nécessaire le soir. Congés annuels : de mi-octobre à mi-mars. Accès : de Nyons, suivre la D94, puis la D70 vers Bourdeaux. Chambres doubles de 32 à 34 € avec lavabo ou douche (w.-c. sur le palier), à 41 € avec douche et w.-c. Gîte d'étape à 12,20 € par personne. Menu à 14 € (19 € le dimanche midi). Un gouleyant syrah du pays de Grignan à 11 €. Possibilité de demi-pension. Voilà une adresse qui correspond toujours bien au *Routard*. Ici, on retrouve tout ce qu'on aime : un vieux village de la Drôme montagneuse, un hôtel-resto sans chichis offrant des chambres d'une grande simplicité mais propres et une cuisine de famille faite avec cœur. Ici, c'est plutôt style cyclistes et randonneurs que... voyageurs de noce ou pharmacien avec la femme du notaire (encore que des trekkeurs en voyage de noce !). Accueil chaleureux de Véronique, la jeune patronne, qui a délaissé la dolitique parisienne pour se refaire une belle santé dans la région. Et avec quel enthousiasme, quelle gentillesse... Mille hôtels comme ça en France, et les chambres d'hôte ont du mouron à se faire. Bons petits plats mitonnés, servis dans la conviviale salle à manger aux poutres bleues.

CONDORCET 26110 (13 km NE)

|●| *La Charrette Bleue* – route de Gap ☎ 04-75-27-72-33. Fermé les mardi et mercredi, plus le dimanche soir d'octobre à mars. Congés annuels : pendant les vacances de la Toussaint et de mi-décembre à fin janvier. Accès : par la D94, puis la D70. Menus de 16 €, le midi en semaine, à 32 €. Vins au verre à partir de 2,50 €, les bouteilles démarrent à 8 €. Le bouche à oreille s'est révélé sa meilleure pub ! Comme une traînée de poudre... Une vraie cuisine de pro, sincère. La tradition avec une belle touche de créativité. Les senteurs des collines et de la garrigue s'y télescopent remarquablement. Goûter à la terrine de pintade et foie gras, au carré d'agneau rôti en croûte d'ail, à la pintade confite maison sauce légère à la tomate fumée. Au menu à 32 €, du foie gras. Quand on félicite la patronne sur la présentation des mets, elle confie : « En fait, mon mari est un artiste ! » Salle à manger joliment arrrangée, mais aux beaux jours, tous en terrasse. Les meilleures places sont sous l'olivier. Cuisine tellement délectable que le bruit de la route est vite oublié. Accueil souriant et affable, service efficace en prime.

OYONNAX   01100

Carte régionale B1

📧 |●| *Hôtel-restaurant Buffard* ** – pl. de l'Église ☎ 04-74-77-86-01. Fax : 04-74-73-77-68. ● www.hotelbuffard.com ● Parking. TV. Canal+. Satellite. Resto fermé le vendredi soir, le samedi et le dimanche soir. Congés annuels : la dernière semaine de juillet et les 2 premières semaines d'août. Accès : près de la gare. Chambres doubles avec lavabo à 28 €, avec douche à 37 €, avec douche et w.-c. ou bains de 49 à 53 €. Menus de 12 à 28 €. Chez *Buffard*, c'est comme une certitude à laquelle se raccrocher : depuis 104 ans, cet hôtel-resto n'a jamais failli à sa réputation. Ici, on sait recevoir et on se sent un peu comme à la maison ou en séjour chez une vieille tante. Chambres meublées à l'ancienne. Au resto, cuisine familiale riche et copieuse. Dans les menus, on a droit aux spécialités régionales : quenelles nantua, gratin de queues d'écrevisses, soufflé galcé au Grand Marnier... *Café ou digestif maison offert à nos lecteurs sur présentation de ce guide.*

📧 *Nouvel Hôtel* ** – 31, rue René-Nicod (Centre) ☎ 04-74-77-28-11. Fax : 04-74-77-03-71. ● www.nouvelhotel.fr ● Parking payant. TV. Canal+. Accès : à 150 m de la gare SNCF. Chambres doubles de 28 à 40 €, selon le confort. Avec un nom pareil, vous pourriez avoir des craintes et, dans nombre de cas, vous auriez raison. Mais ici, suite à un lifting très réussi, c'est le charme qui s'impose dès la réception, l'accueil souriant et disponible. Un meublé boisé de qualité et un entretien impeccable. Les chambres offrent un bon rapport qualité-prix. Et on apprécie les petits riens qui font tout, comme le petit déjeuner servi dans la chambre sans supplément. À 5 mn du centre-ville à pied, voici une adresse bien utile.

PEISEY-NANCROIX   73210

Carte régionale B1

|●| *Restaurant Chez Félix* – Plan-Peisey ☎ 04-79-07-92-41. Parking. Fermé le lundi. Congés annuels : de mi-avril à fin juin et de début septembre à mi-décembre. Accès : entre Les Mélèzes et Val-Landry. Plat du jour autour de 9 € et menu campagnard à 13 €. Compter, à la carte, de 13 € pour un repas de crêpes à 25 € pour un repas savoyard. Cette maison toute simple est d'abord une crêperie, mais la carte ne fait pas l'impasse sur les spécialités régionales : diots à la polenta, berthoud, tartiflette, etc. L'été, terrasse avec une vue plongeante sur les gorges du Ponturin. Mais question cadre, on préfère nettement l'annexe estivale de *Chez Félix*, installée dans un ancien chalet d'alpage du XIXᵉ siècle à l'orée du parc de la Vanoise, face au mont Pourri.

PONT-D'AIN   01160

Carte régionale A1

|●| *Restaurant-bar Le Terminus* – 71, rue Saint-Exupéry (Nord) ☎ 04-74-39-07-17. Parking. Fermé le lundi et le soir des dimanche et jours fériés. Accès : sortie n° 9 de l'A42, direction Bourg-en-Bresse par la RN75 ; en sortie de ville, face à la gare. Le midi en semaine, petit menu à 11,50 € ; puis menus de 15 à 27 €. Deux petites salles à manger coquettes et une terrasse ombragée pour l'été. M. Berthiller se consacre pleinement à sa cuisine, et ça lui réussit. Accueil prévenant et service diligent pour une nourriture régionale copieuse et pas chère. Une bonne petite table de sortie de ville sans prétention.

PRIVAS   07000

Carte régionale A2

|●| *Le Gourmandin* – cours de l'Esplanade, angle rue Pierre-Filliat (Centre) ☎ 04-75-64-51-52. Fermé le dimanche soir et le lundi. Menus de 15 à 24,10 €. La bonne table de Privas, et même, pourrait-on dire, la table fine. Car Philippe Bourjas retouche avec art le terroir, affinant les recettes, leur apportant un zeste de créativité – mais pas n'importe quelle créativité, car il en est de géniales mais folles. Non, ici l'invention est simplement gourmande et bonne vivante (plats copieux). On se régale donc, le foie gras aux marrons et la cassolette de ravioles au fromage à la sauce aux cèpes (subtile !) nous ont donné bien du plaisir. Cadre d'une sobre élégance, service aimable et consciencieux, sans tralala. Belle

carte des vins. Et un très bon rapport qualité-prix. *Café offert à nos lecteurs sur présentation de ce guide.*

DANS LES ENVIRONS

ALISSAS 07210 (4 km SE)

|●| *Restaurant Lous Esclos* – **quartier Rabagnol (Sud-Est)** ☎ 04-75-65-12-73. Parking. &. Fermé le dimanche soir et le lundi. Accès : sur le bord de la D2 qui contourne le bourg d'Alissas. Un menu à 10 €, le midi en semaine, et 5 autres menus de 14 à 27 €. Une auberge de bord de route (un court chemin y mène), bien pratique pour une halte entourée de verdure. Salle climatisée plus tranquille, et bon accueil. La poêlée d'escargots « sauce Esclos », les cuisses de grenouilles, les produits suivis selon la saison, les desserts maison vous sont proposés et recommandés. Une des bonnes tables du secteur, régulière, travaillant des produits de qualité, appréciée dans le pays. Au fait, *lous esclos*, ça veut dire « les sabots ». Bon à savoir ! *Café offert à nos lecteurs sur présentation de ce guide.*

BAIX 07210 (24 km E)

🏠 |●| *L'Auberge des 4 Vents* ** – **route de Chomérac** ☎ **et fax : 04-75-85-84-49.** Parking. TV. &. Fermé le samedi midi et le dimanche soir hors saison. Congés annuels : pendant les vacances scolaires de février. Accès : prendre la D2 puis à droite quand on arrive à la N86, Baix est à 3 km. Selon confort (douche, douche et w.-c. ou bains), doubles de 27 à 40 €. Correct menu du jour à 11 € ; menus suivants de 17 à 35 €. Atmosphère provinciale dans cette grande salle sobre et claire, au plafond curieusement pyramidal, où rebondissent les voix des tablées d'autochtones. Cuisine de pays, nappes et chandeliers, mais sans frime, et des vins pas trop chers : ça peut faire une adresse de banquet ou une halte pour VRP – ou pour nos lecteurs, évidemment. À l'annexe, des chambres calmes et nettes, modernes, à prix très abordables.

QUINCIÉ-EN-BEAUJOLAIS 69430

Carte régionale A1

|●| *Restaurant Au Raisin Beaujolais* – **Saint-Vincent** ☎ 04-74-04-32-79. &. Fermé le soir et le samedi. Accès : en sortant de Beaujeu, prendre la D37 vers Saint-Vincent ; c'est sur la droite à environ 4 km. 4 menus de 12,40 €, en semaine, à 22,10 €. Le type même du petit resto pas prétentieux, banal même, comme on aime en trouver le midi sur une route des vins, pour éponger la dégustation du matin. Un patron en salle qui la ramène volontiers, et une femme qui se démène en cuisine pour vous offrir de bons petits plats bien mitonnés. Salade beaujolaise, terrine, andouillette au vin blanc, fromage blanc. Du pas sorcier mais du travail honnête. Pour les vins, vous aurez le choix, avec toutes les appellations de beaujolais ! Terrasse couverte et climatisée. *Café offert à nos lecteurs sur présentation de ce guide.*

|●| *Auberge du Pont des Samsons* – **Le Pont-des-Samsons** ☎ 04-74-04-32-09. Parking. Fermé le mercredi soir et le jeudi. Congés annuels : du 2 au 12 janvier. Accès : par la D37, en direction de Beaujeu. 1er menu à 17 €, sauf les jours fériés, puis trois autres menus de 22 à 34 €. Tristement placée à un carrefour ne payant pas de mine de l'extérieur, cette petite auberge offre une carte plutôt alléchante et conquiert son monde par un accueil agréable, un cadre très sympathique, une propreté irréprochable et une cuisine excellente, à des prix qui ne vous coupent pas l'appétit. Très honnête foie gras, appétissante salade aux noix de Saint-Jacques, filet de sandre sauce aneth et baies roses ou éventail de rougets aux amandes sauce au basilic. Côté viandes, de classiques mais fort bons magrets de canard aux fruits rouges et pavé de bœuf sauce morilles et son poivre gris. Service souriant et beaucoup de petites attentions, de l'entrée jusqu'au café. *Café offert à nos lecteurs sur présentation de ce guide.*

DANS LES ENVIRONS

CHIROUBLES 69115 (10 km N)

|●| *La Terrasse du Beaujolais* – **route d'Avenas** ☎ 04-74-69-90-79. &. Fermé le lundi soir et le mardi ; du lundi au vendredi de début décembre à fin février. Accès : par la D9 jusqu'à Villié-Morgon, puis à gauche la D86. Menus de 20,50 à 48 €. Une situation privilégiée pour une vue merveilleuse sur les vignes. C'est splendide à toutes les saisons, et l'endroit est vraiment agréable en été, car il y a toujours un peu d'air frais. Si vous venez avec les mômes, vous ne les aurez même pas dans les pattes puisqu'un terrain de jeux les fera bien vite quitter la table. En fin de semaine et pendant la période estivale, l'endroit est très fréquenté, c'est donc un peu l'usine. L'accueil y reste pourtant étonnement sympathique, et la cuisine est réussie. Le 1er menu est intéressant, avec, par exemple, terrine maison et andouillette beaujolaise bien faite. Un plat simple reste également une bonne affaire. S'il faut dépenser plus, on préfère aller ailleurs, mais un repas en terrasse est vraiment plaisant, pour déjeuner ou dîner. Penser à réserver. Parfois ouvert (selon la

météo) les après-midi d'hiver pendant les vacances scolaires (propose des en-cas). *Apéritif maison offert à nos lecteurs sur présentation de ce guide.*

RIVE-DE-GIER 42800

Carte régionale A1

I●I *Restaurant Georges Paquet* **– Combeplaine (Est)** ☎ 04-77-75-02-18. Parking. &. Fermé le dimanche midi et tous les soirs sauf le vendredi et le samedi. Congés annuels : 1 semaine en février et du 20 juillet au 20 août. Accès : A47, sortie La Madeleine. Menus à 14 €, le midi en semaine, et de 18,50 à 39 €. Dans cette région, entre usines et friches industrielles, voici, entre autoroute et nationale, une adresse à la cuisine chaleureuse. Un décor feutré aux teintes douces et lumineuses, dans lequel ce spécialiste du poisson vous emmènera à Cancale le temps d'un repas. Poisson sous toutes ses formes, sauces agréables et accueil courtois. Menu très intéressant à 14 € en semaine avec 3 entrées, 3 plats au choix, fromage ou dessert. Les autres menus sont un peu chers à notre goût. Il n'y a que le menu de desserts (le vendredi soir sur réservation) qui ravira les amateurs de sucreries. Les gastronomes nantis pourront aussi aller à l'*Hostellerie de la Renaissance*, 41, rue Marrel (☎ 04-77-75-04-31), le grand restaurant de Rive-de-Gier. *Café offert à nos lecteurs sur présentation de ce guide.*

DANS LES ENVIRONS

SAINT-MARTIN-LA-PLAINE 42800
(8 km O)

I●I *Le Flamant Rose* ☎ 04-77-75-91-13. &. Fermé le dimanche soir et le lundi soir. Accès : par la D37, suivre le fléchage « Parc zoologique », c'est juste en face. Menu à 9,50 €, le midi en semaine, autres menus de 17 à 36 €. La grosse bâtisse, devant un plan d'eau où mouchent les truites et face au zoo où ronflent les gorilles, n'a que le charme de sa belle terrasse. Cela dit, les salles y sont claires, même si celle réservée à l'excellent et copieux menu du déjeuner n'a pas reçu le même traitement décoratif que l'autre, dédiée aux menus plus chers. On retient une cuisine agréable, qui n'hésite pas à prendre quelques risques sucréssalés de fort bon aloi, et un accueil tout ce qu'il y a d'adorable. Très bons desserts et pain maison. Pour ceux que ça intéresse, le resto propose des plateaux pique-nique à 8,50 € environ, à aller manger en visitant le zoo voisin.

SAINTE-CROIX-EN-JAREZ 42800
(10 km E)

🏠 I●I *Le Prieuré* **– au bourg (Centre)** ☎ 04-77-20-20-09. Fax : 04-77-20-20-80. TV. Fermé le lundi. Congés annuels : du 2 janvier au 28 février. Accès : par la D30, direction Sainte-Croix-en-Jarez. 4 chambres avec bains à 48 €. Menus à 12 €, en semaine, puis de 18 à 39 €. C'est l'occasion assez unique de passer une nuit dans une chartreuse du XIIIᵉ siècle, au calme absolu. Décoration toute simple et mobilier un peu vieillot, mais très bien tenu. Salle de restaurant au premier étage, pimpante, avec beau plafond à la française. Cuisine traditionnelle : charcuterie du terroir, émincé de tripes au gratin, gigolette de volaille farcie aux morilles... Au rez-de-chaussée, bar avec une belle salle voûtée. Accueil agréable. *Café offert à nos lecteurs sur présentation de ce guide.*

ROANNE 42300

Carte régionale A1

🏠 I●I *Hôtel de l'Ancre* **– 24, pl. du Maréchal-de-Lattre-de-Tassigny (Centre)** ☎ 04-77-71-22-70. Resto fermé le dimanche. Chambres doubles de 18,90 à 28,30 € selon le confort. Menus à 8 €, sauf le dimanche, et 13 €. Dans un beau bâtiment, genre station balnéaire des années 1930 que les amateurs apprécieront, ce modeste hôtel de tourisme ne semble pas avoir évolué depuis sa construction. Même les cendriers chantent des marques aujourd'hui disparues. Nostalgiques du temps passé, amoureux de vieilleries de brocante, chercheurs de petits prix, cet hôtel est pour vous. Les gérants du lieu sont très gentils et servent aussi une cuisine familiale dans une magnifique salle parquetée. *Café offert à nos lecteurs sur présentation de ce guide.*

🏠 *Hôtel de la Grenette* **– 12, pl. du Maréchal-de-Lattre-de-Tassigny (Centre)** ☎ 04-77-71-25-59. Fax : 04-77-71-29-69. TV. Réservation indispensable pour les vendredi, samedi et dimanche. Accès : direction château de Roanne, église Saint-Étienne. Chambres doubles de 35,40 € avec douche à 38,40 € avec douche et w.-c. Pas loin du précédent, ce petit hôtel est tenu par un couple sympathique qui croit que l'hôtellerie de centre-ville peut lutter contre les supermarchés du sommeil des périphéries. On est d'accord. Chambres simples mais correctement tenues. Attention : la réception est fermée l'après-midi les vendredi, samedi et dimanche. Téléphonez avant.

🏠 *Hôtel Terminus* **** – 15, cours de la République, pl. de la Gare (Ouest)** ☎ 04-77-71-79-69. Fax : 04-77-72-90-26. Parking payant. TV. Satellite. Accès : en face de la gare SNCF. Chambres doubles avec bains de 40 à 44 €. Garage payant. Roanne ! Tout le monde descend ! Des *Terminus*, il y en a partout. Comme tous les autres, celui-ci a l'avantage d'être bien situé. Bon hôtel dans sa catégorie, d'une cinquantaine de chambres, sans surprise. Préférez celles sur la cour, avec terrasse, plus agréables l'été.

I●I *Le Central* – **20, cours de la République** ☎ **04-77-67-72-72.** Fermé le dimanche et le lundi. Accès : en face de la gare SNCF. Une formule à 16 €, le midi en semaine, et menus à 21 et 25 €. À côté de l'incontournable grande maison, les *Troisgros* ont ouvert une annexe beaucoup plus abordable. Dans un décor assez réussi d'épicerie ancienne, une équipe de jeunes gens en tablier s'agite de la cuisine ouverte aux deux salles. On peut d'ailleurs y acheter de merveilleux produits sélectionnés par la maison (moutarde au vin, rillettes de canard, vinaigre balsamique). Au mur, les photos des fournisseurs du resto. Bref, une maison bien sympathique. Vins abordables servis façon bistrot (bouteille ouverte). On peut aussi dire que la carte donne un avant-goût de l'imagination des *Troisgros*. On conseille le menu à 25 € qui est un trésor d'invention.

I●I *L'Aventure* – **24, rue Pierre-Despierre** ☎ **04-77-68-01-15.** Fermé le dimanche et le lundi. Accès : à l'entrée de Roanne, venant du coteau. Menus à 18 € vin compris, le midi en semaine, et de 20 à 34 €. Jean-Luc Trambouze est le jeune chef roannais qui monte. Derrière une façade bleu bistrot, un restaurant chaleureux aux tons pastel, où la cuisine est ouverte sur la salle – pas d'exhibitionnisme, mais une convivialité sympathique. On y sert des plats du chef bourrés d'imagination et de fraîcheur. Un excellent 1er menu au déjeuner, puis une série de 4 menus en fonction de vos passions et de votre bourse, complétés par une carte abordable. Bonne adresse à l'écart du centre, dans une petite rue pas loin de la Loire, avec en plus un petit patio. *Apéritif maison offert à nos lecteurs sur présentation de ce guide.*

DANS LES ENVIRONS

POUILLY-SOUS-CHARLIEU 42720
(14 km N)

I●I *Auberge du Château de Tigny* ☎ **04-77-60-09-55.** Fermé les lundi, mardi, le soir des mercredi et jeudi du 5 octobre au 5 mai. Congés annuels : du 1er au 15 janvier, du 15 septembre au 7 octobre et du 25 au 30 décembre. Accès : par la D487, à l'est du village. Fléché en contrebas de la route. On

trouve un menu rapide à 15 € au déjeuner en semaine, avec plat du jour, entrée et dessert, et des menus gastronomiques de 21 à 34 €. C'est incontestablement l'un de nos coups de cœur sur le Roannais. Ancien maraîcher haut de gamme, Jacques Rivière fournissait les grandes tables régionales. Ce passionné de vieille pierre et de cuisine a un jour décidé de tout arrêter pour restaurer un superbe petit manoir plein de charme et y fonder cette auberge (à l'occasion, il se fera un plaisir de vous conter l'histoire de certaines pierres !). Avec un menu à 21 € exceptionnel, tant par l'étendue du choix proposé que par la fraîcheur de la cuisine (et du poisson), c'est le meilleur rapport qualité-prix de la région. Dès les beaux jours, vous aurez le choix entre la très agréable terrasse sous tente et la fraîcheur de ce manoir rustique. Cadre formidable avec rivière et plan d'eau.

ROMANS-SUR-ISÈRE 26100

Carte régionale A2

⌂ *Hôtel Magdeleine* – **31, av. Pierre-Sémard (Centre)** ☎ **04-75-02-33-53. Fax : 04-75-72-78-38. ● magdeleinehotel@aol.com ●** TV. Câble. Fermé le dimanche (sauf réservation). Congés annuels : la 1re quinzaine d'août. Accès : dans une rue perpendiculaire à la gare. Chambres doubles avec douche et w.-c. ou bains à 37 €. Agréable petit hôtel de 14 chambres, stratégiquement situé, à deux pas de la gare, du centre historique et des magasins d'usine. Très bon accueil du patron qui est descendu de ses Vosges natales pour reprendre et gérer cette maison d'une main experte. Ici, monsieur fait tout, de A jusqu'à Z : réception, ménage, petit dej', repassage... Les chambres, rénovées peu à peu, sont grandes et agréables, la literie est neuve et le double vitrage efficace (et la rue n'est finalement pas si passante). Propreté irréprochable, accueil authentique et chaleureux (possibilité de demi-pension en jumelage avec le restaurant tout proche). Le type même d'adresse que l'on aimerait découvrir plus souvent. *10 % sur le prix de la chambre (hors vacances scolaires) offerts à nos lecteurs sur présentation de ce guide.*

⌂I●I *Hôtel des Balmes* ** – **(Nord-Ouest)** ☎ **04-75-02-29-52. Fax : 04-75-02-75-47. ● www.hoteldesbalmes.com ●** Cartes de paiement refusées. Parking. TV. Canal+. Satellite, Câble. Fermé le dimanche soir hors saison ; resto fermé le lundi midi. Congés annuels : 1re semaine de janvier. Accès : à 4 km du centre par la route de Tain (D532) sur 2 km, puis à droite direction Les Balmes. Chambres doubles à 44 € ; taxe de séjour de 0,61 € par personne en sus. Menus de 13 à 19 €. Un hôtel avec piscine (chauffée au printemps et en automne) agréablement situé dans un hameau assoupi. Vous profiterez du confort des chambres, toutes rénovées, avec balcon… et de l'amusant restaurant *Au Tahiti*, dont toute la déco a été conçue dans l'esprit d'une île où les propriétaires, ça se sent, ne sont jamais allés. Cuisine très… régionale (ravioles, pintadeau de la Drôme, agneau des Préalpes…). Les petits loups auront même un petit cadeau avec leur menu. C'est kitsch, plutôt sympa et pas très cher. *Apéritif maison offert à nos lecteurs sur présentation de ce guide.*

IOI *Restaurant La Cassolette* – **16, rue Rebatte (Centre)** ☎ **04-75-02-55-71.** Fermé le dimanche et le lundi. Congés annuels : du 27 juillet au 18 août. Accès : dans une rue piétonne, près de la tour Jacquemart. Menus de 12,50 à 34 €. Une adresse au cadre intimiste. Trois belles salles voûtées dans une demeure du XIIIe siècle au charme discret. Grand choix de menus. Beaucoup de poisson, dont le filet de rouget aux poivrons fondus, les ravioles aux Saint-Jacques, mais aussi caviar d'aubergines aux pointes d'asperges, pavé d'agneau à la vinaigrette de thym, filet de caille au vieux marc… Carte de vins bien fournie. *Café offert à nos lecteurs sur présentation de ce guide.*

IOI *Le Café des Arts* – **49, cours Pierre-Didier (Centre)** ☎ **04-75-02-77-23.** Fermé le samedi midi et le dimanche. Menu-carte proposant plusieurs formules de 19 à 25 €. Jolie salle-véranda en rotonde, un poil chic mais pas toc, agrémentée de plantes vertes, d'où l'on peut observer le ballet des cuisiniers à l'œuvre derrière leur baie vitrée. On apprécie des assiettes copieuses faisant la part belle au poisson, comme ce tartare de thon et saumon, ce bar rôti au jus d'anis ou cette poêlée de gambas sur lit de poivrons. Les amateurs de viande ne seront pas en reste avec le magret de canard à l'orange ou le steak tartare, et les néophytes ne manqueront pas de goûter aux ravioles de Royans au saumon. Service agréable, efficace et souriant à la fois. Pour les beaux jours, terrasse sous les platanes, isolée de la route (malheureusement assez passante en journée) par une haie de verdure. Vin au verre. *Apéritif maison offert à nos lecteurs sur présentation de ce guide.*

DANS LES ENVIRONS

GRANGES-LÈS-BEAUMONT
26600 (7 km O)

🏠 IOI *Les Vieilles Granges* ✷✷ – ☎ **04-75-71-50-43. Fax : 04-75-71-59-79.** Parking. TV. ✗ Fermé le lundi, le mardi midi et le dimanche soir. Accès : par la route de Tain (D532) sur 6 km, puis à gauche (panneaux) face au lycée horticole. Chambres doubles de 37 à 50 €. Menus de 14 à 27 € ou carte. *Les Vieilles Granges* dominent distinctement l'Isère, à l'ombre des arbres fruitiers ; elles furent requinquées et transformées en hôtel-resto avec terrasse sous le tilleul centenaire. Les chambres les plus chères (n°s 10 et 11) possèdent une jolie terrasse pour faire bronzette en contemplant l'Isère. Les autres ne sont pas très grandes, mais on ne vient pas loger ici pour rester enfermé ! Cuisine de terroir plutôt sympa. Laissez-vous tenter par le filet d'autruche de la Drôme, les ravioles ou la caillette, vraiment bonne. L'auberge bénéficie d'un accueil discret et attentif. Une étape bucolique et romantique, idéale pour qui recherche le calme de la campagne à deux pas de la ville. *Apéritif maison offert à nos lecteurs sur présentation de ce guide.*

SAINT-AGNAN-EN-VERCORS 26420

Carte régionale A-B2

🏠 IOI *Auberge Le Collet* ☎ **04-75-48-13-18. Fax : 04-75-48-13-25. ● aubergele collet@club-internet.fr ●** Resto fermé le lundi, le mardi et le dimanche soir (sauf périodes de vacances scolaires). Congés annuels : 1 semaine en juin et 3 semaines en octobre. Accès : au bord de la D518, 1 km avant La Chapelle-en-Vercors. Chambres doubles à 40 €. Menu du jour à 12 €, le midi en semaine, comprenant entrée, plat, fromage et dessert. Autres menus de 14,50 à 27,50 €. Au cœur des montagnes du Vercors, une bonne grosse bâtisse idéale pour une pause bien méritée après une balade ou une rando sur le plateau. Agréable salle de resto au décor typique de cette région de moyenne montagne : poutres rustiques, rondins de bois et crépi sur les murs agrémentés de photos et objets du temps passé, et réconfortante cheminée pour les jours de frimas. Cuisine dans l'esprit, simple, roborative et fort sympathique. Copieux menu du jour d'un excellent rapport qualité-prix, et surprenantes spécialités landaises aux autres menus. Les jeunes patrons, qui ont passé quelques années dans le Sud-Ouest, en ont ramené de bons produits et de bien bonnes recettes (confits, foie gras, garbure, pommes sarladaises, etc.). Ça change un peu. L'accueil est authentique et chaleureux, la cuisine excellente, et les six chambres, simples mais agréablement aménagées, sont fort bien tenues. Tous les ingrédients d'une bonne étape, assurément ! *Apéritif maison offert à nos lecteurs sur présentation de ce guide.*

SAINT-AGRÈVE   07320

Carte régionale A2

🛏️ |●| *Domaine de Rilhac* ******* – lieu-dit Rilhac ☎ 04-75-30-20-20. Fax : 04-75-30-20-00. Parking. TV. ♿ Fermé le mardi soir, le mercredi et le jeudi midi. Congés annuels : en janvier et février. Accès : de Saint-Agrève, prendre pendant 1 km la direction Le Cheylard ; à la bifurcation entre la D120 et la D21, suivre la D21 et le fléchage. Les chambres doubles mansardées sont à 64 et 79 € ; attention, il n'y en a que 6. Demi-pension, demandée en juillet et août, à 73 et 82 € par personne. Petit déjeuner à 10 € servi jusqu'à 10 h 30 ; pratique pour les lève-tard ! Menu à 21 €, servi seulement le midi en semaine. Autres menus de 34 à 66 €. Restaurée avec beaucoup de goût, cette ancienne ferme du XVIᵉ siècle est devenue un hôtel-restaurant de charme. Le *Domaine de Rilhac* cumule en effet de nombreux atouts. Situé en pleine nature, face aux monts Mézenc et Gerbier-de-Jonc, il jouit d'une situation privilégiée. Avec sa façade en pierre de taille, ses volets bleus, son inté-rieur, dont les ferronneries délicatement ciselées se marient si bien à l'enduit ocre et aux poutres qui recouvrent les murs et les plafonds, cet hôtel est un endroit rêvé pour se ressourcer. La carte change en fonction des saisons. Parmi les spécialités, carpac-cio de bœuf au vin de cornas, salade de truite marinée, nougat glacé aux marrons confits... Une adresse exclusive, certes, mais ne s'offrant pas à tout le monde, loin s'en faut.

SAINT-AUBAN-SUR-L'OUVEZE   26170

Carte régionale B2

🛏️ |●| *Auberge de la Clavelière* – rue prin-cipale, au bourg (Centre) ☎ 04-75-28-61-07. Fax : 04-75-28-60-30. ● www.guide web.com/provence/hotel/claveliere ● Fermé le samedi midi. Attention, l'hôtel peut être fermé en hiver, téléphoner avant. Accès : sur la D546, à mi-chemin de Buis-les-Baronnies et Séderon. Chambres à 40 €. Menus à 11 €, servi le midi en semaine, puis à 16 et 21,50 €. Dans ce vil-lage perdu de la Drôme provençale, patrie de François-Hector d'Albert, grand marin qui aida la guerre d'Indépendance améri-caine, une adresse toute simple mais sym-pathique et chaleureuse, pour amateurs du hors piste. Solide maison de pierre au milieu du village avec piscine privée. Chambres simplissimes mais fort bien tenues et bonne literie. Belle terrasse panoramique pour prendre les repas. Quant à la cuisine, elle se veut résolument familiale et régionale. Le

midi, on retrouve les ouvriers et VRP du coin pour un copieux menu à 11 €. Sinon, menus plus élaborés. Quelques spécialités : escabèche de sardine, magret de canard au miel, salade de ravioles au saumon fumé, flan au miel et à la lavande, etc. *Café offert à nos lecteurs sur présentation de ce guide.*

SAINT-ÉTIENNE   42000

Carte régionale A1

🛏️ *Hôtel Le Baladin* ****** – 12, rue de la Ville (Centre) ☎ 04-77-37-17-97. Fax : 04-77-37-17-17. TV. Canal+. Satellite. Snack fermé le dimanche. Congés annuels : du 20 juillet au 20 août. Accès : dans une rue piétonne animée. Chambres doubles avec douche à 32 €, avec douche et w.-c. à 38 €, avec un petit lit supplémentaire à 45 €. Petit hôtel agréable de 14 petites chambres, qui offre une possibilité de petite restauration au rez-de-chaussée dans le snack-bar. Il est prudent de réserver car il est vite complet, notamment pendant la saison théâtrale de la comédie de Saint-Étienne, toute proche, qui y loge des comédiens.

🛏️ *Hôtel Le Cheval Noir* ****** – 11, rue Fran-çois-Gillet (Centre) ☎ 04-77-33-41-72. Fax : 04-77-37-79-19. Parking payant. TV. Canal+. Congés annuels : en août. Cham-bres doubles de 41,50 € avec douche et w.-c. à 45 € avec bains. Cet ancien hôtel, qui avait perdu beaucoup de son lustre d'antan, a été repris par un couple de ban-quiers repentis, qui a engagé de grosses réparations pour lui – et se – donner une nouvelle vie. Bar et accueil agréables. Une grande partie des nombreuses chambres a retrouvé un confort discret. Prix tout à fait modérés en centre-ville. En semaine, on peut obtenir un tarif dégressif. *10 % sur le prix de la chambre offerts à nos lecteurs sur présentation de ce guide.*

🛏️ *Hôtel des Arts* ****** – 11, rue Gambetta (Centre) ☎ 04-77-32-42-11. Fax : 04-77-34-06-72. ● www.artshotel.com ● Parking payant. TV. Satellite. Accès : dans une cour de la grande-rue, celle où passe le tramway et non loin du musée du Vieux Saint-Étienne. Chambres doubles à 56 € avec douche et w.-c. ou bains. Un 2 étoiles d'un très bon rapport qualité-prix. Bon accueil. *Un petit déjeuner par personne offert à nos lecteurs sur présentation de ce guide.*

🛏️ *Hôtel Terminus du Forez* ******* – 31, av. Denfert-Rochereau (Centre) ☎ 04-77-32-48-47. Fax : 04-77-34-03-30. ● www.logis defrance42.com ● Parking. TV. Canal+. Satellite. Congés annuels : du 27 juillet au 24 août et du 21 au 28 décembre. Accès : en face de la gare de Châteaucreux et à 5 mn du centre-ville. Chambres doubles à 58 € avec douche et w.-c., 65 € avec bains.

Menus de 12 à 36 €. Grand hôtel classique mais, avec beaucoup d'effort de décoration, les chambres offrent pas mal de charme et d'originalité. Excellent accueil. Descendez l'escalier à pied en vous munissant du guide fourni, vous y découvrirez toutes les curiosités touristiques de la région ! Au rez-de-chaussée, restaurant *La Loco* plus que correct. *10 % sur le prix de la chambre offerts à nos lecteurs sur présentation de ce guide.*

🏠 I●I *L'Albatros* ✦✦✦ – **67, rue Saint-Simon (Ouest)** ☎ **04-77-41-41-00. Fax : 04-77-38-28-16.** Parking. TV. Satellite. ⚹ Congés annuels : 15 jours en août et 15 jours fin décembre-début janvier. Accès : à gauche après la manufacture d'armes, rue Revollier, face au golf. Chambres doubles de 85 à 130 €. Menus de 15 à 24 €. Pour les amateurs de calme et de verdure, situé en bordure du golf, sur les hauteurs de la ville, cet établissement *Best Western* propose des chambres modernes et tout confort. Piscine. Bon accueil.

I●I *Le Cercle* – **15, pl. de l'Hôtel-de-Ville (Centre)** ☎ **04-77-25-27-27.** Fermé le dimanche soir et le lundi soir. Congés annuels : 2 semaines en août. Formule rapide à 12 € et 6 menus de 16 à 50 €. Une partie de l'ancien cercle de bridge stéphanois, à l'étage d'un superbe bâtiment faisant face à l'hôtel de ville, est aujourd'hui ouvert à un public qui préfère les menus aux cartes. Les propriétaires de ce restaurant ont, fort heureusement, conservé les lambris et les dorures de l'une des salles les plus belles, du Napoléon III par lui. Dommage qu'ils aient couvert le parquet d'une épaisse moquette. Cet établissement, apprécié des notables de la ville, pratique une politique de prix tout à fait démocratique avec une formule plat + dessert. Cuisine professionnelle (menus changeant tous les 2 mois), présentation agréable et service souriant.

I●I *Cornes d'Aurochs !* – **18, rue Michel-Servet (Centre)** ☎ **04-77-32-27-27.** Fermé le samedi midi, le lundi midi et le dimanche. Congés annuels : du 20 juillet au 25 août. Accès : à 150 m de la mairie. Menus à 12,50 €, le midi, et de 18 à 32 €. Joli bistrot dont la cuisine vient de Lyon. Spécialités de « bouchon » : tablier de sapeur, cervelle de canut... et l'assiette « Gargantua » pour goûter à tout. Sinon, menus qui laissent une belle place au poisson. Patron jovial, patronne souriante et disponible. Restaurant peu fumeur... Il est prudent de réserver. Parking privé sur réservation (gratuit). *Digestif maison offert à nos lecteurs sur présentation de ce guide.*

I●I *Restaurant La Rissolée* – **23, rue Pointe-Cadet (Centre)** ☎ **04-77-33-58-47.** Fermé le dimanche et le lundi midi. Accès : en bordure du centre piéton. Menus de 13,60 à 21,20 €, bière comprise. Également un choix de près d'une centaine de bières belges. Dans un quartier qui compte pas mal d'établissements, un restaurant de spécialités belges (surtout le soir, superbes carbonades), dont la carte est faite d'albums de *Tintin* recyclés. *Rissolées*, grandes assiettes de viande, poisson ou fromage garnies de pommes rissolées (d'où le nom) à partir de 9 € environ, et copieuses moules-frites de différentes manières (33 sortes différentes), à déguster dans une ambiance jazzy. Décor de peintures, dessins et... coupures de journaux. À goûter, le détonnant cocktail « SB »... Terrasse pour l'été. *Digestif maison offert à nos lecteurs sur présentation de ce guide.*

I●I *Nouvelle* – **30, rue Saint-Jean (Centre)** ☎ **04-77-32-32-60.** Fermé le dimanche soir et le lundi. Congés annuels : les 2 premières semaines de janvier et les 3 premières semaines d'août. Profusion de menus à 15 €, le midi en semaine, et de 24,50 à 53,50 €. Une visite de Saint-Étienne suppose trois étapes incontournables : le musée d'Art moderne, le musée de la Mine et un repas au restaurant *Nouvelle*. Pourquoi ? Tout simplement parce qu'il s'agit, ici également, de culture et de création. Stéphane Laurier cuisine comme un artisan rigoureux, mais aussi comme un véritable artiste. Sa parfaite connaissance des produits et son extrême sensibilité lui permettent de réaliser des mariages aussi réussis qu'étonnants, loin des modes qui se démodent. Pour exemple, ces huîtres Gillardeau aux épinards, pochées dans une nage légèrement fumée, accompagnées d'oranges saumurées et d'amandes. Un autre souvenir ? Cette magistrale selle de biche remarquablement accompagnée d'endives au chocolat et d'une émulsion au poivron rouge. Pour certains gastronomes, aller au restaurant, c'est rechercher le meilleur gratin de pommes de terre de la ville ou les meilleures tripes à la mode de Caen. Les autres, ceux qui ont soif de découverte et faim de nouveauté, ceux qui aiment être surpris et étonnés, ressortiront de *Nouvelle* absolument enchantés. Accueil sympathique et service au cordeau. Quant à l'addition, on s'en acquitte avec plaisir, tant les prix sont serrés pour ce niveau de qualité.

I●I *Chez Marco* – **2, pl. Chavanelle (Centre)** ☎ **04-77-33-92-47.** Ouvert du lundi au vendredi, le soir uniquement. Fermé le samedi et le dimanche. Accès : près de la caserne des pompiers. Menus à 20 €, sauf le dimanche, 23 et 34 €. Réservation obligatoire car l'adresse est connue. Sur cette place qui abritait autrefois le marché de gros, avant qu'il ne devienne la gare routière, le petit monde de la nuit et du spectacle se donne rendez-vous au resto *Chez Marco*. Dans cette petite salle, discrète et intime, les photos des amis de la maison envahissent les murs. Vous croiserez peut-être les artistes de passage et, comme eux, à l'issue d'un repas amoureusement préparé par Henriette, vous tenterez de découvrir les ingrédients qui composent le « Diable au corps », cocktail explosif et flambé de la maison. Henriette et Marco ont aujourd'hui passé la main à leurs enfants Janick et Joël. Cuisine inspirée des bouchons lyonnais. Réservation conseillée. *Café offert à nos lecteurs sur présentation de ce guide.*

DANS LES ENVIRONS

SAINT-PRIES-EN-JAREZ 42270
(2 km N)

l●l *Restaurant du Musée* – **lieu-dit La Terrasse** ☎ 04-77-79-24-52. &. Fermé le lundi, le mercredi soir et le dimanche soir. Accès : suivre les panneaux indiquant le musée d'Art moderne. Menu du jour le midi à 15 €. À la carte, compter 25 €. Dans l'enceinte du musée d'Art moderne, Stéphane Laurier, gérant du restaurant *Nouvelle* (voir plus haut), a pris les commandes de cet établissement récent. Le décor est parfaitement dans la lignée du musée et la cuisine, très inventive, fait la part belle aux épices et aux mélanges de saveurs, dans le style croustillant de poisson aux épices. Le menu du midi, changeant tous les jours, est d'un remarquable rapport qualité-prix. Service très efficace. Petite terrasse pour les beaux jours.

SAINT-GENEST-MALIFAUX 42660
(12 km S)

🛏 l●l *Auberge de campagne La Diligence* ** – **château du Bois** ☎ 04-77-39-04-99. Fax : 04-77-39-01-80. Fermé le lundi et le mardi (sauf en juillet-août). Congés annuels : en janvier. Accès : N82 jusqu'au Bicêtre, puis D501 ; le resto est à 3 km du village. Demi-pension à 28 € par personne. Nuitée à 10 € en gîte d'étape. Menus à 10 €, sauf le dimanche midi, et de 15 à 22 €. La ferme d'un château du XIIIe siècle encore habité est un *Gîte de France* et abrite un restaurant bien sympathique, qui dépend du lycée agricole de Saint-Genest. Bonne cuisine et service agréable, pour des menus de saison. Belle salle avec cheminée et terrasse dans la cour de ferme. Possibilité de loger en gîte d'étape ou de camper pour quasi rien. Sachez enfin que la ferme est équestre et qu'on peut donc faire du poney. Dans tous les cas, il est préférable de réserver. *Café offert à nos lecteurs sur présentation de ce guide.*

l●l *Restaurant Montmartin* – **18, rue du Velay** ☎ 04-77-51-21-25. Fermé le mercredi et le vendredi, ainsi que le soir. Accès : par la N82, puis la D501 à Planfoy. Menus à 12,50 €, en semaine, et de 19 à 29 €. Dans un village – pas le plus beau – au cœur du Pilat, ce restaurant né dans l'après-guerre ne connaît pas la nouvelle cuisine. Créé par la grand-mère Montmartin, c'est le royaume de la nourriture riche et abondante : des morilles, des grenouilles et des quenelles. Une adresse que l'on fréquente de génération en génération, de déjeuner dominical en déjeuner dominical. La maison est aujourd'hui tenue par les petits-enfants, qui ont gardé le cap, la chaleur du lieu et le parquet qui craque. Spécialités sur commande. *Café offert à nos lecteurs sur présentation de ce guide.*

SAINT-VICTOR-SUR-LOIRE 42230
(15 km O)

l●l *Le Croque Cerise* – **base nautique de Saint-Victor** ☎ 04-77-90-07-54. Parking. &. Fermé le lundi, le mercredi soir et le dimanche soir. Congés annuels : en janvier. Accès : par la D3A. Menu autour d'un plat avec dessert et café à 12,20 €, le midi en semaine, puis autres menus de 21 à 27 €. Grosse maison sans grande élégance mais dont les salles largement vitrées et la terrasse sur le port sont fort agréables. Cuisine simple ou inventive (terrine de pamplemousses…) mais toujours bien menée. Bon accueil.

SAINT-PAUL-EN-CORNILLON
42240 (17 km SO)

l●l *La Cascade* – **route des Gorges (Centre)** ☎ 04-77-35-70-02. Parking. &. Fermé le mardi soir et le mercredi. Accès : direction Firminy, puis la D3 ; prendre la D46 à gauche avant le pont sur la Loire. Menus à 12 €, le midi en semaine, puis de 15 à 38 €. En contrebas de la route qui traverse le village, ce restaurant offre une belle vue sur – non, pas une cascade – la Loire elle-même. 2 salles assez classiques mais lumineuses et très agréable terrasse ombragée de platanes, eux-mêmes dominés par un immense séquoia. On regrette tout de même que le parking sépare la terrasse du fleuve. 1er menu avec salade de chèvre chaud, terrine de poisson, cassolette d'escargots au champagne… Service diligent et une cuisine simple mais fort bien exécutée. *Coupe de « Chevalier » offerte à nos lecteurs sur présentation de ce guide.*

BESSAT (LE) 42660 (18 km SE)

🛏 l●l *Auberge de la Jasserie* – **La Jasserie** ☎ 04-77-20-40-16. Fax : 04-77-20-45-43. Parking. &. Fermé le mercredi en hiver hors vacances scolaires. Accès : à 6 km après Le Bessat, à 1 310 m d'altitude ; fléché depuis le village. 11 € la nuit en couchettes superposées, petit déjeuner inclus, uniquement pour les personnes qui dînent.

Menus de 10 €, sauf le dimanche midi, à 28 €. C'est l'auberge simple et campagnarde où l'on mange sur des bancs de bois depuis des générations une cuisine sans chichis. Au pied des pistes, on vient s'y réchauffer l'hiver d'une tarte aux myrtilles accompagnée d'un chocolat chaud. Son seul défaut est d'être bondée et bruyante le week-end. Dortoir des plus spartiates, tout le monde fait sa toilette ensemble, ambiance « bronzée » assurée! *Apéritif maison offert à nos lecteurs sur présentation de ce guide.*

🏠 ●I●I *Hôtel La Fondue – Restaurant Chez le Père Charles* ** – **Grande-Rue** ☎ 04-77-20-40-09. Fax : 04-77-20-45-20. TV. Fermé le dimanche soir et le lundi midi. Congés annuels : de mi-novembre à mi-mars. Accès : par la D8; au centre du bourg. Doubles avec douche et w.-c. de 43 à 58 €. En semaine, plat du jour à 9 € et nombreux menus de 13 à 44 €. En plein cœur du village, à 1 170 m d'altitude. Pas de fondue, mais belle variété de plats copieux : foie gras d'oie maison, côte de veau de lait aux girolles. On a adoré la truite farcie aux cèpes façon *Père Charles*. 1er menu avec, en dessert, chocolats et friandises de la maison. Succulent, comme les autres. Si les chambres avec salle de bains sont plutôt spacieuses, celles avec douche bénéficient d'un curieux placard tournant, genre concours Lépine, qui cache les toilettes et la douche.

SAINT-JUST-SAINT-RAMBERT
42170 (19 km NO)

●I●I *Restaurant du Rempart* – **2, rue de la Loire (Centre)** ☎ 04-77-52-13-19. Fermé le lundi, le mercredi soir et le dimanche soir. Congés annuels : 1 semaine pendant les vacances scolaires de février et 3 semaines en août. Accès : sortie ouest par la D8 direction Saint-Genest-Lerpt. Menus de 14,50 à 31,25 €. Deux petites salles rustiques au 1er étage d'une très vieille maison, construite dans les... remparts de la ville. Cuisine talentueuse et inventive, le foie gras maison est très réussi. Le service est agréable et souriant. En été, repas servis sur la terrasse fleurie au pied des remparts. *Café offert à nos lecteurs sur présentation de ce guide.*

SAINT-SAUVEUR-EN-RUE
42220 (25 km S)

🏠 ●I●I *Château de Bobigneux* ** – **Bobigneux (Centre)** ☎ 04-77-39-24-33. Fax : 04-77-39-25-74. ● chateau-de-bobigneux@wanadoo.fr ● Parking. Fermé le mercredi. Accès : par la N82 jusqu'à Bourg-Argental ; de là, prendre la D503 direction Le Puy pendant 4 km. Chambres doubles avec douche et w.-c. ou bains à 36 et 40 €. Menu campagnard en semaine à 12 € et cuisine

bourgeoise de 15 à 22 €, selon le nombre de plats. Après 18 ans passés au Groenland, les patrons ont repris ce manoir du XVIe siècle en grosse pierre, qui jouxte la ferme du frère de madame. Il fournit les produits frais et son beau-frère les prépare avec talent. Goûtez au pannequet (un feuilleté) de pleurotes, et appréciez les salles de restaurant agréablement rénovées, la terrasse et le jardin. À l'étage, 6 jolies chambres de campagne, sans TV ni téléphone, claires et spacieuses, font de ce petit château une charmante halte romantique pour un prix fort raisonnable. Accueil charmant et pas stéréotypé. *Apéritif maison offert à nos lecteurs sur présentation de ce guide.*

Carte régionale A1

🏠 ●I●I *La Charpinière* *** – **lieu-dit La Charpinière** ☎ 04-77-52-75-00. Fax : 04-77-54-18-79. ● charpiniere.hot.rest@wanadoo.fr ● Parking. TV. Canal+. Satellite. ♿ Accès : à l'entrée de Saint-Galmier par la D12. Chambres doubles de 80 à 90 €. Menus à 11,89 €, en semaine, puis de 20 à 42 €. Bel établissement dans un grand parc garantissant un calme absolu. Chambres agréables et fonctionnelles. Équipement très complet de remise en forme, hammam, sauna, tennis et piscine. Le restaurant, dans le style jardin d'hiver, propose une cuisine de haut niveau, à la fois originale et raffinée : carrelet à la duxelle de champignons crème de vermouth, poitrine de canard rôtie aux épices et moutarde violette, compotée de pommes à la badiane... Service particulièrement soigné. Certes, l'adresse n'est pas franchement bon marché, mais pour qui veut se faire plaisir, il y a peu de risques d'être déçu. *Apéritif maison offert à nos lecteurs sur présentation de ce guide.*

●I●I *Le Bougainvillier* – **Pré-Château** ☎ 04-77-54-03-31. ♿ Fermé le lundi, le mercredi soir et le dimanche soir. Congés annuels : pendant les vacances scolaires de février et le mois d'août. Accès : en bord de Coise ; fléché depuis la source Badoit. Menus de 20 €, sauf samedi soir et dimanche, à 48 €. Dans la capitale de l'eau de Badoit, bourg assez chic, on a bien aimé cette jolie maison couverte de vigne vierge. 3 salles, dont une véranda donnant sur un jardin clos au bord de l'eau. Gérard Charbonnier est l'un des jeunes cuisiniers les plus intéressants de la région. De ses deux ans passés chez *Gagnaire* (fermé depuis 1996, malheureusement), il a gardé l'inventivité, pour l'adapter à une cuisine, certes plus sage, mais plus abordable aussi, avec une prédilection pour le poisson. Accueil discret et charmant. Une belle surprise qui vaut sans conteste le quart d'heure de voiture depuis Saint-Étienne. Pour digérer, vous pourrez aller faire un tour jusqu'à la source Badoit toute proche. Le soir, tous les habitants de Saint-Galmier font la queue pour tirer la précieuse eau gazeuse, gratuite pour eux.

DANS LES ENVIRONS

VEAUCHE 42340 (6 km S)

🏠 I●I *Hôtel-restaurant de la Gare* – 55, av. H.-Planchet ☎ 04-77-54-60-10. Fax : 04-77-94-30-53. Parking. Fermé le vendredi soir et le dimanche soir. Accès : par la D12 ; face à la gare et à une énorme usine. Chambres doubles à 23 € avec lavabo, 25 € avec douche et w.-c. Menus à 9 €, en semaine, et de 12 à 38 €. Ce restaurant familial est le bon plan du coin, avec une cuisine excellente à petits prix. Beau menu avec une compotée de pied de porc en carambar au un flan de saumon, fromage et une belle assiette de desserts. Décor classique et agréable ; accueil familial souriant. L'hôtel propose 10 chambres simples, au confort assez relatif. Gardez-le en dépannage ; la vue imprenable sur la gare et l'usine n'est peut-être pas ce que vous recherchez...

ANDREZIEUX-BOUTHÉON 42160 (8 km S)

🏠 I●I *Les Iris* *** – 32, av. Jean-Martouret ☎ 04-77-36-09-09. Fax : 04-77-36-09-00. Parking. TV. Canal+. Resto fermé le lundi, le samedi midi et le dimanche soir. Accès : par la D12. Chambres doubles à 69 € avec bains. Menus de 19,70 à 54 €. À la sortie d'un bourg assez industriel qui accueille l'aéroport de Saint-Étienne, belle demeure bourgeoise bien restaurée, à laquelle on accède par deux élégantes volées de marches. L'hôtel est installé dans l'annexe. 10 chambres sur deux niveaux, qui donnent toutes sur la piscine et le jardin planté de cèdres centenaires. Fonctionnelles mais agréables, elles ont toutes reçu des noms de fleurs. Le restaurant, catégorie classique-bourgeois, avec cadre et cuisine à l'avenant, propose des menus servis avec zèle et discrétion. Au-delà de son charme propre, on a apprécié cette adresse pour son côté multifonctions : séjour familial, escapade en amoureux ou séminaire. *Un petit déjeuner par chambre offert à nos lecteurs sur présentation de ce guide.*

CHAZELLES-SUR-LYON 42140 (10 km NE)

🏠 I●I *Château Blanchard* ** – 36, route de Saint-Galmier ☎ 04-77-54-28-88. Fax : 04-77-54-36-03. Parking. TV. ♿ Fermé le dimanche soir et le lundi. Congés annuels : 2ᵉ quinzaine d'avril. Accès : à 50 m du musée du Chapeau, dont Chazelles est la capitale. Chambres doubles avec bains à 50 €. Demi-pension à 56 €. Menus de 18 à 30 €. Ce château-folie de 1930, ancienne maison de maître d'un chapelier, a retrouvé sa splendeur après 40 ans d'abandon. L'hôtel-restaurant est l'un de nos coups de cœur. Passé la façade clinquante rehaussée de frises, on entre dans un décor néo-gréco-classique-kitsch-délire tout à fait réjouissant, malgré les inégaux apports de la modernité. Des chambres de grand confort. La nº 6 a retrouvé sa belle décoration d'origine. Le restaurant est lui aussi dans le ton, accueil chaleureux et menus classiques de bonne facture. Spécialités de poisson frais, desserts subtils et service en terrasse possible.

SAINT-JEAN-DE-MAURIENNE 73300

Carte régionale B2

🏠 I●I *Hôtel-restaurant du Nord* ** – pl. du Champ-de-Foire ☎ 04-79-64-02-08. Fax : 04-79-59-91-31. ● www.hoteldunord.net ● Parking. TV. Câble. ♿ Fermé le dimanche soir et le lundi midi sauf en février et en juillet-août. Congés annuels : en novembre. Chambres doubles à 44 € avec douche et w.-c. 1ᵉʳ menu à 12,50 € servi tous les jours midi et soir sauf les jours fériés. Autres menus de 17 à 32 €. C'est, sans problème, la meilleure table de la ville. Jolie salle (voûtes et murs de pierre) aménagée dans les anciennes écuries de ce qui était autrefois un relais de diligence. Cuisine bien tournée, d'une belle régularité, classique mais avec de l'idée. Chambres spacieuses et mignonnes, rénovées et d'un bon rapport qualité-prix.

SAINT-MARTIN-DE-BELLEVILLE 73440

Carte régionale B1

🏠 I●I *Le Lachenal* ** – (Centre) ☎ 04-79-08-96-29. Fax : 04-79-08-94-23. ● lelachenal@wanadoo.fr ● Accès : à 50 m des remontées mécaniques. Chambres doubles à 54 € avec douche et w.-c. ou bains. Menus de 20 à 35 €. Adorable petit hôtel dans une véritable maison de poupée, où l'on rêve d'attendre le père Noël au coin du feu. Chambres douillettes, aux volets à fleurs et aux murs en lambris. Cuisine familiale, généreuse et préparée avec la sincérité savoyarde. Et en plus, il y a la gentillesse de la famille Lemattre qui fait le reste. On s'y sent tellement bien que la maison est souvent pleine. Pensez à réserver (d'autant qu'il n'y a que 3 chambres...).

🛏️ 🍴 *La Bouitte* – quartier Saint-Marcel (Sud-Ouest) ☎ 04-79-08-96-77. Fax : 04-79-08-96-03. • www.la-bouitte.com • TV. Satellite. ♿ Congés annuels : de début mai à début juillet et de début octobre à mi-décembre. Accès : par la D117 vers Les Ménuires (à 2 km). Chambres doubles avec douche w.-c. ou bains à partir de 160 €. Menus de 28 à 92 €. Vieux chalet de pierre et de bois qui conjugue tradition et élégance. Sans conteste, la meilleure table de la vallée. Cuisine de terroir pleine de finesse derrière son apparente simplicité. Service irréprochable mais détendu, et, pour finir le repas, des desserts excellentissimes et une kyrielle de mignardises avec le café. Un peu cher, mais la table le mérite. Pour prolonger le plaisir, une poignée de chambres de charme (dans le style montagnard : planches brutes, draps brodés...).

SAINT-MARTIN-EN-HAUT   69850

Carte régionale A1

🍴 *Restaurant Les Quatre Saisons* – pl. de l'Église (Centre) ☎ 04-78-48-69-12. Parking. Fermé le mardi. 1er menu à 10,50 € servi le midi en semaine et le dimanche sur commande. Autres menus de 15,25 à 27,50 €. Sur la jolie place d'un village situé sur une colline aux confins des monts du Lyonnais, ce restaurant surprend à la fois par son décor et par sa cuisine. En effet, la salle est agrémentée de fresques du peintre lyonnais Michel Cornu, et la nourriture familiale, évolutive au fil des saisons, servie généreusement, nous fait dire qu'il y a encore des gens qui savent recevoir. Accueil sympathique. *Apéritif maison offert à nos lecteurs sur présentation de ce guide.*

DANS LES ENVIRONS

AVEIZE 69610 (9 km NO)

🛏️ 🍴 *Hôtel-restaurant Rivollier* – le bourg ☎ 04-74-26-01-08. Fax : 04-74-26-01-90. Fermé le lundi. Accès : par la D34. Chambres doubles avec douche et w.-c. à 33,50 €. Menus à 10 €, en semaine, puis de 14 à 24 €. Comment, dans un si petit village, un hôtel-bar-restaurant de cette dimension peut-il tourner ? On a compris en ressortant : un accueil top niveau, une salle à manger agréable et aérée, et une cuisine familiale extrêmement bien réussie, le tout pour un prix défiant toute concurrence, mais comme il n'y en a pas dans ce village, on ne se pose pas la question. La clientèle hétéroclite se pâme devant les menus, les plats du jour sont nombreux et variés (une fois n'est pas coutume). Quelques plats : ballottine de canard aux figues, soufflé de brochet aux

crevettes... 8 chambres sans autre prétention que de dépanner le voyageur de passage. *Café offert à nos lecteurs sur présentation de ce guide.*

SAINT-PAUL-LÈS-MONESTIER   38650

Carte régionale B2

🛏️ 🍴 *Au Sans Souci* ** – ☎ 04-76-34-03-60. Fax : 04-76-34-17-38. • www.perso.wanadoo.fr/au-sans-souci • Parking. TV. Satellite. ♿ Fermé le dimanche soir et le lundi hors saison. Congés annuels : du 20 décembre au 30 janvier. Accès : à environ 35 km au sud de Grenoble par la N75 (direction Sisteron) ; à Monestier-de-Clermont, prendre la route de Gresse-en-Vercors, la D8. Chambres doubles autour de 50 € avec douche ou bains et w.-c. Menus de 16 €, sauf le dimanche, à 38 €. Ici, il n'y a vraiment pas de quoi s'en faire ! Des années que tout tourne rond, dans cette bonne maison de famille (quatre générations). Chambres au pied du parc régional du Vercors, dans une oasis de verdure, un restaurant tout en bois et objets familiers qui fait son âge (touchez à rien surtout, monsieur Maurice !) et où l'on se sent bien, avant, et surtout après les repas. Hall d'entrée cosy dans le style *British*. Belles spécialités : duo de foies gras à la tomate verte, escargots et ravioles au bouillon d'orties, lapin farci aux olives crème de sauge, porcelet du pays en marcassin, filet de canard au miel de pays et vinaigre balsamique, truite au bleu du vivier, etc. Jeux de boules, billard américain, piscine dans un environnement idéal. *Café offert à nos lecteurs sur présentation de ce guide.*

SAINT-PIERRE-DE-CHARTREUSE   38380

Carte régionale B1

🛏️ 🍴 *Hôtel du Nord* ** – rue Principale ☎ 04-76-88-61-10. Fax : 04-76-88-64-07. Parking. Accès : dans le centre. Chambres de 23,35 € avec lavabo à 36,60 € avec douche ou bains et w.-c. Demi-pension de 30,49 à 39,64 € par personne. 4 menus à 12,50 €, sauf le dimanche, à 27,44 €. Pas d'écluse, ni de passerelle vénitienne devant, mais l'atmosphère est au rendez-vous. Chambres fraîches et pimpantes, décorées de meubles anciens, petites toiles et autres petits riens qui donnent une âme à un lieu. Toutes sont différentes (2 d'entre elles sont particulièrement plaisantes avec leur mezzanine), mieux vaut donc en visiter plusieurs. Murs décorés à l'éponge. Salle à manger chaleureuse, vieux tableaux, objets familiers, cheminée, etc. Au resto, spécialités classiques : fondues, tartiflette, truite aux amandes, tarte aux noix. Cuvée et côtes-du-rhône à prix très doux. Jardin ombragé. Charmante patronne, simple et tout sourire. *Apéritif maison ou café offert à nos lecteurs sur présentation de ce guide.*

🏠 I●I *L'Auberge du Cucheron* * – **col du Cucheron (Nord)** ☎ 04-76-88-62-06. **Fax : 04-76-88-65-43.** Parking. Fermé le lundi et le dimanche soir sauf pendant les vacances scolaires. Accès : à 3 km au nord, par la D512. Chambres doubles de 28 à 37 €. Demi-pension à 38 € environ, demandée pendant les vacances scolaires d'hiver. Au restaurant, menus à 16 et 27 € avec fromage et dessert. À la carte, compter en moyenne 20 €. Une bonne vieille auberge, comme autrefois. Une vue superbe, en retrait de la route, des arbres tout autour, une patronne adorable et 7 chambres très bien tenues. La n° 2 est grande et toute neuve. Quelques spécialités : terrine de saumon et rascasse, caille aux griottes, nougat glacé. Tout cela à 50 m des pistes du Planolet, pratique en hiver et d'un calme souverain en été. Penser à réserver en haute saison. *10 % sur le prix de la chambre (hors vacances scolaires) offerts à nos lecteurs sur présentation de ce guide.*

DANS LES ENVIRONS

SAINT-HUGUES-DE-CHARTREUSE
38380 (4 km S)

I●I *La Cabine* ☎ 04-76-88-67-19. Ouvert tous les jours de janvier à mi-mars et de juillet à septembre ; le reste du temps, uniquement les week-ends (sauf en novembre) de 10 h à 2 h du matin. Accès : à côté d'une fascinante église-musée d'Art sacré contemporain. Menus de 9,90 à 15 € servis en continu jusqu'à 21 h 30. À la carte, compter autour de 15 €. Installé dans une ancienne école. Jolie alliance de bois blanc et de pierre brute, intérieur décoré d'œuvres sculptées, d'outils, d'objets domestiques et de fleurs séchées. Terrasse agréable donnant sur la forêt et le début de la piste de fond. Tartiflette (à commander 1 h à l'avance), fondues mais aussi salades diverses, tartes salées, omelettes, crêpes et glaces. Animation musicale tous les mercredi et vendredi soir en saison. Ambiance pub le soir : jazz, blues, chanson française.

SAINTE-EULALIE   07510

Carte régionale A2

🏠 I●I *Hôtel du Nord* ** – **au bourg** ☎ 04-75-38-80-09. Fax : 04-75-38-85-50. ● **www. ardeche-tourisme.com/hotel-du-nord** ●

Parking. ♿ Fermé le mardi soir et le mercredi sauf en juillet-août. Congés annuels : du 11 novembre au 1er mars. Accès : en face de l'église. Chambres doubles de 40 à 45 € avec douche et w.-c. ou bains. Menus de 16 à 30 €. L'*hôtel du Nord* a connu il y a quelque temps une cure de jouvence : des chambres ont été refaites à neuf, ainsi que la salle de séjour et la façade. Deux salons, dont un avec véranda, ont été créés ; ils offrent une vue magnifique sur la plaine de la Loire (la source de la Loire n'est qu'à 5 km de là). Parmi les spécialités, la cuisse de canard confite sauce myrtilles et l'estouffade de porc au vin d'Ardèche tiennent le haut du pavé. Côté dessert, crème brûlée myrtilles-framboises. Une adresse sûre depuis des années. C'est aussi le rendez-vous des passionnés de « pêche à la mouche », qui n'est pas servie en dessert, mais pratiquée par le chef ! *Apéritif maison offert à nos lecteurs sur présentation de ce guide.*

DANS LES ENVIRONS

SAGNES-ET-GOUDOULET   07450
(8 km SE)

🏠 I●I *Hostellerie Chaneac* ** – **le bourg (Centre)** ☎ 04-75-38-80-88. **Fax : 04-75-38-86-54.** ● **www.ardeche-tourisme.com** ● Cartes de paiement refusées. Parking. ♿ Ouvert le week-end toute l'année ; tous les jours en juillet et août. Restaurant fermé le midi en juillet-août. Hormis ces périodes, accueil de groupes ; réservation impérative. Congés annuels : la dernière semaine d'août. Accès : en bordure du petit village, route de Burzet. Chambres doubles tout confort à environ 38,50 €. Demi-pension demandée en juillet-août, de 35 à 35,50 €. Au restaurant, 2 menus à 16 et 22 €. Bravo à ce jeune qui a décidé de rester au pays en reprenant l'affaire familiale (il est le représentant de la quatrième génération). Climat rude et hivers longs ne rendent pas les affaires faciles. L'activité est très saisonnière. Mais que l'on est bien dans cette maison aux murs épais, aux chambres confortables et rustiques à la fois, blotti entre pierre et bois. À table, encore une affaire de terroir, pour ce qu'il a de meilleur, des plats mitonnés avec les produits du pays, et le temps qu'il faut pour fondre et magnifier les saveurs. Charcuteries et pain faits maison, terrine aux plantes sauvages, truites de pays... Ajoutez à cela un accueil exquis, une belle salle de restaurant, et vous avez un lieu de séjour idéal. La montagne ardéchoise n'est pas en perte d'identité avec des jeunes de cette qualité. *Digestif maison offert à nos lecteurs sur présentation de ce guide.*

SALLANCHES   74700

Carte régionale B1

🏠 l●l *Auberge de l'Orangerie* ** – 3, carrefour de la Charlotte (Est) ☎ 04-50-58-49-16. Fax : 04-50-58-54-63. ● www.perso.wanadoo.fr/auberge-orangerie ● Parking. TV. Restaurant fermé le lundi, le mardi midi, le mercredi midi, le jeudi midi, et le dimanche soir. Congés annuels : du 5 au 27 janvier et du 2 au 24 juin. Accès : à 3 km du centre-ville par la D13, direction Passy. Chambres doubles avec douche et w.-c. ou bains de 39 à 46 €. Au resto, compter au minimum 25 € à la carte. L'hôtel est posé au bord d'un carrefour. Mais les chambres (une poignée), rénovées de fond en comble, sont bien insonorisées. Déco assez basique, mais un petit charme et surtout un vrai confort (et à des prix qui ne sont pas ceux de la région…). Au resto, salle d'un rustique ici ou là un peu kitsch, mais belle cuisine, très actuelle, travaillée avec finesse et souci du détail (évidemment, ça se paye !). Ambiance encore familiale. *NOUVEAUTÉ.*

SAMOËNS   74340

Carte régionale B1

🏠 l●l *Le Moulin du Bathieu* *** – Vercland (Sud-Ouest) ☎ 04-50-34-48-07. Fax : 04-50-34-43-25. ● moulin-du-bathieu@wanadoo.fr ● Parking. TV. Satellite. Restaurant uniquement sur réservation. Congés annuels : du 22 avril au 1er juin et du 4 novembre au 20 décembre. Accès : prendre la D4 direction Morillon, puis à droite direction Samoëns 1600. Chambres doubles avec douche et w.-c. ou bains de 53,50 à 99 €, suivant la saison. Menus de 18 à 27 €. Maison traditionnelle en pleine campagne, à l'écart d'un hameau. Calme à peine troublé par le ruisseau qui faisait autrefois tourner le moulin. Grandes chambres très sobres mais chaleureuses avec leurs murs bardés de bois. Plusieurs avec mezzanine, idéales pour les familles. Spécialités savoyardes. Le patron, descendant d'une lignée de tailleurs de pierre, est intarissable sur le sujet, et sa maison offre quelques jolis exemples de cette activité traditionnelle de la vallée.

l●l *La Fandolieuse* – (Centre) ☎ 04-50-34-98-28. Ouvert de 12 h à 14 h et de 16 h 30 à 23 h. Fermé le mercredi (hors vacances scolaires). Congés annuels : en mai-juin et septembre-octobre. Compter 15 € environ à la carte. En mourmé, cette drôle et poétique langue née au XVe siècle et propre aux tailleurs de pierre qui faisaient autrefois vivre la vallée, une *fandolieuse* est une danseuse. Dans cette petite crêperie joliment aménagée dans une maison du XVIe siècle, chaque crêpe porte ainsi un nom en mourmé. Petit lexique : la *tapotu* désigne un tambour, le *violurin* est un musicien, *crépioti* évoque l'hiver et l'eau qui crépite, *soffluche* le vent qui souffle… Au chapitre « particularismes locaux », on pourra aussi goûter ici la fameuse soupe châtrée qu'on mangeait autrefois pour la Saint-Christophe, potage pour le moins roboratif à base de pain, de tomme et d'oignons. Également des fondues.

SAOU   26400

Carte régionale A2

l●l *L'Oiseau sur sa Branche* – La Placette (Centre) ☎ 04-75-76-02-03. 🍴 Fermé le lundi soir et le mardi soir hors saison. Congés annuels : en janvier. « Menu du Bistrot » à 15 €, servi le midi en semaine, et autre menu à 25 €. « Douce France… » La chanson de Trénet s'envole sur les murs peints en jaune et bleu de ce restaurant de village métamorphosé par un restaurateur-poète qui, après avoir roulé sa bosse au Congo et ailleurs, est venu ici apporter un peu de la magie du monde. Les assiettes qui vous arrivent sur la table, composées comme un tableau, riches en couleurs, en saveurs et en relief, portent en guise de signature le nom du plat que vous avez commandé. Côté bistrot, sur fond rouge et jaune cette fois, un comptoir, où traînent une malle et une mappemonde, où l'on peut déjeuner en semaine pour pas cher. Les habitués ne s'y trompent pas et s'y rejoignent nombreux. Pour couronner le tout, jolie terrasse sous les platanes pour les beaux jours et soirées musicales les jours de pleine lune.

SUTRIEU   01260

Carte régionale B1

🏠 l●l *Auberge du Col de la Lèbe* * – Charancin ☎ 04-79-87-64-54. Fax : 04-79-87-54-26. Parking. TV. Canal+. Fermé le lundi et le mardi (resto fermé le lundi soir et le mardi en juillet-août). Accès : à 6 km de Champagne-en-Valromey ou à 8 km d'Hauteville. Chambres doubles de 40 à 44 €. Demi-pension à 45 € par personne. Menus de 21 à 28 €. Plat du jour, en semaine, à 11 €. En pleine nature, dans la montée au col, évidemment. Salle à manger chaleureuse. Profusion de bois et de plantes vertes. Service stylé mais pas prétentieux du tout. Une fine cuisine (paupiettes de canard au foie gras, jambonneau de volaille aux morilles, osso buco de lotte…), à des prix qui ont su rester abordables. Comme on est à la montagne, on peut aussi se contenter de simples mais bonnes grillades au feu de bois. Chambres modestes mais à l'ancienne, donc avec un certain cachet. Calme assuré, vu l'endroit. Piscine avec vue magnifique sur la superbe et douce vallée du Valromey. *Apéritif maison offert à nos lecteurs sur présentation de ce guide.*

DANS LES ENVIRONS

PETIT-ABERGEMENT (LE) 01260
(5 km N)

🛏️ I●I *La Soupière a des Oreilles* – au village ☎ 04-79-87-65-81. Fax : 04-79-87-54-46. ● lasoupiere@free.fr ● Fermé le dimanche soir et le lundi hors vacances scolaires. Congés annuels : du 1er novembre au 1er janvier. Accès : par la D31, direction « Plan d'Hotonnes-Brénod ». Chambres doubles à 26 € avec douche, 29 € avec douche et w.-c. Menus de 10 €, le midi en semaine, à 20 €. Une solide maison de pierre dans un village tranquille, perdu à 800 m d'altitude, tout au fond de la superbe vallée du Valromey. Claude Masclet a quitté la SNCF pour s'y installer avec son épouse Colette, en 1990. Une vocation encouragée par Pierre Bonte. Du reste, l'hôtel a hérité du nom d'une de ses émissions de télé et du logo signé Piem. L'ambiance est conviviale, familiale, et on s'y sent vite comme chez des... amis. Les chambres sont toutes simples mais agréables, sans autre bruit que la sonnerie des cloches de la petite église romane voisine. Dans la rustique salle à manger, où trônent de nombreuses soupières, est servie une brave cuisine de ménage à base de produits authentiques (jambon de montagne) et des spécialités vraiment régionales (diots, saucisson chaud, fondues, poulet à la crème et aux morilles). Le bar, avec sa terrasse en plein soleil, accueille en permanence des expos de peinture. À ce propos, l'infatigable Claude a mis sur pied un festival des peintres (chaque année, début août) dans ce fond de vallée qui, l'hiver, est un vrai paradis pour les amateurs de ski de fond. Pour l'anecdote, Corinne Niogret, championne olympique du biathlon, est une voisine (photo dédicacée sur demande). Une adresse comme l'aime le *Routard*. *Apéritif maison ou café offert à nos lecteurs sur présentation de ce guide.*

SUZE-LA-ROUSSE 26790

Carte régionale A2

🛏️ I●I *Hôtel du Comte* ** – route de Bollène (Ouest) ☎ 04-75-04-85-38. Fax : 04-75-04-85-37. Parking. TV. ♿ Congés annuels : en février. Accès : sur la droite, juste à la sortie du bourg, en direction de Bollène. Chambres doubles de 55 à 60 €.

Beau menu intégré dans la demi-pension, de 51,50 à 54 € par personne. Un grand mas provençal superbement aménagé. Les plus belles chambres se trouvent dans le mini-donjon. Luxueuses salles de bains et boiseries vernies. Certaines chambres avec terrasse dominent les vignes avoisinantes. Piscine et parc ombragé. Non loin de là, la très originale université du Vin.

DANS LES ENVIRONS

SAINT-RESTITUT 26130 (8 km NO)

I●I *Restaurant Les Buisses* – (Sud-Est) ☎ 04-75-04-96-50. ♿ Fermé le lundi, le samedi midi et le dimanche soir en hiver ; les lundi midi, mardi et samedi midi en été. Congés annuels : 2 semaines mi-mars. Accès : prendre la D59, puis la D218. Possibilité de déjeuner à la carte le midi pour environ 17 €. Sinon, tarif unique à 24 €. D'abord, c'est une belle maison de pays perdue dans la campagne, avec un jardin à la provençale. L'été, cigales garanties et on savoure en terrasse, sous les chênes truffés, une bonne vieille cuisine du Sud comme on l'aime. À l'intérieur, nouvelle salle, plus spacieuse, avec cheminée qui fonctionne. Excellent accueil, atmosphère détendue à souhait. Choix entre 5 entrées parfumées, 5 plats de résistance. Quelques délicieuses spécialités : la fondue d'agneau, l'assiette des *Buisses* (aubergine, poivron, tomates confites, courgettes avec huile d'olive de Maussane), les beignets de fleurs de courgettes, la purée « gourmande », etc. Carte des vins remarquable, où l'on fait tout naturellement la part belle aux crus régionaux. *Café offert à nos lecteurs sur présentation de ce guide.*

TAIN-L'HERMITAGE 26600

Carte régionale A2

🛏️ *Hôtel Les 2 Coteaux* ** – 18, rue Joseph-Péala ☎ 04-75-08-33-01. Fax : 04-75-08-44-20. TV. Congés annuels : en janvier. Accès : par la N7. Face à la passerelle piétonne qui enjambe le Rhône. Chambres doubles de 27 à 32 € avec lavabo ou douche et de 42 à 45 € avec douche et w.-c. ou bains. Voilà un petit hôtel familial superbement situé, en bord du Rhône, face à la jolie passerelle qui rejoint l'Ardèche. Les chambres, bien tenues, ont certes un petit côté désuet, mais elles offrent, côté ouest, une vue splendide sur le fleuve et le château de Tournon. La rénovation des chambres se fait progressivement mais sûrement. La chambre n° 5 (la plus chère, avec lits séparés) possède même une petite terrasse, idéale pour siroter un verre au soleil couchant. Cela dit, les chambres sur l'arrière ont aussi une belle vue sur les coteaux de l'Hermitage. Terrasse pour prendre le petit déjeuner au soleil en regardant couler le Rhône. Garage clos payant. Accueil agréable, ce qui ne gâte rien.

I●I Des Terrasses du Rhône au Sommelier – 13, rue Joseph-Péala (Centre) ☎ 04-75-08-40-56. Ouvert de 11 h à 15 h et de 18 h à minuit. Fermé les dimanche et lundi. Menu tartines à 10 €, midi et soir, accompagné de 2 verres de vin. Sinon, planche de charcuterie et 1 verre de saint-joseph à 7 €. Cette adresse est pour ceux qui apprécient les petites grignotes accompagnées de bons vins. Excellentes tartines, variées et sympathiques, servies avec des vins francs et choisis. Normal, Fabien Louis est sommelier (il a travaillé chez *Gagnaire*). Le soir, belle animation qui déborde largement dans la rue quand il fait beau. Fabien Louis organise aussi des balades dans le vignoble. *NOUVEAUTÉ.*

DANS LES ENVIRONS

CROZES-HERMITAGE   26600
(8 km O)

I●I Le Bistrot des Vins – le village ☎ 04-75-07-18-03. Fermé les lundi, mardi et mercredi. Accès : prendre la D532 jusqu'à Tain-l'Hermitage puis remonter vers le nord par la D241 ; dans le village, repérer la maison mangée par la vigne vierge et l'enseigne du tabac. Menu unique à 16 € avec choix d'entrées, plat du jour, fromage et dessert. Un charmant petit village entouré de vignes, perdu dans les coteaux de l'Hermitage, et le bonheur de découvrir ce petit resto tenu par un jeune couple très accueillant. Jolie salle façon bistrot contemporain, ou petite terrasse si le temps est au beau. Excellente cuisine du marché, fraîche et goûteuse, à accompagner, bien sûr, d'un « pot » de crozes, à prix très raisonnable. L'ambiance est à la convivialité. Attention, comme toutes les bonnes adresses, celle-ci connaît un succès croissant, alors pensez à réserver.

TARARE   69170
Carte régionale A1

I●I Restaurant Jean Brouilly – 3 ter, rue de Paris ☎ 04-74-63-24-56. Parking. Fermé le dimanche et le lundi. Congés annuels : pendant les vacances scolaires de février et du 3 au 26 août. Accès : direction Roanne. Menus de 30 à 50 €. Voilà bientôt vingt ans que les Brouilly sont installés dans cette belle maison bourgeoise d'industriels tarariens. Ils y font un travail qui force le respect, et après toutes ces années, on ne peut

pas dire qu'ils se soient endormis sur leurs lauriers ou assoupis dans l'écrin de verdure que forme leur beau parc. Des fourneaux arrivent de superbes assiettes qui flattent l'œil avant de caresser le palais. Jean Brouilly est un grand cuisinier doublé d'un homme généreux. Il le prouve dans tous ses menus. Que vous choisissiez un foie de canard poêlé à la rhubarbe, une rosace de Saint-Jacques au caviar sur brandade de cabillaud, un filet de veau à la fleur de magnolia, un rouget-grondin aux olives de Nyons, un filet de sandre sauce cressonnière ou un millefeuille vanille-bourbon, vous ne manquerez pas de splendides produits. Au chapitre des épices et aromates, fleurs et herbes rares, notre chef les utilise avec parcimonie, lorsque certains pêchent par excès. Côté service : sourire et efficacité, le dynamisme de madame Brouilly et de sa brigade, qui officient dans la belle salle ou dans la grande véranda moderne, pour mieux profiter du parc aux beaux jours. Voilà une grande adresse à s'offrir sans pour autant « casser la tirelire ». *Un verre de beaujolais offert à nos lecteurs sur présentation de ce guide.*

DANS LES ENVIRONS

SARCEY 69490 (12 km E)

🛏 I●I Le Chatard ** – 1, allée du Mas ☎ 04-74-26-85-85. Fax : 04-74-26-89-99. ● le-chatard.com ● Parking. TV. Canal+. Satellite. ♨ Resto fermé le dimanche soir. Accès : N7 direction Lyon, puis à gauche la D118 à 10 km. Chambres doubles avec douche et w.-c. ou bains de 38 à 55 €. Possibilité de demi-pension, à partir de 3 nuits consécutives, à 53,50 € par personne. Menus de 15,50 €, le midi en semaine, à 37 €. Un bon établissement où l'on trouve aussi bien des touristes attirés par le calme et la piscine que des hommes d'affaires et des gens du cru appréciant la qualité d'une cuisine traditionnelle jamais décevante et pas trop cher payée. À défaut d'un vrai charme, les chambres ont tout le confort souhaité. *Digestif maison offert à nos lecteurs sur présentation de ce guide.*

THÔNES   74230
Carte régionale B1

🛏 I●I Hôtel du Commerce ** – 5, rue des Clefs (Centre) ☎ 04-50-02-13-66. Fax : 04-50-32-16-24. Parking. TV. Satellite. Fermé le dimanche soir et parfois le lundi midi. Congés annuels : du 3 au 10 avril et du 3 au 27 novembre. Chambres doubles avec douche et w.-c. ou bains de 38 à 65 € suivant la saison. Le midi en semaine, formule à 12 € à la brasserie et menu à 14 € au resto; autres menus de 19 à 32 €. Hôtel assez conventionnel. Chambres colorées, parfois un peu trop, mais sur le rapport qualité-prix, rien à dire. Certaines donnent sur la forêt. Cuisine entre tradition et terroir, avec une immuable spécialité : le farcement. Accueil souriant de la patronne qui est aux petits soins pour ses hôtes (depuis plus de 30 ans !).

DANS LES ENVIRONS

MANIGOD 74230 (6 km SE)

🏠 |●| *Hôtel-restaurant de la Vieille Ferme* ** – col de Merdassier ☎ 04-50-02-41-49. Fax : 04-50-32-65-53. Parking. TV. Fermé le mercredi hors vacances scolaires. Congés annuels : du 15 avril au 15 juin et du 30 octobre au 20 décembre. Accès : de Thônes, prendre la D12 puis la D16 vers Manigod, passer La Croix-Fry et se diriger vers la station L'Étale. Chambres doubles avec douche et w.-c. ou bains de 46 à 50 €. Demi-pension de 46 à 50,30 €, demandée pendant les vacances scolaires. Menus de 14 à 22 €. Un chalet tout ce qu'il y a de plus alpin au pied des pistes de L'Étale. Ambiance très montagnarde. 6 chambres seulement, à la déco plus contemporaine mais mignonnettes. Cuisine aussi typique et authentique que la salle à manger (farcement, *pela*, escalope savoyarde, etc.). Service charmant.

THONON-LES-BAINS 74200

Carte régionale B1

|●| *Restaurant Le Victoria* – 5, pl. des Arts (Centre) ☎ 04-50-71-02-82. Congés annuels : entre Noël et le Jour de l'An. Menus à 12 €, sauf le dimanche, et à 18,50 et 27 €. Derrière sa verrière très Belle Époque, mangée par la végétation, la salle est agréable. Cuisine de tradition à base de bons produits. Pas mal de poissons, de lac comme de mer (loup en croûte de sel). Grosses salades pour l'été. *Apéritif maison offert à nos lecteurs sur présentation de ce guide.*

DANS LES ENVIRONS

MARGENCEL 74200 (5 km SO)

🏠 |●| *Hôtel-restaurant Les Cygnes* ** – port de Séchex ☎ 04-50-72-63-10. Fax : 04-50-72-68-22. ● www.restaurant-les-cygnes.fr ● Parking. TV. Fermé le mercredi hors saison. Congés annuels : de mi-novembre à début février. Accès : par la N5 ; à Margencel, direction port de Séchex par la

D33. Chambres doubles à 47 € avec douche et w.-c. Menus de 20 à 35 €. Adresse les pieds dans l'eau dans un petit port entre Thonon et Yvoire. Une institution locale (dans le coin, on dit tout simplement « Chez Jules »). On y vient bien sûr pour manger ce poisson qui a fait dès les années 1930 (et fait encore et toujours) la renommée de cette bonne maison : soupe de poisson du lac, filets de perche, féra à l'ancienne, etc. Chambres toutes simples mais adorables. Les n°s 7, 8 et 9 ont vue sur le lac.

ARMOY 74200 (6,5 km SE)

🏠 |●| *Hôtel-restaurant Le Chalet* ** – L'Ermitage ☎ 04-50-71-08-11. Fax : 04-50-71-33-88. ● www.hotel-le-chalet.com ● Parking. TV. Restaurant ouvert sur réservation hors saison. Congés annuels : en janvier et décembre. Accès : par la D26. Chambres doubles de 29 à 31 € avec lavabo et de 38 à 43 € avec douche et w.-c. ou bains, suivant la saison. Menus à 14 €, sauf le dimanche, puis de 15 à 25 €. Amusante maison, genre chalet suisse, qui domine la ville et le lac. Les chambres ont pour la plupart une vue superbe sur le lac. Les n°s 4, 5, 6 et 7 disposent en outre d'une terrasse. Quelques-unes enfin sont installées dans de petits chalets de bois disséminés autour de la piscine. Un véritable havre de paix. Cuisine familiale soignée (comme on dit) : charcuteries maison, filet de féra à l'estragon... Grand jardin et terrasse avec, une fois encore, une belle vue sur le lac.

YVOIRE 74140 (17 km O)

|●| *Le Bateau Ivre* – Grande-Rue ☎ 04-50-72-81-84. Fermé le jeudi, plus le vendredi hors saison. Congés annuels : en janvier. Accès : N5 jusqu'à Sciez, puis D25. Menus à 13 €, le midi en semaine, et de 15 à 26 €. La cuisine est aussi fraîche et gaie que la petite salle aménagée dans une vieille maison du village. Le jeune chef travaille avec le même enthousiasme et un égal bonheur poisson et desserts. Le service ne se départit jamais de son sourire, même quand salle et terrasse sont bondées. Et au café, on s'avoue franchement étonné d'avoir déniché une adresse aussi épatante dans ce si touristique village de charme. *NOUVEAUTÉ.*

TOURNON-SUR-RHÔNE 07300

Carte régionale A2

🏠 |●| *Hôtel Azalées* ** – 6, av. de la Gare (Sud-Ouest) ☎ 04-75-08-05-23. Fax : 04-75-08-18-27. ● www.hotel-azalees.com ●

Parking. TV. Canal+. Satellite. ☂. Fermé le dimanche soir du 15 octobre au 15 mars. Congés annuels : du 23 décembre au 5 janvier. Accès : au départ du chemin de fer du Vivarais. Chambres doubles à 41 € avec douche et w.-c. ou bains. Menus de 15 à 26 €. L'hôtel *Azalées* dispose de chambres modernes et confortables. La cuisine est à dominante régionale. De la terrasse de l'hôtel, vous pourrez saluer le départ des trains à vapeur vers Lamastre. À table, intéressant flan de picodon, bonnes criques, et en dessert un soufflé glacé aux marrons. *10 % sur le prix de la chambre offerts à nos lecteurs sur présentation de ce guide.*

I●I *Restaurant L'Estragon* – 6, pl. Saint-Julien ☎ 04-75-08-87-66. Fermé le mercredi sauf l'été. Congés annuels : de mi-février à mi-mars. Accès : face à l'église. Menus de 10,50 à 17 €. À la carte, compter 18,29 €. Jouissant d'une bonne situation (à deux pas du Rhône et en pleine zone piétonne), ce restaurant offre une cuisine simple à un prix raisonnable. Les salades sont copieuses, le sandre sauce vin rouge aux échalotes confites goûteux. Ce restaurant propose aussi un menu « pierre chaude » comprenant une salade, une noix de veau ou un faux-filet (viandes de qualité), un fromage et un dessert. Service efficace et concentré. *Apéritif maison offert à nos lecteurs sur présentation de ce guide.*

I●I *Restaurant Aux Sablettes* – 187, route de Lamastre (Ouest) ☎ 04-75-08-44-34. Fermé le mercredi sauf en juillet-août. Accès : route de Lamastre sur 3 km ; à gauche, en face du *camping des Acacias*. Menus de 10,50 à 22 €. Un bar-restaurant à bière un peu excentré. Les jeunes des environs et les clients du camping proche s'y retrouvent. Pas de caractère particulier dans la déco, mais une carte d'où surnagent des spécialités originales : fondue ardéchoise aux deux fromages, viande et même desserts à la bière (mousses et tartes à la bière). Essayez ! Les moins aventureux se contenteront des ravioles, délicieuse spécialité drômoise. Pizzas au feu de bois et grillades complètent la carte. *Apéritif maison offert à nos lecteurs sur présentation de ce guide.*

TRÉVOUX 01600

Carte régionale A1

🏠 *Hôtel des Voyageurs* – 28, rue du Palais (Centre) ☎ 04-74-00-12-34. Fax : 04-74-00-64-24. Congés annuels : en août. Accès : près du parlement. Chambres doubles à 31 €. Seul hôtel de la ville, il a le mérite de ne pas abuser de sa position. Refait à neuf, propret, en liaison avec le café-bar d'en bas, bien pratique pour déjeu-

ner ou se faire livrer en semaine un repas. Formule-étape VRP possible.

I●I *Chez Bruno* – 8, Grande-Rue (Centre) ☎ 04-74-00-20-75. Fermé le mardi soir, le jeudi soir et le dimanche. Accès : face à l'église. Formule buffet à 13 €, menus à 10 €, le midi en semaine, puis à 14 et 19 €. Attention, coup de cœur ! Cette petite adresse anodine présente de nombreuses qualités : l'accueil souriant, gentil et à l'accent du Midi, de Véronique, des plats qui changent, du goût, des formules rapides, des petits prix... et tout se prépare sous vos yeux. OK, on est aux portes de la Dombes et les spécialités de Bruno ne sont pas très locales (bouillabaisse sétoise, différente de la marseillaise, il vous expliquera pourquoi, ou fondue savoyarde,) mais elles sont tellement bonnes. Ça nous change de la grenouille et des quenelles. L'idée, un buffet à volonté richement garni, de l'entrée aux desserts maison. Les petits plus, une belle vaisselle (œuvre de beau-papa !), un service rapide, une déco vivante, avec des toiles de la jeune « patronne », une ambiance conviviale. L'assiette est copieuse et élégante, et il est facile d'amorcer la conversation avec Magali pour parler célébrités (voir le livre d'or.) C'est simple, efficace, agréable ! Et en plus, il y a la climatisation.

USSON-EN-FOREZ 42550

Carte régionale A1

🏠 I●I *Hôtel Rival* * – rue Centrale (Centre) ☎ 04-77-50-63-65. Fax : 04-77-50-67-62. Parking. TV. Fermé le lundi d'octobre à juin. Chambres doubles de 24 € avec lavabo à 39 € avec douche et w.-c. ou bains. Menus à 11 €, en semaine, puis de 19 à 30 €. Dans une petite bourgade des monts du Forez, aux portes de l'Auvergne, région riche en musées, une bonne maison familiale de province, classique, qui propose une table traditionnelle et généreuse, utilisant les produits du terroir. On recommande la galantine chaude aux escargots, le foie gras maison, la salade forézienne, la glace à la verveine... Les chambres sont propres et abordables, même si elles manquent un peu de charme. Possibilité de manger dans le salon avec cheminée ou sur la terrasse, suivant la saison. Création de 2 gîtes. Patronne très gentille.

DANS LES ENVIRONS

SAINT-BONNET-LE-CHÂTEAU
42380 (14 km NE)

🏠 I●I *Le Befranc* – 7, route d'Audel ☎ 04-77-50-54-54. Fax : 04-77-50-73-17. Parking. TV. Satellite. ☂. Fermé le dimanche soir et le lundi. Congés annuels : les 15 derniers jours de janvier. Accès : à la sortie de la ville vers Usson-en-Forez. Chambres à 38 €. Menus à 12 €, le midi en semaine, puis de 15,50 à 31 €. Un peu à l'écart du centre médiéval de ce ravissant bourg, capitale de la pétanque, qu'il ne faut pas manquer de visiter, cet hôtel vous propose des chambres toutes pimpantes et agréablement décorées. Cuisine régionale soignée et accueil charmant, tout y est pour faire de cette étape une vraie aubaine.

|●| *La Calèche* – 2, rue du Commandant-Marey (Centre) ☎ 04-77-50-15-58. ☒ Fermé le mardi soir, le mercredi et le dimanche soir. Congés annuels : pendant les vacances scolaires de février, la 1re semaine de juillet et pendant les vacances de la Toussaint. Menus de 15 à 39 € et carte. Un cadre chaleureux où l'on se sent bien pour déguster la cuisine du patron. Variété et originalité des plats servis copieusement et avec le sourire, qualité des produits, font que cette adresse est connue et qu'il est prudent de réserver. *Digestif maison offert à nos lecteurs sur présentation de ce guide.*

VALENCE 26000

Carte régionale A2

🏠 *Hôtel Continental* ** – 29, av. Pierre-Sémard (Centre) ☎ 04-75-44-01-38. Fax : 04-75-44-03-90. Chambres doubles avec douche w.-c. ou bains de 33 à 39 €. Ne pas se fier à l'entrée un peu impersonnelle et étriquée de cet hôtel qui offre en fait de belles grandes chambres au charme rétro. Presque toutes ont été rénovées de manière simple mais plaisante, ayant eu soin de préserver le cachet ancien du bâtiment. Chambres toutes différentes, certaines possédant même un fort beau mobilier et de grandes salles de bains (les nos 104 ou 206, par exemple). Accueil très sympa, de jour comme de nuit ! Une très bonne adresse. *Un petit déjeuner offert par chambre et par nuit (hors saison) à nos lecteurs sur présentation de ce guide.*

🏠 *Hôtel de l'Europe* ** – 15, av. Félix-Faure (Centre) ☎ 04-75-82-62-65. Fax : 04-75-82-62-66. Parking payant. TV. Canal+. Satellite. Fermé le dimanche de 14 h à 18 h. Congés annuels : du 15 au 31 décembre. Accès : centre-ville, face à la place Leclerc. Chambres doubles de 33 à 48 € avec douche et w.-c. ou bains. Rénové avec goût et sobriété, cet hôtel dispose de chambres agréables, bien équipées et climatisées. Double vitrage très efficace contre le bruit du boulevard. En résumé, une adresse pratique et bien située, aux prix qui restent raisonnables pour la ville. De plus,

l'accueil est bon. *Un petit déjeuner offert par chambre et par nuit (du 1er septembre au 31 mai) à nos lecteurs sur présentation de ce guide.*

🏠|●| *Centre Vacanciel-hôtel l'Epervière* ** – chemin de l'Épervière (Sud-Ouest) ☎ 04-75-42-32-00. Fax : 04-75-56-20-67. ● eperviere@vacanciel.com ● Parking. TV. ☒ Ouvert toute l'année. Accès : à 2 km du centre, entre le Rhône et l'A7, direction Montélimar. En juillet-août, navette de bus toutes les heures ; sinon, bus n° 1, arrêt « Algoud », puis 500 m à pied. Chambres doubles à partir de 34 €. Menus à 10,15 €, en semaine, puis à 14,50 et 17,50 €. Bâtiment multifonctions au milieu d'un parc, entre les bords du Rhône et... l'autoroute ! Entre autres possibilités d'hébergement (hôtel, camping-caravaning), une formule étape-auberge en chambres de 3 ou 6 lits. Sur place, piscine, mini-golf, restaurant et bar. Dommage que ce soit un peu excentré.

|●| *Le Bistrot des Clercs* – 48, Grande-Rue ☎ 04-75-55-55-15. Ouvert tous les jours sauf le dimanche, de 12 h à 14 h 30 et de 19 h à 23 h (minuit les vendredi et samedi). Chouette néo-bistrot proposant un menu à 15 € midi et soir, d'excellente tenue. Un autre à 23 €, très complet, où le chef laisse parler son talent. Dans un néo-bistrot, quoi de mieux qu'une cuisine de néo-bistrot, c'est-à-dire les deux pieds bien calés dans le terroir et la tête un peu dans les étoiles ? Des plats sans détours, francs du collier mais goûteux, copieux et servis impeccablement. Carte des vins très équilibrée. *NOUVEAUTÉ.*

|●| *Restaurant One Two... Tea* – 37, Grande-Rue (Centre) ☎ 04-75-55-96-31. ☒ Fermé le dimanche et les jours fériés. Congés annuels : du 11 au 25 août. Plat du jour à 9 € ; compter un petit 16 € pour un repas copieux. Petite salle chaleureuse mariant agréablement la brique et le bois, avec de jolis cadres accrochés aux murs et des bouquets de fleurs fraîches qui lui donnent un aspect très *British*. Ambiance calme et intimiste le soir. Le midi, en revanche, s'y pressent les habitués qui viennent s'y régaler d'une *pie* accompagnée de crudités, d'un filet de saumon au beurre d'anchois, de ravioles à la crème d'oseille, d'une caillette au vin d'échalotes ou d'un gâteau de foies au coulis de tomates... De quoi ravir les papilles et les ventres affamés. Aussi bons que tentants ! Une adresse à l'excellent rapport qualité-prix. Accueil charmant qui plus est. Pour satisfaire tout le monde, également une salle à l'étage et quelques tables posées dans la rue aux beaux jours.

|●| *Restaurant L'Épicerie* – 18, pl. Saint-Jean (Centre) ☎ 04-75-42-74-46. ☒ Fermé le samedi midi, le dimanche et les jours fériés. Congés annuels : en août et du 24 décembre au 5 janvier. Accès : à côté de l'église Saint-Jean. Menus de 21 à 54 €. Pas la peine de vous dire quel type de magasin il y avait là auparavant ! C'était il y a quelque temps déjà. Aujourd'hui, voilà une adresse solide côté murs comme côté réputation. Les fines gueules apprécieront ces plats clins d'œil au terroir, comme la crème de lentille aux dés de foie gras, les ravioles (maison) à la chair de crabe et olives, le rouget-barbet au caviar d'aubergine et au coulis d'étrilles, les dés d'agneau rôti au pavot bleu sauce vin de syrah... Aux beaux jours, en terrasse sur la petite place, face à la vieille halle, on trouve décidément Valence bien sympathique. *Café offert à nos lecteurs sur présentation de ce guide.*

📧 ▮●▮ *L'Auberge du Pin* – 285 bis, av. Victor-Hugo (Est) ☎ 04-75-44-53-86. ⚒. Fermé le mercredi d'octobre à mai. Accès : depuis l'A7, sortie Valence sud, direction centre-ville. Menu-carte à 27 €. Un *Relais & Châteaux* à prix démocratiques ? Vous ne rêvez pas. Vous êtes bien dans la célèbre maison de la famille Pic. Cependant, ne vous trompez pas de porte car cela le deviendrait nettement moins... démocratique ! Mais revenons à l'abordable : tous les plats sortent des mêmes cuisines que l'étoilé restaurant, et ils sont bien alléchants. Impossible de vous en citer particulièrement, la carte se renouvelle en fonction des produits de saison. Mais vous y goûterez les charmes d'une cuisine aux saveurs du terroir, rustique et parfumée. La salle aux tons jaunes de *L'Auberge* n'est pas très grande, et si, faute de beau temps, la terrasse sous les arcades n'est pas opérationnelle, réservez donc, cela vous évitera d'aller pique-niquer ! Avant de partir, jetez un œil aux salons de l'hôtel ; sofas voluptueux et coussins enrobants. Et pas de procès sur l'embourgeoisement du *Routard* ! Quand la déco est belle, on le dit, non mais !

VALGORGE 07110

Carte régionale A2

📧 ▮●▮ *Hôtel-restaurant Le Tanargue* ** – au village (Centre) ☎ 04-75-88-98-98. Fax : 04-75-88-96-09. Parking. TV. Fermé le dimanche soir et le lundi de début octobre à fin décembre (sauf vacances scolaires de la Toussaint). Congés annuels : de fin décembre à mi-mars. Chambres doubles de 35 à 39 € avec douche et w.-c., de 46 à 54 € avec bains. Menu du jour le midi (sauf dimanche et jours fériés), à 9,50 € comprenant entrée + plat garni + dessert + café ; autres menus de 13,80 à 25,50 €. Aux confins de l'Ardèche cévenole et méridionale, un établissement blotti au pied du massif du Tanargue, à 550 m d'altitude.

Chambres spacieuses et coquettes ; préférez celles du côté vallée, mieux exposées. Spécialités de suprême de pintade à la crème et son lardon frit, terrine de truite et chair de grenouilles sauce mousseline, mignon de porc sauce au miel et vinaigre de framboise... Les portions sont copieuses, les produits sélectionnés avec sérieux, toujours parfaitement cuisinés et présentés. Même les légumes font l'objet de soins et de recherche particuliers, cela devient rare et fait la différence. Vaste salle à manger agréable et récemment rénovée avec le souci du détail ; extasiez-vous devant le soufflet géant qui orne la cheminée. Un hôtel douillet, on y resterait volontiers plus longtemps. *Confiture maison (dans le cas d'un hébergement) offert à nos lecteurs sur présentation de ce guide.*

VALLOIRE 73450

Carte régionale B2

📧 ▮●▮ *Hôtel Christiania* ** – (Centre) ☎ 04-79-59-00-57. Fax : 04-79-59-00-06. ● www.christiania-hotel.com ● Parking payant. TV. Satellite. Congés annuels : du 21 avril au 15 juin et du 15 septembre au 10 décembre. Chambres doubles avec lavabo ou douche de 31 à 45 €, suivant la saison, avec douche et w.-c. ou bains de 51 à 58 €. Demi-pension demandée en hiver, de 55 à 68 € par personne. Menus de 14 à 28 €. Une institution locale. Toute la station ou presque, à un moment ou à un autre de la journée, s'accoude au comptoir d'un bar sérieusement branché sport. Le matin, la lecture commentée de *L'Équipe* est parfois un grand moment ! Accueil familial, détendu et amical donc. Chambres d'un classicisme bon teint et de bon confort. Bonne cuisine de tradition, sous influence régionale.

📧 ▮●▮ *Hôtel La Setaz – Restaurant Le Gastilleur* *** – rue de la Vallée-d'Or (Centre) ☎ 04-79-59-01-03. Fax : 04-79-59-00-63. ● www.la-setaz.com ● Parking. TV. Congés annuels : du 20 avril à début juin et du 20 septembre au 20 décembre. Chambres doubles avec douche et w.-c. ou bains de 60 à 84 € suivant la saison. Demi-pension demandée en hiver de 56 à 74 €. Menus à 14 €, le midi en semaine, et de 20 à 35 €. La maison n'a, de prime abord, rien d'emballant. Mais ici, tout ce qui ne se voit pas à l'extérieur se vit à l'intérieur. Au resto *Le Gastilleur* (un « fin gourmet » chez Rabelais), le chef travaille une cuisine d'époque mais pleine de souvenirs d'enfance, dont les menus, abordables, offrent un bon aperçu. Accueil agréable et service irréprochable. Grillades dans le jardin, l'été. Côté hôtel, belles chambres à la déco résolument contemporaine, exposées plein sud et, pour certaines, dotées de bien plaisants balcons et terrasses. Piscine d'été chauffée.

|●| *L'Asile des Fondues* – rue des Grandes-Alpes (Centre) ☎ 04-79-59-04-71. Congés annuels : du 1er mai au 15 juin et du 1er septembre au 15 décembre. Accès : près de l'église et de l'office du tourisme. À la carte, pour un repas complet, compter de 19 à 27 €. Dans une authentique vieille maison, salle rustico-campagnarde pleine de cachet. Les fondues s'enchaînent au gré des clients. La carte propose également d'honnêtes spécialités : raclette (à volonté), tartiflette, diots de Valloire, etc. Bonne ambiance. Un brin touristique toutefois...

VALLON-PONT-D'ARC   07150

Carte régionale A2

🏠 |●| *Hôtel Clos des Bruyères* – *L'auberge des Bruyères* ** – route des Gorges ☎ 04-75-37-18-85. Fax : 04-75-37-14-89. ● www.guideweb.com/ardeche/hotel/bruyeres ● Parking. 👪 Fermé le mardi et le mercredi midi (sauf juillet-août). Congés annuels : de début octobre à fin mars. Accès : juste avant la sortie de Vallon, au rond-point. Selon confort et saison, de 46 à 51 € la chambre double ; 4 ont vue sur piscine et jardin. Menu à 14 €, correctement préparé. Sous des dehors d'hôtellerie moderne et standard de bord de route, un établissement de bon confort, bien tenu, avec bel espace arboré par derrière. Des chambres fonctionnelles un poil personnalisées, un accueil pro. Évitez toutefois celles donnant sur la route des Gorges, un peu moins agréables. Salle de restaurant aérée mais manquant peut-être de caractère.

|●| *Restaurant Le Chelsea* – bd Peschère-Alizon (Centre) ☎ 04-75-88-01-40. Congés annuels : d'octobre à avril. Accès : dans la rue principale. Menu à 18 €. Un saisonnier jeune et branché qui tient la route depuis des années maintenant. Style *take it easy* façon Ardèche, avec, aux murs d'une petite salle qui donne sur le jardin, des affiches de BD ou de concerts. Si les salades, variées et copieuses, restent l'atout du *Chelsea*, quelques plats cuisinés sont venus étoffer la carte : salade camembert à la framboise, magret de canard au miel et à la menthe, croustillant de saumon au curry... Une adresse fiable.

DANS LES ENVIRONS

SAINT-MARTIN-D'ARDÈCHE
07700 (22 km SE)

🏠 |●| *Hôtel-restaurant Le Bellevue* ** – quai de l'Ardèche (Centre) ☎ 04-75-04-

66-72. Fax : 04-75-04-61-37. ● www.hotel-bellevue-restaurant.com ● Parking. TV. Congés annuels : du 15 octobre au 1er avril. Accès : par la D290 en direction de Pont-Saint-Esprit. Chambres doubles de 41 à 76 €. Menus de 15 à 22 €. Pile face au pont, le *Bellevue* tend sa salle-terrasse surélevée au touriste comme à l'habitué. Ambiance décontractée, et des plats rustiques et sans fioriture (terrine, caillettes-pommes à l'eau, poisson, copieuse crème caramel...). Le truc populaire, plutôt gentil. Les chambres détonent par leur qualité assez supérieure : des 2 étoiles refaites à neuf, avec douche, w.-c. et clim' ! *Apéritif maison offert à nos lecteurs sur présentation de ce guide.*

ORGNAC-L'AVEN 07150 (23 km S)

🏠 |●| *Hôtel de l'Aven* *** – pl. de la Mairie (Centre) ☎ 04-75-38-61-80. Fax : 04-75-38-66-39. ● www.aven-sarrazin.com ● Parking. TV. Fermé le lundi. Congés annuels : du 15 novembre au 15 mars. Accès : par la D579, puis la D217. Chambres doubles avec douche et w.-c. ou bains de 42 à 45 €. Menus de 15 à 25 €. Le patron est affable et serviable, et son établissement, simple comme l'honnêteté, est fort bien tenu. Couloirs et chambres sentent le frais. Cuisine régionale sans manière, servie dans une salle rustique ou en terrasse. Le petit hôtel d'Ardèche provençale. *10 % sur le prix de la chambre (en basse saison) ou apéritif maison offerts à nos lecteurs sur présentation de ce guide.*

VALS-LES-BAINS   07600

Carte régionale A2

🏠 |●| *Grand Hôtel de l'Europe* ** – 86, rue Jean-Jaurès (Centre) ☎ 04-75-37-43-94. Fax : 04-75-94-66-62. ● www.hoteldeleurope-ardeche.com ● TV. Congés annuels : en février. Chambres doubles avec douche et w.-c. ou bains, proprettes, à 30 et 42 €. Demi-pension à 35 € par personne. Menus à 10 €, le midi en semaine, puis à partir de 12,50 €. Bon accueil et cœur de vivre dans cet hôtel à grande façade ocre clair. Salle à manger bien nette également, bleue et jaune, ou terrasse sous les pins. Le genre d'adresse qui tient la route, parfaite pour un séjour non ruineux. En plus, la cuisine est bonne, ce qui ne gâche rien. La demi-pension est obligatoire pendant le rallye Monte-Carlo. *Café offert à nos lecteurs sur présentation de ce guide.*

🏠 |●| *Hôtel Saint-Jean* ** – 112 bis, rue Jean-Jaurès (Centre) ☎ 04-75-37-42-50. Fax : 04-75-37-54-77. ● www.guideweb.com/ardeche/hotel/saint-jean ● Parking. TV. Congés annuels : du 1er novembre au 9 avril. Accès : en plein centre, mais légèrement à l'écart de la rue, au bord de la rivière Voltour. Chambres doubles entre 42 et 48 €. Menus de 13,60 à 24,30 €. Voici un haut édifice du XIXᵉ siècle, peut-être un peu triste de l'extérieur, mais dont l'accueil et le confort des chambres, entièrement rénovées, ne souffrent aucun reproche. Ah si, un seul peut-être : elles sont petites petites. Décoration neutre mais l'ensemble est impeccable. Grande salle de resto aux larges baies vitrées. Un établissement au calme, classique, certes, mais qui tient bien sa place dans sa catégorie.

🛏 |●| *Grand Hôtel de Lyon* ★★★ – 11, av. Paul-Ribeyre (Centre) ☎ 04-75-37-43-70. Fax : 04-75-37-59-11. ● www.sud. ardeche.com/tourism/ohl ● TV. De 52 à 65 € la chambre double. Demi-pension possible. Menus de 20 à 40 €. En voilà du solide, du sérieux, de l'hôtel début de XXᵉ siècle qui ne trahit pas. Des chambres bien tenues, aux tons pastel et grandes, à literie pépère et qui sentent la rose. Piscine avec nage à contre-courant, genre chutes du Niagara, et chauffée avec ça ; salon TV, salon billard et coquette salle à manger. Accueil reposant. Garage clos gratuit pour les motos. Et quoi encore ? Des *pom-pom girls* ? Non, mais à table, des pommes vapeur (ou rissolées) et toutes victuailles honnêtes et reconstituantes. En somme, un bon lieu de détente que ce *Grand Hôtel de Lyon. Apéritif maison offert à nos lecteurs sur présentation de ce guide.*

🛏 |●| *Hôtel-restaurant Le Vivarais* ★★★ – 5, rue Claude-Expilly (Centre) ☎ 04-75-94-65-85. Fax : 04-75-37-65-47. Parking. TV. Congés annuels : en février. Chambres de 55 à 100 €, en fonction de la taille, avec douche et w.-c. ou bains. Au restaurant, formule à 18,30 € servie tous les jours midi et soir, comprenant le plat du jour, le dessert du jour, un verre de vin (ou une demi-bouteille de vals) et le café. Une affaire à saisir. Menu ardéchois à 27,20 €, autour des saveurs du terroir, et le grand menu à 43 €. Le plus bel édifice de la ville, qu'on reconnaîtra facilement à sa façade rose, distille depuis les années 1930 un art du dormir et du manger que madame Bossi-Brioude, la maîtresse-femme de cet établissement, sait à merveille entretenir. Art déco pour le style : papiers, peintures (tout dans les tons lie-de-vin), mobilier et même certaines baignoires... Confort, luxe, excellence du service. Un sans faute. Alors, on est passé à table, pour chercher la faille. On a rapidement rangé les armes pour se laisser envahir par les saveurs de l'Ardèche. Avec plusieurs générations de cuisinières derrière elle, la patronne sait de quoi elle parle, et tous les châtaigniers de la région l'appellent par son prénom. Car elle est la meilleure ambassadrice de ce produit dans tout le département. La soupe, le caneton

rôti, le gâteau, tout est sublimé par ce fruit, sans jamais être écrasé. Un bonheur.

|●| *Restaurant Chez Mireille* – 3, rue Jean-Jaurès (Centre) ☎ 04-75-37-49-06. Hors saison, fermé le mardi soir et le mercredi soir. Accès : au bout de la rue principale de Vals, à côté de la mairie. Menus de 10 à 25 €. Mireille ne s'appelle pas Mireille mais Colette. Mais comme Mireille rime avec merveille, ça tombe plutôt bien. Car la table de Colette... enfin de *Mireille* est hautement recommandable. C'est une minuscule bonbonnière où se concocte une chouette cuisine des familles. Tout est fait maison, inutile de le préciser (mais on le fait quand même !). Le menu ardéchois se révèle copieux (deux entrées) et équilibré, tout bonnement superbe. Bien ancré dans la tradition, tout en conservant une part d'inventivité. Car derrière sa permanente soignée, on sent bien que Colette cache un combat incessant entre le classicisme et la modernité. Les petits boudins blancs au coulis de cèpes, le filet de rouget à la ciboulette, le sauté de chevreuil aux airelles (en saison)... Merci Colette. *Apéritif maison offert à nos lecteurs sur présentation de ce guide.*

VANS (LES) 07140

Carte régionale A2

🛏 |●| *Hôtel Les Cévennes* – pl. Ollier (Centre) ☎ 04-75-37-23-09. Parking. Fermé le lundi. Accès : sur la place principale. Chambres doubles à 37,50 € avec lavabo et w.-c. sur le palier. Menus de 16 à 30 €. Dès l'entrée, on sent une atmosphère particulière, un léger vent de folie semble souffler sur cet hôtel. 32 ans de bouteille, une déco hétéroclite à souhait : fleurs, bibelots, tableaux et photos incongrus, documents constituant un véritable « musée populaire et cosmopolite » des Vans. Impossible de définir le style de la maison, mais on ne regrette pas d'y être descendu pour le cadre. On pardonne vite le confort très moyen. Demandez la chambre n° 8. Côté resto, cuisine régionale, fraîche et copieuse, comme la crêpe cévenole ou la fricassée de volaille provençale. Un hôtel-restaurant surtout réputé pour la qualité de sa cuisine. *Café offert à nos lecteurs sur présentation de ce guide.*

🛏 |●| *Hôtel-restaurant Le Mas de l'Espaïre* ★★ – bois de Païolive (Sud) ☎ 04-75-94-95-01. Fax : 04-75-37-21-00. ● www.hotel-espaire.com ● Parking. TV. ❄ Resto fermé le midi. Congés annuels : en janvier et février. Accès : 5 km du village, en direction du bois de Païolive. Chambres doubles tout confort de 50 à 80 € selon la saison. Menu unique à 23 €. Une bâtisse imposante où l'on se sent tout de suite à l'aise. Bien sûr, grâce à un excellent accueil, mais aussi parce que rien ne manque pour passer un bon séjour. Environnement splendide, de l'espace à l'intérieur comme à l'extérieur, une piscine, des cigales, etc. À table, des spécialités traditionnelles, aussi bien cévenoles qu'ardéchoises ou lyonnaises. Belles promenades dans le magique bois de Païolive qui jouxte l'établissement, pour de plaisants séjours. *Apéritif maison offert à nos lecteurs sur présentation de ce guide.*

|●| *Restaurant Le Grangousier* – rue Courte ☎ 04-75-94-90-86. Fermé le mardi et le mercredi sauf en juillet-août. Congés annuels : du 1er janvier au 14 février. Accès : face à l'église. Menus de 18 à 52 €. Ce restaurant propose aussi bien un menu du jour que des menus plus gastronomiques. La cuisine est inventive et le rapport qualité-prix honnête. La salade de foie gras poêlé aux châtaignes, ou le volcan ardéchois (vacherin aux marrons) sont à la hauteur de nos espérances. La salle voûtée, tout en pierres apparentes, est propice à la dégustation de ces mets délicats. Une adresse chic restant accessible aux budgets moyens. Carte des vins (dont des vins ardéchois) accessible aussi.

VIENNE   38200

Carte régionale A1

|●| *Restaurant L'Estancot* – 4, rue de la Table-Ronde (Nord) ☎ 04-74-85-12-09. ✗ Fermé le dimanche, le lundi et les jours fériés. Uniquement sur réservation. Menu à 11 € le midi en semaine. Autres menus à 15 et 20 €. Dans une petite rue discrète de la vieille ville, à l'ombre de l'église Saint-André-le-Bas. Jolie façade fleurie, belle salle profonde. On vient là d'abord pour goûter aux criques (servies uniquement le soir, plus le samedi midi) à base de pommes de terre, persillade, œuf, et aux paillassons (pommes de terre nature) accompagnés de toutes sortes de bonnes choses. Quelques fleurons de la carte : flan d'oursins sauce crustacés, magret de canard aux baies de cassis, poires pochées à la vanille avec une sauce caramel, etc. Service ultra-rapide.

DANS LES ENVIRONS

ESTRABLIN 38780 (8 km SE)

≜ *La Gabetière* ∗∗∗ ☎ 04-74-58-01-31. **Fax :** 04-74-58-08-98. Parking. TV. Satellite. Accès : sur la D502 ; sur la gauche, après le carrefour d'accès à Estrablin. Chambres doubles à 45 € avec douche et w.-c., et de 52 à 62 € avec bains. Que voilà

une bonne adresse comme on les aime ! Un manoir de campagne de charme où l'on a envie de se cacher. Pour le plaisir. Pour le confort. Pour la beauté de la pierre du XVIe siècle et la tiédeur... du bord de la piscine. Si vous obtenez l'une des chambres pastel qui ouvrent sur le parc, vous aurez envie d'y rester. Accueil simple, chaleureux, attentif. Vous pouvez même bénéficier d'un appartement dans la tour, pour 4 personnes. Chaleureux « bar-salon-TV ». À l'extérieur, possibilité de pique-nique (tables à disposition). Et sur les opportunités du coin, l'adorable patronne prodigue tous ses bons conseils.

|●| *Frantony* – ZA Le Rocher ☎ 04-74-57-24-70. Accès : par la D41 direction Grenoble, en marge du grand rond-point. 1er menu à 13 € en semaine. Beaux menus de 16 à 33 € et carte. Bizarrement situé dans une ZA, à l'accès quelque peu rebutant. Mais face à la belle carte de ce resto, vous oublierez vite béton et trafic. D'autant que cadre et accueil sont particulièrement plaisants. Le chef travailla jadis pour un émir. Il en subsiste une *touch* de sophistication et d'élégance dans la cuisine. Au hasard de la carte : le canard de barbarie roulé aux oignons et coriandre, la lasagne de grenouilles aux épinards, la caille farcie de polenta aux olives, le marbré de foie gras aux aubergines. Quant aux desserts... Parfois un menu ethnique, style menu tzigane. Pour mener à bien localement une entreprise de séduction !

VILLARD-DE-LANS   38250

Carte régionale B2

≜ *Villa Primerose* ∗∗ – 147, av. des Bains ☎ 04-76-95-13-17. ● www.hotel-villa-primerose.com ● Parking. Congés annuels : du 15 au 30 avril et du 1er octobre au 20 décembre. Accès : à 800 m du centre-ville. 3 gammes de chambres doubles : de 23 à 40 € selon la période et le confort. Petit déjeuner à 4 € sur réservation, buffet en saison. En marge de l'animation mais pas trop éloignée du centre, voilà une maison où l'on a le sens de l'accueil ! Dans cette belle bâtisse, les chambres calmes donnent sur la chaîne du Gerbier. Intéressant pour les familles : 2 chambres communicantes. Autrefois, il y avait un restaurant. La proprio fait bénéficier de l'ancienne et vaste cuisine aux clients, ainsi que de la salle à manger. Possibilité de se préparer ses repas ; on y trouve tout le matériel nécessaire (frigo, plaques chauffantes, etc.) en gestion libre. *Gratuité pour la 3e personne (en basse saison) offerte à nos lecteurs sur présentation de ce guide.*

🏠 I●I *À la Ferme du Bois Barbu* ★★ – ☎ 04-76-95-13-09. **Fax : 04-76-94-10-65.** ● **www.planete-vercors.com/fermebols barbu** ● TV. Resto fermé le mercredi et le dimanche soir. Congés annuels : la 3e semaine de juin et du 15 novembre au 8 décembre. Accès : à 3 km du centre ; direction Bois-Barbu. Chambres doubles de 41 à 48 € avec douche et w.-c. Demi-pension souhaitée en haute saison : de 40 à 46 €. Menus de 15 à 25 €. Voilà une véritable auberge de montagne, en lisière de forêt et d'une route pas trop passante. Une façade fleurie, une nouvelle terrasse agréable, un gentil paradis où l'on peut s'alanguir dans un fauteuil, pendant que Nadine, l'hôtesse, joue du piano. 8 petites chambres (récemment rénovées) pour rêver aux grands espaces du Vercors, à ses gorges et ses grottes mystérieuses. Idéal pour les mordus de ski de fond, les randonneurs et les vététistes, car les pistes passent à côté. Dans votre assiette, suivant les saisons, succombez aux différentes recettes : terrine au bleu du Vercors et aux noix, rillettes aux 2 truites, feuilleté au lard et aux girolles, cochonnailles régionales accompagnées de confiture d'oignons au miel et noix vertes confites, foie gras mi-cuit au vin de noix, poitrine de veau farcie aux noix… *10 % sur le prix de la chambre (hors saison) offerts à nos lecteurs sur présentation de ce guide.*

I●I *Malaterre* – **au lieu-dit Malaterre (forêt de la Loubière)** ☎ 04-76-95-04-34. Cartes de paiement refusées. Ouvert tous les jours de 12 h à 18 h en juillet-août et de décembre à mars, plus le vendredi soir en juillet-août. Ouvert le dimanche en avril, mai, juin, septembre et octobre. Accès : de Villard, suivre la D215C. Peu après Bois-Barbu, prendre la route forestière pour Malaterre (indiqué). Menus de 10 à 15 €. Voilà une adresse qui se mérite. Perdue en pleine forêt, dans une ancienne maison forestière du début du XXe siècle. Tout est en bois, pas d'électricité, pas de source, pas d'eau courante (acheminée par citerne). Vraiment « la mauvaise terre » des bûcherons, dure, âpre… Pourtant, c'est ici que Lydia et Bernard (qui exploitent une ferme à quelques kilomètres) ont choisi de faire revivre la vie et les activités liées à la forêt, tout en régalant fondeurs et randonneurs. Décor composé de tous les outils des forestiers et paysans du coin. Atmosphère réellement chaleureuse. Aux beaux jours, on jouit bien sûr de la terrasse. Véritable cuisine régionale à partir des bons produits de la ferme. Voici nos préférés : la platée du Vercors, composée de ravioles de Royans, de caillette (délicieuse terrine de cochon), bleu du Vercors, salade, pain maison cuit au four à bois, le tout arrosé de *rataplane* (non, on ne vous dira pas ce que c'est !), la gratinée de ravioles à la crème et filet de truite fumée (hmm !)… L'hiver, plats qui tiennent bien au corps : soupe de châtaignes, pot-au-feu mijoté sur la cuisinière à bois, daube… Gardez de la place pour les desserts : pain d'épice maison au miel, Tatin cuite au feu de bois, tarte du chef (rehmm !). Pour les plus pressés, des assiettes composées genre casse-croûte du bûcheron ou plâtrée, accompagnées de pain maison, qui suffisent généralement à calmer les creux. Lydia et Bernard animent chaque vendredi soir d'été une veillée « contes et légendes du Vercors ». Devant de bonnes cochonnailles, une émouvante façon de plonger pendant 2 h dans l'histoire et l'âme de la région ! Pour prolonger l'enchantement, le recueil de légendes compilées par Lydia est disponible sur place, bien sûr… Attention, l'hiver, en période d'enneigement, l'accès se fait uniquement en raquettes ou à skis de fond ! *Apéritif maison offert à nos lecteurs sur présentation de ce guide.*

DANS LES ENVIRONS

CORRENÇON-EN-VERCORS
38250 (6 km S)

🏠 I●I *Le Caribou* – **Le Clos de la Balme** ☎ 04-76-95-82-82. **Fax : 04-76-95-83-17.** ● **www.caribou-vercors.com** ● Parking. Congés annuels : en avril et novembre. Accès : par la D215C, 2 km après le golf, littéralement au pied des pistes. Chambres doubles à 38 €. Demi-pension à 47 € par personne. Également des studios et 2 pièces à partir de 275 € la semaine en basse saison. Menus de 15 à 20 €. Chambres dans les tons ocre, jaune, vert et rouge (au choix…) avec salle de bains, w.-c. et téléphone, pouvant accueillir 2 à 3 personnes. Salle de restaurant tapissée de rondins de bois et agrémentée de souvenirs d'Afrique et d'Indonésie. Les jours de beau temps, terrasse au pied du télésiège des Balmes. Hôtes super sympa, bonne humeur garantie. Côté distractions, on a l'embarras du choix : piscine, sauna (gratuit sur réservation), jeux d'enfants, ping-pong. Les pitchouns sont pris en charge dans des ateliers (musique, théâtre, cirque, art brut), pendant que maman et papa s'initient à la poésie ou encore à la peinture. Apéro cabaret, plus des tas d'animations venant se greffer aux précédentes en été. Idéal pour les jeunes familles. Enfin, « festival d'un dimanche à l'autre » a la 1re semaine d'août (www.festival-dimanche.com). Et l'été, Farinelli, l'âne de la maison, pourra vous emmener en pique-nique.

🏠 I●I *Hôtel du Golf - Restaurant du Bois Fleuri* – **Bois Fleuri** ☎ 04-76-95-84-84. **Fax : 04-76-95-82-85.** ● **www.planete-vercors.com/hotel-du-golf** ● Parking. TV. Fermé le midi du lundi au jeudi, hors juillet et août. Congés annuels : en avril et novembre. Accès : par la D215C, entre le centre du village et le golf. De 82 à 135 € la nuit pour 2 personnes, suivant la saison. Tarifs dégressifs pour les occupants supplémentaires. Menu fraîcheur à 19,50 € le midi (sauf le dimanche), puis menus de 19 à 33 €. Ancienne ferme restaurée par les grands-parents de Sandra et Richard (les actuels gérants). Rénové, l'établissement ne laisse guère de place à la concurrence dans sa catégorie (luxe). Réparties sur 2 étages, 12 chambres (dont 2 avec balcon) pouvant accueillir jusqu'à 5 personnes, personnalisées et très cossues : hall d'entrée spacieux, salle d'eau et w.-c. séparés, boiseries, fleurs séchées, etc. Équipements de haut standing, téléphone, minibar, peignoirs. Restaurant en terrasse par beau temps. Parc et piscine extérieure chauffée. Sauna. Accueil à la fois simple, souriant et très professionnel. *Un petit déjeuner par chambre offert à nos lecteurs sur présentation de ce guide.*

RENCUREL 38680 (15 km O)

🏠 |●| *Hôtel Le Maronnier* – **au bourg** ☎ **04-76-38-97-68. Fax : 04-76-38-98-99.** ● **www.hotellemarronnier.com** ● TV. Congés annuels : du 1er novembre au 20 décembre ; en hiver, ouvert sur réservation. Accès : suivre la D531 sur 12 km, puis tourner à droite (D35). Chambres doubles de 44 à 49 € suivant la saison. Menus de 16 €, le midi, à 19 €. Maison typique du Vercors, au cœur du village, récemment repris par deux couples hollandais. Chambres avec sanitaires privés flambant neufs, réparties entre le corps de l'hôtel et un bâtiment attenant, plus sombre. Literie de qualité quoique, quelque peu déconcertante pour les franchouillards que nous sommes : en effet, lits doubles composés de matelas et couettes individuelles accolés. Mention spéciale pour les chambres n°s 1 et 2, très demandées, dotées d'une grande terrasse surplombant la piscine de l'hôtel (chauffée à l'énergie solaire). Sauna. Salon avec cheminée, bibliothèque et TV. Au resto, une cuisine du terroir avec une petite touche méditerranéenne. *5 % sur le prix de la chambre ou de la demi-pension (hors juillet et août) offerts à nos lecteurs sur présentation de ce guide.*

CHORANCHE 38680 (24 km O)

|●| *Restaurant Le Gournier* – **grottes de Choranche (Nord)** ☎ **04-76-36-09-88.** Fermé le soir. Congés annuels : du 1er novembre au 31 mars. Accès : 2 km avant le village (en direction de Pont-en-Royans), sur la droite, une route monte aux grottes ; le restaurant est en haut. 4 menus de 12,50 à 22,50 €. Panoramique, le resto domine le superbe cirque de Choranche. Au-dessus, les falaises habitées par le faucon pèlerin. À deux pas, les grottes de Cho-

ranche, un site inoubliable, unique en Europe. Pour se remettre de ses émotions, rien de tel que de trouver à table un 1er menu sympa avec entrée ou dessert au choix. Autre menu autour de 18 € qui s'annonce par une caillette tiède sur salade. Également une carte snack et des sandwichs. Après, vous pouvez aller visiter Pont-en-Royans.

VILLARS-LES-DOMBES 01330

Carte régionale A1

|●| *Restaurant L'Écu de France* – **(Centre)** ☎ **04-74-98-01-79.** Fermé le lundi soir, le mardi soir, le mercredi toute la journée et le dimanche soir. Congés annuels : du 22 décembre au 31 janvier. Accès : sur la rue principale, près de l'église. Menus de 15 €, le midi en semaine, à 35 €. Une adresse de tradition et sérieuse en ville. On y retrouve toute la cuisine de la région, du poulet bressan à la quenelle de Nantua, jusqu'aux grenouilles persillées. Le cadre boisé, propre et frais de cette vieille maison de la ville en séduira plus d'un. De vieilles photos de Villars sont apposées aux murs, et c'est le sourire d'Annie qui vous accueillera. L'ambiance est soignée, simple, gage de sécurité. Par précaution, se renseigner sur les jours d'ouverture car ceux-ci changent parfois selon la saison et les récupérations du personnel suite aux 35 heures ! (dixit la patronne.)

DANS LES ENVIRONS

BOULIGNEUX 01130 (4 km NO)

|●| *Le Thou* – **au village** ☎ **04-74-98-15-25.** ⚒ Fermé le lundi et le mardi. Congés annuels : du 5 au 25 février et du 1er au 14 octobre. Accès : par la D2, route de Châtillon. Menus de 27 à 49 €. À la carte, compter 46 €, vin compris. Gaby, ho ! Gaby. En cuisine, ce spécialiste de poisson concocte, dans un cadre raffiné, des plats de grand standing... et à des prix raisonnables au vu de la qualité, du lieu charmant et de l'accueil irréprochable. Dans ce village-étape de 20 habitants, voici une adresse de plaisir où tous les sens sont ravis, et où Gérard, à la déco et à l'arrosage du petit jardinet, mène le service, de la salle au patio, avec diligence, gentillesse et volubilité. Dans l'assiette, les classiques dombistes élaborés à la touche Gaby, mettant volontiers à l'honneur les produits de la Dombes, de la Bresse et du Bugey. Une spécialité, la carpe : tartelette à la carpe, salade de carpe à la moutarde ou profiteroles à la mousse de carpe... C'est carrément bon ! Les fromages et desserts sont à

la hauteur de tout le reste, et on apprécie la belle carte de vins. Préférable de réserver, surtout en fin de semaine. Au *Thou* (nom des vannes utilisées dans les étangs de la Dombes), on se délecte, c'est la garantie d'un bon repas pour se faire plaisir... et n'hésitez pas à suivre les conseils de vos deux hôtes. *Café offert à nos lecteurs sur présentation de ce guide.*

JOYEUX 01800 (8 km SE)

|●| La Bicyclette Bleue – (Centre) ☎ 04-74-98-21-48. ✗ Fermé le mardi soir et le mercredi (sauf en juillet et août). Congés annuels : de mi-décembre à mi-janvier. Accès : par la D904 sur 7 km, puis à droite. Menus à 10 €, le midi en semaine, et de 15 à 27 €. Ça sent les vacances ! Isolé, à la déco simple et chaleureuse, ce petit restaurant de campagne tout frais et bien sympathique est tenu par un ancien de chez *Veyrat*, épaulé par sa femme, ses enfants (et son âne d'Artagnan, qu'on trouve dans le pré). Installé dans une ferme retapée, à la clôture, aux volets et aux tables bleus, et avec pour seule enseigne une bicyclette de la même couleur. Il est bien agréable de déjeuner ici, sous la tonnelle ou en salle. Plats du coin, sans prétention mais cuisinés avec raffinement : poulet fermier à la crème, filet de carpe à l'oseille ou grenouilles fraîches. Un conseil, essayez aussi le cocktail maison à base de pétillant du Bugey. En plus, il est possible de louer des vélos, pour une balade dans ce périmètre truffé d'étangs, avec ses petites routes champêtres. C'est printanier, léger, Joyeux porte bien son nom, tout tourne rond, on s'y attarderait bien... Le lieu ravira les enfants. La formule parfaite : un bon repas, avant d'enfourcher la « petite reine » ! *Café offert à nos lecteurs sur présentation de ce guide.*

AMBÉRIEUX-EN-DOMBES 01330 (11 km O)

⌂ |●| Auberge Les Bichonnières ** – ☎ 04-74-00-82-07. Fax : 04-74-00-89-61. ● www.aubergedesbichonnieres.com ● Parking. TV. Satellite. Fermé le lundi et le mardi midi en saison, le dimanche soir et le lundi d'octobre à juin. Congés annuels : du 15 décembre au 15 janvier. Accès : par la D904, en sortie de ville sur la route d'Ars. Chambres doubles de 41 à 52 € avec douche et w.-c. Menus de 22 à 31 €. Un hôtel-restaurant familial au charme rustique, très plaisant, dans un beau corps de ferme. Des chambres agréables, cosy, avec poutres apparentes. À table, dans la salle aux tons boisés ou dans le patio (fleuri aux beaux jours), une vraie cuisine gastronomique, bien généreuse et élégante. Les menus changent avec les saisons. On retrouve les classiques dombistes, mais aussi un croustillant de tête de veau, du poulet

aux piments d'Espelette ou tout simplement un délicieux gâteau royal au chocolat. *Apéritif maison offert à nos lecteurs sur présentation de ce guide.*

SAINTE-CROIX 01120 (14 km SE)

⌂ |●| Chez Nous ** – au bourg ☎ 04-78-06-60-60. Fax : 04-78-06-63-26. Parking. TV. Canal+. Satellite. ✗ Fermé le dimanche soir et le lundi. Accès : de Villars, prendre la D2 vers Montluel jusqu'au croisement avec la D61 indiquant le village. Chambres doubles tout confort à 45 €. Menus à 16 €, sauf le soir et le dimanche, et de 20 à 46 €. Dans un village isolé, loin de tout, découvrez un « centre d'accueil » avec restaurant d'un côté de la route et chambre de l'autre. Cet hôtel, avec son petit *lobby* à l'entrée, est propre mais manque un peu de personnalité. Heureusement, on est au vert et bien au calme. Appréciable, la formule « soirée étape », pour environ 53 €, avec chambre et repas. Une cuisine de terroir dans un cadre champêtre décoré avec goût. C'est calme, on y vient en famille et on est surpris par la grande variété et la qualité des plats, comme la choucroute de sandre au beurre de genièvre ou le foie gras de canard... maison !

ARS-SUR-FORMANS 01480 (19 km O)

⌂ |●| Hôtel-restaurant La Bonne Étoile ** – rue J.-M.-Vianney (Centre) ☎ 04-74-00-77-38. Fax : 04-74-08-10-18. TV. Fermé le lundi soir et le mardi. Congés annuels : en janvier. Accès : par la D904. En face du parking principal. Chambres doubles à 39 € avec douche et w.-c. Menus de 12 €, en semaine, à 26 €. Cette « Marmite d'Or 2001 » a reçu Jean-Paul II, qui s'y est restauré, et, quasi relique depuis, « son » plat est accroché en façade. Mais, à part ça, *La Bonne Étoile* ne donne pas trop dans la bondieuserie et est plutôt bon enfant. Les chambres sont chaudes, avec de vieux meubles en bois et des dessus-de-lit à fleurs. C'est un peu chargé, mais ça sent bon la campagne et le propre. Tout ça reste très sain(t). La patronne, serviable, collectionne toutes sortes d'objets qui décorent son établissement, et vous invitera à vous installer à la terrasse si vous le souhaitez. Côté restaurant, c'est ambiance « sortie de messe » en famille le dimanche midi, avec des spécialités maison comme la marmite du pêcheur, le sandre à la vanille ou le poulet aux écrevisses. Sympathique maison entre le chalet, la maison familiale et le resto de vacances. Réserver à l'avance, surtout en période sainte. *10 % sur le prix de la chambre offerts à nos lecteurs sur présentation de ce guide.*

RHÔNE-ALPES

RHÔNE-ALPES

VIVIERS   07220

Carte régionale A2

📍🍽 *Restaurant de l'Horloge* – fbg Le Cire (Centre) ☎ 04-75-52-62-43. Fermé le dimanche soir et le lundi. Accès : sur la RN86, sur la gauche quand on va vers le sud. Plat du jour à 6,90 €, servi même le soir. 3 menus de 9,50 € – une affaire à saisir ! – à 18 €. « Ça doit pas être là ! » À l'évidence, c'est ce que vous vous direz en pénétrant dans cette vaste salle au ringardisme d'un autre âge. Et puis le sourire de la serveuse, les vastes fresques du XIXe siècle qu'on découvre sur les murs, réalisées par des artistes de passage, font oublier les vieux néons. Et puis quand le plat du jour, simple, bon marché, revigorant, se pose sur la table suivi de son franc fumet, on est conquis. On a bien mangé, et ce, pour trois sous.

VOIRON   38500

Carte régionale B1

📍🍽 *Restaurant Le Bois Joli* – La Tivollière ☎ 04-76-05-22-25. Parking. ♿ Fermé le dimanche soir et le lundi, ainsi que les mardi et mercredi soir hors saison. Congés annuels : les 3 premières semaines de janvier. Accès : direction Chambéry ; à 2 km environ, tourner à gauche. Menus à 9 €, le midi en semaine, avec plat du jour et dessert, puis de 12 à 20 €. Une cuisine assez savoureuse et copieuse, qui va de la terrine de caille aux morilles au gâteau de foie, aux rognons de veau madère, en passant par le cabri aux cèpes et le poulet aux écrevisses. Bon nougat glacé au dessert. Véranda et terrasse face à un paysage du genre reposant.

DANS LES ENVIRONS

MONTFERRAT 38620 (13 km N)

📍🍽 *Auberge Féfette* – Le Verney (Nord) ☎ 04-76-32-40-46. Parking. Fermé le lundi soir et le mardi. Congés annuels : du 15 au 30 avril et du 10 au 30 octobre. Accès : sur les hauteurs ; de Charavines, direction Bilieu (à 5 km) ; de Montferrat, route du Lac.

Menus de 19,06 à 27,44 €. Compter environ 33,50 € à la carte. Avec un nom pareil, on s'attend presque à retrouver, venue du lac, en contrebas, la famille Groseille au grand complet. C'est un petit paradis qui vous accueille, avec cette sympathique maison en pleine nature, le fils est en cuisine et son papa en salle, imperturbable derrière son nœud pap'... Au gré du temps et des saisons : papillote de foie gras aux framboises, salade de Saint-Jacques et girolles poêlées, lotte rôtie à la fleur de sel, bœuf aux morilles, agneau confit aux abricots, fricassée de homard au banyuls, etc. Aux beaux jours, tous en terrasse. Une valeur sûre : penser à réserver.

VONNAS   01540

Carte régionale A1

📍🍽 *L'Ancienne Auberge* – pl. du Marché (Centre) ☎ 04-74-50-90-50. Congés annuels : en janvier. Menu à 16,50 € en semaine ; autres menus de 26 à 40 €. Ça ressemble à du Blanc, ça a le goût du Blanc, et... c'est bien du Blanc ! Situé en face de son célèbre établissement : le *Georges Blanc*, l'*Auberge* est son annexe. Que dire à part que c'est soigné, efficace et pas excessif du tout. Le cadre reprend les souvenirs de famille : nappes à carreaux, vieilles photos (tiens, le p'tit Georges sur les genoux de grand-mère !), collection de vieilles bouteilles de limonade (autrefois, première activité de la famille Blanc), dans une maison dont la façade est la reconstitution exacte de l'*Auberge Blanc* créée en 1872. En été, on profitera de la très belle terrasse à l'arrière, avec patio. Le service est poli, serviable et rapide, et on commence par une petite mise en bouche, un petit cocktail délicieux mettant en avant les vins régionaux (dont le nom du propriétaire commence par un B et fini par C, en 5 lettres...), puis le menu : croûte aux morilles et foies blonds, sauté de grosses crevettes à la citronnelle, etc. C'est un peu commercial (mettant en avant les produits *Blanc*), tout est bien calculé, mais on ne peut que s'incliner face à la qualité générale du service. Difficile d'être déçu. Un resto à l'ancienne, bien rôdé, à essayer en attendant d'aller un jour manger en face... Bravo !... Bravo qui ? *Café offert à nos lecteurs sur présentation de ce guide.*

Les prix
En France, les prix des hôtels et des restos sont libres. Certains peuvent augmenter entre le passage de nos infatigables fureteurs et la parution du guide.

Avis aux hôteliers et aux restaurateurs
Chaque année pour y figurer, il faut le mériter !

Le Routard

782211 062329

SELÇUK

Violation universelle des droits de l'Homme.

Ça vous concerne.

Tous les jours, dans tous les pays, les droits à la vie et à la liberté sont bafoués ; les droits au travail, à l'éducation ou à la santé sont également menacés par les accords de l'Organisation Mondiale du Commerce.

Rejoignez la FIDH. Nous nous battons pour faire appliquer la Déclaration universelle des droits de l'Homme. De tous les droits.
TÉL. 01 43 55 25 18 / www.fidh.org / CCP Paris 7676Z

l'Agence Verte Illustration Selçuk Demirel

fidh
Fédération Internationale des Ligues des Droits de l'Homme

> ► ● ◄ P 125 F5.6 ⁺ᵢ⁰ᵢ⁻ ⚡

Les peuples indigènes peuvent résister aux militaires ou aux colons. Face aux touristes, ils sont désarmés.

Pollution, corruption, déculturation : pour les peuples indigènes, le tourisme peut être d'autant plus dévastateur qu'il paraît inoffensif. Aussi, lorsque vous partez à la découverte d'autres territoires, assurez-vous que vous y pénétrez avec le consentement libre et informé de leurs habitants. Ne photographiez pas sans autorisation, soyez vigilants et respectueux. Survival, mouvement mondial de soutien aux peuples indigènes s'attache à promouvoir un tourisme responsable et appelle les organisateurs de voyages et les touristes à bannir toute forme d'exploitation, de paternalisme et d'humiliation à leur encontre.

Survival
pour les peuples indigènes

✂

☐ envoyez-moi une documentation sur vos activités   ☐ j'effectue un don

NOM   PRÉNOM   ADRESSE

CODE POSTAL   VILLE

Merci d'adresser vos dons à Survival France. 45, rue du Faubourg du Temple, 75010 Paris. Tél. 01 42 41 47 62. CCP 158-50J Paris. e-mail : info@survivalfrance.org

NE LES LAISSONS PAS PAYER DE LEUR VIE, LE PRIX DE LA PAUVRETÉ

La chaîne de l'espoir

Gravement malades ou blessés, des milliers d'enfants dans le monde sont condamnés faute de moyens humains, financiers et médicaux dans leur pays. Pourtant, souvent, un acte chirurgical relativement simple pourrait les sauver...

La Chaîne de l'Espoir, association humanitaire, s'est donnée pour mission de combattre cette injustice en mobilisant médecins, chirurgiens, infirmières, familles d'accueil, parrains, donateurs, artistes et partenaires financiers.

Depuis sa création en 1988 par Alain Deloche, professeur en chirurgie cardiaque, La Chaîne de l'Espoir a permis à des milliers d'enfants pauvres du monde entier d'être opérés dans plus de 20 pays, principalement en Asie, en Afrique, et en Europe de l'Est.

Pour soutenir notre action envoyez vos dons à :

La Chaîne de l'Espoir

1, rue Cabanis - 75014 PARIS
Tél. : 01 44 12 66 66
www.chaine-espoir.asso.fr
CCP 370 3700 B LA SOURCE

L'action de La Chaîne de l'Espoir est triple:

• LES SOINS EN FRANCE
Transférer et accueillir les enfants en France parce qu'il n'existe pas dans leur pays d'origine les moyens pour mener à bien une intervention chirurgicale.

• LES SOINS À L'ÉTRANGER
Opérer les enfants dans leur pays, former des équipes médico-chirurgicales locales, apporter du matériel et des équipements médicaux, réaliser et réhabiliter sur place des structures hospitalières afin de donner aux pays dans lesquels elle intervient les moyens de soigner leurs enfants.

• LE PARRAINAGE
Développer une activité de parrainage scolaire et médical parce qu'un enfant qui ne peut pas aller à l'école reste un enfant handicapé.

La Chaîne de l'Espoir est une association de bienfaisance assimilée fiscalement à une association reconnue d'Utilité Publique.

Les conseils *nature* du **Routard**

avec la collaboration du **WWF**

Vous avez choisi le Guide du Routard pour partir à la découverte et à la rencontre de pays, de régions et de populations parfois éloignés. Vous allez fréquenter des milieux peut être fragiles, des sites et des paysages uniques, où vivent des espèces animales et végétales menacées.

Nous avons souhaité vous suggérer quelques comportements simples permettant de ne pas remettre en cause l'intégrité du patrimoine naturel et culturel du pays que vous visiterez et d'assurer la pérennité d'une nature que nous souhaitons tous transmettre aux générations futures.

Pour mieux découvrir et respecter les milieux naturels et humains que vous visitez, apprenez à mieux les connaître.

Munissez vous de bons guides sur la faune, la flore et les pays traversés.

❶ **Respectez la faune, la flore et les milieux.**
Ne faites pas de feu dans les endroits sensibles - Rapportez vos déchets et utilisez les poubelles - Appréciez plantes et fleurs sans les cueillir - Ne cherchez pas à les collectionner… Laissez minéraux, fossiles, vestiges archéologiques, coquillages, insectes et reptiles dans la nature.

❷ **Ne perturbez d'aucune façon la vie animale.**
Vous risquez de mettre en péril leur reproduction, de les éloigner de leurs petits ou de leur territoire - Si vous faites des photos ou des films d'animaux, ne vous en approchez pas de trop près. Ne les effrayez pas, ne faîtes pas de bruit - Ne les nourrissez pas, vous les rendrez dépendants.

❸ **Appliquez la réglementation relative à la protection de la nature,** en particulier lorsque vous êtes dans les parcs ou réserves naturelles. Renseignez-vous avant votre départ.

❹ **Consommez l'eau avec modération,**
spécialement dans les pays où elle représente une denrée rare et précieuse.
Dans le sud tunisien, un bédouin consomme en un an l'équivalent de la consommation mensuelle d'un touriste européen !

⑤ Pensez à éteindre les lumières, à fermer le chauffage et la climatisation quand vous quittez votre chambre.

⑥ Évitez les spécialités culinaires locales à base d'espèces menacées. Refusez soupe de tortue, ailerons de requins, nids d'hirondelles…

⑦ Des souvenirs, oui, mais pas aux dépens de la faune et de la flore sauvages. N'achetez pas d'animaux menacés vivants ou de produits issus d'espèces protégées (ivoire, bois tropicaux, coquillages, coraux, carapaces de tortues, écailles, plumes…), pour ne pas contribuer à leur surexploitation et à leur disparition. Sans compter le risque de vous trouver en situation illégale, car l'exportation et/ou l'importation de nombreuses espèces sont réglementées et parfois prohibées.

⑧ Entre deux moyens de transport équivalents, choisissez celui qui consomme le moins d'énergie ! Prenez le train, le bateau et les transports en commun plutôt que la voiture.

⑨ Ne participez pas aux activités dommageables pour l'environnement. Évitez le VTT hors sentier, le 4x4 sur voies non autorisées, l'escalade sauvage dans les zones fragiles, le ski hors piste, les sports nautiques bruyants et dangereux, la chasse sous marine.

⑩ Informez vous sur les us et coutumes des pays visités, et sur le mode de vie de leurs habitants.

Et si la solution c'était **vous ?**

Avant votre départ ou à votre retour de vacances, poursuivez votre action en faveur de la protection de la nature en adhérant au WWF.

Le WWF est la plus grande association privée de protection de la nature dans le monde. C'est aussi la plus puissante :
- **5 millions de membres ;**
- **27 organisations nationales ;**
- **un réseau de plus de 3 000 permanents ;**
- **11 000 programmes de conservation menés à ce jour ;**
- **une présence effective dans 100 pays.**

Devenir membre du WWF, c'est être sûr d'agir, d'être entendu et reconnu. En France et dans le monde entier.

Ensemble, avec le **WWF**

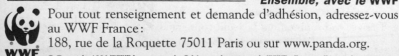

Pour tout renseignement et demande d'adhésion, adressez-vous au WWF France :
188, rue de la Roquette 75011 Paris ou sur www.panda.org.

m'man, p'pa,
'faut pô
laisser
faire !

HANDICAP
INTERNATIONAL

titeuf "totem" de nos 20 ans

**Pour découvrir l'engagement de Titeuf
et nous aider à continuer :**

www.handicap-international.org

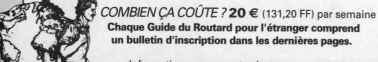

Index des localités

. . . .

INDEX

– B –

– C –

– D –

– E –

– F –

– G –

– H –

– M –

– N –

– O –

– P –

– Q –

– R –

– S –

OÙ TROUVER LES CARTES ET LES PLANS?

les **Routards** *parlent aux* **Routards**

Faites-nous part de vos expériences, de vos découvertes, de vos tuyaux pour que d'autres routards ne tombent pas dans les mêmes erreurs. Indiquez-nous les renseignements périmés. Aidez-nous à remettre l'ouvrage à jour. Faites profiter les autres de vos adresses nouvelles, combines géniales... On adresse un exemplaire gratuit de la prochaine édition à ceux qui nous envoient les lettres les meilleures, pour la qualité et la pertinence des informations. Quelques conseils cependant :
– Envoyez-nous votre courrier le plus tôt possible afin que l'on puisse insérer vos tuyaux sur la prochaine édition.
– N'oubliez pas de préciser sur votre lettre l'ouvrage que vous désirez recevoir.
– Vérifiez que vos remarques concernent l'édition en cours et notez les pages du guide concernées par vos observations.
– Quand vous indiquez des hôtels ou des restaurants, pensez à signaler leur adresse précise et, pour les grandes villes, les moyens de transport pour y aller. Si vous le pouvez, joignez la carte de visite de l'hôtel ou du resto décrit.
– À la demande de nos lecteurs, nous indiquons désormais les prix. Merci de les rajouter.
– N'écrivez si possible que d'un côté de la lettre (et non recto verso).
– Bien sûr, on s'arrache moins les yeux sur les lettres dactylographiées ou correctement écrites !

Le Guide du routard : 5, rue de l'Arrivée, 92190 Meudon

E-mail : guide@routard.com
Internet : www.routard.com

Routard Assistance 2002

Vous, les voyageurs indépendants, vous êtes déjà des milliers entièrement satisfaits de Routard Assistance, l'Assurance Voyage Intégrale sans franchise que nous avons négociée avec les meilleures compagnies, Assistance complète avec rapatriement médical illimité. Dépenses de santé, frais d'hôpital, pris en charge directement sans franchise jusqu'à 300 000 € + caution + défense pénale + responsabilité civile + tous risques bagages et photos. Assurance personnelle accidents : 75 000 €. Très complet ! Le tarif à la semaine vous donne une grande souplesse. Chacun des *Guides du routard* pour l'étranger comprend, dans les dernières pages, un tableau des garanties et un bulletin d'inscription. Si votre départ est très proche, vous pouvez vous assurer par fax : 01-42-80-41-57, mais vous devez, dans ce cas, indiquer le numéro de votre carte bancaire. Pour en savoir plus : ☎ 01-44-63-51-00 ; ou, encore mieux, www.routard.com

Imprimé en Italie par «La Tipografica Varese S.p.A.»
Dépôt légal n° 30410-1/2003
Collection n° 13 - Édition n° 01
24/3798/6
I.S.B.N. 2-0124-3798-2

C'est ça votre petit coin tranquille pour les vacances ?

A ujourd'hui avec Hertz, découvrez la liberté d'une location de voiture à prix "routard".

H ertz vous offre **15 €** de réduction immédiate sur les forfaits Hertz Week-end standard et **30 €** sur les forfaits Hertz Vacances standard en France, sur simple présentation de ce guide.

A vec Hertz, à vous la liberté.

**Réservations au 01 39 38 38 38
en précisant le code CDP 967 130.**

Offre soumise à conditions,
valable jusqu'au 31/12/2003, non cumulable
avec toute autre remise ou promotion,
non remboursable.